박문각

강정훈
감정평가 및 보상법규

강정훈 편저

2차 | 기본서 제8판

8년 연속

★ 전체 수석 ★

합격자 배출

박문각 감정평가사

감정평가 및 보상법규는 감정평가사 2차 시험에서 가장 중요한 과목이기도 하고, 보상실무를 다루는 현장 일선에서 일하시는 분들에게 중요한 나침판과 같은 교재입니다.
본 감정평가 및 보상법규 기본서 교재는 2025년 2월 1일 개정·시행되는 공익사업을 위한 토지 등의 취득 및 보상에 관한 법률(이하 '토지보상법')을 반영하였습니다. 최근 토지보상법 개정 내용은 다음과 같습니다.

현행 토지보상법은 공익사업지구에 거주하던 원주민의 재정착을 지원하고 손실보상금이 부동산시장으로 유입되지 않도록 하기 위하여 사업시행자가 공익사업에 편입되는 토지의 소유자에 대한 손실보상을 현금 대신 조성한 토지로 보상할 수 있도록 하고 있으나, 최근 이러한 대토보상 등을 받기 위하여 신도시 개발사업이 시행되기 전 미공개 정보를 이용하여 사업후보지에 토지나 주택을 구입하는 등 투기행위가 있다는 의혹이 제기되면서, 이러한 투기행위를 방지하기 위해 대토보상의 기준 등을 강화할 필요성이 제기되었습니다. 이에 공익사업을 위한 관계 법령에 따른 고시 등이 있은 날 당시 국토교통부, 사업시행자, 공익사업 관련 허가·인가·승인 등 기관, 관계 법령에 따른 협의·의견청취 등의 대상자였던 중앙행정기관, 지방자치단체, 공공기관 등에 종사하거나 종사하였던 날부터 10년이 경과하지 아니한 자는 토지로 손실보상을 받을 수 있는 대상에서 제외하고, 대토보상 대상자 선정 시 공익사업지구 내 거주한 자로서 토지보유기간이 오래된 자 순으로 보상하도록 하는 한편, 전매금지 규정을 위반하거나 토지 관련 위법행위를 한 자에 대해서는 대토보상이나 이주자 택지·주택 공급대상에서 제외하도록 하고, 대토보상권의 전매금지 위반행위에 대한 양벌규정을 마련하였습니다.
또한 빈집정비사업이 원활하게 시행될 수 있도록 빈집정비사업을 토지보상법에 따른 공익사업으로 추가하는 한편, 토지 등에 대한 수용·사용이 남용되는 것을 방지하기 위하여 국토교통부장관으로 하여금 별표에 규정된 공익사업의 공공성과 수용의 필요성 등을 5년마다 재검토하여 폐지 등 필요한 조치를 하게 하려고 개정하였습니다.

최근에는 2024년 4월 25일 개정·시행되는 토지보상법은 「도심융합특구 조성 및 육성에 관한 특별법」에 따른 도심융합특구개발사업을 이 법에 따른 사업인정이 의제되는 사업으로 추가하는 개정이 있었습니다. 2024년 9월 20일 개정 토지보상법에서는 토지 등을 수용하거나 사용할 수 있는 공익사업에 「가덕도신공항 건설을 위한 특별법」에 따른 신공항건설사업을 추가하였습니다. 부동산 가격공시에 관한 법률(법률 제17459호)은 2020년 12월 10일 개정·시행된 내용을 반영하였습니다. 감정평가 및 감정평가사에 관한 법률도 2023년 8월 10일 개정·시행된 내용을 반영하였습니다.

주요 개정 내용은 다음과 같습니다.
감정평가는 부동산, 동산, 산업재산권 등 자산에 대한 경제적 가치를 판정하는 업무로서 자산의 거래, 담보설정, 경매 등 다양한 분야에서 활용되고 있으며, 공정하고 객관적인 가치평가가 필수적입니다. 그러나, 감정평가를 의뢰하면서 이해관계에 따라 고가 또는 저가평가를 종용하거나 감정평가에 대한 보수를 제대로 지급하지 않는 일부 의뢰인들의 행태로 인해 공정한 감정평가가 저해되거나 감정평가 시장질서가 훼손되는 문제가 나타나고 있습니다. 이에 감정평가 시장질서를 확립하고 공정하고 객관적인 감정평가가 이루어지도록 하기 위해 의뢰인의 불공정행위를 제한하는 한편, 공정한 감정평가에 대한 감정평가사의 책무를 명시하고, 감정평가의 신뢰를 제고하기 위한 감정평가서 표본조사에 대한 법적 근거를 마련하면서 징계이력을 공개하도록 하는 등 감정평가사의 책임과 의무도 강화하려는 것입니다. 또한, 감정평가산업의 환경변화에 대응하여 감정평가의 구체적인 원칙과 기준을 연구·보급할 수 있는 기관 또는 단체의 운영근거를 마련하고, 전자적인 형태의 감정평가서 발급을 허용하는 등 감정평가분야의 낡은 규제도 개선하려는 것입니다.

또한 2016년 12월 국회를 통과하여 제정된 「감정평가 및 감정평가사에 관한 법률」(시행 2016.9.1.)과 「부동산 가격공시에 관한 법률」(시행 2016.9.1.) 그리고 2020년 3월 개정된 내용 중 오랫동안 사용되어 오던 "감정평가업자"를 "감정평가법인등"으로 개정한 내용이 주목할 만하고, 부동산 가격공시의 투명성과 공정성을 위해 인근지역과의 형평성, 특수성 및 예측가능성 등 제반사정을 종합적으로 고려하여 공시하고, 각종 부동산가격공시위원회 회의록을 공개하여 부동산 공시가격의 신뢰성을 강화하였습니다.

특히 2023년 8월 10일 감정평가 및 감정평가사에 관한 법률에서는 부동산시장에 대규모 전세사기 사건으로 말미암아 "감정평가사의 직무와 관련하여 금고 이상의 형을 선고받아 그 형이 확정된 경우 과실범인 경우에도 자격을 취소할 수 있도록 하는 등 현행 제도의 운영상 나타난 일부 미비점을 개선·보완하는 개정"이 있었습니다. 전세사기에 내몰린 국민들의 재산권 보호가 감정평가사의 자격보호에 우선하는 법률 개정을 통해 한층 더 감정평가사의 사회적 책임을 강조한 입법이라고 하겠습니다.
2024년 12월 10일에 부동산 가격공시에 관한 법률 시행령 개정에서는 "주민등록번호 또는 외국인등록번호를 활용하여 현행화된 표준지 소유자의 성명 및 주소에 따라 공시예정가격 등을 통보함으로써 적정한 표준지 가격 조사·평가가 이루어질 수 있도록 하기 위해, 관계 행정기관의 장은 국토교통부장관으로부터 요구받은 표준지 소유자의 성명 및 주소의 제출을 위해 불가피한 경우 주민등록번호 또는 외국인등록번호가 포함된 자료를 처리할 수 있도록 하려는 것"을 추가하였습니다.
2025년 2월 공익사업을 위한 토지 등의 취득 및 보상에 관한 법률, 부동산 가격공시에 관한 법률과 감정평가 및 감정평가사에 관한 법률 등 개정·시행되는 3법 개정 내용과 2025년 2월까지 발표된 대법원 판례정보, 학계 논문 등을 도표화하여 모두 수록하고 있어 그 내용의 정확도와 신뢰성이 타의 추정을 불허할 것으로 생각됩니다.

특히 PART 02의 손실보상각론에 대한 내용은 한국감정평가사협회 11대 회장님을 역임하신 김원보 회장님께서 집필하신 토지보상법 해설 제2편 손실보상(2024년 개정판, 가람감정평가법인)에서 감정평가 및 보상법규 시험에서 논의될 수 있는 내용들을 중심으로 김원보 회장님의 윤허를 받아 새롭게 단장하였습니다. 그동안의 피상적인 논의를 했던 틀을 벗어나 보상실무에서 직접적으로 논의될 수 있는 부분들을 관련 규정과 주요 내용, 그리고 유의사항을 토대로 요약·정리하였습니다. 보상실무에서 뿐만 아니라, 감정평가 및 보상법규 시험에도 많은 도움이 되시리라 믿습니다.

PART 05에서는 도시 및 주거환경정비법 주요 쟁점 및 보상평가에서는 감정평가 및 보상법규 시험에서 출제되었던 주요한 쟁점을 간략히 정리하였고, 도시 및 주거환경정비법 보상평가에 대한 손실보상각론 내용을 수록해 놓았습니다. 감정평가 및 보상법규 시험의 범위가 확대되어 안타까운 마음이지만 실제 도시 및 주거환경정비법 일부 내용이 출제되고 있는 만큼 수험생 입장에서는 잘 대비를 해야 하는 부분이 있어 기출된 규정과 판례를 토대로 간략히 정리해 두었습니다.

"끝날 때까지 끝난게 아니다."라는 말처럼
감정평가사 시험이든, 인생 공부이든
그 승부가 마무리되기 전까지는 최선을 다해서
"길을 외줄기 남도 삼백리" 자세로
올곧게 한줄기 소신으로 공부에 임해야 할 것입니다.

감정평가 및 보상법규는 재산권에 대한 갈등을 규범화해 놓은 것으로써 공용수용에 따른 재산권 다툼과 국민의 공정한 세금을 담보하기 위한 시시비비를 가리고, 억울함이 없도록 하는 취지의 법령입니다. 초심자라면 말할 것도 없고, 감정평가사 시험에 응시하는 사람도 이해관계의 갈등의 중심에 서서 부동산 최고 전문가로서 고독한 결단의 순간에 본 교재의 보상법규 규범은 여러분들에게 큰 혜안을 주는 길잡이가 될 것입니다.
감정평가 및 보상법규 기본서의 완성의 길은 법규범으로서, 시시비비의 결과로서의 대법원 판례가 아니라 재산권을 가진 국민의 마음을 풀어주고, 응어리를 없애주는 중요한 교두보 역할을 할 뿐만 아니라 국가나 공적 주체인 사업시행자가 국민의 재산권을 다루는 등대지기 역할을 하는 것이라고 생각합니다.

본 교재는 위와 같은 보상법규 현장에서 사람과 규범, 재산권과 규범, 갈등해결에 대한 규범을 기초적인 것부터 쉽게 명확하게 설명하고 있으며, 특히 규범이 주는 애매함을 대법원 판례를 통해서 현장 해결능력을 키워 주도록 구성하였습니다. 감정평가사 시험을 준비하는 분들뿐만 아니라 보상법규 관련 업무를 하는 분들에게 있어서 **감정평가 및 보상법규** 교재의 바이블이 되고자 출간되었습니다.

그동안 본 교재의 출판에 많은 힘을 실어주신 朴容 회장님과 노일구 부장님 등 출판사 관계자분들께 진심으로 감사인사를 드립니다. 특히 새로이 출간된 토지보상 해설편 책자료를 손수 보내주시고, 본 교재와 저자 블로그 등에 반영할 수 있도록 배려해 주신 김원보 회장님께 진심으로 감사인사를 드리고, 오래오래 저희 감정평가업계에서 등대가 되어주시길 기원드립니다. 또한 교재의 자료수집과 정리에 많은 도움을 준 김가연 예비감정평가사님과 계미정 예비감정평가사님에게 고마움을 전합니다. 본 **감정평가 및 보상법규 기본서** 교재에 대하여 많은 독려와 아울러 질책을 부탁드립니다. 본 교재 교정작업을 하느라 겨울방학 동안에 놀아주지도 못해 사랑하는 딸 강서은, 아들 강동윤에게 미안한 마음을 전합니다. 사랑하는 아내 김설현, 딸 강서은, 아들 강동윤에게 무한한 사랑을 전하며, 고군분투하는 감정평가사 도전 수험생분들에게 신의 가호가 함께 하시길 기도드립니다. 고맙습니다.

편저자 강정훈

차례

CONTENTS | PREFACE |

PART 01 공익사업을 위한 토지 등의 취득 등

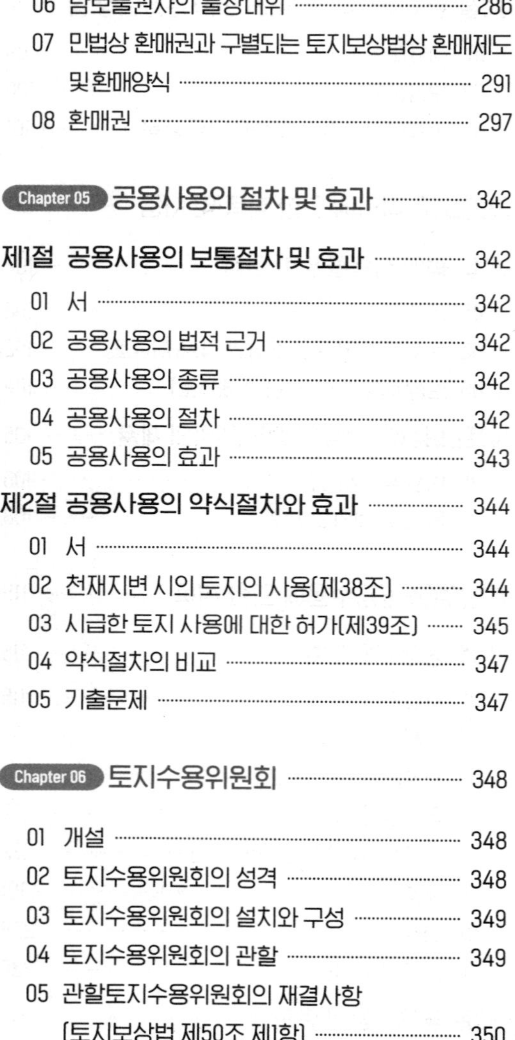

PART 02 공익사업을 위한 토지 등의 보상(손실보상)

★ 차례 ★

CONTENTS | PREFACE |

PART 03 부동산 가격공시

★ 차례 ★

CONTENTS | PREFACE |

PART 05 도시 및 주거환경정비법 주요 쟁점 및 보상평가

★ 기출문제분석 ★

기출문제분석표(제1회~제35회)

회	공익사업 토지 등의 취득	공익사업 토지 등의 보상	부동산가격공시/감정평가	출제위원
1	사업인정 및 권리구제(50) **환매요건(10)**	실농보상(10)	공시지가의 작성과 지가고시의 성질, 효력(30)	김남진 김철용 이동과
2	피수용자의 법적 지위(50)	보상액의 산정시기(10) 간접보상의 대상사업과 보상기준(10)	감정평가업자의 의무와 책임(30)	김남진 김철용 이진호
3	재결의 불복(50)	개발이익배제(20) 채권보상(10) **이주대책(10)**	공시지가의 적용(10)	서원우 이동과 류해웅
4	-	현행법상 보상기준 및 정당보상의 관계사례(50) **생활보상적 성격의 보상(20)**	**개별공시지가 결정의 법적 성질(30)**	석종현 박윤흔 류해웅
5	공용수용의 효과(50)	농업보상(20)	**개별공시지가 산정의 절차상 하자에 대한 불복방법(30)**	류지태 강희중
6	보존등기가 되어있지 아니한 토지에 대한 보상절차와 내용(30)	사업인정실효시 손실보상청구권 인정 여부(40)	부동산가격공시위원회의 구성과 권한(30)	박수혁 홍정선 김해룡
7	무효인 재결과 취소할 수 있는 재결 예시와 양자의 구별실익(50)	수몰민에 대한 보상(20) 어업에 관련된 영업보상(10)	**개별공시지가의 검증(20)**	김철용 석종현 손성태
8	토지수용법과 공특법의 협의비교(20) / 토지사용기간 만료시 법률관계(10)	**헌법 제23조 제3항의 효력논의(50)**	표준지공시지가와 개별공시지가를 비교(20)	강구철 홍준형 이동과
9	-	**개발이익배제의 정당보상 및 개발이익환수와의 관계사례(40)** 사회적 제약과 특별한 희생(20)	감정평가법률관계의 성질, 내용, 법적 지위(사례 20) 감정평가행위와 지가산정행위의 이동(20)	류해웅 박수혁 이선영
10	**사기업자의 사업인정가능성(10)** 보증소의 형태, 성질(사례 30)/확장수용(20)/토지수용법과 공특법 상호관계, 통합설(20)	토지수용위원회, 부동산가격공시위원회, 보상협의회를 비교논술(20)	-	박수혁 박균성 이동과

11	**원처분 및 재결주의(사례 30)** 집행정지(10) 지상권 소멸절차(10)	간접보상의 이론적 근거, 실제유형과 보상의 한계(20)	**감정평가사의 고의에 의한 평가에 건설교통부장관이 취할 수 있는 절차와 내용**(사례 30)	**류지태** 이선영 김원태
12	토지수용법 제46조(사례 30) 사업인정의 법적 성질과 권리구제(30)	손실보상 없이 공유수면매립사업을 시행시 권리구제(사례30)	감정평가업자의 손해배상책임(10)	류해웅 홍준형 강구철
13	사업인정과 부관(사례 40) **환매권의 목적물과 행사요건(20)**	잔여지 및 잔여건물의 보상방법(20)	**개별공시지가의 하자승계 여부(20)**	류지태 강구철 이선영
14	–	경계, 분리이론에서 특별한 희생의 구별기준(20) 간접침해에 대한 구제수단(20)	인근 토지소유자가 훈령에 위배된 표준지공시지가를 다툴 수 있는지(사례 40) / 자격이 취소된 감정평가사의 권리구제(사례 20)	석종현 강구철 이동과
15	협의를 결한 사업인정의 절차상하자(사례 40)	**생활보상(20)** 손실보상원칙(10)	이유제시 절차하자와 치유(사례 30)	박수혁 송희성
16	재결의 부작위시 행정쟁송방법(사례 40)/토지 물건인도 거부시 실효성 확보수단(20)	휴업보상(10)	가중처벌위험을 규정한 **시행령 별표의 법적 성질**과 협의의 소익(사례 30)	류지태 김민호 송시헌
17	사업인정에 대한 사전결정, **사업인정과 재결의 하자승계(사례 40)**	존속보장과 가치보장(15) 개발이익의 배제(15)	감정평가업자의 등록취소처분–무효와 취소의 구별과 청문절차의 하자(사례 30)	강구철 김연태 박균성
18	–	**보상규정 결여(사례 20)** 현금, 채권보상 이외 기타 손실보상, 완화제도(20) 영업보상(사례 30)	**감정평가업자의 성실의무와 의무이행 확보수단 비교(30)**	경북대 한남대 로스쿨
19	**환매권의 소송수단 및 인용 가능성(사례 40)** **사적 공용수용(20)**	–	**개공결정시 토지가격비준표(사례 20)** **개공결정시 산정지가검증(사례 20)**	산업인력 공단
20	–	**이주대책의 사례(45점)** 임시창고건물철거조건 취소소송과 임시창고건물철거에 따른 **손실보상(30)**	**감정평가업자의 인가취소 등 부공법 시행령 제77조 별표의 재판규범성(25점)**	산업인력 공단

21	토지보상법상 사업인정 이후의 피수용자의 권리 및 권리구제수단 (사례 20)	토지보상법상 보상평가액 책정과 피수용자의 수용주장 정당성 (사례20)	**개별공시지가결정의 이의신청과 하자의 승계(사례 30)** **성실의무 위반에 따른 과징금, 벌금, 과태료의 법적 성질과 중복부과의 적법성 (30)**	산업인력공단
22	철도이설사업을 위한 협의취득에 따른 대집행 가능성(사례 20점)	사실상 사도 토지보상액 불복과 정당보상에 위배되는지 여부에 대한 법적 주장 관철수단(사례 50점)	업무정지처분취소소송의 위법성 판단과 국가배상청구소송에서 위법성 판단관계(사례 20점), 갱신등록거부처분의 절차 하자 위법성(사례 10점)	산업인력공단
23	환매권 행사 권리구제방법 및 환매대금 증액 대응수단(40점) 사업인정고시의 효과(10점)	잔여지가격감소에 대한 권리구제방법과 잔여지수용청구의 요건 및 행정소송의 형식(30점)	감정평가법인 설립인가취소처분 취소소송에서 집행정지신청인용 여부(20점)	산업인력공단
24	도시관리계획의 위법성과 신뢰보호의 원칙(40점)	재결 선행처분에 대한 소송대상의 여부(10점)	개별공시지가의 위법성과 손해배상책임(30점) / 부감법 시행령 [별표 3]과 협의의 소익(20점)	산업인력공단
25	조합설립인가의 법적 성질 및 하자의 정도, 쟁송의 형태(20점) 사업인정 전후의 협의의 차이(10점)	수용재결 및 이의재결에 대한 소송대상의 문제(20점)	표공의 법률상 이익과 판결의 효력 등(30점) 경매평가에서 국가배상의 요건(20점)	산업인력공단
26	보증소의 의의 및 특수성(20점) 잔여지 감가보상(20점)	무허가건축물의 보상대상 여부(10점) 주거이전비의 지급 가능성(20점)	감정평가실무기준의 법적 성질(20점) 감정평가기준(10점)	산업인력공단
27	사업인정과 수용재결의 하자의 승계(20점) 토지보상법 제72조 완전수용에 대한 불복으로 이의신청 및 보증소(30점)	이주대책 거부처분의 사전통지 및 이유제시(20점) 이주대책 거부사유 소송 도중 처분사유 추가 · 변경(20점)	부감법 시행령 [별표 2]의 법적 성질 및 협의의 소익(10점)	산업인력공단
28	토지보상법 제21조 개정취지, 절차의 하자, 하자의 승계, 사업인정의 의제 및 사업인정의 요건, 수용권 남용	보증소, 공법상 제한받는 토지의 평가, 이주민지원규정의 법적 성질, 이주대책의 강행규정, 이주대책의 행정쟁송방법, 사실상 사도에 대하여 도정법상 매도청구권 행사에 의한 평가와 토지보상법상 수용재결 평가의 차이. 해당 사업과 무관한 개발이익의 반영여부	한 문제도 출제되지 않음.	산업인력공단
29	(1-1) 토지보상법 시행규칙 제54조 제2항 주거이전비 규정 강행규정 여부	(1-2) 공익사업시행지구 밖 영업손실의 간접손실보상	(2-1) 자격증 명의대여 또는 자격증 부당행사 감정평가법령상 징계절차 (2-2) 징계처분 취소소송 계속 중 처분사유 추가·변경 (3-1) 개별공시지가 검증과 토지가격비준표 적용의 위법성 (4-1) 중앙부동산가격공시위원회 설명	산업인력공단
30	(4) 협의가 수용재결 신청 전 필요적 절차인지 여부와 협의성립확인의 법적 성격 효과를 설명(10점)	(2-1) 골프장 잔여시설에 대한 대체시설의 설치비용 보상 여부(10점) (2-2) 골프장 잔여시설의 지가 및 건물가격 하락분에 대한 보상청구의 소송방법(20점) (3) 수산업협동조합의 간접손실보상 가능성과 보상규정 결여(20점)	(1-1) 개별공시지가 정정처분의 취소소송의 적법성(15점) (1-2) 이의신청 도과시에도 개별공시지가 정정 가능한지 여부(10점) (1-3) 개별공시지가에 기초한 부담금부과시 내용상 하자의 치유가능성(15점)	산업인력공단

31	(1-3) 광평대군 및 풍납토성 판례: 공물의 수용가능성(15점)	(1-1) 보상금증감청구소송의 의의와 특수성(15점) (1-2) 공법상제한받는 토지의 평가(공원구역의 지정)(10점)	(2-1) 개별공시지가의 정정사유(5점) (2-2) 개별공시지가의 이의신청에 대한 소의 대상과 제소기간(10점) (2-3) 개별공시지가 산정업무의 위법에 대한 국가배상과 개별공시지가제도의 입법목적 (3) 공인회계사의 자산재평가 행위가 감정평가업자로서의 업무에 해당하는지 여부(20점) (4) 감정평가법상 감정평가의 기준과 감정평가 타당성조사 설명(10점)	산업인력 공단
32	(1-1) 피수용자의 재결신청청구한 경우 사업시행자가 재결신청을 하지 않은 경우 불복방법(15점) (1-3) 잔여지수용청구권의 법적 성질과 갑의 잔여지수용청구권의 요건(영 제39조)(15점)	(1-2) 농업손실보상의 재결전치주의(10점)	(2-1) 개별공시지가결정 이의신청 결과를 통지받은 후 제소기간(10점) (2-2) 개별공시지가와 수용재결의 하자의 승계(20점) (3-1) 과징금부과처분의 변경처분에 대한 소송의 대상 여부(10점) (3-2) 과징금부과처분에 대한 일부취소 판결가능 여부(재량행위의 경우에는 전부취소판결함)(10점) (4) 감정평가법 제25조상 감정평가법인 등의 내용 서술(10점)	산업인력 공단
33	(1-1) 수용재결을 취소할 수 있는지 여부(도정법상 이전고시가 효력이 발생한 경우와 그렇지 않은 경우 구분)(10점)	(1-2) 사실상 사도 요건과 사실상 사도로 인정되는 경우와 그렇지 않은 경우의 보상기준(10점) (1-3) 주거이전비 권리구제에 적합한 소송(20점)	(2-1)「표준지공시지가 조사 · 평가기준」의 법적 성질과 甲 주장의 타당성(20점) (2-2) 개별공시지가의 이의신청과 행정심판 제기가능성(10점) (3) 자격증 부당행사에 따른 자격취소처분이 적법한지 여부(20점) (4) 감정평가법인등의 손해배상책임 요건(10점)	산업인력 공단
34	(1-1) 사업인정과 사업인정고시의 법적 성질(10점)(2009두1051/2017두71031) (1-2) 수용자체 위법 불복으로 대상적격과 피고적격(20점)(2008두1504)	(1-3) 보상금 불복 적합한 소송의 형태(10점)(2008두822/2018두227/2007다8129/2007두13845)	(2-1) 개별공시지가 이의신청을 거치지 않고 행정심판 제기 여부와 개별공시지가 결정 위법성(15점)(2008두19987) (2-2) 개별공시지가와 재산세부과처분 하자의 승계(15점)(93누8542/96누6059/2018두50147) (3) 징계 집행정지 인용가능성과 본안청구기각시 징계의 효력과 국토부장관이 취해야 할 조치(20점)(2020두34070) (4) 감정평가법 제21조 사무소개설 등 설명(10점)	산업인력 공단
35	(1-1) 환매권 및 환매대금증액청구소송의 법적 성질(15점) (1-2) 환매대금과 보상금 상당 차액 선이행 또는 동시이행항변 주장가능 여부(10점) (1-3) 수용재결취소사유와 선결문제 민사소송(15점)	–	(2-1) 개별공시지가 정정불가 통지 취소소송의 대상 여부(15점) (2-2) 개별공시지가 정정 소급효(15점) (3-1) 징계처분의 일부취소의 법리(10점) (3-2) 감정평가법인이 부담하는 성실의무내용(10점) (4) 감정평가법상 손해배상책임에서 필요한 조치와 행정상 제재 설명(10점)	산업인력 공단

PART 01

공익사업을 위한 토지 등의 취득 등

Chapter 01

총칙(공용수용)

제1절 공용수용

01 공용수용의 개념

1. 공용수용의 의의

공용수용이란 특정한 공익사업을 위하여 보상을 전제로 타인의 특정한 재산권을 법률의 힘에 의하여 강제로 취득하는 것을 말한다. 공용수용은 학문상의 개념이며 물적 공용부담의 일종이다. 물적 공용부담이란, 재산권(권리)에 대하여 일정한 공공복리를 증진하기 위하여 일정한 제한, 수용 또는 교환의 제약을 가하는 것을 말한다. 이러한 물적 공용부담으로는 공용수용, 공용사용, 공용제한, 공용환지, 공용환권이 있다.

2. 공용수용의 원칙 및 취지[1)]

공익사업 기타 복리행정상의 목적을 위하여 타인의 토지 등이 필요한 경우에는, 매매 및 기타 민사상의 방법에 의하여 취득하는 것이 원칙이다. 다만, 사법적 수단에 의하여 토지 등 재산권의 취득이 불가능한 경우에 공익사업의 신속하고 효율적인 수행을 도모하기 위하여 재산권을 강제로 취득하는 것이다.

3. 공용수용의 목적과 제도

(1) 공용수용의 목적

공용수용의 목적은 토지 등의 특정한 재산권을 공익사업 기타 복리목적에 제공함으로써 공익사업의 효율적인 수행을 통하여 공공복리의 증진과 사유재산권의 적정한 보호를 도모하는 것을 목적으로 한다(토지보상법 제1조).

(2) 공용수용제도[2)]

공용수용제도는 공익사업을 위해 권리자의 의사에 관계없이 토지소유권 등을 강제적으로 취득하는 길을 열어두기 위해 마련된 제도이다.

공용수용제도는 사유재산제의 보장과 표리관계를 이루는 것으로서 본질적으로 사권과 공공이익의 조화를 도모하기 위한 제도이다. 공용수용이 권리의 강제적 취득이라 하더라도 사유재산제를 헌법상 보장하고 있는 이상 보상 없이 몰수하는 것은 허용되지 않기 때문이다.

이러한 공용수용제도는 주로 토지의 강제취득을 목적으로 하는 토지수용제도를 중심으로 발전해 왔다.

1) 박균성, 행정법 강의

2) 류해웅・허강무, 신수용보상법론, 2016, 26쪽

4. 공용수용과 공공성(공공필요)

공공성은 공용수용에 있어 매우 중요함으로 절을 달리하여 설명한다(제2절 공공성과 공익성).

02 공공적 사용수용(사적 공용수용)(19회 기출)

1. 서

종래 공용수용은 헌법상 사유재산권 보장의 예외적 조치인바, 허용에 있어 엄격한 요건이 요구된다. 따라서 공익목적의 토지취득은 공적주체에게 한정되는 것이 일반적이었으나, 현대 복리국가의 대두로 인한 공익사업의 증대와 공용수용의 법리변화로 인하여 사적주체에게까지 수용권을 부여하는 공공적 사용수용의 법리가 인정되기에 이르렀다. 공공적 사용수용의 법리로 인하여 사유재산권 보장의 침해의 개연성이 더욱 높아지는바, 공공필요를 엄격히 심사해야 하며, 계속적 공익실현 보장책이 필요하다.

2. 공공적 사용수용의 의의(사적 공용수용)

(1) 의의

공공적 사용수용이란 특정한 공익사업 기타 복리목적을 위하여 사적주체가 사인의 특정한 재산권을 법률의 힘에 의해 강제적으로 취득하는 것이다. 판례는 사용수용을 인정하고 있다.

판례

▶ 관련판례(대판 1971.10.22, 71다1716)

공익사업인가의 여부는 그 사업 자체의 성질로 보아 그 사업의 공공성과 독점성을 인정할 수 있는가의 여부로써 정할 것이고, 그 사업주체에 따라 정할 성질이 아니다.

▶ 관련판례(헌재 2013.2.28, 2011헌바250)

관광단지 조성사업에 있어 민간개발자를 토지 수용의 주체로 규정한 이 사건 법률조항이 헌법 제23조 제3항에 위반되는지 여부(소극)

헌법 제23조 제3항은 정당한 보상을 전제로 하여 재산권의 수용 등에 관한 가능성을 규정하고 있지만, 수용의 주체를 한정하지 않고 있으므로 위헌법조항의 핵심은 그 수용의 주체가 국가인지 민간개발자인지에 달려 있다고 볼 수 없다. 관광단지의 지정은 시장·군수·구청장의 신청에 의하여 시·도지사가 사전에 문화체육관광부장관 및 관계 행정기관의 장과 협의하여 정하도록 되어 있어, 민간개발자가 수용의 주체가 된다 하더라도 궁극적으로 수용에 요구되는 공공의 필요성 등에 대한 최종적인 판단권한은 공적 기관에 유보되어 있음을 알 수 있다. 민간개발자에게 관광단지의 개발권한을 부여한 이상 사업이 효과적으로 진행되게 하기 위해서는 다른 공적인 사업시행자와 마찬가지로 토지 수용권을 인정하는 것이 관광진흥법의 입법취지에 부합한다. 따라서 관광단지 조성사업에 있어 민간개발자를 수용의 주체로 규정한 것 자체를 두고 헌법에 위반된다고 볼 수 없다.

(2) 필요성

공익상의 필요, 공익사업의 증대, 민간활력의 도입, 공행정의 민간화 등에서 그 필요성을 찾을 수 있다. 다만, 영리추구를 주목적으로 하는 사기업이 사업시행자인 경우에는 공공성의 엄격한 판단이 요구되며, 공공복리를 계속적으로 실현하기 위한 제도적 장치가 필요하다.

(3) 법적 성격

행위 측면으로는 공행정의 민간화라는 점에서 일종의 대리행위로 볼 수 있고, 수용권 측면에서는 토지보상법상 사업인정 또는 개별법상 사업인정의제에 의해, 그 효과로서 공용수용권이 설정되므로 수용권 주체에 관한 학설상 사업시행자수용권설로 보는 견해가 유력하다.

(4) 법적 근거

헌법 제23조 제3항에 의거 법률유보원칙이 적용된다. 개별법상 근거로는 토지보상법 제4조 제5호(국가·지방자치단체·공공기관·지방공기업 또는 국가나 지방자치단체가 지정한 자가 임대나 양도의 목적으로 시행하는 주택건설 또는 택지 및 산업단지 조성에 관한 사업)가 있고, 그 밖에 사회기반시설에 대한 민간투자법(이하 '민간투자법')과 지역균형개발 및 지방 중소기업육성 등에 관한 법률 등이 있다.

(5) 유형

우리나라에서는 확립된 판례나 축적된 학설이 없다. 독일의 예를 중심으로 살펴보면 독일에서는 개인이나 사기업이라 하더라도 이윤의 추구와 함께 공익사업을 수행한다는 사실이 객관적으로 담보될 수 있는 한 사인을 위한 공용침해는 가능하다는 견해가 일반적이다. 독일은 생존배려형 사기업과 경제적 사기업[3])으로 구별하여 사용수용의 가능성을 판단한다.

생존배려형 사기업의 경우에는 원칙적으로 그들을 위한 공용침해가 허용되고, 경제적 사기업의 경우에는 예외적으로 엄격한 요건하에서만 허용된다고 본다. 왜냐하면 경제적 사기업은 이윤추구가 주목적이고, 지역발전이나 고용증대 등의 공적 이익은 부수적인 효과로 보기 때문이다.

3. 공공적 사용수용과 공공성

(1) 사용수용의 요건

① 공공필요, ② 재산권에 대한 공권력, ③ 법률의 근거, ④ 정당한 보상으로써 공용수용의 요건과 동일하나 사용수용에서는 사기업의 사익추구로 인하여 공공성이 특히 중요하다. 이윤추구가 목적인 사기업은 사업의 계속성이 보장되지 않고 중간에 어떠한 이유로 사업이 중단될 가능성이 존재하기 때문이다.

---

3) 생존배려형 사기업은 전기·가스·상하수도 등과 같이 국민의 생존을 배려하는 급부행정작용에 준하는 활동을 담당하는 기업을 말한다. 사적 이윤추구와 함께 공익사업을 수행하며 이들을 위한 공용침해는 원칙적으로 허용된다. 경제적 사기업은 전적으로 이윤추구를 목적으로 하는 기업으로 영리만을 추구한 결과 특정지역의 실업문제가 완화되고 지역경제의 개선을 가져와 간접적·부수적 결과로서 공공복리 증진을 가져오기 때문에 경제적 사기업에 의한 공용침해 가능성이 문제된다.

(2) 대상사업과 공공성

사인이 행하는 대상사업에 대하여 공공성 반영과정은 ① 토지보상법 제4조 규정에 의한 수용적격사업이나, 국토교통부장관이 사업인정 시 반영되고, ② 기타 개별법에서 사업인정이 의제되는 실시계획승인 등에 의해 공공성을 판단한다. 그때 그 기준으로 공공성은 광의의 비례원칙에 의하여 제 이익형량이 선행되어야 하고, 사기업이라는 특성상 일정기간 이상 계속 수행될 것이 요구된다.

4. 계속적 공익실현의 보장수단

(1) 보장책의 필요성

통상적으로 국가나 공공단체에 의한 공용수용의 경우에는 공익사업의 계속적 수행을 위한 보장책의 문제는 발생하지 않는다. 국가 등의 공행정주체는 공적 과제의 실현, 즉 공익실현을 사명으로 하고 있으므로 공익사업의 계속적 실현이 보장되어 있기 때문이다. 그런데 경제적 사기업은 이윤추구가 목적인바 언제든지 중도에 포기할 가능성이 있으므로 보장책이 필요하게 된다.

(2) 보장책의 법적 근거

① 헌법적 근거

공익사업의 계속성을 담보하기 위한 법적 · 제도적 장치에 대한 요청은 헌법 제23조 제3항에 근거하고 있다. 만약 보장 없이 공용수용을 허용한다면 공공필요가 결여된 공용침해로서 헌법상 재산권 보장원칙에 정면으로 반하는 결과가 될 것이다.

② 보장책에 대한 법률유보

보장책에 대한 요구가 헌법규정으로부터 직접 도출되는 것이므로 법률적 근거를 요하지 않는다는 견해가 있으나, 우리 헌법은 "법률로써 하되"라고 규정하고 있으므로 보장책 없는 공용침해 법률은 위헌 · 위법하다 할 것이다.

(3) 보장수단

① 환매권(법 제91조)과 사업인정 실효(제23조, 제24조, 제24조의2)

환매권은 토지보상법에서 공익사업의 계속성을 담보하기 위한 수단으로 규정되어 있는 것으로서 가장 일반적인 것이다. 그러나 환매권은 시간적인 제한이 있으며, 환매권 행사 시 공행정주체의 개입 없이 환매권자에 의해서만 행사된다는 점에서 공익사업의 계속성 보장책으로는 미흡하다는 지적이 있다. 또한 토지보상법에서는 재결신청기간의 경과와 사업의 폐지 · 변경으로 인한 사업인정의 실효제도를 규정하여 수용법 관계의 조속한 확정을 바라는 피수용자를 보호하고 간접적으로 공익사업의 계속성을 보장한다.

② 입법적 통제

민간투자법에서는 사업시행자에 대한 감독 · 명령과 처분, 위반 시 벌칙 등을 규정하고 있다. 그러나 민간자본유치 촉진에 역점을 둔 까닭에 공익사업의 계속성 담보에 대한 배려가 미흡하다. 일반적 개괄조항에 대한 구체적인 보장책 수단으로는 행정입법, 행정행위, 부관 등이 입법론적으로 요망된다.

③ 사법적 통제

공익사업의 계속성 보장책이 헌법 제23조 제3항의 공공필요의 요건을 충족하지 못할 경우에는 위헌・위법한 재산권 침해라 할 것이다. 이 경우 행정쟁송의 제기를 하고, 해당 법률의 위헌법률심사를 신청하거나 보충성 원칙을 충족한 경우 헌법소원이 가능할 것이다.

(4) 보장내용

보장책은 공익사업의 종류와 내용, 구체적인 상황에 따라 결정되어야 하므로 일반화는 어렵지만 일정한 기간 계속된 기업운영, 기업의 가용능력을 최대한 발휘하여 운영할 것, 지역 내 주민의 일정 수 이상을 고용할 것 등이 내용으로 될 수 있을 것이다.

5. 부대사업과 사용수용

(1) 문제의 소재

부대사업이란 사업시행자가 민간투자사업과 연계하여 시행하는 주택건설사업・택지개발사업을 말한다. 민간투자법 제21조에서는 사업시행자의 투자비 보전 및 정상적인 운영을 도모하기 위하여 부대사업을 해당 민간투자사업과 연계하여 시행하게 할 수 있다고 규정하고 있다. 이와 같은 부대사업권을 부여하는 것은 사회기반시설의 설치사업 자체의 채산성을 보전하게 한다는 일종의 수익성 보장을 위한 장치인바 공공성과 관련하여 인정 여부가 문제된다.

(2) 부대사업에 사용수용 인정 여부

① 관련규정의 검토

민간투자법 제20조는 실시계획 고시를 사업인정으로 의제하고 있으며 동법 제21조는 부대사업을 시행할 수 있고 부대사업의 내용을 실시계획 고시에 포함하고 있어 실시계획 고시에 의해 사업인정이 의제되어 부대사업에까지 수용규정이 인정되는지가 문제된다.

② 인정 여부 및 개선방안

실시계획 고시에 부대사업까지 포함시킨 것은 원활한 사업추진을 도모하기 위한 것으로 이해해야지 부대사업은 사적 이윤 동기에 의한 행위에 불과한바, 실시계획 고시에 의해 사업인정이 의제된다고 하더라도 부대사업을 위한 수용까지 허용된다고 보는 것은 우리 국민의 정서에 비추어 타당하지 않다고 판단된다.

결국 부대사업에 대한 수용권 부여 여부는 부대사업 자체의 공공성을 비교 형량하여 결정해야 하는바, 부대사업은 사익추구 경향이 강하기 때문에 수용권을 인정하기 어려울 것이다. 결국 이러한 문제는 관련규정의 불명확성에 기인한 것으로 수용이 가능한 사업과 그렇지 못한 사업을 구별할 수 있도록 법률에서 관계규정을 명확하게 할 필요가 있다고 사료된다.

6. 결

사용수용은 비록 수용의 주체가 사인이라 하더라도 공익사업을 위해 허용되는 것으로서 공공성의 전제가 강력히 요구되고 있다. 그럼에도 불구하고 최근 공익사업의 수요가 확대됨에 따라 사적 이윤을 어느 정도 보장하면서, 사용수용을 허용할 수 있어야 한다는 주장이 확대되고 있으나, 사용수용은 수용에 대한 국민의 정서를 고려할 때 공익과 사익을 비교 형량하여 공익성을 중심으로 엄격하게 판단해야 한다. 또한 보다 적극적인 공익성 확보를 위해 계획단계부터 국민의 절차 참여보장이 요구된다 할 것이다.

7. 기출문제

> ≫ 기출문제(제19회 3번)
> 사적(私的) 공용수용의 의의 및 요건에 대하여 설명하시오. **20점**

제2절 공용수용과 공공성

01 공용수용과 공공성

1. 서

공용수용이란 특정한 공익사업을 위하여 보상을 전제로 타인의 특정한 재산권을 법률의 힘에 의하여 강제로 취득하는 것을 말한다. 이는 헌법상 재산권 보장원칙에 대한 중대한 예외이므로 ① 사업내용의 공공성, ② 법률에 근거한 수용권의 발동과 법률에 의한 수용절차의 규제, ③ 수용으로 인한 재산상 손실에 대한 보상 등 엄격한 제약하에서 이루어진다. 이러한 요건 중 공공성은 공용수용의 실질적 허용요건이자 본질적 제약요건으로서 그 중요성이 인정된다.

2. 공공성

(1) 의의

재산권에 대한 공권적 침해는 "공공필요"에 의해서만 행해질 수 있는바, 공공필요(공공성)는 공용침해의 실질적 허용요건이자 본질적 제약요소이다. 그런데 공공성은 대표적인 불확정 개념으로서, 시대적 상황과 국가정책의 목표에 따라 가변적이기 때문에 획일적인 개념 정립이 불가능하며, 특히 최근에는 복리행정의 추구로 인하여 그 범위가 확대되는 추세에 있기에 구체적인 판단을 요한다.

(2) 공공성의 판단

공공성 개념의 추상성은 명확한 공공성의 판단근거를 요구하며 이는 헌법 제37조 제2항 및 행정기본법 제10조 비례의 원칙의 단계적 심사를 통해 구체화된다.
공공성의 판단기준으로서 비례의 원칙은 행정목적 실현을 위한 수단과 해당 목적 사이에는 합리적인 비례관계가 유지되어야 한다는 것으로 헌법 제37조 제2항 및 행정기본법 제10조에 근거를 두고 있다. 내용으로는 선택된 수단은 목적달성에 적합하여야 한다는 ① 적합성의 원칙, 적합한 수단들 중 최소 침해의 수단을 선택해야 한다는 ② 필요성의 원칙, 행정목적 달성을 위해 필요한 수단이라 하더라도 이로 인해 달성되는 공익이 침해되는 사익보다 우월해야 한다는 ③ 상당성의 원칙이 있으며, 이들의 단계적 심사를 통해 판단한다.

판례

▶ 관련판례(헌재 2014.10.30, 2011헌바129 · 172)

헌법 제23조 제3항에서 규정하고 있는 '공공필요'는 "국민의 재산권을 그 의사에 반하여 강제적으로라도 취득해야 할 공익적 필요성"으로서, '공공필요'의 개념은 '공익성'과 '필요성'이라는 요소로 구성되어 있는바, '공익성'의 정도를 판단함에 있어서는 공용수용을 허용하고 있는 개별법의 입법목적, 사업내용, 사업이 입법목적에 이바지하는 정도는 물론, 특히 그 사업이 대중을 상대로 하는 영업인 경우에는 그 사업 시설에 대한 대중의 이용 · 접근가능성도 아울러 고려하여야 한다. 그리고 '필요성'이 인정되기 위해서는 공용수용을 통하여 달성하려는 공익과 그로 인하여 재산권을 침해당하는 사인의 이익 사이의 형량에서 사인의 재산권침해를 정당화할 정도의 공익의 우월성이 인정되어야 하며, 사업시행자가 사인인 경우에는 그 사업 시행으로 획득할 수 있는 공익이 현저히 해태되지 않도록 보장하는 제도적 규율도 갖추어져 있어야 한다.

▶ 관련판례(헌재 1996.4.25, 95헌바9)

우리 헌법의 재산권 보장에 관한 규정의 근본취지에 비추어 볼 때, 공공필요에 의한 재산권의 공권력적, 강제적 박탈을 의미하는 공용수용은 헌법상의 재산권 보장의 요청상 불가피한 최소한에 그쳐야 한다. 즉 공용수용은 헌법 제23조 제3항에 명시되어 있는대로 국민의 재산권을 그 의사에 반하여 강제적으로라도 취득해야 할 공익적 필요성이 있을 것, 법률에 의거할 것, 정당한 보상을 지급할 것의 요건을 모두 갖추어야 한다. 그리고 일단 공용수용의 요건을 갖추어 수용절차가 종료되었다고 하더라도 그 후에 수용의 목적인 공공사업이 수행되지 아니하였거나 또는 수용된 재산권이 당해 공공사업에 필요 없게 되었다고 한다면, 수용의 헌법상 정당성과 공공필요에 의한 재산권 취득의 근거가 장래를 향하여 소멸한다고 보아야 한다.

(3) 공공성 개념의 확대화 경향

현대 복리행정의 이념, 사회국가의 요청에 의하여 과거에 공공성이 인정되지 아니한 부분에 대하여도 공공성을 넓게 인정하는 경향이 있다. 즉, 전통적인 공공성의 개념에는 ① 영리목적사업, ② 특정 소수인을 위한 사업, ③ 사회 · 경제 · 문화상 직접 필요하지 않은 사업, ④ 사업주체가 수용목적물을 직접 사용하지 않는 사업 등에는 공공성이 인정되지 않았으나, 현대 복리국가의 요청에 따른 행정수요의 변화에 따라 영리목적의 사업이나 사인을 위한 사업에도 공공성을 인정하고 있다.

3. 공용수용과 공공성

(1) 공용수용과 공공성의 관계

헌법 제23조 제3항이 예정한 공용수용의 요건으로는 공공필요, 법률의 근거 및 정당한 보상을 들 수 있다. 이러한 공용수용의 요건으로서 공공필요는 공용수용의 실질적 허용요건으로서 공공성을 결한 수용은 위법한 수용이 된다. 또한 공공성이 인정되어 공용수용이 이루어지고 있다고 하더라도 차후 공공성을 상실하는 경우 역시 공용수용의 위법성을 구성하게 되는바, 공공성은 공용수용의 본질적인 제약요건이기도 하다.

> **헌법 제23조**
> ① 모든 국민의 재산권은 보장된다. 그 내용과 한계는 법률로 정한다.
> ② 재산권의 행사는 공공복리에 적합하도록 하여야 한다.
> ③ 공공필요에 의한 재산권의 수용·사용 또는 제한 및 그에 대한 보상은 법률로써 하되, 정당한 보상을 지급하여야 한다.

(2) 입법에 의한 공공성 확보

① 수용적격사업과 공공성

수용적격사업이란 수용의 주체가 수용할 수 있는 적격을 갖는 공익사업을 말한다. 수용적격을 갖는 공익사업은 먼저 토지보상법과 개별법률을 제정할 때 입법자에게 그 판단이 맡겨지고, 해당 사업을 실시하기 위해 사업인정을 받을 때 처분청이 공익사업에 해당하는가의 여부를 최종적으로 판단하여 결정하게 된다. 입법자와 처분청은 해당 사업이 수용적격을 갖는 공익사업에 해당하는가의 여부를 판단할 때 공익성을 가치기준으로 삼는다. 공익성은 토지보상법에서 공공의 필요(공공성)가 구체화된 개념이다.

② 수용적격사업의 설정방법

입법 시 수용적격사업을 정하는 방법에는 개별입법주의, 제한적 열거주의 그리고 포괄주의로 구분할 수 있으며, 개별입법주의가 권리자 보호에 이바지할 수 있는 반면 포괄입법주의는 사회의 기술발전에 부응하여 탄력적으로 사업촉진을 가능하게 한다는 장점을 지닌다.

(ㄱ) **개별입법주의** : 행정청에게 판단의 여지를 부여함이 없이 개개의 사업이 토지를 수용하고 또는 사용할 가치가 있을 만큼 공공성을 지니고 있는가를 개별적으로 심사하여 입법하는 것이다.

(ㄴ) **제한적 열거주의** : 법률상 수용대상 사업의 범위를 한정하고, 그 범위 내에서 사업의 수용적격성 유무를 행정청에게 판단하게 하는 것이다.

(ㄷ) **포괄주의** : 수용대상 사업에 대해 법률로 그 범위를 한정하지 않고 이를 포괄적으로 행정청에게 맡겨 구체적인 사업에 대해 수용 여부를 판단하게 하는 것이다.

③ 토지보상법 제4조의 검토

우리 토지보상법은 제한적 열거주의를 채택하여 제4조에 수용적격사업을 열거하고 있다. 최초 수용적격을 갖는 공익사업이 사권보호의 견지에서 제한적으로 인정되었으나, 최근에는 공공성 및 공익성의 요건이 완화·확대됨으로써 다른 사람에게 분양할 공업단지나 주택단지 등으로까지 확대되고 있는 경향을 보이고 있다.

법 제4조(공익사업)

이 법에 따라 토지 등을 취득하거나 사용할 수 있는 사업은 다음 각 호의 어느 하나에 해당하는 사업이어야 한다.

1. 국방·군사에 관한 사업
2. 관계 법률에 따라 허가·인가·승인·지정 등을 받아 공익을 목적으로 시행하는 철도·도로·공항·항만·주차장·공영차고지·화물터미널·궤도(軌道)·하천·제방·댐·운하·수도·하수도·하수종말처리·폐수처리·사방(砂防)·방풍(防風)·방화(防火)·방조(防潮)·방수(防水)·저수지·용수로·배수로·석유비축·송유·폐기물처리·전기·전기통신·방송·가스 및 기상 관측에 관한 사업
3. 국가나 지방자치단체가 설치하는 청사·공장·연구소·시험소·보건시설·문화시설·공원·수목원·광장·운동장·시장·묘지·화장장·도축장 또는 그 밖의 공공용 시설에 관한 사업
4. 관계 법률에 따라 허가·인가·승인·지정 등을 받아 공익을 목적으로 시행하는 학교·도서관·박물관 및 미술관 건립에 관한 사업
5. 국가, 지방자치단체,「공공기관의 운영에 관한 법률」제4조에 따른 공공기관,「지방공기업법」에 따른 지방공기업 또는 국가나 지방자치단체가 지정한 자가 임대나 양도의 목적으로 시행하는 주택 건설 또는 택지 및 산업단지 조성에 관한 사업
6. 제1호부터 제5호까지의 사업을 시행하기 위하여 필요한 통로, 교량, 전선로, 재료적치장 또는 그 밖의 부속시설에 관한 사업
7. 제1호부터 제5호까지의 사업을 시행하기 위하여 필요한 주택, 공장 등의 이주단지 조성에 관한 사업
8. 그 밖에 별표에 규정된 법률에 따라 토지 등을 수용하거나 사용할 수 있는 사업

제4조의2(토지 등의 수용·사용에 관한 특례의 제한)

① 이 법에 따라 토지 등을 수용하거나 사용할 수 있는 사업은 제4조 또는 별표에 규정된 법률에 따르지 아니하고는 정할 수 없다.
② 별표는 이 법 외의 다른 법률로 개정할 수 없다.
③ 국토교통부장관은 제4조 제8호에 따른 사업의 공공성, 수용의 필요성 등을 5년마다 재검토하여 폐지, 변경 또는 유지 등을 위한 조치를 하여야 한다.

제4조의3(공익사업 신설 등에 대한 개선요구 등)

① 제49조에 따른 중앙토지수용위원회는 제4조 제8호에 따른 사업의 신설, 변경 및 폐지, 그 밖에 필요한 사항에 관하여 심의를 거쳐 관계 중앙행정기관의 장에게 개선을 요구하거나 의견을 제출할 수 있다.
② 제1항에 따라 개선요구나 의견제출을 받은 관계 중앙행정기관의 장은 정당한 사유가 없으면 이를 반영하여야 한다.
③ 제49조에 따른 중앙토지수용위원회는 제1항에 따른 개선요구·의견제출을 위하여 필요한 경우 관계 기관 소속 직원 또는 관계 전문기관이나 전문가로 하여금 위원회에 출석하여 그 의견을 진술하게 하거나 필요한 자료를 제출하게 할 수 있다.

Check Point!

토지보상법 제4조 개정의 의의[2016년 4월 29일 토지보상법연구회 봄 발표회 – 김원보 감정평가사님(前 한국감정평가사협회장) – 사업인정 별표 111개 사업(개정시행 2021.7.6.)] – 현재 개정법률에서는 사업인정을 받아야 할 사업 19개, 사업인정 의제 사업 94개로 113개 사업으로 확장됨(개정시행 2024.04.25.)

1. 무분별한 공익사업의 확대 제한
   종전 토지보상법 제4조 제8호를 개정하여 다른 법률에 의한 공익사업을 별표에 규정된 법률에 의한 공익사업으로 한정하고, 제4조의2를 신설하여 제1항에서 공익사업은 제4조 또는 별표에 규정된 법률에 따르지 아니하고는 정할 수 없도록 하였으며, 제2항에서 별표는 토지보상법 외의 다른 법률로는 개정할 수 없도록 하여 사실상 공익사업이 무분별하게 확대되는 것을 막을 수 있게 되었다.
2. 사업인정 의제절차의 개선
   토지보상법 제21조 제2항 및 제3항을 신설하여 개별법률에서 사업인정으로 의제되는 처분을 할 경우 중앙토지수용위원회 및 사업에 이해관계가 있는 자의 의견을 듣도록 하여, 개별법률에서 의견청취절차를 규정하고 있지 않은 경우에도 토지보상법에 의해 의견청취절차를 거치도록 하여 국민의 권리보호에 충실을 기할 수 있게 되었다.
3. 공익성 순위의 결정의 개선
   환매의 경우 별표에 따른 사업도 그 성격이 토지보상법 제4조 제1호부터 제5호까지에 규정된 공익사업에 해당하는 경우에는 공익사업의 변환을 인정함으로써 공익성 순위를 명확하게 하였다.

④ 현행법제의 문제점 및 개선

우리의 토지보상법은 토지를 수용 또는 사용할 수 있는 사업을 형식적으로는 제한적 열거주의를 채택하면서 그 실질에 있어서는 포괄주의를 채택하고 있다 해도 과언이 아니다. 그것은 공익사업이 구체적인 사업을 대상으로 하지 않고 포괄적으로 열거하고 있기 때문이다. 또한 공익사업에 대한 규정방식이 제한적 열거주의를 채택하기 때문에 개별법률에서 수용 또는 사용할 수 있는 사업과 대부분 중복되고 있다. 이로 말미암아 사업인정권자가 사업인정을 행할 때 공익성의 판단에 보다 많은 자의가 개입될 소지가 있다. 따라서 정부는 이러한 문제점을 개선하기 위해 2015년 12월 29일 토지보상법 제4조를 개정하고, 제4조의2를 신설하여 사업인정의제사업 110개를 별표를 통해 열거하여 무분별한 사업의 확대를 제한하고, 사업인정 의제절차를 개선하였으며, 공익성 순위에 대한 결정을 개선하였다. 또한 2018.12.31. 토지보상법 제4조의3을 신설하여 공익사업의 신설, 변경 및 폐지 등에 관하여 중앙토지수용위원회가 개선요구 등을 할 수 있도록 보완하였다. 최근 토지보상법 제4조 별표[시행 2021.7.6.] 에 제11호에 추가적으로 「공공주택 특별법」 제2조 제3호 나목에 따른 공공주택건설사업, 제107의2호로 「항만 재개발 및 주변지역 발전에 관한 법률」에 따른 항만재개발사업, 제111호 「해양산업클러스터의 지정 및 육성 등에 관한 특별법」에 따른 해양산업클러스터 개발사업이 추가되어 공익사업이 확대되었다. 최근 에 법률을 개정하여 토지보상법 제4조 제8호 그 밖에 규정된 법률에 따라 토지 등을 수용하거나 사용할 수 있는 사업과 관련하여 ① 법 제20조에 따라 사업인정을 받아야 하는 공익사업 19가지로 분류하고, ② 법 제20조에 따른 사업인정이 의제되는 사업 95가지로 분류하여 총 114개 사업으로 확장하였다. 개정 법률 특징이 토지보상법에 따라 사업인정을 받아야 하는 것이 19개이고,

나머지 95개는 동법에 따라 사업인정이 의제되는 사업으로 구성한 것이므로 공익사업 진행시에 유의해야 할 부분이다.

4. 토지보상법의 공공성 확보

(1) 토지보상법의 공익성 확보

공용수용제도는 토지보상법을 중심으로 발전해왔고 토지보상법은 공용수용의 일반법적 지위에 있다. 이러한 토지보상법은 공공성을 공익성이라는 개념으로 구체화하였다.

토지보상법이 공익성이라는 구체화된 개념을 적용하는 것은 재산권이라는 사익에 대비하여 공공복리의 증진이라는 공익을 구별하기 위한 것으로 보인다. 또한 토지보상법은 특정 공익사업의 수행이라는 특징이 있기 때문에 공공성보다는 구체적인 개념인 공익성을 기준으로 한 것으로 보여진다. 이러한 공익성을 확보하기 위하여 입법적으로 사업인정제도와 환매권 등을 규정하고 있으며 판례는 이에 더하여 계속적인 공익성이 필요하다는 입장이다.

(2) 사업인정에 의한 공익성 확보

① 사업인정의 의의 및 법적 성질

사업인정은 특정 사업이 토지보상법 제4조에 열거하고 있는 공익사업에 해당함을 인정하고, 사업시행자에게 일정한 절차의 이행을 조건으로 수용권을 설정하는 설권적 형성행위이다. 또한, 해당 사업이 수용을 인정할 만한 공익적 가치가 있는지의 여부를 구체적으로 판단하여야 하고 이에는 재량의 개입이 필연적인바, 재량행위에 해당한다.

② 사업인정권자

(ㄱ) **원칙적인 사업인정권자 :** 사업인정권은 국토교통부장관에게 있다. 국토교통부장관은 사업인정의 제 절차를 거친 후 사업인정 여부에 관한 판단을 하고, 사업인정이 필요하다고 판단할 때 사업인정을 하게 된다.

(ㄴ) **개별법에 의한 사업인정의 의제 :** 공익사업에 대하여는 원칙적으로 사업인정의 절차가 요구되지만, 개별법상 공익사업에 대하여는 해당 사업의 실시계획인가 등에 의해 사업인정이 의제되고 있다. 대개의 공익사업이 개별법률에 근거하여 실시되고 있는 실정을 감안할 때 토지보상법의 사업인정은 원칙적이고 상징적인 조항에 불과하다 해도 과언이 아니다.

③ 사업인정에 의한 공익성 확보

사업인정은 토지를 수용 또는 사용하기 위한 전제 절차이고, 이에 대한 결정을 하기 위해서는 해당 사업이 공공성 내지는 공익성을 지니고 있는가를 판단하지 않으면 안 된다. 그러나 공공성(공익성)은 추상적 개념에 불과하여 법률로 정할 수 없기 때문에 행정청으로 하여금 개별・구체적으로 이를 판단하게 하도록 하기 위해 이 제도를 두고 있다. 공용수용이 공익사업을 위해 불가결하다 하더라도 사인의 재산권을 강제적으로 취득하는 것이기 때문에 이를 위한 국가권력의 발동에 신중을 기하지 않으면 안 되기 때문이다.

④ 현행법제의 문제점

(ㄱ) 토지보상법은 사업인정권을 국토교통부장관에게만 부여하고 있어 사업인정권한의 배분이 이루어지고 있지 않다. 지방화시대를 맞이하여 사업인정권한은 사업시행자, 사업시행지의 범위 및 사업의 성질 등에 따라 국토교통부장관과 도지사가 분담하도록 하는 것이 바람직하다고 본다.

(ㄴ) 또한, 개별법상 공익사업은 주무부장관이나 시・도지사 등에 의한 실시계획인가를 사업인정에 갈음하도록 함으로써 절차를 간소화하고 있으며, 사업인정권자도 실제 다원화되어 있다고 할 수 있다. 그러나 이러한 개별법 규정들은 형식적으로는 개별공익사업의 특성을 반영하여 토지보상법상의 사업인정절차의 예외를 인정하자는 취지로 마련된 것이지만, 사업인정과정에 이해관계인 등의 참여를 배제하여 실제로는 이해관계인들이 알지 못하는 사이에 사업이 확정되는 등 공익사업주체의 편의만을 도모하는 편법적인 제도로 평가되고 있다. 따라서 이러한 사업인정의제제도에 따라 실무상 토지보상법상의 사업인정제도는 주요 공익사업에 있어서는 전혀 그 기능을 하지 못하는 문제점을 안고 있다.
이에 대해서 사업인정의 의제제도를 계속 존치시키는 것이 바람직한 것인가는 재고할 필요가 있다는 지적과 상기 문제를 해결하기 위해서는 사업의 계획과정에 지역주민의 참가 등이 적극적으로 이루어져 사전적 권리구제가 이루어질 수 있도록 하여야 한다는 지적이 있다.

(3) 중앙토지수용위원회의 공익성 검토4)

① 공익성 협의제도

국토교통부장관이 사업인정을 하려거나 관계 행정청이 사업 인정이 의제되는 지구지정・사업계획승인 등을 하려는 경우 미리 중앙토지수용위원회와 협의하여야 한다(토지보상법 제21조 제1항, 제2항). 사업인정 또는 사업인정이 의제되는 지구지정・사업계획 승인 등을 하려는 인허가권자는 토지보상법 공익성 협의를 중앙토지수용위원회에 요청하여 공익성을 평가 받고 공익성 보완 등을 거쳐 위원회의결을 받는다. 공익성 협의의견서는 사업시행자가 수용재결을 신청할 때 관할 토지수용위원회에 제출하여야 하며, 이러한 공익성 협의절차의 하자는 절차적 위법을 구성함으로 실질적으로 공익성 검토를 강화하려는 제도이다.

② 공익성 검토(판단)기준

공익성 판단기준은 형식적 심사와 실질적 심사로 구분하여 판단한다. 공익성 판단의 형식적 심사는 토지보상법 제4조상 토지수용이 가능한 사업인지 여부, 의견 수렴 및 사업시행절차의 준수 여부 등 형식적 요건을 판단한다. 토지수용사업에 해당하지 않는 경우에는 사업인정 신청을 반려하고, 의견수렴절차와 사업시행절차를 이행하지 않은 경우에는 보완요구 또는 각하하게 된다. 공익성 판단의 실질적 심사는 헌법상 공공필요의 요건에 따라 토지수용사업의 공공성과 토지수용의 필요성으로 구분하여 공익성에 대한 실질적 내용을 판단한다. 사업의 공공성 심사는

4) 국토교통부 중앙토지수용위원회, 토지수용 업무편람, 2025.

㉠ 시행목적의 공공성, ㉡ 사업시행자 유형, ㉢ 목적 및 상위계획 부합 여부, ㉣ 사업의 공공기여도, ㉤ 공익의 지속성, ㉥ 시설의 대중성을 판단한다. 수용의 필요성 심사는 ㉠ 피해의 최소성, ㉡ 방법의 적절성, ㉢ 사업의 시급성, ㉣ 사업시행자의 사업수행능력을 평가하여 판단한다.

③ 중앙토지수용위원회의 형식적 심사

(가) 수용사업의 적격성

- 협의를 요청된 사업이 토지보상법 제4조 각 호에서 열거한 공익사업에 해당하는지 검토
  - 사업인정 사업의 경우에는 법 제4조 제1호부터 제8호에 해당하는지를 검토
  - 사업인정의제 사업의 경우에는 법 제8호에 해당하는지를 검토
- 토지보상법 제4조에 해당하지 않으면, 인허가권자에게 협의요청을 반려

(나) 사전절차의 적법성

㉠ 사업시행절차의 준수 여부

- 협의가 요청된 사업이 근거법률의 목적, 상위 계획 및 시행 절차 등에 부합하는지 여부를 검토(시행령 제11조의2 제1호)
  - 법령 또는 상위계획에 비추어 볼 때 사업지구 지정 및 고시가 적법한지 여부
  - 개발계획 또는 사업 기본계획 등의 수립 여부
  - 토지 및 물건에 관한 세목고시 여부
  - 환경영향평가법 시행령 별표 2, 별표 3, 별표 4에 해당하는 (전략)환경영향평가 협의 여부
  - 도시교통정비촉진법 시행령 별표에 해당하는 사업의 경우에 교통영향평가 심의 여부
  - 자연재해대책법 시행령 별표 1에 해당하는 사업의 경우에 재해영향평가 협의 여부

㉡ 의견수렴 절차의 이행 여부

- 토지보상법상 의견수렴절차의 이행 여부(토지보상법 제21조 및 시행령 제11조) 검토
  - 사업 인정신청서 및 관례 서류의 사본 등의 공고, 열람(영 제11조 제2항 및 제3항)
  - 토지소유자 및 관계인 등에 대한 통지 및 의견서 제출(영 제11조 제4항 및 제5항)
  - 열람기간 동안 제출된 의견서를 인허가권자에게 송부 등(영 제11조 제6항)
- 개별법상 의견수렴절차의 이행 여부(토지보상법 제21조 제3항 및 영 제11조)

④ 중앙토지수용위원회의 실질적 심사

(가) 사업의 공공성

① 시행목적의 공공성

- 사업의 명칭 또는 유형을 형식적으로 판단할 것이 아니라 사업의 내용을 확인하여 주된 시설의 유형을 실질적으로 검토
  - 주된 시설의 유형은 공용시설, 공공용시설, 주택 및 산업단지 등 복합시설, 기타 그 밖의 시설로 구분하여 검토
  - 주된 시설에 해당하는지 여부는 사업시행자의 목적과 의도를 기준으로 판단
  - 복합사업의 경우에는 사업의 목적과 사업시행자의 의도, 수익창출 구조 등을 종합적으로 고려하여 주된 시설여부를 결정

② 사업시행자의 유형

- 사업시행자는 국가, 지방자치단체, 공공기관 및 사인을 포함하나, 수용권의 근원은 국가고권에 해당하기 때문에 사업시행자의 유형에 따라 차별적 검토가 요구됨
  - 사업시행자의 유형은 국가와 지방자치단체, 공공기관, 민간으로 구분하여 사업시행자의 공공성을 검토

③ 근거법률의 목적 및 상위계획의 부합성

- 근거법률 목적의 부합성
  - 사업을 통해 설치하려는 시설의 내용을 확인하고, 주된 시설이 사업시행의 근거가 되는 법률상 달성하려는 목적에 부합하는지를 검토(영 제11조의2 제1호)
- 상위계획의 부합성
  - 사업을 시행하는 데 근거가 되는 상위계획 수립 여부를 확인하고, 해당 사업이 상위 계획의 범위 내에서 추진되는지 여부를 검토(영 제11조의2 제1호)

④ 사업의 공공기여도

- 공공시설의 설치 정도에 따라 공공기여도를 차별적으로 판단하여야 하며, 영리시설을 포함하는 경우 기부채납 등 공공귀속의 정도를 검토
  - 공공에 기여하는 시설·용지의 양적 크기에 따라 공공성을 평가하고, 시행 목적의 공공성을 보완
- 지역경제에 미치는 영향을 고려하여 지역균형기여도를 반영

⑤ 공익의 지속성

- 공공시설 귀속주체의 지속성
  - 사업을 통해 설치하는 공공시설 소유권의 귀속주체를 국가·지자체, 공공기관, 기타 사업시행자로 구분하여 검토
- 공공시설의 관리주체의 지속성
  - 사업을 통해 설치하는 공공시설의 관리주체를 국가·지자체, 공공기관, 기타 사업시행자로 구분하여 검토

⑥ 시설의 대중성

- 시설의 개방성
  - 사업을 통해 설치하는 시설을 불특정 다수가 이용할 수 있는지 여부를 검토 접근의 용이성
  - 사업을 통해 설치하는 시설을 무료로 이용할 수 있는지 여부를 검토

- 접근의 용이성
  사업을 통래 설치하는 시설의 이용이 유료인지 무료인지 여부를 검토

(나) 수용의 필요성

① 피해의 최소성

- 사익침해의 최소화
  - 공익을 목적으로 국민의 재산권을 강제로 수용하더라도 공익 및 사익침해를 최소화할 수 있는 방법을 선택
  - 사업시행으로 인해 강제로 이주해야 하는 이주대상가구 규모를 사업유형별로 사업면적 대비 이주대상가구 최소기준에 따라 사익침해 여부를 검토
    - 택지, 산단 등 면적사업: 10,000㎡ 당 2.43명 초과 여부
    - 도로, 철도 등 선형사업: 10,000㎡ 당 0.66명 초과 여부
    - 기타 시설사업 등: 10,000㎡ 당 0.23명 초과 여부
  - 이주대책을 수립한 경우 이주대책의 내용을 검토
- 공익침해의 최소화
  - 사업구역으로 편입되는 보전지역 면적 비율과, 사회・경제・환경적 피해발생 가능성을 검토
    - 보전산지, 농업진흥지역, 생태・경관보전지역, 문화재보호구역, 상수원보호구역, 개발제한구역 등 보전지역의 면적 비율을 검토
    - 보전산지, 농업진흥지역, 생태・경관보전지역, 문화재보호구역, 상수원보호구역, 개발제한구역 등 보전지역의 면적 비율을 검토
    - 재난 및 안전관리기본법상 국가기반시설 포함 여부 검토
    - 관계기관의 의견, 주민의견 및 환장교통・재해 등 영향평가 등을 종합하여 사회・경제・환경적 피해발생 가능성을 검토

② 방법의 적절성

- 토지권원의 확보비율
  - 사업구역 내 토지 등의 취득 및 사용에 대한 동의 비율을 검토
    - 사업인정 전 토지 등 취득을 위한 노력 정도를 고려하여 토지 등의 취득 및 사용에 대한 토지확보율을 검토
    - 사업시행에 대한 보안, 토지 등 소유자 불명 등 사업인정 전 토지확보가 어려운 사업구역 내 특수상황 등을 검토
- 분쟁발생 여부
  - 사업시행에 따른 관련 소송발생 여부를 검토하고, 민원해결을 위한 노력을 고려

③ 사업의 시급성

- 공익실현을 위해 사업을 적시에 추진해야 하는 현저하고 긴급한 상황인지 여부에 대해 검토
  - 사업을 시급히 추진해야 하는 상황을 개별적으로 유형화하여 검토
    : 국가안보, 생명 및 신체 등 위해발생, 교통, 통신 등 사회적 기초인프라 구축, 기타 주거, 산업, 경제, 고용 등 사회적 편익 증진 등
- 정부의 국정과제를 실현하기 위해 추진하는 사업의 경우 사업의 특수성을 고려

④ 사업시행자의 사업수행능력

- 사업시행자의 사업재원 확보수준을 검토하여야 함
  - 사업시행자의 자본조달계획을 확인하고, 사업시행에 필요한 재정능력을 검토
- 사업시행자가 민간(SPC 등 포함)인 경우에는 유사한 개발사업 수행실적을 추가적으로 검토

(4) 계속적 공익실현의 보장

① 개요(보장책의 필요성)

통상적으로 국가나 공공단체에 의한 공용수용의 경우에는 공익사업의 계속적 수행을 위한 보장책의 문제는 발생하지 않는다. 국가 등의 공행정주체는 공적 과제의 실현, 즉 공익실현을 사명으로 하고 있으므로 공익사업의 계속적 실현이 보장되어 있기 때문이다. 그러나 경제적 사기업은 이윤추구가 목적인바 언제든지 중도에 포기할 가능성이 있으므로 보장책이 필요하게 된다.

② 보장책의 법적 근거

(ㄱ) 헌법적 근거 : 공익사업의 계속성을 담보하기 위한 법적・제도적 장치에 대한 요청은 헌법 제23조 제3항에 근거하고 있다. 만약 보장 없이 공용수용을 허용한다면 공공필요가 결여된 공용침해로서 헌법상 재산권 보장원칙에 정면으로 반하는 결과가 될 것이다.

(ㄴ) 개별법상 근거 필요 여부 : 보장책에 대한 요구가 헌법규정으로부터 직접 도출되는 것이므로 법률적 근거를 요하지 않는다는 견해가 있으나, 우리 헌법은 "법률로써 하되"라고 규정하고 있으므로 공용침해의 근거법률에 보장책에 대한 내용을 함께 규정하여야 할 의무를 입법자에게 부여하고 있다고 보는 견해도 있다.

③ 토지보상법상 보장수단

(ㄱ) 환매권(법 제91조) : 환매권이란 공용수용의 목적물이 해당 사업에 불필요하게 되었거나 현실적으로 사업에 이용되고 있지 아니한 경우 환매권자가 일정한 대가를 지불하고 소유권을 되찾을 수 있는 권리를 말한다. 환매권은 토지보상법에서 공익사업의 계속성을 담보하기 위한 수단으로 규정되어 있는 것으로서 가장 일반적인 것이다.

(ㄴ) 사업인정의 실효(법 제23조, 제24조) : 재결신청기간의 경과에 따른 사업인정 실효와 사업의 폐지・변경으로 인한 사업인정의 효력상실제도를 규정하여 수용법 관계의 조속한 확정을 바라는 피수용자를 보호하고 간접적으로 공익사업의 계속성을 보장한다.

④ 기타 개별법상 보장수단

민간투자법에서는 사업시행자에 대한 감독・명령과 처분, 위반 시 벌칙 등을 규정하고 있으며, 행정행위의 부관, 공법상의 계약의 형식으로도 공익실현의무가 부과될 수 있다.

5. 결어

공용수용은 헌법상 재산권 보장의 예외적 조치로서 공공성이 인정되는 경우에만 인정될 수 있다. 반면, 공공성의 개념은 현대 복리국가 이념 추구에 따라 확대되고 있는바, 이는 개인의 재산권에 대한 침해의 개연성을 높인다. 따라서 엄격한 공공성의 판단이 공용수용에 있어 선행되어야 할 것이다.

공공필요의 판단기준 〈비례의 원칙, 과잉금지의 원칙〉

대판 2005.11.10, 2003두7507 〈의정부 북부 역사 건설사업〉

판시사항 〈공공의 필요의 입증책임, 공용수용의 목적물의 범위〉

[1] 공용수용에 있어서 공익사업을 위한 필요에 대한 증명책임의 소재(=사업시행자)
[2] 공용수용의 목적물의 범위 〈필요최소한의 면적〉

판결이유

[2] 비례의 원칙 내지 과잉금지의 원칙 위배의 상고이유에 대하여 공용수용은 공익사업을 위하여 타인의 특정한 재산권을 법률의 힘에 의하여 강제적으로 취득하는 것이므로 수용할 목적물의 범위는 원칙적으로 사업을 위하여 필요한 최소한도에 그쳐야 한다(대판 1987.9.8, 87누395, 대판 1994.1.11, 93누8108). 이 사건 토지 전부를 수용한 것이 비례의 원칙이나 과잉금지의 원칙에 위배된다고도 할 수 없다.

대판 2005.4.29, 2004두14670 〈전기사업법이 아닌 토지보상법의 공중사용〉

판시사항 〈사업인정의 대상, 결정기준, 이미 시행된 공익사업의 유지가 사업인정요건인지 여부〉

[1] 전기사업자가 전선로를 설치하기 위하여 다른 사람의 토지 위의 공중사용을 할 필요가 있는 경우, 전기사업법상의 공중사용이 아닌 토지보상의 공중사용을 대상으로 한 사업인정처분을 할 수 있는지 여부(적극)
[2] 토지보상법 제20조에 의한 사업인정처분이 이미 시행된 공익사업의 유지를 위한 것이라는 이유만으로 당연히 위법한 것인지 여부(소극)
[4] 행정주체가 토지보상법의 규정에 의한 사업인정처분을 함에 있어서의 결정기준

판결요지

[2] 토지보상법 제20조는 공익사업의 수행을 위하여 필요한 때, 즉 공공의 필요가 있을 때 사업인정처분을 할 수 있다고 되어 있을 뿐 장래에 시행할 공익사업만을 대상으로 한정한다거나 이미 시행된 공익사업의 유지를 그 대상에서 제외하고 있지 않은 점, 당해 공익사업이 적법한 절차를 거치지 아니한 채 시행되었다 하여 그 시행된 공익사업의 결과를 원상회복한 후 다시 사업인정처분을 거쳐 같은 공익사업을 시행하도록 하는 것은 해당 토지소유자에게 비슷한 영향을 미치면서도 사회적으로 불필요한 비용이 소요되고, 그 과정에서 당해 사업에 의하여 제공되었던 공익적 기능이 저해되는 사태를 초래하게 되어 사회·경제적인 측면에서 반드시 합리적이라고 할 수 없으며, 이미 시행된 공익사업의 유지를 위한 사업인정처분의 허용 여부는 사업인정처분의 요건인 공공의 필요, 즉 공익사업의 시행으로 인한 공익과 재산권 보장에 의한 사익 사이의 이익형량을 통한 재량권의 한계 문제로서 통제될 수 있는 점 등에 비추어보면, 사업인정처분이 이미 실행된 공익사업의 유지를 위한 것이라는 이유만으로 당연히 위법하다고 할 수 없다.
[4] 토지보상법의 규정에 의한 사업인정처분은 단순한 확인행위가 아니라 형성행위이므로, 당해 사업이 외형상 토지 등을 수용 또는 사용할 수 있는 사업에 해당된다 하더라도 행정주체로서는 그 사업이 공용수용을 할 만한 공익성이 있는지의 여부와 공익성이 있는 경우에도 그 사업의 내용과 방법에 대하여 사업인정처분에 관련된 자들의 이익을 공익과 사익 간에서는 물론, 공익 상호 간 및 사익 상호 간에도 정당하게 비교·교량하여야 하고, 그 비교·교량은 비례의 원칙에 적합하도록 하여야 한다.

이유

[4] 보호되는 원고들의 재산권 보장이라는 사익에 비하여 저해되는 공익 등의 정도가 훨씬 크다고 할 것이므로, 이 사건 사업인정처분이 과잉금지의 원칙에 반하여 재량권을 남용·일탈한 것이라고 할 수 없다고 판단하였다.

대판 2011.1.27, 2009두1051 창원시 골프장사건

판시사항 〈사업인정의 요건, 공익성이 결여된 사업인정에 터잡은 수용권 행사 여부〉

[1] 사업인정기관이 공익사업을 위한 토지 등의 취득 및 보상에 관한 법률상의 사업인정을 하기 위한 요건
[2] 사업시행자가 사업인정을 받은 후 그 사업이 공용수용을 할 만한 공익성을 상실하거나 사업인정에 관련된 자들의 이익이 현저히 비례의 원칙에 어긋나게 된 경우 또는 사업시행자가 해당 공익사업을 수행할 의사나 능력을 상실한 경우, 그 사업인정에 터잡아 수용권을 행사할 수 있는지 여부(소극)

판결요지

[1] 사업인정이란 공익사업을 토지 등을 수용 또는 사용할 사업으로 결정하는 것으로서 공익사업의 시행자에게 그 후 일정한 절차를 거칠 것을 조건으로 일정한 내용의 수용권을 설정하여 주는 형성행위이므로, 해당 사업이 외형상 토지 등을 수용 또는 사용할 수 있는 사업에 해당한다고 하더라도 사업인정기관으로서는 그 사업이 공용수용을 할 만한 공익성이 있는지의 여부와 공익성이 있는 경우에도 그 사업의 내용과 방법에 관하여 사업인정에 관련된 자들의 이익을 공익과 사익 사이에서는 물론, 공익 상호 간 및 사익 상호 간에도 정당하게 비교·교량하여야 하고, 그 비교·교량은 비례의 원칙에 적합하도록 하여야 한다. 그뿐만 아니라 해당 공익사업을 수행하여 공익을 실현할 의사나 능력이 없는 자에게 타인의 재산권을 공권력적·강제적으로 박탈할 수 있는 수용권을 설정하여 줄 수는 없으므로, 사업시행자에게 **해당 공익사업을 수행할 의사와 능력**이 있어야 한다는 것도 사업인정의 한 요건이라고 보아야 한다.
[2] 공용수용은 헌법상의 재산권 보장의 요청상 불가피한 최소한에 그쳐야 한다는 헌법 제23조의 근본취지에 비추어 볼 때, 사업시행자가 사업인정을 받은 후 그 사업이 공용수용을 할 만한 공익성을 상실하거나 사업인정에 관련된 자들의 이익이 현저히 비례의 원칙에 어긋나게 된 경우 또는 사업시행자가 해당 공익사업을 수행할 의사나 능력을 상실하였음에도 여전히 그 사업인정에 기하여 수용권을 행사하는 것은 수용권의 공익목적에 반하는 수용권의 남용에 해당하여 허용되지 않는다.

〈수용권 남용〉에 대하여 그 이유를 본다.

헌법 제23조의 근본취지는 우리 헌법이 사유재산제도의 보장이라는 기조 위에서 원칙적으로 모든 국민의 구체적 재산권의 자유로운 이용·수익·처분을 보장하면서 공공필요에 의한 재산권의 수용·사용 또는 제한은 헌법이 규정하는 요건을 갖춘 경우에만 예외적으로 허용한다는 것으로 해석된다. 이와 같은 우리 헌법의 재산권 보장에 관한 규정의 근본취지에 비추어 볼 때, 공공필요에 의한 재산권의 공권력적, 강제적 박탈을 의미하는 공용수용은 헌법상의 재산권 보장의 요청상 불가피한 최소한에 그쳐야 한다.
사업인정이라 함은 공익사업을 … 형성행위이므로, <u>해당 사업 이외 형상토지 등을 수용 또는 사용할 수 있는 사업에 해당한다고 하더라도 사업인정기관으로서는 그 사업이 공용수용을 할 만한 공익성이 있는지의 여부와 공익성이 있는 경우에도 그 사업의 내용과 방법에 관하여 사업인정에 관련된 자들의 이익을 공익과 사익 사이에서는 물론, 공익 상호 간 및 사익 상호 간에도 정당하게 비교·교량하여야 하고, 그 비교·교량은 비례의 원칙에 적합하도록 하여야 한다(대판 2005.4.29, 2004두14670). 그뿐만 아니라 해당 공익사업을 수행하여 공익을 실현할 의사나 능력이 없는 자에게 타인의 재산권을 공권력적·강제적으로 박탈할 수 있는 수용권을 설정하여 줄 수는 없으므로, 사업시행자에게 해당 공익사업을 수행할 의사와 능력이 있어야 한다는 것도 사업인정의 한 요건이라고 보아야 한다.</u>
그리고 앞서 본 바와 같이 **공용수용은 헌법상의 재산권 보장의 요청상 불가피한 최소한에 그쳐야 한다는 헌법 제23조의 근본취지**에 비추어 볼 때, 사업시행자가 사업인정을 받은 후 그 사업이 공용수용을 할 만한 공익성을 상실하거나 사업인정에 관련된 자들의 이익이 현저히 비례의 원칙에 어긋나게 된 경우 또는 사업시행자가 해당 공익사업을 수행할 의사나 능력을 상실하였음에도 여전히 그 사업인정에 기하여 수용권을 행사하는 것은 수용권의 공익목적에 반하는 수용권의 남용에 해당하여 허용되지 않는다고 할 것이다.

사건의 사실개요

이 사건 골프연습장은

1. 창원시 두대동 민간자본 유치를 통한 도시공원 내 체육시설
2. **사업시행자 지정 당시 부담설정(미이행)**
   사업시행지역의 타인 소유의 토지는 이를 매입하거나 사용승낙을 받을 것을 조건으로 하였는데, 사업시행지 일대 원고 소유 토지 6필지에 관하여 임대차계약을 체결하고 원고로부터 사용승낙서를 받기는 하였으나, 실제 보증금과 차임은 전혀 지급하지 않은 채 이 사건 수용재결에 이르기까지 이 사건 토지 등을 일방적으로 점유, 사용하여 온 사실
3. **사업시행자 지정 취소**
   이 사건 골프연습장이 창원국가산업단지 내에 위치하여 그 조성사업이 산업입지 및 개발에 관한 법률에 의거 창원시장이 아닌 경상남도지사의 승인을 받아야 한다는 점이 밝혀져 위 사업시행자 지정이 취소
4. 그 후 경상남도지사는 창원국가산업단지 개발계획에 주요기반시설 중 하나인 체육시설로서 창원시장이 추진한 사업내용과 동일하게 '창원시에 체육시설(골프연습장)을 설치하는 내용'을 추가하여 실시계획을 승인하였는데, 그 승인조건에 이 사건 골프장 부지 등으로 사용되는 타인 소유의 토지를 매입하거나 사용승낙을 받도록 하는 내용 등을 부가하지 않은 사실
5. 이에 원고는 이 사건 토지 등의 인도와 그 지상 골프연습장 건물 등의 철거 및 차임 상당 부당이득의 지급을 구하는 소를 제기하여 그 승소판결을 받아 그 판결이 확정
6. 소외 1은 판결에 따른 의무를 이행하지 않은 채 당시 공사 중이던 골프연습장 건물의 건축 등을 강행한 사실
7. 그러자 원고는 다시 소외 1을 상대로 건물 등 철거청구소송을 제기하였는데, 소외 1은 피고(토지수용위원회)에게 이 사건 토지에 관한 수용재결을 신청하여 수용재결을 받은 사실
8. 소외 1 또는 그가 대표이사로 있던 소외 2 주식회사는 이 사건 사업지역 안팎에 있는 여러 필지의 토지들을 소유하였는데, 그 중 일부는 2004.7.7. 담보권 실행을 위한 경매절차가 개시되어 2005.5.30. 피고보조참가인(이하 '보조참가인'이라고만 한다)에게 매각되었고, 나머지 토지들은 2005.5.19. 담보권 실행을 위한 경매절차가 개시되어 2006.1.26. 소외 3에게 매각되었으며, 위 골프연습장 건물도 2004.8.17. 강제경매절차가 개시되어 2006.2.1. 보조참가인의 대표이사이던 소외 4에게 매각된 사실, 위와 같이 경매된 토지들에 관하여 특히 2004.10.15. 이후 다수의 가압류 및 압류가 이어지기도 한 사실
9. 소외 1은 이 사건 토지의 수용에 필요한 보상금 등 제반 비용도 보조참가인으로부터 조달하였고, 이에 이 사건 토지에 관하여 2005.5.10. 소외 1 명의로 소유권이전등기가 마쳐지자마자 보조참가인 명의로 소유권이전청구권 가등기가 마쳐졌다가 2007.7.18. 그 가등기에 기한 본등기가 마쳐진 사실
10. 현재 이 사건 골프연습장은 일부 철거된 채 영업을 하지 못하고 있는 상태인 사실
11. 한편 이 사건 토지는 학교법인인 원고의 기본재산으로서 주변에 원고 운영의 학교들이 소재하고 있어 장차 학교부지 등 교육목적으로 사용될 수 있을 것으로 보이는 사실 등을 알 수 있다.
12. 앞서 본 법리와 사실관계에 비추어 보면, 소외 1은 사업인정을 받은 이후 재정상황이 더욱 악화되어 이 사건 수용재결 당시 이미 이 사건 사업을 수행할 능력을 상실한 상태에 있었다고 볼 여지가 있고, 그렇다면 소외 1이 이 사건 각 토지에 관한 수용재결을 신청하여 그 재결을 받은 것은 수용권의 남용에 해당한다고 볼 여지가 있다.

제3절 공용수용의 당사자

01 서

공익사업을 수행하기 위하여 토지 등을 취득하는 경우에 형성되는 법률관계에 있어서 그 당사자는 공익사업에 필요한 토지 등을 취득하는 사업시행자와 토지 등을 양도하거나 박탈당하는 토지소유자 및 관계인으로 구분된다.

협의취득의 경우에는 사업시행자와 토지소유자 및 관계인은 계약의 당사자(양수인과 양도인)로서 지위를 갖게 된다. 반면, 수용에 의한 취득의 경우 사업시행자와 토지소유자 및 관계인은 수용권의 주체와 수용권의 객체라는 법적 지위가 형성된다. 사업시행자는 공익사업 시행의 주체로서 수용권에 의해 목적물을 취득하는 수용권자가 되고, 토지소유자 및 관계인은 수용의 목적물인 재산권의 주체, 즉 피수용자의 법적 지위를 갖게 된다.

02 수용권의 주체

1. 수용권의 주체에 관한 학설

(1) 문제점

토지보상법에서는 수용의 효과를 야기하는 자(토지수용위원회)와 향유하는 자(사업시행자)를 구분하고 있다. 사업시행자가 국가인 경우에는 수용권자에 관하여 의문이 없으나, 국가 이외의 공공단체 또는 사인인 경우에 수용권자가 누구인가에 대하여 견해가 대립한다. 토지보상법이 수용의 효과를 야기하는 자와 향유하는 자를 달리 두고 있어 논란이 되고 있고, 이 문제는 국가 이외에 사인도 공익사업을 위해 수용할 수 있으나, 수용절차는 국가등에 의해 실행되고 있다는 사실에 기인한다. 수용절차에서 사업인정과 수용재결 각 단계의 법적성격 규명과 행정소송 당사자적격의 실익이 있다고 하겠다.

(2) 학설

① 국가수용권설

공용수용의 본질을 국가에 의한 재산권의 박탈이라고 보는 견해로 수용권을 공용수용의 효과를 발생케하는 능력이라고 본다. 수용권은 국가만이 가질 수 있으며, 사업주체는 수용청구권을 갖는다고 본다.

② 사업시행자수용권설

공용수용의 본질을 공익사업을 위한 재산권의 강제적 취득이라고 보는 견해로 수용권을 공용수용의 효과를 향유할 수 있는 능력이라고 본다. 사업시행자가 재산권 취득의 효과를 향유하는 자이므로 사업시행자를 수용권의 주체라고 본다.

③ 국가위탁권설

수용권은 국가에 귀속되는 국가적 공권인데, 국가는 사업인정을 통해 국가적 공권인 수용권을 사업시행자에게 위탁한 것으로 보는 견해이다.

(3) 판례

대법원은 사업인정의 설권적 형성행위성을 인정하여 사업시행자수용권설의 입장에 있다고 할 수 있다.

판례

▶ 관련판례(대판 1994.11.11, 93누19375)

토지수용법 제14조의 규정에 의한 사업인정은 그 후 일정한 절차를 거칠 것을 조건으로 하여 일정한 내용의 수용권을 설정해 주는 행정처분의 성격을 띠는 것으로서 그 사업인정을 받음으로써 …생략…

(4) 검토

생각건대, 공용수용의 본질은 특정한 공익사업을 위하여 재산권을 강제적으로 취득하는 데 있고, 수용권이란 수용의 효과를 향유할 수 있는 능력으로 보는 것이 타당하므로 수용권의 주체는 사업시행자로 보는 것이 타당하다.

2. 수용권자의 법적 지위(권리와 의무)

(1) 권리

타인토지출입권(제9조), 수용권(제19조), 사업인정 신청권(제20조), 토지 및 물건조사권(제27조), 협의성립 시 협의성립확인 신청권(제29조), 협의불성립 시 재결신청권(제28조), 재결에 불복하는 경우 행정쟁송권(제83조 내지 제85조), 토지소유권의 원시취득권(제45조), 대행청구권(제44조), 대집행신청권(제89조) 등이 있다.

(2) 의무

손실보상의무(제61조), 피수용자의 재결신청에 응할 의무(제30조), 피수용자의 고의・과실 없이 수용목적물이 멸실된 경우 위험부담(제46조), 수용의 법정절차 준수의무 등이 있다.

(3) 권리・의무의 승계

수용절차의 지연 및 중단을 방지하고 공익사업의 원활한 수행 및 피수용자의 권리보호를 위하여 수용권자의 권리와 의무는 사업을 승계한 자에게 이전된다(제5조).

3. 권리구제

(1) 사업인정에 대한 불복

사업시행자는 토지보상법 제20조에 따라 사업인정신청을 하였으나, 국토교통부장관이 거부하거나 부작위한 경우 의무이행심판, 거부처분취소소송, 부작위위법확인소송을 제기할 수 있다. 다만, 토지보상법상 사업인정에 대한 불복방법을 규정하고 있지 아니하는바, 행정심판법 제3조 및 행정소송법 제8조 제1항에 따라 일반 행정쟁송법이 적용된다.

(2) 재결에 대한 불복

사업시행자는 토지보상법 제83조 내지 제85조에 따라 제34조 규정에 의한 재결 또는 이의신청에 대한 재결에 대하여 행정소송을 제기할 수 있다. 이때 행정소송이 보상금 증감에 관한 소송인 경우에는 사업시행자는 토지소유자 또는 관계인을 피고로 하여 소송을 제기한다.

03 수용권의 객체(피수용자)

> 법 제2조(정의)
> 4. "토지소유자"란 공익사업에 필요한 토지의 소유자를 말한다.
> 5. "관계인"이란 사업시행자가 취득하거나 사용할 토지에 관하여 지상권・지역권・전세권・저당권・사용대차 또는 임대차에 따른 권리 또는 그 밖에 토지에 관한 소유권 외의 권리를 가진 자나 그 토지에 있는 물건에 관하여 소유권이나 그 밖의 권리를 가진 자를 말한다. 다만, 제22조에 따른 사업인정의 고시가 된 후에 권리를 취득한 자는 기존의 권리를 승계한 자를 제외하고는 관계인에 포함되지 아니한다.

1. 피수용자의 범위

(1) 토지소유자

토지소유자란 공익사업에 필요한 토지의 소유자를 말한다.

(2) 관계인

① 의의

관계인이란 사업시행자가 취득 또는 사용할 토지에 관하여 지상권 등 토지에 관한 소유권 외의 권리를 가진 자 또는 그 토지에 있는 물건에 관하여 소유권 그 밖의 권리를 가진 자를 말한다. 다만, 제22조의 규정에 따른 사업인정의 고시가 있은 후에 권리를 취득한 자는 기존의 권리를 승계한 자를 제외하고는 관계인에 포함되지 아니한다. 사업인정은 피수용자의 범위를 결정하는 시간적 제한의 기준이 된다.

② 관계인의 범위

수용목적물에 관하여 권리를 가진 자는 수용절차에 참가하여 자신의 권리를 보호받을 수 있도록 함이 타당하기 때문에 관계인의 범위는 가능한 넓게 보는 것이 타당하다 할 것이다. 판례도 이러한 입장에서 ① 소유권 이전등기 전 매수인, ② 가등기권리자, ③ 압류·가압류권자 등은 관계인에 해당한다고 하였으며, 가처분권리자는 관계인이 되지 못한다고 판시하였다.

판례

▶ 관련판례(대판 1973.2.26, 72다2402)

부동산에 대한 수용절차개시 이전에 종전 소유자로부터 동 부동산을 매수하여 그 주장과 같은 가처분등기를 경료하였다 하더라도, 가처분등기는 토지소유자에 대하여 임의처분을 금지함에 그치고 그로써 소유권 취득의 효력까지 주장할 수 없을 뿐만 아니라, 이러한 가처분권리자는 토지수용법 제4조 제3항에서 말하는 관계인으로도 해석할 수 없다.

2. 피수용자의 법적 지위

(1) 권리

토지조서 및 물건조서의 작성 시 이의부기를 통한 의견제출권(제15조), 사업인정 및 재결 시 문서열람권 및 의견진술권(제21조, 제31조), 재결신청청구권(제30조), 잔여지 등의 매수 또는 수용청구권(제74조), 그 밖의 토지에 대한 보상청구권(제79조), 사업인정의 실효 및 사업의 폐지·변경으로 인한 손실보상청구권(제23조, 제24조), 환매권(제91조), 행정쟁송제기권(제83조 내지 제85조) 등이 있다.

(2) 피수용자의 의무

토지보상법은 피수용자의 의무로 사업시행자의 토지출입에 따른 인용의무(제11조), 토지 등의 보전의무(제25조), 수용목적물의 인도 또는 이전의무(제43조) 등을 규정하고 있다.

(3) 권리·의무의 승계

사업시행자의 권리·의무는 그 사업을 승계한 자에게 이전하며, 이 법에 의하여 행한 절차 그 밖의 행위는 사업시행자·토지소유자 및 관계인의 승계인에게도 그 효력이 미친다.

3. 권리구제

(1) 사업인정에 대한 불복

사업인정은 복효적 행정행위로서 피수용자인 토지소유자 및 관계인에게는 침익적 행정행위가 된다. 토지보상법에는 사업인정처분에 대한 불복방법을 규정하고 있지 않아 일반 행정쟁송법에 따라 다툴 수 있다.

(2) 재결에 대한 불복

피수용자는 토지보상법 제83조 내지 제85조에 따라 재결 및 이의신청에 대한 재결에 대하여 다툴 수 있다. 재결에 불복한 때에는 재결서를 받은 날부터 90일 이내에, 이의신청을 거쳤을 때에는 이의신청에 대한 재결서를 받은 날부터 60일 이내에 각각 행정소송을 제기할 수 있다. 토지보상법은 행정소송이 보상금 증감(增減)에 관한 소송인 경우 공익사업의 효율적 수행을 위해 중앙토지수용위원회를 피고에서 제외하고 사업시행자를 피고로 소송을 제기하도록 규정하고 있다.

판례

기타 토지에 정착한 물건에 대한 소유권 그 밖의 권리를 가진 관계인에 수거 · 철거권 등 실질적 처분권을 가진 자가 포함 여부 – 공탁금출급청구권 확인

대판 2019.4.11, 2018다277419

> 공익사업을 위한 토지 등의 취득 및 보상에 관한 법률상 보상 대상이 되는 '기타 토지에 정착한 물건에 대한 소유권 그 밖의 권리를 가진 관계인'에 수거 · 철거권 등 실질적 처분권을 가진 자가 포함되는지 여부

【사건의 개요】

가. 국토교통부장관은 철도건설사업 시행을 위하여 원고가 공유하는 토지의 일부를 위 사업에 편입하였다.

나. 피고는 원고 소유의 이 사건 건물 중 선로부지에 편입되는 부분만을 협의 취득하려 하였으나, 원고가 나머지 부분만으로 공장을 운영할 수 없다고 주장하며 건물 전체를 협의 취득할 것을 요구하였다.

다. 피고는 2010.8.24. 사업에 편입되는 토지를 수용하고 이 사건 건물 등 지장물을 이전하게 한다는 중앙토지수용위원회의 수용재결에 따라 원고를 피공탁자로 하여 토지의 수용보상금과 이 사건 건물 등에 관한 가격 및 이전보상금 합계 385,610,860원(그중 이 사건 건물 전부 등에 관한 가격 및 이전보상금은 233,084,000원이다)을 공탁하였고, 원고는 이를 출급하였다.

라. 피고는 철도건설사업 계획선에 저촉되는 부분만 철거하였고, 원고가 나머지 건물 부분을 계속 사용하면서 공장을 운영하였다.

마. 한편 위와 같이 수용재결이 완료된 후에 이 사건 건물 일대가 재개발정비사업 부지로 편입되자 재송2주택 재개발정비사업조합(이하 '소외 조합'이라 한다)은 이 사건 건물 등에 관한 수용보상금을 지급하려 했는데 수용보상금 일부의 귀속을 둘러싸고 원고와 피고 사이에 다툼이 생겼다. 소외 조합은 원고를 상대로 이 사건 건물의 인도를 구하는 소를 제기하여 소송계속 중 원고로부터 이 사건 건물을 인도받아 스스로 철거함으로써 재개발사업의 장기화로 인하여 발생하는 비용을 절감하고 재개발사업을 신속하게 진행하기 위하여 원고와 이 사건 건물 등에 대한 보상금을 확정하는 방법 및 보상금을 지급받음과 동시에 이 사건 건물을 인도하기로 하는 내용 등에 대해 합의를 하였다. 그 후 조합이 지급하여야 할 보상금과 이전비를 696,984,955원으로 정하여 소외 조합은 이 사건 건물을 인도받음과 동시에 원고에게 538,265,125원을 지급하고, 나머지 158,719,830원은 그 귀속에 다툼이 있어 공탁하기로 하는 내용의 조정이 성립되었다. 소외 조합은 그 조정에 따라 피공탁자를 원고 또는 피고로 하여 이 사건 건물과 기계 설치이전비용으로 합계 158,719,830원(=건축물 74,119,830원 + 기계 설치이전비 84,600,000원)을 공탁하였다.

【판시사항】

[1] 공익사업을 위한 토지 등의 취득 및 보상에 관한 법률상 보상 대상이 되는 '기타 토지에 정착한 물건에 대한 소유권 그 밖의 권리를 가진 관계인'에 수거·철거권 등 실질적 처분권을 가진 자가 포함되는지 여부(적극)

[2] 사업시행에 방해되는 지장물에 관하여 공익사업을 위한 토지 등의 취득 및 보상에 관한 법률 제75조 제1항 단서 제2호에 따라 이전비용에 못 미치는 물건 가격을 보상한 경우, 사업시행자가 지장물의 소유권을 취득하거나 지장물의 소유자에 대하여 철거 및 토지의 인도를 요구할 수는 없고 단지 자신의 비용으로 이를 직접 제거할 수 있을 권한과 부담을 가질 뿐인지 여부(원칙적 적극) 및 이 경우 지장물의 소유자는 사업시행자의 지장물 제거와 그 과정에서 발생하는 물건의 가치 상실을 수인하여야 할 지위에 있는지 여부(원칙적 적극)

[3] 철도건설사업 시행자인 갑 공단이 을 소유의 건물 등 지장물에 관하여 중앙토지수용위원회의 수용재결에 따라 건물 등의 가격 및 이전보상금을 공탁한 다음 을이 공탁금을 출급하자 위 건물의 일부를 철거하였고, 을은 위 건물 중 철거되지 않은 나머지 부분을 계속 사용하고 있었는데, 그 후 병 재개발정비사업조합이 위 건물을 다시 수용하면서 수용보상금 중 위 건물 등에 관한 설치이전비용 상당액을 병 조합과 을 사이에 성립한 조정에 따라 피공탁자를 갑 공단 또는 을로 하여 채권자불확지 공탁을 한 사안에서, 병 조합에 대한 지장물 보상청구권은 을이 아니라 위 건물에 대한 가격보상 완료 후 이를 인도받아 철거한 권리를 보유한 갑 공단에 귀속된다고 보아야 하는데도, 이와 달리 위 건물의 소유권이 을에게 있다는 이유만으로 공탁금출급청구권이 을에게 귀속된다고 본 원심판단에는 법리오해의 잘못이 있다고 한 사례

【판결요지】

[1] 공익사업을 위한 토지 등의 취득 및 보상에 관한 법률상 보상 대상이 되는 '기타 토지에 정착한 물건에 대한 소유권 그 밖의 권리를 가진 관계인'에는 수거·철거권 등 실질적 처분권을 가진 자도 포함된다.

[2] 사업시행자가 사업시행에 방해가 되는 지장물에 관하여 공익사업을 위한 토지 등의 취득 및 보상에 관한 법률 제75조 제1항 단서 제2호에 따라 이전에 소요되는 실제 비용에 못 미치는 물건의 가격으로 보상한 경우, 사업시행자가 당해 물건을 취득하는 제3호와 달리 수용의 절차를 거치지 아니한 이상 사업시행자가 그 보상만으로 당해 물건의 소유권까지 취득한다고 보기는 어렵겠으나, 다른 한편으로 사업시행자는 그 지장물의 소유자가 같은 법 시행규칙 제33조 제4항 단서에 따라 스스로의 비용으로 철거하겠다고 하는 등의 특별한 사정이 없는 한 지장물의 소유자에 대하여 그 철거 및 토지의 인도를 요구할 수 없고 자신의 비용으로 직접 이를 제거할 수 있을 뿐이며, 이러한 경우 지장물의 소유자로서도 사업시행에 방해가 되지 않는 상당한 기한 내에 위 시행규칙 제33조 제4항 단서에 따라 스스로 위 지장물 또는 그 구성부분을 이전해 가지 않은 이상 사업시행자의 지장물 제거와 그 과정에서 발생하는 물건의 가치 상실을 수인하여야 할 지위에 있다고 봄이 상당하다. 그리고 사업시행자는 사업시행구역 내 위치한 지장물에 대하여 스스로의 비용으로 이를 제거할 수 있는 권한과 부담을 동시에 갖게 된다.

[3] 철도건설사업 시행자인 갑 공단이 을 소유의 건물 등 지장물에 관하여 중앙토지수용위원회의 수용재결에 따라 건물 등의 가격 및 이전보상금을 공탁한 다음 을이 공탁금을 출급하자 위 건물의 일부를 철거하였고, 을은 위 건물 중 철거되지 않은 나머지 부분을 계속 사용하고 있었는데, 그 후 병 재개발정비사업조합이 위 건물을 다시 수용하면서 수용보상금 중 위 건물 등에 관한 설치이전비용 상당액을 병 조합과 을 사이에 성립한 조정에 따라 피공탁자를 갑 공단 또는 을로 하여 채권자불확

지 공탁을 한 사안에서, 갑 공단은 수용재결에 따라 위 건물에 관한 이전보상금을 지급함으로써 위 건물을 철거·제거할 권한을 가지게 되었으므로 공익사업을 위한 토지 등의 취득 및 보상에 관한 법률상 보상 대상이 되는 '기타 토지에 정착한 물건에 대한 소유권 그 밖의 권리를 가진 관계인'에 해당하고, 을은 갑 공단으로부터 공익사업의 시행을 위하여 지장물 가격보상을 받음으로써 사업시행자인 갑 공단의 위 건물 철거·제거를 수인할 지위에 있을 뿐이므로, 병 조합에 대한 지장물 보상청구권은 을이 아니라 위 건물에 대한 가격보상 완료 후 이를 인도받아 철거할 권리를 보유한 갑 공단에 귀속된다고 보아야 하는데도, 위 건물의 소유권이 을에게 있다는 이유만으로 공탁금출급청구권이 을에게 귀속된다고 본 원심판단에는 법리오해의 잘못이 있다고 한 사례

■ **관계인의 범위(대법원 2009.2.12. 선고 2008다76112 판결 [손실보상금수령권자확인])**

【판시사항】

공익사업을 위한 토지 등의 취득 및 보상에 관한 법률의 보상 대상인 '기타 토지에 정착한 물건에 대한 소유권 그 밖의 권리를 가진 관계인'의 범위

【판결요지】

공익사업을 위한 토지 등의 취득 및 보상에 관한 법률의 보상 대상이 되는 '기타 토지에 정착한 물건에 대한 소유권 그 밖의 권리를 가진 관계인'에는 독립하여 거래의 객체가 되는 정착물에 대한 소유권 등을 가진 자뿐 아니라, 당해 토지와 일체를 이루는 토지의 구성부분이 되었다고 보기 어렵고 거래관념상 토지와 별도로 취득 또는 사용의 대상이 되는 정착물에 대한 소유권이나 수거·철거권 등 실질적 처분권을 가진 자도 포함된다.

【참조조문】

민법 제256조, 공익사업을 위한 토지 등의 취득 및 보상에 관한 법률 제2조 제5호, 제3조 제2호, 제61조, 제75조

【참조판례】

대법원 2007.1.25. 선고 2005두9583 판결

【전 문】

【원고, 상고인】 원고

【피고, 피상고인】 피고(소송대리인 변호사 000)

【원심판결】 대구고법 2008.8.22. 선고 2007나11355 판결

【주 문】

원심판결을 파기하고, 사건을 대구고등법원에 환송한다.

【이 유】

상고이유를 판단한다.

1. 부합물에 관한 소유권 귀속의 예외를 규정한 민법 제256조 단서의 규정은 타인이 그 권원에 의하여 부속시킨 물건이라 할지라도 그 부속된 물건이 분리하여 경제적 가치가 있는 경우에 한하여 부속시킨 타인의 권리에 영향이 없다는 취지이므로 부동산에 부합된 물건이 사실상 분리복구가 불가능하여 거래상 독립한 권리의 객체성을 상실하고 그 부동산과 일체를 이루는 부동산의 구성부분이 된 경우에는 타인이 권원에 의하여 이를 부합시킨 경우에도 그 물건의 소유권은 부동산의 소유자에게 귀속된다(대법원 1975.4.8. 선고 74다1743 판결, 대법원 1985.12.24. 선고 84다카2428 판결, 대법원 2001.11.13. 선고 2000두4354 판결 등 참조). 그러나 공익사업을 위한 토지 등의 취득 및 보상에 관한 법률(이하 '공익사업법'이라고만 한다)은 '토지와 함께 공익사업을 위하여 필요로

하는 입목, 건물 기타 토지에 정착한 물건 및 이에 관한 소유권 외의 권리'도 수용 및 보상의 대상으로 하고(제3조 제2호), 토지에 있는 물건에 관하여 소유권 그 밖의 권리를 가진 자는 관계인(제2조 제5호)으로서 사업시행자로부터 이전비 또는 일정한 경우 당해 물건의 가격을 손실로서 보상받는다고 규정하고 있으며(제61조, 제75조), 공익사업법상 입목, 건물을 제외한 '기타 토지에 정착한 물건(이하 '정착물'이라고 한다)'은 토지의 부합물임을 원칙으로 하는데(대법원 2007.1.25. 선고 2005두9583 판결 참조), 그 정착물에 대하여도 공익사업법 제75조 제1항에 따라 이전비로 보상하여야 하고, 그 정착물의 이전이 어렵거나 그 이전으로 인하여 정착물을 종래의 목적대로 사용할 수 없게 되거나 정착물의 이전비가 그 물건의 가격을 넘는 경우에는 당해 물건의 가격으로 보상하여야 하므로, 공익사업법상 보상 대상이 되는 '기타 토지에 정착한 물건에 대한 소유권 그 밖의 권리를 가진 관계인'에는 독립하여 거래의 객체가 되는 정착물에 대한 소유권 등을 가진 자뿐 아니라 당해 토지와 일체를 이루는 토지의 구성부분이 되었다고 보기 어렵고 거래관념상 토지와 별도로 취득 또는 사용의 대상이 되는 정착물에 대한 소유권이나 수거·철거권 등 실질적 처분권을 가진 자도 포함된다.

원심이 인용한 제1심이 인정한 사실관계에 의하면, 소외 1, 소외 2, 소외 3(이하 '종전 임차인'이라고 한다)은 동업하여 1994.11.26.경 피고로부터 대구 달성군 ○○읍 △△리 (지번 1 생략) 잡종지 9,843㎡(이하 '이 사건 토지'라 한다)를 공동으로 임차하여 그 지상에 사무실 건물, 운전 코스 및 장거리 주행연습장 등 시설물을 설치하고 운전연습차량 등을 갖추어 자동차운전학원(이하 '이 사건 학원'이라 한다)을 설립·운영하여 오던 중 소외 3이 위 동업관계에서 탈퇴한 사실, 원고는 소외 1로부터 동업지분을 양수한 후 소외 2와 공동으로, 1998.5.26.경 피고로부터 이 사건 토지를 임차기간은 1999.11.25.까지, 월차임은 9,100,000원으로 정하여 임차하여 그 지상에서 이 사건 학원을 운영하였는데, 위 임대차계약은 그 후 1999.11.26., 2001.11.26. 및 2003.11.26. 3차례에 걸쳐 갱신되었고, 원고는 2006.5.경까지 이 사건 학원을 운영한 사실, 2006년경 대구광역시 도시개발공사(이하 '소외 공사'라 한다)를 사업시행자로 하고 이 사건 토지를 포함하여 대구 달성군 ○○읍 △△리 (지번 2 생략) 일원의 택지를 사업지구로 하는 △△ 2지구 택지개발사업계획이 승인·고시되었고, 소외 공사는 2006.5.24.경 사업시행자로서 위 사업지구 내에 위치한 이 사건 토지와 그 지상의 사무실 건물 등을 수용하고, 위 토지 및 운전연습장, 운전연습차량 및 이 사건 학원의 시설물 일체에 대한 손실보상금을 지급한 사실, 피고는 2006.11.21. 소외 공사로부터 이 사건 토지에 대한 보상금으로 5,610,510,000원을, 이 사건 토지상의 운전연습 코스 및 주행 연습장, 경계선 및 컴퓨터 채점 시스템 시설(이하 '이 사건 시설물'이라고 한다)에 대한 손실보상금 269,333,330원을 포함한 지장물 등에 대한 손실보상금으로 360,988,620원을 수령하였고, 원고는 2006.12.29. 소외 공사로부터 이 사건 토지상의 대기실, 창고, 컴퓨터, 책상, 걸상, 소파 등 집기, 단풍나무 등 나무 11그루, 교습용 차량 18대, 이 사건 학원 입구에 시멘트로 포장된 감속차선 및 이 사건 학원의 영업권 등에 대한 손실보상금으로 53,613,660원을 수령한 사실을 알 수 있는바, 이러한 사실관계와 이 사건 시설물에 대한 수용보상액이 이 사건 토지와는 별도로 평가되었고, 위 감속차선에 대한 수용보상금이 원고에게 지급된 점에 비추어 이 사건 시설물은 이 사건 토지의 종전 임차인이 임대인인 피고의 승낙을 얻어 이 사건 토지에 부합 또는 부속시킨 물건으로서 당해 토지와 일체를 이루는 토지의 구성부분이 되었다고 보기 어렵고 거래관념상 토지와 별도로 취득 또는 사용의 대상이 되는 정착물이라고 할 것이고, 종전 임차인이나 원고(이하 '원고 등'이라고 한다)가 피고와 사이에 임대차 종료 시 이 사건 시설물의 설치비용청구권이나 유익비상환청구권을 포기하기로 약정하였다고 하여도 임대차기간 중에는 이 사건 시설물을 사용·수익하다가 임대차종료시 이를 철거할 권리가 있으므로 원고 등은 이 사건 시설물에 대한 소유권 그 밖의 권리를 가진 자로서 공익사업법상 관계인에 해당한다고 할 것이며, 따라서 이 사건 시설물에 대한 수용보상금은 원고 등에게 귀속된다고 봄이 상당하다.

그럼에도 불구하고, 원심은 이와 달리 이 사건 시설물이 이 사건 토지에 부합되어 그 소유권 역시 이 사건 토지와 일체로서 토지소유자인 피고에게 귀속되었으므로 피고가 이 사건 시설물에 대한 수용보상금을 수령한 것은 정당하다고 판단하여 이 사건 시설물에 대한 수용보상금 상당의 부당이득 반환을 구하는 원고의 청구를 기각한 제1심판결을 그대로 유지하고 말았으니, 이러한 원심의 조치에는 공익사업법상 관계인 및 토지에 정착한 물건에 대한 수용보상금의 귀속에 관한 법리를 오해하고 필요한 심리를 다하지 아니하는 등으로 판결 결과에 영향을 미친 위법이 있다.

2. 나아가 기록에 의하여 살펴보면, 이 사건 종전 임차인은 피고와 1994.11.26.경 처음 임대차계약을 체결하면서 이 사건 토지상에 사무실 건물과 운전 코스 및 장거리 주행연습장 등 시설물(이하 '기존 시설물'이라고 한다)을 책임지고 신축하되 지급할 임차료 중 245,700,000원을 지급하지 않기로 하고 신축 건물은 피고 명의로 소유권보존등기를 마쳐주기로 약정한 사실, 그 후 관련 법령에 따라 자동차운전전문학원으로 지정받기 위해 종전 임차인이 1997.4.경 기존 시설물의 구조와 형태를 현재의 이 사건 시설물로 변경하는 공사를 하였고, 원고가 동업에 참여하면서 변경된 이 사건 시설물을 양수하였으며, 그 후 1998.7.3. 이 사건 학원은 자동차운전전문학원으로 지정된 사실을 알 수 있는바, 기존 시설물에 대해서는 그 설치비용을 피고가 부담하였다면 공익사업법상 그 소유권 그 밖의 권리도 피고에게 귀속된 것으로 볼 수 있지만, 종전 임차인이 피고의 승낙을 얻어 자신의 비용으로 기존 시설물의 구조와 형태를 대폭 변경하는 공사를 하여 기존 시설물이 그 원래의 형태를 상실하고 사회통념상 새로운 시설물이 되었다면, 특별한 사정이 없는 한 공익사업법상 새로운 시설물에 대한 소유권 그 밖의 권리는 종전 임차인으로부터 이를 양수한 원고에게 귀속된다고 보아야 한다는 점을 지적해 둔다.
3. 그러므로 나머지 상고이유의 주장에 대하여 나아가 살필 필요 없이 원심판결을 파기하고, 사건을 다시 심리·판단하게 하기 위하여 원심법원에 환송하기로 하여 관여 대법관의 일치된 의견으로 주문과 같이 판결한다.

4. 기출문제

≫ 기출문제(제2회 1번)

피수용자의 법적 지위에 관하여 설명하여라. **50점**

제4절 공용수용의 목적물

01 공용수용의 목적물

1. 서

공용수용은 특정한 공익사업을 위하여 타인의 특정한 재산권을 법률의 힘에 의하여 강제적으로 취득하는 것이다. 따라서 수용의 목적물은 타인의 특정한 재산권이다. 그러나 수용목적물은 모든 재산권이 되는 것은 아니고 어떤 특정한 목적물이 아니면 해당 공익사업의 시행이 불가능하거나 지극히 곤란한 비대체적인 성질을 갖는 특정한 재산권에 한하여 수용의 목적물이 될 수 있다. 또한 수용할 목적물의 범위는 해당 공익사업을 위하여 필요한 최소한도에 그쳐야 한다. 그 한도를 넘는 부분은 수용대상이 아니므로 그 부분에 대한 수용은 위법하다. 다만, 예외적으로 형평의 원리에 의한 공・사익의 조절과 피수용자의 권리보호 및 공익사업의 원활한 진행을 위해 목적물의 확장이 인정된다.

2. 목적물의 종류 및 확정

(1) 목적물의 종류

토지보상법 제3조에는 토지 및 이에 관한 소유권 외의 권리 등을 규정하고 있으며 각 개별법은 다양한 목적물을 예정하고 있다.

법 제3조(적용대상)

사업시행자가 다음 각 호에 해당하는 토지・물건 및 권리를 취득하거나 사용하는 경우에는 이 법을 적용한다.

1. 토지 및 이에 관한 소유권 외의 권리
2. 토지와 함께 공익사업을 위하여 필요한 입목(立木), 건물, 그 밖에 토지에 정착된 물건 및 이에 관한 소유권 외의 권리
3. 광업권・어업권・양식업권 또는 물의 사용에 관한 권리
4. 토지에 속한 흙・돌・모래 또는 자갈에 관한 권리

판례

■ 토지에 속한 흙・돌・모래 또는 자갈에 관한 권리(대법원 2014.4.24. 선고 2012두16534 판결[토지보상금증액])

【판시사항】

[1] 구 공익사업을 위한 토지 등의 취득 및 보상에 관한 법률 제75조 제3항에서 정한 '흙・돌・모래 또는 자갈이 당해 토지와 별도로 취득 또는 사용의 대상이 되는 경우'의 의미

[2] 갑이 자신의 토지에서 토석채취허가를 받아 채석장을 운영하면서 건축용 석재를 생산해 왔는데, 고속철도건설사업의 시행으로 토석채취기간의 연장허가가 거부된 이후 사업시행지구에 편입된 위 토지에 대하여 매장된 돌의 경제적 가치를 고려하지 않은 채 보상액을 산정하여 수용재결한 사안

에서, 위 토지에 매장된 돌을 적법하게 채취할 수 있는 행정적 조치의 가능성을 부정하여 위 토지와 별도로 구 공익사업을 위한 토지 등의 취득 및 보상에 관한 법률 제75조 제3항에 따른 보상의 대상이 될 수 없다고 본 원심판결에 법리오해의 위법이 있다고 한 사례

【판결요지】

[1] 구 공익사업을 위한 토지 등의 취득 및 보상에 관한 법률(2011.8.4. 법률 제11017호로 개정되기 전의 것) 제75조 제3항은 "토지에 속한 흙·돌·모래 또는 자갈(흙·돌·모래 또는 자갈이 당해 토지와 별도로 취득 또는 사용의 대상이 되는 경우에 한한다)에 대하여는 거래가격 등을 참작하여 평가한 적정가격으로 보상하여야 한다."라고 규정하고 있다. 위 규정에서 '흙·돌·모래 또는 자갈이 당해 토지와 별도로 취득 또는 사용의 대상이 되는 경우'란 흙·돌·모래 또는 자갈이 속한 수용대상 토지에 관하여 토지의 형질변경 또는 채석·채취를 적법하게 할 수 있는 행정적 조치가 있거나 그것이 가능하고 구체적으로 토지의 가격에 영향을 미치고 있음이 객관적으로 인정되어 토지와는 별도의 경제적 가치가 있다고 평가되는 경우 등을 의미한다.

[2] 갑이 자신의 토지에서 토석채취허가를 받아 채석장을 운영하면서 건축용 석재를 생산해 왔는데, 고속철도건설사업의 시행으로 토석채취기간의 연장허가가 거부된 이후 사업시행지구에 편입된 위 토지에 대하여 매장된 돌의 경제적 가치를 고려하지 않은 채 보상액을 산정하여 수용재결한 사안에서, 수용대상 토지에 속한 돌 등에 대한 손실보상을 인정하기 위한 전제로서 그 경제적 가치를 평가할 때에는, 토지수용의 목적이 된 당해 공익사업의 시행으로 토지에 관한 토석채취허가나 토석채취기간의 연장허가를 받지 못하게 된 경우까지 행정적 조치의 가능성을 부정하여 행정적 조치가 없거나 불가능한 것으로 보아서는 아니 됨에도, 위 토지에 매장된 돌을 적법하게 채취할 수 있는 행정적 조치의 가능성을 부정하여 위 토지와 별도로 구 공익사업을 위한 토지 등의 취득 및 보상에 관한 법률(2011.8.4. 법률 제11017호로 개정되기 전의 것) 제75조 제3항에 따른 보상의 대상이 될 수 없다고 본 원심판결에 법리오해의 위법이 있다고 한 사례

(2) 목적물의 확정

수용목적물의 범위는 공익사업의 원활한 시행과 피수용자의 권리보호 측면에서 공용수용의 첫 번째 단계인 사업인정절차(세목고시)에서 확정된다. 따라서 목적물의 범위에 대한 다툼은 결국 사업인정의 다툼으로 이어진다.

3. 목적물의 제한

(1) 개요

공용수용의 목적물이 될 수 있다고 하여 그에 따른 수용이 무제한으로 인정되는 것은 아니다. 헌법상의 재산권 보장, 비례원칙, 평등원칙 등은 수용의 목적물의 결정에 있어 제약원리가 되며, 공용수용은 원칙적으로 그것을 행하려는 공익사업을 위하여 필요한 최소한도에 그쳐야 하고, 또한 물건 그 자체의 성질로 보아 수용이 불능이거나 제한되는 경우가 있다.

(2) 일반적 제한(수용제도 본질상의 제한)

공용수용의 목적물은 헌법상 기본권인 재산권 보호 측면에서 필요최소한도 내에서 이루어져야 하며, 비대체적이어야 한다. 이때 필요최소한도의 판단은 해당 사업으로 얻어지는 공익과 이로 인해

침해되는 사익 간의 이익형량을 통해 이루어지는바, 비례원칙이 적용된다.
판례도 필요한도를 넘는 수용은 위법하며, 초과 수용된 부분이 적법한 수용대상과 불가분적 관계에 있는 경우에는 그에 대한 이의재결의 전부를 취소할 수밖에 없다고 판시하였다.

판례

▶ 관련판례(대판 1994.1.11, 93누8108)
공용수용은 공익사업을 위하여 타인의 특정한 재산권을 법률의 힘에 의하여 강제적으로 취득하는 것이므로 수용할 목적물의 범위는 원칙적으로 사업을 위하여 필요한 최소한도에 그쳐야 하므로 그 한도를 넘는 부분은 수용대상이 아니므로 그 부분에 대한 수용은 위법하고, 초과수용된 부분이 적법한 수용대상과 불가분적 관계에 있는 경우에는 그에 대한 이의재결 전부를 취소할 수밖에 없다.

(3) 수용목적물의 성질에 따른 제한

토지는 현재의 소유자, 토지의 형질, 사용방법에 불구하고 모두 공용수용의 목적물이 될 수 있지만, 목적물 자체의 성질상 불가능하거나 제한되는 경우가 있다. ① 치외법권이 인정되는 자의 토지, ② 국・공유재산(일반재산 제외), ③ 공익사업에 이용되고 있는 토지, ④ 사업시행자 소유의 토지 등은 성질상 수용의 목적물이 되지 못한다(공물의 수용가능성은 후술함).

(4) 토지의 세목고시에 따른 제한

수용목적물은 사업인정의 고시 중 토지세목에 포함된 물건에 한한다. 따라서 토지세목고시에 포함되지 않는 물건은 확장수용의 경우를 제외하고는 수용목적물이 되지 못한다.

4. 목적물의 확장

(1) 개요

공용수용의 목적물은 공익사업에 필요한 최소한도의 범위에 국한하여야 함이 원칙이다. 그러나 예외적으로 필요한도를 넘어서 취득하는 것이 형평의 원칙에 합치되고, 또한 공공복리의 증진이라는 사업목적의 원활한 수행과 피수용자의 재산권 보호・조절을 위하여 필요한 경우가 있다. 이러한 목적물의 확장의 필요성은 토지의 개별취득주의에 국한하였던 종래의 수용개념의 변천을 의미한다고 볼 수 있으며, 목적물의 확장의 경우로는 확장수용 및 지대수용제도가 있다.

(2) 확장수용

① 의의

확장수용이란 특정한 공익사업을 위하여 필요한 범위를 넘어서 수용하는 것을 말한다. 확장수용은 토지가 공익사업에 직접 필요한 것이 아니라 피수용자의 이익을 도모하기 위한 손실보상의 필요에 의한 것이며, 피수용자 또는 사업시행자의 청구에 의한다는 점에서 본래의 수용과 구별된다.

② 확장수용의 법적 성질

(ㄱ) 문제점 : 확장수용은 일반적으로 피수용자의 청구에 의하고, 권리구제의 보충적 필요에 의한다는 점에서 그 법적 성질에 대해 견해의 대립이 있으며, 확장수용청구권의 법적 성질, 적용법규, 쟁송형태 등이 달라지는 데 실익이 있다.

(ㄴ) 학설

㉠ 사법상 매매설 : 확장수용이 일반적으로 피수용자의 청구에 의하여 사업시행자가 특정한 재산권을 취득하는 것이고, 사업시행자의 재산권 취득은 피수용자와의 합의를 바탕으로 하는 것이기 때문에 수용이 아니라 사법상 매매라고 한다.

㉡ 공법상 특별행위설 : 확장수용은 일반적으로 피수용자의 청구에 의하여 이루어지고 해당 공익사업의 필요한도를 넘는다는 점에서 수용이 아니라 일종의 특별한 공법행위라고 본다.

㉢ 공용수용설 : 확장수용이 공용수용에 있어서 하나의 특수한 예이기는 하나, 그 본질에 있어서는 일반의 공용수용과 다를 바 없다는 점에서 공용수용이라 한다.

(ㄷ) 판례

판례

▶ 관련판례(대판 1993.11.12, 93누11159)
잔여지수용청구권이 그 요건을 구비한 때에는 토지수용위원회의 특별한 조치를 기다릴 것 없이 청구에 의하여 수용의 효과가 발생하므로 이는 형성권의 성질을 갖는다.

(ㄹ) 검토 : 확장수용은 청구에 의한다는 점에서 공용수용과는 다르나, 공용수용에서 파생되는 법률관계의 합리적 조정을 위한 것이라는 점, 사업시행자의 일방적인 권리취득행위로 그 본질에 있어 공용수용과 다를 바 없으므로 공용수용으로 보는 것이 타당하다.

③ 확장수용의 내용(후술)

(3) 지대수용

① 의의

지대수용이란 공익사업에 직접 필요한 토지 이외에 이와 관련한 사업의 시행을 위한 건축, 토지의 조성·정리에 필요한 때에 그 토지에 인접한 부근 일대의 토지를 수용하는 것을 말한다. 지대수용은 공공성이 강하지 못하다는 점에서 일반 공용수용과 구별되고, 공익사업의 시행을 위하여 필요한 부근의 토지에 대한 수용이라는 점에서 직접적으로 필요하지는 않으나 손실보상의 수단으로 인정되는 확장수용과는 구별된다.

② 지대수용의 목적

(ㄱ) 사업지 공사의 진행 : 인근지대를 수용하여 사업에 필요한 자재 적치장, 창고부지 등으로 활용하고, 사업지의 조성 및 정리가 완료된 후에 타인에게 매각 또는 대여하여 조성 및 정리에 소요된 비용의 일부를 충당한다.

(ㄴ) **지가상승의 귀속** : 해당 사업으로 지가가 오를 것으로 예상되는 부근 일대를 광범위하게 수용하여 지가상승으로 발생하는 이익을 특정인에게 귀속시키지 않고 사업시행자에게 귀속시키도록 하여 공익을 위해 사용하도록 하는 목적으로도 행하여진다.

③ **지대수용의 인정 여부**

우리나라의 법제하에서 지대수용을 인정하고 있는지에 대하여는 다음과 같이 긍정설과 부정설의 논란이 있다.

(ㄱ) 학설

㉠ **긍정설** : 이 견해는 토지보상법 제4조 제6호의 "사업을 시행하기 위하여 필요한 통로・교량・전선로・재료 적치장 그 밖의 부속시설에 관한 사업"을 위하여 토지를 수용하는 경우와 국토의 계획 및 이용에 관한 법률 제95조 제2항의 "사업시행을 위해 특히 필요하다고 인정되면 도시・군계획시설에 인접한 토지・건축물 또는 그 토지에 정착한 물건이나 토지・건축물 또는 그 토지에 정착된 물건에 관한 소유권 외의 권리를 일시 사용할 수 있다."라는 규정이 있음을 이유로 우리 법제가 지대수용을 인정하고 있다고 한다.

㉡ **부정설** : 이 견해는 토지보상법 제4조 제6호는 사업을 시행하기 위하여 필요한 것으로 필요한 범위를 초과한 것이 아니라는 점, 국토의 계획 및 이용에 관한 법률 제95조의 규정도 일시사용에 관한 것이라는 점에서 우리나라의 법제가 지대수용을 인정하고 있지 않다고 한다.

(ㄴ) **검토** : 토지보상법 제4조 제6호에 의한 사업을 위한 수용은 공익사업의 시행을 위하여 필요한 것으로 필요한 범위를 초과한 것이 아니며, 국토의 계획 및 이용에 관한 법률 제95조에 의한 것은 도시・군계획시설사업의 시행에 필요한 일시사용에 관한 것이므로 위의 규정을 공익사업에 직접 필요로 하지 아니한 수용인 지대수용을 인정하는 근거로 보는 것은 타당하지 아니하다.

④ **관련 문제**(지대수용의 활용)

지대수용은 국민의 재산권을 과도하게 침해한다는 점이 있으나, 특정인이 누릴 개발이익을 사업시행자가 어느 정도 환수할 수 있다는 장점을 지닌다. 재산권에 대한 침해이므로 법률의 근거 없이 인정될 수는 없다. 그러나 외국의 경우처럼 국토개발계획과 관련하여 광범위한 토지를 일괄취득하는 지대수용제도가 활용될 필요성은 인정된다. 특히, 지대수용이 정착되게 되면 인근지역의 개발이익의 환수기능을 할 수 있으므로 오래 묵은 숙제를 해결할 수도 있을 것이다.

확장수용 전체흐름도

- 1. 확장수용의 의의 및 취지
- 2. 확장수용의 법적 성질
  - 학설 / 판례 / 검토
- 3. 확장수용의 종류
  - (1) 완전수용
  - (2) 잔여지수용
  - (3) 이전수용
    - 의의 및 이전비 보상원칙
    - 예외적 가격보상
  - (4) 잔여건축물의 수용
- 4. 확장수용에 대한 권리구제
  - (1) 문제점
  - (2) 이의신청
  - (3) 행정소송
    - 취소소송
    - 보상금증감청구소송
  - (4) 민사소송의 가능성

02 확장수용

1. 확장수용의 내용

(1) 잔여지수용(법 제74조)

> 법 제74조(잔여지 등의 매수 및 수용청구)
>
> ① 동일한 소유자에게 속하는 일단의 토지의 일부가 협의에 의하여 매수되거나 수용됨으로 인하여 잔여지를 종래의 목적에 사용하는 것이 현저히 곤란할 때에는 해당 토지소유자는 사업시행자에게 잔여지를 매수하여 줄 것을 청구할 수 있으며, 사업인정 이후에는 관할 토지수용위원회에 수용을 청구할 수 있다. 이 경우 수용의 청구는 매수에 관한 협의가 성립되지 아니한 경우에만 할 수 있으며, 사업완료일까지 하여야 한다.
>
> ② 제1항에 따라 매수 또는 수용의 청구가 있는 잔여지 및 잔여지에 있는 물건에 관하여 권리를 가진 자는 사업시행자나 관할 토지수용위원회에 그 권리의 존속을 청구할 수 있다.
>
> ③ 제1항에 따른 토지의 취득에 관하여는 제73조 제3항을 준용한다.
>
> ④ 잔여지 및 잔여지에 있는 물건에 대한 구체적인 보상액 산정 및 평가방법 등에 대하여는 제70조, 제75조, 제76조, 제77조, 제78조 제4항, 같은 조 제6항 및 제7항을 준용한다. 〈개정 2022.2.3.〉

① 의의 및 근거

잔여지수용이란 동일한 소유자에 속하는 일단의 토지의 일부가 취득됨으로 인하여 잔여지를 종래의 목적에 사용하는 것이 현저히 곤란한 경우 토지소유자의 청구에 의해 일단의 토지의 전부를 매수하거나 수용하는 것을 말하는 것으로, 토지보상법 제74조에 근거를 두고 있다.

② 잔여지수용청구권의 법적 성질

잔여지수용의 성질에 대해 사법상 매매설, 공법상 특별행위설, 공용수용설이 주장되고 있으나, 통설은 공용수용설이다. 따라서 잔여지수용청구권은 공권에 해당하며, 판례에 의하면 "잔여지수용청구권이 그 요건을 구비한 때에는 토지수용위원회의 특별한 조치를 기다릴 것 없이 청구에 의하여 수용의 효과가 발생하므로 형성권적 성질을 가진다."라고 판시한 바 있다. 여기서 "형성권적 성질을 가진다" 함은 요건을 구비한 잔여지수용청구가 있으면 토지수용위원회는 반드시 이를 수용하여야 한다는 취지에 불과하고, 토지수용위원회가 그 요건의 구비 여부를 심사할 수 없다는 취지는 아니라고 할 것이다.

③ 잔여지수용의 요건

(ㄱ) 동일한 토지소유자에 속하는 일단의 토지 일부가 편입될 것

동일한 토지소유자에 속하는 일단의 토지 일부가 협의에 의해 매수되거나 수용됨으로 인하여 잔여지를 종래 목적에 사용하는 것이 현저히 곤란할 것을 요한다.

(ㄴ) 잔여지를 종래의 목적에 사용하는 것

판례는 '종래의 목적'이라 함은 수용재결 당시에 당해 잔여지가 현실적으로 사용되고 있는 구체적인 용도를 의미한다고 판시하였다(대판 2005.1.28, 2002두4679). 장래 이용할 것으로 예정된 목적은 이에 포함되지 않는다.

(ㄷ) 종래의 목적에 사용하는 것이 현저히 곤란할 것

판례는 물리적으로 사용하는 것이 곤란하게 된 경우는 물론 사회적, 경제적으로 사용하는 것이 곤란하게 된 경우, 즉 절대적으로 이용 불가능한 경우만이 아니라 이용은 가능하나 많은 비용이 소요되는 경우를 포함한다고 판시하였다(대판 2005.1.28, 2002두4679). 예를 들어 건축법에서 정하는 면적에 미달하게 분할하여 건축행위를 하지 못하거나, 잔여지가 농지의 경우 경운기등 농기계가 회전할 수 없을 정도로 폭이 좁아 경작이 어렵게 된 경우가 물리적 측면이라면, 동작거리가 40킬로미터 이상 떨어져 있어 사실상 노부부가 경작이 불가능한 경우등은 경제적 측면에서 종래목적에 사용하는 것이 현저히 곤란한 경우에 해당될 것이다. 이하 토지보상법 시행령 제39조에서 구체적인 잔여지 판단기준을 제시하고 있다.

시행령 제39조(잔여지의 판단)

① 법 제74조 제1항에 따라 잔여지가 다음 각 호의 어느 하나에 해당하는 경우에는 해당 토지소유자는 사업시행자 또는 관할 토지수용위원회에 잔여지를 매수하거나 수용하여 줄 것을 청구할 수 있다.

1. 대지로서 면적이 너무 작거나 부정형(不定形) 등의 사유로 건축물을 건축할 수 없거나 건축물의 건축이 현저히 곤란한 경우
2. 농지로서 농기계의 진입과 회전이 곤란할 정도로 폭이 좁고 길게 남거나 부정형 등의 사유로 영농이 현저히 곤란한 경우
3. 공익사업의 시행으로 교통이 두절되어 사용이나 경작이 불가능하게 된 경우
4. 제1호부터 제3호까지에서 규정한 사항과 유사한 정도로 잔여지를 종래의 목적대로 사용하는 것이 현저히 곤란하다고 인정되는 경우

② 잔여지가 제1항 각 호의 어느 하나에 해당하는지를 판단할 때에는 다음 각 호의 사항을 종합적으로 고려하여야 한다.

1. 잔여지의 위치·형상·이용상황 및 용도지역
2. 공익사업 편입토지의 면적 및 잔여지의 면적

판례

▶ **관련판례(대판 2005.1.28, 2002두4679)**

구 토지수용법(1999.2.8. 법률 제5909호로 개정되기 전의 것) 제48조 제1항에서 규정한 '종래의 목적'이라 함은 수용재결 당시에 당해 잔여지가 현실적으로 사용되고 있는 구체적인 용도를 의미하고, '사용하는 것이 현저히 곤란한 때'라고 함은 물리적으로 사용하는 것이 곤란하게 된 경우는 물론 사회적, 경제적으로 사용하는 것이 곤란하게 된 경우, 즉 절대적으로 이용 불가능한 경우만이 아니라 이용은 가능하나 많은 비용이 소요되는 경우를 포함한다.

④ 절차

잔여지를 종래의 목적에 사용하는 것이 현저히 곤란한 때에는 해당 토지소유자는 사업시행자에게 잔여지를 매수하여 줄 것을 청구할 수 있으며, 사업인정 이후에는 관할 토지수용위원회에 수용을 청구할 수 있다. 이 경우 수용의 청구는 매수에 관한 협의가 성립되지 아니한 경우에 한하되, 그 사업의 사업완료일까지 하여야 한다.

⑤ 효과

(ㄱ) **잔여지의 원시취득** : 일반적으로 사업시행자는 수용목적물을 원시취득하며, 목적물에 존재하던 전세권, 저당권 등 모든 권리는 소멸한다. 수용 청구된 잔여지에 대하여서도 사업시행자는 원시취득하게 된다.

(ㄴ) **관계인의 권리보호** : 매수 또는 수용청구가 있는 잔여지 및 잔여지에 있는 물건에 관하여 권리를 가진 자는 사업시행자나 관할 토지수용위원회에 그 권리의 존속을 청구할 수 있다(제74조 제2항). 이때 토지수용위원회의 재결로 인정된 관계인의 권리는 소멸하지 않고 존속하게 된다(제45조 제3항).

(ㄷ) **사업인정의 의제** : 사업인정고시가 된 후 사업시행자가 잔여지를 매수하는 경우 그 잔여지에 대하여는 법 제20조에 따른 사업인정 및 법 제22조에 따른 사업인정고시가 된 것으로 본다(제74조 제3항).

(ㄹ) **손실보상** : 잔여지 및 잔여지에 있는 물건에 대한 구체적인 보상액 산정 및 평가방법 등에 대하여는 법 제70조, 제75조, 제76조, 제77조, 제78조 제4항, 같은 조 제6항 및 제7항을 준용한다(제74조 제4항).

■ **법규 헷갈리는 쟁점 : 잔여지 매수보상과 잔여지수용보상의 차이점**

잔여지 매수보상은 사업시행자와 일종의 협의 보상이고, 잔여지수용보상은 관할토지수용위원회에서 수용재결 형태로 보상을 하는 방식에 차이가 있다. 위 논의에서는 잔여지수용보상만 논의를 했고 아래에서 잔여지매수보상에 대한 내용을 정리하여 본다.

○ 잔여지의 매수 보상평가

1. 원칙

매수하는 잔여지는 일단의 토지 전체가액에서 편입되는 토지의 가액을 뺀 금액으로 감정평가하므로, 잔여지 매수보상에서도 전・후비교법이 적용된다. 여기서 일단의 토지 전체가액이란 잔여지를 포함한 일단의 토지 전체가액을 말한다.

2. 잔여지 매수 보상평가시 유의사항

① 사업시행이익과의 상계금지

사업시행이익과의 상계금지 원칙은 취득하지 않은 잔여지에 대한 사업시행이익과 대상 토지의 보상금액과의 관계이므로, 취득하는 잔여지의 보상액 산정에는 이 원칙이 적용될 여지가 없다.

② 사용하는 토지의 잔여지 매수보상

잔여지의 매수보상에 대해 규정한 「토지보상법」 제74조 제1항은 '일단의 토지의 일부가 협의에 의하여 매수되거나 수용됨으로 인하여'라고 하여 취득으로 인한 잔여지의 매수보상만을 규정하고 있으므로, 사용하는 토지의 잔여지의 매수보상은 인정되지 않는다.

○ 보상실무에서 잔여지 보상 : 출처-(실무기준해설서 보상편)

잔여지 매수보상에서 잔여지란 동일한 토지소유자에 속하는 일단의 토지 중 일부가 협의에 의하여 매수되거나 수용됨으로 인하여 남은 잔여지로서, 종래의 목적에 사용하는 것이 현저히 곤란하게 된 토지를 말한다(토지보상법 제74조 제1항). 즉, 잔여지의 가치하락 등에 따른 보상에서 잔여지는 일단의 토지 중에서 공익사업 용지로 사업시행자가 취득하고 남은 토지를 의미하나, 매수보상 대상인 잔여지는 이러한 요건 외에 종래의 목적에 사용하는 것이 현저히 곤란하게 되어야 한다는 요건이 추가된다. 따라서 잔여지가 매수보상의 대상이 되지 않을 경우에도 잔여지의 가치하락 등에 따른 보상대상은 될 수 있다.

⑥ 기출문제

> ≫ 기출문제(제13회 4번)
> 공익사업 시행 시 잔여지 및 잔여건물 보상에 관하여 설명하시오. **20점**

판례

▶ 최근 잔여지에 대한 권리구제방법에 대한 대법원 판례(보상금증감청구소송)
대판 2010.8.19, 2008두822 [토지수용이의재결처분취소 등]

[판시사항]

[1] (구)'공익사업을 위한 토지 등의 취득 및 보상에 관한 법률' 제74조 제1항에 의한 잔여지수용청구를 받아들이지 않은 토지수용위원회의 재결에 대하여 토지소유자가 불복하여 제기하는 소송의 성질 및 그 상대방

[2] (구)'공익사업을 위한 토지 등의 취득 및 보상에 관한 법률' 제74조 제1항의 잔여지수용청구권 행사기간의 법적 성질(= 제척기간) 및 잔여지수용청구 의사표시의 상대방(= 관할 토지수용위원회)

[3] 토지소유자가 자신의 토지에 숙박시설을 신축하기 위해 부지를 조성하던 중 그 토지의 일부가 익산-장수 간 고속도로 건설공사에 편입되자 사업시행자에게 부지조성비용 등의 보상을 청구한 사안에서, 부지조성비용이 별도의 보상대상으로 인정되지 않는다면 토지소유자에게 잔여지의 가격감소로 인한 손실보상을 구하는 취지인지 여부에 관하여 의견을 진술할 기회를 부여하고 그 당부를 심리・판단하였어야 함에도, 이러한 조치를 취하지 않은 원심판결에 석명의무를 다하지 않아 심리를 제대로 하지 않은 위법이 있다고 한 사례

[판결요지]

[1] (구)'공익사업을 위한 토지 등의 취득 및 보상에 관한 법률'(2007.10.17. 법률 제8665호로 개정되기 전의 것) 제74조 제1항에 규정되어 있는 잔여지수용청구권은 손실보상의 일환으로 토지소유자에게 부여되는 권리로서 그 요건을 구비한 때에는 잔여지를 수용하는 토지수용위원회의 재결이 없더라도 그 청구에 의하여 수용의 효과가 발생하는 형성권적 성질을 가지므로, 잔여지수용청구를 받아들이지 않은 토지수용위원회의 재결에 대하여 토지소유자가 불복하여 제기하는 소송은 위 법 제85조 제2항에 규정되어 있는 '보상금의 증감에 관한 소송'에 해당하여 사업시행자를 피고로 하여야 한다.

[2] (구)'공익사업을 위한 토지 등의 취득 및 보상에 관한 법률'(2007.10.17. 법률 제8665호로 개정되기 전의 것) 제74조 제1항에 의하면, 잔여지수용청구는 사업시행자와 사이에 매수에 관한 협의가 성립되지 아니한 경우 일단의 토지의 일부에 대한 관할 토지수용위원회의 수용재결이 있기 전까지 관할 토지수용위원회에 하여야 하고, 잔여지수용청구권의 행사기간은 제척기간으로서, 토지소유자가 그 행사기간 내에 잔여지수용청구권을 행사하지 아니하면 그 권리가 소멸한다. 또한 위 조항의 문언 내용 등에 비추어 볼 때, 잔여지수용청구의 의사표시는 관할 토지수용위원회에 하여야 하는 것으로서, 관할 토지수용위원회가 사업시행자에게 잔여지수용청구의 의사표시를 수령할 권한을 부여하였다고 인정할 만한 사정이 없는 한, 사업시행자에게 한 잔여지매수청구의 의사표시를 관할 토지수용위원회에 한 잔여지수용청구의 의사표시로 볼 수는 없다.

[3] 토지소유자가 자신의 토지에 숙박시설을 신축하기 위해 부지를 조성하던 중 그 토지의 일부가 익산-장수 간 고속도로 건설공사에 편입되자 사업시행자에게 부지조성비용 등의 보상을 청구한 사안에서, 잔여지에 지출된 부지조성비용은 그 토지의 가치를 증대시킨 한도 내에서 잔여지의 감소로 인한 손실보상액을 산정할 때 반영되는 것일 뿐, 별도의 보상대상이 아니므로, 잔여지에 지출된 부지조성비용이 별도의 보상대상으로 인정되지 않는다면 토지소유자에게 잔여지의 가격 감소로 인

한 손실보상을 구하는 취지인지 여부에 관하여 의견을 진술할 기회를 부여하고 그 당부를 심리·판단하였어야 함에도, 이러한 조치를 취하지 않은 원심판결에 석명의무를 다하지 않아 심리를 제대로 하지 않은 위법이 있다고 한 사례

판례

▶ **'공익사업을 위한 토지 등의 취득 및 보상에 관한 법률' 제73조에 따라 토지 일부의 취득 또는 사용으로 잔여지 손실에 대하여 보상하는 경우, 보상하여야 하는 손실의 범위**

대판 2011.2.24, 2010두23149 [토지보상금증액]

공익사업을 위한 토지 등의 취득 및 보상에 관한 법률(2007.10.17. 법률 제8665호로 개정되기 전의 것, 이하 '공익사업법'이라 한다) 제73조에 의하면, 동일한 토지소유자에 속하는 일단의 토지의 일부가 취득 또는 사용됨으로 인하여 잔여지의 가격이 감소하거나 그 밖의 손실이 있는 때 등에는 토지소유자는 그로 인한 잔여지손실보상청구를 할 수 있고, 이 경우 보상하여야 할 손실에는 토지 일부의 취득 또는 사용으로 인하여 그 획지조건이나 접근조건 등의 가격형성요인이 변동됨에 따라 발생하는 손실뿐만 아니라 그 취득 또는 사용 목적사업의 시행으로 설치되는 시설의 형태·구조·사용 등에 기인하여 발생하는 손실과 수용재결 당시의 현실적 이용상황의 변경 외 장래의 이용가능성이나 거래의 용이성 등에 의한 사용가치 및 교환가치상의 하락 모두가 포함된다(대판 1998.9.8, 97누10680, 대판 2000.12.22, 99두10315 참조). 원심은, 그 판시와 같은 사정을 들어 이 사건 토지의 수용으로 인하여 이 사건 잔여지의 가격이 감소하였거나 손실이 있다고 볼 수 없다고 판단하여 원고의 잔여지손실보상청구를 기각하였다. 그러나 원심의 위와 같은 판단은 다음과 같은 이유로 수긍하기 어렵다.

사실심의 증거에 의하면, 이 사건 토지와 용인시 기흥구 영덕동 산 101-2 도로(42번 국도의 일부를 구성한다) 사이에 자리 잡고 있는 영덕동 산 101-5, 6 임야는 원고의 전신인 한보건설 주식회사(1993.4.20. 주식회사 한보로 상호변경되었음)의 소유이던 산 101-1, 3 임야의 일부였으나, 1990년경 분할된 뒤 한국토지공사가 1996.10.14. 주식회사 한보로부터 협의취득한 후 2000.3.31. 대한민국에 이전한 토지인 점, 위 산 101-5, 6 임야의 경계는 직선으로 구획되어 있을 뿐 아니라 그 모양을 보더라도 위 산 101-2 도로의 일부와 함께 42번 국도의 일부 또는 그 부속지로 사용될 목적하에 분할 및 협의취득 등이 이루어졌다고 보이는 점, 피고의 도시관리계획시설사업으로 인하여 이 사건 잔여지와 42번 국도 사이에 진출입 램프가 설치됨으로써 양자 사이의 통행이 현저히 곤란해졌다고 보이는 점 등의 사정을 알 수 있다.

이러한 사정을 앞서 본 법리에 비추어 살펴보면, 위 산 101-5, 6 임야가 타인 소유라는 이유만으로 이 사건 토지 및 잔여지가 피고의 도시관리계획시설사업 전부터 42번 국도 등 공로에의 통행이 전혀 불가능한 토지라고 단정하기는 어려운 반면, 피고의 도시관리계획시설사업으로 인하여 이 사건 잔여지는 42번 국도 등 공로에의 통행이 대단히 힘들어졌다고 할 수 있으므로, 이 사건 잔여지는 교통의 편리성이나 장래의 이용가능성 등에 있어 종전보다 열세에 처해져 있다고 할 수 있고, 위와 같은 열세가 인정되는 이상 이 사건 잔여지의 가격감소를 인정하는 취지의 제1심 법원 감정인 소외인의 감정결과를 쉽사리 배척할 것은 아니다.

그럼에도 위 산 101-2 도로 및 산 101-5, 6 임야의 분할 및 취득경위, 현황 등에 관한 충분한 심리 없이 그 판시와 같은 사정만을 들어 소외인의 감정 결과를 배척하는 등 원고의 잔여지손실보상청구를 기각한 원심의 조치에는 공익사업법 제73조의 잔여지손실보상요건 등에 관한 법리를 오해하거나 그로써 필요한 심리를 다하지 아니한 잘못이 있고, 이러한 위법은 판결에 영향을 미쳤음이 분명하다. 이를 지적하는 상고이유의 주장은 이유 있다.

판례

▶ **잔여지손실보상금에 대한 지연손해금 지급의무의 발생시기**

대판 2018.3.13, 2017두68370 [잔여지가치하락손실보상금청구]

공익사업을 위한 토지 등의 취득 및 보상에 관한 법률이 잔여지손실보상금 지급의무의 이행기를 정하지 않았고, 그 이행기를 편입토지의 권리변동일이라고 해석하여야 할 체계적, 목적론적 근거를 찾기도 어려우므로, 잔여지손실보상금 지급의무는 이행기의 정함이 없는 채무로 보는 것이 타당하다. 따라서 잔여지손실보상금 지급의무의 경우 잔여지의 손실이 현실적으로 발생한 이후로서 잔여지 소유자가 사업시행자에게 이행청구를 한 다음 날부터 그 지연손해금 지급의무가 발생한다.

▌접도구역으로 지정된 토지의 소유자가 손실보상을 청구할 수 있는지 여부(「도로법」 제99조 제1항 등 관련) 법제처 유권해석을 중심으로(안건번호 18-0083 회신일자 2018-06-21)

1. 핵심쟁점

최근 접도구역으로 지정된 토지의 소유자가 토지의 처분이나 제한으로 인한 손실을 이유로 손실보상을 청구할 수 있는지에 관련한 법제처의 해석 내용이 있어 해당 내용을 중심으로 쟁점을 살펴보기로 한다.

2. 질의요지

「도로법」 제40조 제1항에 따라 접도구역(接道區域)으로 지정된 토지의 소유자는 같은 법 제99조 제1항에 따라 같은 법 제40조 제3항의 행위 제한으로 인한 손실의 보상을 청구할 수 있는지?

도로법 제40조(접도구역의 지정 및 관리)

① 도로관리청은 도로 구조의 파손 방지, 미관(美觀)의 훼손 또는 교통에 대한 위험 방지를 위하여 필요하면 소관 도로의 경계선에서 20미터(고속국도의 경우 50미터)를 초과하지 아니하는 범위에서 대통령령으로 정하는 바에 따라 접도구역(接道區域)을 지정할 수 있다.

② 도로관리청은 제1항에 따라 접도구역을 지정하면 지체 없이 이를 고시하고, 국토교통부령으로 정하는 바에 따라 그 접도구역을 관리하여야 한다.

③ 누구든지 접도구역에서는 다음 각 호의 행위를 하여서는 아니 된다. 다만, 도로 구조의 파손, 미관의 훼손 또는 교통에 대한 위험을 가져오지 아니하는 범위에서 하는 행위로서 대통령령으로 정하는 행위는 그러하지 아니하다.

1. 토지의 형질을 변경하는 행위
2. 건축물, 그 밖의 공작물을 신축·개축 또는 증축하는 행위

④ 도로관리청은 도로 구조나 교통안전에 대한 위험을 예방하기 위하여 필요하면 접도구역에 있는 토지, 나무, 시설, 건축물, 그 밖의 공작물(이하 "시설 등"이라 한다)의 소유자나 점유자에게 상당한 기간을 정하여 다음 각 호의 조치를 하게 할 수 있다.

1. 시설 등이 시야에 장애를 주는 경우에는 그 장애물을 제거할 것
2. 시설 등이 붕괴하여 도로에 위해(危害)를 끼치거나 끼칠 우려가 있으면 그 위해를 제거하거나 위해 방지시설을 설치할 것
3. 도로에 토사 등이 쌓이거나 쌓일 우려가 있으면 그 토사 등을 제거하거나 토사가 쌓이는 것을 방지할 수 있는 시설을 설치할 것
4. 시설 등으로 인하여 도로의 배수시설에 장애가 발생하거나 발생할 우려가 있으면 그 장애를 제거하거나 장애의 발생을 방지할 수 있는 시설을 설치할 것

3. 법제처 답변

이 사안의 경우 접도구역으로 지정된 토지의 소유자는 손실의 보상을 청구할 수 있습니다.

도로법 제41조(접도구역에 있는 토지의 매수청구)

① 접도구역에 있는 토지가 다음 각 호의 어느 하나에 해당하는 경우 해당 토지의 소유자는 도로관리청에 해당 토지의 매수를 청구할 수 있다.

1. 접도구역에 있는 토지를 종래의 용도대로 사용할 수 없어 그 효용이 현저하게 감소한 경우
2. 접도구역의 지정으로 해당 토지의 사용 및 수익이 사실상 불가능한 경우

② 제1항 각 호의 어느 하나에 해당하는 토지(이하 "매수대상토지"라 한다)의 매수를 청구할 수 있는 소유자는 다음 각 호의 어느 하나에 해당하는 자이어야 한다.

1. 접도구역이 지정될 당시부터 해당 토지를 계속 소유한 자
2. 토지의 사용·수익이 불가능하게 되기 전에 해당 토지를 취득하여 계속 소유한 자
3. 제1호 또는 제2호에 해당하는 자로부터 해당 토지를 상속받아 계속 소유한 자

③ 상급도로의 접도구역과 하급도로의 접도구역이 중첩된 경우 매수대상토지의 소유자는 상급도로 관리청에 제1항에 따른 매수청구를 하여야 한다.

④ 도로관리청은 제1항에 따라 매수청구를 받은 경우 해당 토지가 효용의 감소 등 대통령령으로 정한 기준에 해당되면 이를 매수하여야 한다.

4. 법제처 회답 이유

「도로법」 제40조 제1항에 따라 토지가 접도구역으로 지정·고시되면 같은 조 제3항에 따라 토지의 형질 변경이나 건축행위가 금지되고 이에 따라 해당 토지의 소유자는 토지의 사용가치 및 교환가치가 하락하는 손실을 입게 되는데, 이러한 손실은 도로관리청이 해당 토지를 접도구역으로 지정·고시한 조치에 기인한 것[5)]

한편 접도구역에 있는 토지에 대해서는 「도로법」 제41조 제1항에서 해당 토지를 종래의 용도대로 사용할 수 없어 그 효용이 현저하게 감소한 경우(제1호) 등 토지소유자가 수인해야 하는 사회적 제약의 한계를 넘는 재산권 제한에 한정하여 매수청구권을 별도로 보장하고 있고, 같은 법 제83조 제2항(재해발생 시 토지 일시사용 등), 제97조 제2항(공익을 위한 허가취소 등) 및 제98조 제2항(감독관청의 명령에 따른 처분)과는 달리 같은 법 제40조에서는 같은 법 제99조를 준용하도록 하는 규정을 별도로 두고 있지 않은 점에 비추어 볼 때 접도구역 지정으로 인한 손실에 대해서는 같은 법 제99조 제1항에 따른 손실보상규정이 적용되지 않는다는 의견이 있습니다.

그러나 ① 「도로법」 제41조에서 매수청구제도를 도입한 취지는 당시 도로법령에서는 손실보상의 기준·방법 등을 구체적으로 규정하고 있지 않아 접도구역에서의 행위제한으로 인한 손실을 손실보상규정에 따라 보상받는 것이 현실적으로 곤란하기 때문에 이를 보완하기 위해 매수청구제도를 도입한 것일 뿐 접도구역 내 토지소유자에게 매수청구권만을 인정하고 손실보상 청구권은 인정하지 않으려는 취지는 아니라는 점[6)]

---

5) 대판 2017.7.11, 2017두40860 참조로서 「도로법」 제99조 제1항에 따른 손실보상의 요건인 "「도로법」에 따른 처분이나 제한으로 인한 손실"에 해당하므로, 접도구역으로 지정된 토지의 소유자는 같은 법 제99조 제1항에 따른 손실보상을 청구할 수 있습니다.

6) 2004.1.20. 법률 제7103호로 개정된 「도로법」 국회 심사보고서 참조 ② 「도로법」 제99조 제1항은 "같은 법에 따른 처분이나 제한으로 인한 손실"에 대한 포괄적인 손실보상규정이므로 별도의 준용 규정을 두지 않더라도 그 적용이 배제된다고 볼 수 없는 점을 고려하면 그러한 의견은 타당하지 않습니다.

도로법 제99조(공용부담으로 인한 손실보상)

① 이 법에 따른 처분이나 제한으로 손실을 입은 자가 있으면 국토교통부장관이 행한 처분이나 제한으로 인한 손실은 국가가 보상하고, 행정청이 한 처분이나 제한으로 인한 손실은 그 행정청이 속해 있는 지방자치단체가 보상하여야 한다.

② 제1항에 따른 손실의 보상에 관하여는 국토교통부장관 또는 행정청이 그 손실을 입은 자와 협의하여야 한다.

③ 국토교통부장관 또는 행정청은 제2항에 따른 협의가 성립되지 아니하거나 협의를 할 수 없는 경우에는 대통령령으로 정하는 바에 따라 관할 토지수용위원회에 재결을 신청할 수 있다.

④ 제1항부터 제3항까지의 규정에서 정한 것 외에 공용부담으로 인한 손실보상에 관하여는 「공익사업을 위한 토지 등의 취득 및 보상에 관한 법률」을 준용한다.

5. 접도구역 주요 쟁점

① 도로법 제99조 제1항의 적용 여부, 즉 "처분이나 제한으로 손실을 입은 자"의 범위에 "접도구역 지정에 따른 행위제한"이 포함되는지 여부

② 접도구역으로 지정된 토지의 소유자가 손실보상 청구 가능 여부

6. 참고자료

※ 법제처의 법령해석(18-0083, 2018.6.21.)에서 인용하고 있는 대판 2017.7.11, 2017두40860은 접도구역의 지정에 따른 손실이 잔여지손실보상의 대상이 아니라는 취지일 뿐 도로법 제99조의 적용대상이 아니라는 취지는 아님.

판례

▶ 대판 2017.7.11, 2017두40860 [잔여지가치하락손실보상금청구]

[판시사항]

공익사업의 사업시행자가 동일한 소유자에게 속하는 일단의 토지 중 일부를 취득하거나 사용하고 남은 잔여지에 현실적 이용상황 변경 또는 사용가치 및 교환가치의 하락 등이 발생하였으나 그 손실이 토지의 일부가 공익사업에 취득되거나 사용됨으로 인하여 발생한 것이 아닌 경우, 공익사업을 위한 토지 등의 취득 및 보상에 관한 법률 제73조 제1항 본문에 따른 잔여지 손실보상 대상에 해당하는지 여부(원칙적 소극)

[판결요지]

공익사업을 위한 토지 등의 취득 및 보상에 관한 법률(이하 '토지보상법'이라고 한다) 제73조 제1항 본문은 "사업시행자는 동일한 소유자에게 속하는 일단의 토지의 일부가 취득되거나 사용됨으로 인하여 잔여지의 가격이 감소하거나 그 밖의 손실이 있을 때 또는 잔여지에 통로・도랑・담장 등의 신설이나 그 밖의 공사가 필요할 때에는 국토교통부령으로 정하는 바에 따라 그 손실이나 공사의 비용을 보상하여야 한다."라고 규정하고 있다.

여기서 특정한 공익사업의 사업시행자가 보상하여야 하는 손실은, 동일한 소유자에게 속하는 일단의 토지 중 일부를 사업시행자가 그 공익사업을 위하여 취득하거나 사용함으로 인하여 잔여지에 발생하는 것임을 전제로 한다. 따라서 이러한 잔여지에 대하여 현실적 이용상황 변경 또는 사용가치 및 교환가치

의 하락 등이 발생하였더라도, 그 손실이 토지의 일부가 공익사업에 취득되거나 사용됨으로 인하여 발생하는 것이 아니라면 특별한 사정이 없는 한 토지보상법 제73조 제1항 본문에 따른 잔여지 손실보상 대상에 해당한다고 볼 수 없다.

[참조조문]
공익사업을 위한 토지 등의 취득 및 보상에 관한 법률 제73조 제1항

[전문]
[원고, 상고인] 별지 원고 명단 기재와 같다.
[피고, 피상고인] 한국도로공사
[원심판결] 서울고법 2017.3.17, 2016누60494
[주문]
상고를 모두 기각한다. 상고비용은 원고들이 부담한다.

[이유]
상고이유(상고이유서 제출기간이 지난 후에 제출된 상고이유보충서의 기재는 상고이유를 보충하는 범위 내에서)를 판단한다.

1. 상고이유 제1점에 대하여
   가. 공익사업을 위한 토지 등의 취득 및 보상에 관한 법률(이하 '토지보상법'이라고 한다) 제73조 제1항 본문은 "사업시행자는 동일한 소유자에게 속하는 일단의 토지의 일부가 취득되거나 사용됨으로 인하여 잔여지의 가격이 감소하거나 그 밖의 손실이 있을 때 또는 잔여지에 통로・도랑・담장 등의 신설이나 그 밖의 공사가 필요할 때에는 국토교통부령으로 정하는 바에 따라 그 손실이나 공사의 비용을 보상하여야 한다."라고 규정하고 있다. 여기서 특정한 공익사업의 사업시행자가 보상하여야 하는 손실은, 동일한 소유자에게 속하는 일단의 토지 중 일부를 사업시행자가 그 공익사업을 위하여 취득하거나 사용함으로 인하여 잔여지에 발생하는 것임을 전제로 한다. 따라서 이러한 잔여지에 대하여 현실적 이용상황 변경 또는 사용가치 및 교환가치의 하락 등이 발생하였더라도, 그 손실이 토지의 일부가 공익사업에 취득되거나 사용됨으로 인하여 발생하는 것이 아니라면 특별한 사정이 없는 한 토지보상법 제73조 제1항 본문에 따른 잔여지 손실보상 대상에 해당한다고 볼 수 없다.
   나. 원심판결 및 원심이 일부 인용한 1심판결 이유에 의하면, 다음과 같은 사실을 알 수 있다.
      (1) 피고는 평택 시흥 간 고속도로 민간투자사업(이하 '이 사건 공익사업'이라고 한다)의 용지보상 업무를 맡은 사업시행자로서, 2008.11.4.부터 2011.6.21.까지 화성시(주소 생략) 일대에 위치한 원고들(원고 13이 소송계속 중인 2016.2.4. 사망하여 그 공동상속인들이 소송을 수계하였으나 편의상 그 사망 전후를 불문하고 '원고들'이라고 한다) 소유의 각 일단의 토지 중 일부를 분할하여 협의 취득하였다(이하 일단의 토지 중 일부 협의 취득되고 남은 부분을 통틀어 '이 사건 잔여지'라고 한다). 이 사건 잔여지는 위 고속도로 '○○IC' 남동쪽에 위치해 있고, 부근이 전, 답 등 농경지와 마을야산이 주를 이루는 농경지대이며, 지목과 실제 이용상황이 '전', '답', '임야' 등이다.
      (2) 국토해양부장관은 2011.9.5. 위 고속도로 양측의 도로구역 경계선으로부터 20m까지 부분을 접도구역으로 지정・고시하였다. 다만 그 후 2015.7.29. 도로구역 경계선으로부터 10m까지로 축소・변경되었다.
      (3) 2013.3.25. 이 사건 공익사업이 완료되었고, 원고들은 2014.3.14. 피고에게 이 사건 잔여지의 가격감소 손실에 대한 보상을 청구하였다. 피고가 2014.3.24. 보상협의를 거부하자, 원고들이 2014.5.8. 중앙토지수용위원회에 재결을 신청하였으나, 중앙토지수용위원회는 2015.5.21. 이 사건 잔여지의 가격감소를 인정할 수 없다는 이유로 원고들의 재결신청을 기각하였다.

(4) 원고들은 피고를 상대로 토지보상법 제73조 제1항에 따라 이 사건 잔여지의 손실보상을 청구하는 이 사건 소송을 제기하였으나, ① 토지의 면적 축소나 변경으로 인한 효율성 감소, 전출입 곤란 등으로 인한 획지조건 악화, 자동차 소음으로 인한 환경조건 악화로 인하여 이 사건 잔여지의 가치 하락이 발생하였다는 점에 대하여는 원고들이 제출한 증거들만으로는 이를 인정하기에 부족하고 달리 이를 인정할 증거가 없다는 이유로 기각되고, ② 접도구역 지정으로 인한 손실에 대하여는, 이 사건 공익사업에 따른 토지의 일부 편입으로 인하여 발생한 손실이 아니라 국토교통부장관의 접도구역 지정이라는 별도의 행정행위에 따라 발생한 손실에 해당하므로 피고가 보상하여야 하는 손실에 해당되지 않는다는 이유로 기각되었다.

다. 이 중 접도구역 지정으로 인한 손실을 토지보상법 제73조 제1항에 따라 청구할 수 있는지를 앞서 본 사실관계와 법리 및 아래에서 거시하는 관련 법령을 토대로 살펴본다.

(1) (구)도로법(2014.1.14. 법률 제12248호로 전부 개정되기 전의 것, 이하 '(구)도로법'이라고 한다) 제49조 제1항은 "관리청은 도로 구조의 손궤 방지, 미관보존 또는 교통에 대한 위험을 방지하기 위하여 도로경계선으로부터 20m를 초과하지 아니하는 범위에서 대통령령으로 정하는 바에 따라 접도구역(접도구역)으로 지정할 수 있다."라고 규정하고, 제3항은 "접도구역에서는 다음 각 호의 행위를 하여서는 아니 된다. 다만 대통령령으로 정하는 행위는 그러하지 아니하다."라고 하면서 제1호에서 "토지의 형질을 변경하는 행위", 제2호에서 "건축물이나 그 밖의 공작물을 신축・개축 또는 증축하는 행위"를 규정하고 있다. 나아가 (구)도로법 제53조 제1항은 '접도구역이 지정되는 경우 그 지정으로 인하여 접도구역에 있는 토지를 종래의 용도로 사용할 수 없어 그 효용이 현저하게 감소한 토지 또는 해당 토지의 사용 및 수익이 사실상 불가능한 토지의 경우 그 소유자가 일정한 요건에 해당하는 때에는 도로의 관리청에 그 토지에 대한 매수를 청구할 수 있다.'라는 취지의 규정을 두고 있고, 제92조는 제1항에서 "이 법에 따른 처분이나 제한으로 손실을 입은 자가 있으면 국토교통부장관이 행한 처분이나 제한으로 인한 손실은 국고에서 보상하고, 그 밖의 행정청이 한 처분이나 제한으로 인한 손실은 그 행정청이 속하여 있는 지방자치단체에서 보상하여야 한다."라고 규정하면서, 제2항 및 제3항에서 손실의 보상에 관한 협의와 재결신청에 관하여 각 규정하고 있다.

(2) 이러한 관련 법령의 문언・체계 및 취지를 살펴보면, 원고들이 주장하는 이 사건 잔여지의 손실, 즉 토지의 일부가 접도구역으로 지정・고시됨으로써 일정한 형질변경이나 건축행위가 금지되어 장래의 이용가능성이나 거래의 용이성 등에 비추어 사용가치 및 교환가치가 하락하는 손실은, 고속도로를 건설하는 이 사건 공익사업에 원고들 소유의 일단의 토지 중 일부가 취득되거나 사용됨으로 인하여 발생한 것이 아니라, 그와 별도로 국토교통부장관이 이 사건 잔여지 일부를 접도구역으로 지정・고시한 조치에 기인한 것이므로, 원칙적으로 토지보상법 제73조 제1항에 따른 잔여지 손실보상의 대상에 해당하지 아니한다.

(3) 원심이 같은 취지에서, 원고들이 주장하는 접도구역 지정으로 인한 가치하락은 토지보상법 제73조 제1항에서 정한 잔여지 가격감소 손실에 해당하지 않는다고 판단한 것은 정당하다. 거기에 토지보상법 제73조가 정하는 잔여지 가격감소 손실보상에 관한 법리를 오해한 잘못이 없다.

2. 상고이유 제2점에 대하여

(구)도로법에 근거하여 손실보상을 구하기 위해서는 같은 법이 정한 협의, 재결 등의 절차에 따라 그 행정주체를 상대로 청구하여야 한다. 이와 다른 취지의 상고이유 주장은 받아들일 수 없다.

3. 결론

그러므로 상고를 모두 기각하고, 상고비용은 패소자들이 부담하도록 하여, 관여 대법관의 일치된 의견으로 주문과 같이 판결한다.

(2) 완전수용(법 제72조)

> **법 제72조(사용하는 토지의 매수청구 등)**
> 사업인정고시가 된 후 다음 각 호의 어느 하나에 해당할 때에는 해당 토지소유자는 사업시행자에게 해당 토지의 매수를 청구하거나 관할 토지수용위원회에 그 토지의 수용을 청구할 수 있다. 이 경우 관계인은 사업시행자나 관할 토지수용위원회에 그 권리의 존속(存續)을 청구할 수 있다.
> 1. 토지를 사용하는 기간이 3년 이상인 경우
> 2. 토지의 사용으로 인하여 토지의 형질이 변경되는 경우
> 3. 사용하려는 토지에 그 토지소유자의 건축물이 있는 경우

① 의의 및 근거

완전수용이란 토지를 사용함으로써 족하지만 토지소유자가 받게 되는 토지이용의 현저한 장애 내지 제한에 따른 수용보상을 가능하게 하기 위해 마련된 제도이다. 따라서 완전수용은 사용에 갈음하는 수용이라고도 하며, 토지보상법 제72조에 근거를 두고 있다.

② 내용

완전수용은 (ㄱ) 토지의 사용기간이 3년 이상인 경우, (ㄴ) 토지의 사용으로 인하여 토지의 형질이 변경되는 경우, (ㄷ) 사용하고자 하는 토지에 그 토지소유자의 건축물이 있는 때를 요건으로 한다. 완전수용의 청구권은 토지소유자만이 가지며, 사업시행자나 관계인은 갖지 못한다. 따라서 토지소유자만이 위의 요건에 해당하는 토지가 존재할 때 그 토지의 수용을 청구할 수 있다. 이 경우 완전수용의 청구가 있는 토지에 대한 권리를 가진 관계인 및 잔여지에 있는 물건에 관하여 권리를 가진 관계인은 사업시행자 또는 토지수용위원회에 그 권리의 존속을 청구할 수 있다.

> **[판례평석]**
> **사용토지의 수용청구와 소송형식**(대판 2015.4.9, 2014두46669)
> (출처 : 한국토지보상법연구회 제16집 숙명여대 법학과 정남철 교수님 판례평석 일부 발췌)
>
> (1) **사실관계**
> 토지소유자인 원고 甲은 피고 X시 지방토지수용위원회에 X시 Y구 구청장 乙이 사업인정고시가 된 후 3년 이상 이 사건 토지를 사용하였다고 주장하면서 토지보상법 제72조 제1호를 근거로 이 사건 토지의 수용을 청구하였다. 그러나 피고는 토지보상법 제72조 제1호의 요건에 해당하지 않음을 이유로 원고의 수용청구를 각하하는 재결을 내렸다. 이에 갑은 X시 지방토지수용위원회를 상대로 위 각하 재결의 취소를 구하는 소를 제기하였다.
>
> (2) **판결요지**
> 원심은 이 사건 소가 적법하다고 판단하고 본안판단에 나갔으나, 상고심인 대법원은 이를 파기하였다. 즉, 상고심은 토지보상법 제72조 제1호에서 정한 수용청구권은 토지보상법 제74조 제1항이 정한 잔여지수용청구권과 같이 손실보상의 일환으로 토지소유자에게 부여되는 권리로서 그 청구에 의하여 수용효과가 생기는 형성권의 성질을 가진 것으로 파악하였다. 그러한 이유에서 상고심은 토지소유자의 토지수용청구를 받아들이지 아니한 토지수용위원회의 재결에 대하여 토지소유자가 불복하여 제기하는 소송은 토지보상법 제85조 제2항에 규정되어 있는 보상금의 증감에 관한 소송에 해당한다고

판단하였다. 따라서 피고는 토지수용위원회가 아니라 사업시행자인 X시 Y구 구청장인 乙을 피고로 하여야 한다고 보고, X시 지방토지수용위원회의 각하재결의 취소를 구하는 소는 부적법하다고 판시하였다.

(3) **평석**

이 판결에서는 토지보상법 제72조 제1항에 규정된 사용하는 토지의 수용청구권을 잔여지수용청구권과 마찬가지로 형성권의 성질을 가진 것으로 파악하고 있다. 나아가 이를 전제로 사용하는 토지의 수용청구를 받아들이지 아니한 토지수용위원회의 재결에 대해 토지소유자가 불복하는 소송을 토지보상법 제85조 제2항에 규정된 보상금증감청구소송으로 보고 있다. 이러한 소송유형도 물론 가능하지만, X시 지방토지수용위원회의 재결에 대한 취소소송을 불허하는 상고심의 입장은 바람직하지 않다. 행정소송법에는 소송형식이 제한되어 있어 권리구제에 흠결이 생길 여지가 없지 않다. 그럼에도 불구하고 상고심은 소송형식에 있어서 매우 엄격한 태도를 보이고 있다. 하급심이나 법률전문가도 소송형식에 관한 문제를 정확히 판단하기 쉽지 않다는 점에서 이러한 대법원의 입장은 재고될 필요가 있다. 또한 토지보상법 제72조 제1항에 규정된 수용청구권은 잔여지수용청구권과 반드시 동일한 구조로 보기 어렵다. 잔여지수용청구권은 이미 동일한 소유자에게 속하는 일단의 토지의 일부가 협의에 의하여 매수되거나 수용된 경우에 토지수용위원회에 대하여 종래의 목적에 사용하는 것이 현저히 곤란한 잔여지의 수용을 청구하는 것이다. 이와 관련하여 판례는 이를 받아들이지 아니한 토지수용위원회의 재결(각하재결)에 대해 보상금증감소송으로 다툴 수 있다고 보고 있다.[7] 그러나 이러한 경우에도 보상금증감소송의 방식이 소송경제적 측면에서 당사자에게 유리한 측면도 있다. 예컨대 잔여지수용청구의 각하재결에 대해 취소판결을 얻더라도 토지수용위원회의 손실보상금이 기대보다 현저히 낮은 경우에는 다시 보상금증감소송을 제기해야 하기 때문이다. 이러한 경우에는 곧바로 각하재결의 위법을 판단하면서 보상금의 증액을 요구하는 소송을 제기하는 것이 소송경제의 관점에서 효율적이다. 그러나 토지수용위원회의 각하재결에 대해 취소소송을 제기하는 것 자체가 불가능한 것은 아니다.[8] 또한 취소판결의 기속력에 의해 토지수용위원회가 적정하게 보상금을 산정하는 경우에는 다시 소송을 제기할 이유는 없다. 따라서 토지의 수용청구권을 형성권으로 보더라도 이러한 소송형식을 보상금증감소송으로만 다툴 수 있다고 제한적으로 해석하는 것은 타당하지 않다. 이 사안에서도 X시 지방토지수용위원회의 각하재결에 대해서는 취소소송으로 다툴 수 있고, 취소판결 후 그 기속력에 의해 X시 지방토지수용위원회가 손실보상금을 적정하게 산정할 수 있음은 물론이다. 그러나 이 경우에 보상금을 낮게 책정하는 때에는 보상금의 증감을 다투는 소송을 제기할 수도 있다. 이 사건에서 보여준 대법원의 입장은 3심까지 가는 동안 많은 시간과 비용을 소모한 원고에게 재정적으로나 심리적인 부담을 가중시키는 결과를 초래하였다. 이러한 형식적인 논리에서 벗어나 국민의 권리를 보호할 수 있는 바람직한 판례의 변화를 기대해 본다.

7) 대판 2010.8.19, 2008두822

8) 정남철 교수는 잔여지수용청구의 경우에도 - 비록 활용가능성이 높지는 않지만 - 항고소송의 제기가능성을 배제할 수 없다는 주장을 한 바 있다. 예컨대 중앙토지수용위원회의 이의재결에서 잔여지수용청구의 요건이나 절차 등의 위반을 이유로 기각재결을 내리는 경우에는 재결주의에 따라 이의재결에 대한 취소소송이나 무효확인소송을 제기하지 못할 이유가 없다. 상세는 拙稿, “잔여지수용청구의 소송법적 쟁점”, 특별법연구 제9권(대법원 특별소송실무연구회 편), 207면; 拙著, 行政救濟의 基本原理, 제1전정판, 320면

(3) 이전수용(법 제75조)

> **법 제75조(건축물 등 물건에 대한 보상)**
> ① 건축물・입목・공작물과 그 밖에 토지에 정착한 물건(이하 "건축물 등"이라 한다)에 대하여는 이전에 필요한 비용(이하 "이전비"라 한다)으로 보상하여야 한다. 다만, 다음 각 호의 어느 하나에 해당하는 경우에는 해당 물건의 가격으로 보상하여야 한다.
> 1. 건축물 등을 이전하기 어렵거나 그 이전으로 인하여 건축물 등을 종래의 목적대로 사용할 수 없게 된 경우
> 2. 건축물 등의 이전비가 그 물건의 가격을 넘는 경우
> 3. 사업시행자가 공익사업에 직접 사용할 목적으로 취득하는 경우

① 의의 및 근거

수용・사용할 토지의 정착물 또는 공익사업에 공용되는 사업시행자 소유의 토지에 정착한 타인의 입목, 건축물, 물건 등은 이전비를 보상하고 이전하는 것이 원칙이다. 그러나 물건의 성질상 이전이 불가능하거나, 이전비가 그 정착물의 가격을 초과하는 수도 있다. 이와 같이 토지상의 정착물을 이전할 수 없거나 경제적으로 이전의 실익이 없는 경우에 그 소유자 또는 사업시행자의 청구에 의하여 정착물을 이전에 갈음하여 수용하는 것을 이전수용이라고 한다. "이전에 갈음하는 수용"이라고도 하며, 토지보상법 제75조에 근거를 두고 있다.

② 내용

사업시행자는 사업예정지 안에 있는 물건이 (ㄱ) 이전이 어렵거나 그 이전으로 인하여 건축물 등을 종래의 목적대로 사용할 수 없게 된 경우, (ㄴ) 이전비가 그 물건의 가격을 넘는 경우에는 관할 토지수용위원회에 그 물건의 수용재결을 신청할 수 있다(제75조 제5항). 종래 토지수용법에서는 전자의 경우 해당 물건의 소유자가 수용청구권을 행사할 수 있고, 후자의 경우에는 사업시행자가 수용청구권을 행사할 수 있도록 규정하고 있었으나, 토지보상법에서는 두 경우 모두 사업시행자가 청구할 수 있도록 규정하고 있다. 다만, 토지소유자의 청구절차가 삭제되어 확장수용으로 보지 않는 견해도 있다(석종현). '이전이 어렵다는 것'은 이전에 관한 물리적인 곤란뿐만 아니라 이전을 위하여 부당하게 많은 비용을 요하는 등 사회적・경제적 곤란도 포함되는 것으로 해석된다. 그러나 이전수용의 요건인 이전 곤란성과 사용 가능성은 개별적・구체적으로 판단할 성질의 것이다. 예를 들자면 과수목이 기술적으로 이식이 가능하다 하더라도 경제적으로 이식가능수령을 초과한 것이면 이전료 보상을 할 것이 아니라 취득보상을 하는 것이 마땅하다고 보여진다.

③ 절차

사업시행자는 사업예정지 안에 있는 물건이 (ㄱ) 이전하기 어렵거나 그 이전으로 종래 목적으로 사용이 곤란한 경우 (ㄴ) 이전비가 물건의 가격을 넘는 경우에 해당하는 경우에 해당할 때, 관할 토지수용위원회에 그 물건의 수용의 재결을 신청할 수 있다. 이는 사업시행자에게 수용의 청구권이 인정되는 유일한 경우로서, 사업시행자의 경제적 부담을 적게 하여 공익사업을 원활하게 하는 것을 목적으로 한다. 물건을 수용하는 경우에는 동종 물건의 인근에 있어서의 거래가격 등을 고려한 적정가격으로 보상하여야 한다. 그러나 이전료가 취득가격을 초과하는 경우 사업시행자

와 그 물건소유자 간의 협의에 의하여 취득 여부가 결정되나 그 협의가 이루어지지 아니할 경우에는 관할토지수용위원회에 재결을 신청하게 되고 토지수용위원회가 최종적으로 수용 여부를 결정한다. 이전에 갈음하는 수용의 결정도 토지수용위원회의 재결에 의하는바, 이에 불복하고자 하는 경우 토지보상법 제83조 및 제85조에 따라 이의신청 및 행정소송을 통한 권익구제를 받으면 된다.

■ **법규 헷갈리는 쟁점 : 사업시행자가 해당 물건의 소유권을 취득하는지 여부**

1. 토지보상법령 및 판례
   (1) 토지보상법 시행규칙 제33조 제4항
   물건의 가격으로 보상한 건축물의 철거비용은 사업시행자가 부담한다. 다만, 건축물의 소유자가 당해 건축물의 구성부분을 사용 또는 처분할 목적으로 철거하는 경우에는 건축물의 소유자가 부담한다.
   (2) 관련 판례
   대법원은 토지보상법 제75조 제1항 각 호, 토지보상법 시행규칙 제33조 제4항, 제36조 제1항의 내용을 토지보상법에 따른 지장물에 대한 수용보상의 취지와 정당한 보상 또는 적정가격 보상의 원칙에 비추어 보면, 사업시행자가 사업시행에 방해가 되는 지장물에 관하여 토지보상법 제75조 제1항 단서 제2호에 따라 이전에 드는 실제 비용에 못 미치는 물건의 가격으로 보상한 경우, 사업시행자가 해당 물건을 취득하는 제3호와 달리 수용의 절차를 거치지 않은 이상 사업시행자가 그 보상만으로 해당 물건의 소유권까지 취득한다고 보기는 어렵다. 또한 사업시행자는 지장물의 소유자가 토지보상법 시행 규칙 제33조 제4항 단서에 따라 스스로의 비용으로 철거하겠다고 하는 등의 특별한 사정이 없는 한 지장물의 소유자에 대하여 그 철거 등을 요구할 수 없고 자신의 비용으로 직접 이를 제거할 수 있을 뿐이다.
2. 소유권을 취득하기 위한 수용절차
   사업시행자는 토지보상법 제75조 제1항 제1호, 동법 제75조 제1항 제2호에 해당하는 경우, 관할 토지수용위원회에 그 물건의 수용 재결을 신청할 수 있다(동법 제75조 제5항). 이는 사업시행자에게 수용의 청구권이 인정되는 유일한 경우로서, 사업시행자의 경제적 부담을 적게 하여 공익사업을 원활하게 하는 것을 목적으로 한다. 물건을 수용하는 경우에는 동종 물건의 인근에 있어서의 거래가격 등을 고려한 적정가격으로 보상하여야 한다. 그러나 이전료가 취득가격을 초과하는 경우 사업시행자와 그 물건소유자 간의 협의에 의하여 취득 여부가 결정되나 그 협의가 이루어지지 아니할 경우에는 관할 토지수용위원회에 재결을 신청하게 되고 토지수용위원회가 최종적으로 수용 여부를 결정한다. 대법원은 "지장물의 이전비가 취득가격을 상회하는 경우 취득가격을 상한으로 이전비로 보상하도록 되어있다. 취득가격으로 보상하였기에 소유권을 취득한다고 생각할 여지도 있으나, 토지보상법상 소유권을 취득하기 위해서는 소유권 취득을 위한 수용절차가 있어야 한다"고 판시하였다. 즉, 이 경우 소유권을 취득하고자 한다면 토지보상법 제75조 제5항에 따라 수용재결신청을 하면 될 것이다.

대법원 2022.11.17. 선고 2022다242342 판결[퇴거청구]

【판시사항】

도시개발사업의 시행자가 사업시행에 방해가 되는 지장물에 관하여 공익사업을 위한 토지 등의 취득 및 보상에 관한 법률 제75조 제1항 단서 제2호에 따라 지장물의 가격으로 보상한 경우, 지장물의 소유자는 같은 법 제43조에 따라 사업시행자에게 지장물을 인도할 의무가 있는지 여부(원칙적 적극)

【판결요지】

도시개발법 제22조 제1항에 따라 준용되는 공익사업을 위한 토지 등의 취득 및 보상에 관한 법률(이하 '토지보상법'이라 한다) 제43조는, "토지소유자 및 관계인과 그 밖에 토지소유자나 관계인에 포함되지 아니하는 자로서 수용하거나 사용할 토지나 그 토지에 있는 물건에 관한 권리를 가진 자는 수용 또는 사용의 개시일까지 그 토지나 물건을 사업시행자에게 인도하거나 이전하여야 한다."라고 규정하고 있다.

도시개발사업의 시행자가 사업시행에 방해가 되는 지장물에 관하여 토지보상법 제75조 제1항 단서 제2호에 따라 물건의 가격으로 보상한 경우, 사업시행자가 당해 물건을 취득하는 제3호와 달리 수용의 절차를 거치지 아니한 이상 사업시행자가 그 보상만으로 당해 물건의 소유권까지 취득한다고 보기는 어렵지만, 지장물의 소유자가 토지보상법 시행규칙 제33조 제4항 단서에 따라 스스로의 비용으로 철거하겠다고 하는 등 특별한 사정이 없는 한 사업시행자는 자신의 비용으로 이를 제거할 수 있고, 지장물의 소유자는 사업시행자의 지장물 제거와 그 과정에서 발생하는 물건의 가치 상실을 수인하여야 할 지위에 있다.

따라서 사업시행자가 지장물에 관하여 토지보상법 제75조 제1항 단서 제2호에 따라 지장물의 가격으로 보상한 경우 특별한 사정이 없는 한 지장물의 소유자는 사업시행자에게 지장물을 인도할 의무가 있다.

대법원 2019.4.11. 선고 2018다277419 판결[공탁금출급청구권확인]

【판시사항】

[1] 공익사업을 위한 토지 등의 취득 및 보상에 관한 법률상 보상 대상이 되는 '기타 토지에 정착한 물건에 대한 소유권 그 밖의 권리를 가진 관계인'에 수거・철거권 등 실질적 처분권을 가진 자가 포함되는지 여부(적극)

[2] 사업시행에 방해되는 지장물에 관하여 공익사업을 위한 토지 등의 취득 및 보상에 관한 법률 제75조 제1항 단서 제2호에 따라 이전비용에 못 미치는 물건 가격을 보상한 경우, 사업시행자가 지장물의 소유권을 취득하거나 지장물의 소유자에 대하여 철거 및 토지의 인도를 요구할 수는 없고 단지 자신의 비용으로 이를 직접 제거할 수 있을 권한과 부담을 가질 뿐인지 여부(원칙적 적극) 및 이 경우 지장물의 소유자는 사업시행자의 지장물 제거와 그 과정에서 발생하는 물건의 가치 상실을 수인하여야 할 지위에 있는지 여부(원칙적 적극)

[3] 철도건설사업 시행자인 갑 공단이 을 소유의 건물 등 지장물에 관하여 중앙토지수용위원회의 수용재결에 따라 건물 등의 가격 및 이전보상금을 공탁한 다음 을이 공탁금을 출급하자 위 건물의 일부를 철거하였고, 을은 위 건물 중 철거되지 않은 나머지 부분을 계속 사용하고 있었는데, 그 후 병 재개발정비사업조합이 위 건물을 다시 수용하면서 수용보상금 중 위 건물 등에 관한 설치이전비용 상당액을 병 조합과 을 사이에 성립한 조정에 따라 피공탁자를 갑 공단 또는 을로 하여 채권자불확지 공탁을 한 사안에서, 병 조합에 대한 지장물 보상청구권은 을이 아니라 위 건물에 대한 가격보상 완료 후 이를 인도받아 철거한 권리를 보유한 갑 공단에 귀속된다고 보아야 하는데도, 이와 달리 위 건물의 소유권이 을에게 있다는 이유만으로 공탁금출급청구권이 을에게 귀속된다고 본 원심판단에는 법리오해의 잘못이 있다고 한 사례

【판결요지】

[1] 공익사업을 위한 토지 등의 취득 및 보상에 관한 법률상 보상 대상이 되는 '기타 토지에 정착

한 물건에 대한 소유권 그 밖의 권리를 가진 관계인'에는 수거・철거권 등 실질적 처분권을 가진 자도 포함된다.

[2] 사업시행자가 사업시행에 방해가 되는 지장물에 관하여 공익사업을 위한 토지 등의 취득 및 보상에 관한 법률 제75조 제1항 단서 제2호에 따라 이전에 소요되는 실제 비용에 못 미치는 물건의 가격으로 보상한 경우, 사업시행자가 당해 물건을 취득하는 제3호와 달리 수용의 절차를 거치지 아니한 이상 사업시행자가 그 보상만으로 당해 물건의 소유권까지 취득한다고 보기는 어렵겠으나, 다른 한편으로 사업시행자는 그 지장물의 소유자가 같은 법 시행규칙 제33조 제4항 단서에 따라 스스로의 비용으로 철거하겠다고 하는 등의 특별한 사정이 없는 한 지장물의 소유자에 대하여 그 철거 및 토지의 인도를 요구할 수 없고 자신의 비용으로 직접 이를 제거할 수 있을 뿐이며, 이러한 경우 지장물의 소유자로서도 사업시행에 방해가 되지 않는 상당한 기한 내에 위 시행규칙 제33조 제4항 단서에 따라 스스로 위 지장물 또는 그 구성부분을 이전해 가지 않은 이상 사업시행자의 지장물 제거와 그 과정에서 발생하는 물건의 가치 상실을 수인하여야 할 지위에 있다고 봄이 상당하다. 그리고 사업시행자는 사업시행구역 내 위치한 지장물에 대하여 스스로의 비용으로 이를 제거할 수 있는 권한과 부담을 동시에 갖게 된다.

[3] 철도건설사업 시행자인 갑 공단이 을 소유의 건물 등 지장물에 관하여 중앙토지수용위원회의 수용재결에 따라 건물 등의 가격 및 이전보상금을 공탁한 다음 을이 공탁금을 출급하자 위 건물의 일부를 철거하였고, 을은 위 건물 중 철거되지 않은 나머지 부분을 계속 사용하고 있었는데, 그 후 병 재개발정비사업조합이 위 건물을 다시 수용하면서 수용보상금 중 위 건물 등에 관한 설치이전비용 상당액을 병 조합과 을 사이에 성립한 조정에 따라 피공탁자를 갑 공단 또는 을로 하여 채권자불확지 공탁을 한 사안에서, 갑 공단은 수용재결에 따라 위 건물에 관한 이전보상금을 지급함으로써 위 건물을 철거・제거할 권한을 가지게 되었으므로 공익사업을 위한 토지 등의 취득 및 보상에 관한 법률상 보상 대상이 되는 '기타 토지에 정착한 물건에 대한 소유권 그 밖의 권리를 가진 관계인'에 해당하고, 을은 갑 공단으로부터 공익사업의 시행을 위하여 지장물 가격보상을 받음으로써 사업시행자인 갑 공단의 위 건물 철거・제거를 수인할 지위에 있을 뿐이므로, 병 조합에 대한 지장물 보상청구권은 을이 아니라 위 건물에 대한 가격보상 완료 후 이를 인도받아 철거할 권리를 보유한 갑 공단에 귀속된다고 보아야 하는데도, 위 건물의 소유권이 을에게 있다는 이유만으로 공탁금출급청구권이 을에게 귀속된다고 본 원심판단에는 법리오해의 잘못이 있다고 한 사례

대법원 2012.4.13. 선고 2010다94960 판결[손해배상]

【판시사항】

[1] 사업시행자가 사업시행에 방해되는 지장물에 관하여 구 공익사업을 위한 토지 등의 취득 및 보상에 관한 법률 제75조 제1항 단서 제2호에 따라 이전 비용에 못 미치는 물건 가격으로 보상한 경우 지장물 소유권을 취득하는지 여부(소극) 및 이 경우 지장물 소유자는 사업시행자의 지장물 제거와 그 과정에서 발생하는 물건의 가치 상실을 수인하여야 할 지위에 있는지 여부(원칙적 적극)

[2] 택지개발사업자인 갑 지방공사가 골재 등 지장물에 관하여 구 공익사업을 위한 토지 등의 취득 및 보상에 관한 법률 제75조 제1항 단서 제2호에 따라 중앙토지수용위원회로부터 골재 가격을 손실보상금으로 하는 취지의 재결을 받고 손실보상금을 공탁한 다음, 골재 소유

자와 골재를 갑 공사 비용으로 임시장소로 이전해 두기로 합의하였는데, 골재를 모두 멸실시킨 사안에서, 갑 공사에 손해배상책임이 있다고 본 원심판결에 법리오해의 위법이 있다고 한 사례

【판결요지】

[1] 구 공익사업을 위한 토지 등의 취득 및 보상에 관한 법률(2007.10.17. 법률 제8665호로 개정되기 전의 것, 이하 '법'이라 한다) 제75조 제1항 제1호, 제2호, 제3호, 제5항, 공익사업을 위한 토지 등의 취득 및 보상에 관한 법률 시행규칙(이하 '시행규칙'이라 한다) 제33조 제4항, 제36조 제1항 등 관계 법령의 내용을 법에 따른 지장물에 대한 수용보상의 취지와 정당한 보상 또는 적정가격 보상의 원칙에 비추어 보면, 사업시행자가 사업시행에 방해가 되는 지장물에 관하여 법 제75조 제1항 단서 제2호에 따라 이전에 소요되는 실제 비용에 못 미치는 물건의 가격으로 보상한 경우, 사업시행자가 물건을 취득하는 제3호와 달리 수용절차를 거치지 아니한 이상 사업시행자가 보상만으로 물건의 소유권까지 취득한다고 보기는 어렵겠으나, 다른 한편으로 사업시행자는 지장물의 소유자가 시행규칙 제33조 제4항 단서에 따라 스스로의 비용으로 철거하겠다고 하는 등 특별한 사정이 없는 한 지장물의 소유자에 대하여 철거 및 토지의 인도를 요구할 수 없고 자신의 비용으로 직접 이를 제거할 수 있을 뿐이며, 이러한 경우 지장물의 소유자로서도 사업시행에 방해가 되지 않는 상당한 기한 내에 시행규칙 제33조 제4항 단서에 따라 스스로 지장물 또는 그 구성부분을 이전해 가지 않은 이상 사업시행자의 지장물 제거와 그 과정에서 발생하는 물건의 가치 상실을 수인하여야 할 지위에 있다고 보아야 한다.

[2] 택지개발사업자인 갑 지방공사가 골재 등 지장물에 관한 보상협의가 이루어지지 않자 중앙토지수용위원회에 수용재결을 신청하여 구 공익사업을 위한 토지 등의 취득 및 보상에 관한 법률(2007.10.17. 법률 제8665호로 개정되기 전의 것, 이하 '법'이라 한다) 제75조 제1항 단서 제2호에 따라 골재 가격을 손실보상금으로 하는 취지의 재결을 받고, 골재 소유자가 을 주식회사와 병 중 누구인지 불분명하다는 이유로 손실보상금을 공탁한 다음, 을 회사 및 병과 골재를 갑 공사 비용으로 임시장소로 이전해 두기로 합의하였는데, 그 후 골재를 폐기하거나 사용하여 모두 멸실시킨 사안에서, 골재 이전비가 골재 가격인 취득가를 넘는다는 이유로 골재 가격으로 보상금을 정하는 내용의 중앙토지수용위원회 재결이 내려져 그대로 확정된 이상, 갑 공사는 재결에 따른 보상금의 공탁으로 사업시행구역 내 골재를 자신의 비용으로 제거할 수 있는 권한과 부담을 동시에 갖게 되었고, 골재 소유자인 을 회사도 지장물 이전의무를 면하는 대신 갑 공사의 지장물 제거를 수인하여야 할 지위에 있으므로, 갑 공사가 위 합의 후 골재를 사업시행에 지장이 되지 않도록 제거하고 그 과정에서 골재가 산일(산일)되어 회복할 수 없게 되었다 하더라도 갑 공사의 지장물 제거행위를 합의에 위배되는 것이라거나 을 회사의 소유권을 침해하는 위법한 행위라고 평가할 수 없고, 골재에 대한 인도의무를 면하는 대신 위와 같은 갑 공사의 행위를 수인하여야 할 지위에 있게 된 을 회사에 대하여 골재 멸실로 인한 손해배상책임을 지게 된다고 볼 수 없는데도, 이와 달리 본 원심판결에 법상 지장물의 보상에 따른 효과에 관한 법리오해의 위법이 있다고 한 사례

2. 확장수용과 권리구제

(1) 개설

확장수용청구권은 그 법적 성질이 공권이며, 현행 토지보상법의 체계상 확장수용은 토지수용위원회의 재결에 의해 이루어진다. 따라서 확장수용에 대한 불복은 토지보상법 제83조, 제84조, 제85조 규정의 적용을 받는다.

확장수용의 요건 충족 시 토지소유자는 사업시행자에게 매수청구를 하고(이전수용은 매수청구권 없음), 협의 불성립 시 토지소유자는 사업의 사업완료일까지 토지수용위원회에 수용을 청구할 수 있다. 토지수용위원회가 수용청구를 거부한 경우 이에 대한 불복으로 이의신청을 거쳐 행정소송을 제기할 수 있다. 이때 항고소송을 제기하지 아니하고 보상금증감청구소송을 제기할 수 있는지 여부에 대하여 논란이 있다.

(2) 이의신청

확장수용의 재결이나 확장수용의 거부에 이의가 있는 자는 토지보상법 제83조에 의거 재결서 정본을 받은 날부터 30일 이내에 이의신청을 할 수 있다. 행정소송법 제18조 및 토지보상법 제83조의 규정상 이의신청은 임의적 절차로 해석된다. 따라서 이의신청을 거치지 않고 바로 행정소송의 제기가 가능하다.

(3) 확장수용에 대한 행정소송의 형태(보상금증감청구소송의 가능성)

① 문제점

토지보상법 제85조는 재결에 대한 불복을 항고소송과 보상금증감청구소송으로 이원화하고 있다. 확장수용청구 거부 시에 그 거부재결에 대하여 취소소송을 제기하여야 하는지, 아니면 보상금증감에 관한 소송을 제기하여야 하는지에 대해 견해가 대립한다. 이는 보상금증감청구소송의 범위가 보상금액의 다과만으로 한정되는지 손실보상의 범위까지 포함하는지와 관련된다.

② 학설

(ㄱ) **취소소송설** : 토지보상법 제85조 "행정소송이 보상금 증감에 관한 소송인 경우"의 문언을 충실하게 해석하여 보상금증감청구소송의 범위는 "보상대상의 평가"만을 의미한다고 한다. 이 견해에 의하면 확장수용은 손실보상의 범위와 관련되는 문제이므로 확장수용에 대한 권리구제수단으로 보상금증감청구소송을 제기할 수 없다고 보며, 항고소송만 가능하다고 본다.

(ㄴ) **보상금증감청구소송설** : 손실보상의 범위와 보상금액은 밀접한 관련성을 가지고 있고, 확장수용은 토지소유자의 청구에 의하게 되므로 궁극적으로는 보상액의 증감에 관한 문제라는 점, 보상금증감청구소송의 인정취지가 보상금에 관한 다툼을 신속히 종결하려는 것이므로 이런 취지를 고려하여 보상금증감청구소송을 제기할 수 있다고 보는 견해이다.

(ㄷ) **손실보상금청구소송설** : 이 견해는 확장수용청구권이 형성권이어서 청구권의 행사에 의해 수용의 효과가 발생하여 손실보상청구권이 존재한다는 점을 논거로 일반 당사자소송을 제기하여야 한다는 견해이다.

③ 판례

판례

▶ 관련판례(대판 1995.9.15, 93누20627)
토지수용에 따른 보상은 수용 대상 토지별로 하는 것이 아니라 피보상자 개인별로 행하여지는 것이고, 잔여지수용청구권은 토지소유자에게 손실보상책의 일환으로 부여된 권리이어서 이는 수용할 토지의 범위와 그 보상액을 결정할 수 있는 토지수용위원회에 대하여 토지수용의 보상가액을 다투는 방법에 의하여도 행사할 수 있다.

▶ 관련판례(대판 1999.10.12, 99두7517)
동일한 토지소유자에 속하는 일단의 토지의 일부가 수용됨으로 인하여 잔여지의 가격이 감소된 경우에, 토지소유자가 잔여지를 포함시키지 않은 수용재결처분이 위법하다고 주장하면서 그 취소를 구하는 이의신청을 하여 이의신청을 기각하는 이의재결을 받은 뒤, 중앙토지수용위원회를 상대로 이의재결의 취소를 청구하는 소송을 제기, 그 소가 진행되던 도중에 기업자를 피고로 추가하여 이의재결 취소청구의 소를 잔여지의 가격감소로 인한 손실보상청구의 소로 변경하였다면, 이의재결 취소청구의 소가 당초에 제소기간을 준수하여 적법하게 제기된 이상, 뒤의 소변경은 제소기간이 경과된 후에 이루어졌어도 부적법하지 아니하다.

▶ 관련판례(대판 2001.6.1, 2001다16333)
토지수용법상 잔여지가 공유인 경우에도 각 공유자는 그 소유지분에 대하여 각별로 잔여지수용청구를 할 수 있으나, 잔여지에 대한 수용청구를 하려면 우선 기업자에게 잔여지매수에 관한 협의를 요청하여 협의가 성립되지 아니한 경우에 (구)토지수용법 제36조의 규정에 의한 열람기간 내에 관할 토지수용위원회에 잔여지를 포함한 일단의 토지 전부의 수용을 청구할 수 있고, 그 수용재결 및 이의재결에 불복이 있으면 재결청과 기업자를 공동피고로 하여 그 이의재결의 취소 및 보상금의 증액을 구하는 행정소송을 제기하여야 하며 곧바로 기업자를 상대로 하여 민사소송으로 잔여지에 대한 보상금의 지급을 구할 수는 없다.

▶ 관련판례(대판 2010.8.19, 2008두822)
(구)'공익사업을 위한 토지 등의 취득 및 보상에 관한 법률'(2007.10.17. 법률 제8665호로 개정되기 전의 것) 제74조 제1항에 규정되어 있는 잔여지수용청구권은 손실보상의 일환으로 토지소유자에게 부여되는 권리로서 그 요건을 구비한 때에는 잔여지를 수용하는 토지수용위원회의 재결이 없더라도 그 청구에 의하여 수용의 효과가 발생하는 형성권적 성질을 가지므로, 잔여지수용청구를 받아들이지 않은 토지수용위원회의 재결에 대하여 토지소유자가 불복하여 제기하는 소송은 위 법 제85조 제2항에 규정되어 있는 '보상금의 증감에 관한 소송'에 해당하여 사업시행자를 피고로 하여야 한다.

▶ 관련판례(대판 2015.4.9, 2014두46669)
공익사업을 위한 토지 등의 취득 및 보상에 관한 법률(이하 '토지보상법'이라고 한다) 제72조의 문언, 연혁 및 취지 등에 비추어 보면, 위 규정이 정한 수용청구권은 토지보상법 제74조 제1항이 정한 잔여지수용청구권과 같이 손실보상의 일환으로 토지소유자에게 부여되는 권리로서 그 청구에 의하여 수용효과가 생기는 형성권의 성질을 지니므로, 토지소유자의 토지수용청구를 받아들이지 아니한 토지수용위원회의 재결에 대하여 토지소유자가 불복하여 제기하는 소송은 토지보상법 제85조 제2항에 규정되어 있는 '보상금의 증감에 관한 소송'에 해당하고, 피고는 토지수용위원회가 아니라 사업시행자로 하여야 한다.

▶ **관련판례(대판 2004.9.24, 2002다68713)**

잔여지 수용청구권은 손실보상의 일환으로 토지소유자에게 부여되는 권리로서 그 요건을 구비한 때에는 잔여지를 수용하는 토지수용위원회의 재결이 없더라도 그 청구에 의하여 수용의 효과가 발생하는 형성권적 성질을 가지므로, 잔여지 수용청구를 받아들이지 않은 토지수용위원회의 재결에 대하여 토지소유자가 불복하여 제기하는 소송은 보상금의 증감에 관한 소송에 해당하여 사업시행자를 피고로 하여야 하고, 잔여지수용재결 및 이의재결에 불복이 있으면 재결청과 기업자를 공동피고로 하여 그 이의재결의 취소 및 보상금의 증액을 구하는 행정소송을 제기하여야 하며, 곧바로 기업자를 상대로 하여 민사소송으로 잔여지에 대한 보상금의 지급을 구할 수는 없다.

▶ **관련판례(대판 2014.4.24, 2012두6773)**

논리적으로 양립할 수 없는 수 개 청구의 선택적 병합이 허용되는지 여부(소극) / 공익사업을 위한 토지 등의 취득 및 보상에 관한 법률 제74조에 따른 잔여지 수용청구와 제73조에 따른 잔여지의 가격감소로 인한 손실보상청구의 선택적 병합이 허용되는지 여부(소극) / (중략) 한편 기록에 의하면, 원심은 원고가 이 사건 제8토지에 관하여 잔여지 수용청구에 잔여지 가격감소로 인한 손실보상을 선택적으로 병합하여 청구하는 것을 허용하고 판시와 같이 잔여지 가격감소로 인한 손실보상청구를 받아들였음을 알 수 있다.

그러나 청구의 선택적 병합은 원고가 양립할 수 있는 수 개의 경합적 청구권에 기하여 동일 취지의 급부를 구하거나 양립할 수 있는 수 개의 형성권에 기하여 동일한 형성적 효과를 구하는 경우에 그 어느 한 청구가 인용될 것을 해제조건으로 하여 수 개의 청구에 관한 심판을 구하는 병합 형태이므로, 논리적으로 양립할 수 없는 수 개의 청구는 선택적 병합이 허용되지 아니한다. 그런데 잔여지의 수용청구와 잔여지의 가격감소로 인한 손실보상청구는 서로 양립할 수 없는 관계에 있어 선택적 병합이 불가능한데 원심이 위 두 청구의 선택적 병합 청구를 허가한 것 또한 잘못이다.

④ 검토

실질적인 분쟁의 당사자를 소송의 당사자로 하여 소송을 원만히 수행하려는 보상금증감청구소송의 제도적 취지, 보상의 범위에 따라 보상금액이 달라지는 사정 등을 고려하여 보상금증감청구소송이 보상의 범위까지 포함한다고 보는 보상금증감청구소송설이 타당하다고 판단된다.

■ **법규 헷갈리는 쟁점 : 잔여지의 보상평가방법과 불복방법**

Ⅰ. 문제의 소재

「토지보상법」 제74조 제1항은 동일한 소유자에게 속하는 일단의 토지의 일부가 협의에 의하여 매수되거나 수용됨으로 인하여 잔여지를 종래의 목적에 사용하는 것이 현저히 곤란할 때에는 해당 토지소유자는 사업시행자에게 잔여지를 매수하여 줄 것을 청구할 수 있으며, 사업인정 이후에는 관할 토지수용위원회에 수용을 청구할 수 있도록 규정하고 있다. 잔여지의 가치하락 등의 경우와 같이 편입부분의 객관적 시장가치만을 보상하고 종래의 목적에 사용하는 것이 현저히 곤란하게 된 잔여지에 대해 별도로 보상하지 않는다면, 보상 전에 비하여 보상 후의 재산권의 가치가 감소되기 때문이다. 취지는 잔여지의 매수의 감정평가방법에 대해 규정함으로써 손실보상을 위한 감정평가의 공정성과 신뢰성을 제고하는 데 있다.

Ⅱ. 잔여지에 대한 판단

1. 매수대상 잔여지의 개념

잔여지의 매수보상에서 잔여지란 동일한 토지소유자에 속하는 일단의 토지 중 일부가 협의에 의하여 매수되거나 수용됨으로 인하여 남은 잔여지로서, 종래의 목적에 사용하는 것이 현저히 곤란하게 된 토지를 말한다(토지보상법 제74조 제1항). 즉, 잔여지의 가치하락 등에 따른 보상에서 잔여지는 일단의 토지 중에서 공익사업용지로 사업시행자가 취득하고 남은 토지를 의미하나, 매수보상 대상인 잔여지는 이러한 요건 외에 종래의 목적에 사용하는 것이 현저히 곤란하게 되어야 한다는 요건이 추가된다. 따라서 잔여지가 매수보상의 대상이 되지 않을 경우에도 잔여지의 가치하락 등에 따른 보상대상은 될 수 있다.

2. 매수대상 잔여지의 요건

매수대상 잔여지가 되기 위해서는 잔여지의 가치하락 등에 따른 보상에서와 같이 "동일한 소유자에게 속하는 일단의 토지의 일부가 협의에 의하여 매수되거나 수용됨으로 인하여 남은 토지"라는 요건 외에도 다음과 같은 요건이 충족되어야 한다.

(1) 일반적인 요건

1) 종래의 목적

잔여지의 매수요건으로서 '종래의 목적에 사용하는 것이 현저히 곤란하게 된 때' 중 '종래의 목적'이라 함은 취득 당시에 해당 잔여지가 현실적으로 사용되고 있는 구체적인 목적을 의미하고 장래 이용할 것으로 예정된 목적은 이에 포함되지 않는다.

2) 사용하는 것이 현저히 곤란하게 된 때

'사용하는 것이 현저히 곤란하게 된 때'라고 함은 물리적으로 사용하는 것이 곤란하게 된 경우는 물론 사회적・경제적으로 사용하는 것이 곤란하게 된 경우 즉, 절대적으로 이용불가능한 경우만이 아니라 이용은 가능하나 많은 비용이 소요되는 경우를 포함한다(대판 2005.1.28, 2002두4679).

(2) 구체적인 요건

잔여지가 종래의 목적에 사용하는 것이 현저히 곤란하게 되어 매수보상의 대상이 되기 위해서는 ① 대지로서 면적이 너무 작거나 부정형 등의 사유로 건축물을 건축할 수 없거나 건축물의 건축이 현저히 곤란한 경우, ② 농지로서 농기계의 진입과 회전이 곤란할 정도로 폭이 좁고 길게 남거나 부정형등의 사유로 영농이 현저히 곤란한 경우, ③ 공익사업의 시행으로 교통이 두절되어 사용이나 경작이 불가능하게 된 경우, ④ 제1호부터 제3호까지에서 규정한 사항과 유사한 정도로 잔여지를 종래의 목적대로 사용하는 것이 현저히 곤란하다고 인정되는 경우 등의 어느 하나에 해당되어야 한다(동법 시행령 제39조 제1항).

(3) 매수대상 잔여지의 판단기준

잔여지를 판단할 때에는 잔여지의 위치・형상・이용상황 및 용도지역, 공익사업 편입토지의 면적 및 잔여지의 면적 사항을 종합적으로 고려하여야 한다(토지보상법 시행령 제39조 제2항). 또한 잔여지와 인접한 본인 소유토지의 유・무 및 일단지 사용의 가능성 등도 고려한다.

Ⅲ. 잔여지의 보상평가방법

1. 원칙

매수하는 잔여지는 일단의 토지 전체가액에서 편입되는 토지의 가액을 뺀 금액으로 감정평가하므로, 잔여지 매수보상에서도 전후비교법이 적용된다. 여기서 일단의 토지 전체가액이란 잔여지를 포함한 일단의 토지 전체가액을 말한다.

2. 일단의 토지 전체가격

편입토지의 가액은 일단의 토지 전체가액을 기준으로 하여 산정하는 것이 원칙이므로, 일단의 토지 전체가액의 적용단가와 편입토지의 적용단가는 같은 것이 일반적이다. 다만, 편입토지와 잔여지의 용도지역・이용상황 등이 달라 구분감정평가한 경우에는 각각 다른 적용단가를 적용하여 일단의 토지 전체가액을 산정한다.

3. 편입되는 토지가액

일반적인 보상평가방법을 적용하여 감정평가한다.

4. 기준시점

잔여지의 매수보상평가의 기준시점은 일반 토지와 같이 협의에 의한 경우에는 협의 성립 당시의 가격을 기준으로 하고, 재결에 의한 경우에는 수용 또는 사용의 재결 당시의 가격을 기준으로 한다. 즉, 일단의 토지 전체가액 및 편입되는 토지가액의 기준시점은 모두 잔여지 매수보상의 협의 성립 당시 또는 재결 당시가 된다.

5. 적용공시지가

즉, 매수보상 대상인 잔여지는 사업인정 시 고시하는 토지세목에 포함되지 않으나, 사업시행자가 잔여지를 협의취득하거나 수용하는 경우에는 그 잔여지에 대하여 사업인정 및 사업인정고시가 있은 것으로 본다. 따라서 매수보상의 대상인 잔여지를 감정평가할 경우 적용공시지가는 편입되는 토지와 동일한 선정기준이 적용된다.

6. 공법상의 제한 등

매수대상 잔여지의 손실은 공익사업시행지구에 편입되는 시점에서 발생한다고 보아야 하므로, 일단의 토지 전체가액 및 편입되는 토지가액을 감정평가할 때 공법상의 제한사항 및 이용상황 등은 편입토지의 보상 당시를 기준으로 한다. 따라서 편입토지의 보상 이후에 해당 공익사업과 관계없이 공법상 제한이 변경된 경우에도 이를 고려하지 아니한다.

7. 해당 공익사업으로 인한 가치의 변동

잔여지 매수보상은 잔여지를 포함한 일단의 토지 전체의 가액에서 공익사업시행지구에 편입되는 토지가액을 뺀 금액으로 보상하는 것이므로, 잔여지가 종래의 목적에 이용될 수 없어 가치가 하락하거나 최유효이용 면적에 미달하여 가치가 하락하였더라도 그 하락되지 아니한 가치로 보상액을 결정한다. 따라서 해당 공익사업으로 인한 가치의 변동이 있는 경우에도 이러한 변동은 매수 보상금액에 포함하여서는 안 된다.

Ⅳ. 잔여지 보상평가시 유의사항

1. 사업시행이익과의 상계금지

사업시행이익과의 상계금지 원칙은 취득하지 않는 잔여지에 대한 사업시행이익과 대상토지의 보상금액과의 관계이므로, 취득하는 잔여지의 보상액 산정에는 이 원칙이 적용될 여지가 없다.

2. 사용하는 토지의 잔여지 매수보상

동법 제74조 제1항은 '일단의 토지의 일부가 협의에 의하여 매수되거나 수용됨으로 인하여'라고 하여 취득으로 인한 잔여지의 매수보상만을 규정하고 있으므로, 사용하는 토지의 잔여지의 매수보상은 인정되지 않는다. 다만, 「토지보상법」 제72조의 규정에 의하여 해당 토지소유자의 매수청구 또는 수용청구에 따라 대상토지를 매수하거나 수용하는 경우에는 그 잔여지도 매수보상의 대상이 된다.

Ⅴ. 매수 · 수용의 효과(토지보상법 제74조 제2항 및 제3항)

매수 또는 수용의 청구가 있는 잔여지 및 잔여지에 있는 물건에 관하여 권리를 가진 자는 사업시행자나 관할 토지수용위원회에 그 권리의 존속을 청구할 수 있다. 사업시행자가 잔여지를 매수하는 경우 그 잔여지에 대하여는 제20조에 따른 사업인정 및 제22조에 따른 사업인정고시가 된 것으로 본다.

Ⅵ. 잔여지 수용에 대한 권리구제 방법론

1. 문제점

구) 공특법은 잔여지에 대해 토지등의 소유자의 청구에 의하여 사업시행자가 취득할 수 있도록 하고, 토지수용법은 잔여지 소유자는 기업자에게 일단의 토지의 전부를 매수청구하거나 관할토지 수용위원회에 수용청구할 수 있도록 하였다. 현행 토지보상법에서도 사업인정 전후에 관계없이 잔여지에 대하여 사업시행자에게 매수청구할 수 있으며, 사업인정 후에는 매수에 관한 협의가 성립되지 않은 경우 관할토지수용위원회에 잔여지에 대한 수용청구를 할 수 있도록 하였다.

2. 매수 · 수용 절차

동일한 소유자에게 속하는 일단의 토지의 일부가 협의에 의하여 매수되거나 수용됨으로 인하여 잔여지를 종래의 목적에 사용하는 것이 현저히 곤란할 때에는 해당 토지소유자는 사업시행자에게 잔여지를 매수하여 줄 것을 청구할 수 있으며, 사업인정 이후에는 관할 토지수용위원회에 수용을 청구할 수 있다. 이 경우 수용의 청구는 매수에 관한 협의가 성립되지 아니한 경우에만 할 수 있으며, 그 사업완료일까지 하여야 한다. 사업인정 이전에는 매수청구를 하고, 이후에는 수용청구가 가능하다. 수용청구는 매수에 관한 협의 불성립 시에 한하며, 수용재결이 있기 전에 해야 하는 제약이 있다. 따라서 잔여지에 대한 수용청구는 매수협의를 필수적 절차로 하고 있다는 점에 특징이 있다.

3. 잔여지수용청구권의 성질 및 소송방법

요건을 구비한 때에는, 잔여지를 수용하는 토지수용위원회의 재결이 없더라도 그 청구에 의하여 수용의 효과가 발생하는 형성권적 성질을 가지므로, 잔여지 수용청구를 받아들이지 않은 토지 수용위원회의 재결에 대하여 토지소유자가 불복하여 제기하는 소송은 보상금의 증감에 관한 소송에 해당하여 사업시행자를 피고로 하여야 한다(대판 2010.8.19, 2008두822). 행사기간은 제척기간으로서, 토지소유자가 그 행사기간 내에 잔여지수용청구권을 행사하지 아니하면 그 권리는 소멸한다. 즉, 이와 같은 잔여지의 수용청구를 하기 위하여서는 늦어도 관할토지수용위원회가 재결하기 이전까지 그 일단의 토지에 대한 소유권을 취득하여야 하며, 그 이후에 소유권을 취득한 자는 잔여지의 수용을 청구할 수 없다.

판례

▶ **관련판례**

잔여지 수용청구를 받아들이지 않은 토지수용위원회의 재결에 대하여 토지소유자가 불복하여 제기하는 소송의 성질 및 그 상대방 잔여지 수용청구권은 손실보상의 일환으로 토지소유자에게 부여되는 권리로서 그 요건을 구비한 때에는 잔여지를 수용하는 토지수용위원회의 재결이 없더라도 그 청구에 의하여 수용의 효과가 발생하는 형성권적 성질을 가지므로, 잔여지 수용청구를 받아들이지 않은 토지수용위원회의 재결에 대하여 토지소유자가 불복하여 제기하는 소송은 위 법 제85조 제2항에 규정되어 있는 '보상금의 증감에 관한 소송'에 해당하여 사업시행자를 피고로 하여야 한다(대판 2010.8.19, 2008두822).

4. 잔여지 불복에 대한 소송의 형태

(1) 보상금증감소송의 소송형식

잔여지 보상금증감소송은 관할 토지수용위원회의 재결로 형성된 보상금의 증감에 관한 소송으로서 그 법률관계의 한쪽 당사자를 피고로 하는 소송이므로 형식적 당사자소송에 해당한다. 형식적 당사자소송은 행정청의 처분 등을 원인으로 하는 법률관계에 대한 소송으로서 그 원인이 되는 처분・재결 등의 효력에 불복하여 소송을 제기함에 있어 처분청을 피고로 하는 것이 아니라 그 법률관계의 한쪽 당사자를 피고로 하는 소송을 말한다.

(2) 잔여지감가보상의 소송형식

잔여지감가보상은 동일한 토지소유자에 속하는 일단의 토지의 일부가 취득 또는 사용됨으로 인하여 잔여지의 가격이 감소하거나 그 밖의 손실이 있는 경우에 청구하는 보상이다. 잔여지수용 청구가 인정되지 않는 경우에 잔여지감가보상을 청구할 수 있다. 판례는 잔여지감가보상의 경우에 재결을 거친 후 토지보상법 제83조 내지 제85조에 따라 행정소송을 제기해야 하는 것으로 본다. 그러나 잔여지감가보상은 수용재결을 구하는 것이 아니라 잔여지의 가격하락에 대한 금전적 보상을 다투는 것이 보통이므로 수용재결을 거칠 필요가 없는 경우에도 토지수용위원회의 재결을 필수적 전치절차로 보아 항고소송 내지는 형식적 당사자소송의 형식으로만 소를 제기하도록 하는 것은 잔여지감가보상의 본질에 부합되지 않아 문제가 있다.

판례

▶ **관련판례**

① 공법상 권리

잔여지수용청구권은 토지소유자가 사업시행자에 대하여 잔여 토지의 수용을 요구할 수 있는 공법상 권리이다(서울고법 1975.12.5. 선고 74다1254 판결).

② 각 공유자 소유지분별로 잔여지수용청구

잔여지수용청구권은 당해 토지소유자만이 갖지만, 잔여지가 공유인 경우에는 각 공유자가 그 소유지분별로 잔여지수용청구를 할 수 있다(대판 2001.6.1, 2001다16333).

③ 잔여지는 형성권 보상금증감청구소송 제기 민사소송 불가

잔여지 수용청구권은 손실보상의 일환으로 토지소유자에게 부여되는 권리로서 그 요건을 구비한 때에는 잔여지를 수용하는 토지수용위원회의 재결이 없더라도 그 청구에 의하여 수용의 효과가 발생하는 형성권적 성질을 가지므로(대판 1993.11.22, 93누1159: 대판 2004.9.24, 2002다68713), 잔여지 수용청구를 받아들이지 않은 토지수용위원회의 재결에 대하여 토지소유자가 불복하여 제기하는 소송은 보상금의 증감에 관한 소송에 해당하여 사업시행자를 피고로 하여야 하고(대판 2010.8.19, 2008두822), 잔여지수용자 결 및 이의재결에 불복이 있으면 재결청과 기업자를 공동피고로 하여 그 이의재결의 취소 및 보상금의 증액을 구하는 행정소송을 제기하여야 하며, 곧바로 기업자를 상대로 하여 민사소송으로 잔여지에 대한 보상금의 지급을 구할 수는 없다(대판 2004.9.24, 2002다68713).

④ 재결에 의하여 행정소송을 제기

토지수용법상 잔여지가 공유인 경우에도 각 공유자는 그 소유지분에 대하여 각별로 잔여지 수용청구를 할 수 있으나, 잔여지에 대한 수용청구를 하려면 우선 기업자에게 잔여지매수에 관한 협의를 요청하여 협의가 성립되지 아니한 경우에 구 토지수용법 규정에 의한 열람기간

내에 관할 토지수용위원회에 잔여지를 포함한 일단의 토지 전부의 수용을 청구할 수 있고, 그 수용재결 및 이의재결에 불복이 있으면 재결청과 기업자를 공동피고로 하여 그 이의재결의 취소 및 보상금의 증액을 구하는 행정소송을 제기하여야 하며 곧바로 기업자를 상대로 하여 민사소송으로 잔여지에 대한 보상금의 지급을 구할 수는 없다(대판 2001.6.1, 2001다16333).

⑤ 잔여지수용청구권의 행사기간은 제척기간

잔여지 수용청구는 사업시행자와 사이에 매수에 관한 협의가 성립되지 아니한 경우 일단의 토지의 일부에 대한 관할 토지수용위원회의 수용재결이 있기 전까지 관할 토지수용위원회에 하여야 하고, 잔여지 수용청구권의 행사 기간은 제척기간으로서, 토지소유자가 그 행사기간 내에 잔여지 수용청구권을 행사하지 아니하면 그 권리가 소멸한다(대판 2001.9.4, 99두11080, 대판 1992.11.27, 91누10688), 또한 잔여지 수용청구의 의사표시는 관할 토지수용위원회가 사업시행자에게 잔여지 수용청구의 의사표시를 수령할 권한을 부여하였다고 인정할 만한 사정이 없는 한 관할 토지수용위원회에 하여야 한다(대판 2010.8.19, 2008두822).

■ **법규 헷갈리는 쟁점 : 잔여지수용거부(확장수용거부)를 민사소송으로 다툴 수 있는지 여부**

잔여지 수용청구에 대한 불복방법으로 민사소송으로 그 권리구제가 가능한지 여부와 관련하여, 잔여지수용청구권을 공권으로 볼 때 행정소송으로 제기해야지 민사소송를 제기하는 것은 타당하지 않다고 보여진다. 대법원도 수용재결 및 이의재결에 불복이 있으면 재결청과 기업자를 공동피고(현재는 재결청이 삭제되어 형식적 당사자소송으로 보상금증감청구소송)로 하여, 그 이의재결의 취소 및 보상금의 증액을 구하는 행정소송을 제기하여야 하며 곧바로 기업자를 상대로 하여 민사소송으로 잔여지에 대한 보상금의 지급을 구할 수 없다고 판시하여 민사소송으로 권리구제 받는 것을 부정하였다.

다만 최근 대법원 판례(2021두44425)는 항고소송으로 제기해야 할 소송을 민사소송으로 제기한 경우에 그 해법(수소법원이 그 항고소송에 대한 관할을 가지고 있지 아니하여 관할법원에 이송하는 결정)을 제시하고 있다. 이는 소송자체의 변경에 해당되는 문제이지 권리구제 방법론이 인정된다는 논리는 아니다.

○ 대법원 2022.11.17. 선고 2021두44425 판결[소유권이전등기]

【판시사항】

원고가 행정소송법상 항고소송으로 제기해야 할 사건을 민사소송으로 잘못 제기하여 수소법원이 관할법원에 이송하는 결정을 하고 이송결정이 확정된 후 원고가 항고소송으로 소 변경을 한 경우, 그 항고소송에 대한 제소기간 준수 여부를 판단하는 기준 시기(=처음 소를 제기한 때)

【판결요지】

행정소송법 제8조 제2항은 “행정소송에 관하여 이 법에 특별한 규정이 없는 사항에 대하여는 법원조직법과 민사소송법 및 민사집행법의 규정을 준용한다.”라고 규정하고 있고, 민사소송법 제40조 제1항은 “이송결정이 확정된 때에는 소송은 처음부터 이송받은 법원에 계속된 것으로 본다.”라고 규정하고 있다. 한편 행정소송법 제21조 제1항, 제4항, 제37조, 제42조, 제14조 제4항은 행정소송 사이의 소 변경이 있는 경우 처음 소를 제기한 때에 변경된 청구에 관한 소송이 제기된 것으로 보도록 규정하고 있다. 이러한 규정 내용 및 취지 등에 비추어 보면, 원고가 행정소송법상 항고소송으로 제기해야 할 사건을 민사소송으로 잘못 제기한 경우에 수소법원이 그 항고소송에 대한 관할을 가지고 있지 아니하여 관할법원에 이송하는 결정을 하였고, 그 이송결정이 확정된 후 원고가 항고소송으로 소 변경을 하였다면, 그 항고소송에 대한 제소기간의 준수 여부는 원칙적으로 처음에 소를 제기한 때를 기준으로 판단하여야 한다.

(4) 기출문제

» 기출문제(제23회 2번)(잔여지수용)

한국수자원공사는 「한국수자원공사법」 제9조 및 제10조에 근거하여 수도권(首都圈) 광역상수도사업 실시계획을 수립하여 국토교통부장관의 승인을 얻은 후, 1필지인 甲의 토지 8,000m² 중 6,530m²를 협의취득하였다. 협의취득 후 甲의 잔여지는 A지역 495m², B지역 490m², 그리고 C지역 485m²로 산재(散在)하고 있다. **30점**

(1) 甲은 위 잔여지의 토지가격의 감소를 이유로 손실보상을 청구하려고 한다. 이 경우 잔여지의 가격감소에 대한 甲의 권리구제방법을 설명하시오. **15점**

(2) 호텔을 건립하기 위해 부지를 조성하고 있던 甲은 자신의 잔여지를 더 이상 종래의 사용목적대로 사용할 수 없게 되자 사업시행자와 매수에 관한 협의를 하였으나, 협의가 성립되지 아니하였다. 이에 甲은 관할 토지수용위원회에 잔여지의 수용을 청구하였지만, 관할 토지수용위원회는 이를 받아들이지 않았다. 이 경우 잔여지수용청구의 요건과 甲이 제기할 수 있는 행정소송의 형식을 설명하시오. **15점**

» 기출문제(제27회 2번)(완전수용 – 각하재결)

甲은 2015.3.16. 乙로부터 A광역시 B구 소재 도로로 사용되고 있는 토지 200m²(이하 '이 사건 토지'라 함)를 매수한 후 자신의 명의로 소유권이전등기를 하였다. 한편, 甲은 A광역시 지방토지수용위원회에 "사업시행자인 B구청장이 도로개설공사를 시행하면서 사업인정고시가 된 2010.4.6. 이후 3년 이상 이 사건 토지를 사용하였다"고 주장하면서 「공익사업을 위한 토지 등의 취득 및 보상에 관한 법률」(이하 '토지보상법'이라 함) 제72조 제1호를 근거로 이 사건 토지의 수용을 청구하였다. 이에 대해 A광역시 지방토지수용위원회는 "사업인정고시가 된 날로부터 1년 이내에 B구청장이 재결신청을 하지 아니하여 사업인정은 그 효력을 상실하였으므로 甲은 토지보상법 제72조 제1호를 근거로 이 사건 토지의 수용을 청구할 수 없다"며 甲의 수용청구를 각하하는 재결을 하였다. 다음 물음에 답하시오. **30점**

(1) A광역시 지방토지수용위원회의 각하재결에 대하여 행정소송을 제기하기 전에 강구할 수 있는 甲의 권리구제수단에 관하여 설명하시오. **10점**

(2) 甲이 A광역시 지방토지수용위원회의 각하재결에 대하여 행정소송을 제기할 경우 그 소송의 형태와 피고적격에 관하여 설명하시오. **20점**

공익사업을 위한 토지 등의 취득 및 보상에 관한 법률

제23조(사업인정의 실효)

① 사업시행자가 제22조 제1항에 따른 사업인정의 고시(이하 "사업인정고시"라 한다)가 된 날부터 1년 이내에 제28조 제1항에 따른 재결신청을 하지 아니한 경우에는 사업인정고시가 된 날부터 1년이 되는 날의 다음 날에 사업인정은 그 효력을 상실한다.

② 〈이하 생략〉

제72조(사용하는 토지의 매수청구 등)

사업인정고시가 된 후 다음 각 호의 어느 하나에 해당할 때에는 해당 토지소유자는 사업시행자에게 해당 토지의 매수를 청구하거나 관할 토지수용위원회에 그 토지의 수용을 청구할 수 있다. 이 경우 관계인은 사업시행자나 관할 토지수용위원회에 그 권리의 존속(存續)을 청구할 수 있다.

1. 토지를 사용하는 기간이 3년 이상인 경우
2. 〈이하 생략〉

≪孟子(맹자)≫ 梁惠王上篇(양혜왕상편)에 나오는 말이다.

무항산무항심

[無恒産無恒心]

항산이 없으면 항심이 없다는 말로, 생활이 안정되지 않으면 바른 마음을 견지하기 어렵다는 뜻.

無 : 없을 무	恒 : 항상 항	産 : 생업 산
無 : 없을 무	恒 : 항상 항	心 : 마음 심

맹자는 성선설(性善說)을 바탕으로 인(仁)에 의한 덕치(德治)를 주장한 유가(儒家)의 대표적인 학자이다. 어느 날 제(濟)나라 선왕(宣王)이 정치에 대하여 묻자, 백성들이 배부르게 먹고 따뜻하게 지내면 왕도의 길은 자연히 열리게 된다며 다음과 같이 대답하였다.

"경제적으로 생활이 안정되지 않아도 항상 바른 마음을 가질 수 있는 것은 오직 뜻있는 선비만 가능한 일입니다. 일반 백성에 이르러서는 경제적 안정이 없으면 항상 바른 마음을 가질 수 없습니다. 항상 바른 마음을 가질 수 없다면 방탕하고 편벽되며 부정하고 허황되어 이미 어찌할 수가 없게 됩니다. 그들이 죄를 범한 후에 법으로 그들을 처벌한다는 것은 곧 백성을 그물질하는 것과 같습니다(無恒産而有恒心者 唯士爲能 若民則無恒産 因無恒心 苟無恒心 放僻邪侈 無不爲已 及陷於罪然後 從而刑之 是罔民也). 그리고는 이어서 "어떻게 어진 임금이 백성들을 그물질할 수 있습니까?" 하고 반문하였다.

임금의 자리는 하늘이 내린 것이라는 생각이 통하던 시대에, 백성을 하늘로 생각하고 그들에게 얼마만큼 안정된 생활을 제공하느냐 하는 것이 정치의 요체이며 백성들의 실생활을 돌보는 것이 임금의 도리라고 설파한 것이다. 맹자의 이러한 생각은 민본 사상을 바탕으로 한 깊은 통찰력의 결과로, 역사상 혁명의 주체는 항상 중산층이었다는 사실과 일치하고 있다. 오늘날도 국민들의 생활 안정이 통치의 근본이라는 의미에서, '항산이 있어야 항심이 있다'는 식으로 자주 인용된다.

출처: [네이버 지식백과] 무항산무항심 [無恒産無恒心]

3. 공물의 수용가능성

> 법 제19조(토지 등의 수용 또는 사용)
> ① 사업시행자는 공익사업의 수행을 위하여 필요하면 이 법에서 정하는 바에 따라 토지 등을 수용하거나 사용할 수 있다.
> ② 공익사업에 수용되거나 사용되고 있는 토지 등은 특별히 필요한 경우가 아니면 다른 공익사업을 위하여 수용하거나 사용할 수 없다.

(1) 문제점

공물이란, 국가·지방자치단체 등의 행정주체에 의하여 직접적으로 행정목적에 공용된 개개의 유체물을 말한다(협의설). 공물이 수용의 대상이 되는가에 대하여 견해가 나뉘며, 토지보상법 제19조 제2항은 특별히 필요한 경우에는 수용할 수 있다고 하고 있는바, 논의의 중점은 수용의 가부가 아니라 별도의 공용폐지가 요구되는가의 문제이다.

(2) 학설

① 부정설은 공물을 수용에 의하여 다른 행정목적에 제공하는 것은 해당 공물의 본래의 목적에 배치되므로, 공물 그 자체를 직접 공용수용의 목적으로 할 수 없고 공용폐지가 선행되어야 한다고 한다.

② 긍정설은 원칙적으로 허용되지 아니하나, 보다 중요한 공익사업에 제공할 필요가 있는 경우에는 공물로서의 토지도 예외적으로 수용의 목적물이 될 수 있다고 보는 것이 토지보상법 제19조 제2항의 취지에 부합된다고 본다. 이러한 관점에서는 공물도 일정한 경우에는 그 공용폐지가 선행되지 않고도 수용의 목적물이 될 수 있다고 본다.

(3) 판례

헌법재판소는 공물의 수용가능성을 인정한 것으로 보이고, 대법원 판례에서도 광평대군 묘역 관련된 판례에서 공물의 수용가능성을 인정하고 있다.

> 판례
>
> ▶ 관련판례(헌재 2000.10.25, 2000헌바32)
> 토지수용법 제5조는 이른바 공익 또는 수용권의 충돌문제를 해결하기 위한 것으로서, 수용적격사업이 경합하여 충돌하는 공익의 조정을 목적으로 한 규정이다. 즉, 현재 공익사업에 이용되고 있는 토지는 가능하면 그 용도를 유지하도록 하기 위하여 수용의 목적물이 될 수 없도록 하는 것이 그 공익사업의 목적을 달성하기 위하여 합리적이라는 이유로, 보다 더 중요한 공익사업을 위하여 특별한 필요가 있는 경우에 한하여 예외적으로 수용의 목적물이 될 수 있다고 규정한 것이고, 토지 등을 수용할 수 있는 요건 또는 그 한계를 정한 것이 아니다. 그런데 이 사건 토지가 수용재결 당시 공익사업에 이용되고 있었음을 인정할 만한 아무런 자료가 없는 이 사건에 있어 위 법률조항은 해당 소송사건의 재판에 적용되는 것이라 할 수 없으므로, 이 사건 심판청구는 재판의 전제성을 갖추지 못한 것이다.

▶ 관련판례(대판 1996.4.26, 95누13241) – 광평대군 묘역사건

택지개발촉진법 제12조 제2항에 의하면 택지개발계획의 승인・고시가 있은 때에는 토지수용법 제14조 및 제16조의 규정에 의한 사업인정 및 사업인정의 고시가 있은 것으로 보도록 규정되어 있는바, 이와 같은 택지개발계획의 승인은 해당 사업이 택지개발촉진법상의 택지개발사업에 해당함을 인정하여 시행자가 그 후 일정한 절차를 거칠 것을 조건으로 하여 일정한 내용의 수용권을 설정해 주는 행정처분의 성격을 갖는 것이라 할 것이고, 그 승인고시의 효과는 수용할 목적물의 범위를 확정하고 수용권으로 하여금 목적물에 관한 현재 및 장래의 권리자에게 대항할 수 있는 일종의 공법상 권리로서의 효력을 발생시킨다고 할 것이므로 토지소유자로서는 선행처분인 건설부장관의 택지개발계획 승인단계에서 그 제척사유를 들어 쟁송하여야 하고, 그 제소기간이 도과한 후 수용재결이나 이의재결 단계에 있어서는 위 택지개발계획 승인처분에 명백하고 중대한 하자가 있어 당연무효라고 볼 특단의 사정이 없는 이상 그 위법 부당함을 이유로 재결의 취소를 구할 수는 없다 고 할 것이다(대판 1986.8.19, 86누256, 대판 1987.9.8, 87누395, 대판 1994.5.24, 93누24230 등 참조).

그리고 토지수용법은 같은 법 제5조의 규정에 의한 제한 이외에는 수용의 대상이 되는 토지에 관하여 아무런 제한을 하지 아니하고 있을 뿐만 아니라, 토지수용법 제5조, 문화재보호법 제20조 제4호, 제58조 제1항, 부칙 제3조 제2항 등의 규정을 종합하면 (구)문화재보호법(1982.12.31. 법률 제3644호로 전문 개정되기 전의 것) 제54조의2 제1항에 의하여 지방문화재로 지정된 토지가 수용의 대상이 될 수 없다고 볼 수는 없다 할 것이다.

▶ 관련판례(대판 2019.2.28, 2017두71031) – 풍납토성보존을 위한 사업인정고시 사건

문화재보호법 제83조 제1항은 "문화재청장이나 지방자치단체의 장은 문화재의 보존・관리를 위하여 필요하면 지정문화재나 그 보호구역에 있는 토지, 건물, 입목(立木), 죽(竹), 그 밖의 공작물을 공익사업을 위한 토지 등의 취득 및 보상에 관한 법률(이하 '토지보상법'이라 한다)에 따라 수용(收用)하거나 사용할 수 있다."라고 규정하고 있다.

한편 국가는 문화재의 보존・관리 및 활용을 위한 종합적인 시책을 수립・추진하여야 하고, 지방자치단체는 국가의 시책과 지역적 특색을 고려하여 문화재의 보존・관리 및 활용을 위한 시책을 수립・추진하여야 하며(문화재보호법 제4조), 문화재청장은 국가지정문화재 관리를 위하여 지방자치단체 등을 관리단체로 지정할 수 있고(문화재보호법 제34조), 지방자치단체의 장은 국가지정문화재와 역사문화환경 보존지역의 관리・보호를 위하여 필요하다고 인정하면 일정한 행위의 금지나 제한, 시설의 설치나 장애물의 제거, 문화재 보존에 필요한 긴급한 조치 등을 명할 수 있다(문화재보호법 제42조 제1항).

<u>이와 같이 문화재보호법은 지방자치단체 또는 지방자치단체의 장에게 시・도지정문화재뿐 아니라 국가지정문화재에 대하여도 일정한 권한 또는 책무를 부여하고 있고, 문화재보호법에 해당 문화재의 지정권자만이 토지 등을 수용할 수 있다는 등의 제한을 두고 있지 않으므로, 국가지정문화재에 대하여 관리단체로 지정된 지방자치단체의 장은 문화재보호법 제83조 제1항 및 토지보상법에 따라 국가지정문화재나 그 보호구역에 있는 토지 등을 수용할 수 있다</u>.

(4) 검토

생각건대, 해당 문제는 이론상의 문제가 아니라 실정법상의 근거규정을 살펴보고 법률해석을 통해 판단해야 할 것이다. 따라서 특별한 필요가 있는 경우 공물도 수용이 가능할 것이고 이에 대한 판단은 공익 간 이익형량에 대한 비례원칙이 적용될 것이다. 광평대군 묘역 관련하여 대법원 판례는 (구)토지수용법은 같은 법 제5조의 규정에 의한 제한 이외에는 수용의 대상이 되는 토지에 관하여

아무런 제한을 하지 아니하고 있을 뿐만 아니라, (구)토지수용법 제5조, 문화재보호법 제20조 제4호, 제58조 제1항, 부칙 제3조 제2항 등의 규정을 종합하면 (구)문화재보호법(1982.12.31. 법률 제3644호로 전문 개정되기 전의 것) 제54조의2 제1항에 의하여 지방문화재로 지정된 토지가 수용의 대상이 될 수 없다고 볼 수는 없다고 하여 수용이 가능하다고 보고 있다. 또한 풍납토성 사건에서도 "문화재보호법은 지방자치단체 또는 지방자치단체의 장에게 시·도지정문화재뿐 아니라 국가지정문화재에 대하여도 일정한 권한 또는 책무를 부여하고 있고, 문화재보호법에 해당 문화재의 지정권자만이 토지 등을 수용할 수 있다는 등의 제한을 두고 있지 않으므로, 국가지정문화재에 대하여 관리단체로 지정된 지방자치단체의 장은 문화재보호법 제83조 제1항 및 토지보상법에 따라 국가지정문화재나 그 보호구역에 있는 토지 등을 수용할 수 있다."라고 판시함으로써 공물의 수용가능성을 인정하고 있다.

(5) 기출문제

≫ 기출문제(제31회 1번 물음3)

丙이 소유하고 있는 토지(이하 '이 사건 C토지'라 한다)는 문화재보호법 상 보호구역으로 지정된 토지로서 이 사건 시설 조성사업의 시행을 위한 사업구역 내에 위치하고 있다. 甲은 공물인 이 사건 C토지를 이 사건 시설 조성사업의 시행을 위하여 수용할 수 있는가? **15점**

■ 법규 헷갈리는 쟁점 :

공물의 수용가능성은 기본적으로 사인토지등을 전제로 하는 것이지 국유재산법, 공유재산법, 국유림법등에 적용되는 토지등은 논외로 한다. 왜냐하면 국공유토지의 경우에는 기본적으로 용도폐지를 선행해야 일반재산이 되어 수용이 가능하기 때문에 수용의 본질적 한계에 있는 토지등에 대해서는 논외로 하는 것이 바람직한 논리구성이다.

★ 공물의 수용가능성 논의 (私人소유 전제)

Ⅰ. 개설

공물이란 국가, 지방자치단체 등의 행정주체에 의하여 직접 행정목적에 공용된 개개의 유체물을 말한다. 공물의 수용가능성에서 논의가 되는 쟁점은 국유재산법이나 국유림법에 규정된 것이 아니라 사인 소유의 공물의 수용가능성에 대한 논의를 하는 것이다. 당연히 국·공유재산은 국유재산법 및 공유재산법등 해당 법률 규정에 따라야 하기 때문이다.

토지보상법 제19조 제2항은 "공익사업에 수용되거나 사용되고 있는 토지 등은 특별히 필요한 경우가 아니면 다른 공익사업을 위하여 수용하거나 사용할 수 없다."라고 규정하고 있는데, 이 규정과 관련하여 논란이 있다.

여기서 '특별히 필요한 경우'란 현재의 공익사업보다 새로운 공익사업의 공익성이 더 큰 경우 등으로 본다(국토교통부, 2009.12.2. 토지정책과-5719).

II. 공물의 수용가능성에 대한 견해의 대립

1. 공용폐지(용도폐지)가 선행되지 않는 한 수용은 불가하다는 견해

공물은 그 자체가 공물이기 때문이 아니라 공익의 목적을 위하여 제공되어 있는 것이므로 공물이 공적으로 이용되고 있는 한도 내에서는 그 성질상 공용수용의 목적물이 될 수 없는 것이 원칙이고, 다만 공물이 현재 이용되고 있는 것보다 더 큰 공익사업을 위하여 필요한 경우에는 수용이 될 수도 있는 것이나, 이 경우에는 먼저 공용폐지가 있어야 한다는 것이다.

2. 더 큰 공익이 있으면 용도폐지 없이 수용가능하다는 견해

원칙적으로는 수용대상이 되지 않는 것이지만, 더 중요한 공익사업에 제공할 필요가 있는 경우에는 수용이 가능하다는 입장이다. 이 견해는 토지보상법 제19조 제2항도 일정한 경우에는 공용폐지가 없어도 수용이 가능한 점을 피력한 것이라고 한다.

III. 대법원 판례의 입장

1. 공물의 수용가능성은 인정되지 않는다는 본 판례

○ 대법원 1995.1.24. 선고 94다21221 판결

2토지에 대하여 1980.12.30. 수용협의가 성립되어(광주지방국세청과 사이에 성립되었다는 취지로 보임) 광주지방국세청에 보상금 193,600원을 지급하고, 피고(영산강농지개량조합)는 위와 같이 농업진흥공사로부터 위 지구 제3, 5, 6 공구상의 농지개량시설물을 인수받은 후 그 명의로 2토지에 관하여 이 사건 소유권이전등기를 마친 사실 ….

원고 명의의 소유권이전등기(관리청 철도청)가 경료되어 있는 2토지는 광주선 철도계획선 용지로서 국가행정재산이었다가 1982.4.1. 용도폐지한 잡종재산임이 기록상 엿보이는 이 사건에 있어서 광주지방국세청이 국가 소유(관리청 철도청)의 2토지에 관하여 용도폐지도 되기 전에 수용협의를 하고 보상금을 수령할 권한이 있다고 보기는 어려우므로 다른 특별한 사정이 없는 한 광주지방국세청과 사이에 성립된 수용협의는 무효라고 하지 않을 수 없다(당원 1992.7.14. 선고 92다12971 판결 참조).

○ 대법원 2018.12.3. 선고 2018두51904 판결[토지사용이의재결처분 취소]

국유림법에서 정한 절차와 방법에 따르지 않은 채, 토지보상법에 의한 재결을 통해 요존국유림 또는 불요존국유림의 소유권이나 사용권을 취득할 수 있는지 여부(소극)

① 국유림법령 규정 내용과 체계 및 취지 등을 종합하면, 공익사업의 시행자가 요존국유림을 철도사업 등 토지보상법에 의한 공익사업에 사용할 필요가 있는 경우에, 국유림법에서 정하는 절차와 방법에 따르지 아니한 채, 토지보상법에 의한 재결을 통해 요존국유림의 소유권이나 사용권을 취득할 수 없다고 보아야 한다.

② 공익사업의 시행자가 불요존국유림을 철도사업 등 토지보상법에 의한 공익사업에 사용할 필요가 있는 경우에도, 국유림법에서 정하는 절차와 방법에 따라 소유권이나 사용권을 취득하려는 조치를 우선적으로 취하지 아니한 채 토지보상법에 의한 재결을 통해 불요존국유림의 소유권이나 사용권을 취득할 수 없다고 보아야 한다.

☞ 이 사건 국유림은 요존국유림 18필지와 불요존국유림 1필지로 구성되어 있는데, 철도건설사업의 시행자인 한국철도시설공단은 이 사건 국유림에 대해 국유림법에서 정한 절차와 방법에 따라 사용권을 취득한 것이 아니라 관할 토지수용위원회에 사용재결을 신청하였고, 이후 피고 토지수용위원회의 사용재결에 대해 이 사건 국유림의 소유자인 원고 대한민국이 다투었음

☞ 대법원은 요존국유림이나 불요존국유림 모두 국유림법상 규정을 회피하여 토지보상법에 의한 재결을 통해 그 사용권을 취득할 수는 없다고 판단하여, 피고 토지수용위원회의 상고를 기각한 사례

○ 요존국유림 판시사항

나아가 철도사업 등 토지보상법에 의한 공익사업에 요존국유림을 사용할 필요가 있는 경우에도, 그러한 사용이 요존국유림의 보존목적의 수행에 필요하거나 장애가 되지 않는 범위에서는 요존국유림에 대한 '사용허가'를 받아야 하고, 그러한 사용이 요존국유림의 보존목적에 장애를 초래하는 경우에는 요존국유림을 철도사업 등 토지보상법에 의한 공익사업에 사용하여야 할 필요가 그 요존국유림을 보존할 필요보다 우월한 경우에 한하여 해당 요존국유림을 불요존국유림으로 재구분한 다음 이를 매각 또는 교환하는 절차를 밟아야 한다. 국유림법은 이와 별개로 요존국유림에 대한 임의적 처분이 가능함을 전제로 하는 규정이나 그에 대한 사용재결을 허용하는 규정을 두고 있지 않다.

국유재산법 역시, 공유(公有) 또는 사유재산과 교환하여 그 교환받은 재산을 행정재산으로 관리하려는 경우이거나 대통령령으로 정하는 행정재산을 직접 공용이나 공공용으로 사용하기 위하여 필요로 하는 지방자치단체에 양여하는 경우 외에는 행정재산을 처분하지 못하도록 규정하고 있다(제27조 제1항). 나아가 국유재산법은 행정재산 중 보존용 재산은 보존목적의 수행에 필요한 범위에서만 관리청이 행정재산의 사용허가를 할 수 있고(제30조 제1항), 행정목적으로 사용되지 않게 된 경우에는 지체 없이 그 용도를 폐지하도록 규정하고 있을 뿐이다(제40조 제1항 제1호).

한편 토지보상법은 공익사업에 토지 등이 필요한 경우 사업시행자가 먼저 토지등에 대한 보상에 관하여 토지소유자등과 협의 절차를 진행하여야 하고(제16조, 제26조), 협의가 성립되지 아니하거나 협의를 할 수 없을 때에 한하여 사업시행자가 관할 토지수용위원회에 재결을 신청할 수 있다고 규정하고 있다(제28조 제1항). 이는 토지소유자등에게 해당 토지등을 임의로 처분할 수 있는 권한이 있음을 전제로 하는 것이다. 그러나 국유림법상 요존국유림은 국유림법에서 정하는 절차와 방법에 따라서만 관리·사용할 수 있을 뿐이고, 불요존국유림으로 재구분되지 않는 이상 관리청이 임의로 처분하지 못하는 것이기 때문에, 토지보상법상 협의 또는 재결의 대상이 될 수 없다.

따라서 공익사업의 시행자가 요존국유림을 그 사업에 사용할 필요가 있는 경우에 국유림법에서 정하는 절차와 방법에 따르지 않고, 이와 별개로 토지보상법에 의한 재결로써 요존국유림의 소유권 또는 사용권을 취득할 수는 없다고 봄이 타당하다.

○ 불요존국유림 판시사항

따라서 공익사업의 시행자가 불요존국유림을 그 사업에 사용할 필요가 있는 경우에는 우선 국유림법에서 정하는 요건을 갖추어 매각·교환·대부계약의 체결을 적법하게 신청하여야 하고, 그럼에도 산림청장이 위법하게 그 계약체결을 거부하는 경우에 한하여 예외적으로 토지보상법에 따른 재결신청을 할 수 있을 따름이다.

○ 과거 「산림자원의 조성 및 관리에 관한 법률」 제43조에서 보안림을 지정하였으나, 산림을 체계적으로 보전하기 위하여 「산림자원의 조성 및 관리에 관한 법률」에서 이원화되어 있는 보안림과 산림유전자원보호림을 산림보호구역으로 통합하기 위해, 산림보호법이 제정되면서([시행 2010.3.10.] [법률 제9763호, 2009.6.9. 제정]), 동법 제7조에 산림보호구역을 지정하고, 이에 따라 「산림자원의 조성 및 관리에 관한 법률」에 의한 보안림 명칭은 사라지게 되었다. 즉, 산림보호법에 의해 2010.3.10.부터 「산림자원의 조성 및 관리에 관한 법률」 제43조에 의한 보안림은 산림보호법 제7조에 의한 산림보호구역으로 변경된 것이다.

○ 「국유림의 경영 및 관리에 관한 법률」(이하 '국유림법')제16조가 2016.12.2. 개정되면서 '요존국유림(要存國有林)'과 '불요존국유림(不要存國有林)'을 '보전국유림'과 '준보전국유림'으로 개정되었다(시행일은 2017.6.3.).

2. 공물의 수용가능성은 인정된다고 본 판례

○ 대법원 1996.4.26. 선고 95누13241 판결

토지수용법은 제5조의 규정에 의한 제한 이외에는 수용의 대상이 되는 토지에 관하여 아무런 제한을 하지 아니하고 있을 뿐만 아니라, 토지수용법 제5조, 문화재보호법 제20조 제4호, 제58조 제1항, 부칙 제3조 제2항 등의 규정을 종합하면 구 문화재보호법(1982.12.31. 법률 제3644호로 전문 개정되기 전의 것) 제54조의2 제1항에 의하여 지방문화재로 지정된 토지가 수용의 대상이 될 수 없다고 볼 수는 없다. (구 토지수용법 제5조(수용의 제한) 토지를 수용 또는 사용할 수 있는 사업에 이용되고 있는 토지는 특별한 필요가 있는 경우가 아니면 이를 수용 또는 사용할 수 없다.)

○ 대법원 2000.10.13. 선고 99두653 판결

구 전통사찰보존법(1997.4.10. 법률 제5320호로 개정되기 전의 것) 제6조 제1항 제2호, 제5항, 같은법 시행령(1997.10.2. 대통령령 제15493호로 개정되기 전의 것) 제3조 제1항, 제7조 제2항 등의 관련 규정에 의하면, 전통사찰의 경내지 안에 있는 당해 사찰 소유의 부동산을 대여, 양도 또는 담보로 제공하는 처분행위를 함에 있어서는 반드시 주무부장관인 문화체육부장관의 허가를 받도록 하고 이러한 허가를 받지 아니하고 한 처분행위는 무효인 것으로 규정하고 있는바, 위 관련 규정의 문언에 비추어 볼 때 그 주된 취지는 경내지 등 전통사찰 재산의 소유권이 변동되는 모든 경우에 언제나 문화체육부장관의 허가를 받도록 하겠다는 데에 있는 것이 아니라 전통사찰의 주지가 함부로 경내지 등의 사찰재산을 처분하는 행위에 의하여 사찰재산이 산일(散逸)되는 것을 방지하겠다는 데에 있다 할 것이어서, 공용수용은 국가 또는 지방자치단체 등이 공공사업의 시행을 위하여 관련 법령에 의하여 사인의 재산권을 강제로 취득하고 그에 대하여 손실보상을 하는 것이므로 공용수용으로 인한 경내지 등 사찰재산의 소유권 변동은 전통사찰 주지의 처분행위에 의한 것이 아님이 명백하므로, 같은 법 제6조 제1항에 규정된 문화체육부장관의 허가를 요하는 주지의 처분행위에 공용수용으로 인한 경내지 등 사찰재산의 소유권이전은 포함되지 않는다.

○ 대법원 2019.2.28. 선고 2017두71031 판결[사업인정고시취소]

〈풍납토성 보존을 위한 사업인정 사건〉

문화재보호법 제83조 제1항은 "문화재청장이나 지방자치단체의 장은 문화재의 보존・관리를 위하여 필요하면 지정문화재나 그 보호구역에 있는 토지, 건물, 입목, 죽, 그 밖의 공작물을 공익사업을 위한 토지 등의 취득 및 보상에 관한 법률(이하 '토지보상법'이라 한다)에 따라 수용하거나 사용할 수 있다.' '라고 규정하고 있다.

한편 국가는 문화재의 보존・관리 및 활용을 위한 종합적인 시책을 수립・추진하여야 하고, 지방자치단체는 국가의 시책과 지역적 특색을 고려하여 문화재의 보존・관리 및 활용을 위한 시책을 수립・추진하여야 하며(문화재보호법 제4조), 문화재청장은 국가지정문화재 관리를 위하여 지방자치단체 등을 관리단체로 지정할 수 있고(문화재보호법 제34조), 지방자치단체의 장은 국가지정문화재와 역사문화환경 보존지역의 관리・보호를 위하여 필요하다고 인정하면 일정한 행위의 금지나 제한, 시설의 설치나 장애물의 제거, 문화재 보존에 필요한 긴급한 조치 등을 명할 수 있다(문화재보호법 제42조 제1항). 이와 같이 문화재보호법은 지방자치단체 또는 지방자치단체의 장에게 시・도지정문화재뿐

아니라 국가지정문화재에 대하여도 일정한 권한 또는 책무를 부여하고 있고, 문화재보호법에 해당 문화재의 지정권자만이 토지 등을 수용할 수 있다는 등의 제한을 두고 있지 않으므로, 국가지정문화재에 대하여 관리단체로 지정된 지방자치단체의 장은 문화재보호법 제83조 제1항 및 토지보상법에 따라 국가지정문화재나 그 보호구역에 있는 토지 등을 수용할 수 있다.

> ○ 일부 학자의 다른 견해 : 통상 위 판례를 수용이 가능하다는 입장을 피력한 것이라고 해석하는 것이 일반적이나, 이 판례는 공적 보존물의 수용을 인정한 것이며, 공익사업에 수용 또는 사용되고 있는 토지의 수용에 관한 판례는 아니고, 공적 보존물은 공물이라기보다는 공용제한의 일종으로 보아야 하므로 위 대법원 판결이 공물의 수용을 인정한 것으로 해석할 수 없다는 일부견해도 있다. 그런데 논리적으로 보면 공익사업에 수용 또는 사용되고 있는 토지는 토지의 수용이 되지 않는 것이 수용목적물의 성질에 대한 제한이기 때문에 논의의 필요도 없음에도 그런 주장을 하는 것은 앞뒤가 맞지 않는 논리이다.

Ⅳ. 헌법재판소 입장

○ 토지수용법 제5조 위헌소원 (2000.10.25. 2000헌바32 전원재판부)

【판시사항】

재판의 전제성이 없다는 이유로 각하한 사례

【결정요지】

토지수용법 제5조는 이른바 공익 또는 수용권의 충돌 문제를 해결하기 위한 것으로서, 수용적격사업이 경합하여 충돌하는 공익의 조정을 목적으로 한 규정이다. 즉, 현재 공익사업에 이용되고 있는 토지는 가능하면 그 용도를 유지하도록 하기 위하여 수용의 목적물이 될 수 없도록 하는 것이 그 공익사업의 목적을 달성하기 위하여 합리적이라는 이유로, 보다 더 중요한 공익사업을 위하여 특별한 필요가 있는 경우에 한하여 예외적으로 수용의 목적물이 될 수 있다는 것이다. 따라서 이 사건 법률조항의 '특별한 필요가 있는 경우'는 현재 토지를 이용하고 있는 수용가능사업의 공익성과 새로이 당해 토지를 이용하고자 하는 수용가능사업의 공익성의 비교형량에 의하여 후자가 전자보다 큰 경우 등을 말하는 것일 뿐, 일반적으로 토지 등을 수용할 수 있는 요건 또는 그 한계를 정한 것이 아니다.

그런데 이 사건 토지가 수용재결 당시 공익사업에 이용되고 있었음을 인정할 만한 아무런 자료가 없는 이 사건에 있어 위 법률조항은 당해 소송사건의 재판에 적용되는 것이라 할 수 없으므로, 이 사건 심판청구는 재판의 전제성을 갖추지 못한 것이다.

Ⅴ. 결

공물이 수용가능성에 대한 학설과 판례가 나뉘고 있는 실정이다. 최근 대법원(2018.12.3. 선고 2018두51904) 국유림법상 국유림 판결이 공물이 수용가능성을 부정한 판례라고 해석하는 학자들도 있다.

그러나 "국유재산법은 행정재산 중 보존용 재산은 보존목적의 수행에 필요한 범위에서만 관리청이 행정재산의 사용허가를 할 수 있고(제30조 제1항), 행정 목적으로 사용되지 않게 된 경우에는 지체 없이 그 용도를 폐지하도록 규정하고 있을 뿐이다(제40조 제1항 제1호)."라고 규정하고 있어 공물의 수용가능성은 국유재산을 전제로 하지 않는 사유재산에 대한 공물수용의 가능성에 대한 논의를 하는 것이다.

그리고 국유림법상 요존국유림은 국유림법에서 정하는 절차와 방법에 따라서만 관리ㆍ사용할 수 있을 뿐이고, 불요존국유림으로 재구분되지 않는 이상 관리청이 임의로 처분하지 못하는 것이기 때문에, 토지보상법상 협의 또는 재결의 대상이 될 수 없다.

그렇다면 국유재산법에 적용되는 보존용 재산이나, 국유림법에 제약을 받는 요존국유림과 불요존국유림(현재는 '요존국유림(要存國有林)'과 '불요존국유림(不要存國有林)'을 '보전국유림'과 '준보전국유림')의 공용폐지를 전제로 한 논거를 일반적인 사인 소유의 공물의 수용가능성에 대한 논의로 확대하는 것은 논리의 비약으로 볼 수 있다. 전주이씨장의공파종중 사인(종중) 소유의 보존공물인 광평대군 묘역 지방문화재(대판 1996.4.26, 95누13241)나 서울시 송파구 관할구역에 있는 주식회사 삼표산업 소유 풍납토성 토지(대판 2019.2.28, 2017두71031)는 사인(법인) 소유토지에 대하여 국유재산법이나 국유림법에 적용하여 용도폐지를 선행해야 한다는 논리를 펼치는 것은 무리한 주장으로 보여진다. 다만 문화재보호법이 최근 강화되어 문화재청에서 해당 문화재에 대한 여러 가지 제약이 따르는 것은 현실이지만 보존공물로써 용도폐지를 하라는 규정은 별도로 없기 때문에 사인 소유의 공물의 수용가능성은 광평대군 묘역과 풍납토성 판례를 통하여 더 큰 공익상 필요가 있다면 토지보상법 제19조 제2항을 적용하여 수용할 수 있다고 보는 것이 법리적으로 타당하다고 보여진다. 이 부분은 사실 입법적인 불비사항이므로 향후에는 사인 소유 보존공물이라고 하더라도 공익적 특성등을 고려하여 용도폐지를 선행하고 공익사업을 진행토록 하는 것이 타당하다고 생각된다.

제5절 토지보상법의 연혁

01 서

「공익사업을 위한 토지 등 취득 및 보상에 관한 법률」(토지보상법)은 헌법 제23조 제3항에서 명시한 것을 토지수용의 분야에 구체화하는 법률이다.

종래 「**토지수용법**」과 「**공공용지의 취득 및 손실보상에 관한 특례법**」으로 이원화되어 있었던 공익사업 용지의 취득과 손실보상에 관한 제도에 관하여 논란의 소지가 계속 발생하자, 2003.1.1 부터 토지보상법이라는 하나의 법령으로 통합하게 되었다. 이로써 토지수용에 있어 사실상 기본법의 표준이 마련되었으며, 손실보상에 관한 절차와 기준을 체계화하고 각종 불합리한 제도를 개선하여 국민의 재산권을 충실히 보호함과 아울러 공익사업의 효율적인 추진을 도모할 수 있다는 점에서 토지보상법의 제정의의를 갖는다고 할 것이다.9)

이러한 토지보상법의 연혁을 이해하는 것은 토지보상에 관한 법적인 쟁점과 체계를 이해하는데 도움이 된다. 특히 교재에서 다루는 일부의 중요 판례는 과거 이원화된 보상법체계하에서 다루어진 것이어서 이를 공부하는데 필요하다.

9) 양승혜 변호사, 토지보상에 대한 연혁적 고찰, 토지보상법연구 제19집, 한국토지보상법연구회, 2019

02 「토지수용법」의 연혁

토지보상에 관한 근대법령은 1911년 4월 17일에 제정된 조선총독부령 제3호에 의한 「토지수용령」에서 찾을 수 있다. 그러나 대한민국이 수립된 이후에도 토지수용은 제헌헌법 제100조의 규정에 의하여 「토지수용령」을 의용하게 된다.[10]

1962년 1월 1일 「토지수용법」이 제정되면서 「토지수용령」을 폐지하고 공용수용에 대한 근거법령을 마련하였다. 토지수용법은 공익사업에 필요한 토지의 수용과 사용에 관한 사항을 규정하여 공공복리의 증진과 사유재산권과의 조절을 도모할 목적으로 제정되었다.

토지수용법은 제정 이래 6차례의 개정을 거쳐 2003.1.1일 토지보상법의 제정으로 폐지되었다.

03 「공공용지의 취득 및 손실보상에 관한 특례법」의 연혁

과거 공익사업에 필요한 토지는 대부분이 민사법에 의한 협의매수에 의하여 취득되고 있었으나 이에 관한 일반적인 법적 준칙이 없이 사업의 종류 또는 시행청별로 보상대상이나 기준이 상이하여 적정보상이 이루어지지 아니하였다. 이로 인하여 민원의 대상이 되어 왔으며 보상청구절차가 복잡하고 때로는 보상비보다 보상금 청구에 필요한 서류의 작성경비가 과대하게 되는 경우가 있을 뿐만 아니라 등기미정리토지 또는 소유권자불명의 토지는 토지수용에 의하지 아니하고는 취득이 곤란하게 되는 등의 많은 문제점이 발생하였다. 이러한 문제점을 해결하기 위하여 정부는 1975년 12월 31일과 「공공용지의 취득 및 손실보상에 관한 특례법」을 제정하였고 1976년 7월 1일부터 시행되었다.

「공공용지의 취득 및 손실보상에 관한 특례법」은 3번의 개정을 거쳐 거처 2003.1.1일 토지보상법의 제정으로 폐지되었다.

04 토지보상법의 개정 연혁

「토지수용법」과 「공공용지의 취득 및 손실보상에 관한 특례법」으로 이원화되어 있었던 공익사업용지의 취득과 손실보상에 관한 제도는 2003.1.1.부터 「공익사업을 위한 토지 등 취득 및 보상에 관한 법률」(약칭 : 토지보상법)이라는 하나의 법령으로 통합하게 되었다.

토지보상법은 2002.2.4. 법률 제6656호로 제정 공포된 이후, 2002.12.에는 하위 법령이 마련되어 2003.1.1.부터 시행되었다. 그 간 수차례 토지보상법 중 유의미한 개정에 관하여 정리하면 다음과 같다.

---

10) 법체처 근대법령, https://www.law.go.kr/lsSc.do?menuId=1&subMenuId=19&tabMenuId=105&query=%ED%86%A0%EC%A7%80%EC%88%98%EC%9A%A9#undefined(검색일: 2020.12.4.)

1. 과거 중요 토지보상법의 개정[11)]

(1) 제5차 개정(2006.3.24.)

투기가 우려되는 지역 내에서 택지개발사업, 산업단지개발사업 등을 시행하는 정부투자 기관과 공공단체가 토지를 수용하는 경우 부재부동산소유자에 대한 보상금 중 일정 금액을 초과하는 부분은 당해 사업시행자가 발행하는 채권으로 지급하도록 의무화하였다.

(2) 제9차 개정(2008.4.18.)

공익사업으로 조성된 토지로 보상하는 대토보상 제도 도입, 잔여 건축물 감가보상 및 매수청구 제도 도입, 공장에 대한 이주대책의 수립, 보상협의회 설치 의무화하였다.

(3) 제13차 개정(2010.4.5.)

토지로 보상받기로 한 보상계약 체결일부터 1년이 지나면 토지소유자는 이를 현금으로 전환하여 보상하여 줄 것을 요청할 수 있도록 하였고, 대집행 시 인권침해를 방지하기 위하여 국가 또는 지방자치단체는 의무를 이행하여야 할 자의 보호를 위하여 노력하도록 하며, 공익사업으로 취득한 토지가 다시 택지개발사업지구에 편입되는 경우 환매권 행사를 유보하도록 하였다.

(4) 제16차 개정(2012.12.2.)

사업시행자 외에 토지소유자 및 해당 토지를 관할하는 시 도지사도 감정평가업자를 추천하도록 개선하였으며, 현재 지방토지수용위원회의 위원 수를 20인 이내로 확대하였다.

(5) 제19차 개정(2015.1.6.)

사업시행자가 토지소유자 등의 동의 없이 토지에 출입하여 장애물을 제거하는 경우와 토지소유자 등이 수용 또는 사용대상인 토지나 물건에 대하여 수용 또는 사용의 개시일까지 사업시행자에게 인도하거나 이전하지 아니하는 경우에 대하여 징역형을 신설하고 벌금형은 현행보다 높게 책정하였다.

2. 최근 토지보상법의 중요 개정

(1) 제20차 개정(2015.12.29.)

토지보상법 별표에 따르지 아니하고는 개별법률에 따라 토지 등을 수용 사용하는 사업을 규정할 수 없도록 하였고, 다른 법률에 따라 사업인정이 의제되는 경우에도 이해관계인 등의 의견청취를 의무화하였다.[12)]

민법 개정에 따라 토지수용위원회 위원의 결격사유 중 금치산자 및 한정치산자를 각각 피성년후견인 및 피한정후견인으로 개정하였다.

---

11) 양승혜 변호사, 토지보상에 대한 연혁적 고찰, 토지보상법연구 제19집, 한국토지보상법연구회, 2019, 〈표1〉보완

12) 본서 제4장 제1절 1 사업인정 중 김원보, 2015, 사업인정 관련 토지보상법의 개정내용과 과제 참고

(2) **제21차 개정**(2017.3.21.)

제57조의2(벌칙 적용에서 공무원 의제)를 신설하여 「형법」과 그 밖의 법률에 따른 벌칙을 적용함에 있어 토지수용위원회 위원 중 공무원이 아닌 위원을 공무원으로 의제함으로써 해당 직무수행의 공정성과 책임성을 확보하였다.

(3) **제22차 개정**(2019.7.1.)[13]

공익사업 신설 등에 대한 개선요구 등의 근거를 마련하고, 사업인정 또는 사업인정이 의제되는 지구지정·사업계획승인 등에 대한 중앙토지수용위원회의 사전 협의절차 이행, 협의 시 검토기준 명시, 기간연장·서류 보완요구 등 근거를 마련하는 한편, 사업인정 또는 사업인정이 의제되는 지구지정·사업계획 승인 등에 있어 중앙토지수용위원회와 사전에 협의절차를 이행하도록 하고, 토지수용위원회의 재결에 불복하는 경우 행정소송 제소기간을 확대하려 하였다.

(4) **제23차 개정**(2020.10.8.)

공익사업에 편입되는 토지의 소유자에 대한 손실보상을 현금이 아닌 공익사업의 시행으로 조성한 토지로 보상하는 대토보상 제도가 편법적인 신탁방식을 통해 왜곡되는 것을 방지하기 위하여 대토보상 계약 체결일부터 1년이 지나 현금으로 전환하여 보상받을 권리도 전매금지 대상임을 명문화하는 한편, 대토보상 제도가 도입취지에 맞게 운영될 수 있도록 대토보상을 받을 권리의 전매금지를 위반한 자에 대한 처벌 규정을 신설하였다.

(5) **제24차 개정**(2021.8.10.)

공익사업의 폐지·변경 등으로 인해 취득한 토지의 전부 또는 일부가 필요 없게 된 경우 토지소유자는 공익사업이 폐지·변경된 날 또는 사업완료일로부터 10년 이내에 환매권을 행사할 수 있도록 하였다.

(6) **제25차 개정**(2022.8.4.)

현행법은 공익사업지구에 거주하던 원주민의 재정착을 지원하고 손실보상금이 부동산 시장으로 유입되지 않도록 하기 위하여 사업시행자가 공익사업에 편입되는 토지의 소유자에 대한 손실보상을 현금 대신 조성한 토지로 보상할 수 있도록 하고 있으나, 최근 이러한 대토보상 등을 받기 위하여 신도시 개발 사업이 시행되기 전 미공개 정보를 이용하여 사업후보지에 토지나 주택을 구입하는 등 투기행위가 있다는 의혹이 제기되면서, 이러한 투기행위를 방지하기 위해 대토보상의 기준 등을 강화할 필요성이 제기되었다.
이에 공익사업을 위한 관계 법령에 따른 고시 등이 있은 날 당시 국토교통부, 사업시행자, 공익사업 관련 허가·인가·승인 등 기관, 관계 법령에 따른 협의·의견청취 등의 대상자였던 중앙행정기관, 지방자치단체, 공공기관 등에 종사하거나 종사하였던 날부터 10년이 경과하지 아니한 자는 토지로 손실보상을 받을 수 있는 대상에서 제외하고, 대토보상 대상자 선정 시 공익사업지구 내 거주한

13) 본서 제4장 제1절 1 사업인정 중 사업인정과 토지보상법 개정의 의의 및 내용 참고

자로서 토지 보유기간이 오래된 자 순으로 보상하도록 하는 한편, 전매금지 규정을 위반하거나 토지 관련 위법행위를 한 자에 대해서는 대토보상이나 이주자 택지・주택 공급 대상에서 제외하도록 하고, 대토보상권의 전매금지 위반행위에 대한 양벌규정을 마련하였다.

(7) **제26차 개정**(법률 제19765호, 2023.10.24. 일부개정/시행 2024.4.25.)

「도심융합특구 조성 및 육성에 관한 특별법」에 따른 도심융합특구개발사업을 이 법에 따른 사업인정이 의제되는 사업으로 추가함.

– 별표 제2호에 (94)를 다음과 같이 신설한다.

(94) 「도심융합특구 조성 및 육성에 관한 특별법」에 따른 도심융합특구개발사업

– 부칙

이 법은 공포 후 6개월이 경과한 날부터 시행한다.

(8) **제27차 개정**(법률 제20452호, 2024.9.20. 일부개정/시행 2024.9.20.)

토지 등을 수용하거나 사용할 수 있는 공익사업에 「가덕도신공항 건설을 위한 특별법」에 따른 신공항건설사업을 추가함.

– 별표 제2호에 (95)를 다음과 같이 신설한다.

(95) 「가덕도신공항 건설을 위한 특별법」에 따른 신공항건설사업

– 부칙

이 법은 공포한 날부터 시행한다.

Chapter

02 공익사업의 준비

제1절 공익사업준비

01 서

공익사업의 준비란 사업시행자가 공익사업의 시행을 위해 행하는 준비행위로서, 타인이 점유하는 토지에 출입하여 측량·조사를 하거나 장해물을 제거하는 등의 일련의 행위를 말한다. 공익사업의 준비는 공익사업에 제공하게 될 목적물의 적합성을 검증하기 위한 것으로서 공익사업의 원활한 준비를 기하고 사업시행자가 스스로 목적물의 적합성 여부를 판단하도록 배려하려는 데 그 취지가 있다. 사업시행자가 공익사업을 실시하거나 수용절차를 진행하기 위해서는 사업계획을 작성하고, 수용 또는 사용하려고 하는 토지의 구역, 즉 사업 시행지를 확정하여야 한다. 이를 위해서는 현지에 출입하여 조사·측량 또는 장해물의 제거 등의 행위를 할 필요가 있다. 이러한 경우 사업시행자는 원칙적으로 토지소유자 또는 점유자의 동의를 받아야 하나 동의를 얻을 수 없거나 얻지 못하는 경우, 사업의 원활한 준비를 위해 강제적으로 타인의 토지에 출입하여 공익 사업의 시행에 필요한 이들 행위를 할 수 있게 하는 토지 출입권 등에 관한 제도와 이를 거부하거나 방해하지 못하도록 하는 인용의무에 관한 제도가 요구된다.

■ **참고: 공익사업 준비에 대한 법적 성격을 무엇으로 볼 것인지 논의**

Ⅰ. 각 개념의 정리

① 공용부담이라 함은 국가, 지방자치단체 등 공익사업자가 일정한 공공복리를 적극적으로 증진하기 위하여 개인에게 부과되는 공법상의 경제적 부담을 말한다. 공용부담은 인적공용부담과 물적공용부담으로 구분된다. 그중 물적공용부담은 권리(재산권)에 대하여 일정한 공공복리를 증진하기 위하여 일정한 제한·수용 또는 교환의 제약을 가하는 것을 말한다. 다시 물적공용부담은 공용제한, 공용사용, 공용수용, 공용환지·공용환권이 있다. 이 중에서 공용제한과 공용사용에 대한 개념만 살펴본다.

② 공용제한이라 함은 공공필요를 위하여 재산권에 대하여 가해지는 공법상 제한을 말한다. 공용제한은 재산권자가 재산권을 박탈당하지 않는 점에서 공용수용과 구별된다.

③ 공용사용이라 함은 공공필요를 위하여 특정인의 토지 등의 재산을 강제로 사용하는 것을 말한다.

Ⅱ. 공익사업의 준비에 대한 법적 성격 견해의 대립

공익사업의 준비가 수용의 보통절차에 해당하는가에 대하여는 논란이 제기되고 있다. 공익사업의 준비에 대하여는 공용제한으로 보는 견해와 공용사용으로 보는 견해로 나뉘어지고 있다.

(1) 공용제한으로 보는 견해[14)]

공익사업준비는 공용부담적 측면으로 볼 때에는 공용제한에 해당한다고 볼 수 있다. 타인토지출입 등은 공용제한 중 사용제한이다. 이는 사업예정지 내의 재산권에 일정한 제한을 가하는 사용제한으로 보는 것이 합당하다고 본다.

(2) 공용사용으로 보는 견해[15)]

공익사업의 준비는 일시적인 사용을 전제하기 때문에 공용부담 가운데 공용사용으로 보는 것이 타당하다고 보여진다. 공익사업의 준비는 수용의 준비를 위하여 인정되는 제도가 아니라 사업계획을 작성하고 사업지의 범위를 결정하기 위한 준비행위에 불과하므로 수용의 보통절차로 보지 않고 있다. 공익사업의 준비는 엄격한 의미에서 수용을 위한 절차는 아니지만 공익사업을 위해 불가결하기 때문에, 수용의 보통절차에 넣어 설명하는 경향이 있다. 이는 토지소유권 등의 수용이나 기간적으로 긴 토지사용에 비하여 재산권에 대한 침해 정도가 경미하고 일시적이므로, 토지수용절차를 거치지 않고 단지 허가에 의하도록 하고 있는 특징을 지니고 있다. 이에 관한 허가는 그 요건에 대하여 정하고 있지 않기 때문에 재량행위로 볼 수 있다. 그러나 허가는 공익사업 준비를 위해 필요한 범위에 한하여 주어져야 하는 것으로 볼 수 있기 때문에 완전한 자유재량으로 보기는 어렵다고 보여진다. 공익사업의 준비는 공용사용으로 보아 일시적인 사용을 전제로 수용 목적물의 대상을 파악하는 정도로 이해하면 될 것으로 보여진다.

Ⅲ. 소결

공용사용이라는 것이 공공필요를 위하여 특정인의 토지 등의 재산을 강제로 사용하는 것을 말한다면 결국 허가를 받아 공익사업준비 절차의 핵심은 타인의 토지에 출입하여 수용목적물에 대한 파악을 통해 토지조서 및 물건조서를 완성하는 예비적인 절차인 것이다. 따라서 이를 재산권에 가해진 공용제한으로 보기보다는 공익사업의 원활한 수행을 목적으로 일시적으로 공용사용으로 보는 견해가 타당하다고 생각된다.

02 법적 성질

1. 출입허가의 법적 성질

(1) 강학상 특허인지

① 타인토지에 출입할 수 있는 자연적 자유를 회복시켜 준다는 점에서 허가로 보는 견해, ② 타인토지출입은 자연적 자유가 아니라고 보아 억제적 금지의 해제인 예외적 승인으로 보는 견해, ③ 출입허가는 사용권을 형성하므로 특허라고 보는 견해가 있다. 생각건대, 출입허가는 사업인정을 받기 전에 일시적으로 해당 토지를 사용할 수 있는 권리가 부여된다는 점에서 특허의 성질을 갖는다고 본다.

(2) 재량행위인지

토지보상법 제9조에서는 "허가를 받아야 한다."고 규정하고 있어 법문언의 표현이 불분명하다. 따라서 행위의 성질 및 기본권과의 관련성을 고려하여 판단해야 한다. 출입허가는 자연적 자유를 회복하여 기본권을 실현하는 의미의 학문상 허가가 아닌 새로운 권리의 설정 측면인 특허의 성질을 갖는다고 보면 출입허가는 재량행위로 평가된다(재량행위).

14) 고려대학교 김남진, 김연태 교수님 견해.
15) (前)국토연구원 류해웅 박사님, 전북대 허강무 교수님, 국민대 강정훈 박사.

2. 타인토지출입의 법적 성질

사업시행자가 타인토지에 출입하여 측량·조사하는 행위는 일정한 법적 효과의 발생을 목적으로 하는 것이 아니라, 행정작용을 적정하게 실행함에 있어 필요로 하는 자료·정보 등을 수집하기 위하여 행하는 일체의 조사활동으로 행정조사이면서, 권력적 사실행위에 해당한다.

3. 장해물 제거 등 허가의 법적 성질

(1) 강학상 특허인지

장해물을 제거하고 토지를 시굴할 수 있는 권리를 형성하는 것이며, 이는 유해한 행위를 내용으로 하는 것이 아니라는 점에서 특허로 보는 것이 타당하다.

(2) 재량행위인지

토지보상법은 장해물의 제거 등을 위한 허가를 하기 전에 반드시 토지소유자 및 점유자의 의견을 듣도록 규정하고 있다. 이는 단순한 출입에 비하여 침익성이 크기 때문이며, 시장 등은 의견청취를 통해서 허가를 하지 아니할 수 있다고 본다. 따라서 재량행위로 봄이 타당하다.

4. 장해물 제거 등의 법적 성질

장해물을 제거하거나 토지를 시굴하는 행위는 제거나 시굴을 위해서 토지를 사용하는 개념이 아니고 그러한 행위의 수인의무를 부과하는 것이다. 따라서 장해물의 제거 등의 행위는 공용제한 중 부담제한으로서 사업제한에 해당한다.

03 타인토지에의 출입

법 제9조(사업 준비를 위한 출입의 허가 등)

① 사업시행자는 공익사업을 준비하기 위하여 타인이 점유하는 토지에 출입하여 측량하거나 조사할 수 있다.

② 사업시행자(특별자치도, 시·군 또는 자치구가 사업시행자인 경우는 제외한다)는 제1항에 따라 측량이나 조사를 하려면 사업의 종류와 출입할 토지의 구역 및 기간을 정하여 특별자치도지사, 시장·군수 또는 구청장(자치구의 구청장을 말한다)의 허가를 받아야 한다. 다만, 사업시행자가 국가일 때에는 그 사업을 시행할 관계 중앙행정기관의 장이 특별자치도지사, 시장·군수 또는 구청장에게 통지하고, 사업시행자가 특별시·광역시 또는 도일 때에는 특별시장·광역시장 또는 도지사가 시장·군수 또는 구청장에게 통지하여야 한다.

③ 특별자치도지사, 시장·군수 또는 구청장은 다음 각 호의 어느 하나에 해당할 때에는 사업시행자, 사업의 종류와 출입할 토지의 구역 및 기간을 공고하고 이를 토지점유자에게 통지하여야 한다.

1. 제2항 본문에 따라 허가를 한 경우
2. 제2항 단서에 따라 통지를 받은 경우
3. 특별자치도, 시·군 또는 구(자치구를 말한다)가 사업시행자인 경우로서 제1항에 따라 타인이 점유하는 토지에 출입하여 측량이나 조사를 하려는 경우

④ 사업시행자는 제1항에 따라 타인이 점유하는 토지에 출입하여 측량・조사함으로써 발생하는 손실을 보상하여야 한다.
⑤ 제4항에 따른 손실의 보상은 손실이 있음을 안 날부터 1년이 지났거나 손실이 발생한 날부터 3년이 지난 후에는 청구할 수 없다.
⑥ 제4항에 따른 손실의 보상은 사업시행자와 손실을 입은 자가 협의하여 결정한다.
⑦ 제6항에 따른 협의가 성립되지 아니하면 사업시행자나 손실을 입은 자는 대통령령으로 정하는 바에 따라 제51조에 따른 관할 토지수용위원회(이하 "관할 토지수용위원회"라 한다)에 재결을 신청할 수 있다.

1. 의의 및 근거

토지보상법 제9조 이하에서는 공익사업의 시행을 위한 준비절차로서 타인의 토지에 출입하여 측량・조사를 행하거나 장해물의 제거 등의 행위를 할 수 있도록 규정하고 있다.

2. 절차(허가 – 통지 – 출입)

(1) 출입허가

사업시행자는 시장 등의 허가를 받아 타인의 토지에 출입할 수 있으며, 사업시행자가 국가 등인 경우에는 통지하고 출입할 수 있다. 출입허가를 하거나 통지를 받은 경우 시장 등은 사업시행자, 사업의 종류와 출입할 토지의 구역 및 기간을 공고하고 이를 토지점유자에게 통지하여야 한다.

(2) 출입의 통지

타인이 점유하는 토지에 출입하고자 하는 자는 출입하고자 하는 날의 5일 전까지 그 일시 및 장소를 시장 등에게 통지하여야 하며, 통지를 받은 때 또는 시장 등이 사업시행자인 경우에 타인이 점유하는 토지에 출입하려는 때에는 지체 없이 이를 공고하고 그 토지점유자에게 통지하여야 한다.

(3) 출입(제한과 의무)

일출 전이나 일몰 후에는 토지점유자의 승낙 없이 그 주거나 경계표・담 등으로 둘러싸인 토지에 출입할 수 없으며, 출입하고자 하는 때에는 증표 등을 휴대하여야 한다.

3. 효과

(1) 사업시행자는 출입허가로 타인토지출입권이 발생하고, 타인이 점유하는 토지에 출입하여 측량・조사함으로써 발생하는 손실을 보상하여야 한다. 또한, 사용기간 만료 시 반환 및 원상회복의무를 부담한다.

(2) 타인이 점유하는 토지에 출입하여 측량・조사함으로써 발생하는 손실을 보상하여야 한다.토지소유자는 손실보상청구권이 발생하며, 이때 보상은 손실이 있은 것을 안 날로부터 1년 또는 손실이 발생한 날부터 3년 이내에 청구하여야 한다. 손실의 보상은 사업시행자와 손실을 입은 자가 협의하여 결정한다. 협의가 성립되지 아니하면 사업시행자나 손실을 입은 자는 대통령령으로

정하는 바에 따라 제51조에 따른 관할 토지수용위원회(이하 "관할 토지수용위원회"라 한다)에 재결을 신청할 수 있다.

04 장해물의 제거 등

법 제12조(장해물의 제거 등)

① 사업시행자는 제9조에 따라 타인이 점유하는 토지에 출입하여 측량 또는 조사를 할 때 장해물을 제거하거나 토지를 파는 행위(이하 "장해물 제거 등"이라 한다)를 하여야 할 부득이한 사유가 있는 경우에는 그 소유자 및 점유자의 동의를 받아야 한다. 다만, 그 소유자 및 점유자의 동의를 받지 못하였을 때에는 사업시행자(특별자치도, 시・군 또는 구가 사업시행자인 경우는 제외한다)는 특별자치도지사, 시장・군수 또는 구청장의 허가를 받아 장해물 제거 등을 할 수 있으며, 특별자치도, 시・군 또는 구가 사업시행자인 경우에 특별자치도지사, 시장・군수 또는 구청장은 허가 없이 장해물 제거 등을 할 수 있다.

② 특별자치도지사, 시장・군수 또는 구청장은 제1항 단서에 따라 허가를 하거나 장해물 제거 등을 하려면 미리 그 소유자 및 점유자의 의견을 들어야 한다.

③ 제1항에 따라 장해물 제거 등을 하려는 자는 장해물 제거 등을 하려는 날의 3일 전까지 그 소유자 및 점유자에게 통지하여야 한다.

④ 사업시행자는 제1항에 따라 장해물 제거 등을 함으로써 발생하는 손실을 보상하여야 한다.

⑤ 제4항에 따른 손실보상에 관하여는 제9조 제5항부터 제7항까지의 규정을 준용한다.

1. 의의 및 근거

사업시행자는 타인토지에 출입하여 측량 또는 조사를 함에 있어서 장해물의 제거 등을 하여야 할 부득이한 사유가 있는 경우에는 그 소유자 및 점유자의 동의를 얻어야 한다. 동의를 얻지 못한 때에는 사업시행자는 시장 등의 허가를 받아 장해물의 제거 등을 할 수 있다. 동 규정은 토지보상법 제12조에 근거를 두고 있다.

2. 절차

(1) 제거 등 허가

사업시행자는 장해물의 제거 등을 하여야 할 부득이한 사유가 있는 경우에는 그 소유자 및 점유자의 동의를 얻거나 시장 등의 허가를 받아야 한다. 시장 등이 허가를 하려는 때 또는 장해물의 제거 등을 하려는 때에는 미리 그 소유자 및 점유자의 의견을 들어야 한다.

(2) 통지

장해물의 제거 등을 하고자 하는 자는 장해물의 제거 등을 하고자 하는 날의 3일 전까지 그 소유자 및 점유자에게 통지하여야 한다.

(3) **제거**(제한과 의무)

사업시행자는 장해물의 제거 등을 하고자 하는 때에는 증표를 휴대하여야 하며, 동의 또는 허가 없이 장해물의 제거 등을 행한 자는 토지보상법 제97조의 2 규정에 의하여 1년 이하의 징역 또는 1천만원 이하의 벌금에 처한다.

3. 효과

(1) 수인의무 및 장해물의 제거 등을 할 수 있는 권리

장해물의 제거 등은 사실행위로서 법적인 효과가 발생하지 않는다. 그러나 장해물 제거 등의 허가를 통해서 소유자 및 점유자에게 그를 수인하여야 할 의무가 발생한다고 본다. 이에 상응하는 것으로 사업시행자에게는 장해물의 제거 등을 할 수 있는 권리가 발생된다고 볼 것이다.

(2) 손실보상청구권 발생

사업시행자는 장해물의 제거 등을 함으로써 발생하는 손실을 보상하여야 한다. 손실보상은 손실이 있은 것을 안 날부터 1년, 발생한 날부터 3년 이내에 청구하여야 한다. 손실의 보상은 사업시행자와 손실을 입은 자가 협의하여 결정한다. 협의가 성립되지 아니하면 사업시행자나 손실을 입은 자는 대통령령으로 정하는 바에 따라 제51조에 따른 관할 토지수용위원회에 재결을 신청할 수 있다.

■ 참고 : 토지점유자 등의 수인의무

토지보상법 제11조는 '토지점유자는 정당한 사유 없이 사업시행자가 제10조에 따라 통지하고 출입・측량 또는 조사하는 행위를 방해하지 못한다.'고 규정하고 있다. 이때 정당한 사유가 어떠한 경우인가에 대하여 토지보상법에서는 아무런 규정을 두고 있지 않다. 이에 관한 토지보상법상 취지를 종합하여 볼 때 ① 사업시행자가 출입허가를 받지 않았을 때, ② 시장・군수 또는 구청장의 공고가 없을 때, ③ 시장・군수 또는 구청장으로부터 통지가 없을 때, ④ 출입하려고 하는 자가 증표 등을 휴대하지 않았을 때, ⑤ 출입하려고 하는 자가 출입 제한시각이 출입하는 경우 등으로 해석할 수 있다.

[관련판례] : 춘천지법 강릉지원 2015.5.21. 선고 2015구합1541 판결

갑 시장이 원자력발전소 전원개발사업을 시행하는 을 주식회사에 사업예정구역에 대한 지적현황 측량 및 지장물 실태조사를 위한 출입허가를 하였다가 민간기구 주관으로 실시한 원전 유치 찬반 주민투표 결과 원전 유치 반대의견이 압도적으로 높아 원전건설사업이 더 이상 진행되기 어려운 상황이라는 등의 이유로 출입허가를 취소하는 처분을 한 사안에서, 위 처분은 정당한 처분사유를 갖추지 못하였고 절차상으로도 중대한 하자가 있어 위법하다고 한 사례

갑 시장이 원자력발전소 전원개발사업을 시행하는 을 주식회사에 사업예정구역에 대한 지적현황 측량 및 지장물 실태조사를 위한 출입허가를 하였다가, 민간기구 주관으로 실시한 원전 유치 찬반 주민투표 결과 원전 유치 반대의견이 압도적으로 높아 원전 건설사업이 더 이상 진행되기 어려운 상황이라는 등의 이유로 출입허가를 취소하는 처분을 한 사안에서, 공익사업의 시행에 관한 결정이 당연 무효에 해당하지 않고 취소 또는 철회되지 않아 효력을 유지하고 있다면 결정의 하자나 지역 주민 대다수가 사업의 추진을 반대하고 있다는 등의 사정을 들어 이미 확정된 공익사업의 준비를 위한 출입허가를 취소할 수 없으므로 위 처분은 정당한 처분사유를 갖추지 못하였고, 행정절차법 제21조에 따른 청문절차를 거치지 않아 절차상으로도 중대한 하자가 있어 위법하다고 한 사례

> ☞ 이러한 토지보상법 관련 규정의 형식이나 내용 등에 비추어 볼 때, 그 입법 취지는 시행이 예정된 공익사업의 원만한 진행을 지원하는 한편, 사업시행자의 출입으로 토지점유자가 인내하고 받아들여야 할 손실을 최소화하고 토지의 출입 및 조사 등에 따른 손실에 대하여 정당한 보상이 이루어질 수 있도록 하는 데 있다고 보인다. 따라서 토지보상법 제9조 제2항에 따라 행정청에 부여된 공익사업 대상지역의 출입허가 권한이나 그 출입허가의 취소 또는 철회 권한은 위와 같은 입법 취지를 실현하는 범위 안에서 이루어져야 적법하고, 그 범위를 넘어 공익사업의 시행에 관한 결정이 유효하게 유지되고 있음에도 그 시행을 사실상 저지하거나 중단시킬 수단으로 행사되어서는 아니 된다. 따라서 공익사업의 시행에 관한 결정이 당연무효에 해당하지 아니하고 취소 또는 철회되지 아니하여 그 효력을 유지하고 있다면, 그 결정의 하자나 지역 주민 대다수가 그 사업의 추진을 반대하고 있다는 등의 사정을 들어 이미 확정된 공익사업의 준비를 위한 출입허가를 취소할 수는 없다고 보아야 한다. (중략) 살피건대, 이 사건 처분은 이 사건 출입허가를 취소하고 측량이나 조사 등의 업무를 전면 중단하도록 한다는 내용으로 수익적 행정행위의 철회에 해당하고 이로써 원고의 권익을 제한한 것이다.

05 권리구제

1. 피수용자 입장

(1) 사전적 권리구제

① 토지보상법상 통지 등

토지보상법에서는 시장 등이 출입허가를 하거나, 출입의 통지를 받은 경우 그 내용을 토지점유자에게 통지하도록 하고 있으며, 장해물의 제거 등의 허가를 하고자 하는 경우에는 미리 의견을 듣도록 규정하고 있다. 출입 전 통지제도는 사전적 권리구제제도로서 의미를 가지나 출입허가나 출입의 통지를 받은 후 행하는 사후통지로서 토지점유자 등의 권리보호 측면에서 미흡한 점이 있다 하겠다.

② 예방적 금지소송 및 가처분

권력적 사실행위는 단기간에 종료되는 것이 일반적이므로 이를 방지하기 위한 가장 좋은 방법은 권력적 사실행위가 실행되기 이전에 사전에 이를 하지 못하도록 차단하는 것이다. 이에 대해서는 예방적 금지소송 및 가처분이 그 역할을 수행하나 아직 현행법상으로는 규정이 없다. 인정 여부에 대해 견해가 대립하나 판례는 인정하고 있지 않다. 다만, 행정소송법 개정안에서는 위 제도를 규정하고 있다.

(2) 위법한 행정조사에 대한 권리구제(사후적 권리구제)

① 행정쟁송

(ㄱ) 대상적격 : 권력적 사실행위가 행정쟁송의 대상인 처분에 해당하는지 여부가 문제된다. 사실행위임을 강조하여 부정하는 견해가 있으나 일반적으로 처분성을 인정한다. 처분의 개념에 관한 쟁송법적 개념설에 의하면, 공권력의 행사 또는 그 밖에 이에 준하는 행정작용으로 보며, 실체법적 개념설에 의하면 사실행위에 결합된 수인하명을 대상으로 소송을 제기할 수 있다고 본다.

(ㄴ) 협의의 소익(집행정지신청의 필요) : 권력적 사실행위의 경우 대부분 단시간에 그 집행이 종료되어 버려 항고쟁송에서 대체로 협의의 소익이 부정된다. 따라서 이를 방지하기 위해 집행정지 신청을 적극적으로 활용할 필요성이 있다.

② 국가배상과 결과제거청구

위법한 행정조사로 인하여 신체 또는 재산상의 손해를 입은 경우 국가배상법에 따른 손해배상청구가 가능하며, 위법한 행정조사의 결과로 위법한 상태가 지속되는 경우 상대방은 결과제거청구권을 행사할 수 있다.

(3) 적법한 행정조사에 대한 구제(사후적 권리구제)

① 손실보상에 관한 토지보상법의 규정

사업시행자는 타인토지에 출입하여 측량・조사함으로써 발생한 손실을 보상하여야 하고(제9조 제4항), 손실은 입은 자는 안 날부터 1년, 발생한 날부터 3년 이내에 청구하여야 한다(제9조 제5항). 보상은 사업시행자와 손실을 입은 자가 협의하여 결정하되(제9조 제6항), 협의 불성립 시 양 당사자는 관할 토지수용위원회에 재결을 신청할 수 있다(제9조 제7항).

② 보상금결정 재결에 대한 다툼

손실보상청구권을 공법적 원인에 의한 공권으로 보고, 보상금결정 재결의 처분성을 인정하면 수용재결에 대한 불복방법과 같이 이의신청(제83조)을 거친 후 보상금증감청구소송(제85조)을 제기하여 불복할 수 있다.

(4) 기타(정당방위의 가능성)

피수용자는 수인의무가 있으므로 원칙상 거부할 수 없으나, 정당한 사유가 있다면 거부할 수 있을 것이다. 이때 정당한 사유의 명문규정은 없으나, 사업시행자가 출입의 허가를 받지 아니하였을 때, 시, 군, 구청장의 공고 및 통지가 없을 때, 증표를 휴대하지 않았을 때 등을 들 수 있다.

2. 사업시행자 입장

(1) 허가신청을 거부한 경우

출입허가 신청에 대한 거부는 처분성이 인정되는바, 거부처분에 대한 권리구제수단으로서 의무이행심판, 거부처분취소소송, 의무이행소송, 집행정지, 가처분 등의 논의가 가능하다.

(2) 허가신청에 대해 부작위한 경우

부작위에 대해서는 의무이행심판, 부작위위법확인소송, 의무이행소송, 가처분 등의 논의가 가능하다.

제2절 토지보상법 제9조에 의한 손실보상 등

01 적용대상

1. 타인토지출입으로 인한 경우(제9조, 제12조, 제27조)

법 제9조(사업의 준비를 위한 출입의 허가 등)

④ 사업시행자는 제1항에 따라 타인이 점유하는 토지에 출입하여 측량·조사함으로써 발생하는 손실을 보상하여야 한다.

⑤ 제4항에 따른 손실의 보상은 손실이 있음을 안 날부터 1년이 지났거나 손실이 발생한 날부터 3년이 지난 후에는 청구할 수 없다.

⑥ 제4항에 따른 손실의 보상은 사업시행자와 손실을 입은 자가 협의하여 결정한다.

법 제12조(장해물 제거 등)

④ 사업시행자는 제1항에 따라 장해물 제거 등을 함으로써 발생하는 손실을 보상하여야 한다.

⑤ 제4항에 따른 손실보상에 관하여는 제9조 제5항부터 제7항까지의 규정을 준용한다.

법 제27조(토지 및 물건에 관한 조사권 등)

④ 사업시행자는 제1항에 따라 타인이 점유하는 토지에 출입하여 측량·조사함으로써 발생하는 손실(감정평가법인등이 제1항 제2호에 따른 감정평가를 위하여 측량·조사함으로써 발생하는 손실을 포함한다)을 보상하여야 한다.

⑤ 제4항에 따른 손실보상에 관하여는 제9조 제5항부터 제7항까지의 규정을 준용한다.

2. 실효로 인한 경우(제23조, 제24조, 제42조)

법 제23조(사업인정의 실효)

② 사업시행자는 제1항에 따라 사업인정이 실효됨으로 인하여 토지소유자나 관계인이 입은 손실을 보상하여야 한다.

③ 제2항에 따른 손실보상에 관하여는 제9조 제5항부터 제7항까지의 규정을 준용한다.

법 제24조(사업의 폐지 및 변경)

⑦ 사업시행자는 제1항에 따라 사업의 전부 또는 일부를 폐지·변경함으로 인하여 토지소유자 또는 관계인이 입은 손실을 보상하여야 한다.

⑧ 제7항에 따른 손실보상에 관하여는 제9조 제5항부터 제7항까지의 규정을 준용한다.

법 제42조(재결의 실효)

② 사업시행자는 제1항에 따라 재결의 효력이 상실됨으로 인하여 토지소유자 또는 관계인이 입은 손실을 보상하여야 한다.

③ 제2항에 따른 손실보상에 관하여는 제9조 제5항부터 제7항까지의 규정을 준용한다.

3. 약식사용절차(제38조) ** 제39조는 제41조에 별도의 규정 있음.

> **법 제38조(천재지변 시의 토지의 사용)**
> ④ 사업시행자는 제1항에 따라 타인의 토지를 사용함으로써 발생하는 손실을 보상하여야 한다.
> ⑤ 제4항에 따른 손실보상에 관하여는 제9조 제5항부터 제7항까지의 규정을 준용한다.
>
> **법 제41조(시급을 요하는 토지의 사용에 대한 보상)**
> ① 제39조에 따라 토지를 사용하는 경우 토지수용위원회의 재결이 있기 전에 토지소유자나 관계인이 청구할 때에는 사업시행자는 자기가 산정한 보상금을 토지소유자나 관계인에게 지급하여야 한다.
> ② 토지소유자나 관계인은 사업시행자가 토지수용위원회의 재결에 따른 보상금의 지급시기까지 보상금을 지급하지 아니하면 제39조에 따라 제공된 담보의 전부 또는 일부를 취득한다.

4. 간접손실보상의 경우(제79조) ** 제80조에 별도 협의 · 재결 규정 있음.

> **법 제79조(그 밖의 토지에 관한 비용보상 등)**
> ① 사업시행자는 공익사업의 시행으로 인하여 취득하거나 사용하는 토지(잔여지를 포함한다) 외의 토지에 통로 · 도랑 · 담장 등의 신설이나 그 밖의 공사가 필요할 때에는 그 비용의 전부 또는 일부를 보상하여야 한다. 다만, 그 토지에 대한 공사의 비용이 그 토지의 가격보다 큰 경우에는 사업시행자는 그 토지를 매수할 수 있다.
> ② 공익사업이 시행되는 지역 밖에 있는 토지 등이 공익사업의 시행으로 인하여 본래의 기능을 다할 수 없게 되는 경우에는 국토교통부령으로 정하는 바에 따라 그 손실을 보상하여야 한다.
>
> **법 제80조(손실보상의 협의 · 재결)**
> ① 제79조 제1항 및 제2항에 따른 비용 또는 손실이나 토지의 취득에 대한 보상은 사업시행자와 손실을 입은 자가 협의하여 결정한다.
> ② 제1항에 따른 협의가 성립되지 아니하였을 때에는 사업시행자나 손실을 입은 자는 대통령령으로 정하는 바에 따라 관할 토지수용위원회에 재결을 신청할 수 있다.

02 보상절차

> **법 제9조(사업의 준비를 위한 출입의 허가 등)**
> ⑤ 제4항에 따른 손실의 보상은 손실이 있음을 안 날부터 1년이 지났거나 손실이 발생한 날부터 3년이 지난 후에는 청구할 수 없다.
> ⑥ 제4항에 따른 손실의 보상은 사업시행자와 손실을 입은 자가 협의하여 결정한다.
> ⑦ 제6항에 따른 협의가 성립되지 아니하면 사업시행자나 손실을 입은 자는 대통령령으로 정하는 바에 따라 제51조에 따른 관할 토지수용위원회(이하 "관할 토지수용위원회"라 한다)에 재결을 신청할 수 있다.

03 손실보상금만의 재결에 대한 불복

1. 보상재결의 처분성을 인정하지 않는 경우

처분성을 인정하지 아니하는 경우에는 손실보상청구권의 법적 성질에 따라서 사권으로 보는 입장에서는 민사소송을 제기할 수 있고, 공권으로 보는 입장에서는 당사자소송을 제기할 수 있다.

2. 처분성을 인정하는 경우

처분성을 인정하는 경우에는 토지보상법에서 정한 절차대로 이의신청과 행정소송을 제기할 수 있다고 본다. 국토의 계획 및 이용에 관한 법률 제131조에 따르면 타인토지출입 등으로 인하여 손실을 입은 자는 협의하되, 협의불성립 시 재결을 신청할 수 있도록 하고 있으며, 관할 토지수용위원회의 재결에 대해서는 토지보상법 제83조부터 제87조까지의 규정을 준용하도록 규정하고 있다.

Chapter

03 협의에 의한 취득 및 사용

제1절 협의 취득을 위한 과정

01 서

협의에 의한 공익사업용지의 취득은 공익사업에 필요한 토지 등을 사업시행자가 토지소유자 등과 협의에 의하여 토지 등을 취득하는 것으로서 통상적으로 토지보상법상 사업인정 전 토지 등의 취득이 이에 해당된다. 이는 종전의 공특법상의 취득방식에 그 근원을 두고 있는 것으로 사법상 계약을 목적으로 하는 행위라 할 수 있다.

공익사업에 필요한 토지 등은 비록 강제수용에 의하여 취득할 수 있다고 하더라도 사업시행자가 토지소유자 등을 상대방으로 협의에 의하여 취득하는 것이 바람직하다. 이러한 협의에 의하여 사업상의 계약이 성립되면 계약내용대로 그 효과가 발생할 것이나, 그 공익적 성격으로 인하여 목적물・손실보상・보상액 산정기준・채권보상・환매권 등에 있어서 수용에 의한 취득 시의 효과와 동일한 효과가 발생하게 된다.

02 토지조서 및 물건조서의 작성(제14조)

법 제14조(토지조서 및 물건조서의 작성)

① 사업시행자는 공익사업의 수행을 위하여 제20조에 따른 사업인정 전에 협의에 의한 토지 등의 취득 또는 사용이 필요할 때에는 토지조서와 물건조서를 작성하여 서명 또는 날인을 하고 토지소유자와 관계인의 서명 또는 날인을 받아야 한다. 다만, 다음 각 호의 어느 하나에 해당하는 경우에는 그러하지 아니하다. 이 경우 사업시행자는 해당 토지조서와 물건조서에 그 사유를 적어야 한다.

1. 토지소유자 및 관계인이 정당한 사유 없이 서명 또는 날인을 거부하는 경우
2. 토지소유자 및 관계인을 알 수 없거나 그 주소・거소를 알 수 없는 등의 사유로 서명 또는 날인을 받을 수 없는 경우

② 토지와 물건의 소재지, 토지소유자 및 관계인 등 토지조서 및 물건조서의 기재사항과 그 작성에 필요한 사항은 대통령령으로 정한다.

1. 의의 및 취지

(1) 의의

토지조서 및 물건조서라 함은 공익사업을 위하여 필요로 하는 토지와 그 토지상에 있는 물건의 현황 및 권리자 등의 내용을 조사하여 사업시행자가 일정한 절차를 거쳐 작성한 문서이다. 토지조서 및 물건조서 작성이란 사업의 준비단계에서 사업시행지에 출입하여 수집한 자료를 바탕으로 협의에

의하여 취득할 토지・물건의 내용과 토지소유자 및 관계인의 범위를 확정하고 이를 문서로 작성하는 행위를 말한다.

(2) **취지**(분쟁예방, 신속한 절차)

토지조서 및 물건조서 작성은 목적물의 내용을 구체적으로 확인하는 절차로, 사업시행자와 토지소유자 및 관계인에게 미리 토지나 물건에 대하여 필요한 사항을 확인하도록 하여 당사자 간 분쟁의 소지를 미리 예방하고 앞으로의 절차를 신속히 진행시키기 위한 것이다.

2. 토지조서 및 물건조서의 작성절차

(1) 용지도 작성

사업시행자는 공익사업의 계획이 확정되었을 때에는 「공간정보의 구축 및 관리 등에 관한 법률」에 따른 지적도 또는 임야도에 대상 물건인 토지를 표시한 용지도(用地圖)와 토지 등에 관한 공부(公簿)의 조사 결과 및 현장조사 결과를 적은 기본조사서를 작성해야 한다(시행령 제7조 제1항).

(2) 조서작성 및 서명날인

사업시행자는 작성된 용지도와 기본조사서를 기본으로 하여 토지조서 및 물건조서를 작성하여 서명 또는 날인을 하고, 토지소유자와 관계인의 서명 또는 날인을 받아야 한다.

(3) 서명날인 거부 및 불능 시

토지소유자 및 관계인이 정당한 사유 없이 서명 또는 날인을 거부하는 경우 또는 토지소유자 및 관계인을 알 수 없거나 그 주소・거소를 알 수 없는 등의 사유로 서명 또는 날인을 받을 수 없는 경우에는 사업시행자는 해당 토지조서 및 물건조서에 그 사유를 적어야 한다.
토지보상법에서는 보상의 대상이 되는 정확한 토지 및 물건조서의 작성을 위하여 사업시행자가 작성하여 서명・날인하고 토지소유자와 관계인의 확인을 위하여 서명・날인하도록 하였으며, 서명의 거부 또는 불능 시 해당 조서에 그 사유를 기재하도록 하여 최종적으로 수용재결에서 다툴 수 있도록 하였다. 또한 보상계획의 열람 시 조서에 대해 서면으로 이의를 제기할 수 있도록 하고 형식화된 입회공무원 날인제도를 폐지하여 불필요한 절차를 단순화시켰다.

3. 조서작성의 시기

사업인정 전의 토지조서 및 물건조서는 사업시행자가 공익사업의 수행을 위한 토지 등을 사업인정 전에 협의취득 또는 사용하고자 필요한 때에만 작성한다. 따라서 사업인정 후에 공익사업의 수행상 필요한 토지 등을 취득 또는 사용하고자 할 때에는 반드시 사업인정 전에 토지조서 및 물건조서를 작성하여야 하는 것은 아니다.

03 보상계획의 열람 등(법 제15조)

> **법 제15조(보상계획의 열람 등)**
> ① 사업시행자는 제14조에 따라 토지조서와 물건조서를 작성하였을 때에는 공익사업의 개요, 토지조서 및 물건조서의 내용과 보상의 시기·방법 및 절차 등이 포함된 보상계획을 전국을 보급지역으로 하는 일간신문에 공고하고, 토지소유자 및 관계인에게 각각 통지하여야 하며, 제2항 단서에 따라 열람을 의뢰하는 사업시행자를 제외하고는 특별자치도지사, 시장·군수 또는 구청장에게도 통지하여야 한다. 다만, 토지소유자와 관계인이 20인 이하인 경우에는 공고를 생략할 수 있다.
> ② 사업시행자는 제1항에 따른 공고나 통지를 하였을 때에는 그 내용을 14일 이상 일반인이 열람할 수 있도록 하여야 한다. 다만, 사업지역이 둘 이상의 시·군 또는 구에 걸쳐 있거나 사업시행자가 행정청이 아닌 경우에는 해당 특별자치도지사, 시장·군수 또는 구청장에게도 그 사본을 송부하여 열람을 의뢰하여야 한다.
> ③ 제1항에 따라 공고되거나 통지된 토지조서 및 물건조서의 내용에 대하여 이의(異議)가 있는 토지소유자 또는 관계인은 제2항에 따른 열람기간 이내에 사업시행자에게 서면으로 이의를 제기할 수 있다. 다만, 사업시행자가 고의 또는 과실로 토지소유자 또는 관계인에게 보상계획을 통지하지 아니한 경우 해당 토지소유자 또는 관계인은 제16조에 따른 협의가 완료되기 전까지 서면으로 이의를 제기할 수 있다.
> ④ 사업시행자는 해당 토지조서 및 물건조서에 제3항에 따라 제기된 이의를 부기(附記)하고 그 이의가 이유 있다고 인정할 때에는 적절한 조치를 하여야 한다.

1. 보상계획의 공고 및 통지(제15조 제1항)

사업시행자는 토지조서와 물건조서를 작성하였을 때에는 공익사업의 개요, 토지조서 및 물건조서의 내용과 보상의 시기·방법 및 절차 등이 포함된 보상계획을 전국을 보급지역으로 하는 일간신문에 공고하고, 토지소유자 및 관계인에게 각각 통지하여야 하며, 열람을 의뢰하는 사업시행자를 제외하고는 특별자치도지사, 시장·군수 또는 구청장에게도 통지하여야 한다. 다만, 토지소유자 및 관계인이 20인 이하인 경우에는 공고를 생략할 수 있다.

2. 보상계획의 열람(제15조 제2항)

사업시행자는 보상계획의 공고나 통지를 하였을 때에는 그 내용을 14일 이상 일반인이 열람할 수 있도록 하여야 한다. 다만, 사업지역이 둘 이상의 시·군 또는 구에 걸쳐 있거나 사업시행자가 행정청이 아닌 경우에는 해당 특별자치도지사, 시장·군수 또는 구청장에게도 그 사본을 송부하여 열람을 의뢰하여야 한다.

3. 조서에 대한 이의(제15조 제3항, 제4항)

공고되거나 통지된 토지조서 및 물건조서의 내용에 대하여 이의가 있는 토지소유자 또는 관계인은 열람기간 이내에 사업시행자에게 서면으로 이의를 제기할 수 있다. 다만, 사업시행자가 고의 또는 과실로 토지소유자 또는 관계인에게 보상계획을 통지하지 아니한 경우 해당 토지소유자 또는 관계인은 제16조에 따른 협의가 완료되기 전까지 서면으로 이의를 제기할 수 있다(제15조 제3항). 사업시행자는 해당 토지조서 및 물건조서에 제기된 이의를 부기(附記)하고 그 이의가 이유 있다고 인정할 때에는 적절한 조치를 하여야 한다(제15조 제4항).

제2절 보상액 산정 및 협의 계약의 체결

01 보상액의 산정(법 제68조)

> 법 제68조(보상액의 산정)
>
> ① 사업시행자는 토지 등에 대한 보상액을 산정하려는 경우에는 감정평가법인등 3인(제2항에 따라 시·도지사와 토지소유자가 모두 감정평가법인등을 추천하지 아니하거나 시·도지사 또는 토지소유자 어느 한쪽이 감정평가법인등을 추천하지 아니하는 경우에는 2인)을 선정하여 토지 등의 평가를 의뢰하여야 한다. 다만, 사업시행자가 국토교통부령으로 정하는 기준에 따라 직접 보상액을 산정할 수 있을 때에는 그러하지 아니하다.
>
> ② 제1항 본문에 따라 사업시행자가 감정평가법인등을 선정할 때 해당 토지를 관할하는 시·도지사와 토지소유자는 대통령령으로 정하는 바에 따라 감정평가법인등을 각 1인씩 추천할 수 있다. 이 경우 사업시행자는 추천된 감정평가법인등을 포함하여 선정하여야 한다.
>
> ③ 제1항 및 제2항에 따른 평가 의뢰의 절차 및 방법, 보상액의 산정기준 등에 관하여 필요한 사항은 국토교통부령으로 정한다.

> **★ 공익사업에 대한 복수평가의 원칙은 토지보상법 제68조에서 천명하고, 이러한 복수평가에 대한 대법원 판례의 태도(대판 2013.9.27, 2013도6835)**
>
> "다른 특별한 대체수단이 없는 이상 공익사업을 위한 토지 등의 취득 및 보상에 관한 법률에서 정한 복수의 감정평가업자의 평가액의 산술평균액을 기준으로 하여 그 비율을 정하여 배분하는 것이 가장 합리적이고 객관적인 방법이라 할 것인데, 이미 복수의 감정평가업자에게 감정평가를 의뢰하여 그 결과를 통보받았음에도 굳이 이를 무시하면서 인근 부동산업자들이나 인터넷, 지인 등으로부터의 불확실한 정보를 가지고 감정평가결과와 전혀 다르게 상대적으로 사저부지 가격을 낮게 평가하고 경호부지 가격을 높게 평가하여 매수대금을 배분한 것은 국가사무를 처리하는 자로서의 임무위배행위에 해당하고 위 피고인들에게 배임의 고의 및 불법이득의사도 인정된다고 판단하였다."
>
> 대법원 2013.9.27, 2013도6835[특정경제범죄가중처벌등에 관한 법률위반(배임)·공문서변조(예비적 죄명:허위공문서작성)·변조공문서행사(예비적죄명:허위작성공문서행사)]

1. 감정평가법인등의 선정 - 복수평가의 원칙 천명

(1) 사업시행자의 의뢰(제68조 제1항) 및 복수평가의 원칙 규정

사업시행자는 토지 등에 대한 보상액을 산정하려는 경우에는 감정평가법인등 3인(제2항에 따라 시·도지사와 토지소유자가 모두 감정평가법인등을 추천하지 아니하거나 시·도지사 또는 토지소유자 어느 한쪽이 감정평가법인등을 추천하지 아니하는 경우에는 2인)을 선정하여 토지 등의 평가를 의뢰하여야 한다. 다만, 사업시행자가 국토교통부령으로 정하는 기준에 따라 직접 보상액을 산정할 수 있을 때에는 그러하지 아니하다. 토지보상법 제68조 제1항에서는 공정하고 객관적 보상평가를 위하여 복수평가의 원칙을 천명한 것으로 볼 수 있다. 이러한 복수평가의 원칙은 대법원 2013도6835 판결에서 복수의 감정평가법인등의 평가액의 산술평균액을 기준하여 그 비율을 정하여 배분하는 것이 가장 합리적이고 객관적인 방법이라고 판시하고 있다.

(2) **토지소유자의 추천**(제68조 제2항)

① 사업시행자가 감정평가법인등을 선정할 때 해당 토지를 관할하는 시・도지사와 토지소유자는 대통령령으로 정하는 바에 따라 감정평가법인등을 각 1인씩 추천할 수 있다. 이 경우 사업시행자는 추천된 감정평가법인등을 포함하여 선정하여야 한다.

② 시・도지사와 토지소유자는 보상계획의 열람기간 만료일부터 30일 이내에 사업시행자에게 감정평가법인등을 추천할 수 있다(시행령 제28조 제2항). 감정평가법인등을 추천하려는 토지소유자는 보상대상 토지면적의 2분의 1 이상에 해당하는 토지소유자와 보상대상 토지의 토지소유자 총수의 과반수의 동의를 받은 사실을 증명하는 서류를 첨부하여 사업시행자에게 감정평가법인등을 추천해야 한다. 이 경우 토지소유자는 감정평가법인등 1인에 대해서만 동의할 수 있다(시행령 제28조 제4항).

토지보상법 시행령 제28조(시・도지사와 토지소유자의 감정평가법인등 추천)

① 사업시행자는 법 제15조 제1항에 따른 보상계획을 공고할 때에는 시・도지사와 토지소유자가 감정평가법인등(「감정평가 및 감정평가사에 관한 법률」 제2조 제4호의 감정평가법인등을 말하며, 이하 "감정평가법인등"이라 한다)을 추천할 수 있다는 내용을 포함하여 공고하고, 보상 대상 토지가 소재하는 시・도의 시・도지사와 토지소유자에게 이를 통지해야 한다.

② 법 제68조 제2항에 따라 시・도지사와 토지소유자는 법 제15조 제2항에 따른 보상계획의 열람기간 만료일부터 30일 이내에 사업시행자에게 감정평가법인등을 추천할 수 있다.

③ 제2항에 따라 시・도지사가 감정평가법인등을 추천하는 경우에는 다음 각 호의 사항을 지켜야 한다.

1. 감정평가 수행능력, 소속 감정평가사의 수, 감정평가 실적, 징계 여부 등을 고려하여 추천대상 집단을 선정할 것
2. 추천대상 집단 중에서 추첨 등 객관적이고 투명한 절차에 따라 감정평가법인등을 선정할 것
3. 제1호의 추천대상 집단 및 추천 과정을 이해당사자에게 공개할 것
4. 보상 대상 토지가 둘 이상의 시・도에 걸쳐 있는 경우에는 관계 시・도지사가 협의하여 감정평가법인등을 추천할 것

④ 제2항에 따라 감정평가법인등을 추천하려는 토지소유자는 보상 대상 토지면적의 2분의 1 이상에 해당하는 토지소유자와 보상 대상 토지의 토지소유자 총수의 과반수의 동의를 받은 사실을 증명하는 서류를 첨부하여 사업시행자에게 감정평가법인등을 추천해야 한다. 이 경우 토지소유자는 감정평가법인등 1인에 대해서만 동의할 수 있다.

⑤ 제2항에 따라 감정평가법인등을 추천하려는 토지소유자는 해당 시・도지사와 「감정평가 및 감정평가사에 관한 법률」 제33조에 따른 한국감정평가사협회에 감정평가법인등을 추천하는 데 필요한 자료를 요청할 수 있다.

⑥ 제4항 전단에 따라 보상 대상 토지면적과 토지소유자 총수를 계산할 때 제2항에 따라 감정평가법인등 추천 의사표시를 하지 않은 국유지 또는 공유지는 보상 대상 토지면적과 토지소유자 총수에서 제외한다.

⑦ 국토교통부장관은 제3항에 따른 시・도지사의 감정평가법인등 추천에 관한 사항에 관하여 표준지침을 작성하여 보급할 수 있다.

2. 재평가

> **시행규칙 제17조(재평가 등)**
> ① 사업시행자는 제16조 제4항의 규정에 의하여 제출된 보상평가서를 검토한 결과 그 평가가 관계법령에 위반하여 평가되었거나 합리적 근거 없이 비교 대상이 되는 표준지의 공시지가와 현저하게 차이가 나는 등 부당하게 평가되었다고 인정하는 경우에는 당해 감정평가법인등에게 그 사유를 명시하여 다시 평가할 것을 요구하여야 한다. 이 경우 사업시행자는 필요하면 국토교통부장관이 보상평가에 관한 전문성이 있는 것으로 인정하여 고시하는 기관에 해당 평가가 위법 또는 부당하게 이루어졌는지에 대한 검토를 의뢰할 수 있다.
> ② 사업시행자는 다음 각 호의 어느 하나에 해당하는 경우에는 다른 2인 이상의 감정평가법인등에게 대상물건의 평가를 다시 의뢰하여야 한다.
> 1. 제1항 전단의 사유에 해당하는 경우로서 당해 감정평가법인등에게 평가를 요구할 수 없는 특별한 사유가 있는 경우
> 2. 대상물건의 평가액 중 최고평가액이 최저평가액의 110퍼센트를 초과하는 경우. 대상물건이 지장물인 경우 최고평가액과 최저평가액의 비교는 소유자별로 지장물 전체 평가액의 합계액을 기준으로 한다.
> 3. 평가를 한 후 1년이 경과할 때까지 보상계약이 체결되지 아니한 경우
>
> ③ 사업시행자는 제2항에 따른 재평가를 하여야 하는 경우로서 종전의 평가가 영 제28조에 따라 시·도지사와 토지소유자가 추천한 감정평가법인등을 선정하여 행하여진 경우에는 시·도지사와 토지소유자(보상계약을 체결하지 아니한 토지소유자를 말한다. 이하 이 항에서 같다)에게 영 제28조에 따라 다른 감정평가법인등을 추천하여 줄 것을 통지하여야 한다. 이 경우 시·도지사와 토지소유자가 통지를 받은 날부터 30일 이내에 추천하지 아니한 경우에는 추천이 없는 것으로 본다.
> ④ 제1항 및 제2항의 규정에 의하여 평가를 행한 경우 보상액의 산정은 각 감정평가법인등이 다시 평가한 평가액의 산술평균치를 기준으로 한다.
> ⑤ 제2항 제2호에 해당하는 경우 사업시행자는 평가내역 및 당해 감정평가법인등을 국토교통부장관에게 통지하여야 하며, 국토교통부장관은 당해 감정평가가 관계법령이 정하는 바에 따라 적법하게 행하여졌는지 여부를 조사하여야 한다.

(1) 해당 감정평가법인등에게 재평가를 요구하는 경우

사업시행자는 보상평가서를 검토한 결과 그 평가가 관계법령에 위반하여 평가되었거나 합리적 근거 없이 비교 대상이 되는 표준지의 공시지가와 현저하게 차이가 나는 등 부당하게 평가되었다고 인정하는 경우에는 해당 감정평가법인등에게 그 사유를 명시하여 다시 평가할 것을 요구하여야 한다(시행규칙 제17조 제1항).

(2) 다른 2인 이상의 감정평가법인등에게 재평가를 요구하는 경우

① **재평가의 요구**(시행규칙 제17조 제2항)

사업시행자는 다음에 해당하는 경우에는 다른 2인 이상의 감정평가법인등에게 대상물건의 평가를 다시 의뢰하여야 한다.

(ㄱ) 평가가 관계법령에 위반하여 평가되었거나 합리적 근거 없이 비교 대상이 되는 표준지의 공시지가와 현저하게 차이가 나는 등 부당하게 평가되었다고 인정하는 경우로서 해당 감정평가법인등에게 평가를 요구할 수 없는 특별한 사유가 있는 경우

(ㄴ) 대상물건의 평가액 중 최고평가액이 최저평가액의 110퍼센트를 초과하는 경우. 대상물건이 지장물인 경우 최고평가액과 최저평가액의 비교는 소유자별로 지장물 전체 평가액의 합계액을 기준으로 한다.

(ㄷ) 평가를 한 후 1년이 경과할 때까지 보상계약이 체결되지 아니한 경우

② **토지소유자에게 통지**(시행규칙 제17조 제3항)

사업시행자는 다른 2인 이상의 감정평가법인등에게 재평가를 하여야 하는 경우로서 종전의 평가가 시・도지사와 토지소유자가 추천한 감정평가법인등을 선정하여 행하여진 경우에는 시・도지사와 토지소유자에게 다른 감정평가법인등을 추천하여 줄 것을 통지하여야 한다. 이 경우 시・도지사와 토지소유자가 통지를 받은 날부터 30일 이내에 추천하지 아니한 경우에는 추천이 없는 것으로 본다.

③ **국토교통부장관에게 통지**(시행규칙 제17조 제5항)

최고평가액이 최저평가액의 110퍼센트를 초과하는 경우 사업시행자는 평가내역 및 해당 감정평가법인등을 국토교통부장관에게 통지하여야 하며, 국토교통부장관은 해당 감정평가가 관계법령이 정하는 바에 따라 적법하게 행하여졌는지 여부를 조사하여야 한다.

3. 보상액의 결정

(1) 산술평균치로 결정(시행규칙 제16조 제6항)

보상액의 산정은 각 감정평가법인등이 평가한 평가액의 산술평균치를 기준으로 한다.

(2) 재평가를 거친 경우(시행규칙 제17조 제4항)

재평가를 거친 경우 보상액의 산정은 각 감정평가법인등이 다시 평가한 평가액의 산술평균치를 기준으로 한다. 종전의 (구)공특법에 의한 보상액의 산정은 평가 후 1년이 경과하여 재평가를 거친 경우에 재평가액이 당초의 평가액보다 낮을 때에는 당초의 평가액으로 보상액을 산정하도록 하였으나, 현행 토지보상법에서는 보상금액의 크기와는 상관없이 재평가된 금액으로 보상액을 산정하도록 하고 있다. 따라서 재평가액이 낮은 경우에도 그 금액으로 보상액을 산정하게 된다.

02 협의 및 계약의 체결

법 제16조(협의)

사업시행자는 토지 등에 대한 보상에 관하여 토지소유자 및 관계인과 성실하게 협의하여야 하며, 협의의 절차 및 방법 등 협의에 필요한 사항은 대통령령으로 정한다.

법 제17조(계약의 체결)

사업시행자는 제16조에 따른 협의가 성립되었을 때에는 토지소유자 및 관계인과 계약을 체결하여야 한다.

1. 협의의 의의 및 취지

협의란 공익사업에 필요한 토지 등을 공용수용절차에 의하지 아니하고, 사업시행자가 토지소유자 및 관계인과의 합의에 의하여 수용목적물의 권리를 취득하는 것을 말한다. 이는 임의적 합의를 바탕으로 하는 협의절차를 통해 최소 침해의 원칙을 구현하고 토지소유자 및 관계인에게 해당 공익사업의 취지를 이해시켜 신속하게 사업을 수행하고자 함에 취지가 있다.

■ 종래 공공용지의 취득 및 보상에 관한 특례법(이하 공특법)상 협의의 법적 성질

종래 「공특법」과 「토지수용법」이 각각 협의취득에 대해 규정하고 있을 때 「공특법」상 협의의 법적 성질이 사법상 계약이라는 것에는 의문의 여지가 없었다. 협의가 상대방의 협력을 바탕으로 계약에 의해 이루어지기 때문이다. 따라서 「공특법」상 협의취득은 사법상 매매계약, 또는 사법상의 법률행위에 지나지 아니하는 것으로 보아왔다. 토지소유자 등이 협의에 응할 것인가 응하지 않을 것인가는 전적으로 자유이므로 협의는 공익사업에 대한 협력행위이고, 협의의 성립 여부는 보상가액의 수준에 따른 토지소유자 등의 만족도에 따라 좌우되었다. 이와 같이 협의취득은 사경제 주체로서 행하는 사법상의 매매행위에 지나지 않기 때문에 「공특법」에서 정하는 손실보상의 기준에 의하지 아니하는 매매대금을 정할 수도 있는 것으로 보았다.

■ 2003년 1월 1일 토지상법으로 통합된 이후에 협의의 법적 성질

종래 「공특법」상 협의취득은 사경제 주체로서 행하는 사법상 매매 행위에 지나지 않기 때문에 그 법적 성질이 사법상 계약이라는 것에 의문의 여지가 없었다. 공특법과 토지수용법을 통합하여 2003년 1월 1일 통합하여 공익사업을 위한 토지등의 취득 및 보상에 관한 법률(이하 '토지보상법')을 제정하면서 협의절차를 이원화함에 따라 협의의 법적 성질이 쟁점이 되었다. 공익사업용지 취득과 보상에 관한 일반법인 토지보상법에 협의취득을 규정하고 토지보상법이 사업인정 전에 사업시행자가 토지 등에 대한 보상에 관하여 토지소유자 및 관계인과 성실하게 협의하여야 한다는 규정을 두고 있는 점 등에 비추어 사업인정 전 협의를 사법상 계약으로 보는 데에 의문이 제기될 수 있다. 사업인정 전 협의는 사법상 매매로 볼 것인지, 공법상 계약으로 볼 것인지의 문제가 되며, 이는 적용법규, 구제수단 등에 구별 실익이 있다.

2. 협의의 법적 성질

(1) 논의실익

협의의 법적 성질을 논함은 분쟁을 해결할 때 그 쟁송형태를 민사소송에 의할 것인지, 공법상 당사자소송에 의할 것인지를 결정하고 적용법규를 달리함에 의미를 지닌다.

(2) 학설

① 공법상 계약설

사업인정 이전의 협의는 비록 사업인정 이후의 협의와 성질상 차이가 있다고 하더라도 차후에 수용 등의 강제절차가 예정되어 있고, 그 공익적 성격으로 인하여 목적물・손실보상・보상액 산정기준・환매권 등에 있어서 수용에 의한 취득시의 효과와 동일한 효과가 발생한다는 점에서 공법상 계약의 성질을 갖는다고 한다.

② 사법상 계약설

토지보상법상 사업인정 이전의 협의는 (구)공특법에 의한 협의와 동일하게 공익사업에 필요한 토지 등을 사업인정을 통한 공용수용절차에 의하지 아니하고 협의에 의하여 사업시행자가 취득하는 것으로, 그 법적 성질은 사법상의 매매계약과 다를 것이 없다고 한다.

(3) 판례

(구)공특법에 의한 협의취득은 토지수용법상의 수용과 달리 사법상의 매매에 해당한다고 하여 사법상 계약으로 보고 있다. 생각건대, 사업인정 전 협의의 경우 협의의 원인이 된 공익사업의 성격상 공법적 성격을 가지는 것을 부인할 수는 없으나, 대등한 지위에서 사경제주체로서 토지 등을 매매하는 행위와 다를 바 없다고 보이는바, 사법상 계약으로 보는 것이 타당하다고 본다.

판례

▶ 관련판례(대판 1998.5.22, 98다2242·2259)

공공용지의 취득 및 손실보상에 관한 특례법에 의한 협의취득 또는 보상합의는 공공기관이 사경제주체로서 행하는 사법상 매매 내지 사법상 계약의 실질을 가지는 것으로서, 당사자 간의 합의로 같은 법 소정의 손실보상의 기준에 의하지 아니한 매매대금을 정할 수도 있으며, 또한 같은 법이 정하는 기준에 따르지 아니하고 손실보상액에 관한 합의를 하였다고 하더라도 그 합의가 착오 등을 이유로 취소되지 않는 한 유효하다.

(4) 검토

생각건대, 사업인정 전 협의의 경우 협의의 원인이 된 공익사업의 성격상 공법적 성격을 가지는 것을 부인할 수는 없으나, 대등한 지위에서 사경제주체로서 토지 등을 매매하는 행위와 다를 바 없다고 보이는바, 사법상 계약으로 보는 것이 타당하다고 본다.

3. 협의의 내용 및 절차

(1) 협의의 내용

사업시행자가 협의할 사항은 해당 공익사업에 제공될 토지 등의 취득을 위한 합의의 내용, 즉 협의에 의해 취득할 토지 등의 구체적 대상과 범위, 보상액과 보상의 시기·방법이 주안점이 된다.

시행령 제8조(협의의 절차 및 방법 등)

① 사업시행자는 법 제16조의 규정에 의한 협의를 하고자 하는 때에는 국토교통부령이 정하는 보상협의 요청서에 다음 각 호의 사항을 기재하여 토지소유자 및 관계인에게 통지하여야 한다. 다만, 토지소유자 및 관계인을 알 수 없거나 그 주소·거소 그 밖에 통지할 장소를 알 수 없는 때에는 제2항의 규정에 의한 공고로써 통지에 갈음할 수 있다.

1. 협의기간·협의장소 및 협의방법
2. 보상의 시기·방법·절차 및 금액
3. 계약체결에 필요한 구비서류

② 제1항 각 호 외의 부분 단서에 따른 공고는 사업시행자가 공고할 서류를 토지 등의 소재지를 관할하는 시장(행정시의 시장을 포함한다)·군수 또는 구청장(자치구가 아닌 구의 구청장을 포함한다)에게 송부하여 해당 시(행정시를 포함한다)·군 또는 구(자치구가 아닌 구를 포함한다)의 게시판 및 홈페이지와 사업시행자의 홈페이지에 14일 이상 게시하는 방법으로 한다.

③ 제1항 제1호의 규정에 의한 협의기간은 특별한 사유가 없는 한 30일 이상으로 하여야 한다.

④ 법 제17조의 규정에 의하여 체결되는 계약의 내용에는 계약의 해지 또는 변경에 관한 사항과 이에 따르는 보상액의 환수 및 원상복구 등에 관한 사항이 포함되어야 한다.

⑤ 사업시행자는 제1항 제1호의 규정에 의한 협의기간 내에 협의가 성립되지 아니한 경우에는 국토교통부령이 정하는 협의경위서에 다음 각 호의 사항을 기재하여 토지소유자 및 관계인의 서명 또는 날인을 받아야 한다. 다만, 토지소유자 및 관계인이 정당한 사유 없이 서명 또는 날인을 거부하거나 토지소유자 및 관계인을 알 수 없거나 그 주소·거소 그 밖에 통지할 장소를 알 수 없는 등의 사유로 인하여 서명 또는 날인을 할 수 없는 경우에는 서명 또는 날인을 받지 아니하되, 사업시행자는 해당 협의경위서에 그 사유를 기재하여야 한다.

1. 협의의 일시·장소 및 방법
2. 대상토지의 소재지·지번·지목 및 면적과 토지에 있는 물건의 종류·구조 및 수량
3. 토지소유자 및 관계인의 성명 또는 명칭 및 주소
4. 토지소유자 및 관계인의 구체적인 주장 내용과 이에 대한 사업시행자의 의견
5. 그 밖에 협의와 관련된 사항

(2) 협의의 절차

① **협의의 요청**(시행령 제8조)

사업시행자는 협의를 하고자 하는 때에는 보상협의요청서에 (ㄱ) 협의기간·협의장소 및 협의 방법, (ㄴ) 보상의 시기·방법·절차 및 금액, (ㄷ) 계약체결에 필요한 구비서류 등에 관한 사항을 적어 토지소유자 및 관계인에게 통지하여야 한다. 다만, 토지소유자 및 관계인을 알 수 없거나 그 주소·거소 또는 그 밖에 통지할 장소를 알 수 없는 때에는 공고로 통지를 갈음할 수 있다(제8조 제1항). 협의기간은 특별한 사유가 없으면 30일 이상으로 하여야 한다(제8조 제3항).

② **협의성립의 경우 계약체결**

사업시행자는 협의가 성립되었을 때에는 토지소유자 및 관계인과 계약을 체결하여야 한다(법 제17조). 체결되는 계약의 내용에는 계약의 해지 또는 변경에 관한 사항과 이에 따르는 보상액의 환수 및 원상복구 등에 관한 사항이 포함되어야 한다(시행령 제8조 제4항).

③ **협의불성립의 경우 협의경위서 작성**(시행령 제8조 제5항)

(ㄱ) 사업시행자는 협의기간에 협의가 성립되지 아니한 경우에는 협의경위서를 작성하여 토지소유자 및 관계인의 서명 또는 날인을 받아야 한다. 다만, 사업시행자는 토지소유자 및 관계인이 정당한 사유 없이 서명 또는 날인을 거부하거나 토지소유자 및 관계인을 알 수 없거나 그 주소·거소 그 밖에 통지할 장소를 알 수 없는 등의 사유로 서명 또는 날인을 받을 수 없는 경우에는 서명 또는 날인을 받지 아니하되, 해당 협의경위서에 그 사유를 기재하여야 한다.

㈁ 협의경위서의 기재사항은 다음과 같다. ㉠ 협의의 일시·장소 및 방법, ㉡ 대상토지의 소재지·지번·지목 및 면적과 토지에 있는 물건의 종류·구조 및 수량, ㉢ 토지소유자 및 관계인의 성명 또는 명칭 및 주소, ㉣ 토지소유자 및 관계인의 구체적인 주장 내용과 이에 대한 사업시행자의 의견, ㉤ 그 밖에 협의와 관련된 사항

4. 협의의 효과

협의에 의하여 계약이 체결되면, 사업시행자는 보상금을 토지소유자 및 관계인에게 지급하고 공익사업에 필요한 토지 등을 취득하게 된다. 이 경우 취득은 승계취득으로서 등기를 요하게 된다. 또한 토지소유자는 협의취득일 이후 일정한 요건이 충족되면 환매권을 행사하여 토지소유권을 회복할 수 있는 권리가 있다.

※ 사업인정 전 협의가 필요적 전치절차인지 여부

(1) 관련규정

법 제16조(협의)

사업시행자는 토지 등에 대한 보상에 관하여 토지소유자 및 관계인과 성실하게 협의하여야 하며, 협의의 절차 및 방법 등 협의에 필요한 사항은 대통령령으로 정한다.

법 제26조(협의 등 절차의 준용)

① 제20조에 따른 사업인정을 받은 사업시행자는 토지조서 및 물건조서의 작성, 보상계획의 공고·통지 및 열람, 보상액의 산정과 토지소유자 및 관계인과의 협의 절차를 거쳐야 한다. 이 경우 제14조부터 제16조까지 및 제68조를 준용한다.

② 사업인정 이전에 제14조부터 제16조까지 및 제68조에 따른 절차를 거쳤으나 협의가 성립되지 아니하고 제20조에 따른 사업인정을 받은 사업으로서 토지조서 및 물건조서의 내용에 변동이 없을 때에는 제1항에도 불구하고 제14조부터 제16조까지의 절차를 거치지 아니할 수 있다. 다만, 사업시행자나 토지소유자 및 관계인이 제16조에 따른 협의를 요구할 때에는 협의하여야 한다.

법 제28조(재결의 신청)

① 제26조에 따른 협의가 성립되지 아니하거나 협의를 할 수 없을 때(제26조 제2항 단서에 따른 협의 요구가 없을 때를 포함한다)에는 사업시행자는 사업인정고시가 된 날부터 1년 이내에 대통령령으로 정하는 바에 따라 관할 토지수용위원회에 재결을 신청할 수 있다.

② 제1항에 따라 재결을 신청하는 자는 국토교통부령으로 정하는 바에 따라 수수료를 내야 한다.

(2) 검토

① 토지보상법 제16조 "성실히 협의하여야 한다."라고 규정하여 문리해석상 일견 반드시 협의를 거쳐야 하는 강제성을 내포한 것으로 보인다. 그러나 동조의 규정 형식상 곧바로 강제성을 내포한 것으로 판단하는 것은 다소 무리가 있어 보이며, 따라서 관계규정의 해석 등을 통하여 동조에 의한 협의의 필요적 전치절차인지의 여부를 판단하여야 할 것이다.

② 먼저 이러한 사업인정 전 협의는 사업인정 후 협의와의 관계에서 파악할 수 있다. 동법 제26조 제1항은 "~협의절차를 거쳐야 한다."라고 규정하고 있고, 동조 제2항에서는 "~협의를 거치지 아니할 수 있다"고 규정하고 있다. 동 규정을 문리적으로 해석할 경우 사업인정 후 협의는 원칙적으로 거쳐야 하나, 다만 일정한 경우 협의를 거치지 않아도 된다고 해석된다.
이처럼 토지보상법 제16조와 제26조 사이의 관계에서 위와 같은 해석이 가능하다고 볼 경우 제16조에 의한 협의는 비록 규정상 "협의하여야 한다."라고 강제성을 띄는 것처럼 보이지만, 해석상 임의적이며 선택적인 것으로 볼 수 있다.

③ 또 동법 제16조에 의한 협의와 동법 제28조 재결의 신청과의 관계에서 협의의 성격을 파악할 수 있는바, 동법 제28조는 재결 전에는 반드시 제16조에 의한 협의 또는 제26조에 의한 협의를 거쳐야 하는 것을 내용으로 하고 있다. 물론 경우에 따라서 사업시행자는 양자의 협의를 다 거칠 수 있다.

④ 결과적으로 사업인정 전과 후의 협의는 각각 임의성을 지니고 있다고 보여지나, 재결 전에 반드시 최소 한차례의 협의는 거쳐야 하는 선택적이면서 필수적인 제도로 볼 수 있다.

■ **수용재결과 수용의 개시일 사이에서도 협의는 가능하다고 본 대법원 판례**

대법원 2017.4.13. 선고 2016두64241 판결[수용재결무효확인]

【판결요지】

[1] 공익사업을 위한 토지 등의 취득 및 보상에 관한 법률상 토지수용위원회의 수용재결이 있은 후 토지소유자 등과 사업시행자가 다시 협의하여 토지 등의 취득이나 사용 및 그에 대한 보상에 관하여 임의로 계약을 체결할 수 있는지 여부(적극)

☞ 공익사업을 위한 토지 등의 취득 및 보상에 관한 법률(이하 '토지보상법'이라 한다)은 사업시행자로 하여금 우선 협의취득 절차를 거치도록 하고, 협의가 성립되지 않거나 협의를 할 수 없을 때에 수용재결취득 절차를 밟도록 예정하고 있기는 하다. 그렇지만 일단 토지수용위원회가 수용재결을 하였더라도 사업시행자로서는 수용 또는 사용의 개시일까지 토지수용위원회가 재결한 보상금을 지급 또는 공탁하지 아니함으로써 재결의 효력을 상실시킬 수 있는 점, 토지소유자 등은 수용재결에 대하여 이의를 신청하거나 행정소송을 제기하여 보상금의 적정 여부를 다툴 수 있는데, 그 절차에서 사업시행자와 보상금액에 관하여 임의로 합의할 수 있는 점, 공익사업의 효율적인 수행을 통하여 공공복리를 증진시키고, 재산권을 적정하게 보호하려는 토지보상법의 입법 목적(제1조)에 비추어 보더라도 수용재결이 있은 후에 사법상 계약의 실질을 가지는 협의취득 절차를 금지해야 할 별다른 필요성을 찾기 어려운 점 등을 종합해 보면, 토지수용위원회의 수용재결이 있은 후라고 하더라도 토지소유자 등과 사업시행자가 다시 협의하여 토지 등의 취득이나 사용 및 그에 대한 보상에 관하여 임의로 계약을 체결할 수 있다고 보아야 한다.

[2] 중앙토지수용위원회가 지방국토관리청장이 시행하는 공익사업을 위하여 갑 소유의 토지에 대하여 수용재결을 한 후, 갑과 사업시행자가 '공공용지의 취득협의서'를 작성하고 협의취득을 원인으로 소유권이전등기를 마쳤는데, 갑이 '사업시행자가 수용개시일까지 수용재결보상금 전액을 지급·공탁하지 않아 수용재결이 실효되었다'고 주장하며 수용재결의 무효확인을 구하는 소송을 제기한 사안에서, 갑이 수용재결의 무효확인 판결을 받더라도 토지의 소유권을 회복시키는 것이 불가능하고, 무효확인으로써 회복할 수 있는 다른 권리나 이익이 남아 있다고도 볼 수 없다고 한 사례

☞ 중앙토지수용위원회가 지방국토관리청장이 시행하는 공익사업을 위하여 갑 소유의 토지에 대하여 수용재결을 한 후, 갑과 사업시행자가 '공공용지의 취득협의서'를 작성하고 협의취득을 원인으로 소유권이전등기를 마쳤는데, 갑이 '사업시행자가 수용개시일까지 수용재결보상금 전액을 지급·공탁하지 않아 수용재결이 실효되었다'고 주장하며 수용재결의 무효확인을 구하는 소송을 제기한 사안에서, 갑과 사업시행자가 수용재결이 있은 후 토지에 관하여 보상금액을 새로 정하여 취득협의서를 작성하였고, 이를 기초로 소유권이전등기까지 마친 점 등을 종합해 보면, 갑과 사업시행자가 수용재결과는 별도로 '토지의 소유권을 이전한다는 점과 그 대가인 보상금의 액수'를 합의하는 계약을 새로 체결하였다고 볼 여지가 충분하고, 만약 이러한 별도의 협의취득 절차에 따라 토지에 관하여 소유권이전등기가 마쳐진 것이라면 설령 갑이 수용재결의 무효확인 판결을 받더라도 토지의 소유권을 회복시키는 것이 불가능하고, 나아가 무효확인으로써 회복할 수 있는 다른 권리나 이익이 남아 있다고도 볼 수 없다고 한 사례

Chapter
04 공용수용에 의한 취득

제1절 공용수용절차

01 사업인정

1. 사업인정 일반

(1) 서

① 의의

사업인정이라 함은 공용수용의 제1단계 절차로서 형식적으로는 해당 사업이 토지보상법 제4조 각 호에 해당함을 판단하고, 실질적으로는 관계 제 이익의 정당한 형량과정을 거쳐 일정한 절차의 이행을 조건으로 수용권을 설정하는 국토교통부장관의 행정작용을 말한다.

② 취지

공공성은 대표적 불확정 개념으로 역사적 가변성을 지니는바, 행정청이 이를 개별적 구체적으로 판단하는 절차를 법정화함으로써 피수용자의 권리를 보호하고 수용행정의 적정화를 기함에 취지가 있다. 이는 공용수용의 본격적인 절차 전에 재산권자의 사전적인 권리구제장치의 역할을 한다.

토지보상법 개정 신설 규정의 의미

- 제4조의2(토지 등의 수용·사용에 관한 특례의 제한)
  - ① 이 법에 따라 토지 등을 수용하거나 사용할 수 있는 사업은 제4조 또는 별표에 규정된 법률에 따르지 아니하고는 정할 수 없다.
  - ② 별표는 이 법 외의 다른 법률로 개정할 수 없다.
- 제4조의3(공익사업 신설 등에 대한 개선요구 등)
  - ① 제49조에 따른 중앙토지수용위원회는 제4조 제8호에 따른 사업의 신설, 변경 및 폐지, 그 밖에 필요한 사항에 관하여 심의를 거쳐 관계 중앙행정기관의 장에게 개선을 요구하거나 의견을 제출할 수 있다.
  - ② 제1항에 따라 개선요구나 의견제출을 받은 관계 중앙행정기관의 장은 정당한 사유가 없으면 이를 반영하여야 한다.
  - ③ 제49조에 따른 중앙토지수용위원회는 제1항에 따른 개선요구·의견제출을 위하여 필요한 경우 관계 기관 소속 직원 또는 관계 전문기관이나 전문가로 하여금 위원회에 출석하여 그 의견을 진술하게 하거나 필요한 자료를 제출하게 할 수 있다.
  - <의미>
    - 사업인정 시 중앙토지수용위원회와 사전 협의를 하도록 함으로써 사업인정(의제)제도를 보완하였다.
    - 공공의 필요성 등 사업인정의 요건을 명문화
      - 법 제21조 제3항 및 시행령 제11조의2
    - 실무적이고 실질적인 사업인정제도
- 제21조 제3항 및 시행령 제11조의2
  - 사업인정에 이해관계가 있는 자에 대한 의견수렴절차 이행 여부
  - 허가·인가·승인대상 사업의 공공성, 수용의 필요성
  - 시행령 제11조의2
    - 1. 해당 공익사업이 근거 법률의 목적, 상위계획 및 시행절차 등에 부합하는지 여부
    - 2. 사업시행자의 재원 및 해당 공익사업의 근거 법률에 따른 법적 지위 확보 등 사업수행능력 여부

(2) 사업인정의 법적 성질(기출문제 제34회 1번 – 사업인정의 법적 성질)

> **법 제20조(사업인정)**
> ① 사업시행자는 제19조에 따라 토지 등을 수용하거나 사용하려면 대통령령으로 정하는 바에 따라 국토교통부장관의 사업인정을 받아야 한다.
> ② 제1항에 따른 사업인정을 신청하려는 자는 국토교통부령으로 정하는 수수료를 내야 한다.

① 강학상 특허인지

(ㄱ) 학설 : 사업인정은 단순히 특정 사업이 공용수용을 할 수 있는 공익사업에 해당되는지 여부를 판단・결정하는 확인행위에 불과하다고 보는 확인행위설, 사업인정은 적극적으로 사업시행자에게 일정한 절차의 이행을 조건으로 수용권을 설정하는 형성행위라고 보는 설권적 형성행위설이 있다.

(ㄴ) 판례 : 대법원은 설권적 형성행위설의 입장이다.

판례

▶ 관련판례(대판 1994.11.11, 93누19375)
토지수용법 제14조의 규정에 의한 사업인정은 그 후 일정한 절차를 거칠 것을 조건으로 하여 일정한 내용의 수용권을 설정해 주는 행정처분의 성격을 띠는 것으로서 그 사업인정을 받음으로써 수용할 목적물의 범위가 확정되고 수용권으로 하여금 목적물에 관한 현재 및 장래의 권리자에게 대항할 수 있는 일종의 공법상의 권리로서의 효력을 발생시킨다.

▶ 관련판례(대판 2005.4.29, 2004두14670)
공익사업을 위한 토지 등의 취득 및 보상에 관한 법률의 규정에 의한 사업인정처분이라 함은 공익사업을 토지 등을 수용 또는 사용할 사업으로 결정하는 것으로서(동법 제2조 제7호) 단순한 확인행위가 아니라 형성행위이므로, 해당 사업이 외형상 토지 등을 수용 또는 사용할 수 있는 사업에 해당된다 하더라도 행정주체로서는 그 사업이 공용수용을 할 만한 공익성이 있는지의 여부와 공익성이 있는 경우에도 그 사업의 내용과 방법에 대하여 사업인정처분에 관련된 자들의 이익을 공익과 사익 간에서는 물론, 공익 상호 간 및 사익 상호 간에도 정당하게 비교・교량하여야 하고, 그 비교・교량은 비례의 원칙에 적합하도록 하여야 한다.

▶ 관련판례(대판 2019.12.12, 2019두47629)
[1] 공익사업을 위한 토지 등의 취득 및 보상에 관한 법률 제20조 제1항, 제22조 제3항은 사업시행자가 토지 등을 수용하거나 사용하려면 국토교통부장관의 사업인정을 받아야 하고, 사업인정은 고시한 날부터 효력이 발생한다고 규정하고 있다. 이러한 사업인정은 수용권을 설정해 주는 행정처분으로서, 이에 따라 수용할 목적물의 범위가 확정되고, 수용권자가 목적물에 대한 현재 및 장래의 권리자에게 대항할 수 있는 공법상 권한이 생긴다.
[2] 산업입지 및 개발에 관한 법률(이하 '산업입지법'이라 한다)도 산업단지지정권자가 "수용・사용할 토지・건축물 또는 그 밖의 물건이나 권리가 있는 경우에는 그 세부 목록"이 포함된 산업단지개발계획을 수립하여 산업단지를 지정・고시한 때에는 공익사업을 위한 토지 등의 취득 및 보상에 관한 법률(이하 '토지보상법'이라 한다)상 사업인정 및 그 고시가 있는 것으로 본다고 규정함으로써, 산업단지 지정에 따른 사업인정을 통해 수용 및 손실보상의 대상이 되는 목적물의 범위를 구체적으로 확정한 다음 이를 고시하고 관계 서류를 일반인이 열람할 수 있도록 함으로써 토지소유자 및 관계

인이 산업단지개발사업의 시행과 그로 인해 산업단지 예정지 안에 있는 물건이나 권리를 해당 공익사업의 시행을 위하여 수용당하거나 사업예정지 밖으로 이전하여야 한다는 점을 알 수 있도록 하고 있다.
따라서 산업입지법에 따른 산업단지개발사업의 경우에도 토지보상법에 의한 공익사업의 경우와 마찬가지로 토지보상법에 의한 사업인정고시일로 의제되는 산업단지 지정 고시일을 토지소유자 및 관계인에 대한 손실보상 여부 판단의 기준시점으로 보아야 한다.

(ㄷ) **검토** : 사업인정은 특정사업이 토지보상법 제4조의 공익사업에 해당하는가를 단순히 확인하는 것이 아니라 그 사업의 공익성 여부를 모든 사정을 참작하여 구체적으로 판단하여 수용권을 설정해주는 것으로 설권적 형성행위로서 특허로 보는 것이 타당하다.

② 재량행위인지

(ㄱ) **문제점** : 토지보상법 제20조에서는 “사업시행자는 토지 등을 수용하고자 하는 경우에는 국토교통부장관의 사업인정을 받아야 한다.”라고 규정하고 있어 법 문언상 명확치가 아니하며, 사업인정을 설권적 형성행위로 보는지 확인행위로 보는지에 따라 차이가 있다.

(ㄴ) **학설** : ㉠ 확인행위설에 의하면, 사업인정은 특정한 사업이 일정한 요건을 갖추고 있는지의 여부를 형식적으로 판단하는 것이므로 기속행위에 해당한다고 보며, ㉡ 설권적 형성행위설에 의하면, 사업인정은 사업시행자에게 일정한 내용의 수용권을 부여하는 행위이기 때문에 재량행위로 본다.

(ㄷ) **판례** : 대법원은 사업인정을 재량행위로 보고 있다.

판례

▶ 관련판례(대판 1992.11.13, 92누596)
사업인정은 단순한 확인행위가 아니라 형성행위이고 해당 사업이 비록 토지를 수용할 수 있는 사업에 해당된다 하더라도 행정청으로서는 그 사업이 **공용수용을 할 만한 공익성이 있는지의 여부를 모든 사정을 참작하여 구체적으로 판단하여야** 하는 것이므로 사업인정의 여부는 행정청의 **재량**에 속한다.

(ㄹ) **검토** : 토지보상법 제20조에서는 “사업인정을 받아야 한다.”고 규정하고 있어 법문언의 표현이 불분명하다. 따라서 행위의 성질 및 기본권과의 관련성을 고려하여 판단해야 한다. 사업인정은 자연적 자유를 회복하여 기본권을 실현하는 의미의 학문상 허가가 아닌 새로운 권리의 설정 측면인 특허의 성질을 가지므로 재량행위에 해당한다.

③ 제3자효 행정행위

사업인정은 해당 사업이 수용할 수 있는 사업임을 결정하는 행위로 차후에 수용재결을 통해서 피수용자의 토지 등의 권리를 사업시행자에게 넘겨주는 효과를 발생시키기 위한 첫 단계행위이다. 따라서 사업인정의 상대방인 사업시행자에게 수익적 효과의 발생과 더불어 공용수용 법률관계의 타방인 피수용자에게 침익적 효과가 동시에 발생하므로 제3자효 행정행위에 해당한다.

④ 처분성 긍정

행정기본법 제2조 제4호에서는 "처분이란 행정청이 구체적 사실에 관하여 행하는 법 집행으로서 공권력의 행사 또는 그 거부와 그 밖에 이에 준하는 행정작용을 말한다."라고 규정하고 있는 바, 사업인정은 국토교통부장관의 공권력 행사로서 수용권을 설정해 주는 처분이라고 할 수 있다.

사업인정의 요건

- 1. 사업인정의 대상이 되는 공익사업
  - 개괄주의vs열거주의
    - 2015.12.29. 토지보상법은 법 제4조의2를 신설하였다. 따라서 열거주의를 취하고 있다고 판단된다.
  - 제4조의2(토지 등의 수용・사용에 관한 특례의 제한)
    - ① 이 법에 따라 토지 등을 수용하거나 사용할 수 있는 사업은 제4조 또는 별표에 규정된 법률에 따르지 아니하고는 정할 수 없다.
    - ② 별표는 이 법 외의 다른 법률로 개정할 수 없다.
  - 판례
    - '공익사업을 위해서 필요한 때'
      - 장래에 시행할 공익사업을 위하여 필요할 때뿐만 아니라 이미 시행된 공익사업의 유지를 위하여 필요한 때를 포함한다고 보아야 한다.(2004두14670)
        - 이미 설치된 송전선로를 유지하기 위하여 선로 아래의 다른 사람의 토지 위의 공중의 사용을 대상으로 사업인정을 할 수 있다
    - 사업주체
      - 어떤 사업이 공익사업인가의 여부는 그 사업 자체의 성질로 보아 그 사업의 공공성과 독점성을 인정할 수 있는가의 여부로써 정할 것이고, 그 사업주체에 따라 정할 성질이 아니다.(71다1716)
- 2. 공공필요성
  - 광의의 비례원칙 적용례
  - <판례> 토지보상법 제4조 각 호에 해당하는 사업이 자동적으로 토지수용을 할 수 있는 사업이 되는 것은 아니며 공공필요성을 인정받아 사업인정을 받아야 한다.(92누596)
  - 공익성의 판단기준
    - 법령목적, 상위계획, 지침, 절차 등에 부합 여부 (2011두3746)
    - 영업이 수반되는 경우 대중성·개방성이 있는 지 여부 (2011헌바129)
    - 구체적이고 합리적인 계획인지 여부 (92누596)
    - 수용방식으로 사업을 진행할 필요성 여부 (2008헌바166)
    - 수용대상 및 범위가 적정한지 여부 (87누395)
    - 사업 후 지속적 공익관리 가능 여부 (2002두14670)
  - (1) 공익사업의 공공성(공익성)
    - 법률에서 규정된 사업이라고 하여 당연히 공공성이 인정되는 것은 아니다. 사업의 공공성은 개별적으로 판단되어야 한다.
    - 공익성의 범위와 관련하여 [행정권 행사의 근거가 되는 공익 vs 공익사업의 공익]
      - <1설 김성수> 공익성을 재산권의 존속보장을 위하여 행정권 행사의 근거가 되는 공익보다 엄격한 개념으로 보아야 한다는 견해(김성수)가 있다.
      - <2설 박균성> 공익사업의 실현 및 토지자원의 유한성을 고려하여 행정권 행사의 근거가 되는 공익보다 넓게 인정되어야 한다는 견해가 있다.
    - 현대 공익사업의 공공성은 국가안전보장, 질서유지, 공공복리와 함께 국가 또는 지역 경제상의 이익도 포함한다고 보아야 한다는 점에 2설이 타당하다.
  - (2) 최소침해성(2003두7507)
    - 공익사업을 위한 방안이 수개인 경우에 국민의 권익과 공익을 가장 적게 침해하는 방안을 채택하여야 한다.
    - 최소침해성을 사업시행지를 최소한도의 범위 내로 한정하여야 한다는 견해가 있다.
  - (3) 비례성(정당한 이익형량)
    - 공익사업으로 인하여 달성되는 공익이 침해되는 이익보다 우월하여야 한다.
    - 1) 이익형량의 요소인 공익과 사익
    - 2) 비례성(상당성, 협의의 비례의 원칙)
- 3. 사업시행자의 공익사업을 수행할 의사와 능력
  - 2009두1051

김원보, (전)한국감정평가사협회장, 2015, 국토교통부 용역 논문 요약

사업인정 관련 토지보상법의 개정내용과 과제

- 국문초록
  - 국민의 재산권의 보장
  - 사업인정 의제 시 중앙토지수용위원회의 의견 청취
- Ⅰ. 시작하며
  - 우리나라의 현행 수용·보상제도는 공익사업을 먼저 규정하고 해당 공익사업에 대한 개별적 공익성 검증을 통하여 수용권을 설정하는 사업인정을 한다.
  - 사업인정과 관련되는 문제점
    - 1. 사업인정의 전제가 되는 공익사업의 범위가 명확하지 못하다.
    - 2. 사업인정절차가 공익성을 검증하는 데 충분하지 않다.
- Ⅱ. 공익사업 범위의 개선
  - 1. 현행규정
    - (1) 토지보상법상의 공익사업
      - 공익사업의 정의 : 법 제2조 제2호
        - 제4조 각 호의 어느 하나에 해당하는 사업을 말한다.
      - 구체적인 공익사업
        - 구체적인 공익사업에 대해서는 토지보상법 제4조에서 규정하고 있다.
        - 제7호 별표에 규정된 법률
    - (2) 다른 법률에 의한 공익사업
      - 1) 다른 법률에 의한 공익사업의 내용
        - 토지보상법 외의 110개의 개별법률에서 공익사업을 별도로 규정
        - 제4조 제7호 별표에 규정된 법률
      - 2) 사업인정의제를 규정하고 있지 않은 법률
        - 공간정보의 구축 및 관리에 관한 법률 등 약 17개 법률, 토지보상법상의 사업인정을 따로 득해야 한다.
      - 3) 사업인정의제를 규정하지 않고 다른 법률을 준용하는 법률
        - 공공토지의 비축에 관한 법률
        - 자동차관리법
      - 4) 사업인정이 아닌 별도의 처분으로 규정한 법률
        - 농어업재해대책법
        - 해저광물자원 개발법
  - 2. 공익사업의 규정방법
    - 공익사업은 전형적인 불확정개념이므로 **공익사업 여부를 판단할 수 있는 기준의 제시**가 중요하다.
    - (1) 열거주의
      - 공익사업의 판단을 입법자에게 전적으로 맡기는 방법으로 법률로 공익사업을 직접 규정한다.
      - 법률유보의 원칙에 충실하다는 장점이 있는 반면, 사회적·경제적 필요에 의한 공익사업의 탄력적인 대응이 어렵다는 단점이 있다.
    - (2) 예시주의
      - 입법자는 법률에서 공익사업을 포괄적으로 규정하고 각 개별 사업별로 행정부가 별도로 공익사업 여부를 결정하는 방법을 말한다.
      - 사회적·경제적 필요에 의한 공익사업의 탄력적인 대응이 가능하다는 장점이 있는 반면에, 법률유보의 원칙의 약화에 따른 국민의 재산권 보장이 훼손될 수 있다는 단점이 있다.
  - 3. 현행 규정의 문제점
    - (1) 공익사업의 불명확
      - 토지보상법 제4조에서는 공익사업을 8가지 유형으로 구분하고 있으나, 적용범위가 불명확하여 사실상 공익사업 판단의 기준으로 적용하기 어렵다.
      - 1) 불명확한 원인
        - 공익성 개념의 확대
        - 시점상의 문제
      - 2) 불명확으로 인한 문제점
        - 취득 가능성 판단의 곤란, 사업인정 가능성 판단의 곤란, 보상절차 및 방법의 적용
    - (2) 공익성 순위의 불명확
    - (3) 개별법률의 규정
      - 포괄적 규정, 법률간의 상충
- Ⅲ. 사업인정절차의 개선
  - 1. 개요
    - (1) 사업인정의 의의
      - 사업인정은 해당 사업으로 인해 얻어지는 공익과 그로 인해 상실되는 사익을 비교형량하여, 달성되는 공익이 상실되는 사익에 대해 최소한 동일하거나 그 이상일 경우 사유재산에 대한 최소침해의 원칙에 따라 제한적으로 사유재산을 수용 또는 사용할 수 있는 권한을 부여하는 형성행위이며 처분이다.

(2) 사업인정의 법적 성격
1) 설권적 형성행위설
<93누19375>
토지수용법 제14조의 규정에 의한 **사업인정은 그 후 일정한 절차를 거칠 것을 조건으로 하여 일정한 내용의 수용권을 설정해 주는 행정처분의 성격을 띠는 것으로서 그 사업인정을 받음으로써 수용할 목적물의 범위가 확정되고 수용권으로 하여금 목적물에 관한 현재 및 장래의 권리자에게 대항할 수 있는 일종의 공법상의 권리로서의 효력을 발생**시킨다.
2) 확인행위설
(3) 공익사업과 사업인정
공익사업의 판단기준으로 열거주의를 채택하든 예시주의를 채택하든 수용·사용을 위해서는 별도의 사업인정을 받아야 하며, 열거주의를 채택하고 있다고 하여 사업인정절차가 생략되는 것은 아니다.

2. 사업인정절차
(1) 토지보상법
(2) 개별법률에서의 사업인정의제
1) 사업인정의제의 개념
사업인정의제란 개별법률들이 개별적으로 정하고 있는 일정한 절차, 즉 인·허가절차상 개발계획승인, 실시계획승인, 조성계획승인 등이 있을 경우 이를 토지보상법의 사업인정이 있는 것으로 보도록 하는 것을 말한다.
사업인정의제제도는 해당 사업을 규정하고 있는 법률에 따른 인허가권자의 절차적 승인 등이 있는 경우 이를 사업인정에 갈음하도록 함으로써 절차를 간소화하기 위하여 도입되었다.
2) 사업인정의제에 따른 특례의 유형
절차의 생략
세목고시를 규정하지 않은 경우
재결신청기간
(3) 사업인정의제제도의 문제점
사업인정의제를 규정하고 있는 개별법률에서 이해관계인의 의견청취절차를 두지 않아 토지소유자는 자기 토지가 공익사업에 편입되는지 조차 알지 못하여 사업인정절차에 참여할 수 없다.
사업인정에 대하여 행정쟁송을 제기할 기회마저 잃게 된다.
재결신청 기간을 사업시행기간으로 정함으로써 공익사업이 사업시행자의 사정으로 인해 상당기간 길어지고, 토지 등의 소유자가 받는 재산권의 제한기간 역시 길어지는 문제점이 있다.

3. 사업인정의 기준
(1) 토지보상법의 규정
사업인정시 제출하여야 할 서류
관계기관의 협의 및 이해관계자의 의견청취 등
사업인정을 위한 기준에 대해서는 별도로 규정하고 있지 않다.
(2) 외국의 사업인정기준
미국, 일본

IV. 토지보상법 개정 내용 및 과제

1. 개정 내용
법 제4조 제8호
'그 밖에 다른 법률에 따라' → '그 밖에 별표에 규정된 법률에 따라'
법 제4조의2 토지 등의 수용·사용에 관한 특례의 제한 <신설>
① 이 법에 따라 토지 등을 수용하거나 사용할 수 있는 사업은 제4조 또는 별표에 규정된 법률에 따르지 아니하고는 정할 수 없다.
② 별표는 이 법 외의 다른 법률로 개정할 수 없다.
법 제21조 의견청취 ②③ 신설 <요약>
② 별표 인가·허가·승인권자 등은 사업인정의제 등을 하려는 경우 중앙토지수용위원회 및 이해관계자의 의견청취 듣기
③ 중앙토지수용위원회는 (인허가권자) 의견제출 요청에 따른 30일 이내에 의견제출(회답)
(중앙토지수용위원회) 의견 미제출시 의견이 없는 것으로 본다.
법 제91조 ⑥ 환매권 제한
제5호 사업 추가

2. 토지보상법 개정의 의의
(1) 무분별한 공익사업의 확대 제한
법 제4조 제8호 개정 및 법 제4조의2 신설
(2) 사업인정의제절차의 개선
법 제21조 제2항 및 제3항 신설
국민의 권리보호에 충실
(3) 공익성 순위의 결정의 개선
법 제91조 제6항

3. 앞으로의 과제
(1) 완전한 열거주의로의 개정
(2) 개별법률의 문제 해소
(3) 사업인정기준의 설정
(4) 사업인정절차의 개선
(5) 중앙토지수용위원회의 조직 강화
이번 토지보상법 개정의 실효성을 확보하기 위해서

(3) 사업인정의 요건

① **개설**(주체)

토지보상법상 사업인정의 권한은 국토교통부장관이 갖는다. 사업인정이 의제되는 경우에는 주된 행위의 인허가권자에게 권한이 있다고 볼 수 있다.

② **토지보상법 제4조 공익사업에 해당될 것**

법 제4조(공익사업)

이 법에 따라 토지 등을 취득하거나 사용할 수 있는 사업은 다음 각 호의 어느 하나에 해당하는 사업이어야 한다.

1. 국방・군사에 관한 사업
2. 관계법률에 따라 허가・인가・승인・지정 등을 받아 공익을 목적으로 시행하는 철도・도로・공항・항만・주차장・공영차고지・화물터미널・궤도(軌道)・하천・제방・댐・운하・수도・하수도・하수종말처리・폐수처리・사방(砂防)・방풍(防風)・방화(防火)・방조(防潮)・방수(防水)・저수지・용수로・배수로・석유비축・송유・폐기물처리・전기・전기통신・방송・가스 및 기상 관측에 관한 사업
3. 국가나 지방자치단체가 설치하는 청사・공장・연구소・시험소・보건시설・문화시설・공원・수목원・광장・운동장・시장・묘지・화장장・도축장 또는 그 밖의 공공용 시설에 관한 사업
4. 관계법률에 따라 허가・인가・승인・지정 등을 받아 공익을 목적으로 시행하는 학교・도서관・박물관 및 미술관 건립에 관한 사업
5. 국가, 지방자치단체, 「공공기관의 운영에 관한 법률」 제4조에 따른 공공기관, 「지방공기업법」에 따른 지방공기업 또는 국가나 지방자치단체가 지정한 자가 임대나 양도의 목적으로 시행하는 주택 건설 또는 택지 및 산업단지 조성에 관한 사업
6. 제1호부터 제5호까지의 사업을 시행하기 위하여 필요한 통로, 교량, 전선로, 재료적치장 또는 그 밖의 부속시설에 관한 사업
7. 제1호부터 제5호까지의 사업을 시행하기 위하여 필요한 주택, 공장 등의 이주단지 조성에 관한 사업
8. 그 밖에 별표에 규정된 법률에 따라 토지 등을 수용하거나 사용할 수 있는 사업

법 제4조의2(토지 등의 수용・사용에 관한 특례의 제한)

① 이 법에 따라 토지 등을 수용하거나 사용할 수 있는 사업은 제4조 또는 별표에 규정된 법률에 따르지 아니하고는 정할 수 없다.
② 별표는 이 법 외의 다른 법률로 개정할 수 없다.
③ 국토교통부장관은 제4조 제8호에 따른 사업의 공공성, 수용의 필요성 등을 5년마다 재검토하여 폐지, 변경 또는 유지 등을 위한 조치를 하여야 한다.

법 제4조의3(공익사업 신설 등에 대한 개선요구 등)

① 제49조에 따른 중앙토지수용위원회는 제4조 제8호에 따른 사업의 신설, 변경 및 폐지, 그 밖에 필요한 사항에 관하여 심의를 거쳐 관계 중앙행정기관의 장에게 개선을 요구하거나 의견을 제출할 수 있다.
② 제1항에 따라 개선요구나 의견제출을 받은 관계 중앙행정기관의 장은 정당한 사유가 없으면 이를 반영하여야 한다.
③ 제49조에 따른 중앙토지수용위원회는 제1항에 따른 개선요구・의견제출을 위하여 필요한 경우 관계 기관 소속 직원 또는 관계 전문기관이나 전문가로 하여금 위원회에 출석하여 그 의견을 진술하게 하거나 필요한 자료를 제출하게 할 수 있다.

③ 공공필요(공공성) 및 비례의 원칙에 의한 공공성 판단

(ㄱ) 공익사업의 공익성(공공필요 내지 공공성)

판례

▶ 관련판례(대판 2011.1.27, 2009두1051)
해당 사업이 외형상 토지 등을 수용 또는 사용할 수 있는 사업에 해당한다고 하더라도 사업인정기관으로서는 그 사업이 공용수용을 할 만한 공익성이 있어야 한다.

▶ 관련판례(헌재 2014.10.30, 2011헌바129 · 172)
'공익성'의 정도를 판단함에 있어서는 공용수용을 허용하고 있는 개별법의 입법목적, 사업내용, 사업이 입법목적에 이바지하는 정도는 물론, 특히 그 사업이 대중을 상대로 하는 영업인 경우에는 그 사업 시설에 대한 대중의 이용 · 접근가능성도 아울러 고려하여야 한다. 그리고 '필요성'이 인정되기 위해서는 공용수용을 통하여 달성하려는 공익과 그로 인하여 재산권을 침해당하는 사인의 이익 사이의 형량에서 사인의 재산권침해를 정당화할 정도의 공익의 우월성이 인정되어야 하며, 사업시행자가 사인인 경우에는 그 사업 시행으로 획득할 수 있는 공익이 현저히 해태되지 않도록 보장하는 제도적 규율도 갖추어져 있어야 한다.

– 토지보상법상 공익사업의 공익성 판단기준 : 한국토지보상법 연구회 2016년 4월 29일 봄 발표회 – 정명운(한국법제연구원)

■ 사업인정에 있어서의 공익성 판단기준

현행 토지보상법 제19조 및 제20조에서 사업시행자가 공익사업을 하고자 하는 때에는 국토교통부장관의 사업인정을 받아야 한다고 규정하고 있다. 이에 따르면 사업수용적격성은 사업승인권자에 의해서 판단되는 셈이며, 사업시행자에 대해서는 수용의 목적물을 강제 취득할 권리가 주어진다. 토지수용이 그 성질상 한 개인의 재산권을 강제적으로 박탈하는 것을 감안하면, 공익사업에서의 공공성을 어떻게 논의할 수 있겠느냐는 점이 중요하다.

※ 대판 2005.4.29, 2004두14670 [사업인정처분취소]
해당 사업이 외형상 토지 등을 수용 또는 사용할 수 있는 사업에 해당된다 하더라도 행정주체로서는 그 사업이 공용수용을 할 만한 공익성이 있는지의 여부와 공익성이 있는 경우에도 그 사업의 내용과 방법에 대하여 사업인정처분에 관련된 자들의 이익을 공익과 사익 간에서는 물론, 공익 상호 간 및 사익 상호 간에도 정당하게 비교 · 교량하여야 하고, 그 비교 · 교량은 비례의 원칙에 적합하도록 하여야 할 것이다.

※ 대판 1996.11.29, 96누8567 [도시관리계획시설결정처분무효확인등]
행정계획이라 함은 행정에 관한 전문적 · 기술적 판단을 기초로 하여 도시의 건설 · 정비 · 개량 등과 같은 특정한 행정목표를 달성하기 위하여 서로 관련되는 행정수단을 종합 · 조정함으로써 장래의 일정한 시점에 있어서 일정한 질서를 실현하기 위한 활동기준으로 설정된 것으로서, (구)도시계획법 등 관계법령에는 추상적인 행정목표와 절차만이 규정되어 있을 뿐 행정계획의 내용에 대하여는 별다른 규정을 두고 있지 아니하므로 행정주체는 구체적인 행정계획을 입안 · 결정함에 있어서 비교적 광범위한 형성의 자유를 가진다고 할 것이지만, 행정주체가 가지는 이와 같은 형성의 자유는 무제한적인 것이 아니라 그 행정계획에 관련되는 자들의 이익을 공익과 사익 사이에서는 물론이고 공익 상호 간과 사익 상호 간에도 정당하게 비교교량하여야 한다는 제한이 있는 것이고, 따라서 행정주체가 행정계획을 입안 · 결정함에 있어서 이익형량을 전혀 행하지 아니하거나 이익형량의 고려 대상에 마땅히 포함시켜야 할 사항을 누락한 경우 또는 이익형량을 하였으나 정당성 · 객관성이 결여된 경우에는 그 행정계획결정은 재량권을 일탈 · 남용한 것으로서 위법한 것으로 보아야 할 것이다.

위의 두 가지 판례를 살펴보면 사업인정에 있어서 이익형량은 행정기관에 의무화된다. 사업인정에서 얻는 이익과 잃는 이익이 같은 공적 이익인 경우에 양자의 우열을 비교형량에 의해서 판단할 수 있는가의 문제이다.

동일한 공적 이익에 충돌이 생기는 경우에 있어서는 잃는 공적 이익에 대한 침해의 정도에 따라 판단할 수 있다고 생각한다. 환언하면 동일한 공적 이익의 충돌에 있어서는 사업의 실시, 혹은 그 달성에 의해서 얻는 이익과 잃는 그것을 비교하지 않고, 사업의 내용・규모 및 방법과 그것이 잃는 공적 이익에 미치는 영향을 종합적으로 형량한 뒤 사라질 공적 이익이 사회통념상 간과할 수 있는지를 판단하지 않으면 안 되는 것이다. 그렇다면 잃는 공적 이익과 마찬가지로 사업인정에 의해서 얻을 수 있는 공적 이익도 사회통념상 허용되어야 한다. 이런 의미에서 공익사업에서의 공공성은 사회통념상 허용할 이익을 의미하게 되는 것이다.

(ㄴ) **비례의 원칙에 의한 공공 필요 판단**(최소침해의 원칙) : 공익사업을 위한 방안이 수개인 경우에 국민의 권익과 공익을 가장 적게 침해하는 방안을 채택할 필요가 있다. 다만, 사업인정을 함에 있어 필요한 최소한도의 범위 내로 사업시행지를 한정해야 한다는 의미의 필요성(최소침해성)을 사업인정의 요건으로 드는 견해가 있고, 사업인정요건은 아니며 사업인정의 한계에 속하는 문제라는 견해도 있다.

판례

▶ **관련판례(대판 2005.11.10, 2003두7507)**[16]

경원선 의정부-동안 간 복선전철 건설사업(이하 '이 사건 건설사업'이라 한다)은 선로와 정거장 및 역사 등을 건설하는 (구)공공철도건설 촉진법 제2조 제2호, 제3조 제1항 제2호 소정의 공공철도의 건설・개량사업으로서 (구)토지수용법 제3조 제2호의 법률에 의하여 시설하는 철도사업인 공익사업에 해당하므로 사업시행자는 (구)공공철도건설 촉진법 제5조 제1항, (구)토지수용법 제2조 제1항에 의하여 그 사업지 내의 토지를 수용할 수 있는 점, 이 사건 의정부북부정거장의 교통량과 교통환경 등에 비추어 의정부북부역사 앞에 보행광장과 택시베이(Taxi-bay)를 설치할 필요성이 있는 점, 그런데 이 사건 건설사업은 기존 경원선과 교외선 부지를 모두 선로의 부지로 사용하는 것을 내용으로

하는 점, 기존 출입구가 있는 역사 동쪽 부분은 기존 도로가 좁을 뿐 아니라 상가가 밀집하여 있는 반면 역사 서쪽 부분의 이 사건 토지는 밭으로 경작되고 있고 주택가의 이면도로에 접해 있으므로 수용에 따른 사회적 비용이 적게 소요될 뿐 아니라, 이 사건 토지부분에 보행광장과 택시베이를 별도로 설치하게 되면 역사에 진출입하는 교통량을 분산시킴으로써 교통환경을 개선할 수 있는 점 등을 알 수 있는바, 사정이 이와 같다면, **의정부북부역사 동쪽에 주출입문을 설치하는 것보다는 서쪽에 주출입문을 설치하고 그 앞에 위치한 이 사건 토지에 보행광장과 택시베이를 설치하는 것이 이 사건 건설사업의 목적을 달성하기 위한 유효・적절하고 또한 가능한 한 최소침해를** 가져오는 방법이라고 할 것이다. 의정부북부역사의 주출입구 방향이 잘못 결정되었다는 원고의 주장은 결국 이 사건 토지를 수용할 필요성이 없다는 취지의 주장에 다름 아니고, 원심이 이 사건 토지가 의정부북부역사의 주출입구 전면부지로서 보행광장 및 택시베이 등 교통편의시설 설치를 위하여 수용할 필요가 있다고 판단하였으므로 원고의 주장에 대한 판단누락은 없다고 할 것이다.

---

16) 이해를 돕기 위해 판시사항과 사실관계를 모두 적시한다.

비례의 원칙 내지 과잉금지의 원칙 위배의 상고이유에 대하여 공용수용은 공익사업을 위하여 타인의 특정한 재산권을 법률의 힘에 의하여 강제적으로 취득하는 것이므로 수용할 목적물의 범위는 원칙적으로 사업을 위하여 필요한 최소한도에 그쳐야 한다.
기록에 의하면, 의정부북부역사의 교통량과 교통환경에 적합한 보행광장과 택시베이를 설치하기 위해서는 이 사건 토지의 면적 정도의 토지가 필요한 점, 피고 한국철도시설공단은 원고 소유의 의정부시 가능동 197-99 전 354㎡를 분할하여 같은 동 197-102 전 275㎡만을 수용하고 나머지 79㎡는 수용하지 아니한 점 등을 알 수 있는바, 사정이 이와 같다면, 이 사건 토지는 이 사건 보행광장과 택시베이를 설치하기 위하여 필요한 최소한의 면적이라고 할 것이므로 이 사건 토지 전부를 수용한 것이 비례의 원칙 내지 과잉금지의 원칙에 위배된다고 할 수 없다.

판례

▶ 관련판례(대판 2011.1.27, 2009두1051)
공익성이 있는 경우에도 그 사업의 내용과 방법에 관하여 사업인정에 관련된 자들의 이익을 공익과 사익 사이에서는 물론, 공익 상호 간 및 사익 상호 간에도 정당하게 비교·교량하여야 하고, 그 비교·교량은 비례의 원칙에 적합하도록 하여야 한다.

▶ 관련판례(대판 2005.11.10, 2003두7507)
공용수용은 공익사업을 위하여 특정의 재산권을 법률에 의하여 강제적으로 취득하는 것을 내용으로 하므로 그 공익사업을 위한 필요가 있어야 하고, 그 필요가 있는지에 대하여는 수용에 따른 상대방의 재산권 침해를 정당화할 만한 공익의 존재가 쌍방의 이익의 비교형량의 결과로 입증되어야 하며, 그 입증책임은 사업시행자에게 있다.

④ 사업시행자의 공익사업 수행능력과 의사가 있을 것
해당 공익사업을 수행하여 공익을 실현할 의사나 능력이 없는 자에게 타인의 재산권을 강제적으로 박탈할 수 있는 수용권을 설정하여 줄 수는 없으므로, 사업시행자에게 해당 공익사업을 수행할 의사와 능력이 있어야 한다는 것도 사업인정의 한 요건이라고 보아야 한다.

판례

▶ 관련판례(대판 2011.1.27, 2009두1051)
[1] 사업인정이란 공익사업을 토지 등을 수용 또는 사용할 사업으로 결정하는 것으로서 공익사업의 시행자에게 그 후 일정한 절차를 거칠 것을 조건으로 일정한 내용의 수용권을 설정하여 주는 형성행위이므로, 해당 사업이 외형상 토지 등을 수용 또는 사용할 수 있는 사업에 해당한다고 하더라도 사업인정기관으로서는 그 사업이 공용수용을 할 만한 공익성이 있는지의 여부와 공익성이 있는 경우에도 그 사업의 내용과 방법에 관하여 사업인정에 관련된 자들의 이익을 공익과 사익 사이에서는 물론, 공익 상호 간 및 사익 상호 간에도 정당하게 비교·교량하여야 하고, 그 비교·교량은 비례의 원칙에 적합하도록 하여야 한다. 그뿐만 아니라 해당 공익사업을 수행하여 공익을 실현할 의사나 능력이 없는 자에게 타인의 재산권을 공권력적·강제적으로 박탈할 수 있는 수용권을 설정하여 줄 수는 없으므로, 사업시행자에게 해당 공익사업을 수행할 의사와 능력이 있어야 한다는 것도 사업인정의 한 요건이라고 보아야 한다.
[2] 공용수용은 헌법상의 재산권 보장의 요청상 불가피한 최소한에 그쳐야 한다는 헌법 제23조의 근본취지에 비추어 볼 때, 사업시행자가 사업인정을 받은 후 그 사업이 공용수용을 할 만한 공익성을 상실하거나 사업인정에 관련된 자들의 이익이 현저히 비례의 원칙에 어긋나게 된 경우 또는 사업시행자가 해당 공익사업을 수행할 의사나 능력을 상실하였음에도 여전히 그 사업인정에 기하여 수용권을 행사하는 것은 수용권의 공익 목적에 반하는 수용권의 남용에 해당하여 허용되지 않는다.

Check Point!

일본 토지수용법에서 사업인정의 요건

사업인정청은 신청된 사업이 다음의 각 호의 4가지 모든 요건에 해당될 때에만 사업인정을 행할 수 있다.

1. 사업이 법 제3조(공익사업) 각 호의 1에 규정한 사업일 것
2. 사업시행자가 해당 사업을 수행할 충분한 의사와 능력을 가진 자일 것
3. 사업이 토지의 적정하고도 합리적인 이용에 기여하는 것일 것
   해당 토지가 그 사업에 이용됨으로써 얻게 되는 공공의 이익과 해당 토지가 그 사업에 이용됨으로써 잃게 되는 사적 내지 공공의 이익을 비교형량하여 전자가 후자에 우월하다고 인정되어야 한다. 이는 해당 사업계획의 내용, 그 사업에 의해서 얻게 되는 공공의 이익, 수용토지의 현재 이용상황, 그 토지가 갖는 사적 내지 공공적 가치 등에 대해서 종합적인 판단에 의해서 인정되어야 한다.
4. 사업이 토지를 수용 또는 사용할 공익상 필요가 있는 것일 것
   해당 사업에 대하여 제1호에서 제3호까지의 요건판단에서 고려된 사항 이외의 사항에 대해서 광범위하게 ① 수용·사용이라는 취득수단을 취할 필요성, ② 그 필요성이 공익목적에 합치 여부의 관점에서 판단을 추가하여야 한다는 의미로서, 사업을 조기에 시행할 필요성이 인정되어야 하고, 수용토지의 범위는 그 사업계획에 필요한 범위 내이고 합리적이라고 인정되어야 한다(공익적합성).

이재훈, 2016, 토지보상연구 발췌정리(한국토지보상법연구회자료)

사업인정의제사업에 대한 중앙토지수용위원회 의견청취절차와 공익성 판단

국문초록

- 2015년 12월 29일 '사업인정의제사업'에 대하여 인허가 전에 중앙토지수용위원회로부터 사전에 의견청취절차를 거치도록 하였다.
- '공익성 판단기준' 수립
- 중앙토지수용위원회가 수립한 '공익성 판단기준'의 수립배경과 내용
  - 공익성 검토절차와 관련된 법적 쟁점
  - 공익성 검토절차의 실효성을 높이기 위한 방안

Ⅰ. 들어가며

- 토지 등 재산권의 강제수용을 정당화하는 '공공의 필요성'의 요건은 토지보상법 제4조 공익사업으로 구체화되며, 구체적으로는 사업인정을 거쳐 판단하게 된다.

Ⅱ. 토지보상법상 사업인정절차와 사업인정의제

- 토지보상법상 사업인정 : 법 제20조 제1항
- 사업인정의제 : 토지보상법 제4조 제8호, 별표 110개 열거, 이 중 92개의 법률이 해당 인허가고시에 사업인정의제의 효력을 부여하는 조항을 두고 있다.
- 우려되는 점은 각 개별법에 설치되어 있는 이러한 사업인정의제 조항의 존재로, 인허가권자의 인허가만 있으면 **별다른 공익성 검토 없이 토지수용권이 부여**될 수 있다는 점이다.

Ⅲ. 사업인정의제사업에 대한 의견청취절차 도입

- 2015년 12월 29일 토지보상법 제20조 제1항을 신설하여 '사업인정의제사업'에 대하여 인허가 전에 중앙토지수용위원회로부터 사전에 의견청취절차를 거치도록 하였다.
- 수용권의 부여에 있어 토지보상법의 독점적이고 전속적 권한을 강화하였다.
- 한편, 법문만 놓고 보면, 사업인정이 의제되는 사업의 인허가에 있어 미리 중앙토지수용위원회의 의견을 듣는다고만 규정할 뿐, 무엇을 검토해야 하는지에 대하여는 구체적인 언급이 없다.
- 중앙토지수용위원회에 대한 의견청취는 곧, 실질적 사업인정의 판단행위인 '공익성 검토'와 다름 없다. 이러한 점에 비추어, 중앙토지수용위원회는 그간 인허가단계에서 누락되어 온 것으로 보이는 '공공필요'의 존재 여부를 토지보상법 제21조 제2항에 따라 검토하고, 그 결과를 해당 인허가권자에게 제출함으로써 **사업인정에 대한 공익성 검토를 강화**하려는 것이다.

Ⅳ. 사업인정의제사업에 대한 중앙토지수용위원회 의견청취절차 운영현황과 공익성 판단기준

- 가. 의견청취 운영현황
- 나. 공익성 판단기준 법사목공계필지

한국토지공법학회의 연구용역 결과를 토대로 중앙토지수용위원회는 아래와 같은 공익성 검토기준을 수립하였다. 크게 **법상 전제, 사업주체(사업시행자의 의사와 능력), 입법목적의 부합성, 공익우월성, 사업계획의 합리성, 수용의 필요성, 공익의 지속성의 요건**으로 나눌 수 있고, 각 요건마다 판단기준을 10개로 세분하였다. 공익성 판단기준은 헌재의 결정, 대법원 판례, 일본의 사례를 참고하여 수립한 것이다.

1. 법상 전제 – 법 제4조 각호 및 별표상 규정된 사업에 해당하는가?
2. 사업시행자의 (정당하고 적극적인) 의사와 (사업을 수행할 충분한)능력을 구비하였는가?
3. 입법목적의 부합성 – 법령의 목적, 상위계획·지침, 절차 등에 부합하였는가?
4. 공익 우월성 – 사업으로 얻게 되는 공익 > 잃게 되는 공익
5. 사업계획의 합리성
6. 수용의 필요성
7. 공익의 지속성

Ⅴ. 공익성 검토절차와 관련된 법적 쟁점

가. 의견제출의 법적 성격 및 그 효과

'공익성 검토'는 중앙토지수용위원회가 자체적으로 이름 붙인 것으로, 법조문의 내용만으로 보면 이해관계자의 의견제출에 지나지 않는다.

따라서 인허가권자는 중앙토지수용위원회의 의견에 구속되지 않는다는 것이 타당한 해석으로 생각된다. 다만, 의견청취의 구속력과는 별개로, 토지보상법 제21조 제2항은 중앙토지수용위원회 및 이해관계인의 의견청취를 의무화하고 있기 때문에, 의견청취를 누락한 인허가고시는 절차적 위법을 구성할 것으로 생각되고, 그 위법의 정도는 중대하지는 않지만 명백한 사유이므로 취소사유에 해당한다고 판단된다.

나. 하자치유의 문제

<Case> 인허가권자가 중앙토지수용위원회의 의견청취절차를 누락하고 인허가고시를 한 경우

이 문제와 관련하여 아직 판례가 없다.

- 다만, 중앙토지수용위원회는 리스크 최소화라는 측면 및 적어도 이 문제가 소송에서 제기되었을 경우 피고가 될 인허가권자에게 필요한 항변사유를 제공하는 차원에서, 인허가고시 이후에라도 의견청취절차를 거치는 것이 바람직하다는 취지로 안내하고 있는 실정이다.
- 이와 관련하여 대법원은 국민의 권익을 침해하지 않는 범위 내에서 행정행위의 무용한 반복을 피하고, 당사자의 법적 안정성을 위해 일정한 경우 예외적으로 하자의 치유를 인정하고 있다.

다. 인허가권자의 조건 등 부가 여부

<Case1> 중앙토지수용위원회가 조건 등을 부가할 것을 제시한 경우 인허가권자가 이러한 조건을 붙여 인허가를 할 수 있는지 문제된다.

학설 : 재량행위에는 법에 근거가 없는 경우에도 부관을 붙일 수 있다고 한다.

<Case2> 인허가권자가 사업인정의제의 효력만을 배제하는 인허가를 할 수 있는지 문제된다.

- 법률효과의 일부배제로써 '사업인정의제'효력만을 배제하는 인허가
- 조건을 부가(또는 철회권 유보)하면서 인허가를 하는 간접적인 방법

<My Op.>의미 없는......

Ⅵ. 공익성 검토절차의 실효성 제고문제

(가) 이처럼, 공익성 검토의견에 법적 구속력이 인정되지 않고, 의견청취 누락으로 해당 인허가고시가 무효라고 볼 수 없다는 점 때문에, 공익성 검토절차의 실효성이 의문에 남겨진다.

중앙토지수용위원회의 의견이 단순한 참고사항에 불과하다는 점에 착안하여, 의견청취절차를 의도적으로 누락하거나 회신된 의견을 무시하고 인허가고시를 한 후 수용재결을 신청할 가능성도 배제할 수 없다.

(나) 실무적 방안들

<수용권 남용이론 2009두1051>

중앙토지수용위원회의 의견을 의도적으로 무시하고 수용재결을 신청한 경우, 공익성이 없음을 이유로 해당 수용재결신청을 기각하는 방법이다.

Ⅶ. 나가며

공익성 검토기준이 추상적이고 포괄적이다. 사례집적도 충분하지 않아 인허가권자와 사업시행자의 예측가능성이 낮다는 지적이 여기저기서 나오고 있다. 또한 토지수용 범위의 적정성 문제는 사업계획의 합리성 문제와 불가분으로 연결되어 있는데, 과연 중앙토지수용위원회가 사업계획의 합리성까지 들여다 볼 능력이 있는지도 의문스럽다는 비판이 제기되기도 한다.

아울러 개발사업의 경우 입안에서 결정까지 다양한 전문가 및 관련 위원회의 자문과 내부검토를 거치게 되는데, 이러한 과정을 거친 개발사업의 내용에 대하여 토지수용기관인 중앙토지수용위원회가 반대하는 의견을 낼 수 있는지, 나아가 그러한 의견을 내는 것이 바람직한지도 논의의 대상이다.

토지는 중요한 생산수단이고 그 안에서 개인이 삶을 설계하고 영위해 나가기 때문에 단순히 돈으로 보상할 수 없는 부분도 많다. 그렇기 때문에 재산권 보장은 '가치보장'이 아니라 '존속보장'에 무게를 두어야 한다.

즉, 토지재산권의 보장은 '정당한 손실보상'의 문제 이전에 '수용의 필요성 내지 정당성'의 문제에서 시작되어야 한다.

※ <참고> 중앙토지수용위원회 공익성 판단 의견제시 사례

- 협의취득 강화!!

판례

▶ 대판 2019.2.28, 2017두71031 [사업인정고시취소] 〈풍납토성 보존을 위한 사업인정 사건〉

> ※ 해당 판례의 주요 쟁점
> 1. 사업인정의 요건
> 2. 사업인정 등 처분에 대하여 재량권 일탈·남용 여부
> 3. 토지보상법에 따라 국가지정문화재 등을 수용할 수 있는지 여부
> 4. 사업시행자의 공익사업 수행능력과 의사가 사업인정의 요건인지 여부

[판시사항]

[1] 사업인정의 법적 성격 및 사업인정기관이 공익사업을 위한 토지 등의 취득 및 보상에 관한 법률상의 사업인정을 하기 위한 요건

[2] 문화재의 보존을 위한 사업인정 등 처분에 대하여 재량권 일탈·남용 여부를 심사하는 방법 및 이때 구체적으로 고려할 사항

[3] 국가지정문화재에 대하여 관리단체로 지정된 지방자치단체의 장이 문화재보호법 제83조 제1항 및 공익사업을 위한 토지 등의 취득 및 보상에 관한 법률에 따라 국가지정문화재나 그 보호구역에 있는 토지 등을 수용할 수 있는지 여부(적극)

[4] 사업시행자에게 해당 공익사업을 수행할 의사와 능력이 있어야 한다는 것이 사업인정의 한 요건인지 여부(적극)

[판결요지]

[1] 사업인정이란 공익사업을 토지 등을 수용 또는 사용할 사업으로 결정하는 것으로서 공익사업의 시행자에게 그 후 일정한 절차를 거칠 것을 조건으로 일정한 내용의 수용권을 설정하여 주는 형성행위이다. 그러므로 해당 사업이 외형상 토지 등을 수용 또는 사용할 수 있는 사업에 해당하더라도 사업인정기관으로서는 그 사업이 공용수용을 할 만한 공익성이 있는지 여부와 공익성이 있는 경우에도 그 사업의 내용과 방법에 관하여 사업인정에 관련된 자들의 이익을 공익과 사익 사이에서는 물론, 공익 상호 간 및 사익 상호 간에도 정당하게 비교·교량하여야 하고, 비교·교량은 비례의 원칙에 적합하도록 하여야 한다.

[2] 문화재보호법은 관할 행정청에 문화재 보호를 위하여 일정한 행위의 금지나 제한, 시설의 설치나 장애물의 제거, 문화재 보존에 필요한 긴급한 조치 등 수용권보다 덜 침익적인 방법을 선택할 권한도 부여하고 있기는 하다. 그러나 문화재란 인위적이거나 자연적으로 형성된 국가적·민족적 또는 세계적 유산으로서 역사적·예술적·학술적 또는 경관적 가치가 큰 것을 말하는데(문화재보호법 제2조 제1항), 문화재의 보존·관리 및 활용은 원형 유지를 기본원칙으로 한다(문화재보호법 제3조). 그리고 문화재는 한번 훼손되면 회복이 곤란한 경우가 많을 뿐 아니라, 회복이 가능하더라도 막대한 비용과 시간이 소요되는 특성이 있다. 이러한 문화재의 보존을 위한 사업인정 등 처분에 대하여 재량권 일탈·남용 여부를 심사할 때에는, 위와 같은 문화재보호법의 내용 및 취지, 문화재의 특성, 사업인정 등 처분으로 인한 국민의 재산권 침해 정도 등을 종합하여 신중하게 판단하여야 한다. 구체적으로는 ① 우리 헌법이 "국가는 전통문화의 계승·발전과 민족문화의 창달에 노력하여야 한다."라고 규정하여(제9조), 국가에 전통문화 계승 등을 위하여 노력할 의무를 부여하고 있는 점, ② 문화재보호법은 이러한 헌법 이념에 근거하여 문화재의 보존·관리를 위한 국가와 지방자치단체의 책무를 구체적으로 정하는 한편, 국민에게도 문화재의 보존·관리를 위하여 국가와 지방자치단체의 시책에 적극 협조하도록 규정하고 있는 점(제4조), ③ 행정청이 문화재

의 역사적・예술적・학술적 또는 경관적 가치와 원형의 보존이라는 목표를 추구하기 위하여 문화재보호법 등 관계 법령이 정하는 바에 따라 내린 전문적・기술적 판단은 특별히 다른 사정이 없는 한 이를 최대한 존중할 필요가 있는 점 등을 고려하여야 한다.

[3] 문화재보호법 제83조 제1항은 "문화재청장이나 지방자치단체의 장은 문화재의 보존・관리를 위하여 필요하면 지정문화재나 그 보호구역에 있는 토지, 건물, 입목(立木), 죽(竹), 그 밖의 공작물을 공익사업을 위한 토지 등의 취득 및 보상에 관한 법률(이하 '토지보상법'이라 한다)에 따라 수용(收用)하거나 사용할 수 있다."라고 규정하고 있다. 한편 국가는 문화재의 보존・관리 및 활용을 위한 종합적인 시책을 수립・추진하여야 하고, 지방자치단체는 국가의 시책과 지역적 특색을 고려하여 문화재의 보존・관리 및 활용을 위한 시책을 수립・추진하여야 하며(문화재보호법 제4조), 문화재청장은 국가지정문화재 관리를 위하여 지방자치단체 등을 관리단체로 지정할 수 있고(문화재보호법 제34조), 지방자치단체의 장은 국가지정문화재와 역사문화환경 보존지역의 관리・보호를 위하여 필요하다고 인정하면 일정한 행위의 금지나 제한, 시설의 설치나 장애물의 제거, 문화재 보존에 필요한 긴급한 조치 등을 명할 수 있다(문화재보호법 제42조 제1항). 이와 같이 문화재보호법은 지방자치단체 또는 지방자치단체의 장에게 시・도지정문화재뿐 아니라 국가지정문화재에 대하여도 일정한 권한 또는 책무를 부여하고 있고, 문화재보호법에 해당 문화재의 지정권자만이 토지 등을 수용할 수 있다는 등의 제한을 두고 있지 않으므로, 국가지정문화재에 대하여 관리단체로 지정된 지방자치단체의 장은 문화재보호법 제83조 제1항 및 토지보상법에 따라 국가지정문화재나 그 보호구역에 있는 토지 등을 수용할 수 있다.

[4] 공익사업을 수행하여 공익을 실현할 의사나 능력이 없는 자에게 타인의 재산권을 공권력적・강제적으로 박탈할 수 있는 수용권을 설정하여 줄 수는 없으므로, 사업시행자에게 해당 공익사업을 수행할 의사와 능력이 있어야 한다는 것도 사업인정의 한 요건이라고 보아야 한다.

풍납토성 사업인정고시 사건의 원심판결(대전고법 2017.11.2, 2017누10454)의 주요 요지

① 사적 지정처분의 하자가 있는지 여부

원고의 참가인 문화재청장은 사전 유구조사 등을 실시하여 이 사건 공장부지에 풍납토성의 성벽이나 성곽 등의 존재를 확인한 후 사적 지정처분을 하여야 함에도 불구하고, 사전 유구조사 등 문화재보호법에서 정한 절차를 준수하지 아니하고 이 사건 공장부지를 사적으로 지정하였으므로, 2차 및 3차 추가 사적 지정처분은 위법하다. 위 각 사적 지정처분과 이 사건 사업인정고시는 선행처분과 후행처분의 관계에 있는바, 위 각 사적 지정처분의 하자로 인하여 후행처분인 이 사건 사업인정고시 또한 위법하다는 주장에 대하여, 원심은 "사적 지정처분은 문화재보호법에서 정한 사적 지정절차를 모두 준수하였으며, 이 사건 공장부지에 대하여 사전 유구조사를 거치지 않았다는 사정만으로는 위 각 사적 지정처분을 위법하다고 할 수 없으며, 설령 2차 및 3차 추가 사적 지정처분에 절차적 하자가 있어 위법하다 하더라도 위 각 사적 지정처분과 이 사건 사업인정고시는 서로 독립하여 별개의 법률효과를 목적으로 하는 것으로 하자가 승계된다고 보기 어렵다"고 판단함.

② 이 사건 사업인정고시에 사업시행자를 잘못 지정한 하자가 있는지 여부

원고의 문화재보호법 제83조 제1항에 의하면 국가지정문화재를 수용하는 사업은 국가지정문화재 지정권자인 참가인 문화재청장만이 시행할 적격이 있으므로, 참가인 송파구청장은 국가지정문화재인 이 사건 공장부지를 수용하는 이 사건 사업의 시행자가 될 수 없다. 따라서 이 사건 사업인정고시는 사업시행자를 잘못 지정한 하자가 있으며, 이 사건 사업인정고시는 사업시행자와 협의취득 주체가 상이하여 법률

에 근거한 사업시행자에 의하여 공익사업이 수행되어야 한다는 원칙에 위배되는 것으로서, 사업시행자인 참가인 송파구청장에게는 사업비 조달 등과 관련하여 사업수행의사와 수행능력이 없어 하자가 있다는 주장에 대하여, 원심은 "법상 국가지정문화재에 대하여 지방자치단체의 장이 사업시행자로서 토지를 수용하는 것이 불가능하다고는 보이지 아니하고, 달리 이러한 수용이 금지된다고 볼 아무런 법률상 근거가 없으므로, 풍납토성이 국가지정문화재라 하더라도 문화재보호법 제34조 제1항 소정의 관리단체인 참가인 송파구청장은 같은 법 제83조 제1항에 의하여 그 보존·관리를 위해 필요한 경우 고유의 권한으로 토지보상법에 따라 토지를 수용할 수 있다고 할 것이며, 참가인 송파구청장이 이 사건 사업비를 송파구의 자체 예산으로 조달하지 않는다는 사정만으로 참가인 송파구청장에게 사업수행의사나 능력이 없다고 볼 수 없다"고 판단함.

③ 사업시행방식의 하자가 있는지 여부

원고의 이 사건 사업은 풍납토성 지역 전체의 복원·정비사업의 일부분에 불과하여 사업인정의 대상적격이 없으며, 원고의 이 사건 공장부지만을 사업대상지로 삼아 이 사건 공장을 이전시킬 목적에서 비롯된 '표적수용'의 성격을 띠고 있는바, 이 사건 사업인정고시는 위법하고, 참가인 송파구청장과 참가인 서울특별시는 이 사건 공장부지에 대하여 연차적으로 토지를 협의취득하고 협의취득된 토지에 관하여 임대료를 부과하는 방식으로 보상을 진행하였는바, 이는 토지보상법에서 정한 일괄보상 및 사전보상의 원칙에 위배되는 것으로서 위법하다고 주장에 대하여, 원심은 "풍납토성의 구조 및 지역특성을 고려하여 이를 여러 권역으로 나누어 순차적으로 사업을 진행하는 것이 위법하다고 할 수 없고, 이 사건 수용대상부지에 대한 이 사건 사업인정고시가 특정 토지 소유자를 축출하기 위한 '표적수용'이라고 볼 근거가 없으며, 토지보상법 제65조는 '사업시행자는 동일한 사업지역에 보상시기를 달리하는 동일인 소유의 토지 등이 여러 개 있는 경우 토지소유자나 관계인이 요구할 때에는 한꺼번에 보상금을 지급하도록 하여야 한다'고 규정하고 있는바, 원고가 참가인 송파구청장에 대하여 이 사건 공장부지 전체 필지에 대하여 일괄적으로 협의취득 또는 강제수용을 요구하였음을 인정할 아무런 증거가 없으며 오히려 이 사건 공장부지에 대한 협의취득 절차가 순차적으로 진행되어 온 점에 비추어 보면 이 사건 공장부지에 대한 협의취득 또는 수용의 방식이 위 토지보상법 규정에서 정한 일괄보상원칙에 위배된다고 할 수 없다."고 판단함.

④ 사업목적 및 필요성의 부존재 및 비례의 원칙 위반 여부

원고의 이 사건 사업은 사업목적 및 필요성이 존재하지 않으며, 이 사건 사업인정고시는 사업으로 인하여 달성될 수 있는 공익과 침해되는 사익 간의 비교형량이 현저하게 불균형하여 비례의 원칙에 반하므로 위법하다는 주장에 대하여, 원심은 "풍납토성의 역사적 가치에 비추어 이를 복원·정비하는 사업은 그 공익성이 당연히 인정될 뿐 아니라, 이 사건 수용대상부지는 풍납토성 성벽의 부지 또는 그 성벽에 바로 인접한 부지로서 이를 수용하여 성벽 또는 해자시설을 복원·정비하는 것은 풍납토성의 보존·관리를 위하여 필요하며, 공·사익 상호 간의 비교형량 또한 비례원칙에 적합하다."고 판단함.

(4) 사업인정의 절차

① **사업인정의 신청**(시행령 제10조)

사업인정을 받으려는 자는 국토교통부령으로 정하는 사업인정신청서에 신청사유 등을 적어 특별시장·광역시장·도지사 또는 특별자치도지사를 거쳐 국토교통부장관에게 제출하여야 한다. 다만, 사업시행자가 국가인 경우에는 해당 사업을 시행할 관계 중앙행정기관의 장이 직접 사업인정신청서를 국토교통부장관에게 제출할 수 있다.

> **시행령 제10조(사업인정의 신청)**
>
> ① 법 제20조 제1항에 따른 사업인정(이하 "사업인정"이라 한다)을 받으려는 자는 국토교통부령으로 정하는 사업인정신청서(이하 "사업인정신청서"라 한다)에 다음 각 호의 사항을 적어 특별시장·광역시장·도지사 또는 특별자치도지사(이하 "시·도지사"라 한다)를 거쳐 국토교통부장관에게 제출하여야 한다. 다만, 사업시행자가 국가인 경우에는 해당 사업을 시행할 관계 중앙행정기관의 장이 직접 사업인정신청서를 국토교통부장관에게 제출할 수 있다.
>
> 1. 사업시행자의 성명 또는 명칭 및 주소
> 2. 사업의 종류 및 명칭
> 3. 사업예정지
> 4. 사업인정을 신청하는 사유
>
> ② 사업인정신청서에는 다음 각호의 서류 및 도면을 첨부하여야 한다.
>
> 1. 사업계획서
> 2. 사업예정지 및 사업계획을 표시한 도면
> 3. 사업예정지 안에 법 제19조 제2항에 따른 토지 등이 있는 경우에는 그 토지 등에 관한 조서·도면 및 해당 토지 등의 관리자의 의견서
> 4. 사업예정지 안에 있는 토지의 이용이 다른 법령에 따라 제한된 경우에는 해당 법령의 시행에 관하여 권한있는 행정기관의 장의 의견서
> 5. 사업의 시행에 관하여 행정기관의 면허 또는 인가 그 밖의 처분이 필요한 경우에는 그 처분사실을 증명하는 서류 또는 해당 행정기관의 장의 의견서
> 6. 토지소유자 또는 관계인과의 협의내용을 적은 서류(협의를 한 경우로 한한다)
> 7. 수용 또는 사용할 토지의 세목(토지 외의 물건 또는 권리를 수용하거나 사용할 경우에는 해당 물건 또는 권리가 소재하고 있는 토지의 세목을 말한다)을 적은 서류
> 8. 해당 공익사업의 공공성, 수용의 필요성 등에 대해 중앙토지수용위원회가 정하는 바에 따라 작성한 사업시행자의 의견서

② 의견청취 등

(ㄱ) **토지보상법령의 태도** : 국토교통부장관은 사업인정을 하려면 관계 중앙행정기관의 장 및 특별시장·광역시장·도지사·특별자치도지사(이하 "시·도지사"라 한다) 및 제49조에 따른 중앙토지수용위원회와 협의하여야 하며, 대통령령으로 정하는 바에 따라 미리 사업인정에 이해관계가 있는 자의 의견을 들어야 한다. 이는 원고적격과 관련하여 이해관계인의 범위에 대하여 시행령 제11조 제5항에서 "토지소유자 및 관계인 그 밖에 사업인정에 관하여 이해관계가 있는 자"로 규정하고 있어 사업인정에 대한 행정소송을 제기할 이해관계인의 범위에 피수용자가 포함됨에는 문제가 없으나, 인근 주민이 포함되는지 문제된다.

법 제21조(협의 및 의견청취 등)

① 국토교통부장관은 사업인정을 하려면 관계 중앙행정기관의 장 및 특별시장·광역시장·도지사·특별자치도지사(이하 "시·도지사"라 한다) 및 제49조에 따른 중앙토지수용위원회와 협의하여야 하며, 대통령령으로 정하는 바에 따라 미리 사업인정에 이해관계가 있는 자의 의견을 들어야 한다.

② 별표에 규정된 법률에 따라 사업인정이 있는 것으로 의제되는 공익사업의 허가·인가·승인권자 등은 사업인정이 의제되는 지구지정·사업계획승인 등을 하려는 경우 제1항에 따라 제49조에 따른 중앙토지수용위원회와 협의하여야 하며, 대통령령으로 정하는 바에 따라 사업인정에 이해관계가 있는 자의 의견을 들어야 한다.

③ 제49조에 따른 중앙토지수용위원회는 제1항 또는 제2항에 따라 협의를 요청받은 경우 사업인정에 이해관계가 있는 자에 대한 의견 수렴 절차 이행 여부, 허가·인가·승인대상 사업의 공공성, 수용의 필요성, 그 밖에 대통령령으로 정하는 사항을 검토하여야 한다.

④ 제49조에 따른 중앙토지수용위원회는 제3항의 검토를 위하여 필요한 경우 관계 전문기관이나 전문가에게 현지조사를 의뢰하거나 그 의견을 들을 수 있고, 관계 행정기관의 장에게 관련 자료의 제출을 요청할 수 있다.

⑤ 제49조에 따른 중앙토지수용위원회는 제1항 또는 제2항에 따라 협의를 요청받은 날부터 30일 이내에 의견을 제시하여야 한다. 다만, 그 기간 내에 의견을 제시하기 어려운 경우에는 한 차례만 30일의 범위에서 그 기간을 연장할 수 있다.

⑥ 제49조에 따른 중앙토지수용위원회는 제3항의 사항을 검토한 결과 자료 등을 보완할 필요가 있는 경우에는 해당 허가·인가·승인권자에게 14일 이내의 기간을 정하여 보완을 요청할 수 있다. 이 경우 그 기간은 제5항의 기간에 산입하지 아니한다.

⑦ 제49조에 따른 중앙토지수용위원회가 제5항에서 정한 기간 내에 의견을 제시하지 아니하는 경우에는 협의가 완료된 것으로 본다.

⑧ 그 밖에 제1항 또는 제2항의 협의에 관하여 필요한 사항은 국토교통부령으로 정한다.

시행령 제11조(의견청취 등)

① 법 제21조 제1항에 따라 국토교통부장관으로부터 사업인정에 관한 협의를 요청받은 관계 중앙행정기관의 장 또는 시·도지사는 특별한 사유가 없으면 협의를 요청받은 날부터 7일 이내에 국토교통부장관에게 의견을 제시하여야 한다.

② 국토교통부장관 또는 법 별표에 규정된 법률에 따라 사업인정이 있는 것으로 의제되는 공익사업의 허가·인가·승인권자 등은 법 제21조 제1항 및 제2항에 따라 사업인정에 관하여 이해관계가 있는 자의 의견을 들으려는 경우에는 사업인정신청서(법 별표에 규정된 법률에 따라 사업인정이 있는 것으로 의제되는 공익사업의 경우에는 허가·인가·승인 등 신청서를 말한다) 및 관계 서류의 사본을 토지 등의 소재지를 관할하는 시장(행정시의 시장을 포함한다. 이하 이 조에서 같다)·군수 또는 구청장(자치구가 아닌 구의 구청장을 포함한다. 이하 이 조에서 같다)에게 송부(전자문서에 의한 송부를 포함한다. 이하 이 조에서 같다)하여야 한다.

③ 시장·군수 또는 구청장은 제2항에 따라 송부된 서류를 받았을 때에는 지체 없이 다음 각 호의 사항을 시(행정시를 포함한다)·군 또는 구(자치구가 아닌 구를 포함한다)의 게시판에 공고하고, 공고한 날부터 14일 이상 그 서류를 일반인이 열람할 수 있도록 하여야 한다.

1. 사업시행자의 성명 또는 명칭 및 주소
2. 사업의 종류 및 명칭
3. 사업예정지

④ 시장·군수 또는 구청장은 제3항에 따른 공고를 한 경우에는 그 공고의 내용과 의견이 있으면 의견서를 제출할 수 있다는 뜻을 토지소유자 및 관계인에게 통지(토지소유자 및 관계인이 원하는 경우에는 전자문서에 의한 통지를 포함한다)하여야 한다. 다만, 통지를 받을 자를 알 수 없거나 그 주소·거소 또는 그 밖에 통지할 장소를 알 수 없을 때에는 그러하지 아니하다.
⑤ 토지소유자 및 관계인 그 밖에 사업인정에 관하여 이해관계가 있는 자는 제3항에 따른 열람기간 내에 해당 시장·군수 또는 구청장에게 의견서를 제출(전자문서에 의한 제출을 포함한다)할 수 있다.
⑥ 시장·군수 또는 구청장은 제3항에 따른 열람기간이 끝나면 제5항에 따라 제출된 의견서를 지체 없이 국토교통부장관 또는 법 별표에 규정된 법률에 따라 사업인정이 있는 것으로 의제되는 공익사업의 허가·인가·승인권자 등에게 송부하여야 하며, 제출된 의견서가 없는 경우에는 그 사실을 통지(전자문서에 의한 통지를 포함한다)하여야 한다.

(ㄴ) 판례

판례

▶ 관련판례(대판 2000.10.13, 99두653)
건설부장관이 택지개발예정지구를 지정함에 있어 미리 **관계 중앙행정기관의 장과 협의를 하라고 규정한 의미는 그의 자문을 구하라는** 것이지 그 의견을 따라 처분을 하라는 의미는 아니라 할 것이므로 이러한 **협의를 거치지 아니하였다고 하더라도 이는 위 지정처분을 취소할 수 있는 원인이 되는 하자** 정도에 불과하고 위 지정처분이 당연무효가 되는 하자에 해당하는 것은 아니다.

▶ 관련판례(대판 2006.6.30, 2005두14363)
국방·군사시설 사업에 관한 법률 및 (구)산림법에서 보전임지를 다른 용도로 이용하기 위한 사업에 대하여 승인 등 처분을 하기 전에 **미리 산림청장과 협의를 하라고 규정한 의미는 그의 자문을 구하라**는 것이지 그 의견을 따라 처분을 하라는 의미는 아니라 할 것이므로, 이러한 **협의**를 거치지 아니하였다고 하더라도 이는 해당 **승인처분을 취소할 수 있는 원인이 되는 하자 정도**에 불과하고 그 승인처분이 당연무효가 되는 하자에 해당하는 것은 아니다.

③ 사업인정의 고시(기출문제 제34회 1번 - 사업인정고시의 법적 성질)

(ㄱ) 토지보상법령의 태도

법 제22조(사업인정의 고시)
① 국토교통부장관은 제20조에 따른 사업인정을 하였을 때에는 지체 없이 그 뜻을 사업시행자, 토지소유자 및 관계인, 관계 시·도지사에게 통지하고 사업시행자의 성명이나 명칭, 사업의 종류, 사업지역 및 수용하거나 사용할 토지의 세목을 관보에 고시하여야 한다.
② 제1항에 따라 사업인정의 사실을 통지받은 시·도지사(특별자치도지사는 제외한다)는 관계 시장·군수 및 구청장에게 이를 통지하여야 한다.
③ 사업인정은 제1항에 따라 고시한 날부터 그 효력이 발생한다.

(ㄴ) 사업인정 고시의 법적 성질

㉠ 학설 : 사업인정고시의 법적 성질에 대해 ⓐ 사업인정고시는 특정한 사실을 알리는 행위로서 사업인정과는 분리하여 준법률행위적 행정행위 중 통지로 보는 견해, ⓑ 사업인정과 사업인정고시를 통일적으로 파악하여 특허로 보는 견해가 있다.

㉡ 판례

판례

▶ 관련판례(대판 2000.10.13, 2000두5142)

(구)토지수용법 제16조 제1항에서는 건설부장관이 사업인정을 하는 때에는 지체 없이 그 뜻을 기업자・토지소유자・관계인 및 관계도지사에게 통보하고 기업자의 성명 또는 명칭, 사업의 종류, 기업지 및 수용 또는 사용할 토지의 세목을 관보에 공시하여야 한다고 규정하고 있는바, 가령 건설부장관이 위와 같은 절차를 누락한 경우 이는 절차상의 위법으로서 수용재결단계 전의 사업인정단계에서 다툴 수 있는 취소사유에 해당하기는 하나, 더 나아가 그 사업인정 자체를 무효로 할 중대하고 명백한 하자라고 보기는 어렵고, 따라서 이러한 위법을 들어 수용재결처분의 취소를 구하거나 무효확인을 구할 수는 없다.

▶ 관련판례(대판 1993.8.13, 93누2148)

가. 택지개발촉진법 제8조 제2항, 제9조 제3항 소정의 택지개발계획의 공람절차를 거치지 아니하였다거나 수용할 토지의 세목을 고시하고 토지소유자에게 이를 통지하는 절차를 취하지 아니하였다는 등의 하자들은 이의재결에 대한 소송에서 그 재결의 취소를 구하는 사유가 될 뿐 당연무효의 사유는 아니다.

나. 기업자가 토지수용법 제23조 소정의 토지조서 및 물건조서를 작성함에 있어서 토지소유자를 입회시켜서 이에 서명날인을 하게 하지 아니하였다는 사유만으로는 이의재결이 위법하다 하여 그 취소의 사유로 삼을 수는 없으니, 그러한 사유가 이의재결의 무효원인이 될 수 없다.

다. 원지적도가 없는 상태에서 토지조서 및 물건조서를 작성하였다거나, 건설부장관이 토지수용법 제16조의 규정에 따라 토지수용사업승인을 한 후 그 뜻을 토지소유자 등에게 통지하지 아니하였다거나, 기업자가 토지소유자와 협의를 거치지 아니한 채 토지의 수용을 위한 재결을 신청하였다는 등의 하자들 역시 절차상 위법으로서 이의재결의 취소를 구할 수 있는 사유가 될지언정 당연무효의 사유라고 할 수는 없다.

㉢ 검토 : 생각건대, 사업인정고시는 사업인정의 효력발생요건이므로 독립된 행정행위로 보는 것은 무리가 있다. 또한 사업인정고시에 하자가 있으면 사업인정 행위 자체의 위법성을 구성한다. 즉, 사업인정고시를 하지 않은 경우에는 사업인정은 무효이고, 사업인정고시에 단순위법이 존재하면 사업인정은 취소할 수 있는 상태에 있게 된다. 따라서 법적 성질의 논의는 불복과 관련하여 실익이 있는 것이므로 사업인정고시를 사업인정과 분리하여 법적 성질을 검토하지 말고 통일적으로 특허로 파악함이 타당하다. 특히 행정기본법 제2조 제4호에서는 "처분이란 행정청이 구체적 사실에 관하여 행하는 법 집행으로서 공권력의 행사 또는 그 거부와 그 밖에 이에 준하는 행정작용을 말한다."라고 규정하고 있는바, 사업인정고시는 고시한 날부터 효력이 발생함으로로서 토지소유자등에게 토지보전의무가 생기므로 그 자체가 처분성이 인정되는 것이라 하겠다.

■ 법규 헷갈리는 쟁점 : 도시계획사업의 실시계획인가고시(사업인정고시)에서 정한 사업시행기간이 경과된 후에 이루어진 도시계획사업 실시계획변경인가의 효력(사업인정의 변경인가고시)

Ⅰ. 문제점

사업인정(사업인정 의제 포함)에서 정한 사업시행기간이 경과된 후에 변경인가 고시가 있은 경우에 종전의 사업인정은 실효되나, 변경인가가 새로운 인가로서의 요건을 갖춘 경우에는 변경인가를 새로운 사업인정으로 본다. 이 경우 공익사업의 동일성은 새로운 사업인정에서도 계속 유지되는 것으로 보나, 「토지보상법」에서는 사업인정의 변경에 대해서는 별도로 규정하고 있지 않는다.

Ⅱ. 대법원 판례의 태도

① 도시계획사업의 시행자는 늦어도 고시된 도시계획사업의 실시계획인가에서 정한 사업시행기간 내에 사법상의 계약에 의하여 도시계획사업에 필요한 타인 소유의 토지를 양수하거나 수용재결의 신청을 하여야 하고, 그 사업시행기간 내에 이와 같은 취득절차가 선행되지 아니하면 그 도시계획사업의 실시계획인가는 실효되고, 그 후에 실효된 실시계획인가를 변경인가하여 그 시행기간을 연장하였다고 하여 실효된 실시계획의 인가가 효력을 회복하여 소급적으로 유효하게 될 수는 없지만, 도시계획사업의 실시계획변경인가도 시행자에게 도시계획사업을 실시할 수 있는 권한을 설정하여 주는 처분인 점에서는 당초의 인가와 다를 바 없으므로 도시계획사업의 실시계획인가고시에 정해진 사업시행기간 경과 후에 이루어진 변경인가고시도 그것이 새로운 인가로서의 요건을 갖춘 경우에는 그에 따른 효과가 있다 할 것이다(출처: 대법원 2005.7.28. 선고 2003두9312 판결[토지수용이의재결처분취소]).

② 구 산업기지개발촉진법(1990.1.13. 법률 제4216호 산업입지 및 개발에 관한 법률 부칙 제2호로 폐지)에 의한 산업기지개발사업의 실시계획변경승인도 그 개발사업의 시행자에게 개발사업을 실시할 수 있는 권한을 설정하여 주는 처분인 점에서는 당초의 승인과 다를 바 없으므로 이 변경승인이 새로운 승인으로서의 요건을 갖춘 경우에는 그에 따른 효과가 있다고 할 것인바, 같은 법 제8조에 실시계획변경승인에 관한 아무런 규정이 없다고 하더라도 개발사업의 시행자는 개발사업의 실시계획을 작성하여 건설부장관의 승인을 받은 후 역시 건설부장관의 승인을 받아 그 승인받은 사항을 변경할 수 있다고 할 것이고, 시행자는 그 개발사업의 시행에 필요한 토지 등을 수용함에 있어서도 변경승인된 실시계획에 의한 사업시행기간 내에 재결의 신청을 하면 된다(출처: 대법원 2000.10.13. 선고 2000두5142 판결[토지수용재결무효확인]).

Ⅲ. 소결

판례에 의하면 "그 사업시행기간 내에 이와 같은 취득절차가 선행되지 아니하면 그 도시계획사업의 실시계획인가는 실효되고, 그 후에 실효된 실시계획인가를 변경인가하여 그 시행기간을 연장하였다고 하여 실효된 실시계획의 인가가 효력을 회복하여 소급적으로 유효하게 될 수는 없지만, 도시계획사업의 실시계획변경인가도 시행자에게 도시계획사업을 실시할 수 있는 권한을 설정하여 주는 처분인 점에서는 당초의 인가와 다를 바 없으므로 도시계획사업의 실시계획인가고시에 정해진 사업시행기간 경과 후에 이루어진 변경인가고시도 그것이 새로운 인가로서의 요건을 갖춘 경우에는 그에 따른 효과가 있다 할 것이다"고 판시하고 있는 바, 소급적으로 효력이 발생하는 것은 아니지만 사업시행기간 경과 후에 이루어진 변경인가고시도 새로운 인가로서의 요건을 갖춘 것이라면 효력이 발생한다고 보는 것이 타당하다고 판단된다.

(5) **사업인정고시의 효과**(수목관보조고기) – **기출문제 제23조 4번**(사업인정고시의 효과에 대하여 설명)

① 개요

사업인정은 그 고시가 있는 날로부터 즉시 효력이 발생한다. 행정행위의 일반적 효력인 구속력, 공정력, 확정력, 강제력 등이 발생하며 구속력의 내용으로 토지보상법의 규정에 의거 아래의 효과가 발생한다.

② 수용권의 설정

사업인정은 국토교통부장관이 사업시행자에게 일정한 절차의 이행을 조건으로 수용권을 설정하여 주는 형성행위이다. 따라서 사업인정고시가 있게 되면 사업시행자는 토지세목고시에서 정한 일정한 범위의 수용목적물을 취득할 수 있는 수용권을 취득하게 된다.

그러나 수용권의 내용이 완성되는 시기는 사업인정이 아니고 이후에 협의에서 정한 날 또는 수용재결에서 정한 수용의 개시일이다. 따라서 사업시행자는 수용목적물을 완전하게 취득할 때까지 토지소유자 및 관계인에게 수용목적물의 보존을 요구할 수 있는 공법상 권리를 수용권의 한 내용으로서 갖게 된다.

③ 수용목적물의 범위 확정

토지세목고시에 의하여 수용 또는 사용할 토지의 범위가 구체적으로 확정된다. 수용목적물이 사업인정고시를 통해서 확정되면 고시되지 않은 토지는 수용할 수 없다. 따라서 토지세목고시에 없는 토지에 대한 수용재결은 무효이다. 잔여지수용의 경우에도 "사업인정고시 이후에 잔여지를 취득하는 경우에는 그 잔여지에 대하여는 사업인정고시가 있는 것으로 본다."라고 하여 토지세목고시가 있어야만 수용할 수 있다는 원칙을 지키고 있다.

판례

▶ 관련판례(대판 1994.11.11, 93누19375)

토지수용법 제14조의 규정에 의한 사업인정은 그 후 일정한 절차를 거칠 것을 조건으로 하여 일정한 내용의 수용권을 설정해 주는 행정처분의 성격을 띠는 것으로서 그 사업인정을 받음으로써 **수용할 목적물의 범위가 확정되고** 수용권으로 하여금 목적물에 관한 현재 및 장래의 권리자에게 대항할 수 있는 일종의 공법상의 권리로서의 효력을 발생시킨다.

▶ 관련판례(대판 2014.11.13, 2013두19738 · 19745)

건축법상 건축허가를 받았더라도 허가받은 건축행위에 착수하지 아니하고 있는 사이에 토지보상법상 사업인정고시가 된 경우 고시된 토지에 건축물을 건축하려는 자는 토지보상법 제25조에 정한 허가를 따로 받아야 하고, 그 허가 없이 건축된 건축물에 관하여는 토지보상법상 손실보상을 청구할 수 없다고 할 것이다.

④ 관계인의 범위 확정

수용목적물의 범위가 확정되면 그 권리자인 토지소유자 및 관계인의 범위도 확정된다. 사업인정은 관계인의 범위에 관한 시간적 제한이 되는데 사업인정고시가 있은 후에 권리를 취득한 자는 기존의 권리를 승계한 자를 제외하고는 관계인에 포함되지 아니한다고 한다.

⑤ 토지 등의 보전의무

> **법 제25조(토지 등의 보전)**
> ① 사업인정고시가 된 후에는 누구든지 고시된 토지에 대하여 사업에 지장을 줄 우려가 있는 형질의 변경이나 제3조 제2호 또는 제4호에 규정된 물건을 손괴하거나 수거하는 행위를 하지 못한다.
> ② 사업인정고시가 된 후에 고시된 토지에 건축물의 건축·대수선, 공작물(工作物)의 설치 또는 물건의 부가(附加)·증치(增置)를 하려는 자는 특별자치도지사, 시장·군수 또는 구청장의 허가를 받아야 한다. 이 경우 특별자치도지사, 시장·군수 또는 구청장은 미리 사업시행자의 의견을 들어야 한다.
> ③ 제2항을 위반하여 건축물의 건축·대수선, 공작물의 설치 또는 물건의 부가·증치를 한 토지소유자 또는 관계인은 해당 건축물·공작물 또는 물건을 원상으로 회복하여야 하며 이에 관한 손실의 보상을 청구할 수 없다.

⑥ **토지·물건조사권**(법 제27조)

사업인정고시 이후에는 별도의 시장 등의 허가 없이도 법의 규정에 의거, 타인토지에 출입하여 측량·조사를 할 수 있는 토지 및 물건에 관한 조사권을 취득하게 된다.

> **법 제27조(토지 및 물건에 관한 조사권 등)**
> ① 사업인정의 고시가 된 후에는 사업시행자 또는 제68조에 따라 감정평가를 의뢰받은 감정평가법인등(「감정평가 및 감정평가사에 관한 법률」에 따른 감정평가법인등을 말한다. 이하 "감정평가법인등"이라 한다)은 다음 각 호에 해당하는 경우에는 제9조에도 불구하고 해당 토지나 물건에 출입하여 측량하거나 조사할 수 있다. 이 경우 사업시행자는 해당 토지나 물건에 출입하려는 날의 5일 전까지 그 일시 및 장소를 토지점유자에게 통지하여야 한다.
> 1. 사업시행자가 사업의 준비나 토지조서 및 물건조서를 작성하기 위하여 필요한 경우
> 2. 감정평가법인등이 감정평가를 의뢰받은 토지 등의 감정평가를 위하여 필요한 경우
>
> ② 〈이하 생략〉

⑦ 보상액 산정시기의 고정

공용수용에 따른 보상액은 사업인정 당시의 공시지가를 기준으로 하여, 그때부터 재결 시까지의 시점수정을 하여 산정하므로, 사업인정고시일은 보상액을 고정시키는 효과를 가지게 된다.

⑧ 기타

사업인정 후 협의가 결렬된 경우에는 사업시행자에게 재결신청권, 피수용자에게 재결신청청구권이 인정된다.

⑨ 판례

판례

▶ 관련판례(대판 2014.11.13, 2013두19738 · 19745)
건축법상 건축허가를 받았더라도 허가받은 건축행위에 착수하지 아니하고 있는 사이에 토지보상법상 사업인정고시가 된 경우 고시된 토지에 건축물을 건축하려는 자는 토지보상법 제25조에 정한 허가를 따로 받아야 하고, 그 허가 없이 건축된 건축물에 관하여는 토지보상법상 손실보상을 청구할 수 없다고 할 것이다.

▶ 관련판례(대판 2013.2.15, 2012두22096)
(구)공익사업법상 손실보상 및 사업인정고시 후 토지 등의 보전에 관한 위 각 규정의 내용에 비추어 보면, 사업인정고시 전에 공익사업시행지구 내 토지에 설치한 공작물 등 지장물은 원칙적으로 손실보상의 대상이 된다고 보아야 한다. 그러나 손실보상은 공공필요에 의한 행정작용에 의하여 사인에게 발생한 특별한 희생에 대한 전보라는 점을 고려할 때, (구)공익사업법 제15조 제1항에 따른 사업시행자의 보상계획공고 등으로 공익사업의 시행과 보상 대상 토지의 범위 등이 객관적으로 확정된 후 해당 토지에 지장물을 설치하는 경우에 그 공익사업의 내용, 해당 토지의 성질, 규모 및 보상계획공고 등 이전의 이용실태, 설치되는 지장물의 종류, 용도, 규모 및 그 설치시기 등에 비추어 그 지장물이 해당 토지의 통상의 이용과 관계없거나 이용 범위를 벗어나는 것으로 손실보상만을 목적으로 설치되었음이 명백하다면, 그 지장물은 예외적으로 손실보상의 대상에 해당하지 아니한다고 보아야 한다.

(6) 사업인정의 실효

① 개요

실효라 함은 행정청의 의사에 의하지 않고, 객관적인 사실 발생에 의하여 행정행위가 효력을 상실하는 것을 의미한다. 토지보상법상의 사업인정의 실효는 공공성의 계속적 담보를 통한 피수용자의 보호 및 법률관계의 안정을 위한 제도이다.

② 재결신청기간의 경과로 인한 실효(법 제23조)

법 제23조(사업인정의 실효)

① 사업시행자가 제22조 제1항에 따른 사업인정의 고시(이하 "사업인정고시"라 한다)가 된 날부터 1년 이내에 제28조 제1항에 따른 재결신청을 하지 아니한 경우에는 사업인정고시가 된 날부터 1년이 되는 날의 다음 날에 사업인정은 그 효력을 상실한다.
② 사업시행자는 제1항에 따라 사업인정이 실효됨으로 인하여 토지소유자나 관계인이 입은 손실을 보상하여야 한다.
③ 제2항에 따른 손실보상에 관하여는 제9조 제5항부터 제7항까지의 규정을 준용한다.

(ㄱ) 의의 및 취지 : 사업시행자가 사업인정의 고시가 있은 날부터 1년 이내에 재결신청을 하지 아니한 때에는 사업인정고시가 있은 날부터 1년이 되는 날의 다음 날에 사업인정은 그 효력을 상실한다. 이는 토지수용절차의 불안정 상태를 장기간 방치하지 않기 위함이다.

(ㄴ) **법적 성질** : 재결신청기간의 경과로 인하여 사업인정의 효력이 소멸되는 것은 성립 당시 하자 없는 사업인정이 법정부관의 성취로 인하여 행정청의 의사와는 무관하게 소멸되는 것으로 강학상 실효에 해당한다.

(ㄷ) **절차 및 효과** : 실효는 사업인정고시일로부터 1년이 되는 다음 날 자동적으로 사업인정의 효력이 상실하는 것이므로 실효의 절차는 따로 없다. 사업인정을 받은 토지·물건 중 재결을 신청하지 않은 부분에 대하여 사업인정의 효력이 상실한다.

(ㄹ) **손실보상**(법 제9조 제5항 내지 제7항 준용)

㉠ **법적 성질** : 사업인정 실효로 인한 손실보상은 사업시행자가 법정된 일정한 절차를 거쳐야 하는 의무를 이행하지 않음으로 인한 전보이므로 그 실질은 위법작용에 대한 손해배상의 성격을 갖는다고 할 수 있다. 그러나 피수용자가 국가배상요건 충족을 입증하여야 하는 어려움이 있으므로 이를 해결하기 위해서 토지보상법에서 보상규정을 둔 것이다.

㉡ **내용** : 사업시행자는 사업인정이 실효됨으로 인하여 토지소유자 또는 관계인이 입은 손실을 보상하여야 한다. 이때, 손실보상은 손실이 있은 것을 안 날부터 1년, 발생한 날부터 3년 이내에 청구하여야 하며, 사업시행자와 손실을 입은 자가 협의하여 결정하되, 협의불성립 시 사업시행자나 손실을 입은 자는 토지수용위원회에 재결을 신청할 수 있다.

㉢ **보상재결에 대한 불복**

(a) **학설** : 보상금결정재결의 처분성이 인정되면 수용재결의 불복절차와 동일하게 이의신청과 보상금증감청구소송을 거친다고 보는 견해와 보상금증감청구소송을 거친다고 보는 견해가 있다. 그러나 처분성이 부정된다면 손실보상청구권을 공권으로 보면 당사자소송, 사권으로 보면 민사소송에 의한다는 견해가 있다.

(b) **검토** : 입법의 해석을 통해 토지보상법에 의한 불복절차를 따르는 것이 타당하다.

③ **사업의 폐지·변경으로 인한 효력 상실**

법 제24조(사업의 폐지 및 변경)

① 사업인정고시가 된 후 사업의 전부 또는 일부를 폐지하거나 변경함으로 인하여 토지 등의 전부 또는 일부를 수용하거나 사용할 필요가 없게 되었을 때에는 사업시행자는 지체 없이 사업지역을 관할하는 시·도지사에게 신고하고, 토지소유자 및 관계인에게 이를 통지하여야 한다.

② 시·도지사는 제1항에 따른 신고를 받으면 사업의 전부 또는 일부가 폐지되거나 변경된 내용을 관보에 고시하여야 한다.

③ 시·도지사는 제1항에 따른 신고가 없는 경우에도 사업시행자가 사업의 전부 또는 일부를 폐지하거나 변경함으로 인하여 토지를 수용하거나 사용할 필요가 없게 된 것을 알았을 때에는 미리 사업시행자의 의견을 듣고 제2항에 따른 고시를 하여야 한다.

④ 시·도지사는 제2항 및 제3항에 따른 고시를 하였을 때에는 지체 없이 그 사실을 국토교통부장관에게 보고하여야 한다.

⑤ 별표에 규정된 법률에 따라 제20조에 따른 사업인정이 있는 것으로 의제되는 사업이 해당 법률에서 정하는 바에 따라 해당 사업의 전부 또는 일부가 폐지되거나 변경된 내용이 고시·공고된 경우에는 제2항에 따른 고시가 있는 것으로 본다.

> ⑥ 제2항 및 제3항에 따른 고시가 된 날부터 그 고시된 내용에 따라 사업인정의 전부 또는 일부는 그 효력을 상실한다.
> ⑦ 사업시행자는 제1항에 따라 사업의 전부 또는 일부를 폐지・변경함으로 인하여 토지소유자 또는 관계인이 입은 손실을 보상하여야 한다.
> ⑧ 제7항에 따른 손실보상에 관하여는 제9조 제5항부터 제7항까지의 규정을 준용한다.

(ㄱ) **의의 및 취지** : 사업인정고시가 된 후 사업의 전부 또는 일부를 폐지하거나 변경함으로 인하여 토지 등의 전부 또는 일부를 수용하거나 사용할 필요가 없게 된 경우에, 시・도지사는 사업시행자의 신고 또는 직권으로 이를 고시하여야 한다. 그 고시된 내용에 따라 사업인정의 전부 또는 일부는 효력을 상실한다. 이는 계속적 공익실현을 담보하기 위한 것이다.

(ㄴ) **법적 성질** : 폐지 및 변경에 관한 고시는 행정기관인 시・도지사의 행위이며, 사업인정이라는 행정행위의 전부 또는 일부의 효력을 상실시키는 취소의 의미를 갖는 행정행위이다. 이때 강학상 취소인지 철회인지 문제되나, 사업인정의 성립 당시 하자가 없었다는 점, 장래에 대하여만 효력이 인정된다는 점을 볼 때 새로운 사정의 발생을 이유로 행정행위의 효력을 소멸시키는 강학상 철회라 할 것이다. 다만 사업의 폐지 및 변경은 사업시행자의 의사가 있는 경우에 한해 시・도지사가 철회하는 것이므로 동법 제24조는 강학상 철회의 법적 근거가 될 수 없다고 할 것이다.

(ㄷ) **절차**

㉠ **사업시행자의 신고 및 통지** : 사업인정고시가 된 후 사업의 전부 또는 일부를 폐지하거나 변경함으로 인하여 토지 등의 전부 또는 일부를 수용하거나 사용할 필요가 없게 되었을 때에는 사업시행자는 지체 없이 사업지역을 관할하는 시・도지사에게 신고하고, 토지소유자 및 관계인에게 이를 통지하여야 한다.

㉡ **시・도지사의 고시 및 보고** : 시・도지사는 사업시행자의 신고가 있는 경우 사업의 전부 또는 일부의 폐지나 변경이 있는 것을 관보에 고시하여야 하며, 신고가 없는 경우에도 사업시행자가 사업의 전부 또는 일부를 폐지하거나 변경함으로 인하여 토지를 수용하거나 사용할 필요가 없게 된 것을 알았을 때에는 미리 사업시행자의 의견을 듣고 고시를 하여야 한다. 고시를 하였을 때에는 지체 없이 그 사실을 국토교통부장관에게 보고하여야 한다.

(ㄹ) **고시의 효과** : 고시가 된 날부터 그 고시된 내용에 따라 사업인정의 전부 또는 일부는 그 효력을 상실한다.

(ㅁ) **손실보상**

㉠ **법적 성격** : 행정계획의 가변성으로 사인에게 계획보장청구권이 인정되지 않는다고 보는 것이 일반적이므로, 사업의 폐지・변경에 대해 피수용자에게 해당 사업의 존속을 청구할 수 있는 권리는 인정되지 않는다. 그러나 신뢰보호의 원칙을 기초로 피수용자에게 손실보상청구권이 인정될 수 있을 것이며 이를 입법화한 것으로 보인다.

㉡ **내용** : 사업시행자는 사업의 전부 또는 일부를 폐지・변경함으로 인하여 토지소유자 또는 관계인이 입은 손실을 보상하여야 한다. 이때, 손실보상은 손실이 있은 것을 안 날부터

1년, 발생한 날부터 3년 이내에 청구하여야 하며, 사업시행자와 손실을 입은 자가 협의하여 결정하되, 협의 불성립 시 사업시행자나 손실을 입은 자는 토지수용위원회에 재결을 신청할 수 있다.

㉢ 보상재결에 대한 불복

(a) 학설 : 보상금결정재결의 처분성이 인정되면 수용재결의 불복절차와 동일하게 이의신청과 보상금증감청구소송을 거친다고 보는 견해와 보상금증감청구소송을 거친다고 보는 견해가 있다. 그러나 처분성이 부정된다면 손실보상청구권을 공권으로 보면 당사자소송, 사권으로 보면 민사소송에 의한다는 견해가 있다.

(b) 검토 : 입법의 해석을 통해 토지보상법에 의한 불복절차를 따르는 것이 타당하다고 보여진다.

(7) **사업의 완료**(법 제24조의2)

① 사업이 완료된 경우 사업시행자는 지체 없이 사업시행자의 성명이나 명칭, 사업의 종류, 사업지역, 사업인정고시일 및 취득한 토지의 세목을 사업지역을 관할하는 시・도지사에게 신고하여야 한다.

② 시・도지사는 신고를 받으면 사업시행자의 성명이나 명칭, 사업의 종류, 사업지역 및 사업인정고시일을 관보에 고시하여야 한다.

③ 시・도지사는 신고가 없는 경우에도 사업이 완료된 것을 알았을 때에는 미리 사업시행자의 의견을 듣고 고시를 하여야 한다.

④ 법률에 따라 사업인정이 있는 것으로 의제되는 사업이 해당 법률에서 정하는 바에 따라 해당 사업의 준공・완료・사용개시 등이 고시・공고된 경우에는 고시가 있는 것으로 본다.

2. 사업인정과 권리구제

(1) 피수용자의 경우

① 사전적 권리구제수단

㈀ **의견청취 등** : 토지보상법 제21조에서는 국토교통부장관은 사업인정을 하려면 관계 중앙행정기관의 장 및 시・도지사와 협의하여야 하며(협의 결여 시 절차하자), 미리 중앙토지수용위원회 및 사업인정에 관하여 이해관계가 있는 자의 의견을 들어야 한다고 규정하고 있다.

판례

▶ 관련판례(대판 2000.10.13, 99두653)
건설부장관이 택지개발예정지구를 지정함에 있어 미리 관계 중앙행정기관의 장과 협의를 하라고 규정한 의미는 그의 자문을 구하라는 것이지 그 의견을 따라 처분을 하라는 의미는 아니라 할 것이므로 이러한 협의를 거치지 아니하였다고 하더라도 이는 위 지정처분을 취소할 수 있는 원인이 되는 하자 정도에 불과하고 위 지정처분이 당연무효가 되는 하자에 해당하는 것은 아니다.

▶ 관련판례(대판 2006.6.30, 2005두14363)
국방・군사시설사업에 관한 법률 및 (구)산림법에서 보전임지를 다른 용도로 이용하기 위한 사업에 대하여 승인 등 처분을 하기 전에 미리 산림청장과 협의를 하라고 규정한 의미는 그의 자문을 구하라는 것이지 그 의견을 따라 처분을 하라는 의미는 아니라 할 것이므로, 이러한 협의를 거치지 아니하였다고 하더라도 이는 해당 승인처분을 취소할 수 있는 원인이 되는 하자 정도에 불과하고 그 승인처분이 당연무효가 되는 하자에 해당하는 것은 아니라고 봄이 상당하다.

(ㄴ) **예방적 금지소송과 가처분** : 예방적 금지소송이란, 행정청의 공권력 행사에 의해 국민의 권익이 침해될 것이 예상되는 경우에 미리 그 예상되는 침익적 처분을 저지하는 것을 목적으로 하여 제기하는 소송을 말한다. 사업인정이 발령되기 전에 이를 저지하는 소송으로 예방적 금지소송 및 이의 실효성 확보를 위해 가처분이 그 역할을 수행하나 아직 현행법상으로는 규정이 없다. 인정 여부에 대해 견해가 대립하나 판례는 인정하고 있지 않다. 다만, 행정소송법 개정안에서는 위 제도를 규정하고 있다.

② 위법한 사업인정에 대한 사후적 권리구제수단

(ㄱ) **행정쟁송** : 사업인정의 불복에 대해 토지보상법에 아무런 규정이 없으므로, 행정심판법 제3조 제1항 및 행정소송법 제8조 제1항에 의거 일반법인 행정심판법과 행정소송법이 적용된다. 사업인정의 하자를 이유로 수용재결을 다툴 수 있는지 여부가 문제되나, 판례는 사업인정과 수용재결은 서로 독립하여 별개의 효과를 목적으로 함을 이유로 하자승계를 부정한다.

판례

▶ 관련판례(대판 2000.10.13, 2000두5142)

(구)토지수용법 제16조 제1항에서는 건설부장관이 사업인정을 하는 때에는 지체 없이 그 뜻을 기업자・토지소유자・관계인 및 관계도지사에게 통보하고 기업자의 성명 또는 명칭, 사업의 종류, 기업지 및 수용 또는 사용할 **토지의 세목을 관보에 공시**하여야 한다고 규정하고 있는바, 가령 **건설부장관이 위와 같은 절차를 누락한 경우 이는 절차상의 위법으로서 수용재결단계 전의 사업인정단계에서 다툴 수 있는 취소사유에 해당하기는 하나, 더 나아가 그 사업인정 자체를 무효로 할 중대하고 명백한 하자라고 보기는 어렵고, 따라서 이러한 위법을 들어 수용재결처분의 취소를 구하거나 무효확인을 구할 수는 없다.**

▶ 관련판례(대판 1988.12.27, 87누1141)

도시계획사업허가의 공고 시에 **토지세목의 고시를 누락한 것은 절차상의 위법으로서 취소사유에 불과하고** 그 하자가 중대하고 명백하여 사업인정 자체가 무효라고는 할 수 없으므로 이러한 위법을 선행처분인 **사업인정단계에서 다투지 아니하였다면** 그 쟁송기간이 이미 도과한 후인 **수용재결단계에** 있어서는 그 처분의 **불가쟁력에 의하여 위 도시계획사업허가의** 위와 같은 위법 부당함을 들어 수용재결처분의 취소를 구할 수는 없다.

(ㄴ) **국가배상** : 토지보상법에는 규정이 없으나 위법한 사업인정으로 인해 손해를 입은 자는 국가배상법에 따라 국가배상이 가능할 것이다. 한편 국가배상소송은 실무상 민사소송으로 취급하게 된다. 그러므로 민사법원이 사업인정의 위법 여부를 심리할 수 있는지 여부가 문제되나, 통설과 판례에 의하면 공정력은 유효성 추정력에 불과하므로 심리할 수 있다고 본다.

③ 적법한 사업인정에 대한 사후적 권리구제수단

적법한 사업인정으로 인해 손실이 발생한 경우 손실보상에 대해 토지보상법상 규정이 없어, 요건을 충족하는 경우 보상규정 흠결의 문제로 다루어질 것이다. 다만, 토지보상법 제23조, 제24조에서 사업인정의 실효 등으로 인한 손실보상을 규정하고 있다.

(2) 사업시행자의 경우

① 거부한 경우

(ㄱ) **의무이행심판**(행정심판법 제5조 제3호) : 의무이행심판이란, 행정청의 위법 또는 부당한 거부처분이나 부작위에 대하여 일정한 처분을 하도록 하는 심판을 말한다. 사업인정 신청에 대해 국토교통부장관이 거부하는 경우 의무이행심판을 제기할 수 있다.

(ㄴ) **거부처분취소소송** : 사업인정에 대한 거부는 공권력 행사의 거부로서, 토지보상법상 신청권이 인정되고, 사업시행자의 권리·이익에 직접적인 영향을 미치므로 처분성이 인정된다. 따라서 사업인정 거부에 대한 취소소송의 제기가 가능하다.

(ㄷ) **의무이행소송 인정 여부** : 의무이행소송이란, 행정청의 거부처분 또는 부작위에 대하여 법상의 작위의무의 이행을 청구하는 소송을 말한다. 현행 행정소송법은 우회적인 구제수단인 거부처분의 취소소송과 부작위위법확인소송만을 인정하고 있고 의무이행소송에 대해서는 명시적인 규정을 두고 있지 않아 그 인정 여부에 대해 견해가 대립하며, 판례는 부정설의 입장이다.

(ㄹ) **가구제** : 가구제란, 소송에서 본안판결의 실효성을 확보하기 위해 본안판결을 받기 전에 당사자의 권익을 잠정적으로 보호해 주는 제도를 말한다. 현행 행정소송법에서는 집행정지제도만 규정하고 있어 수익적 처분에 대한 거부나 부작위에 대해서는 적용할 수 없는 한계가 있다. 이러한 집행정지제도의 기능적 한계를 극복하기 위하여 행정소송법 제8조 제2항을 근거로 민사집행법상 가처분을 준용할 수 있는지 여부가 문제되나, 판례는 부정설의 입장이다.

(ㅁ) **국가배상** : 토지보상법에는 규정이 없으나 위법한 사업인정 거부로 인해 손해를 입은 자는 국가배상법에 따라 국가배상이 가능할 것이다. 한편, 국가배상소송은 실무상 민사소송으로 취급하게 된다. 그러므로 민사법원이 사업인정의 위법 여부를 심리할 수 있는지 여부가 문제되나, 통설과 판례에 의하면 공정력은 유효성 추정력에 불과하므로 심리할 수 있다고 본다.

② 부작위한 경우

(ㄱ) **의무이행심판**(행정심판법 제5조 제3호) : 의무이행심판이란, 당사자의 신청에 대한 행정청의 위법 또는 부당한 거부처분이나 부작위에 대하여 일정한 처분을 하도록 하는 심판을 말한다. 사업인정신청에 대해 국토교통부장관이 부작위하는 경우 의무이행심판을 제기할 수 있다.

(ㄴ) **부작위위법확인소송**(행정소송법 제4조 제3호) : 부작위위법확인소송이란, 행정청의 부작위가 위법하다는 것을 확인하는 소송을 말한다. 이때 부작위란, 행정청이 당사자의 신청에 대하여 상당한 기간 내에 일정한 처분을 하여야 할 법률상 의무가 있음에도 불구하고 이를 하지 아니하는 것을 말한다. 사업인정신청에 대해 부작위하고 있는 경우 동 소송의 제기가 가능하다.

(ㄷ) **의무이행소송** : 의무이행소송이란, 행정청의 거부처분 또는 부작위에 대하여 법상의 작위의무의 이행을 청구하는 소송을 말한다. 현행 행정소송법은 우회적인 구제수단인 거부처분의

취소소송과 부작위위법확인소송만을 인정하고 있고 의무이행소송에 대해서는 명시적인 규정을 두고 있지 않아 그 인정 여부에 대해 견해가 대립하며, 판례는 부정하고 있다.

(ㄹ) **가구제** : 가구제란, 소송에서 본안판결의 실효성을 확보하기 위해 본안판결을 받기 전에 당사자의 권익을 잠정적으로 보호해 주는 제도를 말한다. 현행 행정소송법에서는 집행정지제도만 규정하고 있어 수익적 처분에 대한 거부나 부작위에 대해서는 적용할 수 없는 한계가 있다. 이러한 집행정지제도의 기능적 한계를 극복하기 위하여 행정소송법 제8조 제2항을 근거로 민사집행법상 가처분을 준용할 수 있는지 여부가 문제되나, 판례는 가처분은 부정하고 있다.

(ㅁ) **국가배상** : 토지보상법에는 규정이 없으나 위법한 사업인정 거부로 인해 손해를 입은 자는 국가배상법에 따라 국가배상이 가능할 것이다. 한편 국가배상소송은 실무상 민사소송으로 취급하게 된다. 그러므로 민사법원이 사업인정의 위법 여부를 심리할 수 있는지 여부가 문제되나, 통설과 판례에 의하면 공정력은 유효성 추정력에 불과하므로 심리할 수 있다고 본다.

(3) 제3자의 권리구제

사업인정에 대한 직접 상대방은 사업시행자라 할 수 있고, 사업인정에 대한 제3자란 토지수용자와 관계인, 간접손실을 받을 자, 사업시행지구 밖의 인근 주민이 될 수 있다. 이는 원고적격과 관련하여 문제된다.

판례

▶ 관련판례(대판 1973.7.30, 72누137)

토지수용법상의 사업인정의 고시가 있으면 그 이해관계인은 그 위법을 다툴 법률상 이익이 있어 그 취소를 구할 소송요건을 구비하고 있다고 해석함이 상당하다.

▶ 관련판례(대판 2006.3.16, 2006두330 全合)

공유수면매립면허처분과 농지개량사업 시행인가처분의 근거 법규 또는 관련 법규가 되는 (구)공유수면매립법, (구)농촌근대화촉진법, (구)환경보전법, (구)환경보전법 시행령, (구)환경정책기본법, (구)환경정책기본법 시행령의 각 관련 규정의 취지는, 공유수면매립과 농지개량사업시행으로 인하여 직접적이고 중대한 환경피해를 입으리라고 예상되는 환경영향평가 대상지역 안의 주민들이 전과 비교하여 수인한도를 넘는 환경침해를 받지 아니하고 쾌적한 환경에서 생활할 수 있는 개별적 이익까지도 이를 보호하려는 데에 있다고 할 것이므로, 위 주민들이 공유수면매립면허처분 등과 관련하여 갖고 있는 위와 같은 **환경상의 이익은 주민 개개인에 대하여 개별적으로 보호되는 직접적·구체적 이익으로서 그들에 대하여는 특단의 사정이 없는 한 환경상의 이익에 대한 침해 또는 침해우려가 있는 것으로 사실상 추정되어** 공유수면매립면허처분 등의 무효확인을 구할 원고적격이 인정된다고 할 것이다.

한편, **환경영향평가 대상지역 밖의 주민**이라 할지라도 공유수면매립면허처분 등으로 인하여 그 처분 전과 비교하여 수인한도를 넘는 환경피해를 받거나 받을 우려가 있는 경우에는, 공유수면매립면허처분 등으로 인하여 **환경상 이익에 대한 침해 또는 침해우려가 있다는 것을 입증함**으로써 그 처분 등의 무효확인을 구할 원고적격을 인정받을 수 있다고 할 것이다.

(4) 사업인정에 대한 불복기간

① 학설

제1설은 사업인정 고시일에 사업인정이 있었음을 알았다고 보고 불복기간을 산정해야 한다고 보며, 제2설은 토지소유자 및 관계인에게 사업인정을 통지하도록 하고 있는 점에 비추어 통지를 받아 실제로 안 날로부터 불복기간을 산정해야 한다고 본다.

② 검토

고시는 고시의 효력발생일에 이해관계인이 고시된 내용을 알았던 것으로 보는 통지방법이고, 사업인정을 조속히 확정할 필요가 있는바, 제1설이 타당하다.

(5) 사업인정과 재결의 관계

① 사업인정의 구속력

토지수용위원회는 행정쟁송에 의하여 사업인정이 취소되지 않는 한 그 기능상 사업인정 자체를 무의미하게 하는, 즉 사업의 시행이 불가능하게 되는 것과 같은 재결을 행할 수는 없다.

판례

▶ 관련판례(대판 2007.1.11, 2004두8538)

(구)토지수용법은 수용・사용의 일차 단계인 사업인정에 속하는 부분은 사업의 공익성 판단으로 사업인정기관에 일임하고 그 이후의 구체적인 수용・사용의 결정은 토지수용위원회에 맡기고 있는바, 이와 같은 토지수용절차의 2분화 및 사업인정의 성격과 토지수용위원회의 재결사항을 열거하고 있는 같은 법 제29조 제2항의 규정 내용에 비추어 볼 때, 토지수용위원회는 행정쟁송에 의하여 사업인정이 취소되지 않는 한 그 기능상 사업인정 자체를 무의미하게 하는, 즉 사업의 시행이 불가능하게 되는 것과 같은 재결을 행할 수는 없다.

② 수용권 남용[17]

판례

▶ 관련판례(대판 2011.1.27, 2009두1051) [토지수용재결처분취소]

공용수용은 헌법상의 재산권 보장의 요청상 불가피한 최소한에 그쳐야 한다는 헌법 제23조의 근본취지에 비추어 볼 때, 사업시행자가 사업인정을 받은 후 그 사업이 공용수용을 할 만한 공익성을 상실하거나 사업인정에 관련된 자들의 이익이 현저히 비례의 원칙에 어긋나게 된 경우 또는 사업시행자가 해당 공익사업을 수행할 의사나 능력을 상실하였음에도 여전히 그 사업인정에 기하여 수용권을 행사하는 것은 수용권의 공익목적에 반하는 수용권의 남용에 해당하여 허용되지 않는다.

17) 대판 2011.1.27, 2009두1051은 토지수용재결처분취소소송이다. 대판 2007.1.11, 2004두8538과 배치되는 판시내용이 아님을 주의해야 한다. 대판 2007.1.11, 2004두8538은 적법한 사업인정에 의한 수용재결은 구속력이 있다는 것이다. 대판 2011.1.27, 2009두1051은 사업인정을 받은 이후 재정상황이 더욱 악화되어 이 사건 수용재결 당시 이미 이 사건 사업을 수행할 능력을 상실한 상태에 있었다고 볼 여지가 있고, 그렇다면 이 사건 각 토지에 관한 수용재결을 신청하여 그 재결을 받은 것은 수용권의 남용에 해당된다는 것이다.

③ 사업인정과 수용재결의 하자승계

(ㄱ) **학설** : 부정설은 사업인정과 수용재결은 별개의 법적 효과를 가져오는 별개의 행위이므로 사업인정의 위법은 수용재결에 승계되지 않는다고 한다. 긍정설은 수용재결은 사업인정이 있음을 전제로 하고 이와 결합하여 구체적인 법적 효과를 발생시키므로 사업인정의 위법을 수용재결에 대한 쟁송에서 주장할 수 있다고 본다.

(ㄴ) **판례** : 대법원은 부정설의 입장에 있다.

판례

▶ 관련판례(대판 2000.10.13, 2000두5142)

(구)토지수용법 제16조 제1항에서는 건설부장관이 사업인정을 하는 때에는 지체 없이 그 뜻을 기업자・토지소유자・관계인 및 관계도지사에게 통보하고 기업자의 성명 또는 명칭, 사업의 종류, 기업지 및 수용 또는 사용할 토지의 세목을 관보에 공시하여야 한다고 규정하고 있는바, 가령 건설부장관이 위와 같은 절차를 누락한 경우 이는 절차상의 위법으로서 수용재결단계 전의 사업인정단계에서 다툴 수 있는 취소사유에 해당하기는 하나, 더 나아가 그 사업인정 자체를 무효로 할 중대하고 명백한 하자라고 보기는 어렵고, 따라서 이러한 위법을 들어 수용재결처분의 취소를 구하거나 무효확인을 구할 수는 없다.

▶ 관련판례(대판 1988.12.27, 87누1141)

도시계획사업허가의 공고 시에 토지세목의 고시를 누락한 것은 절차상의 위법으로서 취소사유에 불과하고 그 하자가 중대하고 명백하여 사업인정 자체가 무효라고는 할 수 없으므로 이러한 위법을 선행처분인 사업인정단계에서 다투지 아니하였다면 그 쟁송기간이 이미 도과한 후인 수용재결단계에 있어서는 그 처분의 불가쟁력에 의하여 위 도시계획사업허가의 위와 같은 위법 부당함을 들어 수용재결처분의 취소를 구할 수는 없다.

(ㄷ) **검토** : 비록 판례는 별개의 법률효과를 지향하기 때문에 하자의 승계를 부정하지만, 공용수용 행정이라는 전체적인 관점에서 사업인정과 수용재결은 궁극적으로 동일한 법적 효과를 가져오는 것으로 볼 수 있으므로 하자승계를 긍정함도 일면 타당하다고 생각된다.

④ 수용재결에 대한 취소쟁송의 제기와 사업인정에 대한 취소소송의 소의 이익

사업인정과 수용재결은 행위의 요건과 효과가 다르므로 각 소송에서 주장되는 위법사유가 다를 것이다. 따라서 수용재결에 대한 취소소송이 제기되었다고 하더라도 사업인정의 취소를 구할 소의 이익은 소멸하지 않는다.

⑤ 기타

사업인정이 취소되면 수용재결은 효력을 상실한다. 그러나 수용재결이 취소되었다고 하여 사업인정이 취소되어야 하는 것은 아니다. 사업인정에 대한 취소소송과 수용재결에 대한 취소소송은 관련청구소송으로 병합하여 제기할 수 있다(행정소송법 제10조).

⑥ 관련 대법원 판례 진화 : 제주도 사업인정 무효와 재결 무효 판례

판례

▶ 대판 2015.3.20, 2011두3746 [토지수용재결처분취소등]

[판시사항]

[1] 행정청이 도시계획시설인 유원지를 설치하는 도시계획시설사업에 관한 실시계획을 인가하기 위한 요건

[2] 도시계획시설사업에 관한 실시계획의 인가요건을 갖추지 못한 인가처분의 경우, 그 하자가 중대한지 여부(적극)

[판결요지]

[1] (구)국토의 계획 및 이용에 관한 법률(2005.12.7. 법률 제7707호로 개정되기 전의 것, 이하 '국토계획법'이라 한다) 제2조 제6호 (나)목, 제43조 제2항, (구)국토의 계획 및 이용에 관한 법률 시행령(2005.12.28. 대통령령 제19206호로 개정되기 전의 것) 제2조 제1항 제2호, 제3항, (구)도시계획시설의 결정・구조 및 설치기준에 관한 규칙(2005.12.14. 건설교통부령 제480호로 개정되기 전의 것) 제56조 등의 각 규정 형식과 내용, 그리고 도시계획시설사업에 관한 실시계획의 인가처분은 특정 도시계획시설사업을 구체화하여 현실적으로 실현하기 위한 것인 점 등을 종합하여 보면, 행정청이 도시계획시설인 유원지를 설치하는 도시계획시설사업에 관한 실시계획을 인가하려면, 실시계획에서 설치하고자 하는 시설이 국토계획법령상 유원지의 개념인 '주로 주민의 복지향상에 기여하기 위하여 설치하는 오락과 휴양을 위한 시설'에 해당하고, 실시계획이 국토계획법령이 정한 도시계획시설(유원지)의 결정・구조 및 설치의 기준에 적합하여야 한다.

[2] (구)국토의 계획 및 이용에 관한 법률(2005.12.7. 법률 제7707호로 개정되기 전의 것) 제88조 제2항, 제95조, 제96조의 규정 내용에다가 도시계획시설사업은 도시 형성이나 주민 생활에 필수적인 기반시설 중 도시관리계획으로 체계적인 배치가 결정된 시설을 설치하는 사업으로서 공공복리와 밀접한 관련이 있는 점, 도시계획시설사업에 관한 실시계획의 인가처분은 특정 도시계획시설사업을 현실적으로 실현하기 위한 것으로서 사업에 필요한 토지 등의 수용 및 사용권 부여의 요건이 되는 점 등을 종합하면, 실시계획의 인가 요건을 갖추지 못한 인가처분은 공공성을 가지는 도시계획시설사업의 시행을 위하여 필요한 수용 등의 특별한 권한을 부여하는 데 정당성을 갖추지 못한 것으로서 법규의 중요한 부분을 위반한 중대한 하자가 있다.

⑦ 관련 대법원 판례 진화 : 사업인정과 수용재결 연계 판례

판례

▶ 대판 2017.7.11, 2016두35120 [사업시행계획인가처분취소]

[판결요지]

[1] 국토계획법상 도시계획시설사업에서 사업시행자 지정은 특정인에게 도시계획시설사업을 시행할 수 있는 권한을 부여하는 처분이고, 사업시행자 지정 내용의 고시는 사업시행자 지정처분을 전제로 하여 그 내용을 불특정 다수인에게 알리는 행위이다. 위 사업시행자 지정과 그 고시는 명확하게 구분되는 것으로, 사업시행자 지정 처분이 '고시'의 방법으로 행하여질 수 있음은 별론으로 하고 그 처분이 반드시 '고시'의 방법으로만 성립하거나 효력이 생긴다고 볼 수 없다.

[2] 일반적으로 행정처분이 주체・내용・절차와 형식이라는 내부적 성립요건과 외부에 대한 표시라는 외부적 성립요건을 모두 갖춘 경우에는 행정처분이 존재한다고 할 수 있다. 행정처분의 외부적 성

립은 행정의사가 외부에 표시되어 행정청이 자유롭게 취소·철회할 수 없는 구속을 받게 되는 시점을 확정하는 의미를 가지므로, 어떠한 처분의 외부적 성립 여부는 행정청에 의해 행정의사가 공식적인 방법으로 외부에 표시되었는지를 기준으로 판단하여야 한다.

[4] 선행처분과 후행처분이 서로 독립하여 별개의 법률효과를 목적으로 하는 때에도 선행처분이 당연무효이면 선행처분의 하자를 이유로 후행처분의 효력을 다툴 수 있다. 도시계획시설사업의 시행자가 작성한 실시계획을 인가하는 처분은 도시계획시설사업 시행자에게 도시계획시설사업의 공사를 허가하고 수용권을 부여하는 처분으로서 선행처분인 도시계획시설사업 시행자 지정 처분이 처분요건을 충족하지 못하여 당연무효인 경우에는 사업시행자 지정 처분이 유효함을 전제로 이루어진 후행처분인 실시계획 인가처분도 무효라고 보아야 한다.

[5] 사인인 사업시행자가 도시·군계획시설사업의 대상인 토지를 사업시행기간 중에 제3자에게 매각하고 제3자로 하여금 해당 시설을 설치하도록 하는 내용이 포함된 실시계획은 국토계획법상 도시·군계획시설사업의 기본원칙에 반하여 허용되지 않고, 특별한 사정이 없는 한 그와 같은 실시계획을 인가하는 처분은 그 하자가 중대하다고 보아야 한다.

■ 참고: 사업인정의 의의 및 의제제도

1. 사업인정의 의의 및 성질

사업인정은 사업시행자가 일정한 절차를 거칠 것을 조건으로 수용권을 설정하는 형성적 행정행위로서 피수용자의 보전의무 등 국민의 권리·의무에 직접적인 영향을 미친다는 점에서 처분성이 인정된다. 또한 사업시행자에게는 수익적인 반면 피수용자에게는 부담적인 행정행위이므로 제3자효 행정행위라 할 것이다.

2. 사업인정의제제도

개별공익사업의 특성을 반영하여 공익사업을 위한 토지 등의 취득 및 보상에 관한 법률(이하 '토지보상법')상 사업인정절차의 예외를 인정하는 것으로 개별법상 공익사업은 주무부장관이나 시·도지사 등에 의한 실시계획인가를 사업인정에 갈음하도록 하여 절차를 간소화하고 있다. 이는 토지보상법이 사업인정권을 국토교통부장관에게만 부여하고 있어 사업인정권한의 배분이 이루어지고 있지 않은 문제에 대해 사업인정권자는 현실적으로 다원화되어 있다고 할 수 있다.

II. 사업인정의제제도의 법적 문제점

1. 공공성 판단의 문제

사업인정은 토지를 수용 또는 사용하기 위한 전제절차이고, 이에 대한 결정을 하기 위해서는 해당 사업이 공공성 내지는 공익성을 지니고 있는가를 판단하지 않으면 안 된다. 그러나 개별법상 사업인정의제는 이러한 공공성 판단이 미흡하다는 문제가 있다.

2. 이해관계인 등의 절차참여 배제(일부 개정법률로 보완)

토지보상법 제21조는 사업인정 시 이해관계인의 의견을 청취하도록 규정하고 있으나, 개별법상 사업인정을 의제하는 실시계획의 인가 등에서는 이해관계인의 의견을 듣는 절차를 두고 있지 아니한 경우가 있다. 최근 토지보상법 제21조 제2항과 제3항이 신설되어 별표에는 법 제20조에 따라 사업인정을 받아야 하는 공익사업으로 19가지를 규정하고 있고, 법 제20조에 따른 사업인정이 의제되는 사업 94가지를 규정하여 총 113가지 공익사업을 정하고 있고, 이 해당 공익사업을 위해서는 중앙토지수용위원회와 협의하고 이해관계인의 의견청취를 하여야 한다.

3. 토지세목고시절차 부재로 인한 문제

사업인정을 의제하는 개별법에서는 토지세목고시 등을 생략하여 절차를 간소화하고 있는 경우가 있으며, 이는 사업인정단계에서 토지소유자는 자신의 토지가 공익사업에 편입되는지조차도 알지 못하여 사업인정절차에 참여할 수 없고, 또한 사업인정에 대하여 행정쟁송을 제기할 기회마저 잃게 되는 문제를 야기하고 있다.

4. 재결신청기간 규정(법 제23조)의 배제로 인한 문제

토지보상법상의 사업인정 효력기간인 1년은 사문화되었고 사업시행자는 개별법의 규정에 의거 사업시행기간 내에는 언제나 재결신청을 할 수 있게 된다. 이에 따라 사업인정 후 재결신청이 지연되어 피수용자는 형질변경금지 등의 재산권 행사에 많은 불이익이 있게 된다.

5. 기타

사업인정의제는 사업인정권한이 없는 시・도지사 또는 다른 행정청이 승인하거나 승인권자가 직접 시행하는 사업에 대해서까지 사업인정을 받은 것으로 보도록 규정하여 수용권 주체의 정당성에 의문이 있을 수 있으며, 재결청을 대부분 중앙토지수용위원회로 하고 있기에 지역에 따른 수용절차의 번잡이나 비용의 증가를 피하기 어려운 문제점 등이 있을 수 있다.

6. 소결

상기 사업인정 의제에 따라 수용과 보상에 관하여 일반법적 성격을 가지는 토지보상법은 그 일반법적 지위를 몰각하게 된다. 국민의 재산권의 보장을 위해서라도 수용권을 부여하는 것은 매우 엄격한 절차를 거치도록 하는 것이 바람직하며, 그래서 토지보상법이 규정한 사업인정제도는 다른 특별법의 규율영역에서도 존중되어야 하는 것이다.

Ⅲ. 사업인정의제 특례와 재결신청기간의 특례

사업인정 의제에 따른 특례로서는 비교형량 절차의 생략, 사업인정 절차에 대한 특례, 재결신청기간의 특례 등을 들 수 있다. 그러나 토지보상법의 개정으로 공익성 검토 및 의견청취 규정이 신설되었다. 이하 공익사업에 대한 재결신청기간의 특례에 대하여 살펴보고자 한다.

공익사업이 사업인정을 거치게 되면, 그 효과로 수용권을 가지게 된다. 토지 등을 수용하기 위해서는 관할 토지수용위원회에 재결을 신청하여야 하며, 토지보상법 제28조는 재결신청 기간을 사업인정고시가 있은 날부터 1년 이내로 규정하고 있다. 재결신청기간을 별도로 규정하는 것은 공익사업의 조속한 추진 및 토지 등의 소유자에 대한 재산권 제한기간이 지나치게 늘어남을 막는 효과를 동시에 지닌다. 그러나 사업인정이 의제된 사업은 개별법에서 예외 없이 재결신청기간을 사업시행기간 내로 정하고 있다. 이는 사업마다 각기 다른 사업시행기간에 관계없이 사업시행자는 언제든지 재결신청을 할 수 있고, 이에 따라 공익사업이 사업시행자의 사정으로 인해 상당기간 길어지고, 토지 등의 소유자가 받는 재산권의 제한기간 역시 길어지는 부작용을 초래하게 된다. 토지보상법 제30조는 토지 등의 소유자가 사업시행자에게 재결신청을 청구할 수 있고, 이를 받은 사업시행자는 60일 이내에 관할 토지수용위원회에 재결을 신청하여야 한다. 그러나 이는 협의를 거쳤을 경우에만 적용되므로, 사업인정이 의제 된 이후 원천적으로 지연되는 공익사업에는 해당되지는 않는다.

Ⅳ. 사업인정 의제에 대한 절차적 규제

1. 토지보상법 제4조 제8호 별표 신설

(1) 개설

사업인정 의제에 관하여 앞에서 살펴본 문제점들을 해결하기 위한 방안의 하나로 개정된 토지 보상법은 공익사업의 유형을 별표에 규정된 법률에 따라 토지등을 수용하거나 사용할 수 있는 사업으로 하는 제4조 제8호를 신설하였다. 별표에서는 사업인정을 받아야 할 사업에 대해서는 19개를 규정하고 있고, 사업인정의제를 받아야 하는 법률과 사업에 대해서는 95개를 규정하고 있어 총 114개 사업을 규정하고 있다.

개정된 토지보상법은 별표에 규정된 법률에 따라 사업인정이 있는 것으로 의제되는 공익사업의 허가・인가・승인권자 등은 사업인정이 의제되는 지구지정・사업계획승인 등을 하려는 경우 중앙토지수용위원회 및 사업인정에 이해관계가 있는 자의 의견을 들어야 한다는 동법 제21조 제2항을 신설하였고, 중앙토지수용위원회는 의견제출을 요청받은 날부터 30일 이내에 의견을 제출하여야 하며, 이 경우 같은 기간 이내에 의견을 제출하지 아니하는 경우에는 협의가 완료된 것으로 본다는 법 제21조 제7항을 신설하였다. 이와 같은 제도 변화에 따라 사업인정 의제사업에 대해서도 중앙토지수용위원회가 해당 사업의 공익성 판단을 할 수 있게 되었다.

의견 요청		공익성 검토		의견 요청
인허가권자 → 중토위		중토위		중토위 → 인허가권자
의견요청서 접수 (사무국)	▶	내부	▶	의견서
서류 형식 검토		공익성 검토		통보

(2) 중앙토지수용위원회의 공익성 검토

구분	평가항목			평가기준
형식적 심사	수용사업의 적격성			토지보상법 제4조 해당 여부
	사전절차의 적법성			사업시행 절차 준수 여부 의견수렴 절차 준수 여부
실질적 심사	사업의 공공성	시행목적 공공성		주된 시설 종류(국방・군사・필수기반, 생활 등 지원, 주택・산단 등 복합, 기타)
		사업시행자 유형		국가/지자체/공공기관/민간
				국가・지자체 출자비율
		목적 및 상위계획 부합여부		주된 시설과 입법목적 부합여부
				상위계획 내 사업 추진 여부
		사업의 공공기여도		기반시설(용지)비율
				지역균형기여도
		공익의 지속성		완공 후 소유권 귀속
				완공 후 관리주체
		시설의 대중성		시설의 개방성 : 이용자 제한 여부
				접근의 용이성 : 유료 여부 등
	수용의 필요성	피해의 최소성	사익의 침해최소화	이주자 발생 및 기준 초과여부
				이주대책 수립
			공익의 침해최소화	보전지역 편입비율, 사회・경제・환경 피해
				(감점)중요공익시설 포함

		방법의 적절성	사전 토지 확보(취득/동의)비율
			사전협의 불가사유 (법적불능・보안규정 존재, 사실적 불능, 알박기 등)
			분쟁제기 여부
			대면협의 등 분쟁완화 노력
		사업의 시급성	공익실현을 위한 현저한 긴급성
			정부핵심과제
		★사업수행능력	사업재원 확보 비율
			보상업무 수행능력(민간, SPC)

2. 중앙토지수용위원회의 공익사업 신설등에 대한 개선요구권 부여

개정 토지보상법은 중앙토지수용위원회에 공익사업 신설 등에 대한 개선요구권을 부여하였다. 즉, 중앙토지수용 위원회는 토지보상법 제4조 제8호에 따른 사업의 신설, 변경 및 폐지, 그 밖에 필요한 사항에 관하여 심의를 거쳐 관계 중앙행정기관의 장에게 개선을 요구하거나 의견을 제출할 수 있다(토지보상법 제4조의3 제1항). 이와 같은 중앙토지수용위원회의 개선요구나 의견제출을 받은 관계 중앙행정기관의 장은 정당한 사유가 없으면 이를 반영하여야 한다(토지보상법 제4조의3 제2항). 중앙토지수용위원회는 개선요구・의견제출을 위하여 필요한 경우 관계 기관 소속 직원 또는 관계 전문기관이나 전문가로 하여금 위원회에 출석하여 그 의견을 진술하게 하거나 필요한 자료를 제출하게 할 수 있다(토지보상법 제4조의3 제3항).

V. 결

사업인정의제에 대한 단기적 해결방안은 사업의 홍보 등을 통해 사업의 계획과정에 지역주민의 참가가 적극적으로 이루어져 사전적 권리구제가 이루어질 수 있도록 하여야 할 것이다.

그리고 사업인정의제의 장기적 개선방안으로 사업인정의제제도는 공익사업주체의 편의만을 도모하는 편법적인 제도로서 입법적인 개선이 필요할 것으로 보인다. 최근 토지보상법 제21조 제2항 및 제3항을 신설하여 중앙토지수용위원회 및 별표의 규정된 법률에 따라 사업인정이 의제되는 경우에는 개별법률에서 의견청취절차를 규정하고 있지 않은 경우에도 토지보상법에 의해 의견청취절차를 거치도록 하고 있다. 다만, 이를 강제하는 실효규정이 없어 사실상 한계가 있는바 강제하는 실효규정을 두고 전체 법률로 확대되어야 할 것이다.

또한 공용수용절차에 있어서 사업인정은 피수용자의 이해관계를 충분히 반영함으로써 절차적 정당성을 확보함과 아울러 국민들과 공익사업의 타당성을 공유하는 중요한 과정이기도 하다. 비록 강제적인 절차로 진행할 수밖에 없는 불가피한 조치이지만, 공사익 형량의 과정은 반드시 행해져야 하고, 사업인정의제제도는 원천적으로 이를 봉쇄하는 조치로써 매우 엄격하게 이루어져야 할 것이다. 공익사업과 관련 총괄청을 두어 사전 타당성 검토와 사후 재평가의 과정을 거치는 피드백과정을 통해 투명하고 공정한 공익사업이 실행되어야 할 것이다. 토지보상법 제21조 개정법률에서는 별표의 법률에 따라 사업인정의 제시 의견청취규정을 두었으나 이를 강제하는 실효규정이 없어 그 한계가 있다. 다만 토지보상법 제21조 제3항에서 규정하고 있는 중앙토지수용위원회의 공익성 검토(공익성 협의)를 통해서 사실상 공익사업의 공익성 판단의 최후의 보루 역할을 하는 만큼 이러한 공익성 협의 제도를 제대로 이행하지 않으면 단순 취소사유가 아니라 무효사유가 될 수 있도록 토지보상법령을 강화할 필요가 있다고 생각한다.

■ 법규 헷갈리는 쟁점: 사업인정의제와 인허가의제는 다르다!

Ⅰ. 개념 및 법적 성격

1. 사업인정의 의제(토지보상법)
공익사업을 시행하기 위해 사업시행자가 일정한 요건을 충족하면 사업인정을 받은 것으로 간주하는 제도이다. 토지보상법 제20조에 근거하며, 사업시행자가 해당 공익사업을 위해 수용권을 취득하는 행정행위로 의제된다. 사업인정을 받은 경우 사업시행자는 강제수용권이 행사할 수 있게 된다.

2. 인허가의제(일반행정법)
특정 행정행위(주된 허가나 인가 등)를 받으면 그와 관련된 다른 여러 인허가를 별도로 받지 않아도 된다고 간주하는 제도이다. 주로 개별 법률에서 규정되며, 절차 간소화와 신속한 행정처리를 위한 제도이며, 의제되는 인허가는 실제로 발급된 것으로 보지만, 강제력이나 특별한 권리 부여는 포함되지 않는다.

Ⅱ. 적용 대상

1. 사업인정의제
공익사업(도로, 철도, 공공시설 등) 시행을 위해 토지수용권을 부여해야 하는 사업에 적용된다. 토지보상법 별표에서는 그 밖에 별표에 규정된 법률에 따라 토지등을 수용하거나 사용할 수 있는 사업(동법 제4조 제8호 관련)으로 사업인정을 받아야 하는 사업을 19개 사업으로 열거하고 있고, 사업인정의제되는 사업을 95개로 열거하고 있다.

2. 인허가의제
건축법, 국토의 계획 및 이용에 관한 법률, 환경법 등 다양한 분야에서 복합적인 인허가 절차가 필요한 경우에 적용된다. 예를 들어 건축 허가를 받을 때 환경영향평가나 개발행위허가도 의제되는 경우등이다.

Ⅲ. 절차와 효과

1. 사업인정의 의제
사업인정의제 절차는 사업시행자가 사업계획을 제출하고, 관계기관과의 협의를 통해 사업승인하며, 사업승인이 곧 사업인정을 받은 것으로 의제되는 것으로 본다. 이때 강제 수용권이 부여되어 토지소유자의 동의 없이도 공익사업 추진이 가능하게 된다.

2. 인허가의제
인허가의제 절차는 행정청에 대하여 신청인이 주된 인허가를 신청하고, 관련 법률에서 정한 의제 요건 충족 여부 검토한 연후에 주된 인허가를 승인하면 의제 대상 인허가도 승인된 것으로 간주하는 것이다. 의제된 인허가를 별도로 신청하거나 처리할 필요가 없고, 다만 의제된 인허가와 관련된 조건을 충족해야 하는 의무는 남아 있다.

구분	사업인정의제	인허가의제
법적 근거	토지보상법	행정법 개별법률
적용목적	공익사업 시행을 위한 토지수용권 부여	행정절차 간소화 및 효율성 증대
주체	공익사업의 시행자	일반 행정행위 신청자
효과	강제수용권 발생	관련 인허가 별도 절차 면제
법리	강한 강제력(토지수용권) 부여	강제력 없음. 절차적 편의 제공

★ 인허가 의제 관련 최근 대법원 판례의 태도: 인허가의제 – 의제된 인허가만 취소 내지 철회함으로써 사업계획에 대한 승인의 효력은 유지하면서 의허가 의제만 소멸가능

대법원 2018.7.12. 선고 2017두48734 판결[사업계획승인취소처분취소등]

【판시사항】

[1] 구 중소기업창업 지원법에 따른 사업계획승인의 경우, 의제된 인허가만 취소 내지 철회함으로써 사업계획에 대한 승인의 효력은 유지하면서 해당 의제된 인허가의 효력만을 소멸시킬 수 있는지 여부(적극)

[2] 군수가 갑 주식회사에 구 중소기업창업 지원법 제35조에 따라 산지전용허가 등이 의제되는 사업계획을 승인하면서 산지전용허가와 관련하여 재해방지 등 명령을 이행하지 아니한 경우 산지전용허가를 취소할 수 있다는 조건을 첨부하였는데, 갑 회사가 재해방지 조치를 이행하지 않았다는 이유로 산지전용허가 취소를 통보하고, 이어 토지의 형질변경 허가 등이 취소되어 공장설립 등이 불가능하게 되었다는 이유로 갑 회사에 사업계획승인을 취소한 사안에서, 의제된 산지전용허가 취소가 항고소송의 대상이 되는 처분에 해당하고, 산지전용허가를 제외한 나머지 인허가 사항만 의제된 사업계획승인 취소와 별도로 산지전용허가 취소를 다툴 필요가 있는데도, 이와 달리 본 원심판단에 법리를 오해한 위법이 있다고 한 사례

【판결요지】

[1] 구 중소기업창업 지원법(2017.7.26. 법률 제14839호로 개정되기 전의 것, 이하 '중소기업창업법'이라 한다) 제35조 제1항, 제33조 제4항, 중소기업창업 지원법 시행령 제24조 제1항, 중소기업청장이 고시한 '창업사업계획의 승인에 관한 통합업무처리지침'(이하 '업무처리지침'이라 한다)의 내용, 체계 및 취지 등에 비추어 보면 다음과 같은 이유로 중소기업창업법에 따른 사업계획승인의 경우 의제된 인허가만 취소 내지 철회함으로써 사업계획에 대한 승인의 효력은 유지하면서 해당 의제된 인허가의 효력만을 소멸시킬 수 있다.

① 중소기업창업법 제35조 제1항의 인허가의제 조항은 창업자가 신속하게 공장을 설립하여 사업을 개시할 수 있도록 창구를 단일화하여 의제되는 인허가를 일괄 처리하는 데 입법 취지가 있다. 위 규정에 의하면 사업계획승인권자가 관계 행정기관의 장과 미리 협의한 사항에 한하여 승인 시에 그 인허가가 의제될 뿐이고, 해당 사업과 관련된 모든 인허가의제 사항에 관하여 일괄하여 사전 협의를 거쳐야 하는 것은 아니다. 업무처리지침 제15조 제1항은 협의가 이루어지지 않은 인허가사항을 제외하고 일부만을 승인할 수 있다고 규정함으로써 이러한 취지를 명확히 하고 있다.

② 그리고 사업계획을 승인할 때 의제되는 인허가 사항에 관한 제출서류, 절차 및 기준, 승인조건 부과에 관하여 해당 인허가 근거 법령을 적용하도록 하고 있으므로(업무처리지침 제5조 제1항, 제8조 제5항, 제16조), 인허가의제의 취지가 의제된 인허가 사항에 관한 개별법령상의 절차나 요건 심사를 배제하는 데 있다고 볼 것은 아니다.

③ 사업계획승인으로 의제된 인허가는 통상적인 인허가와 동일한 효력을 가지므로, 그 효력을 제거하기 위한 법적 수단으로 의제된 인허가의 취소나 철회가 허용될 필요가 있다. 특히 업무처리지침 제18조에서는 사업계획승인으로 의제된 인허가 사항의 변경 절차를 두고 있는데, 사업계획승인 후 의제된 인허가 사항을 변경할 수 있다면 의제된 인허가 사항과 관련하여 취소 또는 철회 사유가 발생한 경우 해당 의제된 인허가의 효력만을 소멸시키는 취소 또는 철회도 할 수 있다고 보아야 한다.

④ 이와 같이 사업계획승인으로 의제된 인허가 중 일부를 취소 또는 철회하면, 취소 또는 철회된 인허가를 제외한 나머지 인허가만 의제된 상태가 된다. 이 경우 당초 사업계획승인을 하면서 사업 관련 인허가 사항 중 일부에 대하여만 인허가가 의제되었다가 의제되지 않은 사항에 대한 인허가가 불가한 경우 사업계획승인을 취소할 수 있는 것처럼(업무처리지침 제15조 제2항), 취소 또는 철회된 인허가 사항에 대한 재인허가가 불가한 경우 사업계획승인 자체를 취소할 수 있다.

[2] 군수가 갑 주식회사에 구 중소기업창업 지원법(2017.7.26. 법률 제14839호로 개정되기 전의 것) 제35조에 따라 산지전용허가 등이 의제되는 사업계획을 승인하면서 산지전용허가와 관련하여 재해방지 등 명령을 이행하지 아니한 경우 산지전용허가를 취소할 수 있다는 조건을 첨부하였는데, 갑 회사가 재해방지 조치를 이행하지 않았다는 이유로 산지전용허가 취소를 통보하고, 이어 토지의 형질변경 허가 등이 취소되어 공장설립 등이 불가능하게 되었다는 이유로 갑 회사에 사업계획승인을 취소한 사안에서, 산지전용허가 취소는 군수가 의제된 산지전용허가의 효력을 소멸시킴으로써 갑 회사의 구체적인 권리・의무에 직접적인 변동을 초래하는 행위로 보이는 점 등을 종합하면 의제된 산지전용허가 취소가 항고소송의 대상이 되는 처분에 해당하고, 산지전용허가 취소에 따라 사업계획승인은 산지전용허가를 제외한 나머지 인허가 사항만 의제하는 것이 되므로 사업계획승인 취소는 산지전용허가를 제외한 나머지 인허가 사항만 의제된 사업계획승인을 취소하는 것이어서 산지전용허가 취소와 사업계획승인 취소가 대상과 범위를 달리하는 이상, 갑 회사로서는 사업계획승인 취소와 별도로 산지전용허가 취소를 다툴 필요가 있는데도, 이와 달리 본 원심판단에 법리를 오해한 위법이 있다고 한 사례

(6) 기출문제

≫ 기출문제(제1회 1번)

「공익사업을 위한 토지 등의 취득 및 보상에 관한 법률」상 사업인정을 설명하고 권리구제에 대해 언급하시오. **50점**

≫ 기출문제(제10회 1번)

식량자원화시대에 즈음하여, A회사는 비료공장을 건설하고자 공장부지를 매입하려고 하였으나, 여의치 않아 국토교통부장관에게 신청하여 사업인정을 받았다. 그 후 「공익사업을 위한 토지 등의 취득 및 보상에 관한 법률」상의 협의가 성립되지 못하였고, 중앙토지수용위원회의 재결에 의하여 수용이 행하여졌다. 피수용자인 甲은 사기업을 위한 해당 토지의 수용은 위법하다고 주장하고, 비록 적법하다고 하더라도 보상금이 충분하지 못하다는 이유로 이의신청을 하였지만, 중앙토지수용위원회는 기각재결을 하였다. 이에 甲은 행정소송을 제기하고자 한다. **40점**

(1) 사기업인 A회사의 비료공장건설사업에 대한 사업인정의 적법 여부 및 그것이 위법하다고 인정되는 경우의 권익구제방법을 논술하시오. **10점**

(2) 甲이 보상금 증액을 청구하는 소송을 제기하는 경우, 그 소송의 형태와 성질 등의 내용을 논술하시오. **30점**

≫ 기출문제(제12회 3번)

「공익사업을 위한 토지 등의 취득 및 보상에 관한 법률」상 사업인정의 법적 성질과 권리구제에 대하여 논하시오. **30점**

≫ 기출문제(제13회 1번)

택지조성사업을 하고자 하는 사업시행자 甲은 국토교통부장관에게 사업인정을 신청하였다. 甲의 사업인정신청에 대해 국토교통부장관은 택지조성사업 면적의 50%를 택지 이외의 다른 목적을 가진 공익사업용지로 조성하여 기부채납할 것을 조건으로 사업인정을 하였다. 이에 甲은 해당 부관의 내용이 너무 과다하여 수익성을 도저히 맞출 수 없다고 판단하고 취소소송을 제기하려 한다. 어떠한 해결가능성이 존재하는지 검토하시오. **40점**

» 기출문제(제15회 1번)

사업시행자 X는 A시 지역에 공익사업을 시행하기 위하여 사업인정을 신청하였고, 이에 국토교통부장관으로부터 사업인정을 받았다. 한편 이 공익사업의 시행에 부정적이던 토지소유자 Y는 국토교통부장관이 사업인정 시 「공익사업을 위한 토지 등의 취득 및 보상에 관한 법률」 제21조에 의거 관계 도지사와 협의를 거쳐야 함에도 이를 거치지 않은 사실을 알게 되었다. Y는 이러한 협의를 결한 사업인정의 위법성을 이유로 관할법원에 사업인정의 취소소송을 제기하였다. Y의 주장은 인용가능한가? **40점**

» 기출문제(제17회 1번)

甲은 세계풍물 야외전시장을 포함하는 미술품 전시시설을 건립하고자 한다. 甲은 자신이 계획하고 있는 시설이 「공익사업을 위한 토지 등의 취득 및 보상에 관한 법률」(이하 "토지보상법"이라 한다) 제4조 제4호의 "미술관"에 해당하는지에 관하여 국토교통부장관에게 서면으로 질의하였다. 이에 대하여 국토교통부장관은 甲의 시설이 토지보상법 제4조 제4호에 열거된 "미술관"에 속한다고 서면으로 통보하였다. 그 후 甲은 국토교통부장관에게 사업인정을 신청하였다.

(1) 이 경우 국토교통부장관은 사업인정을 해주어야 하는가? **20점**

(2) 국토교통부장관은 甲에게 사업인정을 해준 후 2006년 2월 1일 사업시행지 내의 토지소유자인 乙 등과 협의가 되지 않자 관할 토지수용위원회에 수용재결을 신청하였고, 2006년 8월 1일 관할 토지수용위원회는 乙 등 소유의 토지를 수용한다는 내용의 수용재결을 하였다. 관할 토지수용위원회의 재결서를 받은 乙은 상기 미술관의 건립으로 인하여 문화재적 가치가 있는 乙 등 조상 산소의 석물・사당의 상실이 예견됨에도 불구하고 이러한 고려가 전혀 없이 이루어진 위법한 사업인정이라고 주장하면서 위 수용재결에 대한 취소소송을 제기하였다. 乙은 권리구제를 받을 수 있는가? **20점**

» 기출문제(제23회 4번)

「공익사업을 위한 토지 등의 취득 및 보상에 관한 법률」상 사업인정고시의 효과에 대하여 설명하시오. **10점**

» 기출문제(제27회 3번)(사업인정과 수용재결의 하자의 승계)

국방부장관은 국방・군사에 관한 사업을 위하여 국토교통부장관으로부터 甲 소유의 토지를 포함한 200필지의 토지 600,000㎡에 관하여 「공익사업을 위한 토지 등의 취득 및 보상에 관한 법률」 제20조에 따른 사업인정을 받았다. 그러나 국토교통부장관은 사업인정을 하면서 동법 제21조에 규정된 이해관계인의 의견을 청취하는 절차를 거치지 않았다. 한편, 국방부장관은 甲과 손실보상 등에 관하여 협의하였으나 협의가 성립되지 않았다. 국방부장관은 재결을 신청하였고 중앙토지수용위원회는 수용재결을 하였다. 甲은 수용재결에 대한 취소소송에서 사업인정의 절차상 하자를 이유로 수용재결의 위법성을 주장할 수 있는가? (단, 국토교통부장관의 사업인정에 대한 취소소송의 제소기간은 도과하였음) **20점**

» 기출문제(제28회 1번)(절차의 하자, 하자의 승계, 사업인정의 의제 및 사업인정의 요건, 수용권 남용)

甲은 A시의 관할구역 내 X토지를 소유하고 있다. A시는 그동안 조선업의 지속적인 발전으로 다수의 인구가 거주하였으나 최근 세계적인 불황으로 인구가 급격하게 감소하고 있다. 국토교통부장관은 A시를 국제관광특구로 발전시킬 목적으로 「기업도시개발 특별법」이 정하는 바에 따라 X토지가 포함된 일단의 토지를 기업도시개발구역으로 지정하고, 개발사업시행자인 乙이 작성한 기업도시개발계획(동법 제14조 제2항에 따른 X토지 그 밖의 수용대상이 되는 토지의 세부목록 포함, 이하 같다)을 승인・고시하였다. 乙은 협의 취득에 관한 제반절차를 준수하여 X토지에 대한 협의취득 절차를 시도하였으나 甲이 응하지 않았다. 이에 乙은 X토지에 대한 수용재결을 신청하였고 중앙토지수용위원회는 그 신청에 따른 수용재결을 하였다. 다음 물음에 답하시오.

(1) 甲은 기업도시개발계획승인에 대한 취소소송의 제소기간이 도과한 상태에서 「공익사업을 위한 토지 등의 취득 및 보상에 관한 법률」 제21조 제2항에 따른 중앙토지수용위원회 및 이해관계자의 의견청취절차를 전혀 시행하지 않은 채 기업도시개발계획승인이 발급된 것이 위법함을 이유로 수용재결취소소송을 제기하려고 한다. 甲의 소송상 청구가 인용될 수 있는 가능성에 관하여 설명하시오(단 소송요건은 충족된 것으로 본다). **20점**

(2) 甲은 수용재결취소소송을 제기하면서, 乙이 기업도시개발계획승인 이후에 재정상황이 악화되어 수용재결 당시에 이르러 기업도시개발사업을 수행할 능력을 상실한 상태가 되었음에도 불구하고 수용재결을 한 위법이 있다고 주장한다. 甲의 소송상 청구가 인용될 수 있는 가능성에 관하여 설명하시오(단, 소송요건은 충족된 것으로 본다). **10점**

≫ 기출문제 제34회 1번(사업인정과 사업인정의 법적 성질)

(문제1) **40점**

A대도시의 시장은 국토의 계획 및 이용에 관한 법률에 따른 도시관리계획으로 관할구역 내 oo동 일대 90,000㎡ 토지에 공영주차장과 자동차정류장을 설치하는 도시계획시설사업결정을 한 후 지방공기업법에 따른 A대도시 X지방공사(이하 'X공사'라 함)를 도시계획시설사업의 시행자로 지정하고, X공사가 작성한 실시계획에 대해 실시계획인가를 하고 이를 고시하였다. 이에 따라 공익사업을 위한 토지 등의 취득 및 보상에 관한 법률(이하 '토지보상법'이라 함)에 의해 사업인정 및 고시가 이루어졌다. 한편, X공사는 사업대상구역 내에 위치한 20,000㎡ 토지를 소유한 甲과 토지수용을 위한 협의를 진행하였으나 협의가 성립되지 아니하여 관할 지방 토지수용위원회에 토지수용의 재결을 신청하였다. 다음 물음에 답하시오(단, 각 물음은 상호독립적임). **40점**

(물음1) 토지보상법의 사업인정과 사업인정고시의 법적 성질에 관하여 설명하시오. **10점**

(물음2) 甲은 수용 자체가 위법이라고 주장하면서 관할 지방토지수용위원회의 수용재결과 중앙토지수용위원회의 이의재결을 거친 후 취소소송을 제기하였다. 취소소송의 대상적격과 피고적격에 관하여 설명하시오. **20점**

(물음3) 甲은 자신의 토지에 대한 보상금이 적으며, 일부 지장물이 손실보상의 대상에서 제외되었다는 이유로 관할 지방토지수용위원회의 수용재결에 불복하여 중앙토지수용위원회에 이의신청을 거쳤으나, 기각재결을 받았다. 甲이 이에 대하여 불복하는 경우 적합한 소송 형태를 쓰고 이에 관하여 설명하시오. **10점**

02 토지조서 및 물건조서의 작성

법 제14조(토지조서 및 물건조서의 작성)

① 사업시행자는 공익사업의 수행을 위하여 제20조에 따른 사업인정 전에 협의에 의한 토지 등의 취득 또는 사용이 필요할 때에는 토지조서와 물건조서를 작성하여 서명 또는 날인을 하고 토지소유자와 관계인의 서명 또는 날인을 받아야 한다. 다만, 다음 각 호의 어느 하나에 해당하는 경우에는 그러하지 아니하다. 이 경우 사업시행자는 해당 토지조서와 물건조서에 그 사유를 적어야 한다.

1. 토지소유자 및 관계인이 정당한 사유 없이 서명 또는 날인을 거부하는 경우
2. 토지소유자 및 관계인을 알 수 없거나 그 주소·거소를 알 수 없는 등의 사유로 서명 또는 날인을 받을 수 없는 경우

② 토지와 물건의 소재지, 토지소유자 및 관계인 등 토지조서 및 물건조서의 기재사항과 그 작성에 필요한 사항은 대통령령으로 정한다.

법 제27조(토지 및 물건에 관한 조사권 등)

① 사업인정의 고시가 된 후에는 사업시행자 또는 제68조에 따라 감정평가를 의뢰받은 감정평가법인등(「감정평가 및 감정평가사에 관한 법률」에 따른 감정평가법인등을 말한다. 이하 "감정평가법인등"이라 한다)은 다음 각 호에 해당하는 경우에는 제9조에도 불구하고 해당 토지나 물건에 출입하여 측량하거나 조사할 수 있다. 이 경우 사업시행자는 해당 토지나 물건에 출입하려는 날의 5일 전까지 그 일시 및 장소를 토지점유자에게 통지하여야 한다.

1. 사업시행자가 사업의 준비나 토지조서 및 물건조서를 작성하기 위하여 필요한 경우
2. 감정평가법인등이 감정평가를 의뢰받은 토지 등의 감정평가를 위하여 필요한 경우

② 제1항에 따른 출입·측량·조사에 관하여는 제10조 제3항, 제11조 및 제13조를 준용한다.

③ 사업인정고시가 된 후에는 제26조 제1항에서 준용되는 제15조 제3항에 따라 토지소유자나 관계인이 토지조서 및 물건조서의 내용에 대하여 이의를 제기하는 경우를 제외하고는 제26조 제1항에서 준용되는 제14조에 따라 작성된 토지조서 및 물건조서의 내용에 대하여 이의를 제기할 수 없다. 다만, 토지조서 및 물건조서의 내용이 진실과 다르다는 것을 입증할 때에는 그러하지 아니하다.

④ 사업시행자는 제1항에 따라 타인이 점유하는 토지에 출입하여 측량·조사함으로써 발생하는 손실(감정평가법인등이 제1항 제2호에 따른 감정평가를 위하여 측량·조사함으로써 발생하는 손실을 포함한다)을 보상하여야 한다.

⑤ 제4항에 따른 손실보상에 관하여는 제9조 제5항부터 제7항까지의 규정을 준용한다.

1. 서

토지조서 및 물건조서란 공익사업을 위하여 수용 또는 사용을 필요로 하는 토지와 그 토지상에 있는 물건의 내용을 사업시행자가 일정한 절차를 거쳐 작성하는 문서를 말한다. 토지조서 및 물건조서의 작성은 공용수용의 제2단계 절차로서, 수용 또는 사용할 토지 및 물건의 내용을 확정하는 절차라고 할 수 있다. 조서작성은 수용목적물의 내용을 구체적으로 확인하는 절차인바, ① 사업시행자와 피수용자 사이에 토지 및 물건의 상황에 대한 분쟁을 미연에 방지하고, ② 토지수용위원회의 심리·재결을 용이하게 하여 절차 진행을 원활하게 하는 데 취지가 있다. 작성된 토지조서와 물건조서의 기재 사항에 대하여는 진실성의 추정력이 부여되고, 조서 작성 시 이의를 부기하지 않은

사항에 대하여는 사업시행자, 토지소유자 및 관계인은 그것이 진실하지 않음을 입증하지 않은 한 이의를 제기할 수 없도록 하고 있다. 이를 위해 사업시행자에게는 토지물건조사권을 부여하고 실측에 의해 토지 및 물건에 하여 상세한 조사를 하여 조서를 작성하도록 하고 있다. 토지조서 및 물건조서 작성행위 그 자체는 비권력적 사실행위로 보는 것이 일반적이다. 사업시행자는 사업인정 전에, 협의에 의한 취득을 위해 또는 토지조서와 토지에 물건이 있을 때 물건조서를 작성하여야 하고, 그리고 사업인정을 받은 때 토지조서와 물건조서를 작성하는 것을 의무로 하고 있다. 그러나 사업인정을 받은 사업으로서 토지조서와 물건조서의 내용에 변동이 없을 때는 다시 작성하지 않아도 되는 예외를 인정하고 있다. 이와 같은 토지 및 물건조서의 작성은 공익사업의 수행을 위하여 취득 또는 사용하여야 할 토지 및 물건의 내용을 확인하는 절차이다. 앞에서 취지를 살펴보았듯이 토지조서 및 물건조서의 작성 절차를 두는 것은 취득 또는 사용절차가 개시되기 전에 사업시행자 · 토지소유자 및 관계인에게 미리 토지나 물건에 대하여 필요한 사항을 확인하게 하여 당사자 간 분쟁의 소지를 미리 예방하고, 수용의 경우 수용위원회의 원활한 심리와 신속한 재결을 도모하기 위해서이며, 사업시행자의 정확한 조서작성행위가 공익사업의 원활한 수행과 분쟁의 최소화 성패를 좌우하는 중요한 절차라 하겠다.

판례

▶ 관련판례(대판 1993.9.10, 93누5543)
토지조서는 재결절차의 개시 전에 기업자로 하여금 미리 토지에 대하여 필요한 사항을 확인하게 하고, 또한 토지소유자와 관계인에게도 이를 확인하게 하여 토지의 상황을 명백히 함으로써 조서에 개재된 사항에 대하여는 일응 진실성의 추정을 인정하여(토지수용법 제24조), 토지의 상황에 관한 당사자 사이의 차후 분쟁을 예방하며 토지수용위원회의 심리와 재결 등의 절차를 용이하게 하고 신속 · 원활을 기하려는 데 그 작성의 목적이 있는 것이다.

2. 법적 성질

(1) 타인토지출입의 법적 성질

타인토지출입조사행위는 법률이 정한 바에 따라 목적물의 사실상태 및 권리존부, 소재를 파악하는 것으로 권력적 사실행위이며, 행정조사이자 일시적 사용제한에 해당한다.

(2) 조서작성행위의 법적 성질

토지조서 및 물건조서의 작성행위는 토지 및 물건조서의 내용에 대한 사실적 효과를 발생시킨다는 점에서 비권력적 사실행위이다.

3. 조서작성의 절차

(1) 토지 및 물건에 관한 조사권(법 제27조 제1항)

사업인정의 고시가 된 후 사업시행자는 사업의 준비나 토지조서 및 물건조서를 작성하기 위하여 필요한 경우, 감정평가법인등이 감정평가를 의뢰받은 토지 등의 감정평가를 위하여 필요한 경우 해당 토지나 물건에 출입하여 측량하거나 조사할 수 있다. 이 경우 사업시행자는 해당 토지나 물건에 출입하려는 날의 5일 전까지 그 일시 및 장소를 토지점유자에게 통지하여야 한다.

(2) 토지조서 및 물건조서의 작성

사업시행자는 토지조서 및 물건조서를 작성하여 서명 또는 날인을 하고 토지소유자와 관계인의 서명 또는 날인을 받아야 한다. 토지소유자 및 관계인이 서명을 하지 아니하거나 할 수 없는 경우에 사업시행자는 해당 조서에 그 사유를 적어야 한다. 조서작성의 시기에 대해서는 별도의 규정이 없으나, 토지조서 및 물건조서가 재결의 기초가 된다는 점을 고려하면 사업인정고시일부터 재결신청 전까지 작성하여야 할 것이다. 종래에는 토지소유자가 서명날인을 거부하면, 공무원을 입회시켜 서명날인하게 하였으나, 주민의 민원을 의식한 공무원의 비협조로 인하여 공익사업의 추진을 지연시키는 문제가 있었다. 이에 토지보상법에서는 입회공무원 날인제도를 폐지하였다.

4. 토지조서 및 물건조서의 효력

(1) 진실의 추정력(법 제27조 제3항)

토지조서 및 물건조서는 조서작성 당시의 토지 및 물건의 현상을 증명하고, 토지수용위원회의 재결이나 분쟁에서의 증거방법이기 때문에 조서의 내용은 별도의 입증이 없어도 일응 진정한 것으로 추정된다. 따라서 피수용자가 이의를 제기한 경우를 제외하고는 그 조서의 내용에 관해 증거력을 다투지 못한다. 다만, 기재사항이 진실에 반함을 입증하는 경우에는 예외로 한다.

(2) 하자 있는 조서의 효력

① 조서의 하자

내용상 하자로는 물적 상태, 권리관계에 대한 오기, 틀린 계산 등의 사실과 다른 기재가 있을 수 있고, 절차상의 하자로서 서명·날인의 누락이나 누락사유 기재의 누락 등의 하자가 존재할 수 있다.

② 내용상 하자 있는 조서의 효력

진실의 추정력으로 이의제기 없이 서명·날인한 경우에는 조서의 기재가 진실에 반하는 것을 입증하기 전에는 그 효력을 부인할 수 없다. 조서는 당사자 사이의 분쟁이 생긴 경우의 증거방법이기 때문에 조서의 기재사항은 별도의 입증을 기다릴 것 없이 일응 진정한 것으로 추정되는 데 그치게 된다. 따라서 이는 반증에 의해 그 기재사항에 대한 증거력을 다투고 이를 번복할 수 있는 것이다. 그러므로 이 경우의 입증책임은 토지소유자나 관계인에게 있는 것이다.

③ 절차상 하자 있는 조서의 효력

절차상 하자 있는 조서는 조서의 기재에 대한 증명력에 관하여 추정력이 인정되지 아니한다. 따라서 이의제기 없이도 이의를 제기할 수 있다. 다만, 피수용자의 추인이 있는 경우에는 적법하다.

(3) 하자 있는 조서가 재결에 미치는 효력

조서작성행위는 비권력적 사실행위이며, 쟁송법상 처분이 아니므로 이를 독립하여 다툴 수 없다. 다만, 조서작성의 하자를 이유로 재결단계에서 다툴 수 있는지 여부가 문제된다. 판례는 조서작성의 절차상의 하자는 기재에 대한 증명력에 관하여 추정력이 인정되지 않는다는 것일 뿐, 수용재결 또는 이의재결의 효력에 영향을 미치는 것은 아니라고 한다. 따라서 소유자 입회, 서명 · 날인이 없었다는 이유로 이의재결의 취소사유로 삼을 수 없다고 한다. 생각건대, ① 조서가 토지수용위원회의 심리상 중요하기는 하나 유일한 증거방법이 아니고(피수용자의 의견청취, 징구, 직접조사 등의 다양한 방법이 있다), ② 조서의 기재 내용에 토지수용위원회의 사실인정을 구속하는 법률상의 힘이 부여되는 것이 아니기 때문에 재결에 영향이 없는 것으로 봄이 타당하다.

판례

▶ 관련판례(대판 1993.9.10, 93누5543)
토지수용을 함에 있어 토지소유자 등에게 입회를 요구하지 아니하고 작성한 토지조서는 **절차상의 하자를 지니게 되는 것으로서 토지조서로서의 효력이 부인되어 조서의 기재에 대한 증명력에 관하여 추정력이 인정되지 아니하는 것일 뿐, 토지조서의 작성에 하자가 있다 하여 그것이 곧 수용재결이나 그에 대한 이의재결의 효력에 영향을 미치는 것은 아니라 할 것**이므로 토지조서에 실제 현황에 관한 기재가 되어 있지 아니하다거나 실측평면도가 첨부되어 있지 아니하다거나 토지소유자의 입회나 서명날인이 없었다든지 하는 사유만으로는 이의재결이 위법하다 하여 그 취소를 구할 사유로 삼을 수 없다.

■ 법규 헷갈리는 쟁점: 절차상 하자 있는 조서가 재결에 미치는 효력

Ⅰ. 입회제도 폐지와 조서 서명 날인제도 도입

종래 「토지수용법」은 사업시행자가 토지조서와 물건조서를 작성하여 토지소유자와 관계인을 입회시켜 서명 · 날인하게 하고 서명 · 날인을 거부하거나 할 수 없을 때는 공무원을 입회시켜 서명 · 날인하게 할 수 있도록 하고 있었다. 그러나 토지조서 및 물건조서의 날인 또는 서명은 토지소유자와 관계인이 참여하지 않고서는 이루어질 수 없으므로 입회는 의미가 없고, 공무원이 입회한다 하더라도 조서내용에 대한 진위확인이 불가능하여 형식적인 규정이었다. 이와 같은 실정을 고려하여 「토지보상법」은 입회에 관한 내용을 모두 삭제하고, 단순히 토지조서와 물건조서에 서명 또는 날인하도록 하고 있다. 따라서 토지조서와 물건조서 작성의 절차상 하자문제는 종래 입회에 두어져 있었으나, 현행법에서는 서명 또는 날인 그 자체에 두어져 있다고 할 수 있다.

Ⅱ. 절차상의 하자가 있는 경우 문제점

토지소유자와 관계인이 토지조서와 물건조서에 서명 또는 날인하지 아니하면, 조서작성에 참가할 기회가 부여되지 않았기 때문에 조서의 효력은 토지소유자 및 관계인에 대하여 당연히 미치지 않게 된다. 이때 권리자를 파악하는데 사업시행자의 과실유무를 묻지 않는다. 이 또한 토지소유자와 관계인 중 일부가 서명 또는 날인한 경우 작성된 조서는 절차상의 하자를 지닌 것이므로 그 효력은 인정되지 않는다. 그러나 조서를 작성함에 있어서 중대한 흠이 아닌 경미한 내용의 흠 이 있는 경우 재결의 효력에 영향을 미치지 아니한다. 이와 같이 절차의 하자가 있는 조서에 의하여 행한 재결의 효력을 둘러싸고 견해가 나누어지고 있다.

Ⅲ. 견해의 대립

1. 긍정하는 견해
하자 있는 조서에 기초하였기 때문에 재결이 위법하게 된다는 점을 논거로 하자 있는 조서가 재결에 효력이 미친다고 본다. 이 주장은 토지수용위원회가 무효인 조서에 의해 토지 · 물건을 결정하고 그 조서의

기재가 진실에 반한다는 토지소유자의 의견이 있음에도 불구하고 사실의 심사를 하지 않았기 때문임을 논거로 한다.

2. 부정하는 견해

조서의 작성에 하자가 있더라도 그것이 바로 재결의 효력에 영향을 미치는 것이 아니므로 재결은 위법 또는 무효로 되지 않는다고 한다. 또한 조서가 유일한 증거방법이 아니고, 조서의 기재내용에 토지수용위원회의 사실인정을 구속하는 힘이 부여된 것은 아니라고 하여 재결에 효력이 미치지 않는다고 본다.

Ⅳ. 대법원 판례의 태도(부정하는 입장)

토지수용을 함에 있어 토지소유자 등에게 입회를 요구하지 아니하고 작성한 토지조서는 절차상의 하자를 지니게 되는 것으로서 토지조서로서의 효력이 부인되어 조서의 기재에 대한 증명력에 관하여 추정력이 인정되지 아니하는 것일 뿐, 토지조서의 작성에 하자가 있다 하여 그것이 곧 수용재결이나 그에 대한 이의재결의 효력에 영향을 미치는 것은 아니라 할 것이므로 토지조서에 실제 현황에 관한 기재가 되어 있지 아니하다거나 실측평면도가 첨부되어 있지 아니하다거나 토지소유자의 입회나 서명날인이 없었다든지 하는 사유만으로는 이의재결이 위법하다 하여 그 취소를 구할 사유로 삼을 수 없다(출처: 대법원 1993.9.10. 선고 93누5543 판결[토지수용재결처분취소등]).

Ⅴ. 소결

대법원은 토지조서의 작성에 하자가 있다고 하여 그것이 곧 수용재결이나 그에 대한 이의재결의 효력에 영향을 미치는 것은 아니라 할 것이라고 판시한 바(대판 1993.9.10, 93누5543), 조서의 작성이 적법하지 않고 또한 조서의 기재 내용이 사실에 반하는 경우라 하더라도, 토지수용위원회가 토지소유자 등의 주장을 청취하거나 직접 조사한 결과를 근거로 재결을 할 수 있으므로 조서의 부적법을 가지고 바로 재결이 위법이라거나 무효로 해석할 수 없는 것으로 보아야 할 것으로 생각한다. 실무적으로도 수용재결을 하면서 피수용자에게 조서상의 하자가 있는 경우에 의견을 청취하여 그 내용을 보상액에 반영하고 있다.

5. 권리구제

(1) 사전적 권리구제

조서작성 시 토지소유자 등과 사업시행자의 의견이 일치하지 아니하는 경우에는 피수용자는 이의를 부기하고 서명・날인할 수 있으며, 이에 이의부기된 내용은 수용재결에 의하여 판단하게 된다.

(2) 행정쟁송

조서작성행위는 처분성이 부정되므로 행정쟁송으로 다툴 수는 없다. 그러나 조서작성을 위한 타인토지출입행위는 처분성이 인정되는 권력적 사실행위이므로 항고쟁송의 대상이 될 수 있으나 타인토지출입행위가 짧은 시간에 완성되어지는 것이므로 협의의 소익이 없어 각하될 가능성이 높다. 따라서 집행정지신청이 필요하다.

(3) 손실보상

사업시행자는 타인이 점유하는 토지에 출입하여 측량・조사함으로써 발생하는 손실(감정평가법인등이 감정평가를 위하여 측량・조사함으로써 발생하는 손실 포함)을 보상하여야 한다. 이 경우 손실의 보상은 손실이 있은 것을 안 날부터 1년, 발생한 날부터 3년 이내에 청구하여야 하며, 손실보상의 절차는 사업시행자와 손실을 입은 자가 협의하여 결정한다. 협의가 성립되지 아니한 때에는 사업시행자 또는 손실을 입은 자는 관할 토지수용위원회에 재결을 신청할 수 있다.

(4) 손해배상

사업시행자가 고의·과실로 위법하게 출입하여 측량·조사하는 과정에서 손해가 발행하였다면, 피수용자는 손해배상을 청구할 수 있다.

03 사업인정고시 후 협의 취득

> 법 제26조(협의 등 절차의 준용)
> ① 제20조에 따른 사업인정을 받은 사업시행자는 토지조서 및 물건조서의 작성, 보상계획의 공고·통지 및 열람, 보상액의 산정과 토지소유자 및 관계인과의 협의절차를 거쳐야 한다. 이 경우 제14조부터 제16조까지 및 제68조를 준용한다.
> ② 사업인정 이전에 제14조부터 제16조까지 및 제68조에 따른 절차를 거쳤으나 협의가 성립되지 아니하고 제20조에 따른 사업인정을 받은 사업으로서 토지조서 및 물건조서의 내용에 변동이 없을 때에는 제1항에도 불구하고 제14조부터 제16조까지의 절차를 거치지 아니할 수 있다. 다만, 사업시행자나 토지소유자 및 관계인이 제16조에 따른 협의를 요구할 때에는 협의하여야 한다.

1. 서

(1) 의의

협의란, 사업인정의 고시가 있은 후에 사업시행자가 수용목적물을 취득하거나 소멸시키기 위하여 피수용자와 합의하는 것으로 공용수용의 제3단계 절차이다.

(2) 취지

사업시행자는 수용재결에 의해 목적물을 강제적으로 취득할 수 있지만, 이는 번잡한 절차를 거쳐야 하고 토지소유자 등과의 감정대립의 문제도 생길 여지가 있다. 따라서 임의적 합의를 바탕으로 하는 협의절차를 통해 최소 침해의 원칙을 구현하고 토지소유자 및 관계인에게 해당 공익사업의 취지를 이해시켜 신속하게 사업을 수행하고자 함에 취지가 있다.

(3) 필수절차인지 여부

토지보상법은 "사업시행자는 토지 등에 대한 보상에 관하여 토지소유자 및 관계인과 성실하게 협의하여야 한다."(제26조 제1항, 제16조)고 규정하면서, "사업인정 이전에 협의절차를 거쳤으나 협의가 성립되지 아니한 경우로써, 토지 및 물건조서의 내용에 변동이 없는 때에는 협의절차를 생략할 수 있다."(제26조 제2항)고 규정하고 있어, 원칙상 필수적 절차이지만 일정한 조건하에서 생략이 가능하도록 하였다.

2. 협의의 법적 성질

> **행정기본법 제27조(공법상 계약의 체결)**
> ① 행정청은 법령 등을 위반하지 아니하는 범위에서 행정목적을 달성하기 위하여 필요한 경우에는 공법상 법률관계에 관한 계약(이하 "공법상 계약"이라 한다)을 체결할 수 있다. 이 경우 계약의 목적 및 내용을 명확하게 적은 계약서를 작성하여야 한다.
> ② 행정청은 공법상 계약의 상대방을 선정하고 계약 내용을 정할 때 공법상 계약의 공공성과 제3자의 이해관계를 고려하여야 한다.

(1) 문제점

공법상 계약인지 사법상 계약인지 논의가 있으며, 실익은 협의에 관한 분쟁이 발생하였을 경우에 적용법규, 소송형태가 달라지는 데 있다. 협의성립 확인을 받은 경우에는 재결로 간주되므로 논의의 대상은 확인받지 않은 협의의 경우이다.

(2) 학설

① 사법상 계약설

협의는 사업시행자가 토지소유자 및 관계인과 법적으로 대등한 지위에서 토지 등에 관한 권리를 취득하기 위하여 행하는 임의적 합의이고, 수용권의 행사는 아니므로 사법상의 매매계약과 성질상 동일한 것으로 보는 견해이다. 이는 국가수용권설을 취하는 입장에서 주장한다.

② 공법상 계약설

협의는 사업시행자가 국가적 공권의 주체로서 토지 등의 권리를 취득하기 위하여 토지소유자 및 관계인에 대하여 기득의 수용권을 실행하는 방법의 하나이며, 협의가 성립되지 않으면 재결에 의하게 된다는 점에서 수용계약이라고 할 수 있는 공법상 계약이라고 보는 견해이다. 이는 사업시행자수용권설을 취하는 입장에서 주장한다.

(3) 판례

대법원은 수용권의 주체에 관하여 사업시행자수용권설의 입장에 있지만 사업인정 이후의 협의 그 자체는 사법상 법률행위에 불과하다고 판시하여 사법상 계약설의 입장이다.

판례

▶ 관련판례(대판 1992.10.27, 91누3871)
도시계획사업의 시행자가 그 사업에 필요한 토지를 협의 취득하는 행위는 사경제주체로서 행하는 사법상의 법률행위에 지나지 않으며 공권력의 주체로서 우월한 지위에서 행하는 공법상의 행정처분이 아니므로 행정소송의 대상이 되지 않는다.

▶ 관련판례(대판 1978.11.14, 78다1528)
토지수용에 있어서 기업자와 토지소유자의 협의성립에 대한 관할 토지수용위원회의 확인을 받지 아니한 것이면 그 토지를 원시적으로 취득한 것으로는 볼 수 없고 원래의 소유자로부터 승계취득을 한 것이라고 해석할 수밖에 없다.

▶ 관련판례(대판 2013.8.22, 2012다3517)
공익사업을 위한 토지 등의 취득 및 보상에 관한 법률(이하 '공익사업법'이라고 한다)에 의한 보상합의는 공공기관이 사경제주체로서 행하는 사법상 계약의 실질을 가지는 것으로서, 당사자 간의 합의로 같은 법 소정의 손실보상의 기준에 의하지 아니한 손실보상금을 정할 수 있으며, 이와 같이 같은 법이 정하는 기준에 따르지 아니하고 손실보상액에 관한 합의를 하였다고 하더라도 그 합의가 착오 등을 이유로 적법하게 취소되지 않는 한 유효하다. 따라서 공익사업법에 의한 보상을 하면서 손실보상금에 관한 당사자 간의 합의가 성립하면 그 합의 내용대로 구속력이 있고, 손실보상금에 관한 합의 내용이 공익사업법에서 정하는 손실보상 기준에 맞지 않는다고 하더라도 합의가 적법하게 취소되는 등의 특별한 사정이 없는 한 추가로 공익사업법상 기준에 따른 손실보상금 청구를 할 수는 없다.

(4) 검토

협의는 수용권의 주체인 사업시행자가 사실상의 공권력의 담당자로서 우월적인 지위에서 공익을 실현하는 공용수용절차의 하나이므로 공법상 계약으로 볼 수 있다. 따라서 사업인정 이후의 협의에 대하여는 공법이 적용되며, 그에 대한 분쟁은 공법상 당사자소송으로 하는 것이 타당하다. 최근 제정된 행정기본법 제27조 제1항에서는 "행정청은 법령 등을 위반하지 아니하는 범위에서 행정목적을 달성하기 위하여 필요한 경우에는 공법상 법률관계에 관한 계약(이하 "공법상 계약"이라 한다)을 체결할 수 있다. 이 경우 계약의 목적 및 내용을 명확하게 적은 계약서를 작성하여야 한다."라고 규정하고 있고, 동조 제2항에서는 "행정청은 공법상 계약의 상대방을 선정하고 계약 내용을 정할 때 공법상 계약의 공공성과 제3자의 이해관계를 고려하여야 한다."라고 규정하여 공법상 계약으로 보는 경우에는 엄격한 계약서 작성과 공공성, 제3자의 이해관계를 고려하도록 명시하고 있다.

3. 협의의 방법과 절차 등

(1) 협의방법

사업시행자는 토지 등에 대한 보상에 관하여 토지소유자 및 관계인과 성실하게 협의하여야 한다(법 제16조). 성실한 협의란 사업의 목적·계획 등을 성의 있고 진실하게 설명하여 이해할 수 있도록 하는 것을 말한다.

(2) 협의의 당사자

협의는 사업시행자가 토지소유자 및 관계인 등 피수용자 전원을 대상으로 하되, 개별적으로 하여야 한다. 따라서 토지소유자와 협의가 있었다고 하여 관계인과의 협의를 생략할 수 없고, 공유자 1인의 협의가 있었다고 하여 다른 공유자와의 협의를 생략할 수도 없다. 그리고 사업시행자가 과실로 인하여 토지소유자나 관계인을 알지 못하고, 그의 참여 없이 수용절차가 이루어진 것은 위법이나 그 사유만으로 수용재결이 당연무효라고 할 수 없다.

판례

▶ 관련판례(대판 1971.5.24, 70다1459)
기업자의 과실 없이 토지소유자 및 관계인을 알 수 없는 때에는 그들과 협의를 하지 아니하고, 그들의 성명 및 주소를 재결신청서에 기재하지 아니하여 그들로 하여금 수용절차에 참가케 아니한 채 재결에 이르렀다 하여 위법이라고 할 수 없고, 가사 기업자의 과실로 인하여 토지소유자나 관계인을 알지 못하여 그들로 하여금 참가케 하지 아니하고 수용재결을 하여 그 절차가 위법이라 하여도 그것이 그 사유만 가지고는 당연무효라고 할 수 없으므로 수용재결의 상대방인 토지소유자가 사망자라는 이유만으로는 그 수용재결이 당연무효라고 할 수 없다.

★ 관할 지방토지수용위원회 실무에서는 망자는 소유자, 관계인에 상속인을 적시하여 표시함

(3) 협의의 통지 및 공고

협의를 하고자 하는 때에는 보상협의요청서에 ① 협의기간 · 협의장소 및 협의방법, ② 보상의 시기 · 방법 · 절차 및 금액, ③ 계약체결에 필요한 구비서류 등의 사항을 적어 토지소유자 및 관계인에게 통지하여야 한다. 다만, 토지소유자 및 관계인을 알 수 없거나 그 주소 · 거소 그 밖에 통지할 장소를 알 수 없을 때에는 공고로 통지를 갈음할 수 있다(시행령 제8조 제1항).

(4) 협의기간

협의기간은 특별한 사유가 없으면 30일 이상으로 하여야 한다(시행령 제8조 제3항). 협의할 수 있는 최대기간에 대하여 의문이 있을 수 있는데 사업인정고시일로부터 재결신청까지 1년을 넘길 수 없으므로 협의의 최대기간 역시 사업인정고시일로부터 1년 이내에 하여야 할 것이다.

(5) 협의의 내용(범위)

협의의 범위는 토지조서 및 물건조서의 작성범위 내이어야 한다. 일정한 절차에 따라 작성된 토지 및 물건조서는 진실성의 추정을 받는 효력이 있으므로 그 범위를 넘어서는 원칙적으로 협의를 할 수 없다. 따라서 협의는 ① 수용 또는 사용할 토지의 구역 및 사용방법, ② 손실보상, ③ 수용 또는 사용의 개시일과 기간, ④ 그 밖에 이 법 및 다른 법률에서 규정한 사항 등에 대하여 행하여야 한다(법 제50조).

4. 협의의 효과

(1) 협의성립의 효과

협의가 성립하면 공용수용의 절차는 종결되고, 수용의 효과가 발생한다. 즉, 사업시행자는 수용 또는 사용의 개시일까지 보상금을 지급 또는 공탁하고, 피수용자는 그 시기까지 해당 토지 · 물건을 인도하거나 이전함으로써, 사업시행자는 목적물에 대한 권리를 취득하고 피수용자는 그 권리를 상실한다. 이때, 사업시행자가 토지 · 물건을 취득하는 형태가 원시취득인지 승계취득인지 문제되나, 협의는 계약이므로 그것이 공법상 계약이라 하더라도 승계취득으로 봄이 타당하다. 따라서 협의취득의 경우에는 종전의 소유자의 권리 위에 존재하던 부담 · 제한은 모두 사업시행자에게 그대로 승계된다.

판례

▶ 관련판례(대판 1994.6.28, 94누2732)
토지수용법 제25조 제1항에 의한 협의단계에서 기업자와 토지소유자 사이에 협의가 성립되어 그를 원인으로 기업자 앞으로 소유권이전등기가 경료되었다 하더라도 **그 협의에 대하여 같은 법 제25조의2 제1항에 의한 토지수용위원회의 확인을 받지 아니한 이상, 재결에 의한 수용의 경우와는 달리 그 토지를 원시취득한 것으로 볼 수 없고,** 원래의 소유자로부터 승계취득한 것이라고 볼 수밖에 없다 할 것인바, 수용재결처분은 그 후의 토지승계인들에 대하여도 효력이 미치는 것이므로, 수용재결처분이 있은 뒤, 다른 개발사업을 위하여 토지수용위원회의 확인절차를 거치지 않은 수용협의와 그에 기한 소유권이전등기로 소유권을 승계취득한 자가 있다 하더라도 수용재결처분은 하등 영향을 받지 아니한다.

(2) 협의불성립의 효과

협의가 불성립한 경우 사업시행자는 토지수용위원회에 재결신청을 할 수 있는 권리가 인정되고, 이에 상응하여 피수용자에게 재결신청의 청구권이 인정된다. 이를 위하여 사업시행자는 협의경위서를 작성하여 토지소유자 및 관계인의 서명 또는 날인을 받아야 한다. 다만, 토지소유자 및 관계인이 정당한 사유 없이 서명 또는 날인을 거부하거나 서명 또는 날인을 할 수 없는 경우에는 서명 또는 날인을 받지 아니하되, 사업시행자는 해당 협의경위서에 그 사유를 기재하여야 한다.

5. 협의에 대한 다툼

협의성립 후 협의성립 확인 전에 계약체결상의 하자로서 착오를 이유로 협의의 법률관계의 효력을 부인할 수 있다 할 것이다. 공법상 계약설에 의하면 공법상 당사자소송을 제기하여야 하고, 사법상 계약설에 의하면 민사소송을 제기하여 다툴 수 있다. 공법상 계약설에 따르는 경우에는 개별법상 명문규정이 없는 경우 계약에 관한 사법의 규정이 적용될 것이나, 공공적 특성 때문에 공법원리에 의하여 제한을 받는다.

6. 협의성립 확인(후술함)

7. 관련문제

(1) 위험부담의 이전

① 문제점

민법의 채무자위험부담주의의 예외로서, 토지보상법 제46조는 재결 후에 사업시행자가 위험부담을 지도록 규정하고 있는바 협의성립 후 목적물이 멸실된 경우에도 적용될 수 있는지 문제된다.

민법 제537조(채무자위험부담주의)
쌍무계약의 당사자 일방의 채무가 당사자 쌍방의 책임 없는 사유로 이행할 수 없게 된 때에는 채무자는 상대방의 이행을 청구하지 못한다.

> **토지보상법 제46조(위험부담)**
> 토지수용위원회의 재결이 있은 후 수용하거나 사용할 토지나 물건이 토지소유자 또는 관계인의 고의나 과실 없이 멸실되거나 훼손된 경우 그로 인한 손실은 사업시행자가 부담한다.

② 판례의 태도

토지보상법 제46조상의 위험부담의 이전 규정의 취지는 피수용자의 권익보장을 위하여 인정된 제도로 협의성립 후 귀책사유 없이 목적물이 멸실된 경우에도 적용되는 것이 타당하다고 생각된다. 판례도 토지를 매수하고 지상임목에 대하여 적절한 보상을 하기로 특약하였다면 보상금이 지급되기 전에 그 입목이 멸실된 경우에도 보상을 하여야 한다고 판시한 바 있다.

> 판례
>
> ▶ 관련판례(대판 1977.12.27, 76다1472)
> 댐 건설로 인한 수몰지역 내의 토지를 매수하고 지상임목에 대하여 적절한 보상을 하기로 특약하였다면 보상금이 지급되기 전에 그 입목이 홍수로 멸실되었다고 하더라도 매수 또는 보상하기로 한 자는 이행불능을 이유로 위 보상약정을 해제할 수 없다.

(2) 사업시행자가 보상금을 지급하지 않는 경우(재결실효 규정의 준용 여부)

① 문제점

협의가 성립하여 계약을 체결하였으나, 사업시행자가 계약의 내용에 따라서 손실보상의무를 이행하지 아니하는 경우 피수용자의 보호가 문제된다. 이에 대하여 토지보상법 제42조(재결실효) 규정을 준용하자는 견해와 준용할 수 없다는 견해가 있다.

② 재결실효의 규정이 준용되는지 여부

협의가 성립된 경우에는 이를 재결과 달리 취급할 이유가 없다고 보면서 재결실효 규정의 적용을 인정하자는 견해가 있으나, 현행 토지보상법상 협의의 실효에 관한 명문의 규정이 없으므로 재결실효 규정을 적용할 수 없다고 본다.

따라서 피수용자는 사업시행자가 손실보상의무를 이행하지 아니하는 경우에는 계약의 불이행에 대한 손해배상의 청구, 이행강제, 계약해제 등을 주장할 수 있다고 본다. 협의는 공법상 계약으로 보는 것이 타당하므로 공법상 당사자소송에 의하면 될 것이다. 다만, 판례에 의하면 민사소송으로 해결한다.

(3) 인도 · 이전의무를 이행하지 아니하는 경우(대행 · 대집행규정의 준용 여부)

① 문제점

협의는 공법상 계약이므로 사업시행자는 공법상 당사자소송에 의하여 피수용자의 의무이행을 강제할 수 있다. 다만, 판례는 협의를 사법상의 법률행위로 보고 있으므로, 민사소송을 통해서 집행력 있는 확정판결을 받고 이를 기초로 강제집행을 할 수 있다고 한다.

그러나 토지보상법은 피수용자의 의무불이행이 있는 경우에 대행과 대집행을 규정하고 있으므로 협의성립 후 피수용자의 의무불이행이 있는 경우에도 적용될 수 있는지에 대하여 논란이 있다.

② 대행규정의 적용 여부

협의에 의한 의무를 피수용자가 고의 또는 과실 없이 이행할 수 없는 경우에는 대행규정이 적용될 수 있을 것이다. 그러나 이는 의무불이행에 고의 또는 과실이 없는 경우에만 해당되는 것으로 피수용자가 의무를 이행할 의사가 없는 경우에는 적용여지가 없다.

③ 대집행규정의 적용 여부

협의성립에 따른 피수용자의 의무를 상기의 대집행규정을 통하여 강제로 실현할 수 있는가의 문제에 대하여 다음의 두 가지 사항이 해결되어야 한다. ① 대집행은 대체적 작위의무만을 대상으로 하는데 토지·물건의 인도·이전의무가 대집행의 대상이 될 수 있어야 한다. ② 공법상의 계약의무를 행정상 실효성 확보수단으로 해결할 수 있어야 한다. 이러한 두 가지 사항을 검토하여 볼 때, 토지·물건의 인도는 대집행의 대상이 될 수 없고, 실효성 확보수단은 국민에게 침익적인 행정작용인바, 그 발동에는 법률유보의 원칙에 의거 명확한 법률의 근거가 없으면 불가능하다. 따라서 공법상 계약인 협의를 통하여 발생한 의무를 실효성 확보수단에 의하여 실현할 수 없다고 본다. 따라서 대집행규정의 적용은 불가하다고 봄이 타당하다.

판례

▶ 관련판례(대판 2006.10.13, 2006두7096)

행정대집행법상 대집행의 대상이 되는 대체적 작위의무는 공법상 의무이어야 할 것인데, (구)공공용지의 취득 및 손실보상에 관한 특례법에 따른 **토지 등의 협의취득은** 공익사업에 필요한 토지 등을 그 소유자와의 협의에 의하여 취득하는 것으로서 공공기관이 사경제주체로서 행하는 **사법상 매매 내지 사법상 계약의 실질을 가지는 것이므로,** 그 협의취득 시 건물소유자가 매매대상 건물에 대한 철거의무를 부담하겠다는 취지의 약정을 하였다고 하더라도 이러한 **철거의무는 공법상의 의무가 될 수 없고,** 이 경우에도 행정대집행법을 준용하여 **대집행을 허용하는 별도의 규정이 없는 한 위와 같은 철거의무는 행정대집행법에 의한 대집행의 대상이 되지 않는다.**

공법상 계약에 따른 의무를 일방 당사자가 이행하지 않는 경우에는 다른 당사자는 정식재판을 통하여 집행권원을 취득하여 법원의 도움으로 강제집행을 할 수 있다. 다만, 예외적으로 별도의 명문규정이 있는 경우에는 행정청은 법원의 판결 없이도 자력으로 강제집행할 수 있을 것이다(정하중).

■ **법규 헷갈리는 쟁점: ① 협의가 성립하였으나 사업시행자가 보상금을 지급하지 않는 경우, ② 협의 내용 불능 시 위험부담이전, ③ 토지보상법 제44조 대행 및 동법 제89조 대집행을 유추적용할 수 있는지 여부, ④ 물상대위(物上代位) 인정여부**

1. **사업시행자가 보상금을 지급하지 않는 경우(손실보상의무를 이행하지 아니하는 경우)**
   사업시행자가 보상금을 지급하지 않고 손실보상의무를 이행하지 아니하는 경우 재결실효규정(제42조)의 유추적용여부가 문제시된다. 긍정하는 견해는 협의를 받은 연후에 협의성립확인 시 재결로 간주됨으로 유추적용하는 것이 타당하다고 보고 있고, 부정하는 견해는 현행 토지보상법상 명문의 규정이 없는 바 상기 규정을 유추적용할 수 없다고 보고 있다. 협의에서 정한 보상금 지급 이행을 하지 않으면 이행지체가 발생하고, 일정기간 경과 후에도 손실보상금을 지급하지 않으면 이행불능이 되어 채무불이행의 문제가 야기된다. 다만 사업인정 이후 협의에 대해서는 사업시행자가 바로 원시취득을 위해 협의성립확인을 받는 것이 일반적이여서 이때는 재결로 간주되어 재결의 실효규정을 유추적용하는 것이 타당하다. 그러나 실무적으로 협의성립확인 시에 공증을 받는 경우가 대부분이어서 이런 경우 보통 협의 보상금액을 지급하고 동의서와 인감증명을 교부하므로 재결의 실효 규정이 유추적용되는 경우는 재결절차를 준용하는 협의성립확인의 경우밖에는 없다. 따라서 순수한 협의내용을 이행하지 않는 경우에는 채무불이행에 따른 손해배상책임 문제가 발생하고 재결의 실효규정은 유추적용되지 않으며, 협의성립확인이 되면 재결로 간주됨으로 재결의 실효규정이 적용된다고 할 것이다.

2. 협의내용의 불능(재결 후 불능시 위험부담규정(제46조) 유추적용여부)

토지보상법 제46조의 취지는 피수용자의 권익보호를 위해 인정된 제도로 협의에 불응하여 강제수용절차를 거쳐 재결로써 수용절차가 종료된 피수용자보다 협의절차에 적극 협조하여 협의에 의해 계약을 체결한 피수용자가 위험부담 측면에서 불리한 지위에 놓인다는 것은 타당하지 않다는 점에서, 협의성립 후 귀책사유 없이 목적물이 멸실 등이 된 경우에도 유추적용이 된다고 보는 것이 타당하다고 생각된다. 판례도 “댐 건설로 수몰지역 내 토지매수하고 지상입목 특약 시 보상금 지급 전 그 입목이 홍수로 멸실되었다고 하더라도 매수 또는 보상하기로 한 자는 이행불능 이유로 보상약정을 해제할 수 없다”고 판시(대판 1977.12.27, 76다1472)한 바 있다. 이때 협의로 보상약정을 하였으나 이행불능이라도 보상금을 지급토록 하고 있어 토지보상법 제46조 위험부담이전은 재결이 있고 수용의 개시일 이전에 목적물이 멸실된 경우인데 협의된 상태에서도 토지보상법의 법리로는 유추적용하는 것이 타당하다고 판단된다.

3. 토지보상법 제44조 대행 규정 및 동법 제89조 대집행규정의 유추적용 여부

토지보상법 제44조 대행, 동법 제89조 대집행은 토지등의 인도·이전의무 불이행에 대한 실효성 확보수단이다. 이는 공익사업의 원활한 진행을 도모하여 공익을 실현함에 제도적 취지가 인정되는데, 협의에 의한 취득에서도 매수자가 목적물을 인도·이전하지 않는 경우에 이를 준용할 수 있는지 문제시된다. 보통은 강제취득 절차에 적용되는 법리이며, 협의를 공법상 계약으로 보는 다수설의 경우 사업시행자는 공법상 당자사소송으로 피수용자의 의무이행을 강제할 수 있다. 사법상 계약으로 보는 견해에 의할 경우 민사소송을 통해 집행력 있는 확정판결을 받고 이를 기초로 강제집행하게 된다. 이러한 실효성 있는 확보수단이 있음에도 대행, 대집행을 준용하는 것은 인정될 수 없다고 본다. 인도·이전의무의 실효성 확보수단인 토지보상법 제44조 대행, 동법 제89조 대집행은 침해적 작용인바 법률유보원칙상 명확한 법적 근거가 있어야 가능하고, 토지보상법상 협의에서는 이러한 규정이 존재하지 않는바, 협의에서는 해당 대행과 대집행이 유추적용되지 않는다고 보는 것이 타당하다고 판단된다.

4. 물상대위의 인정 여부(민법 제342조 규정/토지보상법 제47조)

물상대위(物上代位)는 특정 담보물의 처분 등으로 인해 발생한 대금이나 이익에 대해 담보권자가 이를 주장할 수 있도록 하는 제도이다. 이 원칙은 민법 제342조(물상대위)에서는 “질권은 질물의 멸실, 훼손 또는 공용징수로 인하여 질권설정자가 받을 금전 기타 물건에 대하여도 이를 행사할 수 있다. 이 경우에는 그 지급 또는 인도 전에 압류하여야 한다.”고 규정되어 있으며, 저당권, 질권 등과 같은 담보권에 적용된다. 협의 취득으로 인해 토지 소유자가 보상금을 수령하면, 기존의 담보권자(저당권자 등)는 물상대위를 통해 해당 보상금에 대해 권리를 주장할 수 있다. 이는 토지가 담보물로 설정된 경우, 담보권이 소멸하더라도 보상금으로 대체된다는 민법 제342조의 원칙에 따른 것이다. 대법원 판례에 따르면, 토지가 협의 취득으로 인해 소유권이 이전되고 보상금이 지급된 경우, 저당권자는 물상대위 청구권을 행사할 수 있다고 보고 있고, 이는 강제수용뿐 아니라 협의 취득에도 동일하게

적용된다고 본다. 즉 토지보상법에 따른 협의 취득에서도 물상대위가 인정된다. 이는 해당 토지가 담보로 설정되어 있는 경우, 보상금이 해당 담보의 대체물로 간주되기 때문이며, 담보권자는 적법한 절차를 통해 보상금에 대해 물상대위 권리를 행사할 수 있다. 토지보상법 제47조(담보물권과 보상금)에서는 "담보물권의 목적물이 수용되거나 사용된 경우 그 담보물권은 그 목적물의 수용 또는 사용으로 인하여 채무자가 받을 보상금에 대하여 행사할 수 있다. 다만, 그 보상금이 채무자에게 지급되기 전에 압류하여야 한다."라고 규정하고 있는데 사업인정고시 전에 관계인에 포함된 담보물권자는 관계인으로 보상을 받아 문제되지 않지만, 해당 규정은 사업인정고시 이후에 새로운 담보권을 취득한 담보물권자에게 실익이 있는 규정이다.

04 협의성립확인

법 제29조(협의성립의 확인)

① 사업시행자와 토지소유자 및 관계인 간에 제26조에 따른 절차를 거쳐 협의가 성립되었을 때에는 사업시행자는 제28조 제1항에 따른 재결신청기간 이내에 해당 토지소유자 및 관계인의 동의를 받아 대통령령으로 정하는 바에 따라 관할 토지수용위원회에 협의성립의 확인을 신청할 수 있다.

② 제1항에 따른 협의성립의 확인에 관하여는 제28조 제2항, 제31조, 제32조, 제34조, 제35조, 제52조 제7항, 제53조 제5항, 제57조 및 제58조를 준용한다. 〈개정 2023.4.18.〉

③ 사업시행자가 협의가 성립된 토지의 소재지·지번·지목 및 면적 등 대통령령으로 정하는 사항에 대하여 「공증인법」에 따른 공증을 받아 제1항에 따른 협의성립의 확인을 신청하였을 때에는 관할 토지수용위원회가 이를 수리함으로써 협의성립이 확인된 것으로 본다.

④ 제1항 및 제3항에 따른 확인은 이 법에 따른 재결로 보며, 사업시행자, 토지소유자 및 관계인은 그 확인된 협의의 성립이나 내용을 다툴 수 없다.

1. 서(의의 및 취지)

협의성립확인이란 사업시행자와 피수용자 사이에 협의가 성립한 이후에 사업시행자가 재결신청기간 내에 피수용자의 동의를 얻어 관할 토지수용위원회에 협의성립확인을 받음으로써 재결로 간주하는 제도를 말한다. 이는 당사자의 합의에 수용재결의 효력을 부여하여 수용재결절차에 의하지 않고 수용목적을 달성할 수 있도록 함으로써, 계약의 불이행에 따른 분쟁을 예방하고 공익사업의 원활한 진행을 도모하기 위함이다.

2. 협의성립확인의 법적 성질

(1) 학설

특정한 사실 또는 법률관계에 의문이 있는 경우 공권적으로 그 존부나 정부를 판단하는 행위라는 점에서 확인행위로 보는 견해와, 의문 또는 다툼이 없는 특정한 사실 또는 법률관계의 존부를 공적 권위로서 이를 증명하는 행위인 공증으로 보는 견해가 있다.

(2) 검토

생각건대, 협의성립확인은 수용당사자의 불안정한 지위를 확고히 하여 원활한 사업수행을 목적으로 하는 점 등에 미루어 볼 때 강학상 확인행위로 보는 것이 타당하다. 따라서 확인행위는 준사법적 행위로서 이해관계인의 참여 등 엄격한 절차에 따라 행해지며 재판행위와 실질적으로 유사하므로 불가변력, 즉 실질적 확정력이 발생한다.

3. 협의성립확인의 요건 및 절차

(1) 협의성립확인의 신청요건

당사자 사이에 협의가 성립한 후에 수용재결의 신청기간 내에 토지소유자 및 관계인의 동의를 얻어 관할 토지수용위원회에 협의성립확인을 신청하여야 한다(법 제29조 제1항).

(2) 협의성립확인의 절차

① 일반적 확인절차(법 제29조 제2항)

토지보상법 제29조 제2항에서 협의성립확인에 관하여 재결절차에 관한 사항을 준용하고 있다. 따라서 (ㄱ) 사업시행자가 관할 토지수용위원회에 확인신청을 하고, (ㄴ) 확인신청 내용의 공고・열람・의견제출, (ㄷ) 토지수용위원회의 심리, (ㄹ) 확인의 절차로 진행된다.

② 공증에 의한 확인절차(법 제29조 제3항)

사업시행자가 공증인법에 의한 공증을 받아 관할 토지수용위원회에 협의성립의 확인을 신청한 때에는 관할 토지수용위원회가 이를 수리함으로써 협의성립이 확인된 것으로 본다.

4. 협의성립확인의 효력

(1) 수용재결로 간주(법 제29조 제4항)

당사자 사이에 협의가 성립하여 체결된 계약의 내용, 즉 수용목적물의 범위, 보상의 시기, 손실보상액 등을 관할 토지수용위원회가 결정한 것과 동일한 효력을 발생한다. 따라서 이때의 목적물에 대한 권리의 취득은 원시취득이 된다.

(2) 협의에 대한 차단효 발생

사업시행자와 토지소유자 및 관계인은 확인된 협의의 성립이나 내용을 다툴 수 없다. 이는 양 당사자가 협의하고, 독립된 제3의 기관인 토지수용위원회가 확인을 한 것이라면 공익사업의 신속한 수행을 위해서 당사자의 다른 주장은 인용할 수 없다는 일종의 차단효를 법정한 것이다.

(3) 확인의 실효 여부

협의성립확인은 재결로 간주하므로 협의성립확인을 받은 후에도 협의에서 정한 보상의 개시일까지 손실보상을 하지 아니하면 수용재결의 실효규정이 적용되어 해당 확인행위의 효력은 상실된다고 볼 것이다. 이때 협의의 효력도 상실되는지 논란이 있으나 협의는 계약이므로 계약불이행의 문제가 발생할 뿐 곧바로 협의의 효력이 상실된다고 볼 수는 없다.

5. 권리구제

(1) 협의성립확인에 대한 불복

확인행위는 재결로 간주되므로 재결에 대한 불복과 동일한 절차를 거치게 될 것이다. 즉, 관할 토지수용위원회의 확인에 대하여 이의가 있는 자는 토지보상법의 이의신청과 행정소송을 통해 불복하게 된다.

(2) 협의 자체에 대한 다툼

협의성립 자체나 그 내용은 협의성립확인의 차단효 때문에 다툴 수 없으므로, 행정쟁송을 통하여 해당 확인의 효력을 소멸시킨 후에 협의 자체에 대하여 다툴 수 있다. 이때 협의의 성질을 공법상 계약으로 보면 공법상 당사자소송에 의하게 된다.

6. 문제점 및 개선방안

(1) 문제점

협의성립확인이 있으면, 확정력이 발생하는데도 불구하고 공증에 의한 확인절차의 경우에는 피수용자가 의견을 제출할 기회도 부여받지 못하게 되는 문제점이 있다. 그리고 일반적으로 피수용자는 협의성립확인의 효과를 잘 이해하지 못하는 경우가 많을 것인데 재결로서의 효과가 발생한다는 사실을 명확히 인식하지 않고 동의하게 될 수 있다.

(2) 개선방안

따라서 공증에 의한 확인절차에도 피수용자의 절차적 참여를 보장할 수 있는 방안이 모색되어야 하며, 사업시행자가 피수용자에게 협의성립확인에 대한 동의를 요구할 때 확인의 효과를 고지하는 사전고지제도를 도입할 필요성이 있다.

■ **협의성립확인 중요판례 : 진정한 소유자의 동의가 아니라 등기부상 명의자의 동의를 받은 협의성립확인은 취소사유로 항고소송으로 다툴 수 있다.**

○ 대법원 2018.12.13. 선고 2016두51719 판결[협의성립확인신청수리처분취소]

【판시사항】

공익사업을 위한 토지 등의 취득 및 보상에 관한 법률 제29조 제3항에 따른 협의 성립의 확인 신청에 필요한 동의의 주체인 토지소유자는 협의 대상이 되는 '토지의 진정한 소유자'를 의미하는지 여부(적극) / 사업시행자가 진정한 토지소유자의 동의를 받지 못한 채 등기부상 소유명의자의 동의만을 얻은 후 관련 사항에 대한 공증을 받아 위 제29조 제3항에 따라 협의 성립의 확인을 신청하였으나 토지수용위원회가 신청을 수리한 경우, 수리 행위가 위법한지 여부(원칙적 적극) / 이와 같은 동의에 흠결이 있는 경우 진정한 토지소유자 확정에서 사업시행자의 과실 유무를 불문하고 수리 행위가 위법한지 여부(적극) 및 이때 진정한 토지소유자가 수리 행위의 위법함을 이유로 항고소송으로 취소를 구할 수 있는지 여부(적극)

【판결요지】

공익사업을 위한 토지 등의 취득 및 보상에 관한 법률(이하 '토지보상법'이라 한다) 제29조에서 정한 협의 성립 확인제도는 수용과 손실보상을 신속하게 실현시키기 위하여 도입되었다. 토지보상법 제29조는 이를 위한 전제조건으로 협의 성립의 확인을 신청하기 위해서는 협의취득 내지 보상협의가 성립한 데에서 더 나아가 확인 신청에 대하여도 토지소유자 등이 동의할 것을 추가적 요건으로 정하고 있다. 특히 토지보상법 제29조 제3항은, 공증을 받아 협의 성립의 확인을 신청하는 경우에 공증에 의하여 협의 당사자의 자발적 합의를 전제로 한 협의의 진정 성립이 객관적으로 인정되었다고 보아, 토지보상법상 재결절차에 따르는 공고 및 열람, 토지소유자 등의 의견진술 등의 절차 없이 관할 토지수용위원회의 수리만으로 협의 성립이 확인된 것으로 간주함으로써, 사업시행자의 원활한 공익사업 수행, 토지수용위원회의 업무 간소화, 토지소유자 등의 간편하고 신속한 이익실현을 도모하고 있다.
한편 토지보상법상 수용은 일정한 요건하에 그 소유권을 사업시행자에게 귀속시키는 행정처분으로서 이로 인한 효과는 소유자가 누구인지와 무관하게 사업시행자가 그 소유권을 취득하게 하는 원시취득이다. 반면, 토지보상법상 '협의취득'의 성격은 사법상 매매계약이므로 그 이행으로 인한 사업시행자의 소유권 취득도 승계취득이다. 그런데 토지보상법 제29조 제3항에 따른 신청이 수리됨으로써 협의 성립의 확인이 있었던 것으로 간주되면, 토지보상법 제29조 제4항에 따라 그에 관한 재결이 있었던 것으로 재차 의제되고, 그에 따라 사업시행자는 사법상 매매의 효력만을 갖는 협의취득과는 달리 확인대상 토지를 수용재결의 경우와 동일하게 원시취득하는 효과를 누리게 된다.
이처럼 간이한 절차만을 거치는 협의 성립의 확인에, 원시취득의 강력한 효력을 부여함과 동시에 사법상 매매계약과 달리 협의 당사자들이 사후적으로 그 성립과 내용을 다툴 수 없게 한 법적 정당성의 원천은 사업시행자와 토지소유자 등이 진정한 합의를 하였다는 데에 있다. 여기에 공증에 의한 협의 성립 확인 제도의 체계와 입법 취지, 그 요건 및 효과까지 보태어 보면, 토지보상법 제29조 제3항에 따른 협의 성립의 확인 신청에 필요한 동의의 주체인 토지소유자는 협의 대상이 되는 '토지의 진정한 소유자'를 의미한다. 따라서 사업시행자가 진정한 토지소유자의 동의를 받지 못한 채 단순히 등기부상 소유명의자의 동의만을 얻은 후 관련 사항에 대한 공증을 받아 토지보상법 제29조 제3항에 따라 협의 성립의 확인을 신청하였음에도 토지수용위원회가 신청을 수리하였다면, 수리 행위는 다른 특별한 사정이 없는 한 토지보상법이 정한 소유자의 동의 요건을 갖추지 못한 것으로서 위법하다. 진정한 토지소유자의 동의가 없었던 이상, 진정한 토지소유자를 확정하는 데 사업시행자의 과실이 있었는지 여부와 무관하게 그 동의의 흠결은 위 수리 행위의 위법사유가 된다. 이에 따라 진정한 토지소유자는 수리 행위가 위법함을 주장하여 항고소송으로 취소를 구할 수 있다.

05 재결신청과 재결신청청구권

1. 재결신청[18)]

법 제28조(재결의 신청)

① 제26조에 따른 협의가 성립되지 아니하거나 협의를 할 수 없을 때(제26조 제2항 단서에 따른 협의 요구가 없을 때를 포함한다)에는 사업시행자는 사업인정고시가 된 날부터 1년 이내에 대통령령으로 정하는 바에 따라 관할 토지수용위원회에 재결을 신청할 수 있다.
② 제1항에 따라 재결을 신청하는 자는 국토교통부령으로 정하는 바에 따라 수수료를 내야 한다.

18) 류해웅, 신수용보상법론

(1) 의의 및 취지

재결신청이란 수용권이 부여된 사업시행자가 이 권리에 의하여 토지수용위원회에 수용 또는 사용의 재결을 구하는 절차를 말한다. 신속하고 원할한 공익사업을 위하여 사업시행자가 피수용자의 의사에 반하여 수용절차를 취하는 절차이다.

(2) 재결신청의 요건

① 사업시행자

재결은 사업시행자가 신청하여야 한다. 재결신청권이 사업시행자에게만 인정되고 피수용자에게는 인정되지 않는다. 다만, 예외적으로 수용절차와는 별도로 타인 토지에 출입에 의한 손실(법 제9조 제4항), 수용대상 토지 이외 토지의 공사로 인한 손실(법 제79조 제1항) 등에 따른 보상청구권을 행사하는 경우에는 토지소유자 및 관계인에게도 재결신청권이 인정된다.

② 협의의 불성립 또는 불능

재결신청은 협의가 성립되지 아니한 경우에 행사하는 것이다. 따라서 협의 절차를 거친 후에 협의가 성립되지 않거나 협의를 할 수 없을 때에 가능하다. 대법원은 협의 등을 거치지 아니한 채 재결을 신청한 경우 절차상 위법으로써 취소사유라는 입장이다.

판례

▶ 관련판례(대판 1993.8.13, 93누2148, 대판 1991.11.12, 91다27617, 대판 1989.3.28, 88다카14106)
토지수용법이 제25조의3의 각 항으로 토지소유자 및 관계인에게 재결신청의 청구권을 부여한 이유는, 시행자는 사업인정의 고시 후 1년 이내(재개발사업은 그 사업의 시행기간 내)에는 언제든지 재결을 신청할 수 있는 반면에 토지소유자 및 관계인은 재결신청권이 없으므로, **수용을 둘러싼 법률관계의 조속한 확정을 바라는 토지소유자 및 관계인의 이익을 보호하고 수용당사자 간의 공평을 기하기 위한 것이다.**

③ 재결신청기간

재결신청은 사업인정고시가 있는 날로부터 1년 이내에 하여야 한다. 다만, 개별법령에서 재결신청을 사업기간 내에 할 수 있도록 하는 특례규정이 있다. 대법원은 재결신청이 기각된 경우 재결신청기간의 제한규정에 저촉되는지 아니하는 한 다시 재결신청을 할 수 있다는 입장이다.

판례

▶ 관련판례(대판 2007.1.11, 2004두8538)
사업시행자가 그 사업시행기간 내에 토지에 대한 수용재결신청을 하였다면 그 신청은 사업시행기간이 경과하였다 하더라도 여전히 유효하므로 토지수용위원회는 사업시행기간이 경과한 이후에도 수용재결을 할 수 있다. 재결신청은 협의가 사업시행자의 과실로 불성립된 것이 아니라면 재결신청이 기각되었다고 하더라도 사업시행자는 재결신청기간의 제한 규정에 저촉되지 아니하는 한 다시 재결신청을 할 수 있다.

④ 관할 토지수용위원회

재결신청은 관할 토지수용위원회에 하여야 한다.

(3) 재결신청권자를 사업시행자로 한정한 재결신청의 한계[19]

① 재결의 신청권자를 사업시행자로 한정한 이유

토지 수용법의 전체적인 구조상으로 볼 때 피수용자에게 재결신청을 인정할 수 없다. 피수용자에게 재결신청권을 부여한다면 해당 (사업시행자의) 공익사업의 계획상 지장이 우려된다. 사업인정 고시 후 사정변경 등으로 토지 등의 취득이 필요 없게 되는 경우도 있다. 재결의 효과로서 발생하는 목적물 취득권과 보상의무가 사업시행자에게 있는데, 피수용자에게 재결신청권을 인정하게 되면 권리의 행사나 의무를 강요하는 결과가 된다.

② 문제점 및 대안

재결신청권자를 사업시행자로 한정한 것은 수용의 편의를 위한 것으로 볼 수 있다. 그 해결방법으로는 입법론적으로 재결의 신청권을 사업시행자와 토지소유자 및 관계인에게 모두 인정하는 것이 타당하다고 본다. 다분히 쟁송적 성격을 가진 재결절차의 본질을 고려한다면 그 절차의 개시권한을 사업시행자에게만 부여할 합리적인 근거를 상정하기 어렵기 때문이다.

법 제30조(재결 신청의 청구)

① 사업인정고시가 된 후 협의가 성립되지 아니하였을 때에는 토지소유자와 관계인은 대통령령으로 정하는 바에 따라 서면으로 사업시행자에게 재결을 신청할 것을 청구할 수 있다.

② 사업시행자는 제1항에 따른 청구를 받았을 때에는 그 청구를 받은 날부터 60일 이내에 대통령령으로 정하는 바에 따라 관할 토지수용위원회에 재결을 신청하여야 한다. 이 경우 수수료에 관하여는 제28조 제2항을 준용한다.

③ 사업시행자가 제2항에 따른 기간을 넘겨서 재결을 신청하였을 때에는 그 지연된 기간에 대하여 「소송촉진 등에 관한 특례법」 제3조에 따른 법정이율을 적용하여 산정한 금액을 관할 토지수용위원회에서 재결한 보상금에 가산(加算)하여 지급하여야 한다.

시행령 제14조(재결 신청의 청구 등)

① 토지소유자 및 관계인은 법 제30조 제1항에 따라 재결신청을 청구하려는 경우에는 제8조 제1항 제1호에 따른 협의기간이 지난 후 국토교통부령으로 정하는 바에 따라 다음 각 호의 사항을 적은 재결신청청구서를 사업시행자에게 제출하여야 한다.

1. 사업시행자의 성명 또는 명칭
2. 공익사업의 종류 및 명칭
3. 토지소유자 및 관계인의 성명 또는 명칭 및 주소
4. 대상토지의 소재지·지번·지목 및 면적과 토지에 있는 물건의 종류·구조 및 수량
5. 협의가 성립되지 아니한 사유

② 법 제30조 제3항에 따라 가산하여 지급하여야 하는 금액은 관할 토지수용위원회가 재결서에 적어야 하며, 사업시행자는 수용 또는 사용의 개시일까지 보상금과 함께 이를 지급하여야 한다.

19) 정기상, 수용절차상 재결신청청구제도에 관한 연구, 인권과 정의 428호 39-57, 대한변호사협회, 2012

■ **재결신청 중요판례 : 도시계획시설사업의 시행자가 실시계획에서 정한 사업시행기간 내에 토지에 대한 수용재결 신청을 한 경우, 토지수용위원회가 사업시행기간이 경과한 이후에도 위 신청에 따른 수용재결을 할 수 있는지 여부(적극)**

○ 대법원 2007.1.11. 선고 2004두8538 판결[토지수용이의재결처분취소]

[1] 위법한 행정처분의 취소를 구하는 소는 위법한 처분에 의하여 발생한 위법상태를 배제하여 원상으로 회복시키고 그 처분으로 침해되거나 방해받은 권리와 이익을 보호・구제하고자 하는 소송이므로, 비록 그 위법한 처분을 취소한다고 하더라도 원상회복이 불가능한 경우에는 그 취소를 구할 이익이 없다.

[2] 구 도시계획법(2002.2.4. 법률 제6655호 국토의 계획 및 이용에 관한 법률 부칙 제2조로 폐지) 제68조, 구 토지수용법(2002.2.4. 법률 제6656호 공익사업을 위한 토지 등의 취득 및 보상에 관한 법률 부칙 제2조로 폐지) 제17조 등 관계 규정을 종합하면, 도시계획시설사업의 시행자는 늦어도 인가・고시된 도시계획시설사업 실시계획에서 정한 사업시행기간 내에 사법상의 계약에 의하여 도시계획시설사업에 필요한 타인 소유의 토지를 양수하거나 수용재결의 신청을 하여야 하고, 도시계획시설사업의 시행자가 그 사업시행기간 내에 토지에 대한 수용재결 신청을 하였다면 그 신청은 사업시행기간이 경과하였다 하더라도 여전히 유효하므로, 토지수용위원회는 사업시행기간이 경과한 이후에도 위 신청에 따른 수용재결을 할 수 있다.

[3] 도시계획시설사업의 시행자가 도시계획시설사업의 실시계획에서 정한 사업시행기간 내에 토지에 대한 수용재결 신청을 하였다면, 그 신청을 기각하는 내용의 이의재결의 취소를 구하던 중 그 사업시행기간이 경과하였다 하더라도, 이의재결이 취소되면 도시계획시설사업 시행자의 신청에 따른 수용재결이 이루어질 수 있어 원상회복이 가능하므로 위 사업시행자로서는 이의재결의 취소를 구할 소의 이익이 있다.

[4] 구 토지수용법(2002.2.4. 법률 제6656호 공익사업을 위한 토지 등의 취득 및 보상에 관한 법률 부칙 제2조로 폐지)은 수용・사용의 일차 단계인 사업인정에 속하는 부분은 사업의 공익성 판단으로 사업인정기관에 일임하고 그 이후의 구체적인 수용・사용의 결정은 토지수용위원회에 맡기고 있는바, 이와 같은 토지수용절차의 2분화 및 사업인정의 성격과 토지수용위원회의 재결사항을 열거하고 있는 같은 법 제29조 제2항의 규정 내용에 비추어 볼 때, 토지수용위원회는 행정쟁송에 의하여 사업인정이 취소되지 않는 한 그 기능상 사업인정 자체를 무의미하게 하는, 즉 사업의 시행이 불가능하게 되는 것과 같은 재결을 행할 수는 없다.

2. 재결신청청구권

(1) 서

① 의의 및 취지

재결신청청구권이란 협의불성립의 경우 토지소유자 및 관계인이 사업시행자에게 재결신청을 조속히 할 것을 청구하는 권리를 말한다. 토지보상법이 토지소유자 등에게 재결신청의 청구권을 부여한 이유는 수용을 둘러싼 법률관계의 조속한 안정과 재결신청의 지연으로 인한 피수용자의 불이익을 배제하기 위한 것으로서, 사업시행자와의 형평의 원리에 입각한 제도이다.

판례

▶ 관련판례(대판 1997.10.24, 97다31175)
토지수용법이 제25조의3의 각 항으로 토지소유자 및 관계인에게 재결신청의 청구권을 부여한 이유는, 시행자는 사업인정의 고시 후 1년 이내(재개발사업은 그 사업의 시행기간 내)에는 언제든지 재결을 신청할 수 있는 반면에 토지소유자 및 관계인은 재결신청권이 없으므로, 수용을 둘러싼 법률관계의 조속한 확정을 바라는 토지소유자 및 관계인의 이익을 보호하고 수용당사자 간의 공평을 기하기 위한 것이다.

② 사업시행자의 재결신청권의 타당성

사업시행자에게만 재결신청권을 주어 피수용자의 형평성 관점에서 문제가 될 수 있다. 원활한 공익사업 진행을 보장한다는 점, 재결신청청구제도(아래 판례)가 있다는 점, 사업인정실효제도가 있다는 점 등을 미루어 볼 때 사업시행자의 재결신청권은 일응 타당성이 있다고 볼 수 있다. 하지만 사업시행자에게만 재결신청권이 주어진 것은 여전히 피수용자에게만 불리한 점이 많다. 후술하는 바와 같이 사업시행자가 보상제외 대상이라고 하여 재결신청을 하지 않는 경우 등을 들 수 있을 것이다. 피수용자의 권리구제를 위해 입법적인 보완이 필요해 보인다.

판례

▶ 관련판례(대판 1993.8.27, 93누9064)
토지수용법이 토지소유자 등에게 재결신청의 청구권을 부여한 이유는, 협의가 성립되지 아니한 경우 시행자는 사업인정의 고시 후 1년 이내(도시계획사업은 그 사업의 시행기간 내)에는 언제든지 재결을 신청할 수 있는 반면 토지소유자는 재결신청권이 없으므로, 수용을 둘러싼 법률관계의 조속한 확정을 바라는 토지소유자 등의 이익을 보호함과 동시에 수용당사자 간의 공평을 기하기 위한 것이라고 해석되는 점, 같은 법 제25조의3 제3항의 가산금제도의 취지는 위 청구권의 실효를 확보하자는 것이라고 해석되는 점을 참작하여 볼 때, 도시계획사업 시행자가 사업실시계획인가의 고시 후 상당한 기간이 경과하도록 협의대상 토지소유자에게 협의기간을 통지하지 아니하였다면 토지소유자로서는 토지수용법 제25조의3 제1항에 따라 재결신청의 청구를 할 수 있다

(2) 재결신청청구권의 성립요건

① 당사자

청구권자는 토지소유자 및 관계인이며, 피청구권자는 토지수용위원회에 재결을 신청할 수 있는 사업시행자가 됨이 원칙이며, 수행업무의 대행자가 있는 경우에는 그 업무대행자에게 신청하여도 된다.

판례

▶ 관련판례(대판 1995.10.13, 94누7232)
기업자를 대신하여 협의절차의 업무를 대행하고 있는 자가 따로 있는 경우에는 특별한 사정이 없는 한 재결신청의 청구서를 그 업무대행자에게도 제출할 수 있다.

② 청구의 기간

(ㄱ) 원칙

원칙적으로 사업인정고시 후에 사업시행자가 협의기간으로 통지한 기간이 경과하였음에도 불구하고 협의가 성립되지 못한 경우에 재결을 신청할 것을 청구할 수 있다(시행령 제14조 제1항). 따라서 청구의 기간은 협의기간 만료일부터 재결을 신청할 수 있는 기간만료일까지이다.

(ㄴ) 예외(대법원 판례)

사업인정 후 상당한 기간이 지나도록 협의기간의 통지가 없는 경우 및 협의기간 만료 전이라도 협의불성립이 명백한 경우 재결신청청구가 가능하다고 보는 것이 판례의 입장이다.

■ **법규 헷갈리는 쟁점 : 재결신청청구에 대한 주요 쟁점**

Ⅰ. 사업인정의 고시 후 협의기간을 통지하지 아니한 경우

▶ 대법원 1993.8.27. 선고 93누9064 판결[토지수용재결처분취소등]

【판시사항】

도시계획사업 시행자가 사업인정의 고시 후 상당한 기간이 경과하도록 토지수용법 시행령 제15조의2 제1항 소정의 협의기간을 통지하지 아니한 경우 토지소유자는 같은 법 제25조의3 제1항 소정의 재결신청의 청구를 할 수 있는지 여부

【판결요지】

토지수용법이 토지소유자 등에게 재결신청의 청구권을 부여한 이유는, 협의가 성립되지 아니한 경우 시행자는 사업인정의 고시 후 1년 이내(도시계획사업은 그 사업의 시행기간 내)에는 언제든지 재결을 신청할 수 있는 반면 토지소유자는 재결신청권이 없으므로, 수용을 둘러싼 법률관계의 조속한 확정을 바라는 토지소유자 등의 이익을 보호함과 동시에 수용당사자간의 공평을 기하기 위한 것이라고 해석되는 점, 같은 법 제25조의3 제3항의 가산금 제도의 취지는 위 청구권의 실효를 확보하자는 것이라고 해석되는 점을 참작하여 볼 때, 도시계획사업 시행자가 사업실시계획인가의 고시 후 상당한 기간이 경과하도록 협의대상 토지소유자에게 협의기간을 통지하지 아니하였다면 토지소유자로서는 토지수용법 제25조의3 제1항에 따라 재결신청의 청구를 할 수 있다.

Ⅱ. 협의의 성립가능성 없음이 명백한 경우/60일의 기산점(협의만료일부터 기산)

▶ 대법원 1993.7.13. 선고 93누2902 판결[토지수용재결처분취소등]

【판시사항】

가. 수용에 관한 협의절차 업무대행자가 있는 경우 토지수용법 제25조의3 소정의 재결신청 청구의 상대방

나. 수용에 관한 협의의 성립가능성 없음이 명백한 경우 협의기간 종료 전에 재결신청의 청구를 할 수 있는지 여부 및 이 경우 같은 법 제25조의3 제2항에 의한 2월의 기간의 기산점

【판결요지】

가. 기업자를 대신하여 토지수용에 관한 협의절차 업무를 대행하고 있는 자가 있는 경우에는 특별한 사정이 없는 이상 재결신청의 청구서를 그 업무대행자에게도 제출할 수 있다.

나. 수용에 관한 협의기간이 정하여져 있더라도 협의의 성립가능성 없음이 명백해졌을 때와 같은 경우에는 굳이 협의기간이 종료될 때까지 기다리게 하여야 할 필요성도 없는 것이므로 협의기간 종료 전이라도 기업자나 그 업무대행자에 대하여 재결신청의 청구를 할 수 있는 것으로 보아야 하며, 다

만 그와 같은 경우 토지수용법 제25조의3 제2항에 의한 2월의 기간은 협의기간 만료일로부터 기산하여야 한다.

Ⅲ. 협의가 성립되지 아니한 때의 해석

▶ 대법원 2011.7.14. 선고 2011두2309 판결[보상제외처분취소등]

【판시사항】

[1] 공익사업을 위한 토지 등의 취득 및 보상에 관한 법률 제30조 제1항에서 정한 '협의가 성립되지 아니한 때'에, 토지소유자 등이 손실보상대상에 해당한다고 주장하며 보상을 요구하는데도 사업시행자가 손실보상대상에 해당하지 않는다며 보상대상에서 이를 제외한 채 협의를 하지 않아 결국 협의가 성립하지 않은 경우도 포함되는지 여부(적극)

[2] 도로건설 사업구역에 포함된 토지의 소유자가 토지상의 지장물에 대하여 재결신청을 청구하였으나, 그중 일부에 대해서는 사업시행자가 손실보상대상에 해당하지 않아 재결신청대상이 아니라는 이유로 수용재결 신청을 거부하면서 보상협의를 하지 않은 사안에서, 위 처분이 위법하다고 본 원심판단을 수긍한 사례

【판결요지】

[1] 공익사업을 위한 토지 등의 취득 및 보상에 관한 법률(이하 '공익사업법'이라 한다) 제30조 제1항은 재결신청을 청구할 수 있는 경우를 사업시행자와 토지소유자 및 관계인 사이에 '협의가 성립하지 아니한 때'로 정하고 있을 뿐 손실보상대상에 관한 이견으로 협의가 성립하지 아니한 경우를 제외하는 등 그 사유를 제한하고 있지 않은 점, 위 조항이 토지소유자 등에게 재결신청청구권을 부여한 취지는 공익사업에 필요한 토지 등을 수용에 의하여 취득하거나 사용할 때 손실보상에 관한 법률관계를 조속히 확정함으로써 공익사업을 효율적으로 수행하고 토지소유자 등의 재산권을 적정하게 보호하기 위한 것인데, 손실보상대상에 관한 이견으로 손실보상협의가 성립하지 아니한 경우에도 재결을 통해 손실보상에 관한 법률관계를 조속히 확정할 필요가 있는 점 등에 비추어 볼 때, '협의가 성립되지 아니한 때'에는 사업시행자가 토지소유자 등과 공익사업법 제26조에서 정한 협의절차를 거쳤으나 보상액 등에 관하여 협의가 성립하지 아니한 경우는 물론 토지소유자 등이 손실보상대상에 해당한다고 주장하며 보상을 요구하는데도 사업시행자가 손실보상대상에 해당하지 아니한다며 보상대상에서 이를 제외한 채 협의를 하지 않아 결국 협의가 성립하지 않은 경우도 포함된다고 보아야 한다.

[2] 아산~천안 간 도로건설 사업구역에 포함된 토지의 소유자가 토지상의 지장물에 대하여 재결신청을 청구하였으나, 그중 일부에 대해서는 사업시행자가 손실보상대상에 해당하지 않아 재결신청대상이 아니라는 이유로 수용재결 신청을 거부하면서 보상협의를 하지 않은 사안에서, 사업시행자가 수용재결 신청을 거부하거나 보상협의를 하지 않으면서도 아무런 조치를 취하지 않은 것은 공익사업을 위한 토지 등의 취득 및 보상에 관한 법률에서 정한 재결신청청구 제도의 취지에 반하여 위법하다고 본 원심판단을 수긍한 사례

Ⅳ. 협의기간 연장 시 재결신청청구 지연가산금 토지보상법 제30조 제2항 60일의 기산점(당초 협의기간 만료일부터 기산)

▶ 대법원 2012.12.27. 선고 2010두9457 판결[보상금증액]

【판시사항】

[1] 토지소유자 등이 구 공익사업을 위한 토지 등의 취득 및 보상에 관한 법률 제85조에서 정한 제소기간 내에 관할 토지수용위원회에서 재결한 보상금의 증감에 대한 소송을 제기한 경우, 같은 법 제30

조 제3항에서 정한 지연가산금은 위 제85조에서 정한 제소기간에 구애받지 않고 그 소송절차에서 청구취지 변경 등을 통해 청구할 수 있는지 여부(적극)

[2] 사업시행자가 보상협의요청서에 기재한 협의기간이 종료하기 전에 토지소유자 및 관계인이 재결신청의 청구를 하였으나 사업시행자가 협의기간이 종료하기 전에 협의기간을 연장한 경우, 구 공익사업을 위한 토지 등의 취득 및 보상에 관한 법률 제30조 제2항에서 정한 60일 기간의 기산 시기(=당초의 협의기간 만료일)

【판결요지】

[1] 구 공익사업을 위한 토지 등의 취득 및 보상에 관한 법률(2011.8.4. 법률 제11017호로 개정되기 전의 것, 이하 '구 공익사업법'이라고 한다) 제84조 제1항, 제85조, 제30조 등 관계 법령의 내용, 형식 및 취지를 종합하면, 구 공익사업법 제30조 제3항에서 정한 지연가산금은, 사업시행자가 재결신청의 청구를 받은 때로부터 60일을 경과하여 재결신청을 한 경우 관할 토지수용위원회에서 재결한 보상금(이하 '재결 보상금'이라고 한다)에 가산하여 토지소유자 및 관계인에게 지급하도록 함으로써, 사업시행자로 하여금 구 공익사업법이 규정하고 있는 기간 이내에 재결신청을 하도록 간접강제함과 동시에 재결신청이 지연된 데에 따른 토지소유자 및 관계인의 손해를 보전하는 성격을 갖는 금원으로, 재결 보상금에 부수하여 구 공익사업법상 인정되는 공법상 청구권이다. 그러므로 제소기간 내에 재결 보상금의 증감에 대한 소송을 제기한 이상, 지연가산금은 구 공익사업법 제85조에서 정한 제소기간에 구애받지 않고 그 소송절차에서 청구취지 변경 등을 통해 청구할 수 있다고 보는 것이 타당하다.

[2] 공익사업을 위한 토지 등의 취득 및 보상에 관한 법률 시행령 제8조 제1항, 제14조 제1항의 내용, 형식 및 취지를 비롯하여, 토지소유자 및 관계인이 협의기간 종료 전에 사업시행자에게 재결신청의 청구를 한 경우 구 공익사업을 위한 토지 등의 취득 및 보상에 관한 법률(2011.8.4. 법률 제11017호로 개정되기 전의 것, 이하 '구 공익사업법'이라고 한다) 제30조 제2항에서 정한 60일의 기간은 협의기간 만료일로부터 기산하여야 하는 점, 사업인정고시가 있게 되면 토지소유자 및 관계인에 대하여 구 공익사업법 제25조에서 정한 토지 등의 보전의무가 발생하고, 사업시행자에게는 구 공익사업법 제27조에서 정한 토지 및 물건에 관한 조사권이 주어지게 되는 이상, 협의기간 연장을 허용하게 되면 토지소유자 및 관계인에게 위와 같은 실질적인 불이익도 연장될 우려가 있는 점, 협의기간 내에 협의가 성립되지 아니하여 토지소유자 및 관계인이 재결신청의 청구까지 한 마당에 사업시행자의 협의기간 연장을 허용하는 것은 사업시행자가 일방적으로 재결신청을 지연할 수 있도록 하는 부당한 결과를 가져올 수 있는 점 등을 종합해 보면, 사업시행자가 보상협의요청서에 기재한 협의기간을 토지소유자 및 관계인에게 통지하고, 토지소유자 및 관계인이 그 협의기간이 종료하기 전에 재결신청의 청구를 한 경우에는 사업시행자가 협의기간이 종료하기 전에 협의기간을 연장하였다고 하더라도 구 공익사업법 제30조 제2항에서 정한 60일의 기간은 당초의 협의기간 만료일로부터 기산하여야 한다고 보는 것이 타당하다.

③ 청구의 형식

재결신청의 청구는 엄격한 형식을 요하지 아니하는 서면행위로 일정한 사항을 기재한 재결신청 청구서의 제출은 사업시행자에게 직접 제출하거나 우편법 시행규칙에 따른 증명취급의 방법으로 한다.

판례

▶ 관련판례(대판 1995.10.13, 94누7232)

재결신청의 청구는 엄격한 형식을 요하지 아니하는 서면행위이고, 따라서 토지소유자 등이 서면에 의하여 재결청구의 의사를 명백히 표시한 이상 같은 법 시행령 제16조의2 제1항 각 호의 사항 중 일부를 누락하였다고 하더라도 위 청구의 효력을 부인할 것은 아니고, 또한 기업자를 대신하여 협의절차의 업무를 대행하고 있는 자가 따로 있는 경우에는 특별한 사정이 없는 한 재결신청의 청구서를 그 업무대행자에게도 제출할 수 있다.

④ 재결신청청구사유

(ㄱ) 토지보상법 제30조 제1항 태도

사업인정고시가 된 후 협의가 성립되지 아니하였을 때에는 토지소유자와 관계인은 대통령령으로 정하는 바에 따라 서면으로 사업시행자에게 재결을 신청할 것을 청구할 수 있다.

(ㄴ) 대법원 판례의 태도

사업인정 후 상당한 기간이 지나도록 협의기간의 통지가 없는 경우 및 협의기간 만료 전이라도 협의불성립이 명백한 경우 재결신청청구가 가능하다고 보는 것이 판례의 입장이다.

판례

▶ 관련판례(대판 2011.7.14, 2011두2309)[보상제외처분취소 등]

재결신청을 청구할 수 있는 경우를 사업시행자와 토지소유자 및 관계인 사이에 '협의가 성립하지 아니한 때'로 정하고 있을 뿐 손실보상대상에 관한 이견으로 협의가 성립하지 아니한 경우를 제외하는 등 그 사유를 제한하고 있지 않은 점, ~~ '협의가 성립되지 아니한 때'에는 사업시행자가 토지소유자 등과 공익사업법 제26조에서 정한 협의절차를 거쳤으나 보상액 등에 관하여 협의가 성립하지 아니한 경우는 물론 토지소유자 등이 손실보상대상에 해당한다고 주장하며 보상을 요구하는데도 사업시행자가 손실보상대상에 해당하지 아니한다며 보상대상에서 이를 제외한 채 협의를 하지 않아 결국 협의가 성립하지 않은 경우도 포함된다고 보아야 한다.

(3) 재결신청청구의 효과

① 사업시행자의 재결신청의무(법 제30조 제2항)

사업시행자는 재결신청의 청구가 있은 날부터 60일 이내에 재결을 신청하여야 한다. 다만, 협의기간 내라도 협의성립의 가능성이 없음이 명백하여 재결신청의 청구를 한 경우에는 협의기간만료일부터 기산한다.

② **재결신청 해태 시 지연가산금 지급의무**(법 제30조 제3항)

사업시행자가 피수용자로부터 재결신청의 청구를 받은 날로부터 60일을 경과하여 재결을 신청한 때에는 그 경과한 기간에 대하여 소송촉진 등에 관한 특례법에 의한 법정이율을 적용하여 산정한 금액을 관할 토지수용위원회에서 재결한 보상금에 가산하여 지급하여야 한다.

(4) 권리구제

① 사업시행자가 재결신청을 거부하거나 부작위하는 경우

(ㄱ) 항고쟁송

종전 대법원은 명시적으로 사업시행자의 재결신청거부나 부작위에 대해서 처분성을 언급하지는 않았지만, 재결신청거부에 대한 처분성을 전제로 하여 재결신청거부가 위법하다고 판시하였다. 최근 대판 2019.8.29, 2018두57865에서는 재결신청청구의 거부에 대해서는 거부처분취소소송이나 부작위에 대하여 부작위위법확인소송으로 다툴 수 있다는 해석을 내놓아서 한층 재결신청청구거부에 대한 논의가 뜨거워지고 있다.

판례

재결신청청구거부에 대하여 거부처분취소소송으로 다툼 가능

> 토지소유자나 관계인의 재결신청 청구에도 사업시행자가 재결신청을 하지 않을 때 토지소유자나 관계인은 사업시행자를 상대로 거부처분취소소송 또는 부작위 위법확인소송의 방법으로 다툴 수 있음

1. 재결신청청구거부에 대하여 거부처분취소소송으로 다툴 수 있음(대판 2019.8.29, 2018두57865)

종전의 대법원 민사 판례는 피수용자의 재결신청청구거부에 대하여 민사소송의 방법으로도 소구할 수 없다고 판시하였다. 그러나 최근 토지의 소유자가 토지상의 지장물에 대하여 재결신청을 청구하였으나, 그중 일부에 대해서는 사업시행자가 손실보상대상에 해당하지 않아 재결신청대상이 아니라는 이유로 수용재결 신청을 거부하면서 보상협의를 하지 않은 사안에서, 위 처분이 위법하다고 판시하였고, 고등법원의 행정사건 판례에서는 재결신청청구거부에 대하여 거부처분취소소송으로 다툴 수 있다고 판시하여 그동안 재결신청청구거부에 대한 처분성 논란과 권리구제의 혼선이 있었다. 그러나 2018두57865 판결이 판시됨으로써 피수용자의 재결신청청구에 대하여 사업시행자(행정청을 전제함)의 거부에 대해서는 거부처분취소소송으로 다툴 수 있다고 해석할 수 있겠다.

> 【사건의 개요】
> 국토교통부장관이 피고에 대하여 이 사건 사업의 실시계획을 승인·고시하였고 이후 연장된 이 사건 사업의 시행기간은 '2012.12.31.까지'임을 알 수 있으므로, 원고의 피고에 대한 재결신청 청구는 실시계획 승인권자가 정한 사업시행기간인 2012.12.31.까지는 하여야 한다. 그러나 원고가 2017.10.11.에 이르러서야 피고에게 이 사건 각 토지의 농업손실을 보상받기 위하여 재결신청 청구를 하였다. 피고가 2018.1.5. 원고에 대하여 '이미 사업시행기간이 만료되었다.'라는 이유로 이 사건 거부처분을 한 것은 적법하다고 보아야 한다.

【판시사항】

[1] 공익사업으로 농업의 손실을 입게 된 자가 공익사업을 위한 토지 등의 취득 및 보상에 관한 법률 제34조, 제50조 등에 규정된 재결절차를 거치지 않은 채 곧바로 사업시행자를 상대로 손실보상을 청구할 수 있는지 여부(소극)

[2] 편입토지 보상, 지장물 보상, 영업・농업 보상에 관하여 토지소유자나 관계인이 사업시행자에게 재결신청을 청구했음에도 사업시행자가 재결신청을 하지 않을 경우, 토지소유자나 관계인의 불복 방법 및 이때 사업시행자에게 재결신청을 할 의무가 있는지가 소송요건 심사단계에서 고려할 요소인지 여부(소극)

[3] 한국수자원공사법에 따른 사업을 수행하기 위한 토지 등의 수용 또는 사용으로 손실을 입게 된 토지소유자나 관계인이 공익사업을 위한 토지 등의 취득 및 보상에 관한 법률 제30조에 따라 한국수자원공사에 재결신청을 청구하는 경우, 위 사업의 실시계획을 승인할 때 정한 사업시행기간 내에 해야 하는지 여부(적극)

【판결요지】

[1] 공익사업을 위한 토지 등의 취득 및 보상에 관한 법률(이하 '토지보상법'이라 한다) 제26조, 제28조, 제30조, 제34조, 제50조, 제61조, 제83조 내지 제85조의 규정 내용 및 입법 취지 등을 종합하면, 공익사업으로 농업의 손실을 입게 된 자가 사업시행자로부터 토지보상법 제77조 제2항에 따라 농업손실에 대한 보상을 받기 위해서는 토지보상법 제34조, 제50조 등에 규정된 재결절차를 거친 다음 그 재결에 대하여 불복이 있는 때에 비로소 토지보상법 제83조 내지 제85조에 따라 권리구제를 받을 수 있을 뿐, 이러한 재결절차를 거치지 않은 채 곧바로 사업시행자를 상대로 손실보상을 청구하는 것은 허용되지 않는다.

[2] <u>공익사업을 위한 토지 등의 취득 및 보상에 관한 법률 제28조, 제30조에 따르면, 편입토지 보상, 지장물 보상, 영업・농업 보상에 관해서는 사업시행자만이 재결을 신청할 수 있고 토지소유자와 관계인은 사업시행자에게 재결신청을 청구하도록 규정하고 있으므로, 토지소유자나 관계인의 재결신청 청구에도 사업시행자가 재결신청을 하지 않을 때 토지소유자나 관계인은 사업시행자를 상대로 거부처분취소소송 또는 부작위위법확인소송의 방법으로 다투어야 한다.</u> 구체적인 사안에서 토지소유자나 관계인의 재결신청 청구가 적법하여 사업시행자가 재결신청을 할 의무가 있는지는 본안에서 사업시행자의 거부처분이나 부작위가 적법한가를 판단하는 단계에서 고려할 요소이지, 소송요건 심사단계에서 고려할 요소가 아니다.

[3] 한국수자원공사법에 따르면, 한국수자원공사는 수자원을 종합적으로 개발・관리하여 생활용수 등의 공급을 원활하게 하고 수질을 개선함으로써 국민생활의 향상과 공공복리의 증진에 이바지함을 목적으로 설립된 공법인으로서(제1조, 제2조), 사업을 수행하기 위하여 필요한 경우에는 공익사업을 위한 토지 등의 취득 및 보상에 관한 법률(이하 '토지보상법'이라 한다) 제3조에 따른 토지 등을 수용 또는 사용할 수 있고, 토지 등의 수용 또는 사용에 관하여 한국수자원공사법에 특별한 규정이 있는 경우 외에는 토지보상법을 적용한다(제24조 제1항, 제7항). 한국수자원공사법 제10조에 따른 실시계획의 승인・고시가 있으면 토지보상법 제20조 제1항 및 제22조에 따른 사업인정 및 사업인정의 고시가 있은 것으로 보고, 이 경우 재결신청은 토지보상법 제23조 제1항 및 제28조 제1항에도 불구하고 실시계획을 승인할 때 정한 사업의 시행기간 내에 하여야 한다(제24조 제2항).

위와 같은 관련 규정들의 내용과 체계, 입법취지 등을 종합하면, 한국수자원공사가 한국수자원공사법에 따른 사업을 수행하기 위하여 토지 등을 수용 또는 사용하고자 하는 경우에 재결신청은 실시계획을 승인할 때 정한 사업의 시행기간 내에 하여야 하므로, 토지소유자나 관계인이 토지보상법 제30조에 의하여 한국수자원공사에 하는 재결신청의 청구도 위 사업시행기간 내에 하여야 한다.

【참조조문】

[1] 공익사업을 위한 토지 등의 취득 및 보상에 관한 법률 제26조, 제28조, 제30조, 제34조, 제50조, 제61조, 제77조 제2항, 제83조, 제84조, 제85조

[2] 공익사업을 위한 토지 등의 취득 및 보상에 관한 법률 제28조, 제30조

[3] 한국수자원공사법 제1조, 제2조, 제24조 제1항, 제2항, 제7항, 공익사업을 위한 토지 등의 취득 및 보상에 관한 법률 제30조

【참조판례】

[1] 대판 2011.10.13, 2009다43461

[2] 대판 2011.7.14, 2011두2309

[3] 대판 1996.4.23, 95누15551

【전문】

【원고, 피상고인】 원고

【피고, 상고인】 한국수자원공사

【원심판결】 서울고법 2018.8.28, 2018누49293

【주문】

원심판결을 파기하고, 사건을 서울고등법원에 환송한다.

【이유】

상고이유를 판단한다.

1. 상고이유 제1점에 대하여

가. (1) 항고소송의 대상인 '처분'이란 "행정청이 행하는 구체적 사실에 관한 법집행으로서의 공권력의 행사 또는 그 거부와 그 밖에 이에 준하는 행정작용"을 말한다(행정소송법 제2조 제1항 제1호). 행정청의 어떤 행위가 항고소송의 대상이 될 수 있는지는 추상적·일반적으로 결정할 수 없고, 관련 법령의 내용과 취지, 그 행위의 주체·내용·형식·절차, 그 행위와 상대방 등 이해관계인이 입는 불이익과의 실질적 견련성, 그리고 법치행정의 원리와 당해 행위에 관련한 행정청 및 이해관계인의 태도 등을 참작하여 개별적으로 결정하여야 한다(대판 2010.11.18, 2008두167 全合 등 참조). 또한 구체적인 사안에서 행정청에 신청에 따른 처분을 할 권한이 있는지는 본안에서 당해 처분이 적법한가를 판단하는 단계에서 고려할 요소이지, 소송요건 심사단계에서 고려할 요소가 아니다.

(2) 공익사업을 위한 토지 등의 취득 및 보상에 관한 법률(이하 '토지보상법'이라고 한다) 제26조, 제28조, 제30조, 제34조, 제50조, 제61조, 제83조 내지 제85조의 규정 내용 및 입법 취지 등을 종합하면, 공익사업으로 인하여 농업의 손실을 입게 된 자가 사업시행자로부터 토지보상법 제77조 제2항에 따라 농업손실에 대한 보상을 받기 위해서는 토지보상법 제34조, 제50조 등에 규정된 재결절차를 거친 다음 그 재결에 대하여 불복이 있는 때에 비로소 토지보상법 제83조 내지 제85조에 따라 권리구제를 받을 수 있을 뿐, 이러한 재결절차를 거치지 않은 채 곧바로 사업시행자를 상대로 손실보상을 청구하는 것은 허용되지 않는다(대판 2011.10.13, 2009다43461 참조).

(3) 토지보상법 제28조, 제30조에 의하면, 편입토지 보상, 지장물 보상, 영업・농업 보상에 관해서는 사업시행자만이 재결을 신청할 수 있고 토지소유자와 관계인은 사업시행자에게 재결신청을 청구하도록 규정하고 있으므로, 토지소유자나 관계인의 재결신청 청구에도 불구하고 사업시행자가 재결신청을 하지 않을 때 토지소유자나 관계인은 사업시행자를 상대로 거부처분 취소소송 또는 부작위 위법확인소송의 방법으로 다투어야 한다(대판 2011.7.14, 2011두2309 등 참조). 구체적인 사안에서 토지소유자나 관계인의 재결신청 청구가 적법하여 사업시행자가 재결신청을 할 의무가 있는지는 본안에서 사업시행자의 거부처분이나 부작위가 적법한가를 판단하는 단계에서 고려할 요소이지, 소송요건 심사 단계에서 고려할 요소가 아니다.

나. 원심은, 원고가 2017.10.11. 피고에게 이 사건 각 토지의 농업손실을 보상받기 위하여 재결신청 청구를 하자, 피고가 2018.1.5. 원고에 대하여 '이미 사업시행기간이 만료되어 피고에게는 재결신청 권한이 없다.'라는 이유로 이 사건 거부회신을 한 것은 항고소송의 대상인 처분에 해당한다고 판단한 다음, 피고가 든 위 거부사유가 정당한지에 관하여 본안판단을 하였다. 이러한 원심판단은 앞서 본 법리에 기초한 것으로, 거기에 상고이유 주장과 같이 처분성에 관한 법리를 오해하는 등의 잘못이 없다(이하 이 사건 거부회신을 '이 사건 거부처분'이라고 한다).

2. 상고이유 제2점에 대하여

가. (1) 한국수자원공사법에 의하면, 한국수자원공사는 수자원을 종합적으로 개발・관리하여 생활용수 등의 공급을 원활하게 하고 수질을 개선함으로써 국민생활의 향상과 공공복리의 증진에 이바지함을 목적으로 설립된 공법인으로서(제1조, 제2조), 사업을 수행하기 위하여 필요한 경우에는 토지보상법 제3조에 따른 토지 등을 수용 또는 사용할 수 있고, 토지 등의 수용 또는 사용에 관하여 한국수자원공사법에 특별한 규정이 있는 경우 외에는 토지보상법을 적용한다(제24조 제1항, 제7항). 한국수자원공사법 제10조에 따른 실시계획의 승인・고시가 있으면 토지보상법 제20조 제1항 및 제22조에 따른 사업인정 및 사업인정의 고시가 있은 것으로 보고, 이 경우 재결신청은 토지보상법 제23조 제1항 및 제28조 제1항에도 불구하고 실시계획을 승인할 때 정한 사업의 시행기간 내에 하여야 한다(제24조 제2항).

(2) 위와 같은 관련 규정들의 내용과 체계, 입법 취지 등을 종합하면, 한국수자원공사가 한국수자원공사법에 따른 사업을 수행하기 위하여 토지 등을 수용 또는 사용하고자 하는 경우에 재결신청은 실시계획을 승인할 때 정한 사업의 시행기간 내에 하여야 하므로, 토지소유자나 관계인이 토지보상법 제30조에 의하여 한국수자원공사에 하는 재결신청의 청구도 위 사업시행기간 내에 하여야 한다고 봄이 타당하다(대판 1996.4.23, 95누15551 참조).

나. 원심이 인용한 제1심판결 이유에 의하면, 국토해양부장관이 피고에 대하여 이 사건 사업의 실시계획을 승인・고시하였고 이후 연장된 이 사건 사업의 시행기간은 '2012.12.까지'임을 알 수 있으므로, 원고의 피고에 대한 재결신청 청구는 실시계획 승인권자가 정한 사업시행기간인 2012.12.31.까지는 하여야 한다. 그러나 원고가 2017.10.11.에 이르러서야 피고에게 이 사건 각 토지의 농업손실을 보상받기 위하여 재결신청 청구를 하였으므로, 원고의 재결신청 청구는 부적법하며, 피고가 2018.1.5. 원고에 대하여 '이미 사업시행기간이 만료되었다.'라는 이유로 이 사건 거부처분을 한 것은 적법하다고 보아야 한다.

다. 그런데도 원심은, 원고가 손실보상청구권을 행사할 수 있는 기간 내에는 언제라도 재결신청의 청구를 할 수 있다거나 농업손실 보상을 위한 재결신청에는 한국수자원공사법 제24조 제2항에서 정한 재결신청 기한의 제한이 적용되지 않는다고 보아 이 사건 거부처분이 위법하다고 판단하였다. 이러한 원심판단에는 한국수자원공사법에 따른 재결신청의 청구 기한에 관한 법리를 오해하여 판결에 영향을 미친 잘못이 있다. 이를 지적하는 이 부분 상고이유 주장은 이유 있다.

3. 결론
그러므로 원심판결을 파기하고, 사건을 다시 심리・판단하도록 원심법원에 환송하기로 하여, 관여 대법관의 일치된 의견으로 주문과 같이 판결한다.

2. **수용절차를 진행하지 않은 경우 재결신청청구거부에 대한 회신(대판 2014.7.10, 2012두22966)**
문화재보호법상 문화재청장이 토지조서 및 물건조서를 작성하는 등 위 토지에 대하여 토지보상법에 따른 수용절차를 개시한 바 없으므로, 피수용자에게 문화재청장으로 하여금 관할 토지수용위원회에 재결을 신청할 것을 청구할 법규상의 신청권이 인정된다고 할 수 없어, 위 회신은 항고소송의 대상이 되는 거부처분에 해당하지 않는다고 판시하고 있는데, 2018두57865 판결과 달리 수용절차를 개시한 바 없다는 점에 차이가 있다.

■ 재결신청청구거부 관련한 대법원 판례와 고등법원 판례등 모음

1. 대판 2011.7.14, 2011두2309 – 지장물 보상제외처분에 대한 재결신청청구 판례 [보상제외처분취소등]

【판시사항】

[1] 공익사업을 위한 토지 등의 취득 및 보상에 관한 법률 제30조 제1항에서 정한 '협의가 성립되지 아니한 때'에, 토지소유자 등이 손실보상대상에 해당한다고 주장하며 보상을 요구하는데도 사업시행자가 손실보상대상에 해당하지 않는다며 보상대상에서 이를 제외한 채 협의를 하지 않아 결국 협의가 성립하지 않은 경우도 포함되는지 여부(적극)

[2] 도로건설 사업구역에 포함된 토지의 소유자가 토지상의 지장물에 대하여 재결신청을 청구하였으나, 그중 일부에 대해서는 사업시행자가 손실보상대상에 해당하지 않아 재결신청대상이 아니라는 이유로 수용재결 신청을 거부하면서 보상협의를 하지 않은 사안에서, 위 처분이 위법하다고 본 원심판단을 수긍한 사례

【판결요지】

[1] 공익사업을 위한 토지 등의 취득 및 보상에 관한 법률(이하 '공익사업법'이라 한다) 제30조 제1항은 재결신청을 청구할 수 있는 경우를 사업시행자와 토지소유자 및 관계인 사이에 '협의가 성립하지 아니한 때'로 정하고 있을 뿐 손실보상대상에 관한 이견으로 협의가 성립하지 아니한 경우를 제외하는 등 그 사유를 제한하고 있지 않은 점, 위 조항이 토지소유자 등에게 재결신청청구권을 부여한 취지는 공익사업에 필요한 토지 등을 수용에 의하여 취득하거나 사용할 때 손실보상에 관한 법률관계를 조속히 확정함으로써 공익사업을 효율적으로 수행하고 토지소유자 등의 재산권을 적정하게 보호하기 위한 것인데, 손실보상대상에 관한 이견으로 손실보상협의가 성립하지 아니한 경우에도 재결을 통해 손실보상에 관한 법률관계를 조속히 확정할

필요가 있는 점 등에 비추어 볼 때, '협의가 성립되지 아니한 때'에는 사업시행자가 토지소유자 등과 공익사업법 제26조에서 정한 협의절차를 거쳤으나 보상액 등에 관하여 협의가 성립하지 아니한 경우는 물론 토지소유자 등이 손실보상대상에 해당한다고 주장하며 보상을 요구하는데도 사업시행자가 손실보상대상에 해당하지 아니한다며 보상대상에서 이를 제외한 채 협의를 하지 않아 결국 협의가 성립하지 않은 경우도 포함된다고 보아야 한다.

[2] 아산~천안 간 도로건설 사업구역에 포함된 토지의 소유자가 토지상의 지장물에 대하여 재결신청을 청구하였으나, 그중 일부에 대해서는 사업시행자가 손실보상대상에 해당하지 않아 재결신청대상이 아니라는 이유로 수용재결 신청을 거부하면서 보상협의를 하지 않은 사안에서, 사업시행자가 수용재결 신청을 거부하거나 보상협의를 하지 않으면서도 아무런 조치를 취하지 않은 것은 공익사업을 위한 토지 등의 취득 및 보상에 관한 법률에서 정한 재결신청청구제도의 취지에 반하여 위법하다고 본 원심판단을 수긍한 사례

【참조조문】

[1] 공익사업을 위한 토지 등의 취득 및 보상에 관한 법률 제30조 제1항

[2] 공익사업을 위한 토지 등의 취득 및 보상에 관한 법률 제30조 제1항

2. 대판 1997.11.14, 97다13016 [손해배상(기)] – 재결신청거부 시 민사판례

【판시사항】

[1] 기업자가 토지소유자 등의 재결신청의 청구를 거부하는 경우, 민사소송의 방법으로 그 절차 이행을 구할 수 있는지 여부(소극)

[2] 공유수면매립사업의 시행으로 인하여 손실을 입은 자의 경우 관할 토지수용위원회에 직접 재정신청을 할 수 있는지 여부(적극)

【판결요지】

[1] 토지수용법이 토지소유자 등에게 재결신청의 청구권을 부여한 이유는 협의가 성립되지 아니하는 경우 기업자는 사업인정의 고시가 있은 날로부터 1년 이내(전원개발사업은 그 사업의 시행기간 내)에는 언제든지 재결신청을 할 수 있는 반면에, 토지소유자는 재결신청권이 없으므로, 수용을 둘러싼 법률관계의 조속한 확정을 바라는 토지소유자 등의 이익을 보호함과 동시에 수용 당사자 사이의 공평을 기하기 위한 것이라고 해석되는 점, 위 청구권의 실효를 확보하기 위하여 가산금 제도를 두어 간접적으로 이를 강제하고 있는 점(토지수용법 제25조의3 제3항), 기업자가 위 신청기간 내에 재결신청을 하지 아니한 때에는 사업인정은 그 기간만료일의 익일부터 당연히 효력을 상실하고, 그로 인하여 토지소유자 등이 입은 손실을 보상하여야 하는 점(같은 법 제17조, 제55조 제1항) 등을 종합해 보면, 기업자가 토지소유자 등의 재결신청의 청구를 거부한다고 하여 이를 이유로 민사소송의 방법으로 그 절차 이행을 구할 수는 없다.

[2] 공유수면매립사업의 시행으로 인한 손실보상의 경우에는 사업시행자나 손실을 입은 자 쌍방이 공유수면매립법 및 그 시행령이 규정하고 있는 절차에 따라 관할 토지수용위원회에 직접 재정신청을 할 수 있으므로 사업시행자를 상대로 재정신청을 하도록 청구하는 소를 제기할 이익이 없을 뿐만 아니라, 손실을 입은 자가 사업시행자를 상대로 재정신청을 하도록 청구할 수 있는 법률상의 근거가 없으므로 이를 소로서 구할 자격도 없다.

【참조조문】

[1] 토지수용법 제25조, 제25조의3

[2] 공유수면매립법 제16조, 공유수면매립법 시행령 제26조

【참조판례】

[2] 대판 1997.10.10, 96다3838

3. 사업시행자가 재결신청청구를 거부한 경우의 고등법원의 행정사건 판례

서울고등법원 제4행정부 판결사건 2009누11647 보상금

고등법원 판단

공익사업을 위한 토지 등의 취득 및 보상에 관한 법률(이하 '공익사업법'이라고 한다) 제26조, 제28조, 제30조, 제34조, 제83조, 제84조, 제85조에 의하면 공익사업시행구역 내 토지의 소유자 및 관계인이 사업시행자로부터 토지 등의 수용 또는 사용으로 인한 손실보상을 받기 위해서는 사업시행자와 사이에 협의절차를 거쳐야 하고, 협의가 성립되지 않거나 협의를 할 수 없는 때에는 사업시행자가 관할 토지수용위원회에 수용재결을 신청하기를 기다려 수용재결을 거쳐야 하며, 그 수용재결에 대하여 이의가 있을 때에는 수용재결서를 받은 날부터 90일 이내에 행정소송을 제기하거나 또는 중앙토지수용위원회에 이의신청을 하여 이의재결을 거칠 수 있고, 그 이의재결에 대하여도 불복이 있을 때에는 그 이의재결서를 받은 날부터 60일 이내에 행정소송을 제기할 수 있다.

위 각 조문의 취지에 의하면, 토지소유자 등은 재결을 거치지 않고서는 직접 당사자소송의 방법으로 사업시행자에게 보상금의 지급을 청구할 수는 없다고 할 것이고, 그 결과 관계법령에 의한 보상대상이 됨에도 불구하고 사업시행자가 그 대상이 되지 않는다고 판단하여 재결신청 자체를 거부할 경우 토지소유자 등은 손실보상을 받을 길이 전혀 없게 되는바, 이와 같은 경우를 대비하여 공익사업법 제30조 제1항은 '사업인정고시가 있은 후 협의가 성립하지 아니한 때에는 토지소유자 및 관계인은 대통령령이 정하는 바에 따라 서면으로 사업시행자에게 재결의 신청을 할 것을 청구할 수 있다.'고 규정하고 있고, 같은 조 제2항은 '사업시행자는 제1항의 규정에 의한 청구를 받은 때에는 그 청구가 있은 날로부터 60일 이내에 대통령령이 정하는 바에 따라 관할 토지수용위원회에 재결을 신청하여야 한다.'라고 규정하고 있는 것이므로, 당사자 간에 보상에 관한 협의가 성립되지 아니하여 토지소유자 등이 사업시행자에게 재결신청 청구를 할 경우 사업시행자로서는 그 신청취지가 주장 자체로서 이유 없음이 명백하지 아니하는 한 일단 관할 토지수용위원회에 재결신청을 하여 그 재결 결과에 따라 보상 여부에 관한 업무를 처리하여야 하는 것이지, 사업시행자가 보상대상이 되지 않는다고 스스로 판단하여 재결신청 자체를 거부할 수는 없다고 보아야 할 것이다.

그렇다면 위와 같은 이유로 원고들의 재결신청청구를 거부한 피고의 이 사건 처분은 위법하므로 취소되어야 한다.

결론

따라서 원고들의 이 사건 청구를 인용하기로 하여 주문과 같이 판결한다.

4. 문화재보호법상 재결신청 청구거부(수용절차를 진행한 바 없음)

대판 2014.7.10, 2012두22966 [재결신청거부처분취소]

【판시사항】

[1] 행정청이 국민의 신청에 대하여 한 거부행위가 항고소송의 대상이 되는 행정처분이 되기 위한 요건

[2] 문화재구역 내 토지 소유자 갑이 문화재청장에게 구 공익사업을 위한 토지 등의 취득 및 보상에 관한 법률 제30조 제1항에 의한 재결신청 청구를 하였으나, 문화재청장은 위 법 제30조 제2항에 따른 관할 토지수용위원회에 대한 재결신청 의무를 부담하지 않는다는 이유로 거부 회신을 받은 사안에서, 위 회신은 항고소송의 대상이 되는 거부처분에 해당하지 않는다고 한 사례

【판결요지】

[1] 행정청이 국민의 신청에 대하여 한 거부행위가 항고소송의 대상이 되는 행정처분으로 되려면, 행정청의 행위를 요구할 법규상 또는 조리상의 신청권이 국민에게 있어야 하고, 이러한 신청권의 근거 없이 한 국민의 신청을 행정청이 받아들이지 아니한 경우에는 거부로 인하여 신청인의 권리나 법적 이익에 어떤 영향을 주는 것이 아니므로 이를 항고소송의 대상이 되는 행정처분이라 할 수 없다.

[2] 문화재구역 내 토지 소유자 갑이 문화재청장에게 구 공익사업을 위한 토지 등의 취득 및 보상에 관한 법률(2011.8.4. 법률 제11017호로 개정되기 전의 것, 이하 '구 공익사업법'이라 한다) 제30조 제1항에 의한 재결신청 청구를 하였으나, 문화재청장은 구 공익사업법 제30조 제2항에 따른 관할 토지수용위원회에 대한 재결신청 의무를 부담하지 않는다는 이유로 거부 회신을 받은 사안에서, 문화재보호법 제83조 제2항 및 구 공익사업법 제30조 제1항은 문화재청장이 문화재의 보존·관리를 위하여 필요하다고 인정하여 지정문화재나 보호구역에 있는 토지 등을 구 공익사업법에 따라 수용하거나 사용하는 경우에 비로소 적용되는데, 문화재청장이 토지조서 및 물건조서를 작성하는 등 위 토지에 대하여 구 공익사업법에 따른 수용절차를 개시한 바 없으므로, 갑에게 문화재청장으로 하여금 관할 토지수용위원회에 재결을 신청할 것을 청구할 법규상의 신청권이 인정된다고 할 수 없어, 위 회신은 항고소송의 대상이 되는 거부처분에 해당하지 않는다고 한 사례

(ㄴ) 검토

사견으로는 토지보상법 제30조에서 재결신청청구권을 부여하고 있는 이상 당사자에게는 법규상 청구권이 존재하는 것이고, 법리적으로 볼 때 법규상·조리상 신청권이 있는 경우에도 공권으로서 행사할 수 있는 마당에, 토지보상법에서 재결신청청구권을 부여한 이상 이는 피수용자에게 부여한 공권으로서, 만약 행정청(사업시행자가의 지위가 행정청인 경우)의 재결신청청구권에 대한 거부는 거부처분취소소송 등 행정소송으로 권리구제가 가능하다고 보는 것이 법리적 해석으로 합당하다고 생각된다.

② 지연가산금에 대한 다툼

지연가산금은 토지수용위원회가 수용재결에서 정하는 손실보상과는 다른 "법정 지연손해배상금"의 성격을 갖는 것이다. 따라서 토지수용위원회가 정하는 손실보상과는 다른 절차에 의하여야 하는 것처럼 해석될 수 있다. 그러나 가산금은 관할 토지수용위원회가 재결서에 기재하며, 사업

시행자는 수용개시일까지 보상금과 함께 이를 지급하여야 하므로 지연가산금에 대한 불복이 있는 경우에도 수용보상금의 불복수단과 동일하게 할 수 있다. 판례도 같은 입장이다.

판례

▶ 관련판례(대판 1997.10.24, 97다31175)

토지수용법 제25조의3 제3항이 정한 지연가산금은 수용보상금에 대한 법정 지연손해금의 성격을 갖는 것이므로 이에 대한 불복은 수용보상금에 대한 불복절차에 의함이 상당할 뿐 아니라, 토지수용법 시행령 제16조의3은 "법 제25조의3 제3항의 규정에 의하여 가산하여 지급할 금액은 관할 토지수용위원회가 재결서에 기재하여야 하며, 기업자는 수용시기까지 보상금과 함께 이를 지급하여야 한다."라고 하여 지연가산금은 수용보상금과 함께 수용재결로 정하도록 규정하고 있으므로, 지연가산금에 대한 불복은 수용보상금의 증액에 관한 소에 의하여야 한다.

▶ 관련판례(대판 2020.8.20, 2019두34630)

공익사업을 위한 토지 등의 취득 및 보상에 관한 법률 제30조 제3항에 따른 재결신청 지연가산금은 사업시행자가 정해진 기간 내에 재결신청을 하지 않고 지연한 데 대한 제재와 토지소유자 등의 손해에 대한 보전이라는 성격을 아울러 가진다. 따라서 토지소유자 등이 적법하게 재결신청청구를 하였다고 볼 수 없거나 사업시행자가 재결신청을 지연하였다고 볼 수 없는 특별한 사정이 있는 경우에는 그 해당 기간 동안은 지연가산금이 발생하지 않는다.

판례

재결신청청구에 따른 지연가산금 – 공탁된 수용보상금에 대한 가산금 청구의소

토지보상법 제87조의 '보상금'에는 토지보상법 제30조 제3항에 따른 지연가산금도 포함된다고 보아, 수용재결에서 인정된 지연가산금에 관하여 재결서 정본을 받은 날부터 판결일까지의 기간에 대하여 소송촉진 등에 관한 특례법 제3조에 따른 법정이율을 적용하여 산정한 가산금을 지급할 의무가 있는지 여부

▶ 대판 2019.1.17, 2018두54675

【판시사항】

갑 등 토지소유자들이 주택재개발정비사업 시행자에게 수용재결신청을 청구한 날로부터 60일이 지난 후에 사업시행자가 지방토지수용위원회에 수용재결을 신청하였고, 지방토지수용위원회가 공익사업을 위한 토지 등의 취득 및 보상에 관한 법률 제30조 제3항에 따른 지연가산금을 재결보상금에 가산하여 지급하기로 하는 내용의 수용재결을 하자, 사업시행자가 지연가산금 전액의 감액을 구하는 손실보상금감액 청구를 하였으나 청구기각 판결이 확정된 사안에서, 공익사업을 위한 토지 등의 취득 및 보상에 관한 법률 제87조의 '보상금'에는 같은 법 제30조 제3항에 따른 지연가산금도 포함된다고 보아, 수용재결에서 인정된 가산금에 관하여 재결서 정본을 받은 날부터 판결일까지의 기간에 대하여 소송촉진 등에 관한 특례법 제3조에 따른 법정이율을 적용하여 산정한 가산금을 지급할 의무가 있다고 본 원심판단을 수긍한 사례

(5) 재결실효 및 재결신청의 실효와 사업인정의 효력

재결의 효력이 상실되면 재결신청 역시 그 효력을 상실하게 되고 사업인정의 고시가 있은 날로부터 1년 이내에 재결신청을 하지 않는 것이 되었다면 사업인정도 효력을 상실하게 된다.

판례

▶ 관련판례(대판 1987.3.10, 84누158)
재결의 효력이 상실되면 재결신청 역시 그 효력을 상실하게 되는 것이므로 그로 인하여 토지수용법 제17조 소정의 사업인정의 고시가 있은 날로부터 1년 이내에 재결신청을 하지 않는 것으로 되었다면 사업인정도 역시 효력을 상실하여 결국 그 수용절차 일체가 백지상태로 환원된다.

(6) 문제점

토지보상법 제30조의 재결신청청구권은 토지소유자가 사업시행자에 대하여 행사할 수 있는 권리로 규정되어 있을 뿐이고, 사업시행자가 동 청구를 받고 60일이 경과하여도 토지수용위원회에 재결을 신청하지 아니할 경우에는 사업시행자에게 단지 그 경과된 기간에 한하여 소송촉진 등에 관한 특례법에서 정하고 있는 법정이율을 적용하여 산정한 금액을 보상금에 가산할 금전적 의무만을 부과하고 있다는 점에서 토지수용에 따른 문제를 조속히 해결하고자 하는 토지소유자의 권리보호에 미흡한 제도라 할 것이다. 따라서 이 재결신청청구권의 효력을 사업시행자에 대한 요구권에 한정하지 아니하고 직접 토지수용위원회에 재결신청이 이루어지는 효력을 부여하는 정도로 강화될 필요가 있다고 생각한다(김해룡).

■ **법규 헷갈리는 쟁점: 재결신청청구의 기산점 – 산업입지법상 100분의 50 협의 취득시점**

▌**각 지방토지수용위원회 및 중앙토지수용위원회 재결신청청구권의 쟁점** : 산업입지법에서 협의 취득 100분의 50 이상을 취득하지 못한 상태에서 재결신청청구를 하였는데, 재결신청을 하지 못한 사건에서 재결신청청구의 기산점은 산업입지법에서 100분의 50 이상을 협의 취득하지 못했더라도, 재결신청청구시점에 기산해야 한다는 부산고등법원 2020누10533 사건이 대법원에서 심리불속행 기각으로 확정되어 재결신청청구의 기산점에 대하여 현업에서는 쟁점이 되고 있다.

★★★ **토지소유자의 주장(부산 고법의 판단을 기반으로 주장함)** : 「산업입지법」 제22조 제4항의 규정은 공익사업에 편입되는 피수용자들의 보호 및 실질적으로 사인기업에 부여된 수용권에 대한 견제를 통한 공익사업의 정당성 확보라는 측면이며,

부산고등법원(창원)2020누10053판결 손실보상금 사건(재결신청의 지연에 대한 지연가산금인 사건) 판결문에 따르면 산업입지법 제22조 제4항 본문은 토지소유자가 사업시행자에게 재결신청을 청구한 경우에는 적용되지 않으므로, 사업시행자는 토지소유자 등으로부터 재결신청의 청구를 받은 경우 '개발구역 토지면적의 100분의 50 이상의 토지 확보' 여부와 상관없이 토지보상법 제30조 제2항에 따라 위 청구를 받은 날로부터 60일 이내에 재결신청을 하여야 한다고 봄이 타당하여 지연가산금의 범위를 재결신청청구를 받은 60일이 경과한 다음날로 하여금 지급하게 하였는바, 재결신청청구의 지연가산금 기산점은 청구를 받은 날로부터 60일이 경과한 다음날로 기산하여야 한다고 주장함.

★★★ 강박사의 생각 : 재결신청청구권은 수용을 둘러싼 법률관계의 조속한 확정과 공평의 원칙 차원에서 사업시행자에게만 재결신청권을 부여한 것에 대하여 대응된 피수용자의 권리인바, 산업입지법에 100분의 50 이상 토지소유자들의 재산권을 협의 취득하도록 규정한 것은 토지보상법의 일반적인 요건에 비하여 피수용자의 재산권을 보호를 강화하기 위한 입법조치로 사업시행자의 재결신청권이 100분의 50 이상 협의 취득해야 한다면 그 요건을 구비하지 못하면 재결신청권을 행사할 수 없는 것이고, 그렇다면 이에 대응하여 공평의 원칙 차원에서 존재하는 피수용의 재결신청청구권도 협의 취득 100분의 50을 넘은 경우에 가능하고, 만약 100분의 50 이상을 협의 취득하지 못한 상태에서 피수용자의 재결신청청구권을 행사하게 되면 사업시행자가 불측의 지연가산금 발생 문제가 발생하게 되는 문제가 야기되기 때문에 법제처의 유권해석과 현재까지 대법원 판례의 주류적 태도를 볼 때 산업입지법상 재결신청권과 재결신청청구권은 연동된 권리로 인식하여 이에 대응하는 지연가산금을 판단하는 것이 합당하다고 판단함.
따라서 산업입지법상 100분의 50 이상을 협의 취득하지 못한 상태에서 피수용자인 토지소유자의 재결신청청구권 행사는 재결신청 자체를 하지 못하는 사업시행자 입장에서 압박 수단으로 작용하는 측면은 있지만 이를 토대로 지연가산금을 지급토록 한다면 법령 실현을 달성할 수 없는 상태에서 권리가 행사되고 의무가 부가된다면 형평성 차원에서 인정되기 어렵다고 생각함. 결론적으로 피수용자의 재결신청권을 행사하더라도 지연가산금의 기산 시점은 산업입지법상 100분의 50 이상이 달성된 시점에서 기산하는 것이 타당하다고 판단됨.

06 재결

1. 재결

(1) 서

① 의의

재결이란 사업인정의 고시가 있은 후 협의불성립 또는 불능의 경우에 사업시행자의 신청에 의해 관할 토지수용위원회가 행하는 공용수용의 종국적 절차로서, 사업시행자가 보상금을 지급・공탁할 것을 전제로 토지 등의 권리를 취득하고 피수용자는 그 권리를 상실하게 하는 것을 내용으로 하는 형성적 행정행위이다.

② 취지

재결은 당사자 사이에 협의가 성립되지 아니한 경우에 공익실현을 위하여 강제적인 권력행사를 통해서 공용수용의 목적을 달성하기 위한 수단이다. 그러나 침해되는 사익의 중대성을 감안하여 엄격한 형식과 절차규정을 두어 공용수용의 최종단계에서 공익과 사익의 조화를 이루기 위한 제도로서의 의미를 가지고 있다.

(2) 법적 성질

① 개설

재결은 합의제 행정관청인 토지수용위원회가 행하는 구체적인 사실에 관한 법집행으로서의 권력적 단독행위인 공법행위로 행정행위이며, 쟁송법상 처분에 해당한다. 재결의 법적 성질에 대해서는 형성적 행정행위인지, 기속행위인지, 제3자효 행정행위인지 여부 등에 대해 논의가 있다.

② 형성적 행정행위인지 여부

(ㄱ) **사업시행자수용권설의 입장** : 사업시행자는 사업인정을 통해서 수용권을 부여받은 것이며, 사업시행자의 재결신청은 이미 가지고 있는 수용권에 의거해 그 내용의 확정을 구하는 행위이고, 재결은 수용권 자체의 행사가 아니라 사업시행자에게 부여된 수용권의 구체적인 내용을 결정하고 그 실행을 완성시키는 형성적 행정행위라고 본다. 즉, 재결은 사업시행자에게 보상금을 지급하는 것을 조건으로 그 토지에 관한 권리를 취득하게 하고, 피수용자에게는 그 권리를 상실하게 하는 효과를 발생하는 형성행위라고 본다.

(ㄴ) **국가수용권설의 입장** : 국가는 사업인정을 통해 수용청구권을 부여하는 것이고, 사업시행자의 재결신청은 수용청구권의 행사이며, 재결은 국가가 가지는 수용권의 행사로서 피수용자의 권리를 박탈하여 사업시행자에게 이전하여 주는 행위로 보며, 형성행위의 성질을 갖는다고 본다.

(ㄷ) **판례**

판례

▶ 관련판례(대판 1993.4.27, 92누15789)
토지수용에 관한 토지수용위원회의 **수용재결은** 구체적으로 일정한 법률효과의 발생을 목적으로 하는 점에서 일반의 **행정처분과 다를 바 없으므로** 수용재결처분이 무효인 경우에는 재결 자체에 대한 무효확인을 소구할 수 있다.

(ㄹ) **검토** : 권리는 일정한 이익을 향유하기 위하여 법이 인정한 힘이므로 수용권은 수용의 효과를 향유하는 사업시행자에게 있다고 본다. 따라서 재결은 수용권 자체의 행사가 아니라 사업시행자에게 부여된 수용권의 구체적인 내용을 결정하고 그 실행을 완성시키는 형성적 행정행위이며, 민사소송에 있어서의 형성판결과 같은 성질을 갖는다. 다만, 여기서의 형성적이라는 말의 의미는 권리를 설정하여 주는 특허의 개념이 아니고 권리관계의 변동을 뜻하는 것이다. 이와 관련하여 재결이 형성행위라는 것은 재결의 효과로서 손실보상청구권이 형성되므로 판결의 종류 중에서 형성판결과 유사하다는 뜻으로 사용된다고 보는 견해도 있다. 어느 견해에 의하더라도 사업시행자와 토지소유자 및 관계인에게 일정한 법률효과를 발생시키는 쟁송법상 처분에 해당한다.

③ 기속행위 및 손실보상금의 재량성

사업시행자가 재결신청을 하면 관할 토지수용위원회는 서류의 미비 등 형식적 요건이 결여되지 아니하는 한 반드시 재결을 해야 한다고 본다. 공익사업을 위하여 수용목적물의 강제적 취득의 필요성은 사업인정단계에서 판단한 것이므로 수용재결단계에서 관할 토지수용위원회가 수용재결을 할 것인지 여부에 대하여 재량권을 행사하여 수용재결을 기각하고 공익사업의 시행을 어렵게 할 수는 없다고 할 것이다. 즉, 수용목적물의 범위에 관하여는 기속행위성이 있다고 보아야 한다. 다만, 손실보상금에 관하여는 토지수용위원회가 증액재결을 할 수 있다는 점에서 재량행위성을 갖는다.

④ 제3자효 행정행위

수용재결은 사업시행자의 신청에 의한다는 점에서 수용재결의 상대방인 사업시행자 입장에서는 수익적 행정행위라 할 것이다. 그러나 수용재결을 통하여 수용법률관계 타방 당사자인 피수용자에게는 권리를 박탈하는 부담적 효과가 동시에 발생하므로 복효적 행정행위 중 제3자효 행정행위에 해당한다.

⑤ 기타의 성질

토지수용위원회가 독립된 판단작용을 준사법작용과 유사하게 하는 점에서 당사자 심판의 성격도 가진다고 볼 수 있다. 따라서 시심적 쟁송, 형성재결의 성질을 갖는다고 볼 수 있다. 또한 토지수용위원회가 수용당사자를 위해 대신 수용관련 사항을 판단하므로 공법상 대리의 성격도 갖는다고 볼 수 있다.

(3) 수용재결의 성립

① 주체

재결기관은 관할 토지수용위원회로서 공평, 중립적인 제3자의 입장에서 양 당사자의 이해관계를 조정하는 준사법적 기능을 수행하는 합의제 행정관청이다. 국토교통부 산하에 중앙토지수용위원회를 두고, 특별시・광역시・도・특별자치도에 지방토지수용위원회를 설치한다.

토지의 수용・사용에 관한 재결은 원칙상 지방토지수용위원회가 담당하고 중앙토지수용위원회는 복심기관의 기능을 하지만, (ㄱ) 국가 또는 시・도가 사업시행자인 사업, (ㄴ) 수용 또는 사용할 토지가 2 이상의 시・도에 걸쳐 있는 사업의 경우에는 중앙토지수용위원회가 재결기관이 된다. 토지수용위원회는 독립된 합의제행정청이다.

② 내용

(ㄱ) 재결의 내용

법 제50조(재결사항)

① 토지수용위원회의 재결사항은 다음 각 호와 같다.

1. 수용하거나 사용할 토지의 구역 및 사용방법
2. 손실보상
3. 수용 또는 사용의 개시일과 기간
4. 그 밖에 이 법 및 다른 법률에서 규정한 사항

② 토지수용위원회는 사업시행자, 토지소유자 또는 관계인이 신청한 범위에서 재결하여야 한다. 다만, 제1항 제2호의 손실보상의 경우에는 증액재결(增額裁決)을 할 수 있다.

(ㄴ) 재결의 범위(법 제50조 제2항) : 재결에는 불고불리의 원칙이 적용되어 토지수용위원회는 사업시행자・토지소유자 또는 관계인이 신청한 범위 안에서 재결하여야 한다.

판례

▶ 관련판례(대판 1994.11.11, 93누19375)

토지수용법은 수용·사용의 일차 단계인 사업인정에 속하는 부분은 사업의 공익성 판단으로 사업인정기관에 일임하고, 그 이후의 구체적인 수용·사용의 결정은 토지수용위원회에 맡기고 있는바, 이와 같은 토지수용절차의 2분화 및 사업인정의 성격과 토지수용위원회의 재결사항을 열거하고 있는 같은 법 제29조 제2항의 규정 내용에 비추어 볼 때, **토지수용위원회는 행정쟁송에 의하여 사업인정이 취소되지 않는 한 그 기능상 사업인정 자체를 무의미하게 하는, 즉 사업의 시행이 불가능하게 되는 것과 같은 재결을 행할 수는 없다.**

③ 절차

(ㄱ) 재결의 신청

법 제28조(재결의 신청)

① 제26조에 따른 협의가 성립되지 아니하거나 협의를 할 수 없을 때(제26조 제2항 단서에 따른 협의 요구가 없을 때를 포함한다)에는 사업시행자는 사업인정고시가 된 날부터 1년 이내에 대통령령으로 정하는 바에 따라 관할 토지수용위원회에 재결을 신청할 수 있다.

② 〈이하 생략〉

(ㄴ) 공고·열람 및 의견진술

법 제31조(열람)

① 제49조에 따른 중앙토지수용위원회 또는 지방토지수용위원회(이하 "토지수용위원회"라 한다)는 제28조 제1항에 따라 재결신청서를 접수하였을 때에는 대통령령으로 정하는 바에 따라 지체 없이 이를 공고하고, 공고한 날부터 14일 이상 관계 서류의 사본을 일반인이 열람할 수 있도록 하여야 한다.

② 토지수용위원회가 제1항에 따른 공고를 하였을 때에는 관계 서류의 열람기간 중에 토지소유자 또는 관계인은 의견을 제시할 수 있다.

(ㄷ) 심리

법 제32조(심리)

① 토지수용위원회는 제31조 제1항에 따른 열람기간이 지났을 때에는 지체 없이 해당 신청에 대한 조사 및 심리를 하여야 한다.

② 토지수용위원회는 심리를 할 때 필요하다고 인정하면 사업시행자, 토지소유자 및 관계인을 출석시켜 그 의견을 진술하게 할 수 있다.

③ 토지수용위원회는 제2항에 따라 사업시행자, 토지소유자 및 관계인을 출석하게 하는 경우에는 사업시행자, 토지소유자 및 관계인에게 미리 그 심리의 일시 및 장소를 통지하여야 한다.

(ㄹ) 화해의 권고 : 필수적 요건으로서의 협의와는 달리 임의적 절차에 해당한다.

법 제33조(화해의 권고)

① 토지수용위원회는 그 재결이 있기 전에는 그 위원 3명으로 구성되는 소위원회로 하여금 사업시행자, 토지소유자 및 관계인에게 화해를 권고하게 할 수 있다. 이 경우 소위원회는 위원장이 지명하거나 위원회에서 선임한 위원으로 구성하며, 그 밖에 그 구성에 필요한 사항은 대통령령으로 정한다.

② 제1항에 따른 화해가 성립되었을 때에는 해당 토지수용위원회는 화해조서를 작성하여 화해에 참여한 위원, 사업시행자, 토지소유자 및 관계인이 서명 또는 날인을 하도록 하여야 한다.

③ 제2항에 따라 화해조서에 서명 또는 날인이 된 경우에는 당사자 간에 화해조서와 동일한 내용의 합의가 성립된 것으로 본다.

(ㅁ) 재결

법 제34조(재결)

① 토지수용위원회의 재결은 서면으로 한다.

② 제1항에 따른 재결서에는 주문 및 그 이유와 재결일을 적고, 위원장 및 회의에 참석한 위원이 기명날인한 후 그 정본(正本)을 사업시행자, 토지소유자 및 관계인에게 송달하여야 한다.

법 제35조(재결기간)

토지수용위원회는 제32조에 따른 심리를 시작한 날부터 14일 이내에 재결을 하여야 한다. 다만, 특별한 사유가 있을 때에는 14일의 범위에서 한 차례만 연장할 수 있다.

법 제50조(재결사항)

① 토지수용위원회의 재결사항은 다음 각 호와 같다.

1. 수용하거나 사용할 토지의 구역 및 사용방법
2. 손실보상
3. 수용 또는 사용의 개시일과 기간
4. 그 밖에 이 법 및 다른 법률에서 규정한 사항

② 토지수용위원회는 사업시행자, 토지소유자 또는 관계인이 신청한 범위에서 재결하여야 한다. 다만, 제1항 제2호의 손실보상의 경우에는 증액재결(增額裁決)을 할 수 있다.

④ 형식

법 제34조(재결)

① 토지수용위원회의 재결은 서면으로 한다.

② 제1항에 따른 재결서에는 주문 및 그 이유와 재결일을 적고, 위원장 및 회의에 참석한 위원이 기명날인한 후 그 정본(正本)을 사업시행자, 토지소유자 및 관계인에게 송달하여야 한다.

(4) 재결의 경정과 유탈

① 재결의 경정

법 제36조(재결의 경정)

① 재결에 계산상 또는 기재상의 잘못이나 그 밖에 이와 비슷한 잘못이 있는 것이 명백할 때에는 토지수용위원회는 직권으로 또는 당사자의 신청에 의하여 경정재결(更正裁決)을 할 수 있다.

② 경정재결은 원재결서(原裁決書)의 원본과 정본에 부기하여야 한다. 다만, 정본에 부기할 수 없을 때에는 경정재결의 정본을 작성하여 당사자에게 송달하여야 한다.

② 재결의 유탈

법 제37조(재결의 유탈)

토지수용위원회가 신청의 일부에 대한 재결을 빠뜨린 경우에 그 빠뜨린 부분의 신청은 계속하여 그 토지수용위원회에 계속(係屬)된다.

(5) 재결의 효과

① 행정처분의 일반적 효력

재결은 행정행위로서 구속력, 공정력, 확정력, 강제력 등이 발생한다. 특히 준사법적 행위로서 재결청의 직권에 의한 취소 또는 변경이 제한되는 불가변력이 발생한다.

② 토지보상법상 효과(구속력의 구체적 내용)

(ㄱ) 효과발생의 시기

㉠ 재결일 기준 : 보상금의 지급・공탁의무, 토지・물건의 인도이전의무, 위험부담의 이전 등은 재결일을 기준으로 발생한다.

㉡ 수용개시일 기준 : 권리변동과 대집행, 환매권은 수용개시일에 발생한다.

(ㄴ) 재결의 효과 : 손실보상청구권에 대해서 토지보상법상 명문의 규정은 없지만 재결의 효과로서 피수용자인 토지소유자 및 관계인은 손실보상청구권을 취득한다. 한편, 판례는 하자 있는 재결과 관련된 부당이득반환청구를 구할 수는 없다고 한다. 이는 선결문제와 관련된 판례이다.

법 제40조(보상금의 지급 또는 공탁)

① 사업시행자는 제38조 또는 제39조에 따른 사용의 경우를 제외하고는 수용 또는 사용의 개시일(토지수용위원회가 재결로써 결정한 수용 또는 사용을 시작하는 날을 말한다)까지 관할 토지수용위원회가 재결한 보상금을 지급하여야 한다.

법 제43조(토지 또는 물건의 인도 등)

토지소유자 및 관계인과 그 밖에 토지소유자나 관계인에 포함되지 아니하는 자로서 수용하거나 사용할 토지나 그 토지에 있는 물건에 관한 권리를 가진 자는 수용 또는 사용의 개시일까지 그 토지나 물건을 사업시행자에게 인도하거나 이전하여야 한다.

법 제44조(인도 또는 이전의 대행)

① 특별자치도지사, 시장·군수 또는 구청장은 다음 각 호의 어느 하나에 해당할 때에는 사업시행자의 청구에 의하여 토지나 물건의 인도 또는 이전을 대행하여야 한다.

1. 토지나 물건을 인도하거나 이전하여야 할 자가 고의나 과실 없이 그 의무를 이행할 수 없을 때
2. 사업시행자가 과실 없이 토지나 물건을 인도하거나 이전하여야 할 의무가 있는 자를 알 수 없을 때

② 제1항에 따라 특별자치도지사, 시장·군수 또는 구청장이 토지나 물건의 인도 또는 이전을 대행하는 경우 그로 인한 비용은 그 의무자가 부담한다.

법 제45조(권리의 취득·소멸 및 제한)

① 사업시행자는 수용의 개시일에 토지나 물건의 소유권을 취득하며, 그 토지나 물건에 관한 다른 권리는 이와 동시에 소멸한다.

② 사업시행자는 사용의 개시일에 토지나 물건의 사용권을 취득하며, 그 토지나 물건에 관한 다른 권리는 사용 기간 중에는 행사하지 못한다.

③ 토지수용위원회의 재결로 인정된 권리는 제1항 및 제2항에도 불구하고 소멸되거나 그 행사가 정지되지 아니한다.

법 제46조(위험부담)

토지수용위원회의 재결이 있은 후 수용하거나 사용할 토지나 물건이 토지소유자 또는 관계인의 고의나 과실 없이 멸실되거나 훼손된 경우 그로 인한 손실은 사업시행자가 부담한다.

법 제47조(담보물권과 보상금)

담보물권의 목적물이 수용되거나 사용된 경우 그 담보물권은 그 목적물의 수용 또는 사용으로 인하여 채무자가 받을 보상금에 대하여 행사할 수 있다. 다만, 그 보상금이 채무자에게 지급되기 전에 압류하여야 한다.

법 제48조(반환 및 원상회복의 의무)

① 사업시행자는 토지나 물건의 사용기간이 끝났을 때나 사업의 폐지·변경 또는 그 밖의 사유로 사용할 필요가 없게 되었을 때에는 지체 없이 그 토지나 물건을 그 토지나 물건의 소유자 또는 그 승계인에게 반환하여야 한다.

② 제1항의 경우에 사업시행자는 토지소유자가 원상회복을 청구하면 미리 그 손실을 보상한 경우를 제외하고는 그 토지를 원상으로 회복하여 반환하여야 한다.

법 제91조(환매권)

① 공익사업의 폐지·변경 또는 그 밖의 사유로 취득한 토지의 전부 또는 일부가 필요 없게 된 경우 토지의 협의취득일 또는 수용의 개시일(이하 이 조에서 "취득일"이라 한다) 당시의 토지소유자 또는 그 포괄승계인(이하 "환매권자"라 한다)은 다음 각 호의 구분에 따른 날부터 10년 이내에 그 토지에 대하여 받은 보상금에 상당하는 금액을 사업시행자에게 지급하고 그 토지를 환매할 수 있다.

1. 사업의 폐지·변경으로 취득한 토지의 전부 또는 일부가 필요 없게 된 경우 : 관계 법률에 따라 사업이 폐지·변경된 날 또는 제24조에 따른 사업의 폐지·변경 고시가 있는 날
2. 그 밖의 사유로 취득한 토지의 전부 또는 일부가 필요 없게 된 경우: 사업완료일

② 취득일부터 5년 이내에 취득한 토지의 전부를 해당 사업에 이용하지 아니하였을 때에는 제1항을 준용한다. 이 경우 환매권은 취득일부터 6년 이내에 행사하여야 한다.

③ 〈이하 생략〉

■ 법규 헷갈리는 쟁점 : 관할 토지수용위원회의 각하재결 가능성 예시 사례[20)]

1. 산업단지사업 중에 1공구와 2공구 사업을 별개의 사업으로 보았을 때 각각 사업공구 구역의 50% 이상 토지를 확보해야 재결신청을 할 수 있는지 여부

〈토지정책과-5519 질의회신〉에 의하면 공익사업의 확장이나 변경 등으로 토지가 추가로 편입되어 변경고시를 하는 경우, 사업인정변경고시라는 형식만으로 기존 공익사업과 동일한 공익사업으로 볼 수 없다고 하면서도 개별적인 사례에 대해서는 승인 등을 하는 승인권자가, 승인법령의 취지 및 사업현황 등을 검토하여 판단할 사항으로 보아야 한다고 하였다. 당해 산업단지 공익사업에서는 1공구 공익사업과 3공구 공익사업은 약 5년의 시차를 두고 각각 사업인정고시가 되었으며, 약 10km 정도 위치가 떨어져 있고 토지이용계획상 계획용도가 차이가 큰 점 등으로 보았을 때 실질적으로는 다른 별개의 사업이라고 볼 수 있는 여지가 있다. 그러한 경우 산업입지법 제22조 제4항 "재결의 신청은 개발구역 토지면적의 100분의 50 이상에 해당하는 토지를 확보한 후에 할 수 있다"에서 개발구역 토지면적의 100분의 50 이상을 판단할 때 1공구 공익사업과 2공구 공익사업은 별도로 재결신청의 요건을 갖는 것으로 보아야 한다(두 개의 공익사업이 변경고시는 되었으나, 별개 공익사업이라고 전제함).

2. 흠결이 있는 토지소유자 추천 감정평가법인등에게 의뢰하여 평가한 보상액으로 협의요청을 한 것이 유효한지 여부

토지보상법 제68조 및 동법 시행령 제28조에서는 토지소유자가 토지면적의 1/2 이상과 토지소유자 총수의 과반수 이상의 동의를 받은 사실을 증명하는 서류를 첨부하여 사업시행자에게 감정평가법인등을 추천할 수 있다고만 되어있고 별도의 추천서 양식 또는 증명서류의 종류 등에 대한 세부적인 규정은 없다. 다만, 당해 사건에서는 사업시행자가 보상계획 공고 시 토지소유자들에게 대리인의 서명이 불가하고 신분증 사본을 첨부하여야 한다고 통지하였다.

이에 사업시행자가 보상계획공고 열람기간 만료일(2021년 06월 06일)부터 30일 이내에 소유자 추천으로 본인 서명과 신분증 사본의 첨부하여 소유자 추천 감정평가법인등을 선정할 수 있는데, 제출된 일부 서류들을 보면 본인 서명도 제대로 되어 있지 않고, 신분증 사본 첨부 등 증명하는 서류 제출에 미비점이 상당부분 보이고 있다. 특히 보상대상토지 면적의 1/2 이상과 소유자 총수의 과반의 동의를 받아야 함에도 전체 300명 중 156명 추천서에 흠결이 발견되고 있는바 이는 적법한 소유자 추천이라고 할 수 없고, 토지보상법 제68조 및 동법 시행령 제28조를 위반하여 보상절차를 진행한 위법이 있다고 보인다.

제출된 감정평가법인등 추천 관계서류의 예시를 검토해보면 사업시행자가 요구한 신분증 사본 등을 첨부하지 않는 것은 차제하더라도 추천하는 감정평가법인등이 명시되어 있지 않거나 위임장이 없이 대리인이 서명하는 등 토지소유자의 진정한 의사가 있다고 판단하기는 어려운 상황이다. 최근 대법원 판례(대판 2018.12.13, 2016두51719)에서 진정한 소유자의 동의를 받지 아니하고 협의성립확인의 공증을 받아 관할 토지수용위원회에 수리사건에서 이는 진정한 소유자의 의사를 반영하지 않은 바 위법하여 취소해야 한다고 판시하고 있다. 따라서 요건을 갖추지 못한 감정평가법인등에게 의뢰하여 산정한 감정평가액은 ① 토지보상법에서 정한 절차를 준수할 것, ② 정당한 보상액을 제시할 것이라는 성실한 협의의 요건을 불충족하는 것으로 보아 사업시행자의 재결신청을 각하하고 다시 성실하게 협의하여 재결신청을 하게 하여야 할 것으로 판단된다.

20) 가상의 사례를 통하여 관할 토지수용위원회에서 각하재결을 하는 경우의 수를 살펴본다.

3. 사업시행자의 약속사항 2공구 공익사업 50% 이상 협의취득 후 재결신청 약속 불이행과 산업입지법상 협의 50% 취득 미이행

해당 공익사업에 편입되는 피수용자 수(300명)가 상당하고, 공익사업의 최소 침해원칙을 관철하기 위해서 사업시행자에게 50% 이상 협의취득하도록 사업승인권자가 민원에 대한 회신으로 통보한 사실이 있다. 산업입지 및 개발에 관한 법률(이하 '산업입지법') 제22조 제3항에서도 사업시행자가 재결신청을 하기 위해서는 개발구역 토지면적의 100분 50 이상에 해당되는 토지를 확보(토지소유권을 취득하거나 토지소유자로부터 사용동의를 받은 것을 말한다)한 후에 할 수 있다고 규정하고 있다. 제출된 자료들을 검토할 때 사업시행자는 사업승인권자와의 50% 협의 취득 약속사항을 이행하지 아니하고, 산업입지법에 따른 50% 협의 취득도 단순히 감정평가법인등 추천 소유자의 50% 동의를 받았다고 해서 이를 협의취득이라고 할 수 없고, 실제 소유권을 50% 이상 이전하거나 피수용자들의 조건부 동의를 받아야 유효한 것인데 이를 이행하지 않은 책임이 있다.

4. 행정절차상 신의성실의 원칙과 투명성 원칙 등의 위배 해당

행정절차법 제4조와 동법 제5조는 다음과 같이 규정하고 있습니다.

> 제4조(신의성실 및 신뢰보호)
> ① 행정청은 직무를 수행할 때 신의(信義)에 따라 성실히 하여야 한다.
> ② 행정청은 법령 등의 해석 또는 행정청의 관행이 일반적으로 국민들에게 받아들여졌을 때에는 공익 또는 제3자의 정당한 이익을 현저히 해칠 우려가 있는 경우를 제외하고는 새로운 해석 또는 관행에 따라 소급하여 불리하게 처리하여서는 아니 된다.
>
> 제5조(투명성)
> ① 행정청이 행하는 행정작용은 그 내용이 구체적이고 명확하여야 한다.
> ② 행정작용의 근거가 되는 법령 등의 내용이 명확하지 아니한 경우 상대방은 해당 행정청에 그 해석을 요청할 수 있으며, 해당 행정청은 특별한 사유가 없으면 그 요청에 따라야 한다.
> ③ 행정청은 상대방에게 행정작용과 관련된 정보를 충분히 제공하여야 한다.

행정절차법 제4조 제1항에서는 행정청[21]은 직무를 수행할 때 신의에 따라 성실히 하여야 한다고 규정하고 있는데, 사업시행자가 50% 협의취득 약속이행을 하지 않았을 뿐만 아니라 사업인정을 받은 사업시행자는 공무수탁사인으로 행정청의 지위를 갖는바 국민들에게 투명하고 공정한 행정을 하여야 함에도 불구하고 제출된 자료를 보아서는 감정평가법인등의 소유자 추천과정과 실제 추천으로 인한 행위 자체도 공정하고 투명하게 진행되지 않았는바, 행정절차법 제4조와 동법 제5조의 신의성실의 원칙과 투명성의 원칙을 위배한 것으로 보여진다.

21) 행정절차법 제2조(정의) 이 법에서 사용하는 용어의 뜻은 다음과 같다.
1. "행정청"이란 다음 각 목의 자를 말한다.
가. 행정에 관한 의사를 결정하여 표시하는 국가 또는 지방자치단체의 기관
나. 그 밖에 법령 또는 자치법규(이하 "법령 등"이라 한다)에 따라 행정권한을 가지고 있거나 위임 또는 위탁받은 공공단체 또는 그 기관이나 사인(私人)

5. 성실한 협의를 진행한 후에 재결절차 진행 불이행

토지보상법 제16조 및 동법 제26조와 토지보상법 시행령 제8조 제3항은 협의기간은 특별한 사유가 없으면 30일 이상 협의하여야 하며, 성실한 협의를 하여야 한다고 규정하고 있다. 여기서 성실한 협의란 피수용자의 재산권 침해가 최소한이 되도록 보상평가업무의 성실성도 포함되는데 해당 사업시행자는 제출된 자료에 의하면 소유자의 감정평가법인등 추천 업무도 매우 부적합하게 진행하고 있고, 산업입지법에서나 사업승인권자에서 50% 이상 협의취득하라고 하였으나 적법한 협의취득과정도 없이 사업시행자는 소유자 추천 서류가 과반이 넘었으니까 성실한 협의를 진행했다고 주장하는 것은 타당하지 않다. 토지보상법 시행령 제8조 제5항에 따라 협의기간 중 협의가 성립되지 않으면 협의경위서에 토지소유자 및 관계인의 서명 또는 날인을 받거나, 최소한 협의경위서를 작성하도록 규정하고 있다. 그런데 제출된 재결신청서류에는 피수용자들과 성실한 협의를 진행한 상황이라든지 협의가 성립되지 않은 구체적인 사유가 존재하지 않음으로 이는 토지보상법 제28조 제1항 및 동법 시행령 제12조 제2항 제2호 협의 경위서가 누락되어 있는바, 이는 적법절차에 의한 협의를 진행한 것으로 볼 수 없고, 재결신청서에는 협의경위서가 반드시 첨부되도록 하고 있는데 성실한 협의를 진행하였음을 입증하는 협의경위서도 구체적으로 없는 바 이는 토지보상법 제28조 및 동법 시행령 제12조를 위반한 위법한 재결신청이라고 판단된다.

6. 수용재결 판단에 대한 종합의견

산업단지 1공구와 2공구는 약 5년의 시차를 두고 각각 변경고시로 사업인정고시가 되었으며, 약 10km 정도 위치가 떨어져 있고 토지이용계획상 계획용도가 차이가 큰 점 등으로 보았을 때 실질적으로는 다른 별개의 사업으로 판단된다(별개의 공익사업으로 전제 재결신청 판단하도록 함).

그리고 토지보상법 제68조 제1항 및 동법 시행령 제28조 토지소유자의 감정평가법인등 추천 요건을 갖추지 못했음에도 불구하고 위법한 복수평가를 하였는 바, 이를 토지보상법상 복수평가의 원칙과 보상법률주의를 위배한 위법이 있다. 또한 성실한 협의를 진행하여 협의과정의 공정성과 투명성을 위해 협의경위서를 재결신청 시에 필수서류로 제출토록 하고 있는데 해당 사업시행자는 성실한 협의를 입증할 수 있는 적법한 자료를 제출하지 못한 위법이 있다. 토지보상법 제28조의 사업시행자의 재결신청권은 공익사업을 위한 재결절차에서 피수용자의 최소침해의 원칙을 관철하고 적법한 절차를 진행하여 향후 발생할 수 있는 법률적 분쟁을 최소화함을 물론 수용을 둘러싼 법률관계의 조속한 확정을 위해 강제수용할 수 있는 절차를 둔 것이다. 그런데 사업시행자의 불성실한 토지보상절차는 피수용자의 재산권을 침해할 뿐만 아니라 행정절차의 절차적 정당성도 확보하지 못한 상황으로 이를 관할 토지수용위원회에서 수용할 경우 이는 수용권 남용에 해당된다고 할 것이다.

또한 해당 사업시행자는 사업승인권자와 50% 협의 약속을 불이행하여 행정절차법상 신의성실의 원칙을 위배하였고, 또한 산업입지법 제22조 제4항의 개발구역 토지면적의 50% 이상 확보한 후 재결신청하도록 하고 있는데 이를 이행하지 않은 위법이 있다.

따라서 사업시행자의 재결신청은 토지보상법 제68조 제1항 및 동법 제28조 제2항과 제4항의 필수적이고 의무적인 절차를 제대로 준수하지 않았고, 토지보상법 시행령 제12조 제2항 제2호 협의경위서가 제대로 첨부되지 않은바 재결신청 요건을 갖추지 않은 것으로 판단되어 수용재결 신청을 각하하는 것이 타당하다고 판단된다.

판례

■ 수용과 사용이 모두 포함된 재결에서 수용재결만 한 경우 위법함(사용재결도 별도로 해주어야 함)

관할 토지수용위원회에서 사용재결하는 경우 그 내용

관할 토지수용위원회가 토지에 관하여 사용재결을 하는 경우, 재결서에 사용할 토지의 위치와 면적, 권리자, 손실보상액, 사용개시일 외에 사용방법, 사용기간을 구체적으로 특정하여야 하는지 여부

▶ 대판 2019.6.13, 2018두42641

【판시사항】

[1] 관할 토지수용위원회가 토지에 관하여 사용재결을 하는 경우, 재결서에 사용할 토지의 위치와 면적, 권리자, 손실보상액, 사용개시일 외에 사용방법, 사용기간을 구체적으로 특정하여야 하는지 여부(적극)

[2] 지방토지수용위원회가 갑 소유의 토지 중 일부는 수용하고 일부는 사용하는 재결을 하면서 재결서에는 수용대상토지 외에 사용대상토지에 관해서도 '수용'한다고만 기재한 사안에서, 위 재결 중 사용대상토지에 관한 부분은 공익사업을 위한 토지 등의 취득 및 보상에 관한 법률 제50조 제1항에서 정한 사용재결의 기재사항에 관한 요건을 갖추지 못한 흠이 있음에도 사용재결로서 적법하다고 본 원심판단에 법리를 오해한 잘못이 있다고 한 사례

【판결요지】

[1] 공익사업을 위한 토지 등의 취득 및 보상에 관한 법령이 재결을 서면으로 하도록 하고, '사용할 토지의 구역, 사용의 방법과 기간'을 재결사항의 하나로 규정한 취지는, 재결에 의하여 설정되는 사용권의 내용을 구체적으로 특정함으로써 재결 내용의 명확성을 확보하고 재결로 인하여 제한받는 권리의 구체적인 내용이나 범위 등에 관한 다툼을 방지하기 위한 것이다. 따라서 관할 토지수용위원회가 토지에 관하여 사용재결을 하는 경우에는 재결서에 사용할 토지의 위치와 면적, 권리자, 손실보상액, 사용개시일 외에도 사용방법, 사용기간을 구체적으로 특정하여야 한다.

[2] 지방토지수용위원회가 갑 소유의 토지 중 일부는 수용하고 일부는 사용하는 재결을 하면서 재결서에는 수용대상토지 외에 사용대상토지에 관해서도 '수용'한다고만 기재한 사안에서, 사용대상토지에 관하여는 공익사업을 위한 토지 등의 취득 및 보상에 관한 법률(이하 '토지보상법'이라 한다)에 따라 사업시행자에게 사용권을 부여함으로써 송전선의 선하부지로 사용할 수 있도록 하기 위한 절차가 진행되어 온 점, 재결서의 주문과 이유에는 재결에 의하여 지방토지수용위원회에 설정하여 주고자 하는 사용권이 '구분지상권'이라거나 사용권이 설정될 토지의 구역 및 사용방법, 사용기간 등을 특정할 수 있는 내용이 전혀 기재되어 있지 않아 재결서만으로는 토지소유자인 갑이 자신의 토지 중 어느 부분에 어떠한 내용의 사용제한을 언제까지 받아야 하는지를 특정할 수 없고, 재결로 인하여 토지소유자인 갑이 제한받는 권리의 구체적인 내용이나 범위 등을 알 수 없어 이에 관한 다툼을 방지하기도 어려운 점 등을 종합하면, 위 재결 중 사용대상토지에 관한 부분은 토지보상법 제50조 제1항에서 정한 사용재결의 기재사항에 관한 요건을 갖추지 못한 흠이 있음에도 사용재결로서 적법하다고 본 원심판단에 법리를 오해한 잘못이 있다고 한 사례

■ **법규 헷갈리는 쟁점 : 왜 피수용자들은 제3자가 무단으로 폐기물을 매립하여 놓은 상태의 토지를 수용한 경우 협의가 아니라 수용재결로 사업시행자에게 소유권을 넘기려고 할까?**

▶ 대법원 2001.1.16. 선고 98다58511 판결[손해배상(기)]

【판시사항】

[1] 토지수용법 제63조에 의한 토지소유자의 토지 등 인도의무에 목적물에 대한 하자담보책임이 포함되는지 여부(소극)

[2] 토지수용법 제63조의 규정에 의하여 수용 대상 토지에 있는 물건에 관하여 권리를 가진 자가 기업자에게 이전할 의무를 부담하는 물건의 의미

[3] 제3자가 무단으로 폐기물을 매립하여 놓은 상태의 토지를 수용한 경우, 위 폐기물은 토지의 토사와 물리적으로 분리할 수 없을 정도로 혼합되어 있어 독립된 물건이 아니며 토지수용법 제49조 제1항의 이전료를 지급하고 이전시켜야 되는 물건도 아니어서 토지소유자는 폐기물의 이전의무가 있다고 볼 수 없다고 한 원심의 판단을 수긍한 사례

[4] 수용재결이 있은 후에 수용 대상 토지에 숨은 하자가 발견되었으나 기업자가 불복절차를 취하지 않음으로써 그 재결에 대하여 더 이상 다툴 수 없게 된 경우, 기업자가 민사소송절차로 토지소유자에게 부당이득의 반환을 구할 수 있는지 여부(소극)

【판결요지】

[1] 토지수용법에 의한 수용재결의 효과로서 수용에 의한 기업자의 토지소유권취득은 토지소유자와 수용자와의 법률행위에 의하여 승계취득하는 것이 아니라, 법률의 규정에 의하여 원시취득하는 것이므로, 토지소유자가 토지수용법 제63조의 규정에 의하여 부담하는 토지의 인도의무에는 수용목적물에 숨은 하자가 있는 경우에도 하자담보책임이 포함되지 아니하여 토지소유자는 수용시기까지 수용 대상 토지를 현존 상태 그대로 기업자에게 인도할 의무가 있을 뿐이다.

[2] 토지수용법 제63조의 규정에 의하여 수용 대상 토지에 있는 물건에 관하여 권리를 가진 자가 기업자에게 이전할 의무를 부담하는 물건은 같은 법 제49조 제1항에 의하여 이전료를 보상하고 이전시켜야 할 물건을 말한다.

[3] 제3자가 무단으로 폐기물을 매립하여 놓은 상태의 토지를 수용한 경우, 위 폐기물은 토지의 토사와 물리적으로 분리할 수 없을 정도로 혼합되어 있어 독립된 물건이 아니며 토지수용법 제49조 제1항의 이전료를 지급하고 이전시켜야 되는 물건도 아니어서 토지소유자는 폐기물의 이전의무가 있다고 볼 수 없다고 한 원심의 판단을 수긍한 사례

[4] 수용재결이 있은 후에 수용 대상 토지에 숨은 하자가 발견되는 때에는 불복기간이 경과되지 아니한 경우라면 공평의 견지에서 기업자는 그 하자를 이유로 재결에 대한 이의를 거쳐 손실보상금의 감액을 내세워 행정소송을 제기할 수 있다고 보는 것이 상당하나, 이러한 불복절차를 취하지 않음으로써 그 재결에 대하여 더 이상 다툴 수 없게 된 경우에는 기업자는 그 재결이 당연무효이거나 취소되지 않는 한 재결에서 정한 손실보상금의 산정에 있어서 위 하자가 반영되지 않았다는 이유로 민사소송절차로 토지소유자에게 부당이득의 반환을 구할 수는 없다.

■ 법규 헷갈리는 쟁점 : 재결서 정본은 어떻게 생겼을까?

재 결 서

사 건 번 호 : 24수용0000
사 업 명 : 00도시계획시설[도로 : 대로1-2호]사업
사업시행자 : 00시장
소 유 자 : 000 외 10인
관 계 인 : 000농협
재 결 일 : 2024.10.20.

이 건 수용재결신청에 대하여 다음과 같이 재결한다.

주 문

1. 사업시행자는 위 사업을 위하여 별지 제1목록 토지를 수용하고 제2목록 물건을 이전하게 하며, 손실보상금은 금5,000,000,000원(개별 보상내역은 별지 제1목록 및 제2목록 기재와 같이 함)으로 한다.
2. 소유자의 조속재결신청 청구에 따른 지연가산금은 금20,000,000원으로 한다.
3. 수용 개시일은 2024년 12월 3일로 한다.

이 유

1. 재결신청의 경위 및 적법성 판단
 가. 경위
  사업시행자는 이 건 도시계획시설사업[00 도시계획시설[도로: 대로1-2호)]사업]을 시행하기 위하여「국토의 계획 및 이용에 관한 법률」(이하 "국토계획법" 이라 한다) 제88조에 따라 도시계획시설사업 실시계획을 인가받고, 같은법 제91조에 따라 00시장이 이를 고시[공주시 고시 제2023-00호(2023.6.1.)] 하였으며, 사업기간 변경 등의 사유로 같은법 제88조에 따라 실시계획 변경을 인가받고 이를 같은법 제91조에 따라서 고시[00시 고시 제2023-00호(2024.4.30.)]하였다.
  사업시행자는 위 사업에 편입되는 토지의 취득 및 물건의 이전을 위하여 소유자 등과 협의를 하였으나, 보상금 저렴 등의 사유로 소유자로부터 재결신청의 청구가 있어 재결을 신청하기에 이르렀다.
 나. 적법성 판단
  「국토계획법」 제95조에 따르면 사업시행자는 사업의 시행을 위하여 필요한 경우에는 토지・건축물 또는 그 토지에 정착된 물건이나 토지・건축물 또는 물건에 관한 소유권 외의 권리를 수용 또는 사용할 수 있고, 같은 법 제96조에 따르면 도시계획시설사업의 실시계획을 고시한 경우에는 「공익사업을 위한 토지 등의 취득 및 보상에 관한 법률」(이하 "법"이라 한다.) 제20조 제1항 및 제22조에 따른 사업인정 및 그 고시가 있었던 것으로 본다고 규정하고 있다.
  따라서 사업시행자는 위 사업에 편입되는 토지 등을 수용할 수 있는 정당한 권한이 있음이 인정되므로 당사자 간의 다툼에 대하여 살펴보기로 한다.
2. 당사자 주장내용
 가. 소유자 등의 주장
  재결신청서류 열람기간 중 법 제31조 제2항에 따라 제시한 소유자의 의견을 살펴보면 소유자 000 외 10인은 보상금이 저렴하며 인근의 거래시가에 준하는 보상금 지급을 주장하고 있다.

나. 사업시행자의 의견

재결신청서류 열람기간 중 제시한 위 소유자의 의견에 대하여 사업시행자는 보상금의 평가는 관련 법령에 따라서 적정하게 평가되었다는 의견을 제출하였다.

3. 위원회 판단

당사자 간의 다툼에 대하여 살펴본다.

토지에 대한 보상은 법 제70조 제1항에 따라 '부동산 가격공시에 관한 법률'에 따른 공시지가를 기준으로 하여 보상하되, 그 공시기준일부터 가격시점까지의 관계법령에 따른 그 토지의 이용계획, 해당 공익사업으로 인한 지가의 영향을 받지 아니하는 지역의 대통령령으로 정하는 지가변동률, 생산자물가상승률과 그 밖에 그 토지의 위치・형상・환경・이용상황 등을 고려하여 평가한 적정가격으로 보상하여야 하며,

건축물 등 물건에 대한 보상은 법 제75조 제1항에 따라 건축물・입목・공작물과 그 밖에 토지에 정착한 물건(이하 "건축물 등"이라 한다)의 이전에 필요한 비용으로 보상하되 이전하기 어렵거나 그 이전으로 인하여 건축물 등을 종래의 목적대로 사용할 수 없게 된 경우, 건축물 등의 이전비가 물건의 가격을 넘는 경우 등에는 해당 물건의 가격으로 보상하여야 하는 바,

우리 위원회는 법 제58조 제1항 제2호 및 법 시행규칙 제16조 제6항에 따라 감정평가법인 2인으로 하여금 평가하게 하고 그 평가한 금액을 산술평균하여 보상금을 산정한 결과, 손실보상금으로 금5,000,000,000원(개인별 보상금 내역은 별지 제1목록 및 제2목록 기재와 같이 함)을 보상함이 적정한 것으로 판단되므로 위와 같이 보상하기로 한다.

4. 수용의 시기

수용의 개시일은 본 사업의 공익성과 시급성을 감안하여 2024년 12월 3일로 한다.

00지방토지수용위원회 위원장(직인생략)

(6) 재결의 실효(법 제42조)

① 의의 및 취지

재결의 실효란 유효하게 성립한 재결에 대하여 행정청의 의사에 의하지 아니하고, 객관적인 사실의 발생에 의해 당연히 그 효력이 상실되는 것을 말한다. 토지보상법 제42조에서는 수용개시일까지 보상금을 지급 또는 공탁하지 아니한 경우 재결이 실효되도록 규정하고 있으며, 이는 사전보상의 원칙을 이행하기 위함이다.

② 실효사유

(ㄱ) **사업시행자가 보상금을 지급・공탁하지 아니하는 경우** : 사업시행자가 수용 또는 사용의 개시일까지 관할 토지수용위원회가 재결한 보상금을 지급 또는 공탁하지 아니한 때에는 해당 토지수용위원회의 재결은 그 효력을 상실한다. 다만, 중앙토지수용위원회의 이의재결에서 정한 보상금을 지급・공탁하지 아니한다 하여 재결이 실효되는 것은 아니다.

판례

▶ 관련판례(대판 1993.8.24, 92누9548)

수용시기까지 보상금의 지급이나 적법한 공탁이 없었다면 수용재결은 토지수용법 제65조에서 말하는 기업자가 수용시기까지 재결보상금을 지급 또는 공탁하지 아니한 때에 해당하여 **그 효력을 상실하였다고** 할 것이고, 실효된 수용재결을 유효한 것으로 보고서 한 **이의재결 또한 위법하여 당연무효**라고 할 것이다.

▶ 관련판례(대판 1992.3.10, 91누8081)
토지수용법상의 이의재결절차는 수용재결에 대한 불복절차이면서 수용재결과는 확정의 효력 등을 달리하는 별개의 절차이므로 **기업자가 이의재결에서 증액된 보상금을 일정한 기한 내에 지급 또는 공탁하지 아니하였다 하더라도 그 때문에 이의재결 자체가 당연히 실효된다고는 할 수 없다.**

(ㄴ) **사업인정이 취소 또는 변경되는 경우** : 재결 이후 수용·사용의 개시일 이전에 사업인정이 취소 또는 변경되면, 그 고시 결과에 따라 재결의 효력은 상실된다. 그러나 보상금의 지급 또는 공탁이 있은 후에는 이미 수용의 효과가 발생하는 것이므로 재결의 효력에는 영향이 없다.

③ **권리구제**

(ㄱ) **손실보상** : 사업시행자는 재결이 실효됨으로 인하여 토지소유자 또는 관계인이 입은 손실을 보상하여야 한다. 손실의 보상은 손실이 있은 것을 안 날부터 1년, 발생한 날부터 3년 이내에 청구하여야 하며, 보상액은 사업시행자와 손실을 입은 자가 협의하여 결정하되, 협의 불성립 시 사업시행자나 손실을 입은 자는 관할 토지수용위원회에 재결을 신청할 수 있다.

(ㄴ) **항고쟁송** : 실효 여부에 대하여 다툼이 있는 경우에는 실효확인소송을 제기할 수 있다.

④ **관련문제**

재결의 실효가 있으면, 재결신청 또한 효력을 상실하게 된다. 따라서 사업인정의 효력에는 영향이 없으나 토지보상법에 의한 재결신청기간을 지나서 재결신청을 하지 않은 것이 되었다면, 사업인정도 그 효력을 상실하여 결국 그 수용절차 일체가 백지화가 된다. 판례는 재결이 실효되면 이를 기초로 한 이의재결은 위법하지만 절대적 무효는 아니므로 이의재결의 취소 또는 무효 등 확인을 구할 이익이 있다고 판시하였다.

판례

▶ 관련판례(대판 1987.3.10, 84누158)
재결의 효력이 상실되면 **재결신청 역시 그 효력을 상실하게** 되는 것이므로 그로 인하여 토지수용법 제17조 소정의 사업인정의 고시가 있은 날로부터 1년 이내에 재결신청을 하지 않는 것으로 되었다면 **사업인정도 역시 효력을 상실하여** 결국 그 수용절차 일체가 백지상태로 환원된다.

▶ 관련판례(대판 1990.6.12, 89다카24346)
토지수용법 제65조의 규정에 의하면 기업자가 수용시기까지 관할 토지수용위원회가 재결한 보상금을 지불 또는 공탁하지 아니하였을 때에는 그 재결은 효력을 상실하는 것이므로, 기업자가 수용시기 후에 보상금을 지급하더라도 그 토지의 소유권을 취득하는 것이 아니다.

▶ 관련판례(대판 1982.7.27, 82누75)
지방토지수용위원회의 재결이 토지수용법 제65조에 의하여 실효되면 동 재결을 기초로 한 중앙토지수용위원회의 재결처분은 위법하지만 절대적 무효는 아니라 할 것이므로 이의취소 또는 무효확인을 구할 이익이 있다.

2. 재결에 대한 불복

(1) 서

강제취득절차로서 수용재결이 위법・부당한 경우에는 피수용자는 행정심판과 행정소송을 제기하여 다툴 수 있음은 당연하다. 그러나 토지보상법은 공익사업의 원활한 수행과 피수용자의 권리구제의 신속을 도모하기 위해 법 제83조 내지 제85조에서 이의신청과 행정소송에 관한 명시적인 규정을 두어 일반법인 행정쟁송법에 대한 특례를 규정하고 있다. 따라서 토지보상법에 규정이 없는 사항에 대해서는 행정심판법 제3조 제1항 및 행정소송법 제8조 제1항에 의거 일반법인 행정심판법 및 행정소송법이 적용된다.

(2) 재결의 위법성

재결의 주체, 내용, 절차, 형식상의 하자가 있는 경우에 재결은 위법할 수 있다. **주체상 하자**와 관련하여 관할 토지수용위원회가 아닌 토지수용위원회가 재결을 한 경우가 있다. **절차상 하자**와 관련하여 재결의 신청, 공고・열람 및 의견진술, 화해권고(임의사항), 재결 등의 절차를 거치지 않은 경우 위법한 재결이 될 수 있다.
내용상 하자와 관련하여, 토지수용위원회의 재결사항은 수용 또는 사용할 토지의 구역 및 사용방법, 손실의 보상, 수용 또는 사용의 개시일과 기간, 그 밖에 이 법 및 다른 법률에서 규정하고 있다. 이는 **수용재결과 보상재결로 구분**할 수 있다. 이에 따라 **권리구제방법도 수용재결 자체에 대한 다툼과 보상금액에 대한 다툼으로 구분된다**. 수용재결 자체에 대한 하자는 신청주장된 범위 이외의 재결을 한 경우가 있다. 보상재결에 대한 하자는 보상금액이 정당보상액과의 차이가 있는 경우를 들 수 있다. 최근 대법원은 수용권 남용을 재결의 하자의 한 예로 판시하고 있다.

판례

▶ 관련판례(대판 2011.1.27, 2009두1051) [토지수용재결처분취소]
공용수용은 헌법상의 재산권 보장의 요청상 불가피한 최소한에 그쳐야 한다는 헌법 제23조의 근본취지에 비추어 볼 때, 사업시행자가 사업인정을 받은 후 그 사업이 공용수용을 할 만한 공익성을 상실하거나 사업인정에 관련된 자들의 이익이 현저히 비례의 원칙에 어긋나게 된 경우 또는 사업시행자가 해당 공익사업을 수행할 의사나 능력을 상실하였음에도 여전히 그 사업인정에 기하여 수용권을 행사하는 것은 수용권의 공익목적에 반하는 수용권의 남용에 해당하여 허용되지 않는다.

(3) 이의신청

법 제83조(이의의 신청)
① 중앙토지수용위원회의 제34조에 따른 재결에 이의가 있는 자는 중앙토지수용위원회에 이의를 신청할 수 있다.
② 지방토지수용위원회의 제34조에 따른 재결에 이의가 있는 자는 해당 지방토지수용위원회를 거쳐 중앙토지수용위원회에 이의를 신청할 수 있다.
③ 제1항 및 제2항에 따른 이의의 신청은 재결서의 정본을 받은 날부터 30일 이내에 하여야 한다.

① 의의 및 성격

이의신청이란 관할 토지수용위원회의 위법·부당한 재결에 의해 권익을 침해당한 자가 중앙토지수용위원회에 그 취소 또는 변경을 구하는 것이다. 이는 토지보상법에 특례를 규정하고 있는 **특별법상 행정심판**으로 볼 수 있다. 따라서 **토지보상법에 의하는 것 이외에는 행정심판법 제4조 제2항에 의해 행정심판법이 준용된다.**

> **행정심판법 제4조(특별행정심판 등)**
> ① 사안(事案)의 전문성과 특수성을 살리기 위하여 특히 필요한 경우 외에는 이 법에 따른 행정심판을 갈음하는 특별한 행정불복절차(이하 "특별행정심판"이라 한다)나 이 법에 따른 행정심판절차에 대한 특례를 다른 법률로 정할 수 없다.
> ② 다른 법률에서 특별행정심판이나 이 법에 따른 행정심판절차에 대한 특례를 정한 경우에도 그 법률에서 규정하지 아니한 사항에 관하여는 이 법에서 정하는 바에 따른다.
> ③ 관계 행정기관의 장이 특별행정심판 또는 이 법에 따른 행정심판절차에 대한 특례를 신설하거나 변경하는 법령을 제정·개정할 때에는 미리 중앙행정심판위원회와 협의하여야 한다.

② 이의신청의 청구요건

(ㄱ) **이의신청의 대상** : 전술한 바와 같이 **수용**(사용)**결정 자체를 다투는 경우와 보상금결정을 다투는 경우**가 있다. 이 경우 각각 수용결정(수용·사용의 목적물 범위, 수용·사용의 개시일)과 보상금 결정(보상액의 증감)이 이의신청의 대상이 된다.

(ㄴ) **이의신청의 당사자** : 토지소유자 또는 관계인, 이해관계인 및 사업시행자가 이의신청을 제기할 수 있다. 피청구인은 지방토지수용위원회나 중앙토지수용위원회가 된다.

(ㄷ) **청구기간**

㉠ **토지보상법 및 판례의 태도** : 재결서 정본을 받은 날로부터 30일 이내에 중앙토지수용위원회에 서면으로 신청해야 하며, 처분청을 경유하여야 한다. 제소기간을 단축한 것은 수용행정의 특수성과 전문성을 살리기 위한 것으로 합헌적 규정이며, 이의신청이 있는 경우 중앙토지수용위원회는 심리, 재결할 의무를 부담하며 사업의 진행 및 토지의 수용 또는 사용을 정지시키지 아니한다(법 제88조).

> **판례**
>
> ▶ **관련판례(대판 1992.8.18, 91누9312)**
> 수용재결(원재결)에 대한 이의신청기간과 이의재결에 대한 행정소송제기기간을 그 일반법인 행정심판법 제27조 제1항의 행정심판청구기간(90일)과 행정소송법 제20조 제1항의 행정소송의 제소기간(90일)보다 짧게 규정한 것은 **토지수용과 관련한 공익사업을 신속히 수행하여야 할 그 특수성과 전문성을 살리기 위한 필요에서 된 것으로 이해되므로 이를 행정심판법 제43조, 제42조에 어긋나거나 헌법 제27조에 어긋나는 위헌규정이라 할 수 없다.**

㉡ 재결서 정본이 송달되지 아니한 경우 이의신청의 청구기간

(a) **문제점** : 수용재결의 재결서가 피수용자에게 적법하게 송달되지 않은 경우에 이의신청 기간이 언제부터 진행되는지 문제된다.

(b) **학설** : 행정심판법 또는 행정소송법을 적용하여 재결이 있은 날로부터 180일 또는 1년의 기간이 적용된다고 보는 견해가 있다.[22]

(c) **판례**

판례

▶ 관련판례(대판 1995.6.13, 94누9085)

수용재결서가 수용시기 이전에 피수용자에게 적법하게 송달되지 아니하였다고 하여 수용절차가 당연무효가 된다고 할 수는 없고, 다만 그 수용재결서의 정본이 적법하게 송달된 날로부터 수용재결에 대한 이의신청기간이 진행된다.

(d) **검토** : 법적안정성 측면에서는 학설이 타당할 수 있으나, 수용재결서가 토지소유자등에게 통지되는 점, 국민의 권리구제 등을 고려할 때 판례의 태도가 타당하다. 즉 수용재결서가 수용시기 이전에 피수용자에게 적법하게 송달되지 아니하였다고 하여 수용절차가 당연 무효가 된다고 할 수는 없고, 다만 그 수용재결서의 정본이 적법하게 송달된 날로부터 수용재결에 대한 이의신청기간이 진행된다(대판 1995.6.13, 94누9085).

③ 이의신청제기의 효과

행정소송법 제23조와 달리 토지보상법 제88조에서 집행부정지 원칙만 규정하고 있어 그 해석상 문제될 수 있다. 그러나 행정심판법과 행정소송법(취소소송 제기효과 참조)을 배제하는 규정으로는 보기 어렵다고 할 것이다.

토지보상법 제88조(처분효력의 부정지)

제83조에 따른 이의의 신청이나 제85조에 따른 행정소송의 제기는 사업의 진행 및 토지의 수용 또는 사용을 정지시키지 아니한다.

행정심판법 제30조(집행정지)

① 심판청구는 처분의 효력이나 그 집행 또는 절차의 속행(續行)에 영향을 주지 아니한다.

② 위원회는 처분, 처분의 집행 또는 절차의 속행 때문에 중대한 손해가 생기는 것을 예방할 필요성이 긴급하다고 인정할 때에는 직권으로 또는 당사자의 신청에 의하여 처분의 효력, 처분의 집행 또는 절차의 속행의 전부 또는 일부의 정지(이하 "집행정지"라 한다)를 결정할 수 있다. 다만, 처분의 효력정지는 처분의 집행 또는 절차의 속행을 정지함으로써 그 목적을 달성할 수 있을 때에는 허용되지 아니한다.

③ 집행정지는 공공복리에 중대한 영향을 미칠 우려가 있을 때에는 허용되지 아니한다.

④ 〈이하 생략〉

22) 김향기, 행정법사례연습, 2012, 889

④ 이의재결

이의신청에 대한 심리는 비공개주의, 서면주의, 직권주의를 원칙으로 하며, 중앙토지수용위원회는 재결이 위법 또는 부당하다고 인정하는 때에는 그 재결의 전부 또는 일부를 취소하거나 보상액을 변경할 수 있다.

⑤ 이의재결의 효력

법 제84조(이의신청에 대한 재결)

① 중앙토지수용위원회는 제83조에 따른 이의신청을 받은 경우 제34조에 따른 재결이 위법하거나 부당하다고 인정할 때에는 그 재결의 전부 또는 일부를 취소하거나 보상액을 변경할 수 있다.

② 제1항에 따라 보상금이 늘어난 경우 사업시행자는 재결의 취소 또는 변경의 재결서 정본을 받은 날부터 30일 이내에 보상금을 받을 자에게 그 늘어난 보상금을 지급하여야 한다. 다만, 제40조 제2항 제1호·제2호 또는 제4호에 해당할 때에는 그 금액을 공탁할 수 있다.

법 제86조(이의신청에 대한 재결의 효력)

① 제85조 제1항에 따른 기간 이내에 소송이 제기되지 아니하거나 그 밖의 사유로 이의신청에 대한 재결이 확정된 때에는 「민사소송법」상의 확정판결이 있은 것으로 보며, 재결서 정본은 집행력 있는 판결의 정본과 동일한 효력을 가진다.

② 사업시행자, 토지소유자 또는 관계인은 이의신청에 대한 재결이 확정되었을 때에는 관할 토지수용위원회에 대통령령으로 정하는 바에 따라 재결확정증명서의 발급을 청구할 수 있다.

(4) 재결에 대한 취소소송

① 의의

취소소송이란, 행정청의 위법한 처분 등의 취소 또는 변경을 구하는 소송을 말한다. 공용수용에 있어서는 관할 토지수용위원회의 재결 또는 중앙토지수용위원회의 이의재결이 위법함을 전제로 하여 그 재결의 취소 또는 변경을 구하는 소송을 말한다. 토지보상법이 정하는 특례사항 이외에는 행정소송법이 적용된다.

② 취소소송의 제기요건

(구)토지수용법에서는 소송의 대상과 관련하여 재결주의를 규정한 것인지에 대해 논란이 있었으나, 개정 토지보상법 제85조 제1항은 "제34조의 규정에 의한 재결에 대하여 불복이 있는 때에는 재결서를 받은 날부터 90일 이내에, 이의신청을 거친 때에는 이의재결서를 받은 날부터 60일 이내~"라고 규정하여 논란의 여지없이 원처분주의로 개정되었다. 최근 판례도 원처분주의를 반영하고 있다.

법 제85조(행정소송의 제기)

① 사업시행자, 토지소유자 또는 관계인은 제34조에 따른 재결에 불복할 때에는 재결서를 받은 날부터 90일 이내에, 이의신청을 거쳤을 때에는 이의신청에 대한 재결서를 받은 날부터 60일 이내에 각각 행정소송을 제기할 수 있다. 이 경우 사업시행자는 행정소송을 제기하기 전에 제84조에 따라 늘어난 보상금을 공탁하여야 하며, 보상금을 받을 자는 공탁된 보상금을 소송이 종결될 때까지 수령할 수 없다.

② 제1항에 따라 제기하려는 행정소송이 보상금의 증감(增減)에 관한 소송인 경우 그 소송을 제기하는 자가 토지소유자 또는 관계인일 때에는 사업시행자를, 사업시행자일 때에는 토지소유자 또는 관계인을 각각 피고로 한다.

판례

▶ 관련판례(대판 1991.2.12, 90누288)
토지수용법 제73조 내지 제75조의2의 규정을 종합하면 토지수용에 관한 행정소송에 있어서는 중앙토지수용위원회의 이의신청에 대한 재결에 대하여 불복이 있을 때에 제기할 수 있고 수용재결은 행정소송의 대상으로 삼을 수 없다 할 것이므로 그 행정소송에서는 이의 재결 자체의 고유한 위법사유뿐 아니라 이의신청사유로 삼지 않은 수용재결의 하자도 주장할 수 있다.

▶ 관련판례(대판 2010.1.28, 2008두1504)
공익사업을 위한 토지 등의 취득 및 보상에 관한 법률 제85조 제1항 전문의 문언 내용과 같은 법 제83조, 제85조가 중앙토지수용위원회에 대한 이의신청을 임의적 절차로 규정하고 있는 점, 행정소송법 제19조 단서가 행정심판에 대한 재결은 재결 자체에 고유한 위법이 있음을 이유로 하는 경우에 한하여 취소소송의 대상으로 삼을 수 있도록 규정하고 있는 점 등을 종합하여 보면, **수용재결에 불복하여 취소소송을 제기하는 때에는 이의신청을 거친 경우에도 수용재결**을 한 중앙토지수용위원회 또는 지방토지수용위원회를 피고로 하여 수용재결의 취소를 구하여야 하고, 다만 이의신청에 대한 재결 자체에 고유한 위법이 있음을 이유로 하는 경우에는 그 이의재결을 한 중앙토지수용위원회를 피고로 하여 이의재결의 취소를 구할 수 있다고 보아야 한다.

③ 취소소송의 제기효과
전술한(이의신청 제기효과) 바와 같다.

토지보상법 제88조(처분효력의 부정지)
제83조에 따른 이의의 신청이나 제85조에 따른 행정소송의 제기는 사업의 진행 및 토지의 수용 또는 사용을 정지시키지 아니한다.

행정소송법 제23조(집행정지)
① 취소소송의 제기는 처분 등의 효력이나 그 집행 또는 절차의 속행에 영향을 주지 아니한다.
② 취소소송이 제기된 경우에 처분 등이나 그 집행 또는 절차의 속행으로 인하여 생길 회복하기 어려운 손해를 예방하기 위하여 긴급한 필요가 있다고 인정할 때에는 본안이 계속되고 있는 법원은 당사자의 신청 또는 직권에 의하여 처분 등의 효력이나 그 집행 또는 절차의 속행의 전부 또는 일부의 정지(이하 "집행정지"라 한다)를 결정할 수 있다. 다만, 처분의 효력정지는 처분 등의 집행 또는 절차의 속행을 정지함으로써 목적을 달성할 수 있는 경우에는 허용되지 아니한다.
③ 집행정지는 공공복리에 중대한 영향을 미칠 우려가 있을 때에는 허용되지 아니한다.
④ 제2항의 규정에 의한 집행정지의 결정을 신청함에 있어서는 그 이유에 대한 소명이 있어야 한다.
⑤ 제2항의 규정에 의한 집행정지의 결정 또는 기각의 결정에 대하여는 즉시항고할 수 있다. 이 경우 집행정지의 결정에 대한 즉시항고에는 결정의 집행을 정지하는 효력이 없다.
⑥ 제30조 제1항의 규정은 제2항의 규정에 의한 집행정지의 결정에 이를 준용한다.

④ 심리 및 판결

심리의 내용은 **요건심리**와 **본안심리**로 구분되며, 심리의 방식은 행정소송법의 심리규정이 그대로 적용된다. 판결은 **각하, 기각, 인용, 사정판결**이 가능하며, 위법성의 판단시점 및 판결의 효력은 행정소송법이 그대로 적용된다. 토지보상법 제87조에서는 "사업시행자가 제기한 소송이 각하·기각 또는 취하된 경우 사업시행자는 재결서 정본을 받은 날 또는 이의신청을 거친 경우에는 이의재결서 정본을 받은 날부터 판결일 또는 취하일까지 기간에 대하여 소송촉진 등에 관한 특례법 제3조의 규정에 의한 법정이율을 적용하여 산정한 금액을 보상금에 가산하여 지급하여야 한다."고 규정하고 있다.

법 제87조(법정이율에 의한 가산지급)

사업시행자는 제85조 제1항에 따라 사업시행자가 제기한 행정소송이 각하·기각 또는 취하된 경우 다음 각 호의 어느 하나에 해당하는 날부터 판결일 또는 취하일까지의 기간에 대하여 「소송촉진 등에 관한 특례법」 제3조에 따른 법정이율을 적용하여 산정한 금액을 보상금에 가산하여 지급하여야 한다.

1. 재결이 있은 후 소송을 제기하였을 때에는 재결서 정본을 받은 날
2. 이의신청에 대한 재결이 있은 후 소송을 제기하였을 때에는 그 재결서 정본을 받은 날

⑤ 사업인정과 수용재결의 하자승계

후술하는 바와 같이 사업인정과 수용재결의 하자승계에 대해 대법원은 부정적인 입장이다.

판례

▶ 관련판례(대판 1992.3.13, 91누4324)

사업인정처분 자체의 위법은 사업인정단계에서 다투어야 하고 이미 그 쟁송기간이 도과한 수용재결단계에서는 사업인정처분이 당연무효라고 볼 만한 특단의 사정이 없는 한 그 위법을 이유로 재결의 취소를 구할 수는 없다.

▶ 관련판례(대판 2009.11.26, 2009두11607)

도시계획사업허가의 공고 시에 토지세목의 고시를 누락하거나 사업인정을 함에 있어 수용 또는 사용할 토지의 세목을 공시하는 절차를 누락한 경우, 이는 절차상의 위법으로서 수용재결단계 전의 사업인정단계에서 다툴 수 있는 취소사유에 해당하기는 하나 더 나아가 그 사업인정 자체를 무효로 할 중대하고 명백한 하자라고 보기는 어렵고, 따라서 이러한 위법을 들어 수용재결처분의 취소를 구하거나 무효확인을 구할 수는 없다.

⑥ 토지 및 물건조서작성의 하자와 수용재결의 관계

판례

▶ 관련판례(대판 2005.9.30, 2003두12349·12356)

기업자가 토지수용법 제23조 소정의 토지조서 및 물건조서를 작성함에 있어서 **토지소유자를 입회시켜서 이에 서명날인을 하게 하지 아니하였다** 하더라도 그러한 사유만으로는 그 토지에 대한 **수용재결 및 이의재결까지 무효가 된다고 할 수 없고,** 기업자가 토지소유자에게 성의 있고 진실하게 설명하여 이해할 수 있

도록 협의요청을 하지 아니하였다거나, 협의경위서를 작성함에 있어서 토지소유자의 서명날인을 받지 아니하였다는 하자 역시 절차상의 위법으로서 수용재결 및 이의재결에 대한 당연무효의 사유가 된다고 할 수도 없다.

⑦ 사업인정 무효와 재결의 무효 관련 판례 – 토지수용재결처분취소 등

판례

▶ 관련판례(대판 2015.3.20, 2011두3746) – 제주도 사업인정 무효/재결 무효

[토지수용재결처분취소등]

[판시사항]

[1] 행정청이 도시계획시설인 유원지를 설치하는 도시계획시설사업에 관한 실시계획을 인가하기 위한 요건

[2] 도시계획시설사업에 관한 실시계획의 인가 요건을 갖추지 못한 인가처분의 경우, 그 하자가 중대한지 여부(적극)

[판결요지]

[1] (구)국토의 계획 및 이용에 관한 법률(2005.12.7. 법률 제7707호로 개정되기 전의 것, 이하 '국토계획법'이라 한다) 제2조 제6호 (나)목, 제43조 제2항, (구)국토의 계획 및 이용에 관한 법률 시행령(2005.12.28. 대통령령 제19206호로 개정되기 전의 것) 제2조 제1항 제2호, 제3항, (구)도시계획시설의 결정・구조 및 설치기준에 관한 규칙(2005.12.14. 건설교통부령 제480호로 개정되기 전의 것) 제56조 등의 각 규정 형식과 내용, 그리고 도시계획시설사업에 관한 실시계획의 인가처분은 특정 도시계획시설사업을 구체화하여 현실적으로 실현하기 위한 것인 점 등을 종합하여 보면, 행정청이 도시계획시설인 유원지를 설치하는 도시계획시설사업에 관한 실시계획을 인가하려면, 실시계획에서 설치하고자 하는 시설이 국토계획법령상 유원지의 개념인 '주로 주민의 복지향상에 기여하기 위하여 설치하는 오락과 휴양을 위한 시설'에 해당하고, 실시계획이 국토계획법령이 정한 도시계획시설(유원지)의 결정・구조 및 설치의 기준에 적합하여야 한다.

[2] (구)국토의 계획 및 이용에 관한 법률(2005.12.7. 법률 제7707호로 개정되기 전의 것) 제88조 제2항, 제95조, 제96조의 규정 내용에다가 도시계획시설사업은 도시 형성이나 주민 생활에 필수적인 기반시설 중 도시관리계획으로 체계적인 배치가 결정된 시설을 설치하는 사업으로서 공공복리와 밀접한 관련이 있는 점, 도시계획시설사업에 관한 실시계획의 인가처분은 특정 도시계획시설사업을 현실적으로 실현하기 위한 것으로서 사업에 필요한 토지 등의 수용 및 사용권 부여의 요건이 되는 점 등을 종합하면, 실시계획의 인가요건을 갖추지 못한 인가처분은 공공성을 가지는 도시계획시설사업의 시행을 위하여 필요한 수용 등의 특별한 권한을 부여하는 데 정당성을 갖추지 못한 것으로서 법규의 중요한 부분을 위반한 중대한 하자가 있다.

(5) 재결에 대한 무효등확인소송

① 의의

무효등확인소송이란 처분 등의 효력 유무 또는 존재 여부를 확인하는 소송이다. 무효인 처분도 처분의 외관이 존재하여 집행될 수 있으므로 무효임을 공적으로 확인받을 필요가 있는바 여기에 무효등확인소송이 인정되는 실익이 있다.

② 취소소송에 관한 사항의 적용

소송을 제기할 수 있는 자는 사업시행자와 토지소유자 및 관계인이며, 재결청이 피고가 된다. 관할법원은 원칙적으로 피고의 소재지를 관할하는 행정법원이 된다. 소송이 각하, 기각 또는취하된 경우에는 재결이 확정되고 사업시행자가 소송을 제기한 경우로서 소송이 각하, 기각 또는 취하된 경우에는 가산금을 지급하여야 한다.

③ 이의신청전치 및 제소기간의 적용배제

무효등확인소송에서는 개별법에서 이의신청전치를 규정하고 있는 경우에도 적용이 없고, 제소기간의 제한도 적용이 없다. 재결의 위법사유가 중대・명백한 것인 때에는 법원이 심사하기 전에 중앙토지수용위원회가 심리・판단할 필요가 없다고 할 것이기 때문이다. 그리고 무효인 재결은 처음부터 효력이 없는 것이므로, 법률관계의 조속한 확정의 요청에 기한 제소기간의 제한규정도 적용이 없다고 볼 것이다.

판례

▶ 관련판례[대판 2017.4.13, 2016두64241] - [수용재결무효확인]

[1] 공익사업을 위한 토지 등의 취득 및 보상에 관한 법률(이하 '토지보상법'이라 한다)은 사업시행자로 하여금 우선 협의취득 절차를 거치도록 하고, 협의가 성립되지 않거나 협의를 할 수 없을 때에 수용재결취득 절차를 밟도록 예정하고 있기는 하다. 그렇지만 일단 토지수용위원회가 수용재결을 하였더라도 사업시행자로서는 수용 또는 사용의 개시일까지 토지수용위원회가 재결한 보상금을 지급 또는 공탁하지 아니함으로써 재결의 효력을 상실시킬 수 있는 점, 토지소유자 등은 수용재결에 대하여 이의를 신청하거나 행정소송을 제기하여 보상금의 적정 여부를 다툴 수 있는데, 그 절차에서 사업시행자와 보상금액에 관하여 임의로 합의할 수 있는 점, 공익사업의 효율적인 수행을 통하여 공공복리를 증진시키고, 재산권을 적정하게 보호하려는 토지보상법의 입법 목적(제1조)에 비추어 보더라도 수용재결이 있은 후에 사법상 계약의 실질을 가지는 협의취득 절차를 금지해야 할 별다른 필요성을 찾기 어려운 점 등을 종합해 보면, 토지수용위원회의 수용재결이 있은 후라고 하더라도 토지소유자 등과 사업시행자가 다시 협의하여 토지 등의 취득이나 사용 및 그에 대한 보상에 관하여 임의로 계약을 체결할 수 있다고 보아야 한다.

[2] 중앙토지수용위원회가 지방국토관리청장이 시행하는 공익사업을 위하여 甲 소유의 토지에 대하여 수용재결을 한 후, 甲과 사업시행자가 '공공용지의 취득협의서'를 작성하고 협의취득을 원인으로 소유권이전등기를 마쳤는데, 甲이 '사업시행자가 수용개시일까지 수용재결보상금 전액을 지급・공탁하지 않아 수용재결이 실효되었다'고 주장하며 수용재결의 무효확인을 구하는 소송을 제기한 사안에서, 甲과 사업시행자가 수용재결이 있은 후 토지에 관하여 보상금액을 새로 정하여 취득협의서를 작성하였고, 이를 기초로 소유권이전등기까지 마친 점 등을 종합해 보면, 甲과 사업시행자가 수용재결과는 별도로 '토지의 소유권을 이전한다는 점과 그 대가인 보상금의 액수'를 합의하는 계약을 새로 체결하였다고 볼 여지가 충분하고, 만약 이러한 별도의 협의취득 절차에 따라 토지에 관하여 소유권이전등기가 마쳐진 것이라면 설령 甲이 수용재결의 무효확인 판결을 받더라도 토지의 소유권을 회복시키는 것이 불가능하고, 나아가 무효확인으로써 회복할 수 있는 다른 권리나 이익이 남아 있다고도 볼 수 없다고 한 사례

(6) 보상금증감청구소송

> **법 제85조(행정소송의 제기)**
> ② 제1항의 규정에 따라 제기하려는 행정소송이 보상금의 증감(增減)에 관한 소송인 경우 그 소송을 제기하는 자가 토지소유자 또는 관계인일 때에는 사업시행자를, 사업시행자일 때에는 토지소유자 또는 관계인을 각각 피고로 한다.

① 의의 및 취지

보상금증감청구소송은 보상금에 대한 직접적인 이해당사자인 사업시행자와 토지소유자 및 관계인이 보상금의 증감을 소송의 제기를 통해 직접 다툴 수 있도록 하는 당사자소송이다. 이는 종래의 취소소송을 통한 권리구제의 우회를 시정하여 분쟁의 일회적 해결을 도모하고자 함에 그 제도적 취지가 있다.

② 소송의 성질

(ㄱ) **형식적 당사자소송** : 형식적 당사자소송이란 행정청의 처분 등을 원인으로 하는 법률관계에 관한 소송으로 실질적으로 처분 등의 효력을 다투면서 처분청을 피고로 하지 않고 법률관계의 일방당사자를 피고로 하여 제기하는 소송을 말한다. 보상금증감청구소송은 수용재결을 원인으로 한 법률관계에 관한 소송으로서 실질적으로는 수용재결의 내용을 다투면서도 그 법률관계의 한쪽 당사자를 피고로 하는 소송이므로 전형적인 형식적 당사자소송에 해당한다.

(구)토지수용법에서는 이를 전형적인 형식적 당사자소송으로 보기에는 무리가 있어 논란이 되었지만, 토지보상법에서는 재결청을 피고에서 제외함으로써 이를 해결하였다.

> **판례**
>
> ▶ 관련판례(대판 1991.11.26, 91누285)
> 토지수용법 제75조의2 제2항의 규정은 그 제1항에 의하여 이의재결에 대하여 불복하는 행정소송을 제기하는 경우, 이것이 **보상금의 증감에 관한 소송인** 때에는 이의재결에서 정한 보상금이 증액 변경될 것을 전제로 하여 기업자를 상대로 보상금의 지급을 구하는 **공법상의 당사자소송**을 규정한 것으로 볼 것이다.

(ㄴ) **형성소송인지 확인·급부소송인지** : 이는 구체적 손실보상청구권의 발생근거를 어떻게 볼 것인가의 문제로서 헌법 제23조 제3항의 법적 효력에 관한 해석 및 토지수용위원회의 재결의 처분성 문제와 관련이 있다.

㉠ **형성소송설** : 보상금의 결정은 재결에 의해 행해지는 것이므로 구체적 보상청구권은 재결에 의해 형성되는 것이고, 보상금증감청구소송에서 법원이 재결을 취소하고 정당한 보상액을 확정하는 것도 구체적인 손실보상청구권을 형성하는 것으로 보아야 하므로 보상금증감청구소송은 형성소송이라고 보는 견해이다.

㉡ **확인·급부소송설** : 확인·급부소송설은 수용 등의 보상원인이 있으면 손실보상청구권은 실체법규에 보상에 관한 규정이 있는가 없는가에 관계없이 헌법규정에 의하여 당연히 발

생한다고 해석하고, 재결의 손실보상 부분은 그것을 확인하는 데 지나지 않기 때문에 행정소송에 있어서 당사자는 재결의 취소 또는 변경을 구할 필요 없이 바로 보상액의 증액분에 대한 지급청구 또는 과불분에 대한 반환청구를 구하면 된다고 한다. 따라서 실체법상 그 실현에 관한 절차규정이 없는 경우 통상의 소송절차에 의하여 그 실현을 구할 수 있고, 보상에 관한 절차규정이 있는 경우 이는 청구권 그 자체의 창설·형성을 위한 절차가 아니라 그 액수의 확인·급부를 구하는 수단이라는 것이다.

㉢ **검토** : 손실보상금증액청구소송은 보상액을 확인하고 그 이행을 명하는 점에서 이행소송(급부소송) 또는 확인·급부소송의 성질을 가지고, 감액청구소송인 경우에는 보상액을 확인하는 점에서 확인소송의 성질을 갖는다고 보아야 할 것이다.

③ 소송의 제기요건

(ㄱ) 소송의 대상

㉠ **문제점** : 토지보상법 제85조 제2항에서 규정하고 있는 소송은 토지수용위원회가 행한 재결 가운데 보상금의 증감에 관한 것만을 대상으로 한다. 그러나 이의재결로 형성된 보상금에 불복하여 보상금증감청구소송을 제기하는 경우 소송의 대상을 무엇으로 하여야 하는지가 문제된다.

㉡ 학설

(a) 수용재결대상설은 **이의신청을 거쳐 보상금증감청구소송을 제기하는 경우** 원처분주의에 따라 이의재결이 아니라 **원처분인 수용재결**(이의재결에서 일부 인용된 경우 이의재결에 의해 수정된 수정재결)이 소송의 대상이 된다고 보는 견해이다.

(b) 보상금에 관한 법률관계대상설은 보상금증감청구소송에서는 수용재결이 직접 다퉈지는 것이 아니라 **보상금에 관한 법률관계가 주된 다툼의 대상이 되고**, 원처분주의와 재결주의의 논의는 불필요한 것으로 보는 견해이다.

㉢ **판례** : 판례는 잔여지수용청구에 대한 토지수용위원회의 결정에 대한 불복방법에 관해 재결의 취소 및 보상금 증액을 구하는 행정소송을 제기해야 하는 것으로 보고 있다. 하지만 현행법에서는 상기 판례가 그대로 타당하다고 할 수 없다. 현재 실무상 수용재결의 취소도 보상금청구소송의 주된 대상은 보상금의 증감으로 보고 있는 것으로 보인다.

판례

▶ 관련판례(대판 2004.9.24, 2002다68713)

(구)토지수용법 제48조 제1항은 공익사업을 위해 기업자에 의한 토지의 강제취득에 따라 남게 된 일단의 토지의 일부를 종래의 목적에 사용하는 것이 현저히 곤란한 경우에는 해당 토지소유자에게 형성권으로서 잔여지수용청구권을 인정하고 있고, 이에 따라 잔여지에 대한 수용청구를 하려면 우선 기업자에게 잔여지매수에 관한 협의를 요청하여 협의가 성립되지 아니한 경우에 한하여 그 일단의 토지의 일부수용에 대한 토지수용위원회의 재결이 있기 전까지 관할 토지수용위원회에 잔여지를 포함한 일단의 토지 전부의 수용을 청구할 수 있고, 그 수용재결 및 이의재결에 불복이 있으면 재결청과 기

업자를 공동피고로 하여 그 이의재결의 취소 및 보상금의 증액을 구하는 행정소송을 제기하여야 하며, 곧바로 기업자를 상대로 하여 민사소송으로 잔여지에 대한 보상금의 지급을 구할 수는 없다.

▶ 관련판례(대판 2010.8.19, 2008두822)
(구)'공익사업을 위한 토지 등의 취득 및 보상에 관한 법률'(2007.10.17. 법률 제8665호로 개정되기 전의 것) 제74조 제1항에 규정되어 있는 잔여지수용청구권은 손실보상의 일환으로 토지소유자에게 부여되는 권리로서 그 요건을 구비한 때에는 잔여지를 수용하는 토지수용위원회의 재결이 없더라도 그 청구에 의하여 수용의 효과가 발생하는 형성권적 성질을 가지므로, 잔여지수용청구를 받아들이지 않은 토지수용위원회의 재결에 대하여 토지소유자가 불복하여 제기하는 소송은 위 법 제85조 제2항에 규정되어 있는 '보상금의 증감에 관한 소송'에 해당하여 사업시행자를 피고로 하여야 한다.

㉣ **검토** : 생각건대, 보상금증감청구소송은 취소소송과 달리 그 소송대상을 원처분주의 또는 재결주의로 해석할 것이 아니라, 관할 토지수용위원회 또는 중앙토지수용위원회가 행한 재결로 형성된 법률관계인 보상금 증감에 관한 것으로 보는 것이 타당하다고 본다. 즉, 보상금에 관한 법률관계대상설이 타당하다.

(ㄴ) **당사자적격** : 손실보상금에 관한 법률관계의 당사자인 피수용자와 사업시행자에게 당사자적격이 인정된다. 즉, 보상금증액청구소송에서는 피수용자가 원고이고, 사업시행자가 피고가 된다. 반면에 보상금감액청구소송에서는 사업시행자가 원고이고, 피수용자가 피고가 된다.

(ㄷ) **제소기간** : 당사자소송은 원칙적으로 제소기간의 제한이 없으나, 토지보상법 제85조 제1항 취소소송의 제소기간을 보상금증감청구소송에 적용하고 있다, 즉, 보상금증감청구소송의 제소기간은 재결서를 받은 날부터 90일 이내에, 이의신청을 거친 때에는 이의신청에 대한 재결서를 받은 날부터 60일 이내이다.

(ㄹ) **보상금의 공탁**(이의재결에서 증액된 보상금 공탁)

㉠ **토지보상법 제85조 등의 태도** : 대법원은 사업시행자가 행정소송 제기 전의 보상금을 공탁(이의재결에서 증액된 보상금을 공탁)해야 하는 것을 소송요건으로 보고 있다.

법 제85조(행정소송의 제기)
① 사업시행자, 토지소유자 또는 관계인은 제34조에 따른 재결에 불복할 때에는 재결서를 받은 날부터 90일 이내에, 이의신청을 거쳤을 때에는 이의신청에 대한 재결서를 받은 날부터 60일 이내에 각각 행정소송을 제기할 수 있다. 이 경우 사업시행자는 행정소송을 제기하기 전에 제84조에 따라 늘어난 보상금을 공탁하여야 하며, 보상금을 받을 자는 공탁된 보상금을 소송이 종결될 때까지 수령할 수 없다.

㉡ **판례**(공탁 제소요건의 하자치유)

판례

▶ 관련판례(대판 2008.2.15, 2006두9832)
공익사업을 위한 토지 등의 취득 및 보상에 관한 법률 제85조 제1항의 규정 및 관련 규정들의 내용, 사업시행자가 행정소송 제기 시 증액된 보상금을 공탁하도록 한 위 제85조 제1항 단서 규정의 입법취지, 그 규정에 의해 보호되는 보상금을 받을 자의 이익과 그로 인해 제한받게 되는 사업시행자의 재판청구권과의 균형 등을 종합적으로 고려하여 보면, **사업시행자가 재결에 불복하여 이의신청을 거쳐 행정소송을 제기하는 경우에는** 원칙적으로 행정소송 제기 전에 이의재결에서 증액된 보상금을 공탁하여야 하지만, 제소 당시 그와 같은 **요건을 구비하지 못하였다 하여도 사실심 변론종결 당시까지 그 요건을 갖추었다면 그 흠결의 하자는** 치유되었다고 본다.

(ㅁ) **재판관할** : 형식적 당사자소송의 제1심 관할법원은 피고의 소재지를 관할하는 행정법원이다. 그러나 국가 또는 공공단체가 피고인 경우에는 관계행정청의 소재지를 피고의 소재지로 보며, 토지의 수용에 있어서는 그 토지의 소재지를 관할하는 행정법원에 소송을 제기할 수 있다.

④ 심리 및 판결

(ㄱ) 심리의 범위

㉠ **일반적인 심리범위** : 손실보상금의 증감, 손실보상의 방법(금전보상, 채권보상 등), 보상항목의 인정(잔여지보상 등의 손실보상의 인정 여부), 이전 곤란한 물건의 수용보상, 보상면적 등을 심리한다.

판례

▶ 관련판례(대판 2019.11.28, 2018두227)
어떤 보상항목이 공익사업을 위한 토지 등의 취득 및 보상에 관한 법령상 손실보상대상에 해당함에도 관할 토지수용위원회가 사실을 오인하거나 법리를 오해함으로써 손실보상대상에 해당하지 않는다고 잘못된 내용의 재결을 한 경우에는, 피보상자는 관할 토지수용위원회를 상대로 그 재결에 대한 취소소송을 제기할 것이 아니라, 사업시행자를 상대로 공익사업을 위한 토지 등의 취득 및 보상에 관한 법률 제85조 제2항에 따른 보상금증감소송을 제기하여야 한다.

㉡ 잔여지(확장)수용청구의 경우

(a) **문제점** : 보상금의 증감에 관한 소송이 구체적으로 어느 범위까지 다툴 수 있는가에 대하여 논란이 있다. 즉, 확장수용청구의 경우가 보상금증감청구소송의 심리범위에 해당될 것인지 문제된다.

(b) **학설**

ⓐ **긍정설** : 확장수용청구는 토지수용위원회의 재결사항 가운데 토지 등의 수용 또는 사용에 영향을 미친다. 따라서 단순한 손실의 문제라고 말할 수 없는 점도 있지만 그 실질은 피수용자의 이익을 고려한 손실보상이고, 수용위원회의 재결사항을 부

정한다기보다는 그 내용을 부가하는 청구이기 때문에 재결취소의 소로 하기보다도 손실보상에 관한 소로서 구성하는 것이 타당하다고 한다. 또한 손실의 범위와 보상의 금액은 밀접한 관련을 지닌다. 보상금증감청구소송은 보상금에 관한 다툼을 신속히 종결하려는 것뿐만 아니라 실질적 당사자인 사업시행자나 소유자 등을 소송당사자로 하게 하여 소송을 원만히 수행하도록 하는 데 있다. 따라서 손실의 범위에 따라 보상금의 액수에 증감이 있을 수 있으므로 보상금의 증감에 관한 소송 속에 보상의 원인인 손실의 범위결정에 관한 다툼까지도 포함하는 것이라고 해석하고 있다.

ⓑ **부정설** : 잔여지수용은 재결에 의해 수용하는 토지의 구역이고 수용 시에 특히 인정한 경우를 제외하고 잔여지상의 제3자 권리가 소멸되며, 재결은 보상금 등의 지불이 일정 시까지 행해지지 않을 때 실효되는 점 등에 비추어 볼 때 본래 수용과 같아 단순한 보상의 문제로 할 수 없다고 한다. 따라서 보상의 원인이 되는 확장수용은 손실보상에 관한 소에 의할 것이 아니라 수용위원회의 재결을 다투는 방법에 의하는 것이 타당하다고 한다.

(c) **판례** : 대법원에서는 긍정설의 입장으로 보인다.

판례

▶ 관련판례(대판 2010.8.19, 2008두822)

[1] (구)'공익사업을 위한 토지 등의 취득 및 보상에 관한 법률' 제74조 제1항에 규정되어 있는 잔여지수용청구권은 손실보상의 일환으로 토지소유자에게 부여되는 권리로서 그 요건을 구비한 때에는 **잔여지를 수용하는 토지수용위원회의 재결이 없더라도 그 청구에 의하여 수용의 효과가 발생하는 형성권적 성질**을 가지므로, 잔여지수용청구를 받아들이지 않은 토지수용위원회의 재결에 대하여 토지소유자가 불복하여 제기하는 소송은 위 법 제85조 제2항에 규정되어 있는 **'보상금의 증감에 관한 소송'**에 해당하여 사업시행자를 피고로 하여야 한다.

[2] (구)'공익사업을 위한 토지 등의 취득 및 보상에 관한 법률'(2007.10.17. 법률 제8665호로 개정되기 전의 것) 제74조 제1항에 의하면, 잔여지수용청구는 사업시행자와 사이에 매수에 관한 협의가 성립되지 아니한 경우 일단의 토지의 일부에 대한 관할 토지수용위원회의 수용재결이 있기 전까지 관할 토지수용위원회에 하여야 하고, 잔여지수용청구권의 행사기간은 제척기간으로서, 토지소유자가 그 행사기간 내에 잔여지수용청구권을 행사하지 아니하면 그 권리가 소멸한다. 또한 위 조항의 문언 내용 등에 비추어 볼 때, 잔여지수용청구의 의사표시는 관할 토지수용위원회에 하여야 하는 것으로서, 관할 토지수용위원회가 사업시행자에게 잔여지수용청구의 의사표시를 수령할 권한을 부여하였다고 인정할 만한 사정이 없는 한, 사업시행자에게 한 잔여지매수청구의 의사표시를 관할 토지수용위원회에 한 잔여지수용청구의 의사표시로 볼 수는 없다.

[3] 토지소유자가 자신의 토지에 숙박시설을 신축하기 위해 부지를 조성하던 중 그 토지의 일부가 익산–장수 간 고속도로 건설공사에 편입되자 사업시행자에게 부지조성비용 등의 보상을 청구한 사안에서, 잔여지에 지출된 부지조성비용은 그 토지의 가치를 증대시킨 한도 내에서 잔여지의 감소로 인한 손실보상액을 산정할 때 반영되는 것일 뿐, 별도의 보상대상이 아니므로, 잔여지에 지출된 부지조성비용이 별도의 보상대상으로 인정되지 않는다면 토지소유자에게 잔여지

의 가격 감소로 인한 손실보상을 구하는 취지인지 여부에 관하여 의견을 진술할 기회를 부여하고 그 당부를 심리·판단하였어야 함에도, 이러한 조치를 취하지 않은 원심판결에 석명의무를 다하지 않아 심리를 제대로 하지 않은 위법이 있다고 한 사례

(d) **검토** : 토지보상법 제85조 등의 입법취지상 보상금증감청구소송은 보상금액뿐만 아니라 보상의 원인인 손실의 범위결정에 관한 다툼도 포함한다고 보아 확장수용청구도 그 심리의 범위에 포함한다는 것이 타당하다.

(ㄴ) **보상액의 항목 상호 간 유용문제** : 손실보상금액에 관한 항목 간 유용이 허용되는지가 의문일 수 있다. 항목 간 유용이 허용되면 각 항목별로 비교한 손실보상금액을 합산하여 결정하는 것이 아니고 항목별 보상금액의 총합을 상호 비교하여 결정하게 된다. 대법원도 행정소송의 대상이 된 물건 중 일부 항목에 관한 보상액은 과소하고 다른 항목의 보상액은 과다한 경우에는 그 항목 상호 간의 유용을 허용하여 과다부분과 과소부분을 합산하여 보상금액을 결정하여야 한다고 판시한 바 있다.

판례

▶ 관련판례(대판 2018.5.15, 2017두41221)

이와 같이 보상금증감청구소송에서 보상항목 유용을 허용하는 취지와 피보상자의 보상금증액청구소송을 통해 감액청구권을 실현하려는 기대에서 별도의 보상금감액청구소송을 제기하지 않았다가 그 제소기간이 지난 후에 특정 보상항목을 심판범위에서 제외해 달라는 피보상자의 일방적 의사표시에 의해 사업시행자가 입게 되는 불이익 등을 고려하면, 사업시행자가 위와 같은 사유로 그에 대한 제소기간 내에 별도의 보상금감액청구소송을 제기하지 않았는데, 피보상자가 법원에서 실시한 감정평가액이 재결절차의 그것보다 적게 나오자 그 보상항목을 법원의 심판범위에서 제외하여 달라는 소송상 의사표시를 하는 경우에는, 사업시행자는 그에 대응하여 법원이 피보상자에게 불리하게 나온 보상항목들에 관한 법원의 감정결과가 정당하다고 인정하는 경우 이를 적용하여 과다하게 산정된 금액을 보상금액에서 공제하는 등으로 과다부분과 과소부분을 합산하여 당초 불복신청된 보상항목들 전부에 관하여 정당한 보상금액을 산정하여 달라는 소송상 의사표시를 할 수 있다고 봄이 타당하다.

(ㄷ) **입증책임** : 당사자소송에 있어서 입증책임은 민사소송법상의 일반원칙에 의하여 분배된다고 보는 것이 일반적이다. 통설·판례는 법률요건분배설을 취하고 있다. 판례는 손실보상증액청구의 소에 있어서 그 이의재결에서 정한 손실보상금액보다 정당한 손실보상금액이 더 많다는 점에 대한 입증책임은 원고에게 있다고 한다.

(ㄹ) **지연이자의 발생범위** : 보상금증감청구소송에서 정한 보상액과 재결에서 정한 보상액과의 차액의 지연이자에 대해 판례는 **"사업시행자의 손실보상 지급의무는 수용시기로부터 발생하고 행정소송에서 정한 보상액과의 차액 역시 손실보상의 일부이므로, 이 차액이 수용의 시기에 지급되지 않은 이상 이에 대하여 지연손해금이 발생한다."**고 한다.

(ㅁ) **법원의 판결** : 보상금증감청구소송에서 법원은 스스로 보상금의 증감을 결정할 수 있다. 법원이 직접 보상금을 결정할 수 있도록 한 것은 신속한 권리구제를 도모하기 위함이다. 증액판결

의 경우 주문에서 수용재결을 취소하거나 수용재결의 위법성을 판단하지 않고 재결에서 정한 보상액을 초과하는 부분만의 지급을 명하는 판결을 한다. 감액판결의 경우에는 보상금을 확인하는 판결을 한다.

⑤ 표준지공시지가 결정과 보상액재결(보상금증감청구소송)의 하자승계

판례

▶ 관련판례(대판 2008.8.21. 2007두13845)

표준지공시지가결정은 이를 기초로 한 수용재결 등과는 별개의 독립된 처분으로서 서로 독립하여 별개의 법률효과를 목적으로 하지만, **표준지공시지가는 이를 인근 토지의 소유자나 기타 이해관계인에게 개별적으로 고지하도록 되어 있는 것이 아니어서 인근 토지의 소유자 등이 표준지공시지가결정 내용을 알고 있었다고 전제하기가 곤란할** 뿐만 아니라, 결정된 표준지공시지가가 공시될 당시 보상금 산정의 기준이 되는 표준지의 인근 토지를 함께 공시하는 것이 아니어서 **인근 토지의 소유자는 보상금 산정의 기준이 되는 표준지가 어느 토지인지를 알 수 없으므로,** 인근 토지의 소유자가 표준지의 공시지가가 확정되기 전에 이를 다투는 것은 불가능하다. 더욱이 장차 어떠한 수용재결 등 구체적인 불이익이 현실적으로 나타나게 되었을 경우에 비로소 권리구제의 길을 찾는 것이 우리 국민의 권리의식임을 감안하여 볼 때, 인근 토지의 소유자 등으로 하여금 결정된 표준지공시지가를 기초로 하여 장차 **토지보상 등이 이루어질 것에 대비하여 항상 토지의 가격을 주시하고 표준지공시지가결정이 잘못된 경우 정해진 시정절차를 통하여 이를 시정하도록 요구하는 것은 부당하게 높은 주의의무를** 지우는 것이고, 위법한 표준지공시지가결정에 대하여 그 정해진 시정절차를 통하여 시정하도록 요구하지 않았다는 이유로 위법한 표준지공시지가를 기초로 한 **수용재결 등 후행 행정처분에서 표준지공시지가결정의 위법을 주장할 수 없도록 하는 것은 수인한도를 넘는 불이익**을 강요하는 것으로서 국민의 재산권과 재판받을 권리를 보장한 헌법의 이념에도 부합하는 것이 아니다. 따라서 표준지공시지가결정이 위법한 경우에는 그 자체를 행정소송의 대상이 되는 행정처분으로 보아 그 위법 여부를 다툴 수 있음은 물론, **수용보상금의 증액을 구하는 소송에서도 선행처분으로서 그 수용대상 토지가격산정의 기초가 된 비교표준지공시지가결정의 위법을 독립한 사유로 주장할 수 있다.**

⑥ 수용재결 취소소송과의 보상금증감청구소송의 병합 여부

구법과 달리 현행 민사소송법 제70조에서 주관적 예비적 병합을 인정하고 있으므로 수용재결에 대한 취소소송을 주위적으로 보상액증감청구소송을 예비적으로 병합할 수 있다.

판례

▶ 관련판례(대판 1996.3.22. 95누5509)

소의 주관적 예비적 청구의 병합에 있어서 예비적 당사자 특히 예비적 피고에 대한 청구의 당부에 관한 판단은 제1차적 피고에 대한 청구의 판단결과에 따라 결정되므로 예비적 피고의 소송상의 지위가 현저하게 불안정하고 또 불이익하게 되어 이를 허용할 수 없으므로 예비적 피고에 대한 청구는 이를 바로 각하하여야 한다.

(7) 사업인정과 재결의 관계

① 사업인정의 구속력

판례

▶ 관련판례(대판 2007.1.11, 2004두8538)
(구)토지수용법은 수용·사용의 일차 단계인 사업인정에 속하는 부분은 사업의 공익성 판단으로 사업인정기관에 일임하고 그 이후의 구체적인 수용·사용의 결정은 토지수용위원회에 맡기고 있는바, 이와 같은 토지수용절차의 2분화 및 사업인정의 성격과 토지수용위원회의 재결사항을 열거하고 있는 같은 법 제29조 제2항의 규정 내용에 비추어 볼 때, 토지수용위원회는 행정쟁송에 의하여 사업인정이 취소되지 않는 한 그 기능상 사업인정 자체를 무의미하게 하는, 즉 사업의 시행이 불가능하게 되는 것과 같은 재결을 행할 수는 없다.

② 수용권 남용[23)]

판례

▶ 관련판례(대판 2011.1.27, 2009두1051) [토지수용재결처분취소]
공용수용은 헌법상의 재산권 보장의 요청상 불가피한 최소한에 그쳐야 한다는 헌법 제23조의 근본취지에 비추어 볼 때, 사업시행자가 사업인정을 받은 후 그 사업이 공용수용을 할 만한 공익성을 상실하거나 사업인정에 관련된 자들의 이익이 현저히 비례의 원칙에 어긋나게 된 경우 또는 사업시행자가 해당 공익사업을 수행할 의사나 능력을 상실하였음에도 여전히 그 사업인정에 기하여 수용권을 행사하는 것은 수용권의 공익목적에 반하는 수용권의 남용에 해당하여 허용되지 않는다.

③ 하자승계

(ㄱ) 학설 : 부정설은 사업인정과 수용재결은 별개의 법적 효과를 가져오는 별개의 행위이므로 사업인정의 위법은 수용재결에 승계되지 않는다고 한다. 긍정설은 수용재결은 사업인정이 있음을 전제로 하고 이와 결합하여 구체적인 법적 효과를 발생시키므로 사업인정의 위법을 수용재결에 대한 쟁송에서 주장할 수 있다고 본다.

(ㄴ) 판례 : 대법원은 부정설의 입장에 있다.

판례

▶ 관련판례(대판 2000.10.13, 2000두5142)
(구)토지수용법 제16조 제1항에서는 건설부장관이 사업인정을 하는 때에는 지체 없이 그 뜻을 기업자·토지소유자·관계인 및 관계도지사에게 통보하고 기업자의 성명 또는 명칭, 사업의 종류, 기업지 및 수용 또는 사용할 토지의 세목을 관보에 공시하여야 한다고 규정하고 있는바, 가령 건설부장관이 위와 같은 절차를 누락한 경우 이는 절차상의 위법으로서 수용재결단계 전의 사업인정단계에서 다툴

23) 2009두1051 판결은 토지수용재결처분취소소송이다. 2004두8538 판결과 배치되는 판시내용이 아님을 주의해야 한다. 2004두8538 판결은 적법한 사업인정에 의한 수용재결은 구속력이 있다는 것이다. 2009두1051 판결은 사업인정을 받은 이후 재정상황이 더욱 악화되어 이 사건 수용재결 당시 이미 이 사건 사업을 수행할 능력을 상실한 상태에 있었다고 볼 여지가 있고, 그렇다면 이 사건 각 토지에 관한 수용재결을 신청하여 그 재결을 받은 것은 수용권의 남용에 해당된다는 것이다.

수 있는 취소사유에 해당하기는 하나, 더 나아가 그 사업인정 자체를 무효로 할 중대하고 명백한 하자라고 보기는 어렵고, 따라서 이러한 위법을 들어 수용재결처분의 취소를 구하거나 무효확인을 구할 수는 없다.

▶ 관련판례(대판 1988.12.27, 87누1141)
도시계획사업허가의 공고 시에 토지세목의 고시를 누락한 것은 절차상의 위법으로서 취소사유에 불과하고 그 하자가 중대하고 명백하여 사업인정 자체가 무효라고는 할 수 없으므로 이러한 위법을 선행처분인 사업인정단계에서 다투지 아니하였다면 그 쟁송기간이 이미 도과한 후인 수용재결단계에 있어서는 그 처분의 불가쟁력에 의하여 위 도시계획사업허가의 위와 같은 위법부당함을 들어 수용재결처분의 취소를 구할 수는 없다.

▶ 관련판례(대판 1996.4.26, 95누13241)
택지개발촉진법 제12조 제2항에 의하면 택지개발계획의 승인・고시가 있은 때에는 토지수용법 제14조 및 제16조의 규정에 의한 사업인정 및 사업인정의 고시가 있은 것으로 보도록 규정되어 있는바, 이와 같은 택지개발계획의 승인은 해당 사업이 택지개발촉진법상의 택지개발사업에 해당함을 인정하여 시행자가 그 후 일정한 절차를 거칠 것을 조건으로 하여 일정한 내용의 수용권을 설정해 주는 행정처분의 성격을 갖는 것이고, 그 승인고시의 효과는 수용할 목적물의 범위를 확정하고 수용권으로 하여금 목적물에 관한 현재 및 장래의 권리자에게 대항할 수 있는 일종의 공법상 권리로서의 효력을 발생시킨다고 할 것이므로 토지소유자로서는 선행처분인 건설부장관의 택지개발계획 승인단계에서 그 제척사유를 들어 쟁송하여야 하고, 그 제소기간이 도과한 후 수용재결이나 이의재결 단계에 있어서는 위 택지개발계획 승인처분에 명백하고 중대한 하자가 있어 당연무효라고 볼 특단의 사정이 없는 이상 그 위법부당함을 이유로 재결의 취소를 구할 수는 없다.

▶ 관련판례(대판 2019.1.31, 2017두40372) – 업무정지처분과 등록취소처분 사이의 하자의 승계 문제
2개 이상의 행정처분이 연속적 또는 단계적으로 이루어지는 경우 선행처분과 후행처분이 서로 합하여 1개의 법률효과를 완성하는 때에는 선행처분에 하자가 있으면 그 하자는 후행처분에 승계된다. 이러한 경우에는 선행처분에 불가쟁력이 생겨 그 효력을 다툴 수 없게 되더라도 선행처분의 하자를 이유로 후행처분의 효력을 다툴 수 있다. 그러나 선행처분과 후행처분이 서로 독립하여 별개의 법률효과를 발생시키는 경우에는 선행처분에 불가쟁력이 생겨 그 효력을 다툴 수 없게 되면 선행처분의 하자가 중대하고 명백하여 선행처분이 당연무효인 경우를 제외하고는 특별한 사정이 없는 한 선행처분의 하자를 이유로 후행처분의 효력을 다툴 수 없는 것이 원칙이다. 다만 그 경우에도 선행처분의 불가쟁력이나 구속력이 그로 인하여 불이익을 입게 되는 자에게 수인한도를 넘는 가혹함을 가져오고, 그 결과가 당사자에게 예측가능한 것이 아니라면, 국민의 재판받을 권리를 보장하고 있는 헌법의 이념에 비추어 선행처분의 후행처분에 대한 구속력을 인정할 수 없다.

(ㄷ) 검토 : 판례는 양자는 별개의 법률효과를 목적을 갖는다고 보고 있다. 하지만 사업인정과 수용재결은 궁극적으로 동일한 법적 효과를 가져 온다고 볼 수 있는바 하자승계를 긍정함이 타당하다고 생각된다.

④ 수용재결에 대한 취소쟁송의 제기와 사업인정에 대한 취소소송의 소의 이익
사업인정과 수용재결은 행위의 요건과 효과가 다르므로 각 소송에서 주장되는 위법사유가 다를 것이다. 따라서 수용재결에 대한 취소소송이 제기되었다고 하더라도 사업인정의 취소를 구할 소의 이익은 소멸하지 않는다.

⑤ 기타

사업인정이 취소되면 수용재결은 효력을 상실한다. 그러나 수용재결이 취소되었다고 하여 사업인정이 취소되어야 하는 것은 아니다. 사업인정에 대한 취소소송과 수용재결에 대한 취소소송은 관련청구소송으로 병합할 수 있다(행정소송법 제10조).

사정판결 <법 제28조>

- 1. 의의
  - 원고의 청구가 이유가 있다고 인정하는 경우에도
  - 처분 등을 취소하는 것이 현저히 공공복리에 적합하지 아니하다고 인정하는 때에는
  - 법원이 원고의 청구를 **기각**할 수 있는 판결제도를 말한다.
  - **사정판결은 법치주의의 예외로 엄격한 요건하에 제한적으로 인정되어야 한다.**
- 2. 인정근거
  - 위법한 처분 등에 수반하여 형성되는 **기성사실을 존중할 필요**가 있기 때문에 인정된다.
- 3. 요건
  - **(1) 원고의 청구가 이유 있을 것**
    - 처분이 위법한 경우
  - **(2) 처분 등을 취소하는 것이 현저히 공공복리에 적합하지 않을 것**
    - 공공복리란 급부행정뿐만 아니라 질서행정을 포함하는 넓은 개념
    - 공익성 판단은 변론종결 시
  - **(3) 당사자의 항변이 없이도 사정판결이 가능한지 여부**
    - <판례>는 행정소송법 제26조를 근거로 당사자의 명백한 주장이 없는 경우에도 기록에 나타난 여러 사정을 기초로 직권으로 사정판결할 수 있다고 본다.
- 4. 효과
  - 주문에서 처분의 위법성 명시
    - 사정판결은 원고의 청구를 기각하는 판결이지만 처분이 위법하다는 점에 대해서는 기판력이 발생한다.

(8) 기출문제

» 기출문제(제3회 1번)

토지수용의 재결에 대한 불복을 논하시오. **50점**

» 기출문제(제5회 1번)

토지수용의 효과를 논하시오. **50점**

» 기출문제(제7회 1번)

무효인 재결과 취소할 수 있는 재결을 예시하여 설명하고, 양자의 구별실익을 논하시오. **50점**

» 기출문제(제11회 1번)

토지소유자인 甲은 중앙토지수용위원회의 수용재결에 불복하여 이의신청을 제기하였으나 기각되었다. 이에 따라 甲은 행정소송으로서 취소소송을 제기하고자 한다.

(1) 이때 甲은 무엇을 대상으로 하여 행정소송을 제기할 수 있는가와 관련하여 판례의 태도를 설명하고 이를 논평하시오. **30점**

(2) 甲이 행정소송을 제기하는 경우에 이것이 토지에 대한 수용효력에 영향을 미치는가를 설명하시오. **10점**

» 기출문제(제11회 4번)

공익사업 시행 시 사업인정을 받은 토지상의 지상권자가 지상권의 손실보상을 청구하는 경우 그 지상권의 소멸절차를 설명하시오. **10점**

» 기출문제(제16회 1번)

사업시행자인 甲은 사업인정을 받은 후에 토지소유자 乙과 협의절차를 거쳤으나, 협의가 성립되지 아니하여 중앙토지수용위원회에 재결을 신청하였다. 그러나 丙이 乙명의의 토지에 대한 명의신탁을 이유로 재결신청에 대해 이의를 제기하자, 중앙토지수용위원회는 상당한 기간이 경과한 후에도 재결처분을 하지 않고 있다. 甲이 취할 수 있는 행정쟁송수단에 대해 설명하시오. **40점**

» 기출문제(제21회 1번)

국토교통부장관은 전국을 철도로 90분 이내에 연결하기 위한 기본계획을 수립하였다. 이 계획에 기초하여 C공단의 C이사장은 A지역과 B지역을 연결하는 철도건설사업에 대하여 「공익사업을 위한 토지 등의 취득 및 보상에 관한 법률」(이하 '토지보상법') 제20조에 따른 국토교통부장관의 사업인정을 받았다. P는 B-3공구지역에 임야 3,000제곱미터를 소유하고 장뇌삼을 경작하고 있으며, 터널은 P소유 임야의 한 가운데를 통과한다. C공단의 C이사장은 국토교통부장관이 제정한 K지침에 따라 P에 대하여 "구분지상권"에 해당하는 보상으로 900만원(제곱미터당 3,000원 기준)의 보상금을 책정하고 협의를 요구하였다. P는 장뇌삼 경작임야에 터널이 건설되고 기차가 지나다닐 경우 농사가 불가능하다고 판단하여 C이사장의 협의를 거부하였다. **40점**

(1) P는 본인 소유 토지의 전체를 C이사장이 수용하여야 한다고 주장한다. 보상에 관한 C이사장의 결정과 P의 주장 내용의 정당성을 판단하시오. **20점**

(2) 토지보상법상 P가 주장할 수 있는 권리와 이를 관철시키기 위한 토지보상법상의 권리구제수단에 관하여 논술하시오. **20점**

» 기출문제(제24회 1번)

甲은 S시에 600㎡의 토지를 소유하고 있다. S시장 乙은 2002년 5월 「국토의 계획 및 이용에 관한 법률」에 의거하여 수립한 도시・군계획으로 甲의 토지가 포함된 일대에 대하여 공원구역으로 지정하였다가 2006년 5월 민원에 따라 甲의 토지를 주거지역으로 변경지정하였다. 乙은 2010년 3월 정부의 녹색도시조성 시책에 부응하여 도시근린공원을 조성하고자 甲의 토지에 대하여 녹지지역으로 재지정하였다. 다음 물음에 답하시오. **40점**

(1) 甲은 乙이 2010년 3월 그의 토지에 대하여 녹지지역으로 재지정한 것은 신뢰보호의 원칙에 위배될 뿐만 아니라 해당 토지 일대의 이용상황을 고려하지 아니한 결정이었다고 주장하며, 녹지지역 지정을 해제할 것을 요구하고자 한다. 甲의 주장이 법적으로 관철될 수 있는가에 대하여 논하시오. **20점**

(2) 乙은 공원조성사업을 추진하기 위하여 甲의 토지를 수용하였는데, 보상금산정 시 녹지지역을 기준으로 감정평가한 금액을 적용하였다. 그 적법성 여부를 논하시오. **20점**

» 기출문제(제25회 1번)

S시의 시장 A는 K구의 D지역(주거지역)을 「도시 및 주거환경정비법」(이하 "도정법"이라 함)상 정비구역으로 지정・고시하였다. 그러자 이 지역의 주민들은 조합을 설립하여 주택재개발사업을 추진하기 위해 도정법에서 정한 절차에 따라 조합설립추진위원회를 구성하였고, 동 추진위원회는 도정법 제16조의 규정에 의거하여 D지역의 일정한 토지 등 소유자의 동의, 정관, 공사비 등 정비사업에 드는 비용과 관련된 자료 등을 첨부하여 A로부터 X조합설립인가를 받아 등기하였다. X조합은 조합총회를 개최하고 법 소정의 소유자 동의 등을 얻어 지정개발자로서 Y를 사업시행자로 지정하였다. 다음 물음에 답하시오. **40점**

(1) D지역의 토지소유자 중 甲이 "추진위원회가 주민의 동의를 얻어 X조합을 설립하는 과정에서 '건설되는 건축물의 설계의 개요' 등에 관한 항목 내용의 기재가 누락되었음에도 이를 유효한 동의로 처리하여 조합설립행위에 하자가 있다."고 주장하며 행정소송으로 다투려고 한다. 이 경우 조합설립인가의 법적 성질을 검토한 다음, 이에 기초하여 쟁송의 형태에 대해 설명하시오. **20점**

(2) Y는 정비사업을 실시함에 있어 이 사업에 반대하는 토지 등 소유자 乙 등의 토지와 주택을 취득하기 위하여 「공익사업을 위한 토지 등의 취득 및 보상에 관한 법률」에 의거한 乙 등과 협의가 성립되지 않아 지방토지수용위원회의 수용재결을 거쳤는데, 이 수용재결에 불복하여 Y가 중앙토지수용위원회에 이의재결을 신청하여 인용재결을 받았다. 이 경우 乙 등이 이 재결에 대해 항고소송을 제기한다면 소송의 대상은 무엇인가? **20점**

» 기출문제(제26회 3번)

甲은 C시 소재 전(田) 700㎡(이하 '이 사건 토지'라고 한다)의 소유자로서, 여관 신축을 위하여 부지를 조성하였는데, 진입로 개설비용 3억원, 옹벽공사비용 9천만원, 토목설계비용 2천만원, 토지형질변경비용 1천만원을 각 지출하였다. 그런데 건축허가를 받기 전에 국토교통부장관이 시행하는 고속도로건설공사에 대한 사업인정이 2014년 7월 15일 고시되어 이 사건 토지 중 500㎡(이하 '이 사건 수용대상토지'라고 한다)가 공익사업시행지구에 편입되었고, 2015년 7월 17일 관할 토지수용위원회에서 수용재결이 있었다. 그 결과 이 사건 토지에서 이 사건 수용대상토지를 제외한 나머지 200㎡(이하 '이 사건 나머지 토지'라고 한다)는 더 이상 여관 신축의 용도로는 사용할 수 없게 되어 그 부지조성비용은 이 사건 나머지 토지의 정상적인 용도에 비추어 보았을 때에는 쓸모없는 지출이 되고 말았다. 이에 甲은 이 사건 나머지 토지에 들인 부지조성비용에 관하여 손실보상의 지급을 청구하고자 한다. 다음 물음에 답하시오. **20점**

(1) 위 청구권의 법적 근거에 관하여 설명하시오. **10점**

(2) 甲은 다른 절차를 거치지 않고 바로 국가를 상대로 손실보상을 청구하는 소송을 제기할 수 있는가? **10점**

» 기출문제(제30회 2번)

甲은 골프장을 보유・운영해왔는데, 그 전체 부지 1,000,000㎡ 중 100,000㎡가 도로건설사업부지로 편입되었고, 골프장은 계속 운영되고 있다. 위 사업부지로 편입된 부지 위에는 오수처리시설이 있었는데, 수용재결에서는 그 이전에 필요한 비용으로 1억원의 보상금을 산정하였다. 다음 물음에 답하시오. **30점**

(1) 甲은 골프장 잔여시설이 종전과 동일하게 운영되려면 위 오수처리시설을 대체하는 새로운 시설의 설치가 필요하다고 보아 그 설치에 드는 비용 1억 5천만원을 보상받아야 한다고 주장한다. 甲의 주장은 법적으로 타당한가? **10점**

(2) 甲은 골프장 잔여시설의 지가 및 건물가격 하락분에 대하여 보상을 청구하려고 한다. 이때 甲이 제기할 수 있는 소송에 관하여 설명하시오. **20점**

» 기출문제(제32회 1번)

국토교통부장관은 2013.11.18. 사업시행자를 'A공사'로, 사업시행지를 'X시' 일대 8,958,000㎡로, 사업시행기간을 '2013.11.부터 2017.12.까지'로 하는 'OO공구사업'에 대해서 「공익사업을 위한 토지 등의 취득 및 보상에 관한 법률」에 따른 사업인정을 고시하였고, 사업시행기간은 이후 '2020.12.까지'로 연장되었다. 甲은 ㉮토지 78,373㎡와 ㉯토지 2,334㎡를 소유하고 있는데, ㉮토지의 전부와 ㉯토지의 일부가 사업시행지에 포함되어 있다. 종래 甲은 ㉮토지에서 하우스 딸기농사를 지어 왔고, ㉯토지에서는 농작물직거래판매장을 운영하여 왔다. 甲과 A공사는 사업시행지 내의 토지에 대해 「공익사업을 위한 토지 등의 취득 및 보상에 관한 법률」에 따른 협의매수를 하기 위한 협의를 시작하였다. 다음 물음에 답하시오(아래의 물음은 각 별개의 상황임). **40점**

(1) 협의 과정에서 일부 지장물에 관하여 협의가 이루어지지 않아 甲이 A공사에게 재결신청을 청구했으나 A공사가 재결신청을 하지 않는 경우, 甲측의 불복방법에 관하여 검토하시오. **15점**

(2) ㉮토지에 대하여 협의가 성립되지 않았고, A공사의 수용재결신청에 의하여 ㉮토지가 수용되었다. 甲은 ㉮토지가 수용되었음을 이유로 A공사를 상대로 「공익사업을 위한 토지 등의 취득 및 보상에 관한 법률」에 따른 재결절차를 거치지 않은 채 곧바로 농업손실보상을 청구할 수 있는지를 검토하시오. **10점**

(3) 협의가 성립되지 않아 사업시행지 내의 ㉯토지가 수용되었다. 그 후 甲은 ㉯토지의 잔여지에 대해서 2020.11.12. 잔여지수용청구를 하였다. 잔여지수용청구권의 법적 성질과 甲의 잔여지수용청구가 인정될 수 있는지를 검토하시오. **15점**

» 기출문제(제33회 1번)

X는 도시 및 주거환경정비법 (이하 '도시정비법'이라 함)에 따른 재개발 정비사업조합이고, 甲은 X의 조합원으로서, 해당 정비사업구역 내에 있는 A토지와 B토지의 소유자이다. A토지와 B토지는 연접하고 있고 그 지목이 모두 대(垈)에 해당하지만, A토지는 사도법에 따른 사도가 아닌데도 불특정 다수인의 통행에 장기간 제공되어 왔고, B토지는 甲이 소유한 건축물의 부지로서 그 건축물의 일부에 임차인 乙이 거주하고 있다. X는 도시정비법 제72조 제1항에 따라 분양신청기간을 공고하였으나 甲은 그 기간 내에 분양신청을 하지 않았다. 이에 따라 X는 甲을 분양대상자에서 제외하고 관리처분계획을 수립하여 인가를 받았고, 그에 불복하는 행정심판이나 행정소송은 없었다. X는 도시정비법 제73조 제1항에 따른 甲과의 보상협의가 이루어지지 않자 A토지와 B토지에 관하여 관할 토지수용위원회에 수용재결을 신청하였고, 관할 토지수용위원회는 A토지와 B토지를 수용한다는 내용의 수용재결을 하였다. 다음 물음에 답하시오. **40점**

(1) 甲이 수용재결에 대한 취소소송을 제기하면서, 'X가 도시정비법 제72조 제1항에 따라 분양신청기간과 그 기간 내에 분양신청을 할 수 있다는 취지를 명백히 표시하여 통지하여야 하는데도 이러한 절차를 제대로 거치지 않았다'고 주장할 경우에, 甲의 주장이 사실이라면 법원은 그것을 이유로 수용재결을 취소할 수 있는지 설명하시오(단, 사실심 변론종결 전에 도시정비법에 따른 이전고시가 효력을 발생한 경우와 그렇지 않은 경우를 구분하여 설명할 것). **10점**

(2) 공익사업을 위한 토지 등의 취득 및 보상에 관한 법률 시행규칙 (이하 '토지보상법 시행규칙'이라 함) 제26조 제1항에 따른 '사실상의 사도'의 요건을 설명하고, 이에 따라 A토지가 사실상의 사도로 인정되는 경우와 그렇지 않은 경우에 보상기준이 어떻게 달라지는지 설명하시오. **10점**

(3) 주거이전비에 관하여 甲은 토지보상법 시행규칙 제54조 제1항에 따른 요건을 갖추고 있고, 乙은 같은 조 제2항에 따른 요건을 갖추고 있다. 관할 토지수용위원회는 수용재결을 하면서 甲의 주거이전비에 관하여는 재결을 하였으나 乙의 주거이전비에 관하여는 재결을 하지 않았다. 甲은 주거이전비의 증액을 청구하고자 하고, 乙은 주거이전비의 지급을 청구하고자 한다. 甲과 乙의 권리구제에 적합한 소송을 설명하시오. **20점**

» 기출문제(제34회 1번(재결의 위법에 대한 불복, 손실보상금에 대한 불복))

(문제1) **40점**

A대도시의 시장은 국토의 계획 및 이용에 관한 법률에 따른 도시관리계획으로 관할구역 내 oo동 일대 90,000㎡ 토지에 공영주차장과 자동차정류장을 설치하는 도시계획시설사업결정을 한 후 지방공기업법에 따른 A대도시 X지방공사(이하 'X공사'라 함)를 도시계획시설사업의 시행자로 지정하고, X공사가 작성한 실시계획에 대해 실시계획인가를 하고 이를 고시하였다. 이에 따라 공익사업을 위한 토지 등의 취득 및 보상에 관한 법률(이하 '토지보상법'이라 함)에 의해 사업인정 및 고시가 이루어졌다. 한편, X공사는 사업대상구역 내에 위치한 20,000㎡ 토지를 소유한 甲과 토지수용을 위한 협의를 진행하였으나 협의가 성립되지 아니하여 관할 지방 토지수용위원회에 토지수용의 재결을 신청하였다. 다음 물음에 답하시오(단, 각 물음은 상호독립적임). **40점**

(물음1) 토지보상법의 사업인정과 사업인정고시의 법적 성질에 관하여 설명하시오. **10점**

(물음2) 甲은 수용 자체가 위법이라고 주장하면서 관할 지방토지수용위원회의 수용재결과 중앙토지수용위원회의 이의재결을 거친 후 취소소송을 제기하였다. 취소소송의 대상적격과 피고적격에 관하여 설명하시오. **20점**

(물음3) 甲은 자신의 토지에 대한 보상금이 적으며, 일부 지장물이 손실보상의 대상에서 제외되었다는 이유로 관할 지방토지수용위원회의 수용재결에 불복하여 중앙토지수용위원회에 이의신청을 거쳤으나, 기각재결을 받았다. 甲이 이에 대하여 불복하는 경우 적합한 소송 형태를 쓰고 이에 관하여 설명하시오. **10점**

07 화해

Ⅰ. 화해의 의의 및 법적성질 등(토지보상법 제33조)

토지보상법 제33조(화해의 권고)

① 토지수용위원회는 그 재결이 있기 전에는 그 위원 3명으로 구성되는 소위원회로 하여금 사업시행자, 토지소유자 및 관계인에게 화해를 권고하게 할 수 있다. 이 경우 소위원회는 위원장이 지명하거나 위원회에서 선임한 위원으로 구성하며, 그 밖에 그 구성에 필요한 사항은 대통령령으로 정한다.

② 제1항에 따른 화해가 성립되었을 때에는 해당 토지수용위원회는 화해조서를 작성하여 화해에 참여한 위원, 사업시행자, 토지소유자 및 관계인이 서명 또는 날인을 하도록 하여야 한다.

③ 제2항에 따라 화해조서에 서명 또는 날인이 된 경우에는 당사자 간에 화해조서와 동일한 내용의 합의가 성립된 것으로 본다.

화해조서는 법원에서 당사자 간 합의된 내용을 기재하고 이를 판결과 동일한 효력을 가지도록 하는 문서이다. 토지보상법상 화해란 재결에 의하지 아니하고 토지수용위원회에서 사전에 분쟁을 해결하기 위한 의사 합치 제도이다. 토지보상법상 화해는 재결에 의하지 않고 신속한 분쟁 해결을 위한 취지가 있다. 화해의 법적 성질에 대하여 학계에서는 공법영역에서 양 당사자가 서로 양보하여 분쟁을 해결하는 약정으로써 일종의 공법상 계약의 성질을 갖는 것으로 보는 일부 견해도 있고, 재판상 화해로 확정판결과 동일한 효력이 있다고 보는 견해도 있으나, 다수의 견해는 재결로 보는 것이 타당하다고 보여진다.

Ⅱ. 토지보상법상 화해의 절차

① 화해의 권고 : 토지보상법 제33조 제1항에서 1단계로 화해의 권고를 규정하고 있어 관할토지수용위원회는 그 재결이 있기 전에는 그 위원 3명으로 구성되는 소위원회로 하여금 사업시행자, 토지소유자 및 관계인에게 화해를 권고하게 할 수 있다.

② 화해조서의 작성 : 그 다음 단계로 화해조서의 작성단계로 화해가 성립되었을 때에는 해당 토지수용위원회는 화해조서를 작성하여 화해에 참여한 위원, 사업시행자, 토지소유자 및 관계인이 서명 또는 날인을 하도록 하여야 한다.

III. 토지보상법에서 화해조서의 효력

토지보상법에서는 토지 등의 수용 및 보상 절차에서 발생할 수 있는 분쟁을 해결하기 위해 관할토지수용위원회에서 3인의 소위원회를 두어 법원의 중재·조정 절차와 같은 화해제도를 규정하고 있다. 이 과정에서 작성된 화해조서는 다음과 같은 효력을 가진다고 볼 수 있다.

1. 당사자 간의 합의 성립 간주

화해조서에 서명 또는 날인이 된 경우에는 당사자 간에 화해조서와 동일한 내용의 합의가 성립된 것으로 본다.

2. 재결의 효력을 인정해야 한다는 견해(다수의 견해)

결국 화해조서에 의한 합의가 성립된 경우에는 토지수용위원회에서 3인의 소위원회를 통해 화해조서를 작성하게 함으로써 사실상 재결의 효력과 동일한 효력이 발생된다고 볼 수 있다.

> 토지보상법상 화해제도는 ① 민사소송법상 화해와 같이 판결 전에 당사자의 화해를 통해 분쟁을 해결한다는 점에서 공통점이 있는 점, ② 화해조서작성에 재결의 효력을 인정하지 않는다면 사업시행자는 화해의 권고에 응할 이유가 없어 협의성립확인제도와 균형을 맞추기 위해서도 재결의 효력을 인정함이 타당하다는 점 등을 고려할 때 화해조서 작성은 재결의 효력이 있다고 볼 수 있다. 따라서 화해조서 작성행위는 재결과 같은 행정행위의 성질을 갖는다고 본다.

3. 확정판결과 동일한 효력을 인정해야 한다는 견해

화해조서는 민사소송법 제220조에 따라 확정판결과 동일한 효력을 가지며, 이는 강제집행의 기초가 될 수 있다고 보는 견해가 있다. 즉, 당사자 간 합의된 내용은 이후 별도의 소송 없이도 법적 구속력을 갖는다고 보는 것이다.

4. 재소 금지

화해조서가 작성되면, 당사자는 동일한 사안에 대해 다시 소송을 제기할 수 없다(일사부재리 원칙). 이는 분쟁의 신속한 종결과 안정성을 도모하기 위한 것이다.

5. 보상금 지급 및 강제집행 가능성

화해조서에 따라 공익사업 시행자는 보상금을 지급할 의무를 지며, 이를 이행하지 않을 경우 토지소유자는 강제집행을 신청할 수 있다.

Ⅳ. 화해조서의 효력 제한

화해조서는 강력한 효력을 가지지만, 다음과 같은 사유로 효력이 제한될 수 있다.

1. 무효 사유로 볼 수 있는 경우

강박, 사기 등으로 인해 화해가 성립된 경우, 이는 민법상 취소 또는 무효 사유에 해당될 수 있다.

2. 합의 내용의 불법성이 인정되는 경우

화해조서 내용이 법령에 명백히 위반되는 경우, 효력이 부인될 수 있다.

Ⅴ. 결

토지보상법에 따른 화해조서는 재결의 효력을 갖는다는 견해도 있고, 확정판결과 동일한 효력을 가진다는 견해도 있다. 어쨌든 화해조서는 분쟁의 신속한 해결과 법적 안정성을 보장한다고 볼 수 있다. 다만, 무효 사유나 불법성이 인정되는 경우 그 효력이 쟁점이 될 수 있는바, 화해 조서 작성 전에 피수용자는 신중한 검토가 필요하다고 보여진다. 토지보상법 제33조에서는 화해조서에 대하여 별도의 불복 규정을 두고 있지 않아 재결의 불복으로 볼 것인지, 재판상 화해로 볼 것인지는 학계의 논의로 남겨두도록 한다. 본 필자는 해당 화해조서는 재결의 효력을 부여하는 것으로 보는 것이 토지보상법상의 입법취지에 부합되는 것이라고 생각된다.

08 비교문제 정리

1. 사업인정과 재결에 대한 권리구제 비교

(1) 서

공용수용이란 특정한 공익사업을 위하여 타인의 재산권을 강제로 취득하는 것을 말한다. 헌법상 재산권 보장에 대한 중대한 예외이므로 법치주의 원칙상 엄격한 절차와 형식이 요구되며 공용수용에 위법성이 있는 경우 이를 다툴 수 있도록 해야 한다. 이에 토지보상법에서는 공용수용의 절차를 규정하여 공익사업의 원활한 수행과 피수용자의 재산권 보장을 담보하고 있으며, 사업인정과 재결을 처분으로 구성하여 권리구제가 용이하도록 하고 있다. 이하에서는 사업인정과 재결의 법적 성질을 검토한 후, 권리구제방법을 비교하되 특히 행정쟁송과 관련한 차이점을 중심으로 검토한다.

(2) 양 행정작용의 의의 및 법적 성질

① 사업인정

사업인정은 공용수용의 1단계 절차로 토지를 수용할 사업이 토지보상법 제4조 각 호의 공익사업에 해당하는지 여부를 확인하고 사업시행자에게 일정한 절차를 거칠 것을 조건으로 수용권을 설정하는 설권적 형성행위로서 재량행위에 해당하며 쟁송법상 처분에 해당한다.

② 재결

재결은 공용수용의 종국적인 절차로서 공익사업을 위해 사업시행자에게 보상금의 지급 또는 공탁을 조건으로 수용목적물을 취득하게 하고, 토지소유자 및 관계인에게는 목적물에 대한 권리를 상실케 하는 것을 내용으로 하는 토지수용위원회의 행위로서, 시심적 쟁송이며 쟁송법상 처분에 해당한다.

(3) 양 행정작용의 공통점

① 항고쟁송이 가능

사업인정과 재결 모두 행정쟁송법상의 처분에 해당하여 항고쟁송을 통한 불복이 가능하다.

② 항고쟁송 제기효과

사업인정과 재결에 대해 항고쟁송을 제기한 경우 중앙토지수용위원회 및 중앙행정심판위원회는 심리・재결할 의무를 부담하며, 사업인정 및 재결은 그 집행이 정지되지 아니한다.

③ 실효 시 손실보상

사업인정의 경우 재결신청 해태로 인한 실효(법 제23조) 및 사업의 폐지・변경으로 인한 효력 상실(법 제24조), 재결은 수용의 개시일까지 보상금을 지급・공탁하지 않는 경우 실효된다고 규정을 두고 있다(법 제42조). 이러한 사업인정 및 재결의 실효로 인한 손실이 발생하는 경우 손실보상을 규정하고 있다.

④ 사전적 권리구제로서 참여절차

침해가 발생하기 전에 국민의 권리를 보호할 수 있는 수단으로 행정절차가 중요시된다. 사업인정의 경우 이해관계인의 의견청취(법 제21조) 절차가 있으며, 재결의 경우 공고, 문서열람 및 의견진술의 절차(법 제31조)를 규정하고 있다.

(4) 양 행정작용의 차이점

① 적용법률의 차이

토지보상법은 재결에 대해서만 불복규정을 두고 있어 재결의 경우 '특별법 우선의 원칙'에 의해 토지보상법 제83조 내지 제85조의 규정이 우선 적용되고, 토지보상법상 규정이 없는 사항에 대해서만 행정쟁송에 관한 일반법인 행정심판법과 행정소송법이 적용된다. 반면, 사업인정에 대해서는 토지보상법에 어떠한 규정을 두고 있지 아니하므로 일반법인 행정심판법 및 행정소송법이 적용된다.

② 불복사유의 차이

사업인정은 실체적 하자 및 절차적 하자를 불복의 사유로 삼되, 재량의 일탈 남용 여부가 사유로 인정된다. 반면 재결은 실체적, 절차적 하자 이외에 보상금의 증감을 불복사유로 할 수 있어 그 범위가 넓다고 할 수 있다.

③ 행정심판의 차이

(ㄱ) **처분청 경유주의** : 재결의 경우 토지보상법 제83조 제2항에서 지방토지수용위원회의 재결에 대하여 이의가 있는 자는 해당 지방토지수용위원회를 거쳐 중앙토지수용위원회에 이의를 신청할 수 있다고 하여 처분청 경유주의를 취하고 있으나, 사업인정은 행정심판법 제23조에 의거 처분청을 경유하지 않아도 된다.

(ㄴ) **심판청구기간의 차이** : 재결에 대한 이의신청은 토지보상법 제83조에 의거 재결서의 정본을 받은 날부터 30일 이내에 신청하여야 하나, 사업인정은 처분이 있음을 안 날부터 90일, 있은 날로부터 180일 이내에 청구한다.

(ㄷ) **심판기관의 차이** : 재결에 대한 이의신청은 중앙토지수용위원회에 하며 중앙토지수용위원회는 합의제 행정관청으로 심리・의결기관이면서 동시에 재결청이 된다. 한편, 사업인정에 대한 행정심판의 재결청은 국토교통부장관이고 중앙행정심판위원회가 심리하였으나, 행정심판법의 개정으로 중앙행정심판위원회가 심리・의결기관임과 동시에 재결도 담당하게 되었다.

(ㄹ) **이의재결의 효력** : 토지보상법 제86조에서는 이의신청에 대한 재결이 확정된 때에는 민사소송법상의 확정판결이 있은 것으로 보며, 재결서 정본은 집행력 있는 판결의 정본과 동일한 효력을 가진다고 규정하여 이의재결에 소송법적인 확정력이 인정된다.

④ **행정소송의 차이**

(ㄱ) **제소기간의 차이** : 토지보상법 제85조에서는 행정소송법에 대한 특례로 제소기간을 단축하고 있다. 즉, 재결서를 받은 날부터 90일 이내 또는 이의신청을 거친 경우에는 이의재결서를 받은 날부터 60일 이내에 제기하도록 규정하고 있다. 사업인정의 경우 처분이 있음을 안 날부터 90일, 있은 날부터 1년이 적용된다.

(ㄴ) **보상금증감청구소송의 인정** : 재결에 대해서는 보상금액에 대해서만 불복이 있는 경우 제기하는 보상금증감청구소송이라는 형식적 당사자소송을 인정하고 있다.

⑤ **손실보상에서의 차이**

재결은 손실보상을 직접 결정하는 절차로서 그 자체가 손실보상을 인정해주는 구제수단으로서의 의미가 있으며, 사업인정은 실효 등과 같이 그로 인해 손실이 발생하는 경우에 한하여 손실보상청구권이 인정된다.

(5) 결

사업인정은 사업시행자에게 수용권을 설정하는 형성행위로서 공용수용 절차의 1단계 절차이며, 재결은 수용권을 실행하는 형성행위로 공용수용의 종국적 절차이다. 토지보상법에서는 재결에 대해서만 이의신청 및 행정소송을 규정하고 있고, 공용수용의 시작에 불과한 사업인정을 처분으로 구성하여 사전적인 권리구제의 길을 열어 두었으나 이에 대한 불복에 대해서는 규정을 두고 있지 않아 양자의 권리구제방법에 차이가 발생한다. 따라서 이러한 차이점을 명확하게 인식하여 법을 적용하여야 할 것이다. 또한, 사업인정과 재결은 공용수용의 일련의 절차에서 발하여지는 처분이므로 "하자승계 여부"가 문제되나 다수설 및 판례는 법률효과가 상이함을 이유로 하자승계를 부정하고 있다.

2. 사업인정 전・후 타인토지출입 비교

(1) 서

타인토지출입이란 공익사업의 준비 등을 위하여 필요한 경우에 타인이 점유하는 토지에 출입하여 측량・조사하는 것으로서, 사업인정고시 전 공익사업의 준비를 위한 출입과 사업인정고시 후 토지

・물건조서 작성 및 토지 등의 감정평가를 위한 출입으로 구분된다. 이러한 타인토지출입은 사업인정에 의한 토지・물건조사권의 부여로 사업인정 후에는 절차를 간소화하여 공익사업의 신속한 수행을 도모하고 있는바, 이하에서는 양 출입절차를 비교・설명한다.

(2) 토지보상법상 타인토지출입 규정

① 사업의 준비를 위한 타인토지출입(법 제9조)

사업시행자가 사업의 준비를 위하여 타인이 점유하는 토지에 출입하여 측량・조사를 할 필요가 있을 때에는 시장 등의 허가를 받도록 규정하고 있으며, 출입하고자 하는 날의 5일 전까지 그 일시와 장소를 시장 등에게 통지하도록 하고 있다. 또한 동법 제12조에 의거 소유자의 동의 또는 시장 등의 허가를 얻어 장해물의 제거 등을 할 수 있다.

② 조서작성을 위한 타인토지출입(법 제27조)

사업인정고시 후 사업시행자는 사업의 준비나 토지・물건조서를 작성하기 위하여 필요한 경우 타인토지에 출입하여 측량・조사할 수 있으며, 토지보상법 제68조에 따라 감정평가를 의뢰받은 감정평가법인등은 토지 등의 감정평가를 위하여 필요한 경우 타인토지에 출입하여 측량하거나 조사할 수 있다.

(3) 공통점

① 법적 성질

사업인정 전・후 타인토지출입은 사업시행자가 타인의 소유에 속하는 토지 기타 물건의 재산권에 대하여 공법상의 사용권을 설정하고, 그 사용기간 중에 그를 방해하는 권리행사를 금지하는 사용제한으로 볼 수 있으며, 또한 행정기관이 행정작용을 적정하게 실행함에 있어 필요로 하는 자료・정보 등을 수집하기 위하여 행하는 행정조사로 볼 수 있다.

② 손실보상

토지보상법 제9조, 제12조, 제27조에서는 타인토지에 출입하여 측량・조사함으로 인한 손실을 보상하여야 한다고 규정하고 있다. 손실보상은 손실이 있음을 안 날로부터 1년, 발생한 날부터 3년 이내에 청구하여야 하며, 사업시행자와 손실을 입은 자의 협의에 의한다. 협의 불성립 시에는 토지수용위원회에 재결을 신청할 수 있다.

③ 절차상 공통점(법 제10조, 법 제13조 준용)

양 절차 공히 타인이 점유하는 토지에 출입하고자 하는 자는 출입하고자 하는 날의 5일 전까지 그 일시 및 장소를 시장 등에게 통지하여야 하며(제10조 제1항), 통지 등을 받은 시장 등은 지체 없이 공고하고 점유자에게 통지하여야 한다(제10조 제2항). 일출 전이나 일몰 후에는 출입제한이 있으며(제10조 제3항), 출입 시에는 증표 및 허가증을 휴대할 의무가 있다(제13조).

④ 수인의무 및 벌칙규정(법 제11조, 법 제97조)

토지점유자는 정당한 사유 없이 사업시행자 출입・측량 또는 조사하는 행위를 방해하지 못한다(제11조). 이에 위반하는 경우에는 200만원 이하의 벌금형에 처하게 된다(제97조 제2호).

(4) 차이점

① 목적

사업인정 전 출입조사는 공익사업의 준비절차로 공익사업의 적합성을 판단하기 위한 것이다. 즉, 공익사업 실시 및 수용절차 진행을 위해 사업계획을 작성하고 사업시행지를 획정하기 위함이다. 반면, 사업인정 후의 출입조사는 사업의 준비나 토지・물건조서 작성 및 토지 등의 감정평가를 위함이다. 토지・물건조서를 작성하는 이유는 수용절차에 있어 분쟁예방과 토지수용위원회의 심리・재결의 신속・원활을 기하기 위한 것이다.

② 출입절차상 차이

사업인정고시로 인해 사업시행자에게 수용권이 설정되고, 토지・물건조사권이 발생한다. 따라서 사업시행자는 이에 근거하여 별도의 허가절차 없이 타인이 점유하는 토지에 출입할 수 있다. 반면, 사업인정고시 전 사업의 준비를 위해 타인토지에 출입하는 경우에는 시장 등의 허가가 필요하다.

③ 장해물 제거 및 시굴권의 유무

사업의 준비를 위해서 사업시행자가 타인토지에 출입하여 측량・조사함에 있어 토지의 시굴・시추 또는 이에 수반하는 장해물의 제거가 부득이한 경우에 그 소유자 또는 점유자의 동의를 얻거나, 시장 등의 허가를 얻어 제거 등을 할 수 있다. 그러나 사업인정고시 후 타인토지에 출입하는 경우에는 장해물 제거 및 시굴권에 관한 준용규정이 없으므로 이를 행할 수 없다.

④ 쟁송방법

전자는 허가의 위법성과 조사 자체의 처분성 인정을 통한 쟁송이 가능하나, 후자의 경우는 조사행위에 대한 쟁송의 유무는 동일하다 할 것이나, 조사권을 부여하는 사업인정에 대한 쟁송이 가능하다.

(5) 관련문제

① 절차간소화의 취지

사업인정고시 후에는 별도로 시장 등의 허가 없이 타인토지출입이 가능하도록 한 것은 (ㄱ) 사업인정에 의해 해당 사업이 토지 등을 수용할 수 있는 공익사업임이 확인되어 있고, (ㄴ) 사업인정에 의해 사업시행자에 대해 수용 또는 수용권이 부여되어 있으며, (ㄷ) 측량・조사할 수 있는 토지의 범위가 확정되어 있고, (ㄹ) 조사권의 내용이 장해물 제거 및 토지의 시굴 등에 의한 형상변경이 요구되지 않고 있는 점이다. 이러한 점에 근거하여 사업인정 후의 측량・조사 시에는 사업인정 전의 경우와 달리 시장 등의 허가를 거치지 않도록 절차를 간소화하여 공익사업의 원활한 수행을 도모하고 있는 것이다.

② 토지・물건조사권의 실효성 확보수단

토지소유자 등이 사업에 반대하여 토지・물건조사권의 행사를 완강히 거부하는 경우 벌칙규정 이외에 실력을 행사하여 강제로 출입할 수 있는지에 대해 법치행정원리상 명문규정이 없이 실력으로 출입을 강제하는 것은 어려울 것으로 보인다. 이러한 경우 공익사업의 계속적인 수행을 위해 입법적으로 토지보상법에 항공측량, 인근지역에서의 측량, 도면의 이용 등에 관한 규정을 마련할 필요가 있다고 보여진다.

3. 약식절차 비교

(1) 서

공용수용 또는 사용은 원칙적으로 법률에서 정한 보통절차에 의하여야 하는 것이나, 소정의 절차를 거칠 수 없는 공익상의 특별한 사유가 있는 경우, 보통절차의 일부를 생략할 수 있는데 이를 약식절차라 한다. 현행 토지보상법 제38조 및 제39조에서는 공용사용에 한하여 약식절차를 규정하고 있다. 이는 현실적 필요성에 의해 예외적으로 인정되며, 보통절차에 비해 피침해자의 침해가 더욱 크므로 엄격한 절차를 요한다는 점에서 그 중요성이 있다. 이하에서는 약식절차인 토지보상법 제38조와 제39조를 비교하여 설명한다.

(2) 토지보상법상 약식절차

① **천재지변 시의 토지의 사용**(법 제38조)

천재・지변 등으로 인하여 공공의 안전을 유지하기 위한 공익사업을 긴급히 시행할 필요가 있는 경우 사업시행자가 시장 등(특별자치도지사, 시장・군수 또는 구청장)의 허가를 받아 즉시 타인의 토지를 사용할 수 있는 제도이다.

② **시급을 요하는 토지의 사용**(법 제39조)

재결을 기다려서는 재해를 방지하기 곤란하거나 공공의 이익에 현저한 지장을 줄 우려가 있는 경우에 사업시행자의 신청과 관할 토지수용위원회의 허가로 토지를 사용하는 제도를 말한다.

(3) 양 절차의 공통점

① **취지**

제38조와 제39조는 천재・지변이나 시급을 요하는 경우에는 일반적인 공익사업과 같이 보통절차를 거칠 여유가 없기 때문에 보통절차 가운데 일부를 생략할 수 있는 약식절차에 관한 제도이다.

② **사용기간 및 통지**

약식절차를 남용할 경우 심각한 재산권의 침해를 유발할 가능성이 있어, 6개월 미만의 사용에만 허용된다. 6개월을 초과하여 사용하고자 할 때에는 보통절차를 거쳐야 한다. 허가권자는 시장 등과 관할 토지수용위원회로 차이가 있지만 사용허가 등을 한 경우에는 토지소유자 및 점유자에게 통지하여야 한다.

③ **효과**

제38조와 제39조는 약식절차에 의한 공용사용으로 (ㄱ) 목적물에 대한 공용사용권의 취득 및 권리행사의 제한(제45조), (ㄴ) 반환・원상회복의무(제48조), (ㄷ) 토지 또는 물건의 인도 등(제43조), (ㄹ) 대행・대집행청구권(제44조, 제89조), (ㅁ) 손실보상청구권 등의 효과가 발생한다.

④ 허가에 대한 불복

제38조, 제39조상의 허가는 사업시행자에게 공용사용권이라는 새로운 공법상의 권리를 탄생시키는 특허라 볼 수 있는바, 항고소송의 대상이 되는 처분성을 갖는다.

(4) 양 절차의 차이점

① 요건(허가권자) 및 절차

제38조는 (ㄱ) 천재지변 등으로 공공의 안전을 유지하기 위한 공익사업을 긴급히 시행할 필요가 있을 때, (ㄴ) 시장 등의 허가를 받거나 통지하고 즉시 타인의 토지를 사용할 수 있다.

제39조는 (ㄱ) 사업인정 후 협의불능 및 불성립에 의한 재결의 신청이 있고, (ㄴ) 재결절차가 지연됨으로 인하여 재해를 방지하기 곤란하거나, 기타 공공의 이익에 현저한 지장을 줄 우려가 있다고 판단되는 경우, (ㄷ) 사업시행자의 신청에 의하여 담보를 제공하게 한 후 토지수용위원회가 즉시 해당 토지의 사용을 허가할 수 있다. 단, 국가・지방자치단체가 사업시행자인 경우 담보를 제공하지 아니할 수 있다.

② 담보제공 여부

제38조에 의한 약식절차는 담보제공의무가 없지만, 제39조에 의한 약식절차는 사업시행자가 국가・지방자치단체인 경우를 제외하고는 담보를 제공하여야 한다.

③ 보상금 결정절차

천재・지변 시의 토지의 사용에 대한 보상은 사업시행자와 손실 입은 자가 협의하여 결정하며, 협의불성립 시에는 사업시행자 또는 손실을 입은 자가 관할 토지수용위원회에 재결을 신청할 수 있다. 시급을 요하는 토지의 사용에 대한 보상은 그 성격상 보상협의가 요구되지 않고, 사업시행자는 토지소유자의 보상청구가 있을 때 자기가 산정한 손실보상액을 지급하여야 한다.

④ 손실보상에 대한 불복

(ㄱ) 제38조 천재・지변 시의 토지의 사용은, 보상재결은 토지수용위원회가 보상액에 관하여 우월적 지위에서 규율하는 것으로 보상재결이 처분성이 있다고 볼 때, 토지보상법상 재결의 불복규정에 의해 규율된다고 판단된다.

(ㄴ) 제39조 시급을 요하는 토지의 사용은 사업시행자가 산정한 보상금 또는 담보물의 환가액이 과소한 경우 토지소유자 또는 관계인은 증액보상금의 지급을 사업시행자에게 공법상 당사자소송으로 청구가 가능하다고 본다.

(5) 결

약식절차는 피침해자의 입장에서는 사후보상의 성격을 갖기에 정식절차에 비해 그 침해의 정도가 더욱 크므로 공용사용에만 허용되고 그 기간도 제한하고 있는바, 약식절차의 요건, 사전통지, 사용기간의 제한 및 손실보상 등 피침해자의 권리보호를 위한 제도적 장치가 요구된다. 토지소유자 등이 사업시행자의 토지사용에 대하여 불복할 경우 소송을 제기한다 할지라도 소송기간이 토지사용기간보다 길어 소의 이익이 없을 가능성이 많다. 따라서 집행정지제도의 활용이 필요하다고 하겠다.

4. 사업인정 전 · 후 협의비교

(1) 서(의의 및 취지)

협의란 사업시행자와 피수용자가 수용목적물에 대한 권리취득 및 소멸 등을 위하여 행하는 교섭행위를 말한다. 이는 임의적 합의를 바탕으로 하는 협의절차를 통해 최소침해의 원칙을 구현하고 토지소유자 및 관계인에게 해당 사업의 취지를 이해시켜 신속하게 사업을 수행하고자 함에 그 취지가 있다. 종래에는 공특법상 협의와 토지수용법상 협의를 모두 거치도록 하여 절차중복의 문제가 발생하였으나, 현행 토지보상법에서는 두 개의 협의절차 모두 규정하면서, 일정한 요건하에서 생략이 가능하도록 하여 절차중복으로 인한 사업절차의 지연문제를 해결하였다.

(2) 토지보상법상 협의규정

토지보상법 제14조 내지 제17조에서 협의에 의한 취득 또는 사용절차를 규정하고 있으며, 협의가 성립되지 아니한 경우에 대비하여 수용에 의한 취득 또는 사용절차를 두고 있다. 수용에 의한 취득 또는 사용의 경우도 원칙적으로 법 제26조 제1항에서 법 제14조 내지 제16조를 준용하도록 하여 협의절차를 거치도록 규정하고 있으며, 동조 제2항에서는 일정한 요건하에서 협의절차의 생략이 가능하도록 규정하고 있다.

(3) 공통점

① 제도적 취지

협의는 사업시행자와 피수용자가 수용목적물에 대한 권리취득 및 소멸 등을 위하여 행하는 교섭행위로, 임의적 합의를 바탕으로 하는 협의절차를 통해 최소침해의 원칙을 구현하고 토지소유자 및 관계인에게 해당 사업의 취지를 이해시켜 신속하게 사업을 수행하고자 함에 그 취지가 있다.

② 협의의 내용

협의할 내용은 공히 토지 · 물건조서의 작성범위 내이고, 구체적 내용으로는 (ㄱ) 수용 또는 사용할 토지의 구역 및 사용방법, (ㄴ) 손실의 보상, (ㄷ) 수용 또는 사용의 개시일과 기간, (ㄹ) 그 밖에 이 법 및 다른 법률에서 규정한 사항 등이 있다(법 제50조).

(4) 차이점

① 법적 성질

사업인정 전 협의에 대해 다수설과 판례는 사법상 계약으로 본다. 반면 사업인정고시 후 협의는 판례는 사법상 계약으로 이해하나, 다수의 견해는 수용권을 실행하는 방법의 하나로 보아 공법상 계약으로 본다.

② 절차 및 내용상 차이

(ㄱ) **필수절차인지 여부** : 사업인정 전 협의는 반드시 거쳐야 하는 것이 아닌 임의적 선택절차인 반면, 사업인정고시 후 협의는 원칙적으로 필수절차에 해당하며, 일정한 요건하에 예외적으로 생략이 가능하다.

(ㄴ) **확인제도의 유무** : 사업인정고시 후 협의가 성립한 경우 사업시행자는 피수용자의 동의 또는 공증을 받아 관할 토지수용위원회에 협의성립확인을 받으면 재결로 간주되는 규정을 두고 있으나, 사업인정 전 협의의 경우 동 규정의 적용 여지가 없다.

③ 효과상 차이

(ㄱ) **협의성립 시 효과** : 협의가 성립하면 협의에서 정한 시기에 사업시행자는 권리를 취득하게 되는데 이 경우 사업인정고시 전 협의의 경우는 승계취득으로 보며, 사업인정고시 후 협의의 경우에는 승계취득으로 보는 견해와 원시취득으로 보는 견해가 있으며, 확인을 받으면 원시취득으로 본다.

(ㄴ) **협의불성립의 효과** : 사업인정고시 전 협의가 불성립하면 사업시행자는 국토교통부장관에게 사업인정을 신청할 수 있으며, 사업인정고시 후 협의가 불성립하면 재결신청 또는 재결신청 청구권이 인정된다.

④ 권리구제의 차이

협의에 대한 다툼이 있는 경우 사업인정 전 협의는 민사소송에 의하고, 사업인정고시 후 협의의 경우에는 판례에 의할 경우 민사소송에 의하나, 다수설에 의하면 공법상 당사자소송에 의하게 된다.

(5) 양자의 관계

① 선·후행 절차상 관계

양 협의 간에는 사업인정 이전인지 이후인지에 따라 기본적인 선후관계는 존재한다. 그러나 사업인정 이전 협의에서 결정된 사항이 이후 사업인정고시 후 협의절차에서 구속력이 있는 것은 아니다.

② 생략의 가능성

사업인정고시 후 협의절차는 원칙상 필수절차이지만 일정요건을 충족하면 생략할 수 있다. 즉, 사업인정 이전에 협의를 거쳤으나 협의가 성립되지 아니한 경우로서, 조서의 내용에 변동이 없고 당사자가 협의를 요구하지 않는 때에는 사업인정고시 후 협의를 생략할 수 있다.

(6) 기출문제

> ≫ 기출문제(제25회 4번)
> 「공익사업을 위한 토지 등의 취득 및 보상에 관한 법률」상 사업인정 전 협의와 사업인정 후 협의의 차이점에 대하여 설명하시오. **10점**

5. 사업인정고시 후 협의와 협의성립확인의 비교

(1) 서

공용수용의 절차 중 협의절차는 권력적 수단에 의한 수용재결을 피하고 사업시행자와 피수용자의 합의에 의해 수용목적을 달성함으로써 개인에게 권익침해가 가장 적은 수단에 의함으로써 최소침해의 원칙을 관철하고, 번잡한 절차를 거치지 않고 감정의 대립 없이 공익사업을 시행할 수 있어 수용행정의 신속・원활한 진행을 도모할 수 있게 한다.

그러나 협의가 성립한다 하더라도 협의성립에 대한 확인이 없는 경우 계약의 당사자는 계약에 관한 착오를 이유로 다툴 수 있는바 법률관계가 불안정해진다. 따라서 토지보상법은 협의성립확인절차를 거치게 되면 재결로 간주하여 수용법률관계의 당사자는 협의성립의 내용을 다툴 수 없도록 하는 확정력을 부여하여 사업의 원활한 수행을 가능하게 하고 있다. 이하에서 협의와 협의성립확인제도를 개관하고 양자의 차이 및 그 관계를 설명하기로 한다.

(2) 협의와 협의성립확인 개관

① 의의

(ㄱ) **협의** : 협의란 사업인정고시가 있은 후에 사업시행자가 공익사업에 제공될 토지 등에 관한 권리를 취득하거나 소멸시키기 위해 토지소유자 및 관계인과 합의하는 것으로, 협의가 성립되면 수용절차는 종결되고 협의가 성립하지 않으면 강제취득절차인 재결이 뒤따르게 된다.

(ㄴ) **협의성립확인** : 협의성립확인이란 협의가 성립한 경우 사업시행자가 피수용자의 동의 또는 공증을 받아 관할 토지수용위원회에 협의성립확인을 받으면 재결로 간주되는 제도를 말한다. 확인을 받게 되면 수용법률관계의 당사자는 그 확인된 협의의 성립이나 내용을 다툴 수 없는 효력이 발생하게 된다.

② 법적 성질

(ㄱ) **협의** : 협의의 법적 성질에 대한 논의 대상은 "확인받지 아니한 협의"에 한하여 논의되며, 그 논의의 실익은 적용법규와 쟁송형태의 차이에 있다. 견해의 차이가 있으나, 협의는 사업시행자가 이미 취득한 수용권을 실행하는 것이며, 협의가 성립하면 확인의 절차를 거쳐 수용의 효과가 발생하게 되므로 공법상 계약으로 보는 것이 타당하다. 다만 판례는 사법상 계약으로 보고 있다.

(ㄴ) **협의성립확인** : 협의성립확인의 법적 성질에 의문 또는 다툼이 없는 특정한 사실 또는 법률관계의 존부를 공적 권위로서 이를 증명하는 행위로서 공증으로 보는 견해가 있으나, 특정한 사실관계 또는 법률관계에 대해 의문이 있는 경우 공권적으로 그 존부 또는 정부를 판단하는 행위로 강학상 확인행위에 해당된다고 본다.

③ 효과

(ㄱ) **협의** : 협의가 성립하면 공용수용절차는 종결되고 사업시행자는 목적물의 권리를 취득한다. 즉, 사업시행자는 협의에서 정한 시기까지 보상금을 지급・공탁하고 피수용자는 그 시기까지 토지・물건을 사업시행자에게 인도・이전함으로써 목적물에 대한 권리를 취득하고 피수용자는 그 권리를 상실한다. 또 사업시행자의 협의성립확인 신청권, 피수용자의 손실보상청구권, 환매권 등이 발생한다.

(ㄴ) **협의성립확인** : 협의성립확인은 재결로 간주되므로 재결과 동일한 효과가 발생한다. 즉, 사업시행자는 보상금의 지급 또는 공탁을 조건으로 토지에 관한 소유권 및 기타의 권리를 원시취

득하고 피수용자의 의무불이행 시 대집행을 신청할 수 있다. 피수용자는 목적물 인도·이전 의무와 손실보상청구권, 환매권 등을 갖는다.

(3) 협의와 협의성립확인의 관계

① 공통점

협의와 협의성립확인은 그 효과면에서 손실보상, 환매권, 위험부담의 이전, 담보물권자의 물상대위 등 공용수용의 효과가 발생한다는 공통점이 있다.

② 차이점

㈀ **법적 성질에 따른 목적물 취득의 효과** : 협의는 사법상 계약 또는 공법상 계약의 성질을 가지며, 확인은 계약에 대한 확정력을 발생시키는 행정처분의 성질을 갖는다. 이러한 법적 성질을 어떻게 보느냐에 따라 목적물의 원시취득 여부가 달라지는바, 협의성립확인이 있게 되면 재결과 동일하게 보아 원시취득에 해당되나, 확인 전 협의취득은 사법상 계약설을 취하는 경우는 승계취득으로, 공법상 계약설을 취하는 경우는 승계취득 또는 원시취득 여부에 대한 다툼이 있다는 점에서 목적물이 권리취득의 형태가 달리 나타날 수 있다.

㈁ **권리구제의 방법** : 착오를 이유로 다툴 수 있는지에 대하여, 협의취득의 경우 확인이 있기 전까지는 당사자는 계약에 관한 착오를 이유로 민법규정을 유추적용하여 또는 판례의 입장에 따라 민사소송으로 다툴 수 있으나, 확인을 받게 되면 협의의 성립이나 내용을 다툴 수 없는 확정력이 발생하여 더 이상 다툴 수 없게 된다. 다만, 협의성립확인에 대하여 처분성이 인정되므로 협의성립이나 내용이 아닌 다른 사유를 들어 행정쟁송을 통해 권리구제를 받을 수 있다.

③ 양자의 관계

협의는 그 성질상 계약의 성질을 가지므로 당사자 간의 분쟁이 나타날 수 있다는 점 등 협의성립 이후에는 효력면에서 강제력이 없으므로, 공용수용의 원활한 수행을 위해 협의성립확인제도를 두어 협의의 효력을 재결의 효력으로 전환시키는 역할을 하고 있다. 따라서 협의와 협의성립확인의 관계는 당사자 간의 계약을 공법상의 처분으로 전환시키는 관계에 있다고 볼 수 있다.

(4) 결

이상에서는 사업인정 후 협의와 협의성립확인을 개관하고 양자의 관계를 살펴보았다. 양자는 그 효과 면에서 공용수용의 효과의 발생이라는 공통점을 가지나 취득의 형태와 관련하여 승계취득과 원시취득으로 차이가 있을 수 있고, 협의는 착오를 이유로 다툴 수 있다고 보나 협의성립확인의 경우 확정력의 발생으로 다툴 수 없게 될 것이다.

한편, 협의성립확인을 통해 "협의"라는 당사자 간의 계약은 공법상의 처분으로 전환되며 양자는 권리구제방법에 있어 연계선상에 있다고 볼 것이다. 협의성립확인으로 협의에 대한 확정력이 부여되는 점을 감안할 때 사업시행자가 협의성립확인에 대한 동의요구 시에 확인의 효과를 사전 고지하는 제도를 도입할 필요성이 있다.

6. 부동산 가격공시에 관한 법률(이하 '부동산공시법')상의 타인토지출입과 토지보상법상의 타인토지출입의 비교

(1) 서

토지보상법상 사업시행자의 타인토지출입은 공익사업을 시행하기 위하여 필요한 사업인정신청을 위한 준비행위로서 시·군·구청장의 허가를 얻어 이루어지는 사업인정 전 타인토지출입과 사업인정 후 토지·물건조서 작성을 위한 타인토지출입으로 나누어진다. 그리고 부동산공시법의 타인토지출입은 공무원 또는 감정평가법인등이 국토교통부장관의 의뢰에 의한 표준지가격을 조사·평가하거나 개별토지가격의 산정을 위하여 시장 등의 허가를 얻어 출입하게 된다. 이때 공무원의 경우 허가를 요하지 아니한다. 이하에서는 사업인정 전의 토지보상법상 타인토지출입과 부동산공시법상 타인토지출입을 비교하여 보기로 한다.

(2) 관련규정의 검토

① **토지보상법상 타인토지출입**(토지보상법 제9조 내지 제13조 및 제27조)

토지보상법 제9조 내지 제13조에서는 공익사업의 준비절차로서 사업인정 전 타인토지출입절차를 규정하고 있으며, 동법 제27조에서는 사업인정고시 후 사업의 준비나 조서의 작성 및 감정평가를 위한 타인토지출입 절차를 규정하고 있는바, 이러한 토지보상법상 타인토지출입 절차는 원활한 사업시행을 위하여 행해지는 절차로서의 취지를 가진다.

② **부동산공시법상 타인토지출입**(부동산공시법 제13조)

부동산공시법 제13조에서는 관계 공무원 또는 부동산가격공시업무를 의뢰받은 자(이하 "관계공무원 등"이라 한다)는 동법 제3조 제4항에 따른 표준지가격의 조사·평가 또는 동법 제10조 제4항에 따른 토지가격의 산정을 위하여 필요한 때에는 타인의 토지에 출입할 수 있다고 규정하고 있는바, 동법상의 타인토지출입은 정확한 토지가격의 산정을 위한 절차로서의 취지를 가진다 할 것이다.

(3) 공통점

① 허가의 법적 성질

양 법상의 시장 등의 허가의 법적 성질에 대해서는 (ㄱ) 자연적 자유를 회복시켜주는 허가로 보는 견해, (ㄴ) 억제적 금지의 해제인 예외적 승인으로 보는 견해, (ㄷ) 출입허가는 사용권을 형성하므로 특허라고 보는 견해가 있다. 생각건대, 출입허가는 일시적으로 타인의 토지를 사용할 수 있는 권리가 부여된다는 점에서 특허의 성질을 갖는다고 본다.

② 타인토지출입행위의 법적 성질

타인토지출입행위는 일정한 법률효과의 발생을 목적으로 하는 것이 아니고, 토지소유자 등의 의사와 관계없이 일방적으로 타인의 토지에 출입한다는 점에서 권력적 사실행위로서 행정조사에 해당된다.

③ 출입의 제한 및 증표 등의 휴대

사업시행자 또는 감정평가법인등은 일출 전, 일몰 후에는 그 토지의 점유자의 승인 없이는 주거 또는 경계표, 담으로 둘러싸인 타인의 토지에 출입할 수 없으며, 또한 출입을 하고자 할 때에는 그 권한을 표시하는 증표와 허가증을 지니고 관계인에게 제시하여야 한다.

④ 실체법적인 한계

사인의 재산권에 대한 침해행위로서 법률유보원칙의 적용을 받으며 행정법상의 비례원칙의 적용을 받는다.

(4) 차이점

① 출입의 목적

토지보상법상의 타인토지출입은 공익사업의 준비나 조서작성 및 감정평가를 위해서 이루어지고, 부동산공시법상의 타인토지출입은 표준지가격의 조사·평가 및 개별공시지가의 산정을 위해 인정된다.

② 토지점유자의 수인의무와 벌칙규정

토지보상법상 타인토지출입은 정당한 사유 없이 사업시행자의 행위를 방해하지 못하는 수인의무를 규정하고 있고 이에 위반 시에는 200만원 이하의 벌금에 처하도록 하고 있다. 그러나 부동산공시법상의 타인토지출입은 토지점유자에게 수인의무를 부과하지 않고 있으며, 출입의 거부에 어떠한 제재조치가 마련되어 있지 않다.

③ 손실보상규정

토지보상법에서는 사업시행자의 타인토지출입행위로 인한 토지소유자에게 손실이 발생하였을 때에는 이에 대해 보상해야 한다는 규정이 있으나, 부동산공시법에는 이러한 손실보상 규정이 없다.

④ 출입의 통지 및 기간, 장해물 제거

토지보상법에서는 출입의 통지에 대해서 사업시행자가 시장 등에게 통지하면 시장 등이 토지소유자 등에게 통지하는데 비해, 부동산공시법은 관계공무원 등이 직접 통지하고, 그 기간에 대해서도 5일과 3일로 달리 규정되어 있다. 한편, 토지보상법은 장해물 제거를 규정하고 있으나 부동산공시법에는 이에 대한 규정이 없다.

(5) 관련문제

① 토지점유자의 출입거부 시 문제

토지보상법상 토지점유자 등의 조사거부 시에 실력배제가 가능한지가 의문인데 이에 대해서는 긍·부정설이 대립되는바, 명문으로 직접적인 실력배제조항이 없고 단지 간접적인 벌칙규정으로 이를 강제하고 있다는 점, 실력배제 인정 시 국민의 권익침해가능성이 크다는 점에서 부정설이 타당하다. 반면, 부동산공시법은 토지보상법과 달리 토지점유자 등의 수인의무 및 제재조항이 없지만, 해석상 부동산공시법상의 출입조사도 권력적 사실행위로서의 행정조사에 해당하므로 토지보상법과 같이 수인의무도 발생하며, 지가조사라는 행정목적의 원활한 수행을 위해 일정한 제재조치가 필요하다고 본다.

② 손실보상의 문제

타인토지출입으로 인해 손실이 발생했을 때에는 토지보상법은 보상규정을 두어 토지소유자의 권리보호를 도모하고 있으나, 부동산공시법에서는 보상규정이 없는바, 부동산공시법상의 타인토지 출입 시 일정한 손실이 발생한 경우에도 토지보상법에서의 출입조사에 따른 손실보상 논의가 유추적용될 수 있을 것이다. 다만, 궁극적으로는 입법적으로 해결하는 것이 바람직할 것이다.

> ≫ 기출문제(제30회 4번)
> 「공익사업을 위한 토지 등의 취득 및 보상에 관한 법률」 제26조는 수용재결신청 전에 사업시행자로 하여금 수용대상토지에 관하여 권리를 취득하거나 소멸시키기 위하여 토지소유자 및 관계인과 교섭하도록 하는 협의제도를 규정하고 있다. 이에 따른 협의가 수용재결신청 전의 필요적 전치절차인지 여부와 관할 토지수용위원회에 의한 협의성립의 확인의 법적 효과를 설명하시오. **10점**

제2절 공용수용의 효과

01 공용수용의 일반적인 효과

Ⅰ. 개설

공용수용의 보통절차에 있어서 재결이 있게 되거나 또는 재결 단계에 이르기 전에 협의성립 및 협의성립의 확인 또는 화해조서의 작성은 재결로서 간주되므로, 이 경우에도 수용의 효과가 발생한다. 공용수용의 가장 기본이 되는 효과는 사업시행자가 공익사업에 필요한 목적물을 취득하고, 그 목적물에 대한 권리자인 토지소유자와 관계인은 그 권리를 상실하게 되는 권리변동이 생기는 것이다. 사업시행자가 목적물을 취득하는 것은 손실보상금을 수용의 개시일까지 권리자에게 지급하거나 공탁하는 것을 조건으로 그 효력이 발생한다.

Ⅱ. 피수용자에 대한 효과

1. 손실보상청구권

토지보상법은 직접 명문의 규정을 두고 있지 않지만, 재결이 있게 되면 사업시행자에 대해 피수용자는 손실보상청구권이 발생하고, 수용의 시기에 사업시행자의 손실보상과 함께 피수용자의 목적물의 인도・이전이 이루어질 때 수용의 효과가 완성된다. 그러나 재결절차를 거치지 않은 채 곧바로 사업시행자를 상대로 손실보상을 청구하는 것은 허용되지 않는다(대판 2008.7.10, 2006두19495). 수용의 대물적 효과는 수용의 시기에 보상금을 지급하거나 공탁을 조건으로 발생하는 것이기 때문에 토지소유자 및 관계인은 수용목적물의 권리에 관한 손실보상청구권을 갖는다.

2. 토지・물건의 인도이전 의무(제43조)

토지소유자 및 관계인과 그 밖에 토지소유자나 관계인에 포함되지 아니하는 자로서 수용하거나 사용할 토지나 그 토지에 있는 물건에 관한 권리를 가진 자는 수용 또는 사용의 개시일까지 그 토지나 물건을 사업시행자에게 인도하거나 이전하여야 한다(제43조).

토지소유자 및 관계인은 수용의 시기까지 사업시행자에게 토지나 물건을 인도하거나 이전하여야 하는 의무를 지게 된다. 따라서 재결이 있게 되면 사업시행자에 대해 손실보상청구권이 발생하고, 수용의 시기에 사업시행자의 손실보상과 함께 피수용자의 목적물의 인도・이전이 이루어질 때 수용의 효과가 완성된다.

3. 환매권(제91조)

환매권은 사업시행자가 취득한 토지가 공익사업의 사업폐지 등의 사유로 필요가 없거나 그것이 현실적으로 수용의 전제가 된 공익사업에 일부 또는 전부가 사용되지 않으면, 그 토지의 원래 소유자인 피수용자가 일정한 요건하에 보상금상당금액을 지급 또는 공탁하고 원래 토지 소유권을 회복할 수 있는 권리이다.

4. 담보물권자의 물상대위(제47조)

담보물권의 목적물이 수용되거나 사용된 경우 그 담보물권은 그 목적물의 수용 또는 사용으로 인하여 채무자가 받을 보상금에 대하여 행사할 수 있다. 다만, 그 보상금이 채무자에게 지급되기 전에 압류하여야 한다(제47조).

Ⅲ. 사업시행자에 대한 효과

1. 공용수용 일반론

사업시행자 입장에서 공용수용의 효과는 사업시행자가 보상금의 지급 또는 공탁을 조건으로 수용의 개시일에 수용목적물에 대한 권리를 취득하고, 이와 양립할 수 없는 그 토지 및 물건에 대한 일체의 권리가 소멸하는 것에 있다. 사업시행자는 수용의 개시일에 토지나 물건의 소유권을 취득하며, 그 토지나 물건에 관한 다른 권리는 이와 동시에 소멸한다. 따라서 사업시행자는 수용목적물의 유지를 불문하고, 완전하고 확실하게 그 권리를 원시취득한다. 또한 사업시행자는 사용의 개시일에 토지나 물건의 사용권을 취득하며, 그 토지나 물건에 관한 다른 권리는 사용기간 중에는 행사하지 못한다. 토지수용위원회의 재결로서 인정된 권리는 위의 소유권이나 사용권의 취득에 관한 규정에도 불구하고 소멸되거나 그 행사가 정지되지 아니한다.

2. 권리취득의 시기

수용의 절차는 재결로서 완성되지만 권리의 취득과 소멸의 효과는 재결이 있은 즉시 발생하지 아니하고, 재결에서 정해진 시기인 수용의 개시일에 발생한다. 따라서 사업시행자가 권리를 취득하고, 토지나 물건에 관한 다른 권리가 소멸되는 효과는 토지 또는 물건을 수용한 날에 발생한다.

수용의 개시일은 재결에서 정한 날이 되며 이와 같이 수용의 시기를 따로 정하고 있는 것은 보상의 지급 및 공탁과 목적물의 인도·이전을 완료하게 하기 위해서이다. 대법원은 수용재결에 의하여 수용의 효력이 발생하기도 전에 사업시행자가 수용대상 토지를 권원 없이 점용하였다 하더라도 손해배상이나 손실보상의 책임이 발생함을 별론으로 하고, 수용재결의 효력에는 아무런 영향이 없다고 한다. 사업시행자가 보상금을 지급 또는 공탁하였다면 비록 피수용자가 목적물을 인도·이전하지 아니하더라도 수용의 개시일에 권리의 취득과 소멸의 효과가 발생한다. 그러나 사업시행자가 수용 또는 사용의 개시일까지 관할 토지수용위원회가 재결한 보상금을 지급하거나 공탁하지 아니하였을 때에는 해당 토지수용위원회의 재결은 효력을 상실한다. 따라서 이 경우 재결은 실효되어 수용의 목적물을 취득할 수 없게 된다. 그러나 이의재결에서 증액된 보상금을 지급 공탁하지 않았다 하여 이의재결이 당연히 실효되는 것은 아니라고 판례는 판시하고 있다.

3. 권리취득의 내용

(1) 권리의 원시취득

수용에 의한 사업시행자의 권리취득은 권리의 승계취득이 아니라 법률에 의한 원시취득이며, 그 효과는 대물적으로 모든 권리자에 대해 발생한다. 사업시행자의 권리취득은 원소유자의 소유권이 사업시행자에게 이전함으로써 실현된다. 또한 수용의 개시일이 도래함으로써 소유권 등, 종래부터 그 토지상에 존재하던 권리(사법상 권리 또는 공법상 권리를 불문함)가 모두 소멸하고(이를 수용의 대물적 효과라 함), 새로운 소유권이 사업시행자에게 발생한다.

형식상 명의인을 피수용자로 확정하고 수용의 절차를 마쳤다 하더라도, 대물적 효력에 의하여 그 수용의 효과는 인정된다. 이와 관련하여 대법원은 수용목적물의 소유자가 진실한 권리자인가의 여부와는 관계없이, 소유권은 소멸하고 사업시행자는 완전하고 확실하게 그 권리를 원시취득한다고 한다(대판 1995.12.22, 94다40765). 다만 협의성립확인으로 취득하는 경우에는 원시취득의 정당성의 원천은 진정한 소유자의 동의에 있다고 보고 진정한 소유자의 동의를 받지 못한 협의성립확인수리처분은 위법하다고 판시한 바 있다(대판 2018.12.13, 2016두51719).

(2) 권리취득에 관한 등기

부동산에 대한 법률행위로 인한 물권의 득실변경은 등기하여야 그 효력이 발생한다(민법 제186조). 그렇지만 사업시행자는 등기하지 않더라도 수용한 날에 소유권을 취득한다. 그 이유는 수용에 의한 부동산에 관한 물권의 취득은 등기를 요하지 아니한다고 규정함으로써(민법 제187조 본문), 부동산 물권 변동 시 취하고 있는 형식주의의 예외를 인정하고 있기 때문이다. 그러나 수용의 경우에도 취득한 소유권을 타인에게 처분하기 위해서는 등기하여야 한다(동조 단서). 또한 수용으로 인한 소유권이전등기는 법률에 다른 규정이 없는 경우에는 등기권리자와 등기의무자가 공동으로 신청하여야 한다는 동법 제23조 제1항의 규정에도 불구하고 등기권리자가 단독으로 신청할 수 있다(부동산등기법 제99조 제1항).

(3) 토지등의 사용인 경우에도 손실보상의무

약식절차 사용인 경우에도 사업시행자는 사용의 효과로서 손실보상의무를 지닌다. 사업시행자는 천재지변 시의 토지사용 또는 시급한 토지사용의 경우를 제외하고는 수용 또는 사용의 개시일까지 관할 토지수용위원회가 재결한 보상금을 지급하여야 한다(제40조 제1항). 지급을 요하는 토지의 사용인 경우에는 담보를 제공하도록 하고 있고(제39조 제1항), 토지수용위원회의 재결이 있기 전에 토지소유자나 관계인이 청구할 때에는 사업시행자는 자기가 산정한 보상금을 토지소유자나 관계인에게 지급하여야 한다(제41조 제1항). 수용이든 사용이든 공용수용의 효과로서 보상금 지급은 피수용자에 대한 사업시행자의 의무이다. 사업시행자의 토지등의 보통사용이든 일시적 사용이든 간에 피수용자에게 보상급을 지급하고 사용권을 취득하는 것이고, 수용은 보상금을 수용의 개시일에 지급・공탁함으로써 원시취득의 효과가 발생한다는데 차이가 있다.

(4) 대행과 대집행청구권 및 위험부담이전, 반환 및 원상회복의무등

① **대행** : 특별자치도지사, 시장・군수 또는 구청장은 일정한 요건을 충족할 때에는 사업시행자의 청구에 의하여 토지나 물건의 인도 또는 이전을 대행하여야 한다(제44조).

② **대집행** : 이 법 또는 이 법에 따른 처분으로 인한 의무를 이행하여야 할 자가 그 정하여진 기간 이내에 의무를 이행하지 아니하거나 완료하기 어려운 경우 또는 그로 하여금 그 의무를 이행하게 하는 것이 현저히 공익을 해친다고 인정되는 사유가 있는 경우에는 사업시행자는 시・도지사나 시장・군수 또는 구청장에게 「행정대집행법」에서 정하는 바에 따라 대집행을 신청할 수 있다. 이 경우 신청을 받은 시・도지사나 시장・군수 또는 구청장은 정당한 사유가 없으면 이에 따라야 한다(제89조 제1항).

③ **위험부담이전** : 토지수용위원회의 재결이 있은 후 수용하거나 사용할 토지나 물건이 토지소유자 또는 관계인의 고의나 과실 없이 멸실되거나 훼손된 경우 그로 인한 손실은 사업시행자가 부담한다(제46조).

④ **사용기간 만료 시 반환・원상회복청구권** : 사업시행자는 토지나 물건의 사용기간이 끝났을 때나 사업의 폐지・변경 또는 그 밖의 사유로 사용할 필요가 없게 되었을 때에는 지체 없이 그 토지나 물건을 그 토지나 물건의 소유자 또는 그 승계인에게 반환하여야 한다(제48조 제1항). 사업시행자는 토지소유자가 원상회복을 청구하면 미리 그 손실을 보상한 경우를 제외하고는 그 토지를 원상으로 회복하여 반환하여야 한다(제48조 제2항).

위와 같이 대행(제44조), 대집행 청구권(제89조), 위험부담의 이전(제46조), 사용기간 만료 시 반환・원상회복청구권(제48조) 등의 공용 효과가 발생한다.

02 보상금 지급 또는 공탁

법 제40조(보상금의 지급 또는 공탁)

① 사업시행자는 제38조 또는 제39조에 따른 사용의 경우를 제외하고는 수용 또는 사용의 개시일(토지수용위원회가 재결로써 결정한 수용 또는 사용을 시작하는 날을 말한다)까지 관할 토지수용위원회가 재결한 보상금을 지급하여야 한다.

② 사업시행자는 다음 각 호의 어느 하나에 해당할 때에는 수용 또는 사용의 개시일까지 수용하거나 사용하려는 토지 등의 소재지의 공탁소에 보상금을 공탁(供託)할 수 있다.

1. 보상금을 받을 자가 그 수령을 거부하거나 보상금을 수령할 수 없을 때
2. 사업시행자의 과실 없이 보상금을 받을 자를 알 수 없을 때
3. 관할 토지수용위원회가 재결한 보상금에 대하여 사업시행자가 불복할 때
4. 압류나 가압류에 의하여 보상금의 지급이 금지되었을 때

③ 사업인정고시가 된 후 권리의 변동이 있을 때에는 그 권리를 승계한 자가 제1항에 따른 보상금 또는 제2항에 따른 공탁금을 받는다.

④ 사업시행자는 제2항 제3호의 경우 보상금을 받을 자에게 자기가 산정한 보상금을 지급하고 그 금액과 토지수용위원회가 재결한 보상금과의 차액(差額)을 공탁하여야 한다. 이 경우 보상금을 받을 자는 그 불복의 절차가 종결될 때까지 공탁된 보상금을 수령할 수 없다.

1. 서

공탁이란 채무를 변제할 의사와 능력이 있는 채무자로 하여금 채권자의 사정으로 채무관계에서 벗어나지 못하게 되는 경우를 대비할 수 있도록 만든 제도이다. 보상금의 공탁이란 사업시행자가 보상금을 관할 공탁소에 공탁함으로써 보상금 지급에 갈음하게 하는 것을 말한다. 사업시행자는 재결에서 정한 수용・사용의 개시일까지 재결에서 정한 보상금을 지급하고자 하여도 보상금을 지급할 수 없는 경우가 있는바, 이러한 경우에 대비하기 위한 것이다. 보상금 공탁제도는 보상금의 공탁을 통해서 재결실효로 인하여 공익사업에 지장이 초래되는 것을 방지하고, 사전보상의 원칙을 관철하며 담보권자 등 관계인의 권익을 보호하고자 하는 취지이다.

2. 법적 성질

(1) 보상금 지급의무를 면하기 위한 경우(제1호) – 변제공탁

① 관련규정

토지보상법 제40조 제2항에서는 보상금을 받을 자가 그 수령을 거부하거나 보상금을 수령할 수 없는 때 보상금을 공탁할 수 있다고 규정하고 있다.

② 학설

(ㄱ) 사업시행자가 자신의 보상금 지급의무의 이행을 위하여 하는 것으로서 채무자가 일반적인 채무를 면하기 위하여 하는 민법상의 변제공탁과 그 목적 및 요건이 같다는 이유로 변제공탁이라는 견해, (ㄴ) 민법상의 변제공탁은 변제의 목적물 전부의 공탁이어야 하고 특별한 사정이 없는 한 일부만의 공탁은 그 효력이 없음에 반하여 토지보상법상의 보상금 공탁은 사업시행자가 지급하여야 할 보상금 전부가 아니라 토지수용위원회가 재결 시 정한 보상금만 공탁하면 되고, 그 후 쟁송절차를 거쳐 보상금이 증액되어 그 공탁금이 사업시행자가 지급하여야 할 보상금의 일부가 된다고 하여도 그 공탁의 효력이 사라지지 않는다는 점에서 민법상 변제공탁과 다르다는 견해가 있다.

③ 판례

판례는 토지수용법 제61조 제2항 제1호에 따라서 기업자가 재결로 결정된 보상금을 공탁하는 것은 보상금의 지급의무의 이행을 위한 것으로 변제공탁과 다를 바 없다고 하였다.

판례

▶ 관련판례(대판 1990.1.25, 89누4109)

기업자가 토지수용법 제61조 제2항 제1호에 따라서 토지수용위원회가 재결한 토지수용보상금을 공탁하는 경우, 그 공탁금은 기업자가 토지의 수용에 따라 토지소유자에 대하여 부담하게 되는 보상금의 지급의무를 이행하기 위한 것으로서 민법 제487조에 의한 변제공탁과 다를 바 없으므로 ~.

④ 검토

생각건대, 사업시행자가 토지수용위원회가 재결한 보상금을 공탁하는 경우에는 그로써 보상금 지급에 갈음하게 되는바, 변제공탁으로 볼 수 있을 것이다.

(2) **사업시행자의 과실없이 보상금을 받을 자를 알 수 없을 때**(제2호) – 변제공탁

공탁제도상 채권자가 누구인지 전혀 알 수 없는 공탁은 허용되지 않는 것이 원칙이다. 그러나 토지보상법은 공탁을 허용함으로써, 사업시행자는 공탁에 의해 보상금 지급의무를 면하고, 토지에 대한 소유권을 취득하도록 하고 있는 바, 이는 공익을 위하여 신속한 수용이 불가피하기 때문에 사업시행자의 공탁으로 보상금 지급의무를 변제하게 하는 것이다.

① 규정

사업시행자는 사업시행자의 과실 없이 보상금을 받을 자를 알 수 없을 때에는 수용 또는 사용의 개시일까지 수용하거나 사용하려는 토지등의 소재지의 공탁소에 보상금을 공탁(供託)할 수 있다.

② 학설

통설적 견해로 공탁제도상 채권자가 누구인지 전혀 알 수 없는 공탁은 허용되지 않는 것이 원칙이다. 그러나 토지보상법은 공탁을 허용함으로써, 사업시행자는 공탁에 의해 보상금 지급의무를 면하고, 토지에 대한 소유권을 취득하도록 하고 있는 바, 이는 공익을 위하여 신속한 수용이 불가피하기 때문에 사업시행자의 공탁으로 보상금 지급의무를 변제하게 하는 것이라고 보는 것이 통설적 견해이다.

③ 판례

수용대상 토지가 일반 채권자에 의하여 압류 또는 가압류되어 있거나, 수용대상 토지에 근저 당권설정등기가 마쳐져 있더라도 그 토지의 수용에 따른 보상금청구권 자체가 압류 또는 가압류되어 있지 아니한 이상 보상금의 지급이 금지되는 것은 아니므로, 이러한 사유만으로 사업시행자의 과실 없이 보상금을 지급받을 자를 알 수 없을 때의 공탁 사유에 해당한다고 볼 수 없다(대판 98다 22062).

■ **법규 헷갈리는 쟁점 : 사업시행자의 과실 없이 보상금을 받을 자를 알 수 없을 때**

① 수용재결 후 보상금 지급 전 토지소유자가 사망하여 그 상속인에게 보상금을 지급하고자 하나, 상속인의 범위 또는 상속지분을 구체적으로 알 수 없는 경우

② 등기부의 일부인 공동인명부와 토지대장상의 공유자 연명부가 멸실된 토지에 대하여 사업시행자가 토지소유자를 알 수 없어 협의를 할 수 없음을 이유로 재결을 신청하고 수용재결을 얻은 경우

> ③ 수용대상토지가 미등기이고, 토지대장상 소유자란이 공란으로 되어 있어, 소유자를 확정할 수 없는 경우
> ④ 수용대상토지가 등기는 되어 있으나, 등기부상에 소유자의 주소표시가 없는 등 소유자를 특정할 수 없는 경우
> ⑤ 수용대상이 법인소유 재산권으로 법인이 해산된지 오래되어 명의만 있고 대표자등을 추정할 수 없는 경우
> ⑥ 수용대상 토지소유자등이 외국으로 이민을 가서 대사관을 통해서도 확인이 불가한 경우

(3) 재결로 결정된 보상금에 사업시행자가 불복하는 경우(제3호) – 변제공탁

① 관련규정

토지보상법 제40조 제2항 제3호에서는 관할 토지수용위원회가 재결한 보상금에 대하여 사업시행자의 불복이 있는 때 공탁할 수 있도록 규정하고 있으며, 사업시행자는 보상금을 받을 자에게 자기가 산정한 보상금을 지급하고 그 금액과 토지수용위원회가 재결한 보상금과의 차액을 공탁하여야 한다. 이 경우 보상금을 받을 자는 그 불복의 절차가 종결될 때까지 공탁된 보상금을 수령할 수 없다.

② 법적 성질

이는 사업시행자가 자신의 보상금 지급의무를 면하기 위하여 하는 것으로 변제공탁과 다를 바가 없다는 견해와 공탁금이 보상금의 전액이 아니라 차액만을 공탁하는 것, 즉시 공탁금을 수령할 수 없다는 점을 들어 변제의 효력이 발생하는 것이 아니라고 보는 견해가 있다.

사업시행자가 토지수용위원회가 재결한 보상금에 불복하여 예정금액은 지급하고 그 차액은 공탁하는 경우에도 결국 재결에서 정한 보상금 전액이 지급되었거나 공탁이 되었다고 볼 수 있다. 따라서 사업시행자가 불복이 있는 경우라 하더라도 재결에서 정한 보상금 전액이 지급 또는 공탁되어 보상금 지급에 갈음하고 이로써 재결이 실효되는 것을 방지하기 위한 것이므로 변제공탁으로 볼 수 있을 것이다.

(4) 압류 또는 가압류에 의하여 보상금의 지급이 금지된 경우(제4호) – 변제공탁

① 관련규정

토지보상법 제40조 제2항 제4호에서는 압류 또는 가압류에 의하여 보상금의 지급이 금지된 경우의 공탁을 할 수 있다고 규정하고 있다. 이는 사업인정 이후 설정된 담보물권자에게 물상대위의 실효를 거두도록 규정한 것이다.

② 학설

이에 대해 (ㄱ) 보상금을 지급할 의사와 능력이 있는 사업시행자로 하여금 이행지체에서 벗어나지 못하는 경우를 대비할 수 있도록 마련된 제도로 실질적으로는 수령불능으로 볼 수 있는 바, 변제공탁으로 보는 견해와 (ㄴ) 집행의 목적물을 집행기관이나 제3채무자가 공탁하여 목적물의 관리와 집행당사자에의 교부를 공탁절차에 따라 행하는 집행공탁이라 보는 견해가 있다.

③ 판례

판례는 변제공탁으로 보고 있는 듯한 판례와 집행공탁으로 보고 있는 듯한 판례가 있다.

판례

▶ 관련판례(대판 1994.12.13, 93다951 全合)

가압류에 불구하고 제3채무자가 채무자에게 변제를 한 때에는 나중에 채권자에게 이중으로 변제하여야 할 위험을 부담하게 되므로 제3채무자로서는 민법 제487조의 규정에 의하여 공탁을 함으로써 이중변제의 위험에서 벗어나고 이행지체의 책임도 면할 수 있다고 보아야 할 것이다. 왜냐하면 민법상의 변제공탁은 채무를 변제할 의사와 능력이 있는 채무자로 하여금 채권자의 사정으로 채무관계에서 벗어나지 못하는 경우를 대비할 수 있도록 마련된 제도로서 ~.

▶ 관련판례(대판 1999.5.14, 98다62688)

토지수용법상의 보상금청구권에 대하여 압류의 경합이 있는 때에는 기업자는 보상금을 공탁함으로써 면책될 수 있는바, 그 경우에 기업자가 하는 공탁의 성격은 변제공탁이 아니라 집행공탁이고, 집행공탁에 있어서는 배당절차에서 배당이 완결되어야 피공탁자가 비로소 확정되고, 공탁 당시에는 피공탁자의 개념이 관념적으로만 존재할 뿐이므로, 공탁 당시에 기업자가 특정 채권자를 피공탁자에 포함시켜 공탁하였다 하더라도 그 피공탁자의 기재는 법원을 구속하는 효력이 없다.

④ 검토

생각건대, 압류 또는 가압류에 의하여 보상금의 지급이 금지된 경우 공탁을 함으로써 채무가 변제되는 것으로 볼 수 있으므로 변제공탁으로 봄이 타당하다.

■ 법규 헷갈리는 쟁점 : 공탁의 종류와 특수한 경우 사업시행자의 공탁은 유효할까?

1. 공탁의 종류

공탁의 종류	공탁물
변제공탁	공탁물은 채무의 목적물이므로, 금전 · 유가증권 · 기타의 물품이 공탁물이 될 수 있고, 토지보상법의 규정에 따른 손실보상금은 현금 또는 채권이 공탁물이다.
담보공탁	금전 또는 유가증권이며, 유가증권의 경우 공탁실무상 국채나 지방채가 주된 대상이다.
집행공탁	금전이 원칙이나, 예외적으로 유가증권을 공탁할 수 있다.
보관공탁	근거법령에서 구체적으로 정해져 있으며, 상법상 무기명식 사채권등이다.
몰취공탁	금전이 원칙이다.

2. 특수한 경우 사업시행자의 공탁은 유효할까?

① 채권압류 및 전부명령이 있는 경우에는 사업시행자에게 공탁에 의한 면책을 허용한다.

손실보상금에 대한 압류 또는 가압류로 보상금의 지불이 금지되었을 때를 별도의 공탁사유로서 인정하고 있는 토지수용법 제61조 제2항 제4호는 손실보상금청구권이 피수용자에게 귀속되어 있음을 전제로 하여 다만 압류 또는 가압류 등에 의하여 기업자가 피수용자에게 직접 손실보상금을 지급할 수 없을 때에 적용되는 것일 뿐, 나아가 손실보상금의 귀속주체가 변경된 경우 즉, 손실보상금청구권에 대한 전부명령이 이루어진 경우에까지 적용되는 것은 아니다. 손실보상금청구권에 대하여 압류의 경합이 있는 것과 같은 외관을 갖추고 있는 경우 본래의 의미에서의 압류의 경합으로 볼 수는 없다고 할지라도 제3채무자의 입장에서 보아 압류의 경합이 있는지 여부에 대한 판단이 곤란하다고 보이는 객관적 사정이 있다면 기업자에게 민사소송법 제581조 제1항(민사소송법 제581조(제삼채무자의 채무액의 공탁) ① 금전채권에 관하여 배당요구의 송달을 받은 제삼채무자는 채무액을 공탁할 권리가 있다.)을 유추적용하여 공탁에 의한 면책을 허용함이 상당하다고 할 것이다(대판 2000.6.23, 98다31899).

② 국세체납처분에 의한 압류가 있는 경우에는 공탁할 수 없다(대판 2008.4.10, 2006다60557). 국세징수법상의 체납처분에 의한 압류만을 이유로 하여 사업시행자가 공익사업을 위한 토지 등의 취득 및 보상에 관한 법률(이하 '공익사업보상법'이라 한다) 제40조 제2항 제4호 또는 민사집행법 제248조 제1항에 의한 집행공탁을 할 수는 없으므로, 체납처분에 의한 압류만을 이유로 집행공탁이 이루어지고 사업시행자가 민사집행법 제248조 제4항에 따라 법원에 공탁사유를 신고하였다고 하더라도, 이러한 공탁 사유의 신고로 인하여 민사집행법 제247조 제1항에 따른 배당요구 종기가 도래하고 그 후의 배당요구를 차단하는 효력이 발생한다고 할 수는 없다(대판 2007.4.12, 2004다20326 참조).

③ 진정한 소유자로부터 손실보상청구권을 승계한 외관을 가진 경우 사업시행자가 보상금을 지급한 경우 채무는 변제된 것으로 본다.
하천구역에 편입된 토지는 국가의 소유가 되고, 국가는 토지 소유자에 대하여 손실보상의무가 있다. 헌법 제23조가 천명하고 있는 정당보상의 원칙과 손실보상청구권의 법적 성격 등에 비추어 보면, 국가가 원인무효의 소유권보존등기 또는 소유권이전등기의 등기명의인으로 기재되어 있는 자 등 진정한 소유자가 아닌 자를 하천 편입 당시의 소유자로 보아 등기명의인에게 손실보상금을 지급하였다면, 설령 그 과정에서 국가가 등기명의인을 하천 편입 당시 소유자라고 믿은 데에 과실이 없더라도, 국가가 민법 제470조에 따라 진정한 소유자에 대한 손실보상금 지급의무를 면한다고 볼 수 없다. 그러나 이와 달리 국가가 하천 편입 당시의 진정한 소유자가 토지에 대한 손실보상금청구권자임을 전제로 보상절차를 진행하였으나, 진정한 소유자 또는 진정한 소유자로부터 손실보상금청구권을 승계한 것과 같은 외관을 가진 자 등과 같이 하천 편입 당시의 진정한 소유자가 손실보상대상자임을 전제로 하여 손실보상금청구권이 자신에게 귀속되는 것과 같은 외관을 가진 자에게 손실보상금을 지급한 경우에는, 이로 인한 법률관계를 일반 민사상 채권을 사실상 행사하는 자에 대하여 변제한 경우와 달리 볼 이유가 없으므로, 국가의 손실보상금 지급에 과실이 없다면 국가는 민법 제470조(제470조(채권의 준점유자에 대한 변제) 채권의 준점유자에 대한 변제는 변제자가 선의이며 과실 없는 때에 한하여 효력이 있다.)에 따라 채무를 면한다(대판 2016.8.24, 2014두46966 판결[손실보상금]).

④ 수용되는 토지에 대하여 가압류가 집행되어 있는 경우, 토지의 수용으로 그 가압류의 효력이 소멸되며, 수용되는 토지에 대한 가압류가 그 수용보상금 청구권에 당연히 전이되어 효력이 미치지 않는다.

㉠ 토지수용법 제67조 제1항에 의하면, 기업자는 토지를 수용한 날에 그 소유권을 취득하며 그 토지에 관한 다른 권리는 소멸하는 것인바, 수용되는 토지에 대하여 가압류가 집행되어 있어도 토지의 수용으로 기업자가 그 소유권을 원시취득함으로써 가압류의 효력은 소멸되는 것이고, 토지에 대한 가압류가 그 수용 보상금 청구권에 당연히 전이되어 그 효력이 미치게 된다고는 볼 수 없다.

㉡ 공공필요에 의한 토지수용에 있어서 수용자가 취득하는 소유권이 담보물권 기타 모든 법적인 제한이 소멸된 완전한 소유권이어야 하는 것은 공익목적을 달성하기 위하여 불가피한 것으로 합리적인 조치라고 할 것이고, 토지수용법 제67조 제1항에 의하여 토지수용으로 인하여 그

> 토지에 대한 가압류집행의 효력이 상실된다고 하더라도 토지수용 후 그 보상금에 대하여 다시 보전절차를 취할 수 있으므로, 그러한 보전절차를 취하지 아니한 사람과 보전절차를 취한 사람을 동일하게 취급하지 아니한다고 하여 위 규정이 헌법상의 평등권을 침해하는 것이라고 할 수는 없다(대판 2000.7.4, 98다62961 판결[배당이의])

3. 공탁의 요건

(1) 내용상 요건(법 제40조 제2항)

① 보상금을 받을 자가 그 수령을 거부하거나 보상금을 수령할 수 없을 때, ② 사업시행자의 과실 없이 보상금을 받을 자를 알 수 없을 때, ③ 사업시행자가 관할 토지수용위원회가 재결한 보상금액에 불복이 있을 때, ④ 압류 또는 가압류에 의하여 보상금의 지급이 금지되었을 때

(2) 수령권자

재결 당시 수용목적물의 소유자 또는 관계인이 수령권자가 된다. 그러나 토지・물건조서 작성 이후에 권리가 변동된 경우에 변동이 있을 때마다 이를 추적하여 재결서에 권리를 승계 받은 사람을 기재하기는 사실상 불가능하다. 이와 같은 문제점을 해결하기 위하여 토지보상법은 제40조 제3항에서 사업인정고시 후 권리변동이 있는 경우에는 그 권리를 승계한 자가 공탁금을 수령할 수 있도록 하는 특례규정을 두고 있다. 이때 그 권리를 승계 받은 자는 승계 받은 사실을 증명하는 서류를 제출하여야 한다. 판례도 사업인정고시 후 수용목적물의 권리가 변동된 경우 그 보상금의 수령권자는 재결 당시의 소유자라고 판시하고 있다.

(3) 관할 공탁소

토지보상법상 공탁은 민법상 변제공탁과 그 성질이 같은 것이므로, 민법규정에 의하여 채권자의 주소지 관할 공탁소에 공탁함이 원칙이나, 토지보상법은 토지소재지의 공탁소에 보상금을 공탁할 수 있도록 하고 있다(법 제40조 제2항).

(4) 공탁물

공탁은 현금보상의 원칙상 현금으로 하여야 하나, 사업시행자가 국가인 경우에는 채권으로 공탁이 가능하다. 이 경우 채권의 발행일은 국가가 채권취급기관(한국은행)으로부터 채권을 교부받은 날이 속하는 달의 말일로 하며, 채권을 교부받은 날부터 채권발행일 전일까지의 이자는 현금으로 공탁하여야 한다.

4. 공탁의 효과

(1) 정당한 공탁의 효과

토지보상법상 공탁은 변제공탁의 성질을 가지는 것이므로 공탁에 의하여 사업시행자의 보상금 지급의무가 소멸되고, 수용의 개시일에 토지 등을 취득하는 공용수용의 효과가 발생한다.

(2) 미공탁의 효과

수용의 개시일까지 보상금을 공탁하지 아니하면 재결의 효력은 상실된다. 판례는 재결이 실효되면 재결신청의 효력도 상실된다고 하였다. 이의재결에서 보상금이 증액된 경우 사업시행자는 재결서 정본을 받은 날부터 30일 이내에 보상금을 지급 또는 공탁하여야 한다. 그러나 사업시행자가 이의재결에서 증액된 보상금을 공탁하지 아니하는 경우 이의재결의 효력에 대하여 판례는 당연히 실효되는 것은 아니라고 하였다.

판례

▶ 관련판례(대판 1992.3.10, 91누8081)
토지수용법상의 이의재결절차는 수용재결에 대한 불복절차이면서 수용재결과는 확정의 효력 등을 달리하는 별개의 절차이므로 기업자가 이의재결에서 증액된 보상금을 일정한 기한 내에 지급 또는 공탁하지 아니하였다 하더라도 그 때문에 이의재결 자체가 당연히 실효된다고는 할 수 없다.

5. 공탁의 하자

(1) 하자 있는 공탁의 유형 및 효력

하자 있는 공탁에는 ① 공탁의 요건에 해당하지 아니하는 공탁, ② 보상금의 일부 공탁, ③ 조건부 공탁이 있다. 공용수용에 있어서 보상금의 공탁은 엄격한 법규사무이며, 공탁의 하자는 토지수용위원회가 재결한 보상금의 지급 또는 공탁을 하지 아니한 경우에 해당하여 재결의 효력이 상실된다.

판례

▶ 관련판례(대판 1993.8.24, 92누9548)
수용대상토지가 지방자치단체에 의하여 압류되어 있다고 하더라도 그 토지의 수용에 따른 보상금청구권이 압류되어 있지 아니한 이상 보상금을 받을 자는 여전히 토지소유자라 할 것이고, 기업자가 **수용대상토지가 지방자치단체에 의하여 압류되어 있어 보상금을 수령할 자를 알 수 없다는 이유로 공탁을 하였다면** 이는 토지수용법 제61조 제2항 제2호 소정의 "기업자가 과실 없이 보상금을 받을 자를 알 수 없을 때"나 "압류 또는 가압류에 의하여 보상금의 지급이 금지되었을 때" **기타 적법한 공탁사유에 해당한다고 할 수 없다. 수용시기까지 보상금의 지급이나 적법한 공탁이 없었다면 수용재결은** 토지수용법 제65조에서 말하는 기업자가 수용시기까지 재결보상금을 지급 또는 공탁하지 아니한 때에 해당하여 **그 효력을 상실하였다고** 할 것이고, **실효된 수용재결을 유효한 것으로 보고서 한 이의재결 또한 위법하여 당연무효**라고 할 것이다.

▶ 관련판례(대판 1989.8.8, 89누879)
지방토지수용위원회가 토지를 수용재결하면서 그 보상금을 정하여서 사업시행자가 그 보상금을 공탁하면서 반대급부로 그 토지에 대한 경매신청기입등기 등의 말소를 증명하는 서면을 제출할 것을 요구한 경우 동 조건부 공탁은 토지소유자가 이를 수락하지 않으면 그 효력이 없으므로 위 수용재결은 그 효력을 상실하고 토지소유자의 이의신청에 의하여 중앙토지수용위원회는 원재결의 실효 여부를 심리, 판단할 수 있다.

▶ 관련판례(대판 1996.9.20, 95다17373)
토지소유자가 그 토지에 대한 수용재결이 있기 전에 등기부상 주소를 실제 거주지로 변경등기하였음에도 불구하고 기업자가 토지소유자의 주소가 불명하다 하여 수용재결에서 정한 수용보상금을 토지소유자 앞으로 공탁한 경우, 그 공탁은 요건이 흠결된 것이어서 무효라고 할 것이다.

(2) 공탁의 하자의 치유

하자 있는 공탁의 경우에는 수용개시일까지 하자가 치유되어야 한다. 그렇지 않으면 재결은 실효된다. 수용개시일이 지난 후에 이의를 유보했고 공탁금을 수령했더라도 공탁은 하자가 치유되지 않는다. 또한 수용재결도 다시 효력이 생기는 것이 아니다.

판례

▶ 관련판례(대판 1993.8.24, 92누9548)
수용시기가 지난 후에 기업자가 공탁서의 공탁원인사실과 피공탁자의 주소와 성명을 정정하고 토지소유자가 이의를 유보한 채 공탁보상금을 수령하더라도 이미 실효된 수용재결이 다시 효력이 생기는 것이 아니므로 이의재결은 무효이다.

■ **법규 헷갈리는 쟁점 : 토지보상법 제40조 제2항 공탁요건에 해당되지 않는 공탁인 경우**

① 수용재결이 있기 전에 등기부상 주소를 실제 거주지로 변경등기 하였음에도 불구하고, 사업시행자가 토지소유자의 주소가 불명하다고 하여 수용재결에서 정한 수용보상금을 등기부상 토지소유자 앞으로 공탁한 경우
② 수용대상토지가 지방자치단체에 의하여 압류되어 있다고 하더라도, 보상금청구권이 압류되지 않는 한 보상금을 받을 자는 여전히 토지소유자이므로, 사업시행자가 과실 없이 보상금 수령자를 알 수 없을 때나 압류 등에 의하여 보상금의 지급이 금지되었을때 등에 해당되지 않음에도 불구하고 사업시행자가 적법한 공탁사유로 주장하며 공탁한 경우
③ 법인소유 토지에 대하여 법인이 해산되지 않고 유효한 법인등기가 있음에도 불구 하고, 이를 제대로 사업시행자가 알아보지 않고 현장에 법인 회사가 없다는 사유로 공탁한 경우
④ 수용대상 토지 소유자가 사망하였지만 적법한 상속자가 있어 이들에게 사업시행자가 통지하여 보상금을 지급하면 되는데 행정관청을 통해 주민등록 협조를 받아 이를 찾을 수 있음에도 불구하고 이를 해태하고 공탁해 버린 경우

6. 공탁금 수령의 효과

(1) 적법한 공탁금 수령의 효과

① 이의유보한 경우

(ㄱ) 효과 : 토지수용위원회가 재결한 보상금에 대하여 불복한다는 의사를 유보하고 사업시행자가 제공한 보상금을 수령한 경우에는 피수용자가 그 재결에 승복하지 아니한 것이 된다. 보상금이 공탁된 경우에도 이의를 유보한 경우에는 마찬가지이다.

(ㄴ) **이의유보의 방법** : 공탁금 수령 전에 피수용자가 사업시행자 또는 공탁공무원에게 명시적 또는 묵시적 의사표시로 재결 및 이의재결에 승복하여 보상금을 수령하는 것이 아님을 문서 또는 구두로 표현해야 한다.

판례

▶ 관련판례(대판 1983.6.14, 81누254)
도시계획사업의 시행자(토지수용법상의 기업자)가 토지수용법 제61조 제2항 제1호에 의하여 토지수용위원회가 재결한 토지수용보상금을 공탁하는 경우에 있어서 그 공탁은 시행자가 토지소유자에 대하여 부담하는 토지수용에 따른 보상금지급의무의 이행을 위한 것으로서 민법상 변제공탁과 그 성질이 다를 바가 없고, 따라서 토지소유자가 아무런 이의를 유보함이 없이 공탁금을 수령하였다면 토지소유자는 토지수용위원회의 재결에 승복하여 그 공탁한 취지에 따라 이를 수령하였다고 보아야 할 것이다.

▶ 관련판례(대판 1982.11.9, 82누197 全合)
공탁된 토지수용보상금의 수령에 관한 이의유보의 의사표시는 그 공탁원인에 승복하여 공탁금을 수령하는 것임이 아님을 분명히 함으로써 공탁한 취지대로 채권소멸의 효과가 발생함을 방지하고자 하는 것이므로, 그 의사표시의 상대방은 반드시 공탁공무원에 국한할 필요가 없고 보상금 지급의무자인 기업자에 대하여 이의유보의 의사표시를 하는 것도 가하다고 할 것이다.

▶ 관련판례(대판 1990.1.25, 89누4109)
토지소유자가 아무런 이의도 보류하지 아니한 채 공탁금을 수령하였다면, 공탁의 효력을 인정하고 토지수용위원회의 재결에 승복하여 공탁의 취지에 따라 보상금을 수령한 것으로 보는 것이 상당하고, 따라서 공탁사유에 따른 법률효과가 발생되어 기업자의 보상금 지급의무는 확정적으로 소멸하는 것인바, 이 경우 이의보류의 의사표시는 반드시 명시적으로 하여야 하는 것은 아니지만 토지소유자가 공탁물을 수령할 당시 원재결에서 정한 보상금을 증액하기로 한 이의신청의 재결에 대하여 토지소유자가 제기한 행정소송이 계속 중이었다는 사실만으로는, 묵시적인 이의보류의 의사표시가 있었다고 볼 수 없다.

② 이의유보하지 않은 경우

(ㄱ) **행정쟁송의 제기가 없는 경우** : 재결 및 이의재결에 승복한 효과가 발생한다.

(ㄴ) **행정쟁송을 제기한 경우** : 묵시적 이의유보의 의사표시로 보아 이의유보 효과를 긍정하는 견해가 있으나, 판례는 재결불복과 이의유보는 별개의 것으로 보아 이의유보의 효력을 부인한다. 그러나 최근 대법원 판례(2006두15462)에서는 일정한 경우 행정소송의 제기가 묵시적 이의유보에 해당된다고 판시한 바 있다.

판례

▶ 관련판례(대판 1990.10.23, 90누6125)
기업자가 토지수용위원회가 재결한 토지수용보상금을 공탁한 경우에 토지소유자가 그 공탁에 대하여 아무런 이의를 유보하지 아니한 채 이를 수령한 때에는 종전의 수령거절의사를 철회하고 재결에 승복하여 공탁의 취지에 따라 보상금 전액을 수령한 것으로 볼 것이고 공탁금 수령 당시 단순히 그 공탁의 취지에 반하는 소송이나 이의신청을 하고 있다는 사실만으로는 그 공탁물수령에 관한 이의를 유보한 것과 같이 볼 수 없다.

▶ 관련판례(대판 1993.9.14, 92누18573)
토지소유자가 수용재결에서 정한 손실보상금을 수령할 당시 이의유보의 뜻을 표시하였다 하더라도 이의재결에서 증액된 손실보상금을 수령하면서 이의유보의 뜻을 표시하지 아니한 이상 이는 이의재결의 결과에 승복하여 수령한 것으로 보아야 하고 위 추가보상금을 수령할 당시 이의재결을 다투는 행정소송이 계속 중이라는 사실만으로는 추가보상금의 수령에 관하여 이의유보의 의사표시가 있는 것과 같이 볼 수 없으므로 결국 이의재결의 효력을 다투는 위 소는 소의 이익이 없는 부적법한 소이다.

▶ 관련판례(대판 2009.11.12. 2006두15462)
토지수용절차에서 보상금 수령 시 사업시행자에 대한 이의유보의 의사표시는 반드시 명시적으로 하여야 하는 것은 아니므로(대판 1989.7.25, 88다카11053 참조), 위와 같이 원고가 이의재결에 따라 증액된 보상금을 수령할 당시 수용보상금의 액수를 다투어 행정소송을 제기하고 상당한 감정비용(그 이후 결정된 이의재결의 증액된 보상금을 초과하는 금액이다)을 예납하여 시가감정을 신청한 점, 원고가 수령한 이의재결의 증액보상금은 원고가 이 사건 소장에 시가감정을 전제로 잠정적으로 기재한 최초 청구금액의 1/4에도 미치지 못하는 금액인 점, 수용보상금의 증감만을 다투는 행정소송에서 통상 시가감정 외에는 특별히 추가적인 절차비용의 지출이 요구되지는 않으므로 원고로서는 이의재결의 증액보상금 수령 당시 이 사건 소송결과를 확인하기 위하여 더 이상의 부담되는 지출을 추가로 감수할 필요는 없는 상황이었던 점, 피고 소송대리인도 위와 같은 증액보상금의 수령에 따른 법률적 쟁점을 제1심에서 즉시 제기하지 아니하고 그로부터 약 6개월이 경과하여 원심에서 비로소 주장하기 시작한 점 등에 비추어 보면, 이미 상당한 금액의 소송비용을 지출한 원고가 이 사건 소장에 기재한 최초 청구금액에도 훨씬 못 미치는 이의재결의 증액분을 수령한 것이 이로써 이 사건 수용보상금에 관한 다툼을 일체 종결하려는 의사는 아니라는 점은 피고도 충분히 인식하였거나 인식할 수 있었다고 봄이 상당하고, 따라서 원고는 위와 같은 소송진행과정과 시가감정의 비용지출 등을 통하여 이의재결의 증액보상금에 대하여는 이 사건 소송을 통하여 확정될 정당한 수용보상금의 일부로 수령한다는 묵시적인 의사표시의 유보가 있었다고 볼 수 있다.

(2) 하자 있는 공탁금 수령의 효과

판례

▶ 관련판례(대판 1993.8.24, 92누9548)
수용시기가 지난 후에 기업자가 공탁서의 공탁원인사실과 피공탁자의 주소와 성명을 정정하고 토지소유자가 이의를 유보한 채 공탁보상금을 수령하더라도 이미 실효된 수용재결이 다시 효력이 생기는 것이 아니므로 이의재결은 무효이다.

7. 특수한 형태의 공탁이 이루어진 경우의 효과

(1) 이의재결에서 증액된 보상금의 지급 또는 공탁

이의재결에서 보상금이 늘어난 경우 사업시행자는 재결의 취소 또는 변경의 재결서 정본을 받은 날부터 30일 이내에 보상금을 받을 자에게 그 늘어난 보상금을 지급하여야 한다. 다만, 보상금을 받을 자가 그 수령을 거부하거나 보상금을 수령할 수 없는 때, 사업시행자의 과실 없이 보상금을 받을 자를 알 수 없는 때, 압류 또는 가압류에 의하여 보상금의 지급이 금지된 때에는 보상금을 공탁할 수 있다(동법 제84조 제2항).
판례는 사업시행자가 증액된 보상금을 지급 또는 공탁을 하지 아니한 때에 이의신청에 대한 재결의 효력이 문제되나, 이의재결절차는 수용재결에 대한 불복절차로서 수용재결과는 확정의 효력 등을 달리하는 별개의 절차이므로 사업시행자가 이의재결에서 증액된 보상금을 일정한 기한 내에 지급 또는 공탁하지 아니하였다 하더라도, 그 때문에 이의재결 자체가 실효되는 것은 아니라고 판시한 바 있다.
또한 사업시행자가 늘어난 보상금에 대하여 불복하여 행정소송을 제기하는 경우 그 증액된 보상금을 공탁하여야 하며, 보상금을 받을 자는 공탁된 보상금을 소송이 종결될 때까지 수령할 수 없다. 사업시행자가 제기한 행정소송이 각하·기각 또는 취하된 경우 재결이 있은 후 소송을 제기한 때에는 재결서 정본을 받은 날부터 이의신청에 대한 재결이 있은 후 소송을 제기하였을 때에는 그 재결서 정본을 받은 날부터 판결일 또는 취하일까지의 기간에 대하여 「소송촉진 등에 관한 특례법」 제3조에 따른 법정이율을 적용하여 산정한 금액을 보상금에 가산하여 지급하여야 한다(토지보상법 제87조).

(2) 권리가 변동된 목적물에 대한 보상금의 지급 또는 공탁

사업인정고시가 된 후 권리의 변동이 있을 때에는 그 권리를 승계한 자에게 보상금을 지급하거나 공탁된 보상금을 수령한다(토지보상법 제40조 제3항). 이 경우 권리를 승계받은 자가 사업시행자로부터 보상금을 수령하거나 공탁된 보상금을 수령하기 위해서는 그 권리를 승계받은 자임을 증명하는 서류를 사업시행자 또는 공탁공무원에게 제출하여야 한다(토지보상법 시행령 제21조).
판례는 수용토지에 대하여 사업승인고시가 있은 후 소유권의 변동이 있었으나, 토지수용위원회가 소유권 변동사실을 알지 못한 채 사업승인고시 당시의 소유자를 소유자로 보고 수용재결을 한 경우 법에 의하여 토지의 소유권등을 승계한 수용 당시의 소유자가 위 토지수용에 의한 손실보상금이나 또는 기업자가 위 보상금을 공탁하는 경우 그 공탁금의 수령권자가 된다고 판시한 바 있다.

8. 공탁제도의 문제점 및 개선방안

(1) 공탁요건에 대한 이해부족

토지보상법에서 공탁의 요건을 규정하고 있기는 하나 사업시행자의 이해 부족으로 인해 공탁요건에 해당하지 않음에도 불구하고 공탁하는 사례가 많으며 이로 인해 보상금의 지급의무 불이행으로 재결이 실효되는 사태가 발생하여 사업진행을 곤란하게 하는 경우가 있다.

(2) 이의유보 없는 공탁금 수령

공탁금을 수령함에 있어 보상금에 불복이 있거나 공탁에 하자가 있는 경우 이의를 유보한 후 공탁금을 수령해야 함에도 불구하고 이의유보 없이 보상금을 수령하여 이의제기를 더 이상 할 수 없는 불이익이 발생하고 있다. 따라서 공탁금 수령 시 불복 여부에 관한 사항을 반드시 확인하는 절차가 필요하다 할 것이다.

(3) 이의재결에서 증액된 보상금의 미공탁

수용재결에서 결정된 보상금을 미공탁할 경우 재결이 실효되는 것은 명확하나 이의재결에서 증액된 보상금을 사업시행자가 공탁하지 않아도 이의재결이 실효된다는 것은 규정되어 있지 않으며 이에 대해 대법원은 수용재결과 이의재결의 성격이 다르므로 당연히 실효되는 것은 아니라고 보고 있어 피수용자의 증액된 보상금을 지급받기 어렵다고 할 것이다. 따라서 사업시행자의 증액된 보상금 미지급 시 피수용자의 대응방안이 좀 더 구체적으로 강구되어야 한다.

■ 법규 헷갈리는 쟁점 : 행정소송의 제기가 묵시적 이의유보에 해당되는지 여부

Ⅰ. 개설

최근 대법원 판례는 원고는 위와 같은 소송 진행 과정과 시가감정의 비용지출 등을 통하여 이의재결의 증액 보상금에 대하여는 이 사건 소송을 통하여 확정될 정당한 수용보상금의 일부로 수령한다는 묵시적인 의사표시의 유보가 있었다고 볼 수 있다고 판시(대법원 2009.11.12. 선고 2006두15462 판결)하고 있는바, 행정소송의 제기가 묵시적 이의유보에 해당되는지 검토해 보기로 한다.

Ⅱ. 학설의 대립

1. 긍정하는 견해

토지소유자가 쟁송제기를 하는 것이 공탁취지의 승인과 양립할 수 없는 태도를 취하고 있다는 점에서 묵시적 이의유보로 보자는 견해이다. 따라서 이의신청 또는 행정소송의 제기는 관할 토지수용위원회의 재결에 대한 불복방법으로써, 그 자체를 이의유보로 보아 공탁금을 수령했다 하더라도 재결에 승복한 것이 아니라는 견해가 있다.

2. 부정하는 견해

종전의 수령거절의사를 철회하고 재결에 승복하여 공탁의 취지에 따라 보상금 전액을 수령할 것으로 볼 것이라 한다. 이의신청이나 행정소송의 제기와 이의유보는 별개의 것으로서 이의신청 및 행정소송의 제기 후라도 이의유보 없이 공탁금을 수령하였다면, 그 토지소유자 또는 관계인은 그 재결에 승복한 것이라고 보아야 한다고 한다.

Ⅲ. 대법원 판례의 태도

1. 주류적 대법원 판례

① 이의보류의 의사표시는 반드시 명시적으로 하여야 하는 것은 아니지만 토지소유자가 공탁물을 수령할 당시 원재결에서 정한 보상금을 증액하기로 한 이의신청의 재결에 대하여 토지소유자가 제기한 행정소송이 계속 중이었다는 사실만으로는, 묵시적인 이의보류의 의사표시가 있었다고 볼 수 없다(대판 1990.1.25, 89누4109).

② 이의유보의 의사표시는 사업시행자에게 하되, 보상금이 공탁된 경우에는 공탁공무원에게 하여도 되며(대판 1993.9.14, 93누4618), 보상금을 수령하기 전에 그 의사를 표시하여야 하고, 의사표시의 형식은 정하여져 있지 않으나, '재결에 불복' 또는 '보상금 중 일부의 수령' 등 관할 토지수용위원회의 재결에 승복하여 보상금을 수령하는 것이 아니라는 의사를 분명히 표시함으로써 족하다(대판 1987.2.24, 86누759).

③ 토지소유자가 수용재결에서 정한 보상금을 수령할 당시 이의유보의 의사표시를 하였다 하여도 이의재결에서 증액된 보상금을 수령하면서 일부 수령이라는 등 이의유보의 의사표시를 하지 않은 경우에는 중앙토지 수용위원회가 이의재결에서 정한 결과에 승복하여 그 공탁의 취지에 따라 수령한 것이라

고 봄이 상당하며, 공탁금 수령 당시 이의재결을 다투는 행정소송이 계속 중이라는 사실만으로 공탁금수령에 관한 이의유보의 의사표시가 있는 것과 같이 볼 수는 없다(대판 1991.8.27, 90누7081).

2. 최근 묵시적 이의유보로 본 판례(예외적인 판결임)

원고가 이의재결에 따라 증액된 보상금을 수령할 당시 수용보상금의 액수를 다투어 행정소송을 제기하고 상당한 감정비용(그 이후 결정된 이의재결의 증액된 보상금을 초과하는 금액이다)을 예납하여 시가감정을 신청한 점, 원고가 수령한 이의재결의 증액 보상금은 원고가 이 사건 소장에 시가감정을 전제로 잠정적으로 기재한 최초 청구금액의 1/4에도 미치지 못하는 금액인 점, 수용보상금의 증감만을 다투는 행정소송에서 통상 시가감정 외에는 특별히 추가적인 절차비용의 지출이 요구되지는 않으므로 원고로서는 이의재결의 증액 보상금 수령 당시 이 사건 소송결과를 확인하기 위하여 더 이상의 부담되는 지출을 추가로 감수할 필요는 없는 상황이었던 점, 피고 소송대리인도 위와 같은 증액 보상금의 수령에 따른 법률적 쟁점을 제1심에서 즉시 제기하지 아니하고 그로부터 약 6개월이 경과하여 원심에서 비로소 주장하기 시작한 점 등에 비추어 보면, 이미 상당한 금액의 소송비용을 지출한 원고가 이 사건 소장에 기재한 최초 청구금액에도 훨씬 못 미치는 이의재결의 증액분을 수령한 것이 이로써 이 사건 수용보상금에 관한 다툼을 일체 종결하려는 의사는 아니라는 점은 피고도 충분히 인식하였거나 인식할 수 있었다고 봄이 상당하고, 따라서 원고는 위와 같은 소송 진행 과정과 시가감정의 비용지출 등을 통하여 이의재결의 증액 보상금에 대하여는 이 사건 소송을 통하여 확정될 정당한 수용보상금의 일부로 수령한다는 묵시적인 의사표시의 유보가 있었다고 볼 수 있다.

(출처: 대법원 2009.11.12. 선고 2006두15462 판결[손실보상금])

3. 검토

재결된 보상금의 공탁을 변제공탁으로 보는 한 공탁금의 수령을 재결에 대한 승복으로 보아야 할 것이다. 그러나 공탁에 하자가 있는 경우 토지소유자 등은 이의신청이나 행정소송의 제기 자체를 이의의 유보를 한 것으로 볼 수 있으므로, 피수용자의 권리보호를 위하여 공탁금 수령 시 불복 여부에 관한 사항을 확인하는 절차를 마련하여 이익을 방지할 필요가 있다. 그런 측면에서 대법원 2006두15462 판결의 논거를 정리해 본다.

① 원고가 이의재결에 따라 증액된 보상금을 수령할 당시 수용보상금의 액수를 다투어 행정소송을 제기하고 상당한 감정비용(그 이후 결정된 이의재결의 증액된 보상금을 초과하는 금액이다)을 예납하여 시가감정을 신청한 점

② 원고가 수령한 이의재결의 증액 보상금은 원고가 이 사건 소장에 시가감정을 전제로 잠정적으로 기재한 최초 청구금액의 1/4에도 미치지 못하는 금액인 점

③ 수용보상금의 증감만을 다투는 행정소송에서 통상 시가감정 외에는 특별히 추가적인 절차비용의 지출이 요구되지는 않으므로 원고로서는 이의재결의 증액 보상금 수령 당시 이 사건 소송결과를 확인하기 위하여 더 이상의 부담되는 지출을 추가로 감수할 필요는 없는 상황이었던 점

④ 피고 소송대리인도 위와 같은 증액 보상금의 수령에 따른 법률적 쟁점을 제1심에서 즉시 제기하지 아니하고 그로부터 약 6개월이 경과하여 원심에서 비로소 주장하기 시작한 점

⑤ 이미 상당한 금액의 소송비용을 지출한 원고가 이 사건 소장에 기재한 최초 청구금액에도 훨씬 못 미치는 이의재결의 증액분을 수령한 것이 이로써 이 사건 수용보상금에 관한 다툼을 일체 종결하려는 의사는 아니라는 점은 피고도 충분히 인식하였거나 인식할 수 있었다고 봄이 상당

위와 같은 특수한 경우에는 행정소송의 제기가 묵시적 이의유보에 해당된다고 보는 것이 타당하다고 판단된다.

03 토지보상법상 인도이전의무에 따른 실효성확보수단 개관

Ⅰ. 개설

토지보상법 제46조에서는 "토지소유자 및 관계인과 그 밖에 토지소유자나 관계인에 포함되지 아니하는 자로서 수용하거나 사용할 토지나 그 토지에 있는 물건에 관한 권리를 가진 자는 수용 또는 사용의 개시일까지 그 토지나 물건을 사업시행자에게 인도하거나 이전하여야 한다."고 규정하고 있다. 만약 사업시행자가 토지보상법 제46조 규정한 대로 사업시행자가 보상금을 지급 또는 공탁하였음에도 수용대상 목적물을 인도 이전하지 않는다면 토지보상법은 3가지 구체적인 실효성 확보수단을 예정하고 있다.

① 첫째로 토지보상법 제44조를 통해 대행을 할 수 있도록 규정하고 있다.

> **토지보상법 제44조(인도 또는 이전의 대행)**
>
> ① 특별자치도지사, 시장·군수 또는 구청장은 다음 각 호의 어느 하나에 해당할 때에는 사업시행자의 청구에 의하여 토지나 물건의 인도 또는 이전을 대행하여야 한다.
>
> 1. 토지나 물건을 인도하거나 이전하여야 할 자가 고의나 과실 없이 그 의무를 이행할 수 없을 때
> 2. 사업시행자가 과실 없이 토지나 물건을 인도하거나 이전하여야 할 의무가 있는 자를 알 수 없을 때
>
> ② 제1항에 따라 특별자치도지사, 시장·군수 또는 구청장이 토지나 물건의 인도 또는 이전을 대행하는 경우 그로 인한 비용은 그 의무자가 부담한다.

② 둘째로는 토지보상법 제89조 대집행을 예정하고 있다.

> **토지보상법 제89조(대집행)**
>
> ① 이 법 또는 이 법에 따른 처분으로 인한 의무를 이행하여야 할 자가 그 정하여진 기간 이내에 의무를 이행하지 아니하거나 완료하기 어려운 경우 또는 그로 하여금 그 의무를 이행하게 하는 것이 현저히 공익을 해친다고 인정되는 사유가 있는 경우에는 사업시행자는 시·도지사나 시장·군수 또는 구청장에게 「행정대집행법」에서 정하는 바에 따라 대집행을 신청할 수 있다. 이 경우 신청을 받은 시·도지사나 시장·군수 또는 구청장은 정당한 사유가 없으면 이에 따라야 한다.
>
> ② 사업시행자가 국가나 지방자치단체인 경우에는 제1항에도 불구하고 「행정대집행법」에서 정하는 바에 따라 직접 대집행을 할 수 있다.
>
> ③ 사업시행자가 제1항에 따라 대집행을 신청하거나 제2항에 따라 직접 대집행을 하려는 경우에는 국가나 지방자치단체는 의무를 이행하여야 할 자를 보호하기 위하여 노력하여야 한다.

③ 세 번째로는 간접적 수단으로서 토지보상법 제95조의2 제2호에서 1년이하의 징역 또는 1천만원 이하의 벌금을 과할 수 있다.

제95조의2(벌칙)
다음 각 호의 어느 하나에 해당하는 자는 1년 이하의 징역 또는 1천만원 이하의 벌금에 처한다.
1. 제12조 제1항을 위반하여 장해물 제거등을 한 자
2. 제43조를 위반하여 토지 또는 물건을 인도하거나 이전하지 아니한 자

Ⅱ. 실무적으로 보상과 대집행이 이루어지는 단계별 서류 등의 구체적인 사례를 살펴보면 다음과 같다.

1. 1차적인 보상협의 요청서를 보냄

0000 공 사

우	주 소	전 화( )/전송( )	
○○○과	팀장 ○○○	담당○○○	담당자 ○○○

문서번호 : 시행일자 : . . .
받 음 :
제 목 : 보상협의요청서

○○○○사업에 편입된 토지 및 물건의 보상에 관하여 공익사업을 위한 토지 등의 취득 및 보상에 관한 법률 제16조 및 동법 시행령 제8조 제1항의 규정에 의하여 아래와 같이 협의를 요청하오니 협의기간 내에 협의에 응하여 주시기 바랍니다.

– 아 래 –

협 의 기 간							
협 의 장 소							
협 의 방 법							
보상의 시기 · 방법 및 절차							
계약체결에 필요한 구비서류							
보 상 액 내 역							
일련번호	소 재 지	지번(당초지번)	지목 또는 물건의종류	구조 및 규격	면적(당초면적) 또는 수량	보상액	비고

0000공사 사장 ㊞

2. 협의에 응하였는지 여부를 판단하는 협의경위서

협 의 경 위 서

1. 공익사업의 종류 또는 명칭 :
2. 사업시행자의 성명 또는 명칭 및 주소 :
3. 협의대상 토지 및 물건

소재지	지번	토 지		물 건		
		지 목 (현실적인 이용현황)	면 적	종 류	구 조	수 량 (면 적)

4. 토지소유자 및 관계인의 성명 또는 명칭 및 주소
   가. 소유자 :
   나. 관계인 :
5. 협의내용

협의의 일시	협의장소 및 방 법	토지소유자 및 관계인의 구체적인 주장내용	사업시행자의 의 견	비 고

6. 토지소유자 및 관계인이 서명·날인을 거부하거나 서명·날인을 할 수 없는 경우 그 사유
7. 그 밖에 협의와 관련된 사항

공익사업을 위한 토지 등의 취득 및 보상에 관한 법률 시행령 제8조 제5항의 규정에 의하여 위와 같이 협의경위서를 작성합니다.

년 월 일

사업시행자 (인)
토지소유자 (서명 또는 인)
관 계 인 (서명 또는 인)

3. 협의에 응하면 용지매매계약서등 작성

용 지 매 매 계 약 서

토지 등의 표시 : 위 치
면 적

위에 표시된 토지에 관하여 매수인 0000공사(이하 "갑"이라 한다)와 매도인 (이하 "을"이라 한다)간에 다음과 같이 매매계약을 체결한다.

년 월 일

갑(매수인) (주 소) :
0000공사 사장 ○ ○ ○
위 대리인 ○○○ ㉹

을(매도인) (주 소) :
성 명 : ㉹
생년월일 :

제1조 매매대금

위 표시 토지 등의 매매대금은 금 원정으로 한다. 다만, 1 필지의 토지가 본 사업지구경계에 걸쳐 있는 경우에는 분할측량결과 확정되는 편입면적에 의거 그 금액이 증감될 수 있다.

제2조 계약의 성립

"을"은 그 소유의 위 표시 토지등을 "갑"에게 매도하고 "갑"은 이를 매수한다.

제3조 대금의 지급

"을"은 위 표시 토지 등의 소유권이전등에 필요한 제반 서류를 구비하여 "갑"에게 제출하고, 매매대금을 청구하면 "갑"은 소유권이전 등이 가능하다고 인정될 때에는 그 매매대금중 금 원정은 현금으로 지급하고 금 원정은 "갑"이 발행하는 채권으로 "을"에게 전액 일시불로 지급한다.

제4조 인도, 명도 등

① "을"은 제3조의 규정에 의한 토지등의 매매대금을 수령함과 동시에 위 표시 토지등을 "갑"에게 인도 또는 명도하여야 한다.

② "을"은 지장물을 년 월 일까지 철거 또는 이전하여야 한다.

제5조 계약의 해제

① "갑"은 계약체결 후 다음 각호의 1에 해당하는 경우에는 이 계약을 해제할 수 있고 "을"은 아무런 이의를 제기하지 아니하기로 한다.

1. "을"이 책임져야 할 사유로 인하여 위 표시 토지 등을 매수 할 수 없다고 인정할 때
2. "을"이 이 계약을 위반할 때

② 제1항에 의하여 "갑"이 계약을 해제한 때에는 "을"은 지체없이 수령한 위 표시 토지등의 매매대금을 반환하여야 한다.

제6조 조세 등 부담
목적토지 등에 관한 조세, 공과금 등은 "갑"의 명의로 소유권이전 등기가 된 후라 할지라도 "을"의 명의로 부과된 것 또는 부과될 것에 관하여는 모두 "을"이 부담한다.

제7조 하자담보책임
이 계약체결일 이후 위 표시 토지 등의 인도시까지 발생한 모든 하자담보책임은 "을"이 부담한다.

위 계약을 증명하기 위하여 계약서 2통을 작성 "갑" "을" 각각 1통씩 보관한다.

* 이 계약 서식은 용지의 취득에 관한 계약 일반사항을 규정한 것이므로 필요한 경우에는 조정하여 사용할 수 있다.

4. 협의에 응하지 않으면 사업시행자는 재결신청서을 관할토지수용위원회에 제출

재 결 신 청 서		
신 청 인 (사업시행자)	성명 또는 명칭	
	주 소	
공익사업의 종류 및 명칭		
사업인정의 근거 및 고시일		
수용 또는 사용할 토지등의 표시		
수용할 토지에 잇는 물건의 표시		
보 상 액 및 그 내 역		
사용하고자 하는 경우	사용의 방법	
	사용의 기간	
토지소유자	성명 또는 명칭	
	주 소	
관 계 인	성명 또는 명칭	
	주 소	
수용 또는 사용의 개시 예정일		
재결신청의 청구	청 구 일	
	청구인의 성명 또는 명칭	
	청구인의 주소	

공익사업을 위한 토지 등의 취득 및 보상에 관한 법률 제28조 제1항 · 제30조 제2항 및 동법 시행령 제12조 제1항의 규정에 의하여 위와 같이 재결을 신청합니다.

년 월 일

신청인(사업시행자) (인)

토지수용위원회 위원장 귀하

<table>
<tr><td rowspan="2">구비
서류</td><td rowspan="2">1. 토지조서 또는 물건조서 각 1부
2. 협의경위서 각 1부
3. 사업계획서 1부
4. 사업예정지 및 사업계획을 표시한 도면 각 1부
5. 채권에 의하여 보상금을 지급할 수 있는 경우에 해당함을 증명하는 서류와 채권으로 보상하는 보상금의 금액, 채권원금의 상환방법 및 상환기일, 채권의 이율과 이자의 지급방법 및 지급기일을 기재한 서류 각 1부(채권으로 보상하는 경우에 한한다)</td><td>수 수 료</td></tr>
<tr><td>동법시행
규칙 별표1에서
정하는
금액</td></tr>
</table>

5. 관할토지수용위원회에서 재결서 정본 송달

재 결 서

사 건 번 호 : 24수용0000
사 업 명 : 00도시계획시설[도로: 대로1-2호]사업
사업시행자 : 00시장
소 유 자 : 000 외 10인
관 계 인 : 000농협
재 결 일 : 2024.10.20.

이 건 수용재결신청에 대하여 다음과 같이 재결한다.

주 문

1. 사업시행자는 위 사업을 위하여 별지 제1목록 토지를 수용하고 제2목록 물건을 이전하게 하며, 손실보상금은 금5,000,000,000원(개별 보상내역은 별지 제1목록 및 제2목록 기재와 같이 함)으로 한다.
2. 소유자의 조속재결신청 청구에 따른 지연가산금은 금20,000,000원으로 한다.
3. 수용 개시일은 2024년 12월 3일로 한다.

이 유

1. 재결신청의 경위 및 적법성 판단

가. 경위

사업시행자는 이 건 도시계획시설사업[00 도시계획시설[도로: 대로1-2호)]사업]을 시행하기 위하여「국토의 계획 및 이용에 관한 법률」(이하 "국토계획법" 이라 한다) 제88조에 따라 도시계획시설사업 실시계획을 인가받고, 같은법 제91조에 따라 00시장이 이를 고시[공주시 고시 제2023-00호(2023.6.1.)] 하였으며, 사업기간 변경 등의 사유로 같은법 제88조에 따라 실시계획 변경을 인가받고 이를 같은법 제91조에 따라서 고시[00시 고시 제2023-00호(2024.4.30.)] 하였다.

사업시행자는 위 사업에 편입되는 토지의 취득 및 물건의 이전을 위하여 소유자 등과 협의를 하였으나, 보상금 저렴 등의 사유로 소유자로부터 재결신청의 청구가 있어 재결을 신청하기에 이르렀다.

나. 적법성 판단

「국토계획법」 제95조에 따르면 사업시행자는 사업의 시행을 위하여 필요한 경우에는 토지·건축물 또는 그 토지에 정착된 물건이나 토지·건축물 또는 물건에 관한 소유권 외의 권리를 수용 또는 사용할 수 있고, 같은 법 제96조에 따르면 도시계획시설사업의 실시계획을 고시한 경우에는 「공익사업을 위한 토지 등의 취득 및 보상에 관한 법률」(이하 "법"이라 한다.) 제20조 제1항 및 제22조에 따른 사업인정 및 그 고시가 있었던 것으로 본다고 규정하고 있다.

따라서 사업시행자는 위 사업에 편입되는 토지 등을 수용할 수 있는 정당한 권한이 있음이 인정되므로 당사자 간의 다툼에 대하여 살펴보기로 한다.

2. 당사자 주장내용

가. 소유자 등의 주장

재결신청서류 열람기간 중 법 제31조 제2항에 따라 제시한 소유자의 의견을 살펴보면 소유자 000 외 10인은 보상금이 저렴하며 인근의 거래시가에 준하는 보상금 지급을 주장하고 있다.

나. 사업시행자의 의견

재결신청서류 열람기간 중 제시한 위 소유자의 의견에 대하여 사업시행자는 보상금의 평가는 관련 법령에 따라서 적정하게 평가되었다는 의견을 제출하였다.

3. 위원회 판단

당사자 간의 다툼에 대하여 살펴본다.

토지에 대한 보상은 법 제70조 제1항에 따라 '부동산 가격공시에 관한 법률'에 따른 공시지가를 기준으로 하여 보상하되, 그 공시기준일부터 가격시점까지의 관계법령에 따른 그 토지의 이용계획, 해당 공익사업으로 인한 지가의 영향을 받지 아니하는 지역의 대통령령으로 정하는 지가변동률, 생산자물가상승률과 그 밖에 그 토지의 위치·형상·환경·이용상황 등을 고려하여 평가한 적정가격으로 보상하여야 하며,

건축물 등 물건에 대한 보상은 법 제75조 제1항에 따라 건축물·입목·공작물과 그 밖에 토지에 정착한 물건(이하 "건축물 등"이라 한다)의 이전에 필요한 비용으로 보상하되 이전하기 어렵거나 그 이전으로 인하여 건축물 등을 종래의 목적대로 사용할 수 없게 된 경우, 건축물 등의 이전비가 물건의 가격을 넘는 경우 등에는 해당 물건의 가격으로 보상하여야 하는 바,

우리 위원회는 법 제58조 제1항 제2호 및 법 시행규칙 제16조 제6항에 따라 감정평가법인 2인으로 하여금 평가하게 하고 그 평가한 금액을 산술평균하여 보상금을 산정한 결과, 손실보상금으로 금5,000,000,000원(개인별 보상금 내역은 별지 제1목록 및 제2목록 기재와 같이 함)을 보상함이 적정한 것으로 판단되므로 위와 같이 보상하기로 한다.

4. 수용의 시기

수용의 개시일은 본 사업의 공익성과 시급성을 감안하여 2024년 12월 3일로 한다.

00지방토지수용위원회 위원장(직인생략)

6. 보상금 지급 공탁으로 채무의 변제

(1) 관할법원 안내

공탁서는 원칙적으로 채권자의 주소지를 관할하는 공탁소에 제출할 수 있습니다. 다만, 예외적인 경우가 있으므로 근거법령을 세심하게 살펴야 합니다. 제출할 공탁소의 관할법원 조회는 대한민국법원 전자민원센터(법원/관할정보)에서 확인하시기 바랍니다.

(2) 변제공탁의 관할

① 원칙 : 채권자의 주소지를 관할하는 공탁소, 채권자의 현재 주소지를 모를 때에는 채권자의 최후 주소지를 관할하는 공탁소

② 예외 : 당사자가 별도의 약정으로 변제 장소를 정한 경우에는 그 장소를 관할하는 공탁소, 사업시행자가 토지수용을 하고 그 보상금을 공탁하는 경우에는 토지소재지를 관할하는 공탁소 또는 공탁금을 수령할 자(채권자)의 주소지를 관할하는 공탁소

(3) 형사(특례)공탁의 관할

해당 형사사건이 계속 중인 법원 소재지의 공탁소

(4) 재판상 보증공탁 및 집행공탁의 관할

재판상 보증공탁이나 집행공탁은 통상적으로 담보제공명령 법원이나 최초의 압류명령 법원에 공탁하고 있습니다.

(5) 시・군법원에 공탁신청을 할 경우에 유의할 사항

공탁규칙은 지방법원 및 지방법원지원의 공탁관과 시・군법원 공탁관의 공탁사무처리 직무범위를 달리 규정하여 시・군법원 공탁관은 시・군법원사건에 직접 관련된 공탁사건에 한하여 처리할 수 있도록 규정하고 있습니다(2000.7.1.부터 시행). 따라서 지방법원 및 지방법원지원의 관할과 시・군법원의 관할이 외형상 경합하는 경우에는 「공탁규칙」 제2조에서 정하고 있는 시・군법원의 공탁관의 직무범위 외의 공탁은 해당 지방법원 또는 지방법원지원에 공탁신청을 하여야 합니다.

7. 지장물철거독촉서

1. 해당 도로 편입지구는 사업시행자 0000가 국토의 계획 및 이용에 관한 법률 제88조 및 제91조에 따라 도로 확장으로 인한 도시계획시설 사업으로 실시계획인가고시(사업인정의제)를 받아 공익사업을 위한 토지등의 취득 및 보상에 관한 법률 제34조에 따라 00토지수용위원회에서 수용재결된 토지입니다.
2. 위 도로 확장 공익사업에 편입된 토지등은 "00토지수용위원회의 수용재결을 득하여 토지와 지장물을 포함하여 재결보상금 일금 200,000,0000원을 00지방법원 00지원에 공탁하였으므로 공익사업을 위한 토지등의 취득 및 보상에 관한 법률에서 규정하는 보상절차를 완료하였기에 2025년 12월 25일까지 지장물(이식)에 대한 제거를 하여 주시기 바랍니다. 위 기일까지 귀하 소유의 해당 물건을 이전하지 아니할 경우에는 공익사업을 위한 토지등의 취득 및 보상에 관한 법률 제89조(대집행), 「행정대집행법」 제2조(대집행과 그 비용징수) 및 동법 제3조(대집행의 절차) 제1항의 규정에 따리 사업시행자가 귀하를 대신하여 조치하고 귀하에게 그 비용을 징수하게 됨을 알려드립니다. 또 한 당해 물건에 대한 손실보상평가액은 토지보상법 제75조 제1항 단서의 규정에 따라 물건의 가격으로 보상되었음을 첨언합니다. 끝

8. 행정대집행 계고서 양식(일반적인 양식)

제 호

행정대집행 계고서

성명(단체명) 귀하
주소:

년 월 일, 제 호로 귀하 소유의 아래 인공구조물(건축물, 장애물 등)을 년 월 일까지 (철거, 원상회복 또는 시정)하도록 명령하였으나 지정된 기한까지 이행되지 않고 있습니다.

이에 따라, (하천 관리, 건축행정의 원활한 수행, 도시 미관과 미풍양속 유지 등 개별 법령의 목적 등)에 지장을 주고 있어 이를 방치하면 현저히 공익을 해칠 것으로 인정되므로 년 월 일까지 반드시 (철거, 원상회복 또는 시정 등)될 수 있도록 (개별 법령의 대집행 근거 규정) 및 「행정대집행법」 제3조제1항에 따라 계고합니다.

위 기한까지 이행하지 않을 경우에는 「행정대집행법」 제2조에 따라 우리 (대집행관청)에서 대집행하거나 제3자로 하여금 대집행하게 하고, 대집행 비용은 「행정대집행법」 제5조 및 제6조(개별 법령에 비용징수 관련 규정이 있는 경우에는 그 규정도 함께 기재)에 따라 귀하로부터 징수함을 알려드립니다.

※ 위 계고에 대하여 이의가 있는 경우에는 「행정심판법」 제27조에 따라 처분이 있음을 안 날부터 90일 이내에 행정심판을 청구할 수 있습니다.

위치	대상 또는 종류	수량	대집행 방법
* 인공구조물이 있는 주소	* 구체적 대상 또는 종류	* 원상회복이 필요한 부분의 구조, 면적 등 기재	* 철거 또는 원상회복의 방법 기재

– 아 래 –

년 월 일

000시장(직인생략)

9. 계고서 발부

1. 00시청 도로확장공익 사업을 진행하고 있는바, 위 토지상의 물건은 00토지수용위원회에서 수용재결 결정(2025.10.20)에 따라 보상금을 공탁하였으므로 귀하께서는 물건을 이전(철거)할 의무가 있음에도 불구하고 현재까지 이전하지 않아 공공사업의 추진에 심각한 지장을 초래하고 있는 실정입니다.
2. 따라서 동 지장물건을 2026.02.20까지 자진하여 이전하시기 바라며, 만약 동 기한까지 이전하지 아니할 시에는 “공익사업을 위한 토지 등의 취득 및 보상에 관한 법률(이하 “토지보상법”이라 함) 제97조 제4호 위반으로 000만원 이하의 벌금이 부과될 수 있으며, 대집행 시에는 이에 소요되는 제반비용까지 강제징수되는 등 불이익이 수반될 수 있음을 알려드리며, 행정대집행을 위하여 토지보상법 제89조 제2항 및 행정대집행법 제3조 제1항의 규정에 따라 붙임과 같이 2차계고합니다.

붙임 : 계고서(1차) 1부. 끝.

00시장

계 고 서(1차)

ㅁ 주소 : 00시 동남구 청담동 000
ㅁ 성명 : 한석봉

00시청에서 시행하는 도로확장건설사업에 편입된 “00시 동남구 청담동 00외 10필지” 토지상에 있는 귀하 소유의 물건(부대창고등)에 대하여는 00토지수용위원회의 수용재결(2024.10.01)을 득하여 2024.12.15에 재결보상금 일금 이억원(₩200,000,000)을 00지방법원 OO지원에 공탁함으로써 「공익사업을 위한 토지 등의 취득 및 보상에 관한 법률」에서 규정하는 보상절차를 완료하였기에 2025.02.20까지 자진 철거할 것을 계고하는 바입니다.

만약, 위 기일까지 해당 물건을 이전하지 아니 할 경우에는 00시청이 선정한 장소에 우리 청 또는 제3자로 하여금 귀하를 대신하여 이전조치하고 그 비용을 귀하에게 징수할 것임을 통보하며 본 계고서는 「행정대집행법」 제2조 및 동법 제3조 제1항의 규정에 의하여 계고하는 것이니 이점 양지하시기 바랍니다. 끝.

2024. 12. 20.

00시장(직인생략)

수신: 한석봉 00시 동남구 청담동 000 귀하

10. 대집행 영장발부

1. 귀 00시청의 무궁한 발전을 기원합니다.
2. 도로확장건설사업의 철거업무와 관련하여 보상 완료 및 지장을 무단 증·설치자에게 그간 수차례 자진이전을 요청하였으나 이에 불응하고 있어 동 공익사업에 지장이 되고 있습니다.
3. 행정대집행법 제2조 및 공익사업을 위한 토지 등의 취득 및 보상에 관한 법률 제89조의 규정에 의거한 대집행을 통한 철거가 불가피하여 대집행영장 발부를 붙임과 같이 요청하오니 관계법형 등에 따라 조치하여 주시기 바랍니다.

붙임 1. 대집행대상자 및 대상물건 소재지 1부.
  2. 대집행영장(안) 1부.
  3. 대집행 대상물건 내역 1부.
  4. 대집행 대상 건 사진 1부. 끝.

대집행 대상자 및 대상 물건 소재지

대집행대상자	구분	주소
한석봉	주소	OO도 OO시 OO구 OO동 OOO
	물건소재지	OO도 OO시 OO구 OO동 OOO-OOO번지

OO시 제 　　호

행정대집행 영장(안)

주소 : 00시 동남구 청담동 000
성명 : 한석봉
귀하가 소유(점유)하고 있는 도로 확장건설사업 부지 내 미이전 지장물(00시 동남구 청담동 00번지 소재)에 대하여 수차례에 걸쳐 이전 촉구 및 계고장을 발송하였으나 지점 기일 내에 스스로 이전하지 아니하였으므로 다음 근거에 의거 행정대집행을 하겠으며 행정대집행에 소요되는 비용은 행정대집행법 제2조에 의거하여 귀하에게 징수하게 됩니다.

O 근거 : 공익사업을 위한 토지 등의 취득 및 보상에 관한 법률 제89조
　　　　행정대집행법 제2조 및 제3조
O 행정대집행 일자 : 2025.06.20
O 행정대집행 책임자 : 홍길동
O 행정대집행에 소요되는 비용의 개산 견적액 : 추후통보

2025.05.25.
OO시장(직인생략)

수신: 한석봉 한석봉 OO시 동남구 청담동 OOO 귀하

11. 대집행 영장 통지 및 행정대집행에 관한 안내

제목 : 행정대집행 영장 통지

1. 관련 법령
   본 영장은 「행정대집행법」 제3조 및 제4조, 공익사업을 위한 토지등의 취득 및 보상에 관한 법률 제89조에 따라 발부됩니다.

2. 대집행 사유
   귀하(또는 귀 기관)는 아래의 의무를 이행하지 않아, 본 기관은 행정대집행법에 따라 이를 대집행하고자 합니다.
   ① 의무 내용 : [위반 행위 또는 의무 미이행 사항]
   ② 관련 처분 : [해당 처분 결정서 번호 및 날짜]
   ③ 법적 근거 : [관련 법 조항]

3. 대집행 일정
   ① 대집행 시작일 : [날짜 및 시간]
   ② 대집행 장소 : [구체적인 장소]
   ③ 대집행 내용 : [대집행으로 이루어질 구체적인 조치]

4. 비용 부담
   대집행에 소요되는 비용은 행정대집행법 제6조에 따라 귀하에게 청구됩니다.
   ① 예상 비용 : [비용 상세 내역 또는 총액]
   ② 납부 기한 및 방법 : [구체적 안내]

5. 이의 신청 안내
   귀하께서는 본 영장에 대해 이의가 있을 경우, [이의 제기 가능한 기간 및 방법]에 따라 신청할 수 있습니다.

6. 기타 유의 사항
   대집행의 진행을 방해하거나 저지하는 경우, 법적 제재를 받을 수 있음을 알려드립니다.

2026.6.20.

00시장(직인생략)

첨부: 대집행 관련 처분 사본 1부/행정대집행에 관한 안내문

<u>행정대집행에 관한 안내</u>

1. 영장발부
 대집행 시기를 정하여 대집행 대상자에게 우송 또는 직접 전달하며, 수령을 거부하거나 전달할 수 없을 때에는 대문 또는 현관 전면 등에 부착 후 사진촬영
2. 집행시기
 진행영장에 표기된 기간 중 택일
3. 집행방법
 가. 건물・비닐하우스・기타 지상 정착물 : 철거 또는 해제 후 폐기
 나. 가재도구 기타 사용 중에 있던 것으로 판단되는 통산 : 적치 장소에 옮긴 후 소유자별로 포장 후 적치
 다. 가축 등 동물 : 적지 장소에 이전하여 목 등에 매어 두거나 마리수가 많을 경우 울타리 설치(우천에 대비하거나 먹이는 공급하지 아니함)
 라. 판매 등의 목적으로 집단 식재된 관상수목류 등 : 상품성이 있는 것에 한하여 캐거나 벌재(목재류)후 직치 장소에 옮기되, 가이식은 하지 아니함(건물 주변 관상수 또는 유실수 등은 차 폐기)
4. 적치 예정장소
 OO도 OO시 OO구 OO동 OOO 및 OOO-OOO
5. 이전물건의 보관 등 관리책임
 행정대집행 장소로부터 적치 장소로 옮겨진 가재도구 기타 동산 등 물건 및 동식물에 대하여는 건물 등의 철거 및 토지사용을 위하여 철거 대상이 아닌 물건 등을 소유자에게 알려준 다른 장소로 이동해 놓은 것에 불과하므로 대집행 즉시 대집행기관의 확인이 필요 없이 소유자가 이를 인수할 수 있고, 대진행 기관은 적치 장소에서의 보관생생육・상태유지 등 일체의 관리책임이 없으며, 일정기간 인수하지 아니할 때에는 소유자가 인수를 포기 또는 폐기한 것으로 보고 대집행기관이 직접 처분하거나 폐기하는 등 임의로 처리함.

III. 피수용자의 인도 및 이전의무

1. 토지보상법 제43조 규정으로 인도이전의무 법정화

토지보상법 제43조(토지 또는 물건의 인도 등) 토지소유자 및 관계인과 그 밖에 토지소유자나 관계인에 포함되지 아니하는 자로서 수용하거나 사용할 토지나 그 토지에 있는 물건에 관한 권리를 가진 자는 수용 또는 사용의 개시일까지 그 토지나 물건을 사업시행자에게 인도하거나 이전하여야 한다. 이 규정은 공익사업 시행자가 토지를 수용하거나 사용하는 경우에, 그 대상이 되는 토지 또는 물건을 소유하거나 점유하고 있는 사람이 이를 인도하거나 이전할 의무를 명시적으로 법정화하고 있다.

2. 피수용자의 인도 이전 의무의 성립 조건과 인도 및 이전의 대상

공익사업 시행자가 적법한 절차를 통해 수용재결(또는 협의)을 마치고 보상금을 지급한 경우, 토지소유자 또는 점유자는 해당 토지나 물건을 공익사업 시행자에게 인도하거나 이전해야 한다.
피수용자의 인도 및 이전의 대상은 토지, 건물, 또는 물건으로, 이는 공익사업의 목적을 달성하기 위해 필요한 모든 재산적 권리가 포함될 수 있다.

3\. 피수용자에 대한 보상금 지급과 의무 이행의 전제요건 충족 및 동시이행관계인지

피수용자에 대한 보상금의 지급은 인도 또는 이전 의무가 발생하는 중요한 조건이다. 시행자가 정당한 보상을 지급하지 않는다면, 피수용자(소유자나 점유자 또는 관계인)은 이를 인도하거나 이전할 의무가 없게 된다. 다만 피수용자의 목적물의 인도・이전의무가 사업시행자의 손실보상과 동시이행의 관계에 있는가 하는 점이다. 피수용자의 인도 이전의무가 동시이행의 관계에 있다고 보는 견해가 있다. 수용의 시기가 재결로 정한 날이라 하더라도 그 효과는 사업시행자가 보상금을 지급하거나 공탁하고 피수용자가 목적물을 인도 또는 이전할 때 비로소 발생한다 할 것이므로, 양자는 동시이행의 관계에 있다고 본다. 사업시행자가 보상금을 지급하지 아니하거나 공탁하지 아니하게 될 때 재결의 효력이 상실하게 되고 이 경우, 피수용자의 인도・이전의무도 소멸하게 되는 것은 이런 논리적 연관성 때문이라고 보고 있다. 그러나 동시이행관계를 부정하는 견해는 목적물의 인도・이전의무를 이행하는 것과 관계없이 수용의 시기가 도래함으로써 사업시행자가 목적물에 대한 권리를 취득하기 때문에 동시이행의 관계에 있지 않다는 것이다. 법률이 인도・이전의 시기를 "수용 또는 사용의 개시일까지"라고 규정하고 있으나, 보상금의 지급이나 공탁이 없음에도 불구하고 인도・이전을 의무화하는 취지로 볼 것은 아니다라고 본다.

4\. 피수용자의 인도이전 거부 시 강제집행가능성과 공사익의 조화 문제

사업시행자가 보상금을 지급 공탁했음에도 불구하고 토지소유자나 점유자가 인도 또는 이전 의무를 이행하지 않을 경우, 해당 공익사업의 사업시행자는 행정대집행법에 따라 강제로 이를 집행할 수 있다. 그러나 토지보상법 제43조는 공익사업이 원활히 진행될 수 있도록 하는 동시에, 보상 절차를 통해 사유재산권을 보호하려는 취지로 제정되었기 때문에 공사익 형량의 조화의 문제이기도 하다. 다만 대법원은 수용재결 후 시행자가 보상금을 지급하지 않은 상태에서 토지 소유자에게 인도 의무를 강요할 수 없음을 판시한 바 있다. 그래서 실무적으로는 해당 목적에 대하여 피수용자가 신체로서 점유를 수반하는 경우에는 사업시행자는 대집행은 할 수 없고, 민사소송으로 명도소송을 제기하여 강제집행하는 것이 현실적인 한계라 하겠다. 이하 논의에서 토지물건 인도 거부 시에 실효성 확보수단에 대해서 구체적으로 논의해 보기로 한다.

04 토지・물건의 인도 등 거부 시 실효성 확보수단

1. 토지보상법상 실효성 확보수단(대행, 대집행)

행정기본법 제30조(행정상 강제)

① 행정청은 행정목적을 달성하기 위하여 필요한 경우에는 법률로 정하는 바에 따라 필요한 최소한의 범위에서 다음 각 호의 어느 하나에 해당하는 조치를 할 수 있다.

1\. 행정대집행 : 의무자가 행정상 의무(법령 등에서 직접 부과하거나 행정청이 법령 등에 따라 부과한 의무를 말한다. 이하 이 절에서 같다)로서 타인이 대신하여 행할 수 있는 의무를 이행하지 아니하는 경우 법률로 정하는 다른 수단으로는 그 이행을 확보하기 곤란하고 그 불이행을 방치하면 공익을 크게 해칠 것으로 인정될 때에 행정청이 의무자가 하여야 할 행위를 스스로 하거나 제3자에게 하게 하고 그 비용을 의무자로부터 징수하는 것

> 2. 이행강제금의 부과 : 의무자가 행정상 의무를 이행하지 아니하는 경우 행정청이 적절한 이행기간을 부여하고, 그 기한까지 행정상 의무를 이행하지 아니하면 금전급부의무를 부과하는 것
> 3. 직접강제 : 의무자가 행정상 의무를 이행하지 아니하는 경우 행정청이 의무자의 신체나 재산에 실력을 행사하여 그 행정상 의무의 이행이 있었던 것과 같은 상태를 실현하는 것
> 4. 강제징수 : 의무자가 행정상 의무 중 금전급부의무를 이행하지 아니하는 경우 행정청이 의무자의 재산에 실력을 행사하여 그 행정상 의무가 실현된 것과 같은 상태를 실현하는 것

(1) 서

행정의 실효성 확보수단은 국민에게 침익적인 행정작용에 해당되고 법률유보원칙에 의거 개별법에 근거가 있어야 한다. 토지보상법은 대행, 대집행, 강제징수, 행정벌 등을 규정하고 있다. 이하에서는 대행과 대집행에 대하여 살펴본다.

(2) **대행**(법 제44조)

> **법 제44조(인도 또는 이전의 대행)**
> ① 특별자치도지사, 시장・군수 또는 구청장은 다음 각 호의 어느 하나에 해당할 때에는 사업시행자의 청구에 의하여 토지나 물건의 인도 또는 이전을 대행하여야 한다.
> 1. 토지나 물건을 인도하거나 이전하여야 할 자가 고의나 과실 없이 그 의무를 이행할 수 없을 때
> 2. 사업시행자가 과실 없이 토지나 물건을 인도하거나 이전하여야 할 의무가 있는 자를 알 수 없을 때
>
> ② 제1항에 따라 특별자치도지사, 시장・군수 또는 구청장이 토지나 물건의 인도 또는 이전을 대행하는 경우 그로 인한 비용은 그 의무자가 부담한다.

① 의의

토지나 물건을 인도 또는 이전하여야 할 자가 고의나 과실 없이 그 의무를 이행할 수 없거나, 사업시행자가 과실 없이 의무자를 알 수 없는 경우 사업시행자의 청구에 의하여 시장 등은 토지나 물건의 인도 또는 이전을 대행하여야 하며, 이로 인한 비용은 의무자의 부담으로 한다.

② 법적 성질

행정대집행의 일종으로 보는 견해가 우세하며, 따라서 직접강제를 인정한 것으로 볼 수 없다고 한다. 토지보상법 규정을 살펴보아도 대행에 따른 비용부담과 의무자가 그 비용을 납부하지 아니하는 때에는 강제징수할 수 있도록 하고 있어 대집행의 내용과 유사한 구성을 보이고 있다.

③ 대행청구의 대상이 되는 토지・물건의 범위 및 대행청구권의 성질

(ㄱ) **토지・물건의 인도 또는 이전의무의 성질** : 토지・물건의 인도 또는 이전의무는 사업시행자가 목적물을 취득하는 것에 상응하여 토지소유자 및 관계인이 부담하는 의무가 아니다. 토지보상법은 토지소유자 및 관계인에 포함되지 않는 자로서 토지나 물건에 관하여 권리를 가진 자에게도 수용・사용의 개시일까지 해당 토지나 물건을 사업시행자에게 인도하거나 이전하여야 할 의무를 부과하고 있음을 보아도 알 수 있다. 즉, 토지・물건의 인도 또는 이전의무는 공익사업의 원활한 시행을 위하여 요구되는 공용수용의 효과로서 토지소유자 및 관계인과 그 밖의 제3자에게 지워지는 별도의 의무인 것이다.

(ㄴ) **대행청구의 대상이 되는 토지·물건의 범위** : 토지·물건의 인도 또는 이전의무가 상기와 같이 사업시행자가 목적물을 취득하는 것에 상응하는 의무가 아니므로 대행청구의 대상범위도 수용목적물뿐만 아니라 수용목적물이 아니라도 사업추진에 방해가 되는 것이면 대행청구의 대상이 된다.

(ㄷ) **공용수용의 효과로서 인정되는 대행청구권** : 토지·물건의 인도 또는 이전의무는 사업시행자가 목적물을 취득하는 것만을 전제로 한 의무가 아니라 공용수용의 효과로서 사업의 원활한 추진을 위하여 부여된 의무이다. 따라서 사업시행자의 대행청구권도 사업시행자가 목적물의 소유자로서 가지는 권리가 아니라 공용수용의 효과에 따라 사업시행자에게 인정되는 권리라고 할 것이다.

④ **대행비용의 부담**

대행에 소요되는 비용은 의무자의 부담으로 한다. 그러나 건축물 기타 공작물의 철거비 부담은 원칙적으로 토지소유자 또는 관계인이 지는 것이 아니라 사업시행자가 부담하는 것이므로 건축물의 철거를 대행하였다 하더라도 그 비용을 토지소유자 및 관계인에게 부담시킬 수 없다.

(3) 대집행(법 제89조)

법 제43조(토지 또는 물건의 인도 등)

토지소유자 및 관계인과 그 밖에 토지소유자나 관계인에 포함되지 아니하는 자로서 수용하거나 사용할 토지나 그 토지에 있는 물건에 관한 권리를 가진 자는 수용 또는 사용의 개시일까지 그 토지나 물건을 사업시행자에게 인도하거나 이전하여야 한다.

법 제89조(대집행)

① 이 법 또는 이 법에 따른 처분으로 인한 의무를 이행하여야 할 자가 그 정하여진 기간 이내에 의무를 이행하지 아니하거나 완료하기 어려운 경우 또는 그로 하여금 그 의무를 이행하게 하는 것이 현저히 공익을 해친다고 인정되는 사유가 있는 경우에는 사업시행자는 시·도지사나 시장·군수 또는 구청장에게 「행정대집행법」에서 정하는 바에 따라 대집행을 신청할 수 있다. 이 경우 신청을 받은 시·도지사나 시장·군수 또는 구청장은 정당한 사유가 없으면 이에 따라야 한다.

② 사업시행자가 국가나 지방자치단체인 경우에는 제1항에도 불구하고 「행정대집행법」에서 정하는 바에 따라 직접 대집행을 할 수 있다.

③ 사업시행자가 제1항에 따라 대집행을 신청하거나 제2항에 따라 직접 대집행을 하려는 경우에는 국가나 지방자치단체는 의무를 이행하여야 할 자를 보호하기 위하여 노력하여야 한다.

행정기본법 제30조(행정상 강제)

① 행정청은 행정목적을 달성하기 위하여 필요한 경우에는 법률로 정하는 바에 따라 필요한 최소한의 범위에서 다음 각 호의 어느 하나에 해당하는 조치를 할 수 있다.

1. 행정대집행 : 의무자가 행정상 의무(법령 등에서 직접 부과하거나 행정청이 법령 등에 따라 부과한 의무를 말한다. 이하 이 절에서 같다)로서 타인이 대신하여 행할 수 있는 의무를 이행하지 아니하는 경우 법률로 정하는 다른 수단으로는 그 이행을 확보하기 곤란하고 그 불이행을 방치하면 공익을 크게 해칠 것으로 인정될 때에 행정청이 의무자가 하여야 할 행위를 스스로 하거나 제3자에게 하게 하고 그 비용을 의무자로부터 징수하는 것

① 의의 및 근거

행정대집행이란 의무자가 행정상 의무(법령 등에서 직접 부과하거나 행정청이 법령 등에 따라 부과한 의무를 말한다. 이하 이 절에서 같다)로서 타인이 대신하여 행할 수 있는 의무를 이행하지 아니하는 경우 법률로 정하는 다른 수단으로는 그 이행을 확보하기 곤란하고 그 불이행을 방치하면 공익을 크게 해칠 것으로 인정될 때에 행정청이 의무자가 하여야 할 행위를 스스로 하거나 제3자에게 하게 하고 그 비용을 의무자로부터 징수하는 것이다. 즉 대체적 작위의무의 불이행이 있는 경우 해당 행정청이 스스로 의무를 이행하거나 제3자로 하여금 이를 행하게 함으로써 공용수용의 실효성을 확보하여 공익사업의 원활한 수행을 기하기 위한 것이다. 토지보상법은 제89조에 대집행의 근거규정을 마련하고 있으며, 토지보상법에 규정되지 않은 것은 행정대집행법에 따른다.

② 대집행의 요건

(ㄱ) **토지보상법상 요건** : 토지보상법 제89조에서는 이 법 또는 이 법에 의한 처분으로 인한 의무를 이행하여야 할 자가 ㉠ 의무를 이행하지 아니하거나, ㉡ 기간 내에 의무를 완료하기 어려운 경우, ㉢ 의무자로 하여금 그 의무를 이행하게 하는 것이 현저히 공익을 해한다고 인정되는 사유가 있는 경우 사업시행자가 시・도지사나 시장・군수 또는 구청장에게 대집행을 신청할 수 있다고 규정하고 있다.

(ㄴ) **행정대집행법상 요건** : 행정대집행법 제2조에 의하면 ㉠ 대체적 작위의무의 불이행이 있을 것, ㉡ 다른 수단으로 이행의 확보가 곤란할 것, ㉢ 불이행을 방치함이 심히 공익을 해할 것의 요건을 모두 충족해야 한다.

행정대집행법 제2조(대집행과 그 비용징수)

법률(법률의 위임에 의한 명령, 지방자치단체의 조례를 포함한다. 이하 같다)에 의하여 직접명령되었거나 또는 법률에 의거한 행정청의 명령에 의한 행위로서 타인이 대신하여 행할 수 있는 행위를 의무자가 이행하지 아니하는 경우 다른 수단으로써 그 이행을 확보하기 곤란하고 또한 그 불이행을 방치함이 심히 공익을 해할 것으로 인정될 때에는 해당 행정청은 스스로 의무자가 하여야 할 행위를 하거나 또는 제삼자로 하여금 이를 하게 하여 그 비용을 의무자로부터 징수할 수 있다.

행정대집행법 제3조(대집행의 절차)

① 전조의 규정에 의한 처분(이하 '대집행'이라 한다)을 하려함에 있어서는 상당한 이행기한을 정하여 그 기한까지 이행되지 아니할 때에는 대집행을 한다는 뜻을 미리 문서로써 계고하여야 한다. 이 경우 행정청은 상당한 이행기한을 정함에 있어 의무의 성질・내용 등을 고려하여 사회통념상 해당 의무를 이행하는 데 필요한 기간이 확보되도록 하여야 한다.

② 의무자가 전항의 계고를 받고 지정기한까지 그 의무를 이행하지 아니할 때에는 해당 행정청은 대집행영장으로써 대집행을 할 시기, 대집행을 시키기 위하여 파견하는 집행책임자의 성명과 대집행에 요하는 비용의 개산에 의한 견적액을 의무자에게 통지하여야 한다.

③ 비상시 또는 위험이 절박한 경우에 있어서 해당 행위의 급속한 실시를 요하여 전2항에 규정한 수속을 취할 여유가 없을 때에는 그 수속을 거치지 아니하고 대집행을 할 수 있다.

(ㄷ) **양 법의 관계** : 행정주체는 법령에 근거하여 부과된 의무에 대하여 의무자가 이행하지 아니하는 경우에 행정의 본래 목적인 공익을 실현하기 위하여 여러 가지 수단을 강구하여 의무이행을 확보하여야 한다. 그러나 그 의무불이행을 방치하여서는 공익이 심각하게 침해되며, 다른 수단으로는 의무이행을 확보할 수 없는 경우에 최후의 보충적 수단으로서 대집행을 허용하는 것이다. 따라서 국민의 권익에 큰 침해를 미치는 대집행은 엄격한 요건하에서만 이루어질 수 있을 것이다. 토지보상법 제89조의 요건은 대집행을 할 수 있는 요건이라기보다는 의무의 불이행이 있는 상황 또는 의무자에게 의무이행을 강요할 수 없는 상황을 규정한 것이다. 토지보상법 제89조의 상황이 발생한 경우에 행정대집행법이 정한 요건이 충족되는가를 따져서 대집행을 할 수 있다고 여겨지고, "행정대집행법이 정하는 바에 따라"라고 규정한 토지보상법 제89조의 취지에도 타당하다 여겨진다.

(ㄹ) **대집행을 할 수 있는 경우**

㉠ **대체적 작위의무일 것** : 대집행은 의무자가 의무를 이행하지 아니하는 경우에 그 의무자가 아닌 행정청이나 제3자가 대신 이행하는 것이므로 타인이 대신하여 줄 수 없는 의무는 대집행의 대상이 되는 의무가 아니다. 따라서 대집행의 대상이 되는 의무는 대체적 작위의무에 한정된다.

㉡ **의무의 불이행이 있을 것** : 토지보상법은 (a) 정해진 기간 이내에 의무를 이행하지 아니하거나, (b) 기한 내에 완료하기 어려운 경우, (c) 의무자로 이행하게 함이 현저히 공익을 침해할 우려가 있는 경우를 규정하고 있다. 위와 같은 상황은 의무자는 의무를 이행할 수 있으므로 행정대집행법을 적용 시 대집행을 할 수 없는 경우에 해당하게 된다. 사업인정을 통한 공익사업은 신속한 진행이 필요하다. 따라서 행정대집행법만을 적용할 경우에 대집행을 할 수 없게 되어 사업추진에 장애가 되고 공익이 침해될 수도 있게 된다. 따라서 의무자가 이행하지 아니하는 경우뿐만 아니라 토지보상법 제89조의 경우에도 행정대집행법상 의무의 불이행이 있는 상황으로 간주하여 대집행을 청구할 수 있도록 규정한 것으로 보는 것이 타당하다.

㉢ **다른 수단으로는 그 이행의 확보가 곤란할 것** : 의무자가 의무를 불이행하는 경우라도 그 의무이행을 확보할 수 있는 여러 가지 수단이 있는 경우에는 필요성의 원칙에 의하여 국민의 권익에 대하여 침익적인 정도가 가장 작은 수단에 의하여야 한다. 즉, 대집행은 다른 수단이 없는 경우에 최후의 보충적 수단으로서만 인정된다.

㉣ **의무불이행을 방치함이 심히 공익을 해하는 경우일 것** : 의무위반자가 누리는 사익과 그 의무위반으로 침해당하는 공익을 비교·형량하여 대집행 여부를 결정하여야 한다. 어떠한 사실관계가 이 요건에 해당하는가의 여부는 개별적, 구체적으로 판단하여야 한다. 따라서 경미한 의무위반으로 침해되는 공익이 작은 경우에까지 대집행을 하는 것은 위법한 것이다.

③ 시 · 도지사 및 시 · 군 · 구청장의 의무

(ㄱ) **대집행신청에 응할 의무** : 사업시행자의 대집행 신청에 대하여 시장 등은 정당한 사유가 없는 한 그 신청에 응하여야 할 의무가 있다(제89조 제1항 후단). 종전 토지수용법은 시장 등에게 신청에 응하여야 한다는 명문의 규정을 두고 있지 아니하였으나, 토지보상법은 의무규정을 도입하였다. 이는 지역의 집단이기주의 또는 지방자치단체장의 선거 실시 이후 지역주민의 눈치를 살피느라고 국가적 공익사업의 시행을 위한 대집행을 기피하여 사업이 지연되는 일이 없도록 함에 그 입법취지가 있는 것이다. 또한 사업시행자가 국가 또는 지방자치단체인 경우에는 대집행의 신청 없이 행정대집행법이 정하는 바에 의하여 직접 대집행을 할 수 있도록 하고 있다(제89조 제2항).

(ㄴ) **인권침해방지 노력의무** : 사업시행자가 대집행 신청을 하거나 국가 또는 지방자치단체가 직접 대집행을 하고자 하는 경우에는 국가 또는 지방자치단체는 의무를 이행하여야 할 자의 보호를 위하여 노력하여야 하는 인권침해방지 규정이 신설되었다.

④ 대집행 신청의 대상이 되는 토지 · 물건의 범위 등

(ㄱ) **토지 · 물건의 범위** : 토지 · 물건의 인도 또는 이전의무는 사업시행자가 목적물을 취득하는 것만을 전제로 한 의무가 아니라 공용수용의 효과로서 사업의 원활한 추진을 위하여 부여된 의무이다. 따라서 사업시행자의 대집행신청권도 사업시행자가 목적물의 소유자로서 가지는 권리가 아니라 공용수용의 효과에 따라 해당 공익사업의 원활한 추진을 위하여 사업시행자에게 인정되는 권리라고 할 것이다. 따라서 대집행의 신청대상이 되는 토지 · 물건은 수용의 목적물뿐만 아니라, 수용의 목적물이 아닌 물건에 대하여도 대집행을 신청할 수 있다.

(ㄴ) **공용수용효과로 부여된 권리** : 대행청구권과 마찬가지로 사업시행자의 대집행신청권도 사업시행자가 수용목적물의 소유자로서 가지는 권리가 아니라, 공용수용의 효과로 부여된 권리이다.

⑤ 판례

판례

▶ 관련판례(대판 2012.12.13, 2012다71978)

피고는 이 사건 지장물의 철거 및 이전을 물리적으로 방해한 것이 아니라 단지 이 사건 지장물을 이전하지 아니한 채 방치하고 있었을 뿐인 사실을 인정할 수 있으므로, 설사 피고가 이 사건 지장물을 이전하지 아니함으로써 결과적으로 이 사건 토지를 점유한 것으로 평가할 수 있다고 하더라도, 원고로서는 위와 같은 공익사업을 위한 토지 등의 취득 및 보상에 관한 법률의 규정에 따라 행정대집행을 신청하여 이 사건 지장물의 철거 및 이전에 대한 대집행을 실시하도록 함으로써 이 사건 토지에 관한 점유를 온전히 취득할 수 있으므로, 위와 같은 행정대집행 절차와 별개로 이 사건 토지의 인도청구소송을 제기할 소의 이익이 없다고 판단하였다.

▶ 관련판례(대판 2012.4.13, 2010다94960)

사업시행자가 토지보상법 제75조 제1항 단서 제1호에 따라 수목의 가격으로 보상하였으나 그 수목을 협의 또는 수용에 의하여 취득하지 않은 경우, 수목의 소유자는 특별한 사정이 없는 한 토지보상법 제43조에 의한 지장물의 이전의무를 부담하지 않고, 사업시행자는 수목의 소유자에게 수목의 이전 또는 벌채를 요구할 수 없다고 봄이 상당하다.

> ▶ 관련판례(대판 1996.6.28. 96누4374)
> 행정대집행법 제2조는 대집행의 대상이 되는 의무를 "법률에 의하여 직접 명령되었거나 또는 법률에 의거한 행정청의 명령에 의한 행위로서 타인이 대신하여 행할 수 있는 행위"라고 규정하고 있으므로, 대집행계고처분을 하기 위하여는 법령에 의하여 직접 명령되거나 법령에 근거한 행정청의 명령에 의한 의무자의 대체적 작위의무 위반행위가 있어야 한다. 따라서 단순한 부작위의무의 위반, 즉 관계 법령에 정하고 있는 절대적 금지나 허가를 유보한 상대적 금지를 위반한 경우에는 당해 법령에서 그 위반자에 대하여 위반에 의하여 생긴 유형적 결과의 시정을 명하는 행정처분의 권한을 인정하는 규정을 두고 있지 아니한 이상, 법치주의의 원리에 비추어 볼 때 위와 같은 부작위의무로부터 그 의무를 위반함으로써 생긴 결과를 시정하기 위한 작위의무를 당연히 끌어낼 수는 없으며, 또 위 금지규정으로부터 작위의무, 즉 위반결과의 시정을 명하는 권한이 당연히 추론(推論)되는 것도 아니다.

2. 토지 · 물건의 인도 등 거부 시 실효성 확보수단

(1) 서

토지보상법은 공익사업의 원활한 수행을 위하여 토지 · 물건의 인도 또는 이전의무와 그 의무의 불이행에 대한 대행 및 대집행을 규정하고 있다. 물건의 이전은 그 의무자가 의무를 이행하지 아니할 경우에 그 의무는 대체적 작위의무이므로 대집행의 대상이 될 수 있다. 그러나 토지 · 물건의 인도는 그 의무가 대체적 작위의무가 아니므로 제3자로 하여금 그 의무를 대행시킬 수 없어 문제가 된다. 의무자가 토지나 건축물을 신체로 점유하면서 인도를 거부하는 경우에는 그 신체에 실력을 가하여 점유를 풀어야 하나, 이는 대집행이 아니고 직접강제에 속하는 것이기 때문이다. 따라서 피수용자가 토지 · 물건의 인도를 거부하는 경우 토지보상법상 대행규정을 적용할 수 있는지, 대집행은 적용 가능한지, 직접강제를 도입할 수 있는지 등을 검토한다.

(2) 대행규정의 적용가능성

토지 · 물건의 인도의무 확보에 대한 논의는 의무자가 인도를 거부하고 점유를 계속하고 있는 경우에 실력행사가 수반되기 때문에 대집행으로 의무이행을 확보할 수 있는지가 문제되는 것이다. 그러나 대행규정의 의무자의 고의 · 과실이 없을 것을 요건으로 하기 때문에 의무자가 인도 · 이전을 거부하는 경우에 대책으로 논의되기는 어렵다.

따라서 토지보상법 제44조의 대행규정은 의무가가 고의적으로 인도를 거부하는 경우가 아니고 인도대상이 되는 목적물을 물건만의 존치로 점유하는 경우에 존치 물건을 반출하여 점유를 풀고 목적물의 현실적 지배를 사업시행자에게 취득시키는 것만을 대상으로 한다고 보아야 한다.

(3) 대집행의 적용가능성

① 문제점

대집행은 대체적 작위의무를 대상으로 하는 것이다. 그러나 토지보상법 제89조에서는 "이 법 또는 이 법에 의한 처분으로 인한 의무"를 의무자가 이행하지 아니하는 경우 대집행을 신청할 수 있다고 규정하고 있다. 여기서 비대체적 작위의무인 토지・물건의 인도의무가 동조의 의무에 포함될 수 있는지 여부가 문제된다. 이는 토지보상법 제89조가 행정대집행법의 특례규정인지 여부와 관련된다.

② 학설

(ㄱ) 부정설은 토지보상법 제89조의 의무를 대체적 작위의무에 한정하고, 토지인도의무는 실력으로 점유를 풀어 점유이전을 하지 않으면 목적달성을 할 수 없다는 점에서 직접강제에 해당한다고 보아 부정하며, (ㄴ) 긍정설은 대집행이 불가능하다고 보는 것은 이를 명문으로 규정한 토지보상법 제89조를 전적으로 무의미하게 하는 것으로 동 조항을 합리적 또는 목적론적으로 해석하여 적용이 가능하다고 본다. 이 경우 강제적 점유의 배제는 필연적인 것이 아니라고 한다.

○ 일부학자의 견해

생각건대, 물건의 존치로 점유하고 있는 경우 대집행의 대상이 되는 것에는 논란의 여지가 없다. 그러나 신체에 의해 점유하고 있을 때까지 포함하여 대집행할 수 있는 것으로 해석하는 것은 실현 가능성이 없다. 또한 단순히 대집행의 문서에 시장・군수가 조인하고 표지판을 설치하는 것만으로 「토지보상법」 제89조의 목적을 달성한 것으로 보는 것도 현실성이 없다. 따라서 「토지보상법」의 이 규정은 불완전한 규정이라 할 것이다. 현실적으로 보더라도 대집행이 어려워 사업시행에 많은 지장이 초래되고 있으며, 시공자는 대집행 대신에 법외보상의 수단을 통해 토지・물건의 인도나 이전을 강구하는 경향을 보이고 있다. 따라서 사업시행자가 공익사업을 원활하게 수행하기 위해서는 악의의 점유행위를 강제할 수 있는 직접강제제도의 도입에 대해 검토가 요구된다.[24)]

○ 돌돌강 강박사 견해 : 일본토지수용법 제49조에서 규정하고 있는 명도재결 법제화하는 방안을 검토해 볼 필요가 있다.

일본 토지수용법 제49조(명도재결)

① 명도재결에서는 다음에 열거하는 사항에 대하여 재결하여야 한다.

(1) 제11조 제1항 제2호에 열거된 것을 제외하고 기타 손실보상

(2) 토지나 물건의 인도 또는 물건 이전 기한(이하 '명도 기한')

(3) 기타 이 법률에 규정된 사항

② 전조 제3항부터 제5항까지의 규정은 전항 제1호에 열거하는 사항에 대하여 준용한다.

일본의 토지수용법 제49조에서 규정하고 있는 명도재결을 통하여 구체적인 명도가 실현될 수 있도록 하는 것이 현실적인 방법으로 보여지고, 직접강제는 신체의 실력을 행사는 것으로 피수용자에게 지나친 권익침해의 성격이 있어 토지보상법에 명문화하기에는 재산권 침해와 더불어 인신의 침해에 이르는 것은 합당하지 않다는 견해이다.

24) 전부대학교 허강무 교수님 견해.

③ 판례의 태도

대법원은 대체적 작위의무에만 대집행을 인정하고 있다.

판례

▶ 관련판례(대판 1998.10.23, 97누157)

도시공원시설인 매점의 관리청이 그 공동점유자 중의 1인에 대하여 소정의 기간 내에 위 매점으로부터 퇴거하고 이에 부수하여 그 판매시설물 및 상품을 반출하지 아니할 때에는 이를 대집행하겠다는 내용의 계고처분은 그 주된 목적이 매점의 원형을 보존하기 위하여 점유자가 설치한 불법시설물을 철거하고자 하는 것이 아니라, **매점에 대한 점유자의 점유를 배제하고 그 점유이전을 받는 데 있다고 할 것인데, 이러한 의무는 그것을 강제적으로 실현함에 있어 직접적인 실력행사가 필요한 것이지 대체적 작위의무에 해당하는 것은 아니어서 직접강제의 방법에 의하는 것은 별론으로 하고 행정대집행법에 의한 대집행의 대상이 되는 것은 아니다.**

▶ 관련판례(대판 2005.8.19, 2004다2809)

피수용자 등이 기업자에 대하여 부담하는 수용대상토지의 인도의무에 관한 (구)토지수용법 제63조, 제64조, 제77조 규정에서의 '인도'에는 명도도 포함되는 것으로 보아야 하고, 이러한 **명도의무는 그것을 강제적으로 실현하면서 직접적인 실력행사가 필요한 것이지 대체적 작위의무라고 볼 수 없으므로 특별한 사정이 없는 한 행정대집행법에 의한 대집행의 대상이 될 수 있는 것이 아니다.**

▶ 관련판례(대판 2006.10.13, 2006두7096) [건물철거대집행계고처분취소]

[1] 행정대집행법상 대집행의 대상이 되는 대체적 작위의무는 공법상 의무이어야 할 것인데, (구)공공용지의 취득 및 손실보상에 관한 특례법(2002.2.4. 법률 제6656호 공익사업을 위한 토지 등의 취득 및 보상에 관한 법률 부칙 제2조로 폐지)에 따른 토지 등의 협의취득은 공익사업에 필요한 토지 등을 그 소유자와의 협의에 의하여 취득하는 것으로서 공공기관이 사경제주체로서 행하는 사법상 매매 내지 사법상 계약의 실질을 가지는 것이므로, 그 협의취득 시 건물소유자가 매매대상 건물에 대한 철거의무를 부담하겠다는 취지의 약정을 하였다고 하더라도 이러한 철거의무는 공법상의 의무가 될 수 없고, 이 경우에도 행정대집행법을 준용하여 대집행을 허용하는 별도의 규정이 없는 한 위와 같은 철거의무는 행정대집행법에 의한 대집행의 대상이 되지 않는다.

[2] (구)공공용지의 취득 및 손실보상에 관한 특례법(2002.2.4. 법률 제6656호 공익사업을 위한 토지 등의 취득 및 보상에 관한 법률 부칙 제2조로 폐지)에 의한 협의취득 시 건물소유자가 협의취득대상 건물에 대하여 약정한 철거의무는 공법상 의무가 아닐 뿐만 아니라, 공익사업을 위한 토지 등의 취득 및 보상에 관한 법률 제89조에서 정한 행정대집행법의 대상이 되는 '이 법 또는 이 법에 의한 처분으로 인한 의무'에도 해당하지 아니하므로 위 철거의무에 대한 강제적 이행은 행정대집행법상 대집행의 방법으로 실현할 수 없다(제22회 3번 기출문제 판례: 철도이설사업에서 철거의무 약정 대집행 가능성).

④ 검토

긍정설의 입장에서 구체적 방법으로 사업시행자에 대한 인도선언을 하고 이를 표시하는 문서에 조인함과 병행하여 표지판 설치 등에 의할 수 있다는 것 역시 일면 타당하나, 토지보상법 제89조에는 "의무"라고만 규정하고 있어 법치행정의 원리상 명확한 근거 없이 비대체적 작위의무에까지 확대함은 무리가 있다고 보이는바, 부정설이 타당하다.

(4) 직접강제의 도입가능성

> **행정기본법 제30조 제1항 제3호. 직접강제 :** 의무자가 행정상 의무를 이행하지 아니하는 경우 행정청이 의무자의 신체나 재산에 실력을 행사하여 그 행정상 의무의 이행이 있었던 것과 같은 상태를 실현하는 것

① 직접강제 도입가능성 여부

직접강제란 의무자가 의무를 불이행할 때 행정청이 직접 의무자의 신체・재산에 실력을 가하여 의무자가 직접 의무를 이행한 것과 같은 상태를 실현하는 작용을 말한다. 직접강제는 비대체적 작위의무도 그 대상으로 할 수 있어 효과적인 실효성 확보수단이 될 수 있으나, 권리침해의 정도가 크기 때문에 개별법에 엄격한 근거를 요한다. 따라서 토지보상법의 대행규정 및 대집행규정을 통해서 이를 인정하기는 어렵다.

② 현실적 문제점 및 대안

토지・물건의 인도의무에 대하여 대집행은 효과적인 수단이 되지 못하기 때문에, 현실적으로는 위법・탈법적인 직접강제가 행해지고 있는 것이 현실이라 할 수 있다. 따라서 엄격한 요건 및 절차를 법정하여 직접강제를 도입하는 대안도 신중히 고려하여야 할 것이다.

(5) 결

① 기타 수단의 검토

토지보상법 제95조의2를 신설하여 동법 제43조를 위반하여 토지 또는 물건을 인도하거나 이전하지 아니한 자는 1년 이하의 징역 또는 1천만원 이하의 벌금에 처하도록 규정하고 있다. 최근 강력한 처벌을 할 수 있도록 토지보상법 개정을 통해 실효성 확보를 하고자 하였으나, 직접적이지 못한 수단으로서 토지・물건의 인도의무 확보에는 한계가 있다. 토지인도의무의 불이행 시 현행법에서 활용할 수 있는 방법은 경찰관직무집행법상 위험발생방지 조치나 형법상 공무집행방해죄의 적용을 통해 의무의 이행을 확보하는 것이다. 따라서 현재 행정상 실효성 확보의 새로운 수단이 논의되고 있는 공급거부 등의 수단의 도입에 대하여도 신중하게 고려해 봄이 바람직하다.

② 개선방안

공익사업의 홍보 및 피수용자의 관계개선을 통하여 자발적 참여를 도모하는 것이 중요하며, 직접강제 및 새로운 실효성 확보수단 등의 법적 근거를 마련하는 등의 입법적 해결이 시급하다. 다만, 대책을 마련함에 있어 과잉금지의 원칙에 의거, 목적과 수단 사이에 이익형량이 요구된다.

■ **법규 헷갈리는 쟁점 : 특이한 경우에 대집행가능성과 대집행 권리구제 방법론**

▶ **토지보상법상 대집행 여부에 대한 특이한 판례**

① 사업인정 이전 토지보상법 제16조 협의의 약정에 따른 철거의무의 대집행 가능성

약정한 철거의무는 공법상 의무가 아닐 뿐만 아니라, 토지보상법 제89조의 이 법 또는 이 법에 의한 처분으로 인한 의무에도 해당하지 아니하므로 위 철거의무에 대한 강제적 이행은 행정대집행법상 대집행의 방법으로 실현할 수 없다.

② 기간 이내 완료가 어려운 경우(토지보상법 제89조 제1항에 대한 해석)
그 의무의 내용과 이미 이루어진 이행의 정도 및 이행의 의사 등에 비추어 해당 의무자가 그 기한 내에 의무이행을 완료하지 못할 것이 명백하다고 인정되는 경우로 볼 수 있다.

▶ 대집행에 대한 권익구제 방법론

① 행정심판
대집행 제반 절차에 대하여는 행정심판을 제기할 수 있다. 대집행의 계고, 대집행의 통지, 대집행의 실행, 대집행의 비용징수 모두 처분성이 긍정되어 대집행에 대해 불복이 있는 자는 행정심판의 제기를 통하여 위법 또는 부당한 대집행의 취소를 구할 수 있다. 다만 대집행실행에 있어 행정대집행이 완료되면 더 이상 행정심판을 제기할 권리보호의 필요는 없게 된다. 따라서 대집행이 완료되기 전에 집행정지제도를 통해 절차 속행의 정지를 통해 가구제를 먼저 도모해야 실익이 있다.

② 행정소송
대집행 절차 전반은 모두 행정처분에 해당되기 때문에 하자의 승계도 인정되고, 모두 행정소송의 제기도 가능하다고 볼 수 있다. 다만 대집행의 절차가 진행되면 권리구제의 실효성이 없기 때문에 가구제로 집행정지를 활용하여 절차의 속행정지를 진행하면서 행정소송을 제기하는 것이 실익이 있다고 하겠다.

③ 무명항고소송(예방적금지소송)
대집행 실행행위의 금지를 명하는 것을 내용으로 하는 소송인으로 무명항소소송인 예방적금지소송도 검토해 볼 필요가 있고, 이에 대한 권익구제 실효성 확보를 위해서 가구제로 가처분을 선행적으로 인정하는 입법이 요구된다.

④ 국가배상청구로 금전적 손해배상청구등 기타
위법한 대집행을 통해 손해를 입은 자는 국가나 지방자치단체를 상대로 손해배상을 청구할 수 있다. 손해배상청구는 대집행이 종료된 경우에 보다 의미를 갖는다. 대집행 후에도 위법상태가 계속된다면 경우에 따라서는 피해자는 결과제거의 청구를 주장할 수도 있을 것이다. 또한 대집행 이후에 기본권을 침해 받은 상대방은 헌법재판소에 헌법소원을 청구할 수도 있을 것으로 보여진다.

▶ 인권침해 방지노력 규정 신설과 관련된 국회입법조사처 "강제철거에서의 주거권 보호를 위한 입법적 개선방향" 보도자료 정리

현재 전국적으로 추진되고 있는 재개발사업과 관련하여 철거민의 주거권 보장과 함께, 사업추진시 발생할 우려가 있는 물리력 행사를 원천적으로 차단하기 위한 입법적 대응방안 마련이 시급하다는 분석이 제기됐다.

국회입법조사처는 2009년 발간한 『강제철거에서의 주거권 보호를 위한 입법적 개선방향』이라는 보고서에서 우리나라에서의 주거권에 관한 논의는 대부분 헌법 제14조의 주거이전의 자유나 제16조의 주거의 자유와 관련하여 주택이나 주거공간에 대한 개인의 소극적 확보차원에 국한되어 온 측면이 있으나, 이제는 국가에 대하여 주택이나 주거의 적극적 확보를 요구할 수 있는 권리에 관하여도 논의할 필요가 있다고 지적했다.

이 보고서는 유엔인권규약 및 세계인권선언 등에서의 주거권과 강제퇴거 관련 국제인권기준을 구체적으로 비교분석함과 동시에 주요국 개발사업에서의 강제퇴거 관련 입법례를 검토한 후, 강제철거에서의 주거권 보호와 물리적 충돌을 방지하기 위하여는 '행정대집행법'에 따른 행정대집행 절차와 '민사집행법'을 통한 명도소송절차, 그리고 '경비업법'의 관련 규정의 개선 및 보완이 필요함을 지적하고 있다.

보고서는 강제적 퇴거 및 철거집행은 공익과 사익의 조화가 필수적으로 요청되는 부분이면서도 집행 시 인권침해가 발생하지 않도록 그 과정을 보다 엄격하게 규정하는 제도적 보장이 요청되고, 우리나라에서의 주거권 및 강제퇴거 관련 법규정을 국제인권기준을 참조하여 입법적으로 보완·정비할 필요가 있다고 보았다. 국제인권기준을 반영한 개선방향은 결국 강제퇴거 또는 철거를 위해서는 사전조치를 보다 엄격하게 규정하여야 하고, 강제퇴거는 최후의 수단에서 선택할 수 있도록 제한할 필요가 있다는 것이다.

구체적인 입법적 개선방향에서는 국민의 재산권 행사에 직접 영향을 미치는 대표적인 권력적 행정행위를 규정한 '행정대집행법'은 1954년 제정된 후 장기간 개정되지 않아 현실적 괴리가 있음을 지적하면서, 행정대집행에서의 자기집행과 타자집행의 요건을 구체화하여 법에 명시할 필요가 있다고 보았다.

또한 행정대집행법 제3조 제3항에서는 "비상시 또는 위험이 절박한 경우" 대집행 시기 및 견적액 통지의무를 배제하고 있는데, 이 법문은 헌법상 명확성의 원칙에 위배될 소지가 있고, 행정청의 자의적인 판단을 유도할 우려가 있기 때문에 구체적인 상황을 예시하는 방안의 검토가 필요하다고 한다. 강제집행의 시기와 관련하여서는 철거민의 동의 없이 야간이나 혹한 등 사고발생의 위험이 높은 일정한 시기의 강제집행을 제한하는 방법도 고려할 만하다고 판단하였다.

명도소송절차와 관련하여서는 민사집행법 제5조 제1항에서의 집행관의 강제력 사용에 필요한 '적절한 조치'에 대한 구체적인 기준 마련과 제5조의 집행관의 강제력 사용 시 경찰의 원조를 요청하기 위한 절차를 제5조 제3항의 국군의 원조의 경우와 같이 법원 신청요건과 절차를 추가하는 방안을 검토할 필요가 있고, 강제철거 시 사업시행자든 거주민이든 어떠한 경우에도 폭력이 허용될 수 없음을 명시하는 방안을 강구할 필요가 있음을 지적하였다.

보고서는 용역업체들의 업무범위를 넘어서는 위반행위에 대하여는 법적 제재를 가할 수 있도록 하는 '경비업법' 개선방향에 대하여도 언급하면서, 용역업체들이 경비업법에 정한 교육과 훈련, 자격을 갖추지 않은 무자격 경비요원들을 동원하지 못하도록 현행 경비업법의 엄격한 적용기준을 통해 무자격 경비요원의 참여를 원천적으로 차단하는 방안을 강구할 필요가 있다는 의견을 제시했다.

(6) 기출문제

≫ 기출문제(제16회 3번)

토지·물건의 인도·이전의무에 대한 실효성 확보수단에 대해 설명하시오. **20점**

≫ 기출문제(제22회 3번)

A시는 시가지 철도이설사업을 시행하기 위하여 「공익사업을 위한 토지 등의 취득 및 보상에 관한 법률」 제16조에 따라 주택용지를 협의취득하면서 그에 따른 일체의 보상금을 B에게 지급하였고, B는 해당 주택을 자진철거하겠다고 약정하였다가 B가 자진철거를 하지 않을 경우 B의 주택에 대해 대집행을 할 수 있는지 판단하시오. **20점**

05 위험부담의 이전

> **민법 제537조(채무자위험부담주의)**
> 쌍무계약의 당사자 일방의 채무가 당사자 쌍방의 책임 없는 사유로 이행할 수 없게 된 때에는 채무자는 상대방의 이행을 청구하지 못한다.
>
> **토지보상법 제46조(위험부담)**
> 토지수용위원회의 재결이 있은 후 수용하거나 사용할 토지나 물건이 토지소유자 또는 관계인의 고의나 과실 없이 멸실되거나 훼손된 경우 그로 인한 손실은 사업시행자가 부담한다.

1. 서

토지보상법 제46조에서는 목적물의 인도・이전과 사전보상의 원칙 구현을 통한 정당보상의 실현을 위해 위험부담의 이전을 규정하고 있다. 보상금이 지급・공탁되기 전에는 수용목적물의 권리가 그 소유자 또는 관계인에 유보되어 있다고 볼 수 있고, 사업시행자에게 귀책사유가 없는 한 그 손실이 소유자 또는 관계인의 부담인 것이 타당하나, 피수용자의 권리보호 차원에서 사업시행자의 부담으로 한다고 볼 수 있다.

2. 민법상의 위험부담 법리

민법 제537조는 계약에 있어서의 목적물의 위험을 채무자에게 부담시키고 있다. 즉, 법적인 소유권이 이전되기 전까지는 계약목적물에 대한 권리의무는 채무자에게 있으며 목적물의 멸실・훼손에 의한 손해는 채무자가 부담하게 되는 것이며 계약불이행 사유를 구성하게 되는 것이다.

3. 토지보상법상의 위험부담의 이전

(1) 의의

토지수용위원회의 재결이 있은 후 수용할 토지나 물건이 토지소유자 또는 관계인의 고의나 과실 없이 멸실 또는 훼손된 경우 그로 인한 손실을 사업시행자의 부담으로 한다.

(2) 요건

① 위험부담의 이전기간

위험부담 이전의 효력은 재결에 따른 것이며, 수용의 개시일에 해당 목적물의 소유권이 사업시행자에게 원시취득되기 때문에 위험부담이 이전되는 기간은 수용재결이 있은 후부터 수용의 개시일까지이다.

② 피수용자의 귀책사유가 없을 것

목적물의 멸실에 피수용자의 귀책사유가 있는 경우에는 당연히 피수용자가 그 위험부담을 지게 되며, 피수용자의 귀책사유가 없는 경우에 한하여 목적물의 멸실에 따른 위험부담을 면하게 된다.

③ 위험부담의 범위

위험부담은 목적물의 멸실·훼손 등에 한하고 목적물의 가격하락의 경우에는 적용되지 않는다. 왜냐하면, 토지보상법 제67조 제1항에 의하면 손실에 대한 보상액의 산정은 재결 당시의 가격을 기준으로 하여 정하여지는 것이기 때문이다.

(3) 효과

수용목적물의 멸실·훼손에 대한 손실은 사업시행자가 부담하게 되며 보상금의 감액이나 면제를 주장할 수 없다. 판례는 "댐건설로 인한 수몰지역 내의 토지를 매수하고 지상입목에 대하여 적절한 보상을 하기로 특약하였다면 보상금이 지급되기 전에 그 입목이 홍수로 멸실되었다고 하더라도 매수 또는 보상하기로 한 자는 이행불능을 이유로 위 보상약정을 해제할 수 없다"고 한다.

판례

▶ 관련판례(대판 1977.12.27, 76다1472)

댐건설로 인한 수몰지역 내의 토지를 매수하고 지상입목에 대하여 적절한 보상을 하기로 특약하였다면 보상금이 지급되기 전에 그 입목이 홍수로 멸실되었다고 하더라도 매수 또는 보상하기로 한 자는 이행불능을 이유로 위 보상약정을 해제할 수 없다.

4. 결

민법상 위험은 채무자가 부담함이 원칙이나 토지보상법은 그 예외로서 재결 시에 위험부담의무가 사업시행자에게로 이전되도록 규정하고 있다. 따라서 사업시행자는 멸실·훼손을 이유로 손실보상의 감액이나 면제를 주장할 수 없다.

06 담보물권자의 물상대위

1. 서

수용목적물에 유치권 질권·저당권 등의 담보물권이 설정되어 있는 경우에 그 목적물이 수용됨으로 인해 그 담보물권도 소멸하는데, 그 소멸되는 담보물권을 어떻게 보호하여야 할 것인가와 관련하여 물상대위의 문제가 제기되고 있다.

2. 토지보상법 제47조의 적용범위

토지보상법은 손실보상에 관한 개별불 원칙을 채택하고 있어 담보물권도 그에 따라 보상을 받게 되는 것이므로 개별불 원칙이 적용되는 한에 있어서는 그 보호에 문제가 없다. 또한 해당 담보물권이 사업인정 전에 설정된 것이라면 사업인정 이후에 담보물권을 승계취득한 경우에도 해당 권리자는 관계인에 해당되어 피수용자가 되어 권리구제가 가능하다. 따라서 토지보상법 제46조는 결국 개별불 원칙에 대한 예외규정으로서, 보상금을 개별적으로 산정·지급하지 못하는 경우 또는 사업인정고시 이후에 설정된 담보물권에 관해 적용되는 것이다.

3. 물상대위권의 내용

(1) 내용

토지보상법 제47조는 “담보물권의 목적물이 수용 또는 사용된 경우 해당 담보물권은 그 목적물의 수용 또는 사용으로 인하여 채무자가 받을 보상금에 대하여 행사할 수 있다. 다만, 그 지급 전에 이를 압류하여야 한다.”라고 규정하고 있어, 사업인정 후 권리를 설정한 담보물권자는 토지보상법 제47조에 기한 권리구제를 도모할 수 있을 것이다. 즉, 법 제47조에 의한 압류가 행해져도 담보물권이 소멸되거나 제한되나, 압류가 유효한 한 보상금청구권자와의 관계에 있어서 담보물권은 상대적으로 존재하는 것이며, 담보물권자의 압류가 있으면 사업시행자는 공탁이 가능하게 된다.

(2) 물상대위의 효력이 미치는 보상의 범위

채무자가 받을 보상금에 대해는 어떤 범위까지를 가리키는 것인지가 문제된다. 수용・사용되는 토지의 가격 및 잔여지에 대한 보상금이 포함되는 것은 당연하다. 한편 기타 다른 보상금도 이에 포함되는지 의문이 있을 수 있으나, 담보물권의 목적물과 직접적 관련성이 없다는 점에서 소극적으로 해석하는 것이 타당할 것이다.

(3) 물상대위 관련 대법원 판례

판례

▶ 민법상 관련판례(대판 2000.5.12, 2000다4272)

민법 제370조, 제342조에 의한 저당권자의 물상대위권의 행사는 민사소송법 제733조에 의하여 담보권의 존재를 증명하는 서류를 집행법원에 제출하여 채권압류 및 전부명령을 신청하거나, 민사소송법 제580조에 의하여 배당요구를 하는 방법에 의하여 하는 것이고, 이는 늦어도 민사소송법 제580조 제1항 각 호 소정의 배당요구의 종기까지 하여야 하는 것으로 그 이후에는 물상대위권자로서의 우선변제권을 행사할 수 없다고 하여야 할 것이고, 위 물상대위권자로서의 권리행사의 방법과 시한을 위와 같이 제한하는 취지는 물상대위의 목적인 채권의 특정성을 유지하여 그 효력을 보전하고 평등배당을 기대한 다른 일반 채권자의 신뢰를 보호하는 등 제3자에게 불측의 손해를 입히지 아니함과 동시에 집행절차의 안정과 신속을 꾀하고자 함에 있다.

▶ 관련판례(대판 2011.7.28, 2009다35842)

[1] (구)토지수용법(2002.2.4. 법률 제6656호로 폐지되기 전의 것) 제25조 제1항, (구)토지수용법 시행령(2002.12.30. 대통령령 제17854호로 폐지되기 전의 것) 제15조의2 제1항이 기업자로 하여금 관계인과 협의하거나 협의를 위한 통지를 하도록 규정한 취지는, 관계인에게 수용의 취지・절차 및 그에 따른 손실보상제도를 설명하고 이해시켜 가능한 한 공권력 발동에 의하지 않고 원만하게 토지취득의 목적을 달성하는 한편 비자발적으로 담보권을 상실하게 될 저당권자 등 관계인으로 하여금 해당 협의절차에 참여하여 자신의 권리를 스스로 행사할 수 있는 기회를 부여함으로써 그와 같은 토지수용으로 인하여 불측의 손해를 입지 아니하도록 예방할 뿐만 아니라, 협의가 성립되지 아니하여 수용재결로 나아가는 경우 저당권자 등 관계인에게 물상대위권 등 권리를 행사할 수 있는 기회를 제공하는 데에도 있다. 또한 기업자가 수용할 토지의 저당권자에게 위와 같은 협의나 통지를 하지 아니하였다면 위법하다. 나아가 위와 같은 협의나 통지제도의 취지, 기업자는 공익사업을 위한 수용을 통하여 저당권자 의사와 관계없이 수용목적물상의 저당권을 소멸시킬 수 있는 우월한 공법상 지위에 있는 점 등을 감안하여 보면, 기업자의 잘못으로 무효인 토지수용재결이 이

루어지고 수용재결의 적법성을 믿은 저당권자가 수용절차에서 물상대위권을 행사하였는데, 기업자가 상당한 시간이 경과한 후 재차 수용절차를 진행하면서 저당권자에게 위와 같은 협의나 통지를 전혀 하지 아니하고 최초 수용재결의 무효사실이나 무효원인사실도 알리지 않음으로써 이미 적법한 물상대위권 행사로 저당권의 효력이 소멸하였으리라는 신뢰가 형성된 저당권자로 하여금 적법한 물상대위권을 행사할 수 있는 기회를 상실하게 하였다면, 기업자의 위와 같은 최초 수용절차의 잘못과 이후 수용절차에서 저당권자에게 협의나 통지의 불이행 및 최초 수용재결의 무효사실이나 무효원인사실을 알리지 않은 일련의 행위와 저당권자의 물상대위권 행사 기회의 상실 사이에는 상당인과관계가 있으므로, 이러한 경우 기업자의 불법행위책임이 성립할 수 있다고 보아야 한다.

[2] 갑 주택재개발조합의 잘못된 재결절차의 진행과 공탁으로 1차 수용재결이 무효가 되었는데도 수용재결의 적법성을 믿은 근저당권자 을이 1차 공탁금에 대하여 물상대위권을 행사하였으나, 그 후 갑 조합이 다시 수용절차를 진행하여 2차 수용재결이 이루어졌는데, 그 과정에서 을에게 (구)토지수용법(2002.2.4. 법률 제6656호로 폐지되기 전의 것) 제25조 제1항, (구)토지수용법 시행령(2002.12.30. 대통령령 제17854호로 폐지되기 전의 것) 제15조의2 제1항에 의한 협의나 통지를 하지 않고 1차 수용재결의 무효사실이나 무효원인사실을 알리지 않은 사안에서, 갑 조합의 일련의 잘못으로 인하여 을에게는 1차 공탁금에 대한 물상대위권 행사로 이미 근저당권의 효력이 소멸하였으리라는 신뢰가 형성되었고, 그로 인하여 을이 2차 공탁금에 대한 물상대위권을 행사할 기회를 상실하였다고 보아야 하고, 을이 2차 수용재결서를 송달받았다는 사실만으로는 갑 조합의 잘못에 의하여 이미 형성된 을의 신뢰가 더 이상 유지되지 않는 것으로 보아 상당인과관계를 부정할 수 없으므로, 갑 조합의 1차 수용절차의 잘못과 2차 수용절차에서 을에 대한 협의나 통지의 불이행 및 1차 수용재결의 무효사실이나 무효원인사실을 알리지 않은 일련의 행위와 을의 물상대위권 행사기회의 상실 사이에는 상당인과관계가 있으므로, 이에 대한 갑 조합의 불법행위책임이 성립할 여지가 있음에도, 을이 2차 수용재결서를 송달받고도 상당한 기간 동안 물상대위권을 행사하지 않았다는 이유로 갑 조합의 불법행위책임을 부정한 원심판결을 파기한 사례

▶ 관련판례(대판 2014.12.11. 선고 2014다200237 판결[손해배상(기)])

중앙토지수용위원회가 수용대상 토지의 관계인인 갑의 주소로 송달한 재결서 정본이 반송되자 갑의 실제 주소를 파악하기 위한 기본적인 조치도 없이 곧바로 공시송달의 방법으로 재결서 정본을 송달한 사안에서, 갑이 수용대상 토지의 수용보상금 중 일부에 대하여 물상대위권을 행사할 수 있는 기회를 잃게 됨으로써 피담보채권을 우선변제받지 못하는 손해를 입었다고 보아 국가배상책임을 인정한 원심판단을 수긍한 사례

▶ 관련판례(대판 2017.12.28. 선고 2017다270565 판결[추심금])

【판시사항】

사업시행자가 수용할 토지의 저당권자에게 공익사업을 위한 토지 등의 취득 및 보상에 관한 법률 제26조 제1항, 제16조 및 같은 법 시행령 제8조 제1항에 의한 협의나 통지를 하지 않은 것이 위법한지 여부(적극) / 사업시행자와 토지소유자 사이에 협의가 이루어지지 않아 토지가 수용되고 나아가 보상금을 지급하거나 공탁하기에 이른 경우, 토지의 저당권자가 우선변제를 받을 수 있는 방법 / 토지의 저당권자가 물상대위권을 행사할 수 있는 충분한 시간적 간격을 두고 토지가 수용된 사실을 알게 되었음에도 물상대위권을 행사하지 않음으로써 우선변제를 받을 수 없게 된 경우, 저당권자가 우선변제를 받지 못한 것이 사업시행자가 협의나 통지를 하지 아니한 데에 원인이 있다고 할 수 있는지 여부(소극)

【판결요지】

공익사업을 위한 토지 등의 취득 및 보상에 관한 법률(이하 '토지보상법'이라고 한다) 제26조 제1항, 제16조 및 같은 법 시행령 제8조 제1항에 의하면, 사업인정을 받은 사업시행자는 토지 등에 대한 보상

에 관하여 토지소유자 및 관계인과 성실하게 협의하여야 하고, 그 협의를 하려는 경우에는 보상협의요청서에 협의기간·협의장소 및 협의방법, 보상의 시기·방법·절차 및 금액, 계약체결에 필요한 구비서류를 적어 토지소유자 및 관계인에게 통지하여야 한다고 규정하고 있으므로, 사업시행자가 수용할 토지의 저당권자에게 위 규정에 의한 협의나 통지를 하지 않았다면 위법하다. 그러나 사업시행자와 토지소유자 사이에 협의가 이루어지지 않아 토지가 수용되고 나아가 보상금을 지급하거나 공탁하기에 이른 경우에는 토지의 저당권자는 보상금이 지급되거나 공탁금이 출급되어 토지소유자의 일반재산에 혼입되기 전까지 토지보상법 제47조의 규정에 따른 물상대위권을 행사하여 위 보상금이나 공탁금출급청구권 등을 압류함으로써 우선변제를 받을 수 있다. 그러므로 토지의 저당권자가 어떠한 경위로든 보상금이 토지소유자에게 지급되거나 공탁금이 토지소유자에 의하여 출급되어 일반재산에 혼입되기 전에 물상대위권을 행사할 수 있는 충분한 시간적 간격을 두고 토지가 수용된 사실을 알게 되었음에도 불구하고 물상대위권을 행사하여 토지소유자의 보상금이나 공탁금출급청구권을 압류하지 않음으로써 우선변제를 받을 수 없게 된 경우에는 저당권자가 보상금으로부터 우선변제를 받지 못한 것이 사업시행자가 위와 같은 협의나 통지를 하지 아니한 데에 원인이 있는 것이라고 할 수 없다.

4. 관련문제(사업인정 후 담보물권을 취득한 자의 권리구제)

사업인정 후 담보물권을 취득한 자는 법 제47조에 의한 권리보호 외에 다른 구제책이 존재하는지가 문제될 수 있다. 해당 채권에 관한 다툼은 민사소송에 의함은 별론으로 하고, 사업인정 후 담보물권을 취득한 자는 원칙적으로 관계인에 포함되지 않으므로 사업인정이나 재결에 대한 불복은 원칙적으로 불가능하며, 수용재결에서 결정한 보상금증감청구소를 제기할 수 있는지에 대해서도 역시 같은 이유로 피수용자가 아닌 담보물권자는 해당 행정소송의 제기가 불가능할 것이다.

환매권 환매권의 흐름도

1. 의의 <92헌가15>

2. 환매권의 인정 근거
   - 이론적 근거
   - 법적 근거

3. 환매권의 법적 성질
   - 개설(형성권)
   - 사업인정 **전** 협의취득으로 인한 환매권의 법적 성질
   - 사업인정 **후** 취득으로 인한 환매권의 법적 성질

4. 환매권의 행사
   - 환매권의 성립시기
   - 환매권 행사의 요건
     - **1) 법 제91조 제1항 충족 여부(불필요한 경우)**
       - (1) 법 제91조 제1항
       - (2) 당사자와 목적물
       - (3) 폐지 · 변경으로 필요없게 된 때의 의미
       - (4) 행사기간의 검토
     - **2) 법 제91조 제2항 충족 여부**
       - (1) 규정내용
       - (2) '전부'와 '이용하지 아니할 때'의 의미
       - (3) 행사기간의 검토
     - **3) 제1항 및 제2항의 행사요건의 관계**
   - 환매권 행사의 제한(제6항, 공익사업변환 특칙)
   - 환매권의 당사자
     - 환매권의 당사자
     - 환매권의 양도성
     - 환매권의 대항력
   - 환매의 목적물
     - 토지의 소유권
     - 잔여지
     - 환매의 목적물을 토지에 한정하는 경우에 문제
   - 환매금액
   - 환매권의 행사절차
     - 사업시행자의 통지 또는 공고
     - 환매권자의 환매금액의 지급과 환매의사의 표시

환매권 행사의 제한(제6항, 공익사업변환 특칙)
- 의의 및 취지
- 환매권 행사의 제한요건
  - (1) 사업시행자 요건
    - 토지보상법상의 요건
    - 사업시행자의 변경이 있는 경우에도 공익사업변환 특칙이 적용되는지 여부
  - (2) 대상사업요건
  - (3) 사업시행자의 토지소유요건
- 환매권 행사의 제한 특칙이 위헌인지 여부
- 사업인정 전 협의취득으로 인한 환매권에 공익사업변환 특칙의 적용 여부

5. 환매권 행사의 효과
   - 환매권 행사의 효력발생시점
   - 사업인정 전 협의취득으로 인한 환매권의 경우
   - 사업인정 후 취득으로 인한 환매권의 경우

6. 환매권의 소멸
   - 사업시행자의 통지가 없는 경우
   - 사업시행자의 통지가 있는 경우
   - 사업시행자가 통지하지 아니한 경우의 불법행위성립 여부

7. 환매권에 대한 다툼
   - 행사요건 성립 여부에 대한 다툼
   - 환매금액에 대한 다툼
     - 의의
       - 현저히 변동된 경우
     - 환매금액 증감에 관한 다툼의 해결방법

07 민법상 환매권과 구별되는 토지보상법상 환매제도 및 환매양식

Ⅰ. 민법상 환매권과 토지보상법상 환매권 구별

1. 민법상 환매권과 토지보상법 환매권의 의의

민법 제590조 내지 제595조에서 규정하고 있으며, 민법상 환매란 매도인이 매매 계약과 동시에 매수인과의 특약으로 환매권을 보류한 경우에, 일정한 기간 내에 환매권을 행사하여 그 매매목적물을 도로 찾는 것을 의미한다. 토지보상법 제91조상 환매권이란 공익사업을 위해 취득된 토지가 당해 사업에 필요 없게 되었거나, 현실적으로 이용되지 않는 등 해당 공익사업이 폐지고시된 경우 원래 토지소유자가 환매대금을 지급하고 환매 의사를 표시함으로써 사업시행자로부터 토지소유권을 되찾을 수 있는 권리를 말한다. 이는 재산권의 존속보장 및 토지소유자의 소유권에 대한 감정존중을 차원에서 인정된다. 민법상 환매권 규정은 다음과 같다.

민법상 환매권

민법 제590조(환매의 의의)

① 매도인이 매매계약과 동시에 환매할 권리를 보류한 때에는 그 영수한 대금 및 매수인이 부담한 매매비용을 반환하고 그 목적물을 환매할 수 있다.

② 전항의 환매대금에 관하여 특별한 약정이 있으면 그 약정에 의한다.

③ 전2항의 경우에 목적물의 과실과 대금의 이자는 특별한 약정이 없으면 이를 상계한 것으로 본다.

제591조(환매기간)

① 환매기간은 부동산은 5년, 동산은 3년을 넘지 못한다. 약정기간이 이를 넘는 때에는 부동산은 5년, 동산은 3년으로 단축한다.

② 환매기간을 정한 때에는 다시 이를 연장하지 못한다.

③ 환매기간을 정하지 아니한 때에는 그 기간은 부동산은 5년, 동산은 3년으로 한다.

제592조(환매등기)

매매의 목적물이 부동산인 경우에 매매등기와 동시에 환매권의 보류를 등기한 때에는 제삼자에 대하여 그 효력이 있다.

제593조(환매권의 대위행사와 매수인의 권리)

매도인의 채권자가 매도인을 대위하여 환매하고자 하는 때에는 매수인은 법원이 선정한 감정인의 평가액에서 매도인이 반환할 금액을 공제한 잔액으로 매도인의 채무를 변제하고 잉여액이 있으면 이를 매도인에게 지급하여 환매권을 소멸시킬 수 있다.

제594조(환매의 실행)

① 매도인은 기간 내에 대금과 매매비용을 매수인에게 제공하지 아니하면 환매할 권리를 잃는다.

② 매수인이나 전득자가 목적물에 대하여 비용을 지출한 때에는 매도인은 제203조의 규정에 의하여 이를 상환하여야 한다. 그러나 유익비에 대하여는 법원은 매도인의 청구에 의하여 상당한 상환기간을 허여할 수 있다.

제595조(공유지분의 환매)

공유자의 1인이 환매할 권리를 보류하고 그 지분을 매도한 후 그 목적물의 분할이나 경매가 있는 때에는 매도인은 매수인이 받은 또는 받을 부분이나 대금에 대하여 환매권을 행사할 수 있다. 그러나 매도인에게 통지하지 아니한 매수인은 그 분할이나 경매로써 매도인에게 대항하지 못한다.

토지보상법 제91조상 환매권

토지보상법 제91조(환매권)

① 공익사업의 폐지・변경 또는 그 밖의 사유로 취득한 토지의 전부 또는 일부가 필요 없게 된 경우 토지의 협의취득일 또는 수용의 개시일(이하 이 조에서 "취득일"이라 한다) 당시의 토지소유자 또는 그 포괄승계인(이하 "환매권자"라 한다)은 다음 각 호의 구분에 따른 날부터 10년 이내에 그 토지에 대하여 받은 보상금에 상당하는 금액을 사업시행자에게 지급하고 그 토지를 환매할 수 있다. 〈개정 2021.8.10.〉

1. 사업의 폐지・변경으로 취득한 토지의 전부 또는 일부가 필요 없게 된 경우 : 관계 법률에 따라 사업이 폐지・변경된 날 또는 제24조에 따른 사업의 폐지・변경 고시가 있는 날
2. 그 밖의 사유로 취득한 토지의 전부 또는 일부가 필요 없게 된 경우 : 사업완료일

② 취득일부터 5년 이내에 취득한 토지의 전부를 해당 사업에 이용하지 아니하였을 때에는 제1항을 준용한다. 이 경우 환매권은 취득일부터 6년 이내에 행사하여야 한다.

(이하 생략)

2. 양도성의 유무

민법상 환매권은 양도성을 가지나 토지보상법상 환매권은 양도성이 없다. 다만, 판례에서 적시한 바와 같이 환매권자가 사업시행자로부터 환매 받은 토지를 다시 제3자에게 양도할 수는 있다.

판례

▶ 대판 2001.5.29. 선고 2001다11567 판결

(구)토지수용법이 환매권을 인정하는 입법 취지 및 제3자에 대한 환매권의 양도 가부(소극)

환매권을 인정하고 있는 입법 취지는 토지 등의 원소유자가 사업시행자로부터 토지 등의 대가로 정당한 손실보상을 받았다고 하더라도 원래 자신의 자발적인 의사에 따라서 그 토지 등의 소유권을 상실하는 것이 아니어서 그 토지 등을 더 이상 당해 공공사업에 이용할 필요가 없게 된 때에는 원소유자의 의사에 따라 그 토지 등의 소유권을 회복시켜 주는 것이 원소유자의 감정을 충족시키고 동시에 공평의 원칙에 부합한다는 데에 있는 것이며, 이러한 입법 취지에 비추어 볼 때 특례법상의 환매권은 제3자에게 양도할 수 없고, 따라서 환매권의 양수인은 사업시행자로부터 직접 환매의 목적물을 환매할 수 없으며, 다만 환매권자가 사업시행자로부터 환매한 토지를 양도받을 수 있을 뿐이라고 할 것이다.

3. 법정환매권과 상속여부 문제

토지보상법상 환매권은 민법상의 환매권과는 달리 법률의 규정에 의하여서만 인정되는 법정환매권이다. 민법상 환매권 및 토지보상법상 환매권 모두 상속성을 가진다.

II. 토지보상법상 환매의 절차도

환매토지 발생 ⇒ 환매 공고 또는 환매 통지 ⇒ 환매권자 의사표시 ⇒ 환매금액 결정(환매감정평가) ⇒ 환매협의 및 계약 ⇒ 환매대금납부 및 소유권이전등기

III. 토지보상법상 환매제도 전반에 걸친 서류들

1. 환매권 공고문과 환매신청서 서류

환매권 공고

국방군사시설 사업에 관한 법률 제4조 및 제6조에 의거 사업계획 및 실시계획고시[국방부고시 제2025-000호(2025.01.24)된 00군사학교 이전사업 지역 내 편입된 당해 토지의 점유면적에 대하여 국방, 군사시설 부지로 사용 못하게 됨에 따라 공익사업을 위한 토지등의 취득 및 보상에 관한 법률 제92조(환매권의 통지등) 및 같은 법 시행령 제50조(환매권의 공고)에 의거 아래와 같이 환매권을 공고하오니 환매대상자 및 관계인께서는 기간 내 계약체결 협의를 하여 주시기 바랍니다.

1. 환매토지건명 : 00군사학교 이전사업 지역 내 00대학교 점유면적 환매
2. 환매대상자 : 환매대상 토지에 대하여 우리 공사가 매입할 당시(2018년~2019년) 토지소유자 또는 포괄승계인
3. 환매자 : 0000공사 00본부장
4. 환매권행사기간 : 2025년 10월 1일부터 2026년 3월 31일(6개월간)
5. 환매대상 토지 : 별첨 목록 참조
6. 환매계획
   가. 환매시기 및 환매신청서 제출: 환매권 공고 후 환매기간 일로부터 6개월 이내(환매권자는 환매권 통지를 받은 날 또는 환매권 공고를 한날로부터 6개월 이내 0000공사 00본자에 붙임 환매신청서 제출(우편제출가능))
   나. 환매금액 산정: 환매금액은 공익사업을 위한 토지등의 취득 및 보상에 관한 법률 제91조 및 같은 법률 시행령 제48조 규정에 의거 감평평가한 금액으로 하며 환매권 통지시에 환매대상자에게 우편으로 발송합니다.
   다. 환매방법 및 절차: 환매신청서 제출 후 환매대금을 우리공사의 지정한 은행계좌로 입금 및 계약체결합니다(환매신청서 제출후 환매기간 내 대금납부 및 계약체결을 하지 않을 경우 환매포기한 것으로 처리됩니다).
   라. 환매장소: 0000공사 00본부 2층

○ 환매절차
환매토지 발생 ⇒ 환매 공고 또는 환매 통지 ⇒ 환매권자 의사표시 ⇒ 환매금액 결정(환매감정평가) ⇒ 환매협의 및 계약 ⇒ 환매대금납부 및 소유권이전등기

○ 환매감정평가
환매감정평가 : 공인된 2개 이상의 감정평가업자가 환매감정평가 실시

○ 환매금액
(1) 환매 당시의 평가가격이 지급한 보상금액에 인근 유사토지의 지가변동율을 고려한 금액보

다 적거나 같은 경우 당초에 지급한 보상금으로 결정
(2) 환매 당시의 평가가격이 당초에 지급한 보상금액에 인근 유사토지의 지가변동율을 고려한 금액보다 많은 경우
⇒ 보상금+[환매당시의 감정평가금액–(보상금×인근유사토지 지가변동률)]
○ 환매의사가 있을 경우에는 반드시 기한 내에 서면으로 신청하여야 하며, 신청이 완료되면 관련 절차에 따라 환매금액을 협의(통지)할 계획임.

마. 기타 유의사항
- 환매재산에 대한 소유권이전은 환매대금 완납 후 가능하며, 본 재산의 명도에 필요한 비용과 제수속은 환매 받은 자가 부담하여야 한다(소유권이전 서류 수령하여 환매권자가 소유권 이전 절차 진행).
- 공익사업을 위한 토지등의 취득 및 보상에 관한 법률 제92조(환매권의 통지등) 제2항의 규정에 의하여 환매받은 자는 환매권 통지를 받은 날 또는 환매권 공고를 한 날부터 6월이 경과한 후에는 환매권을 행사하지 못함.
- 토지활용등에 관한 관계법규의 제반사항에 대한 책임은 환매대상자가 지며 우리공사는 책임을 지지 아니합니다.
- 동 환매재산에 대하여 현00에서 점유한 시설물이 있는 상태로 환매됨에 따라 해당 토지의 사용, 수익에 재한을 받을 수 있음을 유의하여야 하며, 이에 대한 철거등의 책임은 우리공사가 책임을 지지 아니 합니다.
- 공유재부 토지인 경우 부분 지분이전이 불가하므로 전체 공유자가 환매신청하여야 하며, 일부 지분이전 환매는 불가합니다.

7. 기타 문의사항이 있을 시에는 0000공사 00본부로 문의하여 주시기 바랍니다.

2025.10.1.

붙임: 환매신청서(환매여부 회신서) 1부.

0000공사 00본부장

환매신청서(환매여부 회신서)

ㅁ 환매 대상토지(주소)
①
②

본인은 위 대상 토지의 취득일 당시의 소유자로서 00군사학교 이전사업에 편입 제외되어 환매권이 발생한 바, 환매권 행사 여부에 대하여 아래와 같이 확인 후 회신합니다.

– 아 래 –

환매의사 있음	환매의사 없음

2025년 월 일

환매권자(성명)
(생년월일)
(주소)
(연락처)

※ 공유자의 경우 환매권자에 대해 별지에 작성 후 간인
종중의 경우 종중총회 결의서 미 종중 등록증 첨부

0000공사 00본부장 귀중

2. 환매협의서 및 환매계약서

1. 환매협의서

○ 환매재산의 표시

소재지	지번	지목	면적(㎡)	환매예납금(원)
소계				–

위 재산에 관하여 0000공사 00본부장(이하 "갑"이라 한다.) 00시 동남구 청담동000외 10필지(이하 "을"이라 한다)간에 아래와 같이 환매협의를 한다.

제1조 (목적)
본 협의서는 환매계약 이전에 환매를 원활히 하고자 함을 목적으로 한다.

제2조 (환매의사 표시방법)
"갑"은 환매대상토지에 대하여 "을"이 인감증명서 1통을 첨부하여 환매의사를 표시하면 감정평가업자에게 감정평가 의뢰하여 환매금액을 결정하며, 이에 따른 감정평가 수수료를 납부한다. 그러나 "을"이 환매의사를 표시하고도 확정된 환매금액을 정산 납부하지 않아 환매가 성립되지 않을 시에는 감정평가수수료를 "을"이 예납한 환매예납금에서 원칙적으로 공제하기로 한다.

제3조 (환매금액의 결정)
환매금액은 "갑"이 「공익사업을 위한 토지 등의 취득 및 보상에 관한 법률」에 따라 2개의 감정평가기관에 감정평가 의뢰하여 평가된 감정단가를 산술평균한 금액으로 결정하며, "을"은 "갑"이 산정한 환매금액을 환매예납금과 정산한 후에 환매계약을 체결하여 환매하기로 한다.

제4조 (환매금액의 납부 및 동기이전)
"을"은 전조에 의한 환매금액을 "갑"이 산정하여 통지하는 고지서에 의거 납부하여야 하고, 환매금액 납부 이후 "갑"은 "을"에게 소유권 이전에 필요한 서류를 교부하여야 하며, "을"은 "갑"으로부터 교부받은 서류에 의거 직접 등기이전 절차를 완료하여야 한다.

제5조 (손해보전)
"을"은 환매성립일 이후 환매토지로 인하여 어떠한 손실이 발생하더라도 "갑"에게 손해보전 등 책임을 물을 수 없다.

제6조 (협의)
본 계약서에 정하지 않은 사항은 "갑"과 "을"이 상호 협의하여 결정하고 본 계약서를 2통 작성하여 "갑"과 "을"이 각각 1부씩 소지한다.

2026.12.30.

"갑" 0000공사 00본부장 (인)
"을" 한석봉 (인)

2. 환매계약서
○ 환매재산의표시 (단위: 원)

소재지	지번	지목	면적(㎡)	환매금액

위 재산에 관하여 0000공사 00본부장(이하 "갑"이라 한다)과 00시 동남구 청담동00 외 10필지(이하 "을"이라 한다)간에 아래와 같이 환매계약을 체결한다.
제1조 위 재산에 대한 환매금액은 상기와 같이 감정평가에 의거하여 확정된 금액으로 한다.

제2조 환매금액은 "갑"이 공익사업을 위한 토지 등의 취득 및 보상에 관한 법률에 따라 감정평가업자에게 감정평가 의뢰하여 환매금액으로 확정한 상기금액으로 한다.

제3조 전조에 의한 환매금액 납부이후 위 재산은 "을"의 소유로 하며, "갑"은 "을"에게 환매계약서 1통을 교부하고 "을"은 교부받은 환매계약서로 소유권이전등기를 하여 소유권 이전비용은 "을"의 부담으로 한다.

제4조 "을"은 환매성립일 경우 이후 환매토지로 인하여 어떠한 손실이 발생하더라도 "갑"에게 손해보전 등 책임을 추궁할 수 없다.

제5조 본 계약서에서 정하지 않은 사항은 "갑"과 "을"이 상호 협의하여 결정하고 본 계약서를 2통 작성하여 "갑"과 "을"이 각각 1통씩 소지한다.

2027.1.15.

"갑" 0000공사 00본부장 (인)
"을" 한석봉 (인)

08 환매권

> **법 제91조(환매권)**
>
> ① 공익사업의 폐지·변경 또는 그 밖의 사유로 취득한 토지의 전부 또는 일부가 필요 없게 된 경우 토지의 협의취득일 또는 수용의 개시일(이하 이 조에서 "취득일"이라 한다) 당시의 토지소유자 또는 그 포괄승계인(이하 "환매권자"라 한다)은 다음 각 호의 구분에 따른 날부터 10년 이내에 그 토지에 대하여 받은 보상금에 상당하는 금액을 사업시행자에게 지급하고 그 토지를 환매할 수 있다.
>
> 1. 사업의 폐지·변경으로 취득한 토지의 전부 또는 일부가 필요 없게 된 경우 : 관계 법률에 따라 사업이 폐지·변경된 날 또는 제24조에 따른 사업의 폐지·변경 고시가 있는 날
> 2. 그 밖의 사유로 취득한 토지의 전부 또는 일부가 필요 없게 된 경우 : 사업완료일
>
> ② 취득일부터 5년 이내에 취득한 토지의 전부를 해당 사업에 이용하지 아니하였을 때에는 제1항을 준용한다. 이 경우 환매권은 취득일부터 6년 이내에 행사하여야 한다.
>
> ③ 제74조 제1항에 따라 매수하거나 수용한 잔여지는 그 잔여지에 접한 일단의 토지가 필요 없게 된 경우가 아니면 환매할 수 없다.
>
> ④ 토지의 가격이 취득일 당시에 비하여 현저히 변동된 경우 사업시행자와 환매권자는 환매금액에 대하여 서로 협의하되, 협의가 성립되지 아니하면 그 금액의 증감을 법원에 청구할 수 있다.
>
> ⑤ 제1항부터 제3항까지의 규정에 따른 환매권은 「부동산등기법」에서 정하는 바에 따라 공익사업에 필요한 토지의 협의취득 또는 수용의 등기가 되었을 때에는 제3자에게 대항할 수 있다.
>
> ⑥ 국가, 지방자치단체 또는 「공공기관의 운영에 관한 법률」 제4조에 따른 공공기관 중 대통령령으로 정하는 공공기관이 사업인정을 받아 공익사업에 필요한 토지를 협의취득하거나 수용한 후 해당 공익사업이 제4조 제1호부터 제5호까지에 규정된 다른 공익사업(별표에 따른 사업이 제4조 제1호부터 제5호까지에 규정된 공익사업에 해당하는 경우를 포함한다)으로 변경된 경우 제1항 및 제2항에 따른 환매권 행사기간은 관보에 해당 공익사업의 변경을 고시한 날부터 기산(起算)한다. 이 경우 국가, 지방자치단체 또는 「공공기관의 운영에 관한 법률」 제4조에 따른 공공기관 중 대통령령으로 정하는 공공기관은 공익사업이 변경된 사실을 대통령령으로 정하는 바에 따라 환매권자에게 통지하여야 한다.
>
> [2021.8.10. 법률 제18386호에 의하여 2020.11.26. 헌법재판소에서 헌법불합치 결정된 이 조 제1항을 개정함.]

1. 환매권의 의의

공익사업에 필요하여 취득한 토지가 사업의 폐지·변경 기타 사유로 인해 필요 없게 되거나 또는 일정기간이 경과하도록 그 사업에 현실적으로 이용되지 아니하는 경우에 해당 토지소유자이었던 자가 일정한 대가를 지급하고 원래의 토지를 다시 취득할 수 있는 권리를 말한다.

종전에는 사업시행자가 환매대상토지를 사업인정 전·후에 취득하였는가에 따라서 그 법적 근거를 달리하였으나, 토지보상법에서는 사업인정 전·후와 관계없이 통일적으로 규정을 두고 있다.

2. 환매권의 인정 근거

(1) 환매권의 이론적 근거

제공된 토지가 원래 공익목적에 이용되고 있지 않은 경우 해당 토지는 토지소유자에게 반환되어 원상회복하는 것이 감정존중이나 공평의 원칙 및 헌법 제23조 제1항 재산권 보장원칙에 부합한다

는 측면에서 헌법재판소는 환매권을 헌법상 재산권 보장규정으로부터 도출되는 헌법이 보장한 재산권의 내용에 포함되는 권리로 보고 있다.

① **토지소유자의 감정의 존중(다수) 및 공평의 원칙(판례)에서 찾는 견해**

수용재결취득은 피수용자의 의사에 반하여 강제적으로 소유권을 박탈한 것이므로 정당보상이 주어졌다 하더라도 수용목적물에 대한 애착심에 기한 감정상의 손실이 남아 있게 되는데 공익상의 필요가 소멸한 때에는 원소유자에게 돌려주어 감정상의 손실을 존중해주기 위해서 환매권이 인정된다.

판례

▶ **관련판례(대판 1992.4.28, 91다29927)**

공특법 제9조 제1항이 환매권을 인정하고 있는 입법이유는, 토지 등의 원소유자가 사업시행자로부터 토지 등의 대가로 정당한 손실보상을 받았다고 하더라도 원래 자신의 자발적인 의사에 기하여 그 토지 등의 소유권을 상실하는 것이 아니어서, 완전보상 이후에도 피수용자의 감정상의 손실이 남아 있으므로 그 감정상의 손실을 수인할 공익상의 필요가 소멸된 때에는 원소유자의 의사에 따라 그 토지 등의 소유권을 회복시켜 주는 것이 공평의 원칙에 부합한다는 데에 있다.

② **재산권의 존속보장 및 정책적 배려에서 찾는 견해**

헌법 제23조 제1항의 재산권의 존속보장은 공익이라는 필요에 의해 헌법 제23조 제3항의 가치보장으로 전환하였으나 이후 공익성의 필요가 소멸한 때에는 재산권의 존속보장으로 다시 환원하여야 하며 이를 위해 환매권이 인정된다고 본다. 헌법재판소도 환매권은 헌법의 재산권 내용에 포함된 권리라고 보고 있으며, 정책적 배려라는 측면의 견해를 지지하고 있다.

판례

▶ **관련판례(대판 1998.12.24, 97헌마87 · 88 병합)**

헌법 제23조의 근본취지에 비추어 볼 때, 일단 공용수용의 요건을 갖추어 수용절차가 종료되었다고 하더라도 그 후에 수용의 목적인 공익사업이 수행되지 아니하거나 또는 수용된 재산권이 해당 공공사업에 필요 없게 되었다고 한다면, 수용의 헌법상 정당성과 공공필요에 의한 재산권 취득의 근거가 장래를 향하여 소멸한다고 보아야 한다. 따라서 수용된 토지 등이 공익사업에 필요 없게 되었을 경우에는 피수용자가 그 토지 등의 소유권을 회복할 수 있는 권리, 즉 환매권은 헌법이 보장하는 재산권의 내용에 포함되는 권리라고 보는 것이 상당하다.

(2) 법적 근거

① **헌법적 근거**

환매권의 헌법적 근거를 찾을 수 있는가에 대하여 헌법재판소는 환매권은 헌법 제23조의 재산권의 내용에 포함되는 권리라고 결정한 바 있다. 따라서 환매권은 헌법적 근거를 갖는다고 볼 것이다.

② 개별법적 근거

(ㄱ) **문제점** : 환매권은 헌법의 재산권에 포함된 권리이지만 개별법에 명문의 규정이 없는 때에도 헌법을 직접적인 법적 근거로 하여 환매권을 도출할 수 있는가가 의문시된다.

(ㄴ) **견해의 대립** : ㉠ 환매권은 헌법의 재산권의 본질적 부분에 속하는 것이므로 개별법에 명문 규정이 없어도 헌법에 근거하여 행사할 수 있다고 보며 개별법에 규정이 없다고 하여 환매권 행사를 제한하면 위헌·위법이 된다고 보는 견해(헌법상 권리설)와 ㉡ 환매권이 헌법상 재산권에 포함된다 하더라도 재산권의 본질적인 부분은 아니며 입법자가 법률로 정할 내용과 한계에 해당하므로 입법자가 개별법에 명문의 규정을 두어서 환매권을 인정하지 않는 이상 환매권 행사를 인정하지 않는 것은 원칙적으로 헌법에 위배되는 것은 아니라고 보는 견해(법률상 권리설)가 있다.

(ㄷ) **판례** : 대법원은 실정법의 근거가 있어야 환매권을 행사할 수 있다는 취지의 판결을 한 바 있다.

판례

▶ 관련판례(대판 1993.6.29, 91다43480)

토지수용법이나 공공용지의 취득 및 손실보상에 관한 특례법 등에서 규정하고 있는 바와 같은 환매권은 공공의 목적을 위하여 수용 또는 협의취득된 토지의 원소유자 또는 그 포괄승계인에게 재산권 보장과 관련하여 공평의 원칙상 인정하고 있는 권리로서 민법상의 환매권과는 달리 법률의 규정에 의하여서만 인정되고 있으며, 그 행사요건, 기간 및 방법 등이 세밀하게 규정되어 있는 점에 비추어 다른 경우에까지 이를 유추적용할 수 없고, 환지처분에 의하여 공공용지로서 지방자치단체에 귀속되게 된 토지에 관하여는 토지구획정리사업법상 환매권을 인정하고 있는 규정이 없고, 이를 공공용지의 취득 및 손실보상에 관한 특례법상의 협의취득이라고도 볼 수 없으므로 같은 특례법상의 환매권에 관한 규정을 적용할 수 없다.

(ㄹ) **검토** : 생각건대, 민법상 환매권과는 달리 행정법 영역에서 환매권이 인정되기 위해서는 입법자가 헌법의 재산권 보장과 관련하여 공평의 원칙상 인정할 만한 필요가 있는지를 판단하여 개별법에 명시하여야 한다고 본다. 토지보상법의 환매권은 이러한 공평의 원칙상 필요로 인하여 인정된 것이라고 보아진다. 토지보상법의 환매권은 헌법의 재산권 이념을 구체화한 것으로 평가된다.

3. 환매권의 법적 성질

(1) 개설(형성권)

환매의 원인행위에 따라서 사업인정 이전·이후인지를 구분하여 살펴보아야 한다. 이러한 논의는 다툼이 있는 경우 분쟁의 해결방법의 차이를 가져온다. 환매권은 사업인정 전·후에 관계없이 형성권의 성질을 가진다는 점에서는 동일하다. 또한 쟁점이 되는 것이 사권인지 공권인지 문제되고 채권적 효력이 있는지 물권적 효력이 있는지도 문제시된다.

판례

▶ 관련판례(대판 1987.4.14, 86다324, 86다카1579)
환매는 환매기간 내에 환매의 요건이 발생하면 환매권자가 환매대금을 지급하고 일방적으로 환매의 의사표시를 함으로써 사업시행자의 의사 여하에 관계없이 그 환매가 성립되는 것이다.

▶ 관련판례(헌재 1994.2.24, 92헌마283)
청구인들이 주장하는 환매권의 행사는 그것이 공공용지의 취득 및 손실보상에 관한 특례법 제9조에 의한 것이든, 토지수용법 제71조에 의한 것이든, 환매권자의 일방적 의사표시만으로 성립하는 것이지 ~.

(2) 사업인정 전 협의취득으로 인한 환매권의 법적 성질

사업시행자가 사업인정 전 사법적 수단에 의하여 취득한 토지에 대하여 환매하는 것이므로 사법상 권리라고 보는 것이 타당하다. 따라서 환매권에 대한 분쟁은 민사소송에 의하게 될 것이다.

(3) 사업인정 후 취득으로 인한 환매권의 법적 성질

① 학설

(ㄱ) **공권설** : 환매제도는 공법적 수단에 의해 상실된 권리를 회복하는 제도로, 공법상 주체인 사업시행자에 대해 사인이 가지는 공법상 권리라고 한다. 공법적 원인에 기한 결과를 회복하는 수단 역시 공법적인 것이어야 함이 논리적이라 한다(유력설).

(ㄴ) **사권설** : 환매권은 환매권자 자신의 이익을 위해서 환매의 의사를 표시함으로써 토지를 재취득하는 것이라는 점, 환매권의 행사는 공익성의 소멸을 그 요건으로 하고 있으므로 사업시행자는 더 이상 수용권의 주체로서의 지위를 갖지 않는다는 점을 볼 때 환매권은 사법상 권리라고 본다.

② 판례

헌법재판소는 공익사업용지에 대한 환매권의 법적 성질을 사법상의 권리로 보고, 사업시행자의 환매권 행사를 거부하는 의사표시는 공권력의 행사가 아니라고 결정한 바 있다.

판례

▶ 관련판례(헌재 1994.2.24, 92헌마283)
청구인들이 주장하는 환매권의 행사는 그것이 공공용지의 취득 및 손실보상에 관한 특례법 제9조에 의한 것이든, 토지수용법 제71조에 의한 것이든, 환매권자의 일방적 의사표시만으로 성립하는 것이지, 상대방인 사업시행자 또는 기업자의 동의를 얻어야 하거나 그 의사 여하에 따라 그 효과가 좌우되는 것은 아니다. 따라서 이 사건의 경우 피청구인이 설사 청구인들의 환매권 행사를 부인하는 어떤 의사표시를 하였다 하더라도, 이는 환매권의 발생 여부 또는 그 행사의 가부에 관한 사법관계의 다툼을 둘러싸고 사전에 피청구인의 의견을 밝히고, 그 다툼의 연장인 민사소송절차에서 상대방의 주장을 부인하는 것에 불과하므로, 그것을 가리켜 헌법소원심판의 대상이 되는 공권력의 행사라고 볼 수는 없다.

▶ 관련판례(대판 1989.12.12, 89다카9675)
환매권 행사로 인한 매수의 성질은 사법상의 매매와 같다고 볼 것이므로 특단의 사정이 없는 한

> 환매권 행사에 따른 국가의 소유권이전등기의무와 환매대금지급의무는 서로 동시이행관계에 있다 고 보는 것이 타당하며 ~.

③ 검토

(ㄱ) **공권설에 의한 검토** : 사업인정 후 취득으로 인한 환매권은 공법적 수단에 의하여 상실된 토지를 되찾을 수 있는 권리이므로 공법상 권리로 보는 것이 타당하다. 따라서 환매권에 대한 다툼은 행정소송에 의하여야 할 것이다. 사업시행자가 반환의무 거부 시에는 이것이 처분에 해당되지는 아니하므로 공법상 당사자소송으로 해당 법률관계를 다툴 수 있을 것이다.

(ㄴ) **사권설에 의한 검토** : 생각건대, 공・사법의 구별은 법형식으로 이해할 것이 아니라, 법률관계 당사자와 추구하는 이익을 기준으로 보건대 수용법률관계가 목적을 달성하여 소멸한 후에도 사업시행자가 공권력의 주체라고 보기 어렵고(주체), 환매권은 공익을 위한 것이 아니라 전적으로 사인의 이익만을 위해 인정되는 권리(이익)이다. 따라서 환매권은 사법관계로서 사인이 가지는 권리 역시 사권인바 환매권에 대한 분쟁(환매가격)은 사법상의 민사소송절차에 의할 것으로 보인다.

(4) 채권적 효력으로서 환매권의 법적성질

환매권은 사업시행자에게 보상금에 상당한 금액을 지급하고 일방적 의사표시를 함으로써 환매가 성립하지만, 환매권 규정을 의사표시만으로 소유권을 회복하는 것으로 볼 수는 없다. 현재 소유자의 동의에 의해 양자간 매매계약이 성립하고 당사자 간 채권・채무 관계를 발생시키는 것으로 보아야 함으로 채권적 효력이 있다. 이때 소송은 소유권이전등기청구소송 내지 소유권등기말소청구소송의 유형을 취해야 한다. 즉 환매권이 채권적 효력을 가진다는 것은, 이는 물권적 권리가 아니라 원소유자가 환매 대상자(현 소유자)에게 환매를 청구할 수 있는 권리, 즉 계약을 체결할 것을 요구할 수 있는 권리라는 점을 뜻한다. 이는 물권적 효력처럼 소유권 자체를 곧바로 되돌려받는 것이 아니라, 환매계약을 체결해야만 소유권이 이전된다는 특징을 가진다. 환매권은 원소유자가 환매 대상자와 협의를 통해 다시 토지를 매수할 수 있는 권리로 작용하며, 환매 대상자와의 협상이 필요하다. 환매권자가 법적으로 환매를 요구할 수 있지만, 협상이 성립되지 않으면 소송 등을 통해 권리 실현을 도모해야 한다는 점에서 채권적 효력이 타당하다고 보여진다. 이하 환매권의 행사효과에서 구체적으로 살펴보기로 한다.

■ **법규 헷갈리는 쟁점 : 환매권의 법적 성질은 무엇일까?(35회 1번 기출)**

Ⅰ. 문제의 소재

공익사업을 위한 토지등의 취득 및 보상에 관한 법률(이하 '토지보상법')상 환매권의 법적 성질에 대하여 설명하고, 환매대금증액청구소송의 법적 성질에 대하여 민사소송인지 공법상 당사자소송인지 견해가 대립하는바, 관련 규정과 판례를 토대로 설명하고자 한다.

Ⅱ. 환매권의 의의, 취지 및 법적 근거

환매권이란 공익사업에 필요하여 취득한 토지가 사업의 폐지・변경 기타 사유로 인해 필요 없게 되거나 또는 일정기간이 경과하도록 그 사업에 현실적으로 이용되지 아니하는 경우에 해당 토지소유자이었던 자가 일정한 대가를 지급하고 원래의 토지를 다시 취득할 수 있는 권리를 말하며, 피수용자의 감정 존중과 재산권의 존속보장에 그 취지가 있다. 법적 근거로는 토지보상법 제91조에 근거한다.

Ⅲ. 환매권의 법적성질

1. 환매권의 법적 성질

(1) 공권인지 사권인지 여부

1) 학설

① 공권설 : 환매제도는 공법적 수단에 의해 상실된 권리를 회복하는 제도로, 공법상 주체인 사업시행자에 대해 사인이 가지는 공법상 권리라고 한다. 공법적 원인에 기한 결과를 회복하는 수단 역시 공법적인 것이어야 함이 논리적이라 한다(유력설).

② 사권설 : 환매권은 환매권자 자신의 이익을 위해서 환매의 의사를 표시함으로써 토지를 재취득하는 것이라는 점, 환매권의 행사는 공익성의 소멸을 그 요건으로 하고 있으므로 사업시행자는 더 이상 수용권의 주체로서의 지위를 갖지 않는다는 점을 볼 때 환매권은 사법상 권리라고 본다.

2) 대법원 판례/헌법재판소 결정의 태도 – 사권

▶ **관련판례(헌재 1994.2.24, 92헌마283)**

청구인들이 주장하는 환매권의 행사는 그것이 공공용지의 취득 및 손실보상에 관한 특례법 제9조에 의한 것이든, 토지수용법 제71조에 의한 것이든, 환매권자의 일방적 의사표시만으로 성립하는 것이지, 상대방인 사업시행자 또는 기업자의 동의를 얻어야 하거나 그 의사 여하에 따라 그 효과가 좌우되는 것은 아니다. 따라서 이 사건의 경우 피청구인이 설사 청구인들의 환매권 행사를 부인하는 어떤 의사표시를 하였다 하더라도, 이는 환매권의 발생 여부 또는 그 행사의 가부에 관한 사법관계의 다툼을 둘러싸고 사전에 피청구인의 의견을 밝히고, 그 다툼의 연장인 민사소송절차에서 상대방의 주장을 부인하는 것에 불과하므로, 그것을 가리켜 헌법소원심판의 대상이 되는 공권력의 행사라고 볼 수는 없다.

▶ **관련판례(대법원 2012.4.26. 선고 2010다6611 판결)**

한편 '국가보위에 관한 특별조치법 제5조 제4항에 의한 동원대상지역 내의 토지의 수용・사용에 관한 특별조치령' 제39조 제1항에 규정된 환매권 행사로 인한 매수의 성질은 사법상 매매와 같은 것으로서 환매 대상이 되는 것은 당초 국가가 수용한 목적물 내지 권리와 동일하다고 보아야 한다. 따라서 위와 같이 어느 공유자가 국가와 1필지 토지에 관하여 구분소유적 공유관계에 있는 상태에서 국가로부터 그 공유자가 가지는 1필지의 특정 부분에 대한 소유권을 수용당하였다가 그 후 환매권을 행사한 경우 그 공유자가 환매로 취득하는 대상은 당초 수용이 된 대상과 동일한 1필지의 특정 부분에 대한 소유권이고, 이와 달리 1필지 전체에 대한 공유지분이라고 볼 수는 없다.

3) 소결

생각건대, 공・사법의 구별은 법형식으로 이해할 것이 아니라, 법률관계 당사자와 추구하는 이익을 기준으로 보건대 수용법률관계가 목적을 달성하여 소멸한 후에도 사업시행자가 공권력의 주체라고 보기 어렵고(주체), 환매권은 공익을 위한 것이 아니라 전적으로 사인의 이익만을 위해 인정되는 권리(이익)이다. 따라서 환매권은 사법관계로서 사인이 가지는 권리 역시 사권인바 환매권에 대한 분쟁(환매가격)은 사법상의 민사소송절차에 의할 것으로 판단된다.

(2) 형성권과 채권적 효력설

1) 형성권

환매권은 제척기간 내에 이를 일단 행사하면 형성권으로 매매의 효력이 생기는 것으로서 〈형성권〉의 성질을 지니며, 판례에서도 환매요건이 발생하면 환매권자가 지급받은 보상금에 상당한는 금액을 사업시행자에게 미리 지급하고 일방적 의사표시를 함으로써 사업시행자의 의사와 관계없이 환매가 성립한다고 판시하고 있다.

> ▶ 관련판례(대법원 2012.8.30. 선고 2011다74109 판결
> 공익사업을 위한 토지 등의 취득 및 보상에 관한 법률 제91조에 의한 환매는 환매기간 내에 환매의 요건이 발생하면 환매권자가 지급 받은 보상금에 상당한 금액을 사업시행자에게 미리 지급하고 일방적으로 의사표시를 함으로써 사업시행자의 의사와 관계없이 환매가 성립한다. 따라서 환매기간 내에 환매대금 상당을 지급하거나 공탁하지 아니한 경우에는 환매로 인한 소유권이전등기 청구를 할 수 없다.

2) 채권적 효력설

환매권은 사업시행자에게 보상금에 상당한 금액을 지급하고 일방적 의사표시를 함으로써 환매가 성립하지만, 환매권 규정을 의사표시만으로 소유권을 회복하는 것으로 볼 수는 없다. 현재 소유자의 동의에 의해 양자간 매매계약이 성립하고 당사자 간 채권・채무 관계를 발생시키는 것으로 보아야 함으로 채권적 효력이 있다. 이때 소송은 소유권이전등기청구소송 내지 소유권등기말소청구소송의 유형을 취해야 한다.

3) 검토

판례의 태도에 따라 환매권은 형성권의 성질을 가지며, 채권・채무관계가 되는 것으로서 채권적 효력을 가진다고 봄이 타당하다. 따라서 환매권 의사표시를 하였음에도 불구하고 사업시행자의 이행이 없을 경우 소송의 형태는 소유권이전등기청구소송으로 하여야 한다.

Ⅳ. 소결

관련 판례의 태도에 따르면 환매권은 〈사법상 권리〉이며, 일방적 의사표시를 함으로써 환매가 성립하는 바 〈형성권〉의 성질을 가지며, 이에 따라 원토지소유자와 사업시행자 간 채권・채무관계가 되는 것으로서 〈채권적 효력〉을 가진다고 봄이 타당하다고 판단된다.

4. 환매권의 행사

(1) 환매권의 성립시기

토지보상법이 정한 법정요건이 환매권의 성립요건인지 행사요건인지에 대하여 견해의 대립이 있으나, 취득일에 이미 성립한 환매권을 현실적으로 행사하기 위한 요건으로 봄이 타당하다고 사료된다

(박윤흔). 즉, 토지보상법 제91조 제1항, 제2항이 규정하고 있는 환매의 요건은 행사요건이라 할 것이다.

(2) 환매권 행사의 요건

① 법 제91조 제1항 충족 여부(불필요한 경우)

(ㄱ) 법 제91조 제1항

법 제91조(환매권)

① 공익사업의 폐지 · 변경 또는 그 밖의 사유로 취득한 토지의 전부 또는 일부가 필요 없게 된 경우 토지의 협의취득일 또는 수용의 개시일(이하 이 조에서 "취득일"이라 한다) 당시의 토지소유자 또는 그 포괄승계인(이하 "환매권자"라 한다)은 다음 각 호의 구분에 따른 날부터 10년 이내에 그 토지에 대하여 받은 보상금에 상당하는 금액을 사업시행자에게 지급하고 그 토지를 환매할 수 있다.

1. 사업의 폐지 · 변경으로 취득한 토지의 전부 또는 일부가 필요 없게 된 경우 : 관계 법률에 따라 사업이 폐지 · 변경된 날 또는 제24조에 따른 사업의 폐지 · 변경 고시가 있는 날
2. 그 밖의 사유로 취득한 토지의 전부 또는 일부가 필요 없게 된 경우 : 사업완료일

② 〈이하 생략〉

(ㄴ) **당사자와 목적물** : 환매권자는 토지소유자 또는 포괄승계인이고 상대방은 사업시행자 또는 현재의 소유자이다. 환매목적물은 토지소유권에 한한다. 단, 잔여지의 경우에는 접속된 부분이 필요 없게 된 경우가 아니면 환매는 불가하다.

판례

▶ 관련판례(대판 2012.4.26, 2010다6611)
국가가 1필지 토지에 관하여 위와 같이 다른 공유자와 **구분소유적 공유관계에 있는 경우** 국가가 이러한 상태에서 군사상 필요 등에 의하여 다른 공유자가 1필지 토지에 관하여 가지고 있는 권리를 수용하는 경우 **수용 대상은** 공유자의 1필지 토지에 대한 공유지분권이 아니라 **1필지의 특정 부분에 대한 소유권이**다. 그 후 **환매권을 행사한 경우** 그 공유자가 **환매로 취득하는 대상은** 당초 수용이 된 대상과 동일한 **1필지의 특정 부분에 대한 소유권이고**, 이와 달리 1필지 전체에 대한 공유지분이라고 볼 수는 없다.

(ㄷ) **폐지 · 변경으로 필요 없게 된 때의 의미** : 공익사업의 폐지, 변경이란 해당 공익사업을 아예 그만두거나 다른 공익사업으로 바꾸는 것을 의미하는데, 대법원은 동일한 사업의 계획이 변경되는 데 불과한 경우는 변경으로 보지 않았고, 공원조성사업과 택지개발사업의 사업시행자가 다르고 공익성 정도가 다른 점을 이유로 폐지 · 변경에 해당한다고 판시하고 있다(판례 1). 필요 없게 되었을 때란, 해당 사업을 위해 사용할 필요 자체가 없어진 경우를 의미하고, 대법원은 사업시행자의 주관적 의사를 표준으로 할 것이 아니라 해당 사업의 목적과 내용, 해당 토지와 사업의 관계, 용도 등 제반 사정에 비추어 객관적, 합리적으로 판단하여야 한다고 판시하고 있다(판례 2).

판례

▶ 관련판례 1(대판 1994.1.25, 93다11760 · 11777 · 11784)

사업의 폐지 · 변경 기타의 사유로 인하여 수용한(또는 취득한) 토지의 전부 또는 일부가 필요 없게 된 때라 함은 수용 또는 협의취득의 목적이 된 구체적인 특정의 공익사업이 폐지되거나 변경되는 등의 사유로 인하여 해당 토지가 더 이상 그 공익사업에 직접 이용될 필요가 없어졌다고 볼 만한 객관적인 사정이 발생한 경우를 말하는 것이므로, 해당 토지의 취득목적사업인 공익사업의 내용이 변경됨에 따라 새로이 필요하게 된 다른 토지 등을 취득하기 위하여 해당 토지를 활용하는 것이, 당초 해당 토지를 수용하거나 협의취득한 목적을 궁극적으로 달성하는 데 필요하다고 하더라도, 이와 같은 사정만으로는 해당 토지에 대한 환매권의 발생에 아무런 영향도 미칠 수 없다.

▶ 관련판례 2(대판 1994.8.12, 93다50550)

수용된 토지의 환매권에 관한 토지수용법 제71조 제1항 소정의 "사업의 폐지 · 변경 기타의 사유로 인하여 수용한 토지의 전부 또는 일부가 필요 없게 된 때"라 함은 기업자의 주관적인 의사와는 관계없이 수용의 목적이 된 구체적인 특정공익사업이 폐지되거나 변경되는 등의 사유로 인하여 해당 토지가 더 이상 그 공익사업에 직접 이용될 필요가 없어졌다고 볼 만한 객관적인 사정이 발생한 경우를 말하는 것이고, 수용된 토지 등이 필요 없게 되었는지의 여부는 해당 사업의 목적과 내용, 수용의 경위와 범위, 해당 토지와 사업과의 관계, 용도 등 제반 사정에 비추어 합리적으로 판단하여야 한다.

▶ 관련판례(대판 2010.5.13, 2010다12043 · 12050)

'공익사업을 위한 토지 등의 취득 및 보상에 관한 법률' 제91조에서 정하는 환매권은 '해당 사업의 폐지 · 변경 그 밖의 사유로 인하여 취득한 토지의 전부 또는 일부가 필요 없게 된 경우'에 행사할 수 있다. 여기서 '해당 사업'이란 토지의 협의취득 또는 수용의 목적이 된 구체적인 특정공익사업을 가리키는 것이고, 취득된 토지가 '필요 없게 된 경우'라 함은 그 토지가 취득의 목적이 된 특정공익사업의 폐지 · 변경 그 밖의 사유로 인하여 그 사업에 이용할 필요가 없어진 경우를 의미하며, 위와 같이 취득된 토지가 필요 없게 되었는지의 여부는 해당 공익사업의 목적과 내용, 토지취득의 경위와 범위, 해당 토지와 공익사업의 관계, 용도 등 제반 사정에 비추어 객관적, 합리적으로 판단하여야 한다.

수도권신공항건설 촉진법에 따른 신공항건설사업의 시행자가 인천국제공항 2단계 건설사업의 공항시설공사 선행작업인 부지조성공사를 시행하면서, 그 부대공사로서 항공기 안전운항에 장애가 되는 구릉을 제거하는 공사를 하기 위해 그 구릉 일대에 위치한 토지를 협의취득한 후 절토작업을 완료한 사안에서, 절토작업이 완료된 토지의 현황을 그대로 유지하는 것은 인천국제공항에 입 · 출항하는 항공기의 안전운행을 위해 반드시 필요한 것이므로 해당 사업의 목적은 장애구릉의 제거에 그치지 않고 그 현상을 유지하는 것까지 포함하는 것이라고 봄이 상당하고, 그 토지는 해당 사업에 계속 이용되는 것이거나 필요한 것으로서 공익상 필요가 소멸하지 않았다고 볼 수 있다는 점 등 여러 사정을 고려하면, 절토작업이 완료되었다는 사정만으로 그 토지가 해당 사업에 필요 없게 되었다고 보기 어려워 그 토지에 관한 환매권이 발생하지 않았다고 한 사례

▶ 관련판례(대판 2009.10.15, 2009다43041)

한국농어촌공사가 영산강 유역 농업개발사업을 위하여 협의취득한 토지 중 일부 토지에 관하여 환매가 청구된 사안에서, 그 일부 토지에 설치하기로 예정하였던 시설물이 다른 곳에 설치되었다고 하여 그와 같은 구체적인 토지이용계획의 변경이 그 토지가 위 사업에 이용될 필요가 없어지게 하

는 공익사업의 변경에 해당한다고 단정할 수 없고, 그 토지의 일부를 일시적으로 다른 사람에게 임대하였다는 사정만으로 그 토지가 위 사업에 필요 없게 되었다고 보기도 어렵다고 한 사례

▶ **관련판례(대판 2011.5.13, 2010다6567) [소유권이전등기](제23회 기출)**

갑 지방자치단체가 '세계도자기엑스포' 행사를 위한 문화시설 설치사업을 위하여 을에게서 병 토지를 협의취득하였는데, 병 토지가 위 행사용 임시주차장 등으로 사용되다가 농지로 원상복구된 이래 제3자에게 임대되어 영농체험 경작지 등으로 이용되기도 하다가 현재는 밭, 구거, 주차장 부지로 이용되고 있는 사안에서, 여러 사정에 비추어 병 토지는 더 이상 협의취득의 목적이 되는 '해당 사업'에 필요 없게 되었으므로, 을의 환매권 행사를 인정함.

환매권에 관하여 규정한 「공익사업을 위한 토지 등의 취득 및 보상에 관한 법률」(이하 '공익사업법'이라 한다) 제91조 제1항에서 말하는 '해당 사업'이란 토지의 협의취득 또는 수용의 목적이 된 구체적인 특정의 공익사업으로서 공익사업법 제20조 제1항에 의한 사업인정을 받을 때 구체적으로 특정된 공익사업을 말한다(대판 2010.9.30, 2010다30782 등 참조). 또한 위 규정에서 정한 해당 사업의 '폐지・변경'이란 해당 사업을 아예 그만두거나 다른 사업으로 바꾸는 것을 말하며, 취득한 토지의 전부 또는 일부가 '필요 없게 된 때'란 사업시행자가 취득한 토지의 전부 또는 일부가 그 취득목적사업을 위하여 사용할 필요 자체가 없어진 경우를 말하고, 협의취득 또는 수용된 토지가 필요 없게 되었는지 여부는 사업시행자의 주관적인 의사를 표준으로 할 것이 아니라 해당 사업의 목적과 내용, 협의취득의 경위와 범위, 해당 토지와 사업의 관계, 용도 등 여러 사정에 비추어 객관적・합리적으로 판단하여야 한다(대판 1997.11.11, 97다36835 등 참조).

원심판결 이유에 의하면, 원심은 그 채택 증거를 종합하여 피고는 2000.5.경 건설교통부장관으로부터 (구)「국토이용관리법」(2002.2.4. 법률 제6655호로 폐지되기 전의 것) 제20조에 따라 이 사건 토지를 포함한 광주시 실촌읍 삼리 산 26-9 일원 131,653㎡에 대하여 '2001 세계도자기엑스포' 행사를 위한 문화시설을 설치할 수 있도록 하는 공공시설입지승인을 받은 사실, 피고는 '2001 세계도자기엑스포' 행사를 위한 사업부지를 취득하기 위하여 그 편입토지의 소유자들에게 손실보상 협의를 요청하였고, 2000.12.15. 원고로부터 (구)「공공용지의 취득 및 손실보상에 관한 특례법」(2002.2.4. 법률 제6656호로 폐지되기 전의 것)에 의하여 위 사업부지에 편입된 광주시 실촌읍 삼리 24-1 답 2,240㎡(이하 '이 사건 토지'라고 한다)를 협의취득한 사실, 피고는 이 사건 토지 중 일부를 분할하여 도로를 개설하고 지목을 변경하였으나, 이 사건 계쟁 토지에 대하여는 2001.3.31.부터 2002.4.30.까지 '2001 세계도자기엑스포' 행사를 위한 임시주차장으로, 2002.5.30.부터 2003.4.30.까지 도자기축제 및 각종 행사를 위한 임시주차장으로 각 이용하다가 2004.3.31.경 농지로 원상복구한 사실, 그 이후 이 사건 계쟁 토지 중 972㎡ 부분은 인근에서 청소년수련원을 운영하는 소외인에게 임대되어 청소년들을 위하여 영농체험 경작지로 이용하게 하였고, 현재 이 사건 계쟁 토지 중 972㎡는 밭으로, 156㎡는 구거로, 506㎡는 원고 소유의 인근 건물을 위한 주차장으로 각 이용되고 있는 사실을 각 인정하였다.

원심은 위 인정사실을 토대로 그 판시와 같은 사정에 비추어 이 사건 토지에 대한 협의취득의 목적이 되는 해당 사업은 '2001 세계도자기엑스포 행사를 위한 문화시설의 설치사업'이고, 이 사건 계쟁 토지는 2001 세계도자기엑스포 행사를 위한 임시주차장 등으로 사용되다가 2004.3.31. 농지로 원상복구된 이래 제3자에게 임대되어 영농체험 경작지 등으로 이용되기도 한 점, 현재도 밭, 구거, 주차장 부지로 이용되고 있는 점 등 여러 사정에 비추어 더 이상 이 사건 계쟁 토지에 대한 협의취득의 목적이 되는 해당 사업에 필요 없게 되었다고 판단하였다. 앞서 본 법리와 기록에 비추어, 원심의

위와 같은 사실인정과 판단은 정당한 것으로 수긍할 수 있다. 원심판결에는 상고이유에서 주장하는 바와 같은 환매권 행사요건에 관한 법리를 오해하는 등의 위법이 없다. 그러므로 상고를 기각하고, 상고비용은 패소자가 부담하기로 하여, 관여 대법관의 일치된 의견으로 주문과 같이 판결한다.

(ㄹ) **행사기간**(제척기간)**의 검토 :** 환매의 통지나 공고가 없는 경우 토지보상법 제91조 제1항 및 제2항의 환매권 행사기간이 경과하면 환매권은 행사할 수 없다. 판례는 토지보상법 제91조 제1항과 제2항이 경합하는 경우에 유리한 쪽으로 선택하도록 하고 있으나, 개정 토지보상법 제91조 제1항은 사업의 폐지·변경 고시가 있은 날로부터 10년 이내에 행사하도록 하여 피수용자의 권익을 한층 보호하도록 규정하고 있다.

판례

▶ 관련판례(대판 1992.3.31, 91다19043)

공공용지의 취득 및 손실보상에 관한 특례법 제9조 제1항 소정의 '필요 없게 된 때'라 함은 사업의 이용에 필요 없게 된 경우를 말하는 것이고, 필요 없게 된 때로부터 1년 또는 취득일로부터 10년 이내에 매수할 수 있다고 규정한 취지는 취득일로부터 10년 이내에 그 토지가 필요 없게 된 경우에는 그때로부터 1년 이내에 환매권을 행사할 수 있으며 또 필요 없게 된 때로부터 1년이 경과하였더라도 취득일로부터 10년이 경과되지 아니하였다면 환매권자는 적법하게 환매권을 행사할 수 있다는 의미이다.

▶ 관련판례(헌재 2011.3.31, 2008헌바26)

환매권의 행사기간을 수용일로부터 10년 이내로 제한한 (구)토지수용법(1981.12.31. 법률 제3534호로 개정되고, 2002.2.4. 법률 제6656호로 폐지되기 전의 것, 이하 '(구)토지수용법'이라 한다) 제71조 제1항 중 환매권자는 "수용일로부터 10년" 이내 부분(이하 '이 사건 심판대상조항'이라 한다)이 환매권자의 재산권을 침해하는지 여부(소극)

사업시행자의 소유권 취득 당시로부터 일정기간 내에 법률관계를 안정시킬 필요성과 수용일로부터 10년 이내라는 기간 설정의 적정성은 인정되며, 환매권의 발생기간과 행사기간을 동일하게 수용일로부터 10년 이내로 정함에 따라 그 기한에 임박한 시점에 환매권이 발생한 경우에도 또 다른 환매권의 행사기간인 "그 필요 없게 된 때로부터 1년"이 지나지 아니하였다면 환매권을 행사할 수 있다고 볼 수 있는바, 이러한 환매권 행사기간의 설정이 그 형성에 관한 입법재량을 일탈했다고 보기는 힘들다. 또한 환매권이 이미 발생하였다 하더라도 환매권자가 이를 알 때까지 언제까지나 계속 존속하고 있다면 여전히 법률관계의 안정이 어렵게 되고, 환매권자는 수용 당시에 이미 정당한 보상을 받았을 뿐만 아니라, 사업시행자가 통지 또는 공고의무를 위반한 경우에는 불법행위가 인정되어 환매권자의 손해가 전보됨에 비추어볼 때, 환매권자가 환매권의 발생사실을 알지 못한 경우를 별도로 고려하지 않고 일률적으로 수용일 또는 취득일을 기산점으로 하여 환매권의 행사기간을 정하였다 하더라도 환매권의 내용 형성에 관한 합리적인 입법재량의 범위를 일탈했다고 보기는 어렵다. 따라서, 이 사건 심판대상조항은 환매권자의 재산권을 침해하지 아니한다.

〈재판관 조대현, 재판관 이동흡의 반대의견〉

환매권은 구체적인 재산권의 보장에 있어 가치보장보다 한 단계 높은 존속보장을 그 근거로 함에 비추어볼 때, 비록 그 구체적인 내용의 형성에 입법재량이 인정된다고 하더라도 환매권의 행사기간을 제한하는 법률조항의 위헌 여부는 엄격한 과잉금지원칙에 따라 심사해야 할 것이다.
(구)토지수용법 제71조 제1항과 '공익사업을 위한 토지 등의 취득 및 보상에 관한 법률'(2002.2.4. 법률 제6656호로 제정된 것) 제91조 제1항에서는 환매권의 행사기간을 그 발생기간과 동일하게 수용일 또는 취득일로부터 10년 이내로 한정하고 있으므로, 수용일 또는 취득일로부터 10년에 임박한 시점에 그 대상이 된 토지가 공익사업에 필요 없게 된 경우에는 최대한 환매권을 보장하는 방향으로 관련규정을 해석한다 하더라도 "그 필요 없게 된 때로부터 1년 이내"라는 지나치게 짧은 기간 동안만 환매권을 행사할 수 있다고 볼 수밖에 없고, 사업시행자의 통지 및 공고에 관한 규정이 미흡함에도 피수용자가 환매권의 발생을 알 수 있었는지 여부와는 무관하게 환매권의 행사기간을 정하고 있다. 이는 환매권의 기간이 사실상 형해화될 정도로 짧아질 수 있도록 규정한 것으로서, 존속보장에 근거를 두는 헌법상 재산권인 환매권을 과도하게 제한하므로 피해의 최소성 원칙에 어긋난다. 또한 사업시행자의 통지 또는 공고의무 위반 시 불법행위가 인정되어 손해배상을 받을 수 있다는 점은 가치보장과 관련된 것으로서 중요한 이익형량 요소라고 보기 어려우므로, 수용일로부터 10년이라는 환매권의 행사기간은 법익의 균형성도 갖추지 못하였다. 따라서 이 사건 심판대상조항들은 수용된 토지의 소유권자의 재산권을 헌법 제37조 제2항에 위반하여 과도하게 침해하므로 헌법에 위반된다.

〈재판관 목영준의 반대의견〉
(구)토지수용법 제71조 제1항이 정하는 환매기한조항은 '필요 없게 된 때로부터 1년'과 '그 수용일로부터 10년'이라는 두 기간 중 어느 한 기간만 도과하지 않으면 환매권을 행사할 수 있는 것인지, 아니면 두 기간 모두를 도과하지 않아야 환매권 행사가 가능한 것인지에 관하여 그 의미가 모호하고 불명확하게 규정함으로써 수범자인 환매권자의 예측가능성을 해함과 동시에 재판기관으로 하여금 자의적인 법해석을 가능하게 하고 있으므로, 명확성의 원칙에 반하여 헌법에 위배된다.

▶ 관련판례(대판 2020.11.26, 2019헌바131) [토지보상법 제91조 제1항 '취득일부터 10년 이내' 헌법불합치 결정]
환매권 발생기간 '10년'을 예외 없이 유지하게 되면 토지수용 등의 원인이 된 공익사업의 폐지 등으로 공공필요가 소멸하였음에도 단지 10년이 경과하였다는 사정만으로 환매권이 배제되는 결과가 초래될 수 있다. 다른 나라의 입법례에 비추어 보아도 발생기간을 제한하지 않거나 더 길게 규정하면서 행사기간 제한 또는 토지에 현저한 변경이 있을 때 환매거절권을 부여하는 등 보다 덜 침해적인 방법으로 입법목적을 달성하고 있다. 이 사건 법률조항은 침해의 최소성 원칙에 어긋난다. 이 사건 법률조항으로 제한되는 사익은 헌법상 재산권인 환매권의 발생 제한이고, 이 사건 법률조항으로 환매권이 발생하지 않는 경우에는 환매권 통지의무도 발생하지 않기 때문에 환매권 상실에 따른 손해배상도 받지 못하게 되므로, 사익 제한 정도가 상당히 크다. 그런데 10년 전후로 토지가 필요 없게 되는 것은 취득한 토지가 공익목적으로 실제 사용되지 못한 경우가 대부분이다. 토지보상법은 부동산등기부상 협의취득이나 토지수용의 등기원인 기재가 있는 경우 환매권의 대항력을 인정하고 있어 공익사업에 참여하는 이해관계인들은 환매권이 발생할 수 있음을 충분히 알 수 있다. 토지보상법은 이미 환매대금증감소송을 인정하여 당해 공익사업에 따른 개발이익이 원소유자에게 귀속되는 것을 차단하고 있다. 따라서 이 사건 법률조항이 추구하고자 하는 공익은 원소유자의 사익침해 정도를 정당화할 정도로 크다고 보기 어려우므로, 법익의 균형성을 충족하지 못한다. 결국 이 사건 법률조항은 헌법 제37조 제2항에 반하여 국민의 재산권을 침해하여 헌법에 위반된다.

② **법 제91조 제2항 충족 여부**(현실적으로 이용하지 않는 경우)

(ㄱ) **규정내용**

> **법 제91조(환매권)**
> ② 취득일부터 5년 이내에 취득한 토지의 전부를 해당 사업에 이용하지 아니하였을 때에는 제1항을 준용한다. 이 경우 환매권은 취득일부터 6년 이내에 행사하여야 한다.

(ㄴ) **'전부'와 '이용하지 아니할 때'의 의미** : 여기에서 '전부'의 의미는 사업시행자가 취득한 토지의 전부를 말하며 판례는 취득한 토지 중 일부라도 공익사업에 이용되고 있으면 나머지 부분도 공익사업이 시행될 가능성이 있다고 보아 환매요건을 강화하였다고 보고 있다. '이용하지 아니할 때'란 장래 공익사업의 용도에 이용되어질 가능성이 있더라도 현재 사실상 이용하지 않고 있음을 의미한다. 판례는 이용하지 아니하였는지 여부는 해당 공익사업에 이용된 일단의 토지 전부를 기준으로 판단해야 한다고 판시하고 있다.

> **판례**
>
> ▶ **관련판례(대판 1995.2.10, 94다31310)**
> 공특법 제9조 제2항은 제1항과는 달리 "취득한 토지 전부"가 공익사업에 이용되지 아니한 경우에 한하여 환매권을 행사할 수 있고 그중 일부라도 공익사업에 이용되고 있으면 나머지 부분에 대하여도 장차 공익사업이 시행될 가능성이 있는 것으로 보아 환매권의 행사를 허용하지 않는다는 취지이므로, 이용하지 아니하였는지 여부도 그 취득한 토지 전부를 기준으로 판단할 것이고, 필지별로 판단할 것은 아니라 할 것이다.

(ㄷ) **행사기간의 검토** : 취득일로부터 6년 이내에 행사하도록 규정하고 있는데 판례는 제2항의 환매권 행사 제척기간은 제1항에 비해 기간이 짧다고 볼 수 있으나, 헌법의 재산권 보장규정에 위배되는 것은 아니라고 본다.

> **판례**
>
> ▶ **관련판례(대판 1993.9.14, 92다56810 · 56827 · 56834)**
> 공특법 제9조 제2항 및 토지수용법 제71조 제2항에 의한 환매권의 경우는 협의취득일로부터 6년 이내에 행사하여야 하는 것이며, 위 각 조항에 의한 환매권에 대하여 공공용지의 취득 및 손실보상에 관한 특례법 제9조 제1항 및 토지수용법 제71조 제1항에 의한 환매권과 달리 제척기간을 짧게 규정하고 있다고 하여 위 규정들이 재산권 보장에 관한 헌법규정에 위반된다고 할 수 없다.

③ **제1항 및 제2항의 행사요건의 관계**

제1항과 제2항은 환매권 행사요건은 서로 독립적으로 성립하므로 어느 한쪽의 요건에 해당되지 않더라도 다른 쪽의 요건을 주장할 수 있다. 판례는 제2항의 규정에 의한 환매권 행사의 제척기간이 도과되었다 하더라도 제1항의 환매권 행사요건에 충족하면 제1항의 제척기간 내에 환매권을 행사할 수 있다. 즉, 제1항 및 제2항의 요건에 충족되면 환매권자는 자신에게 유리한 기간을 선택적으로 적용할 수 있다.

판례

▶ 관련판례(대판 1993.8.13. 92다50652)

공공용지의 취득 및 손실보상에 관한 특례법 제9조 제1항과 제2항은 환매권 발생요건을 서로 달리 하고 있으므로 어느 한쪽의 요건에 해당되면 다른 쪽의 요건을 주장할 수 없게 된다고 할 수는 없고, 양쪽의 요건에 모두 해당된다고 하여 더 짧은 제척기간을 정한 제2항에 의하여 제1항의 환매권의 행사가 제한된다고 할 수도 없을 것이므로 제2항의 규정에 의한 제척기간이 도과되었다 하여 제1항의 규정에 의한 환매권 행사를 할 수 없는 것도 아니다.

(3) 환매권의 대항력

토지보상법 제91조 제5항은 '환매권은 「부동산등기법」에서 정하는 바에 따라 공익사업에 필요한 토지의 협의취득 또는 수용의 등기가 되었을 때에는 제3자에게 대항할 수 있다'고 규정되어 있다. 이 규정에서 '제3자에게 대항할 수 있다'고 하는 것은 토지 등 협의취득 또는 수용의 목적물이 제3자에게 양도되더라도 등기 또는 환매권의 보류등기가 되어 있는 경우에는 제3자가 그 환매권자에 대하여 권리가 있음을 주장하지 못한다는 의미이다. 따라서 협의취득 또는 수용의 등기가 되어 있으면 그 후 제3자가 환매의 목적물을 취득하더라도 환매권자의 지위가 제3자의 지위보다 우선하게 되어 환매권자는 제3자에 대하여도 환매권을 행사할 수 있게 된다.

(4) 환매권 행사의 효과

1) 개설

환매권자는 필요한 보상금 상당액을 지불하고 환매권을 행사하면 토지를 환매할 수 있다.
이때 토지를 환매할 수 있다는 의미에 대하여는 물권적 효력설과 채권적 효력설로 견해가 나누어지고 있다.

2) 견해의 대립

① 채권적효과설

환매권은 재매매의 예약완결권이라 볼 수 있다는 점을 논거로 소유권 이전을 청구할 수 있는 채권만이 발생한다고 본다. 이 견해는 소유권은 환매권자의 의사표시에 의해 이전되는 것이 아니라, 그에 대한 수용토지의 현재 소유자의 동의에 의해 양자 간에 매매계약이 성립하고 그 결과에 의해 이전된다고 한다. 이 경우에 적법한 환매권의 행사가 있은 때에는 수용 토지의 현재 소유자는 이를 승낙할 의무를 지게 된다는 것이다.

② 물권적효과설

환매는 환매권자의 의사표시만으로 성립하고, 수용 토지의 현재 소유자의 동의를 요하지 않으므로 바로 소유권이 환매권자에게 이전한다고 해석하고 있다. 환매가 사업시행자의 통지 또는 공고에 의해 행해지는 경우에도 이 통지 또는 공고는 매매의 신청과는 달리 매수의 최고로서의 성질을 지니는 것으로 보고 있다. 결국 환매권이 법률에 의해, 특히 환매권자 권리로서 인정하고 있는 제도적 취지와 환매 가격을 지급하도록 규정하고 있는 점을 근거로 환매권행사로 바로 소유권이 이전된다고 본다.

3) 판례의 태도

환매권은 채권적 효과로서 소유권이전등기청구권이 발생한다고 보며 10년을 시효로 소멸한다고 판시하고 있다.

4) 검토

① 채권적 효력설로 검토하는 경우

환매권 규정을 의사표시만으로 소유권을 회복할 수는 없고, 현재 소유자의 동의에 따라 양자 간에 매매계약이 성립하는 효력이 발생하는 채권적 효력설로 봄이 타당하다고 판단된다.

② 물권적 효력설로 검토하는 경우

환매의 의사표시로 바로 효력이 발생하며, 그때의 효력은 환매권자를 보호하여야 할 필요성을 강조하면서 물권적 효력으로 보는 것이 타당하다고 판단된다.

(5) 환매권의 당사자

① 환매권의 당사자

환매권자는 취득일 당시의 토지소유자 또는 그 포괄승계인이다. 환매권의 상대방은 사업시행자가 원칙이나, 토지를 전매한 경우에는 그 토지의 소유권을 승계취득한 자가 상대방이 된다. 이 경우 제3자에게 대항하기 위해서는 대항력이 있는 등기가 필요하다.

② 환매권의 양도성

환매권은 소유자의 감정의 존중에서 비롯된 권리이므로 원칙적으로 매매나 양도의 대상이 될 수 없다. 그러나 토지를 환매 받은 후에 제3자에게 토지를 양도하는 것은 가능하며, 판례에 따르면 환매권자가 사업시행자로부터 토지를 환매한 후 매수인의 명의로 이전할 것을 조건으로 한 계약을 체결하는 것도 가능하다.

③ 환매권의 대항력

(ㄱ) 협의취득으로 인한 환매권은 토지의 협의취득의 등기가 된 때에는 제3자에게 대항할 수 있다. 종전 규정이 미흡하였고, 이에 대해 판례는 공특법의 부동산등기법이 정하는 등기란 환매특약의 등기라고 하여 환매권자의 지위가 불안정하게 되는 문제점이 있었으나, 토지보상법은 협의취득의 등기를 대항요건으로 규정하여 종래의 문제점을 개선하였다.

(ㄴ) 수용으로 인한 환매권은 부동산등기법이 정하는 바에 따라 수용의 등기가 된 때에 제3자에게 대항할 수 있다.

판례

▶ 관련판례(대판 2017.3.15, 2015다238963)

[1] (구)공익사업을 위한 토지 등의 취득 및 보상에 관한 법률(2007.10.17. 법률 제8665호로 개정되기 전의 것) 제91조 제5항은 '환매권은 부동산등기법이 정하는 바에 의하여 공익사업에 필요한 토지의 협의취득 또는 수용의 등기가 된 때에는 제3자에게 대항할 수 있다'고 정하고 있다. 이는 협의취득 또는 수용의 목적물이 제3자에게 이전되더라도 협의취득 또는 수용의 등기가

되어 있으면 환매권자의 지위가 그대로 유지되어 환매권자는 환매권을 행사할 수 있고, 제3자에 대해서도 이를 주장할 수 있다는 의미이다.

[2] 甲 지방자치단체가 도로사업부지를 취득하기 위하여 乙 등으로부터 토지를 협의취득하여 소유권이전등기를 마쳤는데, 위 토지가 택지개발예정지구에 포함되자 이를 택지개발사업 시행자인 丙 공사에 무상으로 양도하였고, 그 후 택지개발예정지구 변경지정과 개발계획 변경승인 및 실시계획 승인이 고시되어 위 토지가 택지개발사업의 공동주택용지 등으로 사용된 사안에서, 택지개발사업의 개발계획 변경승인 및 실시계획 승인이 고시됨으로써 토지가 도로사업에 더 이상 필요 없게 되어 협의취득일 당시 토지소유자였던 乙 등에게 환매권이 발생하였고, 그 후 택지개발사업에 토지가 필요하게 된 사정은 환매권의 성립이나 소멸에 아무런 영향을 미치지 않으며, 위 토지에 관하여 甲 지방자치단체 앞으로 공공용지 협의취득을 원인으로 한 소유권이전등기가 마쳐졌으므로, 乙 등은 환매권이 발생한 때부터 제척기간 도과로 소멸할 때까지 사이에 언제라도 환매권을 행사하고, 이로써 제3자에게 대항할 수 있다고 한 사례

[3] (구)공익사업을 위한 토지 등의 취득 및 보상에 관한 법률(2007.10.17. 법률 제8665호로 개정되기 전의 것, 이하 '토지보상법'이라 한다)상 원소유자 등의 환매권 상실로 인한 손해배상액은 환매권 상실 당시를 기준으로 한 목적물의 시가에서 환매권자가 환매권을 행사하였을 경우 반환하여야 할 환매가격을 공제한 금원이다. 환매권 상실 당시 환매목적물의 감정평가금액이 토지보상법 제91조 제1항에 정해진 '지급한 보상금'에 그때까지 사업과 관계없는 인근 유사토지의 지가변동률을 곱한 금액보다 적거나 같을 때에는 감정평가금액에서 '지급한 보상금'을 공제하는 방법으로 계산하면 되지만, 이를 초과할 때에는 [환매권 상실 당시의 감정평가금액 − (환매권 상실 당시의 감정평가금액 − 지급한 보상금 × 지가상승률)]로 산정한 금액, 즉 '지급한 보상금'에 당시의 인근 유사토지의 지가상승률을 곱한 금액이 손해로 된다.

(6) 환매의 목적물

① 토지의 소유권

환매의 목적물은 토지소유권이다. 종전 이원화된 법체계에서 상호 달리 규정하였으나 토지보상법에서는 토지로 한정하여 통일적으로 규정하였다. 환매권은 요건에 해당하는 토지의 전부에 대하여 행사할 수 있고, 그 중 일부만 환매권자가 선택하여 환매권을 행사할 수는 없다(다수설).

② 잔여지

잔여지는 그 잔여지에 접한 일단의 토지가 필요 없게 된 경우가 아니면 이를 환매할 수 없다. 종전 공특법에는 잔여지만의 환매가 불가능하다는 규정이 없어 논란이 있었으나, 토지보상법은 통일적으로 규정하여 입법적으로 해결하였다.

③ 환매의 목적물을 토지에 한정하는 경우의 문제

(ㄱ) 환매의 목적물을 토지소유권(법 제91조 제1항)으로 한정하고 있는바, 건물소유자 등의 환매권이 인정될 수 있는지와 관련하여 동 규정이 위헌인지 견해가 대립한다.

(ㄴ) 건물이 공익사업 시행 후에도 존재할 가능성이 있으며, 건물을 철거하는 것보다는 건물을 계속 사용하고자 하는 전 소유자에게 환매권을 주는 것이 사회・경제적으로도 이익인 점, 아예

건물에 대한 환매 자체를 불허하는 것은 합리적인 근거 없이 토지소유자와 차별하여 건물소유자의 재산권을 과도하게 침해하여 비례의 원칙 및 평등의 원칙에 위반하여 위헌이라는 견해가 있다.

(ㄷ) 다만, 최근 헌법재판소는 건물의 경우 정당한 보상이 주어졌다면 그러한 손실 등이 남아있는 경우는 드물다는 이유로 건물에 대해서는 그 존속가치를 보장하기 위하여 환매권을 인정하여야 할 필요성이 없거나 매우 적다는 점을 논거로 합헌이라고 결정한 바 있다.

(ㄹ) 환매의 목적물을 토지 이외의 재산권에도 인정함이 바람직할 것으로 본다. 아니면 상기의 문제가 발생한 경우의 분쟁해결방법들을 입법하여 해결할 필요가 있을 것이다.

판례

▶ 관련판례(헌재 2005.5.26. 2004헌가10)

[판시사항]

[1] 재산권 침해의 심사기준

[2] 협의취득 내지 수용 후 해당 사업의 폐지나 변경이 있은 경우 환매권을 인정하는 대상으로 토지만을 규정하고 있는 공익사업을 위한 토지 등의 취득 및 보상에 관한 법률 제91조 제1항이 구 건물소유자의 재산권을 침해하는지 여부(소극)

[3] 위 조항이 평등권을 침해하는지 여부(소극)

[결정요지]

[1] 헌법은 재산권을 보장하지만 다른 기본권과는 달리 "그 내용과 한계는 법률로 정한다."고 하여 입법자에게 재산권에 관한 규율권한을 유보하고 있다. 그러므로 재산권을 형성하거나 제한하는 입법에 대한 위헌심사에 있어서는 입법자의 재량이 고려되어야 한다. 재산권의 제한에 대하여는 재산권 행사의 대상이 되는 객체가 지닌 사회적인 연관성과 사회적 기능이 크면 클수록 입법자에 의한 보다 광범위한 제한이 허용되며, 한편 개별 재산권이 갖는 자유보장적 기능, 즉 국민 개개인의 자유실현의 물질적 바탕이 되는 정도가 강할수록 엄격한 심사가 이루어져야 한다.

[2] 토지의 경우에는 공익사업이 폐지・변경되더라도 기본적으로 형상의 변경이 없는 반면, 건물은 그 경우 통상 철거되거나 그렇지 않더라도 형상의 변경이 있게 되며, 토지에 대해서는 보상이 이루어지더라도 수용당한 소유자에게 감정상의 손실 등이 남아있게 되나, 건물의 경우 정당한 보상이 주어졌다면 그러한 손실이 남아있는 경우는 드물다. 따라서 토지에 대해서는 그 존속가치를 보장해 주기 위해 공익사업의 폐지・변경 등으로 토지가 불필요하게 된 경우 환매권이 인정되어야 할 것이나, 건물에 대해서는 그 존속가치를 보장하기 위하여 환매권을 인정하여야 할 필요성이 없거나 매우 적다. 따라서 건물에 대한 환매권을 인정하지 않는 입법이 자의적인 것이라거나 정당한 입법목적을 벗어난 것이라 할 수 없고, 이미 정당한 보상을 받은 건물소유자의 입장에서는 해당 건물을 반드시 환매 받아야 할 만한 중요한 사익이 있다고 보기 어려우며, 건물에 대한 환매권이 부인된다고 해서 종전 건물소유자의 자유실현에 여하한 지장을 초래한다고 볼 수 없다. 즉, 공익사업을 위한 토지 등의 취득 및 보상에 관한 법률(2002.2.4. 법률 제6656호로 제정된 것) 제91조 제1항 중 '토지' 부분(이하 '이 사건 조항'이라 한다)으로 인한 기본권 제한의 정도와 피해는 미비하고 이 사건 조항이 공익에 비하여 사익을 과도하게 침해하는 것은 아니다. 입법자가 건물에 대한 환매권을 부인한 것은 헌법적 한계 내에 있는 입법재량권의 행사이므로 재산권을 침해하는 것이라 볼 수 없다.

[3] 이 사건 조항은 종전 토지소유자와 건물소유자 간에 환매권 인정에 있어서 차별을 하고 있지만, 이는 건물에 대한 환매권을 인정할 실익이 거의 없다는 점에 기인한 것이므로, 그러한 차별이 합리적 이유가 없는 자의적인 것이라거나 입법목적과 수단 간에 비례성을 갖추지 못한 것이라고 볼 수 없다. 그러므로 이 사건 조항은 평등권을 침해하지 않는다.

(7) 환매금액

환매금액은 환매권자가 지급받은 보상금에 상당한 금액이다. 여기서 보상금 상당금액이란 토지의 완전한 소유권을 취득하기 위해서 사업시행자가 지급한 토지의 소유권과 토지소유권 외의 권리에 대하여 지급한 보상금의 합산액을 말하며 환매권 행사 당시까지 법정이자를 가산한 금액을 말하는 것은 아니다. 또한 토지상의 정착물에 대한 보상금은 제외된다.

판례

▶ 관련판례(대판 1994.5.24, 93누17225)

환매는 환매기간 내에 환매의 요건이 발생하면 환매권자가 수령한 보상금의 상당금액을 사업시행자에게 미리 지급하고 일방적으로 매수의 의사표시를 함으로써 사업시행자의 의사와 관계없이 환매가 성립되는 것이고, 토지 등의 가격이 취득 당시에 비하여 현저히 변경되었더라도 같은 법 제9조 제3항에 의하여 당사자 간에 금액에 대하여 협의가 성립되거나 토지수용위원회의 재결에 의하여 그 금액이 결정되지 않는 한 그 가격이 현저히 등귀된 경우이거나 하락한 경우이거나를 묻지 않고 환매권을 행사하기 위하여는 수령한 보상금의 상당금액을 미리 지급하여야 하고 또한 이로써 족하다.

▶ 관련판례(대판 2006.12.21, 2006다49277) [소유권이전등기] (제23회 기출)

공익사업을 위한 토지 등의 취득 및 보상에 관한 법률 제91조에 의한 환매는 환매기간 내에 환매의 요건이 발생하면 환매권자가 지급받은 보상금에 상당한 금액을 사업시행자에게 미리 지급하고 일방적으로 의사표시를 함으로써 사업시행자의 의사와 관계없이 환매가 성립하고, 토지 등의 가격이 취득 당시에 비하여 현저히 변경되었더라도 같은 법 제91조 제4항에 의하여 당사자 간에 금액에 관하여 협의가 성립하거나 사업시행자 또는 환매권자가 그 금액의 증감을 법원에 청구하여 법원에서 그 금액이 확정되지 않는 한, 그 가격이 현저히 등귀한 경우이거나 하락한 경우이거나를 묻지 않고 환매권을 행사하기 위하여는 지급받은 보상금 상당액을 미리 지급하여야 하고 또한 이로써 족한 것이며, **사업시행자는 소로써 법원에 환매대금의 증액을 청구할 수 있을 뿐 환매권 행사로 인한 소유권이전등기 청구소송에서 환매대금 증액청구권을 내세워 증액된 환매대금과 보상금 상당액의 차액을 지급할 것을 선이행 또는 동시이행의 항변으로 주장할 수 없다.**

▶ 관련판례(대판 2012.8.30, 2011다74109) [소유권이전등기]

[1] 공익사업을 위한 토지 등의 취득 및 보상에 관한 법률 제91조에 의한 환매는 환매기간 내에 환매의 요건이 발생하면 환매권자가 지급받은 보상금에 상당한 금액을 사업시행자에게 미리 지급하고 일방적으로 의사표시를 함으로써 사업시행자의 의사와 관계없이 환매가 성립한다. 따라서 환매기간 내에 환매대금 상당을 지급하거나 공탁하지 아니한 경우에는 환매로 인한 소유권이전등기 청구를 할 수 없다.

[2] 협의취득 또는 수용된 토지 중 일부가 필요 없게 되어 그 부분에 대한 환매권을 행사하는 경우와 같이 환매대상토지 부분의 정확한 위치와 면적을 특정하기 어려운 특별한 사정이 있는 경우에는, 비록 환매기간 만료 전에 사업시행자에게 미리 지급하거나 공탁한 환매대금이 나중에 법원의 감정 등을 통하여 특정된 토지부분에 대한 환매대금에 다소 미치지 못한다고 하더라도 그 환매대상인 토지부분의 동일성이 인정된다면 환매기간 경과 후에도 추가로 부족한 환매대금을 지급하거나 공탁할 수 있다고 보아야 한다. 그리고 이러한 법리는 환매권자가 명백한 계산착오 등으로 환매대금의 아주 적은 일부를 환매기간 만료 전에 지급하거나 공탁하지 못한 경우에도 적용된다고 봄이 신의칙상 타당하다.

[3] 환매권자가 미리 지급하거나 공탁한 환매대금이 환매권자가 환매를 청구한 토지부분 전체에 대한 환매대금에는 부족하더라도 실제 환매대상이 될 수 있는 토지부분의 대금으로는 충분한 경우에는 그 부분에 대한 환매대금은 미리 지급된 것으로 보아야지, 환매를 청구한 전체 토지와 대비하여 금액이 부족하다는 이유만으로 환매대상이 되는 부분에 대한 환매권의 행사마저 효력이 없다고 볼 것은 아니다.

[4] 합병 전 한국토지공사가 갑에게서 수용한 토지 중 일부가 사업에 이용할 필요가 없게 되었음을 이유로 갑이 환매기간 내에 최초 수용재결금액을 기준으로 그 면적비율에 상응하는 환매대금을 공탁한 후 환매를 요청하였고, 그 후 제1심 법원의 감정결과에 따라 환매대상 토지의 위치와 면적을 특정하여 증가한 토지면적에 대한 환매대금을 추가로 공탁한 사안에서, 원심으로서는 갑이 이의재결 금액이 아닌 수용재결금액만을 공탁한 이유가 무엇인지 등을 지적하여 갑에게 변론할 기회를 주었어야 하고, 갑이 환매요청을 한 토지 중 일부에 대해서만 환매요건이 충족될 경우 공탁한 금액이 환매요건을 충족하는 일부에 대한 환매대금을 초과하는 이상 해당 부분에 대해서는 환매청구를 인용하여야 하므로 갑의 공탁금액이 전체 환매대금에 모자라더라도 토지 중 환매요건을 충족하는 부분이 있는지, 그에 대한 환매대금 이상이 공탁되어 있는지 등에 관하여 심리하였어야 함에도, 그와 같은 필요한 조치를 취하지 않은 채 갑이 공탁한 환매대금이 이의재결금액을 기준으로 계산하면 부족하다는 점만을 이유로 갑의 청구를 배척한 원심판결에 법리오해 등의 위법이 있다고 한 사례

▶ 관련판례(대판 2012.3.15, 2011다77849) [손해배상(기)등]

[1] 매수인이 매도인을 대리하여 매매대금을 수령할 권한을 가진 자에게 잔대금의 수령을 최고하고 그 자를 공탁물수령자로 지정하여 한 변제공탁은 매도인에 대한 잔대금 지급의 효력이 있다.

[2] 한국수자원공사가 갑소유의 부동산을 수용하였는데, 이후 갑이 한국수자원공사에게서 환매업무를 위임받은 합병 전 한국토지공사에 환매를 요청하면서 한국토지공사를 피공탁자로 하여 환매대금을 공탁한 사안에서, 제반 사정에 비추어 한국토지공사는 한국수자원공사를 대리하여 환매대금을 수령할 권한을 가지고 있었고, 갑이 한국토지공사에 환매대금 수령을 최고하고 한국토지공사를 공탁물수령자로 지정하여 환매대금을 공탁한 것은 환매당사자인 한국수자원공사에 환매대금을 지급한 것과 같은 효력이 발생한다고 보아야 함에도, 이와 달리 본 원심판결에 공탁과 환매요건에 관한 법리오해의 위법이 있다고 한 사례

■ **법규 헷갈리는 쟁점 : 환매금액은 어떻게 산정될까?**

1. **지급받은 보상금 상당금액(환매 당시의 감정평가금액이 [보상금×인근유사토지 지가변동률]보다 적거나 같을 경우 환매금액 산정)**

   환매권 행사 당시의 토지 등의 가격이 지급한 보상금에 환매 당시까지의 당해 사업과 관계없는 인근유사토지의 지가변동률을 곱한 금액보다 "적거나 같을 때"인 경우에는 환매금액은 지급한 보상금의 상당금액에 해당한다.

   환매를 하기 위해서는 단지 환매의 의사표시만으로는 부족하고, 환매금액을 현재 소유자에게 지불해야 한다. 환매금액은 결국 그 토지에 대해 받은 보상금에 상당한 금액이다.

2. **환매 당시의 감정평가금액이 [보상금×인근유사토지지가변동률]보다 큰 경우 환매금액 산정**

   (1) 산식

   환매금액=보상금+(환매 당시의 감정평가금액−보상금×인근 유사토지의 지가변동률)

   (2) 토지의 가격이 취득일 당시에 현저히 변동된 경우의 의미

   ① 토지의 가격이 취득일 당시에 비하여 현저히 변동된 경우는 환매권 행사 당시의 토지가격이 지급한 보상금에 환매 당시까지의 해당 사업과 관계없는 인근 유사토지의 지가변동률을 곱한 금액보다 높은 경우로 한다(동법령 제48조).

   ② 〈대법원〉은 이 경우 환매가격은 보상금에다가 환매대상 토지의 환매 당시의 감정평가금액에서 보상금에 인근 유사토지의 지가변동률을 곱한 금액을 공제한 금액을 더한 금액이고, 인근 유사토지의 지가변동률이란 환매 대상 토지와 지리적으로 인접하고 그 공부상 지목과 토지의 이용상황 등이 유사한 토지의 지가변동률을 말하나, 합리적인 지가변동률을 산출할 수 있을 정도의 토지를 선정하면 족하다고 한다(대판 99두 3416).

   (3) 금액의 협의 및 협의불성립시 법원에 청구

   토지의 가격이 취득일 당시에 비하여 현저히 변동된 경우 사업시행자와 환매권자는 환매금액에 대하여 서로 협의하되, 협의가 성립되지 아니하면 그 금액의 증감을 법원에 청구할 수 있다(동법 제9조 제4항).

(8) 환매권의 행사절차

① 사업시행자의 통지 또는 공고

사업시행자는 환매할 토지가 생긴 때에는 지체 없이 이를 환매권자에게 통지하여야 한다. 다만, 사업시행자가 과실 없이 환매권자를 알 수 없는 때에는 전국을 보급지역으로 하는 일간신문에 공고하거나 해당 토지가 소재하는 시·군 또는 구의 게시판에 7일 이상 게시하여야 한다(법 제92조 제1항 및 시행령 제49조).

사업시행자는 환매할 토지가 생긴 때에 통지나 공고를 할 의무가 발생하는데 통지나 공고는 환매권 행사의 요건이 아니고 법률상 당연히 인정되는 환매권 행사의 실효성을 보장하기 위한 것이다. 따라서 사업시행자의 통지나 공고 없이도 토지소유자는 환매권을 행사할 수 있다. 그러나 환매권자는 통지를 받은 날 또는 공고를 한 날부터 6월이 경과한 후에는 환매권을 행사하지 못한다(법 제92조 제2항). 즉, 통지나 공고는 환매권의 행사요건은 아니지만 환매권 행사의 제척기간을 단축하는 효과가 있다.

② 환매권자의 환매금액의 지급과 환매의사의 표시

환매권자는 환매금액을 지급하고 환매의사를 표시함으로써 환매권을 행사하게 된다. 이때 환매대금지급의무와 소유권이전의무가 동시이행관계인지 선이행관계인지에 대하여 환매대금지급의무가 선이행이라는 것이 우리 토지보상법의 태도이다. 또한 환매가 성립하기 위해 사업시행자의 동의를 요하는가에 대하여는 환매권은 형성권성을 가지므로 환매권자가 환매금액을 지급하고 일방적으로 환매의사를 표시함으로써 사업시행자의 동의와 관계없이 성립한다고 봄이 타당하다.

판례

▶ 관련판례(대판 1993.9.14, 92다56810·56827·56834)

공공용지의 취득 및 손실보상에 관한 특례법 제9조 및 토지수용법 제71조에 의한 환매권의 경우 환매대금의 선이행을 명문으로 규정하고 있으므로 환매대금 상당을 지급하거나 공탁하지 아니한 경우는 환매로 인한 소유권이전등기청구는 물론 환매대금의 지급과 상환으로 소유권이전등기를 구할 수 없다.

▶ 관련판례(대판 2012.8.30, 2011다74109)

[판시사항]

[1] 공익사업을 위한 토지 등의 취득 및 보상에 관한 법률 제91조에서 정한 환매권 행사 시 환매기간 내 환매대금 상당의 지급 또는 공탁이 선이행의무인지 여부(적극)

[2] 환매대상인 토지부분의 정확한 위치와 면적을 특정하기 어려운 사정이 있는 경우 환매기간 만료 전 지급하거나 공탁한 환매대금이 나중에 법원의 감정 등으로 특정된 토지 부분의 환매대금에 다소 미치지 못하더라도 환매기간 경과 후 추가로 부족한 환매대금을 지급하거나 공탁할 수 있는지 여부(한정 적극) 및 환매권자가 명백한 계산착오 등으로 환매대금의 아주 적은 일부를 환매기간 만료 전에 지급하거나 공탁하지 못한 경우에도 마찬가지인지 여부(적극)

[3] 환매권자가 미리 지급하거나 공탁한 환매대금이 환매를 청구한 토지부분 전체에 대한 환매대금에는 부족하더라도 실제 환매대상이 될 수 있는 토지부분 대금으로는 충분한 경우, 환매대상이 되는 부분에 대하여 환매권 행사의 효력이 있는지 여부(적극)

[판결요지]

[1] 공익사업을 위한 토지 등의 취득 및 보상에 관한 법률 제91조에 의한 환매는 환매기간 내에 환매의 요건이 발생하면 환매권자가 지급받은 보상금에 상당한 금액을 사업시행자에게 미리 지급하고 일방적으로 의사표시를 함으로써 사업시행자의 의사와 관계없이 환매가 성립한다. 따라서 환매기간 내에 환매대금 상당을 지급하거나 공탁하지 아니한 경우에는 환매로 인한 소유권이전등기 청구를 할 수 없다.

[2] 협의취득 또는 수용된 토지 중 일부가 필요 없게 되어 그 부분에 대한 환매권을 행사하는 경우와 같이 환매대상 토지부분의 정확한 위치와 면적을 특정하기 어려운 특별한 사정이 있는 경우에는, 비록 환매기간 만료 전에 사업시행자에게 미리 지급하거나 공탁한 환매대금이 나중에 법원의 감정 등을 통하여 특정된 토지부분에 대한 환매대금에 다소 미치지 못한다고 하더라도 그 환매대상인 토지부분의 동일성이 인정된다면 환매기간 경과 후에도 추가로 부족한 환매대금을 지급하거나 공탁할 수 있다고 보아야 한다. 그리고 이러한 법리는 환매권자가 명백한 계산착오 등으로 환매대금의 아주 적은 일부를 환매기간 만료 전에 지급하거나 공탁하지 못한 경우에도 적용된다고 봄이 신의칙상 타당하다.

[3] 환매권자가 미리 지급하거나 공탁한 환매대금이 환매권자가 환매를 청구한 토지부분 전체에 대한 환매대금에는 부족하더라도 실제 환매대상이 될 수 있는 토지부분의 대금으로는 충분한 경우에는 그 부분에 대한 환매대금은 미리 지급된 것으로 보아야지, 환매를 청구한 전체 토지와 대비하여 금액이 부족하다는 이유만으로 환매대상이 되는 부분에 대한 환매권의 행사마저 효력이 없다고 볼 것은 아니다.

▶ 관련판례(대판 2000.11.14, 99다45864)
공공용지의 취득 및 손실보상에 관한 특례법 제9조 제5항에 의하여 준용되는 토지수용법 제72조 제1항이 환매할 토지가 생겼을 때에는 기업자(사업시행자)가 지체 없이 이를 원소유자 등에게 통지하거나 공고하도록 규정한 취지는 원래 공적인 부담의 최소한성의 요청과 비자발적으로 소유권을 상실한 원소유자를 보호할 필요성 및 공평의 원칙 등 환매권을 규정한 입법이유에 비추어 공익목적에 필요 없게 된 토지가 있을 때에는 먼저 원소유자에게 그 사실을 알려 주어 환매할 것인지 여부를 최고하도록 함으로써 법률상 당연히 인정되는 환매권 행사의 실효성을 보장하기 위한 것이라고 할 것이므로 위 규정은 단순한 선언적인 것이 아니라 기업자(사업시행자)의 법적인 의무를 정한 것이라고 보아야 할 것인바, 공공용지의 취득 및 손실보상에 관한 특례법상의 사업시행자가 위 각 규정에 의한 통지나 공고를 하여야 할 의무가 있는데도 불구하고 이러한 의무에 위배한 채 원소유자 등에게 통지나 공고를 하지 아니하여, 원소유자 등으로 하여금 환매권 행사기간이 도과되도록 하여 이로 인하여 법률에 의하여 인정되는 환매권 행사가 불가능하게 되어 환매권 그 자체를 상실하게 하는 손해를 가한 때에는 원소유자 등에 대하여 불법행위를 구성한다고 할 것이다.

▶ 관련판례(대판 1995.6.30, 94다13435)
환매권의 상실로 인한 손해배상액은 환매 의무자가 환매 목적물을 제3자에게 매도하여 소유권이전등기를 경료함으로써 환매권자의 환매권을 박탈할 당시의 환매 목적물의 시가에서 환매권자가 환매권을 행사할 경우 반환하여야 할 보상금 상당액을 공제한 금원으로 정함이 상당하다.

5. 환매권의 행사의 효과

(1) 환매권의 행사의 효력발생시점

환매권자는 환매금액을 지급한 후 환매의사를 표시함으로써 환매를 한다. 사업시행자는 환매권자의 환매에 대한 의사표시가 있게 되면 서로 협의해야 하고, 환매권자가 협의해서 정해진 환매가격을 지급함으로써 환매가 성립한다. 환매는 법률상 환매권자의 권리로서 인정되기 때문에 환매권자의 일방적인 의사표시로 성립하며, 사업시행자의 환매동의를 요하지 아니한다. 헌법재판소도 환매권의 행사는 형성권의 행사로서 사업시행자의 동의를 얻어야 하거나 의사여하에 따라 효과가 좌우되는 것이 아니라 한다(헌재 1995.3.23, 91헌마143). 대법원은 환매의 의사표시가 담긴 소장 부본이 제척기간 내에 피고에게 송달되어야만 환매권자가 제척기간 내에 적법하게 환매권을 행사하였다고 할 수 있다고 한다. 즉 환매권 행사의 효력이 발생하는 시점은 환매의 의사표시가 상대방에게 도달한 때가 된다. 환매권은 환매권자의 일방적 의사표시로 사업시행자의 의사와 관계없이 법률효과가 발생하게 되며, 이는 환매권의 성질이 청구권이 아니라 형성권이기 때문이다. 다만, 환매권의 행사에 의해 소유권의 변동이 일어나는 것은 아니며, 소유권이전등기청구권이 발생한다.

판례

▶ 관련판례(대판 1999.4.9, 98다46945)

공공용지의 취득 및 손실보상에 관한 특례법에 의한 절차에 따라 국가 등에 의하여 협의취득된 토지의 전부 또는 일부가 취득일로부터 10년 이내에 해당 공익사업의 폐지, 변경 기타의 사유로 인하여 필요 없게 되었을 때 취득 당시의 소유자 등에게 인정되는 같은 법 제9조 소정의 환매권은 해당 토지의 취득일로부터 10년 이내에 행사되어야 하고, 위 행사기간은 제척기간으로 보아야 할 것이며, 위 **환매권은 재판상이든 재판 외이든 그 기간 내에 행사하면 되는 것이나, 환매권은 상대방에 대한 의사표시를 요하는 형성권의 일종으로서 환매의 의사표시가 상대방에게 도달한 때에 비로소 환매권 행사의 효력이 발생함이 원칙이다.**

(2) 사업인정 전 협의취득으로 인한 환매권의 경우

환매권을 행사한 경우 물권적 효과가 발생한다는 견해와 채권적 효과가 발생한다는 견해가 있다. 환매권의 법적 성질을 ① 물권적 취득권으로 보는 견해에 의하면 환매권의 효력은 곧 소유권 이전 효과라고 한다. 그러나 ② 해제권설을 취하는 견해에 의하면 환매권의 채권적 효력을 인정하여 환매권을 행사하면 소유권이전등기말소의 청구권이 발생하는 것이고, ③ 예약완결권설을 취하는 견해에 의하면 소유권이전등기의 청구권이 발생하고 이후 등기가 있어야 소유권 이전의 효과가 발생하는 것으로 본다. 물권적 효력을 인정하는 것이 타당하다고 본다.

(3) 사업인정 후 취득으로 인한 환매권의 경우

대부분의 견해는 환매권의 형성권적 성질을 긍정하면서 환매의 의사표시로 바로 효력이 발생하며, 그때의 효력은 환매권자를 보호하여야 할 필요성을 강조하면서 물권적 효력으로 보는 것이 타당하다고 주장하고 있다. 다만, 판례는 환매권의 효과는 채권적 효과로서 소유권이전등기청구권이 발생하고 이 청구권은 10년을 시효로 소멸한다고 한다.

그러나 이러한 주장은 기본적으로 환매권의 법적 성질을 사권으로 보는 입장에서 제기되는 것이다. 토지보상법상 사업인정 후 취득으로 인한 환매권의 본질은 주관적 공권이라 할 것이다. 따라서 환매행사요건이 충족되면, 환매권자는 환매권을 행사하여 사업시행자에게 반환청구를 할 수 있고, 사업시행자는 그에 응할 의무가 있는 것으로 보아야 한다. 이때에 사업시행자가 그 의무를 거부하는 경우에는 이것이 공권력의 행사로서 처분에 해당되지는 아니하므로 공법상 당사자소송으로 해당 법률관계를 다툴 수 있을 것이다.

6. 환매권의 소멸

(1) 사업시행자 통지가 없는 경우

① 일정기간 내에 토지의 전부 또는 일부가 필요 없게 된 경우(법 제91조 제1항)

사업의 폐지·변경으로 취득한 토지의 전부 또는 일부가 필요 없게 된 경우에는 관계 법률에 따라 사업이 폐지·변경된 날 또는 제24조에 따른 사업의 폐지·변경 고시가 있는 날로부터, 그 밖의 사유로 취득한 토지의 전부 또는 일부가 필요 없게 된 경우에는 사업완료일로부터 10년 이내에 그 토지에 대하여 받은 보상금에 상당하는 금액을 사업시행자에게 지급하고 토지를 환매할 수 있다.

판례

▶ 관련판례(대판 1993.8.13, 92다50652)
공공용지의 취득 및 손실보상에 관한 특례법 제9조 제1항과 제2항은 환매권발생요건을 서로 달리하고 있으므로 어느 한 쪽의 요건에 해당되면 다른 쪽의 요건을 주장할 수 없게 된다고 할 수는 없고, 양쪽의 요건에 모두 해당된다고 하여 더 짧은 제척기간을 정한 제2항에 의하여 제1항의 환매권의 행사가 제한된다고 할 수도 없을 것이므로 제2항의 규정에 의한 제척기간이 도과되었다 하여 제1항의 규정에 의한 환매권 행사를 할 수 없는 것도 아니다.

② 일정기간이 경과하도록 토지의 전부를 사용하지 아니하는 경우

법 제91조(환매권)
② 취득일부터 5년 이내에 취득한 토지의 전부를 해당 사업에 이용하지 아니하였을 때에는 제1항을 준용한다. 이 경우 환매권은 취득일부터 6년 이내에 행사하여야 한다.

③ 토지보상법 제91조 제1항과 제2항에서 규정하고 있는 제척기간의 관계
제1항에서 규정하고 있는 환매요건과 제2항에서 규정하고 있는 환매요건에 모두 해당될 경우에는 보다 긴 기간이 경과하여야 환매권이 소멸된다고 할 것이다. 즉, 환매권자는 자신에게 유리한 기간을 선택하여 적용할 수 있다.

(2) 사업시행자의 통지가 있는 경우

사업시행자가 토지보상법 제92조 제1항의 규정에 의한 통지 또는 공고한 경우 통지 받은 날 또는 공고한 날부터 6개월이 지난 후에는 환매권을 행사할 수 없다. 사업시행자에게 통지의무를 부여한 이유는 법률상 당연히 인정되는 환매권 행사의 실효성을 보장하기 위한 것이다.

(3) 사업시행자가 통지하지 아니한 경우의 불법행위성립 여부

① 판례의 태도

(ㄱ) **통지 없이 환매권 행사의 제척기간 내에 제3자에게 처분한 경우** : 대부분의 경우 사업시행자의 통지가 있어야 환매권자가 환매의 대상 토지가 생겼음을 알 수 있어, 그러한 통지를 하도록 규정한 것은 단순한 선언적인 것이 아니고 환매권 행사의 실효성을 보장하여 주고, 법규에 의하여 사업시행자에게 부과된 의무이기 때문에, 통지 없이 환매의 대상 토지를 제3자에게 처분한 경우 처분행위 자체는 유효하다 하더라도 환매권자와의 관계에 있어서는 환매권을 침해한 것으로 불법행위를 구성한다고 한다.

판례

▶ 관련판례(대판 1993.5.27, 92다34667)
기업자(사업시행자)가 원소유자의 환매가능성이 존속하고 있는데도 이러한 의무에 위배한 채 환매의 목적이 될 토지를 제3자에게 처분한 경우 처분행위 자체는 유효하다 하더라도 적어도 원소유자에 대한 관계에서는 법률에 의하여 인정되는 환매권 자체를 행사함이 불가능하도록 함으로써 환매권 자체를 상실시킨 것으로 되어 불법행위를 구성한다.

(ㄴ) **통지 없이 환매의 제척기간이 도과한 경우** : 사업시행자에게 통지를 하도록 규정한 것은 단순한 선언적인 것이 아니고 환매권 행사의 실효성을 보장하여 주고, 법규에 의하여 사업시행자에게 부과된 의무이기 때문에, 통지를 하지 아니하여 환매행사기간이 도과되어 환매권자가 환매권 행사를 불가능하게 한 것이므로 불법행위를 구성한다고 한다.

판례

▶ 관련판례(대판 2000.11.14, 99다45864)
공공용지의 취득 및 손실보상에 관한 특례법상의 사업시행자가 위 각 규정에 의한 통지나 공고를 하여야 할 의무가 있는데도 불구하고 이러한 의무에 위배한 채 원소유자 등에게 통지나 공고를 하지 아니하여, 원소유자 등으로 하여금 환매권 행사기간이 도과되도록 하여 이로 인하여 법률에 의하여 인정되는 환매권 행사가 불가능하게 되어 환매권 그 자체를 상실하게 하는 손해를 가한 때에는 원소유자 등에 대하여 불법행위를 구성한다고 할 것이다.

(ㄷ) 불법행위로 인한 손해배상

판례

▶ 관련판례(대판 2000.11.14, 99다45864)
원소유자 등의 환매권 상실로 인한 손해배상액은 환매권 상실 당시의 목적물의 시가에서 환매권자가 환매권을 행사하였을 경우 반환하여야 할 환매가격을 공제한 금원으로 정하여야 할 것이다.

▶ 관련판례(대판 2013.1.16, 2012다71305)
원심은, 이 사건 합의에서 정한 '기존 수도부지에 대한 재산권 처리에 관한 업무'에 환매 관련 업무가 포함된다고 단정하기 어렵고, 설령 포함되더라도 위 합의는 피고와 한국토지공사(2009.10.1. 합병으로 한국토지주택공사가 되었다. 이하 합병 전후를 통틀어 '소외 공사'라 한다) 사이의 내부적인 약정으로 소외 공사가 피고를 대신하여 환매 관련 제반 행위를 하기로 한 것에 불과할 뿐이어서 피고는 이와 상관없이 여전히 공익사업법 소정의 환매권 통지의무를 부담하며, 그 판시와 같은 사정만으로는 피고가 공익사업법상 사업시행자로서 부담하는 법률상 의무를 이행하지 아니한 데에 정당한 사유가 있다거나 귀책사유가 없다고 볼 수는 없다고 판단하였다. 나아가 원심은 환매권 상실로 인한 원고의 손해배상액을 산정함에 있어, '이 사건 택지개발사업 승인·고시 당시 이 사건 각 토지가 환매의 대상이 된다는 것을 알았거나 알 수 있었음에도 환매권을 행사하지 아니한 원고의 과실을 손해배상액 산정에 참작하여야 한다'는 피고의 주장을 그 판시와 같은 이유를 들어 배척하였다. 관련 법리와 기록에 비추어 살펴보면 원심의 위와 같은 조치는 정당한 것으로 수긍할 수 있고, 거기에

> 상고이유에서 주장하는 바와 같은 계약해석이나 불법행위의 성립, 과실상계나 손해배상책임의 범위 등에 관한 법리오해 또는 대법원 판례 위반, 심리미진 등의 위법이 없다.

② 판례의 평가

상기의 판례(대판 1993.5.27, 92다34667)의 경우는 환매권 행사의 최고의 통지나 공고 없이 환매목적물을 제3자에게 처분하여 환매권자의 권리인 환매권을 침해한 것이므로 이는 민법 제750조의 불법행위로 인한 손해배상청구권이 성립한다고 볼 수 있다.

판례(대판 2000.11.14, 99다45864)의 경우 사업시행자가 통지를 하지 아니한 것만을 가지고 불법행위 책임을 인정할 수 있는지에 대하여는 의문이 있다. 이에 대하여 사업시행자의 통지는 환매권 행사의 실효성을 보장하기 위한 것이므로 이는 사업시행자의 법적인 의무이기 때문에 이러한 의무를 이행하지 아니하여 환매권 행사가 불가능하게 된 것이므로 불법행위를 구성한다고 보는 견해가 있다. 반면에 통지는 환매요건이 아니므로 통지를 하지 아니하였다는 사실 외에 적극적인 환매권의 침해행위 없이 모든 책임을 사업시행자에게 지우는 것은 타당하지 못하다는 견해가 있다. 환매권자는 일반적으로 환매대상토지가 발생하였는지 알기 어려워 사업시행자의 통지 없이는 환매권 행사의 실효성을 확보할 수 없으므로 판례의 태도가 타당하다고 본다.

7. 환매권에 대한 다툼

(1) 행사요건 성립 여부에 대한 다툼

사업시행자의 환매통지가 있는 경우와는 달리 환매권 행사요건이 성립하는지에 대한 다툼이 생길 수 있는바 공권설의 입장에서는 공법상 당사자소송에 의할 것이며, 사권설의 입장에서는 민사소송(사업시행자 : 소유권확인의소, 환매권자 : 소유권이전등기이행의소)에 의하게 될 것이나 실무상 민사소송에 의한다.

(2) 환매금액에 관한 다툼

① 의의

환매금액은 보상금 상당금액으로 함이 원칙이나(법 제91조 제1항) 토지의 가격이 취득일 당시에 비하여 현저히 변동된 경우 사업시행자 및 환매권자는 환매금액에 대하여 서로 협의하되, 협의가 성립되지 아니한 때에는 그 금액의 증감을 법원에 청구할 수 있다(법 제91조 제4항).

> **시행령 제48조(환매금액의 협의요건)**
> 법 제91조 제4항에 따른 "토지의 가격이 취득일 당시에 비하여 현저히 변동된 경우"는 환매권 행사 당시의 토지가격이 지급한 보상금에 환매 당시까지의 해당 사업과 관계없는 인근 유사토지의 지가변동률을 곱한 금액보다 높은 경우로 한다.

② 환매금액 증감에 관한 다툼의 해결방법

환매금액의 증감에 관한 다툼은 법원이 해결하도록 토지보상법이 정하고 있다. 이와 관련하여 토지보상법 이전의 상황에서는 환매금액에 관한 다툼이 있는 때에 토지수용법(제71조 제5항)에서는 법원이 해결하도록 하고, 공특법(제9조 제3항)에서는 관할 토지수용위원회의 재결을 거치고 재결에 대하여 불복할 때는(공특법 시행령 제7조에서 재결절차 등의 내용에 대하여 토지수용법 제73조 내지 제75조의2의 규정을 준용도록 하고 있으므로) 토지수용법의 이의신청과 보상금증감청구소송의 절차를 거치도록 하고 있는바 토지수용법상 환매권은 민사소송을 통해서 다투게 되고 공특법상 환매권은 행정소송을 통해 다투게 되는 모순이 있었다. 이러한 점을 해결하기 위해서 통일적으로 모든 환매권에 관한 다툼은 법원에 의하도록 한 것이다.

8. 환매권의 행사의 제한(공익사업변환 특칙, 법 제91조 제6항)

(1) 의의 및 취지

공익사업이 변경된 때에도 당초의 공익사업을 위해 취득한 토지는 환매권자에게 환매하여 주고 다시 새로운 공익사업을 위해 취득하는 것이 원칙이겠으나 당초의 공익사업이 공익성의 정도가 더 큰 공익사업으로 변경된 때에는 환매와 재취득이라는 불필요한 절차의 반복을 방지하기 위해서 공익사업의 변경 시 환매권 행사제한 특칙규정을 두고 있다.

토지보상법 제91조 제6항의 규정은 형식적으로는 환매권 행사기간의 기산점에 관한 규정이나, 공익사업의 변경이 관보에 고시되면 환매권의 행사기간이 처음부터 다시 기산되므로 실질적으로 환매권을 제한 내지 폐지하는 결과를 가져온다. 즉 당초 예정한 공익사업에 제공되지 않게 된 토지는 원칙적으로 환매를 하고, 다시 수용하도록 하여야 한다. 그러나 다른 공익사업으로 전환되는 경우 이와 같은 절차의 반복은 번거롭고 사업의 원활화에 지장을 초래하므로 제도적으로 기산일의 변경을 인정하는 것이 공익사업의 변환이다.

(2) 공익사업변환제도 = 환매권 행사제한 제도에서의 기산점과 효과

공익사업의 변환은 국가·지방자치단체 또는 공공기관이 사업인정을 받아 토지를 협의취득 또는 수용한 경우 그 사업인정을 받은 공익사업이 공익성의 정도가 높은 다른 공익사업으로 변경된 경우에 한하여 허용되는 예외적인 제도이다. 따라서 공익사업의 변환은 새로운 공익사업에 관해서도 사업인정을 받거나 또는 사업인정을 받은 것으로 의제하는 다른 법률의 규정에 의해 사업인정을 받은 것으로 볼 수 있는 경우에만 공익사업의 변환에 의한 환매권 행사의 제한을 인정할 수 있다.

1) 환매권 행사 제한 기산일

토지보상법 시행령 제49조(공익사업의 변경 통지)

① 법 제91조 제6항 전단 및 후단에서 "「공공기관의 운영에 관한 법률」 제4조에 따른 공공기관 중 대통령령으로 정하는 공공기관"이란 「공공기관의 운영에 관한 법률」 제5조 제4항 제1호의 공공기관을 말한다.

> ② 사업시행자는 법 제91조 제6항에 따라 변경된 공익사업의 내용을 관보에 고시할 때에는 그 고시 내용을 법 제91조 제1항에 따른 환매권자(이하 이 조에서 "환매권자"라 한다)에게 통지하여야 한다. 다만, 환매권자를 알 수 없거나 그 주소·거소 또는 그 밖에 통지할 장소를 알 수 없을 때에는 제3항에 따른 공고로 통지를 갈음할 수 있다.
> ③ 제2항 단서에 따른 공고는 사업시행자가 공고할 서류를 해당 토지의 소재지를 관할하는 시장(행정시의 시장을 포함한다)·군수 또는 구청장(자치구가 아닌 구의 구청장을 포함한다)에게 송부하여 해당 시(행정시를 포함한다)·군 또는 구(자치구가 아닌 구를 포함한다)의 게시판에 14일 이상 게시하는 방법으로 한다.

위 규정과 대법원 2010다30782 판결로 환매권 행사제한의 기산시점에 대해 살펴보면 다음과 같다.

① '환매권의 행사기간은 관보에 당해 공익사업의 변경을 고시한 날로부터 기산한다.'는 의미는 새로 변경된 공익사업을 기준으로 다시 환매권의 행사의 요건을 갖추지 못하는 한 환매권을 행사할 수 없고, 환매권의 행사요건을 갖추어 환매권을 행사할 수 있는 경우에 그 환매권 행사기간은 당해 공익사업의 변경을 관보에 고시한 날로부터 기산한다는 의미로 해석해야 한다는 것이다(대판 2010.9.30, 2010다30782).

② 공익사업의 변환을 인정한 입법 취지 등에 비추어 볼 때 사업인정을 받은 당해 공익사업의 폐지·변경으로 인하여 협의취득하거나 수용한 토지가 필요 없게 된 때라도 위 규정에 의하여 공익사업의 변환이 허용되는 다른 공익사업으로 변경되는 경우에는 당해 토지의 원소유자 또는 그 포괄승계인에게 환매권이 발생하지 않는다는 취지를 규정한 것이다(대판 2010.9.30, 2010다30782).

③ 당초의 공익사업이 법 제4조 제6호 내지 제8호에 규정된 공익사업으로 변경되어 당초의 공익사업에 필요 없게 된 경우에는 기산일에 관한 규정이 적용되지 아니하며, 이 경우에는 환매대상에 해당된다.

2) 환매권 행사제한을 관보에 고시한 효과

공익사업을 위해 취득한 토지가 당해 사업에 제공되지 아니할 때 원래의 토지소유자에게 소유권을 회복시켜주는 것이 환매권 제도이다. 그러나 공익사업이 다른 공익사업으로 전환되었을 때 환매를 허용하고, 이를 다시 수용하도록 하는 것은 비능률적이기 때문에 공익사업의 변환을 제도화하고 있다. 따라서 공익사업의 변환이 인정되면 공익사업의 폐지·변경으로 인해 공익사업을 위해 취득한 토지가 필요 없게 된 때에도 환매권을 행사할 수 없게 된다. 대법원은 공익사업의 변환을 인정함으로써 환매권의 행사를 제한하려는 것이 이 규정의 취지라고 한다(대판 1992.4.28, 91다29927). 공익사업의 변환은 환매권의 행사기간을 관보에 고시한 날부터 기산하도록 하는 방법에 의하고 있다. 변경된 공익사업의 내용을 관보에 고시한 때에는, 그 내용을 환매권자에게 통지하여야 한다. 이에 따라 환매권의 행사기간이 사실상 연장되는 효과가 발생한다.

(3) 환매권 행사의 제한요건

법 제91조(환매권)

⑥ 국가, 지방자치단체 또는 「공공기관의 운영에 관한 법률」 제4조에 따른 공공기관 중 대통령령으로 정하는 공공기관이 사업인정을 받아 공익사업에 필요한 토지를 협의취득하거나 수용한 후 해당 공익사업이 제4조 제1호부터 제5호까지에 규정된 다른 공익사업(별표에 따른 사업이 제4조 제1호부터 제5호까지에 규정된 공익사업에 해당하는 경우를 포함한다)으로 변경된 경우 제1항 및 제2항에 따른 환매권 행사기간은 관보에 해당 공익사업의 변경을 고시한 날부터 기산(起算)한다. 이 경우 국가, 지방자치단체 또는 「공공기관의 운영에 관한 법률」 제4조에 따른 공공기관 중 대통령령으로 정하는 공공기관은 공익사업이 변경된 사실을 대통령령으로 정하는 바에 따라 환매권자에게 통지하여야 한다.

① 사업시행자 요건

㉠ 토지보상법령상의 요건 : 국가, 지방자치단체 또는 「공공기관의 운영에 관한 법률」 제4조에 따른 공공기관 중 대통령령으로 정하는 공공기관이 사업인정을 받아 공익사업에 필요한 토지를 협의취득하거나 수용한 후여야 한다.

판례

▶ 관련판례(대판 2015.8.19, 2014다201391)

토지보상법 제91조 제6항의 입법취지와 문언, 1981.12.31. (구)토지수용법의 개정을 통해 처음 마련된 공익사업 변환제도는 기존에 공익사업을 위해 수용된 토지를 그 후의 사정변경으로 다른 공익사업을 위해 전용할 필요가 있는 경우에는 환매권을 제한함으로써 무용한 수용절차의 반복을 피하자는 데 주안점을 두었을 뿐 변경된 공익사업의 사업주체에 관하여는 큰 의미를 두지 않았던 점, 민간기업이 관계법률에 따라 허가・인가・승인・지정 등을 받아 시행하는 도로, 철도, 항만, 공항 등의 건설사업의 경우 공익성이 매우 높은 사업임에도 사업시행자가 민간기업이라는 이유만으로 공익사업의 변환을 인정하지 않는다면 공익사업 변환제도를 마련한 취지가 무색해지는 점, 공익사업의 변환이 일단 토지보상법 제91조 제6항에 정한 '국가・지방자치단체 또는 공공기관의 운영에 관한 법률 제4조에 따른 공공기관 중 대통령령으로 정하는 공공기관이 협의취득 또는 수용한 토지를 대상으로 하고, 변경된 공익사업이 공익성이 높은 토지보상법 제4조 제1~5호에 규정된 사업인 경우에 한하여 허용되므로 공익사업 변환제도의 남용을 막을 수 있는 점을 종합해 보면, 변경된 공익사업이 토지보상법 제4조 제1~5호에 정한 공익사업에 해당하면 공익사업의 변환이 인정되는 것이지, 변경된 공익사업의 시행자가 국가・지방자치단체 또는 일정한 공공기관일 필요까지는 없다.

㉡ 사업시행자의 변경이 있는 경우에도 공익사업변환 특칙이 적용되는지 여부

(a) 판례 : 대법원은 사업시행자의 변경이 있는 경우 공익사업변환 특칙을 적용하고 있다.

판례

▶ 관련판례(대판 1994.1.25, 93다11760 · 11777 · 11784)
공익사업의 변환이 국가 지방자치단체 또는 공공기관이 사업인정을 받아 토지를 협의취득 또는 수용한 경우에 한하여, 그것도 사업인정을 받은 공익사업이 공익성의 정도가 높은 토지수용법 제3조 제1호 내지 제4호에 규정된 다른 공익사업으로 변경된 경우에만 허용되도록 규정하고 있는 토지수용법 제71조 제7항 등 관계법령의 규정내용이나 그 입법이유 등으로 미루어 볼 때, 같은 법 제71조 제7항 소정의 "공익사업의 변환"이 국가 지방자치단체 또는 공공기관 등 기업자(또는 사업시행자)가 동일한 경우에만 허용되는 것으로 해석되지는 않는다.

(b) 제 견해

ⓐ 판례를 긍정하는 입장 : 토지보상법 제91조 제6항은 공익성이 더 큰 공익사업으로 변경된 경우에 적용되는 규정으로 사업시행자가 동일한 경우에만 허용된다고 규정하고 있지 않으므로 사업시행자의 동일성 여부는 인정요건에 해당되지 않는다고 확장 해석하여 사업시행자의 변경이 있어도 동 조항이 적용될 수 있다고 본다.

ⓑ 판례를 비판하는 입장 : 환매권 행사제한규정은 환매권의 인정에 대한 예외적 규정이므로 동 조항은 좁게 해석되어야 한다고 본다. 즉, 토지보상법이 사업시행자의 변경을 규정하고 있지 않으므로 사업시행자가 동일한 때에만 동 조항을 적용할 수 있다고 보아 사업시행자의 변경이 있는 경우에는 동 조항을 적용할 수 없다고 본다.

(c) 소결 : 생각건대, 환매권제도는 공공필요의 소멸이라는 수용본질의 한계상 인정되는 것으로 이러한 취지에 반하는 예외적 규정은 좁게 해석함이 국민의 권리구제에 유리하다. 또한 현실적으로 행정청 간의 용도담합으로 환매권이 형해화되는 결과를 초래할 우려가 있으므로 사업주체가 변경된 경우에는 부정하는 것이 타당하다고 판단된다.

② **대상사업요건** : 변경 후 공익사업이 토지보상법 제4조 제1호 내지 제5호이어야 한다. 즉, 공익성의 정도가 높은 사업으로 대상사업을 제한하여 헌법상 공공필요를 충족하고자 하였다. 이와 관련하여 대법원은 변경된 사업 역시 사업인정을 받아야 한다고 한다.

법 제4조(공익사업)
이 법에 따라 토지 등을 취득하거나 사용할 수 있는 사업은 다음 각 호의 어느 하나에 해당하는 사업이어야 한다.
1. 국방 · 군사에 관한 사업
2. 관계법률에 따라 허가 · 인가 · 승인 · 지정 등을 받아 공익을 목적으로 시행하는 철도 · 도로 · 공항 · 항만 · 주차장 · 공영차고지 · 화물터미널 · 궤도(軌道) · 하천 · 제방 · 댐 · 운하 · 수도 · 하수도 · 하수종말처리 · 폐수처리 · 사방(砂防) · 방풍(防風) · 방화(防火) · 방조(防潮) · 방수(防水) · 저수지 · 용수로 · 배수로 · 석유비축 · 송유 · 폐기물처리 · 전기 · 전기통신 · 방송 · 가스 및 기상 관측에 관한 사업
3. 국가나 지방자치단체가 설치하는 청사 · 공장 · 연구소 · 시험소 · 보건시설 · 문화시설 · 공원 · 수

목원・광장・운동장・시장・묘지・화장장・도축장 또는 그 밖의 공공용 시설에 관한 사업

4. 관계법률에 따라 허가・인가・승인・지정 등을 받아 공익을 목적으로 시행하는 학교・도서관・박물관 및 미술관 건립에 관한 사업
5. 국가, 지방자치단체, 「공공기관의 운영에 관한 법률」 제4조에 따른 공공기관, 「지방공기업법」에 따른 지방공기업 또는 국가나 지방자치단체가 지정한 자가 임대나 양도의 목적으로 시행하는 주택 건설 또는 택지 및 산업단지 조성에 관한 사업
6. 제1호부터 제5호까지의 사업을 시행하기 위하여 필요한 통로, 교량, 전선로, 재료적치장 또는 그 밖의 부속시설에 관한 사업
7. 제1호부터 제5호까지의 사업을 시행하기 위하여 필요한 주택, 공장 등의 이주단지 조성에 관한 사업
8. 그 밖에 별표에 규정된 법률에 따라 토지 등을 수용하거나 사용할 수 있는 사업

법 제4조의2(토지 등의 수용・사용에 관한 특례의 제한)

① 이 법에 따라 토지 등을 수용하거나 사용할 수 있는 사업은 제4조 또는 별표에 규정된 법률에 따르지 아니하고는 정할 수 없다.

② 별표는 이 법 외의 다른 법률로 개정할 수 없다.

③ 국토교통부장관은 제4조 제8호에 따른 사업의 공공성, 수용의 필요성 등을 5년마다 재검토하여 폐지, 변경 또는 유지 등을 위한 조치를 하여야 한다.

법 제4조의3(공익사업 신설 등에 대한 개선요구 등)

① 제49조에 따른 중앙토지수용위원회는 제4조 제8호에 따른 사업의 신설, 변경 및 폐지, 그 밖에 필요한 사항에 관하여 심의를 거쳐 관계 중앙행정기관의 장에게 개선을 요구하거나 의견을 제출할 수 있다.

② 제1항에 따라 개선요구나 의견제출을 받은 관계 중앙행정기관의 장은 정당한 사유가 없으면 이를 반영하여야 한다.

③ 제49조에 따른 중앙토지수용위원회는 제1항에 따른 개선요구・의견제출을 위하여 필요한 경우 관계 기관 소속 직원 또는 관계 전문기관이나 전문가로 하여금 위원회에 출석하여 그 의견을 진술하게 하거나 필요한 자료를 제출하게 할 수 있다.

판례

▶ **관련판례(대판 2010.9.30, 2010다30782)**

'공익사업을 위한 토지 등의 취득 및 보상에 관한 법률' 제91조 제6항에 정한 공익사업의 변환은 같은 법 제20조 제1항의 규정에 의한 사업인정을 받은 공익사업이 일정한 범위 내의 공익성이 높은 다른 공익사업으로 변경된 경우에 한하여 환매권의 행사를 제한하는 것이므로, 적어도 **새로운 공익사업에 관해서도** 같은 법 제20조 제1항의 규정에 의해 **사업인정을 받거나** 또는 위 규정에 따른 **사업인정을 받은 것으로 의제하는 다른 법률의 규정에 의해 사업인정을 받은 것으로 볼 수 있는 경우에만 공익사업의 변환에 의한 환매권 행사의 제한을 인정할** 수 있다.

③ 사업시행자의 토지 소유 요건

판례

▶ 관련판례(대판 2010.9.30, 2010다30782)
공익사업의 원활한 시행을 위한 무익한 절차의 반복 방지라는 '공익사업의 변환'을 인정한 입법취지에 비추어 볼 때, 만약 **사업시행자가 협의취득하거나 수용한 해당 토지를 제3자에게 처분해 버린 경우에**는 어차피 변경된 사업시행자는 그 사업의 시행을 위하여 제3자로부터 토지를 재취득해야 하는 절차를 새로 거쳐야 하는 관계로 위와 같은 **공익사업의 변환을 인정할 필요성도 없게 되므로, 공익사업의 변환을 인정하기 위해서는 적어도 변경된 사업의 사업시행자가 해당 토지를 소유하고 있어야 한다.** 나아가 공익사업을 위해 협의취득하거나 수용한 토지가 제3자에게 처분된 경우에는 특별한 사정이 없는 한 그 토지는 해당 공익사업에는 필요 없게 된 것이라고 보아야 하고, 변경된 공익사업에 관해서도 마찬가지이므로, 그 토지가 변경된 사업의 사업시행자 아닌 제3자에게 처분된 경우에는 공익사업의 변환을 인정할 여지도 없다.

(4) 환매권 행사의 제한 특칙이 위헌인지 여부

① **문제의 소재** : 헌법 제23조는 재산권 보장원칙을 천명하고 있고 동법 제37조 제2항은 기본권에 대한 본질적인 침해를 금지하고 있는바, 헌법상 보장된 환매권을 법률로 제한하는 것이 기본권의 본질적 내용을 침해하는 것이 되어 비례원칙에 위반되는지가 문제된다.

② **합헌설**(헌법재판소의 다수견해) : 공익사업 변환제도는 공익사업의 신속한 수행이이라는 목적의 정당성이 인정되고 대상사업의 범위를 제한하여 수단의 적정성도 인정되며 피해최소성의 원칙, 법익균형의 원칙에도 부합하여 헌법상 비례원칙에 위배되지 않는다고 한다.

판례

▶ 관련판례(헌재 1997.6.26, 96헌바94)
공익사업의 원활한 시행을 확보하기 위한 목적에서 신설된 것으로 우선 그 입법목적에 있어서 정당하고 나아가 변경사용이 허용되는 사업시행자의 범위를 국가・지방자치단체 또는 공공기관으로 한정하고 사업목적 또한 상대적으로 공익성이 높은 (구)토지수용법 제3조 제1호 내지 제4호의 공익사업으로 한정하여 규정하고 있어서 그 입법목적 달성을 위한 수단으로서의 적정성이 인정될 뿐 아니라 피해최소성의 원칙 및 법익균형의 원칙에도 부합된다 할 것이므로 위 법률조항은 헌법 제37조 제2항이 규정하는 기본권 제한에 관한 과잉금지의 원칙에 위배되지 아니한다.

③ **위헌설** : 다른 공익사업으로 변경 시 재심사, 불복절차 없이 허용하여 입법목적의 정당성과 수단의 적정성을 인정할 수 없고, 종전 수용토지에 수삼차에 걸쳐 계속 적용한다면 환매권을 취득할 기회를 영원히 상실시켜 실질적으로 환매권을 공허화한다는 점에 비추어 기본권 제한의 과잉금지원칙에 위반된다고 본다.

④ **검토** : 공익사업변환은 새로운 공익사업에 의한 공용침해행위에 해당한다. 따라서 공익사업 변환 특칙의 입법목적의 정당성, 수단의 적정성을 떠나서 최소한 공익사업의 변경과정에서 적법성 확보절차가 부재하고 환매권자의 참여가 전적으로 배제된 상태로 이루어진다는 것은

최소침해, 법익균형의 원칙에 비추어 문제가 있다고 할 수밖에 없다. 또한 공익사업이 토지보상법 제4조 제5호 이하의 사업으로 변환되는 경우에는 환매가 인정되므로 이러한 경우에는 토지소유자에게 불로소득이 모두 귀속되어 변경되는 사업의 종류에 따라서 토지소유자를 합리적 이유 없이 차별하는 결과를 초래하기도 한다. 따라서 공익사업변환 특칙은 위헌적 소지가 많은 규정이라는 비판을 피할 수 없다. 종래의 토지수용법에 근거가 있을 때에도 비판을 많이 받아왔으나, 토지보상법도 별다른 개정사항 없이 그대로 존속·시행되고 있어 비판을 면하기 어렵다.

(5) 사업인정 전 협의취득으로 인한 환매권에 공익사업변환 특칙의 적용 여부

① **판례의 태도** : 대법원은 구법하에서 사업인정 전 협의취득으로 인한 환매권에 공익사업변환 특칙이 적용된다고 보았다.

판례

▶ 관련판례(대판 1997.11.11, 97다36835)

공공용지의 취득 및 손실보상에 관한 특례법과 토지수용법은 모두 공공복리의 증진과 사유재산권의 합리적 조절을 도모하려는 데에 그 목적이 있고, 공공용지의 취득 및 손실보상에 관한 특례법과 토지수용법이 규정하는 각 환매권의 입법이유와 규정취지 등에 비추어 볼 때에 토지수용법 제71조 제7항의 규정은 그 성질에 반하지 아니하는 한 이를 공공용지의 취득 및 손실보상에 관한 특례법 제9조 제1항에 의한 환매요건에 관하여도 유추적용할 수 있고, 그 범위 안에서 환매권의 행사가 제한된다.

② **검토** : 생각건대, 국민의 재산권 침해는 엄격히 해석하여야 하므로 토지보상법 제91조 제6항은 "국가·지방자치단체 또는 공공기관이 사업인정을 받아 공익사업에 필요한 토지를 협의취득 또는 수용한 후"라 규정하고 있는바 사업인정을 받아서 취득한 후 공익사업이 변경된 경우만을 상정하여 규정하고 있으므로 사업인정 전 협의취득으로 인한 환매권 행사제한에 적용될 여지는 없다고 사료된다.

○ **토지보상법 제91조 제6항의 공익사업 변환에 따른 환매권 행사의 제한 규정의 적용 가능성 및 토지보상법 제91조 제1항에서 정한 요건 충족**

2010.4.5. 개정·시행된 토지보상법 제91조 제6항의 공익사업 변환에 따른 환매권 행사의 제한 규정의 적용 가능성 및 토지보상법 제91조 제1항에서 정한 요건(= 취득한 토지의 전부 또는 일부가 필요 없게 된 경우)이 충족되어 환매권을 행사할 수 있는 시점

(원심은 2008.2.5. 이 사건 주차장을 폐지하기로 하는 내용이 포함된 이 사건 재정비촉진계획의 고시만으로 이 사건 각 토지가 이 사건 주차장사업에 필요 없게 되었고, 그 무렵 원고들이 이 사건 각 토지에 관한 환매권을 행사할 수 있었다고 보아 이를 전제로 원고들의 청구를 인용한 제1심판결을 그대로 유지하였으나, 위와 같은 원심판결에는 이 사건 주차장을 폐지하기로 한 이후 위 주차장이 철거되는 등으로 이 사건 각 토지가 실제로 더 이상 이 사건 주차장사업을 위하여 사용할

필요가 없게 된 때가 언제인지 심리·확정한 다음, 2010.4.5. 개정·시행된 구 토지보상법 제91조 제6항이 적용되어 공익사업의 변환에 따라 원고들의 환매권 행사가 제한되는지 여부를 살피지 않은 심리미진 및 구 토지보상법 제91조 제1항에 관한 법리를 오해하여 판결에 영향을 미친 위법이 있으므로 원심판결을 파기·환송한 사례)

▶ 대판 2019.10.31, 2018다233242

【판시사항】

[1] 환매권에 관하여 규정한 '구 공익사업을 위한 토지 등의 취득 및 보상에 관한 법률' 제91조 제1항에서 정한 '당해 사업' 및 취득한 토지의 전부 또는 일부가 '필요 없게 된 때'의 의미와 협의취득 또는 수용된 토지가 필요 없게 되었는지 판단하는 기준

[2] 갑 지방자치단체가 도시계획시설(주차장)사업을 시행하면서 사업부지에 포함된 을 등의 각 소유 토지를 협의취득한 후 공영주차장을 설치하였고, 그 후 위 토지를 포함한 일대 지역이 재정비촉진지구로 지정되어 공영주차장을 폐지하는 내용이 포함된 재정비촉진지구 변경지정 및 재정비촉진계획이 고시되었으며, 이에 따라 재정비촉진구역 주택재개발정비사업의 사업시행인가가 고시되었는데, 을 등이 목적사업인 주차장사업에 필요 없게 되어 위 토지에 관한 환매권이 발생하였다고 주장하며 갑 지방자치단체를 상대로 환매권 상실로 인한 손해배상을 구한 사안에서, 공영주차장을 폐지하기로 하는 내용이 포함된 위 재정비촉진계획의 고시만으로 위 토지가 주차장사업에 필요 없게 되었고, 그 무렵 을 등이 위 토지에 관한 환매권을 행사할 수 있었다고 본 원심판결에 심리미진 등의 잘못이 있다고 한 사례

【판결요지】

[1] (구)공익사업을 위한 토지 등의 취득 및 보상에 관한 법률(2011.8.4. 법률 제11017호로 개정되기 전의 것)은 제91조 제1항에서 "토지의 협의취득일 또는 수용의 개시일부터 10년 이내에 당해 사업의 폐지·변경 그 밖의 사유로 인하여 취득한 토지의 전부 또는 일부가 필요 없게 된 경우 취득일 당시의 토지소유자 또는 그 포괄승계인은 당해 토지의 전부 또는 일부가 필요 없게 된 때부터 1년 또는 그 취득일부터 10년 이내에 당해 토지에 대하여 지급받은 보상금에 상당한 금액을 사업시행자에게 지급하고 토지를 환매할 수 있다."라고 규정하고 있다. 위 조항에서 정하는 '당해 사업'이란 토지의 협의취득 또는 수용의 목적이 된 구체적인 특정 공익사업을 가리키는 것이고, 취득한 토지의 전부 또는 일부가 '필요 없게 된 때'란 사업시행자가 취득한 토지의 전부 또는 일부가 취득목적사업을 위하여 사용할 필요 자체가 없어진 경우를 말하며, 협의취득 또는 수용된 토지가 필요 없게 되었는지는 사업시행자의 주관적인 의사를 표준으로 할 것이 아니라 당해 사업의 목적과 내용, 협의취득의 경위와 범위, 당해 토지와 사업의 관계, 용도 등 제반 사정에 비추어 객관적·합리적으로 판단하여야 한다.

[2] 갑 지방자치단체가 도시계획시설(주차장)사업(이하 '주차장사업'이라고 한다)을 시행하면서 사업부지에 포함된 을 등의 각 소유 토지를 협의취득한 후 공영주차장을 설치하였고, 그 후 위 토지를 포함한 일대 지역이 재정비촉진지구로 지정되어 공영주차장을 폐지하는 내용이 포함된 재정비촉진지구 변경지정 및 재정비촉진계획(이하 '재정비촉진계획'이라고 한다)이 고시되었으며, 이에 따라 재정비촉진구역 주택재개발정비사업(이하 '재개발사업'이라고 한다)의 사업시행인가가 고시되었는데, 을 등이 목적사업인 주차장사업에 필요 없게 되어 위 토지에 관한 환매권이 발생하였다고 주장하며 갑 지방자치단체를 상대로 환매권 상실로 인한 손해배상을 구한 사안에서, 공영주차장을 폐지하기로 하는 내용이 포함된 재정비촉진계획이 고시되거나 위 토지 등에 관한

재개발사업의 사업시행인가가 고시되었다고 하더라도, 공영주차장이 여전히 종래의 주차장 용도로 사용되는 동안은 주차장으로서의 효용이나 공익상 필요가 현실적으로 소멸되었다고 볼 수 없으므로, 재정비촉진계획의 고시나 재개발사업의 사업시행인가 고시만으로 위 토지가 객관적으로 주차장사업에 필요가 없게 되었다고 단정하기 어렵고, 나아가 위 재개발사업은 구 공익사업을 위한 토지 등의 취득 및 보상에 관한 법률(2011.8.4. 법률 제11017호로 개정되기 전의 것) 제4조 제5호의 공익사업으로서 '지방자치단체가 지정한 자가 임대나 양도의 목적으로 시행하는 주택의 건설 또는 택지의 조성에 관한 사업'에 해당한다고 볼 수 있으므로, 2010.4.5. 개정・시행된 같은 법 제91조 제6항이 적용되어 공익사업의 변환에 따라 을 등의 환매권 행사가 제한되는지 여부를 살폈어야 하는데도, 공영주차장을 폐지하기로 하는 내용이 포함된 재정비촉진계획의 고시만으로 위 토지가 주차장사업에 필요 없게 되었고, 그 무렵 을 등이 위 토지에 관한 환매권을 행사할 수 있었다고 본 원심판결에 심리미진 등의 잘못이 있다고 한 사례

○ **최근 대법원에서 환매권 행사와 환매권 행사제한과 관련된 해석을 내놓은 판례**

대판 2010.9.30, 2010다30782[소유권이전등기]

[판시사항]

[1] 환매권에 관하여 규정한 '공익사업을 위한 토지 등의 취득 및 보상에 관한 법률' 제91조 제1항에 정한 '해당 사업'의 의미 및 협의취득 또는 수용된 토지가 필요 없게 되었는지 여부의 판단기준

[2] '공익사업을 위한 토지 등의 취득 및 보상에 관한 법률' 제91조 제1항에 정한 환매권 행사기간의 의미

[3] '공익사업을 위한 토지 등의 취득 및 보상에 관한 법률' 제91조 제6항에 정한 공익사업의 변환이 인정되는 경우, 환매권 행사가 제한되는지 여부(적극)

[4] '공익사업을 위한 토지 등의 취득 및 보상에 관한 법률' 제91조 제6항에 정한 공익사업의 변환은 새로운 공익사업에 관해서도 같은 법 제20조 제1항의 규정에 의해 사업인정을 받거나 위 규정에 따른 사업인정을 받은 것으로 의제되는 경우에만 인정할 수 있는지 여부(적극)

[5] 공익사업을 위해 협의취득하거나 수용한 토지가 변경된 사업의 사업시행자 아닌 제3자에게 처분된 경우에도 '공익사업의 변환'을 인정할 수 있는지 여부(소극)

[6] 지방자치단체가 도시관리계획상 초등학교 건립사업을 위하여 학교용지를 협의취득하였으나 위 학교용지 인근에서 아파트 건설사업을 하던 주택건설사업 시행자와 그 아파트 단지 내에 들어설 새 초등학교 부지와 위 학교용지를 교환하고 위 학교용지에 중학교를 건립하는 것으로 도시관리계획을 변경한 사안에서, 위 학교용지에 관한 환매권 행사를 인정한 사례

[판결요지]

[1] 환매권에 관하여 규정한 '공익사업을 위한 토지 등의 취득 및 보상에 관한 법률'(이하 '공익사업법'이라고 한다) 제91조 제1항에서 말하는 '해당 사업'이란 토지의 협의취득 또는 수용의 목적이 된 구체적인 특정의 공익사업으로서 공익사업법 제20조 제1항에 의한 사업인정을 받을 때 구체적으로 특정된 공익사업을 말하고, '국토의 계획 및 이용에 관한 법률' 제88조, 제96조 제2항에 의해 도시계획시설사업에 관한 실시계획의 인가를 공익사업법 제20조 제1항의 사업인정으로 보게 되는 경우에는 그 실시계획의 인가를 받을 때 구체적으로 특정된 공익사업이 바로 공익사업법 제91조 제1항에 정한 협의취득 또는 수용의 목적이 된 해당 사업에 해당한다. 또 위 규정에 정한 해당 사업의 '폐지・변경'이란 해당 사업을 아예 그만두거나 다른 사업으로 바꾸는 것을 말

하고, 취득한 토지의 전부 또는 일부가 '필요 없게 된 때'란 사업시행자가 취득한 토지의 전부 또는 일부가 그 취득목적사업을 위하여 사용할 필요 자체가 없어진 경우를 말하며, 협의취득 또는 수용된 토지가 필요 없게 되었는지 여부는 사업시행자의 주관적인 의사를 표준으로 할 것이 아니라 해당 사업의 목적과 내용, 협의취득의 경위와 범위, 해당 토지와 사업의 관계, 용도 등 제반 사정에 비추어 객관적·합리적으로 판단하여야 한다.

[2] '공익사업을 위한 토지 등의 취득 및 보상에 관한 법률' 제91조 제1항에서 환매권의 행사요건으로 정한 "해당 토지의 전부 또는 일부가 필요 없게 된 때로부터 1년 또는 그 취득일로부터 10년 이내에 그 토지를 환매할 수 있다"라는 규정의 의미는 취득일로부터 10년 이내에 그 토지가 필요 없게 된 경우에는 그때로부터 1년 이내에 환매권을 행사할 수 있으며, 또 필요 없게 된 때로부터 1년이 지났더라도 취득일로부터 10년이 지나지 않았다면 환매권자는 적법하게 환매권을 행사할 수 있다는 의미로 해석함이 옳다.

[3] 공익사업의 변환을 인정한 입법취지 등에 비추어 볼 때, '공익사업을 위한 토지 등의 취득 및 보상에 관한 법률' 제91조 제6항은 사업인정을 받은 해당 공익사업의 폐지·변경으로 인하여 협의취득하거나 수용한 토지가 필요 없게 된 때라도 위 규정에 의하여 공익사업의 변환이 허용되는 다른 공익사업으로 변경되는 경우에는 해당 토지의 원소유자 또는 그 포괄승계인에게 환매권이 발생하지 않는다는 취지를 규정한 것이라고 보아야 하고, 위 조항에서 정한 "제1항 및 제2항의 규정에 의한 환매권 행사기간은 관보에 해당 공익사업의 변경을 고시한 날로부터 기산한다."는 의미는 새로 변경된 공익사업을 기준으로 다시 환매권 행사의 요건을 갖추지 못하는 한 환매권을 행사할 수 없고 환매권 행사요건을 갖추어 제1항 및 제2항에 정한 환매권을 행사할 수 있는 경우에 그 환매권 행사기간은 해당 공익사업의 변경을 관보에 고시한 날로부터 기산한다는 의미로 해석해야 한다.

[4] '공익사업을 위한 토지 등의 취득 및 보상에 관한 법률' 제91조 제6항에 정한 공익사업의 변환은 같은 법 제20조 제1항의 규정에 의한 사업인정을 받은 공익사업이 일정한 범위 내의 공익성이 높은 다른 공익사업으로 변경된 경우에 한하여 환매권의 행사를 제한하는 것이므로, 적어도 새로운 공익사업에 관해서도 같은 법 제20조 제1항의 규정에 의해 사업인정을 받거나 또는 위 규정에 따른 사업인정을 받은 것으로 의제하는 다른 법률의 규정에 의해 사업인정을 받은 것으로 볼 수 있는 경우에만 공익사업의 변환에 의한 환매권 행사의 제한을 인정할 수 있다.

[5] 공익사업의 원활한 시행을 위한 무익한 절차의 반복 방지라는 '공익사업의 변환'을 인정한 입법취지에 비추어 볼 때, 만약 사업시행자가 협의취득하거나 수용한 해당 토지를 제3자에게 처분해 버린 경우에는 어차피 변경된 사업시행자는 그 사업의 시행을 위하여 제3자로부터 토지를 재취득해야 하는 절차를 새로 거쳐야 하는 관계로 위와 같은 공익사업의 변환을 인정할 필요성도 없게 되므로, 공익사업의 변환을 인정하기 위해서는 적어도 변경된 사업의 사업시행자가 해당 토지를 소유하고 있어야 한다. 나아가 공익사업을 위해 협의취득하거나 수용한 토지가 제3자에게 처분된 경우에는 특별한 사정이 없는 한 그 토지는 해당 공익사업에는 필요 없게 된 것이라고 보아야 하고, 변경된 공익사업에 관해서도 마찬가지이므로, 그 토지가 변경된 사업의 사업시행자 아닌 제3자에게 처분된 경우에는 공익사업의 변환을 인정할 여지도 없다.

[6] 지방자치단체가 도시관리계획상 초등학교 건립사업을 위하여 학교용지를 협의취득하였으나 위 학교용지 인근에서 아파트 건설사업을 하던 주택건설사업 시행자와 그 아파트 단지 내에 들어설 새 초등학교 부지와 위 학교용지를 교환하고 위 학교용지에 중학교를 건립하는 것으로 도시관리계획을 변경한 사안에서, 위 학교용지에 대한 협의취득의 목적이 된 해당 사업인 '초등학교 건립사업'의 폐지·변경으로 위 토지는 해당 사업에 필요 없게 되었고, 나아가 '중학교 건립사업'에 관하여 사업인정을 받지 않았을 뿐만 아니라 위 학교용지가 중학교 건립사업의 시행자 아닌 제3

자에게 처분되었으므로 공익사업의 변환도 인정할 수 없다는 이유로 위 학교용지에 관한 환매권 행사를 인정한 사례

9. 환매권에 대한 권리구제 방법론

(1) 환매권 분쟁의 유형과 소송형태

환매권을 사권으로 보는 경우에는 민사소송으로 권리구제를 받아야 하고, 공권설에 의할 경우 행정소송인 공법상 당사자소송으로 권리구제를 받아야 한다. 다만 판례는 사권으로 보아 민사소송으로 다투어야 한다고 판시하고 있다.

(2) 환매금액의 증감에 대한 다툼

토지의 가격이 취득일 당시에 비하여 현저히 변동된 경우 사업시행자와 환매권자는 환매금액에 대하여 서로 협의하되, 협의가 성립되지 아니하면 그 금액의 증감을 법원에 청구할 수 있다(동법 제9조 제4항).

■ 법규 헷갈리는 쟁점 : 환매대금증액소송의 법적 성질(35회 1번 기출)

1. 환매대금증액소송의 의의 및 근거

환매대금증액소송이란 토지의 가격이 취득일 당시에 비하여 현저히 변동된 경우 사업시행자와 환매권자는 환매금액에 대하여 서로 협의하되, 협의가 성립되지 아니하면 그 금액의 증감을 법원에 청구할 수 있는 것을 말하며, 토지보상법 제91조 제4항에 근거한다.

2. 법적 성질과 소송의 형태

(1) 사권으로 민사소송(대법원 2013.2.28. 선고 2010두22368 판결)

토지보상법 제91조 제4항(환매권)

토지의 가격이 취득일 당시에 비하여 현저히 변동된 경우 사업시행자와 환매권자는 환매금액에 대하여 서로 협의하되, 협의가 성립되지 아니하면 그 금액의 증감을 법원에 청구할 수 있다.

토지보상법 시행령 제48조(환매금액의 협의요건)

법 제91조 제4항에 따른 "토지의 가격이 취득일 당시에 비하여 현저히 변동된 경우"는 환매권 행사 당시의 토지가격이 지급한 보상금에 환매 당시까지의 해당 사업과 관계없는 인근 유사토지의 지가변동률을 곱한 금액보다 높은 경우로 한다.

대법원 2013.2.28. 선고 2010두22368 판결[환매대금증감][미간행]

【판시사항】

[1] 구 공익사업을 위한 토지 등의 취득 및 보상에 관한 법률 제91조에 규정된 환매권의 존부에 관한 확인을 구하는 소송 및 같은 조 제4항에 따라 환매금액의 증감을 구하는 소송이 민사소송에 해당하는지 여부(적극)

[2] 구 공익사업을 위한 토지 등의 취득 및 보상에 관한 법률 제91조 제1항에서 정한 환매권 행사기간의 의미

【주 문】

원심판결을 파기하고, 사건을 서울고등법원에 환송한다.

【이 유】

상고이유를 판단한다.

1. 상고이유 제1점에 대하여

구 공익사업을 위한 토지 등의 취득 및 보상에 관한 법률(2010.4.5. 법률 제10239호로 일부 개정되기 전의 것, 이하 '구 공익사업법'이라 한다) 제91조에 규정된 환매권은 상대방에 대한 의사표시를 요하는 형성권의 일종으로서 재판상이든 재판 외이든 위 규정에 따른 기간 내에 행사하면 매매의 효력이 생기는 바(대법원 2008.6.26. 선고 2007다24893 판결 참조), 이러한 환매권의 존부에 관한 확인을 구하는 소송 및 구 공익사업법 제91조 제4항에 따라 환매금액의 증감을 구하는 소송 역시 민사소송에 해당한다.

기록에 의하면, 이 사건 소 중 주위적 청구는 구 공익사업법 제91조에 따라 환매권의 존부 확인을 구하는 소송이고, 예비적 청구는 같은 조 제4항에 따라 환매대금 증액을 구하는 소송임을 알 수 있으므로, 위 각 소송은 모두 민사소송에 해당한다고 보아야 한다.

따라서 원심이 위 각 소송을 모두 행정소송법 제3조 제2호에 규정된 당사자소송이라고 판단한 부분에는 공법상 당사자소송에 관한 법리를 오해한 잘못이 있다.

그런데 기록에 의하면, 민사소송인 이 사건 소가 서울행정법원에 제기되었는데도 피고는 제1심법원에서 관할위반이라고 항변하지 아니하고 본안에 대하여 변론을 한 사실을 알 수 있는바, 공법상의 당사자소송 사건인지 민사사건인지 여부는 이를 구별하기가 어려운 경우가 많고 행정사건의 심리절차에 있어서는 행정소송의 특수성을 감안하여 행정소송법이 정하고 있는 특칙이 적용될 수 있는 점을 제외하면 심리절차면에서 민사소송절차와 큰 차이가 없는 점 등에 비추어 보면, 행정소송법 제8조 제2항, 민사소송법 제30조에 의하여 제1심법원에 변론관할이 생겼다고 봄이 상당하다.

그렇다면 이 사건 소송이 공법상 당사자소송에 해당한다고 판단한 원심판결에는 당사자소송에 관한 법리를 오해한 잘못이 있으나, 앞서 본 바와 같이 제1심법원에 변론관할이 생긴 이상 원심의 위와 같은 잘못은 판결 결과에 영향이 없다. 피고의 이 부분 상고이유 주장은 이유 없다(대법원 2013.2.28. 선고 2010두22368 판결[환매대금증감]).

(2) 공권으로 공법상 당사자소송(행정소송)(종전 판례: 99두3416) – 현재는 규정이 삭제됨

대법원 2000.11.28. 선고 99두3416 판결[환매대금이의재결처분취소]

【판시사항】

[1] 공공용지의 취득 및 손실보상에 관한 특례법 제9조 소정의 환매권 행사 방법

[2] 토지수용법 제75조의2 제2항에 의하여 사업시행자가 환매권자를 상대로 하는 환매가격의 증감에 관한 소송의 종류(=공법상 당사자소송)

[3] 환매권자의 환매대금 지급의무의 발생 시기(=환매권 행사 시) 및 환매대상토지의 취득 당시 지급한 보상액과 재결이나 행정소송 절차에서 정한 환매가격과의 차액에 대한 지연손해금의 발생 여부(적극)

【판결요지】

[1] 공공용지의 취득 및 손실보상에 관한 특례법 제9조 제1항에 의하면 환매기간 내에 환매의 요건이 발생하는 경우, 환매대상토지의 가격이 취득 당시에 비하여 현저히 하락하거나 상승하였다고 하더라도, 환매권자는 수령한 보상금 상당액만을 사업시행자에게 미리 지급하고 일방적으로 매수의 의사표시를 함으로써 사업시행자의 의사와 관계없이 환매가 성립된다.

[2] 공공용지의 취득 및 손실보상에 관한 특례법 제9조 제3항, 같은법 시행령 제7조 제1항, 제3항 및 토지수용법 제73조 내지 제75조의2의 각 규정에 의하면 토지수용법 제75조의2 제2항에 의하여 사업시행자가 환매권자를 상대로 하는 소송은 공법상의 당사자소송으로 사업시행자로서는 환매가격이 환매대상토지의 취득 당시 지급한 보상금 상당액보다 증액 변경될 것을 전제로 하여 환매권자에게 그 환매가격과 위 보상금 상당액의 차액의 지급을 구할 수 있다(출처: 대법원 2000.11.28. 선고 99두3416 판결[환매대금이의재결처분취소]).

(3) 소결 – 민사소송

과거 공특법은 환매대금 불복에 대하여 재결절차를 준용하도록 하여 공법상 당사자소송으로 되어 있었고, (구)토지수용법은 민사소송으로 되어 있었는데. 해당 법률이 2003년 1월 1일 통합이 되면서 법원(민사소송)에 제기하도록 규정되었다. 따라서 (구)공특법 재결절차 준용규정은 삭제되어 현재는 사권으로 민사법원에서 환매대금증액청구소송을 수행하게 된다.

■ **법규 헷갈리는 쟁점 : 환매대상 토지 가격에 따른 환매대금증감청구권에 따른 선이행 또는 동시이행의 항변 주장 가능여부(35회 1번 기출)**

甲의 소유권이전등기청구소송에서, A지방자치단체는 환매 대상 토지 가격의 상승에 따른 환매대금증액청구권을 내세워 증액된 환매대금과 보상금 상당액의 차액을 지급할 것을 선(先)이행 또는 동시이행의 항변으로 주장할 수 있는지에 관하여 설명하시오. **10점**

Ⅰ. 문제의 소재

토지보상법 제91조 제4항 및 동법 시행령 제48조에서 현저히 변동된 경우에 해당되는지 여부와 이를 토대로 선이행 또는 동시이행 항변 가능성에 대하여 설명 한다.

Ⅱ. A 지방자치단체 환매대상 토지가격 상승 주장으로 “현저한 변동”

1. 토지보상법 제91조 제4항 규정

토지보상법 제91조 제4항(환매권)

토지의 가격이 취득일 당시에 비하여 현저히 변동된 경우 사업시행자와 환매권자는 환매금액에 대하여 서로 협의하되, 협의가 성립되지 아니하면 그 금액의 증감을 법원에 청구할 수 있다.

2. 현저히 변동된 경우의 의미

토지보상법 시행령 제48조는 현저히 변동된 경우란, 환매권 행사 당시의 토지가격이 지급한 보상금에 환매 당시까지의 해당 사업과 관계없는 인근 유사토지의 지가변동률을 곱한 금액보다 높은 경우로 한다고 규정하고 있다.

토지보상법 시행령 제48조(환매금액의 협의요건)

법 제91조 제4항에 따른 "토지의 가격이 취득일 당시에 비하여 현저히 변동된 경우"는 환매권 행사 당시의 토지가격이 지급한 보상금에 환매 당시까지의 해당 사업과 관계없는 인근 유사토지의 지가변동률을 곱한 금액보다 높은 경우로 한다.

3. 선이행 또는 동시이행 항변에 대한 대법원 판례(2006다49277)

판례

▶ 관련판례(대법원 2006.12.21. 선고 2006다49277 판결[소유권이전등기])

공익사업을 위한 토지 등의 취득 및 보상에 관한 법률 제91조에 의한 환매는 환매기간 내에 환매의 요건이 발생하면 환매권자가 지급받은 보상금에 상당한 금액을 사업시행자에게 미리 지급하고 일방적으로 의사표시를 함으로써 사업시행자의 의사와 관계없이 환매가 성립하고, 토지 등의 가격이 취득 당시에 비하여 현저히 변경되었더라도 같은 법 제91조 제4항에 의하여 당사자 간에 금액에 관하여 협의가 성립하거나 사업시행자 또는 환매권자가 그 금액의 증감을 법원에 청구하여 법원에서 그 금액이 확정되지 않는 한, 그 가격이 현저히 등귀한 경우이거나 하락한 경우이거나를 묻지 않고 환매권을 행사하기 위하여는 지급받은 보상금 상당액을 미리 지급하여야 하고 또한 이로써 족한 것이며, 사업시행자는 소로써 법원에 환매대금의 증액을 청구할 수 있을 뿐 환매권 행사로 인한 소유권이전등기 청구소송에서 환매대금 증액청구권을 내세워 증액된 환매대금과 보상금 상당액의 차액을 지급할 것을 선이행 또는 동시이행의 항변으로 주장할 수 없다.

4. 소결

토지보상법 시행령 제48조에 따라 판단하면 사안의 경우 A지방자치단체의 환매 대상 토지 가격의 상승은 현저한 변동에 해당한다고 봄이 타당하며, 관련 판례의 태도에 따라 A지방자치단체는 소로써 법원에 환매대금의 증액을 청구할 수 있을 뿐 환매권 행사로 인한 소유권이전등기 청구소송에서 환매대금 증액청구권을 내세워 증액된 환매대금과 보상금 상당액의 차액을 지급할 것을 선이행 또는 동시이행의 항변으로 주장할 수 없다고 판단된다.

■ **법규 헷갈리는 쟁점 : 소유권이전등기말소청구소송 승소여부(선결문제)(35회 1번 기출)**

만약 乙의 토지에 대한 수용재결에 취소사유에 해당하는 하자가 있어 을이 환매권 행사 이전에 수용재결의 하자를 이유로 자신의 소유권 회복을 위한 소유권이전등기말소청구소송을 제기한 경우, 그 승소 여부를 검토하시오. (단, 수용재결에 불가쟁력이 발생하였음) **15점**

Ⅰ. 문제의 소재

乙이 소유권이전등기말소청구소송을 제기한 경우의 승소 여부에 대하여 선결문제의 효력부인 가능 여부를 토대로 설명한다.

II. 수용재결 등 관련 행정작용의 법적 성질

1. 수용재결의 의의(토지보상법 제34조, 제50조)

재결이란 사업인정의 고시가 있은 후 협의불성립 또는 불능의 경우에 사업시행자의 신청에 의해 관할 토지수용위원회가 행하는 공용수용의 종국적 절차를 말하며, 공익과 사익의 조화에 취지가 있다.

2. 수용재결의 법적 성질

① 재결은 수용권 자체의 행사가 아니라 수용권의 구체적 내용을 결정하고 권리취득 및 상실을 결정하는 〈형성적 행정행위〉로 봄이 타당하다. ② 토지수용위원회는 형식적 요건이 미비되지 않는 한 재결신청이 있으면 재결을 하여야 하므로, 재결의 발령 자체는 〈기속행위〉이다. 다만, 재결단계에서 공공성의 판단, 사업시행자의 사업수행의 의사나 능력을 판단한다는 점에 비추어 〈재량행위〉로 볼 수 있다. ③ 수용재결은 사업시행자에게는 재산권 취득의 수익적 효과를, 피수용자에게는 재산권 박탈의 침익적 효과를 부여하는바 복효적 행정행위 중 〈제3자효 행정행위〉에 해당한다.

판례

▶ 관련판례(대법원 1993.4.27. 선고 92누15789 판결)
토지수용에 관한 토지수용위원회의 수용재결은 구체적으로 일정한 법률효과의 발생을 목적으로 하는 점에서 일반의 행정처분과 다를 바 없으므로 수용재결처분이 무효인 경우에는 재결 자체에 대한 무효확인을 소구할 수 있다.

3. 수용재결의 취소사유

재결의 주체, 내용, 절차, 형식상의 하자가 있는 경우에 재결은 위법성이 문제된다. 이때 취소사유인지 여부는 중대명백설에 따라 판단된다. 중대하고 명백할 경우에는 무효사유가 될 것이며, 중대성과 명백성 중 하나라도 이르지 않는 경우에는 취소사유로 봄이 타당하다.

III. 선결문제

1. 선결문제의 의의

선결문제란 소송에서 본안판단을 함에 있어 행정행위의 위법여부 등의 확인 및 효력부인에 대한 해결이 필수적으로 전제가 되는 법문제를 말한다. 행정소송법 제11조에서는 "처분 등의 효력 유무 또는 존재 여부는 민사소송의 수소법원이 이를 심리·판단할 수 있다"고 규정하고 있다.

2. 구성요건적 효력과 선결문제

구성요건적 효력이란 하자 있는 행정행위라도 무효가 아닌 한 제3자의 국가기관은 그 행정행위의 존재 및 내용을 존중하여 스스로의 판단기초 내지 구성요건으로 삼아야 하는 구속력을 말한다. 종래의 학설은 선결문제를 공정력에 관련하여 언급하여 왔으나, 이는 다른 국가기관에 대한 구속력이란 점에서 구성요건적 효력과 관련하여 다루어져야 할 문제라고 보아야 한다.

3. 선결문제의 유형 판단

(1) 위법성 확인의 경우

학설은 위법성 확인에 대하여 긍정설과 부정설이 대립하나, 국가배상청구소송에서 선결문제로서 행정행위의 위법성 판단은 단순한 위법성 심사에 그치는 것이므로 행정행위의 구성요건적 효력에 반하지 않는바 민사법원에서 행정행위의 위법성 확인이 가능하다고 봄이 타당하다.

판례

▶ 관련판례(대판 1972.4.28, 72다337[손해배상])
미리 그 행정처분의 취소판결이 있어야만, 그 행정처분의 위법임을 이유로 한 손해배상청구를 할 수 있는 것은 아니다.

(2) 효력부인의 경우

1) 학설

학설은 민사법원에서도 구성요건적 효력이 미치는바 민사법원은 행정행위의 효력을 부인할 수 없다는 〈부정설〉, 예외적으로 행정행위의 효력을 부인할 수 있어야 한다는 〈긍정설〉이 대립한다.

2) 대법원 판례

판례

▶ 관련판례(대판 1973.7.10, 70다1439)
국세 등의 부과 및 징수처분 등과 같은 행정처분이 당연무효임을 전제로 하여 민사소송을 제기한 때에는 그 행정처분의 당연무효인지의 여부가 선결문제이므로, 법원은 이를 심사하여 그 행정처분의 하자가 중대하고 명백하여 당연무효라고 인정될 경우에는 이를 전제로 하여 판단할 수 있으나, 그 하자가 단순한 취소사유에 그칠 때에는 법원은 그 효력을 부인할 수 없다 할 것이다.

3) 검토

대법원은 위법한 조세처분에 의한 과오납조세 부당이득반환청구소송에서 "과세처분의 하자가 취소할 수 있는 정도에 불과할 때에는 과세관청이 이를 스스로 취소하거나 항고소송 절차에 의하여 취소되지 않는 한 그로 인한 조세의 납부가 부당이득이 된다고 할 수 없다(대판 1973.7.10, 70다1439)"고 하여 부정설의 입장을 취하였다. 취소소송의 배타적 관할 및 구성요건적 효력을 고려할 때 민사법원에서 행정행위의 효력부인은 할 수 없다고 봄이 타당하다고 판단된다.

4. 승소여부 판단

관련 판례의 태도에 따르면 민사법원에서 행정행위의 효력부인을 할 수 없다고 보여지는바, 乙의 토지에 대한 수용재결에 취소사유에 해당하는 하자가 있어, 소유권이전등기말소청구소송을 제기한 경우 민사법원은 효력부인을 할 수 없고, 기각판결이 될 것으로 판단되며, 이에 따라 乙은 승소하지 못할 것으로 생각된다.

판례

(환매권 소유권이전등기 관련 대법원 판례)

➲ 대법원 2021.4.29. 선고 2020다280890 판결

【판시사항】
공익사업을 위한 토지 등의 취득 및 보상에 관한 법률 제91조 제1항에서 환매권을 인정하는 취지 / 도시계획시설사업의 시행자로 지정되어 도시계획시설사업의 수행을 위하여 필요한 토지를 협의취득하였으나 시행자 지정이 처음부터 효력이 없거나 토지의 취득 당시 해당 도시계획시설사업의 법적 근거가 없었던 것으로 볼 수 있는 등 협의취득이 당연무효인 경우, 협의취득일 당시의 토지소유자가 위 조항에서 정한 환매권을 행사할 수 있는지 여부(소극)

【판결요지】

공익사업을 위한 토지 등의 취득 및 보상에 관한 법률(이하 '토지보상법'이라 한다) 제91조 제1항은 해당 사업의 폐지·변경 또는 그 밖의 사유로 취득한 토지의 전부 또는 일부가 필요 없게 된 경우 취득일 당시의 토지소유자 또는 그 포괄승계인(이하 '토지소유자'라 한다)은 그 토지에 대하여 받은 보상금에 상당하는 금액을 사업시행자에게 지급하고 그 토지를 환매할 수 있다고 규정하고 있다.

토지보상법이 환매권을 인정하는 취지는, 토지의 원소유자가 사업시행자로부터 토지 등의 대가로 정당한 손실보상을 받았다고 하더라도 원래 자신의 자발적인 의사에 기하여 그 토지 등의 소유권을 상실하는 것이 아니어서 그 토지 등을 더 이상 당해 공익사업에 이용할 필요가 없게 된 때, 즉 공익상의 필요가 소멸한 때에는 원소유자의 의사에 따라 그 토지 등의 소유권을 회복시켜 주는 것이 공평의 원칙에 부합한다는 데에 있다.

한편 구 공익사업을 위한 토지 등의 취득 및 보상에 관한 법률(2007.10.17. 법률 제8665호로 개정되기 전의 것, 이하 '구 토지보상법'이라 한다) 제4조 제7호, 구 국토의 계획 및 이용에 관한 법률(2007.1.19. 법률 제8250호로 개정되기 전의 것, 이하 '구 국토계획법'이라 한다) 제95조 제1항에 의하면, 구 국토계획법에 따른 도시계획시설사업은 구 토지보상법 제4조의 공익사업에 해당하는데, 구 국토계획법 제86조 제5항은 같은 조 제1항 내지 제4항에 따른 행정청이 아닌 자가 도시계획시설사업을 시행하기 위해서는 대통령령이 정하는 바에 따라 건설교통부장관 등으로부터 시행자로 지정을 받도록 규정하고 있다.

이러한 토지보상법 및 구 국토계획법의 규정 내용과 환매권의 입법 취지 등을 고려하면, 도시계획시설사업의 시행자로 지정되어 그 도시계획시설사업의 수행을 위하여 필요한 토지를 협의취득하였다고 하더라도, 시행자 지정이 처음부터 효력이 없거나 토지의 취득 당시 해당 도시계획시설사업의 법적 근거가 없었던 것으로 볼 수 있는 등 협의취득이 당연무효인 경우, 협의취득일 당시의 토지소유자가 소유권에 근거하여 등기 명의를 회복하는 방식 등으로 권리를 구제받는 것은 별론으로 하더라도 토지보상법 제91조 제1항에서 정하고 있는 환매권을 행사할 수는 없다고 봄이 타당하다.

(출처: 대법원 2021.4.29. 선고 2020다280890 판결[소유권이전등기])

Ⅳ. 결

관련 판례의 태도에 따르면 민사법원은 수용재결의 효력을 부인할 수 없다고 판단되는바, 기각판결을 하여야 하고 이에 따라 승소하지 못한다고 생각된다.

10. 기출문제

» 기출문제(제1회 3번)

환매요건을 약술하시오. **10점**

» 기출문제(제13회 2번)

「공익사업을 위한 토지 등의 취득 및 보상에 관한 법률」상 환매권의 목적물과 그 행사요건을 설명하시오. **20점**

» 기출문제(제19회 1번)

서울특별시장은 도시관리계획결정에서 정해진 바에 따라 근린공원을 조성하기 위하여 그 사업에 필요한 토지들을 「공익사업을 위한 토지 등의 취득 및 보상에 관한 법률」의 규정에 의거하여 협의를 거쳐 취득하고자 하였으나 협의가 성립되지 않아 중앙토지수용위원회에 재결을 신청하였다. 중앙토지수용위원회의 수용재결(수용의 개시일 : 2005.6.30.)에 따라 서울특별시는 보상금을 지급하고 필요한 토지에 대한 소유권이전등기를 마쳤다. 서울특별시장은 토지를 취득한 후, 6년이 지난 뒤에 취득 토지를 포함한 그 일대의 토지들이 택지개발예정지구로 지정되었다(고시일 : 2008.6.30.). 국토교통부장관에 의하여 택지개발사업의 시행자로 지정된 한국토지주택공사는 택지개발사업실시계획의 승인을 얻어 공원시설을 철거하고, 그 지상에 임대주택을 건설하는 공사를 시행하고 있다. 이에 공원조성사업을 위해 수용된 토지의 소유자 甲은 2008.8.30. 서울특별시에 환매의 의사표시를 하였으나, 서울특별시는 甲에게 환매권이 없다고 하여 수용된 토지를 되돌려 주지 않았다. 이러한 경우에 甲이 소유권 회복을 위해 제기할 수 있는 소송수단 및 그 인용가능성에 대하여 검토하시오. **40점**

공익사업을 위한 토지 등의 취득 및 보상에 관한 법률

제4조(공익사업)

이 법에 의하여 토지 등을 취득하거나 사용할 수 있는 사업은 다음 각 호의 어느 하나에 해당하는 사업이어야 한다.

1. (생략)
2. (생략)
3. 국가나 지방자치단체가 설치하는 청사・공장・연구소・시험소・보건시설・문화시설・공원 ・수목원・광장・운동장・시장・묘지・화장장・도축장 또는 그 밖의 공공용 시설에 관한 사업
4. (생략)
5. 국가, 지방자치단체, 「공공기관의 운영에 관한 법률」 제4조에 따른 공공기관, 「지방공기업법」에 따른 지방공기업 또는 국가나 지방자치단체가 지정한 자가 임대나 양도의 목적으로 시행하는 주택 건설 또는 택지 및 산업단지의 조성에 관한 사업
6. (생략)
7. (생략)
8. (생략)

≫ 기출문제(제23회 1번)

A도는 2008년 5월경 국토교통부장관으로부터 관계법령에 따라 甲의 농지 4,000㎡를 포함한 B시와 C시에 걸쳐있는 토지 131,000㎡에 '2009 세계엑스포' 행사를 위한 문화시설을 설치할 수 있도록 하는 공공시설입지승인을 받았다. 그 후 A도는 편입토지의 소유자들에게 보상협의를 요청하여 甲으로부터 2008년 12월 5일 「공익사업을 위한 토지 등의 취득 및 보상에 관한 법률」에 의하여 위 甲의 농지를 협의취득하였다. A도는 취득한 甲의 토지 중 1,600㎡를 2009년 5월 31일부터 2011년 4월 30일까지 위 세계엑스포 행사 및 기타 행사를 위한 임시주차장으로 이용하다가 2012년 3월 31일 농지로 원상복구하였다. 그 후 1,600㎡의 토지는 인근에서 청소년수련원을 운영하는 제3자에게 임대되어 청소년들을 위한 영농체험 경작지로 이용되고 있다. **40점**

(1) 甲은 농지로 원상복구된 토지 1,600㎡에 대한 환매권을 행사하려고 한다. 甲의 권리구제방법에 대하여 설명하시오. **25점**

(2) A도는 환매권 행사 대상토지의 가격이 현저히 상승된 것을 이유로 증액된 환매대금과 보상금 상당액의 차액을 선이행하거나 동시이행할 것을 주장하려 한다. 환매대금 증액을 이유로 한 A도의 대응수단에 대하여 설명하시오. **15점**

≫ 기출문제(제35회 1번)

A 지방자치단체는 도로사업 부지를 취득하기 위하여 甲의 토지를 협의 취득하여 공공용지의 협의 취득을 원인으로 하는 소유권이전등기를 하였고, 乙의 토지에 대하여는 수용재결에 의하여 소유권을 취득한 후 소유권이전등기를 마쳤다. 그러나 甲과 乙의 토지(이하 '이 사건 토지'라 함)가 관내의 택지개발예정지구에 포함되지 A지방자치단체는 이 사건 토지가 도로사업에 더 이상 제공될 수 없는 상황에서 도로사업의 목적 달성이 불가능하다고 판단하여, 당초 협의취득 및 수용의 목적이 된 해당 도로사업을 폐지하였다. 이에 따라 甲과 乙에게 「공익사업을 위한 토지등의 취득 및 보상에 관한 법률」에 의한 환매권이 발생하였다. 甲은 협의 취득 당시에 수령한 보상금 상당 금액을 공탁한 후, A지방자치단체에게 환매의 의사표시를 하고 소유권이전등기청구소송을 제기하였다. 한편 乙이 환매권을 행사할 무렵 환매금액에 관한 A 지방자치단체와 을의 협의가 성립되지 아니하여, A지방자치단체는 환매대상토지의 현재가격이 취득일 당시에 비하여 현저히 상승하였음을 들어 환매대금의 증액을 구하는 소송을 제기하였다. 다음 물음에 답하시오. **40점**

(1) 乙의 환매권 및 乙에 대한 환매대금증액청구소송의 법적 성질을 각각 설명하시오. **15점**

(2) 甲의 소유권이전등기청구소송에서, A지방자치단체는 환매 대상 토지 가격의 상승에 따른 환매대금증액청구권을 내세워 증액된 환매대금과 보상금 상당액의 차액을 지급할 것을 선(先)이행 또는 동시이행의 항변으로 주장할 수 있는지에 관하여 설명하시오. **10점**

(3) 만약 乙의 토지에 대한 수용재결에 취소사유에 해당하는 하자가 있어 을이 환매권 행사 이전에 수용재결의 하자를 이유로 자신의 소유권 회복을 위한 소유권이전등기말소청구소송을 제기한 경우, 그 승소 여부를 검토하시오(단, 수용재결에 불가쟁력이 발생하였음). **15점**

Chapter

05 공용사용의 절차 및 효과

제1절 공용사용의 보통절차 및 효과

01 서

공용사용은 공익사업의 주체가 타인의 재산권 위에 공법상 사용권을 취득하고, 상대방은 그 사용을 수인할 의무를 지는 것으로서 공용제한을 수반하므로, 공용제한의 성질을 갖는다. 공용사용은 공적 목적을 위하여 공법에 의거하여 인정되는 공법상의 사용이다.

02 공용사용의 법적 근거

공용사용도 사인의 기본권(재산권)의 침해를 가져오는 것이므로 법률의 근거를 요한다. 공익사업을 위한 토지 등의 공용사용에 관한 일반법으로 토지보상법이 있으며, 그 밖에 도로법, 하천법 등 개개의 단행법에서 공용사용에 관한 규정을 두고 있다.

03 공용사용의 종류

공용사용은 일시적 사용(제9조, 제27조)과 계속적 사용으로 구분되며, 계속적 사용에는 보통절차를 거쳐 사용하는 경우와 약식절차(제38조, 제39조)에 의하는 경우로 구분된다.

04 공용사용의 절차

1. 계속적 사용

(1) 보통절차

공용사용의 보통절차는 공용수용의 절차와 동일하다. 따라서 ① 사업인정, ② 조서작성, ③ 협의, ④ 재결의 절차를 거쳐야 한다.

(2) 약식절차

약식절차는 긴급한 필요로 인하여 보통절차의 일부를 생략하는 경우이므로 반드시 법적 근거가 필요하다. 토지보상법은 공용수용의 약식절차를 인정하지 않고 있고, 공용사용의 경우에만 약식절차를 인정하고 있다. 약식절차에 의한 사용은 비록 6개월 이내이지만 장기간에 걸쳐 사용하는 계속사용에 해당한다.

2. 일시적 사용(제9조, 제27조)

사업인정 전 타인토지출입은 시장 등의 출입허가를 받고, 출입하기 5일 전 출입의 통지를 한 후 출입한다. 반면 사업인정 후 타인토지출입은 별도의 허가절차를 요하지 아니한다.

05 공용사용의 효과

1. 사용권 취득(제45조)

공용수용의 효과 중에서 가장 기본이 되는 효력으로 사업시행자가 토지 또는 물건을 사용할 날에 그에 대한 사용권을 취득하며, 그 토지나 물건에 관한 다른 권리는 사용의 기간 중에 그 권리를 행사하지 못한다. 즉, 공용사용으로 사용할 날에 사업시행자는 목적물에 대한 사용권을 취득하는 반면, 토지소유자 또는 관계인은 사업시행자의 그러한 사용권을 행사하는 데 따른 수인의무가 따르게 될 뿐이지 소유권 자체를 상실당하는 것은 아니다.

2. 손실보상의무(제40조)

보통절차에 의해 공용사용하는 경우에는 사업시행자는 사용의 개시일까지 관할 토지수용위원회가 재결한 보상금을 지급하거나, 공탁하여야 한다.

일시적 사용(제9조, 제27조)과 천재지변 시의 사용(제38조)의 경우에는 손실이 발생한 것을 안 날부터 1년, 발생한 날부터 3년 이내 보상청구가 가능하며, 시급을 요하는 사용(제39조)의 경우 토지수용위원회의 재결이 있기 전에 토지소유자 또는 관계인의 청구가 있는 때에는 사업시행자는 자기가 산정한 보상금을 토지소유자 또는 관계인에게 지급하여야 한다(제41조).

3. 대행 · 대집행 신청권(제44조, 제89조)

토지소유자 및 관계인이 토지 및 물건의 인도 · 이전의무를 불이행 시 사업시행자는 대집행 신청을 할 수 있으며, 의무를 이행할 수 없는 경우 대행청구권을 가진다.

4. 반환 및 원상회복의무(제48조)

사업시행자는 토지나 물건의 사용기간이 만료된 때 또는 사업의 폐지 · 변경 그 밖의 사유로 인하여 사용할 필요가 없게 된 때에는 지체 없이 해당 토지나 물건을 토지나 물건의 소유자 또는 그 승계인에게 반환하여야 하며, 토지소유자의 원상회복청구가 있는 때에는 미리 그 손실을 보상한 경우를 제외하고는 해당 토지를 원상으로 회복하여 반환하여야 한다.

제2절 공용사용의 약식절차와 효과

01 서

약식절차는 긴급한 필요로 인하여 보통절차의 일부를 생략하는 경우이므로 반드시 법적 근거가 필요하다. 토지보상법은 공용수용의 약식절차를 인정하지 않고 있으며, 공용사용의 경우에만 약식절차를 인정하고 있다. 약식절차에 의한 사용은 비록 6개월 이내이지만 장기간에 걸쳐 사용하는 계속적 사용에 해당한다. 토지보상법에서는 천재・지변 등이 발생하였거나 기타 급박한 사태가 있을 때에 한하여 토지의 사용에 관한 약식절차를 인정하고 있다.

02 천재지변 시의 토지의 사용(제38조)

법 제38조(천재지변 시의 토지의 사용)

① 천재지변이나 그 밖의 사변(事變)으로 인하여 공공의 안전을 유지하기 위한 공익사업을 긴급히 시행할 필요가 있을 때에는 사업시행자는 대통령령으로 정하는 바에 따라 특별자치도지사, 시장・군수 또는 구청장의 허가를 받아 즉시 타인의 토지를 사용할 수 있다. 다만, 사업시행자가 국가일 때에는 그 사업을 시행할 관계 중앙행정기관의 장이 특별자치도지사, 시장・군수 또는 구청장에게, 사업시행자가 특별시・광역시 또는 도일 때에는 특별시장・광역시장 또는 도지사가 시장・군수 또는 구청장에게 각각 통지하고 사용할 수 있으며, 사업시행자가 특별자치도, 시・군 또는 구일 때에는 특별자치도지사, 시장・군수 또는 구청장이 허가나 통지 없이 사용할 수 있다.

② 특별자치도지사, 시장・군수 또는 구청장은 제1항에 따라 허가를 하거나 통지를 받은 경우 또는 특별자치도지사, 시장・군수・구청장이 제1항 단서에 따라 타인의 토지를 사용하려는 경우에는 대통령령으로 정하는 사항을 즉시 토지소유자 및 토지점유자에게 통지하여야 한다.

③ 제1항에 따른 토지의 사용기간은 6개월을 넘지 못한다.

④ 사업시행자는 제1항에 따라 타인의 토지를 사용함으로써 발생하는 손실을 보상하여야 한다.

⑤ 제4항에 따른 손실보상에 관하여는 제9조 제5항부터 제7항까지의 규정을 준용한다.

1. 의의 및 근거

천재・지변 그 밖의 사변으로 인하여 공공의 안전을 유지하기 위한 공익사업을 긴급히 시행할 필요가 있는 경우 시장 등의 허가를 받아 타인의 토지를 즉시 사용할 수 있는 것으로, 토지보상법 제38조에 근거한다.

2. 요건

① 천재・지변 등으로 인하여, ② 공공의 안전을 유지하기 위한 공익사업을 긴급히 시행할 필요가 있을 것, ③ 시장 등의 허가(통지 포함)가 있을 것, ④ 사용기간은 6개월 이내일 것 등을 요건으로 한다.

3. 절차

(1) 사업시행자가 사인인 경우에는 시장 등(특별자치도지사, 시・군・구청장)의 허가를 받아야 하며, 국가 등인 경우에는 시장 등에게 통지하고, 사업시행자가 시장 등인 경우에는 통지 없이 사용할 수 있다.

(2) 시장 등은 허가를 하거나 통지를 받은 때 또는 직접 타인의 토지를 사용하려는 때에는 즉시 토지의 소유자 및 점유자에게 통지하여야 한다.

4. 효과

사업시행자는 ① 목적물에 대한 사용권을 취득하며, ② 사용기간 만료 시 반환 및 원상회복의무, ③ 대행・대집행신청권을 가지며, 토지소유자는 ① 목적물의 인도・이전의무, ② 손실보상청구권을 갖는다.

5. 권리구제

(1) 허가에 대한 항고쟁송

관할 토지수용위원회의 허가는 사업시행자와 토지소유자에게 개별적으로 구체적인 법적 효과를 직접적으로 발생시킨다. 따라서 항고쟁송의 대상이 되는 처분에 해당하므로, 당사자는 시장 등의 위법한 허가거부처분이나 허가처분에 대하여 항고쟁송으로 다툴 수 있다.

(2) 손실보상

사업시행자는 타인의 토지를 사용함으로써 발생하는 손실을 보상하여야 한다. 절차는 토지보상법 제9조 제5항 내지 제7항에 의거 손실발생을 안 날부터 1년, 발생한 날부터 3년 이내에 보상청구하여야 하며, 협의에 의하되 불성립 시 재결신청을 할 수 있다. 재결에 대한 불복은 토지보상법 제83조 내지 제85조의 규정에 의한다.

03 시급한 토지 사용에 대한 허가(제39조)

법 제39조(시급한 토지 사용에 대한 허가)

① 제28조에 따른 재결신청을 받은 토지수용위원회는 그 재결을 기다려서는 재해를 방지하기 곤란하거나 그 밖에 공공의 이익에 현저한 지장을 줄 우려가 있다고 인정할 때에는 사업시행자의 신청을 받아 대통령령으로 정하는 바에 따라 담보를 제공하게 한 후 즉시 해당 토지의 사용을 허가할 수 있다. 다만, 국가나 지방자치단체가 사업시행자인 경우에는 담보를 제공하지 아니할 수 있다.

② 제1항에 따른 토지의 사용기간은 6개월을 넘지 못한다.

③ 토지수용위원회가 제1항에 따른 허가를 하였을 때에는 제38조 제2항을 준용한다.

1. 의의 및 근거

재결신청이 있는 경우 그 재결을 기다려서는 재해를 방지하기 곤란하거나 그 밖에 공공의 이익에 현저한 지장을 줄 우려가 있다고 인정하는 때에는 사업시행자의 신청과 토지수용위원회의 허가에 의해 타인의 토지를 사용하는 제도로, 토지보상법 제39조에 근거한다.

2. 요건

① 허가권자는 관할 토지수용위원회이며, ② 재결의 신청이 있을 것, ③ 재결을 기다려서는 재해를 방지하기 곤란하거나 그 밖에 공공의 이익에 현저한 지장을 줄 우려가 있다고 인정될 것, ④ 사업시행자의 담보제공이 있을 것(사업시행자가 국가 등인 경우 예외), ⑤ 사용기간은 6개월 이내일 것을 요한다.

3. 절차

사업시행자가 신청하여 관할 토지수용위원회의 허가를 받아야 한다. 토지수용위원회가 허가를 한 경우에는 토지소유자 및 점유자에게 즉시 통지하여야 한다.

4. 효과

사업시행자는 ① 목적물에 대한 사용권을 취득하며, ② 사용기간 만료 시 반환 및 원상회복의무, ③ 대행・대집행신청권을 가지며, 토지소유자는 ① 목적물의 인도・이전의무, ② 손실보상청구권을 갖는다.

5. 권리구제

(1) 허가에 대한 항고쟁송

시장 등의 허가는 사업시행자와 토지소유자에게 개별적으로 구체적인 법적 효과를 직접적으로 발생시킨다. 따라서 항고쟁송의 대상이 되는 처분에 해당하므로, 당사자는 시장 등의 위법한 허가거부처분이나 허가처분에 대하여 항고쟁송으로 다툴 수 있다.

(2) 손실보상

사업시행자는 토지수용위원회의 재결이 있기 전에 토지소유자 또는 관계인의 청구가 있는 때에는 자기가 산정한 보상금을 토지소유자 또는 관계인에게 지급하여야 하며, 토지소유자 또는 관계인은 사업시행자가 토지수용위원회의 재결에 의한 보상금의 지급시기까지 이를 지급하지 아니하는 때에는 제공된 담보의 전부 또는 일부를 취득한다.

04 약식절차의 비교

		천재지변 시의 토지의 사용(법 제38조)	시급한 토지 사용에 대한 허가(법 제39조)
같은 점	제도적 취지	① 보통절차를 거칠 여유가 없기 때문에 보통절차 중 일부를 생략 ② 정식절차에 비해 침해의 정도가 더욱 크므로 피침해자의 권리보호장치가 법정	
	요건	① 공용사용의 경우에만 허용 ② 공공의 안전을 유지하기 위한 공익사업을 긴급히 시행할 필요가 있을 것	
	사용기간	토지소유자의 재산권 보장취지로 6개월을 초과하지 못한다.	
	보상의 특징	사후보상 – 토지보상법 제62조의 사전보상원칙의 예외	
다른 점	내용 및 절차	시・군・구청장의 허가 또는 통지 받음 → 토지소유자에게 통지	재결신청 → 사업시행자의 담보제공 → 토지수용위원회의 허가 → 토지소유자에 통지
	보상방법	토지보상법 제9조 제5항 내지 7항 적용	토지보상법 제41조 적용
	피침해자의 권리구제	시・군・구청장의 허가는 토지사용권을 부여하는 특허로서 처분에 해당 → 특허에 대해서는 행정쟁송 → 보상금에 대해서는 이의신청, 보증소	관할 토지수용위원회의 허가를 법 제50조의 재결 사항의 내용으로 해석 시 → 법 제83조 내지 제85조의 적용 가능성

05 기출문제

≫ 기출문제(제8회 4번)

「공익사업을 위한 토지 등의 취득 및 보상에 관한 법률」상의 토지사용기간 만료 시의 법률관계를 설명하시오. **10점**

Chapter 06

토지수용위원회

01 개설

토지수용위원회는 사업시행자와 토지소유자 또는 관계인과의 사이에서 수용이나 손실보상에 관한 다툼을 당사자가 주장하는 바에 따라 공정・중립의 입장에서 판단하고, 이를 최종적으로 재결하는 준사법적 행정기관이다. 토지수용위원회의 역할은 공정한 심리 절차에 의하여 피수용자를 확정하고 손실보상을 결정하는 것을 주로 한다. 이와 같은 임무를 실현하기 위해 위원회는 독립성을 지니고, 이에 소속되는 위원의 신분을 보장하고 있다.

02 토지수용위원회의 성격

토지수용위원회는 토지 등의 수용 사용에 관한 재결을 하는 행정기관이다. 수용 또는 사용에 관한 재결은 보상 문제 등에 대하여 사업시행자와 토지소유자 및 관계인과의 상호 대립하는 이해관계를 조정하는 준사법적인 작용이기 때문에, 그 조직도 공정하고 중립적인 일종의 행정위원회로 구성되어 있다. 따라서 토지수용위원회는 다음과 같은 성격을 지닌다.

1. 합의제 행정기관

토지수용위원회가 구성 위원의 합의에 의해 독립적으로 수용・사용에 관한 재결을 하는 점에서 합의제 행정기관으로서의 성격을 지닌다. 위원회는 공익의 실현을 위해 필요에 따라 활동을 계속하는 합의제 행정기관이다.

2. 독립된 행정기관(항고소송에서 피고적으로 행정청의 지위를 가짐)

토지수용위원회는 독립된 행정기관이다. 토지수용위원회는 공익사업에 필요한 토지등의 수용・사용에 대한 재결을 목적으로 설치되어 있다는 점에서 특별관청으로 이해되기도 한다. 중앙토지수용위원회가 국가행정기관임에는 틀림이 없으나, 지방토지수용위원회가 지방행정기관인지는 분명하지 않다. 지방토지수용위원회가 지방자치단체의 행정조직 체계 내에서 조직・운영되고 있기 때문에 지방행정기관으로 볼 수 있으나, 위원회가 일종의 행정위원회로서 독립적인 성격을 지니기 때문에 지방행정기관으로 보기는 어려운 점이 있다. 항고소송의 피고적격으로 행정청의 지위를 가진다.

3. 준사법적 행정기관

토지수용위원회는 토지 등의 수용・사용에 관한 재결 사항을 판단하고 결정하는 것을 임무로 하기 때문에, 준사법적 행정기관으로서의 지위를 갖는다.

4. 독립성 및 전문성 인정

토지보상법은 토지수용위원회의 재결 사항, 구성 위원의 자격 및 임명, 위원의 결격사유와 임기, 신분보장 등에 대하여 규정하고 있고, 위원의 공정성이 의심되는 경우에는 제척・기피・회피제도를 두고 있으며, 판사・검사 또는 변호사의 직에 15년 이상 있었던 자나 토지수용에 관한 학식과 경험이 풍부한 자 등이 위원이 된다.

5. 기타

토지수용위원회는 다른 국가행정기관과는 위의 성격에서 차이가 있다. 즉, 토지수용위원회는 행정청을 보조하는 임무를 수행하는 보조기관, 행정청의 자문에 응하거나 의견을 제공함을 임무로 하는 자문기관, 행정청이 표시할 의사를 단순히 의결하는 의결기관, 실력으로 행정을 집행함을 임무로 하는 집행기관과 구별되다고 하겠다.

03 토지수용위원회의 설치와 구성

1. 중앙토지수용위원회와 지방토지수용위원회의 설치(토지보상법 제49조)

토지등의 수용과 사용에 관한 재결을 하기 위하여 국토교통부에 중앙토지수용위원회를 두고, 특별시・광역시・도・특별자치도(이하 "시・도"라 한다)에 지방토지수용위원회를 둔다.

2. 관할토지수용위원회의 구성

중앙토지수용위원회는 위원장 1명을 포함한 20명 이내의 위원으로 구성하며, 위원 중 대통령령으로 정하는 수의 위원은 상임으로 한다(토지보상법 제52조 제1항).
지방토지수용위원회는 위원장 1명을 포함한 20명 이내의 위원으로 구성한다(토지보상법 제53조 제1항).

04 토지수용위원회의 관할

1. 관할의 의의 및 구분(범위)

(1) 관할의 의의

토지수용위원회의 관할이란 토지의 수용・사용에 관한 사업시행자의 재결의 신청에 대하여 중앙토지수용위원회와 지방토지수용위원회 중 어디에서 심의하고 재결할 것인가를 정하는 것을 말한다.

(2) 관할의 구분

① **중앙토지수용위원회** : 국가 또는 시・도가 사업시행자인 사업, 수용하거나 사용할 토지가 둘 이상의 시・도에 걸쳐 있는 사업
② **지방토지수용위원회** : 중앙토지수용위원회 이외의 사업의 재결(시・도 해당 관할의 사업)

2. 관할 범위 내 재결의 종류

① 중앙토지수용위원회는 관할 범위 내 재결과 1차적 재결에 대한 불복으로서 이의재결을 담당한다.

② 지방토지수용위원회는 관할 범위 내 재결만 담당한다.

05 관할토지수용위원회의 재결사항(토지보상법 제50조 제1항)

① 수용하거나 사용할 토지의 구역 및 사용방법

② 손실보상

③ 수용 또는 사용의 개시일과 기간

④ 그 밖에 이 법 및 다른 법률에서 규정한 사항

판례

▶ 관련판례(대판 2007.1.11. 선고 2004두8538 판결[토지수용이의재결처분취소])
구 토지수용법(2002.2.4. 법률 제6656호 공익사업을 위한 토지 등의 취득 및 보상에 관한 법률 부칙 제2조로 폐지)은 수용・사용의 일차 단계인 사업인정에 속하는 부분은 사업의 공익성 판단으로 사업인정기관에 일임하고 그 이후의 구체적인 수용・사용의 결정은 토지수용위원회에 맡기고 있는바, 이와 같은 토지수용절차의 2분화 및 사업인정의 성격과 토지수용위원회의 재결사항을 열거하고 있는 같은 법 제29조 제2항의 규정 내용에 비추어 볼 때, 토지수용위원회는 행정쟁송에 의하여 사업인정이 취소되지 않는 한 그 기능상 사업인정 자체를 무의미하게 하는, 즉 사업의 시행이 불가능하게 되는 것과 같은 재결을 행할 수는 없다.

Chapter
07 보상협의회 및 보상전문기관

제1절 보상협의회

법 제82조(보상협의회)

① 공익사업이 시행되는 해당 지방자치단체의 장은 필요한 경우에는 다음 각 호의 사항을 협의하기 위하여 보상협의회를 둘 수 있다. 다만, 대통령령으로 정하는 규모 이상의 공익사업을 시행하는 경우에는 대통령령으로 정하는 바에 따라 보상협의회를 두어야 한다.

1. 보상액 평가를 위한 사전 의견수렴에 관한 사항
2. 잔여지의 범위 및 이주대책 수립에 관한 사항
3. 해당 사업지역 내 공공시설의 이전 등에 관한 사항
4. 토지소유자나 관계인 등이 요구하는 사항 중 지방자치단체의 장이 필요하다고 인정하는 사항
5. 그 밖에 지방자치단체의 장이 회의에 부치는 사항

② 보상협의회 위원은 다음 각 호의 사람 중에서 해당 지방자치단체의 장이 임명하거나 위촉한다. 다만, 제1항 각 호 외의 부분 단서에 따라 보상협의회를 설치하는 경우에는 대통령령으로 정하는 사람이 임명하거나 위촉한다.

1. 토지소유자 및 관계인
2. 법관, 변호사, 공증인 또는 감정평가나 보상업무에 5년 이상 종사한 경험이 있는 사람
3. 해당 지방자치단체의 공무원
4. 사업시행자

③ 보상협의회의 설치 · 구성 및 운영 등에 필요한 사항은 대통령령으로 정한다.

01 개설(법 제82조)

공익사업이 시행되는 해당 지방자치단체의 장은 필요한 경우에 협의를 위한 보상협의회를 둘 수 있다. 다만, 대통령령으로 정하는 규모 이상의 공익사업을 시행하는 경우에는 대통령령으로 정하는 바에 따라 보상협의회를 두어야 한다.

개정 토지보상법에서는 주민참여를 확대하여 자발적인 협조를 유도함으로써 토지소유자 등의 불만을 상당부분 해소하고 공익사업의 효율적인 추진에 기여하기 위하여, 일정 규모 이상의 공익사업에 대하여는 보상협의회를 필수적으로 설치하도록 하였다. 또한 소통의 원활을 위한 조치로써 의무적 보상협의회의 설치는 매우 획기적인 조치로 평가된다고 할 것이다.

02 보상협의회의 종류 및 성격

보상협의회는 보상업무에 관한 사항을 협의하기 위해서 시・군・구에 설치하는 합의제 행정기관이다. 문제는 행정기관의 권한에 의한 분류 중 어디에 해당하느냐 하는 것이다.
① 법 제82조 단서 이외의 사업의 경우에는 필요한 때에 설치할 수 있도록 임의적 자문기관으로 규정하였고, ② 대통령령이 정하는 규모 이상의 공익사업(공익사업지구 면적이 10만m² 이상, 토지 등의 소유자가 50인 이상)을 시행하는 경우에는 의무적 자문기관으로 규정하였다.

03 보상협의회의 설치

1. 설치장소

① 해당 사업지역을 관할하는 특별자치도, 시・군 또는 구(자치구)에 설치, ② 시행지역이 2 이상의 시・군 또는 구에 걸쳐있는 경우, 해당 시장・군수・구청장이 상호 협의하여 결정・협의 불성립 시 관할 시・도에 설치, ③ 필수적 보상협의회의 경우 관할 시・군・구의 부득이한 사정으로 설치 곤란하거나, 2 이상 시・군・구에 걸친 경우 열람기간 만료 후 30일 이내에 협의가 이루어지지 아니한 경우에는 사업시행자가 설치

2. 설치절차

① 지방자치단체의 장은 보상협의회를 설치할 필요가 있다고 인정하는 경우에는, 특별한 사유가 있는 경우를 제외하고는, 보상계획의 열람기간 만료 후 30일 이내에 보상협의회를 설치하여야 하며, 사업시행자의 사업추진에 지장이 없도록 보상협의회를 개최・운영하여야 한다.
② 필수적 보상협의회의 경우 사업시행자가 설치한 경우에는 지체 없이 시・군・구청장에게 통지하여야 한다.

04 보상협의회의 구성 및 운영

1. 구성

① 위원의 임명 또는 위촉은 해당 지방자치단체의 장, 사업시행자가 설치한 경우에는 사업시행자가 하며, ② 위원장 1인(해당 특별자치도・시・군 또는 구의 부지사・부시장・부군수 또는 부구청장 / 사업시행자가 설치한 경우 위원 중에서 호선)을 포함한 위원 8인 이상 16인 이하로 구성되고, ③ 위원 중 1/3 이상은 토지소유자 또는 관계인으로 구성하여야 한다. ④ 위원장이 부득이한 사유로 직무를 수행할 수 없는 때에는 위원장이 지명하는 위원이 그 직무를 대행한다.

2. 운영(시행령 제44조)

① 위원장은 협의회를 대표, 협의회의 업무를 총괄함.
② 회의는 재적위원 과반수의 출석으로 개의

③ 위원장은 회의에서 협의된 사항을 해당 사업시행자에게 통보하여야 하며, 사업시행자는 정당하다고 인정되는 사항에 대하여는 이를 반영하여 사업을 수행하여야 한다.

05 보상협의회의 권한(법 제82조 제1항 각 호)

보상관련사항에 대하여 협의. 보상관련사항이란 ① 보상액 평가를 위한 사전 의견수렴에 관한 사항, ② 잔여지의 범위 및 이주대책의 수립에 관한 사항, ③ 해당 사업지역 내 공공시설의 이전 등에 관한 사항, ④ 토지소유자나 관계인 등이 요구하는 사항 중 지방자치단체의 장이 필요하다고 인정하는 사항, ⑤ 그 밖에 지방자치단체의 장이 회의에 부치는 사항

제2절 보상전문기관

법 제81조(보상업무 등의 위탁)
① 사업시행자는 보상 또는 이주대책에 관한 업무를 다음 각 호의 기관에 위탁할 수 있다.
1. 지방자치단체
2. 보상실적이 있거나 보상업무에 관한 전문성이 있는 「공공기관의 운영에 관한 법률」 제4조에 따른 공공기관 또는 「지방공기업법」에 따른 지방공사로서 대통령령으로 정하는 기관
② 제1항에 따른 위탁 시 업무범위, 수수료 등에 관하여 필요한 사항은 대통령령으로 정한다.

01 서

1. 의의

토지보상법은 사업시행자가 보상 또는 이주대책에 관한 업무를 지방자치단체나 보상실적이 있거나 보상업무에 관한 전문성이 있는 기관에 위탁할 수 있도록 하고 있다(법 제81조). 종전 (구)공특법에서는 이주대책에 관련한 업무를 지방자치단체에 위탁할 수 있는 규정만을 두고 있었다. 그러나 신설 토지보상법에서는 이주대책에 관련한 업무만이 아니라 보상업무까지 위탁할 수 있도록 하였고, 업무를 위탁받을 수 있는 기관도 지방자치단체 외에 보상전문기관도 포함하고 있다.

2. 취지

이는 보상에 대한 지식과 경험 또는 전담 직원이 부족한 사업시행자의 경우, 전문성과 효율성을 가진 보상전문기관에 보상업무 및 이주대책에 관한 업무를 위탁할 수 있도록 하여, 원활한 업무추진과 보상대상자의 권익을 적정하게 보호할 수 있도록 하기 위한 것이다.

02 보상전문기관의 법적 지위

1. 법률관계

사업시행자가 보상전문기관에게 위탁하는 법률관계를 어떻게 볼 것인가에 따라 보상전문기관의 지위가 달라지게 된다. ① 사법상 도급계약으로 보는 견해는 사업시행자가 수용권의 주체의 지위를 향유하면서, 일부 금전적인 채무관계인 손실보상액 지급 등의 업무만을 보상전문기관에게 대리시킨 것으로 본다. ② 공법상 위임계약으로 보는 견해는 사업시행자가 국가 등인 경우에는 이들로부터 토지보상법령에 근거하여 일정한 범위를 정하여 공권력의 행사를 위탁받은 사법상의 주체로서 공무수탁사인에 해당할 수 있다고 본다. 또한 사업시행자가 공무수탁사인이라 하더라도 자신의 공적업무 중 일부를 다시 위탁하였다고 볼 수 있으므로 역시 같다. ③ 생각건대, 보상전문기관이 될 수 있는 자에 우선순위로 지방자치단체가 있는 점, 동일한 업무를 수행하면서 사업시행자가 직접하는 경우와 보상전문기관이 하는 경우를 나누어 지위를 달리 볼 실익이 없다는 점 등을 볼 때 공법상 위임관계로 봄이 타당하다. 따라서 보상전문기관은 위탁받은 보상업무에 관하여 독립하여 자기책임하에 활동할 수 있다.

2. 법적 지위

사업시행자의 공법상 위임계약에 의거하여 권리의무를 갖게 된다. 따라서 위탁받은 범위에서는 사업시행자의 지위를 갖게 되며, 손실보상의 주체가 된다. 피수용자가 손실보상에 관한 불복을 제기하고자 하는 경우 피고적격 인정 여부와 관련하여 보상전문기관이 보상업무에 관하여는 독립적인 지위가 인정된다면 보상에 관한 소송에서도 피고적격이 인정되어야 한다고 볼 것이다. 따라서 토지보상법이 사업시행자로 규정한 것은 예시한 것으로 볼 수 있다.

03 보상전문기관의 설치 및 구성

시행령 제43조(보상전문기관 등)

① 법 제81조 제1항 제2호에서 "대통령령으로 정하는 기관"이란 다음 각 호의 기관을 말한다.
1. 「한국토지주택공사법」에 따른 한국토지주택공사
2. 「한국수자원공사법」에 따른 한국수자원공사
3. 「한국도로공사법」에 따른 한국도로공사
4. 「한국농어촌공사 및 농지관리기금법」에 따른 한국농어촌공사
5. 「한국부동산원법」에 따른 한국부동산원
6. 「지방공기업법」 제49조에 따라 특별시, 광역시, 도 및 특별자치도가 택지개발 및 주택건설 등의 사업을 하기 위하여 설립한 지방공사

② 〈생략〉

③ 사업시행자는 법 제81조에 따라 제2항 각 호의 업무를 보상전문기관에 위탁하려는 경우에는 미리 위탁내용과 위탁조건에 관하여 보상전문기관과 협의하여야 한다.

④ 사업시행자는 법 제81조에 따라 제2항 각 호의 업무를 보상전문기관에 위탁할 때에는 [별표 1]에 따른 위탁수수료를 보상전문기관에 지급하여야 한다. 다만, 사업시행자가 제2항 각 호의 업무 중 일부를 보상전문기관에 위탁하는 경우의 위탁수수료는 사업시행자와 보상전문기관이 협의하여 정한다.

⑤ 사업시행자는 보상전문기관이 통상적인 업무수행에 드는 경비가 아닌 평가수수료·측량수수료·등기수수료 및 변호사의 보수 등 특별한 비용을 지출하였을 때에는 이를 제4항에 따른 위탁수수료와는 별도로 보상전문기관에 지급하여야 한다.

04 보상전문기관의 업무범위(시행령 제43조 제2항)

② 사업시행자는 법 제81조에 따라 다음 각 호의 업무를 법 제81조 제1항 각 호의 기관(이하 "보상전문기관"이라 한다)에 위탁할 수 있다.

1. 보상계획의 수립·공고 및 열람에 관한 업무
2. 토지대장 및 건축물대장 등 공부의 조사. 이 경우 토지대장 및 건축물대장은 부동산종합공부의 조사로 대신할 수 있다.
3. 토지 등의 소유권 및 소유권 외의 권리 관련 사항의 조사
4. 분할측량 및 지적등록에 관한 업무
5. 토지조서 및 물건조서의 기재사항에 관한 조사
6. 잔여지 및 공익사업지구 밖의 토지 등의 보상에 관한 조사
7. 영업·농업·어업 및 광업 손실에 관한 조사
8. 보상액의 산정(감정평가업무는 제외한다)
9. 보상협의, 계약체결 및 보상금의 지급
10. 보상 관련 민원처리 및 소송수행 관련 업무
11. 토지 등의 등기 관련 업무
12. 이주대책의 수립·실시 또는 이주정착금의 지급
13. 그 밖에 보상과 관련된 부대업무

05 관련문제

1. 보상업무위탁의 범위

토지보상법 시행령 제43조에서 "그 밖에 보상과 관련된 부대업무"라 규정한 것이, 예시한 것인지 제한적으로 열거한 것인지 문제된다. 보상업무의 범위는 법률에서 명확하게 규정되어야 하며 예시적으로 규정될 수 없다고 판단되는바 열거규정이라 보인다.

2. 보상전문기관의 소송의 당사자 적격 여부

보상업무와 관련하여 수탁기관에 당사자 적격을 인정하는 것은, 현행 행정심판법, 행정소송법에 의해 위탁받은 기관이 행정청이 되므로 보상업무 수탁기관은 당사자로서의 성격을 가진다는 데 근거를 두고 있다. 행정소송법 제2조는 "행정청에는 법령에 의하여 행정권한의 위임, 위탁을 받은 행정기관, 공공단체, 그 기관 또는 사인"이 포함되도록 규정하고 있는바, 소송의 당사자로서 적격이 인정된다고 볼 수 있다.

3. 보상전문기관의 행정대집행

위탁제도는 보상업무의 원활한 추진을 위해 보상업무의 전문성을 갖춘 전문기관에게 위탁한 것이고, 대집행은 개인의 자유나 권리에 대한 침해적 성격이 강하여 엄격히 적용되어야 하므로, 정부투자기관, 출자기관이 공익성이 강하다 하더라도 동 기관에게는 대집행이 인정되지 아니함이 타당하다.

4. 보상전문기관에 의한 재위탁

위탁되는 보상업무가 매우 다양하므로 재위탁이 가능한지 여부가 문제된다. 재위탁은 위탁의 법적 성격과 위탁제도를 마련한 취지에 비추어 타당하지 않다고 본다. 다만, 위탁기관이 허락한 경우에 한하여 예외적으로 재위탁이 가능하다고 본다.

06 결어

위탁되는 보상업무가 매우 다양하므로, 장래에는 ① 업무범위의 조정이 필요하고, ② 6개 등으로 한정되어 있는 정부투자기관 또는 출자기관을 더욱 전문화 · 세분화하여야 할 것이며, ③ 재위탁의 법적 근거를 마련하여야 할 것이다.

PART

02

공익사업을 위한 토지 등의 보상(손실보상)

Chapter 01

손실보상의 개관

제1절 손실보상의 의의

1. 개설

현대국가는 공공의 복리를 달성하고 사회 전체의 이익을 실현하기 위하여 개인의 재산권에 대한 다양한 공용침해행위를 하게 되는데, 이는 헌법상 사회국가원리 및 이에 따르는 국가적 과제 실천의 의미에서 불가피하다(사회국가 실현을 위한 공용침해행위의 불가피성).
그러나 헌법상 사회국가원리는 개인의 재산권 등 기본권 보장원리를 비롯한 법치국가원리에 의한 제약을 받는다. 즉, 공공의 복리를 위해 재산권의 침해가 불가피하다면 그로 인한 개인의 재산적 희생을 법치국가원리에 의하여 정당하게 보상하여야 하는 것이다(법치국가 원리에 의한 국가의 보상의무). 손실보상제도는 전체의 이익을 위해 특정한 이해관계인이 입는 특별한 희생을 조정하기 위함에 그 의의가 있다. 국가는 일반 사회의 이익을 목적으로 행정권을 통하여 강제적으로 개인의 재산권을 침해하는 일이 많다. 이때 사회의 이익을 위해 행정권에 의해 가해진 특정인에 대한 특별한 희생을 공평의 관념에 따라 사회 일반의 부담으로 보전하는 것이 손실보상제도이다. 보상은 공익사업을 위한 수용의 경우뿐만 아니라 널리 사회 일반의 이익을 목적으로 개인의 재산권에 침해를 가하는 경우에도 행해져야 하는 것으로 파악되고 있다. 헌법의 재산권에 관한 규정과 각 개별법에서의 공용침해와 그에 따른 보상규정은 이를 뒷받침하고 있다고 볼 수 있다.

2. 손실보상의 의의

행정상 손실보상이란, 공공필요에 의한 적법한 공권력 행사로 인하여 특정 개인의 재산권에 가하여진 특별한 희생에 대하여 사유재산권 보장과 공평부담의 견지에서 행정주체가 행하는 조절적 재산전보를 말한다. 이는 적법·무책의 경우에 해당되는 것으로서 위법·유책의 경우에 해당하는 행정상 손해배상제도와는 차이가 있다.

① 손실보상의 원인은 행정기관의 적법한 행정작용이고, 공권력 행사이다.
손실보상은 법률에 근거를 둔 공익사업의 시행이 원인이 되어 인정되는 것으로서 행정기관의 적법한 행정작용을 원인으로 한다는 점에서 위법한 행정작용에 기인한 손해배상(국가배상)과 구별되고, 행정기관의 결과적 위법(위법, 무책)을 원인으로 하는 수용유사침해보상이론과 구별된다. 또한 손실보상은 행정기관의 공권력 행사가 원인이 되어 인정되는 것이므로 손실보상청구권은 공법적 성질을 갖는 것이고, 행정기관의 비권력적 행정작용이나 통상적인 사실행위에서 기인된 것은 손실보상대상에서 제외된다.

② 손실보상은 사인의 재산권의 특별한 희생에 대한 조절적 보상이다.
손실보상은 사인의 재산권에 대한 보상이고, 이 점에서 사인의 비재산적 법익에 대한 손실의 보상

인 희생보상이론과 구별되며, 손실보상은 사인에게 특별한 희생이 된 때에만 인정되는 것이고, 그 경우에 행정기관과 사인 간의 이해조정을 위해 인정된다는 것이다.

③ 손실보상은 행정기관의 의도된 침해에 대한 손실보상이다.
손실보상은 행정기관이 처음부터 의도된 침해에 대한 보상이라는 점에서 행정기관이 비의도적인 손실이 있는 경우 보상인 수용적 침해보상이론과 구별된다.

④ 손실보상은 보상규정이 있을 때 행하는 보상이다.
손실보상은 보상법률주의를 채택하고 있어 법률에 근거가 있을 때 손실보상을 할 수 있다.

3. 구별개념

행정상 손실보상	적법 · 무책		공권력 행사	재산권	의도적 침해	특별한 희생	재산권 보장 공평부담
구별	행정상 손해배상	위법 · 유책	사법인 사인 행위와 구별	희생보상 청구권은 비재산권	수용적 침해는 비의도 · 비의욕	내재적 · 사회적 제약과 구별	손해배상은 주관적 책임
	수용유사 침해	위법 · 무책					

4. 연혁

1789년 프랑스 인권선언 제13조 “공적 부담 앞의 평등원칙”에서 최초로 입법된 후, 독일 바이마르 헌법 제135조 및 독일 본 기본법 제14조에 규정을 두고 있으며, 우리 헌법 제23조 제3항에 헌법적 근거를 두고 있다.

제2절 손실보상의 근거

공용수용은 공공필요에 의하여 타인의 재산권을 강제적으로 취득하는 것이기 때문에 그 수용에 따른 손실보상을 조건으로 하고 있다. 공용수용에 대한 손실보상은 공익과 사익의 조화를 도모하고자 하는 제도이므로 손실보상은 공용수용과 불가분의 관련성을 갖고 있으며, 공용수용이 정당화되기 위해서는 그 이론적 · 실정법적 근거를 요하도록 함으로써 국민의 재산권을 실질적으로 보장하게 되는 것이다.

1. 이론적 근거

(1) 기득권설

기득권설은 자연법상의 기득권의 불가침성을 전제로 하여 기득권의 침해에 대하여는 당연히 그 경제적 가치에 의한 보상을 하여야 한다는 고전적 견해이다. 이 견해는 기득권의 범위 자체가 불확실하고, 기득권 이외의 권리침해에 대한 보상의 근거를 제시하지 못하는 문제점이 있다.

(2) 은혜설

은혜설은 국가권력의 절대성 및 법률 만능을 인정하고 개인은 그에 대항할 수 없다는 것을 전제로 한 것으로, 국가가 공익을 위하여 적법한 공권력 행사에 의하여 국민의 재산권을 침해한 경우에 당연히 보상이 주어져야 하는 것은 아니며, 재산권의 침해에 대하여 공권력을 가진 자의 일방적인 은혜로서 보상하는 것에 불과하다고 보는 견해이다.

(3) 공평부담설

공평부담설이란, 1789년 프랑스 혁명기의 「인간과 시민의 권리선언」 제13조의 내용으로서 정당한 사전보상하에서만 재산권이 박탈될 수 있다는 데에 근거를 둔 "공적 부담 앞의 평등"을 드는 견해이다.

(4) 특별희생설(통설)

특별희생설에 의하면, 사유재산권이 보장되는 제도하에서 공익사업을 위하여 사유재산권을 수용함으로써 사유재산에 대하여 가해진 '특별한 희생'에 대하여는 그것이 적법하다고 하더라도 정의 · 공평의 원칙에 따라 그에 대한 조절적 보상을 하여야 한다는 견해이다. 이 사상은 바이마르헌법 제153조, 독일기본법 제14조 등을 근거로 하며, 우리나라의 통설이다.

(5) 검토

손실보상의 이론적 근거에 관한 학설 중 기득권설, 은혜설 등은 연혁적 관점에서만 의미가 있다고 할 수 있으며, 오늘날은 '재산권 보장원칙', '공평부담의 실현', '공사익조절', '법률생활의 안정' 등의 종합적 입장에서 그 근거를 찾아야 할 것이다. 특히, 최근 헌법상 국민의 생존권 보장의 경향이 뚜렷해짐에 따라 재산권 보장 이상의 보상을 주장하는 생활권 보장의 고려가 일반화되고 있다.

2. 실정법적 근거

공공필요에 의하여 개인의 재산권에 귀책사유 없이 특별한 희생이 가하여진 경우, 이론적으로는 당연히 보상이 지급되어야 하는 것이지만, 구체적으로 손실보상청구를 하기 위하여는 그에 대한 실정법상의 근거가 필요한바, 그 근거로 헌법 제23조 제3항과 법률적 근거를 고찰하도록 하겠다.

(1) 헌법상 근거

헌법 제23조 제3항은 "공공필요에 의한 재산권의 수용 · 사용 또는 제한 및 그에 대한 보상은 법률로써 하되, 정당한 보상을 지급하여야 한다."고 규정하고 있다. 이는 공용침해법률주의, 보상법률주의, 정당보상주의를 천명한 것이다. 따라서 현행 헌법하에서 국민의 재산권 침해에는 형식적 법률에 반드시 근거를 두어야 하고, 손실보상의 기준과 방법 등에 관한 일반법으로서 토지보상법이 있으며, 각 개별법에서도 각기 규정하고 있다.

그런데 법률에서 공공필요에 의한 재산권의 수용 · 사용 또는 제한을 하는 규정을 두면서, 그에 대한 손실보상에 관한 규정을 하지 아니한 경우에 헌법규정 제23조 제3항의 해석에 있어서 그 성질이 어떠한 것인가, 즉 헌법의 규정만으로 손실보상청구권을 행사할 수 있다고 볼 것인가, 그렇지 아니하고 반드시 법률의 근거가 있어야 할 것인가에 관하여는 견해가 대립되고 있으며, 판례도 일관성을 찾아보기 어렵다(헌법 제23조 제3항의 효력논의).

(2) 개별법상 근거

① 토지보상법

공익사업을 위한 토지 등의 취득 및 보상에 관한 법률은 공익사업에 필요한 토지 등을 협의 또는 수용에 의하여 취득하거나 사용함에 따른 손실의 보상에 관한 사항을 규정하고 있는 공익사업용 토지의 취득 및 손실보상에 관한 일반법으로서, 이는 종전의 사법상 계약에 의한 재산권의 협의 취득을 규정하고 있던 공특법과 강제취득을 규정하고 있던 토지수용법을 통합・제정한 것이다. 토지보상법이 시행됨으로써 보상에 관한 절차와 기준을 체계화하였으며, 두 법 사이의 중복과 불일치가 해소되는 등 각종 불합리한 제도가 개선되어 국민의 재산권이 충실히 보호되고 공익사업의 효율적인 추진이 이루어질 수 있게 되었다.

② 개별법

공익사업용 토지의 취득과 손실보상에 관하여 일반법으로서 토지보상법이 있으나, 이 외에도 각 개별법률에서 공익사업용 토지의 강제취득과 손실보상에 관하여는 특례를 규정하고 있는데, 국토의 계획 및 이용에 관한 법률, 건축법, 도시개발법, 농어촌정비법, 도로법, 하천법, 산림법, 수산업법, 징발법 등에서 그 규정을 찾을 수 있다.

그러나 대부분의 개별법은 공익사업용지 취득에 관한 모든 문제를 스스로 규정하고 있는 것은 아니고, 특히 필요한 사항에 관한 특칙을 규정할 뿐이며, 그 이외의 사항은 일반법인 토지보상법의 규정을 따르도록 하고 있다.

제3절 손실보상청구권의 법적 성질과 유무 판단시점

01 손실보상청구권의 법적 성질

1. 개설

손실보상청구권의 법적 성질은 공사법이원체제를 가지고 있는 국내공법에서는 반드시 규명되어야 하는 문제이다. 다만 토지보상법에서는 일괄적으로 공권이라거나 사권이라고 단정짓기 어렵다. 왜냐하면 2003년 1월 1일 공공용지취득 및 손실보상에 관한 특례법(공특법)과 토지수용법제가 통합이 되기 이전에는 사법이었던 공특법상의 손실보상의 법리는 모두 사권이었고, 토지수용법제에서는 사업인정 이후의 손실보상 법리는 공권으로 해석될 수 있다. 그런데 통합법률로 토지보상법이 제정된 시점에서 일괄적으로 사권으로 보거나 일괄적으로 공권으로 보기는 어렵고, 사업인정의 협의단계의 손실보상청구권은 사권에 가깝고, 사업인정 이후 협의 및 재결에 대한 법률관계는 공권에 가깝다고 할 수 있다. 이하에서는 공사권 이원체제를 바탕으로 손실보상청권의 법적 성질에 대하여 논의해 보기로 한다.

2. 견해의 대립

(1) 사권설

사권설은 "손실보상청구권은 원인이 되는 공용침해행위와는 별개의 권리이며, 기본적으로 금전지급청구권이므로 사법상의 금전지급청구권과 다르지 않다"고 보는 견해이다. 또한 사익을 위한 법률관계로 보고 손실보상청구권은 기본적으로 금전청구권(채권・채무관계)으로 보아 사법상의 권리라 한다.

(2) 공권설

공권설은 "손실보상청구권은 공권력 행사인 공용침해로 인하여 발생한 권리이며, 공익성이 고려되어야 하므로 공권으로 보아야 한다"고 보는 견해이다. 또한 공권력 작용을 원인으로 하며 토지보상법 등에서 이의신청, 행정소송과 같은 공법규정을 두고 있는 점을 근거로 하여 공법상 권리라 본다.

3. 대법원 판례의 태도

① 종전 판례는 손실보상청구권의 성질에 대해 사권으로 보았으나, ② 최근 〈하천법〉과 관련된 판결에서 공권이라고 보아 공법상 당사자소송의 대상이 된다고 하였다. ③ 또한 〈세입자 주거 이전비〉는 사업추진을 원활하게 하려는 정책적 목적과 사회보장적인 차원에서 지급되는 금원의 성격을 가지게 되므로 세입자의 주거이전비 보상청구권은 공법상 권리라 보았다. 토지보상법상 〈농업손실보상청구권〉 역시 공법상 권리라고 판시하고 있다.

판례

▶ 관련판례(대법원 2006.5.18. 선고 2004다6207 전원합의체 판결[보상청구권확인])
법률 제3782호 하천법 중 개정법률(이하 '개정 하천법'이라 한다)은 그 부칙 제2조 제1항에서 개정 하천법의 시행일인 1984.12.31. 전에 유수지에 해당되어 하천구역으로 된 토지 및 구 하천법(1971.1.19. 법률 제2292호로 전문 개정된 것)의 시행으로 국유로 된 제외지 안의 토지에 대하여는 관리청이 그 손실을 보상하도록 규정하였고, '법률 제3782호 하천법 중 개정법률 부칙 제2조의 규정에 의한 보상청구권의 소멸시효가 만료된 하천구역 편입토지 보상에 관한 특별조치법' 제2조는 개정 하천법 부칙 제2조 제1항에 해당하는 토지로서 개정 하천법 부칙 제2조 제2항에서 규정하고 있는 소멸시효의 만료로 보상청구권이 소멸되어 보상을 받지 못한 토지에 대하여는 시・도지사가 그 손실을 보상하도록 규정하고 있는바, 위 각 규정들에 의한 손실보상청구권은 모두 종전의 하천법 규정 자체에 의하여 하천구역으로 편입되어 국유로 되었으나 그에 대한 보상규정이 없었거나 보상청구권이 시효로 소멸되어 보상을 받지 못한 토지들에 대하여, 국가가 반성적 고려와 국민의 권리구제 차원에서 그 손실을 보상하기 위하여 규정한 것으로서, 그 법적 성질은 하천법 본칙이 원래부터 규정하고 있던 하천구역에의 편입에 의한 손실보상청구권과 하등 다를 바가 없는 것이어서 공법상의 권리임이 분명하므로 그에 관한 쟁송도 행정소송절차에 의하여야 한다.
☞ [판례 해설] 이 판례는 하천법상의 손실보상청구에 한정된 판례가 아니라 일반적으로 손실보상청구

권을 사권으로 보고 손실보상청구소송을 민사소송으로 본 종전의 판례를 변경하여 손실보상청구권을 공권으로 보고, 따라서 손실보상청구소송은 항상 공법상 당사자소송으로 제기하여야 한다고 한 판례이다.

▶ 관련판례(대법원 2011.10.13. 선고 2009다43461 판결[농업손실보상금])

공익사업을 위한 토지 등의 취득 및 보상에 관한 법률(2007.10.17. 법률 제8665호로 개정되기 전의 것, 이하 '구 공익사업법'이라 한다) 제77조 제2항은 "농업의 손실에 대하여는 농지의 단위면적당 소득 등을 참작하여 보상하여야 한다."고 규정하고, 같은 조 제4항은 "제1항 내지 제3항의 규정에 의한 보상액의 구체적인 산정 및 평가방법과 보상기준은 건설교통부령으로 정한다."고 규정하고 있으며, 이에 따라 구 공익사업을 위한 토지 등의 취득 및 보상에 관한 법률 시행규칙(2007.4.12. 건설교통부령 제556호로 개정되기 전의 것)은 농업의 손실에 대한 보상(제48조), 축산업의 손실에 대한 평가(제49조), 잠업의 손실에 대한 평가(제50조)에 관하여 규정하고 있다. 위 규정들에 따른 농업손실보상청구권은 공익사업의 시행 등 적법한 공권력의 행사에 의한 재산상의 특별한 희생에 대하여 전체적인 공평부담의 견지에서 공익사업의 주체가 그 손해를 보상하여 주는 손실보상의 일종으로 공법상의 권리임이 분명하므로 그에 관한 쟁송은 민사소송이 아닌 행정소송절차에 의하여야 할 것이고, 위 규정들과 구 공익사업법 제26조, 제28조, 제30조, 제34조, 제50조, 제61조, 제83조 내지 제85조의 규정 내용 및 입법 취지 등을 종합하여 보면, 공익사업으로 인하여 농업의 손실을 입게 된 자가 사업시행자로부터 구 공익사업법 제77조 제2항에 따라 농업손실에 대한 보상을 받기 위해서는 구 공익사업법 제34조, 제50조 등에 규정된 재결절차를 거친 다음 그 재결에 대하여 불복이 있는 때에 비로소 구 공익사업법 제83조 내지 제85조에 따라 권리구제를 받을 수 있다.

☞ [판례해설] 농업손실보상청구권은 공익사업의 시행 등 적법한 공권력의 행사에 의한 재산상의 특별한 희생에 대하여 전체적인 공평부담의 견지에서 공익사업의 주체가 그 손해를 보상하여 주는 손실보상의 일종으로 공법상의 권리임이 분명하므로 그에 관한 쟁송은 민사소송이 아닌 행정소송절차에 의하여야 할 것이다.

▶ 관련판례(대법원 2008.5.29. 선고 2007다8129 판결[주거이전비등])

공익사업을 위한 토지 등의 취득 및 보상에 관한 법률(2007.10.17. 법률 제8665호로 개정되기 전의 것) 제2조, 제78조에 의하면, 세입자는 사업시행자가 취득 또는 사용할 토지에 관하여 임대차 등에 의한 권리를 가진 관계인으로서, 같은 법 시행규칙 제54조 제2항 본문에 해당하는 경우에는 주거이전에 필요한 비용을 보상받을 권리가 있다. 그런데 이러한 주거이전비는 당해 공익사업 시행지구 안에 거주하는 세입자들의 조기이주를 장려하여 사업추진을 원활하게 하려는 정책적인 목적과 주거이전으로 인하여 특별한 어려움을 겪게 될 세입자들을 대상으로 하는 사회보장적인 차원에서 지급되는 금원의 성격을 가지므로, 적법하게 시행된 공익사업으로 인하여 이주하게 된 주거용 건축물 세입자의 주거이전비 보상청구권은 공법상의 권리이고, 따라서 그 보상을 둘러싼 쟁송은 민사소송이 아니라 공법상의 법률관계를 대상으로 하는 행정소송에 의하여야 한다.

☞ [판례해설] 적법하게 시행된 공익사업으로 인하여 이주하게 된 주거용 건축물 세입자의 주거이전비 보상청구권은 공법상의 권리이고, 따라서 그 보상을 둘러싼 쟁송은 민사소송이 아니라 공법상의 법률관계를 대상으로 하는 행정소송에 의하여야 한다.

4. 검토

생각건대, 손실보상청구권은 공권력 행사로 인하여 발생한 권리이고, 공익 관련성이 있으므로 공권으로 보는 것이 타당하다고 판단된다. 다만 사업인정 이전에 협의에 의한 손실보상청구권은 일반적인 경우에는 사권으로 보는 것이 타당하고, 판례도 "사업시행자가 토지 등의 소유자로부터 토지 등의 협의취득 및 그 손실보상의 기준과 방법을 정한 법으로서, 이에 의한 협의취득 또는 보상합의는 공공기관이 사경제주체로서 행하는 사법상 매매 내지 사법상 계약의 실질을 가진다."(대판 2004.9.24, 2002다68713)고 판시하고 있어 이러한 경우에는 사법상 계약으로 보아 민사소송으로 권리구제를 받는 것이 타당하다고 판단된다.

02 손실보상청구권 유・무의 판단시점

공익사업의 시행으로 인한 손실에 대한 보상청구권 유・무는 해당 공익사업 시행 당시를 기준으로 판단하여야 한다(대판 2013.6.14, 2010다9658).

판례

대법원 2013.6.14. 선고 2010다9658 판결[손실보상금등]

【판시사항】

[1] 면허를 받아 도선사업을 영위하던 갑 농협협동조합이 연륙교 건설 때문에 항로권을 상실하였다며 연륙교 건설사업을 시행한 지방자치단체를 상대로 구 공공용지의 취득 및 손실보상에 관한 특례법 시행규칙 제23조, 제23조의6 등을 유추적용하여 손실보상할 것을 구한 사안에서, 위 항로권은 도선사업의 영업권과 별도로 손실보상의 대상이 되는 권리가 아니라고 본 원심판단을 정당하다고 한 사례

[2] 구 공공용지의 취득 및 손실보상에 관한 특례법 시행규칙 제23조의5에서 정한 '배후지'의 의미 및 공공사업 시행지구 밖에서 영업을 영위하던 사업자에게 공공사업 시행 후에도 그 영업의 고객이 소재하는 지역이 그대로 남아 있는 상태에서 고객이 공공사업 시행으로 설치된 시설 등을 이용하고 사업자가 제공하는 시설이나 용역은 이용하지 않게 되었다는 사정이 '배후지 상실'에 해당하는지 여부(소극)

[3] 공공사업의 시행으로 손해를 입었다고 주장하는 자가 보상받을 권리를 가졌는지 판단하는 기준 시점(=공공사업 시행 당시)

【판결요지】

[1] 면허를 받아 도선사업을 영위하던 갑 농협협동조합이 연륙교 건설 때문에 항로권을 상실하였다며 연륙교 건설사업을 시행한 지방자치단체를 상대로 구 공공용지의 취득 및 손실보상에 관한 특례법 시행규칙(2002.12.31. 건설교통부령 제344호 공익사업을 위한 토지 등의 취득 및 보상에 관한 법률 시행규칙 부칙 제2조로 폐지) 제23조, 제23조의6 등을 유추적용하여 손실보상할 것을 구한 사안에서, 항로권은 구 공공용지의 취득 및 손실보상에 관한 특례법(2002.2.4. 법률 제6656호 공익사업을 위한 토지 등의 취득 및 보상에 관한 법률 부칙 제2조로 폐지) 등 관계 법령에서 간접손실의 대상으로 규정하고 있지 않고, 항로권의 간접손실에 대해 유추적용할 만한 규정도 찾아볼 수 없으므로, 위 항로권은 도선사업의 영업권 범위에 포함하여 손실보상 여부를 논할 수 있을 뿐 이를 손실보상의 대상이 되는 별도의 권리라고 할 수 없다고 본 원심판단을 정당하다고 한 사례

[2] 구 공공용지의 취득 및 손실보상에 관한 특례법 시행규칙(2002.12.31. 건설교통부령 제344호 공익사업을 위한 토지 등의 취득 및 보상에 관한 법률 시행규칙 부칙 제2조로 폐지) 제23조의5는 "공공사업 시행지구 밖에서 관계 법령에 의하여 면허 또는 허가 등을 받거나 신고를 하고 영업을 하고 있는 자가 공공사업의 시행으로 인하여 그 배후지의 3분의 2 이상이 상실되어 영업을 할 수 없는 경우에는 제24조 및 제25조의 규정에 의하여 그 손실액을 평가하여 보상한다."고 규정하고 있다. 여기서 '배후지'란 '당해 영업의 고객이 소재하는 지역'을 의미한다고 풀이되고, 공공사업 시행지구 밖에서 영업을 영위하여 오던 사업자에게 공공사업의 시행 후에도 당해 영업의 고객이 소재하는 지역이 그대로 남아 있는 상태에서 그 고객이 공공사업의 시행으로 설치된 시설 등을 이용하고 사업자가 제공하는 시설이나 용역 등은 이용하지 않게 되었다는 사정은 여기서 말하는 '배후지의 상실'에 해당한다고 볼 수 없다.

[3] <u>손실보상은 공공사업의 시행과 같이 적법한 공권력의 행사로 가하여진 재산상의 특별한 희생에 대하여 전체적인 공평부담의 견지에서 인정되는 것이므로, 공공사업의 시행으로 손해를 입었다고 주장하는 자가 보상을 받을 권리를 가졌는지는 해당 공공사업의 시행 당시를 기준으로 판단하여야 한다.</u>

03 손실보상청구권의 소멸시효

손실보상청구권에는 그 소멸시효에 관하여 달리 정함이 없는 한 민법에서 정하는 소멸시효규정이 유추적용될 수 있다(대판 2010.12.9, 2007두6571). 손실보상청구권은 금전의 지급을 구하는 채권적 권리이므로, 그 소멸시효는 민법 제162조 제1항에 따라 10년이다. 그런데, 국가 또는 지방자치단체에 대한 손실보상청구권은 다른 법률에 특별한 규정이 없는 한 5년 동안 행사하지 아니하면 시효로 인하여 소멸한다.

판례

▶ 관련판례(대판 2010.12.9. 선고 2007두6571)

소멸시효는 권리자가 그 권리를 행사할 수 있음에도 일정한 기간 동안 행사하지 않는 권리불행사의 상태가 계속된 경우에 그 권리를 소멸시키는 제도로서, 상당한 기간 동안 권리불행사가 지속되어 있는 이상 그 권리가 사법상의 손실보상청구인지 아니면 공법상 손실보상청구인지에 따라 달리 볼 것은 아니다. 따라서 공유수면매립법상 간척사업의 시행으로 인하여 관행어업권이 상실되었음을 이유로 한 손실보상청구권에도 그 소멸시효에 관하여 달리 정함이 없으면 민법에서 정하는 소멸시효규정이 유추적용될 수 있고, 이 경우 관행어업권자가 그 매립면허를 받은 자 또는 사업시행자에 대하여 가지는 손실보상청구권은 금전의 지급을 구하는 채권적 권리이므로 그 소멸시효기간은 민법 제162조 제1항에 따라 10년이다. 또한 그 소멸시효의 기산일은 손실보상청구권이 객관적으로 발생하여 그 권리를 행사할 수 있는 때, 곧 특별한 사정이 없는 한 이 사건 간척사업으로 인하여 관행어업권자가 자연산 패류 및 해초류 어장으로서의 어장을 상실하는 등 실질적이고 현실적인 손실이 발생한 때부터라고 보는 것이 타당하다.

■ 현행 헌법 제23조와 토지보상법상 손실보상체계도

<table>
<tr><th>구분</th><th colspan="4">헌법 제23조 제3항 법률에 따른 정당한 보상 = 완전한 보상</th></tr>
<tr><td>법률</td><td colspan="2">토지보상법
(손실보상의 일반법적 지위)</td><td>부동산가격공시에
관한 법률</td><td>감정평가 및 감정평가사에
관한 법률</td></tr>
<tr><td rowspan="3">(법규)명령
(시행령, 시행규칙)
※ 일부 시행규칙은
법규성 없음</td><td colspan="2">토지보상법 시행령</td><td>부동산공시법
시행령</td><td>감정평가법
시행령</td></tr>
<tr><td colspan="2" rowspan="2">토지보상법 시행규칙</td><td>부동산공시법
시행규칙</td><td>감정평가법
시행규칙</td></tr>
<tr><td colspan="2">감정평가에 관한 규칙(법규성 ○)</td></tr>
<tr><td>법령보충적
행정규칙</td><td colspan="4">표준지조사평가기준(국토교통부 고시)
표준지선정 관리지침(국토교통부 훈령)
토지가격비준표(부동산공시법 제3조 제8항 규정)
농작물실제소득인정기준(국토교통부 고시)
개별공시지가의 검증업무 처리지침(국토교통부 훈령)</td></tr>
<tr><td>행정규칙
(법규성 ×)</td><td colspan="4">감정평가실무기준(판례에서 법규성 없다고 판시함)</td></tr>
<tr><td>관할토지수용
위원회</td><td>국토부/법제처</td><td>행정법원
(대법원)</td><td>사업시행자</td><td>감정평가사/감정평가법인등</td></tr>
<tr><td>토지수용업무편람,
재결례</td><td>국토부와
법제처
질의 회신,
유권해석</td><td>대법원
법률심으로
해석</td><td>행정절차법에서
사업인정 받은
사업시행자 행정청
지위 - 내규 지침으로
운영</td><td>감정평가메뉴얼
토지보상평가지침,
각종 한감정평가사협회
내부지침</td></tr>
</table>

Chapter
02 우리나라 헌법 제23조

> 헌법 제23조
> ① 모든 국민의 재산권은 보장된다. 그 내용과 한계는 법률로 정한다.
> ② 재산권의 행사는 공공복리에 적합하도록 하여야 한다.
> ③ 공공필요에 의한 재산권의 수용, 사용 또는 제한 및 그에 대한 보상은 법률로써 하되, 정당한 보상을 지급하여야 한다.

제1절 재산권의 존속보장과 가치보장

01 존속보장

개인의 재산권에 대한 소유권을 박탈당하지 않고 그대로 유지시킴으로서(재산권의 사용・수익・처분을 향유) 보장해 주는 것이다. 헌법 제23조 제1항・제2항에서는 재산권을 보장(존속보장)하고 있다.

02 가치보장

공용침해를 허용할 경우 재산권의 존속보장은 깨진다 하여도 그 가치만이라도 보장해 주는 것이다. 헌법 제23조 제3항에서는 공용침해 시 손실보상의무를 규정하여 재산권의 가치를 보장하고 있다.

03 존속보장과 가치보장의 관계(존속보장에서 가치보장으로의 전환)

헌법 제23조 제1항은 재산권 보장조항으로서 재산권 그 자체의 존속을 보장하는 의미를 갖는 것이나, 재산권 자체가 존속할 수 없는 정도의 손실이 발생하는 행정작용이 합헌적으로 행해지는 경우에는 당사자의 재산권 보장은 더 이상 존속보장으로 나타날 수 없고, 그 내용에 있어서 재산권의 가치보장으로 바뀌게 된다(동조 제3항)고 보는 견해가 있고, 헌법규정에 의하여 손실보상(가치보장)이 이루어진다고 하여도 손실보상의 대상이 단순한 객관적 가치의 보장에 그치지 않고 생활보상까지 고려하므로 존속보장이 가치보장으로 바뀐다고 하여도 존속보장의 참뜻이 퇴색되지는 않는다고 보는 견해가 있다.

제2절 헌법 제23조 제3항의 불가분조항 여부

독일기본법 제14조

① 소유권과 상속권은 보장된다. 그 내용과 한계는 법률로 정한다.
② 소유권은 의무를 수반한다. 그 행사는 동시에 공공복리에 적합하여야 한다.
③ 공용수용은 공공복리를 위해서만 할 수 있다. 공용수용은 법률로써 또는 법률에 근거하여서만 행해지며, 법률은 보상의 방법과 정도를 정한다. 보상은 공공의 이익과 관계자의 이익을 공정하게 형량하여 정해져야 한다.

헌법 제23조

① 모든 국민의 재산권은 보장된다. 그 내용과 한계는 법률로 정한다.
② 재산권의 행사는 공공복리에 적합하도록 하여야 한다.
③ 공공필요에 의한 재산권의 수용, 사용 또는 제한 및 그에 대한 보상은 법률로써 하되, 정당한 보상을 지급하여야 한다.

01 불가분조항 의의 및 기능

불가분조항이란 공권력 행사의 허용 여부에 관한 규정과, 이에 대한 손실보상의 기준, 방법, 범위에 관한 규정은 모두 하나의 법률로 규정되어야 하며 서로 불가분의 관계를 형성하고 있어야 한다는 것이다. 이는 ① 재산권 보장의 실효성 확보, ② 재산권의 가치보장 실현, ③ 법률유보원칙의 관철이라는 의의를 지니며, ① 개인의 권리보호기능, ② 입법자에 대한 경고기능, ③ 국가재정 보호기능을 지닌다.

02 우리헌법상 인정 여부에 대한 논의

1. 학설

(1) 긍정설

손실보상의 기준과 범위의 내용 등은 본질적 사항에 해당하는 것으로 반드시 입법자가 스스로 규율하는 데 그 의의가 있다며 긍정한다.

(2) 부정설

우리 헌법과 독일 기본법상의 표현이 다르고, 우리 헌법규정이 수용 등에 대한 보상은 법률에 의해 배제할 수 있는 취지는 아니라 하여 부정한다.

2. 검토

헌법 제23조 제3항은 수용규율과 보상규율이 하나의 동일한 법률에서 규정될 것을 요구한다고 해석되는바, 동 조항은 불가분조항으로 이해되기는 하지만 독일과 한국이 헌법체계가 다르고 손실보상의 구조가 다르기 때문에 그 차이를 인식하여야 한다. 다만, 보상규정을 두지 아니하거나 불충분한 보상규정을 두는 수용법률은 헌법위반이 될 수 있다.

제3절 경계이론과 분리이론

01 개요

재산권 제한이 사회적 제약인가 아니면 공용침해인가를 구분하기 위해 재산권 제한의 2가지 유형인 "사회적 제약"과 "공용침해"를 재산권 제한의 정도의 차이로 볼 것인가, 아니면 입법의 형식과 목적에 의해 완전히 별개인 서로 독립된 제도로 볼 것인가에 따라 경계이론과 분리이론으로 나뉜다.

02 경계이론(수용이론, 문턱이론)

1. 의의

경계이론이란 사회적 제약(헌법 제23조 제2항)과 공용침해(헌법 제23조 제3항)는 별개의 제도가 아니라 재산권 침해의 정도의 차이에 의해 사회적 제약과 공용침해가 구분된다고 한다. 즉, 사회적 제약이 제한의 강도가 일정 정도를 넘어서면(수용의 효과가 발생하면) 보상을 요하는 공용침해로 전환한다고 본다.

재산권에 대한 침해의 강도가 사회적 제약에 해당되는 경우에는 보상 없이 감수해야 하는 반면, 침해의 정도가 사회적 제약의 범위를 넘어서 공용침해로 전환되는 경우에는 보상을 필요로 하는 재산권 침해로 보게 된다. 따라서 보상을 요하지 않는 사회적 제약과 보상을 요하는 수용의 구분문제가 핵심을 이루게 된다.

2. 사회적 제약과 공용침해의 구별

사회적 제약과 보상을 요하는 공용침해의 구별은 특별한 희생의 발생 여부에 따라 결정된다. 즉, 손실보상의 필요성(대상 여부)과 관련하여 1차적으로 특별한 희생의 발생 여부가 문제되고 그 척도로서 특별한 희생의 구별기준인 형식설과 실질설 등이 활용되는 것이다.

3. 위헌성 심사기준과 권리구제수단

경계이론은 사회적 제약의 범위를 넘는 재산권 제한과 그에 대한 권익구제의 문제를 헌법 제23조 제3항의 공용제한과 손실보상의 문제로 보아 가치보장 측면을 중시한다. 따라서 사회적 제약의 한계를 넘는 재산권 제약은 특별한 희생을 발생시키는 공용침해에 해당되어 보상규정이 없는 경우 헌법 제23조 제3항의 효력논의를 통해 손실보상 청구가능성을 검토해야 한다.

4. 보상의 성격

경계이론에서 보상은 공용침해의 효과로서 헌법 제23조 제3항의 정당보상원칙에 의해 존속보장의 파괴를 가치보장으로 전환시키는 것으로서 정당보상을 구현하기 위해 원칙적으로 금전보상이어야 한다(토지보상법 제63조 현금보상원칙).

03 분리이론(단절이론)

1. 의의

분리이론은 재산권의 내용 및 한계규정(독일기본법 제14조 제1항, 제2항)과 수용(제14조 제3항)규정은 서로 다른 별개의 독립된 제도로 본다. 즉, 내용규정이 예외적으로 수용의 효과를 가져온다 해도 수용규정이 되는 것은 아니며 내용규정 안에서 '보상의무가 있는 재산권 내용규정'이 된다고 한다. 이 이론은 권력분립질서를 중시하여 입법자가 내용규정인지 수용규정인지를 결정하여 법률을 제정하였다면 법원이 내용규정을 수용으로 전환시킬 수 없다고 본다(입법자의 의사 중시).

2. 재산권 내용규정과 수용규정의 구별과 특별한 희생의 의미

분리이론은 입법의 형식과 목적(또는 일반적, 추상적 규율과 개별적 구체적 규율)에 의해 재산권의 내용규정과 수용규정을 서로 구별한다. 내용규정은 입법자가 장래에 있어서 추상적이고 일반적인 형식으로서의 재산권의 내용(즉, 재산권자의 권리와 의무를 형성하고 확정)을 의미하고, 수용규정은 국가가 구체적인 공적 과제를 이행하기 위하여 이미 형성된 구체적인 재산권적 지위를 의도적으로 전면적 또는 부분적으로 박탈하려는 것을 의미한다.

따라서 재산권의 내용규정은 재산권의 내용을 확정하는 일반적, 추상적인 규정이고, 수용규정은 개별적, 구체적으로 재산권 지위를 박탈하는 규정을 말한다.
이때, 재산권에 관한 내용규정은 다른 모든 기본권 제한 법률과 마찬가지로 헌법상 비례원칙, 평등원칙 등에 부합하게 합헌적으로 이루어져야 하며, 이에 위배된 경우에는 공용침해로 전환되는 것이 아니라 사회적 제약의 한계를 넘은 것으로 보상을 요하는 내용규정이 된다고 본다.
여기서 보상의무가 있는지, 즉 비례원칙, 평등원칙 등에 위반되어 위헌적인 내용규정이 되는지 여부의 판단에 있어서는 경계이론에서의 사회적 제약과 특별한 희생의 구별기준(형식설, 실질설)이 하나의 기준으로 원용되어 유용하게 이용될 수 있을 것이다.

3. 권리구제수단과 위헌성 판단기준

분리이론에 의하면 재산권 제한에 대한 내용규정이 비례원칙에 위반되는 경우에 그것은 수용으로 전환되지 않고 해당 내용규정은 위헌적인 내용규정이 된다고 보아 존속보장을 강조한다. 분리이론에서는 재산권의 내용규정이 경우에 따라 과도한 침해를 가져오더라도 이로 인하여 "내용규정"이 "수용규정"으로 전환될 수 없고, 내용규정은 단지 내용규정일 뿐이며, 수용적 효과를 초래하는 경우에 보상규정을 두지 않았다면 단지 위헌적인 내용규정일 뿐이라는 점에서 출발하는바, 비례원칙, 평등원칙 등에 위반되는 내용규정은 수용으로 전환되는 것은 아니지만, 그 위헌성은 보상규정을 통하여 제거될 수 있는데, 이러한 경우 내용규정은 "보상을 요하는 내용규정"이 된다는 것이다. 그 위헌성을 심사하는 기준은 내용규정의 경우 다른 모든 기본권 제한법률과 마찬가지로 비례원칙, 평등원칙 등을 기준으로 위헌 여부를 판단하지만, 공용침해는 "공공필요", "보상" 등 헌법 제23조 제3항이 스스로 정하고 있는 조건하에서만 허용된다는 것이다.

따라서 분리이론에서의 위헌성 심사기준은 헌법 제23조 제3항이 아닌 동조 제1항, 제2항을 기준으로 다른 기본권 제한의 법률과 마찬가지로 헌법상 비례원칙, 평등원칙 등에 의해 판단된다. 만약, 재산권 제한에 관한 내용규정이 비례원칙에 반하는 내용규정에 해당됨에도 보상규정을 마련하지 않은 경우 위헌성을 이유로 취소소송을 제기해야 하고 보상입법이 있기 전까지는 손실보상을 청구할 수 없게 된다.

4. 보상의 성격

분리이론에서 보상(보상을 요하는 내용규정의 경우의 보상)은 해당 법률의 위헌성을 제거하고 비례성을 회복하여 합헌적인 내용규정이 되도록 하기 위한 정책적, 조절적, 균형적 보상의 성격을 가진다. 따라서 금전보상에만 한정되지 않고 이에 갈음하는 매수청구권 등 다양한 보상방법을 입법자가 선택할 수 있다.

Check Point!

○ 자갈채취사건판결

1. 개설

독일기본법은 '수용'만을 재산권 침해 유형으로 구분하여, 수용에 이르지 않는 사용·제한이 있는 경우에 손실보상과 손해보상으로 해결할 수 없는 공백이 발생하였다. 기존에는 수용유사침해·수용적 침해 법리를 도입하여 이를 손실보상으로 해결하였으나 자갈채취사건에서 종전의 해결과는 큰 변화를 가져왔다(이른바, 분리이론 시작).

2. 내용

보상규정이 없는 법률에 근거한 행정처분에 의한 공용수용적 조치는 위헌법률에 의한 것이기 때문에 위법하다. 그러나 상대방은 손실보상규정이 없기 때문에 손실보상청구를 할 수 없다. 그러므로 상대방은 위법한 공용수용적 처분을 취소하는 행정소송을 제기할 수 있을 뿐이다. 상대방은 취소소송과 손실보상청구소송 중에서 택일할 수 있는 선택적 청구권도 인정되지 않는다. 그리고 최고법원은 보상소송과 관련하여 법률이 규정한 손실보상이 행하여진 것이냐의 여부에 대하여 판단할 수 있을 뿐이며, 보상규정이 없는 경우에 공용침해보상을 긍정하는 판결을 할 권한이 없다.

3. 자갈채취사건판결 이전의 경우

① 수용이 아닌 재산권의 제한에 의해 재산권의 침해가 발생되는 경우(침해규정만 있고 보상규정이 없어서 위법인 경우)에 이를 '수용유사적 침해'로 보고, ② 적법한 행정작용의 부수적 결과로서 발생한 예기치 못한 비정형적 재산권 침해(적법, 비의도적·비전형적 침해 경우)는 '수용적 침해'로 보아, 연방법원은 '당연해석'에 의하여 손실보상을 해주어야 한다는 판례이론을 통해 흠결을 보완해왔다.

4. 자갈채취사건판결의 핵심적 명제와 그 의미

자갈채취사건판결은 종래의 손실보상 법리에 중대한 수정을 강요하였다. 이 결정은 종래 연방민사법원에 의하여 계속적으로 확대되어왔던 ① 수용의 개념을 대폭 축소, ② 재산권 내용규정과 수용을 엄격히 구분, ③ 취소소송 등 일차적 권리보호와 보상 간의 선택권을 부정하였다.

5. 자갈채취사건판결의 결과

(1) 경계이론의 퇴조와 분리이론의 등장

(2) 분리이론과 새로운 보상유형의 대두(재산권 내용과 한계규정에 의한 손실보상)

분리이론은 사회적 제약과 특별한 희생을 단절시킴에 따라 수용에 해당하지는 않지만 보상을 요하는 재산권 내용규정에 의한 재산권 침해라는 별도의 손실보상 유형이 대두하게 되었다.

Chapter

03 행정상 손실보상의 요건

제1절 손실보상의 요건

01 우리나라 헌법 제23조의 구조(경계이론과 분리이론)

손실보상의 요건을 보기에 앞서 헌법 제23조의 규범구조를 살펴볼 필요가 있다. 헌법 제23조의 구조를 어떻게 보느냐에 따라 손실보상의 요건 등이 달라질 수 있다. 즉, 경계이론과 분리이론에 따라 손실보상의 요건이 달라질 수 있으며, 특별한 희생 여부, 보상규정 흠결이 권리구제수단 등이 달라질 수 있다. 아래에서는 경계이론 시각에서 손실보상요건을 살펴본다(경계이론과 분리이론에 대해서는 전술함).

02 손실보상의 요건

헌법 제23조 제3항은 재산권 제한의 허용요건을 규정한 것이지만, 동시에 손실보상요건의 원칙적인 규정이다. 공용침해로 인한 손실에 대한 보상청구권이 성립하기 위하여는, 공공필요를 위하여 적법한 공행정작용에 의하여 개인의 재산권을 침해하여 특별한 희생이 발생하고, 보상규정이 존재하여야 한다. 손실보상 요건으로는 ① 공공의 필요, ② 재산권에 대한 공권적 침해, ③ 재산권 침해의 적법성, ④ 특별한 희생, ⑤ 보상규정의 존재를 두고 있다.

1. 공공의 필요

(1) 의의

재산권에 대한 공권적 침해는 '공공필요'에 의해서만 행해질 수 있는바, 공공필요는 공용침해의 실질적 허용요건이자 본질적 제약요소가 된다. 그런데 공공필요는 대표적인 불확정 개념으로서, 시대적 상황과 국가 정책적 목표에 따라 가변적이기 때문에 획일적인 개념정립이 불가능하며, 특히 최근에는 그 범위가 확대되는 추세이다.

(2) 형량의 대상으로서 공익과 사익

헌법은 공익을 위하여 재산권의 침해를 인정(제23조 제3항)하면서, 또한 사익으로서 재산권을 기본권으로 보장(제23조 제1항)하며, 침해하는 경우에도 기본권의 본질적인 부분을 침해하지 못하도록 하고 있다(제37조 제2항). 따라서 공공필요를 위한 공용침해는 공익과 함께 사익도 고려되어야 한다. 공익과 사익은 대립관계에 있으므로 공공필요의 유무는 개별·구체적으로 공·사익 간의 비례의 원칙을 통한 비교형량을 통하여 판단된다.

(3) 비례의 원칙(과잉금지의 원칙)

비례의 원칙이란, 행정작용에 의한 국민의 자유와 권리의 침해는, 공익목적 달성에 적합한 수단을 선택해야 하며, 그중에서도 최소침해를 가져오는 수단을 선택하여야 하며, 침해로 인해 달성되는 공익과 침해되는 사익 간에는 상당한 비례관계가 유지되어야 한다는 원칙이다. 아래의 세 가지 원칙은 상승단계를 취하고 있다. ① 적합성의 원칙(목적의 정당성, 방법의 적절성)은 행정권한 발동의 목적이 정당하여야 하고, 목적달성을 위한 방법이 적절하여야 함을 말한다. 즉, 공용수용의 목적물은 수용을 통해 달성하고자 하는 목적에 적합하여야 한다. ② 필요성의 원칙(피해의 최소성)은 행정목적 달성을 위한 수단 중 개인에게 권익침해가 가장 적은 수단을 선택해야 함을 말한다. ③ 상당성의 원칙(협의의 비례원칙)이란 행정목적 달성을 위한 적합하고 필요한 수단이라도 이로 인해 달성되는 공익이 침해되는 사익보다 우월한 경우에만 행정권한 발동은 적법하게 된다는 것이다.

2. 재산권에 대한 공권적 침해

첫째, 재산권이라 함은 법에 의해 보호되는 일체의 재산적 가치 있는 권리(공·사권 불문)를 말하며 현존하는 재산가치여야 한다. 따라서 단순한 기대이익이나 투기적 이익은 제외된다.
둘째, 공권적 침해란 공익실현을 위한 의도된 공권력의 행사로서의 공법적 행위이다. 즉, 보상부 침해로서 재산권의 박탈, 사용, 제한 등 일체의 재산권에 대한 공권적 감손행위를 말한다. 셋째, 침해의 직접성으로 공권적 침해와 재산상 손실은 직접적 인과관계가 있어야 한다. 최근 비의욕적, 부수적 침해에 대해서도 직접성 완화로 보상해 주어야 한다는 수용적 침해를 도입하자는 견해도 있다.

Check Point!

(1) 공용수용

헌법 제23조 제3항의 수용은 공용수용 또는 공용징수를 말한다. '공용수용'이라 함은 공익사업 기타 복리목적을 위하여 타인의 토지 등의 재산권을 법률의 힘에 의하여 강제적으로 취득하는 것을 말한다. 공익사업 기타 복리행정상의 목적을 위하여 타인의 토지 등이 필요한 경우, 사법적 수단에 의하여 그 취득이 불가능한 때에는 권리자의 의사에 관계없이 필요한 재산권을 강제적으로라도 취득하여야 할 필요성이 절실히 요청되고 있는바, 이를 위한 종국적인 법제가 공용수용이다.
공용수용은 타인의 재산권을 공공필요에 의하여 강제적으로 취득하는 것이므로 사유재산권을 보장하는 법치국가의 헌법에서는 반드시 법률의 근거가 있어야 하고, 법정의 절차를 경유하여야 하며, 정당한 보상을 하여야 한다. 우리나라 헌법 제23조 제3항은 공용수용의 헌법적 근거를 규정하고 있으며, 공용수용에 관한 근거법률은 일반법으로 토지보상법이 있고 그 외에도 수많은 특별법이 있다.

(2) 공용사용

헌법 제23조 제3항의 사용이란 공용사용을 말한다. '공용사용'이란 특정한 공익사업을 위하여 그 사업자가 타인의 소유에 속하는 토지 기타의 재산권에 대하여 공법상의 사용권을 취득하고, 상대방인 소유자 기타의 권리자는 그 공익사업을 위한 사용을 수인하여야 할 공법상의 의무를 부담하는 것을 말한다. '사용제한'이라고도 한다.
공익사업의 목적을 수행하기 위하여 타인의 재산을 사용할 필요가 있는 경우 사업주체가 민법상의 계약에 의하여 타인의 재산에 대한 사용권을 취득하는 것이 보통이지만, 권리자의 승낙을 얻지 못하거나 긴급하여 그 승낙을 얻을 이유가 없는 때에는 권리자의 의사를 묻지 아니하고 직접 법률에 의하여 또는 법률에 의거한 행정행위에 의하여 사용권이 설정된다.
공용사용은 그 내용으로 보아 일시적 사용과 계속적 사용으로 나누어진다. '일시적 사용'은 공익사업의 주체가 그 사업의 이익을 위하여 타인의 토지 · 건물 기타 재산을 일시적으로 사용하는 것을 말한다. '계속적 사용'은 개인의 재산권에 대한 중대한 제한이기 때문에 공용수용과 동일한 신중한 절차에 따라 그 사용권이 설정되는 것이 원칙이다.
공용사용은 개인의 재산권에 대한 사용권을 강제로 설정하는 것이므로 그에는 법률의 근거가 있어야 하고, 또한 법정의 절차를 거쳐 정당한 보상을 지급하여야 한다. 토지보상법은 공용사용에 대한 보상을 규정하고 있고, 개별법도 원칙적으로 보상규정을 두고 있다.

(3) 공용제한

헌법 제23조 제3항의 제한이라 함은 공용제한을 말한다. '공용제한'이라 함은 특정한 공익사업 기타 복리행정상의 목적을 위하여 또는 일정한 물건의 효용을 보존하기 위하여 개인의 재산권에 과하여지는 공법상의 제한을 말한다. 공용제한은 당초 특정한 공익사업의 수요를 충족하기 위한 목적을 갖고 있었지만, 오늘날은 이와 같은 좁은 부분목적을 초월하여 국토의 합리적인 이용과 개발 · 보전을 통한 생활공간의 형성을 도모함으로써 공공복리의 증진에 기여하고자 하는 목적으로 그 제도가 발전하여 왔다. 그리고 공용제한의 가장 중요하고 일반적인 대상은 토지재산권인데, 토지에 대한 공용제한을 특히 공용지역이라고 한다. 그런데 공용제한은 그 제한을 필요로 하는 공익상 수요의 종류에 따라서 계획제한 · 보전제한 · 사업제한 · 공물제한 · 사용제한 등으로 나눌 수 있다.
공용제한은 헌법상 보장된 개인의 토지재산권에 대한 침해를 가져오므로 반드시 법률의 근거가 있어야 한다. 헌법 제23조 제3항 · 제122조 등은 헌법적 근거이고, 개별법적 근거로서는 국토의 계획 및 이용에 관한 법률 · 도로법 · 문화재보호법 · 산림법 · 자연공원법 · 철도법 · 하천법 등이 있다. 그런데 공용수용이나 공용사용의 경우에는 그 근거법에 보상규정을 두고 있는 것이 일반적이지만, 공용제한에는 보상규정이 없는 경우가 많아 문제이다.

3. 침해의 적법성(법률의 근거)

헌법 제23조 제3항은 법률유보원칙을 취하고 있는바, 재산권 침해는 형식적 의미의 법률에 적합해야 한다. 반면, 보상규정이 없어 위법한 경우 수용유사침해이론을 도입하자는 견해도 있다.
적법한 공권력 행사는 법률에 근거해야 할 뿐만 아니라 그 절차에 있어서도 적법해야 하며 이에 위반하는 경우, 하자 있는 행정작용으로서 실질적 법치주의 실현을 위해 사법적 통제를 받게 된다.

4. 특별한 희생

(1) 문제점

공용침해로 인한 손실이 보상을 요하는 보상원인이 되는 것인지 여부는 재산권의 침해가 헌법 제23조 제2항에서 규정한 사회적 제약에 해당되어 보상을 요하지 않는 경우인지, 제23조 제3항에 해당되어 보상을 요하는 '특별한 희생'인지의 구별이 중요하다. 특별한 희생인지 사회적 제약인지의 구별은 특히 공용제한의 경우에 문제된다.

(2) 구별기준에 대한 제 견해

① 형식설

평등의 원칙을 형식적으로 해석하여 재산권 침해의 인적 범위가 특정되어 있는가의 여부로 사회적 제약과 특별한 희생을 구별하는 견해이다. 형식설에는 개별행위설(독일제국법원)과 이를 발전시킨 특별희생설(독일연방통상법원)이 있다. 개별행위설은 특정인 혹은 범위가 확정될 수 있는 특정 다수인의 재산권 침해인 경우 특별한 희생으로 본다. 특별희생설은 특정인 혹은 특정 다수인에게 다른 자에게는 요구되지 않는 재산상의 희생을 부과하는 경우 특별한 희생으로 보는 견해이다.

② 실질설

재산권 침해의 본질성과 강도라고 하는 실질적 표준에 의하여 구별하려는 견해로서 그 침해가 일반적 부담 이상으로 재산권의 본질을 침해하는 것일 때에는 재산권의 내재적 제약의 범위를 넘은 것이므로 손실보상을 요하는 '특별한 희생'에 해당된다는 것이다.

(ㄱ) 목적위배설은 공용침해가 재산권의 객관적인 종래 목적을 침해하는 경우에는 특별한 희생으로 본다.

(ㄴ) 사적 효용설은 공용침해가 개인이 갖는 주관적 효용을 침해하는 경우에는 특별희생에 해당한다는 견해이다.

(ㄷ) 보호가치성설은 사회의 역사, 가치관, 법률의 취지 등에 의해 보호가치 있는 재산권에 대한 침해는 특별희생으로 본다.

(ㄹ) 수인기대가능성설은 공공필요에 의한 재산권의 침해가 수인을 기대할 수 있는지 여부에 따라 특별희생을 판단한다.

(ㅁ) 중대성설은 재산권에 대한 제약의 중대성과 범위를 기준으로 특별한 희생인지의 여부를 판단하려는 견해이다.

(ㅂ) 상황구속성설 공용침해 당시 토지의 이용형태 및 사회적 상황 등 구체적 상황에 따라 특별희생을 판단한다.

(ㅅ) 사회적 비용설은 손실보상을 실시하기 위해 소요되는 비용(조사비용, 담당공무원의 보수 등)이 개인의 재산권 침해를 상회하는 시점(개인의 재산권 침해 ≥ 손실보상의 사회적 비용)을 보상이 필요한 시점으로 보는 견해이다.

(3) 판례

① 대법원 입장

과거 대법원은 개발제한구역을 정하고 있는 (구)도시계획법 제21조의 위헌심판제청사건에서 (구)도시계획법 제21조 제1항에 의한 제한은 공공복리에 적합한 합리적인 제한으로서, 그 제한으로 인한 토지소유자의 불이익은 공공복리를 위하여 감수하지 아니하면 안 될 정도의 것이라며 특별한 희생은 아니라고 판시하였다.

판례

▶ 관련판례(대결 1990.5.8. 89부2)
도시계획법 제21조 제1항, 제2항의 규정에 의하여 개발제한구역 안에 있는 토지의 소유자는 재산상의 권리행사에 많은 제한을 받게 되고 그 한도 내에서 일반 토지소유자에 비해서 불이익을 받게 되었음은 명백하지만 이와 같은 제한은 공공복리에 적합한 합리적인 제한이라고 볼 것이고, **그 제한으로 인한 토지 소유자의 불이익은 공공의 복리를 위하여 감수하지 아니하면 안 될 정도의** 것이라고 인정되므로 이에 대하여 손실보상의 규정을 하지 아니하였다 하여 도시계획법 제21조 제1항, 제2항의 규정을 헌법 제23조 제3항이나 제37조 제2항에 위배되는 것이라고 할 수 없다.

▶ 관련판례(대판 1995.4.28. 95누627)
국토이용관리법은 국토건설종합계획의 효율적인 추진과 국토이용질서를 확립하기 위하여 제정된 것으로 국토이용계획의 결정과 그 변경은 건설부장관이 관계행정기관의 장으로부터 그 의견을 듣거나 그 지정 또는 변경요청을 받아 이를 입안 또는 변경하여 국토이용계획심의회의 심의를 거쳐 고시하도록 규정하고 있고 토지소유자에게 **국토이용계획의 변경신청에 대하여 일정한 제한을 가하고 있다 하여도 이와 같은 제한은 공공복리에 적합한 합리적인 제한이라고 볼 것이고, 그 제한으로 인한 토지소유자의 불이익은 공공의 복리를 위하여 감수하지 아니하면 안 될 정도의 것이라고** 인정되며 이러한 제한을 가지고 헌법상 보장되어 있는 국민의 재산권 보장의 규정을 침해하는 것이라고 볼 수 없다.

② 헌법재판소의 입장

헌법재판소는 (구)도시계획법 제21조에 대한 위헌소원사건에서 개발제한구역 지정으로 발생되는 재산권의 제약을 두 가지로 나누어 판단하고 있는바, ① 토지를 종래 목적으로도 사용할 수 없거나(목적위배설), 실질적으로 토지의 사용, 수익의 길이 없는 경우(사적 효용설)에는 수인한계를 넘는 것(수인한도설)이므로 특별희생에 해당되고, ② 지가의 하락이나 개발가능성의 소멸로 인한 재산권의 제약은 사회적 제약이라고 한다.

(4) 소결

재산권에 대한 제한에 있어 그 보상 여부를 판단함에 있어서는 실질적 기준만으로는 불충분하고 보충적이나마 형식적 기준도 동시에 고려되어야 할 것이다. 따라서 보상 여부의 결정에 있어서는 형식적 기준과 실질적 기준을 상호 보완적으로 적용하여 판단하여야 할 것이며, 아울러 재산권 제한의 목적, 태양, 정도, 사회적 수용성, 평등원칙 등을 종합적으로 고려하여 구체적, 개별적으로 결정하는 절충적인 입장이 타당하다.

5. 보상규정의 존재(이하에서 구체적으로 서술함)

헌법 제23조 제3항은 손실보상은 법률로써 하도록 규정하고 있어, 개별법에 보상규정이 있어야 한다. 공용제한의 경우는 학설이 대립하는데 직접효력설과 유추적용설은 보상규정을 필수요건으로 하지 않는 반면, 위헌무효설은 보상규정을 요건으로 한다(불가분조항원칙). 최근 헌법재판소는 (구)도시계획법 제21조에 의거한 개발제한구역 지정과 관련하여 보상규정을 두지 않은 것에 대하여 헌법불합치결정을 내린 바 있다.

제2절 헌법 제23조 제3항의 보상규정 논의

> 헌법 제23조
> ① 모든 국민의 재산권은 보장된다. 그 내용과 한계는 법률로 정한다.
> ② 재산권의 행사는 공공복리에 적합하도록 하여야 한다.
> ③ 공공필요에 의한 재산권의 수용·사용 또는 제한 및 그에 대한 보상은 법률로써 하되, 정당한 보상을 지급하여야 한다.

01 문제점

헌법 제23조 제3항은 "공공필요에 의한 재산권의 수용, 사용 또는 제한 및 그에 대한 보상은 법률로써 하되, 정당한 보상을 지급하여야 한다."고 규정하고 있는바, 공용수용(공용침해)과 손실보상을 개별법에 법률 유보하여 반드시 법적 근거를 마련하도록 하고 있다.

공공필요에 의한 재산권의 수용, 사용, 제한을 규정하는 법률이 그에 관한 보상규정을 두고 있는 경우에는 그에 근거하여 보상청구하면 되나, 문제는 공용제한의 경우처럼 법률에서 침해규정만을 두고 보상규정을 두고 있지 않은 경우에, 헌법 규정 제23조 제3항의 효력이 어떠한가, 즉 헌법의 규정만으로 손실보상청구권을 행사할 수 있다고 볼 것인가, 그렇지 아니하면 반드시 법률의 근거가 있어야 할 것인가에 대하여 견해의 대립이 있다.

02 학설

1. 방침규정설

손실보상에 관한 헌법규정은 입법에 대한 방침규정일 뿐이므로, 입법자가 손실보상의무를 입법화할 때까지 국가는 손실보상의무를 지지 않는다는 견해로서, 개별법에 보상규정을 두지 않는 경우 손실을 수인할 수밖에 없고 손실보상은 인정되지 않는다는 입장이다.

2. 직접효력설

헌법 제23조 제3항은 국민에 대해서도 직접적인 효력을 가지는바, 이를 직접 근거로 하여 손실보상을 청구할 수 있다는 주장이다. 목적론적 입장(김동희)에서는 손실보상에 관한 헌법상 규정은 국민에 대하여 직접적 효력을 갖는 실효적 규범이며, 문헌상 보장은 "법률로써" 하게 되어 있으나, 이는 보상의 구체적 내용이나 방법만을 유보한 것이지 보상 여부까지를 법률에 유보한 것은 아니라는 점에서 헌법 제23조 제1항이 사유재산제도를 보장하고 있는 이상, 관계법률에 보상규정이 없는 경우에도 헌법 제23조 제3항을 직접 근거로 하여 손실보상을 청구할 수 있다는 견해이다.

3. 위헌무효설

법률이 재산권 침해를 규정하면서 보상에 관하여 규정하지 아니하면, 그 법률은 헌법규정에 위반한 것으로서 위헌・무효가 되며, 이러한 위헌・무효인 법률에 근거하여 개인의 재산권을 침해한 행위는 위법한 행위가 되기 때문에 국가배상법에 근거한 불법행위로 인한 손해배상청구만이 가능하다고 본다.

4. 유추적용설

법률에 손실보상규정이 없는 경우에는 헌법 제23조 제1항과 제11조(평등원칙)를 직접적인 근거로 하고, 제23조 제3항 및 관계규정의 유추적용을 통하여 손실보상을 청구할 수 있다고 한다. 이는 독일에서 발전된 수용유사침해이론을 도입하여 위법・무책인 경우에 이를 통해 문제를 해결하고자 하려는 것이다.

5. 보상입법부작위 위헌설

이 설은 공공필요를 위하여 공용제한을 규정하면서 손실보상을 두지 않은 경우 그 공용제한규정 자체는 헌법에 위반되는 것은 아니라고 보고 손실보상을 규정하지 않은 입법부작위가 위헌이라고 보는 견해이다.

03 판례

우리 판례는 헌법에서 시대적 상황과 여건에 따라 태도를 달리하고 있다. 즉, 제3공화국 시기에는 헌법규정의 해석상 '직접효력설'을 취한 바 있고, 제5공화국 시기에는 하천법 관련 제외지 소유 토지소유자 및 현행 헌법하에서 김위탁수수료사건에서 '유추적용설'을 취하였다고 해석하는 견해도 있다. 한편, 서울 고등법원 입장과 달리 대법원은 문화방송주식 강제증여사건에서 수용유사침해이론의 도입에 소극적 견해를 판시한 것으로 보인다. 반면, 현행 헌법하에서 헌법재판소는 조선철도(주) 주식의 반환청구소송에서는 '위헌무효설'을 취하였다.

판례

▶ 관련판례(대판 1995.11.24, 94다34630)
(구)하천법 제2조 제1항 제1호 소정의 하천의 제방부지로서 같은 법 제11조 단서 소정의 관리청이 그 지상에 제방을 축조하였다면, 그 제방의 부지는 관리청에 의한 지정처분이 없어도 법률의 규정에 의하여 당연히 하천구역이 되어 국유로 된다. … 명시적인 보상규정이 없더라도, 그것이 유수지 및 제외지와 더불어 하천구역이 되어 국유로 된 이상 그로 인하여 소유자가 입은 손실은 보상되어야 하고, 그 보상방법을 유수지 및 제외지 등에 관한 것과 달리할 아무런 합리적인 이유를 찾아볼 수 없으므로, … 그 제방을 축조한 관리청은 위 개정된 (구)하천법 부칙 제2조 제1항을 유추적용하여 그 제방부지의 소유자에게 손실을 보상하여야 한다고 봄이 상당하다.

▶ 관련판례(대판 1993.10.26, 93다6409)
수용유사적 침해이론은 국가 기타 공권력의 주체가 위법하게 공권력을 행사하여 국민의 재산권을 침해하였고, 그 효과가 실제에 있어서 수용과 다름이 없을 때에는 적법한 수용이 있는 것과 마찬가지로 국민이 그로 인한 손실의 보상을 청구할 수 있다는 내용으로 이해되는데, 과연 우리 법제하에서 그와 같은 이론을 채택할 수 있는가는 변론으로 하더라도, 이 사건에서 피고 대한민국의 이 사건주식이 그러한 공권력 행사에 의한 수용유사적 침해에 해당한다고 볼 수는 없다.

▶ 관련판례(헌재 1998.12.24, 89헌마214, 90헌바16, 97헌바78)

[판시사항]

1. 토지재산권의 사회적 의무성
2. 개발제한구역(이른바 그린벨트) 지정으로 인한 토지재산권 제한의 성격과 한계
3. 토지재산권의 사회적 제약의 한계를 정하는 기준
4. 토지를 종전의 용도대로 사용할 수 있는 경우에 개발제한구역 지정으로 인한 지가의 하락이 토지재산권에 내재하는 사회적 제약의 범주에 속하는지 여부(적극)
5. 도시계획법 제21조의 위헌 여부(적극)
6. 헌법불합치결정을 하는 이유와 그 의미
7. 보상입법의 의미 및 법적 성격

[결정요지]

1. 헌법상의 재산권은 토지소유자가 이용가능한 모든 용도로 토지를 자유로이 최대한 사용할 권리나 가장 경제적 또는 효율적으로 사용할 수 있는 권리를 보장하는 것을 의미하지는 않는다. 입법자는 중요한 공익상의 이유로 토지를 일정 용도로 사용하는 권리를 제한할 수 있다. 따라서 토지의 개발이나 건축은 합헌적 법률로 정한 재산권의 내용과 한계 내에서만 가능한 것일 뿐만 아니라 토지재산권의 강한 사회성 내지는 공공성으로 말미암아 이에 대하여는 다른 재산권에 비하여 보다 강한 제한과 의무가 부과될 수 있다.
2. 개발제한구역을 지정하여 그 안에서는 건축물의 건축 등을 할 수 없도록 하고 있는 도시계획법 제21조는 헌법 제23조 제1항, 제2항에 따라 토지재산권에 관한 권리와 의무를 일반・추상적으로 확정하는 규정으로서 재산권을 형성하는 규정인 동시에 공익적 요청에 따른 재산권의 사회적 제약을 구체화하는 규정인바, 토지재산권은 강한 사회성, 공공성을 지니고 있어 이에 대하여는 다른 재산권에 비하여 보다 강한 제한과 의무를 부과할 수 있으나, 그렇다고 하더라도 다른 기본권을 제한하는 입법과 마찬가지로 비례성원칙을 준수하여야 하고, 재산권의 본질적 내용인 사용・수익권과 처분권을 부인하여서는 아니 된다.
3. 개발제한구역 지정으로 인하여 토지를 종래의 목적으로도 사용할 수 없거나 또는 더 이상 법적으로 허용된 토지이용의 방법이 없기 때문에 실질적으로 토지의 사용・수익의 길이 없는 경우에는 토지소유자가 수인해야 하는 사회적 제약의 한계를 넘는 것으로 보아야 한다.
4. 개발제한구역의 지정으로 인한 개발가능성의 소멸과 그에 따른 지가의 하락이나 지가상승률의 상대적 감소는 토지소유자가 감수해야 하는 사회적 제약의 범주에 속하는 것으로 보아야 한다. 자신의 토지를 장래에 건축이나 개발목적으로 사용할 수 있으리라는 기대가능성이나 신뢰 및 이에 따른 지가상승의 기회는 원칙적으로 재산권의 보호범위에 속하지 않는다. 구역지정 당시의 상태대로 토지를 사용・수익・처분할 수 있는 이상, 구역지정에 따른 단순한 토지이용의 제한은 원칙적으로 재산권에 내재하는 사회적 제약의 범주를 넘지 않는다.
5. 도시계획법 제21조에 의한 재산권의 제한은 개발제한구역으로 지정된 토지를 원칙적으로 지정 당시의 지목과 토지현황에 의한 이용방법에 따라 사용할 수 있는 한, 재산권에 내재하는 사회적 제약을 비례의 원칙에 합치하게 합헌적으로 구체화한 것이라고 할 것이나, 종래의 지목과 토지현황에

의한 이용방법에 따른 토지의 사용도 할 수 없거나 실질적으로 사용・수익을 전혀 할 수 없는 예외적인 경우에도 아무런 보상 없이 이를 감수하도록 하고 있는 한, 비례의 원칙에 위반되어 해당 토지소유자의 재산권을 과도하게 침해하는 것으로서 헌법에 위반된다.

6. 도시계획법 제21조에 규정된 개발제한구역제도 그 자체는 원칙적으로 합헌적인 규정인데, 다만 개발제한구역의 지정으로 말미암아 일부 토지소유자에게 사회적 제약의 범위를 넘는 가혹한 부담이 발생하는 예외적인 경우에 대하여 보상규정을 두지 않은 것에 위헌성이 있는 것이고, 보상의 구체적 기준과 방법은 헌법재판소가 결정할 성질의 것이 아니라 광범위한 입법형성권을 가진 입법자가 입법정책적으로 정할 사항이므로, 입법자가 보상입법을 마련함으로써 위헌적인 상태를 제거할 때까지 위 조항을 형식적으로 존속케 하기 위하여 헌법불합치결정을 하는 것인바, 입법자는 되도록 빠른 시일 내에 보상입법을 하여 위헌적 상태를 제거할 의무가 있고, 행정청은 보상입법이 마련되기 전에는 새로 개발제한구역을 지정하여서는 아니 되며, 토지소유자는 보상입법을 기다려 그에 따른 권리행사를 할 수 있을 뿐 개발제한구역의 지정이나 그에 따른 토지재산권의 제한 그 자체의 효력을 다투거나 위 조항에 위반하여 행한 자신들의 행위의 정당성을 주장할 수는 없다.
7. 입법자가 도시계획법 제21조를 통하여 국민의 재산권을 비례의 원칙에 부합하게 합헌적으로 제한하기 위해서는, 수인의 한계를 넘어 가혹한 부담이 발생하는 예외적인 경우에는 이를 완화하는 보상규정을 두어야 한다. 이러한 보상규정은 입법자가 헌법 제23조 제1항 및 제2항에 의하여 재산권의 내용을 구체적으로 형성하고 공공의 이익을 위하여 재산권을 제한하는 과정에서 이를 합헌적으로 규율하기 위하여 두어야 하는 규정이다. 재산권의 침해와 공익 간의 비례성을 다시 회복하기 위한 방법은 헌법상 반드시 금전보상만을 해야 하는 것은 아니다. 입법자는 지정의 해제 또는 토지매수청구권제도와 같이 금전보상에 갈음하거나 기타 손실을 완화할 수 있는 제도를 보완하는 등 여러 가지 다른 방법을 사용할 수 있다.

[재판관 조승형의 반대의견]

다수의견이 취하는 헌법불합치결정은 헌법 제111조 제1항 제1호 및 제5호, 헌법재판소법 제45조, 제47조 제2항의 명문규정에 반하며, 헌법재판소 결정의 소급효를 원칙적으로 인정하고 있는 독일의 법제와 원칙적으로 장래효를 인정하고 있는 우리의 법제를 혼동하여 독일의 판례를 무비판적으로 잘못 수용한 것이므로 반대하고, 이 사건의 경우는 단순위헌결정을 하여야 한다.

[재판관 이영모의 반대의견]

1. 모든 국민이 건강하고 쾌적한 환경에서 생활할 수 있는 환경권(헌법 제35조)은 인간의 존엄과 가치・행복추구권의 실현에 기초가 되는 기본권이므로 사유재산권인 토지소유권을 행사하는 경제적 자유보다 우선하는 지위에 있다.
2. 도시계획법 제21조는 국가안전보장과 도시의 자연환경・생활환경의 관리・보전에 유해한 결과를 수반하는 환경오염을 미리 예방하기 위한 필요한 규제입법으로 헌법상 정당성을 갖추고 있다. 이 규제입법으로 말미암아 나대지의 이용이 제한되고 사정변경으로 인하여 토지를 사용하는 데 지장이 생겼다고 할지라도 입법목적에 어긋나지 않는 범위 안에서 이를 이용할 수 있는 방법이 있고 또 소유권자의 처분을 제한하는 것도 아니므로, 이와 같은 규제는 성질상 재산권에 내재된 사회적 제약에 불과하다고 보는 것이 상당하다. 법익의 비교형량면에서도 토지소유권자가 입는 불이익보다 국가안전보장과 공공복리에 기여하는 이익이 더 크고, 입법목적 달성을 위한 합리성・필요성을 갖추었으므로 헌법 제37조 제2항 소정의 기본권 제한 한계요건을 벗어나는 것도 아니다. 뿐만 아니라 제한구역 내의 다른 토지와 서로 비교하여 보아도 나대지와 사정변경으로 인한 토지의 특성상 재산권의 박탈로 볼 수 있는 정도의 제한을 가한 합리성이 없는 차별취급으로 인정되지 아니하므로 평등원칙을 위반한 것도 아니다.

04 소결

1. 방침규정설에 대한 평가

방침규정설에 대한 비판적 입장은 손실보상에 관한 헌법규정이 국민의 권리보장을 위한 규정임을 무시한 점, 헌법규정의 실효성을 입법자의 의도에 맡기는 것은 오늘날 법치국가 정신으로는 받아들이기 어렵다는 것을 논거로 한다.

2. 직접효력설에 대한 평가

직접효력설에 대한 비판적 입장은 권력분립원칙에 반한다는 것으로 보상 여부를 입법자를 대신하여 법원이 결정할 수 없다는 점, 문리해석상의 모순 및 소를 남발할 우려가 있다는 점이다.

3. 위헌무효설에 대한 평가

위헌무효설에 대한 비판적 입장은 공무원의 과실입증 어려움, 공공필요를 위한 공용침해행위가 보상규정이 없다는 이유만으로 불법행위와 동일하게 취급된다는 것은 비합리적이라는 점, 보상규정에 대한 법의 침묵이 보상을 배제한다는 뜻으로 새기는 것은 문제가 있다는 점, 법률이 보상규정을 두지 않은 것 자체를 위헌적 입법부작위로 보아 국가배상을 청구할 수 있다는 것인지(입법부작위론), 아니면 그 위헌적 법률에 의하여 이루어진 침해행위를 대상으로 손해배상을 청구할 수 있다는 것인지(위헌무효설) 불분명하다는 비판이 있다.

4. 유추적용설에 대한 평가

유추적용설에 대한 비판적 입장은 유추적용의 요건을 충족시키지 못한다는 점, 즉 “위법・무책”의 위법한 행위를 “적법”행위의 규정을 유추적용하는 것은 논리적으로 타당하지 않다는 점, 독일에서 관습법상 인정되는 희생보상청구권은 우리 법제에서 존재하지 않는다는 점, 헌법 제23조 제1항은 재산권의 존속보장에 관한 규정으로 가치보장인 행정상 손실보상의 직접적인 근거로 삼기 어렵다는 점 등을 논거로 든다.

5. 보상입법부작위 위헌설에 대한 평가

보상입법부작위 위헌설에 대한 비판적 입장은 공용제한을 규정하는 법률이 보상규정을 정하지 않은 경우 손실보상을 규정하지 않은 입법부작위에 대한 헌법소원을 통해 해결하여야 한다는 측면에서 다소 현실적인 문제해결에는 한계가 있다는 지적이 있다.

6. 소결

위헌무효설은 행정상 손해배상의 문제로 해결하고자 하며 그 성립요건으로서 공무원의 과실이 인정되어야 하나 공무원의 과실의 존재를 인정하기 어려워 손해배상이 불가능한 문제가 있다. 위헌무효설에서는 과실을 객관화함으로써 이 문제를 해결할 수 있다고 하나 과실을 객관화하더라도 주관적 요소를 부정할 수 없다는 점에서 그 한계가 있는 것으로 보인다.

결국 근원적 해결은 입법의 정비로 해결하여야 할 것이나, 현재로서는 해석론으로 헌법합치적 해석을 할 수밖에 없다. 문리적 해석상 다소 무리가 없는 것은 아니나 직접효력설이 비교적 타당하다고 보인다.

05 기출문제

≫ 기출문제(제6회 1번)

「공익사업을 위한 토지 등의 취득 및 보상에 관한 법률」 제23조에 의한 사업인정의 실효가 있는 경우 이로 인하여 불이익을 받게 되는 피수용자에게 손실보상청구권이 있는지 여부를 논하시오. **40점**

≫ 기출문제(제8회 1번)

법률이 공익목적을 위하여 재산권의 수용・사용 또는 제한을 규정하고 있으면서도 그에 따른 보상규정을 두고 있지 않은 경우, 재산권을 침해당한 자가 보상을 청구할 수 있는지 여부가 헌법 제23조 제3항의 정당한 보상과의 관련하에 문제된다. 이 문제에 관한 해결방법을 논하시오. **50점**

≫ 기출문제(제12회 2번)

사업시행자 甲이 산업단지를 조성하기 위해 매립, 간척사업을 시행하게 됨에 따라 해당 지역에서 「수산업법」 제44조의 규정에 의한 신고를 하고 어업에 종사해 온 乙은 더 이상 신고한 어업에 종사하지 못하게 되었다. 그러나 甲은 乙에게 「수산업법」 제81조 제1항 제1호의 규정에 의한 손실보상을 하지 아니하고, 공유수면매립사업을 시행하였다. 이 경우 乙의 권리구제방법은? **30점**

≫ 기출문제(제14회 2번)

손실보상에 있어서 사회적 제약과 특별한 희생의 구별기준에 관하여 경계이론과 분리이론의 입장을 설명하시오. **20점**

≫ 기출문제(제17회 4번)

재산권의 가치보장과 존속보장에 관하여 서술하시오. **15점**

≫ 기출문제(제18회 1번)

甲은 A道의 일정지역에서 20년 이상 제조업을 운영하여 왔다. A도지사는 「(가칭)청정자연보호구역의 지정 및 관리에 관한 법률」을 근거로 甲의 공장이 포함되는 B지역 일대를 청정자연보호구역으로 지정하였다. 그 결과 B지역 내의 모든 제조업자들은 법령상 강화된 폐수배출허용기준을 준수하여야 한다. 이에 대하여 甲은 변경된 기준을 준수하는 것이 기술적으로 어려울 뿐만 아니라 수질정화시설을 갖추는 데 과도한 비용이 소요되므로 이는 재산권의 수용에 해당하는 것으로 손실보상이 주어져야 한다고 주장한다. **40점**

(1) 사례와 같은 甲 재산권의 규제에 대한 보상규정이 위 법률에 결여되어 있는 경우 甲 주장의 타당성을 검토하시오. **20점**

(2) 사례와 같은 재산권 침해 논란을 입법적으로 해결할 필요가 있는 경우 도입할 수 있는 '현금보상이나 채권보상 이외의 보상방법' 및 '기타 손실을 완화할 수 있는 제도'에 관하여 검토하시오. **20점**

≫ 기출문제(제20회 2번)

甲은 하천부지에 임시창고를 설치하기 위하여 관할청에 하천점용허가를 신청하였다. 이에 관할청은 허가기간 만료 시에 위 창고건물을 철거하여 원상복구할 것을 조건으로 이를 허가하였다. 다음 물음에 답하시오. **30점**

(1) 甲은 위 조건에 대하여 취소소송으로 다툴 수 있는지 검토하시오. **20점**

(2) 甲은 창고건물 철거에 따른 손실보상을 청구할 수 있는지 검토하시오. **10점**

≫ 기출문제(제26회 1번)

「공익사업을 위한 토지 등의 취득 및 보상에 관한 법률」(이하 '토지보상법'이라 한다)에 따라 도로확장 건설을 위해 사업인정을 받은 A는 해당 지역에 위치한 甲의 토지를 수용하고자 甲과 협의를 시도하였다. A는 甲과 보상액에 관한 협의가 이루어지지 않자 토지보상법상의 절차에 따라 관할 토지수용위원회에 재결을 신청하였다. 그런데 관할 토지수용위원회는 「감정평가에 관한 규칙(국토교통부령)」에 따른 '감정평가실무기준(국토교통부 고시)'과는 다르게 용도지역별 지가변동률이 아닌 이용상황별 지가변동률을 적용한 감정평가사의 감정결과를 채택하여 보상액을 결정하였다. 그 이유로 해당 토지는 이용상황이 지가변동률에 더 큰 영향을 미친다는 것을 들었다. 다음 물음에 답하시오. **40점**

(1) 甲은 보상액 결정이 '감정평가실무기준(국토교통부 고시)'을 따르지 않았으므로 위법이라고 주장한다. 甲의 주장은 타당한가? **20점**

(2) 甲은 위 토지수용위원회의 재결에 불복하여 토지보상법에 따라 보상금의 증액을 구하는 소송을 제기하고자 한다. 이 소송의 의의와 그 특수성을 설명하시오. **20점**

제3절 손실보상의 기준과 구체적인 내용

01 헌법상 손실보상기준

1. 문제점

손실보상의 범위를 침해된 재산가치에 대하여 어느 정도로 할 것인가에 대해서는 각국의 입법태도와 헌법을 뒷받침하는 사회윤리적 가치관의 차이에 따라 동일하지 아니하다. 현행 헌법 제23조 제3항은 "정당한 보상을 지급하여야 한다."고 하여 정당보상의 원칙을 취하면서 구체적인 보상액의 산출기준을 법률에 유보하였다. 정당한 보상이 무엇인지에 관하여 학설상 견해의 대립이 있다.

2. 학설

(1) 완전보상설

미국 수정헌법 제5조의 '정당한 보상'의 해석을 중심으로 발전된 이론으로써 피침해재산이 가지는 경제적 가치를 완전히 보상하여야 한다는 견해이다. 본 견해는 다시 ① 손실보상은 재산권에 대응하는 것이므로 피침해재산의 시가, 거래가격에 의한 객관적 가치를 완전히 보상한다는 객관적 가치보장설이 있고, ② 보통 발생되는 손실의 전부뿐만 아니라 부대적 손실을 포함한다고 보는 전부보장설이 있다.

(2) 상당보상설

독일기본법 제14조 제3항의 '공익과 관계당사자의 이익의 정당한 형량하에서 보상해야 한다'의 해석을 중심으로 발전된 이론으로 손실보상은 재산권의 사회적 구속성과 침해행위의 공공성에 비추어 사회국가원리에 바탕을 둔 조화로운 보상이면 족하다는 견해이다. 본 견해는 다시 ① 원칙적으로 완전보상을 추구하나 합리적 이유가 있는 경우 완전보상을 상회하거나 하회할 수도 있다는 완전보장원칙설과, ② 사회통념에 비추어 객관적으로 타당성이 인정되는 것이면 하회하여도 무방하다고 보는 합리적보장설이 있다.

(3) 절충설

일본에서 발전된 견해로 완전보상과 상당보상을 나누어 파악하는 견해이다. 작은 재산 또는 기존 재산권 질서범위 내에서 개별적 침해인 경우는 완전보상을 하여야 하나, 큰 재산 또는 어떤 재산권의 사회적 평가가 변화되어 그 권리관계의 변혁을 목적으로 하는 침해인 경우는 상당보상을 하여도 된다는 견해이다. 그러나 이는 작은 재산과 큰 재산의 구별이 모호하며, 양자를 차별하여 보상하는 근거가 분명하지 못하다는 비판이 가해지고 있다.

3. 판례

대법원은 보상의 시기・방법 등에 어떠한 제한도 없는 완전한 보상을 의미한다고 판시하고, 헌법재판소도 정당한 보상이란 원칙적으로 피수용자 재산의 객관적 가치를 완전하게 보상하여야 한다고 판시한 바 있다.

판례

▶ 관련판례(대판 1967.11.2, 67다1334 全合)

(구)헌법 제20조 제3항에서 말하는 정당한 보상이라는 취지는 그 손실보상액의 결정에 있어서 객관적인 가치를 충분하게 보상하여야 된다는 취지이고 나아가 그 보상의 시기, 방법 등에 있어서 어떠한 제한을 받아서는 아니 된다는 것을 의미한다고 풀이할 것이므로 ~.

▶ 관련판례(대판 1993.7.13, 93누2131)
정당한 보상이라 함은 원칙적으로 피수용재산의 객관적인 재산가치를 완전하게 보상하여야 한다는 완전보상을 뜻하는 것이라 할 것이나, 투기적인 거래에 의하여 형성되는 가격은 정상적인 객관적 재산가치로는 볼 수 없으므로 이를 배제한다고 하여 완전보상의 원칙에 어긋나는 것은 아니며, 공익사업의 시행으로 지가가 상승하여 발생하는 개발이익은 궁극적으로는 국민 모두에게 귀속되어야 할 성질의 것이므로 이는 완전보상의 범위에 포함되는 피수용토지의 객관적 가치 내지 피수용자의 손실이라고는 볼 수 없다.

▶ 관련판례(헌재 1990.6.25, 89헌마107)
헌법 제23조 제3항에서 규정한 "정당한 보상"이란 원칙적으로 피수용재산의 객관적인 재산가치를 완전하게 보상하여야 한다는 완전보상을 뜻하는 것이지만, 공익사업의 시행으로 인한 개발이익은 완전보상의 범위에 포함되는 피수용토지의 객관적 가치 내지 피수용자의 손실이라고는 볼 수 없다.

4. 검토

헌법 제23조의 정당한 보상이란 재산권 보장의 관점에서 볼 때 '완전한 보상'을 의미하는 것으로 보아야 한다. 독일기본법 제14조에서와 달리 정당한 형량의 요청이 헌법상 명문으로 규정되어 있지 않는 우리 헌법에서는 침해행위의 공공성을 이유로 재산권의 보장을 제한할 수는 없다. 또한 침해행위의 공공성은 공용침해의 정당화 사유이지 손실보상의 제한사유로 보는 것은 타당하지 않다. 따라서 보상의 구체적인 기준 및 방법에 관하여는 완전보상의 원칙에 반하지 않는 한도 내에서 입법자에게 재량이 부여된다고 볼 수 있다.

02 토지보상법상의 손실보상의 기준

1. 개설

헌법의 구체화 법으로서 손실보상의 일반법적 지위에 있는 토지보상법에는 정당보상의 실현을 위하여 손실보상의 기준에 대한 규정을 두어 헌법상 정당보상을 구체화하고 있다. 그 내용으로는 시가보상의 원칙으로 협의 당시 또는 재결 당시를 기준으로 보상을 하고, 부동산가격공시법에 의한 표준지공시지가 기준보상, 그리고 토지보상에 있어서 개발이익배제기준 보상이 그 구체적인 내용이다.

2. 시가보상(법 제67조 제1항)

법 제67조(보상액의 가격시점 등)
① 보상액의 산정은 협의에 의한 경우에는 협의성립 당시의 가격을, 재결에 의한 경우에는 수용 또는 사용의 재결 당시의 가격을 기준으로 한다.
③ 〈이하 생략〉

손실보상은 협의성립 당시 또는 재결 당시의 적정가격을 기준으로 하여야 하며, 토지는 공시지가를 기준으로 보상함을 원칙으로 한다. 시가보상의 취지는 개발이익 배제, 보상액의 공평화, 수용절차의 지연방지에 있다. 만일 재결 시 가격주의를 취하게 되면 개발이익이 모두 토지소유자에게 귀속하고, 재결이 지연될수록 보상액이 증가하므로 협의를 끌거나, 심리의 지연으로 재결의 시기를 가능한 한 늦추려 할 것이다. 그에 따라 원활한 용지취득이 곤란하게 되고, 조기에 매수에 응한 자가 거부한 자보다 상대적으로 불이익을 받게 되는 피수용자 간 불균형의 문제가 발생한다.

3. 공시지가 기준보상(법 제70조)

협의 또는 재결에 의하여 취득하는 토지에 대하여는 부동산 가격공시에 관하 법률에 의한 공시지가를 기준으로 하고, 해당 공익사업으로 인한 개발이익 또는 개발손실을 배제하기 위해 해당 공익사업으로 인한 지가의 영향을 받지 아니하는 지역의 지가변동률을 적용하도록 규정하고 있다(토지보상법 제70조 제1항). 또한, 해당 공익사업으로 인한 개발이익 등을 배제하기 위해 공시지가 기준일을 규정하고 있다(제70조 제3항, 제4항, 제5항).

법 제70조(취득하는 토지의 보상)

① 협의나 재결에 의하여 취득하는 토지에 대하여는 「부동산 가격공시에 관한 법률」에 따른 공시지가를 기준으로 하여 보상하되, 그 공시기준일부터 가격시점까지의 관계법령에 따른 그 토지의 이용계획, 해당 공익사업으로 인한 지가의 영향을 받지 아니하는 지역의 대통령령으로 정하는 지가변동률, 생산자물가상승률(「한국은행법」 제86조에 따라 한국은행이 조사・발표하는 생산자물가지수에 따라 산정된 비율을 말한다)과 그 밖에 그 토지의 위치・형상・환경・이용상황 등을 고려하여 평가한 적정가격으로 보상하여야 한다.

② 토지에 대한 보상액은 가격시점에서의 현실적인 이용상황과 일반적인 이용방법에 의한 객관적 상황을 고려하여 산정하되, 일시적인 이용상황과 토지소유자나 관계인이 갖는 주관적 가치 및 특별한 용도에 사용할 것을 전제로 한 경우 등은 고려하지 아니한다.

③ 사업인정 전 협의에 의한 취득의 경우에 제1항에 따른 공시지가는 해당 토지의 가격시점 당시 공시된 공시지가 중 가격시점과 가장 가까운 시점에 공시된 공시지가로 한다.

④ 사업인정 후의 취득의 경우에 제1항에 따른 공시지가는 사업인정고시일 전의 시점을 공시기준일로 하는 공시지가로서, 해당 토지에 관한 협의의 성립 또는 재결 당시 공시된 공시지가 중 그 사업인정고시일과 가장 가까운 시점에 공시된 공시지가로 한다.

⑤ 제3항 및 제4항에도 불구하고 공익사업의 계획 또는 시행이 공고되거나 고시됨으로 인하여 취득하여야 할 토지의 가격이 변동되었다고 인정되는 경우에는 제1항에 따른 공시지가는 해당 공고일 또는 고시일 전의 시점을 공시기준일로 하는 공시지가로서 그 토지의 가격시점 당시 공시된 공시지가 중 그 공익사업의 공고일 또는 고시일과 가장 가까운 시점에 공시된 공시지가로 한다.

⑥ 취득하는 토지와 이에 관한 소유권 외의 권리에 대한 구체적인 보상액 산정 및 평가방법은 투자비용, 예상수익 및 거래가격 등을 고려하여 국토교통부령으로 정한다.

시행규칙 제22조(취득하는 토지의 평가)

① 취득하는 토지를 평가함에 있어서는 평가대상토지와 유사한 이용가치를 지닌다고 인정되는 하나 이상의 표준지의 공시지가를 기준으로 한다.

② 토지에 건축물 등이 있는 때에는 그 건축물 등이 없는 상태를 상정하여 토지를 평가한다.
③ 제1항에 따른 표준지는 특별한 사유가 있는 경우를 제외하고는 다음 각 호의 기준에 따른 토지로 한다.
  1. 「국토의 계획 및 이용에 관한 법률」 제36조부터 제38조까지, 제38조의2 및 제39조부터 제42조까지에서 정한 용도지역, 용도지구, 용도구역 등 공법상 제한이 같거나 유사할 것
  2. 평가대상 토지와 실제 이용상황이 같거나 유사할 것
  3. 평가대상 토지와 주위 환경 등이 같거나 유사할 것
  4. 평가대상 토지와 지리적으로 가까울 것

판례

▶ 대판 2012.3.29, 2011다104253 [손해배상(기)등]

[판시사항]

[1] 공익사업을 위한 토지 등의 취득 및 보상에 관한 법률 제68조 제3항의 위임에 따라 협의취득의 보상액 산정에 관한 구체적 기준을 정하고 있는 공익사업을 위한 토지 등의 취득 및 보상에 관한 법률 시행규칙 제22조가 대외적인 구속력을 가지는지 여부(적극)

[2] 한국토지주택공사가 갑 등에게서 토지를 협의취득하면서 '매매대금이 고의·과실 내지 착오평가 등으로 과다 또는 과소하게 책정되어 지급되었을 때에는 과부족금액을 상대방에게 청구할 수 있다'고 약정하였는데, 공사가 협의취득을 위한 보상액을 산정하면서 한국감정평가업협회의 (구)토지보상평가지침에 따라 토지를 지상에 설치된 철탑 및 고압송전선의 제한을 받는 상태로 평가한 사안에서, 위 약정은 감정평가기준을 잘못 적용하여 협의매수금액을 산정한 경우에도 적용되고, 위 협의매수금액 산정은 위 약정에서 정한 고의·과실 내지 착오평가 등으로 과소하게 책정하여 지급한 경우에 해당한다고 본 원심판결에 이유불비 등의 잘못이 없다고 한 사례

[판결요지]

[1] 공익사업을 위한 토지 등의 취득 및 보상에 관한 법률(이하 '공익사업법'이라 한다) 제68조 제3항은 협의취득의 보상액 산정에 관한 구체적 기준을 시행규칙에 위임하고 있고, 위임범위 내에서 공익사업을 위한 토지 등의 취득 및 보상에 관한 법률 시행규칙 제22조는 토지에 건축물 등이 있는 경우에는 건축물 등이 없는 상태를 상정하여 토지를 평가하도록 규정하고 있는데, 이는 비록 행정규칙의 형식이나 공익사업법의 내용이 될 사항을 구체적으로 정하여 내용을 보충하는 기능을 갖는 것이므로, 공익사업법 규정과 결합하여 대외적인 구속력을 가진다.

[2] 한국토지주택공사가 국민임대주택단지를 조성하기 위하여 갑 등에게서 토지를 협의취득하면서 '매매대금이 고의·과실 내지 착오평가 등으로 과다 또는 과소하게 책정되어 지급되었을 때에는 과부족금액을 상대방에게 청구할 수 있다'고 약정하였는데, 공사가 협의취득을 위한 보상액을 산정하면서 한국감정평가업협회의 (구)토지보상평가지침(2003.2.14.자로 개정된 것, 이하 '(구)토지보상평가지침'이라 한다)에 따라 토지를 지상에 설치된 철탑 및 고압송전선의 제한을 받는 상태로 평가한 사안에서, 위 약정은 단순히 협의취득 대상토지 현황이나 면적을 잘못 평가하거나 계산상 오류 등으로 감정평가금액을 잘못 산정한 경우뿐만 아니라 공익사업을 위한 토지 등의 취득 및 보상에 관한 법률(이하 '공익사업법'이라 한다)상 보상액 산정기준에 적합하지 아니한 감정평가기준을 적용함으로써 감정평가금액을 잘못 산정하여 이를 기준으로 협의매수금액을 산정한 경우에도 적용되고, 한편 공사가 협의취득을 위한 보상액을 산정하면서 대외적 구속력을 갖는 공익사업을 위한 토지 등의 취득 및 보상에 관한 법률 시행규칙 제22조에 따라 토지에 건축물 등이 있는 때에는 건축물 등이 없는 상태를 상정하여 토지를 평가하여야 함에도, 대외적 구속력이 없는

(구)토지보상평가지침에 따라 토지를 건축물 등에 해당하는 철탑 및 고압송전선의 제한을 받는 상태로 평가한 것은 정당한 토지 평가라고 할 수 없는 점 등에 비추어 위 협의매수금액 산정은 공사가 고의·과실 내지 착오평가 등으로 과소하게 책정하여 지급한 경우에 해당한다고 본 원심 판결에 판단누락이나 이유불비 등의 잘못이 없다고 한 사례

4. 개발이익의 배제(법 제67조 제2항)

법 제67조(보상액의 가격시점 등)

② 보상액을 산정할 경우에 해당 공익사업으로 인하여 토지 등의 가격이 변동되었을 때에는 이를 고려하지 아니한다.

(1) 의의

개발이익이란 공익사업의 계획 또는 시행이 공고 또는 고시나 공익사업의 시행에 따른 절차 등으로 인해 토지소유자의 노력에 관계없이 지가가 상승되어 현저하게 받은 이익으로 정상지가 상승분을 초과하여 증가된 부분을 말한다. 과거에는 이를 불로소득이라고 하여 무조건 배제해야 한다는 의견이 지배적이었으나, 최근 학계의 견해는 해당 토지를 보상받고, 인근지역에 유사토지를 살 수 있는 정도의 보상이 되어야 정당보상이 아닌가라는 견해도 상당부분 지지를 받고 있는 실정이다.

(2) 토지보상법상 개발이익배제제도

종래 이원적 보상체계하에서 미흡한 면이 있었으나, 현행 토지보상법은 제67조 제2항에서 명문으로 규정하여 입법적으로 해결하였다. 이를 위해 지가변동률, 공시지가기준 등을 마련하고 있다. 개발이익배제제도는 기본적으로 토지보상을 근간으로 하면서 정당보상에는 개발이익이 배제된다고 보는 것이 일반적인 견해이다. 최근에는 이러한 논의에 이견이 속출하고 있어 논란이 주목된다.

5. 생활보상의 원칙

종래의 대물적 보상제도는 손실보상의 적법요건보다는 보상(가치보장)에 중점을 둔 재산권의 가치보장 또는 보상보장을 중시하는 것이었으나, 오늘날에는 재산권 그 자체 내지는 그의 존속보장을 중시하고 있다. 따라서 손실보상은 대물적 보상에 의한 재산상태의 확보만으로는 부족하며, 적어도 수용이 없었던 것과 같은 생활재건의 확보를 내용으로 하는 재산권의 존속보장으로서의 생활보상이어야 하는 것이다.

03 헌법상 손실보상기준과 토지보상법상의 기준과의 관계

1. 공시지가기준과 정당보상

협의나 재결에 의하여 취득하는 토지에 대하여는 공시지가를 기준으로 하여 보상하되, 그 공시기준일부터 가격시점까지의 관계 법령에 따른 그 토지의 이용계획, 해당 공익사업으로 인한 지가의 영향을 받지 아니하는 지역의 대통령령으로 정하는 지가변동률, 생산자물가상승률과 그 밖에 그 토지의 위치·형상·환경·이용상황 등을 고려하여 평가한 적정가격으로 보상하여야 한다.

(1) 문제점

토지보상법 제70조에서는 보상액을 산정함에 있어서 공시지가를 기준으로 협의성립 당시 또는 재결 당시까지 시점수정을 하도록 하고 있다. 보상액 산정의 기초가 되는 공시지가는 현실적인 토지가격이라 보기 어렵고, 이에 따른 보상액은 시가에 미달하게 되며 정당보상에 합치하지 못한다는 지적이 있다. 이하에서는 공시지가기준이 정당보상에 합치하는지 여부를 검토하여 보기로 한다.

(2) 견해의 차이

① 정당보상이 아니라는 견해

공시지가를 기준으로 보상액을 산정하는 것은 보상액 산정방법의 제한이며, 시가에 미치지 못하므로 정당한 보상이 아니라고 본다.

② 정당보상이라는 견해

공시지가기준은 개발이익을 배제하는 데에 목적이 있는 것이고, 개발이익은 정당보상에 포함되지 않는 것인바, 헌법 제23조 제3항에 위배되지 아니한다고 한다.

(3) 판례

대법원은 공시지가를 기준으로 보상액을 산정하는 것이 당연히 토지소유자의 몫이 될 수 없는 개발이익을 보상대상에서 배제시킨 것이지 토지소유자에게 귀속되어야 할 보상액의 산정방법에 대하여 어떠한 제한을 가한 것이 아니므로 공시지가를 기준으로 보상액을 산정하도록 한 것을 완전보상의 원리에 어긋난 것이라고 할 수 없다고 하였다. 그리고 공시지가가 인근 토지의 거래가격 등 제 요소를 종합 고려하여 산정되므로 정당보상에 해당한다고 볼 수 있다고 하였다.
헌법재판소는 공시지가가 적정가격을 반영하지 못하고 있다면, 그것은 제도운영상의 문제이므로 정하여진 절차에 의하여 시정할 수 있어 정당보상과 괴리되는 것은 아니라고 하였다.

판례

▶ 관련판례(대판 1993.7.13, 93누2131)

공시기준일로부터 재결 시까지의 관계법령에 의한 해당 토지의 이용계획 또는 해당 지역과 관계없는 인근 토지의 지가변동률, 도매물가상승률 등에 의하여 시점수정을 하여 보상액을 산정함으로써 개발이익을 배제하고 있는 것이므로 공시지가를 기준으로 보상액을 산정하도록 하고 있는 (구)토지수용법 제46조 제2항의 규정이 완전보상의 원리에 위배되는 것이라고 할 수 없다.

또한 해마다 구체적으로 공시되는 공시지가가 공시기준일의 적정가격을 반영하지 못하고 있다면, 고가로 평가되는 경우뿐만 아니라 저가로 평가되는 경우에도 이는 모두 잘못된 제도의 운영으로 보아야 할 것이고, 그와 같이 제도가 잘못 운영되는 경우에는 지가공시법 제8조의 이의신청절차에 의하여 시정할 수 있는가 하면, 수용보상액을 평가함에 있어 인근유사토지의 정상거래가격 참작 등 (구)토지수용법 제46조 제2항 소정의 기타사항 참작에 의한 보정방법으로 조정할 수도 있는 것이므로 그로 인하여 공시지가에 의하여 보상액을 산정하도록 한 위 토지수용법이나 지가공시법의 규정이 헌법 제23조 제3항에 위배되는 것이라고 할 수 없는 것이다.

▶ 관련판례(헌재 2010.12.28, 2008헌바57)
공시지가보상조항이 공시지가를 기준으로 수용된 토지에 대한 보상액을 산정하도록 규정한 것은, 위 조항에 의한 공시지가가 공시기준일 당시 표준지의 객관적 가치를 정당하게 반영하는 것이고, 표준지와 지가산정 대상 토지 사이에 가격의 유사성을 인정할 수 있도록 표준지의 선정이 적정하며, 공시기준일 이후 수용 시까지의 시가변동을 산출하는 시점보정의 방법이 적정한 것으로 보이므로, 헌법 제23조 제3항이 규정한 정당보상원칙에 위배되지 아니한다.

(4) 검토

공시지가를 기준으로 한 보상이 시가에 미달한다 하여 정당한 보상이 아니라고 단정적으로 말할 수는 없으며, 공시지가를 기준으로 함으로써 보상의 객관화 보장 및 개발이익의 배제의 기능을 수행하는 점을 인정할 때, 공시지가기준 보상은 정당보상에 위배되지 아니한다고 보는 것이 타당하다.

2. 기타요인 보정(기타사항 참작) 정당보상

기타요인 보정이란 적용공시지가를 적용하여 공시지가기준보상을 함에 있어서 시간적 불일치와 공간적 불일치 수정을 하였음에도 불구하고 이에 포착되지 않는 기타요인을 보정하여 정당보상을 실현하기 위한 제도이다.

(1) 문제점

헌법재판소는 '정당한 보상이란' 재산의 객관적인 가치를 완전하게 보상하는 것으로서 보상금액뿐만 아니라 보상의 시기나 방법 등에 있어서도 어떠한 제한을 두어서는 아니 된다는 견해를 밝혔다. 토지보상법 제70조 제1항은 공시지가를 기준으로 보상을 하되, 지가변동률, 도매물가상승률, 기타 해당 토지의 위치·형상·환경·이용상황 등을 참작하여 평가한 적정가격으로 보상하여야 한다고 규정하고 있다. 위와 같은 규정은 보상액의 산정방법에 대하여 어떠한 제한을 둔 것으로 헌법 제23조 제3항의 규정에 위반되는 것은 아닌지, 또한 기타 사항으로 인근유사토지의 거래가격, 보상평가선례, 인근 토지의 호가시세 등을 참작할 수 있는지 문제된다.

> **개정 전 토지수용법 규정**
> 1991.12.31. 개정 전 토지수용법에서는 '토지에 대한 보상은 공시지가를 기준으로 하되, 지가변동률 · 도매물가상승률 기타사항을 참작하여 평가한 금액으로 행한다.'고 규정하여 기타사항의 참작을 인정하였으나, 개정된 토지수용법은 '지가변동률, 도매물가상승률 기타 해당 토지의 위치 · 형상 · 환경 · 이용상황 등을 참작하여 평가한 적정가격으로 보상액을 정한다'고 규정하여 기타사항의 참작조항을 삭제하였다. 한편 토지보상법에서도 기타사항의 참작조항은 규정되어 있지 않다.

(2) 학설

① 참작할 수 없다는 견해(부정설)

(ㄱ) 현 토지보상법에서는 기타사항 참작규정이 없다는 점, (ㄴ) 공시지가 자체에는 이미 인근 토지의 거래가격 등이 참작되어 있다는 점, (ㄷ) 토지보상법상 "위치 · 형상 · 환경 · 이용상황 등"의 규정은 개별요인의 비교항목에 한정된 것만이 열거되었기 때문에 다른 항목을 참작할 수 없다는 점, (ㄹ) 보상액 산정 시 감정평가법인등의 자의성이나 재량을 배제하기 위하여 어떠한 요인도 참작할 수 없도록 해석하는 것이 효과적이라는 점 등을 들어 기타사항의 참작을 부정하는 견해이다.

② 참작할 수 있다는 견해(긍정설)

(ㄱ) 공시지가는 일반적으로 시가에 미달하므로 정당보상이 이루어지기 위하여는 기타사항의 참작이 필요하다는 점, (ㄴ) 토지보상법상 "위치 · 형상 · 환경 · 이용상황 등"은 열거규정이 아닌 예시규정이라는 점, (ㄷ) 감정평가법인등의 자의성과 재량을 배제하기 위해 기타사항의 참작을 부정하는 것은 정책의 문제를 규정의 문제로 해결하려는 오류를 범하는 것이라는 점 등을 들어 기타사항의 참작을 긍정하는 견해이다.

(3) 판례

> **판례**
>
> ▶ 관련판례(대판 2002.4.12, 2001두9783)
> 인근유사토지의 정상거래사례는 그것이 존재할 뿐만 아니라, 정상적인 것으로서 적정한 보상액평가에 영향을 미칠 수 있어야 한다. 즉, 참작할 수 있는 인근유사토지의 정상거래사례는 그 토지가 보상대상토지의 인근에 위치하여 있고, 지목 · 등급 · 면적 · 형태 · 이용상황 · 용도지역 · 법령상의 제한 등 자연적 · 사회적 조건이 보상대상토지와 같거나 비슷한 토지에 관하여, 통상적인 거래에서 성립된 가격으로, 개발이익이 포함되지 아니하고 투기적인 거래에서 형성된 것이 아닌 가격이어야 한다.
>
> ▶ 관련판례(대판 2002.3.29, 2000두10106)
> 보상선례는 인근유사토지에 존재하는 것으로써 해당 보상대상토지의 적정한 보상액평가에 영향을 미칠 수 있어야 보상액 산정에 참작할 수 있으며, 이러한 전제에서 보상선례를 참작할 수 있다.
>
> ▶ 관련판례(대판 2007.7.12, 2006두11507)
> 토지수용보상액 산정에 관한 관계법령의 규정을 종합하여 보면, 수용대상토지에 대한 보상액을 산정하는 경우 거래사례나 보상선례 등을 반드시 조사하여 참작하여야 하는 것은 아니지만, 인근유사토지가

거래되거나 보상이 된 사례가 있고 그 가격이 정상적인 것으로서 적정한 보상액 평가에 영향을 미칠 수 있는 것임이 입증된 경우에는 인근유사토지의 정상거래가격을 참작할 수 있고, 보상선례가 인근유사토지에 관한 것으로서 해당 수용대상토지의 적정가격을 평가하는 데 있어 중요한 자료가 되는 경우에는 이를 참작하는 것이 상당하다.

▶ 관련판례(대판 2010.4.29, 2009두17360)
수용대상토지의 보상액을 산정하면서 인근유사토지의 보상사례가 있고 그 가격이 정상적인 것으로서 적정한 보상액 평가에 영향을 미칠 수 있는 것임이 입증된 경우에는 이를 참작할 수 있고, 여기서 '정상적인 가격'이란 개발이익이 포함되지 아니하고 투기적인 거래로 형성되지 아니한 가격을 말한다. 그러나 그 보상사례의 가격이 개발이익을 포함하고 있어 정상적인 것이 아닌 경우라도 그 개발이익을 배제하여 정상적인 가격으로 보정할 수 있는 합리적인 방법이 있다면 그러한 방법에 의하여 보정한 보상사례의 가격은 수용대상토지의 보상액을 산정하면서 이를 참작할 수 있다.

▶ 관련판례(대판 1993.10.22, 93누11500)
호가(呼價)는 그것이 인근유사토지에 대한 것으로 투기적 가격이나 해당 공익사업으로 인한 개발이익 등이 포함되지 않은 정상적인 거래가격 수준을 나타내는 것이면 이를 보상액산정에 참작할 수 있다고 하여야 할 것이다.

▶ 관련판례(대판 2000.10.6, 98두19414)
그러나 호가를 보상액 산정에 있어서 반영하여서는 안 된다는 판례가 있다.

▶ 관련판례(대판 1998.3.27, 96누16001)
공익사업의 시행에 따라 지가가 동결된 관계로 지가변동률이 개발이익을 배제한 자연적인 지가상승률도 반영하지 못하게 된 경우에는 그 못 미치게 된 부분을 기타사항으로 참작하여 보상액을 산정할 수 있다.

▶ 관련판례(대판 2013.6.27, 2013두2587)
토지의 수용・사용에 따른 보상액을 평가할 때에는 관계법령에서 들고 있는 모든 산정요인을 구체적・종합적으로 참작하여 그 요인들을 모두 반영하여야 하고, 이를 위한 감정평가서에는 모든 산정요인의 세세한 부분까지 일일이 설시하거나 그 요인들이 평가에 미치는 영향을 수치적으로 나타내지는 않더라도 그 요인들을 특정・명시함과 아울러 각 요인별 참작 내용과 정도를 객관적으로 납득할 수 있을 정도로 설명을 기재하여야 한다. 이는 보상선례를 참작하는 것이 상당하다고 보아 이를 보상액 산정요인으로 반영하여 평가하는 경우에도 마찬가지라 할 것이므로, 감정평가서에는 보상선례토지와 평가대상인 토지의 개별요인을 비교하여 평가한 내용 등 산정요인을 구체적으로 밝혀 기재하여야 한다. 따라서 보상선례를 참작하면서도 위와 같은 사항을 명시하지 않은 감정평가서를 기초로 보상액을 산정하는 것은 위법하다고 보아야 한다.

(4) 검토

공시지가기준보상이 완전보상에 미치지 못한다고 인정되는 경우 기타요인으로 정상거래가격, 보상선례, 호가시세 등을 참작하여서라도 완전보상에 이르도록 하는 것이 국민의 재산권 보장을 위한 타당한 방법일 것이다.
기타사항 참작가능 견해는 재판규범으로 타당하다. 그러나 집행규범인 실정법에 규정이 없는바, 보상액의 형평에 문제, 협의불응을 양산, 재판규범과 집행규범을 일치시킬 필요가 있다.

3. 개발이익 배제와 정당보상

(1) 개발이익의 의의 및 개발이익 배제의 근거

개발이익이란 공익사업의 계획 또는 시행이 공고 또는 고시나 공익사업의 시행에 따른 절차 등으로 인해 토지소유자의 노력에 관계없이 지가가 상승되어 현저하게 받은 이익으로 정상지가 상승분을 초과하여 증가된 부분을 말한다. 토지보상법 제67조 제2항에서는 "보상액의 산정에 있어서 해당 공익사업으로 인하여 토지 등의 가격에 변동이 있는 때에는 이를 고려하지 아니한다."고 명문으로 개발이익 배제를 규정하였다. 개발이익의 배제는 토지의 보상을 중심으로 하고 있다.

(2) 개발이익 배제의 필요성

① 잠재적 손실로서의 개발이익은 보상대상이 아님

행정상 손실보상은 적법한 공권력의 행사에 의하여 발생한 특별한 희생을 그 사회구성원 또는 수익자가 공평하게 부담하는 데 그 목적이 있다. 따라서 현재화된 재산적 가치만 대상이 되고 아직 실현되지 아니한 잠재적 손실은 그 대상에 포함되지 않는 것이 원칙이다.

② 형평의 원리의 실현

개발이익은 사업시행자의 투자에 의하여 발생하는 것으로서 토지소유자의 노력이나 자본에 의한 것이 아니다. 그러므로 개발이익은 토지소유자에게 귀속되어야 할 성질의 것이 아니라, 오히려 투자자인 사업시행자 또는 사회에 귀속되도록 하는 것이 형평의 원리에 부합하다.

③ 주관적 가치에 대한 보상 배제

개발이익은 공익사업에 의해 비로소 발생하는 것으로 대상토지의 매매 또는 수용 당시 갖는 객관적 가치에 포함되는 것이 아니다. 따라서 개발이익은 그 성질상 완전보상의 범위에 포함되는 토지소유자의 손실이 아니므로 손실보상액 산정에 있어 배제되어야 하는 것이다.

(3) 현행 토지보상법상의 개발이익배제제도

현행 토지보상법은 제67조에서 개발이익 배제의 원칙을 명문으로 규정하여 종전의 이원적 보상법 체계하에서는 미흡했던 면을 입법적으로 해결하였으며, 최근 개정 토지보상법은 개발이익 배제에 미흡했던 부분을 통일적으로 정리하였다.

① 적용 공시지가의 선정

> **법 제70조(취득하는 토지의 보상)**
>
> ③ 사업인정 전 협의에 의한 취득의 경우에 제1항에 따른 공시지가는 해당 토지의 가격시점 당시 공시된 공시지가 중 가격시점과 가장 가까운 시점에 공시된 공시지가로 한다.
>
> ④ 사업인정 후의 취득의 경우에 제1항에 따른 공시지가는 사업인정고시일 전의 시점을 공시기준일로 하는 공시지가로서, 해당 토지에 관한 협의의 성립 또는 재결 당시 공시된 공시지가 중 그 사업인정고시일과 가장 가까운 시점에 공시된 공시지가로 한다.
>
> ⑤ 제3항 및 제4항에도 불구하고 공익사업의 계획 또는 시행이 공고되거나 고시됨으로 인하여 취득하여야 할 토지의 가격이 변동되었다고 인정되는 경우에는 제1항에 따른 공시지가는 해당 공고일 또는

고시일 전의 시점을 공시기준일로 하는 공시지가로서 그 토지의 가격시점 당시 공시된 공시지가 중 그 공익사업의 공고일 또는 고시일과 가장 가까운 시점에 공시된 공시지가로 한다.

(ㄱ) **적용공시지가 선정의 원칙과 예외**

㉠ **원칙**

(a) 사업인정 전 협의에 의한 취득의 경우에 제1항에 따른 공시지가는 해당 토지의 가격시점 당시 공시된 공시지가 중 가격시점과 가장 가까운 시점에 공시된 공시지가로 한다.

(b) 사업인정 후의 취득의 경우에 제1항에 따른 공시지가는 사업인정고시일 전의 시점을 공시기준일로 하는 공시지가로서, 해당 토지에 관한 협의의 성립 또는 재결 당시 공시된 공시지가 중 그 사업인정고시일과 가장 가까운 시점에 공시된 공시지가로 한다.

㉡ **예외** : 공익사업의 계획 또는 시행이 공고되거나 고시됨으로 인하여 취득하여야 할 토지의 가격이 변동되었다고 인정되는 경우에는 제1항에 따른 공시지가는 해당 공고일 또는 고시일 전의 시점을 공시기준일로 하는 공시지가로서 그 토지의 가격시점 당시 공시된 공시지가 중 그 공익사업의 공고일 또는 고시일과 가장 가까운 시점에 공시된 공시지가로 한다.

(ㄴ) **공익사업의 계획 또는 시행이 공고 또는 고시 의미** : 공익사업의 계획 또는 시행이 공고 또는 고시라 함은 관련법령의 규정에 의한 공고 또는 고시를 하거나 국가·지방자치단체 또는 사업시행자 등이 해당 공익사업의 위치와 범위, 사업기간 등 구체적인 사업계획을 일반에게 발표한 것을 말한다.

(ㄷ) **해당 사업으로 인한 토지가격의 변동판단기준**(공시지가판단기준)

> **시행령 제38조의2(공시지가)**
>
> ① 법 제70조 제5항에 따른 취득하여야 할 토지의 가격이 변동되었다고 인정되는 경우는 도로, 철도 또는 하천 관련 사업을 제외한 사업으로서 다음 각 호를 모두 충족하는 경우로 한다.
>
> 1. 해당 공익사업의 면적이 20만 제곱미터 이상일 것
> 2. 해당 공익사업지구 안에 있는 「부동산 가격공시에 관한 법률」 제3조에 따른 표준지공시지가(해당 공익사업지구 안에 표준지가 없는 경우에는 비교표준지의 공시지가를 말하며, 이하 이 조에서 "표준지공시지가"라 한다)의 평균변동률과 평가대상토지가 소재하는 시(행정시를 포함한다)·군 또는 구(자치구가 아닌 구를 포함한다) 전체의 표준지공시지가 평균변동률과의 차이가 3퍼센트포인트 이상일 것
> 3. 해당 공익사업지구 안에 있는 표준지공시지가의 평균변동률이 평가대상토지가 소재하는 시·군 또는 구 전체의 표준지공시지가 평균변동률보다 30퍼센트 이상 높거나 낮을 것
>
> ② 〈이하 생략〉

(ㄹ) **평균변동률**

㉠ **평균변동률의 의미** : 해당 공익사업의 계획 또는 시행이 공고 또는 고시된 당시 공시된 표준지공시지가 중 그 공고 또는 고시일에 가장 가까운 시점에 공시된 표준지공시지가의 공시기준일부터 법 제70조 제3항 또는 제4항에 따른 표준지공시지가의 공시기준일까지의

변동률을 말한다.

㉡ 평균변동률 산정방법

시행령 제38조의2(공시지가)

② 제1항 제2호 및 제3호에 따른 평균변동률은 해당 표준지별 변동률의 합을 표준지의 수로 나누어 산정하며, 공익사업지구가 둘 이상의 시・군 또는 구에 걸쳐 있는 경우 평가대상토지가 소재하는 시・군 또는 구 전체의 표준지공시지가 평균변동률은 시・군 또는 구별로 평균변동률을 산정한 후 이를 해당 시・군 또는 구에 속한 공익사업지구 면적 비율로 가중평균(加重平均)하여 산정한다. 이 경우 평균변동률의 산정기간은 해당 공익사업의 계획 또는 시행이 공고되거나 고시된 당시 공시된 표준지공시지가 중 그 공고일 또는 고시일에 가장 가까운 시점에 공시된 표준지공시지가의 공시기준일부터 법 제70조 제3항 또는 제4항에 따른 표준지공시지가의 공시기준일까지의 기간으로 한다.

② 해당 사업과 무관한 지역의 지가변동률 등의 적용

법 제70조(취득하는 토지의 보상)

① 협의나 재결에 의하여 취득하는 토지에 대하여는 「부동산 가격공시에 관한 법률」에 따른 공시지가를 기준으로 하여 보상하되, 그 공시기준일부터 가격시점까지의 관계법령에 따른 그 토지의 이용계획, 해당 공익사업으로 인한 지가의 영향을 받지 아니하는 지역의 대통령령으로 정하는 지가변동률, 생산자물가상승률(「한국은행법」 제86조에 따라 한국은행이 조사・발표하는 생산자물가지수에 따라 산정된 비율을 말한다)과 그 밖에 그 토지의 위치・형상・환경・이용상황 등을 고려하여 평가한 적정가격으로 보상하여야 한다.

시행령 제37조(지가변동률)

① 법 제70조 제1항에서 "대통령령으로 정하는 지가변동률"이란 「부동산 거래신고 등에 관한 법률 시행령」 제17조에 따라 국토교통부장관이 조사・발표하는 지가변동률로서 평가대상 토지와 가치형성요인이 같거나 비슷하여 해당 평가대상 토지와 유사한 이용가치를 지닌다고 인정되는 표준지(이하 "비교표준지"라 한다)가 소재하는 시(행정시를 포함한다)・군 또는 구(자치구가 아닌 구를 포함한다)의 용도지역별 지가변동률을 말한다. 다만, 비교표준지와 같은 용도지역의 지가변동률이 조사・발표되지 아니한 경우에는 비교표준지와 유사한 용도지역의 지가변동률, 비교표준지와 이용상황이 같은 토지의 지가변동률 또는 해당 시・군 또는 구의 평균지가변동률 중 어느 하나의 지가변동률을 말한다.

② 제1항을 적용할 때 비교표준지가 소재하는 시・군 또는 구의 지가가 해당 공익사업으로 인하여 변동된 경우에는 해당 공익사업과 관계없는 인근 시・군 또는 구의 지가변동률을 적용한다. 다만, 비교표준지가 소재하는 시・군 또는 구의 지가변동률이 인근 시・군 또는 구의 지가변동률보다 작은 경우에는 그러하지 아니하다.

③ 제2항 본문에 따른 비교표준지가 소재하는 시・군 또는 구의 지가가 해당 공익사업으로 인하여 변동된 경우는 도로, 철도 또는 하천 관련 사업을 제외한 사업으로서 다음 각 호의 요건을 모두 충족하는 경우로 한다.

1. 해당 공익사업의 면적이 20만 제곱미터 이상일 것
2. 비교표준지가 소재하는 시・군 또는 구의 사업인정고시일부터 가격시점까지의 지가변동률이 3퍼센트 이상일 것. 다만, 해당 공익사업의 계획 또는 시행이 공고되거나 고시됨으로 인하여 비교표

준지의 가격이 변동되었다고 인정되는 경우에는 그 계획 또는 시행이 공고되거나 고시된 날부터 가격시점까지의 지가변동률이 5퍼센트 이상인 경우로 한다.

3. 사업인정고시일부터 가격시점까지 비교표준지가 소재하는 시·군 또는 구의 지가변동률이 비교표준지가 소재하는 시·도의 지가변동률보다 30퍼센트 이상 높거나 낮을 것

(ㄱ) **원칙** : 평가대상토지와 가치형성요인이 같거나 비슷하여 해당 평가대상토지와 유사한 이용가치를 지닌다고 인정되는 표준지(이하 "비교표준지"라 한다)가 소재하는 시(행정시를 포함한다)·군 또는 구(자치구가 아닌 구를 포함한다)의 용도지역별 지가변동률을 말한다. 다만, 비교표준지와 같은 용도지역의 지가변동률이 조사·발표되지 아니한 경우에는 비교표준지와 유사한 용도지역의 지가변동률, 비교표준지와 이용상황이 같은 토지의 지가변동률 또는 해당 시·군 또는 구의 평균지가변동률 중 어느 하나의 지가변동률을 말한다.

(ㄴ) **예외** : 비교표준지가 소재하는 시·군 또는 구의 지가가 해당 공익사업으로 인하여 변동된 경우에는 해당 공익사업과 관계없는 인근 시·군 또는 구의 지가변동률을 적용한다. 다만, 비교표준지가 소재하는 시·군 또는 구의 지가변동률이 인근 시·군 또는 구의 지가변동률보다 작은 경우에는 그러하지 아니하다.

(ㄷ) **지가변동 여부의 판단기준**(지가변동률 판단기준)

시행령 제37조(지가변동률)

③ 제2항 본문에 따른 비교표준지가 소재하는 시·군 또는 구의 지가가 해당 공익사업으로 인하여 변동된 경우는 도로, 철도 또는 하천 관련 사업을 제외한 사업으로서 다음 각 호의 요건을 모두 충족하는 경우로 한다.

1. 해당 공익사업의 면적이 20만 제곱미터 이상일 것
2. 비교표준지가 소재하는 시·군 또는 구의 사업인정고시일부터 가격시점까지의 지가변동률이 3퍼센트 이상일 것. 다만, 해당 공익사업의 계획 또는 시행이 공고되거나 고시됨으로 인하여 비교표준지의 가격이 변동되었다고 인정되는 경우에는 그 계획 또는 시행이 공고되거나 고시된 날부터 가격시점까지의 지가변동률이 5퍼센트 이상인 경우로 한다.
3. 사업인정고시일부터 가격시점까지 비교표준지가 소재하는 시·군 또는 구의 지가변동률이 비교표준지가 소재하는 시·도의 지가변동률보다 30퍼센트 이상 높거나 낮을 것

③ **용도지역 변경 시 미고려**(시행규칙 제23조 제2항)

시행규칙 제23조(공법상 제한을 받는 토지의 평가)

② 해당 공익사업의 시행을 직접 목적으로 하여 용도지역 또는 용도지구 등이 변경된 토지에 대하여는 변경되기 전의 용도지역 또는 용도지구 등을 기준으로 평가한다.

(4) 판례에 의하여 정립된 개발이익배제제도

① 개발이익 배제의 원칙 인정

보상액 산정에서 개발이익의 배제가 법제화되기 이전부터 법적 근거 없이 보상액의 산정에 있어 개발이익의 배제는 대법원의 확립된 견해이었다(판례 1).

그러나 보상에서 제외되는 개발이익은 해당 공익사업의 시행에 관계되는 것이지 해당 공공사업과 관계없는 다른 사업의 시행으로 인한 개발이익은 이를 배제시키지 아니한다(판례 2).

판례

▶ 관련판례 1(대판 1984.5.29, 82누549)

토지의 수용으로 인한 손실보상액의 산정은 수용재결 당시의 가격을 기준으로 하되 인근 토지의 거래가격을 고려한 적정가격으로 하도록 하고 있어 이에 따라 보상액을 산정함에 있어서는 해당 공공사업의 시행을 직접 목적으로 하는 계획의 승인, 고시로 인한 가격변동은 이를 고려함이 없이 수용재결 당시의 가격을 기준으로 하여 적정가액을 산정하여야 한다.

▶ 관련판례 2(대판 1999.1.15, 98두8896)

토지수용으로 인한 손실보상액을 산정함에 있어서 해당 공익사업의 시행을 직접 목적으로 하는 계획의 승인, 고시로 당시의 가격을 기준으로 하여 적정가격을 정하여야 하나, 해당 공익사업과는 관계없는 다른 사업의 시행으로 인한 개발이익은 이를 배제하지 아니한 가격으로 평가하여야 한다.

▶ 관련판례(대판 2014.2.27, 2013두21182)

공익사업을 위한 토지 등의 취득 및 보상에 관한 법률 제67조 제2항은 '보상액을 산정할 경우에 해당 공익사업으로 인하여 토지 등의 가격이 변동되었을 때에는 이를 고려하지 아니한다'라고 규정하고 있는바, 수용대상토지의 보상액을 산정함에 있어 해당 공익사업의 시행을 직접 목적으로 하는 계획의 승인, 고시로 인한 가격변동은 이를 고려함이 없이 재결 당시의 가격을 기준으로 하여 적정가격을 정하여야 하나, 해당 공익사업과는 관계없는 다른 사업의 시행으로 인한 개발이익은 이를 포함한 가격으로 평가하여야 하고, 개발이익이 해당 공익사업의 사업인정고시일 후에 발생한 경우에도 마찬가지이다.

② 공시지가에서의 개발이익 배제(법 제70조 제3항, 제4항, 제5항)

공익사업의 시행으로 인한 개발이익은 보상액의 산정에서 배제되어야 하므로, 공시지가를 기준으로 하여 보상액을 산정하는 경우 해당 지가에 개발이익이 포함되어 있다면 그러한 개발이익은 보생액 산정에서 배제되어야 한다.

판례

▶ 관련판례(대판 1993.7.13, 93누227)

토지수용법 제46조 제2항에 의하여 손실보상액 산정의 기준으로 되는 표준지의 공시지가 자체에 해당 수용사업의 시행으로 인한 개발이익이 포함되어 있을 경우에는 이를 배제하고 손실보상액을 평가하는 것이 정당보상의 원리에 합당하다.

③ 해당 공익사업의 시행을 목적으로 한 용도지역 변경의 불고려

공익사업으로 인해 저가이용의 자연녹지지역, 생산녹지지역이 고가이용의 주거지역, 공업용지로 변경된 경우에 그 공익사업의 시행을 위한 토지의 평가에 있어서는 해당 공익사업으로 변경되기 전의 용도지역으로 보상액을 산정하여야 한다.

판례

▶ 관련판례(대판 1995.11.7, 94누13725)

토지수용으로 인한 손실보상액을 산정함에 있어서는 해당 공익사업의 시행을 직접 목적으로 하는 계획의 승인, 고시로 인한 가격변동은 이를 고려함이 없이 수용재결 당시의 가격을 기준으로 하여 적정가격을 정하여야 하는 것이므로, 택지개발계획의 시행을 위하여 용도지역이 경지지역에서 도시지역으로 변경된 토지들에 대하여 그 이후 이 사업을 시행하기 위하여 이를 수용하였다면 표준지의 선정이나 지가변동률의 적용, 품등비교 등 그 보상액 재결을 위한 평가를 함에 있어서는 용도지역의 변경을 고려함이 없이 평가하여야 할 것이다.

(5) 개발이익배제제도의 위헌성 논의

① 학설

(ㄱ) **부정하는 견해** : 어떤 사업으로 주변의 지가가 상승하면 그 상승이익은 일반적으로 토지소유자가 취득하게 되기 때문에 피수용자에 대하여만 개발이익을 거부함은 평등의 원칙에 반하며 보상금만으로는 주변 토지의 대토가 어렵다는 문제점을 지적한다.

(ㄴ) **긍정하는 견해** : 손실보상은 현재의 재산적 가치만 대상으로 되고 아직 실현되지 아니한 '미실현 이익'은 손실보상의 대상에 포함되지 않는 것이 원칙이라는 점, 개발이익은 공익사업의 시행을 볼모로 한 주관적 가치부여에 지나지 않으며 해당 토지의 현재의 객관적 가치라 할 수 없다는 것을 논거로 한다.

② 판례의 입장

대법원 및 헌법재판소는 개발이익은 궁극적으로는 국민 모두에게 귀속되어야 할 성질의 것이므로 이는 완전보상의 범위에 포함되는 피수용토지의 객관적 가치 내지 피수용자의 손실이라고는 볼 수 없다. 따라서 이를 배제한다고 하여 완전보상의 원칙에 어긋나는 것은 아니라고 한다.

판례

▶ 관련판례(헌재 1990.6.25, 89헌마107)

개발이익을 배제하고 손실보상액을 산정한다 하여 헌법이 규정한 정당보상의 원리에 어긋나는 것이라고는 판단되지 않는다. 토지수용법 제46조 제2항은 헌법상 정당보상의 원리를 규정한 헌법 제23조 제3항이나 평등의 원칙을 규정한 헌법 제11조 제1항에 위반되지 아니한다.

▶ 관련판례(헌재 2010.12.28, 2008헌바57)

공익사업의 시행으로 지가가 상승하여 발생하는 개발이익은 사업시행자의 투자에 의한 것으로서 피수용자인 토지소유자의 노력이나 자본에 의하여 발생하는 것이 아니어서 피수용토지가 수용 당시 갖는 객관적 가치에 포함된다고 볼 수 없고, 따라서 그 성질상 완전보상의 범위에 포함되는 피수용자의 손실

이라고 볼 수 없으므로, 이 사건 개발이익배제조항이 이러한 개발이익을 배제하고 손실보상액을 산정한다 하여 헌법이 규정한 정당보상의 원칙에 어긋나는 것이라고 할 수 없다.

▶ 관련판례(헌재 2009.12.29, 2009헌바142)

공익사업법 제67조 제2항은 보상액을 산정함에 있어 해당 공익사업으로 인한 개발이익을 배제하는 조항인데, 공익사업의 시행으로 지가가 상승하여 발생하는 개발이익은 사업시행자의 투자에 의한 것으로서 피수용자인 토지소유자의 노력이나 자본에 의하여 발생하는 것이 아니므로, 이러한 개발이익은 형평의 관념에 비추어 볼 때 토지소유자에게 당연히 귀속되어야 할 성질의 것이 아니고, 또한 개발이익은 공익사업의 시행에 의하여 비로소 발생하는 것이므로, 그것이 피수용토지가 수용 당시 갖는 객관적 가치에 포함된다고 볼 수도 없다.

따라서 개발이익은 그 성질상 완전보상의 범위에 포함되는 피수용자의 손실이라고 볼 수 없으므로, 이러한 개발이익을 배제하고 손실보상액을 산정한다 하여 헌법이 규정한 정당한 보상의 원칙에 위반되지 않는다.

토지수용으로 인한 손실보상액의 산정을 공시지가를 기준으로 하되 공시기준일부터 재결 시까지의 시점보정을 지가상승률 등에 의하여 행하도록 규정한 것은 공시지가가 공시기준일 당시의 표준지의 객관적 가치를 정당하게 반영하는 것이고, 표준지와 지가산정 대상토지 사이에 가격의 유사성을 인정할 수 있도록 표준지의 선정이 적정하며, 공시기준일 이후 수용시까지의 시가변동을 산출하는 시점보정의 방법이 적정한 것으로 보이므로 재산권을 침해하였다고 볼 수 없다. 또한 해당 토지의 협의성립 또는 재결 당시 공시된 공시지가 중 해당 사업인정의 고시일에 가장 근접한 시점에 공시된 공시지가로 하도록 규정한 것은 시점보정의 기준이 되는 공시지가에 개발이익이 포함되는 것을 방지하기 위한 것으로 개발이익이 배제된 손실보상액을 산정하는 적정한 수단에 해당되므로 헌법 제23조 제3항에 위반된다고 할 수 없다.

③ 소결

생각건대, 토지보상법상 손실보상액 산정 시 개발이익을 배제함의 정당성은 인정된다고 판단되나, 개발이익을 피수용자의 보상에서 제외하는 것이 타당성을 가지려면 자신의 노력과 무관하게 지가의 상승을 통해 개발이익을 얻게 되는 인근 주민의 개발이익을 환수하는 문제가 제기된다.

(6) 개발이익환수의 문제점

① 현행제도의 문제점

인근 주민의 경우에는 종전 토지초과이득세법에 의한 토지초과이득세가 그나마 어느 정도 개발이익의 환수기능을 하였으나 외환·금융위기 이후 1998년 경제사정의 악화에 따른 부동산 경기의 침체로 토지초과이득세법도 폐지되어 있어 문제된다. 즉, 형평성의 문제(평등문제)가 발생한다.

② 헌법재판소의 입장

판례

▶ 관련판례(헌재 1990.6.25, 89헌마107)

일체의 개발이익을 환수할 수 있는 제도적 장치가 마련되지 아니한 제도적 상황에서 피수용자에게만 개발이익을 배제하는 것이 헌법의 평등원칙에 위배되는 것은 아니라고 하였다.

③ 검토

헌법재판소가 피수용자와 인근 주민과의 형평에 대하여 합헌이라 한 것은 입법적 해결이 있기까지의 한시적인 결정이라 하겠다. 이에 최근 개정된 토지보상법은 대토보상제도를 마련(동법 제63조 제1항 내지 제5항)하여 피수용자와 인근 주민과의 형평성 문제를 어느 정도 해결하고 있지만, 인근 주민에 대한 개발이익의 환수문제는 여전히 남아있다고 할 것이다.

현행 제도상 양도소득세를 제외하면 개발이익의 환수방법이 사실상 불비한 실정이다. 토지초과이득세법이 위헌이라서 폐지된 것이 아니라 경제사정의 악화를 극복하기 위한 정책적 이유로 폐지되었다는 점을 고려할 때, 공익사업주변지역의 개발이익을 환수하기 위해서는 재도입을 검토할 필요가 있다.

4. 기출문제

» 기출문제(제12회 1번)

「공익사업을 위한 토지 등의 취득 및 보상에 관한 법률」(이하 '토지보상법') 제67조 및 동법 제70조는 다음과 같이 규정하고 있다. 이 규정과 관련하여 아래의 물음에 답하시오. **30점**

법 제67조(보상액의 가격시점 등)

① 보상액의 산정은 협의에 의한 경우에는 협의성립 당시의 가격을, 재결에 의한 경우에는 수용 또는 사용의 재결 당시의 가격을 기준으로 한다.

② 보상액을 산정할 경우에 해당 공익사업으로 인하여 토지 등의 가격이 변동되었을 때에는 이를 고려하지 아니한다.

법 제70조(취득하는 토지의 보상)

① 협의나 재결에 의하여 취득하는 토지에 대하여는 「부동산 가격공시에 관한 법률」에 따른 공시지가를 기준으로 하여 보상하되, 그 공시기준일부터 가격시점까지의 관계법령에 따른 그 토지의 이용계획, 해당 공익사업으로 인한 지가의 영향을 받지 아니하는 지역의 대통령령으로 정하는 지가변동률, 생산자물가상승률(「한국은행법」 제86조에 따라 한국은행이 조사·발표하는 생산자물가지수에 따라 산정된 비율을 말한다)과 그 밖에 그 토지의 위치·형상·환경·이용상황 등을 고려하여 평가한 적정가격으로 보상하여야 한다.

② 토지에 대한 보상액은 가격시점에서의 현실적인 이용상황과 일반적인 이용방법에 의한 객관적 상황을 고려하여 산정하되, 일시적인 이용상황과 토지소유자나 관계인이 갖는 주관적 가치 및 특별한 용도에 사용할 것을 전제로 한 경우 등은 고려하지 아니한다.

③ 사업인정 전 협의에 의한 취득의 경우에 제1항에 따른 공시지가는 해당 토지의 가격시점 당시 공시된 공시지가 중 가격시점과 가장 가까운 시점에 공시된 공시지가로 한다.

④ 사업인정 후의 취득의 경우에 제1항에 따른 공시지가는 사업인정고시일 전의 시점을 공시기준일로 하는 공시지가로서, 해당 토지에 관한 협의의 성립 또는 재결 당시 공시된 공시지가 중 그 사업인정고시일과 가장 가까운 시점에 공시된 공시지가로 한다.

⑤ 제3항 및 제4항에도 불구하고 공익사업의 계획 또는 시행이 공고되거나 고시됨으로 인하여 취득하여야 할 토지의 가격이 변동되었다고 인정되는 경우에는 제1항에 따른 공시지가는 해당 공고일 또는 고시일 전의 시점을 공시기준일로 하는 공시지가로서 그 토지의 가격시점 당시 공시된 공시지가 중 그 공익사업의 공고일 또는 고시일과 가장 가까운 시점에 공시된 공시지가로 한다.

⑥ 취득하는 토지와 이에 관한 소유권 외의 권리에 대한 구체적인 보상액 산정 및 평가방법은 투자비용, 예상수익 및 거래가격 등을 고려하여 국토교통부령으로 정한다.

(1) 토지보상법 제70조 제1항 및 동조 제3항과 제4항의 입법취지에 대하여 설명하시오. **10점**

(2) 토지보상법 제70조 제1항이나 「부동산 가격공시에 관한 법률」 등에 의하여 손실보상액을 산정함에 있어, 보상선례를 참작할 수 있는가에 대하여 설명하시오. **10점**

(3) 토지보상법 제67조 및 동법 제70조에서 규정하는 산정방법에 의하여 보상액을 산정하는 것이 정당보상에 합치되는지 논하시오. **10점**

≫ 기출문제(제17회 3번)

「공익사업을 위한 토지 등의 취득 및 보상에 관한 법률」상 공시지가를 기초로 한 보상액 산정에 있어서 개발이익의 배제 및 포함을 논하시오. **15점**

≫ 기출문제(제26회 2번)(주거이전비)

B시에 거주하는 甲은 2005년 5월 자신의 토지 위에 주거용 건축물을 신축하였다. 그런데 甲은 건축허가요건을 충족하지 못하여 행정기관의 허가 없이 건축하였다. 甲은 위 건축물에 입주하지 않았으나, 친척인 乙이 자신에게 임대해 달라고 요청하여 이를 허락하였다. 乙은 필요시 언제든 건물을 비워주겠으며, 공익사업시행으로 보상의 문제가 발생할 때에는 어떠한 보상도 받지 않겠다는 내용의 각서를 작성하여 임대차계약서에 첨부하였다. 乙은 2006년 2월 위 건축물에 입주하였는데, 당시부터 건축물의 일부를 임의로 용도변경하여 일반음식점으로 사용하여 왔다. 甲의 위 토지와 건축물은 2015년 5월 14일 국토교통부장관이 한 사업인정고시에 따라서 공익사업시행지구에 편입되었다. 甲은 이 사실을 알고 동년 6월에 위 건축물을 증축하여 방의 개수를 2개 더 늘려 자신의 가족과 함께 입주하였다. 다음 물음에 답하시오. **30점**

(1) 위 甲의 건축물은 「공익사업을 위한 토지 등의 취득 및 보상에 관한 법률」에 따른 손실보상의 대상이 되는지, 만일 된다면 어느 범위에서 보상이 이루어져야 하는지 설명하시오. **10점**

(2) 甲과 乙은 주거이전비 지급대상자에 포함되는지 여부를 지급요건에 따라서 각각 설명하시오. **20점**

≫ 기출문제(제28회 4번)(개발이익 반영 여부)

甲소유 토지를 포함하는 일단의 토지가 「공공토지의 비축에 관한 법률」에 따라 X읍-Y읍 간 도로사업용지 비축사업(이하 '이 사건 비축사업'이라 함) 지역으로 지정되었고, 한국토지주택공사를 사업시행자로 하여 2014.3.31. 이 사건 비축사업에 대하여 「공익사업을 위한 토지 등의 취득 및 보상에 관한 법률」에 따른 사업인정고시가 있었다. 한편, 관할 도지사는 X읍-Y읍 간 도로확포장공사와 관련하여

2016.5.1. 도로구역을 결정・고시하였는데, 甲의 토지는 도로확포장공사가 시행되는 도로구역 인근에 위치하고 있다. 이후 이 사건 비축사업을 위하여 甲소유 토지에 대해서 2016.7.5. 관할 토지수용위원회의 수용재결이 있었는바, 위 도로확포장공사로 인하여 상승된 토지가격이 반영되지 않은 감정평가가격으로 보상금이 결정되었다. 이에 甲은 도로확포장공사로 인한 개발이익이 배제된 보상금 결정은 위법하다고 주장하는바, 甲의 주장이 타당한지에 관하여 설명하시오. 10점

04 공용제한으로 인한 손실보상기준

1. 의의

공용제한에 대한 손실보상의 헌법상의 기준은 '정당한 보상'이지만 구체적인 기준에 대하여는 명백한 개별법의 근거가 없으므로 일반적인 해석론에 맡겨 있다 하겠다.

2. 보상기준에 관한 논의

(1) 학설

① 상당인과관계설

토지소유자 등이 입게 된 손실 중에서 해당 이용제한과 상당인과관계가 있다고 인정되는 모든 손실을 보상하여야 한다는 견해이다. 이 학설은 보상액의 산정에 있어서 소유자의 주관적인 의도나 사정에 좌우되기 쉽고 객관적인 산정이 곤란할 뿐 아니라 통상 발생하는 객관적인 재산권의 손실을 보전한다는 원칙에 반한다는 비판이 있다.

② 지가저락설

토지이용제한에 의하여 토지이용가치의 객관적인 하락이 지가하락으로 나타나고 이러한 지가하락분을 보상하여야 한다는 견해이다. 이 견해는 재산권에 발생하는 객관적인 가치감소의 보상이 통상 발생할 수 있는 손실의 보상과 일치되지 않는다는 점에서 비판이 있다.

③ 지대설

토지이용제한을 공적 지역권의 설정으로 보아 지역권 설정의 대가에 객관적 기준을 세우고 이를 보상금으로 하자는 견해이다. 이에 대해 토지이용제한은 공용사용과 다르기 때문에 지대상당액을 기준으로 보상액을 결정하는 것은 타당하지 않다는 비판이 있다.

④ 적극적 실손보전설

토지의 이용제한이 토지소유권자에게 예상하지 않았던 비용을 지출하게 된 경우에 적극적이고 현실적으로 지출하는 비용만을 보상하면 된다는 견해이다. 이 학설은 보상액 산정에 명확성이 있으나 과연 적극적인 실손만을 보상하면 충분하다고 할 것인지 의문이다.

(2) 판례

판례

▶ 관련판례(대판 2003.4.25, 2001두1369)

(구)하천법 제10조와 같은 법 시행령 제9조 제3항의 규정에 의한 준용하천의 제외지와 같은 하천구역에 편입된 토지의 소유자가 그로 인하여 받게 되는 그 사용수익권에 관한 제한내용과 헌법상 정당보상의 원칙 등에 비추어 볼 때, 준용하천의 제외지로 편입됨에 따른 같은 법 제74조 제1항의 손실보상은 원칙적으로 공용제한에 의하여 토지소유자로서 사용수익이 제한되는 데 따른 손실보상으로서 제외지 편입 당시의 현황에 따른 지료상당액을 기준으로 함이 상당하다.

(3) 평가

상당인과관계설은 토지소유자의 자의에 의해 유리하게 작용하는 문제가 있으며, 적극적 실손보전설은 국가 등에게 유리하여 설득력이 낮고, 지대설은 공용사용의 보상방법으로 공용제한에는 타당하지 않다. 이에 단점이 없는 것은 아니지만 공용제한에 의한 지가의 하락분을 보상한다는 지가저락설이 현실적인 보상으로 타당시된다.

제4절 손실보상의 내용

현대의 복리행정국가에서는 대규모 면적개발사업으로 인한 생활기반이 상실되는 경우가 많아지게 되었다. 이에 우리 헌법 제23조 제3항은 정당보상을 천명하고 있고 개별법률에서는 생활보상을 규정하고 있는바, 이는 우리 실정법이 대물보상의 한계를 극복하고 사회복리국가이념 도입에 따라 생활보상을 지향하고 있다고 할 수 있다.

손실보상의 내용(대상)은 최근 공용수용의 법리의 확대화 경향에 따라 점차 확대되어가는 추세에 있다. 오늘날 대규모 면적사업의 시행으로 종래 대물보상을 중심으로 인정되던 손실보상제도는 피수용자의 생활재건을 위한 생활보상 관념으로 변화되고 있다. 손실보상의 분류는 다양하게 논의될 수 있다.[1)]

1) ① 손실의 객체를 기준으로 토지보상, 잔여지 손실 및 공사비 보상, 이전료, 물건의 보상, 기타 손실보상, 기타 토지에 관한 비용보상 등으로 분류한다. ② 원인행위를 기준으로 수용에 따른 보상, 사용에 따른 보상, 측량・조사로 인한 보상, 사업의 폐지・변경 및 실효로 인한 보상, 재결실효에 따른 보상, 사용의 약식절차에 의한 보상 등으로 분류한다. ③ 보상의 구체적 내용으로 재산권 보상과 생활권 보상으로 분류할 수 있다.

01 재산권 보상

1. 개설

재산권 보상이란 피침해재산의 손실에 대한 객관적인 가치의 보상과 공용침해로 필연적으로 발생된 부대적 손실에 대한 보상을 의미한다.

2. 객관적 가치보상

(1) 토지

토지의 취득 또는 사용으로 인한 토지의 재산권적 가치에 대한 보상을 의미한다. 토지보상법 제70조, 제71조에서 구체적 보상액 산정기준을 마련하고 있다.

(2) 토지 이외의 재산권 보상

지상물건 보상으로 토지상의 건물, 공작물, 입목에 대한 보상(제75조 제1항)과 농작물에 대한 보상(제75조 제2항), 권리에 대한 보상(제76조), 잔여지에 대한 가치하락보상(제73조), 잔여건축물에 대한 가치하락보상(제75조의2)이 있다.

3. 부대적 손실의 보상

(1) 의의

부대적 손실이란 수용·사용의 직접적인 목적물은 아니나 공익사업의 시행을 위하여 목적물을 취득함으로써 피수용자에게 미치는 손실을 말한다. 부대적 손실에 대한 보상은 실비변상적 보상과 일실손실에 대한 보상으로 구분된다.

(2) 실비변상적 보상

재산권의 상실·이전 등에 따라 비용의 지출을 요하는 경우에 그 비용을 보상하는 것을 말한다. 토지보상법상의 건축물 등의 이전비 보상(제75조 제1항), 분묘의 이장비 보상(제75조 제4항), 잔여지 공사비 보상(제73조) 등은 그 예이다.

(3) 일실손실 보상

재산권에 대한 수용에 부수하여 또는 독립적으로 사업을 폐지하거나 휴업하게 되는 경우에 있어 전업기간 또는 휴업기간 중에 사업경영으로 얻을 수 있는 기대이익의 일실(逸失)에 대한 보상을 말한다. 토지보상법상 영업의 폐지·휴업에 따르는 보상(제77조 제1항), 농업손실보상(제77조 제2항), 휴직 또는 실직보상(제77조 제3항) 등은 그 예이다.

02 생활보상

1. 생활보상의 일반

(1) 서

오늘날 재산권에 대한 공용침해의 경우에 그의 객관적 가치만을 완전히 보상받으면 충분하다는 생각은 많은 경우에 적절하지 않은 것으로 나타났다. 종래의 대물적 보상제도는 손실보상의 적법요건보다는 보상에 중점을 둔 재산권의 가치보장 또는 보상보장을 중시하는 것이었으나, 오늘날에는 재산권 그 자체 내지는 그의 존속보장을 중시하고 있다. 특히 대규모 공익사업이 증대됨에 따라 대물적 보상에 의한 재산상태의 확보만으로는 부족하며, 적어도 수용이 없었던 것과 같은 생활재건의 확보를 내용으로 하는 재산권의 존속보장으로서의 생활보상이 필요하게 된다.

최근에는 생활보상이 구체화되어 주거대책과 생계대책(생활대책)이 있다. 주거대책이라 함은 피수용자가 종전과 같은 주거를 획득하는 것을 보장하는 보상을 말한다. 주거대책으로는 이주정착지의 조성과 분양, 이주정착금 지급, 주거이전비의 보상, 공영주택의 알선, 국민주택자금의 지원 등을 들 수 있다.

생계대책은 생활대책이라고도 하는데, 종전과 같은 경제수준을 유지할 수 있도록 하는 조치를 말한다. 생계대책으로는 생활비 보상(이농비, 이어비 보상), 상업용지, 농업용지 등의 용지의 공급, 직업훈련, 고용 또는 알선, 고용상담, 보상금에 대한 조세감면조치 등을 들 수 있다.

(2) 생활보상의 개념

① 협의의 생활권보상

협의의 생활권보상은 상대방이 해당 지역에서 생활함으로써 사실상 누려왔던 이익에 대한 보상을 생활권보상으로 보고 있다. 다시 말해 현재 해당 지역에서 누리고 있는 생활이익의 상실로서 재산권보상으로 채워지지 아니하는 손실에 대한 보상을 말한다. 그러므로 재산권 보상만으로는 전보되지 아니하는 생활 또는 생존보장을 위하여 인정되는 보상이다. 이 견해에 의하면 생활권보상은 손실보상 가운데 그 대상을 구체적·개별적으로 특정할 수 있는 유형·무형의 재산이나 재산적 이익을 대상으로 하는 보상을 제외하는 것이 된다. 협의의 생활권보상을 주장하는 견해에 의하면 그 대상은 생활비보상(이농비·이어비), 주거대책비보상(주거이전비보상, 주거용건물에 대한 최저보상액 보장), 특산물보상, 사례금으로 한정하고 있다.

② 광의의 생활권보상

광의의 생활권보상은 대물보상(그 부대손실에 대한 보상 포함)과 정신적 손실에 대한 보상을 제외한 손실에 대한 보상을 생활권보상의 대상으로 보는 견해이다. 이 견해는 다수설로 생활권보상의 전형을 이루고 있으나 구체적으로 어떠한 것을 대상으로 하는가에 대해서는 견해가 일치하지 않고 있다. 광의의 생활권보상의 견해를 종합해 보면 그 대상은 주거안정을 위한 생활권보상과 생활안정을 위한 생활권보상으로 구분할 수 있다.

③ 최광의의 생활권보상

최광의의 생활권보상은 종래의 전형적인 재산권보상인 대물보상과 그 부대적 손실에 대한 보상을 생활권보상에 포함하여 일원적으로 파악하고 있다. 이는 종래의 재산권 보상에 갈음하여 생활권보상이 보상의 궁극의 목표로서 손실보상제도의 중심이 되어야 한다는 것을 바탕으로 하고 있다. 따라서 손실보상은 재산의 등가교환적 가치의 보상에 그칠 것이 아니라, 유기체적인 생활을 종전과 마찬가지 수준으로 보장할 수 있는 것이 되어야 하는 것을 주장하고 있다.

④ 검토(평가)

㈀ 협의의 생활보상으로 보는 경우의 소결 : 생각건대, 생활권 보상을 헌법상의 정당보상의 범위에 포함되지 아니한 것으로 보는 경향조차 있는 상황에서는 재산권 보상의 범위를 넓히고 생활권 보상의 범위를 좁히는 것이 헌법상의 정당한 보상에 포함되는 사항을 넓히는 것이 되어, 법집행에 있어 실익이 있다고 할 것이므로 좁은 의미로 보는 것이 타당시 된다.

㈁ 광의의 생활보상으로 보는 경우의 소결[2] : 생활보상을 인정하는 것은 헌법상의 정당보상의 원칙과 사유재산제의 보장원칙을 존중하는 것으로 공익사업의 시행으로 인하여 생기는 공익과 사익 간의 갈등을 조정하는 것이라 할 수 있다. 따라서 재산권 보상이냐 생활권 보상이냐가 중요한 것이 아니라 '어느 범위까지' 보상을 해주는 것이 보다 국민의 기본권 실현에 이바지하는 것이며, 합헌적이냐의 문제라고 본다. 본서는 광의의 생활보상으로 생활보상의 개념을 취하기로 한다.

■ 법규 헷갈리는 쟁점: 생활보상의 확대화 경향

Ⅰ. 생활보상 : 대물적 보상에서 생활보상으로 확대

손실보상의 대상은 역사의 변천에 따라 대인보상에서 대물보상으로, 대물보상에서 생활보상으로 변천해 왔다. 이를 시대별로 구분해 보면 19세기에는 피수용자의 만족을 보상의 대상으로 함으로써 주관적 색채가 매우 강했으나, 20세기에 들어서면서부터 수용의 대상인 재산의 시장가치를 보상의 대상으로 하게 되었다. 한편 20세기 후반에 들어오면서 새로운 생활권보상의 관념이 등장하여 피수용자의 생활안정을 보상의 대상으로 생각하는 경향이 뚜렷하게 되었다. 바야흐로 이제 손실보상의 대상은 단순히 대물적 보상에서 한 걸음 더 나아가 생활권보상이 강조되는 시대에 접어들었다고 할 수 있다.

Ⅱ. 대인보상

대인보상이란 토지 등 수용 목적물의 객관적 가치를 기준으로 보상하지 않고, 피수용자의 수용 목적물에 대한 주관적 가치를 기준으로 하는 것을 말한다. 이는 영국에서 처음으로 손실보상을 인정한 토지조항통합법에서 비롯되었다.

이 법률 아래서 형성된 판례에 의하면 수용되는 토지의 가치는 당해 토지의 객관적인 가치를 뜻하는 것이 아니라 피수용자가 당해 토지를 사용함으로써 현재 얻고 있는 편익가치, 즉 당해 토지의 주관적인 이용가치를 뜻하는 것으로 판시한 바 있다. 영국에서 손실보상의 초기에는 임의매수가 원칙이었고 손실보상은 수용자와 피수용자간 합의에 의해 결정됨으로써 당사자 간의 교섭에 따라 주관적으로 결정된 보상액에 의해 거래되었다. 그 결과 손실보상은 피수용자 개인의 입장을 대상으로 보상금액을 산출함으로

2) 석종현, 손실보상법론

써 대인보상이 채택되고 있었다. 대인보상은 그 실질에 있어서는 생활권보상과 엄연히 구별되는 것이고, 보상액의 산정에 객관적 기준이 적용되지 않기 때문에 대물보상에 비하여 보상액의 수준이 높았다.

Ⅲ. 대물보상

대물보상이란 수용 목적물에 대한 보상이 피수용자의 주관적 가치에 의하지 않고, 객관적인 시장가치를 기준으로 보상하는 것을 말한다. 대물보상은 두 가지 점에서 특징을 찾아 볼 수 있다. 하나는 수용의 대상과 보상의 대상이 대부분의 경우 일치한다는 점이다. 이에 가장 철저한 나라는 미국이라 할 수 있다. 미국에 있어서 손실보상의 특색은 대물보상원칙의 예외로서 잔여지보상을 제외하면 수용의 대상과 보상의 대상이 일치한다. 다른 하나는 대물보상이 피수용자나 관계인에게 만족할 만한 보상이 되지 못하는 경우가 많다는 점이다. 대물보상을 보완하기 위해 새롭게 등장한 것이 생활보상이다. 대물보상이 철저히 적용될 때 피수용자에게 정당한 보상이 되지 못하는 경우를 상정할 수 있다.

Ⅳ. 생활대책보상으로의 확대

최근에는 생활보상이 확대되어 대법원 판례에서도 생활대책보상, 생계대책보상이는 용어가 판결문에 등장하고 있는데 전통적인 이주대책이 주거용 건축물보상이라면 생활대책은 영업용, 상업용 부동산에 대한 생활보상이라는 점에 특색이 있다. 아직 법령으로는 잘 정비되지 않고 있어 입법적인 개선이 요구된다고 할 것이다.

2. 생활보상의 근거

① 이론적 근거

재산권 보장과 법의 목적인 정의 · 공평의 원칙 및 생존권 보장 등을 종합적으로 그 이론적 근거로 파악하는 것이 타당하다.

② 헌법적 근거

생활보상의 헌법적 근거에 대하여는 헌법 제34조설과 헌법 제23조, 제34조 통일설이 있으며 이들의 논의실익은 생활보상을 헌법상의 정당한 보상의 범위에 포함시킬 것인가의 여부에 있다.

(ㄱ) 학설

㉠ 정당보상설(헌법 제23조설)

정당보상설(헌법 제23조설)은 생활보상권의 근거를 "공공필요에 의한 재산권의 수용 · 사용 또는 제한 및 그에 대한 보상은 법률로써 하되 정당한 보상을 지급하여야 한다"고 규정하는 헌법 제23조 제3항에서 찾는 견해이다. 이 견해는 완전보상이 피수용자가 종전과 같은 생활을 유지하도록 하는 보상을 의미하는 것으로 이해하고 생활보상을 피수용자가 종전과 같은 생활을 유지할 수 있도록 하는 것을 보장하는 의미한다고 보면 생활보상은 완전보상을 의미한다고 본다.

㉡ 생존권설(헌법 제34조설)

생존권설(헌법 제34조설)은 생활권보상의 근거를 "모든 국민은 인간다운 생활을 할 권리를 가진다"고 규정하는 헌법 제34조 제1항의 사회권적 기본권조항에서 찾는 견해이다. 이 견해는 생활권보상이 헌법 제23조 제3항의 정당보상의 범위에 포함되지 않는 것으로 보고 있다. 헌법 제23조 제3항은 재산권의 객관적 가치의 보상을 지향하고 있으며, 만약 생활권보상이 정당보상에 포함된다고 하면 경제적 약자가 아닌 자에게도 생활보상을 부여하여야 하므로 생활권보상의 취지에 반하기 때문이라 한다고 본다.

㉢ 통일설(헌법 제23조, 제34조 결합설)

통일설(헌법 제23조 및 제34조 결합설)은 생활권보상의 근거를 헌법 제23조 제3항과 제34조 제1항에서 찾는 견해이다. 그 논거로서 우리나라의 손실보상이 대물보상을 주축으로 하되 생활권보상을 지향하는 것에서 찾고 있다. 헌법 제23조 제1항은 개인의 재산권을 보장하고 동조 제3항은 공공의 필요에 따르는 재산권의 제한 내지 수용의 경우에는 손실보상을 하도록 함으로써 재산권보상을 대전제로 하고 있다.

(ㄴ) **판례** : 대법원은 이주대책을 생활보상의 일환으로 보면서도 국가의 적극적이고 정책적인 배려에 의하여 마련된 제도라고 하며(판례 1의 다수의견, 판례 2), 세입자에 대한 주거이전비와 이사비를 사회보장적인 차원에서 지급하는 금원의 성격을 갖는다(판례 3)고 하여 헌법 제34조설에 입각하고 있다.

판례

▶ 관련판례 1

이주대책 관련판례 1 전원합의체 판례 변경(대판 2011.6.23, 2007다63089 · 63096 全合

공익사업을 위한 토지 등의 취득 및 보상에 관한 법률(2007.10.17. 법률 제8665호로 개정되기 전의 것, 이하 '구 공익사업법'이라 한다)은 공익사업에 필요한 토지 등을 협의 또는 수용에 의하여 취득하거나 사용함에 따른 손실 보상에 관한 사항을 규정함으로써 공익사업의 효율적인 수행을 통하여 공공복리의 증진과 재산권의 적정한 보호를 도모함을 목적으로 하고 있고, 위 법에 의한 이주대책은 공익사업의 시행에 필요한 토지 등을 제공함으로 인하여 생활의 근거를 상실하게 되는 이주대책대상자들에게 종전 생활상태를 원상으로 회복시키면서 동시에 인간다운 생활을 보장하여 주기 위하여 마련된 제도이므로, 사업시행자의 이주대책 수립 · 실시의무를 정하고 있는 구 공익사업법 제78조 제1항은 물론 이주대책의 내용에 관하여 규정하고 있는 같은 조 제4항 본문 역시 당사자의 합의 또는 사업시행자의 재량에 의하여 적용을 배제할 수 없는 강행법규이다.

[4] **[다수의견]** 구 공익사업을 위한 토지 등의 취득 및 보상에 관한 법률(2007.10.17. 법률 제8665호로 개정되기 전의 것, 이하 '구 공익사업법'이라 한다) 제78조 제4항의 취지는 이주대책대상자들에게 생활 근거를 마련해 주고자 하는 데 목적이 있으므로, 위 규정의 '도로 · 급수시설 · 배수시설 그 밖의 공공시설 등 당해 지역조건에 따른 생활기본시설'은 주택법 제23조 등 관계 법령에 의하여 주택건설사업이나 대지조성사업을 시행하는 사업주체가 설치하도록 되어 있는 도로 및 상하수도시설, 전기시설 · 통신시설 · 가스시설 또는 지역난방시설 등 간선시설을 의미한다고 보아야 한다. 따라서 만일 이주대책대상자들과 사업시행자 또는 그의 알선에 의한 공급자에 의하여 체결된 택지 또는 주택에 관한 특별공급계약에서 구 공익사업법 제78조 제4항에 규정된 생활기본시설 설치비용을 분양대금에 포함시킴으로써 이주대책대상자들이 생활기본시설 설치비용까지 사업시행자 등에게 지급하게 되었다면, 사업시행자가 직접 택지 또는 주택을 특별공급한 경우에는 특별공급계약 중 분양대금에 생활기본시설 설치비용을 포함시킨 부분이 강행법규인 위 조항에 위배되어 무효이고, 사업시행자의 알선에 의하여 다른 공급자가 택지 또는 주택을 공급한 경우에는 사업시행자가 위 규정에 따라 부담하여야 할 생활기본시설 설치비용에 해당하는 금액의 지출을 면하게 되어, 결국 사업시행자는 법률상 원인 없이 생활기본시설 설치비용

상당의 이익을 얻고 그로 인하여 이주대책대상자들이 같은 금액 상당의 손해를 입게 된 것이므로, 사업시행자는 그 금액을 부당이득으로 이주대책대상자들에게 반환할 의무가 있다. 다만 구 공익사업을 위한 토지 등의 취득 및 보상에 관한 법률 제78조 제4항에 따라 사업시행자의 부담으로 이주대책대상자들에게 제공하여야 하는 것은 위 조항에서 정한 생활기본시설에 국한되므로, 이와 달리 사업시행자가 이주대책으로서 이주정착지를 제공하거나 택지 또는 주택을 특별공급하는 경우 사업시행자는 이주대책대상자들에게 택지의 소지가격 및 택지조성비 등 투입비용의 원가만을 부담시킬 수 있고 이를 초과하는 부분은 생활기본시설 설치비용에 해당하는지를 묻지 않고 그 전부를 이주대책대상자들에게 전가할 수 없다는 취지로 판시한 종래 대법원 판결들은 이 판결의 견해에 배치되는 범위 안에서 모두 변경하기로 한다.

[대법관 김능환의 별개의견] 구 공익사업을 위한 토지 등의 취득 및 보상에 관한 법률(2007.10.17. 법률 제8665호로 개정되기 전의 것, 이하 '구 공익사업법'이라 한다) 제78조 제4항의 '생활기본시설'이 그 항목에서는 다수의견처럼 주택법 제23조에서 규정하는 '간선시설'을 의미하는 것으로 볼 수밖에 없다고 하더라도, 그 범위에서는 이주대책대상자에게 주택단지 밖의 기간이 되는 시설로부터 주택단지의 경계선까지뿐만 아니라 경계선으로부터 이주대책대상자에게 공급되는 주택까지에 해당하는 부분의 설치비용까지를 포함하는 것으로 보아 비용을 이주대책대상자에게 부담시킬 수 없으며, 주택의 분양가에 포함되어 있는 이윤 역시 이주대책대상자에게 부담시킬 수 없다고 보는 것이 구 공익사업법 제78조 제4항의 취지에 부합하는 해석이다. 결국 이주대책대상자에게는 분양받을 택지의 소지가격, 위에서 본 바와 같은 의미의 생활기본시설 설치비용을 제외한 택지조성비 및 주택의 건축원가만을 부담시킬 수 있는 것으로 보아야 한다. 다수의견이 변경대상으로 삼고 있는 대법원 판결들은 이러한 취지에서 나온 것들로서 옳고, 그대로 유지되어야 한다.

▶ 관련판례 2(대판 2003.7.25, 2001다57778)
(구)공공용지의 취득 및 손실보상에 관한 특례법상의 이주대책은 공익사업의 시행에 필요한 토지 등을 제공함으로 인하여 생활의 근거를 상실하게 되는 이주자들을 위하여 사업시행자가 '기본적인 생활시설이 포함된' 택지를 조성하거나 그 지상에 주택을 건설하여 이주자들에게 이를 '그 투입비용 원가만의 부담하에' 개별 공급하는 것으로서, 그 본래의 취지에 있어 이주자들에 대하여 종전의 생활상태를 원상으로 회복시키면서 동시에 인간다운 생활을 보장하여 주기 위한 이른바 생활보상의 일환으로 국가의 적극적이고 정책적인 배려에 의하여 마련된 제도라 할 것이다.

▶ 관련판례 3(대판 2006.4.27, 2006두2435)
공익사업을 위한 토지 등의 취득 및 보상에 관한 법률 제78조 제5항 및 같은 법 시행규칙 제54조 제2항, 제55조 제2항의 각 규정에 의하여 공익사업의 시행에 따라 이주하는 주거용 건축물의 세입자에게 지급하는 주거이전비와 이사비는 해당 공익사업시행지구 안에 거주하는 세입자들의 조기이주를 장려하여 사업추진을 원활하게 하려는 정책적인 목적과 주거이전으로 인하여 특별한 어려움을 겪게 될 세입자들을 대상으로 하는 사회보장적인 차원에서 지급하는 금원의 성격을 갖는다 할 것이다.

(ㄷ) **검토** : 어느 설에 따르더라도 생활보상은 헌법적 근거를 지니는 헌법상 권리라 볼 수 있다. 그러나 복리국가주의 이념의 등장과 함께 정당보상이 대물보상뿐만 아니라 생활보상까지 포함하는 것으로 확대되고 있는 점에 비추어 생활보상도 결국 정당보상의 실현 여부에 관심이 있는 것인바 통일설이 타당하다고 할 수 있다. 다만, 생활보상이 법률적 근거가 없이 헌법조항만을 근거로 청구할 수 있는지 여부에 대하여 논란이 있으므로 조속히 입법적인 해결이 요구된다.

③ 개별법적 근거

생활보상에 관한 일반적·직접적 규정은 없으며, 토지보상법 제78조(이주대책의 수립) 및 산업기지개발촉진법 등에서 단편적으로 규정하고 있다. 향후 입법개선과정에서 생활보상법을 만들어 통일적으로 규율하는 것이 필요하다고 생각된다.

3. 생활보상의 성격 및 특색

(1) 생활보상의 성격

생활보상은 (ㄱ) 보상의 최저선으로써 생존권을 보장하는 보상이어야 하고, (ㄴ) 수용이 없었던 것과 같은 생활상태를 재현하는 보상이어야 하며, (ㄷ) 피수용자 및 관계인의 생활안정을 위한 보상이어야 한다.

(2) 생활보상의 특색

1) 보상기준의 객관성

대인보상이 주관적 색채가 농후한 반면 생활권보상은 객관적 색채가 농후하여 객관적 기준에 의해 보상된다는 점에 특징이 있다. 대인보상의 경우 보상액이 어느 정도까지 객관적으로 산출되기는 하나, 대부분이 주관적 색채가 농후하여 객관적으로 산출되지 않는 경우가 많다. 이에 반하여 생활권보상은 일정한 수입, 이윤 그리고 생활비를 기준으로 하여 보상액을 객관적으로 산출하기 때문에 상당히 객관적이다.

2) 대인보상과의 유사성

생활권보상은 대인보상과 유사하다. 생활권보상이 피수용자에게 수용이 없는 것과 같은 생활 상태를 가져오기 위한 보상이고, 피수용자에게 종전의 생활 회복을 위한 것이기 때문이다. 물론 대물에 대한 보상은 생활권보상을 기초로 하는 것이지만 생활권보상은 그에 그치지 않고 사람이 대한 보상을 포함하는 경우가 적지 않다. 예를 들어 피수용자의 재산보다는 오히려 생활에 중점을 두고, 피수용자라는 사람을 문제로 하는 경우가 적지 않기 때문이다.

3) 보상대상의 확대성

생활권보상은 대물보상과는 달리 수용 대상과 보상대상이 일치하지 않는 점에 특징이 있다. 수용대상과 보상대상이 일치한다는 것은 대물보상에 특유한 현상이며, 대인보상의 시대에도 이는 일치하지 않았다. 생활권보상에서는 보상의 대상이 수용의 대상을 포함할 뿐만 아니라 이보다 넓은 범위에까지 미치고 있기 때문이다.

4) 최종 단계의 보상성

생활권보상이 보상 역사의 종착역이라는 점에 색다른 특징이 있다. 보상이 인적에서 물적으로, 물적에서 생활로 변천한 것에서 보는 바와 같이 생활 안정을 도모하기 위한 생활권 보상은 최종적인 것이라 할 수 있다. 일반적으로 손실보상은 수용이 없었던 것과 마찬가지의 재산 상태나 경제적 상태를 재현하기 위해 지불되는 것으로 이해되고 있다. 이 경우 재산이나 경제는 모두 생활의 기조를 형성하는 것이고 생활의 도구로서 결국 생활의 안정이 궁극적인 목적으로 된다.

따라서 보상도 수용이 없었던 것과 마찬가지의 생활 상태를 재현하기 위해 지불된다고 생각하는 것이 보상의 궁극이라 할 수 있다.

4. 생활보상의 내용

① 주거의 총체가치의 보상

사람이 거주하기에 부적합한 주거의 수용에 있어서 지급될 보상액이 그 주거의 총체가치보다 적은 경우에는 주거의 총체가치에 상당하는 금액으로 보상하는 것을 말한다. 해당 건물의 시장가치가 아무리 낮더라도 거기에서 현실적으로 일정한 삶이 영위되고 있는 한, 일정의 주거의 총체가치의 보상이 되는 셈이며, 이는 곧 철거되는 건물의 주거로서의 생활보상인 것이다. 토지보상법 시행규칙 제58조에서 규정하고 있는 주거용 건물의 최저보상액이 여기에 해당한다고 볼 수 있겠다. 동 규정에서는 주거용 건축물의 평가액이 6백만원에 미달되는 경우에는 6백만원으로 보상하여 〈최저보상액〉을 보장하고 있다.

Check Point!

영업상 손실의 보상(생활보상을 광의로 보는 견해인 경우 포함)

우리나라의 토지보상법 제77조는 영업상 손실의 보상을 인정함으로써 영국적인 보상 예를 취하고 있다. 영업상의 손실은 토지 등의 수용과 인과관계가 있는 영업권 기타의 영업상 손실을 말하는 것으로서, 동법 시행규칙 제46조 및 제47조에서는 영업폐지로 인한 경우와 영업휴업으로 인한 경우로 나누어 그 영업이윤을 보상하게 규정하고 있다. 우리나라의 영업상 손실의 보상은 생활보상의 일종이라고 할 수 있다.
토지보상법 제77조 이외에도 영업상의 손실에 대한 보상으로서, 영업의 폐업·휴업·무허가영업에 따른 보상이 있다(시행규칙 제46조, 제47조, 제52조).

② 소수잔존자보상

공익사업의 시행의 결과로 인하여 종전의 생활공동체로부터 분리되어 잔존자의 생활환경이 현저하게 불편하게 됨으로써 더 이상 그 지역에서 계속 생활하지 못하고 이주가 불가피하게 되는 경우에 그 비용을 보상하는 것을 말한다. 그 내용으로는 이전비·이사비·이농비 또는 실농보상·실어보상 등을 포함한다. 이는 공익사업의 시행에 필요한 토지 등의 소유자 이외의 제3자의 생활유지를 보장하기 위한 보상인 점에서 생활보상에 해당한다. 협의설에 의하면 실비변상적 보상인 이전료보상과 일실손실보상인 영업손실보상을 생활보상에 포함시키는 문제가 있으나, 주거의 총체가치보상과 소수잔존자보상은 협의설에 의하더라도 생활보상의 내용이 된다(시행규칙 제61조).

③ 생활재건조치

공익사업자로서의 사업시행자가 피수용자 등에게 직접 지급하는 보상금은 아니고, 보상금이 피수용자 등의 생활재건을 위하여 가장 유효하게 사용될 수 있도록 하기 위한 각종의 조치를 말한다. 생활재건조치는 구체적으로 이주대책의 수립·실시(법 제78조, 제78조의2), 대체지의 알선(간척지의 알선 또는 국공유지의 알선 등), 공영주택의 알선, 개간비의 보조·융자, 직업훈련, 고용 또는 알선, 각종의 상담 등이며, 보상금에 대한 조세의 감면조치도 일종의 생활재건조치라 할 것이다.

그리고 주택 · 학교 · 시장 · 상하수도 · 근린생활시설 등 생활의 재건에 필요한 일련의 사회간접자본을 설치하는 것도 생활보상의 중요한 내용을 이룬다. 현행법이 인정하고 있는 생활재건조치에는 위에서 지적한 바와 같이 대체지의 알선 등 여러 가지 수단이 있으나, 다른 방법들은 모두가 단편적인 것에 지나지 아니하며, 이주대책이 그 중심이 되고 있다(이주대책에 대해서는 후술함).

④ 기타의 생활보상

위에서 지적한 것 이외에 우리나라 실정법이 인정하는 생활보상으로는 영세농 등 생업보상 · 생활비보상 · 주거대책비보상 등이 있고, 다른 나라에서 행하여지고 있으며 우리나라에 있어서도 국가와 지방자치단체 이외의 자가 공익사업주체인 경우에 사실상 행하여지는 것으로 특산물보상 · 사례금 등을 들 수 있다. 그리고 정신적 고통에 대한 보상으로서의 위자료를 인정하는 방향에서 보상이론을 구성하는 것도 하나의 과제라 하겠다.

■ 법규 헷갈리는 쟁점 : 생활보상과 생활권보상

손실보상이라 함은 종래 재산권보상으로 이해되어 왔으나, 공익사업으로 인해 생활의 기반을 상실한 사람들에게 재산권 보상만으로 충족될 수 없는 부분에 대하여도 보상되어야 한다는 의견이 생겨나기 시작했다. 이에 따라 재산권보상에서 한 걸음 더 나아가 생활보상 내지는 생활권보상이라는 개념이 보편적으로 사용되고 있으며 실정법 역시 단편적이나마 이에 관한 제도를 두고 있다. 일반적으로 생활보상과 생활권보상을 엄격하게 구별하고 있지 않다. 따라서 생활보상이라는 용어가 생활권보상이라는 용어와 혼용되고 있는 경향을 보이고 있다. 그러나 이 양자를 구분하는 것이 타당하다는 견해도 있다. 이를 구분하는 견해에 의하면 생활권보상은 보상의 대상의 문제로 보고, 생활보상은 보상의 이념 및 방식으로 보고 있다. 생활보상은 금전 등 재산에 의한 손실보상에 대응하는 개념으로 피수용자가 종전과 같은 생활 상태를 유지하도록 하는 것을 실질적으로 보장하는 보상이라 한다. 따라서 생활보상은 피보상자의 생활재건에 중점을 둔 보상을 지칭하는 것으로 보고 있다. 반면에, 생활권보상은 보상의 범위 내지 대상에 재산권뿐만 아니라 생활권도 포함하고 있는 것으로 본다. 따라서 생활권보상은 피수용자가 당해 지역에서 누렸던 생활상 이익의 상실에 대한 보상으로 재산권보상에 대립되는 개념으로 보고 있다.

이와 같이 생활보상과 생활권보상은 엄격한 의미에서 본다면 양자가 구별되는 것이다. 그렇지만 양자를 구별하여 사용할 만큼 실익이 따로 있는 것은 아니다. 하지만 재산권보상과 대립하는 용어로서 생활권보상이 타당한 것으로 보여진다. 생활권 보상은 공익사업의 시행으로 인하여 생활 기반을 상실한 자에게 종전의 생활 상태를 유지 · 회복시키기 위해 행하는 보상을 말한다. 생활권 보상은 피수용자나 관계인이 현재 당해 장소에서 현실적으로 누리고 있는 생활 이익의 상실로 인해 재산권보상으로 채워지지 아니하는 손실에 대한 보상을 내용으로 한다. 따라서 생활권보상은 수용으로 인해 발생한 손실에 대하여 재산보상 이외에 현재와 동일한 정도의 생활재건을 위해 행하는 것을 중심으로 하고 있다. 다만 우리 교재에서는 재산권 보장에 대해 생활보상은 법률적으로 몇가지 규율하고 있는 부분만 논의하기로 한다.

03 이주대책

법 제78조(이주대책의 수립 등)

① 사업시행자는 공익사업의 시행으로 인하여 주거용 건축물을 제공함에 따라 생활의 근거를 상실하게 되는 자(이하 "이주대책대상자"라 한다)를 위하여 대통령령으로 정하는 바에 따라 이주대책을 수립·실시하거나 이주정착금을 지급하여야 한다.

② 사업시행자는 제1항에 따라 이주대책을 수립하려면 미리 관할 지방자치단체의 장과 협의하여야 한다.

③ 국가나 지방자치단체는 이주대책의 실시에 따른 주택지의 조성 및 주택의 건설에 대하여는 「주택도시기금법」에 따른 주택도시기금을 우선적으로 지원하여야 한다.

④ 이주대책의 내용에는 이주정착지(이주대책의 실시로 건설하는 주택단지를 포함한다)에 대한 도로, 급수시설, 배수시설, 그 밖의 공공시설 등 통상적인 수준의 생활기본시설이 포함되어야 하며, 이에 필요한 비용은 사업시행자가 부담한다. 다만, 행정청이 아닌 사업시행자가 이주대책을 수립·실시하는 경우에 지방자치단체는 비용의 일부를 보조할 수 있다.

⑤ 제1항에 따라 이주대책의 실시에 따른 주택지 또는 주택을 공급받기로 결정된 권리는 소유권이전등기를 마칠 때까지 전매(매매, 증여, 그 밖에 권리의 변동을 수반하는 모든 행위를 포함하되, 상속은 제외한다)할 수 없으며, 이를 위반하거나 해당 공익사업과 관련하여 다음 각 호의 어느 하나에 해당하는 경우에 사업시행자는 이주대책의 실시가 아닌 이주정착금으로 지급하여야 한다. 〈신설 2022.2.3.〉

1. 제93조, 제96조 및 제97조 제2호의 어느 하나에 해당하는 위반행위를 한 경우
2. 「공공주택 특별법」 제57조 제1항 및 제58조 제1항 제1호의 어느 하나에 해당하는 위반행위를 한 경우
3. 「한국토지주택공사법」 제28조의 위반행위를 한 경우

⑥ 주거용 건물의 거주자에 대하여는 주거 이전에 필요한 비용과 가재도구 등 동산의 운반에 필요한 비용을 산정하여 보상하여야 한다. 〈개정 2022.2.3.〉

⑦ 공익사업의 시행으로 인하여 영위하던 농업·어업을 계속할 수 없게 되어 다른 지역으로 이주하는 농민·어민이 받을 보상금이 없거나 그 총액이 국토교통부령으로 정하는 금액에 미치지 못하는 경우에는 그 금액 또는 그 차액을 보상하여야 한다. 〈개정 2022.2.3.〉

⑧ 사업시행자는 해당 공익사업이 시행되는 지역에 거주하고 있는 「국민기초생활 보장법」 제2조 제1호·제11호에 따른 수급권자 및 차상위계층이 취업을 희망하는 경우에는 그 공익사업과 관련된 업무에 우선적으로 고용할 수 있으며, 이들의 취업 알선을 위하여 노력하여야 한다. 〈개정 2022.2.3.〉

⑨ 제4항에 따른 생활기본시설에 필요한 비용의 기준은 대통령령으로 정한다. 〈개정 2022.2.3.〉

⑩ 제5항 및 제6항에 따른 보상에 대하여는 국토교통부령으로 정하는 기준에 따른다. 〈개정 2022.2.3.〉

법 제78조의2(공장의 이주대책의 수립 등)

사업시행자는 대통령령으로 정하는 공익사업의 시행으로 인하여 공장부지가 협의 양도되거나 수용됨에 따라 더 이상 해당 지역에서 공장(「산업집적활성화 및 공장설립에 관한 법률」 제2조 제1호에 따른 공장을 말한다)을 가동할 수 없게 된 자가 희망하는 경우 「산업입지 및 개발에 관한 법률」에 따라 지정·개발된 인근 산업단지에 입주하게 하는 등 대통령령으로 정하는 이주대책에 관한 계획을 수립하여야 한다.

시행령 제40조(이주대책의 수립·실시)

① 사업시행자가 법 제78조 제1항에 따른 이주대책(이하 "이주대책"이라 한다)을 수립하려는 경우에는 미리 그 내용을 같은 항에 따른 이주대책대상자(이하 "이주대책대상자"라 한다)에게 통지하여야 한다.

② 이주대책은 국토교통부령으로 정하는 부득이한 사유가 있는 경우를 제외하고는 이주대책대상자 중

이주정착지에 이주를 희망하는 자의 가구 수가 10호(戶) 이상인 경우에 수립·실시한다. 다만, 사업시행자가 「택지개발촉진법」 또는 「주택법」 등 관계 법령에 따라 이주대책대상자에게 택지 또는 주택을 공급한 경우(사업시행자의 알선에 의하여 공급한 경우를 포함한다)에는 이주대책을 수립·실시한 것으로 본다.

③ 법 제4조 제6호 및 제7호에 따른 사업(이하 이 조에서 "부수사업"이라 한다)의 사업시행자는 다음 각 호의 요건을 모두 갖춘 경우 부수사업의 원인이 되는 법 제4조 제1호부터 제5호까지의 규정에 따른 사업(이하 이 조에서 "주된 사업"이라 한다)의 이주대책에 부수사업의 이주대책을 포함하여 수립·실시하여 줄 것을 주된 사업의 사업시행자에게 요청할 수 있다. 이 경우 부수사업 이주대책대상자의 이주대책을 위한 비용은 부수사업의 사업시행자가 부담한다.

1. 부수사업의 사업시행자가 법 제78조 제1항 및 이 조 제2항 본문에 따라 이주대책을 수립·실시하여야 하는 경우에 해당하지 아니할 것
2. 주된 사업의 이주대책 수립이 완료되지 아니하였을 것

④ 제3항 각 호 외의 부분 전단에 따라 이주대책의 수립·실시 요청을 받은 주된 사업의 사업시행자는 법 제78조 제1항 및 이 조 제2항 본문에 따라 이주대책을 수립·실시하여야 하는 경우에 해당하지 아니하는 등 부득이한 사유가 없으면 이에 협조하여야 한다.

⑤ 다음 각 호의 어느 하나에 해당하는 자는 이주대책대상자에서 제외한다.

1. 허가를 받거나 신고를 하고 건축 또는 용도변경을 하여야 하는 건축물을 허가를 받지 아니하거나 신고를 하지 아니하고 건축 또는 용도변경을 한 건축물의 소유자
2. 해당 건축물에 공익사업을 위한 관계 법령에 따른 고시 등이 있은 날부터 계약체결일 또는 수용재결일까지 계속하여 거주하고 있지 아니한 건축물의 소유자. 다만, 다음 각 목의 어느 하나에 해당하는 사유로 거주하고 있지 아니한 경우에는 그러하지 아니하다.
   가. 질병으로 인한 요양
   나. 징집으로 인한 입영
   다. 공무
   라. 취학
   마. 해당 공익사업지구 내 타인이 소유하고 있는 건축물에의 거주
   바. 그 밖에 가목부터 라목까지에 준하는 부득이한 사유
3. 타인이 소유하고 있는 건축물에 거주하는 세입자. 다만, 해당 공익사업지구에 주거용 건축물을 소유한 자로서 타인이 소유하고 있는 건축물에 거주하는 세입자는 제외한다.

⑥ 제2항 본문에 따른 이주정착지 안의 택지 또는 주택을 취득하거나 같은 항 단서에 따른 택지 또는 주택을 취득하는 데 드는 비용은 이주대책대상자의 희망에 따라 그가 지급받을 보상금과 상계(相計)할 수 있다.

1. **개설**(의의 및 취지)

이주대책이란 공익사업의 시행으로 인하여 주거용 건축물을 제공함에 따라 생활의 근거를 상실하게 되는 자에 대하여 사업시행자가 대지를 조성하거나, 주택을 건설하여 공급하는 것을 말한다. 대법원 다수의견은 생활보상의 일환으로 국가의 적극적이고 정책적인 배려에 의하여 마련된 제도로 보지만, 소수의견은 생활보상의 일환으로 마련된 제도로서 헌법 제23조 제3항이 규정하는 손실보상의 한 형태로 보아야 한다고 한다.

판례

▶ 관련판례(대판 2011.2.24, 2010다43498)
(구)공익사업을 위한 토지 등의 취득 및 보상에 관한 법률 소정의 이주대책의 제도적 취지
(구)공익사업을 위한 토지 등의 취득 및 보상에 관한 법률(2007.10.17. 법률 제8665호로 개정되기 전의 것, 이하 '공익사업법'이라고 한다) 제78조 제1항과 같은 조 제4항의 취지를 종합하여 보면, 공익사업법에 의한 이주대책은 공익사업의 시행에 필요한 토지 등을 제공함으로 인하여 생활의 근거를 상실하게 되는 이주대책대상자들을 위하여 사업시행자가 '기본적인 생활시설이 포함된' 택지를 조성하거나 그 지상에 주택을 건설하여 이주대책대상자들에게 이를 '그 투입비용 원가만의 부담하에' 개별 공급하는 것으로서, 그 본래의 취지가 이주대책대상자들에 대하여 종전의 생활상태를 원상으로 회복시키면서 동시에 인간다운 생활을 보장하여 주기 위한 이른바 생활보상의 일환으로 국가의 적극적이고 정책적인 배려에 의하여 마련된 제도이다.

2. 이주대책과 생활대책의 차이점

이주대책과 생활대책은 모두 공익사업으로 인한 토지 등의 재산권을 박탈당한 자들에 대한 생활재건조치로서, 금전적인 손실보상이 아닌 별도의 생활보상의 일환에 따른 추가 내지 보충적인 비금전적 보상이라는 점에서는 공통적이다. 그러나 이주대책은 주거용 건축물 제공자에 대한 생활보상으로 토지보상법 제78조 제1항과 같은 명문규정의 근거로 시행되고 있으나, 생활대책은 영업용과 사업용 영업자에 대한 생활보상으로 명문규정은 없으나 최근 대법원 판례에서 언급되고 있다. 생활대책은 사업시행자의 내부규정에 따라 일반적으로 시행되고 있다는 점, 이주대책은 협의취득·재결에 의한 취득(강제취득) 모두 관계없이 적용되나, 생활대책은 통상 보상대상 물건을 협의·양도하거나 자진 이전 또는 자진 이주한 자를 대상으로 한다는 점, 이주대책은 주거의 상실에 대응해 대체주거용 택지 등이 공급되나, 생활대책은 생업기반의 상실에 대응해 생계유지용 근린상가용지가 공급된다는 점에서 차이가 난다. 다만, 이주대책과 생활대책은 대규모 택지개발사업 등 공익사업지구에서 보상실무를 담당하는 사업시행자에 의해 별개의 제도로 구별되지 않고 처음부터 하나의 계획으로 수립·실시되는 것이 통상적이며. 이주대책 및 생활대책 수립지침에 따라 공익사업 시행시기부터 이러안 계획을 수립하여 생활보상을 한다.

3. 이주대책의 법적 성격 및 법적 근거

① 이주대책의 법적 성격

(ㄱ) 생활보상 : 이주대책은 재산권 침해에 대한 보상만으로 메워지지 않는 생활권 침해에 대한 보상으로 이주자들에 대해 종전의 생활상태를 원상으로 회복시키고 인간다운 생활을 보장해 주기 위한 생활보상으로 보는 것이 일반적이다.

(ㄴ) 강행규정으로서의 이주대책 : 최근 대판 2011.6.23, 2007다63089·63096 全合에서는 토지보상법 제78조 제1항 및 제4항을 강행규정으로 보고 있다.

② 이주대책의 근거

(ㄱ) 헌법상 근거 : 이주대책의 헌법상 근거로는 생활보상의 헌법적 근거를 어떻게 보느냐에 따라 헌법 제34조 또는 헌법 제34조 및 제23조 제3항이 근거가 된다. 생활보상의 헌법적 근거에

대해서는 전술한 바와 같다.

(ㄴ) **개별법상의 근거** : 개별법상 근거로는 토지보상법 제78조와 제78조의2 등이 있으며, 그 외에도 도시철도법 등 다수의 법률이 이를 규정하고 있다.

4. 이주대책의 수립 및 실시

① **이주대책의 수립의무**(법 제78조 제1항)

사업시행자는 공익사업의 시행으로 인하여 주거용 건축물을 제공함에 따라 생활의 근거를 상실하게 되는 자를 위하여 대통령령으로 정하는 바에 따라 **이주대책을 수립・실시**하거나 이주정착금을 지급하여야 한다.

판례

▶ 관련판례(대판 2011.6.23, 2007다63089・63096)
사업시행자의 이주대책 수립・실시의무를 정하고 있는 (구)공익사업법 제78조 제1항은 물론 그 이주대책의 내용에 관하여 규정하고 있는 같은 법 제78조 제4항 본문 역시 당사자의 합의 또는 사업시행자의 재량에 의하여 그 적용을 배제할 수 없는 강행법규이다.

② **이주대책의 수립요건**

(ㄱ) **토지보상법령의 태도**

시행령 제40조(이주대책의 수립・실시)

② 이주대책은 국토교통부령으로 정하는 부득이한 사유가 있는 경우를 제외하고는 이주대책대상자 중 이주정착지에 이주를 희망하는 자의 가구 수가 10호(戶) 이상인 경우에 수립・실시한다. 다만, 사업시행자가 「택지개발촉진법」 또는 「주택법」 등 관계 법령에 따라 이주대책대상자에게 택지 또는 주택을 공급한 경우(사업시행자의 알선에 의하여 공급한 경우를 포함한다)에는 이주대책을 수립・실시한 것으로 본다.

⑤ 다음 각 호의 어느 하나에 해당하는 자는 이주대책대상자에서 제외한다.

1. 허가를 받거나 신고를 하고 건축 또는 용도변경을 하여야 하는 건축물을 허가를 받지 아니하거나 신고를 하지 아니하고 건축 또는 용도변경을 한 건축물의 소유자
2. 해당 건축물에 공익사업을 위한 관계 법령에 따른 고시 등이 있은 날부터 계약체결일 또는 수용재결일까지 계속하여 거주하고 있지 아니한 건축물의 소유자. 다만, 다음 각 목의 어느 하나에 해당하는 사유로 거주하고 있지 아니한 경우에는 그러하지 아니하다.
   가. 질병으로 인한 요양
   나. 징집으로 인한 입영
   다. 공무
   라. 취학
   마. 해당 공익사업지구 내 타인이 소유하고 있는 건축물에의 거주
   바. 그 밖에 가목부터 라목까지에 준하는 부득이한 사유
3. 타인이 소유하고 있는 건축물에 거주하는 세입자. 다만, 해당 공익사업지구에 주거용 건축물을 소유한 자로서 타인이 소유하고 있는 건축물에 거주하는 세입자는 제외한다.

시행규칙 제53조(이주정착금 등)

① 영 제40조 제2항 본문에서 "**국토교통부령으로 정하는 부득이한 사유**"란 다음 각 호의 어느 하나에 해당하는 경우를 말한다.

1. 공익사업시행지구의 인근에 택지조성에 적합한 토지가 없는 경우
2. 이주대책에 필요한 비용이 해당 공익사업의 본래의 목적을 위한 소요비용을 초과하는 등 이주대책의 수립·실시로 인하여 해당 공익사업의 시행이 사실상 곤란하게 되는 경우

(ㄴ) **영 제40조 제2항에서 국토교통부령이 정하는 부득이한 사유에 대한 판례**(처분사유 추가·변경 가능 여부에 대한 대법원 판례 - 제27회 1번 기출)

판례

▶ **관련판례(대판 2013.8.22, 2011두28301) [이주대책대상자거부처분취소]**

피고가 2009.10.8. 원고들에게 보낸 이주대책수립요구에 대한 회신(갑 제1호증)에는 원심이 이 사건 처분사유로 인정한 것 이외에도 "이주대책수립을 요구해 오신 사람 중에서 상당수(7인, 수용재결 중 3인)가 이미 계약을 체결한 후 보상금을 수령하신 상태에서 이주정착지를 요구하는 것은 실효성이 없는 것으로 판단되며"라고 기재되어 있는 것을 알 수 있는데, 거기에는 이주대책대상자 중에서 이주정착금을 지급 받은 자들은 이주대책의 수립·실시를 요구할 수 없으므로 전체 신청자 19명 중에서 이들을 제외하면 이주대책수립요구를 위한 10명에 미달하게 된다는 의미를 내포하고 있다고 볼 수 있다.

그렇다면 이 사건 처분사유에는 '이주대책을 수립·실시하지 못할 부득이한 사유에 해당한다.'는 점 이외에도 '이주대책대상자 중 이주정착지에 이주를 희망하는 자가 10호에 미치지 못한다.'는 점도 포함하고 있다고 할 수 있으므로 원심으로서는 이주대책대상자 중 10호 이상이 이주정착지에 이주를 희망하고 있는지, 그에 따라 피고가 이주대책을 수립·실시하여야 할 의무가 있는지 등을 심리하여 이 사건 처분의 적법 여부를 판단하였어야 옳다.

그럼에도 피고가 이 사건 소송에서 주장한 '이주대책대상자 중 이주정착지에 이주를 희망하는 자가 10호에 미치지 못한다.'는 사유에 관한 심리·판단을 생략한 채, 단지 **공익사업법 시행령 제40조 및 공익사업법 시행규칙 제53조에서 정한 '부득이한 사유'에 해당하지 않는다는 이유만을 들어 이 사건 처분이 위법하다고 판단한 원심판결에는 처분사유의 추가·변경에 관한 법리를 오해하여 필요한 심리를 다하지 아니함으로써 판결에 영향을 미친 위법이 있다고 할 것이다. 이 점을 지적하는 상고이유 주장은 이유 있다.** 그러므로 원심판결을 파기하고 사건을 다시 심리·판단하게 하기 위하여 원심법원에 환송하기로 하여, 관여 대법관의 일치된 의견으로 주문과 같이 판결한다.

▶ **관련판례(대판 2014.10.27, 2012두11959) [사업시행자의 지정취소처분취소]**

행정처분의 취소를 구하는 항고소송에서 처분청은 당초 처분의 근거로 삼은 사유와 기본적 사실관계가 동일성이 있다고 인정되는 한도 내에서 다른 사유를 추가 혹은 변경할 수 있고, 여기서 기본적 사실관계의 동일성 유무는 처분사유를 법률적으로 평가하기 이전의 구체적인 사실에 착안하여 그 기초인 사회적 사실관계가 기본적인 점에서 동일한지 여부에 따라 결정된다.

③ 이주대책의 대상자

(ㄱ) 이주대책 대상자 요건[3]

㉠ 주거용의 경우

(a) 허가를 받거나 신고를 하고 건축 또는 용도변경을 하여야 하는 주거용 건축물일 것(건축물 요건), (b) 89.1.24. 이전 무허가・무신고 주거용 건축물일 것(건축물 요건),[4] (c) 해당 건축물의 소유자일 것(소유요건), (d) 해당 건축물에 공익사업을 위한 관계법령에 의한 고시 등이 있은 날부터 계약체결일 또는 수용재결일까지 계속하여 거주하고 있는 자일 것(거주요건), (e) 다만, 질병으로 인한 요양, 징집으로 인한 입영, 공무, 취학, 해당 공익사업지구 내 타인이 소유하고 있는 건축물에의 거주, 그 밖에 이에 준하는 부득이한 사유로 인하여 거주하지 아니한 경우에는 그러하지 아니한다(거주요건의 예외)고 규정하고 있다.

판례

▶ 관련판례(대판 2010.3.25, 2009두23709)

공부상 건물의 용도란 기재는 그 건물소유자의 필요에 의한 신청을 전제로 그 건물의 이용현황에 관계되는 법령상 규율 등이 종합적으로 반영되어 이루어지는 것이어서 현실적 이용상황에 대한 가장 객관적인 징표가 될 수 있다는 점 등의 사정에 비추어 볼 때, **공부상 기재된 용도를 원칙적인 기준으로 삼아 이주대책대상자를 선정**하는 방식의 사업시행자의 재량권 행사가 현저히 불합리하여 위법하다고 보기는 어렵다.

▶ 관련판례(대판 2013.8.23, 2012두24900)

관할 행정청으로부터 건축허가를 받아 택지개발사업구역 안에 있는 토지 위에 주택을 신축하였으나 사용승인을 받지 않은 주택의 소유자 甲이 사업시행자인 한국토지주택공사에 이주자택지 공급대상자 선정신청을 하였는데 위 주택이 사용승인을 받지 않았다는 이유로 한국토지주택공사가 이주자택지 공급대상자 제외 통보를 한 사안에서, (구)공익사업을 위한 토지 등의 취득 및 보상에 관한 법률 시행령(2011.12.28. 대통령령 제23425호로 개정되기 전의 것, 이하 '(구)공익사업법 시행령'이라 한다) 제40조 제3항 제1호는 무허가건축물 또는 무신고건축물의 경우를 이주대책대상에서 제외하고 있을 뿐 사용승인을 받지 않은 건축물에 대하여는 아무런 규정을 두고 있지 않은 점, 건축법은 무허가건축물 또는 무신고건축물과 사용승인을 받지 않은 건축물을 요건과 효과 등에서 구별하고 있고, 허가와 사용승인은 법적 성질이 다른 점 등의 사정을 고려하여 볼 때, 건축허가를 받아 건축되었으나 사용승인을 받지 못한 건축물의 소유자는 그 건축물이 건축허가와 전혀 다르게 건축되어

---

3) 임의의 이주대책대상자
사업시행자는 법상 이주대책대상자가 아닌 자(세입자 등)도 임의로 이주대책대상자에 포함시킬 수 있다. 이 경우 사업시행자가 제시한 이주대책대상자 요건에 해당되어야 할 것이다. 주택공급에 관한 규칙 제19조 제1항은 일정요건을 갖춘 철거주택의 세입자에게 임대주택을 공급할 수 있음을 규정하고 있는바, 실제로 근래 시행되고 있는 택지개발사업 등에 있어서는 예외 없이 일정요건을 갖춘 세입자에게 임대아파트 등을 공급하는 세입자 대책을 이주대책 중에 포함시키고 있다.

4) 토지보상법 시행령 부칙(제17854호, 2002.12.30.) 제6조
이는 1989.1.24. 시행된 (구)공특법 시행령이 제5조 제5항을 신설하여 무허가・무신고 건물의 소유자를 이주대책에서 제외하되, 그 부칙 제3항을 통해 위 개정 시행령 시행일 현재 무허가・무신고 건물의 소유자는 이주대책대상자에 포함시키도록 하는 경과조치를 둔 데서 유래한다.

실질적으로는 건축허가를 받은 것으로 볼 수 없는 경우가 아니라면 (구)공익사업법 시행령 제40조 제3항 제1호에서 정한 무허가건축물의 소유자에 해당하지 않는다는 이유로 甲을 이주대책대상자에서 제외한 위 처분이 위법하다고 본 원심판단을 정당하다고 한 사례

▶ 관련판례(대판 1999.8.20, 98두17043)[5]
공공용지의 취득 및 손실보상에 관한 특례법 제5조 제1항, 제5항 및 제8조 제1항의 각 규정 취지에 비추어 가옥 소유자는 대외적인 소유권을 가진 자를 의미하는 것이 아니라 실질적인 처분권을 가진 자를 의미하는 것으로 봄이 상당하고, 또한 건물등기부등본 이외의 다른 신빙성 있는 자료에 의하여 그와 같은 실질적인 처분권이 있음의 입증을 배제하는 것도 아니라고 할 것이다.

▶ 관련판례(대판 2009.2.26, 2007두13340)
[1] 공익사업을 위한 토지 등의 취득 및 보상에 관한 법률 제78조 제1항, 공익사업을 위한 토지 등의 취득 및 보상에 관한 법률 시행령 제40조 제3항 제2호 규정의 문언, 내용 및 입법취지 위 시행령 제40조 제3항 제2호의 '공익사업을 위한 관계법령에 의한 고시 등이 있은 날' 당시 건축물의 용도가 주거용인 건물을 의미한다고 해석되므로, 그 당시 주거용 건물이 아니었던 건물이 그 이후에 주거용으로 용도변경된 경우에는 건축허가를 받았는지 여부에 상관없이 수용재결 내지 협의계약 체결 당시 주거용으로 사용된 건물이라 할지라도 이주대책대상이 되는 주거용 건축물이 될 수 없다.
[2] 이주대책기준일이 되는 공익사업을 위한 토지 등의 취득 및 보상에 관한 법률 시행령 제40조 제3항 제2호의 '공익사업을 위한 관계법령에 의한 고시 등이 있은 날'에는 토지수용절차에 공익사업을 위한 토지 등의 취득 및 보상에 관한 법률을 준용하도록 한 관계법률에서 사업인정의 고시 외에 주민 등에 대한 공람공고를 예정하고 있는 경우에는 사업인정의 고시일뿐만 아니라 공람공고일도 포함될 수 있다.

▶ 관련판례(대판 2011.6.10, 2010두26216) [이주대책대상자 및 이주대책보상 등의 거부처분취소]
[1] 공익사업을 위한 토지 등의 취득 및 보상에 관한 법률 시행령 제40조 제3항 제1호의 '허가를 받거나 신고를 하고 건축하여야 하는 건축물을 허가를 받지 아니하거나 신고를 하지 아니하고 건축한 건축물의 소유자'에, 주거용 아닌 다른 용도로 이미 허가를 받거나 신고를 한 건축물을 적법한 절차 없이 임의로 주거용으로 용도를 변경하여 사용하는 자도 포함되는지 여부(적극)
[2] 한국국제전시장 2단계부지 조성사업시행자인 고양시장이, 사업지구 안에 편입된 1층 철골조 창고 건물의 소유자 갑의 이주대책대상자 선정 신청에 대하여 이주대책대상자가 아니어서 이주대책이 불가능하다는 요지의 회신을 함으로써 거부처분을 한 사안에서, 갑은 공익사업을 위한 토지 등의 취득 및 보상에 관한 법률에서 정한 이주대책대상자에서 제외되는 것으로 보아야 함에도 이와 달리 판단한 원심판결에 법리를 오해한 위법이 있다고 한 사례

㉡ 공장의 경우 : 사업시행자는 대통령령으로 정하는 공익사업의 시행으로 인하여 공장부지가 협의 양도되거나 수용됨에 따라 더 이상 해당 지역에서 공장(「산업집적활성화 및 공장설립에 관한 법률」 제2조 제1호에 따른 공장을 말한다)을 가동할 수 없게 된 자가 희망하는 경우 「산업입지 및 개발에 관한 법률」에 따라 지정·개발된 인근 산업단지에의 입주 등 대통령령으로 정하는 이주대책에 관한 계획을 수립하여야 한다.

5) 대판 2010.3.25, 2009두23709, 대판 1999.8.20, 98두17043 종합해 볼 때, 건축물의 소유자는 원칙적으로 공부상 기재를 기준으로 할 것이나, 궁극적으로는 실질적인 처분권을 갖고 있는지에 따라 결정해야 한다고 볼 수 있다.

(ㄴ) 이주대책대상자의 법적 지위

㉠ **법상 이주대책대상자의 이주대책계획수립청구권** : 토지보상법 시행령 제40조 제3항은 법상 예외가 인정되고 있는 경우를 제외하고는 사업시행자에게 이주대책을 실시할 의무를 부여하고 있다고 보아야 하고 최근 전원합의체 판결에서는 이주대책의 수립・실시의무를 강행규정으로 보고 있다. 법상의 이주대책대상자가 이주대책계획의 수립을 청구하였음에도 불구하고 사업시행자가 이주대책을 수립하지 않은 경우에는 의무이행심판 또는 부작위위법확인소송을 제기할 수 있고, 이주대책을 거부한 경우에는 의무이행심판(또는 거부처분취소심판) 또는 거부처분취소소송을 제기할 수 있다고 보아야 한다.[6)]

㉡ **법상 이주대책대상자가 아닌 자** : 사업시행자는 법상 이주대책대상자가 아닌 자(세입자 등)도 임의로 이주대책대상자에 포함시킬 수 있다. 이주대책의 수립에 의해 이주대책대상자에 포함된 세입자 등은 영구임대주택 입주권 등 이주대책을 청구할 권리를 가지며 이를 거부한 것은 거부처분이 된다.

판례

▶ 관련판례(대판 1994.2.22, 93누15120)

이 사건 택지개발사업의 시행에 따른 이주대책의 수립・실시업무를 위탁받은 서울특별시도시개발공사는 특례법상의 이주대책으로 이 사건 택지개발예정지구지정고시일(1989.3.21.) 현재 사업지구내 가옥소유자로 학교, 직장, 사업 등으로 **지구 외에 거주하는 무주택자에 대하여는 규칙에 의하여 주택을 특별분양하기로 하였는바, 위 이주대책은 특례법 시행규칙 제27조의2 제3항 제3호의 규정에 의하여 이주대책대상자에서 제외되는 "건물의 소유자 중 해당 건물에 계속하여 거주하고 있지 아니한 자"에 대하여도 그가 택지개발예정지지정고시일 현재 사업지구 내에 가옥을 소유하고 있던 경우에는 규칙에 의한 주택의 특별공급이라는 대책을 마련해 준 것으로 이해되고**, 그에 따라 위 이주대책에서 정한 요건을 갖추었다면 해당 건물에 계속하여 거주하지 아니하여 특례법상의 이주대책대상자에 해당하지 아니한 자도 그에 따른 주택특별분양신청권을 갖는다 할 것이나, (이하 생략).

판례

이주대책대상자에 해당하기 위해서는 토지보상법 제4조 각 호 공익사업에 포함되면서 주거용 건축물을 제공한 자

공익사업을 위한 토지 등의 취득 및 보상에 관한 법률 제78조 제1항에서 정한 이주대책대상자에 해당하기 위해서는 같은 법 제4조 각 호의 어느 하나에 해당하는 공익사업의 시행으로 인하여 주거용 건축물을 제공함에 따라 생활의 근거를 상실하게 되어야 하는지 여부

▶ 대판 2019.7.25, 2017다278668

【판시사항】

[1] 구 공익사업을 위한 토지 등의 취득 및 보상에 관한 법률 제78조 제1항에서 정한 이주대책대상

6) 법상 이주대책대상자가 아닌 자는 이주대책계획수립청구권은 인정되기 어려울 것이다.

자에 해당하기 위해서는 같은 법 제4조 각 호의 어느 하나에 해당하는 공익사업의 시행으로 인하여 주거용 건축물을 제공함에 따라 생활의 근거를 상실하게 되어야 하는지 여부(적극)

[2] 갑 지방자치단체가 시범아파트를 철거한 부지를 기존의 근린공원에 추가로 편입시키는 내용의 '근린공원조성사업'을 추진함에 따라 도시계획시설사업의 실시계획이 인가·고시되었고, 을 등이 소유한 각 시범아파트 호실이 수용대상으로 정해지자 갑 지방자치단체가 을 등과 공공용지 협의취득계약을 체결하여 해당 호실에 관한 소유권을 취득한 사안에서, '근린공원조성사업'이 구 공익사업을 위한 토지 등의 취득 및 보상에 관한 법률 제4조 제7호의 공익사업에 포함된다고 볼 여지가 많은데도, 이와 달리 본 원심판단에 법리오해 등의 잘못이 있다고 한 사례

【판결요지】

[1] 구 공익사업을 위한 토지 등의 취득 및 보상에 관한 법률(2007.10.17. 법률 제8665호로 개정되기 전의 것, 이하 '구 토지보상법'이라 한다) 제78조 제1항은 "사업시행자는 공익사업의 시행으로 인하여 주거용 건축물을 제공함에 따라 생활의 근거를 상실하게 되는 자(이하 '이주대책대상자'라 한다)를 위하여 대통령령이 정하는 바에 따라 이주대책을 수립·실시하거나 이주정착금을 지급하여야 한다."라고 규정하고, 같은 조 제4항 본문은 "이주대책의 내용에는 이주정착지에 대한 도로·급수시설·배수시설 그 밖의 공공시설 등 당해 지역조건에 따른 생활기본시설이 포함되어야 하며, 이에 필요한 비용은 사업시행자의 부담으로 한다."라고 규정하고 있다. 그리고 구 토지보상법 제2조 제2호는 "공익사업이라 함은 제4조 각 호의 1에 해당하는 사업을 말한다."라고 정의하고 있고, 제4조는 제1호 내지 제6호에서 국방·군사에 관한 사업 등 구체적인 공익사업의 종류나 내용을 열거한 다음, 제7호에서 "그 밖에 다른 법률에 의하여 토지 등을 수용 또는 사용할 수 있는 사업"이라고 규정하고 있다. 위와 같은 각 규정의 내용을 종합하면, 이주대책대상자에 해당하기 위해서는 구 토지보상법 제4조 각 호의 어느 하나에 해당하는 공익사업의 시행으로 인하여 주거용 건축물을 제공함에 따라 생활의 근거를 상실하게 되어야 한다.

[2] 갑 지방자치단체가 시범아파트를 철거한 부지를 기존의 근린공원에 추가로 편입시키는 내용의 '근린공원조성사업'을 추진함에 따라 도시계획시설사업의 실시계획이 인가·고시되었고, 을 등이 소유한 각 시범아파트 호실이 수용대상으로 정해지자 갑 지방자치단체가 을 등과 공공용지 협의취득계약을 체결하여 해당 호실에 관한 소유권을 취득한 사안에서, 도시계획시설사업 실시계획의 인가에 따른 고시가 있으면 도시계획시설사업의 시행자는 사업에 필요한 토지 등을 수용 및 사용할 수 있게 되고, 을 등이 각 아파트 호실을 제공한 계기가 된 '근린공원 조성사업' 역시 구 국토의 계획 및 이용에 관한 법률(2007.1.26. 법률 제8283호로 개정되기 전의 것)에 따라 사업시행자에게 수용권한이 부여된 도시계획시설사업으로 추진되었으므로, 이는 적어도 구 공익사업을 위한 토지 등의 취득 및 보상에 관한 법률(2007.10.17. 법률 제8665호로 개정되기 전의 것) 제4조 제7호의 공익사업, 즉 '그 밖에 다른 법률에 의하여 토지 등을 수용 또는 사용할 수 있는 사업'에 포함된다고 볼 여지가 많은데도, 이와 달리 본 원심판단에 법리오해 등의 잘못이 있다고 한 사례

④ 이주대책의 내용 등

(ㄱ) 주거용의 경우

㉠ 이주정착지의 조성

(a) 토지보상법령의 태도

법 제78조(이주대책의 수립 등)

④ 이주대책의 내용에는 이주정착지(이주대책의 실시로 건설하는 주택단지를 포함한다)에 대한 도로, 급수시설, 배수시설, 그 밖의 공공시설 등 통상적인 수준의 생활기본시설이 포함되어야 하며, 이에 필요한 비용은 사업시행자가 부담한다. 다만, 행정청이 아닌 사업시행자가 이주대책을 수립·실시하는 경우에 지방자치단체는 비용의 일부를 보조할 수 있다.

시행령 제41조의2(생활기본시설의 범위 등)

① 법 제78조 제4항 본문에 따른 "통상적인 수준의 생활기본시설"은 다음 각 호의 시설로 한다.

1. 도로(가로등·교통신호기를 포함한다)
2. 상수도 및 하수처리시설
3. 전기시설
4. 통신시설
5. 가스시설

② 법 제78조 제9항에 따라 사업시행자가 부담하는 생활기본시설에 필요한 비용(이하 이 조에서 "사업시행자가 부담하는 비용"이라 한다)은 다음 각 호의 구분에 따른 계산식에 따라 산정한다. 〈개정 2022.5.9.〉

1. 택지를 공급하는 경우
   사업시행자가 부담하는 비용 = 해당 공익사업지구 안에 설치하는 제1항에 따른 생활기본시설의 설치비용 × (해당 이주대책대상자에게 유상으로 공급하는 택지면적 ÷ 해당 공익사업지구에서 유상으로 공급하는 용지의 총면적)
2. 주택을 공급하는 경우
   사업시행자가 부담하는 비용 = 해당 공익사업지구 안에 설치하는 제1항에 따른 생활기본시설의 설치비용 × (해당 이주대책대상자에게 유상으로 공급하는 주택의 대지면적 ÷ 해당 공익사업지구에서 유상으로 공급하는 용지의 총면적)

③ 제2항 제1호 및 제2호에 따른 해당 공익사업지구 안에 설치하는 제1항에 따른 생활기본시설의 설치비용은 해당 생활기본시설을 설치하는 데 드는 공사비, 용지비 및 해당 생활기본시설의 설치와 관련하여 법령에 따라 부담하는 각종 부담금으로 한다.

판례

토지보상법 제78조 제4항에 규정된 생활기본시설 설치비용을 분양대금에 포함시킨 경우, 그 부분이 강행법규에 위배되어 무효인지 여부

공익사업의 시행자가 이주대책대상자와 체결한 택지에 관한 특별공급계약에서 구 공익사업을 위한 토지 등의 취득 및 보상에 관한 법률 제78조 제4항에 규정된 생활기본시설 설치비용을 분양대금에 포함시킨 경우, 그 부분이 강행법규에 위배되어 무효인지 여부

▶ 대판 2019.3.28, 2015다49804

【판시사항】

[1] 공익사업의 시행자가 이주대책대상자와 체결한 택지에 관한 특별공급계약에서 구 공익사업을 위한 토지 등의 취득 및 보상에 관한 법률 제78조 제4항에 규정된 생활기본시설 설치비용을 분양대금에 포함시킨 경우, 그 부분이 강행법규에 위배되어 무효인지 여부(적극)

[2] 공익사업의 시행자가 택지조성원가에서 일정한 금액을 할인하여 이주자택지의 분양대금을 정한 경우, 분양대금에 생활기본시설 설치비용이 포함되었는지와 포함된 범위를 판단하는 기준 및 이때 '택지조성원가에서 생활기본시설 설치비용을 공제한 금액'의 산정방식 / 이주자택지의 분양대금에 포함된 생활기본시설 설치비용 상당의 부당이득액을 산정하는 경우, 사업시행자가 이주자택지 분양대금 결정의 기초로 삼은 택지조성원가를 산정할 때 실제 적용한 총사업면적과 사업비, 유상공급면적을 그대로 기준으로 삼아야 하는지 여부(적극)

[3] 공익사업의 시행자가 이주대책대상자에게 생활기본시설로서 제공하여야 하는 도로에 '주택단지 안의 도로를 해당 주택단지 밖에 있는 동종의 도로에 연결시키는 도로'가 포함되는지 여부(적극) 및 '사업시행자가 공익사업지구 안에 설치하는 도로로서 해당 사업지구 안의 주택단지 등의 입구와 사업지구 밖에 있는 도로를 연결하는 기능을 담당하는 도로'가 포함되는지 여부(원칙적 적극)

[4] 한국토지공사가 시행한 택지개발사업의 사업부지 중 기존 도로 부분과 수도 부분을 포함한 국공유지가 한국토지공사에 무상으로 귀속된 경우, 생활기본시설 용지비의 산정방식이 문제된 사안에서, 무상귀속부지 중 전체 공공시설 설치면적에 대한 생활기본시설 설치면적의 비율에 해당하는 면적을 제외하고 생활기본시설의 용지비를 산정한 원심판단에 법리오해의 잘못이 있다고 한 사례

【판결요지】

[1] <u>이주대책대상자와 공익사업의 시행자 사이에 체결된 택지에 관한 특별공급계약에서 구 공익사업을 위한 토지 등의 취득 및 보상에 관한 법률(2007.10.17. 법률 제8665호로 개정되기 전의 것, 이하 '구 토지보상법'이라 한다) 제78조 제4항에 규정된 생활기본시설 설치비용을 분양대금에 포함시킴으로써 이주대책대상자가 생활기본시설 설치비용까지 사업시행자에게 지급하게 되었다면, 특별공급계약 중 생활기본시설 설치비용을 분양대금에 포함시킨 부분은 강행법규인 구 토지보상법 제78조 제4항에 위배되어 무효이다.</u>

[2] 공익사업의 시행자가 택지조성원가에서 일정한 금액을 할인하여 이주자택지의 분양대금을 정한 경우에는 분양대금이 '택지조성원가에서 생활기본시설 설치비용을 공제한 금액'을 초과하는지 등 그 상호관계를 통하여 분양대금에 생활기본시설 설치비용이 포함되었는지와 포함된 범위를 판단하여야 한다. 이때 구 공익사업을 위한 토지 등의 취득 및 보상에 관한 법률(2007.10.17. 법률 제8665호로 개정되기 전의 것, 이하 '구 토지보상법'이라 한다) 제78조 제4항은 사업시행자가 이주대책대상자에게 생활기본시설 설치비용을 전가하는 것만을 금지할 뿐 적극적으로 이주대책대상자에게 부담시킬 수 있는 비용이나 그로부터 받을 수 있는 분양대금의 내역에 관하여는 규정하지 아니하고 있으므로, 사업시행자가 실제 이주자택지의 분양대금 결정의 기초로 삼았던 택지조성원가 가운데 생활기본시설 설치비용에 해당하는 항목을 가려내어 이를 빼내는 방식으로 '택지조성원가에서 생활기본시설 설치비용을 공제한 금액'을 산정하여야 하고, 이와 달리 이주대책대상자에게 부담시킬 수 있는 택지조성원가를 새롭게 산정하여 이를 기초로 할 것은 아니다. 그리고 이주자택지의 분양대금 결정의 기초로 삼은 택지조성원가를 산정할 때 도시지원시설을 제외할 것인지 또는 도시지원시설 감보면적을 유상공급면적에서 제외할 것인지에 관하여 다투는 것도 이러한 택지조성원가 산정의 정당성을 다투는 것에 불과하기 때문에 이주대책대상자에

대한 생활기본시설 설치비용의 전가 여부와는 관련성이 있다고 할 수 없고, 이로 인하여 사업시행자가 구 토지보상법 제78조 제4항을 위반하게 된다고 볼 수도 없다. 따라서 이주자택지의 분양대금에 포함된 생활기본시설 설치비용 상당의 부당이득액을 산정함에 있어서는 사업시행자가 이주자택지 분양대금 결정의 기초로 삼은 택지조성원가를 산정할 때 실제 적용한 총사업면적과 사업비, 유상공급면적을 그대로 기준으로 삼아야 한다.

[3] 공익사업의 시행자가 이주대책대상자에게 생활기본시설로서 제공하여야 하는 도로에는 길이나 폭에 불구하고 구 주택법(2009.2.3. 법률 제9405호로 개정되기 전의 것) 제2조 제8호에서 정하고 있는 간선시설에 해당하는 도로, 즉 주택단지 안의 도로를 해당 주택단지 밖에 있는 동종의 도로에 연결시키는 도로가 포함됨은 물론, 사업시행자가 공익사업지구 안에 설치하는 도로로서 해당 사업지구 안의 주택단지 등의 입구와 사업지구 밖에 있는 도로를 연결하는 기능을 담당하는 도로도 특별한 사정이 없는 한 사업지구 내 주택단지 등의 기능 달성 및 전체 주민들의 통행을 위한 필수적인 시설로서 이에 포함된다.

[4] 한국토지공사가 시행한 택지개발사업의 사업부지 중 기존 도로 부분과 수도 부분을 포함한 국공유지가 한국토지공사에게 무상으로 귀속된 경우, 생활기본시설 용지비의 산정방식이 문제된 사안에서, 한국토지공사가 이주대책대상자들에게 반환하여야 할 부당이득액은 이주자택지의 분양대금에 포함된 생활기본시설에 관한 비용 상당액이므로, 그 구성요소의 하나인 생활기본시설 용지비는 분양대금 산정의 기초가 된 총용지비에 포함된 전체 토지의 면적에 대한 생활기본시설이 차지하는 면적의 비율에 총용지비를 곱하는 방식으로 산출하여야 하고, 사업부지 중 한국토지공사에게 무상귀속된 부분이 있을 경우에는 무상귀속 부분의 면적도 생활기본시설의 용지비 산정에 포함시켜야 하는데도, 무상귀속부지 중 전체 공공시설 설치면적에 대한 생활기본시설 설치면적의 비율에 해당하는 면적을 제외하고 생활기본시설의 용지비를 산정한 원심판단에 법리오해의 잘못이 있다고 한 사례

(b) 이주대책 내용 결정의 재량권

판례

▶ 관련판례 1(대판 2007.2.22, 2004두7481)

(구)공공용지의 취득 및 손실보상에 관한 특례법 제8조 제1항 및 같은 법 시행령 제5조 제5항에 의하여 실시되는 이주대책은 공익사업의 시행으로 생활근거를 상실하게 되는 이주자에게 이주정착지의 택지를 분양하도록 하는 것이고, **사업시행자는 특별공급주택의 수량, 특별공급대상자의 선정 등에 있어 재량을 가진다.**

▶ 관련판례 2(대판 2009.3.12, 2008두12610)

사업시행자는 이주대책기준을 정하여 이주대책대상자 중에서 이주대책을 수립・실시하여야 할 자를 선정하여 그들에게 공급할 택지 또는 주택의 내용이나 수량을 정할 수 있고, 이를 정하는 데 재량을 가지므로, **이를 위해 사업시행자가 설정한 기준은 그것이 객관적으로 합리적이 아니라거나 타당하지 않다고 볼 만한 다른 특별한 사정이 없는 한 존중되어야 한다.**

도시개발사업의 사업시행자가 보상계획공고일을 기준으로 이주대책대상자를 정한 후, 협의계약 체결일 또는 수용재결일까지 해당 주택에 계속 거주하였는지 여부 등을 고려하여 이주대책을 수립・실시하여야 할 자를 선정하여 그들에게 공급할 아파트의 종류, 면적을 정한 이주대책기준을 근거로 한 입주권 공급대상자 결정처분에 **재량권을 일탈・남용한 위법이 없다**고 한 사례

▶ 관련판례(대판 2009.11.12, 2009두10291)
주택법의 위임을 받아 제정된 '주택공급에 관한 규칙' 제19조 제1항 제3호 각 목에서 정한 철거주택의 소유자를 대상으로 하는 국민주택 등의 특별공급은 공익사업의 시행으로 인하여 주거용 건축물을 제공함에 따라 생활의 근거를 상실하게 되는 자를 위하여 '공익사업을 위한 토지 등의 취득 및 보상에 관한 법률' 제78조 제1항 및 같은 법 시행령 제40조 제2항 단서에 근거하여 사업시행자가 실시하는 이주대책에 갈음하는 성질을 가지는 것으로, 사업시행자는 이주대책기준을 정하여 위 이주대책대상자 중에서 이주대책을 수립·실시하여야 할 자를 선정하거나 그들에게 공급할 주택 등의 내용이나 수량 등을 정하는 데 재량을 가진다. 그리고 이를 위해 사업시행자가 설정한 기준은 그것이 객관적으로 합리적이 아니라거나 타당하지 않다고 볼 만한 특별한 사정이 없는 한 존중되어야 한다.

(c) **생활기본시설의무의 강행법규 및 일부 무효로 인한 부당이득 반환 여부** : 대법원은 사업시행자의 생활기본시설의무에 대해 강행법규라 판시하고 있다. 이에 반하는 공급계약의 경우 강행법규 위반으로 일부 무효라고 보며 사업시행자는 법률상 원인 없이 생활기본시설 설치비용 상당의 이익을 얻고 그로 인하여 이주대책대상자들이 같은 금액 상당의 손해를 입게 된 것이므로 사업시행자는 그 금액을 부당이득으로 이주대책대상자들에게 반환할 의무가 있다고 판시하였다.

판례

▶ 관련판례(대판 2011.6.23, 2007다63089·63096 전원합의체 및 대판 2011.7.14, 2009다12511)
사업시행자의 이주대책 수립·실시의무를 정하고 있는 (구)공익사업법 제78조 제1항은 물론 이주대책의 내용에 관하여 규정하고 있는 같은 조 제4항 본문 역시 당사자의 합의 또는 사업시행자의 재량에 의하여 적용을 배제할 수 없는 강행법규이다.

"사업시행자가 택지개발촉진법 또는 주택법 등 관계법령에 의하여 이주대책대상자에게 택지 또는 주택을 공급한 경우(사업시행자의 알선에 의하여 공급한 경우를 포함한다)에는 이주대책을 수립·실시한 것으로 본다."고 규정하고 있으며, 한편 (구)공익사업법 제78조 제4항 본문은 "이주대책의 내용에는 이주정착지에 대한 도로·급수시설·배수시설 그 밖의 공공시설 등 해당 지역조건에 따른 생활기본시설이 포함되어야 하며, 이에 필요한 비용은 사업시행자의 부담으로 한다."고 규정하고 있다. 위 각 규정을 종합하면 사업시행자가 (구)공익사업법 시행령 제40조 제2항 단서에 따라 택지개발촉진법 또는 주택법 등 관계법령에 의하여 이주대책대상자들에게 택지 또는 주택을 공급(이하 '특별공급'이라 한다)하는 것도 (구)공익사업법 제78조 제1항의 위임에 근거하여 사업시행자가 선택할 수 있는 이주대책의 한 방법이므로, 특별공급의 경우에도 이주정착지를 제공하는 경우와 마찬가지로 사업시행자의 부담으로 같은 조 제4항이 정한 생활기본시설을 설치하여 이주대책대상자들에게 제공하여야 한다고 보아야 하고, 이주대책대상자들이 특별공급을 통해 취득하는 택지나 주택의 시가가 공급가액을 상회하여 그들에게 시세차익을 얻을 기회나 가능성이 주어진다고 하여 달리 볼 것은 아니다.

생활기본시설이라 함은 주택법 제23조 등 관계법령에 의하여 주택건설사업이나 대지조성사업을 시행하는 사업주체가 설치하도록 되어 있는 도로 및 상하수도시설, 전기시설·통신시설·가스시설 또는 지역난방시설 등 간선시설을 의미한다고 보아야 한다.

만일 이주대책대상자들과 사업시행자 또는 그의 알선에 의한 공급자와 사이에 체결된 택지 또는

> 주택에 관한 특별공급계약에서 (구)공익사업법 제78조 제4항에 규정된 생활기본시설 설치비용을 분양대금에 포함시킴으로써 이주대책대상자들이 생활기본시설 설치비용까지 사업시행자 등에게 지급하게 되었다면, 사업시행자가 직접 택지 또는 주택을 특별공급한 경우에는 특별공급계약 중 분양대금에 생활기본시설 설치비용을 포함시킨 부분이 강행법규인 (구)공익사업법 제78조 제4항에 위배되어 무효이고, 사업시행자의 알선에 의하여 다른 공급자가 택지 또는 주택을 공급한 경우에는 사업시행자가 위 규정에 따라 부담하여야 할 생활기본시설 설치비용에 해당하는 금액의 지출을 면하게 되어, 결국 사업시행자는 법률상 원인 없이 생활기본시설 설치비용 상당의 이익을 얻고 그로 인하여 이주대책대상자들이 같은 금액 상당의 손해를 입게 된 것이므로, 사업시행자는 그 금액을 부당이득으로 이주대책대상자들에게 반환할 의무가 있다 할 것이다.
>
> 사업시행자가 이주대책대상자들에게 택지를 특별공급하면서 분양대금에 (구)공익사업을 위한 토지 등의 취득 및 보상에 관한 법률 제78조 제4항에 규정된 생활기본시설 설치비용을 포함시켜 지급받은 사안에서, 사업시행자가 이주대책대상자들에게 택지를 특별공급하는 경우에도 위 조항이 적용되고, 분양계약 중 위 조항에 위배되는 부분은 무효이므로, 사업시행자가 분양계약의 일부 무효에 따른 부당이득금을 반환할 의무가 있다고 본 원심판단은 정당하나, 사업시행자의 부담으로 제공하여야 하는 것은 위 조항에서 정한 생활기본시설에 국한됨에도, 분양계약에서 정한 분양대금 중 택지소지가격과 택지조성비를 초과하는 부분을 모두 효력이 없다고 본 원심판결에는 법리오해의 위법이 있다고 한 사례

㉡ **택지 또는 주택의 공급** : 택지개발촉진법 또는 주택건설촉진법에 의하여 택지나 주택공급을 하면 이주대책수립에 의제된다. 수도권지역에서의 대규모 택지개발사업의 경우를 보면, 기준일(택지개발사업의 경우 택지개발예정지구지정 공고공람일) 1년 이전부터 소유・거주요건을 충족하는 이주자에게는 세대당 1필지의 이주자택지를 조성원가 이하에 공급하고, 이주자택지수급권을 포기한 자나 기준일 1년 미만 이전부터 소유・거주요건을 충족하는 등으로 택지공급대상자에서 제외되는 이주자에게는 주택특별공급의 일환으로 분양아파트를 일반분양가격에 공급하며, 소정의 요건을 갖춘 무주택세대주인 세입자에게는 주거이전비와 택일적으로 임대아파트를 일반임대조건에 따라 공급하고 있다. 공급하는 택지 등의 면적에 있어서는 협의양도 또는 자진이주 등 부가적 조건의 충족 여하에 따라 차등을 두는 경우가 많다.

(ㄴ) 공장용

> **시행령 제41조의3(공장에 대한 이주대책에 관한 계획의 수립 등) 제2항**
>
> 1. 해당 공익사업지역 인근 지역에 「산업입지 및 개발에 관한 법률」에 따라 지정・개발된 산업단지(이하 "산업단지"라 한다)가 있는 경우 해당 산업단지의 우선 분양 알선
> 2. 해당 공익사업지역 인근 지역에 해당 사업시행자가 공장이주대책을 위한 별도의 산업단지를 조성하는 경우 그 산업단지의 조성 및 입주계획
> 3. 해당 공익사업지역 안에 조성되는 공장용지의 우선 분양
> 4. 그 밖에 원활한 공장이주대책을 위한 행정적 지원방안

(ㄷ) 이주정착금의 지급

시행령 제41조(이주정착금의 지급)
사업시행자는 법 제78조 제1항에 따라 다음 각 호의 어느 하나에 해당하는 경우에는 이주대책대상자에게 국토교통부령으로 정하는 바에 따라 이주정착금을 지급해야 한다.
1. 이주대책을 수립·실시하지 아니하는 경우
2. 이주대책대상자가 이주정착지가 아닌 다른 지역으로 이주하려는 경우
3. 이주대책대상자가 공익사업을 위한 관계 법령에 따른 고시 등이 있은 날의 1년 전부터 계약체결일 또는 수용재결일까지 계속하여 해당 건축물에 거주하지 않은 경우
4. 이주대책대상자가 공익사업을 위한 관계 법령에 따른 고시 등이 있은 날 당시 다음 각 목의 어느 하나에 해당하는 기관·업체에 소속(다른 기관·업체에 소속된 사람이 파견 등으로 각 목의 기관·업체에서 근무하는 경우를 포함한다)되어 있거나 퇴직한 날부터 3년이 경과하지 않은 경우
   가. 국토교통부
   나. 사업시행자
   다. 법 제21조 제2항에 따라 협의하거나 의견을 들어야 하는 공익사업의 허가·인가·승인 등 기관
   라. 공익사업을 위한 관계 법령에 따른 고시 등이 있기 전에 관계 법령에 따라 실시한 협의, 의견청취 등의 대상자였던 중앙행정기관, 지방자치단체, 「공공기관의 운영에 관한 법률」 제4조에 따른 공공기관 및 「지방공기업법」에 따른 지방공기업

시행규칙 제53조(이주정착금 등)
① 영 제40조 제2항 본문에서 "국토교통부령으로 정하는 부득이한 사유"란 다음 각 호의 어느 하나에 해당하는 경우를 말한다.
  1. 공익사업시행지구의 인근에 택지조성에 적합한 토지가 없는 경우
  2. 이주대책에 필요한 비용이 해당 공익사업의 본래의 목적을 위한 소요비용을 초과하는 등 이주대책의 수립·실시로 인하여 해당 공익사업의 시행이 사실상 곤란하게 되는 경우
② 영 제41조에 따른 이주정착금은 보상대상인 주거용 건축물에 대한 평가액의 30퍼센트에 해당하는 금액으로 하되, 그 금액이 1천2백만원 미만인 경우에는 1천2백만원으로 하고, 2천4백만원을 초과하는 경우에는 2천4백만원으로 한다.

⑤ 이주대책의 수립절차

(ㄱ) **토지보상법상 절차** : 사업시행자가 이주대책을 수립하고자 할 때에는 미리 그 내용을 이주대책대상자에게 통지하여야 한다. 사업시행자가 토지보상법 제78조 제1항의 규정에 따라 이주대책을 수립하고자 할 때에는 미리 관할 지방자치단체의 장과 협의하여야 한다.

(ㄴ) **택지개발사업의 절차**[7] : ㉠ 사업시행자가 이주대책(생활대책)을 수립한 다음, ㉡ 예비대상자에 대한 개별통보 및 공고를 하면서 이주대책 등의 신청에 대한 안내(이주대책기준일, 유형별 이주대책의 내용, 대상자 요건, 신청기간과 장소, 구비서류 등)를 하고, ㉢ 이주자들이 소정의 구비서류를 첨부하여 신청기간 내에 신청을 완료하면, ㉣ 자체적으로 마련한 심사기준을 적용하여 이주대책 등의 대상자를 결정 및 통보, ㉤ 이의신청이 있는 경우에는 이에 대한 결정을

7) 토지보상법상의 절차는 추상적이므로, 택지개발사업에서의 이주대책절차를 소개한다.

해서 회신해 주고, ⓑ 이상과 같은 절차를 거쳐 대상자가 확정된 후에는 분양예정통보 내지 분양공고를 통해 대상자들로 하여금 분양 또는 공급의 신청을 하도록 한다. ⓢ 이때 이주대책의 경우에는 추첨 등의 방법으로 대상물건을 확정한 후 대상자와 사업시행자가 직접 분양계약을 체결한다. ⓞ 생활대책의 경우에는 대상자들이 조합을 결성하여 그 조합 명의로 희망하는 필지에 대한 공급신청을 하고 추첨 등의 방법으로 수분양권이 결정되면 그 조합과 사업시행자가 공급계약을 체결하게 된다.

5. 이주대책 전원합의체 판결로 인한 보상제도의 변화

판례

▶ 새로운 이주대책 전원합의체 판결 : 대판 2011.6.23, 2007다63089·63096 全合 [채무부존재확인·채무부존재확인]

[판시사항]

[1] 계약당사자 중 일방이 상대방 및 제3자와 3면 계약을 체결하거나 상대방의 승낙을 얻어 계약상 당사자의 지위를 포괄적으로 제3자에게 이전하는 경우, 제3자가 종래 계약에서 이미 발생한 채권·채무도 모두 이전받는지 여부(적극)

[2] 사업시행자가 (구)공익사업을 위한 토지 등의 취득 및 보상에 관한 법률 시행령 제40조 제2항 단서에 따라 택지개발촉진법 또는 주택법 등 관계법령에 의하여 이주대책대상자들에게 택지 또는 주택을 공급하는 경우에도 이주정착지를 제공하는 경우와 마찬가지로 사업시행자 부담으로 (구)공익사업을 위한 토지 등의 취득 및 보상에 관한 법률 제78조 제4항에서 정한 생활기본시설을 설치하여 이주대책대상자들에게 제공하여야 하는지 여부(적극)

[3] 사업시행자의 이주대책 수립·실시의무를 정하고 있는 (구)공익사업을 위한 토지 등의 취득 및 보상에 관한 법률 제78조 제1항과 이주대책의 내용을 정하고 있는 같은 조 제4항 본문이 강행법규인지 여부(적극)

[4] (구)공익사업을 위한 토지 등의 취득 및 보상에 관한 법률 제78조 제4항에서 정한 '도로·급수시설·배수시설 그 밖의 공공시설 등 해당 지역조건에 따른 생활기본시설'의 의미 및 이주대책대상자들과 사업시행자 등이 체결한 택지 또는 주택에 관한 특별공급계약에서 위 조항에 규정된 생활기본시설 설치비용을 분양대금에 포함시킴으로써 이주대책대상자들이 그 비용까지 사업시행자 등에게 지급하게 된 경우, 사업시행자가 그 비용 상당액을 부당이득으로 이주대책대상자들에게 반환하여야 하는지 여부(적극)

[판결요지]

[1] 계약당사자 중 일방이 상대방 및 제3자와 3면 계약을 체결하거나 상대방의 승낙을 얻어 계약상 당사자로서의 지위를 포괄적으로 제3자에게 이전하는 경우 이를 양수한 제3자는 양도인의 계약상 지위를 승계함으로써 종래 계약에서 이미 발생한 채권·채무도 모두 이전받게 된다.

[2] [다수의견] (구)공익사업을 위한 토지 등의 취득 및 보상에 관한 법률(2007.10.17. 법률 제8665호로 개정되기 전의 것, 이하 '(구)공익사업법'이라 한다) 제78조 제1항은 사업시행자의 이주대책 수립·실시의무를 정하고 있고, (구)공익사업을 위한 토지 등의 취득 및 보상에 관한 법률 시행령(2008.2.29. 대통령령 제20722호로 개정되기 전의 것, 이하 '(구)공익사업법 시행령'이라 한다) 제40조 제2항은 "이주대책은 건설교통부령이 정하는 부득이한 사유가 있는 경우를 제외하고는 이주대책대상자 중 이주를 희망하는 자가 10호 이상인 경우에 수립·실시한다. 다만, 사업시행자가

택지개발촉진법 또는 주택법 등 관계법령에 의하여 이주대책대상자에게 택지 또는 주택을 공급한 경우(사업시행자의 알선에 의하여 공급한 경우를 포함한다)에는 이주대책을 수립・실시한 것으로 본다."고 규정하고 있으며, 한편 (구)공익사업법 제78조 제4항 본문은 "이주대책의 내용에는 이주정착지에 대한 도로・급수시설・배수시설 그 밖의 공공시설 등 해당 지역조건에 따른 생활기본시설이 포함되어야 하며, 이에 필요한 비용은 사업시행자의 부담으로 한다."고 규정하고 있다. 위 각 규정을 종합하면 사업시행자가 (구)공익사업법 시행령 제40조 제2항 단서에 따라 택지개발촉진법 또는 주택법 등 관계법령에 의하여 이주대책대상자들에게 택지 또는 주택을 공급(이하 '특별공급'이라 한다)하는 것도 (구)공익사업법 제78조 제1항의 위임에 근거하여 사업시행자가 선택할 수 있는 이주대책의 한 방법이므로, 특별공급의 경우에도 이주정착지를 제공하는 경우와 마찬가지로 사업시행자의 부담으로 같은 조 제4항이 정한 생활기본시설을 설치하여 이주대책대상자들에게 제공하여야 한다고 보아야 하고, 이주대책대상자들이 특별공급을 통해 취득하는 택지나 주택의 시가가 공급가액을 상회하여 그들에게 시세차익을 얻을 기회나 가능성이 주어진다고 하여 달리 볼 것은 아니다.

[대법관 양창수, 대법관 신영철, 대법관 민일영의 별개의견] 사업시행자가 (구)공익사업을 위한 토지 등의 취득 및 보상에 관한 법률 시행령(2008.2.29. 대통령령 제20722호로 개정되기 전의 것) 제40조 제2항 단서에 따라 이주대책대상자에게 택지 또는 주택을 특별공급한 경우에는 그로써 이주대책을 수립・실시한 것으로 보아 별도의 이주대책을 수립・실시하지 않아도 되므로, 사업시행자는 특별공급한 택지 또는 주택에 대하여는 그것이 이주정착지임을 전제로 생활기본시설을 설치해 줄 의무가 없다고 보아야 한다.

[3] (구)공익사업을 위한 토지 등의 취득 및 보상에 관한 법률(2007.10.17. 법률 제8665호로 개정되기 전의 것, 이하 '(구)공익사업법'이라 한다)은 공익사업에 필요한 토지 등을 협의 또는 수용에 의하여 취득하거나 사용함에 따른 손실보상에 관한 사항을 규정함으로써 공익사업의 효율적인 수행을 통하여 공공복리의 증진과 재산권의 적정한 보호를 도모함을 목적으로 하고 있고, 위 법에 의한 이주대책은 공익사업의 시행에 필요한 토지 등을 제공함으로 인하여 생활의 근거를 상실하게 되는 이주대책대상자들에게 종전 생활상태를 원상으로 회복시키면서 동시에 인간다운 생활을 보장하여 주기 위하여 마련된 제도이므로, 사업시행자의 이주대책 수립・실시의무를 정하고 있는 (구)공익사업법 제78조 제1항은 물론 이주대책의 내용에 관하여 규정하고 있는 같은 조 제4항 본문 역시 당사자의 합의 또는 사업시행자의 재량에 의하여 적용을 배제할 수 없는 강행법규이다.

[4] [다수의견] (구)공익사업을 위한 토지 등의 취득 및 보상에 관한 법률(2007.10.17. 법률 제8665호로 개정되기 전의 것, 이하 '(구)공익사업법'이라 한다) 제78조 제4항의 취지는 이주대책대상자들에게 생활 근거를 마련해 주고자 하는 데 목적이 있으므로, 위 규정의 '도로・급수시설・배수시설 그 밖의 공공시설 등 해당 지역조건에 따른 생활기본시설'은 주택법 제23조 등 관계법령에 의하여 주택건설사업이나 대지조성사업을 시행하는 사업주체가 설치하도록 되어 있는 도로 및 상하수도시설, 전기시설・통신시설・가스시설 또는 지역난방시설 등 간선시설을 의미한다고 보아야 한다. 따라서 만일 이주대책대상자들과 사업시행자 또는 그의 알선에 의한 공급자에 의하여 체결된 택지 또는 주택에 관한 특별공급계약에서 (구)공익사업법 제78조 제4항에 규정된 생활기본시설 설치비용을 분양대금에 포함시킴으로써 이주대책대상자들이 생활기본시설 설치비용까지 사업시행자 등에게 지급하게 되었다면, 사업시행자가 직접 택지 또는 주택을 특별공급한 경우에는 특별공급계약 중 분양대금에 생활기본시설 설치비용을 포함시킨 부분이 강행법규인 위 조항에 위배되어 무효이고, 사업시행자의 알선에 의하여 다른 공급자가 택지 또는 주택을 공급한 경우에는 사업시행자가

위 규정에 따라 부담하여야 할 생활기본시설 설치비용에 해당하는 금액의 지출을 면하게 되어, 결국 사업시행자는 법률상 원인 없이 생활기본시설 설치비용 상당의 이익을 얻고 그로 인하여 이주대책대상자들이 같은 금액 상당의 손해를 입게 된 것이므로, 사업시행자는 그 금액을 부당이득으로 이주대책대상자들에게 반환할 의무가 있다. 다만 (구)공익사업을 위한 토지 등의 취득 및 보상에 관한 법률 제78조 제4항에 따라 사업시행자의 부담으로 이주대책대상자들에게 제공하여야 하는 것은 위 조항에서 정한 생활기본시설에 국한되므로, 이와 달리 사업시행자가 이주대책으로서 이주정착지를 제공하거나 택지 또는 주택을 특별공급하는 경우 사업시행자는 이주대책대상자들에게 택지의 소지(소지)가격 및 택지조성비 등 투입비용의 원가만을 부담시킬 수 있고 이를 초과하는 부분은 생활기본시설 설치비용에 해당하는지를 묻지 않고 그 전부를 이주대책대상자들에게 전가할 수 없다는 취지로 판시한 종래 대법원판결들은 이 판결의 견해에 배치되는 범위 안에서 모두 변경하기로 한다.

[대법관 김능환의 별개의견] (구)공익사업을 위한 토지 등의 취득 및 보상에 관한 법률(2007. 10.17. 법률 제8665호로 개정되기 전의 것, 이하 '(구)공익사업법'이라 한다) 제78조 제4항의 '생활기본시설'이 그 항목에서는 다수의견처럼 주택법 제23조에서 규정하는 '간선시설'을 의미하는 것으로 볼 수밖에 없다고 하더라도, 그 범위에서는 이주대책대상자에게 주택단지 밖의 기간이 되는 시설로부터 주택단지의 경계선까지뿐만 아니라 경계선으로부터 이주대책대상자에게 공급되는 주택까지에 해당하는 부분의 설치비용까지를 포함하는 것으로 보아 비용을 이주대책대상자에게 부담시킬 수 없으며, 주택의 분양가에 포함되어 있는 이윤 역시 이주대책대상자에게 부담시킬 수 없다고 보는 것이 (구)공익사업법 제78조 제4항의 취지에 부합하는 해석이다. 결국 이주대책대상자에게는 분양받을 택지의 소지가격, 위에서 본 바와 같은 의미의 생활기본시설 설치비용을 제외한 택지조성비 및 주택의 건축원가만을 부담시킬 수 있는 것으로 보아야 한다. 다수의견이 변경대상으로 삼고 있는 대법원 판결들은 이러한 취지에서 나온 것들로서 옳고, 그대로 유지되어야 한다.

▶ 종전 이주대책 전원합의체 판결: 대판 1994.5.24, 92다35783 全合 [지장물세목조서명의변경]
변경: 대판 2011.6.23, 2007다63089・63096 全合

[판시사항]

가. 공공용지의 취득 및 손실보상에 관한 특례법 소정의 이주대책의 제도적 취지

나. 같은 법 제8조 제1항에 의하여 이주자에게 이주대책상의 택지분양권이나 아파트 입주권 등을 받을 수 있는 구체적인 권리(수분양권)가 직접 발생하는지 여부

다. 이주자의 이주대책대상자 선정신청에 대한 사업시행자의 확인・결정 및 사업시행자의 이주대책에 관한 처분의 법적 성질과 이에 대한 쟁송방법

라. 같은 법상의 이주대책에 의한 수분양권의 법적 성질과 민사소송이나 공법상 당사자소송으로 이주대책상의 수분양권의 확인을 구할 수 있는지 여부

[판결요지]

[다수의견]

가. 공공용지의 취득 및 손실보상에 관한 특례법상의 이주대책은 공익사업의 시행에 필요한 토지 등을 제공함으로 인하여 생활의 근거를 상실하게 되는 이주자들을 위하여 사업시행자가 기본적인 생활시설이 포함된 택지를 조성하거나 그 지상에 주택을 건설하여 이주자들에게 이를 그 투입비용 원가만의 부담하에 개별 공급하는 것으로서, 그 본래의 취지에 있어 이주자들에 대하여 종전의 생활상태를 원상으로 회복시키면서 동시에 인간다운 생활을 보장하여 주기 위한 이른바 생활보상의 일환

으로 국가의 적극적이고 정책적인 배려에 의하여 마련된 제도이다.

나. 같은 법 제8조 제1항이 사업시행자에게 이주대책의 수립・실시의무를 부과하고 있다고 하여 그 규정 자체만에 의하여 이주자에게 사업시행자가 수립한 이주대책상의 택지분양권이나 아파트 입주권 등을 받을 수 있는 구체적인 권리(수분양권)가 직접 발생하는 것이라고는 도저히 볼 수 없으며, 사업시행자가 이주대책에 관한 구체적인 계획을 수립하여 이를 해당자에게 통지 내지 공고한 후, 이주자가 수분양권을 취득하기를 희망하여 이주대책에 정한 절차에 따라 사업시행자에게 이주대책대상자 선정신청을 하고 사업시행자가 이를 받아들여 이주대책대상자로 확인・결정하여야만 비로소 구체적인 수분양권이 발생하게 된다.

다. (1) 위와 같은 사업시행자가 하는 확인・결정은 곧 구체적인 이주대책상의 수분양권을 취득하기 위한 요건이 되는 행정작용으로서의 처분인 것이지, 결코 이를 단순히 절차상의 필요에 따른 사실행위에 불과한 것으로 평가할 수는 없다. 따라서 수분양권의 취득을 희망하는 이주자가 소정의 절차에 따라 이주대책대상자 선정신청을 한 데 대하여 사업시행자가 이주대책대상자가 아니라고 하여 위 확인・결정 등의 처분을 하지 않고 이를 제외시키거나 또는 거부조치한 경우에는, 이주자로서는 당연히 사업시행자를 상대로 항고소송에 의하여 그 제외처분 또는 거부처분의 취소를 구할 수 있다고 보아야 한다.

(2) 사업시행자가 국가 또는 지방자치단체와 같은 행정기관이 아니고 이와는 독립하여 법률에 의하여 특수한 존립목적을 부여받아 국가의 특별감독하에 그 존립목적인 공공사무를 행하는 공법인이 관계법령에 따라 공익사업을 시행하면서 그에 따른 이주대책을 실시하는 경우에도, 그 이주대책에 관한 처분은 법률상 부여받은 행정작용권한을 행사하는 것으로서 항고소송의 대상이 되는 공법상 처분이 되므로, 그 처분이 위법부당한 것이라면 사업시행자인 해당 공법인을 상대로 그 취소소송을 제기할 수 있다.

라. 이러한 수분양권은 위와 같이 이주자가 이주대책을 수립・실시하는 사업시행자로부터 이주대책대상자로 확인・결정을 받음으로써 취득하게 되는 택지나 아파트 등을 분양받을 수 있는 공법상의 권리라고 할 것이므로, 이주자가 사업시행자에 대한 이주대책대상자 선정신청 및 이에 따른 확인・결정 등 절차를 밟지 아니하여 구체적인 수분양권을 아직 취득하지도 못한 상태에서 곧바로 분양의무의 주체를 상대방으로 하여 민사소송이나 공법상 당사자소송으로 이주대책상의 수분양권의 확인 등을 구하는 것은 허용될 수 없고, 나아가 그 공급대상인 택지나 아파트 등의 특정부분에 관하여 그 수분양권의 확인을 소구하는 것은 더더욱 불가능하다고 보아야 한다.

[반대의견]

가. 공공용지의 취득 및 손실보상에 관한 특례법에 의한 이주대책은 학설상 이른바 생활보상으로서 실체적 권리인 손실보상의 한 형태로 파악되고 있으며 대법원 판례도 이를 실체법상의 권리로 인정하여, 민사소송으로 이주대책에 의한 주택수분양권의 확인소송을 허용하였었다. 이주대책은 경우에 따라 택지 또는 주택의 분양이나 이주정착금으로 보상되는바, 이주정착금이 손실보상금의 일종이므로 통상의 각종 보상금처럼 실체적 권리가 되는 것을 부정할 수 없을 것이고, 그렇다면 같은 취지의 택지 또는 주택의 수분양권도 실체적인 권리로 봄이 마땅하며 가사 이를 권리로 보지 못한다 하더라도 적어도 확인소송의 대상이 되는 권리관계 또는 법률관계로는 보아야 한다.

나. 이주자가 분양신청을 하여 사업시행자로부터 분양처분을 받은 경우 이러한 사업시행자의 분양처분의 성질은 이주자에게 수분양권을 비로소 부여하는 처분이 아니라, 이미 이주자가 취득하고 있는 수분양권에 대하여 그의 의무를 이행한 일련의 이행처분에 불과하고, 이는 이주자가 이미 취득하고 있는 수분양권을 구체화시켜 주는 과정에 불과하다. 이를 실체적 권리로 인정해야 구체적 이주대책

이행을 신청하고 그 이행이 없을 때 부작위위법확인소송을 제기하여 그 권리구제를 받을 수 있고, 그 권리를 포기한 것으로 볼 수 없는 한 언제나 신청이 가능하고 구체적 이주대책이 종료한 경우에도 추가 이주대책을 요구할 수 있게 된다.

다. 이와 같이 이주대책에 의한 분양신청은 실체적 권리의 행사에 해당된다 할 것이므로 구체적 이주대책에서 제외된 이주대책대상자는 그 경위에 따라 분양신청을 하여 거부당한 경우 권리침해를 이유로 항고소송을 하거나 또는 자기 몫이 참칭 이주대책대상자에게 이미 분양되어 다시 분양신청을 하더라도 거부당할 것이 명백한 특수한 경우 등에는 이주대책대상자로서 분양받을 권리 또는 그 법률상 지위의 확인을 구할 수 있다고 보아야 하며, 이때에 확인소송은 확인소송의 보충성이라는 소송법의 일반법리에 따라 그 확인소송이 권리구제에 유효적절한 수단이 될 때에 한하여 그 소의 이익이 허용되어야 함은 물론이다.

[반대의견에 대한 보충의견]

가. 공공용지의 취득 및 손실보상에 관한 특례법 제8조 제1항의 이주대책은 사업시행자가 이주자에 대한 은혜적인 배려에서 임의적으로 수립 시행해 주는 것이 아니라 이주자에 대하여 종전의 재산상태가 아닌 생활상태로 원상회복시켜 주기 위한 생활보상의 일환으로 마련된 제도로서, 헌법 제23조 제3항이 규정하는 손실보상의 한 형태라고 보아야 한다.

나. (1) 같은 법상의 이주대책에 따른 사업시행자의 분양처분은 이주자가 공익사업의 시행에 필요한 토지 등을 제공하는 것을 원인으로 하여 같은 법에 따라 취득한 추상적인 권리나 이익을 이주대책을 수립하여 구체화시켜 주는 절차상의 이행적 처분이라고 보는 것이 상당하며, 이주자는 사업시행자가 수립 실시하여야 하는 이주대책에 따른 수분양권을 사업시행자의 분양처분을 기다리지 않고 같은 법에 근거하여 취득하는 것으로 보아야 한다.

(2) 사업시행자가 실제로 이주대책을 수립하기 이전에는 이주자의 수분양권은 아직 추상적인 권리나 법률상의 지위 내지 이익에 불과한 것이어서 이 단계에 있어서는 확인의 이익이 인정되지 아니하여 그 권리나 지위의 확인을 구할 수 없다고 할 것이나, 사업시행자가 이주대책을 수립 실시하지 아니하는 경우에는 사업시행자에게 이를 청구하여 거부되거나 방치되면 부작위위법확인을 소구할 수는 있다고 볼 것이다. 그러나 이주대책을 수립한 이후에는 이주자의 추상적인 수분양권이 그 이주대책이 정하는 바에 따라 구체적 권리로 바뀌게 되므로, 구체적 이주대책에서 제외된 이주자는 위와 같은 수분양권에 터잡은 분양신청(이른바 실체적 신청권의 행사)을 하여 거부당한 경우에는 이를 실체적 신청권을 침해하는 거부처분으로 보아 그 취소를 구하는 항고소송을 제기할 수 있을 것이고, 신청기간을 도과한 경우, 사업시행자가 미리 수분양권을 부정하거나 이주대책에 따른 분양절차가 종료되어 분양신청을 하더라도 거부당할 것이 명백한 경우, 또는 분양신청을 묵살당한 경우, 기타 확인판결을 얻음으로써 분쟁이 해결되고 권리구제가 가능하여 그 확인소송이 권리구제에 유효적절한 수단이 될 수 있는 특별한 사정이 있는 경우에는, 당사자소송으로 수분양권 또는 그 법률상의 지위의 확인을 구할 수 있다고 보아야 한다.

다. 현행 행정소송법은 항고소송과 당사자소송의 형태를 모두 규정하고 있으므로, 이제는 공법상의 권리관계의 분쟁에 있어서는 그 권리구제의 방법에 관하여 항고소송만에 의하도록 예정한 산업재해보상보험업무 및 심사에 관한 법률 제3조와 같은 규정이 있는 경우를 제외하고는, 소의 이익이 없는 등 특별한 사정이 없는 한 항고소송 외에 당사자소송도 허용하여야 할 것이고, 불필요하게 국민의 권리구제방법을 제한할 것은 아니다.

① 이주대책의 대법원 판례의 변화

공익사업의 수행에 따르는 사유재산의 취득과 사용은 원칙적으로 당사자 간의 협의에 따라 이루어지는 것이 바람직하지만, 부득이하게 공권력에 의하여 강제로 취득하거나 사용할 수밖에 없는 경우에 사유재산권의 부당한 침해방지와 효율적인 공익사업 수행을 위하여 공용수용 및 사용이 불가피하다고 볼 수 있다.

공익사업에 관한 손실보상제에 대해 일반법적 지위를 갖는 공익사업을 위한 토지 등의 취득 및 손실보상에 관한 법률(이하 '토지보상법'이라 한다)은 2002년 2월 4일 법률 제6656호로 공포되었고, 2002년 12월 하위법령이 마련되어 2003년 1월 1일부터 시행되었다. 이 법은 1962년 1월 15일 제정되어 시행되어 오던 토지수용법과 1975년 12월 31일 제정되어 시행되어 오던 공공용지의 취득 및 손실보상에 관한 특례법(이하 '공특법'이라 한다)이 통합된 것으로 보상체계의 일원화, 공익사업의 범위 조정, 입회공무원 날인제도의 폐지, 개발이익의 배제, 환매제도의 일원화 등이 규정되었고, 보상에 관한 절차의 개선과 기준의 변경 및 이의제도가 바뀌었다.

2013년 통합된 토지보상법은 공익사업에 필요한 토지의 수용과 사용에 관한 사항을 규정하여 공공복리의 증진과 사유재산권과의 조절을 도모함으로써 국토의 합리적인 이용, 개발과 산업의 발전에 기여함을 목적으로 하고 있다.

토지보상법에 의한 이주대책은 공익사업의 시행에 필요한 토지 등을 제공함으로 인하여 생활의 근거를 상실하게 되는 이주대책대상자들에게 종전 생활상태를 원상으로 회복시키면서 동시에 인간다운 생활을 보장하여 주기 위하여 마련된 제도이다.

종전 전원합의체 판결(대판 1994.5.24, 92다35783 全合) 다수견해는 "사업시행자에게 이주대책의 수립·실시의무를 부과하고 있다고 하여 그 규정 자체만에 의하여 이주자에게 사업시행자가 수립한 이주대책상의 택지분양권이나 아파트 입주권 등을 받을 수 있는 구체적인 권리(수분양권)가 직접 발생하는 것이라고는 도저히 볼 수 없으며, 사업시행자가 이주대책에 관한 구체적인 계획을 수립하여 이를 해당자에게 통지 내지 공고한 후, 이주자가 수분양권을 취득하기를 희망하여 이주대책에 정한 절차에 따라 사업시행자에게 이주대책대상자 선정신청을 하고 사업시행자가 이를 받아들여 이주대책대상자로 확인·결정하여야만 비로소 구체적인 수분양권이 발생하게 된다."고 판시하고 있다.

따라서 "수분양권은 위와 같이 이주자가 이주대책을 수립·실시하는 사업시행자로부터 이주대책대상자로 확인·결정을 받음으로써 취득하게 되는 택지나 아파트 등을 분양받을 수 있는 공법상의 권리라고 할 것이므로, 이주자가 사업시행자에 대한 이주대책대상자 선정신청 및 이에 따른 확인·결정 등 절차를 밟지 아니하여 구체적인 수분양권을 아직 취득하지도 못한 상태에서 곧바로 분양의무의 주체를 상대방으로 하여 민사소송이나 공법상 당사자소송으로 이주대책상의 수분양권의 확인 등을 구하는 것은 허용될 수 없고, 나아가 그 공급대상인 택지나 아파트 등의 특정부분에 관하여 그 수분양권의 확인을 소구하는 것은 더더욱 불가능하다고 보아야 한다."고 판시하고 있다.

그러나 최근의 전원합의체 판결(대판 2011.6.23, 2007다63089·63096 全合) 다수견해는 "사업시행자의 이주대책 수립·실시의무를 정하고 있는 토지보상법 제78조 제1항은 물론 이주대책의 내용에 관하여 규정하고 있는 같은 조 제4항 본문 역시 당사자의 합의 또는 사업시행자의 재량에 의하여 적용을 배제할 수 없는 강행법규이다."라고 전원합의체 판결로 종전 판결을 변경하였다.

② 이주대책의 최근 전원합의체 판결에 대한 해석

토지보상법 제78조 제1항과 제4항은 다음과 같이 규정하고 있다.

> **법 제78조(이주대책의 수립 등)**
>
> ① 사업시행자는 공익사업의 시행으로 인하여 주거용 건축물을 제공함에 따라 생활의 근거를 상실하게 되는 자(이하 "이주대책대상자"라 한다)를 위하여 대통령령으로 정하는 바에 따라 이주대책을 수립·실시하거나 이주정착금을 지급하여야 한다.
>
> ④ 이주대책의 내용에는 이주정착지(이주대책의 실시로 건설하는 주택단지를 포함한다)에 대한 도로, 급수시설, 배수시설, 그 밖의 공공시설 등 통상적인 수준의 생활기본시설이 포함되어야 하며, 이에 필요한 비용은 사업시행자가 부담한다. 다만, 행정청이 아닌 사업시행자가 이주대책을 수립·실시하는 경우에 지방자치단체는 비용의 일부를 보조할 수 있다.

위 전원합의체 판결은 시사하는 바 매우 크다. 우리가 개인적 공권의 2요소로 사익보호성과 강행법규를 들고 있는데, 토지보상법은 피수용자의 사익보호를 위한 규정이 산재해 있지만 판례는 이주대책에 대해서 만큼은 강행법규에 대해 애매한 태도를 취하고 있었다.

종전 전원합의체 판례도 이주자가 사업시행자에 대한 이주대책대상자 선정신청 및 이에 따른 확인·결정 등 절차를 밟지 아니하여 구체적인 수분양권을 아직 취득하지도 못한 상태에서 곧바로 분양의무의 주체를 상대방으로 하여 민사소송이나 공법상 당사자소송으로 이주대책상의 수분양권의 확인 등을 구하는 것은 허용될 수 없다고 보면서 이주대책 실시의무규정에 대해서는 상징적인 규정으로 파악하고 있었다.

그러나 최근 판시된 전원합의체 판결은 토지보상법 제78조 제1항을 강행법규라고 판시함으로써 사실상 이주대책대상자에게 실체적 권리를 부여한 측면이 있다고 할 것이다.

이는 종전 전원합의체 판결에서 소수견해였던 내용들이 세월이 흘러 대법원 다수의견으로 발전되었다고 할 것이다. 본 판결로 인해 공익사업을 진행하는 사업시행자는 일정한 요건이 되는 경우 반드시 이주대책의 수립·실시의무를 부담하고, 본 공익사업으로 이주대책대상자가 되는 피수용자들에게는 실체적 권리가 생겼다고 할 것이다.

최근 전원합의체 판결을 자세히 보면 본 이주대책 판례에 대해 대법관들 사이에도 이견이 상당한 것을 보여주고 있다. 보상현장에서 그동안 사업시행자가 예산문제라는 핑계로 이주대책에 대해서 소극적인 측면이 있었는데, 본 판결로 인해 이주대책은 이제 우리 보상제도에서 자리를 잡아가는 양상이 되었다.

사실 우리가 인간다운 생활이라는 것도 거창한 것이 아니라 집 한채 가지고 있었는데, 그와 유사한 집에서 살 수 있도록 조치를 취해 주는 것인데, 그동안 우리 법제는 공익사업이라는 명목으로 소홀했던 게 사실이다. 토지보상법 제78조 제4항을 강행규정으로 판시한 것도 이와 보조를 맞춘 진일보한 판례이다.

③ 이주대책에 대한 앞으로의 과제

이번 대법원 전원합의체 판결은 종전의 미사여구로 그쳤던 인간다운 생활보장을 위한 첫 단추라고 할 것이다. 그러나 아직도 대법원 판례에는 구석 구석에 함정이 있다. 이주대책의 내용과 수량은 사업시행자의 재량이라고 대법원이 판시함으로써 사실상 사업시행자의 내부 사정에 대해 손을 들어주고 있다. 일반인들도 내가 살고 있던 집이 공익사업에 편입되면 종전 생활상태를 보장할 수 있는 이주대책제도가 선행되어야 한다고 생각하는 것이 상식이다. 우리 토지보상법이 이러한 상식에 이르기까지는 40년이 넘게 걸렸다. 이는 우리나라의 경제발전을 위해 불가피한 희생양이 필요한 측면이 있기 때문에 앞으로 우리 토지보상법은 국민들의 눈물을 닦아주는 따뜻한 법으로 탈바꿈되면 좋겠다. 그러나 여기에도 깊은 시름이 있기는 마찬가지이다. 공익사업에는 국민의 혈세가 들어가기 때문에 최근 세수제도 변경에 대해 국민들이 민감하게 반응하는 상황에서 특별한 희생에 대한 조절적 전보라는 것이 어디까지인가를 새삼 고민하게 하는 대목이다. 이 부분 또한 국민적 공감대가 선행적으로 이루어져야 할 것이라 생각된다.

6. 기타 이주대책 관련 판례

이주대책은 공익사업에 협력한 자에게 특별공급의 기회를 요구할 수 있는 법적인 이익을 부여하고 있는 것이라고 할 것이므로 그들에게는 특별공급신청권이 인정되며, 따라서 사업시행자가 특별분양을 요구하는 자에게 이를 거부하는 행위는 항고소송의 대상이 되는 거부처분이라고 할 것이다(거부처분 관련 판례).

현실적으로 이미 수립, 실시한 이주대책업무가 종결되었고, 그 사업을 완료하여 사업지구 내에 더 이상 분양할 이주대책용 단독택지가 없다 하더라도 보상금청구권 등의 권리를 확정하는 법률상의 이익은 여전히 남아 있는 것이므로 그러한 사정만으로 이 거부처분의 취소를 구할 법률상 이익이 없다고 할 것은 아니다(협의의 소의이익 관련 판례). 이주대책신청기간이나 소정의 이주대책실시기간을 모두 도과하여 실기한 이주대책신청을 하였으므로 원고에게는 이주대책을 신청할 권리가 없고, 사업시행자가 이를 받아들여 택지나 아파트공급을 해 줄 법률상 의무를 부담한다고 볼 수 없다는 피고의 주장은 사업지구 내 가옥소유자가 아니라는 이 사건 처분사유와 기본적 사실관계의 동일성도 없다(처분사유추가변경 관련 판례).

판례

▶ 관련판례(대판 1999.8.20, 98두17043)

[1] 공공용지의 취득 및 손실보상에 관한 특례법 제8조 제1항이 사업시행자로 하여금 공익사업의 시행에 필요한 토지 등을 제공함으로 인하여 생활근거를 상실하게 되는 자에게 이주대책을 수립·실시하도록 하고 있는바, 택지개발촉진법에 따른 사업시행을 위하여 토지 등을 제공한 자에 대한 이주대책을 세우는 경우 위 이주대책은 공익사업에 협력한 자에게 특별공급의 기회를 요구할 수 있는 법적인 이익을 부여하고 있는 것이라고 할 것이므로 그들에게는 특별공급신청권이 인정되며, 따라서 사업시행자가 위 조항에 해당함을 이유로 특별분양을 요구하는 자에게 이를 거부하는 행위는 비록 이를 민원회신이라는 형식을 통하여 하였더라도, 항고소송의 대상이 되는 거부처분이라고 할 것이다.

[2] 공공용지의 취득 및 손실보상에 관한 특례법 제8조 제1항에 의하면 사업시행자는 이주대책의 수립, 실시의무가 있고, 그 의무이행에 따른 이주대책계획을 수립하여 공고하였다면, 이주대책대상자라고 하면서 선정신청을 한 자에 대해 대상자가 아니라는 이유로 거부한 행정처분에 대하여 그 취소를 구하는 것은 이주대책대상자라는 확인을 받는 의미도 함께 있는 것이며, 사업시행자가 하는 확인, 결정은 이주대책상의 택지분양권이나 아파트 입주권 등을 받을 수 있는 구체적인 권리를 취득하기 위한 요건에 해당하므로 현실적으로 이미 수립, 실시한 이주대책업무가 종결되었고, 그 사업을 완료하여 이 사건 사업지구 내에 더 이상 분양할 이주대책용 단독택지가 없다 하더라도 보상금청구권 등의 권리를 확정하는 법률상의 이익은 여전히 남아 있는 것이므로 그러한 사정만으로 이 거부처분의 취소를 구할 법률상 이익이 없다고 할 것은 아니다.

[3] 행정청은 기본적 사실관계의 동일성이 있다고 인정되는 한도 내에서만 다른 처분사유를 추가, 변경할 수 있다고 할 것이나 이는 사실심 변론종결 시까지만 허용된다.
원고가 이주대책신청기간이나 소정의 이주대책실시(시행)기간을 모두 도과하여 실기한 이주대책신청을 하였으므로 원고에게는 이주대책을 신청할 권리가 없고, 사업시행자가 이를 받아들여 택지나 아파트공급을 해 줄 법률상 의무를 부담한다고 볼 수 없다는 피고의 상고이유의 주장은 원심에서는 하지 아니한 새로운 주장일 뿐만 아니라 사업지구 내 가옥소유자가 아니라는 이 사건 처분사유와 기본적 사실관계의 동일성도 없으므로 적법한 상고이유가 될 수 없다.

▶ 관련판례(대판 2011.10.13, 2008두17905) [상가용지공급대상자적격처분취소등]

[1] 공익사업을 위한 토지 등의 취득 및 보상에 관한 법률은 제78조 제1항에서 "사업시행자는 공익사업의 시행으로 인하여 주거용 건축물을 제공함에 따라 생활의 근거를 상실하게 되는 자(이하 '이주대책대상자'라 한다)를 위하여 대통령령으로 정하는 바에 따라 이주대책을 수립·실시하거나 이주정착금을 지급하여야 한다."고 규정하고 있을 뿐, 생활대책용지의 공급과 같이 공익사업 시행 이전과 같은 경제수준을 유지할 수 있도록 하는 내용의 생활대책에 관한 분명한 근거 규정을 두고 있지는 않으나, 사업시행자 스스로 공익사업의 원활한 시행을 위하여 필요하다고 인정함으로써 생활대책을 수립·실시할 수 있도록 하는 내부규정을 두고 있고 내부규정에 따라 생활대책대상자 선정기준을 마련하여 생활대책을 수립·실시하는 경우에는, 이러한 생활대책 역시 "공공필요에 의한 재산권의 수용·사용 또는 제한 및 그에 대한 보상은 법률로써 하되, 정당한 보상을 지급하여야 한다."고 규정하고 있는 헌법 제23조 제3항에 따른 정당한 보상에 포함되는 것으로 보아야 한다. 따라서 이러한 생활대책대상자 선정기준에 해당하는 자는 사업시행자에게 생활대책대상자 선정 여부의 확인·결정을 신청할 수 있는 권리를 가지는 것이어서, 만일 사업시행자가 그러한 자를 생활대책대상자에서 제외하거나 선정을 거부하면, 이러한 생활대책대상자 선정기준에 해당하는 자는 사업시행자를 상대로 항고소송을 제기할 수 있다고 보는 것이 타당하다.

[2] 뉴타운개발 사업시행자가 사업시행으로 생활근거 등을 상실하는 주민들을 위한 주거대책 및 생활대책을 공고함에 따라 화훼도매업을 하던 갑이 사업시행자에게 생활대책신청을 하였으나, 사업시행자가 갑은 위 주거대책 및 생활대책에서 정한 '이주대책 기준일 3개월 이전부터 사업자등록을 하고 영업을 계속한 화훼영업자'에 해당하지 않는다는 이유로 화훼용지 공급대상자에서 제외한 사안에서, 사업시행자의 거부행위가 행정처분에 해당한다고 본 원심판단을 정당하다고 한 사례

[3] 뉴타운개발 사업시행자가 사업시행으로 생활근거 등을 상실하는 주민들을 위한 주거대책 및 생활대책을 공고함에 따라 화훼도매업을 하던 갑이 사업시행자에게 생활대책신청을 하였으나, 사업시행자가 갑은 위 주거대책 및 생활대책에서 정한 '이주대책기준일 3개월 전부터 사업자등록을 하고 영업을 계속한 화훼영업자'에 해당하지 않는다는 이유로 화훼용지 공급대상자에서 제외한 사안에서, 갑이 이주대책기준일 3개월 이전부터 동생 명의를 빌려 사업자등록을 하고 화원 영업을 하다가 기준일 이후에 비로소 사업자등록 명의만을 자신 명의로 바꾸어 종전과 같은 화원 영업을 계속하였

더라도 '기준일 3개월 이전부터 사업자등록을 하고 계속 영업을 한 화훼영업자'에 해당한다고 본 원심판단을 정당하다고 한 사례

▶ 관련판례(대판 2014.8.26, 2013두4293)

[판시사항]

[1] (구)도시 및 주거환경정비법 제47조 제2호에서 현금청산대상자로 정한 '분양신청을 철회한 자'에 분양신청기간이 종료된 후 임의로 분양신청을 철회한 자가 포함되는지 여부(원칙적 소극) 및 예외적으로 분양신청기간 종료 후 분양신청을 철회한 자가 위 현금청산대상자에 해당하는 경우

[2] 분양신청을 하였다가 분양계약을 체결하지 않거나 사업시행자에게 분양신청을 철회하는 등으로 분양계약의 체결의사가 없음을 명백히 표시하고 사업시행자가 이에 동의함으로써 추가로 현금청산대상자가 된 토지 등 소유자에 대하여, 분양계약 체결기간에 이르기 전에 사업시행자의 재결신청과 그에 따른 수용재결이 이루어진 경우 (구)공익사업을 위한 토지 등의 취득 및 보상에 관한 법률 제30조 제3항에서 정한 사업시행자의 재결신청 지연을 이유로 한 가산금이 발생하는지 여부(소극)

▶ 관련판례(대판 2015.8.27, 2012두26746)

공익사업법령이 이주대책대상자의 범위를 정하고 이주대책대상자에게 시행할 이주대책수립 등의 내용에 관하여 구체적으로 규정하고 있으므로, 사업시행자는 이처럼 법이 정한 이주대책대상자를 법령이 예정하고 있는 이주대책수립 등의 대상에서 임의로 제외하여서는 아니 된다. 그렇지만 그 규정 취지가 사업시행자가 시행하는 이주대책수립 등의 대상자를 법이 정한 이주대책대상자로 한정하는 것은 아니므로, 사업시행자는 해당 공익사업의 성격, 구체적인 경위나 내용, 그 원만한 시행을 위한 필요 등 제반 사정을 고려하여 법이 정한 이주대책대상자를 포함하여 그 밖의 이해관계인에게까지 넓혀 이주대책 수립 등을 시행할 수 있다고 할 것이다.

▶ 관련판례(대판 2014.8.26, 2013두4293)

[판시사항]

사업시행자가 (구)공익사업을 위한 토지 등의 취득 및 보상에 관한 법률 제78조 제1항, 같은 법 시행령 제40조 제3항이 정한 이주대책대상자의 범위를 넘어 미거주 소유자까지 이주대책대상자에 포함시킬 수 있는지 여부(적극) 및 이때 미거주 소유자에 대하여도 같은 법 제78조 제4항에 따라 생활기본시설을 설치하여 줄 의무를 부담하는지 여부(소극)

[이유]

공익사업을 위한 토지 등의 취득 및 보상에 관한 법률(2007.10.17. 법률 제8665호로 개정되기 전의 것, 이하 '공익사업법'이라 한다) 제78조 제1항은 사업시행자는 '공익사업의 시행으로 인하여 주거용 건축물을 제공함에 따라 생활의 근거를 상실하게 되는 자'(이하 '이주대책대상자'라 한다)를 위하여 대통령령이 정하는 바에 따라 이주대책을 수립・실시하거나 이주정착금을 지급하여야 한다고 규정하고 있다. 한편 같은 법 시행령(2008.2.29. 대통령령 제20722호로 개정되기 전의 것, 이하 '공익사업법 시행령'이라 한다) 제40조 제3항은 '해당 건축물에 공익사업을 위한 관계법령에 의한 고시 등이 있은 날부터 계약체결일 또는 수용재결일까지 계속하여 거주하고 있지 아니한 건축물의 소유자'(이하 '미거주 소유자'라 한다) 등은 이주대책대상자에서 제외하도록 규정하고 있으나, 이 경우에도 사업시행자가 위 법령에서 정한 이주대책대상자의 범위를 확대하는 기준을 수립하여 실시하는 것은 허용된다(대판 2009.9.24, 2009두9819 참조).

다만, 사업시행자가 공익사업법 제78조 제1항, 공익사업법 시행령 제40조 제3항이 정한 이주대책대상자의 범위를 넘어 미거주 소유자까지 이주대책대상자에 포함시킨다고 하더라도, 법령에서 정한 이주대책대상자가 아닌 미거주 소유자에게 제공하는 이주대책은 법령에 의한 의무로서가 아니라 시혜적인

것으로 볼 것이므로, 사업시행자가 이러한 미거주 소유자에 대하여도 공익사업법 제78조 제4항에 따라 생활기본시설을 설치하여 줄 의무를 부담한다고 볼 수는 없다.

▶ 관련판례(대판 2014.2.27, 2013두10885) – 제28회 2번 문제
공익사업을 위한 토지 등의 취득 및 보상에 관한 법률상의 공익사업시행자가 하는 이주대책대상자 확인 · 결정은 구체적인 이주대책상의 수분양권을 부여하는 요건이 되는 행정작용으로서의 처분이지 이를 단순히 절차상의 필요에 따른 사실행위에 불과한 것으로 평가할 수는 없다. 따라서 수분양권의 취득을 희망하는 이주자가 소정의 절차에 따라 이주대책대상자 선정신청을 한 데 대하여 사업시행자가 이주대책대상자가 아니라고 하여 위 확인 · 결정 등의 처분을 하지 않고 이를 제외시키거나 거부조치한 경우에는, 이주자로서는 사업시행자를 상대로 항고소송에 의하여 제외처분이나 거부처분의 취소를 구할 수 있다. 나아가 이주대책의 종류가 달라 각 그 보장하는 내용에 차등이 있는 경우 이주자의 희망에도 불구하고 사업시행자가 요건 미달 등을 이유로 그중 더 이익이 되는 내용의 이주대책대상자로 선정하지 않았다면 이 또한 이주자의 권리의무에 직접적 변동을 초래하는 행위로서 항고소송의 대상이 된다.

판례

대판 2014.2.27, 2013두10885 [일반분양이주택지결정무효확인]
이주대책대상자 확인 · 결정의 법적 성질(=행정처분)과 이에 대한 쟁송방법(=항고소송)

【판시사항】
공익사업을 위한 토지 등의 취득 및 보상에 관한 법률상의 공익사업시행자가 하는 이주대책대상자 확인 · 결정의 법적 성질(=행정처분)과 이에 대한 쟁송방법(=항고소송)

【판결요지】
공익사업을 위한 토지 등의 취득 및 보상에 관한 법률상의 공익사업시행자가 하는 이주대책대상자 확인 · 결정은 구체적인 이주대책상의 수분양권을 부여하는 요건이 되는 행정작용으로서의 처분이지 이를 단순히 절차상의 필요에 따른 사실행위에 불과한 것으로 평가할 수는 없다. 따라서 수분양권의 취득을 희망하는 이주자가 소정의 절차에 따라 이주대책대상자 선정신청을 한 데 대하여 사업시행자가 이주대책대상자가 아니라고 하여 위 확인 · 결정 등의 처분을 하지 않고 이를 제외시키거나 거부조치한 경우에는, 이주자로서는 사업시행자를 상대로 항고소송에 의하여 제외처분이나 거부처분의 취소를 구할 수 있다. 나아가 이주대책의 종류가 달라 각 그 보장하는 내용에 차등이 있는 경우 이주자의 희망에도 불구하고 사업시행자가 요건 미달 등을 이유로 그중 더 이익이 되는 내용의 이주대책대상자로 선정하지 않았다면 이 또한 이주자의 권리의무에 직접적 변동을 초래하는 행위로서 항고소송의 대상이 된다.

★★★ 이주대책 대상자 제외 처분 1차 결정은 처분으로 보고, 2차 결정은 각하하여 처분으로 보지 않은 경우에 대법원 2020두50324 판결에서는 2차 결정도 처분으로 본다.

대판 2021.1.14, 2020두50324 [이주대책대상자제외처분취소]

【판시사항】
[1] 행정청의 행위가 항고소송의 대상이 될 수 있는지 결정하는 방법 및 행정청의 행위가 '처분'에 해당하는지 불분명한 경우, 이를 판단하는 방법

[2] 수익적 행정처분을 구하는 신청에 대한 거부처분이 있은 후 당사자가 새로운 신청을 하는 취지로 다시 신청을 하였으나 행정청이 이를 다시 거절한 경우, 새로운 거부처분인지 여부(적극)

【판결요지】

[1] 항고소송의 대상인 '처분'이란 "행정청이 행하는 구체적 사실에 관한 법집행으로서의 공권력의 행사 또는 그 거부와 그 밖에 이에 준하는 행정작용"(행정소송법 제2조 제1항 제1호)을 말한다. 행정청의 행위가 항고소송의 대상이 될 수 있는지는 추상적 · 일반적으로 결정할 수 없고, 구체적인 경우에 관련 법령의 내용과 취지, 그 행위의 주체 · 내용 · 형식 · 절차, 그 행위와 상대방 등 이해관계인이 입는 불이익 사이의 실질적 견련성, 법치행정의 원리와 그 행위에 관련된 행정청이나 이해관계인의 태도 등을 고려하여 개별적으로 결정하여야 한다. 행정청의 행위가 '처분'에 해당하는지 불분명한 경우에는 그에 대한 불복방법 선택에 중대한 이해관계를 가지는 상대방의 인식가능성과 예측가능성을 중요하게 고려하여 규범적으로 판단하여야 한다.

[2] 수익적 행정처분을 구하는 신청에 대한 거부처분은 당사자의 신청에 대하여 관할 행정청이 이를 거절하는 의사를 대외적으로 명백히 표시함으로써 성립된다. 거부처분이 있은 후 당사자가 다시 신청을 한 경우에는 신청의 제목 여하에 불구하고 그 내용이 새로운 신청을 하는 취지라면 관할 행정청이 이를 다시 거절하는 것은 새로운 거부처분이라고 보아야 한다. 관계 법령이나 행정청이 사전에 공표한 처분기준에 신청기간을 제한하는 특별한 규정이 없는 이상 재신청을 불허할 법적 근거가 없으며, 설령 신청기간을 제한하는 특별한 규정이 있더라도 재신청이 신청기간을 도과하였는지는 본안에서 재신청에 대한 거부처분이 적법한가를 판단하는 단계에서 고려할 요소이지, 소송요건 심사단계에서 고려할 요소가 아니다.

■ 사업시행자(한국토지주택공사)는 이주자택지 공급한도를 265㎡로 정하였을 뿐 이를 초과하는 부분까지 이주대책으로서 특별공급한 것으로 단정하기 어렵다고 본 판례

대판 2023.7.13, 2023다214252 [채무부존재확인]
〈택지개발사업 이주자택지 공급대상자로 선정된 주민들이 사업시행자를 상대로 납입 분양대금 중 생활기본시설 설치비용 상당액이 포함되어 있다고 주장하면서 부당이득반환을 청구한 사건〉

【판시사항】

[1] 공익사업의 시행자가 이주대책을 수립 · 실시하여야 할 자를 선정하여 그들에게 공급할 택지 또는 주택의 내용이나 수량을 정할 재량을 가지는지 여부(적극) 및 이주대책대상자들에게 이주자택지 공급한도로 정한 265㎡를 초과하여 공급한 부분이 사업시행자가 정한 이주대책의 내용이 아니라 일반수분양자에게 공급한 것과 마찬가지로 볼 수 있는 경우, 초과 부분에 해당하는 분양면적에 대하여 생활기본시설 설치비용을 부담시킬 수 있는지 여부(적극)

[2] 택지개발사업의 시행자인 한국토지주택공사의 '이주 및 생활대책 수립지침'에서 점포겸용 · 단독주택용지의 경우 이주자택지의 공급규모를 1필지당 265㎡ 이하로 정하면서, 당해 사업지구의 여건과 인근지역 부동산시장동향 등을 종합적으로 고려하여 불가피한 경우에는 위 기준을 다르게 정할 수 있다고 규정하고 있고, 한국토지주택공사는 사업지구 내 이주자택지를 1필지당 265㎡ 상한으로 공급하되, 265㎡를 초과하여 공급하는 경우 초과 면적에 대하여도 감정가격을 적용하지 않고 조성원가에서 생활기본시설 설치비용을 제외한 금액으로 공급하기로 하는 내용의 이주자택지 공급공고와 보상안내를 한 후 이주자택지 공급대상자로 선정된 갑 등과 분양계약을 체결하였는데, 분양면적 중 이주자택

지 공급한도인 265㎡ 초과 부분도 이주대책으로서 특별공급된 것인지 문제 된 사안에서, 제반 사정에 비추어 한국토지주택공사는 이주자택지 공급한도를 265㎡로 정하였을 뿐 이를 초과하는 부분까지 이주대책으로서 특별공급한 것으로 단정하기 어렵다고 한 사례

[3] 공익사업을 위한 토지 등의 취득 및 보상에 관한 법률 제78조 제4항에서 정한 '생활기본시설'의 의미 및 일반 광장이나 생활기본시설에 해당하지 않는 고속국도에 부속된 교통광장과 같은 광역교통시설 광장이 생활기본시설에 해당하는지 여부(소극) / 대도시권의 대규모 개발사업을 하는 과정에서 광역교통시설의 건설 및 개량에 소요되어 대도시권 내 택지 및 주택의 가치를 상승시키는 데에 드는 비용이 생활기본시설 설치비용에 해당하는지 여부(소극)

【판결요지】

[1] 사업시행자가 공익사업을 위한 토지 등의 취득 및 보상에 관한 법률 시행령 제40조 제2항 단서에 따라 택지개발촉진법 또는 주택법 등 관계 법령에 의하여 이주대책대상자들에게 택지 또는 주택을 공급하는 것은 공익사업을 위한 토지 등의 취득 및 보상에 관한 법률 제78조 제1항의 위임에 근거하여 선택할 수 있는 이주대책의 한 방법이고, 사업시행자는 이주대책을 수립·실시하여야 할 자를 선정하여 그들에게 공급할 택지 또는 주택의 내용이나 수량을 정함에 재량을 갖는다.
이주대책대상자들에게 이주자택지 공급한도로 정한 265㎡를 초과하여 공급한 부분이 사업시행자가 정한 이주대책의 내용이 아니라 일반수분양자에게 공급한 것과 마찬가지로 볼 수 있는 경우 초과 부분에 해당하는 분양면적에 대해서는 일반수분양자와 동등하게 생활기본시설 설치비용을 부담시킬 수 있다.

[2] 택지개발사업의 시행자인 한국토지주택공사의 '이주 및 생활대책 수립지침'(이하 '수립지침'이라고 한다)에서 점포겸용·단독주택용지의 경우 이주자택지의 공급규모를 1필지당 265㎡ 이하로 정하면서, 당해 사업지구의 여건과 인근지역 부동산시장동향 등을 종합적으로 고려하여 불가피한 경우에는 위 기준을 다르게 정할 수 있다고 규정하고 있고, 한국토지주택공사는 사업지구 내 이주자택지를 1필지당 265㎡ 상한으로 공급하되, 265㎡를 초과하여 공급하는 경우 초과 면적에 대하여도 감정가격을 적용하지 않고 조성원가에서 생활기본시설 설치비용을 제외한 금액으로 공급하기로 하는 내용의 이주자택지 공급공고와 보상안내를 한 후 이주자택지 공급대상자로 선정된 갑 등과 분양계약을 체결하였는데, 분양면적 중 이주자택지 공급한도인 265㎡ 초과 부분도 이주대책으로서 특별공급된 것인지 문제 된 사안에서, 한국토지주택공사는 이주대책기준 설정에 관한 재량에 따라 수립지침 등 내부 규정에 의하여 사업지구 내 이주자택지 공급규모의 기준을 1필지당 265㎡로 정하였고, 공급공고와 보상안내에 따라 이를 명확하게 고지한 점, 한국토지주택공사가 이주자택지 공급한도를 초과하는 부분의 공급가격을 그 이하 부분과 동일하게 산정하기로 정하였다거나 분양계약서에 분양면적 전체가 이주자택지로 표시되어 있다고 하여 그로써 당연히 공급규모의 기준을 변경하는 의미로 볼 수 없는 점, 특히 이주자택지 공급규모에 관한 기준을 달리 정하였다고 보기 위해서는 수립지침에 따라 획지분할 여건, 토지이용계획 및 토지이용의 효율성 등 당해 사업지구의 여건과 인근지역 부동산시장동향 등을 고려한 불가피한 사정이 있어야 하는 점 등 제반 사정에 비추어 보면, 한국토지주택공사는 이주자택지 공급한도를 265㎡로 정하였을 뿐 이를 초과하는 부분까지 이주대책으로서 특별공급한 것으로 단정하기 어려운데도, 이와 달리 본 원심판단에 법리오해 등의 잘못이 있다고 한 사례.

[3] 공익사업을 위한 토지 등의 취득 및 보상에 관한 법률(이하 '토지보상법'이라고 한다) 제78조에 의하면, 사업시행자가 공익사업의 시행으로 인하여 주거용 건축물을 제공함에 따라 생활의 근거를 상실하게 되는 이주대책대상자를 위하여 수립·실시하여야 하는 이주대책에는 이주정착지에 대한 도로 등 통상적인 수준의 생활기본시설이 포함되어야 하고, 이에 필요한 비용은 사업시행자가 부담하여야 한다. 위 규정 취지는 이주대책대상자에게 생활의 근거를 마련해 주고자 하는 데 있으므로, '생활기본

시설'은 구 주택법(2012.1.26. 법률 제11243호로 개정되기 전의 것, 이하 '구 주택법'이라고 한다) 제23조 등 관계 법령에 따라 주택건설사업이나 대지조성사업을 시행하는 사업주체가 설치하도록 되어 있는 도로와 상하수도시설 등 간선시설을 의미한다고 보아야 한다. 그러나 광장은 토지보상법에서 정한 생활기본시설 항목이나 구 주택법에서 정한 간선시설 항목에 포함되어 있지 않으므로, 생활기본시설 항목이나 간선시설 항목에 해당하는 시설에 포함되거나 부속되어 그와 일체로 평가할 수 있는 경우와 같은 특별한 사정이 없는 한 생활기본시설에 해당하지 않는다. 따라서 일반 광장이나 생활기본시설에 해당하지 않는 고속국도에 부속된 교통광장과 같은 광역교통시설광장은 생활기본시설에 해당한다고 보기 어렵다.

또한 대도시권의 대규모 개발사업을 하는 과정에서 광역교통시설의 건설 및 개량에 소요되어 대도시권 내 택지 및 주택의 가치를 상승시키는 데에 드는 비용은 대도시권 내의 택지나 주택을 공급받는 이주대책대상자도 그에 따른 혜택을 누리게 된다는 점에서 생활기본시설 설치비용에 해당하지 않는다.

7. 결(현행 이주대책의 문제점과 개선방안)

① 개별법 등 운용상 통일성 결여

이주대책은 토지보상법 이외에도 도시철도법, 항공법 등 여러 개별법에 규정되어 있으나 그 이주대책의 내용이 상이하여 보상의 형평성 문제로 집단민원의 요인이 되고 있다. 따라서 조속한 입법보완이 요구된다 할 것이다.

② 이주정착금과의 관계의 모호성

이주정착금의 성격을 이주대책의 일환으로 볼 수 있고 정착금이 너무 낮아 비현실적이고, 사업시행 주체별로 상이할 뿐만 아니라 이주단지조성 등과 비교할 경우 보상의 형평성 문제가 발생한다.

③ 세입자에 대한 이주대책규정의 미흡

생활기반을 상실하는 것은 건축물의 소유자보다는 오히려 세입자의 경우에 더 클 수 있으나 이에 대한 대책이 없으므로 민원발생의 요인이 되고 있고, 이로 인한 사업지연의 문제가 발생하고 있다. 따라서 세입자에 대한 보상을 현실적인 수준으로 끌어올리고 권리구제의 공백이 발생하지 않도록 입법적 보완이 요구된다.

■ 법규 헷갈리는 쟁점 : 이주대책에서 감정평가사 시험에 나오는 출제 포인트

Ⅰ. 토지보상법상 이주대책의 실무적인 종류는 무엇인가?

이주대책은 실무적으로 3가지 종류가 있다.

1. 새로운 이주단지를 조성해 주는 방법 – 생활기본시설 비용부담과 연결
2. 특별공급으로 아파트 입주권이나 택지분양권을 주는 방법 – 특별공급에도 생활기본시설 비용부담은 사업시행자가 해야 한다고 판례
3. 이주정착금을 주는 방법(10호 미만이거나 법령에서 정한 경우)

II. 이주대책에 대한 단계별 권리구제방법론

1. 이주대책을 수립하지 않은 경우
   토지보상법상 요건을 충족한 이주대책대상사자가 사업시행자에게 이주대책을 수립할 것을 청구하였으나, 사업시행자가 이주대책 수립을 거부하거나 방치하면 행정심판으로 의무이행심판이나 거부처분취소심판을, 항고소송으로 거부처분취소소송이나 부작위위법확인소송을 제기할 수 있다.

2. 사업시행자가 이주대책대상자를 제외하거나 거부하는 경우
   사업시행자의 확인·결정은 이주대책상의 수분양권 취득을 위한 행정작용으로서 처분인바, 이주대책대상자에서 제외된 경우 사업시행자를 상대로 거부처분에 대한 취소소송을 제기할 수 있다. 이주대책대상자 선정신청에 대한 거부처분은 항고소송의 대상인 거부처분에 해당하고 거부처분취소소송의 피고적격자는 사업시행자(행정절차법에 따라 사업시행자가 사업인정을 받은 사기업인 경우 사업시행자는 공무수탁사인으로 행정청의 지위를 가짐)가 행정청이 되어 피고가 된다. 토지보상법 제78조 제1항에서 사업시행자는 이주대책대상자에게 이주대책을 수립·실시하도록 규정하고 있으므로, 사업시행자는 이주대책의 수립·실시 의무가 있고, 사업시행자가 그 의무 이행에 따른 이주대책계획을 수립하여 공고하였다면, 이주대책대상자라고 하면서 선정신청을 한 자에 대해 대상자가 아니라는 이유로 거부한 행위는 항고소송의 대상이 되는 거부처분이라고 할 것이다(대판 1998.3.13, 96누15251).

3. 이주대책 대상자 분양절차가 종료한 경우
   사업시행자의 확인·결정은 수분양권을 취득하기 위한 요건으로 현실적으로 이주대책업무가 종결되고 그 사업이 완료되어 더 이상 분양할 이주대책용 택지가 없는 경우라 하더라도 보상금청구권 등 권리를 확정하는 법률상 이익은 여전히 남아 있는 것이므로 그러한 사정만으로 처분의 취소를 구할 법률상 이익이 없다고 할 수 없는 바 항고쟁송이 가능하다고 보고 있다. 이때 사업시행자가 이주대책대상자 권리를 확정해 주지 않는다면 공법상 당사자소송으로 권리구제를 받을 수 있다고 보여진다. 다만 이주대책대상자 확인결정이 처분인 만큼 그 처분에 대한 공정력을 우선적으로 다투고, 이러한 처분을 하지 않는 경우이거나 이주대책 분양절차 종료로 권리를 주지 않는다면 공법상 당사자소송을 부차적으로 제기할 수 있다고 보아야 한다.

III. 이주대책의 구체적인 권리구제에 대한 대법원 판례 출제 포인트

1. 이주대책은 강행규정 판례(대법원 2011.6.23. 선고 2007다63089·63096 전원합의체 판결)
   공익사업을 위한 토지 등의 취득 및 보상에 관한 법률(2007.10.17. 법률 제8665호로 개정되기 전의 것, 이하 '구 공익사업법'이라 한다)은 공익사업에 필요한 토지 등을 협의 또는 수용에 의하여 취득하거나 사용함에 따른 손실 보상에 관한 사항을 규정함으로써 공익사업의 효율적인 수행을 통하여 공공복리의 증진과 재산권의 적정한 보호를 도모함을 목적으로 하고 있고, 위 법에 의한 이주대책은 공익사업의 시행에 필요한 토지 등을 제공함으로 인하여 생활의 근거를 상실하게 되는 이주대책대상자들에게 종전 생활상태를 원상으로 회복시키면서 동시에 인간다운 생활을 보장하여 주기 위하여 마련된 제도이므로, 사업시행자의 이주대책 수립·실시의무를 정하고 있는 구 공익사업법 제78조 제1항은 물론 이주대책의 내용에 관하여 규정하고 있는 같은 조 제4항 본문 역시 당사자의 합의 또는 사업시행자의 재량에 의하여 적용을 배제할 수 없는 강행법규이다.

2. 이주대책대상자 확인결정은 처분이고 이에 대한 불복은 항고소송 판례(대법원 2014.2.27. 선고 2013두10885 판결)
   공익사업을 위한 토지 등의 취득 및 보상에 관한 법률상의 공익사업시행자가 하는 이주대책대상자 확인·결정은 구체적인 이주대책상의 수분양권을 부여하는 요건이 되는 행정작용으로서의 처분이지 이를 단순히 절차상의 필요에 따른 사실행위에 불과한 것으로 평가할 수는 없다. 따라서 수분양권의 취득을 희

망하는 이주자가 소정의 절차에 따라 이주대책대상자 선정신청을 한 데 대하여 사업시행자가 이주대책대상자가 아니라고 하여 위 확인·결정 등의 처분을 하지 않고 이를 제외시키거나 거부조치한 경우에는, 이주자로서는 사업시행자를 상대로 항고소송에 의하여 제외처분이나 거부처분의 취소를 구할 수 있다. 나아가 이주대책의 종류가 달라 각 그 보장하는 내용에 차등이 있는 경우 이주자의 희망에도 불구하고 사업시행자가 요건 미달 등을 이유로 그중 더 이익이 되는 내용의 이주대책대상자로 선정하지 않았다면 이 또한 이주자의 권리의무에 직접적 변동을 초래하는 행위로서 항고소송의 대상이 된다.

3. 행정소송 도중에 처분사유추가변경이 가능한 경우 판례(대법원 2013.8.22. 선고 2011두28301 판결)

'이주대책대상자 중 이주정착지에 이주를 희망하는 자가 10호에 미치지 못한다.'는 피고의 주장에 관한 원심의 위와 같은 판단은 다음과 같은 이유로 수긍하기 어렵다.

행정처분의 취소를 구하는 항고소송에 있어서는 실질적 법치주의와 행정처분의 상대방인 국민에 대한 신뢰보호라는 견지에서 처분청은 당초 처분의 근거로 삼은 사유와 기본적 사실관계에 있어서 동일성이 있다고 인정되지 않는 별개의 사실을 들어 처분사유로 주장함은 허용되지 아니하나, 당초 처분의 근거로 삼은 사유와 기본적 사실관계에 있어서 동일성이 있다고 인정되는 한도 내에서는 다른 사유를 추가하거나 변경할 수 있다. 그리고 기본적 사실관계가 동일하다는 것은 처분사유를 법률적으로 평가하기 이전의 구체적인 사실에 착안하여 그 기초적인 사회적 사실관계가 기본적인 점에서 동일한 것을 말하며, 처분청이 처분 당시에 적시한 구체적 사실을 변경하지 아니하는 범위 내에서 단지 그 처분의 근거 법령만을 추가·변경하거나 당초의 처분사유를 구체적으로 표시하는 것에 불과한 경우에는 새로운 처분사유를 추가하거나 변경하는 것이라고 볼 수 없다(대법원 2001.9.28. 선고 2000두8684 판결, 대법원 2008.2.28. 선고 2007두13791·13807 판결 등 참조).

4. 265㎡를 초과하는 경우에도 생활기본시설의 설치비용을 사업시행자가 부담해야 하는지 판례(대법원 2023.7.13. 선고 2023다214252 판결)

분양면적 중 이주자택지 공급한도인 265㎡ 초과 부분도 이주대책으로서 특별공급된 것인지 문제 된 사안에서, 한국토지주택공사는 이주대책기준 설정에 관한 재량에 따라 수립지침 등 내부 규정에 의하여 사업지구 내 이주자택지 공급규모의 기준을 1필지당 265㎡로 정하였고, 공급공고와 보상안내에 따라 이를 명확하게 고지한 점, 한국토지주택공사가 이주자택지 공급한도를 초과하는 부분의 공급가격을 그 이하 부분과 동일하게 산정하기로 정하였다거나 분양계약서에 분양면적 전체가 이주자택지로 표시되어 있다고 하여 그로써 당연히 공급규모의 기준을 변경하는 의미로 볼 수 없는 점, 특히 이주자택지 공급규모에 관한 기준을 달리 정하였다고 보기 위해서는 수립지침에 따라 획지분할 여건, 토지이용계획 및 토지이용의 효율성 등 당해 사업지구의 여건과 인근지역 부동산시장동향 등을 고려한 불가피한 사정이 있어야 하는 점 등 제반 사정에 비추어 보면, 한국토지주택공사는 이주자택지 공급한도를 265㎡로 정하였을 뿐 이를 초과하는 부분까지 이주대책으로서 특별공급한 것으로 단정하기 어려운데도, 이와 달리 본 원심판단에 법리오해 등의 잘못이 있다고 한 사례.

5. 이주대책 대상자중에서 협의한 이주자는 85㎡를 주고 재결에 의한 이주자는 65㎡를 주는 것이 위법한 것인지 여부 판례(대법원 2016.8.24. 선고 2016두37218 판결)

사업시행자는 이주대책기준을 정하여 이주대책대상자 중에서 이주대책을 수립·실시하여야 할 자를 선정하여 그들에게 공급할 택지 또는 주택의 내용이나 수량을 정할 수 있고 이를 정하는 데 재량을 가지므로, 이를 위해 사업시행자가 설정한 기준은 그것이 객관적으로 합리적이 아니라거나 타당하지 않다고 볼 만한 다른 특별한 사정이 없는 한 존중되어야 한다(대법원 2010.3.25. 선고 2009두23709 판결 등 참조).

6. 이주대책 1차 거부처분과 2차 거부처분 판례(대법원 2021.1.14. 선고 2020두50324 판결[이주대책대상자제외처분취소]) – 아래 법규 헷갈리는 쟁점에 문제 있음

이주대책은 생활보상으로 토지보상법 제50조 재결사항에 포함되지 않으므로 재결을 거치지 않는다. 따라서 토지보상법 이의신청을 불복방법으로 적시하면 안된다는 점에 유의해야 한다.

토지보상법 제50조(재결사항)

① 토지수용위원회의 재결사항은 다음 각 호와 같다.

1. 수용하거나 사용할 토지의 구역 및 사용방법
2. 손실보상
3. 수용 또는 사용의 개시일과 기간
4. 그 밖에 이 법 및 다른 법률에서 규정한 사항

② 토지수용위원회는 사업시행자, 토지소유자 또는 관계인이 신청한 범위에서 재결하여야 한다. 다만, 제1항 제2호의 손실보상의 경우에는 증액재결(增額裁決)을 할 수 있다.

■ **법규 헷갈리는 쟁점 : 이주대책 1차 처분과 2차 거부처분의 불복**

[문제] A시는 택지개발예정지구 지정 공람・공고가 이루어진 P사업지구에서 택지개발사업을 시행하고 있으며, 甲은 P사업지구에 주택을 소유하고 있는 자이다. A시는 택지개발사업과 관련한 이주대책을 수립・공고하였는데, 이에 의하면 이주대책 대상자 요건을 '택지개발예정지구 지정 공람・공고일 1년 이전부터 보상계약체결일 또는 수용재결일까지 계속하여 P사업지구 내 주택을 소유하고 계속 거주한 자로, A시로부터 그 주택에 대한 보상을 받고 이주하는 자'로 정하고 있다. 甲은 A시에 이주대책 대상자 선정 신청을 하였으나, A시는 '기준일 이후 주택 취득'을 이유로 甲을 이주대책 대상에서 제외하는 결정을 하였고, 이 결정은 2023.6.28. 甲에게 통보되었다(이하 '1차 결정'이라 함). 이에 甲은 A시에 이의신청을 하면서, 이의신청서에 이주대책 대상자 선정요건을 충족함을 증명할 수 있는 마을주민확인서, 수도개설 사용, 전력 개통사용자 확인 등 증빙서류를 새롭게 추가로 첨부하여 제출하였다. 그러나 A시는 추가된 증빙자료만으로 법적 소유관계를 확인할 수 없다는 이유로 甲의 이의신청을 기각하고 甲을 이주대책 대상에서 제외한다는 결정을 하였으며, 이 결정은 2023.8.31. 甲에게 통보되었다(이하 '2차 결정'이라 함). 다음 각 물음에 답하시오. (각 물음은 상호관련성이 없는 별개의 상황임) **30점**

(공인노무사 제32회 기출)

(물음 1) 甲이 자신을 이주대책 대상에서 제외한 A시의 결정에 대해 취소소송으로 다투려는 경우, 소의 대상 및 제소기간의 기산점에 대해 설명하시오. **15점**

(물음 2번 생략)

(물음1)에 대해서
Ⅰ. 논점의 정리
Ⅱ. 취소소송의 대상
1. 1차 결정이 취소소송의 대상이 되는 거부처분인지
(1) 행정소송법 제2조 처분등의 개념
(2) 취소소송의 대상이 되는 거부처분
(3) 사안의 경우
2. 반복된 거부처분의 경우 갑이 제기하는 취소소송의 대상
(1) 판례의 태도
(2) 최근 행정기본법 제36조 제4항의 개정으로 볼 경우(만약 민원처리에 관한 법률 제35조 이의신청으로 볼 경우)
(3) 사안의 경우
Ⅲ. 甲이 제기하는 취소소송의 제소기간의 기산점
1. 행정소송법 제20조 제소기간
2. 사안의 경우
Ⅳ. 사안의 해결

(물음1)에 대해서

Ⅰ. 논점의 정리

갑이 자신을 이주대책대상에서 제외한 A시의 결정에 대해 취소소송으로 다투려고 하는 사안에서 1차 결정과 2차 결정이 있어 甲이 취소소송을 제기하는 경우 소의 대상을 무엇으로 해야 하는지 여부와 취소소송의 제소기간이 문제 된다. 또한, 1차 결정의 처분성 여부와 별도로 2차 결정도 독립된 처분으로 볼 수 있는지 문제되는 바, 이하에서는 관련 규정 및 판례를 통해 사안을 고찰해 보고자 한다.

■ 택지개발촉진법에서 규정하고 있지 않은 수용 규정은 토지보상법을 준용하도록 규정됨.

제12조(토지수용)

① 시행자(제7조 제1항 제4호 및 제5호에 따라 공동으로 사업을 시행하는 경우에는 공공시행자와 공동출자법인을 말한다)는 택지개발지구에서 택지개발사업을 시행하기 위하여 필요할 때에는 「공익사업을 위한 토지 등의 취득 및 보상에 관한 법률」 제3조에서 정하는 토지·물건 또는 권리(이하 "토지등"이라 한다)를 수용하거나 사용(이하 "수용"이라 한다)할 수 있다.

② 제3조에 따른 택지개발지구의 지정·고시가 있은 때에는 「공익사업을 위한 토지 등의 취득 및 보상에 관한 법률」 제20조 제1항 및 제22조에 따른 사업인정 및 사업인정의 고시가 있은 것으로 보며, 재결(裁決)의 신청은 같은 법 제23조 제1항 및 제28조 제1항에도 불구하고 실시계획에서 정하는 사업시행기간에 하여야 한다.

③ 제1항에 따른 토지등의 수용에 관한 재결의 관할 토지수용위원회는 중앙토지수용위원회로 한다.

④ 제1항에 따른 토지등의 수용에 관하여는 이 법에 특별한 규정이 있는 경우를 제외하고는 「공익사업을 위한 토지 등의 취득 및 보상에 관한 법률」을 준용한다.
⑤ 제7조 제1항 제4호에 따라 공동으로 사업을 시행하는 경우로서 공공시행자가 토지등을 수용한 경우에는 택지개발지구의 전체 토지면적에서 수용한 토지의 면적에 해당하는 지분의 토지를 포함하여 100분의 30 이상 100분의 80 미만의 범위에서 대통령령으로 정하는 비율 이상의 토지는 해당 토지를 수용한 공공시행자가 택지로 활용하여야 한다.

Ⅱ. 취소소송의 대상

1. 1차 결정이 취소소송의 대상이 되는 거부처분인지

(1) 행정소송법 제2조 처분등의 개념

취소소송의 대상인 처분등이란 '행정청이 행하는 구체적 사실에 관한 법집행으로서의 공권력의 행사 또는 그 거부와 그 밖에 이에 준하는 행정작용 및 행정심판에 대한 재결'을 말한다(행정소송법 제2조 제1항 제1호).

행정소송법 제2조(정의)
① 이 법에서 사용하는 용어의 정의는 다음과 같다.
1. "처분등"이라 함은 행정청이 행하는 구체적 사실에 관한 법집행으로서의 공권력의 행사 또는 그 거부와 그 밖에 이에 준하는 행정작용(이하 "處分"이라 한다) 및 행정심판에 대한 재결을 말한다.
2. "부작위"라 함은 행정청이 당사자의 신청에 대하여 상당한 기간내에 일정한 처분을 하여야 할 법률상 의무가 있음에도 불구하고 이를 하지 아니하는 것을 말한다.

② 이 법을 적용함에 있어서 행정청에는 법령에 의하여 행정권한의 위임 또는 위탁을 받은 행정기관, 공공단체 및 그 기관 또는 사인이 포함된다.

(2) 취소소송의 대상이 되는 거부처분

판례에 의하면 처분청의 거부가 취소소송의 대상이 되는 거부처분이 되려면, ① 행정청의 공권력 행사로서의 거부 처분이어야 하고, ② 그 거부행위가 신청인의 법적 상태에 변동(국민의 권리와 의무에 직접적인 영향을 미칠 것)을 초래하여야 하고, ③ 그 국민에게 그 행위발동을 요구할 법규상·조리상 신청권이 있어야 한다. 즉 그 국민에게 법규상·조리상 신청권이 있는 처분에 대한 거부행위는 신청인의 법적 상태에 변동을 초래한다고 본다. 1차 결정과 2차 결정이 모두 취소소송의 대상이 되는 거부처분인지와 관련하여 첫째, 그 신청한 행위인 이주대책대상자 선정행위가 처분인지 문제 된다. 둘째, 그 국민에게 이주대책대상자 선정행위발동을 요구할 법규상·조리상 신청권이 있는지 문제 된다.

■ **거부가 처분이 되기 위한 요건으로 3가지를 포섭하는 방식으로 답안을 구성할 수도 있음. 배점이 충분하다면 상세히 해당 부분에 대한 내용을 논술하여야 할 것임.**

1. 당사자의 신청에 대하여 공권력의 행사로서의 거부일 것
   - 사업시행자가 이주대책대상자 제외 처분을 하였다는 점에서 인정됨

2. 국민의 권리와 의무에 직접적인 영향을 미칠 것
   - 이주대책대상자의 이주대책대상자 확인결정을 통해서 당사자에게는 입주할 수 있는 권리가 생기므로 직접적인 권익에 영향을 준다고 볼 수 있음.
3. 법규상 조리상 신청권이 있을 것
   토지보상법 제78조와 동법 시행령 제40조에서 해당되는 주거용건축물 제공자임.

(3) 사안의 경우

사안에서 甲을 이주대책 대상자에서 제외하는 1차 결정은 공익사업으로 인해 이주하게 되는자의 생활보상에 필요한 주거에 필요한 이주대책을 실시하는 것으로 공권력 행사로사의 거부이고, 국민의 권리와 의무에 직접적인 변동을 초래하는 것이며, 甲은 공익사업을 위한 토지등의 취득 및 보상에 관한 법률(이하 '토지보상법') 제78조 및 동법 시행령 제40조상으로 볼때도 관련법령에 따라 그 법규상 조리상 신청권이 있음이 명백하다고 보여진다. 따라서 A시의 2023.6.28.자 통보(1차 결정)은 취소소송의 대상인 처분에 해당한다고 판단된다.

2. 반복된 거부처분의 경우 甲이 제기하는 취소소송의 대상

(1) 판례의 태도

거부처분은 관할 행정청이 국민의 처분신청에 대하여 거절의 의사표시를 함으로써 성립되고, 그 이후 동일한 내용의 새로운 신청에 대하여 다시 거절의 의사표시를 한 경우에는 새로운 거부처분이 있는 것으로 보아야 할 것이다.

【판시사항】

[1] 행정청의 행위가 항고소송의 대상이 될 수 있는지 결정하는 방법 및 행정청의 행위가 '처분'에 해당하는지 불분명한 경우, 이를 판단하는 방법

[2] 수익적 행정처분을 구하는 신청에 대한 거부처분이 있은 후 당사자가 새로운 신청을 하는 취지로 다시 신청을 하였으나 행정청이 이를 다시 거절한 경우, 새로운 거부처분인지 여부(적극)

【판결요지】

[1] 항고소송의 대상인 '처분'이란 "행정청이 행하는 구체적 사실에 관한 법집행으로서의 공권력의 행사 또는 그 거부와 그 밖에 이에 준하는 행정작용"(행정소송법 제2조 제1항 제1호)을 말한다. 행정청의 행위가 항고소송의 대상이 될 수 있는지는 추상적·일반적으로 결정할 수 없고, 구체적인 경우에 관련 법령의 내용과 취지, 그 행위의 주체·내용·형식·절차, 그 행위와 상대방 등 이해관계인이 입는 불이익 사이의 실질적 견련성, 법치행정의 원리와 그 행위에 관련된 행정청이나 이해관계인의 태도 등을 고려하여 개별적으로 결정하여야 한다. 행정청의 행위가 '처분'에 해당하는지 불분명한 경우에는 그에 대한 불복방법 선택에 중대한 이해관계를 가지는 상대방의 인식가능성과 예측가능성을 중요하게 고려하여 규범적으로 판단하여야 한다.

[2] 수익적 행정처분을 구하는 신청에 대한 거부처분은 당사자의 신청에 대하여 관할 행정청이 이를 거절하는 의사를 대외적으로 명백히 표시함으로써 성립된다. 거부처분이 있은 후 당사자가 다시 신청을 한 경우에는 신청의 제목 여하에 불구하고 그 내용이 새로운 신청을 하는

취지라면 관할 행정청이 이를 다시 거절하는 것은 새로운 거부처분이라고 보아야 한다. 관계 법령이나 행정청이 사전에 공표한 처분기준에 신청기간을 제한하는 특별한 규정이 없는 이상 재신청을 불허할 법적 근거가 없으며, 설령 신청기간을 제한하는 특별한 규정이 있더라도 재신청이 신청기간을 도과하였는지는 본안에서 재신청에 대한 거부처분이 적법한가를 판단하는 단계에서 고려할 요소이지, 소송요건 심사단계에서 고려할 요소가 아니다.
(대법원 2021.1.14. 선고 2020두50324 판결[이주대책대상자제외처분취소])

(2) **최근 행정기본법 제36조 제4항의 개정으로 이의신청으로 볼 경우**

최근 행정기본법 제36조상의 이의신청 결과 통지와 관련된 행정쟁송 제기 대상의 명확화(안 제36조)이 입법예고 되었는데, 이의신청에 대한 결과를 통지받은 후 행정심판이나 행정소송을 제기하는 경우 이의신청의 대상이 된 원래의 처분을 대상으로 한다는 점을 명확히 하되, 그 내용이 변경된 경우에는 변경처분을 소송의 대상으로 하고, 원처분이 기각된 경우에는 원래의 원처분을 소송의 대상으로 한다고 개정 입법 예고되었다. 또한 행정기본법 제36조 제4항에서는 이의신청의 결과통지서를 받은 날로부터 90일 이내에 행정심판 또는 행정소송을 제기할 수 있다고 규정하고 있다.

■ **행정기본법 제36조 처분에 대한 이의신청으로 인식할 것인지가 문제될 수 있다. 행정기본법상 이의신청은 그 결과를 통지받은 후 행정심판 또는 행정소송을 제기하려는 자는 그 결과를 통지받은 날(제2항에 따른 통지기간 내에 결과를 통지받지 못한 경우에는 같은 항에 따른 통지기간이 만료되는 날의 다음 날을 말한다)부터 90일 이내에 행정심판 또는 행정소송을 제기할 수 있다.**

행정기본법 제36조(처분에 대한 이의신청)

① 행정청의 처분(「행정심판법」 제3조에 따라 같은 법에 따른 행정심판의 대상이 되는 처분을 말한다. 이하 이 조에서 같다)에 이의가 있는 당사자는 처분을 받은 날부터 30일 이내에 해당 행정청에 이의신청을 할 수 있다.

② 행정청은 제1항에 따른 이의신청을 받으면 그 신청을 받은 날부터 14일 이내에 그 이의신청에 대한 결과를 신청인에게 통지하여야 한다. 다만, 부득이한 사유로 14일 이내에 통지할 수 없는 경우에는 그 기간을 만료일 다음 날부터 기산하여 10일의 범위에서 한 차례 연장할 수 있으며, 연장 사유를 신청인에게 통지하여야 한다.

③ 제1항에 따라 이의신청을 한 경우에도 그 이의신청과 관계없이 「행정심판법」에 따른 행정심판 또는 「행정소송법」에 따른 행정소송을 제기할 수 있다.

④ 이의신청에 대한 결과를 통지받은 후 행정심판 또는 행정소송을 제기하려는 자는 그 결과를 통지받은 날(제2항에 따른 통지기간 내에 결과를 통지받지 못한 경우에는 같은 항에 따른 통지기간이 만료되는 날의 다음 날을 말한다)부터 90일 이내에 행정심판 또는 행정소송을 제기할 수 있다.

⑤ 다른 법률에서 이의신청과 이에 준하는 절차에 대하여 정하고 있는 경우에도 그 법률에서 규정하지 아니한 사항에 관하여는 이 조에서 정하는 바에 따른다.

-이하 생략-

☆ (2) 민원처리에 관한 법률 제35조 이의신청으로 볼 경우

민원 처리에 관한 법률 제35조 제1항에서 정한 거부처분에 대한 이의신청(이하 '민원 이의신청'이라 한다)은 행정청의 위법 또는 부당한 처분이나 부작위로 침해된 국민의 권리 또는 이익을 구제함을 목적으로 하여 행정청과 별도의 행정심판기관에 대하여 불복할 수 있도록 한 절차인 행정심판과는 달리, 같은 법에 의하여 민원사무처리를 거부한 처분청이 민원인의 신청 사항을 다시 심사하여 잘못이 있는 경우 스스로 시정하도록 한 절차이다. 이에 따라, 민원 이의신청을 받아들이는 경우에는 이의신청 대상인 거부처분을 취소하지 않고 바로 최초의 신청을 받아들이는 새로운 처분을 하여야 하지만, 이의신청을 받아들이지 않는 경우에는 다시 거부처분을 하지 않고 그 결과를 통지함에 그칠 뿐이다. 따라서 이의신청을 받아들이지 않는 취지의 기각 결정 내지는 그 취지의 통지는, 종전의 거부처분을 유지함을 전제로 한 것에 불과하고 또한 거부처분에 대한 행정심판이나 행정소송의 제기에도 영향을 주지 못하므로, 결국 민원 이의신청인의 권리·의무에 새로운 변동을 가져오는 공권력의 행사나 이에 준하는 행정작용이라고 할 수 없어, 독자적인 항고소송의 대상이 될 수 없다고 봄이 타당하다(대법원 2012.11.15. 선고 2010두8676 판결 참조).

■ 민원 처리에 관한 법률 (약칭: 민원처리법)

제35조(거부처분에 대한 이의신청)

① 법정민원에 대한 행정기관의 장의 거부처분에 불복하는 민원인은 그 거부처분을 받은 날부터 60일 이내에 그 행정기관의 장에게 문서로 이의신청을 할 수 있다.

② 행정기관의 장은 이의신청을 받은 날부터 10일 이내에 그 이의신청에 대하여 인용 여부를 결정하고 그 결과를 민원인에게 지체 없이 문서로 통지하여야 한다. 다만, 부득이한 사유로 정하여진 기간 이내에 인용 여부를 결정할 수 없을 때에는 그 기간의 만료일 다음 날부터 기산(起算)하여 10일 이내의 범위에서 연장할 수 있으며, 연장 사유를 민원인에게 통지하여야 한다.

③ 민원인은 제1항에 따른 이의신청 여부와 관계없이 「행정심판법」에 따른 행정심판 또는 「행정소송법」에 따른 행정소송을 제기할 수 있다.

④ 제1항에 따른 이의신청의 절차 및 방법 등에 필요한 사항은 대통령령으로 정한다.

■ 해당 사건의 1심 법원은 민원사무처리에 관한 법률 이의신청으로 해석하고 있다.

민원 처리에 관한 법률 제35조 제1항에서 정한 거부처분에 대한 이의신청(이하 '민원 이의신청'이라 한다)은 행정청의 위법 또는 부당한 처분이나 부작위로 침해된 국민의 권리 또는 이익을 구제함을 목적으로 하여 행정청과 별도의 행정심판기관에 대하여 불복할 수 있도록 한 절차인 행정심판과는 달리, 같은 법에 의하여 민원사무처리를 거부한 처분청이 민원인의 신청 사항을 다시 심사하여 잘못이 있는 경우 스스로 시정하도록 한 절차이다.

원고는 피고 공사의 2차 통보를 1차 통보와는 별개의 새로운 처분으로 볼 수 있다고 주장하면서 피고 공사에 대하여 2차 통보의 취소를 청구하므로 그 적법 여부에 관하여 직권으로 살펴본다.

항고소송의 대상이 되는 행정처분은 행정청의 공법상 행위로서 특정사항에 대하여 법규에 의한 권리의 설정 또는 의무의 부담을 명하거나, 기타 법률상 효과를 발생하게 하는 등 국민의 권리의무에 직접 관계가 있는 행위를 가리키는 것이고, 상대방 또는 기타 관계자들의 법률상 지위에 직접적인 영향을 미치지 않는 행위는 항고소송의 대상이 되는 행정처분이 아니다(대법원 2007. 11. 15. 선고 2007두10198 판결 등 참조).

한편 민원 처리에 관한 법률 제35조 제1항에서 정한 거부처분에 대한 이의신청(이하 '민원 이의신청'이라 한다)은 행정청의 위법 또는 부당한 처분이나 부작위로 침해된 국민의 권리 또는 이익을 구제함을 목적으로 하여 행정청과 별도의 행정심판기관에 대하여 불복할 수 있도록 한 절차인 행정심판과는 달리, 같은 법에 의하여 민원사무처리를 거부한 처분청이 민원인의 신청 사항을 다시 심사하여 잘못이 있는 경우 스스로 시정하도록 한 절차이다. 이에 따라, 민원 이의신청을 받아들이는 경우에는 이의신청 대상인 거부처분을 취소하지 않고 바로 최초의 신청을 받아들이는 새로운 처분을 하여야 하지만, 이의신청을 받아들이지 않는 경우에는 다시 거부처분을 하지 않고 그 결과를 통지함에 그칠 뿐이다. 따라서 이의신청을 받아들이지 않는 취지의 기각 결정 내지는 그 취지의 통지는, 종전의 거부처분을 유지함을 전제로 한 것에 불과하고 또한 거부처분에 대한 행정심판이나 행정소송의 제기에도 영향을 주지 못하므로, 결국 민원 이의신청인의 권리・의무에 새로운 변동을 가져오는 공권력의 행사나 이에 준하는 행정작용이라고 할 수 없어, 독자적인 항고소송의 대상이 될 수 없다고 봄이 타당하다(대법원 2012.11.15. 선고 2010두8676 판결 참조).

이 사건에 관하여 보건대, ① 원고가 2017.8.25.경 피고 공사에게 제출한 이의신청서는 피고 공사가 원고의 이주자택지 공급대상자 선정 신청에 대하여 이주자택지 공급대상자 요건을 충족하지 못하여 그 대상자에서 제외되었다는 내용의 1차 통보를 하면서 이에 이의가 있는 경우 30일 이내에 서면으로 이의신청을 할 수 있다는 내용을 안내함에 따라 제출된 것이고, 그 이의신청서의 내용도 원고가 이주자택지 공급대상자 요건을 충족하였는데도 그 요건을 충족하지 못하였다고 보아 이루어진 1차 통보는 잘못된 것이어서 이의신청을 하니 1차 통보를 취소하고 이주자택지 공급대상자로 결정하여 달라는 취지이므로, 그 형식, 내용, 제출경위 등에 비추어 원고의 당초의 이주자택지 공급대상자 선정 신청에 대하여 이주자택지 공급대상자 요건을 충족하는지 여부를 다시 심사하여 1차 통보에 잘못이 있는 경우 이를 시정하여 달라는 것일 뿐, 원고의 당초의 이주자택지 공급대상자 선정 신청과는 별개의 새로운 신청으로 보기 어려운 점, ② 1차 통지에 대하여 이의신청을 할 당시 원고는 법령상 아무런 제한 없이 1차 통지에 대하여 행정심판이나 행정소송을 제기할 수 있었던 점, ③ 피고 공사는 원고가 제출한 이의신청서에 대하여 이주자택지 공급대상자 요건을 충족하는지 여부를 다시 심사한 결과 종전의 1차 통보의 결정 내용을 그대로 유지한다는 취지의 2차 통보를 하였으므로, 이와 같은 2차 통보는 원고의 권리・의무에 어떤 새로운 변동을 초래하는 것이 아닌 점 등을 종합하면, 피고 공사의 2차 통보를 1차 통보와 별도로 항고소송의 대상이 되는 것이라고 볼 수 없다.
따라서 이 사건 소 중 피고 공사에 대한 청구 부분은 그 대상적격을 흠결하여 부적법하다.
(출처: 인천지방법원 2019.12.20. 선고 2019구합50247 판결[이주대책대상자제외처분취소])

(3) 사안의 경우

1차 결정 후 새로운 2차 결정이 다시 나왔다. 2차 결정이 동일한 내용의 새로운 신청인지 문제 된다. 문언상 이의신청이기는 하나 이의신청서에 마을주민확인서, 수도개설 사용, 전력개통사용자 확인 등 증빙서류를 새롭게 추가로 첨부하여 제출하였다는 점에서 2차 결정은 1차 결정과 동일한 내용을 신청하였으나 새로운 신청내용이라고 보아야 할 것이므로 새로운 거부처분이라고 보아야 할 것이므로 이는 변경처분이라고 보아야 한다. 따라서 반복된 거부처분의 경우 갑이 제기하는 취소소송의 대상은 1차 결정과 새로운 변경처분으로 2차 결정이 소송의 대상이라고 판단된다.

Ⅲ. 甲이 제기하는 취소소송의 제소기간의 기산점

1. 행정소송법 제20조 제소기간

행정소송법 제20조 제1항과 제2항에 의하면 취소소송은 처분등이 있음을 안 날부터 90일 이내에 제기하여야 하고, 처분등이 있은 날부터 1년을 경과하면 이를 제기하지 못한다. 다만, 정당한 사유가 있는 때에는 그러하지 아니하다.

행정소송법 제20조(제소기간)

① 취소소송은 처분등이 있음을 안 날부터 90일 이내에 제기하여야 한다. 다만, 제18조 제1항 단서에 규정한 경우와 그 밖에 행정심판청구를 할 수 있는 경우 또는 행정청이 행정심판청구를 할 수 있다고 잘못 알린 경우에 행정심판청구가 있은 때의 기간은 재결서의 정본을 송달받은 날부터 기산한다.

② 취소소송은 처분등이 있은 날부터 1년(第1項 但書의 경우는 裁決이 있은 날부터 1年)을 경과하면 이를 제기하지 못한다. 다만, 정당한 사유가 있는 때에는 그러하지 아니하다.

③ 제1항의 규정에 의한 기간은 불변기간으로 한다.

2. 사안의 경우

동일한 신청에 대한 동일한 내용의 거부처분이 반복되는 경우 취소소송의 제기기간은 각 처분을 기준으로 진행되고 종전 처분에 대한 제소기간이 도과하였다 하여 그 이후의 새로운 거부처분에 대하여 취소소송을 제기할 수 없게 되는 것은 아니다. 1차 결정 취소소송의 제소기간의 기산점은 2023.6.28.이고, 2차 결정 취소소송의 제소기간의 기산점은 2023.8.31.이다. 행정기본법 제36조 제4항을 적용하더라도 제2차 결정은 이의신청결과 통지서를 받은 것으로 이의신청결과 통지서를 받은 2023.8.31.이 취소소송의 제소기간 기산점이 될 것으로 판단된다.

Ⅳ. 사안의 해결

甲이 제기하는 취소소송의 소의 대상은 1차 결정 처분과 2차 결정 처분이고, 제소기간의 기산점은 1차 결정 처분의 취소소송 제소기간은 2023.6.28.이고, 2차 결정 취소소송의 제소기간은 2023.8.31.이라고 생각된다.

1. 행정기본법 제정 시행이 2021.3.23.이고
   [시행 2021.3.23.] [법률 제17979호, 2021.3.23. 제정]
   부칙 제1조(시행일) 이 법은 공포한 날부터 시행한다. 다만, 제22조, 제29조, 제38조부터 제40조까지는 공포 후 6개월이 경과한 날부터 시행하고, 제23조부터 제26조까지, 제30조부터 제34조까지, 제36조 및 제37조는 공포 후 2년이 경과한 날부터 시행한다.
2. 행정기본법 제36조 규정은 제정 시행된 2021년 3월 23일부터 2년후인 2023년 3월 23일부터 시행 적용되게 되었다.

> 건국 이래 처음으로 "행정법"이 만들어진다.
> 「행정기본법」, 2021년 2월 26일 국회 본회의 통과
> 행정법의 원칙과 기준을 세우고, 국민의 실체적 권리도 확장 –
> ㅁ 법제처(처장 이강섭)는 「행정기본법」 제정안이 26일 국회 본회의를 통과했다고 밝혔다.
> ㅇ 이 법은 그동안 명문 규정 없이 학설과 판례로만 인정되어 온 행정의 법 원칙을 법률에 명확히 규정해 행정의 통일성과 적법성을 높이고, 쟁송을 통해 더 이상 처분을 다툴 수 없게 된 경우에도 '재심사'의 기회를 보장하는 등 국민의 권익보호 수단을 확대하는 내용이 담겼다.
> ㅁ 행정 법령은 국가 법령의 대부분*을 차지하면서도, 민사(민법) · 형사(형법) · 상사(상법) 분야와 달리, 행정법 적용 및 집행의 원칙이나 입법 기준이 되는 '기본법'이 없는 상황이다.
> * 국가법령 5,000여개 중 4,600여건 이상이 행정 법령에 해당('21.2. 기준)
> ㅇ 3차례의 권역별 공청회, 전문가 대상 입법 공청회(2020 행정법 포럼)와 1차례의 중앙 · 지방 공무원 대상 설명회를 통해 국민과 각계 전문가 의견을 충분히 듣고 신중히 검토해, 작년 7월 제정안을 국회에 제출했다.

3. 해당 판례는 해당 규정이 제정 시행되기 전인 2021년 1월 14일에 판결되었다. 행정기본법 2021년 2월 26일 국회를 통과하였지만 그 이전에 2020년부터 행정법 포럼을 통해 공청회를 가져서 대법원에 행정기본법 제정에 따라 이의신청 결과 통지서를 받은날로부터 90일 이내에 행정소송을 제기하는 부분에 대하여 충분히 인식하고 있었을 것으로 추정된다.
4. 대법원 2021.1.14. 선고 2020두50324 판결[이주대책대상자제외처분취소]
   1차 결정도 처분, 이의신청에 대한 2차 결정도 처분이라고 하는 판례

■ 법규 헷갈리는 쟁점 : 이주대책대상자의 확인결정과 소송형태(이주대책대상자의 법적 지위)

Ⅰ. 법상의 이주대책대상자의 이주대책계획수립청구권

토지보상법 제78조 제1항은 사업시행자에게 이주대책을 실시할 의무만을 부여하고 있다고 보아야 하므로(토지보상법 시행령 제40조의 예외가 인정되고 있는 경우는 제외), 상기 규정만으로 법상의 이주대책대상자에게 특정한 이주대책을 청구할 권리는 발생하지 않지만, 이주대책을 수립할 것을 청구할 권리는 갖는다고 보아야 한다.

법상의 이주대책대상자가 이주대책계획의 수립을 청구하였음에도 불구하고 사업시행자가 이주대책을 수립하지 않는 경우에는 의무이행심판 또는 부작위위법 확인소송을 제기할 수 있고, 이주대책의 수립을 거부한 경우에는 의무이행심판 (또는 거부처분취소심판) 또는 거부처분취소소송을 제기할 수 있다고 보아야 한다.

Ⅱ. 이주대책의 구체적인 내용 3가지

1. 새로운 이주단지를 조성해 주는 방법
2. 특별공급으로서 아파트 입주권이나 택지분양권을 부여하는 방법
3. 이주정착금(법상 10호 미만이거나 요건을 충족하지 못하는 경우)을 지급하는 방법

위 3가지 방법 중에서 아래 논의는 새로운 이주단지조성을 통한 분양권을 받는 방법과 특별공급으로써 아파트입주권이나 택지분양권을 받는 방법을 상정하여 논의하기로 한다. 이하에서는 이를 수분양권이라고 통칭한다.

Ⅲ. 이주대책대상자의 특정시점에서 실체법상의 권리의 취득

1. 취득시기

(1) 문제점

수분양권이란 대상자가 분양을 받을 수 있는 권리로서, 특정한 실체법상의 권리를 말한다. 이주대책대상자에게 이러한 권리가 언제 취득되는지 쟁점이 된다.

(2) 견해의 대립

① 이주대책계획수립이전설은 토지보상법 제78조 및 동법 시행령 제40조의 요건을 충족하는 경우에 수분양권이 취득된다고 본다.

② 이주대책계획수립시설은 사업시행자가 이주대책에 관한 구체적인 계획을 수립하여 이를 해당자에게 통지 내지 공고한 경우 이것으로 이주자에게 수분양권이 취득된다고 보는 견해이다.

③ 확인・결정시설은 이주대책계획 수립 후 이주대책대상자는 이주대책대상자 선정신청권(분양신청권)만을 취득하고, 이주자가 이주대책대상자 선정을 신청하고 사업시행자가 이를 확인・결정하여만 비로소 수분양권 발생한다고 보는 견해이다.

(3) 대법원 판례의 태도

공익사업을 위한 토지 등의 취득 및 보상에 관한 법률상의 공익사업시행자가 하는 이주대책대상자 확인・결정은 구체적인 이주대책상의 수분양권을 부여하는 요건이 되는 행정작용으로서의 처분이지 이를 단순히 절차상의 필요에 따른 사실행위에 불과한 것으로 평가할 수는 없다. 따라서 수분양권의 취득을 희망하는 이주자가 소정의 절차에 따라 이주대책대상자 선정신청을 한 데 대하여 사업시행자가 이주대책대상자가 아니라고 하여 위 확인・결정 등의 처분을 하지 않고 이를 제외시키거나 거부조치한 경우에는, 이주자로서는 사업시행자를 상대로 항고소송에 의하여 제외처분이나 거부처분의 취소를 구할 수 있다. 나아가 이주대책의 종류가 달라 각 그 보장하는 내용에 차등이 있는 경우 이주자의 희망에도 불구하고 사업시행자가 요건 미달 등을 이유로 그중 더 이익이 되는 내용의 이주대책

대상자로 선정하지 않았다면 이 또한 이주자의 권리의무에 직접적 변동을 초래하는 행위로서 항고소송의 대상이 된다(대판 2014.2.27. 2013두10885).

(4) 검토

판례는 이주대책대상자가 신청하고 사업시행자가 확인 결정함으로써 구체적인 권리로 보고 확인·결정시설을 취하고 있다. 생각건대, 토지보상법상 이주대책대상자의 경우 동법상의 추상적인 이주대책에 대한 권리를 이주대책계획이 수립됨으로써 구체적인 권리로 전환되는 것이므로 이주대책계획수립시설이 타당하다고 판단된다. 다만, 토지보상법상 이주대책대상자가 이주대책대상자 선정신청을 하고 사업시행자가 이를 받아들여 확인·결정하여야 비로소 실체적 권리를 취득한다고 보아야 한다. 이주대책대상자가 아닌자의 시혜적인 혜택은 논외로 하기로 한다.

2. 이주대책에 대한 내용 취득시기별 권리구제 방법

(1) 확인·결정시설의 경우

① 확인·결정시설을 취하는 경우, 이주대책대상자 선정신청에 대한 거부는 거부처분이 되므로 이에 대해 취소소송을 제기하고, 부작위인 경우 부작위위법확인 소송을 제기하여야 한다.

② 이주자가 확인·결정 전에 민사소송이나 공법상 당사자소송으로 이주대책상의 수분양권의 확인 등을 구하는 것은 허용될 수 없고, 나아가 그 공급대상인 택지나 아파트 등의 특정 부분에 관해 수분양권의 확인을 소구하는 것은 불가능하다고 본다.

③ 확인 결정 후에는 실체적인 권리를 취득한 상태이므로 만약 분양이 종료되어 이주대책을 해주지 않는다면 공법상 당사자소송을 통하여 권리를 확인받는 방법도 가능하고, 거부 또는 부작위 시에 항고쟁송으로 권리구제를 받을 수 있을 것으로 판된된다.

(2) 이주대책계획수립시설

① 이주대책계획수립 전에는 수분양권은 추상적인 권리인바 확인의 이익이 인정되지 않아 권리나 지위의 확인을 구할 수 없다. 사업시행자가 이주대책계획을 수립하지 아니하는 경우에는 사업시행자에게 이를 청구하여 거부 또는 부작위가 있는 경우 항고쟁송으로 다툴 수 있다.

② 이주대책 계획을 수립한 이후에는 대상자의 추상적인 수분양권이 구체적인 권리로 바뀌게 되므로, 이주대책에서 제외된 이주대책대상자는 분양을 신청하였으나 사업시행자가 거부를 한 경우 거부처분취소송을 (행정심판의 경우 거부처분취소심판 및 의무이행심판) 제기할 수 있고, 확인소송이 권리구제에 유효 적절한 수단이 될 수 있는 경우에는 당사자소송으로 수분양권 또는 그 법률상 지위의 확인을 구할 수 있다고 보아야 한다.

(3) 이주대책계획수립 이전설(법상 취득설)

① 구체적인 이주대책의 이행을 신청하고 그 이행이 없을 때 부작위위법확인소송을 제기하여 권리구제가 가능하며, 그 권리를 포기한 것으로 볼 수 없는 한 언제나 신청이 가능하고 구체적인 이주대책이 종료한 경우에도 추가적인 이주대책을 요구할 수 있다.

② 법상 요건 충족 시 실체적인 분양권이 취득된다고 보기 때문에, 법상 요건을 모두 충족한 자는 부작위 또는 거부가 있는 경우 항고쟁송으로 다툴 수 있다.

③ 이주대책대상자로서 분양을 받을 권리 또는 그 법률상 지위의 확인을 구할 수 있다고 보아야 한다. 이때에 확인소송은 확인 소송의 보충성이라는 소송법의 일반법리에 따라 그 확인소송이 권리구제에 유효 적절한 수단이 될 때에 한하여 그 소의 이익이 인정된다고 보아야 한다.

(4) 검토

생각건대, 이주대책대상자가 법상 요건을 충족할 때까지는 이주대책대상자로서의 법률상 지위를 가질 뿐 실체적인 수분양권이 존재하지 않는다. 이주대책계획에 의해 수분양권이 구체적 권리로 전환되므로 판례는 이주대책대상자로 확인·결정되어야 수분양권을 취득한다고 보고 있다. 따라서 수분양권의 취득은 이주대책에 관한 구체적인 계획이 수립되고 이주대책대상자에게 공고 또는 통지하면 이주대책대상자가 수분양권을 취득한다고 보는 이주대책계획수립시설이 타당하다고 보여진다. 따라서 이주대책계획수립이전에는 추상적인 권리에 불과하여 지위확인의 당사자소송은 불가하나, 이주대책계획수립이후에는 신청에 대한 거부처분을 항고쟁송으로 다툴 수 있고, 신청기간을 도과한 경우에는 예외적으로 지위확인의 공법상 당사자소송으로 다툴 수 있다. 판례의 이주대책대상자 확인·결정시설에 의하면 계획수립 이후에도 사업시행자의 확인·결정 전에는 구체적인 수분양권이 발생하지 않았으므로 지위확인의 공법상 당사자소송은 인정되지 않고, 이주대책대상자 확인·결정 후에 항고소송으로 다투어야 한다고 보고 있다.

Ⅳ. 이주대책의 수립 및 집행

사업시행자가 사업인정을 받게 되면 행정절차법 제2조에 따라 행정청의 지위를 확보하게 되고 이주대책의 수립 및 이주대책의 실행은 공행정사무로 보아야 하므로 이주대책대상자에 대한 구체적인 권리로서 수분양권은 공법상 권리로 보는 것이 타당하다고 판단된다. 다만 대법원 판례는 이주대책대상자의 신청이 있고, 사업시행자가 이주대책대상자 확인결정을 하게 되면 그 확인결정은 처분이어서 항고소송으로 다투어야 한다고 보고 있다. 만약 이주대책대상자가 적법한 신청을 하였음에도 불구하고 사업시행자가 구체적인 이주대책대상자 확인결정을 하지 않는다면 이주대책대상자는 구체적인 권리로 수분양권의 확인을 구하는 소송은 공법상 당사자소송으로 제기하여 권리구제를 받을 수 있을 것으로 생각된다.

■ **법규 헷갈리는 쟁점 : 주거용 건축물 이주대책 대상자 세부적인 요건**

Ⅰ. 주거용 건축물 제공자

1. 주거용 건축물의 판단 기준

이주대책대상의 주거용 건축물이란 당해 건축물이 공익사업을 위한 관계 법령에 따른 고시 등이 있은 날을 기준으로 당시 건축물의 용도가 주거용 건물로서 이주자의 생활의 근거가 된 건축물을 의미한다. 다만, 토지보상법 시행령 및 판례는 이주대책대상의 주거용 건축물을 관계법령에 따른 고시 등의 기준일 당시를 전제로 이미 현존하는 주거용 건축물을 말하는 것이므로, 해당 이주대책 기준일 이전에 이미 당해 건축물이 「건축법」상 주거용으로 용도변경이 가능한 건축물로서 실제 허가 또는 신고를 하고 용도변경을 한 경우에는 주거용 건축물에 해당된다고 볼 것이다.

2. 주거용 건축물에 대한 대법원 판례

(1) 실질에 있어 다세대주택과 같은 다가구주택 소유자들 각자 이주대책대상자임

'주택공급에 관한 규칙' 제19조 제1항 제3호 (다)목이 '도시계획사업으로 인하여 철거되는 주택의 소유자'에게 국민주택 등을 특별공급할 수 있다는 취지로 규정하면서 다가구주택을 일반적인 단독주택과 동일하게 취급하도록 규정하고 있지는 않은 점, 당해 다가구주택은 설계 및 건축 단계에서부터 6세대가 독립적으로 생활할 수 있도록 물리적으로 구획되어 있고 매매도 각 세대별로 이루어졌으며 제세공과금도 각 세대별로 부과되었다는 것이므로, 그 실질은 다세대주택과 유사한 공동주택으로 볼 여지가 많은 점, 공익사업을 위한 토지 등의 취득 및 보상에 관한 법률에서 정한 이주대책은 이주자들에 대하여 종전의 생활상태를 원상으로 회복시키면서 동시에 인간다운 생활을 보장하여 주기 위한 이른바 생활보상의 일환으로 국가의 적극적이고 정책적인 배려에 의하여 마련된 제도이므로, 등기의 형식만을 근거로 다가구주택과 다세대주택의 소유자들 사이에 국민주택 등의 특별공급과 관련하여 차이를 두는 것은 합리적인 차별로 보기 어려운 점 등에 비추어 보면, 실질에 있어 다세대주택과 같은 다가구주택 소유자들 각자에게 국민주택 특별분양권의 부여 신청을 거부한 처분은 재량권의 범위를 벗어난 것으로서 위법하다고 본 사례(대판 2007.11.29, 2006두8495).

(2) 주거용 건물이 아니었던 건물을 불법용도 변경한 경우 – 주거용 건물 안됨

공익사업을 위한 토지 등의 취득 및 보상에 관한 법률 제78조 제1항, 공익사업을 위한 토지 등의 취득 및 보상에 관한 법률 시행령 제40조 제3항 제2호 규정의 문언, 내용 및 입법 취지 등을 종합하여 보면, 위법 제78조 제1항에 정한 이주대책의 대상이 되는 주거용 건축물이란 위 시행령 제40조 제3항 제2호의 공익사업을 위한 관계 법령에 의한 고시 등이 있은 날 당시 건축물의 용도가 주거용인 건물을 의미한다고 해석되므로, 그 당시 주거용 건물이 아니었던 건물이 그 이후에 주거용으로 용도 변경된 경우에는 건축 허가를 받았는지 여부에 상관없이 수용재결 내지 협의계약 체결 당시 주거용으로 사용된 건물이라 할지라도 이주대책 대상이 되는 주거용 건축물이 될 수 없다(대판 2009.2.26, 2007두13340).

(3) 공부상 주거용이 아닌 건물을 불법으로 주거용으로 용도변경한 경우

공익사업을 위한 토지 등의 취득 및 보상에 관한 법률(이하 '공익사업법'이라 한다)에 의한 이주대책 제도는, 공익사업 시행으로 생활근거를 상실하게 되는 자에게 종전의 생활상태를 원상으로 회복시키면서 동시에 인간다운 생활을 보장하여 주기 위한 이른바 생활보상의 일환으로 국가의 적극적이고 정책적인 배려에 의하여 마련된 제도로서 건물 및 부속물에 대한 손실보상 외에는 별도의 보상이 이루어지지 않는 주거용 건축물의 철거에 따른 생활보상적 측면이 있다는 점을 비롯하여, 공익사업법 제78조 제1항, 공익사업법 시행령 제40조 제3항 제1호 각 규정의 문언, 내용 및 입법 취지 등을 종합하여 보면, 주거용 용도가 아닌 다른 용도로 이미 허가를 받거나 신고를 한 건축물을 소유한 자라 하더라도 이주대책기준일 당시를 기준으로 공부상 주거용 용도가 아닌 건축물을 허가를 받거나 신고를 하는 등 적법한 절차에 의하지 않고 임의로 주거용으로 용도를 변경하여 사용하는 자는, 공익사업법 시행령 제40조 제3항 제1호의 '허가를 받거나 신고를 하고 건축하여야 하는 건축물을 허가를 받지 아니하거나 신고를 하지 아니하고 건축한 건축물의 소유자'에 포함되는 것으로 해석하는 것이 타당하다(대판 2011.6.10, 2010두26216).

Ⅱ. 1989.1.24. 이전 무허가·무신고 건축물

1. 89.1.24 이전 무허가 건축물은 적법한 건축물로 봄

허가를 받거나 신고를 하고 건축 등을 하여야 하는 건축물을 허가를 받지 아니하거나 신고 없이 건축 등을 한 건축물의 소유자는 이주대책에서 원칙적으로 제외된다.

다만, 1989.1.24. 이전에 건축되었다면 토지보상법 시행령 부칙(2002.12.30. 대통령령 17854호) 제6호에 따라 이주대책 대상에 포함되며, 이 경우 1989.1.24. 이전부터 동일한 소유자일 것도 요하지 않는다.

2. 화재등으로 89.1.24 건축물이 화재로 소실된 경우도 해당자로 봄

한편, 1989.1.24. 이전에 건축되었으나 이후 화재 등으로 전소되자 허가 또는 신고 없이 해당 부지 지상에 재축을 하는 경우에는 1989.1.24. 이후 허가 또는 신고를 하지 아니한 건축물이며 전소된 멸실건물과 재축된 건물간의 동일성이 없으므로 이주대책대상자가 될 수 없으나, 전소가 아닌 일부 파손에 따라 일부 구조에 대해서만 교체 및 수리하고 당해 건축물에 단절 없이 종전의 건물을 생활의 근거지로 삼아 계속 거주한 경우에는 이주대책의 취지에 따라 이주대책대상자가 된다고 보아야 한다(판례 동지).

도시개발사업구역 내 무허가주택의 소유자가 이주대책기준일 전부터 그 주택에 거주하다가 화재로 건물의 지붕 등이 소실된 후 지붕과 외벽을 교체하고 건물 내부의 일부 구조를 변경하여 거주지를 옮기지 않고 계속 거주한 경우 이주대책기준에 정한 '미등재 무허가주택 소유자로 보아야 함에도, 종전 건물과 화재 후 건물의 물리적 구조만을 살펴 두 건물의 동일성이 없다는 이유로 '미등재 무허가건물로서의 지위'를 인정할 수 없다고 판단한 원심판결을 파기한 사례(대판 2009.9.24, 2009두9819)

Ⅲ. 기준일 현재부터 계속하여 거주한자 일 것(거주요건)

이주대책의 대상자가 되려면 공익사업의 시행으로 인하여 주거용 건축물을 제공함에 따라 생활의 근거를 상실하여야 하고, 해당 건축물에 공익사업을 위한 관계 법령에 따른 고시 등이 있은 날부터 계약체결일 또는 수용재결일까지 일정기간 동안 당해 사업지구내 소유가옥에서 계속하여 거주하여야 한다. 거주사실에 대해 주민등록표의 등재내용이 기준이 되나, 더 중요한 기준은 실제 거주여부로 토지보상법 시행령은 거주 요건의 예외로 질병으로 인한 요양, 정집으로 인한 입영, 공무, 취학, 해당 공익사업지구 내 타인이 소유하고 있는 건축물에의 거주 그 밖에 이에 준하는 부득이한 사유로 인하여 거주하고 있지 아니한 경우에는 이주 대책대상자에 포함하도록 규정하고 있다. 전입신고가 되어 있으면 일 거주한 것으로 추정할 수 있으나 사업시행자가 이주대책의 실제 거주 사실을 부인하여 다투면서 실제 거주를 의심할 만한 간접사실을 입증하는 경우에는 추정력이 깨어진다고 보아야 한다. 이 경우 거주사실의 입증자료로는 주민등록표 이외의 전기요금, 전화요금, TV시청료, 우편물송달자료, 자녀의 학생부, 거주지 인근의 금융기관·병원·약국 등의 이용에 관한 자료 등을 주로 제출하고, 사업시행지의 지장물조사내용(건물구조, 거주실태 등)도 거주사실을 판단하는데 주요한 참고자료가 된다.

Ⅳ. 주거용 건축물의 소유자일 것(소유 요건)

이주대책은 주거용 건축물의 소유자를 대상으로 하므로 타인이 소유하고 있는 건축물에 거주하는 세입자는 이주대책 대상자에서 제외된다. 건축물의 소유자인지 여부는 등기사항전부증명서, 과세대장등본과 같은 공부장 기재를 기준으로 판단하여야 할 것이나, 무허가·미등기건물의 경우는 궁극적으로 실질적인 처분권을 갖고 있는지에 따라 결정하여야 한다. 한편, 세입자는 주택소유자보다 경제적 약자이고 주거생활이 보호되어야 할 대상이기 때문에 공익사업의 시행에 있어 이주대책의 필요성이 더욱 요구된다는 일부 의견도 있으나, 헌법재판소는 세입자에게 주거이전비와 이사비가 보상금으로 지급된다는 점을 들어 세입자를 이주대책 대상자에서 제외했다고 하여 세입자의 재산권이나 평등권을 침해한 것은 아니라고 결정한 바 있다.

Ⅴ. 이주대책 기준일(=기준일 요건)

이주대책대상자는 해당 건축물에 공익사업을 위한 관계 법령에 따른 고시 등이 있은 날부터 계약체결일 또는 수용재결일까지 계속하여 거주하고 있는 자이어야 한다. 여기서 이주대책기준일이 되는 '관계 법령에 의한 고시 등이 있은 날'에는 택지개발예정지구지정 공람공고일, 택지개발예정지구지정고시일, 보상계획공고일 등이 존재하는데 사업시행자는 관계법령에 따른 공익사업의 종류에 따라 그 기준일을 달리 정하고 있는 게 현실이다. 대법원은 토지수용 절차에 공익사업을 위한 토지 등의 취득 및 보상에 관한 법률을 준용하도록 한 관계 법률에서 사업인정의 고시 외에 주민 등에 대한 공람공고를 예정하고 있는 경우에는 사업인정의 고시일뿐만 아니라 공람공고일도 포함될 수 있다고 판시한 있다(대판 2009.2.26, 2007두13340). 헌법재판소도 관계 법령에 의한 '고시가 있은 날'이 아니라 '고시 등이 있은 날'로 규정한 점에서 지구지정고시일과 공람공고일이 모두 포함될 수 있는 이주대책 기준일에 관한 포괄정 규정으로 볼 수 있다고 판시한 바 있다. 참고로 대규모택지개발지구에서는 통상적으로 예정지구지정 공람공고일을 이주대책기준일로 하고 있다.

결국 이주대책기준으로 사업시행자의 사업수행능력에 따라 공람공고일이 될 수도 있고, 보상계획공고일이 될 수도 있고, 사업인정고시 시점이 될 수도 있다. 이는 해당 공익사업의 특성과 이주대책대상자의 규모등을 사업시행자가 고려하여 그 판단을 해야 함으로 대법원에서는 수량과 내용을 정하는 것으로 사업시행자의 재량으로 존중되어야 한다고 판시하고 있다.

서울신정4 보금자리주택지구 이주대책 등 공고(예시문)

국토교통부 공고 제2025-○○○○호(2025.○○.○○)로 지구지정 주민열람공고, 국토교통부고시 제2025-○○○호(2025.○○.○○)로 지구지정고시, SH공사 공고 제36호(2024.○○.○○)로 보상계획공고한 서울신정4 ○○ 보금자리주택지구의 이주대책, 주택특별공급, 생활대책(이하 "이주대책 등"이라 한다)을 다음과 같이 공고합니다.

○ 사 업 명 : 서울신성4 ○○ 보금자리주택지구
○ 사업지행자 : 서울특별시 SH공사
○ 기 준 일 : 서울신성4 ○○보금자리주택지구 이주대책 등 대상자 선정기준일은 2024년 1월 4일(보금자리주택건설 등에 관한 특별법 제10조에 의한 열람공고일)로 한다.
※ 다만, 세입자는 기준일 3개월 이전인 2024년 10월 4일로 한다.

1. 이주대책

유형	대상자 선정기준 및 대책	공급조건
자기 토지상 주택 소유자	○ 대상자 기준일 이전부터 협의계약체결일 또는 수용재결일 현재까지 계속하여 당해 지구 내 자기 토지상 주택을 소유 및 거주한 자 ○ 이주대책 당해 지구 전용면적 60㎡ 이하 분양아파트를 공급받을 수 있는 권리를 부여한다. 다만, 협의계약체결하고 자진 이주한 자에게는 당해 지구 전용면적 85㎡ 이하 분양아파트를 공급받을 수 있는 권리를 부여한다.	「공익사업을 위한 토지 등의 취득 및 보상에 관한 법률」(이하 "토지보상법"이라 한다), 「주택법」 및 우리공사 분양규정에 의함
등록 무허가 건축물 소유자	○ 대상자 기준일 이전부터 협의계약체결일 또는 수용재결일 현재까지 계속하여 당해 지구 내 등록무허가건축물을 소유 및 거주한 자 ○ 이주대책 당해 지구 전용면적 60㎡ 이하 분양아파트를 공급받을 수 있는 권리를 부여한다. 다만, 협의계약체결하고 자진 이주한 자에게는 당해 지구 전용면적 85㎡ 이하 분양아파트를 공급받을 수 있는 권리를 부여한다.	

※ "이주대책"이란 공익사업의 시행으로 인하여 주거용 건축물을 제공함에 따라 생활의 근거를 상실하게 되는 자(이주대책대상자)에게 「토지보상법」 제78조에 따라 이주자 주택을 공급받을 수 있는 권리를 부여하는 것을 말하며, "등록무허가건축물"이란 관할구청의 '무허가건축물관리대장'에 등록된 건축물을 말합니다.

2. 주택 특별공급

유형	대상자 선정기준 및 대책	공급조건
미거주 등록 무허가 건축물 소유자	○ 대상자 기준일 이전부터 협의계약체결일 또는 수용재결일 현재까지 계속하여 당해 지구 내 등록무허가건축물을 소유하고 있으나 계속 거주하지 않은 자로서 당해 등록무허가건축물 외에 모집공고일 현재 무주택세대주인 자 ○ 주택 특별공급 당해 지구 전용면적 60㎡ 이하 분양아파트를 공급받을 수 있는 권리를 부여한다. 다만, 협의계약체결하고 자진 이주한 자에게는 당해 지구 전용면적 85㎡ 이하 분양아파트를 공급받을 수 있는 권리를 부여한다.	일반분양조건 (「주택법」, 「주택공급에 관한 규칙」 및 우리 공사 분양규정에 의함)
기준일 이후 취득자	○ 대상자 기준일 이전부터 보상계획공고일 또는 수용재결일 현재까지 계속하여 당해 지구 내 등록무허가건축물을 소유하고 있으나 계속 거주하지 않은 자로서 당해 등록무허가건축물 외에 모집공고일 현재 무주택세대주인 자 ○ 주택 특별공급 당해 지구 전용면적 60㎡ 이하 임대아파트를 공급받을 수 있는 권리를 부여한다. 다만, 협의계약체결하고 자진 이주한 자에게는 당해 지구 전용면적 60㎡ 이하 분양아파트를 공급받을 수 있는 권리를 부여한다.	일반임대조건 (우리공사 임대 규정에 의함) · 일반분양조건 (「주택법」, 「주택공급에 관한 규칙」 및 우리 공사 분양규정에 의함)
토지 협의 양도자	○ 대상자 기준일 이전부터 협의계약체결일 현재까지 당해 지구 내 토지(소유토지가 여러 개의 필지인 경우에는 각 소유토지를 합한 면적)를 1천60㎡ 이상 소유하고, 그 소유토지 전부(「토지보상법」 제3조의 규정에 해당하는 물건이나 권리가 있는 경우에는 이를 포함한다)를 협의계약체결하고 그 소유토지 전부를 공사에 양도한 자로서 입주자모집공고일 현재 무주택세대주인 자(법인이나 단체 제외) ※ 토지를 공유지분으로 소유하고 있는 경우에는 지분면적을 기준으로 하며, 다른 공유자 전원이 협의계약하고 공유토지 전부를 공사에 양도하여야 한다. ※ 공유자 1인의 지분면적이 1천㎡ 미만이더라도 다른 공유자 지분면적을 합한 지분면적이 1천㎡ 이상인 경우에는 공유자 중 1인을 대표자로 지정하고 다른 공유자 전원이 협의계약하고 공유토지 전부를 공사에 양도하여야 한다. ○ 주택 특별공급 당해 지구 전용면적 85㎡ 이하 분양아파트를 공급받을 수 있는 권리를 부여한다.	일반분양조건 (「주택법」, 「주택공급에 관한 규칙」 및 우리 공사 분양규정에 의함)
세입자	○ 대상자 기준일 3개월 이전부터 보상계획공고일 현재까지 당해 지구 내 주택 또는 등록무허가건축물에 주민등록을 계속하여 등재하고 거주하다가 자진 이주한 자로서 입주자 모집공고일 현재 무주택세대주인 자	일반임대조건 (우리공사 임대 규정에 의함)

	※ 세입자의 경우 동일 주택 또는 등록무허가건축물의 거실, 주방을 공동으로 사용하는 직계존·비속이 주민등록상 세대구성만 달리하여 거주할 경우에는 별도의 세대로 인정하지 않고 주된 가구의 세대원으로 합산한다. ○ **주택 특별공급** 당해 지구 전용면적 60㎡ 이하 임대아파트를 공급받을 수 있는 권리를 부여한다. ※ 임대아파트는 기준일 3개월 이전부터 보상계획공고일 현재까지 당해 지구에서 계속 거주한 동일세대의 세대원수에 따라 다음 각 호의 1에 해당하는 임대아파트를 공급받을 수 있는 권리를 부여하며, 세대원수는 주민등록에 등재된 세대주 및 배우자의 직계존·비속과 형제자매, 그 형제자매의 직계비속으로 한다. 가. 세대원수 4인 이상 무주택세대주에게는 전용면적 60㎡ 이하 가. 세대원수 3인 이하 무주택세대주에게는 전용면적 50㎡ 이하	

※ "주택 특별공급"이란 이주대책대상자에 해당하지 않는 자에게 원활한 사업추진을 위하여 「주택공급에 관한 규칙」에 따라 특별공급하는 주택을 공급받을 수 있는 권리를 부여하는 것을 말합니다.

3. 생활대책

유형	대상자 선정기준 및 대책	공급조건
영업 손실보상 대상자	○ 대상자 기준일 이전부터 협의계약체결일 현재까지 당해 지구 내 적법한 장소에서 관계법령에 의한 허가, 등록, 신고 등을 필하고(다만, 허가, 등록, 신고 등이 필요 없는 영업은 그러하지 아니하다) 그 내용대로 영업한 자로서 협의계약체결하고 자진 이주한 자 ○ 생활대책 당해 지구의 분양상가를 공급받을 수 있는 권리를 부여한다. 다만, 공급할 물량이 부족할 경우에는 아래 우선순위에 따라 공급하되 동일순위 경쟁 시에는 추첨에 의하여 공급한다. ○ 우선순위 – 1순위 : 토지 및 건축물을 소유하고 허가·등록·신고 등과 사업자등록을 필한 자 – 2순위 : 건축물을 소유하고 허가·등록·신고 등과 사업자등록을 필한 자 – 3순위 : 임차영업자로 허가·등록·신고 등과 사업자등록을 필한 자 – 4순위 : 사업자등록 미필업자 ※ 다만, 사업자등록 미필업자 중 위법에 기인한 영업은 제외한다.	우리공사 택지·상가 공급규정에 의함
농업 손실보상 대상자	○ 대상자 기준일 이전부터 협의계약체결일 현재까지 당해 지역에 거주하면서 당해 지구 내에서 「농지법 시행령」 제3조에서 정한 규모의 농지를 소유 또는 임차하여 경작하며 생업을 영위하던 자로 생계수단을 상실한 자로서 협의계약체결하고 그 소유토지 전부를 공사에 양도한 자	

	○ 생활대책 당해 지구의 분양상가를 공급받을 수 있는 권리를 부여한다. 다만, 공급할 물량이 부족할 경우에는 아래 우선순위에 따라 공급하되 동일순위 경쟁 시에는 추첨에 의하여 공급한다. ○ 우선순위 – 1순위 : 자기소유 토지상 경작자 – 2순위 : 임차 경작자	
축산업 손실보상 대상자	○ 대상자 기준일 이전부터 협의계약체결일 현재까지 당해 지역에 거주하면서 당해 지구 내에서 「축산법」에 따른 등록을 하거나 축사 등 150㎡ 이상의 시설(양봉의 경우 동시설에 50군 이상의 고정양봉에 한함)을 갖추고 「토지보상법」 시행규칙 제49조에 의한 축산업을 영위하던 자로서 협의계약을 체결하고 자진 이주한 자 ○ 생활대책 당해 지구의 분양상가를 공급받을 수 있는 권리를 부여한다. 다만, 공급할 물량이 부족할 경우에는 아래 우선순위에 따라 공급하되 동일순위 경쟁 시에는 추첨에 의하여 공급한다. ○ 우선순위 – 1순위 : 자기소유 토지상 축산업자 – 2순위 : 타인소유 토지상 축산업자	우리공사 택지・상가 공급규정에 의함
종교시설 운영자	○ 대상자 기준일 이전부터 협의계약체결일 현재까지 당해 지구 내 적법한 건축물에서 중앙정부 관련기관의 장 또는 지방자치단체장의 설립허가를 받은 종교법인에 등록하고 종교집회를 하는 종교시설을 소유하고 운영한 자로서 협의계약을 체결하고 자진 이주한 자 ○ 생활대책 당해 지구의 분양상가를 공급받을 수 있는 권리를 부여한다. 다만, 공급할 물량이 부족할 경우에는 아래 우선순위에 따라 공급하되 동일순위 경쟁 시에는 추첨에 의하여 공급한다. ○ 우선순위 – 1순위 : 토지 및 건축물을 소유한 종교시설 운영자 – 2순위 : 건축물을 소유한 종교시설 운영자	

※ "생활대책"에서 '당해 지역'이란 ① 당해 자치구(서울 양천구)와 당해 자치구에 연접한 시・구(서울 강서구, 구로구, 영등포구 및 경기도 부천시), 또는 ② 토지소유자의 주소지가 당해 사업지구 경계로부터 직선거리 20km 이내에 해당하는 경우를 말합니다.

4. 이주대책 등 신청 시 구비서류

구분	제출서류	수량
공통 (본인)	○ 신청서 및 각서(공사 소정양식으로 신청 시 작성) ○ 인감증명서 또는 본인서명사실확인서 ○ 주민등록등본・초본(협의개시일 이후 발급분, 주소변동사항 포함) ○ 가족관계등록부 ○ 주민등록증 지참 ○ 인감도장 지참	각 1통
공통 (대리인)	○ 신청서 및 각서(공사 소정양식으로 신청 시 작성) ○ 본인 인감증명서 또는 본인서명사실확인서 ○ 본인 주민등록등본・초본(협의개시일 이후 발급분, 주소변동사항 포함) ○ 본인 가족관계등록부 ○ 본인 주민등록증 지참 ○ 본인 인감도장 지참 ○ 위임장(공사 소정양식) ○ 대리인 주민등록증 지참	각 1통
주택 특별공급 대상자 공통	○ 무주택 서약서(공사 소정양식으로 신청 시 작성)	각 1통
토지소유자 중 1천㎡ 미만 공유지분 소유자	○ 다른 공유자 전원의 포기각서(공사 소정양식) ○ 다른 공유자 전원의 인감증명서 또는 본인서명사실확인서	각 1통
세입자	○ 임대차계약서 사본	각 1통
영업손실 보상대상자	○ 토지 또는 건축물 임차입증서류(임대차계약서 사본 등) – 임차인 ○ 허가・등록・신고 등 필증 사본 ○ 영업개시 입증서류(사업자등록증명원, 등록증사본 등)	각 1통
농업손실 보상대상자	○ 농지 임차입증서류(임대차계약서 사본 등) – 임차인 ○ 경작개시 입증서류(농지원부 또는 자격증명서 또는 경작사실확인서 등)	각 1통
축산업손실 보상대상자	○ 토지 또는 건축물 임차입증서류(임대차계약서 등) – 임차인 ○ 허가・등록・신고 등 필증 사본(가축분뇨의 관리 및 이용에 관한 법률 및 서울특별시 양천구 가축사육 제한에 관한 조례에 따른 사육허가증 등) ○ 축산업개시 입증서류(사업자등록증명원, 등록증사본 등)	각 1통
종교시설 운영자	○ 종교법인(중앙정부 관련기관의 장 또는 지방자치단체장의 설립허가를 받은 종교법인) 등록증 ○ 법인설립허가서 ○ 재직증명서 ○ 종교집회개시 입증서류	각 1통

5. 유의사항

○ 공통

(1) "협의계약"이란 「토지보상법」 제3조에 해당하는 당해 지구 내 토지, 물건, 권리 등 전부를 협의계약함을 말합니다.

(2) "자진 이주"란 물건 등을 당해 지구 밖으로 자진 이전하고 이주하는 것을 말합니다.

(3) 이주대책 등 부여는 신청기간 내에 신청서류를 제출하는 경우에 한하며, 신청기간 내 미신청할 경우에는 이주대책 등 대상자 자격을 포기하는 것으로 간주하여 이주대책 등 대상자에게 제외합니다.

(4) 접수된 서류는 반환하지 않으며, 이주대책 등 대상자는 접수된 서류의 적격여부 심사를 거쳐 확정하고, 대상자 확정 통보는 개별통지하며, 이주대책 등 신청 접수증 또는 이주대책 등 대상자 확인서 등은 발급하지 않습니다.

(5) 소유자 확인이 불분명할 경우에는 이주대책 등 대상자에서 제외합니다.

(6) 이주대책 등 대상자와 대상자의 배우자 및 주민등록 세대원 중 직계 존・비속(기준일 이후 세대분리된 경우 포함)은 동일인으로 봅니다.

(7) 이주대책 등은 각각 별도로 시행하며, 동일인이 각각의 동일 대책 중에서 2가지 이상 해당되는 경우에는 본인의 희망에 따라 한 가지만 선택 공급합니다.

(8) 이주대책 등 대상자로 확정된 후에도 관계법규 등에 위반된 사항이 발견되거나 신청서류의 위조 또는 변조 등 불법행위가 발견될 때에는 각각의 대상자에서 제외됨은 물론 관계법에 의거 고발조치합니다.

○ 이주대책

(9) 이주대책 대상자가 우리공사 분양(공급)부서에서 지정한 계약기간 내에 미계약 시 이주대책 자격포기 및 계약의사가 없는 것으로 간주하여 해당 미계약 물량은 일반공급물량으로 전환합니다.

(10) 「주택법」 제39조(공급질서 교란 금지)에 의거 "주택을 공급받을 수 있는 권리"의 양도, 양수는 일체 금지되고 이를 위반할 경우에는 같은 법 제96조에 의하면 3년 이하의 징역 또는 3천만원 이하 벌금이 부과됩니다.

○ 주택 특별공급

(11) 주택 특별공급 대상자에게 공급하는 분양아파트의 가격 및 동호배정 등 공급조건은 일반공급대상자와 동일합니다.

(12) 주택 특별공급 대상자는 향후 별도 시행하는 당해 지구 입주자모집 공고일 현재 무주택세대주이어야 하며, 입주자모집공고문에 명시된 주택 특별공급 대상자별 신청접수기한 내 미신청할 경우에는 주택 특별공급 대상자 자격 포기 및 해당지구 주택 특별공급에 대한 청약의사가 없는 것으로 간주하여 해당 주택 특별공급물량은 일반공급물량으로 전환합니다.

⒀ 「주택법」 제39조(공급질서 교란 금지)에 의거 "주택을 공급받을 수 있는 권리"의 양도, 양수는 일체 금지되고 이를 위반할 경우에는 같은 법 제96조에 의거 3년 이하의 징역 또는 3천만원 이하 벌금을 부과됩니다.

○ 생활대책

⒁ 생활대책 대상자가 우리공사 분양(공급)부서에서 지정한 계약기간 내에 미계약 시 생활대책 자격 포기 및 계약의사가 없는 것으로 간주하여 해당 미계약 물량은 일반공급 물량으로 전환합니다.

⒂ 생활대책 대상자에게 공급할 공급물량이 부족할 경우에 생활대책의 유형 간 우선순위에 있어서는 유형별 동일순위를 동등한 순위로 간주하여 추첨합니다.

기타 자세한 사항은 SH공사 보상1팀으로 문의하시기 바랍니다.

보금자리주택사업지구의 아파트를 공급받을 수 있는 권리는 제3자에게 양도·양수 행위가 일체 금지되어 있으므로 거래하는 것은 불법이며, 예상치 못한 피해가 발생할 수 있으므로 사지도 말고 팔지도 맙시다.

2025년 ○○월 ○○일

서울특별시 SH공사

www.i-sh.co.kr

"SH공사는 서울특별시 투자기관입니다."

8. 기출문제

» 기출문제(제3회 3번)

이주대책에 관하여 약술하시오. **10점**

» 기출문제(제4회 3번)

「공익사업을 위한 토지 등의 취득 및 보상에 관한 법률」이 규정하고 있는 생활보상적 성격을 지닌 보상에 관하여 설명하시오. **20점**

» 기출문제(제15회 3번)

생활보상에 관하여 약술하시오. **20점**

» 기출문제(제20회 1번)

A시는 도시개발사업을 하면서 주거를 상실하는 주거자에 대한 이주대책을 수립하였다. 이주대책의 주요내용은 다음과 같다. 이를 근거로 다음 물음에 답하시오. **45점**

- 기준일 이전부터 사업구역 내 자기 토지상 주택을 소유하고 협의계약 체결일까지 해당 주택에 계속 거주한 자가 보상에 합의하고 자진 이주한 경우 사업구역 내 분양아파트를 공급한다.
- 분양아파트를 공급받지 않은 이주자에게는 이주정착금을 지급한다.
- 무허가건축물대장에 등록된 건축물 소유자는 이주대책에서 제외한다.

(1) 이주대책의 이론적 및 헌법적 근거를 설명하시오. **5점**

(2) 주택소유자 甲이 보상에 합의하고 자진 이주하지 아니한 경우에도 이주대책에 의한 분양아파트의 공급 혹은 이주정착금의 지급을 요구할 수 있는지의 여부를 검토하시오. **20점**

(3) 무허가건축물대장에 등록되지 않은 건축물 소유자 乙이 해당 건축물이 무허가건축물이라는 이유로 이주대책에서 제외된 경우에 권리구제를 위하여 다툴 수 있는 근거와 소송방법에 관하여 검토하시오. **20점**

» 기출문제(제27회 1번)

「공익사업을 위한 토지 등의 취득 및 보상에 관한 법률」(이하 '토지보상법'이라 함)의 적용을 받는 공익사업으로 인하여 甲은 사업시행자인 한국도시철도공단 乙에게 협의절차를 통해 자신이 거주하고 있던 주거용 건축물을 제공하여 생활의 근거를 상실하게 되었다고 주장하면서 토지보상법 제78조 제1항에 따른 이주대책의 수립을 신청하였다. 이에 대해 乙은 "위 공익사업은 선형사업으로서 철도건설에 꼭 필요한 최소한의 토지만 보상하므로 사실상 이주택지공급이 불가능하고 이주대책대상자 중 이주정착지에 이주를 희망하는 자의 가구 수가 7호(戶)에 그치는 등 위 공익사업은 토지보상법 시행령 제40조 제2항에서 규정하고 있는 이주대책을 수립하여야 하는 사유에 해당되지 아니한다"는 이유를 들어 甲의 신청을 거부하였다. 다음 물음에 답하시오. **40점**

(1) 乙이 甲에 대한 거부처분을 하기에 앞서 행정절차법상 사전통지와 이유제시를 하지 아니한 경우 그 거부처분은 위법한가? **20점**

(2) 만약에 甲이 거부처분취소소송을 제기하였다면, 乙은 그 소송계속 중에 처분의 적법성을 유지하기 위해 "甲은 주거용 건축물에 계약체결일까지 계속하여 거주하고 있지 아니하였을 뿐만 아니라 이주

정착지로의 이주를 포기하고 이주정착금을 받은 자에 해당하므로 토지보상법 시행령 제40조 제2항 에 따라 이주대책을 수립할 필요가 없다"는 사유를 추가·변경할 수 있는가? 20점

» 기출문제(제28회 2번)

도지사 A는 "X국가산업단지 내 국도 대체우회도로개설사업"(이하 '이 사건 개발사업'이라 함)의 실시계획을 승인·고시하고, 사업시행자로 B시의 시장을 지정하였다. B시의 시장은 이 사건 개발사업을 시행함에 있어 사업시행으로 인하여 건물이 철거되는 이주대책대상자를 위한 이주대책을 수립하면서 훈령의 형식으로 'B시 이주민지원규정'을 마련하였다.

위 지원규정에서는 ① 이주대책대상자 선정과 관련하여, 「공익사업을 위한 토지 등의 취득 및 보상에 관한 법률」 및 그 시행령이 정하고 있는 이주대책대상자 요건 외에 '전세대원이 사업구역 내 주택 외 무주택'이라는 요건을 추가적으로 규정하는 한편, ② B시의 이주대책 지급대상에 관하여, 과거 건축물양성화기준일 이전 건물의 거주자의 경우 소지가(조성되지 아니한 상태에서의 토지가격) 분양대상자로, 기준일 이후 건물의 거주자의 경우 1세대당 사업용지 3평을 일반분양가로 추가 분양하도록 하고, 일반 우선 분양대상자의 경우 1세대 1필지 이주택지를 일반분양가로 우선 분양할 수 있도록 하고 있다.

B시의 시장은 이주대책을 실시하면서 이 사건 개발사업구역 내에 거주하는 甲과 乙에 대하여, 甲은 공익사업을 위한 토지 등의 취득 및 보상에 관한 법령이 정한 이주대책대상자에 해당됨에도 위 ①에서 정하는 요건을 이유로 이주대책대상자에서 배제하는 부적격 통보를 하였고, 소지가 분양대상자로 신청한 乙에 대해서는 위 지원규정을 적용하여 소지가 분양대상이 아닌 일반 우선 분양대상자로 선정하고, 이를 공고하였다. 다음 물음에 답하시오. 30점

(1) 甲은 'B시 이주민지원규정'에서 정한 추가적 요건을 이유로 자신을 이주대책대상자에서 배제한 것은 위법하다고 주장한다. 甲의 주장이 타당한지에 관하여 설명하시오. 15점

(2) 乙은 자신의 소지가 분양대상자가 아닌 일반 우선 분양대상자로 선정한 것은 위법하다고 보아 이를 소송으로 다투려고 한다. 乙이 제기하여야 하는 소송의 형식을 설명하시오. 15점

04 주거이전비

시행규칙 제54조(주거이전비의 보상)

① 공익사업시행지구에 편입되는 주거용 건축물의 소유자에 대하여는 해당 건축물에 대한 보상을 하는 때에 가구원수에 따라 2개월분의 주거이전비를 보상하여야 한다. 다만, 건축물의 소유자가 해당 건축물 또는 공익사업시행지구 내 타인의 건축물에 실제 거주하고 있지 아니하거나 해당 건축물이 무허가건축물 등인 경우에는 그러하지 아니하다.

② 공익사업의 시행으로 인하여 이주하게 되는 주거용 건축물의 세입자(무상으로 사용하는 거주자를 포함하되, 법 제78조 제1항에 따른 이주대책대상자인 세입자는 제외한다)로서 사업인정고시일 등 당시 또는 공익사업을 위한 관계법령에 따른 고시 등이 있은 당시 해당 공익사업시행지구 안에서 3개월 이상 거주한 자에 대해서는 가구원수에 따라 4개월분의 주거이전비를 보상해야 한다. 다만,

무허가건축물 등에 입주한 세입자로서 사업인정고시일 등 당시 또는 공익사업을 위한 관계법령에 따른 고시 등이 있은 당시 그 공익사업지구 안에서 1년 이상 거주한 세입자에 대해서는 본문에 따라 주거이전비를 보상해야 한다.

③ 제1항 및 제2항에 따른 거주사실의 입증은 제15조 제1항 각 호의 방법으로 할 수 있다.

④ 제1항 및 제2항에 따른 주거이전비는 「통계법」 제3조 제3호에 따른 통계작성기관이 조사・발표하는 가계조사통계의 도시근로자가구의 가구원수별 월평균 명목 가계지출비(이하 이 항에서 "월평균 가계지출비"라 한다)를 기준으로 산정한다. 이 경우 가구원수가 5인 이상인 경우에는 다음 각 호의 구분에 따른 금액을 기준으로 산정한다. 〈개정 2023.4.17.〉

1. 가구원수가 5인인 경우 : 5인 이상 기준의 월평균 가계지출비에 해당하는 금액. 다만, 4인 기준의 월평균 가계지출비가 5인 이상 기준의 월평균 가계지출비를 초과하는 경우에는 4인 기준의 월평균 가계지출비에 해당하는 금액으로 한다.
2. 가구원수가 6인 이상인 경우 : 다음 산식에 따라 산정한 금액
   제1호에 따른 금액 + {5인을 초과하는 가구원수 × [(제1호에 따른 금액 − 2인 기준의 월평균 가계지출비) ÷ 3]}

Ⅰ. 개설

주거이전비는 공익사업의 시행으로 삶의 터전을 박탈당하여 다른 곳으로 주거지를 이전하여야 하는 자에게 지급되는 보상으로, 대상자는 주거용 건축물의 소유자 및 그 세입자로서 실제로 이주하는 자이다. 주거이전비는 원칙적으로 주거용 건축물의 거주자에 대한 주거 이전에 필요한 비용과 가재도구 등 동산의 운반에 필요한 비용의 보상이므로 실비변상적 보상의 성격을 가지며, 그 지급 시기는 보상실무상 대상자(가옥소유자, 세입자)가 사업지구 밖으로 이주하고 주민등록 이전 확인 후 지급된다. 한편, 주거이전비는 보상금 수령 후 새로운 주택을 취득하거나 임차하는 기간 동안의 임시 거주에 소요되는 비용을 보상하는 것이기도 하므로 주거용 건축물이 사업지구에 일부가 편입되어 철거 및 보수공사로 장기간 주거지로 사용할 수 없는 경우라면 주거이전비 및 이사비 지급대상이 된다. 다만, 판례는 세입자에 대한 주거이전비는 이러한 실비변상적 성격 외에도 사회보장적인 차원의 생활보상으로서의 성격도 있는 것으로 보고 있다. 한편, 주거이전비도 보상의 법적 근거를 두고 있고, 주거이전비 보상대상자도 관계인에 해당하므로 주거이전비도 재결사항에 해당된다.

Ⅱ. 주거이전비(보상청구권)의 법적 성질

주거이전비는 해당 공익사업시행지구 안에 거주하는 세입자들의 조기이주를 장려하여 사업추진을 원활하게 하려는 정책적인 목적과 주거이전으로 인하여 특별한 어려움을 겪게 될 세입자들을 대상으로 하는 사회보장적인 차원에서 지급되는 금원의 성격을 가지므로, 적법하게 시행된 공익사업으로 인하여 이주하게 된 주거용 건축물 세입자의 주거이전비 보상청구권은 공법상의 권리이다.

판례

▶ 관련판례(대판 2008.5.29, 2007다8129)
(구)공익사업을 위한 토지 등의 취득 및 보상에 관한 법률(2007.10.17. 법률 제8665호로 개정되기 전의 것) 제2조, 제78조에 의하면, 세입자는 사업시행자가 취득 또는 사용할 토지에 관하여 임대차 등에 의한 권리를 가진 관계인으로서, 같은 법 시행규칙 제54조 제2항 본문에 해당하는 경우에는 주거이전에 필요한 비용을 보상받을 권리가 있다. 그런데 이러한 **주거이전비는 해당 공익사업시행지구 안에 거주하는 세입자들의 조기이주를 장려하여 사업추진을 원활하게 하려는 정책적인 목적과 주거이전으로 인하여 특별한 어려움을 겪게 될 세입자들을 대상으로 하는 사회보장적인 차원에서 지급되는 금원의 성격을 가지므로,** 적법하게 시행된 공익사업으로 인하여 이주하게 된 **주거용 건축물 세입자의 주거이전비 보상청구권은 공법상의 권리이다.**

III. 주거이전비 요건

1. 소유자에 대한 주거이전비 보상요건

공익사업시행지구에 편입되는 주거용 건축물의 소유자에 대하여는 해당 건축물에 대한 보상을 하는 때에 가구원수에 따라 2개월분의 주거이전비를 보상하여야 한다. 다만, 건축물의 소유자가 해당 건축물 또는 공익사업시행지구 내 타인의 건축물에 실제 거주하고 있지 아니하거나 해당 건축물이 무허가건축물 등인 경우에는 그러하지 아니하다.

판례

▶ 관련판례(대판 2015.2.26, 2012두19519)
(구)도시 및 주거환경정비법(2009.5.27. 법률 제9729호로 개정되기 전의 것) 제36조 제1항, (구)공익사업을 위한 토지 등의 취득 및 보상에 관한 법률(2013.3.23. 법률 제11690호로 개정되기 전의 것) 제78조 제5항, 제9항, 같은 법 시행규칙 제54조 제1항, 제2항의 문언과 규정형식 등을 종합하면, (구)도시 및 주거환경정비법상 주거용 건축물의 소유자에 대한 주거이전비의 보상은 주거용 건축물에 대하여 정비계획에 관한 공람·공고일부터 해당 건축물에 대한 보상을 하는 때까지 계속하여 소유 및 거주한 주거용 건축물의 소유자를 대상으로 한다고 봄이 타당하다.

▶ 관련판례(대판 2013.5.23, 2013두437)
주거용 용도가 아닌 다른 용도로 이미 허가를 받거나 신고를 한 건축물은 그 소유자가 공익사업시행지구에 편입될 당시 허가를 받거나 신고를 하는 등의 적법한 절차에 의하지 아니하고 임의로 주거용으로 용도를 변경하여 사용하고 있는 경우에는 공익사업법 시행규칙 제54조 제1항 단서에서 주거이전비를 보상하지 아니한다고 규정한 '무허가건축물 등'에 포함되는 것으로 해석함이 타당하다.

▶ 관련판례(대판 2015.8.27, 2015두41050)
주택재개발정비사업에서 조합원 자격을 유지한 채 자발적으로 이주한 뒤, 다른 사유(분양계약체결 거부)로 현금청산대상자가 됨으로써 비로소 사업지역 내의 주거용 건축물이 협의매도 내지 수용대상이 된 경우 주거이전비 지급대상인지(소극)
기록에 의하면, 이 사건 정비사업은 2006.1.5. 공람공고되었는데, 원고는 분양신청기간 내에 분양신청을 하여 조합아파트를 분양받기로 한 피고의 조합원으로서 피고의 요구에 따라 시공사가 무이자로 제공한 이주비 등을 지급받고 2008.11.20. 이 사건 정비구역 밖으로 이주한 사실, 그 후 원고는 피고와의 분양계약체결을 거부함으로써 현금청산자가 되었고 2011.4.경 피고와 청산금에 대한 협의가 성립되어 이 사건 정비구역 내에 있는 건축물에 대한 보상금을 지급받은 사실을 알 수 있다.

앞서 본 규정과 법리 및 위 사실관계에 비추어 보면, 원고는 건축물에 대한 협의매도나 보상이 이루어지기 전에 이미 해당 건축물에서 이주함으로써 '공람공고일부터 해당 건축물에 대한 보상이 이루어진 때 또는 협의매수 계약체결일까지 계속하여 거주한 건축물 소유자'에 해당하지 않는 것이 분명하므로, 도시정비법 및 토지보상법상 이주정착금과 주거이전비의 지급대상자에 해당한다고 볼 수 없다.

▶ 관련판례(대판 2017.10.31, 2017두40068)

(구)도시 및 주거환경정비법(2009.2.6. 법률 제9444호로 개정되기 전의 것, 이하 '(구)도시정비법'이라 한다) 제40조 제1항, 공익사업을 위한 토지 등의 취득 및 보상에 관한 법률(이하 '토지보상법'이라 한다) 제78조 제5항, 제9항, (구)공익사업을 위한 토지 등의 취득 및 보상에 관한 법률 시행규칙(2016.1.6. 국토교통부령 제272호로 개정되기 전의 것, 이하 '(구)토지보상법 시행규칙'이라 한다) 제54조 제1항, 제2항의 내용, 체계, 취지 등에 비추어 보면, (구)도시정비법이 적용되는 주택재개발정비사업의 사업구역 내 주거용 건축물을 소유하는 주택재개발정비조합원이 사업구역 내의 타인의 주거용 건축물에 거주하는 세입자일 경우(이하 '소유자 겸 세입자'라 한다)에는 (구)도시정비법 제40조 제1항, (구)토지보상법 시행규칙 제54조 제2항에 따른 '세입자로서의 주거이전비(4개월분)' 지급대상은 아니라고 봄이 타당하다. 이유는 다음과 같다.

① (구)토지보상법령의 규정에 의하여 공익사업 시행에 따라 이주하는 주거용 건축물의 세입자에게 지급하는 주거이전비는 공익사업시행지구 안에 거주하는 세입자들의 조기 이주를 장려하고 사업추진을 원활하게 하려는 정책적인 목적과 주거이전으로 특별한 어려움을 겪게 될 세입자들에게 사회보장적인 차원에서 지급하는 금원이다.
그런데 주택재개발정비사업의 개발이익을 누리는 조합원은 그 자신이 사업의 이해관계인이므로 관련 법령이 정책적으로 조기 이주를 장려하고 있는 대상자에 해당한다고 보기 어렵다. 이러한 조합원이 소유 건축물이 아닌 정비사업구역 내 다른 건축물에 세입자로 거주하다 이전하더라도, 일반 세입자처럼 주거이전으로 특별한 어려움을 겪는다고 보기 어려우므로, 그에게 주거이전비를 지급하는 것은 사회보장급부로서의 성격에 부합하지 않는다.

2. 세입자에 대한 주거이전비 보상요건

공익사업의 시행으로 인하여 이주하게 되는 주거용 건축물의 세입자(법 제78조 제1항에 따른 이주대책대상자인 세입자는 제외한다)로서 사업인정고시일 등 당시 또는 공익사업을 위한 관계법령에 의한 고시 등이 있은 당시 해당 공익사업시행지구 안에서 3개월 이상 거주한 자에 대하여는 가구원수에 따라 4개월분의 주거이전비를 보상하여야 한다. 다만, 무허가건축물 등에 입주한 세입자로서 사업인정고시일 등 당시 또는 공익사업을 위한 관계법령에 의한 고시 등이 있은 당시 그 공익사업지구 안에서 1년 이상 거주한 세입자에 대하여는 본문에 따라 주거이전비를 보상하여야 한다.

판례

▶ 관련판례(대판 2006.4.27, 2006두2435) [주거이전비 및 이사비지급청구]
공익사업의 시행으로 인하여 이주하게 되는 주거용 건축물의 세입자로서 사업인정고시일 등 당시 또는 공익사업을 위한 관계법령에 의한 고시 등이 있은 당시 해당 공익사업시행지구 안에서 3개월 이상 거주한 자'에 해당하는 세입자는 이후의 사업시행자의 주거이전비 산정통보일 또는 수용개시일까지 계속 거주할 것을 요함이 없이 위 사업인정고시일 등에 바로 같은 법 시행규칙 제54조 제2항의 주거이전비와 같은 법 시행규칙 제55조 제2항의 이사비 청구권을 취득한다.

▶ 관련판례(대판 2010.9.9, 2009두16824) [주거이전비 보상대상자 기준일]
공익사업을 위한 토지 등의 취득 및 보상에 관한 법률 제78조 제5항, 같은 법 시행규칙 제54조 제2항, (구)도시 및 주거환경정비법(2008.3.28. 법률 제9047호로 개정되기 전의 것) 제4조 제1항, 제2항, 같은 법 시행령 제11조 제1항 등 각 규정의 내용, 형식 및 입법경위, 주거이전비는 해당 공익사업시행지구 안에 거주하는 세입자들의 조기이주를 장려하여 사업추진을 원활하게 하려는 정책적인 목적과 주거이전으로 인하여 특별한 어려움을 겪게 될 세입자들을 대상으로 하는 사회보장적인 차원에서 지급하는 성격의 것인 점 등을 종합하면, 도시정비법상 주거용 건축물의 세입자에 대한 주거이전비의 보상은 정비계획이 외부에 공표됨으로써 주민 등이 정비사업이 시행될 예정임을 알 수 있게 된 때인 정비계획에 관한 공람공고일 당시 해당 정비구역 안에서 3개월 이상 거주한 자를 대상으로 한다.

▶ 관련판례(대판 2010.12.9, 2008두10829) [주거이전비지급거부처분취소]
(구)택지개발촉진법상 택지개발사업에서 주거용 건축물의 세입자에 대한 주거이전비의 보상은, 택지개발예정지구지정 대상의 명칭・위치 및 면적 등이 외부에 공표됨으로써 주민 등이 택지개발사업이 시행될 예정임을 알 수 있게 된 때인 택지개발예정지구의 지정에 관한 공람공고일 당시 해당 사업시행지구 안에서 3개월 이상 거주한 자를 대상으로 한다고 봄이 상당하다.

▶ 관련판례(대구지법 2009.10.28, 2009구합1183) [주거이전비 등]
[1] 공익사업을 위한 토지 등의 취득 및 보상에 관한 법률 제78조, 같은 법 시행규칙 제54조 등 관계법령에서 정한 이주대책은 이주자들에 대하여 종전의 생활상태를 원상회복시키는 등 생활보상의 일환으로 국가의 적극적이고 정책적인 배려에 의하여 마련된 제도라는 점, 이와 같은 이주대책을 마련한 본래의 취지가 생활의 근거지는 그 이전이 용이하지 않고 생활의 근거지를 상실하게 되는 거주자가 종전의 생활상태를 원상으로 회복하기 위하여는 상당한 비용이 필요하므로 생활보장의 측면에서 이를 보상해 주어야 한다는 점 등에 비추어 보면, 위 관계법령상 '주거용 건축물'을 판단할 때에는 실제 그 건축물의 공부상 용도와 관계없이 실제 주거용으로 사용되는지 여부에 따라 결정하여야 하고, 그 사용목적, 건물의 구조와 형태 및 이용관계 그리고 그곳에서 일상생활을 영위하는지 여부 등을 아울러 고려하여 합목적적으로 결정하여야 한다.
[2] 공익사업시행지구에 편입되어 있는 건물에 거주하는 세입자가 사업시행자에게 주거이전비 등을 청구하였으나 그 건물의 건축물대장상 용도가 '일반음식점'으로 주거이전비 지급대상이 아니라는 이유로 주거이전비의 지급을 거절한 사안에서, 건물이 외관상 주택의 형태로 건축되어 있고 그 내부에 주거시설이 되어 있는 점, 세입자가 위 건물에 전입신고를 마치고 실제로 거주하여 온 점 등에 비추어, 위 건물이 주거이전비 등의 지급대상이 되는 '주거용 건축물'에 해당한다고 한 사례

▶ 관련판례(대판 2011.8.25, 2010두4131)
[1] (구)공익사업을 위한 토지 등의 취득 및 보상에 관한 법률(2007.10.17. 법률 제8665호로 개정되기 전의 것, 이하 '구 법'이라 한다) 제78조 제5항, 제7항, (구)공익사업을 위한 토지 등의 취득

및 보상에 관한 법률 시행규칙(2007.4.12. 건설교통부령 제126호로 개정되기 전의 것, 이하 '구 시행규칙'이라 한다) 제54조 제1항, 제2항, 제3항의 내용과 형식 및 주거이전비의 구체적 산정방식 등에 비추어 보면, 구 법과 그 위임에 따라 제정된 구 시행규칙에서 정한 주거이전비는 가구원 수에 따라 소유자 또는 세입자에게 지급되는 것으로서 소유자와 세입자가 지급청구권을 가지는 것으로 보아야 하므로, 소유자 또는 세입자가 아닌 가구원은 사업시행자를 상대로 직접 주거이전비 지급을 구할 수 없다.

[2] 택지개발사업지구 안에 있는 주택소유자 갑이 사업시행자와 주택에 관한 보상합의를 하면서 가족 3인(처, 자녀 및 어머니)과 함께 위 주택에 거주하였다며 사업시행자에게서 4인 가족에 대한 주거이전비를 수령하였는데, 이후 보상대상에서 제외되었던 갑의 아버지 을이 사업인정고시일 당시 위 주택에서 함께 거주하였다고 주장하면서 사업시행자에게 주거이전비 지급을 청구한 사안에서, 소유자 아닌 가구원은 사업시행자를 상대로 직접 주거이전비 지급을 구할 수 없다는 이유로, 이와 달리 을에게 주거이전비 지급청구권이 있다고 본 원심판결에 법리오해의 위법이 있다고 한 사례

▶ 관련판례(대판 2012.4.26, 2010두7475) [주거이전비 지급의무 이행지체 기산시점]

(구)도시 및 주거환경정비법(2009.2.6. 법률 제9444호로 개정되기 전의 것) 제40조 제1항에 의하여 준용되는 공익사업을 위한 토지 등의 취득 및 보상에 관한 법률 제78조 제5항 및 (구)공익사업을 위한 토지 등의 취득 및 보상에 관한 법률 시행규칙(2008.4.18. 국토교통부령 제7호로 개정되기 전의 것) 제54조 제2항, 제55조 제2항의 각 규정에 의하여 공익사업의 시행에 따라 이주하는 **주거용 건축물의 세입자에게 지급해야 하는 주거이전비 및 이사비의 지급의무는 사업인정고시일 등 당시 또는 공익사업을 위한 관계법령에 의한 고시 등이 있은 당시에 바로 발생한다. 그러나 그 지급의무의 이행기에 관하여는 관계법령에 특별한 규정이 없으므로, 위 주거이전비 및 이사비의 지급의무는 이행기의 정함이 없는 채무로서 채무자는 이행청구를 받은 다음 날부터 이행지체 책임이 있다.**

▶ 관련판례(대판 2013.1.10, 2011두19031)

(구)도시 및 주거환경정비법(2009.2.6. 법률 제9444호로 개정되기 전의 것, 이하 '도시정비법'이라 한다) 제38조, 제40조 제1항, 제47조, 도시 및 주거환경정비법 시행령 제48조, (구)공익사업을 위한 토지 등의 취득 및 보상에 관한 법률(2011.8.4. 법률 제11017호로 개정되기 전의 것, 이하 '공익사업법'이라 한다) 제78조 제5항, 공익사업을 위한 토지 등의 취득 및 보상에 관한 법률 시행규칙 제54조 제1항, 제55조 제2항 등의 법규정을 종합해 보면, **(구)도시정비법상 주택재개발사업의 경우 주거용 건축물의 소유자인 현금청산대상자로서 현금청산에 관한 협의가 성립되어 사업시행자에게 주거용 건축물의 소유권을 이전한 자이거나 현금청산에 관한 협의가 성립되지 않아 공익사업법에 따라 주거용 건축물이 수용된 자에 대하여는 공익사업법을 준용하여 주거이전비 및 이사비를 지급해야 한다고 보는 것이 타당하다.**

▶ 관련판례(대판 2013.5.23, 2012두11072)

구법 시행규칙 제54조 제2항 단서가 주거이전비 보상대상자로 정하는 '무허가건축물 등에 입주한 세입자'는 기존에 주거용으로 사용되어 온 무허가건축물 등에 입주하여 일정기간 거주한 세입자를 의미하고, 공부상 주거용 용도가 아닌 건축물을 임차한 후 임의로 주거용으로 용도를 변경하여 거주한 세입자는 이에 해당한다고 할 수 없다.

Ⅳ. 주거이전비 산정방법

「통계법」 제3조 제3호에 따른 통계작성기관이 조사·발표하는 가계조사통계의 도시근로자가구의 가구원수별 월평균 명목 가계지출비(이하 이 항에서 "월평균 가계지출비"라 한다)를 기준으로 산정한다. 이 경우 가구원수가 5인인 경우에는 5인 이상 기준의 월평균 가계지출비를 적용하며, 가구원수가 6인 이상인 경우에는 5인 이상 기준의 월평균 가계지출비에 5인을 초과하는 가구원수에 다음의 산식에 의하여 산정한 1인당 평균비용을 곱한 금액을 더한 금액으로 산정한다.

> 1인당 평균비용 = (5인 이상 기준의 도시근로자가구 월평균 가계지출비 − 2인 기준의 도시근로자가구 월평균 가계지출비) ÷ 3

Ⅴ. 주거이전비 관련 권리구제

■ **법규 헷갈리는 쟁점 : 주거이전비 권리구제 방법론으로 구체적인 판례 사례**

1. 주거이전비는 이주대책과 달리 사회보장적 차원에서 지급하는 금원의 성격으로 손실보상금으로 보아 재결의 대상이 된다(대판 2008.5.29, 2007다8129). − 재결이 전에는 공법상 당사자소송으로 행정소송이 가능하고, 재결이후에는 주거이전비 제외처분은 제외나 거부처분취소소송이 가능하고, 증액의 경우에는 보상금증감청구소송으로 다툰다(이하에 구체적인 문제가 있음).
   주거이전비 보상청구권 법적 성격(공법상 권리) 및 그 보상에 관한 분쟁의 쟁송절차(=행정소송)에 의한다. 재결 이전에는 행정소송으로 공법상 당사자소송으로 다투고, 재결 이후에는 주거이전비 보상을 소구하는 경우 그 소송의 형태는 주거이전비 제외나 거부처분은 토지보상법 제85조 제1항 취소소송으로 다투고, 주거이전비 보상금 증감을 다투는 경우 보상금증감청구소송으로 다툰다.
2. 주거이전비 포기 각서는 강행규정 위반으로 무효이다(대판 2011.7.14, 2011두3685).
   갑이 공익사업을 위한 토지 등의 취득 및 보상에 관한 법률 시행규칙(이하 '공익사업법 시행규칙'이라 한다) 제54조 제2항에 규정된 주거이전비 지급요건에 해당하는 세입자인 경우, 임시수용시설인 임대아파트에 거주하게 하는 것과 별도로 주거이전비를 지급할 의무가 있고, 갑이 임대아파트에 입주하면서 주거이전비를 포기하는 취지의 포기각서를 제출하였다 하더라도, 포기각서의 내용은 강행규정인 공익사업법 시행규칙 제54조 제2항에 위배되어 무효라고 한 사례
3. 임차인 등이 수용개시일까지 수용대상 부동산을 인도하지 않은 경우, 공익사업을 위한 토지 등의 취득 및 보상에 관한 법률 제43조, 제95조의2 제2호 위반죄로 처벌할 수 없어 무죄이다. (대판 2021.7.29, 2019도13010)
   사업시행자가 수용재결에 따른 보상금을 지급하거나 공탁하고 토지보상법 제43조에 따라 부동산의 인도를 청구하는 경우 현금청산대상자나 임차인 등이 주거이전비 등을 보상받기 전에는 특별한 사정이 없는 한 구 도시정비법 제49조 제6항 단서에 따라 주거이전비 등의 미지급을 이유로 부동산의 인도를 거절할 수 있다. 따라서 이러한 경우 현금청산대상자나 임차인 등이 수용개시일까지 수용대상 부동산을 인도하지 않았다고 해서 토지보상법 제43조, 제95조의2 제2호 위반죄로 처벌해서는 안 된다.
4. 사업시행자가 공사에 착수하기 위해 세입자로부터 토지 또는 건축물을 인도받기 위해서는 협의나 재결절차등에 의하여 결정된 주거이전비를 반드시 지급해야 한다(대판 2021.7.21, 2019도10001).
   토지보상법 제78조 제1항의 이주정착금 및 같은 조 제5항의 주거이전비와 이사비의 보상은 구 도시정비법 제40조 제1항에 의하여 준용되는 토지보상법에서 명문으로 규정한 손실보상에 해당한다. 그러므로 주택재개발사업의 사업시행자가 공사에 착수하기 위하여 현금청산대상자나 세입자로부터 정비구역

내 토지 또는 건축물을 인도받기 위해서는 협의나 재결절차 등에 의하여 결정되는 주거이전비 등을 지급할 것이 요구된다. 만일 사업시행자와 현금청산대상자나 세입자 사이에 주거이전비 등에 관한 협의가 성립된다면 사업시행자의 주거이전비 등 지급의무와 현금청산대상자나 세입자의 부동산 인도의무는 동시이행의 관계에 있게 되고, 재결절차 등에 의할 때에는 부동산 인도에 앞서 주거이전비 등의 지급절차가 선행되어야 할 것이다.

5. 공익사업을 위한 토지 등의 취득 및 보상에 관한 법률 제78조 등에서 정한 주거이전비 등의 지급절차가 이루어지지 않은 경우, 주택재개발정비사업의 시행자가 종전 토지나 건축물을 사용·수익하고 있는 현금청산대상자를 상대로 부당이득반환을 청구할 수 없다(대판 2021.7.29, 2019다300477).
   도시정비법 제49조 제6항 단서에서 정한 토지보상법에 따른 손실보상이 완료되려면 협의나 수용재결에서 정해진 토지나 건축물 등에 대한 보상금의 지급 또는 공탁뿐만 아니라 주거이전비 등에 대한 지급절차까지 이루어져야 한다. 만일 협의나 재결절차 등에 따라 주거이전비 등의 지급절차가 이루어지지 않았다면 관리처분계획의 인가·고시가 있더라도 분양신청을 하지 않거나 철회하여 현금청산대상자가 된 자는 종전의 토지나 건축물을 사용·수익할 수 있다. 위와 같이 주거이전비 등을 지급할 의무가 있는 주택재개발정비사업의 시행자가 종전 토지나 건축물을 사용·수익하고 있는 현금청산대상자를 상대로 부당이득반환을 청구하는 것은 허용되지 않는다.
6. 주거이전비는 민사소송 법원에서 심리 판단할 수 없다(대판 2021.8.26, 2019다235153).
   주거이전비 보상청구권은 공법상의 권리로서 그 보상을 구하는 소송은 행정소송법상 당사자소송에 의하여야 하고, 소유자의 주거이전비 보상에 관하여 재결이 이루어진 다음 소유자가 다투는 경우에는 토지보상법 제85조에 규정된 행정소송을 제기하여야 한다(대판 2019.4.23, 2018두55326 등 참조). 그러므로 위와 같이 사업시행자가 현금청산대상자를 상대로 종전의 토지나 건축물의 인도를 구하는 민사소송에서 법원이 직접 주거이전비 등의 지급을 명하거나 주거이전비 등의 보상에 관한 재결에 대한 다툼을 심리·판단할 수는 없다.
7. 사업시행자가 협의나 재결절차를 거치지 않더라도 주거이전비 등을 지급하였거나 공탁하였다는 사정을 인정할 수 있는 경우, 주거이전비 등의 지급절차가 선행되었다고 보아 사업시행자의 토지나 건축물에 관한 인도청구를 인정할 수 있다(대판 2022.6.30, 2021다310088·310095).
   주거이전비 등은 토지보상법 제78조와 관계 법령에서 정하는 요건을 충족하면 당연히 발생하고 그에 관한 보상청구소송은 행정소송법 제3조 제2호에서 정하는 당사자소송으로 해야 한다. 사업시행자는 협의나 재결절차를 거칠 필요 없이 현금청산대상자나 세입자에게 주거이전비 등을 직접 지급하거나 현금청산대상자나 세입자가 지급을 받지 않거나 받을 수 없을 때에는 민법 제487조에 따라 변제공탁을 할 수도 있다. 주택재개발사업의 사업시행자가 관리처분계획의 인가·고시 후 현금청산대상자나 세입자에 대하여 토지나 건축물에 관한 인도청구의 소를 제기하고 현금청산대상자나 세입자가 그 소송에서 주거이전비 등에 대한 손실보상을 받지 못하였다는 이유로 인도를 거절하는 항변을 하는 경우, 이를 심리하는 법원은 사업시행자가 협의나 재결절차를 거치지 않더라도 주거이전비 등을 지급하였거나 공탁하였다는 사정을 인정할 수 있으면 주거이전비 등의 지급절차가 선행되었다고 보아 사업시행자의 인도청구를 인정할 수 있다.
8. 공익사업을 위한 토지 등의 취득 및 보상에 관한 법률 시행규칙 제54조 제2항의 '세입자'에 주거용 건축물을 무상으로 사용하는 거주자도 포함된다(대판 2023.7.27, 2022두44392).
   공익사업을 위한 토지 등의 취득 및 보상에 관한 법률 시행규칙이 2020.12.11. 국토교통부령 제788호로 개정되면서 제54조 제2항의 주거용 건축물의 세입자에 '무상으로 사용하는 거주자'도 포함됨이 명시되었다. 앞서 살펴 본 사정에 더하여 개정 조항이 '세입자'라는 문언을 그대로 유지하면서 괄호 안에서 무상으로 사용하는 거주자가 '세입자'에 포함된다고 추가한 점 등에 비추어 볼 때, 위와 같은 개정 조항은 기존 법령의 규정 내용으로부터 도출되는 사항을 주의적·확인적으로 규정한 것이라고 봄이 타당하다.

9. 주거이전비 등을 지급할 의무가 있는 사업시행자가 종전 토지나 건축물을 사용・수익하고 있는 현금청산대상자를 상대로 불법점유로 인한 손해배상을 청구할 수 없다(대판 2023.8.18, 2021다249810).
'도시 및 주거환경정비법' 제81조 제1항 단서 제2호에서 정한 '공익사업을 위한 토지 등의 취득 및 보상에 관한 법률'에 따른 손실보상이 완료되려면 협의나 수용재결에서 정해진 토지나 건축물 등에 대한 보상금의 지급 또는 공탁뿐만 아니라 주거이전비 등에 대한 지급절차까지 이루어져야 한다. 만일 협의나 재결절차 등에 따라 주거이전비 등의 지급절차가 이루어지지 않았다면, 관리처분계획의 인가・고시가 있더라도 종전의 토지 또는 건축물의 소유자・임차권자 등 권리자는 종전의 토지나 건축물을 사용・수익할 수 있다. 위와 같이 주거이전비 등을 지급할 의무가 있는 사업시행자가 종전 토지나 건축물을 사용・수익하고 있는 현금청산대상자를 상대로 불법점유로 인한 손해배상을 청구하는 것은 허용되지 않는다.
이하에서 주거이전비 구체적 판결요지등을 살펴보기로 한다.

판례

1. 주거이전비 포기각서는 강행법규 위반

대판 2011.7.14, 2011두3685 [주거이전비등]

주거이전비 포기각서를 제출한 경우 주거이전비를 받을 수 없는지 여부 – 토지보상법 시행규칙 제54조 제2항은 강행규정으로 포기각서는 무효임

【판시사항】

[1] 도시 및 주거환경정비법에 따라 사업시행자에게서 임시수용시설을 제공받는 세입자가 공익사업을 위한 토지 등의 취득 및 보상에 관한 법률 및 같은 법 시행규칙에서 정한 주거이전비를 별도로 청구할 수 있는지 여부(적극)

[2] 사업시행자의 세입자에 대한 주거이전비 지급의무를 정하고 있는 공익사업을 위한 토지 등의 취득 및 보상에 관한 법률 시행규칙 제54조 제2항이 강행규정인지 여부(적극)

[3] 주택재개발사업 정비구역 안에 있는 주거용 건축물에 거주하던 세입자 갑이 주거이전비를 받을 수 있는 권리를 포기한다는 취지의 주거이전비포기각서를 제출하고 사업시행자가 제공한 임대아파트에 입주한 다음 별도로 주거이전비를 청구한 사안에서, 위 포기각서의 내용은 강행규정에 반하여 무효라고 한 사례

【판결요지】

[1] 도시 및 주거환경정비법(이하 '도시정비법'이라 한다) 제36조 제1항 제1문 등에서 정한 세입자에 대한 임시수용시설 제공 등은 주거환경개선사업 및 주택재개발사업의 사업시행자로 하여금 주거환경개선사업 및 주택재개발사업의 시행으로 철거되는 주택에 거주하던 세입자에게 거주할 임시수용시설을 제공하거나 주택자금 융자알선 등 임시수용시설 제공에 상응하는 조치를 취하도록 하여 사업시행기간 동안 세입자의 주거안정을 도모하기 위한 조치로 볼 수 있는 반면, 공익사업을 위한 토지 등의 취득 및 보상에 관한 법률(이하 '공익사업법'이라 한다) 제78조 제5항, 공익사업을 위한 토지 등의 취득 및 보상에 관한 법률 시행규칙(이하 '공익사업법 시행규칙'이라 한다) 제54조 제2항 본문의 각 규정에 의하여 공익사업 시행에 따라 이주하는 주거용 건축물의 세입자에게 지급하는 주거이전비는 당해 공익사업 시행지구 안에 거주하는 세입자들의 조기이주를 장려하여 사업추진을 원활하게 하려는 정책적인 목적과 주거이전으로 말미암아 특별한 어려움을 겪게 될 세입자들을 대상으로 하는 사회보장적인 차원에서 지급하는 돈

의 성격을 갖는 것으로 볼 수 있는 점, 도시정비법 및 공익사업법 시행규칙 등의 관련 법령에서 임시수용시설 등 제공과 주거이전비 지급을 사업시행자의 의무사항으로 규정하면서 임시수용시설 등을 제공받는 자를 주거이전비 지급대상에서 명시적으로 배제하지 않은 점을 비롯한 위 각 규정의 문언, 내용 및 입법 취지 등을 종합해 보면, 도시정비법에 따라 사업시행자에게서 임시수용시설을 제공받는 세입자라 하더라도 공익사업법 및 공익사업법 시행규칙에 따른 주거이전비를 별도로 청구할 수 있다고 보는 것이 타당하다.

[2] 공익사업을 위한 토지 등의 취득 및 보상에 관한 법률은 공익사업에 필요한 토지 등을 협의 또는 수용에 의하여 취득하거나 사용함에 따른 손실의 보상에 관한 사항을 규정함으로써 공익사업의 효율적인 수행을 통하여 공공복리의 증진과 재산권의 적정한 보호를 도모함을 목적으로 하고 있고, 위 법에 근거하여 공익사업을 위한 토지 등의 취득 및 보상에 관한 법률 시행규칙(이하 '공익사업법 시행규칙'이라 한다)에서 정하고 있는 세입자에 대한 주거이전비는 공익사업 시행으로 인하여 생활 근거를 상실하게 되는 세입자를 위하여 사회보장적 차원에서 지급하는 금원으로 보아야 하므로, 사업시행자의 세입자에 대한 주거이전비 지급의무를 정하고 있는 공익사업법 시행규칙 제54조 제2항은 당사자 합의 또는 사업시행자 재량에 의하여 적용을 배제할 수 없는 강행규정이라고 보아야 한다.

[3] 주택재개발사업 정비구역 안에 있는 주거용 건축물에 거주하던 세입자 갑이 주거이전비를 받을 수 있는 권리를 포기한다는 취지의 '이주단지 입주에 따른 주거이전비포기각서'를 제출한 후 사업시행자가 제공한 임대아파트에 입주한 다음 별도로 주거이전비를 청구한 사안에서, 사업시행자는 주택재개발 사업으로 철거되는 주택에 거주하던 갑에게 임시수용시설 제공 또는 주택자금 융자알선 등 임시수용에 상응하는 조치를 취할 의무를 부담하는 한편, 갑이 공익사업을 위한 토지 등의 취득 및 보상에 관한 법률 시행규칙(이하 '공익사업법 시행규칙'이라 한다) 제54조 제2항에 규정된 주거이전비 지급요건에 해당하는 세입자인 경우, 임시수용시설인 임대아파트에 거주하게 하는 것과 별도로 주거이전비를 지급할 의무가 있고, 갑이 임대아파트에 입주하면서 주거이전비를 포기하는 취지의 포기각서를 제출하였다 하더라도, 포기각서의 내용은 강행규정인 공익사업법 시행규칙 제54조 제2항에 위배되어 무효라고 한 사례

【참조조문】

[1] 도시 및 주거환경정비법 제36조 제1항, 제37조 제3항, 공익사업을 위한 토지 등의 취득 및 보상에 관한 법률 제78조 제5항, 공익사업을 위한 토지 등의 취득 및 보상에 관한 법률 시행규칙 제54조 제2항

[2] 공익사업을 위한 토지 등의 취득 및 보상에 관한 법률 제1조, 공익사업을 위한 토지 등의 취득 및 보상에 관한 법률 시행규칙 제54조 제2항

[3] 도시 및 주거환경정비법 제36조 제1항, 제37조 제3항, 공익사업을 위한 토지 등의 취득 및 보상에 관한 법률 제78조 제5항, 공익사업을 위한 토지 등의 취득 및 보상에 관한 법률 시행규칙 제54조 제2항

【전문】

【원고, 상고인】 원고

【피고, 피상고인】 대한주택공사의 소송수계인 한국토지주택공사

【원심판결】 서울고법 2011.1.18, 2010누18545

【주문】

원심판결을 파기하고, 사건을 서울고등법원에 환송한다.

【이유】

상고이유를 판단한다.

1. 도시 및 주거환경정비법(이하 '도시정비법'이라 한다) 제36조 제1항 제1문, 제37조 제3항의 각 규정에 의하면, 사업시행자는 주거환경개선사업 및 주택재개발사업의 시행으로 철거되는 주택의 소유자 또는 세입자에 대하여 당해 정비구역 내・외에 소재한 임대주택 등의 시설에 임시로 거주하게 하거나 주택자금의 융자알선 등 임시수용에 상응하는 조치를 하여야 하고, 손실보상에 관하여는 도시정비법에 규정된 것을 제외하고는 공익사업을 위한 토지 등의 취득 및 보상에 관한 법률(이하 '공익사업법'이라 한다)을 준용하도록 규정하고 있다. 한편 공익사업법 제78조 제5항, 같은 법 시행규칙 제54조 제2항 본문의 각 규정에 의하면, 공익사업의 시행으로 인하여 이주하게 되는 주거용 건축물의 세입자로서 사업인정고시일 등 당시 또는 공익사업을 위한 관계 법령에 의한 고시 등이 있은 당시 당해 공익사업시행지구 안에서 3월 이상 거주한 자에 대하여는 가구원 수에 따라 4개월분의 주거이전비를 보상하도록 규정하고 있다.

   도시정비법에 의한 세입자에 대한 임시수용시설의 제공 등은 주거환경개선사업 및 주택재개발사업의 사업시행자로 하여금 주거환경개선사업 및 주택재개발사업의 시행으로 철거되는 주택에 거주하던 세입자에게 사업시행기간 동안 거주할 임시수용시설을 제공하거나 주택자금의 융자알선 등 임시수용시설 제공에 상응하는 조치를 취하도록 하여 사업시행기간 동안 세입자의 주거안정을 도모하기 위한 조치로 볼 수 있는 반면, 공익사업의 시행에 따라 이주하는 주거용 건축물의 세입자에게 지급하는 주거이전비는 당해 공익사업 시행지구 안에 거주하는 세입자들의 조기이주를 장려하여 사업추진을 원활하게 하려는 정책적인 목적과 주거이전으로 인하여 특별한 어려움을 겪게 될 세입자들을 대상으로 하는 사회보장적인 차원에서 지급하는 금원의 성격을 갖는 것으로 볼 수 있는 점, 도시정비법 및 공익사업법 시행규칙 등의 관련 법령에서 임시수용시설 등의 제공과 주거이전비 지급을 사업시행자의 의무사항으로 규정하면서 임시수용시설 등을 제공받는 자를 주거이전비 지급대상에서 명시적으로 배제하지 아니한 점을 비롯한 위 각 규정의 문언, 내용 및 입법취지 등을 종합하여 보면, 도시정비법 규정에 의하여 사업시행자로부터 임시수용시설을 제공받는 세입자라 하더라도 공익사업법 및 공익사업법 시행규칙에 의한 주거이전비를 별도로 청구할 수 있다고 봄이 타당하다.

   그리고 공익사업법은 공익사업에 필요한 토지 등을 협의 또는 수용에 의하여 취득하거나 사용함에 따른 손실의 보상에 관한 사항을 규정함으로써 공익사업의 효율적인 수행을 통하여 공공복리의 증진과 재산권의 적정한 보호를 도모함을 목적으로 하고 있고, 위 법에 근거하여 공익사업법 시행규칙에서 규정하고 있는 세입자에 대한 주거이전비는 공익사업의 시행으로 인하여 생활의 근거를 상실하게 되는 세입자를 위하여 사회보장적 차원에서 지급하는 금원으로 보아야 하므로, 사업시행자의 세입자에 대한 주거이전비 지급의무를 규정하고 있는 공익사업법 시행규칙 제54조 제2항은 당사자의 합의 또는 사업시행자의 재량에 의하여 그 적용을 배제할 수 없는 강행규정이라고 보아야 할 것이다.

2. 원심판결 이유 및 원심이 채택한 증거에 의하면, 경기도지사는 2006.1.16. 성남시 중원구 중동 1500 일대 40,217.4㎡(이하 '이 사건 사업구역'이라 한다)를 도시정비법에 의한 주택재개발사업 정비구역으로 지정・고시한 사실, 이후 성남시장은 2006.1.24. 사업시행자를 지정・고시하였

으며, 2007.3.13. 사업시행인가를 고시한 사실, 원고는 이 사건 정비구역 내 주택재개발사업(이하 '이 사건 사업'이라 한다)의 사업구역 내에 위치한 주거용 건축물에 거주하던 세입자이고, 피고는 이 사건 사업의 시행자인 사실, 피고는 이 사건 사업구역 내 주택 세입자 등이 이 사건 사업이 시행되는 동안 임시로 거주할 수 있도록 성남시 중원구 도촌동에 임대아파트(이하 '도촌이주단지'라 한다)를 건립하여 세입자 등에게 제공한 사실, 피고는 이 사건 사업에 관한 이주대책공고를 하면서 도촌이주단지에 입주를 희망하는 세입자의 경우 신청에 필요한 서류로 주거이전비포기각서를 제출하도록 한 사실, 원고는 피고와 도촌이주단지의 입주계약을 체결하면서 주거이전비를 받을 수 있는 권리를 포기한다는 취지의 '이주단지 입주에 따른 주거이전비포기각서'를 제출한 후 도촌이주단지에 입주한 사실을 알 수 있다.

3. 위 사실관계를 앞서 본 법리에 비추어 살펴보면, 도시정비법에 정해진 주택재개발사업의 사업시행자인 피고로서는 이 사건 사업으로 철거되는 주택에 거주하던 세입자인 원고에 대하여 임시수용시설의 제공 또는 주택자금의 융자알선 등 임시수용에 상응하는 조치를 취할 의무를 부담하는 한편, 원고가 공익사업법 시행규칙 제54조 제2항에 규정된 주거이전비 지급요건에 해당하는 세입자인 경우, 임시수용시설인 도촌이주단지에 거주하게 하는 것과 별도로 주거이전비를 지급할 의무가 있다 할 것이고, 원고가 임시수용시설로 제공된 도촌이주단지에 입주하면서 주거이전비를 포기하는 취지의 포기각서를 제출하였다 하더라도, 위 포기각서의 내용은 강행규정인 공익사업법 시행규칙 제54조 제2항에 위배되어 무효라 할 것이다.

그런데도 원심은, 세입자가 도시정비법 및 공익사업법의 관련 규정상 임시수용시설의 공급과 주거이전비의 지급을 중복하여 청구할 수 있는지 여부가 명확하지 않은 반면 양자의 목적이 중복되는 상태에서, 새로운 주거지로 이사를 간 후 정착에 필요한 비용인 주거이전비를 사후에 포기하고 정비사업 완료 시까지 제공되는 임시수용시설에 입주하는 것이 강행규정에 반한다고 볼 수 없다는 이유 등을 들어 위 포기각서의 제출로 원고의 주거이전비 청구권이 소멸되었다고 판단하고 말았으니, 이러한 원심판결에는 공익사업법 및 공익사업법 시행규칙에 규정된 주거이전비에 관한 법리를 오해하여 필요한 심리를 다하지 아니함으로써 판결에 영향을 미친 위법이 있다. 따라서 이를 지적하는 취지의 상고이유의 주장은 이유 있다.

4. 그러므로 원심판결을 파기하고, 사건을 다시 심리·판단하게 하기 위하여 원심법원에 환송하기로 하여 관여 대법관의 일치된 의견으로 주문과 같이 판결한다.

2. 주거이전비 법적 성격 쟁점 판례

대판 2019.4.23, 2018두55326 [토지수용재결처분취소등]

【판시사항】

[1] 구 도시 및 주거환경정비법 제54조 제2항에 따른 대지 또는 건축물의 소유권 이전에 관한 고시의 효력이 발생한 후 일부 내용만을 분리하여 변경하거나 전체 이전고시를 모두 무효화시킬 수 있는지 여부(소극) / 이전고시의 효력이 발생한 후 조합원 등이 정비사업을 위하여 이루어진 수용재결이나 이의재결의 취소 또는 무효확인을 구할 법률상 이익이 있는지 여부(소극)

[2] 구 도시 및 주거환경정비법상 주택재개발정비사업 시행자는 그 사업과 관련하여 주거용 건축물이 수용되고 그에 따라 생활의 근거를 상실하게 된 소유자가 현금청산대상자에 해당하는 경

우에도 공익사업을 위한 토지 등의 취득 및 보상에 관한 법률 제78조 제1항, 제5항 등에 따라 이주정착금, 주거이전비 및 이사비를 지급할 의무가 있는지 여부(적극)

[3] 적법하게 시행된 공익사업으로 이주하게 된 주거용 건축물 세입자의 주거이전비 보상청구권의 법적 성질(=공법상의 권리) 및 그 보상에 관한 쟁송절차(=행정소송) / 세입자의 주거이전비 보상청구소송의 형태 및 위 법리가 주거용 건축물의 소유자가 사업시행자를 상대로 이주정착금, 주거이전비 및 이사비의 보상을 구하는 경우에도 적용되는지 여부(적극)

대판 2008.5.29, 2007다8129 [주거이전비등]

주거이전비 보상청구권 법적 성격(공법상 권리) 및 그 보상에 관한 분쟁의 쟁송절차(=행정소송). 그리고 주거이전비 보상을 소구하는 경우 그 소송의 형태(주거이전비 제외처분은 토지보상법 제85조 제1항 적용, 주거이전비 보상금 증감을 다투는 경우 보상금증감청구소송)

【판시사항】

[1] 구 공익사업을 위한 토지 등의 취득 및 보상에 관한 법령에 의하여 주거용 건축물의 세입자에게 인정되는 주거이전비 보상청구권의 법적 성격(=공법상의 권리) 및 그 보상에 관한 분쟁의 쟁송절차(=행정소송)

[2] 구 공익사업을 위한 토지 등의 취득 및 보상에 관한 법령에 따라 주거용 건축물의 세입자가 주거이전비 보상을 소구하는 경우 그 소송의 형태

【판결요지】

[1] 구 공익사업을 위한 토지 등의 취득 및 보상에 관한 법률(2007.10.17. 법률 제8665호로 개정되기 전의 것) 제2조, 제78조에 의하면, 세입자는 사업시행자가 취득 또는 사용할 토지에 관하여 임대차 등에 의한 권리를 가진 관계인으로서, 같은 법 시행규칙 제54조 제2항 본문에 해당하는 경우에는 주거이전에 필요한 비용을 보상받을 권리가 있다. 그런데 이러한 주거이전비는 당해 공익사업 시행지구 안에 거주하는 세입자들의 조기이주를 장려하여 사업추진을 원활하게 하려는 정책적인 목적과 주거이전으로 인하여 특별한 어려움을 겪게 될 세입자들을 대상으로 하는 사회보장적인 차원에서 지급되는 금원의 성격을 가지므로, 적법하게 시행된 공익사업으로 인하여 이주하게 된 주거용 건축물 세입자의 주거이전비 보상청구권은 공법상의 권리이고, 따라서 그 보상을 둘러싼 쟁송은 민사소송이 아니라 공법상의 법률관계를 대상으로 하는 행정소송에 의하여야 한다.

[2] 구 공익사업을 위한 토지 등의 취득 및 보상에 관한 법률(2007.10.17. 법률 제8665호로 개정되기 전의 것) 제78조 제5항, 제7항, 같은 법 시행규칙 제54조 제2항 본문, 제3항의 각 조문을 종합하여 보면, 세입자의 주거이전비 보상청구권은 그 요건을 충족하는 경우에 당연히 발생하는 것이므로, 주거이전비 보상청구소송은 행정소송법 제3조 제2호에 규정된 당사자소송에 의하여야 한다. 다만, 구 도시 및 주거환경정비법(2007.12.21. 법률 제8785호로 개정되기 전의 것) 제40조 제1항에 의하여 준용되는 구 공익사업을 위한 토지 등의 취득 및 보상에 관한 법률 제2조, 제50조, 제78조, 제85조 등의 각 조문을 종합하여 보면, 세입자의 주거이전비 보상에 관하여 재결이 이루어진 다음 세입자가 보상금의 증감 부분을 다투는 경우에는 같은 법 제85조 제2항

에 규정된 행정소송에 따라, 보상금의 증감 이외의 부분을 다투는 경우에는 같은 조 제1항에 규정된 행정소송에 따라 권리구제를 받을 수 있다.

판례

최근 주거이전비에 대한 대법원 판례 동향 분석

① 대판 2021.7.29, 2019도13010 [공익사업을 위한 토지 등의 취득 및 보상에 관한 법률위반]

【판시사항】

주택재개발사업의 사업시행자가 수용재결에 따른 보상금을 지급하거나 공탁하고 공익사업을 위한 토지 등의 취득 및 보상에 관한 법률 제43조에 따라 부동산의 인도를 청구하는 경우, 현금청산대상자나 임차인 등이 주거이전비 등을 보상받기 전에는 구 도시 및 주거환경정비법 제49조 제6항 단서에 따라 주거이전비 등의 미지급을 이유로 부동산의 인도를 거절할 수 있는지 여부(적극) / 이때 현금청산대상자나 임차인 등이 수용개시일까지 수용대상 부동산을 인도하지 않은 경우, 공익사업을 위한 토지 등의 취득 및 보상에 관한 법률 제43조, 제95조의2 제2호 위반죄로 처벌할 수 있는지 여부(소극)

【판결요지】

공익사업을 위한 토지 등의 취득 및 보상에 관한 법률(이하 '토지보상법'이라 한다)은 제43조에서 "토지소유자 및 관계인과 그 밖에 토지소유자나 관계인에 포함되지 아니하는 자로서 수용하거나 사용할 토지나 그 토지에 있는 물건에 관한 권리를 가진 자는 수용 또는 사용의 개시일까지 그 토지나 물건을 사업시행자에게 인도하거나 이전하여야 한다."라고 정하고, 제95조의2 제2호에서 이를 위반하여 토지 또는 물건을 인도하거나 이전하지 아니한 자를 처벌한다고 정하고 있다.
구 도시 및 주거환경정비법(2017.2.8. 법률 제14567호로 전부 개정되기 전의 것, 이하 '구 도시정비법'이라 한다) 제49조 제6항은 '관리처분계획의 인가・고시가 있은 때에는 종전의 토지 또는 건축물의 소유자・지상권자・전세권자・임차권자 등 권리자는 제54조의 규정에 의한 이전의 고시가 있은 날까지 종전의 토지 또는 건축물에 대하여 이를 사용하거나 수익할 수 없다. 다만 사업시행자의 동의를 받거나 제40조 및 토지보상법에 따른 손실보상이 완료되지 아니한 권리자의 경우에는 그러하지 아니하다.'고 정하고 있다. 이 조항은 토지보상법 제43조에 대한 특별규정으로서, 사업시행자가 현금청산대상자나 임차인 등에 대해서 종전의 토지나 건축물의 인도를 구하려면 관리처분계획의 인가・고시만으로는 부족하고 구 도시정비법 제49조 제6항 단서에서 정한 대로 토지보상법에 따른 손실보상이 완료되어야 한다.
구 도시정비법 제49조 제6항 단서의 내용, 그 개정 경위와 입법 취지, 구 도시정비법과 토지보상법의 관련 규정의 체계와 내용을 종합하면, 토지보상법 제78조 등에서 정한 주거이전비, 이주정착금, 이사비 등(이하 '주거이전비 등'이라 한다)도 구 도시정비법 제49조 제6항 단서에서 정하는 '토지보상법에 따른 손실보상'에 해당한다. 따라서 주택재개발사업의 사업시행자가 공사에 착수하기 위하여 현금청산대상자나 임차인 등으로부터 정비구역 내 토지 또는 건축물을 인도받기 위해서는 협의나 재결절차 등에서 결정되는 주거이전비 등을 지급할 것이 요구된다. 사업시행자가 수용재결에서 정한 토지나 지장물 등 보상금을 지급하거나 공탁한 것만으로 토지보상법에 따른 손실보상이 완료되었다고 보기 어렵다.
사업시행자가 수용재결에 따른 보상금을 지급하거나 공탁하고 토지보상법 제43조에 따라 부동산의 인도를 청구하는 경우 현금청산대상자나 임차인 등이 주거이전비 등을 보상받기 전에는 특별한 사정이 없는 한 구 도시정비법 제49조 제6항 단서에 따라 주거이전비 등의 미지급을 이유로 부동산의 인도를 거절할 수 있다. 따라서 이러한 경우 현금청산대상자나 임차인 등이 수용개시일까지 수용대상 부동산을 인도하지 않았다고 해서 토지보상법 제43조, 제95조의2 제2호 위반죄로 처벌해서는 안 된다.

② 대판 2021.7.21, 2019도10001 [공익사업을 위한 토지 등의 취득 및 보상에 관한 법률위반]

【판시사항】
공익사업을 위한 토지 등의 취득 및 보상에 관한 법률 제78조 제1항의 이주정착금 및 같은 조 제5항의 주거이전비와 이사비의 보상이 구 도시 및 주거환경정비법 제40조 제1항에 의하여 준용되는 공익사업을 위한 토지 등의 취득 및 보상에 관한 법률에서 명문으로 규정한 손실보상에 해당하는지 여부(적극) / 주택재개발사업의 사업시행자가 공사에 착수하기 위하여 현금청산대상자나 세입자로부터 정비구역 내 토지 또는 건축물을 인도받기 위해서는 협의나 재결절차 등에 의하여 결정되는 주거이전비 등을 지급하여야 하는지 여부(적극)

③ 대판 2021.7.29, 2019다300477 [부당이득금]

【판시사항】
공익사업을 위한 토지 등의 취득 및 보상에 관한 법률 제78조 등에서 정한 주거이전비 등의 지급절차가 이루어지지 않은 경우, 주택재개발정비사업의 시행자가 종전 토지나 건축물을 사용·수익하고 있는 현금청산대상자를 상대로 부당이득반환을 청구할 수 있는지 여부(소극)

【판결요지】
구 도시 및 주거환경정비법(2017.2.8. 법률 제14567호로 전부 개정되기 전의 것, 이하 '구 도시정비법'이라 한다) 제49조 제6항은 '관리처분계획의 인가·고시가 있은 때에는 종전의 토지 또는 건축물의 소유자·지상권자·전세권자·임차권자 등 권리자는 제54조의 규정에 의한 이전의 고시가 있은 날까지 종전의 토지 또는 건축물에 대하여 이를 사용하거나 수익할 수 없다. 다만 사업시행자의 동의를 받거나 제40조 및 공익사업을 위한 토지 등의 취득 및 보상에 관한 법률(이하 '토지보상법'이라 한다)에 따른 손실보상이 완료되지 아니한 권리자의 경우에는 그러하지 아니하다.'고 정한다. 이 조항은 토지보상법 제43조에 대한 특별 규정으로서, 사업시행자가 현금청산대상자나 임차인 등에 대해서 종전의 토지나 건축물의 인도를 구하려면 관리처분계획의 인가·고시만으로는 부족하고 구 도시정비법 제49조 제6항 단서에서 정한 대로 토지보상법에 따른 손실보상이 완료되어야 한다.

구 도시정비법 제40조 제1항 본문은 '정비사업의 시행을 위한 수용 또는 사용에 관하여 도시정비법에 특별한 규정이 있는 경우를 제외하고는 토지보상법을 준용한다.'고 정한다. 토지보상법 제78조 제1항은 "사업시행자는 공익사업의 시행으로 인하여 주거용 건축물을 제공함에 따라 생활의 근거를 상실하게 되는 자를 위하여 대통령령으로 정하는 바에 따라 이주대책을 수립·실시하거나 이주정착금을 지급하여야 한다."라고 정하고, 공익사업을 위한 토지 등의 취득 및 보상에 관한 법률 시행령 제41조는 '사업시행자가 이주대책을 수립·실시하지 아니하는 경우 또는 이주대책대상자가 이주정착지가 아닌 다른 지역으로 이주하려는 경우에는 이주대책대상자에게 국토교통부령으로 정하는 바에 따라 이주정착금을 지급하여야 한다.'고 정한다. 또한 토지보상법 제78조 제5항은 "주거용 건물의 거주자에 대하여는 주거 이전에 필요한 비용과 가재도구 등 동산의 운반에 필요한 비용을 산정하여 보상하여야 한다."라고 정한다. 이러한 법령 조항의 내용과 체계, 그 개정 경위와 입법 취지를 종합하면 토지보상법 제78조 등에서 정한 주거이전비, 이주정착금, 이사비(이하 '주거이전비 등'이라 한다)는 구 도시정비법 제49조 제6항 단서에서 정한 '토지보상법에 따른 손실보상'에 해당한다고 보아야 한다.

구 도시정비법 제49조 제6항 단서에서 정한 토지보상법에 따른 손실보상이 완료되려면 협의나 수용재결에서 정해진 토지나 건축물 등에 대한 보상금의 지급 또는 공탁뿐만 아니라 주거이전비 등에 대한 지급절차까지 이루어져야 한다. 만일 협의나 재결절차 등에 따라 주거이전비 등의 지급절차가 이루어지지 않았다면 관리처분계획의 인가・고시가 있더라도 분양신청을 하지 않거나 철회하여 현금청산대상자가 된 자는 종전의 토지나 건축물을 사용・수익할 수 있다. 위와 같이 주거이전비 등을 지급할 의무가 있는 주택재개발정비사업의 시행자가 종전 토지나 건축물을 사용・수익하고 있는 현금청산대상자를 상대로 부당이득반환을 청구하는 것은 허용되지 않는다.

④ 대판 2021.8.26. 2019다235153 [부동산인도청구의소][미간행]

【판시사항】

[1] 주택재개발사업의 사업시행자가 현금청산대상자나 세입자로부터 정비구역 내 토지 또는 건축물을 인도받기 위해서는 협의나 재결절차 등에 의하여 결정되는 주거이전비 등도 지급하여야 하는지 여부(적극)

[2] 주택재개발사업의 사업시행자가 현금청산대상자를 상대로 종전의 토지나 건축물의 인도를 구하는 소를 제기한 경우, 법원이 심리하여야 할 사항 및 이때 법원이 직접 주거이전비 등의 지급을 명하거나 주거이전비 등의 보상에 관한 재결에 대한 다툼을 심리・판단할 수 있는지 여부(소극)

【참조조문】

[1] 구 도시 및 주거환경정비법(2017.2.8. 법률 제14567호로 전부 개정되기 전의 것) 제40조 제1항(현행 제65조 제1항 참조), 제49조 제6항(현행 제81조 제1항 참조), 공익사업을 위한 토지 등의 취득 및 보상에 관한 법률 제43조, 제62조, 제78조 제1항, 제5항, 공익사업을 위한 토지 등의 취득 및 보상에 관한 법률 시행령 제41조 [2] 구 도시 및 주거환경정비법(2017.2.8. 법률 제14567호로 전부 개정되기 전의 것) 제40조 제1항(현행 제65조 제1항 참조), 제49조 제6항(현행 제81조 제1항 참조), 공익사업을 위한 토지 등의 취득 및 보상에 관한 법률 제43조, 제78조 제1항, 제5항, 공익사업을 위한 토지 등의 취득 및 보상에 관한 법률 시행령 제40조, 제41조, 제85조, 공익사업을 위한 토지 등의 취득 및 보상에 관한 법률 시행규칙 제53조, 제54조, 제55조, 행정소송법 제3조 제2호

【참조판례】

[1] 대법원 2021.6.30. 선고 2019다207813 판결

[2] 대법원 2019.4.23. 선고 2018두55326 판결

【전문】

【원고, 피상고인】 청천2구역주택재개발정비사업조합 (소송대리인 동수원 종합 법무법인 담당변호사 남궁성배)

【피고, 상고인】 피고 1 외 2인 (소송대리인 법무법인 둘로스 담당변호사 이원국)

【원심판결】 서울고법 2019.5.9. 선고 2018나2058166 판결

【주문】

원심판결 중 피고 2에 관한 부분을 파기하고, 이 부분 사건을 서울고등법원에 환송한다. 피고 1, 피고 3의 상고를 모두 기각한다. 상고비용 중 피고 1, 피고 3의 상고로 인한 부분은 피고 1, 피고 3이 각 부담한다.

【이유】

상고이유를 판단한다.

1. 관련 법리

가. 구 「도시 및 주거환경정비법」(2017.2.8. 법률 제14567호로 전부 개정되기 전의 것, 이하 '구 도시정비법'이라 한다) 제49조 제6항은 '관리처분계획의 인가·고시가 있은 때에는 종전의 토지 또는 건축물의 소유자·지상권자·전세권자·임차권자 등 권리자는 제54조의 규정에 의한 이전의 고시가 있은 날까지 종전의 토지 또는 건축물에 대하여 이를 사용하거나 수익할 수 없다. 다만 사업시행자의 동의를 받거나 제40조 및 「공익사업을 위한 토지 등의 취득 및 보상에 관한 법률」(이하 '토지보상법'이라 한다)에 따른 손실보상이 완료되지 아니한 권리자의 경우에는 그러하지 아니하다.'고 규정하고 있다. 따라서 사업시행자가 현금청산대상자나 세입자에 대해서 종전의 토지나 건축물의 인도를 구하려면 관리처분계획의 인가·고시만으로는 부족하고 구 도시정비법 제49조 제6항 단서에서 정한 토지보상법에 따른 손실보상이 완료되어야 한다. 구 도시정비법 제49조 제6항 단서의 내용, 그 개정 경위와 입법 취지를 비롯하여 구 도시정비법 및 토지보상법의 관련 규정들을 종합하여 보면, 토지보상법 제78조 등에서 정한 주거이전비, 이주정착금, 이사비(이하 '주거이전비 등'이라 한다)도 구 도시정비법 제49조 제6항 단서에서 정한 '토지보상법에 따른 손실보상'에 해당한다. 그러므로 주택재개발사업의 사업시행자가 공사에 착수하기 위하여 현금청산대상자나 세입자로부터 정비구역 내 토지 또는 건축물을 인도받기 위해서는 협의나 재결절차 등에 의하여 결정되는 주거이전비 등도 지급할 것이 요구된다. 만일 사업시행자와 현금청산대상자나 세입자 사이에 주거이전비 등에 관한 협의가 성립된다면 사업시행자의 주거이전비 등 지급의무와 현금청산대상자나 세입자의 부동산 인도의무는 동시이행의 관계에 있게 되고, 재결절차 등에 의할 때에는 주거이전비 등의 지급절차가 부동산 인도에 선행되어야 할 것이다(대판 2021.6.30, 2019다207813 등 참조).

나. 따라서 관리처분계획의 인가·고시가 있은 후 사업시행자가 토지보상법에 따른 손실보상의 완료를 주장하며 현금청산대상자에 대하여 민사소송으로서 종전의 토지나 건축물에 관한 인도청구의 소를 제기하고, 그 소송에서 현금청산대상자가 재결절차에서 주거이전비 등을 보상받지 못하였음을 이유로 인도를 거절한다고 선이행 항변하는 사건을 심리하는 민사법원은, 위 항변의 당부를 판단하기 위한 전제로 현금청산대상자가 토지보상법 제78조, 같은 법 시행령 제40조, 제41조, 같은 법 시행규칙 제53조 내지 제55조 등이 정한 요건을 충족하여 주거이전비 등의 지급대상에 해당하는지 여부를 심리·판단하여야 하고, 주거이전비 등의 지급대상인 경우 주거이전비 등의 지급절차가 선행되었는지 등을 심리하여야 한다.

다. 다만 위 주거이전비 보상청구권은 공법상의 권리로서 그 보상을 구하는 소송은 행정소송법상 당사자소송에 의하여야 하고, 소유자의 주거이전비 보상에 관하여 재결이 이루어진 다음 소유자가 다투는 경우에는 토지보상법 제85조에 규정된 행정소송을 제기하여야 한다(대판 2019.4.23, 2018두55326 등 참조). 그러므로 위와 같이 사업시행자가 현금청산대상자를 상대로 종전의 토지나 건축물의 인도를 구하는 민사소송에서 법원이 직접 주거이전비 등의 지급을 명하거나 주거이전비 등의 보상에 관한 재결에 대한 다툼을 심리·판단할 수는 없다.

(이하 생략)

⑤ 대판 2022.6.30, 2021다310088·310095

사업시행자가 협의나 재결절차를 거치지 않더라도 주거이전비 등을 지급하였거나 공탁하였다는 사정을 인정할 수 있는 경우, 주거이전비 등의 지급절차가 선행되었다고 보아 사업시행자의 토지나 건축물에 관한 인도청구를 인정할 수 있다.

【판시사항】

주택재개발사업의 사업시행자가 현금청산대상자나 세입자로부터 정비구역 내 토지 또는 건축물을 인도받기 위해서는 협의나 재결절차 등에 의하여 결정되는 주거이전비 등도 지급하여야 하는지 여부(적극) 및 사업시행자가 협의나 재결절차를 거치지 않더라도 주거이전비 등을 지급하였거나 공탁하였다는 사정을 인정할 수 있는 경우, 주거이전비 등의 지급절차가 선행되었다고 보아 사업시행자의 토지나 건축물에 관한 인도청구를 인정할 수 있는지 여부(적극)

【판결유지】

구 도시 및 주거환경정비법(2017.2.8. 법률 제14567호로 전부 개정되기 전의 것, 이하 '구 도시정비법'이라 한다) 제49조 제6항은 '관리처분계획의 인가・고시가 있은 때에는 종전의 토지 또는 건축물의 소유자・지상권자・전세권자・임차권자 등 권리자는 제54조의 규정에 의한 이전의 고시가 있은 날까지 종전의 토지 또는 건축물에 대하여 이를 사용하거나 수익할 수 없다. 다만 사업시행자의 동의를 받거나 제40조 및 공익사업을 위한 토지 등의 취득 및 보상에 관한 법률(이하 '토지보상법'이라 한다)에 따른 손실보상이 완료되지 아니한 권리자의 경우에는 그러하지 아니하다.'고 정한다. 토지보상법 제78조 등에서 정한 주거이전비, 이주정착금, 이사비(이하 '주거이전비 등'이라 한다)는 구 도시정비법 제49조 제6항 단서의 '토지보상법에 따른 손실보상'에 해당한다. 주택재개발사업의 사업시행자가 공사에 착수하기 위하여 현금청산대상자나 세입자로부터 정비구역 내 토지 또는 건축물을 인도받으려면 협의나 재결절차 등에 따라 결정되는 주거이전비 등도 지급할 것이 요구된다.

주거이전비 등은 토지보상법 제78조와 관계 법령에서 정하는 요건을 충족하면 당연히 발생하고 그에 관한 보상청구소송은 행정소송법 제3조 제2호에서 정하는 당사자소송으로 해야 한다. 사업시행자는 협의나 재결절차를 거칠 필요 없이 현금청산대상자나 세입자에게 주거이전비 등을 직접 지급하거나 현금청산대상자나 세입자가 지급을 받지 않거나 받을 수 없을 때에는 민법 제487조에 따라 변제공탁을 할 수도 있다. 주택재개발사업의 사업시행자가 관리처분계획의 인가・고시 후 현금청산대상자나 세입자에 대하여 토지나 건축물에 관한 인도청구의 소를 제기하고 현금청산대상자나 세입자가 그 소송에서 주거이전비 등에 대한 손실보상을 받지 못하였다는 이유로 인도를 거절하는 항변을 하는 경우, 이를 심리하는 법원은 사업시행자가 협의나 재결절차를 거치지 않더라도 주거이전비 등을 지급하였거나 공탁하였다는 사정을 인정할 수 있으면 주거이전비 등의 지급절차가 선행되었다고 보아 사업시행자의 인도청구를 인정할 수 있다.

⑥ 대판 2023.7.27, 2022두44392 [주거이전비등] - 무상임차인도 주거이전비 지급대상임

〈주택재개발 정비구역 내의 주거용 주택에 거주하였던 자들이 사업시행자에 대하여 주거이전비 등의 지급을 구한 사건〉

【판시사항】

[1] 구 공익사업을 위한 토지 등의 취득 및 보상에 관한 법률 시행규칙 제54조 제2항의 '세입자'에 주거용 건축물을 무상으로 사용하는 거주자도 포함되는지 여부(적극)

[2] 구 공익사업을 위한 토지 등의 취득 및 보상에 관한 법률 시행규칙 제54조 제2항에 따른 주거이전비 지급요건인 '정비사업의 시행으로 인하여 이주하게 되는 경우'에 해당하는지 판단하는 기준 및 이에 대한 증명책임의 소재(=주거이전비의 지급을 구하는 세입자) / 세입자가 사업시행계획 인가고시일까지 해당 주거용 건축물에 계속 거주하고 있는 경우, 정비사업의 시행으로 인하여 이주하게 되는 경우에 해당하는지 여부(원칙적 적극)

【판결유지】

[1] 구 공익사업을 위한 토지 등의 취득 및 보상에 관한 법률 시행규칙(2016.1.6. 국토교통부령 제272호로 개정되기 전의 것, 이하 '구 토지보상법 시행규칙'이라고 한다) 제54조 제2항의 '세입자'

에는 주거용 건축물을 무상으로 사용하는 거주자도 포함된다고 봄이 타당하다. 구체적인 이유는 다음과 같다.

① 구 공익사업을 위한 토지 등의 취득 및 보상에 관한 법률(2022.2.3. 법률 제18828호로 개정되기 전의 것, 이하 '구 토지보상법'이라고 한다) 제78조 제5항은 주거용 건물의 '거주자'에 대하여는 주거 이전에 필요한 비용과 가재도구 등 동산의 운반에 필요한 비용을 산정하여 보상하여야 한다고 규정하여 사용대가의 지급 여부를 구분하지 않고 주거용 건물의 거주자 일반에 대하여 주거이전비 등을 필요적으로 보상하도록 정하고 있다. 구 토지보상법 제78조 제9항은 주거이전비의 보상에 대하여는 국토교통부령이 정하는 기준에 의한다고 규정하고 있으나, 이러한 규정을 살펴보더라도 무상으로 사용하는 거주자를 주거이전비 보상대상에서 일률적으로 배제하는 내용이 규율될 것이라고 예상할 수 없다.
따라서 구 토지보상법 시행규칙 제54조 제2항의 '세입자'에 무상으로 사용하는 거주자가 포함되지 않는다고 볼 경우, 이는 모법 조항의 위임 목적 및 취지와 달리 모법 조항에서 주거이전비 보상대상자로 규정된 자에 대하여 보상 자체를 받을 수 없도록 제한하는 것이어서 모법 조항의 위임 범위를 벗어난 것이 된다.

② 주거이전비는 당해 공익사업 시행지구 안에 거주하는 세입자들의 조기이주를 장려하여 사업추진을 원활하게 하려는 정책적인 목적과 주거이전으로 인하여 특별한 어려움을 겪게 될 세입자들을 대상으로 하는 사회보장적인 차원에서 지급하는 금원인데, 조기이주 장려 및 사회보장적 지원의 필요성이 사용대가의 지급 여부에 따라 달라진다고 보기 어렵다. 이와 같은 제도의 취지에 비추어 보더라도 보상대상자의 범위에서 무상으로 사용하는 거주자를 배제하는 것은 타당하지 않다.

③ 주거이전비와 이사비는 모두 구 토지보상법 제78조 제5항에 따라 보상되는 것으로 제도의 취지도 동일하다. 이사비의 경우 무상으로 사용하는 거주자도 보상대상에 포함됨에 이론이 없고, 양자를 달리 취급할 합리적인 이유를 발견하기 어려우므로, 주거이전비의 경우에도 보상대상에 무상으로 사용하는 거주자가 포함된다고 보는 것이 형평에 부합한다.

④ 구 토지보상법 시행규칙 제54조 제2항의 '세입자'에 무상으로 사용하는 거주자도 포함된다고 보는 해석은 상위법령의 위임 범위와 제도의 취지, 구체적 타당성을 고려한 결과이다. 위 조항이 '세입자'라는 문언을 사용한 것은 같은 조 제1항의 '소유자'의 경우와 구분하기 위한 것으로 볼 수 있으므로, 위와 같은 해석이 문언의 가능한 의미를 벗어났다고 볼 것은 아니다.

⑤ 공익사업을 위한 토지 등의 취득 및 보상에 관한 법률 시행규칙이 2020.12.11. 국토교통부령 제788호로 개정되면서 제54조 제2항의 주거용 건축물의 세입자에 '무상으로 사용하는 거주자'도 포함됨이 명시되었다. 앞서 살펴 본 사정에 더하여 개정 조항이 '세입자'라는 문언을 그대로 유지하면서 괄호 안에서 무상으로 사용하는 거주자가 '세입자'에 포함된다고 추가한 점 등에 비추어 볼 때, 위와 같은 개정 조항은 기존 법령의 규정 내용으로부터 도출되는 사항을 주의적·확인적으로 규정한 것이라고 봄이 타당하다.

[2] 구 공익사업을 위한 토지 등의 취득 및 보상에 관한 법률 시행규칙(2016.1.6. 국토교통부령 제272호로 개정되기 전의 것) 제54조 제2항에 의해 주거이전비 보상의 대상이 되기 위해서는 해당 세입자가 공익사업인 정비사업의 시행으로 인하여 이주하게 되는 경우여야 하는데, 여기서 '정비사업의 시행으로 인하여 이주하게 되는 경우'에 해당하는지는 세입자의 점유권원의 성격, 세입자와 건축물 소유자와의 관계, 계약기간의 종기 및 갱신 여부, 실제 거주기간, 세입자의 이주시점 등을 종합적으로 고려하여 판단하여야 한다. 이러한 주거이전비 지급요건을 충족하는지는 주거이전비의 지급을 구하는 세입자 측에 주장·증명책임이 있다고 할 것이나, 세입자에 대한 주거이전

비의 보상 방법 및 금액 등의 보상내용은 원칙적으로 사업시행계획 인가고시일에 확정되므로, 세입자가 사업시행계획 인가고시일까지 해당 주거용 건축물에 계속 거주하고 있었다면 특별한 사정이 없는 한 정비사업의 시행으로 인하여 이주하게 되는 경우에 해당한다고 보는 것이 타당하다.

⑦ 대판 2023.8.18, 2021다249810 [부당이득금]

〈토지보상법에 따른 지장물 보상을 한 사업시행자가 현금청산대상자에 대하여 이전대상 건물 및 토지의 점유로 인한 부당이득반환을 구하는 사건〉

【판시사항】

[1] 타인 소유의 토지 위에 권원 없이 건물을 소유하는 자는 그 자체로 법률상 원인 없이 타인에게 토지 차임 상당의 손해를 주고 있는 것인지 여부(원칙적 적극)

[2] 간접점유에서 점유매개관계를 이루는 임대차계약 등이 종료된 이후에도 직접점유자가 목적물을 점유한 채 이를 반환하지 않고 있는 경우, 간접점유의 점유매개관계가 단절되는지 여부(소극)

[3] '도시 및 주거환경정비법'에 따른 정비사업의 시행자가 지장물에 관하여 '공익사업을 위한 토지 등의 취득 및 보상에 관한 법률' 제75조 제1항 단서 제1호 또는 제2호에 따라 지장물의 가격으로 보상한 경우, 지장물의 소유자는 같은 법 제43조에 따라 사업시행자에게 지장물을 인도할 의무가 있는지 여부(원칙적 적극)

[4] '도시 및 주거환경정비법' 제81조 제1항 단서 제2호에서 정한 '공익사업을 위한 토지 등의 취득 및 보상에 관한 법률'에 따른 손실보상이 완료되기 위해서는 협의나 수용재결 등에 따른 주거이전비 등의 지급이 이루어져야 하는지 여부(적극) 및 주거이전비 등의 지급이 이루어지지 않은 경우, 관리처분계획의 인가·고시가 있더라도 종전 토지 또는 건축물의 소유자·임차권자 등 권리자가 종전 토지나 건축물을 사용·수익할 수 있는지 여부(적극) / 주거이전비 등을 지급할 의무가 있는 사업시행자가 종전 토지나 건축물을 사용·수익하고 있는 현금청산대상자를 상대로 불법점유로 인한 손해배상을 청구할 수 있는지 여부(소극)

[5] 갑 주택재개발정비사업조합이 시행하는 정비사업을 위하여 지방토지수용위원회가 을 등이 소유하는 토지를 수용하고 지장물로 분류된 그 지상 건물을 이전하는 내용의 수용재결을 함에 따라, 갑 조합이 을 등을 피공탁자로 하여 수용재결에 따른 손실보상금을 공탁한 다음, 위 토지 및 건물에 관하여 수용을 원인으로 하는 소유권이전등기를 마쳤는데, 수용재결 전 을 등으로부터 위 건물의 각 층을 임차한 병 등 임차인들이 수용개시일 이후에도 임차부분을 더 점유·사용하다가 퇴거하자, 갑 조합이 수용을 통해 소유권을 취득한 후에도 을 등이 위 토지와 건물을 불법점유하였다며 을 등을 상대로 차임 상당의 손해배상을 구한 사안에서, 위 건물은 지장물 보상대상으로 분류되어 이전할 대상이 되었을 뿐 소유권이 여전히 을 등에게 있고, 설령 갑 조합이 위 건물을 수용으로 원시취득하였다고 보더라도 을 등은 수용개시일 이후에도 임차인들을 통해 위 건물을 간접점유하고 있었다고 볼 수 있으므로, 결국 을 등은 갑 조합이 토지를 수용한 이후에도 건물의 소유를 위하여 대지인 토지를 권원 없이 점유하고 있었고, 손실보상 이후 위 토지 외에 지장물인 건물을 갑 조합에 인도할 의무도 있었으므로, 임차인들에게 임대보증금을 반환하면서 적시 인도를 위해 노력했다는 등의 특별한 사정이 없는 한, 을 등은 갑 조합에 인도하지 않은 토지의 차임 상당액 등의 손해를 배상할 의무가 있다고 볼 수 있는데도, 이와 달리 보아 갑 조합의 청구를 배척한 원심판단에 법리오해 등의 잘못이 있다고 한 사례

【판결요지】

[1] 사회통념상 건물은 그 부지를 떠나서는 존재할 수 없으므로 건물의 부지가 된 토지는 그 건물의

소유자가 점유하는 것으로 볼 것이고, 이 경우 건물의 소유자가 현실적으로 건물이나 그 부지를 점거하고 있지 아니하고 있더라도 건물의 소유를 위하여 그 부지를 점유한다고 볼 수 있다. 따라서 타인 소유의 토지 위에 권원 없이 건물을 소유하는 자는 그 자체로써 건물 부지가 된 토지를 점유하고 있는 것이므로 특별한 사정이 없는 한 법률상 원인 없이 타인의 재산으로 인하여 토지의 차임에 상당하는 이익을 얻고 이로 인하여 타인에게 동액 상당의 손해를 주고 있다고 할 것이다.

[2] 민법상 간접점유를 인정하기 위해서는 간접점유자와 직접점유를 하는 자 사이에 일정한 법률관계, 즉 점유매개관계가 필요한데 간접점유에서 점유매개관계를 이루는 임대차계약 등이 해지 등의 사유로 종료되더라도 직접점유자가 목적물을 반환하기 전까지는 간접점유자의 직접점유자에 대한 반환청구권이 소멸하지 않는다. 따라서 점유매개관계를 이루는 임대차계약 등이 종료된 이후에도 직접점유자가 목적물을 점유한 채 이를 반환하지 않고 있는 경우에는, 간접점유자의 반환청구권이 소멸한 것이 아니므로 간접점유의 점유매개관계가 단절된다고 할 수 없다.

[3] '도시 및 주거환경정비법'(이하 '도시정비법'이라 한다) 제65조 제1항에 따라 준용되는 '공익사업을 위한 토지 등의 취득 및 보상에 관한 법률'(이하 '토지보상법'이라 한다) 제43조는 "토지소유자 및 관계인과 그 밖에 토지소유자나 관계인에 포함되지 아니하는 자로서 수용하거나 사용할 토지나 그 토지에 있는 물건에 관한 권리를 가진 자는 수용 또는 사용의 개시일까지 그 토지나 물건을 사업시행자에게 인도하거나 이전하여야 한다."라고 규정하고 있다. 정비사업의 시행자가 사업시행에 방해가 되는 지장물에 관하여 토지보상법 제75조 제1항 단서 제1호 또는 제2호에 따라 물건의 가격으로 보상한 경우, 사업시행자가 당해 물건을 취득하는 위 단서 제3호와 달리 수용의 절차를 거치지 아니한 이상 사업시행자가 그 보상만으로 당해 물건의 소유권까지 취득한다고 보기는 어렵지만, 지장물의 소유자가 '공익사업을 위한 토지 등의 취득 및 보상에 관한 법률 시행규칙' 제33조 제4항 단서에 따라 스스로의 비용으로 철거하겠다고 하는 등 특별한 사정이 없는 한 사업시행자는 자신의 비용으로 이를 제거할 수 있고, 지장물의 소유자는 사업시행자의 지장물 제거와 그 과정에서 발생하는 물건의 가치 상실을 수인하여야 할 지위에 있다. 따라서 사업시행자가 지장물에 관하여 토지보상법 제75조 제1항 단서 제1호 또는 제2호에 따라 지장물의 가격으로 보상한 경우 특별한 사정이 없는 한 지장물의 소유자는 사업시행자에게 지장물을 인도할 의무가 있다.

[4] '도시 및 주거환경정비법' 제81조 제1항 단서 제2호에서 정한 '공익사업을 위한 토지 등의 취득 및 보상에 관한 법률'에 따른 손실보상이 완료되려면 협의나 수용재결에서 정해진 토지나 건축물 등에 대한 보상금의 지급 또는 공탁뿐만 아니라 주거이전비 등에 대한 지급절차까지 이루어져야 한다. 만일 협의나 재결절차 등에 따라 주거이전비 등의 지급절차가 이루어지지 않았다면, 관리처분계획의 인가·고시가 있더라도 종전의 토지 또는 건축물의 소유자·임차권자 등 권리자는 종전의 토지나 건축물을 사용·수익할 수 있다. 위와 같이 주거이전비 등을 지급할 의무가 있는 사업시행자가 종전 토지나 건축물을 사용·수익하고 있는 현금청산대상자를 상대로 불법점유로 인한 손해배상을 청구하는 것은 허용되지 않는다.

[5] 갑 주택재개발정비사업조합이 시행하는 정비사업을 위하여 지방토지수용위원회가 을 등이 소유하는 토지를 수용하고 지장물로 분류된 그 지상 건물을 이전하는 내용의 수용재결을 함에 따라, 갑 조합이 을 등을 피공탁자로 하여 수용재결에 따른 손실보상금을 공탁한 다음, 위 토지 및 건물에 관하여 수용을 원인으로 하는 소유권이전등기를 마쳤는데, 수용재결 전 을 등으로부터 위 건물의 각 층을 임차한 병 등 임차인들이 수용개시일 이후에도 임차부분을 더 점유·사용하다가 퇴거하자, 갑 조합이 수용을 통해 소유권을 취득한 후에도 을 등이 위 토지와 건물을 불법점유하였다며 을 등을 상대로 차임 상당의 손해배상을 구한 사안에서, 위 건물은 지장물 보상대상으로 분류되어

이전할 대상이 되었을 뿐 사업시행자가 해당 물건을 취득하는 수용재결이 내려지지 않았으므로 위 건물의 소유권은 여전히 을 등에게 있고, 설령 갑 조합이 위 건물을 수용으로 원시취득하였다고 보더라도 '도시 및 주거환경정비법' 제70조 제1항 및 제81조 제1항에 따르면 종전 토지 또는 건축물의 소유자・임차권자 등 권리자는 손실보상이 완료되기 전까지 계속 그 토지나 건축물을 사용・수익할 수 있고 임차권자는 그의 선택에 따라 임대차계약을 해지할 수 있을 뿐이며, 점유매개관계를 이루는 임대차계약 등이 종료된 이후에도 직접점유자가 목적물을 점유한 채 이를 반환하지 않고 있는 경우에는 간접점유의 점유매개관계가 단절된다고 할 수 없으므로, 갑 조합의 건물 소유권 취득만으로 을 등과 임차인들 사이의 임대차계약이 공익사업을 위한 토지 등의 취득 및 보상에 관한 법률 제45조 제1항에 따라 곧바로 소멸된다고 볼 수는 없고, 을 등은 수용개시일 이후에도 임차인들을 통해 위 건물을 간접점유하고 있었다고 볼 수 있으므로, 결국 을 등은 갑 조합이 토지를 수용한 이후에도 건물의 소유를 위하여 대지인 토지를 권원 없이 점유하고 있었고, 손실보상 이후 위 토지 외에 지장물인 건물을 갑 조합에 인도할 의무도 있었으므로, 임차인들에게 임대보증금을 반환하면서 적시 인도를 위해 노력했다는 등의 특별한 사정이 없는 한, 을 등은 갑 조합에 인도하지 않은 토지의 차임 상당액 등의 손해를 배상할 의무가 있다고 볼 수 있는데도, 이와 달리 보아 갑 조합의 청구를 배척한 원심판단에 법리오해 등의 잘못이 있다고 한 사례

■ **법규 헷갈리는 쟁점 : 세입자에 대한 주거이전비 보상에 대한 구체적인 판단**

1. 토지보상법 시행규칙 제54조 제2항

공익사업의 시행으로 인하여 이주하게 되는 주거용 건축물의 세입자(법 제78조 제1항에 따른 이주대책대상자인 세입자는 제외한다)로서 사업인정고시일등 당시 또는 공익사업을 위한 관계법령에 의한 고시 등이 있은 당시 해당 공익사업시행지구안에서 3개월 이상 거주한 자에 대하여는 가구원수에 따라 4개월분의 주거이전비를 보상하여야 한다. 다만, 무허가건축물등에 입주한 세입자로서 사업인정 고시일등 당시 또는 공익사업을 위한 관계법령에 의한 고시 등이 있은 당시 그 공익사업지구 안에서 1년 이상 거주한 세입자에 대하여는 본문에 따라 주거이전비를 보상하여야 한다.

2. 세입자에 대한 구체적인 요건

① 세입자에 대한 기준시점

사업인정고시일등 당시 또는 관계법령에 의한 고시 등이 있은 당시 토지수용절차에 토지보상법을 준용하는 관계 법령 중에 주민공람공고 등 없이 바로 사업인정고시를 하는 법률이 있는 반면, 사업인정 고시 이전에 주민 등에 대한 공람공고를 예정한 법률도 있기 때문에 그러한 경우를 모두 포섭하기 위한 것으로 보인다. 또한 고시가 있기 전이라도 공익사업 시행이 사실상 확정되고 외부에 공표되어 누구나 공익사업 시행을 알 수 있게 된 후 공익사업지구 내로 이주한 자를 주거이전비 보상대상자로 보호할 필요가 없으며, 공익사업이 있을 것을 알고 보상금을 목적으로 공익사업 시행예정지역에 이주, 전입하는 것을 방지함으로써 정당보상을 행하기 위함으로 볼 것이다.

② 계속 거주의 요건

주거이전비 산정통보일이나 수용개시일까지 계속 거주해야 한다는 주장이었다. 그러나 법 규정이 명시적으로 '언제까지 거주한 자'라고 규정하지는 않으므로, 이러한 해석은 명문규정과 합치되지 않는다. 법규정은 사업인정고시일 등 당시 또는 관계법령에 의한 고시등이 있은 당시를 기준으로 지급대상자를 조속히 확정하여 세입자들의 조기 이주를 장려토록 하여 사업의 원활화를 기하고자 하는 취지가 있으므로 세입자는 보상 당시까지만 거주요건을 갖추면 충분하다고 할 것이다.

■ **법규 헷갈리는 쟁점 : 주거이전비 불복으로 재결 이전과 재결 이후 불복방법**

[문제] 「공익사업을 위한 토지 등의 취득 및 보상에 관한 법률」(이하 '토지보상법')상 주거이전비 관련한 다음 판례를 통해 물음에 답하시오. **20점** (아래의 물음은 각 별개의 상황임)

1. 주거이전비에 대한 기초사실

경기도지사는 2006.1.16. 성남시 중원구 중동 1500 일대 40,217.4㎡(이하 '이 사건 중동3구역'이라 한다)에 관하여 도시 및 주거환경정비법(이하 '도시정비법'이라 한다)에 의한 주택재개발사업을 위하여 정비구역으로 지정・고시하였고, 성남시장은 2006.1.24. 사업시행자를 지정・고시하였으며, 2007.3.13. 사업시행인가를 고시하였다. 경기도지사는 2005.11.7. 성남시 수정구 단대동 108-6 일대 75,352㎡(이하 '이 사건 단대구역'이라 한다)에 관하여 도시정비법에 의한 주택재개발사업을 위하여 정비구역으로 지정・고시하였고, 성남시장은 2005.11.24. 사업시행자를 지정・고시하였으며, 2007.9.21. 사업시행인가를 고시하였다. 원고들은 이 사건 각 정비구역 내 주택재개발사업(이하 '이 사건 각 사업'이라 한다)의 사업구역 내에 위치한 주거용 건축물에 거주하다가 이 사건 각 사업의 시행으로 인하여 다른 곳으로 이주하게 된 자들이고, 피고는 이 사건 각 사업의 시행자이다. 피고는 이 사건 각 사업구역내 주택 세입자 등이 이 사건 각 사업이 시행되는 동안 거주할 수 있도록 성남시 중원구 도촌동에 임대아파트(이하 '순환주택'이라 한다)를 건립하여 위 세입자 등에게 제공하였고, 원고들은 순환주택에 입주하였다.

2. 당사자들의 주장

가. 세입자 원고들 주장

① 구 공익사업을 위한 토지 등의 취득 및 보상에 관한 법률(이하 '토지보상법'이라 한다) 시행규칙(2007.4.12. 건설교통부령 제556호로 개정되기 전의 것, 이하 '개정 전 시행규칙'이라 한다) 제54조 제2항이 공익사업의 시행으로 인하여 이주하게 되는 주거용 건축물의 세입자 중 임대주택 입주권을 받지 않은 세입자에 대하여만 가구원수에 따른 3개월분의 주거이전비를 보상하도록 규정하였던 반면에, 토지보상법 시행규칙(2007.4.12. 건설교통부령 제556호로 개정된 것, 이하 '개정 후 시행규칙'이라 한다) 제54조 제2항은 공익사업의 시행으로 인하여 이주하게 되는 주거용 건축물의 세입자에 대하여는 임대주택 입주권의 부여 여부와 관계없이 가구원수에 따른 4개월분의 주거이전비를 보상하도록 규정하고 있고, 그부칙(제556호, 2007.4.12., 이하 '이 사건 부칙'이라 한다) 제4조는 개정 후 시행규칙의 시행일인 2007.4.12. 이후에 토지보상법 제15조 등에 따른 보상계획의 공고 및 통지를 한 사업부터 개정 후 시행규칙 제54조 제2항을 적용하도록 규정하고 있다. 원고들은 이 사건 각 사업구역 내의 주택들을 임차하여 거주하다가 이 사건 각 사업의 시행에 따라 순환주택 입주권을 받아 순환주택으로 입주하게 되었는바, 피고는 원고들에게 순환주택 입주권과는 별도로 각 4개월분 주거이전비를 지급할 의무가 있다. ② 원고들의 주거이전비 보상청구권은 공법상 권리로서 포기가 불가능한 것이므로 원고들이 순환주택에 입주하면서 작성한 주거이전비 포기각서는 무효이다. ③ 주거이전비 보상청구권의 발생 기준시점은 토지보상법 시행규칙 제54조 제2항에 따라 사업시행인가일이다. ④ 피고는 원고들에게 이사비로 429,479원을 지급하여야 한다.

나. 사업시행자 피고 주장

① 피고는 원고들에게 주거이전비와 동일한 성격의 순환주택을 제공하였으므로 순환주택 이외에 추가로 주거이전비를 지급할 의무가 없다. ② 원고들의 주거이전비 보상청구권은 포기 가능한 권리이다. ③ 주거이전비 보상청구권의 발생 기준시점은 사업인정고시일이며, 원고들 중 일부는 부적격 세대원을 포함시켜 주거이전비 보상청구액을 과다 청구하고 있다. (출처 : 수원지방법원 2010.5.13. 선고 2009구합9728 판결[주거이전비등])(출처 : 대법원 2011.7.14. 선고 2011두3685 판결[주거이전비등])

(물음1) ① 토지보상법상 주거이전비에 대하여 설명하고, ② 사업시행자가 세입자들에게 임시수용시설을 주면서 주거이전비 포기각서를 쓰게 하고 주거이전비는 주지 않고 임시수용시설인 순환주택 입주권만을 주고 주거이전비 포기각서는 유효하다고 주장하고 있는데, 사업시행자의 주장이 타당한지에 대하여 강행규정 관점에서 설명하시오. **10점**

(물음2) ① 토지보상법상 재결 절차를 거치기 이전의 주거이전비의 법적 성질에 대하여 설명하고, ② 토지보상법상 재결을 거친 경우에 주거이전비에 대한 증액을 요구하는 경우와 ③ 주거이전비 대상자를 제외하는 거부처분을 할 경우에 권리구제 방법론을 설명하시오. **10점**

(물음1)에 대하여
Ⅰ. 주거이전비의 의의
Ⅱ. 주거이전비의 요건
1. 토지보상법 시행규칙 제54조 제1항
2. 토지보상법 시행규칙 제54조 제2항
Ⅲ. 주거이전비의 법적 성질
1. 학설의 대립
2. 판례의 태도
3. 검토
Ⅳ. 사업시행자 주장의 타당성(강행규정 관련 판례)
Ⅴ. 사안의 해결

(물음2)에 대하여
1. 토지보상법상 재결 절차를 거치기 이전의 주거이전비의 법적 성질
2. 주거이전비 권리구제방법론
(1) 관련 판례
(2) 사안의 경우
3. 소결

(물음1)에 대하여

Ⅰ. 주거이전비의 의의

공익사업을 위한 토지등의 취득 및 보상에 관한 법률(이하 '토지보상법')상 주거이전비란 해당 공익사업 시행지구 안에 거주하는 세입자들의 조기이주를 장려하여 사업추진을 원활하게 하려는 정책적인 목적과 주거이전으로 인하여 특별한 어려움을 겪게 될 세입자들을 대상으로 하는 사회보장적인 차원에서 지급되는 금원의 성격을 가진 생활보상의 일환이다. 이는 공익사업의 시행으로 인해 주거용 건축물을 제공한 소유자 및 세입자에게 지급하는 주거이전에 필요한 비용을 의미한다.

II. 주거이전비의 요건

1. 토지보상법 시행규칙 제54조 제1항

공익사업시행지구에 편입되는 주거용 건축물의 소유자에 대하여는 해당 건축물에 대한 보상을 하는 때에 가구원수에 따라 2개월분의 주거이전비를 보상하여야 한다. 다만, 건축물의 소유자가 해당 건축물 또는 공익사업시행지구 내 타인의 건축물에 실제 거주하고 있지 아니하거나 해당 건축물이 무허가건축물인 경우에는 그러하지 아니하다.

2. 토지보상법 시행규칙 제54조 제2항

공익사업의 시행으로 인하여 이주하게 되는 주거용 건축물의 세입자로서 사업인정고시일등 당시 또는 공익사업을 위한 관계법령에 의한 고시 등이 있은 당시 해당 공익사업시행지구 안에서 3개월 이상 거주한 자에 대하여는 가구원수에 따라 4개월분의 주거이전비를 보상하여야 한다. 다만, 무허가건축물 등에 입주한 세입자로서 사업인정고시일등 당시 또는 공익사업을 위한 관계법령에 의한 고시 등이 있은 당시 그 공익사업지구 안에서 1년 이상 거주한 세입자에 대하여는 주거이비를 보상한다.

III. 주거이전비의 법적 성질

1. 학설의 대립

사권설의 경우 주거이전비 청구는 대등한 당사자 사이의 금전청구에 관한 법률관계로서 사적인 권리라고 본다. 공권설의 경우 공공복리 증진을 위하여 시행되는 공익사업 등 공법상의 원인행위로서 발생한 권리로, 정책적·사회보장적 차원에서 공법상 권리라고 보는 견해이다.

2. 판례의 태도

판례는 주거이전비는 해당 공익사업시행지구 안에 거주하는 세입자들의 조기이주를 장려하여 사업추진을 원활하게 하려는 정책적인 목적과 주거이전으로 인하여 특별한 어려움을 겪게 될 세입자들을 대상으로 하는 사회보장적인 차원에서 지급되는 금원의 성격으로 공법상 권리라고 판시한 바 공권설의 입장이다.

> **【판결요지】**
> 구 공익사업을 위한 토지 등의 취득 및 보상에 관한 법률(2007.10.17. 법률 제8665호로 개정되기 전의 것) 제2조, 제78조에 의하면, 세입자는 사업시행자가 취득 또는 사용할 토지에 관하여 임대차 등에 의한 권리를 가진 관계인으로서, 같은 법 시행규칙 제54조 제2항 본문에 해당하는 경우에는 주거이전에 필요한 비용을 보상받을 권리가 있다. 그런데 이러한 주거이전비는 당해 공익사업 시행지구 안에 거주하는 세입자들의 조기이주를 장려하여 사업추진을 원활하게 하려는 정책적인 목적과 주거이전으로 인하여 특별한 어려움을 겪게 될 세입자들을 대상으로 하는 사회보장적인 차원에서 지급되는 금원의 성격을 가지므로, 적법하게 시행된 공익사업으로 인하여 이주하게 된 주거용 건축물 세입자의 주거이전비 보상청구권은 공법상의 권리이고, 따라서 그 보상을 둘러싼 쟁송은 민사소송이 아니라 공법상의 법률관계를 대상으로 하는 행정소송에 의하여야 한다.
> (출처 : 대법원 2008.5.29. 선고 2007다8129 판결[주거이전비등] 〉 종합법률정보 판례)

3. 검토

생각건대, 주거이전비는 공익사업시행이라는 공법상 원인에 기인하여 발생한 권리이며, 이를 보장하기 위하여 토지보상법상 명문 규정을 두고 있다. 즉, 공법상의 원인행위로 인한 공법상 권리로 보는 것이 타당하다고 판단된다.

Ⅳ. 사업시행자 주장의 타당성(강행규정 관련 판례) – 2011두3685 판결

【판시사항】

[1] 도시 및 주거환경정비법에 따라 사업시행자에게서 임시수용시설을 제공받는 세입자가 공익사업을 위한 토지 등의 취득 및 보상에 관한 법률 및 같은 법 시행규칙에서 정한 주거이전비를 별도로 청구할 수 있는지 여부(적극)

[2] 사업시행자의 세입자에 대한 주거이전비 지급의무를 정하고 있는 공익사업을 위한 토지 등의 취득 및 보상에 관한 법률 시행규칙 제54조 제2항이 강행규정인지 여부(적극)

[3] 주택재개발사업 정비구역 안에 있는 주거용 건축물에 거주하던 세입자 甲이 주거이전비를 받을 수 있는 권리를 포기한다는 취지의 주거이전비 포기각서를 제출하고 사업시행자가 제공한 임대아파트에 입주한 다음 별도로 주거이전비를 청구한 사안에서, 위 포기각서의 내용은 강행규정에 반하여 무효라고 한 사례

【판결요지】

[1] 도시 및 주거환경정비법(이하 '도시정비법'이라 한다) 제36조 제1항 제1문 등에서 정한 세입자에 대한 임시수용시설 제공 등은 주거환경개선사업 및 주택재개발사업의 사업시행자로 하여금 주거환경개선사업 및 주택재개발사업의 시행으로 철거되는 주택에 거주하던 세입자에게 거주할 임시수용시설을 제공하거나 주택자금 융자알선 등 임시수용시설 제공에 상응하는 조치를 취하도록 하여 사업시행기간 동안 세입자의 주거안정을 도모하기 위한 조치로 볼 수 있는 반면, 공익사업을 위한 토지 등의 취득 및 보상에 관한 법률(이하 '공익사업법'이라 한다) 제78조 제5항, 공익사업을 위한 토지 등의 취득 및 보상에 관한 법률 시행규칙(이하 '공익사업법 시행규칙'이라 한다) 제54조 제2항 본문의 각 규정에 의하여 공익사업 시행에 따라 이주하는 주거용 건축물의 세입자에게 지급하는 주거이전비는 당해 공익사업 시행지구 안에 거주하는 세입자들의 조기이주를 장려하여 사업추진을 원활하게 하려는 정책적인 목적과 주거이전으로 말미암아 특별한 어려움을 겪게 될 세입자들을 대상으로 하는 사회보장적인 차원에서 지급하는 돈의 성격을 갖는 것으로 볼 수 있는 점, 도시정비법 및 공익사업법 시행규칙 등의 관련 법령에서 임시수용시설 등 제공과 주거이전비 지급을 사업시행자의 의무사항으로 규정하면서 임시수용시설 등을 제공받는 자를 주거이전비 지급대상에서 명시적으로 배제하지 않은 점을 비롯한 위 각 규정의 문언, 내용 및 입법 취지 등을 종합해 보면, 도시정비법에 따라 사업시행자에게서 임시수용시설을 제공받는 세입자라 하더라도 공익사업법 및 공익사업법 시행규칙에 따른 주거이전비를 별도로 청구할 수 있다고 보는 것이 타당하다.

[2] 공익사업을 위한 토지 등의 취득 및 보상에 관한 법률은 공익사업에 필요한 토지 등을 협의 또는 수용에 의하여 취득하거나 사용함에 따른 손실의 보상에 관한 사항을 규정함으로써 공익사업의 효율적인 수행을 통하여 공공복리의 증진과 재산권의 적정한 보호를 도모함을 목적으로 하고 있고, 위 법에 근거하여 공익사업을 위한 토지 등의 취득 및 보상에 관한 법률 시행규칙(이하 '공익사업법 시행규칙'이라 한다)에서 정하고 있는 세입자에 대한 주거이전비는 공익사업 시행으로 인하여 생활 근거를 상실하게 되는 세입자를 위하여 사회보장적 차원에서 지급하는 금원으로 보아야 하므로, 사업시행자의 세입자에 대한 주거이전비 지급의무를 정하고 있는 공익사업법 시행규칙 제54조 제2항은 당사자 합의 또는 사업시행자 재량에 의하여 적용을 배제할 수 없는 강행규정이라고 보아야 한다.

> [3] 주택재개발사업 정비구역 안에 있는 주거용 건축물에 거주하던 세입자 甲이 주거이전비를 받을 수 있는 권리를 포기한다는 취지의 '이주단지 입주에 따른 주거이전비 포기각서'를 제출한 후 사업시행자가 제공한 임대아파트에 입주한 다음 별도로 주거이전비를 청구한 사안에서, 사업시행자는 주택재개발 사업으로 철거되는 주택에 거주하던 甲에게 임시수용시설 제공 또는 주택자금 융자알선 등 임시수용에 상응하는 조치를 취할 의무를 부담하는 한편, 甲이 공익사업을 위한 토지 등의 취득 및 보상에 관한 법률 시행규칙(이하 '공익사업법 시행규칙'이라 한다) 제54조 제2항에 규정된 주거이전비 지급요건에 해당하는 세입자인 경우, 임시수용시설인 임대아파트에 거주하게 하는 것과 별도로 주거이전비를 지급할 의무가 있고, 甲이 임대아파트에 입주하면서 주거이전비를 포기하는 취지의 포기각서를 제출하였다 하더라도, 포기각서의 내용은 강행규정인 공익사업법 시행규칙 제54조 제2항에 위배되어 무효라고 한 사례
>
> (대법원 2011.7.14. 선고 2011두3685 판결[주거이전비등])

Ⅴ. 사안의 해결

판례는 토지보상법 시행규칙 제54조 제2항 세입자에 대한 주거이전비 보상청구권은 그 법적 요건을 충족하는 때에 당연히 발생하는 형성권으로 보며, 이는 당사자의 합의 또는 재량에 의하여 배제할 수 없는 강행규정으로 보고 있다. 따라서 토지보상법 시행규칙 제54조 제2항에 규정된 주거이전비 지급요건에 해당하는 세입자인 경우, 임시수용시설에 거주하게 하는 것과 별도로 주거이전비를 지급할 의무가 있고 세입자가 주거이전비를 포기하는 취지의 포기각서를 제출했다 하더라도, 포기각서 내용은 강행규정에 반하여 무효가 된다. 따라서 사업시행자의 주장은 타당하지 않다고 판단된다.

(물음2)에 대하여

1. 토지보상법상 재결 절차를 거치기 이전의 주거이전비의 법적 성질

주거이전비는 당해 공익사업 시행지구 안에 거주하는 세입자들의 조기이주를 장려하여 사업추진을 원활하게 하려는 정책적인 목적과 주거이전으로 인하여 특별한 어려움을 겪게 될 세입자들을 대상으로 하는 사회보장적인 차원에서 지급되는 금원의 성격을 가지므로, 적법하게 시행된 공익사업으로 인하여 이주하게 된 주거용 건축물 세입자의 주거이전비 보상청구권은 공법상의 권리에 해당된다.

2. 주거이전비 권리구제방법론

(1) 관련 판례(2007다8129 판결)

적법하게 시행된 공익사업으로 인하여 이주하게 된 주거용 건축물 세입자의 주거이전비 보상청구권은 공법상 권리이고, 따라서 그 보상을 둘러싼 쟁송은 민사소송이 아니라 공법상의 법률관계를 대상으로 하는 행정소송에 의하여야 한다. 이외에도 주거이전비 보상청구권은 그 요건을 충족하는 경우 당연히 발생하는 것으로, 주거이전비 보상청구소송은 행정소송법 제3조 제2호에 규정된 당사자소송에 의하여야 한다. 다만, 재결을 거친 경우 토지보상법 제85조의 행정소송에 따라 권리구제를 받을 수 있다.

> **【판시사항】**
>
> [1] 구 공익사업을 위한 토지 등의 취득 및 보상에 관한 법령에 의하여 주거용 건축물의 세입자에게 인정되는 주거이전비 보상청구권의 법적 성격(=공법상의 권리) 및 그 보상에 관한 분쟁의 쟁송절차(=행정소송)

[2] 구 공익사업을 위한 토지 등의 취득 및 보상에 관한 법령에 따라 주거용 건축물의 세입자가 주거이전비 보상을 소구하는 경우 그 소송의 형태

【판결요지】

[1] 구 공익사업을 위한 토지 등의 취득 및 보상에 관한 법률(2007.10.17. 법률 제8665호로 개정되기 전의 것) 제2조, 제78조에 의하면, 세입자는 사업시행자가 취득 또는 사용할 토지에 관하여 임대차 등에 의한 권리를 가진 관계인으로서, 같은 법 시행규칙 제54조 제2항 본문에 해당하는 경우에는 주거이전에 필요한 비용을 보상받을 권리가 있다. 그런데 이러한 주거이전비는 당해 공익사업 시행지구 안에 거주하는 세입자들의 조기이주를 장려하여 사업추진을 원활하게 하려는 정책적인 목적과 주거이전으로 인하여 특별한 어려움을 겪게 될 세입자들을 대상으로 하는 사회보장적인 차원에서 지급되는 금원의 성격을 가지므로, 적법하게 시행된 공익사업으로 인하여 이주하게 된 주거용 건축물 세입자의 주거이전비 보상청구권은 공법상의 권리이고, 따라서 그 보상을 둘러싼 쟁송은 민사소송이 아니라 공법상의 법률관계를 대상으로 하는 행정소송에 의하여야 한다.

[2] 구 공익사업을 위한 토지 등의 취득 및 보상에 관한 법률(2007.10.17. 법률 제8665호로 개정되기 전의 것) 제78조 제5항, 제7항, 같은 법 시행규칙 제54조 제2항 본문, 제3항의 각 조문을 종합하여 보면, 세입자의 주거이전비 보상청구권은 그 요건을 충족하는 경우에 당연히 발생하는 것이므로, 주거이전비 보상청구소송은 행정소송법 제3조 제2호에 규정된 당사자소송에 의하여야 한다. 다만, 구 도시 및 주거환경정비법(2007.12.21. 법률 제8785호로 개정되기 전의 것) 제40조 제1항에 의하여 준용되는 구 공익사업을 위한 토지 등의 취득 및 보상에 관한 법률 제2조, 제50조, 제78조, 제85조 등의 각 조문을 종합하여 보면, 세입자의 주거이전비 보상에 관하여 재결이 이루어진 다음 세입자가 보상금의 증감 부분을 다투는 경우에는 같은 법 제85조 제2항에 규정된 행정소송에 따라, 보상금의 증감 이외의 부분을 다투는 경우에는 같은 조 제1항에 규정된 행정소송에 따라 권리구제를 받을 수 있다.

(대법원 2008.5.29. 선고 2007다8129 판결[주거이전비등])

(2) 사안의 경우

주거이전비는 세입자들의 조기이주를 장려하여 사업추진을 원활히 하기 위한 정책적 목적과 주거이전으로 인해 어려움을 겪게 될 세입자를 대상으로 사회보장적 차원에서 지급하는 금원의 성격으로 주거이전비 보상청구권은 공법상의 권리이므로, 이에 대한 쟁송은 민사소송이 아니라 행정소송에 의해야 한다. 재결이 이루어진 다음에 주거이전비에 대한 증액에 대하여 다투는 경우 토지보상법 제85조 제2항의 '보상금증감청구소송'으로, 주거이전비 대상자를 제외하는 거부처분을 하는 경우에는 동조 제1항의 '행정소송'에 따라 권리구제를 받을 수 있을 것으로 판단된다.

3. 소결

① 재결 이전에는 공법상 당사자소송으로 권리구제(행정소송법 제3조 제2호 적용)

위 규정과 판례 내용을 검토해 볼 때 사업인정 이후에 재결 이전에는 공법상 법률관계로서 공법상 권리에 해당되기 때문에 행정소송 중에서 공법상 당사자소송으로 권리구제를 받으면 될 것으로 생각된다.

실무적으로는 사업인정 이후에 주거이전비 신청 공고를 통해 당사자의 신청을 받는데 사업시행자가 세입자의 신청에도 불구하고 아무런 조치를 취하지 않는다면 공법상 당사자소송을 통하여 권리구제를 받아야 할 것이다.

② **재결이 나와서 주거이전비 증액을 요구하는 경우 보상금증감청구소송으로 권리구제(토지보상법 제85조 제2항 적용)**
주거이전비에 대한 재결이 나왔는데, 예를 들어 4인가족 4개월치면 통상 24,000,000원인데 15,000,000원 밖에 재결하지 않았으면 이에 대한 증액청구소송이 바로 보상금증액청구소송이 될 것이다. 세입자는 재결 이후에 주거이전비 증액에 대해서는 토지보상법 제85조 제2항을 토대로 사업시행자를 상대로 보상금증액청구소송을 제가하여 권리구제를 받을 수 있다.

③ **재결에서 주거이전비 제외나 거부에 대해서는 거부처분취소소송으로 권리구제(토지보상법 제85조 제1항 적용)**
재결에서 주거이전비 대상자 제외나 거부처분을 한 경우라면 토지보상법 제85조 제1항에 따라 관할 토지수용위원회를 피고로 하여 취소소송을 제기하여야 한다. 예를 들어 세입자 주거이전비 대상자를 4인가족으로 신청을 했는데 미성년자 자녀 2명을 제외나 거부를 하였다면 이는 당사자의 권익에 미치는 중대한 처분에 해당되기 때문에 그 거부나 제외처분에 대하여 취소소송을 통하여 권익구제를 받을 수 있을 것이다.

VI. 기출문제

≫ 기출문제(제29회 1번 물음1번 30점)

A도 도지사 甲은 도내의 심각한 주차난을 해결하기 위하여 A도 내 B시 일대 40,000㎡(이하 '이 사건 공익사업구역'이라 함)를 공영주차장으로 사용하고자 사업계획을 수립하고 「공익사업을 위한 토지 등의 취득 및 보상에 관한 법률」(이하 '토지보상법'이라 함)에 따른 절차를 거쳐, 국토교통부장관의 사업인정을 받고 이를 고시하였다. 이후 甲은 이 사건 공익사업구역 내 주택 세입자 乙 등이 이 사건 공익사업이 시행되는 동안 임시로 거주할 수 있도록 B시에 임대아파트를 건립하여 세입자에게 제공하는 등 이주대책을 수립ㆍ시행하였다. 한편, 乙은 「공익사업을 위한 토지 등의 취득 및 보상에 관한 법률 시행규칙」(이하 '토지보상법 시행규칙'이라 함) 제54조 제2항에 해당하는 세입자이다. 다음 물음에 답하시오.

(1) 乙은 토지보상법 시행규칙에 따른 주거이전비를 받을 수 있는 권리를 포기한다는 취지의 '임대아파트 입주에 따른 주거이전비 포기각서'를 甲에게 제출하고 위 임대아파트에 입주하였지만, 이후 관련 법령이 임대아파트와 같은 임시수용시설 등을 제공받는 자를 주거이전비 지급대상에서 배제하지 않고 있는 점을 알게 되었다. 이에 乙은 위 포기각서를 무시하고 토지보상법 시행규칙상의 주거이전비를 청구하였다. 乙의 주거이전비 청구의 인용 여부에 관하여 논하시오. **30점**

≫ 기출문제(제33회 문제1번 물음3번 20점)

[문제1]

X는 도시 및 주거환경정비법 (이하 '도시정비법'이라 함)에 따른 재개발 정비사업조합이고, 甲은 X의 조합원으로서, 해당 정비사업구역 내에 있는 A토지와 B토지의 소유자이다. A토지와 B토지는 연접하고 있고 그 지목이 모두 대(垈)에 해당하지만, A토지는 사도법에 따른 사도가 아닌데도 불특정 다수인의 통행에 장기간 제공되어 왔고, B토지는 甲이 소유한 건축물의 부지로서 그 건축물의 일부에 임차인乙이 거주하고 있다. X는 도시정비법 제72조 제1항에 따라 분양신청기간을 공고하였으나 甲은 그 기간

내에 분양신청을 하지 않았다. 이에 따라 X는 甲을 분양대상자에서 제외하고 관리처분계획을 수립하여 인가를 받았고, 그에 불복하는 행정심판이나 행정소송은 없었다. X는 도시정비법 제73조 제1항에 따른 甲과의 보상협의가 이루어지지 않자 A토지와 B토지에 관하여 관할 토지수용위원회에 수용재결을 신청하였고, 관할 토지수용위원회는 A토지와 B토지를 수용한다는 내용의 수용재결을 하였다. 다음 물음에 답하시오. **40점**

–앞의 문제 생략 –

(물음3) 주거이전비에 관하여 甲은 토지보상법 시행규칙 제54조 제1항에 따른 요건을 갖추고 있고, 乙은 같은 조 제2항에 따른 요건을 갖추고 있다. 관할 토지수용위원회는 수용재결을 하면서 甲의 주거이전비에 관하여는 재결을 하였으나 乙의 주거이전비에 관하여는 재결을 하지 않았다. 甲은 주거이전비의 증액을 청구하고자 하고, 乙은 주거이전비의 지급을 청구하고자 한다. 甲과 乙의 권리구제에 적합한 소송을 설명하시오. **20점**

05 이사비

(1) 토지보상법 및 토지보상법 시행규칙

법 제78조(이주대책의 수립 등)

⑥ 주거용 건물의 거주자에 대하여는 주거 이전에 필요한 비용과 가재도구 등 동산의 운반에 필요한 비용을 산정하여 보상하여야 한다. 〈개정 2022.2.3.〉

시행규칙 제55조(동산의 이전비 보상 등)

② 공익사업시행지구에 편입되는 주거용 건축물의 거주자가 해당 공익사업시행지구 밖으로 이사를 하거나 사업시행자가 지정하는 해당 공익사업시행지구 안의 장소로 이사를 하는 경우에는 [별표 4]의 기준에 의하여 산정한 이사비(가재도구 등 동산의 운반에 필요한 비용을 말한다. 이하 이 조에서 같다)를 보상하여야 한다. 〈개정 2023.4.17.〉

③ 이사비의 보상을 받은 자가 해당 공익사업시행지구 안의 지역으로 이사하는 경우에는 이사비를 보상하지 아니한다.

(2) 판례

판례

▶ 관련판례(대판 2012.2.23, 2011두23603)

공익사업법 제78조 제5항, 같은 법 시행규칙 제55조 제2항의 각 규정 및 공익사업의 추진을 원활하게 함과 아울러 주거를 이전하게 되는 거주자들을 보호하려는 이사비(가재도구 등 동산의 운반에 필요한 비용을 말한다) 제도의 취지에 비추어 보면, **이사비의 보상대상자는 공익사업시행지구에 편입되는 주거용 건축물의 거주자로서 공익사업의 시행으로 인하여 이주하게 되는 사람으로 봄이 상당하다.**

▶ 관련판례(대판 2006.4.27, 2006두2435)

공익사업을 위한 토지 등의 취득 및 보상에 관한 법률 제78조 제5항 및 같은 법 시행규칙 제54조 제2

항, 제55조 제2항의 각 규정에 의하여 공익사업의 시행에 따라 이주하는 주거용 건축물의 세입자에게 지급하는 주거이전비와 이사비는, 해당 공익사업시행지구 안에 거주하는 세입자들의 조기이주를 장려하여 사업추진을 원활하게 하려는 정책적인 목적과 주거이전으로 인하여 특별한 어려움을 겪게 될 세입자들을 대상으로 하는 사회보장적인 차원에서 지급하는 금원의 성격을 갖는다 할 것이므로, 같은 법 시행규칙 제54조 제2항에 규정된 '공익사업의 시행으로 인하여 이주하게 되는 주거용 건축물의 세입자로서 사업인정고시일 등 당시 또는 공익사업을 위한 관계법령에 의한 고시 등이 있은 당시 해당 공익사업시행지구 안에서 3개월 이상 거주한 자'에 해당하는 세입자는 이후의 사업시행자의 주거이전비 산정통보일 또는 수용개시일까지 계속 거주할 것을 요함이 없이 위 사업인정고시일 등에 바로 같은 법 시행규칙 제54조 제2항의 주거이전비와 같은 법 시행규칙 제55조 제2항의 이사비 청구권을 취득한다고 볼 것이고, 한편 이사비의 경우 실제 이전할 동산의 유무나 다과를 묻지 않고 같은 법 시행규칙 제55조 제2항 [별표 4]에 규정된 금액을 지급받을 수 있다.

■ 법규 헷갈리는 쟁점 : 주거용 건축물의 보상특례란 무엇인가?

1. 비준가격보상(토지보상법 시행규칙 제33조 제2항)
   건축물의 가격은 원가법으로 평가한다. 다만, 주거용 건축물에 있어서는 거래사례비교법에 의하여 평가한 금액(공익사업의 시행에 따라 이주대책을 수립・실시하거나 주택입주권 등을 당해 건축물의 소유자에게 주는 경우 또는 개발제한구역안에서 이전이 허용되는 경우에 있어서의 당해 사유로 인한 가격상승분은 제외하고 평가한 금액을 말한다)이 원가법에 의하여 평가한 금액보다 큰 경우와 「집합건물의 소유 및 관리에 관한 법률」에 의한 구분소유권의 대상이 되는 건물의 가격은 거래사례비교법으로 평가한다.
2. 최저보상액 600만원 보상(토지보상법 시행규칙 제58조 제1항)
   주거용 건축물로서 평가한 금액이 6백만원 미만인 경우 그 보상액은 6백만원으로 한다. 다만, 무허가건축물등에 대하여는 그러하지 아니하다. 그러나 1989년 1월 24일 당시의 무허가건축물 등에 대하여는 적법한 건축물로 본다고 규정하고 있으므로(규칙 부칙 제5조), 당시 무허가건축물에 대해서도 이 특례규정이 적용된다.
3. 재편입 시 가산금지급(토지보상법 시행규칙 제58조 제2항)
   공익사업의 시행으로 인하여 주거용 건축물에 대한 보상을 받은 자가 그 후 당해 공익사업시행지구 밖의 지역에서 매입하거나 건축하여 소유하고 있는 주거용 건축물이 그 보상일부터 20년 이내에 다른 공익사업시행지구에 편입되는 경우 그 주거용 건축물 및 그 대지(보상을 받기 이전부터 소유하고 있던 대지 또는 다른 사람 소유의 대지위에 건축한 경우에는 주거용 건축물에 한한다)에 대하여는 당해 평가액의 30퍼센트를 가산하여 보상한다. 다만, 무허가건축물등을 매입 또는 건축한 경우와 다른 공익사업의 사업인정고시일 등 또는 다른 공익사업을 위한 관계법령에 의한 고시 등이 있은 날 이후에 매입 또는 건축한 경우에는 그러하지 아니하다. 그러나 1989년 1월 24일 당시의 무허가건축물 등에 대하여는 적법한 건축물로 본다고 규정하고 있으므로(규칙 부칙 제5조), 당시 무허가건축물에 대해서도 이 특례규정이 적용된다. 이 규정에 의한 가산금이 1천만원을 초과하는 경우에는 1천만원으로 한다(시행규칙 제58조 제3항).
4. 주거이전비의 보상(토지보상법 시행규칙 제54조)
   (1) 소유자에 대한 주거이전비 보상
   공익사업시행지구에 편입되는 주거용 건축물의 소유자에 대하여는 해당 건축물에 대한 보상을 하는 때에 가구원수에 따라 2개월분의 주거이전비를 보상하여야 한다. 다만, 건축물의 소유자가 해당 건축물 또는 공익사업시행지구 내 타인의 건축물에 실제 거주하고 있지 아니하거나 해당 건축물이 무허가건축물등인 경우에는 그러하지 아니하다(동법 시행규칙 제54조 제1항).

(2) 세입자에 대한 주거이전비 보상

공익사업의 시행으로 인하여 이주하게 되는 주거용 건축물의 세입자(법 제78조 제1항에 따른 이주대책 대상자인 세입자는 제외한다)로서 사업인정고시일등 당시 또는 공익사업을 위한 관계법령에 의한 고시 등이 있은 당시 해당 공익사업시행지구안에서 3개월 이상 거주한 자에 대하여는 가구원수에 따라 4개월분의 주거이전비를 보상하여야 한다. 다만, 무허가건축물등에 입주한 세입자로서 사업인정 고시일등 당시 또는 공익사업을 위한 관계법령에 의한 고시 등이 있은 당시 그 공익사업지구 안에서 1년 이상 거주한 세입자에 대하여는 본문에 따라 주거이전비를 보상하여야 한다(동법 시행규칙 제54조 제2항).

(3) 주거이전비 산정방법

주거이전비는 「통계법」 제3조 제3호에 따른 통계작성기관이 조사 발표하는 가계조사통계의 도시근로자가구의 가구원수별 월평균 명목 가계지출비(이하 "월평균 가계지출비"라 한다)를 기준으로 산정한다(동법 시행규칙 제54조 제3항).

5. 이사비(토지보상법 시행규칙 제55조)

공익사업시행지구에 편입되는 주거용 건축물의 거주자가 해당 공익사업시행지구 밖으로 이사를 하는 경우에는 이사비(가재도구 등 동산의 운반에 필요한 비용)를 보상하여야 한다.

6. 이주정착금(토지보상법 시행규칙 제53조)

사업시행자는 부득이한 사유의 경우 이주정착금으로 보상한다. 부득이한 사유라 함은 ① 공익 사업시행지구의 인근에 택지 조성에 적합한 토지가 없는 경우, ② 이주대책에 필요한 비용이 당해 공익사업의 본래의 목적을 위한 소요비용을 초과하는 등 이주대책의 수립·실시로 인하여 당해 공익사업의 시행이 사실상 곤란하게 되는 경우를 말한다.

이주정착금은 보상대상인 주거용 건축물에 대한 평가액의 30퍼센트에 해당하는 금액으로 하되, 그 금액이 1천2백만원 미만인 경우에는 1천2백만원으로 하고, 2천4백만원을 초과하는 경우에는 2천4백만원으로 한다.

06 공익사업시행지구 밖의 보상(간접보상)

(용어정리 : 사회적 · 경제적 손실 – 간접손실보상, 물리적 · 기술적 손실 – 간접침해보상)

1. 간접손실보상

법 제79조(그 밖의 토지에 관한 비용보상 등)

① 사업시행자는 공익사업의 시행으로 인하여 취득하거나 사용하는 토지(잔여지를 포함한다) 외의 토지에 통로 · 도랑 · 담장 등의 신설이나 그 밖의 공사가 필요할 때에는 그 비용의 전부 또는 일부를 보상하여야 한다. 다만, 그 토지에 대한 공사의 비용이 그 토지의 가격보다 큰 경우에는 사업시행자는 그 토지를 매수할 수 있다.

② 공익사업이 시행되는 지역 밖에 있는 토지등이 공익사업의 시행으로 인하여 본래의 기능을 다할 수 없게 되는 경우에는 국토교통부령으로 정하는 바에 따라 그 손실을 보상하여야 한다.

③ 사업시행자는 제2항에 따른 보상이 필요하다고 인정하는 경우에는 제15조에 따라 보상계획을 공고할 때에 보상을 청구할 수 있다는 내용을 포함하여 공고하거나 대통령령으로 정하는 바에 따라 제2항에 따른 보상에 관한 계획을 공고하여야 한다.

④ 제1항부터 제3항까지에서 규정한 사항 외에 공익사업의 시행으로 인하여 발생하는 손실의 보상 등에 대하여는 국토교통부령으로 정하는 기준에 따른다.

⑤ 제1항 본문 및 제2항에 따른 비용 또는 손실의 보상에 관하여는 제73조 제2항을 준용한다.

⑥ 제1항 단서에 따른 토지의 취득에 관하여는 제73조 제3항을 준용한다.

⑦ 제1항 단서에 따라 취득하는 토지에 대한 구체적인 보상액 산정 및 평가 방법 등에 대하여는 제70조, 제75조, 제76조, 제77조, 제78조 제4항, 같은 조 제6항 및 제7항을 준용한다. 〈개정 2022.2.3.〉

법 제80조(손실보상의 협의 · 재결)

① 제79조 제1항 및 제2항에 따른 비용 또는 손실이나 토지의 취득에 대한 보상은 사업시행자와 손실을 입은 자가 협의하여 결정한다.

② 제1항에 따른 협의가 성립되지 아니하였을 때에는 사업시행자나 손실을 입은 자는 대통령령으로 정하는 바에 따라 관할 토지수용위원회에 재결을 신청할 수 있다.

시행령 제41조의4(그 밖의 토지에 관한 손실의 보상계획 공고)

법 제79조 제3항에 따라 같은 조 제2항에 따른 보상에 관한 계획을 공고하는 때에는 전국을 보급지역으로 하는 일간신문에 공고하는 방법으로 한다.

시행령 제42조(손실보상 또는 비용보상 재결의 신청 등)

① 법 제80조 제2항에 따라 재결을 신청하려는 자는 국토교통부령으로 정하는 손실보상재결신청서에 다음 각 호의 사항을 적어 관할 토지수용위원회에 제출하여야 한다.

1. 재결의 신청인과 상대방의 성명 또는 명칭 및 주소
2. 공익사업의 종류 및 명칭
3. 손실발생의 사실
4. 손실보상액과 그 명세
5. 협의의 내용

② 제1항의 신청에 따른 손실보상의 재결을 위한 심리에 관하여는 법 제32조 제2항 및 제3항을 준용한다.

(1) 간접손실보상의 개관

① 개념

(ㄱ) **의의** : 공익사업으로 인하여 사업시행지 밖의 재산권자에게 가해지는 손실 중 공익사업으로 인하여 필연적으로 발생하는 사회적 · 경제적(어업, 영업, 농업 등) 손실을 간접손실이라고 하며, 물리적 · 기술적(소음, 진동, 수고갈, 전파장해) 손실을 간접침해보상이라고 하는데 이하에서는 사회적 · 경제적 손실인 간접손실보상을 중심으로 논의하기로 한다.

(ㄴ) **손해배상의 성격과 유사** : 공익사업으로 인하여 공익사업시행지구 밖에 발생하는 손실은 결과적으로 공익사업으로 인한 불가피한 손해배상의 성격과 유사하다고 볼 수 있다.

(ㄷ) **부대적 손실보상과의 구별** : 간접손실보상은 사업시행지외 손실보상, 사업손실보상, 제3자보상이라고도 한다. 간접손실의 보상은 사업시행지 밖의 토지소유자가 입는 손실의 보상이므로 사업시행지 내의 토지소유자가 입는 부대적 손실의 보상과는 구별하여야 한다.

(ㄹ) **수용적 침해와의 관계** : 통상 수용적 침해를 "적법한 행정작용의 결과 발생한 의도되지 않은 침해"라고 정의하는데, 수용적 침해와 간접손실의 관계가 문제된다. 간접손실을 공익사업으로 인하여 사업시행지 밖의 재산권자에게 필연적으로 가해지는 손실로 본다면 간접손실은 수용적 침해의 일부에 해당한다고 보는 것이 타당하다. 즉, 수용적 침해가 간접손실보다 넓은 개념이다. 수용적 침해는 간접손실뿐만 아니라 기타 적법한 행정작용의 결과 발생한 의도되지 않은 침해 전체를 의미한다.

② 간접손실보상의 범위(종류)

간접손실이 공익사업으로 인한 토지취득으로 인한 손실을 포함한다는 점에는 의견이 일치하고 있으나, 공익사업의 시행상 공사로 인한 손실 또는 공익사업 완성 후 시설의 운영으로 인한 손실도 포함하는지에 관하여는 견해가 나뉘고 있다.

③ 간접손실보상의 법적 성질

(ㄱ) **학설** : 손해배상설은 간접손실에 대한 보상의 성질을 손해배상으로 이해한다. 손실보상설은 공익사업을 위한 특별희생이라는 점에서는 수용손실도 간접손실도 모두 손실보상으로 처리하는 것이 보다 합리적이라 본다. 결과책임설은 간접손실보상을 손해배상도 손실보상도 아닌 제3의 유형으로서 손실보상제도를 보완하는 일종의 결과책임으로서의 보상이라는 입장이다. 구별불요설은 손실보상인가 손해배상인가의 구별은 아무런 의미가 없고, 중요한 것은 피해를 어떻게 처리하는 것이 타당한 것인가가 중요하다는 입장이다.

(ㄴ) **검토** : 간접손실보상은 기본적으로 손실보상으로 이해하는 것이 타당하다. 다만, 예견 · 용인된 범위를 넘는 피해에 대해서는 손실보상이 아니라 손해배상으로 파악함이 합리적이라 생각된다.

④ 간접손실보상의 성격

간접보상은 침해의 직접적인 효과가 아닌 간접적인 것이라는 점에서 직접 침해에 의한 보상과 구별된다고 볼 수 있으며, 손실이 있은 후에 행하는 사후보상의 성격을 갖는다. 간접보상은 재산권에 대한 보상과 생활권에 대한 보상이 모두 있을 수 있다.

(2) 간접손실보상의 근거

① 이론적 근거

간접손실도 공익사업이 원인이 되어 발생한 것이므로 특별한 희생에 해당하는 경우에는 공적 부담 앞의 평등의 원칙상 보상하여야 한다. 따라서 간접손실보상도 손실보상의 개념에 포함되는 것으로 보아야 한다.

② 헌법적 근거

(ㄱ) **문제점** : 간접손실보상이 헌법 제23조 제3항의 손실보상에 포함되는지가 문제된다.

(ㄴ) 학설

㉠ **부정설** : 이 견해는 헌법 제23조 제3항은 공용침해로 인하여 재산권자에게 직접적으로 발생한 손실만을 보상하는 것으로 규정하고 있다고 보며 간접손실보상은 규율대상으로 하지 않는다고 본다.

㉡ **긍정설** : 간접손실도 적법한 공용침해에 의해 필연적으로 발생한 손실이므로 손실보상의 개념에 포함시키고, 헌법 제23조 제3항의 손실보상에도 포함시키는 것이 타당하다.

(ㄷ) **판례** : 판례는 간접손실을 헌법 제23조 제3항에서 규정한 손실보상의 대상이 된다고 보고 있다.

판례

▶ 관련판례(대판 1999.10.8, 99다27231)

수산업협동조합이 수산물 위탁판매장을 운영하면서 위탁판매수수료를 지급받아 왔고, 그 운영에 대하여는 (구)수산자원보호령 제21조 제1항에 의하여 그 대상지역에서의 독점적 지위가 부여되어 있었는데, 공유수면매립사업의 시행으로 그 사업대상지역에서 어업활동을 하던 조합원들의 조업이 불가능하게 되어 일부 위탁판매장에서의 위탁판매사업을 중단하게 된 경우, 그로 인해 수산업협동조합이 상실하게 된 위탁판매수수료 수입은 사업시행자의 매립사업으로 인한 직접적인 영업손실이 아니고 **간접적인 영업손실이라고 하더라도** 피침해자인 수산업협동조합이 공공의 이익을 위하여 당연히 수인하여야 할 재산권에 대한 제한의 범위를 넘어 수산업협동조합의 위탁판매사업으로 얻고 있는 **영업상의 재산이익을 본질적으로 침해하는 특별한 희생**에 해당하고, 사업시행자는 공유수면매립면허 고시 당시 **그 매립사업으로 인하여 위와 같은 영업손실이 발생한다는 것을 상당히 확실하게 예측할 수 있었고 그 손실의 범위도 구체적으로 확정할** 수 있으므로, 위 **위탁판매수수료 수입손실은 헌법 제23조 제3항에 규정한 손실보상의 대상이 되고, 그 손실에 관하여 (구)공유수면매립법 또는 그 밖의 법령에 직접적인 보상규정이 없더라도 공공용지의 취득 및 손실보상에 관한 특례법 시행규칙상의 각 규정을 유추적용하여 그에 관한 보상을 인정하는 것이 타당하다.**

(ㄹ) **검토** : 간접손실도 적법한 공용침해로 인하여 예견되는 통상의 손실이고, 헌법 제23조 제3항을 손실보상에 관한 일반적 규정으로 보는 것이 타당하므로 간접손실보상을 헌법 제23조 제3항의 손실보상에 포함시키는 것이 타당하다.

③ 법률적 근거

헌법적 근거로 헌법 제23조 제3항과 제34조를 들 수 있으며, 토지보상법은 제79조 제2항 및 동법 시행규칙 제59조 내지 제65조 등에서 규정하고 있다.

■ **법규 헷갈리는 쟁점 : 간접손실보상과 연계된 개념들의 혼선에 대해 통일적 용어사용**

Ⅰ. 간접손실의 개념

간접손실이라는 용어 대신 사업손실, 사업시행지외손실이라는 용어를 사용하기도 한다.
간접손실이 공익사업으로 인한 토지의 취득으로 인한 손실을 포함한다는 내용에는 의견이 일치하고 있으나, 공익사업의 시행인 공사로 인한 손실 또는 공익사업 완성 후 시설의 운영으로 인한 손실도 포함하는지에 관하여는 견해가 나뉘고 있다(최근 판례는 포함하는 것으로 보고 있다).

Ⅱ. 사업손실

1. 사업손실의 개념과 그 유형

사업손실이란 토지·건물 등이 사업지구 밖에 위치하나, 당해 사업으로 인하여 토지소유자 등에게 손실이 발생하였을 때 그 손실을 말한다. 따라서 사업손실은 공익사업의 시공 또는 완성 후의 시설이 사업시행지구 외에 미치는 손실이다. 손실의 발생은 직접 또는 간접적으로 발생할 수 있고, 손실은 재산가액의 감소는 물론 생활피해, 정신적 피해 등을 막론한다.

사업손실의 유형으로 ① 공사 중의 소음·진동 등에 대한 물리적·기술적 손실과 ② 지역경제, 사회구조가 변경되어 발생하는 경제적·사회적 손실이 있다. 그러나 사업손실은 크게 공익사업의 시행 시 발생하는 피해와 사업이 완료된 후 발생하는 피해로 구분할 수 있다. 전자는 공익사업을 시행하는 과정에서 발생하는 소음·진동·먼지 등으로 인한 피해이고, 후자는 사업완료 후 공익사업의 주변 지역에서 발생하는 일반적인 손실이다. 공익사업이 완료된 후 발생하는 손실에는 토지와 건물의 경우 지가하락, 일조피해, 지반변동, 주거 및 생활의 불편 또는 계속 곤란, 영업 등의 영위 곤란 그 밖에 전파수신장애, 지하수 고갈, 소음·진동 등이 있다.

2. 사업손실보상

사업손실보상이란 토지·건물 등이 직접 공익사업에 제공되지 않으나, 사업지구 밖에 위치하여 당해 사업으로 인하여 본래의 기능을 발휘할 수 없을 때 그 소유자 등이 입은 손실을 보상하는 것을 말한다. 그러나 공익사업을 위한 용지취득이 아닌 공사시행으로 인한 소음 등의 피해는 「토지보상법」에 의한 보상대상이 아니며, 이에 대해서는 쌍방 간에 협의하거나 환경분쟁조정 또는 민사소송 등에 의거 해결할 사항이라 한다. 사업손실보상은 제3자 보상, 간접보상, 간접손실보상이라고 하기도 한다.

Ⅲ. 용어의 통일적 사용 – 간접손실보상 : 공익사업시행지구밖의 토지등의 보상

토지보상법상 명문의 규정은 공익사업의 시행지구밖 토지등의 보상으로 규정하고 있고, 최근 학계에서는 간접손실보상을 통설적으로 사용하고 있고. 최근 대법원 2018두227 판결에서 잠업사에 대한 소음진동에 따른 영업손실보상의 판례를 보면 공익사업시행지구 밖 종전의 물리적 기술적 손실에 대한 보상과 사회적 경제적 손실에 대하여 하나의 개념 속에 묶어서 판시하고 있다. 따라서 최근 학계와 판례의 동향으로 볼 때 공익사업시행지구 밖의 토지등의 보상은 간접손실보상으로 용어를 통일적으로 사용하는 것이 법리구성에 합당하다고 판단된다.

(3) 간접손실보상의 요건

① 문제점

간접손실보상의 요건에 대해 명확하지 않다. 간접보상도 헌법상 손실보상의 내용에 포함된다면 손실보상의 일반적 요건을 충족할 필요가 있다고 보는 견해가 있다. 다만, 이하에서는 대법원 판례 등을 고려하여 간접손실보상의 요건에 대해 살펴보고자 한다.

② 간접손실의 존재

간접손실이 되기 위하여는 (ㄱ) 공익사업의 시행으로 공익사업시행지 밖의 토지소유자 등(제3자)이 입은 손실이어야 하고, (ㄴ) 그 손실이 공익사업의 시행으로 인하여 발생하리라는 것이 예견되어야 하고, (ㄷ) 그 손실의 범위가 구체적으로 특정될 수 있어야 한다.

판례

▶ 관련판례(대판 1999.6.11, 97다56150)
공익사업의 시행으로 인하여 그러한 손실이 발생하리라는 것을 쉽게 예견할 수 있고 그 손실의 범위도 구체적으로 이를 특정할 수 있는 경우라면 그 손실의 보상에 관하여 공공용지의 취득 및 손실보상에 관한 특례법 시행규칙의 관련 규정 등을 유추적용할 수 있다고 해석함이 상당하다.

▶ 관련판례(대판 2002.11.26, 2001다44352)
관계법령이 요구하는 허가나 신고 없이 김양식장을 배후지로 하여 김종묘생산어업에 종사하던 자들의 간접손실에 대하여 그 손실의 예견가능성이 없고, 그 손실의 범위도 구체적으로 특정하기 어려워 공공용지의 취득 및 손실보상에 관한 특례법 시행규칙상의 손실보상에 관한 규정을 유추적용할 수 없다고 한 사례

▶ 관련판례(대판 1998.1.20, 95다29161)
참게 축양업자가 참게 축양업을 계속할 수 없게 되고 그 소유의 참게 축양장 시설이 기능을 상실하게 된 손해를 입은 원인은, 하구둑 공사의 시행 결과 공유수면의 지류에서 용수를 끌어 쓸 수 없게 된 것이 아니라, 금강 유역 어민들이 참게를 더 이상 채포할 수 없게 되고 임진강을 제외한 전국의 다른 하천에서도 참게가 잘 잡히지 않게 되었기 때문이므로, 참게 축양업자가 입게 된 그와 같은 손해는 공공사업의 기업지 밖에서 일어난 간접손실에 불과하여 특례법 시행규칙의 간접보상에 관한 규정을 준용 또는 유추적용할 수 없다고 한 사례

③ 재산권에 특별한 희생이 발생하였을 것

(ㄱ) 문제점 : 특별한 희생이란 재산권의 사회적 제약(헌법 제23조 제2항)을 넘어서는 손해를 의미하며 구체적 판단기준에 대한 논의가 있다.

(ㄴ) 학설 : 구별기준에 대한 학설은 인적범위를 기준으로 침해가 일반적인지 개별적인지 여부에 따라 판단하는 형식적 기준설과, 재산권이 제약되는 개별적 정도와 강도로 판단하는 실질적 기준설이 있다.

(ㄷ) 판례

㉠ 과거 대법원은 개발제한구역을 정하고 있는 (구)도시계획법 제21조의 위헌심판제청사건에서 (구)도시계획법 제21조 제1항에 의한 제한은 공공복리에 적합한 합리적인 제한으로서, 그 제한으로 인한 토지소유자의 불이익은 공공복리를 위하여 감수하지 아니하면 안 될 정도의 것이라며 특별한 희생은 아니라고 판시하였다.

㉡ 헌법재판소는 개발제한구역 지정 자체는 사회적 제약이나, 특수한 경우로서 종래의 목적으로 사용할 수 없거나, 더 이상 허용된 토지이용방법이 없어 실질적으로 토지의 사용수익이 제한된 경우는 보상을 요하는 사회적 제약으로 보았다.

(ㄹ) **검토** : 생각건대, 한 가지 기준만으로는 불충분한바 양 기준을 상호 보완적으로 적용하여 종합적으로 고려함이 타당하다.

④ **보상규정의 존재**

토지보상법 제79조 제2항은 "공익사업이 시행되는 지역 밖에 있는 토지 등이 공익사업의 시행으로 인하여 본래의 기능을 다할 수 없게 되는 경우에는 국토교통부령이 정하는 기준에 의한다." 라고 규정하고 있는바 이에는 간접손실이 포함된다고 본다. 그리고 이 수권규정에 의하여 동법 시행규칙 제59조 내지 제65조는 간접손실보상을 규정하고 있다.

(4) (간접)손실보상청구권의 유무를 판단할 기준시점

판례

▶ 관련판례(대판 2002.11.26, 2001다44352, 대판 2006.11.23, 2004다65978)

공익사업의 시행과 같이 적법한 공권력의 행사로 가하여진 재산상의 특별한 희생에 대하여 전체적인 공평부담의 견지에서 손실보상이 인정되는 것이므로, **공익사업의 시행으로 손해를 입었다고 주장하는 자가 보상을 받을 권리를 가졌는지의 여부는 해당 공익사업의 시행 당시를 기준으로 판단하여야 하고**, 그와 같은 공익사업의 시행에 관한 실시계획 승인과 그에 따른 고시가 된 이상 그 이후에 영업을 위하여 이루어진 각종 허가나 신고는 위와 같은 공익사업의 시행에 따른 제한이 이미 확정되어 있는 상태에서 이루어진 것으로 그 이후의 공익사업 시행으로 그 허가나 신고권자가 **특별한 손실을 입게 되었다고는 볼 수 없다.**

▶ 관련판례(대판 1999.11.23, 98다11529)

일정한 공유수면에 관하여 매립면허가 있고 이것이 고시되었다면 그 이후의 어업허가는 공유수면매립사업의 시행과 그로 인한 허가어업의 제한이 이미 객관적으로 확정되어 있는 상태로서의 허가로서 그 이후의 공유수면매립사업 시행으로 인하여 허가어업자가 특별한 손실을 입게 되었다고 볼 수 없다.

(5) 토지보상법 시행규칙상의 간접손실보상의 내용(종류)

① **간접손실보상에 대한 근거규정과 세부적인 내용**

토지보상법 제79조 제2항은 "공익사업이 시행되는 지역 밖에 있는 토지등이 공익사업의 시행으로 인하여 본래의 기능을 다할 수 없게 되는 경우에는 국토교통부령으로 정하는 바에 따라 그 손실을 보상하여야 한다"고 규정하고 있다. 동법 제3항은 "사업시행자는 제2항에 따른 보상이 필요하다고 인정하는 경우에는 동법 제15조에 따라 보상계획을 공고할 때에 보상을 청구할 수 있다는 내용을 포함하여 공고하거나 대통령령으로 정하는 바에 따라 토지보상법 제79조 제2항에 따른 보상에 관한 계획을 공고하여야 한다"고 규정하고 있다. 동법 제79조 제2항의 국토교통부령으로 정하는 바에 따라 토지보상법 시행규칙 제59조 내지 제65조까지 검토하기로 한다.

② **공익사업시행지구 밖의 대지 등에 대한 보상(동법 시행규칙 제59조)**

공익사업시행지구 밖의 대지(조성된 대지를 말한다) 건축물 · 분묘 또는 농지(계획적으로 조성된 유실수단지 및 죽림단지를 포함한다)가 공익사업의 시행으로 인하여 산지나 하천 등에 둘러싸여 교통이 두절되거나 경작이 불가능하게 된 경우에는 그 소유자의 청구에 의하여 이를 공익사업시행지구에 편입되는 것으로 보아 보상하여야 한다. 다만, 그 보상비가 도로 또는 도선시설의 설치 비용을 초과하는 경우에는 도로 또는 도선시설을 설치함으로써 보상에 갈음할 수 있다.

대지 등에 대한 보상을 분설하면 다음과 같다.

㉠ 보상의 대상은 공익사업시행지구 밖에 위치하는 대지·건축물·분묘 또는 농지이다. 특히 대지는 조성된 대지에 한정하고, 농지는 계획적으로 조성된 유실수단지 및 죽림단지를 포함한다.

㉡ 공익사업의 시행으로 인하여 교통이 두절되거나 경작이 불가능하게 된 경우에 한정된다. 판례는 경작 자체가 불가능한 경우를 의미한다고 판시했다. 즉, 농경지가 공익사업의 시행으로 인하여 산지나 하천 등에 둘러싸이는 등으로 경작 자체가 불가능하게 되는 경우를 의미한다. 사업의 소음·진동 등으로 기존 재배 농작물의 비닐하우스 부지로는 부적당해도 다른 농작물을 재배하는데 별다른 지장이 없어 보이는 경우는 아니라고 한다.

㉢ 손실은 소유자의 청구가 있을 때 보상한다.

㉣ 도로 또는 도선시설의 설치로서 보상에 갈음할 수 있다. 단, 도로 또는 도선시설의 설치는 보상비가 이의 설치비용을 초과하는 경우에 한하는 것으로 해석할 수 있다.

③ **공익사업시행지구 밖의 건축물에 대한 보상(동법 시행규칙 제60조)**

소유농지의 대부분이 공익사업시행지구에 편입됨으로써 건축물(건축물의 대지 및 잔여농지를 포함)만 이 공익사업시행지구밖에 남게 되는 경우로서 그 건축물의 매매가 불가능하고 이주가 부득이한 경우에는 그 소유자의 청구에 의하여 이를 공익사업시행지구에 편입되는 것으로 보아 보상하여야 한다.

건물에 대한 보상을 분설하면 다음과 같다.

㉠ 소유농지의 대부분이 공익사업시행지구에 편입되어야 한다. 소유농지의 대부분이라 함은 그 농지로서 농업을 영위할 수 없는 정도에 이르는 것을 말한다.

㉡ 건축물만이 공익사업시행지구 밖에 남게 되는 경우에 한한다. 건축물에는 건축물의 대지 및 잔여 농지를 포함한다.

㉢ 그 건축물의 매매가 불가능하고 이주가 부득이한 경우라야 한다. 건축물의 매매가 불가능하다는 것은 공익사업으로 인해 그 지역에 주거할 수 없게 됨에 따라 건축물의 수요를 기대할 수 없는 것을 말한다. 그리고 이주가 부득이하다는 것은 그 지역에서 주거할 수 없는 상황, 즉 잔여 가옥의 생활환경이 현저히 불편하게 되는 경우이다. 일부 농지만이 편입되는 경우에는 이주가 부득이한 경우에 해당하지 아니하므로 보상대상이 되지 아니한다.

㉣ 당해 건축물 소유자의 청구가 있을 때 보상한다.

④ **소수잔존자에 대한 보상(동법 시행규칙 제61조)**

공익사업의 시행으로 인하여 1개 마을의 주거용 건축물이 대부분 공익사업시행지구에 편입됨으로써 잔여 주거용 건축물 거주자의 생활환경이 현저히 불편하게 되어 이주가 부득이한 경우에는 당해 건축물 소유자의 청구에 의하여 그 소유자의 토지등을 공익사업시행지구에 편입되는 것으로 보아 보상하여야 한다.

이는 공익사업의 시행으로 잔존자가 소수가 되어 더 이상 공동생활을 영위하는 것이 경제적・사회적으로 어려운 때 행하는 보상이다. 이때 소수잔존자의 범위는 종전의 생활공동체, 잔존규모, 지리적・자연적 조건 등을 종합적으로 고려하여 판단할 수 있을 것이다.

⑤ 공익사업시행지구 밖의 공작물등에 대한 보상(동법 시행규칙 제62조)

공익사업시행지구 밖에 있는 공작물등이 공익사업의 시행으로 인하여 그 본래의 기능을 다할 수 없게 되는 경우에는 그 소유자의 청구에 의하여 이를 공익사업시행지구에 편입되는 것으로 보아 보상하여야 한다.

공작물등은 공익사업의 시행으로 인하여 독립적인 기능을 할 수 없는 경우에 보상대상이 되며, 독립적인 기능을 할 수 있을 때는 보상대상이 아니다. 공익사업시행지구 밖에 있는 공작물등이 보상대상이 되면 건물의 평가 방법에 의하여 산정한 보상액으로 보상하게 된다.

⑥ 공익사업시행지구 밖의 어업의 피해에 대한 보상(동법 시행규칙 제63조)

공익사업의 시행으로 인하여 해당 공익사업시행지구 인근에 있는 어업에 피해가 발생한 경우 사업시행자는 실제 피해액을 확인할 수 있는 때에 그 피해에 대하여 보상하여야 한다.

어장이나 양식장 등이 공익사업이 시행되는 지구에 포함되지 아니하더라도 공익사업의 시행으로 인해 허가 등을 받고 행하는 어업이 피해를 받을 수 있다. 예를 들어 공유수면의 매립이나 방조제의 설치 등 공익사업의 시행으로 인근지역의 어장에 혼탁수가 유입되어 양식어장이나 기타 수산물 등에 피해가 발생하였을 때가 그러하다. 이러한 경우 보상은 간접보상에 해당한다. 공익사업의 시행으로 인하여 당해 공익사업시행지구 인근에 있는 어업에 피해가 발생한 경우 사업시행자는 실제 피해액을 확인할 수 있는 때에 그 피해에 대하여 보상하여야 한다. 실제 피해액은 수산업법 시행령 별표를 참작하여 평가한다.

⑦ 공익사업시행지구 밖의 영업손실에 대한 보상(동법 시행규칙 제64조)

공익사업시행지구 밖에서 제45조에 따른 영업손실의 보상대상이 되는 영업을 하고 있는 자가 공익사업의 시행으로 인하여 이 중 (㉠ 배후지의 3분의 2 이상이 상실되어 그 장소에서 영업을 계속할 수 없는 경우, ㉡ 진출입로의 단절, 그 밖의 부득이한 사유로 인하여 일정한 기간 동안 휴업 하는 것이 불가피한 경우) 어느 하나에 해당하는 경우에는 그 영업자의 청구에 의하여 당해 영업을 공익사업시행지구에 편입되는 것으로 보아 보상하여야 한다.

위의 규정에 불구하고 사업시행자는 영업자가 보상을 받은 이후에 그 영업장소에서 영업이익을 보상받은 기간 이내에 동일한 영업을 하는 경우에는 실제 휴업기간에 대한 보상금을 제외한 영업손실에 대한 보상금을 환수하여야 한다(시행규칙 제64조 제2항).

⑧ 공익사업시행지구 밖의 농업의 손실에 대한 보상(동법 시행규칙 제65조)

경작하고 있는 농지의 3분의 2 이상에 해당하는 면적이 공익사업시행지구에 편입됨으로 인하여 당해 지역에서 영농을 계속할 수 없게 된 농민에 대하여는 공익사업시행지구 밖에서 그가 경작하고 있는 농지에 대하여도 영농손실액을 보상하여야 한다.

■ 법규 헷갈리는 쟁점 : 토지보상법 제79조 제1항에서 규정한 공사비 보상과 매수보상

Ⅰ. 공사비 보상

1. 토지보상법 제79조 제1항 공사비 보상 규정

토지보상법 제79조 제1항은 "사업시행자는 공익사업의 시행으로 인하여 취득하거나 사용하는 토지(잔여지를 포함한다) 외의 토지에 통로·도랑·담장 등의 신설이나 그 밖의 공사가 필요할 때에는 그 비용의 전부 또는 일부를 보상하여야 한다"고 규정하고 있다. 즉, 간접손실인 공사비용의 보상을 규정하고 있다.

2. 공사비 보상의 대상과 범위

공사비보상의 대상은 공익사업의 시행으로 인하여 취득 또는 사용하는 토지 외의 토지에 통로·도랑·담장 등의 신설 그 밖의 공사가 필요한 경우이다. 즉, 공익사업으로 인해 그 주변 지역에서 공사가 필요한 경우가 그 대상이다. 공사비 보상의 범위는 통로·도랑·담장 등의 신설 그 밖의 공사비용의 전부 또는 일부이다. 어떠한 경우에 공사비용의 전부 또는 일부를 보상할 것인가에 대해서는 법령에 규정하고 있지 않으나, 당해 사례의 구체적인 상황을 판단하여 사업시행자가 결정할 수밖에 없다. 개별적인 상황에서 사업시행자와 피수용자가 협의의 방법으로 가능한 범주라고 할 것이다.

3. 사업시행자가 토지를 매수하는 경우

동법 제79조 제1항 단서는 "다만, 그 토지에 대한 공사의 비용이 그 토지의 가격보다 큰 경우에는 사업시행자는 그 토지를 매수할 수 있다"고 규정하고 있다. 매수하는 경우 사업인정과 사업인정고시 의제에 관한 규정(동법 제73조 제3항의 규정)을 준용한다. 즉, 사업인정고시가 있은 후 사업시행자가 공사비용이 토지 가격보다 큰 토지를 매수하는 경우 그 토지에 대해서는 사업인정 및 사업인정 고시가 있는 것으로 본다. 또한, 그 토지에 대한 공사의 비용이 그 토지의 가격보다 큰 경우에는 사업시행자는 그 토지를 매수할 수 있다는 규정에 따라 취득하는 토지에 대한 구체적인 보상액 산정 및 평가 방법 등에 대해서는 다음의 규정을 준용한다.

① 취득하는 토지의 보상(동법 제70조)
② 건축물 등 물건에 대한 보상(동법 제75조)
③ 권리의 보상(동법 제76조)
④ 영업의 손실 등에 대한 보상(동법 제77조)
⑤ 이주대책의 내용, 동산 운반비용의 보상, 보상금이 없거나 기준 미달 보상금에 대한 보상(동법 제78조 제4항, 같은 조 제6항 및 제7항)

(6) 간접손실보상의 행사기간과 절차

① 간접손실보상의 행사기간(법 제73조 제2항)

손실 또는 비용의 보상은 관계 법률에 따라 사업이 완료된 날 또는 제24조의2에 따른 사업완료의 고시가 있는 날(사업완료일)부터 1년이 지난 후에는 청구할 수 없다.

② 토지보상법상의 절차

(ㄱ) **보상계획의 공고** : 사업시행자는 제2항에 따른 보상이 필요하다고 인정하는 경우에는 제15조에 따라 보상계획을 공고할 때에 보상을 청구할 수 있다는 내용을 포함하여 공고하거나 대통령령으로 정하는 바에 따라 제2항에 따른 보상에 관한 계획을 공고하여야 한다(법 제79조 제3항). 보상에 관한 계획을 공고하는 때에는 전국을 보급지역으로 하는 일간신문에 공고하는 방법에 의한다(시행령 제41조의4).

(ㄴ) **협의와 재결신청**(법 제80조) : 제79조 제1항 및 제2항에 따른 비용 또는 손실이나 토지의 취득에 대한 보상은 사업시행자와 손실을 입은 자가 협의하여 결정한다. 협의가 성립되지 아니하였을 때에는 사업시행자나 손실을 입은 자는 대통령령으로 정하는 바에 따라 관할 토지수용위원회에 재결을 신청할 수 있다.

(7) 간접손실보상의 불복방법

① 문제점

토지수용위원회의 재결이 결정되고(법 제80조) 난 후, 불복방법에 대해 현행 토지보상법에서는 명시적인 규정은 없다.

② 학설

재결의 처분성을 부정하는 견해에 따르면 손실보상청구권의 법적 성질에 따라 공법상 당사자소송 또는 민사소송을 제기해야 한다. 재결의 처분성을 긍정하는 견해에 따르면 토지보상법상 이의신청과 보상금증액청구소송을 제기해야 한다.

③ 판례

(구)공특법상의 판례는 다음과 같이 판시하였다.

판례

▶ 관련판례(대판 1999.6.11, 97다56150)

공익사업의 시행 결과 공익사업의 기업지 밖에서 발생한 간접손실에 관하여 그 피해자와 사업시행자 사이에 협의가 이루어지지 아니하고 그 보상에 관한 명문의 근거법령이 없는 경우라고 하더라도, 공익사업의 시행으로 인하여 그러한 손실이 발생하리라는 것을 쉽게 예견할 수 있고 그 손실의 범위도 구체적으로 이를 특정할 수 있는 경우라면 그 손실의 보상에 관하여 공공용지의 취득 및 손실보상에 관한 특례법 시행규칙의 관련규정 등을 유추적용할 수 있다고 해석함이 상당하고, 이러한 간접손실은 사법상의 권리인 영업권 등에 대한 손실을 본질적 내용으로 하고 있는 것으로서 그 보상청구권은 공법상의 권리가 아니라 사법상의 권리이고, 그 보상금의 결정방법, 불복절차 등에 관하여 아무런 규정도 마련되어 있지 아니하므로, 그 보상을 청구하려는 자는 사업시행자가 보상청구를 거부하거나 보상금액을 결정한 경우라도 이에 대하여 행정소송을 제기할 것이 아니라, 사업시행자를 상대로 민사소송으로 직접 손실보상금 지급청구를 하여야 한다.

최근 토지보상법 제79조 제2항의 불복은 행정소송으로 하도록 하는 판례가 등장하였다(아래 판례 참조).

판례

▶ 관련판례(대판 2012.10.11, 2010다23210)

[판시사항]

(구)공익사업을 위한 토지 등의 취득 및 보상에 관한 법률 제79조 제2항 등에 따른 사업폐지 등에 대한 보상청구권에 관한 쟁송형태(=행정소송) 및 공익사업으로 인한 사업폐지 등으로 손실을 입은 자가 위 법률에 따른 보상을 받기 위해서 재결절차를 거쳐야 하는지 여부(적극)

[판결요지]

(구)공익사업을 위한 토지 등의 취득 및 보상에 관한 법률(2007.10.17. 법률 제8665호로 개정되기

전의 것, 이하 '(구)공익사업법'이라고 한다) 제79조 제2항, 공익사업을 위한 토지 등의 취득 및 보상에 관한 법률 시행규칙 제57조에 따른 사업폐지 등에 대한 보상청구권은 공익사업의 시행 등 적법한 공권력의 행사에 의한 재산상 특별한 희생에 대하여 전체적인 공평부담의 견지에서 공익사업의 주체가 손해를 보상하여 주는 손실보상의 일종으로 공법상 권리임이 분명하므로 그에 관한 쟁송은 민사소송이 아닌 행정소송절차에 의하여야 한다. 또한 위 규정들과 (구)공익사업법 제26조, 제28조, 제30조, 제34조, 제50조, 제61조, 제83조 내지 제85조의 규정 내용・체계 및 입법취지 등을 종합하여 보면, 공익사업으로 인한 사업폐지 등으로 손실을 입게 된 자는 (구)공익사업법 제34조, 제50조 등에 규정된 재결절차를 거친 다음 재결에 대하여 불복이 있는 때에 비로소 (구)공익사업법 제83조 내지 제85조에 따라 권리구제를 받을 수 있다고 보아야 한다.

[참조조문]
(구)공익사업을 위한 토지 등의 취득 및 보상에 관한 법률(2007.10.17. 법률 제8665호로 개정되기 전의 것) 제26조, 제28조, 제30조, 제34조, 제50조, 제61조, 제79조 제2항, 제83조, 제84조, 제85조, 공익사업을 위한 토지 등의 취득 및 보상에 관한 법률 시행규칙 제57조

[전문]
[원고, 상고인] 디에스디삼호 주식회사
[피고, 피상고인] 대한주택공사의 소송수계인 한국토지주택공사
[원심판결] 대전고법 2010.2.5, 2009나981

[주문]
원심판결을 파기하고, 제1심판결을 취소한다. 사건을 대전지방법원 본원 합의부로 이송한다.

[이유]
직권으로 본다.
(구)공익사업을 위한 토지 등의 취득 및 보상에 관한 법률(2007.10.17. 법률 제8665호로 개정되기 전의 것, 이하 '(구)공익사업법'이라고 한다) 제79조 제2항은 "기타 공익사업의 시행으로 인하여 발생하는 손실의 보상 등에 대하여는 건설교통부령이 정하는 기준에 의한다."고 규정하고 있고, 그 위임에 따라 공익사업을 위한 토지 등의 취득 및 보상에 관한 법률 시행규칙(이하 '공익사업법 시행규칙'이라고 한다) 제57조는 '사업폐지 등에 대한 보상'이라는 제목 아래 "공익사업의 시행으로 인하여 건축물의 건축을 위한 건축허가 등 관계법령에 의한 절차를 진행 중이던 사업 등이 폐지・변경 또는 중지되는 경우 그 사업 등에 소요된 법정수수료 그 밖의 비용 등의 손실에 대하여는 이를 보상하여야 한다."고 규정하고 있다.
위 규정들에 따른 사업폐지 등에 대한 보상청구권은 공익사업의 시행 등 적법한 공권력의 행사에 의한 재산상의 특별한 희생에 대하여 전체적인 공평부담의 견지에서 공익사업의 주체가 그 손해를 보상하여 주는 손실보상의 일종으로 공법상의 권리임이 분명하므로 그에 관한 쟁송은 민사소송이 아닌 행정소송절차에 의하여야 할 것이다. 또한 위 규정들과 (구)공익사업법 제26조, 제28조, 제30조, 제34조, 제50조, 제61조, 제83조 내지 제85조의 규정 내용・체계 및 입법취지 등을 종합하여 보면, 공익사업으로 인한 사업폐지 등으로 손실을 입게 된 자는 (구)공익사업법 제34조, 제50조 등에 규정된 재결절차를 거친 다음 그 재결에 대하여 불복이 있는 때에 비로소 (구)공익사업법 제83조 내지 제85조에 따라 권리구제를 받을 수 있다고 보아야 한다.
원심판결이 인용한 제1심 판결 이유와 기록에 의하면, 원고는 도시개발법에 따라 천안시(이하 생략) 일대에서 도시개발사업을 추진하다가 위 사업구역과 상당 부분 중첩되는 구역이 이 사건 공익사업인 천안신월 국민임대주택단지 예정지구로 지정・고시됨으로써 위 도시개발사업을 폐지할 수밖에 없게 되었고, 그에 따라 원고가 도시개발사업을 추진하기 위하여 지출한 비용에 대한 보상을 공익사업법 시

행규칙 제57조에 기하여 이 사건 소로써 구하고 있음을 알 수 있으므로, 앞서 본 바와 같이 이 사건 소는 행정소송에 해당한다.
그럼에도 불구하고, 제1심 및 원심이 원고의 이 사건 청구가 민사소송의 대상임을 전제로 하여 민사소송절차에 의하여 심리·판단한 것에는 사업폐지 등에 대한 보상청구권의 법적 성질 및 그 소송형태에 관한 법리를 오해한 위법이 있다.
한편 이 사건 사업폐지 등에 대한 보상청구가 재결을 거쳤는지 여부에 관하여는 제1심 및 원심에서 심리된 바가 없으므로 이 사건 소가 재결을 거치지 아니하여 부적법하게 되어 각하될 것이 명백한 경우에 해당한다고 보기는 어려우므로, 이 사건은 관할법원으로 이송함이 타당하다(대판 1997.5. 30, 95다28960, 대판 2009.9.17, 2007다2428 등 참조).
그러므로 상고이유에 대한 판단을 생략한 채 직권으로 원심판결을 파기하고, 제1심 판결을 취소하며, 사건을 다시 심리·판단하게 하기 위하여 관할법원인 대전지방법원 본원 합의부로 이송하기로 하여 관여 대법관의 일치된 의견으로 주문과 같이 판결한다.

▶ **관련판례(대판 2014.5.29, 2013두12478)**
(구)수산업법 제81조의 규정에 의한 손실보상청구권이나 손실보상 관련법령의 유추적용에 의한 손실보상청구권은 사업시행자를 상대로 한 민사소송의 방법에 의하여 행사하여야 한다. 그렇지만 (구)공익사업을 위한 토지 등의 취득 및 보상에 관한 법률의 관련 규정에 의하여 취득하는 어업피해에 관한 손실보상청구권은 민사소송의 방법으로 행사할 수는 없고, (구)공익사업법 제34조, 제50조 등에 규정된 재결절차를 거친 다음 그 재결에 대하여 불복이 있는 때에 비로소 (구)공익사업법 제83조 내지 제85조에 따라 권리구제를 받아야 하며, 이러한 재결절차를 거치지 않은 채 곧바로 사업시행자를 상대로 손실보상을 청구하는 것은 허용되지 않는다고 봄이 타당하다.

④ 검토

토지보상법 제1조, 제34조, 제83조, 제85조, 동법 시행규칙 제59조 내지 제65조 등의 입법취지상 이의신청과 보상금증액청구소송을 제기해야 함이 타당하다고 최근 판례에서도 행정소송에 의하도록 하고 있다.

(8) 간접손실보상에 대한 권리구제

① 현행 토지보상법상 간접손실보상

토지보상법 제79조 제2항은 "공익사업이 시행되는 지역 밖에 있는 토지 등이 공익사업의 시행으로 인하여 본래의 기능을 다할 수 없게 되는 경우에는 국토교통부령으로 정하는 바에 따라 그 손실을 보상하여야 한다."라고 간접손실보상의 원칙을 규정하며 간접손실보상의 기준, 내용 및 절차 등을 국토교통부령에 위임하고 있다. 이에 따라 동법 시행규칙 제59조 이하에서 간접보상을 유형화하여 열거·규정하고 있다. 공익사업시행지구 밖의 대지 등에 대한 보상(시행규칙 제59조), 건축물에 대한 보상(제60조), 소수잔존자에 대한 보상(제61조), 공작물 등에 대한 보상(제62조), 어업의 피해에 대한 보상(제63조), 영업손실에 대한 보상(제64조), 농업의 손실에 대한 보상(제65조) 등이 그것이다. 또한, 토지보상법 제79조 제1항은 간접손실인 공사비용의 보상을 규정하고 있다.

② 간접손실보상에 대해 명시적인 보상규정이 없는 경우(흠결)

(ㄱ) 문제점 : 토지보상법 시행규칙에 규정되지 않은 간접손실에 대하여는 보상이 가능한지가 문제된다. 판례는 간접손실보상을 규정하고 있는 토지보상법 시행규칙 제59조 내지 제65조를 확대해석 또는 유추적용하여 공익사업의 시행으로 인한 간접손실을 최대한 보상해주려고 하고 있지만, 공익사업의 시행으로 인한 간접손실 중 현행 토지보상법령의 확대적용 또는 유추적용에 의해서도 보상해줄 수 없는 경우가 있다. 이와 같이 간접손실보상규정의 흠결이 있는 경우에 간접손실을 입은 자의 권리를 어떻게 구제해 줄 수 있는가 하는 문제가 여전히 존재한다.

(ㄴ) 학설

㉠ 토지보상법 제79조 제2항의 직접 효력을 인정하는 경우 : 토지보상법 규칙에서 간접손실을 보상의 대상으로 규정하고 있지 않는 경우가 있다. 이 경우에 토지보상법 제79조 제2항의 직접적 효력을 인정하거나, 토지보상법 시행규칙상의 간접손실보상에 관한 열거규정을 예시적인 열거규정으로 보면서 토지보상법 제79조 제2항을 간접손실보상의 일반적 근거규정으로 본다면 간접손실보상에 관한 명시적인 규정이 없는 경우에도 토지보상법 제79조 제2항에 근거하여 손실보상이 가능하므로 간접손실보상에 관한 입법의 공백은 없게 된다고 보는 견해이다.

㉡ 토지보상법 제79조 제2항의 직접 효력을 인정하지 않는 경우 : 토지보상법 제79조 제2항의 직접적 효력을 부정하고, 토지보상법 시행규칙상의 간접 손실보상에 관한 열거규정을 한정적인 열거규정으로 보면서 토지보상법 제79조 제2항을 간접손실보상의 원칙을 선언한 것일 뿐 간접손실보상의 직접적인 근거규정으로 보지 않으면 토지보상법 시행규칙의 적용 또는 유추적용에 의해 보상되지 못하는 간접손실에 대해서는 입법상 보상의 흠결이라는 문제가 발생한다는 견해이다.

(ㄷ) 검토 : 생각건대, 간접손실도 적법한 공용침해로 인하여 예견되는 통상의 손실이고, 헌법 제23조에 따라 정당한 보상을 하기 위해, 토지보상법 제79조 제2항을 공익사업에 따른 간접손실보상의 일반근거조항으로 보고 토지보상법 시행규칙에 간접손실보상에 관한 명시적인 규정이 없는 경우에는 토지보상법 제79조 제2항에 직접 근거하여 간접손실보상을 청구할 수 있다고 보는 것이 타당하다.

③ 보상규정이 결여된 간접손실의 보상근거에 대한 학설과 판례 등

(ㄱ) 문제점 : 보상규정이 없는 간접손실의 보상 여부 및 보상근거가 없는 간접손실의 보상근거에 관하여 다음과 같이 견해가 대립하고 있다.

(ㄴ) 학설

㉠ 보상부정설 : 토지보상법 시행규칙 제59조 이하의 간접보상규정을 제한적 열거규정으로 보고, 동 규정에 의해 간접보상의 문제가 전부 해결된 것으로 보며 동 규정에서 규정하지 않은 간접손실은 보상의 대상이 되지 않는다고 보는 견해이다.

㉡ 유추적용설 : 이 견해는 보상규정이 결여된 간접손실에 대하여 헌법 제23조 제3항 및 토지보상법상의 간접손실보상에 관한 규정을 유추적용하여 그 손실보상을 청구할 수 있다고 본다.

㉢ **헌법 제23조 제3항의 직접적용설** : 손실보상에 관하여 헌법 제23조 제3항의 직접효력을 인정하고, 간접손실도 제23조 제3항의 손실보상의 범위에 포함된다고 본다면 보상규정이 없는 간접손실에 대하여는 헌법 제23조 제3항에 근거하여 보상청구권이 인정된다고 보는 견해이다.

㉣ **평등원칙 및 재산권 보장규정근거설** : 헌법상의 평등원칙 및 재산권 보장규정이 손실보상의 직접적 근거가 될 수 있다면 간접손실도 이와 달리 볼 근거가 없으므로 이에 근거하여 보상해 주어야 한다는 견해이다.

㉤ **수용적 침해이론** : 간접손실도 비의도적 침해에 의하여 발생하였다는 점에서 수용적 침해로 보면서, 독일법상의 수용적 침해이론을 긍정하여 구제해 주어야 한다는 견해이다.

㉥ **손해배상설** : 간접손실에 대하여 명문의 보상규정이 없는 경우에는 손해배상을 청구하여야 한다는 견해이다.

(ㄷ) 판례

판례

▶ 관련판례(대판 1999.10.8, 99다27231)

위탁판매수수료 수입손실은 헌법 제23조 제3항에 규정한 손실보상의 대상이 되고, 그 손실에 관하여 (구)공유수면매립법 또는 그 밖의 법령에 직접적인 보상규정이 없더라도 공공용지의 취득 및 손실보상에 관한 특례법 시행규칙상의 각 규정을 유추적용하여 그에 관한 보상을 인정하는 것이 타당하다.

▶ 관련판례(대판 1998.1.20, 95다29161)

원고가 입은 참게 축양업에 대한 간접손실은 그 발생을 예견하기가 어렵고 그 손실의 범위도 쉽게 확정할 수 없으므로 위 특례법 시행규칙의 간접보상에 관한 규정을 준용 또는 유추적용하여 사업시행자인 피고 공사에 대하여 그 손실보상청구권을 인정할 수도 없다고 할 것이다.

(ㄹ) **검토** : 토지보상법 제79조 제2항을 공익사업에 따른 손실보상의 일반근거조항으로 보고 토지보상법 제79조 제2항에 근거하여 간접손실보상을 청구할 수 있다고 보는 것이 타당하다. 만일 토지보상법 제79조 제2항을 공익사업에 따른 손실보상의 일반근거조항으로 보지 않는다면 간접보상도 손실보상에 포함되는 점 및 권리구제의 실효성을 고려하여 헌법 제23조 제3항의 직접효력을 인정하고 직접 이에 근거하여 간접손실의 보상을 청구할 수 있다고 보는 견해가 타당하다.

(9) 간접손실보상의 한계

① 간접손실보상의 개념 내지 유형

간접손실보상의 개념 내지 유형에 대해서 이론상 명확한 정리가 되지 않아 현실상 이에 대한 권리구제방법 등에서 혼란이 되고 있다.

② 간접손실보상의 대상 내지 기준

토지보상법 제79조 제2항 등에서는 본래의 기능을 다할 수 없는 경우로 규정하고 있다. 본래의 기능을 다할 수 없는 경우에 대한 기준을 제시하지 않고 있다.

③ 간접손실보상의 시기

사업지구 내와 달리 사업지구 밖의 간접손실보상 시기에 대해서는 명문의 규정이 없다. 이 경우 사업시행자 등이 사업시기와 관련해서 자의적으로 해석할 여지가 많다.

④ 토지보상법 시행규칙 제59조 내지 제65조상의 해석문제

현행 토지보상법 시행규칙 제59조 이하를 열거적으로 볼 경우 국민의 권리구제가 제한될 수 있다.

⑤ 손실보상 및 손해배상의 구별의 어려움

시설공사 중이나 시설완성 후 운영의 경우에 발생하는 피해에 대해서 손실보상의 문제로 볼 것인지 아니면 손해배상의 문제로 볼 것인지의 구별에 어려움이 있다.

2. 간접침해보상(최근 대법원 2018두227 판결은 간접손실보상과 간접침해보상에 대해 통일적으로 사용하지만 학계에서 아직 용어를 사용하고 있어 아래 내용에서 간략히 살펴보기로 한다.)

(1) 간접침해보상의 의의

대규모 공익사업의 시행 또는 완성 후의 시설로 인하여 사업지 밖에 미치는 사업손실 중 사회적·경제적 손실을 의미하는 간접손실보상을 제외한 물리적·기술적 손실에 대한 보상을 말한다. 다만 간접침해(보상)를 간접손실(보상)로 보는 견해도 있다. 이 견해는 간접침해와 간접손실을 구별하지 않는다.

(2) 간접침해의 유형

공익사업으로 인한 소음, 진동, 먼지 등에 의한 침해와 환경오염 및 용수고갈 등으로 인한 손실, 일조권 침해 등이 있다.

(3) 간접침해보상의 법적 근거

현행 토지보상법 등에서는 간접침해보상에 대한 명문의 규정이 없다.

(4) 간접침해를 손실보상의 대상인 간접손실로 볼 수 있는지 여부

① 문제점

간접침해를 손실보상의 대상인 간접손실로 볼 수 있는지 문제된다. 이에 따라 간접침해에 대한 권리구제방법 등이 달라질 수 있다.

② 견해

원활한 공익사업의 시행과 효율적인 권리구제가 가능하다고 보아 간접침해 역시 손실보상의 대상이 되는 간접손실이라는 견해와 손해배상과 손실보상의 구별기준에 맞지 않다는 점과 간접침해는 발생이 예견되지 않은 경우도 있고, 예견되어도 그 손해를 미리 산정하는 것은 통상 어려움이 있어 손해배상의 영역으로 보는 견해가 있다.

③ 판례

김포공항 소음피해사건에서는 김포공항의 설치 및 관리에 하자가 있다고 하여 국가배상책임을 인정하였고, 공사 후 공공시설물로부터 공해로 인한 손해가 통상의 수인한도를 넘는 경우 해당

공공시설이 공물이 아닌 경우에 민법상 불법행위책임을 인정했다. 그리고 고속도로의 확장으로 인해 소음, 진동이 증가하여 인근 양돈업자가 입은 피해에 대하여는 귀책사유가 없어도(무과실책임) 한국도로공사의 손해배상책임을 인정하였다(판례는 후술 참조).

④ 검토

모든 간접침해가 공익사업을 위한 토지 등의 수용단계에서 예견되는 것은 아니며, 예견된다 하더라도 미리 그 손해를 산정하는 것이 통상 어려움이 있는바, 손해배상의 영역으로 봄이 타당하다.

(5) 간접침해보상에 대한 권리구제

① 손해배상 청구가능성(판례에 의한 경우)

판례

▶ 관련판례(대판 2001.2.9, 99다55434)

[1] 불법행위 성립요건으로서의 위법성은 관련 행위 전체를 일체로만 판단하여 결정하여야 하는 것은 아니고, 문제가 되는 행위마다 개별적・상대적으로 판단하여야 할 것이므로 어느 시설을 적법하게 가동하거나 공용에 제공하는 경우에도 그로부터 발생하는 유해배출물로 인하여 제3자가 손해를 입은 경우에는 그 위법성을 별도로 판단하여야 하고, 이러한 경우의 판단 기준은 그 유해의 정도가 사회생활상 통상의 수인한도를 넘는 것인지 여부라고 할 것이다.

[2] 고속도로의 확장으로 인하여 소음・진동이 증가하여 인근 양돈업자가 양돈업을 폐업하게 된 사안에서, 양돈업에 대한 침해의 정도가 사회통념상 일반적으로 수인할 정도를 넘어선 것으로 보아 한국도로공사의 손해배상책임을 인정한 사례

[3] 환경정책기본법 제31조 제1항 및 제3조 제1호, 제3호, 제4호에 의하면, 사업장 등에서 발생되는 환경오염으로 인하여 피해가 발생한 경우에는 해당 사업자는 귀책사유가 없더라도 그 피해를 배상하여야 하고, 위 환경오염에는 소음・진동으로 사람의 건강이나 환경에 피해를 주는 것도 포함되므로, 피해자들의 손해에 대하여 사업자는 그 귀책사유가 없더라도 특별한 사정이 없는 한 이를 배상할 의무가 있다.

② 손실보상 청구가능성(간접침해를 간접손실 대상으로 보는 경우)

간접침해(보상)를 간접손실(보상) 대상으로 보는 견해는 간접손실보상과 마찬가지로 간접침해보상도 손실보상의 영역으로 보게 된다. 간접손실보상의 요건 내지 손실보상의 요건에 충족한다면 손실보상을 받을 수 있다. 다만, 보상규정과 관련하여 제23조 제3항을 직접 적용한다면 보상이 가능할 수 있을 것이나, 대법원 판례에 따르면 유추적용할 수 있는 보상규정이 없게 되어(간접침해에 대한 보상규정이 없는 현행 토지보상법상) 손실보상이 어려울 수 있다.

③ 민사상 방해배제의 청구

민법 제217조(매연 등에 의한 인지에 대한 방해금지)의 규정은 토지소유권과는 별도로 그 지상에서 영위하는 인간의 쾌적한 생활이익이 매연・소음・진동 등으로 침해되었을 때 이러한 생활이익의 침해를 토지소유권의 침해와 동일시하여 그러한 침해행위에 대한 방해배제청구권을 인정한 것이다. 매연・소음・진동 등으로 인하여 침해되는 법적 보호이익은 인간의 쾌적한 생활을 할

권리로서 인격권의 일종으로 볼 수 있다. 따라서 이러한 인격권에 근거하여 인격권의 침해를 배척할 수 있는 방해배제청구권이 인정되는 것이다.

그러나 적법한 공익사업에 의한 간접침해에 대하여 민사소송으로 방해배제청구권에 근거한 공사금지가처분 등을 구하는 경우에는 간접침해를 받은 사익이 공익사업의 공익성보다 크기는 어려우므로 실제적인 구제수단이 되기는 힘들다고 판단된다.

④ 시민고충처리위원회에 민원제기(통합됨)

시민(국민에서 시민으로 변경)고충처리위원회는 부패방지 및 국민권익위원회의 설치와 운영에 관한 법률(민원사무처리에 관한 법률에서 변경통합됨) 제32조에 근거하여 설치된 것으로 국민의 권리를 침해하거나 국민에게 불편을 주는 고충민원을 간편하고 신속하게 처리하기 위한 것이다. 동위원회는 위법·부당한 행정처분에 대한 시정권고기능, 불합리한 행정제도에 대한 개선권고기능을 가지고 있다. 시민고충처리위원회의 시정권고나 의견표명 등은 직접적인 집행력이 없기 때문에 직접적인 간접침해에 대한 권리구제수단으로는 불완전하다.

⑤ 환경분쟁조정위원회에 조정신청

(ㄱ) 환경분쟁조정제도는 행정기관이 지니고 있는 전문성과 절차의 신속성을 충분히 활용하여 환경분쟁에 직접 개입하여 간편하고 신속하게 구제하고자 마련된 제도이다. 환경분쟁조정법상 환경피해는 간접침해의 유형 중에서 물리적·기술적 침해에 해당한다고 볼 수 있다.

(ㄴ) 환경분쟁조정위원회는 침해행위와 피해 결과의 인과관계가 성립되고, 그 피해가 수인한도를 넘는 경우 피해배상액을 결정하고 있다. 그러나 명확한 기준이 없어 사안에 따라 달리 적용될 여지가 있고 형평성에 논란이 있을 수 있다.

판례

공익사업시행지구 밖의 간접손실보상에 대한 새로운 해석

공익사업을 위한 토지 등의 취득 및 보상에 관한 법률 제79조 제2항에 따른 공익사업시행지구 밖의 간접손실보상에 대한 새로운 해석과 간접손실보상 및 환경정책기본법 제44조 제1항에 따른 손해배상청구권이 동시에 성립하는 경우, 영업자가 두 청구권을 동시에 행사할 수 있는지 여부(소극)

대판 2019.11.28, 2018두227

Ⅰ. 공익사업시행지구 밖 간접손실의 보상과 환경정책기본법에 따른 손해배상청구

토지보상법상 공익사업으로 인하여 공익사업시행지구 밖의 재산권자에게 가해지는 손실은 공익사업 때문에 필연적으로 발생하는 손실로 간접손실이라고 한다. 간접손실은 공익사업의 시공 또는 완성 후의 시설이 공익사업시행지구 밖에 미치는 손실이다. 공익사업으로 인한 손실의 발생은 직접 또는 간접적으로 발생할 수 있고, 그 손실은 재산가액의 감소는 물론 생활피해, 정신적 피해 등을 포함한다고 볼 수 있다.

학계에서는 일반적으로 물리적·기술적 손실과 사회적·경제적 손실로 구분하였다. 물리적·기술적 손실은 이를 간접침해보상이라고 하고, 사회적·경제적 손실을 간접손실이라고 통칭하였다. 또한 공익사업의 시행 시 발생하는 피해와 사업이 완료된 후 발생하는 피해로 구분할 수 있다. 사업시행 시 발생

하는 피해는 사업 과정 중의 소음·진동·먼지 등으로 인한 피해이고, 사업 완료 후 발생하는 손실은 토지와 건물의 경우 지가하락, 지반변동, 주거 및 생활의 불편, 영업 등의 영위 곤란, 전파수신장애, 지하수고갈, 소음·진동 등이 있다. 대판 2019.11.28, 2018두227에서는 종전 학계의 구분과는 달리 전반적인 공익사업시행구 밖의 보상을 간접손실보상이라고 보면서 사회적·경제적 손실은 물론 물리적·기술적 손실도 간접손실의 유형으로 분류하며 피수용자의 권익보호를 한층 강화하고 있다. 즉 대판 2019.11.28, 2018두227에서는 "공익사업시행지구 밖 영업손실보상의 요건인 '공익사업의 시행으로 인한 그 밖의 부득이한 사유로 일정 기간 동안 휴업이 불가피한 경우'란 공익사업의 시행 또는 시행 당시 발생한 사유로 휴업이 불가피한 경우만을 의미하는 것이 아니라 공익사업의 시행 결과, 즉 그 공익사업의 시행으로 설치되는 시설의 형태·구조·사용 등에 기인하여 휴업이 불가피한 경우도 포함된다고 해석함이 타당하다."라고 판시함으로써 종전 학계의 구분과는 달리 공익사업시행지구 밖의 전반적인 손실을 간접손실로 보면서 재결절차를 거치지 않은 채 곧바로 사업시행자를 상대로 손실보상을 청구하는 것은 허용되지 않는다고 판시하고 있다. 토지보상법 제79조 제2항 공익사업시행지구 밖 간접손실과 환경정책기본법 제44조 제1항에 따른 손해배상청구권이 동시에 성립하는 경우, 영업자가 두 청구권을 동시에 행사할 수는 없고, '해당 사업의 공사완료일로부터 1년'이라는 손실보상청구기간이 지나 손실보상청구권을 행사할 수 없는 경우에도 손해배상청구가 가능하다고 해석하고 있다.

II. 간접손실보상의 법적 성격과 논거

1. 간접손실보상의 법적 성격

손실보상은 공익사업으로 인하여 개인에게 가해진 특별한 희생을 공평부담을 통해 조절함을 목적으로 하기 때문에, 간접손실보상도 일반적인 손실보상의 일반적 논거가 적용된다. 간접손실보상은 비록 공익사업의 비용부담을 가중시키나, 그로 인해 발생한 피해가 구제되는 것이 공평한 원칙에서 보더라도 타당하다. 간접손실보상의 법적 성질에 대해서는 손해배상설, 손실보상설, 결과책임설 등이 주장되고 있으나, 손실보상설이 타당하다고 할 것이다. 다만 학계에서는 특별히 수인한도를 넘는 경우에는 그 피해에 대하여 손실보상이 아닌 손해배상이 주어져야 한다는 주장도 있는데, 이를 이번 대판 2019.11.28, 2018두227가 수용하여 간접손실보상뿐만 아니라 환경정책기본법에 의한 환경오염의 피해에 대한 무과실책임에 따른 손해배상도 가능하다고 판시하고 있으나, 두 청구권이 동시에 성립하는 것은 아니고 하나만 주장할 수 있되, 토지보상법상 손실보상기간이 경과하면 환경정책기본법에 따른 손해배상 청구기간 내에 손해배상을 청구할 수 있다고 대판 2019.11.28, 2018두227은 새로운 해석을 내놓았다.

2. 간접손실보상의 논거

간접손실보상의 논거는 생활권보상에서 찾을 수 있다.

① 공익사업이 시행됨으로 인하여 생활의 기반을 상실하게 될 때 종전과 같은 생활을 영위할 수 없는 것은 말할 것도 없고, 인간다운 생활을 유지할 수 없게 되는 경우도 있을 수 있다. 생활보상이 피수용자나 관계인의 인간다운 생활을 회복시켜 주기 위한 것이라면 간접손실도 마땅히 인간다운 생활을 보장하기 위해 보상되어야 하는 것이다.

② 생활보상이 수용이 없었던 것과 같은 생활상태를 재현하는 것이라는 것을 전제하고 있다.

③ 종래와 같은 수준을 유지할 수 있을 정도의 생활안정을 위해 간접손실보상이 이루어져야 한다.

④ 생활보상은 지역 주민의 갈등을 해소하고, 사업의 원활한 시행에 협조를 구하는 수단이 될 수 있으므로, 이는 간접손실 보상에도 타당한 것이므로 공익사업의 원활화를 위해 필요하다고 할 것이다.

Ⅲ. 간접손실보상에 대한 법적 근거와 불복

1. 토지보상법 제79조 제2항 및 토지보상법 제80조

토지보상법 제79조(그 밖의 토지에 관한 비용보상 등)

① 사업시행자는 공익사업의 시행으로 인하여 취득하거나 사용하는 토지(잔여지를 포함한다) 외의 토지에 통로·도랑·담장 등의 신설이나 그 밖의 공사가 필요할 때에는 그 비용의 전부 또는 일부를 보상하여야 한다. 다만, 그 토지에 대한 공사의 비용이 그 토지의 가격보다 큰 경우에는 사업시행자는 그 토지를 매수할 수 있다.

② 공익사업이 시행되는 지역 밖에 있는 토지 등이 공익사업의 시행으로 인하여 본래의 기능을 다할 수 없게 되는 경우에는 국토교통부령으로 정하는 바에 따라 그 손실을 보상하여야 한다.

토지보상법 제80조(손실보상의 협의·재결)

① 제79조 제1항 및 제2항에 따른 비용 또는 손실이나 토지의 취득에 대한 보상은 사업시행자와 손실을 입은 자가 협의하여 결정한다.

② 제1항에 따른 협의가 성립되지 아니하였을 때에는 사업시행자나 손실을 입은 자는 대통령령으로 정하는 바에 따라 관할 토지수용위원회에 재결을 신청할 수 있다.

토지보상법 시행규칙 제59조부터 제65조

제59조(공익사업시행지구 밖의 대지 등에 대한 보상)
공익사업시행지구 밖의 대지(조성된 대지를 말한다)·건축물·분묘 또는 농지(계획적으로 조성된 유실수단지 및 죽림단지를 포함한다)가 공익사업의 시행으로 인하여 산지나 하천 등에 둘러싸여 교통이 두절되거나 경작이 불가능하게 된 경우에는 그 소유자의 청구에 의하여 이를 공익사업시행지구에 편입되는 것으로 보아 보상하여야 한다. 다만, 그 보상비가 도로 또는 도선시설의 설치비용을 초과하는 경우에는 도로 또는 도선시설을 설치함으로써 보상에 갈음할 수 있다.

제60조(공익사업시행지구 밖의 건축물에 대한 보상)
소유농지의 대부분이 공익사업시행지구에 편입됨으로써 건축물(건축물의 대지 및 잔여농지를 포함한다. 이하 이 조에서 같다)만이 공익사업시행지구 밖에 남게 되는 경우로서 그 건축물의 매매가 불가능하고 이주가 부득이한 경우에는 그 소유자의 청구에 의하여 이를 공익사업시행지구에 편입되는 것으로 보아 보상하여야 한다.

제61조(소수잔존자에 대한 보상)
공익사업의 시행으로 인하여 1개 마을의 주거용 건축물이 대부분 공익사업시행지구에 편입됨으로써 잔여 주거용 건축물 거주자의 생활환경이 현저히 불편하게 되어 이주가 부득이한 경우에는 당해 건축물 소유자의 청구에 의하여 그 소유자의 토지 등을 공익사업시행지구에 편입되는 것으로 보아 보상하여야 한다.

제62조(공익사업시행지구 밖의 공작물등에 대한 보상)
공익사업시행지구 밖에 있는 공작물등이 공익사업의 시행으로 인하여 그 본래의 기능을 다할 수 없게 되는 경우에는 그 소유자의 청구에 의하여 이를 공익사업시행지구에 편입되는 것으로 보아 보상하여야 한다.

제63조(공익사업시행지구 밖의 어업의 피해에 대한 보상)
① 공익사업의 시행으로 인하여 해당 공익사업시행지구 인근에 있는 어업에 피해가 발생한 경우 사업시행자는 실제 피해액을 확인할 수 있는 때에 그 피해에 대하여 보상하여야 한다. 이 경우 실제 피해액은 감소된 어획량 및 「수산업법 시행령」 별표 4의 평년수익액 등을 참작하여 평가한다.
② 제1항에 따른 보상액은 「수산업법 시행령」 별표 4에 따른 어업권・허가어업 또는 신고어업이 취소되거나 어업면허의 유효기간이 연장되지 아니하는 경우의 보상액을 초과하지 못한다.
③ 사업인정고시일 등 이후에 어업권의 면허를 받은 자 또는 어업의 허가를 받거나 신고를 한 자에 대하여는 제1항 및 제2항을 적용하지 아니한다.

제64조(공익사업시행지구 밖의 영업손실에 대한 보상)
① 공익사업시행지구 밖에서 제45조에 따른 영업손실의 보상대상이 되는 영업을 하고 있는 자가 공익사업의 시행으로 인하여 다음 각 호의 어느 하나에 해당하는 경우에는 그 영업자의 청구에 의하여 당해 영업을 공익사업시행지구에 편입되는 것으로 보아 보상하여야 한다.
1. 배후지의 3분의 2 이상이 상실되어 그 장소에서 영업을 계속할 수 없는 경우
2. 진출입로의 단절, 그 밖의 부득이한 사유로 인하여 일정한 기간 동안 휴업하는 것이 불가피한 경우
② 제1항에 불구하고 사업시행자는 영업자가 보상을 받은 이후에 그 영업장소에서 영업이익을 보상받은 기간 이내에 동일한 영업을 하는 경우에는 실제 휴업기간에 대한 보상금을 제외한 영업손실에 대한 보상금을 환수하여야 한다.

제65조(공익사업시행지구 밖의 농업의 손실에 대한 보상)
경작하고 있는 농지의 3분의 2 이상에 해당하는 면적이 공익사업시행지구에 편입됨으로 인하여 당해 지역(영 제26조 제1항 각 호의 1의 지역을 말한다)에서 영농을 계속할 수 없게 된 농민에 대하여는 공익사업시행지구 밖에서 그가 경작하고 있는 농지에 대하여도 제48조 제1항 내지 제3항 및 제4항 제2호의 규정에 의한 영농손실액을 보상하여야 한다.

위 토지보상법 제79조 제2항 및 동법 시행규칙 제59조 내지 제65조에서 공익사업시행지구 밖 간접손실 보상을 규정하고 있다. 간접손실 보상의 경우에는 당사자간에 협의를 1차적으로 하고 협의가 성립되지 않으면 관할 토지수용위원회에 재결신청을 하도록 하고 있다.

2. 토지보상법 제83조 내지 제85조(이의신청 및 행정소송)로 불복

공익사업을 위한 토지 등의 취득 및 보상에 관한 법률(2007.10.17. 법률 제8665호로 개정되기 전의 것, 이하 '구 공익사업법'이라고 한다) 제79조 제2항, 공익사업을 위한 토지 등의 취득 및 보상에 관한 법률 시행규칙 제57조에 따른 사업폐지 등에 대한 보상청구권은 공익사업의 시행 등 적법한 공권력의 행사에 의한 재산상 특별한 희생에 대하여 전체적인 공평부담의 견지에서 공익사업의 주체가 손해를 보상하여 주는 손실보상의 일종으로 공법상 권리임이 분명하므로 그에 관한 쟁송은 민사소송이 아닌 행정소송절차에 의하여야 한다. 또한 위 규정들과 구 공익사업법 제26조, 제28조, 제30조, 제34조, 제50조, 제61조, 제83조 내지 제85조의 규정 내용・체계 및 입법 취지 등을 종합하여 보면, 공익사업으로 인한 사업폐지 등으로 손실을 입게 된 자는 구 공익사업법 제34조, 제50조 등에 규정된 재결절차를 거친 다음 재결에 대하여 불복이 있는 때에 비로소 구 공익사업법 제83조 내지 제85조에 따라 권리구제를 받을 수 있다고 보아야 한다(대판 2012.10.11. 2010다23210[손실보상금]).

대판 2012.10.11, 2010다23210에서는 간접손실보상의 경우 재결절차를 거쳐 토지보상법 제83조 이의신청과 동법 제85조 행정소송으로 불복하도록 하고 있다.

3. **환경정책기본법 제44조 제1항 환경오염의 피해에 대한 무과실 책임에 따른 손해배상 청구도 가능(토지보상법상 간접손실보상과 양자를 동시 행사는 불가)**

토지보상법 제79조 제2항(그 밖의 토지에 관한 비용보상 등)에 따른 손실보상과 환경정책기본법 제44조 제1항(환경오염의 피해에 대한 무과실책임)에 따른 손해배상은 그 근거 규정과 요건・효과를 달리하는 것으로서, 각 요건이 충족되면 성립하는 별개의 청구권이다. 다만 손실보상청구권에는 이미 '손해전보'라는 요소가 포함되어 있어 실질적으로 같은 내용의 손해에 관하여 양자의 청구권을 동시에 행사할 수 있다고 본다면 이중배상의 문제가 발생하므로, 실질적으로 같은 내용의 손해에 관하여 양자의 청구권이 동시에 성립하더라도 영업자는 어느 하나만을 선택적으로 행사할 수 있을 뿐이고, 양자의 청구권을 동시에 행사할 수는 없다고 봄이 타당하다. 또한 '해당 사업의 공사완료일로부터 1년'이라는 손실보상 청구기간(토지보상법 제79조 제5항, 제73조 제2항)이 도과하여 손실보상청구권을 더 이상 행사할 수 없는 경우에도 손해배상의 요건이 충족되는 이상 여전히 손해배상청구는 가능하다고 보아야 한다.

4. **관할 토지수용위원회에서 어떤 보상항목이 아니라고 재결하면 보상금증감소송으로 다툼**

어떤 보상항목이 공익사업을 위한 토지 등의 취득 및 보상에 관한 법령상 손실보상대상에 해당함에도 관할 토지수용위원회가 사실을 오인하거나 법리를 오해함으로써 손실보상대상에 해당하지 않는다고 잘못된 내용의 재결을 한 경우에는, 피보상자는 관할 토지수용위원회를 상대로 그 재결에 대한 취소소송을 제기할 것이 아니라, 사업시행자를 상대로 공익사업을 위한 토지 등의 취득 및 보상에 관한 법률 제85조 제2항에 따른 보상금증감소송을 제기하여야 한다.

5. **공익사업시행지구 밖 손실발생의 예견가능성과 손실범위의 특정성에 대한 판단**

공공사업시행지구 밖에 위치한 영업에 대한 간접손실에 대하여도 일정한 요건을 갖춘 경우 이를 보상하도록 규정하고 있는 점에 비추어, 공공사업의 시행으로 인하여 그러한 손실이 발생하리라는 것을 쉽게 예견할 수 있고 그 손실의 범위도 구체적으로 특정할 수 있는 경우라면 그 손실의 보상에 관하여 특례법 시행규칙의 간접보상 규정을 유추적용할 수 있는 것이다(대판 1999.6.11, 97다56150). 그런데 그 원고가 수산제조업 신고를 한 것으로 보아야 할 것임은 앞서 본 바와 같고, 그 신고서에는 제조공장의 위치・생산능력 및 원료의 확보방법을 기재하도록 하는 한편 주요 기기의 명칭・수량 및 능력에 관한 서류를 첨부하도록 하고 있어 그 공공사업의 시행으로 인하여 소멸되는 김 양식장의 규모와 정도를 김 가공공장의 위치, 원료의 확보방법 등과 대조하여 손실 발생을 쉽게 예견할 수 있고 나아가 생산능력까지도 파악할 수 있어 손실액도 어느 정도 특정할 수 있다고 볼 것이다.

그럼에도 그 원고가 입은 영업손실이 발생을 예견하기 어렵고 손실의 범위도 쉽게 확정할 수 없다는 이유로 특례법시행규칙의 간접보상에 관한 규정을 유추적용할 수 없어 손실보상청구권을 인정할 수 없다고 한 원심의 가정적 판단 부분에도 공공사업의 시행으로 인한 간접보상에 관한 법리를 오해한 위법이 있다. 따라서 그 원고의 이 부분 상고이유의 주장은 정당하여 이를 받아들인다(대판 1999.12.24, 98다57419・57426 [보상금]).

간접손실보상은 구체적으로 손실발생의 예견가능성과 손실 범위의 특정성이 있어야 보상이 가능하다고 종전 대법원 판례는 판시하고 있는데, 대판 2019.11.28, 2018두227에서의 원심 고등법원 판결은 잠업사의 간접손실보상에 대하여 아래와 같이 제시하고 있는바 시사점이 있다고 하겠다.

피고는 원고에게 위와 같은 손실보상금 또는 손해배상금으로 ① 이 사건 사업으로 인한 이 사건 토지의 가치하락액 12,222,000원(원고는 당심에서 기존에 했던 손실보상 주장을 철회하고 손해배상으로만 이를 구한다), ② 이 사건 건물의 가액 527,088,000원, ③ 이 사건 입목의 이전비 3,097,000원, ④ 이 사건 설비의 이전비 29,200,000원, ⑤ 소음·진동·전자파로 인하여 영업을 하지 못한 2015.4.2.부터 2017.10.31.까지의 일실수입 295,164,207원(= 2015.4.2.부터 2015.12.31.까지 일실수입 84,528,624원 + 2016.1.1.부터 2016.12.31까지 일실수입 116,852,000원 + 2017.1.1.부터 2017.10.31.까지 일실수입 93,783,583원) ⑥ 위 영업을 하지 못한 기간(2015년부터 2016년까지의 기간만 구함) 동안의 감가상각비·유지관리비 40,344,747원, ⑦ 2015.4.2.부터 2016.11.10.까지 고정적 인건비 56,156,712원, ⑧ 잡종위탁관리비용 15,400,000원, ⑨ 정신적 손해에 대한 위자료 20,000,000원 합계 998,672,666원 및 이에 대한 지연손해금을 지급할 의무가 있다(대전고등법원 2018.7.5, 2017누44[보상금]).

간접손실보상에 대한 새로운 유형 판례(사회적·경제적 손실과 물리적·기술적 손실 포함 → 간접손실보상으로 통칭하며, 간접손실보상에 대한 불복은 보상금증감청구소송으로 함)
대판 2019.11.28, 2018두227 [보상금]

【판시사항】

[1] 공익사업을 위한 토지 등의 취득 및 보상에 관한 법률 시행규칙 제64조 제1항 제2호에서 정한 공익사업시행지구 밖 영업손실보상의 요건인 '공익사업의 시행으로 인한 그 밖의 부득이한 사유로 일정기간 동안 휴업이 불가피한 경우'에 공익사업의 시행 결과로 휴업이 불가피한 경우가 포함되는지 여부(적극)

[2] 실질적으로 같은 내용의 손해에 관하여 공익사업을 위한 토지 등의 취득 및 보상에 관한 법률 제79조 제2항에 따른 손실보상과 환경정책기본법 제44조 제1항에 따른 손해배상청구권이 동시에 성립하는 경우, 영업자가 두 청구권을 동시에 행사할 수 있는지 여부(소극) 및 '해당 사업의 공사완료일로부터 1년'이라는 손실보상 청구기간이 지나 손실보상청구권을 행사할 수 없는 경우에도 손해배상청구가 가능한지 여부(적극)

[3] 공익사업으로 인하여 공익사업시행지구 밖에서 영업을 휴업하는 자가 공익사업을 위한 토지 등의 취득 및 보상에 관한 법률 제34조, 제50조 등에 규정된 재결절차를 거치지 않은 채 곧바로 사업시행자를 상대로 공익사업을 위한 토지 등의 취득 및 보상에 관한 법률 시행규칙 제47조 제1항에 따라 영업손실에 대한 보상을 청구할 수 있는지 여부(소극)

[4] 어떤 보상항목이 공익사업을 위한 토지 등의 취득 및 보상에 관한 법령상 손실보상대상에 해당함에도 관할 토지수용위원회가 사실을 오인하거나 법리를 오해함으로써 손실보상대상에 해당하지 않는다고 잘못된 내용의 재결을 한 경우, 피보상자가 제기할 소송과 그 상대방

【판결요지】

[1] 모든 국민의 재산권은 보장되고, 공공필요에 의한 재산권의 수용 등에 대하여는 정당한 보상을 지급하여야 하는 것이 헌법의 대원칙이고(헌법 제23조), 법률도 그런 취지에서 공익사업의 시행 결과 공익사업의 시행이 공익사업시행지구 밖에 미치는 간접손실 등에 대한 보상의 기준 등에 관하여 상세한 규정을 마련해 두거나 하위법령에 세부사항을 정하도록 위임하고 있다.

이러한 공익사업시행지구 밖의 영업손실은 공익사업의 시행과 동시에 발생하는 경우도 있지만, 공익사업에 따른 공공시설의 설치공사 또는 설치된 공공시설의 가동・운영으로 발생하는 경우도 있어 그 발생원인과 발생시점이 다양하므로, 공익사업시행지구 밖의 영업자가 발생한 영업상 손실의 내용을 구체적으로 특정하여 주장하지 않으면 사업시행자로서는 영업손실보상금 지급의무의 존부와 범위를 구체적으로 알기 어려운 특성이 있다. 공익사업을 위한 토지 등의 취득 및 보상에 관한 법률 제79조 제2항에 따른 손실보상의 기한을 공사완료일부터 1년 이내로 제한하면서도 영업자의 청구에 따라 보상이 이루어지도록 규정한 것[공익사업을 위한 토지 등의 취득 및 보상에 관한 법률 시행규칙(이하 '시행규칙'이라 한다) 제64조 제1항]이나 손실보상의 요건으로서 공익사업시행지구 밖에서 발생하는 영업손실의 발생원인에 관하여 별다른 제한 없이 '그 밖의 부득이한 사유'라는 추상적인 일반조항을 규정한 것(시행규칙 제64조 제1항 제2호)은 간접손실로서 영업손실의 이러한 특성을 고려한 결과이다.

위와 같은 공익사업시행지구 밖 영업손실보상의 특성과 헌법이 정한 '정당한 보상의 원칙'에 비추어 보면, 공익사업시행지구 밖 영업손실보상의 요건인 '공익사업의 시행으로 인한 그 밖의 부득이한 사유로 일정기간 동안 휴업이 불가피한 경우'란 공익사업의 시행 또는 시행 당시 발생한 사유로 휴업이 불가피한 경우만을 의미하는 것이 아니라 공익사업의 시행 결과, 즉 그 공익사업의 시행으로 설치되는 시설의 형태・구조・사용 등에 기인하여 휴업이 불가피한 경우도 포함된다고 해석함이 타당하다.

[2] 공익사업을 위한 토지 등의 취득 및 보상에 관한 법률(이하 '토지보상법'이라 한다) 제79조 제2항(그 밖의 토지에 관한 비용보상 등)에 따른 손실보상과 환경정책기본법 제44조 제1항(환경오염의 피해에 대한 무과실책임)에 따른 손해배상은 근거 규정과 요건・효과를 달리하는 것으로서, 각 요건이 충족되면 성립하는 별개의 청구권이다. 다만 손실보상청구권에는 이미 '손해전보'라는 요소가 포함되어 있어 실질적으로 같은 내용의 손해에 관하여 양자의 청구권을 동시에 행사할 수 있다고 본다면 이중배상의 문제가 발생하므로, 실질적으로 같은 내용의 손해에 관하여 양자의 청구권이 동시에 성립하더라도 영업자는 어느 하나만을 선택적으로 행사할 수 있을 뿐이고, 양자의 청구권을 동시에 행사할 수는 없다. 또한 '해당 사업의 공사완료일로부터 1년'이라는 손실보상 청구기간(토지보상법 제79조 제5항, 제73조 제2항)이 도과하여 손실보상청구권을 더 이상 행사할 수 없는 경우에도 손해배상의 요건이 충족되는 이상 여전히 손해배상청구는 가능하다.

[3] 공익사업을 위한 토지 등의 취득 및 보상에 관한 법률(이하 '토지보상법'이라 한다) 제26조, 제28조, 제30조, 제34조, 제50조, 제61조, 제79조, 제80조, 제83조 내지 제85조의 규정 내용과 입법취지 등을 종합하면, 공익사업으로 인하여 공익사업시행지구 밖에서 영업을 휴업하는 자가 사업시행자로부터 공익사업을 위한 토지 등의 취득 및 보상에 관한 법률 시행규칙 제47조 제1항에 따라 영업손실에 대한 보상을 받기 위해서는, 토지보상법 제34조, 제50조 등에 규정된 재결절차를 거친 다음 그 재결에 대하여 불복이 있는 때에 비로소 토지보상법 제83조 내지 제85조에 따라 권리구제를 받을 수 있을 뿐이다. 이러한 재결절차를 거치지 않은 채 곧바로 사업시행자를 상대로 손실보상을 청구하는 것은 허용되지 않는다.

[4] 어떤 보상항목이 공익사업을 위한 토지 등의 취득 및 보상에 관한 법령상 손실보상대상에 해당함에도 관할 토지수용위원회가 사실을 오인하거나 법리를 오해함으로써 손실보상대상에 해당하지 않는다고 잘못된 내용의 재결을 한 경우에는, 피보상자는 관할 토지수용위원회를 상대로 그 재결에 대한 취소소송을 제기할 것이 아니라, 사업시행자를 상대로 공익사업을 위한 토지 등의 취득 및 보상에 관한 법률 제85조 제2항에 따른 보상금증감소송을 제기하여야 한다.

【참조조문】

[1] 헌법 제23조, 공익사업을 위한 토지 등의 취득 및 보상에 관한 법률 제79조 제2항, 공익사업을 위한 토지 등의 취득 및 보상에 관한 법률 시행규칙 제64조 제1항 제2호

[2] 공익사업을 위한 토지 등의 취득 및 보상에 관한 법률 제73조 제2항, 제79조 제2항, 공익사업을 위한 토지 등의 취득 및 보상에 관한 법률 시행규칙 제64조 제1항 제2호

[3] 공익사업을 위한 토지 등의 취득 및 보상에 관한 법률 제26조, 제28조, 제30조, 제34조, 제50조, 제61조, 제79조, 제80조, 제83조, 제84조, 제85조

[4] 공익사업을 위한 토지 등의 취득 및 보상에 관한 법률 제83조, 제85조 제2항

【참조판례】

[3] 대법원 2011.9.29, 2009두10963

[4] 대법원 2018.7.20, 2015두4044

【전문】

【원고, 상고인 겸 피상고인】 원고 (소송대리인 변호사 이정웅)

【피고, 피상고인 겸 상고인】 한국철도시설공단 (소송대리인 법무법인 한결 담당변호사 김현우 외 1인)

【피고보조참가인】 에이치디씨 주식회사(변경 전 상호: 현대산업개발 주식회사)

【원심판결】 대전고법 2018.7.5, 2017누44

【주문】

상고를 모두 기각한다. 상고비용 중 원고 상고로 인한 부분은 원고가, 피고 상고로 인한 부분은 피고가 각 부담한다.

【이유】

상고이유를 판단한다.

1. 피고 상고이유에 대한 판단

가. 관할위반 주장에 관하여(상고이유 제1점)

(1) 「공익사업을 위한 토지 등의 취득 및 보상에 관한 법률」(이하 '토지보상법'이라고 한다) 제79조 제2항의 위임에 따른 같은 법 시행규칙(이하 '시행규칙'이라고 한다) 제64조 제1항 제2호에 의하면, 공익사업시행지구 밖에서 영업손실의 보상대상이 되는 영업을 하고 있는 자가 공익사업의 시행으로 인하여 '진출입로의 단절, 그 밖의 부득이한 사유로 인하여 일정한 기간 동안 휴업하는 것이 불가피한 경우'에 해당하는 경우 그 영업자의 청구에 의하여 당해 영업을 공익사업시행지구에 편입되는 것으로 보아 보상하여야 한다. 이러한 보상청구권은 공익사업의 시행이라는 적법한 공권력의 행사로 발생한 재산상 특별한 희생에 대하여 전체적인 공평부담의 견지에서 공익사업의 주체가 보상하여 주는 손실보상의 일종으로서 공법상 권리에 해당하므로 그에 관한 쟁송은 민사소송이 아닌 행정소송절차에 의하여야 한다.

모든 국민의 재산권은 보장되고, 공공필요에 의한 재산권의 수용 등에 대하여는 정당한 보상을 지급하여야 하는 것이 헌법의 대원칙이고(헌법 제23조), 법률도 그런 취지에서 공익사업의 시행 결과 그 공익사업의 시행이 공익사업시행지구 밖에 미치는 간접손실 등에 대한 보상의 기준 등에 관하여 상세한 규정을 마련해 두거나 하위법령에 세부사항을 정하도록 위임하고 있다.

이러한 공익사업시행지구 밖의 영업손실은 공익사업의 시행과 동시에 발생하는 경우도 있지만, 공익사업에 따른 공공시설의 설치공사 또는 설치된 공공시설의 가동·운영으로 발생하는 경우도

있어 그 발생원인과 발생시점이 다양하므로, 공익사업시행지구 밖의 영업자가 발생한 영업상 손실의 내용을 구체적으로 특정하여 주장하지 않으면 사업시행자로서는 영업손실보상금 지급의무의 존부와 범위를 구체적으로 알기 어려운 특성이 있다. 토지보상법 제79조 제2항에 따른 손실보상의 기한을 공사완료일부터 1년 이내로 제한하면서도 영업자의 청구에 따라 보상이 이루어지도록 규정한 것(시행규칙 제64조 제1항)이나 손실보상의 요건으로서 공익사업시행지구 밖에서 발생하는 영업손실의 발생원인에 관하여 별다른 제한 없이 '그 밖의 부득이한 사유'라는 추상적인 일반조항을 규정한 것(시행규칙 제64조 제1항 제2호)은 간접손실로서 영업손실의 이러한 특성을 고려한 결과이다.

위와 같은 공익사업시행지구 밖 영업손실보상의 특성과 헌법이 정한 '정당한 보상의 원칙'에 비추어 보면, 공익사업시행지구 밖 영업손실보상의 요건인 '공익사업의 시행으로 인한 그 밖의 부득이한 사유로 일정기간 동안 휴업이 불가피한 경우'란 공익사업의 시행 또는 시행 당시 발생한 사유로 휴업이 불가피한 경우만을 의미하는 것이 아니라 공익사업의 시행 결과, 즉 그 공익사업의 시행으로 설치되는 시설의 형태・구조・사용 등에 기인하여 휴업이 불가피한 경우도 포함된다고 해석함이 타당하다.

한편 토지보상법 제79조 제2항(그 밖의 토지에 관한 비용보상 등)에 따른 손실보상과 환경정책기본법 제44조 제1항(환경오염의 피해에 대한 무과실책임)에 따른 손해배상은 그 근거 규정과 요건・효과를 달리하는 것으로서, 각 요건이 충족되면 성립하는 별개의 청구권이다. 다만 손실보상청구권에는 이미 '손해전보'라는 요소가 포함되어 있어 실질적으로 같은 내용의 손해에 관하여 양자의 청구권을 동시에 행사할 수 있다고 본다면 이중배상의 문제가 발생하므로, 실질적으로 같은 내용의 손해에 관하여 양자의 청구권이 동시에 성립하더라도 영업자는 어느 하나만을 선택적으로 행사할 수 있을 뿐이고, 양자의 청구권을 동시에 행사할 수는 없다고 봄이 타당하다. 또한 '해당 사업의 공사완료일로부터 1년'이라는 손실보상 청구기간(토지보상법 제79조 제5항, 제73조 제2항)이 도과하여 손실보상청구권을 더 이상 행사할 수 없는 경우에도 손해배상의 요건이 충족되는 이상 여전히 손해배상청구는 가능하다고 보아야 한다.

(2) 원심은 다음과 같이 판단하였다.

(가) 토지보상법 관련 규정에서 이 사건 사업의 시행 결과에 따른 손실보상을 정하고 있지는 않지만, 공익사업의 시행으로 인하여 손실이 발생하리라는 것을 쉽게 예견할 수 있고 그 손실의 범위도 구체적으로 특정할 수 있는 경우라면, 그 손실의 보상에 관하여 토지보상법 관련 규정 등을 유추적용할 수 있다고 해석함이 타당하다.

(나) 공익사업의 시행에 따른 손실보상청구권은 적법한 공익사업에 따라 필연적으로 발생하는 손실에 대한 보상을 구하는 권리로서 국가배상법에 따른 손해배상청구권이나 민법상 채무불이행 또는 불법행위로 인한 손해배상청구권 등과 같은 사법상의 권리와는 그 성질을 달리하는 것으로, 그에 관한 쟁송은 민사소송이 아니라 행정소송법 제3조 제2호에서 정하고 있는 공법상 당사자소송 절차에 의하여야 한다.

(다) 이 사건 잠업사는 이 사건 사업인정고시일 전부터 이 사건 건물, 입목, 설비를 갖추고 계속적으로 행하고 있던 영업으로서 원고는 이 사건 노선의 운행으로 인한 소음・진동 등으로 인하여 이 사건 잠업사를 이전하는 것이 불가피하다. 이 사건 잠업사에 이러한 손실이 발생하리라는 것을 충분히 예견할 수 있고, 그 손실의 범위도 특정할 수 있으므로 공익사업의 시행으로 인하여 필연적으로 야기되는 손실에 해당한다. 원고는 토지보상법 관련 규정의 유추적용에 의하여 이 사건 사업의 시행 결과로 발생한 영업손실의 보상을 청구할 권리가 있다.

(3) 원심이 확정한 사실관계를 앞서 본 규정들과 법리에 비추어 살펴보면, 원고가 이 사건 사업의

시행으로 인하여 이 사건 사업의 시행지구 밖의 이 사건 잠업사에 발생한 영업손실에 관하여 그 사업시행자인 피고에 대하여 손실보상을 청구할 권리는 토지보상법 제79조 제2항, 시행규칙 제64조 제1항 제2호에 직접 근거하여 발생하는 것이라고 보아야 한다.

따라서 원심이 원고의 손실보상청구권이 토지보상법 관련 규정의 유추적용에 의하여 인정된다고 본 것은 잘못이지만, 이 사건 사업의 시행으로 인하여 원고의 손실보상청구권이 성립하였고 그에 관한 쟁송은 공법상 당사자소송 절차에 의하여야 한다고 판단한 결론은 정당하다. 거기에 상고이유 주장과 같이 간접손실에 관한 보상청구권의 법적 성질과 그 소송형태에 관한 법리를 오해하여 판결 결과에 영향을 미친 잘못이 없다.

나. 보상금증감소송의 소송요건 관련 주장에 관하여(상고이유 제2점)

(1) 재결절차 흠결 주장에 관하여

(가) 토지보상법 제26조, 제28조, 제30조, 제34조, 제50조, 제61조, 제79조, 제80조, 제83조 내지 제85조의 규정 내용과 입법취지 등을 종합하면, 공익사업으로 인하여 공익사업시행지구 밖에서 영업을 휴업하는 자가 사업시행자로부터 시행규칙 제47조 제1항에 따라 영업손실에 대한 보상을 받기 위해서는, 토지보상법 제34조, 제50조 등에 규정된 재결절차를 거친 다음 그 재결에 대하여 불복이 있는 때에 비로소 토지보상법 제83조 내지 제85조에 따라 권리구제를 받을 수 있을 뿐이다. 이러한 재결절차를 거치지 않은 채 곧바로 사업시행자를 상대로 손실보상을 청구하는 것은 허용되지 않는다(대법원 2011.9.29, 2009두10963 참조).

(나) 원심이, 원고의 이 사건 청구가 토지보상법 관련 규정의 유추적용에 의한 손실보상청구에 해당함을 전제로 토지보상법에서 정한 재결절차를 거칠 필요가 없다고 판단한 것은 잘못이지만, 원고가 손실보상청구에 앞서 재결절차를 거쳐야 한다고 가정하더라도 원고가 적법한 재결절차를 거친 것으로 볼 수 있다는 원심의 부가적·가정적 판단은 수긍할 수 있다. 거기에 상고이유 주장과 같이 공익사업시행지구 밖 영업손실보상의 소송형태와 소송요건에 관한 법리를 오해하여 판결 결과에 영향을 미친 잘못이 없다.

(2) 피고적격 흠결 주장에 관하여

어떤 보상항목이 토지보상법령상 손실보상대상에 해당함에도 관할 토지수용위원회가 사실을 오인하거나 법리를 오해함으로써 손실보상대상에 해당하지 않는다고 잘못된 내용의 재결을 한 경우에는, 피보상자는 관할 토지수용위원회를 상대로 그 재결에 대한 취소소송을 제기할 것이 아니라, 사업시행자를 상대로 토지보상법 제85조 제2항에 따른 보상금증감소송을 제기하여야 한다(대법원 2018.7.20, 2015두4044).

원심은, 이 사건 잠업사에 발생한 영업손실에 관하여는 고속철도를 운행하는 한국철도공사가 아니라 이 사건 사업의 시행자인 피고를 상대로 보상금증감소송을 제기하여야 한다고 판단하였다.

원심판결 이유에 일부 적절하지 않은 부분이 있으나, 이 사건 사업의 시행자인 피고에게 피고적격이 있다고 본 원심의 결론은 정당하고, 거기에 토지보상법상 보상금증감소송의 피고적격에 관한 법리를 오해하여 판결 결과에 영향을 미친 잘못이 없다.

다. 손실보상액 관련 주장에 관하여(상고이유 제3점)

감정인의 감정 결과는 그 감정방법 등이 경험칙에 반하거나 합리성이 없는 등의 현저한 잘못이 없는 한 이를 존중하여야 한다(대법원 2009.7.9, 2006다67602·67619 등 참조).

원심은, 이 사건 감정 결과 등을 토대로 판시와 같은 사실을 인정한 다음, 이 사건 입목 중 뽕나무 및 이 사건 설비의 이전비용 합계 30,950,000원을 피고가 원고에게 보상하여야 할 이 사건 잠업사의 영업손실로 판단하였다.

원심판결 이유를 관련 법리와 기록에 비추어 살펴보면, 원심이 이 사건 감정 결과를 받아들여 손실보상의 범위와 금액을 판단한 것은 수긍할 수 있고, 거기에 상고이유 주장과 같이 논리와 경험칙에 반하여 자유심증주의의 한계를 벗어나는 등의 잘못이 없다.

라. 손해배상 관련 주장에 관하여(상고이유 제4점)

(1) 손해배상책임의 존부에 대하여

원심은, 환경정책기본법 제44조 제1항이 정한 환경오염에는 소음・진동으로 사람의 건강이나 환경에 피해를 주는 것도 포함되므로, 소음・진동 등으로 수인한도를 넘는 손해를 입은 피해자들에 대하여 원인자는 그 귀책사유가 없더라도 특별한 사정이 없는 한 이를 배상할 의무가 있다고 전제한 다음, 피고가 이 사건 노선을 완공하여 개통한 후, 한국철도공사로 하여금 이 사건 노선에서 고속열차를 운행하도록 함으로써 발생한 소음・진동・전자파로 인하여 이 사건 잠업사에서 생산하는 누에씨의 품질저하, 위 누에씨를 공급받는 전라북도 농업기술원 종자사업소의 누에씨 수령거부, 잠업농가의 누에씨 수령 거부 등의 피해가 발생하였다고 봄이 타당하므로, 호남고속철도 열차 운행으로 인한 소음・진동・전자파의 원인자인 피고가 위 소음・진동・전자파의 환경오염으로 인하여 원고에게 발생한 손해를 배상할 책임이 있다고 판단하였다.

원심판결 이유를 관련 법리와 기록에 비추어 살펴보면, 이러한 원심판단은 수긍할 수 있고, 거기에 상고이유 주장과 같이 불법행위책임에 관한 법리를 오해하거나 논리와 경험칙에 반하여 자유심증주의의 한계를 벗어나는 등의 잘못이 없다.

(2) 손해배상책임의 범위에 대하여

원심은, 이 사건 감정 결과 등을 토대로 판시와 같은 사실을 인정한 다음, 휴업기간의 일실수입, 잠종위탁관리비용 합계 40,395,040원을 피고가 원고에게 배상하여야 할 이 사건 잠업사의 손해로 판단하였다.

원심판결 이유를 관련 법리와 기록에 비추어 살펴보면, 원심이 이 사건 감정 결과를 받아들여 손해배상의 범위와 금액을 판단한 것은 수긍할 수 있고, 거기에 상고이유 주장과 같이 논리와 경험칙에 반하여 자유심증주의의 한계를 벗어나는 등의 잘못이 없다.

(3) 변제항변에 관하여

원심은, 원고의 아들 소외인이 피고 보조참가인으로부터 지급받은 배상금 10,016,240원은 이 사건 손해배상책임의 범위에 포함되지 않는다고 판단하여, 피고의 공제 주장을 배척하였다.

원심판결 이유를 관련 법리와 기록에 비추어 살펴보면, 양자의 손해발생 원인을 달리 본 원심판단은 수긍할 수 있고, 거기에 상고이유 주장과 같이 논리와 경험칙에 반하여 자유심증주의의 한계를 벗어나는 등의 잘못이 없다.

2. 원고의 상고이유에 대한 판단

가. 손실보상책임의 범위에 대하여

원심은 ① 이 사건 잠업사의 휴업기간에 해당하는 영업이익, 고정적 비용, ② 이 사건 건물의 이전비에 관한 손실보상청구를 배척하였다.

원심판결 이유를 관련 법리와 기록에 비추어 살펴보면, 이러한 원심판단은 수긍할 수 있고, 거기에 상고이유 주장과 같이 공익사업시행지구 밖 영업손실보상에 관한 법리를 오해하여 필요한 심리를 다하지 아니하는 등의 잘못이 없다.

나. 손해배상책임의 범위에 대하여

(1) 원심은, 피고가 원고에게 배상하여야 할 이 사건 잠업사의 휴업기간 일실수입과 관련하여, 이 사건 잠업사의 이전으로 인한 휴업기간은 이 사건 노선이 개통되어 철도가 운행되기 시작한

2015.4.2.부터 2015.8.1.까지 4개월이라고 판단하였다.
원심판결 이유를 관련 법리와 기록에 비추어 살펴보면, 이러한 원심판단은 수긍할 수 있고, 거기에 상고이유 주장과 같이 불법행위책임에 관한 법리를 오해하거나 논리와 경험칙에 반하여 자유심증주의의 한계를 벗어나는 등의 잘못이 없다.

(2) 원심은 ① 이 사건 토지의 가치하락액, ② 이 사건 건물의 이전비용 상당 손해액, ③ 휴업기간 중 감가상각비, 고정적 인건비에 관한 손해배상청구를 배척하였고, ④ 원고가 지출한 잠종위탁 관리비용 중 일부에 대해서만 손해배상책임이 성립한다고 보아, 나머지에 관한 손해배상청구를 배척하였다.
원심판결 이유를 관련 법리와 기록에 비추어 살펴보면, 이러한 원심판단은 수긍할 수 있고, 거기에 상고이유 주장과 같이 불법행위책임에 관한 법리를 오해하거나 논리와 경험칙에 반하여 자유심증주의의 한계를 벗어나는 등의 잘못이 없다.

3. 결론

그러므로 상고를 모두 기각하고, 상고비용 중 원고 상고로 인한 부분은 원고가, 피고 상고로 인한 부분은 피고가 각 부담하기로 하여, 관여 대법관의 일치된 의견으로 주문과 같이 판결한다.

■ 법규 헷갈리는 쟁점: 공익사업으로 인한 환경피해에 대한 간접손실보상[8)]

Ⅰ. 서

현행 토지보상법령은 공익사업의 시행으로 인하여 사업시행지 밖에 발생하는 손실 즉 간접손실도 손실보상의 대상으로 규정하고 있다. 그런데 간접손실보상의 대상이 되는 손실의 범위에 대해서는 불명확한 점이 적지 않다. 즉, 공익사업을 위한 토지의 수용으로 인하여 사업시행지 밖에 발생하는 손실이 간접손실보상의 대상이 된다는 점에 대해서는 이견이 없다. 그러나 공익사업의 시행 중 또는 공익사업의 시행 후 설치된 공익사업시설로 인한 손해를 간접손실로 볼 수 있는지에 대하여는 현행 보상법령상 명확한 규정이 없다. 최근 대법원 판례는 공익사업으로 설치된 시설의 운영으로 나오는 소음·진동 등으로 인근 영업자가 받은 손실 달리 말하면 환경피해인 간접손실도 토지보상법령상 간접손실보상의 대상이 된다는 주목할만한 판결을 냈다. 이러한 해결의 타당성에 대해 이론상 검토할 필요가 있다.
그리고 공익사업의 시행으로 인한 간접손실도 헌법 제23조 제3항의 손실보상의 대상이 되는 손실이라는 것이 판례의 입장인데, 현행 토지보상법령상 손실보상이 되지 못하는 경우가 있다. 판례는 간접손실보상을 규정하고 있는 토지보상법 시행규칙 제59조 내지 제65조를 확대해석 또는 유추적용하여 공익사업의 시행으로 인한 간접손실을 최대한 보상해 주려고 하고 있지만, 공익사업의 시행으로 인한 간접손실 중 현행 토지보상법령의 확대적용 또는 유추적용에 의해서도 보상해 줄 수 없는 경우가 있다. 이와 같이 간접손실보상규정의 흠결이 있는 경우에 간접손실을 입은 자의 권리를 어떻게 구제해 줄 수 있는가 하는 문제가 여전히 존재한다.

8) 박균성, 경희대학교 법학전문대학원 교수, 한국토지보상법연구회 제21집, 토지보상연구 발표 논문을 발췌 정리함.
* 이 논문은 2020년 11월 개최된 사단법인 한국토지보상법연구회 학술발표회에서 박균성 교수님이 발표한 논문을 전재한 것임.

그리고 공익사업으로 인한 환경피해가 손해배상의 요건을 충족하면 손해배상이 인정될 수 있다. 판례는 공익사업으로 인해 설치된 시설의 운영으로 인근 주민이 수인한도를 넘는 피해를 입는 경우에는 손해배상을 해주어야 하는 것으로 보고 있다. 또한, 손실보상보상의무가 있음에도 불구하고 손실보상을 하지 않고 공익사업을 시행한 경우에는 불법행위가 되고, 손실보상액 상당의 금액을 손해배상해야 하는 것으로 판시하고 있다. 최근 판례는 공익사업인 고속철도 건설사업 시행 후의 고속철도 운행에 따른 소음, 진동 등으로 인하여 고속철도 인근에서 양잠업을 영위하던 원고에게 발생한 손실에 대하여 공익사업을 위한 토지 등의 취득 및 보상에 관한 법률 시행규칙 제64조 제1항에 따라 손실보상청구를 할 수도 있고, 환경정책기본법 제44조 제1항에 따른 손해배상도 인정될 수 있다고 하면서 다만, 이중배상의 문제가 발생하므로 피해자는 어느 하나만을 선택적으로 행사할 수 있을 뿐이고, 양자의 청구권을 동시에 행사할 수는 없다고 판시하였다. 즉, 간접손실보상과 손해배상청구는 경합적으로 인정되고, 다만 이중전보는 인정되지 않는다고 본 것이다.[9] 이와 같이 공익사업으로 인한 손해 특히 환경피해에 대해 손실보상과 손해배상의 인정 여부 및 양 손해전보의 관계가 문제되고 있다.

II. 공익사업으로 인한 간접손실의 보상

1. 간접손실의 의의

공익사업의 시행으로 인하여 사업시행지 밖의 재산권자에게 가해지는 손실을 간접손실로 보고, 그에 대한 보상을 간접손실보상으로 보는 것이 일반적 견해이다. 간접손실의 보상은 사업시행지 밖의 토지소유자가 입는 손실의 보상이므로 사업시행지 내의 토지소유자가 입는 부대적 손실의 보상과는 구별된다.

공익사업시행지구 밖의 영업손실은 공익사업의 시행과 동시에 발생하는 경우도 있지만, 공익사업에 따른 공공시설의 설치공사 또는 설치된 공공시설의 가동・운영으로 발생하는 경우도 있어 그 발생원인과 발생시점이 다양하므로, 공익사업시행지구 밖의 영업자가 발생한 영업상 손실의 내용을 구체적으로 특정하여 주장하지 않으면 사업시행자로서는 영업손실보상금 지급의무의 존부와 범위를 구체적으로 알기 어려운 특성이 있다.[10]

간접손실이 공익사업으로 인한 토지취득으로 인한 손실을 포함한다는 점에는 의견이 일치하고 있으나, 공익사업의 시행상 공사로 인한 손실 또는 공익사업 완성 후 시설의 운영으로 인한 손실도 포함하는지에 관하여는 견해가 나뉘고 있다.

간접손실도 손실보상의 하나이므로 손실보상의 요건을 충족하여야 한다. 간접손실은 공익사업으로 인하여 필연적으로 발생하는 손실 달리 말하면 예견되는 손실이어야 하고,[11] 공익사업으로 인하여 우연히 발생하는 손해는 손실보상의 대상이 아니고 불법행위로 인한 손해에 해당하는 경우 손해배상의 대상이 되는 것으로 보아야 한다. 다만, 오늘날 손실보상과 손해배상을 손해의 전보라는 관점에서 통일적으로

9) 대판 2019.11.28, 2018두227
10) 대판 2019.11.28, 2018두227
11) 판례도 간접손실을 공익사업지구 밖에서 일어난 손실로 보고, "공공사업의 시행으로 인하여 그러한 손실이 발생하리라는 것을 쉽게 예견할 수 있"어야만 간접손실보상의 대상이 되는 간접손실로 보고 있다(대판 1999.12.24, 98다57419・57426). 판례 중에는 농어촌진흥공사의 금강 하구둑공사로 부여에 있는 참게 축양업자가 입은 손실은 그 발생을 예견하기가 어렵고 그 손실의 범위도 쉽게 확정할 수 없으므로 간접손실로 보지 않은 사례(대판 1998.1.20, 95다29161), 관계 법령이 요구하는 허가나 신고 없이 김양식장을 배후지로 하여 김종묘생산어업에 종사하던 자들의 간접손실에 대하여 그 손실의 예견가능성이 없고, 그 손실의 범위도 구체적으로 특정하기 어려워 공공용지의 취득 및 손실보상에 관한 특례법 시행규칙상의 손실보상에 관한 규정을 유추적용할 수 없다고 한 사례(대판 2002.11.26, 2001다44352)가 있다.

고찰하고, 손실보상과 손해배상을 구별하면서도 그 구별을 상대적인 것으로 보고 있어 실제 문제에서 손실보상과 손해배상의 구별이 명확하지 않은 경우가 있다.

간접손실이 손실보상의 대상이 되기 위하여는 해당 간접손실이 특별한 희생에 해당하여야 한다. 간접손실이 재산권에 내재하는 사회적 제약에 속하는 경우에는 보상의 대상이 되지 않는다. 간접손실은 공익사업의 시행으로 인하여 사업시행지 밖의 토지소유자 등에게 "직접" 발생된 손실이므로[12] "간접손실"이라는 용어는 오해를 불러 일으킬 수 있으므로 타당하지 않고, "사업시행지 밖 손실"이라는 용어를 사용하는 것이 타당하다.

2. 간접손실보상의 법적 근거

판례는 간접손실이 헌법 제23조 제3항의 손실보상의 대상이 되는 손실이라고 보았다.[13] 생각건대, 간접손실도 적법한 공용침해로 인하여 예견되는 통상의 손실이고, 헌법 제23조 제3항을 손실보상에 관한 일반적 규정으로 보는 것이 타당하므로 간접손실보상을 헌법 제23조 제3항의 손실보상에 포함시키는 것이 타당하다.

다만, 헌법 제23조 제3항의 직접 효력을 인정하지 않으면 헌법 제23조 제3항은 간접손실보상의 직접적 근거가 될 수 없다. 헌법 제23조 제3항의 직접 효력을 인정할 것인지에 대해 학설은 대립하고 있다.[14] 제3공화국 헌법하에서 판례는 공용침해에 대한 손실보상규정의 직접효력을 인정하였지만, 현행 헌법하에서 판례는 헌법 제23조 제3항의 직접 효력을 명시적으로 인정하거나 부정하지는 않고, 간접손실보상의 직접 근거는 후술하는 바와 같이 실정법령에서 찾으려는 입장을 취하고 있다.

토지보상법 제79조 제2항은 다음과 같이 간접손실보상의 보상원칙을 선언하면서 보상의 범위는 국토교통부령에 위임하고 있다: "공익사업이 시행되는 지역 밖에 있는 토지 등이 공익사업의 시행으로 인하여 본래의 기능을 다할 수 없게 되는 경우에는 국토교통부령으로 정하는 바에 따라 그 손실을 보상하여야 한다." 그리고, 동법 시행규칙 제59조 내지 제65조는 간접손실보상의 종류와 범위를 구체적으로 열거하여 규정하고 있다. 그런데 토지보상법 시행규칙에서 규정한 간접손실보상의 대상에 공백이 있는 문제가 있다. 달리 말하면 공익사업으로 인한 간접손실이 특별한 희생에 해당함에도 후술하는 바와 같이 토지보상법 규칙에서 보상의 대상으로 규정하고 있지 않는 경우가 있다. 이 경우에 헌법 제23조 제3항의 직접적 효력을 인정하거나 토지보상법 시행규칙상의 간접손실보상에 관한 열거규정을 예시적인 열거규정으로 보면서 토지보상법 제79조 제2항을 간접손실보상의 일반적 근거규정으로 본다면 간접손실보상에 관한 명시적인 규정이 없는 경우에도 헌법 제23조 제3항이나 토지보상법 제79조 제2항에 근거하여 손실보상이 가능하므로 간접손실보상에 관한 입법의 공백은 없게 된다. 이에 반하여 헌법 제23조 제3항의 직접적 효력을 부정하고, 토지보상법 시행규칙상의 간접손실보상에 관한 열거규정을 한정적인 열거규정으로 보면서 토지보상법 제79조 제2항을 간접손실보상의 원칙을 선언한 것일뿐 간접손실보상의 직접적인 근거규정으로 보지 않으면 토지보상법 시행규칙의 적용 또는 유추적용에 의해 보상되지 못하는 간접손실에 대해서는 입법상 보상의 흠결이라는 문제가 발생한다. 보상규정흠결 시의 간접손실의 보상에 관하여는 후술하기로 한다.

12) 손실보상의 대상이 되는 손실은 공익사업의 시행으로 인해 필연적으로 발생하는 손실이므로 모두 공익사업으로 인한 직접 손실로 보는 것이 타당하다.

13) 대판 1999.11.15, 99다27231

14) 박균성 행정법론(상), 박영사, 2020, 961-967면 참조

3. 토지보상법 시행규칙상 간접손실보상 및 보상의 공백

(1) 공익사업시행지구 밖의 대지 등에 대한 보상

공익사업시행지구 밖의 대지(조성된 대지를 말한다) · 건축물 · 분묘 또는 농지(계획적으로 조성된 유실수단지 및 죽림단지를 포함한다)가 공익사업의 시행으로 인하여 산지나 하천 등에 둘러싸여 교통이 두절되거나 경작이 불가능하게 된 경우에는 그 소유자의 청구에 의하여 이를 공익사업시행지구에 편입되는 것으로 보아 보상하여야 한다. 다만, 그 보상비가 도로 또는 도선시설의 설치비용을 초과하는 경우에는 도로 또는 도선시설을 설치함으로써 보상에 갈음할 수 있다(동법 시행규칙 제59조).
그런데, 동규정은 "교통이 두절되거나 경작이 불가능하게 된 경우"에 한하여 간접손실보상을 규정하고 있으므로 교통에 심히 장애가 생기거나 경작이 불가능하지는 않지만, 상당한 정도로 장애를 받는 등 특별한 간접손실에 대해서는 동규정에 의해 보상해주지 못하는 문제가 있다.

(2) 공익사업시행지구 밖의 건축물에 대한 보상

소유농지의 대부분이 공익사업시행지구에 편입됨으로써 건축물(건축물의 대지 및 잔여농지를 포함한다. 이하 이 조에서 같다)만이 공익사업시행지구 밖에 남게 되는 경우로서 그 건축물의 매매가 불가능하고 이주가 부득이한 경우에는 그 소유자의 청구에 의하여 이를 공익사업시행지구에 편입되는 것으로 보아 보상하여야 한다(동법 시행규칙 제60조).

그런데, 동규정에 의하면 이주가 부득이하지는 않지만 생활에 상당한 불편이 있고 건축물의 가격이 상당히 하락하여 특별한 희생이라고 볼 수 있는 경우 등 특별한 손실이 있는 경우 동규정에 의해 보상해 주지 못하는 문제가 있다.

(3) 소수잔존자에 대한 보상

공익사업의 시행으로 인하여 1개 마을의 주거용 건축물이 대부분 공익사업시행지구에 편입됨으로써 잔여 주거용 건축물 거주자의 생활환경이 현저히 불편하게 되어 이주가 부득이한 경우에는 당해 건축물 소유자의 청구에 의하여 그 소유자의 토지 등을 공익사업시행지구에 편입되는 것으로 보아 보상하여야 한다(동법 시행규칙 제61조).

그러나 이 이외에도 잔존자가 잔존을 희망하는 경우 생활상의 불편이 특별한 희생에 해당한다고 여겨지는 모든 경우에 그에 상응하는 보상이 행해져야 하는데, 동규정에 의해서는 보상해 주지 못하는 문제가 있다.

(4) 공익사업시행지구 밖의 공작물 등에 대한 보상

공익사업시행지구 밖에 있는 공작물 등이 공익사업의 시행으로 인하여 그 본래의 기능을 다할 수 없게 되는 경우에는 그 소유자의 청구에 의하여 이를 공익사업시행지구에 편입되는 것으로 보아 보상하여야 한다(동법 시행규칙 제62조).

(5) 공익사업시행지구 밖의 어업의 피해에 대한 보상

공익사업의 시행으로 인하여 해당 공익사업시행지구 인근에 있는 어업에 피해가 발생한 경우 사업시행자는 실제 피해액을 확인할 수 있는 때에 그 피해에 대하여 보상하여야 한다. 이 경우 실제 피해액은 감소된 어획량 및 「수산업법 시행령」 별표 4의 평년수익액 등을 참작하여 평가한다(동법 시행규칙 제63조 제1항). 사업인정고시일 등 이후에 어업권의 면허를 받은 자 또는 어업의 허가를 받거나 신고를 한 자에 대하여는 제1항 및 제2항을 적용하지 아니한다(동법 시행규칙 제63조 제3항).

어업피해에 대한 간접손실보상의 특징은 법규정의 문언을 중시하여 보면 공익사업 자체로 인하여 필연적으로 초래되는 어업손실 이외에도 공익사업의 시행 즉 공사로 인하여 우연히 발생하는 피해 즉, 이론상 손해배상의 대상으로 보아야 하는 피해도 간접손실보상의 대상으로 하고 있다는 점이다. 항만건설사업의 경우에 어업피해영향조사결과 어업피해가 미치는 범위까지 사업시행지구로 고시하고 그 어업피해 정도에 따라 사전에 폐업 또는 일부 손실보상을 행하도록 하고 있다.[15]

(6) 공익사업시행지구 밖의 영업손실에 대한 보상

공익사업시행지구 밖에서 제45조에 따른 영업손실의 보상대상이 되는 영업을 하고 있는 자가 공익사업의 시행으로 인하여 다음 각 호의 어느 하나에 해당하는 경우에는 그 영업자의 청구에 의하여 당해 영업을 공익사업시행지구에 편입되는 것으로 보아 보상하여야 한다(동법 시행규칙 제64조 제1항).

1. 배후지[16]의 3분의 2 이상이 상실되어 그 장소에서 영업을 계속할 수 없는 경우
2. 진출입로의 단절, 그 밖의 부득이한 사유로 인하여 일정한 기간 동안 휴업하는 것이 불가피한 경우

공익사업시행지구 밖 영업손실보상의 요건인 '공익사업의 시행으로 인한 그 밖의 부득이한 사유로 일정 기간 동안 휴업이 불가피한 경우'란 공익사업의 시행 또는 시행 당시 발생한 사유로 휴업이 불가피한 경우만을 의미하는 것이 아니라 공익사업의 시행 결과, 즉 그 공익사업의 시행으로 설치되는 시설의 형태·구조·사용 등에 기인하여 휴업이 불가피한 경우도 포함된다고 보는 것이 판례의 입장이다.[17] 이에 반하여 원심은 대법원 판결과 달리 공익사업의 시행 결과에 따른 손실보상은 토지보상법 제79조 제2항, 동법 시행규칙 제64조 제1항 등 토지보상법 관련 규정에서 규정하고 있지 않다고 하였다.[18]

그런데, 공익사업의 시행으로 인하여 배후지의 3분의 2 미만이 상실된 경우에도 당해 장소에서 종전의 영업을 계속할 수 없는 경우가 있을 수 있고, 배후지의 3분의 2 이상이 상실된 경우에도 당해 장소에서 종전의 영업을 계속할 수는 있지만 영업이 축소됨으로써 특별한 손실이 발생될 수 있는데, 이 경우의 영업손실은 토지취득보상법 시행규칙 제64조에 의해 보상되지 못하는 문제가 있다.

(7) 공익사업시행지구 밖의 농업의 손실에 대한 보상

경작하고 있는 농지의 3분의 2 이상에 해당하는 면적이 공익사업시행지구에 편입됨으로 인하여 당해 지역(영 제26조 제1항 각 호의 1의 지역을 말한다)에서 영농을 계속할 수 없게 된 농민에 대하여는 공익사업시행지구 밖에서 그가 경작하고 있는 농지에 대하여도 제48조 제1항 내지 제3항 및 제4항 제2호의 규정에 의한 영농손실액을 보상하여야 한다(동법 시행규칙 제65조).

그런데, 영농을 계속할 수는 있지만, 수입이 상당히 감소하여 특별한 손실에 해당하는 경우 손실보상을 해주어야 하는 것이 타당한데, 동 규정에 의해서는 보상해주지 못하는 문제가 있다. 지가하락으로 인한 차액보상이 규정되지 않은 문제가 있다.[19]

---

15) 2004.1.26, 항만개발과-64호(김용춘/박상희, "어업의 간접손실보상에 관한 연구", 「해사법연구」 제4권 제1호, 2012.3, 74쪽에서 재인용).
16) '배후지'란 '당해 영업의 고객이 소재하는 지역'을 의미한다(대판 2013.06.14, 2010다9658).
17) 대판 2019.11.28, 2018두227. 이 사건에서 쟁점이 된 것은 공익사업의 시행으로 설치된 시설인 고속철도의 소음·진동으로 양잠업을 이전함으로써 발생한 손실이 동법 시행규칙 제64조 제1항 제2호의 "그 밖의 부득이한 사유로 인하여 일정한 기간 동안 휴업하는 것이 불가피한 경우"에 해당하는지 하는 것이었다.
18) 대전고법 2018.7.5, 2017누44
19) 박윤흔·정형근, 최신행정법강의(상), 박영사, 2009, 679면.

Ⅲ. 공익사업으로 인한 환경피해에 대한 손실보상과 손해배상

공익사업으로 인한 환경피해는 공사 중 발생하기도 하고 공익사업 후 설치된 시설의 운영으로 발생하기도 한다. 즉, 공익사업을 위한 공사 중 발생하는 소음·진동 등 공해로 인해 환경피해가 발생하기도 하고, 공익사업 후 설치된 시설의 운영상 발생하는 소음·진동 등 공해로 인해 환경피해가 발생하기도 한다.

공익사업으로 인한 환경피해가 손실보상의 대상인가, 손해배상의 대상인가하는 것이 문제된다. 또한, 공익사업의 시행으로 인하여 사업시행지 밖의 재산권자에게 가해지는 손해에 대하여 손실보상과 손해배상이 배타적으로 인정되는지 아니면 경합적으로 인정되는지가 문제된다.

토지보상법 시행규칙 제63조 제3항은 "공익사업의 시행으로 인하여 해당 공익사업시행지구 인근에 있는 어업에 피해가 발생한 경우 사업시행자는 실제 피해액을 확인할 수 있는 때에 그 피해에 대하여 보상하여야 한다."고 규정하고 있다. 이러한 어업피해에 대한 간접손실보상규정의 문언을 중시하여 보면 공익사업 자체로 인하여 필연적으로 초래되는 어업손실 이외에도 공익사업의 시행으로 인하여 우연히 발생하는 피해 즉, 이론상 손해배상의 대상으로 보아야 하는 피해도 간접손실보상의 대상으로 하고 있다는 점이다.

종래 판례는 공익사업의 시행으로 인해 설치된 시설의 운영으로 인해 인근 주민에게 수인한도를 넘는 피해를 발생시킨 경우 손해배상을 인정하고 있다. 즉, "어느 시설을 적법하게 가동하거나 공용에 제공하는 경우에도 그로부터 발생하는 유해배출물로 인하여 제3자가 손해를 입은 경우에는 그 위법성을 별도로 판단하여야 하고, 이러한 경우의 판단 기준은 그 유해의 정도가 사회생활상 통상의 수인한도를 넘는 것인지 여부이다"라고 판시하고 있다.[20] 해당 시설이 공물에 해당하고 배상주체가 국가 또는 지방자치단체인 경우에는 국가배상법 제5조의 영조물의 설치·관리상 하자로 인한 손해배상책임을 인정하고,[21] 해당 시설이 공물이 아니거나[22] 공물이어도 배상주체가 국가나 지방자치단체가 아닌 경우[23]에 민법 제758조의 공작물의 설치·보존상의 하자로 인한 손해배상책임을 인정하였다. 그리고, 해당 시설로 인한 피해가 환경피해에 해당하는 경우에는 환경정책기본법 제44조 제1항의 무과실책임을 인정한다.[24] 그리고 종전 판례 중 법이론상 손실보상은 적법한 공용침해로 인한 손실의 보상을 의미하므로 손실보상이 인정되면 손해배상은 인정되지 않는다는 취지의 판결도 있었다.[25] 수산업법은 산업시설이나 그 밖의 사업장의 건설 또는 조업, 선박 또는 해양시설(「해양환경관리법」 제2조 제17호에 따른 해양시설을 말한다) 등으로 인하여 수질이 오염되어 면허받은 어업에 피해가 발생하면 그 오염발생시설의 경영자는 관계 법령으로 정하는 바에 따라 피해자에게 정당한 손해배상을 하여야 한다고 규정하고 있다(제82조).

---

20) 대판 2003.06.27, 2001다734 등
21) 군사격장소음, 항공기소음으로 인한 피해에 대해 국가배상책임을 인정한 사례
22) 원자력발전소에서의 온배수 배출행위와 해수온도의 상승이라는 자연력이 복합적으로 작용하여 온배수 배출구 인근 양식장의 어류가 집단폐사한 것에 대해 민법상 손해배상책임을 인정한 사례(대판 2003.6.27, 2001다734)
23) 고속도로의 확장으로 인하여 소음 ·진동이 증가하여 인근 양돈업자가 양돈업을 폐업하게 된 사안에서, 양돈업에 대한 침해의 정도가 사회통념상 일반적으로 수인할 정도를 넘어선 것으로 보아 한국도로공사의 손해배상책임을 인정한 사례(대판 2001.2.9, 99다55434)
24) 양식장 운영자가 원자력발전소의 온배수를 이용하기 위하여 온배수 영향권 내에 육상수조식양식장을 설치하였는데 원자력발전소에서 배출된 온배수가 이상고온으로 평소보다 온도가 높아진 상태에서 자연해수와 혼합되어 위 양식장의 어류가 집단폐사한 경우, 손해배상을 인정하면서 원자력발전소 운영자의 과실에 비하여 양식장 운영자의 과실이 훨씬 중대하다고 판단한 사례(대판 2003.6.27, 2001다734)
25) 광주고법 2010.12.24, 2010나5624 이 판결은 대판 2011.5.23, 2011다9440로 심리불속행 기각되어 확정되었다.

그런데, 최근 대법원은 공익사업인 고속철도 건설사업 시행 후의 고속철도 운행에 따른 소음, 진동 등으로 인하여 고속철도 인근에서 양잠업을 영위하던 원고에게 발생한 손실에 관하여 공익사업을 위한 토지 등의 취득 및 보상에 관한 법률 시행규칙 제64조 제1항에 따라 손실보상청구를 할 수 있다고 하였다.[26)]
그리고, 토지보상법 제79조 제2항에 따른 간접손실보상과 환경정책기본법 제44조 제1항에 따른 손해배상은 "근거 규정과 요건·효과를 달리하는 것으로서, 각 요건이 충족되면 성립하는 별개의 청구권으로 보고, 다만 손실보상청구권에는 이미 '손해 전보'라는 요소가 포함되어 있어 실질적으로 같은 내용의 손해에 관하여 양자의 청구권을 동시에 행사할 수 있다고 본다면 이중배상의 문제가 발생하므로, 실질적으로 같은 내용의 손해에 관하여 양자의 청구권이 동시에 성립하더라도 영업자는 어느 하나만을 선택적으로 행사할 수 있을 뿐이고, 양자의 청구권을 동시에 행사할 수는 없다고 판시하였다.[27)] 이러한 판례에 따라면 간접손실보상과 손해배상청구는 경합적으로 인정되고, 다만 이중전보는 인정되지 않는다.

학설을 보면 공익사업으로 인한 환경피해를 간접손실 또는 간접침해로 보고 이를 손실보상의 대상으로 보는 견해도 있고, 손해배상의 문제로 보는 견해도 있다.
생각건대, 법이론상 공익사업의 시행으로 인해 설치된 시설의 적법한(정상적인) 운영으로 인한 손해에 대해 손해배상을 인정하는 것은 손실보상과 손해배상을 구분하는 현행 법체계에 비추어 타당하지 않다. 현행 법령에 비추어 적법한 공권력 행사로 필연적 발생하는 손해는 공용침해로 인한 손실로 보아 손실보상의 대상으로 보고, 불법행위로 우연히 발생하는 손해는 손해배상의 대상으로 보는 것이 타당하므로 공익사업의 시행으로 인해 설치된 시설의 정상적인 운영으로 인해 인근 주민에게 필연적으로 발생한 수인한도를 넘는 피해는 이론상 간접손실로 볼 수 있으므로 법이론상 손해배상이 아니라 손실보상의 대상으로 보는 것이 타당하다.

다만, 이러한 해결이 이론상 타당하지만, 현행 대법원 판례에 따르면 적법한 공권력 행사로 특별한 희생이 발생하여 손실보상을 해주어야 함에도 적용 또는 유추적용할 손실보상규정이 없으면 손실보상을 해줄 수 없으므로 이러한 경우 손실보상을 해줄 수 없는 문제가 있다. 이에 반하여 공익사업의 시행으로 인해 설치된 시설의 운영으로 인해 인근 주민에게 발생한 수인한도를 넘는 피해에 대해 손해배상을 인정하는 경우 손해배상으로 인한 구제가 가능하다는 현실적인 이익이 있다.

그리고, 간접손실보상과 손해배상청구를 경합관계로 본 것은 이론상 타당하지 않다. 왜냐하면 간접손실은 적법한 공익사업으로 인해 필연적으로 발생한 손실이므로 이론상 손해배상의 대상으로 보는 것은 타당하지 않다. 또한 현행 법령상 특별희생에 해당하는 간접손실에 대해 손실보상이 인정되는 경우에는 해당 손실에 대해 손실보상이 인정되므로 이론상 피해자에게 불법행위로 인한 손해배상의 한 요건이 되는 손해가 발생하였다고 볼 수도 없다. 따라서 간접손실보상이 인정되는 경우에는 우선적으로 손실보상을 청구하여야 하는 것으로 보는 것이 타당하다. 물론, 손실보상이 인정되는 손실을 넘어 손해가 발생하였고, 그러한 손해가 수인한도를 넘는 등 손해배상의 요건을 충족하는 경우에는 손해배상이 추가로 인정될 수 있다.
그리고 간접손실의 보상은 해당 사업의 공사완료일부터 1년이 지난 후에는 청구할 수 없다(제79조 제5항, 제73조 제2항). 따라서 피해자는 이 청구기간이 지난 경우에는 손해배상만을 청구할 수 있다. 대법원도 '해당 사업의 공사완료일로부터 1년'이라는 손실보상 청구기간(토지보상법 제79조 제5항, 제73조 제2항)이 도과하여 손실보상청구권을 더 이상 행사할 수 없는 경우에도 '손해배상의 요건이 충족되는 이

26) 대판 2019.11.28. 2018두227
27) 대판 2019.11.28. 2018두227

상 여전히 손해배상청구는 가능하다.'고 판시하였다. 또한, 판례는 손실보상규정이 있어 보상의무가 있음에도 보상 없이 수용을 하거나 공사를 시행한 행위는 불법행위가 되므로 손해배상청구가 가능한 것으로 본다.[28)]

간접손실보상 청구기간인 '해당 사업의 공사완료일로부터 1년'이 지난 후에도 협의에 의한 보상이 가능한지도 문제된다. 실제로 '해당 사업의 공사완료일로부터 1년'이 지난 후에도 협의에 의한 보상이 행해지는 경우가 없지 않다. 판례는 토지수용위원회의 수용재결이 있은 후라고 하더라도 토지소유자와 사업시행자가 다시 협의하여 토지 등의 취득·사용 및 그에 대한 보상에 관하여 임의로 계약을 체결할 수 있다고 본다.[29)] 손실보상의 합의는 계약이므로 법적 근거를 요하지 않으므로 공익사업이 종료한 후에 행해진 손실보상에 관한 합의를 부인할 이유는 없다. 또한, '해당 사업의 공사완료일로부터 1년'이 지난 후라는 이유로 손실보상을 인정하지 않아도 손실보상액이 손해배상액으로 인정될 수 있으므로 손실보상의 합의를 부인할 실익도 없다. 그러므로 간접손실보상 청구기간인 '해당 사업의 공사완료일로부터 1년'이 지난 후에도 협의에 의한 보상이 가능하다고 보는 것이 타당하다.

Ⅳ. 보상규정 흠결 시의 간접손실보상

공익사업으로 인한 간접손실이 특별한 희생에 해당하는 경우에 헌법 제23조 제3항에 비추어 손실보상을 해주어야 한다. 그런데 전술한 바와 같이 공익사업으로 인한 간접손실이 특별한 희생에 해당하는 경우에도 실정법령상 보상에 관한 명시적인 규정이 없는 경우가 적지 않다.

판례는 간접손실보상에 관한 보상규정의 흠결 시 관련규정의 유추적용에 의해 보상해주는 입장을 취하고 있다. 간접손실에 대한 보상규정을 두지 않고 있던 구 토지수용법과 간접손실보상에 관한 규정을 두고 있던 「공공용지의 취득 및 손실보상에 관한 특례법」(이하 '공특법'이라 한다)이 적용되던 구법하에서 대법원은 간접손실에 대한 보상규정이 없는 토지수용의 경우 기존의 공특법상의 보상규정을 유추적용하여 간접손실을 보상할 수 있다고 보았다.[30)] 토지수용법과 공특법을 통합하여 토지수용으로 인한 손실보상과 협의에 의한 손실보상을 통합적으로 규율한 현행 토지보상법하에서도 보상규정이 결여된 간접손실에 대하여 헌법 제23조 제3항 및 토지보상법령상의 간접손실보상에 관한 규정을 유추적용하여 그 손실

---

28) 공유수면매립사업 시행자가 손실보상의무를 이행하지 아니한 채 공사를 시행하여 신고어업자나 허가어업자에게 실질적이고 현실적인 침해를 가한 경우, 불법행위가 성립하고 손해배상의 범위는 손실보상금 상당액이라고 한 사례(대판 2000.5.26, 99다37382 ; 대판 1999.11.23, 98다11529)

29) 중앙토지수용위원회가 지방국토관리청장이 시행하는 공익사업을 위하여 갑 소유의 토지에 대하여 수용재결을 한 후, 갑과 사업시행자가 '공공용지의 취득협의서'를 작성하고 협의취득을 원인으로 소유권이전등기를 마쳤는데, 갑이 '사업시행자가 수용개시일까지 수용재결보상금 전액을 지급·공탁하지 않아 수용재결이 실효되었다'고 주장하며 수용재결의 무효확인을 구하는 소송을 제기한 사안에서, 갑이 수용재결의 무효확인 판결을 받더라도 토지의 소유권을 회복시키는 것이 불가능하고, 무효확인으로써 회복할 수 있는 다른 권리나 이익이 남아 있다고도 볼 수 없다고 한 사례(대판 2017.4.13, 2016두64241)

30) 대판 1999.11.15, 99다27231: 공유수면매립사업으로 인하여 수산업협동조합이 관계 법령에 의하여 대상지역에서의 독점적 지위가 부여되어 있던 위탁판매사업을 중단하게 된 경우, 그로 인한 위탁판매수수료 수입상실에 대하여 공공용지의 취득 및 손실보상에 관한 특례법 시행규칙을 유추적용하여 손실보상을 하여야 한다고 한 사례 ; 대판 1999.11.23, 98다11529: 적법한 어업허가를 받고 허가어업에 종사하던 중 공유수면매립사업의 시행으로 피해를 입게 되는 어민들이 있는 경우 그 공유수면매립사업의 시행자로 서는 위 구 공공용지의 취득 및 손실보상에 관한 특례법 시행규칙(1991.10.28. 건설부령 제493호로 개정되기 전의 것) 제25조의2의 규정을 유추적용하여 위와 같은 어민들에게 손실보상을 하여 줄 의무가 있다고 한 사례

보상을 해줄 수 있다고 보고 있다. 그런데 실정법규정유추적용설의 문제는 유추적용할 법규정이 없는 경우[31]에는 유추적용에 의한 간접손실보상이 불가능하다는 것이다.
최근 토지보상법 시행규칙상 간접손실보상규정을 유추적용하는 대신 확대적용하여 간접손실 보상을 확대한 판례가 나와 주목을 받고 있다. 즉, 공익사업의 시행으로 설치되는 시설인 고속철도의 운행상 소음·진동으로 인한 인근 양잠업의 이전으로 인한 손실의 보상청구에 대해 원심법원은 우선 토지보상법은 공익사업의 시행 결과 발생한 손실보상에 관한 규정을 두고 있지는 않다고 보면서[32] 그러한 손실이 공익사업의 시행으로 인하여 손실이 발생하리라는 것을 쉽게 예견할 수 있고 그 손실의 범위도 구체적으로 특정할 수 있는 경우 즉 간접손실이라면, 종전의 대법원 판례[33]에 따라 그 손실의 보상에 관하여 토지보상법 관련 규정 등 특히 토지보상법 시행규칙 제64조 제1항 제2호[34]을 유추적용할 수 있다고 해석함이 상당하다고 하였다.

이에 대하여 대법원은 "공익사업시행지구 밖 영업손실보상의 특성과 헌법이 정한 '정당한 보상의 원칙'에 비추어 보면, 공익사업시행지구 밖 영업손실보상의 요건인 '공익사업의 시행으로 인한 그 밖의 부득이한 사유로 일정 기간 동안 휴업이 불가피한 경우'란 공익사업의 시행 또는 시행 당시 발생한 사유로 휴업이 불가피한 경우만을 의미하는 것이 아니라 공익사업의 시행 결과, 즉 그 공익사업의 시행으로 설치되는 시설의 형태·구조·사용 등에 기인하여 휴업이 불가피한 경우도 포함된다고 해석함이 타당하다."고 하면서 토지보상법 시행규칙 제64조 제1항 제2호를 확대적용하여 이 사건 손실보상을 해주어야 한다고 선언하였다. 즉, 대법원은 원심판결과 달리 이 사건 공익사업의 시행 결과에 따른 손실보상이 동법 시행규칙 제64조 제1항에 포함된다고 해석하였다. 달리 말하면 대법원은 공익사업의 시행으로 설치되는 시설인 고속철도로 인한 간접손실인 영업손실을 유추적용이 아니라 토지보상법 시행규칙 제64조 제1항의 확대해석을 통하여 보상하는 것으로 하였다. 이러한 대법원 판결의 의의는 다음과 같다. '공익사업의 시행 또는 시행 당시 발생한 사유로 휴업이 불가피한 경우'뿐만 아니라 '공익사업의 시행 결과, 즉 그 공익사업의 시행으로 설치되는 시설의 형태·구조·사용 등에 기인하여 휴업이 불가피한 경우'도 토지보상법령상 공익사업시행지구 밖 영업손실보상의 범위에 포함시키는 것으로 간접영업손실보상의 범위를 확대한 점에서 중요한 의의를 찾을 수 있다.[35] 나아가 이 대법원 판례는 헌법 제23조 제3항 및 토지보상법 제79조 제2항의 취지를 고려하여 토지보상법 시행규칙상 간접손실보상규정을 유추적용하여 간접손실을 보상해줄 수 있을 뿐만 아니라 확대적용하여서도 간접손실을 보상해줄 수 있다고 한 점에서 그 의의가 있다.

---

31) 면허를 받아 도선사업을 영위하던 甲 농협협동조합이 연륙교 건설 때문에 항로권을 상실하였다며 연륙교 건설사업을 시행한 지방자치단체를 상대로 구 공공용지의 취득 및 손실보상에 관한 특례법 시행규칙(2002.12.31. 건설교통부령 제344호 공익사업을 위한 토지 등의 취득 및 보상에 관한 법률 시행규칙 부칙 제2조로 폐지) 제23조, 제23조의6 등을 유추적용하여 손실보상할 것을 구한 사안에서, 항로권은 구 공공용지의 취득 및 손실보상에 관한 특례법(2002.2.4. 법률 제6656호 공익사업을 위한 토지 등의 취득 및 보상에 관한 법률 부칙 제2조로 폐지) 등 관계 법령에서 간접손실의 대상으로 규정하고 있지 않고, 항로권의 간접손실에 대해 유추적용할 만한 규정도 찾아볼 수 없으므로, 위 항로권은 도선사업의 영업권 범위에 포함하여 손실보상 여부를 논할 수 있을 뿐 이를 손실보상의 대상이 되는 별도의 권리라고 할 수 없다고 한 사례(대판 2013.6.14, 2010다9658)

32) 중앙토지수용위원회는 2013.7.18. '공사 시공 과정 또는 시공 후 발생이 예상되는 소음, 진동 등에 따른 피해는 손실보상을 규정하고 있는 토지보상법상의 보상대상이 아니며 환경분쟁조정법 등 관계 법령에 따라 다투어야 할 사항으로서 토지보상법 제50조 제1항에서 정한 재결사항이 아니다.'라는 취지로 원고의 청구를 기각하는 재결(이하 '이 사건 재결'이라 한다)을 하였다.

33) 대판 2002.11.26, 2001다44352 등 참조

34) '공익사업시행지구 밖에서 제45조에 따른 영업손실의 보상대상이 되는 영업을 하고 있는 자가 공익사업의 시행으로 인하여 진출입로의 단절, 그 밖의 부득이한 사유로 일정한 기간 동안 휴업하는 것이 불가피한 경우에는 그 영업자의 청구에 의하여 당해 영업을 공익사업시행지구에 편입되는 것으로 보아 보상하여야 한다'라고 규정하고 있다.

35) 이 대법원 판결 이전에는 공익사업의 시행으로 설치되는 시설로 인한 손해를 간접손실로 보는 판례가 없었다. 종래 공익사업의 시행으로 설치되는 시설로 인한 손해를 간접손실로 볼 수 있는지에 관하여 학설은 대립하고 있었다.

토지보상법 제79조 제2항을 간접손실보상의 단순한 일반원칙만을 선언한 것이고 국토교통부령으로 정하는 경우에 한하여 간접손실을 보상할 수 있는 것으로 규정한 것이라고 해석한다면 토지보상법 제79조 제2항은 간접손실이 특별한 희생에 해당하면 정당한 보상을 해주어야 한다는 헌법 제23조 제3항에 반하는 위헌적인 규정이 된다. 따라서 헌법합치적 법률해석을 하여야 한다는 점에서도 토지취득보상법 제79조 제2항을 공익사업에 따른 간접손실보상의 일반근거조항으로 보고 토지보상법 시행규칙에 간접손실보상에 관한 명시적인 규정이 없는 경우에는 토지취득보상법 제79조 제2항에 직접 근거하여 간접손실보상을 청구할 수 있다고 보는 것이 타당하다.

입법론상 바람직한 것은 제79조 제2항을 간접손실보상의 직접적 효력규정으로 명확하게 규정하는 것이다. 간접손실보상에 관한 토지보상법 시행규칙이 예시적 열거라는 점도 명확히 하여야 한다.

Ⅴ. 결

공익사업으로 인한 간접손실이 특별한 희생에 해당하는 경우에는 손실보상을 인정하도록 현행 토지보상법령을 보완 개정할 필요가 있다. 즉, 토지보상법 제79조 제2항을 간접손실보상의 직접적이고 일반적인 근거규정으로 명확하게 규정하여야 하고, 토지보상법 시행규칙은 예시적 열거라는 점도 명확히 하여야 한다.

이러한 입법적 해결이 되기 전에는 간접손실에 관한 현행 토지보상법령을 확대해석 또는 유추적용하여 보상규정이 명확하지 않은 경우의 간접손실을 보상해 주도록 하여야 한다. 특히 현행 토지보상법 제79조 제2항을 공익사업에 따른 손실보상의 직접적인 일반근거조항으로 해석하여 토지보상법 시행규칙에 간접손실보상에 관한 명시적인 규정이 없는 경우에는 토지보상법 제79조 제2항에 근거하여 간접손실보상을 청구할 수 있다고 보는 것이 타당하다.
공익사업의 시행으로 인한 환경피해에 대해 손실보상과 손해배상이 인정되는 경우에는 손실보상을 우선적으로 청구하고, 손실보상을 초과하는 손해가 있는 경우 손해배상을 추가적으로 청구할 수 있는 것으로 보아야 한다. 달리 말하면 손실보상이 인정되는 경우에는 손해배상은 인정되지 않는 것으로 보아야 하고, 손실보상이 인정되는 않는 경우에 손해배상의 요건을 충족하면 손해배상을 인정하는 것으로 보아야 한다.

(6) 기출문제

» 기출문제(제2회 3번)

간접보상의 대상사업과 보상기준에 대하여 약술하시오. **10점**

» 기출문제(제7회 3번)

수몰민의 보상에 대하여 서술하시오. **20점**

» 기출문제(제11회 3번)

공익사업의 시행으로 인하여 공익사업시행지구 밖에서 발생한 피해에 대한 보상의 이론적 근거, 실제 유형과 보상의 한계에 대하여 논술하시오. **20점**

» 기출문제(제14회 3번)

공익사업으로 인한 소음・진동・먼지 등에 의한 간접침해의 구제수단을 설명하시오. **20점**

» 기출문제(제29회 1번 (2))

한편, 丙은 이 사건 공익사업구역 밖에서 음식점을 경영하고 있었는데, 이 사건 공익사업으로 인하여 자신의 음식점의 주출입로가 단절되어 일정기간 휴업을 할 수 밖에 없게 되었다. 이때, 丙은 토지보상 법령상 보상을 받을 수 있는가? **10점**

» 기출문제(제30회 3번)

X군에 거주하는 어업인들을 조합원으로 하는 A수산업협동조합(이하 'A조합'이라 함)은 조합원들이 포획・채취한 수산물의 판매를 위탁받아 판매하는 B수산물위탁판매장(이하 'B위탁판매장'이라 함)을 운영하여 왔다. 한편, B위탁판매장 운영에 대해서는 관계법령에 따라 관할지역에 대한 독점적 지위가 부여되어 있었으며, A조합은 B위탁판매장 판매액 중 일정비율의 수수료를 지급받아 왔다. 그런데 한국농어촌공사는 「공유수면 관리 및 매립에 관한 법률」에 따라 X군 일대에 대한 공유수면매립면허를 받아 공유수면매립사업을 시행하였고, 해당 매립사업의 시행으로 인하여 사업대상지역에서 어업활동을 하던 A조합의 조합원들은 더 이상 조업을 할 수 없게 되었다. A조합은 위 공유수면매립사업지역 밖에서 운영하던 B위탁판매장에서의 위탁판매사업의 대부분을 중단하였고, 결국에는 B위탁판매장을 폐쇄하기에 이르렀다. 이에 따라 A조합은 공유수면매립사업으로 인한 위탁판매수수료 수입의 감소에 따른 영업손실의 보상을 청구하였으나, 한국농어촌공사는 B위탁판매장이 사업시행지 밖에서 운영되던 시설이었고 「공유수면 관리 및 매립에 관한 법률」상 직접적인 보상규정이 없음을 이유로 보상의 대상이 아니라고 주장한다. 한국농어촌공사의 주장은 타당한가? **20점**

제5절 손실보상의 원칙 및 손실보상의 방법

01 토지보상법상 손실보상의 원칙

1. 서

헌법 제23조 제3항은 손실보상의 일반적인 기준으로서 "정당한 보상"을 선언하고 있는바, 이를 구체적으로 실현하기 위하여 '헌법의 구체화법'으로서 공용수용에 관한 일반법적 지위에 있는 토지보상법에서는 손실보상에 관한 원칙을 규정하고 있다. 손실보상은 수용에서 가장 중요한 사안으로 다루어지고 있고, 특히 정당보상과 관련 이론적으로 많은 논의가 있음에 비추어 이를 위한 구체적인 방법으로서의 손실보상원칙의 검토는 중요한 의미를 지니는바, 이하에서 이를 검토한다.

2. 토지보상법상 손실보상의 원칙

(1) 사업시행자 보상의 원칙(법 제61조)

공익사업에 필요한 토지 등의 취득 또는 사용으로 인하여 토지소유자 또는 관계인이 입은 손실은 사업시행자가 이를 보상하여야 한다고 규정하고 손실보상의 의무자를 규정함으로써 피수용자의 권리보호를 명확히 하고 있다.

> **법 제61조(사업시행자 보상)**
> 공익사업에 필요한 토지 등의 취득 또는 사용으로 인하여 토지소유자나 관계인이 입은 손실은 사업시행자가 보상하여야 한다.

(2) 사전보상의 원칙(법 제62조)

① 의의

사업시행자는 해당 공익사업을 위한 공사에 착수하기 이전에 토지소유자 및 관계인에 대하여 보상액을 지급하여야 한다고 규정하여 사업시행 전 보상금 지급을 명문화하고 있다. 이는 피수용자의 대체지 취득 등을 고려한 피수용자 보호를 위함이다.

> **법 제62조(사전보상)**
> 사업시행자는 해당 공익사업을 위한 공사에 착수하기 이전에 토지소유자와 관계인에게 보상액 전액(全額)을 지급하여야 한다. 다만, 제38조에 따른 천재지변 시의 토지 사용과 제39조에 따른 시급한 토지 사용의 경우 또는 토지소유자 및 관계인의 승낙이 있는 경우에는 그러하지 아니하다.

② 사전보상원칙을 보장하기 위한 제도(법 제42조)

현행법은 사업시행자가 수용 또는 사용의 개시일까지 관할 토지수용위원회가 재결한 보상금을 지급하도록 하고, 수용 또는 사용의 개시일까지 재결한 보상금을 지급 또는 공탁하지 않았을 경우 재결의 효력이 상실되도록 함으로서 사전보상의 원칙을 보장하고 있다.

③ 사전보상원칙의 예외

(ㄱ) **공익적 요청이 큰 경우** : 천재・지변, 시급을 요하는 토지의 사용(법 제38조, 제39조)

(ㄴ) **사전보상이 불가능한 경우** : ㉠ 측량조사로 인한 손실보상(법 제9조), ㉡ 각종 실효로 인한 손실보상(법 제23조 제2항, 제24조 제6항, 제42조 제2항), ㉢ 잔여지 손실과 공사비 보상(법 제73조), 잔여건축물 보상(법 제75조의2), ㉣ 기타 토지에 대한 비용보상(법 제79조)

(ㄷ) 토지소유자 및 관계인의 승낙이 있는 경우(법 제62조 단서)

판례

▶ 관련판례(대판 2013.11.14, 2011다27103)

공익사업을 위한 공사는 손실보상금을 지급하거나 토지소유자 및 관계인의 승낙을 받지 않고는 미리 착공해서는 아니 되는 것으로, 이는 그 보상권리자가 수용대상에 대하여 가지는 법적 이익과 기존의 생활관계 등을 보호하고자 하는 것이고, 수용대상인 농지의 경작자 등에 대한 2년분의 영농손실보상은 그 농지의 수용으로 인하여 장래에 영농을 계속하지 못하게 되어 생기는 이익 상실 등에 대한 보상을 하기 위한 것이다. 따라서 사업시행자가 토지소유자 및 관계인에게 보상금을 지급하지 아니하고 그 승낙도 받지 아니한 채 미리 공사에 착수하여 영농을 계속할 수 없게 하였다면 이는 공익사업법상 사전보상의 원칙을 위반한 것으로서 위법하다 할 것이므로, 이 경우 사업시행자는 2년분의 영농손실보상금을 지급하는 것과 별도로, 공사의 사전 착공으로 인하여 토지소유자나 관계인이 영농을 할 수 없게 된 때부터 수용개시일까지 입은 손해에 대하여 이를 배상할 책임이 있다.

(3) 현금보상의 원칙(법 제63조 제1항)

① 의의 및 원칙

손실보상은 자유로운 유통이 보장되고, 객관적 가치 변동이 적은 현금으로 보상하여야 한다는 것으로 완전한 보상의 실현을 위해서이다.

법 제63조(현금보상 등)

① 손실보상은 다른 법률에 특별한 규정이 있는 경우를 제외하고는 현금으로 지급하여야 한다. 다만, 토지소유자가 원하는 경우로서 사업시행자가 해당 공익사업의 합리적인 토지이용계획과 사업계획 등을 고려하여 토지로 보상이 가능한 경우에는 토지소유자가 받을 보상금 중 본문에 따른 현금 또는 제7항 및 제8항에 따른 채권으로 보상받는 금액을 제외한 부분에 대하여 다음 각 호에서 정하는 기준과 절차에 따라 그 공익사업의 시행으로 조성한 토지로 보상할 수 있다. 〈개정 2022.2.3.〉

1. 토지로 보상받을 수 있는 자: 토지의 보유기간 등 대통령령으로 정하는 요건을 갖춘 자로서 「건축법」 제57조 제1항에 따른 대지의 분할 제한 면적 이상의 토지를 사업시행자에게 양도한 자(공익사업을 위한 관계 법령에 따른 고시 등이 있은 날 당시 다음 각 목의 어느 하나에 해당하는 기관에 종사하는 자 및 종사하였던 날부터 10년이 경과하지 아니한 자는 제외한다)가 된다. 이 경우 대상자가 경합(競合)할 때에는 제7항 제2호에 따른 부재부동산(不在不動産) 소유자가 아닌 자 중 해당 공익사업지구 내 거주하는 자로서 토지 보유기간이 오래된 자 순으로 토지로 보상하며, 그 밖의 우선순위 및 대상자 결정방법 등은 사업시행자가 정하여 공고한다.

   가. 국토교통부

나. 사업시행자
다. 제21조 제2항에 따라 협의하거나 의견을 들어야 하는 공익사업의 허가・인가・승인 등을 하는 기관
라. 공익사업을 위한 관계 법령에 따른 고시 등이 있기 전에 관계 법령에 따라 실시한 협의, 의견청취 등의 대상인 중앙행정기관, 지방자치단체, 「공공기관의 운영에 관한 법률」 제4조에 따른 공공기관 및 「지방공기업법」에 따른 지방공기업

2. 보상하는 토지가격의 산정 기준금액: 다른 법률에 특별한 규정이 있는 경우를 제외하고는 일반 분양가격으로 한다.
3. 보상기준 등의 공고: 제15조에 따라 보상계획을 공고할 때에 토지로 보상하는 기준을 포함하여 공고하거나 토지로 보상하는 기준을 따로 일간신문에 공고할 것이라는 내용을 포함하여 공고한다.

② 제1항 단서에 따라 토지소유자에게 토지로 보상하는 면적은 사업시행자가 그 공익사업의 토지이용계획과 사업계획 등을 고려하여 정한다. 이 경우 그 보상면적은 주택용지는 990제곱미터, 상업용지는 1천100제곱미터를 초과할 수 없다.

③ 제1항 단서에 따라 토지로 보상받기로 결정된 권리(제4항에 따라 현금으로 보상받을 권리를 포함한다)는 그 보상계약의 체결일부터 소유권이전등기를 마칠 때까지 전매(매매, 증여, 그 밖에 권리의 변동을 수반하는 모든 행위를 포함하되, 상속 및 「부동산투자회사법」에 따른 개발전문 부동산투자회사에 현물출자를 하는 경우는 제외한다)할 수 없으며, 이를 위반하거나 해당 공익사업과 관련하여 다음 각 호의 어느 하나에 해당하는 경우에 사업시행자는 토지로 보상하기로 한 보상금을 현금으로 보상하여야 한다. 이 경우 현금보상액에 대한 이자율은 제9항 제1호 가목에 따른 이자율의 2분의 1로 한다. 〈개정 2022.2.3.〉

1. 제93조, 제96조 및 제97조 제2호의 어느 하나에 해당하는 위반행위를 한 경우
2. 「농지법」 제57조부터 제61조까지의 어느 하나에 해당하는 위반행위를 한 경우
3. 「산지관리법」 제53조, 제54조 제1호・제2호・제3호의2・제4호부터 제8호까지 및 제55조 제1호・제2호・제4호부터 제10호까지의 어느 하나에 해당하는 위반행위를 한 경우
4. 「공공주택 특별법」 제57조 제1항 및 제58조 제1항 제1호의 어느 하나에 해당하는 위반행위를 한 경우
5. 「한국토지주택공사법」 제28조의 위반행위를 한 경우

④ 제1항 단서에 따라 토지소유자가 토지로 보상받기로 한 경우 그 보상계약 체결일부터 1년이 지나면 이를 현금으로 전환하여 보상하여 줄 것을 요청할 수 있다. 이 경우 현금보상액에 대한 이자율은 제9항 제2호 가목에 따른 이자율로 한다.

⑤ 사업시행자는 해당 사업계획의 변경 등 국토교통부령으로 정하는 사유로 보상하기로 한 토지의 전부 또는 일부를 토지로 보상할 수 없는 경우에는 현금으로 보상할 수 있다. 이 경우 현금보상액에 대한 이자율은 제9항 제2호 가목에 따른 이자율로 한다.

⑥ 사업시행자는 토지소유자가 다음 각 호의 어느 하나에 해당하여 토지로 보상받기로 한 보상금에 대하여 현금보상을 요청한 경우에는 현금으로 보상하여야 한다. 이 경우 현금보상액에 대한 이자율은 제9항 제2호 가목에 따른 이자율로 한다.

1. 국세 및 지방세의 체납처분 또는 강제집행을 받는 경우
2. 세대원 전원이 해외로 이주하거나 2년 이상 해외에 체류하려는 경우
3. 그 밖에 제1호・제2호와 유사한 경우로서 국토교통부령으로 정하는 경우

⑦ 사업시행자가 국가, 지방자치단체, 그 밖에 대통령령으로 정하는 「공공기관의 운영에 관한 법률」에 따라 지정・고시된 공공기관 및 공공단체인 경우로서 다음 각 호의 어느 하나에 해당되는 경우에는

제1항 본문에도 불구하고 해당 사업시행자가 발행하는 채권으로 지급할 수 있다.
1. 토지소유자나 관계인이 원하는 경우
2. 사업인정을 받은 사업의 경우에는 대통령령으로 정하는 부재부동산 소유자의 토지에 대한 보상금이 대통령령으로 정하는 일정 금액을 초과하는 경우로서 그 초과하는 금액에 대하여 보상하는 경우

⑧ 토지투기가 우려되는 지역으로서 대통령령으로 정하는 지역에서 다음 각 호의 어느 하나에 해당하는 공익사업을 시행하는 자 중 대통령령으로 정하는 「공공기관의 운영에 관한 법률」에 따라 지정·고시된 공공기관 및 공공단체는 제7항에도 불구하고 제7항 제2호에 따른 부재부동산 소유자의 토지에 대한 보상금 중 대통령령으로 정하는 1억원 이상의 일정 금액을 초과하는 부분에 대하여는 해당 사업시행자가 발행하는 채권으로 지급하여야 한다.
1. 「택지개발촉진법」에 따른 택지개발사업
2. 「산업입지 및 개발에 관한 법률」에 따른 산업단지개발사업
3. 그 밖에 대규모 개발사업으로서 대통령령으로 정하는 사업

⑨ 제7항 및 제8항에 따라 채권으로 지급하는 경우 채권의 상환 기한은 5년을 넘지 아니하는 범위에서 정하여야 하며, 그 이자율은 다음 각 호와 같다.
1. 제7항 제2호 및 제8항에 따라 부재부동산 소유자에게 채권으로 지급하는 경우
   가. 상환기한이 3년 이하인 채권: 3년 만기 정기예금 이자율(채권발행일 전달의 이자율로서, 「은행법」에 따라 설립된 은행 중 전국을 영업구역으로 하는 은행이 적용하는 이자율을 평균한 이자율로 한다)
   나. 상환기한이 3년 초과 5년 이하인 채권: 5년 만기 국고채 금리(채권발행일 전달의 국고채 평균 유통금리로 한다)
2. 부재부동산 소유자가 아닌 자가 원하여 채권으로 지급하는 경우
   가. 상환기한이 3년 이하인 채권: 3년 만기 국고채 금리(채권발행일 전달의 국고채 평균 유통금리로 한다)로 하되, 제1호 가목에 따른 3년 만기 정기예금 이자율이 3년 만기 국고채 금리보다 높은 경우에는 3년 만기 정기예금 이자율을 적용한다.
   나. 상환기한이 3년 초과 5년 이하인 채권: 5년 만기 국고채 금리(채권발행일 전달의 국고채 평균 유통금리로 한다)

법 제93조의2(벌칙)

제63조 제3항을 위반하여 토지로 보상받기로 결정된 권리(제63조 제4항에 따라 현금으로 보상받을 권리를 포함한다)를 전매한 자는 3년 이하의 징역 또는 1억원 이하의 벌금에 처한다.

부칙 〈법률 제19969호, 2024.1.9.〉
이 법은 공포한 날부터 시행한다.

② 예외

(ㄱ) **현물보상(대토보상)** : 도시개발사업의 시행 후에 환지처분을 하거나, 도시재개발사업의 경우 종전의 토지·건물의 소유자 등에 대하여 대지 또는 건축시설 등을 분양하는 환권처분은 현물보상의 예이다. 피수용자의 생활재건을 위해서는 금전보상보다는 현물보상이 효과적이다. 토지보상법에서는 현물보상으로 조성된 토지를 제공하는 대토보상을 규정하고 있다.

(ㄴ) **매수보상** : 매수보상은 금전보상의 변형으로 볼 수 있다. 건축물 등의 이전이 어렵거나 그 이전으로 인하여 건축물 등을 종래의 목적대로 사용할 수 없게 된 경우 등에 해당 물건의 가격으로 보상(법 제75조 제1항)하는 등 물건을 매수케 함으로써 실질적인 보상을 도모하기 위한 것이다.

(ㄷ) **채권보상** : 채권보상은 토지소유자·관계인이 입은 손실을 보상함에 있어서 일정한 경우에 보상채권으로 지급하는 것을 말한다. 이 방법은 피수용자에 대한 권리구제를 고려할 때 요건을 엄격하게 규정할 필요가 있다. 토지보상법에서는 채권보상에 대해서 상세한 요건 하에서 보상토록 하고 있다.

(4) 개인별 보상의 원칙(법 제64조)

손실보상액은 피침해자에게 각각 개별적으로 지불해야 한다는 원칙으로 예외적으로 개인별로 산정할 수 없는 경우 대위주의가 적용된다. 이는 개인의 권리보호에 대위주의보다 개별불이 유리하기 때문이다.

> **법 제64조(개인별 보상)**
> 손실보상은 토지소유자나 관계인에게 개인별로 하여야 한다. 다만, 개인별로 보상액을 산정할 수 없을 때에는 그러하지 아니하다.

(5) 일괄보상의 원칙(법 제65조)

사업시행자는 동일한 사업지역 안에 보상시기를 달리하는 동일인 소유의 토지 등이 수개 있는 경우 토지소유자 또는 관계인의 요구가 있는 때에는 일괄하여 보상금을 지급하여야 한다는 원칙으로 이는 토지소유자의 대체지 구입을 원활히 하여 정당보상을 구현하기 위함이다.

> **법 제65조(일괄보상)**
> 사업시행자는 동일한 사업지역에 보상시기를 달리하는 동일인 소유의 토지 등이 여러 개 있는 경우 토지소유자나 관계인이 요구할 때에는 한꺼번에 보상금을 지급하도록 하여야 한다.

(6) 사업시행 이익과의 상계금지(법 제66조)

잔여지의 가격이 상승하였다는 구실로 그 이익을 빼고 보상할 수 없도록 하여 피수용자를 보호하기 위해서 둔 규정이다. 수용의 대상이 되지 않은 토지와 보상금은 직접적 관계가 없다는 점, 잔여지의 개발이익 등은 개발이익환수의 방법을 적용해야 할 사항이라는 점 등을 고려하여 민사법상의 이익상계적 발상을 배제한 것이다.

> **법 제66조(사업시행 이익과의 상계금지)**
> 사업시행자는 동일한 소유자에게 속하는 일단(一團)의 토지의 일부를 취득하거나 사용하는 경우 해당 공익사업의 시행으로 인하여 잔여지(殘餘地)의 가격이 증가하거나 그 밖의 이익이 발생한 경우에도 그 이익을 그 취득 또는 사용으로 인한 손실과 상계(相計)할 수 없다.

(7) 시가보상의 원칙(법 제67조 제1항)

손실보상은 협의성립 당시 또는 재결 당시의 적정가격을 기준으로 하여야 하며 토지는 공시지가를 기준으로 보상함을 원칙으로 한다. 협의 또는 재결 시를 기준으로 하는 이유는 수용목적물의 권리변동은 협의나 재결에서 따로 정한 수용・사용의 개시일에 이루어지므로 보상액 산정시기는 수용・사용의 개시일이 되어야 할 것이나, 재결 이후의 장래가치의 변화를 예측하는 것은 현실적으로 어렵다는 점, 재결로 인해 사업시행자에게 위험부담이 이전되므로 피수용자의 지위를 보호할 필요성이 있다는 점에서 협의 및 재결 시로 한 것으로 보인다.

> **법 제67조(보상액의 가격시점 등)**
> ① 보상액의 산정은 협의에 의한 경우에는 협의성립 당시의 가격을, 재결에 의한 경우에는 수용 또는 사용의 재결 당시의 가격을 기준으로 한다.

(8) 개발이익의 배제원칙(법 제67조 제2항)

해당 공익사업으로 인하여 용도지역의 변경이나 지목변경으로 개발이익이 생긴 경우(토지소유자등의 노력이 전혀 가미되지 않는 경우)에는 그 개발이익부분은 국민정서상으로나 손실보상 법리적으로 사업시행자에게 귀속되어 모든 국민이 향유하도록 하는 것이 타당하므로 토지보상법 제67조 제2항에서는 개발이익의 배제원칙을 천명하고 있다.

> **법 제67조(보상액의 가격시점 등)**
> ② 보상액을 산정할 경우에 해당 공익사업으로 인하여 토지 등의 가격이 변동되었을 때에는 이를 고려하지 아니한다.

(9) 복수평가의 원칙(법 제68조 제1항)

사업시행자는 토지 등에 대한 보상액을 산정하려는 경우에는 감정평가법인등 3인(감정평가법인등을 추천하지 아니하는 경우에는 2인)을 선정하여 토지 등의 평가를 의뢰하여야 한다고 규정하고 있다. 또한 일정한 요건을 갖춘 경우 감정평가법인등을 선정함에 있어 토지소유자가 요청하는 경우에는 소유자 추천으로 감정평가법인등 1인을 더 선정할 수 있다.

⑽ **보상채권 발행의 원칙**(법 제69조)

국가는 「도로법」에 따른 도로공사, 「산업입지 및 개발에 관한 법률」에 따른 산업단지개발사업, 「철도의 건설 및 철도시설 유지관리에 관한 법률」에 따른 철도의 건설사업, 「항만법」에 따른 항만개발사업, 그 밖에 대통령령으로 정하는 공익사업을 위한 토지 등의 취득 또는 사용으로 인하여 토지소유자 및 관계인이 입은 손실을 보상하기 위하여 제63조 제7항에 따라 채권으로 지급하는 경우에는 일반회계 또는 교통시설특별회계의 부담으로 보상채권을 발행할 수 있다. 보상책권은 관계 중앙행정기관의 장의 요청으로 기획재정부장관이 발행하며, 기획재정부장관은 보상채권을 발행하려는 경우에는 회계별로 국회의 의결을 받아야 한다.

3. 기출문제

>> 기출문제(제15회 4번)
「공익사업을 위한 토지 등의 취득 및 보상에 관한 법률」에 규정되어 있는 손실보상의 원칙을 약술하시오. **10점**

02 손실보상의 방법

1. 서

토지보상법에서는 헌법 제23조 제3항의 정당한 보상의 실현을 위해 보상방법으로서 현금보상원칙을 채용하고 있으나, 사업시행자의 재정부담 및 보상금의 일시적 지불에 따른 사회적 폐단을 제거하기 위한 보완으로서 채권보상이 활용되고 있다. 채권보상은 사업시행자의 자금확보를 지원하고 사회기반시설의 확충에 이바지 하도록 하기 위해 도입되었으나, 그 위헌성 여부에 대한 논의가 있다.

2. 채권보상의 개관

(1) **채권보상의 필요성**

지속적인 지가상승으로 인해 오늘날에는 공익사업에 필요한 용지보상비가 사업비에서 차지하는 비율이 점점 커짐에 따라 효율적인 개발사업이 이루어지기 힘들다. 이러한 문제점을 해결하여 사업시행자의 자금확보를 지원하고 사회기반시설을 확충하기 위해서 채권보상제도의 필요성이 인정된다.

(2) **채권보상의 요건**

① **임의적 채권보상**(법 제63조 제7항)

사업시행자가 국가·지방자치단체 그 밖에 대통령령이 정하는 정부투자기관 및 공공단체인 경우로, (ㄱ) 토지소유자 또는 관계인이 원하는 경우, (ㄴ) 사업인정을 받은 사업에 있어 부재부동산 소유자의 토지에 대한 보상금이 대통령령이 정하는 일정금액(1억)을 초과하는 경우 그 초과하는 금액에 대하여 사업시행자가 발행하는 채권으로 지급할 수 있다(재량).

> **법 제63조(현금보상 등)**
> ⑦ 사업시행자가 국가, 지방자치단체, 그 밖에 대통령령으로 정하는 「공공기관의 운영에 관한 법률」에 따라 지정·고시된 공공기관 및 공공단체인 경우로서 다음 각 호의 어느 하나에 해당되는 경우에는 제1항 본문에도 불구하고 해당 사업시행자가 발행하는 채권으로 지급할 수 있다.
> 1. 토지소유자나 관계인이 원하는 경우
> 2. 사업인정을 받은 사업의 경우에는 대통령령으로 정하는 부재부동산 소유자의 토지에 대한 보상금이 대통령령으로 정하는 일정금액을 초과하는 경우로서 그 초과하는 금액에 대하여 보상하는 경우

② **의무적 채권보상**(법 제63조 제8항)

토지투기가 우려되는 지역으로 대통령령이 정하는 지역 안에서 대통령령이 정하는 공공기관 및 공공단체가 동 조항 제1호 내지 제3호에 해당하는 공익사업시행 시에는 부재부동산 소유자의 토지에 대한 보상금 중 대통령령으로 정하는 1억원 이상의 일정금액을 초과하는 부분에 대하여는 해당 사업시행자가 발행하는 채권으로 지급하여야 한다(기속).

(ㄱ) **토지보상법 제63조 제8항 신설 규정 취지** : 현금으로 지급되는 토지보상금이 부동산시장에 재유입되어 부동산시장의 불안요인으로 작용할 우려가 있어 현금보상을 감축하고 채권보상을 확대할 필요가 있고, 종전에는 채권보상의 대상이 되는 부재부동산 소유자의 토지를 "사업인정고시일부터" 토지소재지의 시·구 등에 계속하여 주민등록을 하지 아니한 자가 소유하는 토지로 규정하고 있었으나, 앞으로는 "사업인정고시일 1년 전부터" 토지소재지의 시·구 등에 계속하여 주민등록을 하지 아니한 자가 소유하는 토지로 규정하였다. 또한 채권보상이 확대되고 현금보상이 감축되어 부동산시장의 안정에 기여할 것으로 기대된다.

> **법 제63조(현금보상 등)**
> ⑧ 토지투기가 우려되는 지역으로서 대통령령으로 정하는 지역에서 다음 각 호의 어느 하나에 해당하는 공익사업을 시행하는 자 중 대통령령으로 정하는 「공공기관의 운영에 관한 법률」에 따라 지정·고시된 공공기관 및 공공단체는 제7항에도 불구하고 제7항 제2호에 따른 부재부동산 소유자의 토지에 대한 보상금 중 대통령령으로 정하는 1억원 이상의 일정 금액을 초과하는 부분에 대하여는 해당 사업시행자가 발행하는 채권으로 지급하여야 한다.
> 1. 「택지개발촉진법」에 따른 택지개발사업
> 2. 「산업입지 및 개발에 관한 법률」에 따른 산업단지개발사업
> 3. 그 밖에 대규모 개발사업으로서 대통령령으로 정하는 사업
>
> ⑨ 제7항 및 제8항에 따라 채권으로 지급하는 경우 채권의 상환 기한은 5년을 넘지 아니하는 범위에서 정하여야 하며, 그 이자율은 다음 각 호와 같다.
> 1. 제7항 제2호 및 제8항에 따라 부재부동산 소유자에게 채권으로 지급하는 경우
>   가. 상환기한이 3년 이하인 채권 : 3년 만기 정기예금 이자율(채권발행일 전달의 이자율로서, 「은행법」에 따라 설립된 은행 중 전국을 영업구역으로 하는 은행이 적용하는 이자율을 평균한 이자율로 한다)
>   나. 상환기한이 3년 초과 5년 이하인 채권 : 5년 만기 국고채 금리(채권발행일 전달의 국고채 평균 유통금리로 한다)

2. 부재부동산 소유자가 아닌 자가 원하여 채권으로 지급하는 경우
 가. 상환기한이 3년 이하인 채권 : 3년 만기 국고채 금리(채권발행일 전달의 국고채 평균 유통금리로 한다)로 하되, 제1호 가목에 따른 3년 만기 정기예금 이자율이 3년 만기 국고채 금리보다 높은 경우에는 3년 만기 정기예금 이자율을 적용한다.
 나. 상환기한이 3년 초과 5년 이하인 채권 : 5년 만기 국고채 금리(채권발행일 전달의 국고채 평균 유통금리로 한다)

시행령 제26조(부재부동산 소유자의 토지)

① 법 제63조 제7항 제2호에 따른 부재부동산 소유자의 토지는 사업인정고시일 1년 전부터 다음 각 호의 어느 하나의 지역에 계속하여 주민등록을 하지 아니한 사람이 소유하는 토지로 한다.
 1. 해당 토지의 소재지와 동일한 시(행정시를 포함한다)·구(자치구를 말한다)·읍·면(도농복합형태인 시의 읍·면을 포함한다)
 2. 제1호의 지역과 연접한 시·구·읍·면
 3. 제1호 및 제2호 외의 지역으로서 해당 토지의 경계로부터 직선거리로 30킬로미터 이내의 지역

② 제1항 각 호의 어느 하나의 지역에 주민등록을 하였으나 해당 지역에 사실상 거주하고 있지 아니한 사람이 소유하는 토지는 제1항에 따른 부재부동산 소유자의 토지로 본다. 다만, 다음 각 호의 어느 하나에 해당하는 사유로 거주하고 있지 아니한 경우에는 그러하지 아니하다.
 1. 질병으로 인한 요양
 2. 징집으로 인한 입영
 3. 공무(公務)
 4. 취학(就學)
 5. 그 밖에 제1호부터 제4호까지에 준하는 부득이한 사유

③ 제1항에도 불구하고 다음 각 호의 어느 하나에 해당하는 토지는 부재부동산 소유자의 토지로 보지 아니한다.
 1. 상속에 의하여 취득한 경우로서 상속받은 날부터 1년이 지나지 아니한 토지
 2. 사업인정고시일 1년 전부터 계속하여 제1항 각 호의 어느 하나의 지역에 사실상 거주하고 있음을 국토교통부령으로 정하는 바에 따라 증명하는 사람이 소유하는 토지
 3. 사업인정고시일 1년 전부터 계속하여 제1항 각 호의 어느 하나의 지역에서 사실상 영업하고 있음을 국토교통부령으로 정하는 바에 따라 증명하는 사람이 해당 영업을 하기 위하여 소유하는 토지

시행령 제27조의2(토지투기가 우려되는 지역에서의 채권보상)

① 법 제63조 제8항 각 호 외의 부분에서 “대통령령으로 정하는 지역”이란 다음 각 호의 어느 하나에 해당하는 지역을 말한다.
 1. 「부동산 거래신고 등에 관한 법률」 제10조에 따른 토지거래계약에 관한 허가구역이 속한 시(행정시를 포함한다)·군 또는 구(자치구인 구를 말한다)
 2. 제1호의 지역과 연접한 시·군 또는 구

② 법 제63조 제8항 각 호 외의 부분에서 “대통령령으로 정하는 「공공기관의 운영에 관한 법률」에 따라 지정·고시된 공공기관 및 공공단체”란 다음 각 호의 기관 및 단체를 말한다.
 1. 「한국토지주택공사법」에 따른 한국토지주택공사
 2. 「한국관광공사법」에 따른 한국관광공사
 3. 「산업집적활성화 및 공장설립에 관한 법률」에 따른 한국산업단지공단
 4. 「지방공기업법」에 따른 지방공사

③ 법 제63조 제8항 제3호에서 “대통령령으로 정하는 사업”이란 다음 각 호의 사업을 말한다.

1. 「물류시설의 개발 및 운영에 관한 법률」에 따른 물류단지개발사업
2. 「관광진흥법」에 따른 관광단지조성사업
3. 「도시개발법」에 따른 도시개발사업
4. 「공공주택 특별법」에 따른 공공주택사업
5. 「신행정수도 후속대책을 위한 연기·공주지역 행정중심복합도시 건설을 위한 특별법」에 따른 행정중심복합도시건설사업

(ㄴ) **시행령 제26조 제3항 제3호의 개정취지** : 공익사업지구에 편입된 개인사업자가 해당 지역에 주민등록을 하지 않았더라도 사실상 영업을 하면서 필요한 토지를 소유한 경우에는 부재부동산 소유자에서 제외하여 채권보상이 아닌 현금보상을 받을 수 있도록 함으로써 개인사업자의 자금부담을 완화하여 기업이전비용이나 투자비로 즉시 활용할 수 있도록 하는 한편, 그 밖에 현행제도의 운영상 나타난 일부 미비점을 수정·보완하려는 것이다.

(3) 채권의 상환기한·이율(법 제63조 제9항)

법 제63조(현금보상 등)

⑨ 제7항 및 제8항에 따라 채권으로 지급하는 경우 채권의 상환 기한은 5년을 넘지 아니하는 범위에서 정하여야 하며, 그 이자율은 다음 각 호와 같다.

1. 제7항 제2호 및 제8항에 따라 부재부동산 소유자에게 채권으로 지급하는 경우
   가. 상환기한이 3년 이하인 채권 : 3년 만기 정기예금 이자율(채권발행일 전달의 이자율로서, 「은행법」에 따라 설립된 은행 중 전국을 영업구역으로 하는 은행이 적용하는 이자율을 평균한 이자율로 한다)
   나. 상환기한이 3년 초과 5년 이하인 채권 : 5년 만기 국고채 금리(채권발행일 전달의 국고채 평균 유통금리로 한다)
2. 부재부동산 소유자가 아닌 자가 원하여 채권으로 지급하는 경우
   가. 상환기한이 3년 이하인 채권 : 3년 만기 국고채 금리(채권발행일 전달의 국고채 평균 유통금리로 한다)로 하되, 제1호 가목에 따른 3년 만기 정기예금 이자율이 3년 만기 국고채 금리보다 높은 경우에는 3년 만기 정기예금 이자율을 적용한다.
   나. 상환기한이 3년 초과 5년 이하인 채권 : 5년 만기 국고채 금리(채권발행일 전달의 국고채 평균 유통금리로 한다)

(4) 보상채권의 발행(법 제69조, 시행령 제31조)

보상채권은 국가의 회계를 관리하는 관계 중앙행정기관의 장의 요청으로 기획재정부장관이 발행한다. 기획재정부장관이 보상채권을 발행하려는 경우에는 회계별로 국회의 의결을 받아야 하며, 이에 관한 사항을 관계 중앙행정기관의 장 및 한국은행 총재에게 각각 통보하여야 한다. 이러한 보상채권은 국가·지방자치단체·대통령령으로 정하는 정부투자기관 및 공공단체가 발행할 수 있으며, 발행은 무기명증권으로 하고, 최소액면금액은 10만원으로 한다.

시행령 제31조(보상채권의 발행방법 등)

① 보상채권은 무기명증권(無記名證券)으로 발행한다.
② 보상채권은 액면금액으로 발행하되, 최소액면금액은 10만원으로 하며, 보상금 중 10만원 미만인 끝수의 금액은 사업시행자가 보상금을 지급할 때 현금으로 지급한다.
③ 보상채권의 발행일은 제35조 제1항에 따른 보상채권지급결정통지서를 발급한 날이 속하는 달의 말일로 한다.
④ 보상채권은 멸실 또는 도난 등의 사유로 분실한 경우에도 재발행하지 아니한다.

(5) 채권보상의 효과

채권보상의 경우에도 현금보상과 마찬가지로 보상금 지급의 효과를 가지며, 사업시행자는 수용의 개시일에 토지나 물건의 소유권(사용권)을 취득한다.

3. 채권보상의 헌법적 평가

(1) 문제의 제기

헌법 제23조 제3항은 정당보상의 원칙을 규명하고 있으며, 이는 보상금액뿐만 아니라 그 시기와 방법까지도 제한이 없는 보상이어야 한다. 따라서 채권보상제도는 보상방법에 대한 선택권을 박탈하는 것이라는 점에서 정당보상원칙에 어긋나고 위헌의 소지가 있다는 지적이 있다. 또 부재부동산 소유자와 관련하여 이를 다른 재산권과 구별하여 채권보상을 가능하도록 규정한 것은 헌법상 평등원칙에 위배될 수 있다는 문제가 제기되고 있다.

(2) 견해의 대립

① 위헌이라는 견해

(ㄱ) 채권보상은 사실상 사후보상이며, 보상방법의 제한으로 정당보상에 위배되며, (ㄴ) 피수용자가 원하는 경우에는 상관없으나, 부재부동산 소유자의 경우에는 이유 없이 차별하며(평등원칙), 헌법상 주거이전의 자유를 침해하며, (ㄷ) 보상채권은 유통이 자유롭지 않고, 가치가 안정적이지 않으므로 손실보상의 수단으로 비례의 원칙의 위반이라고 보는 견해이다.

② 합헌이라는 견해

(ㄱ) 통상적인 수익만 보장되는 경우 법률에 규정이 있다면 사후보상이라도 정당보상으로 볼 수 있으며, (ㄴ) 부재부동산 소유자는 통상의 소유자와는 달리 거주의 목적이 없으므로 차별에 합리적인 사유가 있으며, (ㄷ) 과다한 재정지출을 방지하기 위한 채권보상의 취지 및 기능을 고려하는 경우 비례원칙의 위반이라 할 수 없다고 보는 견해이다.

(3) 검토

손실보상은 지급시기, 방법 등에 제한이 없는 완전한 보상이어야 한다. 그러나 공익사업의 수요증대에 따른 채권보상의 필요성 및 예외적으로 요건을 강화하고 있는 점을 볼 때 채권보상은 허용될 수 있다고 여겨진다. 단, 국가의 재정확보나 국고증진목적 등 공익만을 위하여 채권보상하는 것은 허용할 수 없다고 할 것이다. 채권보상과 관련하여 문제가 되는 것은 제도 자체가 아니라 채권보상을 허용하는 요건과 관련된 것이다. 채권보상의 제도적 취지 및 기능을 고려할 때 채권보상의 요건을 엄격히 하여 적용하고, 이율 등을 현실화하여 사유재산권 보장과 조화를 이룰 수 있도록 하여야 할 것이다. 개정된 채권보상규정은 ① 투기가 우려되는 지역 내에서, ② 택지개발사업, 산업단지개발사업 등을 시행하는, ③ 공공기관 및 공공단체가 토지를 수용하는 경우 부재부동산 소유자에 대한 보상금 중 일정금액을 초과하는 부분은 해당 사업시행자가 발행하는 채권으로 지급하도록 의무화함으로써 채권보상을 활성화하고 부동산시장의 안정을 도모하는 등 채권보상을 공사익 조화의 방편으로 활용하고 있음을 알 수 있다.

(4) 관련문제

채권보상의 중요한 기능으로서 보상금이 일시적 투기자금화를 방지하기 위한 취지에도 불구하고 현실적으로 보상채권이 즉시 현금으로 교환(법 제69조 제5항 : 보상채권은 이를 양도하거나 담보에 제공할 수 있다)되고 있어 대체지 수요로의 전환을 막지 못하고 오히려 정당보상을 훼손할 개연성만 높이고 있는 문제가 있다. 이에 대체지보상제도의 도입이 논의되어 왔다.

4. 기출문제

> 기출문제(제3회 3번)
> 채권보상을 약술하시오. **10점**

03 대토보상

법 제63조(현금보상 등)

① 손실보상은 다른 법률에 특별한 규정이 있는 경우를 제외하고는 현금으로 지급하여야 한다. 다만, 토지소유자가 원하는 경우로서 사업시행자가 해당 공익사업의 합리적인 토지이용계획과 사업계획 등을 고려하여 토지로 보상이 가능한 경우에는 토지소유자가 받을 보상금 중 본문에 따른 현금 또는 제7항 및 제8항에 따른 채권으로 보상받는 금액을 제외한 부분에 대하여 다음 각 호에서 정하는 기준과 절차에 따라 그 공익사업의 시행으로 조성한 토지로 보상할 수 있다. 〈개정 2022.2.3.〉

1. 토지로 보상받을 수 있는 자: 토지의 보유기간 등 대통령령으로 정하는 요건을 갖춘 자로서 「건축법」 제57조 제1항에 따른 대지의 분할 제한 면적 이상의 토지를 사업시행자에게 양도한 자(공익사업을 위한 관계 법령에 따른 고시 등이 있은 날 당시 다음 각 목의 어느 하나에 해당하는 기관에 종사하는 자 및 종사하였던 날부터 10년이 경과하지 아니한 자는 제외한다)가 된다. 이 경우 대상자가 경합(競合)할 때에는 제7항 제2호에 따른 부재부동산(不在不動産) 소유자가 아닌 자 중 해당 공익사업지구 내 거주하는 자로서 토지 보유기간이 오래된 자 순으로 토지로 보상하며, 그 밖의 우선순위 및 대상자 결정방법 등은 사업시행자가 정하여 공고한다.
   가. 국토교통부
   나. 사업시행자
   다. 제21조 제2항에 따라 협의하거나 의견을 들어야 하는 공익사업의 허가・인가・승인 등을 하는 기관

라. 공익사업을 위한 관계 법령에 따른 고시 등이 있기 전에 관계 법령에 따라 실시한 협의, 의견청취 등의 대상인 중앙행정기관, 지방자치단체, 「공공기관의 운영에 관한 법률」 제4조에 따른 공공기관 및 「지방공기업법」에 따른 지방공기업

2. 보상하는 토지가격의 산정 기준금액: 다른 법률에 특별한 규정이 있는 경우를 제외하고는 일반 분양가격으로 한다.

3. 보상기준 등의 공고: 제15조에 따라 보상계획을 공고할 때에 토지로 보상하는 기준을 포함하여 공고하거나 토지로 보상하는 기준을 따로 일간신문에 공고할 것이라는 내용을 포함하여 공고한다.

② 제1항 단서에 따라 토지소유자에게 토지로 보상하는 면적은 사업시행자가 그 공익사업의 토지이용계획과 사업계획 등을 고려하여 정한다. 이 경우 그 보상면적은 주택용지는 990제곱미터, 상업용지는 1천100제곱미터를 초과할 수 없다.

③ 제1항 단서에 따라 토지로 보상받기로 결정된 권리(제4항에 따라 현금으로 보상받을 권리를 포함한다)는 그 보상계약의 체결일부터 소유권이전등기를 마칠 때까지 전매(매매, 증여, 그 밖에 권리의 변동을 수반하는 모든 행위를 포함하되, 상속 및 「부동산투자회사법」에 따른 개발전문 부동산투자회사에 현물출자를 하는 경우는 제외한다)할 수 없으며, 이를 위반하거나 해당 공익사업과 관련하여 다음 각 호의 어느 하나에 해당하는 경우에 사업시행자는 토지로 보상하기로 한 보상금을 현금으로 보상하여야 한다. 이 경우 현금보상액에 대한 이자율은 제9항 제1호 가목에 따른 이자율의 2분의 1로 한다. 〈개정 2022.2.3.〉

1. 제93조, 제96조 및 제97조 제2호의 어느 하나에 해당하는 위반행위를 한 경우
2. 「농지법」 제57조부터 제61조까지의 어느 하나에 해당하는 위반행위를 한 경우
3. 「산지관리법」 제53조, 제54조 제1호 · 제2호 · 제3호의2 · 제4호부터 제8호까지 및 제55조 제1호 · 제2호 · 제4호부터 제10호까지의 어느 하나에 해당하는 위반행위를 한 경우
4. 「공공주택 특별법」 제57조 제1항 및 제58조 제1항 제1호의 어느 하나에 해당하는 위반행위를 한 경우
5. 「한국토지주택공사법」 제28조의 위반행위를 한 경우

④ 제1항 단서에 따라 토지소유자가 토지로 보상받기로 한 경우 그 보상계약 체결일부터 1년이 지나면 이를 현금으로 전환하여 보상하여 줄 것을 요청할 수 있다. 이 경우 현금보상액에 대한 이자율은 제9항 제2호 가목에 따른 이자율로 한다.

1. 의의 및 취지

공익사업에 필요한 토지 등의 손실보상 자금을 효율적으로 관리하고 현지주민 재정착 및 해당 지역 주민이 개발혜택을 공유할 수 있도록 토지소유자가 원하는 경우 현금 대신 공익사업으로 조성된 토지를 보상할 수 있는 대토보상제도를 도입하였다.

2. 대토보상의 시행 및 기대효과

(1) 대토보상의 시행

손실보상은 현금보상을 원칙으로 하되, 토지소유자가 원하는 경우로서 사업시행자가 해당 공익사업의 토지이용계획 및 사업계획 등을 고려하여 공익사업의 시행으로 조성된 토지로 보상이 가능한 경우에는 토지소유자가 받을 보상금 중 현금 및 채권보상액 등을 제외한 부분에 대하여 일정한 기준과 절차에 따라 그 공익사업의 시행으로 조성한 토지로 보상할 수 있도록 하였다.

(2) 대토보상의 기대효과

토지소유자의 손실보상 관련 불만을 상당부분 해소할 수 있고, 토지구입 수요를 줄임으로써 인근지역 부동산가격의 상승을 억제할 수 있을 것으로 기대된다.

3. 대토보상의 기준, 절차 및 제한 등

(1) 토지로 보상받을 수 있는 자(법 제63조 제1항)

토지의 보유기간 등 대통령령으로 정하는 요건을 갖춘 자로서 「건축법」 제57조 제1항에 따른 대지의 분할 제한 면적 이상의 토지를 사업시행자에게 양도한 자(공익사업을 위한 관계 법령에 따른 고시 등이 있은 날 당시 다음 각 목의 어느 하나에 해당하는 기관에 종사하는 자 및 종사하였던 날부터 10년이 경과하지 아니한 자는 제외한다)가 된다. 이 경우 대상자가 경합(競合)할 때에는 제7항 제2호에 따른 부재부동산(不在不動産) 소유자가 아닌 자 중 해당 공익사업지구 내 거주하는 자로서 토지 보유기간이 오래된 자 순으로 토지로 보상하며, 그 밖의 우선순위 및 대상자 결정방법 등은 사업시행자가 정하여 공고한다.

가. 국토교통부
나. 사업시행자
다. 제21조 제2항에 따라 협의하거나 의견을 들어야 하는 공익사업의 허가·인가·승인 등을 하는 기관
라. 공익사업을 위한 관계 법령에 따른 고시 등이 있기 전에 관계 법령에 따라 실시한 협의, 의견청취 등의 대상인 중앙행정기관, 지방자치단체, 「공공기관의 운영에 관한 법률」 제4조에 따른 공공기관 및 「지방공기업법」에 따른 지방공기업

(2) 보상하는 토지가격의 산정기준금액

다른 법률에 특별한 규정이 있는 경우를 제외하고는 일반분양가격으로 한다.

(3) 토지로 보상하는 면적(법 제63조 제2항)

사업시행자가 그 공익사업의 토지이용계획과 사업계획 등을 고려하여 정한다. 이 경우 그 보상면적은 주택용지는 990제곱미터, 상업용지는 1천100제곱미터를 초과할 수 없다.

(4) 대토보상 결정권리의 전매제한 등(법 제63조 제3항)

토지보상법 제63조 제1항 단서에 따라 토지로 보상받기로 결정된 권리(제4항에 따라 현금으로 보상받을 권리를 포함한다)는 그 보상계약의 체결일부터 소유권이전등기를 마칠 때까지 전매(매매, 증여, 그 밖에 권리의 변동을 수반하는 모든 행위를 포함하되, 상속 및 「부동산투자회사법」에 따른 개발전문 부동산투자회사에 현물출자를 하는 경우는 제외한다)할 수 없으며, 이를 위반하거나 해당 공익사업과 관련하여 다음 각 호의 어느 하나에 해당하는 경우에 사업시행자는 토지로 보상하기로 한 보상금을 현금으로 보상하여야 한다. 이 경우 현금보상액에 대한 이자율은 제9항 제1호 가목에 따른 이자율의 2분의 1로 한다.

1. 제93조, 제96조 및 제97조 제2호의 어느 하나에 해당하는 위반행위를 한 경우
2. 「농지법」 제57조부터 제61조까지의 어느 하나에 해당하는 위반행위를 한 경우
3. 「산지관리법」 제53조, 제54조 제1호 · 제2호 · 제3호의2 · 제4호부터 제8호까지 및 제55조 제1호 · 제2호 · 제4호부터 제10호까지의 어느 하나에 해당하는 위반행위를 한 경우
4. 「공공주택 특별법」 제57조 제1항 및 제58조 제1항 제1호의 어느 하나에 해당하는 위반행위를 한 경우
5. 「한국토지주택공사법」 제28조의 위반행위를 한 경우

(5) **현금보상으로의 전환**(법 제63조 제4항, 제5항, 제6항)

보상계약 체결일부터 1년이 경과하면 이를 현금으로 전환하여 보상하여 줄 것을 요청할 수 있다. 해당 사업계획의 변경 등의 사유로 인하여 보상하기로 한 토지의 전부 · 일부를 토지로 보상할 수 없는 경우에는 이를 현금으로 보상할 수 있다. 토지소유자가 다음의 사유로 인하여 토지로 보상받기로 한 보상금에 대하여 현금보상을 요청한 경우에는 이를 현금으로 보상하여야 한다. ① 국세 및 지방세의 체납처분 또는 강제집행을 받는 경우, ② 세대원 전원이 해외로 이주하거나 2년 이상 해외에 체류하려는 경우, ③ 그 밖에 ① · ②와 유사한 경우로서 국토교통부령으로 정하는 경우. 이 경우 현금보상액에 대한 이자율은 3년 만기 국고채 금리와 3년 만기 정기예금 이자율 중 높은 이율로 한다.

■ **법규 헷갈리는 쟁점 : 대토보상과 문제점 및 개선방안**

Ⅰ. 대토보상

1. 대토보상의 의의 및 취지

토지소유자가 원하는 경우로서 사업시행자가 해당 공익사업의 합리적인 토지이용계획과 사업계획 등을 고려하여 토지로 보상이 가능한 경우에는 토지소유자가 받을 보상금 중 본문에 따른 현금 또는 토지보상법 제63조 제7항 및 제8항에 따른 채권으로 보상받는 금액을 제외한 부분에 대하여 일정한 기준과 절차에 따라 그 공익사업의 시행으로 조성한 토지로 보상할 수 있다.

대토보상은 현금보상의 예외로서 공익사업의 시행으로 조성한 토지로 보상하는 것을 말한다.

이는 개발혜택의 공유와 주민재정착의 취지로 도입된 제도이다.

2. 대토보상의 요건

토지소유자가 원하는 경우로서 사업시행자가 해당 공익사업의 합리적인 토지이용계획과 사업 계획 등을 고려하여 토지로 보상이 가능한 경우에는 토지소유자가 받을 보상금 중 현금 또는 채권으로 보상받는 금액을 제외한 부분에 대하여 공익사업의 시행으로 조성한 토지로 보상할 수 있다. 토지로 보상받을 수 있는 자는 토지의 보유기간 등 대통령령으로 정하는 요건을 갖춘 자로서 「건축법」 제57조 제1항에 따른 대지의 분할 제한 면적 이상의 토지를 사업시행자에게 양도한 자가 된다. 이 경우 대상자가 경합할 때에는 제7항 제2호에 따른 부재부동산 소유자가 아닌 자 중 해당 공익사업지구 내 거주하는 자로서 토지 보유기간이 오래된 자 순으로 토지로 보상하며, 그 밖의 우선순위 및 대상자 결정방법 등은 사업시행자가 정하여 공고한다.

공익사업을 위한 관계 법령에 따른 고시 등이 있은 날 당시 ① 국토교통부, ② 사업시행자, ③ 토지보상법 제21조 제2항에 따라 협의하거나 의견을 들어야 하는 공익사업의 허가・인가・승인 등을 하는 기관, ④ 공익사업을 위한 관계 법령에 따른 고시 등이 있기 전에 관계 법령에 따라 실시한 협의, 의견청취 등의 대상인 중앙행정기관, 지방자치단체, 「공공기관의 운영에 관한 법률」 제4조에 따른 공공기관 및 「지방공기업법」에 따른 지방공기업 중 어느 하나에 해당하는 기관에 종사하는 자 및 종사하였던 날부터 10년이 경과하지 아니한 자는 제외한다.

3. 대토보상의 내용

① 대토보상의 범위 : 보상금 중 현금 채권 보상받는 나머지

② 가격 및 면적 : 일반분양가기준, 주택용지 99㎡, 상업용지 1,100㎡를 초과할 수 없음.

③ 전매제한 등 : 계약체결일부터 소유권이전등기 시까지 전매제한(상속 및 「부동산투자회사법」에 따른 개발전문 부동산투자회사에 현물출자를 하는 경우는 제외한다)이 되며, 이를 위반하거나 해당 공익사업과 관련하여 다음 각 호의 어느 하나에 해당하는 경우에 사업시행자는 토지로 보상하기로 한 보상금을 현금으로 보상하여야 한다. 이 경우 현금보상액에 대한 이자율은 제9항 제1호 가목에 따른 이자율의 2분의 1로 한다.

4. 벌칙 규정 신설(토지보상법 제93조의2)

토지보상법 제63조 제3항을 위반하여 토지로 보상받기로 결정된 권리(제63조 제4항에 따라 현금으로 보상받을 권리를 포함한다)를 전매한 자는 3년 이하의 징역 또는 1억원 이하의 벌금에 처한다.

Ⅱ. 대토보상의 문제점 및 개선방안

1. 보상의 범위

대토보상은 기본적으로 조성된 토지로 주는 것을 말한다. 또한 대토보상이 법률상으로 제한되어 있어서 현실적으로 보상대상자들의 불만이 상당하다. 대토보상은 토지소유자가 받을 보상금의 범위 안에서 이루어져야 하는바, 고가의 효용이 높은 대체지를 대토보상으로 받기 위해서는 상당한 규모 이상이 편입된 경우이어야 한다. 보상대상의 토지면적이 소규모인 토지소유자를 위한 조합구성을 구성하고, 최근에는 RITS 방식으로 대토보상을 현실화하는 방안이 검토되고 있다.

2. 대체지 제공 범위 및 대체지 공급에 따른 정산

현실적으로 대토보상은 조성된 토지가 있어서 보상을 받을 수 있는 보상이다. 도로사업과 같이 대체지를 조성할 수 없는 공익사업의 경우 원칙적으로 적용할 여지가 없으므로 다른 공익 사업의 조성토지도 활용하는 것이 효과적이다. 또한 대체지의 공급시기에 보상금의 지급정산이 이루어지게 되어 사전보상의 원칙에 부합되지 않는 문제점이 있는바, 취득시기에 현금으로 전액 보상하고 대체에 대하여는 매수우선권을 부여하는 방법으로 개선함이 타당하다 할 것이다. 물론 현실적으로 대토보상을 하면서 대토의 공급시기가 늦어지만 은행이자율 정도의 이자를 지급하고 있어 해당 대토보상의 시기가 늦어지만 사업시행자의 금융이자 부담이 커지기도 한다.

3. 공급가격의 결정 및 전매제한

공급가격에 대하여 일반 분양가의 원칙을 정하고 있으나 산정기준을 명확히 규정하여 예측가능성을 제고할 필요가 있으며, 전매를 전면적으로 제한하고 있어 보상의 유용성을 저해하는 문제가 제기되는 바, 일정 범위 내 피수용자 간의 전매허용을 고려해 볼 필요가 있다고 생각된다. 다만 현물출자하는 방식에서는 전매를 허용하고 있는데 이는 농업법인을 통해 비정상적인 거래를 유도하는 문제가 있어서 이주대책과 같이 한번 정도는 정상적인 전매가 가능하도록 하는 것이 현실적이라고 보여진다.

■ 대토보상 공고문과 대토보상신청서 양식

☞ ○○연구개발특구 첨단3지구 대토보상 공고 (00광역시도시공사공고 제2024 - 000호)

○○광역시 고시 제2020-552(2020.12.31.)호, 전라남도 고시 제2020-587(2020.12.31.)호로 실시계획 승인 고시된 ○○연구개발특구 첨단3지구와 관련하여『공익사업을 위한 토지 등의 취득 및 보상에 관한 법률』(이하 "토지보상법"이라 함) 제63조의 규정에 따라 토지소유자가 원하는 경우 토지보상금 대신 첨단3지구 내에 조성되는 토지로 보상(이하 "대토보상"이라 함)하는 계획을 아래와 같이 공고합니다.

○ 신청기간 및 장소 : 2024.12.12. ~ 2024.12.26.(15일 간) / (점심시간 12:00~13:00, 공휴일 제외) ○○광역시 서구 시청로 26, 빛고을고객센터 1층

○ 구비서류 : 대토보상 신청서, 인감증명서, 인감도장, 신분증, 통장

○ 대 상 자 : 보상금을 기 수령한 토지소유자(대토보상 계약 시 보상금 반환) 중「건축법」제57조 및「○○광역시 건축조례」제31조 및「○○군 건축조례」제44조에 따른 대지의 분할제한 면적 이상의 당해 사업지구 내 토지를 소유했던 자

주거지역	상업 · 공업지역	녹지지역	그 밖의 지역	비고
60㎡	150㎡	200㎡	60㎡	00광역시, 00군 동일

○ 대토보상 신청방법

가. 대토 공급하기로 결정된 토지 중 토지소유자가 희망하는 용도와 필지를 모두 지정하여 대토보상을 신청합니다.

나. 단독주택용지는 1세대 1필지를, 종교시설용지는 1인 1필지를 기준으로 대토보상 신청합니다.

○ 대토보상 대상자 선정기준

가. 대토보상신청 접수결과 대상용지(필지)별로 경쟁이 있는 경우 다음과 같이 대상자 선정순위에 따라 대상자를 선정합니다.

- 1순위 : 현지인 중 다음 각 목에 해당하는 자
  - 공람공고일(이주대책 수립대상자 선정기준일) 1년 이전부터 해당 사업지구 안에서 거주한 사람
  - 토지보상법 시행규칙 제15조 제2항에 따라 공람공고일 1년 이전부터 해당 사업지구 안에서 영업하고 있음을 입증하는 사람
  - 공람공고일 1년 이전부터 해당 사업지구 안에서 소재하고 있음을 증명하는 법인 또는 단체
- 2순위 : 현지인 중 1순위에 해당하지 않는 자
- 3순위 :「토지보상법」에 따른 부재부동산 소유자

나. 1순위자 중 다음 호에 해당할 경우 1순위 내에서 우선순위를 부여합니다.
- 사업지구 내에 종교시설을 소유하고 종교 활동을 수행한 자가 종교시설용지를 신청하는 경우

※ 동일 순위 내 경쟁자 처리
- 동일 순위 내 경쟁이 있는 경우 토지보상금 총액 중 보상채권 및 대토보상(보상채권 등)으로 보상받는 금액의 비율이 높은 자를 우선 선정
- 보상채권 등의 금액 비율이 동일하고 경합이 있는 경우에는 추첨으로 선정

* 보상채권 및 대토보상을 받는 금액이 30억원 이상인 경우 및 대토보상 신청금액이 신청한 대토보상용 조성용지의 추정가격과 동일하거나 초과하는 경우에는 보상채권 등의 금액비율이 100%인 것으로 간주

* 지분공동 신청 시 신청자 중 후순위자의 순위를 따르고, 사업인정고시일 이후 소유권 변동이 있을 경우 종전 소유자와 변경된 소유자의 순위 중 후순위자의 순위로 결정

○ 보상금 처리방법

가. 기 수령한 보상금을 반환하고, 반환된 보상금은 대토공급계약 체결 시 대토의 매매대금으로 상계처리하며, 대토보상 약정일(기 수령한 보상금 반환일)부터 대토공급계약 체결일(또는 현금보상전환일) 전일까지 이자기산일 당시 3년 만기 국고채 금리로 하되, 3년 만기 정기예금 이자율이 3년 만기 국고채 금리보다 높은 경우에는 3년 만기 정기예금 이자율을 적용합니다.

나. 이자기산일부터 당해 연도 12월 15일까지 해당 이자율을 단리로 계산한 이자를 지급하고 차년도부터 대토공급계약 체결일까지 1년 단위로 지급합니다.

○ 대토보상 대상토지 및 공급기준

(단위 : m², 원)

순번	세부 용도	대토보상 대상토지(예정)					비고
		위치	예정 면적	예정 단가	대토예정금액 (원단위 절상)	1인당 대토보상 가능면적	
1	순수 단독 주택용지	단독3-3	280	962,444	269,484,320	990m² 이하	점포 불가
2		단독3-5					
3		단독3-6					
4		단독3-7					
5		단독4-3	279		268,521,880		
6		단독4-5					
7		단독4-7					
8		단독4-8					
9	종교시설	종교2	1,689	1,200,000	2,026,800,000	제한 없음.	

※ 대상토지의 용도 및 위치는 00연구개발특구 첨단3지구 실시계획 변경 고시(광주광역시 고시 제2024-000호, 00남도 고시 제2024-000호) 기준으로 향후 실시계획 변경 등 사업추진 과정에서 변경될 수 있으며, 대토보상 공급예정 토지의 위치, 규모(면적), 공급가격, 공급시기 등은 추후 대토보상 토지 공급시점에 확정됩니다.

※ 용도별 추정단가는 대토보상 계약시점에 대토보상 계약면적 결정을 위한 추정가격으로 대토 공급가격은 공급시점에 확정되며, 공급시점에 확정된 토지 가격과 차이가 있는 경우 그 차액을 정산함을 알려드립니다.

○ 대토보상 계약

가. 대토보상 계약기간 내 기 수령한 보상금을 반환 후 '대토보상 약정서' 체결합니다.

- 대토보상 대상자로 선정된 후 대토보상 계약기간 내 대토보상 약정(보상금을 조성될 토지로 지급 및 수령하겠다는 약정)을 하지 않을 경우 대토보상 대상자로 선정된 지위는 취소됩니다.

○ 대토계약 면적 : 대토보상 금액÷신청 세부용도의 대토보상 예정단가(소수점 이하 버림)

○ 대토공급 가격 : 감정평가액(단독주택 및 종교시설)

○ 기타사항

가. 신청 제한사항

- 토지보상금 중 소유자에게 현금으로 지급된 금액 한도 내에서 신청 가능합니다(재결증액분 포함). 〈3순위(부재부동산 소유자)는 양도소득세액 제외한 현금보상액(1억원 한도) 내에서 신청 가능〉
- 법인은 단독주택용지에 대하여 신청 불가합니다.

나. 전매제한

- 대토로 보상받기로 결정된 권리(현금으로 전환하여 보상받을 권리도 포함)는 그 대토보상 계약의 체결일로부터 대토에 대한 소유권이전등기를 완료할 때까지 전매할 수 없으며(상속 및 부동산투자회사에 현물투자는 제외), 이를 위반한 경우는 3년 이하의 징역 또는 1억원 이하의 벌금에 처합니다.
- 전매금지 규정을 위반한 경우, 토지보상법 제63조 제9항 제1호 가목에 따른 이자율(3년만기 정기예금 이자율)의 2분의 1을 적용하여 현금보상으로 전환됩니다.

다. 현금보상 전환

- 토지소유자들의 조합구성 실패, 사업계획의 변경 및 사업여건 등의 사유로 대토보상이 불가한 경우 또는 체납처분, 해외이주, 채무변제, 질병치료, 계약체결 1년 경과 등의 사유로 토지소유자가 신청하는 경우에는 현금보상으로 전환 가능합니다.

라. 기타

- 기 손실협의 및 수용재결 보상금 수령자는 보상금 반환 후 대토보상으로 전환 가능합니다.

- 부동산투자회사법에 따른 개발전문 부동산 투자회사에 대토보상을 받기로 결정된 권리를 현물출자한 경우 '현물출자 통지서'를 사업시행자에게 제출해야 하며, 현금보상으로 전환 불가합니다.

○ 이 공고에 언급되지 않은 사항은 관련 법령 및 사업시행자 지침 등의 기준에 의합니다. 기타 자세한 사항은 00광역시도시공사 분양보상팀(☎000-000-000)로 문의하여 주시기 바랍니다.

2025년 00월 00일

00광역시 도시공사(직인생략)

☞ 대토보상 신청서(제10조 제1항 관련)

<table>
<tr><td colspan="5"></td><td>접수번호</td><td colspan="2"></td></tr>
<tr><td colspan="8">대토보상 신청서</td></tr>
<tr><td rowspan="4">신청인</td><td>성 명</td><td colspan="3"></td><td>생년월일</td><td colspan="2"></td></tr>
<tr><td>주 소
(연락처)</td><td colspan="6">(☎:)</td></tr>
<tr><td>대토보상
선정순위</td><td colspan="6"></td></tr>
<tr><td colspan="7">※ 기입하신 대토보상 선정순위가 사실과 다른 경우 대토보상 대상자 선정취소 및 대토보상 계약이 불가할 수 있으니 선정순위 작성 전 반드시 보상안내문을 통해 본인의 순위를 확인한 후 작성하여 주시기 바랍니다.
1순위 : 공람공고일 1년 이전부터 사업지구 내 거주·영업·소재한 현지인
2순위 : 현지인 중 1순위에 해당하지 않는 자
3순위 : 부재부동산 소유자</td></tr>
<tr><td colspan="8">대토보상 신청내역</td></tr>
<tr><td>토지 지번</td><td>필지별
토지보상액</td><td>현금보상
신청액</td><td>채권보상
신청액</td><td>대토보상
신청액</td><td>대토의
용도
(세부용도)</td><td colspan="2">부동산
투자회사
출자여부</td></tr>
<tr><td></td><td></td><td></td><td></td><td></td><td></td><td colspan="2"></td></tr>
<tr><td></td><td></td><td></td><td></td><td></td><td></td><td colspan="2"></td></tr>
<tr><td></td><td></td><td></td><td></td><td></td><td></td><td colspan="2"></td></tr>
<tr><td></td><td></td><td></td><td></td><td></td><td></td><td colspan="2"></td></tr>
<tr><td>계</td><td></td><td></td><td></td><td></td><td></td><td colspan="2"></td></tr>
<tr><td colspan="8">위 본인은 토지보상금을 수령함에 있어 보상금 중 일부를 위 신청내역과 같이 토지로 보상해 줄 것을 신청합니다.

년 월 일
신 청 인 : (서명 또는 인)

0000주택공사 00사업본부장 귀하</td></tr>
</table>

제6절 손실보상의 불복방법

01 토지보상법상의 불복방법

1. 손실보상액 결정

(1) 당사자 간의 협의에 의한 경우

이러한 협의는 행정기관의 결정의 전단계로서의 의미를 갖는다(토지보상법 제16조). 협의불성립의 경우에는 행정청이 개입하여 결정하기 때문이다. 협의가 성립되어 관할 토지수용위원회의 확인을 받으면, 이때 확인은 토지수용위원회의 재결로 보게 된다(동법 제29조).

(2) 행정청의 재결 또는 결정에 의한 경우

협의가 성립되지 않아 사업시행자가 관할 토지수용위원회에 재결을 신청하여 토지수용위원회와 같은 의결기관의 재결에 의하는 경우(동법 제30조)와 자문기관의 심의를 거쳐 행정청이 결정하는 경우(징발법 제24조, 동시행령 제11조)를 말한다. 이때의 행정청의 결정유형에는 ① 재산권의 제약행위의 허용 여부와 그 보상액을 함께 결정하는 경우(토지보상법 제34조에 규정되어 있는 토지수용위원회의 재결), ② 보상액만을 결정하는 경우(도로법 제79조, 제80조, 산림법 제63조 등)로 나눌 수 있다.

(3) 소송에 의하는 경우

법률이 보상액의 결정방법에 관하여 아무런 규정을 두고 있지 않은 경우에는 당사자는 법원에 보상금지급청구소송을 제기할 수 있다.

2. 손실보상액 결정에 대한 불복방법

보상액의 결정은 일차적으로 당사자 간의 협의에 의하여 결정되는 것이 원칙이고, 협의가 이루어지지 않은 경우 행정청의 재결의 형식으로 보상금결정이 이루어지게 된다. 이 경우 관계인은 이의신청에 따른 행정심판과 직접 행정소송을 제기함으로써 이에 불복할 수 있다.

불복절차는 행정청의 재결이 어떤 내용의 것인가에 따라 다른바, 재결의 내용이 ① 보상금결정만인 경우와 ② 재결의 내용이 수용 등과 그에 대한 보상재결인 경우로 나누어 고찰한다.

(1) 재결의 내용이 보상금 결정만인 경우(토지보상법 제80조)

행정청의 보상금만의 결정에 대한 성격을 어떻게 보느냐에 따라, 처분성을 인정하는 경우 보상액 결정의 취소를 구하는 취소심판, 취소소송을 제기하며, 처분성을 부인하는 경우 법원에 보상금지급청구소송을 공법상 당사자소송으로 제기한다는 견해도 있으나 토지보상법상의 입법취지상 제85조 제2항의 규정에 따라 소송을 제기함이 논리 전개상 타당하리라 본다.

(2) 재결의 내용이 수용 등과 그에 대한 보상금 결정인 경우(토지보상법 제83조 – 제85조)

① 이의신청

법 제83조(이의의 신청)

① 중앙토지수용위원회의 제34조에 따른 재결에 이의가 있는 자는 중앙토지수용위원회에 이의를 신청할 수 있다.

② 지방토지수용위원회의 제34조에 따른 재결에 이의가 있는 자는 해당 지방토지수용위원회를 거쳐 중앙토지수용위원회에 이의를 신청할 수 있다.

③ 제1항 및 제2항에 따른 이의의 신청은 재결서의 정본을 받은 날부터 30일 이내에 하여야 한다.

법 제84조(이의신청에 대한 재결)

① 중앙토지수용위원회는 제83조에 따른 이의신청을 받은 경우 제34조에 따른 재결이 위법하거나 부당하다고 인정할 때에는 그 재결의 전부 또는 일부를 취소하거나 보상액을 변경할 수 있다.

② 제1항에 따라 보상금이 늘어난 경우 사업시행자는 재결의 취소 또는 변경의 재결서 정본을 받은 날부터 30일 이내에 보상금을 받을 자에게 그 늘어난 보상금을 지급하여야 한다. 다만, 제40조 제2항 제1호·제2호 또는 제4호에 해당할 때에는 그 금액을 공탁할 수 있다.

② 보상금증감청구소송

법 제85조(행정소송의 제기)

① 사업시행자, 토지소유자 또는 관계인은 제34조에 따른 재결에 불복할 때에는 재결서를 받은 날부터 90일 이내에, 이의신청을 거쳤을 때에는 이의신청에 대한 재결서를 받은 날부터 60일 이내에 각각 행정소송을 제기할 수 있다. 이 경우 사업시행자는 행정소송을 제기하기 전에 제84조에 따라 늘어난 보상금을 공탁하여야 하며, 보상금을 받을 자는 공탁된 보상금을 소송이 종결될 때까지 수령할 수 없다.

② 제1항에 따라 제기하려는 행정소송이 보상금의 증감(增減)에 관한 소송인 경우 그 소송을 제기하는 자가 토지소유자 또는 관계인일 때에는 사업시행자를, 사업시행자일 때에는 토지소유자 또는 관계인을 각각 피고로 한다.

02 개별법상의 불복방법

개별법에서 행정청 또는 토지수용위원회가 보상금을 결정하도록 규정하고, 특별한 불복절차를 규정하지 않은 경우 개별법률에 근거가 있어야 보상금증감청구소송이 인정된다는 일반적 견해에 의하면 해당 행정청 등의 보상금 결정은 처분이므로 행정심판 및 행정소송(취소소송)의 대상이 된다(판례 1). 개별법령에서 보상금의 결정과 불복에 관해 토지보상법을 준용하도록 규정하고 있는 경우에는 보상금 결정에 대한 불복소송은 보상금증감청구소송에 의하게 된다(판례 2).(박균성)

판례

▶ 관련판례 1(대판 1995.3.3, 93다55296)

(구)농촌근대화촉진법 제156조 소정의 농지개량사업 또는 농가주택개량사업의 시행으로 인하여 손실을 받은 이해관계인은 같은 법 제157조 제1항과 제2항에 정한 절차에 따라서 손실보상을 청구하고, 농림수산부장관의 재결에 대하여도 불복일 때에는 시・도지사를 상대로 항고소송에 의하여 공법상의 처분인 시・도지사의 결정의 취소를 구하여 그 결과에 따라 손실보상을 받을 수 있을 뿐이고, 곧바로 민사소송으로 농지개량사업 또는 농가주택개량사업의 시행자를 상대로 하여 손실보상금청구를 할 수 없다.

▶ 관련판례 2(대판 2003.4.25, 2001두1369)

토지가 준용하천의 제외지와 같은 하천구역에 편입된 경우, 토지소유자는 (구)하천법 제74조가 정하는 바에 따라 하천관리청과 협의를 하고 그 협의가 성립되지 아니하거나 협의를 할 수 없을 때에는 관할 토지수용위원회에 재결을 신청하고 그 재결에 불복일 때에는 바로 관할 토지수용위원회를 상대로 재결 자체에 대한 행정소송을 제기하여 그 결과에 따라 손실보상을 받을 수 있을 뿐이고, 같은 법 부칙 제2조 제1항을 준용하여 직접 하천관리청을 상대로 민사소송으로 손실보상을 청구할 수는 없다.

제7절 손실보상의 흠결과 보충

전통적인 손해배상제도와 손실보상제도로 해결되지 아니하는 국가의 책임영역이 있다. 이와 관련하여 ① 재산권의 내용・한계규정과 보상, ② 수용유사침해보상・수용적 침해보상, 희생보상과 희생유사침해보상, 위험책임에 따른 보상과 결과제거청구권, 그리고 ③ 국가의 보상책임의 특수한 문제로서 계획보장청구권・수익적 행위의 취소와 철회에 따른 보상 등이 문제된다.

01 수용유사침해 법리와 이론적 수용가능성

1. 의의

위법한 공용침해로 인하여 특별한 희생을 당한 자에 대한 보상을 말하며, 여기서의 위법은 공용침해를 규정한 법률이 손실보상규정을 두지 않아 결과적으로 위헌이라는 의미의 위법을 말한다.

2. 수용유사침해 법리의 형성과정(독일에서의 논의)

(1) 이론의 성립

독일의 수용유사침해이론은 적법・무책의 손실보상과 위법・유책의 손해배상 사이에 보상의 흠결이 나타나는 경우, 즉 침해의 근거는 있으나 보상의 근거가 없는 위헌・위법이나 책임의 소재가 명확하지 않는 경우에 권리구제의 공백을 보충하기 위하여 독일의 연방사법재판소 판례에 의해 발전된 이론이다. 초기에는 독일기본법 제14조에 근거하였다.

(2) 이론의 발전

초기에는 보상규정이 없는 경우에만 인정되었으나, 그 후 위법·무책을 인정한다면 위법·유책도 인정되어야 한다는 단순논리에 의해 침해의 근거규정조차 없는 경우까지 확대되었다.

(3) 자갈채취사건 결정

독일의 연방헌법재판소는 자갈채취사건 판결에서 기본법 제4조 제3항의 수용개념을 협의로 축소시킴으로써, 기본법 제14조의 수용유사침해 근거로써 지위를 박탈하였다. 또한 누구도 위법상태를 수인하고 손실보상을 청구할 수 없다고 판시하여 1차적 권리구제수단으로써 쟁송제도의 적극적 활용을 요구하였다.

(4) 자갈채취사건 결정 이후 동 법리의 수정

자갈채취사건 결정 이후에 수용유사침해이론은 헌법적 지위가 인정되는 관습법으로써 프로이센 일반란트법 제74조·제75조 희생보상법리를 근거로 하여 명맥을 유지하고 있다.

3. 수용유사침해 법리의 적용요건

타인의 재산권에 대한 '위법'한 공용침해로 인한 특별한 희생의 발생이 동 법리의 적용요건이 된다. 따라서 본래의 공용침해로 인한 손실보상의 요건 중 '침해의 위법성'만이 차이가 있다. 독일의 이론과 판례에 따르면 소극적 요건으로 1차적 권리보호의 차단효에 따른 제한이 추가적으로 있게 된다.

4. 우리나라에서 수용유사침해 법리의 수용가능성

(1) 논의의 실익

헌법 제23조 제3항의 효력 논의에 의한 권리구제 방안은 명확하지 않아 이러한 권리구제의 불확실성을 해결할 수 있다는 점에 이론적 가치가 있다고 보여진다.

(2) 견해의 대립

① 국가에 의한 침해가 수용유사침해보상에 해당하는 경우는 손해배상청구만 가능하다는 견해 ② 헌법 제23조 제3항을 직접적 또는 간접적 효력규정으로 보아 손실보상청구가 가능하다는 견해 ③ 보상·배상이 아니라 취소소송으로 다툴 수 있다는 견해로 나뉘고 있다.

(3) 판례

고등법원에서는 MBC주식강제증여사건에서 수용유사침해이론을 명시적으로 인정하였으나, 대법원은 수용유사침해 여부는 별론으로 하더라도 사인소유의 방송사주식을 강압적으로 국가에서 증여하게 한 것은 수용유사행위에 해당하지 않는다고 판시하여 명시적 판단을 유보하였다.

(4) 검토

행위 자체가 공공복리를 위한 경우에는 불법행위가 아닌 수용에 준하여 해결하는 것이 보다 논리적이다. 우리의 경우 독일의 헌법적 관습법인 희생사상은 없는바 독일식의 근거를 그대로 적용할 수 없다. 그러나 우리 헌법 제11조, 제23조 제1항 · 제3항, 제37조 제1항 등의 유기적인 해석을 통해 일종의 수용유사침해보상의 헌법적 근거를 찾을 수 있다.

02 수용적 침해이론과 이론적 수용가능성

1. 의의

수용적 침해란 적법한 행정작용의 비전형적 · 비의욕적인 부수적 효과로써 발생한 개인의 재산권에 대한 침해를 말한다. 수용적 침해이론은 보상규정이 없는 경우에 미리 보상규정을 마련하기 불가능한 적법한 사실행위에 의한 비의도적인 재산권 제약행위에 대한 손실보상의 확장 논의이다.

2. 적용요건(성립요건)

(1) 적법한 행정작용

수용적 침해의 경우 적법한 공권력 행사이며, 대부분 사실행위를 대상으로 하기 때문에 행정쟁송을 통한 일차적 권리구제를 고려하기 어렵다. 또한 보상규정이 없는 경우에도 행정작용의 위법성 문제를 야기하지 않는다는 점에서 수용유사침해와 구별된다.

(2) 비의도적 · 비전형적 결과로 인한 침해

개인의 재산권 침해는 적법한 공행정작용의 부수적 효과로서 비의도적이고 비전형적인 것이어야 한다. 다만, 재산권 침해와 공행정작용과는 직접적 관련성이 있어야 한다.

(3) 특별한 희생

공행정작용의 부수적 효과로서 개인의 재산권에 가하여진 손해는 그 사회적 수인한계를 넘어서는 것이어야 한다.

(4) 보상규정

독일연방통상법원의 판례를 통해 발전한 이론으로 초기에는 독일기본법 제14조 제3항을 근거로 하였으나 현재는 희생보상청구제도에 근거하고 있다. 다만 수용적 침해이론에서도 보상규정은 존재하여야 한다고 보는 것이 타당하다.

3. 우리나라에서의 인정논의

(1) 견해의 대립

① 긍정설에는 헌법상 여러 조항의 유기적인 해석을 통해 수용적 침해보상법리를 인정하는 견해와 독일의 법리가 우리에게 적용될 수 없다는 전제하에 헌법 제23조 제3항을 직접 근거로 확대 적용해 보상이 가능하다는 견해가 있다.

② 부정설은 수용적 침해가 논의되는 상황은 헌법 제23조 제3항의 불가분조항원칙이 적용될 수 없는 경우에 해당하므로 헌법 제23조 제3항을 직접 또는 유추적용할 수 없고 입법적으로 별도의 손실보상규정을 마련해야 한다고 주장한다.

(2) 판례의 태도

판례

▶ 관련판례(대판 1999.6.11, 97다56150)
간접손실에 관하여 그 피해자와 사업시행자 사이에 협의가 이루어지지 아니하고 그 보상에 관한 명문의 근거법령이 없는 경우라고 하더라도, 헌법 제23조 제3항은 "공공필요에 의한 재산권의 수용・사용 또는 제한 및 그에 대한 보상은 법률로써 하되, 정당한 보상을 지급하여야 한다."고 규정하고 있고, 이에 따라 국민의 재산권을 침해하는 행위 그 자체는 반드시 형식적 법률에 근거하여야 하며, 토지수용법 등의 개별법률에서 공익사업에 필요한 재산권 침해의 근거와 아울러 그로 인한 손실보상 규정을 두고 있는 점, 공익사업의 시행으로 인하여 그러한 손실이 발생하리라는 것을 쉽게 예견할 수 있고 그 손실의 범위도 구체적으로 이를 특정할 수 있는 경우라면 그 손실의 보상에 관하여 공특법 시행규칙의 관련규정 등을 유추적용할 수 있다고 해석함이 상당하고, 이러한 간접손실은 사법상의 권리인 영업권 등에 대한 손실을 본질적 내용으로 하고 있는 것으로서 그 보상청구권은 공법상의 권리가 아니라 사법상의 권리이고, 그 보상금의 결정방법, 불복절차 등에 관하여 아무런 규정도 마련되어 있지 아니하므로, 그 보상을 청구하려는 자는 사업시행자가 보상청구를 거부하거나 보상금액을 결정한 경우라도 이에 대하여 행정소송을 제기할 것이 아니라, 사업시행자를 상대로 민사소송으로 직접 손실보상금 지급청구를 하여야 한다.

(3) 검토

우리의 경우 독일의 헌법적 관습법인 희생사상은 없는바 독일식의 근거를 그대로 적용할 수 없다. 그러나 우리 헌법 제11조, 제23조 제1항, 제3항, 제37조 제1항을 종합적으로 고려한다면, 의도되지 아니한 재산권의 제약의 경우에도 손실보상을 하여야 한다는 규범적 의미를 찾을 수 있다고 본다.

4. 효과 및 적용의 제한(조정보상법리)

수용적 침해는 법률이 예상치 못한 침해에 대하여 손실보상을 인정하는 것이 된다. 수용적 침해는 비의도성을 갖기에 헌법 제23조 제3항에 의한 위헌의 문제는 발생하지 않는다. 그러나 비전형적 침해라 할지라도 항상 의도성과 전형성이 갖추어지지 않는다는 이유로 하여 수용적 침해이론을 적용하는 것은 실질적 법치주의에 입각하여 타당하지는 않는다. 따라서 손해를 유형화하여 예측이 가능한 경우 조정보상의 법리에 의하여 입법자가 입법을 통하여 해결함이 타당하다.

03 희생보상이론

1. 개설

희생보상이란 손실보상의 요건 중 재산권의 미충족으로 인하여, 즉 타인의 생명, 신체, 명예 등에 손해가 발생한 경우 보상을 청구할 수 있다는 이론이다.

2. 근거

독일의 경우에 헌법적 지위가 인정되는 프로이센 일반란트법 제74조・제75조의 "공적부담 앞의 평등" 원칙에 근거하여 인정되고 있다. 우리나라에서는 이러한 관습법이 없어서 헌법상 기본권 보장,

법치국가의 원리, 사회국가의 원리 등에서 근거를 찾고, 이를 실현하여 산림법, 전염병예방법, 소방법 등을 법적 근거로 보는 견해가 있다.

3. 요건

첫째, 공공필요에 의한 공권력의 행사여야 한다. 예컨대 사립병원의 의사가 법률에 의해 강제되는 예방접종을 하다 사고가 난 경우 공무수탁사인의 지위를 가지므로 공권력의 행사가 된다.
둘째, 비재산권의 침해인 경우이다. 헌법 제23조 제3항이 예정하고 있는 손실보상은 재산권 침해의 보상이므로 생명・신체 등에 대한 국가의 공권력 행사에 의해 비재산권의 침해가 발생하여야 한다.
셋째, 특별한 희생에 해당하여야 한다. 예컨대, 예방접종사고로 인하여 사망한 경우와 같이 생명권 침해의 경우에는 특별희생에 대한 어떠한 학설을 취하더라도 수인한도를 넘는 특별한 희생에 해당하게 될 것이다.

4. 효과

침해를 통해 수익을 보는 자가 있다면 그 자가 보상의무자가 되고, 만약 그러한 자가 없다면 처분의 관할청이 속한 행정주체가 보상의무자가 된다.
독일의 판례는 보상을 비재산적 이익의 침해에 대한 것이 아니라, 비재산적 침해에 따른 재산적 결과의 보상으로 다루고 있으며, 정신적 침해에 대한 보상으로서 위자료는 배제하고 있다.

5. 보상규정 흠결 시의 문제

보상규정이 없는 경우가 문제시되는데 헌법 제23조 제3항이 재산권 침해에 대한 손실보상의 근거규정임을 인정하면서도, 비재산권에 대한 침해 역시 공익실현의 결과 발생한 것이라는 점에서 동 조항을 유추적용하여 보상청구할 수 있다는 견해와, 헌법 제23조 제3항은 재산권 침해에 대한 손실보상을 규정하기에 이를 생명・신체에 대한 침해에 유추적용할 수 없고, 우리 법제에선 독일처럼 희생보상청구권이라는 관습법적 제도가 없기에 유추적용이 부당하다고 한다. 따라서 손실보상의 확대보다는 결과불법책임 내지는 공법상의 위법책임의 이론에 의해 손해배상을 인정함이 타당하다고 한다.

04 공법상 결과제거청구권

1. 의의

위법한 공법작용으로 인해 권리가 침해되고 또한 그 위법침해로 인해 야기된 사실상태가 계속되는 경우에 관계자가 행정주체에 대하여 불이익한 결과의 제거를 통해 계속적인 법률상 이익에 대한 침해의 해소를 구할 수 있는 권리를 말한다.

2. 성질

결과제거청구권은 ① 개인적 공권으로서, ② 물권적 청구권이라는 견해도 있으나, 기타 권리(명예권 등)가 침해되는 경우에도 발생할 수 있다(다수설). ③ 결과제거청구권은 계속되는 위법한 침해의 제거를 통해 원래의 상태로의 회복을 구하는 회복청구권일 뿐이다.

3. 법적 근거

법적 근거에 대해 ① 법치행정원리, 기본권 규정, 민법상 관련규정의 유추적용에서 찾는 견해, ② 민법 제213조·제214조에서 찾는 견해, ③ 행정소송법 제10조, 제30조 제1항에서 찾는 견해가 있다. 생각건대, 행정법상 결과제거청구권은 공법상의 것이므로 민법에서 직접 근거를 찾지 않는 ①설이 합리적이다.

4. 요건

(1) 공법작용

공법작용을 전제로 한다. 행정행위뿐 아니라 사실행위도 그 대상이 된다. 부작위에 의한 경우도 성립가능한지에 대해 긍정설과 부정설이 대립한다. 생각건대, 부작위에 의해서도 침해를 가져올 수 있으므로 긍정설이 타당하다고 본다.

(2) 법률상 이익의 침해

그 제거를 구하려고 하는 결과는 결과제거청구권을 행사하려는 개인의 권리와 관련하는 것이어야 한다. 즉, 법상으로 보호되는 이익이 침해되어야 한다. 여기서 그 이익은 재산상의 것 이외에 명예, 신용 등 정신적인 것도 포함된다.

(3) 행위의 위법성

결과제거청구권은 위법상태의 제거를 내용으로 한다. 그 위법은 처음부터 위법한 것일 수도 있고, 사후에 생겨난 것일 수도 있다. 단순위법의 행정행위는 폐지됨으로써 위법이 문제된다.

(4) 침해의 계속

제거하고자 하는 결과가 존재해야 한다. 만약 불이익을 가져오는 사실상태가 더 이상 존재하지 않는다면, 논리적으로 수용보상이나 직무책임으로 인한 배상 등이 문제될 수 있을 뿐이다.

(5) 결과제거의 허용성·가능성·수인가능성

① 결과제거가 법상 허용되어야 하며, ② 사실상 가능하여야 하며, ③ 수인이 가능하여야 한다. 이러한 요건이 구비되지 아니하면 손해배상이나 손실보상만이 문제된다.

5. 상대방과 내용

(1) 청구권의 상대방

일반적으로 결과를 야기한 행정주체에 대해 행사된다. 권한의 이전이 있는 경우, 승계행정주체가 상대방이 된다.

(2) 청구권의 내용과 한계(과실상계)

① 위법작용으로 인한 변경된 상태로부터 원래의 상태 또는 그와 유사한 상태로 회복하는 것을 내용으로 한다. 원래 상태로의 완전한 회복에 미달할 수도 있다.

② 위법한 상황에 청구권자도 책임이 있다면, 청구권의 범위는 과실 정도에 따라 감소되는 한계를 갖는다.

6. 권리의 실현수단

결과제거청구권은 공권으로 보는 것이 타당하므로 공법상 당사자소송에 의한다고 보아야 한다. 행정행위가 취소되어야 위법상태가 존재하게 되는 경우에는 해당 행정행위의 취소소송에 결과제거청구소송을 병합하여 제기할 수 있다. 판례는 이러한 소송을 민사소송의 방법으로 해결하고 있다.

05 기출문제

≫ 기출문제(제3회 2번)

「공익사업을 위한 토지 등의 취득 및 보상에 관한 법률」(이하 '토지보상법') 개발이익의 배제에 대하여 논하시오. **20점**

≫ 기출문제(제4회 1번)

A시는 도로건설용지로 사용하기 위하여 甲소유 토지 1,000제곱미터를 수용하기 위하여 재결을 신청하였다. 이에 관할 토지수용위원회는 2008년 8월 24일자로 보상재결을 하려고 한다. 이 경우 토지수용위원회가 재결을 함에 있어서 적용할 현행법상(공익사업을 위한 토지 등의 취득 및 보상에 관한 법률)의 보상기준에 대하여 논하고, 그 보상기준과 정당보상과의 관계를 언급하시오. **50점**

≫ 기출문제(제9회 1번)

택지개발사업이 시행되는 지역에 농지 4,000제곱미터를 소유하고 있던 甲은 보상금으로 사업주변지역에서 같은 면적의 농지를 대토하고자 하였다. 이 지역의 농지가격수준은 사업이 시행되기 이전만 하더라도 주변지역과 같게 형성되고 있었다. 그러나 해당 사업으로 인해 주변지역의 지가가 상승하여 甲은 보상금으로 3,000제곱미터 밖에 매입할 수 없었다. **40점**

(1) 甲이 받은 보상은 정당보상에 해당한다고 볼 수 있는가?

(2) 甲과 사업주변지역 토지소유자와의 불공평관계에서 나타나는 문제점과 개선대책은?

≫ 기출문제(제22회 1번)

A군에 사는 甲은 「국토의 계획 및 이용에 관한 법률」에 따라 지정된 개발제한구역 내에 과수원을 경영하고 있다. 甲은 영농의 편의를 위해 동 과수원 토지 내에 작은 소로(小路)를 개설하고, 종종 이웃 주민의 통행에도 제공해 왔다. A군은 甲의 과수원부지가 속한 일단의 토지에 폐기물처리장을 건설하고자 하는 乙을 「폐기물관리법」에 따라 폐기물처리장 건설사업자로 지정하면서 동 처리장 건설사업 실시계획을 승인하였다. 甲과 乙 간에 甲토지에 대한 협의매수가 성립되지 않아 乙은 甲토지에 대한 수용재결을 신청하고, 관할 지방토지수용위원회의 수용재결을 받았다. 동 수용재결에서는 "사실상 사도(私道)의 부지는 인근 토지에 대한 평가액의 3분의 1 이내로 평가한다."고 규정하고 있는 토지 등의 취득 및 보상에 관한 법률 시행규칙(이하 '토지보상법 시행규칙') 제26조 제1항 제2호의 규정에 따라, 甲의 토지를 인근 토지가에 비하여 3분의 1의 가격으로 평가하였다. 이 수용재결에 대하여 이의가 있는 甲은 적절한 권리구제수단을 강구하고자 한다. 다음의 물음에 답하시오. **50점**

(1) 토지보상액에 대해 불복하고자 하는 甲의 행정쟁송상 권리구제수단을 설명하시오. **20점**

(2) 甲이 제기한 쟁송에서 피고 측은 甲의 토지에 대한 보상액이 낮게 평가된 것은 토지보상법 시행규칙 제26조 제1항 제2호의 규정에 의한 것으로서 적법하다고 주장한다. 피고의 주장에 대해 법적으로 판단하시오. **15점**

(3) 甲은 토지보상법 시행규칙 제26조 제1항 제2호의 규정은 헌법 제23조상의 재산권 보장 및 정당보상의 원칙을 위배하여 위헌적인 것이라고 주장한다. 甲의 주장을 관철할 수 있는 법적 수단을 설명하시오. **15점**

» 기출문제(제29회 1번) – 주거이전비/간접손실보상

[문제 1] A도 도지사 甲은 도내의 심각한 주차난을 해결하기 위하여 A도내 B시 일대 40,000m² (이하 '이 사건 공익사업구역'이라 함)를 공영주차장으로 사용하고자 사업계획을 수립하고 「공익사업을 위한 토지 등의 취득 및 보상에 관한 법률」(이하 '토지보상법'이라 함)에 따른 절차를 거쳐, 국토교통부장관의 사업인정을 받고 이를 고시하였다. 이후 甲은 이 사건 공익사업구역 내 주택세입자 乙등이 이사건 공익사업이 시행되는 동안 임시로 거주할 수 있도록 B시에 임대아파트를 건립하여 세입자에게 제공하는 등 이주대책을 수립・시행하였다. 한편, 乙은 「공익사업을 위한 토지 등의 취득 및 보상에 관한 법률」(이하 '토지보상법'이라 함) 제54조 제2항에 해당하는 세입자이다. 다음 물음에 답하시오. **40점**

1) 乙은 토지보상법 시행규칙에 따른 주거이전비를 받을 수 있는 권리를 포기한다는 취지의 '임대아파트 입주에 따른 주거이전비 포기각서'를 甲에게 제출하고 위 임대아파트에 입주하였지만, 이후 관련 법령이 임대아파트와 같은 임시수용시설 등을 제공받는 자를 주거이전비 지급대상에서 배제하지 않고 있는 점을 알게 되었다. 이에 乙은 포기각서를 무시하고 토지보상법 시행규칙 상의 주거이전비를 청구하였다. 乙의 주거이전비 청구의 인용여부에 관하여 논하시오. **30점**

2) 한편, 丙은 이 사건 공익사업구역 밖에서 음식점을 경영하고 있었는데, 이 사건 공익사업으로 인하여 자신의 음식점의 주출입로가 단절되어 일정 기간 휴업을 할 수 밖에 없게 되었다. 이때, 丙은 토지보상법령상 보상을 받을 수 있는가? **10점**

» 기출문제(제30회 3번) – 간접손실보상

[문제3] X군에 거주하는 어업인들을 조합원으로 하는 A수산업협동조합(이하 'A조합'이라 함)은 조합원들이 포획・채취한 수산물의 판매를 위탁받아 판매하는 B수산물위탁판매장(이하 'B위탁판매장'이라 함)을 운영하여 왔다. 한편, B위탁판매장 운영에 대해서는 관계 법령에 따라 관할 지역에 대한 독점적 지위가 부여되어 있었으며, A조합은 B위탁판매장 판매액 중 일정비율의 수수료를 지급받아 왔다. 그런데, 한국농어촌공사는「공유수면 관리 및 매립에 관한 법률」에 따라 X군 일대에 대한 공유수면매립면허를 받아 공유수면매립사업을 시행하였고, 해당 매립사업의 시행으로 인하여 사업대상지역에서 어업활동을 하던 A조합의 조합원들은 더 이상 조업을 할 수 없게 되었다. A조합은 위 공유수면매립사업지역 밖에서 운영하던 B위탁 판매장에서의 위탁판매사업의 대부분을 중단하였고, 결국에는 B위탁판매장을 폐쇄하기에 이르렀다. 이에 따라 A조합은 공유수면매립사업으로 인한 위탁판매수수료 수입의 감소에 따른 영업 손실의 보상을 청구하였으나, 한국농어촌공사는 B위탁판매장이 사업시행지 밖에서 운영되던 시설이었고 「공유수면 관리 및 매립에 관한 법률」상 직접적인 보상 규정이 없음을 이유로 보상의 대상이 아니라고 주장한다. 한국농어촌공사의 주장은 타당한가? (20점)

» 기출문제(제33회 1번) – 사실상 사도/주거이전비

[문제1] X는 도시 및 주거환경정비법 (이하 '도시정비법'이라 함)에 따른 재개발 정비사업조합이고, 甲은 X의 조합원으로서, 해당 정비사업구역 내에 있는 A토지와 B토지의 소유자이다. A토지와 B토지는 연접하고 있고 그 지목이 모두 대(垈)에 해당하지만, A토지는 사도법에 따른 사도가 아닌데도 불특정 다수인의 통행에 장기간 제공되어 왔고, B토지는 甲이 소유한 건축물의 부지로서 그 건축물의 일부에 임차인 乙이 거주하고 있다. X는 도시정비법 제72조 제1항에 따라 분양신청기간을 공고하였으나 甲은 그 기간 내에 분양신청을 하지 않았다. 이에 따라 X는 甲을 분양대상자에서 제외하고 관리처분계획을 수립하여 인가를 받았고, 그에 불복하는 행정심판이나 행정소송은 없었다. X는 도시정비법 제73조 제1항에 따른 甲과의 보상협의가 이루어지지 않자 A토지와 B토지에 관하여 관할 토지수용위원회에 수용재결을 신청하였고, 관할 토지수용위원회는 A토지와 B토지를 수용한다는 내용의 수용재결을 하였다. 다음 물음에 답하시오. **40점**

(물음1) 甲이 수용재결에 대한 취소소송을 제기하면서, 'X가 도시정비법 제72조 제1항에 따라 분양신청기간과 그 기간 내에 분양신청을 할 수 있다는 취지를 명백히 표시하여 통지하여야 하는데도 이러한 절차를 제대로 거치지 않았다'고 주장할 경우에, 甲의 주장이 사실이라면 법원은 그것을 이유로 수용재결을 취소할 수 있는지 설명하시오(단, 사실심 변론종결 전에 도시정비법에 따른 이전고시가 효력을 발생한 경우와 그렇지 않은 경우를 구분하여 설명할 것). **10점**

(물음2) 공익사업을 위한 토지 등의 취득 및 보상에 관한 법률 시행규칙 (이하 '토지보상법 시행규칙' 이라 함) 제26조 제1항에 따른 '사실상의 사도'의 요건을 설명하고, 이에 따라 A토지가 사실상의 사도로 인정되는 경우와 그렇지 않은 경우에 보상기준이 어떻게 달라지는지 설명하시오. **10점**

(물음3) 주거이전비에 관하여 甲은 토지보상법 시행규칙 제54조 제1항에 따른 요건을 갖추고 있고, 乙은 같은 조 제2항에 따른 요건을 갖추고 있다. 관할 토지수용위원회는 수용재결을 하면서 甲의 주거이전비에 관하여는 재결을 하였으나 乙의 주거이전비에 관하여는 재결을 하지 않았다. 甲은 주거이전비의 증액을 청구하고자 하고, 乙은 주거이전비의 지급을 청구하고자 한다. 甲과 乙의 권리구제에 적합한 소송을 설명하시오. **20점**

Chapter 04

토지보상법상의 손실보상의 구체적 내용 (손실보상각론)

제1절 손실보상 각론에서 보상평가의 기준

Ⅰ. 손실보상의 구체적인 기준 적용

1. 손실보상기준에 따른 규범적 보상평가

헌법 제23조 제3항은 "공공필요에 의한 재산권의 수용·사용 또는 제한 및 그에 대한 보상은 법률로써 하되, 정당한 보상을 지급하여야 한다"고 규정하고 있다. 이러한 헌법의 규정에 따라 정당 보상을 위해서는 법률에서 손실에 대한 보상규정을 두어야 한다. 이러한 손실보상의 근거는 정당한 보상을 담보하기 위한 수단이기도 하다. 즉, 정당한 보상은 법률로써 이루어져야 하는 것이지 사업시행자의 임의적이고, 개별적인 판단에 따라 달라져서는 안 된다. 일반법적 지위로 토지보상법이 제정되었고, 구체적인 보상방법론에 대해서 토지보상법 시행규칙 제22조 이하 제65조까지 규율하므로써 구체적인 보상평가를 규범화하고 있다.

2. 복수평가에 의한 산술평균으로 보상

특히 이에 대한 복수평가를 토지보상법 제68조에서 규정하고 있으며, 이를 산술평균하여 보상하도록 규정하고 있다. 토지보상법은 침해법률주의와 보상법률주의라는 양대 산맥 아래 구체적이고 세부적인 보상방법으로 토지보상법 시행규칙에 위임하고 있다.

토지보상법 시행규칙 제16조 제6항은 "보상액의 산정은 각 감정평가법인등이 평가한 평가액의 산술평균치를 기준으로 한다"고 규정하고 있어 감정평가금액이 보상액과 직결되어 있다. 이와 관련하여 제기될 수 있는 하나의 문제는 정당한 보상의 실현을 위하여 감정평가법인등이 임의로 기준을 변경하여 적용할 수 있는지가 문제시 된다.

정당한 보상은 법률로써 규정하여져야 하고, 법률에서 정한 보상이 정당한 보상인지 여부는 법원 또는 헌법재판소의 판단에 따라야 하는 것이므로, 감정평가법인등이 임의로 정당한 보상의 여부를 판단하여 규정을 변경하여 적용할 수 없다고 보는 것이 타당하다.

다만, 동법 시행규칙 제18조 제2항 이 규칙에서 정하는 방법으로 평가하는 경우 평가가 크게 부적정하게 될 요인이 있는 경우에는 적정하다고 판단되는 다른 방법으로 평가할 수 있다. 이 경우 보상평가서에 그 사유를 기재하여야 한다고 규정하고 있다. 이는 정당보상을 위하여 방법을 제한하여서는 안 된다는 원칙을 담보하기 위하여 불가피한 경우 감정평가방법의 변경을 허용한 것이지 기준의 임의변경을 허용한 것은 아니다. 따라서 보상평가가 크게 부적정하게 될 요인이 있는 경우에는 객관적인 자료에 의해 판단하며, 다른 방법으로 감정평가하는 경우에는 그 사유를 감정평가서에 기재하여야 한다.

3. 보상평가규정이 없는 보상대상의 감정평가

토지보상법 시행규칙 제18조 제3항에서는 “이 규칙에서 정하지 아니한 대상물건에 대하여는 이 규칙의 취지와 감정평가의 일반이론에 의하여 객관적으로 판단 · 평가하여야 한다”고 규정하고 있다.

II. 토지보상등의 보상평가 법령 적용순서

1. 보상평가 규정 적용 순위

헌법 제23조 정당보상 원칙 아래 「토지보상법」은 공용수용의 목적물을 비롯하여 공익사업, 공용수용의 절차와 효과 등에 관하여 규정하는 일반법적 지위를 가지고 있다. 한편 많은 개발사업 등에 관한 법률은 개발사업이나 복리행정을 목적으로 수용 등에 관하여 「토지보상법」의 특례를 규정하고 있다. 따라서 개별 법률에서 보상평가와 관련한 규정이 있는 경우에는 특별법 우선의 원칙에 따라 이들 특례를 우선 적용하고, 그렇지 않은 경우에는 「토지보상법」의 규정을 적용하게 된다.

2. 토지보상법 준용 규정이 있는 경우

감정평가 실무기준은 공익사업을 위하여 취득하는 토지의 손실보상을 위하여 적용되는 것이므로, 다른 법령에서 「토지보상법」을 준용하도록 규정하고 있는 경우에는 법의 취지에서 벗어나지 않는 범위 내에서 이 기준을 준용한다.

3. 토지보상법 준용규정이 없는 경우 적용 제한

보상목적이 아닌 경우에는 관련 법령에서 「토지보상법」을 준용하도록 규정한 경우를 제외하고는 이 기준을 적용할 수 없다. 특히 관련 법령에서 준용하도록 규정하고 있는 경우에는 특별한 경우를 제외하고는 이 기준을 준용하여서는 안 된다.

III. 보상평가액 합리성 검토과 감정평가실무기준의 법규성

토지보상법 시행규칙 제18조 제1항에서는 “대상물건의 평가는 이 규칙에서 정하는 방법에 의하되, 그 방법으로 구한 가격 또는 사용료(이하 “가격등”이라 한다)를 다른 방법으로 구한 가격등과 비교하여 그 합리성을 검토하여야 한다”고 규정하고 있다. 그러나 대법원은 대상토지의 특성이나 조건이 동 규칙에서 정한 방법으로 구한 가액 또는 사용료를 다른 방법으로 비교검토하는 것이 부적합한 경우에는 그러한 비교검토를 하지 않고 어느 하나의 방식만에 의하여 보상가액을 감정평가할 수 있다고 판시했다(대판 1991.10.22, 90누6323). 대법원은 “감정평가에 관한 규칙에 따른 ‘감정평가 실무기준’(2013.10.22. 국토교통부 고시 제2013-620호)은 감정평가의 구체적 기준을 정함으로써 감정평가업자가 감정평가를 수행할 때 이 기준을 준수하도록 권장하여 감정평가의 공정성과 신뢰성을 제고하는 것을 목적으로 하는 것이고, 한국감정평가업협회가 제정한 ‘토지보상평가지침’은 단지 한국감정평가업협회가 내부적으로 기준을 정한 것에 불과하여 어느 것도 일반 국민이나 법원을 기속하는 것이 아니다.”라고 판시(대판 2014.6.12, 2013두4620)함으로써 감정평가실무기준에 법규성을 부인하고 있다. 그러나 실무적으로 감정평가법인등은 현실적으로 실무기준에 의해서 평가할 수 밖에 없는 한계점이 존재하고 있다.

제2절 토지보상

01 토지보상 일반

1. 개설

취득하는 토지의 보상액은 토지보상법 제70조와 시행규칙 제22조에 의거 공시지가를 기준으로 가격시점에 있어서의 현실적인 이용상황과 일반적인 이용방법에 의한 객관적 상황을 고려하여 평가한다. 또한 건축물 등이 있는 경우에는 그 건축물 등이 없는 상태를 상정하여 평가하되, 개발이익은 배제하여야 한다.

법 제70조(취득하는 토지의 보상)

① 협의나 재결에 의하여 취득하는 토지에 대하여는 「부동산 가격공시에 관한 법률」에 따른 공시지가를 기준으로 하여 보상하되, 그 공시기준일부터 가격시점까지의 관계법령에 따른 그 토지의 이용계획, 해당 공익사업으로 인한 지가의 영향을 받지 아니하는 지역의 대통령령으로 정하는 지가변동률, 생산자물가상승률(「한국은행법」 제86조에 따라 한국은행이 조사・발표하는 생산자물가지수에 따라 산정된 비율을 말한다)과 그 밖에 그 토지의 위치・형상・환경・이용상황 등을 고려하여 평가한 적정가격으로 보상하여야 한다.

시행규칙 제22조(취득하는 토지의 평가)

① 취득하는 토지를 평가함에 있어서는 평가대상토지와 유사한 이용가치를 지닌다고 인정되는 하나 이상의 표준지의 공시지가를 기준으로 한다.

② 토지에 건축물 등이 있는 때에는 그 건축물 등이 없는 상태를 상정하여 토지를 평가한다.

③ 제1항에 따른 표준지는 특별한 사유가 있는 경우를 제외하고는 다음 각 호의 기준에 따른 토지로 한다.

1. 「국토의 계획 및 이용에 관한 법률」 제36조부터 제38조까지, 제38조의2 및 제39조부터 제42조까지에서 정한 용도지역, 용도지구, 용도구역 등 공법상 제한이 같거나 유사할 것
2. 평가대상토지와 실제 이용상황이 같거나 유사할 것
3. 평가대상토지와 주위 환경 등이 같거나 유사할 것
4. 평가대상토지와 지리적으로 가까울 것

판례

▶ 관련판례(대판 2012.3.29, 2011다104253)

[1] 공익사업을 위한 토지 등의 취득 및 보상에 관한 법률(이하 '공익사업법'이라 한다) 제68조 제3항은 협의취득의 보상액 산정에 관한 구체적 기준을 시행규칙에 위임하고 있고, 위임범위 내에서 공익사업을 위한 토지 등의 취득 및 보상에 관한 법률 시행규칙 제22조는 토지에 건축물 등이 있는 경우에는 건축물 등이 없는 상태를 상정하여 토지를 평가하도록 규정하고 있는데, 이는 비록 행정규칙의 형식이나 공익사업법의 내용이 될 사항을 구체적으로 정하여 내용을 보충하는 기능을 갖는 것이므로, 공익사업법 규정과 결합하여 대외적인 구속력을 가진다.

[2] 한국토지주택공사가 국민임대주택단지를 조성하기 위하여 갑 등에게서 토지를 협의취득하면서 '매매대금이 고의 · 과실 내지 착오평가 등으로 과다 또는 과소하게 책정되어 지급되었을 때에는 과부족금액을 상대방에게 청구할 수 있다'고 약정하였는데, 공사가 협의취득을 위한 보상액을 산정하면서 한국감정평가업협회의 (구)토지보상평가지침(2003.2.14.자로 개정된 것, 이하 '(구)토지보상평가지침'이라 한다)에 따라 토지를 지상에 설치된 철탑 및 고압송전선의 제한을 받는 상태로 평가한 사안에서, 위 약정은 단순히 협의취득 대상토지 현황이나 면적을 잘못 평가하거나 계산상 오류 등으로 감정평가금액을 잘못 산정한 경우뿐만 아니라 공익사업을 위한 토지 등의 취득 및 보상에 관한 법률(이하 '공익사업법'이라 한다)상 보상액 산정기준에 적합하지 아니한 감정평가기준을 적용함으로써 감정평가금액을 잘못 산정하여 이를 기준으로 협의매수금액을 산정한 경우에도 적용되고, 한편 공사가 협의취득을 위한 보상액을 산정하면서 대외적 구속력을 갖는 공익사업을 위한 토지 등의 취득 및 보상에 관한 법률 시행규칙 제22조에 따라 토지에 건축물 등이 있는 때에는 건축물 등이 없는 상태를 상정하여 토지를 평가하여야 함에도, 대외적 구속력이 없는 (구)토지보상평가지침에 따라 토지를 건축물 등에 해당하는 철탑 및 고압송전선의 제한을 받는 상태로 평가한 것은 정당한 토지평가라고 할 수 없는 점 등에 비추어 위 협의매수금액 산정은 공사가 고의 · 과실 내지 착오평가 등으로 과소하게 책정하여 지급한 경우에 해당한다고 본 원심판결에 판단누락이나 이유불비 등의 잘못이 없다고 한 사례

2. 현황평가주의

(1) 현황평가의 원칙

① 의의 및 근거

취득할 토지에 대한 보상액은 가격시점에 있어서의 현실적인 이용상황을 기준으로 평가하여야 한다는 것(일시적 이용상황은 고려하지 아니함)으로 토지보상법 제70조 제2항에 근거를 두고 있다.

법 제70조(취득하는 토지의 보상)

② 토지에 대한 보상액은 가격시점에서의 현실적인 이용상황과 일반적인 이용방법에 의한 객관적 상황을 고려하여 산정하되, 일시적인 이용상황과 토지소유자나 관계인이 갖는 주관적 가치 및 특별한 용도에 사용할 것을 전제로 한 경우 등은 고려하지 아니한다.

② 지적공부상의 지목과의 관계

토지소유자가 정당하게 자신의 토지를 이용하고 있는 경우라 하더라도, 지적공부상의 지목과 현실의 지목이 항상 일치하는 것은 아니다. 따라서 지적공부상의 지목을 기준으로 평가하는 경우 토지소유자가 피해를 보는 경우가 발생하므로, 토지소유자를 보호하기 위하여 현실적 이용상황을 기준으로 평가하도록 하고 있는 것이다.

판례

▶ 관련판례(대판 1994.4.12, 93누6904)

토지가격의 평가를 함에 있어 공부상 지목과 실제 현황이 다른 경우에는 공부상 지목보다는 실제 현황을 기준으로 하여 평가하여야 함이 원칙이며, 평가대상토지에 형질변경이 행하여지는 경우 형질변경행위가 완료되어 현황의 변경이 이루어졌다고 보여지는 경우에는 비록 공부상 지목변경절차를 마치기 전이라고 하더라도 변경된 실제 현황을 기준으로 평가함이 상당하다.

▶ 관련판례(대판 2012.12.13, 2011두24033)

토지소유자가 지목 및 현황이 전인 토지에 관하여 국토의 계획 및 이용에 관한 법률 등 관계법령에 의하여 건축물의 부지조성을 목적으로 한 개발행위(토지의 형질변경)허가를 받아 그 토지의 형질을 대지로 변경한 다음 토지에 건축물을 신축하는 내용의 건축허가를 받고 그 착공신고서까지 제출하였고, 형질변경허가에 관한 준공검사를 받은 다음 지목변경절차에 따라 그 토지의 지목을 대지로 변경할 여지가 있었으며, 그와 같이 형질을 변경한 이후에는 그 토지를 더 이상 전으로 사용하지 않았고, 한편 행정청도 그 토지가 장차 건축물의 부지인 대지로 사용됨을 전제로 건축허가를 하였을 뿐만 아니라, 그 현황이 대지임을 전제로 개별공시지가를 산정하고 재산세를 부과하였으며, 나아가 그와 같이 형질이 변경된 이후에 그 토지가 대지로서 매매되는 등 형질이 변경된 현황에 따라 정상적으로 거래된 사정이 있는 경우, 비록 토지소유자가 그 토지에 건축물을 건축하는 공사를 착공하지 못하고 있던 중 토지가 택지개발사업지구에 편입되어 수용됨으로써 실제로 그 토지에 건축물이 건축되어 있지 않아 그 토지를 (구)지적법(2009.6.9. 법률 제9774호로 폐지되기 전의 것) 제5조 제1항 및 같은 법 시행령(2009.12.14. 대통령령 제21881호로 폐지되기 전의 것, 이하 같다) 제5조 제8호에서 정한 대지로 볼 수 없다고 하더라도, 그 토지의 수용에 따른 보상액을 산정함에 있어서는 공익사업을 위한 토지 등의 취득 및 보상에 관한 법률 제70조 제2항의 '현실적인 이용상황'을 대지로 평가함이 상당하다.

③ 1필의 토지가 여러 용도에 이용되는 경우

지적공부상의 지목은 한 필지의 토지가 여러 용도로 이용되고 있다고 하더라도 주된 이용목적에 따라 하나의 지목이 주어진다. 그러나 현실적인 이용상황은 한 필지의 토지를 그 주된 이용상황에 따라 하나의 이용상황만으로 구분하도록 제한되지 않는다. 따라서 여러 가지의 용도로 이용되고 있는 경우에는 그 각각의 용도에 따라 보상액을 산정하여야 한다.

④ 현실적 이용상황이 위법에 기인한 경우

토지의 보상액이 해당 토지의 가격시점에 있어서의 현실적인 이용상황을 기준으로 산정된다고 하더라도 현실적 이용상황이 위법에 기인한 경우에는 적용이 없다. 현실적인 이용상황이 위법행위에 기인한 경우, 허가를 받아야 할 사항을 허가 없이 행한 경우, 금지행위를 한 경우 등에는 토지소유자를 보호할 필요가 없으므로 이 경우에는 그러한 행위가 있기 전의 이용상황을 기준으로 평가하여야 할 것이다.

(2) 현황평가의 예외

① 협의의 현황평가 예외

(ㄱ) 일시적 이용(일시적 금지 또는 제한과 임시적 이용), (ㄴ) 미지급용지, (ㄷ) 무허가건축물 등의 부지, (ㄹ) 불법형질변경 토지, (ㅁ) 건물 등의 부지(나지상정), (ㅂ) 도로, 구거부지의 평가(그 자체만으로 거래되거나 가격이 형성되는 경우가 드문바, 인근 토지에 대한 평가액의 일정비율로 평가)

> 시행령 제38조(일시적인 이용상황)
> 법 제70조 제2항에 따른 일시적인 이용상황은 관계법령에 따른 국가 또는 지방자치단체의 계획이나 명령 등에 따라 해당 토지를 본래의 용도로 이용하는 것이 일시적으로 금지되거나 제한되어 그 본래의 용도와 다른 용도로 이용되고 있거나 해당 토지의 주위환경의 사정으로 보아 현재의 이용방법이 임시적인 것으로 한다.

② 광의의 현황평가 예외

> 시행규칙 제23조(공법상 제한을 받는 토지의 평가)
> ① 공법상 제한을 받는 토지에 대하여는 제한받는 상태대로 평가한다. 다만, 그 공법상 제한이 해당 공익사업의 시행을 직접 목적으로 하여 가하여진 경우에는 제한이 없는 상태를 상정하여 평가한다.
> ② 해당 공익사업의 시행을 직접 목적으로 하여 용도지역 또는 용도지구 등이 변경된 토지에 대하여는 변경되기 전의 용도지역 또는 용도지구 등을 기준으로 평가한다.

(3) 현황평가 예외의 정당성 검토

정당보상으로서 현황평가가 원칙이다. 다만, 현황평가 예외를 둠으로서 보상의 방법에 제한을 두므로 정당보상에 반할 수 있느냐의 문제를 제기할 수 있다. 이에 대해 현황평가의 예외사항들은 토지소유자 등을 보호하기 위한 내용 내지는 위법행위의 합리화 조장방지 등의 취지가 반영된 것으로 보인다.

3. 일반적 이용방법에 의한 객관적 상황기준

토지에 관한 평가는 가격시점에 있어서의 일반적인 이용방법에 의한 객관적 상황을 기준으로 평가하여야 하며, 토지소유자가 갖는 주관적 가치나 특별한 용도에 사용할 것을 전제로 한 것은 이를 고려하지 아니한다. "일반적 이용방법"이라 함은 토지가 놓여있는 지역에서 해당 토지를 이용하는 사람들의 평균인이 이용할 것으로 기대되는 이용방법을 말한다. "주관적 가치"라 함은 다른 사람에게 일반화시킬 수 없는 애착심 또는 감정가치를 말한다. 다만, 전망 좋은 집터, 공해가 없는 환경 좋은 마을 등과 같이 토지가 갖는 객관적인 호감가치와 주관적인 감정가치는 구분되어야 한다. 객관적인 호감가치는 보상액의 산정에서 당연히 고려의 대상이다.

4. 나지상정 평가

토지에 건축물 등이 있을 때에는 그 건축물 등이 없는 토지의 나지상태를 상정하여 평가한다. 이렇게 나지를 상정하여 평가하는 것은 토지보상법 제64조에서 개인별 보상원칙을 채택하고 있기 때문이다. 그리고 공익사업에 필요한 것은 원칙적으로 토지이고 그 지상정착물이 아니므로 토지의 평가기준과 지장물의 평가기준은 서로 달리하여야 하며, 토지는 건부감가요인이 작용하기 때문이다. 따라서 건축물 등이 있다는 것이 오히려 증가의 요인이 된다면 나지를 상정하여 평가할 필요가 없을 것이다. 예를 들어 개발제한구역 내의 건부지는 나지에 비하여 증가되므로 건부지인 상태로 평가한다(현황평가).

판례

▶ **관련판례(대판 2012.3.29. 2011다104253)**

○○공사가 협의취득을 위한 보상액을 산정하면서 대외적 구속력을 갖는 공익사업을 위한 토지 등의 취득 및 보상에 관한 법률 시행규칙 제22조에 따라 토지에 건축물 등이 있는 때에는 건축물 등이 없는 상태를 상정하여 토지를 평가하여야 함에도, 대외적 구속력이 없는 (구)토지보상평가지침에 따라 토지를 건축물 등에 해당하는 철탑 및 고압송전선의 제한을 받는 상태로 평가한 것은 정당한 토지평가라고 할 수 없는 점 등에 비추어 위 협의매수금액 산정은 공사가 고의·과실 내지 착오평가 등으로 과소하게 책정하여 지급한 경우에 해당한다고 본 원심판결에 판단누락이나 이유불비 등의 잘못이 없다고 한 사례

5. 공시지가기준 평가

(1) 공시지가기준

협의 또는 재결에 의하여 사업시행자가 취득하는 토지에 대하여서는 부동산 가격공시에 관한 법률에 의한 공시지가를 기준으로 하여 보상액을 산정한다(법 제70조 제1항).

① 공시지가의 의의

여기에서의 공시지가는 보상액 산정의 기준으로 적용되는 것만을 대상으로 하기 때문에 개별공시지가는 논외로 하고, 표준지공시지가로 한정하는 의미로 사용하고자 한다. '공시지가'는 부동산 가격공시법이 정하는 절차에 따라 국토교통부장관이 조사·평가하여 공시한 표준지의 단위면적당 가격을 말한다. 이와 같이 취득하는 토지에 대하여는 공시지가를 기준으로 하여 보상액을 산정하였기 때문에 그 금액이 개별공시지가보다 낮게 산정되는 경우가 발생하면, 그것이 협의취득의 경우에는 문제가 없지만 피수용자 등의 동의를 요구하지 아니하는 공용수용에는 정당보상과 관련하여 문제가 발생할 수 있으나 그것만으로 위헌이 될 수는 없다.

판례

▶ 관련판례(대판 2002.3.29, 2000두10106)
토지수용보상액은 토지수용법 제46조 제2항 등 관계법령에서 규정한 바에 따라 산정하여야 하는 것으로서, 지가공시 및 토지 등의 평가에 관한 법률 제10조의2 규정에 따라 결정・공시된 개별공시지가를 기준으로 하여 산정하여야 하는 것은 아니며, 관계법령에 따라 보상액을 산정한 결과 그 보상액이 해당 토지의 개별공시지가를 기준으로 하여 산정한 지가보다 저렴하게 되었다는 사정만으로 그 보상액 산정이 잘못되어 위법한 것이라고 할 수는 없다.

② 보상액 산정에 적용할 공시지가 및 표준지의 선정

(ㄱ) 공간적인 선정기준 : 표준지의 선정은 평가대상토지와 유사한 이용가치를 지닌다고 인정되는 하나 이상의 것이어야 한다(시행규칙 제22조 제1항). 따라서 대상토지의 거리는 별로 문제되지 않고 표준지가 수용대상토지로부터 상당히 떨어져 있다는 것만으로는 위법하다고 할 수 없으며(판례 1), 현실 이용상황이 같으며, 위치・형태・환경・용도지역이 같아야 한다.
그러나 위치・형태・환경・용도지역 등이 같은 표준지가 없는 경우에는 평가대상토지와 그러한 사항이 가장 비슷한 표준지를 선정하여야 한다. 특히 도시지역 안에서는 용도지역에 따라 지가가 영향을 가장 많이 받게 되므로 무조건 용도지역이 같은 표준지를 선정하여야 하는 것은 아니나, 다른 요인보다는 용도지역이 같은 표준지를 우선하여 선정하여야 한다(판례 2). 따라서 도시지역 안에서 보상대상토지와 같은 용도지역의 표준지가 있음에도 불구하고, 용도지역이 다른 토지를 적용할 표준지로 선정하여 감정평가한 것은 위법하다고 하지 아니할 수 없다고 한다(판례 3).

판례

▶ 관련판례 1(대판 1997.4.8, 96누11396)
표준지가 수용대상토지로부터 상당히 떨어져 있다는 것만으로는 표준지 선정이 위법하다고 말할 수 없다.

▶ 관련판례 2(대판 2000.12.8, 99두9957)
수용대상토지가 도시계획구역 내에 있는 경우에는 그 용도지역이 토지의 가격형성에 미치는 영향을 고려하여 볼 때, 해당 토지와 같은 용도지역의 표준지가 있으면 다른 특별한 사정이 없는 한 용도지역이 같은 토지를 해당 토지에 적용할 표준지로 선정함이 상당하고, 가사 그 표준지와 해당 토지의 이용상황이나 주변환경 등에 다소 상이한 점이 있다 하더라도 이러한 점은 지역요인이나 개별요인의 분석 등 품등비교에서 참작하면 된다.

▶ 관련판례 3(대판 1993.2.26, 92누8675)
해당 토지와 같은 용도지역의 표준지가 있음에도 불구하고 용도지역이 다른 토지를 표준지로 선정한 감정인의 평가를 바탕으로 보상액을 정한 경우 위법하다.

(ㄴ) **시간적인 선정기준** : ㉠ 사업인정 전 취득 시(법 제70조 제3항), ㉡ 사업인정 후 취득 시(법 제70조 제4항), ㉢ 공익사업의 계획 또는 시행의 공고・고시 후 취득 시(법 제70조 제5항)로 구별하여 적용공시지가를 선정하고 있다.

(ㄷ) **공시지가에서 개발이익의 배제** : 제도적으로 배제하지 못한 개발이익이라도 그것은 보상액산정에 포함되어서는 안 된다. 따라서 공시지가를 기준으로 하여 보상액을 산정하는 경우 해당 지가에 개발이익이 포함되었다면 그러한 개발이익을 공제하여야 한다.

판례

▶ 관련판례(대판 1993.7.13, 93누227)

(구)토지수용법 제46조 제2항에 의하여 손실보상액 산정의 기준으로 되는 표준지의 공시지가 자체에 해당 수용사업 시행으로 인한 개발이익이 포함되어 있을 경우에는 이를 배제하고 손실보상액을 평가하는 것이 정당보상의 원리에 합당하지만, 공시지가에 개발이익이 포함되어 있다 하여 이를 배제하기 위해서는 표준지의 전년도 공시지가에 대비한 공시지가변동률이 공익사업이 없는 인근지역의 지가변동률에 비교하여 다소 높다는 사유만으로는 부족하고, 그 지가변동률의 차이가 현저하여 해당 사업시행으로 인한 개발이익이 개재되어 수용대상토지의 지가가 자연적 지가상승분 이상으로 상승되었다고 인정될 수 있는 경우이어야 한다.

▶ 관련판례(대판 1994.5.27, 93누15397)

수용대상토지의 손실보상액을 산정함에 있어서 적용되어야 할 표준지의 공시기준일로부터 수용재결일까지 기간 동안의 지가변동률은 원칙적으로 수용대상토지가 소재하는 구・시・군의 지가변동률을 의미하지만, 수용대상토지가 소재하는 구・시・군의 지가가 해당 사업으로 인하여 변동되었다고 볼만한 특별한 사정이 있는 경우에는 해당 사업과 관련이 없는 인근 구・시・군의 지가변동률을 적용하여야 한다.

(2) 시점수정

'시점수정'이라 함은 평가에 있어서 거래사례자료의 거래시점과 가격시점이 시간적으로 불일치하여 가격수준의 변동이 있는 경우에 거래사례가격을 가격시점의 수준으로 정상화하는 작업이다. 보상평가에 있어서는 토지의 평가는 공시지가를 기준으로 평가하여야 하므로 시점수정은 비교표준지공시지가의 공시기준일과 평가대상토지의 가격시점 간의 시간적 불일치로 인한 가격수준의 변동을 정상화하는 작업을 의미하게 된다.

① 지가변동률의 적용

(ㄱ) 시행령 제37조와 판례도 같은 취지에서 구가 설치된 시의 구에서는 구의 지가변동률을 참작하여야 한다고 판시하고 있다(판례 1). (ㄴ) 시행령 제37조 제2항의 '해당 공익사업으로 인하여 변동된 경우'라 함은 해당 사업이 원인이 되어 상승되거나 하락된 가격, 특히 투기가격이나 개발이익이 포함되었을 때를 말하는 것으로, 이를 보상액 산정에서 배제하려는 취지이나 그 구체적인 산정은 쉽지 않다. (ㄷ) 그리고 도시지역 안에서의 지가는 용도지역에 따른 영향을 많이 받게 되므로 용도지역별 지가변동률을 적용하는 것이 타당하다(판례 2). (ㄹ) 그러나 도시지역 중에서도 개

발제한구역에서의 지가는 지목에 따른 영향을 더욱 많이 받기 때문에 지목별 지가변동률을 적용함이 옳다(판례 3).

판례

▶ **관련판례 1(대판 1990.3.13, 90누189)**
토지수용법 제46조 제2항과 국토이용관리법 제29조 제5항 같은 법 시행령 제49조 제1항 제1호에 의한 보상액을 평가함에 있어서는 인근 지가변동률을 참작하게 되어 있으므로 이 사건 수용대상토지소재지인 울산시 남구의 지가변동률을 참작하지 아니하고 그와 다른 울산시 전체의 지가변동률을 참작하여 보상액을 평가하였다면 이는 지가변동률의 참작을 잘못한 것이 되어 위법하다고 볼 수밖에 없다.

▶ **관련판례 2(대판 1993.10.22, 93누11500)**
수용대상토지의 보상금을 산정하기 위하여 표준지공시지가를 수용재결 시의 가액으로 시점수정함에 있어, 수용대상토지가 도시계획구역 내에 있는 경우에는 원칙적으로 지목별 지가변동률이 아닌 용도지역별 지가변동률을 적용하여야 한다.

▶ **관련판례 3(대판 1994.12.27, 94누1807)**
수용대상토지가 도시계획구역 내에 있는 경우에는 원칙적으로 용도지역별 지가변동률에 의하여 보상금을 산정하는 것이 더 타당하나 개발제한구역으로 지정되어 있는 경우에는 일반적으로 지목에 따라 지가변동률이 영향을 받으므로, 특별한 사정이 없는 한, 지목별 지가변동률을 적용하는 것이 상당하다.

▶ **관련판례 4(대판 2014.6.12, 2013두4620)**
지가변동률을 참작함에 있어서는 수용대상토지가 도시지역 내에 있는 경우에는 원칙적으로 용도지역별 지가변동률에 의하여 보상금을 산정하는 것이 더 타당하나, 개발제한구역으로 지정되어 있는 경우에는 일반적으로 이용상황에 따라 지가변동률이 영향을 받으므로 특별한 사정이 없는 한 이용상황별 지가변동률을 적용하는 것이 상당하고(대판 1993.8.27, 93누7068, 대판 1994.12.27, 94누1807 등 참조), 개발제한구역의 지정 및 관리에 관한 특별조치법이 제정되어 시행되었다고 하여 달리 볼 것은 아니다.

② 생산자물가상승률의 적용

생산자물가상승률의 적용은 지가변동률과의 산술평균이 아니고, 지가변동률과 생산자물가상승률을 종합적으로 참작하여 적용한다. 따라서 생산자물가상승률이 지가변동률보다 낮거나 미미한 때에는 적용하지 아니할 수 있다. 토지보상법 제70조의 규정이 이를 반드시 참작하여야 하는 것으로 보여지나, 지가변동률에 비하여 현저히 낮거나 미미한 생산자물가상승률은 이를 참작하지 않아도 되고(판례 1), 지가변동률이 지가추세를 적절히 반영하는 경우에는 생산자물가지수를 반드시 참작하여야 하는 것은 아니다(판례 2).

판례

▶ 관련판례 1(대판 1992.12.11, 92누5584)
수용대상토지의 손실보상액을 산정함에 있어 도매물가상승률을 참작하지 아니한 잘못이 있으나 도매물가상승률이 극히 낮고 지가변동률에 훨씬 미치지 못하여 지가변동률을 고려한 이상 도매물가상승률을 참작하지 아니하였다고 하더라도 판결결과에 영향이 없다.

▶ 관련판례 2(대판 1999.8.24, 99두4754)
토지의 수용에 따른 보상액 산정에 관한 토지수용법 제46조 제2항 제1호에 의하면, 토지에 관하여는 지가공시 및 토지 등의 평가에 관한 법률에 의한 공시지가를 기준으로 하되, 토지의 이용계획, 지가변동률, 도매물가상승률 외에 해당 토지의 위치・형상・환경・이용상황 등을 참작하여 평가한 적정가격으로 보상액을 정하도록 되어 있는바, 위 규정이 지가변동률 외에 도매물가상승률을 참작하라고 하는 취지는 지가변동률이 지가추세를 적절히 반영하지 못한 특별한 사정 있는 경우 이를 통하여 보완하기 위한 것일 뿐이므로 지가변동률이 지가추세를 적절히 반영한 경우에는 이를 필요적으로 참작하여야 하는 것은 아니라고 할 것이다.

(3) 지역요인의 비교

토지보상법에서는 토지에 대한 보상액의 산정에 있어서 뒤에서 살펴보는 바와 같이 개별요인의 비교에 대하여서는 규정하여 놓고 있으나, 지역요인의 비교에 대하여서는 특별히 규정되어 있지 않다. 따라서 지역요인의 비교를 할 수 있는지에 대하여 논의가 있을 수 있으나, 표준지가 많아서 일반적으로 인근지역에 적용할 표준지가 없는 경우는 별로 없기 때문에 지역요인을 비교하는 사례는 많지 않겠지만, 부동산평가이론의 일반원칙에 해당하는 지역요인의 비교를 부정할 아무런 이유를 발견할 수 없으므로 이를 반영하여야 한다고 보아야 할 것이다.

판례

▶ 관련판례(대판 1995.7.25, 93누4786)
건설부 발행의 "토지가격비준표"는 개별토지가격을 산정하기 위한 자료로 제공되고 있는 것이지 토지수용에 따른 보상액 산정의 기준이 되는 것은 아니고, 특히 그 토지가격비준표는 개별토지가격 산정시 표준지와 해당 토지의 토지특성상의 차이를 비준율로써 나타낸 것으로 지역요인에 관한 것이라기보다는 오히려 개별요인에 관한 것으로 보여지므로, 토지수용에 따른 보상액 산정에 있어 이를 참작할 수는 있을지언정 그 비준율을 지역요인의 비교수치로 그대로 적용할 수는 없다.

(4) 개별요인의 비교

토지보상법에서 "… 그 밖에 해당 토지의 위치・형상・환경・이용상황 등을 참작하여 평가한 적정가격으로 보상하여야 한다"(법 제70조 제1항)라고 표현하여 개별요인을 종합적으로 고려하도록 하고 있다. 이와 같이 개별요인을 비교함에 있어서는 어떠한 요인들을 어떻게 비교하였는지를 구체적으로 밝혀야 한다. 따라서 감정평가를 함에 있어서 개별요인의 어떤 요인을 어떻게 반영하였는지를 구체적으로 밝히지 아니한 평가를 기초로 보상액을 결정한 재결은 위법하다(판례 1).

그리고 공익사업의 시행으로 개별요인이 변경되었을 경우, 위와 같은 개별요인의 비교에 있어서는 해당 공익사업의 시행을 직접 목적으로 한 개별요인의 변경은 이를 고려하지 않고 종전의 개별요인을 기준으로 하여 비교하여야 한다(판례 2). 그러나 보상대상토지가 표준지인 경우에는 그 자체가 기준이 되는 것이기 때문에 개별요인의 비교는 있을 수 없다(판례 3).

판례

▶ 관련판례 1(대판 1996.5.28, 95누13173)

이의재결의 기초가 된 감정평가법인들의 각 감정평가가 모두 개별 요인을 품등비교함에 있어 구체적으로 어떤 요인들을 어떻게 품등비교하였는지에 관하여 아무런 이유 설시를 하지 아니하였다면 위법하다.

▶ 관련판례 2(대판 1996.5.14, 95누14350)

토지가 도시계획사업으로 분할됨으로써 맹지가 된 경우에, 감정평가를 함에 있어서 해당 토지와 표준지와의 품등비교를 하면서 개별요인 중 가로조건의 점에 관하여 해당 토지가 맹지임을 전제로 열세로 평가하였다면, 그러한 감정평가는 개별요인의 비교에 있어서 해당 사업에 의한 분할로 인하여 발생하게 된 사정을 참작한 잘못이 있어 위법하다.

▶ 관련판례 3(대판 1995.5.12, 95누2678)

수용대상토지 자체가 표준지인 토지에 관하여는 표준지와의 개별성 및 지역성의 비교란 있을 수 없다.

6. 개발이익 배제

보상액 산정에 있어서 공시지가의 적용과 해당 공익사업으로 인한 영향이 없는 지역의 지가변동률의 적용 및 공시지가의 선택제한 등을 통하여 해당 공익사업으로 인한 개발이익을 배제하고 취득하는 토지에 대한 보상액을 산정한다.

■ **법규 헷갈리는 쟁점 : 토지를 보상평가할 때 그 대상에 대한 확정절차는 어떻게 될까?**

Ⅰ. 토지 보상평가의 대상에 대한 확정절차

「토지보상법」에서 규정하고 있는 보상대상의 확정절차는 다음과 같다.

토지조서 및 물건조서의 작성, 보상계획의 열람 등을 거치고 협의 전에 이의가 있는 토지소유자 또는 관계인은 열람기간 내에 사업시행자에게 서면으로 이의를 제기할 수 있고, 사업시행자는 해당 토지조서 또는 물건조서에 제기된 이의를 부기하고 이의가 이유있다고 인정할 때에는 적절 한 조치를 하여야 한다. 보상대상은 「토지보상법」에서 정한 위와 같은 절차에 의해 확정되고 이에 대해 사업시행자와 토지소유자 및 관계인 사이에 이의가 있을 경우에는 토지수용위원회의 재결 또는 소송을 통해 확정된다. 특히 보상대상 여부에 대해서 사업시행자와 토지소유자 사이에 이견이 있는 경우로서 사업인정 이전은 토지소유자는 협의보상에 응하지 않을 수 있고, 사업인정 이후에는 「토지보상법」 제30조에 의한 재결신청청구를 통하여 보상대상 여부를 다툴 수 있다(대판 2011.7.14, 2011두2309). 따라서 감정평가법인등은 사업시행자 또는 토지수용위원회가 제시한 목록에 의하여 감정평가해야 하고 보상대상을 임의로 추가하거나 삭제하여서는 안 된다. 보상대상이 누락되었거나 대상에 해당되지 않은 토지가 의뢰된 경우에는 사업시행자에게 그 내용을 조회한 후 처리하고, 사업시행자의 의견과 감정평가법인등의 의견이 상이할 경우에는 그 내용을 감정평가서에 기재한다. 특히 미지급용지등에 대해서는 사업시행자의 확인을 받아 그 내용을 확정해야 한다.

Ⅱ. 토지보상대상의 확정기준일

1. 토지보상법상 사업인정 전 협의

(1) 원칙

「토지보상법」에서는 사업인정 전에는 공익사업과 관련하여 토지의 보전의무 등 행위제한이 부과되지 않고 관계인의 범위도 한정되지 않으므로, 원칙적으로 보상대상은 협의종료일까지는 확정되지 않고 변동될 수 있다.

(2) 예외

① 보상계획공고일

「토지보상법」은 어업권보상・영업보상・영농보상・축산보상・잠업보상・휴직 또는 실직보상 등의 경우에는 사업인정고시일등(보상계획공고일 또는 사업인정고시일)을 기준으로 보상대상을 결 하도록 규정하고 있으므로, 이러한 보상대상은 보상계획공고일을 기준으로 확정된다.

② 주민 등의 의견청취 공고일

택지개발촉진법, 산업입지 및 개발에 관한 법률 등의 법률에 따른 공익사업은 '주민 등의 의견청취를 위한 공고일'을 기준으로 보상대상이 확정된다.

2. 토지보상법상 사업인정 후 협의 또는 재결

(1) 원칙 – 사업인정고시일 기준

「토지보상법」 제25조 제1항에서는 사업인정고시일을 기준으로 토지등의 보전의무를 부과하고, 제3항에서는 건축물의 건축・대수선, 공작물의 설치 또는 물건의 부가・증치를 한 토지소유자 또는 관계인은 해당 건축물・공작물 또는 물건을 원상으로 회복하여야 하며, 이에 관한 손실의 보상을 청구할 수 없도록 규정하고 있으므로, 사업인정고시일을 기준으로 보상대상이 확정된다.

(2) 예외 – 허가를 받은 경우 보상대상이 됨

「토지보상법」 제25조 제2항에서는 사업인정고시일 이후에도 특별자치도지사, 시장・군수 또는 구청장의 허가를 받아 건축물의 건축・대수선, 공작물의 설치 또는 물건의 부가・증치를 할 수 있도록 규정하고 있으므로 허가를 받은 경우에는 보상대상이 된다.

Ⅲ. 토지보상 대상 내용의 확정

1. 원칙 – 사업시행자가 제시한 내용

대상토지의 현실적인 이용상황 및 면적 등은 사업시행자가 제시한 내용에 따라야 한다.

따라서 감정평가법인등은 사업시행자, 토지수용위원회 또는 법원이 제시한 목록에서 표시된 현실적인 이용상황 또는 면적 등을 기준으로 감정평가하며 현실적인 이용상황이나 면적 등을 임의로 변경하여서는 안 된다.

2. 예외

(1) 대상토지 내용의 판단주체

대상토지에 대한 내용의 판단주체는 원칙적으로 사업시행자이며, 그 내용에 대하여 사업시행자와 토지소유자 사이에 이견이 있는 경우에는 토지수용위원회의 재결 또는 소송을 통하여 확정된다. 따라서 감정평가법인등은 사업시행자 또는 토지수용 위원회가 제시한 목록에서 표시된 이용 상황을 기준으로 하며 이용상황을 임의로 추정하거나 변경하여서는 안 된다.

(2) **현실적인 이용상황이 기재되지 않은 경우**
제시목록에 현실적인 이용상황이 기재되지 않은 경우에는 사업시행자에게 현실적인 이용상황을 제시해 줄 것을 요청하여 목록을 다시 제시받아 감정평가하는 것을 원칙으로 한다. 다만, 사업시행자가 현실적인 이용상황을 기재한 목록을 제시하지 않는 경우에는 공부상의 지목을 기준으로 감정평가하되, 감정평가서에 현실적인 이용상황 및 현실적인 이용상황을 기준으로 한 단가를 따로 기재한다.

(3) **제시목록상의 이용상황과 현실적인 이용상황이 다른 경우**
실지조사 결과 제시목록상의 이용상황과 현실적인 이용상황이 다른 것으로 인정되는 경우에는 사업시행자에게 그 내용을 조회한 후 목록을 다시 제시받아 감정평가하는 것을 원칙으로 한다. 다만, 수정된 목록의 제시가 없는 때에는 당초 제시목록을 기준으로 감정평가하되, 감정평가서에 현실적인 이용상황을 기준으로 한 단가를 따로 기재한다.

(4) **면적구분이 없는 경우**
지목은 필지마다 하나의 지목을 설정하며, 1필지가 둘 이상의 용도로 활용되는 경우에는 주된 용도에 따라 지목을 설정하도록 하여 1필 1목이 원칙이며, 만약 1필지라도 둘 이상의 이용상황인 경우는 구분평가를 한다. 그런데 한 필지의 토지가 둘 이상의 이용상황인 경우로서 이용상황별로 면적을 구분하지 아니하고 의뢰된 경우에는 사업시행자에게 그 내용을 조회한 후 목록을 다시 제시받아 감정평가하는 것을 원칙으로 한다. 다만, 수정된 목록의 제시가 없는 때에는 당초 제시목록을 기준으로 감정평가하되, 감정평가서에 현실적인 이용상황별 단가를 따로 기재한다. 이 경우 다른 이용상황인 부분 이 주된 이용상황과 가치가 비슷하거나 면적비율이 뚜렷하게 낮아 주된 이용상황의 가치를 기준으로 거래될 것으로 추정되는 경우에는 이용상황별로 구분하지 않고 주된 이용상황을 기준으로 감정평가할 수 있다.

(5) **제시면적이 상이한 경우**
제시면적이 현저하게 과다하거나 과소한 것으로 인정되는 경우 등은 사업시행자에게 그 내용을 조회한 후 목록을 다시 제시받아 감정평가하는 것을 원칙으로 한다.

02 개별토지의 보상평가기준[36)]

Ⅰ. 관련규정

1. 토지보상법 규정

「토지보상법」 제70조(취득하는 토지의 보상) ⑥ 취득하는 토지와 이에 관한 소유권외의 권리에 대한 구체적인 보상액 산정 및 평가방법은 투자비용, 예상수익 및 거래가격 등을 고려하여 국토교통부령으로 정한다.

2. 감칙 제7조 규정

「감정평가에 관한 규칙」 제7조(개별물건기준 원칙 등) ① 감정평가는 대상물건마다 개별로 하여야 한다.

36) 이하 손실보상각론 내용은 저자이신 김원보 (전)한국감정평가사협회 회장님의 허락을 받아 토지보상법 해설 제2편 손실보상 일부 내용을 발췌 참고하였음을 밝힙니다. (김원보, 토지보상법 해설 제2편 손실보상, 가람감정평가법인, 2024)

② 둘 이상의 대상물건이 일체로 거래되거나 대상물건 상호 간에 용도상 불가분의 관계가 있는 경우에는 일괄하여 감정평가할 수 있다.
③ 하나의 대상물건이라도 가치를 달리하는 부분은 이를 구분하여 감정평가할 수 있다.
④ 일체로 이용되고 있는 대상물건의 일부분에 대하여 감정평가하여야 할 특수한 목적이나 합리적인 이유가 있는 경우에는 그 부분에 대하여 감정평가할 수 있다.

Ⅱ. 개별토지 보상평가기준

1. 필지별 보상평가

토지의 보상평가는 필지[37]별로 행함을 원칙으로 한다. 토지는 인접하여 연속되어 있다 하더라도 필지마다 모두 다른 개별적 특성을 지니고 있으므로 필지마다 가액이 다를 수 있다. 필지별 감정평가는 개별 필지마다 개별적 특성을 고려한 적정한 가액을 감정평가하여 개인별 보상의 원칙을 실현하기 위해 필요한 것이다.

2. 일단지와 일단의 토지

(1) 일단지

① 일단지의 정의

「감정평가에 관한 규칙」 제7조 제2항에서 "둘 이상의 대상물건이 일체로 거래되거나 대상물건 상호 간에 용도상 불가분의 관계가 있는 경우에는 일괄하여 감정평가할 수 있다."고 하여 일괄감정평가에 대해 규정하고 있다.

따라서 감정평가실무에서는 용도상 불가분의 관계에 있는 2필지 이상의 토지를 일단지라고 한다.

② 일단지의 요건

가. 용도상 불가분의 관계

가) 정의

'용도상 불가분의 관계'란 i) 일단으로 이용되고 있는 상황이 사회적·경제적·행정적 측면에서 합리적이고 대상토지의 가치형성 측면에서도 타당하여 상호 불가분성이 인정되는 관계에 해당되어야 하며. ii) 부동산시장에서의 거래 관행에서도 그 전체가 일단으로 거래될 가능성이 높은 경우에 해당되어야 한다.

다만, 2필지 이상의 토지의 현실적인 이용상황이 일시적인 경우에는 용도상 불가분의 관계에 있다고 판단해서는 안 된다.

---

37) 「공간정보의 구축 및 관리 등에 관한 법률」 제2조 제21호에서 '필지란 대통령령으로 정하는 바에 따라 구획되는 토지의 등록단위를 말한다.'라고 규정하고 있고, 「공간정보의 구축 및 관리 등에 관한 법률 시행령」 제5조 제1항에서는 '법 제2조 제21호에 따라 지번부여지역의 토지로서 소유자와 용도가 같고 지반이 연속된 토지는 1필지로 할 수 있다.'라고 규정하고 있으며, 제2항에서는 제1항에도 불구하고 i) 주된 용도의 토지의 편의를 위하여 설치된 도로·구거(溝渠: 도랑) 등의 부지, ii) 주된 용도의 토지에 접속되거나 주된 용도의 토지로 둘러싸인 토지로서 다른 용도로 사용되고 있는 토지 등 어느 하나에 해당하는 토지는 주된 용도의 토지에 편입하여 1필지로 할 수 있으나, 종된 용도의 토지의 지목(地目)이 "대"(垈)인 경우와 종된 용도의 토지 면적이 주된 용도의 토지 면적의 10퍼센트를 초과하거나 330제곱미터를 초과하는 경우에는 1필지로 할 수 없도록 규정하고 있다.

판례

'용도상 불가분의 관계에 있는 경우'란 일단의 토지로 이용되고 있는 상황이 사회적・경제적・행정적 측면에서 합리적이고 당해 토지의 가치 형성적 측면에서도 타당하다고 인정되는 관계에 있는 경우를 말한다. [대법원 2017.03.22. 선고 2016두940 판결]

〈판결요지〉

2개 이상의 토지 등에 대한 감정평가는 개별평가를 원칙으로 하되, 예외적으로 2개 이상의 토지 등에 거래상 일체성 또는 용도상 불가분의 관계가 인정되는 경우에 일괄평가가 인정된다. 여기에서 '용도상 불가분의 관계'에 있다는 것은 일단의 토지로 이용되고 있는 상황이 사회적・경제적・행정적 측면에서 합리적이고 토지의 가치 형성적 측면에서도 타당하다고 인정되는 관계에 있는 경우를 뜻한다.
공익사업을 위한 토지 등의 취득 및 보상에 관한 법률 제70조 제2항은 "토지에 대한 보상액은 가격시점에서의 현실적인 이용상황과 일반적인 이용방법에 의한 객관적 상황을 고려하여 산정하되, 일시적인 이용상황과 토지소유자나 관계인이 갖는 주관적 가치 및 특별한 용도에 사용할 것을 전제로 한 경우 등은 고려하지 아니한다."고 정하고 있다. 그러므로 2개 이상의 토지가 용도상 불가분의 관계에 있는지 여부를 판단하는 데 일시적인 이용상황 등을 고려해서는 안 된다.

〈재결례〉

각 필지별로 경작이 가능하고 개별적 매매가 가능한 농경지는 용도상 불가분의 관계에 있다고 볼 수 없다. [중토위 2017.03.09. 재결]

〈재결요지〉

관계자료(사업시행자 의견서, 감정평가서 등)를 검토한 결과, 000의 편입지 경기 00시 00면 00리 74-2 전 331㎡와 같은 리 78-6 전 331㎡는 각 필지별로 경작이 가능하며 개별적으로 매매가 가능한 '농경지'로서 토지 상호 간에 용도상 불가분의 관계에 있다고 볼 수 없으므로 일단지로 평가하여 달라는 소유자의 주장을 받아들일 수 없다.

나) 판단기준

'용도상 불가분의 관계'는 통상적인 이용방법을 기준으로 판단하여야 하므로 i) 일단지를 이루는 토지들의 지목이나 용도지역이 서로 다르다거나, ii) 일부 토지의 지하 수십 미터의 공간에 공작물을 설치하기 위한 구분지상권이 설정되어 있다고 하여 '용도상 불가분의 관계'에 해당되지 않는다고 볼 수 없다.

판례

'용도상 불가분의 관계'는 통상적인 이용방법을 기준으로 판단하여야 한다. [대법원 2017.03.22. 선고 2016두940 판결]

〈판결요지〉

지표에 근접한 공간을 활용하는 것이 통상적인 토지이용의 방식이다. 이와 같이 토지를 통상적인 방법으로 이용하는 경우에는 지표에 근접한 공간의 현실적인 이용상황을 기준으로 인접한 여러 필지들이 용도상 불가분의 관계에 있는지를 판단하여야 한다. 따라서 가령 상업지역으로 지정되어 있어 고층빌딩 건축을 위하여 깊은 굴착이 필요하다는 등의 특별한 사정이 없는 한, 지하 수십 m의 공간에 공작물을 설치하기 위한 구분지상권이 설정되어 있더라도 그러한 사정이 구분지상권이 설정되어 있는 토지와 그렇지 않은 인접토지가 지표에 근접한 공간에서 용도상 불가분의 관계에 있는지를 판단하는 데 장애요소가 되지 않는다.

나. 소유관계

일단지는 사회적・경제적인 관점에서 용도상 불가분의 관계를 기준으로 판단하므로, 일단지를 이루는 토지들의 지목이나 용도지역이 서로 다르다거나 소유자가 다른 경우에도 일단지로 볼 수 있다.

다만, 「토지보상평가지침」 제20조 제3항에서는 소유자가 서로 다른 경우에는 일단지로 보지 않되, 하나의 건축물(부속건축물을 포함한다)의 부지로 이용되고 있거나 건축 중에 있는 토지 등과 같이 사실상 공유관계가 성립되어 있는 경우에는 이를 일단지로 보도록 규정하고 있다.

③ 일단지의 개별요인

일단지는 원칙적으로 전체를 1필지로 보고 개별요인을 판단한다.

④ 보상평가

가. 일단지의 소유자가 동일한 경우

가) 원칙

일단지인 토지 전체가 동일한 소유자에 속하는 경우는 일단지를 1필지로 보고 감정평가한다.

나) 예외

용도상 불가분의 관계에 있어 이를 일단지로 보고 감정평가하는 경우에도 세부적인 이용상황 또는 용도지역 등을 달리하여 가치가 명확히 구분되는 경우에는 구분감정평가할 수 있다.

즉, 이 경우는 두 필지 이상 토지를 일단지로 보아 1필지로 개별요인을 적용하되 위치별 또는 필지별로 구분하여 단가를 적용할 수 있다는 의미이다.

〈질의회신〉

일단지라고 하더라도 소유자가 상이하고 가치를 달리한다면 구분평가할 수 있다.
[2012.09.04. 공공지원팀-1687]

〈질의요지〉

자동차운전학원 내 기능주행코스 및 주차장 등으로 사용되고 있는 00구 00동 204-1, 205-9, 223-1, 224, 293-16번지를 일단지로 단일한 가격으로 평가할 수 있는지 여부

〈회신내용〉
본 건 토지의 경우 다수의 소유자(공유자)로 구성되어 있음에도 이를 일단지라 하여 동일한 단가를 적용하여 보상한다면 지가가 상대적으로 높은 전면 건부지 소유자와 지가가 낮은 후면의 나지 소유자에게 동일한 보상금을 지급하여야 한다는 문제가 발생하게 되는 바, 물리적으로 용도상 불가분의 관계에 있는 일단지라고 하더라도 소유자가 상이하고 가치를 달리 하는 부분이 있다면 이를 구분하여 평가하여야 할 것으로 사료됩니다.

나. 일단지의 소유자가 다른 경우

가) 개인별보상의 원칙과 일단지

「토지보상법」 제64조에서는 손실보상은 토지소유자나 관계인에게 개인별로 하도록 하는 개인별보상의 원칙을 규정하고 있으므로, 일단지의 소유자가 다른 경우 보상금의 지급에 문제가 발생할 수 있다. 그러므로 「토지보상평가지침」 제20조 제3항 본문에 따라 두 필지 이상 토지의 소유자가 서로 다른 경우에는 원칙적으로 일단지로 보지 않되, 소유자가 다른 두 필지 이상의 토지가 하나의 건축물(부속건축물을 포함한다)의 부지로 이용되고 있거나 건축 중에 있는 토지 등과 같이 사실상 공유관계가 성립되어 있는 경우에는 이를 일단지로 보도록 규정하고 있다.

나) 소결

일단지는 사회적·경제적인 관점에서 용도상 불가분의 관계를 기준으로 판단하므로 소유자가 다른 경우에도 일단지로 볼 수 있다. 즉, 일단지 여부는 해당 토지들의 경제적 가치를 판단하기 위한 기준이므로 소유자가 다르다고 하여 일단지에 해당되지 않는 것은 아니다. 다만, 보상평가에서는 개인별보상의 원칙에 따라 소유자별로 보상액을 산정하여야 하므로 소유자가 서로 다른 경우 일단지로 보고 일괄감정평가하되, 보상평가금액은 소유자별로 표시하면 될 것이며, 필요하다면 각 필지별로 기여도를 고려하여 구분감정평가할 수도 있을 것이다. 따라서 두 필지 이상 토지의 소유자가 서로 다른 경우에는 원칙적으로 일단지로 보지 않도록 규정하고 있는 「토지보상평가지침」 제20조 제3항은 타당하지 않은 것으로 판단된다. 다만 한국감정평가사협회에서 제정한 토지보상법평가지침은 법규성은 없다.

(2) 일단의 토지

「토지보상법」 제73조에 따른 잔여지 가치감소보상 또는 공사비보상 및 제74조에 따른 잔여지 매수 및 수용청구의 경우는 그 대상을 '동일한 소유자에게 속하는 일단의 토지'로 규정하고 있다.

3. 일단지와 일단의 토지의 구별

① 소유자의 동일성

'일단의 토지'는 일괄감정평가의 대상이 되는 일단지와는 달리 '소유자의 동일성'을 요건으로 한다.

② 용도의 일체성

'일단의 토지'도 일단지와 유사하게 용도의 일체성을 요건으로 하나, 이 경우 용도의 일체성은 반드시 '용도상의 불가분의 관계'에 있을 정도의 일체성을 요구하는 것은 아니며, '동일한 용도에 사용되는 것이 합리적인 정도'에 해당되면 된다.

따라서 가치감소보상 또는 매수 및 수용보상의 대상이 되는 잔여지에는 통상적으로 '용도상의 불가분의 관계'에 있다고 보지 않는 농경지 등도 경작규모 등을 고려할 때 '동일한 용도에 사용되는 것이 합리적인 정도'에 해당되면 대상이 된다고 본다.[38)]

03 공법상 제한받는 토지의 보상평가

Ⅰ. 관련 법령의 내용

「토지보상법」 제70조(취득하는 토지의 보상) ⑥ 취득하는 토지와 이에 관한 소유권 외의 권리에 대한 구체적인 보상액 산정 및 평가방법은 투자비용, 예상수익 및 거래가격 등을 고려하여 국토교통부령으로 정한다.

「토지보상법 시행규칙」 제23조(공법상 제한을 받는 토지의 평가) ① 공법상 제한을 받는 토지에 대하여는 제한받는 상태대로 평가한다. 다만, 그 공법상 제한이 당해 공익사업의 시행을 직접 목적으로 하여 가하여진 경우에는 제한이 없는 상태를 상정하여 평가한다.
② 당해 공익사업의 시행을 직접 목적으로 하여 용도지역 또는 용도지구 등이 변경된 토지에 대하여는 변경되기 전의 용도지역 또는 용도지구 등을 기준으로 평가한다.

「감정평가 실무기준」[810-6.1.1] 공법상 제한을 받는 토지의 감정평가방법
공법상 제한을 받은 토지는 제한받는 상태대로 감정평가한다. 다만, 그 공법상 제한이 해당 공익사업의 시행을 직접 목적으로 하여 가하여진 경우에는 제한이 없는 상태를 상정하여 평가한다.

「감정평가 실무기준」[810-6.1.2] 용도지역 등이 변경된 토지
용도지역 등이 변경된 토지는 기준시점에서의 용도지역 등을 기준으로 감정평가한다. 다만, 다음 각 호의 어느 하나에 해당하는 경우에는 변경 전 용도지역 등을 기준으로 감정평가한다.
1. 용도지역 등의 변경이 해당 공익사업의 시행을 직접 목적으로 하는 경우
2. 용도지역 등의 변경이 해당 공익사업의 시행에 따른 절차로서 이루어진 경우

Ⅱ. 공법상 제한받는 토지의 보상평가 주요 내용

1. 공법상 제한의 개요

(1) 공법상 제한의 의의

공법상 제한이란 특정한 공익사업 기타의 복리행정의 수행을 위하여 또는 일정한 물건의 효용을 확보하기 위하여 개인의 재산권에 과하여지는 공법상의 제한을 말한다. 여기서 특정한 공익사업

38) 중앙토지수용위원회의 「잔여지 수용 및 가치하락 손실보상 등에 관한 참고기준」 제3조 제2항에서도 "용도의 일체성이라 함은 일반적인 이용 방법에 의한 객관적인 상황이 동일한 관계를 말한다."고 규정하고 있다.

기타의 복리행정의 수행 또는 물건의 효용을 확보하기 위한 제한은 국토의 합리적인 이용이나 도시의 건전한 발전을 도모하기 위한 지역 · 지구제 등에 의한 제한 등이 포함된다.

(2) 공법상 제한의 근거

공법상 제한은 개인의 재산권의 침해를 가져오므로, 「헌법」 제23조 제3항의 규정에 의하여 반드시 법률의 근거가 있어야 한다.

(3) 공법상 제한의 종류

공법상 제한은 그 제한을 필요로 하는 공익사업의 수요 또는 공익상 필요의 내용에 따라 계획제한 · 사업제한 · 보전제한 및 공물제한으로 나눌 수 있다.

① 계획제한

계획제한이란 국토의 합리적인 이용이나 도시의 건전한 발전을 도모하기 위하여 일정한 행정계획에 의거한 지역 · 지구 · 구역(Zoning) 등의 지정에서와 같이 부작위부담을 내용으로 하는 제한을 말한다.

계획제한의 대표적인 예는 「국토계획법」 제36조~제42조에 규정된 용도지역 · 지구 · 구역의 지정 · 변경으로 인한 제한으로, 「국토계획법」 제76조~제84조에서는 용도지역 · 지구 · 구역에 따른 건축물 · 건폐율 · 용적률 및 행위제한 등이 있다.

② 사업제한

사업제한이란 공익사업을 원활하고 안전하게 수행하기 위하여 그 사업과 관계가 있는 재산권에 대하여 가하여지는 제한으로서 제한의 내용은 부작위 · 작위 및 수인부담 등이 있다. 「토지이용규제 기본법」 제7조에서는 개발사업을 시행하기 위한 사업지구를 규정하는 법령 또는 자치법규는 해당 사업지구에서 개발사업에 지장을 초래할 수 있는 행위로서 관계 행정기관의 장의 허가 또는 변경허가를 받아야 하는 사항을 구체적으로 정하도록 규정하고 있다.

이에 따라 「토지보상법」 제25조에서는 사업인정고시가 된 토지에 대한 보전의무를 규정하고 있고, 「국토계획법」 · 「공공주택특별법」 등 공익사업을 규정하고 있는 대부분의 개별법에서는 해당 공익사업을 위한 지구 등의 지정이나 고시 등이 있는 경우 사업지구 또는 예정지구 안에서 건축물의 건축, 공작물의 설치, 토지의 형질변경 등의 행위를 하는 경우에는 시장 등의 허가를 받도록 규정하고 있다.

③ 보전제한

환경 · 자연 · 자원 · 문화재 등의 보전을 위하여 재산권에 가해지는 제한이다.

「자연공원법」 제27조 및 제29조에 따른 행위제한 및 영업 등의 제한, 「산지관리법」 제10조 및 제12조에 따른 산지전용 · 일시사용제한지역에서의 행위제한 및 보전산지에서의 행위제한, 「산림보호법」 제9조에 따른 산림보호구역에서의 행위제한, 「문화재보호법」 제35조에 따른 보호구역 등에서의 현상변경 등의 제한 등이 여기에 해당된다.

④ 공물제한

사유재산인 특정한 토지 · 물건이 공익목적에 제공되고 있기 때문에 그 목적에 필요한 한도에서 그 소유권에 가하여지는 제한을 말한다.

이러한 공물제한에는 사유재산이 공익목적에 제공되고 있기 때문에 일정한 공법상 제한이 가하여지는 경우와 특정 물건의 존재가 공익상 필요하기 때문에 제한이 가하여지는 경우(공적 보존물)가 있다.

2. 공법상 제한을 받는 토지의 보상평가

(1) 원칙

공법상 제한을 받는 토지에 대하여는 원칙적으로 공법상의 제한은 제한받는 상태대로 즉, 이러한 제한을 받는 상태에서 형성된 가격을 기준으로 감정평가한다.

〈유권해석〉
해당 공익사업과 상관없이 도시여건의 변화 등을 반영하여 용도지역을 변경한 경우라면 변경된 용도지역을 기준으로 보상평가한다.
[국토부 2009.08.26. 토지정책과-3950]

〈질의요지〉
고양시의 도시관리계획 결정(변경)에 의하여 농림지역에서 자연녹지지역으로 용도변경되었고, 이후 본 건 부지를 도시계획시설(학교)로 결정하였습니다. 이 경우 변경 전 용도지역(농림지역)으로 평가하여야 하는지

〈회신내용〉
당해 공익사업과 상관없이 도시여건의 변화 등을 반영하여 용도 지역을 변경 결정한 경우라면 변경된 용도지역을 기준으로 평가하여야 한다고 보며, 개별적인 사례에 대하여는 사업시행자가 용도변경 사유 등 사실관계를 조사, 검토하여 판단・결정할 사항이라고 봅니다.

(2) 예외

① 해당 공익사업의 시행을 직접 목적으로 가하여진 제한

공법상 제한이 해당 공익사업의 시행을 직접 목적으로 하여 가하여진 경우에는 제한이 없는 상태를 상정하여 감정평가한다. 즉, 이러한 제한으로 인하여 변동된 가치는 고려하지 않고 감정평가한다.

이와 같이 감정평가하는 이유는 「토지보상법」 제67조 제2항에서 규정한 보상액의 산정 시 해당 공익사업으로 인하여 토지 등의 가치가 변동되었을 때에는 이를 고려하지 아니한다는 원칙에 의한 것이다.

가. 해당 공익사업

'해당 공익사업'이란 특정한 개별적인 공익사업만을 의미하는 것은 아니고 사업제한을 규정하고 있는 다른 공익사업도 포함된다.

즉, 도시・군계획시설 도로사업에 편입되었던 토지가 다른 공익사업에 편입되어 보상하는 경우 도시・군계획시설 도로로 결정됨에 따른 「국토계획법」 제64조에 의한 도시・군계획시설 부지에서의 개발행위 제한은 없는 것으로 보고 감정평가한다.

이와 같이 '해당 공익사업'을 확장 해석하는 이유는 사업변경 내지 고의적인 사전제한 등으로 인한 토지소유자의 불이익을 방지하기 위해서이다.

판례

해당 공익사업이란 해당 공익사업만을 의미하는 것은 아니고 다른 공익사업도 포함한다.
[대법원 1992.03.13. 선고 91누4324 판결]

〈판결요지〉
도시계획법 제2조제1항제1호 나목에 의한 시설의 설치, 정비, 개량에 관한 계획결정으로서 도로, 광장, 공원, 녹지 등으로 고시되거나, 같은 호 다목 소정의 각종 사업에 관한 계획결정이 고시됨으로 인한 제한의 경우 구체적 사업이 수반되는 개별적 계획 제한으로 보아 그러한 제한이 없는 것으로 평가하여야 한다.

나. 직접 목적

'직접 목적'이란 해당 공익사업의 시행을 위하여 가하여진 공법상의 제한만을 의미한다. 즉, 위와 같은 공법상의 제한 중 사업제한(개별적 계획제한)에 해당되는 경우는 그 공법상 제한이 해당 공익사업의 시행을 직접 목적으로 하여 가하여진 경우로 보아야 하므로 제한을 받지 않는 상태를 상정하여 감정평가한다.

② 해당 공익사업의 시행을 직접 목적으로 한 용도지역 등의 변경

해당 공익사업의 시행을 직접 목적으로 하여 용도지역 등이 변경된 토지에 대하여는 변경되기 전의 용도지역 등을 기준으로 감정평가한다.

즉, 일반적으로 토지의 감정평가는 기준시점 현재의 용도지역 등에 따라 감정평가하나, 기준시점 당시 해당 공익사업의 시행을 위하여 용도지역 등이 변경된 경우에는 이를 고려하지 않고 변경되기 전의 용도지역 등을 기준으로 감정평가한다.

판례

해당 공익사업의 시행을 직접 목적으로 하여 용도지역 등이 변경된 경우는 변경되기 전의 용도지역 등을 기준으로 감정평가한다.
[대법원 2018.01.25. 선고 2017두61799 판결]

〈판결요지〉
일반적 계획제한에 해당하는 용도지역 등의 지정 또는 변경에 따른 제한이더라도 그 용도지역 등의 지정 또는 변경이 특정 공익사업의 시행을 위한 것일 때에는, 그 공익사업의 시행을 직접 목적으로 하는 제한으로 보아 그 제한을 받지 아니하는 상태를 상정하여 평가하여야 한다.

이와 같이 감정평가하는 이유 역시 「토지보상법」 제67조 제2항에서 규정한 보상액의 산정 시 해당 공익사업으로 인하여 토지 등의 가치가 변동되었을 때에는 이를 고려하지 아니한다는 원칙에 의한 것이다.

이러한 용도지역 등의 변경은 다음과 같이 구분할 수 있다.

가. 일정한 용도지역에서만 시행할 수 있는 도시・군계획시설

「국토계획법」 제43조 제2항에 따라 도시・군계획시설의 결정・구조 및 설치의 기준 등에 필요한 사항을 규정한 「도시・군계획시설의 결정・구조 및 설치기준에 관한 규칙」에서는

특정한 도시·군계획시설의 경우 일정한 용도지역에서만 시행할 수 있도록 규정하고 있으므로, 이러한 도시·군계획시설의 설치를 위하여 용도지역을 변경한 경우는 해당 공익사업의 시행을 직접 목적으로 한 용도지역 등의 변경에 해당된다.

"일정한 용도지역에서만 시행할 수 있는 도시·군계획시설"은 [별표 2]를 참조하기 바란다.

나. 사실상 해당 공익사업의 시행을 위하여 용도지역을 변경한 경우

「도시·군계획시설의 결정·구조 및 설치기준에 관한 규칙」 등 관련 법령에 따라 일정한 용도지역에서 해야 하는 공익사업에 해당되지 않음에도 사실상 해당 공익사업의 시행을 위하여 용도지역을 변경한 경우에도 해당 공익사업의 시행을 직접 목적으로 하는 변경으로 본다.

이는 낮은 금액으로 보상하기 위하여 부당하게 용도지역 등을 변경하는 것을 막아 국민의 재산권을 보장하기 위한 것이다.

판례

사실상 해당 공익사업의 시행을 위하여 용도지역 등을 변경한 경우에는 해당 공익사업의 시행을 직접 목적으로 변경한 것으로 본다.
[대법원 2007.07.12. 선고 2006두11507 판결]

〈판결요지〉

공원조성 사업의 시행을 직접 목적으로 일반주거지역에서 자연녹지지역으로 변경된 토지에 대한 수용보상액을 산정하는 경우, 그 대상 토지의 용도지역을 일반주거지역으로 하여 평가하여야 하다.

다. 해당 공익사업으로 인한 용도지역 등의 변경

대부분의 공익사업은 용도지역 등의 변경 없이 시행되나 일정한 공익사업에서는 해당 공익사업의 시행에 따른 절차로서 용도지역 등이 변경되며, 이러한 용도지역 등의 변경은 해당 공익사업의 시행을 직접 목적으로 한 용도지역 등의 변경에 해당된다.

"공익사업에 따른 용도지역 등의 변경"은 [별표 3]을 참조하기 바란다.

라. 해당 공익사업의 시행을 위한 개발제한구역의 해제

「개발제한구역의 지정 및 관리에 관한 특별조치법」 제12조에 따라 개발제한구역에서는 i) 도로, 철도 등 개발제한구역을 통과하는 선형(線形)시설 등을 제외한 도시·군계획시설사업, ii) 「도시개발법」에 따른 도시개발사업, iii) 「도시 및 주거환경정비법」에 따른 정비사업 등의 공익사업의 시행을 할 수 없도록 규정하고 있으므로 개발제한구역에서 허용되지 않는 공익사업을 시행하기 위하여 개발제한구역을 해제하는 경우는 해당 공익사업의 시행을 직접 목적으로 하는 변경에 해당된다.

〈유권해석〉
개발제한구역 해제대상이 아닌 지역을 해당 공익사업을 위하여 해제대상에 포함시킨 경우는 해당 공익사업을 직접 목적으로 한 용도지역 등의 변경에 해당된다.
[국토부 2004.05.11. 토관-2176]

〈질의요지〉
개발제한구역 해제를 위한 입안 시 해제요청구역 내에 학교시설부지를 포함하여 입안해제 승인을 받고 도시계획시설(학교)로 결정된 경우에 공익사업을 위한 토지 등의 취득 및 보상에 관한 법률 시행규칙 제23조 제2항의 규정상 '당해 공익사업의 직접목적'에 해당되는 것으로 보아 녹지지역(개발제한구역)으로 평가하는지 여부

〈회신내용〉
정부의 개발제한구역 해제방침결정에 의하여 당초 해제대상에 해당되지 아니하는 지역을 학교시설부지로 편입시키기 위해 개발제한구역 해제 입안 시 이를 포함하여 해제토록 한 경우라면 「토지보상법 시행규칙」 제23조 제2항의 규정에 의하여 당해 공익사업의 시행을 직접 목적으로 하여 유도지역 또는 용도지구 등이 변경된 경우로 보아야 할 것으로 보며, 개별적인 사례에 대하여는 사업시행자가 사실관계 등을 검토하여 판단·결정할 사항으로 봅니다.

마. 실시계획 등의 승인·고시로 인한 용도지역 등의 변경

일부 공익사업에서는 실시계획의 승인·고시 등의 사업절차에 따라 사업준공 후 토지이용을 고려하여 사전에 토지이용계획 등이 변경된다.

예를 들어 「택지개발촉진법」에 따른 택지개발사업의 경우 택지개발사업 실시계획에는 토지이용에 관한 계획 및 지구단위계획이 포함되어야 하고(「택지개발촉진법」 제9조), 이러한 실시계획에 대한 승인·고시가 있으면 「국토계획법」 제30조에 따른 도시·군관리계획의 결정이 있은 것으로 보므로(「택지개발촉진법」 제11조 제1항) 실시계획의 승인·고시로 인한 용도지역 등의 변경은 해당 공익사업의 시행을 직접 목적으로 한 용도지역 등의 변경에 해당된다.

바. 해당 공익사업을 직접 목적으로 한 용도지역 등의 변경인지 여부의 판단

용도지역 등이 해당 공익사업을 직접 목적으로 하여 변경되었는지 여부는 위와 같은 관계 법률, 관보 등에 고시되는 변경사유 등을 객관적으로 고려하여 판단한다.

다만 이러한 내용이 명확하지 않을 경우에는 용도지역 등의 도시·군관리계획의 결정권자인 시장 등 또는 사업시행자로부터 확인을 받아 적용할 용도지역을 결정한다.

〈재결례〉
해당 공익사업을 직접 목적으로 용도지역 등이 변경되었는지 여부는 관계 법률 및 관보 등에 고시되는 변경사유 등을 고려하여 판단한다.
[중토위 2019.01.24. 재결]

〈재결요지〉
도시계획시설(공원) 설치의 경우 용도지역에 대한 제한은 없으나 이 건 00공원 결정・고시의 경우 같은 날짜에 용도지역 조정(주거지역 → 자연녹지지역)이 동시에 있었던 점으로 볼 때 00공원에 해당하는 토지에 대하여는 도시계획시설(00공원)을 지정・설치하겠다는 목적을 가지고 해당 토지에 대해 자연녹지지역으로 용도를 변경하였다고 볼 수 있으므로 자연녹지지역으로 변경되기 전의 용도지역인 주거지역으로 평가・보상하기로 한다.

〈질의회신〉
해당 공익사업을 직접 목적으로 한 용도지역 등의 변경인지 여부는 해당 지자체 또는 사업시행자로부터 확인하여 결정한다.
[협회 2016.03.17. 감정평가기준팀-992]

〈질의요지〉
2008.12.01. 도시관리계획 결정 등으로 용도지역이 자연녹지지역에서 제2종일반 주거지역으로 변경되고, 2013.11.21. 도시・군계획시설도로 고시된 사업에서 사업시행자인 신탁회사가 자연녹지지역으로 평가하도록 요청하는 경우 처리 방안은

〈회신내용〉
자연녹지지역에서 제2종일반주거지역으로의 변경이 해당 도시계획시설사업을 직접 목적으로 변경된 것인지, 도시계획시설사업의 시행에 따른 절차로서 이루어진 것인지 여부 등을 확인 후 적용할 용도지역을 판단하여야 할 것이므로 … 해당 지자체 또는 사업시행자로부터 사실관계 확인 후 용도지역을 제시받아 진행하시기 바랍니다.

③ 해당 공익사업의 시행을 위하여 용도지역 등 변경하지 않은 경우

「토지보상법 시행규칙」 제23조에서 명문으로 규정하고 있지는 않으나 해당 공익사업의 시행을 위하여 용도지역 등을 변경하지 않은 경우도 「토지보상법」 제67조 제2항에 따른 '해당 공익사업으로 인한 가치의 변동'에 해당되므로 이를 고려하지 않고 해당 공익사업이 없었다면 변경되었을 용도지역 등을 기준으로 감정평가한다.

다만, 해당 공익사업의 시행을 위하여 대상토지의 용도지역 등을 변경을 하지 않았다고 볼 수 있으려면, 그 토지가 해당 공익사업에 제공된다는 사정을 배제할 경우 용도 지역 등의 지정 또는 변경을 하지 않은 행위가 계획재량권의 일탈・남용에 해당함이 객관적으로 명백하여야 한다.

판례

해당 공익사업으로 인하여 용도지역 등이 변경되지 않은 것이 명백한 경우에는 용도지역 등의 변경이 이루어진 상태를 전제로 보상평가한다.
[대법원 2018.01.25. 선고 2017두61799 판결]

〈판결요지〉
어느 수용대상 토지에 관하여 특정 시점에서 용도지역・지구・구역(이하 '용도지역 등' 이라고 한다)을 지정 또는 변경하지 않은 것이 특정 공익사업의 시행을 위한 것일 경우 이는 해당 공익사업의 시행을 직접 목적으로 하는 제한이라고 보아 용도지역 등의 지정 또는 변경이 이루어진 상태를 상정하여 토지가격을 평가하여야 한다. 여기에서 특정 공익사업의 시행을 위하여 용도지역 등을 지정 또는 변경하지 않았다고 볼 수 있으려면, 토지가 특정 공익사업에 제공된다는 사정을 배제할 경우 용도지역 등을 지정 또는 변경하지 않은 행위가 계획재량권의 일탈・남용에 해당함이 객관적으로 명백하여야만 한다.

판례

해당 공익사업을 위해 지형도면고시를 하지 않아 용도지역이 환원된 경우는 해당 공익사업으로 인하여 용도지역이 변경되지 않은 경우에 해당된다.
[대법원 2000.04.21. 선고 98두4504 판결]

〈판결요지〉
도시계획변경결정에 의하여 용도지역이 생산녹지지역에서 준주거지역으로 변경된 토지를 택지개발예정지구로 지정하면서 지적승인 고시를 하지 않아 용도지역이 생산녹지지역으로 환원된 경우, 위 환원은 당해 공공사업인 택지개발사업의 시행을 직접 목적으로 하여 가하여진 제한에 해당하므로 용도지역을 준주거지역으로 하여 수용보상액을 평가하여야 한다.

④ 소결

보상평가에서는 해당 공익사업으로 인한 가치의 변동만을 고려하지 않으므로 공법상의 제한 중 일반적 계획제한, 보전제한 및 공물제한은 제한받는 상태에서의 가액으로 보상평가하고, 사업제한(개별적 계획제한)으로 인한 가치의 변동 및 해당 공익사업의 시행을 직접 목적으로 하는 일반적 계획제한의 변경에 따른 가치의 변동은 고려하지 않는다.

III. 공법상 제한받는 토지의 보상평가 유의사항

1. 공법상 제한의 구분에 따른 보상평가

보상평가에서는 공법상 제한을 일반적 계획제한과 개별적 계획제한으로 구분하여 보상 평가기준을 달리 적용하고 있다.

(1) 일반적 계획제한

일반적 계획제한은 제한 그 자체로 목적이 완성되고 구체적인 사업의 시행이 필요하지 아니하는 제한으로서, 일반적인 계획제한은 그 제한을 받는 상태를 기준으로 감정평가한다.

즉, 일반적 계획제한은 토지소유자가 감수하여야 하는 재산권에 내재하는 사회적 제약의 범주에 속하는 것으로서 본다.

이러한 일반적 계획제한의 구체적인 예로서 「토지보상평가지침」 제23조 제2항에서는 i) 「국토계획법」의 규정에 따른 용도지역 등의 지정 및 변경, ii) 「군사기지 및 군사시설보호법」의 규정에 따른 군사시설보호구역의 지정 및 변경, iii) 「수도법」의 규정에 따른 상수원보호구역의 지정 및 변경, iv) 「자연공원법」의 규정에 따른 자연공원 및 공원 보호구역의 지정 및 변경, v) 그 밖에 관련 법령의 규정에 따른 위 각호와 유사한 토지이용계획의 제한을 들고 있으나, 여기에 한정되지 않고 i) 용도지역 등(해당 공익사업의 시행을 직접 목적으로 변경된 용도지역 등 제외), ii) 보전제한, iii) 공물제한 등은 일반적 계획제한에 해당된다.

판례

일반적 계획제한은 제한을 받는 상태대로 평가한다.
[대법원 1992.03.13. 선고 91누4324 판결]

〈판결요지〉
당해 공공사업의 시행 이전에 이미 도시계획법에 의한 고시 등으로 이용제한이 가하여진 상태인 경우에는 그 제한이 도시계획법 제2장 제2절의 규정에 의한 지역, 지구, 구역 등의 지정 또는 변경으로 인한 제한의 경우 그 자체로 제한목적이 완성되는 일반적 계획제한으로 보고 그러한 제한을 받는 상태 그대로 재결 당시의 토지의 형태 및 이용상황 등에 따라 평가한 가격을 기준으로 적정한 보상가액을 정하여야 도시계획법 제2조 제1항 제1호 나목에 의한 시설의 설치, 정비, 개량에 관한 계획결정으로서 도로, 광장, 공원, 녹지 등으로 고시되거나, 같은 호 다목 소정의 각종 사업에 관한 계획결정이 고시됨으로 인한 제한의 경우 구체적 사업이 수반되는 개별적 계획제한으로 보아 그러한 제한이 없는 것으로 평가하여야 한다고 하여 수용 대상토지에 대하여 당해 공공사업의 시행 이전에 개발제한구역 지정으로 인한 제한은 그대로 고려하고 공원용지 지정으로 인한 제한은 고려하지 아니한 상태로 보상액을 평가하였음이 정당하다.

(2) 개별적 계획제한

① 원칙

개별적 계획제한은 그 제한이 구체적인 사업의 시행이 필요한 제한으로서, 해당 공익사업의 시행을 직접목적으로 가하여진 것인지 여부에 불문하고, 그 제한을 받지 아니한 상태를 기준으로 감정평가한다.

② 개별적 계획제한의 예

개별적 계획제한의 예로서 「토지보상평가지침」 제23조 제3항에서는 i) 「국토계획법」 제2조 제7호에서 정한 도시·군계획시설 및 제2조 제11호에서 정한 도시·군계획사업에 관한 같은 법 제30조 제6항에 따른 도시·군관리계획의 결정고시, ii) 「토지보상법」 제4조에서 규정한 공익사업을 위한 사업인정의 고시, iii) 그 밖에 관련 법령의 규정에 따른 공익사업의 계획 또는 시행의 공고 또는 고시 및 공익사업의 시행을 목적으로 한 사업 구역·지구·단지 등의 지정고시 등을 들고 있으나, 여기에 한정되지 않고 공익사업과 관련된 사업제한은 개별적 계획제한으로 본다.

③ 확장 해석의 사유

이와 같이 「토지보상법 시행규칙」 제23조 제1항 단서의 '그 공법상 제한이 해당 공익사업의 시행을 직접 목적으로 하여 가하여진 경우'를 확장 해석하는 이유는 사업변경 내지 고의적인 사전제한 등으로 인한 토지소유자의 불이익을 방지하기 위한 것이다.

즉, 「토지보상법 시행규칙」 제23조 제1항 단서를 문언대로만 해석한다면 공익사업이 변경될 경우 변경 전 공익사업을 목적으로 가해진 제한은 제한을 받는 상태로 감액하여 감정평가하므로 정당보상을 이루지 못할 우려가 있기 때문에 이를 방지하기 위하여 개별적 계획제한으로 확장한 것이다. 따라서 개별적 계획제한을 받는 토지는 그 제한이 해당 공익사업의 시행을 직접 목적으로 하여 가하여진 경우뿐만 아니라, 사업의 종류가 변경되어 당초의 목적사업과 다른 사업에 편입되는 경우에도 그 공법상 제한이 없는 상태대로 보상평가하여야 한다.

판례

개별적 계획제한은 당초의 목적사업과 다른 목적의 공익사업에 편입되는 경우에도 그 제한을 받지 아니하는 상태대로 평가한다.
[대법원 1992.03.13. 선고 91누4324 판결]

〈판결요지〉
공법상 제한을 받는 수용대상토지의 보상액을 산정함에 있어서는 그 공법상의 제한이 당해 공공사업의 시행을 직접목적으로 하여 가하여진 경우는 물론 당초의 목적사업과 다른 목적의 공공사업에 편입수용되는 경우에도 그 제한을 받지 아니하는 상태대로 평가하여야 할 것인바, 이와 같이 공공용지의 취득 및 손실보상에 관한 특례법 시행규칙 제6조 제4항 소정의 "당해 사업을 직접목적으로 공법상 제한이 가해진 경우"를 확장해석하는 이유가 사업변경 내지 고의적인 사전제한 등으로 인한 토지소유자의 불이익을 방지하기 위한 것이라는 점에 비추어 볼 때 수용대상토지의 보상액 평가 시 고려대상에서 배제하여야 할 당해 공공사업과 다른 목적의 공공사업으로 인한 공법상 제한의 범위는 그 제한이 구체적인 사업의 시행을 필요로 하는 것에 한정된다고 할 것이다.

(3) 해당 공익사업의 시행을 직접 목적으로 하여 가하여진 제한인지 여부의 판단

「토지보상법 시행규칙」 제23조 제1항 단서는 "그 공법상 제한이 해당 공익사업의 시행을 직접 목적으로 하여 가하여진 경우"에는 제한이 없는 상태를 상정하여 평가하도록 규정하고 있으므로, 그 제한의 성격이 일반적 계획제한에 해당하는 경우에도 해당 공익사업의 시행을 직접 목적으로 하여 가하여진 경우에 해당된다면 제한이 없는 상태를 상정하여 감정평가한다.

이러한 경우는 「토지보상법 시행규칙」 제23조제2항에 따른 해당 공익사업의 시행을 직접 목적으로 하여 용도지역 또는 용도지구 등이 변경된다.

① 직접 목적으로 보는 경우

가. 일정한 용도지역에서만 시행할 수 있는 도시・군계획시설

「국토계획법」 제43조제2항에 따라 도시・군계획시설의 결정・구조 및 설치의 기준 등에 필요한 사항을 규정한 「도시・군계획시설의 결정・구조 및 설치기준에 관한 규칙」에서는 특정한 도시・군계획시설의 경우 일정한 용도지역에서만 시행할 수 있도록 규정하고 있으므로, 이러한 도시・군계획시설의 설치를 위하여 용도지역 등을 변경한 경우에는 이를 해당 공익사업의 시행을 직접 목적으로 한 용도지역 등의 변경에 해당된다.

"일정한 용도지역에서만 시행할 수 있는 도시・군계획시설"은 [별표 2]를 참조하기 바란다.

판례

특정한 공익사업의 시행을 위한 용도지역 등을 변경한 경우는 해당 공익사업을 직접 목적으로 하는 변경으로 본다.
[대법원 2012.05.24. 선고 2012두1020 판결]

〈판결요지〉
공법상 제한을 받는 토지에 대한 보상액을 산정할 때에 … 도로·공원 등 특정 도시 계획시설의 설치를 위한 계획결정과 같이 구체적 사업이 따르는 개별적 계획제한이거나 일반적 계획제한에 해당하는 유도지역·지구·구역의 지정 또는 변경에 따른 제한이더라도 그 용도지역·지구·구역의 지정 또는 변경이 특정 공익사업의 시행을 위한 것일 때에는 당해 공익사업의 시행을 직접 목적으로 하는 제한으로 보아 위 제한을 받지 아니하는 상태를 상정하여 평가하여야 한다.

나. 해당 공익사업으로 인한 용도지역 등의 변경

일정한 공익사업에서는 해당 공익사업의 시행에 따른 절차로서 용도지역 등이 변경되며, 이러한 용도지역 등의 변경은 해당 공익사업의 시행을 직접 목적으로 한 용도지역 등의 변경에 해당된다.

"공익사업에 따른 용도지역 등의 변경"은 [별표 3]을 참조하기 바란다.

다. 실시계획 등의 승인·고시로 인한 용도지역 등의 변경

일부 공익사업에서는 실시계획의 승인·고시 등의 사업절차에 따라 사업준공 후 토지이용을 고려하여 사전에 용도지역 등이 변경된다.[39] 이러한 용도지역 등의 변경 역시 해당 공익사업의 시행을 직접 목적으로 한 용도지역 등의 변경에 해당된다.

② 직접 목적으로 보지 않는 경우

가. 원칙

「토지보상평가지침」 제23조 제2항에 따라 i) 용도지역 등의 지정·변경, ii) 「군사기지 및 군사시설보호법」에 따른 군사시설보호구역의 지정·변경, iii) 「수도법」에 따른 상수원보호구역의 지정·변경, iv) 「자연공원법」에 따른 자연공원 및 공원보호구역의 지정·변경, v) 그 밖에 관계법령에 따른 위 제2호부터 제4호와 비슷한 토지이용계획의 제한 등은[40] 그 자체로 목적이 완성되고 구체적인 사업의 시행이 필요하지 아니한 일반적인 계획제한으로서 그 제한을 받는 상태를 기준으로 감정평가한다.

---

39) 「택지개발촉진법」에 따른 택지개발사업의 경우 택지개발사업 실시계획에는 토지이용에 관한 계획 및 지구단위계획이 포함되어야 하고(「택지개발촉진법」 제9조), 이러한 실시계획에 대한 승인·고시가 있으면 「국토계획법」 제30조에 따른 도시·군관리계획의 결정이 있은 것으로 보므로(「택지개발촉진법」 제11조 제1항) 실시계획의 승인·고시로 인한 용도지역 등이 변경된다.
40) 이와 유사한 제한으로 가장 대표적인 것이 「도로법」 제40조에 따른 접도구역이다.

나. 예외

「토지보상평가지침」 제23조 제2항 단서에서는 i) 「군사기지 및 군사시설보호법」에 따른 군사시설보호구역의 지정·변경[41], ii) 「수도법」에 따른 상수원보호구역의 지정·변경, iii) 「자연공원법」에 따른 자연공원 및 공원보호구역의 지정·변경, iv) 그 밖에 관계법령에 따른 위 제2호부터 제4호와 비슷한 토지이용계획의 제한 등 해당 법령에서 정한 공익사업의 시행을 직접 목적으로 하여 해당 구역 등 안 토지를 취득 또는 사용하는 경우에는 이를 개별적인 계획제한으로 보도록 규정하고 있다.

다. 소결

「토지보상평가지침」 제23조 제2항 단서에 따르면 위의 예외에 해당되는 「군사기지 및 군사시설보호법」에 따른 군사시설보호구역이 「국방·군사시설 사업에 관한 법률」에 따른 국방·군사시설사업에 편입될 경우에는 개별적 계획제한으로 보아 제한이 없는 상태로 보상평가하고, 그 외의 공익사업에 편입될 경우는 일반적 계획제한으로 보아 제한 받는 상태대로 보상평가하도록 규정하고 있다. 그러나 동일한 용도구역에 대하여 공익사업의 유형에 따라 제한의 적용을 달리 하는 것은 타당하지 않은 것으로 생각한다. 다만, 「국방·군사시설 사업에 관한 법률」에 따른 국방·군사시설사업의 시행을 위하여 「군사기지 및 군사시설보호법」에 따른 군사시설보호구역을 지정한 경우는 「토지보상법 시행규칙」 제23조 제1항 단서에 따른 '해당 공익사업의 시행을 직접 목적으로 하여 가하여진 경우'에 해당된다고 보아야 하므로 군사시설보호구역에 따른 제한이 없는 상태로 보상평가할 수 있을 것이다.

(4) 일반적 계획제한과 개별적 계획제한의 구분의 문제점

1992.3.13. 대법원판례는 공법상의 제한을 제한 그 자체로 제한목적이 완성되는 일반적 계획제한과 구체적 사업이 수반되어야 하는 개별적 계획제한으로 나누고, 일반적 계획제한은 제한을 받는 상태대로, 개별적 계획제한은 제한이 없는 상태대로 보상하도록 판결하고 있다.

이러한 대법원 판례의 취지는 「토지보상법 시행규칙」 제23조 제1항[42] 단서에서 공법상 제한이 해당 공익사업의 시행을 직접 목적으로 하여 가하여진 경우에 한하여 제한이 없는 상태를 상정하여 평가하도록 규정하고 있어 공익사업이 변경되었을 경우에는(예를 들어 도시·군계획도로에 편입된 토지가 공원사업을 위하여 수용될 경우 등) 공법상 제한을 받는 상태대로 보상하여야 한다는 문제점을 해소하기 위한 것이었다.

따라서 「토지보상법 시행규칙」 제23조 제1항 단서에서 공법상 제한이 해당 공익사업의 시행을 직접 목적으로 하여 가하여진 경우에는 제한이 없는 상태를 상정하여 평가하도록 규정하고 있고, 해당 공익사업의 시행을 직접 목적으로 하여 가하여진 공법상의 제한에는 일반적 계획제한도 포

41) 「군사기지 및 군사시설보호법」 제2조 제6호에서 '군사기지 및 군사시설 보호구역'이란 군사기지 및 군사시설을 보호하고 군사작전을 원활히 수행하기 위하여 국방부장관이 지정하는 구역으로서 i) 통제보호구역(군사기지 및 군사시설 보호구역 중 고도의 군사활동 보장이 요구되는 군사분계선의 인접지역과 중요한 군사기지 및 군사시설의 기능보전이 요구되는 구역) 및 ii) 제한보호구역(군사기지 및 군사시설 보호구역 중 군사작전의 원활한 수행을 위하여 필요한 지역과 군사기지 및 군사시설의 보호 또는 지역주민의 안전이 요구되는 구역)으로 구분하고 있다.

42) 대법원판례 당시에는 (구)「공공용지의 취득 및 손실보상에 관한 특례법 시행규칙」 제6조 제4항이었다.

함될 수 있음에도, 이 판례에 근거하여 단지 일반적 계획 제한이라 하여 모두를 제한받는 상태대로 보상하는 것은 타당하지 않으며, 이러한 대표적인 예가 '접도구역' 및 '군사시설보호구역' 등이다.

① 「도로법」상의 접도구역

가. 접도구역의 개요

가) 접도구역의 의의

「도로법」 제40조 제1항에서 접도구역은 도로 구조의 파손 방지, 미관(美觀)의 훼손 또는 교통에 대한 위험 방지를 위하여 필요하면 도로경계선으로부터 20미터(고속국도의 경우 50미터)를 초과하지 아니하는 범위에서 지정할 수 있도록 규정하고 있다. 즉 접도 구역은 도로라고 하는 공공시설의 보호와 도로에서의 교통에 대한 위험을 방지하기 위하여, 결국 도로를 목적으로 지정된다.

나) 접도구역의 성격

접도구역은 접도구역 지정목적을 달성하기 위하여 별도의 구체적 사업이 수반될 필요가 없으며, 제한 그 자체로 부작위의무 및 작위의무가 발생하여 제한의 목적이 완성되는 일반적 계획제한이다.

다) 접도구역에서의 제한

「도로법」 제40조 제3항에서 접도구역에서는 i) 토지의 형질을 변경하는 행위, ii) 건축물이나 그 밖의 공작물을 신축·개축 또는 증축하는 행위를 제한하는 부작위 의무가 부여된다. 또한 「도로법」 제40조 제4항에서는 도로의 구조나 교통의 안전에 대한 위험을 예방하기 위하여 토지 또는 공작물의 소유자나 점유자에게 i) 시설 등이 시야에 장애를 주는 경우에는 그 장애물의 제거, ii) 시설 등이 붕괴하여 도로에 위해(危害)를 끼치거나 끼칠 우려가 있으면 그 위해를 제거하거나 위한 방지시설의 설치, iii) 도로에 토사 등이 쌓이거나 쌓일 우려가 있으면 그 토사 등을 제거하거나 토사가 쌓이는 것을 방지 할 수 있는 시설의 설치, iv) 시설 등으로 인하여 도로의 배수시설에 장애가 발생하거나 발생할 우려가 있으면 그 장애를 제거하거나 장애의 발생을 방지할 수 있는 시설의 설치 등의 작위의무를 부과하고 있다.

라) 접도구역 공용제한에 따른 보상

(가) 접도구역의 매수청구

「도로법」 제41조 제1항에서는 접도구역이 지정되는 경우 그 지정으로 인하여 접도구역에 있는 토지를 종래의 용도로 사용할 수 없어 그 효용이 현저하게 감소한 토지 또는 해당 토지의 사용 및 수익이 사실상 불가능한 토지의 소유자는 도로의 관리청에 그 토지에 대한 매수를 청구할 수 있도록 규정하고 있다.

(나) 매수청구가격의 결정

「도로법」 제42조 제3항에서는 매수대상토지의 매수가격은 매수청구 당시 「부동산 가격 공시에 관한 법률」에 따른 공시지가를 기준으로 하여 그 공시기준일부터 매수청구인에게 대금을 지급하려고 하는 날까지의 기간 동안 지가변동률, 생산자물가상승률, 그 토지의 위치·형상·환경 및 이용상황 등을 고려하여 평가한 금액으로 하도록 규정하고 있다.

나. 접도구역의 취득

가) 접도구역의 협의매수

「도로법」 제44조 제1항에서는 도로관리청은 접도구역을 지정한 목적을 달성하기 위하여 필요하면 토지 및 그 정착물의 소유자와 협의하여 접도구역의 토지 및 그 정착물을 매수할 수 있도록 규정하고 있다. 다만, 「도로법」 제82조 제1항에서는 도로구역에 한하여 수용할 수 있도록 규정하고 있으므로 접도구역에 대해서는 협의취득만 가능하며 수용은 불가능하다.

나) 접도구역의 협의매수 시 가격결정방법

「도로법」 제44조 제2항에서는 접도구역의 토지 및 그 정착물을 협의매수하는 경우 그 가격의 산정 시기·방법 및 기준 등에 관하여는 「토지보상법」 제67조 제1항, 제70조, 제71조, 제74조, 제75조, 제75조의2, 제76조, 제77조 및 제78조 제5항부터 제9항까지의 규정을 준용하도록 규정하고 있다.

여기서 접도구역에 속한 토지의 협의매수 시에는 「토지보상법」 제70조가 준용되며, 제70조 제6항에서는 취득하는 토지와 이에 관한 소유권외의 권리에 대한 구체적인 보상액 산정 및 평가방법은 국토해양부령으로 정하도록 규정하고 있고, 동조에 근거한 「토지보상법 시행규칙」 제23조 제1항 단서에서 공법상 제한이 해당 공익사업의 시행을 직접 목적으로 하여 가하여진 경우에는 제한이 없는 상태를 상정하여 평가하도록 규정하고 있다.

다만, 접도구역은 공익사업에 해당되지 않으므로 원칙적으로 협의가격은 접도구역의 지정에 따른 제한을 고려하여 감정평가한다.

다. 문제점

접도구역이 문제가 되는 것은 대부분의 도로확장공사가 접도구역에서 이루어지며, 이 경우 해당 도로의 보호를 위하여 보상도 없이 장기간 토지의 형질변경, 건축물이나 그 밖의 공작물을 신축·개축 또는 증축 등을 제한하여 사실상 토지의 정상적인 이용을 전면적으로 제한해 왔으면서도 보상 시에 다시 이러한 제한을 받는 상태로 보상한다는 것은 국민들에게 2중으로 부담을 전가시킨다는 문제점이 있다.

② 문제의 원인

이러한 문제점은 1998.12.24. 헌법재판소의 개발제한구역 제도의 헌법불합치 결정으로 인해 일반적 계획제한의 경우에도 사회적 제약의 범위를 넘는 특별한 희생에 대한 보상을 인정하였으므로, 「도로법」에서 이를 반영하여 관련 법령을 개정하였음에도 「토지보상법」에서는 이를 반영하지 않고 1992.3.13. 대법원판례에 의하여 공법상의 제한을 일반적 계획제한과 개별적 계획제한으로 2분법적으로 구분하여 적용하고 있기 때문이다.

③ 제도개선

「토지보상법 시행규칙」 제23조 제1항을 "공법상 제한을 받는 토지에 대하여는 제한받는 상태대로 평가한다. 다만, 그 공법상 제한이 공익사업의 시행을 목적으로 가하여진 경우 또는 특정한 공익사업의 보호・유지를 위하여 가하여진 경우에는 제한이 없는 상태를 상정하여 평가한다."로 개정하는 것이 필요하다.

2. 용도지역이 없는 토지

(1) 용도지역이 지정되지 않은 경우

① 「국토계획법」상 용도지역이 지정되지 않은 경우

「국토계획법」 제79조 제1항에 따라 도시지역・관리지역・농림지역・자연환경보전지역으로 용도가 지정되지 아니한 지역에 대하여는 제76조(용도지역 및 용도지구에서의 건축물의 건축 제한 등), 제77조(용도지역의 건폐율), 제78조(용도지역에서의 용적률)를 적용할 때 자연환경보전지역에 관한 규정을 적용한다.

② 세부 용도지역이 지정되지 않은 경우

「국토계획법」 제79조 제2항에 따라 도시지역 또는 관리지역이 세부 용도지역으로 지정되지 아니한 경우로써 도시지역인 경우에는 제76조, 제77조, 제78조를 적용할 때 보전녹지지역에 관한 규정을 적용하고, 관리지역인 경우에는 제76조, 제77조, 제78조를 적용할 때 보전관리지역에 관한 규정을 적용한다.

(2) 공유수면 매립지

「국토계획법」 제41조 제1항은 공유수면(바다만 해당한다)의 매립 목적이 그 매립구역과 이웃하고 있는 용도지역의 내용과 같으면 도시・군관리계획의 입안 및 결정 절차 없이 그 매립준공구역은 그 매립의 준공인가일부터 이와 이웃하고 있는 용도지역으로 지정된 것으로 보도록 규정하고 있으므로, 공유수면 매립지의 용도지역은 이에 따른다.

(3) 용도지역 사이에 있는 토지

양측 용도지역의 사이에 있는 토지가 용도지역이 지정되지 아니한 경우에는 그 위치・면적・이용상태 등을 고려하여 양측 용도지역의 평균적인 제한상태를 기준으로 한다.

(4) 지역의 경계에 있는 도로의 용도지역

양측 용도지역의 경계에 있는 도로(계획도로를 포함한다)에 대한 용도지역 지정 여부의 확인이 사실상 곤란한 경우에는 i) 주거・상업・공업지역 중 2개 지역을 경계하고 있는 도로는 도로의 중심선을 용도지역의 경계로 보고, ii) 주거・상업・공업지역과 녹지지역의 경계에 있는 도로가 지역 간 통과도로인 경우에는 중심선을 용도지역 경계로 보며, 일반도로인 경우에는 녹지지역이 아닌 지역으로 본다(「도시관리계획수립지침」 3-1-1-9).

3. 둘 이상의 용도지역 등에 걸치는 토지

(1) 원칙

① 건폐율 및 용적율

가. 가장 작은 부분의 규모가 330제곱미터 이상인 경우

하나의 대지가 둘 이상의 용도지역 등에 걸치는 경우로서 각 용도지역 등에 걸치는 부분 중 가장 작은 부분의 규모가 330제곱미터(도로변에 띠 모양으로 지정된 상업지역에 걸쳐 있는 토지의 경우에는 660제곱미터) 이상인 경우에는 각각의 용도지역에 관한 건폐율 및 용적률 규정을 그 대지의 해당 부분에 적용한다.

따라서 이 경우는 원칙적으로 용도지역 등에 따라 구분감정평가한다.

〈법령해석〉
하나의 대지가 둘 이상의 용도지역 등에 걸치는 경우 건폐율 등의 적용은 각각의 용도지역에 따른 기준을 적용한다.
[법제처 2019.09.26. 19-0392]

〈질의요지〉
하나의 대지가 서로 다른 용도지역에 걸치는 경우로서 그 중 하나의 용도지역의 면적이 대지의 과반이고 가장 작은 용도지역의 규모가 330㎡를 초과하는 경우, 해당 대지에서의 건폐율과 용적률은 「건축법」 제54조 제1항을 적용하여 대지의 과반이 속하는 용도지역의 건폐율과 용적률 기준에 따라야 하는지?

〈회답〉
이 사안의 경우 「건축법」 제54조 제1항을 적용하여 대지의 과반이 속하는 용도지역의 건폐율과 용적률 기준에 따라야 하는 것이 아니라 각각의 용도지역에 따른 건폐율과 용적률 기준에 따라야 합니다.

〈이유〉
국토계획법의 규정 체계를 고려하면 용도지역에서의 건폐율 및 용적률은 각 용도지역에 따른 건폐율 및 용적률을 적용하는 것이 원칙이고, 하나의 대지가 둘 이상의 용도지역 등에 걸치는 경우라 하더라도 국토계획법 제84조 제1항 각 호 외의 부분 본문에 따른 경우를 제외하고는 각각의 용도지역에 관한 건폐율 및 용적률 규정이 그 대지의 해당 부분에 적용되는 것이 원칙이라 하겠습니다.

나. 가장 작은 부분의 규모가 330제곱미터 이하인 경우

「국토계획법」 제84조 제1항에 따라 하나의 대지가 둘 이상의 용도지역 등에 걸치는 경우로서 각 용도지역 등에 걸치는 부분 중 가장 작은 부분의 규모가 330제곱미터(도로 변에 띠 모양으로 지정된 상업지역에 걸쳐 있는 토지의 경우에는 660제곱미터) 이하인 경우에는 전체 대지의 건폐율 및 용적률은 각 부분이 전체 대지 면적에서 차지하는 비율을 고려하여 각 용도지역 등별 건폐율 및 용적률을 가중평균한 값을 적용한다.

따라서 이 경우는 원칙적으로 용도지역 등에 따라 구분감정평가하지 않고 필지 전체를 기준으로 감정평가한다.

다. 「건축법」과의 관계

「건축법」 제54조 제1항에서는 대지가 이 법이나 다른 법률에 따른 지역 · 지구(녹지지역과 방화지구는 제외한다.) 또는 구역에 걸치는 경우에는 그 건축물과 대지의 전부에 대하여 대지의 과반(過半)이 속하는 지역 · 지구 또는 구역 안의 건축물 및 대지 등에 관한 이 법의 규정을 적용하도록 규정하고 있다.

그러나 용도지역별 건폐율 및 용적률 제한은 「건축법」이 아니라 「국토계획법」에서 규율하고 있는 사항이고, 「건축법」 제55조 및 제56조에서도 건폐율 및 용적률의 최대한도는 「국토계획법」에 따르도록 규정하고 있으므로, 용도지역별 건폐율 및 용적률 제한은 「건축법」이 아니라 「국토계획법」에 따라야 한다.

〈법령해석〉

건폐율 등의 적용은 「국토계획법」의 기준을 적용한다.

[법제처 2019.09.26. 19-0392]

〈질의요지〉

하나의 대지가 서로 다른 용도지역에 걸치는 경우로서 그 중 하나의 용도지역의 면적이 대지의 과반이고 가장 작은 용도지역의 규모가 330㎡를 초과하는 경우, 해당 대지에서의 건폐율과 용적률은 「건축법」 제54조 제1항을 적용하여 대지의 과반이 속하는 용도지역의 건폐율과 용적률 기준에 따라야 하는지?

〈회답〉

이 사안의 경우 「건축법」 제54조 제1항을 적용하여 대지의 과반이 속하는 용도지역의 건폐율과 용적률 기준에 따라야 하는 것이 아니라 각각의 용도지역에 따른 건폐율과 용적률 기준에 따라야 합니다.

〈이유〉

「건축법」 제54조 제1항에서는 대지가 이 법이나 다른 법률에 따른 지역 · 지구(녹지지역과 방화지구는 제외함) 또는 구역에 걸치는 경우에는 그 건축물과 대지의 전부에 대하여 대지의 과반이 속하는 지역 · 지구 또는 구역 안의 건축물 및 대지 등에 관한 "이 법의 규정"을 적용하도록 규정하고 있으나, 앞에서 살펴 본 것처럼 용도지역별 건폐율 및 용적률 제한은 「건축법」이 아니라 국토계획법에서 규율하고 있는 사항이고, 「건축법」 제55조 및 제56조에서도 건폐율 및 용적률의 최대한도는 국토계획법에 따르도록 규정하고 있으므로 용도지역별 건폐율 및 용적률 제한은 "「건축법」의 규정"에 해당하지 않습니다.

② 건축 제한 등

「건축법」 제54조 제1항에 따라 건폐율 및 용적률 외의 건축 제한 등에 관한 사항은 그 대지 중 가장 넓은 면적이 속하는 용도지역 등에 관한 규정을 적용한다.

(2) 예외

① 고도지구

「국토계획법」 제84조 제1항 단서에 따라 건축물이 고도지구에 걸쳐 있는 경우에는 그 건축물 및 대지의 전부에 대하여 고도지구의 건축물 및 대지에 관한 규정을 적용한다. 따라서 이러한 경우에는 원칙적으로 용도지구에 따라 구분감정평가해서는 안 된다.

② 방화지구

가. 원칙

「국토계획법」 제84조 제2항에 따라 하나의 건축물이 방화지구와 그 밖의 용도지역・용도지구 또는 용도구역에 걸쳐 있는 경우에는 그 전부에 대하여 방화지구의 건축물에 관한 규정을 적용한다.

따라서 이러한 경우에는 원칙적으로 용도지구에 따라 구분감정평가해서는 안 된다.

나. 예외

「국토계획법」 제84조 제2항 단서에 따라 건축물이 있는 방화지구와 그 밖의 용도지역・용도지구 또는 용도구역의 경계가 「건축법」 제50조 제2항에 따른 방화벽으로 구획되는 경우 그 밖의 용도지역・용도지구 또는 용도구역에 있는 부분에 대하여는 방화지구의 제한이 적용되지 않으므로 이 경우는 구분감정평가할 수 있다.

③ 녹지지역

가. 원칙

「국토계획법」 제84조 제3항에 따라 하나의 대지가 녹지지역과 그 밖의 용도지역・용도지구 또는 용도구역에 걸쳐 있는 경우(규모가 가장 작은 부분이 녹지지역으로서 해당 녹지지역이 330㎡ 이하인 경우는 제외한다)에는 각각의 용도지역・용도지구 또는 용도구역의 건축물 및 토지에 관한 규정을 적용한다.

따라서 이러한 경우에는 원칙적으로 용도지역에 따라 구분감정평가한다.

판례

하나의 대지가 녹지지역과 다른 용도지역 등에 걸쳐 있는 경우, 녹지지역에 대하여는 녹지지역에 관한 제한 규정이 적용되고, 다른 용도지역 등에 대하여는 해당 용도지역 등에 관한 제한 규정이 적용된다. [대법원 2014.11.27. 선고 2013두 16111]

〈판결요지〉

구 국토의 계획 및 이용에 관한 법률(2012.2.1. 법률 제11292호로 개정되기 전의 것, 이하 '국토계획법'이라고 한다) 제84조 제3항 본문은 하나의 대지가 녹지지역과 그 밖의 용도지역 등에 걸쳐 있는 경우 그 대지 중 용도지역 등에 있는 부분의 규모 및 용도지역별 면적과 관계없이 녹지지역에 대해서만 녹지지역에 관한 행위 제한 규정을 적용하도록 함으로써 녹지지역의 훼손을 최소화하기 위한 것으로 보인다. 이러한 규정의 입법 취지 및 문언에 의할 때 위 조항은 하나의 대지가 녹지지역과 그 밖의 용도지역 등에 걸쳐 있는 경우 용도지역 등 경계선을 기준으로 녹지지역에 대하여는 녹지지역에 관한 행위 제한 규정이 적용되고, 다른 용도지역 등에 대하여는 해당 용도지역 등에 관한 행위 제한 규정이 적용된다는 의미로 해석하는 것이 타당하다. 한편 건축법 제54조 제3항 본문에서는 "대지가 녹지지역과 그 밖의 지역・지구 또는 구역에 걸치는 경우에는 각 지역・지구 또는 구역 안의 건축물과 대지에 관한 이 법의 규정을 적용한다."고 규정하고 있으나, 용도지역별 건축물의 용도 제한에 대하여는 건축법이 아니라 국토계획법이 규율하고 있으므로, 대지가 녹지지역과 그 밖의 용도지역 등에 걸치는 경우 용도지역별 건축물의 용도 제한에 관하여는 건축법 제54조 제3항 본문이 적용되지 아니한다.

나. 예외

「국토계획법」 제84조 제3항 단서에 따라 녹지지역의 건축물이 고도지구에 걸쳐 있는 경우는 고도지구의 건축물 및 대지에 관한 규정을 적용하고, 방화지구에 걸쳐 있는 경우에는 방화지구의 건축물에 관한 규정을 적용한다.

4. 동일한 토지에 공익사업이 중복 지정된 경우

(1) 문제의 발생

동일한 토지에 대해 평면적인 공익사업을 중복하여 지정할 수 없으나, 입체적으로 공간을 구분하여 시행하는 공익사업은 동일한 토지에 중복하여 지정할 수 있다.

이에 따라 「도시・군계획시설의 결정・구조 및 설치기준에 관한 규칙」 제4조에서도 입체적 도시・군계획시설결정에 대해 규정하고 있다.

이 경우 입체적 공익사업의 시행을 위한 보상평가에서 평면적인 공익사업을 위한 공법상의 제한을 고려하여야 하는지 여부가 문제가 된다.

즉, 송전선로가 도시・군계획시설인 공원으로 지정된 토지를 통과할 경우 선하지의 공간적 사용을 위한 보상평가에서 해당 토지에 지정된 도시・군계획시설 공원으로서의 공법상의 제한을 고려하여야 하는지 여부이다. 이에 대해서는 다음과 같은 견해의 대립이 있다.

① 공법상의 제한을 고려하여야 한다는 견해

「토지보상법 시행규칙」 제23조 제1항에서 공법상 제한을 받는 토지에 대하여는 제한받는 상태대로 평가하되, 그 공법상 제한이 해당 공익사업의 시행을 직접 목적으로 하여 가하여진 경우에는 제한이 없는 상태를 상정하여 평가하도록 규정하고 있으므로, 해당 공익사업인 송전선로의 시행을 직접 목적으로 가하여진 것이 아닌 공원으로서의 공법상의 제한은 송전선로의 보상에서는 고려하여야 한다는 주장으로, 국토교통부의 견해이다.[43)]

〈질의회신〉
송전선로의 선하지 보상평가에서 해당 토지가 도시・군계획시설에 저촉됨으로 인한 공법상의 제한을 고려하여야 한다.
[국토부 2014.03.05. 토지정책과-1477]

〈질의요지〉
당해 공익사업인 송전선로 사업(사업시행자 : ○○공사)과 무관한 도시계획시설 공원에 저촉된 토지에 대한 선하지 사용료를 보상평가할 때 도시계획시설 공원저촉에 따른 공법상 제한의 반영 여부

43) 다만, 국토교통부에서도 "공원시설로 결정된 후 같은 규정에 의한 다른 목적의 공공사업지구에 편입되는 경우에도 개별적 계획제한으로 보아 제한받지 아니하는 상태대로 평가하는 것이 타당 하다"고 〈유권해석〉한 바도 있다(국토부 2000.04.20, 토관 58342-580 참조).

〈회신내용〉

「토지보상법 시행규칙」 제23조 제1항에 따르면 공법상 제한을 받는 토지에 대하여는 제한받는 상태대로 평가하고, 다만, 그 공법상 제한이 당해 공익사업의 시행을 직접 목적으로 하여 가하여진 경우에는 제한이 없는 상태를 상정하여 평가하도록 하고 있습니다. 따라서 당해 공익사업의 시행을 직접 목적으로 하여 가하여진 경우가 아니라면 같은 규칙 제23조 제1항 본문에 따라 평가하여야 할 것으로 보며, 구체적인 사항은 관계법령 및 사실관계 등을 검토하여 사업시행자가 개별적으로 판단하여야 할 것으로 봅니다.

② 공법상의 제한을 고려하지 않아야 한다는 견해

「토지보상법 시행규칙」 제23조 제1항 단서에서 공법상 제한이 해당 공익사업의 시행을 직접 목적으로 하여 가하여진 경우에는 제한이 없는 상태를 상정하여 평가하도록 규정하고 있고, 이 경우 '해당 공익사업의 시행을 직접 목적으로 하여 가하여진 경우'에는 당초의 목적사업과는 다른 목적의 공익사업에 편입되는 경우도 포함된다고 보아야 하므로, 선하지 보상에서 공원으로서의 공법상의 제한은 고려하여야 않아야 한다는 주장으로, 대법원 및 중앙토지수용위원회의 견해이다.

판례

공법상 제한을 토지는 당초의 목적사업과 다른 목적의 공공사업에 편입되는 경우에도 그 제한을 받지 아니하는 상태대로 감정평가한다.
[대법원 1992.03.13. 선고 91누4324 판결]

〈판결요지〉

공법상 제한을 받는 수용대상토지의 보상액을 산정함에 있어서는 그 공법상의 제한이 당해 공공사업의 시행을 직접목적으로 하여 가하여진 경우는 물론 당초의 목적사업과 다른 목적의 공공사업에 편입 수용되는 경우에도 그 제한을 받지 아니하는 상태대로 평가하여야 할 것인바, 이와 같이 공공용지의 취득 및 손실보상에 관한 특례법 시행규칙 제6조 제4항 소정의 "당해 사업을 직접목적으로 공법상 제한이 가해진 경우"를 확장해석하는 이유가 사업변경 내지 고의적인 사전제한 등으로 인한 토지소유자의 불이익을 방지하기 위한 것이라는 점에 비추어 볼 때 수용대상토지의 보상액 평가시 고려대상에서 배제하여야 할 당해 공공사업과 다른 목적의 공공사업으로 인한 공법상 제한의 범위는 그 제한이 구체적인 사업의 시행을 필요로 하는 것에 한정된다고 할 것이다.

〈재결례〉

송전선로의 선하지 보상평가에서 해당 토지가 도시・군계획시설에 저촉됨으로 인한 공법상의 제한은 고려하지 않아야 한다.
[중토위 2018.04.12. 재결]

〈재결요지〉

대법원 1989.7.11. 선고 88누11797 판결은, '공법상 제한을 받는 토지라도 그 제한이 당해 공공사업의 시행을 직접목적으로 하여 가하여진 경우에는 제한을 받지 아니하는 상태대로 평가하게 하고 있는데 여기서 말하는 "당해 공공사업의 시행을 직접 목적으로 하여 가하여진 경우"란 도시계획시설로 결정고시된 토지가 당초의 목적 사업에 편입수용되는 경우는 물론 당초의 목적사업과는 다른 목적의 공공사업에 편입수용되는 경우에도 포함된다고 해석하여야 할 것이다'고 판시하였다.
위 판결에 따르면, 도시계획시설이 결정된 토지가 다른 목적의 공공사업인 전선・송전탑 설치에 편입되더라도, 당해 공공사업의 시행을 직접목적으로 공법상 제한이 가하여진 것으로 보아 공법상 제한이 없는 상태로 평가하는 것이 타당하다.

(2) **소결**

위의 두 가지 경우를 나누어 보면 다음과 같다.

① **공원으로서의 제한을 고려하여 보상한 경우**

선하지 보상에서 공원으로서의 제한을 받는 상태로 보상한 후 공원사업을 위해 토지를 보상하는 경우 해당 토지는 구분지상권이 설정된 토지로서 「토지보상법 시행규칙」 제29조에 따른 소유권 외의 권리의 목적이 되고 있는 토지에 해당되므로 토지가액에서 소유권외의 권리의 가액을 뺀 금액으로 보상한다.

이 경우 '소유권 외의 권리의 가액'은 「토지보상법 시행규칙」 제28조 제2항에 따라 일반적으로 권리설정계약을 기준으로 평가하므로, 결국 토지의 보상액은 토지가액에서 공원으로서의 제한을 받는 상태로 보상한 구분지상권의 가액을 공제한 금액이 된다.

② **공원으로서의 제한을 고려하지 않고 보상한 경우**

공원사업에서 토지의 보상액은 토지가액에서 공원으로서의 제한을 받지 않은 상태로 보상한 구분지상권의 가액을 공제한 금액이 된다.

③ **검토**

가. 이론적 측면

이 문제는 「토지보상법 시행규칙」 제23조 제1항 본문을 적용하여 공법상 제한을 받는 상태대로 감정평가할 것인지, 아니면 같은 조항의 단서를 적용하여 해당 공익사업의 시행을 직접 목적으로 하여 가하여진 경우로 보아 제한이 없는 상태를 상정하여 감정평가할 것인지의 문제이다.

이에 대해서는 i) 공용수용이 아닌 공용사용이라고 하여 「토지보상법 시행규칙」 제23조 제1항 단서에서 규정한 '해당 공익사업의 시행을 직접 목적으로 가하여진 경우'를 확장해석하지 않아야 한다고 볼 이유가 없으며, ii) 송전선로의 건설을 위하여 지상공간의 일부를 사실상 영구적으로 사용하는 경우 보상액은 토지가액에서 입체이용저해율을 적용하여 감정평가하므로 실제로 사용료가 아니라 토지가치의 일부를 보상하는 것이므로, '공법상의 제한을 고려하지 않아야 한다는 견해'가 타당하다.

나. 실무적 측면

선하지 보상에서 공원으로서의 제한을 받는 상태로 보상한 경우와 제한을 받지 않은 상태로 보상한 경우의 차액은 결국 공원사업에서의 토지보상액에 반영되므로 송전선로 사업과 공원사업 전체를 기준으로 볼 때 보상액의 차이는 없으나, 공원사업의 시행시기가 확정되지 않은 상태에서는 선하지 보상에서 공원으로서의 제한을 받지 않은 상태로 보상하는 것이 토지소유자의 권리보호에 보다 충실하므로 '공법상의 제한을 고려하지 않아야 한다는 견해'가 타당하다.

5. 비오톱 지정 토지

(1) 비오톱의 개요

① 비오톱의 개념

'비오톱'(biotope)이란 그리스어로 생명을 의미하는 비오스(bios)와 땅 또는 영역이라는 의미의 토포스(topos)가 결합된 용어로 특정한 식물과 동물이 하나의 생활공동체 즉, 군집을 이루어 지표상에서 다른 곳과 명확히 구분되는 하나의 서식지를 말하며 협의로는 도시개발과정에서 최소한의 자연 생태계를 유지할 수 있는 생물군집 서식지의 공간적 경계를 말한다.

② 관련 법령의 내용

가. 「자연환경보전법」

가) 생태・자연도의 작성

「자연환경보전법」 제34조 제1항에서 환경부장관은 토지이용 및 개발계획의 수립이나 시행에 활용할 수 있도록 하기 위하여 제30조에 따른 자연환경조사 및 제31조에 따른 정밀조사와 생태계의 관찰 등 조사결과를 기초로 하여 전국의 자연환경을 i) 1등급 권역, ii) 2등급 권역, iii) 3등급 권역, iv) 별도관리지역 등으로 구분하여 생태・자연도를 작성하도록 규정하고 있다.

나) 상세 생태・자연도의 작성

「자연환경보전법」 제34조의2 제1항에서 특별시장・광역시장・특별자치시장・특별자치도지사 또는 시장은 환경부장관이 작성한 생태・자연도를 기초로 관할 도시지역의 상세한 생태・자연도를 작성하고, 도시환경의 변화를 반영하여 5년마다 다시 작성하도록 규정하고 있다.

나. 「서울특별시 도시계획 조례」

가) 비오톱의 구분

「서울특별시 도시계획 조례」 제4조 제4항에서 시장은 지속가능한 시도시기본계획의 수립에 필요한 기초조사 내용에 도시생태현황 등을 포함시킬 수 있도록 규정하고 있으며, 「서울특별시 도시계획 조례 시행규칙」 제3조 제3항에서 비오톱유형평가 등급 및 개별비오톱평가 등급에 대해 규정하고 있다.

(가) 비오톱유형평가 등급

「서울특별시 도시계획 조례 시행규칙」 제3조 제3항 제1호에서 비오톱유형평가 등급으로 1등급(보전이 우선되어야 하는 비오톱유형), 2등급(보전이 필요한 비오톱유형), 3등급(대상지 일부에 대하여 보전을 하고 잔여지역은 생태계 현황을 고려한 토지이용이 요구되는 비오톱유형), 4등급(생태계 현황을 고려한 토지이용이 요구되는 비오톱유형), 5등급(도시생태 측면에서 부분적으로 개선이 필요한 비오톱유형) 등 5등급으로 구분하고 있다.

(나) 개별비오톱평가 등급

「서울특별시 도시계획 조례 시행규칙」 제3조 제3항 제2호에서 개별비오톱평가 등급으로 1등급[보호가치가 우선시 되는 비오톱(보전)], 2등급[보호할 가치가 있는 비오톱(보호 및 복원)], 3등급[현재로서는 한정적인 가치를 가지는 비오톱(복원)] 등으로 구분하여 자연성, 생물서식지기능, 면적, 위치 등을 평가항목으로 고려하도록 규정하고 있다.

나) 토지이용계획확인서에 등재

「서울특별시 도시계획 조례」 제68조의2에서 '비오톱1등급 토지'(도시생태현황 조사결과 비오톱유형평가 1등급이고 개별비오톱평가 1등급인 토지)는 토지이용계획확인서에 등재하도록 규정하고 있다.

따라서 비오톱유형평가 1등급이고 개별비오톱평가 1등급이 아닌 비오톱 토지는 토지이용계획확인서에 표시되지 않는다.

③ **비오톱 토지의 행위제한**

가. 비오톱 1등급 토지

「서울특별시 도시계획 조례」 제24조 및 별표1 개발행위허가 기준(제24조 관련), 1. 분야별 검토사항, 가. 공통분야, (4)에서 도시생태현황 조사결과 비오톱유형평가 1등급이고 개별비오톱평가 1등급으로 지정된 부분은 보전하여야 하도록 규정하고 있으므로 토지의 개발행위허가가 제한된다.

나. 1등급 외의 비오톱 토지

개별적으로 토지의 개발행위 허가 시에 비오톱에 따른 사항을 고려한다.

(2) **비오톱이 지정된 토지의 보상평가**

① **원칙**

가. 비오톱 1등급 토지

비오톱 1등급 지정에 따른 개발행위허가의 제한 등과 같은 공법상의 제한은 자연환경의 보전을 목적으로 하는 일반적 계획제한에 해당하므로 「토지보상법 시행규칙」 제23조 제1항 본문에 따라 공법상의 제한을 받는 상태로 감정평가한다.

다만, 향후 구체적인 공익사업의 실시를 위하여 지정하는 것이라면 해당 공익사업의 시행을 직접 목적으로 하여 가하여진 경우에 해당할 수 있으므로, 향후 공익사업의 시행 여부 등 사실관계를 확인하여 판단・결정한다.

나. 비오톱 1등급 외의 비오톱 토지

비오톱 1등급 외의 비오톱 토지도 대부분 보전, 생태계 현황을 고려한 토지이용, 도시 생태 측면에서 부분적으로 개선 등에 따른 제한이 부과되므로 이를 고려하여 감정평가한다.

다만, 비오톱 1등급 외의 비오톱에 대해서는 토지이용계획확인서에 표시되지 않으므로 도시자연공원 내의 토지를 보상평가할 경우에는 사업시행자에게 해당 토지의 비오톱 지정 내용을 요청하여 이에 따라 보상평가하여야 한다.

② 대상토지가 도시공원과 비오톱에 중복 지정된 경우

가. 도시공원

가) 도시공원의 구분

「도시공원 및 녹지 등에 관한 법률」 제2조 제3호에 따라 도시공원은 i) 「국토계획법」 제2조 제6호 나목에 따른 공원으로서 같은 법 제30조에 따라 도시・군관리계획으로 결정된 공원인 도시・군계획시설공원 및 ii) 「국토의 계획 및 이용에 관한 법률」 제38조의2에 따라 도시・군관리계획으로 결정된 도시자연공원구역으로 구분된다.

나) 도시공원의 공법상 제한

(가) 도시・군계획시설공원

「국토계획법」 제64조 제1항에 따라 도시・군계획시설공원에서는 건축물의 건축이나 공작물의 설치가 제한된다.

다만, 제2항에 따라 도시・군계획시설결정의 고시일부터 2년이 지날 때까지 그 시설의 설치에 관한 사업이 시행되지 아니한 도시・군계획시설 중 단계별 집행계획이 수립되지 아니하거나, 단계별 집행계획에서 제1단계 집행계획에 포함되지 아니한 도시・군계획시설의 부지에 대하여는 i) 가설건축물의 건축과 이에 필요한 범위에서의 토지의 형질 변경, ii) 도시・군계획시설의 설치에 지장이 없는 공작물의 설치와 이에 필요한 범위에서의 토지의 형질 변경, iii) 건축물의 개축 또는 재축과 이에 필요한 범위에서의 토지의 형질 변경 등이 허용된다.

(나) 도시자연공원구역

「도시공원 및 녹지 등에 관한 법률」 제27조 제1항에 따라 도시자연공원구역에서는 건축물의 건축 및 용도변경, 공작물의 설치, 토지의 형질변경, 흙과 돌의 채취, 토지의 분할, 죽목의 벌채, 물건의 적치 등이 원칙적으로 제한된다.

다) 도시공원과 비오톱의 공법상 제한의 비교

도시공원의 공법상 제한과 비오톱의 공법상 제한의 강도는 대체적으로 유사한 것으로 판단된다.

나. 도시공원과 비오톱이 중복 지정된 토지의 감정평가

가) 도시・군계획시설공원의 보상평가

(가) 비교표준지가 도시공원 외이며 비오톱으로 지정되지 않은 경우

대상토지가 비오톱에 따른 행위제한을 받는 것을 개별요인에서 반영하여 감정평가한다.

(나) 비교표준지가 도시공원 내이며 비오톱으로 지정되지 않은 경우

비교표준지의 도시공원으로서의 공법상 제한을 보정하여 공시지가를 조정한 후

대상토지가 비오톱에 따른 행위제한을 받는 것을 개별요인에서 반영하여 감정평가한다.

(다) 비교표준지가 도시공원 내이며 비오톱으로 지정된 경우

도시공원으로의 공법상 제한과 비오톱의 공법상 제한의 강도가 유사하므로 비교표준지의 공시지가는 도시공원으로서의 공법상 제한을 받는 상태에서의 가격수준으로 결정된다고 보아야 한다.

즉, 각각 다른 2개의 공법상 제한으로 인해 건축이 불허되는 행위제한이 가해지는 경우에도 건축 불허로 인한 토지가치의 감액은 한번만 일어난다고 본다.

따라서 비교표준지의 도시공원으로서의 공법상 제한을 보정하여 공시지가를 조정한 경우 조정된 공시지가는 비오톱으로서의 공법상 제한도 받지 않은 토지의 공시지가가 된다. 그러므로 대상토지가 비오톱에 따른 공법상 제한을 받는 것을 개별요인에서 반영하여 감정평가한다.

다. 도시자연공원구역의 매수평가

「도시공원 및 녹지 등에 관한 법률」 제29조에서는 도시자연공원구역 내 토지의 매수청구를 규정하고 있고, 제32조에서는 협의에 의한 토지의 매수를 규정하고 있다.

가) 원칙

이 경우 매수가격은 도시자연공원구역의 공법상 제한을 받는 상태의 가격으로 감정평가한다.

나) 비교표준지의 선정

비교표준지는 도시자연공원구역 내의 표준지를 선정한다.

다) 개별요인의 비교

도시자연공원구역의 공법상 제한과 비오톱의 공법상 제한의 강도가 유사하므로 비교표준지 또는 대상토지가 비오톱으로 지정된 경우도 이를 개별요인 비교에서 반영하지 않는다.

(3) 비오톱 제도의 문제점

① 행위제한의 문제점

현재 서울특별시 등 여러 시・도에서 운용 중인 비오톱 제도의 근거 법률은 「자연환경보전법」 제34조이나, 해당 조항에서는 토지이용 및 개발계획의 수립이나 시행에 활용할 수 있도록 하기 위하여 생태・자연도를 작성하도록 규정하고 있을 뿐 이에 따른 행위제한 등을 규정하고 있지 않다.

그럼에도 불구하고 지방자치단체의 조례로 비오톱 1등급 토지에 대해 개발행위를 전면적으로 금지하는 것은 문제가 있다고 본다.

판례

법률의 위임 없이 주민의 권리를 제한하는 조례는 무효이다.
[대법원 2012.11.22. 선고 2010두19270 전원합의체 판결]

〈판결요지〉
지방자치법 제22조, 행정규제기본법 제4조 제3항에 의하면 지방자치단체가 조례를 제정함에 있어 그 내용이 주민의 권리제한 또는 의무부과에 관한 사항이나 벌칙인 경우에는 법률의 위임이 있어야 하므로, 법률의 위임 없이 주민의 권리제한 또는 의무부과에 관한 사항을 정한 조례는 효력이 없다.

② 공시의 문제점

「서울특별시 도시계획 조례」 제68조의2에서 '비오톱1등급 토지'(비오톱유형평가 1등급이고 개별비오톱평가 1등급인 토지)에 한하여 토지이용계획확인서에 등재하도록 규정하고 있다. 따라서 비오톱유형평가 1등급이나 개별비오톱평가 2등급인 토지 등과 같이 '비오톱1등급 토지'에 해당되지 않는 비오톱 토지는 비오톱에 해당되는지 여부를 확인할 수 없음에도 실제적으로 개발행위허가 등에서 제한을 받을 수 있고, 이에 따라 보상평가에서도 이를 고려할 수밖에 없다는 문제점이 있다.

6. 공원구역 등 안의 토지

(1) 「자연공원법」에 따른 자연공원 안 토지의 보상평가

① 원칙

「자연공원법」에 의해 지정된 자연공원에서의 행위제한은 공익사업의 시행을 직접 목적으로 하여 가하여진 경우에 해당되지 않으므로, 「토지보상법 시행규칙」 제23조 제1항 본문에 따라 공법상 제한받는 상태대로 감정평가한다.

헌법 제23조
① 모든 국민의 재산권은 보장된다. 그 내용과 한계는 법률로 정한다.
② 재산권의 행사는 공공복리에 적합하도록 하여야 한다.
③ 공공필요에 의한 재산권의 수용·사용 또는 제한 및 그에 대한 보상은 법률로써 하되, 정당한 보상을 지급하여야 한다.

토지보상법 시행규칙 제23조 공법상 제한받는 토지의 평가 – 자연공원법에 의한 '자연공원 지정' 및 '공원용도지구계획에 따른 용도지구 지정'은 토지보상법 시행규칙 제23조 제1항 본문에서 정한 '일반적 계획제한'에 해당

> 1983.12.2. ☆☆☆ 군립공원 지정 및 1987.9.7. ☆☆☆ 군립공원 용도지구 지정에 따른 이 사건 각 토지에 관한 계획제한이 「공익사업을 위한 토지 등의 취득 및 보상에 관한 법률 시행규칙」(이하 '토지보상법 시행규칙'이라고 한다) 제23조 제1항 단서에서 정한 '당해 공익사업의 시행을 직접 목적으로 하여 가하여진 공법상 제한', 즉 개별적 계획제한에 해당하여 제한이 없는 상태를 상정하여 손실보상금을 산정하여야 하는지, 아니면 같은 항 본문에서 정한 일반적 계획제한에 해당하여 제한받는 상태대로 손실보상금을 산정하여야 하는지 여부
> (원심은, 1983.12.2. ☆☆☆ 군립공원 지정 및 1987.9.7. ☆☆☆ 군립공원 용도지구 지정에 따른 이 사건 각 토지에 관한 계획제한이 토지보상법 시행규칙 제23조 제1항 단서에서 정한 개별적 계획제한에 해당한다고 판결하였으나, 이러한 원심 판결에는 토지보상법 시행규칙 제23조 및 자연공원법에 의한 자연공원에 관한 법리 등을 오해하여 판결에 영향을 미친 잘못이 있음을 들어 원심판결을 파기・환송한 사례)

▶ 대판 2019.9.25. 2019두34982

【판시사항】

[1] 공법상 제한이 그 자체로 제한목적이 달성되는 일반적 계획제한으로서 구체적 도시계획사업과 직접 관련되지 아니한 때와 공법상 제한이 구체적 사업이 따르는 개별적 계획제한이거나, 일반적 계획제한에 해당하는 용도지역 등의 지정 또는 변경에 따른 제한이더라도 그 용도지역 등의 지정 또는 변경이 특정 공익사업의 시행을 위한 것일 때의 각 경우에 보상액 산정을 위한 토지의 평가 방법

[2] 자연공원법에 의한 '자연공원 지정' 및 '공원용도지구계획에 따른 용도지구 지정'이 공익사업을 위한 토지 등의 취득 및 보상에 관한 법률 시행규칙 제23조 제1항 본문에서 정한 '일반적 계획제한'에 해당하는지 여부(원칙적 적극)

【판결요지】

[1] 공익사업을 위한 토지 등의 취득 및 보상에 관한 법률 제68조 제3항은 손실보상액의 산정기준 등에 관하여 필요한 사항은 국토교통부령으로 정한다고 규정하고 있다. 그 위임에 따른 공익사업을 위한 토지 등의 취득 및 보상에 관한 법률 시행규칙 제23조는 "공법상 제한을 받는 토지에 대하여는 제한받는 상태대로 평가한다. 다만 그 공법상 제한이 당해 공익사업의 시행을 직접 목적으로 하여 가하여진 경우에는 제한이 없는 상태를 상정하여 평가한다."(제1항), "당해 공익사업의 시행을 직접 목적으로 하여 용도지역 또는 용도지구 등이 변경된 토지에 대하여는 변경되기 전의 용도지역 또는 용도지구 등을 기준으로 평가한다."(제2항)라고 규정하고 있다.
따라서 <u>공법상 제한을 받는 토지에 대한 보상액을 산정할 때에 해당 공법상 제한이 구 도시계획법(2002.2.4. 법률 제6655호 국토의 계획 및 이용에 관한 법률 부칙 제2조로 폐지)에 따른 용도지역・지구・구역의 지정 또는 변경과 같이 그 자체로 제한목적이 달성되는 일반적 계획제한으로서 구체적 도시계획사업과 직접 관련되지 아니한 경우에는 그러한 제한을 받는 상태 그대로 평가하여야 하고, 도로・공원 등 특정 도시계획시설의 설치를 위한 계획결정과 같이 구체적 사업이 따르는 개별적 계획제한이거나 일반적 계획제한에 해당하는 용도지역・지구・구역의 지정 또는 변경에 따른 제</u>

한이더라도 그 용도지역·지구·구역의 지정 또는 변경이 특정 공익사업의 시행을 위한 것일 때에는 당해 공익사업의 시행을 직접 목적으로 하는 제한으로 보아 위 제한을 받지 아니하는 상태를 상정하여 평가하여야 한다.

[2] 자연공원법은 자연공원의 지정·보전 및 관리에 관한 사항을 규정함으로써 자연생태계와 자연 및 문화경관 등을 보전하고 지속가능한 이용을 도모함을 목적으로 하며(제1조), 자연공원법에 의해 자연공원으로 지정되면 그 공원구역에서 건축행위, 경관을 해치거나 자연공원의 보전·관리에 지장을 줄 우려가 있는 건축물의 용도변경, 광물의 채굴, 개간이나 토지의 형질변경, 물건을 쌓아 두는 행위, 야생동물을 잡거나 가축을 놓아먹이는 행위, 나무를 베거나 야생식물을 채취하는 행위 등을 제한함으로써(제23조) 공원구역을 보전·관리하는 효과가 즉시 발생한다. 공원관리청은 자연공원 지정 후 공원용도지구계획과 공원시설계획이 포함된 '공원계획'을 결정·고시하여야 하고(제12조 내지 제17조), 이 공원계획에 연계하여 10년마다 공원별 공원보전·관리계획을 수립하여야 하지만(제17조의3), 공원시설을 설치·조성하는 내용의 공원사업(제2조 제9호)을 반드시 시행하여야 하는 것은 아니다. 공원관리청이 공원시설을 설치·조성하고자 하는 경우에는 자연공원 지정이나 공원용도지구 지정과는 별도로 '공원시설계획'을 수립하여 결정·고시한 다음, '공원사업 시행계획'을 결정·고시하여야 하고(제19조 제2항), 그 공원사업에 포함되는 토지와 정착물을 수용하여야 한다(제22조). 이와 같은 자연공원법의 입법목적, 관련 규정들의 내용과 체계를 종합하면, 자연공원법에 의한 '자연공원 지정' 및 '공원용도지구계획에 따른 용도지구 지정'은, 그와 동시에 구체적인 공원시설을 설치·조성하는 내용의 '공원시설계획'이 이루어졌다는 특별한 사정이 없는 한, 그 이후에 별도의 '공원시설계획'에 의하여 시행 여부가 결정되는 구체적인 공원사업의 시행을 직접 목적으로 한 것이 아니므로 공익사업을 위한 토지 등의 취득 및 보상에 관한 법률 시행규칙 제23조 제1항 본문에서 정한 '일반적 계획제한'에 해당한다.

【참조조문】

[1] 공익사업을 위한 토지 등의 취득 및 보상에 관한 법률 제68조 제3항, 공익사업을 위한 토지 등의 취득 및 보상에 관한 법률 시행규칙 제23조 제1항, 제2항

[2] 자연공원법 제1조, 제2조 제9호, 제12조, 제13조, 제14조, 제15조, 제16조, 제17조, 제17조의3, 제19조 제2항, 제22조, 제23조, 공익사업을 위한 토지 등의 취득 및 보상에 관한 법률 시행규칙 제23조 제1항

【참조판례】

[1] 대판 2018.1.25, 2017두61799

【전문】

【원고, 피상고인】 원고 1 외 20인

【피고, 상고인】 울산광역시 울주군

【원심판결】 부산고법 2019.1.23, 2018누22548

【주문】

원심판결을 파기하고, 사건을 부산고등법원에 환송한다.

【이유】

상고이유를 판단한다.

1. 사안의 개요와 쟁점

가. 원심판결 이유 및 원심이 적법하게 채택한 증거들에 의하면, 다음과 같은 사실을 알 수 있다.

1) 울주군수는 1983.12.2. 「자연공원법」에 의하여 울산 울주군 ○○면 △△리 및 ㅁㅁ면 ◇◇리 일원 11.66㎢를 '☆☆☆ 군립공원'으로 지정・고시한 다음(울주군 고시 제131호), 1987.9.7. ☆☆☆ 군립공원 구역을 구분하여 용도지구(집단시설지구, 취락지구, 자연환경지구, 자연보존지구)를 지정하는 내용의 '☆☆☆ 군립공원 기본계획'을 결정・공고하였다(울주군 공고 제71호).

2) 울주군수는 2015.5.20. ☆☆☆ 군립공원 구역 중 (주소 생략) 일원 40,929㎡ 부분에 다목적 광장 및 운동장(이하 '이 사건 시설'이라고 한다)을 설치하는 내용의 '☆☆☆ 군립공원 공원계획(변경)'을 결정・고시한 다음(울주군 고시 제2015-95호), 2017.2.7. 울주군수가 사업시행자가 되어 그 사업구역에 축구장, 족구장, 잔디광장, 피크닉장, 녹지, 도로, 주차장을 설치하는 내용의 '☆☆☆ 군립공원 공원사업'(사업명: 작천정 다목적 광장 및 운동장 조성사업, 이하 '이 사건 시설 조성사업'이라고 한다) 시행계획을 결정・고시하였다(울주군 고시 제2017-33호, 이 사건 시설 조성사업의 구역 면적은 몇 차례에 걸쳐 근소하게 변경되었다).

3) 울주군수는 이 사건 시설 조성사업의 시행을 위하여 그 사업구역 내에 위치한 이 사건 각 토지에 관하여 소유자인 원고들과 손실보상에 관한 협의를 진행하였으나 협의가 성립하지 않자 수용재결을 신청하였다. 그에 따른 관할 울산광역시 지방토지수용위원회의 2017.4.27.자 수용재결 및 중앙토지수용위원회의 2017.10.26.자 이의재결은, 이 사건 각 토지에 관하여 1983.12.2. ☆☆☆ 군립공원 지정 및 1987.9.7. ☆☆☆ 군립공원 용도지구 지정에 따른 계획제한을 받는 상태대로 감정평가한 금액을 기초로 손실보상금을 산정하였다.

나. 이 사건의 쟁점은, 1983.12.2. ☆☆☆ 군립공원 지정 및 1987.9.7. ☆☆☆ 군립공원 용도지구 지정에 따른 이 사건 각 토지에 관한 계획제한이 공익사업을 위한 토지 등의 취득 및 보상에 관한 법률 시행규칙(이하 '토지보상법 시행규칙'이라고 한다) 제23조 제1항 단서에서 정한 '당해 공익사업의 시행을 직접 목적으로 하여 가하여진 공법상 제한', 즉 개별적 계획제한에 해당하여 제한이 없는 상태를 상정하여 손실보상금을 산정하여야 하는지, 아니면 같은 항 본문에서 정한 일반적 계획제한에 해당하여 제한받는 상태대로 손실보상금을 산정하여야 하는지 여부이다.

2. 관련 법리

가. 손실보상금 산정기준

공익사업을 위한 토지 등의 취득 및 보상에 관한 법률(이하 '토지보상법'이라고 한다) 제68조 제3항은 손실보상액의 산정기준 등에 관하여 필요한 사항은 국토교통부령으로 정한다고 규정하고 있다. 그 위임에 따른 토지보상법 시행규칙 제23조는 "공법상 제한을 받는 토지에 대하여는 제한받는 상태대로 평가한다. 다만 그 공법상 제한이 당해 공익사업의 시행을 직접 목적으로 하여 가하여진 경우에는 제한이 없는 상태를 상정하여 평가한다."(제1항), "당해 공익사업의 시행을 직접 목적으로 하여 용도지역 또는 용도지구 등이 변경된 토지에 대하여는 변경되기 전의 용도지역 또는 용도지구 등을 기준으로 평가한다."(제2항)라고 규정하고 있다.

따라서 공법상 제한을 받는 토지에 대한 보상액을 산정할 때에 해당 공법상 제한이 구 도시계획법(2002.2.4. 법률 제6655호 국토의 계획 및 이용에 관한 법률 부칙 제2조로 폐지)에 따른 용도지역・지구・구역의 지정 또는 변경과 같이 그 자체로 제한목적이 달성되는 일반적 계획제한으로서 구체적 도시계획사업과 직접 관련되지 아니한 경우에는 그러한 제한을 받는 상태 그대로 평가하여야 하고, 도로・공원 등 특정 도시계획시설의 설치를 위한 계획결정과 같이 구체적 사업이 따르는 개별적 계획제한이거나 일반적 계획제한에 해당하는 용도지역・지구・구역의 지정 또는 변경에 따른 제한이더라도 그 용도지역・지구・구역의 지정 또는 변경이 특정 공익사업의 시행을 위한 것일 때에는 당해 공익사업의 시행을 직접 목적으로 하는 제한으로 보아 위 제한을 받지 아니하는 상태를 상정하여 평가하여야 한다(대판 2018.1.25, 2017두61799 등 참조).

나. 자연공원법에 따른 자연공원 지정 및 용도지구 지정의 법적 성질

자연공원법은 자연공원의 지정 · 보전 및 관리에 관한 사항을 규정함으로써 자연생태계와 자연 및 문화경관 등을 보전하고 지속가능한 이용을 도모함을 목적으로 하며(제1조), 자연공원법에 의해 자연공원으로 지정되면 그 공원구역에서 건축행위, 경관을 해치거나 자연공원의 보전 · 관리에 지장을 줄 우려가 있는 건축물의 용도변경, 광물의 채굴, 개간이나 토지의 형질변경, 물건을 쌓아 두는 행위, 야생동물을 잡거나 가축을 놓아먹이는 행위, 나무를 베거나 야생식물을 채취하는 행위 등을 제한함으로써(제23조) 공원구역을 보전 · 관리하는 효과가 즉시 발생한다. 공원관리청은 자연공원 지정 후 공원용도지구계획과 공원시설계획이 포함된 '공원계획'을 결정 · 고시하여야 하고(제12조 내지 제17조), 이 공원계획에 연계하여 10년마다 공원별 공원보전 · 관리계획을 수립하여야 하지만(제17조의3), 공원시설을 설치 · 조성하는 내용의 공원사업(제2조 제9호)을 반드시 시행하여야 하는 것은 아니다. 공원관리청이 공원시설을 설치 · 조성하고자 하는 경우에는 자연공원 지정이나 공원용도지구 지정과는 별도로 '공원시설계획'을 수립하여 결정 · 고시한 다음, '공원사업 시행계획'을 결정 · 고시하여야 하고(제19조 제2항), 그 공원사업에 포함되는 토지와 정착물을 수용하여야 한다(제22조).

이와 같은 자연공원법의 입법 목적, 관련 규정들의 내용과 체계를 종합하면, 자연공원법에 의한 '자연공원 지정' 및 '공원용도지구계획에 따른 용도지구 지정'은, 그와 동시에 구체적인 공원시설을 설치 · 조성하는 내용의 '공원시설계획'이 이루어졌다는 특별한 사정이 없는 한, 그 이후에 별도의 '공원시설계획'에 의하여 시행 여부가 결정되는 구체적인 공원사업의 시행을 직접 목적으로 한 것이 아니므로 토지보상법 시행규칙 제23조 제1항 본문에서 정한 '일반적 계획제한'에 해당한다고 보아야 한다.

3. 판단

가. 앞서 살펴본 사실관계를 이러한 법리에 비추어 살펴보면, 1983.12.2. ☆☆☆ 군립공원 지정 및 1987.9.7. ☆☆☆ 군립공원 용도지구 지정과 동시에 이 사건 각 토지에 구체적인 공원시설을 설치 · 조성하겠다는 내용의 '공원시설계획'이 수립 · 결정된 바 없고, 그로부터 약 28년이 경과한 2015.5.20.에 이르러서야 비로소 ☆☆☆ 군립공원 구역 전부가 아니라 그중 일부에 국한하여 이 사건 시설의 설치 · 조성을 위한 공원시설계획이 비로소 수립 · 결정되었으므로, 1983.12.2. ☆☆☆ 군립공원 지정 및 1987.9.7. ☆☆☆ 군립공원 용도지구 지정은 이 사건 시설 조성사업의 시행을 직접 목적으로 하는 것이 아닌 '일반적 계획제한'에 해당한다고 보아야 한다.

나. 그런데도 원심은, 1983.12.2. ☆☆☆ 군립공원 지정 및 1987.9.7. ☆☆☆ 군립공원 용도지구 지정에 따른 이 사건 각 토지에 관한 계획제한이 토지보상법 시행규칙 제23조 제1항 단서에서 정한 개별적 계획제한에 해당한다고 판단하였다. 이러한 원심판단에는 토지보상법 시행규칙 제23조 및 자연공원법에 의한 자연공원에 관한 법리 등을 오해하여 판결에 영향을 미친 잘못이 있다. 이 점을 지적하는 상고이유 주장은 이유 있다(원심이 들고 있는 대판 2007.7.12, 2006두11507, 대판 2012.5.24, 2012두1020은, 구 도시계획법에 의하여 구체적인 도시계획시설로서 공원을 설치 · 조성하는 사업의 시행을 직접 목적으로 해당 토지의 용도지역을 주거지역에서 녹지지역으로 변경하는 도시계획결정이 이루어진 사례에 대한 것이므로, 이 사건에 원용하기에는 적절하지 않음을 지적하여 둔다).

4. 결론

그러므로 원심판결을 파기하고, 사건을 다시 심리 · 판단하도록 원심법원에 환송하기로 하여, 관여 대법관의 일치된 의견으로 주문과 같이 판결한다.

② 예외

「자연공원법」 제2조 제10호에 따른 공원시설의 설치를 위한 공원사업시행계획의 결정고시 등에 따른 제한은 「토지보상법 시행규칙」 제23조 제1항 단서의 공익사업의 시행을 직접 목적으로 하여 가하여진 경우에 해당하므로, 그 공법상 제한을 받지 아니한 상태를 기준으로 감정평가한다.

③ 자연공원의 행위제한

「자연공원법」 제18조에 따라 자연공원은 i) 공원자연보존지구, ii) 공원자연환경지구, iii) 공원마을지구, iv) 공원문화유산지구 등의 용도지구로 세분되고, 각 지구마다 행위제한 사항이 상이하므로 자연공원구역 안 토지의 보상평가시에는 이를 충분히 검토하여야 한다.

또한 용도지구가 공부상 명시되지 않은 경우가 많으므로, 자연공원관리청 또는 공원관리사무소에 비치된 도면이나 해당관청의 관계서류 열람 등을 통하여 이를 확인하여야 한다.

(2) 「도시공원 및 녹지 등에 관한 법률」에 따른 도시공원 안 토지의 보상평가

① 도시・군관리계획으로 결정된 도시공원

도시・군관리계획으로 결정된 도시공원에서의 행위제한은 「토지보상법 시행규칙」 제23조 제1항 단서의 공익사업의 시행을 직접 목적으로 하여 가하여진 경우에 해당하므로, 그 공법상 제한을 받지 아니한 상태를 기준으로 감정평가한다.

② 도시자연공원구역

도시자연공원구역에서의 행위제한은 「토지보상법 시행규칙」 제23조 제1항 단서에 따른 해당 공익사업의 시행을 직접 목적으로 하여 가하여진 경우에 해당되지 않으므로 「토지보상법 시행규칙」 제23조 제1항 본문에 따라 제한받는 상태대로 감정평가한다.

〈질의회신〉

도시자연공원 구역의 공법상 제한은 제한받는 상태로 보상평가한다.
[협회 2011.08.12. 기획팀-1445]

〈질의요지〉

도시자연공원구역에 대하여 일반적 계획제한으로 보아야 하는지, 개별적 계획제한으로 보아야 하는지 여부

〈회신내용〉

도시자연공원구역의 지정은 「국토의 계획 및 이용에 관한 법률」 제27조(도시자연공원구역에서의 행위제한)에서의 행위제한 자체로 제한의 목적이 완성되고, 별도의 구체적 사업이 수반되지 않는다는 점에서 일반적 계획제한으로 봅니다.

더불어, 사안의 경우에서 도시자연공원구역의 지정이 기편입보상 공익사업의 시행을 직접 목적으로 하여 가하여진 경우인지 여부는 사업시행자가 구체적 사실관계를 확인하여 판단・결정할 사항으로 사업시행자와 협의하시기 바랍니다.

판례

▶ **관련판례(서울서부지법 2007.7.13, 2007가합1401)**
일정한 구역을 국립공원으로 지정하여 그 안에서는 일정한 행위를 금지・제한하는 자연공원법 제4조 등의 규정은 헌법 제23조 제1항, 제2항에 따라 토지재산권에 관한 권리와 의무를 일반・추상적으로 확정하는 규정으로서 재산권을 형성하는 규정인 동시에 공익적 요청에 따른 재산권의 사회적 제약을 구체화하는 규정인데, 이러한 경우 국립공원의 지정으로 인하여 토지소유자가 그 토지를 종래의 목적으로도 사용할 수 없거나 또는 더 이상 법적으로 허용된 토지이용방법이 없기 때문에 실질적으로 토지의 사용・수익의 길이 막힌 경우에만 이러한 제한이 토지소유자가 수인하여야 할 사회적 제약의 한계를 넘는 것으로 보아야 할 것이나, 그러한 정도에 이르지 아니하고 국립공원의 지정으로 인한 개발가능성의 소멸과 그에 따른 지가의 하락이나 지가상승률의 상대적 감소는 토지소유자가 감수하여야 하는 사회적 제약의 범주에 속하는 것으로 보아야 할 것이고, 자신의 토지를 장래에 건축이나 개발목적으로 사용할 수 있으리라는 기대가능성이나 신뢰 및 이에 따른 지가상승의 기회는 원칙적으로 재산권의 보호범위에 속하지 아니하고, 토지소유자가 국립공원구역 지정 당시의 상태대로 토지를 사용・수익・처분할 수 있는 이상 구역지정에 따른 토지이용의 제한은 원칙적으로 재산권에 내재하는 사회적 제약의 범주 내에 있다고 할 것이다.

IV. 기출문제

➤ 기출문제(제28회 1번 (3))
중앙토지수용위원회는 보상금을 산정하면서, X토지는 그 용도지역이 제1종 일반주거지역이기는 하지만 기업도시개발사업의 시행을 위해서 제3종 일반주거지역으로 변경되지 않은 사정이 인정되므로 제3종 일반주거지역으로 변경이 이루어진 상태를 상정하여 토지가격을 평가한다고 설시하였다. 이에 대해 乙은 X토지를 제1종 일반주거지역이 아닌 제3종 일반주거지역으로 평가한 것은 공법상 제한을 받는 토지에 대한 보상금 산정에 위법이 있다고 주장하면서 보상금감액청구소송을 제기하고자 한다. 乙의 소송상 청구가 인용될 수 있는 가능성에 관하여 설명하시오(단, 소송요건은 충족된 것으로 본다). **10점**

➤ 기출문제(제31회 1번 2번)
[문제1] A시 시장 甲은 1990년에 자연공원법에 의하여 A시내 산지 일대 5㎢를 'X시립공원'으로 지정・고시한 다음, 1992년에 X시립공원 구역을 구분하여 용도지구를 지정하는 내용의 'X시립공원 기본계획'을 결정・공고하였다. 甲은 2017년에 X시립공원 구역 내 10,000㎡ 부분에 다목적광장 및 휴양관 (이하 '이 사건 시설'이라 한다)을 설치하는 내용의 'X시립공원 공원계획'을 결정・고시한 다음, 2018년에 甲이 사업시행자가 되어 이 사건 시설에 잔디광장, 휴양관, 도로, 주차장을 설치하는 내용의 'X시립공원 공원사업'(이하 '이 사건 시설 조성사업'이라 한다) 시행계획을 결정・고시하였다. 甲은 이 사건 시설 조성사업의 시행을 위하여 그 사업구역 내에 위치한 토지(이하 '이 사건 B토지'라 한다)를 소유한 乙과 손실보상에 관한 협의를 진행하였으나 협의가 성립하지 않자 수용재결을 신청하였다. 관할 지방토지수용위원회의 수용재결 및 중앙토지수용위원회의 이의재결에서 모두 이 사건 B토지의

손실보상금은 1990년의 X시립공원 지정 및 1992년의 X시립공원 용도지구 지정에 따른 계획제한을 받는 상태대로 감정평가한 금액을 기초로 산정되었다. 다음 물음에 답하시오. **40점**

(물음1) 乙은 위 중앙토지수용위원회의 이의재결이 감정평가에 관한 법리를 오해함으로써 잘못된 내용의 재결을 한 경우에 해당한다고 판단하고 있다. 乙이 공익사업을 위한 토지 등의 취득 및 보상에 관한 법률에 따라 제기할 수 있는 소송의 의의와 그 특수성을 설명하시오. **15점**

(물음2) 乙이 물음 1)에서 제기한 소송에서 이 사건 B토지에 대한 보상평가는 1990년의 X시립공원 지정・고시 이전을 기준으로 하여야 한다고 주장한다. 乙의 주장은 타당한가? **10점**

(물음3) 한편, 丙이 소유하고 있는 토지(이하 '이 사건 C토지'라 한다)는 문화재보호법상 보호구역으로 지정된 토지로서 이 사건 시설 조성사업의 시행을 위한 사업구역 내에 위치하고 있다. 甲은 공물인 이 사건 C토지를 이 사건 시설 조성사업의 시행을 위하여 수용할 수 있는가? **15점**

04 미지급용지[44]의 평가

Ⅰ. 관련 규정의 내용

1. 토지보상법 제70조 제6항 위임규정

「토지보상법」 제70조(취득하는 토지의 보상) ⑥ 취득하는 토지와 이에 관한 소유권외의 권리에 대한 구체적인 보상액 산정 및 평가방법은 투자비용, 예상수익 및 거래가격 등을 고려하여 국토교통부령으로 정한다.

2. 토지보상법 시행규칙 제25조

「토지보상법 시행규칙」 제25조(미지급용지의 평가) ① 종전에 시행된 공익사업의 부지로서 보상금이 지급되지 아니한 토지(이하 이 조에서 "미지급용지"라 한다)에 대하여는 종전의 공익사업에 편입될 당시의 이용상황을 상정하여 평가한다. 다만, 종전의 공익사업에 편입될 당시의 이용상황을 알 수 없는 경우에는 편입될 당시의 지목과 인근토지의 이용상황 등을 참작하여 평가한다.
② 사업시행자는 제1항의 규정에 의한 미지급용지의 평가를 의뢰하는 때에는 제16조 제1항의 규정에 의한 보상평가의뢰서에 미지급용지임을 표시하여야 한다.

3. 감정평가실무기준 810-6.2.3

「감정평가 실무기준」[810-6.2.3] 미지급용지
① 미지급용지는 종전의 공익사업에 편입될 당시의 이용상황을 기준으로 감정평가한다.
② 미지급용지의 비교표준지는 종전 및 해당 공익사업의 시행에 따른 가격의 변동이 포함되지 않은 표준지를 선정한다.

---

44) 2015.4.28.「공익사업을 위한 토지 등의 취득 및 보상에 관한 법률 시행규칙」의 개정으로 '미불용지'에서 '미지급용지'로 변경되었다.

③ 주위환경변동이나 형질변경 등으로 종전의 공익사업에 편입될 당시의 이용상황과 비슷한 이용상황의 표준지공시지가가 인근지역 등에 없어서 인근지역의 표준적인 이용상황의 표준지공시지가를 비교표준지로 선정한 경우에는 그 형질변경 등에 드는 비용 등을 고려하여야 한다.

Ⅱ. 미지급용지 보상평가 주요 내용

1. 미지급용지의 개요

(1) 미지급용지의 개념

미지급용지란 종전에 시행된 공익사업의 부지로서 보상금이 지급되지 아니한 토지를 말한다. 즉, 공익사업에 편입된 토지는 해당 공익사업의 준공 이전에 협의 또는 수용의 절차에 의해 취득되어야 하나, 불가피한 사유로 취득하지 못한 상태에서 다른 공익사업에 편입되는 경우가 있으며 이러한 토지를 미지급용지라고 한다.

그러므로 미지급용지는 같은 토지에 대하여 둘 이상의 공익사업이 시행되고, 새로운 공익사업(해당 공익사업)이 시행되기까지 종전에 시행된 공익사업에 의한 보상금이 지급되지 아니한 토지를 말한다. 여기서 종전의 공익사업이란 해당 토지에 대해 보상금의 지급의무가 있는 사업에 해당되어야 한다.

즉, 종전의 공익사업시행지구 내에 소재하는 보상이 되지 않은 토지를 미지급용지라고 하는 것이 아니라, 그 토지가 다른 공익사업에 편입되어 보상의 대상이 될 때 이를 미지급용지라고 한다.

판례

미지급용지에 해당되기 위해서는 공익사업이 시행된 부지여야 하고, 종전의 공익사업은 해당 부지에 대하여 보상금이 지급될 필요가 있어야 한다.
[대법원 2009.03.26. 선고 2008두22129 판결]

〈판결요지〉
공익사업을 위한 토지 등의 취득 및 보상에 관한 법률 시행규칙 제25조 제1항의 미불용지는 '종전에 시행된 공익사업의 부지로서 보상금이 지급되지 아니한 토지'이므로, 미불용지로 인정되려면 종전에 공익사업이 시행된 부지여야 하고, 종전의 공익사업은 적어도 당해 부지에 대하여 보상금이 지급될 필요가 있는 것이어야 한다.

(2) 미지급용지의 요건

미지급용지가 되기 위해서는 대상토지가 종전에 시행된 공익사업 및 해당 공익사업에 중복적으로 편입되어야 하며, 기준시점 당시 공익사업용지로 이용하고 있어야 한다. 이를 나누어보면 다음과 같다.

① 종전에 시행된

'종전에 시행된'이란 종전의 공익사업을 위하여 보상절차가 진행된 것을 의미한다.

즉, '종전에 시행된'에 해당되기 위해서는 적어도 대상토지에 대하여 보상금이 지급될 필요가 있었어야 하므로 종전 공익사업의 토지세목에 포함되어 있었어야 한다.

따라서 '종전에 시행된'에는 i) 종전의 공익사업이 준공되었거나 사업인정 기간이 종료되어 더 이상 미지급용지를 수용할 수 없게 된 경우는 물론이고, ii) 종전의 공익사업이 준공되지 않았거나 사업인정 기간이 종료되지 않은 경우도 포함된다.

즉, 종전의 공익사업이 준공되지 않았거나, 사업인정 기간이 종료되지 않은 상태에서 보상되지 않고 남아 있는 토지가 해당 공익사업에 편입되어 해당 공익사업의 사업시행자가 보상하는 경우에도 미지급용지에 포함된다.

② 공익사업

공익사업이란 「토지보상법」 제4조에 규정된 공익사업을 의미한다.

그러므로 공익사업에 해당되지 않는 사업에 편입되어 취득되지 않은 토지는 미지급용지에 해당되지 않는다.

「토지보상법」 제2조 제3호에서 '사업시행자란 공익사업을 수행하는 자를 말한다.'라고 규정하고 있으므로 공익사업은 사업시행자에 의해서만 수행된다.

따라서 '종전에 시행된 공익사업'이란 사업시행자의 지위에 있는 자가 관련 법령에서 규정한 일정한 절차에 따라 시행한 것에 한한다.

그러므로 공공의 통행에 제공되고 있는 도로라고 하여도 사업시행자가 관련 법령에서 규정한 일정한 절차에 따라 개설하지 않은 것은 공익사업으로 개설한 도로로 볼 수 없다.

〈유권해석〉
새마을도로의 부지는 미지급용지에 해당하지 않는다.
[국토부 2013.09.09. 토지정책과-5538]

〈질의요지〉
새마을사업을 공익사업으로 보아 미불용지의 평가규정을 적용할 수 있는지?

〈회신내용〉
「토지보상법 시행규칙」 제25조 제1항 … 규정은 종전에 시행된 공익사업의 부지로서 보상금이 지급되지 아니한 토지에 대한 평가규정으로, 일반적으로 새마을사업은 1970년대 주민의 자발적인 자조사업으로 공익사업에는 해당하지 않는 것으로 사료되나, 개별적인 사례에 있어 해당 사업이 공익사업에 해당되는지 및 미불용지 평가규정 적용 여부 등에 대하여는 사업시행자가 도로개설 경위·주체 및 도로개설에 따른 편익의 귀속주체 등 사실관계와 관계법령 등을 종합적으로 검토하여 판단할 사항으로 봅니다.

다만, 종전의 공익사업의 토지세목 고시에 포함되지 않은 토지에 공익사업을 시행한 후 사업인정을 받은 경우에는 실질적으로 공익사업에 해당하는 것으로서 '종전에 시행된 공익사업'으로 볼 수 있다.

〈법령해석〉
실시계획인가에 포함되지 않은 토지에 도로를 설치한 후에 실시계획인가를 받은 경우에도 종전에 시행된 공익사업에 편입된 것을 본다.
[법제처 2017.02.23. 16-0618]

〈질의요지〉
「국토계획법」에 따른 도시·군계획시설(도로)사업 실시계획인가 대상에 포함되지 않은 토지에 도시·군계획시설사업의 시행자가 도로를 설치한 후에 도시·군계획시설(도로)사업 실시계획인가를 받은 경우, 해당 토지에 대한 보상액을 산정할 때에는 그 도로 설치를 「토지보상법 시행규칙」 제25조 제1항 본문에 따른 "종전에 시행된 공익사업"으로 보아 도로에 편입될 당시의 이용상황을 상정하여 평가해야 하는지?

〈회답〉
「국토계획법」에 따른 도시·군계획시설(도로)사업 실시계획인가 대상에 포함되지 않은 토지에 도시·군계획시설사업의 시행자가 도로를 설치한 후에 도시·군계획시설(도로)사업 실시계획인가를 받은 경우, 해당 토지에 대한 보상액을 산정할 때에는 그 도로 설치를 토지보상법 시행규칙 제25조제1항 본문에 따른 "종전에 시행된 공익사업"으로 보아 도로에 편입될 당시의 이용상황을 상정하여 평가해야 합니다.

③ 공익사업부지

미지급용지가 되기 위해서는 해당 공익사업의 기준시점 당시 대상토지가 공익사업부지로 이용되어야 한다. 따라서 종전의 공익사업에 포함되어 토지세목 고시가 되었으나 해당 공익사업의 기준시점 당시 실제로 공익사업에 사용되고 있지 않은 토지는 미지급용지에 해당되지 않는다.

〈유권해석〉
공익사업부지로 사용되지 않는 토지는 미지급용지가 아니다.
[국토부 2010.11.08. 토지정책과-5243]

〈질의요지〉
실시계획인가시 도로부지에 포함되었으나, 사업시행 결과 도로부지에 포함되지 않아 보상을 하지 않고 농지로 계속 사용 중인 경우 미불용지에 해당하는지 여부

〈회신내용〉
해당 토지가 종전에 시행된 공익사업의 부지로서 보상금이 지급되지 아니한 경우에는 미불용지로 평가하여야 하나, 종전에 시행된 공익사업에서 제외된 토지인 경우에는 미불용지에 해당되지 아니한다고 보며, 개별적인 사례는 사업시행자가 위 규정 및 사실관계 등을 조사하여 판단하시기 바랍니다.

또한 공익사업부지로의 사용은 대상토지의 이용상황을 변경시키는 것을 의미하므로 선하지와 같이 대상토지의 일부 공간만을 사용할 뿐 이용상황 자체를 변경시키지 않은 경우는 미지급용지에 해당되지 않는다.

〈유권해석〉
미보상된 선하지는 미지급용지에 해당되지 않는다.
[국토부 2009.03.27. 토지정책과-1468]

〈질의요지〉
보상이 이루어지지 않은 선하지에 대한 보상평가를 미불용지로 보고 제한을 받지 않은 상태로 평가하는 것이 타당한지

〈회신내용〉
「토지보상법 시행규칙」 제25조에서 미불용지란 이미 공공사업용지로 이용 중에 있으나 보상이 완료되지 아니한 토지로서 보상금의 지급없이 도로・하천 등 이용상황이 공공시설로 이용되고 있는 토지를 말하는 바, 선하지는 선로사업자가 선로사업으로 인하여 선로下에 위치한 지가에 영향을 미치는 것에 대한 사용료를 지급하는 것으로서 위 규칙상 미불용지로 볼 수 없으므로, 선하지에 대한 평가는 토지보상법 제70조에 정하는 바에 따라 평가하여야 한다고 봅니다.

(3) 미지급용지 보상규정의 입법취지

미지급용지는 용도가 공익사업의 부지로 제한됨으로 인하여 거래가격이 아예 형성되지 않거나 상당히 낮게 형성될 수밖에 없음에도, 사업시행자가 이와 같은 미지급용지를 뒤늦게 취득하면서 기준시점에 있어서의 이용상황인 공익사업부지로 제한된 상태를 현실적인 이용상황을 기준으로 감정평가하며 보상한다면, 이를 정당한 보상이라고 할 수 없다. 따라서 이러한 미지급용지에 대해서는 종전의 공익사업에 편입될 당시의 이용상황을 상정하여 감정평가하도록 함으로써 적정가격으로 손실보상을 하여 주려는 것이 미지급용지 보상규정의 취지이다.

판례

미지급용지 보상규정의 취지는 '적정가격'으로 보상하기 위한 것이다.
[대법원 1992.11.10. 선고 92누4833 판결]

〈판결요지〉
종전에 공공사업의 시행으로 인하여 정당한 보상금이 지급되지 아니한 채 공공사업의 부지로 편입되어 버린 이른바 미보상용지는 용도가 공공사업의 부지로 제한됨으로 인하여 거래가격이 아예 형성되지 못하거나 상당히 감가되는 것이 보통이어서, 사업시행자가 이와 같은 미보상용지를 뒤늦게 취득하면서 공공용지의 취득 및 손실보상에 관한 특례법 제4조 제1항 소정의 가격시점에 있어서의 이용상황인 공공사업의 부지로만 평가하여 손실보상액을 산정한다면, 구 공공용지의 취득 및 손실보상에 관한 특례법(1991.12.31. 법률 제4484호로 개정되기 전의 것) 제4조 제3항이 규정하고 있는 "적정가격"으로 보상액을 정한 것이라고는 볼 수 없게 되므로, 이와 같은 부당한 결과를 구제하기 위하여 종전에 시행된 공공사업의 부지로 편입됨으로써 거래가격을 평가하기 어렵게 된 미보상용지에 대하여는 특별히 종전의 공공사업에 편입될 당시의 이용상황을 상정하여 평가함으로써 그 "적정가격"으로 손실보상을 하여 주려는 것이 공공용지의 취득 및 손실보상에 관한 특례법 시행규칙 제6조 제7항의 규정취지라고 이해된다.

(4) 미지급용지에 해당되는지 여부의 판단

① 원칙

미지급용지의 판단은 「토지보상법」에서 규정한 일정한 절차에 의해서 사업시행자가 판단한다. 따라서 「토지보상법 시행규칙」 제25조 제2항에 따라 사업시행자는 미지급용지의 감정평가를 의뢰하는 때에는 보상평가의뢰서에 미지급용지임을 표시하여야 한다.

〈질의회신〉
미지급용지인지 여부는 사업시행자가 판단・결정한다.
[협회 2013.04.29. 공공지원팀-1370]

〈질의요지〉
토지소유자가 미불용지로 평가할 것을 요구하는 경우 이를 고려하여야 하는지?

〈회신내용〉
해당 토지의 미불용지 여부 및 현실적인 이용상황 판단은 사업시행자가 관계 법령 및 구체적 사실관계를 파악하여 판단・결정할 사항으로 보며, 토지보상법령에서 규정하고 있는 평가기준의 구체적 적용은 감정평가업자가 사업시행자가 제시한 평가 의뢰목록 등을 기초로 판단・결정할 사항이라 봅니다.

② 미지급용지 판단 시 사업시행자의 유의사항

가. 실제적으로 보상을 하거나 기부체납을 받은 경우

종전의 공익사업을 시행하면서 사업시행자가 토지소유자에게 보상을 하거나 기부채납을 받고도 소유권 이전등기를 하지 않아 미지급용지로 남아 있는 경우가 있을 수 있다. 따라서 i) 취득시기가 비슷한 토지 중 일부 필지만 개인소유로 남아 있는 경우, ii) 종전의 공익사업시행 당시 소유자의 거소가 분명했던 경우, iii) 등기명의인이 사망하여 상속인이 소유권 변동에 대해 잘 모르는 경우(조상 땅 찾기 운동 등으로 우연히 발견한 재산 등), iv) 종전의 공익사업을 위해 지적 분할을 한 경우, v) 기타 보상금을 지급하였을 개연성이 많은 경우 등과 같이 현재 관련서류를 찾지 못할 뿐 과거에 보상금이 지급되었을 것으로 보여지는 경우에는 미지급용지가 아닐 개연성이 크므로 이러한 경우는 미지급용지의 판단에 유의하여야 한다.

판례

사업시행자가 미지급용지 취득에 관한 서류를 제출하지 못하는 경우에도 적법하게 취득하였을 가능성이 있는 경우는 시효취득을 인정할 수 있다.
[대법원 2010.08.19. 선고 2010다33866 판결]

〈판결요지〉

1. 지방자치단체나 국가가 취득시효의 완성을 주장하는 토지의 취득절차에 관한 서류를 제출하지 못하고 있다 하더라도 그 점유의 경위와 용도 등을 감안할 때 국가나 지방자치단체가 점유개시 당시 공공용

재산의 취득절차를 거쳐서 소유권을 적법하게 취득하였을 가능성도 배제할 수 없다고 보이는 경우에는 국가나 지방자치단체가 소유권 취득의 법률요건이 없이 그러한 사정을 잘 알면서 무단점유한 것이 입증되었다고 보기 어려우므로 자주점유의 추정은 깨어지지 않는다.

2. 지방자치단체가 도로개설사업을 시행하면서 소유자로부터 그 도로의 부지로 지정된 토지의 매도승낙서 등을 교부받는 등 매수절차를 진행하였음이 인정되나 매매계약서, 매매대금 영수증 등의 관련 자료를 보관하지 않고 있는 사안에서, 위 지방자치단체가 법령에서 정한 공공용 재산의 취득절차를 밟거나 소유자의 사용승낙을 받는 등 위 토지를 점유할 수 있는 일정한 권원에 의하여 위 토지를 도로부지에 편입시켰을 가능성을 배제할 수 없으므로 위 토지의 후속 취득절차에 관한 서류들을 제출하지 못하고 있다는 사정만으로 위 토지에 관한 자주점유의 추정이 번복된다고 할 수 없다.

나. 적법하게 취득한 토지가 취득시효 등으로 소유권이 변동된 경우

가) 협의취득

사업시행자가 사유(私有) 토지를 협의로 취득하거나 또는 국·공유지를 무상양여의 절차에 따라 취득한 후 소송 등에 의해 소유자가 변경됨으로 인하여 다시 취득하는 경우로서 해당 공익사업시행기간 이내에 재취득하는 경우에는 설사 기준시점 당시 해당 토지를 공익사업용지로 사용하고 있다고 하여도 2개의 공익사업에 중복적으로 편입된 것이 아니므로 미지급용지에 해당되지 않는다.

따라서 이러한 경우 현실적인 이용상황은 당초에 협의로 취득한 경우는 협의 당시를, 국·공유지를 무상양여로 취득한 경우는 편입 당시의 이용상황을 기준으로 한다.

즉, 현재의 이용상황을 기준으로 감정평가하는 것이 유리한 경우에도 이러한 이용상황의 변경에 따른 가치의 증가는 「토지보상법」 제67조 제2항에 따른 해당 공익사업으로 인한 가치의 변동에 해당되므로 이를 기준으로 감정평가해서는 안 된다.

〈유권해석〉

공익사업에 편입된 토지를 소송 등에 의해 소유권을 상실한 경우는 미지급용지에 해당되지 않는다.
[국토부 2013.07.31. 토지정책과-2491]

〈질의요지〉

국가기관에서 「토지보상법」이 아닌 개별 협의를 통하여 취득한 토지가 소유권관련 소송에서 패소하여 국가기관에서 해당 토지에 대한 소유권을 상실한 이후 해당 토지를 매수하고자 하는 경우 미불용지로 평가할 수 있는지와 이 경우 감정평가는?

〈회신내용〉

미불용지 평가에 관한 「토지보상법 시행규칙」 제25조의 규정은 종전에 시행된 공익사업의 부지로서 보상금이 지급되지 아니한 토지가 현재 시행중인 공익사업에 편입되는 경우 종전의 공익사업에 편입될 당시의 이용상황을 상정하여 평가하도록 한 규정입니다. 따라서 종전에 시행된 공익사업의 부지로서 보상금이 미지급된 토지가 현재 시행 중인 공익사업에 편입되지 아니하였거나 종전의 공익사업이 완료된 이후에는 토지보상법 적용대상이 아니라고 보며, 공익사업 수행을 위하여 필요한 토지등을 토지보상법령에 정한 절차와 방법에

따라 취득하는 경우에는 토지보상법령에서 정한 바에 따라 그 손실을 보상하여야 할 것으로 보나, 국가기관에서 다른 법령에 따른 계약 등에 따라 토지 등을 취득하는 경우에는 해당 법령의 내용 등을 검토하여 판단할 사항으로 봅니다.

나) 수용취득

이러한 경우는 승계취득인 협의에 의한 취득의 경우만 발생하며, 원시취득인 수용에 의한 취득에는 발생하지 않는다.

(5) 미지급용지의 보상의무자 및 보상대상자

① 보상의무자

미지급용지는 종전의 공익사업 시행 당시 보상금이 지급되었어야 함에도 해당 공익사업이 시행될 때까지 보상금이 지급되지 아니한 토지이기 때문에, 원칙적으로 보상의무자는 종전의 사업시행자가 되어야 한다.

그러나 미지급용지에 대하여 종전의 사업시행자가 보상을 하도록 한다면 해당 사업시행자는 또다시 종전의 사업시행자에게 보상하여야 하므로 절차가 중복된다는 문제점이 있다. 따라서 이러한 절차 중복에 따른 행정력 낭비와 사업지연 등의 문제점을 해소하기 위하여 미지급용지에 대한 보상주체는 해당 공익사업의 사업시행자로 한다.

즉, 미지급용지는 해당 사업시행자가 종전의 사업시행자의 지위에서 보상하는 것이 아니라 미지급용지를 해당 공익사업의 세목고시에 포함하여 해당 공익사업에 편입되는 토지로 보상하는 것으로서 해당 공익사업의 사업시행자가 보상의무자가 된다.

〈유권해석〉

미지급용지의 보상주체는 새로운 공익사업의 사업시행자이다.
[국토부 2012.04.25. 토지정책과-2008]

〈질의요지〉

철도건설사업 시행 중 교각이 설치되는 구간에 편입되는 미불용지(도로, 구거)에 대한 보상주체는?

〈회신내용〉

「토지보상법」은 공익사업에 필요한 토지 등을 협의 또는 수용에 의하여 취득하거나 사용함에 따른 손실의 보상에 관한 사항을 규정한 법률로서, 공익사업에 필요한 토지 등의 취득 또는 사용으로 인하여 토지소유자나 관계인이 입은 손실은 사업시행자가 보상하도록 같은 법 제61조에 규정되어 있고, 「토지보상법 시행규칙」 제25조에서 종전에 시행된 공익사업의 부지로서 보상금이 지급되지 아니한 토지에 대하여는 종전의 공익사업에 편입될 당시의 이용상황을 상정하여 평가하도록 규정하고 있습니다. 따라서 위의 경우 보상금이 지급되지 아니한 토지에 대한 보상주체는 새로운 사업시행자로 보는 것이 타당하며, 이는 종전 사업시행자와 새로운 사업시행자가 다를 경우 종전 사업시행자가 보상을 하도록 하면 새로운 사업시행자는 종전 사업시행자에게 보상을 하여야 하는 행정력 낭비와 사업지연 등의 문제를 감안한 것으로, 계속 사용 중인 공공시설(도로 및 구거)의 경우에는 새로운 공익사업시행자와 종전 시설물(도로, 구거)관리자 간에 해당 토지의 이용정도 등을 고려한 협의를 통하여 결정하는 것이 바람직하다고 보나, 개별적인 사례는 관련법령과 사실관계 등을 검토하여 판단할 사항으로 봅니다.

② 보상대상자

미지급용지 보상규정의 취지는 보상 없이 공익사업에 편입되어 장기간 재산권의 제한을 받아오던 토지가 새로운 공익사업에 편입되어 보상대상이 될 경우 현실적인 이용상황 기준 보상평가의 예외를 인정하며 토지소유자에게 정당한 보상을 지급하기 위한 것이다. 그러므로 종전 공익사업의 시행시점과 해당 공익사업의 기준시점 사이에 미지급용지의 소유자가 변경되었을 경우 새로운 소유자에게도 미지급 용지의 보상기준을 적용하여야 하는지에 대해서는 견해가 나누어지고 있다.

가. 새로운 소유자에게는 적용하여서는 안 된다는 견해

미지급용지의 새로운 소유자는 미지급용지가 공익사업용지라는 점을 알고 현실적인 이용상황을 기준으로 한 낮은 가격으로 매수하였음에도 종전의 공익사업에 편입될 당시의 이용상황을 기준으로 보상할 경우 과다보상이 될 우려가 있다. 그러므로 미지급용지의 보상·규정은 종전의 공익사업에 편입될 당시의 토지소유자 또는 그 포괄승계인에 한정하여 적용하고, 종전의 공익사업에 편입되고 난 이후에 미지급용지의 소유권을 특정승계 취득한 소유자에 대해서는 미지급용지의 보상기준을 적용하지 않아야 한다는 주장이다.

나. 새로운 소유자에게도 적용하여야 한다는 견해

「토지보상법 시행규칙」 제24조에서는 미지급용지 보상기준은 종전의 공익사업에 편입될 당시의 토지소유자에 한하여 적용한다거나, 새로운 소유자에 대해서는 적용을 배제한다는 규정이 없으므로 새로운 토지소유자에게도 적용되어야 한다는 주장이다.

〈유권해석〉

미지급용지 보상기준은 새로운 소유자에 대해서도 적용한다.

[국토부 2005.10.05. 토지정책팀-555]

〈질의요지〉

임의경매로 인한 낙찰에 의하여 매입한 토지를 미불용지로 평가할 수 있는지 여부

〈회신내용〉

미불용지는 종전에 시행된 공익사업시행지구에 편입되었으나 보상이 이루어지지 아니한 토지를 의미하므로 토지소유권 변동이 미불용지여부를 판단하는 기준은 아니라고 보며, 그 밖에 개별적인 사례에 대하여는 사업시행자가 사실관계를 조사하여 판단·결정할 사항이라고 봅니다.

다. 소결

i) 「토지보상법 시행규칙」 제24조에서는 보상대상자를 제한한다는 규정이 없고, ii) 미지급용지 보상규정은 미지급용지가 다시 새로운 공익사업에 편입될 경우에 한하여 적용되므로 새로운 공익사업에 편입되지 않을 경우 미지급용지의 소유자는 보상을 청구할 수는 없고 단지 부당이득반환청구소송을 제기하여 치료를 받을 수 있을 뿐이므로, 미지급용지의 보상대상자를 제한하면 미지급용지의 거래를 더욱 어렵게 하여 미지급용지 소유자에게 또

다른 피해를 줄 수도 있으므로 미지급용지 보상기준은 새로운 소유자에 대해서도 적용하는 것이 타당한 것으로 본다.

〈법령해석〉
종전의 공익사업이 시행된 이후에 소유자가 변경된 경우도 미지급용지에 해당된다.
[법제처 2021.05.04. 21-0150]

〈질의요지〉
종전의 공익사업이 시행된 이후 소유자가 변경된 미지급용지에 대해서도 토지보상법 시행규칙 제25조 제1항 본문이 적용되는지?

〈회답〉
토지보상법 시행규칙 제25조 제1항 본문은 종전의 공익사업이 시행된 이후에 소유자가 변경된 미지급용지에 대해서도 적용됩니다.

〈이유〉
토지보상법 시행규칙 제25조 제1항 본문에서 미지급용지에 대한 평가기준을 별도로 정한 것은, 종전의 공익사업의 시행으로 인하여 정당한 보상금이 지급되지 아니한 채 공익사업의 부지로 편입된 토지는 그 용도가 공익사업의 부지로 제한됨에 따라 거래가격이 전혀 형성되지 못하거나 상당히 낮게 형성될 수 있다는 점을 고려하여 특별히 "종전의 공익사업에 편입될 당시의 이용상황"을 상정하여 평가함으로써 적정 가격으로 손실보상이 이루어지도록 하려는 취지인바, 소유자가 변경되었더라도 대상 토지가 미지급용지에 해당하는 이상 해당 평가기준에 따라 보상액을 평가해야 한다고 보는 것이 입법취지에도 부합하는 해석입니다.

2. 미지급용지의 보상평가

(1) 이용상황

① 원칙

미지급용지는 종전에 시행된 공익사업에 편입될 당시의 이용상황을 상정하여 평가한다. 즉, 해당 공익사업의 보상평가의 기준이 되는 미지급용지의 현실적인 이용상황은 기준시점 당시의 이용상황이 아니라 종전에 시행된 공익사업에 편입될 당시의 이용상황이 된다. 이를 나누어 보면 다음과 같다.

가. 편입될 당시

가) 종전의 공익사업이 진행 중인 경우

미보상용지는 종전에 시행된 공익사업의 보상에서 적용하여야 하는 현실적인 이용상황을 기준으로 보상평가하는 것이므로 종전에 시행된 공익사업의 기준시점에서의 현실적인 이용상황을 기준으로 하는 것이 원칙이다.

따라서 종전의 공익사업이 진행 중인 경우의 '편입될 당시'는 대상토지에 대한 종전 공익사업에서의 협의성립 당시가 된다.

나) 종전의 공익사업이 준공되었거나 사업인정 기간이 도과된 경우

종전의 공익사업이 준공되었거나 사업인정 기간이 도과된 경우 미지급용지는 대부분 종전 공익사업에서 보상절차가 진행되지 않은 토지이므로 현실적으로 종전 공익사업에서의 협의성립 당시 또는 재결당시라는 것이 있을 수 없다.

따라서 이런 경우는 미지급용지의 현실적인 이용상황을 확인할 수 있는 종전의 공익사업시행지구의 토지조서 작성시점을 '편입될 당시'로 본다.

나. 이용상황

공익사업에 편입될 당시의 이용상황은 편입될 당시의 지목・실제용도・지형・지세・면적・도로와의 접근정도 등 개별요인을 말한다. 이 경우 미지급용지의 종전의 공익사업에 편입될 당시의 이용상황이 '도로'인 경우는 「토지보상평가지침」 제32조 제5항에 따라 사업시행자에게 「토지보상법 시행규칙」 제26조 제2항에서 규정한 '사실상의 사도' 등으로 이용되었는지 여부 등을 조회한 후 그 제시된 의견에 따라 감정평가한다. 다만, 사업시행자로부터 이에 대한 의견의 제시가 없는 때에는 객관적인 판단기준에 따라 감정평가하고 그 내용을 감정평가서에 기재한다.

② **예외**

가. 편입 당시의 현실적인 이용상황을 알 수 없는 경우

종전의 공익사업에 편입될 당시의 이용상황을 알 수 없는 경우에는 편입될 당시의 지목과 인근토지의 이용상황 등을 참작하여 판단한다.

이는 편입 당시의 대상토지의 공부상 지목과 유사한 인근토지의 기준시점에서의 현실적 이용상황을 참작하여 판단한다는 의미이다.

나. 인근지역의 표준적인 이용상황이 변경된 경우

「토지보상법」 제67조 제1항은 보상액의 산정은 협의성립 당시 또는 재결 당시의 가격을 기준으로 하도록 하여 시가보상의 원칙을 규정하고 있으므로, 종전의 공익사업의 편입시점과 새로운 공익사업의 기준시점 사이에 인근지역의 표준적인 이용상황이 변경되었고, 대상토지도 공익사업에 편입되지 않았다면 현실적인 이용상황이 변경되었을 것이 객관적으로 명백한 경우에 미지급용지의 이용상황은 기준시점에서의 인근토지의 표준적인 이용상황을 기준으로 판단한다.

따라서 종전의 공익사업의 편입당시의 미지급용지의 현실적인 이용상황이 농경지이며 인근지역의 표준적인 이용상황도 농경지였으나, 새로운 공익사업의 기준시점 사이에 인근지역의 표준적인 이용상황이 주택지로 변경된 경우 미지급용지의 이용상황은 주택지로 본다.

판례

미지급용지의 보상평가에 있어 인근지역의 표준적인 이용상황이 변경된 경우는 변경된 이용상황을 기준으로 한다.

[대법원 2002.10.25. 선고 2002다31483 판결[45]]

〈판결요지〉
국가 또는 지방자치단체가 도로로 점유・사용하고 있는 토지에 대한 임료 상당의 부당이득액을 산정하기 위한 토지의 기초가격은, 국가 또는 지방자치단체가 종전부터 일반 공중의 교통에 사실상 공용되던 토지에 대하여 도로법 등에 의한 도로 설정을 하여 도로관리청으로서 점유하거나 또는 사실상 필요한 공사를 하여 도로로서의 형태를 갖춘 다음 사실상 지배주체로서 도로를 점유하게 된 경우에는 도로로 제한된 상태 즉, 도로인 현황대로 감정평가하여야 하고, 국가 또는 지방자치단체가 종전에는 일반 공중의 교통에 사실상 공용되지 않던 토지를 비로소 도로로 점유하게 된 경우에는 토지가 도로로 편입된 사정은 고려하지 않고 그 편입될 당시의 현실적 이용상황에 따라 감정평가하되 다만, 도로에 편입된 이후 당해 토지의 위치나 주위 토지의 개발 및 이용상황 등에 비추어 도로가 개설되지 아니하였더라도 당해 토지의 현실적 이용상황이 주위 토지와 같이 변경되었을 것임이 객관적으로 명백하게 된 때에는, 그 이후부터는 그 변경된 이용상황을 상정하여 토지의 가격을 평가한 다음 이를 기초로 임료 상당의 부당이득액을 산정하여야 한다.

다. 현실적인 이용상황을 기준으로 감정평가하는 것이 유리한 경우

미지급용지에 대하여 종전의 공익사업에 편입될 당시의 이용상황을 상정하여 감정평가하도록 규정한 취지는 기준시점에서의 이용상황을 기준으로 감정평가할 경우 보상액이 적정가격이 되지 못하는 부당한 결과를 방지하기 위한 것이므로, 기준시점에서의 이용상황을 기준으로 감정평가하는 것이 토지소유자에게 유리한 경우에는 예외가 아니라 원칙을 적용하여 기준시점에서의 현실적인 이용상황을 기준으로 감정평가한다.

따라서 종전 공익사업의 시행 당시의 대상토지의 현실적인 이용상황은 농경지였으나 공익사업의 시행으로 인하여 기준시점에서의 현실적인 이용상황이 대 또는 공장용지로 조성된 토지는 농경지가 아니라 대 또는 공장용지를 기준으로 감정평가한다.

판례

종전의 공익사업의 시행으로 현실적 이용상황이 변경됨으로써 토지가격이 상승한 경우에는 현황을 기준으로 보상평가한다.
[대법원 1992.11.10. 선고 92누4833 판결]

〈판결요지〉
공공사업의 시행자가 적법한 절차를 취하지 아니하여 아직 공공사업의 부지로 취득하지도 못한 단계에서 공공사업을 시행하여 토지의 현실적인 이용상황을 변경시킴으로써, 오히려 토지의 거래가격이 상승된 경우까지 위 "1."항의 시행규칙 제6조 제7항에 규정된 미보상용지의 개념에 포함되는 것이라고 볼 수 없다.

45) 이 대법원 판례는 미보상용지에 대한 부당이익의 반환을 위한 임료평가에서 기초가격의 산정에 대한 것이나 이러한 미보상용지가 새로운 공익사업에 편입되어 미지급용지로 보상평가하는 경우에도 동일한 기준이 적용되어야 한다.

〈질의회신〉
미지급용지의 현황이 종전 사업시행자에 의해 개선된 경우는 이를 반영하여 보상평가한다.
[협회 2013.10.04. 공공지원팀-3084]

〈질의요지〉
(구)경춘선 철도부지에 편입되었으나 보상금이 지급되지 아니한 채 자전거도로 개설사업에 편입된 경우로서 종전 공익사업 편입 당시 이용상황은 임야이나 현황이 개선(폐철도부지로서 농경지 상태)된 경우 이러한 형질변경을 적법한 것으로 보고 임야가 아닌 전으로 보상평가하여야 하는지 여부

〈회신내용〉
본 건 대상토지의 현황이 종전 사업시행자에 의해 개선된 것이라면 이를 반영하여야 할 것이나, 소유자가 불법형질변경을 하거나 임시적으로 이용하는 경우라면 이를 반영하여서는 아니될 것으로 사료됩니다. 따라서 본 건 대상토지의 현황 개선 사유 등 사실관계를 파악하여 사업시행자와 협의 후 판단・결정하시기 바랍니다.

③ 종전의 공익사업에 편입 당시의 현실적 이용상황의 판단주체

종전의 공익사업에 편입 당시의 현실적인 이용상황은 사업시행자가 「토지보상법」에서 정한 일정한 절차를 통하여 확정하며, 편입 당시의 현실적인 이용상황에 대하여 사업시행자와 토지소유자 사이에 다툼이 있는 경우에는 토지수용위원회의 재결이나 소송을 통하여 확정되어야 한다.

따라서 미지급용지의 보상평가에서 적용할 종전의 공익사업에 편입될 당시의 이용상황은 사업시행자 또는 토지수용위원회가 제시한 내용에 따른다.

④ 불법형질변경토지와의 관계

미지급용지는 사업시행자가 보상금을 지급하고 취득하기 전에 공익사업을 시행하여 이용상황을 변경한 것이므로 「토지보상법 시행규칙」 제24조에 따른 불법형질변경토지로 보아야 한다는 견해가 있을 수 있다.

그러나 불법형질변경토지는 「국토계획법」 등 관계법령에 의하여 허가를 받거나 신고를 하고 형질변경을 하여야 하는 토지를 허가를 받지 아니하거나 신고를 하지 아니하고 형질변경한 토지를 의미하나, 미지급용지는 종전의 공익사업이 시행될 경우 개별 법률에 따른 실시계획의 인가 등에서 「국토계획법」 제56조에 따른 개발행위 허가 등이 의제되므로 불법형질변경토지에 해당되지 않는다.

(2) 이용상황 외의 사항

① 기준시점

미지급용지의 기준시점은 해당 공익사업의 기준시점과 같이 협의의 경우에는 협의성립 당시, 재결의 경우에는 재결 당시를 기준으로 한다.

② 용도지역 등

가. 이용상황에 용도지역 등이 포함되는지 여부

「토지보상법 시행규칙」 제25조 제1항에서 미지급용지에 대해서는 종전의 공익사업에 편입될 당시의 '이용상황'을 상정하여 평가하도록 규정하고 있으므로, 이 경우 '이용상황'에 용도지역 등이 포함되는지 여부가 문제이다.

「토지보상법 시행규칙」 제22조 제3항에서 규정한 비교표준지 선정기준의 제1호에서 용도지역 등을, 제2호에서 이용상황을 규정하고 있고, 별지 제4호 서식인 토지조서에서도 '현실적인 이용상황'과 '용도지역 및 지구'를 구분하여 표시하고 있으므로 이용상황에 용도지역이 포함된다고 볼 수 없다.

나. 용도지역 적용의 원칙

「토지보상법 시행규칙」 제23조에 따라 i) 공법상 제한이 해당 공익사업의 시행을 직접 목적으로 하여 가하여진 경우, ii) 해당 공익사업의 시행을 직접 목적으로 하여 용도지역 등이 변경된 경우를 제외하고는 기준시점에서의 용도지역 등을 기준으로 한다.

다. 종전의 공익사업으로 용도지역 등이 변경된 경우

미지급용지의 용도지역 등이 종전의 공익사업으로 인하여 변경된 경우 적용 용도지역의 문제는 종전 공익사업으로 인한 가치변동의 배제와 직결되어 있으므로 아래의 "(4) 종전 공익사업으로 인한 가치변동의 배제 여부"를 참조하기 바란다.

라. 용도지역 등이 나쁘게 변경된 경우

용도지역 등이 해당 공익사업과 관계없이 종전의 공익사업에 편입될 당시에 비하여 나쁘게 변경되었을 경우 적용 용도지역 등에 대해서는 다음과 같은 견해의 대립이 있다.

가) 종전의 공익사업에 편입될 당시의 용도지역 등을 기준으로 한다는 견해

용도지역 등이 종전의 공익사업에 편입될 당시에 비하여 나쁘게 변경되었을 경우 기준시점 당시의 용도지역 등을 기준으로 보상한다면, 종전의 공익사업에서 보상을 시행하지 않은 위법행위로 인한 토지가격의 하락을 오히려 토지소유자에게 전가하게 된다는 문제점이 있으므로 종전의 공익사업에 편입될 당시의 용도지역 등을 기준으로 해야 한다는 주장이다.

나) 기준시점 당시의 용도지역 등을 기준으로 한다는 견해

「토지보상법 시행규칙」 제25조 제1항에서 미지급용지의 경우 이용상황만을 소급하도록 규정하고 있으므로, 용도지역 등은 기준시점 당시의 대상토지의 용도지역 등을 기준으로 하여야 한다는 주장이다.

다) 소결

i) 미지급용지는 이용상황만을 소급하도록 규정하고 있고, ii) 보상액은 대상이 되는 권리가 소멸할 때를 기준으로 산정하는 것이 원칙이며, iii) 「토지보상법 시행규칙」 제23조에서도 공법상 제한은 (i) 그 공법상 제한이 해당 공익사업의 시행을 직접 목적으로 하여 가하여진 경우, (ii) 해당 공익사업의 시행을 직접 목적으로 하여 용도지역 등

이 변경된 경우를 제외하고는 제한받는 상태대로 평가하도록 규정하고 있으므로, 용도지역 등이 종전의 공익사업에 편입될 당시에 비하여 나쁘게 변경되었을 경우에도 기준시점 당시의 용도지역 등을 기준으로 하는 것이 타당하다고 본다.

다만, 이렇게 적용할 경우 토지소유자에게 부당한 보상이 될 우려가 있으므로 제도적으로 개선할 필요성이 있다.

마. 미지급용지를 제외한 인근지역의 용도지역 등이 변경된 경우

가) 원칙

인근지역의 용도지역 등은 대부분 변경되었으나 해당 공익사업에 편입된 토지에 대하여 용도지역 등이 변경되지 않은 경우 이것이 해당 공익사업의 시행을 위하여 용도지역 등을 변경을 하지 않은 것으로 보기 위해서는 대상토지가 해당 공익사업에 편입된다는 사정을 배제할 경우 용도지역 등의 변경을 하지 않은 행위가 계획재량권의 일탈·남용에 해당함이 객관적으로 명백하여야만 한다. 따라서 단지 미지급용지를 제외한 인근지역의 용도지역 등이 변경되었다고 하여 미지급용지의 용도지역 등이 해당 공익사업의 시행을 위하여 용도지역 등을 변경하지 않은 것으로 볼 수 없다. 그러므로 미지급용지를 제외한 인근지역의 용도지역 등이 해당 공익사업과 관계없이 변경된 경우에도 이러한 변경은 미지급용지의 보상평가에서 고려하지 않는 것을 원칙으로 한다.

판례

특정 공익사업의 시행을 위하여 용도지역 등을 변경하지 않았다고 보기 위해서는 용도지역 등을 변경을 하지 않은 행위가 계획재량권의 일탈·남용에 해당함이 객관적으로 명백하여야만 한다. [대법원 2015.08.27. 선고 2012두7950 판결]

〈판결요지〉

구 공익사업을 위한 토지 등의 취득 및 보상에 관한 법률 시행규칙(2012.1.2. 국토해양부령 제427호로 개정되기 전의 것) 제23조 제1항, 제2항의 규정 내용, 상호 관계와 입법 취지, 용도지역·지구·구역(이하 '용도지역 등'이라 한다)의 지정 또는 변경행위의 법적 성질과 사법심사의 범위, 용도지역 등이 토지의 가격형성에 미치는 영향의 중대성 및 공익사업을 위하여 취득하는 토지에 대한 보상액 산정을 위하여 토지가격을 평가할 때 일반적 계획제한에 해당하는 용도지역 등의 지정 또는 변경이라도 특정 공익사업의 시행을 위한 것이라면 당해 공익사업의 시행을 직접 목적으로 하는 제한이라고 보아야 하는 점 등을 종합적으로 고려하면, 어느 수용대상 토지에 관하여 특정 시점에서 용도지역 등의 지정 또는 변경을 하지 않은 것이 특정 공익사업의 시행을 위한 것일 경우 이는 당해 공익사업의 시행을 직접 목적으로 하는 제한이라고 보아 용도지역 등의 지정 또는 변경이 이루어진 상태를 상정하여 토지가격을 평가하여야 한다. 여기에서 특정 공익사업의 시행을 위하여 용도지역 등의 지정 또는 변경을 하지 않았다고 볼 수 있으려면, 토지가 특정 공익사업에 제공된다는 사정을 배제할 경우 용도지역 등의 지정 또는 변경을 하지 않은 행위가 계획재량권의 일탈·남용에 해당함이 객관적으로 명백하여야만 한다.

나) 예외

시장 등 해당지역의 도시계획결정권자가 미지급용지가 종전의 공익사업에 편입되지 않았다면 인근지역과 동일하게 용도지역이 변경되었을 것이라고 확인하는 경우에는 이를 기준으로 감정평가할 수 있을 것이다.

이는 용도지역 등이 변경되지 않은 것이 「토지보상법」 제67조 제2항에 따른 해당 공익사업으로 인한 가치의 변동으로 보아야 하기 때문이다.

③ 주위환경 등

주위환경, 그 밖에 공공시설 등과의 접근성 등은 해당 공익사업의 시행을 직접 목적으로 하거나 해당 공익사업의 시행에 따른 절차 등으로 변경 또는 변동이 된 경우를 제외하고는 기준시점 당시를 적용한다.

(3) 공시지가의 선정

① 적용공시지가의 선택

해당 공익사업의 적용공시지가의 선택과 동일하다.

② 비교표준지의 선정

가. 원칙

「토지보상법 시행규칙」 제22조 제3항에 따라 용도지역 등이 동일한 공시지가표준지 중 종전의 공익사업에 편입될 당시의 이용상황과 비슷한 이용상황의 공시지가표준지를 선정한다.

나. 예외

용도지역이 동일한 공시지가표준지 중 종전의 공익사업에 편입될 당시의 이용상황과 비슷한 이용상황의 공시지가표준지가 인근지역 등에 없는 경우에는 「토지보상평가지침」 제32조 제4항에 따라 인근지역의 표준적인 이용상황의 표준지공시지가를 비교표준지로 선정한다. 다만, 이 경우는 종전의 공익사업에 편입될 당시의 이용상황을 인근지역의 표준적인 이용상황으로 변경하는 데 일정한 비용 등이 소요된다면 이를 고려한다.

(4) 종전 공익사업으로 인한 가치변동의 배제 여부

① 관련 규정의 내용

미지급용지의 보상액에서 종전 공익사업으로 인한 가치의 변동을 배제하는지에 대해 「토지보상법」에서는 규정이 없고, 「감정평가 실무기준」 및 「토지보상평가지침」에서 규정하고 있다.

가. 「감정평가 실무기준」 (판례가 법규성 없다고 판시함)

「감정평가 실무기준」[810-6.2.3] 제2항에서는 미지급용지의 보상평가를 위한 비교표준지는 종전의 및 해당 공익사업의 시행에 따른 가격의 변동이 포함되지 않은 표준지를 선정하도록 규정하고 있다.

나. 「토지보상평가지침」 (한국감정평가사협회자 제정한 것으로 법규성 없음)

「토지보상평가지침」 제32조 제2항에서는 미지급용지의 공법상 제한이나 주위환경, 그 밖에 공공시설 등과의 접근성 등은 종전의 공익사업의 시행을 직접 목적으로 하여 변경 또는 변동이 된 경우를 제외하도록 규정하고 있고, 제3항에서는 미지급용지의 보상평가를 위한 비교표준지는 종전 및 해당 공익사업의 시행에 따른 가격의 변동이 포함되지 않은 표준지를 선정하도록 규정하고 있다.

② 견해의 대립

위와 같이 미지급용지의 보상액에는 해당 공익사업으로 인한 가치의 변동을 포함하지 않는 것은 당연하나, 종전의 공익사업으로 인한 가치변동을 배제하는 것이 타당한지에 대해서는 견해의 대립이 있다.

가. 종전의 공익사업으로 인한 가치변동을 배제해야 한다는 견해

미지급용지는 종전의 공익사업의 사업시행자가 보상하여야 하나, 보상의 효율적 수행을 위하여 해당 공익사업의 사업시행자가 보상하는 것이므로 종전의 공익사업으로 인한 가치변동을 보상액에서 배제하여야 한다는 주장이다.

나. 종전의 공익사업으로 인한 가치변동을 배제하지 않아야 한다는 견해

i) 「토지보상법」 제67조 제2항에서는 '해당 공익사업'으로 인한 가치의 변동만을 배제하도록 규정하고 있으나 종전의 공익사업과 해당 공익사업은 별개의 공익사업이며, ii) 미지급용지도 해당 공익사업의 세목고시에 포함되므로 해당 공익사업의 사업시행자가 종전의 공익사업의 사업시행자의 지위에서 보상하는 것이 아니라 해당 공익사업의 사업시행자로서 보상하는 것이므로 종전의 공익사업으로 인한 가치변동을 배제하지 않아야 한다는 주장이다.

판례

다른 공익사업으로 인한 개발이익은 보상평가액에 포함되어야 한다.
[대법원 2014.02.27. 선고 2013두21182 판결]

〈판결요지〉

수용 대상 토지의 보상액을 산정함에 있어 해당 공익사업의 시행을 직접 목적으로 하는 계획의 승인, 고시로 인한 가격변동은 이를 고려함이 없이 재결 당시의 가격을 기준으로 하여 적정가격을 정하여야 하나, 해당 공익사업과는 관계없는 다른 사업의 시행으로 인한 개발이익은 이를 포함한 가격으로 평가하여야 하고, 이는 그 개발이익이 해당 공익사업의 사업인정고시일 후에 발생한 경우에도 마찬가지이다.

다. 소결

「토지보상법」 제67조 제2항에서는 보상액에서 배제되는 가치의 변동은 '해당 공익사업'으로 인한 것으로 한정하고 있으므로, '해당 공익사업'으로 인한 가치의 변동 이외의 것을 보상액에서 배제하기 위해서는 이에 대해 법률에서 규정하여야 한다.

또한 종전의 공익사업의 사업시행자가 보상하고 취득한 토지의 보상액에서는 종전의 공익사업으로 인한 가치의 변동을 배제하는 않음에도 미지급용지의 보상액에 한하여 이를 배제한다면 유사한 토지의 보상액 사이에 형평이 맞지 않는다는 문제점도 있다.

또한 법률의 규정 또는 위임 규정 없이 법규성이 없는 「감정평가 실무기준」 또는 「토지보상평가지침」에서 법률의 규정과 상치되는 규정을 두고 이를 근거로 '해당 공익사업'이 아닌 종전의 공익사업으로 인한 가치의 변동을 보상액에서 배제하는 것은 타당하지 않다.

따라서 미지급용지의 보상액에서 종전의 공익사업으로 인한 가치변동을 배제하여서는 안 되므로, 종전 공익사업의 시행을 직접 목적으로 하거나 시행의 절차로 용도지역 등이 변경된 경우에도 변경된 용도지역을 기준으로 보상액을 산정하는 것이 타당하다. 따라서 이와 관련 「감정평가 실무기준」 또는 「토지보상평가지침」에서의 규정들은 삭제되어야 한다고 본다.

III. 미지급용지 보상평가 유의사항

1. 미지급용지의 시효취득

(1) 「민법」상 시효취득의 요건

「민법」 제245조 제1항에서는 20년 간 소유의 의사로 평온・공연하게 점유하는 자는 등기함으로써 그 소유권을 취득하도록 하는 시효취득에 대해 규정하고 있다.

즉, 「민법」에서는 부동산의 시효취득을 위해서는 소유의 의사로 점유하는 '자주점유'를 요건으로 하고 있다.

(2) 미지급용지의 자주점유 여부

사업시행자가 미지급용지를 20년 이상 공익사업부지로서 점유를 하고 있다고 하여도 미지급용지의 점유는 그 토지가 타인의 소유라는 사실을 알고 있었다고 보아야 하므로 자주점유가 아니라 타주점유로 본다.

따라서 미지급용지에 대해서는 종전 사업시행자의 시효취득이 인정되지 않는다.

판례

미지급용지에 대해서는 시효취득이 성립되지 않는다.
[대법원 1997.08.21. 선고 95다28625 판결]

〈판결요지〉
점유자가 점유 개시 당시에 소유권 취득의 원인이 될 수 있는 법률행위 기타 법률요건이 없이 그와 같은 법률요건이 없다는 사실을 잘 알면서 타인 소유의 부동산을 무단점유한 것임이 입증된 경우, 특별한 사정이 없는 한 점유자는 타인의 소유권을 배척하고 점유할 의사를 갖고 있지 않다고 보아야 할 것이므로 이로써 소유의 의사가 있는 점유라는 추정은 깨어졌다고 할 것이다.
지방자치단체가 도로로 편입시킨 토지에 관하여 공공용 재산으로서의 취득절차를 밟지 않은 채 이를 알면서 점유하였다고 인정된 사안에서 지방자치단체의 위 토지 점유가 자주점유의 추정이 번복되어 타주점유가 된다고 볼 수 없다는 취지의 〈판례〉의 견해는 변경하기로 한다.

2. 미지급용지의 사용에 대한 보상

미지급용지는 종전 공익사업의 시행시점에서부터 새로운 공익사업의 기준시점까지 사이에 종전의 사업시행자가 이를 사용하였다고 보아야 하므로, 동 기간 동안의 사용에 대해 이를 「토지보상법」상의 사용으로 보아 보상할 수 있는지의 문제이다.

그러나 「토지보상법」에서 규정하고 있는 사용에 대한 보상조항은 공익사업을 위하여 토지 등의 취득을 요하지 않고 사용하는 것으로 충분한 경우에 적용하는 것이지, 사업시행자가 토지를 권원 없이 사용한 경우에 적용하는 것은 아니다.
이와 같이 사업시행자가 토지를 권원 없이 사용하는 경우는 위법한 침해에 해당되는 것이므로, 부당이득반환 등 손해배상으로 처리하여야 하며 손실보상으로 처리할 수는 없다.

3. 미보상토지의 취득을 위한 감정평가

(1) 미보상토지

① 개념

미보상토지란 준공된 공익사업시행지구 내에 소재하는 보상이 되지 않은 토지를 말한다. 이는 법령상의 용어는 아니며 실무에서 사용하는 용어이다.

② 미지급용지와의 차이

미보상토지와 미지급토지는 종전에 시행된 공익사업의 부지로서 보상금이 지급되지 아니한 토지라는 점은 동일하나, 미보상토지는 미지급용지와는 달리 다른 공익사업에 편입되지 않은 토지를 말한다.

(2) 미보상토지에 대한 「토지보상법」상의 사업인정 가능 여부

① 원칙

공익사업이 준공된 후 미보상토지의 취득만을 위한 「토지보상법」상의 사업인정은 허용되지 않으며 그 이유는 다음과 같다.

가. 사업인정 요건의 미충족

「토지보상법」 제19조 제1항에서는 사업시행자는 '공익사업의 수행'을 위하여 필요한 경우 토지 등을 수용할 수 있도록 규정하고 있고, 제20조 제1항에서는 사업시행자는 토지 등을 수용하기 위해서는 사업인정을 받도록 규정하고 있다.
그런데 공익사업이 준공된 후 미보상토지의 협의매수가 어렵다는 사유로 미보상토지의 소유권만을 취득하기 위한 사업인정은 '공익사업의 수행'을 위한 것으로 볼 수 없을 뿐만 아니라, 공익사업의 유지·관리라는 공익적인 필요보다는 개인의 사유재산권 침해가 더 크다고 볼 수 있으므로 사업인정의 요건을 충족한다고 볼 수 없다.

나. 재결신청 기간의 연장

「토지보상법」 제28조 제1항에서 재결의 신청은 사업인정고시일로부터 1년 이내에 신청할 수 있도록 하여 그 수용절차개시의 시간적인 범위를 제한하고 있는 것은 수용을 둘러싼 법률관계의 조속한 확정을 바라는 토지소유자 및 관계인의 이익을 보호하도록 하는 데 있다.
그런데 공익사업이 완료된 이후에 공익사업부지 중 매입되지 아니한 토지에 대해 매수 협의가 이루어지지 않는다고 하여 그 토지의 소유권만을 취득하기 위한 목적으로 공익사업의 실제 수행 없이 사업인정을 받을 수 있다면, 종전의 공익사업을 위한 사업시행자의 수용재결 신청기간을 공익사업이 완료된 이후까지 연장시키는 결과를 초래하므로, 사업시행자가 수용재결을 신청할 수 있는 기간을 제한한 「토지보상법」 제28조 제1항의 취지에 어긋날 수 있다.

〈법령해석〉
미지급용지의 취득을 위한 사업인정은 허용되지 않는다.
[법제처 2011.04.07. 11-0073]

〈질의요지〉
공익사업이 완료된 이후 종전의 공익사업을 위하여 사용되고 있는 부지에 매입되지 아니한 토지가 존재하나 해당 토지에 대한 매수협의가 이루어지지 않음을 이유로, 사업시행자가 실제로 공익사업을 수행하지 아니하면서 그 토지의 소유권만을 취득하기 위하여 「공익사업을 위한 토지 등의 취득 및 보상에 관한 법률」 제20조에 따른 사업인정을 신청한 경우, 국토해양부장관이 그 신청에 대한 사업인정을 하지 않을 수 있는지?

〈회답〉
공익사업이 완료된 이후 종전의 공익사업을 위하여 사용되고 있는 부지에 매입되지 아니한 토지가 존재하나 해당 토지에 대한 매수협의가 이루어지지 않음을 이유로 사업시행자가 실제로 공익사업을 수행하지 아니하면서 그 토지의 소유권만을 취득하기 위하여 「공익사업을 위한 토지 등의 취득 및 보상에 관한 법률」 제20조에 따른 사업인정을 신청한 경우, 국토해양부장관은 그 신청에 대한 사업인정을 하지 않을 수 있습니다.

〈이유〉
「토지보상법」 제19조 및 제20조에 따르면 … 사업인정은 문언상 공익사업의 "수행"을 위하여 필요한 때에 하는 것이고 사업인정처분의 요건인 공공의 필요, 즉 공익사업의 수행으로 인한 공익과 재산권 보장에 의한 사익 사이의 이익형량의 결과, 사업을 수행하여야 할 공익적인 필요가 개인의 재산권에 대한 침해보다 더 크다고 사업 인정권자가 판단한 경우에 할 수 있다고 할 것인데, 이 사안의 경우와 같이 협의매수가 어렵다는 사유로, 완료된 공익사업에 이미 사용되고 있는 토지의 소유권만을 취득하기 위한 사업인정의 신청은 공익사업의 "수행"을 위한 것으로 보기 어려울 뿐만 아니라, 공익사업의 유지・관리라는 공익적인 필요보다는 개인의 사유재산권 침해가 더 크다고 볼 수 있으므로 사업인정처분의 요건을 충족한다고 보기도 어렵습니다. 「토지보상법」에서는 … 재결의 신청도 사업인정고시일로부터 1년 이내에 신청할 수 있도록 하여 그 수용절차개시의 시간적인 범위를 제한(제28조)함으로써 수용을 둘러 싼 법률관계의 조속한 확정을 바라는 토지소유자 및 관계인의 이익을 보호하도록 하고 있는데, 이 사안과 같이 공익사업이 완료된 이후 종전의 공익사업을 위하여 사용되고 있는 부지의 매입되지 아니한 토지에 대한 매수협의가 이루어지지 않음을 이유로 그 토지의 소유권만을 취득하기 위한 목적으로 공익사업의 실제 수행 없이 공용수용절차 개시를 위한 사업인정을 받을 수 있다고 한다면, 종전의 공익사업을 위한 사업시행자의 수용재결 신청기간을 공익사업이 완료된 이후까지 연장시키는 결과를 초래하므로, 사업시행자가 수용재결을 신청할 수 있는 기간을 제한한 공익사업법 제28조의 취지에 어긋날 수 있다고 할 것입니다.

② 예외

「전원개발촉진법」 제2조 제2호에서 '전원개발사업'이란 i) 전원설비를 설치・개량하는 사업, ii) 설치 중이거나 설치된 전원설비의 토지 등을 취득하거나 사용권원(使用權原)을 확보하는 사업 중 어느 하나에 해당하는 사업으로 규정하여, 미보상기설송전선로의 토지 등을 취득하거나 사용권원을 확보하기 위해서도 사업인정이 가능하도록 규정하고 있다.

(3) 미보상토지의 감정평가

① 「토지보상법」의 적용 여부

「토지보상법」 제1조에서 '이 법은 공익사업에 필요한 토지 등을 협의 또는 수용에 의하여 취득하거나 사용함에 따른 손실의 보상에 관한 사항을 규정'하고 있으므로 공익사업에 필요한 토지 등의 취득에 해당하지 않는 미보상토지의 취득에서는 「토지보상법」을 직접 적용할 수 없다.

〈유권해석〉
미보상토지는 「토지보상법」을 적용할 수 없고 당사자 간의 합의 또는 손해배상 등으로 해결하여야 한다. [국토부 2010.09.03. 토지정책과-4431]

〈질의요지〉
일부 사유지에 대해 보상이 안 된 상황에서 체육공원 조성사업 준공 이후, 소유자가 토지로의 보상을 요구하는 경우 대토보상 가능 여부 및 사업준공 후 무단으로 사용하고 있는 사유지에 대한 토지사용료 지급사례 여부

〈회신내용〉
「토지보상법」은 공익사업에 필요한 토지 등을 협의 또는 수용에 의하여 취득하거나 사용함에 따른 손실의 보상에 관한 사항을 규정한 법률입니다.
따라서 귀 질의와 같이 체육공원 조성사업이 준공되었으나 미보상된 토지에 대하여는 당사자 간의 협의 또는 손해배상 등으로 해결할 사항으로 보며, 사업준공 후 무단으로 사용하고 있는 사유지에 대한 토지사용료 지급사례 등은 공유재산관리 소관 부처에 문의하시기 바랍니다.

② 「토지보상법」의 준용 여부

미보상토지에 대하여 그 공익시설의 관리청 등으로부터 협의취득 또는 매수를 목적으로 감정평가가 의뢰된 경우에는 미지급용지의 감정평가기준을 준용하여 감정평가할 수 있다. 이 경우 미보상토지의 현실적인 이용상황의 판단도 미지급용지의 판단기준을 준용한다. 이는 미보상토지를 종전의 사업시행자 또는 관리청이 보상하는 경우와 미보상토지가 새로운 공익사업에 편입되어 미지급용지로 보상하는 경우와 형평을 맞추기 위해서이다. 「토지보상평가지침」 제32조 제6항에서도 공익사업의 기존 시설 안에 있는 사유토지에 대하여 그 공익시설의 관리청 등으로부터 보상금의 지급을 목적으로 감정평가 의뢰가 있는 경우에는 그 공익사업의 종류, 사업시행기간, 편입시점, 그 밖에 공익사업의 시행을 목적으로 한 사업인정의 고시 등 절차 이행 여부의 확인이 곤란한 경우에도 이를 미지급용지로 보고 감정평가할 수 있도록 규정하고 있다.[46)]

따라서 미보상용지를 매수 등의 목적으로 감정평가하는 경우 「토지보상법 시행규칙」 제24조 제1항을 준용하였다는 점을 감정평가서에 기재하는 것이 바람직하다.

46) 「토지보상평가지침」 제32조 제6항에서는 미보상용지를 미지급용지로 보고 감정평가할 수 있도록 규정하고 있으나, 미보상용지의 감정평가는 미지급용지의 감정평가기준을 준용할 수 있도록 규정하는 것이 타당할 것이다.

〈질의회신〉
미보상용지는 미지급용지의 감정평가기준을 준용하여 감정평가할 수 있다.
[협회 2016.01.22. 감정평가기준팀-268]

〈질의요지〉
미보상용지의 현실적인 이용상황을 편입당시의 이용상황을 기준으로 하여야 하는지

〈회신내용〉
국토교통부에서는 종전에 시행된 공익사업의 부지로서 보상금이 미지급된 토지가 현재 시행 중인 공익사업에 편입되지 아니하였거나 종전의 공익사업이 완료된 이후에는 「토지보상법」 적용대상이 아니라고 보며, 이미 시행이 완료된 공익사업 부지로서 보상금이 지급되지 아니한 경우 그 보상 여부 등에 대하여는 해당 사업시행자가 관련법령과 사실관계 등을 조사・검토하여 판단할 사항이라고 〈유권해석〉(붙임 참조)하고 있으니 참고하시기 바라며, 이러한 경우에도 미보상 토지가 새로운 공익사업에 편입되어 미지급용지로 보상하는 경우와 형평을 맞추기 위해 미지급용지의 감정평가기준을 적용하여 감정평가할 수 있을 것입니다.

4. 선하지 보상

토지의 지상공간에 고압선이 통과하고 있는 토지인 선하지가 공익사업에 편입된 경우의 보상평가는 다음과 같이 구분한다.

(1) 미보상 기설선하지

① 미보상 기설선하지를 보상하는 경우

송전선로의 건설은 「전원개발촉진법」 제2조 제2호에 따른 전원개발사업으로서 공익사업에 해당하므로 미보상 기설선하지는 미보상용지에 해당된다.

따라서 미보상 기설송전선로에 편입된 토지 또는 선하지에 대해 토지를 취득하거나 송전선로의 사용권원을 확보하기 위하여 보상하는 경우는 「토지보상법 시행규칙」 제25조에 따라 미지급용지를 준용하여 감정평가한다.

〈질의회신〉
미보상 기설선하지는 미지급용지에 해당된다.
[협회 2017.03.09. 감정평가기준팀-383]

〈질의요지〉
선하지 손실보상이 이루어지지 않은 토지는 송전선으로 인한 제한을 받지 아니한 상태로, 보상이 이루어진 토지는 제한을 받는 상태로 평가하여야 하는 것인지 여부

〈회신내용〉
선하지 보상이 이루어지지 않은 토지는 미불용지 감정평가규정을 준용하여 종전 공익사업에 편입될 당시의 이용상황을 기준으로 감정평가함을 원칙으로 하고, 해당 공익사업이 아니었더라도 해당 토지의 현실적 이용상황이 주위 토지와 같이 변경되었을 것임이 객관적으로 명백한 경우에는 변경된 이용상황을 상정하여 감정평가하여야 하나, 선하지의 경우에는 해당 토지의 현실적 이용상황 자체가 변경되지는 않으므로 기준

시점 당시의 현실적 이용상황을 기준으로 하되 선하지로서의 제한을 고려하지 않는 방법으로 감정평가하여야 할 것입니다.

② 미보상 기설선하지가 다른 공익사업에 편입되는 경우

「토지보상법 시행규칙」 제22조 제2항에서 "토지에 건축물 등이 있는 때에는 그 건축물 등이 없는 상태를 상정하여 토지를 평가한다."고 규정하고 있으므로 미보상 기설선하지가 다른 공익사업에 편입되는 경우에는 미보상 기설송전선로가 없는 나지상태로 감정평가한다. 즉, 미보상 기설송전선로로 인한 제한을 고려하지 않고 감정평가한다.

판례

토지상에 송전선로 등이 소재하는 경우에도 송전선로 등이 없는 상태를 상정하여 보상평가한다. [대법원 2012.03.29. 선고 2011다104253 판결]

〈판결요지〉

○○공사가 협의취득을 위한 보상액을 산정하면서 한국감정평가업협회의 구 토지보상평가지침(2003.2.14. 자로 개정된 것, 이하 '구 토지보상평가지침'이라 한다)에 따라 토지를 지상에 설치된 철탑 및 고압송전선의 제한을 받는 상태로 평가한 사안에서, 위 약정은 단순히 협의취득 대상토지 현황이나 면적을 잘못 평가하거나 계산상 오류 등으로 감정평가금액을 잘못 산정한 경우뿐만 아니라 공익사업을 위한 토지 등의 취득 및 보상에 관한 법률(이하 '공익사업법'이라 한다)상 보상액 산정 기준에 적합하지 아니한 감정평가기준을 적용함으로써 감정평가금액을 잘못 산정하여 이를 기준으로 협의매수금액을 산정한 경우에도 적용되고, 한편 공사가 협의취득을 위한 보상액을 산정하면서 대외적 구속력을 갖는 공익사업을 위한 토지 등의 취득 및 보상에 관한 법률 시행규칙 제22조에 따라 토지에 건축물 등이 있는 때에는 건축물 등이 없는 상태를 상정하여 토지를 평가하여야 함에도, 대외적 구속력이 없는 구 토지 보상평가지침에 따라 토지를 건축물 등에 해당하는 철탑 및 고압송전선의 제한을 받는 상태로 평가한 것은 정당한 토지 평가라고 할 수 없는 점 등에 비추어 위 협의매수금액 산정은 공사가 고의・과실 내지 착오평가 등으로 과소하게 책정하여 지급한 경우에 해당한다고 본 원심판결에 판단누락이나 이유불비 등의 잘못이 없다.

(2) 보상한 선하지

선하지를 보상하고 구분지상권을 설정하거나 임대차계약 등을 체결한 토지가 다른 공익사업에 편입된 경우는 「토지보상법 시행규칙」 제29조에 따른 '소유권 외의 권리의 목적이 되고 있는 토지의 평가'를 적용한다.

5. 하천부지 보상

「하천편입토지 보상 등에 관한 특별조치법」 제6조 제1항에서 이 법에 따른 보상평가는 편입 당시의 지목 및 토지이용상황 등을 고려하도록 규정하고 있으므로 미지급용지의 보상평가기준과 유사하다. 다만, 이 경우는 편입 당시의 지목 및 토지이용상황 외에 '현재의 이용상황'도 고려하도록 규정하고 있는 점이 상이하다.

■ 법규 헷갈리는 쟁점 : 미지급용지 평가기준의 판단기준

1. 편입 당시 현실적 이용상황 알 수 없는 경우
종전의 공익사업에 편입될 당시의 이용상황을 알 수 없는 경우에는 편입될 당시의 지목과 인근토지의 이용 상황 등을 참작하여 판단한다. 이는 편입 당시의 대상토지의 공부상 지목과 유사한 인근토지의 기준시점에서의 현실적 이용상황을 침작하여 판단한다는 의미이다.

2. 인근지역 표준적 이용상황이 변경된 경우
「토지보상법」 제67조 제1항은 보상액의 산정은 협의성립 당시 또는 재결 당시의 가격을 기준으로 하도록 하여 시가보상의 원칙을 규정하고 있으므로, 종전 공익사업의 편입시점과 새로운 공익사업의 기준시점 사이에 인근지역의 표준적인 이용상황이 변경되었고, 대상토지도 공익사업에 편입되지 않았다면 현실적인 이용 상황이 변경되었을 것이 객관적으로 명백한 경우에 미지급용지(미불용지)의 이용상황은 기준시점에서의 인근토지의 표준적인 이용상황을 기준으로 판단한다. 따라서 종전 공익사업의 편입 당시의 미지급용지(미불용지)의 현실적인 이용상황이 농경지이며 인근지역의 표준적인 이용상황도 농경지였으나, 새로운 공익사업의 기준시점 사이에 인근지역의 표준적인 이용상황이 주택지로 변경된 경우 미지급용지(미불용지)의 이용상황은 주택지로 본다. 대법원은 도로에 편입 이후 대상토지의 위치나 주위 토지의 개발 및 이용상황 등에 비추어 도로 개설이 되지 아니하였더라도 대상토지의 현실적 이용상황이 주위 토지와 같이 변경되었음이 객관적으로 명백하게 된 때, 그 이후부터 변경된 이용상황을 상정평가하여야 한다고 판시한 바 있다(대판 2002.10.25, 2002다31483).

3. 현실적 이용상황기준으로 감정평가 유리한 경우
미지급용지(미불용지)의 감정평가방법을 현실적인 이용상황 기준의 감정평가의 예외로 규정한 것은 기준시 점에 있어서의 현실적인 이용상황을 기준으로 감정평가한 보상액이 적정가격이 되지 못하는 부당한 결과를 방지하기 위한 것이므로, 미지급용지(미불용지)라고 하여도 현실적인 이용상황을 기준으로 감정평가하는 것이 토지소유자에게 유리한 경우에는 예외가 아니라 원칙을 적용하여 기준시점에서의 현실적인 이용상황을 기준으로 감정평가한다. 따라서 종전 공익사업의 시행 당시의 현실적인 이용상황은 농경지였으나, 공익사업의 시행으로 인하여 기준시점에서의 현실적인 이용상황이 대 또는 공장용지로 조성된 토지는 농경지가 아니라 대 또는 공장용지를 기준으로 감정평가한다. 대법원은 공공사업의 시행자가 적법한 절차를 취하지 아니하여 아직 공공사업의 부지로 취득하지도 못한 단계에서 공공사업을 시행하여 토지의 현실적인 이용상황을 변경시킴으로써 오히려 토지의 거래가격이 상승된 경우까지 미불용지의 개념에 포함되는 것은 아니라고 판시하였다(대판 1992.11.10, 92누4833).

05 무허가건축물 등의 부지의 평가

Ⅰ. 관련 규정의 내용

1. 토지보상법

「토지보상법」 제70조(취득하는 토지의 보상) ⑥ 취득하는 토지와 이에 관한 소유권 외의 권리에 대한 구체적인 보상액 산정 및 평가방법은 투자비용, 예상수익 및 거래가격 등을 고려하여 국토교통부령으로 정한다.

2. 토지보상법 시행규칙 및 부칙

① 「토지보상법 시행규칙」 제24조(무허가건축물 등의 부지 또는 불법형질변경된 토지의 평가)

「건축법」 등 관계법령에 의하여 허가를 받거나 신고를 하고 건축 또는 용도변경을 하여야 하는 건축물을 허가를 받지 아니하거나 신고를 하지 아니하고 건축 또는 용도변경한 건축물(이하 "무허가건축물등"이라 한다)의 부지 또는 「국토의 계획 및 이용에 관한 법률」 등 관계법령에 의하여 허가를 받거나 신고를 하고 형질변경을 하여야 하는 토지를 허가를 받지 아니하거나 신고를 하지 아니하고 형질변경한 토지(이하 "불법형질변경토지"라 한다)에 대하여는 무허가건축물등이 건축 또는 용도변경될 당시 또는 토지가 형질변경될 당시의 이용상황을 상정하여 평가한다.

「토지보상법 시행규칙」 부칙
제1조(시행일) 이 규칙은 2003년 1월 1일부터 시행한다.
제5조(무허가건축물등에 관한 경과조치) ① 1989년 1월 24일 당시의 무허가건축물등에 대하여는 제24조·제54조 제1항 단서·제54조 제2항 단서·제58조 제1항 단서 및 제58조 제2항 단서의 규정에 불구하고 이 규칙에서 정한 보상을 함에 있어 이를 적법한 건축물로 본다.
② 제1항에 따라 적법한 건축물로 보는 무허가건축물등에 대한 보상을 하는 경우 해당 무허가건축물등의 부지 면적은 「국토의 계획 및 이용에 관한 법률」 제77조에 따른 건폐율을 적용하여 산정한 면적을 초과할 수 없다. 〈신설 2013.4.25.〉

「토지보상법 시행규칙」 부칙 〈국토해양부령 제427호, 2012.1.2.〉
제1조(시행일) 이 규칙은 공포한 날부터 시행한다.
제2조(무허가건축물등에 관한 적용례) 제24조의 개정규정은 이 규칙 시행 후 최초로 보상계획을 공고하거나 토지소유자 및 관계인에게 보상계획을 통지하는 공익사업부터 적용한다.

3. 감정평가실무기준

「감정평가 실무기준」[810-6.2.1] 무허가건축물 등의 부지

① 무허가건축물 등의 부지에 대한 감정평가는 해당 토지에 무허가건축물 등이 건축될 당시의 이용상황을 기준하여 감정평가한다. 다만, 1989년 1월 24일 당시의 무허가건축물 등의 부지에 대한 감정평가는 기준시점에서의 현실적인 이용상황을 기준으로 한다.

② 제1항 단서의 1989년 1월 24일 당시의 무허가건축물 등의 부지면적은 해당 건축물 등의 적정한 사용에 제공되는 면적을 기준으로 하되, 관련 법령에 따른 건폐율을 적용하여 산정한 면적을 초과할 수 없다.

Ⅱ. 무허가건축물 등의 부지의 보상평가 주요 내용

1. 무허가건축물 등의 정의

(1) 건축물

'건축물'이란 토지에 정착(定着)하는 공작물 중 지붕과 기둥 또는 벽이 있는 것과 이에 딸린 시설물, 지하나 고가(高架)의 공작물에 설치하는 사무소・공연장・점포・차고・창고 등을 말한다(「건축법」 제2조 제2호).

(2) 건축 등

① 건축

'건축'이란 건축물을 신축・증축・개축・재축(再築)하거나 건축물을 이전하는 것을 말한다(「건축법」 제2조 제3호).

② 건축물의 용도

'건축물의 용도'란 건축물의 종류를 유사한 구조, 이용 목적 및 형태별로 묶어 분류한 것을 말한다(「건축법」 제2조 제8호).

③ 대수선

'대수선'이란 건축물의 기둥, 보, 내력벽, 주계단 등의 구조나 외부 형태를 수선・변경하거나 증설하는 것으로서 대통령령[47]으로 정하는 것을 말한다(「건축법」 제2조 제9호).

④ 리모델링

'리모델링'이란 건축물의 노후화를 억제하거나 기능 향상 등을 위하여 대수선하거나 건축물의 일부를 증축 또는 개축하는 행위를 말한다(「건축법」 제2조 제10호).

---

47) 「건축법 시행령」 제3조의2(대수선의 범위) 법 제2조 제1항 제9호에서 "대통령령으로 정하는 것"이란 다음 각 호의 어느 하나에 해당하는 것으로서 증축・개축 또는 재축에 해당하지 아니하는 것을 말한다.

1. 내력벽을 증설 또는 해체하거나 그 벽면적을 30제곱미터 이상 수선 또는 변경하는 것
2. 기둥을 증설 또는 해체하거나 세 개 이상 수선 또는 변경하는 것
3. 보를 증설 또는 해체하거나 세 개 이상 수선 또는 변경하는 것
4. 지붕틀(한옥의 경우에는 지붕틀의 범위에서 서까래는 제외한다)을 증설 또는 해체하거나 세 개 이상 수선 또는 변경하는 것
5. 방화벽 또는 방화구획을 위한 바닥 또는 벽을 증설 또는 해체하거나 수선 또는 변경하는 것
6. 주계단・피난계단 또는 특별피난계단을 증설 또는 해체하거나 수선 또는 변경하는 것
7. 삭제 〈2019.10.22.〉
8. 다가구주택의 가구 간 경계벽 또는 다세대주택의 세대 간 경계벽을 증설 또는 해체하거나 수선 또는 변경하는 것
9. 건축물의 외벽에 사용하는 마감재료(법 제52조 제2항에 따른 마감재료를 말한다)를 증설 또는 해체하거나 벽면적 30제곱미터 이상 수선 또는 변경하는 것

(3) 무허가건축물 등

무허가건축물 등이란 「건축법」 등 관계법령에 의하여 허가를 받거나 신고를 하고 건축 또는 용도변경을 하여야 하는 건축물을 허가를 받지 아니하거나 신고를 하지 아니하고 건축 또는 용도변경한 건축물을 말한다. 이를 나누어보면 다음과 같다.

① 허가를 받지 아니하거나 신고를 하지 않고 건축한 건축물

「건축법」 제11조에서는 건축허가를, 제14조에서는 건축신고를 규정하고 있으므로 허가를 받거나 신고를 하고 건축하여야 하는 건축물을 허가를 받지 아니하거나 신고를 하지 아니하고 건축한 건축물은 무허가건축물 등에 해당된다(「토지보상법 시행규칙」 제24조).

② 불법용도변경 건축물

「건축법」 제19조에서 용도변경의 허가 또는 신고를 규정하고 있다. 따라서 관련 법령에 의하여 허기를 받거나 신고를 하고 용도변경하여야 하는 건축물을 허가를 받지 아니하거나 신고를 하지 아니하고 용도변경한 건축물은 무허가건축물 등에 해당된다(「토지보상법 시행규칙」 제24조). 이를 나누어 보면 다음과 같다.

가. 1989.1.24.~1997.12.23. 사이의 불법용도변경 건축물

1997.12.23. 이전 「건축법」 제14조에서는 "건축물의 용도를 변경하는 행위는 대통령령이 정하는 바에 의하여 이를 건축물의 건축으로 본다."고 규정하여 용도변경을 건축에 포함하고 있었으므로 허가를 받거나 신고를 하고 건축한 건축물을 1989.1.24. ~ 1997.12.23. 사이에 불법으로 용도변경한 건축물은 무허가건축물 등에 해당된다.

나. 1997.12.23. ~ 2012.1.2. 사이의 불법용도변경 건축물

1997.12.23. 시행 「건축법」 제14조에서는 사용승인을 받은 건축물의 용도를 변경하고자 하는 자는 시장 등의 허가를 받도록 규정하여 용도변경을 건축에서 제외하였다. 따라서 허가를 받거나 신고를 하고 건축하였으나 1997.12.23. ~ 2012.1.2. 사이에 불법으로 용도변경한 건축물은 무허가건축물 등에 해당되지 않는다.

다. 2012.1.2. 이후의 불법용도변경 건축물

2012.1.2. 이후에 최초로 보상계획의 공고 등이 있은 공익사업에 편입된 불법으로 용도변경한 건축물은 무허가건축물 등에 해당된다.

이에 대해서는 "3. 유의사항, 2) 불법 용도변경 건축물"을 참조하기 바란다.

③ 허가를 받지 아니하고 증축 또는 개축이 포함된 리모델링한 건축물

리모델링의 유형은 i) 대수선, ii) 증축 또는 개축으로 구분되며 「주택법」 제66조에서 공동주택 리모델링의 허가를 규정하고 있다.

따라서 「주택법」 제66조 의하여 허가를 받아야 하는 증축 또는 개축이 포함된 리모델링을 허가를 받지 아니하고 리모델링한 건축물은 무허가건축물 등에 해당된다.[48]

「토지보상법 시행규칙」 제24조에서는 명문으로 리모델링을 규정하고 있지 않으나 관련 법령에 의하여 허가를 받거나 신고를 하고 건축하여야 하는 건축물을 허가를 받지 아니하거나 신

48) 「건축법」 제2조 제8호에 따라 증축 또는 개축은 건축에 포함된다.

고를 하지 아니하고 건축한 건축물을 무허가건축물 등으로 규정하고 있으므로 허가를 받지 아니하고 증축 또는 개축인 포함된 리모델링한 건축물은 무허가건축물 등에 해당된다고 보아야 한다.

(4) 무허가건축물 등에 해당되지 않는 경우

① 허가 또는 신고 없이 건축할 수 있는 건축물

가. 건축 당시 허가 또는 신고 없이 건축할 수 있었던 건축물

2006.5.9. 이전 「건축법」 제8조 제1항에서는 「국토계획법」에 의한 도시지역 및 제2종지구단위계획구역 외의 지역에서 연면적 200제곱미터 이하이거나 3층 이하인 건축물의 건축은 허가나 신고 없이 가능하도록 규정하고 있었다.[49)]

또한 2006.5.9. 개정 「건축법」 부칙 제3조(건축허가 신청 등에 관한 경과조치)에서는 "이 법 시행 당시 종전의 규정에 의하여 시장·군수·구청장에게 건축허가 또는 건축신고 없이 건축이 가능한 건축물을 건축 중인 경우에는 제8조 제1항 또는 제9조 제1항의 개정규정에 의하여 건축허가를 받거나 건축신고를 한 것으로 본다."고 규정하고 있었다.

따라서 i) 2006.5.9. 이전에 허가나 신고 없이 건축할 수 있는 건축물에 해당되어 건축된 건축물, ii) 2006.5.9. 이전에 허가나 신고 없이 건축할 수 있는 건축물에 해당되어 건축 중에 있었던 건축물로서 2006.5.9. 이후에 완공된 건축물은 무허가건축물 등에 해당되지 않는다.

나. 건축 당시는 허가 또는 신고 대상이 아니었으나 현재는 대상인 건축물

건축 당시는 허가 또는 신고 없이 건축할 수 있었던 건축물에 해당하여 허가나 신고 없이 건축하였으나, 그 이후 관련 법령의 개정으로 현재는 허가 또는 신고 대상인 건축물이 된 경우에도 무허가건축물 등에 해당되지 않는다.

---

49) 2006.5.9. 이전 「건축법」 제8조 (건축허가) ① 다음 각 호의 1에 해당하는 건축 또는 대수선을 하고자 하는 자는 시장·군수·구청장의 허가를 받아야 한다. 다만, 21층 이상의 건축물등 대통령령이 정하는 용도·규모의 건축물을 특별시 또는 광역시에 건축하고자 하는 경우에는 특별시장 또는 광역시장의 허가를 받아야 한다.

1. 국토의 계획 및 이용에 관한 법률에 의하여 지정된 도시지역 및 제2종지구단위계획구역안에서 건축물을 건축하거나 대수선하고자 하는 자
2. 대통령령이 정하는 구역안에서 건축물을 건축하거나 대수선하고자 하는 자
3. 제1호 및 제2호의 지역 또는 구역외의 지역 또는 구역에서 연면적 200제곱미터 이상이거나 3층 이상인 건축물(增築의 경우 그 增築으로 인하여 당해 建築物의 延面積이 200제곱미터 이상이 되거나 3層 이상이 되는 경우를 포함한다)을 건축하거나 대수선하고자 하는 자

2006.5.9. 이전 「건축법 시행령」 제8조(건축허가) 법 제8조 제1항 제2호에서 "대통령령이 정하는 구역"이라 함은 다음 각 호의 1에 해당하는 구역을 말한다.

1. 「고속국도법」에 의한 고속국도의 경계선 및 「철도법」에 의한 철도의 경계선으로부터 각각 양측 100미터 이내의 구역 또는 「도로법」에 의한 일반국도의 경계선으로부터 양측 50미터 이내의 구역. 다만, 고속국도·철도 또는 일반국도로부터 눈에 보이지 아니하는 곳으로서 허가권자가 지정·공고한 구역을 제외한다.
2. 지역의 균형적 발전 또는 지역계획등을 위하여 허가권자가 필요하다고 인정하여 지정·공고한 지역
3. 「국토의 계획 및 이용에 관한 법률」 제2조 제19호의 규정에 의한 기반시설부담구역

② 1997.12.23. ~ 2012.1.2. 사이에 불법용도변경한 건축물

1997.12.23. ~ 2012.1.2. 사이에 허가를 받지 아니하거나 신고를 하지 않고 용도변경한 건축물로서 2012.1.2. 이전에 보상계획의 공고 등이 있은 공익사업에 편입된 불법용도변경한 건축물은 무허가건축물 등에 해당하지 않는다.

이에 대해서는 "3. 유의사항, 2) 불법 용도변경 건축물"을 참조하기 바란다.

③ 허가를 받거나 신고를 하지 않고 대수선한 건축물

「건축법」 제11조에서는 대수선의 허가를, 「건축법」 제14조에서는 대수선의 신고를 규정하고 있으나, 관련 법령에 의하여 허가를 받거나 신고를 하고 대수선하여야 하는 건축물을 허가를 받지 아니하거나 신고를 하지 아니하고 대수선한 건축물은 무허가건축물 등에 해당되지 않는다.

이처럼 허가를 받거나 신고를 하지 않고 대수선한 건축물을 무허가건축물 등에 포함시키지 않는 이유는 「건축법」 제2조 제8호에서 '건축'이란 건축물을 신축 · 증축 · 개축 · 재축(再築)하거나 건축물을 이전하는 것으로 정의하여 대수선을 포함하지 않기 때문이다. 또한 「토지보상법 시행규칙」 제24조는 무허가건축물 등의 부지에 대한 보상평가 조항으로서, 해당 건축물을 대수선한 경우 건축물의 가치는 증가할 수 있으나 그 부지의 가치에는 변동이 없다고 보기 때문이다.

④ 허가를 받지 않고 대수선으로 리모델링한 건축물

관련 법령에 의하여 허가를 받아야 하는 대수선 방식의 리모델링을 허가를 받지 아니하고 리모델링한 건축물은 무허가건축물 등에 해당되지 않는다. 이 역시 「건축법」 제2조 제8호에서 '건축'이란 건축물을 신축 · 증축 · 개축 · 재축(再築)하거나 건축물을 이전하는 것으로 정의하여 리모델링을 포함하지 않기 때문이다.

⑤ 양성화된 무허가건축물

건축 또는 용도변경 당시에는 허가를 받거나 신고하고 건축 또는 용도변경하여야 하는 건축물을 허가나 신고 없이 건축 또는 용도변경하여 무허가건축물 등에 해당되었으나, 기준시점에는 (구)「특정건축물 정리에 관한 특별조치법[50] 등에 따른 양성화조치로 허가받거나 신고하고 건축 또는 용도변경한 것과 같이 된 건축물도 무허가건축물 등에 포함되지 않는다.

이는 보상액은 보상대상인 권리가 소멸할 때의 현황을 기준으로 산정하는 것이 원칙이기 때문이다.

판례

보상액은 권리가 소멸할 때의 현황을 기준으로 산정한다.
[대법원 2001.09.25. 선고 2001다30445 판결]

〈판결요지〉
보상의 대상이 되는 권리가 소멸한 때의 현황을 기준으로 보상액을 산정하는 것이 보상에 관한 일반적인 법리에 부합한다.

50) 「특정건축물 정리에 관한 특별조치법」은 부칙 제2조에 따라 2015.5.20.까지 유효하였다.

⑥ 사용승인을 받지 않은 건축물

「건축법」 제11조에서는 건축허가를, 제14조는 건축신고를 규정하고 있고 제22조에서는 건축물의 사용승인에 대하여 규정하고 있으며, 제22조 제3항에서는 건축주는 사용승인을 받은 후가 아니면 건축물을 사용하거나 사용하게 할 수 없도록 규정하고 있다. 따라서 관련 법령에 따라 허가 또는 신고를 받고 건축하였으나, 사용승인을 받지 못한 건축물이 무허가건축물 등에 포함되는지 여부가 문제가 된다.

즉, 「토지보상법 시행규칙」 제24에 따른 허가 또는 신고에 사용승인이 포함되는지의 문제이다. 이를 나누어 보면 다음과 같다.

가. 해당 건축물의 하자로 인한 경우

「건축법」에서는 무허가 또는 무신고 건축물과 사용승인을 받지 않은 건축물을 요건과 효과 등에서 구별하고 있고[51], 허가 또는 신고와 사용승인은 법적 성질이 다르므로 그 건축물이 건축허가와 전혀 다르게 건축되어 실질적으로는 건축허가를 받은 것으로 볼 수 없는 경우가 아니라면 허가 또는 신고에는 사용승인이 포함되지 않는다고 본다. 즉, 관련 법령에 따라 적법하게 허가를 받거나 신고를 하고 건축하였으나 사용승인을 받지 못한 건축물은 무허가건축물 등에 포함되지 않는다.

판례

허가 또는 신고를 하고 건축하였으나 사용승인을 받지 않은 건축물은 무허가건축물 등에 해당되지 않는다.
[대법원 2013.08.23. 선고 2012두24900 판결]

〈판결요지〉

무허가건축물 또는 무신고건축물의 경우를 이주대책대상에서 제외하고 있을 뿐 사용승인을 받지 않은 건축물에 대하여는 아무런 규정을 두고 있지 않은 점, 건축법은 무허가건축물 또는 무신고건축물과 사용승인을 받지 않은 건축물을 요건과 효과 등에서 구별하고 있고, 허가와 사용승인은 법적 성질이 다른 점 등의 사정을 고려하여 볼 때, 건축허가를 받아 건축되었으나 사용승인을 받지 못한 건축물의 소유자는 그 건축물이 건축허가와 전혀 다르게 건축되어 실질적으로는 건축허가를 받은 것으로 볼 수 없는 경우가 아니라면 구 공익사업법 시행령 제40조 제3항 제1호에서 정한 무허가건축물의 소유자에 해당하지 않는다.

나. 해당 공익사업으로 인하여 사용승인을 받지 못한 경우

건축물을 건축허가 또는 건축신고를 하고 적법하게 건축하였으나 사용승인 이전에 공익사업시행지구에 편입되어 사용승인을 받지 못한 경우는 「토지보상법」 제67조 제2항의 규정에 따른 "해당 공익사업으로 인하여 토지 등의 가격에 변동이 있는 때"에 해당하므로 무허가건축물 등으로 보지 않는다.

---

51) 「건축법」 제108조에서는 도시지역에서 건축허가를 받지 아니하고 건축물을 건축하거나 용도변경한 건축주 및 공사시공자에 대해서는 3년 이하의 징역이나 5억원 이하의 벌금에 처하도록 규정하고 있고, 제111조에서는 건축신고를 하지 않은 자에 대해 5천만원 이하의 벌금에 처하도록 규정하고 있으나, 사용승인을 받지 않은 경우에 대해서는 별도의 벌칙을 규정하고 있지 않다.

⑦ 관계법령에 의하여 허가를 받거나 신고를 하고 건축한 건축물

「토지보상법 시행규칙」 제4조에서는 「건축법」 외에도 관계법령에 의하여 허가를 받거나 신고를 하고 건축 또는 용도변경을 한 건축물은 무허가건축물 등에서 제외하고 있다. 「건축법」 외의 관계법령에는 다음과 같은 법령이 있다.

가. 「국방・군사시설 사업에 관한 법률」

「국방・군사시설 사업에 관한 법률」 제8조 제1항에서는 국방・군사시설의 건축・축조・대수선 또는 용도변경(건축 등)을 하려는 사업시행자는 「건축법」 제11조, 제14조, 제19조에도 불구하고 국방부장관의 승인을 받도록 규정하고 있고, 제3항에서는 국방부장관이 국방・군사시설의 건축 등에 관한 사항을 시장 등에게 통보한 경우에는 「건축법」 제11조, 제14조, 제19조에 따른 건축허가, 건축신고 또는 용도변경 허가・신고가 있은 것을 보도록 규정하고 있다.

또한 「국방・군사시설 사업에 관한 법률」 제9조 제1항에서는 사업시행자는 국방・군사시설사업을 마치면 국방부장관에게 준공검사를 신청하여야 하며, 제3항에서는 국방부장관이 준공검사 결과를 통보하면 해당 국방・군사시설은 「건축법」 제22조에 따른 사용승인을 받은 것으로 보도록 규정하고 있다.

따라서 국방・군사시설은 시장 등으로부터 건축허가 등을 받지 않고 국방부장관의 승인을 받아 건축하므로, 군부대 막사 등을 건축하면서 「건축법」에 따라 시장 등으로부터 건축허가 등을 받지 않았다고 하여 이를 일률적으로 무허가건축물 등으로 보아서는 안 되며, 국방부장관의 승인을 받았는지 여부를 확인하여야 한다.

나. 「주택법」

「주택법」 제15조 제1항에서는 30호 이상의 주택건설사업을 시행하려는 자는 사업계획 승인을 받아야 하도록 규정하고 있고, 제19조 제1항 제1호에서 사업계획을 승인한 때에는 「건축법」 제11조에 따른 건축허가, 같은 법 제14조에 따른 건축신고를 한 것으로 보며, 「주택법」 제49조에서는 사업주체가 주택건설사업을 완료한 경우에는 시장 등으로부터 사용검사를 받아야 하며, 사용검사를 받았을 때에는 「건축법」 제22조의 사용승인 등을 받은 것으로 보도록 규정하고 있다.

다. 「공공주택특별법」

「공공주택특별법」 제35조 제1항에서 공공주택사업자는 공공주택에 대한 사업계획을 작성하여 국토교통부장관의 승인을 받도록 규정하고 있으며, 제4항에서 사업계획의 승인을 받은 때에는 「건축법」 제11조에 따른 건축허가, 같은 법 제14조에 따른 건축신고 등을 받은 것으로 보도록 규정하고 있다.

(5) 무허가건축물 등의 확정 주체

「토지보상법」은 보상액 결정절차를 이원화하여 i) 보상대상은 토지・물건조서의 작성, 보상계획의 열람・공고 등의 일정한 절차에 따라 사업시행자가 확정하고, ii) 보상액은 확정된 보상대상에 대하여 감정평가법인 등의 감정평가를 거쳐 산정하도록 규정하고 있다.

따라서 보상대상의 확정에 해당하는 무허가건축물 등의 여부는 「토지보상법」에서 정하는 절차에 따라 사업시행자가 확정하여야 한다.
그러므로 감정평가법인 등이 임의로 무허가건축물 등에 해당된다고 판단하여서는 안 된다. 다만, 감정평가법인 등이 「토지보상법 시행규칙」 제16조 제3항에 따라 현지조사한 결과 제시된 내용이 타당하지 않다고 판단되는 경우에는 그 내용을 사업시행자에게 조회한 후 감정평가한다.

2. 무허가건축물 등의 부지의 보상평가

(1) 원칙

무허가건축물 등의 부지는 해당 토지에 무허가건축물 등이 건축되거나 용도변경될 당시의 이용상황을 상정하여 감정평가한다.

(2) 이유

① 일시적인 이용상황

「토지보상법」 제70조 제2항에서 토지에 대한 보상액은 가격시점에서의 현실적인 이용상황과 일반적인 이용방법에 의한 객관적 상황을 고려하여 산정하되 '일시적인 이용상황'은 고려하지 않도록 규정하고 있다.
또한 「토지보상법 시행령」 제38조에서 '일시적인 이용상황'은 관계 법령에 따른 국가 또는 지방자치단체의 계획이나 명령 등에 따라 해당 토지를 본래의 용도로 이용하는 것이 일시적으로 금지되거나 제한되어 그 본래의 용도와 다른 용도로 이용되고 있거나 해당 토지의 주위환경의 사정으로 보아 현재의 이용방법이 임시적인 것으로 규정하고 있다. 즉, 무허가건축물 등의 부지의 현재의 이용상황은 불법적인 것이므로 원상회복이 되어야 할 '일시적인 이용상황'으로 보아야 하므로, 현실적 이용상황은 무허가건축물 등이 건축 또는 용도변경될 당시의 이용상황을 기준으로 하는 것이다.

② 위법행위의 합법화

무허가건축물 등의 부지를 현실적인 이용상황을 기준으로 감정평가하게 되면 위법행위가 합법화되어 공정성을 잃은 불합리한 보상이 되기 때문에 무허가건축물 등이 건축 또는 용도변경될 당시의 이용상황을 기준으로 하는 것이다.

(3) 구분

① 허가를 받지 아니하거나 신고를 하지 않고 건축한 건축물의 부지

무허가건축물 등이 건축될 당시의 이용상황을 상정하여 감정평가하므로 해당 건축물이 건축되지 않은 상태, 즉 건부지가 아닌 상태를 기준으로 감정평가한다. 따라서 이 경우는 무허가건축물 부지의 면적사정은 문제가 되지 않는다.

② 불법용도변경 건축물의 부지

용도변경 이전의 이용상황을 기준으로 부지를 감정평가한다. 즉, 주택을 상가로 불법 용도변경한 경우 그 부지는 상가부지가 아니라 주택부지로 보고 감정평가한다.

이 경우 부지면적이 별도로 구분되지 않은 경우52)는 무허가건축물 부지의 면적사정 기준에 따른다.

이에 대해서는 “3. 유의사항, 2) 불법용도변경 건축물”을 참조하기 바란다.

③ **무허가건축물 등이 건축 또는 용도변경될 당시의 이용상황의 확정 주체**

무허가건축물 등이 건축 또는 용도변경될 당시의 이용상황도 보상대상의 확정에 해당하므로 「토지보상법」에서 정하는 절차에 따라 사업시행자가 확정하여야 한다.

따라서 감정평가법인 등이 무허가건축물 등이 건축 또는 용도변경될 당시의 이용상황을 임의로 판단하여서는 안 된다. 다만, 감정평가법인 등이 「토지보상법 시행규칙」 제16조 제3항에 따라 현지조사한 결과 제시된 이용상황이 타당하지 않다고 판단되는 경우에는 그 내용을 사업시행자에게 조회한 후 감정평가한다.

(4) **예외** : 1989년 1월 24일 당시 무허가건축물 등의 부지

「토지보상법 시행규칙」 부칙 제5조 제1항에서는 “1989년 1월 24일 당시의 무허가건축물 등에 대하여는 제24조의 규정에 불구하고 이 규칙에서 정한 보상을 함에 있어 이를 적법한 건축물로 본다.”고 규정하고 있다.

따라서 1989년 1월 24일53) 당시의 무허가건축물 등의 부지는 이를 적법한 건축물의 부지로 보아 기준시점에서의 현실적인 이용상황을 기준으로 감정평가한다.

① **1989년 1월 24일 당시 무허가건축물 등의 부지에 해당되는 경우**

가. 허가를 받지 아니하거나 신고를 하지 않고 건축한 건축물의 부지

1989년 1월 24일 이전에 「건축법」 등 관계법령에 의하여 허가를 받거나 신고를 하고 건축하여야 하는 건축물을 허가를 받지 아니하거나 신고를 하지 아니하고 건축한 건축물의 부지는 1989년 1월 24일 당시 무허가건축물 등의 부지에 해당된다.

나. 1989.1.24. 이전에 불법용도변경한 건축물의 부지

1989년 1월 24일 이전에 허가를 받거나 신고한 건축물을 1989년 1월 24일 이전에 불법으로 용도변경한 건축물의 부지도 1989년 1월 24일 당시 무허가건축물 등의 부지에 해당된다.54)

또한, 위 가.에 해당되는 건축물을 1989년 1월 24일 이후에 종전과 다르게 용도변경한 경우에도 그 부지는 1989년 1월 24일 당시 무허가건축물 등의 부지에 해당된다.

다. 타인소유 토지에 건축된 건축물의 부지

1989년 1월 24일 당시 무허가건축물 등에 해당되는지 여부는 i) 건축물에 해당하는지 여부 및 ii) 건축시점에 따라 결정되는 것이므로, 1989년 1월 24일 당시 무허가건축물 등이

52) 용도변경 전 건축물을 전, 답 등의 토지에서 허가를 받거나 신고를 하고 건축하였으나 준공 후 지번분할 및 지목변경 등을 하지 않은 경우 등이다.

53) 1989년 1월 24일은 (구)「공공용지의 취득 및 손실보상에 관한 특례법 시행규칙」 제6조 제6항을 신설하여 무허가건축물 등의 부지에 대하여 현실적인 이용상황 기준 감정평가의 예외를 규정한 기준일이다.

54) 1989년 1월 24일 당시 「건축법」에서는 건축물의 용도변경도 건축으로 보았다.

타인소유 토지에 건축되어 있는 경우에도 그 부지는 1989년 1월 24일 당시 무허가건축물 등의 부지에 해당된다.

따라서 사업시행자는 그 부지의 소유자에게 기준시점에서의 현실적인 이용상황에 따라 산정된 보상금액을 지급하여야 한다.[55)]

〈유권해석〉

1989.1.24. 이전에 타인소유 토지에 건축된 무허가건축물부지도 현황을 기준으로 보상평가한다. [국토부 2013.06.28. 토지정책과-1867]

〈질의요지〉

공익사업에 편입되는 토지의 일부를 타인 소유의 1989.1.24. 이전 무허가건축물이 무단점유하고 있는 경우 해당 토지의 평가 기준은?

〈회신내용〉

토지보상법 시행규칙 부칙 제5조에 따르면 1989년 1월 24일 당시의 무허가건축물등에 대하여는 제24조·제54조 제1항 단서·제54조 제2항 단서·제58조 제1항 단서 및 제58조 제2항 단서의 규정에 불구하고 이 규칙에서 정한 보상을 함에 있어 이를 적법한 건축물로 보고, 이에 따라 적법한 건축물로 보는 무허가건축물등에 대한 보상을 하는 경우 해당 무허가건축물등의 부지 면적은 「국토의 계획 및 이용에 관한 법률」 제77조에 따른 건폐율을 적용하여 산정한 면적을 초과할 수 없다고 규정하고 있습니다. 따라서 1989년 1월 24일 당시의 무허가건축물등이 소재하는 토지의 경우 그 부지 면적은 「국토의 계획 및 이용에 관한 법률」 제77조에 따른 건폐율을 적용하여 산정한 면적을 초과하지 않는 범위 내에서 산정하여야 할 것으로 … 봅니다.

라. 철거명령 등이 고지된 건축물의 부지

1989년 1월 24일 당시 무허가건축물에 대하여 시장 등이 「건축법」 제79조 제1항에 따라 철거명령 등을 고지하였으나, 보상시점까지 철거 등이 되지 않은 경우에는 사업시행자에게 보상 여부를 확인하여 그 결과에 따라 처리하며 그 내용을 감정평가서에 기재한다.

② 1989년 1월 24일 당시 무허가건축물 등의 부지에 해당되지 않는 경우

가. 1989.1.24. 당시의 무허가건축물이 멸실되고 새로이 건축한 무허가건축물 등의 부지

1989.1.24. 당시의 무허가건축물이 화재 등으로 인하여 멸실되고 1989.1.24. 이후에 해당 부지에 새로 무허가건축물의 건축한 경우의 해당 건축물의 부지는 1989년 1월 24일 당시 무허가건축물 등의 부지에 해당되지 않는다.

따라서 이 경우는 멸실된 당초의 무허가건축물이 건축될 당시의 이용상황을 기준으로 감정평가한다.

55) 이 경우 건축물소유자는 토지소유자를 상대로 부당이득으로 보상금액의 배분을 다투어야 한다.

나. 1989년 1월 24일 이후에 불법용도변경한 건축물의 부지

1989년 1월 24일 이전에 허가를 받거나 신고한 건축물을 1989년 1월 24일 이후에 불법으로 용도변경한 건축물의 부지는 1989년 1월 24일 당시 무허가건축물 등의 부지에 해당되지 않는다.

다. 1989년 1월 24일 당시 무허가건축물 등의 부지에 추가로 건축한 경우

1989년 1월 24일 당시 무허가건축물 등의 부지에 1989년 1월 24일 이후에 무허가로 추가하여 건축한 경우 추가 건축물의 부지는 1989년 1월 24일 당시 무허가건축물 등의 부지로 보지 않는다.

〈유권해석〉

1989.1.25. 이후 추가로 건축된 무허가 건축물의 부지는 무허가 건축물부지로 보상평가한다.
[국토부 2014.02.21. 토지정책과-1199]

〈질의요지〉

임야인 토지에 1989.1.24. 이전에 건축된 무허가건축물이 있고, 1989.1.25. 이후 추가로 건축된 무허가건축물이 있는 경우 추가로 건축된 무허가 건축물의 부지도 현실적인 이용상황에 따라 보상하여야 하는 지 여부

〈회신내용〉

1989.1.24. 당시의 무허가건축물등이 아니라면 같은 규칙 제24조에 따라 무허가건축물등이 건축 또는 용도변경될 당시 또는 토지가 형질변경될 당시의 이용상황을 상정하여 평가하여야 할 것으로 보며, 개별적인 사례에 대하여는 건축 시기와 종전 건축물과의 관계 등 사실관계와 관계법령 등을 종합적으로 검토하여 판단할 사항으로 봅니다.

라. 공작물의 부지

1989년 1월 24일 당시 무허가건축물 등의 부지에 대한 규정은 건축물 부지에 한하여 적용되므로 1989년 1월 24일 당시의 공작물[56] 부지에는 적용할 수 없다.

③ 1989년 1월 24일 당시 무허가건축물 등의 부지면적 사정기준

가. 2003.1.1. 「토지보상법」 시행 이전

1989.1.24.자로 (구)「공공용지의 취득 및 손실보상에 관한 특례법 시행규칙」 제6조 제6항을 신설하여 "무허가건물 등의 부지는 해당 토지에 무허가건물 등이 건축될 당시의 이용상황을 상정하여 평가한다."고 규정하고, 부칙 제4조에서 "이 규칙 시행 당시의 무허가건물 등의 보상 등에 대하여는 제5조의9 단서, 제6조 제6항의 개정규정에 불구하고 종전의 규정에 의한다."고 규정하였을 뿐 무허가건물 등의 부지면적 산정기준에 대해서는 별도로 규정하고 있지 않았다.

56) 「건축법」 제83조 및 「건축법 시행령」 제118조에서는 굴뚝, 장식탑, 기념탑, 광고탑, 광고판, 고가수조, 옹벽, 담장, 지하대피호, 운동시설을 위한 철탑, 통신용 철탑, 기계식 주차장, 철골조립식 주차장, 제조시설, 저장시설(시멘트사일로 포함), 유희시설, 태양에너지를 이용하는 발전설비 등을 공작물로 규정하고 있다.

따라서 당시 보상실무에서는 1989.1.24. 당시 무허가건축물 등의 부지면적 산정기준은 사업시행자에 따라 i) 건축물의 바닥면적, ii) 건축물의 처마선까지의 면적, iii) 건축물 바닥면적의 2배 등 다양하게 적용하였으며 대법원 판례에서도 통일적인 명확한 기준을 제시하지는 않았다.

나. 2003.1.1. 「토지보상법」 시행 이후

가) 「토지보상법 시행규칙」 부칙의 규정

「토지보상법 시행규칙」 부칙 제5조 제1항에서 "1989년 1월 24일 당시의 무허가건축물 등에 대하여는 제24조의 규정에 불구하고 이 규칙에서 정한 보상을 함에 있어 이를 '적법한 건축물'로 본다."고 규정하였고, 제2항에서 "제1항에 따라 적법한 건축물로 보는 무허가건축물 등에 대한 보상을 하는 경우 해당 무허가건축물 등의 부지 면적은 「국토의 계획 및 이용에 관한 법률」 제77조에 따른 건폐율을 적용하여 산정한 면적을 초과할 수 없다."고 규정하였다.

나) 적용

위와 같은 「토지보상법 시행규칙」 부칙 제5조의 규정에 따라 1989.1.24. 당시의 무허가건축물의 부지면적은 「국토의 계획 및 이용에 관한 법률」 제77조에 따른 건폐율을 적용하여 산정한 면적을 상한으로 하여 적법한 건축물의 부지면적 산정기준을 적용하게 되었다.

그러므로 1989.1.24. 당시의 무허가건축물 등의 부지에 해당되어 현실적인 이용상황을 기준으로 감정평가하는 경우 면적사정은 해당 건축물 등의 적정한 사용에 제공되는 면적을 기준으로 한다.

여기서 해당 건축물 등의 적정한 사용에 제공되는 면적은 i) 무허가건축물 등의 용도·규모 등 제반 여건과 현실적인 이용상황을 감안하여 무허가건축물 등의 사용·수익에 필요한 범위 내의 면적과 ii) 무허가건축물 등의 용도에 따라 불가분적으로 사용되는 범위에 해당하는 건축물의 바닥면적, 차양, 통로, 마당, 화단 등의 면적을 합한 면적으로 한다.

판례

무허가건축물 등의 부지의 범위
[대법원 2002.09.04. 선고 2000두8325 판결]

〈판결요지〉

'무허가건물 등의 부지'라 함은 당해 무허가건물 등의 용도·규모 등 제반 여건과 현실적인 이용상황을 감안하여 무허가건물 등의 사용·수익에 필요한 범위 내의 토지와 무허가 건물 등의 용도에 따라 불가분적으로 사용되는 범위의 토지를 의미하는 것이라고 해석된다.

따라서 2003.1.1. 「토지보상법」 시행 이후에는 1989.1.24. 당시 무허가건축물 등의 부지면적을 i) 건축물의 바닥면적, ii) 건축물의 처마선까지의 면적, iii) 건축물 바닥면적의 2배 등을 기준으로 사정하는 것은 타당하지 않다.

다. 부지면적의 상한

가) 개별 법령에서 별도로 규정하지 않은 경우

「토지보상법 시행규칙」 부칙 제5조 제1항에서는 “1989년 1월 24일 당시의 무허가건축물 등에 대하여는 제24조의 규정에 불구하고 이 규칙에서 정한 보상을 함에 있어 이를 적법한 건축물로 본다.”고 규정하고 있고, 제2항에서는 “제1항에 따라 적법한 건축물로 보는 무허가건축물 등에 대한 보상을 하는 경우 해당 무허가건축물 등의 부지면적은 「국토계획법」 제77조에 따른 건폐율을 적용하여 산정한 면적을 초과할 수 없다.”고 규정하고 있으나, 「토지보상법 시행규칙」에서는 ‘적법한 건축물’의 부지면적 사정기준에 대하여 규정하고 있지 않다.

또한 ‘건폐율을 적용하여 산정한 면적’의 의미도 불명확하여 이에 대해서는 다음과 같은 견해의 대립이 있다.

(가) 건폐율을 역산으로 적용하여 산정한 면적이라는 견해

‘건폐율을 적용하여 산정한 면적’이란 해당 무허가건축물 등의 건축면적(1층 바닥면적을 의미하며, 종물 및 부합물의 면적은 포함하지 않는다)에 「국토계획법」 제77조에서 규정한 건폐율을 역산으로 적용하여 산정한 면적이라는 주장이다.

즉, 건폐율이 20%인 자연녹지지역에 속하는 지목 전, 면적 500㎡인 토지에 건축면적이 150㎡, 실제로 사용되고 있는 무허가건축물 등의 부지면적이 250㎡인 경우, 건폐율을 역산 적용하여 산정한 면적은 750㎡(150㎡÷0.2)이다.

따라서 이 경우 무허가건축물 등의 부지면적은 250㎡(250㎡ < 750㎡)가 된다.

이 견해는 현재 보상실무에서 주로 적용되고 있는 견해이다.

(나) 건폐율을 역산으로 적용하여 산정한 면적과 해당 토지면적에 건폐율을 곱하여 산정한 면적 중 적은 면적이라는 견해

‘건폐율을 적용하여 산정한 면적’이란 i) 해당 무허가건축물 등의 건축면적에 「국토계획법」 제77조에서 규정한 건폐율을 역산으로 적용하여 산정한 면적과, ii) 해당 토지의 면적에 건폐율을 곱하여 산정한 면적 중 적은 면적이라는 주장이다.

즉, 건폐율이 20%인 자연녹지지역에 속하는 지목 전, 면적 500㎡인 토지에 건축면적이 150㎡, 실제로 사용되고 있는 무허가건축물 등의 부지면적이 250㎡인 경우, i) 건폐율을 역산 적용하여 산정한 면적은 750㎡(150㎡÷0.2)이고, ii) 대지면적에 건폐율을 적용한 면적은 100㎡(500㎡×0.2)가 된다. 따라서 이 경우 무허가건축물 등의 부지면적은 100㎡(250㎡ > 100㎡)가 된다. 이 견해는 국토교통부의 견해이며 현재 중앙토지수용위원회의 「2025 토지수용 업무편람」[57]에서도 이 견해에 따르고 있다.

---

57) 「2021 토지수용 업무편람」 247페이지에서는 1989.1.24. 당시 무허가건축물 등의 부지면적은 i) 무허가건축물 등의 바닥면적 + 무허가건축물등의 용도에 따른 불가분적 사용범위 면적(현황 측량 필요), ii) 무허가건축물 등의 바닥면적을 건폐율로 나눈 면적, iii) 토지면적에 건폐율을 곱하여 산출한 면적, iv) 개별법에 따라 허용되는 개발면적 중 가장 작은 값으로 하도록 규정하고 있다.

〈유권해석〉
1989.1.24. 당시 무허가건축물 등의 부지면적은 토지면적에 건폐율을 곱하여 산정한 면적을 초과할 수 없다.
[국토부 2014.11.27. 토지정책과-7597]

〈질의요지〉
면적이 500㎡인 토지(전, 자연녹지, 건폐율 20%)에 바닥면적이 150㎡인 1989.1.24. 이전 무허가건축물이 존재할 경우 대지인정면적을 산출하는 방법

〈회신내용〉
1989.1.24. 당시 무허가건축물 등의 부지면적은 「국토계획법」 제77조에 따른 건폐율을 적용하여 산정한 면적을 초과할 수 없으므로 면적이 500㎡ 토지(전, 자연녹지, 건폐율 20%)에 바닥면적이 150㎡인 1989.1.24. 이전 무허가건축물이 있는 경우 100㎡(500㎡×0.2)만 대지로 보아야 함.

(다) 소결

다음과 같은 사유로 '건폐율을 역산으로 적용하여 산정한 면적과 해당 토지면적에 건폐율을 곱하여 산정한 면적 중 적은 면적이라는 견해'는 타당하지 않으며 '건폐율을 역산으로 적용하여 산정한 면적이라는 견해'가 타당한 것으로 판단된다.

㉮ 토지면적에 건폐율을 곱하는 방법은 건축물의 바닥면적을 산정하는 방법
「토지보상법 시행규칙」 부칙 제5조 제2항은 1989.1.24. 당시 무허가건축물 등의 부지 면적을 산정하기 위한 규정이나, 해당 토지의 면적에 건폐율을 곱하여 산정된 면적은 부지면적이 아니라 건축면적이므로 이를 기준으로 부지면적의 상한을 규정하는 것은 타당하지 않다.

㉯ 부지면적이 건축물의 바닥면적보다 적은 경우가 발생
2013.4.25. 신설된 「토지보상법 시행규칙」 부칙 제5조 제2항은 '1989.1.24. 당시 무허가건축물 등의 부지면적'을 실제 사용되고 있는 면적을 기준으로 제한 없이 인정할 경우 과다보상의 우려가 있다는 감사원의 지적에 따라 실제 사용되고 있는 면적을 부지면적으로 하되 그 상한만을 규정한 것이므로, 이 규정을 적용하며 건축물의 부지면적이 건축물의 바닥면적보다 적은 경우가 발생하므로 타당하지 않다.

〈재결례〉
적법한 건축물의 부지면적 산정기준[58]
[중토위 2015.11.19. 이의재결] (재결요지)

〈재결요지〉
000이 전을 대지로 보상하여 달라는 00동 000번지 상에는 1978.9.2. 사용승인을 받은 91.27㎡의 적법 건축물이 존재하지만 건축물대장에는 대지면적이 기입되어 있지 아니한 것으로 확인된다. 따라서 이 건 토

지의 용도지역인 자연녹지지역의 건폐율(20%)을 적용하면 적법 건축물의 대지면적은 총 456.35㎡이므로 협의 당시 대지 면적으로 인정한 91.27㎡에 365.08㎡를 추가하여 대지로 보상하기로 한다.

㉰ 토지면적의 불확정

「건축법」 제2조 제1호 단서에서 토지는 둘 이상의 필지를 하나의 대지로 할 수 있도록 규정하고 있으므로 건축물의 부지는 반드시 1필지에 한정되는 것은 아니다.

따라서 토지면적에 건폐율을 적용하여 대지면적을 산정하기 위해서는 먼저 해당 건축물의 부지가 되는 토지를 확정되어야 하나, 이에 대한 확인 없이 해당 건축물이 소재하는 토지만을 건축물의 부지로 보고 건폐율을 적용하는 것은 타당하지 않다.

나) 개별 법령에 별도의 규정이 있는 경우(개발제한구역 안)

(가) 건폐율의 적용

「개발제한구역의 지정 및 관리에 관한 특별조치법 시행령」 별표2에 따라 개발제한구역 안에서 개발제한구역 지정 후 건축허가를 받아 건축하였으나 지번분할 및 지목변경만을 하지 않은 적법한 건축물로서 i) 높이 3층 이하, 용적률 300퍼센트 이하로서 기존 면적을 포함하여 연면적 232㎡(지정 당시 거주자는 300㎡) 이하인 경우에는 건폐율 100분의 60을 적용하고, ii) 높이 3층 이하, 용적률 100퍼센트 이하인 경우에는 건폐율 100분의 20을 적용하여 부지면적을 사정한다.

(나) 부지 면적(형질변경 면적)

「개발제한구역의 지정 및 관리에 관한 특별조치법」 제12조 제1항에서는 개발제한구역에서는 건축물의 건축 및 용도변경을 금지하면서, 단서에서 일정한 경우 시장 등의 허가를 받아 이를 허가할 수 있도록 규정하고 있고, 제9항에서 제1항 단서에 따른 허가 또는 신고의 대상이 되는 건축물이나 공작물의 규모 · 높이 · 입지기준, 대지 안의 조경, 건폐율, 용적률, 토지의 분할, 토지의 형질변경의 범위 등 허가나 신고의 세부 기준은 대통령령으로 정하도록 규정하고 있다.

이에 따라 허가 또는 신고의 세부기준을 규정한 「개발제한구역의 지정 및 관리에 관한 특별조치법 시행령」 별표2에 따라 건축물의 부지면적은 다음과 같이 사정한다.

㉮ 원칙

건축물의 건축면적의 2배 이하로 한다.

58) 「토지보상법 시행규칙」 부칙 제5조 제2항에 따라 건폐율을 역산으로 적용하여 산정한 면적은 부지면적의 상한임에서도 이 재결례는 실제 사용하고 있는 부지면적에 대한 고려 없이 상한면적으로 적용하고 있어 타당하지 않은 것으로 판단된다.

㉯ 예외

i) 축사 및 미곡종합처리장은 바닥면적의 3배 이하로 하고, ii) 주택 또는 근린생활시설은 330㎡ 이하로 한다.

라. 면적확정의 주체

1989년 1월 24일 당시의 무허가건축물 등의 부지에 해당되어 현실적인 이용상황을 기준으로 감정평가하는 경우의 면적사정도 보상대상의 확정에 해당하므로 사업시행자가 결정한다.

따라서 감정평가법인등이 무허가건축물 등의 부지면적을 임의로 사정하여서는 안 된다. 다만, 감정평가법인등이 「토지보상법 시행규칙」 제16조 제3항에 따라 현지조사한 결과 제시된 면적이 타당하지 않다고 판단되는 경우에는 그 내용을 사업시행자에게 조회한 후 감정평가한다.

■ **법규 헷갈리는 쟁점 : 무허가건축물부지 판단, 불법용도변경 판단, 사용승인 여부**

1. 무허가건축물 부지의 범위(면적 판단)

대법원은 면적사정은 해당 건축물 등의 적정한 사용에 제공되는 면적을 기준으로 한다고 판시했다. 여기서 해당 건축물 등의 적정한 사용에 제공되는 면적은 무허가건축물 등의 용도・규모 등 제반여건과 현실적인 이용상황을 감안하여 무허가건물 등의 사용・수익에 필요한 범위 내의 토지와 무허가건물 등의 용도에 따라 불가분적으로 시용되는 범위의 토지를 말한다(대판 2002.9.4, 2000두8325). 무허가건축물 등의 부지로 사실상 사용되고 있는 면적이 관련 법령에 따른 건폐율을 적용하여 산정한 면적을 초과하는 경우에는 건폐율을 적용하여 산정한 면적을 상한으로 한다.

2. 불법용도변경 건축물의 판단

불법용도변경 건축물이 무허가건축물 등에 포함된 것은 2012.1.2. 토지보상법 시행규칙 개정부터이다. 그 이유는 1997.12.13. 이전 건축법 제14조는 건축물의 용도변경을 건축물의 건축으로 보았으므로 불법용도 변경 건축물 역시 무허가건축물 등에 포함되었으나, 1997.12.13. 건축법이 개정되면서 이 조항이 삭제되고, 건축법 제2조 제8호에서 건축이란 건축물을 신축・증축・개축・재축하거나 건축물을 이전하는 것으로 규정하여 용도변경을 건축에서 제외하였으므로, 불법용도변경건축물이 무허가건축물 등에 포함될 수 있는지 여부가 불분명하였다. 이와 같이 「건축법」이 개정된 이후에도 국토교통부에서는 불법용도변경 건축물을 무허가건축물 등에 포함시켜, 사실상 무허가건축물 등을 위법건축물로 확대 해석하였다. 그 당시 대법원은 불법용도변경 건축물을 무허가건축물등에서 제외한 적도 있으나, 2012.1.2. 토지보상법 시행규칙 제24조를 개정하여 무허가건축물등 부지에 불법용도변경을 추가함으로써 이를 입법적으로 해결하였다.

3. 사용승인이 무허가건축물 등의 판단기준인지 여부

대법원은 허가와 사용승인은 법적 성질이 다른 점 등을 고려하여 볼 때, 건축물이 건축허가와 전혀 다르게 건축되어 실질적으로 건축허가를 받은 것으로 볼 수 없는 경우가 아니라면 허가 또는 신고요건에는 사용승인이 포함되지 않는다고 본다(대판 2013.8.23, 2012두24900).

06 불법형질변경토지의 평가

Ⅰ. 불법형질변경토지의 개관[59)]

판례

▶ 관련판례(대판 2015.8.27, 2012두7950)

불법형질변경의 경우 형질변경 당시의 현황으로 평가한다는 취지의 규정은 1995.1.7. (구)「공공용지의 취득 및 손실보상에 관한 특례법 시행규칙」(2002.12.31. 건설교통부령 제344호 법 시행규칙 부칙 제2조로 폐지)이 건설교통부령 제3호로 개정되면서 제6조 제6항에 최초로 신설되었는데, 그 부칙 제4항에서 위 시행규칙 시행 이전에 공익사업시행지구에 편입된 경우에는 종전의 규정에 의하도록 하는 경과규정을 두었고, 법 시행규칙 부칙(2002.12.31.) 제6조도 1995.1.7. 당시 공익사업시행지구에 편입된 불법형질변경토지에 대하여는 제24조의 규정에 불구하고 이를 현실적인 이용상황에 따라 보상하여야 한다고 규정하고 있으므로, 1995.1.7. 이전에 이미 도시계획시설의 부지로 결정・고시되는 등 공익사업시행지구에 편입되고 불법으로 형질변경이 된 토지에 대하여는 형질변경이 될 당시의 토지이용상황을 상정하여 평가하도록 규정한 위 시행규칙 제6조 제6항 또는 법 시행규칙 제24조를 적용할 수 없고, 일시적인 이용상황이 아닌 한 현실적인 이용상황에 따라 평가하여야 한다(대판 2008.5.15, 2006두16007・16014 등 참조).

▶ 관련판례(대판 2013.6.13, 2012두300)

토지의 형질변경이란 절토, 성토, 정지 또는 포장 등으로 토지의 형상을 변경하는 행위와 공유수면의 매립을 뜻하는 것으로서, 토지의 형질을 외형상으로 사실상 변경시킬 것과 그 변경으로 인하여 원상회복이 어려운 상태에 있을 것을 요하지만, 형질변경허가에 관한 준공검사를 받거나 토지의 지목까지 변경시킬 필요는 없다. 택지개발사업을 위한 토지의 수용에 따른 보상금액의 산정이 문제된 사안에서, 농지를 공장부지로 조성하기 위하여 농지전용허가를 받아 농지조성비 등을 납부한 후 공장설립 및 변경신고를 하고, 실제로 일부 공장건물을 증축하기까지 하여 토지의 형질이 원상회복이 어려울 정도로 사실상 변경됨으로써 이미 공장용지로 형질변경이 완료되었으며, 당시 농지법령에 농지전용허가와 관련하여 형질변경 완료 시 준공검사를 받도록 하는 규정을 두고 있지 않아 별도로 준공검사를 받지 않았다고 하더라도 (구)지적법 시행령(2002.1.26. 대통령령 제17497호로 개정되기 전의 것)에서 정한 '공장부지조성을 목적으로 하는 공사가 준공된 토지'의 요건을 모두 충족하였다고 보아야 하고, 수용대상토지가 이미 공장용지의 요건을 충족한 이상 비록 공부상 지목변경절차를 마치지 않았다고 하더라도 그 토지의 수용에 따른 보상액을 산정할 때에는 공익사업을 위한 토지 등의 취득 및 보상에 관한 법률 제70조 제2항의 '현실적인 이용상황'을 공장용지로 평가해야 한다고 한 사례

1. 불법형질변경토지의 개념

불법형질변경토지라 함은 토지보상법 시행규칙 제24조에 따른 개념으로 "국토계획법 등 관계법령에 의하여 허가를 받지 아니하거나 신고를 하지 아니하고 형질변경한 토지"를 의미한다. 이 개념에 포섭되면, 토지가 형질변경 될 당시의 이용상황을 상정하여 평가하도록 하여 토지보상법 제70조 제2항의 현황평가원칙의 예외가 인정된다.

59) 불법형질변경 토지 내용은 한국부동산연구원 황선훈박사님 논문을 요약 정리한 내용으로 2024년 9월에 발행한 한국부동산연구원의 연구보고서 「불법형질변경토지의 손실보상과 특수문제」의 내용을 일부 발췌하여 요약 재정리함.

(1) 무단형질변경토지와 불법형질변경토지

불법형질변경과 유사한 용어로 무단형질변경이라는 용어가 사용된다. 무단형질변경토지는 '무단(無斷)' 즉, 사전에 허락이 없이 형질을 변경한 토지를 말한다. 이러한 무단형질변경토지는 불법형질변경을 포함하여 무단으로 형질변경한 토지를 모두 포괄하는 광의의 용어로 사용된다. 불법형질변경토지라는 개념은 취득하는 토지의 보상평가방식을 규율하기 위해 만들어진 개념으로 보상평가를 위해 고안된 개념이고 무단형질변경토지는 실정법상 용어가 아닌 강학상 용어로 이러한 실정법상 개념(불법형질변경토지, 경미한 형질변경토지 등)을 포섭하는 개념이라 볼 수 있다. 그 결과 무단형질변경토지에 해당하는 경우, 그것이 원상회복이 가능한 일시적인 이용상황으로 볼 것인지, 법령에서 인정하는 경미한 형질변경으로 볼 것인지, 토지보상법 시행규칙 제24조의 의미상 '불법형질변경토지'로 볼 것인지, 경작을 위한 형질변경으로 볼 것인지를 판단해야 하고 이러한 판단여부에 따라 보상평가 방식이 다를 수 있다.

(2) 농지전용 · 산지전용 · 초지전용과 형질변경의 관계

토지의 형질변경은 크게 토지의 형상을 변경하는 행위와 토지의 용도를 변경하는 행위로 구분할 수 있다. 국토계획법 제56조에 따른 개발행위의 일종으로 용도변경은 전자에 해당하고 농지법 · 산지관리법 · 초지법에 따른 농지전용 · 산지전용 · 초지전용은 후자에 해당한다. 그 결과 농지전용 · 산지전용 · 초지전용은 광의의 형질변경 개념에 포함되며, 이하에서 형질변경의 의미에는 농지전용 · 산지전용 · 초지전용의 개념이 포함된다.

2. 토지형질변경 관련 법 규정 및 기준

(1) 불법형질변경토지의 평가와 관련된 법령상 근거

불법형질변경토지의 평가와 관련된 법령상 근거로는 토지보상법 제70조(취득하는 토지의 보상), 토지보상법 시행규칙 제24조(불법형질변경토지의 평가)와 부칙 제6조(불법형질변경토지 등에 관한 경과조치등)가 있고, 비법규적 근거로는 감정평가 실무기준 6.2.2(불법형질변경 토지), 토지보상평가지침 제34조(불법형질변경토지의 감정평가)가 있다.

(2) 현행법상 토지의 형질변경에 관하여 규정하고 있는 법령

현행법상 토지의 형질변경에 허가 또는 신고를 요구하고 있는 대표적인 법률규정으로는 국토계획법 제56조 제1항, 개발제한구역법 제12조 제1항, 농지법 제34조 제1항, 산지관리법 제14조 제1항 및 초지법 제23조 제1항과 제2항 등이 있다.

이외에도 개별법령에서 토지이용규제와 행위제한을 통해 토지형질변경에 관하여 규율하고 있다. 특히, 지역 · 지구 등을 지정하면서 토지형질변경을 위해 관할 행정청 또는 지방자치단체의 장에게 허가 또는 신고를 하도록 하는 규정들이 대표적이다.

3. 불법형질변경토지의 판단주체 및 보상평가 방식

① 불법형질변경토지의 판단주체로는 일차적으로 사업시행자가 있고 부수적으로 감정평가법인등, 토지수용위원회 및 법원이 있다.[60]

토지보상법 시행규칙 제24조상 불법형질변경토지에 해당하는지 여부의 일차적 판단주체는 사업

시행자이다. 사업시행자는 토지조서의 작성, 보상계획의 열람, 이의의 처리 등 일련의 절차를 통해 불법형질변경의 여부를 결정한다.

② 불법형질변경토지의 보상평가 방식은 다음과 같다. 불법형질변경토지는 토지보상법 시행규칙 제24조에 따라 원칙적으로 그 토지의 형질변경이 될 당시의 이용상황을 기준으로 보상평가한다. 다만, 토지보상법 시행규칙 부칙 제6조에 따라 예외적으로 1995년 1월 7일 당시 공익사업시행지구에 편입된 불법형질변경토지는 가격시점에서의 현실적인 이용상황을 기준으로 평가한다. 토지보상법 시행규칙 제24조의 입법취지는 불법형질변경토지를 현실적인 이용상황을 기준으로 감정평가할 경우 위법행위가 합법화되어 현저히 공정성을 잃은 불합리한 보상이 될 가능성이 있으므로 불법형질변경될 당시의 이용상황을 상정하여 감정평가하는 것이다.

③ 면적사정이란 토지를 감정평가할 때 적용할 면적을 확정하는 것으로 앞서 이원화하여 구분한 보상대상의 확정과 보상액의 산정에서 보상대상의 확정에 속한다. 그 결과 면적사정도 의뢰자인 사업시행자가 제시한 기준에 따르게 되어 있다. 토지보상법 시행규칙 부칙 제6조에 따라 1995년 1월 7일 당시 공익사업시행지구에 편입된 불법형질변경토지에 해당되어 현실적인 이용상황을 기준으로 감정평가하는 경우에도 면적사정은 의뢰자인 사업시행자가 제시한 면적을 기준으로 한다.

Ⅱ. 불법형질변경토지의 요건해석

1. 개념적 징표

토지보상법 시행규칙 제24조상 불법형질변경토지에 해당하는 경우 그 토지의 형질변경이 될 당시의 이용상황을 기준으로 감정평가하도록 하고 있다. 즉, 요건규정으로서 '불법형질변경토지'의 개념에 포섭되면, 현황평가의 예외 즉, 형질변경될 당시의 이용상황으로 상정하여 평가해야 하는 효과가 발생하는 것이다. 따라서 토지보상법 시행규칙 제24조에서 명시하고 있는 불법형질변경토지의 개념적 징표에 대한 해석이 중요하다.

〈불법형질변경토지의 개념적 징표〉

토지보상법 시행규칙 제24조	개념적 징표(요건)
(불법형질변경된 토지의 평가) 「국토의 계획 및 이용에 관한 법률」 등 관계법령에 의하여 허가를 받거나 신고를 하고 형질변경을 하여야 하는 토지를 허가를 받지 아니하거나 신고를 하지 아니하고 형질변경한 토지(이하 "불법형질변경토지"라 한다)에 대하여는 토지가 형질변경될 당시의 이용상황을 상정하여 평가한다.	2. 토지형질변경 3. 국토의 계획 및 이용에 관한 법률 등 관계법령에 따라 허가 또는 신고대상 토지의 형질변경 4. 불법 = 허가를 받지 아니하거나 신고를 하지 아니하고 형질변경한 토지
요건 : 불법형질변경토지	효과 : 형질변경될 당시의 이용상황을 상정하여 평가

60) 김원보, 토지보상법 해설 제2편 손실보상, 2022, 683쪽 이하 참조

2. 요건해석 1 : 토지형질변경

토지형질변경은 기존의 토지형상에 실질적인 변경을 가하는 행위로 이해된다. 이러한 토지형상의 변경에는 구체적으로 성토, 절토 또는 정지 등의 방법을 통하여 행하여진다. 또한, 국토계획법 시행령 제51조 제1항 제3호에 따르면 공유수면의 매립도 형질변경의 일종으로 보고 있다. 국토계획법 시행령 제51조 제1항 제3호는 "토지의 형질변경: 절토(땅깎기)·성토(흙쌓기)·정지(땅고르기)·포장 등의 방법으로 토지의 형상을 변경하는 행위와 공유수면의 매립(경작을 위한 토지의 형질변경을 제외한다)"라고 규정하여 토지의 형상을 물리적으로 변경하는 행위에 한정되는 것처럼 정의하고 있으나 토지형질변경의 주된 목적은 그 지상에 건축이 허용되지 않는 전(田), 답(畓), 임야 등인 토지의 지목을 건축이 허용되는 대지(垈)로 변경하기 위함이라는 점에서 토지형질변경은 단순한 외형상 물리적 변경으로 좁게 이해하여서는 아니 되고 건축의 허용성 및 도시계획적 요소와 함께 고려하여 이해하여야 한다.[61] 따라서 토지형질변경은 ① 토지의 물리적인 사실상 상태를 변경하는 형상변경뿐만 아니라 ② 지목이 전, 답 등으로 건축허용성이 없는 토지를 대지로 바꿈으로써 건축허용성을 부여하는 성질변경도 즉, 토지의 용도를 변경하는 행위도 포함된다. 그 결과 농지법·산지관리법·초지법에 따른 농지전용·산지전용·초지전용은 토지의 용도를 변경하는 행위로서 광의의 형질변경개념에 포함된다.

대법원은 '대법원 1995.3.10. 선고 94도3209 판결'에서 형질변경의 요건을 구체화하고 있다. 첫 번째 요건은 토지의 형질을 외형적으로 사실상 변경시킬 것이다. 즉, 토지의 형태를 변경함이 없이 지목만을 변경하는 행위는 토지의 형질변경에 해당하지 않는다. 예컨대, 토지의 굴착·성토·절토, 정지, 포장 등과 같이 토지의 형태를 변경하지 않고 단순히 지목만을 변경하여 주차장부지로 사용하는 것은 토지의 형질변경에 해당하지 않는다. 두 번째 요건은 그 변경으로 말미암아 원상회복이 어려운 상태에 있을 것이다. 즉, 원상회복이 가능한 경우에는 일시적인 이용상황으로 보아 토지보상법 제70조 제2항에 따라 현황평가원칙의 예외를 적용하면 되는 것이지 토지보상법 시행규칙 제24조상 '불법형질변경토지'의 개념에 포섭하여 현황평가원칙의 예외를 적용할 필요가 없다.

3. 요건해석 2 : '국토의 계획 및 이용에 관한 법률 등 관계법령'

(1) '국토의 계획 및 이용에 관한 법률'의 해석

토지형질변경은 국토계획법에 의한 개발행위에 해당하는데, 토지형질변경을 하고자 하는 자는 국토계획법 제56조에 따라 특별시장·광역시장·특별자치시장·특별자치도지사·시장 또는 군수로부터 개발행위허가를 받아야 한다. 다만, 도시·군계획사업에 의한 행위는 개발행위허가 대상에서 제외되며, 다음의 어느 하나에 해당하는 경우는 그 범위 내에서 특별시·광역시·특별자치시·특별자치도·시 또는 군의 도시계획조례가 정하는 바에 따라 개발행위허가를 받지 않아도 된다. 요컨대, '국토계획법'에 의하여 허가를 받거나 신고를 하고 형질변경을 하여야 하는 토지의 의미는 국토계획법 제56조에 따라 개발행위허가를 받아서 토지형질변경을 하여야 하는 토지이다. 따

61) 김종보, 토지형질변경허가의 법적 성질, 행정판례연구 제11집, 2006, 404쪽 이하; 김종보·박건우, 국토계획법상 토지형질변경허가와 건축허용성, 행정법연구 제64호, 2022, 52쪽.

라서 국토계획법 제56조 제1항 제2호의 괄호(경작을 위한 경우로서 대통령령으로 정하는 토지의 형질변경은 제외한다)에 해당하거나 동조 제4항 각 호의 경미한 행위에 해당하지 않는 한, 그리고 토지형질변경의 규모를 정한 용도지역별 면적 제한[62]을 벗어나지 않는 한, 모든 토지형질변경은 국토계획법 제56조에 의해 개발행위허가를 받아야 하는 것으로 해석된다.

(2) '등 관계법령'의 해석

토지보상법 시행규칙 제24조상 '등 관계법령'은 지역・지구의 지정에 따른 행위제한 규정을 통해 형질변경을 금지시키면서 해제조건으로 토지소유자가 지방자치단체에게 허가를 받거나 신고를 하도록 규정하고 있는 개별법령을 말한다. 이는 앞서 검토한 A유형에서 '연번 37 국토계획법 제56조에 따른 개발행위의 허가'를 제외한 나머지를 말하는데, 지역・지구의 지정에 관한 규정과 당해 지역・지구에서의 행위제한 규정이 핵심이라 할 것이다.[63]

(3) 소결

기본적으로 토지형질변경은 국토계획법 제56조에 따라 개발행위에 해당하여 허가의 대상이다. 즉, 국토계획법 제56조 제1항 제2호의 괄호와 제4항 각 호의 경미한 행위에 해당하지 않는 한 그리고 토지형질변경의 한계규모를 정한 용도지역별 면적 제한을 벗어나지 않는 한 국토계획법 제56조에 따라 허가를 받아야 한다.

따라서 국토계획법 제56조에 따라 또는 개별법령의 허가규정에 따라 토지형질변경허가를 받았다고 하더라도 이를 공사에 착수하지 않은 이상, 새로운 지역・지구에서 토지형질변경을 금지하고 있다면 다시 허가를 받아야 하는 것이고 이를 받지 아니하고 토지의 형질변경을 하는 것은 불법형질변경토지에 해당한다.[64]

4. 요건해석 3 : '허가를 받지 아니하거나 신고를 하지 아니하고'(= 불법)

(1) 허가유보부금지해제로서 토지의 형질변경

건축자유 및 토지이용의 자유는 토지소유자에게 부여된 자유권적 기본권으로서 이는 질서유지차원 또는 국가의 행정목적상 금지에 해당한다. 따라서 건축허가나 형질변경 허가는 특허와 같이 국가가 토지소유자에게 창설적으로 부여하는 권한이 아니라 토지소유자의 건축자유 또는 토지이용의 자유를 회복하는 것을 의미한다. 그 결과 토지소유자는 법령상의 요건을 갖추어 행정청에게 금지를 해제해달라는 신청을 함으로써 금지된 토지의 형질변경행위가 해제되어 이를 행할 수 있는 것이다.

---

62) [토지형질변경의 규모: 용도지역별 면적 제한] ① 주거지역・상업지역・자연녹지지역・생산녹지지역 : 1만㎡, ② 공업지역 : 3만㎡, ③ 보전녹지지역 : 5천㎡, ④ 관리지역 : 3만㎡, ⑤ 농림지역 : 3만㎡, ⑥ 자연환경보전지역 : 5천㎡

63) 자세한 내용은 황선훈, 앞의 보고서, 부록 참조

64) 다만, 판례는 준공검사를 득하지 않았거나 지목변경을 하지 않았다고 이유로 불법형질변경토지로 볼 수 없다고 판시한 바 있다. 대법원 2013.6.13. 선고 2012두300 판결 : "토지의 형질변경이란 절토, 성토, 정지 또는 포장 등으로 토지의 형상을 변경하는 행위와 공유수면의 매립을 뜻하는 것으로서, 토지의 형질을 외형상으로 사실상 변경시킬 것과 그 변경으로 인하여 원상회복이 어려운 상태에 있을 것을 요하지만, 형질변경허가에 관한 준공검사를 받거나 토지의 지목까지 변경시킬 필요는 없다."

(2) 불법형질변경토지에서 '불법'의 의미

취득하는 토지의 평가에 있어서 당해 토지가 '허가를 받지 아니하거나 신고를 하지 아니하고' 형질변경을 한 경우에는 불법형질변경토지에 해당하는데 여기서 '허가를 받지 아니하거나 신고를 하지 아니하고'는 '불법'형질변경토지에서 '불법'을 의미한다. 그렇다면 '불법' = '허가를 받지 아니하거나 신고를 하지 아니하고'의 도식 이외에 불법을 넓게 해석하여 다른 불법적인 상황도 포함시킬 수 있을지 여부가 문제이다.

(3) 토지의 형질변경을 절대적으로 금지한 경우 포함여부

불법형질변경에서의 '불법'의 의미에 포섭시키는 것이 아니라 그 자체로 불법형질변경으로 보아야 할 것이다. 왜냐하면, 이는 자유권적 질서유지 차원에서 상대적 금지(허가유보부해제)가 아니라 절대적 금지(어떠한 경우에도 금지)에 해당하는 것으로 허가 또는 신고의 대상자체가 아니라는 점에서 그 자체로 절대적 금지의 위반으로 불법형질변경으로 해석하는 것이 타당해 보인다. 그 결과 절대적 금지를 규정하고 있는 지역·지구에서 토지형질변경을 한 경우에는 토지보상법 시행규칙 제24조가 적용된다.

(4) 신고의 의미

토지보상법 시행규칙 제24조에서의 '신고'의 의미는 수리를 요하는 신고로 보는 것이 타당하다. 토지의 형질변경은 외형적 변경뿐만 아니라 용도의 변경도 수반하고 있는바 토지의 형질변경은 건축허용성과 이후 건축허가와 연결된다는 점에서 이를 수리를 요하지 않는 신고로 보는 것은 타당하지 않다. 또한, 허가와 수리를 요하는 신고 사이에도 형식적 심사만을 할 것인지 내용적 심사도 같이 할 것인지에 따라 차이가 존재하는데, 토지의 용도변경은 건축의 허용성과 도시계획적 요소도 함께 고려해야 한다는 점에서 신고의 대상으로 하는 것은 문제가 있어 보인다. 이러한 관점에서 토지보상법 시행규칙 제24조는 '허가 또는 신고'라고 하고 있지만 병렬적 관계로 보기보다는 허가를 기본으로 하여 예외적인 경우에 신고를 통해 형질변경을 허용하는 경우로 해석함이 바람직해 보인다. 현행 토지의 형질변경 관련 행위제한 규정을 살펴보면, 토지의 형질변경을 신고가 아닌 대부분 허가의 대상으로 규정하고 있고, 농지전용·산지전용의 경우 허가신청의 예외로서 신고를 허용하고 있는데, 이는 바람직한 규율형태로 보인다.

III. 불법형질변경토지 해당 여부 판단기준시점

1. 일반적인 판단기준시점

불법형질변경토지의 일반적인 판단기준시점을 종합하면 다음의 표와 같다.

〈일반적인 불법형질변경토지 판단기준시점〉

구분	조건	판단기준시점	법적 근거
지목이 '임야'인 토지	해당 토지가 보안림인 경우	1911.9.1.	舊삼림령[시행 1911.9.1.] [조선총독부제령 제10호, 1911.6.20. 제정] 제2조
	1911.9.1. 이후에 보안림으로 지정된 경우	실제 보안림 지정일	
	경사 20도 이상의 사유임야인 경우	1933.4.1.	舊사유임야시업제한규칙[시행 1933.4.1.] [조선총독부법령 제5호, 1933.3.17. 전부개정] 제1조 제3호
	보안림도 아니며 경사 20도 이상의 사유임야에 해당하지 않는 경우	1961.6.27.	舊임산물단속에관한법률[시행 1961.6.27.] [법률 제635호, 1961.6.27. 제정] 제2조
농지	도시계획구역 안에 있는 경우	1962.1.20.	舊도시계획법[시행 1962.1.20.] [법률 제983호, 1962.1.20. 제정] 제13조
	1962.1.20. 이후에 도시계획구역으로 지정된 경우	실제 도시계획구역 지정일	
	농지인 토지가 도시계획구역 밖에 있는 경우	1973.1.1.	舊농지의보전및이용에관한법률[시행 1973.1.1.] [법률 제2373호, 1972.12.18. 제정] 제3조
도시계획구역으로 지정된 토지	농지가 아닌 경우	1962.1.20.	舊도시계획법[시행 1962.1.20.] [법률 제983호, 1962.1.20. 제정] 제13조
	농지가 아닌 토지가 1962.1.20. 이후에 도시계획구역으로 지정된 경우	실제 도시계획구역 지정일	
개발제한구역으로 지정된 토지	개발제한구역으로 지정된 토지	1973.1.31.	舊도시계획법[시행 1973.1.31.] [법률 제2435호, 1972.12.30. 일부개정] 제21조
	1973.1.31. 이후에 개발제한구역으로 지정된 경우	실제 개발제한구역 지정일	

2. 불법형질변경토지 판단기준시점

불법형질변경토지 판단기준시점의 예외를 종합하여 정리하면 다음의 표와 같다.

〈불법형질변경토지 판단기준시점의 예외 쟁점사항 검토〉

구분	쟁점	검토
1995.1.7. 당시 공익사업 시행지구에 편입된 불법형질변경토지	토지보상법 시행규칙 부칙(제344호, 2022.12.31.) 적용여부 즉, 현황평가의 예외인 토지보상법 시행규칙 제24조의 규정을 적용하지 않는 부칙규정(현황평가의 예외의 예외)	① 1995.1.7. 당시 공익사업시행지구에 편입되어 있었고, ② 1995.1.7. 이전에 이미 불법형질변경된 토지의 경우에는 구 공공용지의 취득 및 손실보상에 관한 특례법 시행규칙(1995.1.7. 건설교통부령 제3호로 개정되어 같은 날 시행된 것) 제6조 제6항 이전의 종전 규정이 적용된다 할 것이므로, 이 경우에는 불법형질변경토지라 하더라도 가격시점에서의 현실적 이용상황에 따라 평가함이 원칙
1995.1.7. 이후 추가적인 불법형질변경이 있었던 경우	1995.1.7. 당시 불법형질변경되어 있던 상태에서 나아가 그 이후 추가적인 불법형질변경이 있었던 경우에도 그와 같은 추가적인 불법형질변경 상태까지 반영하여 무조건 가격시점에서의 현실적 이용상황에 따라 평가하여야 하는지가 문제	'1995.1.7. 당시 공익사업시행지구에 편입된 불법형질변경토지'에 대하여 현실적 이용상황에 따라 보상하도록 규정하고 있으므로, 1995.1.7. 이전에 불법형질변경이 이루어진 토지에 대하여서만 가격시점 현재 그 형질변경된 이용상황을 전제로 평가가 이루어져야 함이 문언상 명백함
공익사업시행지구에 편입된 시기의 확정	'공익사업시행지구에 편입'된 시기를 언제로 볼 것인지에 관하여 견해대립	대법원은 이와 관련하여 개별구체적인 사안에 따라 다르게 판단함 ① 장래 공익사업이 시행될 것이 예정된 부지로 편입되게 되면 '공익사업시행지구에 편입'된 것으로 보는 입장과 ② 법에서 별도의 예정지구를 지정·고시하는 절차를 두고 있지 않은 경우 실시계획의 승인·고시가 있은 때에 '공익사업시행지구에 편입'된 것으로 보는 입장
	개별사례1 : 구 도시계획법에 의한 도시계획시설(도로)사업의 경우	도시계획시설(도로) 부지 결정·고시일(도시계획결정고시 및 지적고시도면 승인고시일)
	개별사례2 : 택지개발촉진법에 의한 택지개발사업의 경우	택지개발예정지구 지정고시일
	개별사례3 : 국방·군사시설 사업에 관한 법률에서처럼 예정지구를 지정·고시하는 절차가 없는 경우	실시계획의 승인·고시가 있을 때를 공익사업시행지구에 편입된 것으로 봄

공익사업시행지구에 편입되었다가 당해 공익사업이 시행되지 않고 다른 공익사업시행지구에 편입된 경우	공익사업시행지구에 편입된 토지가 공익사업의 장기 미집행 상태로 있다가 추후 다른 공익사업시행지구에 편입된 경우 어느 공익사업시행지구에 편입된 때를 기준으로 1995.1.7. 당시 공익사업시행지구에 편입된 토지인지를 가려야 할 것인지 문제	대법원은 최초 공익사업시행지구에 편입된 때를 기준으로 1995.1.7. 당시 공익사업시행지구에 편입된 토지인지 여부를 판단

Ⅳ. 불법형질변경토지의 특수문제

1. 국가 또는 지방자치단체가 불법형질변경한 경우

국가 또는 지방자치단체가 불법형질변경의 주체이면서 동시에 수용주체(공익사업의 시행자)인 경우이다. 공익사업의 시행자가 적법한 절차를 거치지 아니하여 당해 토지를 공익사업의 부지로 취득하지도 않은 단계에서 공익사업을 시행하여 토지의 현실적인 이용상황을 변경시켰는데, 사후적으로 공익사업의 시행자가 되어 수용권을 행사하는 경우를 말한다. 결론적으로 말하면, 이러한 경우에는 허용되지 않는다. 왜냐하면, 불법의 행위를 한 국가 또는 지방자치단체가 자신의 불법을 스스로 원용하여 수용보상금을 감액하려는 것은 신의성실원칙상 권리남용 또는 사회질서에 반하는 행위라고 평가될 수 있기 때문이다. 즉, 이러한 경우에는 토지보상법 시행규칙 제24조의 적용이 아닌 토지보상법 제70조 제2항에 의거 '현실적인 이용상황'에 따라 감정평가가 이루어지는 것이 타당하다.[65]

2. 토지보상법 시행규칙 제25조 미지급용지의 평가규정 적용 가능성

불법형질변경토지와 미지급용지는 모두 현황평가원칙의 예외로 인정되나 미지급용지의 경우에는 형질변경 자체가 적법한 것으로 불법형질변경토지와 엄연히 구별된다는 점, 미지급용지에 대한 보상규정의 입법취지[66]는 불법형질변경토지의 보상규정과 달리 토지소유자를 보호하기 위하여 제정되었다는 점[67]에서 국가 또는 지방자치단체가 적법한 절차를 거치지 아니하고 타인의 토지를 형질변경하는 경우에 토지보상법 시행규칙 제25조의 미지급용지에 관한 규정을 적용해서는 아니된다.

---

65) 참조 판례 서울행정법원 2012.2.23. 선고 2011구합8918 판결

66) 대법원 1992.11.10. 선고 92누4833 판결 : "종전에 공공사업의 시행으로 인하여 정당한 보상금이 지급되지 아니한 채 공공사업의 부지로 편입되어 버린 이른바 미보상용지는 용도가 공공사업의 부지로 제한됨으로 인하여 거래가격이 아예 형성되지 못하거나 상당히 감가되는 것이 보통이어서, 사업시행자가 이와 같은 미보상용지를 뒤늦게 취득하면서 공공용지의 취득 및 손실보상에 관한 특례법 제4조 제1항 소정의 가격시점에 있어서의 이용상황인 공공사업의 부지로만 평가하여 손실보상액을 산정한다면, 구 공공용지의 취득 및 손실보상에 관한 특례법(1991.12.31. 법률 제4484호로 개정되기 전의 것) 제4조 제3항이 규정하고 있는 "적정가격"으로 보상액을 정한 것이라고는 볼 수 없게 되므로, 이와 같은 부당한 결과를 구제하기 위하여 종전에 시행된 공공사업의 부지로 편입됨으로써 거래가격을 평가하기 어렵게 된 미보상용지에 대하여는 특별히 종전의 공공사업에 편입될 당시의 이용상황을 상정하여 평가함으로써 그 "적정가격"으로 손실보상을 하여 주려는 것이 공공용지의 취득 및 손실보상에 관한 특례법 시행규칙 제6조 제7항의 규정취지라고 이해된다."

67) 다만, 입법취지와는 달리 종전 공익사업의 시행으로 현실적 이용상황이 변경됨으로써 오히려 미지급용지의 토지가격이 상승한 경우에도 토지보상법 시행규칙 제25조를 적용하여 변경 전의 이용상황으로 상정하여 평가해야 하는지에 대한 논란이 있다. 이와 관련하여서는 토지소유자의 보호라는 입법취지를 고려하여 토지보상법 시행규칙 제25조를 적용하지 않는 주장과 토지보상법 제67조 제2항의 개발이익배제원칙이 토지보상법 시행규칙 제25조에도 적용된다고 하여 이를 적용하는 주장이 공존할 수 있다. 생각건대, 토지보상법 시행규칙 제25조를 보상액의 감가의 수단으로 사용하는 것은 헌법상 정당보상의 원칙, 그리고 토지보상법상 적정가격 보상원칙에 반하는 것이다.

3. 불법형질변경 이후의 이용상황이 불법형질변경 이전의 이용상황보다 가치가 낮아진 경우

해당 판례로는 서울행정법원 2018.4.12. 선고 2017구단66308 판결과 서울행정법원 2018.4.12. 선고 2017구단66049 판결이 있다. 양자의 판시내용이 거의 동일하므로 서울행정법원 2018.4.12. 선고 2017구단66308 판결을 소개한다. 대상판례에서는 지목이 '잡종지'였는데 실제로는 장기간 '전'으로 이용되고 있던 수용대상 토지에 관하여, '전'으로 이용되고 있는 것은 '일시적인 이용상황'에 불과하므로 '잡종지'로 평가하여야 한다는 원고의 주장을 배척하고 현실적 이용상황인 '전'을 기준으로 보상액을 산정하였다.[68] 즉, 대상판례는 불법형질변경 이후의 이용상황이 불법형질변경 이전의 이용상황보다 가치가 낮아진 경우에 있어서 토지보상법 시행규칙 제24조에 적용여부에 대하여 판시한 것은 아니지만, 지목이 '잡종지'인 토지를 장기간 '전'으로 이용되고 있는 상황에 대하여 '일시적인 이용상황'으로 보지 않고 현실적 이용상황으로 보상액을 산정하는 것이 타당하다는 취지로 판결한 바 이를 차용하는 것이 타당하다고 본다.

4. 불법형질변경토지의 이용상황이 일시적 이용상황에 해당하는 경우

'불법형질변경토지의 이용상황이 일시적인 이용상황이 아닌 경우'에 해당하는지 아니면 '불법형질변경토지의 이용상황이 일시적인 이용상황인 경우'에 해당하는지 여부에 관한 판단은 결국 개별 사안에서의 사실인정 문제로 귀결될 것이다. 앞서 살펴본 대법원 판결들의 취지에 비추어 보면, 양자의 구분기준으로 ① 불법형질변경이 이루어진 경위, ② 불법형질변경 이후 그 상태가 유지된 기간, ③ 관할 행정청으로부터 원상회복명령 등을 받았는지 여부, ④ 원상회복이 용이한 상태인지 여부, ⑤ 인근 지역의 일반적인 토지 이용상황 등이 고려될 수 있을 것으로 보인다. 검토한 내용을 종합하여 도식화하면 다음의 표와 같다.

---

68) 다만, 대상판례의 사안에서는 장기간 '전'으로 이용되고 있던 상황이 불법형질변경으로 초래된 이용상황인지 여부에 대하여 판단하지 않았는데, 이는 원고 측에서 불법형질변경에 해당한다고 주장하지 않았기에, 가격시점에서의 현실적 이용상황이 '일시적 이용상황'인지 여부만 쟁점이 되었다.

〈불법형질변경토지의 이용상황에 따른 구분〉

<table>
<tr><th colspan="3">불법형질변경토지</th></tr>
<tr><td colspan="2">불법형질변경토지의 이용상황이
일시적인 이용상황이 아닌 경우</td><td>불법형질변경토지의 이용상황이
일시적인 이용상황인 경우</td></tr>
<tr><td>부칙 제6조 미적용</td><td>부칙 제6조 적용</td><td rowspan="2">가격시점에서의 현실적인 이용상황을 고려하지 않음</td></tr>
<tr><td>법 시행규칙 제24조에 따라 토지가 형질변경될 당시의 이용상황 고려</td><td>가격시점에서의 현실적인 이용상황을 고려</td></tr>
<tr><td colspan="3">양자의 구분 기준
① 불법형질변경이 이루어진 경위
② 불법형질변경 이후 그 상태가 유지된 기간
③ 관할 행정청으로부터 원상회복명령 등을 받았는지 여부
④ 원상회복이 용이한 상태인지 여부
⑤ 인근 지역의 일반적인 토지 이용상황 등</td></tr>
</table>

5. 입증책임의 문제

입증책임과 관련하여 검토한 사항을 도식화하면 다음의 표와 같다. 여기서 중요한 점은 소송의 관점에서 기본적으로 보상금 ‘증액’청구소송을 기준으로 한다는 점을 주지하여야 하며, 그 결과 토지소유자가 원고에 해당하고 사업시행자는 피고에 해당한다.

〈불법형질변경토지의 입증책임〉

<table>
<tr><th></th><th>주장의 내용</th><th>입증책임</th></tr>
<tr><td>불법형질변경 여부의 입증책임</td><td>▶ 불법형질변경토지에 해당하므로, 형질변경될 당시의 이용상황, 즉 불법형질변경되기 이전의 종전 이용상황에 따른 평가 주장
– 현황평가원칙(법 제70조 제2항 전단)에 대한 예외(법 시행규칙 제24조)</td><td>피고
(사업시행자)</td></tr>
<tr><td>부칙〈건설교통부령 제344호, 2002.12.31.〉 제6조 관련 입증책임</td><td>▶ 1995.1.7. 당시 공익사업시행지구에 편입된 불법형질변경토지에 해당하여 가격시점에서의 현실적 이용상황에 따른 평가 주장
– 현황평가원칙(법 제70조 제2항 전단)에 대한 예외(법 시행규칙 제24조)의 예외(법 시행규칙 부칙 제6조)</td><td>원고
(토지소유자)</td></tr>
<tr><td rowspan="2">부칙 제6조의 적용에 따라 현황평가하는 것을 방지하고자 일시적인 이용상황을 주장하는 경우에 입증책임</td><td>▶ 1995.1.7. 당시 공익사업시행지구에 편입된 불법형질변경토지에 해당하더라도, 그에 따른 현실적 이용상황은 일시적 이용상황에 불과하다는 이유로 형질변경될 당시의 이용상황에 따른 평가 주장
– 현황평가원칙(법 제70조 제2항 전단)에 대한 예외(법 시행규칙 제24조)의 예외(법 시행규칙 부칙 제6조)의 예외(법 제70조 제2항 후단)</td><td rowspan="2">피고
(사업시행자)</td></tr>
<tr><td>▶ 불법형질변경토지 여부와 관계없이 그 자체로 일시적 이용상황의 주장
– 현황평가원칙(법 제70조 제2항 전단)에 대한 예외(법 제70조 제2항 후단)</td></tr>
</table>

V. 결

불법형질변경토지는 현행법 체계에서 '허가를 받지 아니하거나 신고를 하지 아니하고 형질변경한 토지'를 의미하며, 이는 토지보상법 시행규칙 제24조에 따라 명확히 규율되고 있다. 이 규정은 적법한 절차 없이 이루어진 형질변경을 가격 시점에서의 '현실적인 이용상황'으로 그대로 인정할 경우, 위법한 형질변경행위를 사실상 합법화할 우려가 있다는 점에서, 형질변경 당시의 이용상황으로 되돌려 평가하도록 하는 것이다. 불법형질변경토지의 평가에 있어서는 법령의 명확한 해석과 일관된 적용이 무엇보다 중요하다. 이를 위해 관련 법령의 체계적인 정비와 더불어 실무자들의 법적 이해도를 제고하기 위한 노력이 필요하다. 또한, 불법형질변경토지와 관련된 다양한 특수문제에 대한 지속적인 연구와 논의를 통해 법적 해석의 일관성을 확보하고, 토지소유자와 사업시행자 간의 분쟁을 최소화하는 방향으로 나아가야 한다.

07 사도법상 사도의 보상평가

Ⅰ. 관련 규정의 내용

「토지보상법」 제70조(취득하는 토지의 보상) ⑥ 취득하는 토지와 이에 관한 소유권 외의 권리에 대한 구체적인 보상액 산정 및 평가방법은 투자비용, 예상수익 및 거래가격 등을 고려하여 국토교통부령으로 정한다.

「토지보상법 시행규칙」 제26조(도로 및 구거부지의 평가) ① 도로부지에 대한 평가는 다음 각 호에서 정하는 바에 의한다.

1. 「사도법」에 의한 사도의 부지는 인근토지에 대한 평가액의 5분의 1 이내

④ 제1항 및 제3항에서 "인근토지"라 함은 당해 도로부지 또는 구거부지가 도로 또는 구거로 이용되지 아니하였을 경우에 예상되는 표준적인 이용상황과 유사한 토지로서 당해 토지와 위치상 가까운 토지를 말한다.

「감정평가 실무기준」[810-6.2.4] 사도법에 따른 사도부지

① 「사도법」에 따른 사도의 부지(이하 "사도부지"라 한다)에 대한 감정평가는 인근토지에 대한 감정평가액의 5분의 1 이내로 한다.

② 제1항에서 "인근토지"란 그 사도부지가 도로로 이용되지 아니하였을 경우에 예상되는 인근지역에 있는 표준적인 이용상황의 토지로서 지리적으로 가까운 것을 말한다.

Ⅱ. 「사도법」 상 사도부지의 개요

1. 사도법상 사도 개념

「사도법」 제2조에서 '사도'란 i) 「도로법」 제2조 제1항 제1호에 따른 도로, ii) 「도로법」의 준용을 받는 도로, iii) 「농어촌도로 정비법」 제2조 제1항에 따른 농어촌도로, iv) 「농어촌정비법」에 따라 설치된 도로 등이 아닌 것으로서 그 도로에 연결되는 길로 규정하고 있다. 「사도법」에 따른 사도를

사실상 사도에 비하여 더 낮게 보상하는 이유는 「사도법」에 따른 사도 는 토지소유자가 직접 사도 개설허가를 받아 설치한 도로이므로, 그만큼 토지소유자의 자의성과 인근 토지로의 가치 화체 정도가 사실상 사도에 비하여 강하다고 보기 때문이다. 토지보상법 시행규칙 제26조 제1항 제1호 규정의 취지는 「사도법」에 따른 사도부지의 감정평가방법에 대해 규정함으로써 손실보상을 위한 감정평가의 공정성과 신뢰성을 제고하는 데 있다.

2. 사도법상 사도 개설 등

「사도법」 제4조 제1항에 따라 사도를 개설・개축(改築)・증축(增築) 또는 변경하려는 자는 시장・군수・구청장의 허가를 받아야 하고, 제4항에 따라 시장・군수・구청장은 허가를 하였을 때에는 그 내용을 공보에 고시하고, 사도관리대장에 그 내용을 기록하고 보관하여야 한다. 즉, 「사도법」에 따른 사도란 그 소유자가 다른 토지의 효용증진을 위하여 시장 등의 사도개설허가를 받아 스스로 개설하는 도로로서, 공도에 연결되는 도로를 말한다.

3. 특징

「사도법」 제4조 제1항에 따라 개설된 사도는 i) 임의적 변경이 제한되며, ii) 제9조 제1항에 따라 사도개설자라 하여도 원칙적으로 일반인의 통행을 제한하거나 금지할 수 없고, iii) 제10조에 따라 시장 등의 허가를 받아 그 사도를 이용하는 자로부터 사용료를 받을 수 있다.

또한 「사도법」상의 사도는 사실상의 사도와는 달리 반드시 동일한 소유자 간의 가치이전을 요건으로 하지 않는다.

4. 도로의 감정평가

(1) 도로가치의 특성

일반적으로 물건의 가치는 그 물건을 배타적으로 이용함으로써 얻을 수 있는 장래기대 이익의 현재가치로 정의된다.

그런데, 도로는 유료도로를 제외하고 불특정다수인이 다른 사람의 이용을 방해하지 않는 범위 안에서 자유스럽게 이용할 수 있는 공공용물로서, 이용에 있어서 배타성이 없기 때문에 독점적으로 그것을 이용함으로써 얻어지는 별도의 경제적 이익이 있다고 할 수 없다. 즉, 도로는 공기나 물과 같이 희소성이 없기 때문에 가치가 없는 것이 아니라, 공공재로서 이용에 대한 비용을 지불하지 아니하는 자를 이용에서 배제시킬 수 없다는 비배제성으로 인하여 경제적 가치의 산정이 어렵다.

(2) 도로의 감정평가방법

위와 같은 도로가치의 특성으로 인해 도로는 일반적인 감정평가방법으로 가치를 산정하기 어려우며 다음과 같은 방법으로 평가할 수 있다.

1) 일괄감정평가

도로는 대부분 그 자체로서 수익을 발생하거나 효용을 발휘하는 것이 아니라, 주위 토지의 수익을 증가시키거나 쾌적성을 높여주는 등 다른 토지의 효용증대에 기여하는 재화이므로,

도로와 그 도로로부터 편익을 받는 주위 토지와 함께 평가할 수 있으며 이와 같은 감정평가방법이 일괄감정평가이다.

즉, 도로는 공공재로서 비배제성으로 인하여 독립하여 가치의 산정이 어려우나, 주위 토지의 값을 증가시키는데 기여하였으므로 주위 토지와 함께 감정평가하여 그 기여의 정도에 따라 도로의 값을 산출할 수 있다는 것이다.

예를 들어, 공장부지와 공장부지의 효용을 높여 주는 도로의 소유자가 같을 경우, 효용 증진에 기여하는 도로와 효용을 기여 받는 공장용지를 구분하지 않고 공장용지와 도로를 일괄하여 감정평가하는 방법이다.

2) 구분감정평가

도로의 감정평가방법은 도로와 그 도로로부터 편익을 받는 주위 토지를 일괄하여 평가하는 것이 합리적이나, 도로와 그 주위 토지의 소유자가 다르거나 그 효용증진에 기여하는 정도가 다른 경우에는 구분감정평가하여야 하는 경우도 있다.

이와 같이 도로와 그 주위의 토지를 구분하여 감정평가하는 경우 도로는 그 주위 토지의 효용을 증진시킬 뿐, 독자적으로 효용을 발휘하거나 수익을 발생하지 못하기 때문에 도로의 가치를 어떻게 평가할 것인가가 문제이며, 이 경우의 감정평가방법은 다음과 같다.

① 소지가치로 감정평가하는 방법

도로가 개설되지 않은 것으로 보고 소지가치로 감정평가하는 방법이다.

이 방법은 도로의 원본가치를 기준으로 하는 방법으로 타당성이 있으나, 이 경우 주위 토지는 도로가 개설되지 않는 것으로 보아야 한다는 점과 보상평가의 일반원칙이라 할 수 있는 현황평가주의에 어긋난다는 문제점이 있다.

② 도로인 상태를 기준으로 감정평가하는 방법

도로는 도로인 상태대로 감정평가하되 그 가격은 인근 토지의 일정률로 감정평가하고 주위 토지는 도로가 개설되어 효용증진이 된 상태대로 감정평가하는 방법이다.

이 방법은 현황평가주의에 부합한다는 장점이 있으나, 도로의 가치를 낮게 감정평가하지 않을 수 없다는 단점을 가지고 있으며, 특히 도로의 소유자와 주위 토지의 소유자가 다를 경우 가치의 귀속 주체가 달라진다는 문제점이 있다.

III. 「사도법」상 사도부지의 보상평가

1. 사도법상 사도부지의 보상평가 원칙

「토지보상법 시행규칙」 제26조 제1항 제1호에 따라 「사도법」에 따른 사도부지는 인근토지에 대한 평가액의 5분의 1 이내로 감정평가한다.

즉, 「사도법」에 따른 사도부지에 대해서는 도로의 감정평가방법 중 구분감정평가를 적용하여 도로인 상태를 기준으로 하는 방법에 따르고 있다.

사실상 사도는 인근토지에 대한 평가액의 3분의 1 이내로 보상함에도 「사도법」에 따른 사도는 이보다 더 낮은 5분의 1 이내로 보상하는 이유는 「사도법」에 따른 사도는 토지 소유자가 직접 사도개설

허가를 받아 설치한 도로이므로, 그만큼 도로개설의 자의성과 인근 토지로의 가치 화체 정도가 사실상의 사도부지에 비하여 강하다고 보기 때문이다. 이와 같이 인근 토지가격의 5분의 1 이하로 감정평가하는 이론적인 근거에 대하여 다음과 같이 의견이 나뉘어져 있다.

① 화체이론설

「사도법」에 따른 사도 부분의 가치의 일부분이 「사도법」에 따른 사도에 접한 토지로 이전해 가고 남은 가치를 5분의 1 이내로 본다는 견해이다.

이 견해는 토지소유자가 자기 토지의 다른 부분의 효용증진을 위하여 스스로 개설한 「사도법」에 따른 사도에 대해서는 타당한 견해이다.

그러나 이 경우에도 「사도법」에 따른 사도에 접한 토지의 가치증가분과 「사도법」에 따른 사도의 가치감소분이 반드시 일치하지 않는다는 문제점이 있다.

② 사용 · 수익권 제한 가치설

「사도법」에 따른 사도는 공적인 목적달성을 위하여 필요한 범위 안에서 그 사용 · 수익권을 제한당하고 있으므로 이에 대한 보상평가는 사용 · 수익권이 제한된 상태에서의 경제적 가치를 대상으로 하여야 하고, 이러한 제한된 경제적 가치를 인근 토지에 대한 평가금액의 5분의 1 이내로 본다는 견해이다.

이 견해는 사도의 소유자와 사도를 통하여 출입하는 토지의 소유자가 다른 경우, 즉 동일한 소유자 간의 가치이전이 일어나지 않은 「사도법」에 따른 사도에 대해서 타당한 견해이다.

③ 소결

「사도법」에 따른 사도는 반드시 토지소유자가 자기 토지의 다른 부분의 효용증진을 위하여 개설한 경우로 한정되지 않으므로 '사용 · 수익권 제한 가치설'이 타당하다고 본다.

2. 인근토지

① 의의

'인근토지'란 「사도법」상 사도부지가 도로로 이용되지 아니하였을 경우에 예상되는 표준적인 이용상황과 비슷한 토지로서 해당 토지와 위치상 가까운 것을 말한다(「토지보상평가지침」 제35조 제2항).

즉, 「사도법」상 사도부지에 대한 감정평가는 인근토지의 표준적인 이용상황을 기준으로 하되, 도로의 노선에 따라 인근토지의 표준적인 이용상황이 상이할 경우는 대상토지와 지리적으로 가까운 토지, 즉 대상토지와 인접한 토지의 표준적 이용상황을 기준으로 한다.

② 표준적인 이용상황

가. 정의

'표준적인 이용상황'이란 대상토지의 인근지역에 있는 주된 용도의 토지로서 표준적인 획지의 최유효이용에 따른 이용상황을 말한다(「토지보상평가지침」 제3조 제7호).

이 경우 '인근지역'이란 대상부동산이 속한 지역으로서 부동산의 이용이 동질적이고 가치 형성요인 중 지역요인을 공유하는 지역을 말한다(「감정평가에 관한 규칙」 제2조 제13호).

나. 판단기준

표준적인 이용상황은 감정평가법인 등이 관련 법령, 감정평가 일반이론, 실지조사 분석 결과 등을 종합적으로 고려하여 판단한다.

즉, 「사도법」에 따른 사도부지는 그 특성상 긴 선형(線形)의 형태를 가질 수 있으므로 인근지역 및 표준적인 이용상황이 2개 이상이 있을 수 있다. 이러한 경우는 인근지역별 또는 표준적인 이용상황별로 구분감정평가하거나, 인근지역별 또는 표준적인 이용상황별로 구분하되 평균단가를 적용하여 감정평가할 수 있다.

〈질의회신〉

인근지역의 표준적인 이용상황은 감정평가법인 등이 실지조사 등을 통하여 판단한다.
[협회 2019.07.18. 감정평가실-1312]

〈질의요지〉

지목 및 현황 도로인 토지의 감정평가 시 표준적인 이용상황의 판단은?

〈회신내용〉

인근토지 판단 시 요구되는 표준적인 이용상황은 대상토지의 인근지역에 있는 주된 용도의 토지로서 표준적인 획지의 최유효이용에 따른 이용상황을 말하는 것으로서 감정평가 시 그 구체적인 판단기준에 대해서 별도로 규정되어 있는 바는 없으나 「표준지의 선정 및 관리지침」(국토교통부 훈령 제926호) 제4조에서 지역분석의 방법과 관련하여 표준적인 이용의 판정은 감정평가의 일반원칙에 따르되 개발현황, 토지수급의 변동현황, 인접지역 간의 대체관계 등을 고려하여 판정한다고 규정하고 있습니다(같은 지침 제4조 제2항 제4호 제가목).

인근토지를 농경지로 보아야 하는지 대지로 보아야 하는지 여부는 표준적인 이용상황의 판정이 전제되고, 표준적인 이용상황의 판정은 개별 사안에 따라 달리 판단될 수 있는 구체적인 사실관계에 관한 것으로서 「감정평가에 관한 규칙」 제10조에 따라 실지조사를 하여 대상물건을 확인하여야 하는 해당 감정평가업자의 전문적인 판단영역인바, 귀 질의 인근토지에 대한 판단은 우리 협회에서 회신할 수 있는 사항이 아님을 양해바라며 해당 감정평가업자가 관련 법령, 감정평가 일반이론, 실지조사 분석 결과 등을 종합적으로 고려하여 판단・결정하여야 할 것입니다.

③ 인근토지 범위의 결정

인근토지의 범위는 감정평가법인 등이 관련 법령, 감정평가 일반이론, 실지조사 분석 결과 등을 종합적으로 고려하여 판단・결정한다.

판례

'인근토지'란 대상토지의 인근에 소재한 토지로서 동일 또는 유사한 용도의 토지를 말한다.
[대법원 2010.02.11. 선고 2009두12730 판결]

〈판결요지〉

도로점용료의 산정기준 등 점용료의 징수에 관하여 필요한 사항을 정한 서울특별시 도로점용허가 및 점용

> 료 등 징수조례(2008.3.12. 조례 제4610호로 개정되기 전의 것) 제3조 [별표]에서 인접한 토지의 개별공시지가를 도로점용료 산정의 기준으로 삼도록 한 취지는, 도로 자체의 가격 산정이 용이하지 아니하여 인근에 있는 성격이 유사한 다른 토지의 가격을 기준으로 함으로써 합리적인 점용료를 산출하고자 하는 데 있으므로, 여기서 '인접한 토지'라 함은 점용도로의 인근에 있는 토지로서 도로점용의 주된 사용목적과 동일 또는 유사한 용도로 사용되는 토지를 말한다.

3. 인근토지에 대한 감정평가액

① 문제의 소재

인근토지에 대한 감정평가액의 결정 시 해당 사도를 접면도로로 보고 감정평가할 것인지 여부가 문제이다. 즉, 인근토지에 대한 감정평가금액이 해당 사도가 개설된 상태에서의 감정평가금액인지, 사도가 개설되기 전 상태에서의 감정평가금액인지가 문제가 된다.

② 적용

(구)「공공용지의 취득 및 손실보상에 관한 특례법 시행규칙」 제6조의2 제3항에서는 인근토지에 대한 감정평가금액에는 해당 도로의 개설로 인한 개발이익을 포함하지 않도록 하는 규정이 있었으나, 「토지보상법 시행규칙」에서는 이러한 규정이 삭제되었으므로 인근토지에 대한 감정평가액은 사도가 개설된 상태에서의 감정평가금액으로 본다.

4. 단가사정

「사도법」에 따른 사도부지에 대한 감정평가는 인근토지에 대한 감정평가액의 5분의 1 이내로 하므로, 5분의 1을 적용할 경우의 단가사정은 반올림하지 않고 절사한다.

08 사실상의 사도의 보상평가

Ⅰ. 관련 규정의 내용

「토지보상법」 제70조(취득하는 토지의 보상) ⑥ 취득하는 토지와 이에 관한 소유권 외의 권리에 대한 구체적인 보상액 산정 및 평가방법은 투자비용, 예상수익 및 거래가격 등을 고려하여 국토교통부령으로 정한다.

「토지보상법 시행규칙」 제26조(도로 및 구거부지의 평가) ① 도로부지에 대한 평가는 다음 각 호에서 정하는 바에 의한다.

2. 사실상의 사도의 부지는 인근토지에 대한 평가액의 3분의 1 이내

② 제1항 제2호에서 "사실상의 사도"라 함은 「사도법」에 의한 사도 외의 도로(「국토의 계획 및 이용에 관한 법률」에 의한 도시·군관리계획에 의하여 도로로 결정된 후부터 도로로 사용되고 있는 것을 제외한다)로서 다음 각 호의 1에 해당하는 도로를 말한다.

1. 도로개설당시의 토지소유자가 자기 토지의 편익을 위하여 스스로 설치한 도로

2. 토지소유자가 그 의사에 의하여 타인의 통행을 제한할 수 없는 도로
3. 「건축법」 제45조에 따라 건축허가권자가 그 위치를 지정·공고한 도로
4. 도로개설당시의 토지소유자가 대지 또는 공장용지 등을 조성하기 위하여 설치한 도로

④ 제1항 및 제3항에서 "인근토지"라 함은 당해 도로부지 또는 구거부지가 도로 또는 구거로 이용되지 아니하였을 경우에 예상되는 표준적인 이용상황과 유사한 토지로서 당해 토지와 위치상 가까운 토지를 말한다.

「감정평가 실무기준」[810-3] 정의

6. "사실상의 사도"란 「사도법」에 따른 사도 외의 도로로서 다음 각 목의 어느 하나에 해당하는 도로(「국토의 계획 및 이용에 관한 법률」에 따른 도시·군관리계획에 따라 도로로 결정된 이후부터 도로로 사용되고 있는 것은 제외한다)를 말한다.
   가. 도로개설 당시의 토지소유자가 자기토지의 편익을 위하여 스스로 설치한 도로
   나. 토지소유자가 그 의사에 따라 타인의 통행을 제한할 수 없는 도로
   다. 「건축법」 제45조에 따라 건축허가권자가 그 위치를 지정·공고한 도로
   라. 도로개설당시의 토지소유자가 대지 또는 공장용지 등을 조성하기 위하여 설치한 도로

「감정평가 실무기준」[810-6.2.5] 사실상의 사도부지

① 사실상의 사도부지에 대한 감정평가는 인근토지에 대한 감정평가액의 3분의 1 이내로 한다.
② 제1항에서 "인근토지"란 [810-6.2.4-②]을 준용한다.

「감정평가 실무기준」[810-6.2.4] 사도법에 따른 사도부지

② 제1항에서 "인근토지"란 그 사도부지가 도로로 이용되지 아니하였을 경우에 예상되는 인근지역에 있는 표준적인 이용상황의 토지로서 지리적으로 가까운 것을 말한다.

Ⅱ. 사실상 사도부지 평가 주요 내용

1. 도로의 구분

일반적으로 도로라 함은 사람과 차량(우마차 포함)이 통행할 수 있도록 만들어진 길을 의미하는 것으로 쓰인다.

또한, 자동차전용도로와 같이 사람이 다닐 수 없는 도로 또는 보행자전용도로, 자전거 전용도로, 좁은 골목길 등과 같이 차량의 통행이 불가능한 도로도 도로에 포함된다고 보며, 용도 및 구성요소 등에 따라 다양하게 구분된다.

① 법상구분

가. 「공간정보의 구축 및 관리 등에 관한 법률」

「공간정보의 구축 및 관리 등에 관한 법률 시행령」 제58조 제14호에서 도로는 i) 일반 공중(公衆)의 교통 운수를 위하여 보행이나 차량운행에 필요한 일정한 설비 또는 형태를 갖추어 이용되는 토지, ii) 「도로법」 등 관계 법령에 따라 도로로 개설된 토지, iii) 고속도로의 휴게소 부지, iv) 2필지 이상에 진입하는 통로로 이용되는 토지로 하되, 아파트·공장 등 단일

용도의 일정한 단지 안에 설치된 통로 등은 제외하도록 규정하고 있다. 따라서 「공간정보의 구축 및 관리 등에 관한 법률」에서는 도로를 용도적 관점에서 정의하고 있다.

나. 「국토계획법」

「국토계획법 시행령」 제2조 제2항 제1호에서 기반시설로서 도로는 i) 일반도로(폭 4미터 이상의 도로로서 통상의 교통소통을 위하여 설치되는 도로), ii) 자동차전용도로(시 또는 군 내 주요 지역간이나 시·군 상호 간에 발생하는 대량교통량을 처리하기 위한 도로로서 자동차만 통행할 수 있도록 하기 위하여 설치하는 도로), iii) 보행자전용도로(폭 1.5미터 이상의 도로로서 보행자의 안전하고 편리한 통행을 위하여 설치하는 도로), iv) 보행자우선도로(폭 10미터 미만의 도로로서 보행자와 차량이 혼합하여 이용하되 보행자의 안전과 편의를 우선적으로 고려하여 설치하는 도로), v) 자전거전용도로(하나의 차로를 기준으로 폭 1.5미터 또는 1.2미터 이상의 도로로서 자전거의 통행을 위하여 설치하는 도로), vi) 고가도로(시·군내 주요지역을 연결하거나 시·군 상호 간을 연결하는 도로로서 지상교통의 원활한 소통을 위하여 공중에 설치하는 도로), vii) 지하도로(시·군 내 주요지역을 연결하거나 시·군 상호간을 연결하는 도로로서 지상교통의 원활한 소통을 위하여 지하에 설치하는 도로) 등으로 사용 및 형태별로 구분된다.

다. 「도로법」

「도로법」 제2조 제1호에서 도로는 "차도, 보도(步道), 자전거도로, 측도(側道), 터널, 교량, 육교 등 대통령령으로 정하는 시설로 구성된 것으로서 도로의 부속물을 포함한 것"으로 규정하고 있으며, 제10조에서는 도로의 종류를 i) 고속국도(고속국도의 지선 포함), ii) 일반국도(일반국도의 지선 포함), iii) 특별시도·광역시도, iv) 지방도, v) 시도, vi) 군도, vii) 구도 등으로 구분하고 있다.

라. 「건축법」

「건축법」 제2조 제1항 제11호에서 '도로'란 보행과 자동차 통행이 가능한 너비 4미터 이상의 도로(지형적으로 자동차 통행이 불가능한 경우와 막다른 도로의 경우에는 대통령령으로 정하는 구조와 너비의 도로)로서 i) 「국토계획법」, 「도로법」, 「사도법」, 그 밖의 관계 법령에 따라 신설 또는 변경에 관한 고시가 된 도로, ii) 건축허가 또는 신고 시에 시·도지사 또는 시장·군수·구청장이 위치를 지정하여 공고한 도로나 그 예정도로로 규정하고 있으며, 제44조 제1항에서 건축물의 대지는 2미터 이상이 도로(자동차만의 통행에 사용되는 도로는 제외한다)에 접하여야 하도록 규정하고 있다.

또한 「건축법」 제45조 제1항에서 허가권자는 제2조 제1항 제11호 나목에 따라 도로의 위치를 지정·공고하려면 국토교통부령으로 정하는 바에 따라 그 도로에 대한 이해관계인의 동의를 받아야 하되, i) 허가권자가 이해관계인이 해외에 거주하는 등의 사유로 이해관계인의 동의를 받기가 곤란하다고 인정하는 경우, ii) 주민이 오래 동안 통행로로 이용하고 있는 사실상의 통로로서 해당 지방자치단체의 조례로 정하는 것인 경우의 어느 하나에 해당하면 이해관계인의 동의를 받지 아니하고 건축위원회의 심의를 거쳐 도로를 지정할 수 있도록 규정하고 있다.

그리고 제2항에서 허가권자가 제1항에 따라 지정한 도로를 폐지하거나 변경하려는 경우나 도로에 편입된 토지의 소유자, 건축주 등이 허가권자에게 제1항에 따라 지정된 도로의 폐지나 변경을 신청하는 경우 그 도로에 대한 이해관계인의 동의를 받아야 하도록 규정하고 있다.

마. 「농어촌도로 정비법」

「농어촌도로 정비법」 제2조 제1항에서 '농어촌도로'란 「도로법」에 규정되지 아니한 도로(읍 또는 면 지역의 도로만 해당한다)로서 농어촌지역 주민의 교통 편익과 생산·유통활동 등에 공용(共用)되는 공로(公路) 중 i) 면도(面道)(「도로법」에 따른 '군도 이상의 도로'와 연결되는 읍·면 지역의 기간(基幹)도로), ii) 이도(里道)('군도 이상의 도로' 및 면도와 갈라져 마을 간이나 주요 산업단지 등과 연결되는 도로), iii) 농도(農道)(경작지 등과 연결되어 농어민의 생산활동에 직접 공용되는 도로) 등으로 규정하고 있다.

바. 「농어촌정비법」

「농어촌정비법」 제2조 제6호에서 '도로'(「농어촌도로 정비법」 제4조에 따른 농도(農道) 등 농로를 포함한다)를 '농업생산기반시설'에 포함하고 있다.

사. 「사도법」

「사도법」 제2조에서 '사도'란 i) 「도로법」 제2조 제1항 제1호에 따른 도로, ii) 「도로법」의 준용을 받는 도로, iii) 「농어촌도로 정비법」 제2조 제1항에 따른 농어촌도로, iv) 「농어촌정비법」에 따라 설치된 도로 및 「국토계획법」에 따른 도시·군계획시설 도로 등이 아닌 것으로서 그 도로에 연결되는 길로 정의되어 있다.

그리고 「사도법」 제4조 제1항에서는 사도를 개설·개축·증축 또는 변경하려는 자는 시장·군수·구청장의 허가를 받아야 하고, 제4항에서는 시장·군수·구청장은 허가를 하였을 때에는 그 내용을 공보에 고시하고, 사도관리대장에 그 내용을 기록하고 보관하도록 규정하고 있다. 즉, 「사도법」에 따른 사도란 그 소유자가 다른 토지의 효용증진을 위하여 스스로 관할 시장·군수의 사도개설허가를 받아 개설되는 공도에 연결되는 도로를 말한다.

또한 「사도법」 제9조 제1항에 따라 사도는 사도개설자라 하여도 원칙적으로 일반인의 통행을 제한하거나 금지할 수 없고, 제4조 제1항에 따라 임의적 변경이 제한되나, 제10조에 따라 시장 등의 허가를 받아 그 사도를 이용하는 자로부터 사용료를 받을 수 있다.

② 관리주체에 따른 구분

가. 공도

공도라 함은 행정권의 주체가 행정작용으로서 일반교통용으로 제공하는 도로를 말하며, 사도에 대응하는 개념이다. 공도는 다시 법상 공도, 예정공도 및 사실상 공도로 구분할 수 있다.

가) 법상 공도

법상 공도는 「도로법」, 「유료도로법」, 「사회기반시설에 대한 민간투자법」, 「농어촌도로 정비법」, 「농어촌정비법」, 「국토계획법」 등 관련 법률에 의하여 개설된 도로를 말한다.

나) 예정공도

예정공도는 「국토계획법」에 의한 도시·군관리계획에 의하여 도로로 결정된 후부터 도로로 사용되고 있는 도로를 말한다.

기반시설로서의 도로는 도시・군관리계획 결정 → 실시계획의 작성 및 인가 → 토지 등의 수용 및 사용 → 도로개설공사 등과 같은 도시・군계획시설사업의 시행절차에 따라 개설되나, 예정공도는 도시・군관리계획에 의하여 도로로 결정된 후 그 다음의 절차를 거치지 않고 사실상 도로로 사용되고 있는 도로이다. 즉, 예정공도는 장차 공도로 전환될 도로이다.

특히 「건축법」 제2조 제1항 제11호에서 실제로 도로가 개설되지 않고 단지 「국토계획법」, 「도로법」, 「사도법」 그 밖의 관계 법령에 따라 신설 또는 변경에 관한 고시가 된 도로도 도로로 보고 건축허가 등이 가능하므로 예정공도가 많이 발생하고 있다.

다) 사실상 공도

사실상 공도는 관련 법률에 의하여 개설된 도로는 아니나, 행정권의 주체가 사실상 지배주체로서 일반의 교통에 제공하고 있는 도로를 말한다.

즉, 국가나 지방자치단체가 도로를 점유하는 형태는 i) 도로관리청으로서의 점유와 ii) 사실상의 지배주체로서의 점유로 구분되며, 「도로법」 등에 의한 도로의 설정행위가 없더라도 국가나 지방자치단체가 기존의 사실상 도로에 대하여 확장, 도로포장 또는 하수도 설치 등 도로의 개축 또는 유지보수공사를 시행하여 일반 공중의 교통에 이용한 때에는 국가나 지방자치단체가 사실상 지배주체로서의 점유를 개시한 것으로 볼 수 있으므로 이러한 도로를 '사실상 공도'라고 한다.

「토지보상법 시행규칙」 제26조 제2항 제2호의 '토지소유자가 그 의사에 의하여 타인의 통행을 제한할 수 없는 도로' 중 대중교통이 운행하고 있거나 그 도로에 상・하수도 등이 시설되어 있는 도로가 대부분 '사실상 공도'에 해당된다.

판례

「도로법」 등에 의한 설정행위가 없더라도 사실상 도로를 확장하여 일반 공중의 교통에 이용한 경우는 국가 등이 사실상 지배주체로서 점유를 개시한 것으로 본다.
[대법원 2002.03.12. 선고 2001다70900 판결]

〈판결요지〉

국가나 지방자치단체가 도로를 점유하는 형태는 도로관리청으로서의 점유와 사실상의 지배주체로서의 점유로 나누어 볼 수 있는바, 기존의 사실상의 도로에 도로법에 의한 노선인정의 공고 및 도로구역의 결정이 있거나 도시계획법에 의한 도시계획사업의 시행으로 도로설정이 된 때에는 이때부터 도로관리청으로서의 점유를 개시한 것으로 인정할 수 있고, 이러한 도로법 등에 의한 도로의 설정행위가 없더라도 국가나 지방자치단체가 기존의 사실상 도로에 대하여 확장, 도로포장 또는 하수도 설치 등 도로의 개축 또는 유지보수공사를 시행하여 일반 공중의 교통에 이용한 때에는 이때부터 그 도로는 국가나 지방자치단체의 사실상 지배하에 있는 것으로 보아 사실상 지배주체로서의 점유를 개시한 것으로 인정할 수 있다.

나. 사도

도로 중 공도를 제외한 도로가 사도가 된다. 사도는 다시 「사도법」상 사도 및 사실상 사도로 구분된다.

가) 「사도법」상 사도

「사도법」에 따른 사도란 소유자가 자기 토지의 다른 부분의 효용증진을 위하여 스스로 관할 시장・군수의 사도개설허가를 받아 개설되어 공도에 연결하는 도로를 말하며, 사도관리대장에 등재되고 일반인의 통행을 제한하거나 금지할 수 없는 도로를 말한다.

나) 사실상 사도

「토지보상법」상 '사실상 사도'는 사도 중 「사도법」상 사도 및 예정공도를 제외한 도로를 의미한다.

③ 관리청에 따른 구분

「도로법」 제10조에서는 관리청에 따른 도로의 분류로서 i) 국토교통부장관이 관리하는 국도(고속국도 및 일반국도), ii) 서울특별시장 및 광역시장이 관리하는 특별시도・광역시도, iii) 도지사가 관리하는 지방도, iv) 시장・군수 및 구청장이 관리하는 시도・군도 및 구도로 구분된다.

④ 규모에 따른 구분

「도시・군계획시설의 결정・구조 및 설치기준에 관한 규칙」 제9조 제2호에 따라 i) 광로 1류(폭 70미터 이상인 도로), ii) 광로 2류(폭 50미터 이상 70미터 미만인 도로), iii) 광로 3류(폭 40미터 이상 50미터 미만인 도로), iv) 대로 1류(폭 35미터 이상 40미터 미만인 도로), v) 대로 2류(폭 30미터 이상 35미터 미만인 도로), vi) 대로 3류(폭 25미터 이상 30미터 미만인 도로), vii) 중로 1류(폭 20미터 이상 25미터 미만인 도로, viii) 중로 2류(폭 15미터 이상 20미터 미만인 도로), ix) 중로 3류(폭 12미터 이상 15미터 미만인 도로), x) 소로 1류(폭 10미터 이상 12미터 미만인 도로), xi) 소로 2류(폭 8미터 이상 10미터 미만인 도로), xii) 소로 3류(폭 8미터 미만인 도로) 등으로 구분된다.

⑤ 기능에 따른 구분

「도시・군계획시설의 결정・구조 및 설치기준에 관한 규칙」 제9조 제3호에 따라 i) 주간선도로(시・군내 주요지역을 연결하거나 시・군 상호 간을 연결하여 대량통과교통을 처리하는 도로로서 시・군의 골격을 형성하는 도로), ii) 보조간선도로(주간선도로를 집산도로 또는 주요 교통발생원과 연결하여 시・군 교통이 모였다 흩어지도록 하는 도로로서 근린주거구역의 외곽을 형성하는 도로), iii) 집산도로(集散道路)(근린주거구역의 교통을 보조간선도로에 연결하여 근린주거구역 내 교통이 모였다 흩어지도록 하는 도로로서 근린주거구역의 내부를 구획하는 도로), iv) 국지도로(가구를 구획하는 도로), v) 특수도로(보행자전용도로・자전거전용도로 등 자동차 외의 교통에 전용되는 도로) 등으로 구분된다.

⑥ 통행료의 징수 여부에 따른 구분

도로는 일반적으로 공공용물이므로 그 이용에는 통행료를 징수하지 아니하는 것이 원칙이나, 유료도로는 이용자에게 통행료를 징수한다.

이러한 유료도로에는 i) 「유료도로법」에 따라 통행료 또는 사용료를 받는 도로, ii) 「사회기반시설에 대한 민간투자법」 제26조에 따라 통행료 또는 사용료를 받는 민자도로가 있다.

⑦ 그 외 도로의 구분

위의 도로의 분류 외에 효용을 높이는 토지의 이용에 따라 i) 농로, ii) 임도, iii) 산업도로 등으로 구분할 수 있다.

2. 사실상의 사도의 구분

「토지보상법 시행규칙」 제26조 제2항에서 사실상의 사도란 「사도법」에 따른 사도 외의 도로로서 i) 도로개설 당시의 토지소유자가 자기 토지의 편익을 위하여 스스로 설치한 도로, ii) 토지소유자가 그 의사에 의하여 타인의 통행을 제한할 수 없는 도로, iii) 「건축법」 제45조의 규정에 의하여 건축허가권자가 그 위치를 지정・공고한 도로, iv) 도로 개설 당시의 토지소유자가 대지 또는 공장용지 등을 조성하기 위하여 설치한 도로 중 어느 하나에 해당하는 도로로 규정하고 있다. 이를 구체적으로 나누어 살펴보면 다음과 같다.

(1) 토지소유자가 자기 토지의 편익을 위하여 스스로 개설한 도로

① 판단기준

토지소유자가 자기 토지의 편익을 위하여 스스로 개설한 도로에 해당하는지 여부의 판단기준은 다음과 같다.

가. 도로개설의 자의성

토지소유자가 스스로 설치한 도로에 해당되어야 한다.

따라서 「국토계획법」에 의한 도시・군관리계획에 의하여 도로로 결정됨에 따라 비자발적으로 개설된 도로인 예정공도는 사실상의 사도에 해당되지 않는다.

나. 동일인 소유 토지로의 가치이전

자기 토지의 다른 부분의 효용증진을 위하여 설치한 도로이어야 한다. 즉, 도로부분의 가치가 동일인 소유의 다른 토지로 이전되어야 한다.

다시 말하면 토지소유자가 자기 소유 토지 중 일부에 도로를 설치한 결과 도로 부지로 제공된 부분으로 인하여 나머지 부분 토지의 편익이 증진되어 도로 외 부분의 가치가 상승됨으로써 도로부지로 제공된 부분의 가치를 낮게 평가하여 보상하더라도 전체적으로 정당보상의 원칙에 어긋나지 않아야 한다.

따라서 도로의 소유자와 그 도로를 통하여 출입하는 토지의 소유자가 다른 도로는 여기에 해당되지 않는다.

〈재결례〉

개설당시의 토지소유자가 자기 토지의 편익 및 일대 대지들의 유일한 통행로로 이용하기 위하여 개설한 도로는 사실상의 사도에 해당한다.

[중토위 2013.04.19. 이의재결]

〈재결요지〉

관계자료(현장사진, 현황도면, 토지거래내역, 인접 대지의 건축물 건축연혁 등)를 검토한 결과, 000, ㅁㅁ

ㅁ의 토지(부산 ▽▽동 대 73㎡, 이하 '이 건 토지'라 한다)는 지적도상 원활하게 통행할 수 있는 '도로'가 없는 '맹지'의 형상이고 동 토지와 인접한 토지(같은 동 263-1번지, 260-10번지, 260-9번지, 260-18번지, 260-17번지 등) 또한 통행로 없는 '맹지'의 형상들인 바, '이 건 토지'를 포함한 인접 토지들은 각각의 토지 일부를 할애하여 각각의 토지에 진출입이 가능하도록 '도로'로 이용하고 있는 것으로 보여진다.
한편, 인접한 대지들의 건축물이 건축된 연혁을 살펴보면, 대부분이 1950년대~1960년대에 건축된 것으로서 동 건축물들이 건축당시부터 원활하게 이용될 수 있기 위하여는 동 현황도로가 적어도 1950년대부터 개설되어 이용되었을 것이라고 봄이 상당하다고 판단된다.
000, ㅁㅁㅁ는 이 건 토지를 2012.1.30. 매입한 것으로 확인되는 바, 이는 소유자가 매입할 당시 토지 현황의 일부가 '도로'로 이용되고 있었음을 인지하고 있었다고 보아야 하고 이러한 사정이 반영되어 토지거래가 이루어졌다고 보아야 할 것이다. 000, ㅁㅁㅁ는 '이 건 토지'에 대하여 일반인의 통행을 제한할 수 있으니 이를 '사실상의 사도'로 평가하여서는 안 된다고 주장하나 위와 같은 경위를 살펴 볼 때 '이 건 토지'는 도로개설 당시의 토지소유자가 자기 토지의 편익 및 주위의 통행을 함께 고려하여 설치한 '도로'로 보여지는 점과 '이 건 토지'를 포함하여 통행로가 없는 이 일대 대지들의 유일한 통행로로 이용하기 위하여 토지소유자들의 필요에 의하여 각각의 토지의 일부를 '도로'로 공여한 것으로 볼 수 있는 사정들을 고려해 볼 때, '이 건 토지'는 토지소유자가 '도로'가 아닌 '대지'로 원상회복할 수 있는 토지라고 보기 어려우므로 법 시행규칙 제26조에 따른 '사실상의 사도'에 해당한다고 판단된다. 따라서 소유자의 주장은 받아들일 수 없다.

② 판단시점

도로개설의 자의성 및 동일인 소유 토지로의 가치이전이라는 두 가지 요건은 도로개설 당시를 기준으로 판단한다. 따라서 사실상 도로가 개설되지 않은 경우는 사실상의 사도로 볼 수 없으며, 도로개설 당시는 도로부지와 그 도로를 통하여 출입하는 토지가 동일인이었으나 그 이후 소유권이 달라진 경우에는 사실상의 사도로 본다.

〈재결례〉
사실상 사도로 개설하기로 예정되어 있었으나 실제로 개설되지 않은 경우는 사실상의 사도가 아니다. [중토위 2013.03.22. 이의재결]

〈재결요지〉
000이 편입토지의 일부를 도로로 평가함은 부당하니 이를 정상평가하여 달라는 주장에 대하여, 관계자료(부동산매매계약서, 건축허가서 및 설계도면, 현황사진 등)에 의하면, 000은 경기 ㅁㅁ시 △△동 ▽▽▽번지 일대에 근린생활시설의 건축을 위하여 인근의 토지(△△동 ▽▽▽ 전 1,193㎡)를 매입하였고 매입토지를 포함한 일부 토지('이 건 토지')를 건물의 '진출입로'로 개설할 목적으로 설계하여 2009.9.21. 건축허가를 받았으나 부지조성단계에서 당해 공익사업에 편입되어 건축이 중지된 것으로 확인된다.
만약, 이 건 공익사업으로 인한 건축중단없이 건축이 완공되었다면 '이 건 토지'는 건축물부지의 가치증진에 기여하게 되므로 명백하게 '사실상의 사도'에 해당한다고 할 것이다. 그러나 이 건은 건축이 완공에 이르지 못한 채 이 건 공익사업시행을 원인으로 중지되었으므로 '이 건 토지'는 '사실상의 사도'에 해당한다고 볼 수 없고 '전'을 기준으로 평가함이 타당하므로 소유자의 주장을 받아들여 각각 '전'과 '대'로 평가·보상하기로 한다.

③ 판단근거

도로개설 당시를 기준으로 개설의 자의성과 동일인 소유 토지로의 가치 이전이라는 2가지 요건은 인접토지의 획지면적・이용상태・개설경위・목적・주위환경 등에 의하여 객관적으로 판단한다.

판례

사실상 사도에 해당하는지 여부는 도로개설의 경위와 목적 등을 종합적으로 고려하여 판단하여야 한다. [대법원 2014.06.26. 선고 2013두21687 판결]

〈판결요지〉

어느 토지가 시행규칙 제26조 제2항 제1호에 규정된 '도로개설 당시의 토지소유자가 자기 토지의 편익을 위하여 스스로 설치한 도로'에 해당하려면, 토지소유자가 자기 소유 토지 중 일부에 도로를 설치한 결과 도로 부지로 제공된 부분으로 인하여 나머지 부분 토지의 편익이 증진되는 등으로 그 부분의 가치가 상승됨으로써 도로부지로 제공된 부분의 가치를 낮게 평가하여 보상하더라도 전체적으로 정당보상의 원칙에 어긋나지 않는다고 볼 만한 객관적인 사유가 있다고 인정되어야 하고, 이는 도로개설 경위와 목적, 주위환경, 인접토지의 획지 면적, 소유관계 및 이용상태 등 제반 사정을 종합적으로 고려하여 판단할 것이다.

(2) **토지소유자가 그 의사에 의하여 타인의 통행을 제한할 수 없는 도로**

토지소유자가 그 의사에 의하여 타인의 통행을 제한할 수 없는 도로에는 i) 「민법」에 의하여 주위토지통행권(법정통행권)이 발생한 도로, ii) 물권으로서 통행지역권 또는 사용대차・임대차 등의 채권계약에 의한 통행권(약정통행권)이 설정된 도로, iii) 공동생활을 하면서 자연발생적으로 형성된 도로 등이 있다.

이러한 도로는 2003.1.1. 「토지보상법」 제정으로 사실상의 사도에 추가된 것이다. 여기에 해당되는 사실상의 사도에 대해서는 실무에서 다양한 문제가 발생하고 있으므로 이에 대해서 살펴본다.

① **주위토지통행권에 의한 도로**

가. 주위토지통행권에 의한 도로의 유형

주위토지통행권에 의한 도로에는 i) 「민법」 제219조에 의한 도로, ii) 「민법」 제220조에 의한 도로가 있다.

가) 「민법」 제219조에 의한 도로

「민법」 제219조에서는 어느 토지와 공도 사이에 그 토지의 용도에 필요한 공도가 없어서 주위의 토지를 통행하거나 통로를 개설하지 않고서는 공도에 출입할 수 없는 경우 또는 공도에 통하려면 과다한 비용을 요하는 경우, 그 토지소유자는 주위의 토지를 통행할 수 있고 필요한 경우 통로를 개설할 수 있도록 규정하고 있으며, 이 경우 통로의 개설에는 손해가 가장 적은 장소와 방법을 선택하여야 하고, 그로 인하여 손해가 있는 경우 그 토지소유자는 통행지의 소유자에게 보상하여야 한다.

나) 「민법」 제220조에 의한 도로

「민법」 제220조에서는 당초는 공도에 통하고 있었던 토지가 분할 또는 일부의 양도로 공도에 통하지 못하는 토지로 된 경우, 그 토지소유자는 다른 분할 토지소유 또는 그 양수인의 토지를 통행할 수 있지만, 이 경우 통행으로 인하여 분할한 토지소유자 또는 그 양수인에게 손해가 발생하더라도 그 토지소유자는 그로 인한 보상의 의무가 없다.

나. 주위토지통행권에 의한 도로의 보상

가) 「민법」 제219조의 도로

「민법」 제219조의 도로의 보상에 대해서는 다음과 같은 견해의 대립이 있다.

(가) 사실상의 사도로 보아서는 안 된다는 견해

「민법」 제219조에 따른 도로는 그 도로의 개설로 인하여 손해가 있는 경우 그 토지소유자는 통행지의 소유자에게 보상하여야 하므로, 「민법」 제219조에 따른 도로의 소유자는 해당 도로의 임료를 수취할 수 있고, 임료가 시장임료로 결정된다면 사실상 인근 토지의 가치와 동일하다고 보아야 하므로, 단지 타인의 통행을 제한할 수 없다는 이유만으로 사실상의 사도로 보고 인근토지에 비하여 낮게 감정평가하는 것은 타당하지 않다는 주장이다.

(나) 사실상의 사도로 보아야 한다는 견해

「토지보상법 시행규칙」 제26조 제2항 제2호에서는 사실상의 사도에 해당되는지 여부를 토지소유자가 그 의사에 의하여 타인의 통행을 제한할 수 있는지 여부에 따라 판단하도록 규정하고 있을 뿐이고, 임료 등의 발생 여부를 기준으로 판단하지 않으므로 「민법」 제219조에 따른 도로도 사실상의 사도로 보아야 한다는 주장이다.

(다) 소결

i) 「토지보상법 시행규칙」 제26조 제2항 제2호에서는 사실상의 사도에 해당되는지 여부를 토지소유자가 그 의사에 의하여 타인의 통행을 제한할 수 있는지 여부에 따라 판단하도록 규정하고 있고, ii) 「사도법」에 따른 사도의 경우에도 사용료의 징수가 가능함에도 배타적 사용이 제한된다는 이유로 감액하고 있으며, iii) 일반적인 거래의 관행에서도 이러한 사도는 인근토지에 비하여 낮게 거래되는 것이 일반적이므로 사실상의 사도로 보는 것이 타당하다고 본다.

나) 「민법」 제220조의 도로

「민법」 제220조에 따른 도로는 통행으로 인하여 분할한 토지소유자 또는 그 양수인에게 손해가 발생하더라도 그 토지소유자는 그로 인한 보상의 의무가 없으므로 이를 사실상의 사도로 보는 데에는 문제가 없다.

② 약정에 의한 도로

가. 약정에 의한 도로의 유형

약정에 의하여 통행권이 설정되는 도로에는 i) 물권으로서 통행지역권이 설정된 도로와 ii) 채권으로서 사용대차 또는 임대차 등의 계약에 의하여 통행권이 설정된 도로가 있다.

가) 통행지역권에 의한 도로

통행지역권은 「민법」 제291조에 의해 타인의 토지(승역지)를 자기의 토지(요역지)의 편익을 위하여 이용하는 권리로, 그 편익의 내용은 승역지를 통행에 사용할 수 있는 것이다. 통행지역권은 타인의 토지를 직접 지배하는 것이 아니므로 i) 승역지 소유자의 이용을 완전히 배제할 수 없고, ii) 중복적으로 통행지역권을 설정할 수도 있으며, iii) 승역지 소유권을 제한하는 물권인 점에서 설정등기를 요하고 iv) 취득시효 및 소멸시효의 대상이 된다.

나) 채권계약에 의한 통행권이 설정된 도로

채권계약에 의한 통행권은 인근 토지소유자와 사용대차 또는 임대차 등 채권계약을 체결하여 인근 토지를 자기 토지의 통행에 이용하게 하는 것을 말한다.

사용대차에 의한 통행권인지 또는 임대차에 의한 통행권인가의 구분은 차임의 유무에 의해서 구별되나, 통행에 관한 계약이 있는 경우 임대차에 의한 것인가 혹은 통행지역권설정에 의한 것인가는 분명하지 않는 경우가 많다.

사용대차 또는 임대차에 의한 통행권은 채권이므로, 이를 등기하지 아니하면 제3자에게 대항할 수 없다.[69]

따라서 등기하지 않은 통행권은 도로의 소유권이 변동될 경우, 새로운 소유자와 다시 사용대차 또는 임대차계약을 체결하지 않으면 안 된다.

나. 약정에 의한 도로의 보상

약정에 의한 도로도 타인의 필요에 의하여 일부 토지를 사도로 제공하고 정상적인 임료를 수취한다면, 그 도로의 경제적 가치를 인근 토지에 비하여 낮게 감정평가하는 것은 타당하지 않다는 견해가 있다.

그러나 「민법」 제219조에 의한 도로와 마찬가지의 이유로 사실상의 사도로 보아 감정평가하는 것이 타당하다. 다만, 채권계약에 의한 통행권이 설정된 도로의 경우는 토지 소유자가 채권계약에 불구하고 소유권을 행사하여 통행을 제한할 수 있는지 여부에 따라 사실상의 사도에 해당하는지 여부를 결정한다.

〈재결례〉
원상회복이 용이한 경우는 타인의 통행을 제한할 수 없는 도로에 해당되지 않는다.
[중토위 2018.05.28. 이의재결]

69) 「부동산등기법」 제3조 제8호 및 제74조에 따라 임차권도 등기할 수 있다.

〈재결요지〉
소유자의 토지인 인천 ○○구 ○○동 211-7 전 1,093㎡ 중 현황이 '도로'인 24㎡는 타인 소유의 토지인 같은 동 200의 진입도로로 사유 중이나 같은 동 200의 소유자가 해당 지번 내 비닐하우스를 철거할 경우 통행이 가능한 점 등을 고려할 때 토지 소유자가 그 의사에 의하여 타인의 통행을 제한할 수 없는 도로에 해당한다고 보기 어렵고 이의신청인의 토지가 일부 포장되어 도로로 이용 중인 것은 일시적 이용상황에 해당한다고 할 것이므로 지목 전으로 평가보상하기로 한다.

③ 자연발생적으로 형성된 도로

자연발생적으로 형성된 도로는 일반적으로 도로로 개설 또는 형성과정에 도로관리청 기타 행정청이 관여하지 아니한 도로를 말한다. 토지소유자가 관여하였는지는 묻지 않으나, 여기서는 토지소유자가 스스로 설치한 도로를 제외한다.

도로는 우리 생활과 밀접한 관련이 있음에도 도로관리청 기타 행정청이 도로를 적기에 개설하지 못하기 때문에, 토지소유자가 개설하거나 공동생활의 편익증진을 위하여 주민들이 협동하여 또는 자연스럽게 도로를 만들거나 형성되는 경우가 많다. 이러한 토지를 사실상의 사도로 감정평가하기 위해서는 다음과 같은 점을 고려한다.

가. 원상회복이 가능한지 여부

주위 토지통행권에 의한 도로나 약정에 의한 도로는 도로개설과 관련된 법률관계가 소멸되거나 변경되면 원상회복이 가능하다는 점에는 이견이 없으나, 자연발생적으로 형성된 도로의 경우 소유자가 소유권을 행사하여 원상회복이 가능한가 하는 것이 문제이다.

가) 「도로법」 제4조의 적용 여부

「도로법」 제4조에서는 "도로를 구성하는 부지, 옹벽 기타의 물건에 대하여서는 사권을 행사할 수 없다. 다만, 소유권을 이전하거나 저당권을 설정함은 그러하지 아니하다."고 규정하여 도로에 대해서는 원칙적으로 원상회복을 인정하지 않고 있다.

다만, 「도로법」상의 도로에 자연발생적으로 형성된 도로가 포함되는지가 문제이나, 「도로법」 제2조 제1항에서 "이 법에서 도로란 일반의 교통에 공용되는 도로로서 제10조에 열거한 것을 말한다."고 규정하고 있고, 「도로법」 제10조에서 도로는 고속국도, 일반국도, 특별시도 · 광역시도, 지방도, 시도, 군도, 구도로 나누고 있어, 자연발생적으로 형성된 도로는 「도로법」상의 도로에 포함되지 않으므로 자연발생적으로 형성된 도로는 원상회복을 금한 「도로법」 제4조가 적용될 여지가 없다.

따라서 자연발생적으로 형성된 도로는 원칙적으로 사권을 행사하여 원상회복할 수 있다.

판례

「도로법」 제4조에 따른 사권의 제한을 받은 도로에는 자연발생적으로 형성된 도로는 포함되지 않는다. [대법원 1999.12.28. 선고 99다39227 · 39234 판결]

〈판결요지〉
도로법 제5조[70]의 적용을 받는 도로는 적어도 도로법에 의한 노선인정과 도로구역 결정 또는 이에 준하는 도시계획법 소정 절차를 거친 도로를 말하므로, 이러한 절차를 거친 바 없는 도로에 대하여는 도로법 제5조를 적용할 여지가 없다.

나) 「형법」 제185조의 적용 여부

「형법」 제185조에서는 일반교통방해죄로서 육로, 수로 또는 교량을 손괴 또는 불통하게 하거나 기타 방법으로 교통을 방해한 자는 10년 이하의 징역 또는 1천500만원 이하의 벌금에 처하도록 규정하고 있으므로 자연발생적으로 형성된 도로에 대해서도 「형법」 제185조가 적용되는지 여부가 문제이다.

「형법」 제185조에서 육로라 함은 특정인이 아니라 일반 공중 즉, 불특정 다수인 또는 차마가 자유롭게 통행할 수 있는 공공성을 지닌 장소를 말하므로, 자연발생적으로 형성된 도로는 일반 공중의 통행에 제공되었는지에 따라 「형법」 제185조의 일반교통방해죄를 적용할 수 있는지 여부가 결정된다.

판례

일반 공중의 통행에 제공되지 않은 도로에는 「형법」 제185조의 일반교통방해죄를 적용할 수 없다. [대법원 2019.04.23. 선고, 2017도1056 판결]

〈판결요지〉
일반교통방해죄는 일반 공중의 교통안전을 보호법익으로 하는 범죄로서 육로 등을 손괴 또는 불통하게 하는 경우뿐만 아니라 그 밖의 방법으로 교통을 방해하여 통행을 불가능하게 하거나 현저하게 곤란하게 하는 일체의 행위를 처벌하는 것을 목적으로 한다(대법원 2003.10.10. 선고 2003도4485 판결 등 참조). 그리고 여기에서 '육로'라 함은 일반 공중의 왕래에 공용된 장소, 즉 특정인에 한하지 않고 불특정 다수인 또는 차마가 자유롭게 통행할 수 있는 공공성을 지닌 장소를 말한다.

판례

사실상 도로가 인근 토지 거주자들의 유일한 통로라면 「형법」 제185조의 일반교통방해죄가 적용된다. [대구지법 2018.05.31. 선고, 2017노4935 판결 : 확정]

〈판결요지〉
甲 도로는 인근 거주자들의 농기계, 수레 등의 통행이 가능할 정도의 폭을 가진 도로였는데, 피고인이 甲 도로 인근의 토지를 낙찰받은 이후 도로 위에 사람이 겨우 지나다닐 수 있는 정도의 폭만 남긴 채 철재로

70) 당시 (구)「도로법」 제5조는 현행 제4조와 동일하게 사권의 제한에 대하여 규정하였다.

된 펜스를 설치하는 방법으로 육로의 교통을 방해하였다고 하여 일반교통방해로 기소된 사안이다.
甲 도로는 도로포장이 되지 않은 공터였다가, 乙 주식회사가 공장 차량 등의 통행로로 이용하기 위하여 도로포장을 한 이후부터는 공장 차량 등뿐만 아니라 인근 토지의 거주자들도 이를 도로로 이용하여 온 점, 인근 토지는 경사로인 甲 도로 위쪽에 위치하고 있고 뒤로는 산이 바로 맞닿아 있는 관계로, 인근 토지의 거주자들은 甲 도로를 지나지 않고서는 언덕 아래 도로로 나아갈 수 없을 것으로 보이고, 甲 도로 우측에 사람의 보행이 가능한 정도의 지목상 구거(溝渠)가 있으나 甲 도로가 포장된 이후로는 돌층계로 길이 중간에 막혀 더 이상 통행로로 이용할 수 없게 되었으므로 甲 도로는 인근 토지 거주자들의 유일한 통행로로 이용되어 온 점, 따라서 甲 도로는 사실상 일반공중의 왕래에 공용되는 육로에 해당하고, 이를 인근 토지 거주자들 외에는 이용하는 사람들이 없더라도 달리 볼 것이 아닌 점, 피고인이 제출한 甲 도로 부지에 대한 입찰 정보에 '위 토지의 일부가 도로로 이용 중'이라는 내용이 기재되어 있어, 피고인은 위 토지를 낙찰받을 때부터 甲 도로 부지 중 일부가 도로로 이용되고 있다는 사실을 충분히 알았을 것으로 보이는 점 등의 사정을 종합하면, 피고인이 육로인 甲 도로의 교통을 방해하였다는 이유로 피고인에게 유죄를 인정한 사례이다.

다) 적용

자연발생적으로 형성된 도로가 i) 특정인이 아닌 일반 공중의 통행에 제공되고 있고, ii) 해당 도로를 이용하지 않으면 인근토지의 거주자들의 출입이 불가능한 유일한 통행로라면 「토지보상법 시행규칙」 제26조 제2항 제2호의 '토지소유자가 그 의사에 의하여 타인의 통행을 제한할 수 없는 도로'에 해당된다고 본다.

나. 독점적·배타적인 사용수익권을 포기하였다고 보아야 하는지 여부

자연발생적으로 형성된 도로의 경우 소유자가 독점적이고 배타적인 사용수익권을 포기하였다고 볼 수 있는지의 문제이다.

일반적으로는 자연발생적으로 형성된 도로라 하여 일률적으로 소유자가 독점적이고 배타적인 사용수익권을 포기하였다고 볼 수 없다.

또한 독점적·배타적인 사용·수익권의 행사가 제한된다고 하더라도, i) 그 후 토지이용상태에 중대한 변화가 생기는 등으로 독점적·배타적인 사용·수익권의 행사를 제한하는 기초가 된 객관적인 사정이 현저히 변경되고, ii) 소유자가 일반 공중의 사용을 위하여 그 토지를 제공할 당시 이러한 변화를 예견할 수 없었으며, iii) 사용·수익권 행사가 계속하여 제한된다고 보는 것이 당사자의 이해에 중대한 불균형을 초래하는 경우에는, 토지소유자는 그와 같은 사정변경이 있은 때부터는 다시 사용·수익 권능을 포함한 완전한 소유권에 기한 권리를 주장할 수 있다고 본다.

판례

자연발생적 도로의 소유자가 사용수익권을 포기한 것으로 보기 위해서는 보유기간 및 경위, 도로의 위치 등을 종합적으로 고려하여야 한다.
[대법원 2019.01.24. 선고 2016다264556 전원합의체 판결]

〈판결요지〉

대법원 〈판례〉를 통하여 토지소유자 스스로 그 소유의 토지를 일반 공중을 위한 용도로 제공한 경우에

그 토지에 대한 소유자의 독점적이고 배타적인 사용·수익권의 행사가 제한되는 법리가 확립되었고, 대법원은 그러한 법률관계에 관하여 판시하기 위하여 '사용·수익권의 포기', '배타적 사용·수익권의 포기', '독점적·배타적인 사용·수익권의 포기', '무상으로 통행할 권한의 부여' 등의 표현을 사용하여 왔다. 이러한 법리는 대법원이 오랜 시간에 걸쳐 발전시켜 온 것으로서, 현재에도 여전히 그 타당성을 인정할 수 있다. 다만 토지소유자의 독점적이고 배타적인 사용·수익권 행사의 제한 여부를 판단하기 위해서는 토지 소유자의 소유권 보장과 공공의 이익 사이의 비교형량을 하여야 하고, 원소유자의 독점적·배타적인 사용·수익권 행사가 제한되는 경우에도 특별한 사정이 있다면 특정승계인의 독점적·배타적인 사용·수익권 행사가 허용될 수 있다. 또한, 토지소유자의 독점적·배타적인 사용·수익권 행사가 제한되는 경우에도 일정한 요건을 갖춘 때에는 사정변경의 원칙이 적용되어 소유자가 다시 독점적·배타적인 사용·수익권을 행사할 수 있다고 보아야 한다.

토지소유자의 독점적·배타적인 사용·수익권 행사의 제한은 해당 토지가 일반 공중의 이용에 제공됨으로 인한 공공의 이익을 전제로 하는 것이므로, 토지소유자가 공공의 목적을 위해 그 토지를 제공할 당시의 객관적인 토지이용현황이 유지되는 한도 내에서만 존속한다고 보아야 한다. 따라서 토지소유자가 그 소유 토지를 일반 공중의 이용에 제공함으로써 자신의 의사에 부합하는 토지이용상태가 형성되어 그에 대한 독점적·배타적인 사용·수익권의 행사가 제한된다고 하더라도, 그 후 토지이용상태에 중대한 변화가 생기는 등으로 독점적·배타적인 사용·수익권의 행시를 제한하는 기초가 된 객관적인 사정이 현저히 변경되고, 소유자가 일반 공중의 사용을 위하여 그 토지를 제공할 당시 이러한 변화를 예견할 수 없었으며, 사용·수익권 행사가 계속하여 제한된다고 보는 것이 당사자의 이해에 중대한 불균형을 초래하는 경우에는, 토지소유자는 그와 같은 사정변경이 있은 때부터는 다시 사용·수익 권능을 포함한 완전한 소유권에 기한 권리를 주장할 수 있다고 보아야 한다. 이때 그러한 사정변경이 있는지 여부는 해당 토지의 위치와 물리적 형태, 토지소유자가 그 토지를 일반 공중의 이용에 제공하게 된 동기와 경위, 해당 토지와 인근 다른 토지들과의 관계, 토지이용상태가 바뀐 경위와 종전 이용상태와의 동일성 여부 및 소유자의 권리행사를 허용함으로써 일반 공중의 신뢰가 침해될 가능성 등 전후 여러 사정을 종합적으로 고려하여 판단하여야 한다.

다. 관습상의 통행권이 발생하였다고 볼 수 있는지 여부

오랜 세월에 걸쳐 타인의 토지를 통행하여 온 결과 당초는 도로가 없었지만 자연히 도로로서의 외관이 완성되고 그것을 누가 보더라도 도로라고 인식할 수 있는 상태가 되었을 경우, 그 도로에 관습에 의하여 성립하는 관습상의 통행권을 인정할 수 있는지 여부가 문제이나, 자연발생적으로 형성된 도로에 대한 관습상의 통행권은 인정되지 않는다.

판례

관습상 통행권은 인정되지 않는다.
[대법원 2002.02.26. 선고 2001다64165 판결]

〈판결요지〉

민법 제185조는, "물권은 법률 또는 관습법에 의하는 외에는 임의로 창설하지 못한다."고 규정하여 이른바 물권법정주의를 선언하고 있고, 물권법의 강행법규성은 이를 중핵으로 하고 있으므로, 법률(성문법과 관습법)이 인정하지 않는 새로운 종류의 물권을 창설하는 것은 허용되지 아니한다 할 것인바, 원심이 인정한 관습상의 통행권은 성문법과 관습법 어디에서도 근거가 없으므로(기록상 위 지역에 그와 같은 관습법이 존재한다고 볼 자료도 전혀 없다), 원심이 원고들에게 관습상의 통행권이 있다고 판단하여 원고들의 통행권 확인 청구를 인용한 것은 물권법정주의에 관한 법리를 오해하여 판결 결과에 영향을 미친 위법을 저지른 것이라 하겠다.

라. 국가 또는 지방자치단체를 점유주체로 볼 수 있는지 여부

국가나 지방자치단체가 「국토계획법」이나 「도로법」에 따른 절차 없이 사실상의 도로를 확장하거나 포장하여 일반 공중의 교통에 제공한 때에는 사실상 지배주체로서 점유하고 있다고 보아야 한다.

다만, 주민들이 자조사업으로 사실상의 도로를 개설하거나 기존의 사실상 도로에 개축 또는 유지, 보수공사를 시행한 경우에는 그 도로의 사실상의 지배주체를 국가나 지방 자치단체라고 보기 어려울 것이나, 주민자조사업의 형태로 시공한 도로라고 할지라도 실제로 국가나 지방자치단체에서 그 공사비의 상당부분을 부담하고 공사 후에도 도로의 유지・보수를 담당하면서 공중의 교통에 공용하고 있다면 국가나 지방자치단체를 그 도로의 사실상의 지배주체로 볼 수 있다.

국가 또는 지방자치단체를 점유주체로 볼 수 있는지 여부는 부당이득의 발생 가능성 등과 관련이 있다.

판례

국가 등이 사실상 도로를 확장, 포장 등을 하여 일반 공중의 교통에 이용한 때에는 사실상 지배주체로서 점유한 것으로 볼 수 있다.
[대법원 2002.03.12. 선고 2001다70900 판결]

〈판결요지〉

국가나 지방자치단체가 도로를 점유하는 형태는 도로관리청으로서의 점유와 사실상의 지배주체로서의 점유로 나누어 볼 수 있는바, 기존의 사실상의 도로에 도로법에 의한 노선인정의 공고 및 도로구역의 결정이 있거나 도시계획법에 의한 도시계획사업의 시행으로 도로설정이 된 때에는 이때부터 도로관리청으로서의 점유를 개시한 것으로 인정할 수 있고, 이러한 도로법 등에 의한 도로의 설정행위가 없더라도 국가나 지방자치단체가 기존의 사실상 도로에 대하여 확장, 도로포장 또는 하수도 설치 등 도로의 개축 또는 유지보수 공사를 시행하여 일반 공중의 교통에 이용한 때에는 이때부터 그 도로는 국가나 지방자치단체의 사실상 지배하에 있는 것으로 보아 사실상 지배주체로서의 점유를 개시한 것으로 인정할 수 있다.

마. 불법행위로 인한 손해배상청구가 가능한지 여부

자기 소유 토지에 불법으로 도로가 개설되어 그로 인하여 손해를 입은 토지소유자는 불법행위를 원인으로 한 손해배상을 청구할 수 있다.

이때 손해배상의 요건으로는 i) 도로의 설치 또는 제3자의 통행행위가 위법할 것, ii) 그 행위자의 고의 또는 과실이 있을 것, iii) 그 행위자에 책임능력이 있을 것, iv) 그 가해행위에 의하여 손해가 발생할 것 등이 요구된다.

따라서 국가 또는 지방자치단체의 도로설치 또는 제3자의 통행행위가 위법하더라도 그것이 그것을 행한 공무원 또는 제3자의 고의 또는 과실이 없을 때에는 불법행위의 요건을 구성하지 않기 때문에 손해배상을 청구할 수 없다.

그러므로 자연발생적으로 형성된 도로에 대하여 불법행위로 인한 손해배상이 인정되는 경우는 거의 없다.

바. 부당이득이 성립되는지 여부

국가 또는 지방자치단체가 사인의 토지를 도로관리청으로서 점유하고 있는 경우에 부당이득이 성립된다는 데에는 이론이 없으나, 자연발생적으로 형성된 도로에 대해서도 국가나 지방자치단체의 부당이득이 성립되는지에 대해서는 명확하지 않다.

일반적으로 부당이득이 성립하기 위해서는 i) 타인의 재산 또는 노무로 인하여 이익을 얻을 것, ii) 타인에게 손해가 발생할 것, iii) 수익과 손실 간에 인과관계가 있을 것, iv) 수익을 정당화시키는 법률상 원인이 없을 것의 요건이 요구된다.

자연발생적으로 형성되어 도로로 이용되고 있는 토지에 대한 점유사용이 정당한 이유에서 물권적 청구권이 배척되거나, 그 불법점유 사유가 행위자의 고의 또는 과실에 의한 것이 아니라는 이유에서 불법행위에 의한 손해배상청구가 받아들여지지 않는 경우가 많으나, 부당이득반환의 청구는 그 점유가 정당하거나 또는 행위자의 고의·과실이 없더라도 앞의 4가지 요건이 다 충족되면 이를 광범위하게 인정되고 있다.

따라서 국가 또는 지방자치단체가 사실상 지배주체로서 점유한 도로, 「민법」 제219조에 따른 주위토지통행권이 발생한 도로 등은 부당이득반환의 청구가 인정될 수 있다.

판례

국가 또는 자치단체가 사실상 지배주체로서 도로를 점유하는 경우 임료상당의 부당이득을 반환하여야 한다.

[대법원 2000.06.23. 선고 2000다12020 판결]

〈판결요지〉

국가 또는 자치단체가 종전부터 일반 공중의 통행로로 사실상 공용되고 있던 토지에 대하여 도로법 등에 의한 도로설정을 하여 도로관리청으로서 점유하거나 사실상 필요한 공사를 하여 도로로서의 형태를 갖춘 다음 사실상 지배주체로서 도로를 점유하게 된 경우, 그 토지에 대한 임료 상당의 부당이득액을 산정…하였다.

사. 손실보상청구가 가능한지 여부

국가 또는 지방자치단체는 「국토계획법」이나 「도로법」에 따른 절차를 거쳐 손실을 보상하고 토지를 취득한 후 도로개설을 하여야 하나, 이러한 절차를 거치지 아니하고 개인 소유의 토지를 무단으로 점유하여 도로로 사용하고 있을 때 손실보상을 청구할 수 있는지의 문제이다.

공권력의 작용에 의하여 재산권이 침해된 경우 그 손실 또는 손해를 어떠한 제도에 의하여

전보할 것인가 하는 것은 기본적으로 입법정책의 문제라고 할 것이며, 우리나라는 그 침해가 적법한 경우에는 보상제도에 의하여 손실을 전보하고, 위법한 경우에는 국가배상제도에 의하여 손해를 전보하도록 하는 이원적 제도를 택하고 있고, 손실보상에 관하여는 「토지보상법」 및 기타 법률이, 국가배상에 관하여는 「국가배상법」이 제정되어 있다.
따라서 도로로 불법으로 점유・사용되고 있는 토지에 대하여 그 소유자는 국가 또는 지방자치단체에 대하여 직접 손실보상을 청구할 수는 없다.

판례

사유지의 불법사용에 대해서는 보상청구나 수용청구가 허용되지 않는다.
[헌법재판소 1997.03.27. 96헌바21 전원재판부 결정]

〈결정요지〉
공권력의 작용에 의한 손실(손해) 전보제도를 손실보상과 국가배상으로 나누고 있는 우리 헌법 아래에서는 불법사용의 경우에는 국가배상 등을 통하여 문제를 해결할 것으로 예정되어 있고 기존 침해상태의 유지를 전제로 보상청구나 수용청구를 함으로써 문제를 해결하도록 예정되어 있지는 않으므로 토지수용법 제48조 제2항 중 "사용" 부분이 불법사용의 경우를 포함하지 않는다고 하더라도 헌법에 위반되지 아니한다.

④ 적용

가. 사실상 사도의 발생원인

도로는 공공용물로서 국가나 지방자치단체가 예산을 투입하여 개설하는 것이 원칙이나, 예산사정 등으로 인하여 도로가 제때 개설되지 않고 있는 경우 어쩔 수 없이 사인의 토지를 많은 사람들이 통행하게 되어 외관적으로는 도로의 형태를 갖추게 된다. 그러나 도로부지의 소유자는 그 도로의 통행을 금지시킬 경우 주민의 반발 및 사회적 비난을 받게 되므로 이를 묵인하거나 또는 공동체 생활을 위한 호의로 통행을 허용하는 경우 등이 있을 수 있다.

나. 사실상 사도의 판단기준

사실상의 사도 중 「토지보상법 시행규칙」 제26조 제2항 제2호의 '토지소유자가 그 의사에 의하여 타인의 통행을 제한할 수 없는 도로'는 그 유형이 대단히 다양하고, 그 성격상 단순히 타인의 통행을 제한할 수 없다는 이유만으로 일률적으로 감액하여 보상하는 것이 타당하지 않은 경우도 있다.
또한 도로부지의 소유자는 사유재산을 아무런 대가 없이 공공의 사용에 제공해 오고 있는 것인데, 이러한 결과로 단지 통행을 제한할 수 없다는 이유만으로 사후에 공익사업을 위한 보상을 하면서 인근 토지에 비하여 현저하게 낮게 보상한다면, 국가나 사회를 위하여 희생한 자에게 불이익을 주게 되는 결과가 초래되므로 바람직하지 않다.
특히 1995.1.7. (구)「공공용지의 취득 및 손실보상에 관한 특례법 시행규칙」 제6조의2를 개정하여 「사도법」에 따른 사도를 제외한 모든 도로를 인근토지에 대한 평가금액의 3분의 1 이내로 평가하도록 하였으나, 이러한 개정에도 불구하고 대법원은 도로의 개설 경위와 목적, 주위 환경, 인접 토지의 필지별 면적과 소유관계 및 이용상태 등 여러 사정에 비추어 토지소유자가 자기 토지의 편익을 위하여 스스로 공중의 통행에 제공하는 등 인근 토지에 비하여 낮은 가격으로 보상하여 주어도 될 만한 객관적인 사유가 인정되는 경우에만 인근 토지의 3분의 1 이내에서 평가하고 그러한 사유가 인정되지 아니하는 경우에는 위 규정의 적용에서 제외하여야 한다고 판결한 바도 있다.

판례

불특정 다수인의 통행에 제공되고 있다고 하여 이를 모두 사실상의 사도로 볼 수 없다.
[대법원 2002.12.24. 선고 2001두3822 판결]

〈판결요지〉

특례법 시행규칙 제6조의2 제1항 제2호가 사도법에 의한 사도 외의 도로의 부지는 인근 토지에 대한 평가금액의 1/3 이내로 평가하도록 규정하고 있으나, 재산권의 보장에 관한 헌법 제23조의 규정과 공공사업을 위한 토지 등의 취득과 관련한 손실보상의 방법과 기준 등에 관한 규정 등에 비추어 볼 때, 도로의 개설 경위와 목적, 주위환경, 인접 토지의 필지별 면적과 소유관계 및 이용상태 등 여러 사정에 비추어 당해 토지소유자가 자기 토지의 편익을 위하여 스스로 공중의 통행에 제공하는 등 인근 토지에 비하여 낮은 가격으로 보상하여도 될 만한 객관적인 사정이 인정되지 아니하는 사도법에 의한 사도 외의 도로의 부지는 위 시행규칙 제6조의2 제1항의 규정에도 불구하고 인근 토지에 대한 평가금액의 1/3 이내로 평가하여서는 아니 된다.

따라서 '토지소유자가 그 의사에 의하여 타인의 통행을 제한할 수 없는 도로'를 사실상의 사도로 보는 경우는 가능한 한 좁게 해석하는 것이 타당하며, 다음과 같은 기준을 적용하여 판단할 수 있다고 본다.

가) 이용상황의 고착성

자연발생적으로 형성된 도로를 '토지소유자가 그 의사에 의하여 타인의 통행을 제한할 수 없는 도로'로 보기 위해서는 i) 사유지가 일반 공중의 교통에 공용되고 있고 그 이용상황이 고착되어 있어 원상회복하는 것이 법률상 허용되지 아니하거나 사실상 현저히 곤란한 정도에 이른 경우에 해당되어야 하고, ii) 해당 도로가 주위 토지로 통하는 유일한 통로에 해당하여야 한다.

이 경우 어느 토지가 불특정 다수인의 통행에 장기간 제공되어 왔고 이를 소유자가 용인하여 왔다는 사정만으로 언제나 도로로서의 이용상황이 고착되었다고 볼 것은 아니고, i) 해당 토지가 도로로 이용되게 된 경위, ii) 일반의 통행에 제공된 기간, iii) 도로로 이용되고 있는 토지의 면적 등과 더불어 iv) 그 도로가 주위 토지로 통하는 유일한 통로인지 여부 등 주변 상황과 v) 해당 토지의 도로로서의 역할과 기능 등을 종합하여 원래의 지목 등에 따른 표준적인 이용상태로 회복하는 것이 용이한지 여부 등을 가려서 판단해야 한다.

판례

도로로서의 이용상황이 고착되어 원상회복이 불가능할 경우에 한하여 '타인의 통행을 제한할 수 없는 도로'로 볼 수 있다.
[대법원 2013.06.13. 선고 2011두7007 판결]

〈판결요지〉
공익사업을 위한 토지 등의 취득 및 보상에 관한 법률 시행규칙 제26조 제2항 제2호가 규정한 '토지소유자가 그 의사에 의하여 타인의 통행을 제한할 수 없는 도로'는 사유지가 종전부터 자연발생적으로 또는 도로예정지로 편입되어 있는 등으로 일반 공중의 교통에 공용되고 있고 그 이용상황이 고착되어 있어, 도로부지로 이용되지 아니하였을 경우에 예상되는 표준적인 이용상태로 원상회복하는 것이 법률상 허용되지 아니하거나 사실상 현저히 곤란한 정도에 이른 경우를 의미한다고 할 것이다. 이때 어느 토지가 불특정 다수인의 통행에 장기간 제공되어 왔고 이를 소유자가 용인하여 왔다는 사정이 있다는 것만으로 언제나 도로로서의 이용상황이 고착되었다고 볼 것은 아니고, 이는 당해 토지가 도로로 이용되게 된 경위, 일반의 통행에 제공된 기간, 도로로 이용되고 있는 토지의 면적 등과 더불어 그 도로가 주위 토지로 통하는 유일한 통로인지 여부 등 주변 상황과 당해 토지의 도로로서의 역할과 기능 등을 종합하여 원래의 지목 등에 따른 표준적인 이용상태로 회복하는 것이 용이한지 여부 등을 가려서 판단해야 할 것이다.

나) 낮은 가격으로 보상하여도 될 객관적인 사유의 인정

자연발생적으로 형성된 도로를 사실상의 사도로 볼 수 있기 위해서는 i) 원상회복이 가능한지 여부, ii) 독점적·배타적인 사용수익권을 포기하였다고 보아야 하는지 여부, iii) 관습상의 통행권에 상당하는 사유가 발생하였다고 볼 수 있는지 여부, iv) 국가 또는 지방자치단체를 점유주체로 볼 수 있는지 여부, v) 불법행위로 인한 손해배상청구가 가능한지 여부, vi) 부당이득이 성립되는지 여부, vii) 손실보상청구가 가능한지 여부 등을 고려하여야 인근 토지에 비하여 낮은 가격으로 보상하여 주어도 될 만한 객관적인 사유가 인정되어야 한다.

즉, 자연발생적으로 형성된 도로라고 하여 이를 일률적으로 사실상의 사도로 보는 것은 타당하지 않다.

판례

'타인의 통행을 제한할 수 없는 도로'를 사실상의 사도로 보기 위해서는 낮은 가격으로 보상하여도 될 객관적 사정이 인정되어야 한다.
[대법원 2011.08.25. 2011두7014 판결]

〈판결요지〉
'토지소유자가 그 의사에 의하여 타인의 통행을 제한할 수 없는 도로'에는 법률상 소유권을 행사하여 통행을 제한할 수 없는 경우뿐만 아니라 사실상 통행을 제한하는 것이 곤란하다고 보이는 경우도 해당한다(대법원 2007.4.12. 선고 2006두18492 판결 등 참조). 따라서 단순히 당해 토지가 불특정 다수인의 통행에 장기간 제공되어 왔고 이를 소유자가 용인하여 왔다는 사정만으로는 사실상의 도로에 해당한다고 할 수 없으나, 도로로의 이용상황이 고착화되어 당해 토지의 표준적 이유상황으로 원상 회복하는 것이 용이하지

아니한 상태에 이르는 등 인근의 토지에 비하여 낮은 가격으로 평가하여도 될 만한 객관적인 사정이 인정되는 경우에는 사실상의 사도에 포함된다고 볼 것이다.

(3) 건축허가권자가 그 위치를 지정·공고한 도로

① 「건축법」상의 도로요건

「건축법」 제44조 제1항에서는 건축물의 대지는 극히 예외적인 경우(해당 건축물의 출입에 지장이 없다고 인정되는 것 및 건축물의 주변에 광장·공원·유원지 기타 관련 법령에 의하여 건축이 금지되고 공중의 통행에 지장이 없는 공지로서 건축허가권자가 인정한 것)를 제외하고 너비 4미터 이상의 도로에(자동차만의 운행에 사용되는 도로를 제외함) 2미터 이상을 접하도록 규제하고 있다.

그리고 이러한 도로란 보행 및 자동차통행이 가능한 너비 4미터 이상의 도로(지형적 조건으로 자동차통행이 불가능한 경우에는 2~3미터, 막다른 도로의 경우에는 2~6미터 너비의 도로)로서 i) 「국토계획법」·「도로법」·「사도법」 기타 관련 법령에 의하여 신설 또는 변경에 관한 고시가 된 도로뿐만 아니라, ii) 건축허가 또는 신고 시 서울특별시장·광역시장·도지사 또는 시장·군수·구청장이 그 위치를 지정·공고한 도로 또는 그 예정도로를 포함한다(「건축법」 제2조 제1항 제11호 및 「건축법 시행령」 제3조의3).

② 건축허가권자인 시장 등이 그 위치를 지정·공고한 도로의 요건

가. 이해관계인의 동의

위의 도로 중 ii)의 도로를 「건축법」 제45조의 규정에 의하여 건축허가권자가 그 위치를 지정·공고한 도로라고 하며, 허가권자는 도로의 위치를 지정·공고하려면 그 도로에 대한 이해관계인의 동의를 받아야 한다.

나. 예외

가) 조례로 정하는 경우

i) 허가권자가 이해관계인이 해외에 거주하는 등의 사유로 이해관계인의 동의를 받기가 곤란하다고 인정하는 경우, ii) 주민이 오랫동안 통행로로 이용하고 있는 사실상의 통로로서 해당 지방자치단체의 조례로 정하는 경우에는 이해관계인의 동의를 받지 않아도 된다.

나) 시장 등이 그 위치를 지정·공고한 이후

「건축법」 제45조에 따라 도로로 한번 지정이 되면, 그 이후에 같은 도로에 접한 대지에서는 건축허가를 위하여 다시 도로지정을 받을 필요가 없다.

따라서 그 도로상에 접한 다른 대지의 소유자는 건축허가 신청 시에는 「건축법」상 도로의 요건을 충족하기 위한 이해관계인의 동의를 받을 필요가 없게 된다.

(4) 토지소유자가 대지 또는 공장용지 등을 조성하기 위하여 설치한 도로

① 요건

가. 개발행위허가 등을 받아 개설한 도로

i) 「국토계획법」 제56조 제1항 등 관계법령에 따른 개발행위허가 등을 받아 택지부분과 도로부분으로 구분하여 도로로 개설한 토지 또는 ii) 개발행위 허가 등을 받지 아니하였으나 택지부분과 도로부분으로 구분하여 도로로 개설한 토지는 단지분할형 도로로서는 「토지보상법 시행규칙」 제26조 제2항 제4호에 따른 사실상의 사도로 본다.

나. 도로로 개설되어 있지 않으나 택지부분을 예정지로 감정평가하는 경우

「국토계획법」 제56조 제1항 등 관계법령에 따른 토지의 개발행위허가 등을 받지 아니하고 지적공부에서만 택지부분과 도로부분(지목이 변경되지 아니한 경우를 포함한다)으로 구분된 경우로서 택지부분을 일반거래관행에 따라 대지예정지 또는 공장예정지로 보고 개별필지별로 감정평가하는 경우에는 그 도로부분은 도로로 개설되어 있지 않아도 이를 「토지보상법 시행규칙」 제26조 제2항 제4호에 따른 사실상의 사도로 본다(「토지보상평가지침」 제35조의2 제2항 단서).

② 적용

가. 사실상의 사도로 보는 경우

토지소유자가 넓은 토지를 개발하면서 토지형질변경의 허가를 받거나 또는 허가받지 아니하고 자기 토지의 다른 부분의 효용증진을 위하여 개설하는 단지분할형 도로로서, 토지소유자가 자기 토지의 편익을 위해 스스로 개설한 전형적인 사실상의 사도에 해당한다.

> **판례**
>
> 토지소유자가 도시계획도로 입안내용에 따라 스스로 도로로 제공한 토지는 예정공도가 아니라 사실상의 사도에 해당된다.
> [대법원 1997.08.29. 선고 96누2569 판결]
>
> 〈판결요지〉
> 토지수용으로 인한 손실보상액을 산정함에 있어서는 당해 공공사업의 시행을 직접 목적으로 하는 계획의 승인·고시로 인한 가격변동은 이를 고려함이 없이 수용재결 당시의 가격을 기준으로 하여 적정가격을 산정하여야 하며, 도시계획결정은 도시계획고시일에 그 효력을 발생하는 것이므로, 당해 토지소유자가 도시계획(도로)입안의 내용에 따라 스스로 토지를 도로로 제공하였고 도시계획(도로) 결정고시는 그 후에 있는 경우, 도시계획입안의 내용은 그 토지 지가 하락의 원인과 관계가 없어서 토지에 대한 손실보상금산정에 참작할 사유가 아니다.

나. 사실상의 사도로 보지 않는 경우

토지소유자가 토지의 형질변경 허가 등을 받아 대지 또는 공장용지 등을 조성하는 경우로서 「국토계획법」 제30조에 따라 도시·군관리계획의 결정·고시가 된 도시·군계획시설도로에 맞추어 개설한 도로는 「토지보상법 시행규칙」 제26조 제2항 제4호에 따른 사실상의 사도로 보지 않고 예정공도로 본다.

2018.2.28. 이전 「토지보상평가지침」 제36조 제5항에서는 이러한 경우로서 그 도시계획시설도로의 폭・기능・연속성 그 밖에 당해 토지와 주위토지의 상황 등에 비추어 그 도시계획시설도로의 결정이 없었을 경우에도 토지소유자가 자기 토지의 편익을 위해서는 유사한 규모・기능 등의 도로를 개설할 것으로 일반적으로 예상되고 그 도로부분의 가치가 조성된 대지 또는 공장용지 등에 상당부분 화체된 것으로 인정되는 경우에는 사실상의 사도로 보도록 규정하고 있었으나, 2018.2.28.자 「토지보상평가지침」 개정 시에 「토지보상평가지침」 제36조 제5항은 「토지보상법 시행규칙」 제26조 제2항에 저촉될 수 있다고 보아 해당 조항을 삭제하였으므로 현재는 예정공도로 보고 보상평가해야 한다.

3. 사실상의 사도부지의 보상평가

(1) 원칙

「토지보상법 시행규칙」 제26조 제1항 제2호에 따라 사실상의 사도의 부지에 대하여는 인근토지에 대한 평가금액의 3분의 1 이내로 평가하여 보상한다.

즉, 사실상의 사도부지에 대해서는 도로의 감정평가방법 중 구분감정평가를 적용하여 도로인 상태를 기준으로 하는 방법에 따르고 있다.

이와 같이 인근 토지가격의 3분의 1 이하로 감정평가하는 이론적인 근거에 대하여 다음과 같이 의견이 나뉘어져 있다.

가. 화체이론설

사실상 사도 부분의 가치의 일부분이 사실상 사도에 접한 토지로 이전해 가고 남은 가치를 3분의 1 이내로 본다는 견해이다.

이 견해는 토지소유자가 자기 토지의 다른 부분의 효용증진을 위하여 스스로 개설한 사실상의 사도에 대해서는 타당한 견해로서, 「토지보상법 시행규칙」 제26조 제2항 제1호, 제3호 및 제4호에 따른 사실상의 사도 대한 감액평가의 이론적 근거가 된다. 그러나 이 경우에도 사실상 사도에 접한 토지의 가치증가분과 사실상 사도의 가치감소분이 반드시 일치하지 않는다는 문제점이 있다.

나. 사용・수익권 제한 가치설

국가 또는 지방자치단체 등의 공공기관이 소유권을 취득하지 못한 타유공물인 사유의 도로는 도로로서의 공적인 목적달성을 위하여 필요한 범위 안에서 그 사용・수익권을 제한당하고 있으므로 도로부지의 보상평가는 사용・수익권이 제한된 상태에서의 경제적 가치를 대상으로 하여야 하고, 이러한 제한된 경제적 가치를 인근 토지에 대한 평가금액의 3분의 1 이내로 본다는 견해이다.

이 견해는 「토지보상법 시행규칙」 제26조 제2항 제2호에 따른 '토지소유자가 그 의사에 의하여 타인의 통행을 제한할 수 없는 도로'에 대한 감액평가의 이론적 근거가 된다.

또한 (구)「공공용지의 취득 및 손실보상에 관한 특례법 시행규칙」 제6조의2 제1항 제2호에서 '「사도법」상의 사도 외의 도로의 부지는 인근토지에 대한 평가금액의 3분의 1 이내'로 감정평가하도록 한 규정을 문리적으로만 해석하여 도로부분의 경제적 가치가 다른 토지의 가치에 화체되었는지 여부를 묻지 않고 도로라는 물리적 상태만을 기준으로 인근 토지에 대한 평가금액의 3분의 1 이내로 하도록 하는 것은 이 견해에 근거하고 있다고 볼 수 있다.

이 견해는 도로의 감정평가를 단순화할 수 있다는 장점은 있으나, i) 도로개설의 자의성 여부, ii) 다른 토지의 효용증진 기여정도 여부, iii) 도로의 개설공사를 하였는지 여부, iv) 도로관리청의 공용개시가 있었는지 여부 등의 구체적인 사실관계를 파악함이 없이 모든 도로가 사용・수익권이 제한되고 있는 것으로 보고 인근 토지에 대한 평가금액의 3분의 1 이내로 평가하는 것은 합리적인 이유 없이 국민의 재산권을 제한하는 것이기 때문에 이 규정의 위법성에 관한 논의를 증폭시킬 뿐만 아니라 이에 대한 소송 등으로 불필요한 시간과 노력을 낭비시킬 우려가 있다는 문제점이 있다.

(2) 단가사정

사실상의 사도부지에 대한 감정평가는 인근토지에 대한 감정평가액의 3분의 1 이내로 하므로, 3분의 1을 적용할 경우의 단가사정은 반올림하지 않고 절사한다.

III. 사실상 사도부지 보상평가의 유의사항

1. 사실상 사도의 판단 주체

(1) 사업시행자

사실상 사도인지 여부는 대상토지의 현실적인 이용상황의 확정에 해당하는 사항이므로 i) 토지조서의 작성, ii) 보상계획의 열람공고, iii) 토지소유자의 이의신청, iv) 사업시행자의 이의신청의 처리 등 「토지보상법」에서 정하는 절차에 따라 사업시행자가 결정한다.

(2) 감정평가법인 등

「감정평가 실무기준」[810-4] 제2항 제1호에 따라 감정평가법인 등이 「토지보상법 시행규칙」 제16조 제3항에 따라 현지조사한 결과 제시된 이용상황이 타당하지 않다고 판단되는 경우에는 그 내용을 사업시행자에게 조회한 후 감정평가하되, 수정된 목록의 제시가 없을 때에는 당초 제시목록을 기준으로 감정평가하고, 감정평가서에 현실적인 이용상황을 기준으로 한 단가 또는 면적을 따로 기재한다.

특히 '토지소유자가 그 의사에 의하여 타인의 통행을 제한할 수 없는 도로'에 해당하는지 여부는 법률적 판단 외에도 사실적 판단이 필요한 사항이므로, 감정평가법인 등이 자의적으로 판단하여서는 안 된다.

따라서 단순히 해당 토지가 불특정 다수인의 통행에 장기간 제공되어 왔고 이를 소유자가 용인하여 왔다는 사정만으로는 사실상의 도로에 해당한다고 할 수 없으나, 도로로서의 이용상황이 고착화되어 해당 토지의 표준적 이용상황으로 원상회복하는 것이 용이하지 아니한 상태에 이르는 등 인근의 토지에 비하여 낮은 가격으로 감정평가하여도 될 만한 객관적인 사정이 인정되는 경우에는 사실상의 사도에 포함된다고 볼 수 있다. 그러므로 감정평가법인 등은 대상토지가 사실상의 사도에 해당하는지 여부에 대해서는 신중하게 판단하여야 한다.

판례

사실상의 사도인지 여부는 법률적 및 사실적 관계의 판단에 해당된다.
[대법원 2007.04.12. 선고 2006두18492 판결]

〈판결요지〉
구 공익사업을 위한 토지 등의 취득 및 보상에 관한 법률 시행규칙(2005.2.5. 건설교통부령 제424호로 개정되기 전의 것) 제26조 제1항 제2호, 제2항 제1호, 제2호는 사도법에 의한 사도 외의 도로(국토의 계획 및 이용에 관한 법률에 의한 도시관리계획에 의하여 도로로 결정된 후부터 도로로 사용되고 있는 것을 제외한다)로서 '도로개설 당시의 토지소유자가 자기 토지의 편익을 위하여 스스로 설치한 도로'와 '토지소유자가 그 의사에 의하여 타인의 통행을 제한할 수 없는 도로'는 '사실상의 사도'로서 인근토지에 대한 평가액의 1/3 이내로 평가하도록 규정하고 있는데, 여기서 '도로개설 당시의 토지소유자가 자기 토지의 편익을 위하여 스스로 설치한 도로'인지 여부는 인접토지의 획지면적, 소유관계, 이용상태 등이나 개설경위, 목적, 주위환경 등에 의하여 객관적으로 판단하여야 하고, '토지소유자가 그 의사에 의하여 타인의 통행을 제한할 수 없는 도로'에는 법률상 소유권을 행사하여 통행을 제한할 수 없는 경우뿐만 아니라 사실상 통행을 제한하는 것이 곤란하다고 보이는 경우도 해당한다고 할 것이나, 적어도 도로로의 이용상황이 고착화되어 당해 토지의 표준적 이용상황으로 원상회복하는 것이 용이하지 않은 상태에 이르러야 할 것이어서 단순히 당해 토지가 불특정 다수인의 통행에 장기간 제공되어 왔고 이를 소유자가 용인하여 왔다는 사정만으로는 사실상의 도로에 해당한다고 할 수 없다.

2. 새마을도로

(1) 새마을도로의 개념

현행 법령에서는 '새마을도로'라는 명칭의 도로는 없으며, 그 정의 또한 명확하지 않다. 다만, 일반적으로 새마을도로는 "마을 간 또는 공도 등과의 접속을 위하여 새마을사업에 의하여 설치되었거나, 불특정 다수인의 통행에 이용되고 있는 사실상의 사도 등이 새마을사업에 의하여 확장 또는 노선변경이 된 도로"를 의미한다.

(2) 새마을도로의 보상평가

2003.1.1. 「토지보상법 시행규칙」 시행 이후에는 새마을도로도 사실상의 사도로 보아 인근토지에 대한 평가액의 3분의 1 이내로 감정평가한다.

다만, 새마을도로의 개념 자체가 전형적인 불확정개념이므로, 인근에서 새마을도로라는 이름으로 호칭되고 있다고 하여 이를 모두 사실상의 사도로 보아서는 안 되며, '토지소유자가 그 의사에 의하여 타인의 통행을 제한할 수 없는 도로'에 해당하는지 여부를 판단하여야 한다.

판례

새마을도로 공사 시에 보상에 대하여 이의를 제기하지 않았고, 편입부분을 제외한 나머지 토지를 처분하였다면 사실상의 사도로 볼 수 있다.
[대법원 2006.05.12. 선고 2005다31736 판결]

〈판결요지〉
새마을 농로 확장공사로 인하여 자신의 소유 토지 중 도로에 편입되는 부분을 도로로 점유함을 허용함에 있어 손실보상금이 지급되지 않았으나 이의를 제기하지 않았고 도로에 편입된 부분을 제외한 나머지 토지만을 처분한 점 등의 제반 사점에 비추어 보면, 토지소유자가 토지 중 도로로 제공한 부분에 대한 독점적이고 배타적인 사용수익권을 포기한 것으로 봄이 상당하다.

3. 건축선 후퇴로 인한 도로

(1) 건축선의 개요

① 건축선의 의의

건축선이란 대지가 도로와 접한 부분에 있어서 건축물을 건축할 수 있는 한계선을 말하며, 원칙적인 건축선은 대지와 도로의 경계선이 된다.

다만, 대지에 접하는 도로의 너비가 4미터 미만인 경우에는 그 중심선으로부터 그 소요 너비의 2분의 1의 수평거리만큼 물러난 선을 건축선으로 하되, 그 도로의 반대쪽에 경사지, 하천, 철도, 선로부지, 그 밖에 이와 유사한 것이 있는 경우에는 그 경사지 등이 있는 쪽의 도로경계선에서 소요 너비에 해당하는 수평거리의 선을 건축선으로 한다(「건축법」 제46조 제1항).

② 건축선의 지정

특별자치도지사 또는 시장・군수・구청장은 시가지 안에서 건축물의 위치나 환경을 정비하기 위하여 필요하다고 인정하면 건축선을 따로 지정할 수 있다(「건축법」 제46조 제2항).

③ 건축선의 적용

가. 원칙

건축선은 대지와 도로의 경계선으로 한다(「건축법」 제46조 제1항).

나. 예외

가) 도로의 폭이 일정한 너비에 미치지 못하는 경우

도로의 폭이 소요 너비(통상적인 경우는 4미터)에 미치지 못하는 경우에는 그 중심선으로부터 그 소요 너비의 2분의 1의 수평거리만큼 물러난 선을 건축선으로 하되, 그 도로의 반대쪽에 경사지, 하천, 철도, 선로부지, 그 밖에 이와 유사한 것이 있는 경우에는 그 경사지 등이 있는 쪽의 도로경계선에서 소요 너비에 해당하는 수평거리의 선을 건축선으로 한다(「건축법」 제46조 제1항).

나) 시장 등이 필요하다고 인정하는 경우

시장 등이 시가지 안에서 건축물의 위치나 환경을 정비하기 위하여 필요하다고 인정하면 건축선을 따로 지정할 수 있다(「건축법」 제46조 제2항).

④ 건축선에 따른 건축제한

건축물과 담장은 건축선의 수직면(垂直面)을 넘어서는 안 되며, 도로면으로부터 높이 4.5미터 이하에 있는 출입구, 창문, 그 밖에 이와 유사한 구조물은 열고 닫을 때 건축선의 수직면을 넘지 아니하는 구조로 하여야 한다(「건축법」 제47조).

(2) 건축선 후퇴 부분의 보상평가

건축선 후퇴로 인하여 사실상 도로로 사용 중인 토지의 보상평가에 대해서는 다음과 같은 두 가지 견해가 있다.

① 사실상의 사도로 보아야 한다는 견해

i) 「건축법」 제46조에 따른 건축선은 그 지정만으로 건축이 제한되며, ii) 「건축법 시행령」 제119조 제1항 제1호 가목에 따라 건폐율 및 용적률의 산정 시 건축선과 도로 사이의 면적은 대지면적에서 제외하도록 규정하고 있고, iii) 건축선 후퇴로 인한 도로는 토지소유자가 자기 토지의 편익을 위하여 스스로 설치한 도로로서 도로부분의 가치는 인접한 토지의 가치에 화체되었다고 보아야 하므로 사실상의 사도부지로 보아야 한다는 주장이다.

이 견해에 따르면 건축선 지정으로 도로가 된 부분은 인근토지에 대한 평가액의 3분의 1 이내로 보상평가하고 건축선에 접한 토지의 도로조건은 건축선을 포함한 너비로 보아야 한다.

② 일시적 이용으로 보아야 한다는 견해

이 견해는 「토지보상법 시행령」 제38조에서 '일시적인 이용상황'은 관계 법령에 따른 국가 또는 지방자치단체의 계획이나 명령 등에 따라 해당 토지를 본래의 용도로 이용하는 것이 일시적으로 금지되거나 제한되어 그 본래의 용도와 다른 용도로 이용되고 있는 경우로 규정하고 있으므로, 건축선 후퇴로 인하여 도로로 사용하고 있는 경우는 이를 '일시적인 이용상황'으로 보아야 한다는 주장이다.

이 견해에 따르면 건축선 지정으로 도로가 된 부분은 종전의 이용상황을 기준으로 보상평가하고 건축선에 접한 토지의 도로조건은 건축선을 제외한 너비로 보아야 한다. 국토교통부는 이 견해에 따르고 있다.

〈유권해석〉
건축선 후퇴로 인하여 도로로 형성된 경우는 일시적 이용으로 본다.
[국토부 2001.12.10. 토관 58342-1907]

〈질의요지〉
건축선을 후퇴하여 건축함으로써 도로가 형성된 경우 그 도로에 대한 보상평가 방법은?

〈회신내용〉
공공용지의 취득 및 손실보상에 관한 특례법 시행령 제2조의10 제2항의 규정에 의하면 취득할 토지에 대한 평가는 지적공부상의 지목에 불구하고 가격시점에 있어서의 현실적인 이용상황에 따라 평가하되, 일시적인 이용상황은 이를 고려하지 아니하도록 되어 있고, 같은법 시행규칙 제5조 제2항의 규정에 의하면 "일시적인 이용상황"이라 함은 관계법령에 의한 국가 또는 지방자치단체의 계획이나 명령등에 의하여 그 토지등을 본래의 용도로 이용하는 것이 일시적으로 금지 또는 제한됨으로 인하여 그 본래의 용도 이외의 다른 용도로 이용되고 있거나 그 토지등의 주위환경의 사정으로 보아 현재의 이용방법이 임시적인 것으로 되어 있으므로 도시계획결정으로 건축선을 후퇴하여 건축함으로 인하여 일시적으로 다른 용도로 이용되고 있는 토지에 대한 평가는 종전 이용상황으로 평가하는 것이 타당하다고 보며, 개별적인 사항에 대하여는 사업시행자가 사실관계를 조사하여 판단·결정할 사항이라고 봅니다.

③ 소결

「건축법」에 따른 건축선 후퇴로 인한 도로는 i) 자기토지의 편익(건축)을 위해 스스로 개설한 도로이며, ii) 「건축법」 제47조 제1항에서 건축물과 담장은 건축선의 수직면(垂直面)을 넘어서는 안 되도록 규정하고 있으므로 토지소유자가 그 의사에 의하여 타인의 통행을 제한할 수 없는 도로에 해당되고, iii) 예정공도와는 달리 장래 도로관리청에 의한 도로개설과 이에 따른 보상이 예정되어 있지 않으며, iv) 만일 도로로 사용하고 있는 건축선 후퇴 부분을 도로로 보지 않고 일시적 이용으로 본다면 건축선과 접한 토지 부분은 건축이 불가능한 토지로 보아 감액 평가하여야 한다는 문제점이 있고, v) 「건축법 시행령」 제119조 제1항 제1호에서 '건축선과 도로 사이의 대지면적'은 대지면적에 제외하도록 규정하고 있으므로 건폐율 및 용적률 산정시의 대지면적에서 제외되므로 건축선 후퇴로 인하여 도로로 사용되고 있는 것을 '일시적 이용'으로 볼 수 없다.

따라서 건축선 후퇴로 인하여 사실상 도로로 사용 중인 토지는 사실상의 사도로 보고 감정평가하는 것이 타당하다.

4. 단지 내 도로

「공간정보의 구축 및 관리 등에 관한 법률 시행령」 제58조 제14호에서 도로는 i) 일반 공중(公衆)의 교통 운수를 위하여 보행이나 차량운행에 필요한 일정한 설비 또는 형태를 갖추어 이용되는 토지, ii) 「도로법」 등 관계 법령에 따라 도로로 개설된 토지, iii) 고속도로의 휴게소 부지, iv) 2필지 이상에 진입하는 통로로 이용되는 토지로 하되, 아파트·공장 등 단일 용도의 일정한 단지 안에 설치된 통로 등은 제외하도록 규정하고 있다. 따라서 일단의 아파트용지, 대규모 공장용지 또는 학교용지 내의 도로 등은 사실상의 사도로 보지 않고 아파트용지, 공장용지 또는 학교용지로 본다.

〈유권해석〉

학교 내 도로는 사실상의 사도에 해당되지 않는다.
[국토부 2011.02.15. 토지정책과-726]

〈질의요지〉

국방대학교 부지가 도시개발사업에 편입된 경우 공부상 전, 답, 임야의 토지를 일단의 학교용지로 보아 일괄 평가 가능한지 및 국방대학교 부지 내 영내 도로로 사용하고 있는 토지를 학교용지로 평가 가능한지 여부

〈회신내용〉

국방대학교 부지내 도로로 사유하고 있는 토지는 「토지보상법 시행규칙」 제26조 제2항 각 호에 해당하지 아니하므로 '사실상의 도로'로 평가하기는 어려울 것이나, 다만, 일단 지로 보고 평가하는 경우에는 영내 도로부분이 가치를 달리한다고 판단될 경우 이를 구분하여 평가할 수는 있을 것이므로, 구체적인 평가방법의 적용은 사업시행자가 도로의 성격 등 사실관계를 파악하여 판단·결정할 사항으로 봅니다.

5. 예정공도는 사실상 사도 아니다.

예정공도부지가 토지보상법 시행규칙 제26조 제2항 사실상 사도에 해당되는지 여부 – 관리처분계획 무효확인의 소

'공익계획사업이나 도시계획의 결정 · 고시 때문에 이에 저촉된 토지가 현황도로로 이용되고 있지만 일반공중의 통행로로 제공되고 있는 상태(공익사업이 실제로 시행되지 않은 상태)로서 계획제한과 도시계획시설의 장기미집행상태로 방치되고 있는 도로' 곧 예정공도부지가 공익사업을 위한 토지 등의 취득 및 보상에 관한 법률 시행규칙 제26조 제2항에서 정한 사실상의 사도에 해당하는지 여부

▶ 대판 2019.1.17, 2018두55753

【판시사항】

'공익계획사업이나 도시계획의 결정 · 고시 때문에 이에 저촉된 토지가 현황도로로 이용되고 있지만 공익사업이 실제로 시행되지 않은 상태에서 일반공중의 통행로로 제공되고 있는 상태로서 계획제한과 도시계획시설의 장기미집행상태로 방치되고 있는 도로' 곧 예정공도부지가 공익사업을 위한 토지 등의 취득 및 보상에 관한 법률 시행규칙 제26조 제2항에서 정한 사실상의 사도에 해당하는지 여부(소극)

【판결요지】

공익사업을 위한 토지 등의 취득 및 보상에 관한 법률 시행규칙(이하 '공익사업법 시행규칙'이라 한다) 제26조 제2항은 사실상의 사도는 '사도법에 의한 사도 외의 도로로서, 도로개설 당시의 토지소유자가 자기 토지의 편익을 위하여 스스로 설치한 도로와 토지소유자가 그 의사에 의하여 타인의 통행을 제한할 수 없는 도로'를 의미한다고 규정하면서 국토의 계획 및 이용에 관한 법률에 의한 도시 · 군 관리계획에 의하여 도로로 결정된 후부터 도로로 사용되고 있는 것은 사실상의 사도에서 제외하고 있는바, '공익계획사업이나 도시계획의 결정 · 고시 때문에 이에 저촉된 토지가 현황도로로 이용되고 있지만 공익사업이 실제로 시행되지 않은 상태에서 일반공중의 통행로로 제공되고 있는 상태로서 계획제한과 도시계획시설의 장기미집행상태로 방치되고 있는 도로', 즉 예정공도부지의 경우 보상액을 사실상의 사도를 기준으로 평가한다면 토지가 도시 · 군 관리계획에 의하여 도로로 결정된 후 곧바로 도로사업이 시행되는 경우의 보상액을 수용 전의 사용현황을 기준으로 산정하는 것과 비교하여 토지소유자에게 지나치게 불리한 결과를 가져온다는 점 등을 고려하면, 예정공도부지는 공익사업법 시행규칙 제26조 제2항에서 정한 사실상의 사도에서 제외된다.

■ **법규 헷갈리는 쟁점 : 사실상 사도 부지 평가 법규성 논의**

Ⅰ. 종전 공특법 시행규칙에서는 행정규칙으로 판시함

대법원은 구 공특법 시행규칙 제6조의2 규정은 감정평가법인등이 가격평가를 함에 있어 준수하여야 할 원칙과 기준을 정한 행정규칙에 해당한다고 판시하였다.

판례

▶ 관련판례(대판 1996.8.23, 95누14718) [토지수용재결처분취소등]

【판시사항】
사실상의 사도 등에 관한 평가 최고한도액을 규정하고 있는 (구)공공용지의 취득 및 손실보상에 관한 특례법 시행규칙 제6조의2 규정이 상위법령의 위임을 필요로 하는지 여부(소극) – 1/3 이내는 행정규칙이라고 하는 판례

【판결요지】
토지수용에 따른 손실보상액을 산정하는 경우에 준용되는 (구)공공용지의 취득 및 손실보상에 관한 특례법 시행규칙(1995.1.7. 건설교통부령 제3호로 개정되기 전의 것) 제6조의2는 사실상의 사도 등에 관한 가격평가액의 최고한도액을 규정하고 있는바, (구)지가공시 및 토지 등의 평가에 관한 법률(1995.12.29. 법률 제5108호로 개정되기 전의 것) 제10조, 제22조, 감정평가에 관한 규칙(1989.12.21. 건설부령 제460호)의 각 규정, 토지수용법 제45조 제1항, 제46조, 제57조의2, 공공용지의 취득 및 손실보상에 관한 특례법 제4조, 같은 법 시행령(1994.12.23. 대통령령 제14447호로 개정되기 전의 것) 제2조의10 제8항 등 관계법령의 각 규정내용과 취지에 비추어 보면, (구)공공용지의 취득 및 손실보상에 관한 특례법 시행규칙(1995.1.7. 건설교통부령 제3호로 개정되기 전의 것) 제6조의2의 규정은 감정평가업자가 가격평가를 함에 있어 준수하여야 할 원칙과 기준을 정한 행정규칙에 해당한다 할 것이므로 상위법령의 위임이 있어야 하는 것은 아니다.

II. 최근 토지보상법 시행규칙 제22조는 법규성 인정

판례

▶ 관련판례(대판 2012.3.29, 2011다104253 손해배상) – 토지보상법 시행규칙 제22조는 공익사업법 규정과 결합하여 대외적 구속력을 인정한다는 판례(법규성 인정)

[1] 공익사업을 위한 토지 등의 취득 및 보상에 관한 법률(이하 '공익사업법'이라 한다) 제68조 제3항은 협의취득의 보상액 산정에 관한 구체적 기준을 시행규칙에 위임하고 있고, 위임범위 내에서 공익사업을 위한 토지 등의 취득 및 보상에 관한 법률 시행규칙 제22조는 토지에 건축물 등이 있는 경우에는 건축물 등이 없는 상태를 상정하여 토지를 평가하도록 규정하고 있는데, 이는 비록 행정규칙의 형식이나 공익사업법의 내용이 될 사항을 구체적으로 정하여 내용을 보충하는 기능을 갖는 것이므로, 공익사업법 규정과 결합하여 대외적인 구속력을 가진다.

[2] 한국토지주택공사가 국민임대주택단지를 조성하기 위하여 갑 등에게서 토지를 협의취득하면서 '매매대금이 고의·과실 내지 착오평가 등으로 과다 또는 과소하게 책정되어 지급되었을 때에는 과부족금액을 상대방에게 청구할 수 있다'고 약정하였는데, 공사가 협의취득을 위한 보상액을 산정하면서 한국감정평가업협회의 (구)토지보상평가지침(2003.2.14.자로 개정된 것, 이하 '(구)토지보상평가지침'이라 한다)에 따라 토지를 지상에 설치된 철탑 및 고압송전선의 제한을 받는 상태로 평가한 사안에서, 위 약정은 단순히 협의취득 대상토지 현황이나 면적을 잘못 평가하거나 계산상 오류 등으로 감정평가금액을 잘못 산정한 경우뿐만 아니라 공익사업을 위한 토지 등의 취득 및 보상에 관한 법률(이하 '공익사업법'이라 한다)상 보상액 산정기준에 적합하지 아니한 감정평가기준을 적용함으로써 감정평가금

> 액을 잘못 산정하여 이를 기준으로 협의매수금액을 산정한 경우에도 적용되고, 한편 공사가 협의취득을 위한 보상액을 산정하면서 대외적 구속력을 갖는 공익사업을 위한 토지 등의 취득 및 보상에 관한 법률 시행규칙 제22조에 따라 토지에 건축물 등이 있는 때에는 건축물 등이 없는 상태를 상정하여 토지를 평가하여야 함에도, 대외적 구속력이 없는 (구) 토지보상평가지침에 따라 토지를 건축물 등에 해당하는 철탑 및 고압송전선의 제한을 받는 상태로 평가한 것은 정당한 토지평가라고 할 수 없는 점 등에 비추어 위 협의매수금액 산정은 공사가 고의·과실 내지 착오평가 등으로 과소하게 책정하여 지급한 경우에 해당한다고 본 원심판결에 판단누락이나 이유불비 등의 잘못이 없다고 한 사례

Ⅲ. 토지보상법 시행규칙 제26조의 법적 성질

1. 문제의 소재

도로의 보상평가방법을 규정하고 있는 토지보상법 시행규칙 제26조의 1/3 이내의 평가규정이 행정조직 내부에서 보상평가업무처리의 절차·기준 등에 관하여 정하고 있는 것인지 또는 토지수용에 따른 국민의 재산권과 직접 관계되는 내용을 정하고 있는 것인지에 대하여 견해가 나누어져 있다. 토지보상법 시행규칙 제26조는 1/3 이내 평가의 기준을 제시한 것으로 과거의 대법원 판례는 행정규칙(대판 1996.8.23, 95누14718)으로 본 판례가 있으나, 최근 토지보상법 시행규칙 제22조 규정에 대하여 상위법령과 결합하여 대외적 구속력을 갖는다고 보는 법령보충적 행정규칙의 논의가 있다. 아래에서는 법령보충적 행정규칙성 여부에 대해 논의해 보고자 한다.

2. 법령보충적 행정규칙으로 법규성 있는 것으로 볼 경우 법적 성질 논의

(1) 학설의 견해

① 행정규칙설은 행정규칙형식은 헌법에 규정된 법규의 형식이 아니므로 행정규칙으로 보아야 한다는 견해이다.

② 법규명령설은 실질적으로 법의 내용을 보충함으로써 개인에게 직접적인 영향을 미치는 법규명령으로 보아야 한다는 견해이다.

③ 규범규체화 행정규칙설은 행정규칙과는 달리 상위규범을 구체화하는 내용의 행정규칙이므로 법규성을 긍정해에 한다는 견해이다.

④ 위헌무효설은 헌법에 명시된 법규명령은 대통령령, 총리령, 부령만을 인정하고 있으므로 행정규칙 형식의 법규명령은 헌법에 위반되어 무효라는 견해이다.

⑤ 법규명령의 효력을 갖는 행정규칙설은 법규와 같은 효력을 인정하더라도 행정규칙의 형식으로 제정되어 있으므로 법적 성질은 행정규칙으로 보는 견해이다.

(2) 대법원 판례의 태도

대법원 판례에서는 "~~법령의 규정이 특정행정기관에게 그 법령내용의 구체적 사항을 정할 수 있는 권한을 부여하면서 그 권한행사의 절차나 방법을 특정하고 있지 아니한 관계로 수임행정기관이 행정규칙의 형식으로 그 법령의 내용이 될 사항을 구체적으로 정하고 있다면 그와 같은 행정규칙, 규정은 행정규칙이 갖는 일반적 효력으로서가 아니라, 행정기관에 법령의 구체적 내용을 보충할 권한을 부여한 법령규정의 효력에 의하여 그 내용을 보충하는 기능을 갖게 된다 할 것이므로 이와 같은 행정규칙, 규정은 당해 법령의 위임한계를 벗어나지 아니하는 한 그것들과 결합하여 대외적인 구속력이 있는 법규명령으로서의 효력을 갖게 된다."고 판시하고 있다.

(3) 검토

생각건대, 토지보상법 시행규칙의 경우에 과거 공특법 시행규칙에서 손실보상의 기준에 대한 내용이 토지보상법 통합과정에서 공법영역인 토지보상법 시행규칙에 그대로 규정됨으로 인해서 법규성 시비가 있었다. 이에 대해 토지보상법 시행규칙 제22조 규정에 대하여 실질은 행정규칙으로 보면서도 상위법령과 결합하여 대외적 구속력을 갖는다고 판시함으로써 동법 시행규칙 제26조의 1/3 이내 규정도 이와 같이 법령보충적 행정규칙으로 상위법령과 결합하여 대외적 구속력을 갖는다고 보는 것이 타당하다고 보여진다.

3. 토지보상 시행규칙 제26조를 행정규칙으로 볼 경우 위법성 판단기준

토지보상 시행규칙 제26조를 행정규칙에 해당한다고 본다면, 개별적인 도로부지의 보상평가가 동 규정에 위배된 평가라고 하여 무조건 위법하게 되는 것은 아니고, 반대로 동 규정에 따른 평가라고 하여 무조건 적법하게 되는 것도 아니며, 해당 평가의 적법 여부는 동 규정에 따른 것인지의 여부에 의하여서가 아니라, 법령의 규정 및 그 취지에 따른 것인지의 여부에 의하여 판단되어진다고 하여야 할 것이다. 따라서 인근 토지에 대한 평가액의 1/3 이내로 평가하기 위해서는 그와 같이 낮은 가격으로 보상하여도 될 만한 객관적인 사유가 있어야지 그와 같은 사유가 없음에도 동 규정에서 정의하고 있는 사실상 사도의 부지의 요건을 충족하고 있다고 하여 무조건 인근 토지에 대한 평가액의 1/3 이내로 평가하여서는 아니 된다는 것을 의미한다고 할 수 있다.

■ 법규 헷갈리는 쟁점 : 사실상 사도의 2가지 해석의 문제

Ⅰ. 토지소유자가 자기 토지의 편익을 위하여 스스로 개설한 도로

대법원은 "도로개설 당시의 토지소유자가 자기 토지의 편익을 위하여 스스로 설치한 도로에 해당한다고 하려면, 토지소유자가 자기 소유 토지 중 일부에 도로를 설치한 결과 도로부지로 제공된 부분으로 인하여 나머지 부분 토지의 편익이 증진되는 등으로 그 부분의 가치가 상승됨으로써 도로부지로 제공된 부분의 가치를 낮게 평가하여 보상하더라도 전체적으로 정당보상의 원칙에 어긋나지 않는다고 볼 만한 객관적인 사유가 있다고 인정되어야 하고, 이는 도로개설 경위와 목적, 주위환경, 인접토지의 획지 면적, 소유관계 및 이용상태 등 제반 사정을 종합적으로 고려하여 판단하여야 한다."고 판시한다(대법 2013. 6.13. 선고 2011두7007 판결).

Ⅱ. 토지소유자가 그 의사에 의하여 타인의 통행을 제한할 수 없는 도로

공익사업을 위한 토지 등의 취득 및 보상에 관한 법률 시행규칙 제26조 제2항 제2호가 규정한 '토지소유자가 그 의사에 의하여 타인의 통행을 제한할 수 없는 도로'는 사유지가 종전부터 자연발생적으로 또는 도로예정지로 편입되어 있는 등으로 일반 공중의 교통에 공용되고 있고 그 이용상황이 고착되어 있어, 도로부지로 이용되지 아니하였을 경우에 예상되는 표준적인 이용상태로 원상회복하는 것이 법률상 허용되지 아니하거나 사실상 현저히 곤란한 정도에 이른 경우를 의미한다고 할 것이다. 이때 어느 토지가 불특정 다수인의 통행에 장기간 제공되어 왔고 이를 소유자가 용인하여 왔다는 사정이 있다는 것만으로 언제나 도로로서의 이용상황이 고착되었다고 볼 것은 아니고, 이는 당해 토지가 도로로 이용되게 된 경위, 일반의 통행에 제공된 기간, 도로로 이용되고 있는 토지의 면적 등과 더불어 그 도로가 주위 토지로 통하는 유일한 통로인지 여부 등 주변 상황과 당해 토지의 도로로서의 역할과 기능 등을 종합하여 원래의 지목 등에 따른 표준적인 이용상태로 회복하는 것이 용이한지 여부 등을 가려서 판단해야 할 것이다. (대법원 2013.6.13. 선고 2011두7007 판결)[토지수용보상금증액])

IV. 기출문제

» 기출문제(제22회 1번) – 사실상 사도

[문제 1] A군에 사는 甲은 국토의 계획 및 이용에 관한 법률에 따라 지정된 개발제한구역 내에 과수원을 경영하고 있다. 甲은 영농의 편의를 위해 동 과수원 토지 내에 작은 소로(小路)를 개설하고, 종중 이웃 주민의 통행에도 제공해 왔다. A군은 甲의 과수원 부지가 속한 일단의 토지에 폐기물처리장을 건설하고자 하는 乙을 폐기물관리법에 따라 폐기물처리장 건설사업자로 지정하면서 동 처리장 건설 사업실시계획을 승인하였다. 甲과 乙 간에 甲 토지에 대한 협의매수가 성립되지 않아 乙은 甲 토지에 대한 수용재결을 신청하고, 관할 지방토지수용위원회의 수용재결을 받았다. 동 수용재결에서는 "사실상 사도(私道)의 부지는 인근 토지에 대한 평가액의 3분의 1 이내로 평가한다."고 규정하고 있는 토지등의 취득 및 보상에 관한 법률 시행규칙(이하 '토지보상법 시행규칙') 제26조 제1항 2호의 규정에 따라, 甲의 토지를 인근 토지가에 비하여 3분의 1의 가격으로 평가하였다. 이 수용재결에 대하여 이의가 있는 甲은 적절한 권리구제 수단을 강구하고자 한다. 다음의 물음에 답하시오. **50점**

(1) 토지보상액에 대해 불복하고자 하는 甲의 행정쟁송상 권리구제 수단을 설명하시오. **20점**

(2) 甲이 제기한 쟁송에서 피고 측은 甲의 토지에 대한 보상액이 낮게 평가된 것은 토지보상법 시행규칙 제26조 제1항 제2호의 규정에 의한 것으로서 적법하다고 주장한다. 피고의 주장에 대해 법적으로 판단하시오. **15점**

(3) 甲은 토지보상법 시행규칙 제26조 제1항 제2호의 규정은 헌법 제23조상의 재산권 보장 및 정당보상을 원칙을 위배하여 위헌적인 것이라고 주장한다. 甲의 주장을 관철할 수 있는 법적 수단을 설명하시오. **15점**

» 기출문제(제28회 3번) – 사실상 사도

지목은 대(垈)이지만 그 현황이 인근 주민의 통행에 제공된 사실상 도로인 토지를 대상으로 「도시 및 주거환경정비법」에 따른 매도청구권을 행사하는 경우와 「공익사업을 위한 토지 등의 취득 및 보상에 관한 법률」에 따른 수용재결이 행하여지는 경우에 관하여 다음 물음에 답하시오. **20점**

(1) 매도청구권 행사에 따른 쟁송절차와 수용재결에 따른 보상금을 다투는 쟁송절차의 차이점을 설명하시오. **10점**

(2) 토지의 감정평가방법과 그 기준에 있어 매도청구권이 행사되는 경우와 수용재결이 행하여지는 경우의 차이점을 설명하시오. **10점**

» 기출문제(제33회 1-2번) – 사실상 사도

[문제1] X는 도시 및 주거환경정비법 (이하 '도시정비법'이라 함)에 따른 재개발 정비사업조합이고, 甲은 X의 조합원으로서, 해당 정비사업구역 내에 있는 A토지와 B토지의 소유자이다. A토지와 B토지는 연접하고 있고 그 지목이 모두 대(垈)에 해당하지만, A토지는 사도법에 따른 사도가 아닌데도 불특정 다수인의 통행에 장기간 제공되어 왔고, B토지는 甲이 소유한 건축물의 부지로서 그 건축물의 일부에 임차인 乙이 거주하고 있다. X는 도시정비법 제72조 제1항에 따라 분양신청기간을 공고하였으나 甲은 그 기간 내에 분양신청을 하지 않았다. 이에 따라 X는 甲을 분양대상자에서 제외하고 관리처분계획을 수립하여 인가를 받았고, 그에 불복하는 행정심판이나 행정소송은 없었다. X는 도시정비법 제73

> 조 제1항에 따른 甲과의 보상협의가 이루어지지 않자 A토지와 B토지에 관하여 관할 토지수용위원회에 수용재결을 신청하였고, 관할 토지수용위원회는 A토지와 B토지를 수용한다는 내용의 수용재결을 하였다. 다음 물음에 답하시오. **40점**
>
> (물음2) 공익사업을 위한 토지 등의 취득 및 보상에 관한 법률 시행규칙(이하 '토지보상법 시행규칙'이라 함) 제26조 제1항에 따른 '사실상의 사도'의 요건을 설명하고, 이에 따라 A토지가 사실상의 사도로 인정되는 경우와 그렇지 않은 경우에 보상기준이 어떻게 달라지는지 설명하시오. **10점**

09 공도부지의 보상평가

Ⅰ. 관련 규정의 내용

「토지보상법」 제70조(취득하는 토지의 보상) ⑥ 취득하는 토지와 이에 관한 소유권 외의 권리에 대한 구체적인 보상액 산정 및 평가방법은 투자비용, 예상수익 및 거래가격 등을 고려하여 국토교통부령으로 정한다.

「토지보상법 시행규칙」 제26조(도로 및 구거부지의 평가) ① 도로부지에 대한 평가는 다음 각 호에서 정하는 바에 의한다.

1. 「사도법」에 의한 사도의 부지는 인근토지에 대한 평가액의 5분의 1 이내
2. 사실상의 사도의 부지는 인근토지에 대한 평가액의 3분의 1 이내
3. 제1호 또는 제2호외의 도로의 부지는 제22조의 규정에서 정하는 방법

Ⅱ. 공도부자의 보상평가 주요 내용

1. 공도부지의 개요

① 공도부지의 성격

공도부지는 전형적인 공물로서 직접적으로 일반 공중의 사용을 위하여 제공된 공공용물이고, 행정주체에 의해 인위적으로 가공된 인공공물에 해당하며, 「국유재산법」 및 「공유재산 및 물품 관리법」상의 행정재산 중 공공용재산에 해당된다.

② 공도부지의 처분

공도부지와 같은 공공용물은 그 성격상 융통성이 제한되므로, 공도부지는 도로인 상태로는 거래의 대상이 될 수 없다.

그러므로 「국유재산법」 제27조 및 「공유재산 및 물품 관리법」 제19조는 행정재산은 용도폐지되지 않는 한 처분하지 못하도록 규정하고 있고, 「토지보상법」 제19조 제2항에서 공익사업에 수용되거나 사용되고 있는 토지 등은 특별히 필요한 경우가 아니면 다른 공익사업을 위하여 수용하거나 사용할 수 없도록 규정하고 있다.

따라서 공도부지가 처분의 대상이 되기 위해서는 사전에 i) 의사적 요건으로서 권한 있는 행정기관의 용도폐지 결정이 있어야 하고, ii) 형태적 요건으로서 공공용물로서의 형체가 상실되어야 한다.

가. 의사적 요건

「토지보상법 시행령」 제10조 제2항 제3호에 따라 사업인정신청서에는 사업예정지 안에 법 제19조 제2항에 따른 공익사업에 수용되거나 사용되고 있는 토지 등이 있는 경우에는 그 토지 등에 관한 조서・도면 및 해당 토지 등의 관리자의 의견서를 첨부하도록 규정하고 있다. 따라서 공도부지가 공익사업에 편입되어 취득의 대상이 되었다는 것은 권한 있는 행정 기관의 용도폐지 결정이 있었다고 본다.

나. 형태적 요건

기준시점에서 도로인 상태로 남아 있어 형태적 요건을 충족하였다고 볼 수 없는 경우에도 이는 공익사업에 편입되어 철거 등이 예정되어 있어 별도로 형체를 상실시키지 않은 것이므로, 이러한 경우에도 공공용물로서의 형체의 상실이라는 공용폐지의 요건을 충족한 것으로 본다.

2. 공도부지의 보상평가기준

① 원칙

「토지보상평가지침」 제36조 제1항에 따라 공도부지는 용도폐지를 전제로 하여 도로로 이용되지 아니하였을 경우에 예상되는 인근지역의 표준적인 이용상황을 기준으로 감정평가한다.

가. 인근지역

'인근지역'이란 대상부동산이 속한 지역으로서 부동산의 이용이 동질적이고 가치형성요인 중 지역요인을 공유하는 지역을 말한다(「감정평가에 관한 규칙」 제2조 제13호). 인근지역의 범위는 감정평가법인 등이 관련 법령, 감정평가 일반이론, 실지조사 분석 결과 등을 종합적으로 고려하여 판단・결정한다.

나. 표준적인 이용상황

가) 의의

'표준적인 이용상황'이란 대상토지의 인근지역에 있는 주된 용도의 토지로서 표준적인 획지의 최유효이용에 따른 이용상황을 말한다(「토지보상평가지침」 제3조 제7호).

나) 판단기준

표준적인 이용상황은 감정평가법인 등이 관련 법령, 감정평가 일반이론, 실지조사 분석 결과 등을 종합적으로 고려하여 판단한다.

공도부지는 그 특성상 긴 선형(線形)의 형태를 가질 수 있으므로 인근지역 및 표준적인 이용상황이 2개 이상이 있을 수 있다. 이러한 경우는 인근지역별 또는 표준적인 이용상황별로 구분감정평가하거나, 인근지역별 또는 표준적인 이용상황별로 구분하되 평균단가를 적용하여 감정평가할 수도 있다.

〈질의회신〉
인근지역의 표준적인 이용상황은 감정평가법인 등이 실지조사 등을 통하여 판단한다.
[협회 2019.07.18. 감정평가실-1312]

〈질의요지〉
지목 및 현황 도로인 토지의 감정평가 시 표준적인 이용상황의 판단은?

〈회신내용〉
인근토지 판단 시 요구되는 표준적인 이용상황은 대상・토지의 인근지역에 있는 주된 용도의 토지로서 표준적인 획지의 최유효이용에 따른 이용상황을 말하는 것으로서 감정평가 시 그 구체적인 판단기준에 대해서 별도로 규정되어 있는 바는 없으나 「표준지의 선정 및 관리지침」(국토교통부 훈령 제926호) 제4조에서 지역분석의 방법과 관련하여 표준적인 이용의 판정은 감정평가의 일반원칙에 따르되 개발현황, 토지수급의 변동현황, 인접지역간의 대체관계 등을 고려하여 판정한다고 규정하고 있습니다(같은 지침 제4조 제2항 제4호 제가목).
인근토지를 농경지로 보아야 하는지 대지로 보아야 하는지 여부는 표준적인 이용상황의 판정이 전제되고, 표준적인 이용상황의 판정은 개별 사안에 따라 달리 판단될 수 있는 구체적인 사실관계에 관한 것으로서 「감정평가에 관한 규칙」 제10조에 따라 실지조사를 하여 대상물건을 확인하여야 하는 해당 감정평가업자의 전문적인 판단영역인바, 귀 질의 인근토지에 대한 판단은 우리 협회에서 회신할 수 있는 사항이 아님을 양해바라며 해당 감정평가업자가 관련 법령, 감정평가 일반이론, 실지조사 분석 결과 등을 종합적으로 고려하여 판단・결정하여야 할 것입니다.

다. 편입 당시의 이용상황 등

공도 부지를 기준시점에서 인근지역의 표준적인 이용상황을 기준으로 감정평가하는 경우 '편입 당시의 지목 및 이용상황'을 개별요인의 비교에서 고려하여야 하는지 여부의 문제이며, 이에 대해서는 다음과 같은 견해의 대립이 있다.

가) 편입 당시의 지목 및 이용상황을 고려하여야 한다는 견해

공도는 기준시점 당시 거래의 대상이 되지 않으므로 그 가치는 원가를 고려하여 감정평가하여야 하므로, 현재는 도로로 현실적인 이용상황이 동일하다고 하여도 편입 당시의 이용상황이 다른 경우 이를 개별요인의 비교에서 고려하는 것이 취득원가의 반영이라는 측면에서 타당하다는 주장이다.

「토지보상평가지침」 제36조 제2항에서 공도의 부지를 인근지역에 있는 표준적인 이용상황과 비슷한 토지의 표준지공시지가를 기준으로 감정평가하는 경우에는 '편입 당시의 지목 및 이용상황'을 고려하도록 규정하고 있으므로 협회는 이 견해에 따르고 있다.

나) 편입 당시의 지목 및 이용상황을 고려하지 않아야 한다는 견해

공도 부지를 인근지역의 표준적인 이용상황을 기준으로 감정평가하는 이유는 용도폐지를 전제로 하기 때문이다. 즉, 공도부지가 용도폐지되면 그 현실적인 이용상황은 인근 지역의 표준적인 이용상황과 동일하게 된다고 보기 때문이다.

따라서 공도부지는 기준시점에서 인근지역의 표준적인 이용상황을 기준으로 감정평가하

므로 '편입 당시의 지목 및 이용상황'을 개별요인의 비교에서 고려하여서는 안 된다는 주장이다.

다) 소결

i) 토지에 대한 보상액은 「토지보상법 시행규칙」 제25조에 따른 미지급용지와 같이 공익사업에 편입될 당시의 이용상황을 상정하여 감정평가하도록 하는 별도의 규정이 없는 한 가격시점에서의 현실적인 이용상황을 기준으로 감정평가하여야 하고(「토지보상법」 제70조 제2항), ii) 실무적으로도 도로 개설에서 장기간이 경과하였고 한 필지로 합필된 공도부지의 경우는 편입 당시의 지목 및 이용상황을 확인한다는 것이 사실상 불가능한 경우가 대부분이며, iii) 또한 단지 공도부지라 하여 별도로 취득원가를 고려하여 한다고 볼 수도 없다. 따라서 공도부지의 보상평가에서는 원칙적으로 해당 도로에 편입될 당시의 지목 및 이용상황 등은 고려하지 않는 것이 타당하다고 본다.

② 예외

공도부지가 「토지보상법 시행규칙」 제25조에 따른 미지급용지인 경우에는 미지급용지의 감정평가기준에 따른다. 즉, 도로에 편입될 당시의 이용상황 및 형태 등을 기준으로 감정평가한다. 그러므로 공도부지가 미지급용지이고 공도에 편입될 당시에 「토지보상법 시행규칙」 제26조 제2항에서 규정한 '사실상의 사도'에 해당하는 경우에는 '사실상의 사도'의 감정평가규정을 적용한다.

III. 공도부지 보상평가의 유의사항

1. 공도에 접한 토지의 보상평가

이에 대해서는 예정공도부지의 보상평가, 그 유의사항, 예정공도부지에 접한 토지의 보상평가를 참조하기 바란다.

2. 사실상 공도

사실상 공도와 「토지보상법 시행규칙」 제26조 제2항 제2호의 "토지소유자가 그 의사에 의하여 타인의 통행을 제한할 수 없는 도로"인 사실상의 사도의 구분은 현실적으로 거의 불가능하다. 또한 이러한 구분은 법률적, 사실적 관계의 판단으로 감정평가법인등의 판단영역도 아니다. 따라서 사실상 공도부지에 해당되는 토지는 다음과 같이 구분하여 감정평가한다.

(1) 사업시행자가 구분하여 의뢰한 경우

사실상 공도에 해당되는 도로부지에 대하여 사업시행자가 공도 또는 사실상의 사도로 명기하여 의뢰하는 경우는 이에 따른다.

(2) 사업시행자가 구분하여 의뢰하지 않은 경우

① 소유자가 국가 또는 지방자치단체인 경우

가. 행정재산으로 분류된 경우

국가 또는 지방자치단체 소유로서 행정재산으로 분류된 경우는 공도의 감정평가방법을 준용한다.

나. 일반재산으로 분류된 경우

국가 또는 지방자치단체 소유로서 일반재산으로 분류된 경우는 용도폐지의 절차 없이 현재의 이용상태를 기준으로 처분할 수 있으므로 사실상 사도의 감정평가방법을 준용한다.

② 소유자가 사인인 경우

소유자가 사인(私人)인 경우는 사실상의 사도의 감정평가방법을 준용한다.

③ 감정평가서에 기재

사업시행자가 구분하여 의뢰하지 않은 경우에는 적용한 감정평가 방법을 감정평가서에 기재한다.

3. 지목을 도로로 변경하지 않은 공도부지

공도로 개설되었으나 도로관리청이 합필하지 않아 지목이 전·답·대 등인 여러 필지로 되어 있는 공도부지가 새로운 공익사업에 편입되어 보상대상이 된 경우에도 일단의 공도부지로 이용되고 있는 상황이 사회적·경제적·행정적 측면에서 합리적이고 대상토지의 가치형성측면에서도 타당하다고 보아야 한다.

따라서 이런 경우 대상토지 전체를 일단의 공도부지로 보아 인근의 표준적인 이용상황을 기준으로 감정평가하여야 하며, 공도에 편입될 당시의 지목, 이용상황, 형태 등의 개별요인은 고려하지 않는다.

4. 지목은 도로이나 도로가 아닌 토지

(1) 미개설 도로

① 사업시행자의 분필 및 지목변경 신청의 대위

「공간정보의 구축 및 관리 등에 관한 법률」 제79조 내지 제80조에서는 토지의 분할·합병 및 지목변경 등은 원칙적으로 토지소유자의 신청에 의하도록 규정하고 있으나, 제87조에서는 예외적으로 공익사업의 사업시행자는 토지소유자를 대위하여 분할·합병 및 지목변경 등을 신청할 수 있도록 규정하고 있다.

② 적용

사업시행자가 도시·군 계획시설도로 선에 맞추어 토지를 분할하고 지목을 도로로 변경한 경우에서 지목이 도로라는 점 및 분할 후의 형태 등은 「토지보상법」 제67조 제2항에서 규정한 해당 공익사업으로 인한 가치의 변동에 해당하므로 이를 고려하지 않고, 현실적인 이용상황에 따라 감정평가한다.

(2) 도로로 이용되지 않는 토지

지목은 도로이나 현실적인 이용상황은 도로가 아닌 토지에 대해서는 이를 「토지보상법 시행규칙」 제24조에 따른 불법형질변경토지로 보아야 하는지 여부가 문제가 된다.

① 지목과 현실적인 이용상황이 상이한 경우

「토지보상법 시행규칙」 제24조에서 「국토계획법」 등 관계법령에 의하여 허가를 받거나 신고를 하고 형질변경을 하여야 하는 토지를 허가를 받지 아니하거나 신고를 하지 아니하고 형질변경한 토지를 불법형질변경토지로 규정하고 있다.[71]

그러므로 단순히 토지의 공부상 지목과 현실적 이용상황이 다르다고 하여 일괄적으로 불법형질변경으로 보아서는 안 된다.

판례

지목과 현실적 이용상황이 다르다고 하여 불법형질변경으로 볼 수 없다.
[대법원 2012.04.26. 선고 2011두2521 판결]

〈판결요지〉
수용대상 토지가 불법형질변경토지에 해당한다고 인정하기 위해서는 단순히 수용대상 토지의 형질이 공부상 지목과 다르다는 점만으로는 부족하고, 수용대상 토지의 형질 변경 당시 관계 법령에 의한 허가 또는 신고의무가 존재하였고 그럼에도 허가를 받거나 신고를 하지 않은 채 형질변경이 이루어졌다는 점이 증명되어야 한다.

② 지목변경

「공간정보의 구축 및 관리 등에 관한 법률」 제81조에서는 "토지소유자는 지목변경을 할 토지가 있으면 그 사유가 발생한 날부터 60일 이내에 지적소관청에 지목변경을 신청하여야 한다."고 규정하고 있을 뿐 이를 해태한 경우에 대한 별도의 제재를 규정하고 있지 않다.
따라서 토지가 이미 실질적인 형질변경이 완료되어 원상회복이 어려운 상태라면 단지 지목변경을 하지 않았다고 하여 이를 불법형질변경토지로 볼 수는 없다.

판례

지목변경을 하지 않았다고 하여 불법형질변경토지로 볼 수 없다.
[대법원 2013.06.13. 선고 2012두300 판결]

〈판결요지〉
농지를 공장부지로 조성하기 위하여 농지전용허가를 받아 농지조성비 등을 납부한 후 공장설립 및 변경신고를 하고, 실제로 일부 공장건물을 증축하기까지 하여 토지의 형질이 원상회복이 어려울 정도로 사실상 변경됨으로써 이미 공장용지로 형질변경이 완료되었으며, 당시 농지법령에 농지전용허가와 관련하여 형질변경 완료 시 준공검사를 받도록 하는 규정을 두고 있지 않아 별도로 준공검사를 받지 않았다고 하더라도 구 지적법 시행령(2002.1.26. 대통령령 제17497호로 개정되기 전의 것)에서 정한 '공장부지 조성을 목적으로 하는 공사가 준공된 토지'의 요건을 모두 충족하였다고 보아야 하고, 수용대상 토지가 이미 공장용지의 요건을 충족한 이상 비록 공부상 지목변경절차를 마치지 않았다고 하더라도 그 토지의 수용에 따른 보상액을 산정할 때에는 공익사업을 위한 토지 등의 취득 및 보상에 관한 법률 제70조 제2항의 '현실적인 이용상황'을 공장용지로 평가해야 한다고 한 사례

71) 「토지보상법 시행규칙」 부칙 제6조에서는 관계법령에 의하여 허가·인가 등을 받고 개간을 하여야 하는 토지를 허가 인가 등을 받지 아니하고 개간한 토지를 불법형질변경토지 또는 무허가개간토지로 규정하여 「토지보상법 시행규칙」 제24조와는 다소 다르게 규정하고 있으며, 「국토계획법」에서는 형질변경의 신고에 대해서는 규정하고 있지 않다.

③ 적용

지목은 도로이나 현실적인 이용상황은 도로가 아닌 토지에 대해서는 이를 일률적으로 「토지보상법 시행규칙」 제24조에 따른 불법형질변경토지로 보아서는 안 되며, 위에서 기술한 내용을 구체적으로 고려하여 불법형질변경토지에 해당되는지 여부를 판단하여야 한다.

10 예정공도 부지의 보상평가

Ⅰ. 관련 규정의 내용

「토지보상법」 제70조(취득하는 토지의 보상) ⑥ 취득하는 토지와 이에 관한 소유권 외의 권리에 대한 구체적인 보상액 산정 및 평가방법은 투자비용, 예상수익 및 거래가격 등을 고려하여 국토교통부령으로 정한다.

「토지보상법 시행규칙」 제26조(도로 및 구거부지의 평가) ① 도로부지에 대한 평가는 다음 각 호에서 정하는 바에 의한다.

1. 「사도법」에 의한 사도의 부지는 인근토지에 대한 평가액의 5분의 1 이내
2. 사실상의 사도의 부지는 인근토지에 대한 평가액의 3분의 1 이내
3. 제1호 또는 제2호 외의 도로의 부지는 제22조의 규정에서 정하는 방법

② 제1항 제2호에서 "사실상의 사도"라 함은 「사도법」에 의한 사도외의 도로(「국토의 계획 및 이용에 관한 법률」에 의한 도시 · 군관리계획에 의하여 도로로 결정된 후부터 도로로 사용되고 있는 것을 제외한다)로서 다음 각 호의 1에 해당하는 도로를 말한다.

1. 도로개설 당시의 토지소유자가 자기 토지의 편익을 위하여 스스로 설치한 도로
2. 토지소유자가 그 의사에 의하여 타인의 통행을 제한할 수 없는 도로
3. 「건축법」 제45조에 따라 건축허가권자가 그 위치를 지정 · 공고한 도로
4. 도로개설 당시의 토지소유자가 대지 또는 공장용지 등을 조성하기 위하여 설치한 도로

「감정평가 실무기준」[810-3] 정의

6. "사실상의 사도"란 「사도법」에 따른 사도 외의 도로로서 다음 각 목의 어느 하나에 해당하는 도로(「국토의 계획 및 이용에 관한 법률」에 따른 도시 · 군관리계획에 따라 도로로 결정된 이후부터 도로로 사용되고 있는 것은 제외한다)를 말한다.

가. 도로개설 당시의 토지소유자가 자기토지의 편익을 위하여 스스로 설치한 도로
나. 토지소유자가 그 의사에 따라 타인의 통행을 제한할 수 없는 도로
다. 「건축법」 제45조에 따라 건축허가권자가 그 위치를 지정 · 공고한 도로
라. 도로개설 당시의 토지소유자가 대지 또는 공장용지 등을 조성하기 위하여 설치한 도로

II. 예정공도부자의 보상평가 주요 내용

1. 예정공도의 개요

(1) 예정공도의 개념

예정공도란 「국토계획법」에 따른 도시·군계획시설(도로)로 결정된 이후에 해당 도시·군계획시설사업이 시행되지 아니한 상태에서 사실상 불특정 다수인의 통행에 이용되고 있는 토지를 말한다. 즉, 기반시설로서의 도로는 도시·군관리계획의 입안(「국토계획법」 제25조) → 도시·군관리계획 결정(「국토계획법」 제30조) → 실시계획의 작성 및 인가(「국토계획법」 제88조) → 토지 등의 수용 및 사용(「국토계획법」 제95조) → 도로개설공사(「국토계획법」 제43조) → 공사완료의 공고(「국토계획법」 제98조) 등과 같은 도시·군계획시설사업의 시행절차에 따라 개설되나, 예정공도는 도시·군관리계획에 의하여 도로로 결정된 후 그 다음의 절차를 거치지 않고 사실상 일반 공중이 통행하고 있는 도로를 말한다.

〈재결례〉
도시·군계획시설도로로 결정된 후부터 도로로 사용되고 있는 경우는 예정공도에 해당된다.
[중토위 2017.03.09. 재결]

〈재결요지〉
000가 협의 시 사실상의 사도로 평가된 토지는 예정공도이므로 정상평가하여 달라는 주장에 대하여, 관계자료(현장사진, 지적도, 항공사진, 소유자 의견서, 사업시행자의견서 등)을 검토한 결과, 000의 경기 고양시 00구 00동 404-3 도 264㎡ 중 35㎡는 전으로 사유하던 토지가 2006년 도시계획시설도로로 결정된 후부터 도로로 사용되고 있는 예정공도로 확인되므로 정상평가하여 보상하기로 하고 나머지 229㎡는 도시계획시설도로로 결정되기 이전부터 도로로 사용하고 있던 토지로서 토지소유자가 그 의사에 의하여 타인의 통행을 제한할 수 없는 사실상의 사도로 확인되므로 신청인의 주장은 받아들일 수 없다.

(2) 예정공도와 건축허가

「건축법」 제2조 제11호에서는 「국토계획법」, 「도로법」, 「사도법」, 그 밖의 관련 법령에 따라 신설 또는 변경에 관한 고시가 된 도로도 도로로 보고 건축허가가 가능하도록 규정하고 있으므로, 「국토계획법」 제30조에 따라 도시·군관리계획의 결정·고시가 있는 도시·군계획시설 도로에 접한 토지는 이를 도로로 보고 건축허가가 가능하다.

(3) 예정공도의 형성

도시·군계획시설 도로를 도로로 보고 건축허가를 한 경우 「건축법」 제46조에 따른 건축선은 도시·군계획시설 도로선이 되므로 「건축법」 제47조 제1항에 따라 건축물과 담장은 건축선인 도시·군계획시설 도로선의 수직면(垂直面)을 넘을 수 없다.
이에 따라 도시·군계획시설 도로 부분은 자연히 일반인이 통행하는 도로가 된다.

(4) 예정공도의 성격

① 원칙

「국토계획법」에 따른 도시·군관리계획에 의하여 도로로 결정된 후 인접 토지에서 건축 등을 함에 따라 개설된 도로인 예정공도는 그 성격상으로는 "자기 토지의 편익을 위하여 스스로 설치한 도로"인 사실상의 사도와 유사하다.

그러나 이러한 예정공도는 '자기 토지의 편익을 위하여' 설치한 도로이기는 하나, i) 도시·군관리계획에 의하여 도로로 결정됨으로 인하여 도로개설이 강제된 것이므로 '스스로 설치한 도로'로 해당되지 않으며, ii) 도로로 개설된 것에 따른 가치의 변동(하락)은 공익사업으로 인한 가치의 변동으로 보아야 하므로 예정공도는 사실상의 사도로 보지 않는다.

② 예외

도시·군관리계획에 의하여 도로로 결정·고시되기 이전에 그 입안내용에 따라 스스로 도로에 제공한 경우는 도로개설이 강제된 것으로 볼 수 없고, 해당 공익사업으로 인한 가치의 변동으로 볼 수도 없으므로 예정공도가 아니라 사실상의 사도에 해당된다.

판례

토지소유자가 도시계획도로 입안내용에 따라 스스로 도로로 제공한 토지는 예정공도가 아니라 사실상의 사도에 해당된다.
[대법원 1997.08.29. 선고 96누2569 판결]

〈판결요지〉
토지수용으로 인한 손실보상액을 산정함에 있어서는 당해 공공사업의 시행을 직접 목적으로 하는 계획의 승인·고시로 인한 가격변동은 이를 고려함이 없이 수용재결 당시의 가격을 기준으로 하여 적정가격을 산정하여야 하며, 도시계획결정은 도시계획 고시일에 그 효력을 발생하는 것이므로, 당해 토지소유자가 도시계획(도로)입안의 내용에 따라 스스로 토지를 도로로 제공하였고 도시계획(도로) 결정고시는 그 후에 있는 경우, 도시계획입안의 내용은 그 토지 지가 하락의 원인과 관계가 없어서 토지에 대한 손실보상금산정에 참작할 사유가 아니라고 한 사례

2. 예정공도의 보상평가

「토지보상법 시행규칙」 제26조 제1항 제3호에 따라 예정공도부지는 「사도법」에 따른 사도부지 및 사실상의 사도부지에 해당되지 않으므로 「토지보상법 시행규칙」 제22조의 규정에서 정하는 방법에 따라 감정평가한다. 즉, 예정공도부지는 공도부지의 감정평가방법에 따라 감정평가한다.[72] 따라서 예정공도부지는 인근토지의 표준적인 이용상황을 기준으로 한다.

72) 2009.10.28. 개정 이전 (구)「토지보상평가지침」 제36조 제3항에서 예정공도부지는 미불용지(미지급용지)의 평가규정을 준용하도록 규정하고 있었으나, 예정공도부지는 미불용지와는 달리 종전의 공익사업이 시행된 바가 없으므로 종전의 공익사업에 편입될 당시의 이용상황이라는 것이 없다. 따라서 2009.10.28. 시행 「토지보상평가지침」 제36조 제3항에서 예정공도부지는 공도부지의 감정평가방법을 준용하도록 개정하였다.

(1) 개별요인의 비교

① 가로조건

예정 공도부지는 인근지역의 표준적인 이용상황을 기준으로 감정평가하므로 해당 예정 공도를 도로로 보지 않는다.

따라서 비교표준지에 해당 예정공도의 개설에 따른 가치변동이 포함되어 있는 경우에는 이를 개별요인에서 고려하여야 한다(「토지보상평가지침」 제36조 제1항 후단).

② 이용상황

예정공도부지는 인근지역의 표준적인 이용상황과 같거나 비슷한 이용상황을 가지는 비교표준지를 기준으로 감정평가하되, 인근지역의 표준적인 이용상황에 따라 다음과 같이 구분하여 감정평가한다(「토지보상평가지침」 제36조 제2항).

가. 인근지역의 표준적인 이용상황이 전・답 또는 임야인 경우

인근지역의 표준적인 이용상황과 비슷한 토지의 표준지공시지가를 기준으로 한 적정가격에 도로의 지반조성 등에 통상 필요한 비용 상당액과 위치조건 등을 고려한 가격수준으로 결정한다.

다만, 인근지역의 표준적인 이용상황과 비슷한 토지가 경지정리사업지구 안에 있는 전・답 등 농경지인 경우에는 도로의 지반조성 등에 통상 필요한 비용 상당액은 고려하지 아니한다. 즉, 도로는 그 소지인 전・답 등 농경지 또는 임야에 지반조성 등의 공사를 시행하여 조성되므로, 도로의 가치도 소지가치에 지반조성 등에 통상 필요한 비용 상당액을 더한 금액으로 본다.

나. 인근지역의 표준적인 이용상황이 '대'인 경우

인근지역의 표준적인 이용상황과 같거나 비슷한 이용상황을 가지는 표준지공시지가를 기준으로 감정평가하되, 도로의 지반조성 등에 통상 필요한 비용 상당액 등은 고려하지 아니한다.

즉, 이 경우에는 비교표준지 가격에 조성비가 포함되어 있다고 보아야 하므로, 도로의 지반조성 등에 통상 필요한 비용 상당액 등을 추가로 고려할 필요가 없다.

③ 형태조건 등의 개별요인

「국토계획법」 제30조에 따라 도시・군관리계획의 결정・고시 등을 하면서 분필한 예정공도부지를 감정평가하는 경우 기준시점 당시의 분필된 형태 및 면적 등의 개별요인을 고려하여야 하는지 여부의 문제이다.

즉, 기준시점 당시의 분필된 형태 및 면적 등을 기준으로 감정평가할 것인지, 아니면 분필되기 이전 원 토지의 형태 및 면적 등을 기준으로 감정평가할 것인지의 문제이다.

가. 기준시점 당시의 형태 및 면적 등을 기준으로 하여야 한다는 견해

「토지보상평가지침」 제36조 제3항에서 예정공도부지는 공도부지의 감정평가방법을 준용하도록 규정하고 있고, 공도부지는 기준시점 당시의 형태 및 면적 등을 기준으로 하므로 기준시점 당시의 형태 및 면적 등을 기준으로 하여야 한다는 주장이다.

나. 원 토지의 형태 및 면적 등을 기준으로 하여야 한다는 견해

i) 공도부지는 보상을 완료하고 1필지 또는 수필지로 이미 합필되었거나 합필이 예정되어 있는 토지임에 반하여, 예정공도부지는 보상 이전으로 합필되지 않고 각 필지별로 존속하고 있으며, ii) 「토지보상법 시행규칙」 제23조 제1항에서 공법상 제한을 받는 토지에 대하여는 제한받는 상태대로 평가하되, 그 공법상 제한이 해당 공익사업의 시행을 직접 목적으로 하여 가하여진 경우에는 제한이 없는 상태를 상정하여 평가하도록 규정하고 있으며, 이 경우 '해당 공익사업'이란 직접 보상을 시행하는 공익사업만을 의미하는 것은 아니고 사업제한을 규정하고 있는 다른 공익사업도 포함되는 것으로 본다는 점 등을 고려할 때, 다른 공익사업으로 인한 개별요인의 변경도 고려하지 않는 것이 타당하므로 원 토지의 형태 및 면적 등을 기준으로 하여야 한다는 주장이다.

판례

해당 공익사업이란 해당 공익사업만을 의미하는 것은 아니고 다른 공익사업도 포함한다.
[대법원 1992.03.13. 선고 91누4324 판결]

〈판결요지〉

도시계획법 제2조 제1항 제1호 나목에 의한 시설의 설치, 정비, 개량에 관한 계획결정으로서 도로, 광장, 공원, 녹지 등으로 고시되거나, 같은 호 다목 소정의 각종 사업에 관한 계획결정이 고시됨으로 인한 제한의 경우 구체적 사업이 수반되는 개별적 계획제한으로 보아 그러한 제한이 없는 것으로 평가하여야 하다.

다. 소결

i) 예정공도부지를 사실상의 사도부지에서 제외하는 이유는 공익사업이 예정됨에 따라 도로로 개설된 것이므로 이에 따른 가치의 변동(하락)은 공익사업으로 인한 가치의 변동으로 보아야 하고, ii) 「토지보상평가지침」 제36조 제3항에서 예정공도부지는 공도부지의 감정평가방법을 준용하도록 규정하고 있으나, 준용한다는 의미는 동일하게 적용하여야 한다는 것은 아니며 해당 조항의 취지에서 벗어나지 않는 범위에서 일부를 조정하여 적용할 수 있다는 의미이므로 '원 토지의 형태 및 면적 등을 기준으로 하여야 한다는 견해'가 타당한 것으로 본다.

III. 예정공도부자의 보상평가 유의사항

1. 예정공도에 접한 토지의 보상평가

(1) 문제의 발생

예정공도부지를 도로로 이용되지 아니하였을 경우에 예상되는 인근지역의 표준적인 이용상황을 기준으로 즉, 도로가 아닌 상태를 기준으로 감정평가한다면 기준시점 당시에 해당 예정공도에 접한 토지의 도로조건을 어떻게 볼 것인가가 문제이다.

(2) 적용

예정공도부지를 도로가 아닌 인근지역의 표준적인 이용상황을 기준으로 감정평가하는 것은 예정공도가 해당 공익사업에 편입되었기 때문이다.

따라서 예정공도부지를 도로가 아닌 것으로 보는 것에 따른 예정공도에 접한 토지가치의 변동은 해당 공익사업으로 인한 가치의 변동에 해당하므로 「토지보상법」 제67조 제2항에 따라 보상액의 산정에서는 이를 고려하지 않아야 한다.

따라서 예정공도에 접한 토지는 해당 예정공도에 접한 상태를 기준으로 감정평가한다.

(3) 예정공도는 사실상 사도 아님

> 공익사업을 위한 토지 등의 취득 및 보상에 관한 법률 시행규칙(이하 '공익사업법 시행규칙'이라 한다) 제26조 제2항은 사실상의 사도는 '사도법에 의한 사도 외의 도로로서, 도로개설 당시의 토지소유자가 자기 토지의 편익을 위하여 스스로 설치한 도로와 토지소유자가 그 의사에 의하여 타인의 통행을 제한할 수 없는 도로'를 의미한다고 규정하면서 국토의 계획 및 이용에 관한 법률에 의한 도시・군 관리계획에 의하여 도로로 결정된 후부터 도로로 사용되고 있는 것은 사실상의 사도에서 제외하고 있는바, '공익계획사업이나 도시계획의 결정・고시 때문에 이에 저촉된 토지가 현황도로로 이용되고 있지만 공익사업이 실제로 시행되지 않은 상태에서 일반공중의 통행로로 제공되고 있는 상태로서 계획제한과 도시계획시설의 장기미집행상태로 방치되고 있는 도로', 즉 예정공도부지의 경우 보상액을 사실상의 사도를 기준으로 평가한다면 토지가 도시・군 관리계획에 의하여 도로로 결정된 후 곧바로 도로사업이 시행되는 경우의 보상액을 수용 전의 사용현황을 기준으로 산정하는 것과 비교하여 토지소유자에게 지나치게 불리한 결과를 가져온다는 점 등을 고려하면, 예정공도부지는 공익사업법 시행규칙 제26조 제2항에서 정한 사실상의 사도에서 제외된다(대법원 2019.1.17. 선고 2018두55753 판결)

11 구거 및 도수로 부지의 보상평가

Ⅰ. 관련 규정의 내용

「토지보상법」 제70조(취득하는 토지의 보상) ⑥ 취득하는 토지와 이에 관한 소유권 외의 권리에 대한 구체적인 보상액 산정 및 평가방법은 투자비용, 예상수익 및 거래가격 등을 고려하여 국토교통부령으로 정한다.

「토지보상법 시행규칙」 제26조(도로 및 구거부지의 평가) ③ 구거부지에 대하여는 인근토지에 대한 평가액의 3분의 1 이내로 평가한다. 다만, 용수를 위한 도수로부지(개설 당시의 토지소유자가 자기 토지의 편익을 위하여 스스로 설치한 도수로부지를 제외한다)에 대하여는 제22조의 규정에 의하여 평가한다.

④ 제1항 및 제3항에서 "인근토지"라 함은 당해 도로부지 또는 구거부지가 도로 또는 구거로 이용되지 아니하였을 경우에 예상되는 표준적인 이용상황과 유사한 토지로서 당해 토지와 위치상 가까운 토지를 말한다.

「감정평가 실무기준」[810-6.오6] 구거부지

① 구거부지(도수로부지는 제외한다. 이하 같다)에 대한 감정평가는 인근토지에 대한 감정평가액의 3분의 1 이내로 한다.

② 제1항에서 "인근토지"란 [810-6.2.4-②]을 준용한다.

「감정평가 실무기준」[810-6.2.4] 사도법에 따른 사도부지

② 제1항에서 "인근토지"란 그 사도부지가 도로로 이용되지 아니하였을 경우에 예상되는 인근지역에 있는 표준적인 이용상황의 토지로서 지리적으로 가까운 것을 말한다.

Ⅱ. 구거 및 도수로 부지 보상평가의 주요 내용

1. 구거의 개요

(1) 정의

① 구거

「공간정보의 구축 및 관리 등에 관한 법률 시행령」 제58조 제18호에서 '구거'는 용수(用水) 또는 배수(排水)를 위하여 일정한 형태를 갖춘 인공적인 수로·둑 및 그 부속시설물의 부지와 자연의 유수(流水)가 있거나 있을 것으로 예상되는 소규모 수로부지로 규정하고 있다.

② 도수로부지

도수로에 대한 용어의 정의를 규정하고 있는 법령은 없다.

다만, 일반적으로 '도수로부지'란 관행용수권과 관련하여 용수·배수를 목적으로 일정한 형태를 갖춘 인공적인 수로·둑 및 그 부속시설물의 부지를 의미한다.

즉, 도수로부지는 구거 중 관행용수권과 관련하여 인공적으로 조성된 수로를 말한다.

가. 관행용수권

'관행용수권'이란 하천으로부터 농업용수나 생활용수를 취수 또는 인수하는 관행상의 권리를 말한다. 즉, 「하천법」 제50조에서는 생활·공업·농업·환경개선·발전·주운(舟運) 등의 용도로 하천수를 사용하려는 자는 국토교통부장관의 허가를 받아야 하도록 규정하고 있으나, 이러한 허가 등이 없이 장기간 하천이나 구거로부터 농업용수나 생활용수를 취수 또는 인수하여 옴에 따라 관행으로 인정된 물의 사용권을 말한다.

나. 인공적인 수로

'인공적인 수로'란 인공적으로 조성된 수로를 의미한다. 즉, 자연적인 유수가 있거나 있을 것으로 예상되는 수로와 대비되는 개념이다. 여기서 인공적이란 자연발생적이 아닌 인위적 방법으로 조성되기만 하면 되고 어떠한 시설물을 설치하여야 하는 것은 아니다.

판례

'인공적 수로'란 인위적인 공사를 통하여 설치된 수로를 의미하나, 반드시 시설물을 설치하여야 하는 것은 아니다.

[서울고등법원 2014.09.19. 선고 2013누30843 판결[73]]

〈판결요지〉
공익사업법 시행규칙 제26조 제3항 및 측량·수로조사 및 지적에 관한 법률 시행령 제58조 제18호 등 관련 법규의 문언과 입법취지를 종합하면, 도수로는 "용수(또는 배수)를 위하여 일정한 형태를 갖춘 인공적인 수로·둑 및 그 부속시설"을, 도수로부지는 "용수를 취수시설로부터 끌어오기 위해 설치하는 일정한 형태를 갖춘 인공적인 수로의 부지"를 각 의미하는데, 여기서 '인공적인 수로'란 협의의 구거, 즉 "자연의 유수가 있거나 있을 것으로 예상되는 소규모 수로"와 대비되는 개념으로서 인공적으로 설치된 수로를 뜻하고, 이러한 '인공적 수로'는 자연발생적이 아닌 인위적 방법에 따르기만 하면 단순히 흙쌓기와 땅파기 공사 등을 통하여도 설치될 수 있으며, 땅을 판 후 반드시 그 위에 어떠한 시설물을 설치하여야만 '인공적 수로'가 되는 것은 아니다. … 이 사건 각 토지는 그 위에 콘크리트 구조물 등 인공적인 시설이 설치되어 있지 않다고 하더라도 도수로 부지에 해당한다.

③ 도수로와 구거의 구분

구거와 도수로는 i) 개설목적, ii) 상린관계, iii) 전용가능성, iv) 인공적 시설, v) 가치의 화체 등에서 차이가 있으며, 이러한 차이에 따라 가치가 다르게 되므로 감정평가기준을 달리 한다.

가. 개설목적

가) 구거

구거는 용수 또는 배수를 목적으로 인위적으로 조성되기도 하나, 유수에 의해 자연적으로도 형성된다. 즉, 구거는 인공적인 것도 있고 자연적인 것도 있다.

나) 도수로

도수로는 관행용수권과 관련하여 용수 또는 배수를 목적으로 인위적으로 조성된다.

나. 상린관계

구거와 도수로 모두 상린관계의 적용을 받으나, 도수로는 자연적 유수에 의한 구거는 보다 강한 상린관계가 적용된다.

다. 전용의 가능성

가) 구거

구거는 물이 자연적으로 흐르든 사람이 일정한 방향으로 흐르도록 이끌든 그것은 가리지 않고 「민법」상의 상린관계에 따라 원칙적으로 소유자가 임의로 유수를 조절하거나 다른 용도로 전용하는 것이 제한된다.

나) 도수로

도수로는 소유자 또는 관리자의 의사에 의해서 일정한 방향으로 물이 흐르는 토지이므로 유수를 조절할 수 있고, 몽리(蒙利) 토지 등이 없어진 경우 등 개설목적에 더 이상 사용할 필요가 없게 되면 언제든지 다른 용도로 전용할 수 있다.

73) 동 판결은 대법원 2015.2.12. 선고 2014두14396 판결(상고 기각)에 의해 확정되었다.

라. 인공적 시설

구거는 용수 또는 배수를 위하여 일정한 인공적 시설이 있는 경우도 있고, 자연적 유수와 같이 인공적인 시설이 없는 경우도 있으나, 도수로는 반드시 인공적 시설이 있어야 한다.

마. 가치의 화체 여부

가) 구거

구거의 가치는 원칙적으로 인근토지의 가치에 화체되지 않는다고 본다.

나) 도수로

(가) 원칙

도수로의 가치도 원칙적으로 인근토지의 가치에 화체되지 않는다고 본다.
즉, 도수로로 인하여 인근 몽리토지의 가치가 상승한다고 하여도 도수로 소유자와 몽리 토지의 소유자가 다른 경우에는 가치의 화체가 인정되지도 않는다.

(나) 예외

개설 당시의 토지소유자가 자기 토지의 편익을 위하여 스스로 설치한 도수로부지의 가치는 인근토지에 화체된다고 본다.

바. 적용

도수로와 구거의 구분은 개설경위·목적·주위환경·소유관계·이용상태 등의 제반 사정을 기준으로 판단한다.

판례

도수로부지와 구거부지의 구분은 개설경위, 목적, 주위환경, 소유관계, 이용상태 등의 제반 사정을 고려하여 판단한다.
[대법원 2001.04.24. 선고 99두5085 판결]

〈판결요지〉

「공공용지의 취득 및 손실보상에 관한 특례법 시행규칙」 제6조의2 제2항, 제12조 제2항, 제6조 제1항, 제2항은 구거부지에 대하여는 인근토지에 대한 평가금액의 1/3 이내로 평가하도록 하면서 관행용수를 위한 도수로부지에 대하여는 일반토지의 평가방법에 의하여 평가하도록 규정하고 있는바, 이와 같이 구거부지와 도수로부지의 평가방법을 달리하는 이유는 그 가치에 차이가 있다고 보기 때문이므로, 일반토지의 평가방법에 의한 가격으로 평가하도록 되어 있는 도수로부지를 그보다 낮은 가격으로 평가하는 구거 부지로 보기 위하여는 그 도수로의 개설경위, 목적, 주위환경, 소유관계, 이용상태 등의 제반 사정에 비추어 구거부지로 평가하여도 될만한 객관적인 사유가 있어야 한다. 관행용수를 위한 도수로부지에 그 소유자의 의사에 의하지 아니한 채 생활오폐수가 흐르고 있다는 사정은 원래 일반토지의 평가방법에 의한 가격으로 평가하도록 되어 있는 도수로부지를 그보다 낮은 가격으로 평가하는 구거부지로 보아도 될만한 객관적인 사유가 될 수 없다.

④ 구거 또는 도수로의 구분 주체

대상토지가 구거인지 또는 도수로인지의 구분은 현실적인 이용상황에 관한 사항이므로, 「토지보상법」에서 정하는 절차에 따라 사업시행자가 결정한다.

다만, 감정평가법인 등이 「토지보상법 시행규칙」 제16조 제3항에 따라 현지조사한 결과, 제시된 이용상황이 타당하지 않다고 판단되는 경우에는 그 내용을 사업시행자에게 조회한 후 감정평가한다.

(2) 유사 개념과의 구분

① 하천

「공간정보의 구축 및 관리 등에 관한 법률 시행령」 제58조 제17호에서 '하천'이란 자연의 유수(流水)가 있거나 있을 것으로 예상되는 토지로 규정하고 있으므로 그 개념상으로는 구거와 유사하나, 일반적으로 규모를 기준으로 큰 것은 하천, 작은 것은 구거로 나누기도 한다. 다만, 「하천법」 제2조 제1호에서 하천이란 지표면에 내린 빗물 등이 모여 흐르는 물길로서 공공의 이해에 밀접한 관계가 있어 국가하천 또는 지방하천으로 지정된 것으로 규정하고 있다.

즉, 「하천법」에서의 하천은 자연의 유수가 있고, 그 위에 국토교통부장관 또는 시・도지사의 지정이 있어야 한다는 점이 지목 상의 하천 및 구거와 다른 점이다.

② 소하천

「소하천정비법」 제2조 제1호에서 '소하천'이란 「하천법」의 적용 또는 준용을 받지 아니하는 하천으로서 그 명칭과 구간이 지정・고시된 하천으로 규정하고 있다.

따라서 소하천은 하천보다는 규모가 작으나 하천관리청에 의해 그 명칭과 구간이 지정・고시되며, 통상적으로 구거보다는 규모가 크다는 차이가 있다.

③ 유지(溜池)

「공간정보의 구축 및 관리 등에 관한 법률 시행령」 제58조 제19호에서 '유지'물이 고이거나 상시적으로 물을 저장하고 있는 댐・저수지・소류지(沼溜地)・호수・연못 등의 토지와 연・왕골 등이 자생하는 배수가 잘 되지 아니하는 토지로 규정하고 있다.

즉, 구거는 흐르는 물의 토지인 반면, 유지는 고인 물의 토지라는 차이가 있다.

④ 양어장

「공간정보의 구축 및 관리 등에 관한 법률 시행령」 제58조 제20호에서 '양어장'이란 육상에 인공으로 조성된 수산생물의 번식 또는 양식을 위한 시설을 갖춘 부지와 이에 접속된 부속시설물의 부지로 규정하고 있다.

즉, 구거는 흐르는 물의 토지인 반면, 양어장은 육상에 인공으로 조성된 수산생물의 번식 또는 양식을 위한 시설의 부지라는 차이가 있다.

⑤ 수도용지

「공간정보의 구축 및 관리 등에 관한 법률 시행령」 제58조 제21호에서 '수도용지'란 물을 정수하여 공급하기 위한 취수・저수・도수(導水)・정수・송수 및 배수 시설의 부지 및 이에 접속된 부속시설물의 부지로 규정하고 있다.

즉, 구거는 흐르는 물의 토지인 반면, 수도용지는 물을 정수하여 공급하기 위한 시설의 부지라는 차이가 있다.

2. 구거 및 도수로부지의 보상평가

(1) 구거

① 원칙

구거부지는 인근토지에 대한 감정평가금액의 3분의 1 이내로 감정평가한다.

따라서 구거에 해당되면 그 소유자가 누구인지, 자기토지의 편익에 이용하고 있는지 등에 관계없이 인근토지에 대한 감정평가금액의 3분의 1 이내로 감정평가한다.

가. 감액 평가하는 이유

구거를 감액 평가하는 이유는 구거의 가치가 인근토지의 가치에 화체되었기 때문이 아니라, 구거는 대부분 물이 높은 곳으로부터 낮은 곳으로 흐름에 따라 자연스럽게 형성되고, 구거와 관련된 토지의 합리적인 이용을 위한 상린관계가 성립되어, 소유권을 행사하여 그 구거를 임의로 폐쇄시키거나 변경시키는 것이 금지되는 등 여러 가지 제한이 부가되므로 인근토지에 비하여 감액 평가하는 것이다.

나. 적용

가) 인근 토지

인근토지란 해당 구거부지가 구거로 이용되지 아니하였을 경우에 예상되는 표준적인 이용상황의 토지로서 대상토지와 지리적으로 가까운 토지를 말한다.

인근지역의 범위는 감정평가법인 등이 관련 법령, 감정평가 일반이론, 실지조사 분석 결과 등을 종합적으로 고려하여 판단・결정한다.

나) 표준적인 이용상황

(가) 의의

'표준적인 이용상황'이란 대상토지의 인근지역에 있는 주된 용도의 토지로서 표준적인 획지의 최유효이용에 따른 이용상황을 말한다(「토지보상평가지침」 제3조 제7호).

(나) 판단기준

표준적인 이용상황은 감정평가법인 등이 관련 법령, 감정평가 일반이론, 실지조사 분석 결과 등을 종합적으로 고려하여 판단한다.

즉, 구거부지는 그 특성상 긴 선형(線形)의 형태를 가지므로 인근지역 및 표준적인 이용상황이 2개 이상이 있을 수 있다. 이러한 경우는 인근지역별 또는 표준적인 이용상황별로 구분감정평가하거나, 인근지역별 또는 표준적인 이용상황별로 구분하되 평균단가를 적용하여 감정평가할 수 있다.

다) 인근토지에 대한 감정평가액

인근토지에 대한 감정평가액은 구거가 개설된 상태에서의 감정평가금액으로 한다.

라) 단가사정

구거부지에 대한 감정평가는 인근토지에 대한 감정평가액의 3분의 1 이내로 하므로, 3분의 1을 적용할 경우의 단가사정은 반올림하지 않고 절사한다.

② 예외

가. 구거로 보지 않는 토지

i) 지적공부상으로 구거로 구분되어 있으나 기준시점 현재 구거로 이용되고 있지 아니하거나 사실상 용도폐지된 상태에 있는 토지, ii) 지적공부상으로 구거로 구분되어 있지 아니한 상태에서 기준시점 현재 사실상 구거로 이용되고 있으나 소유자의 의사에 따라 법률적·사실적으로 유수(流水)를 제한할 수 있는 토지는 구거로 보지 않는다(「토지보상평가지침」 제38조 제3항).

판례

소유자가 사용을 금지시킬 수 있는 구거는 인근토지에 대한 감정평가금액의 3분의 1 이내로 감정평가하는 구거에 해당되지 않는다.
[대법원 1983.12.13. 선고 83다카1747 판결]

〈판결요지〉

「공공용지의 취득 및 손실보상에 관한 특례법 시행규칙」 제6조의2 제2항 제1호 소정의 사실상의 사도 또는 구거라 함은 토지소유자가 자기토지의 이익증진을 위하여 스스로 개설한 도로 또는 구거를 의미하고 소유 토지의 일부가 일정기간 불특정다수인의 통행에 공여되거나 사실상 구거 등으로 사용되고 있으나 토지소유권자가 소유권을 행사하여 그 통행 또는 사용을 금지시킬 수 있는 상태에 있는 토지는 사실상의 사도 또는 구거에 해당되지 않는다.

나. 구거로 보지 않는 경우의 보상평가

가) 원칙

「토지보상법」 제70조 제2항에 따라 토지의 보상평가는 기준시점에서의 현실적인 이용상황을 기준으로 하므로 구거로 보지 않는 토지는 현실이용상황을 기준으로 감정평가한다. 즉, 이 경우는 인근토지에 대한 감정평가액의 3분의 1 이내로 감액하여 감정평가하여서는 안 된다.

나) 예외

구거로 보지 않는 토지의 현실이용상황이 「국토계획법」 등 관계법령에 의하여 허가를 받거나 신고를 하고 형질변경을 하여야 하나 허가를 받지 아니하거나 신고를 하지 아니하고 형질변경하여 불법형질변경에 해당하는 경우는 「토지보상법 시행규칙」 제24조에 따라 형질변경될 당시의 이용상황인 구거를 기준으로 감정평가한다.

다만, i) 해당 토지의 형질변경이 허가나 신고를 하여야 하는 형질변경에 해당하고, ii) 형질변경 허가 또는 신고가 없었다는 점은 사업시행자가 입증하여야 한다.

판례

불법형질변경토지라는 사실에 관한 입증책임은 사업시행자에게 있다.
[대법원 2012.04.26. 선고 2011두2521]

〈판결요지〉
공익사업을 위한 토지 등의 취득 및 보상에 관한 법률 제70조 제2항, 제6항, 공익사업을 위한 토지 등의 취득 및 보상에 관한 법률 시행규칙 제24조에 의하면 토지에 대한 보상액은 현실적인 이용상황에 따라 산정하는 것이 원칙이므로, 수용대상 토지의 이용상황이 일시적이라거나 불법형질변경토지라는 이유로 본래의 이용상황 또는 형질변경 당시의 이용상황에 의하여 보상액을 산정하기 위해서는 그와 같은 예외적인 보상액 산정방법의 적용을 주장하는 쪽에서 수용대상 토지가 불법형질변경토지임을 증명해야 한다. 그리고 수용대상 토지가 불법형질변경토지에 해당한다고 인정하기 위해서는 단순히 수용대상 토지의 형질이 공부상 지목과 다르다는 점만으로는 부족하고, 수용대상 토지의 형질변경 당시 관계 법령에 의한 허가 또는 신고의무가 존재하였고 그럼에도 허가를 받거나 신고를 하지 않은 채 형질변경이 이루어졌다는 점이 증명되어야 한다.

(2) 도수로부지

① 원칙

도수로부지는 도수로로 이용되지 아니하였을 경우에 예상되는 인근지역의 표준적인 이용상황을 기준으로 감정평가하며, 이 경우 공작물 등 도수로 시설물의 가치는 도수로 부지의 감정평가액에 포함하지 않고, 대상토지가 도수로부지인 것에 따른 용도적 제한은 고려하지 않는다(「토지보상평가지침」 제37조의2 제1항).

가. 감액 평가하지 않는 이유

도수로부지는 다음과 같은 사유로 인하여 구거와는 달리 감액 평가하지 않는다.

가) 전용 가능성

도수로는 관행용수권과 관련하여 인공적으로 조성된 수로이므로 소유자 또는 관리자의 의사에 의해서 유수를 조절할 수 있고, 몽리(蒙利) 토지 등이 없어진 경우 등 개설목적에 더 이상 사용할 필요가 없게 되면 언제든지 다른 용도로 전용할 수 있다.

나) 가치의 화체 여부

도수로는 원칙적으로 인근토지의 가치에 화체되지 않는다.
즉, 도수로는 몽리 토지로부터 수리의 이용료 등을 징수할 수 있으므로, 원칙적으로도 수로와 몽리 토지 사이에 가치의 화체가 인정되지도 않는다.

나. 적용

가) 인근지역의 표준적인 이용상황이 농경지 또는 임야인 경우

인근지역의 표준적인 이용상황이 전・답 등 농경지인 경우에는 그 표준적인 이용상황의 토지와 유사한 이용상황의 표준지공시지가를 기준으로 감정평가하되, 도수로의 지반조성 등에 통상 필요한 비용 상당액 등을 고려할 수 있다.

나) 인근지역의 표준적인 이용상황이 '대' 및 이와 유사한 용도인 경우

인근지역의 표준적인 이용상황이 '대' 및 이와 유사한 용도의 것인 경우에는 그 표준적인 이용상황의 토지와 유사한 표준지공시지가를 기준으로 감정평가하되, '대'로 전환할 경우 예상되는 도로개설 등의 부담비율 등을 고려할 수 있다. 이 경우 도수로의 지반조성 등에 통상 필요한 비용 상당액은 고려하지 않는다.

다) 사실상 기능이 상실되었거나 용도폐지된 경우

기준시점 이전에 도수로로서의 기능이 사실상 상실되었거나 용도폐지된 도수로부지는 다른 용도로의 전환가능성, 전환 후의 용도, 용도전환에 통상 필요한 비용 상당액 등을 고려하여 감정평가하며, 이 경우에는 인근지역에 있는 것으로서 일반적으로 전환가능한 용도와 비슷한 토지의 표준지공시지가를 기준으로 감정평가한다(「토지보상평가지침」 제37조의2 제3항).

라) 공익사업으로 조성된 도수로부지

종전의 「농촌근대화촉진법」에 따른 농지개량사업, 「농어촌정비법」에 따른 농어촌정비사업 등 관계법령에 따른 공익사업의 시행으로 설치된 도수로의 부지는 공물에 해당하므로 위 가) 및 나)를 준용하여 감정평가한다.

② **토지소유자가 자기 토지의 편익을 위하여 스스로 설치한 도수로부지**

개설당시의 토지소유자가 자기 토지의 편익을 위하여 스스로 설치한 도수로부지의 경우에는 동일한 소유자 간의 가치화체가 인정되므로 감액하여 감정평가하는 것이 타당하다. 따라서 이러한 도수로는 구거의 감정평가방법을 준용한다.

〈질의회신〉

개발행위허가 조건으로 조성한 우수배수로는 토지소유자가 자기 토지의 편익을 위하여 설치하였고 다른 용도로 전용이 불가능하므로 도수로부지로 볼 수 없다.
[협회 2019.08.12. 감정평가실-1445]

〈질의요지〉

영농성토(답→전) 목적의 대규모 개발행위 허가 시에 주변 토지 피해방지를 위해 인접 토지 내부 및 경계부분에 인공적인 우수 배수로(토사측구) 신설 및 기존 배수로 재정비를 조건으로 하였고, 현재 배수로는 상시적으로 물이 흐르지 않고 메마르거나 물이 고여 있고 우천 시 배수 목적으로 사용되며 영농성토 부지 이외 기존 배수로에서 하천까지 연결된 상태인 경우 우수 배수로의 현실이용상황을 무엇으로 정해야 하는지

〈회신내용〉

우수 배수로(토사측구)는 개발제한구역 내의 토지로서 영농성토를 위한 행위허가과정에서 인근 농지의 농업경영에 피해를 주지 않기 위한 기준을 충족하기 위한 우수처리 또는 배수계획의 일환으로 설치한 것이며, 행위허가에 부가된 필수적 조건으로 개설된 구거이므로 사실상 다른 용도로의 전용이 불가능하다고 할 것입니다. 따라서 해당 토지의 현실적인 이용상황은 「공간정보관리법 시행령」 제58조 제1호의 전이라고 볼 수 없고 현재의 이용상황이 일시적이라고도 볼 수 없다고 사료됩니다. 또한 「공간정보관리법 시행령」 제58조의 제18호는 개설목적(용수 또는 배수)을 기준으로 구거에 해당하는지 여부를 판단하고 있을 뿐 지속적으로

> 물이 흐를 것을 기준으로 하고 있지 않으므로 평시 지속적으로 물이 흐르지 않는다고 하여 구거부지가 아니라고 볼 수는 없다고 사료됩니다. … 우수 배수로(토사측구)는 배수목적으로 설치하였고 토지소유자가 자기 토지의 편익을 위하여 스스로 설치한 것이므로 토지보상법 시행규칙 제26조 제3항 단서에 해당하지 않는다고 사료됩니다.

III. 구거부지등의 보상평가 유의사항

1. 수도용지

(1) 정의

① 「공간정보관리법」

「공간정보관리법 시행령」 제58조 제21호에서 수도용지란 "물을 정수하여 공급하기 위한 취수·저수·도수(導水)·정수·송수 및 배수 시설의 부지 및 이에 접속된 부속시설물의 부지"로 규정하고 있다.

② 「수도법」

「수도법」 제3조 제5호에서 '수도'란 관로(管路), 그 밖의 공작물을 사용하여 원수나 정수를 공급하는 시설의 전부를 말하며, 일반수도·공업용수도 및 전용수도로 구분하고 있다.

③ 수도용지와 구거의 차이

구거는 자연수가 흐르는 토지인 반면, 수도용지는 정수한 물이 흐르는 토지라는 차이가 있다.

(2) 수도용지의 보상평가

① 공익사업으로 조성된 수도용지

「수도법」, 「국토계획법」, 「농어촌정비법」, 「한국수자원공사법」 등 관계 법률에 따라 공익사업으로 조성된 수도용지가 다른 공익사업에 편입되는 경우는 공도부지의 감정평가 방법을 준용한다.

② 그 외의 수도용지

그 외의 수도용지는 도수로의 감정평가방법을 준용한다(「토지보상평가지침」 제37조의2 제5항).

2. 하수도용지

(1) 정의

① 「하수도법」

「하수도법」 제2조 제3호에서 '하수도'란 하수(下水)[74]와 분뇨를 유출 또는 처리하기 위하여 설치되는 하수관로·공공하수처리시설·간이공공하수처리시설·하수저류시설·분뇨처리시설·배수설비·개인하수처리시설 그 밖의 공작물·시설의 총체로 규정하고 있다.

---

74) '하수'라 함은 사람의 생활이나 경제활동으로 인하여 액체성 또는 고체성의 물질이 섞이어 오염된 물(이하 "오수"라 한다)과 건물·도로 그 밖의 시설물의 부지로부터 하수도로 유입되는 빗물·지하수를 말한다. 다만, 농작물의 경작으로 인한 것은 제외한다(「하수도법」 제2조 제1호).

② 하수도와 구거의 차이

구거는 자연수가 흐르는 토지인 반면, 하수도는 하수가 흐르는 토지라는 차이가 있다.

(2) 하수도용지의 보상평가

① 공익사업으로 조성된 하수도용지

「수도법」, 「국토계획법」, 「농어촌정비법」 등 관계 법률에 따라 공익사업으로 조성된 하수도용지가 다른 공익사업에 편입되는 경우는 공도부지의 감정평가방법을 준용한다.

② 그 외의 하수도용지

그 외의 하수도용지는 도수로의 감정평가방법을 준용한다.

3. 소하천

(1) 용어의 정의

① 소하천

「소하천정비법」 제2조 제1호에서 '소하천'이란 「하천법」의 적용 또는 준용을 받지 아니하는 하천으로서 제3조에 따라 그 명칭과 구간이 지정・고시된 하천으로 규정하고 있으며, 제3조에서는 소하천의 지정을, 제8조에서는 소하천정비계획의 수립 및 공고 등에 대하여 규정하고 있고, 제12조 제2항에서는 제8조 제2항에 따라 시행계획이 공고되면 「토지보상법」 제20조 제1항 및 제22조에 따른 사업인정 및 고시가 있는 것으로 보도록 규정하고 있다.

② 소하천구역

「소하천정비법」 제2조 제2호 '소하천구역'이란 i) 소하천의 형상과 기능을 유지하고 있는 토지의 구역, ii) 소하천시설이 설치된 토지의 구역, iii) 제방이 있는 곳은 그 제방으로부터 물이 흐르는 쪽의 토지의 구역 등에 해당되어 관리청에 의해 결정・고시된 구역으로 규정하고 있다.

(2) 소하천 및 소하천정비구역의 보상평가

① 소하천

「소하천정비법」에 따라 공익사업으로 조성된 소하천이 다른 공익사업에 편입되는 경우는 공도부지의 감정평가방법을 준용한다.

② 소하천구역

「토지보상평가지침」 제39조의4 제1항에서는 「소하천정비법」에 따른 소하천구역 안에 있는 사유 토지가 공익사업에 편입된 경우에는 제39조의3을 준용하도록 규정하고 있다. 따라서 소하천구역 안의 토지는 기준시점 당시의 현실적인 이용상황을 기준으로 감정평가하되, 소하천구역으로 결정 또는 변경에 따른 「소하천정비법」에서 정한 공법상 제한은 고려하지 아니한다.

12 개간비의 보상평가

Ⅰ. 관련 법령의 내용

「토지보상법」 제70조(취득하는 토지의 보상) ⑥ 취득하는 토지와 이에 관한 소유권 외의 권리에 대한 구체적인 보상액 산정 및 평가방법은 투자비용, 예상수익 및 거래가격 등을 고려하여 국토교통부령으로 정한다.

「토지보상법 시행규칙」 제27조(개간비의 평가 등) ① 국유지 또는 공유지를 관계법령에 의하여 적법하게 개간(매립 및 간척을 포함한다. 이하 같다)한 자가 개간 당시부터 보상 당시까지 계속하여 적법하게 당해 토지를 점유하고 있는 경우(개간한 자가 사망한 경우에는 그 상속인이 개간한 자가 사망한 때부터 계속하여 적법하게 당해 토지를 점유하고 있는 경우를 포함한다) 개간에 소요된 비용(이하 "개간비"라 한다)은 이를 평가하여 보상하여야 한다. 이 경우 보상액은 개간 후의 토지가격에서 개간 전의 토지가격을 뺀 금액을 초과하지 못한다.
② 제1항의 규정에 의한 개간비를 평가함에 있어서는 개간 전과 개간 후의 토지의 지세·지질·비옥도·이용상황 및 개간의 난이도 등을 종합적으로 고려하여야 한다.
③ 제1항의 규정에 의하여 개간비를 보상하는 경우 취득하는 토지의 보상액은 개간 후의 토지가격에서 개간비를 뺀 금액으로 한다.

「감정평가 실무기준」[810-6.3.1] 개간비 등
① 개간비는 기준시점을 기준으로 개간에 통상 필요한 비용 상당액을 기준으로 감정평가한다. 이 경우 개간비는 개간 후의 토지가액에서 개간 전의 토지가액을 뺀 금액을 초과하지 못한다.
② 제1항에 따른 개간비를 감정평가할 때에는 개간 전과 개간 후의 토지의 지세·지질·비옥도·이용상황 및 개간의 난이도 등을 종합적으로 고려하여야 한다.
③ 제1항에 따라 개간비를 보상하는 경우 취득하는 토지의 감정평가액은 개간 후의 토지가액에서 개간비를 뺀 금액으로 한다.

Ⅱ. 개간비 보상평가의 주요 내용

1. 개간비 보상의 개요

(1) 용어의 정의

① 개간

'개간'이란 일반적으로 쓸모없는 땅을 전·답으로 만드는 것을 말하나, 「토지보상법」 제27조에서 개간이란 이러한 협의의 개간뿐만 아니라, 매립·간척[75] 및 이에 준하는 행위까지를 포함한다.

따라서 개간이란 형질변경 등을 포함하며 종전 토지의 이용가치를 보다 높이는 행위로 본다.

---

75) 매립은 물이 고인 땅을 물높이 위까지 메워서 이용하기 좋은 땅으로 만드는 것을 말하고, 간척은 호수·하천·바닷가에 둑을 쌓아 물이 들어오지 못하도록 하여 주위의 물높이보다 낮은 부분을 이용할 수 있게 만드는 것을 말한다.

② 개간비

'개간비'란 기준시점에서 개간에 통상 필요한 비용 상당액을 말한다.

다만, 「토지보상법」 제27조에 따른 개간비는 개간 후의 토지가액에서 개간 전의 토지가액을 뺀 금액(증가액)을 초과할 수 없다.

(2) 개간비 보상의 의의

개간비 보상은 국・공유지에 대한 개량비 상당액의 감액 및 점유자에 대한 유익비 상환으로서의 제도적 의의를 가진다.

① 「국유재산법」 등에 의한 개량비 상당액의 감액

「국유재산법 시행령」 제42조 제5항 및 「공유재산 및 물품관리법 시행령」 제28조 제1항에서는 개척・매립・간척 또는 조림하거나 그 밖에 정당한 사유로 점유하고 개량한 자에게 해당 재산을 매각하는 경우에는 매각 당시의 개량한 상태의 가액에서 개량비에 해당하는 금액을 빼고 남은 금액을 매각대금으로 하되, 매각을 위한 평가일 현재 개량하지 않은 상태의 가액이 개량한 상태의 가액에서 개량비에 해당하는 금액을 빼고 남은 금액보다 높을 때에는 그 개량하지 않은 상태의 가액 이상으로 매각대금을 결정하도록 규정하고 있다.

따라서 국・공유지를 관계법령에 의하여 적법하게 개간한 자가 해당 국・공유지를 매입하는 경우 개량비 상당액을 공제받을 수 있음에도 공익사업의 시행으로 이러한 기회를 상실한 개간자에게 사업시행자가 개간비 보상을 통하여 이를 벌충해 주도록 하는 것이 개간비 보상의 제도적 의의이다.

② 「민법」상 점유자의 유익비 상환청구권

「민법」 제203조 제2항에서는 점유자가 점유물을 개량하기 위하여 지출한 금액 기타 유익비에 관하여는 그 가액의 증가가 현존한 경우에 한하여 회복자의 선택에 좇아 그 지출금액이나 증가액의 상환을 청구할 수 있도록 규정하고 있다.

따라서 개간비 보상도 점유자가 소유자로부터 상환받을 수 있는 개량에 지출한 유익비에 대한 보상의 성격을 가진다.

다만, i) 유익비는 지출금액이나 증가액 중에서 선택하여 지급할 수 있으나, 개간비는 개간 후의 토지가액에서 개간 전의 토지가액을 뺀 금액(증가액)의 범위 이내에서 지출 금액으로 지급한다는 점, ii) 유익비는 소유자를 제한하지 않으나, 개간비는 국・공유지에 한한다는 차이점이 있다.

(3) 개간비 보상의 대상

① 대상토지

개간비보상의 대상 토지는 국유지 또는 공유지에 한한다.

따라서 사유지를 소유자가 아닌 자가 적법하게 개간한 경우에는 개간비의 보상대상이 아니므로 개간 후의 현실적인 이용상황을 기준으로 감정평가한 보상액을 토지소유자에게 지급하며, 이 경우 개간자는 토지소유자에게 「민법」 제203조 제2항에 따라 유익비의 상환을 청구하거나, 「민법」 제741조에 따라 부당이득 반환을 청구할 수 있을 뿐이다. 이와 같이 개간비보상의 대상을 국·공유지로 한정한 이유는 사유지의 경우 계약에 의해 개간비의 귀속이 달라질 수 있으므로 이를 법령으로 제한할 수 없기 때문이다.

② 토지가치의 상승

개간비는 개간 후의 토지가액에서 개간 전의 토지가액을 뺀 금액을 초과하지 못하므로, 실제로 개간비용이 지출되었다고 하여도 개간으로 인하여 토지가치가 상승하지 않았다면 보상대상이 아니다.

③ 적법한 개간

가. 원칙

개간을 위하여 관련 법령에 따라 허가·인가 등을 받아야 하는 경우는 허가·인가 등을 받고 개간한 토지여야 한다.

이러한 허가·인가 등에는 「국토계획법」에 따른 형질변경허가 등뿐만 아니라 「국유재산법」 및 「공유재산 및 물품 관리법」에 따른 사용허가 또는 대부계약을 포함한다.

〈유권해석〉

국가하천의 경우 「하천법」 규정에 의한 하천관리청의 허가를 받아야 한다.
[국토부 2005.01.13. 토지관리과-323]

〈질의요지〉

개간비보상 규정 및 국가하천의 경우 누구의 개간허가를 받아야 하는지 여부

〈회신내용〉

「토지보상법 시행규칙」 제27조 제1항의 규정에 의하면 국유지 또는 공유지를 관계법령에 의하여 적법하게 대부받아 개간한 자가 개간 당시부터 보상 당시까지 계속하여 적법하게 당해 토지를 점유하고 있는 경우 개간에 소요된 비용은 이를 평가하여 보상하도록 규정하고 있고, 국가하천의 경우 「하천법」 규정에 의한 하천관리청의 허가를 받아야 한다.

나. 예외

관련 법령에 따라 허가·인가 등을 받지 않고 개간한 무허가개간 토지가 1995년 1월 7일 당시에 공익사업시행지구에 편입된 경우에는 개간비를 보상한다(「토지보상법 시행규칙」 부칙 제6조).

이 경우 1995년 1월 7일 당시에 공익사업시행지구에 편입되었는지 여부의 판단은 불법형질변경토지의 기준을 준용한다.

(4) 보상대상자

① 원칙

개간한 자가 개간 당시부터 보상 당시까지 계속하여 적법하게 해당 토지를 점유하고 있어야 한다. 즉, 개간비의 지출자와 보상대상자가 동일인이어야 한다.

따라서 개간을 한 자가 기준시점 당시에 사실상 점유하고 있지 아니하거나, 불법적으로 점유하고 있는 때에는 원칙적으로 보상대상자가 되지 않는다.

② 예외

개간한 자가 사망한 경우로서 그 상속인이 개간한 자가 사망한 때부터 계속하여 적법하게 해당 토지를 점유하고 있는 경우에는 개간비 보상대상자가 된다.

따라서 개간한 자가 사망하지 않은 경우는 그 자녀가 권리의무를 승계하여 경작하고 있는 경우에도 개간비 보상대상자가 되지 않는다.

〈유권해석〉
개간한 자가 사망하지 않은 경우는 그 자녀가 권리의무를 승계하여 경작하고 있는 경우에도 개간비 보상대상자가 되지 않는다.
[국토부 2008.10.23. 토지정책과-3501]

〈질의요지〉
하천 점유자(부친)가 노환으로 영농을 할 수 없게 되어 점유자의 자녀가 권리의무를 승계(명의변경)하여 경작 중 공익사업에 편입된 경우 개간비 보상대상여부

〈회신내용〉
개간비는 위 규정에 따라 보상하여야 한다고 보며 귀 질의 경우에는 개간한 자가 사망한 경우에 해당하지 않으므로 보상대상에 해당되지 않는다고 봅니다. 끝.

2. 개간비의 보상평가

(1) 원칙

① 비용 상당액

개간비는 기준시점에서 개간에 통상 필요한 비용 상당액을 기준으로 감정평가한다. 이 경우 개간 전과 개간 후의 토지의 지세·지질·비옥도·이용상황 및 개간의 난이도 등을 종합적으로 고려하며, 기준시점은 「토지보상법」 제67조 제1항에 따라 협의의 경우는 협의성립 당시, 재결의 경우는 재결 당시가 된다.

또한 개간비는 개간 당시 실제 지출된 비용을 기준으로 하는 「민법」 제203조 제2항에 따른 유익비상환청구와는 달리 기준시점을 기준으로 감정평가하므로, 개간 당시에 실제 지출된 금액이 아니라 기준시점에서 새로이 개간하는 것을 전제로 할 때 통상 필요한 비용 상당액을 기준으로 한다.

② 개간비의 상한

개간비는 개간 후의 토지가액에서 개간 전의 토지가액을 뺀 금액을 초과하지 못한다. 따라서 개간에 통상 필요한 비용 상당액을 기준 감정평가한 금액이 개간 후의 토지가액에서 개간 전의 토지가액을 뺀 금액을 초과하는 경우에는 개간 후의 토지가액에서 개간 전의 토지가액을 뺀 금액이 개간비의 감정평가액이 된다.

(2) 예외

개간에 통상 필요한 비용 상당액을 산정하거나 개간 전의 토지가액을 감정평가하기 위해서는 먼저 개간 전 토지의 지세・지질・비옥도・이용상황 등의 파악이 가능하여야 하나, 개간 후 장기간이 경과되어 주위환경이 변경된 경우는 기준시점에서 사실상 이를 산정하거나 감정평가하는 것이 불가능하다. 따라서 이러한 경우 개간비는 인근지역에 있는 표준지공시지가를 기준으로 한 개간 후의 토지에 대한 평가가액의 3분의 1 이내로 할 수 있다. 다만, 개간지가 i) 도시지역의 녹지지역 안에 있는 경우에는 5분의 1, ii) 도시지역의 그 밖의 용도지역 안에 있는 경우에는 10분의 1 이내로 할 수 있다(「토지보상평가지침」 제52조 제1항). 이와 같이 개간비를 감정평가한 경우에는 그 내용을 감정평가서에 기재하여야 한다.

(3) 국가 또는 지방자치단체에 대한 보상

개간비를 보상한 경우 토지소유자인 국가 또는 지방자치단체에 대한 보상액은 개간 후의 토지가액에서 개간비를 뺀 금액으로 한다.

즉, 개간 후의 현실적인 이용상황을 기준으로 한 토지의 감정평가액에서 개간비를 뺀 금액으로 보상한다.

III. 개간비 보상평가의 유의사항

1. 점용기간이 만료된 경우

개간비는 개간한 자가 개간 당시부터 보상 당시까지 계속하여 적법하게 해당 토지를 점유하고 있어야 하므로, 적법하게 개간하였다고 하여도 점용기간이 만료된 후에 점용기간의 갱신 없이 점유하고 있는 경우는 적법하게 점유하고 있다고 볼 수 없으므로 개간비의 보상대상이 아니다.[76]

〈유권해석〉

개간지의 점용허가기간이 경과한 후 허가 없이 점유한 경우에는 개간비 보상대상이 아니다.
[국토부 2012.06.27. 토지정책과-3187]

〈질의요지〉

국유지를 적법하게 개간한 자가 해당 토지에 대한 점용허가 기간이 경과한 후에도 허가 없이 계속 점유하고 있던 중 해당 토지가 공익사업에 편입되는 경우 개간비 보상이 가능한지?

〈회신내용〉

국유지를 적법하게 개간한 경우에도 이후 보상당시까지 계속하여 적법하게 당해 토지를 점유하고 있지 않은 경우에는 개간비 보상대상에 해당하지 않는다고 보며, 개별적인 사례에 대하여는 사업시행자가 관련법령 및 사실관계 등을 검토하여 판단할 사항으로 봅니다.

---

76) (구)「공공용지의 취득 및 손실보상에 관한 특례법」 제9조에서는 점유의 적법성을 규정하고 있지 않았으므로 점용기간이 만료된 이후에 점유하고 있는 경우에도 개간비의 보상대상으로 볼 수 있었으나(토정 58342-1027, 1997.7.24), 「토지보상법 시행규칙」 제27조에서는 점유의 적법성을 요건으로 규정하고 있으므로 이런 경우 개간비의 보상대상으로 볼 수 없다.

2. 허가 용도와 다른 용도로 개간한 경우

관련 법령에 의하여 허가를 받고 개간하였으나 그 용도가 허가된 용도와 다른 경우에는 이를 적법하게 개간한 경우로 볼 수 없으므로 개간비 보상대상이 아니다.

3. 점용허가 면적과 개간 면적이 상이한 경우

점용허가 면적을 초과하여 개간한 경우 초과 부분은 적법한 개간으로 볼 수 없으므로 개간비의 보상대상이 아니다. 또한 개간면적이 인·허가면적보다 작은 경우에는 개간면적에 대해서만 보상한다.

〈유권해석〉
점용허가면적을 초과하여 경작한 경우 등은 무단 점유에 해당된다.
[국토부 2004.04.03. 토지관리과-1562]

〈질의요지〉
점용허가를 받은 면적보다 실제로 경작하는 면적이 큰 경우에 보상대상 기준 여부, 주민들의 요구에 의해 재허가하는 과정에서 일부 재 점용허가를 받지 않은 자에 대한 영농보상 여부 및 하천구역 내 점용허가 받은 토지에 대하여 개간하여 영농을 하는 경우에 개간비 보상 여부

〈회신내용〉
「하천법」 제75조의 규정에 의한 '감독처분으로 인한 손실보상'은 그 대상이 되기 위해서는 같은 법에 의하여 적법하게 점용허가 등을 받은 기간 중에 농작물 등을 경작한 경우라도 그 경작중인 농작물 등에 대하여 입은 손실에 대하여 보상할 수 있을 것으로 보나, 점용허가기간이 경과하였거나 점용허가면적을 초과하여 경작한 경우 등은 무단 점유에 해당될 것으로 봅니다.

4. 원상회복 또는 보상제한의 부관이 있는 경우

(1) 점용기간 만료 시 원상회복의 부관이 있는 경우

점용허가의 부관으로 점용기간 만료 시에는 원상회복하여야 한다는 등의 부관이 있는 경우는 개간비 보상대상이 아니다.

판례

하천 점용기간 만료 시 원상회복의 부관을 붙인 경우에는 개간비 보상대상이 아니다.
[대법원 2008.07.24. 선고 2007두25930·25947·25954 판결]

〈판결요지〉
하천의 점용허가를 받아 하천을 점용하는 자는 그 허가가 실효되거나 점용 또는 사용을 폐지한 때에는 하천을 원상으로 회복시켜야 하고 예외적으로 관리청은 그 원상회복의무를 면제할 수 있으며 원상회복의무가 면제된 때에는 당해 공작물 또는 기타 물건을 무상으로 국유화할 수 있다는 취지의 구 하천법 제73조 제1항, 제3항의 규정 내용, 앞서 본 바와 같은 사정들 및 이 사건 기록에 비추어 살펴보면, 이 사건 각 하천점용허가의 부관 제10조에서 정하고 있는 '점유기간 만료 또는 점용을 폐지하였을 때에는 즉시 원상복구할 것'의 의미는 원고들이 이 사건 각 하천부지에 대한 점용기간 만료시 그에 관한 개간비보상청구권

을 포기하는 것을 조건으로 하여 이 사건 각 하천점용허가를 한 것으로 해석함이 상당하고, 하천점용허가시 위와 같은 내용의 부관을 붙이는 것은 점용허가관청의 재량에 속하는 것이므로, 위 부관 제10조의 내용은 원고들에게 유효하게 그 효력을 미친다고 할 것이다.

(2) 공익사업의 시행 시 원상회복 및 보상제한의 부관이 있는 경우

① 공익사업을 특정한 경우

개간허가를 하면서 공익사업을 특정하여 원상회복 및 보상제한의 부관을 붙인 경우는 보상대상에서 제외된다고 본다.

② 공익사업을 특정하지 않은 경우

개간허가를 하면서 공익사업을 특정하지 않고 포괄적으로 공익사업이 시행되는 경우 원상회복 및 보상제한을 하도록 하는 부관이 있는 경우는 보상대상에서 제외할 수는 없다. 다만, 이 경우에도 위법의 정도 등을 고려할 때 손실보상을 하는 것이 사회적으로 용인될 수 없다고 인정되는 경우에는 손실보상 대상이 되지 않는다.

〈법령해석〉

하천점용허가에서 불특정 공익사업을 전제로 보상을 제한하는 부관을 붙인 경우, 해당 지장물은 원칙적으로 손실보상대상에 해당한다.

[법제처 2010.10.15. 11-0597]

〈질의요지〉

「하천법」에 따른 국가하천구역내 국유지에 하천점용허가를 받을 때 "점용허가 취소 등의 경우 원상복구 의무 및 장래 시행될 수 있는 불특정 공익사업을 전제로 보상을 일반적으로 제한"하는 부관을 붙였고, 이후 하천점용허가가 취소되었음에도 불구하고 계속하여 이미 설치된 지장물(건축물을 제외함)을 이용하여 영농활동을 하였으며, 이후 해당 지장물이 「토지보상법」 제22조에 따른 공익사업(하천관리청이 시행하는 하천공사)으로 인하여 철거되는 경우, 해당 지장물이 「토지보상법」에 따른 손실보상 대상에 해당하는지?

〈회답〉

「하천법」에 따른 국가하천구역내 국유지에 하천점용허가를 받을 때 "점용허가 취소 등의 경우 원상복구 의무 및 장래 시행될 수 있는 불특정 공익사업을 전제로 보상을 일반적으로 제한"하는 부관을 붙였고, 이후 하천점용허가가 취소되었음에도 불구하고 계속하여 이미 설치된 지장물(건축물을 제외함)을 이용하여 영농활동을 하였으며, 이후 해당 지장물이 「토지보상법」 제22조에 따른 공익사업(하천관리청이 시행하는 하천공사)으로 인하여 철거되는 경우, 해당 지장물은 원칙적으로 「토지보상법」에 따른 손실 보상 대상에 해당한다고 할 것이나, 예외적으로 위법의 정도 등을 고려할 때 손실보상을 하는 것이 사회적으로 용인될 수 없다고 인정되는 경우에는 손실보상 대상이 되지 않는다고 할 것입니다.

13 오염토지의 보상평가

Ⅰ. 관련 규정의 내용

「감정평가에 관한 규칙」 제25조(소음 등으로 인한 대상물건의 가치하락분에 대한 감정평가)
감정평가업자는 소음·진동·일조침해 또는 환경오염 등(이하 "소음등"이라 한다)으로 대상물건에 직접적 또는 간접적인 피해가 발생하여 대상물건의 가치가 하락한 경우 그 가치하락분을 감정평가할 때에 소음등이 발생하기 전의 대상물건의 가액 및 원상회복비용 등을 고려해야 한다.

「감정평가 실무기준」[670-2.3] 소음 등으로 인한 대상물건의 가치하락분에 대한 감정평가방법
① 소음 등으로 인한 대상물건의 가치하락분을 감정평가할 때에는 소음 등이 발생하기 전의 대상물건의 가액과 소음 등이 발생한 후의 대상물건의 가액 및 원상회복비용 등을 고려하여야 한다.
② 가치하락분에는 관련 법령에 따른 소음 등의 허용기준, 원상회복비용 및 스티그마(STIGMA) 등을 고려하되, 일시적인 소음 등으로 인한 가치하락 및 정신적인 피해 등 주관적 가치 하락은 제외한다. 다만, 가축 등 생명체에 대한 피해는 가치하락분에 포함할 수 있다.
③ 제1항에서 소음 등의 발생 절과 발생 후의 대상물건의 가액은 거래사례비교법에 의한 비준가액이나 수익환원법에 의한 수익가액으로 산정하되 소음등이 발생한 후의 대상물건의 가액은 다음 각 호와 같이 산정한다.
  1. 비준가액 : 대상물건에 영향을 미치고 있는 소음등과 같거나 비슷한 형태의 소음 등에 의해 가치가 하락한 상태로 거래된 사례를 선정하여 시점수정을 하고 가치형성요인을 비교하여 산정
  2. 수익가액 : 소음 등이 발생한 후의 순수익을 소음 등으로 인한 위험이 반영된 환원율로 환원하여 산정
④ 가치하락분을 원가법에 의하여 직접 산정하는 경우에는 소음 등을 복구하거나 관리하는 데 드는 비용 외에 원상회복 불가능한 가치하락분을 고려하여 감정평가한다.

Ⅱ. 오염토지의 보상평가 주요 내용

1. 「토양환경보전법」 등에서 용어등의 개념

① 용어의 정의

가. 토양오염

'토양오염'이란 사업활동이나 그 밖의 사람의 활동에 의하여 토양이 오염되는 것으로서 사람의 건강·재산이나 환경에 피해를 주는 상태를 말한다(「토양환경보전법」 제2조 제1호).

나. 토양오염물질

'토양오염물질'이란 토양오염의 원인이 되는 물질로서 환경부령으로 정하는 것[77]을 말한다(「토양환경보전법」 제2조 제2호).

77) 「토양환경보전법 시행규칙」 별표1에서는 총 24종의 토양오염물질을 규정하고 있다.

다. 토양오염관리대상시설

'토양오염관리대상시설'이란 토양오염물질의 생산・운반・저장・취급・가공 또는 처리 등으로 토양을 오염시킬 우려가 있는 시설・장치・건물・구축물(構築物) 및 그 밖에 환경부령으로 정하는 것[78]을 말한다(「토양환경보전법」 제2조 제3호).

라. 토양정화

'토양정화'란 생물학적 또는 물리적・화학적 처리 등의 방법으로 토양 중의 오염물질을 감소・제거하거나 토양 중의 오염물질에 의한 위해를 완화하는 것을 말한다(「토양환경보전법」 제2조 제5호).

마. 토양정밀조사

'토양정밀조사'란 우려기준을 넘거나 넘을 가능성이 크다고 판단되는 지역에 대하여 오염물질의 종류, 오염의 정도 및 범위 등을 환경부령으로 정하는 바에 따라 조사하는 것을 말한다(「토양환경보전법」 제2조 제6호).

바. 우려기준

'우려기준'이란 사람의 건강・재산이나 동물・식물의 생육에 지장을 줄 우려가 있는 토양오염의 기준을 말한다(「토양환경보전법」 제4조의2).[79]

② 토양오염관리대상시설 등의 조사

「토양환경보전법」 제4조의4 제1항에서는 환경부장관은 제4조에 따른 기본계획과 지역계획, 제6조의2에 따른 표토 침식 방지 및 복원대책, 제18조에 따른 토양보전대책지역에 관한 계획을 합리적으로 수립 또는 승인하거나 제5조에 따른 토양오염도 측정을 효율적으로 수행하기 위하여 토양오염관리대상시설의 분포현황 및 제5조 제4항에 따른 토양정밀조사, 제10조의4 제1항에 따른 토양정밀조사, 오염토양의 정화 또는 오염토양 개선사업의 실시현황을 정기적으로 조사(이하 이 조에서 "토양오염관리대상시설 등 조사"라 한다)하도록 규정하고 있다.

③ 토양오염도 측정

「토양환경보전법」 제5조 제1항에서 환경부장관은 전국적인 토양오염 실태를 파악하기 위하여 측정망(測定網)을 설치하고, 토양오염도(土壤汚染度)를 상시측정(常時測定)하도록 규정하고 있으며, 제2항에서 시・도지사 또는 시장・군수구청장은 관할구역 중 토양오염이 우려되는 해당 지역에 대하여 토양오염실태를 조사(이하 "토양오염실태조사"라 한다)하도록 규정하고 있다.

④ 토양정밀조사의 시행

「토양환경보전법」 제5조 제4항에서 환경부장관, 시・도지사 또는 시장・군수・구청장은 토양보전을 위하여 필요하다고 인정하면 i) 제1항에 따른 상시측정(이하 "상시측정"이라 한다)의 결과 우려기준을 넘는 지역, ii) 토양오염실태조사의 결과 우려기준을 넘는 지역, iii) 토양오염사고가 발생한 지역, 「산업입지 및 개발에 관한 법률」 제2조 제5호에 따른 산업단지(농공단지는 제외한다),

78) 「토양환경보전법 시행규칙」 별표2에서는 특정토양오염관리대상시설로서 i) 석유류의 제조 및 저장시설 ii) 유해화학물질의 제조 및 저장시설, iii) 송유관시설, iv) 기타 위 관리대상시설과 유사한 시설로서 특별히 관리할 필요가 있다고 인정되어 환경부장관이 관계중앙행정기관의 장과 협의하여 고시하는 시설 등을 규정하고 있다.

79) 우려기준은 「토양환경보전법 시행규칙」 별표3에서 규정하고 있다.

「광산피해의 방지 및 복구에 관한 법률」 제2조 제4호에 따른 폐광산(廢鑛山)의 주변지역, 「폐기물관리법」 제2조 제8호에 따른 폐기물처리시설 중 매립시설과 그 주변지역, 그 밖에 환경부령으로 정하는 지역 중 환경부장관, 시・도 지사 또는 시장・군수・구청장이 우려기준을 넘을 가능성이 크다고 인정하는 지역 등 중 어느 하나에 해당하는 지역에 대하여 토양정밀조사를 할 수 있다.

⑤ 토양환경평가

「토양환경보전법」 제10조의2 제1항에서는 i) 토양오염관리대상시설, ii) 「산업집적활성화 및 공장설립에 관한 법률」 제2조 제1호에 따른 공장,[80] iii) 「국방・군사시설 사업에 관한 법률」 제2조 제1항에 따른 국방・군사시설 중 어느 하나에 해당하는 시설이 설치되어 있거나 설치되어 있었던 부지, iv) 그 밖에 토양오염의 우려가 있는 토지를 양도・양수[81] 또는 임대・임차하는 경우에 양도인・양수인・임대인 또는 임차인은 해당 부지와 그 주변 지역, 그 밖에 토양오염의 우려가 있는 토지에 대하여 토양환경평가기관으로부터 토양환경평가를 받을 수 있도록 규정하고 있다.

2. 토양오염의 피해에 대한 무과실책임 및 정화책임자 등

① 토양오염의 피해에 대한 무과실책임

「토양환경보전법」 제10조의3 제1항에서는 토양오염으로 인하여 피해가 발생한 경우 그 오염을 발생시킨 자는 그 피해를 배상하고 오염된 토양을 정화하는 등의 조치를 하여야 하도록 규정하고 있고, 제2항에서는 토양오염을 발생시킨 자가 둘 이상인 경우에 어느 자에 의하여 제1항의 피해가 발생한 것인지를 알 수 없을 때에는 각자가 연대하여 배상하고 오염된 토양을 정화하는 등의 조치를 하여야 하도록 규정하고 있다.

② 정화책임자[82]

가. 원칙

「토양환경보전법」 제10조의4 제1항에서 i) 토양오염물질의 누출・유출・투기(投棄)・방치 또는 그 밖의 행위로 토양오염을 발생시킨 자, ii) 토양오염의 발생 당시 토양오염의 원인이 된 토양오염관리대상시설의 소유자・점유자 또는 운영자, iii) 합병・상속이나 그 밖의 사유로 제1호 및 제2호에 해당되는 자의 권리・의무를 포괄적으로 승계한 자, iv) 토양오염이 발생한 토지를 소유하고 있었거나 현재 소유 또는 점유하고 있는 자 중 어느 하나에 해당하는 자는 정화책임자로서 토양정밀조사, 오염토양의 정화 또는 오염토양 개선 사업의 실시(이하 "토양정화 등"이라 함)를 하여야 하도록 규정하고 있다.

---

80) 「산업집적활성화 및 공장설립에 관한 법률」 제2조 제1호에 따른 공장이란 건축물 또는 공작물, 물품제조공정을 형성하는 기계・장치 등 제조시설과 그 부대시설을 갖추고 통계청장이 고시하는 표준산업분류에 따른 제조업을 하기 위한 사업장으로서 i) 제조업을 하기 위하여 필요한 제조시설(물품의 가공・조립・수리시설을 포함한다) 및 시험생산시설, ii) 제조업을 하는 경우 그 제조시설의 관리・지원, 종업원의 복지후생을 위하여 해당 공장부지 안에 설치하는 부대시설로서 산업통상자원부령으로 정하는 것, iii) 제조업을 하는 경우 관계 법령에 따라 설치가 의무화된 시설, iv) 제1호부터 제3호까지의 시설이 설치된 공장부지 등을 포함한다.

81) 「민사집행법」에 따른 경매, 「채무자 회생 및 파산에 관한 법률」에 따른 환가(換價), 「국세징수법」・「관세법」 또는 「지방세징수법」에 따른 압류재산의 매각, 그 밖에 이에 준하는 절차에 따라 인수하는 경우를 포함한다.

82) 2015.12.1. 이전 「토지환경보전법」에서는 '오염원인자'로 일원적으로 규정하고 있었으나, 2015.12.1. 시행 「토지환경보전법」에는 '오염을 발생시킨 자'와 '정화책임자'로 이원적으로 규정하고 있다.

나. 예외

「토양환경보전법」 제10조의4 제2항에서 i) 1996년 1월 5일[83] 이전에 양도 또는 그 밖의 사유로 해당 토지를 소유하지 아니하게 된 경우, ii) 해당 토지를 1996년 1월 5일 이전에 양수한 경우, iii) 토양오염이 발생한 토지를 양수할 당시 토양오염 사실에 대하여 선의이며 과실이 없는 경우, iv) 해당 토지를 소유 또는 점유하고 있는 중에 토양오염이 발생한 경우로서 자신이 해당 토양오염 발생에 대하여 귀책 사유가 없는 경우 등은 제1항 제4호에 의한 정화책임자로 보지 않는다.

다만, 1996년 1월 6일 이후에 제1항 제1호 또는 제2호에 해당하는 자에게 자신이 소유 또는 점유 중인 토지의 사용을 허용한 경우에는 정화책임자로 본다.

다. 토양정화비용의 지원 대상자 등

「토양환경보전법」 제10조의4 제5항에서 국가 및 지방자치단체는 i) 제1항 제1호 제2호 또는 제3호의 정화책임자가 토양정화 등을 하는 데 드는 비용이 자신의 부담부분을 현저히 초과하거나 해당 토양오염관리대상시설의 소유·점유 또는 운영을 통하여 얻었거나 향후 얻을 수 있을 것으로 기대되는 이익을 현저히 초과하는 경우, ii) 2001년 12월 31일 이전에 해당 토지를 양수하였거나 양도 또는 그 밖의 사유로 소유하지 아니하게 된 자가 제1항 제4호의 정화책임자로서 토양정화 등을 하는 데 드는 비용이 해당 토지의 가액을 초과하는 경우, iii) 2002년 1월 1일 이후에 해당 토지를 양수한 자가 제1항 제4호의 정화책임자로서 토양정화 등을 하는 데 드는 비용이 해당 토지의 가액 및 토지의 소유 또는 점유를 통하여 얻었거나 향후 얻을 수 있을 것으로 기대되는 이익을 현저히 초과하는 경우, iv) 그 밖에 토양정화 등의 비용 지원이 필요한 경우로서 대통령령으로 정하는 경우 중 어느 하나에 해당하는 경우에는 토양정화 등을 하는 데 드는 비용의 전부 또는 일부를 대통령령으로 정하는 바에 따라 지원할 수 있다.

③ 토양오염방지 조치명령

가. 원칙

「토양환경보전법」 제15조 제3항에서 시장 등은 상시측정, 토양오염실태조사 또는 토양정밀조사의 결과 우려기준을 넘는 경우에는 기간을 정하여 i) 토양오염관리대상시설의 개선 또는 이전, ii) 해당 토양오염물질의 사용제한 또는 사용중지, iii) 오염토양의 정화 중 어느 하나에 해당하는 조치를 하도록 정화책임자에게 명할 수 있도록 규정하고 있다.

나. 예외

「토양환경보전법」 제15조 제3항 단서에서 정화책임자를 알 수 없거나 정화책임자에 의한 토양정화가 곤란하다고 인정하는 경우에는 시장 등이 오염토양의 정화를 실시할 수 있도록 규정하고 있다.

---

83) 1996.1.6.은 「토양환경보전법」의 시행일이다.

④ 행정대집행

「토양환경보전법이 제24조에서 시장 등은 제15조 제3항에 따른 오염토양의 정화 등의 명령을 받은 자가 그 명령을 이행하지 아니하는 경우에는 「행정대집행법」에서 정하는 바에 따라 대집행(代執行)을 하고 그 비용을 명령위반자로부터 징수할 수 있도록 규정하고 있다.

III. 오염 토지의 보상평가방법

오염 토지의 보상평가방법에 대하여 「토지보상법」에서는 별도로 규정하지 않고 「토지보상평가지침」 제34조의3에서 규정하고 있으며 그 내용은 다음과 같다.

1. 원칙

① 공시지가비준법의 적용

오염 토지가 「토양환경보전법」 제15조에 따른 토양오염방지 조치명령 등이 있거나 예상되는 경우로서 의뢰인이 해당 토지의 이용을 저해하는 정도를 고려하는 조건으로 감정평가를 의뢰한 경우에는 그 토양오염이 될 당시의 이용상황과 비슷한 토지의 표준지공시지가를 기준으로 감정평가한다.

② 개별요인 비교

가. 오염의 정도가 허용기준 이내인 경우

가) 요건

「토양환경보전법」 제10조의2에 따른 토양환경평가 등 결과 그 오염의 정도가 허용기준 이내인 것으로 의뢰인이 인정하여야 한다.

나) 개별요인 비교방법

토양오염으로 인한 감가(減價)는 비교표준지와 해당 토지의 개별요인의 비교 시에 기타 조건(장래 동향 등) 등 항목에서 그 불리한 정도 등을 비율수정법을 적용하여 비교한다.

다) 이론적 근거

오염 토지에 대한 토양환경평가 등 결과 그 오염의 정도가 허용기준 이내인 경우는 토양정화의 대상이 아니므로 오염토양정화비용 상당액의 산정도 불가능하다.

따라서 개별요인의 비교에서 금액수정법을 적용할 수 없으므로 비율수정법을 적용하여 감정평가한다.

나. 토양정화의 대상이 되었거나 예상이 되는 경우

가) 요건

i) 의뢰인이 토양정밀조사 등 결과 토양정화의 대상이 되었거나 예상이 되는 것으로 인정하여야 하고, ii) 의뢰인의 승인을 얻어 토양오염 정화업체 등의 자문 또는 용역절차를 거쳐 그 용역보고서 등에서 오염토양정화비용상당액이 제시되어야 한다.

이 경우 오염토양정화비용 상당액에는 사업시행자가 지출한 토양정밀조사비용을 포함한다.

나) 개별요인 비교방법

토양오염으로 인한 감가(減價)는 의뢰인의 승인을 얻어 토양오염 정화업체 등의 자문 또는 용역절차를 거친 후 그 용역보고서 등에서 제시한 오염토양정화비용 상당액을 비교표준지와 해당 토지의 개별요인의 비교 시에 기타조건(장래 동향 등) 등 항목에서 고려한다. 이 경우 개별요인의 비교방법은 비율수정법 및 금액수정법을 모두 사용할 수 있다.

다) 이론적 근거

「감정평가에 관한 규칙」 제25조에서 소음·진동·일조침해 또는 환경오염 등(이하 "소음 등"이라 함)으로 대상물건에 직접적 또는 간접적인 피해가 발생하여 대상물건의 가치가 하락한 경우 그 가치하락분을 감정평가할 때에 소음 등이 발생하기 전의 대상물건의 가액 및 원상회복비용 등을 고려하도록 규정하고 있고, 「감정평가 실무기준」[670-2.3.①]에서 소음 등으로 인한 대상물건의 가치하락분을 감정평가할 때에는 소음 등이 발생하기 전의 대상물건의 가액과 소음 등이 발생한 후의 대상물건의 가액 및 원상회복비용 등을 고려하도록 규정하고 있으므로, 오염 토지는 오염되지 않은 상태를 기준으로 한 토지가액에서 오염 토양정화비용 상당액을 고려한 가액으로 감정평가한다.

2. 오염토양정화비용 상당액이 해당 토지가액을 초과하는 경우

① 적용

토양오염 정화업체 등의 자문 또는 용역결과 오염토양정화비용 상당액이 해당 토지가 오염 등이 되지 아니한 상태를 기준으로 한 가액을 뚜렷이 초과하는 것으로 인정되는 경우에는 감정평가액란에 실질적 가치가 없는 것으로 표시한다.

여기서 '감정평가액란에 실질적 가치가 없는 것으로 표시한다.'는 의미는 감정평가액을 0원으로 표시한다는 의미이다.

② 개별요인 비교방법

비율수정법을 적용하여 개별요인을 비교할 경우는 실질적 가치가 없는 것으로 표시할 수 없으므로 금액수정법을 적용하여 개별요인을 비교하는 것을 원칙으로 한다.

③ 감정평가서의 기재

감정평가서에 추후 사업시행자가 실제로 지출한 오염토양 정화비용 상당액이 당초 용역보고서 등에서 제시된 오염토양 정화비용 상당액과 비교하여 뚜렷이 낮아지게 되는 경우에는 감정평가액이 변동될 수 있다는 내용을 기재한다.

3. 토지소유자 등이 정화책임자가 아닌 경우

해당 토지의 소유자 또는 관계인이 「토지환경보전법」 제10조의4 제1항 각 호의 어느 하나에 해당하는 정화책임자가 아닌 것으로 명시하여 감정평가 의뢰되었거나 감정평가 진행과정에서 그 사실이 밝혀진 경우에는 의뢰인과 협의를 한 후 토양오염이 될 당시의 이용상황을 기준으로 감정평가할 수 있다. 이 경우에는 감정평가서에 그 내용을 기재한다.

IV. 오염토지 보상평가의 유의사항

1. 사업시행자의 유의사항

(1) 공익사업시행지구 내에 토양오염이 예상되는 경우의 처리

① 토양환경평가

「토양환경보전법」 제10조의2 제1항에서는 i) 토양오염관리대상시설, ii) 「산업집적활성화 및 공장설립에 관한 법률」 제2조 제1호에 따른 공장, iii) 「국방·군사시설 사업에 관한 법률」 제2조 제1항에 따른 국방·군사시설 중 어느 하나에 해당하는 시설이 설치되어 있거나 설치되어 있었던 부지, 그 밖에 토양오염의 우려가 있는 토지를 양도·양수 또는 임대·임차하는 경우에 양도인·양수인·임대인 또는 임차인은 해당 부지와 그 주변지역, 그 밖에 토양오염의 우려가 있는 토지에 대하여 토양환경평가기관[84]으로부터 토양환경평가를 받을 수 있도록 규정하고 있다.

따라서 사업시행자는 공익사업시행지구에 토양오염관리 대상시설, 공장, 군사시설 등이 편입되는 경우는 반드시 사전에 토양환경평가를 하여야 한다.

② 토양정밀조사

토양환경평가 결과 「토양환경보전법」 제4조의2에 따른 우려기준을 넘거나 넘을 가능성이 크다고 판단되는 지역에 대하여 토양정밀조사를 시행하여야 한다.

③ 시장 등에게 오염토양의 정화 요청

토양환경평가 결과 토양오염이 있어 오염토양의 정화가 필요한 것으로 확인되는 경우 사업시행자는 협의 이전에 i) 정화책임자를 조사·확인하여, ii) 「토양환경보전법」 제15조 제3항에 따라 시장 등에게 정화책임자에게 오염토양의 정화를 명하거나 직접 오염토양의 정화를 실시하도록 요청하여야 한다.

④ 「토양환경보전법」에 따라 처리할 수 없는 경우

「토양환경보전법」 제10조의4 제1항 제4호에서는 토양오염이 발생한 토지의 현재 소유자도 정화책임자로 규정하고 있으므로 오염 토지를 취득한 사업시행자가 정화책임을 부담할 수도 있다. 따라서 i) 부득이한 사정으로 사전에 토양환경평가를 받지 못한 경우, ii) 시장 등이 오염토양의 정화를 명하거나 직접 오염토양의 정화를 실시하지 않는 경우로서 공익사업의 시행을 위하여 토양오염관리대상시설, 공장, 군사시설 등의 부지를 협의 취득하여야 하는 경우는 i) 현재의 소유자를 정화책임자로 보아 토지가액에서 오염토양정화비용을 공제한 금액으로 협의를 하든지, ii) 협의계약서에 추후 토양오염이 발견되는 경우는 토지소유자가 오염토양정화비용을 부담한다는 내용을 명기하여야 하고 이를 위한 채권확보수단을 강구하여야 한다.

---

84) 「토양환경보전법」 제23조의2 제2항 제1호에 따라 토양환경평가기관은 환경부장관의 지정을 받아야 한다.

⑤ 수용재결의 경우

협의가 성립되지 않아 수용재결을 신청하는 경우 「토양환경보전법」 제10조의4 제1항 제4호에 따라 현재의 토지소유자를 정화책임자로 보아 토지가액에서 오염 토양정화비용을 공제한 금액으로 재결이 이루어질 수 있도록 한다.

2. 토지소유자의 유의사항

다른 사람에게 자기 소유의 토지 사용을 허용한 경우로서 해당 토지에 오염이 발생한 경우는 「토양환경보전법」 제10조의4 제1항에 따라 토지소유자도 정화책임자가 되어 오염처리비용을 부담하여야 하는 경우가 발생할 수도 있다. 따라서 토양오염관리대상시설에 토지를 임대하는 경우에는 토양오염이 되지 않도록 유의하여야 한다.

14 토지에 대한 소유권외 권리에 대한 보상

Ⅰ. 개설

토지보상법 시행규칙 제28조 제1항은 '취득하는 토지에 설정된 소유권 외의 권리에 대하여는 당해 권리의 종류, 존속기간 및 기대이익 등을 종합적으로 고려하여 평가한다. 이 경우 점유는 권리로 보지 아니한다'고 규정하고 있다. 제2항은 '제1항의 규정에 의한 토지에 관한 소유권 외의 권리에 대하여는 거래사례비교법에 의하여 평가함을 원칙으로 하되, 일반적으로 양도성이 없는 경우에는 당해 권리의 유무에 따른 토지의 가격차액 또는 권리설정계약을 기준으로 평가한다'고 규정하고 있다. 이 규정의 취지는 토지에 관한 소유권 외의 권리의 감정평가방법에 대해 규정함으로써 개인별 보상의 원칙에 보다 충실하여 손실보상을 위한 감정평가의 공정성과 신뢰성을 제고하는 데 있다.

Ⅱ. 주요 내용

1. 소유권 외의 권리의 개념

"소유권 외의 권리"란 사용·수익권인 용익물권, 즉 지상권·지역권·전세권과 채권인 사용대차 또는 임대차에 관한 권리, 그리고 담보물권인 저당권 그 밖에 소유권 외의 권리를 말한다. 여기서 '권리'는 지하 및 공중공간에 설정되는 구분지상권 등 소유권을 제외한 모든 경제적 가치가 있는 권리를 포함하고, 법률행위에 의한 물권변동은 등기하여야 효력이 발생하기 때문에(민법 제186조, 물권은 등기하여야 하지만 채권은 등기하였는지 여부를 묻지 않는다. 그러나 점유는 사실상 권리가 아니므로 점유를 할 수 있는 본권을 제외하고는 권리로 보지 아니한다(칙 제28조 제1항).

2. 소유권 외 권리의 보상평가

(1) 원칙

취득하는 토지에 설정된 소유권 외의 권리에 대하여는 당해 권리의 종류, 존속기간 및 기대이익 등을 종합적으로 고려하여 평가한다(칙 제28조 제1항). 토지에 관한 소유권 외의 권리에 대하여는 거래사례비교법에 의하여 평가함을 원칙으로 하되, 일반적으로 양도성이 없는 경우에는 당해 권리의 유무에 따른 토지의 가격차액 또는 권리설정계약을 기준으로 평가한다(동조 제2항). 이 규정의 취지는 소유권 외의 권리목적인 토지의 감정평가방법을 정함으로써, 개인별 보상의 원칙에 보다 충실하기 위함에 있다.

(2) 권리별 보상평가

1) 지상권

① 원칙

지상권은 지상권을 통하여 획득할 수 있는 장래기대이익의 현재가치로 감정평가함을 원칙으로 한다. 이 경우 장래기대이익은 인근지역의 정상지료에서 실제지료를 차감한 가액으로 하며, 환원기간은 지상권의 장래 존속기간으로 한다.

② 지료의 등기가 있는 경우

지료의 등기가 있는 경우는 지료증감청구권이 인정되므로, 정상지료와 실제지료는 동일하다고 보아야 한다. 따라서 지상권을 통하여 획득할 수 있는 장래기대이익이 없다고 본다.

실제로 실제지료가 정상지료보다 적은 경우라 하더라도 이로 인한 이익은 반사적 이익으로 보아야 하며 보상대상인 권리로 볼 수 없다. 따라서 이러한 지상권은 별도의 경제적 가치가 없으므로 감정평가하지 않는다.

③ 지료의 등기가 없는 경우

지료의 등기가 없는 경우는 무상의 지상권으로 보기 때문에 이 경우 지상권을 통하여 획득할 수 있는 장래기대이익은 인근의 정상지료가 되고, 이를 지상권의 장래존속기간 동안 할인한 것을 지상권의 가치로 본다.

④ 지상권 가격의 상한

지상권의 존속기간에 대하여 「민법」은 최단존속기간만을 규정하고 있을 뿐 그 최장기간에 대해서는 아무런 제한을 두고 있지 않고 있다. 이에 따라 존속기간을 '무기한' 또는 '영구'로 할 수 있는지가 문제가 되지만, 현실적으로 영구에 가까운 100년 또는 200년으로 설정하는 것이 가능하므로 이를 인정하는 것과 다름없는 결과가 된다. 따라서 지료가 없는 영구지상권을 수익환원법으로 감정평가할 경우 사실상 소유권과 유사한 결과가 도출되지만, 영구지상권은 토지 자체의 처분권이 없어 처분을 전제로 한 자본이득을 수취할 수 없으므로 소유권가격과 동일하다고 할 수 없다.

2) 별도로 감정평가하지 않는 지상권

① 저당권에 부대하여 설정된 지상권

토지에 대한 저당권을 설정하면서 토지소유자의 임의적인 토지사용으로 인한 채권확보의 어려움을 피하기 위하여 지상권을 같이 설정하는 경우가 있다. 이러한 지상권은 저당권의 목적인 토지의 교환가치를 확보하려는 수단으로 설정된 것이므로, 저당권이 변제 등으로 소멸되면 지상권의 존속기간이 남아있다고 하더라도 소멸되는 것으로 본다(대결 2004.3.29, 2003마1753).

따라서 저당권에 부대하여 설정된 지상권은 별도의 경제적 가치가 없는 것으로 보아 감정평가하지 않는다.

② 분묘기지권

분묘기지권은 그 존속기간을 분묘의 존속기간으로 하고 지료의 지급의무가 없는 관습법상의 지상권으로서(대판 1995.2.28, 94다37912) 이장비가 지급되고, 분묘기지권 자체가 별도의 경제적 가치를 가지는 것으로 볼 수 없으므로 감정평가하지 않는다.

③ 법정지상권 등

「민법」 제366조의 법정지상권 및 관습법상의 법정지상권의 지료는 당사자의 청구에 의해 법원이 결정하도록 규정하고 있고, 이 경우 지료는 정상지료를 기준으로 하므로 장래 기대이익이 발생한다고 볼 수 없다. 따라서 법정지상권 및 관습법상의 법정지상권은 별도의 경제적 가치가 없는 것으로 보아 감정평가하지 않는다.

3) 구분지상권

① 일반적인 구분지상권

일반적인 구분지상권은 지상권과 유사하므로 지상권의 감정평가방법을 준용한다.

② 토지가치의 일부로 보상한 구분지상권

「토지보상법 시행규칙」 제31조 제1항은 토지의 지하 또는 지상공간을 사실상 영구적으로 사용하는 경우 해당 공간에 대한 사용료는 해당 토지의 가치에 해당 공간을 사용함으로 인하여 토지의 이용이 저해되는 정도에 따른 적정한 입체이용저해율을 곱하여 산정한 금액으로 보상하도록 규정하고 있다. 이와 같이 사실상 영구사용에 따른 구분지상권을 설정하는 경우는 기간임료로 보상하는 것이 아니라 사실상 토지가치의 일부로 보상한 결과가 된다.

즉, 「토지보상법 시행규칙」에서 선하지의 보상평가방법은 임료의 감정평가방법이 아니고, 사실상 구분소유권의 감정평가방법이다. 다만, 구분지상권이 설정된 토지의 일부분에 대하여 이를 정상임료를 지불하고 영구적으로 사용한다는 것은 해당 부분의 구분소유권과 같은 가치를 가진다고 보아야 하므로, 영구적 사용을 전제로 한 구분지상권의 감정평가방법상으로는 문제가 없다.

그러나 구분지상권의 가치를 구분소유권의 가치로 감정평가함으로써 사용기간에 부응하는 기간적인 지료가 아닌 일시금으로 지급하게 되어, 선하지가 다른 공익사업에 편입되는 경우 구분지상권의 가치를 어떻게 감정평가할 것인가의 문제가 발생한다. 이러한 문제는 지상권의 존속기간이 송전선이 존속하는 기간까지로 사실상 존속기간이 확정되지 않음에도 영구지료를 일시금으로 지급하고 있기 때문에 발생된다.

이와 같이 토지가치의 일부를 보상한 구분지상권의 감정평가방법으로는 i) 지료의 차이로 감정평가하는 방법, ii) 구분지상권 유무에 따른 토지가액의 차이로 감정평가하는 방법, iii) 권리설정계약을 기준으로 감정평가하는 방법, iv) 기준시점에서 구분지상권의 가치로 감정평가하는 방법 등이 있다.

4) 전세권

전세금에 대해서는 증액청구를 인정하고 있고, 증액 비율의 상한을 규정하고 있으나, 그 비율이 적정하여 전세권에 기하여 장래기대이익이 발생한다고 볼 수 없다. 따라서 전세권은 별도의 경제적 가치가 없으므로 감정평가하지 않는다.

5) 지역권

① 요역지가 공익사업에 편입된 경우

승역지에 지역권을 설정하고 편익을 얻고 있는 상태대로 감정평가하여 보상하고 지역권에 대해서는 별도로 감정평가하지 않는다.

② 승역지가 공익사업에 편입된 경우

지역권은 요역지 토지의 권리이지 요역지 소유자의 권리가 아니므로 별도로 감정평가하지 않는다. 다만, 이 경우 요역지의 토지소유자는 「토지보상법」 제79조 제1항에 따라 요역지에 통로・도랑・담장 등의 신설 기타의 공사가 필요한 때에는 그 비용의 전부 또는 일부의 보상을 청구할 수 있을 것이다.

6) 임차권

① 일반적인 임차권

임차권에 대해서는 차임의 증감을 청구할 수 있도록 규정하고 있으므로, 존속기간이 약정된 경우라고 하더라도 법적으로 임대차에 기하여 장래기대이익이 발생한다고 볼 수 없다.
따라서 임차권은 별도의 경제적 가치가 없으므로 감정평가하지 않는다.

② 차임을 선납한 임차권

지하철, 송유관 또는 송전선 등의 공익사업에서는 구분지상권을 설정하는 대신에 임차권을 설정하고 임차기간에 해당하는 차임을 선납하는 경우가 있다. 이러한 경우는 토지가치의 일부로 보상한 구분지상권의 감정평가방법을 준용한다.

7) 담보물권

「토지보상법」 제47조는 담보물권의 목적물이 수용되거나 사용된 경우 그 담보물권은 그 목적물의 수용 또는 사용으로 인하여 채무자가 받을 보상금에 대하여 행사할 수 있도록 규정하고 있다. 따라서 담보물권은 보상에 의하지 않고도 담보물권의 설정목적인 우선변제를 받을 수 있으므로 별도로 감정평가하지 아니한다.

Ⅲ. 소유권 외의 권리의 목적이 되고 있는 토지의 평가

1. 소유권 외의 권리가 설정된 토지

소유권 외의 권리가 설정된 토지란 용익물권, 즉 지상권・지역권・전세권과 채권인 임차권 그리고 담보물권인 저당권 등의 권리가 설정된 토지를 말한다. 이때 소유권 이외의 권리에는 사용대차의 경우를 포함하되, 점유는 이 경우의 권리로 보지 아니한다.

2. 소유권 이외의 권리가 설정된 토지의 평가

취득하는 토지에 설정된 소유권 외의 권리의 목적이 되고 있는 토지에 대하여는 당해 권리가 없는 것으로 하여 취득하는 토지의 평가 규정(시행규칙 제22조), 공법상 제한을 받는 토지의 평가 규정(시행규칙 제23조), 무허가건축물 등의 부지 또는 불법형질변경된 토지의 평가 규정(시행규칙 제24조), 미지급용지 평가 규정(시행규칙 제25조), 도로 및 구거부지의 평가 규정(시행규칙 제26조), 개간비 평가 등 규정(시행규칙 제27조)에 의하여 평가한 금액에서 토지에 관한 소유권 외의 권리의 평가 규정(시행규칙 제28조)에 의하여 평가한 소유권 외의 권리의 가액을 뺀 금액으로 평가한다(시행규칙 제29조). 이와 같이 소유권 외의 권리의 목적이 되고 있는 토지의 평가에서 공제주의를 택하고 있는 것은 소유권 외의 권리자를 보호하기 위한 것이다. 또한 개인별 보상원칙을 실현하기 위한 것이라고도 한다.

15 사용하는 토지에 대한 보상

Ⅰ. 일반 토지의 사용료 평가

1. 의의

공익사업의 시행을 원인으로 타인의 토지를 사용하게 되는 경우 당해 토지의 소유권을 완전하게 취득하는 정도에는 이르지 않으나, 결국 소유권의 행사에 제한을 주게 되므로 이에 대한 보상으로 사용료를 지급하여야 한다. 이 경우 토지사용료의 보상범위는 지표상의 토지사용만이 대상이 되는 것이 아니라, 토지의 입체적 소유권의 개념에 기초하여 토지의 지상 및 지하부분의 사용을 포함하게 된다. 또한 공중공간의 사용에 대한 보상평가는 사용기간이 일시적인가 영구적인가(구분지상권 설정)에 따라 기준을 달리하고 있으므로 설정된 사용기간의 장단에도 주의하여야 한다.

2. 보상기준

협의 또는 재결에 의하여 사용하는 토지에 대하여는 그 토지와 인근 유사토지의 지료 · 임대료 · 사용방법 · 사용기간 및 그 토지의 가격 등을 고려하여 평가한 적정가격으로 보상하여야 한다(제71조 제1항). 사용하는 토지와 그 지하 및 지상의 공간 사용에 대한 구체적인 보상액 산정 및 평가방법은 투자비용, 예상수익 및 거래가격 등을 고려하여 국토교통부령으로 정한다(제71조 제2항). 토지의 사용이란 토지보상법이 정한 절차에 따른 적법한 사용만을 의미한다. 토지의 사용료는 임대사례비교법으로 평가한다. 다만 적정한 임대사례가 없거나 대상 토지의 특성으로 보아 임대사례비교법으로 평가하는 것이 적정하지 아니한 경우에는 적산법으로 평가할 수 있다(시행규칙 제30조).

Ⅱ. 토지의 지하 · 지상공간의 사용에 대한 보상평가

1. 지하 · 공중공간 이용 관련 법체계 및 보상기준

과거에는 지하철을 건설할 경우 지상권을 설정하거나 지하사용을 강제하는 방식을 취하였으나, 강제취득 방식이 많은 시간과 비용이 낭비되는 폐단이 발생하였고, 도로와 같은 공익사업용지의 지하만으로는 지하공간의 이용수요를 충족할 수 없게 되면서 이에 대한 법제화가 요구되었다. 이 문제를 해결하기 위하여 1984년 민법을 일부 개정하여 지하 및 공중에 대해 구분소유권(구분지상권)을 설정할 수 있는 제도를 도입하였다. 도시철도법은 적극적인 지하사용에 대한 규정을 두기에 이르렀고, 동법 시행령은 지하공간의 이용으로 발생하는 손실을 입체이용저해율에 따라 보상하는 규정을 두었다.

토지보상법은 토지의 지하사용뿐만 아니라 지상공간 사용에 대한 평가 규정을 신설하고 '입체 이용저해율'을 곱하여 산정하되, 사실상 영구적으로 사용하는 경우와 일정한 기간 동안 사용하는 경우로 구분하여 평가하도록 하고 있다(시행규칙 제31조).

2. 영구적으로 사용하는 경우

토지의 지하 또는 지상공간을 사실상 영구적으로 사용하는 경우 당해 공간에 대한 사용료는 표준지의 공시지가를 기준으로 하여 산정한 당해 토지의 가격에 당해 공간을 사용함으로 인하여 토지의 이용이 저해되는 정도에 따른 적정한 비율(이하 "입체이용저해율"이라 함)을 곱하여 산정한 금액으로 평가한다(시행규칙 제31조 제1항).

3. 일시적으로 사용하는 경우

토지의 지하 또는 지상공간을 일정한 기간 동안 사용하는 경우 당해 공간에 대한 사용료는 임대사례비교법이나 적산법 등을 적용하여 산정한 당해 토지의 사용료에 입체이용저해율을 곱하여 산정한 금액으로 평가한다(시행규칙 제31조 제2항).

4. 관련 문제

대심도란 토지소유자의 통상적인 이용행위가 예상되지 아니하고 지하시설물을 따로 설치하더라도 일반적인 토지이용에 지장이 없을 것으로 판단되는 지하공간을 의미한다. 대심도는 개인의 사용·수익·처분권이 미치지 않는 범위로 무보상·무승낙의 개념으로 이해되고 있는 문제가 있다.

토지보상법에서는 입체이용저해율에 의한 보상액 산정방법을 규정하고 있으나, 구체적인 입체이용저해율 산정방법에는 언급이 없다. 지하공간의 사용에 따른 보상평가액은 깊이에 따른 입체이용저해율에 의해서 산정하되 그 깊이와 토질의 종류, 지상 토지이용의 용도, 지하시설물의 구조 등을 고려한 보다 구체적인 기준이 필요하다.

16 사용하는 토지의 매수청구

Ⅰ. 관련 규정의 내용

「토지보상법」 제72조(사용하는 토지의 매수청구 등) 사업인정고시가 된 후 다음 각 호의 어느 하나에 해당할 때에는 해당 토지소유자는 사업시행자에게 해당 토지의 매수를 청구하거나 관할 토지수용위원회에 그 토지의 수용을 청구할 수 있다. 이 경우 관계인은 사업시행자나 관할 토지수용위원회에 그 권리의 존속(存續)을 청구할 수 있다.

1. 토지를 사용하는 기간이 3년 이상인 경우
2. 토지의 사용으로 인하여 토지의 형질이 변경되는 경우
3. 사용하려는 토지에 그 토지소유자의 건축물이 있는 경우

Ⅱ. 사용하는 토지의 매수청구 주요 내용

1. 사용하는 토지의 매수 또는 수용청구의 개요

(1) 매수 또는 수용청구의 의의

일반적으로 공익사업을 위한 토지의 취득 또는 사용은 '침해최소성의 원칙'에 따라 최소한에 거쳐야 하므로, 사용으로 가능한 경우는 사용에 거쳐야 하고 취득하여서는 안 되는 것이 원칙이다. 그러나 사용으로 인하여 소유자에게 수용에 상당할 정도의 심각한 손실이 발생될 경우에는 확장수용을 인정하여 소유자에게 취득을 요구할 수 있는 권리를 인정하는 것이 소유자의 재산권 보장에 오히려 바람직할 수도 있다.

이것이 「토지보상법」 제72조에 의한 사용하는 토지의 매수 또는 수용청구제도의 의의이다. 이와 같이 사용하는 토지에 대하여 사업시행자가 매수하거나 수용하는 경우 이를 '완전수용'이라고도 한다.

(2) 청구권의 법적 성질

① 매수청구권

「토지보상법」 제72조 제1항에서 "…사업시행자에게 해당 토지의 매수를 청구하거나"라고 규정하고 있으므로 사용하는 토지도 사업인정 후 협의절차에서 매수를 청구하는 것이 가능하다. 다만, 「토지보상법」 제72조 제1항이 매매계약의 실질을 가지는 협의단계에서 토지소유자에게 그 일방적인 의사표시에 의하여 매매계약을 성립시키는 형성권으로서 사용하는 토지의 매수청구권을 인정하고 있다고 볼 수는 없고, 이는 어디까지나 매매계약에 있어 청약에 불과하다고 보아야 하므로 매수청구권은 채권적 청구권에 해당된다고 본다.

따라서 사업시행자가 사용하는 토지의 매수청구를 승낙하여 매매계약이 성립하지 아니한 이상, 토지소유자의 일방적 의사표시에 의하여 사용하는 토지에 대한 매매계약이 성립한다고 볼 수 없다. 대법원에서도 사용하는 토지의 매수청구와 유사한 잔여지의 매수청구를 사법상 매매계약에서의 청약으로 보고 있다.

판례

잔여지 매수청구는 형성권이 아니라 사법상 매매계약의 청약에 불과하다.
[대법원 2004.09.24. 선고 2002다68713 판결]

〈판결요지〉
구 공공용지의 취득및손실보상에관한특례법 (2002.2.4. 법률 제6656호로 폐지되기 전의 것)과 구 토지수용법의 관계, 공공용지의 사법상 매수취득절차 및 그 보상기준과 방법을 규정하고 있는 위 특례법의 특질, 구 토지수용법이 토지소유자에게 형성권으로서 잔여지 수용청구권을 인정하고 있는 근거와 취지, 잔여지에 관한 위 특례법의 규정형식, 이른바 형성권의 의의와 특질을 종합하면, 위 특례법이 토지소유자에게

그 일방적인 의사표시에 의하여 매매계약을 성립시키는 형성권으로서 잔여지 매수청구권을 인정하고 있다고 볼 수는 없고, … 이는 어디까지나 사법상의 매매계약에 있어 청약에 불과하다고 할 것이므로 사업시행자가 이를 승낙하여 매매계약이 성립하지 아니한 이상, 토지소유자의 일방적 의사표시에 의하여 잔여지에 대한 매매계약이 성립한다고 볼 수 없다.

② 수용청구권

사용하는 토지의 수용청구권은 「토지보상법」 제72조에서 규정한 요건을 구비한 때에는 토지수용위원회의 특별한 조치를 기다릴 것 없이 청구에 의하여 수용의 효과가 발생하므로 이는 형성권적 성질을 가지는 것으로 본다.

판례

사용하는 토지의 수용청구권은 손실보상의 일환으로 토지소유자에게 부여된 권리로서 형성권의 성질을 가진다.
[대법원 2015.04.09. 선고 2014두46669 판결]

〈판결요지〉
공익사업을 위한 토지 등의 취득 및 보상에 관한 법률(이하 '토지보상법'이라고 한다) 제72조의 문언, 연혁 및 취지 등에 비추어 보면, 위 규정이 정한 수용청구권은 토지보상법 제74조 제1항이 정한 잔여지 수용청구권과 같이 손실보상의 일환으로 토지소유자에게 부여되는 권리로서 그 청구에 의하여 수용효과가 생기는 형성권의 성질을 지니므로, 토지소유자의 토지수요청구를 받아들이지 아니한 토지수용위원회의 재결에 대하여 토지소유자가 불복하여 제기하는 소송은 토지보상법 제85조 제2항에 규정되어 있는 '보상금의 증감에 관한 소송'에 해당하고, 피고는 토지수용위원회가 아니라 사업시행자로 하여야 한다.

(3) 매수 또는 수용청구의 요건

① 사업인정

해당 토지의 사용에 대한 사업인정이 있어야 한다. 즉, 수용청구는 물론이고 매수청구의 경우에도 반드시 사업인정이 있어야 한다.

「토지보상법」 제74조 제1항에서 잔여지의 매수청구는 사업인정을 요건으로 하지 않고 단지 사업인정 이후에는 관할 토지수용위원회에 수용을 청구할 수 있도록 규정하고 있으나, 「토지보상법」 제72조에서 사용하는 토지의 매수청구는 사업인정 이후에만 가능하도록 규정하고 있다.

이것은 잔여지는 편입 토지와 별도의 토지이므로 잔여지에 대해서만 매수청구 여부를 판단할 수 있으나, 사용하는 토지는 동일한 토지이므로 사용과 매수를 구분하여 판단할 수 없기 때문이다.

따라서 사업인정 이전인 경우 토지소유자가 매수를 원하는 때에는 사용 협의에 응하지 않아야 한다.

② 사용의 기간 등

i) 토지를 사용하는 기간이 3년 이상인 때, ii) 토지의 사용으로 인하여 토지의 형질이 변경되는 때, iii) 사용하고자 하는 토지에 그 토지소유자의 건축물이 있는 때 등의 경우에 해당되어야 한다.

③ 토지소유자의 청구

사용하는 토지의 매수 또는 수용은 토지소유자의 재산권보장을 위하여 예외적으로 인정되는 것이므로, 소유자의 매수 또는 수용의 청구가 있는 경우에 한하여 취득할 수 있다. 따라서 사업시행자는 잔여지의 수용을 청구할 수 없다.

(4) 매수 또는 수용의 청구기간

「토지보상법」 제74조 제1항에서 잔여지 수용청구는 그 사업의 사업완료일까지 하도록 규정하고 있으나, 「토지보상법」 제72조에서는 사용하는 토지의 매수 또는 수용 청구기간에 대해 별도로 규정하고 있지 않다.

다만, 사용하는 토지의 매수 또는 수용청구의 성격 및 취지 등을 고려할 때 사업인정고시일 이후부터 사용기간 이내에 매수 또는 수용청구의 요건이 충족된 때에는 언제라도 할 수 있는 것으로 본다.

따라서 최초의 사업인정 당시에는 토지의 사용기간이 3년 이내였으나 이후 변경인가 등을 통하여 사용기간이 3년 이상으로 된 경우에는 이날 이후에는 매수 또는 수용의 청구가 가능하다.

(5) 권리의 존속청구

매수 또는 수용의 청구된 토지 및 토지에 있는 물건에 관하여 권리를 가진 자는 사업시행자나 관할 토지수용위원회에 그 권리의 존속을 청구할 수 있다.

즉, 해당 토지의 사용에 지장을 주지 않는 토지에 관한 소유권 외의 권리를 가진 자 또는 지상물건에 대하여 소유권 또는 소유권외의 권리를 가진 자는 그 권리의 존속을 청구할 수 있다.

2. 매수 또는 수용 청구된 토지의 보상평가

(1) 원칙

매수 또는 수용 청구되어 취득하는 토지의 감정평가는 공익사업시행지구에 편입되어 취득하는 토지의 감정평가방법을 적용한다.

(2) 건축물 등이 소재하는 경우

① 토지

「토지보상법 시행규칙」 제22조 제2항에 따라 건축물 등이 없는 상태를 상정하여 감정평가한다.

② 건축물 등

사업시행자가 국가인 경우는 「국유재산법」 제11조, 지방자치단체인 경우는 「공유재산 및 물품관리법」 제8조에 따라 사권(私權)이 설정된 재산은 그 사권이 소멸되기 전에는 취득하지 못하므로 원칙적으로 건축물 등을 보상하고 이전시키거나 취득하여야 한다.

다만, 건축물 등의 소유자가 권리의 존속을 청구한 경우에는 「토지보상법」 제72조에 따라 건축물 등을 존속시킬 수 있으나, 이 경우 「국유재산법」 또는 「공유재산 및 물품관리법」에 따라 대부료를 징수하여야 할 것이다.

(2) 토지에 소유권 외의 권리가 설정되어 있는 경우

토지에 소유권 외의 권리가 설정되어 있는 경우는 「토지보상법 시행규칙」 제29조에 따라 해당 권리가 없는 것으로 하여 감정평가한 금액에서 「토지보상법 시행규칙」 제28조의 규정에 의하여 평가한 소유권 외의 권리의 가액을 뺀 금액으로 감정평가한다.

III. 사용하는 토지의 매수청구 유의사항

1. 「토지보상법」 제72조의 적용 범위

「토지보상법」 제72조는 적법한 절차에 따른 공용사용에 한하여 적용되므로 불법적인 토지사용에 적용할 수 없다. 따라서 i) 공익사업에 해당된다고 하여도 보상 등 적법한 절차 없이 불법적으로 토지를 사용하고 있는 경우 또는 ii) 「토지보상법 시행규칙」 제25조에 따른 미지급용지 등에 대해서는 「토지보상법」 제72조에 따라 매수 또는 수용청구를 할 수 없다.

판례

사용하는 토지의 매수청구권은 '적법한 공용사용'의 경우에 한하여 인정된다.
[헌법재판소 2005.07.21. 2004헌바57 전원재판부]

〈결정요지〉

가. 입법자에 의한 재산권의 내용과 한계의 설정은 기존에 성립된 재산권을 제한할 수도 있고, 기존에 없던 것을 새롭게 형성하는 것일 수도 있다. 이 사건 조항은 종전에 없던 재산권을 새로이 형성한 것에 해당되므로, 역으로 그 형성에 포함되어 있지 않은 것은 재산권의 범위에 속하지 않는다. 그러므로 청구인들이 주장하는바 '불법적인 사용의 경우에 인정되는 수용청구권'이란 재산권은 존재하지 않으므로, 이 사건 조항이 그러한 재산권을 제한할 수는 없다.
다만, 입법자는 재산권의 형성에 있어서도 헌법적 한계를 준수하여야 하는바, 이 사건 조항이 '적법한 공용사용'의 경우에 한정하여 수용청구권을 인정한 것은 공용제한에 대한 손실보상을 정하는 법의 취지에 따른 결과로서 입법목적을 달성하기 위한 합리적 수단이며, 불법적 사용에 대해서는 법적인 구제수단이 따로 마련되어 있어 반드시 수용청구권을 부여할 필요는 없으므로, 이 사건 조항이 재산권의 내용과 한계에 관한 입법형성권을 벗어난 것이라 할 수 없다.

나. 이 사건 조항은 합법적인 토지사용을 전제로 하여 손실보상의 차원에서 수용청구권을 인정하고 있는바, 현실적으로 발생하는 공권력에 의한 불법적인 토지 사용으로 인한 토지소유자의 피해에 대해서는 다른 법률에 의한 구제수단이 구비되어 있다. 입법지가 적법한 사용과 불법적인 사용을 구분하여 전자에 대해서만 수용청구권을 마련한 것이 자의적인 것이라거나 비합리적인 것이라 할 수 없으므로, 이 사건 조항은 평등권을 침해하지 않는다.

2. 수용청구에서 매수청구 전치 여부

「토지보상법」 제74조 제1항 단서에서 잔여지의 매수청구는 매수에 관한 협의가 성립되지 아니한 경우에만 할 수 있도록 규정하고 있으나, 「토지보상법」 제72조에서는 이러한 규정이 없다. 따라서 사용하는 토지의 수용청구는 반드시 사전에 사업시행자에게 매수청구하고 매수에 대한 협의가 성립되지 않은 경우에 한하여 할 수 있다고 볼 수 없으므로 사업시행자에게 매수청구하지 않고 바로 토지수용위원회에 수용청구할 수 있다고 본다.

17 잔여지 가치감소 및 공사비 보상평가

Ⅰ. 관련 법령의 내용

「토지보상법」 제73조(잔여지의 손실과 공사비 보상) ① 사업시행자는 동일한 소유자에게 속하는 일단의 토지의 일부가 취득되거나 사용됨으로 인하여 잔여지의 가격이 감소하거나 그 밖의 손실이 있을 때 또는 잔여지에 통로·도랑·담장 등의 신설이나 그 밖의 공사가 필요할 때에는 국토교통부령으로 정하는 바에 따라 그 손실이나 공사의 비용을 보상하여야 한다. 다만, 잔여지의 가격 감소분과 잔여지에 대한 공사의 비용을 합한 금액이 잔여지의 가격보다 큰 경우에는 사업시행자는 그 잔여지를 매수할 수 있다.

② 제1항 본문에 따른 손실 또는 비용의 보상은 해당 사업의 사업완료일부터 1년이 지난 후에는 청구할 수 없다.

③ 사업인정고시가 된 후 제1항 단서에 따라 사업시행자가 잔여지를 매수하는 경우 그 잔여지에 대하여는 제20조에 따른 사업인정 및 제22조에 따른 사업인정고시가 된 것으로 본다.

④ 제1항에 따른 손실 또는 비용의 보상이나 토지의 취득에 관하여는 제9조 제6항 및 제7항을 준용한다.

⑤ 제1항 단서에 따라 매수하는 잔여지 및 잔여지에 있는 물건에 대한 구체적인 보상액 산정 및 평가방법 등에 대하여는 제70조, 제75조, 제76조, 제77조 및 제78조 제4항부터 제6항까지의 규정을 준용한다.

「토지보상법」 부칙〈법률 제8665호, 2007.10.17.〉

① (시행일) 이 법은 공포 후 6개월이 경과한 날부터 시행한다. 다만, 제63조 제1항 단서·제2항부터 제5항까지·제70조 제5항 및 제78조 제7항의 개정규정은 공포한 날부터 시행한다.

② (잔여지 등의 매수 및 수용청구 등에 관한 적용례) 제73조 제1항 단서·제2항·제3항·제5항의 개정규정은 이 법 시행 후 제15조(제26조 제1항에 따라 준용되는 경우를 포함한다)에 따라 보상계획을 공고하고 토지소유자 및 관계인에게 보상계획을 통지하는 분부터 적용한다.

「토지보상법 시행규칙」 제32조(잔여지의 손실 등에 대한 평가) ① 동일한 토지소유자에 속하는 일단의 토지의 일부가 취득됨으로 인하여 잔여지의 가격이 하락된 경우의 잔여지의 손실은 공익사업시행지구에 편입되기 전의 잔여지의 가격(당해 토지가 공익사업시행지구에 편입됨으로 인하여 잔여지의 가격이 변동된 경우에는 변동되기 전의 가격을 말한다)에서 공익사업시행지구에 편입된 후의 잔여지의 가격을 뺀 금액으로 평가한다.

② 동일한 토지소유자에 속하는 일단의 토지의 일부가 취득 또는 사용됨으로 인하여 잔여지에 통로·구거·담장 등의 신설 그 밖의 공사가 필요하게 된 경우의 손실은 그 시설의 설치나 공사에 필요한 비용으로 평가한다.

「감정평가 실무기준」[810-6.3.3] 잔여지의 가치하락 등에 따른 손실 ① 잔여지의 가치하락에 따른 손실액은 공익사업시행지구에 편입되기 전의 잔여지 가액(해당 토지가 공익사업시행지구에 편입됨으로 인하여 잔여지의 가치가 변동된 경우에는 변동되기 전의 가액을 말한다)에서 공익사업시행지구에 편입된 후의 잔여지의 가액을 뺀 금액으로 감정평가한다.

② 제1항에서의 공익사업시행지구에 편입되기 전의 잔여지 가액은 일단의 토지의 전체가액에서 공익사업시행지구에 편입되는 토지(이하 '편입토지'라 한다)의 가액을 뺀 금액으로 산정한다.

③ 공익사업시행지구에 편입되기 전의 잔여지의 가액 및 공익사업시행지구에 편입된 후의 잔여지의 가액의 감정평가를 위한 적용공시지가는 [810-5.6.3]을 준용한다.

④ 잔여지의 공법상의 제한사항 및 이용상황 등은 편입토지의 보상 당시를 기준으로 한다.

⑤ 잔여지의 가치하락에 따른 손실액은 해당 공익사업의 시행으로 인하여 잔여지의 가격이 증가하거나 그 밖의 이익이 발생한 경우에도 이를 고려하지 않고 감정평가한다.

⑥ 잔여지에 대한 시설의 설치 또는 공사로 인한 손실액은 그 시설의 설치나 공사에 통상 필요한 비용 상당액을 기준으로 산정한다.

Ⅱ. 잔여지 가치감소 및 공사비 보상평가 주요 내용

1. 잔여지 보상의 개요

(1) 잔여지 보상의 의의

일단으로 이용 중인 토지의 일부가 공익사업에 편입되는 경우 공익사업으로 인한 손실은 일단의 토지 전체에 미친다.

즉, 취득의 대상은 편입부분으로 한정되지만 손실은 편입부분에 한정되지 않고 전체 토지에 미치게 되므로, 일부 편입의 경우는 취득의 대상과 손실의 대상이 다르게 되고, 따라서 이 경우 토지소유자가 상실하는 가치와 사업시행자가 취득하는 가치가 다르게 된다.

그런데 정당보상은 원칙적으로 보상 전과 후의 재산적 가치를 동일하게 하는 것을 의미하며[85], 이 경우 보상액은 취득하는 토지의 공익사업에 대한 기여로부터 파악하는 것이 아니라 토지소유자의 손실부터 파악하는 것이 원칙이므로, 잔여지 보상은 토지소유자가 상실하는 가치가 사업시행자가 취득하는 가치보다 클 경우 이를 보전하기 위한 것으로 정당보상의 원칙을 지키기 위하여 반드시 필요한 것이다.

---

85) 미국의 손실보상기준인 「Uniform Appraisal Standards for Federal Land Acquisitions(2016)」(UASFLA)에서는 이를 Before and After Rule이리고 한다.

(2) 잔여지 보상의 유형

잔여지 보상에는 i) 잔여지 가치감소 보상, ii) 잔여지 공사비 보상, iii) 잔여지 취득 보상 등의 3가지가 있다.

다만, 잔여지 공사비 보상은 통상적으로 잔여지 가치감소 보상과 일체로 이루어지므로 여기서는 잔여지 가치감소 및 공사비 보상을 같이 다룬다.

(3) 잔여지의 요건

잔여지는 일단의 토지 중에서 사업시행자가 공익사업용지로 취득하고 남은 토지를 의미하며 그 구체적인 요건은 다음과 같다.

① 일단의 토지

가. 개념

일단의 토지는 해당 공익사업에 편입되었는지 여부에 불구하고 일반적인 이용 방법에 의한 객관적인 상황이 동일한 토지를 의미한다.

따라서 일단의 토지란 반드시 1필지의 토지만을 가리키는 것이 아니며, 해당 공익사업에 편입되는 토지만을 기준으로 판단하는 것도 아니므로 해당 공익사업에 편입되지 않는 토지도 일단의 토지에 포함될 수 있다.

판례

일단의 토지는 일반적인 이용방법에 의한 객관적인 상황이 동일한 토지를 말한다.
[대법원 2017.09.21. 선고 2017두30252 판결]

〈판결요지〉

「토지보상법」 제73조, 제74조의 '일단의 토지'는 반드시 1필지의 토지만을 가리키는 것은 아니지만 일반적인 이용방법에 의한 객관적인 상황이 동일한 토지를 말한다.

그러므로 일단의 토지가 수 필지인 경우에도 잔여지의 가치감소는 일단의 토지 전체를 기준으로 산정한다.

판례

잔여지 가치감소 보상액은 일단의 토지 전체를 기준으로 산정한다.
[대법원 1999.05.14. 선고 97누4623 판결]

〈판결요지〉

토지수용법 제47조 소정의 잔여지 보상은 동일한 소유자에 속한 일단의 토지 중 일부가 수용됨으로써 잔여지에 발생한 가격감소로 인한 손실을 보상대상으로 하고 있고, 이때 일단의 토지라 함은 반드시 1필지의 토지만을 가리키는 것이 아니라 일반적인 이용 방법에 의한 객관적인 상황이 동일한 한 수 필지의 토지까지 포함하는 것이라고 할 것이므로, 일단의 토지가 수 필지인 경우에도 달리 특별한 사정이 없는 한 그 가격감소는 일단의 토지 전체를 기준으로 산정하여야 할 것이다.

PART 02

나. 판단기준

일단의 토지는 i) 소유자의 동일성, ii) 지반의 연속성, iii) 용도의 일체성 등의 요건을 모두 충족하는 토지를 말한다(「잔여지 수용 및 가치하락 손실보상 등에 관한 참고기준」[86] 제3조 제1항).

"「잔여지 수용 및 가치하락 손실보상 등에 관한 참고기준」"은 [별표 5]를 참조하기 바란다.

가) 소유자의 동일성

동일한 토지소유자란 소유권이 동일한 소유자에 속하여야 한다는 의미이다.

따라서 가족의 소유로 등기되었거나, 일부 토지의 권원이 소유권이 아닌 지상권 또는 임차권 등에 의하는 경우는 일단의 토지로 보지 않는다.

〈재결례〉
가족이 소유한 경우는 동일한 토지소유자로 볼 수 없다.
[중토위 2021.06.10. 재결]

〈재결요지〉
(법 제74조 제1항에 따르면 '동일한 소유자에게 속하는 일단의 토지의 일부가 협의에 의하여 매수되거나 수용됨으로 인하여 잔여지를 종래의 목적에 사용하는 것이 현저히 곤란할 때에는 해당 토지소유자는 사업시행자에게 잔여지를 매수하여주거나 관할 토지수용위원회에 수용을 청구할 수 있다'고 되어 있으므로 동일인이 아닌 가족 소유의 연접한 토지와 일단으로 사용할 수 있어 잔여지를 매수 또는 수용할 수 없다는 사업시행자의 주장은 이유 없다.)

다만, 일단의 토지의 등기부상의 소유명의가 동일하여야 하는지에 대해서는 다툼이 있을 수 있으나, 반드시 등기부상의 소유명의가 동일하여야 하는 것은 아니며, 사실상 동일 소유관계일 경우에도 잔여지로 인정할 수 있다고 본다.[87]

나) 지반의 연속성

「잔여지 수용 및 가치하락 손실보상 등에 관한 참고기준」 제3조 제2호에서는 일단의 토지의 요건으로 '지반의 연속성' 즉, 연접성을 규정하고 있다.

그러나 이는 타당하지 않은 것으로 판단된다. 즉, 「공간정보의 구축 및 관리 등에 관한 법률」 제2조 제21호에서 '필지란 대통령령으로 정하는 바에 따라 구획되는 토지의 등록 단위를 말한다.'라고 규정하고 있고, 「공간정보의 구축 및 관리 등에 관한 법률 시행령」 제5조 제1항에서는 '법 제2조 제21호에 따라 지번부여지역의 토지로서 소유자와 용도가 같고 지반이 연속된 토지는 1필지로 할 수 있다.'라고 규정하고 있으므로, 지반의 연속성은 필지를 판단하는 경우에는 필수적 요건이다.

---

86) 「잔여지보상 참고기준」은 중앙토지수용위원회에서 「토지보상법」 제73조 및 제74조와 관련된 잔여지 수용 및 가치하락 보상 등을 판단하는 데 참고하기 위하여 제정한 기준이다.

87) 미국에서도 종전은 동일소유관계를 엄격하게 적용하였으나 최근에는 이를 완화하는 경향이 있다(UASFLA 114페이지 참조). 동일소유관계를 완화하면 잔여지 보상의 범위가 축소된다.

그러나 일단의 토지는 손실이 발생하는 범위를 결정하기 위한 것이므로 '지반의 연속성'은 중요한 요건이기는 하나 필수적인 요건은 아니라고 본다.

즉, 농지의 경우 수로 등으로 분리되어 연접하지 않은 토지도 동일한 영농행위의 대상이 된다면 일단의 토지가 될 수 있다.88)

다) 용도의 일체성

용도의 일체성이라 함은 일반적인 이용 방법에 의한 객관적인 상황이 동일한 관계를 말한다(「잔여지 수용 및 가치하락 손실보상 등에 관한 참고기준」 제3조 제2항).

따라서 일단의 토지는 해당 공익사업에 편입되었는지 여부에 불구하고 일반적인 이용 방법에 의한 객관적인 상황이 동일한 토지들을 의미하므로, 주택과 공장 등과 같이 토지의 현실적 이용상황이 다른 경우는 토지소유자가 동일하고 연접하고 있다고 하여도 일단의 토지로 보지 않는다.

다. 일단의 토지 판단시점

잔여지에 대한 손실의 발생 여부는 편입토지의 보상시점을 기준으로 판단하는 것이 원칙이므로 일단의 토지에 해당하는지 여부도 편입토지의 보상시점을 기준으로 판단한다.

따라서 편입토지의 보상시점 이후에 일단의 토지 중의 일부를 매각함으로 인하여 매각 이후의 잔여지가 종래의 목적에 사용하는 것이 현저히 곤란하게 된 경우 또는 가치가 하락한 경우에도 이는 고려하지 않는다.

라. 일단의 토지와 일단지의 차이

잔여지 보상에서의 일단의 토지와 일괄감정평가에서의 일단지가 같은 개념인지의 문제이다.

일단지는 여러 필지의 토지를 하나의 필지로 보고 개별요인 등을 적용하는 「감정평가에 관한 규칙」 제7조 제2항에 따른 일괄감정평가의 요건으로서 '대상물건 상호 간에 용도상 불가분의 관계'를 기준으로 하는 반면, 일단의 토지는 공익사업에 토지의 일부가 편입될 경우 그 편입으로 인하여 손실이 발생하는 잔여지의 범위에 대한 요건으로서 '일반적인 이용 방법에 의한 객관적인 상황' 즉 '이용상황의 동일성'을 기준으로 하므로 이 두 가지는 동일한 개념은 아니다.

따라서 i) 일단지는 동일한 소유자를 요건으로 하지 않는 반면, 보상대상자과 관련된 일단의 토지는 동일한 소유자를 요건으로 하고, ii) 일단지는 연접성을 요건으로 하나 일단의 토지는 연접성을 필수적인 요건으로 하지 않는다고 본다.

② 사업시행자가 취득하고 남은 토지

일단의 토지 중 공익사업에 직접 편입된 부분은 사업시행자가 취득하고 남은 토지가 잔여지이다.

따라서 일단의 토지 중 일부라도 공익사업에 편입되지 않으면 잔여지에 해당되지 않는다.

---

88) 미국에서도 지반의 연속성은 일단의 토지 판단에 중요한 요소이기는 하나 필수적인 요건으로 보지는 않는다(UASFLA 115페이지 참조).

(4) 잔여지 가치감소 보상대상자

잔여지 가치감소보상은 공익사업에 토지의 일부가 편입되는 사실상 거의 모든 토지소유자에게 해당되므로 보상대상자는 편입 토지의 보상 당시에 이미 확정된다고 볼 수 있고 다만, 정확한 가치감소액의 산정만이 문제가 된다.

그런데 「토지보상법」 제73조 제2항에서 잔여지 가치감소보상액의 정확한 산정을 위하여 해당 사업의 사업완료일부터 1년 이내에서 보상금을 청구할 수 있도록 규정하고 있으므로 편입 토지의 보상 이후에 토지소유자가 변경된 경우 어느 시점의 잔여지 소유자가 보상대상자가 되는지에 대해서는 견해의 대립이 있다.

① 편입토지의 소유자가 보상대상자가 된다는 견해

잔여지 가치감소보상은 편입 토지의 보상금의 일부이므로 편입토지의 소유자가 잔여지 가치감소보상 대상자가 된다는 주장이다.

이 견해에 따르면 편입토지의 소유자는 잔여지 가치감소 보상청구권을 유보하고 가치감소가 발생한 상태의 가격으로 잔여지를 매각하였다고 보아야 하므로 잔여지 가치감소보상 대상자가 된다고 본다.

② 가치감소 보상당시의 토지소유자가 된다는 견해

잔여지 가치감소보상은 잔여지에서 발생하는 손실에 대한 보상이므로 가치감소보상의 청구시점 당시의 토지소유자가 되어야 한다는 주장이다.

이 견해는 「토지보상법」 제5조 제2항에서 "이 법에 따라 이행한 절차와 그 밖의 행위는 사업시행자, 토지소유자 및 관계인의 승계인에게도 그 효력이 미친다."라고 규정하고 있으므로 편입토지의 보상 이후에 잔여지의 소유권을 취득한 자는 편입 토지소유자의 잔여지 가치감소 보상권리를 승계하였다고 본다.

③ 편입토지의 토지소유자가 가치감소 보상시점까지 소유하여야 한다는 견해

i) '편입토지의 보상대상자'는 잔여지의 보상시점에서 손실의 대상이 되는 잔여지를 소유하고 있지 않으므로 대상자가 될 수 없고, ii) '가치감소 보상 당시의 토지소유자'는 해당 잔여지의 가치감소가 발생한 이후에 취득하였으므로 손실보상대상자가 될 수 없다.

따라서 편입토지의 토지소유자가 잔여지 가치감소 보상시점까지 계속 소유한 경우에 한하여 잔여지 가치감소 보상대상자가 된다는 주장이다.

④ 소결

잔여지 가치감소보상 청구권은 편입토지의 협의 또는 재결 당시에 발생한다고 보아야 하므로 청구시점까지 반드시 소유권을 보유하고 있어야 하는 것은 아니다. 따라서 편입 토지의 소유자가 잔여지 가치감소보상 대상자가 된다고 본다.

즉, 편입토지의 보상 이후 잔여지를 매각한 경우는 잔여지의 보상청구권을 유보하고 잔여지를 낮은 가격에 매각하였다고 보는 것이 합리적이며, 이렇게 해석하여야 잔여지의 매각을 원활하게 하여 잔여지 소유자의 손실을 최소화할 수 있다.[89]

특히 「토지보상법」 제5조 제2항의 "이 법에 따라 이행한 절차와 그 밖의 행위는 사업시행자, 토지소유자 및 관계인의 승계인에게도 그 효력이 미친다."에서 토지소유자의 승계인은 편입토지의 승계인을 의미한다고 보아야 하므로 편입토지가 아닌 잔여지의 승계인에 대해서는 「토지보상법」 제5조 제2항을 적용할 수 없다고 본다.

(5) 잔여지 가치감소보상의 절차

① 협의

잔여지 가치감소 보상에 대해서는 토지소유자와 사업시행자가 협의하여야 한다(「토지보상법」 제73조 제4항, 제9조 제6항).

따라서 사업시행자와 협의를 거치지 않고 수용재결을 신청한 경우 그 재결신청은 각하된다(「토지보상법」 제73조 제4항, 제9조 제7항).

② 재결 신청

가. 재결신청인

사업인정고시일 이후에 잔여지 가치감소보상 또는 잔여지 매수보상(잔여지의 가격 감소분과 잔여지에 대한 공사의 비용을 합한 금액이 잔여지의 가격보다 큰 경우)에 대한 협의 성립되지 않으면 사업시행자 또는 토지소유자는 관할 토지수용위원회에 잔여지 가치감소 보상에 대한 재결을 신청할 수 있다(「토지보상법」 제73조 제4항, 제9조 제7항).

즉, 공익사업시행지구에 편입된 토지 등은 「토지보상법」 제28조 제1항에 따라 사업시행자만 재결을 신청할 수 있으나, 잔여지 가치감소보상 또는 매수보상은 토지소유자도 직접 재결을 신청할 수 있다.

이 경우 재결신청은 반드시 관할 토지수용위원회에 하여야 하는 것은 아니고 「토지보상법」 제31조 및 「토지보상법 시행령」 제15조에 따라 토지수용위원회가 재결신청의 내용을 시장 등에게 송부하여 공고 및 열람을 의뢰하고, 토지소유자가 시장 등에게 잔여지 수용청구의 의사표시를 한 경우에는 관할 토지수용위원회에 잔여지 수용청구를 한 것으로 본다.

판례

토지소유자가 시장 등에게 한 잔여지수용청구의 의사표시는 관할 토지수용위원회에 대하여 한 잔여지수용청구의 의사표시로 본다.
[대법원 2005.01.28. 선고 2002두4679 판결]

〈판결요지〉

지방자치단체가 기업자로서 관할 토지수용위원회에 토지의 취득을 위한 재결신청을 하고 그 장이 관할 토지수용위원회로부터 구 토지수용법 제36조, 같은 법 시행령 제17조 제3항에 의하여 재결신청서 및 관

89) 다만, 잔여지 취득보상의 경우는 잔여지의 매수청구 또는 수용청구 당시의 잔여지 소유자가 보상대상자가 된다(대법원 1992.11.27. 선고 91누10688 판결).

계 서류의 사본의 공고 및 열람의 의뢰에 따라 이를 공고 및 열람에 제공함에 있어서 토지소유자 및 관계인이나 기타 손실보상에 관하여 이해관계가 있는 자는 같은 영 제17조 제3항의 열람기간내에 '의견이 있을 경우에는 당해 지방자치단체 또는 관할 토지수용위원회에 의견을 제출하여 줄 것을 통지'한 경우 토지소유자가 당해 지방자치단체에 대하여 한 잔여지수용청구의 의사표시는 관할 토지수용위원회에 대하여 한 잔여지수용청구의 의사표시로 보아야 한다.

나. 재결신청의 청구

잔여지 가치감소보상 또는 매수보상에서는 토지소유자도 재결 신청이 가능하므로 협의가 성립되지 않을 경우 토지소유자는 「토지보상법」 제73조 제4항 및 제9조 제7항에 따라 직접 토지수용위원회에 재결신청을 할 수 있을 뿐이고, 「토지보상법」 제30조 제1항에 따라 사업시행자에게 재결신청의 청구를 할 수는 없다.

다. 재결신청 시 제출서류

「토지보상법」 제74조 제1항에 따라 재결을 신청하려는 자는 손실보상재결신청서에 i) 재결의 신청인과 상대방의 성명 또는 명칭 및 주소, ii) 공익사업의 종류 및 명칭, iii) 손실발생사실, iv) 손실보상액과 그 명세, v) 협의의 경위 등에 관한 내용을 적어 관할 토지수용위원회에 제출하여야 한다(「토지보상법」 제73조 제4항, 제9조 제7항, 「토지보상법 시행령」 제6조의2).

③ **청구기간**

잔여지 가치감소 또는 공사비보상 등은 사실상 토지소유자의 청구에 의할 수밖에 없으나, 공익사업은 일정기간 이내에 완료되어야 하므로 보상의 청구기간을 규정하는 것이 필요하다.

가. 가치감소 또는 공사비 보상

「토지보상법」 제73조 제2항에 따라 잔여지의 가치감소 또는 공사비보상 등은 해당 공익사업의 사업완료일부터 1년이 지난 후에는 청구할 수 없다.

나. 사업완료일로 개정됨.

이 경우 종전 공사완료일은 사업인정고시에서 정한 사업의 완료일(사업시행기간의 만료일)을 의미한다. 다만, 사업인정고시에서 정한 사업 기간만료일 이전에 실제 공사가 준공된 경우에는 그 준공일을 사업 완료일로 볼 수 있다.

〈유권해석〉

공사완료일이란 사업인정고시에서 정한 해당 공익사업의 완료일을 의미한다.
[국토부 2014.05.20. 토지정책과-3294]

〈질의요지〉

「사회기반시설에 관한 민간투자법」에 따라 3단계로 시행 중인 민간투자사업(도로)의 경우 「토지보상법」 제74조 제1항의 공사완료일이 단계별 공사완료일(준공)인지 아니면 전체 사업(1, 2, 3단계)에 대한 최종 사업완료일인지 여부

〈회신내용〉
토지보상법 제74조 제1항의 '그 사업의 공사완료일'이란 사업인정고시에서 정한 해당 사업이 완료된 날을 의미하며, 사업인정고시에서 각 공구별로 사업기간을 분리하여 고시하고, 각 공구별로 사업을 완료할 수 있는 등 해당사업이 각 공구별로 구분하여 시행하는 경우로 볼 수 있다면 공구별(단계별) 사업완료일이 공사완료일이 될 수 있을 것으로 보며, 개별적인 사례는 사업시행자가 「사회기반시설에 관한 민간투자법」 등 관계 법령과 해당 사업의 고시문 등을 검토하여 판단할 사항이라고 봅니다.

〈유권해석〉
사업인정에서 정한 사업기간 이전에 실제 공사가 완료된 경우에는 그 날을 '공사 완료일'로 볼 수 있다.
[2010.05.03. 토지정책과-2460]

〈질의요지〉
「토지보상법」 제74조 제1항에 따른 "공사 완료일"이란 사업인정고시의 사업기간 만료일을 의미하는지 혹은 실제 준공일을 의미하는지?

〈회신내용〉
사업인정고시에서 정한 사업 기간만료일 이전에 실제 공사가 완료된 경우 그 사업은 완료된 것으로 보아야 한다고 보나, 실제 준공일을 공사 완료일로 볼 수 있는지 여부 등은 개별법령에 의한 고시(실시 계획 등)에서 정한 사업기간과 실제 준공일과의 의미와 절차 및 내용 등을 검토하여 판단할 사항이라고 봅니다.

다. 청구기간의 성격

잔여지의 가치감소 등에 따른 보상의 청구기간은 제척기간으로 본다.

판례

잔여지 수용청구권의 행사기간은 제척기간으로 본다.
[대법원 2010.08.19. 선고 2008두822 판결]

〈판결요지〉
잔여지 수용청구권의 행사기간은 제척기간으로서, 토지소유자가 그 행사기간 내에 잔여지 수용청구권을 행사하지 아니하면 그 권리가 소멸한다. 또한 위 조항의 문언 내용 등에 비추어 볼 때, 잔여지 수용청구의 의사표시는 관할 토지수용위원회에 하여야 하는 것으로서, 관할 토지수용위원회가 사업시행자에게 잔여지 수용청구의 의사표시를 수령할 권한을 부여하였다고 인정할 만한 사정이 없는 한, 사업시행자에게 한 잔여지 매수청구의 의사표시를 관할 토지수용위원회에 한 잔여지 수용청구의 의사표시로 볼 수는 없다.

④ **행정소송**

2008.4.18. 「토지보상법」 제73조 제2항을 신설하여 편입토지의 보상과 잔여지 가치감소보상을 분리하고, 잔여지 가치감소보상은 해당 공익사업의 사업완료일 1년 이내에 할 수 있도록 규정하였다.

따라서 현재에는 편입토지에 대한 토지수용위원회의 재결 시에 잔여지 가치감소보상을 청구하고 이에 대한 재결에 대하여 행정소송을 제기할 수 있을 뿐만 아니라, 편입토지에 대하여서만 협의를 하거나 재결에 승복한 후 사업완료일 1년 이내에 잔여지 가치감소보상을 청구할 수 있으며, 이에 대한 재결에 대해서도 행정소송을 제기할 수 있다.
이 경우 행정소송은 「토지보상법」 제85조 제2항에 규정되어 있는 '보상금의 증감에 관한 소송'에 해당하므로, 피고는 토지수용위원회가 아니라 사업시행자로 하여야 한다.

판례

잔여지 가치감소보상도 재결절차를 거친 후 행정소송을 제기할 수 있다.
[대법원 2014.09.25. 선고 2012두24092 판결]

〈판결요지〉
잔여지 또는 잔여 건축물 가격감소 등으로 인한 손실보상을 받기 위해서는 공익사업법 제34조, 제50조 등에 규정된 재결절차를 거친 다음 그 재결에 대하여 불복할 때 비로소 공익사업법 제83조 내지 제85조에 따라 권리구제를 받을 수 있을 뿐이며, 특별한 사정이 없는 한 이러한 재결절차를 거치지 않은 채 곧바로 사업시행자를 상대로 손실보상을 청구하는 것은 허용되지 않는다 할 것이고, 이는 잔여지 또는 잔여 건축물 수용청구에 대한 재결절차를 거친 경우라고 하여 달리 볼 것은 아니다.

2. 잔여지 가치감소보상

(1) 잔여지 가치감소보상과 특별한 희생

행정상 손실보상이란 공공필요에 의한 적법한 공권력의 행사에 의하여 개인의 재산권에 가하여진 '특별한 희생'을 대상으로 하므로 잔여지의 가치감소도 그것이 '특별한 희생'에 해당되어야 보상대상이 된다.
따라서 잔여지 가치감소보상액이 어느 정도가 되어야 재산권에 내재하는 사회적 제약을 넘어서는 '특별한 희생'에 해당된다고 볼 수 있는지가 문제이다.
그러나 잔여지 가치감소보상을 규정한 「토지보상법」 제73조 제1항은 '동일한 소유자에게 속하는 일단의 토지의 일부가 취득되거나 사용됨으로 인하여 잔여지의 가격이 감소하거나 그 밖의 손실이 있을 때'라고 규정하여, 잔여지의 가치감소 자체를 보상의 대상으로 규정하고 있으므로, 현행 「토지보상법」상으로는 감소액의 다소에 구애됨이 없이 보상대상이 되는 것으로 보아야 한다.[90]
따라서 잔여지 가치감소 보상평가는 전체 잔여지에 대해 의뢰되고 수행되어야 한다.

(2) 잔여지 가치감소보상의 요건

잔여지의 가치가 실제적으로 감소하거나 그 밖의 손실이 있어야 한다.
여기서 그 밖의 손실은 효용성의 감소, 비용의 증가 등으로 볼 수 있으나, 이는 결국에는 잔여지 가치의 감소로 나타나므로 별도로 구분하지 않고 잔여지 가치감소에 포함한다.

90) 현실적으로 특별한 희생에 해당하는 잔여지 가치감소의 정도를 규정한다는 것은 사실상 불가능하다.

따라서 잔여지가 '종래의 목적에 사용하는 것이 현저히 곤란할 때'에 해당되어 매수보상의 대상이 되지 않을 경우에도 잔여지의 가치가 감소한 경우에는 보상대상이 된다.

판례

잔여지를 종래의 목적으로 사용하는 것이 가능한 경우에도 잔여지 가치감소보상을 청구할 수 있다. [대법원 2018.07.20. 선고 2015두4044 판결]

〈판결요지〉

사업시행자가 동일한 토지소유자에 속하는 일단의 토지 일부를 취득함으로 인하여 잔여지의 가격이 감소하거나 그 밖의 손실이 있을 때 등에는 잔여지를 종래의 목적으로 사용하는 것이 가능한 경우라도 잔여지 손실보상의 대상이 되며, 잔여지를 종래의 목적에 사용하는 것이 불가능하거나 현저히 곤란한 경우이어야만 잔여지 손실보상청구를 할 수 있는 것이 아니다.

① 실제적 가치감소의 발생

잔여지 가치감소 보상을 위해서는 가치감소의 개연성만으로는 부족하고 실제적으로 가치감소가 발생하여야 한다.

특히 사업손실 등으로 인한 실제적 가치감소의 발생 여부를 명확하게 판단할 수 있도록 하기 위하여 2008.4.18. 「토지보상법」 제73조 제2항을 신설하여 잔여지 가치감소보상 청구권의 제척기간을 해당 사업의 사업완료일부터 1년으로 규정한 것이다.

〈질의회신〉

소음·진동과 일조권 침해 등의 개연성만으로 잔여지 가치하락 보상대상으로 볼 수 없다. [2010.11.29. 기획팀-2886]

〈질의요지〉

철도공사 및 운행시 진동·소음과 일조권·조망권 침해로 인한 작업환경 악화로 인한 잔여지 가치하락 피해의 보상이 가능한지 여부

〈회신내용〉

「토지보상법」 제73조 제1항에 따르면 공익사업에 토지의 일부가 취득 또는 사용됨으로 인하여 발생하는 손실에 대해 보상하도록 규정하고 있으나, 단순히 조망권·소음·분진 및 매연 등의 피해가 우려된다는 개연성만으로 공익사업시행지구에 편입되고 남은 건물(주택)에 대한 손실을 보상하기는 어렵다고 봅니다.

② 소유자의 청구

잔여지 가치감소보상을 위해서는 소유자의 보상청구가 있어야 하는지의 문제이며, 이는 가치감소의 입증책임과도 직결되어 있다. 여기에 대해서는 다음과 같은 견해의 대립이 있다.

가. 청구를 요건으로 한다는 견해

「토지보상법」 제73조 제2항에서 "손실 또는 비용의 보상은 해당 사업의 사업완료일부터 1년이 지난 후에는 청구할 수 없다."고 규정하고 있으므로 잔여지 가치감소보상은 토지소유자의 청구가 있을 경우에 한하여 보상할 수 있다는 주장이다.

나. 청구를 요건으로 하지 않는다는 견해

잔여지 가치감소보상은 공익사업시행지구에 편입된 토지에 대하여 발생한 손실에 대한 정당보상의 일부이므로 토지소유자의 청구가 없더라도 사업시행자가 잔여지의 가치감소가 발생하였다고 인정할 경우에는 보상할 수 있다는 주장이다.

다. 소결

2008.4.18. 「토지보상법」 개정을 통해 신설된 제73조 제2항은 토지소유자의 청구를 잔여지 가치감소보상의 요건으로 규정하기 위하여 도입된 것이 아니라 잔여지 가치감소보상 청구권의 제척기간을 규정하기 위하여 도입된 것이므로, 이 조항을 근거로 토지소유자의 청구를 잔여지 가치감소보상의 요건으로 보는 것은 타당하지 않다. 2008.4.18. 이전에는 토지소유자가 편입 토지에 대해 협의하거나 재결에 승복하여 보상금을 수령한 경우에는 잔여지 보상에 대해서는 더 이상 다투지 못하였다. 즉, 잔여지 보상은 편입 토지 보상에 포함되는 것으로 보았으나, 공익사업의 시행 이전에는 잔여지 가치감소 또는 종전의 목적에 사용하는 것이 현저히 곤란한지 여부 등을 확인하기 어렵다는 잔여지 보상의 특성을 고려하여 2008.4.18. 「토지보상법」 제73조 및 제74조를 개정하여 보상청구권의 제척기간을 규정한 것이다. 따라서 잔여지 가치감소보상은 편입 토지의 협의보상시점에서 사업시행자가 잔여지 가치감소액을 감정평가를 통하여 산정한 후 편입토지의 보상액과 합산하여 협의요청을 하되, 토지소유자가 잔여지 가치감소액에 대해 이의를 제기하는 경우는 편입토지에 대해서만 보상하고 잔여지 가치감소액은 공사 완료일 1년 이내에 소유자가 청구하는 경우 재평가하여 보상하도록 하는 것이 타당할 것이다. 즉, 잔여지 가치감소보상액은 편입 토지의 보상액의 일부로 보아야 하므로 잔여지의 가치감소가 명확함에도 이를 포함하지 않고 편입토지의 보상액을 결정하는 것 자체가 위법의 여지가 있다.

판례

잔여지 가치감소를 고려하지 않고 보상금을 산정한 것은 위법하다.
[부산고등법원 2004.02.06. 선고 2003누1134 판결]

〈판결요지〉

일단의 토지를 일부 수용함으로써 잔여지의 형태, 지세 등이 종전보다 불리하게 변화된 점, 이에 따라 잔여지의 평당 단가가 종전보다 하락한 점 등을 종합하여 판단하면 잔여지의 가격하락으로 인한 손실을 고려하지 아니하고 손실보상을 산정한 것은 위법하다.

③ 가치감소의 입증책임

잔여지의 가치가 실제적으로 감소하였는지 여부를 사업시행자 또는 토지소유자 중 누가 입증하여야 하는가의 문제가 발생하며, 이 문제는 잔여지 가치감소 보상평가 의뢰주체와 직결되어 있다.

가. 사업시행자가 입증하여야 한다는 견해

「토지보상법」 제73조 제1항은 "사업시행자는 … 보상하여야 한다."고 규정하여 사업시행자에게 잔여지 가치감소에 대한 보상의무를 부과하고 있으므로, 잔여지 가치감소 보상대상에서 제외하기 위해서는 사업시행자가 잔여지 가치감소가 발생하지 않았다는 점을 입증하여야 한다는 주장이다.

이 견해는 사업시행자가 잔여지 가치감소가 없었다는 점을 입증하지 않는 한 모든 잔여지가 가치감소 보상대상이 된다고 보며, 따라서 사업시행자는 모든 잔여지에 대해서 원칙적으로 잔여지 가치감소에 대한 보상평가를 의뢰하여야 한다.

나. 토지소유자가 입증하여야 한다는 견해

「토지보상법」 제73조 제2항은 "제1항 본문에 따른 손실 또는 비용의 보상은 해당 사업의 사업완료일부터 1년이 지난 후에는 청구할 수 없다."고 규정하여 잔여지 가치감소 보상은 토지소유자의 청구를 전제로 하므로 잔여지 가치감소를 주장하는 토지소유자가 잔여지의 가치가 감소하였다는 것을 입증하여야 한다는 주장이다.

이 견해는 토지소유자가 잔여지의 가치가 감소하였다는 점을 입증하는 잔여지만 가치감소 보상대상이 된다고 보며, 따라서 사업시행자는 모든 잔여지에 대해서 잔여지 가치감소에 대한 보상평가를 의뢰할 필요가 없고, 토지소유자가 잔여지 가치감소를 입증하여 보상을 청구하는 잔여지에 한하여 보상평가를 의뢰하면 된다고 본다.

보상실무 및 법원에서는 '토지소유자가 입증하여야 한다는 견해'에 따르고 있다.

판례

잔여지의 가격이 감소하였다는 점은 토지소유자가 입증하여야 한다.
[서울고등법원 2016.12.26. 선고 2015누72452 판결[91]]

〈판결요지〉

해당 공익사업의 시행으로 설치되는 시설이 잔여지에 대한 장래의 이용가능성이나 거래의 용이성에 영향을 미쳐 사용가치 및 교환가치가 하락하는 손실을 입게 되었는지 여부는 일단의 토지의 지목이나 현실적인 이용상황, 행정적 규제 및 개발 가능성, 일단의 토지에서 당해 시설이 차지하는 면적비율 및 당해 시설의 위치, 당해 시설의 형태, 구조, 기능 등이 인근 토지에 미치는 영향, 그에 따른 가치하락을 확인할 수 있는 객관적이고 합리적인 자료에 기초하여 판단하여야 하고, 일정한 시설이 설치되는 경우에는 그 일대 토지의 사용가치 및 교환가치의 하락이 발생할 수도 있다는 주관적이 사정만으로 이를 인정할 수 없다. 그리고 일정한 시설의 설치로 잔여지의 가격이 감소하였다는 점에 대한 증명책임은 잔여지 손실보상을 청구하는 원고 측이 부담하다.

91) 동 판결은 대법원 2017.5.16. 선고 2017두33718 판결에 의해 「상고심절차에 관한 특례법」 제4조 제1항에 따른 심리불속행으로 상고기각되어 확정되었다.

다. 소결

잔여지 가치감소보상은 공익사업시행지구에 편입된 토지에 대하여 발생한 손실에 대한 정당보상의 일부이므로 토지소유자의 청구가 없더라도 사업시행자가 이를 지급하는 것이 원칙이므로 '사업시행자가 입증하여야 한다는 견해'가 타당하다고 본다.[92]

위 서울고등법원 〈판례〉는 소송에서 토지소유자는 가치감소가 있다고 주장하고 사업시행자는 없다고 주장할 경우 입증책임에 관한 것이므로 보상단계에서 이를 일률적으로 적용할 수 없다고 보아야 할 것이다. 만일 보상단계에서 이를 적용한다면 사업시행자 보상의 원칙 및 사전보상의 원칙이 무용화될 우려가 있다. 특히 2008.4.18.「토지보상법」 개정을 통해 신설된 제73조 제2항은 토지소유자의 청구를 잔여지 가치감소보상의 요건으로 규정하기 위하여 도입된 것이 아니라, 잔여지 가치감소보상 청구권의 제척기간을 규정하기 위하여 도입된 것이므로 이 조항을 근거로 가치감소를 토지소유자가 입증하여야 한다고 해석하는 것은 타당하지 않다.

(3) 잔여지 가치감소보상의 기준

① 감정평가방법의 구분

잔여지 가치감소보상의 감정평가방법에는 전후비교법과 분리 합산법이 있다.

가. 전후비교법

전후비교법은 공익사업시행지구에 편입되기 전의 잔여지의 가액에서 공익사업시행지구에 편입된 후의 잔여지의 가액을 뺀 금액으로 감정평가하는 방법이다.

이 방법은 정당한 보상은 공익사업에 편입되기 전과 후의 재산적 가치를 동일하게 하여야 한다는 원칙에는 부합하나, 사업손실이 발생할 경우 등과 같이 편입토지의 보상시점에서 편입 후의 가치감소의 파악이 어렵다는 문제점이 있다.

이러한 문제를 해소하기 위하여 2008.4.18.「토지보상법」 제73조 제2항을 신설하여 잔여지 가치감소보상 청구권의 제척기간을 연장하고, 편입부분의 가치와 잔여지의 가치감소분을 따로 감정평가하도록 한 것이다.

나. 분리합산법

분리합산법은 잔여지로 분할됨으로 인한 가치감소분을 각 요인별로 별도로 감정평가한 후, 이를 합산하여 감정평가하는 방법이다.

이 방법은 이론적이기는 하나 각 요인별 가치감소분을 구분하여 구한다는 것이 현실적으로 불가능하다는 문제점이 있다.

다. 적용

「토지보상법 시행규칙」 제32조 제1항에서 잔여지의 가치감소에 따른 보상평가는 공익사업시행지구에 편입되기 전의 잔여지의 가액에서 공익사업시행지구에 편입된 후의 잔여지의 가액을 뺀 금액으로 감정평가하도록 규정하고 있으므로 전후비교법이 적용된다.

---

92) 현재 미국에서는 이 견해에 따라 모든 잔여지에 대한 가치감소를 감정평가 의뢰하고 있다.

② 기준시점

잔여지의 가치감소에 따른 보상의 기준시점은 협의에 의한 경우에는 협의 성립 당시를, 재결에 의한 경우에는 수용재결 당시를 기준으로 한다.

즉, 공익사업시행지구에 편입되기 전·후 잔여지 감정평가의 기준시점은 모두 잔여지의 가치감소에 따른 보상의 협의 성립 당시 또는 재결 당시가 된다.

〈유권해석〉

잔여지 가치감소 및 공사비 보상의 기준시점은 잔여지 보상에 대한 협의성립 당시 또는 재결 당시이다. [2015.08.31. 토지정책과-6306]

〈질의요지〉

「토지보상법」 제73조에서 잔여지 가치하락 및 공사비 보상에 대한 가격시점은?

〈회신내용〉

잔여지 손실 등에 대한 보상은 협의에 의한 경우에는 협의 성립 당시의 가격을 기준으로 보상하고, 재결에 의한 경우에는 재결 당시의 가격을 기준으로 보상하여야 할 것으로 봅니다.

(4) 감정평가방법

① 공익사업시행지구에 편입되기 전의 잔여지의 감정평가

가. 원칙

공익사업시행지구에 편입되기 전의 잔여지 가액은 일단의 토지의 전체가액에서 공익사업시행지구에 편입되는 토지의 가액을 뺀 금액으로 산정한다.

나. 일단의 토지 전체가액

가) 원칙

편입토지의 가액은 일단의 토지 전체가액을 기준으로 하여 산정하는 것이 원칙이므로, 일단의 토지 전체가액의 적용단가와 편입토지의 적용단가는 같은 것이 원칙이다.

나) 예외

편입토지와 잔여지의 용도지역·이용상황 등이 달라 구분감정평가한 경우에는 각각 다른 적용단가를 적용하여 일단의 토지 전체가액을 산정한다.

다. 해당 공익사업으로 인한 가액 변동의 배제

대상토지가 공익사업시행지구에 편입됨으로 인하여 잔여지의 가치가 변동된 경우에는 변동되기 전의 가액으로 한다.

즉, 공익사업시행지구에 편입되기 전의 잔여지 가액은 일단의 토지 전체가 공익사업에 편입되는 것을 기준으로 한 가액에서 실제 편입되는 부분의 가액을 공제하여 산정한다.

② 공익사업시행지구에 편입된 후의 잔여지의 감정평가

가. 원칙

공익사업시행지구에 편입된 후의 잔여지 가액은 잔여지만이 남게 되는 상태에서의 잔여지 감정평가액으로 한다. 즉, 잔여지 상태에서의 개별요인을 기준으로 감정평가한다.

나. 개별요인 비교에서의 고려사항

「토지보상평가지침」 제54조 제2항에 따라 공익사업시행지구에 편입된 후의 잔여지의 감정평가에서 잔여지의 개별요인은 i) 잔여지의 위치・면적・형상 및 지세・이용상황, ii) 잔여지 용도지역 등 공법상 제한, iii) 잔여지와 인접한 동일인 소유토지의 유・무 및 이용상황, iv) 잔여지의 용도변경 등이 필요한 경우에는 주위토지의 상황, v) 해당 공익사업으로 설치되는 시설의 형태・구조・사용 등, vi) 잔여지에 도로・구거・담장・울 등 시설의 설치 또는 성토・절토 등 공사의 필요성 유・무 및 공사가 필요한 경우에 그 공사방법 등을 고려한다.

이 경우 잔여지의 공법상 제한 및 이용상황 등은 편입 토지의 협의취득 또는 재결 당시를 기준으로 한다(「토지보상평가지침」 제54조 제4항).

다. 장래 이용가능성 등에 따른 가치감소의 반영 여부

잔여지의 가치감소에 따른 손실보상에는 사업손실뿐만 아니라 장래의 이용가능성이나 거래의 용이성 등에 의한 사용가치 및 교환가치상의 감소 모두가 포함되다(「토지보상평가지침」 제54조 제5항 및 위 대법원 판례 참조). 따라서 공익사업시행지구에 편입된 후의 잔여지 가치의 감정평가에서는 잔여지로 인한 장래의 이용가능성이나 거래의 용이성 등에 의한 사용가치 및 교환가치상의 감소로 인한 가치의 감소를 반영한다. 다만, 이러한 가치감소가 수용손실과 사업손실로 인한 가치감소에 포함되었다고 판단될 때에는 별도로 구분하여 감정평가하지 않는다.

③ 사업시행이익과의 상계금지

「토지보상법」 제66조에 따라 공익사업시행지구에 편입된 후의 잔여지 가치를 감정평가하는 경우에도 해당 공익사업의 시행으로 인하여 잔여지의 개별요인 등이 개선되어 잔여지의 가치가 증가하거나 그 밖의 이익이 발생한 때에도 그 이익을 잔여지의 가치감소에 따른 보상액과 상계할 수 없다. 즉, 해당 공익사업으로 인한 가치의 증가분을 포함하지 않고 감정평가한다(「감정평가 실무기준」[6.3.3-⑤]). 「토지보상법」 제66조에 따른 사업시행이익과의 상계금지의 원칙은 해당 공익사업으로 인하여 인근지의 토지소유자 모두가 받는 통상의 이익에 의한 지가의 상승을 잔여지의 토지소유자에게도 인정하여 잔여지와 인근지 간의 형평을 유지하기 위한 것이므로, 잔여지의 감정평가에서는 해당 공익사업으로 인한 가치의 증가분을 고려하지 않는다.

판례

공익사업에 편입된 이후의 잔여지 가치의 감정평가에서는 해당 공익사업으로 인한 가치의 증가는 반영하지 않는다.
[대법원 2013.05.23. 선고 2013두437 판결]

〈판결요지〉
잔여지가 이 사건 사업에 따라 설치되는 폭 20m의 도로에 접하게 되는 이익을 누리게 되었더라도 그 이익을 수용 자체의 법률효과에 의한 가격감소의 손실(이른바 수용 손실)과 상계할 수는 없는 것이므로(대법원 1998.9.18. 선고 97누13375 판결, 대법원 2000.2.25. 선고 99두6439 판결 등 참조), 그와 같은 이익을 참작하여 잔여지 손실보상액을 산정할 것은 아니다.

(5) 잔여지의 가치감소보상에 갈음하는 매수보상

① 매수보상의 요건

잔여지의 가치감소에 따른 보상과 잔여지에 대한 공사비 등의 보상을 동시에 하는 경우로서 잔여지의 가치감소에 따른 보상액과 잔여지에 대한 공사비 보상액을 합한 금액이 잔여지의 가액보다 큰 경우에는 잔여지를 매수할 수 있다. 이는 사업시행자의 불필요한 보상금의 지출을 막기 위한 것이다.

다만, 「토지보상법」 제73조 제1항 단서에서 "사업시행자는 그 잔여지를 매수할 수 있다."고 규정하고 있으나, 이는 잔여지는 공익사업에 필요한 토지가 아니므로 침해의 최소성의 원칙을 준수하기 위한 규정이므로, 사업시행자는 이 경우 원칙적으로 잔여지를 매수하여야 하며, 가치감소액 및 공사비 보상액으로 보상하여서는 안 된다.

그러나 사업시행자가 사업종료 후 청산하여야 하는 한시적인 조합 등인 경우에는 예외적으로 가치감소액 및 공사비 보상액으로 보상할 수도 있을 것이다.

② 잔여지의 가액

이 경우 잔여지의 가액은 「토지보상법 시행규칙」 제32조 제1항에 따른 '공익사업시행지구에 편입되기 전의 잔여지의 가액'을 의미한다. 즉, 공익사업시행지구에 편입됨으로 인하여 잔여지의 가액이 변동된 경우에는 변동되기 전의 가액을 말한다.

③ 매수보상의 절차

매수보상은 사업시행자와 손실을 입은 자가 협의하여 결정하되, 협의가 성립되지 아니 하면 사업시행자나 손실을 입은 자는 관할 토지수용위원회에 재결을 신청할 수 있다(「토지보상법」 제73조 제4항).

④ 청구기간

「토지보상법」에서는 잔여지의 가치감소 또는 공사비보상 등에 가름하는 매수보상의 청구기간에 대해서는 별도로 규정하고 있지 않으므로 매수보상의 청구기간에 대해서는 다음과 같은 견해의 대립이 있다.

가. 사업시행기간으로 보아야 한다는 견해

「토지보상법」 제73조 제3항에서 매수보상하는 잔여지에 대해서는 사업인정 및 사업인정의 고시가 있은 것으로 보므로 청구기간은 해당 공익사업시행지구에 편입되는 토지와 동일하게 사업인정고시일로부터 1년 또는 개별법령에 따른 청구기간은 사업시행기간이 되어야 한다는 주장이다.

나. 해당 공익사업의 사업완료일부터 1년으로 보아야 한다는 견해

잔여지 매수보상은 잔여지의 가치 감소분과 잔여지에 대한 공사의 비용을 합한 금액이 토지가액보다 큰 경우에 한하므로, 매수보상 여부는 잔여지의 가치감소 또는 공사비보상 등의 청구시점에서 결정될 수밖에 없다.

그러므로 매수보상의 청구기간은 가치감소 또는 공사비보상 등의 청구기간과 동일하게 해당 공익사업의 사업완료일부터 1년으로 보아야 한다는 주장이다.

다. 소결

「토지보상법」 제73조 제3항에서 매수보상하는 잔여지에 대해서는 사업인정 및 사업인정의 고시가 있은 것으로 보도록 규정한 취지는 i) 잔여지의 소유자에게는 양도소득세 등의 조세의 부과에서 공익사업의 사업시행자에게 양도한 것으로 처리할 수 있도록 하고, ii) 사업시행자에게는 업무용 토지로 처리할 수 있도록 하기 위한 것이므로 매수청구기간을 사업시행기간으로 한정하는 것은 타당하지 않다. 또한 잔여지 매수보상 여부는 잔여지의 가치감소 또는 공사비보상 등의 청구시점에서 결정될 수밖에 없으므로 매수보상의 청구기간은 해당 공익사업의 사업완료일부터 1년으로 보는 것이 타당하다.

⑤ 사업인정의 의제

해당 공익사업에 대한 사업인정고시가 된 후 사업시행자가 잔여지를 매수하는 경우 그 잔여지에 대하여는 사업인정 및 사업인정고시가 된 것으로 본다. 즉, 이 경우는 공익사업에 직접 편입된 것으로 본다.[93)]

다만, 「토지보상법」에서는 사업인정의 변경 또는 추가고시 등을 인정하고 있지 않으므로 이 경우 사업인정고시일은 편입토지의 사업인정고시일이 된다.

⑥ 매수하는 잔여지 상의 물건에 대한 보상

매수하는 잔여지 상의 물건에 대해서는 건축물 등의 보상, 권리의 보상, 영업의 손실에 대한 보상, 이주대책, 주거이전비, 이사비, 이농비·이어비 등을 보상하여야 한다.

⑦ 권리의 존속의 청구

매수하는 잔여지 및 잔여지에 있는 물건에 관하여 권리를 가진 자는 사업시행자나 관할 토지수용위원회에 그 권리의 존속을 청구할 수 있다.

권리의 존속의 청구에 대하여서는 잔여지의 가치감소보상을 규정한 「토지보상법」 제73조에서는 별도로 규정하고 있지 않고, 잔여지를 종래의 목적에 사용하는 것이 현저히 곤란한 경우

---

93) 공익사업에 직접 편입된 것으로 보므로 토지소유자는 양도소득세 등의 조세의 부과에서 공익사업의 사업시행자에게 양도한 것으로 처리할 수 있고, 사업시행자는 공익사업용지(업무용 토지)로 처리할 수 있다.

의 매수 또는 수용을 규정한 「토지보상법」 제74조 제2항에서 규정하고 있으나, 제도의 취지상 잔여지의 가치감소에 따른 보상에 갈음하는 매수보상에서도 인정된다고 본다.

⑧ 적용시점

「토지보상법」 부칙 제2항에 따라 잔여지 등의 매수에 관한 위의 규정들은 개정 법률의 시행일인 2008.4.18. 이후에 제15조(제26조 제1항에 따라 준용되는 경우를 포함한다)에 따라 보상계획을 공고하고 토지소유자 및 관계인에게 보상계획을 통지하는 분부터 적용한다.

3. 잔여지 공사비 보상

잔여지에 통로・도랑・담장 등의 신설이나 그 밖의 공사가 필요하게 된 경우의 손실은 그 시설의 설치나 공사에 통상 필요한 비용 상당액을 기준으로 산정하되, i) 피해의 원인, ii) 피해의 내용, iii) 피해의 계속 여부, iv) 잔여지 가치하락 보상과의 중복 여부 등을 고려하여 감정평가한다(「잔여지 수용 및 가치하락 손실보상 등에 관한 참고기준」 제13조).

■ 법규 헷갈리는 쟁점 : 잔여지 매수 및 수용보상의 유의사항

1. 소유권 외의 권리가 설정된 잔여지의 취득

(1) 원칙

「국유재산법」 제11조 및 「공유재산 및 물품관리법」 제8조에 따라 사권이 설정된 토지는 사권이 소멸되기 전에는 취득하지 못하므로, 국가 또는 지방자치단체인 사업시행자는 잔여지에 소유권 외의 권리가 설정된 경우에는 반드시 소유권 외의 권리를 말소하고 잔여지를 취득하여야 한다.

즉, 이 경우는 원칙적으로 「토지보상법」 제74조 제2항에 따른 잔여지 및 잔여지에 있는 물건에 관한 권리의 존속이 인정되지 않는다고 본다.

(2) 소유권 외의 권리를 말소하고 토지를 취득하는 방법

① 협의

가. 소유권 외의 권리를 구분하여 감정평가할 수 있는 경우

소유권 외의 권리를 별도로 감정평가하여 권리자와 협의한 후 소유권 외의 권리를 말소하고 잔여지를 취득한다. 이 경우 잔여지 소유자에게는 토지가액에서 소유권 외 권리의 가액을 차감한 금액으로 협의하여 취득한다.

나. 소유권 외의 권리를 구분하여 감정평가할 수 없는 경우

잔여지 소유자에게 소유권 외의 권리를 말소하게 한 후 토지가액으로 협의하여 취득한다.

② 수용재결

협의를 통하여 소유권외의 권리를 말소하고 잔여지를 취득할 수 없는 경우에는 수용재결을 통하여 잔여지를 취득한다.

다만, 사업시행자는 잔여지의 수용청구가 불가능하므로 재결은 잔여지 소유자가 신청하여야 한다. 이 경우 「토지보상법」 제45조 제1항에 따라 사업시행자는 수용의 개시일에 잔여지의 소유권을 취득하며, 그 잔여지에 관한 다른 권리는 이와 동시에 소멸하므로, 소유권 외의 권리를 구분하여 감정평가할 수 없는 경우에는 토지가액으로 보상금을 산정한 후 재결하고 취득할 수 있다. 다만, 소유권 외 권리자의 보호를 위하여 「토지보상법」 제34조 제2항에 따라 토지수용위원회는 재결

서 정본(正本)을 관계인에게도 송달하여야 하고, 「토지보상법」에서 별도로 규정하고 있지는 않으나 사업시행자도 토지수용위원회가 정한 보상금을 잔여지소유자에게 지급하거나 공탁하는 경우에는 소유권외의 권리자에게 통지하는 것이 바람직하다.

〈유권해석〉
사권설정 토지의 보상업무 철저 촉구
[국토부 2011.09.28. 토지정책-4629]

〈회신내용〉
사권이 설정된 토지를 취득하는 경우에는 사권(근저당, 가압류 등)을 소멸을 한 후 보상금을 지급하도록 하고, 사권소멸이 불가능한 경우에는 토지보상법 제28조 등에 의한 수용재결을 통한 취득을 하여 보상금 지급 후 사권행사로 인한 문제가 발생하지 않도록 촉구하니 이행에 철저를 하여 주시기 바랍니다.

2. 종래의 목적에 사용 가능성을 잔여지의 수정 일부분 기준으로 판단할 수 있는지 여부

잔여지가 종래의 목적에 사용하는 것이 현저히 곤란하게 되었는지 여부를 잔여지 중의 특정 일부분만을 대상으로 판단할 수 있는지 여부이다.

(1) 잔여지 중의 특정 일부분만을 대상으로 판단할 수 있다는 견해

공익사업시행으로 인하여 잔여지 중 일부가 종래 목적대로 사용하는 것이 현저히 곤란하다고 객관적으로 인정되는 경우에는 잔여지 중 일부에 대한 매수 또는 수용 청구도 가능하다는 주장으로, 잔여지의 일부라고 하여 매수 또는 수용 청구를 제한해야 할 필요가 없다는 견해이다.

〈유권해석〉
잔여지 중 특정 일부에 대한 수용청구도 가능하다.
[2013.02.01. 토지정책과-784]

〈회신내용〉
잔여지 매수는 잔여지 위치·형상·이용상황 및 용도지역, 편입토지 면적 및 잔여지 면적을 종합적으로 고려하여 위 규정에 따라 잔여지를 종래의 목적에 사용하는 것이 현저히 곤란한 경우에 가능한 것으로, 잔여지 중 일부가 공익사업 시행으로 인하여 종래 목적대로 사용하는 것이 현저히 곤란하다고 객관적으로 인정되는 경우에는 잔여지 중 일부에 대한 수용 청구도 가능할 것으로 … 봅니다.

(2) 잔여지 전체를 기준으로 판단하여야 한다는 견해

잔여지 중의 특정 일부분만을 대상으로 종래의 목적에 사용하는 것이 현저히 곤란하게 되었는지 여부를 판단할 수 있다면 분필하는 방법에 따라 거의 모든 잔여지 중의 일부가 매수 또는 수용 청구의 대상이 될 수 있고, 이는 잔여지가 종래의 목적에 사용하는 것이 현저히 곤란하게 되었는지 여부의 판단 자체를 무용화시킬 수 있으므로 이를 허용해서는 안 된다는 주장이다.

(3) 소결

잔여지가 종래의 목적에 사용하는 것이 현저히 곤란하게 되었는지 여부는 잔여지 전체를 기준으로 판단함이 원칙이므로 잔여지 중의 특정 일부분만을 대상으로 판단하여서는 안 된다고 본다. 다만,

잔여지의 일부가 소폭의 세장형의 토지로 길게 남아 그 부분은 종전의 용도에 사용하는 것이 사실상 불가능한 경우 등과 같은 특별한 경우에 한하여 예외적으로 특정한 일부분을 기준으로 종래의 목적에 사용하는 것이 현저히 곤란하게 되었는지 여부를 판단할 수도 있다고 본다.

3. 잔여지 가치감소보상 후 취득보상의 청구

(1) 잔여지 가치감소보상과 취득보상과의 관계

「토지보상법」 제73조에 의한 잔여지 가치감소보상과 제74조에 의한 잔여지 매수 또는 수용보상은 그 요건 및 청구기한을 달리 규정하고 있어 독립적인 권리로 보아야 하므로, 잔여지 가치감소보상을 받은 후 잔여지를 종래의 목적으로 사용하는 것이 현저히 곤란한 경우 해당된다고 판단하는 경우에는 다시 잔여지 매수청구 또는 수용청구를 하는 것도 가능하다.

〈유권해석〉
잔여지 가치감소보상을 받은 후 잔여지 매수청구 또는 수용청구를 하는 것도 가능하다.
[2013.12.05. 토지정책과-5066]

〈질의요지〉
공익사업에 편입되고 남은 잔여지의 가치하락분에 대한 보상을 받은 이후 해당 잔여지에 대하여 매수청구가 가능한지?

〈회신내용〉
잔여지의 가격이 감소하거나 잔여지를 종래의 목적대로 사용하는 것이 현저히 곤란한 경우에는 위 규정에 따라 그 손실을 보상하거나 매수 청구가 가능할 것으로 보며, 질의의 경우 잔여지 매수 금액은 별론으로 하고 토지보상법에서 잔여지의 가격감소에 대한 보상 이후 잔여지 매수 청구 자체를 직접적으로 제한하고 있지는 않음을 알려드립니다.

(2) 잔여지 가치감소보상을 취득보상으로 전환

① 매수보상으로 전환

잔여지 가치감소보상을 받은 후 잔여지를 종래의 목적으로 사용하는 것이 현저히 곤란하게 되어 매수청구하는 경우 사업시행자는 종전의 가치감소보상을 취소하여 가치감소 보상액을 회수하고 매수보상액을 새로이 지급하거나, 매수보상액과 가치감소 보상액의 차액을 지급하고 잔여지를 매수할 수 있을 것이다.

② 수용보상으로 전환

잔여지 가치감소보상 재결 후에 잔여지 수용청구를 한 경우 토지수용위원회는 종전의 잔여지 가치감소 보상 재결을 취소하여 사업시행자에게 감가보상금을 회수하도록 하고 잔여지 수용보상 재결을 할 수 있다.

〈유권해석〉
잔여지 가치감소보상을 받은 후에도 잔여지 매수 또는 수용 청구를 할 수 있다.
[국토부 2013.12.05. 토지정책과-5066]

〈질의요지〉
공익사업에 편입되고 남은 잔여지의 가치하락분에 대한 보상을 받은 이후 해당 잔여지에 대하여 매수청구가 가능한지?

〈회신내용〉
잔여지의 가격이 감소하거나 잔여지를 종래의 목적대로 사용하는 것이 현저히 곤란한 경우에는 위 규정에 따라 그 손실을 보상하거나 매수 청구가 가능할 것으로 보며, 질의의 경우 잔여지 매수 금액은 별론으로 하고 토지보상법에서 잔여지의 가격감소에 대한 보상 이후 잔여지 매수 청구 자체를 직접적으로 제한하고 있지는 않음을 알려드립니다. 끝.

4. 기부하는 도시·군계획시설사업의 잔여지

「국토계획법」 제86조 제5항에 따라 시장 등[94]으로부터 도시·군계획시설사업의 사업시행자로 지정받아 도시·군계획시설사업을 시행한 후 해당 시설을 관리청에 무상으로 귀속시키는 경우에 이와 관련하여 취득한 잔여지도 관리청에 무상으로 귀속한다고 보아야 하는지 아니면 도시·군계획시설만 관리청에 귀속되고 잔여지는 지정 사업시행자가 소유한다고 보아야 하는지의 문제이다.

(1) **잔여지도 관리청에 귀속된다고 보는 견해**

「토지보상법」 제73조 제3항에서 취득하는 잔여지에 대해서는 사업인정 및 사업인정고시가 된 것으로 보므로 잔여지도 편입토지의 일부로 보아야 한다. 따라서 잔여지도 관리청에 무상으로 귀속된다는 주장이다.

(2) **잔여지는 관리청에 귀속되지 않고 사업시행자가 소유한다는 견해**

i) 「국유재산법」 제13조 제2항 및 「공유재산 및 물품관리법」 제7조 제2항에서는 기부하려는 재산이 국가 또는 지방자치단체가 관리하기 곤란하거나 필요하지 아니한 것인 경우 또는 기부에 조건이 붙은 경우에는 기부 받지 못하도록 규정하고 있고, ii) 「국유재산법」 제11조 및 「공유재산 및 물품관리법」 제8조에서는 사권이 설정된 재산은 국유재산이나 공유재산으로 취득하지 못하도록 규정하고 있다. 그런데 잔여지는 국가 또는 지방자치단체에 필요한 재산이라고 볼 수 없고, 「토지보상법」 제74조 제2항에 따라 잔여지 및 잔여지에 있는 물건에 관하여 권리를 가진 자는 사업시행자나 관할 토지수용위원회에 그 권리의 존속을 청구할 수 있어 잔여지에 사권이 설정될 수도 있으므로 잔여지가 반드시 관리청에 무상으로 귀속되는 것은 아니라는 주장이다.

판례

잔여지는 공익사업으로 매입되는 토지에 포함되지 않는다.
[대법원 2017.08.29. 선고 2015다212510 판결]

〈판결요지〉
택지개발 등 사업의 시행자인 갑 공사 등이 도로관리청인 을 광역시와 위 사업에 필요한 공공시설인 도로의 개설사업과 관련하여 '갑 공사가 사업에 소요되는 설계비, 공사비, 보상비 등 사업비

94) 「국토계획법」 제86조 제1항에서는 특별시장·광역시장·특별자치시장·특별자치도지사·시장 또는 군수는 이 법 또는 다른 법률에 특별한 규정이 있는 경우 외에는 관할 구역의 도시·군계획시설사업을 시행하도록 규정하고 있고, 제4항에서는 국토교통부장관은 국가계획과 관련되거나 그 밖에 특히 필요하다고 인정되는 경우에는 직접 도시·군계획시설사업을 시행할 수 있도록 규정하고 있으므로, 원칙적으로 도시·군계획시설사업의 사업시행자는 특별시장·광역시장·특별자치시장·특별자치도지사·시장 또는 군수 및 국토교통부장관이 된다.

를 전액 부담하고, 사업으로 매입되는 토지는 을 광역시의 명의로 한다'는 등의 내용으로 사업비 분담협약을 체결하였는데, 을 광역시가 갑 공사가 제공한 돈으로 「토지보상법」 제74조 제1항에 따른 잔여지의 보상금을 지급하고 잔여지에 관하여 을 광역시 앞으로 소유권이전등기를 마치자, 갑 공사가 을 광역시를 상대로 부당이득반환을 구한 사안에서, 잔여지 보상금은 사업에 드는 보상비로서 협약에 따라 갑 공사가 부담하여야 할 '사업비'에 포함되고, 협약에서 정한 '사업으로 매입되는 토지'에 위 잔여지가 포함되지는 않지만 이를 누가 소유할 것인지에 관하여 따로 약정한 바 없으므로, 협약에 따른 정산을 하지 않은 채 곧바로 을 광역시가 잔여지나 수용보상금에 해당하는 돈을 부당이득하였다고 볼 수 없다.

(3) **소결**

「토지보상법」 제73조 제3항에서 취득하는 잔여지에 대해서는 사업인정 및 사업인정고시가 된 것으로 보도록 규정하고 있으므로 원칙적으로 잔여지도 관리청에 귀속되는 것으로 본다. 다만, 잔여지에 다른 권리가 존속할 수도 있어 기부 자체가 불가능할 수도 있으므로 잔여지의 소유권 귀속은 관리청과 지정 사업시행자의 협약에 따라 별도로 정하여야 한다.

제3절 건축물 등 보상

01 건축물등의 보상평가기준 및 방법

Ⅰ. 관련 규정의 내용

「토지보상법」 제75조(건축물 등 물건에 대한 보상) ① 건축물・입목・공작물과 그 밖에 토지에 정착한 물건(이하 "건축물 등"이라 한다)에 대하여는 이전에 필요한 비용(이하 "이전비"라 한다)으로 보상하여야 한다. 다만, 다음 각 호의 어느 하나에 해당하는 경우에는 해당 물건의 가격으로 보상하여야 한다.

1. 건축물 등을 이전하기 어렵거나 그 이전으로 인하여 건축물 등을 종래의 목적대로 사용할 수 없게 된 경우
2. 건축물 등의 이전비가 그 물건의 가격을 넘는 경우
3. 사업시행자가 공익사업에 직접 사용할 목적으로 취득하는 경우

⑤ 사업시행자는 사업예정지에 있는 건축물 등이 제1항 제1호 또는 제2호에 해당하는 경우에는 관할 토지수용위원회에 그 물건의 수용 재결을 신청할 수 있다.

⑥ 제1항부터 제4항까지의 규정에 따른 물건 및 그 밖의 물건에 대한 보상액의 구체적인 산정 및 평가방법과 보상기준은 국토교통부령으로 정한다.

「토지보상법 시행규칙」 제2조(정의) 이 규칙에서 사용하는 용어의 정의는 다음 각 호와 같다.

3. “지장물”이라 함은 공익사업시행지구내의 토지에 정착한 건축물・공작물・시설・입목・죽목 및 농작물 그 밖의 물건 중에서 당해 공익사업의 수행을 위하여 직접 필요하지 아니한 물건을 말한다.
4. “이전비”라 함은 대상물건의 유용성을 동일하게 유지하면서 이를 당해 공익사업시행지구 밖의 지역으로 이전・이설 또는 이식하는 데 소요되는 비용(물건의 해체비, 건축허가에 일반적으로 소요되는 경비를 포함한 건축비와 적정거리까지의 운반비를 포함하며, 「건축법」 등 관계법령에 의하여 요구되는 시설의 개선에 필요한 비용을 제외한다)을 말한다.

Ⅱ. 건축물 등의 보상평가기준 및 방법 주요 내용

1. 건축물 등 보상의 개요

(1) 용어의 정의

① 건축물 등

‘건축물 등’이란 건축물・공작물・시설물・입목죽목 및 농작물과 그 밖에 토지에 정착(定着)한 물건을 말한다(「토지보상법」 제75조 제1항).

즉, 건축물 등이란 토지 위에 정착한 물건으로서 토지에 부합하여 토지소유권의 일부를 구성하는 것을 제외한 물건을 말한다.

다만, 완전보상 및 개인별 보상을 위하여 일반적으로 토지에 부합하는 것으로 보는 포장이나 건축물에 부합하는 것으로 보는 차양 등도 별도의 공작물 또는 시설물로 구분하기도 한다.

② 건축물

‘건축물’이란 토지에 정착하는 공작물 중 지붕과 기둥 또는 벽이 있는 것과 이에 딸린 시설물, 지하나 고가(高架)의 공작물에 설치하는 사무소・공연장・점포・차고・창고 등을 말한다(「건축법」 제2조 제2호).

즉, 건축물이 되기 위해서는 구조적으로 반드시 i) 지붕, ii) 기둥 또는 벽이 있어야 하므로, 기둥 또는 벽이 있다고 볼 수 없는 비닐하우스 등은 건축물이 아니라 공작물에 해당된다.

다만, 「건축법」에서는 건축물을 건축하거나 대수선하려는 자는 시장 등의 허가를 받거나 신고하도록 규정하고 있으나(「건축법」 제11조 제1항, 「건축법」 제14조 제1항), 손실보상대상으로서의 건축물은 반드시 허가나 신고를 요건으로 하지는 않는다.

③ 공작물

‘공작물’이란 지상이나 지하에 축조되는 인공 구조물로서 대지를 조성하기 위한 옹벽・굴뚝・광고탑・고가수조(高架水槽)・지하 대피호 그 밖에 이와 유사한 것을 말한다(「건축법」 제83조).

「건축법 시행령」 제118조 제1항에서는 i) 공작물 중 높이 6미터를 넘는 굴뚝, ii) 높이 6미터를 넘는 장식탑・기념탑 그 밖에 이와 비슷한 것, iii) 높이 4미터를 넘는 광고탑・광고판 그 밖에 이와 비슷한 것, iv) 높이 8미터를 넘는 고가수조나 그 밖에 이와 비슷한 것, v) 높이 2미터를 넘는 옹벽 또는 담장, vi) 바닥면적 30제곱미터를 넘는 지하대피호, vii) 높이 6미터를 넘는 골프연습장 등의 운동시설을 위한 철탑, 주거지역 · 상업지역에 설치하는 통신용 철탑, 그 밖에 이와 비슷한 것, viii) 높이 8미터(위험을 방지하기 위한 난간의 높이는 제외한다) 이하의 기계식 주차장 및 철골 조립식 주차장(바닥면이 조립식이 아닌 것을 포함한다)으로서 외벽이 없는 것, ix) 건축조례로 정하는 제조시설, 저장시설(시멘트사일로를 포함한다), 유희시설, 그 밖에 이와 비슷한 것, x) 건축물의 구조에 심대한 영향을 줄 수 있는 중량물로서 건축조례로 정하는 것, xi) 높이 5미터를 넘는 「신에너지 및 재생에너지 개발 · 이용 · 보급 촉진법」 제2조 제2호 가목에 따른 태양에너지를 이용하는 발전설비와 그 밖에 이와 비슷한 것 등의 공작물의 축조는 시장 등에게 신고하여야 하나(「건축법」 제83조 제1항), 손실보상대상으로서의 공작물은 반드시 허가나 신고를 요건으로 하지는 않는다.

④ 입목

'입목'이란 토지에 자라고 있는 수목의 집단으로서 「입목에 관한 법률」에 따라 소유권보존의 등기를 받은 것 또는 이에 준하는 것을 말한다(「입목에 관한 법률」 제2조 제1호 및 「토지보상법 시행규칙」 제39조).

이 경우 소유권보존의 등기를 받은 것에 준하는 입목은 「입목에 관한 법률」 제8조에 따라 입목등록원부에 등록되었으나 임목등기부에 소유권보존의 등기를 하지 않은 입목 또는 명인방법에 의해 소유권이 인정되는 입목 등을 의미한다.

⑤ 분묘

'분묘'란 시신이나 유골을 매장하는 시설을 말한다(「장사 등에 관한 법률 제2조 제6호). 분묘는 시신이나 유골을 매장하는 시설이므로 화장한 유골의 골분(骨粉)을 수목 · 화초 · 잔디 등의 밑이나 주변에 묻어 장사하는 자연장지(「장사 등에 관한 법률」 제2조 제13호) 또는 산림에 조성하는 수목장림(「장사 등에 관한 법률」 제2조 제14호)은 별도의 매장하는 시설이 있다고 볼 수 없으므로 분묘에 해당하지 않으며, 유골을 안치하는 봉안묘, 봉안당, 봉안탑, 봉안담 등의 봉안시설(「장사 등에 관한 법률」 제2조 제9호)은 매장하지 않으므로 분묘에 해당되지 않는다.

⑥ 지장물

'지장물'이란 공익사업시행지구 내에 소재하는 건축물 등 중에서 해당 공익사업의 수행을 위하여 직접 필요하지 아니한 건축물 등을 말한다(「토지보상법 시행규칙」 제2조 제3호).

공익사업을 위하여 소유자의 의사에 불구하고 대상물건을 취득 또는 사용하는 것은 재산권의 침해에 해당하므로, 그 대상물건은 대체성이 없는 것에 한정되는 것이 원칙이다. 따라서 일반적으로 대체성이 인정되는 건축물 등은 대부분 취득 또는 사용의 대상이 되지 않으며 공익사업의 시행을 위하여 이전해야 하는 지장물에 해당된다.

⑦ 이전비

'이전비'란 건축물 등의 유용성을 동일하게 유지하면서 이를 해당 공익사업시행지구 밖의 지역으로 이전 · 이설 또는 이식하는데 소요되는 비용으로서 건축물 등의 해체비, 건축허가 등에 일반적으로 소요되는 경비를 포함한 건축비 등과 적정거리까지의 운반비 등을 포함한다.

다만, 「건축법」 등 관계법령에 의하여 요구되는 시설의 개선에 필요한 비용은 포함하지 않는다(「토지보상법 시행규칙」 제2조 제4호).
이전비는 건축물 등의 해제・운반・재설치 비용 및 이전지에서 요구되는 허가・가입 또는 인증 등에 소요되는 비용 등으로 구성되며, 이전을 외부 도급방식에 의할 경우 이전・설치하는 업체의 이윤도 포함된다.
이전비는 이전 전과 후의 건축물 등의 유용성의 동일성을 기준으로 하므로 반드시 물리적인 동일성을 유지할 필요는 없으며, 시설개선비는 포함되지 않는다.
다만, 시설개선비가 아닌 관계 법령의 변경에 의한 추가적인 시설 설치비는 포함된다.

〈유권해석〉
관계 법령이 변경되어 현행 허가기준에 맞춘 시설설치비용은 이전비에 포함되나 시설개선비는 제외된다. [국토부 2010.10.01. 토지정책과-4757]

〈질의요지〉
석유 일반판매소를 운영 중 공익사업으로 인하여 이전하는 경우, 위험물안전관리법 강화로 현재 사용 중인 옥내 석유탱크는 신규허가가 불가하여 지하탱크 등 별도 구조물을 설치해야 할 때에는 현행 허가기준에 맞는 시설설치비용의 보상 가능 여부

〈회신내용〉
관계법령의 변경되어 추가적인 시설 등(시설의 개선에 필요한 비용 제외)을 설치하여야만 허가 등이 가능한 경우에는 영업시설 이전비에 추가적인 시설 설치비를 포함할 수 있다고 보며, 개별적인 사례가 이에 해당하는지 여부는 사업시행자가 위 규정 및 사실관계 등을 종합적으로 검토하여 판단하시기 바랍니다.

⑧ **보수비**

'보수비'란 건축물 등의 잔여부분을 종래의 목적대로 사용할 수 있도록 그 유용성을 동일하게 유지하는데 통상 필요하다고 볼 수 있는 공사에 사용되는 비용을 말한다. 다만, 「건축법」 등 관계법령에 의하여 요구되는 시설의 개선에 필요한 비용은 포함하지 않는다(「토지보상법 시행규칙」 제35조 제2항).
즉, 보수비는 잔여 건축물 등의 안전을 유지하고 마감하는 공사에 소요되는 비용은 물론 잔여 건축물 등을 종래의 목적에 사용할 수 있는 기능을 유지함으로써 유용성의 동일성을 유지하기 위해 통상적으로 필요로 하는 공사비를 포함한다. 그러나 보수비는 유용성의 동일성을 기준으로 하므로 보수 이전과 이후에 물리적인 동일성을 유지할 필요는 없으며, 시설개선비도 포함되지 않는다.
다만 시설개선비가 아닌 관계법령의 변경에 의한 추가적인 시설 설치비는 포함된다.
보수비는 건축물 등의 일부가 공익사업지구에 편입되었으나 그 건축물 등의 잔여 부분을 종래의 목적대로 사용할 수 있는 경우에 지급되며, 성질상 그 건축물 등의 잔여 부분에 대한 보상이 아니라 편입 건축물 등에 대한 보상에 포함된다.

판례

보수비는 잔여부분에 대한 보상이 아니라 편입부분의 보상에 포함된다.
[대법원 2002.07.09. 선고 2001두10684 판결]

〈판결요지〉
공공용지의 취득 및 손실보상에 관한 특례법 시행규칙 제23조의7 단서의 규정에 의하여 인정되는, 건물의 일부가 공공사업지구에 편입된 경우의 그 건물 잔여 부분에 대한 보수비의 보상은 성질상 그 건물 잔여 부분에 대한 보상이 아니라 건물의 일부분이 공공사업지구에 편입된 데에 따른 보상에 지나지 아니하는 것이다.

(2) 보상대상의 요건

건축물 등이 보상대상이 되기 위해서는 다음과 같은 요건을 충족하여야 한다.

① 시간적 요건

가. 사업인정 전 협의

가) 원칙

건축물 등이 보상대상이 되기 위해서는 보상금 지급시점까지 존재하고 있어야 한다. 따라서 보상금 지급 이전에 화재로 소실된 건축물 등 또는 협의가 이루어지지 않은 상태에서 임대차계약 만료로 이전한 건축물 등은 보상대상이 아니다.

나) 예외

사업시행자가 보상금 지급시점 이전에 건축물 등의 철거 또는 수거 등을 허용한 경우에는 보상금 지급시점에 존재하지 않는 경우에도 보상대상이 된다.

〈질의회신〉
벌채되어 멸실된 수목의 경우에도 객관적이고 신뢰할 수 있는 자료를 제시받아 보상평가할 수 있다.
[협회 2013.09.09. 공공지원팀-2823]

〈질의요지〉
사업시행자가 사업지구에 편입된 보상대상의 수목을 자연림으로 알고 벌채한 상태에서 나무 그루터기(일부), 그루터기 근접 촬영 사진(보상수목 전량 각 수목별 근경 확인 가능) 및 편입되지 않은 주위의 나무가 존재하는 경우 해당 자료를 바탕으로 보상 감정평가가 가능한지 여부

〈회신내용〉
본 질의의 경우 이미 수목이 벌채(멸실)된 상황이므로 감칙 제10조 제2항 및 보상평가의 필요성 등을 고려하여 사업시행자로부터 가액산출에 필요한 객관적이고 신뢰할 수 있는 자료를 제시받을 수 있고, 이를 조건으로 감정평가 의뢰가 들어온다면 조건을 붙여 제한적으로 평가할 수 있을 것으로 판단되며, 감정평가서에 그 내용을 기재하여야 할 것입니다.

그러나 위 질의회신에서 근거로 제시한 「감정평가에 관한 규칙」 제10조 제2항 제1호에서는 감정평가법인 등은 "천재지변, 전시·사변, 법령에 따른 제한 및 물리적인 접근 곤란 등으로 실지조사가 불가능하거나 매우 곤란한 경우"로서 객관적이고 신뢰할 수 있는 자료를 충분히 확보할 수 있는 경우에 한하여 실지조사를 생략할 수 있도록 규정하고 있다. 즉, 이 조항은 대상물건은 존재하나 현실적으로 실지조사가 불가능한 경우에 한하여 적용할 수 있는 조항이므로 대상물건이 존재하지 않는 경우 해당 조항을 준용하여 감정평가할 수 있을지 의문이다.

따라서 이런 경우 감정평가대상에서 제외하고 당사자 간에 손해배상으로 처리하도록 하는 것이 바람직할 것으로 판단된다.

나. 사업인정 후 협의 또는 수용

가) 원칙

건축물 등이 보상대상이 되기 위해서는 사업인정고시일 이전부터 보상금 지급시점 또는 수용재결일까지 존재하고 있어야 한다(「토지보상법」 제25조 및 제46조).

(가) 시점(始點)

건축물 등이 보상대상이 되기 위해서는 사업인정고시일 이전부터 존재하고 있어야 한다. 즉, 「토지보상법」 제25조 제2항에서는 사업인정고시가 된 후에 고시된 토지에 건축물의 건축·대수선, 공작물(工作物)의 설치 또는 물건의 부가(附加)·증치(增置)를 하려는 자는 특별자치도지사, 시장·군수 또는 구청장의 허가를 받아야 하며(이 경우 특별자치도지사, 시장·군수 또는 구청장은 미리 사업시행자의 의견을 들어야 한다.), 제3항에서는 제2항을 위반하여 건축물의 건축·대수선, 공작물의 설치 또는 물건의 부가·증치를 한 토지소유자 또는 관계인은 해당 건축물·공작물 또는 물건을 원상으로 회복하여야 하며 이에 관한 손실의 보상을 청구할 수 없도록 규정하고 있기 때문이다.[95)]

따라서 사업인정고시일 이후에 시장 등의 허가를 받지 않고 건축되거나 설치된 건축물 등은 보상대상이 아니다.

(나) 종점(終點)

건축물 등이 보상대상이 되기 위해서는 보상금 지급시점 또는 수용재결일까지 존재하고 있어야 한다. 즉, 「토지보상법」 제46조에서는 토지수용위원회의 재결이 있은 후 수용하거나 사용할 토지나 물건이 토지소유자 또는 관계인의 고의나 과실 없이 멸실되거나 훼손된 경우 그로 인한 손실은 사업시행자가 부담하도록 규정하고 있다.

따라서 수용재결일부터 수용의 개시일(보상금의 지급 또는 공탁일) 사이에 토지소유자 또는 관계인의 고의나 과실 없이 보상대상이 멸실되거나 훼손된 경우에

95) 「토지보상법」 제96조에서는 사업인정고시일 이후에 이러한 토지 등의 보전의무를 위반한 자는 1년 이하의 징역 또는 500만원 이하의 벌금에 처하도록 규정하고 있다.

한하여 이에 구애 없이 보상금을 지급하므로 이 이전에 보상대상이 멸실되거나 훼손된 경우는 보상대상이 아니다.

〈유권해석〉
보상대상이 되기 위해서는 보상시점까지 존속하고 있어야 한다.
[국토부 2015.07.22. 토지정책과-5269]

〈질의요지〉
무허가건축물이 항측판독 결과 1988년 ~ 2014년까지 존치되어 있는 것으로 되어 있고, 무허가건물처리대장에서는 1991년과 1997년에는 소멸로 기재되어 있는 경우 「토지보상법 시행규칙」 부칙 제5조 제1항의 1989년 1월 24일 당시의 무허가건축물등에 해당하는지 여부

〈회신내용〉
「토지보상법 시행규칙」 부칙 제5조 제1항이 적용되기 위해서는 해당 무허가건축물등이 1989년 1월 24일 당시부터 계속하여 존속하고 있어야 하며, 소멸된 후 새로 건축된 것인지 여부에 대하여는 사업시행자가 사실관계를 조사하여 판단할 사항으로 봅니다.

나) 예외

(가) 사업인정고시일 이후에 허가 등을 받고 건축한 건축물 등
사업인정고시일 이후에 시장 등이 사업시행자의 의견을 들은 후 허가한 건축물 등은 보상대상이 된다(「토지보상법」 제25조 제2항 및 제3항).

(나) 통상적인 이용방법에 의한 건축물 등
「토지보상법」 제25조 제1항에서는 사업인정고시일 이후의 토지 등의 보전의무를 규정하면서, 제2항 및 제3항에서는 사업인정고시일 이후 건축물의 건축, 공작물의 설치, 물건의 부가・증치 등은 시장 등의 허가를 받아야 하고 이를 위반한 경우에는 원상회복을 하여야 하고 이에 관한 손실의 보상을 청구할 수 없도록 규정하고 있다. 이러한 토지 등의 보전의무는 해당 토지 등의 사용을 전면적으로 제한하는 것은 아니므로 사업인정고시일 이후라고 하더라도 토지 등을 통상적인 방법에 따라 이용하는 것은 제한되지 않는다. 따라서 농지를 통상적인 방법에 따라 영농하기 위해 설치한 비닐하우스는 보상대상으로 보아야 한다. 또한 '물건의 부가・증치'라 함은 통상적인 이용범위를 초과하여 물건을 부가하거나 증치하는 것을 의미하므로 해당 토지 등의 통상적인 이용범위 내에서의 물건의 적치는 별도의 허가를 받지 않는 경우에도 보상대상이 된다고 본다.

〈유권해석〉
사업인정고시일 이후에 통상적인 방법에 따라 영농하기 위해 설치한 비닐하우스는 보상대상이다.
[국토부 2010.03.04. 토지정책과-1258]

〈질의요지〉
인삼 수확 후 다른 작물을 재배하기 위하여 사업인정고시이후 비닐하우스를 설치한 경우 비닐하우스의 보상대상 여부

〈회신내용〉
소유농지를 통상적인 방법에 따라 영농을 하기 위해 비닐하우스를 설치한 경우 「토지보상법」 제75조 제1항 규정에 의하여 보상이 가능할 것이나, 개별적인 사례에 대하여는 사업시행자가 사실관계 등을 검토하여 판단하시기 바랍니다.

(다) 사업인정이 실효된 경우의 건축물 등

사업인정이 실효되었다면 사업인정이 실효된 때부터 「토지보상법」 제25조에 따른 토지 등의 보전의무도 부담하지 않게 되므로, 사업인정고시일 이후에 허가 등을 받지 않고 건축 또는 설치한 건축물 등이라고 하더라도 해당 사업인정이 실효되고 새로운 사업인정이 있었다면 이는 보상대상이 된다.

〈유권해석〉
실효된 종전 사업인정고시 이후 허가를 받지 않고 설치된 지장물도 보상대상이다.
[국토부 2014.04.16. 토지정책과-2544]

〈질의요지〉
소하천정비사업의 사업인정이 실효되었을 경우 실효된 종전 소하천정비시행계획 공고 이후 허가를 받지 않고 설치된 지장물에 대한 보상 및 행정대집행 가능 여부

〈회신내용〉
소하천정비사업의 사업인정이 실효되었다면 사업인정은 그때부터 장래를 향하여 효력이 소멸하게 되므로 사업인정이 실효된 때부터 토지보상법 제25조에 따른 토지등의 보전의무를 부담하지 않게 되고, 허가를 받지 않고 설치된 지장물의 손실보상 여부 등은 새로운 사업인정이 있게 되면 새로운 사업인정고시일을 기준으로 판단하여야 할 것으로 보며, 개별적인 사례에 대하여는 관계 법령과 사실관계를 조사하여 사업시행자가 판단할 사항입니다.

(라) 재결이 있은 후 관계인의 고의나 과실 없이 멸실되거나 훼손된 건축물 등

토지수용위원회의 재결이 있은 후 수용하거나 사용할 토지나 물건이 토지소유자 또는 관계인의 고의나 과실 없이 멸실되거나 훼손된 경우에는 보상대상이 된다(「토지보상법」 제46조).

② 장소적 요건

가. 원칙

건축물 등이 보상대상이 되기 위해서는 공익사업시행지구 내에 존재하여야 한다.

즉, 「토지보상법」 제14조에 의한 토지 및 물건조서의 작성, 「토지보상법」 제15조에 의한 보상계획의 열람 등의 절차를 거쳐 그 범위가 확정된 사업지역 또는 「토지보상법」 제22조 제1항에 의거 사업인정의 고시가 있은 경우에는 수용하거나 사용할 토지의 세목이 고시된 공익사업시행지구 내에 소재하여야 한다.

나. 예외

「토지보상법」 제79조 제2항에 따라 공익사업시행지구 밖에 있는 건축물 등이 공익사업의 시행으로 인하여 본래의 기능을 다할 수 없게 되는 경우에는 보상대상이 된다.

이러한 경우에 해당되는 것으로는 「토지보상법 시행규칙」 제59조(공익사업시행지구 밖의 대지 등에 대한 보상), 제60조(공익사업시행지구 밖의 건축물에 대한 보상), 제61조(소수잔존자에 대한 보상), 제62조(공익사업시행지구 밖의 공작물 등에 대한 보상) 등이 있다.

③ 법률적 요건

가. 원칙

가) 건축허가 등

「토지보상법」에서 건축물 등에 대해서는 건축허가 등을 보상의 요건으로 규정하고 있지 않으므로 건축물 등은 적법한 허가 등을 받고 건축 또는 설치된 것인지 여부에 관계없이 사업인정고시일 이전에 건축 또는 설치된 것은 원칙적으로 손실보상의 대상이 된다.

판례

무허가건축물이라 하더라도 사업인정고시일 이전에 건축되었다면 보상대상이 된다.
[대법원 2000.03.10. 선고 99두10896 판결]

〈판결요지〉

지장물인 건물의 경우 그 이전비를 보상함이 원칙이나, 이전으로 인하여 종래의 목적대로 이용 또는 사용할 수 없거나 이전이 현저히 곤란한 경우 또는 이전비용이 취득가격을 초과할 때에는 이를 취득가격으로 평가하여야 하는데, 그와 같은 건물의 평가는 그 구조, 이용상태, 면적, 내구연한, 유용성, 이전가능성 및 그 난이도 기타 가격형성상의 제 요인을 종합적으로 고려하여 특별히 거래시례비교법으로 평가하도록 규정한 경우를 제외하고는 원칙적으로 원가법으로 평가하여야 한다고만 규정함으로써 지장물인 건물을 보상대상으로 함에 있어 건축허가의 유무에 따른 구분을 두고 있지 않을 뿐만 아니라, 오히려 같은법 시행규칙 제5조의9는 주거용 건물에 관한 보상특례를 규정하면서 그 단서에 주거용인 무허가건물은 그 규정의 특례를 적용하지 아니한 채 같은법 시행규칙 제10조에 따른 평가액을 보상액으로 한다고 규정하고, … 이와 같은 관계 법령을 종합하여 보면, 지장물인 건물은 그 건물이 적법한 거축허가를 받아 건축된 것인지 여부에 관계없이 토지수용법상의 사업인정의 고시 이전에 건축된 건물이기만 하면 손실보상의 대상이 됨이 명백하다.

〈법령해석〉
하천점용허가 없이 설치된 지장물 및 원상회복 명령을 하였으나 철거되지 않은 지장물도 원칙적으로 보상대상이다.
[법제처 2011.10.27. 11-0519]

〈질의요지〉
사업인정 고시 전 「하천법」 제69조에 따라 하천관리청이 지장물의 이전・제거 및 원상회복 명령을 하였으나 철거 등이 되지 않고 있다가, 이후 해당 지장물이 공익사업 시행으로 철거되는 경우, 「공익사업을 위한 토지 등의 취득 및 보상에 관한 법률」 또는 「하천법」에 따른 손실보상 대상에 해당하는지?

〈회답〉
사업인정 고시 전 「하천법」 제69조에 따라 하천관리청이 지장물의 이전・제거 및 원상회복 명령을 하였으나 철거 등이 되지 않고 있다가, 이후 해당 지장물이 공익사업 시행으로 철거되는 경우, 원칙적으로는 손실보상 대상에 해당한다고 할 것이나, 예외적으로 위법의 정도 등을 고려할 때 손실보상을 하는 것이 사회적으로 용인될 수 없다고 인정되는 경우에는 손실보상 대상이 되지 않는다고 할 것입니다.

나) 토지사용권

건축물 등은 토지사용권의 유무에 따라 보상대상 여부가 결정되는 것이 아니므로 토지사용권이 없는 경우에도 보상대상이 된다.

판례

건축물 등은 토지사용권이 없어도 보상대상이 된다.
[대법원 2004.10.15. 선고 2003다14355 판결]

〈판결요지〉
구 공공용지의 취득 및 손실보상에 관한 특례법 시행규칙(2002.12.31. 건설교통부령 제344호로 폐지) 제13조 및 제14조는 수익수 또는 관상수는 수종・수령・수량이나 식수된 면적, 그 관리상태, 수익성 또는 이식가능성 및 이식가능성이 있는 경우 그 이식의 난이도 기타 가격형성에 관련되는 제요인을 종합적으로 고려하여 평가하고, 묘목은 상품화 가능 여부, 묘종 이식에 따른 고손율, 성장 정도, 관리 상태 등을 종합적으로 고려하여 평가한다고만 규정함으로써 지장물인 수익수 또는 관상수나 묘목 등을 보상대상으로 함에 있어 토지사용권의 유무에 따른 구분을 두고 있지 아니하므로, 다목적 댐 건설사업에 관한 실시계획의 승인 및 고시가 있기 전에 토지를 임차하여 수목을 식재하였다가 그 후 토지의 임대차계약이 해지되어 토지소유자에게 토지를 인도할 의무를 부담하게 되었다고 하더라도, 그러한 사정만으로 위 수목이 지장물 보상의 대상에서 제외된다고 볼 수는 없다.

나. 예외

가) 보상을 목적으로 한 건축물 등

손실보상은 공공필요에 의한 행정작용에 의하여 사인에게 발생한 특별한 희생에 대한 전보라는 점을 고려할 때, 건축물 등이 손실보상만을 목적으로 설치되었음이 명백하다면 사업인정고시일 이전에 건축 또는 설치되었다고 하여도 예외적으로 손실보상의 대상에 해당되지 않는다.

이 경우 보상만을 목적으로 한 것인지의 여부는 i) 건축 또는 설치시기, ii) 그 이전의 토지의 이용실태, iii) 건축물 등의 종류·용도·규모 등을 고려하여 판단한다.

즉, 건축물 등이 공익사업의 시행과 보상대상 토지의 범위 등이 객관적으로 확정되는 보상계획공고일 등 이후에 건축 또는 설치되었고, 해당 토지의 통상의 이용과 관계없거나 이용 범위를 벗어나는 경우에는 보상만을 목적으로 건축 또는 설치된 것으로 볼 수 있다.

다만, 이러한 경우에 해당되는지 여부는 사업시행자, 토지수용위원회 또는 법원 등(이하 '사업시행자 등'이라 한다)이 관련 내용을 종합하여 판단해야 하는 사항으로 감정평가법인 등이 임의로 판단하여서는 안 된다.

판례

사업인정고시일 이전에 설치된 건축물 등이라 하더라도 보상만을 목적으로 설치된 경우에는 보상대상이 아니다.

[대법원 2013.02.15. 선고 2012두22096 판결]

〈판결요지〉

공익사업법상 손실보상 및 사업인정고시 후 토지 등의 보전에 관한 위 각 규정의 내용에 비추어 보면, 사업인정고시 전에 공익사업시행지구 내 토지에 설치한 공작물 등 지장물은 원칙적으로 손실보상의 대상이 된다고 보아야 한다. 그러나 손실보상은 공공필요에 의한 행정작용에 의하여 사인에게 발생한 특별한 희생에 대한 전보라는 점을 고려할 때, 구 공익사업법 제15조 제1항에 따른 사업시행자의 보상계획공고 등으로 공익사업의 시행과 보상 대상 토지의 범위 등이 객관적으로 확정된 후 해당 토지에 지장물을 설치하는 경우에 그 공익사업의 내용, 해당 토지의 성질, 규모 및 보상계획공고 등 이전의 이용실태, 설치되는 지장물의 종류, 용도, 규모 및 그 설치시기 등에 비추어 그 지장물이 해당 토지의 통상의 이용과 관계없거나 이용 범위를 벗어나는 것으로 손실보상만을 목적으로 설치되었음이 명백하다면, 그 지장물은 예외적으로 손실보상의 대상에 해당하지 아니한다고 보아야 한다.

나) 도시·군계획시설 부지에서 건축되거나 설치된 가설건축물 등

「국토계획법」 제64조 제2항에 의거 시장 등의 허가를 받아 도시·군계획시설의 부지에서 건축되거나 설치된 가설건축물 또는 공작물은 같은 조 제3항 및 제4항에 의거 도시·군계획시설사업의 시행예정일 3개월 전까지 소유자의 부담으로 그 가설건축물이나 공작물의 철거 등 원상회복에 필요한 조치를 하여야 하므로 이러한 가설건축물이나 공작물은 사업인정고시일 이전에 건축되거나 설치되었다고 하여도 보상대상이 아니다.

판례

가설건축물을 보상 없이 원상회복시키는 것은 위헌이 아니다.

[헌법재판소 1999.09.16. 선고 98헌바82 결정]

〈결정요지〉

도시계획시설사업의 집행계획이 공고된 토지에 대하여 건축물을 건축하고자 하는 자는 장차 도시계획사업

이 시행될 때에는 건축한 건축물을 철거하는 등 원상회복의무가 있다는 점을 이미 알고 있으므로 건축물의 한시적 이용 및 원상회복에 따른 경제성 기타 이해득실을 형량하여 건축여부를 결정할 수 있다. 이러한 사실을 알면서도 도시 계획시설 또는 시설예정지로 결정된 토지에 허가를 받아 건축물을 건축하였다면, 스스로 원상회복의무의 부담을 감수한 것이므로 도시계획사업을 시행함에 있어 무상으로 당해 건축물의 원상회복을 명하는 것이 과도한 침해라거나 특별한 희생이라고 볼 수 없으므로 과잉입법금지의 원칙의 위반 또는 재산권을 침해하는 위법이 있다고 할 수 없다.

다) 존치기간이 있는 가설건축물 또는 공작물

「건축법」 제20조 제3항에 의하여 축조되거나 설치된 재해복구・흥행・전람회・공사용 가설 건축물 등의 존치기간은 원칙적으로 3년 이내로 규정하고 있다. 다만, 공사용 가설건축물 및 공작물의 경우에는 해당 공사의 완료일까지의 기간으로 한다.

따라서 존치기간이 경과한 가설건축물 등으로 용도가 폐지되었거나 기능이 상실되어 경제적 가치가 없는 경우에는 보상대상으로 보기 어려울 것이다.

라) 합법화될 가능성이 없는 위법 건축물

주거용 건축물이 아닌 위법 건축물의 경우에는 그 위법의 정도가 관계법령의 규정이나 사회통념상 용인할 수 없을 정도로 크고 객관적으로도 합법화될 가능성이 거의 없어 거래의 객체가 되지 아니하는 경우에는 사업인정고시일 이전에 건축된 경우에도 보상대상이 되지 않는다.

이 경우는 위법 건축물이어서 보상대상이 되지 않는다기보다는 「헌법」 제23조 제3항에서 보상은 재산권을 대상으로 하고, 재산권은 사적 유용성과 임의적 처분권능을 그 요소로 하므로, 위법의 결과로 거래의 객체가 되지 않는다면 재산권으로 볼 수 없으므로 보상대상이 아니라고 본 것이다.

다만, 주거용 건축물은 그 특수성을 고려하여 이러한 경우에도 보상대상으로 본다.

판례

주거용이 아닌 위법건축물로서 객관적으로 합법화될 가능성이 없어 거래의 객체가 되지 않는 경우에는 보상대상이 아니다.
[대법원 2001.04.13. 선고 2000두6411 판결]

〈판결요지〉

토지수용법상의 사업인정 고시 이전에 건축되고 공공사업용지 내의 토지에 정착한 지장물인 건물은 통상 적법한 건축허가를 받았는지 여부에 관계없이 손실보상의 대상이 되나, 주거용 건물이 아닌 위법 건축물의 경우에는 관계법령의 입법 취지와 그 법령에 위반된 행위에 대한 비난가능성과 위법성의 정도, 합법화될 가능성, 사회통념상 거래 객체가 되는지 여부 등을 종합하여 구체적・개별적으로 판단한 결과 그 위법의 정도가 관계법령의 규정이나 사회통념상 용인할 수 없을 정도로 크고 객관적으로도 합법화될 가능성이 거의 없어 거래의 객체도 되지 아니하는 경우에는 예외적으로 수용 보상대상이 되지 아니한다.

(3) 보상대상의 확정

① 사업인정고시일 전

「토지보상법」에서 규정하고 있는 사업인정고시일 전의 건축물 등의 보상대상 확정절차는 다음과 같다.

가. 물건조서의 작성

사업시행자는 공익사업의 수행을 위하여 건축물 등의 취득·이전 또는 사용이 필요할 때에는 물건조서를 작성하여 서명 또는 날인을 하고, 관계인의 서명 또는 날인을 받아야 한다. 물건조서에는 면적 등이 기재되어야 한다(「토지보상법」 제14조).

나. 보상계획의 열람 등

사업시행자는 공익사업의 개요, 물건조서의 내용과 보상의 시기·방법 및 절차 등이 포함된 보상계획을 일간신문에 공고하고, 관계인에게 각각 통지하여야 하며, 그 내용을 14일 이상 일반인이 열람할 수 있도록 하여야 한다(「토지보상법」 제15조 제1항 및 제2항).

다. 관계인의 이의

가) 이의의 제기

공고되거나 통지된 물건조서의 내용에 대하여 이의(異議)가 있는 관계인은 열람기간 이내에 사업시행자에게 서면으로 이의를 제기할 수 있다.

다만, 사업시행자가 고의 또는 과실로 관계인에게 보상계획을 통지하지 아니한 경우 해당 관계인은 제16조에 따른 협의가 완료되기 전까지 서면으로 이의를 제기할 수 있다(「토지보상법」 제15조제3항).

나) 이의의 처리

사업시행자는 제기된 이의를 해당 물건조서에 부기(附記)하고 그 이의가 이유 있다고 인정할 때에는 적절한 조치를 하여야 한다(「토지보상법」 제15조 제4항).

다) 이의의 효과

사업인정고시가 된 후에는 관계인이 보상계획 열람공고 기간에 물건조서의 내용에 대하여 이의를 제기하는 경우를 제외하고는 작성된 물건조서의 내용에 대하여 이의를 제기할 수 없다. 다만, 물건조서의 내용이 진실과 다르다는 것을 입증할 때에는 그러하지 아니하다(「토지보상법」 제27조 제3항).

즉, 관계인이 이의를 제기한 경우에는 물건조서의 내용이 진실하다는 것을 사업시행자가 입증하여야 하고, 이의를 제기하지 않은 경우는 물건조서의 내용이 진실과 다르다는 것을 관계인이 입증하여야 한다.

② 사업인정고시일 후

사업인정고시일 후의 대상건축물 등은 「토지보상법」 제22조에 의한 사업인정시의 물건 조서에 의해 확정된다.

다만, 사업인정고시일 전에 협의절차를 거쳤는지 여부에 따라 다음과 같이 구분된다.

가. 사업인정고시일 전에 위의 절차를 거친 경우

사업인정고시일 이전에 위의 절차를 거쳤으나 협의가 성립되지 아니하여 사업인정을 받은 경우로서 토지조서의 내용에 변동이 없을 때에는 위의 절차를 거치지 않아도 된다(「토지보상법」 제26조 제2항).

나. 사업인정고시일 전에 위의 절차를 거치지 않은 경우

사업인정고시일 이전에 위의 절차를 거치지 않은 경우에는 위의 절차를 거쳐야 한다(「토지보상법」 제26조 제2항).

③ **보상대상의 확정 주체**

건축물 등의 보상대상 여부는 「토지보상법」에서 정한 위와 같은 절차에 의해 확정되고 이에 대해 사업시행자와 관계인 사이에 이의가 있을 경우에는 토지수용위원회의 재결 또는 소송을 통해 확정된다.

특히 건축물 등이 보상대상 해당되는지 여부에 대해서 사업시행자와 관계인 사이에 이견이 있는 경우로서 i) 사업인정고시일 이전에는 관계인은 협의보상에 응하지 않음으로써 이에 대항할 수 있고, ii) 사업인정고시일 이후에는 「토지보상법」 제30조에 의한 재결 신청청구를 통하여 보상대상에 해당하는지 여부를 다툴 수 있다.

판례

사업인정고시일 이후 보상대상 여부에 대해 이견이 있는 경우 토지소유자 등은 「토지보상법」 제30조에 따른 재결신청의 청구로 다툴 수 있다.
[대법원 2011.07.14. 선고 2011두2309 판결]

〈판결요지〉

공익사업을 위한 토지 등의 취득 및 보상에 관한 법률(이하 '공익사업법'이라 한다) 제30조 제1항은 재결신청을 청구할 수 있는 경우를 사업시행자와 토지소유자 및 관계인 사이에 '협의가 성립하지 아니한 때'로 정하고 있을 뿐 손실보상대상에 관한 이견으로 협의가 성립하지 아니한 경우를 제외하는 등 그 사유를 제한하고 있지 않은 점, 위 조항이 토지소유자 등에게 재결신청청구권을 부여한 취지는 공익사업에 필요한 토지 등을 수용에 의하여 취득하거나 사용할 때 손실보상에 관한 법률관계를 조속히 확정함으로써 공익사업을 효율적으로 수행하고 토지소유자 등의 재산권을 적정하게 보호하기 위한 것인데, 손실보상대상에 관한 이견으로 손실보상협의가 성립하지 아니한 경우에도 재결을 통해 손실보상에 관한 법률관계를 조속히 확정할 필요가 있는 점 등에 비추어 볼 때, '협의가 성립되지 아니한 때'에는 사업시행자가 토지소유자 등과 공익사업법 제26조에서 정한 협의절차를 거쳤으나 보상액 등에 관하여 협의가 성립하지 아니한 경우는 물론 토지소유자 등이 손실보상대상에 해당한다고 주장하며 보상을 요구하는데도 사업시행자가 손실보상 대상에 해당하지 아니한다며 보상대상에서 이를 제외한 채 협의를 하지 않아 결국 협의가 성립하지 않은 경우도 포함된다고 보아야 한다.

따라서 감정평가법인 등은 사업시행자 등이 제시한 목록에 의하여 감정평가해야 하고 보상대상을 임의로 추가하거나 삭제하여서는 안 된다.

보상대상이 누락되었거나 보상대상에 해당되지 않은 건축물 등이 의뢰된 경우에는 사업시행

자 등에게 그 내용을 조회한 후 처리하고, 사업시행자 등의 의견과 감정평가법인 등의 의견이 상이할 경우에는 사업시행자 등이 제시한 목록에 의하되, 그 내용을 감정평가서에 기재한다.

④ **보상대상의 확정 기준일**

가. 사업인정 전 협의

가) 원칙

「토지보상법」에서는 사업인정 전에는 공익사업과 관련하여 토지의 보전의무 등 행위제한이 부과되지 않고 관계인의 범위도 한정되지 않으므로, 원칙적으로 건축물 등의 보상대상 여부는 협의종료일까지는 확정되지 않고 변동될 수 있다.

나) 예외

(가) 개별 법률에서 행위제한일을 별도로 규정하고 있는 경우

「공공주택 특별법」 제11조에서는 같은 법 제10조에 의한 주민 등의 의견청취가 있은 경우 건축물의 건축, 공작물의 설치, 토지의 형질변경, 토석의 채취, 토지의 분할・합병, 물건을 쌓아놓는 행위, 죽목의 벌채 및 식재 등의 행위를 제한하고 있다.

"개별 법률에서의 사업인정 의제고시일 이외의 행위제한일"은 [별표 4]를 참조하기 바란다.

(나) 보상대상 여부

이러한 개별 법률에서는 행위제한을 위반한 경우 원상회복을 명할 수 있고, 원상회복 의무를 이행하지 아니하면 「행정대집행법」에 따라 대집행할 수 있도록 규정하고 있으나, 「토지보상법」 제25조 제3항과 달리 손실의 보상을 청구할 수 없다고 규정하고 있지 않다.

따라서 위와 같은 행위제한일 이후에 시장 등의 허가를 받지 않고 건축 또는 설치된 건축물 등이 기준시점 당시에 원상회복되지 않고 존속하고 있을 경우에 보상대상 여부에 대해서는 견해가 대립하고 있다.

㉮ 보상대상이 아니라는 견해

주민 등의 의견청취일 이후에 시장 등의 허가를 받지 않고 건축 또는 설치된 건축물 등은 원상회복의 의무가 있고, 원상회복 의무를 이행하지 아니하면 「행정대집행법」에 따라 대집행할 수 있으므로, 설사 기준시점 당시에 존속하고 있다고 하여도 해당 공익사업으로 인하여 손실이 발생한다고 볼 수 있으므로 보상대상이 아니라는 주장이다.

따라서 이런 경우는 i) 관계 법률에 따라 해당 건축물 등에 대한 이전・철거 등의 절차가 진행 중인 경우는 물론이고, ii) 시장 등으로부터 철거 및 원상회복 명령만 있은 경우에도 보상대상으로 보지 않는다.

〈유권해석〉
관계 법령에 위반되어 이전 또는 철거 등의 조치가 진행되고 있는 경우는 보상대상이 아니다.
[국토부 2015.07.27. 토지정책과-5451]

〈질의요지〉
사업인정고시 전부터 공유수면 점・사용 허가를 받았으나 그 허가기간이 만료된 후에도 계속하여 사용하고 있는 취수관로를 「토지보상법」 제75조에 따라 보상이 가능한지 여부

〈회신내용〉
관계법령에서 보상에 관하여 제한을 둔 경우 또는 공익사업과 관련 없이 관계법령에 위반되어 이전・철거 등의 조치가 진행되고 있는 경우 등은 해당 공익사업의 시행으로 인한 손실이 발생한다고 볼 수 없으므로 보상대상에 해당되지 아니한다고 보며, 개별적인 사례에 있어 보상 여부 등은 사업시행자가 위 규정과 「공유수면 관리 및 매립에 관한 법률」 제21조 등 관계법령 및 사실관계 등을 종합적으로 검토하여 판단・결정할 사항으로 봅니다.

〈유권해석〉
관계 법령을 위반하여 철거 및 원상회복 명령이 있는 경우는 보상대상이 아니다.
[국토부 2015.05.13. 토지정책과-3878]

〈질의요지〉
사업인정 이전부터 대부허가 등을 받지 않고 무단으로 국유지 또는 공유지를 점유하여 설치한 지장물(입목, 구조물)이 보상대상인지 여부

〈회신내용〉
「토지보상법」 제75조 제1항에서 건축물 등을 보상할 때 반드시 허가를 받은 건축물등만을 대상으로 하고 있지는 아니하므로 건축물 등에 대하여는 원칙적으로 보상하여야 한다고 봅니다. 다만, 「토지보상법」 제25조 제3항에 해당하는 경우 등 관계법령에서 보상하지 않도록 규정하고 있는 경우와 공익사업과 관계없이 해당 건축물 등이 관계법령을 위반하여 철거 및 원상회복 명령이 있는 경우 등에는 공익사업으로 인한 손실이 있다고 보기 어려우므로 보상대상이 아니라고 봅니다. 구체적인 사례에 대해서는 사업시행자가 관계법령 및 사실관계를 확인하여 판단할 사항으로 봅니다.

㉯ 보상대상이라는 견해
관련 법령에서 보상청구를 제한하는 명문의 규정이 없고, 기준시점 당시 철거되지 않았다면 관련 법령에 따라 시장 등이 철거하지 않는 한 보상 없이 사업시행자가 임의로 철거할 수 없으므로 원칙적으로 보상대상으로 보아야 한다는 주장이다. 즉, 만일 보상대상이 아니라고 한다면 관련 법령에 따라 시장 등이 철거하지 않으면 사업시행자가 철거할 수 없으므로 공익사업의 시행이 어려워질 수도 있다. 다만, 예외적으로 위법의 정도 등이 현저하여 손실보상을 하는 것이 사회적으로 용인될 수 없다고 인정되는 경우에는 손실보상 대상이 되지 않는다고 본다.

〈법령해석〉
하천점용허가 없이 설치된 지장물 및 원상회복 명령을 하였으나 철거되지 않은 지장물도 원칙적으로 보상대상이다.
[법제처 2011.10.27. 11-05191]

〈질의요지〉
국가하천구역내 국유지에 점용허가를 받지 않고 설치된 지장물(건축물을 제외함. 이하 같음)에 대하여,
1. 하천관리청에서 원상회복 명령 등 이전・철거 등의 행정조치를 취한 바 없고, 이 후 해당 지장물이 공익사업시행으로 철거되는 경우, 「토지보상법」에 따른 손실 보상 대상에 해당하는지?
2. 사업인정 고시 전 「하천법」 제69조에 따라 하천관리청이 지장물의 이전・제거 및 원상회복 명령을 하였으나 철거 등이 되지 않고 있다가, 이후 해당 지장물이 공익사업시행으로 철거되는 경우, 「토지보상법」 또는 「하천법」에 따른 손실보상 대상에 해당하는지?

〈회답〉
1. 하천관리청에서 원상회복 명령 등 이전・철거 등의 행정조치를 취한 바 없고, 이후 해당 지장물이 공익사업 시행으로 철거되는 경우, 원칙적으로는 손실보상 대상에 해당한다고 할 것이나, 예외적으로 위법의 정도 등을 고려할 때 손실보상을 하는 것이 사회적으로 용인될 수 없다고 인정되는 경우에는 손실보상 대상이 되지 않는다고 할 것입니다.
2. 사업인정 고시 전 「하천법」 제69조에 따라 하천관리청이 지장물의 이전・제거 및 원상회복 명령을 하였으나 철거 등이 되지 않고 있다가, 이후 지장물이 공익사업 시행으로 철거되는 경우, 원칙적으로는 손실보상 대상에 해당한다고 할 것이나, 예외적으로 위법의 정도 등을 고려할 때 손실보상을 하는 것이 사회적으로 용인될 수 없다고 인정되는 경우에는 손실보상 대상이 되지 않는다고 할 것입니다.

㉰ 소결

㉠ 원칙

위의 법제처 법령해석은 「토지보상법」 제61조에 따라 사업시행자가 보상하여야 하는지 여부는 원칙적으로 "공익사업에 필요한 토지 등의 취득 또는 사용으로 인하여 관계인이 손실을 입었는지", 즉, "공익사업으로 인하여 재산권 침해가 있었는지" 여부에 따라 결정되는 반면, 「하천법」 관계 조항에 위반되는 경우 같은 법 제69조에 따라 지장물 이전・제거 조치, 그 밖의 필요한 처분을 하거나, 「행정대집행법」에 따른 대집행 절차를 이행하거나, 「하천법」 제37조에 따른 변상금 부과 또는 같은 법 제95조에 따른 형사처벌 등 위법사항을 바로잡을 수 있는 수단이 충분하고, 또한 하천관리청으로서는 평소 이러한 조치를 통한 관리를 하여야 하는 것이므로, 이러한 「하천법」과 별도의 목적을 가지고 별도의 규율대상을 다루고 있는 「토지보상법」상의 손실보상 제도를 통하여 「하천법」 등 개별 법률이 추구하는 목적을 달성할 수는 없다고 본 것이다.

따라서 불법 건축물 등의 이전·제거 조치 등을 규정한 「하천법」 관계 조항은 공익사업과 별도의 목적을 가지고 별도의 규율대상을 다루고 있는 것이므로 이러한 건축물 등을 보상대상에서 제외할 수 없다고 보는 것이 타당하나, 「공공주택 특별법」 등에 따른 행위제한일 이후의 무허가건축물 등에 대한 관계 조항은 공익사업과 동일한 목적을 가지고 동일한 규율대상을 다루고 있는 것으로 보아야 하므로 이러한 건축물 등은 보상대상에서 제외하는 것이 타당할 것이다.

ⓛ 예외

보상대상 여부를 결정하는 기준일은 반드시 관계 법률에 따라 행위제한이 규정된 경우에 한한다고 보아야 하므로, 설사 사업인정고시일 이전에 사업설명회 등을 개최하였다고 해도 관계 법률에서 해당 사업설명회 등 이후에 행위제한을 규정하고 있지 않은 경우에는 단지 사업설명회 등 이후에 건축 또는 설치된 건축물 등이라고 하여 보상대상에서 제외할 수 없다.

〈유권해석〉

사업설명회 개최 이후 사업인정고시일 이전에 설치된 무허가 지장물도 보상대상이다. [2014.06.27. 토지정책과-4116]

〈질의요지〉

하천구역에서 사업설명회를 개최(2012.10월)한 이후 사업인정고시일(2013.3.29.)전에 공익사업시행지구의 하천점용허가 없이 사유지에 설치(식재)된 소나무, 비닐하우스, 양어장 등 지장물이 보상대상인지 여부

〈회신내용〉

건축물 등이 무허가인지 여부에 따라 보상여부에 차등을 두고 있지 아니하므로 건축물 등 자체에 대한 보상시에는 이전비 또는 물건의 가격으로 보상하여야 한다고 보며(참조 해석례 법제처 10-0399, 2010.12.3.), 공익사업과 관계없이 해당 건축물 등이 관계법령을 위반하여 철거 및 원상회복 명령이 있는 경우에는 공익사업으로 인한 손실이라고 보기 어려우므로 보상대상이 아니라고 봅니다.

나. 사업인정 후 협의 또는 재결

가) 원칙

「토지보상법」 제25조 제1항에서는 사업인정고시일을 기준으로 토지 등의 보전의무를 부과하고, 제2항에서는 사업인정고시일 이후의 건축물의 건축·대수선, 공작물(工作物)의 설치 또는 물건의 부가(附加)·증치(增置) 등에 대해서는 시장 등의 허가를 받도록 규정하면서, 제3항에서는 제2항에 따른 허가 없이 건축물의 건축·대수선, 공작물의 설치 또는 물건의 부가·증치를 한 토지소유자 또는 관계인은 해당 건축물·공작물 또는 물건을 원상으로 회복하여야 하며, 이에 관한 손실의 보상을 청구할 수 없도록 규정하고 있다. 따라서 개별 법률에서 사업인정고시일 이전에 행위제한일을 별도로 규정하지 않은 경우에는 사업인정고시일을 기준으로 보상대상이 확정된다.

나) 예외

(가) 허가를 받은 경우

「토지보상법」 제25조 제2항에서는 사업인정고시일 이후에도 시장 등의 허가를 받아 건축물의 건축・대수선, 공작물의 설치 또는 물건의 부가・증치를 할 수 있도록 규정하고 있으므로 허가를 받은 경우에는 보상대상이 된다.

이에 대해서는 위 "(2) 보상대상의 요건, ① 시간적 요건"을 참조하기 바란다.

(나) 「토지보상법」을 준용하지 않는 경우

개별 법률에서 수용 또는 사용에 관하여 「토지보상법」을 준용한다는 조항이 있는 경우는 별도의 행위제한일을 규정하지 않는 경우에도 「토지보상법」 제25조가 준용되는 것으로 보아야 하므로 사업인정고시 의제일에 행위제한이 되는 것으로 보아야 한다.

그러나 개별 법률에서 별도로 행위제한을 규정하지 않으면서도 포괄적으로 「토지보상법」을 준용한다는 조항이 없는 경우에는 사업인정의 의제가 있었다 하여 「토지보상법」 제25조가 준용된다고 볼 수 없을 것이다.

이러한 개별 법률에는 「농어업재해대책법」, 「민간임대주택에 관한 특별법」(「주택법」 제15조에 따른 사업계획승인의 경우에 한함), 「어촌특화발전 지원 특별법」, 「한국가스공사법」, 「한국석유공사법」, 「한국환경공단법」, 「해수욕장의 이용 및 관리에 관한 법률」 등이 있다.

⑤ **제시목록과 실제 건축물 등이 다른 경우**

i) 실지조사 결과 사업인정고시일 이후에 건축・설치・부가되어 보상대상이 아닌 건축물 등이 대상건축물 등에 포함된 경우 또는 ii) 보상대상이나 물건조서에 포함되지 아니한 건축물 등이 있는 경우에는 사업시행자 등에게 그 내용을 조회한 후 목록을 다시 제시받아 감정평가하는 것을 원칙으로 한다.

다만, 수정된 목록의 제시가 없을 때에는 당초 제시목록을 기준으로 감정평가하되, 감정평가서에 그 내용을 기재한다.

⑥ **규격 등의 확정**

가. 원칙

건축물 등의 구조・규격・수량・면적 등(이하 '규격 등'이라 한다)은 사업시행자 등이 제시한 내용에 따른다.

따라서 감정평가법인 등은 사업시행자 등이 제시한 목록에서 표시된 규격 등을 기준으로 감정평가하여야 하며 규격 등을 임의로 변경하여서는 안 된다.

나. 규격 등의 판단주체

건축물 등에 대한 규격 등의 일차적 판단주체는 사업시행자이며, 그에 대하여 사업시행자와 토지소유자 사이에 이견이 있는 경우에는 토지수용위원회의 재결 또는 소송을 통하여 확정된다.

따라서 감정평가법인 등은 사업시행자 등이 제시한 목록에서 표시된 규격 등을 기준으로 하며 규격 등을 임의로 추정하거나 변경하여서는 안 된다.

다. 규격 등의 확정절차 및 확정기준일

건축물 등의 규격 등도 「토지보상법」에서 규정한 절차를 통해 확정되며, 확정기준일도 보상대상의 확정기준일과 동일하다.

라. 규격 등의 확정과 실지조사와의 관계

「토지보상법 시행규칙」 제16조 제3항 및 「감정평가에 관한 규칙」 제10조에서는 감정평가법인 등이 감정평가를 할 때에는 현지조사 또는 실지조사를 하여 대상물건을 확인하도록 규정하고 있다.

그러나 이러한 실지조사는 물건조서의 작성, 보상계획의 열람 등 「토지보상법」에서 정한 일정한 절차를 통하여 확정된 건축물 등에 대한 존부 및 그 규격 등을 실제로 확인하는 절차이지, 건축물 등 및 규격 등을 확정하는 절차는 아니다.

따라서 감정평가법인 등이 실지조사 과정에서 임의로 건축물 등을 보상대상에 추가하거나 규격 등을 수정할 수 없다.

마. 제시목록상의 규격 등과 실제 규격 등이 다른 경우

실지조사 결과 제시목록상의 규격 등과 실제 규격 등이 다른 것으로 인정되는 경우에는 사업시행자 등에게 그 내용을 조회한 후 목록을 다시 제시받아 감정평가하는 것을 원칙으로 한다.

다만, 수정된 목록의 제시가 없는 때에는 당초 제시목록을 기준으로 감정평가하되, 감정평가서에 그 내용을 기재한다.

(4) 보상대상 건축물 등의 확장과 제한

① 보상대상 건축물 등의 제한

건축물 등은 일반적으로 공익사업을 위해 취득 또는 이전의 대상이 되나, 일정한 경우에는 취득 또는 이전이 제한되기도 한다.

일반적으로 취득 또는 이전이 제한되는 건축물 등은 i) 외교특권이 인정되는 자의 건축물 등, ii) 공익사업에 이용되고 있는 건축물 등, iii) 공물인 건축물 등, iv) 물건조서에 포함되지 아니한 건축물 등, v) 사업시행자 소유의 건축물 등이 있다.

다만, ii) 내지 v)는 특별한 필요가 있는 경우 취득하거나 이전할 수 있다.

② 보상대상 건축물 등의 확장

가. 잔여 건축물의 손실에 대한 보상

공익사업에 따른 사유재산권의 침해를 최소화하기 위하여 보상대상 건축물 등의 범위는 공익사업의 시행을 위하여 필요한 최소한에 그쳐야 한다.

그러나 보상대상 건축물 등의 범위를 최소화하는 것이 오히려 피수용자에게 손실이 되거나 또는 건축물 등의 합리적인 이용을 저해하는 경우에는 예외를 인정할 필요가 있다. 이러한 이유에서 보상대상 건축물 등의 범위를 확장하는 경우를 확장취득이라 하며, 「토지보상법」

제75조의2에서 규정하고 있는 잔여 건축물의 손실에 대한 보상이 여기에 해당한다.
여기서 잔여 건축물이란 동일한 소유자에게 속하는 일단의 건축물 중 그 일부가 협의에 의하여 매수되거나 수용됨으로 인하여 남게 되는 건축물을 말한다.

가) 잔여 건축물의 감가보상

「토지보상법」 제75조의2 제1항에서는 “사업시행자는 동일한 소유자에게 속하는 일단의 건축물의 일부가 취득되거나 사용됨으로 인하여 잔여 건축물의 가격이 감소하거나 그 밖의 손실이 있을 때에는 국토교통부령으로 정하는 바에 따라 그 손실을 보상하여야 한다.”고 하여 잔여 건축물의 감가보상을 규정하고 있다.

나) 잔여 건축물의 매수보상

「토지보상법」 제75조의2 제1항 단서에서는 “잔여 건축물의 가격 감소분과 보수비를 합한 금액이 잔여 건축물의 가격보다 큰 경우에는 사업시행자는 그 잔여 건축물을 매수할 수 있다.”고 규정하고 있고, 「토지보상법」 제75조의2 제2항에서는 “동일한 소유자에게 속하는 일단의 건축물의 일부가 협의에 의하여 매수되거나 수용됨으로 인하여 잔여 건축물을 종래의 목적에 사용하는 것이 현저히 곤란할 때에는 그 건축물소유자는 사업시행자에게 잔여 건축물을 매수하여 줄 것을 청구할 수 있으며, 사업인정 이후에는 관할 토지수용위원회에 수용을 청구할 수 있다.”고 규정하여 잔여 건축물의 매수보상을 규정하고 있다.

나. 공작물 등의 손실보상에 준용

「토지보상법」 제75조의2에서는 건축물에 한하여 잔여 건축물의 손실에 대한 보상으로서 가치감소보상 또는 매수보상 등을 규정하고 있으나, 공작물 등의 보상평가를 규정하고 있는 「토지보상법 시행규칙」 제36조에서는 잔여 건축물의 보상규정인 제35조를 준용하도록 규정하고 있으므로 공작물 등에 대해서도 이를 인정할 수 있다.

2. 건축물 등의 보상평가

(1) 원칙

① 기준시점

기준시점이란 대상물건의 감정평가액을 결정하는 기준이 되는 날짜를 말하며(「감정평가에 관한 규칙」 제2조 제2호), 건축물 등 보상평가의 기준시점은 협의에 의한 경우에는 협의성립 당시를, 재결에 의한 경우에는 수용재결 당시를 기준으로 한다(「토지보상법」 제67조 제1항).

② 일반적 이용방법 및 객관적 상황 기준

건축물 등도 일반적 이용방법 및 객관적 상황을 기준으로 감정평가한다.
즉, 건축물 등을 특수한 용도에 이용할 것을 전제로 하거나 주위환경이 특별하게 바뀔 것을 전제하는 경우 등은 객관적 상황을 기준으로 하는 것이 아니다.

가. 일반적 이용방법

일반적인 이용방법이란 건축물 등이 소재하고 있는 지역이라는 공간적 상황 및 기준시점이라고 하는 시간적 상황에서 대상건축물 등을 이용하는 사람들의 평균인이 이용할 것으로 기대되는 이용방법을 말한다.

나. 객관적 상황

객관적 상황이란 사물을 판단함에 있어 자기 자신을 기준으로 하지 않고 제3자의 입장에서 판단하는 것을 말한다.

③ 주관적 가치 및 특별한 용도로의 사용가치 배제

가. 적용

건축물 등도 주관적 가치 및 특별한 용도로의 사용가치 배제하고 감정평가한다.

가) 주관적 가치

주관적 가치란 다른 사람에게 일반화시킬 수 없는 개인적인 애착심 또는 감정가치로서 해당 건축물에서 오랫동안 거주함으로 인해 발생한 애착심에 근거한 가치 등이 여기에 해당된다.

나) 특별한 용도로의 사용가치

특별한 용도로의 사용가치란 기준시점에서 건축물 등의 일반적인 이용상황이 아닌 특정한 용도에 사용할 것을 전제로 한 가치를 의미한다.

나. 주관적 가치 및 특별한 용도로의 사용가치 배제하는 이유

「헌법」 제23조 제3항에서 규정하고 있는 '정당한 보상'이란 원칙적으로 피수용재산의 객관적인 재산가치를 완전하게 보상하는 것이어야 한다는 완전보상을 뜻하는 것으로서, 재산권의 객체가 갖는 객관적 가치란 그 물건의 성질에 정통한 사람들의 자유로운 거래에 의하여 도달할 수 있는 합리적인 매매가능가격, 즉 시가에 의하여 산정되는 것이 보통이다. 여기서 시가란 시장가치를 의미하고 시장가치는 "통상적인 시장에서 충분한 기간 동안 거래를 위하여 공개된 후 그 대상물건의 내용에 정통한 당사자 사이에 신중하고 자발적인 거래가 있을 경우 성립될 가능성이 가장 높다고 인정되는 대상물건의 가액(價額)"을 말한다(「감정평가에 관한 규칙」 제2조 제1호).

즉, 시장가치는 매도자로부터 매수자로 이전될 수 있는 가치를 전제로 하므로 매도자로부터 매수자로 이전될 수 없는 소유자가 갖는 주관적 가치나 특별한 용도에 사용할 것을 전제로 한 가치 등은 시장가치를 구성하지 않는다.

따라서 이러한 가치는 보상평가에서 고려하지 않는다.

판례

'정당한 보상'이란 시가보상을 의미한다.
[헌법재판소 2002.12.18. 선고 2002헌가4 결정]

〈결정요지〉

헌법 제23조 제3항은 "공공필요에 의한 재산권의 수용·사용 또는 제한 및 그에 대한 보상은 법률로써 하되, 정당한 보상을 지급하여야 한다."고 규정하고 있다. 여기서 '정당한 보상'이란 '원칙적으로' 피수용재산의 객관적인 재산가치를 완전하게 보상하는 것이어야 한다는 완전보상을 뜻하는 것으로서, 재산권의 객체가 갖는 객관적 가치란 그 물건의 성질에 정통한 사람들의 자유로운 거래에 의하여 도달할 수 있는 합리적인 매매가능가격, 즉 시가에 의하여 산정되는 것이 '보통이다.'

④ 해당 공익사업으로 인한 가치변동의 배제

가. 원칙

해당 공익사업으로 인한 가치의 증감분을 보상액에서 배제하여야 한다는 원칙은 토지뿐만 아니라 건축물 등에도 적용되는 일반원칙이다.

따라서 「토지보상법」 제67조 제2항에서도 "보상액을 산정할 경우에 해당 공익사업으로 인하여 토지 등의 가격이 변동되었을 때에는 이를 고려하지 아니한다."라고 하여 '토지'가 아닌 '토지 등'으로 규정하고 있는 것이다.

일반적으로 건축물 등은 토지와는 달리 해당 공익사업의 계획 또는 시행이 공고되거나 고시된다고 하여 그 가액 또는 이전비가 변동된다고 보기 어려울 것이나 건축물 등도 해당 공익사업으로 인한 가치의 증감분이 있는 경우 이를 배제한 가액으로 감정평가한다.

나. 배제방법

건축물 등을 원가법으로 감정평가하는 경우는 해당 공익사업으로 인한 가치의 증감분이 보상액에 포함되었다고 볼 수는 없을 것이나. 거래사례비교법으로 감정평가하는 경우는 가치의 증감분이 보상액에 포함될 수도 있다.

그러므로 주거용 건축물 또는 「집합건물의 소유 및 관리에 관한 법률」에 의한 구분소유권의 대상이 되는 건물의 가격을 거래사례비교법으로 평가하는 경우 공익사업의 시행에 따라 이주대책을 수립·실시하거나 주택입주권 등을 해당 건축물의 소유자에게 주는 경우 또는 기타 생활대책을 실시함으로 인한 가액의 증가분은 보상액에서 배제하여야 한다.

⑤ 개별 감정평가

가. 원칙

건축물 등의 보상평가는 개별 건축물 등 별로 행함을 원칙으로 한다.

건축물 등은 개별 물건마다 특성이 다른 개별성을 지니고 있어 건축물 등마다 가액이 다를 수 있으므로 개별 건축물 등 별로 감정평가하는 것이 정당한 보상에 보다 부합할 수 있기 때문이다.

나. 예외

가) 일괄감정평가

둘 이상의 건축물 등이 일단을 이루고 있는 경우에는 일괄감정평가한다.

여기서 '일단을 이루고 있는 경우'란 여러 건축물 등이 물리적으로 불가분의 관계에 있는 경우로서, 일단으로 이용되고 있는 상황이 사회적·경제적·행정적 측면에서 합리적이고 대상건축물 등의 가치형성 측면에서도 타당한 경우이어야 한다.

다만, 건축물 등이 일단을 이루고 있는 경우에도 용도 또는 구조·규격 등을 달리하여 가치가 명확히 구분되거나 소유자 등이 달라 이를 건축물 등 별도로 감정평가해야 할 이유나 조건이 있는 경우에는 개별 건축물 등 별로 구분감정평가한다.

나) 구분감정평가

하나의 건축물 등이라고 하여도 둘 이상의 용도로 이용되거나 구조·규격 등을 달리하는 부분이 있는 경우에는 용도 또는 구조·규격 등 별로 구분감정평가한다.

다만, 사업시행자가 용도 또는 구조·규격 등 별로 구분하여 제시하지 아니한 경우 및 다른 용도로 이용되거나 구조·규격 등을 달리하는 부분이 주된 용도 또는 구조·규격 등과 가치가 비슷하거나 면적비율이 뚜렷하게 낮아 주된 용도 또는 구조·규격 등의 가치를 기준으로 감정평가하는 것이 합리적인 경우에는 주된 용도 또는 구조·규격 등을 기준으로 감정평가할 수 있다.

⑥ 권리자별 감정평가

가. 원칙

건축물 등을 가액으로 보상하는 경우로서 소유권 외의 권리가 설정되어 있는 경우는 소유권 외의 권리마다 개별로 감정평가한다.

다만, 건축물 등을 이전비로 보상하는 경우에는 이전비의 성격상 권리자별로 감정평가할 필요가 없다.

나. 예외

소유권자가 소유권 외의 권리를 말소하고 보상금을 수령하는 등 권리자별로 따로 보상액을 지급할 필요가 없거나, 소유권 외의 권리를 개별로 감정평가할 수 없는 등 특별한 사정이 있어 사업시행자가 이를 구분하지 않고 감정평가를 의뢰한 경우에는 권리자별로 별도로 구분하지 않고 소유권외의 권리를 대상건축물 등에 포함하여 감정평가할 수 있다.

⑦ 토지와 구분감정평가

가. 원칙

건축물 등과 토지는 각각 별도로 감정평가한다.

이 경우 토지는 건축물 등이 없는 상태를 상정하여 감정평가한다(「토지보상법 시행규칙」 제22조 제2항).

나. 예외

건축물 등이 토지와 함께 거래되는 사례나 관행이 있는 경우에는 구분하여 감정평가하지 않고 그 건축물 등을 토지와 함께 감정평가할 수 있다. 이 경우 그 내용을 보상평가서에 기재한다.

특히 「집합건물의 소유 및 관리에 관한 법률」 제20조 제1항에서는 구분소유자의 대지사용권은 그가 가지는 전유부분의 처분에 따르도록 규정하고 있고, 같은 조 제2항에서는 규약으로써 달리 정한 경우를 제외하고는 구분소유자는 그가 가지는 전유부분과 분리하여 대지사용권을 처분할 수 없도록 규정하고 있다.

따라서 구분소유권의 대상이 되는 건물은 토지(대지사용권)와 구분하여 감정평가할 수 없고 건물과 토지를 일체로 감정평가한다.

(2) 공익사업에 직접 사용할 목적으로 취득하는 건축물 등의 보상평가

① 건축물 등의 취득

사업시행자는 공익사업의 시행을 위하여 필요한 물건을 수용할 수 있으나 필요한 물건이라 하여 모두 수용할 수 있는 것은 아니다.

공용수용은 법률에 의한 재산권의 필요적 침해행위가 되므로 수용하는 물건은 i) 공익사업을 위하여 반드시 필요하고(적합성의 원칙), ii) 다른 방법으로 공익사업에 필요한 수요를 충당시킬 수 없어야 하며(비대체성의 원칙), iii) 이러한 두 가지 요건을 모두 충족하는 경우에도 그 필요한 최소한도에 그쳐야 한다(최소성의 원칙).

판례

수용할 목적물은 공익사업에 필요한 최소한에 그쳐야 한다.
[대법원 1994.01.11. 선고 93누8108 판결]

〈판결요지〉

공공수용은 공익사업을 위하여 타인의 특정한 재산권을 법률의 힘에 의하여 강제적으로 취득하는 것이므로 수용할 목적물의 범위는 원칙적으로 사업을 위하여 필요한 최소한도에 그쳐야 하므로 그 한도를 넘는 부분은 수용대상이 아니므로 그 부분에 대한 수용은 위법하고, 초과수용된 부분이 적법한 수용대상과 불가분적 관계에 있는 경우에는 그에 대한 이의재결 전부를 취소할 수밖에 없다.

일반적으로 건축물 등은 이와 같은 3가지 요건을 모두 충족하는 경우가 드물기 때문에 공익사업의 시행을 위하여 취득하는 경우는 거의 없고 대부분 지장물로서 이전의 대상이 된다. 그러나 건축물 등의 경우에도 특별한 경우 공익사업을 위하여 취득할 수도 있다.

② 감정평가방법

취득하는 건축물 등의 감정평가방법은 건축물 등의 종류에 따라 다르므로 구체적인 감정평가방법은 해당 건축물 등에서 설명한다.

(3) 지장물인 건축물 등의 보상평가

① 원칙

건축물 등이 지장물인 경우는 이전비로 감정평가한다.

② 예외

건축물 등이 지장물인 경우에도 다음 중 어느 하나에 해당하면 가액으로 감정평가한다. 이 경우 가액의 감정평가방법은 취득하는 경우와 같다.

가. 이전이 어렵거나 이전으로 인해 종래의 목적대로 사용할 수 없게 되는 경우

가) 이전이 어려운 경우

이전 가능성 여부는 주관적 의사가 아닌 객관적 타당성을 기준으로 판단한다.

따라서 i) 사인 간의 계약으로 이전 등을 금지하고 있다거나, ii) 이전할 장소가 없다고 하여 이를 기준으로 이전 가능성 여부를 판단할 수 없다.

또한 이전 가능성 여부는 기술적인 관점이 아니라 경제적인 관점에서 판단하여야 한다.

〈질의회신〉
계약서에 이전 금지 조항이 있다고 하여 이를 기준으로 이전이 불가능하다고 판단할 수 없다.
[협회 2012.05.18. 공공지원팀-1007]

〈질의요지〉
수국묘종이 계약서상 이전・매매・증식을 일체 금하고 있는 경우에도 불구하고 보상평가시 이전비의 산정이 가능한지 여부

〈회신내용〉
사인 간의 계약서상 내용(로열티 등의 문제로 이전・매매・증식을 일체 금하도록 하는 조항)은 이전가능 여부를 판단할 때 고려의 대상이 아님을 알려드립니다.

〈재결례〉
지장물 이전할 장소가 없다고 하여 가액으로 보상할 수 없다.
[중토위 2017.10.19. 재결]

〈재결요지〉
○○○가 농사를 위해 준비한 건조기, 냉동고, 분무기 등 이전할 토지와 장소가 없는 관계로 이전비가 아닌 취득비로 보상하여 달라는 의견에 대하여
건축물 등 물건에 대한 보상은 법 제75조 제1항에 따라 건축물・입목・공작물과 그 밖에 토지에 정착한 물건(이하 "건축물등"이라 한다)의 이전에 필요한 비용으로 보상하되 이전하기 어렵거나 그 이전으로 인하여 건축물등을 종래의 목적대로 사유할 수 없게 된 경우, 건축물등의 이전비가 물건의 가격을 넘는 경우 등의 경우에는 해당 물건의 가격으로 보상하도록 되어 있다.
관계 자료(사업시행자 의견서, 감정평가서 등)를 검토한 결과, 위 규정에 따라 이전비로 평가한 것은 타당하다고 판단되므로 소유자의 주장을 받아들일 수 없다.

판례

이전 가능성은 기술적인 관점이 아니라 경제적인 관점에서 판단한다.
[대법원 1991.01.29. 선고 90누3775 판결]

〈판결요지〉
감정평가기관이 평가기준을 이식비로 밝히고 있더라도 이식이 가능한 경우에 한하여 이식비를 그 보상액으로 결정하여야 하는 것이고, 과수목이 이전 가능한 것인지의 여부는 기술적인 문제가 아니라 경제적으로 판단하여야 할 문제인 것이므로 원심에서는 이 사건 포두나무가 위와 같은 기준에 비추어 이식이 가능한 것인지 여부가 먼저 심리 조사되어야 한다.

나) 종래의 목적대로 사용할 수 없게 되는 경우

종래의 목적대로 사용할 수 있는지 여부는 건축물 등의 효용성을 동일하게 유지하면서 사용하는 것이 가능한지 여부를 기준으로 판단한다.

다) 이전비와의 비교 여부

이전이 물리적으로 불가능하거나, 설사 가능하다고 하여도 이전하여 종래의 목적대로 사용할 수 없는 경우에는 가액과 이전비를 비교하지 않고 가액으로 감정평가한다.

라) 판단주체

이전의 가능성 여부 및 이전으로 인하여 종래의 목적대로 사용할 수 없는지 여부는 「토지보상법」상의 대상물건의 확정절차를 통하여 사업시행자가 결정한다.

따라서 「토지보상법 시행규칙」 제16조 제1항에서는 사업시행자는 대상물건에 대한 감정평가를 의뢰하고자 하는 때에는 보상평가의뢰서에 '건축물 등 물건에 대하여는 그 이전 또는 취득의 구분'을 기재하도록 규정하고 있다.

나. 건축물 등의 이전비가 그 물건의 가액을 넘는 경우

가) 적용

건축물 등의 이전이 가능한 경우에 적용한다.

나) 이전비와 가액의 비교

(가) 원칙

이 규정의 취지는 공익사업은 사회적 비용을 최소화하면서 외부효과를 극대화시키기 위해서 시행하는 것이므로, 이전비가 가액을 초과하는 경우 가액으로 보상하도록 하여 사업시행자의 불필요한 비용지출을 막으면서도 정당한 보상을 실현하기 위함이다.

따라서 건축물 등이 이전이 가능한 경우는 반드시 이전비와 가액을 비교하여 이전비가 가액을 초과하지 않는 경우는 이전비로 감정평가하고, 이전비가 가액을 초과할 경우에만 가액으로 감정평가한다.

(나) 예외

건축물 등의 이전비가 가액을 초과하는 경우에도 해당 건축물 등이 문화재 등에 해당하여 반드시 이전하여야 하는 경우에는 이전비로 보상할 수 있다.

다) 판단주체

이전의 가능성 여부 등은 사업시행자가 결정하고(위 '라)'와 동일함), 이전비로 감정평가 할 것인지 또는 가액으로 감정평가할 것인지의 여부는 양자를 비교하여 감정평가법인 등이 결정한다.

라) 소유자의 이전

이전비가 가액을 초과하여 가액으로 보상한 경우에도 이는 이전비의 한 형태로 보아야 하므로 사업시행자가 건축물 등의 소유권을 취득하였다고 볼 수 없다. 따라서 소유자는 이전비를 부담하고 건축물 등을 이전해 갈 수 있으며, 사업시행자는 이를 막을 수 없다.

③ 이전거리

건축물 등을 이전할 경우 이전거리는 30킬로미터 이내로 한다.
다만, i) 30킬로미터 이내의 지역에서 해당 건축물 등의 건축・이전과 관련한 허가 등을 받을 수 없는 경우, ii) 건축물 등의 규모 등을 고려할 때 30킬로미터 이내의 지역에서 사실상 이전 적지가 없는 경우, iii) 댐 사업 등과 같은 대규모의 공익사업으로 30킬로미터 이상의 이전이 불가피한 경우에는 이를 초과할 수 있다. 이 경우 그 사유 및 이전거리를 감정평가서에 기재한다.

Ⅲ. 건축물 등의 보상평가기준 및 방법 유의사항

1. 가설건축물 등

(1) 「국토계획법」 제64조 제2항에 따른 가설건축물 등

① 도시・군계획시설의 부지에서의 건축 등의 금지

「국토계획법」 제64조 제1항에서 시장 등은 도시・군계획시설의 부지에 대해서는 그 도시・군계획시설이 아닌 건축물의 건축이나 공작물의 설치를 허가할 수 없도록 규정하고 있다.

② 가설건축물의 건축 허가 등

가. 요건

「국토계획법」 제64조 제2항에서는 도시・군계획시설결정의 고시일부터 2년이 지날 때까지 그 시설의 설치에 관한 사업이 시행되지 아니한 도시・군계획시설 중 i) 단계별 집행계획이 수립되지 아니하거나, ii) 단계별 집행계획에서 제1단계 집행계획에 포함되지 아니한 도시・군계획시설의 부지에 해당하여야 한다.

가) 단계별 집행계획 수립

시장 등은 도시・군계획시설에 대하여 도시・군계획시설결정의 고시일부터 3개월 이내에 재원조달계획, 보상계획 등을 포함하는 단계별 집행계획을 수립하여야 한다.
다만, i) 「도시 및 주거환경정비법」, ii) 「도시재정비 촉진을 위한 특별법」, iii) 「도시재생활성화 및 지원에 관한 특별법」 등에 따라 도시・군관리계획의 결정이 의제되는 경우에는 해당 도시・군계획시설결정의 고시일부터 2년 이내에 단계별 집행계획을 수립할 수 있다(「국토계획법」 제85조 제1항).

나) 단계별 집행계획의 구분

단계별 집행계획은 제1단계 집행계획과 제2단계 집행계획으로 구분하여 수립하되, 3년 이내에 시행하는 도시・군계획시설사업은 제1단계 집행계획에, 3년 후에 시행하는 도시・군계획시설사업은 제2단계 집행계획에 포함되도록 하여야 한다(「국토계획법」 제85조 제3항).

나. 허가의 내용

시장 등은 위와 같은 요건에 해당될 경우 i) 가설건축물의 건축과 이에 필요한 범위에서의 토지의 형질 변경, ii) 도시・군계획시설의 설치에 지장이 없는 공작물의 설치와 이에 필요

한 범위에서의 토지의 형질 변경, iii) 건축물의 개축 또는 재축과 이에 필요한 범위에서의 토지의 형질 변경 등과 같은 개발행위를 허가할 수 있다(「국토계획법」 제64조 제2항).

③ 원상회복

가. 원상회복 명령

시장 등은 가설건축물의 건축이나 공작물의 설치를 허가한 토지에서 도시・군계획시설사업이 시행되는 경우에는 그 시행예정일 3개월 전까지 가설건축물이나 공작물 소유자의 부담으로 그 가설건축물이나 공작물의 철거 등 원상회복에 필요한 조치를 명하여야 한다(「국토계획법」 제64조 제3항).

나. 행정대집행

시장 등은 원상환복의 명령을 받은 자가 원상회복을 하지 아니하면 「행정대집행법」에 따른 행정대집행해 따라 원상회복을 할 수 있다(「국토계획법」 제64조 제4항).

그러므로 「국토계획법」 제64조에 따른 가설건축물 등은 원칙적으로 공익사업시행 이전에 철거되어야 하므로 보상대상이 아니다.

④ 가설건축물이 다른 공익사업에 편입된 경우

가. 문제의 발생

「국토계획법」 제64조 제3항에서 시장 등은 가설건축물의 건축이나 공작물의 설치를 허가한 토지에서 도시・군계획시설사업이 시행되는 경우에는 그 시행예정일 3개월 전까지 가설건축물이나 공작물 소유자의 부담으로 그 가설건축물이나 공작물의 철거 등 원상회복에 필요한 조치를 명하여야 하도록 규정하고 있다.

그런데 이러한 가설건축물이 도시・군계획시설사업이 아닌 다른 공익사업에 편입될 경우에도 시장 등이 원상회복 명령을 할 수 있는 것으로 보아 보상대상에서 제외하여야 하는지 여부가 문제이다. 여기에 대해서는 다음과 같은 견해의 대립이 있다.

나. 보상대상이 아니라는 견해

「국토계획법」 제64조 제3항에서 '도시・군계획시설사업이 시행되는 경우'로 규정하고 있으나, 가설건축물의 성격상 반드시 '도시・군계획시설사업이 시행되는 경우'로 한정하여야 하는 것은 아니고 다른 공익사업에도 포괄적으로 적용되어 원상회복 의무가 발생된다고 보아야 하므로 보상대상이 아니라는 주장이다.

특히 「도시 및 주거환경정비법」 제57조 제1항 제16호 등과 같이 관련 법률에 따라 사업시행자가 사업시행인가 등을 받은 때에 「국토계획법」 제86조에 따른 도시・군계획시설사업 시행자의 지정 및 같은 법 제88조에 따른 실시계획의 인가를 받은 것으로 의제하도록 규정하고 있는 경우에는 이러한 조항에 따라 「국토계획법」 제64조 제3항이 적용될 수 있다고 볼 수 있으므로 보상대상이 아니라는 주장이다.

다. 보상대상이라는 견해

「국토계획법」 제64조 제3항에서 '도시・군계획시설사업이 시행되는 경우'로 한정하고 있으므로 가설건축물이 다른 공익사업에 편입될 경우에는 시장 등이 원상회복 명령을 할 수 없다고 보아야 하므로 보상대상에 해당된다는 주장이다.

특히「도시 및 주거환경정비법」제57조 제1항 제16호에서는 사업시행자가 사업시행계획의 승인을 받은 때에는「국토계획법」제86조에 따른 도시・군계획시설사업시행자의 지정 및 같은 법 제88조에 따른 실시계획의 인가를 받은 것으로 의제하도록 규정하고 있으나, 이는「도시 및 주거환경정비법, 제50조에 따른 사업시행인가에서는 제52조에 따른 사업시행계획서가 포함되어야 하고, 제52조 제1항 제2호에서 사업시행계획서에는 정비기반시설(도로・상하수도공원・공용주차장・공동구 등)이 포함되어야 하므로, 해당 주택재개발사업을 위한 정비기반시설에 포함된 도로 등의 도시・군계획시설사업에 대한 사업시행자의 지정 및 실시계획의 인가를 의미하는 것이고, 주택재개발사업구역으로 지정되기 이전에 결정된「국토계획법」에 의한 도시・군계획시설사업의 시행을 의미하는 것은 아니기 때문이다.
즉, 주택재개발사업의 사업시행인가가 있으면 주택재개발구역 내의 종전의「국토계획법」에 의한 도시・군계획시설의 결정은 원칙적으로 실효된다고 보며, 설사 주택재개발사업의 실시계획에서 종전과 동일한 내용의 정비기반시설의 도시・군계획시설의 결정이 있다고 하여도 이는 종전과는 다른 새로운 도시・군계획시설의 결정으로 보아야 한다.
따라서 개별 법률에서 도시・군계획시설사업시행자의 지정 등이 의제되는 경우에도 이를 근거로「국토계획법」제64조 제3항이 적용된다고 볼 수 없으므로 가설건축물은 보상대상이라는 주장이다.

라. 소결

가) 원칙

「국토계획법」제64조 제3항에서 '도시・군계획시설사업이 시행되는 경우'로 한정하고 있으므로 가설건축물이 다른 공익사업에 편입될 경우에는 원칙적으로 보상대상이 된다고 본다.

나) 예외

「도시 및 주거환경정비법」제57조 제1항 제16호와 같이 개별 법률에서 사업인정 등을 받은 때에「국토계획법」제86조에 따른 도시・군계획시설사업시행자의 지정 및 같은 법 제88조에 따른 실시계획의 인가를 받은 것으로 의제하도록 규정하고 있는 경우 가설건축물은 보상대상에서 제외된다고 본다.
왜냐하면,「국토계획법」제64조 제3항에서 '도시・군계획시설사업이 시행되는 경우'로 규정하고 있을 뿐 해당 '도시・군계획시설사업'이 반드시 가설건축물의 허가 당시의 '도시・군계획시설사업'에 한정하는 것으로 볼 수 없기 때문이다.
따라서 가설건축물일 허가 당시의 '도시・군계획시설사업'이 아니고 새로운 '도시・군계획시설사업이 시행되는 경우'에도 가설건축물의 원상회복의무가 있다고 보아야 하므로 보상대상에서 제외된다고 본다.
다만, 개별 법률에 따른 '도시・군계획시설사업'의 위치가 종전의 '도시・군계획시설사업'과 달라져서 가설건축물이 '도시・군계획시설사업'에 편입되지 않게 된 경우는 보상대상으로 보아야 할 것이다.

(2) 「건축법」 제20조 제3항에 따른 가설건축물 등

① 가설건축물의 건축허가

「건축법」 제20조 제3항에서는 재해복구, 흥행, 전람회, 공사용 가설건축물 등의 가설건축물은 시장 등에게 신고한 후 착공하도록 규정하고 있다.

② 가설건축물의 존치기간

신고하여야 하는 가설건축물의 존치기간은 3년 이내로 하되, 공사용 가설건축물 및 공작물의 경우에는 해당 공사의 완료일까지로 한다(「건축법 시행령」 제15조 제7항).

③ 존치기간이 경과한 가설건축물

존치기간이 경과된 가설건축물 등에 대해서 「건축법」에서는 「국토계획법」 제64조 제2항에 따른 가설건축물 등과는 달리 철거 등의 원상회복의무를 별도로 규정하고 있지 않다.

다만, 「토지보상법 시행규칙」 제36조 제2항에서도 "공작물 등의 용도가 폐지되었거나 기능이 상실되어 경제적 가치가 없는 경우"는 보상대상으로 보지 않도록 규정하고 있으므로, 존치기간이 경과한 가설건축물로서 용도가 폐지되었거나 기능이 상실되어 경제적 가치가 없는 경우에는 보상대상으로 보기 어려울 것이다.

2. 원상회복 및 부상제한의 부관이 붙은 건축물 등

건축물 등의 건축 또는 설치 허가를 하면서 공익사업이 시행될 경우 원상회복 및 보상을 제한한다는 부관을 붙인 경우 보상대상에 포함되는지 여부에 대해서는 다음과 같은 견해의 대립이 있다.

(1) 보상대상이 아니라는 견해

i) 원상회복의 부관이 붙은 경우는 보상의 기준시점 당시에 해당 건축물 등이 존재하지 않는 것으로 보아야 하고, ii) 보상제한의 부관이 붙은 경우도 보상대상에 포함하지 않는 것으로 보아야 하므로, 건축물 등의 건축 또는 설치 허가를 하면서 공익사업이 시행될 경우 원상회복 및 보상을 제한한다는 부관을 붙인 경우 보상대상에 포함되지 않는다는 주장이다.

다만, 이 경우 원상회복 또는 보상청구를 제한하는 부관은 그 내용이 적법하고 이행 가능하며 비례원칙 및 평등의 원칙에 적합하고 행정처분의 질적 효력을 해하지 않는 한도의 것이어야 한다.

판례

원상회복의 부관이 붙인 경우 개간비보상청구권을 포기한 것으로 본다.
[대법원 2008.07.24. 선고 2007두25930·25947·25954 판결]

〈판결요지〉

[1] 하천부지 점용허가 여부는 관리청의 재량에 속하고 재량행위에 있어서는 법령상의 근거가 없어도 부관을 붙일 것인가의 여부는 당해 행정청의 재량에 속하며, 또한 구 하천법(2004.1.20. 법률 제7101호로 개정되기 전의 것) 제33조 단서가 하천의 점용허가에는 하천의 오염으로 인한 공해 기타 보건위생상 위해를 방지함에 필요한 부관을 붙이도록 규정하고 있으므로, 하천부지 점용허가의 성질의 면으로 보나 법 규정으로 보나 부관을 붙일 수 있음은 명백하다.

[2] 하천부지 점용허가를 하면서 '점용기간 만료 또는 점용을 폐지하였을 때에는 즉시 원상복구할 것'이라는 부관을 붙인 사안에서, 위 부관의 의미는 하천부지에 대한 점용 기간 만료 시 그에 관한 개간비보상청구권을 포기하는 것을 조건으로 한 것으로 본 사례

〈유권해석〉

도로점용허가 조건에서 원상복구 조건이 부여된 공작물은 보상대상이 아니다.
[국토부 2005.05.03. 토지정책과-2382]

〈질의요지〉

민원인이 도로점용 허가를 받아 흄관을 매설하였고, 장래 도로확장 시 피허가자의 부담으로 제반시설의 이설 및 원상복구의무를 허가조건으로 부여된 경우 당해 도로점용 허가 시설물(흄관)이 보상대상인지 여부

〈회신내용〉

관계법령에서 보상에 관하여 제한을 둔 경우 또는 관계법령에 위반되어 이전 · 철거 등의 조치가 진행되고 있는 경우에는 당해 공익사업의 시행으로 인한 손실이 발생한다고 볼 수 없으므로 보상대상에 해당되지 아니 한다고 보며, 귀 질의의 경우 도로법에 의한 도로법에 의한 도로점용허가 조건에서 보상에 관하여 별도의 조건이 부여된 경우에는 당해 조건 등에 따라 보상대상 여부를 판단 · 결정할 사항이라고 봅니다.

(2) 보상대상이라는 견해

건축물 등에 대한 소유권과 해당 건축물 등이 적법한지 또는 위법한지는 별개의 문제로서, 비록 불법 건축물 등이라도 재산권 자체를 부인할 수는 없으므로 불법 건축물 등도 보상대상이 된다. 따라서「국유재산법」제7조 제1항에서는 누구든지 이 법 또는 다른 법률에서 정하는 절차와 방법에 따르지 아니하고는 국유재산을 사용하거나 수익하지 못하도록 규정하고 있고, 제74조에서는 정당한 사유 없이 국유재산을 점유하거나 이에 시설물을 설치한 경우에는 중앙관서의 장등은「행정대집행법」을 준용하여 철거하거나 그 밖에 필요한 조치를 할 수 있도록 규정하고 있음에도 국유 토지상의 무허가 건축물 등에 대해서도 보상대상으로 인정하고 있는 것이다.

이와 같이 불법 건축물 등에 대해서도 보상대상으로 인정하고 있다는 점 등을 고려할 때 단지 원상회복 또는 보상제한 등의 부관이 있다고 하여 이를 보상대상에서 제외한다면 부관에 의하여 재산권 보장의 본질적인 부분을 제한하는 결과가 되어 타당하지 않다는 주장이다.

그러므로 건축물 등의 건축 또는 설치 허가를 하면서 공익사업이 시행될 경우 원상회복 및 보상을 제한한다는 부관을 붙인 경우에도 보상대상에 포함된다고 본다.

(3) 소결

부관은 법률행위를 하는 자가 스스로의 의사표시에 의해 법률행위의 효력을 정하는 것으로서 사적(私的) 자치를 실현하는 방법의 하나이므로 원칙적으로 부관의 내용은 인정되어야 한다.

다만, 부관은 i) 그 내용이 적법하고, ii) 이행 가능하며, iii) 비례원칙 및 평등의 원칙에 적합하고, iv) 행정처분의 질적 효력을 해하지 않는 한도의 것이어야 한다.

따라서 건축물 등의 건축 또는 설치 허가를 하면서 붙인 원상회복 또는 손실보상을 제한하는 부관은 구체적인 특정 공익사업을 전제하여 붙인 경우에 한하여 유효한 것으로 인정하여 건축물 등을 보상대상에서 제외할 수 있고, 장래 시행될 불특정의 공익사업 일반에 대하여 붙인 경우는 정당한 부관으로 볼 수 없으므로 부관에 불구하고 보상대상이 된다고 본다.

〈법령해석〉
장래의 불특정 공익사업을 전제로 보상 제한의 부관을 붙인 경우는 부관에 불구하고 보상대상에 포함된다.
[법제처 2011.11.24. 11-0597]

〈질의요지〉
「하천법」에 따른 국가하천구역내 국유지에 하천점용허가를 받을 때 "점용허가 취소 등의 경우 원상복구 의무 및 장래 시행될 수 있는 불특정 공익사업을 전제로 보상을 일반적으로 제한"하는 부관을 붙였고, 이후 해당 지장물이 「토지보상법」 제22조에 따른 공익사업(하천관리청이 시행하는 하천공사)으로 인하여 철거되는 경우, 해당 지장물이 손실보상 대상에 해당하는지?

〈회답〉
해당 지장물은 원칙적으로 「토지보상법」에 따른 손실보상 대상에 해당한다고 할 것이나, 예외적으로 위법의 정도 등을 고려할 때 손실보상을 하는 것이 사회적으로 용인될 수 없다고 인정되는 경우에는 손실보상 대상이 되지 않는다고 할 것입니다.

〈이유〉
이 건 질의와 같이 "점용허가 취소 등의 경우 원상복구 의무 및 장래 시행될 수 있는 불특정 공익사업을 전제로 보상을 일반적으로 제한"하는 부관을 붙여 하천점용허가를 받은 지장물에까지 손실보상을 하여 주는 것은 정의관념 등에 반한다는 주장이 있을 수 있으나, 「하천법」 관계 조항에 위반되는 경우 같은 법 제69조에 따라 지장물 이전・제거 조치, 그 밖의 필요한 처분을 하거나, 「행정대집행법」에 따른 대집행 절차를 이행하거나, 「하천법」 제37조에 따른 변상금 부과 또는 제95조에 따른 형사처벌 등 위법 사항을 바로잡을 수 있는 수단이 충분하고, 또한 하천관리청으로서는 평소 이러한 조치를 통한 관리를 하여야 하는 것인바, 이러한 「하천법」과 별도의 목적을 가지고 별도의 규율대상을 다루고 있는 「토지보상법」상 손실보상 제도를 통하여 「하천법」 등 개별법이 추구하는 목적을 달성할 수는 없는 것이고, 더욱이 이러한 경우까지 소심 보상을 원칙적으로 불허한다는 논리를 확대해석한다면 사업시행자가 하천관리청이 아닌 공기업 등 제3자의 경우에도 법률상 근거 없이 손실보상을 하지 않고 타인의 재산권을 임의로 처분할 수 있다는 결론에 도달할 위험성도 있다고 할 것입니다.

3. 잔여지 상의 건축물 등

(1) 매수하는 잔여지 상의 건축물 등

「토지보상법」 제73조 제3항 및 제74조 제3항에 따라 사업인정고시가 된 후 사업시행자가 잔여지를 매수하는 경우 그 잔여지에 대하여는 사업인정 및 사업인정고시가 된 것으로 보도록 규정하고 있고, 「토지보상법」 제73조 제5항 및 제74조 제4항에서는 매수하는 잔여지 및 잔여지에 있는 물건에 대한 구체적인 보상액 산정 및 평가방법 등에 대하여는 제70조, 제75조, 제76조, 제

77조 및 제78조 제4항부터 제6항까지의 규정을 준용하도록 규정하고 있으므로 매수하는 잔여지에 소재하는 건축물 등은 보상대상이다.

(2) 매수하지 않는 잔여지 상의 건축물 등

① 원칙

매수하지 않는 잔여지는 원칙적으로 종래의 목적에 사용하는 것이 가능한 경우에 해당되므로 잔여지에 소재하는 건축물 등은 원칙적으로 보상대상이 아니다.

② 예외

잔여지 자체는 종래의 목적에 사용하는 것이 가능하다고 하여도, 잔여지 상의 건축물 등은 종래의 목적에 사용하는 것이 불가능할 수도 있다. 예를 들어 주택은 전부 공익사업에 편입되고 정원수 등만 남은 경우 등이다.

이 경우 「토지보상법 시행규칙」 제60조 및 제62조를 적용하거나 준용할 수 있을 것이다. 특히 「토지보상법 시행규칙」 제36조 제1항에서 '공작물 등'이란 '공작물 그 밖의 시설'로 규정하고 있으므로, 수목 등의 경우에는 「토지보상법 시행규칙」 제62조를 적용할 수 있을 것으로 본다.

설사 「토지보상법 시행규칙」 제60조 및 제62조를 직접 적용할 수 없다고 하여도 공익사업시행지구 밖의 보상조항은 열거조항이 아니라 예시조항이라고 보므로, 잔여지에 소재하는 건축물이나 수목 등이 공익사업의 시행으로 인하여 그 본래의 기능을 다할 수 없게 되는 경우에도 보상대상이 될 수 있다고 본다.

다만, 공익사업시행지구 밖의 보상조항의 유추적용은 i) 손실의 발생을 쉽게 예견할 수 있고, ii) 손실의 범위를 구체적으로 특정할 수 있는 경우에 한하여 제한적으로 적용되어야 할 것이다.

판례

공익사업시행지구 밖의 보상규정은 유추적용할 수 있다.
[대법원 2002.03.12. 선고 2000다73612 판결]

〈판결요지〉

공공사업시행지구 밖에서 관계법령에 따라 신고를 하고 수산제조업을 하고 있는 사람에게 공공사업의 시행으로 인하여 그 배후지가 상실되어 영업을 할 수 없게 되었음을 이유로 손실보상을 하는 경우 그 보상액의 산정에 관하여는 공공용지의 취득 및 손실 보상에 관한 특례법 시행규칙의 간접보상에 관한 규정을 유추적용할 수 있다.

4. 가액으로 보상한 지장물인 건축물 등의 소유권 취득 여부

(1) 협의보상의 경우

이전이 가능한 건축물 등에 대하여 이전비보다 적은 가액으로 협의 보상한 경우 사업시행자가 건축물 등의 소유권을 취득한다고 볼 수 있는지 및 이에 따라 사업시행자가 건축물 등을 임의로 철거하거나 사용할 수 있는지 여부에 대해서는 견해의 대립이 있다.

가. 소유권을 취득한다는 견해

i) 건축물 등의 가액으로 보상하였으므로 소유권을 취득하였다고 보아야 하며, ii) 「토지보상법 시행규칙」 제33조 제4항에서는 "물건의 가격으로 보상한 건축물의 철거비용은 사업시행자가 부담한다."고 규정하여 사업시행자가 철거비용을 부담하고 임의로 철거할 수 있으므로 사업시행자가 소유권을 취득한 것으로 보아야 한다는 주장이다.

〈유권해석〉

지장물의 이전비가 물건의 가액을 초과하여 가액으로 보상한 경우에는 사업시행자가 그 소유권을 취득한 것으로 본다.

[국토부 2000.03.02, 토관58342-347]

〈질의요지〉

이전비용이 취득가격을 초과하여 취득가격으로 보상한 경우 사업시행자가 지장물의 소유권을 취득한다고 볼 수 있는지?

〈회신내용〉

"공공용지의 취득 및 손실보상에 관한 특례법 시행령" 제2조의10 제4항의 규정에 의하면 취득할 토지에 정착물이 있는 경우에는 그 정착물의 보상액은 이전에 필요한 비용으로 평가하되 이전함으로 인하여 종래의 목적대로 이용 또는 사용할 수 없거나, 이전이 현저히 곤란할 경우 또는 이전비용이 취득가격을 초과할 때에는 취득가격으로 평가하도록 되어 있으므로, 이전비용은 취득가격 범위내에 산정되는 것이며, 취득가격으로 평가한 경우에는 그 지장물의 소유권은 사업시행자에게 있다고 봅니다.

나. 소유권을 취득하였다고 볼 수 없다는 견해

건축물 등의 이전비가 그 물건의 가액을 초과하여 가액으로 보상한 경우의 가액은 이전비로 보아야 하므로 사업시행자가 소유권을 취득하였다고 볼 수 없다는 주장이다.

만일 이 경우 사업시행자가 소유권을 취득하였다고 본다면 건축물 등의 소유자가 이전하기 위해서는 다시 사업시행자에게 가액을 반환해야 하므로 이 경우는 이전비의 전부를 건축물 등의 소유자가 부담하는 불합리한 결과가 발생하기 때문이다.

또한 「토지보상법 시행규칙」 제33조 제4항은 이전비보다 적은 가액으로 보상한 건축물 등의 경우 철거비용까지도 그 소유자에게 부담시킨다는 것이 불합리하여 철거비용은 사업시행자가 부담한다는 의미로 해석하여야 하므로, 이를 근거로 사업시행자가 소유권을 취득하였다고 볼 수 없다고 본다.

다. 소결

이전이 가능한 건축물 등에 대하여 이전비보다 적은 가액으로 협의 보상한 경우 사업시행자가 건축물 등의 소유권을 취득한다고 볼 수는 없으나, 건축물 등의 소유자도 가액을 보상을 받은 만큼 사업시행자의 철거 등을 수인하여야 한다고 본다.

판례

사업시행자가 지장물인 건축물 등을 가액으로 보상한 경우 소유권을 취득하는 것은 아니나, 지장물 소유자도 지장물의 제거를 수인하여야 한다.
[대법원 2012.04.13. 선고 2010다94960 판결]

〈판결요지〉
사업시행자가 사업시행에 방해가 되는 지장물에 관하여 법 제75조 제1항 단서 제2호에 따라 이전에 소요되는 실제 비용에 못 미치는 물건의 가격으로 보상한 경우, 사업시행자가 물건을 취득하는 제3호와 달리 수용 절차를 거치지 아니한 이상 사업시행자가 보상만으로 물건의 소유권까지 취득한다고 보기는 어렵겠으나, 다른 한편으로 사업시행자는 지장물의 소유자가 시행규칙 제33조 제4항 단서에 따라 스스로의 비용으로 철거하겠다고 하는 등 특별한 사정이 없는 한 지장물의 소유자에 대하여 철거 및 토지의 인도를 요구할 수 없고 자신의 비용으로 직접 이를 제거할 수 있을 뿐이며, 이러한 경우 지장물의 소유자로서도 사업시행에 방해가 되지 않는 상당한 기한 내에 시행규칙 제33조 제4항 단서에 따라 스스로 지장물 또는 그 구성부분을 이전해 가지 않은 이상 사업시행자의 지장물 제거와 그 과정에서 발생하는 물건의 가치 상실을 수인하여야 할 지위에 있다고 보아야 한다.

(2) 수용재결의 경우

「토지보상법」 제75조 제5항에서는 "사업시행자는 사업예정지에 있는 건축물 등이 제1항 제1호 또는 제2호에 해당하는 경우에는 관할 토지수용위원회에 그 물건의 수용 재결을 신청할 수 있다." 고 규정하고 있으므로, 건축물 등을 이전하기 어렵거나 그 이전으로 인하여 건축물 등을 종래의 목적대로 사용할 수 없게 된 경우(제1항 제1호) 및 건축물 등의 이전비가 그 물건의 가액을 넘는 경우(제1항 제2호)로서 토지수용위원회에서 수용재결한 경우는 사업시행자가 건축물 등의 소유권을 취득한 것으로 본다.

따라서 이러한 경우는 사업시행자가 임의로 철거하거나 사용할 수 있다.

〈유권해석〉
지장물인 건축물 등에 대해 수용재결이 있은 경우는 소유권을 취득한 것으로 본다.
[국토부 2014.02.18. 토지정책과-1085]

〈질의요지〉
건축물 등의 이전비를 물건가격으로 보상한 경우 소유권이 사업시행자에게 귀속되는지 여부

〈회신내용〉
「토지보상법」 제75조 … 제5항에 따르면 사업시행자는 사업예정지에 있는 건축물 등을 이전하기 어렵거나 그 이전으로 인하여 건축물 등을 종래의 목적대로 사용할 수 없게 된 경우, 건축물 등의 이전비가 그 물건의 가격을 넘는 경우에는 관할 토지수용 위원회에 그 물건의 수용 재결을 신청할 수 있습니다. 따라서 사업시행자가 공익사업에 직접 사용할 목적으로 취득하는 경우 또는 같은 법 제75조 제5항에 따라 수용재결을 신청하여 토지수용위원회가 수용재결을 한 경우라면 사업시행자가 건축물 등의 소유권을 취득한 것으로 볼 수 있을 것이나, 구체적인 사항은 사실관계 및 관계규정 등을 검토하여 판단하여야 할 것으로 보입니다.

(3) 이전재결의 경우

지장물인 건축물 등을 가액으로 보상한 경우는 수용재결을 하는 것이 원칙이나, 가액으로 보상하였음에도 이전재결한 경우에는 사업시행자가 건축물 등의 소유권을 취득하였다고 볼 수 없으므로, 건축물 등을 임의로 철거 또는 사용할 수 없다. 따라서 토지수용위원회에서는 건축물 등을 가액으로 보상한 경우는 수용재결하는 것이 원칙이며, 이전비가 가액보다 낮아 이전비로 보상한 경우에 한하여 이전재결하여야 한다.

〈유권해석〉

지장물을 이전재결한 경우에는 물건의 가격으로 보상하였다고 해도 사업시행자가 임의로 처분할 수 없다. [국토부 2011.01.05. 토지정책과-49]

〈질의요지〉

지장물(사과나무)의 보상액을 취득비로 평가하여 수용재결 신청하였으나, 지방토지수용위원회로부터 "지장물은 이전케 하며 금액은 000원으로 한다."고 재결한 경우, 사업시행자가 지장물을 임의처분 가능한지 또는 별도 수용재결을 받아야 하는지 여부

〈회신내용〉

「토지보상법」 제75조 제5항에 의하면, 사업시행자는 사업예정지 안에 있는 건축물 등의 이전이 어렵거나 그 이전으로 인하여 건축물등을 종래의 목적대로 사용할 수 없게 된 경우, 건축물등의 이전비가 그 물건의 가격을 넘는 경우에는 관할 토지수용위원회에 그 물건의 수용의 재결을 신청할 수 있도록 규정하고 있으며, 동법 제45조 제1항에 의하면, 사업시행자는 수용의 개시일에 토지나 물건의 소유권을 취득하며, 그 토지나 물건에 관한 다른 권리는 이와 동시에 소멸한다고 규정하고 있습니다.
그러나 "지장물을 이전케 한다."는 재결을 받은 경우에는 이전을 촉구할 수 있지만, 이를 이행하지 아니한 경우 대집행 대상으로 임의처분은 곤란하다고 보며, 임의처분을 위해서는 동법 제75조 제5항에 따른 수용재결이 있어야 할 것으로 봅니다.

02 잔여 건축물의 보상평가

Ⅰ. 관련 법령의 내용

「토지보상법」 제75조의2(잔여 건축물의 손실에 대한 보상 등) ① 사업시행자는 동일한 소유자에게 속하는 일단의 건축물의 일부가 취득되거나 사용됨으로 인하여 잔여 건축물의 가격이 감소하거나 그 밖의 손실이 있을 때에는 국토교통부령으로 정하는 바에 따라 그 손실을 보상하여야 한다. 다만, 잔여 건축물의 가격 감소분과 보수비(건축물의 나머지 부분을 종래의 목적대로 사용할 수 있도록 그 유용성을 동일하게 유지하는 데에 일반적으로 필요하다고 볼 수 있는 공사에 사용되는 비용을 말한다. 다만, 「건축법」 등 관계 법령에 따라 요구되는 시설 개선에 필요한 비용은 포함하지 아니한다)를 합한 금액이 잔여 건축물의 가격보다 큰 경우에는 사업시행자는 그 잔여 건축물을 매수할 수 있다.

② 동일한 소유자에게 속하는 일단의 건축물의 일부가 협의에 의하여 매수되거나 수용됨으로 인하여 잔여 건축물을 종래의 목적에 사용하는 것이 현저히 곤란할 때에는 그 건축물소유자는 사업

시행자에게 잔여 건축물을 매수하여 줄 것을 청구할 수 있으며, 사업인정 이후에는 관할 토지수용위원회에 수용을 청구할 수 있다. 이 경우 수용 청구는 매수에 관한 협의가 성립되지 아니한 경우에만 하되, 그 사업의 공사완료일까지 하여야 한다.

③ 제1항에 따른 보상 및 잔여 건축물의 취득에 관하여는 제9조 제6항 및 제7항을 준용한다.

④ 제1항 본문에 따른 보상에 관하여는 제73조 제2항을 준용하고, 제1항 단서 및 제2항에 따른 잔여 건축물의 취득에 관하여는 제73조 제3항을 준용한다.

⑤ 제1항 단서 및 제2항에 따라 취득하는 잔여 건축물에 대한 구체적인 보상액 산정 및 평가방법 등에 대하여는 제70조, 제75조, 제76조, 제77조 및 제78조 제4항부터 제6항까지의 규정을 준용한다.

「토지보상법 시행규칙」 제35조(잔여 건축물에 대한 평가) ① 동일한 건축물소유자에 속하는 일단의 건축물의 일부가 취득 또는 사용됨으로 인하여 잔여 건축물의 가격이 감소된 경우의 잔여 건축물의 손실은 공익사업시행지구에 편입되기 전의 잔여 건축물의 가격(해당 건축물이 공익사업시행지구에 편입됨으로 인하여 잔여 건축물의 가격이 변동된 경우에는 변동되기 전의 가격을 말한다)에서 공익사업시행지구에 편입된 후의 잔여 건축물의 가격을 뺀 금액으로 평가한다.

② 동일한 건축물소유자에 속하는 일단의 건축물의 일부가 취득 또는 사용됨으로 인하여 잔여 건축물에 보수가 필요한 경우의 보수비는 건축물의 잔여부분을 종래의 목적대로 사용할 수 있도록 그 유용성을 동일하게 유지하는데 통상 필요하다고 볼 수 있는 공사에 사용되는 비용(「건축법」 등 관계법령에 의하여 요구되는 시설의 개선에 필요한 비용은 포함하지 아니한다)으로 평가한다.

Ⅱ. 잔여건축물의 보상평가 주요 내용

1. 잔여 건축물 보상의 개요

(1) 잔여 건축물 보상의 의의

일단으로 이용 중인 건축물의 일부가 공익사업에 편입되는 경우 공익사업으로 인한 손실은 일단의 건축물 전체에 미친다.

즉, 이전 또는 철거의 대상은 편입부분으로 한정되지만 손실은 편입부분에 한정되지 않고 전체 건축물에 미치게 되므로, 일부 편입의 경우는 이전 또는 철거의 대상과 손실의 대상이 다르게 된다.

즉, 이 경우 건축물소유자가 상실하는 가치와 사업시행자가 취득하는 가치가 다르게 된다. 그런데 정당보상은 원칙적으로 보상 전과 후의 재산적 가치를 동일하게 하는 것을 의미하며, 이 경우 보상액은 편입되는 건축물의 공익사업에 대한 기여로부터 파악하는 것이 아니라 건축물소유자의 손실부터 파악하는 것이 원칙이므로, 잔여 건축물 보상은 건축물소유자가 상실하는 가치가 사업시행자가 취득하는 가치보다 클 경우 이를 보전하기 위한 것으로 정당보상의 원칙을 지키기 위하여 반드시 필요한 것이다.

(2) 잔여 건축물 보상의 유형

잔여 건축물 보상에는 i) 잔여 건축물 보수비 보상, ii) 잔여 건축물 가치감소 보상, iii) 잔여 건축물 취득 보상 등의 3가지가 있다.

다만, 잔여 건축물 보수비 보상은 통상적으로 잔여 건축물 가치감소 보상과 일체로 이루어지므로 여기서는 잔여 건축물 가치감소 및 보수비 보상을 같이 다룬다.

(3) 잔여 건축물의 요건

잔여 건축물은 일단의 건축물 중에서 사업시행자가 공익사업의 시행을 위하여 취득하거나 이전하고 남은 건축물을 의미하며 그 구체적인 요건은 다음과 같다.

① 일단의 건축물

가. 개념

일단의 건축물은 해당 공익사업에 편입되었는지 여부에 불구하고 일반적인 이용 방법에 의한 객관적인 상황이 동일한 건축물을 의미한다.

따라서 일단의 건축물이란 반드시 1동의 건축물만을 가리키는 것이 아니며, 해당 공익사업에 편입되는 건축물만을 기준으로 판단하는 것도 아니므로 해당 공익사업에 편입되지 않는 건축물도 일단의 건축물에 포함될 수 있다.

판례

일단의 토지는 일반적인 이용방법에 의한 객관적인 상황이 동일한 토지를 말한다.
[대법원 2017.09.21. 선고 2017두30252 판결]

〈판결요지〉

「토지보상법」 제73조, 제74조의 '일단의 토지'는 반드시 1필지의 토지만을 가리키는 것은 아니지만 일반적인 이용방법에 의한 객관적인 상황이 동일한 토지를 말한다.

그러므로 일단의 건축물이 여러 동의 건축물로 이루어진 경우에도 잔여 건축물의 가치감소는 일단의 건축물 전체를 기준으로 산정한다.

판례

잔여 건축물 가치감소 보상액은 일단의 토지 전체를 기준으로 산정한다.
[대법원 1999.05.14. 선고 97누4623 판결]

〈판결요지〉

토지수용법 제47조 소정의 잔여 건축물 보상은 동일한 소유자에 속한 일단의 토지 중 일부가 수용됨으로써 잔여 건축물에 발생한 가격감소로 인한 손실을 보상대상으로 하고 있고, 이때 일단의 토지라 함은 반드시 1필지의 토지만을 가리키는 것이 아니라 일반적인 이용 방법에 의한 객관적인 상황이 동일한 한 수 필지의 토지까지 포함하는 것이라고 할 것이므로, 일단의 토지가 수 필지인 경우에도 달리 특별한 사정이 없는 한 그 가격감소는 일단의 토지 전체를 기준으로 산정하여야 할 것이다.

나. 판단기준

일단의 건축물은 i) 소유자의 동일성 및 ii) 용도의 일체성의 요건을 모두 충족하는 건축물을 말한다.

가) 소유자의 동일성

잔여 건축물이 되기 위해서는 일단의 건축물이 동일한 건축물소유자에 속하여야 한다. 따라서 가족의 소유로 등기되었거나, 일부 건축물의 권원이 전세권 또는 임차권 등에 의하는 경우는 일단의 건축물로 보지 않는다.

〈재결례〉
가족이 소유한 경우는 동일한 토지소유자로 볼 수 없다.
[중토위 2021.06.10. 재결]

〈재결요지〉
법 제74조 제1항에 따르면 '동일한 소유자에게 속하는 일단의 토지의 일부가 협의에 의하여 매수되거나 수용됨으로 인하여 잔여지를 종래의 목적에 사용하는 것이 현저히 곤란할 때에는 해당 토지소유자는 사업시행자에게 잔여지를 매수하여 주거나 관할 토지수용위원회에 수용을 청구할 수 있다'고 되어 있으므로 동일인이 아닌 가족 소유의 연접한 토지와 일단으로 사용할 수 있어 잔여지를 매수 또는 수용할 수 없다는 사업시행자의 주장은 이유 없다.

다만, 일단의 토지의 등기부상의 소유명의가 동일하여야 하는지에 대해서는 다름이 있을 수 있으나, 반드시 등기부상의 소유명의가 동일하여야 하는 것은 아니며, 사실상 동일 소유관계일 경우에도 잔여지로 인정할 수 있다고 본다.[96)]

나) 용도의 일체성

용도의 일체성이란 일반적인 이용 방법에 의한 객관적인 상황이 동일한 관계를 말한다. 따라서 일단의 건축물은 해당 공익사업에 편입되었는지 여부에 불구하고 일반적인 이용방법에 의한 객관적인 상황이 동일한 건축물들을 의미하므로, 주택과 공장 등과 같이 건축물의 현실적 이용상황이 다른 경우는 건축물소유자가 동일하고 연접하고 있다고 하여도 일단의 건축물로 보지 않는다.

다. 일단의 건축물 판단시점

잔여 건축물에 대한 손실의 발생 여부는 편입 건축물의 보상시점을 기준으로 판단하는 것이 원칙이므로 일단의 건축물에 해당하는지 여부도 편입건축물의 보상시점을 기준으로 판단한다.

따라서 편입 건축물의 보상시점 이후에 일단의 건축물 중의 일부를 매각함으로 인하여 매각 이후의 잔여 건축물이 종래의 목적에 사용하는 것이 현저히 곤란하게 된 경우 또는 가치가 하락한 경우에도 이는 고려하지 않는다.

---

96) 미국에서도 종전은 동일소유관계를 엄격하게 적용하였으나 최근에는 이를 완화하는 경향이 있다(UASFLA 114페이지 참조). 동일소유관계를 완화하면 잔여지 보상의 범위가 축소된다.

② 사업시행자가 취득하거나 이전시키고 남은 건축물

일단의 건축물 중 공익사업에 직접 편입되어 사업시행자가 취득하거나 이전시키고 남은 건축물이 잔여 건축물이다.

따라서 일단의 건축물 중 일부라도 공익사업에 편입되지 않으면 잔여 건축물에 해당되지 않는다.

(4) 잔여 건축물의 보상대상자

① 잔여 건축물 가치감소 보상대상자

잔여 건축물 가치감소보상은 공익사업에 건축물의 일부가 편입되는 사실상 거의 모든 건축물 소유자에게 해당되므로 보상대상자는 편입 건축물의 보상 당시에 이미 확정된다고 볼 수 있고 다만, 정확한 가치감소액의 산정만이 문제가 된다.

그런데 「토지보상법」 제73조 제2항에서 잔여 건축물 가치감소보상액의 정확한 산정을 위하여 해당 공익사업의 공사완료일부터 1년 이내에서 보상금을 청구할 수 있도록 규정하고 있으므로 편입 건축물의 보상 이후에 건축물소유자가 변경된 경우 어느 시점의 잔여 건축물 소유자가 보상대상자가 되는지에 대해서는 견해의 대립이 있다.

가. 편입 건축물의 소유자가 보상대상자가 된다는 견해

잔여 건축물 가치감소보상은 편입 건축물의 보상금의 일부이므로 편입 건축물의 보상대상자가 잔여 건축물 가치감소보상 대상자가 된다는 주장이다.

이 견해에 따르면 편입 건축물의 소유자는 잔여 건축물 가치감소 보상청구권을 유보하고 가치감소가 발생한 상태의 가격으로 잔여 건축물을 매각하였다고 보아야 하므로 잔여 건축물 가치감소보상 대상자가 된다고 본다.

나. 가치감소 보상당시의 건축물소유자가 된다는 견해

잔여 건축물 가치감소보상은 잔여 건축물에서 발생하는 손실에 대한 보상이므로 가치감소 보상의 청구시점 당시의 건축물소유자가 되어야 한다는 주장이다.

이 견해는 「토지보상법」 제5조 제2항에서 “이 법에 따라 이행한 절차와 그 밖의 행위는 사업시행자, 토지소유자 및 관계인의 승계인에게도 그 효력이 미친다.”라고 규정하고 있으므로 편입 건축물의 보상 이후에 잔여 건축물의 소유권을 취득한 자는 편입 건축물 소유자의 잔여 건축물 가치감소 보상권리를 승계하였다고 본다. 국토교통부에서는 이 견해에 따르고 있다.

〈유권해석〉

잔여지 및 잔여지상의 건축물의 매수인도 위 잔여지 및 건축물에 대하여 매수청구를 할 수 있다. [2011.09.05. 토지정책과-4290]

〈회신내용〉

「토지보상법」 제5조 제2항에서 이 법에 따라 이행한 절차와 그 밖의 행위는 사업시행자, 토지소유자 및 관계인의 승계인에게도 그 효력이 미친다고 규정하고 … 있습니다.

따라서, 이 법에 따라 이행한 절차와 그 밖의 행위는 토지소유자의 승계인에게도 미친다고 규정하고 있으므로, 당해 사업의 공사완료일 이내라면 새로운 토지소유자도 잔여지 매수청구가 가능하다고 … 봅니다.

다. 편입 당시의 건축물소유자가 가치감소 보상시점까지 소유하여야 한다는 견해

i) '편입 건축물의 보상대상자'는 잔여 건축물의 보상시점에서 손실의 대상이 되는 잔여 건축물을 소유하고 있지 않으므로 대상자가 될 수 없고, ii) '가치감소 보상당시의 건축물소유자'는 해당 잔여 건축물의 가치감소가 발생한 이후에 취득하였으므로 손실보상대상자가 될 수 없다.

따라서 편입 건축물의 보상당시의 건축물소유자가 잔여 건축물 가치감소 보상시점까지 계속 소유한 경우에 한하여 잔여 건축물 가치감소 보상대상자가 된다는 주장이다

라. 소결

잔여 건축물의 가치감소보상 청구권은 편입 건축물의 협의 또는 재결 당시에 발생한다고 보아야 하므로 청구시점까지 반드시 소유권을 보유하고 있어야 하는 것은 아니므로, '편입 건축물의 소유자가 잔여 건축물 가치감소보상 대상자'가 된다고 본다. 즉, 편입 건축물의 보상 이후 잔여 건축물을 매각한 경우는 잔여 건축물의 보상청구권을 유보하고 잔여 건축물을 낮은 가격에 매각하였다고 보는 것이 합리적이며, 이렇게 해석하여야 잔여 건축물의 매각을 원활하게 하여 잔여 건축물소유자의 손실을 최소화할 수 있다.

특히 「토지보상법」 제5조 제2항의 "이 법에 따라 이행한 절차와 그 밖의 행위는 사업시행자, 토지소유자 및 관계인의 승계인에게도 그 효력이 미친다."에서 건축물소유자인 관계인의 승계인은 편입 건축물의 승계인을 의미한다고 보아야 함에도 편입 건축물이 아닌 잔여 건축물의 승계인에게도 「토지보상법」 제5조 제2항을 적용할 수는 없을 것으로 본다.

② 잔여 건축물 매수 또는 수용 보상대상자

잔여 건축물의 매수 또는 수용 보상대상자와 관련하여서는 편입 건축물의 보상 이후에 잔여 건축물의 소유권을 취득한 자가 보상대상자가 될 수 있는지 여부가 문제된다.

가. 편입 건축물의 소유자가 보상대상자가 된다는 견해

잔여 건축물의 매수 또는 수용 보상도 가치감소보상과 마찬가지로 편입 건축물 보상금의 일부이므로 편입 건축물의 소유자가 잔여 건축물 매수 또는 수용의 보상대상자가 된다는 주장이다.

이 견해는 편입 건축물의 보상 이후 잔여 건축물의 소유권이 변경된 경우에도 편입 건축물의 소유자가 잔여 건축물의 보상대상자가 된다고 본다.

나. 잔여 건축물의 매수 또는 수용 당시의 소유자가 보상대상자가 된다는 견해

편입 건축물의 보상 이후 잔여 건축물의 소유권이 변경된 경우에는 새로운 소유자가 잔여 건축물의 매수 또는 수용 보상대상자가 된다는 주장이다.

이 견해는 「토지보상법」 제5조 제2항에서 "이 법에 따라 이행한 절차와 그 밖의 행위는 사업시행자, 토지소유자 및 관계인의 승계인에게도 그 효력이 미친다."라고 규정하고 있으

므로, 편입 건축물의 보상 이후에 잔여 건축물의 소유권을 취득한 자는 편입 건축물 소유자의 잔여 건축물의 매수 또는 수용 보상권리를 승계하였다고 본다. 국토교통부는 이 견해에 따르고 있다.

〈유권해석〉
잔여지를 승계취득한 소유자도 잔여지 매수청구를 할 수 있다.
[2011.09.05. 토지정책과-4290]

〈회신내용〉
「토지보상법」 제5조 제2항에서 이 법에 따라 이행한 절차와 그 밖의 행위는 사업시행자, 토지소유자 및 관계인의 승계인에게도 그 효력이 미친다고 규정하고 … 있습니다. 따라서, 이 법에 따라 이행한 절차와 그 밖의 행위는 토지소유자의 승계인에게도 미친다고 규정하고 있으므로, 당해 사업의 공사완료일 이내라면 새로운 토지소유자도 잔여지 매수청구가 가능하다고 … 봅니다.

다. 편입 건축물의 소유자가 잔여 건축물의 매수 또는 수용보상 당시까지 소유권을 보유하여야 한다는 견해

편입 건축물의 소유자가 잔여 건축물 매수 또는 수용보상 당시까지 잔여 건축물의 소유권을 유지하고 있을 경우에 한하여 잔여 건축물 매수 또는 수용 보상대상자가 된다는 주장이다. 이 견해는 손실의 대상자와 보상의 대상자가 일치한다는 점에서 합리적인 견해이기는 하지만 편입 건축물의 보상 이후 잔여 건축물의 소유권이 변경된 경우에는 아무도 잔여 건축물 매수 또는 수용 청구를 할 수 없게 되어 잔여 건축물 소유자의 재산권 보장에 미흡하다는 단점이 있다. 현재 중앙토지수용위원회에서는 이 견해에 따르고 있다.

판례

잔여지의 소유권을 상실한 경우 잔여지 매수보상 대상자가 될 수 없다.
[대법원 1990.06.22. 선고 90누1809 판결]

〈판결요지〉
토지 일부를 수용당한 원고가 잔여지의 소유권을 이미 상실하였다면 원고로서는 잔여지의 수용청구를 기각한 이 사건 이의신청의 재결의 취소를 구할 소의 이익이 없다.

〈재결례〉
편입 토지의 협의 이후 잔여지를 매수한 자는 잔여지 보상대상자가
[중토위 2020.09.10. 20수용0556호]

〈재결요지〉
이 건 사업에 편입되는 토지에 대하여 사업시행자와 당초 토지소유자 ○○○가 협의를 완료하였고(2018년)

이 토지에 대한 잔여지를 청구인 ㅁㅁㅁ이 2020.3.25에 매입한 것으로 확인되는바, 청구인 ㅁㅁㅁ은 위 규정에서 정한 소유자에 해당하는 잔여지 수용 청구인의 자격 요건을 갖추지 않았으므로 ㅁㅁㅁ의 잔여지 수용 청구는 부적법하여 각하하기로 한다.

라. 소결

잔여 건축물 매수 또는 수용 보상은 가치감소보상과는 달리 잔여 건축물의 소유권을 사업시행자에게 이전하여야 하므로 매수 또는 수용 당시에 소유권이 없는 편입 건축물의 소유자를 보상대상자로 보는 것은 타당하지 않다.

또한 '편입 건축물의 소유자가 잔여 건축물의 매수 또는 수용 보상 당시까지 소유권을 보유하여야 한다는 견해'가 가장 이론적이며 합리적이나, 이 견해에 따르면 i) 잔여 건축물의 수용청구는 해당 공익사업의 공사완료일까지 할 수 있으나 공익사업의 유형에 따라서는 그 기간이 장기간이 될 수 있고, ii) 편입 건축물의 소유자는 해당 기간 중에 잔여 건축물을 매각할 필요성이 있을 수 있으나, 이 경우 잔여 건축물 상태로서의 가격으로 매각할 수밖에 없으므로 잔여 건축물의 유통이 제한되고, iii) 잔여 건축물 소유자의 재산권이 제대로 보호되지 못하는 결과가 될 수도 있다.

따라서 공익사업에 건축물의 일부가 편입된 잔여 건축물의 소유자를 보다 두텁게 보호하기 위하여 '잔여 건축물 매수 또는 수용청구 당시의 소유자가 된다는 견해'가 타당한 것으로 생각한다.

2. 보수비 보상

(1) 보수비 보상의 요건

동일한 건축물소유자에 속하는 일단의 건축물의 일부가 취득 또는 사용됨으로 인하여 잔여 건축물에 보수가 필요하고 보수 후 종래의 목적대로 사용할 수 있는 경우에 한하여 보수비 보상을 하여야 한다.

판례

건축물의 잔여 부분을 보수하여 종래의 목적대로 사용할 수 있는 경우에 한하여 보수비로 보상할 수 있다. [대법원 2001.09.25. 선고 2000두2426 판결]

〈판결요지〉

수용대상토지 위에 건물이 건립되어 있는 경우 그 건물에 대한 보상은 취득가액을 초과하지 아니하는 한도 내에서 보상하되, 그 건물의 잔여부분을 보수하여 사용할 수 있는 경우에는 보수비로 평가하여 보상 … 한다.

따라서 보수 후 종래의 목적대로 사용할 수 없는 경우에는 「토지보상법」 제75조의2 제2항에 따라 매수보상하여야 한다.

(2) 보수비

① 보수비의 개념

보수비는 건축물의 잔여부분을 종래의 목적대로 사용할 수 있도록 그 유용성을 동일하게 유지하는 데 통상 필요하다고 볼 수 있는 공사에 사용되는 비용으로 하되, 「건축법」 등 관계법령에 의하여 요구되는 시설의 개선에 필요한 비용은 포함하지 않는다.

② 보수비의 산정기준

잔여 건축물의 보수는 잔여 건축물의 안전을 유지하고 잔여 건축물을 종래의 목적에 사용할 수 있는 기능을 유지함으로써 유용성의 동일성을 유지하는 것을 목적으로 하므로 보수 이전과 이후에 물리적인 동일성을 유지할 필요는 없다.

따라서 보수비에는 시설개선비는 포함되지 않는다. 다만 시설개선비가 아닌 관계법령의 변경에 의한 추가적인 시설 설치비는 포함된다.

(3) 보수비의 평가방법

일반적으로 보수비는 i) 벽면적 수리와 관련된 비용, ii) 특수상황의 보정에 소요되는 비용, iii) 기타 비용의 합계로 평가한다(「지장물 보상평가 자료집」 협회, 2017.12).

① 벽면적 수리와 관련된 비용

공익사업에 편입되어 절단되는 벽면의 수리에 관련된 비용으로서 벽면보수 시 일반적으로 요구되는 필수공사비와 편입부분의 위치 등에 따라 추가되는 추가공사비로 구성된다.

② 특수상황의 보정에 소요되는 비용

특수상황의 보정에 소요되는 비용은 공익사업에 창문, 기중, 출입문, 엘리베이터, 계단 등이 편입되는 경우에 추가적으로 발생되는 비용을 말한다.

③ 기타 비용

기타 비용은 설계도면의 작성, 건축물 멸실 신고 등에 소요되는 비용을 말한다.

(4) 보수비의 귀속

보수비는 건축물의 일부가 공익사업지구에 편입되었으나 그 건축물 등의 잔여 부분을 종래의 목적대로 사용할 수 있는 경우에 지급되며, 성질상 그 건축물의 잔여 부분에 대한 보상이 아니라 편입 건축물에 대한 보상에 포함된다.

판례

보수비는 잔여부분에 대한 보상이 아니라 편입부분의 보상에 포함된다.
[대법원 2002.07.09. 선고 2001두10684 판결]

〈판결요지〉

공공용지의 취득 및 손실보상에 관한 특례법 시행규칙 제23조의7 단서의 규정에 의하여 인정되는, 건물의 일부가 공공사업지구에 편입된 경우의 그 건물 잔여 부분에 대한 보수비의 보상은 성질상 그 건물 잔여 부분에 대한 보상이 아니라 건물의 일부분이 공사업지구에 편입된 데에 따른 보상에 지나지 아니하는 것이다.

3. 잔여 건축물의 가치감소보상

(1) 잔여 건축물 가치감소보상과 특별한 희생

행정상 손실보상이란 공공필요에 의한 적법한 공권력의 행사에 의하여 개인의 재산권에 가하여진 '특별한 희생'을 대상으로 하므로 잔여 건축물의 가치감소도 그것이 '특별한 희생'에 해당되어야 보상대상이 된다.

따라서 잔여 건축물의 가치감소보상액이 어느 정도가 되어야 재산권에 내재하는 사회적 제약을 넘어서는 '특별한 희생'에 해당된다고 볼 수 있는지가 문제이다.

그러나 잔여 건축물의 가치감소보상을 규정한 「토지보상법」 제75조의2 제1항은 '일단의 건축물의 일부가 취득되거나 사용됨으로 인하여 잔여 건축물의 가격이 감소하거나'라고 규정하여, 잔여 건축물의 가치 감소 자체를 보상의 대상으로 규정하고 있으므로, 현행 「토지보상법」상으로는 감소액의 다소에 구애됨이 없이 보상대상이 되는 것으로 보아야 한다.97)

따라서 잔여 건축물 가치감소 보상평가는 전체 잔여 건축물에 대해 의뢰되고 수행되어야 한다.

(2) 잔여 건축물 가치감소보상의 요건으로는 실체적 가치감소의 발생

잔여 건축물의 가치가 실제적으로 감소하거나 그 밖의 손실이 있어야 한다.

여기서 그 밖의 손실은 효용성의 감소, 비용의 증가 등으로 볼 수 있으나, 이는 결국에는 잔여 건축물 가치의 감소로 나타나므로 별도로 구분하지 않고 잔여 건축물 가치감소에 포함한다.

따라서 잔여 건축물이 '종래의 목적에 사용하는 것이 현저히 곤란할 때'에 해당되어 매수보상의 대상이 되지 않을 경우에도 잔여 건축물의 가치가 감소한 경우에는 보상 대상이 된다.

판례

잔여지를 종래의 목적으로 사용하는 것이 가능한 경우에도 잔여지 가치감소보상을 청구할 수 있다.
[대법원 2018.07.20. 선고 2015두4044 판결]

〈판결요지〉
사업시행자가 동일한 토지소유자에 속하는 일단의 토지 일부를 취득함으로 인하여 잔여지의 가격이 감소하거나 그 밖의 손실이 있을 때 등에는 잔여지를 종래의 목적으로 사용하는 것이 가능한 경우라도 잔여지 손실보상의 대상이 되며, 잔여지를 종래의 목적에 사용하는 것이 불가능하거나 현저히 곤란한 경우이어야만 잔여지 손실보상청구를 할 수 있는 것이 아니다.

잔여 건축물의 가치감소 보상을 위해서는 가치감소의 개연성만으로는 부족하고 실제적으로 가치감소가 발생하여야 한다.98)

---

97) 현실적으로 특별한 희생에 해당하는 잔여 건축물 가치감소의 정도를 규정한다는 것은 사실상 불가능하다.
98) 사업손실 등으로 인한 실제적 가치감소의 발생 여부를 명확하게 판단할 수 있도록 하기 위하여 2008.4.18. 「토지보상법」 제73조 제2항을 신설하여 잔여 건축물 가치감소보상 청구권의 제척기간을 해당 사업의 공사완료일부터 1년으로 규정한 것이다.

〈질의회신〉
소음・진동과 일조권 침해 등의 개연성만으로 잔여 건축물의 가치하락 보상대상으로 볼 수 없다.
[2010.11.29. 기획팀-2886]

〈질의요지〉
철도공사 및 운행시 진동・소음과 일조권・조망권 침해로 인한 작업환경 악화로 인한 잔여 건축물 가치하락 피해의 보상이 가능한지 여부

〈회신내용〉
「토지보상법」 제73조 제1항에 따르면 공익사업에 토지의 일부가 취득 또는 사용됨으로 인하여 발생하는 손실에 대해 보상하도록 규정하고 있으나, 단순히 조망권・소음・분진 및 매연 등의 피해가 우려된다는 개연성만으로 공익사업시행지구에 편입되고 남은 건물(주택)에 대한 손실을 보상하기는 어렵다고 봅니다.

(3) 잔여 건축물 가치감소보상의 기준

① 잔여 건축물 감정평가방법의 구분

잔여 건축물 가치감소보상의 감정평가방법에는 전후비교법과 분리 합산법이 있다.

가. 전후비교법

전후비교법은 공익사업시행지구에 편입되기 전의 잔여 건축물의 가액에서 공익사업시행지구에 편입된 후의 잔여 건축물의 가액을 뺀 금액으로 감정평가하는 방법이다.

이 방법은 정당한 보상은 공익사업에 편입되기 전과 후의 재산적 가치를 동일하게 하여야 한다는 원칙에는 부합하나, 사업손실이 발생할 경우 등과 같이 편입건축물의 보상시점에서 편입 후의 가치감소의 파악이 어렵다는 문제점이 있다. 이러한 문제를 해소하기 위하여 「토지보상법」 제75조의2 제2항 및 제75조의2 제4항에 따라 준용되는 「토지보상법」 제73조 제2항에서는 잔여 건축물 보상 청구권의 제척기간을 연장하고 있다.

나. 분리합산법

분리합산법은 잔여 건축물로 분할됨으로 인한 가치감소분을 각 요인별로 별도로 감정평가한 후, 이를 합산하여 감정평가하는 방법이다.

이 방법은 이론적이기는 하나 각 요인별 가치감소분을 구분하여 구한다는 것이 현실적으로 불가능하다는 문제점이 있다.

다. 적용

「토지보상법 시행규칙」 제35조 제1항에서 잔여 건축물의 가치감소에 따른 보상평가는 공익사업시행지구에 편입되기 전의 잔여 건축물의 가액에서 공익사업시행지구에 편입된 후의 잔여 건축물의 가액을 뺀 금액으로 감정평가하도록 규정하고 있으므로 전후 비교법이 적용된다.

② 기준시점

잔여 건축물의 가치감소에 따른 보상평가의 기준시점은 협의에 의한 경우에는 협의 성립 당시를, 재결에 의한 경우에는 수용 또는 사용의 재결 당시를 기준으로 한다.

즉, 공익사업시행지구에 편입되기 전·후 잔여 건축물 감정평가의 기준시점은 모두 잔여 건축물의 가치감소에 따른 보상의 협의 성립 당시 또는 재결 당시가 된다.

〈유권해석〉

잔여지 가치감소 및 공사비 보상의 기준시점은 잔여지 보상에 대한 협의성립 당시 또는 재결 당시이다. [2015.08.31. 토지정책과-6306]

〈질의요지〉

「토지보상법」 제73조에서 잔여 건축물 가치하락 및 공사비 보상에 대한 가격시점은?

〈회신내용〉

자여지 손실 등에 대한 보상은 협의에 의한 경우에는 협의 성립 당시의 가격을 기준으로 보상하고, 재결에 의한 경우에는 재결 당시의 가격을 기준으로 보상하여야 할 것으로 봅니다.

(4) 감정평가방법

① 공익사업시행지구에 편입되기 전의 잔여 건축물의 감정평가

가. 원칙

공익사업시행지구에 편입되기 전의 잔여 건축물 가액은 일단의 건축물의 전체가액에서 공익사업시행지구에 편입되는 건축물의 가액을 뺀 금액으로 산정한다.

나. 일단의 건축물 전체가액

가) 원칙

편입건축물의 가액은 일단의 건축물 전체가액을 기준으로 하여 산정하는 것이 원칙이므로, 일단의 건축물 전체가액의 적용단가와 편입건축물의 적용단가는 같은 것이 일반적이다.

나) 예외

편입 건축물과 잔여 건축물의 구조·이용상황 등이 달라 구분감정평가한 경우에는 각각 다른 적용단가를 적용하여 일단의 건축물 전체가액을 산정한다.

다. 해당 공익사업으로 인한 가액 변동의 배제

대상건축물이 공익사업시행지구에 편입됨으로 인하여 잔여 건축물의 가치가 변동된 경우에는 변동되기 전의 가액으로 한다.

즉, 공익사업시행지구에 편입되기 전의 잔여 건축물 가액은 일단의 건축물 전체가 공익사업에 편입되는 것을 기준으로 한 가액에서 실제 편입되는 부분의 가액을 공제하여 산정한다.

② 공익사업시행지구에 편입된 후의 잔여 건축물의 감정평가

가. 원칙

공익사업시행지구에 편입된 후의 잔여 건축물 가액은 잔여 건축물만이 남게 되는 상태에서의 잔여 건축물의 감정평가액으로 한다.

즉, 잔여 건축물 상태에서의 개별요인을 기준으로 감정평가한다.

나. 개별요인 비교에서의 고려사항

공익사업시행지구에 편입된 후의 잔여 건축물의 감정평가에서 잔여 건축물의 개별요인은 i) 잔여 건축물의 위치・면적・형상 및 이용상황, ii) 잔여 건축물의 용도지역 등 공법상 제한, iii) 잔여 건축물과 인접한 동일인 소유건축물의 유무 및 이용상황, iv) 잔여 건축물의 용도변경 등이 필요한 경우에는 주위건축물의 상황, v) 해당 공익사업으로 설치되는 시설의 형태・구조・사용 등, vi)잔여 건축물에 담장・울 등 시설의 설치 또는 그 밖의 공사의 필요성 유・무 및 공사가 필요한 경우에 그 공사방법 등을 고려한다. 이 경우 잔여 건축물의 공법상 제한 및 이용상황 등은 공익사업시행지구에 편입되는 건축물의 협의취득 또는 재결 당시를 기준으로 한다.

다. 사업손실의 반영 여부

잔여 건축물의 가치감소는 수용손실 및 사업손실의 2가지 요인에서 발생한다. 여기서 i) 수용손실이란 '일단의 건축물 중 일부가 공익사업에 편입되어 분할 등의 사유로 면적・형상・접면도로 등이 변하여 건축물의 가치가 하락하는 것'을 말하고, ii) 사업손실이란 '해당 공익사업의 시행 중 또는 시행 후 발생하는 일조조망・진동 등의 침해로 인해 건축물의 가치가 하락하는 것'을 말한다.

그러나 사업손실은 그것이 공익사업의 시행에 부대하여 발생한 손실 또는 손해라는 공통점이 있지만 그 형태나 피해의 정도는 다양하며, 수용손실에 가까운 성질을 지닌 것도 있는 반면 생활권 손실이나 정신적 손실의 성질을 지닌 것도 있다.

잔여 건축물의 가치감소에 수용손실이 포함된다는 데에는 이의가 없으나, 사업손실을 포함할 수 있는지에 대해서는 다툼이 있다.

가) 포함되지 않는다는 견해

i) 사업손실은 잔여 건축물의 가치만을 감소시키는 것이 아니고 잔여 건축물이 아닌 인근 건축물의 가치를 전체적으로 감소시키는 것이므로 단지 잔여 건축물에 대해서만 이러한 손실을 보상하는 것은 형평의 원칙에 부합하지 않으며, 또한 ii)「토지보상법」은 공익사업에 필요한 건축물 등을 취득・사용하거나 이전시킴에 따른 손실에 대한 보상에 적용되나, 이러한 사업손실로 인한 가치감소는 해당 공익사업의 시행의 결과로서 발생되는 것이므로, 「토지보상법」에 따른 보상이 아닌 다른 방법으로 보완되어야 한다는 이유로 사업손실은 잔여 건축물의 가치감소에 따른 보상액에 포함될 수 없다는 주장이다.

나) 포함된다는 견해

사업손실을 잔여 건축물 보상에 포함시키면 인근 건축물과 형평이 맞지 않는다는 문제점은 있으나, 이는 인근 건축물에 대한 보상제도의 문제이지 그것이 잔여 건축물 보상에서 사업손실을 배제할 이유가 되지 않으며, 잔여 건축물 외의 건축물에 대해서도 「소음·진동 관리법」 등의 법률을 적용하여 손해배상으로 처리하거나 「폐기물 처리시설 설치촉진 및 주변지역지원 등에 관한 법률」 등과 같은 법률에 따른 주변지역 지원사업 등을 통하여 해결할 수 있으므로 반드시 형평의 원칙에 어긋나는 것도 아니다. 또한 「토지보상법」 제75조의2 제1항에서 잔여 건축물의 가치가 감소하는 경우 그 손실을 보상하도록 규정하고 있고, 「토지보상법 시행규칙」 제35조 제1항에서 잔여 건축물의 손실은 공익사업시행지구에 편입되기 전의 잔여 건축물의 가액에서 공익사업시행지구에 편입된 후의 잔여 건축물의 가액을 뺀 금액으로 감정평가하도록 규정하고 있을 뿐 잔여 건축물의 가치감소분 중에서 사업손실에 대한 감소분을 공제하도록 하는 규정을 두고 있지 않으므로 사업손실도 포함되어야 한다는 주장이다.

다) 소결

수용손실은 공익사업시행지구에 편입되는 당시에 이미 알 수 있으므로 구태여 청구기한을 연장할 필요가 없음에도 현행 「토지보상법」은 잔여 건축물 가치감소 보상의 청구기한을 사업완료일 후 1년까지로 하고 있다.

이렇게 기한을 연장한 취지는 공익사업이 완료된 이후에야 확인할 수 있는 사업손실을 포함시키기 위한 것이라고 볼 수 있으므로 공익사업시행지구에 편입된 후의 잔여 건축물 가액의 감정평가에서는 사업손실로 인한 가치의 감소도 반영한다.[99]

잔여 건축물 가치하락에 따른 손실액의 감정평가 시에 해당 공익사업의 시행으로 발생한 소음·진동·악취·일조침해 또는 환경오염 등에 따른 손실은 관계법령에 따른 소음 등의 허용기준, 원상회복비용 및 스티그마(STIGMA) 등을 개별요인의 비교 시에 환경조건 등에서 고려하되, 해당 공익사업이 완료되기 전으로 소음 등에 따른 가치하락 여부의 확인이 사실상 곤란한 경우에는 그 사유를 감정평가서에 기재하고 가치하락에 따른 손실액의 감정평가 시에 소음 등을 제외할 수 있다.

판례

잔여지 손실에는 사업손실도 포함된다.
[대법원 2011.02.24. 선고 2010두23149 판결]

〈판결요지〉

공익사업법 제73조에 의하면, 동일한 토지소유자에 속하는 일단의 토지의 일부가 취득 또는 사용됨으로 인하여 잔여 건축물의 가격이 감소하거나 그 밖의 손실이 있는 때 등에는 토지소유자는 그로 인한 잔여지 손실보상청구를 할 수 있고, 이 경우 보상하여야 할 손실에는 토지 일부의 취득 또는 사용으로 인하여

99) 다만, 잔여 건축물에 해당하지 않는 공익사업시행지구 밖의 건축물에 대해서는 「토지보상법」에 근거하여 이러한 사업손실에 대한 보상이 허용되지 않는다.

그 획지조건이나 접근조건 등의 가격형성요인이 변동됨에 따라 발생하는 손실뿐만 아니라 그 취득 또는 사용목적 사업의 시행으로 설치되는 시설의 형태・구조・사용 등에 기인하여 발생하는 손실과 수용재결 당시의 현실적 이용상황의 변경 외 장래의 이용가능성이나 거래의 용이성 등에 의한 사용가치 및 교환가치상의 하락 모두가 포함된다.

라) 사업손실의 감정평가방법

사업손실을 감정평가할 때에는 i) 피해의 원인, ii) 피해원인이 건축물에 미치는 정도, iii) 피해의 계속 여부, iv) 원상회복가능성, v) 관련 법령상 허용기준 등에 대해 조사・확인하여야 한다.

다만 사업손실에 대하여 다른 절차에 따라 손실보상 또는 손해배상을 받은 경우에는 이를 참작하여야 하며, 필요한 경우 사업시행자 또는 토지수용위원회와 사전 협의를 거쳐 관련 전문가에 대한 자문을 거칠 수 있다(「잔여 건축물보상 참고기준」 제12조).

라. 장래 이용가능성 등에 따른 가치감소의 반영 여부

잔여 건축물의 가치감소에 따른 손실보상에는 사업손실뿐만 아니라 장래의 이용가능성이나 거래의 용이성 등에 의한 사용가치 및 교환가치상의 감소 모두가 포함된다. 따라서 공익사업시행지구에 편입된 후의 잔여 건축물 가치의 감정평가에서는 잔여 건축물로 인한 장래의 이용가능성이나 거래의 용이성 등에 의한 사용가치 및 교환가치상의 감소로 인한 가치의 감소를 반영한다.

다만, 이러한 가치감소가 수용손실과 사업손실로 인한 가치감소에 포함되었다고 판단될 때에는 별도로 구분하여 감정평가하지 않는다.

마. 공법상의 제한사항 및 이용상황 등

잔여 건축물의 가치감소에 따른 손실은 공익사업시행지구에 편입되는 건축물의 보상 시점에서 발생한다고 보아야 하므로, 공익사업시행지구에 편입되기 전・후 잔여 건축물의 감정평가에서 공법상의 제한사항 및 이용상황 등은 편입건축물의 보상 당시를 기준으로 한다. 따라서 편입건축물의 보상 이후에 해당 공익사업으로 인하여 용도지역 등 공법상의 제한이 변경된 경우는 물론이고, 해당 공익사업과 관계없이 공법상 제한이 변경된 경우에도 이를 고려하지 아니한다.

즉, 특정한 공익사업의 사업시행자가 보상하여야 하는 손실은 동일한 소유자에게 속하는 일단의 건축물 중 일부를 사업시행자가 그 공익사업을 위하여 취득하거나 사용함으로 인하여 잔여 건축물에 발생하는 것임을 전제로 하므로 「도로법」 제40조에 따른 접도구역 등과 같이 잔여 건축물에 대하여 현실적 이용상황 변경 또는 사용가치 및 교환가치의 하락 등이 발생하였더라도, 그 손실이 건축물의 일부가 공익사업에 취득되거나 사용됨으로 인하여 발생하는 것이 아니라면 특별한 사정이 없는 한 잔여 건축물 가치감소 보상대상에 해당한다고 볼 수 없다.

판례

접도구역 지정으로 인한 손실은 잔여지 손실보상에 해당하지 않는다.
[대법원 2017.07.11. 선고 2017두40860 판결]

〈판결요지〉
잔여지의 손실, 즉 토지의 일부가 접도구역으로 지정・고시됨으로써 일정한 형질변경이나 건축행위가 금지되어 장래의 이용 가능성이나 거래의 용이성 등에 비추어 사용가치 및 교환가치가 하락하는 손실은, 고속도로를 건설하는 이 사건 공익사업에 원고들 소유의 일단의 토지 중 일부가 취득되거나 사용됨으로 인하여 발생한 것이 아니라, 그와 별도로 국토교통부장관이 이 사건 잔여지 일부를 접도구역으로 지정・고시한 조치에 기인한 것이므로, 원칙적으로 토지보상법 제73조 제1항에 따른 잔여지 손실보상의 대상에 해당하지 아니한다.

바. 사업시행이익과의 상계금지

「토지보상법」 제66조에 따라 공익사업시행지구에 편입된 후의 잔여 건축물 가치감소 보상을 하는 경우에도 해당 공익사업의 시행으로 인하여 잔여 건축물의 여건이 개선되어 잔여 건축물의 가치가 증가하거나 그 밖의 이익이 발생한 때에도 그 이익을 잔여 건축물의 가치감소에 따른 보상액과 상계할 수 없다.

따라서 잔여 건축물을 감정평가하는 경우 해당 공익사업으로 인한 가치의 증가가 있는 경우에도 이를 포함하지 않고 감정평가한다.

「토지보상법」 제66조에 따른 사업시행이익과의 상계금지의 원칙은 해당 공익사업으로 인하여 인근지역의 건축물소유자 모두가 받는 통상적인 가액의 상승을 잔여 건축물소유자에게도 인정하여 잔여 건축물소유자와 인근지역 건축물소유자간의 형평을 유지하기 위한 것이다.

판례

공익사업에 편입된 이후의 잔여지 가치의 감정평가에서는 해당 공익사업으로 인한 가치의 증가는 반영하지 않는다.
[대법원 2013.05.23. 선고 2013두437 판결]

〈판결요지〉
잔여지가 이 사건 사업에 따라 설치되는 폭 20m의 도로에 접하게 되는 이익을 누리게 되었더라도 그 이익을 수용 자체의 법률효과에 의한 가격감소의 손실(이른바 수용 손실)과 상계할 수는 없는 것이므로(대법원 1998.9.18. 선고 97누13375 판결, 대법원 2000.2.25. 선고 99두6439 판결 등 참조), 그와 같은 이익을 참작하여 잔여지 손실보상액을 산정할 것은 아니다.

사. 가치감소액의 반영방법

「토지보상법 시행규칙」 제33조 제2항 본문에 따라 건축물의 가액은 구조・이용상태・면적・내구연한・유용성 그밖에 가격형성에 관련되는 제요인을 종합적으로 고려하여 원가법으로 감정평가함을 원칙으로 하되, 주거용 건축물 및 구분소유권의 대상이 되는 건물에 한하여 예외적으로 거래사례비교법으로 감정평가할 수 있다.
따라서 잔여 건축물도 원칙적으로 원가법으로 감정평가하여야 하는데, 이 경우 i) 사업손실, ii) 장래 이용가능성 등에 따른 가치감소 등을 어떻게 반영하여야 하는지가 문제이다. 결국 이러한 요인에 의한 가치의 감소는 감가수정에서 기능적 감가 및 경제적 감가를 통하여 반영하여야 할 것이다.

(5) 잔여 건축물의 가치감소보상 및 공사비보상에 갈음하는 매수보상

① 매수보상의 요건

잔여 건축물의 가치감소에 따른 보상과 잔여 건축물에 대한 보수비 등의 보상을 동시에 하는 경우로서 잔여 건축물의 가치감소에 따른 보상액과 잔여 건축물에 대한 보수비 보상액을 합한 금액이 잔여 건축물의 가액보다 큰 경우에는 잔여 건축물의 가액으로 보상한다. 이는 사업시행자의 불필요한 보상금의 지출을 막기 위한 것이다. 다만, 「토지보상법」 제75조의2 제1항 단서에서 "사업시행자는 그 잔여 건축물을 매수할 수 있다."고 규정하고 있으나, 이는 잔여 건축물은 공익사업에 필요한 건축물이 아니므로 침해의 최소성의 원칙을 준수하기 위한 규정이므로, 사업시행자는 이 경우 원칙적으로 잔여 건축물 매수하여야 하며, 가치감소액 및 보수비의 합계액으로 보상하여서는 안 된다.
그러나 사업시행자가 사업종료 후 청산하여야 하는 한시적인 조합 등인 경우에는 예외적으로 가치감소액 및 공사비 보상액으로 보상할 수도 있을 것이다.

② 잔여 건축물의 가액

이 경우 잔여 건축물의 가액은 「토지보상법 시행규칙」 제35조 제1항에 따른 '공익사업시행지구에 편입되기 전의 잔여 건축물의 가격'을 의미한다. 즉, 공익사업시행지구에 편입됨으로 인하여 잔여 건축물의 가격이 변동된 경우에는 변동되기 전의 가격을 말한다.

(5) 적용시점

「토지보상법」 부칙 제2항에 따라 잔여 건축물 등의 매수에 관한 위의 규정들은 개정 법률의 시행일인 2008.4.18. 이후에 제15조(제26조 제1항에 따라 준용되는 경우를 포함한다)에 따라 보상계획을 공고하고 건축물소유자 및 관계인에게 보상계획을 통지하는 분부터 적용한다.

4. 잔여 건축물의 취득 보상

(1) 잔여 건축물 매수 또는 수용 보상의 대상

잔여 건축물 매수 또는 수용 보상의 대상이 되기 위해서는 i) 공익사업이 시행되어야 하고, ii) 공익사업에 편입된 건축물이 협의 매수되거나 수용되어야 하며, iii) 잔여 건축물을 종래의 목적에 사용하는 것이 현저히 곤란하여야 하고, iv) 잔여 건축물에 대한 매수 또는 수용 청구가 있어야 한다.

① 공익사업의 시행

잔여 건축물 매수 또는 수용 보상은 사업시행자가 '공익사업'을 수행하기 위해 일단의 건축물 중 일부를 협의 또는 수용하거나 이전시킴으로 인하여 남게 된 잔여 건축물이 종래의 목적에

사용하는 것이 현저히 곤란하게 된 경우 해당 건축물소유자에게 매수청구권 및 수용청구권을 인정하는 것이므로, 공익사업의 시행 없이 건축물을 지방자치단체가 매수하는 경우는 그 인접 건축물을 잔여 건축물로 보아 「토지보상법」 제75조의2 제2항에 따라 매수할 수는 없다.

〈법령해석〉
공익사업의 시행 없이 도로로 이용 중인 토지를 지방자치단체가 취득하는 경우는 잔여지를 매수할 수 없다.
[2017.05.31. 법제처 17-0172]

〈질의요지〉
토지소유자와 협의 없이 지방자치단체가 설치하여 도로로 사용 중인 토지의 소유자가 해당 도로에 편입된 토지와 일단에 속하는 인접 토지에 대해 보상을 청구하는 경우, 「국토계획법」에 따른 도시·군계획시설(도로)사업의 시행 없이 그 인접 토지를 잔여지로 보아 「토지보상법」 제74조에 따라 보상할 수 있는지?

〈회답〉
토지소유자와 협의 없이 지방자치단체가 설치하여 도로로 사용 중인 토지의 소유자가 해당 도로에 편입된 토지와 일단에 속하는 인접 토지에 대해 보상을 청구하는 경우, 「국토계획법」에 따른 도시·군계획시설(도로)사업의 시행 없이는 그 인접 토지를 잔여지로 보아 「토지보상법」 제74조에 따라 보상할 수는 없습니다.

② 편입건축물의 매수 또는 수용

잔여 건축물에 대한 매수 또는 수용 보상은 편입건축물의 매수 또는 수용을 전제로 하므로 편입건축물의 매수 또는 수용이 이루어지지 않은 상태에서 잔여 건축물만의 매수 또는 수용을 청구할 수는 없다.

③ 잔여 건축물을 종래의 목적에 사용하는 것이 현저히 곤란

잔여 건축물을 종래의 목적에 사용하는 것이 현저히 곤란하여야 한다.
여기에 대해서는 아래의 "(3) 잔여 건축물 매수 또는 수용 보상의 요건"을 참조하기 바란다.

④ 잔여 건축물의 매수 또는 수용의 청구

잔여 건축물은 공익사업에 직접 필요한 건축물이 아니므로 잔여 건축물 소유자의 매수 또는 수용의 청구가 있는 경우에 한하여 취득할 수 있다. 따라서 사업시행자가 잔여 건축물의 수용을 청구할 수는 없다.

(2) 잔여 건축물 매수 또는 수용 청구권의 법적 성격

① 잔여 건축물 매수청구권

「토지보상법」 제75조의2 제2항에서 "…잔여 건축물을 매수하여 줄 것을 청구할 수 있으며"라고 규정하고 있으므로 협의절차에 있어서도 잔여 건축물 매수청구가 가능하다. 다만, 「토지보상법」 제75조의2 제2항이 사법상의 계약의 실질을 가지는 협의단계에서 잔여 건축물소유자에게 그 일방적인 의사표시에 의하여 매매계약을 성립시키는 형성권으로서 매수청구권을 인정하고 있다고 볼 수는 없고, 이는 어디까지나 사법상의 매매계약에 있어 청약에 불과하다고 보아야 하므로 이는 채권적 청구권에 해당된다고 본다. 따라서 사업시행자가 잔여 건축물 매

수청구를 승낙하여 매매계약이 성립하지 아니한 이상, 잔여 건축물소유자의 일방적 의사표시에 의하여 잔여 건축물에 대한 매매계약이 성립한다고 볼 수 없다.

판례

잔여지 매수청구는 형성권이 아니라 사법상 매매계약의 청약에 불과하다.
[대법원 2004.09.24. 선고 2002다68713 판결]

〈판결요지〉
구 공공용지의 취득 및 손실보상에 관한 특례법(2002.2.4. 법률 제6656호로 폐지되기 전의 것)과 구 토지수용법의 관계, 공공용지의 사법상 매수취득절차 및 그 보상기준과 방법을 규정하고 있는 위 특례법의 특질, 구 토지수용법이 토지소유자에게 형성권으로서 잔여지 수용청구권을 인정하고 있는 근거와 취지, 잔여지에 관한 위 특례법의 규정형식, 이른바 형성권의 의의와 특질을 종합하면, 위 특례법이 토지소유자에게 그 일방적인 의사표시에 의하여 매매계약을 성립시키는 형성권으로서 잔여지 매수청구권을 인정하고 있다고 볼 수는 없고, … 이는 어디까지나 사법상의 매매계약에 있어 청약에 불과하다고 할 것이므로 사업시행자가 이를 승낙하여 매매계약이 성립하지 아니한 이상, 토지소유자의 일방적 의사표시에 의하여 잔여지에 대한 매매계약이 성립한다고 볼 수 없다.

② 잔여 건축물 수용청구권

잔여 건축물 수용청구권은 「토지보상법」 제75조의2 제2항에서 규정한 요건을 구비한 때에는 토지수용위원회의 특별한 조치를 기다릴 것 없이 청구에 의하여 수용의 효과가 발생하므로 이는 형성권적 성질을 가지는 것으로 본다.

판례

잔여지수용청구권은 형성권적 성질을 가진다.
[대법원 2001.09.04. 선고 99두11080 판결]

〈판결요지〉
토지수용법에 의한 잔여지수용청구권은 그 요건을 구비한 때에는 토지수용위원회의 특별한 조치를 기다릴 것 없이 청구에 의하여 수용의 효과가 발생하는 형성권적 성질을 가지고, 그 행사기간은 제척기간으로서, 토지소유자가 그 행사기간 내에 잔여지수용청구권을 행사하지 아니하면 그 권리가 소멸하므로, … 도시계획법에 의한 토지수용이라 하여 달리 볼 것은 아니다.

(3) 잔여 건축물 매수 또는 수용 보상의 요건

① 일반적인 요건

가. 종래의 목적

잔여 건축물의 매수요건으로서 '종래의 목적에 사용하는 것이 현저히 곤란하게 된 때' 중 '종래의 목적'이라 함은 취득 당시에 해당 잔여 건축물이 현실적으로 사용되고 있는 구체적인 용도를 의미한다.

즉, '종래의 목적'은 공부상 건축물의 용도가 아니라 현실적인 용도를 기준으로 판단한다.

판례

'종래의 목적'이라 함은 취득 당시에 해당 잔여지가 현실적으로 사용되고 있는 구체적인 용도를 의미한다. [대법원 1991.08.27. 선고 90누7081 판결]

〈판결요지〉

토지의 일부 수용으로 인한 잔여지가 수용 전후를 불문하고 계속 도로로서 사용되고 있어 수용으로 인하여 잔여지를 종래의 목적에 사용하는 것이 현저히 곤란할 때에 해당하지 아니한다고 볼 수 있다.

따라서 '종래의 목적'은 현재 실제 사용되고 있는 특정한 용도를 기준으로 판단하여야 하므로, 공장의 경우 현재 사용되고 있는 업종 및 규모를 기준으로 판단하여야 하고, 잔여 건축물을 단지 다른 업종의 공장으로 전용 가능하다고 하여 종래의 목적에 부합한다고 판단할 수 없다.

다만, 임차 등으로 현재 실제 사용되고 있는 용도가 일시적인 이용일 경우는 이를 고려하지 않으며, 장래 이용할 것으로 예정된 목적을 기준으로도 판단하여서는 안 된다.

나. 사용하는 것이 현저히 곤란하게 된 때

가) 일반적인 기준

'사용하는 것이 현저히 곤란하게 된 때'라고 함은 물리적으로 사용하는 것이 곤란하게 된 경우는 물론 사회적·경제적으로 사용하는 것이 곤란하게 된 경우 즉, 절대적으로 이용 불가능한 경우만이 아니라 이용은 가능하나 많은 비용이 소요되는 경우를 포함한다.

즉, 잔여 건축물 가치감소보상은 해당 잔여 건축물이 통상적인 부동산시장을 통한 매각은 가능하나 가치가 감소되는 경우 그 가치의 감소분을 보상하는 것임에 비하여, 잔여 건축물의 매수 또는 수용 보상은 잔여 건축물 상태로는 종래의 목적을 기준으로 하여 통상적인 부동산시장에서 매각이 불가능하다고 보고 사업시행자가 이를 매수하는 것이므로 '사용하는 것이 현저히 곤란하게 된 때'의 판단은 단순한 물리적 사용 가능성 외에도 시장성의 측면에서 판단하여야 한다.

판례

'종래의 목적에 사용하는 것이 현저히 곤란하게 된 때'의 의미 [대법원 2005.01.28. 선고 2002두4679 판결]

〈판결요지〉

구 「토지수용법」(1999.2.8. 법률 제5909호로 개정되기 전의 것) 제48조 제1항 …에서 '종래의 목적'이라 함은 수용재결 당시에 당해 잔여지가 현실적으로 사용되고 있는 구체적인 용도를 의미하고, '사용하는 것이 현저히 곤란한 때'라고 함은 물리적으로 사용하는 것이 곤란하게 된 경우는 물론 사회적, 경제적으로 사용하는 것이 곤란하게 된 경우, 즉 절대적으로 이용 불가능한 경우만이 아니라 이용은 가능하나 많은 비용이 소요되는 경우를 포함한다고 할 것이다.

일반적으로 보상실무에서는 i) 건축물의 안전진단 결과 잔여 건축물의 도괴 등의 위험요소가 있는 경우, ii) 건축물의 주요 구조부 및 필수시설이 편입되어 대체시설의 설치가 곤란한 경우, iii) 기둥, 보 등 주요 구조부에 대한 보강시설 설치가 곤란한 경우, iv) 계단, 화장실, 주방 등에 대한 대체시설의 설치가 곤란한 경우, v) 잔여 건축물이 세모꼴 또는 좁고 긴 형상으로 되어 도시미관과 건축물의 이용이 부적합한 경우, vi) 주거용 건축물로서 도로 등과 직접 접하여 소음·진동 및 안전사고의 위험이 큰 경우 등은 종래의 목적에 사용하는 것이 현저히 곤란하게 되어 잔여 건축물의 매수가 가능하다고 본다(「지장물 보상평가 자료집」 협회, 2017.12.)

나) 공법상의 제한을 받고 있는 경우

(가) 해당 공익사업과 관련이 없는 공법상의 제한

잔여 건축물이 도시·군계획시설에 저촉되는 등의 공법상의 제한을 받고 있는 경우는 그러한 제한을 받는 상태를 기준으로 하여 종래의 목적에 사용하는 것이 현저히 곤란한지 여부를 판단하여야 한다.

즉, 잔여 건축물의 매수 또는 수용 청구는 해당 공익사업으로 인하여 '종래의 목적에 사용하는 것이 현저히 곤란하게 된 때'에 해당되어야 하므로 해당 공익사업이 아닌 다른 공법상의 제한으로 인하여 건축 등이 불가능하게 된 경우에는 잔여 건축물 매수 또는 수용 청구의 대상이 되지 않는다.

판례

잔여지 상의 공법상의 제한을 기준으로 종래의 목적에 사용 가능 여부를 판단한다.
[대법원 1990.12.26. 선고 90누1076 판결]

〈판결요지〉

주택신축을 준비 중이던 토지의 일부분에 대한 토지수용으로 인하여 나머지 토지 위에는 주택을 건축할 수 없게 되었다면, 비록 위 나머지 토지부분의 현실적 이용상황이 전이라고 하더라도, 종래의 목적에 사용하는 것이 현저히 곤란한 때에 해당한다고 할 것이나, 잔여지 중 일부가 녹지지역내의 시설녹지로서 이미 도시계획법 제4조, 제12조에 의하여 건축 등의 행위가 제한되고 있는 토지라면 위 토지수용으로 인하여 이를 종래의 목적에 사용하는 것이 현저히 곤란한 때에 해당한다고는 보여지지 아니 하므로 이 부분 토지에 대해서는 잔여지 수용청구를 할 수 없다.

나) 해당 공익사업과 관련된 공법상의 제한

잔여 건축물에 가하여진 공법상의 제한이 해당 공익사업과 관련된 것일 경우는 이를 고려하여 종래의 목적에 사용하는 것이 현저히 곤란하게 되었는지 여부를 판단하여야 한다.

판례

〈재결례〉
접도구역 지정으로 인하여 잔여지의 건축면적이 적을 경우에는 종래의 목적으로 사용하는 것이 현저히 곤란하다고 볼 수 있다.
[중토위 2017.07.13.]

〈재결요지〉
청구인이 잔여지 수용청구를 하고 있는 경기 ○○시 ○○면 ○○리 304 공장용지 394㎡ (계획관리)는 총 1,026㎡ 중 632㎡가 편입(같은 동 304-2)되고 남은 토지로서 면적이 작지 아니하고 기존도로를 대체하여 설치하는 도로를 통해 진출입이 가능하나, 접도구역(145㎡)를 제외하고 부지현상을 고려할 때 실제 가능한 건축면적은 약 88㎡에 불과한 점으로 볼 때 동 건축면적만으로는 공장(콩나물, 숙주나물 재배) 운영을 위한 최소한의 시설물을 배치할 수 있는 공간을 확보하는 것이 어려워 종래의 목적대로 사용하는 것이 현저히 곤란하다고 판단되므로 금회 이를 수용하기로 한다.

② 판단기준

가. 원칙

잔여 건축물이 종래의 목적에 사용하는 것이 현저히 곤란하게 되어 매수 또는 수용 보상의 대상이 되기 위해서는 i) 면적의 과소 또는 부정형 등의 사유로 인하여 건축물을 사용할 수 없거나 사용이 현저히 곤란한 경우, ii) 공익사업의 시행으로 인하여 교통이 두절되어 사용이 불가능하게 된 경우, iii) 앞의 두 가지 경우 외에 이와 유사한 정도로 잔여 건축물을 종래의 목적대로 사용하는 것이 현저히 곤란하다고 인정되는 경우 등의 어느 하나에 해당되어야 한다.

나. 고려사항

잔여 건축물이 위의 어느 하나에 해당하는지를 판단할 때에는 i) 잔여 건축물의 위치・형상・이용상황 및 용도지역, ii) 편입부분의 면적 및 잔여 건축물의 면적 등의 사항을 종합적으로 고려하여야 한다.

즉, 잔여 건축물이 종래의 목적에 사용하는 것이 현저히 곤란하게 되었는지 여부를 판단할 경우 공익사업에 편입되는 건축물의 면적 및 잔여 건축물의 면적을 함께 고려하여야 한다.

즉, 잔여 건축물의 면적은 '사용하는 것이 현저히 곤란하게 된 때'를 판단하는 중요한 요인이기는 하지만 면적만을 기준으로 이를 판단하여서는 안 된다.

〈유권해석〉
"종래의 목적"을 면적만을 기준으로 판단하는 것은 아니다.
[2015.03.13. 토지정책과-1760]

〈질의요지〉
토지보상법 시행령 제39조 제2항에서 잔여지 면적을 고려하도록 하고 있는 데 잔여지가 넓은 경우(3,000㎡)

에도 종래 목적대로 사용할 수 없다면 잔여지로 보고 매수하여야 하는지 여부

〈회신내용〉

"종래의 목적"이란 해당 잔여지가 현실적으로 사용되고 있는 구체적인 용도를 의미하고, 잔여지의 면적은 고려하여야 할 중요한 요소이기는 하나 잔여지의 면적만을 기준으로 할 수는 없다고 봅니다.

다. 판단시점

잔여 건축물의 종래의 목적은 편입 건축물의 기준시점을 기준으로 판단한다.

판례

'종래의 목적'은 수용재결 당시의 구체적인 용도를 기준으로 판단한다.
[대법원 2017.09.21. 선고 2017두30252 판결]

〈판결요지〉

「토지보상법」 제74조 제1항에서 규정한 '종래의 목적'은 수용재결 당시에 그 잔여진가 현실적으로 사용되고 있는 구체적인 용도를 의미하고, '사용하는 것이 현저히 곤란한 때'에 해당하려면, 물리적으로 사용하는 것이 곤란하게 되거나, 사회적 · 경제적으로 사용하는 것이 곤란하게 된 경우, 즉 이용은 가능하나 많은 비용이 소요되는 경우이어야 한다.

(4) 감정평가방법

① 일단의 건축물 전체가액

편입건축물의 가액은 일단의 건축물 전체가액을 기준으로 하여 산정하는 것이 원칙이므로, 일단의 건축물 전체가액의 적용단가와 편입건축물의 적용단가는 같은 것이 일반적이다.
다만, 편입건축물과 잔여 건축물의 구조 · 이용상황 등이 달라 구분감정평가한 경우에는 각각 다른 적용단가를 적용하여 일단의 건축물 전체가액을 산정한다.

② 편입 건축물의 가액

일반적인 보상평가방법을 적용하여 감정평가한다.

③ 공법상의 제한사항 등

잔여 건축물의 손실은 편입건축물의 보상시점에서 발생한다고 보아야 하므로, 일단의 건축물 전체가액 및 편입건축물의 가액을 감정평가할 때 공법상의 제한사항 등은 편입건축물의 보상 당시를 기준으로 한다.
따라서 편입건축물의 보상 이후에 해당 공익사업으로 인하여 용도지역 등 공법상의 제한이 변경된 경우는 물론이고, 해당 공익사업과 관계없이 공법상 제한이 변경된 경우에도 이를 고려하지 않는다.

④ 해당 공익사업으로 인한 가치 변동의 배제

잔여 건축물의 매수 또는 수용 보상은 잔여 건축물을 포함한 일단의 건축물 전체가 공익사업에 편입된다고 보는 것이므로 편입건축물은 물론이고 일단의 건축물 전체에 대해 「토지보상

법」 제67조 제2항이 적용된다.

따라서 기준시점 당시에 해당 공익사업의 시행으로 인하여 가치의 변동이 발생한 경우에도 이는 고려하지 않고 감정평가한다.

즉, 기준시점에서 해당 공익사업의 시행으로 인하여 잔여 건축물의 도로조건 등이 변경되거나 용도가 변경된 경우에도 이를 고려하지 않고 감정평가한다.

(5) **기준시점**

잔여 건축물의 매수 또는 수용 보상평가의 기준시점은 일반 건축물과 마찬가지로 협의에 의한 경우에는 협의 성립 당시로 하고, 재결에 의한 경우에는 수용재결 당시를 기준으로 한다. 즉, 일단의 건축물 전체가액 및 편입되는 건축물가액의 기준시점은 모두 잔여 건축물 매수보상의 협의 성립 당시 또는 재결 당시가 된다(「토지보상법」 제67조 제1항).

03 공작물 등에 대한 보상평가

Ⅰ. 관련규정의 내용

「토지보상법」 제75조(건축물 등 물건에 대한 보상) ① 건축물・입목・공작물과 그 밖에 토지에 정착한 물건(이하 "건축물 등"이라 한다)에 대하여는 이전에 필요한 비용(이하 "이전비"라 한다)으로 보상하여야 한다. 다만, 다음 각 호의 어느 하나에 해당하는 경우에는 해당 물건의 가격으로 보상하여야 한다.

1. 건축물 등을 이전하기 어렵거나 그 이전으로 인하여 건축물등을 종래의 목적대로 사용할 수 없게 된 경우
2. 건축물 등의 이전비가 그 물건의 가격을 넘는 경우
3. 사업시행자가 공익사업에 직접 사용할 목적으로 취득하는 경우

⑤ 사업시행자는 사업예정지에 있는 건축물 등이 제1항 제1호 또는 제2호에 해당하는 경우에는 관할 토지수용위원회에 그 물건의 수용 재결을 신청할 수 있다.

⑥ 제1항부터 제4항까지의 규정에 따른 물건 및 그 밖의 물건에 대한 보상액의 구체적인 산정 및 평가방법과 보상기준은 국토교통부령으로 정한다.

「토지보상법 시행규칙」 제36조(공작물 등의 평가) ① 제33조 내지 제35조의 규정은 공작물 그 밖의 시설(이하 "공작물 등"이라 한다)의 평가에 관하여 이를 준용한다.

② 다음 각 호의 1에 해당하는 공작물 등은 이를 별도의 가치가 있는 것으로 평가하여서는 아니된다.

1. 공작물 등의 용도가 폐지되었거나 기능이 상실되어 경제적 가치가 없는 경우
2. 공작물 등의 가치가 보상이 되는 다른 토지 등의 가치에 충분히 반영되어 토지 등의 가격이 증가한 경우
3. 사업시행자가 공익사업에 편입되는 공작물 등에 대한 대체시설을 하는 경우

「토지보상법 시행규칙」 제20조(구분평가 등) ② 건축물 등의 면적 또는 규모의 산정은 「건축법」 등 관계법령이 정하는 바에 의한다.

Ⅱ. 공작물 보상평가 주요 내용

1. 공작물등 용어의 정의

'공작물 등'이란 공작물 및 그 밖의 시설을 말한다.

즉, '공작물 등'이란 공작물과 공작물에 해당되지는 않지만 토지 또는 건축물 등에 고착되어 있는 시설물을 말한다. 따라서 토지 또는 건축물 등에 고착되어 있지 않는 시설물은 공작물 등이 아니라 동산으로 구분된다.

2. 공작물의 보상평가

(1) 원칙

① 공작물 등의 감정평가

공작물 등의 감정평가는 건축물의 감정평가방법을 준용한다(「토지보상법 시행규칙」 제36조 제1항).

② 공작물 등에 관한 소유권외의 권리 등의 감정평가

공작물 등에 관한 소유권외의 권리 등의 감정평가는 건축물에 관한 소유권 외의 권리 등의 감정평가방법을 준용한다(「토지보상법 시행규칙」 제36조 제1항).

③ 잔여공작물 등의 감정평가

잔여공작물 등의 감정평가는 잔여 건축물의 감정평가방법을 준용한다(「토지보상법 시행규칙」 제36조 제1항).

(2) 예외

i) 공작물 등의 용도가 폐지되었거나 기능이 상실되어 경제적 가치가 없는 경우, ii) 공작물 등의 가치가 보상이 되는 다른 토지 등의 가치에 충분히 반영되어 토지의 가격이 증가한 경우, iii) 사업시행자가 공익사업에 편입되는 공작물 등에 대한 대체시설을 하는 경우 등에 해당하는 공작물 등은 별도의 가치가 없는 것으로 보아 감정평가하지 않는다(「토지보상법 시행규칙」 제36조 제2항). 즉, 이러한 공작물 등이 물건조서에 포함되어 감정평가가 의뢰된 경우에도 감정평가해서는 안 된다. 이를 나누어 보면 다음과 같다.

① 용도가 폐지되었거나 기능이 상실되어 경제적 가치가 없는 경우

공작물 등의 용도가 폐지되었거나 기능이 상실되어 경제적 가치가 없는 것은 보상대상이 아니다.

「헌법」 제23조 제3항에서 "공공필요에 의한 재산권의 수용・사용 또는 제한 및 그에 대한 보상은 법률로써 하되, 정당한 보상을 지급하여야 한다."고 규정하여 보상대상을 '재산권'으로 규정하고 있고, '재산권'은 사적 유용성과 임의적 처분권능을 요소로 하며, '사적 유용성'이란 경제적 가치를 의미하므로 용도가 폐지되었거나 기능이 상실되어 경제적 가치가 없는 공작물

등은 재산권에 해당되지 않으므로 보상대상이 아니다.

또한 「헌법」 제23조 제3항에서 말하는 '정당한 보상'은 피수용재산의 객관적인 재산가치를 완전하게 보상하는 것이므로 객관적인 재산가치(경제적 가치)가 없는 공작물 등은 보상대상이 아니다.

판례

「헌법」상의 재산권은 사적 유용성과 임의적 처분권을 내포하는 재산적 가치 있는 구체적인 권리를 의미한다. [헌법재판소 2002.07.18. 99헌마574 결정]

〈결정요지〉

헌법상 보장된 재산권은 사적 유용성 및 그에 대한 원칙적인 처분권을 내포하는 재산 가치 있는 구체적인 권리이므로, 구체적 권리가 아닌 영리획득의 단순한 기회나 기업 활동의 사실적・법적 여건은 기업에게는 중요한 의미를 갖는다고 하더라도 재산권보장의 대상이 아니다. 청구인들의 영업활동은 국가에 의하여 강제된 것이 아님은 물론이고, 원칙적으로 자신의 자유로운 결정과 계획, 그에 따른 사적 위험부담과 책임 하에 행위하면서 법질서가 반사적으로 부여하는 기회를 활용한 것에 지나지 않는다고 할 것이므로, 청구인들이 영업을 포기해야 하기 때문에 발생하는 재산상의 손실은 헌법 제23조의 재산권의 범위에 속하지 아니한다. 따라서 이 사건 법률조항으로 인하여 청구인들의 재산권이 침해된 바가 없다.

판례

정당한 보상이란 피수용재산의 객관적인 재산가치를 완전하게 보상하는 것을 의미한다. [헌법재판소 2012.03.29. 2010헌바411 결정]

〈결정요지〉

헌법 제23조 제3항이 규정하는 정당한 보상이란 원칙적으로 피수용재산의 객관적인 재산가치를 완전하게 보상하는 완전보상을 의미하는바, 구 토지수용법 제46조 제2항 및 '지가공시 및 토지 등의 평가에 관한 법률' 제10조 제1항 제1호가 토지수용으로 인한 손실보상액의 산정을 공시지가를 기준으로 하되 개발이익을 배제하고, 공시기준 일부터 재결 시까지의 시점보정을 인근토지의 가격변동률과 도매물가상승률 등에 의하여 행하도록 가정한 것은 위 각 법률의 규정에 의한 공시지가가 공시기준일 당시 표준지의 객관적 가치를 정당하게 반영하는 것이고, 표준지와 지가산정 대상토지 사이에 가격의 유사성을 인정할 수 있도록 표준지의 선정이 적정하며, 공시기준일 이후 수용 시까지의 시가변동을 산출하는 시점보정의 방법이 적정한 것으로 보이므로, 헌법 제23조 제3항의 규정한 정당보상의 원칙에 위배되는 것이 아니며, 또한, 위 헌법 조항의 법률유보를 넘어섰다거나 과잉금지의 원칙에 위배된다고 볼 수 없다.

② 공작물 등의 가치가 다른 토지 등의 가치에 반영된 경우

가. 원칙

석축이나 제방 등과 같이 공작물 등의 가치가 다른 토지 등의 가치에 충분히 반영되어 토지 등의 가치가 증가하고, 그 토지 등이 공익사업시행지구에 편입되어 보상하는 경우에 공작물 등을 다시 보상한다면 이중 보상이 되기 때문에 이러한 경우는 공작물 등은 별도의 보상대상으로 보지 않는다.

판례

공작물의 가치가 편입토지의 가치에 화체되었다고 볼 수 없는 경우는 보상대상이 된다.
[대법원 1999.06.11. 선고 97다56150 판결]

〈판결요지〉
저수지시설이 몽리답에 화체된 경우에는 이를 평가・보상하지 아니한다고 규정한 특례법 시행규칙 제12조 제3항 제3호 (나)목은 공공사업용지로 편입된 몽리답의 재산적 가치에 대한 평가에 저수지시설의 재산적 가치가 함께 포함된 것으로 보이는 경우에 저수지시설에 대하여도 이를 평가하여 보상한다면 결과적으로 이중 보상에 해당하게 되어 부당하므로 이를 방지하기 위한 것이다.

〈유권해석〉
석축 등으로 보호되고 있는 토지를 공익사업용지로 편입시킬 때에는 그 석축 등에 대하여는 따로 보상하지 않는다.
[국토부 2002.10.09. 토관 58342-1447]

〈질의요지〉
토지보호를 위하여 구축한 옹벽이 손실보상대상에 해당되는지 여부?

〈회신내용〉
공공용지의 취득 및 손실보상에 관한 특례법 시행규칙 제12조 제5항의 규정에 의하면 석축, 제방 기타 이와 유사한 공작물 등으로 토지등이 보호되고 있느 경우에는 그 토지등을 공공사업용지로 편입시킬 때에는 그 석축, 제방 기타 이와 유사한 공작물등에 대하여는 따로 평가하지 아니 하도록 되어 있으므로 토지를 보호하기 위하여 구축한 옹벽은 별도 보상대상에 해당되지 아니 한다고 보며, 개별적인 사례에 대하여는 사업시행자가 사실관계를 조사하여 판단・결정할 사항이라고 봅니다.

나. 예외

공작물 등의 가치가 화체된 토지의 전부가 공익사업에 편입되지 않고 일부만이 편입되는 경우는 석축 또는 제방과 같은 공작물도 별도로 보상하거나, 「토지보상법」 제73조 제1항에 따라 대체시설의 공사비로 보상하여야 한다.

〈질의회신〉
옹벽부분만이 공익사업에 포함된 경우로서 대체시설을 하지 않는다면 옹벽을 보상하여야 한다.
[협회 2021.05.12. 감정평가기준센터 2021-00698]

〈질의요지〉
옹벽 부분이 토지보상법 시행규칙 제36조 제2항 제1호 내지 제3호에 해당하지 않는다면, 옹벽만을 보상대상으로 보아 평가할 수 있는지 여부 및 보상의 범위

〈회신내용〉
귀 질의하신 옹벽 부분은 사업시행자가 옹벽 부분을 철거한 후 법면으로 조성하려는 계획이 사업시행자가 공익사업에 편입되는 공작물등에 대한 대체시설을 하는 경우라면 별도의 가치가 있는 것으로 평가하여서는

아니 되나, 대체시설을 하는 경우가 아니라면 토지보상법 시행규칙 제36조 제2항에 해당하지 않는바 같은 법 시행규칙 제36조 제1항에 따라 평가할 수 있을 것입니다.

③ 사업시행자가 대체시설을 하는 경우

가. 보상대상에서 제외하는 이유

공익사업시행지구에 편입되는 공작물 등에 대하여 사업시행자가 그에 대체되는 시설을 설치한 경우 그 소유자는 별도의 손실이 있다고 볼 수 없으므로 보상대상으로 보지 않는다.

〈유권해석〉

대체시설을 하는 경우에는 해당 공익사업으로 인한 것으로 보아 보상대상에서 제외한다.
[국토부 2018.09.11. 토지정책과-5821]

〈질의요지〉

공공주택사업에 지방자치단체의 자원순환센터(폐기물처리시설)이 편입되어 사업시행자가 새로운 폐기물종합처리시설을 설치하는 경우 보상은?

〈회신내용〉

「토지보상법 시행규칙」 제36조 제2항에서 공작물등(공작물 그 밖의 시설)의 용도가 폐지되었거나 기능이 상실되어 경제적 가치가 없는 경우, 공작물 등의 가치가 보상이 되는 다른 토지등의 가치에 충분히 반영되어 토지등의 가격이 증가한 경우, 사업시행자가 공익사업에 편입되는 공작물등에 대한 대체시설을 하는 경우 해당 공작물등은 이를 별도의 가치가 있는 것으로 평가하여서는 아니 된다고 규정하고 있습니다.
위 규정 중 공작물 등에 대한 대체시설을 하는 경우, 해당 공익사업으로 인한 손실이 없는 것으로 보아 별도의 보상 대상으로 보지 않도록 한 것으로 보며, 기타 개별적인 사례에 대하여는 사업시행자가 관계법령, 사업현황 및 협의내용 등 사실관계를 검토하여 판단할 사항으로 봅니다.

나. 대체시설의 요건

대체시설로 인정되기 위해서는 i) 기존 공작물과 기능적인 측면에서 대체가 가능한 시설이어야 하고, ii) 기존 공작물 소유자가 대체시설의 소유권을 취득하거나 소유권자에 준하는 관리처분권을 가져야 한다.

판례

대체시설을 하는 경우는 실질적으로 보상이 된 것으로 보아야 하므로 보상대상에서 제외하는 것이다.
[대법원 2012.09.13. 선고 2011다83929 판결]

〈판결요지〉

「토지보상법 시행규칙」 제36조 제2항 제3호는 '사업시행자가 공익사업에 편입되는 공작물 등에 대한 대체시설을 하는 경우'에는 이를 별도의 가치가 있는 것으로 평가하여서는 아니 된다고 규정하고 있다. 이처럼 대체시설을 하는 경우 별도의 손실보상을 하지 않도록 규정한 것은 그러한 대체시설로서 공작물 소유자에게 실질적으로 손실이 보상된 것으로 볼 수 있기 때문이므로, 대체시설로 인정되기 위해서는 기존 공작물과 기능적인 측면에서 대체가 가능한 시설이어야 할 뿐만 아니라, 특별한 사정이 없는 한 기존 공작물 소유자가 대체시설의 소유권을 취득하거나 소유권자에 준하는 권리처분권을 가지고 있어야 한다.

III. 공작물 보상평가 유의사항

1. 옹벽 등 공작물만 공익사업에 편입되는 경우 등

(1) 원칙

「토지보상법 시행규칙」 제36조 제2항 제2호에서 '공작물 등의 가치가 보상이 되는 다른 토지 등의 가치에 충분히 반영되어 토지 등의 가격이 증가한 경우'에는 별도의 가치가 있는 것으로 평가하지 않도록 한 규정의 취지는 옹벽 등과 이것으로 보호되고 있는 토지의 대부분이 공익사업에 편입된 경우 옹벽 등의 가치는 토지가치에 화체되었다고 보아야 하므로 이 경우 옹벽 등의 가치를 별도로 보상한다면 2중 보상이 되기 때문이다.

따라서 i) 공작물의 소유자와 공작물로 보호되는 토지의 소유자가 다르거나, ii) 옹벽 등만 공익사업에 편입되거나, iii) 옹벽 등으로 보호되고 있는 토지의 일부만 공익사업에 편입되는 경우에는 해당 옹벽 등도 보상대상이 된다고 보아야 한다.

판례

공작물의 가치가 편입토지의 가치에 화체되었다고 볼 수 없는 경우는 보상대상이 된다.
[대법원 1999.06.11. 선고 97다56150 판결]

〈판결요지〉

사업시행자가 택지개발사업을 시행하면서 그 구역내의 농지개량조합 소유 저수지의 몽리답을 취득함으로써 사업시행구역 외에 위치한 저수지가 기능을 상실하고, 그 기능상실에 따른 손실보상의 협의가 이루어지지 않은 경우, 농지개량조합이 입은 손해는 공공사업지 밖에서 일어난 간접손실로서 토지수용법 또는 특례법 시행규칙의 간접 보상에 관한 규정에 근거하여 직접 사업시행자에게 손실보상청구권을 가질 수는 없으나, 특례법 시행규칙 제23조의6을 유추적용하여 사업시행자를 상대로 민사소송으로서 그 보상을 청구할 수 있다.[100)]

저수지시설이 몽리답에 화체된 경우에는 이를 평가·보상하지 아니한다고 규정한 특례법 시행규칙 제12조 제3항 제3호 (나)목은 공공사업용지로 편입된 몽리답의 재산적 가치에 대한 평가에 저수지시설의 재산적 가치가 함께 포함된 것으로 보이는 경우에 저수지시설에 대하여도 이를 평가하여 보상한다면 결과적으로 이중 보상에 해당하게 되어 부당하므로 이를 방지하기 위한 것인바, 몽리답의 소유자와 저수지시설의 소유자가 실질적으로 다른 경우에는 몽리답의 소유자에 대한 보상과는 별도로 저수지시설의 소유자에게 저수지시설에 대하여 보상한다고 하여 이를 이중 보상에 해당한다고 할 수는 없으므로, 결국 저수지시설에 대하여 보상하지 아니하는 것은 몽리답의 소유자와 저수지시설의 소유자가 실질적으로 동일하고 몽리답의 평가액에 저수지시설의 평가액이 포함되어 있다고 인정되는 때에만 가능하다.

100) 「토지보상법」 제80조 제2항에서 공익사업시행지구 밖의 보상에 대해서도 협의가 성립되지 아니하였을 때에는 사업시행자나 손실을 입은 자는 관할 토지수용위원회에 재결을 신청할 수 있도록 규정하고 있으므로 현재에는 토지수용위원회의 재결을 거친 후 행정소송으로 다투어야 한다.

(2) 예외

옹벽 등만 공익사업에 편입되거나 옹벽 등으로 보호되고 있는 토지의 일부만 공익사업에 편입되는 경우로서 사업시행자가 「토지보상법」 제79조 제1항에 따라 대체시설을 하는 경우에는 「토지보상법 시행규칙」 제36조 제2항 제3호에 따라 해당 옹벽 등은 보상대상에서 제외된다. 다만, 대체시설을 위한 공사의 비용이 그 토지의 가격보다 큰 경우에는 사업시행자는 그 토지를 매수할 수 있으며, 사업인정고시일 이후에는 해당 토지에 대해서는 사업인정 및 사업인정고시가 된 것으로 본다(「토지보상법」 제79조 제1항 단서, 제6항).

2. 「토지보상법 시행규칙」 제36조 제2항의 유추적용 가능성

별도의 가치가 없는 것으로 보아 보상대상에서 제외하는 공작물 등에 대해 규정한 「토지보상법 시행규칙」 제36조 제2항을 건축물 또는 수목 등의 다른 물건에도 유추 적용할 수 있는지 여부이다. 보상대상은 재산권을 대상으로 하며, 정당한 보상은 경제적 가치를 전제로 한다는 원칙은 공작물 등에 한정되지 않고 모든 물건에 공통적으로 적용된다고 보아야 하므로, 동 조항은 다른 물건의 보상대상 여부를 판단하는 데에도 유추 적용할 수 있다고 본다.
따라서 경제적 가치가 없는 건축물 또는 수목 등도 보상대상이 아니다.

판례

경제적 가치가 없는 수목은 보상대상이 아니다.
[국토부 2015.04.27. 토지정책과-2968]

〈질의요지〉
임야 비탈에 관리되지 않는 뽕나무 및 자작나무가 보상대상인지 여부

〈회신내용〉
「토지보상법」에 따른 손실보상은 공익사업의 시행 등 적법한 공권력의 행사에 의한 재산상의 특별한 희생에 대하여 사유재산권의 보장과 전체적인 공평부담의 견지에서 행하여지는 조절적인 재산권 보상이라 할 수 있습니다(대판 2004.04.27, 2002두8909 등 참조). 위 사례에서 뽕나무 및 자작나무가 관리되지 않아 경제적 가치가 없는 것이라면 보상 대상으로 보기에는 어렵다고 할 수 있으며, 구체적인 사례에 대하여는 사업시행자가 사실관계 등을 파악하여 판단할 사항입니다.

3. 국비 등의 보조금이 지급된 공작물 등

공작물 등을 가액으로 감정평가하는 경우 공작물 등의 건축 또는 설치 시에 국비 또는 지방비를 보조받았다면 그 보조금을 가액에서 공제해야 하는가의 문제이다.
(구)「공공용지의 취득 및 손실보상에 관한 특례법 시행규칙」 제12조 제3항에서 저수지의 보상평가에서 그 시설의 설치비용에 국고 또는 지방자치단체의 보조가 있는 경우에는 이를 공제한다는 규정이 있었으므로 공작물 등을 가액으로 감정평가하는 경우 보조금의 공제 여부가 문제가 되었으나, 「토지보상법 시행규칙」에서는 이러한 규정이 삭제되었으므로 국비 또는 지방비가 보조된 공작물 등을 가액으로 감정평가하는 경우 보조금을 공제하지 않는다.

〈유권해석〉
국비 또는 지방비가 보조된 시설물의 보상 시 보조금을 공제하지 않는다.
[국토부 2008.11.24. 토지정책과-4046]

〈질의요지〉
공익사업에 편입된 ○○공사 배수장시설(국비 또는 지방비가 전액 또는 일부 보조된 시설임)에 대한 보상 시 보조금을 공제하고 보상하여야 하는지 여부

〈회신내용〉
현행 「토지보상법」 상에는 국고 또는 지방비를 전액 또는 일부 지원받은 시설 등이 공익사업에 편입된 경우 보조금에 대해 별도 공제하고 보상토록 규정하고 있지 않으므로, 질의의 경우에는 위 「토지보상법」 제75조 및 해당 시행규칙에 따라 보상하여야 한다고 보나, 개별 법령에서 보조금을 지원받은 시설에 대한 별도 제한규정이 있는지 여부는 사업시행자가 사실관계 등을 조사하여 판단·결정할 사항이라고 봅니다.

4. 전주 등 배전시설의 이전비

전주 등 배전시설의 이전비도 감정평가에 의하여야 산정하는지 또는 별도의 산정방법에 의하여야 결정할 수 있는지의 문제이다.

전주 등 배전시설도 공작물에 해당하므로 감정평가를 통하여 산정한 이전비로 보상함이 원칙이다. 다만, 전주 등 배전시설의 이전을 위해서는 i) 「전기사업법」 등 관계 법률에 따라 일정한 시설 기준이 적용되고, ii) 단전(斷電) 등의 추가적인 조건이 충족되어야 하므로, 전주 등 배전시설의 이전비는 사업시행자와 한전이 상호 협의하여 결정할 수 있다.

이 경우 이설공사비를 지급한 전주에 대해서는 별도의 보상금을 추가로 지급할 필요가 없다.

〈유권해석〉
전주의 이전비용 및 이전방안 등은 사업시행자와 한전이 협의를 통해 처리할 수 있다.
[국토부 2010.10.01. 토지정책과-4754]

〈질의요지〉
공익사업시행에 따른 지장전주 이설비 산정은 감정평가에 의하는지 또는 한전 내부지침에 의한 산출금액으로 하는지 여부

〈회신내용〉
「토지보상법」 제75조 제1항에 의하면, 건축물·입목·공작물 기타 토지에 정착한 물건에 대하여는 이전에 필요한 비용으로 보상하도록 규정하고 있습니다. 따라서, 공익사업 시행에 따른 지장전주에 대하여는 이전비용을 보상하여야 하나, 전주는 전기사업법, 전원개발촉진법 등의 규정에 의한 공익시설로서 이전 등에 대하여 관계 법률에서 별도로 정한 경우에는 그에 따라야 할 것이므로 이전비용 및 이설방안 등은 사업시행자와 이설기간(한전 등)이 상호 협의를 통해 처리하여야 할 것으로 봅니다.

〈유권해석〉
이설공사비를 지급한 전주에 대해서는 별도의 보상금을 추가 지급할 필요가 없다.
[국토부 2009.12.17. 토지정책과-6119]

〈질의요지〉
공익사업지구내 소재한 한전 소유의 전주에 대하여 이설되는 이설공사비 지급 외에 철거되는 한전주에 대한 손실보상금을 추가 지급하여야 하는지?

〈회신내용〉
「토지보상법 시행규칙」 제36조 제1항에 의하면 공작물 등의 용도가 폐지되었거나 기능이 상실되어 경제적 가치가 없는 경우, 공작물 등의 가치가 보상이 되는 다른 토지등의 가치에 충분히 반영되어 토지 등의 가격이 증가한 경우, 사업시행자가 공익사업에 편입되는 공작물 등에 대한 대체시설을 하는 경우 등에는 별도의 가치가 있는 것으로 평가하여서는 아니 되도록 되어 있습니다. 질의하신 한전주가 공익사업에 편입될 경우 이설공사비 외에 손실보상금의 지급여부에 대하여는 전주이설공사비를 지급하였다면 「토지보상법 시행규칙」 제36조 제1항 제3호의 "사업시행자가 공익사업에 편입되는 공작물 등에 대한 대체시설을 하는 경우"에 해당하므로 별도의 가치가 있는 것으로 평가할 수 없도록 규정하고 있으므로 별도의 손실보상금을 지급할 필요가 없다고 봅니다.

04 수목 보상평가의 일반적 사항

Ⅰ. 관련 규정의 내용

[토지보상법」 제75조(건축물등 물건에 대한 보상) ① 건축물・입목・공작물과 그 밖에 토지에 정착한 물건(이하 "건축물 등"이라 한다)에 대하여는 이전에 필요한 비용(이하 "이전비"라 한다)으로 보상하여야 한다. 다만, 다음 각 호의 어느 하나에 해당하는 경우에는 해당 물건의 가격으로 보상하여야 한다.

1. 건축물 등을 이전하기 어렵거나 그 이전으로 인하여 건축물등을 종래의 목적대로 사용할 수 없게 된 경우
2. 건축물 등의 이전비가 그 물건의 가격을 넘는 경우
3. 사업시행자가 공익사업에 직접 사용할 목적으로 취득하는 경우

⑤ 사업시행자는 사업예정지에 있는 건축물 등이 제1항 제1호 또는 제2호에 해당하는 경우에는 관할 토지수용위원회에 그 물건의 수용 재결을 신청할 수 있다.
⑥ 제1항부터 제4항까지의 규정에 따른 물건 및 그 밖의 물건에 대한 보상액의 구체적인 산정 및 평가방법과 보상기준은 국토교통부령으로 정한다.

「토지보상법 시행규칙」 제40조(수목의 수량 산정방법) ① 제37조 내지 제39조의 규정에 의한 수목의 수량은 평가의 대상이 되는 수목을 그루별로 조사하여 산정한다. 다만, 그루별로 조사할 수 없는 특별한 사유가 있는 경우에는 단위면적을 기준으로 하는 표본추출방식에 의한다.

② 수목의 손실에 대한 보상액은 정상식(경제적으로 식재목적에 부합되고 정상적인 생육이 가능한 수목의 식재상태를 말한다)을 기준으로 한 평가액을 초과하지 못한다.

Ⅱ. 수목 보상 평가 주요 내용

1. 수목 보상이 개요

(1) 용어의 정의

① 수목

'수목'이란 일반적으로 목본식물을 의미하여, 「토지보상법 시행규칙」에서는 과수 및 수익수 또는 관상수(제37조), 묘목(제38조), 입목(제39조) 등으로 구분하고 있다.

② 입목

'입목'이란 토지와는 별도의 경제적 가치를 지니는 수목(죽목을 포함한다) 또는 수목의 집단으로서 i) 「입목에 관한 법률」 및 「입목등기규칙」에 따라 소유권보존의 등기를 받은 것 또는 ii)이에 준하는 것을 말한다(「입목에 관한 법률」 제2조 제1호 및 「토지보상법 시행규칙」 제39조). 이 경우 '소유권보존의 등기를 받은 것에 준하는 입목'은 i)「입목에 관한 법률」 제8조에 따라 입목등록원부에 등록되었으나 임목등기부에 소유권보존의 등기를 받지 않은 입목 또는 ii) 명인방법에 의해 소유권이 인정되는 입목 등을 의미한다.

판례

명인방법에 의해서도 소유권이 인정된다.
[대법원 1989.10.13. 선고 89다카9064 판결]

〈판결요지〉

명인방법의 실시는 법률행위가 아니며 목적물인 입목이 특정인의 소유라는 사실을 공시하는 팻말의 설치로 다른 사람이 그것을 식별할 수 있으면 명인방법으로서는 충분한 것이니, 갑이 제3자를 상대로 입목소유권확인판결을 받아 확정된 후 법원으로부터 집행문을 부여받아 집달관에게 의뢰하여 그 집행으로 집달관이 임야의 입구부근에 그 지상입목들이 갑의 소유에 속한다는 공시문을 붙인 팻말을 세웠다면, 비록 확인판결이 강제집행의 대상이 될 수 없어서 위 확인판결에 대한 집행문의 부여나 집달관의 집행행위가 적법시될 수 없더라도 집달관의 위 조치만으로써 명인방법이 실시되었다고 할 것이니 그 이후 임야의 소유권을 취득한 자는 갑의 임목소유권을 다툴 수 없다.

③ 이전비

'이전비'란 대상물건의 유용성을 동일하게 유지하면서 이를 해당 공익사업시행지구 밖의 지역으로 이전·이설 또는 이식하는 데 소요되는 비용을 말한다(「토지보상법 시행규칙」 제2조 제4호). 이전비는 대상물건의 해제·운반·재설치 비용 및 이전지에서 요구되는 허가가입 또는 인증 등에 소요되는 비용 등으로 구성되며, 이전을 외부 도급방식에 의할 경우 이전·설치하는 업체의 이윤도 포함된다.

또한 이전비는 이전 전과 후 대상물건의 유용성의 동일성을 기준으로 하므로 반드시 물리적인 동일성을 유지할 필요는 없다.

따라서 수목의 이전을 위하여 전지(剪枝) 등이 필요한 경우는 전지 등을 시행하고 이전할 수 있다.

수목의 이전비는 대상수목을 공익사업시행지구 밖의 지역으로 이전하는데 소요되는 비용으로서 i) 굴취비(뿌리돌림을 포함한다), ii) 상・하차비, iii) 운반비, iv) 식재비, v) 재료비 및 vi) 기타 부대비용을 포함한다.

④ 이식비

'이식비'란 수목을 이전한 후 고손 또는 감수 등의 손실이 발생하는 경우 그 손실액을 이전비에 더한 것을 말한다.

⑤ 이전비와 이식비

일반적으로 '이전비'라 함은 대상물건의 유용성을 동일하게 유지하면서 이를 해당 공익사업시행지구 밖의 지역으로 이전・이설 또는 이식하는데 소요되는 비용으로서 수목 이식비도 이전비에 포함된다. 즉, 수목의 이전에 따른 고손액 및 감수액도 '유용성을 동일하게 유지하는 데 소요되는 비용'으로 볼 수 있으므로 수목의 이전비에 포함된다고 볼 수도 있으나, 「토지보상법 시행규칙」 제37조 제2항에서는 "이전비와 이식함으로써 예상되는 고손율・감수율을 감안하여 정한 고손액 및 감수액의 합계액"으로 규정하여 고손액 및 감수액을 이전비와 별도로 규정하고 있으므로, 수목의 경우 이전비와 이전비에 고손액 및 감수액을 더한 이식비를 별도로 구분함이 타당한 것으로 판단된다. 따라서 교재에서는 이전비는 고손액 및 감수액을 포함하지 않은 순수한 이전비만을 의미하는 것으로 사용하고, 이전비에 고손액 및 감손액이 더한 금액은 이식비라는 용어로 구분하여 사용한다.

(2) 보상대상의 요건

수목이 보상대상이 되기 위해서는 다음과 같은 요건을 충족하여야 한다.

① 시간적 요건

가. 사업인정 전 협의

가) 원칙

「토지보상법」 제46조에서는 "토지수용위원회의 재결이 있은 후 수용하거나 사용할 토지나 물건이 토지소유자 또는 관계인의 고의나 과실 없이 멸실되거나 훼손된 경우 그로 인한 손실은 사업시행자가 부담한다."고 규정하고 있으므로 토지수용위원회의 재결이 있기 이전에 멸실된 물건은 보상대상이 아니다.

따라서 수목이 보상대상이 되기 위해서는 보상금 지급시점까지 존재하고 있어야 하며, 보상금 지급 이전에 화재로 소실된 수목 또는 병충해 등으로 죽은 수목은 보상대상이 아니다.

나) 예외

사업시행자가 보상금 지급시점 이전에 수목의 벌채 또는 이전 등을 허용한 경우에는 보상금 지급시점에 존재하지 않는 경우에도 보상대상이 된다.

〈질의회신〉
벌채되어 멸실된 수목의 경우에도 객관적이고 신뢰할 수 있는 자료를 제시받아 보상평가할 수 있다.
[협회 2013.09.09. 공공지원팀-2823]

〈질의요지〉
사업시행자가 사업지구에 편입된 보상대상의 수목을 자연림으로 알고 벌채한 상태에서 나무 그루터기(일부), 그루터기 근접 촬영 사진(보상수목 전량 각 수목별 근경 확인 가능) 및 편입되지 않은 주위의 나무가 존재하는 경우 해당 자료를 바탕으로 보상 감정평가가 가능한지 여부

〈회신내용〉
본 질의의 경우 이미 수목이 벌채(멸실)된 상황이므로 감칙 제10조 제2항 및 보상평가의 필요성 등을 고려하여 사업시행자로부터 가액산출에 필요한 객관적이고 신뢰할 수 있는 자료를 제시받을 수 있고, 이를 조건으로 감정평가 의뢰가 들어온다면 조건을 붙여 제한적으로 평가할 수 있을 것으로 판단되며, 감정평가서에 그 내용을 기재하여야 할 것입니다.

다) 소결

감정평가시점에서 존재하지 않는 수목도 감정평가할 수 있다는 근거로 위 질의회신에서 제시한 「감정평가에 관한 규칙」 제10조 제2항 제1호에서는 감정평가법인등은 “천재지변, 전시・사변, 법령에 따른 제한 및 물리적인 접근 곤란 등으로 실지조사가 불가능하거나 매우 곤란한 경우”로서 객관적이고 신뢰할 수 있는 자료를 충분히 확보할 수 있는 경우에 한하여 실지조사를 생략할 수 있도록 규정하고 있다.

즉, 이 조항은 대상물건은 존재하나 현실적으로 실지조사가 불가능한 경우에 한하여 적용할 수 있는 조항이므로 대상물건이 존재하지 않는 경우 해당 조항을 준용하여 감정평가할 수 있을지 의문이다.

따라서 이런 경우 감정평가대상에서 제외하고 당사자 간에 손해배상으로 처리하도록 하는 것이 바람직할 것으로 판단된다.

나. 사업인정 후 협의 또는 수용

가) 원칙

수목이 보상대상이 되기 위해서는 사업인정고시일 이전부터 보상금 지급시점 또는 수용재결일까지 존재하고 있어야 한다(「토지보상법」 제25조 및 제46조).

〈유권해석〉
보상대상이 되기 위해서는 보상시점까지 존속하고 있어야 한다.
[국토부 2015.07.22. 토지정책과-5269]

〈질의요지〉
무허가건축물이 항측판독 결과 1988년 ~ 2014년까지 존치되어 있는 것으로 되어 있고, 무허가건물처리대장에서는 1991년과 1997년에는 소멸로 기재되어 있는 경우 「토지보상법 시행규칙」 부칙 제5조 제1항의 1989년 1월 24일 당시의 무허가건축물 등에 해당하는지 여부

〈회신내용〉
「토지보상법 시행규칙」 부칙 제5조 제1항이 적용되기 위해서는 해당 무허가건축물등이 1989년 1월 24일 당시부터 계속하여 존속하고 있어야 하며, 소멸된 후 새로 건축된 것인지 여부에 대하여는 사업시행자가 사실관계를 조사하여 판단할 사항으로 봅니다.

나) 예외

(가) 사업인정고시일 이후에 허가 등을 받고 식재한 수목

사업인정고시일 이후 토지 등의 보전의무를 규정한 「토지보상법」 제25조에서는 수목의 식재에 대하여 별도로 규정하고 있지 않으나, 물건의 부가・증치를 유추 적용하여 시장 등이 사업시행자의 의견을 들은 후 식재를 허가한 수목은 보상대상이 된다고 본다. 그러나 현실적으로 이러한 경우는 거의 없다.

(나) 통상적으로 식재한 수목

「토지보상법」 제25조 제1항에서는 사업인정고시일 이후의 토지 등의 보전의무를 규정하고 있으나, 이러한 토지 등의 보전의무는 해당 토지 등의 사용을 전면적으로 제한하는 것은 아니므로 사업인정고시일 이후라고 하더라도 토지 등을 통상적인 방법에 따라 이용하는 것은 제한되지 않는다.

따라서 사업인정고시일 이후에 「산림자원의 조성 및 관리에 관한 법률」에 따른 산림경영계획 등에 따라 통상적으로 간벌하고 식재한 수목은 보상대상에 포함된다.

〈유권해석〉
사업인정고시일 이후에 통상적인 방법에 따라 영농하기 위해 설치한 비닐하우스는 보상대상이다.
[국토부 2010.03.04. 토지정책과-1258]

〈질의요지〉
인삼 수확 후 다른 작물을 재배하기 위하여 사업인정고시이후 비닐하우스를 설치한 경우 비닐하우스의 보상대상 여부

〈회신내용〉
소유농지를 통상적인 방법에 따라 영농을 하기 위해 비닐하우스를 설치한 경우 「토지보상법」 제75조 제1항

규정에 의하여 보상이 가능할 것이나, 개별적인 사례에 대하여는 사업시행자가 사실관계 등을 검토하여 판단하시기 바랍니다.

(다) 사업인정이 실효된 경우의 수목

사업인정이 실효되었다면 사업인정이 실효된 때부터 「토지보상법」 제25조에 따른 토지 등의 보전의무도 부담하지 않게 되므로, 사업인정고시일 이후에 허가 등을 받지 않고 식재한 수목이라고 하더라도 해당 사업인정이 실효되고 새로운 사업인정이 있었다면 이는 보상대상이 된다.

〈유권해석〉
실효된 종전 사업인정고시 이후 허가를 받지 않고 설치된 지장물도 보상대상이다.
[국토부 2014.04.16. 토지정책과-2544]

〈질의요지〉
소하천정비사업의 사업인정이 실효되었을 경우 실효된 종전 소하천정비시행계획 공고 이후 허가를 받지 않고 설치된 지장물에 대한 보상 및 행정대집행 가능 여부

〈회신내용〉
소하천정비사업의 사업인정이 실효되었다면 사업인정은 그 때부터 장래를 향하여 효력이 소멸하게 되므로 사업인정이 실효된 때부터 토지보상법 제25조에 따른 토지등의 보전의무를 부담하지 않게 되고, 허가를 받지 않고 설치된 지장물의 손실보상 여부 등은 새로운 사업인정이 있게 되면 새로운 사업인정고시일을 기준으로 판단하여야 할 것으로 보며, 개별적인 사례에 대하여는 관계 법령과 사실관계를 조사하여 사업시행자가 판단할 사항입니다.

(라) 재결이 있은 후 관계인의 고의나 과실 없이 멸실되거나 훼손된 수목

토지수용위원회의 재결이 있은 후 소유자 또는 관계인의 고의나 과실 없이 멸실되거나 훼손된 수목은 보상대상이 된다(「토지보상법」 제46조).

② 위치적 요건

가. 원칙

수목이 보상대상이 되기 위해서는 공익사업시행지구 내에 존재하여야 한다.
즉, 「토지보상법」 제14조에 의한 토지 및 물건조서의 작성, 「토지보상법」 제15조에 의한 보상계획의 열람 등의 절차를 거쳐 그 범위가 확정된 사업지역 또는 「토지보상법」 제22조 제1항에 의거 사업인정의 고시가 있은 경우에는 수용하거나 사용할 토지의 세목이 고시된 공익사업시행지구 내에 소재하여야 한다.

나. 예외

「토지보상법 시행규칙」 제7절에는 공익사업시행지구 밖에 있는 수목에 대해서는 별도로 보상규정을 두고 있지 않다.

그러나 「토지보상법」 제79조 제2항에 따라 공익사업시행지구 밖에 있는 수목이 공익사업의 시행으로 인하여 본래의 기능을 다할 수 없게 되는 경우에는 「토지보상법 시행규칙」 제60조 또는 제62조 등을 유추 적용하여 보상대상이 될 수 있을 것이다.

다만, 이 경우도 공익사업의 시행으로 인하여 그러한 손실이 발생하리라는 것을 쉽게 예견할 수 있고 그 손실의 범위도 구체적으로 이를 특정할 수 있는 경우에 해당되어야 한다.

판례

손실의 발생을 예견할 수 있고 그 범위도 특정할 수 있는 경우에는 간접보상 관련 규정 등을 유추적용할 수 있다.

[대법원 2002.11.26. 선고 2001다44352 판결]

〈판결요지〉

공공사업의 시행 결과 그로 인하여 기업지 밖에 미치는 간접손실에 관하여 피해자와 사업시행자 사이에 협의가 이루어지지 아니하고 그 보상에 관한 명문의 근거 법령이 없는 경우라고 하더라도, 헌법 제23조 제3항은 "공공필요에 의한 재산권의 수용·사용 또는 제한 및 그에 대한 보상은 법률로써 하되, 정당한 보상을 지급하여야 한다."고 규정하고 있고, 이에 따라 국민의 재산권을 침해하는 행위 그 자체는 반드시 형식적 법률에 근거하여야 하며, 토지수용법 등의 개별 법률에서 공익사업에 필요한 재산권 침해의 근거와 아울러 그로 인한 손실보상 규정을 두고 있는 점, 공공용지의 취득 및 손실보상에 관한 특례법 제3조 제1항은 "공공사업을 위한 토지 등의 취득 또는 사용으로 인하여 토지 등의 소유자가 입은 손실은 사업시행자가 이를 보상하여야 한다."고 규정하고, 같은법 시행규칙 제23조의2 내지 7에서 공공사업시행지구 밖에 있는 영업과 공작물 등에 대한 간접손실에 대하여도 일정한 조건하에서 이를 보상하도록 규정하고 있는 점 등에 비추어, 공공사업의 시행으로 인하여 그러한 손실이 발생하리라는 것을 쉽게 예견할 수 있고 그 손실의 범위도 구체적으로 이를 특정할 수 있는 경우라면, 그 손실의 보상에 관하여 공공용지의 취득 및 손실보상에 관한 특례법 시행규칙의 관련 규정 등을 유추적용할 수 있다고 해석함이 상당하다.

③ 물적 요건

「헌법」 제23조 제3항에서는 보상대상을 재산권으로 규정하고 있고, 재산권이란 사적인 유용성과 임의적인 처분권능이 인정되는 재산가치 있는 구체적 권리 또는 사회통념에 의하여 형성된 재산가치적인 법익으로 보고 있으므로, 수목이 경제적인 가치가 없는 경우는 보상대상이 아니다.

〈유권해석〉

경제적 가치가 없는 수목은 보상대상이 아니다.

[국토부 2015.04.27. 토지정책과-2968]

〈질의요지〉
임야 비탈에 관리되지 않는 뽕나무 및 자작나무가 보상대상인지 여부

〈회신내용〉
「토지보상법」에 따른 손실보상은 공익사업의 시행 등 적법한 공권력의 행사에 의한 재산상의 특별한 희생에 대하여 사유재산권의 보장과 전체적인 공평부담의 견지에서 행하여지는 조절적인 재산권 보상이라 할 수 있습니다(대판 2004.04.27, 2002두8909 등 참조). 위 사례에서 뽕나무 및 자작나무가 관리되지 않아 경제적 가치가 없는 것이라면 보상 대상으로 보기에는 어렵다고 할 수 있으며, 구체적인 사례에 대하여는 사업시행자가 사실관계 등을 파악하여 판단할 사항입니다.

④ **법률적 요건**

가. 원칙

가) 허가 등

「토지보상법」에서 수목에 대해서는 허가 등을 보상요건을 규정하고 있지 않으므로 수목은 허가 등을 받고 식재한 것인지 여부에 관계없이 사업인정고시일 이전에 식재된 것은 손실보상의 대상이 된다.

나) 토지사용권

수목은 토지사용권의 유무에 따라 보상대상 여부가 결정되는 것이 아니므로 토지사용권이 없는 경우에도 보상대상이 된다.

나. 예외

손실보상은 공공필요에 의한 행정작용에 의하여 사인에게 발생한 특별한 희생에 대한 전보라는 점을 고려할 때, 수목이 손실보상만을 목적으로 식재되었음이 명백하다면 사업인정고시일 이전에 식재되었다고 하여도 예외적으로 손실보상의 대상에 해당하지 아니한다. 이 경우 보상만을 목적으로 식재한 것인지의 여부는 i) 식재시기, ii) 그 이전의 토지의 이용실태, iii) 식재된 수목의 수종 및 식재규모 등을 고려하여 판단한다. 즉 수목이 공익사업의 시행과 보상대상 토지의 범위 등이 객관적으로 확정되는 보상계획공고일 등 이후에 건축 또는 설치되었고, 해당 토지의 통상적인 이용과 관계없거나 이용 범위를 벗어나는 경우에는 보상만을 목적으로 식재된 것으로 볼 수 있다.

다만, 이러한 경우에 해당되는지 여부는 사업시행자, 토지수용위원회 또는 법원 등이 관련 내용을 종합하여 판단해야 하는 사항으로 감정평가법인 등이 임의로 판단하여서는 안 된다.

판례

사업인정고시일 이전에 설치된 건축물 등이라 하더라도 보상만을 목적으로 설치된 경우에는 보상대상이 아니다.
[대법원 2013.02.15. 선고 2012두22096 판결]

〈판결요지〉
공익사업법상 손실보상 및 사업인정고시 후 토지 등의 보전에 관한 위 각 규정의 내용에 비추어 보면, 사업인정고시 전에 공익사업시행지구 내 토지에 설치한 공작물 등 지장물은 원칙적으로 손실보상의 대상이 된다고 보아야 한다. 그러나 손실보상은 공공필요에 의한 행정작용에 의하여 사인에게 발생한 특별한 희생에 대한 전보라는 점을 고려할 때, 구 공익사업법 제15조 제1항에 따른 사업시행자의 보상계획공고 등으로 공익사업의 시행과 보상 대상 토지의 범위 등이 객관적으로 확정된 후 해당 토지에 지장물을 설치하는 경우에 그 공익사업의 내용, 해당 토지의 성질, 규모 및 보상계획공고 등 이전의 이용실태, 설치되는 지장물의 종류, 용도, 규모 및 그 설치시기 등에 비추어 그 지장물이 해당 토지의 통상의 이용과 관계없거나 이용 범위를 벗어나는 것으로 손실보상만을 목적으로 설치되었음이 명백하다면, 그 지장물은 예외적으로 손실보상의 대상에 해당하지 아니한다고 보아야 한다.

(3) 보상대상의 확정

① 사업인정고시일 전

「토지보상법」에서 규정하고 있는 사업인정고시일 전의 수목의 보상대상 확정절차는 다음과 같다.

가. 물건조서의 작성

사업시행자는 공익사업의 수행을 위하여 수목의 취득・이전 또는 사용이 필요할 때에는 물건조서를 작성하여 서명 또는 날인을 하고, 관계인의 서명 또는 날인을 받아야 한다. 물건조서에는 수종・규격・수량 등이 기재되어야 한다(「토지보상법」 제14조).

나. 보상계획의 열람 등

사업시행자는 공익사업의 개요, 물건조서의 내용과 보상의 시기・방법 및 절차 등이 포함된 보상계획을 일간신문에 공고하고, 관계인에게 각각 통지하여야 하며, 그 내용을 14일 이상 일반인이 열람할 수 있도록 하여야 한다(「토지보상법」 제15조 제1항 및 제2항).

다. 관계인의 이의

가) 이의의 제기

공고되거나 통지된 물건조서의 내용에 대하여 이의(異議)가 있는 관계인은 열람기간 이내에 사업시행자에게 서면으로 이의를 제기할 수 있다. 다만, 사업시행자가 고의 또는 과실로 관계인에게 보상계획을 통지하지 아니한 경우 해당 관계인은 제16조에 따른 협의가 완료되기 전까지 서면으로 이의를 제기할 수 있다(「토지보상법」 제15조 제3항).

나) 이의의 처리

사업시행자는 제기된 이의를 해당 물건조서에 부기(附記)하고 그 이의가 이유 있다고 인정할 때에는 적절한 조치를 하여야 한다(「토지보상법」 제15조 제4항).

다) 이의의 효과

사업인정고시가 된 후에는 관계인이 보상계획 열람공고 기간에 물건조서의 내용에 대하여 이의를 제기하는 경우를 제외하고는 작성된 물건조서의 내용에 대하여 이의를 제기할 수 없다. 다만, 물건조서의 내용이 진실과 다르다는 것을 입증할 때에는 그러하지 아니하다(「토지보상법」 제27조 제3항).

즉, 관계인이 이의를 제기한 경우에는 물건조서의 내용이 진실하다는 것을 사업시행자가 입증하여야 하고, 이의를 제기하지 않은 경우는 물건조서의 내용이 진실과 다르다는 것을 관계인이 입증하여야 한다.

② 사업인정고시일 후

사업인정고시일 후의 대상수목은 「토지보상법」 제22조에 의한 사업인정시의 물건조서에 의해 확정된다. 다만, 사업인정고시일 전에 협의절차를 거쳤는지 여부에 따라 다음과 같이 구분된다.

가. 사업인정고시일 전에 위의 절차를 거친 경우

사업인정고시일 이전에 위의 절차를 거쳤으나 협의가 성립되지 아니하여 사업인정을 받은 경우로서 토지조서의 내용에 변동이 없을 때에는 위의 절차를 거치지 않아도 된다(「토지보상법」 제26조 제2항).

나. 사업인정고시일 전에 위의 절차를 거치지 않은 경우

사업인정고시일 이전에 위의 절차를 거치지 않은 경우에는 위의 절차를 거쳐야 한다(「토지보상법」 제26조 제2항).

③ 보상대상의 확정 주체

수목의 보상대상 여부는 「토지보상법」에서 정한 위와 같은 절차에 의해 확정되고 이에 대해 사업시행자와 관계인 사이에 이의가 있을 경우에는 토지수용위원회의 재결 또는 소송을 통해 확정된다.

특히 수목이 보상대상 해당되는지 여부에 대해서 사업시행자와 관계인 사이에 이견이 있는 경우로서 i) 사업인정고시일 이전에는 관계인은 협의보상에 응하지 않음으로써 이에 대항할 수 있고, ii) 사업인정고시일 이후에는 「토지보상법」 제30조에 의한 재결 신청청구를 통하여 보상대상에 해당하는지 여부를 다툴 수 있다.

판례

사업인정고시일 이후 보상대상 여부에 대해 이견이 있는 경우 토지소유자 등은 「토지보상법」 제30조에 따른 재결신청의 청구로 다툴 수 있다.
[대법원 2011.07.14. 선고 2011두2309 판결]

〈판결요지〉
공익사업을 위한 토지 등의 취득 및 보상에 관한 법률(이하 '공익사업법'이라 한다) 제30조 제1항은 재결신청을 청구할 수 있는 경우를 사업시행자와 토지소유자 및 관계인 사이에 '협의가 성립하지 아니한 때'로 정하고 있을 뿐 손실보상대상에 관한 이견으로 협의가 성립하지 아니한 경우를 제외하는 등 그 사유를 제한하고 있지 않은 점, 위 조항이 토지소유자 등에게 재결신청청구권을 부여한 취지는 공익사업에 필요한 토지 등을 수용에 의하여 취득하거나 사용할 때 손실보상에 관한 법률관계를 조속히 확정함으로써 공익사업을 효율적으로 수행하고 토지소유자 등의 재산권을 적정하게 보호하기 위한 것인데, 손실보상대상에 관한 이견으로 손실보상협의가 성립하지 아니한 경우에도 재결을 통해 손실보상에 관한 법률관계를 조속히 확정할 필요가 있는 점 등에 비추어 볼 때, '협의가 성립되지 아니한 때'에는 사업시행자가 토지소유자 등과 공익사업법 제26조에서 정한 협의절차를 거쳤으나 보상액등에 관하여 협의가 성립하지 아니한 경우는 물론 토지소유자 등이 손실보상대상에 해당한다고 주장하며 보상을 요구하는데도 사업시행자가 손실보상대상에 해당하지 아니한다며 보상대상에서 이를 제외한 채 협의를 하지 않아 결국 협의가 성립하지 않은 경우도 포함된다고 보아야 한다.

따라서 감정평가법인 등은 사업시행자 등이 제시한 목록에 의하여 감정평가해야 하고 보상대상을 임의로 추가하거나 삭제하여서는 안 된다.
보상대상이 누락되었거나 보상대상에 해당되지 않은 수목이 의뢰된 경우에는 사업시행자 등에게 그 내용을 조회한 후 처리하고, 사업시행자 등의 의견과 감정평가법인 등의 의견이 상이할 경우에는 사업시행자 등이 제시한 목록에 의하되, 그 내용을 감정평가서에 기재한다.

④ **보상대상의 확정 기준일**

가. 사업인정 전 협의

가) 원칙

「토지보상법」에서는 사업인정 전에는 공익사업과 관련하여 토지의 보전의무 등 행위제한이 부과되지 않고 관계인의 범위도 한정되지 않으므로, 원칙적으로 수목의 보상대상 여부는 협의종료일까지는 확정되지 않고 변동될 수 있다.

나) 예외

(가) 개별 법률에서 행위제한일을 별도로 규정하고 있는 경우

개별 법률에서 행위제한일을 별도로 규정하고 있고, "행위제한일 및 행위제한에 죽목의 벌채 및 식재 등을 포함하고 있는 개별 법률"은 [별표6]을 참조하기 바란다.

(나) 보상대상 여부

개별 법률에서 행위제한을 위반한 경우 원상회복을 명할 수 있고, 원상회복 의무를 이행하지 아니하면 「행정대집행법」에 따라 대집행할 수 있도록 규정하고 있으나, 「토지보상법」 제25조 제3항과 달리 손실의 보상을 청구할 수 없다고 규정하고 있지 않다.

따라서 위와 같은 행위제한일 이후에 시장 등의 허가를 받지 않고 건축 또는 설치된 수목이 기준시점 당시에 원상회복되지 않고 존속하고 있을 경우에 보상대상

여부에 대해서는 견해가 대립하고 있다.

㉮ 보상대상이 아니라는 견해

행위제한일 이후에 시장 등의 허가를 받지 않고 건축 또는 설치된 수목은 원상회복의 의무가 있고, 원상회복 의무를 이행하지 아니하면 「행정대집행법」에 따라 대집행할 수 있으므로 설사 기준시점 당시에 존속하고 있다고 하여도 해당 공익사업으로 인하여 손실이 발생한다고 볼 수 있으므로 보상대상이 아니라는 주장이다.

따라서 이런 경우는 관계 법률에 따라 해당 수목에 대한 제거 등의 절차가 진행 중인 경우는 물론이고 시장 등으로부터 철거 및 원상회복 명령만 있은 경우에도 보상대상으로 보지 않는다.

〈유권해석〉

관계 법령에 위반되어 이전 또는 철거 등의 조치가 진행되고 있는 경우는 보상대상이 아니다.
[국토부 2015.07.27. 토지정책과-5451]

〈질의요지〉

사업인정고시 전부터 공유수면 점・사용 허가를 받았으나 그 허가기간이 만료된 후에도 계속하여 사용하고 있는 취수관로를 「토지보상법」 제75조에 따라 보상이 가능한지 여부

〈회신내용〉

관계법령에서 보상에 관하여 제한을 둔 경우 또는 공익사업과 관련 없이 관계법령에 위반되어 이전・철거 등의 조치가 진행되고 있는 경우 등은 해당 공익사업의 시행으로 인한 손실이 발생한다고 볼 수 없으므로 보상대상에 해당되지 아니한다고 보며, 개별적인 사례에 있어 보상 여부 등은 사업시행자가 위 규정과 「공유수면 관리 및 매립에 관한 법률」 제21조 등 관계법령 및 사실관계 등을 종합적으로 검토하여 판단・결정할 사항으로 봅니다.

〈유권해석〉

관계 법령을 위반하여 철거 및 원상회복 명령이 있는 경우는 보상대상이 아니다.
[국토부 2015.05.13. 토지정책과-3878]

〈질의요지〉

사업인정 이전부터 대부허가 등을 받지 않고 무단으로 국유지 또는 공유지를 점유하여 설치한 지장물(입목, 구조물)이 보상대상인지 여부

〈회신내용〉

「토지보상법」 제75조 제1항에서 건축물 등을 보상할 때 반드시 허가를 받은 건축물등만을 대상으로 하고 있지는 아니하므로 건축물 등에 대하여는 원칙적으로 보상하여야 한다고 봅니다. 다만, 「토지보상법」 제25조 제3항에 해당하는 경우 등 관계법령에서 보상하지 않도록 규정하고 있는 경우와 공익사업과 관계없이 해당 건축물 등이 관계 법령을 위반하여 철거 및 원상회복 명령이 있는 경우 등에는 공익사업으로 인한

손실이 있다고 보기 어려우므로 보상대상이 아니라고 봅니다. 구체적인 사례에 대해서는 사업시행자가 관계법령 및 사실관계를 확인하여 판단할 사항으로 봅니다.

㉯ 보상대상이라는 견해

관련 법령에서 보상청구를 제한하는 명문의 규정이 없고, 기준시점 당시 제거되지 않았다면 관련 법령에 따라 시장 등이 제거하지 않는 한 보상 없이 사업시행자가 임의로 제거할 수 없으므로 원칙적으로 보상대상으로 보아야 한다는 주장이다.

왜냐하면 만일 보상대상이 아니라고 한다면 관련 법령에 따라 시장 등이 제거하지 않으면 사업시행자가 제거할 수 없으므로 공익사업의 시행이 어려워질 수도 있기 때문이다.

다만, 예외적으로 위법의 정도 등이 현저하여 손실보상을 하는 것이 사회적으로 용인될 수 없다고 인정되는 경우에는 손실보상 대상이 되지 않는다고 본다.

㉰ 소결

㉠ 원칙

개별 법률에 따른 행위제한일 이후에 허가 없이 식재된 수목에 대한 조항은 공익사업과 동일한 목적을 가지고 동일한 규율대상을 다루고 있는 것으로 보아야 하므로 이러한 수목은 보상대상에서 제외하는 것이 타당할 것이다.

㉡ 예외

보상대상 여부를 결정하는 기준일은 관계 법률에 따라 행위제한이 규정된 경우에 한한다고 보아야 하므로, 설사 사업인정고시일 이전에 사업설명회 등을 개최하였다고 해도 관계 법률에서 해당 사업설명회 등 이후에 행위제한을 규정하고 있지 않은 경우에는 단지 사업설명회 등 이후에 건축 또는 설치된 수목이라고 하여 보상대상에서 제외할 수 없다.

〈유권해석〉
사업설명회 개최 이후 사업인정고시일 이전에 설치된 무허가 지장물도 보상대상이다.
[2014.06.27. 토지정책과-4116]

〈질의요지〉
하천구역에서 사업설명회를 개최(2012.10월)한 이후 사업인정고시일(2013.3.29.)전에 공익사업시행지구의 하천점용허가 없이 사유지에 설치(식재)된 소나무, 비닐하우스, 양어장 등 지장물이 보상대상인지 여부

〈회신내용〉
건축물 등이 무허가인지 여부에 따라 보상여부에 차등을 두고 있지 아니하므로 건축물 등 자체에 대한 보상시에는 이전비 또는 물건의 가격으로 보상하여야 한다고 보며(참조 해석례 법제처 10-0399, 2010.12.3.),

공익사업과 관계없이 해당 건축물 등이 관계법령을 위반하여 철거 및 원상회복 명령이 있는 경우에는 공익사업으로 인한 손실이라고 보기 어려우므로 보상대상이 아니라고 봅니다.

나. 사업인정 후 협의 또는 재결

가) 원칙

「토지보상법」 제25조 제1항에서는 사업인정고시일을 기준으로 토지 등의 보전의무를 부과하고, 제2항에서는 사업인정고시일 이후의 건축물의 건축·대수선, 공작물(工作物)의 설치 또는 물건의 부가(附加)·증치(增置) 등에 대해서는 시장 등의 허가를 받도록 규정하면서, 제3항에서는 제2항에 따른 허가 없이 건축물의 건축·대수선, 공작물의 설치 또는 물건의 부가·증치를 한 토지소유자 또는 관계인은 해당 건축물·공작물 또는 물건을 원상으로 회복하여야 하며, 이에 관한 손실의 보상을 청구할 수 없도록 규정하고 있다.

따라서 개별 법률에서 사업인정고시일 이전에 행위제한일을 별도로 규정하지 않은 경우에도 사업인정고시일을 기준으로 보상대상이 확정된다.

나) 예외

(가) 허가를 받은 경우

「토지보상법」 제25조 제2항에서는 사업인정고시일 이후에도 시장 등의 허가를 받아 건축물의 건축·대수선, 공작물의 설치 또는 물건의 부가·증치를 할 수 있도록 규정하고 있으므로 허가를 받은 경우에는 보상대상이 된다.

이에 대해서는 위 "(2) 보상대상의 요건, ① 시간적 요건"을 참조하기 바란다.

(나) 「토지보상법」을 준용하지 않는 경우

개별 법률에서 수용 또는 사용에 관하여 「토지보상법」을 준용한다는 조항이 있는 경우는 별도의 행위제한일을 규정하지 않는 경우에도 「토지보상법」 제25조가 준용되는 것으로 보아야 하므로 사업인정고시 의제일에 행위제한이 되는 것으로 보아야 한다.

그러나 개별 법률에서 별도로 행위제한을 규정하지 않으면서도 포괄적으로 「토지보상법」을 준용한다는 조항이 없는 경우에는 사업인정의 의제가 있었다 하여 「토지보상법」 제25조가 준용된다고 볼 수 없을 것이다.

이러한 개별 법률에는 「농어업재해대책법」, 「민간임대주택에 관한 특별법」(「주택법」 제15조에 따른 사업계획승인의 경우에 한함), 「어촌특화발전 지원 특별법」, 「한국가스공사법」, 「한국석유공사법」, 「한국환경공단법」, 「해수욕장의 이용 및 관리에 관한 법률」 등이 있다.

⑤ 제시목록과 실제 수목이 다른 경우

i) 실지조사 결과 보상대상이 아닌 수목이 대상수목에 포함된 경우 또는 ii) 보상대상이나 물건조서에 포함되지 아니한 수목이 있는 경우에는 사업시행자 등에게 그 내용을 조회한 후 목록을 다시 제시받아 감정평가하는 것을 원칙으로 한다. 다만, 수정된 목록의 제시가 없을 때에는 당초 제시목록을 기준으로 감정평가하되, 감정평가서에 그 내용을 기재한다.

⑥ 규격 등의 확정

가. 원칙

수목의 수종·규격·수량 등(이하 '규격 등'이라 한다)은 사업시행자 등이 제시한 내용에 따른다. 따라서 감정평가법인 등은 사업시행자 등이 제시한 목록에서 표시된 규격 등을 기준으로 감정평가하여야 하며 규격 등을 임의로 변경하여서는 안 된다.

수목의 규격은 일반적으로 수고(H), 수관폭(W), 흉고직경(B), 근원직경(R), 수관길이(L), 지하고(C.L) 등으로 표시한다.

이 중 흉고직경은 주로 입목의 규격에 사용되며, 관상수는 수종에 따라 수고, 수관폭 또는 근원직경을 규격으로 사용한다.

근원직경의 측정기준은 나무의 크기에 따라서 일부 상이하나 대체로 토지와 접한 부분으로부터 유령목(10㎝ 이하)은 5㎝, 중경목(30㎝ 이하)은 10㎝, 대경목(30㎝ 이상)은 20 내지 30㎝ 부분의 직경을 측정하나, 조경업계에서는 지표부의 직경으로 표시하는 경우도 있다. 수목의 규격에 대한 내용을 다음과 같다.

구분	단위	정의
수고(Tree Height, H)	m	근원으로부터 수관의 정상까지의 수직거리(웃자람 가지 제외)
수관폭(Width of Crown, C)	m	수관의 너비, 수관이 타원형인 경우는 최대폭과 최소폭의 평균치를 적용(웃자람 가자는 제외)
흉고직경(Diameter at Breast Height, B)	cm	지표면에서 1.2m 부위의 수간직경
근원직경(Diameter at Root Height, R)	cm	지표면 부위의 수간직경
수관길이(Length of Crown, L)	m	수관이 수평으로 성장하는 특성을 가진 조형된 수관의 최대길이
지하고(Clear Bole Length, C.L)	m	수관을 구성하고 있는 가지 중 가장 아래에 있는 가지의 분기점으로부터 지표까지의 수직고

나. 규격 등의 판단주체

수목에 대한 규격 등의 판단주체는 원칙적으로 사업시행자이며, 그에 대하여 사업시행자와 토지소유자 사이에 이견이 있는 경우에는 토지수용위원회의 재결 또는 소송을 통하여 확정된다.

따라서 감정평가법인 등은 사업시행자 등이 제시한 목록에서 표시된 규격 등을 기준으로 하며 규격 등을 임의로 추정하거나 변경하여서는 안 된다.

다. 규격 등의 확정절차 및 확정기준일

수목의 규격 등도 「토지보상법」에서 규정한 절차를 통해 확정되며, 확정기준일도 보상 대상의 확정기준일과 동일하다.

라. 규격 등의 확정과 실지조사와의 관계

「감정평가에 관한 규칙」 제10조 및 「토지보상법 시행규칙」 제16조 제3항에서는 감정평가법인 등이 감정평가를 할 때에는 실지조사 또는 현지조사를 하여 대상물건을 확인하도록 규정하고 있다.

그러나 이러한 실지조사는 물건조서의 작성, 보상계획의 열람 등 「토지보상법」에서 정한 일정한 절차를 통하여 확정된 수목에 대한 존부 및 그 규격 등을 실제로 확인하는 절차이지, 수목 및 규격 등을 확정하는 절차는 아니다. 따라서 감정평가법인등이 실지 조사 과정에서 임의로 수목을 보상대상에 추가하거나 규격 등을 수정할 수 없다.

마. 제시목록상의 규격 등과 실제 규격 등이 다른 경우

실지조사 결과 제시목록상의 규격 등과 실제 규격 등이 다른 것으로 인정되는 경우에는 사업시행자 등에게 그 내용을 조회한 후 목록을 다시 제시받아 감정평가하는 것을 원칙으로 한다.

다만, 수정된 목록의 제시가 없는 때에는 당초 제시목록을 기준으로 감정평가하되, 감정평가서에 그 내용을 기재한다.

2. 수목의 보상평가

(1) 적용

① 원칙

「토지보상법」 제75조 제1항에 따라 수목은 이전비로 감정평가한다.

다만, 수목은 그 생물적 특성으로 인해 통상적인 건축물 또는 공작물 등의 이전과는 달리 이전에 따라 고손 및 감수 등으로 인한 손실이 발생되므로 이전비 외에 고손액 및 감수액을 포함한 이식비로 감정평가할 수 있다.

② 예외

가. 이전이 불가능할 경우 등

「토지보상법」 제75조 제1항에 단서에 따라 i) 수목이 이전하기 어렵거나 그 이전으로 인하여 종래의 목적대로 사용할 수 없게 되는 경우, ii) 수목의 이전비 또는 이식비가 그 수목의 가액을 넘는 경우, iii) 사업시행자가 공익사업에 직접 사용할 목적으로 수목을 취득하는 경우에는 수목의 가액으로 감정평가한다.

나. 이전이 금지되는 경우

「소나무재선충병 방제특별법」 제9조에 의한 반출금지구역에서는 같은 법 제10조에 의해 소나무류의 반출이 제한되므로 반출금지구역 안의 소나무류로서 이식이 제한되는 경우에는 별도로 이전 가능성 및 이전비와 취득가액을 비교함이 없이 취득가액으로 보상하여야 한다.

〈재결례〉
법령에 따라 굴취 후 아동행위가 금지되는 수목의 경우는 가액으로 보상한다.
[중토위 2017.05.25. 이의재결]

〈재결요지〉
「소나무재선충병 방제특별법」 제9조 제1항 및 제10조 제1항에 따르면, 시장·군수·구청장은 재선충병의 방제 및 확산방지를 위하여 발생지역과 발생지역으로부터 5킬로미터 이내의 범위로 대통령령으로 정하는 일정거리 이내인 지역에 대하여는 「지방자치법」 제4조의2 제4항에 따른 행정동·리 단위로 소나무류반출금지구역(이하 "반출금지구역"이라 한다)으로 지정하도록 되어 있고, 반출금지구역에서는 1. 감염목 등인 입목의 이동, 2. 훈증처리 후 6월이 경과되지 아니한 훈증 처리목의 훼손 및 이동, 3. 감염목 등인 원목의 이동, 4. 산지전용허가지 등에서 생산되는 소나무류의 사업장 외 이동, 5. 굴취(掘取)된 소나무류의 이동행위를 금지한다고 되어 있다.
관계자료(소나무류반출금지지정 공문〈00시 농업산림과-12612, 2015.4.17.〉)를 검토한 결과, 이 건 수목은 「소나무재선충병 방제특별법」 제9조 제1항에 따른 반출금지 구역에 해당되어 굴취 후 이동행위가 금지되는 대상에 해당하는 것으로 확인된다.
살피건대, 법령에 따라 굴취후 이동행위가 금지되는 수목의 경우, 법 제75조 제1항에 따른 이전하기 어려운 경우에 해당하는 것으로 봄이 타당하다.
따라서 이 건 수목에 대하여는 '취득비'로 평가하여 보상하기로 하다.

다. 멸실 등이 금지되는 경우

「문화재보호법」 제12조에서 건설공사로 인하여 문화재가 훼손, 멸실 또는 수몰(水沒)될 우려가 있거나 그 밖에 문화재의 역사문화환경 보호를 위하여 필요한 때에는 그 건설공사의 시행자는 문화재청장의 지시에 따라 필요한 조치를 하도록 규정하고 있으므로, 천연기념물 등인 수목 등의 경우 이전비 또는 이식비가 그 수목의 가액을 초과하는 경우에도 반드시 이전하여야 하는 경우에는 이전비 또는 이식비로 보상할 수 있다.

(2) 지장물인 수목의 감정평가

① 적용

가. 원칙

수목이 지장물인 경우는 이전비 또는 이식비로 감정평가하되 i) 수목이 이전하기 어렵거나 그 이전으로 인하여 종래의 목적대로 사용할 수 없게 되는 경우, ii) 수목의 이전비 또는 이식비가 그 수목의 가액을 넘는 경우에는 가액으로 감정평가한다.

따라서 지장물인 수목은 i) 먼저 수목이 이전하기 어렵거나 그 이전으로 인하여 종래의 목적대로 사용할 수 없게 되는지 여부를 판단하여 여기에 해당될 경우는 이전비 또는 이식비를 산정할 필요 없이 바로 수목가액으로 감정평가하고, ii) 이전이 가능할 경우에는 이전비 또는 이식비를 산정한 후 수목가액과 비교하여 적은 금액으로 감정평가한다.

판례

수목에 대해서는 이식 가능여부를 판단한 후 이식이 가능한 경우에 한하여 이식비로 감정평가한다. [대법원 1990.01.25. 선고 89누3441 판결]

〈판결요지〉

과수 등의 평가에 관하여 상세한 규정과 이식가능여부에 관한 일응의 기준을 규정하고 있는 바, 원심으로서는 유실수와 관상수가 이식가능한지의 여부를 심리하여 본 후 이식가능한 경우에 그 이식비가 적정가격인지의 여부를 판단하였어야 할 것임에도 불구하고 이 사건 과수 등이 이식가능한지의 여부에 대하여 심리하여 보지도 않고 이식비로 산정한 보상가액을 적절하다고 한 조치는 심리미진의 위법을 범하였다고 할 것이므로 이 점을 지적하는 논지는 이유 있다.

나. 이식이 가능 여부의 판단기준

이 경우 이식이 가능한지 여부는 기술적인 측면이 아니라 경제적인 측면에서 판단하여야 한다.

판례

수목의 이식 가능성 여부는 기술적인 측면이 아니라 경제적인 측면에서 판단하여야 한다. [대법원 1991.01.29. 선고 90누3775 판결]

〈판결요지〉

감정평가기관이 평가기준을 이식비로 밝히고 있더라도 이식이 가능한 경우에 한하여 이식비를 그 보상액으로 결정하여야 하는 것이고, 과수수목이 이전 가능한 것인지의 여부는 기술적인 문제가 아니라 경제적으로 판단하여야 할 문제인 것이므로 원심에서는 이 사건 포도나무가 위와 같은 기준에 비추어 이식이 가능한 것인지 여부가 먼저 심리 조사되어야 한다.

다. 이식 가능 여부의 판단 주체

「토지보상법 시행규칙」 제16조 제1항 제5호에서 보상평가의뢰서에는 '건축물 등 물건에 대하여는 그 이전 또는 취득의 구분'을 기재하도록 규정하고 있으므로, 이식 여부의 판단은 사업시행자 등이 해야 한다.

② 수목의 이전비

수목의 이전비는 다음의 비용을 합한 것으로 한다.

가. 굴취비

수목을 이식하기 위해서 뿌리를 캐 올리는 작업을 굴취라 하며, 이러한 굴취에 소요되는 비용을 굴취비라 한다.

굴취비에는 일반적으로 준비・구덩이파기・뿌리절단・분뜨기・운반작업 등에 소요되는 비용을 포함한다.

그리고 굴취를 하는 때에는 대부분 잔뿌리가 손상되므로 이식기간 동안 또는 이식 후 일정기간 동안의 수목의 생육을 위하여 손상된 뿌리와 균형을 잡거나 또는 운반을 용이하게 하기 위하여 가지의 일부를 전지하거나 가지를 밧줄 등으로 묶는 경우가 있으며 이러한 작업에 소요되는 비용도 굴취비에 포함할 수 있다.

또한 굵은 뿌리가 발달한 대형목 또는 자연생 수목은 이식 전에 뿌리분 밖으로 돌출된 뿌리를 절단하여 주근 가까운 곳의 측근과 잔뿌리의 발달을 촉진시켜 이식 후 활착률을 높이는 작업이 필요한데 이를 뿌리돌림이라 하며, 이러한 뿌리돌림에 소요되는 비용도 굴취비에 포함한다. 다만, 뿌리돌림에 장기간이 소요되는 등 필요한 경우에는 뿌리돌림 비용을 구분하여 별도로 산정할 수 있다.

나. 상・하차비

굴취한 수목을 차에 싣고 내리는 비용을 말한다.

다. 운반비

이전지까지 운반에 소요되는 비용을 말한다.

이 경우 이전거리는 30킬로미터 이내로 하되, 지역적 여건 및 해당 공익사업의 특성 등을 고려할 때 30킬로미터 이상의 이전이 불가피한 경우에는 이를 초과할 수 있다(「영업 보상평가지침」 제21조 준용). 이 경우 그 사유 및 이전거리를 감정평가서에 기재한다.

라. 식재비

식재비는 수목을 이전지에 새로 심는데 소요되는 비용을 말한다.

식재비는 터파기・나무세우기・묻기・물주기・지주목세우기・손질・뒷정리 등에 소요되는 비용을 포함한다.

마. 재료비

재료비는 굴취나 식재할 때 들어가는 각종 재료에 소요되는 비용을 말한다.

바. 부대비용

부대비용은 도급을 기준으로 간접노무비・산재보험료・기타경비・일반관리비 및 업자이윤 등을 포함한다.

③ 수목의 이식비

수목의 경우는 일반적인 건축물 등과는 달리 이식하는 데 소요되는 비용인 이전비 외에도 고손 및 감손으로 인한 손실이 발생하므로 수목의 이식비는 이전비에 고손액과 감손액을 더한 금액으로 한다.

가. 고손액

고손은 수목이 이전지에서 이식으로 인하여 활착하지 못하고 죽는 것을 말하며, 고손액은 수목가액에 고손율을 곱하여 산정한다.

따라서 이 경우의 수목가액은 현재 식재되어 있는 장소에서의 가액을 기준으로 하는 이전비 또는 이식비와 비교하는 수목가액이나 취득하는 경우의 수목가액과는 달리 이전지에서의 수목가액을 기준으로 한다.

따라서 조달청 수목가격 등을 참고하는 경우 해당 수목가격은 현지도착 가격을 기준으로 하므로 고손액 산정을 위한 수목가액은 이 가격에서 식재비와 식재에 소요되는 재료비 및 이에 따른 부대비용을 더한 금액을 기준으로 산정한다.

나. 감수액

감수는 수익수(과수 그 밖에 수익이 나는 나무)가 이식으로 인하여 결실 등이 감소되는 것을 말하며, 감수액은 예상수익에 감수율을 곱하여 산정한다.

④ 수목의 이전비 또는 이식비의 감정평가기준

가. 원칙

가) 표준품셈 기준

수목의 이전비 또는 이식비는 표준품셈에 의하여 감정평가함을 원칙으로 한다. 이 경우 표준품셈은 각 항목별로 구분하여 작성하며, 수종·규격 등에 따라 가장 적정한 품셈을 적용한다.

이 경우 협회가 발행한 「수목 보상평가 자료집」(2015.12.)을 참고할 수 있다.

나) 그루별 기준

수목의 이전비 또는 이식비는 그루별로 감정평가함을 원칙으로 한다.

이는 「감정평가에 관한 규칙」 제7조 제1항에 따른 "감정평가는 대상물건마다 개별로 하여야 한다."고 하는 개별 감정평가의 원칙에 의한 것이다.

다만, 「토지보상법」 제64조에서 손실보상은 토지소유자나 관계인에게 개인별로 하도록 규정하고 있으므로 보상금은 개인별로 산정한다.

따라서 재결 또는 이의재결에서 개별 수목별로 감정평가액의 증감이 있는 경우 보상액은 소유자별로 합산하여 산정한다.

나. 예외

가) 수량에 따른 가감·조정

(가) 이전비

수목의 이전비를 표준품셈에 의할 경우 그 산정기준은 수목 1주당 가액을 기준으로 한 것이므로, 소량의 수목을 이전할 때에는 비용이 증가하고(표준품셈에서는 차량 1대에 해당 수목 5주를 옮기는 것을 기준으로 작성되어 있으나 실제 보상대상 수량은 5주 미만인 경우 등), 대량의 수목을 이전하는 경우에는 특별한 사정이 없는 한 규모의 경제 원리가 작용하여 그 이전비가 감액될 가능성이 있다.

따라서 수목의 이전비는 표준품셈에 의하여 감정평가하되, 수량에 따라 적정하게 가감·조정할 수 있다.

(나) 고손액 또는 감손액

고손액 또는 감손액은 수목을 대량으로 이식하는 경우가 낱개로 이식하는 경우에 비하여 낮아진다고 볼 수 없으므로 감액할 수 없다.

판례

대량 수목의 이식비는 규모의 경제원리에 따라 감액이 가능하나, 고손액은 감액할 수 없다.
[대법원 2015.10.29. 선고 2015두2444 판결]

〈판결요지〉

수목의 이식비용을 산정할 때에, 그 산정기준이 수목 1주당 가액을 기준으로 한 것이라면 대량의 수목이 이식되는 경우에는 특별한 사정이 없는 한 규모의 경제 원리가 작용하여 그 이식비용이 감액될 가능성이 있다고 봄이 경험칙에 부합한다. 그러나 고손액은 이식 과정에서 고사 또는 훼손되는 수목의 손실을 보상하기 위한 항목으로서, '수목의 가격'에 수목이 이식 후 정상적으로 성장하지 못하고 고사할 가능성을 비율로 표시한 수치인 '고손율'을 곱하는 방법으로 산정되므로, 실제로 수목을 굴취하여 차량 등으로 운반한 후 다시 식재하는 데에 소요되는 실비에 대한 변상인 이식비용과는 그 성격이 전혀 다르다. 따라서 수목을 대량으로 이식하는 경우가 낱개로 이식하는 경우에 비하여 수목이 고사할 가능성인 '고손율'이 더 낮다고 인정할 만한 특별한 사정이 없는 한, 고손액이 이식비용과 마찬가지로 규모의 경제의 원리에 따라 감액되어야 한다고 단정할 수 없다.

나) 식재상황 또는 식재장소에 따른 가감·조정

수목의 이전비 또는 이식비는 i) 수목이 자연상태로 식재되어 있는지 또는 농장에 식재되어 있는지 등과 같은 식재상황이나, ii) 차량 진입 가능성 여부, iii) 경사도 등의 식재 장소의 상황에 따라 크게 차이가 날 수 있다.

따라서 수목의 이전비 또는 이식비는 표준품셈에 의하여 감정평가하되, 식재상황 및 식재장소 등에 따라 적정하게 가감·조정할 수 있다.

다) 일괄감정평가

수목의 수량이 다수이고 수종·수령·규격 등의 식재상황이 동질적인 경우에는 산정된 이전비 또는 이식비를 수량이나 식재상황 또는 이전장소 등에 따라 가감·조정하여야 하므로 그루별로 이전비 또는 이식비를 산정하는 것보다 수종·수령·규격 등 별로 전체 수목을 기준으로 감정평가하는 것이 보다 합리적이다.

따라서 이런 경우에는 「감정평가에 관한 규칙」 제7조 제2항에 따라 수종·수령·규격 등 별로 일괄하여 감정평가할 수 있다.

⑤ 이식시기의 확정

수목의 이식비에는 고손액 및 감수액이 포함되고 이는 해당 공익사업에서 허용되는 이식시기에 따라 차이가 있으므로 수목의 이식비는 이식시기에 따라 달라질 수 있다.

따라서 수목을 이식비로 감정평가할 때에는 사업시행자로부터 이식시기를 제시받아 이를 기준으로 감정평가하고 그 내용을 감정평가서에 기재한다.

⑥ 이전비 또는 이식비와 비교하는 수목가액

이전비 또는 이식비와 비교하는 수목가액은 기준시점 당시 식재장소인 공익사업시행지구에서의 가액을 기준으로 거래사례비교법으로 산정한다.

즉, 수목가액은 해당 수목에 대하여 정상적인 거래가 이루어지는 경우 성립될 가능성이 가장 높다고 인정되는 시장가치를 기준으로 감정평가한다.

따라서 수목가액은 수목 구입가격에 식재비용을 더한 금액이 아니라, 현재 식재된 상태에서 거래될 수 있는 가액으로 감정평가한다.

다만, 수목은 동일한 수종 및 규격을 가졌다고 하여도 형태 및 관리상태, 시장에서의 기호변화 등에 따라 가격에 차이가 현저하여 사실상 일물일가의 원칙이 적용되지 않으므로 감정평가에 주의하여야 한다.

일반적으로 참고할 수 있는 수목가격은 다음과 같다.

가. 조달청 수목가격

조달청의 조경수목가격은 부가가치세가 포함되지 않은 현장도착가격이므로 조달청 수목가격을 기준으로 할 경우 동 가격에서 굴취비, 상・하차비, 운반비와 이에 소요되는 재료비 및 이에 따른 부대비용을 공제한 금액을 기준으로 한다.

또한 조달청 조경수목가격은 지정된 규격에 부합하는 표준적인 조경수의 상급품의 가격이라는 점도 감안하여야 한다.

나. 조경수협회 수목가격

한국조경수협회의 조경수목 가격은 교목류는 100본 단위, 관목류는 1,000본 단위의 부가가치세와 하자비용이 포함되지 않은 가격이며, 차량진입 가능지역까지의 현장도착가격이므로 이러한 점을 고려하여야 한다.

⑦ 이전비 또는 이식비와 수목가액과의 비교 단위

가. 원칙

이전비 또는 이식비와 수목가액과의 비교는 그루별로 함을 원칙으로 한다.

판례

이식비가 취득비를 초과하는지의 여부는 각 과수별로 이식비와 취득비를 상호비교하여 결정하여야 한다.
[대법원 2002.06.14. 선고 2000두3450 판결]

〈판결요지〉

토지수용으로 인한 보상액에 관하여 지장물인 과수는 이식이 가능한 경우 원칙적으로 이식에 필요한 비용과 이식함으로써 예상되는 고손율 및 감수율을 감안하여 정한 고손액 및 감수액(결실하지 아니하는 미성목의 경우를 제외한다)의 합계액으로, 이식이 가능하더라도 이식비가 취득비를 초과하는 경우 및 이식이 불가능한 과수로서 거래사례가 있는 때에는 비준가격과 벌채비용의 합계액에서 수거된 용재목대 또는 연료목대를 뺀 금액으로 하도록 규정하는바, 여기에서 이식비가 취득비를 초과하는지의 여부는 각 과수별로 이식비와 취득비를 상호비교하여 결정하여야 하는 것이지, 수용대상이 된 당해 토지 전체의 과수에 대한 총 이식비와 총 취득비를 상호비교하여 결정할 것이 아니다.

나. 예외

위의 대법원 판례는 대량 수목의 이식비는 그루별 이식비의 합계액에서 감액이 가능하다고 판결한 대법원판례(대법원 2015.10.29. 선고 2015두2444 판결) 이전의 판례이므로 현재는 수목 전체를 기준으로 이식비와 수목가액을 비교하는 것도 가능하다고 본다. 즉, i) 수목의 수량이 다수이고 수종・수령・규격 등의 식재상황이 동질적이어서 이전비 또는 이식비를 가감・조정한 경우에 해당하거나, ii) 식재상황 또는 이전장소 등에 따라 이전비 또는 이식비를 가감・조정한 경우에는 오히려 그루별로 이전비 또는 이식비와 수목가격을 비교하는 것보다 일괄하여 감정평가한 수목 전체를 기준으로 하는 것이 합리적이므로 예외적으로 이런 경우에 한하여 일괄하여 감정평가한 수목 전체를 기준으로 이전비 또는 이식비와 수목가격을 비교할 수 있다.

⑧ 감정평가서의 산출근거 기재 정도

보상평가에서는 관련 법령에서 들고 있는 모든 가격산정요인들을 구체적・종합적으로 참작하여 그 각 요인들이 빠짐없이 반영된 적정가격을 산출하여야 한다.

따라서 감정평가서에는 이전비 또는 이식비와 수목가액의 구체적인 산출근거까지 기재할 필요는 없다고 하더라도, 그 가액산정요인들의 항목을 특정・명시하고 그 요인들이 어떻게 참작되었는지를 알아볼 수 있는 정도로 비교내용을 기술하여야 한다.

판례

감정평가서에는 가격산정요인들을 특정・명시하고 그 요인들이 어떻게 참작되었는지를 알아 볼 수 있는 정도로 기술하여야 한다.
[대법원 2000.07.28. 선고 98두6081 판결]

〈판결요지〉

토지수용 보상액을 평가하는 데에는 관계 법령에서 들고 있는 모든 가격산정요인들을 구체적・종합적으로 참작하여 그 각 요인들이 빠짐없이 반영된 적정가격을 산출하여야 하고, 이 경우 감정평가서에는 모든 가격산정요인의 세세한 부분까지 일일이 설시하거나 그 요소가 평가에 미치는 영향을 수치로 표현할 필요는 없다고 하더라도, 적어도 그 가격산정요인들을 특정・명시하고 그 요인들이 어떻게 참작되었는지를 알아볼 수 있는 정도로 기술하여야 한다.

판례

수목 이전비의 구체적인 평가기준, 방법 및 이전료 산출근거를 제시하지 않은 감정평가는 적법한 감정평가가 아니다.
[대법원 1990.02.23. 선고 89누7146 판결]

〈판결요지〉

중앙토지수용위원회가 이 사건 이의재결 시 보상액산정의 기초로 삼은 2개의 감정평가서가 모두 이 사건 수목의 이식가능성을 참작하여 이식비로 평가한다고 전제하면서 각 수목에 대하여 각 수종별로 구체적인 평가기준, 방법 및 이전료 산출근거를 제시하지 아니하고 일괄하여 이전료를 평가하였다면 이는 토지수용

> 법 제49조 제1항, 공공용지의 취득 및 손실보상에 관한 특례법 제4조 제3항, 같은법 시행령 제2조 제4항, 같은법시행규칙 제2조 제3호, 제13조, 제14조의 각 규정에 따른 적법한 평가라고 할 수 없다.

(3) 취득하는 수목의 감정평가

① 원칙

취득하는 수목의 가액은 기준시점 당시 식재장소에서의 가액을 기준으로 거래사례비교법으로 감정평가한다. 즉, 위의 '이전비 또는 이식비와 비교하는 수목가액'과 같은 방법으로 감정평가한다.

② 예외

「토지보상법 시행규칙」 제40조 제2항에 따라 수목의 보상평가액은 경제적으로 식재목적에 부합되고 정상적인 생육이 가능한 수목의 식재상태인 정상식을 기준으로 한 평가액을 초과하지 못한다. 여기서 "정상식을 기준으로 한 금액을 초과하지 못한다."라는 의미는 수목의 수량을 정상식에 의한 주수로 사정한다는 의미가 아니라, 감정평가액이 정상식을 기준으로 한 금액을 초과하지 못한다는 의미이다. 그러므로 수목의 수량은 실제주수로 하되 감정평가액은 정상식에 의한 주수를 기준으로 한 금액을 상한으로 한다.

05 기타 농작물의 보상평가와 분묘에 대한 보상액 산정

Ⅰ. 농작물 보상평가

토지보상법 시행규칙 제41조(농작물의 평가) ① 농작물을 수확하기 전에 토지를 사용하는 경우의 농작물의 손실은 농작물의 종류 및 성숙도 등을 종합적으로 고려하여 다음 각 호의 구분에 따라 평가한다.

1. 파종중 또는 발아기에 있거나 묘포에 있는 농작물 : 가격시점까지 소요된 비용의 현가액
2. 제1호의 농작물 외의 농작물 : 예상총수입의 현가액에서 장래 투하비용의 현가액을 뺀 금액. 이 경우 보상당시에 상품화가 가능한 풋고추·들깻잎 또는 호박 등의 농작물이 있는 경우에는 그 금액을 뺀다.

② 제1항 제2호에서 "예상총수입"이라 함은 당해 농작물의 최근 3년간(풍흉작이 현저한 연도를 제외한다)의 평균총수입을 말한다.

Ⅱ. 분묘에 대한 보상액 산정

토지보상법 시행규칙 제42조(분묘에 대한 보상액의 산정) ①「장사 등에 관한 법률」 제2조 제16호에 따른 연고자(이하 이 조에서 "연고자"라 한다)가 있는 분묘에 대한 보상액은 다음 각 호의 합계액으로 산정한다. 다만, 사업시행자가 직접 산정하기 어려운 경우에는 감정평가법인등에게 평가를 의뢰할 수 있다.

1. 분묘이전비 : 4분판 1매・마포 24미터 및 전지 5권의 가격, 제례비, 임금 5인분(합장인 경우에는 사체 1구당 각각의 비용의 50퍼센트를 가산한다) 및 운구차량비
2. 석물이전비 : 상석 및 비석 등의 이전실비(좌향이 표시되어 있거나 그 밖의 사유로 이전사용이 불가능한 경우에는 제작・운반비를 말한다)
3. 잡비 : 제1호 및 제2호에 의하여 산정한 금액의 30퍼센트에 해당하는 금액
4. 이전보조비 : 100만원

② 제1항 제1호의 규정에 의한 운구차량비는 「여객자동차 운수사업법 시행령」 제3조 제2호 나목의 특수여객자동차운송사업에 적용되는 운임・요금중 당해 지역에 적용되는 운임・요금을 기준으로 산정한다.

③ 연고자가 없는 분묘에 대한 보상액은 제1항 제1호 내지 제3호의 규정에 의하여 산정한 금액의 50퍼센트 이하의 범위 안에서 산정한다.

제4절 광업권과 어업권등의 보상

01 광업권의 보상평가

Ⅰ. 관련 규정의 내용

「토지보상법」 제76조(권리의 보상) ① 광업권・어업권・양식업권 및 물(용수시설을 포함한다) 등의 사용에 관한 권리에 대하여는 투자비용, 예상 수익 및 거래가격 등을 고려하여 평가한 적정가격으로 보상하여야 한다.

② 제1항에 따른 보상액의 구체적인 산정 및 평가방법은 국토교통부령으로 정한다.

「토지보상법 시행규칙」 제43조(광업권의 평가) ① 광업권에 대한 손실의 평가는 「광업법 시행규칙」 제19조에 따른다.

② 조업 중인 광산이 토지 등의 사용으로 인하여 휴업하는 경우의 손실은 휴업기간에 해당하는 영업이익을 기준으로 평가한다. 이 경우 영업이익은 최근 3년간의 연평균 영업이익을 기준으로 한다.

③ 광물매장량의 부재(채광으로 채산이 맞지 아니하는 정도로 매장량이 소량이거나 이에 준하는 상태를 포함한다)로 인하여 휴업 중인 광산은 손실이 없는 것으로 본다.

「광업법」 제34조(공익상 이유에 따른 취소처분 등) ② 산업통상자원부장관은 국가중요건설 사업지 또는 그 인접 지역의 광업권이나 광물의 채굴이 국가중요건설사업에 지장을 준다고 인정할 때에는 광업권의 취소 또는 그 지역에 있는 광구의 감소처분을 할 수 있다.

③ 국가는 제1항과 제2항에 따른 광업권의 취소처분 또는 광구의 감소처분으로 발생한 손실을 해당 광업권자(취소처분에 따른 광업권의 광구 부분 또는 감소처분에 따른 광구 부분에 조광권이 설

정되어 있는 경우에는 그 조광권자를 포함한다)에게 보상하여야 한다.

④ 제3항에 따라 보상할 손실의 범위는 제1항과 제2항에 따른 광업권의 취소처분 또는 광구의 감소처분에 따라 통상 발생하는 손실로 한다. 이 경우 통상 발생하는 손실은 다음 각 호의 사항 등을 고려하여 산정한다.

1. 산업통상자원부령으로 정하는 자가 광업권의 취소처분 또는 광구의 감소처분 당시를 기준으로 평가한 광산·광구·시설의 가치
2. 광업권의 취소처분 또는 광구의 감소처분 시까지 해당 광산개발에 투자된 비용
3. 광업권의 취소처분 또는 광구의 감소처분 당시의 탐사, 개발 및 채굴상황

⑤ 산업통상자원부장관은 제1항과 제2항에 따른 광업권의 취소처분 또는 광구의 감소처분에 따라 이익을 받은 자가 있을 경우에는 그 자에게 그 이익을 받은 한도에서 제3항에 따른 보상 금액의 전부나 일부를 부담하게 할 수 있다.

⑥ 제2항에 따른 처분에 관하여는 「행정소송법」 제23조 제2항을 적용하지 아니한다.

⑦ 제2항에 따른 국가중요건설사업지 또는 그 인접지역, 제4항에 따른 통상 발생하는 손실의 구체적인 산정기준 및 절차에 관한 사항은 대통령령으로 정한다.

「광업법 시행령」 제30조(손실의 산정기준 등) ① 법 제34조 제4항에 따른 통상 발생하는 손실은 다음 각 호의 구분에 따라 산정한다.

1. 광업권자나 조광권자 조업 중이거나 정상적으로 생산 중에 휴업한 광산으로서 광물의 생산실적이 있는 경우: 법 제34조 제4항 제1호에 따라 산업통상자원부령으로 정하는 자가 광산의 장래 수익성을 고려하여 산정한 광산평가액에서 이전(移轉)이나 전용(轉用)이 가능한 시설의 잔존가치(殘存價値)를 뺀 금액에 이전비를 합산한 금액. 이 경우 평가된 지역 외의 지역에 해당 광산개발을 목적으로 취득한 토지·건물 등 부동산이 있는 경우에는 그 부동산에 대하여 「공익사업을 위한 토지 등의 취득 및 보상에 관한 법률」에서 정하는 보상기준을 준용하여 산정한 금액을 더한 금액으로 한다.
2. 탐사권자가 탐사를 시작하였거나 탐사실적을 인정받은 경우와 채굴권자가 채굴계획 인가를 받은 후 광물의 생산실적이 없는 광산인 경우: 해당 광산개발에 투자된 비용과 현재시설의 평가액에서 이전이나 전용이 가능한 시설의 잔존가치를 뺀 금액에 이전비를 합산한 금액
3. 탐사권자가 등록을 한 후 탐사를 시작하지 아니하였거나 채굴권자가 채굴계획 인가를 받지 아니한 경우: 등록에 든 비용

② 제1항 제1호의 광산평가액과 같은 항 제2호의 현재시설의 평가액은 법 제34조 제4항 제1호에 따라 산업통상자원부령으로 정하는 자 둘 이상이 산정한 평가액을 산술평균한다.

「광업법 시행규칙」 제19조(손실의 산정) 법 제34조 제4항 제1호, 영 제30조 제1항 제1호 전단 및 같은 조 제2항에서 "산업통상자원부령으로 정하는 자"란 각각 다음 각 호의 어느 하나에 해당하는 자를 말한다.

1. 「부동산 가격공시 및 감정평가에 관한 법률」 제2조 제9호에 따른 감정평가업자

2. 영 제9조 제3항 제1호에 따른 기관
3. 「엔지니어링산업 진흥법」 제2조 제4호에 따른 엔지니어링사업자
4. 「기술사법」 제6조에 따라 기술사사무소를 개설한 기술사로서 같은 법 시행령 별표 2의 2에 따른 건설(직무 범위가 지질 및 지반인 경우만 해당한다) 또는 광업자원을 직무 분야로 하는 기술사

「감정평가 실무기준」[830-2] 적용

① 광업권의 보상평가는 「토지보상법 시행규칙」 제43조 및 「광업법 시행규칙」 제19조 등 감정평가 관계법규에서 따로 정한 것을 제외하고는 이 절에서 정하는 바에 따르고, 이 절에서 정하지 않은 사항은 [100 총칙]부터 [600 물건별 감정평가]까지의 규정을 준용한다.

「감정평가 실무기준」[830-3] 정의

이 절에서 사용하는 용어의 뜻은 다음 각 호와 같다.

1. "광업"이란 광물의 탐사 및 채굴과 이에 따르는 선광・제련이나 그 밖의 사업을 말한다.
2. "광업권"이란 탐사권과 채굴권을 말한다.
3. "탐사권"이란 등록을 한 일정한 토지의 구역(이하 "광구"라 한다)에서 등록을 한 광물과 이와 같은 광상에 묻혀 있는 다른 광물을 탐사하는 권리를 말한다.
4. "채굴권"이란 광구에서 등록을 한 광물과 이와 같은 광상에 묻혀 있는 다른 광물을 채굴하고 취득하는 권리를 말한다.
5. "광업손실"이란 공공사업의 시행으로 인하여 광업권의 취소 및 광구의 감소처분 또는 광산의 휴업으로 인한 손실과 기계장치・구축물(갱도포함)・건축물 등(이하 "시설물"이라 한다)에 관한 손실을 말한다.
6. "탐사"란 광산・탄전 등의 개발을 위하여 광상을 발견하고 그 성질・상태 및 규모 등을 알아내는 작업으로서 물리탐사・지화학탐사・시추탐사 및 굴진탐사를 말한다.
7. "채광"이란 목적광물의 채굴・선광・제련과 이를 위한 시설을 하는 것을 말한다.

「감정평가 실무기준」[830-4.1] 광업권 보상평가의 대상

광업권 보상평가의 대상은 사업시행자가 보상평가를 목적으로 제시한 것으로 한다.

「감정평가 실무기준」[830-4.2] 광업권의 소멸에 대한 감정평가

「감정평가 실무기준」[830-4.2.1] 유형별 감정평가방법

① 광업권자가 조업 중이거나 정상적으로 생산 중에 휴업한 광산으로서 광물의 생산실적이 있는 경우에는 장래 수익성을 고려한 광산의 감정평가액을 기준으로 이전이나 전용이 가능한 시설물의 잔존가치를 뺀 금액에서 그 이전비를 더하여 감정평가한다.

② 다음 각 호의 어느 하나에 해당하는 경우에는 해당 광산개발에 투자된 비용과 현재시설의 감정평가액에서 이전이나 전용이 가능한 시설의 잔존가치를 뺀 금액에 이전비를 더하여 감정평가한다.

1. 탐사권자가 탐사를 시작한 경우
2. 탐사권자가 탐사실적을 인정받은 경우

3. 채굴권자가 채굴계획의 인가를 받은 후 광물생산실적이 없는 경우

③ 탐사권자가 등록을 한 후 탐사를 시작하지 아니하거나 채굴권자가 채굴계획인가를 받지 아니한 경우에는 등록에 든 비용으로 산정한다.

④ 다음 각 호의 어느 하나에 해당하는 경우에는 광업손실이 없는 것으로 본다.

1. 휴업 중인 광산으로서 광물의 매장량이 없는 경우
2. 채광으로 채산이 맞지 아니하는 정도로 매장량이 소량인 경우
3. 제1호 또는 제2호에 준하는 상태인 경우

「감정평가 실무기준」[830-4.2.2] 광산의 감정평가방법
광산의 감정평가는 [620-2.3]을 준용한다.

「감정평가 실무기준」[620-2.3] 광산의 감정평가방법

① 광산을 감정평가할 때에는 수익환원법을 적용하여야 한다.

② 수익환원법을 적용할 때에는 대상 광산의 생산규모와 생산시설을 전제로 한 가행연수(稼行年數) 동안의 순수익을 환원한 금액에서 장래 소요될 기업비를 현가화한 총액을 공제하여 광산의 감정평가액을 산정한다.

「감정평가 실무기준」[830-4.2.3] 시설물의 감정평가방법
이전 또는 전용이 가능한 시설물의 잔존가치 및 이전비는 시설물의 종류에 따라 토지보상법 등 감정평가관계법규에서 정하는 바에 따라 감정평가한다.

「감정평가 실무기준」[830-4.3] 광산의 휴업에 대한 감정평가
조업 중인 광산이 토지등의 사용으로 휴업을 한 경우에는 휴업기간에 해당하는 영업이익을 기준으로 감정평가한다. 이 경우 영업이익은 최근 3년간의 연평균 영업이익을 기준으로 한다.

II. 광업권 보상평가 주요 내용

1. 광업권의 개요

(1) 용어의 정의

① 광업

광업이란 광물의 탐사 및 채굴과 이에 따르는 선광·제련이나 그 밖의 사업을 말한다(「광업법」 제3조 제2호).

즉, 광업이란 광물을 탐광·채굴(채광)하고 유용광물과 폐석을 선광(선별)하여 정광을 제련하는 산업 및 기타 사업을 말한다.

여기서 채광이란 목적광물의 채굴·선광·제련과 이를 위한 시설을 하는 것을 말한다.

② 광업권

광업권이란 「광업법」 제38조의 규정에 따라 광구에서 등록을 한 광물과 이와 동일 광상 중에 부존하는 다른 광물을 채굴 및 취득하는 권리를 말하며, 탐사권과 채굴권으로 구분된다(「광업법」 제3조제3호).

③ 탐사권

탐사권이란 등록을 한 일정한 토지의 구역인 광구에서 등록을 한 광물과 이와 같은 광상에 묻혀 있는 다른 광물을 탐사하는 권리를 말한다(「광업법」 제3조 제3의2호).

여기서 탐사란 광산·탄전 등의 개발을 위하여 광상을 발견하고 그 성질·상태 및 규모 등을 알아내는 작업으로서 물리탐사·지화학탐사·시추탐사 및 굴진탐사를 말한다.

④ 채굴권

채굴권이란 광구에서 등록을 한 광물과 이와 같은 광상에 묻혀 있는 다른 광물을 채굴하고 취득하는 권리를 말한다(「광업법」 제3조 제3의3호).

채굴되지 아니한 광물은 채굴권의 설정 없이는 채굴할 수 없다(「광업법」 제4조).

⑤ 광구

'광구'란 등록을 한 일정한 토지의 구역을 말한다(「광업법」 제3조 제3의2호).

광구의 경계는 직선으로 정하고 지표경계선의 직하(直下)를 한계로 하며, 광구는 경도선과 위도선으로 둘러싸인 사각형의 구역('단위구역')으로 하고, 산업통상자원부장관은 단위구역의 광업지적(鑛業地籍), 변(邊)의 길이 및 면적을 고시한다(「광업법」 제13조).

⑥ 조광권

조광권(租鑛權)이란 설정행위에 의하여 타인의 광구에서 채굴권의 목적이 되어 있는 광물을 채굴하고 취득하는 권리를 말한다(「광업법」 제3조 제4호).

⑦ 광업손실

'광업손실'이라 함은 공익사업의 시행으로 인하여 광업권의 소멸 및 광구의 감소처분 또는 광산의 휴업으로 인한 손실과 기계장치·구축물(갱도포함)·건물 등(이하 "시설물"이라 한다)에 관한 손실을 말한다(「광업권보상평가지침」 제2조 제3호).

(2) 광업권 등의 내용

① 광업권의 내용

가. 광업권의 성질

광업권은 물권으로 하고, 「광업법」에서 따로 정한 경우 외에는 부동산에 관하여 「민법」과 그 밖의 법령에서 정하는 사항을 준용한다.

나. 광업권의 제한

광업권은 광업의 합리적 개발이나 다른 공익과의 조절을 위하여 「광업법」이 규정하는 바에 따라 제한할 수 있다(「광업법」 제10조).

② 탐사권의 내용

가. 처분제한

탐사권은 상속, 양도, 체납처분 또는 강제집행의 경우 외에는 권리의 목적으로 할 수 없다(「광업법」 제11조 제1항).

나. 존속기간

탐사권의 존속기간은 7년을 넘을 수 없으며, 존속기간은 연장이 허용되지 않는다(「광업법」 제12조 제1항).

다. 탐사계획의 신고 및 탐사실적의 제출

탐사권자는 탐사권설정의 등록이 된 날부터 1년 이내에 산업통상자원부장관에게 탐사계획을 신고하여야 하며(「광업법」 제40조), 탐사계획을 신고한 날부터 3년 이내에 산업통상자원부장관에게 탐사실적을 제출하여야 한다. 이 경우 탐사실적의 제출은 채굴권설정의 출원으로 본다(「광업법」 제41조 제1항).

③ 채굴권의 내용

가. 처분제한

채굴권은 상속, 양도, 조광권·저당권의 설정, 체납처분 또는 강제집행의 경우 외에는 권리의 목적으로 할 수 없다(「광업법」 제11조 제2항).

나. 존속기간

채굴권의 존속기간은 20년을 넘을 수 없다. 다만, 채굴권자는 채굴권의 존속기간이 끝나기 전에 산업통상자원부장관의 허가를 받아 채굴권의 존속기간을 연장할 수 있으나, 연장할 때마다 그 연장기간은 20년을 넘을 수 없다(「광업법」 제12조 제2항 및 제3항).

다. 채굴권의 설정

산업통상자원부장관은 제출받은 탐사실적이 광물의 종류별 광체의 규모 및 품위 등 기준에 적합하여 탐사실적을 인정한 때에 채굴권설정의 허가를 하여야 한다(「광업법」 제41조 제3항).

라. 채굴계획의 인가

채굴권자는 채굴을 시작하기 전에 산업통상자원부장관의 채굴계획 인가를 받아야 하며, 채굴계획의 인가를 받지 아니하면 광물을 채굴하거나 취득할 수 없다(「광업법」 제42조 제1항 및 제4항).

④ 조광권의 내용

가. 조광권의 성질

조광권은 물권으로 하고, 이 법에서 따로 정한 경우 외에는 부동산에 관한 「민법」과 그 밖의 법령의 규정을 준용한다(「광업법」 제47조 제1항).

나. 처분제한

조광권은 상속이나 그 밖의 일반승계의 경우 외에는 권리의 목적으로 하거나 타인이 행사하게 할 수 없다(「광업법」 제47조 제2항).

다. 조광권의 존속기간

조광권의 존속기간은 그 채굴권의 존속기간과 같으나, 채굴권자와 조광권자가 되려는 자 사이의 협의에 따른 경우에는 그러하지 아니하며, 이 경우 채굴권자 또는 조광권자는 조광기간의 연장이 필요한 경우 조광권의 존속기간이 끝나기 전에 대통령령으로 정하는 바에 따라 산업통상자원부장관의 인가를 받아 그 기간을 연장할 수 있다(「광업법」 제49조).

라. 조광구

조광권의 구역인 조광구의 경계는 채굴권의 광구의 경계와 같다. 다만, 대통령령으로 정하는 특정광상(特定鑛床)의 경계는 그러하지 아니하다. 이 경우에는 그 지표경계를 직선으로 정하고 지표경계선의 직하를 구분하여 한계를 정할 수 있다(「광업법」 제50조).

(3) 광업권의 취소 또는 광구의 감소처분

① 광업권의 취소 또는 광구의 감소처분을 할 수 있는 경우

산업통상자원부장관은 i) 광업이 공익을 해친다고 인정할 때, ii) 국가중요건설사업지 또는 그 인접 지역의 광업권이나 광물의 채굴이 국가중요건설사업에 지장을 준다고 인정할 때에는 광업권의 취소 또는 그 지역에 있는 광구의 감소처분을 할 수 있다(「광업법」 제34조 제1항 및 제2항).

② 손실보상

가. 손실보상 의무자

국가는 광업권의 취소처분 또는 광구의 감소처분으로 발생한 손실을 해당 광업권자(취소처분에 따른 광업권의 광구 부분 또는 감소처분에 따른 광구 부분에 조광권이 설정되어 있는 경우에는 그 조광권자를 포함한다)에게 보상하여야 한다(「광업법」 제34조 제3항).

나. 손실보상의 범위

손실보상의 범위는 광업권의 취소처분 또는 광구의 감소처분에 따라 통상 발생하는 손실로 하며, 통상 발생하는 손실은 i) 산업통상자원부령으로 정하는 자가 광업권의 취소처분 또는 광구의 감소처분 당시를 기준으로 평가한 광산・광구・시설의 가치, ii) 광업권의 취소처분 또는 광구의 감소처분 시까지 해당 광산개발에 투자된 비용, iii) 광업권의 취소처분 또는 광구의 감소처분 당시의 탐사, 개발 및 채굴상황 등을 고려하여 산정한다(「광업법」 제34조 제4항).

다. 손실보상을 평가할 수 있는 자

광업권의 취소처분 또는 광구의 감소처분에 따라 통상 발생하는 손실을 평가할 수 있는 자는 i) 「부동산 가격공시 및 감정평가에 관한 법률」 제2조 제9호[393]에 따른 감정평가법인 등, ii) 국가・지방자치단체의 기관 또는 한국광물자원공사, iii) 「엔지니어링산업 진흥법」 제2조 제4호에 따른 엔지니어링사업자, iv) 「기술사법」 제6조에 따라 기술사사무소를 개설한 기술사로서 같은 법 시행령 별표 2의2에 따른 건설(직무 범위가 지질 및 지반인 경우만 해당한다) 또는 광업자원을 직무 분야로 하는 기술사 등이다(「광업법 시행규칙」 제19조).

③ 이익을 받은 자에게 부담

산업통상자원부장관은 광업권의 취소처분 또는 광구의 감소처분에 따라 이익을 받은 자가 있을 경우에는 그 자에게 그 이익을 받은 한도에서 보상금액의 전부나 일부를 부담하게 할 수 있다(「광업법」 제34조 제5항).

393) 현재는 「감정평가 및 감정평가사에 관한 법률」 제2조 제4호에서 규정하고 있다.

④ 집행정지의 부적용

국가중요건설사업지 또는 그 인접 지역의 광업권이나 광물의 채굴이 국가중요건설사업에 지장을 준다고 인정하여 광업권의 취소 또는 그 지역에 있는 광구의 감소처분에 대해서는 「행정소송법」 제23조 제2항에 따른 법원의 처분 등의 효력이나 그 집행 또는 절차의 속행의 전부 또는 일부의 정지(집행정지, 執行停止)를 적용하지 아니한다.

2. 광업권의 손실보상대상

(1) 보상대상의 결정

광업권 보상평가의 대상도 다른 보상대상과 마찬가지로 사업시행자가 「토지보상법」에서 정한 절차에 따라 보상대상으로 확정한 후 의뢰한 것으로 한다.

다만, 「광업법」 제34조 제3항에 따라 국가가 직접 보상하는 경우는 산업통상자원부장관이 보상평가를 목적으로 제시한 것으로 한다.

① 「광업법」에 따른 보상대상의 결정

「광업법」 제34조 제2항, 제3항 및 제4항에서 산업통상자원부장관은 국가중요건설사업지 또는 그 인접 지역의 광업권이나 광물의 채굴이 국가중요건설사업에 지장을 준다고 인정할 때에는 광업권의 취소 또는 그 지역에 있는 광구의 감소처분을 할 수 있고, 국가는 광업권의 취소처분 또는 광구의 감소처분으로 발생한 손실을 해당 광업권자 또는 조광권자에게 보상하여야 하며, 이 경우 보상할 손실의 범위는 광업권의 취소처분 또는 광구의 감소처분에 따라 통상 발생하는 손실로 하도록 규정하고 있다.

다만, 「광업법」 제34조 제5항에 따라 산업통상자원부장관은 광업권의 취소처분 또는 광구의 감소처분에 따라 이익을 받은 자가 있을 경우에는 그 자에게 그 이익을 받은 한도에서 보상금액의 전부나 일부를 부담하게 할 수 있다.

따라서 공익사업에 광업권이 편입될 경우 원칙적으로 보상대상의 결정 및 보상금의 지급은 산업 통상자원부장관이 결정한다.

〈유권해석〉

광업권에 대한 보상평가 의뢰 등은 원칙적으로 「광업법」에 의한다.
[국토부 2012.12.31. 토지정책과-6719]

〈질의요지〉

공익사업에 광업권이 설정된 토지가 편입되는 경우 광업권에 대한 감정평가 의뢰 시 적용되는 근거법령은 무엇인지?

〈회신내용〉

광업권 평가관련 평가업자 선정 등에 대하여는 「토지보상법」에서 정하고 있지 않음을 알려드리며, 개별적인 사례에 있어 보상 여부 및 그 평가 기준과 방법 등은 「광업법」 등 관련법령과 사실관계를 종합적으로 검토하여 판단할 사항으로 봅니다.

② 「토지보상법」에 따른 보상대상의 결정

가. 광업권의 취소처분 또는 광구의 감소처분 등의 행정처분이 있는 경우

산업통상자원부장관이 광업권의 취소처분 또는 광구의 감소처분 등의 행정처분을 한 경우 이에 따라 사업시행자가 「토지보상법」에서 정하는 절차에 따라 보상대상을 결정하는 것은 문제가 없다.

나. 광업권의 취소처분 또는 광구의 감소처분 등의 행정처분이 없는 경우

i) 「광업법」 제34조 제2항에서는 국가중요건설사업지 또는 그 인접 지역의 광업권이나 광물의 채굴이 국가중요건설사업에 지장을 주는지 여부 및 그 범위 등은 산업통상자원 부장관이 판단하도록 규정하고 있고, ii) 「광업법」에서는 사업시행자가 직접 보상한 경우 광업권의 취소 또는 광구의 감소처분에 대해 별도로 규정하고 있지 않다.

따라서 산업통상자원부장관이 광업권의 취소처분 또는 광구의 감소처분 등의 행정처분을 선행하지 않은 상태에서 「토지보상법」상의 절차를 통하여 보상대상을 결정할 수 있는지는 명확하지 않다.

다만, 사업시행자가 「토지보상법」상의 절차를 통하여 광업권을 보상한 경우에는 조리상 사업시행자의 광업권의 취소 또는 광구의 감소처분 신청권은 인정된다고 본다.

판례

공익사업에 광구의 일부가 편입된 광업권자도 조리 상 광구감소처분 신청권이 있다.
[서울행정법원 2019.05.30. 선고, 2018구합55906 판결 : 항소]

〈판결요지〉

광물 채굴 판매업 등을 영위하는 甲 주식회사의 대표이사 乙이 밀양~울산 간 고속국도가 신설될 경우 보유하고 있는 광업권 중 일부 광구에서의 광업 내지 광물의 채굴이 공익을 해치거나 국가중요건설사업에 지장을 준다는 이유로 광업법 제34조에서 정한 광구감소처분을 해 줄 것을 신청하였으나 산업통상자원부 광업등록사무소장이 광업권자에게 광구감소처분에 대한 신청권이 없고 해당 광구에서의 광업 내지 광물의 채굴이 공익을 해치거나 국가중요건설사업에 지장을 준다고 단정할 수 없다는 이유로 乙의 신청을 거부한 사안이다.
광업법 제34조 제1항 및 제2항에서 정한 사유가 발생하여 광구감소처분을 함이 마땅함에도 광구감소처분이 이루어지지 아니하여 그로 인한 손실보상을 받지 못하고 있음을 주장하는 乙은 조리상 신청권에 기하여 광구감소처분을 신청할 수 있고, 乙의 광구감소처분 신청을 거부한 위 처분은 항고소송의 대상이 되는 행정처분에 해당하나, 乙에 대하여 광업법 제44조 제1항 등 관련 법령상 채굴제한을 통해 안전상 위해 내지 위 공사에 지장을 줄 염려를 충분히 해소할 수 있을 것으로 보이고, 채굴제한을 넘어 광구감소처분이 필요할 정도로 해당 광구에서의 광업 내지 광물 채굴이 공익을 해치거나 국가중요건설사업에 지장을 준다고 보이지 않는 점, 광업법 시행규칙 제11조 제1항 제1호에서 정한 '광업권설정 출원구역이 국가중요건설사업지로 지정·고시된 지역에 해당하는 경우'는 광업법 제24조 제1항의 '광물 채굴이 공익을 해치는 경우'인지를 판단할 때 중요한 기준이 될 뿐 이로써 곧바로 '광물 채굴이 공익을 해치는 경우'에 해당한다고 볼 것은 아니므로 광업권설정 불허가 사유에 관한 광업법 제24조, 광업법 시행규칙 제11조 제1항 제1호를 준용하여 해당 광구에 국가중요건설사업지에 해당하는 고속국도가 신설되는 것만으로 곧바로 광구감소처분사유인 '광업이 공익을 해치는 경우'에 해당한다고 볼 수 없는 점 등을 종합하면, 해당 광구에서의 광업 내지 광물 채굴이 공익을 해치거나 국가중요건설사업인 위 공사에 지장을 준다고 보기 어렵고 달리 이를 인정할 증거가 없으므로, 위 처분이 적법하다고 한 사례이다.

③ 소결

가. 원칙

i) 「광업법」 제34조 제2항에서 산업통상자원부장관이 국가중요건설사업지 또는 그 인접 지역의 광업권이나 광물의 채굴이 국가중요건설사업에 지장을 주는지 여부를 판단하도록 규정하고 있고, ii) 「광업법 시행령」 제31조에서 국가중요건설사업지 또는 그 인접지역의 구역은 국가나 지방자치단체가 건설하는 철도(지하철도를 포함한다)·산업단지·고속 국도 및 댐지역과 그 인접 지역으로서 관계 기관의 장이 지정·고시하는 구역으로 하도록 규정하고 있으며, iii) 「광업법」 제34조 제5항에서 산업통상자원부장관은 광업권의 취소 처분 또는 광구의 감소처분에 따라 이익을 받은 자가 있을 경우에는 그 자에게 그 이익을 받은 한도에서 보상 금액의 전부나 일부를 부담하게 할 수 있도록 규정하고 있고, iv) 광업권의 취소 또는 광구감소 처분이 없는 경우 보상대상으로 보지 않는다.

따라서 광업권이 설정되어 있는 토지가 공익사업에 편입되는 경우 광업권의 보상대상 여부는 「광업법」 제34조 제1항에 따라 산업통상자원부장관이 광업권의 취소 또는 광구의 감소처분을 한 범위로 하고, 보상은 「토지보상법」의 절차에 따라 사업시행자가 직접 시행하는 것이 바람직할 것으로 생각된다.

나. 예외

산업통상자원부장관이 광업권의 취소 또는 시행자가 광구의 감소처분을 하지 않는 경우에는 사업시행자가 「토지보상법」에 따라 공익사업에 편입되는 부분을 기준으로 보상대상을 결정하고 보상한 다음 산업통상자원부장관에게 광업권의 취소 또는 광구의 감소처분을 신청할 수 있을 것이다.

광업권과 유사한 어업권의 경우 「수산업법 시행령」 별표4에서 공익사업으로 인한 어업권 피해의 범위와 정도에 대하여 해양수산부장관이 지정하는 수산에 관한 전문조사·연구기관 또는 교육기관으로 하여금 손실액 산출을 위한 용역조사를 하게 한 후 그 조사 결과를 토대로 「감정평가 및 감정평가사에 관한 법률」에 따른 2명 이상의 감정평가법인 등에게 손실액의 평가를 의뢰하되, 보상액을 부담할 수익자가 있으면 수익자에게 용역 조사 및 손실액 평가를 의뢰하게 할 수 있도록 규정하고 있다.

(2) 보상대상의 제한

① 광업권의 취소 또는 광구감소 처분이 없는 경우

조업 중이거나 정상적으로 생산 중에 있는 광업권이 공익사업에 편입되나 광업권의 취소 또는 광구감소 처분이 없는 경우에는 해당 공익사업으로 인하여 손실이 발생하였다고 볼 수 없으므로 보상대상이 아니다.

즉, 광업권이 공익사업에 편입되었다고 하여 보상대상이 되는 것이 아니라, 「광업법」 제34조 제2항에 따라 산업통상자원부장관이 광업권이나 광물의 채굴이 국가중요건설사업에 지장을 준다고 인정하여 실제적으로 광업권의 취소 또는 광구감소 처분을 하고 이로 인하여 손실이 발생하는 경우에 한하여 보상대상이 된다.

〈유권해석〉
광업권의 취소 또는 광구감소 처분이 없는 경우는 보상대상이 아니다.
[국토부 2012.04.25. 토지정책과-2009]

〈질의요지〉
고속철도사업을 시행하면서 광산 일부가 편입되는 경우 「광업법」 제34조에 따라 광업권의 취소 또는 광구의 감소처분을 하여야 이에 따른 보상을 하는지?

〈회신내용〉
공익사업시행지구에 편입되는 토지에 대하여 광업권의 취소 또는 광구의 감소처분 등이 없는 경우에는 공익사업 시행으로 인한 손실이 발생하였다고 볼 수 없으므로 보상 대상에 해당하지 않는 것으로 보며, 개별적인 사례에 대하여는 사업시행자가 관련법령과 사실관계 등을 종합적으로 검토하여 판단할 사항으로 봅니다.

〈재결례〉
채굴제한구역의 광업권은 보상대상이 아니다.
[중토위 2017.09.07. 재결]

〈재결요지〉
이 건 사업은 충청남도지사가 국가간선기능 확충을 목적으로 시행하는 도로사업(선장-염치간 국지도 확포장공사)으로서 이 건 공익시설은 지표 지하 50m 내에서 설치되는 사업으로 확인된다. 따라서 소유자가 지표 지하 50m 이내의 장소에서 채굴을 하려면 광업법 제44조 제1항에 따라 소유자 또는 이해관계인의 승낙을 얻어야 하고, 그 결과 소유자는 위 광업법 제44조 제1항이 정한 범위에서 채굴제한을 받게 된다. 그러나 위 판례에서도 판시한 바와 같이 이러한 제한은 공공복리를 위하여 광업권에 당연히 따르는 최소한의 제한이고 부득이한 것으로서 광업권자가 당연히 광업권자가 수인해야 할 것으로 소유자에게 특별한 재산상의 희생을 강요한 것이라고 할 수 없기 때문에 소유자가 손실을 입었다는 이유로 보상을 구할 수는 없다 할 것이다.

② 채굴제한

가. 장소에 따른 채굴제한

「광업법」 제44조 제1항에 따라 광업권자는 i) 철도·궤도(軌道)·도로·수도·운하·항만·하천·호(湖)·소지(沼地)·관개(灌漑)시설·배수시설·묘우(廟宇)·교회·사찰의 경내지(境內地)·고적지(古績地)·건축물 그 밖의 영조물의 지표 지하 50미터 이내의 장소, ii) 묘지의 지표 지하 30미터 이내의 장소에서는 관할 관청의 허가나 소유자 또는 이해관계인의 승낙이 없으면 광물을 채굴할 수 없다.

따라서 해당 장소에 대해서는 관할 관청의 허가나 소유자 또는 이해관계인의 승낙이 없는 경우 보상대상에서 제외된다.

판례

채굴제한이 적용되는 도로에는 「도로법」 소정의 도로뿐만 아니라 일반공중의 교통을 목적으로 설비와 형태를 갖춘 도로까지도 포함된다.
[대법원 2000.09.08. 선고 98두6104 판결]

〈판결요지〉
구 「광업법」(1999.2.8. 법률 제5824호로 개정되기 전의 것) 제48조 제1항은 광업권자는 철도·궤도·도로·수도·운하·항만·하천·호·소지·관개·배수·시설·묘우·교회·사찰의 경내지·고적지 기타 영조물의 지표지하 50m 이내의 장소나 묘지·건축물의 지표지하 30m 이내의 장소에서는 각각 관할관청의 허가나 소유자 또는 이해관계인의 승낙 없이 광물을 채굴할 수 없다고 규정하고 있는바, 이 규정은 광업의 실시에 따른 영조물과 건물 등의 파괴를 미리 방지하여 공익을 보호하고자 하는 데 그 취지가 있다고 할 것이므로, 위 영조물 중 도로에는 「도로법」 소정의 도로만이 아니라 일반공중의 교통을 목적으로 이에 필요한 설비와 형태를 갖춘 도로까지도 포함되고, 그 주위에서 채굴을 하기 위하여는 채광계획 인가와는 별도로 그 도로 관리자의 허가 또는 승낙을 받아야 한다.

나. 설치시기에 따른 채굴제한

장소에 따른 채굴제한은 재산상의 특별한 희생이 아니라, 공공복리를 위하여 광업권에 따르는 최소한도의 제한이므로 광업권자는 채굴제한으로 손실보상을 청구할 수 없고, 공익사업에 의한 시설이나 건축물 등의 설치시기와 관계없이 모두 적용되므로 광업권의 설정 또는 채굴의 개시 이후에 설치된 시설이나 건축물 등에 대해서도 적용된다.

판례

특정시설물에 따른 채굴제한은 공공복리를 위한 최소한의 제한으로써 광업권의 설정 이후 설치된 건축물 등에도 적용된다.
[대법원 2014.12.11. 선고 2012다70760 판결]

〈판결요지〉
구 「광업법」(2007.4.11. 법률 제8355호로 전부 개정되기 전의 것, 이하 같다) 제48조 제1항은 '광업권자가 철도·궤도·도로·수도·운하·항만·하천·호·소지·관개·배수·시설·묘우·교회·사찰의 경내지·고적지 기타 영조물의 지표지하 50m 이내의 장소나 묘지·건축물의 지표지하 30m 이내의 장소에서는 각각 관할관청의 허가나 소유자 또는 이해관계인의 승낙 없이 광물을 채굴할 수 없다.'고 규정하고 있다. 위 규정은 광업의 수행과정에서 공공시설이나 종교시설 그 밖의 건축물이나 묘지 등의 관리운영에 지장을 초래하는 사태의 발생을 미연에 방지하기 위하여, 그 부근에서 광물을 채굴하는 경우에는 관할관청의 허가나 소유자 또는 이해관계인의 승낙을 얻는 것이 필요함을 정한 것에 지나지 않고, 이러한 제한은 공공복리를 위하여 광업권에 당연히 따르는 최소한도의 제한이고 부득이한 것으로서 당연히 수인하여야 하는 것이지 특별한 재산상의 희생을 강요하는 것이라고는 할 수 없으므로, 광업권자가 위와 같은 채굴제한으로 인하여 손실을 입었다고 하여 이를 이유로 보상을 구할 수 없다(대법원 2005.6.10. 선고 2005다10876 판결 참조). 그리고 이러한 법리는 채굴제한을 받는 광업권의 경제적 가치 유무나 규모 또는 공익사업에 의한 시설이나 건축물 등의 설치 시기와 관계없이 구 「광업법」 제48조 제1항에 의한 채굴제한을 받는 광업권 일반에 모두 적용되고, 광업권의 설정 또는 채굴의 개시 이후에 시설이나 건축물 등이 설치된 경우에도 마찬가지라고 할 것이다(대법원 2014.3.27. 선고 2010다108197 판결 참조).

(3) 보상대상의 확장

광업권은 어업권과는 달리 사업인정고시일 등(보상계획의 공고일 또는 사업인정고시일 중 빠른 날) 이후에 취득한 경우에도 보상대상에 포함된다.

그 이유는 어업권의 보상기준일을 규정한 「토지보상법 시행규칙」 제44조 제3항이 광업권의 보상평가에는 적용되지 않기 때문이다.

따라서 광업권은 「토지보상법」 제2조 제5호 단서규정에 따라 사업인정고시일 이전에 취득한 경우는 보상계획의 열람일 이후라고 하더라도 보상대상에서 제외되지 않는다.

3. 광업권의 보상평가

(1) 원칙

「토지보상법」 제76조 제1항에 따라 광업권에 대하여는 투자비용·예상수익 및 거래가격 등을 참작하여 평가한 적정가격으로 보상하여야 한다.

그리고 「토지보상법 시행규칙」 제43조 제1항에 따라 광업권에 대한 손실의 평가는 「광업법 시행령」 제30조[394]에 따른다.

다만, 「광업법」은 광산을 보상대상으로 보고 이에 대한 보상을 규정하고 있는 반면, 「토지보상법」은 광산을 구성하는 시설물들은 지장물로서 별도의 보상대상이 되므로 광업권만을 보상대상으로 한다.

(2) 조업 중인 광산의 광업권

조업 중이거나 정상적으로 생산 중에 있는 광산이 공익사업으로 인하여 광업권이 취소되거나 또는 광구가 감소된 경우의 보상액은 광산평가액에서 이전(移轉)이나 전용(轉用)이 가능한 시설의 잔존가치(殘存價値)를 뺀 금액으로 감정평가한다.

즉, 광업권은 그 자체만으로 수익을 발생시키지 않고 광업권과 함께 광물을 채굴·취득하기 위한 제반시설과 결합한 광산으로서 비로소 수익을 발생시키므로, 광업권의 가치는 광산의 가치에서 시설물의 가치를 공제하여 감정평가한다.

이 경우 광업권은 토지소유권과 별개의 권리이므로 광업권이 설정된 토지는 시설물에 포함되지 않는다.

광업권의 감정평가액 = 광산의 감정평가액 − 현존시설의 감정평가액

① 광산의 감정평가

가. 원칙

광신을 감정평가할 때에는 수익환원법을 적용하여야 하며, 수익환원법을 적용할 때에는 대상 광산의 생산규모와 생산시설을 전제로 한 가행연수(稼行年數) 동안의 순수익을 환원한 금액에서 장래소요 기업비를 현가화한 총액을 공제하여 광산의 감정평가액을 산정한다(「감정평가 실무기준」[620-2.3]).

394) 「토지보상법 시행규칙」 제43조 제1항에서 광업권에 대한 손실의 평가는 「광업법 시행규칙」 제19조에 따르도록 규정하고 있으나, 해당 조항은 2016.7.7.자로 「광업법 시행령」 제30조에서 규정하고 있으므로, 「토지보상법 시행규칙」 제43조 제1항의 개정이 필요하다.

나. 적용

광산은 광상의 상태, 광산의 입지와 광산물의 시장성 등을 고려하여 가장 적정한 규모의 생산시설을 전제로 한 가행연수와 연수익을 사정하고 이를 기초로 하여 다음 공식에 의하여 계산한다.

$$광산평가액 = a \times \frac{1}{S + \frac{r}{(1+r)^n - 1}} - E$$

a : 연수익
S : 배당이율
r : 축적이율
n : 가행연수
E : 장래소요 기업비

가) 연수익

연수익은 생산여건 및 시장성을 고려하여 장차 지속할 수 있는 월간생산량과 연간 가행월수를 사정하고 이를 기초로 한 사업수익에서 소요경비를 차감하여 결정한다.
이 경우 연수익은 최근 3년간의 연평균 영업이익을 기준으로 하고(「토지보상법 시행규칙」 제43조 제2항), 영업보상의 영업이익 산정기준(「토지보상법 시행규칙」 제45조 제3항)을 준용하되, 영업이익의 최소기준은 적용하지 않는다.

(가) 광물가격

사업수익의 사정에 적용될 광물의 가격은 i) 「물가안정에 관한 법률」 제2조 및 「물가안정에 관한 법률 시행령」 제2조 내지 제4조에 따라 지정・고시된 최고가격, ii) 국내 제철소 및 제련소 공급광물은 매광약정에 의한 가격, iii) 가격의 기복이 심한 광물은 최근 1년간의 평균거래가격, iv) 최근 1년간의 가격이 안정되어 있거나 상승 또는 하락추세에 있는 광물은 최고 3개월간의 평균거래가격 등을 참작하여 결정한다.

(나) 소요경비

소요경비는 i) 채광비, ii) 선광제련비, iii) 경비, iv) 일반관리비 및 판매비, v) 운영자금이자 등의 비용으로 하되, 비용을 산정하기 위한 적용단가 등은 당해 광산 최근 3월의 평균실적치를 적용함을 원칙으로 하고, 휴광 등으로 실적치의 적용이 곤란한 경우에는 생산규모・조건 등이 유사한 2개 이상 광산의 평균실적을 적용한다.

(다) 운전자금이자

운영자금의 1회전 기간은 3개월로 하되, 광산의 특수사정에 따라 그 이상의 기간이 소요된다고 인정될 때에는 소요기간에 따라 처리한다. 1회전 기간의 운영자금에 대한 이자계산에 적용될 이율은 은행정기예금 이율로 하고, 운영자금의 비목은 채광비, 선광제련비, 경비, 일반관리비 및 판매비의 합계로 한다.

나) 배당이율

배당이율은 다음 산식에 의하여 산출하되, 배당율은 광업관련 산업부문의 상장법인 시가배당율을 고려하여 별도로 정한다.

$$배당이율(S) = \frac{S}{1-X}$$

S : 유사업종 상장법인의 배당률로서 광업 관련 산업부문의 상장법인의 시가배당률을 고려하여 별도로 정하되, 은행 1년만기 정기예금이자율 이상으로 한다.

x : 세율(법인세, 주민세 등)

다) 축적이율

기준시점 당시의 1년 만기 정기예금 금리를 적용한다.

라) 가행연수

가행연수는 다음 산식에 의한다.

가행연수 (n) = [가채광량 ÷ 연간생산량] = [(확정광량 × 확정가채율 + 추정광량 × 추정가채율
(안전율)÷(월간생산량×가행월수)]

이 경우 확정광량 및 추정광량은 "한국공업규격매장량산출기준"에 의하고, 가채율은 i) 석탄광 확정광량은 70%, ii) 석탄광 추정광량은 42%, iii) 일반광 확정광량은 90%, iv) 일반광 추정광량은 70%로 한다.

마) 장래소요 기업비

장래소요 기업비는 적정생산량을 가행종말연도까지 유지하기 위하여 장차 소요될 i) 기계장치, ii) 차량 및 운반구, iii) 건물 및 구축물(갱도포함) 등 광산설비에 대한 총투자소요액의 현가로 정하되, 기존시설 중 생산규모의 가행조건에 비추어 필요하여 이미 투자한 시설내역(시설명, 규격, 수량, 구입연도 등)을 표시하여야 한다.

② **현존시설의 감정평가**

현존시설은 생존규모와 가행조건에 비추어 합당한 것으로 하여, 원가법을 적용하여 감정평가하되 감가수정은 정액법을 적용한다.

가. 잔가율

정액법으로 감가수정하는 경우 잔가율은 시설을 유형 등을 고려하여 결정하되 일반적인 시설은 재조달원가의 5%로 한다.

나. 내용연수 및 경과연수

시설물의 잔존내용연수는 광산의 가행 연수가 잔존내용연수보다 짧을 경우에는 가행 연수를 기준으로 하되, i) 추정광량의 연장이나 예상광량이 있다고 인정되는 경우, ii) 다른 광산과 인접하여 다른 용도로 전용이 가능한 경우에는 잔존내용연수의 범위 내에서 가행연수 이상으로 할 수 있다.

(3) 탐사실적을 인정받았거나 채굴계획 인가를 받은 광업권

조업 중이거나 정상적으로 생산 중에 있지는 않으나, i) 탐사권자가 탐사를 시작한 경우, ii) 탐사권자가 탐사실적을 인정받은 경우, iii) 채굴권자가 채굴계획인가를 받은 후 광물의 생산실적이 없는 광업권은 해당 광산개발에 투자된 비용과 현재시설의 평가액에서 이전이나 전용이 가능한 시설의 잔존가치를 뺀 금액으로 감정평가한다(「광업법 시행령」 제30조 제1항 제2호).

(4) 탐사에 착수하지 않았거나 채굴계획 인가를 받지 않은 광업권

i) 탐사권자가 등록을 한 후 탐사를 시작하지 아니하였거나, ii) 채굴권자가 채굴계획 인가를 받지 아니한 광업권은 등록에 든 비용으로 한다(「광업법 시행령」 제30조 제1항 제3호).

(5) 공익사업으로 인하여 휴업하는 광산

조업 중인 광산이 토지 등의 사용으로 인하여 휴업하는 경우의 손실은 휴업기간에 해당하는 영업이익을 기준으로 평가한다.

이 경우 영업이익은 최근 3년간의 연평균 영업이익을 기준으로 한다. 다만, 광업권 소멸에 따른 보상액을 초과할 수 없다.

휴업하는 경우의 보상액 = 연수익 × 휴업기간 + 시설물의 이전·수거 등에 드는 비용 + 휴업기간 중에 발생하는 통상의 고정적 경비

(6) 손실이 없는 것으로 보는 광업권

광물매장량의 부재 또는 채광으로 채산이 맞지 아니하는 정도로 매장량이 소량이거나 이에 준하는 상태로 인하여 휴업 중인 광업권은 손실이 없는 것으로 본다(「토지보상법 시행규칙」 제43조 제3항).

(7) 시설물

시설물은 지장물로서 별도로 이전비로 감정평가한다.

〈질의회신〉

건물이 광업경영에 필수적이며 수익에 기여하였다면 시설물에 포함된다.
[협회 2019.12.02. 감정평가실 2019-00189]

〈질의요지〉

시설물의 범위에 채광이나 선광을 위한 기계기구등의 시설물 외에 광업경영에 필요한 건물이 포함되는지 여부

본건의 용역보고서가 기존시설물을 일체 고려하지 아니하고 필요시설 전부(건물은 제외)를 새로이 투자하는 것을 가정하여 산정되었다면 이러한 용역보고서에 기초하여 광산평가액을 산정하였을 경우 기존시설로서 건물의 처리

〈회신내용〉

'시설물'이란 「감정평가 실무기준」[830-3] 제5호에서 "기계장치·구축물(갱도포함)·건축물 등"이라 규정하고 있으며, 협회 지침인 「광업권보상평가지침」 제2조 제3호 및 제6조 제3항 제5호에 역시 이와 같습니다.

광업권 보상평가는 무형자산인 '광업권 평가액'과 그 시설물의 이전비의 합산으로 평가된다고 볼 수 있을 것입니다. 이때, 이전 또는 전용이 불가능한 시설의 경우 광업권 산정을 위하여 광산의 평가액에서 공제해야 "시설물의 잔존가치"와 추가해야 할 "시설물의 이전비"가 서로 상쇄되어 별도로 고려할 필요가 없게 됩니다. 그러나 건물이 기 보상평가되어 금액이 지급된 경우 위와 같이 상쇄될 수 없으므로 해당 건물이 광업경영에 필요한 필수 시설물이며 광업경영으로 인한 수익에 기여한 시설물로 판단되는 경우 별도로 공제하여 광업권 평가금액을 산정하는 것이 정당보상원칙에 부합한다고 판단됩니다.
더불어, 용역보고서상 광산평가액이 기존 시설물 일체를 고려하지 않고 시설물 전부를 새로이 투자하는 것으로 산정되고 당해 연도에도 제반설비투자에 소요되는 비용을 고려하여 공제한 경우에 기존 시설물들이 광업경영에 필요한 필수 시설물이라 볼 수 없다면 "이전 또는 전용이 가능한 시설물의 잔존가치"에 고려하여 공제할 수 없다고 사료됩니다만 구체적인 사안에 따라 평가사가 판단·결정하여야 할 것입니다.

02 어업권 등의 보상평가

Ⅰ. 관련규정

1. 관련 규정의 내용

「토지보상법」 제76조(권리의 보상)

① 광업권·어업권·양식업권 및 물(용수시설을 포함한다) 등의 사용에 관한 권리에 대하여는 투자비용, 예상 수익 및 거래가격 등을 고려하여 평가한 적정가격으로 보상하여야 한다.

② 제1항에 따른 보상액의 구체적인 산정 및 평가방법은 국토교통부령으로 정한다.

「토지보상법 시행규칙」 제44조(어업권의 평가 등)

① 공익사업의 시행으로 인하여 어업권이 제한·정지 또는 취소되거나 「수산업법」 제14조 또는 「내수면어업법」 제13조에 따른 어업면허의 유효기간의 연장이 허가되지 아니하는 경우 해당 어업권 및 어선·어구 또는 시설물에 대한 손실의 평가는 「수산업법 시행령」 별표 10에 따른다.

② 공익사업의 시행으로 인하여 어업권이 취소되거나 「수산업법」 제14조 또는 「내수면어업법」 제13조에 따른 어업면허의 유효기간의 연장이 허가되지 않는 경우로서 다른 어장에 시설을 이전하여 어업이 가능한 경우 해당 어업권에 대한 손실의 평가는 「수산업법 시행령」 별표 10 중 어업권이 정지된 경우의 손실액 산출방법 및 기준에 의한다.

③ 법 제15조 제1항 본문의 규정에 의한 보상계획의 공고(동항 단서의 규정에 의하는 경우에는 토지소유자 및 관계인에 대한 보상계획의 통지를 말한다) 또는 법 제22조의 규정에 의한 사업인정의 고시가 있은 날(이하 "사업인정고시일등"이라 한다) 이후에 어업권의 면허를 받은 자에 대하여는 제1항 및 제2항의 규정을 적용하지 아니한다.

④ 제1항 내지 제3항의 규정은 허가어업 및 신고어업(「내수면어업법」 제11조 제2항의 규정에 의한 신고어업을 제외한다)에 대한 손실의 평가에 관하여 이를 준용한다.

⑤ 제52조는 이 조의 어업에 대한 보상에 관하여 이를 준용한다.

「감정평가 실무기준」[830-3] 정의

이 절에서 사용하는 용어의 뜻은 다음 각 호와 같다.

8. “어업”이란 수산동식물을 포획·채취하거나 양식하는 사업을 말한다.
9. “어업권”이란 「수산업법」 제8조 및 「내수면어업법」 제6조에 따른 면허를 받아 어업을 경영할 수 있는 권리를 말한다.
10. “허가어업”이란 「수산업법」 제41조 및 「내수면어업법」 제9조에 따른 허가를 얻은 어업을 말한다.
11. “신고어업”이란 「수산업법」 제47조 및 「내수면어업법」 제11조에 따른 신고를 한 어업을 말한다.
12. “어업손실”이란 공익사업의 시행 등으로 인하여 어업권·허가어업·신고어업(이하 “어업권 등”이라 한다)이 제한·정지 또는 취소되거나 「수산업법」 제14조 또는 「내수면어업법」 제13조에 따른 어업면허의 유효기간의 연장이 허가되지 아니하는 경우 해당 어업권 등 및 어선·어구 또는 시설물(이하 “시설물 등”이라 한다)에 대한 손실을 말한다.
13. “어업취소손실”이란 공익사업의 시행 등으로 인하여 어업권 등의 효력이 상실되거나 「수산업법」 제14조 또는 「내수면어업법」 제13조에 따른 어업면허의 유효기간의 연장이 허가되지 아니하여 발생한 손실을 말한다.
14. “어업정지손실”이란 공익사업의 시행 등으로 인하여 어업권 등이 정지되어 발생한 손실을 말한다.
15. “어업제한손실”이란 공익사업의 시행 등으로 인하여 어업권 등이 제한되어 발생한 손실을 말한다.
16. “전문용역기관”이란 「수산업법 시행령」 제69조 관련 〈별표4〉의 해양수산부이 지정하는 수산에 관한 전문 조사·연구기관 또는 교육기관을 말한다.

「감정평가 실무기준」[830-5.1] 어업권 보상평가의 대상

① 어업권 보상평가의 대상은 사업시행자가 보상평가를 목적으로 제시한 것으로 한다.
② 어업권 보상평가를 할 때에는 피해범위, 어업피해손실의 구분, 피해정도 등은 전문용역 기관의 조사결과를 참고할 수 있으며, 다만 조사결과가 불분명하거나 판단하기 어려운 경우에는 사업시행자와 협의 등을 거쳐 판단할 수 있다.

「감정평가 실무기준」[830-5.2] 어업권 감정평가방법

어업권의 보상평가는 「수산업법 시행령」 별표 4에 따른다.

「수산업법 시행령」 별표4 어업보상에 대한 손실액의 산출방법·산출기준 및 손실액산출기관 등

1. 어업별 손실액 산출방법
   가. 법 제8조에 따른 면허어업의 경우로서 법 제34조 제1항 제1호부터 제6호까지 및 제35조 제6호(법 제34조 제1항 제1호부터 제6호까지의 규정에 해당하는 경우로 한정한다)에 해당하는 사유로 어업권이 제한·정지 또는 취소되었거나 그 사유로 법 제14조에 따른 어업면허 유효기간의 연장이 허가되지 않은 경우
      1) 어업권이 취소되었거나 어업권 유효기간의 연장이 허가되지 않은 경우: 평년수익액÷연리(12퍼센트)+어선·어구 또는 시설물의 잔존가액
      2) 어업권이 정지된 경우: 평년수익액×어업의 정지기간+시설물 등 또는 양식물의 이전·수

거 등에 드는 손실액+어업의 정지기간 중에 발생하는 통상의 고정적 경비. 다만, 1)에 따른 보상액을 초과할 수 없다.

3) 어업권이 제한된 경우: 평년수익액과 제한기간이나 제한 정도 등을 고려하여 산출한 손실액. 다만, 1)에 따른 보상액을 초과할 수 없다.

나. 법 제41조에 따른 허가어업 및 법 제47조에 따른 신고어업의 경우로서 법 제34조 제1항 제1호부터 제6호까지의 규정과 법 제35조 제6호(법 제34조 제1항 제1호부터 제6호까지의 규정에 해당하는 경우로 한정한다)에 해당하는 사유로 허가어업 또는 신고어업이 제한·정지 또는 취소된 경우. 다만, 법 제49조 제1항 및 제3항에 따라 준용되는 법 제34조 제1항 제1호부터 제3호까지의 규정에 해당하는 사유로 허가어업 또는 신고 어업이 제한된 경우는 제외한다.

1) 허가어업 또는 신고어업이 취소된 경우: 3년분 평년수익액+어선·어구 또는 시설물의 잔존가액

2) 허가어업 및 신고어업이 정지된 경우(어선의 계류를 포함한다): 평년수익액×어업의 정지기간 또는 어선의 계류기간+어업의 정지기간 또는 어선의 계류기간 중에 발생하는 통상의 고정적 경비. 다만, 1)에 따른 보상액을 초과할 수 없다.

3) 허가어업 또는 신고어업이 제한되는 경우: 어업의 제한기간 또는 제한 정도 등을 고려하여 산출한 손실액. 다만, 1)에 따른 보상액을 초과할 수 없다.

2. 어업별 손실액 산출방법에 관련된 용어의 정의 및 산출기준

가. 면허어업, 허가어업 및 신고어업의 손실액 산출방법에서 "평년수익액"이란 평균 연간 어획량을 평균 연간판매단가로 환산한 금액에서 평년어업경비를 뺀 금액을 말한다. 이 경우 평균 연간어획량, 평균 연간판매단가 및 평년어업경비의 산출기준은 다음과 같다.

1) 평균 연간어획량의 산출기준

가) 3년 이상의 어획실적이 있는 경우: 법 제96조 제2항 및 「수산자원관리법」 제12조 제4항에 따라 보고된 어획실적, 양륙량(揚陸量) 또는 판매실적(보상의 원인이 되는 처분을 받은 자가 보고된 실적 이상의 어획실적 등이 있었음을 증거서류로 증명한 경우에는 그 증명된 실적을 말한다)을 기준으로 산출한 최근 3년 동안의 평균어획량으로 하되, 최근 3년 동안의 어획량은 보상의 원인이 되는 처분일이 속하는 연도의 전년도를 기준연도로 하여 소급 기산(起算)한 3년 동안(소급 기산한 3년의 기간 동안 일시적인 해양환경의 변화로 연평균어획실적의 변동폭이 전년도에 비하여 1.5배 이상이 되거나 휴업·어장정비 등으로 어획실적이 없어 해당 연도를 포함하여 3년 동안의 평균어획량을 산정하는 것이 불합리한 경우에는 해당 연도만큼 소급 기산한 3년 동안을 말한다)의 어획량을 연평균한 어획량으로 한다.

나) 어획실적이 3년 미만인 경우: 다음의 계산식에 따라 계산한 추정 평균어획량

(1) 면허어업: 해당 어장의 실적기간 중의 어획량×인근 같은 종류의 어업의 어장(통상 2개소)의 3년 평균어획량÷인근 같은 종류의 어업의 어장의 해당 실적기간 중의 어획량

(2) 허가어업 또는 신고어업: 해당 어업의 실적기간 중의 어획량×같은 규모의 같은 종류의 어업(통상 2건)의 3년 평균어획량÷같은 규모의 같은 종류의 어업의 해당 실적기간 중의 어획량. 다만, 같은 규모의 같은 종류의 어업의 어획량이 없으면 비슷한 규모의 같은 종류의 어업의 어획량을 기준으로 3년 평균어획량을 계산한다.

※ (1) 및 (2)의 계산식에서 실적기간은 실제 어획실적이 있는 기간으로 하되, 같은 규모 또는 비슷한 규모의 같은 종류의 어업의 경우에는 손실을 입은 자의 실제 어획실적이 있는 기간과 같은 기간의 실제 어획실적을 말한다.

※ 어획량의 기본단위는 킬로그램을 원칙으로 하고, 어획물의 특성에 따라 생물(生物) 중량 또는 건중량(乾重量)을 기준으로 한다. 다만, 김은 마른 김 1속을 기준으로 하고, 어획물을 내용물 중량으로 환산할 필요가 있으면 해양수산부장관이 고시하는 수산물가공업에 관한 생산고 조사요령의 수산물 중량환산 및 수율표를 기준으로 한다.

2) 평균 연간판매단가의 산출기준

가) 평균 연간판매단가는 보상액의 산정을 위한 평가시점 현재를 기준으로 하여 소급 기산한 1년 동안의 수산물별 평균 판매단가[해당 수산물이 계통출하(系統出荷)된 주된 위판장의 수산물별·품질등급별 판매량을 수산물별로 가중평균하여 산출한 평균 판매단가를 말한다]로 한다.

나) 계통출하된 판매실적이 없는 경우 등의 평균 연간판매단가는 가)의 평균 연간판매단가에도 불구하고 다음과 같이 계산한다.

(1) 계통출하된 판매실적이 없는 경우: 다음의 우선순위에 따른 가격을 기준으로 평균 연간판매단가를 계산해 낸다.

(가) 해당 지역 인근의 수산업협동조합의 위판가격

(나) 해당 지역 인근의 수산물도매시장의 경락가격

(2) 소급 기산한 1년의 기간 동안 어획물의 일시적인 흉작·풍작 등으로 어가(魚價)의 연평균 변동폭이 전년도에 비하여 1.5배 이상이 되어 가)의 평균 연간판매단가를 적용하는 것이 불합리한 경우: 소급 기산한 최초의 1년이 되는 날부터 다시 소급하여 기산한 1년 동안의 평균 판매단가에 소급하여 기산한 최초의 1년 동안의 수산물 계통출하 판매가격의 전국 평균 변동률을 곱한 금액으로 한다.

3) 평년어업경비의 산출기준

평년어업경비는 보상액 산정을 위한 평가시점 현재를 기준으로 1년 동안 소급하여 기산한 해당 어업의 연간 어업경영에 필요한 경비로 하되, 경비항목 및 산출방법은 다음과 같다.

가) 경비항목

구분	경비항목
1. 생산관리비	① 어미고기 및 수산종자 구입비 ② 미끼구입비 ③ 사료비 ④ 유지 보수비 ⑤ 연료 및 유류비 ⑥ 전기료 ⑦ 약품비 ⑧ 소모품비 ⑨ 어장관리비[어장청소, 해적생물(害敵生物) 구제(驅除) 및 표지시설 설치 등] ⑩ 자원조성비 ⑪ 용선료(傭船料)
2. 인건비	① 어업자 본인의 인건비 ② 본인 외의 사람에 대한 인건비
3. 감가상각비	① 시설물 ② 어선 또는 관리선[선체, 기관 및 의장품(艤裝品) 등 포함] ③ 어구 ④ 그 밖의 장비 및 도구
4. 판매관리비	① 가공비 ② 보관비 ③ 용기대 ④ 판매수수료 ⑤ 판매잡비(운반・포장 등)
5. 그 밖의 잡비	① 각종 세금과 공과금 ② 어장행사료 ③ 주식・부식비 ④ 복리후생비 ⑤ 보험료 및 공제료 ⑥ 그 밖의 경비

나) 산출방법

(1) 평년어업경비는 가)에서 규정하고 있는 경비항목별로 계산하되, 규정된 경비항목 외의 경비가 있으면 그 밖의 경비항목에 포함시켜 전체 평년어업경비가 산출되도록 해야 한다.

(2) 경비항목별 경비 산출은 어선의 입항 및 출항에 관한 신고사항, 포획・채취물의 판매실적, 유류 사용량, 임금정산서, 보험료 및 공제료, 세금납부실적, 국토교통부의 건설공사표준품셈 등 수집 가능한 자료를 확보・분석하고 현지 실제조사를 통하여 객관적이고 공정하게 해야 한다. 다만, 인건비, 감가상각비 및 판매관리비 중 판매 수수료의 산출은 다음과 같이 한다.

(가) 인건비 중 어업자 본인의 인건비는 본인 외의 사람의 인건비의 평균단가를 적용하고, 본인 외의 사람의 인건비는 현실단가를 적용하되, 어업자가 직접 경영하여 본인 외의 자의 인건비가 없으면 「통계법」 제18조에 따른 승인을 받아 작성・공포한 제조부문 보통인부의 노임단가를 적용한다. 이 경우 제29조 제1항에 따른 신고어업에 대한 인건비는 투입된 노동시간을 고려하여 계산해야 한다.

(나) 감가상각비는 신규 취득가격을 기준으로 하여 해당 자산의 내용연수(耐用年數)에 따른 상각률을 적용하여 계산한 상각액이 매년 균등하게 되도록 계산해야 한다. 이 경우 어선의 내용연수 및 잔존가치율은 다음과 같이 하되, 어선의 유지・관리 상태를 고려하여 이를 단축・축소할 수 있다.

선질별	내용연수(년)	잔존가치율(%)
강선	25	20
F.R.P・선	20	10
목선	15	10

(다) 판매관리비 중 판매수수료는 해당 어선의 주된 양륙지 또는 어업장이 속한 지역에 있는 수산업협동조합의 위판수수료율을 적용한다.

(3) 생산관리비 중 소모품비와 감가상각비의 적용대상 구분은 내용연수를 기준으로 하여 내용연수가 1년 이상인 것은 감가상각비로, 1년 미만인 것은 소모품비로 한다.

(4) 수산 관련 법령에서 규정하고 있는 수산종자 살포, 시설물의 철거 등 어업자의 의무사항은 어장면적 및 경영규모 등을 고려하여 적정하게 계산해야 한다.

(5) 산출된 경비가 일시적인 요인으로 통상적인 경우보다 변동폭이 1.5배 이상이 되어 이를 적용하는 것이 불합리하다고 판단되면 인근 비슷한 규모의 같은 종류의 어업(같은 종류의 어업이 없는 경우에는 비슷한 어업) 2개 이상을 조사하여 평균치를 적용할 수 있다.

(6) 어업생산주기가 1년 이상 걸리는 경우 수산종자 구입비, 사료비, 어장관리비 및 판매관리비 등 생산주기와 연계되는 경비항목에 대해서는 생산주기로 나누어 연간 평균 어업경비를 계산해야 한다. 이 경우 생산주기는 국립수산과학원의 관할 연구소와 협의하여 정한다.

나. 면허어업, 허가어업 및 신고어업의 손실액 산출방법에서 "어선·어구 또는 시설물의 잔존가액"이란 보상액의 산정을 위한 평가시점 현재를 기준으로 하여 「감정평가 및 감정평가사에 관한 법률」에 따른 평가방법 및 기준에 따라 평가한 어선·어구 또는 시설물의 잔존가액을 말한다. 다만, 해당 잔존가액은 보상을 받으려는 자가 어선·어구 또는 시설물을 재사용하는 등의 사유로 보상을 신청하지 않으면 손실액 산출에서 제외한다.

다. 면허어업, 허가어업 및 신고어업의 손실액산출방법에서 "통상의 고정적 경비"란 어업의 정지기간 중 또는 어선의 계류기간 중에 해당 시설물 또는 어선·어구를 유지·관리하기 위하여 통상적으로 발생하는 경비를 말한다.

3. 어업별 손실액의 산출방법 및 산출기준 등에 따른 어업별 손실액의 산출에 대한 예외로서 다음 각 목의 어느 하나에 해당하는 정당한 사유가 없음에도 불구하고 어업실적이 없어 제1호 및 제2호의 어업별 손실액의 산출방법 및 산출기준 등에 따라 어업별 손실액을 산출할 수 없는 경우의 어업별 손실액은 어업의 면허·허가 또는 신고에 든 인지세·등록세 등 모든 경비와 해당 어업의 어선·어구 또는 시설물의 매각이나 이전에 따른 손실액으로 한다.

가. 법 제34조 제1항 제1호부터 제6호까지 및 제35조 제6호(법 제34조 제1항 제1호부터 제6호까지의 규정에 해당하는 경우로 한정한다)에 해당하는 사유로 면허·허가를 받거나 신고한 어업을 처분하여 어업실적이 없는 경우. 다만, 법 제81조 제1항 제1호 단서에 따라 보상대상에서 제외되는 법 제34조 제1항 제1호부터 제3호까지의 규정(법 제49조 제1항 및 제3항에 따라 준용되는 경우를 포함한다)에 해당하는 사유로 허가를 받거나 신고한 어업이 제한되는 경우는 제외한다.

나. 그 밖에 법 제30조에 따른 휴업, 태풍 피해 복구 등 정당한 사유가 있는 경우

4. 어업별 손실액의 산출기관 등

가. 어업별 손실액의 산출기관

1) 보상의 원인이 되는 처분을 한 행정기관: 제66조 제1항에 따라 보상을 받으려는 자가 제출한 서류로 어업별 손실액을 계산할 수 있는 경우

2) 전문기관: 제66조 제1항에 따라 보상을 받으려는 자가 제출한 서류로 어업별 손실액을 계산할 수 없는 경우

나. 전문기관에 의한 손실액의 산출 등

1) 행정관청은 제66조 제1항에 따른 서류로 손실액을 계산할 수 없으면 피해의 범위와 정도에 대하여 해양수산부장관이 지정하는 수산에 관한 전문조사·연구기관 또는 교육 기관으로 하여금 손실액 산출을 위한 용역조사를 하게 한 후 그 조사결과를 토대로 「감정평가 및 감정평가사에 관한 법률」에 따른 2명 이상의 감정평가사에게 손실액의 평가를 의뢰하되, 법 제81조 제2항에 따라 보상액을 부담할 수익자가 있으면 수익자에게 용역조사 및 손실액 평가를 의뢰하게 할 수 있다. 다만, 지정된 손실액조사기관으로부터 조사 신청이 없는 경우 등 용역조사를 할 수 없는 부득이한 경우에는 감정평가사에게 용역조사 및 손실액 평가를 함께 의뢰할 수 있다.

2) 1)에 따라 용역조사나 손실액 평가를 의뢰받은 자(이하 "조사평가자"라 한다)는 신뢰성 있는 어업경영에 관한 증거자료나 인근 같은 종류의 어업의 생산실적 등을 조사하거나 평가하여 손실액을 계산해야 한다.

3) 조사·평가를 의뢰한 행정관청 또는 수익자는 손실액 산정의 적정성을 확인하기 위하여 필요하면 조사평가자에게 조사 또는 평가에 관련된 증거자료 및 보완자료의 제출을 요구할 수 있다. 이 경우 조사평가자는 요구한 자료를 지체 없이 제출해야 한다.

4) 조사·평가를 의뢰한 행정관청 또는 수익자는 조사평가자의 조사 또는 평가 결과가 관계법령을 위반하여 조사 또는 평가되었거나 부당하게 조사 또는 평가되었다고 인정하면 해당 조사평가자에게 그 사유를 밝혀 다시 조사 또는 평가를 의뢰할 수 있으며, 조사평가자의 조사 또는 평가 결과가 적정한 것으로 인정할 수 없는 특별한 사유가 있으면 다른 조사평가자에게 손실액의 조사 또는 평가를 다시 의뢰할 수 있다. 이 경우 보상액의 산정은 다시 평가한 손실액의 산술평균치를 기준으로 한다.

5) 1) 및 4)에 따른 용역조사 및 평가에 드는 경비는 법 제81조에 따라 보상의 책임이 있는 자가 부담해야 한다.

6) 해양수산부장관은 1)에 따라 지정한 수산에 관한 전문조사연구기관 또는 교육기관이 다음의 어느 하나에 해당하면 그 지정을 취소할 수 있다. 이 경우 지정이 취소된 기관은 그 취소가 있는 날부터 3년 이내에는 다시 손실액 산출을 위한 용역기관으로 지정받을 수 없다.

가) 거짓이나 그 밖의 부정한 방법으로 지정을 받았거나 조사를 한 경우

나) 조사자료를 제출하지 않았거나 그 내용이 부실한 경우

7) 해양수산부장관은 1) 또는 6)에 따라 용역조사기관을 지정하거나 그 지정을 취소한 경우에는 그 사실을 관보에 고시해야 한다.

8) 1) 및 4)에 따라 손실액 산출에 관한 조사 또는 평가를 의뢰받은 조사평가자나 조사 평가를 의뢰한 수익자는 조사 및 평가에 필요한 범위에서 행정관청, 어선의 입항·출항 신고기관, 수산업협동조합 등에 관련 서류의 열람·발급을 요청할 수 있으며, 요청을 받은 행정관청 등은 특별한 사유가 없으면 그 요청에 따라야 한다.

9) 8)에 따라 조사평가자 또는 수익자가 행정관청에 서류의 열람·발급을 의뢰할 때에는 다음 각 호의 사항을 적은 의뢰서를 제출해야 한다.

가) 의뢰자의 주소·성명 또는 명칭

나) 열람하거나 발급받으려는 목적

다) 열람하거나 발급받으려는 내용

라) 열람·발급이 필요한 서류 또는 공문서의 종류 및 수량

10) 1)부터 7)까지에서 규정한 사항 외에 용역조사 및 손실액 평가의 의뢰절차 등에 관하여 필요한 사항은 해양수산부장관이 정하여 고시한다.

II. 어업권의 보상평가

1. 원칙

「토지보상법」 제76조 제1항에 따라 어업권에 대하여는 투자비용·예상수익 및 거래가격 등을 참작하여 평가한 적정가격으로 보상한다.

① 「수산업법」상의 어업권 등

가. 어업권 등의 취소 등 또는 유효기간이 연장되지 않은 경우

가) 면허어업

「수산업법」 제34조 제1항 제6호, 제35조 제6호, 제14조 제2항에 따라 '「토지보상법」 제4조의 공익사업을 위하여 필요한 경우'에는 시장 등은 면허한 어업을 제한 또는 정지, 어선의 계류(繫留) 또는 출항·입항을 제한하거나, 어업면허를 취소하거나 또는 어업면허의 유효기간 연장을 허가하지 않을 수 있다.

이 경우 어업권에 대한 보상평가는 「수산업법 시행령」 별표 4에 따른다(「토지보상법 시행규칙」 제44조제1항).

나) 허가어업

(가) 허가어업의 제한 등

「수산업법」 제49조 제1항에 따라 허가어업 및 한시허가어업에 대해서는 제34조(공익의 필요에 의한 면허어업의 제한 등), 제35조(면허어업의 취소)가 준용되므로 '「토지보상법」 제4조의 공익사업을 위하여 필요한 경우'에는 시장 등은 허가한 어업을 제한 또는 정지, 어선의 계류(繫留) 또는 출항·입항을 제한하거나, 허가를 취소할 수 있다.

이 경우 허가어업에 대한 보상평가는 「수산업법 시행령」 별표 4에 따른다(「토지보상법 시행규칙」 제44조 제4항).

(나) 허가어업의 유효기간 연장의 제한

「수산업법」 제49조 제1항에 따라 어업허가 및 한시어업허가에 대해서는 제14조(면허의 유효기간)에 따른 면허기간 연장의 제한이 준용되지 않으므로 '「토지보상법」 제4조의 공익사업을 위하여 필요한 경우'에 해당된다고 하여 허가의 유효기간의 연장을 제한할 수 없으므로 「수산업법 시행령」 별표 4에서는 이에 대해 규정하고 있지 않다.

다) 신고어업

(가) 신고어업의 제한 등

「수산업법」 제49조 제3항에 따라 신고어업에 대해서는 제34조(공익의 필요에 의한 면허 어업의 제한 등)가 준용되므로 '「토지보상법」 제4조의 공익사업을 위하여 필요한 경우'에는 시장 등은 신고한 어업을 제한 또는 정지, 어선의 계류(繫留) 또는 출항·입항을 제한할 수 있다.

이 경우 신고어업에 대한 보상평가는 「수산업법 시행령」 별표 4에 따른다(「토지보상법 시행규칙」 제44조 제4항).

(나) 신고어업 유효기간의 단축

「수산업법」 제47조 제4항에 따라 신고의 유효기간은 5년으로 하되, 공익사업의 시행을 위하여 필요한 경우에는 그 유효기간을 단축할 수 있다.

이 경우 신고어업에 대한 보상평가는 「수산업법 시행령」 별표 4에 따른다(「토지보상법 시행규칙」 제44조 제4항).

(다) 신고어업의 취소

「수산업법」 제49조 제4항에 따라 신고어업에 대해서는 제35조(면허어업의 취소)가 준용되지 않으므로 '「토지보상법」 제4조의 공익사업을 위하여 필요한 경우'에 해당된다고 하여 신고를 취소할 수 없음에도 「수산업법 시행령」 별표 4에서 '신고어업이 취소된 경우'를 규정하고 있으나, 이는 「수산업법」 제47조 제4항에 따라 공익사업의 시행을 위하여 유효기간을 단축한 경우로 보아야 할 것이다.

(라) 신고어업 유효기간 연장의 제한

「수산업법」 제49조 제4항에 따라 신고어업에 대해서는 유효기간의 연장이라는 제도 자체가 없으므로 「수산업법 시행령」 별표 4에서는 신고어업의 유효기간 연장의 제한에 대해 규정하고 있지 않다.

나. 어업권 등의 취소 등 또는 유효기간이 연장되지 않은 경우로서 이전이 가능한 경우

「토지보상법 시행규칙」 제44조 제2항 및 제4항에 따라 면허어업 또는 허가·신고어업이 취소되거나 어업면허의 유효기간의 연장이 허가되지 아니하는 경우로서 다른 어장에 시설을 이전하여 어업이 가능한 경우는 「수산업법 시행령」 별표 4 중 어업권이 정지된 경우의 손실액 산출방법 및 기준에 의한다.

여기서 '다른 어장'은 전국의 모든 어장을 의미하므로 지역적·거리적 제한은 없다.

〈유권해석〉
'다른 어장의 범위는 전국의 모든 어장을 의미한다.
[국토부 2006.01.05. 토지정책팀-79]

〈질의요지〉
어업권 보상평가시 「토지보상법 시행규칙」 제44조 제2항의 '다른 어장'의 범위는?

〈회신내용〉
「토지보상법 시행규칙」 제44조 제2항의 규정에 의하면 공익사업의 시행으로 인하여 어업권이 취소되거나 수산업법 제14조 또는 내수면어업법 제13조의 규정에 의한 어업 면허의 유효기간의 연장이 허가되지 아니하는 경우로서 다른 어장에 시설을 이전하여 어업이 가능한 경우 당해 어업권에 대한 손실의 평가는 수산업법 시행령 별표 4 중 어업권이 정지된 경우의 손실액 산출방법 및 기준에 의하도록 되어 있는 바, 귀 질의의 '다른 어장'의 범위는 특정지역으로 한정되어 있지 아니하고 전국의 모든 어장을 의미하고 있음을 알려드립니다.

② 「양식산업발전법」상의 양식어업

「양식산업발전법 시행령」 제49조에서 양식업의 보상의 기준, 지급방법, 그 밖에 보상에 필요한 사항은 「수산업법 시행령」 제66조부터 제69조까지 및 별표 4를 준용하도록 규정하고 있다. 따라서 「양식산업발전법」상 양식업의 보상평가는 「수산업법」상의 어업권 등의 감정평가를 준용한다.

③ 「내수면어업법」상 어업권 등

가. 면허어업

「토지보상법 시행규칙」 제44조 제1항에 따라 어업권이 제한 · 정지 또는 취소되거나 또는 「내수면어업법」 제13조에 따른 어업면허의 유효기간의 연장이 허가되지 아니하는 경우, 제2항에서 어업권이 취소되거나 또는 「내수면어업법」 제13조에 따른 어업면허의 유효기간의 연장이 허가되지 아니하는 경우로서 다른 어장에 시설을 이전하여 어업이 가능한 경우에는 「수산업법 시행령」 별표 4에 따른다.

나. 허가어업 또는 공공용 수면에서의 신고어업

「토지보상법 시행규칙」 제44조 제4항에서 제1항의 규정은 허가어업 및 신고어업에 대한 보상평가에 준용하도록 규정하고 있으므로 「내수면어업법」상의 허가어업 또는 공공용수면에서의 신고어업도 「수산업법 시행령」 별표 4에 따른다.

다. 사유수면에서의 신고어업

「토지보상법 시행규칙」 제44조 제4항 단서에서는 「내수면어업법」 제11조 제2항의 규정에 의한 사유수면에서의 신고어업의 보상평가에서는 「수산업법 시행령」 별표 4를 준용하지 않도록 규정하고 있다.

따라서 사유수면에서의 신고어업은 「토지보상법 시행규칙」 제45조 내지 제47조에 따라 영업보상으로 감정평가한다.

2. 어업권 등의 유형별 보상평가

「수산업법 시행령」 별표 4에서 규정한 어업권 등의 유형별 보상평가기준은 다음과 같다.

① 면허어업

면허어업이 「수산업법」 제34조 제1항 제1호부터 제6호까지 및 제35조 제6호(법 제34조 제1항 제1호부터 제6호까지의 규정에 해당하는 경우로 한정한다)에 해당하는 사유로 어업권이 제한·정지 또는 취소되었거나 그 사유로 법 제14조에 따른 어업면허 유효기간의 연장이 허가되지 않은 경우는 다음과 같이 감정평가한다.

가. 어업권이 취소되었거나 어업권 유효기간의 연장이 허가되지 않은 경우

이 경우는 다음과 같이 감정평가한다.

보상액 = 평년수익액 ÷ 연리(12퍼센트) + 어선·어구 또는 시설물의 잔존가액

가) 문제점

(가) 영구환원의 문제

어업권의 가치를 '평년수익액÷연리(12퍼센트)'의 방식으로 계산하는 것은 평년수익액이 영구히 계속된다는 것을 전제로 영구환원하는 것이다.

그러나 「수산업법」 제14조에 의하면 어업면허의 유효기간은 10년으로 하되 10년의 범위 안에서 연장할 수 있으므로 어업면허의 유효기간은 20년을 초과할 수 없음에도 이것이 영원히 계속된다는 것을 전제로 어업권의 가치를 감정평가하는 것은 타당하지 않다.

(나) 잔존 유효기간의 문제

위의 산식에 의하면 어업면허의 잔존 유효기간이 전혀 고려되지 않아 잔존 유효기간에 불구하고 보상액이 동일하게 되므로 타당하지 않다.

(다) 어선·어구 또는 시설물의 가치의 2중 보상의 문제

위의 계산식 중에서 '평년수익액'은 어업권과 어선·어구 또는 시설물의 복합체인 어장으로부터 발생하므로 '평년수익액÷연리(12퍼센트)'로 산출되는 금액은 어장의 가치가 된다. 따라서 이러한 어장의 가치에 다시 어선·어구 또는 시설물의 잔존가치를 더하여 보상액을 산정하는 것은 어선·어구 또는 시설물의 가치가 중복 가산되므로 타당하지 않다.

나) 개선방안

「수산업법 시행령」 별표4의 '어업권이 취소되었거나 어업권 유효기간의 연장이 허가되지 않은 경우'의 보상액 산정방법을 다음과 같이 개정한다.

$$\text{보상액} = a \times \frac{1}{S + \frac{r}{(1+r)^n - 1}} - E$$

a : 평년수익액
r : 환원이율
n : 잔존유효기간
E : 어선·어구 또는 시설물의 잔존가액

나. 어업권이 정지된 경우

이 경우는 다음과 같이 감정평가한다. 다만, 위 '어업권이 취소되었거나 어업권 유효기간의 연장이 허가되지 않은 경우'에 따른 보상액을 초과할 수 없다.

> 보상액 = 평년수익액 × 어업의 정지기간 + 시설물 등 또는 양식물의 이전·수거 등에 드는 손실액 + 어업의 정지기간 중에 발생하는 통상의 고정적 경비

다. 어업권이 제한된 경우

이 경우는 다음과 같이 감정평가한다. 다만, 위 '어업권이 취소되었거나 어업권 유효기간의 연장이 허가되지 않은 경우'에 따른 보상액을 초과할 수 없다.

> 보상액 = 평년수익액과 제한기간이나 제한 정도 등을 고려하여 산출한 손실액

라. 다른 어장에 시설을 이전하여 어업이 가능한 경우

어업권이 취소되었거나 어업권 유효기간의 연장이 허가되지 않은 경우로서 다른 어장에 시설을 이전하여 어업이 가능한 경우는 다음과 같이 감정평가한다. 다만, 위 '어업권이 취소되었거나 어업권 유효기간의 연장이 허가되지 않은 경우'에 따른 보상액을 초과할 수 없다(「토지보상법 시행규칙」 제44조 제2항).

> 보상액 = 평년수익액 × 어업의 이전기간 + 시설물 등 또는 양식물의 이전·수거 등에 드는 손실액 + 어업의 이전기간 중에 발생하는 통상의 고정적 경비

② 허가어업 및 신고어업

허가어업 및 신고어업이 「수산업법」 제34조 제1항 제1호부터 제6호까지의 규정과 제35조 제6호(같은 법 제34조 제1항 제1호부터 제6호까지의 규정에 해당하는 경우로 한정한다)에 해당하는 사유로 제한·정지 또는 취소된 경우는 다음과 같이 감정평가한다.

다만, 「수산업법」 제49조 제1항 및 제3항에 따라 준용되는 제34조 제1항 제1호(수산자원의 증식·보호를 위하여 필요한 경우), 제2호(군사훈련 또는 주요 군사기지의 보위(保衛)를 위하여 필요한 경우), 제3호(국방을 위하여 필요하다고 인정되어 국방부장관이 요청한 경우)로 인하여 허가어업 또는 신고어업이 제한된 경우는 제외한다.

가. 허가어업 또는 신고어업이 취소된 경우

이 경우는 다음과 같이 감정평가한다.

보상액 = 3년분 평년수익액 + 어선・어구 또는 시설물의 잔존가액

가) 문제점

「수산업법」상 '허가어업 또는 신고어업이 취소된 경우'는 「토지보상법」상 영업 폐지의 경우와 유사하다.

그런데 「토지보상법 시행규칙」 제46조 제1항에서 영업 폐지의 경우는 2년간의 영업이익으로 보상하는 반면, 「수산업법」상 '허가어업 또는 신고어업이 취소된 경우'에는 평년수익액의 3년분을 보상하게 되어 형평이 맞지 않는다는 문제점이 있다.

나) 개선방안

「토지보상법 시행규칙」 제46조 제1항을 개정하여 영업 폐지의 경우는 3년간의 영업이익으로 보상하도록 개정하거나,[395] 「수산업법 시행령」 별표4의 '허가어업 또는 신고어업이 취소된 경우'에는 평년수익액의 2년분을 보상・하도록 개정한다.

나. 허가어업 및 신고어업이 정지된 경우(어선의 계류를 포함한다)

이 경우는 다음과 같이 감정평가한다. 다만, 위 '허가어업 또는 신고어업이 취소된 경우'에 따른 보상액을 초과할 수 없다.

보상액 = 평년수익액×어업의 정지기간 또는 어선의 계류기간 + 어업의 정지기간 또는 어선의 계류기간 중에 발생하는 통상의 고정적 경비

다. 허가어업 또는 신고어업이 제한되는 경우

이 경우는 다음과 같이 감정평가한다. 다만, 위 '허가어업 또는 신고어업이 취소된 경우'에 따른 보상액을 초과할 수 없다.

보상액 = 평년수익액과 제한기간이나 제한 정도 등을 고려하여 산출한 손실액

라. 다른 어장에 시설을 이전하여 어업이 가능한 경우

허가어업 또는 신고어업이 취소되었거나 어업권 유효기간의 연장이 허가되지 않은 경우로서 다른 어장에 시설을 이전하여 어업이 가능한 경우는 다음과 같이 감정평가한다. 다만, 위 '허가어업 또는 신고어업이 취소된 경우'에 따른 보상액을 초과할 수 없다(「토지보상법 시행규칙」 제44조 제4항).

보상액 = 평년수익액 × 어업의 이전기간 또는 어선의 계류기간 + 어업의 이전기간 또는 어선의 계류기간 중에 발생하는 통상의 고정적 경비

395) (구)「공공용지의 취득 및 손실보상에 관한 특례법 시행규칙」 제24조(영업폐지에 대한 손실의 평가) 제1항에서는 폐지하는 영업의 손실액은 영업의 종류에 따라 i) 주류제조업 등 관계법령에 의하여 영업대상구역이 한정되어 있는 영업 및 염전업은 3년, ii) 그 외의 영업은 2년간의 영업이익으로 보상하도록 규정하고 있었으나, 2003.1.1. 시행 「토지보상법 시행규칙」 제46조 제1항에서는 영업의 종류에 불문하고 2년으로 규정하였다.

3. 손실액 산출방법에 관련된 용어의 정의 및 산출기준

「수산업법 시행령」 별표 4에서 규정한 어업권 등의 손실액 산출방법에 관련된 용어의 정의 및 산출기준은 다음과 같다.

① **평년수익액**

'평년수익액'이란 평균 연간어획량을 평균 연간판매단가로 환산한 금액에서 평년어업경비를 뺀 금액을 말한다.

가. 평균 연간어획량의 산출기준

가) 3년 이상의 어획실적이 있는 경우

「수산업법」 제96조 제2항 및 「수산자원관리법」 제12조 제4항에 따라 보고된 어획실적, 양륙량(揚陸量) 또는 판매실적(보상의 원인이 되는 처분을 받은 자가 보고된 실적 이상의 어획실적 등이 있었음을 증거서류로 증명한 경우에는 그 증명된 실적을 말한다)을 기준으로 산출한 최근 3년 동안의 평균어획량으로 하되, 최근 3년 동안의 어획량은 보상의 원인이 되는 처분일이 속하는 연도의 전년도를 기준연도로 하여 소급 기산(起算)한 3년 동안(소급 기산한 3년의 기간 동안 일시적인 해양환경의 변화로 연평균어획실적의 변동폭이 전년도에 비하여 1.5배 이상이 되거나 휴업・어장정비 등으로 어획실적이 없어 해당 연도를 포함하여 3년 동안의 평균어획량을 산정하는 것이 불합리한 경우에는 해당 연도만큼 소급 기산한 3년 동안을 말한다)의 어획량을 연평균한 어획량으로 한다.

나) 어획실적이 3년 미만인 경우

(가) 면허어업

다음의 계산식에 따라 계산한 추정 평균어획량으로 한다.

평균 연간어획량 = 해당 어장의 실적기간 중의 어획량 × 인근 같은 종류의 어업의 어장(통상 2개소)의 3년 평균어획량 ÷ 인근 같은 종류의 어업의 어장의 해당 실적기간 중의 어획량

(나) 허가어업 또는 신고어업

다음의 계산식에 따라 계산한 추정 평균어획량으로 한다. 다만, 같은 규모의 같은 종류의 어업의 어획량이 없으면 비슷한 규모의 같은 종류의 어업의 어획량을 기준으로 3년 평균어획량을 계산한다.

평균 연간어획량 = 해당 어업의 실적기간 중의 어획량 × 같은 규모의 같은 종류의 어업(통상 2건)의 3년 평균어획량 ÷ 같은 규모의 같은 종류의 어업의 해당 실적기간 중의 어획량

※ (가) 및 (나)의 계산식에서 실적기간은 실제 어획실적이 있는 기간으로 하되, 같은 규모 또는 비슷한 규모의 같은 종류의 어업의 경우에는 손실을 입은 자의 실제 어획실적이 있는 기간과 같은 기간의 실제 어획실적을 말한다.

※ 어획량의 기본단위는 킬로그램을 원칙으로 하고, 어획물의 특성에 따라 생물(生物) 중량 또는 건중량(乾重量)을 기준으로 한다. 다만, 김은 마른 김 1속을 기준으로 하고, 어획물을 내용물 중량으로 환산할 필요가 있으면 해양수산부장관이 고시하는 수산물가공업에 관한 생산고 조사요령의 수산물 중량환산 및 수율표를 기준으로 한다.

다) 평균 연간판매단가의 산출기준

(가) 계통출하된 판매실적이 있는 경우

평균 연간판매단가는 보상액의 산정을 위한 평가시점 현재를 기준으로 하여 소급 기산한 1년 동안의 수산물별 평균 판매단가[해당 수산물이 계통출하(系統出荷)된 주된 위판장의 수산물별 · 품질등급별 판매량을 수산물별로 가중평균하여 산출한 평균 판매단가를 말한다]로 한다.

(나) 계통출하된 판매실적이 없는 경우

i) 해당 지역 인근의 수산업협동조합의 위판가격, ii) 해당 지역 인근의 수산물도매시장의 경락가격 등의 우선순위에 따른 가격을 기준으로 평균 연간판매단가를 계산해 낸다.

(다) 평균 연간판매단가를 적용하는 것이 불합리한 경우

소급 기산한 1년의 기간 동안 어획물의 일시적인 흉작 · 풍작 등으로 어가(魚價)의 연평균 변동폭이 전년도에 비하여 1.5배 이상이 되어 (가)의 평균 연간판매단가를 적용하는 것이 불합리한 경우에는 소급 기산한 최초의 1년이 되는 날부터 다시 소급하여 기산한 1년 동안의 평균 판매단가에 소급하여 기산한 최초의 1년 동안의 수산물 계통출하 판매 가격의 전국 평균 변동률을 곱한 금액으로 한다.

라) 평년어업경비의 산출기준

평년어업경비는 보상액 산정을 위한 평가시점 현재를 기준으로 1년 동안 소급하여 기산한 해당 어업의 연간 어업경영에 필요한 경비로 하되, 경비항목 및 산출방법은 다음과 같다.

(가) 경비항목

구분	경비항목
1. 생산관리비	① 어미고기 및 수산종자 구입비 ② 미끼구입비 ③ 사료비 ④ 유지보수비 ⑤ 연료 및 유류비 ⑥ 전기료 ⑦ 약품비 ⑧ 소모품비 ⑨ 어장관리비[어장 청소, 해적생물(害敵生物) 구제(驅除) 및 표지시설 설치 등] ⑩ 자원조성비 ⑪ 용선료(傭船料)
2. 인건비	① 어업자 본인의 인건비 ② 본인 외의 사람에 대한 인건비
3. 감가상각비	① 시설물 ② 어선 또는 관리선[선체, 기관 및 의장품(艤裝品) 등 포함] ③ 어구 ④ 그 밖의 장비 및 도구
4. 판매관리비	① 가공비 ② 보관비 ③ 용기대 ④ 판매수수료 ⑤ 판매잡비(운반 · 포장 등)
5. 그 밖의 잡비	① 각종 세금과 공과금 ② 어장행사료 ③ 주식 · 부식비 ④ 복리후생비 ⑤ 보험료 및 공제료 ⑥ 그 밖의 경비

(나) 산출방법

㉮ 적용

평년어업경비는 경비항목별로 계산하되, 규정된 경비항목 외의 경비가 있으면 그 밖의 경비항목에 포함시켜 전체 평년어업경비가 산출되도록 해야 한다.

㉠ 산출기준

경비항목별 경비 산출은 어선의 입항 및 출항에 관한 신고사항, 포획・채취물의 판매실적, 유류 사용량, 임금정산서, 보험료 및 공제료, 세금납부실적, 국토교통부의 건설공사 표준품셈 등 수집 가능한 자료를 확보・분석하고 현지 실제조사를 통하여 객관적이고 공정하게 해야 한다. 다만, 인건비, 감가상각비 및 판매관리비 중 판매수수료의 산출은 다음과 같이 한다.

㉡ 본인 인건비

인건비 중 어업자 본인의 인건비는 본인 외의 사람의 인건비의 평균단가를 적용하고, 본인 외의 사람의 인건비는 현실단가를 적용하되, 어업자가 직접 경영하여 본인 외의 자의 인건비가 없으면 「통계법」 제18조에 따른 승인을 받아 작성・공포한 제조부문 보통인부의 노임단가를 적용한다. 이 경우 신고어업에 대한 인건비는 투입된 노동시간을 고려하여 계산해야 한다.

㉡ 감가상각비

감가상각비는 신규 취득가격을 기준으로 하여 해당 자산의 내용연수(耐用年數)에 따른 상각률을 적용하여 계산한 상각액이 매년 균등하게 되도록 계산해야 한다. 이 경우 어선의 내용연수 및 잔존가치율은 다음과 같이 하되, 어선의 유지・관리 상태를 고려하여 이를 단축・축소할 수 있다.

선질별	내용연수(년)	잔존가치율(%)
강선	25	20
F.R.P.선	20	10
목선	15	10

㉢ 판매수수료

판매관리비 중 판매수수료는 해당 어선의 주된 양륙지 또는 어업장이 속한 지역에 있는 수산업 협동조합의 위판수수료율을 적용한다.

㉯ 소모품비와 감가상각비의 적용대상 구분

생산관리비 중 소모품비와 감가상각비의 적용대상 구분은 내용연수를 기준으로 하여 내용연수가 1년 이상인 것은 감가상각비로, 1년 미만인 것은 소모품비로 한다.

㉰ 어업자의 의무사항

수산 관련 법령에서 규정하고 있는 수산종자 살포, 시설물의 철거 등 어업자의 의무사항은 어장면적 및 경영규모 등을 고려하여 적정하게 계산해야 한다.

㉮ 산출경비의 조정

산출된 경비가 일시적인 요인으로 통상적인 경우보다 변동폭이 1.5배 이상이 되어 이를 적용하는 것이 불합리하다고 판단되면 인근 비슷한 규모의 같은 종류의 어업(같은 종류의 어업이 없는 경우에는 비슷한 어업) 2개 이상을 조사하여 평균치를 적용할 수 있다.

㉯ 경비항목의 배분

어업생산주기가 1년 이상 걸리는 경우 수산종자 구입비, 사료비, 어장관리비 및 판매관리비 등 생산주기와 연계되는 경비항목에 대해서는 생산주기로 나누어 연간 평균 어업 경비를 계산해야 한다. 이 경우 생산주기는 국립수산과학원의 관할 연구소와 협의하여 정한다.

② **어선·어구 또는 시설물의 잔존가액**

'어선·어구 또는 시설물의 잔존가액'이란 보상액의 산정을 위한 기준시점 현재를 기준으로 하여 「감정평가 및 감정평가사에 관한 법률」에 따른 평가방법 및 기준에 따라 평가한 어선·어구 또는 시설물의 잔존가액을 말한다.

다만, 해당 잔존가액은 보상을 받으려는 자가 어선·어구 또는 시설물을 재사용하는 등의 사유로 보상을 신청하지 않으면 손실액 산출에서 제외한다.

③ **통상의 고정적 경비**

'통상의 고정적 경비'란 어업의 정지기간 중 또는 어선의 계류기간 중에 해당 시설물 또는 어선·어구를 유지·관리하기 위하여 통상적으로 발생하는 경비를 말한다.

4. 어업실적이 없는 경우

어업별 손실액의 산출방법 및 산출기준 등에 따른 어업별 손실액의 산출에 대한 예외로서 i) 「수산업법」 제34조 제1항 제1호부터 제6호까지 및 제35조 제6호(법 제34조 제1항 제1호부터 제6호까지의 규정에 해당하는 경우로 한정한다)에 해당하는 사유로 면허·허가를 받거나 신고한 어업을 처분하여 어업실적이 없는 경우, ii) 그 밖에 「수산업법」 제30조에 따른 휴업, 태풍 피해 복구 등 정당한 사유가 있는 경우 등에 해당하는 정당한 사유가 없음에도 불구하고 어업실적이 없어 어업별 손실액의 산출방법 및 산출기준 등에 따라 어업별 손실액을 산출할 수 없는 경우의 어업별 손실액은 어업의 면허·허가 또는 신고에 든 인지세·등록세 등 모든 경비와 해당 어업의 어선·어구 또는 시설물의 매각이나 이전에 따른 손실액으로 한다.

5. 어업별 손실액의 산출기관 등

어업별 손실액의 산출기관 등은 다음과 같다.

① 어업별 손실액의 산출기관

가. 보상의 원인이 되는 처분을 한 행정기관

「수산업법 시행령」 제66조 제1항에 따라 보상을 받으려는 자가 제출한 서류로 어업별 손실액을 계산할 수 있는 경우에는 보상의 원인이 되는 처분을 한 행정기관이 어업별 손실액의 산출기관이 된다.

나. 전문기관

「수산업법 시행령」 제66조 제1항에 따라 보상을 받으려는 자가 제출한 서류로 어업별 손실액을 계산할 수 없는 경우에는 전문기관이 어업별 손실액의 산출기관이 된다.

② 전문기관에 의한 손실액의 산출 등

가. 용역조사 및 손실액 평가의 의뢰

행정관청은 「수산업법 시행령」 제66조 제1항에 따라 보상을 받으려는 자가 제출한 서류로 손실액을 계산할 수 없으면 피해의 범위와 정도에 대하여 해양수산부장관이 지정하는 수산에 관한 전문조사・연구기관 또는 교육기관으로 하여금 손실액 산출을 위한 용역 조사를 하게 한 후 그 조사결과를 토대로 「감정평가 및 감정평가사에 관한 법률」에 따른 2명 이상의 감정평가법인등에게 손실액의 평가를 의뢰하되, 「수산업법」 제81조 제2항에 따라 보상액을 부담할 수익자가 있으면 수익자에게 용역조사 및 손실액 평가를 의뢰하게 할 수 있다.

다만, 지정된 손실액조사기관으로부터 조사 신청이 없는 경우 등 용역조사를 할 수 없는 부득이한 경우에는 감정평가법인등에게 용역조사 및 손실액 평가를 함께 의뢰할 수 있다.

나. 조사평가자의 의무

용역조사나 손실액 평가를 의뢰받은 조사평가자는 신뢰성 있는 어업경영에 관한 증거자료나 인근 같은 종류의 어업의 생산실적 등을 조사하거나 평가하여 손실액을 계산해야 한다.

다. 손실액 산정의 적정성을 확인

조사・평가를 의뢰한 행정관청 또는 수익자는 손실액 산정의 적정성을 확인하기 위하여 필요하면 조사평가자에게 조사 또는 평가에 관련된 증거자료 및 보완자료의 제출을 요구할 수 있다. 이 경우 조사평가자는 요구한 자료를 지체 없이 제출해야 한다.

라. 재의뢰

조사・평가를 의뢰한 행정관청 또는 수익자는 조사평가자의 조사 또는 평가 결과가 관계 법령을 위반하여 조사 또는 평가되었거나 부당하게 조사 또는 평가되었다고 인정하면 해당 조사평가자에게 그 사유를 밝혀 다시 조사 또는 평가를 의뢰할 수 있으며, 조사평가자의 조사 또는 평가 결과가 적정한 것으로 인정할 수 없는 특별한 사유가 있으면 다른 조사평가자에게 손실액의 조사 또는 평가를 다시 의뢰할 수 있다.

이 경우 보상액의 산정은 다시 평가한 손실액의 산술평균치를 기준으로 한다.

마. 용역조사 및 평가에 드는 경비의 부담

용역조사 및 평가에 드는 경비는 「수산업법」 제81조에 따라 보상의 책임이 있는 자가 부담해야 한다.

바. 전문기관의 지정 취소

해양수산부장관은 지정한 수산에 관한 전문조사연구기관 또는 교육기관이 i) 거짓이나 그 밖의 부정한 방법으로 지정을 받았거나 조사를 한 경우, ii) 조사자료를 제출하지 않았거나 그 내용이 부실한 경우 등에 해당하면 그 지정을 취소할 수 있다. 이 경우 지정이 취소된 기관은 그 취소가 있는 날부터 3년 이내에는 다시 손실액 산출을 위한 용역기관으로 지정받을 수 없다.

사. 지정 또는 지정 취소의 고시

해양수산부장관은 용역조사기관을 지정하거나 그 지정을 취소한 경우에는 그 사실을 관보에 고시해야 한다.

아. 관련 서류의 열람·발급

손실액 산출에 관한 조사 또는 평가를 의뢰받은 조사평가자나 조사평가를 의뢰한 수익자는 조사 및 평가에 필요한 범위에서 행정관청, 어선의 입항·출항 신고기관, 수산업협동조합 등에 관련 서류의 열람·발급을 요청할 수 있으며, 요청을 받은 행정관청 등은 특별한 사유가 없으면 그 요청에 따라야 한다.

자. 관련 서류의 열람·발급 의뢰서

조사평가자 또는 수익자가 행정관청에 서류의 열람·발급을 의뢰할 때에는 i) 의뢰자의 주소·성명 또는 명칭, ii) 열람하거나 발급받으려는 목적, iii) 열람하거나 발급받으려는 내용, iv) 열람·발급이 필요한 서류 또는 공문서의 종류 및 수량 다음 각 호의 사항을 적은 의뢰서를 제출해야 한다.

차. 용역조사 및 손실액 평가의 의뢰절차 등

위에서 규정한 사항 외에 용역조사 및 손실액 평가의 의뢰절차 등에 관하여 필요한 사항은 해양수산부장관이 정하여 고시한다.

Ⅲ. 관행입어권의 보상인정 여부

1. 관행입어권의 의의

관행입어권이란 일정한 공유수면에서 계속적으로 수산, 동식물포획 등 사실이 대다수 사람들에게 인정되는 경우의 권리를 말한다. 수산업법 개정으로 어업권부에 98.2.1.까지 등록된 경우에 한하여 인정한다.

2. 대법원 판례의 태도

현행 대법원은 관행어업을 권리로 인정받기 위해 어업권원부에 등록을 요하므로 어업권원부에 등록하지 않으면 관행입어권은 그 권리가 소멸된다고 한다.

판례

(판시사항)

[1] 공공사업 시행에 관한 실시계획 승인·고시 후 어업에 관한 허가 또는 신고를 받은 경우, 공공사업 시행으로 인한 손실보상 또는 손해배상을 청구할 수 있는지 여부(소극) 및 공공사업에 의한 제한이 있는 상태에서 어업에 관한 허가 또는 신고가 이루어진 것인지 판단하는 기준

[2] 갑 등이 한국수자원공사를 상대로 남강댐 보강공사로 인한 손실보상 등을 구한 사안에서, 남강댐이 건설되고 보상이 완료된 후 새로이 어업권을 취득한 갑 등은 댐 보강공사의 시행으로 손실보상의 대상이 되는 특별한 손실을 입게 되었다고 할 수 없어 이에 대한 손실보상 또는 손해배상을 청구할 수 없다고 한 사례

[3] 어업에 관한 허가 또는 신고의 유효기간이 경과한 후 재차 허가를 받거나 신고를 한 경우, 종전의 어업허가나 신고의 효력 또는 성질이 계속되는지 여부(소극)

[4] 어업권자가 면허를 받을 때 및 기간연장허가를 받을 때 개발사업 시행으로 인한 일체의 보상청구를 포기하겠다고 하여 그러한 취지의 부관이 어업권등록원부에 기재된 경우, 그 부관의 효력(원칙적 유효) 및 그 효력이 어업권의 양수인에게도 미치는지 여부(적극) (대판 2011다57692).

제5절 부대적 손실보상

01 서

행정상 손실보상이란 공공필요에 의한 적법한 공권력의 행사로 인하여 개인의 재산권에 가하여진 특별한 희생에 대하여 행정청이 행하는 조절적인 재산적 전보를 말한다. 이는 현대 복리국가의 복리증진의 의무가 국가의 책무로서 인정되면서 공익사업의 확대화에 의하여 손실보상의 대상이 확대되며, 면적수용과 재산권의 확대화에 따른 직접적인 손실에 대한 보상과 함께 부대적 손실에 대한 보상의 문제가 대두되고 있다. 이하에서 부대적 손실에 관한 보상을 설명하고 문제점과 개선방안에 관해 설명하기로 한다.

02 법적 성격

부대적 손실보상이란 수용·사용의 직접적인 목적물은 되지 않으나 공익사업의 시행을 위하여 목적물의 취득에 따른 피수용자에게 미치는 손실을 말하며 이에 따른 손실을 보상하여 헌법상 정당한 보상을 실현함에 그 취지가 있다. 부대적 손실에 관한 보상은 침해의 대상은 재산권이며 보상이 수용의 대상보다 확대되는 측면에서 재산권 보상과 생활권 보상의 측면을 지니고 있다.

03 보상기준

부대적 손실은 공용침해에 의하여 발생한 손실에 대하여 헌법상 정당한 보상이 되어야 하며, 이에 헌법재판소는 수용목적물의 객관적인 가치를 보상하며, 보상의 시기와 방법에 어떠한 제한이 없어야 한다는 완전보상의 견해를 표명한 바 있다. 부대적 손실의 평가는 수용의 목적물의 취득·사용할 수 있는 계약체결 당시를 기준으로 평가한다. 토지보상법은 헌법상 정당한 보상을 실현하기 위하여 사업시행자보상의 원칙, 사전보상의 원칙, 개별보상의 원칙, 일괄보상의 원칙, 사업시행이익과의 상계금지의 원칙을 규정하고 있다.

04 보상의 구체적 내용

1. 실비변상적 보상

실비변상적 보상이란 공익사업의 목적물의 취득이나 사용에 의하여 현재의 생활의 유지 및 종래의 재산권의 목적에 사용하기 위하여 적극적인 비용의 지출이 요구되는 경우에 이러한 손실에 대한 보상을 말한다. 내용으로서 건축물 등의 이전비 보상, 과수 등의 이전비 보상, 잔여지 공사비 보상 등이 있다.

2. 일실손실의 보상

일실손실의 보상이란 재산권의 수용·사용에 의하여 부수적·독립적으로 누리는 경제적 이익에 대한 손실의 보상을 말한다. 주로 사업의 기간에 현재의 영업상의 기대이익을 대상으로 하는데 특징이 있다. 이에 대한 예로서 영업의 폐지·휴업에 따른 보상, 영농손실에 대한 보상, 근로자의 휴직이나 실직에 대한 보상을 들 수 있다.

3. 간접보상과의 관계

간접보상이란 공익사업의 시행에 의하여 사업지의 밖에서 받은 손실에 대하여 보상을 하는 것을 말한다. 이는 공익사업에 직접적인 필요에 의하여 보상하는 것이 아니며 사업의 실행에 따른 부수적인 손실이라는 공통점이 있다. 어업의 간접보상과 잔여지의 가격하락 또는 공사비 보상은 부대적 손실에 대한 보상인 동시에 간접보상이다. 공익사업시행지구 밖의 건축물에 대한 보상 등의 간접보상은 사업시행자가 필요치 않은 재산권을 취득한다는 점에서 부대적 손실에 대한 보상과 차이가 있다.

05 문제점 및 개선방안

부대적 손실에 관한 보상은 공익사업의 직접 대상이 되지 아니하며, 토지소유자 등의 조속한 생활의 안정이라는 측면에서 생활보상의 성격을 강하게 지니나 획일적이지 못하고 체계적이지 못한 산발적인 규정으로 인하여 토지소유자에 대하여 형평성이 결여될 우려가 크므로 앞으로 구체적인 정비가 필요할 것으로 보인다.

제6절 영업손실보상의 대상

법 제77조(영업의 손실 등에 대한 보상)

① 영업을 폐업하거나 휴업함에 따른 영업손실에 대하여는 영업이익과 시설의 이전비용 등을 고려하여 보상하여야 한다.

② 〈이하 생략〉

시행규칙 제45조(영업손실의 보상대상인 영업)

법 제77조 제1항에 따라 영업손실을 보상하여야 하는 영업은 다음 각 호 모두에 해당하는 영업으로 한다.

1. 사업인정고시일 등 전부터 적법한 장소(무허가건축물 등, 불법형질변경토지, 그 밖에 다른 법령에서 물건을 쌓아놓는 행위가 금지되는 장소가 아닌 곳을 말한다)에서 인적・물적시설을 갖추고 계속적으로 행하고 있는 영업. 다만, 무허가건축물 등에서 임차인이 영업하는 경우에는 그 임차인이 사업인정고시일 등 1년 이전부터 「부가가치세법」 제8조에 따른 사업자등록을 하고 행하고 있는 영업을 말한다.
2. 영업을 행함에 있어서 관계법령에 의한 허가 등을 필요로 하는 경우에는 사업인정고시일 등 전에 허가 등을 받아 그 내용대로 행하고 있는 영업

시행규칙 제46조(영업의 폐지에 대한 손실의 평가 등)

① 공익사업의 시행으로 인하여 영업을 폐지하는 경우의 영업손실은 2년간의 영업이익(개인영업인 경우에는 소득을 말한다)에 영업용 고정자산・원재료・제품 및 상품 등의 매각손실액을 더한 금액으로 평가한다.

② 제1항에 따른 영업의 폐지는 다음 각 호의 어느 하나에 해당하는 경우로 한다.

1. 영업장소 또는 배후지(해당 영업의 고객이 소재하는 지역을 말한다)의 특수성으로 인하여 해당 영업소가 소재하고 있는 시・군・구(자치구를 말한다) 또는 인접하고 있는 시・군・구의 지역안의 다른 장소에 이전하여서는 해당 영업을 할 수 없는 경우
2. 해당 영업소가 소재하고 있는 시・군・구 또는 인접하고 있는 시・군・구의 지역 안의 다른 장소에서는 해당 영업의 허가 등을 받을 수 없는 경우
3. 도축장 등 악취 등이 심하여 인근 주민에게 혐오감을 주는 영업시설로서 해당 영업소가 소재하고 있는 시・군・구 또는 인접하고 있는 시・군・구의 지역안의 다른 장소로 이전하는 것이 현저히 곤란하다고 특별자치도지사・시장・군수 또는 구청장(자치구의 구청장을 말한다)이 객관적인 사실에 근거하여 인정하는 경우

③ 제1항에 따른 영업이익은 해당 영업의 최근 3년간(특별한 사정으로 인하여 정상적인 영업이 이루어지지 않은 연도를 제외한다)의 평균 영업이익을 기준으로 하여 이를 평가하되, 공익사업의 계획 또는 시행이 공고 또는 고시됨으로 인하여 영업이익이 감소된 경우에는 해당 공고 또는 고시일 전 3년간의 평균 영업이익을 기준으로 평가한다. 이 경우 개인영업으로서 최근 3년간의 평균 영업이익이 다음 산식에 의하여 산정한 연간 영업이익에 미달하는 경우에는 그 연간 영업이익을 최근 3년간의 평균 영업이익으로 본다.

연간 영업이익＝「통계법」 제3조 제3호에 따른 통계작성기관이 같은 법 제18조에 따른 승인을 받아 작성・공표한 제조부문 보통인부의 임금단가×25(일)×12(월)

④ 제2항에 불구하고 사업시행자는 영업자가 영업의 폐지 후 2년 이내에 해당 영업소가 소재하고 있는 시・군・구 또는 인접하고 있는 시・군・구의 지역 안에서 동일한 영업을 하는 경우에는 영업의 폐지에 대한 보상금을 환수하고 제47조에 따른 영업의 휴업 등에 대한 손실을 보상하여야 한다.

⑤ 제45조 제1호 단서에 따른 임차인의 영업에 대한 보상액 중 영업용 고정자산·원재료·제품 및 상품 등의 매각손실액을 제외한 금액은 제1항에 불구하고 1천만원을 초과하지 못한다.

시행규칙 제47조(영업의 휴업 등에 대한 손실의 평가)

① 공익사업의 시행으로 인하여 영업장소를 이전하여야 하는 경우의 영업손실은 휴업기간에 해당하는 영업이익과 영업장소 이전 후 발생하는 영업이익감소액에 다음 각호의 비용을 합한 금액으로 평가한다.

1. 휴업기간 중의 영업용 자산에 대한 감가상각비·유지관리비와 휴업기간 중에도 정상적으로 근무하여야 하는 최소인원에 대한 인건비 등 고정적 비용
2. 영업시설·원재료·제품 및 상품의 이전에 소요되는 비용 및 그 이전에 따른 감손상당액
3. 이전광고비 및 개업비 등 영업장소를 이전함으로 인하여 소요되는 부대비용

② 제1항의 규정에 의한 휴업기간은 4개월 이내로 한다. 다만, 다음 각 호의 어느 하나에 해당하는 경우에는 실제 휴업기간으로 하되, 그 휴업기간은 2년을 초과할 수 없다.

1. 해당 공익사업을 위한 영업의 금지 또는 제한으로 인하여 4개월 이상의 기간 동안 영업을 할 수 없는 경우
2. 영업시설의 규모가 크거나 이전에 고도의 정밀성을 요구하는 등 해당 영업의 고유한 특수성으로 인하여 4개월 이내에 다른 장소로 이전하는 것이 어렵다고 객관적으로 인정되는 경우

③ 공익사업에 영업시설의 일부가 편입됨으로 인하여 잔여시설에 그 시설을 새로이 설치하거나 잔여시설을 보수하지 아니하고는 그 영업을 계속할 수 없는 경우의 영업손실 및 영업규모의 축소에 따른 영업손실은 다음 각 호에 해당하는 금액을 더한 금액으로 평가한다. 이 경우 보상액은 제1항에 따른 평가액을 초과하지 못한다.

1. 해당 시설의 설치 등에 소요되는 기간의 영업이익
2. 해당 시설의 설치 등에 통상 소요되는 비용
3. 영업규모의 축소에 따른 영업용 고정자산·원재료·제품 및 상품 등의 매각손실액

④ 영업을 휴업하지 아니하고 임시영업소를 설치하여 영업을 계속하는 경우의 영업손실은 임시영업소의 설치비용으로 평가한다. 이 경우 보상액은 제1항의 규정에 의한 평가액을 초과하지 못한다.

⑤ 제46조 제3항 전단은 이 조에 따른 영업이익의 평가에 관하여 이를 준용한다. 이 경우 개인영업으로서 휴업기간에 해당하는 영업이익이 「통계법」 제3조 제3호에 따른 통계작성기관이 조사·발표하는 가계조사통계의 도시근로자가구 월평균 가계지출비를 기준으로 산정한 3인 가구의 휴업기간 동안의 가계지출비(휴업기간이 4개월을 초과하는 경우에는 4개월분의 가계지출비를 기준으로 한다)에 미달하는 경우에는 그 가계지출비를 휴업기간에 해당하는 영업이익으로 본다.

⑥ 제45조 제1호 단서에 따른 임차인의 영업에 대한 보상액 중 제1항 제2호의 비용을 제외한 금액은 제1항에 불구하고 1천만원을 초과하지 못한다.

⑦ 제1항 각 호 외의 부분에서 영업장소 이전 후 발생하는 영업이익 감소액은 제1항 각 호 외의 부분의 휴업기간에 해당하는 영업이익(제5항 후단에 따른 개인영업의 경우에는 가계지출비를 말한다)의 100분의 20으로 하되, 그 금액은 1천만원을 초과하지 못한다.

Ⅰ. 영업손실보상의 의의 및 보상의 성격

영업손실의 보상이란 공익사업의 시행으로 인하여 영업을 폐지하거나 휴업함에 따른 영업손실에 대하여 영업이익과 시설의 이전비용 등에 대하여 보상하는 것을 말한다. 영업손실의 보상은 주로 재산권 보상 중에서 일실손실의 보상이며 구체적 내용에 따라 생활보상의 성격과 간접보상의 성격도 가지고 있다.

Ⅱ. 영업손실의 보상대상인 영업

영업손실의 보상이 되기 위해서는 ① 사업인정고시일 등 전부터 적법한 장소에서 인적・물적시설을 갖추고 계속적으로 행하고 있는 영업(다만, 무허가건축물 등에서 임차인이 영업하는 경우에는 그 임차인이 사업인정고시일 등 1년 이전부터 사업자등록을 하고 행하고 있는 영업), ② 영업을 행함에 있어서 관계법령에 의한 허가 등을 필요로 하는 경우에는 사업인정고시일 등 전에 허가 등을 받아 그 내용대로 행하고 있는 영업이어야 한다.

Ⅲ. 영업보상 대상 구체적 요건

1. 사업인정고시일등전 부터 시간적 요건

'사업인정고시일등'이라 함은 보상계획의 공고 또는 사업인정고시가 있은 날을 말하며(동법 시행규칙 제44조 제3항), 개별 법률에서 사업인정의 의제되는 구역지정이나 실시계획의 승인일 등도 이에 포함된다.

(1) 원칙

영업이 보상대상이 되기 위해서는 "사업인정고시일등" 전부터 행하여야 한다. 여기서 "사업인정고시일등"이란 「토지보상법」 제15조 제1항 본문의 규정에 따른 보상계획의 공고(동항 단서의 규정에 의하는 경우에는 토지소유자 및 관계인에 대한 보상계획의 통지를 말한다) 또는 「토지보상법」 제22조의 규정에 따른 사업인정의 고시가 있은 날 중 빠른 날을 의미한다.

(2) 규정의 취지

보상계획의 공고・통지 또는 사업인정의 고시가 있은 후에 영업을 한 경우에는 공익사업의 시행으로 이전이 예정되어 있다는 것을 알고 영업을 한 경우이므로, 공익사업의 시행으로 해당 영업을 계속할 수 없다고 하여도 그로 인하여 특별한 손실이 있다고 할 수 없으므로 영업보상의 대상이 될 수 없다(2003.2.27. 토관58342・299) 즉, 보상계획의 공고・통지 또는 사업인정의 고시가 있은 후에도 영업자체는 금지하지 않으나, 공익사업의 시행으로 인하여 이전하여야 한다는 것을 알고 영업하였으므로, 이전하여야 하는 경우에도 해당 공익사업으로 인한 별도의 손실을 인정하지 않는다는 것이다. 이는 보상시점 이전에 임대차기간이 만료되어 이전하는 영업은 해당 공익사업으로 인하여 손실이 발생하였다고 볼 수 없으므로 보상대상에서 제외하는 것과 유사한 논리이다.

(3) 개별법에서 별도로 정하는 경우

개별법이 정한 행위제한일이 사업인정고시일등 이전인 경우에는 이 날을 기준으로 한다고 보아야 한다. 다만, 대부분의 개별법에서 별도의 행위제한일을 규정하면서도 그 제한되는 행위에 영업을 규정하고 있지는 않으나, 이 역시 공익사업의 시행으로 이전이 예정되어 있다는 것을 알고 영업을 한 경우에 해당되므로 영업보상 대상에서 제외된다.

2. 적법한 장소에 대한 요건

영업이 보상대상이 되기 위해서는 적법한 장소에서 행하여야 한다. 즉, 영업뿐만 아니라 해당 영업이 행해지는 장소도 적법하여야 한다. 따라서 무허가건축물 등이나 불법형질변경 토지 그 밖에 다른 법령에서 물건을 쌓아놓는 행위가 금지되는 장소에서 하는 자유영업도 보상대상에서 제외된다. 토지보상법 규정의 취지는 불법행위에 의한 것은 보상대상에서 제외한다는 것이다. 즉, 영업이 보상대상이 되기 위해서는 영업 그 자체가 적법하여야 할 뿐만 아니라, 그 영업을 하고 있는 장소까지도 적법하여야 한다는 것이다. 무허가건축물 등에서는 일반적으로 영업의 허가 또는 신고가 수리되지 않으므로 영업 보상대상과 관련한 문제가 발생하지 않으나, 자유업일 경우는 무허가건축물 등에서의 영업이 문제가 될 수 있다. 현행 「토지보상법 시행규칙」은 영업장소의 적법성도 영업보상대상 요건으로 규정하여 불법행위에 의한 것은 보상대상에서 제외한다는 원칙을 엄격하게 시행하고 있다.

3. 인적 · 물적 시설을 갖춘 요건

영업이 보상대상이 되기 위해서는 일정한 정도의 인적 · 물적시설을 갖추어야 한다. 다만, 어느 정도의 인적 · 물적시설을 갖추어야 하는지에 대해서는 일률적인 기준이 없으므로, 해당 사업의 성격 등을 종합적으로 고려하여 객관적으로 결정한다. 특히 최근에는 영업의 형태가 다양하게 변화함으로 인해 인적 · 물적시설을 갖추고 있다고 보기 어려운 영업이 늘어나고 있으므로, 시설적 요건은 단순히 영업에 종사하는 사람의 수나 물적 시설의 수량으로 판단하여서는 안되며, 실제로 공익사업의 시행으로 인하여 손실이 발생하였고 그 손실이 특별한 희생에 해당하는지 여부를 기준으로 판단한다. 대법원은 5일 중 3일 정도 영업에 전력을 다하였고, 가설물이었더라도 상행위의 지속성, 시설물등 고정성을 충분히 인정할 수 있으므로 인적 · 물적시설을 갖추고 계속적으로 영업을 하였다고 봄이 상당하다고 하여 시설적 요건을 완화하고 있다(대판 2012.3.15, 2010두26513). 이 규정의 취지는 영업을 인적 및 물적 결합에 의한 사업적 측면으로 보고 이러한 시설이 없는 영업은 공익사업에 편입되어도 별도의 손실이 없다고 보기 때문에 영업보상대상에서 제외한다는 것이다.

4. 계속적으로 행하는 영업 요건

영업이 보상대상이 되기 위해서는 계속적으로 영업행위를 해야 한다. 다만, 어느 정도까지 영업을 계속 행하여야 하는지에 대해서는 일률적인 기준을 적용할 수 없으며 해당 사업의 성격 등을 종합적으로 고려하여 객관적으로 결정한다. 또한 계속성 요건의 판단도 단순히 시간적인 길고 짧음으로 판단할 것이 아니고 영업으로서의 계속성과 실질적인 손실발생을 기준으로 판단한다. 영업을 하기 위하여 투자한 비용이나 그 영업을 통하여 얻을 것으로 기대되는 이익에 대한 손실은 보상의 대상이 될 수 없다(대판 2006.1.27, 2003두13106). 대법원은 5일 중 3일 정도 영업에 전력을 다하였고, 가설물이었더라도 상행위의 지속성, 시설물등 고정성을 충분히 인정할 수 있으므로 인적·물적시설을 갖추고 계속적으로 영업을 하였다고 봄이 상당하다고 하여 계속성의 요건을 상행위의 지속성으로 판단하고 있다(대판 2012.3.15, 2010두26513).
일시적인 영업이나 계절적인 영업 및 휴업 중인 영업 등은 공익사업에 편입되어도 별도의 손실이 없다고 보기 때문에 영업보상대상에서 제외한다는 것이다. 다만, 일시적 영업 또는 계절적 영업의 경우 매년 반복적으로 이루어지는 경우는 계속성을 인정하여 영업보상 대상이라고 본바 있다(대판 2012.12.13, 2010두12842).

5. 관계법령등에 허가등을 받아 그 내용대로 하는 영업 요건

관계 법령에 의한 허가 등을 받아 행하고 있는 영업이어야 한다(대판 1998.2.10, 96누12665). 영업이 보상대상이 되기 위해서는 영업을 행함에 있어서 관련 법령에 따른 허가등을 필요로 하는 경우에는 사업인정고시일등 전에 허가등을 받아 그 내용대로 행하고 있어야 한다. 그러나 관계 법령에 의하여 허가 등이나 일정한 자격이 없이도 행할 수 있는 자유영업이나 행위 또는 공익사업 시행을 위한 고시 등에 불구하고 금지되지 않거나 허가를 받을 필요가 없는 영업이나 행위는 영업보상의 대상으로 제한을 받지 않는다.

6. 영리목적 삭제 이유와 영리목적이 필요한 요건인지 여부

2007.4.12. 개정 이전 (구)「토지보상법 시행규칙」 제45조 제1호에서는 사업인정고시일 등 전부터 일정한 장소에서 인적·물적시설을 갖추고 계속적으로 '영리를 목적으로' 행하고 있는 영업으로 규정하고 있었으므로, 비영리 영업은 영업보상대상에서 제외되었으나, 2007.4.12. 개정 「토지보상법 시행규칙」 제45조 제1호에서는 '영리를 목적으로'를 삭제하였다. 종전 규정은 영리를 목적으로 하지 않는 영업은 영업장소를 이전하는 경우에도 별도의 손실이 없다고 보았으나, 영업손실 보상의 취지는 영업이 영리를 목적으로 하여 수익을 산출하기 때문에 보상하는 것이 아니라, 공익사업으로 인하여 영업이 폐지되거나 이전하게 됨에 따른 일실손실 및 실비변상적 손실을 함께 전보해 주는 것이므로, 보상대상으로서의 영업은 공익사업으로 인한 손실의 발생여부에 초점을 맞추는 것이 타당하다고 보아 개정 규칙에서는 '영리를 목적으로'를 삭제하였다. 즉, 종전 규정에서는 영리를 목적으로 하지 않는 영업은 영업보상의 대상이 되지 않으므로, 시설 등의 매각이나 이전에 따른 손실이 발생하여도 이를 보상할 수 없었을 뿐만 아니라, 영업장이 일부 편입되는 경우 및 임시영업소를 설치하여야 하는 경우에도 이에 대한 보상을 받을 수 없다는 문제점이 있어 이를 입법적으로 해결한 것이다. 개정 「토지보상법 시행규칙」 부칙 제4조에 따라 제45조의 개정규정은 이 규칙 시행일인 2007.4.12. 이후에 「토지보상법」 제15조(법 제26조 제1항에 따라 준용되는 경우를 포함한다)에 따라 보상계획을 공고하고 토지소유자 및 관계인에게 보상계획을 통지하는 분부터 적용한다.

Ⅳ. 종교시설등 영업으로 보지 않는 경우

1. 종교시설

종교행위는 영업으로 볼 수 없으므로 종교시설은 영업보상대상으로 보지 않는다.

〈유권해석〉
종교시설은 영업보상대상이 아니다.
[2009.09.04. 토지정책과-4117]

〈질의요지〉
종교시설(사찰)이 영업보상대상인지 여부

〈회신내용〉
「토지보상법 시행규칙」 제45조의 규정에 의하면 사업인정고시일 등 전부터 적법한 장소에서 인적·물적시설을 갖추고 계속적으로 행하고 있는 영업이어야 하며, 영업을 행함에 있어서 관계법령에 의한 허가·면허·신고 등(이하 "허가등"이라 한다)을 필요로 하는 경우에는 사업인정고시일 등 전에 허가등을 받아 그 내용대로 행하고 있는 영업이 공익사업으로 인하여 폐지하거나 휴업함에 따른 영업손실을 보상하도록 규정하고 있습니다. 따라서 영업보상 입법취지를 감안할 때 종교시설(사찰)을 영업행위로 보기 어려우므로 영업보상대상에 해당되지 아니한다고 봅니다.

2. 교육시설

「교육기본법」 제9조에 따른 학교는 영업시설로 볼 수 없으므로 영업보상대상으로 보지 않는다.396) 일반적으로 학교는 공익사업시행지구에서 제척되며, 포함되는 경우에도 존치되므로 학교가 보상대상이 되는 경우는 거의 없으나, 유치원 또는 어린이집 등은 공익사업시행지구에 편입되는 경우가 많다. 이에 대해 살펴보면 다음과 같다.

(1) 유치원

「유아교육법」 제7조에 따른 유치원이 공익사업시행지구에 편입되는 경우가 있으나, 유치원은 「교육기본법」 제9조에 따라 학교로 분류되므로 보상실무에서는 영업보상대상으로 보지 않고 있다.

〈재결례〉
유치원은 영업보상대상이 아니다.
[중토위 2019.04.25. 이의재결]

〈재결요지〉
유치원에 대한 영업보상을 하여 달라는 주장에 대하여, … 00유치원은 「유아교육법」 제8조에 따라 인천직할시북부교육청교육장에게 인가를 받아 설립된 교육기관으로, … 「교육기본법」 제9조(학교교육) 제1항에

396) 「교육기본법」 제9조 제1항에서는 "유아교육·초등교육·중등교육 및 고등교육을 하기 위하여 학교를 둔다."라고 규정하고 있고, 제2항에서 "학교는 공공성을 가지며, 학생의 교육 외에 학술 및 문화적 전통의 유지·발전과 주민의 평생교육을 위하여 노력하여야 한다."라고 규정하여 공공성을 목적으로 한다고 본다.

따르면 유아교육・초등교육・중등교육 및 고등교육을 하기 위하여 학교를 둔다고 되어 있는 점, 같은 법 제2조 제2호에 따르면 "유치원"이란 유아의 교육을 위하여 이 법에 따라 설립・운영되는 학교를 말한다고 되어 있는 점, 「사립학교법」 제2조에 따르면 "사립학교"란 학교법인, 공공단체 외의 법인 또는 그 밖의 사인(私人)이 설치하는 「유아교육법」 제2조 제2호, 「초・중등교육법」 제2조 및 「고등교육법」 제2조에 따른 학교를 말한다고 되어 있는 점 등으로 볼 때 유치원은 교육기관(학교)에 해당되어 위 규정에서 정한 영업의 손실보상 대상이 될 수 없다고 판단되므로 이의신청인의 주장을 받아들일 수 없다.

(2) 어린이집

「영유아보육법」 제10조에 따른 어린이집은 「교육기본법」 제9조에서 학교에 포함되지 않으므로 영업보상대상으로 본다. 따라서 「영유아보육법」 제13조에 따라 시장 등의 인가를 받아 설치・운영하고 있는 어린이집은 영업보상대상이다.

〈재결례〉

어린이집은 영업 보상대상이다.
[중토위 2019.04.25. 이의재결]

〈재결요지〉

어린이집에 대한 영업보상을 하여 달라는 주장에 대하여, … 관계자료(사업시행자 의견, 어린이집인가증, 유치원 인가증 등)를 검토한 결과, 00000어린이집은 「영유아보육법」 제13조에 따라 사업인정고시일 등 이전부터 인천광역시부평구청장에게 적법하게 허가받아 설치하였으며, 설치의 목적을 유아복지에 둔 점 등으로 볼 때 위 규정에서 정한 영업(「영유아보육법」 제2조 제1호 : "보육"이란 영유아를 건강하고 안전하게 보호・양육하고 영유아의 발달 특성에 맞는 교육을 제공하는 어린이집 및 가정양육 지원에 관한 사회서비스를 말한다)에 해당되므로 금회 영업의 손실에 대한 보상을 하기로 한다.

(3) 소결

「토지보상법 시행규칙」 제45조에서 '영업' 자체에 대해서는 별도로 규정하고 있지 않으므로 보상대상에 해당하는지 여부는 공익사업의 시행으로 인하여 실제로 손실이 발생하였는지 및 해당 손실이 특별한 희생에 해당되는지 등에 따라 개별적으로 판단하여야 한다. 그럼에도 단순히 유치원 또는 어린이집이 「교육기본법」 제9조에서 학교로 분류하고 있는지에 따라 영업보상대상 여부를 결정하는 것은 타당하지 않다고 생각한다. 유치원이 영업보상대상이 되지 않으면 공익사업시행지구에 편입되어 이전할 경우 「토지보상법 시행규칙」 제55조에 따른 동산의 이전비만을 보상받게 되나, 실제적으로는 동산의 이전비 외에도 이전기간동안의 인건비 및 부대비용 등의 지출이 예상된다.

따라서 이러한 비용을 보상하여 유치원이 폐업하지 않고 다른 장소로 이전하여 유아교육을 지속적으로 영위할 수 있도록 하기 위해서도 유치원을 영업보상대상으로 보는 것이 타당하다. 다만, 「유아교육법」 제24조 및 「영유아보육법」 제34조에서 유아교육 및 영유아 보육은 무상으로 실시하며, 그 비용은 국가나 지방자치단체가 부담하는 것으로 규정하고 있으므로 영업이익은 없는 것으로 보아야 할 것이다.

V. 부동산임대업이 영업보상 대상인지 여부

1. 부동산임대업이 영업보상대상인지 여부에 대한 견해의 대립

부동산임대업이 영업보상대상이 되는지에 대해서도 견해의 대립이 있다.

① 영업보상대상이 아니라는 견해

부동산임대수익은 부동산에 대한 과실로 보아야 하고, 부동산에 대해 시장가치로 보상을 받았다면 그 보상금액에서 이자 등의 과실이 동일하게 발생할 것이므로 부동산임대업은 영업보상대상으로 볼 수 없다는 주장이다.

판례

부동산 임대수익은 부동산의 과실에 해당하므로 부동산임대업은 영업보상대상이 아니다.
[서울고등법원 2002.11.06. 선고 2002누2675 판결]

〈판결요지〉

부동산의 임대를 통하여 얻게 되는 수익은 다른 사람에게 이를 사용·수익하게 함으로써 얻는 부동산 자체의 과실에 불과한 것이므로 당해 부동산에 대한 정당한 보상이 이루어지는 경우에는 그 임대수익을 목적으로 하는 영업상의 손실에 대하여 별도로 보상할 필요가 없다 할 것이다.

〈유권해석〉

부동산 임대수익은 부동산의 과실에 해당하므로 부동산임대업은 영업보상대상이 아니다.
[국토부 1999.08.02. 토관 58342-784]

〈질의요지〉

점포대여업자로 등록하고 점포임대업을 해온 자의 토지 및 건물이 공공사업에 편입되는 경우에 폐업보상이 가능한지 여부

〈회신내용〉

공공용지의 취득 및 손실보상에 관한 특례법 시행규칙 제24조 및 제25조의 규정에 의한 영업보상이 되는 영업이라 함은 일정한 장소에서 인적·물적시설을 갖추고 계속적·반복적으로 하는 영리적 행위를 의미하는 것으로 사료되는 바, 부동산임대소득은 부동산 원물에 대한 과실(자산소득)이므로 영업보상대상으로 볼 수 없다고 보며, 부동산임대업과 관련한 다른 보상은 위 법령에서 별도로 정한 바 없음을 알려드림.

② 보상대상으로 보아야 한다는 견해

「토지보상법 시행규칙」 제45조에서 부동산임대업을 영업보상대상에서 제외하고 있지 않으며, 부동산임대업도 대체부동산을 취득하는 일정한 기간 동안 영업이익이 상실된다고 보아야 함에도 영업보상대상에서 제외하는 것은 타당하지 않다는 주장이다.

판례

임대용 건축물의 일부가 편입되는 경우 영업장소의 일부 편입시의 보상규정을 준용하여 보수기간 동안의 일실 임료수입을 보상하여야 한다.
[대법원 2006.07.28. 선고 2004두3458 판결]

〈판결요지〉

「공공용지의 취득 및 손실보상에 관한 특례법」 등 관계 법령에 의하면, 수용대상토지 지상에 건물이 건립되어 있는 경우 그 건물에 대한 보상은 … 원가법으로 산정한 이전비용으로 보상하고, 건물의 일부가 공공사업지구에 편입되어 그 건물의 잔여부분을 종래의 목적대로 사용할 수 없거나 사용이 현저히 곤란한 경우에는 그 잔여부분에 대하여는 위와 같이 평가하여 보상하되, 그 건물의 잔여부분을 보수하여 사용할 수 있는 경우에는 보수비로 평가하여 보상하도록 하고 있고, 임대용으로 제공되고 있던 건물의 일부가 수용된 후 잔여건물을 보수하여 계속 임대용으로 사용하는 경우 잔여건물의 보수비를 포함하여 위와 같은 기준에 따라 보상액을 지급하였다고 하더라도 그 보상액에는 보수기간이나 임대하지 못한 기간 동안의 일실 임대수입액은 포함되어 있지 않으므로 그러한 경우에는 구 공공용지의 취득 및 손실보상에 관한 특례법 시행 규칙(2002.12.31. 건설교통부령 제344호로 폐지되기 전의 것) 제25조 제3항에 따라 3월의 범위 내에서 보수기간이나 임대하지 못한 기간 동안의 일실 임대수입은 수용으로 인한 보상액에 포함되어야 하고, 다만 3월 이상의 보수기간이나 임대하지 못한 기간이 소요되었다는 특별한 사정이 있는 경우에는 같은 법 시행규칙 제25조 제2항을 유추적용하여 그 기간 동안의 일실 임대수입 역시 수용으로 인하 보상액에 포함되어야 하며, 위와 같이 보수기간이나 임대하지 못한 기간이 3월 이상 소요되었다는 특별한 사정은 잔여건물이나 임대사업 자체의 고유한 특수성으로 인하여 3월 내에 잔여건물을 보수하거나 임대하는 것이 곤란하다고 객관적으로 인정되는 경우라야 한다.

2. 검토

① 임대사업자가 소유자인 경우

부동산임대수익이 부동산이라는 원물에 대한 과실인 자산소득에 해당한다는 데에는 이견(異見)이 없으나, 보상 전·후의 과실이 동일하지 않을 수 있음에도 이를 동일한 것으로 보아 영업보상대상에서 제외하는 것은 타당하지 않다. 즉, 임대부동산이 공익사업에 편입되어 수용되는 경우 임대부동산의 소유자는 대체부동산을 구입하여야 하므로 일정한 기간 동안 보상금을 금융기관 등에 예금의 형태로 보유할 수밖에 없고, 이 경우 과실인 이자가 부동산의 임대수익보다 현저히 낮은 경우 소유자는 공익사업의 시행으로 인하여 부동산임대수익과 보상금의 이자의 차액에 해당하는 금액의 손실이 있었다고 보아야 하므로 부동산임대업도 영업보상대상으로 보아야 한다.

② 임대사업자가 임차인인 경우

임대사업자가 임차인 또는 전차인[397]인 경우 임차인 또는 전차인의 영업이익은 부동산이라는 원물에 대한 과실이라는 관계 자체가 성립되지 않으므로 부동산임대업도 영업보상대상으로 보아야 한다.

397) 「민법」 제629조에 따라 임차인도 임대인의 동의를 얻어 임차물을 전대할 수 있으므로 임대사업자가 전차인인 경우도 있을 수 있다.

③ 소결

임대사업자가 부동산소유자인 경우 부동산이라는 원물에 대한 과실인 임대수익과 보상금에 대한 과실인 이자와의 관계에서 영업이익을 어떻게 파악할 것인지의 문제는 있으나, 단지 부동산임대수익이 부동산이라는 원물에 대한 과실에 해당한다고 하여 부동산 임대업을 영업 보상대상에서 제외하는 것은 타당하지 않으므로 부동산임대업도 영업 보상 대상에 포함하여야 할 것으로 생각된다.

▶ 관련판례(대판 2010.9.9, 2010두11641)

공익사업을 위한 토지 등의 취득 및 보상에 관한 법률 제67조 제1항은 공익사업의 시행으로 인한 손실보상액의 산정은 협의에 의한 경우에는 협의성립 당시의 가격을, 재결에 의한 경우에는 수용 또는 사용의 재결 당시의 가격을 기준으로 한다고 규정하므로, 위 법 제77조 제4항의 위임에 따라 영업손실의 보상대상인 영업을 정한 같은 법 시행규칙 제45조 제1호에서 말하는 '적법한 장소(무허가건축물 등, 불법형질변경토지, 그 밖에 다른 법령에서 물건을 쌓아놓는 행위가 금지되는 장소가 아닌 곳을 말한다)에서 인적·물적시설을 갖추고 계속적으로 행하고 있는 영업'에 해당하는지 여부는 협의성립, 수용재결 또는 사용재결 당시를 기준으로 판단하여야 한다.

▶ 관련판례(대판 2012.12.13, 2010두12842)

[1] (구)공익사업법의 위임에 의한 그 시행규칙(2007.4.12. 건설교통부령 제556호로 개정되기 전의 것, 이하 '(구)공익사업법 시행규칙'이라 한다) 제45조는, 영업손실의 보상대상인 영업은 "관계법령에 의한 허가·면허·신고 등을 필요로 하는 경우에는 허가 등을 받아 그 내용대로 행하고 있는 영업"에 해당하여야 한다고 규정하고 있다(제2호). 이는 위법한 영업은 보상대상에서 제외한다는 의미로서 그 자체로 헌법에서 보장한 '정당한 보상의 원칙'에 배치된다고 할 것은 아니다. 다만 영업의 종류에 따라서는 관련 행정법규에서 일정한 사항을 신고하도록 규정하고는 있지만 그러한 신고를 하도록 한 목적이나 관련 규정의 체제 및 내용 등에 비추어 볼 때 신고를 하지 않았다고 하여 영업 자체가 위법성을 가진다고 평가할 것은 아닌 경우도 적지 않고, 이러한 경우라면 신고 등을 하지 않았다고 하더라도 그 영업손실 등에 대해서는 보상을 하는 것이 헌법상 정당보상의 원칙에 합치하므로, 위 (구)공익사업법 시행규칙의 규정은 그러한 한도에서만 적용되는 것으로 제한하여 새겨야 한다.

[2] (구)체육시설법 관련 법령을 두루 살펴보면 시설기준 등에 관해서는 상세한 규정을 두고 그 기준에 맞는 시설을 갖추어서 체육시설업 신고를 하도록 하고 있지만, 체육시설의 운영주체에 관하여 자격기준 등을 따로 제한한 것은 보이지 않고, 신고절차에서도 운영주체에 관하여 심사할 수 있는 등의 근거 규정은 전혀 없다. 오히려 기존 체육시설업자가 영업을 양도하거나 법인의 합병 등으로 운영주체가 변경되는 경우에도 그로 인한 체육시설업의 승계는 당연히 인정되는 전제에서 사업계획이나 회원과의 약정사항을 승계하는 데 대한 규정만을 두고 있을 뿐이다((구)체육시설법 제30조). 이러한 규정 형식과 내용 등으로 보면, 체육시설업의 영업주체가 영업시설의 양도나 임대 등에 의하여 변경되었음에도 그에 관한 신고를 하지 않은 채 영업을 하던 중에 공익사업으로 영업을 폐지 또는 휴업하게 된 경우라 하더라도, 그 임차인 등의 영업을 보상대상에서 제외되는 위법한 영업이라고 할 것은 아니다. 따라서 그로 인한 영업손실에 대해서는 법령에 따른 정당한 보상이 이루어져야 마땅하다.

[3] (구)공익사업을 위한 토지 등의 취득 및 보상에 관한 법률 시행규칙(2007.4.12. 건설교통부령 제556호로 개정되기 전의 것) 제45조 제1호는 '사업인정고시일 등 전부터 일정한 장소에서 인적·물적시설을 갖추고 계속적으로 영리를 목적으로 행하고 있는 영업'을 영업손실보상의 대상으로 규정하

고 있는데, 여기에는 매년 일정한 계절이나 일정한 기간 동안에만 인적·물적시설을 갖추어 영리를 목적으로 영업을 하는 경우도 포함된다고 보는 것이 타당하다.

▶ 관련판례(대판 2012.3.15, 2010두26513)
국민임대주택단지조성사업 예정지구로 지정된 장터에서 토지를 임차하여 앵글과 천막구조의 가설물을 설치하고 영업신고 없이 5일장이 서는 날에 정기적으로 국수와 순대국 등을 판매하는 음식업을 영위한 갑 등이 (구)공익사업을 위한 토지 등의 취득 및 보상에 관한 법률 시행규칙 제52조 제1항에 따른 영업손실보상의 대상이 되는지 문제된 사안에서, 영업의 계속성과 영업시설의 고정성을 인정할 수 있다는 이유로, 갑 등이 위 규정에서 정한 허가 등을 받지 아니한 영업손실보상대상자에 해당한다고 본 원심판단을 정당하다고 한 사례

▶ 관련판례(대판 2012.12.27, 2011두27827)
[1] 일반지방산업단지 조성사업의 사업인정고시일 당시 사업지구 내에서 영업시설을 갖추고 제재목과 합판 등의 제조·판매업을 영위해 오다가 사업인정고시일 이후 사업지구 내 다른 곳으로 영업장소를 이전하여 영업을 하던 갑이 영업보상 및 지장물 보상을 요구하면서 수용재결을 청구하였으나 관할 토지수용위원회가 갑의 영업장은 임대기간이 종료되어 이전한 것으로 공익사업의 시행으로 손실이 발생한 것이 아니라는 이유로 갑의 청구를 기각한 사안에서, 공익사업을 위한 토지 등의 취득 및 보상에 관한 법률 제75조 제1항, 제77조 제1항과 공익사업을 위한 토지 등의 취득 및 보상에 관한 법률 시행규칙 제45조 제1호 등 관련 규정에 따르면, **공익사업의 시행으로 인한 영업손실 및 지장물 보상의 대상 여부는 사업인정고시일을 기준으로 판단해야 하고, 사업인정고시일 당시 보상대상에 해당한다면 그 후 사업지구 내 다른 토지로 영업장소가 이전되었다고 하더라도 이전된 사유나 이전된 장소에서 별도의 허가 등을 받았는지를 따지지 않고 여전히 손실보상의 대상이 된다고** 본 원심판단을 정당하다고 한 사례
[2] 사업인정고시일 이후 영업장소 등이 이전되어 수용재결 당시에는 해당 토지 위에 영업시설 등이 존재하지 않게 된 경우 **사업인정고시일 이전부터 그 토지 상에서 영업을 해 왔고 그 당시 영업을 위한 시설이나 지장물이 존재하고 있었다는 점은 이를 주장하는 자가 증명하여야 한다.**

제7절 영업폐지에 대한 보상

Ⅰ. 영업폐지 보상의 대상 규정

「토지보상법 시행규칙」 제47조 제2항에 따라 영업폐지[398] 보상의 대상은 「토지보상법 시행규칙」 제45조에 따른 영업손실 보상대상인 영업으로서 i) 영업장소 또는 배후지의 특수성으로 인하여 해당 영업소가 소재하고 있는 시·군·구 또는 인접하고 있는 시·군·구의 지역 안의 다른 장소에

398) 종전 「토지보상법」 제77조 제1항에서는 '영업을 폐지하거나'로 규정하고 있었으나, 2020.6.9. 이를 '영업을 폐업하거나'로 개정하였으나, 「토지보상법 시행규칙」 제46조에서는 현재에도 '영업을 폐지하는 경우'로 규정하고 있으므로 본 해설서에서는 '영업폐지'로 기술한다.

이전하여서는 해당 영업을 할 수 없는 경우, ii) 해당 영업소가 소재하고 있는 시・군・구 또는 인접하고 있는 시・군・구의 지역 안의 다른 장소에서는 해당 영업의 허가 등을 받을 수 없는 경우, iii) 도축장 등 악취 등이 심하여 인근 주민에게 혐오감을 주는 영업시설로서 해당 영업소가 소재하고 있는 시・군・구 또는 인접하고 있는 시・군・구의 지역 안의 다른 장소로 이전하는 것이 현저히 곤란하다고 특별자치도지사・시장・군수 또는 구청장이 객관적인 사실에 근거하여 인정하는 경우 중에서 어느 하나에 해당되어 영업을 폐지하는 영업이다. 영업폐지에 대한 구체적인 적용례를 살펴보기로 한다.

Ⅱ. 영업 폐지에 대한 구체적인 적용례

1. 배후지 상실의 경우

(1) 적용

영업장소 또는 배후지의 특수성으로 인하여 해당 영업소가 소재하고 있는 시・군・구 또는 인접하고 있는 시・군・구의 지역 안의 다른 장소에 이전하여서는 해당 영업을 할 수 없는 경우를 말한다. 댐사업 등과 같은 대규모 공익사업으로 인하여 배후지 자체가 상실되어 인근지역으로 이전한다고 하여도 종전과 같은 영업을 할 수 없는 경우가 여기에 해당된다.

① **배후지의 정의**

배후지란 해당 영업의 수익을 올리는 고객이 소재하는 지역적 범위를 말한다. 따라서 배후지에는 제품 판매지역뿐만 아니라 원료의 공급지역도 포함된다(「영업손실보상평가 지침」 제9조 제2항).

② **배후지의 특수성**

배후지의 특수성이란 제품원료 및 취급품목 등의 지역적 특수성으로 배후지가 상실될 때에는 해당 영업을 계속할 수 없는 경우 등으로서 배후지가 해당 영업에 갖는 특수한 성격을 말한다(「영업손실보상평가지침」 제9조 제2항). 즉, 도정공장・양수장・창고업 등과 같이 제품원료 및 취급품목의 성격상 배후지가 상실되면 영업행위를 할 수 없는 경우를 말한다.

③ **인접하고 있는 시・군・구**

인접하고 있는 시・군・구란 해당 영업소가 소재하고 있는 시・군・구와 접하고 있는 모든 시・군・구를 말한다.

판례

인접하고 있는 시・군 또는 구라 함은 해당 영업소가 소재하고 있는 시・군 또는 구와 행정구역상으로 인접한 모든 시・군 또는 구를 말한다.
[대법원 1999.10.26. 선고 97누3972 판결]

〈판결요지〉
「공공용지의 취득 및 손실보상에 관한 특례법 시행규칙」 제24조 제2항 제1호, 제3호 소정의 영업의 폐지로 보기 위하여는 당해 영업소가 소재하고 있거나 인접하고 있는 시・군 또는 구 지역 안의 다른 장소에의 이전가능성 여부를 따져 보아야 하고, 여기서 그 인접하고 있는 시·군 또는 구라 함은 다른 특별한 사정이 없는 이상 당해 영업소가 소재하고 있는 시·군 또는 구와 행정구역상으로 인접한 모든 시·군 또는 구를 한다.

④ 해당 영업을 할 수 없는 경우

해당 영업을 할 수 없는 경우란 법적이나 물리적으로 할 수 없는 경우는 물론, 다른 장소에 이전하여서는 수익의 감소로 사실상 영업을 할 수 없는 경우를 포함한다.

(2) 배후지 상실의 문제점

① 배후지의 지역적 범위

영업폐지의 요건으로 배후지의 상실을 규정하고 있으나, 배후지 또는 배후지의 상실 등은 전형적인 불확정 개념으로 그 범위와 한계를 명확하게 구분하는 것이 매우 어렵다는 문제점이 있다. 즉, 배후지는 업종에 따라 지역적 범위를 달리할 뿐만 아니라, 최근 교통수단의 발달로 인하여 전국이 1일 생활권으로 변하고 있고, 인터넷 판매 등이 보편화되면서 과연 배후지의 지역적 범위를 어디까지로 하여야 할 것인가가 명확하지 않게 되었다.

② 배후지 상실의 정도

배후지의 지역적 범위를 확정한다고 하여도 어느 정도 배후지가 상실되어야 영업을 계속할 수 없다고 할 수 있는지도 명확하지 않으며, 그 상실을 i) 면적을 기준으로 할 것인지, ii) 고객의 수를 기준으로 할 것인지, iii) 구매력을 기준으로 할 것인지 등이 분명하지 않다는 문제점이 있으므로 이러한 기준의 확립이 필요하다.

2. 법적으로 이전이 불가능한 경우

(1) 적용

해당 영업소가 소재하고 있는 시·군·구 또는 인접하고 있는 시·군·구의 지역 안의 다른 장소에서는 해당 영업의 허가 등을 받을 수 없기 때문에 법적으로 이전이 불가능한 경우이다. 여기에는 i) 해당 영업소가 소재하고 있는 시·군·구 또는 인접하고 있는 시·군·구의 지역에서 관련 법령의 제한으로 해당 영업의 허가 또는 면허를 받을 수 없거나 신고가 수리되지 않는 경우와 ii) 「국토계획법」 등 관련 법령에 따른 용도지역 등의 제한으로 해당 영업의 허가·신고 자체가 불가능한 경우가 해당된다.

판례

「국토계획법」 등 관련 법령에 따른 용도지역 등의 제한으로 영업소를 이전할 수 없는 경우는 영업폐지에 해당한다.
[대법원 1993.12.10. 선고 93누11579 판결]

〈판결요지〉

토지수용되는 연탄공장이 있던 당해 시나 인접한 시·군 모두 전용공업지역은 없고, 인근 군에 좁은 면적의 일반 및 준공업지역이 있으며, 당해 시에 좁은 면적의 준공업 지역이 있을 뿐이나, 어느 곳에서도 집단 민원 또는 청정해역 · 국립공원 · 수자원보전지역 · 산림보전지역 등의 이유로 연탄공장을 할 수 있는 토지를 구할 수 없어 토지수용 되는 연탄공장이 위치하고 있던 소재지 및 그 인근지역에 당해 공장을 법률상 또는 사실상 이전할 수 없게 되었으므로 폐업이 불가피하게 된 사실을 인정하여 영업의 폐지에 해당한다고 한 사실인정 및 판단은 정당한 것으로 수긍이 된다.

(2) 소결

법적으로 이전이 가능한지 여부를 해당 허가 등의 처분권자인 시장 등이 아니라 허가 등에 대한 권한이 없는 사업시행자가 판단하도록 한 것은 합리적이지 않으므로 시장 등이 판단하도록 하는 것이 타당할 것이다.

3. 사실상 이전이 불가능한 경우

(1) 적용

도축장 등 악취 등이 심하여 인근주민에게 혐오감을 주는 영업시설로서 해당 영업소가 소재하고 있는 시 · 군 · 구 또는 인접하고 있는 시 · 군 · 구의 지역 안의 다른 장소로 이전하는 것이 현저히 곤란하다고 특별자치도지사 · 시장 · 군수 또는 구청장(자치구의 구청장을 말한다)이 객관적인 사실에 근거하여 인정하는 경우이다.

① 영업의 유형

해당 영업이 도축장 등과 같이 인근주민에게 혐오감을 주는 영업시설에 해당하여야 한다.

② 인접하고 있는 시 · 군 · 구

인접하고 있는 시 · 군 · 구란 해당 영업소가 소재하고 있는 시 · 군 · 구와 접하고 있는 모든 시 · 군 · 구를 말한다.

③ 현저히 곤란한 경우

현저히 곤란하다는 것은 이전하는 것이 사실상 불가능한 경우를 말한다.

즉, 이 경우는 배후지의 상실도 없고 법적으로도 이전이 가능하므로 영업휴업의 보상대상이 되어야 함에도 영업폐지로 보상하는 것이므로, 이전이 사실상 불가능한 정도에 이르러야 한다. 따라서 현저히 곤란한지 여부는 객관적으로 입증되어야 하며 단순한 가정적 사정만으로 판단하여서는 안 된다.

판례

양돈장 이전을 위한 허가신청 등이 주민들의 반대로 모두 반려되었다면 영업폐지에 해당한다.
[대법원 1990.10.10. 선고 89누7719 판결]

〈판결요지〉

주택건설사업시행자에 의하여 강제철거된 양돈장을 경영하던 원고가 그 양돈장 부근 일대에 주택건설사업계획이 확정된 이후 양돈장을 이전하기 위하여 인접 군 등에 5곳의 영업장소 후보지를 선정하고, 관할관청에 토지형질변경허가신청서 및 산림훼손허가 신청서 등을 제출하였으나 생활환경의 오염 등을 우려하는 주민들의 집단반대진정 등으로 위 허가신청 등이 모두 반려되었으며, 다른 인접군에 있어서도 같은 규모의 양돈장 설치는 주민들의 반대로 사실상 불가능할 것으로 예견되어 영업소를 이전하여 영업을 할 수는 없게 되었다면 위 규칙 제24조 제2항 제1호에 의한 영업의 폐지에 해당한다고 보아야 할 것이다.

판례

양돈장의 이전에 대해 주민들의 반대가 있을 가능성이 있다는 사실만으로는 이전이 현저히 곤란하다고 판단할 수 없다.
[대법원 2002.10.08. 선고 2002두5498 판결]

〈판결요지〉
영업의 폐지로 볼 것인지 아니면 영업의 휴업으로 볼 것인지를 구별하는 기준은 당해 영업을 그 영업소 소재지나 인접 시・군 또는 구 지역 안의 다른 장소로 이전하는 것이 가능한지 여부에 달려 있고, 이러한 이전 가능성 여부는 법령상의 이전 장애사유 유무와 당해 영업의 종류와 특성, 영업시설의 규모, 인접지역의 현황과 특성, 그 이전을 위하여 당사자가 들인 노력 등과 인근 주민들의 이전 반대 등과 같은 사실상의 이전 장애사유 유무 등을 종합하여 판단하여야 한다. … 비록 양돈장이 이전・신축될 경우 악취, 해충발생, 농경지 오염 등 환경공해를 우려한 주민들의 반대가 있을 가능성이 있다고 하더라도 그러한 가정적인 사정만으로 양돈장을 인접지역으로 이전하는 것이 현저히 곤란하다고 단정하기는 어렵다고 한 사례

④ 객관적 사실

'객관적인 사실'은 2007.4.12. 「토지보상법 시행규칙」을 개정하여 추가되었다. 이는 시장・군수 또는 구청장이 민원 등에 의해 합리적인 이유 없이 이전이 불가능하다고 인정하여 영업폐지 보상대상이 확대되는 것을 막기 위한 조치였다. 따라서 객관적인 사실에 근거하여 인정하는 경우란 단순히 이전이 불가능하다는 공문만으로는 부족하고, 실제적으로 해당 시・군・구에서 동종 영업의 허가 등이 이루어지지 않고 있다는 등의 사실의 적시가 필요하다는 의미이다.

〈재결례〉
다른 장소로 이전하는 것이 현저히 곤란하다는 것은 객관적인 사실에 근거하여 인정되어야 한다.
[중토위 2017.01.05. 재결]

〈재결요지〉
00산업(주)이 폐업보상을 하여 달라는 주장에 대하여 관계자료(소유자 의견서, 건설폐기물 임시보관장 사전승인 질의에 대한 회신문, 사업시행자 의견서 등)를 검토한 결과, 신청인이 00구 및 00구로부터 건설폐기물 임시보관장 사전승인요청에 대하여 부적합 통보를 받은 사실이 확인되나 이는 물건의 적치가 금지되어 있는 개발제한구역 내에 토지로 한정하여 사전승인을 신청한 것으로 확인되고, 00시로부터는 관련부서 협의완료 후 임시보관장 설치 승인이 가능하다는 회신을 받은 사실을 고려할 때 당해 영업소가 소재하고 있는 시・군・구 또는 인접하고 있는 시・군・구의 지역안의 다른 장소에 이전하여서는 당해 영업을 할 수 없는 경우에 해당하지 않는 것으로 판단되고, 00산업(주)가 건설폐기물처리업을 행하는 것이 현저히 곤란하다고 단정할

만한 객관적 사실에 근거한 입증자료가 없는 등 법 시행규칙 제46조 제2항에서 규정하고 있는 폐업보상의 요건에 해당되지 아니하므로 신청인의 주장은 받아들일 수 없다.

⑤ 시장 등의 인정

해당지역 및 인접하고 있는 모든 시·군·구의 시장 등의 인정이 있어야 한다.

〈유권해석〉

영업폐지의 요건으로서 이전이 현저히 곤란하다는 점은 해당지역 및 인접 시·군·구청장 모두가 인정하여야 한다.

[국토부 2009.08.18. 토지정책과-3799]

〈질의요지〉

「토지보상법 시행규칙」 제46조 제2항 제3호에 규정된 영업의 폐업보상 입증 주체 및 방법

〈회신내용〉

폐업보상 대상은 해당 영업소가 소재하고 있는 시·군·구 또는 인접하고 있는 시·군·구의 지역안의 다른 장소로 이전하는 것이 현저히 곤란하다는 점을 당해 지역과 인접 지역의 특별자치도지사·시장·군수·구청장이 모두 인정하는 경우에 해당되고 입증책임은 주장하는 자에게 있으며 개별적인 사례에 대하여는 사업시행자가 관련법 및 사실 관계 등을 조사, 검토하여 판단·결정할 사항이라고 봅니다.

(2) 소결

법적 이전 가능성 여부는 사업시행자가 판단하도록 규정하면서도, 사실상의 이전 가능성 여부는 시장 등이 판단하도록 규정한 것은 합리적이지 않다. 따라서 사실상 이전 가능성 여부는 사업시행자가 판단하도록 하는 것이 타당할 것이다.

판례

▶ 관련판례(대판 2002.10.8, 2002두5498)

영업의 폐지 및 휴업의 구분에 대하여 **영업소 소재지나 인접지역의 이전가능 여부**에 달려 있고 그것은 **법령상의 이전장애사유 유무**와 **사실상의 이전장애사유 유무**를 종합적으로 판단하여야 한다고 판시하였다.

▶ 관련판례(대판 2005.9.15, 2004두14649)

영업손실에 관한 보상의 경우 (구)공특법 시행규칙 제24조 제2항 제1호 내지 제3호에 의한 영업의 폐지로 볼 것인지 아니면 영업의 휴업으로 볼 것인지를 구별하는 기준은 해당 영업을 그 영업소 소재지나 인접 시·군 또는 구 지역 안의 다른 장소로 이전하는 것이 가능한지 여부에 달려 있고, 이러한 이전 가능성 여부는 법령상의 이전 장애사유 유무와 해당 영업의 종류와 특성, 영업시설의 규모, 인접지역의 현황과 특성, 그 이전을 위하여 당사자가 들인 노력 등과 인근 주민들의 이전 반대 등과 같은 사실상의 이전 장애사유 유무 등을 종합하여 판단하여야 한다(대판 2002.10.8, 2002두5498, 대판 2003.10.10, 2002두8992 등 참조).

III. 영업폐지 보상과 권리금의 보상여부

1. 권리금의 정의

권리금이란 임대차 목적물인 상가건물에서 영업을 하는 자 또는 영업을 하려는 자가 영업시설・비품, 거래처, 신용, 영업상의 노하우, 상가건물의 위치에 따른 영업상의 이점 등 유형・무형의 재산적 가치의 양도 또는 이용대가로서 임대인, 임차인에게 보증금과 차임 이외에 지급하는 금전 등의 대가를 말한다(「감정평가 실무기준」[670-4.1.①]).

2. 권리금의 내용

통상적으로 점포 등의 임대차 또는 임차권의 거래에는 임대보증금 외에도 권리금이라는 명목의 금전이 수수되고 있으며, 이러한 권리금에는 i) 영업장 내의 시설비에 대한 금액(시설권리금), ii) 종전 영업자에 의해 창출된 영업권적인 성격의 금액(영업권리금), iii) 영업용 건물이 위치한 장소에 따른 영업상의 이익 등 상업권내의 특수한 장소적 환경 때문에 발생하는 금액(바닥권리금), iv) 임차인이 임차권의 양도 또는 전대차를 할 수 있다는 조건의 대가로 지급하는 금액 등(기타권리금)으로 구분되고, 이 중 임차권의 거래에서의 권리금에는 i)은 대부분 포함되고 그 외에도 다른 하나 또는 둘 이상이 포함되어 있다고 볼 수 있다.

3. 영업폐지 보상에 권리금의 포함 여부

권리금은 영업장소를 이전할 경우 발생하는 '새로운 비용의 지출'로서 손실의 범위에 포함되는 것이나, 영업폐지의 경우는 영업장소를 이전하지 않으므로 권리금은 보상대상에 해당되지 않는다고 본다. 따라서 영업폐지 보상에 권리금을 포함시킬 여지는 없으나, 제도를 개선하여 권리금을 영업휴업 보상에 포함한다면, 영업폐지 보상에서는 이와 대체적 관계에 있는 영업권을 보상에 포함하여야 할 것이다.

IV. 영업폐지 보상평가기준

1. 개설

영업을 폐지하거나 휴업함에 따른 영업손실에 대하여는 영업이익과 시설의 이전비용 등을 고려하여 보상하여야 한다. 보상액의 구체적인 산정 및 평가 방법과 보상기준, 제2항에 따른 실제 경작자 인정기준에 관한 사항은 국토교통부령으로 정한다(토지보상법 제77조 제4항).

2. 폐업보상

2년간의 영업이익(개인영업인 경우에는 소득을 말함)에 영업용 고정자산・원재료・제품 및 상품 등의 매각손실액을 더한 금액으로 평가한다(동법 시행규칙 제46조 제1항).

3. 유의사항

영업폐지 보상은 영업을 폐지하고 전업하는 것을 전제로 하므로 "2년 간 영업이익"은 전업에 소요되는 기간 동안 실현할 수 없는 영업이익을 손실로 보고 이를 보상한다는 의미이지, 영업을 할 수 있는 권리 또는 동종기업이 올리는 평균수익률보다 더 많은 초과수익을 낼 경우 그 초과수익이 장래에도 계속된다는 가능성을 자본화한 영업권을 보상하는 것이 아니다. 그러므로 영업이익을 산정하면서 기준시점 이후의 장래 발생할 이익을 추정하거나 영업을 위한 투자비용을 기준으로 영업이익을 산정하여서는 안되며, 만일 기준시점 이전에 영업이익이 발생하지 않았다면 영업이익의 상실이라는 손실이 발생하지 않으므로 영업이익에 대한 보상액은 없는 것으로 보아야 한다.

제8절 휴업보상

I. 관련규정

「토지보상법」 제77조(영업의 손실 등에 대한 보상)

① 영업을 폐업하거나 휴업함에 따른 영업손실에 대하여는 영업이익과 시설의 이전비용 등을 고려하여 보상하여야 한다.

「토지보상법 시행규칙」 제47조(영업의 휴업 등에 대한 손실의 평가)

① 공익사업의 시행으로 인하여 영업장소를 이전하여야 하는 경우의 영업손실은 휴업기간에 해당하는 영업이익과 영업장소 이전 후 발생하는 영업이익감소액에 다음 각 호의 비용을 합한 금액으로 평가한다.

1. 휴업기간 중의 영업용 자산에 대한 감가상각비·유지관리비와 휴업기간중에도 정상적으로 근무하여야 하는 최소인원에 대한 인건비 등 고정적 비용
2. 영업시설·원재료·제품 및 상품의 이전에 소요되는 비용 및 그 이전에 따른 감손상당액
3. 이전광고비 및 개업비 등 영업장소를 이전함으로 인하여 소요되는 부대비용

② 제1항의 규정에 의한 휴업기간은 4개월 이내로 한다. 다만, 다음 각 호의 어느 하나에 해당하는 경우에는 실제 휴업기간으로 하되, 그 휴업기간은 2년을 초과할 수 없다.

1. 당해 공익사업을 위한 영업의 금지 또는 제한으로 인하여 4개월 이상의 기간동안 영업을 할 수 없는 경우
2. 영업시설의 규모가 크거나 이전에 고도의 정밀성을 요구하는 등 당해 영업의 고유한 특수성으로 인하여 4개월 이내에 다른 장소로 이전하는 것이 어렵다고 객관적으로 인정되는 경우

③ 공익사업에 영업시설의 일부가 편입됨으로 인하여 잔여시설에 그 시설을 새로이 설치하거나 잔여시설을 보수하지 아니하고는 그 영업을 계속할 수 없는 경우의 영업손실 및 영업 규모의 축소에 따른 영업손실은 다음 각 호에 해당하는 금액을 더한 금액으로 평가한다.
이 경우 보상액은 제1항에 따른 평가액을 초과하지 못한다.

1. 해당 시설의 설치 등에 소요되는 기간의 영업이익
2. 해당 시설의 설치 등에 통상 소요되는 비용
3. 영업규모의 축소에 따른 영업용 고정자산·원재료·제품 및 상품 등의 매각손실액

④ 영업을 휴업하지 아니하고 임시영업소를 설치하여 영업을 계속하는 경우의 영업손실은 임시영업소의 설치비용으로 평가한다. 이 경우 보상액은 제1항의 규정에 의한 평가액을 초과하지 못한다.

⑤ 제46조 제3항 전단은 이 조에 따른 영업이익의 평가에 관하여 이를 준용한다. 이 경우 개인영업으로

서 휴업기간에 해당하는 영업이익이 「통계법」 제3조 제3호에 따른 통계작성기관이 조사・발표하는 가계조사통계의 도시근로자가구 월평균 가계지출비를 기준으로 산정한 3인 가구의 휴업기간 동안의 가계지출비(휴업기간이 4개월을 초과하는 경우에는 4개월분의 가계지출비를 기준으로 한다)에 미달하는 경우에는 그 가계지출비를 휴업기간에 해당하는 영업이익으로 본다.

⑥ 제45조 제1호 단서에 따른 임차인의 영업에 대한 보상액 중 제1항 제2호의 비용을 제외한 금액은 제1항에 불구하고 1천만원을 초과하지 못한다.

⑦ 제1항 각 호 외의 부분에서 영업장소 이전 후 발생하는 영업이익 감소액은 제1항 각 호 외의 부분의 휴업기간에 해당하는 영업이익(제5항 후단에 따른 개인영업의 경우에는 가계지출비를 말한다)의 100분의 20으로 하되, 그 금액은 1천만원을 초과하지 못한다.

「감정평가 실무기준」[840-3] 정의

이 절에서 사용하는 용어의 뜻은 다음 각 호와 같다.

1. "영업이익"이란 기업의 영업활동에 따라 발생된 이익으로서 매출총액에서 매출원가와 판매비 및 일반관리비를 뺀 것을 말한다.
2. "소득"이란 개인의 주된 영업활동에 따라 발생된 이익으로서 자가노력비상당액(생계를 함께 하는 같은 세대안의 직계존속・비속 및 배우자의 것을 포함한다. 이하 같다)이 포함된 것을 말한다.
4. "영업의 휴업 등"이란 공익사업시행지구에 편입된 영업이 다음 각 호의 어느 하나에 해당되는 경우를 말한다.
   가. 공익사업의 시행으로 영업장소를 이전하여야 하는 경우
   나. 공익사업에 영업시설의 일부가 편입됨에 따라 잔여시설에 그 시설을 새로 설치하거나 잔여시설을 보수하지 아니하고는 해당 영업을 계속할 수 없는 경우
   다. 그 밖에 영업을 휴업하지 아니하고 임시영업소를 설치하여 영업을 계속하는 경우

「감정평가 실무기준」[840-4] 영업손실 보상평가의 대상

① 영업손실 보상평가의 대상은 사업시행자가 보상평가를 목적으로 제시한 것으로 한다.

② 영업의 폐지 또는 영업의 휴업 등에 대한 구분은 사업시행자의 의뢰내용에 의하되, 의뢰 내용이 불분명하거나 그 구분에 이의가 있는 경우에는 사업시행자의 확인을 받아 처리한다.

「감정평가 실무기준」[840-6.1] 영업의 휴업 등에 대한 손실의 감정평가방법

① 영업의 휴업에 대한 손실은 휴업기간에 해당하는 영업이익과 영업장소 이전 후 발생하는 영업이익감소액에 다음 각 호의 비용을 합한 금액으로 감정평가한다.

1. 휴업기간 중의 영업용 자산에 대한 감가상각비・유지관리비와 휴업기간 중에도 정상적으로 근무하여야 하는 최소인원에 대한 인건비 등 고정적 비용
2. 영업시설・원재료・제품 및 상품(이하 "영업시설 등"이라 한다)의 이전에 소요되는 비용 및 이전에 따른 감손상당액
3. 이전광고비 및 개업비 등 영업장소를 이전함으로 인하여 소요되는 부대비용

② 공익사업에 영업시설의 일부가 편입됨으로 인하여 잔여시설에 그 시설을 새로 설치하거나 잔여시설을 보수하지 아니하고는 그 영업을 계속할 수 없는 경우의 영업손실 및 영업규모의 축소에 따른 영업손실은 다음 각 호에 해당하는 금액을 더한 금액으로 감정평가한다. 이 경우 감정평가액은 제1항에 따른 감정평가액을 초과하지 못한다.

1. 해당 시설의 설치 등에 소요되는 기간의 영업이익
2. 해당 시설의 설치 등에 통상 소요되는 비용
3. 영업규모의 축소에 따른 영업용 고정자산・원재료・제품 및 상품 등의 매각손실액

③ 건축물의 일부가 공익사업에 편입되는 경우로서 그 건축물의 잔여부분에서 해당 영업을 계속할 수 없는 경우에는 제1항에 따라 감정평가할 수 있다.

④ 임차인이 무허가건축물 등에서 사업인정고시일 등 1년 전부터 「부가가치세법」 제8조에 따른 사업자 등록을 하고 영업하고 있는 경우에는 영업시설 등의 이전에 드는 비용 및 이전에 따른 감손상당액을 제외한 감정평가액은 1천만원을 초과하지 못한다.

⑤ 제1항 각 호 외의 부분에서 영업장소 이전 후 발생하는 영업이익감소액은 제1항 각 호 외의 부분의 휴업기간에 해당하는 영업이익의 20/100으로 하되, 그 금액은 1천만원을 초과하지 못한다.

「감정평가 실무기준」[840-6.2] 영업이익의 산정

① 영업의 휴업등에 대한 손실 감정평가를 위한 영업이익의 산정은[840-5.2]를 준용한다.

② 제1항에 따른 영업이익을 산정하는 경우 개인영업으로서 휴업기간에 해당하는 영업이익이 「통계법」 제3조 제3호에 따른 통계작성기관이 조사·발표하는 가계조사통계의 도시근로자 가구 월평균 가계지출비를 기준으로 산정한 3인 가구의 휴업기간의 가계지출비(휴업기간이 4개월을 초과하는 경우에는 4개월분의 가계지출비를 기준으로 한다)에 미달하는 경우에는 그 가계지출비를 휴업기간에 해당하는 영업이익으로 본다.

「감정평가 실무기준」[840-6.3] 휴업기간 및 보수기간 등

① 영업장소를 이전하는 경우의 휴업기간은 사업시행자로부터 제시가 있을 때에는 이를 기준으로 하고, 제시가 없을 때에는 4개월 이내로 한다. 다만 다음 각 호의 어느 하나에 해당하는 경우에는 실제 휴업기간으로 하되 2년을 초과할 수 없다.

1. 해당 공익사업을 위한 영업의 금지 또는 제한으로 인하여 4개월 이상의 기간 동안 영업을 할 수 없는 경우
2. 영업시설의 규모가 크거나 이전에 고도의 정밀성을 요구하는 등 당해 영업의 고유한 특수성으로 인하여 4개월 이내에 다른 장소로 이전하는 것이 어렵다고 객관적으로 인정되는 경우

② 제1항 단서에 따른 휴업기간은 사업시행자의 제시에 의하며, 감정평가서에 그 내용을 기재한다.

③ 영업시설을 잔여시설에 새로 설치하거나 보수하는 경우에 사업시행자로부터 설치 또는 보수기간(이하 이 조에서 "보수기간 등"이라 한다)의 제시가 있을 때에는 이를 기준으로 하고, 보수기간 등의 제시가 없을 때에는 설치 또는 보수에 소요되는 기간으로 하되, 그 내용을 감정평가서에 기재한다.

「감정평가 실무기준」[840-6.4] 인건비 등 고정적 비용의 산정

인건비 등 고정적 비용은 영업장소의 이전 등으로 휴업기간 중에도 해당 영업활동을 계속 하기 위하여 지출이 예상되는 다음 각 호의 비용을 더한 금액으로 산정한다.

1. 인건비 : 휴업·보수기간 중에도 휴직하지 아니하고 정상적으로 근무하여야 할 최소인원(일반관리직 근로자 및 영업시설 등의 이전·설치 계획 등을 위하여 정상적인 근무가 필요한 근로자 등으로서 보상계획의 공고가 있은 날 현재 3개월 이상 근무한 자로 한정한다)에 대한 실제지출이 예상되는 인건비 상당액
2. 제세공과금 : 해당 영업과 직접 관련된 제세 및 공과금
3. 임차료 : 임대차계약에 따라 휴업 중에도 계속 지출되는 임차료
4. 감가상각비 등 : 고정자산의 감가상각비상당액. 다만, 이전이 사실상 곤란하거나 이전비가 취득비를 초과하여 취득하는 경우는 제외한다.
5. 보험료 : 계약에 따라 휴업 중에도 계속 지출되는 화재보험료 등
6. 광고선전비 : 계약 등에 따라 휴업 중에도 계속 지출되는 광고비 등
7. 그 밖의 비용 : 비용항목 중 휴업기간 중에도 계속 지출하게 되는 위 각 호와 비슷한 성질의 것

「감정평가 실무기준」[840-6.5] 영업시설 등의 이전에 드는 비용의 산정

① 영업시설 등의 이전에 드는 비용(이하 "이전비"라 한다)은 해체・운반・재설치 및 시험가동 등에 드는 일체의 비용으로 하되, 개량 또는 개선비용은 포함하지 아니한다. 이 경우 이전비가 그 물건의 취득가액을 초과하는 경우에는 그 취득가액을 이전비로 본다.

② 이전 전에 가격에 영향을 받지 아니하고 현 영업장소에서 매각할 수 있는 것에 대한 이전비는 제외한다.

「감정평가 실무기준」[840-6.6] 영업시설 등의 이전에 따른 감손상당액의 산정

① 영업시설 등의 이전에 따른 감손상당액은 현재가액에서 이전 후의 가액을 뺀 금액으로 한다.

② 이전으로 인하여 본래의 용도로 사용할 수 없거나 현저히 곤란한 영업시설 등에 대해서는 제1항에 불구하고 [840-5]를 준용한다.

「감정평가 실무기준」[840-6.7] 그 밖의 부대비용

영업장소의 이전에 따른 그 밖의 부대비용은 이전광고비 및 개업비 등 지출상당액으로 한다.

「감정평가 실무기준」[840-6.8] 영업규모의 축소에 따른 매각손실액의 산정 영업규모의 축소에 따른 영업용 고정자산 등의 매각손실액의 산정은 [840-5]를 준용한다.

「감정평가 실무기준」[840-6.9] 임시영업소 설치비용의 산정

① 임시영업소를 임차하는 경우의 설치비용은 다음 각 호의 비용을 더한 금액으로 산정한다.
1. 임시영업기간 중의 임차료 상당액과 설정비용 등 임차에 필요하다고 인정되는 그 밖의 부대비용을 더한 금액
2. 영업시설 등의 이전에 드는 비용 및 영업시설 등의 이전에 따른 감손상당액
3. 그 밖의 부대비용

② 임시영업소를 가설하는 경우의 설치비용은 다음 각 호의 비용을 더한 금액으로 산정한다.
1. 임시영업소의 지료 상당액과 설정비용 등 임차에 필요하다고 인정되는 그 밖의 부대비용을 더한 금액
2. 임시영업소 신축비용 및 해체・철거비를 더한 금액. 다만, 해체철거 시에 발생자재가 있을 때에는 그 가액을 뺀 금액
3. 영업시설 등의 이전에 드는 비용 및 영업시설 등의 이전에 따른 감손상당액
4. 그 밖의 부대비용

③ 제1항과 제2항에서 영업시설 등의 이전에 드는 비용 및 영업시설 등의 이전에 따른 감손상당액 및 그 밖의 부대비용은 [840-6.6]부터 [840-6.8]까지의 규정을 준용한다.

④ 제1항 및 제2항에 의한 보상액은 [840-6.1-①]에 따른 평가액을 초과하지 못한다.

Ⅱ. 영업의 휴업등의 보상대상과 구체적인 보상방법

1. 영업의 휴업 등의 보상대상

(1) 보상대상인 영업

영업손실 중 영업폐지 보상대상을 제외한 것이 영업의 휴업 등의 보상대상이다. 즉, 「토지보상법 시행규칙」 제45조에 따른 영업손실 보상대상 중 「토지보상법 시행규칙」 제46조제2항에 따른 영업폐지 보상대상인 영업을 제외한 모든 영업이 영업휴업 등의 보상이 된다.

(2) 보상대상의 구분

「토지보상법 시행규칙」 제47조에 따라 영업휴업 등은 i) 공익사업의 시행으로 인하여 영업장소를 이전하여야 하는 경우, ii) 공익사업에 영업시설의 일부가 편입됨으로 인하여 잔여시설에 그 시설을 새로이 설치하거나 잔여시설을 보수하지 아니하고는 그 영업을 계속할 수 없는 경우, iii) 영업을 휴업하지 아니하고 임시영업소를 설치하여 영업을 계속 하는 경우 등으로 구분할 수 있다.

2. 영업장소 이전에 따른 휴업보상

「토지보상법 시행규칙」 제47조 제1항에 따라 공익사업의 시행으로 인하여 영업장소를 이전하여야 하는 경우의 영업손실은 i) 휴업기간에 해당하는 영업이익과 ii) 영업장소 이전 후 발생하는 영업이익감소액에 iii) 이전에 따라 발생하는 비용을 합한 금액으로 감정평가한다.

이 경우 이전에 따라 발생하는 비용에는 i) 휴업기간 중의 영업용 자산에 대한 감가상각비・유지관리비와 휴업기간 중에도 정상적으로 근무하여야 하는 최소인원에 대한 인건비 등 고정적 비용, ii) 영업시설・원재료・제품 및 상품의 이전에 소요되는 비용 및 그 이전에 따른 감손상당액, iii) 이전광고비 및 개업비 등 영업장소를 이전함으로 인하여 소요되는 부대비용 등이 포함된다.

(1) 보상대상인 영업

공익사업의 시행으로 인하여 영업장소를 공익사업시행지구 밖으로 이전하여야 하는 영업을 대상으로 한다. 따라서 공익사업과 관계없이 이전하거나 이전한 영업은 적용대상이 아니다. 결국 폐업보상의 요건에 해당되지 아니하는 것은 모두 휴업보상 대상이 된다. 즉 공익사업으로 영업장소가 편입되어 다른 장소로 옮겨 영업을 계속할 수 있는 경우에는 영업장소의 이전에 따른 손실액을 휴업보상으로 지급하여야 한다.

(2) 휴업기간

① 원칙

가. 규정의 내용

「토지보상법 시행규칙」 제47조 제2항에 따라 휴업기간은 4개월 이내로 한다. 그러므로 휴업기간은 월 단위로 적용한다.

나. 적용

2014.10.22. 시행 「토지보상법 시행규칙」 부칙 제2조에 따라 개정 휴업기간은 2014.10.22. 이후 최초로 보상계획을 공고하고 토지소유자 및 관계인에게 보상계획을 통지하는 공익 사업부터 적용된다.

② 규정의 취지

휴업기간은 특별한 경우를 제외하고는 4개월 이내로 규정한 것은 피수용자 개개인의 현실적인 이전계획에 맞추어 휴업기간을 정하는 경우 자의(自意)에 좌우되기 쉬워 감정평가의 공정성을 유지하기가 어려우므로, 통상 필요한 이전기간으로 누구든지 수긍할 수 있을 것으로 보이는 4개월의 기준으로 하고, 4개월 이상이 소요될 것으로 누구든지 수긍할 수 있는 특별한 경우임이 입증된 경우에는 그 입증된 기간을 휴업기간으로 정할 수 있도록 하여 정당한 보상이 이루어질 수 있도록 하기 위해서이다. 따라서 휴업기간이 4개월 이상이라는 점은 이를 주장하는 자가 입증하여야 한다.

판례

휴업기간은 통상 영업장소의 이전에 필요한 기간을 규정한 것이다.
[대법원 2005.09.15. 선고 2004두14649 판결]

〈판결요지〉
구 공특법 시행규칙 제25조 제2항은 영업장소의 이전으로 인한 휴업기간은 특별한 경우를 제외하고는 3월 이내로 한다고 규정하고 있는바, 이는 피수용자 개개인의 구구한 현실적인 이전계획에 맞추어 휴업기간을 평가하는 경우 그 자의에 좌우되기 쉬워 평가의 공정성을 유지하기가 어려운 점에 비추어 통상 필요한 이전기간으로 누구든지 수긍할 수 있는 것으로 보이는 3월의 기준을 정하여 통상의 경우에는 이 기준에서 정한 3월의 기간 내에서 휴업기간을 정하도록 하되, 3월 이상이 소요될 것으로 누구든지 수긍할 수 있는 특별한 경우임이 입증된 경우에는 그 입증된 기간을 휴업기간으로 정할 수 있도록 하는 취지라 할 것이다(대법원 1994.11.8. 선고 93누7235 판결, 2004.1.29. 선고 2003두11520 판결 등 참조).

③ 예외

「토지보상법 시행규칙」 제47조 제2항 단서에 따라 다음의 경우는 휴업기간을 4개월 이상으로 할 수 있다. 다만, 이 경우에도 휴업기간은 2년을 초과할 수 없으며 실제 휴업기간이 2년을 초과하는 경우 휴업기간은 2년으로 본다.

3. 영업시설의 일부 편입으로 인한 휴업보상

영업시설의 일부 편입으로 인하여 영업장소가 축소되는 경우는 i) 영업의 규모가 종전 영업을 계속할 수 없을 정도로 축소된 경우와 ii) 종전의 영업을 계속할 수 있는 경우로 나눌 수 있다. 전자의 경우는 영업장소의 이전의 경우로 보상한다. 공익사업에 영업시설의 일부가 편입됨으로 인하여 잔여시설에 그 시설을 새로이 설치하거나 잔여시설을 보수하지 아니하고는 그 영업을 계속 할 수 없는 후자의 경우의 영업손실 및 영업규모의 축소에 따른 영업손실은 i) 해당 시설의 설치 등에 소요되는 기간의 영업이익, ii) 해당 시설의 설치 등에 통상 소요되는 비용, iii) 영업규모의 축소에 따른 영업용 고정자산・원재료・제품 및 상품 등의 매각손실액에 해당하는 금액을 더한 금액으로 감정평가한다. 이 경우 보상액은 영업장소 이전에 따른 휴업보상 산정방법에 따른 감정평가액을 초과하지 못 한다. 다만, 영업규모의 축소에 따른 손실액에는 영업용 고정자산・원재료・ 제품 및 상품 등의 매각 손실액외에도 영업장소 축소로 인한 영업수익이 감소가 있을 수 있으나, 현행「토지보상법」은 이는 보상대상으로 하지 않는다.

4. 임시영업소의 설치에 따른 휴업보상

영업을 휴업하지 아니하고 임시영업소를 설치하여 영업을 계속하는 경우의 영업손실은 임시영 업소의 설치비용으로 감정평가한다. 이 경우 보상액은 영업장소의 이전에 따른 휴업보상 감정평가방법에 의한 감정평가액을 초과하지 못한다.

5. 잔여부분에서 영업을 할 수 없는 경우에 휴업보상

건축물의 일부가 공익사업에 편입되는 경우로서 그 건축물의 잔여부분에서 해당 영업을 계속할 수 없는 경우에는 영업장소 이전에 따른 휴업보상 감정평가방법에 따라 감정평가 할 수 있다.

III. 무허가건축물 등에서의 임차인 영업

1. 대상

「토지보상법 시행규칙」 제45조 제1호 단서에 따라 무허가건축물 등에서 임차인이 사업인정고시일 등 1년 이전부터 「부가가치세법」 제8조에 따른 사업자등록을 하고 행하고 영업을 대상으로 한다.

2. 보상액의 산정

① 1989.1.24. 이후 무허가건축물 등에서의 임차인 영업

「토지보상법 시행규칙」 제47조 제6항에 따라 무허가건축물 등에서의 임차인 영업의 보상액 중 i) 휴업기간에 해당하는 영업이익과 ii) 영업장소 이전 후 발생하는 영업이익감소액, iii) 휴업기간중의 영업용 자산에 대한 감가상각비・유지관리비와 휴업기간 중에도 정상적으로 근무하여야 하는 최소인원에 대한 인건비 등 고정적 비용, iv) 이전광고비 및 개업비 등 영업장소를 이전함으로 인하여 소요되는 부대비용의 합계액은 1천만원을 초과하지 못한다.

따라서 무허가건축물 등에서의 임차인 영업의 보상액은 i) 1천만원을 한도로 하는 위 4개 항목의 보상액의 합계액에 ii) 영업시설・원재료・제품 및 상품의 이전에 소요되는 비용 및 그 이전에 따른 감손상당액을 합한 금액이 된다.

② 1989.1.24. 당시 무허가건축물 등에서의 임차인 영업

1989.1.24. 당시 무허가건축물 등은 2007.4.12. 「토지보상법 시행규칙」 부칙 제3조에 따라 제47조 제6항을 적용함에 있어 적법한 건축물로 보기 때문에 임차인이 하는 영업의 경우에도 위와 같은 보상액의 상한이 적용되지 않는다.

제9절 잠업의 보상평가(대법원 2018두227 판결 관련 공부)

Ⅰ. 관련 규정의 내용

「토지보상법」 제77조(영업의 손실 등에 대한 보상) ① 영업을 폐업하거나 휴업함에 따른 영업손실에 대하여는 영업이익과 시설의 이전비용 등을 고려하여 보상하여야 한다.

④ 제1항부터 제3항까지의 규정에 따른 보상액의 구체적인 산정 및 평가 방법과 보상기준, 제2항에 따른 실제 경작자 인정기준에 관한 사항은 국토교통부령으로 정한다.

「토지보상법 시행규칙」 제50조(잠업의 손실에 대한 평가) 제45조부터 제47조(다음 각 호의 규정은 제외한다)까지의 규정은 잠업에 대한 손실의 평가에 관하여 이를 준용한다.

1. 제46조 제3항 후단
2. 제47조 제1항 각 호 외의 부분(영업장소 이전 후 발생하는 영업이익감소액의 경우만 해당한다) 및 제7항
3. 제47조 제5항 후단

Ⅱ. 잠업평가의 주요 내용

1. 잠업(蠶業)의 개요

(1) 용어의 정의

① 잠업

'잠업'이란 뽕나무를 재배하여 누에를 쳐서 생사를 생산하는 산업을 말하며, 일반적으로 양잠업(養蠶業)이라고 한다.

그러므로 「토지보상법 시행규칙」 제50조에 따른 잠업보상은 누에고치를 생산하는 것을 목적으로 업종에 한하여 적용되고, 누에고치가 아니라 누에를 생산하거나 누에를 가공하는 업종은 잠업보상에 해당되지 않는다.399)

② 제사업(製絲業)

'제사업'이란 생산된 누에고치를 원료로 하여 공장에서 생사를 생산하는 산업을 말한다.

③ 기능성 양잠산업

'기능성 양잠산업'이란 i) 인체에 유용한 효과를 주는 식품・소재 등에 사용하기 위하여 누에, 뽕나무, 누에고치, 그 밖에 대량 사육이 가능하게 순화된 천잠(天蠶: 참나무멧누에), 작잠(작蠶: 섭누에), 상잠(桑蠶: 멧누에) 및 피마잠(피麻蠶: 아주까리누에)과 그 고치 또는 그 각각의 부산물을 생산・가공하는 산업 및 ii) 이를 사용하여 인체에 유용한 효과를 주는 식품・소재 등을 생산・가공하는 산업을 말한다(「기능성 양잠산업 육성 및 지원에 관한 법률」 제2조 제1호).

(2) 잠업의 연혁

① 잠업의 전래

잠업은 기원전에 중국으로부터 우리나라에 전래된 것으로 추측하고 있으며, 우리나라 농업의 중요한 부분으로 지속되어왔다.

② 1990년 이전

1961년 12월 27일 잠사업의 개량 발전을 위하여 「잠업법」을 제정하였고, 1962년 제1차 잠업증산5개년계획(1962~1966), 1967년 제2차잠업증산5개년계획(1967~1971), 및 1972년 제3차잠업증산계획에 따라 일대 약진을 하여 근대산업으로서의 면모를 갖추었다. 이 기간에

399) 「축산법 시행규칙」 제27조의4에 따라 누에는 가축사육업의 등록을 하지 않고 사육할 수 있는 곤충에 해당되나, 「토지보상법 시행규칙」 제49조2 제2항 제1호에 따라 등록하지 않은 가축사육업은 축산업 보상에 포함되지 않으므로 누에사육업은 축산업 보상대상이 아니다.

우리나라의 뽕밭면적은 최고 전체 밭면적의 약 10%(1969), 양잠농가 수는 농가 수의 약 20%를 차지하였다.

③ 1990년 이후

1990년대에 접어들면서 농촌의 노임이 높아져서 고치의 생산비가 상승하자 양잠의 수익성은 크게 떨어지고, 이에 따라 많은 양잠농가가 양잠을 포기하게 되었으며, 외국에서 생사를 수입하여 가공하는 견직업만 명맥을 유지하였다.

이러한 상황에서 누에의 분말이 당뇨병의 혈당강하제로 효과가 있음이 밝혀져 양잠의 대부분은 약용으로 전환되었다. 그뿐만 아니라 뽕잎과 그 밖의 잠상산물의 기능성 식품으로서의 이용에 대한 연구도 활발하게 진행되어 양잠은 그 성격이 크게 변화되었다. 이에 따라 1999년 7월 1일자로 「잠업법」이 폐지되고, 2009년 11월 28일자로 「기능성 양잠산업 육성 및 지원에 관한 법률」이 시행되었다. 그러므로 현재에는 「토지보상법 시행규칙」 제50조가 적용되는 잠업은 거의 없다.

2. 잠업의 보상평가

(1) 적용

잠업보상에는 영업보상을 규정한 「토지보상법 시행규칙」 제45조 내지 제47조가 적용된다.

(2) 적용 제외

① 폐업보상에서의 최저 영업이익

개인영업인 잠업의 폐지보상에서는 「토지보상법 시행규칙」 제46조 제3항 후단에 따른 최저 영업이익을 적용하지 않는다. 즉, 연간 영업이익이 「통계법」 제3조 제3호에 따른 통계작성기관이 같은 법 제18조에 따른 승인을 받아 작성・공표한 제조부문 보통인부의 노임단가×25(일)×12(월)에 미달하는 경우에도 이를 적용하지 않고 실제로 산정된 연간 영업이익을 적용한다.

② 휴업보상에서 영업장소 이전 후 발생하는 영업이익감소액

잠업장소의 이전에 따른 보상에서는 「토지보상법 시행규칙」 제47조 제1항에 따른 영업장소 이전 후 발생하는 영업이익감소액은 적용하지 않는다.

③ 휴업보상에서의 최저영업이익

개인영업인 잠업의 휴업보상에서는 「토지보상법 시행규칙」 제47조 제5항 후단에 따른 최저 영업이익을 적용하지 않는다. 즉, 휴업기간에 해당하는 영업이익이 「통계법」 제3조 제3호에 따른 통계작성기관이 조사・발표하는 가계조사통계의 도시근로자가구 월평균 가계지출비를 기준으로 산정한 3인 가구의 휴업기간 동안의 가계지출비(휴업기간이 4개월을 초과하는 경우에는 4개월분의 가계지출비를 기준으로 한다)에 미달하는 경우에도 이를 적용하지 않고 실제로 산정된 휴업기간 동안의 영업이익을 적용한다.

Ⅲ. 잠업의 보상평가 유의사항

1. 누에 사육업의 보상

(1) 신고한 누에 사육업

「곤충산업의 육성 및 지원에 관한 법률」 제12조 제1항에 따라 신고한 누에 사육업은 영업보상으로 보아야 한다.

(2) 신고하지 않은 누에 사육업

누에 사육업은 「곤충산업의 육성 및 지원에 관한 법률」 제12조 제1항에 따라 신고영업에 해당하므로 신고하지 않은 누에 사육업은 「토지보상법 시행규칙」 제45조 제2호에 따라 영업보상대상도 아니다.

2. 기능성 양잠산업의 보상

(1) 「기능성 양잠산업 육성 및 지원에 관한 법률」의 내용

「기능성 양잠산업 육성 및 지원에 관한 법률」은 기능성 양잠산업의 육성 및 지원에 관한 사항을 규정하고 있을 뿐 기능성 양잠산업의 허가 또는 신고 등에 대해서는 규정하고 있지 않다.

(2) 기능성 양잠산업의 보상

① 잠업보상 여부

기능성 양잠산업은 생사의 생산을 목적으로 하지 않아 잠업에 해당되지 않으므로 「토지보상법 시행규칙」 제50조에 따른 잠업보상의 대상이 아니다.

② 영업보상 여부

기능성 양잠산업은 「토지보상법 시행규칙」 제45조 내지 제47조에 따른 영업보상 대상으로 본다.

가. 누에를 직접 사육하는 경우

기능성 양잠산업을 영위하기 위하여 누에를 직접 사육하는 경우는 「곤충산업의 육성 및 지원에 관한 법률」 제12조 제1항에 따라 시장 등에게 신고하여야 하므로 신고하지 않고 누에를 사육하는 기능성 양잠산업은 영업보상대상에서 제외된다.

나. 누에를 직접 사육하지 않는 경우

기능성 양잠산업을 영위하기 위하여 누에를 직접 사육하지 않고 사육된 누에를 구매하여 기능성 양잠산업을 영위하는 경우는 「곤충산업의 육성 및 지원에 관한 법률」 제12조 제1항에 따른 신고의 대상이 아니며, 「기능성 양잠산업 육성 및 지원에 관한 법률」에서는 기능성 양잠산업의 허가 또는 신고 등에 대해서는 규정하고 있지 않으므로 이 경우 기능성 양잠산업은 자유업으로 영업보상대상에 해당된다.

3. 잠업보상과 영농보상

「토지보상법 시행규칙」에서는 잠업보상과 영농보상을 별도의 보상항목으로 규정하고 있으므로 양잠을 위한 뽕나무밭이 공익사업에 편입된 경우로서 잠업보상을 받은 경우에는 추가적으로 영농보상을 받을 수 없다.

〈유권해석〉
양잠을 위한 뽕나무밭이 공익사업에 편입된 경우로서 잠업보상을 받은 경우에는 추가적으로 영농보상을 받을 수 없다.
[국토부 2000.11.23. 토관 58342-1774]

〈질의요지〉
뽕나무 식재 면적 1ha 이상 소유하고 누에사육장이 20개 이상 사육하여 오다가 잠업보상을 받았을 경우 추가로 실농보상금도 받을 수 있는지 여부

〈회신내용〉
공공용지의 취득 및 손실보상에 관한 특례법 시행규칙 제20조의 규정에 의하면 잠업에 대한 손실액은 같은 법시행규칙 제24조(폐업보상) 또는 제25조(휴업보상) 이외에 상전 및 잠업시설에 대하여 보상하도록 되어 있고, 같은법 시행규칙 제29조 제1항의 규정에 의하면 농경지가 공공사업지구에 편입되는 경우 실농보상을 하도록 되어 있으므로 뽕나무를 재배하는 농지가 공공사업지구에 편입되는 경우에는 실농보상대상에 해당되나 그 농지에 대하여 잠업보상을 받은 경우에는 그러하지 아니한다고 봄.

4. 잠업보상의 요건

(구)「공공용지의 취득 및 손실보상에 관한 특례법 시행규칙」 제20조 제2호에서는 잠업보상의 요건으로 1헥타 이상의 상전을 소유하고 20상자 이상의 치잠사육장 시설을 갖추고 잠업을 경영하는 경우로 규정하고 있었으나, 「토지보상법 시행규칙」에서는 이러한 요건을 별도로 규정하고 있지 않으므로 현재는 상전의 면적 및 치잠시설의 규모와 관계없이 잠업보상이 가능하다.

■ **법규 헷갈리는 쟁점 : 공익사업시행지구 밖 잠업사에 대한 소음 진동으로 인한 영업손실보상 인정된다(일종의 간접손실보상임).**

○ 대법원 2019.11.28. 선고 2018두227 판결[보상금]

【판시사항】

[1] 공익사업을 위한 토지 등의 취득 및 보상에 관한 법률 시행규칙 제64조 제1항 제2호에서 정한 공익사업시행지구 밖 영업손실보상의 요건인 '공익사업의 시행으로 인한 그 밖의 부득이한 사유로 일정 기간 동안 휴업이 불가피한 경우'에 공익사업의 시행 결과로 휴업이 불가피한 경우가 포함되는지 여부(적극)

[2] 실질적으로 같은 내용의 손해에 관하여 공익사업을 위한 토지 등의 취득 및 보상에 관한 법률 제79조 제2항에 따른 손실보상과 환경정책기본법 제44조 제1항에 따른 손해배상청구권이 동시에 성립하는 경우, 영업자가 두 청구권을 동시에 행사할 수 있는지 여부(소극) 및 '해당 사업의 공사완료일로부터 1년'이라는 손실보상 청구기간이 지나 손실보상청구권을 행사할 수 없는 경우에도 손해배상청구가 가능한지 여부(적극)

[3] 공익사업으로 인하여 공익사업시행지구 밖에서 영업을 휴업하는 자가 공익사업을 위한 토지 등의 취득 및 보상에 관한 법률 제34조, 제50조 등에 규정된 재결절차를 거치지 않은 채 곧바로 사업시행자를 상대로 공익사업을 위한 토지 등의 취득 및 보상에 관한 법률 시행규칙 제47조 제1항에 따라 영업손실에 대한 보상을 청구할 수 있는지 여부(소극)

[4] 어떤 보상항목이 공익사업을 위한 토지 등의 취득 및 보상에 관한 법령상 손실보상대상에 해당함에도 관할 토지수용위원회가 사실을 오인하거나 법리를 오해함으로써 손실보상대상에 해당하지 않는다고 잘못된 내용의 재결을 한 경우, 피보상자가 제기할 소송과 그 상대방

【판결요지】

[1] 모든 국민의 재산권은 보장되고, 공공필요에 의한 재산권의 수용 등에 대하여는 정당한 보상을 지급하여야 하는 것이 헌법의 대원칙이고(헌법 제23조), 법률도 그런 취지에서 공익사업의 시행 결과 공익사업의 시행이 공익사업시행지구 밖에 미치는 간접손실 등에 대한 보상의 기준 등에 관하여 상세한 규정을 마련해 두거나 하위법령에 세부사항을 정하도록 위임하고 있다.

이러한 공익사업시행지구 밖의 영업손실은 공익사업의 시행과 동시에 발생하는 경우도 있지만, 공익사업에 따른 공공시설의 설치공사 또는 설치된 공공시설의 가동・운영으로 발생하는 경우도 있어 그 발생원인과 발생시점이 다양하므로, 공익사업시행지구 밖의 영업자가 발생한 영업상 손실의 내용을 구체적으로 특정하여 주장하지 않으면 사업시행자로서는 영업손실보상금 지급의무의 존부와 범위를 구체적으로 알기 어려운 특성이 있다. 공익사업을 위한 토지 등의 취득 및 보상에 관한 법률 제79조 제2항에 따른 손실보상의 기한을 공사완료일부터 1년 이내로 제한하면서도 영업자의 청구에 따라 보상이 이루어지도록 규정한 것[공익사업을 위한 토지 등의 취득 및 보상에 관한 법률 시행규칙(이하 '시행규칙'이라 한다) 제64조 제1항]이나 손실보상의 요건으로서 공익사업시행지구 밖에서 발생하는 영업손실의 발생원인에 관하여 별다른 제한 없이 '그 밖의 부득이한 사유'라는 추상적인 일반조항을 규정한 것(시행규칙 제64조 제1항 제2호)은 간접손실로서 영업손실의 이러한 특성을 고려한 결과이다.

위와 같은 공익사업시행지구 밖 영업손실보상의 특성과 헌법이 정한 '정당한 보상의 원칙'에 비추어 보면, 공익사업시행지구 밖 영업손실보상의 요건인 '공익사업의 시행으로 인한 그 밖의 부득이한 사유로 일정 기간 동안 휴업이 불가피한 경우'란 공익사업의 시행 또는 시행 당시 발생한 사유로 휴업이 불가피한 경우만을 의미하는 것이 아니라 공익사업의 시행 결과, 즉 그 공익사업의 시행으로 설치되는 시설의 형태・구조・사용 등에 기인하여 휴업이 불가피한 경우도 포함된다고 해석함이 타당하다.

[2] 공익사업을 위한 토지 등의 취득 및 보상에 관한 법률(이하 '토지보상법'이라 한다) 제79조 제2항(그 밖의 토지에 관한 비용보상 등)에 따른 손실보상과 환경정책기본법 제44조 제1항(환경오염의 피해에 대한 무과실책임)에 따른 손해배상은 근거 규정과 요건・효과를 달리하는 것으로서, 각 요건이 충족되면 성립하는 별개의 청구권이다. 다만 손실보상청구권에는 이미 '손해 전보'라는 요소가 포함되어 있어 실질적으로 같은 내용의 손해에 관하여 양자의 청구권을 동시에 행사할 수 있다고 본다면 이중배상의 문제가 발생하므로, 실질적으로 같은 내용의 손해에 관하여 양자의 청구권이 동시에 성립하더라도 영업자는 어느 하나만을 선택적으로 행사할 수 있을 뿐이고, 양자의 청구권을 동시에 행사할 수는 없다. 또한 '해당 사업의 공사완료일로부터 1년'이라는 손실보상 청구기간(토지보상법 제79조 제5항, 제73조 제2항)이 도과하여 손실보상청구권을 더 이상 행사할 수 없는 경우에도 손해배상의 요건이 충족되는 이상 여전히 손해배상청구는 가능하다.

[3] 공익사업을 위한 토지 등의 취득 및 보상에 관한 법률(이하 '토지보상법'이라 한다) 제26조, 제28조, 제30조, 제34조, 제50조, 제61조, 제79조, 제80조, 제83조 내지 제85조의 규정 내용과 입법 취지 등을 종합하면, 공익사업으로 인하여 공익사업시행지구 밖에서 영업을 휴업하는 자가 사업시행자로부터 공익사업을 위한 토지 등의 취득 및 보상에 관한 법률 시행규칙 제47조 제1항에 따라 영업손실에 대한 보상을 받기 위해서는, 토지보상법 제34조, 제50조 등에 규정된 재결절차를 거친 다음 그 재결에 대하여 불복이 있는 때에 비로소 토지보상법 제83조 내지 제85조에 따라 권리구제를 받을 수 있을 뿐이다. 이러한 재결절차를 거치지 않은 채 곧바로 사업시행자를 상대로 손실보상을 청구하는 것은 허용되지 않는다.

[4] 어떤 보상항목이 공익사업을 위한 토지 등의 취득 및 보상에 관한 법령상 손실보상대상에 해당함에도 관할 토지수용위원회가 사실을 오인하거나 법리를 오해함으로써 손실보상대상에 해당하지 않는다고 잘못된 내용의 재결을 한 경우에는, 피보상자는 관할 토지수용위원회를 상대로 그 재결에 대한 취소소송을 제기할 것이 아니라, 사업시행자를 상대로 공익사업을 위한 토지 등의 취득 및 보상에 관한 법률 제85조 제2항에 따른 보상금증감소송을 제기하여야 한다(대법원 2019.11.28. 선고 2018두227 판결[보상금]).

제10절 영업보상의 특례

Ⅰ. 관련 규정의 내용

「토지보상법」 제77조(영업의 손실 등에 대한 보상) ① 영업을 폐업하거나 휴업함에 따른 영업손실에 대하여는 영업이익과 시설의 이전비용 등을 고려하여 보상하여야 한다.

④ 제1항부터 제3항까지의 규정에 따른 보상액의 구체적인 산정 및 평가 방법과 보상기준, 제2항에 따른 실제 경작자 인정기준에 관한 사항은 국토교통부령으로 정한다.

「토지보상법 시행규칙」 제52조(허가등을 받지 아니한 영업의 손실보상에 관한 특례) 사업인정고시일등 전부터 허가 등을 받아야 행할 수 있는 영업을 허가 등이 없이 행하여 온 자가 공익사업의 시행으로 인하여 제45조 제1호 본문에 따른 적법한 장소에서 영업을 계속할 수 없게 된 경우에는 제45조 제2호에 불구하고 「통계법」 제3조 제3호에 따른 통계작성기관이 조사・발표하는 가계조사통계의 도시근로자가구 월평균 가계지출비를 기준으로 산정한 3인 가구 3개월분 가계지출비에 해당하는 금액을 영업손실에 대한 보상금으로 지급하되, 제47조 제1항 제2호에 따른 영업시설・원재료・제품 및 상품의 이전에 소요되는 비용 및 그 이전에 따른 감손상당액(이하 이 조에서 "영업시설등의 이전비용"이라 한다)은 별도로 보상한다. 다만, 본인 또는 생계를 같이 하는 동일 세대안의 직계존속・비속 및 배우자가 해당 공익사업으로 다른 영업에 대한 보상을 받은 경우에는 영업시설등의 이전비용만을 보상하여야 한다.

II. 영업보상 특례의 주요 내용

1. 영업보상 등 특례의 개요

(1) 규정의 취지

「토지보상법 시행규칙」 제45조에서는 관계법령에 의하여 허가·면허·신고 등을 필요로 하는 영업에 해당하나, 그러한 허가 등을 받지 아니하고 영업을 행한 경우에는 영업보상대상으로 보지 않도록 규정하고 있으므로, 해당 공익사업으로 인하여 이러한 영업을 폐지하거나 휴업하는 경우에도 이에 따른 보상을 받을 수 없다. 그러나 사업인정고시일 등 이전부터 적법한 장소에서 해당 영업을 계속해 온 경우는 공익사업이 시행되지 않았다면 허가 등을 받지 않았다고 하여도 그 영업을 계속 유지하며 세대의 생계를 꾸려갈 수 있었을 것이며, 허가 등을 필요로 하는 영업은 다른 장소로 이전하여서는 허가 등을 받지 않고 다시 영업을 재개하는 것도 용이하지 않다.

따라서 「토지보상법 시행규칙」 제52조에 따른 '허가 등을 받지 아니한 영업의 손실보상에 관한 특례'는 무허가영업 등을 영위하고 있는 영세서민의 생활의 안정을 도모하고 재정착을 지원하기 위한 생활보상의 일환으로 1991.10.28. (구)「공공용지의 취득 및 손실보상에 관한 특례법」 제25조의3 제2항을 개정하여 도입되었다.

(2) 보상대상의 요건

① 영업의 요건

가. 시간적 요건

사업인정고시일 등 이전부터 영업을 행하여야 한다.

이 경우 사업인정고시일 등이란 「토지보상법」 제15조 제1항 본문의 규정에 의한 보상계획의 공고(동항 단서의 규정에 의하는 경우에는 토지소유자 및 관계인에 대한 보상계획의 통지를 말한다) 또는 제22조의 규정에 의한 사업인정의 고시가 있은 날 중 빠른 날을 의미한다.

즉, 사업인정 전 협의의 경우는 보상계획의 공고일이 되고, 사업인정 후 협의 또는 재결의 경우는 사업인정고시일이 된다.

나. 장소적 요건

가) 적용

적법한 장소에서 행하는 영업이어야 한다.

이 경우 적법한 장소란 무허가건축물 등, 불법형질변경토지, 그 밖에 다른 법령에서 물건을 쌓아놓는 행위가 금지되는 장소가 아닌 곳을 말한다.

다만, 1989년 1월 24일 당시의 무허가건축물 등은 적법한 장소로 본다.

나) 무허가건축물 등에서의 임차인 영업

「토지보상법 시행규칙」 제52조에서 '제45조 제1호 본문에 따른 적법한 장소'라고 규정하고 있으므로, 1989년 1월 24일 이후의 무허가건축물 등에서 임차인이 사업인정고시일 등 1년 이전부터 「부가가치세법」 제8조에 따른 사업자등록을 하고 허가 등을 받아야 행할 수 있는 영업을 허가 등이 없이 행하고 있는 경우에도 「토지보상법 시행규칙」 제52조에 따른 무허가영업 등의 보상특례가 적용되지 않는다.

다) 영업자의 거주 여부

「토지보상법 시행규칙」 제52조에 따른 보상에서는 영업자가 해당 장소에 거주할 것을 요건으로 하지 않으므로 영업자가 해당 장소에 거주하지 않아도 보상대상이 된다.

〈유권해석〉

영업자의 거주 여부는 무허가영업 등의 보상특례 보상대상 요건에 해당되지 않는다.
[국토부 2005.05.03. 토지정책과-2378]

〈질의요지〉

「토지보상법 시행규칙」 제52조의 규정에 의한 허가 등을 받지 아니한 영업의 손실 보상에 관한 특례에 의거 무허가 영업자가 당해 영업장소에 거주하지 아니한 경우 보상대상 여부

〈회신내용〉

「토지보상법 시행규칙」 제52조 제1항의 규정에 의하면 사업인정고시일 등 전부터 허가 등을 받아야 행할 수 있는 영업을 허가 등이 없이 행하여 온 자가 공익사업의 시행으로 인하여 당해 장소에서 영업을 계속할 수 없게 된 경우에는 위 규칙 제45조 제2항의 규정에 불구하고 제54조 제2항 본문의 규정에 의하여 산정한 금액을 영업손실에 대한 보상금으로 지급하도록 되어 있고, 다만 본인 또는 생계를 같이 하는 동일 세대 안의 직계존속・비속 및 배우자가 당해 공익사업으로 다른 영업에 대한 보상을 받은 경우에는 그러하지 아니하다고 되어 있는바, 영업자가 당해 영업장소에서의 거주여부는 보상대상 요건에 해당되지 아니한다고 보며, 개별 사례에 대하여는 사업시행자가 관계법령에 의거 사실관계를 조사하여 판단・결정할 사항이라고 봅니다.

다. 시설적 요건

「토지보상법 시행규칙」 제52조에 따른 영업이 되기 위해서는 일정한 정도의 인적・물적 시설을 갖추어야 한다.

다만, 어느 정도의 인적・물적시설을 갖추어야 하는지에 대해서는 일률적으로 적용할 수 있는 기준이 없으므로, 해당 영업의 성격 등을 종합적으로 고려하여 개별적・객관적으로 결정한다.

이러한 시설적 요건을 갖추지 못한 영업은 공익사업에 편입되어도 별도의 손실이 없다고 보아 보상대상에서 제외한다.

라. 계속성의 요건

「토지보상법 시행규칙」 제52조에 따른 영업이 되기 위해서는 계속적으로 영업을 행하여야 한다.

다만, 어느 정도까지 영업을 계속 행하여야 하는지에 대해서는 일률적인 기준을 적용할 수 없으며, 해당 사업의 성격 등을 종합적으로 고려하여 객관적으로 판단한다.

또한 계속성 요건의 판단도 단순히 시간적인 길고 짧음으로 판단할 것이 아니고 영업으로서의 계속성과 실질적인 손실발생을 기준으로 판단한다.

② 허가 등

관계법령에 의하여 허가·면허·신고 등을 필요로 하는 영업에 해당하나, 그러한 허가 등을 받지 아니하고 영업을 행하고 있는 경우에 해당하여야 한다.

따라서 허가 등을 필요로 하지 않는 자유영업의 경우는 「토지보상법 시행규칙」 제52조에 따른 무허가영업 등의 보상특례가 적용되지 않는다.

③ 영업의 중단

가. 적용

영업을 계속할 수 없게 되어야 한다.

여기에서 영업을 계속할 수 없게 된다는 의미는 실제적으로 해당 장소에서 영업을 할 수 없는 경우를 말한다.400)

따라서 i) 영업장소 또는 배후지의 특수성으로 인하여 해당 영업소가 소재하고 있는 시·군·구 또는 인접하고 있는 시·군·구의 지역안의 다른 장소에 이전하여서는 당해 영업을 할 수 없는 경우, ii) 당해 영업소가 소재하고 있는 시·군·구 또는 인접하고 있는 시·군·구의 지역안의 다른 장소에서는 당해 영업의 허가 등을 받을 수 없는 경우, iii) 도축장 등 악취 등이 심하여 인근주민에게 혐오감을 주는 영업시설로서 해당 영업소가 소재하고 있는 시·군·구 또는 인접하고 있는 시·군·구의 지역안의 다른 장소로 이전하는 것이 현저히 곤란하다고 특별자치도지사·시장·군수 또는 구청장이 객관적인 사실에 근거하여 인정하는 경우 등에 해당되어 영업을 폐지하는 경우에 한정되는 것은 아니다.

나. 영업의 중단에 해당되지 않는 경우

영업을 계속할 수 없게 되어야 하므로 영업장소의 일부가 공익사업에 편입되어 잔여시설에 그 시설을 새로이 설치하거나 잔여시설을 보수하여 영업을 계속할 수 있는 경우는 「토지보상법 시행규칙」 제52조에 따른 무허가영업 등의 보상특례가 적용되지 않는다.

2. 영업보상특례 보상 기준

(1) 원칙

① 도시근로자가구 월평균 가계지출비 기준

가. 원칙

「통계법」 제3조 제3호에 따른 통계작성기관(중앙행정기관·지방자치단체 및 지정을 받은 통계작성지정기관)이 조사·발표하는 가계조사통계의 도시근로자가구 월평균 가계지출비를 기준으로 산정한 3인 가구 3개월분 가계지출비에 해당하는 금액으로 한다.

나. 산정기준(통계)이 변경된 경우

(가) 산정기준 변경으로 가격이 하락한 경우

사업시행자가 보상금을 확정하여 통지한 경우로서 통지일부터 1년 안에 산정기준이 낮게 변경된 경우에는 당초 통지 금액으로 보상한다.

---

400) (구)「공공용지의 취득 및 손실보상에 관한 특례법 시행규칙」 제25조의3 제2항에서는 폐업을 요건으로 하였으나, 2003.1.1. 「토지보상법 시행규칙」 제52조에서는 폐업 요건을 삭제하고 '영업을 계속할 수 없는 경우'로 규정하였다.

(나) 산정기준 변경으로 가격이 상승한 경우

사업시행자가 보상금을 확정하여 통지한 이후 산정기준이 높게 변경된 경우에는 변경된 기준을 적용하여 산정한 금액으로 보상한다(「통계에 의한 손실보상금 산정기준 적용지침」)

② 영업시설 등의 이전비

영업시설・원재료・제품 및 상품의 이전에 소요되는 비용 및 그 이전에 따른 감손상당액은 별도로 보상한다.

(2) 예외

① 적용

직계존속・비속 및 배우자가 해당 공익사업으로 다른 영업에 대한 보상을 받은 경우에는 영업시설 등의 이전비용만을 보상한다.

즉, 「토지보상법 시행규칙」 제52조에 따른 무허가영업 등의 보상특례는 영세서민의 생활의 안정을 도모하고 재정착을 지원하기 위한 생활보상의 일환으로 도입된 것이므로, 직계존속・비속 및 배우자 등이 다른 영업에 대한 보상을 받은 경우는 이러한 경우에 해당되지 않는다고 보므로 보상대상에서 제외하는 것이다.

② 다른 영업

이 경우 '다른 영업'에는 「토지보상법 시행규칙」 제48조에 따른 영농보상, 제49조에 따른 축산업보상, 제50조에 따른 잠업보상 등은 포함되지 않는다. 따라서 직계존속・비속 및 배우자가 해당 공익사업으로 영농보상, 축산업보상, 잠업보상 등을 받은 경우에도 「토지보상법 시행규칙」 제52조에 따른 무허가영업 등의 보상특례가 적용된다.

〈유권해석〉

영농보상을 받은 경우에도 무허가 등의 영업보상의 대상이 된다.

[국토부 2003.03.27. 토관58342-455]

〈질의요지〉

허가 등을 받지 않고 굴을 채취하는 자가 실농보상을 받은 경우에도 무허가영업 등에 대한 보상을 할 수 있는지 여부

〈회신내용〉

「토지보상법 시행규칙」 제52조 제1항의 규정에 의하면 사업인정고시일 등 전부터 허가 등을 받아야 행할 수 있는 영업을 허가 등이 없이 행하여 온 자가 공익사업의 시행으로 인하여 당해 장소에서 영업을 계속할 수 없게 된 경우에는 제45조 제2호의 규정에 불구하고 제54조 제2항 본문의 규정에 의하여 산정한 금액을 영업손실에 대한 보상금으로 지급하되, 본인 또는 생계를 같이 하는 동일 세대안의 직계존속・비속 및 배우자가 당해 공익사업으로 다른 영업에 대한 보상을 받은 경우에는 그러하지 아니하도록 되어 있으므로 당해 공익사업에 따라 본인이나 배우자 등이 다른 영업에 대한 보상을 받은 경우에는 보상대상에 해당되지 아니하며, 이 경우 다른 영업에는 같은법 시행규칙 제48조의 규정에 의한 영농손실액의 보상은 해당되지 아니한다고 봅니다.

III. 영업보상 특례의 유의사항

1. 도시근로자가구 월평균 가계지출비와 영업이익의 비교

「토지보상법 시행규칙」 제52조에 따른 도시근로자가구 월평균 가계지출비를 기준으로 산정한 3인 가구 3개월분 가계지출비가 「토지보상법 시행규칙」 제47조에 따른 휴업기간에 해당하는 영업이익을 초과할 경우의 처리방법이 문제가 된다.

(1) 2007.4.12. 이전

2007.4.12. 이전 「토지보상법 시행규칙」 제52조 제2항에서는 "제1항 본문의 규정에 의한 보상금은 제47조의 규정에 의하여 평가한 금액을 초과하지 못한다."라고 규정하고 있었으므로 「토지보상법 시행규칙」 제52조에 따른 보상액이 「토지보상법 시행규칙」 제47조에 따른 휴업기간에 해당하는 영업이익을 초과할 경우는 휴업기간에 해당하는 영업이익으로 보상하였다.

(2) 2007.4.12. 이후

2007.4.12. 개정 「토지보상법 시행규칙」 제52조에서는 종전의 제2항이 삭제되었다. 따라서 2007.4.12. 개정 「토지보상법 시행규칙」 제52조를 적용할 경우에는 「토지보상법 시행규칙」 제47조에 따른 휴업기간에 해당하는 영업이익을 초과하는지 여부를 검토할 필요 없이 도시근로자가구 월평균 가계지출비를 기준으로 산정한 3인 가구 3개월분 가계지출비로 보상한다.

2. 다른 보상에 준용 여부

(1) 준용되는 경우

「토지보상법 시행규칙」 제44조 제5항에서 어업에 대한 보상에서 제52조를 준용하도록 규정하고 있으므로 면허・허가 또는 신고 등을 하고 행하여야 하는 어업을 사업인정고시일 등 이전부터 면허・허가 또는 신고 등이 없이 행하고 있는 경우는 「토지보상법 시행규칙」 제52조에 따른 무허가영업 등의 보상특례가 적용된다.

〈유권해석〉

「토지보상법 시행규칙」 제52조는 같은 법 시행규칙 제44조 제5항에 따라 공익사업시행지구 내의 어업에 대한 보상에 준용된다.

[국토부 2012.04.04. 토지정책과-1627]

〈질의요지〉

굴포천 방수로 2단계 건설사업과 관련한 어업피해 조사 용역 시 공익사업지구 밖 피해지역에 포함되어 신고된 맨손어업구역에 대하여 보상을 한 이후, 동일한 피해구역 내 무신고 맨손어업 구역이 경인 아라뱃길사업에 편입되어 갯벌이 사라졌을 경우, 이를 별개의 사업으로 보아 「토지보상법 시행규칙」 제52조에 따른 보상이 가능한지?

〈회신내용〉

허가 등을 받지 아니한 영업의 손실보상에 관한 특례를 규정한 「토지보상법 시행규칙」 제52조는 같은 법 시행규칙 제44조 제5항에 따라 공익사업시행지구 내의 어업에 대한 보상에 관하여 준용되는 규정임을 알려드립니다.

(2) 준용되지 않는 경우

① 축산업

「토지보상법 시행규칙」 제49조에 따른 축산업보상의 경우에는 제52조를 준용한다는 명문의 규정이 없으므로, 허가 또는 신고 등을 하고 행하여야 하는 축산업을 사업인정고시일 등 이전부터 허가 또는 신고 등이 없이 행하고 있는 경우는 「토지보상법 시행규칙」 제52조에 따른 무허가영업 등의 보상특례가 적용되지 않는다.

〈유권해석〉
축산업 보상은 '허가 등을 받지 아니한 영업의 손실보상에 관한 특례'가 적용되지 않는다.
[국토부 2008.04.22. 토지정책과-587]

〈질의요지〉
「토지보상법 시행규칙」 제49조의 축산업 보상에 있어서 같은 규칙 제52조(허가등을 받지 아니한 영업보상 특례)가 적용되는지 여부

〈회신내용〉
「토지보상법 시행규칙」 제45조부터 제47조까지의 규정은 일반적인 영업보상에 대한 요건, 폐업・휴업보상에 대한 평가기준 등을 규정하고 있습니다. 축산업에 대한 보상은 같은 규칙 제49조에 별도로 규정하고 있고 같은 규칙 제45조부터 제47까지의 일반적인 보상기준을 준용하되, 폐・휴업의 최저보상 기준을 규정하고 있는 같은 규칙 제46조 제3항 후단 및 제47조 제5항 후단은 축산업 보상에서 적용을 배제하고 있습니다. 따라서 입법취지를 감안할 때 축산업에 대한 보상기준은 같은 규칙 제49조의 규정에 따라야 하며 같은 규칙 제52조는 영업보상에 대한 별도규정이 없는 일반영업 보상에 적용되는 규정으로 보는 것이 타당하다고 봅니다.

② 잠업

(구)「잠업법」 제4조 제1항에서 누에씨생산업은 신고 영업으로, 제10조에서 제사업은 등록 영업으로 규정하고 있었으나, 1999.7.1.자로 「잠업법」이 폐지되었고 현재는 잠업과 관련하여 별도로 허가 등을 규정한 법령이 없으므로 「토지보상법 시행규칙」 제50조에 따른 잠업보상의 경우에는 「토지보상법 시행규칙」 제52조에 따른 무허가영업 등의 보상 특례가 적용되지 않는다.

제11절 휴직 또는 실직 보상

Ⅰ. 관련 규정의 내용

「토지보상법」 제77조(영업의 손실 등에 대한 보상) ③ 휴직하거나 실직하는 근로자의 임금 손실에 대하여는 「근로기준법」에 따른 평균임금 등을 고려하여 보상하여야 한다.

④ 제1항부터 제3항까지의 규정에 따른 보상액의 구체적인 산정 및 평가 방법과 보상기준, 제2항에 따른 실제 경작자 인정기준에 관한 사항은 국토교통부령으로 정한다.

「토지보상법 시행규칙」 제51조(휴직 또는 실직보상) 사업인정고시일 등 당시 공익사업시행 지구안의 사업장에서 3월 이상 근무한 근로자(「소득세법」에 의한 소득세가 원천징수된 자에 한한다)에 대하여는 다음 각 호의 구분에 따라 보상하여야 한다.

1. 근로장소의 이전으로 인하여 일정기간 휴직을 하게 된 경우 : 휴직일수(휴직일수가 120일을 넘는 경우에는 120일로 본다)에 「근로기준법」에 의한 평균임금의 70퍼센트에 해당하는 금액을 곱한 금액. 다만, 평균임금의 70퍼센트에 해당하는 금액이 「근로기준법」에 의한 통상임금을 초과하는 경우에는 통상임금을 기준으로 한다.
2. 근로장소의 폐지 등으로 인하여 직업을 상실하게 된 경우 : 「근로기준법」에 의한 평균 임금의 120일분에 해당하는 금액

Ⅱ. 휴직 또는 실직보상의 주요 내용

1. 휴직 또는 실직보상의 개요

공익사업 시행지구에 사업장이 편입되어 이전하거나 폐업하는 경우 해당 사업장에서 근무하던 근로자는 일정한 기간 휴직하거나 또는 실직하게 된다.

이 경우 발생한 임금손실은 해당 공익사업으로 인한 손실에 해당되므로 사업시행자가 보상하여야 하며 이것이 휴직 또는 실직보상이다.

2. 보상대상자

(1) 보상대상자 일반

휴직 또는 실직보상은 사업인정고시일 등(보상계획의 공고・통지일 또는 사업인정고시일 중 빠른 날) 현재 공익사업시행지구안의 사업장에서 3월 이상 근무한 근로자로서 「소득세법」에 의한 소득세가 원천징수된 자를 대상으로 한다.

여기서 '근로자'란 직업의 종류와 관계없이 임금을 목적으로 사업이나 사업장에 근로를 제공하는 사람을 말하며(「근로기준법」 제2조 제1호), '사용자'란 사업주 또는 사업 경영 담당자, 그 밖에 근로자에 관한 사항에 대하여 사업주를 위하여 행위하는 자를 말한다(「근로기준법」 제2조 제2호).

〈유권해석〉
근로자란 「근로기준법」에 따른 근로자를 의미한다.
[국토부 2004.12.24. 토지관리과-6816]

〈질의요지〉
법인등기부상 이사로 등재된 근로자도 휴직보상대상에 해당되는지 여부

〈회신내용〉
공익사업을 위한 토지등의 취득 및 보상에 관한 법률 시행규칙 제51조의 규정에 의하면 사업인정고시일 등 당시 공익사업시행지구안의 사업장에서 3월 이상 근무한 근로자(소득세법에 의한 소득세가 원천징수된 자에 한한다)에 대하여는 휴직 또는 실직보상을 하도록 되어 있는 바, 이 규정에서의 근로자란 「근로기준법」 제14조의 근로자의 정의(직업의 종류를 불문하고 사업 또는 사업장에 임금을 목적으로 근로를 제공하는 자)와 같은 의미이므로, 법인의 이사로 등재된 경우라도 근로기준법상의 근로자에 해당되는 경우에는 휴직보상대상에 해당된다고 보며, 개별적인 사례에 대하여는 사업시행자가 사실관계를 조사하여 판단・결정할 사항이라고 봅니다. 끝.

(2) 휴직보상대상자

공익사업의 시행으로 인하여 이전하여야 하는 사업장에서 근무한 「소득세법」에 의한 소득세가 원천징수된 근로자로서 근로장소의 이전으로 실제로 휴직한 근로자이다.

① 공익사업의 시행으로 인하여 이전하는 사업장에 근무한 근로자

공익사업의 시행으로 인하여 이전하여야 하는 사업장에서 근무한 근로자를 대상으로 한다. 따라서 공익사업 외의 요인으로 이전하는 사업장에 근무한 근로자는 휴직보상대상에 해당되지 않는다.

〈재결례〉
공익사업 외의 요인으로 이전하는 사업장에 근무한 근로자는 휴직보상대상에 해당되지 않는다.
[중토위 2018.09.20. 이의재결]

〈재결요지〉
관계자료(수용재결서, 이의신청서, 사업시행자의견서 등)를 검토한 결과, 이 건 영업장은 2012.12.17. 수용재결되어 운영자에게 영업손실보상(휴업)금이 지급되었으나 다른 장소로 이전하지 않고 상당기간 영업행위를 지속하던 중 명도소송을 통해 강제집행된 후 자진 폐업신고(2014.6.25.)가 되었고, 이의신청인들은 위 기간동안(2012.12.27.~2014.6.25.) 이 건 영업장에서 휴직하지 않고 계속하여 근무한 것으로 확인된다. 따라서 이의신청인들의 실직은 이 건 영업장의 운영자(○○금고)가 스스로 폐업을 결정함으로써 발생하였다고 보이는 점, 이의신청인들의 실직이 이 건 영업장의 휴업보상 기간(4개월)을 훨씬 경과한 시점(수용재결일로부터 1년6월 이상)에서 발생한 점, 이의신청인들이 이 건 영업장의 폐업일까지 휴직 없이 계속하여 근무한 점, 이 건 영업장이 휴업보상 대상인 점 등을 고려할 때 이의신청인들의 실직이 이 건 사업과 상당한 인과관계가 있다고 보기 어려운 점 등을 고려하고, 달리 이의신청인들의 실직을 휴직보상 대상으로 볼만한 사정이 없으므로 이의신청인들의 주장은 받아들일 수 없다.

〈유권해석〉
해당 공익사업과 관계없이 개인사정으로 퇴직하는 경우는 휴직보상대상이 아니다.
[국토부 2010.09.06. 토지정책과-4467]

〈질의요지〉
사업장 이전(철거)전 퇴직하는 근로자의 휴직보상 여부

〈회신내용〉
휴직보상은 당해 영업이 공익사업의 시행에 따라 근로장소가 이전됨으로 인하여 근로자가 일정기간 휴직하게 된 경우에 해당되며, 당해 공익사업 시행과 관계없이 개인 사유 등으로 근로장소의 이전에 앞서 퇴직하는 경우에는 휴직보상에 해당되지 않는다고 보나, 개별적인 사례가 이에 해당되는지 여부는 사업시행자가 사실관계 등을 조사하여 판단하시기 바랍니다.

② **실제로 휴직한 근로자**

근로장소의 이전으로 실제로 휴직한 근로자를 대상으로 한다.

따라서 사업장이 이전으로 인하여 반드시 휴업하여야 할 필요는 없으나, 근로자는 실제로 휴직하여야 하므로 휴직기간 중 「소득세법」에 의한 소득세가 원천징수된 사실이 없어야 한다.

③ **소득세가 원천징수된 자**

「소득세법」에 의한 소득세가 원천징수된 자를 대상으로 한다.

여기서 소득세 원천징수는 해당 영업장에서 원천징수된 경우에 한하므로 다른 회사에서 파견되어 파견 회사에서 소득세 원천징수가 된 근로자는 휴직보상대상자에 포함되지 않는다.

〈유권해석〉
파견 근로자는 휴직보상대상자에 해당되지 않는다.
[국토부 2004.08.13. 토지관리과-3684]

〈질의요지〉
서울에 소재한 용역회사(삼진MPS)가 판교신도시에 편입되는 LG칼텍스정유(주) 판교 수련소와 용역계약을 체결하여 소속직원을 용역근무를 하던 중 위 사업장이 다른 지역으로 이전하게 되었을 경우 그 용역근로자에 대하여 토지보상법 시행규칙 제51조의 규정에 의한 휴직보상에 해당되는지

〈회신내용〉
용역업체에 고용되어 사업지구내의 사업장에서 근무한 유역 근로자의 경우 용역회사에 의하여 언제든지 근무장소를 변경하여 근무할 수 있는 상황인 경우에는 이에 해당되지 아니한다고 보나, 개별적인 사례에 대하여는 사업시행자가 사실관계를 조사하여 판단·결정할 사항이라고 봅니다.

(3) 실직보상대상자

공익사업의 시행으로 인하여 폐업하는 사업장에서 근무한 「소득세법」에 의한 소득세가 원천징수된 근로자로서 직업을 상실하여야 한다. 이를 나누어 보면 다음과 같다.

① **공익사업의 시행으로 인하여 폐업하는 사업장에서 근무한 근로자**

공익사업의 시행으로 인하여 폐업하는 사업장에서 근무한 근로자를 대상으로 한다.
따라서 공익사업 외의 요인으로 폐업하는 사업장에 근무한 근로자는 실직보상대상에 해당되지 않는다.

〈유권해석〉
공익사업 시행으로 인하여 사업장이 폐지되지 않고 사업주의 사정 등으로 폐업을 하였을 경우에는 실직보상에 해당되지 않는다.
[국토부 2010.12.23. 토지정책과-5988]

〈질의요지〉
영업의 휴업보상을 받은 사업주가 사업장을 이전하지 않고 폐업을 하였을 경우, 사업인정고시일 등 당시 동 사업장에서 3월 이상 근무한 근로자(「소득세법」에 의한 소득세 원천징수된 자)가 실직보상에 해당되는지 여부

〈회신내용〉
공익사업 시행으로 인하여 근로장소가 폐지되지 않고 사업주의 사정 등으로 폐업을 하였을 경우에는 실직보상에 해당되지 아니한다고 보나, 개별적인 사례에 대하여는 사업시행자가 관계규정 및 사실관계를 조사하여 판단·결정할 사항이라고 봅니다.

② **직업을 상실한 근로자**

실제로 직업을 상실하여야 하므로 적용기간(120일) 중 「소득세법」에 의한 소득세가 원천징수된 사실이 없어야 한다.

③ **소득세가 원천징수된 자**

「소득세법」에 의한 소득세가 원천징수된 자를 대상으로 한다.
따라서 소득세가 원천징수되지 않은 자는 실직보상대상자에 포함되지 않는다.

3. 보상방법

(1) 휴직보상

① **휴직일수**

근로장소의 이전으로 인한 휴직일수는 120일을 한도로 한다. 따라서 실제 휴직일수가 120일 초과하는 경우에도 휴직일수는 120일로 본다.

② **적용금액**

「근로기준법」에 의한 평균임금의 100분의 70에 해당하는 금액을 적용한다.

다만, 평균임금의 100분의 70에 해당하는 금액이 「근로기준법」에 의한 통상임금을 초과하는 경우에는 통상임금을 기준으로 한다.

가. 임금

'임금'이란 사용자가 근로의 대가로 근로자에게 임금, 봉급, 그 밖에 어떠한 명칭으로든지 지급하는 모든 금품을 말한다(「근로기준법」 제2조 제1항 제5호).

임금은 다시 평균임금과 통상임금으로 구분된다.

나. 평균임금

평균임금이란 이를 산정하여야 할 사유가 발생한 날 이전 3개월 동안에 그 근로자에게 지급된 임금의 총액을 그 기간의 총일수로 나눈 금액을 말한다(「근로기준법」 제2조 제1항 제6호).

평균임금 = 평균임금의 산정사유 발생일 이전 3개월간의 총임금 ÷ 사유발생일 이전 3개월간의 총일수

다. 통상임금

통상임금이란 근로자에게 정기적이고 일률적으로 소정(所定)근로 또는 총 근로에 대하여 지급하기로 정한 시간급 금액, 일급 금액, 주급 금액, 월급 금액 또는 도급 금액을 말한다(「근로기준법 시행령」 제6조 제1항).

③ **산정방법**

가. 평균임금을 적용하는 경우

휴직일수에 평균임금의 100분의 70에 해당하는 금액을 곱하여 산정한다.

나. 통상임금을 적용하는 경우

휴직일수에 통상임금에 해당하는 금액을 곱하여 산정한다.

다만, 통상임금은 기간에 따라 시간급 금액, 일급 금액, 주급 금액, 월급 금액 또는 도급 금액 등으로 구분되므로 이를 일급 금액으로 산정하여 적용한다.

일급 금액의 산정방법은 다음과 같다(「근로기준법 시행령」 제6조 제2항 및 제3항).

(가) 시간급 금액

시간급 금액에 1일의 소정근로시간 수를 곱하여 일급 금액을 계산한다.

(나) 주급 금액

주급 금액을 1주의 통상임금 산정 기준시간 수(1주의 소정근로시간과 소정근로시간 외에 유급으로 처리되는 시간을 합산한 시간)로 나눈 금액으로 시간급 금액을 산정하고 이를 위 가)의 방법으로 일급 금액을 계산한다.

(다) 월급 금액

월급 금액을 월의 통상임금 산정 기준시간 수(1주의 통상임금 산정 기준시간 수에 1년 동안의 평균 주의 수를 곱한 시간을 12로 나눈 시간)로 나눈 금액으로 시간급 금액을 산정하고 이를 위 가)의 방법으로 일급 금액을 계산한다.

(라) 주급 또는 월급 금액 외의 일정한 기간으로 정한 임금 주급 금액 및 월급 금액에 준하여 계산한다.

(마) 도급 금액

도급 금액은 그 임금 산정 기간에서 도급제에 따라 계산된 임금의 총액을 해당 임금 산정 기간(임금 마감일이 있는 경우에는 임금 마감 기간을 말한다)의 총 근로 시간 수로 나눈 금액으로 시간급 금액을 산정하고 이를 위 가)의 방법으로 일급 금액을 계산한다.

(바) 위의 둘 이상의 임금인 경우

위 둘 이상의 임금으로 되어 있는 경우에는 각각 산정된 금액을 합산한 금액으로 계산한다.

(2) 실직보상

① 적용기간

실직보상의 경우 적용기간은 120일로 한다.

② 적용금액

「근로기준법」에 의한 평균임금을 적용한다. 즉, 실직보상의 경우는 평균임금이 통상임금을 초과하는지 여부에 관계없이 평균임금을 적용한다.

③ 산정방법

120일에 평균임금을 곱하여 산정한다.

III. 휴직 또는 실직 보상 유의사항

1. 영업보상대상과 휴직 및 실직보상

(1) 문제의 발생

휴직보상 또는 실직보상대상자는 「토지보상법 시행규칙」 제45조에 따른 영업보상대상 영업장에서 근무한 근로자에 한하는지 아니면 영업장이 적법한 장소 또는 무허가영업 등에 해당되어 영업보상 대상이 아닌 경우에도 휴직보상 또는 실직보상대상자가 될 수 있는지 여부가 문제가 된다.

(2) 적용

휴직 및 실직보상은 공익사업시행지구에 편입된 사업장에서 정상적으로 근무하던 근로자가 해당 사업장의 이전 또는 폐업에 따라 일정한 기간 휴직하거나 실직하게 됨에 따른 손실을 보상하는 것이므로 해당 사업장이 영업보상대상에 해당하는지 여부와 관계가 없이 보상대상이 된다. 따라서 해당 영업장이 영업을 행함에 있어서 관계법령에 의한 허가 등을 필요로 함에도 허가 등이 없이 영업하여 영업보상대상에 해당되지 않는 경우에도 해당 영업장에서 근무하는 근로자가 해당 공익사업의 보상계획의 공고·통지일 또는 사업인정고시일 중 빠른 날 현재 사업장에서 3월 이상 근무한 근로자로서 「소득세법」에 의한 소득세가 원천 징수된 자인 경우에는 휴직 또는 실직보상대상자가 된다.

〈유권해석〉
사업장이 영업보상대상이 아닌 경우에도 휴직 또는 실직보상대상자가 될 수 있다.
[국토부 2010.03.15. 토지정책과-1460]

〈질의요지〉
사업장이 영업보상대상이어야만 그 사업장의 근로자가 휴직 또는 실직 보상 대상에 해당되는지 여부

〈회신내용〉
당해 사업장의 근로장소가 이전 또는 폐지되고 당해 사업지구안에 3월 이상 소득세가 원천징수된 근로자라면 휴직 또는 실직보상 대상이라고 보나, 개별적인 사례는 사업 시행자가 사실관계 등을 조사하여 판단·결정할 사항이라고 봅니다. 끝.

2. 휴직 또는 실직 보상금의 수령 주체

(1) 문제의 발생

휴직 및 실직보상금을 개별 근로자에게 지급하지 않고 영업보상에 포함하여 영업자에게 지급할 수 있는지 여부가 문제가 된다.

(2) 적용

「토지보상법」 제64조에서는 '손실보상은 토지소유자나 관계인에게 개인별로 하여야 한다.'라고 하여 개인별 보상의 원칙을 규정하고 있고, 영업보상과 휴직 또는 실직보상은 보상대상 및 보상대상자를 달리하므로 휴직 또는 실직보상금을 영업보상에 포함하여 영업자에게 지급하여서는 안 된다.

3. 사전보상과의 관계

(1) 문제의 발생

「토지보상법」 제62조에서는 '사업시행자는 해당 공익사업을 위한 공사에 착수하기 이전에 토지소유자와 관계인에게 보상액 전액(全額)을 지급하여야 한다.'라고 하여 사전보상의 원칙을 규정하고 있다. 그러나 「토지보상법 시행규칙」 제51조에서는 휴직 또는 실직보상의 요건으로 '일정한 기간 휴직을 하게 된 경우' 또는 '직업을 상실하게 된 경우' 등으로 규정하고 있고, 휴직보상의 경우 '휴직일수'를 기준으로 하나, 실제적으로 휴직 또는 실직하였는지 여부를 사전에 확인할 수 없는 경우에도 사전보상을 하여야 하는지 여부가 문제가 된다.

(2) 적용

휴직 또는 실직보상도 객관적 자료에 의하여 사전보상하는 것이 원칙이다. 다만, 실제적으로 휴직 또는 실직하였는지 여부를 사전에 확인할 수 없는 경우에는 사후보상도 가능하다.

〈유권해석〉
휴직보상도 사전보상이 원칙이나 휴업일수를 미리 확인할 수 없는 경우에는 사후에 보상하는 것도 가능하다.
[2005.11.03. 토지정책팀-1043]

〈질의요지〉
휴직 및 실직보상금은 휴직 또는 실직기간이 경과한 후에 지급하여야 하는지 여부

〈회신내용〉
공익사업의 시행에 따라 근로 장소의 이전으로 휴직하는 근로자에 대하여는 휴직일수에 따라 보상하여야 하므로 객관적인 자료에 의하여 사전에 보상하는 것이 원칙이나, 사실관계가 불명확하여 휴업일수를 미리 확정할 수 없는 경우에는 사후에 지급하여야 할 것으로 보며, 실직하는 근로자에 대하여는 실직된 사실을 객관적으로 확인하여 사전에 지급하여야 한다고 봅니다.

4. 영업의 휴업보상에서 인건비 등 고정적 비용과의 관계

(1) 영업의 휴업보상에서 인건비 등 고정적 비용

「토지보상법 시행규칙」 제47조 제1항 제1호에서 공익사업의 시행으로 인하여 영업장소를 이전하여야 하는 경우의 영업보상액에는 휴업기간 중에도 정상적으로 근무하여야 하는 최소인원에 대한 인건비 등 고정적 비용을 포함하도록 규정하고 있다.

(2) 인건비 대상 근로자와 휴직 또는 실직보상대상자

영업의 휴업보상에서 인건비 대상 근로자는 일반관리직 근로자 및 영업시설 등의 이전·설치 계획 등을 위하여 정상적인 근무가 필요한 근로자 등으로서 휴직보상대상자에 한한다. 이와 같이 인건비 대상 근로자의 요건을 「토지보상법 시행규칙」 제51조에 따른 휴직보상대상자로 한정하는 이유는 인건비 대상 근로자도 원칙적으로는 휴직보상 대상자이나, 휴업기간 중에 휴직하지 않으므로 사업시행자가 휴직보상금을 지급할 수 없어 부득이 영업자가 급료를 지급하게 되므로 이를 사업시행자가 영업자에게 보상해 주기 위한 것이기 때문이다.

따라서 휴직보상대상자 중 휴업기간 중에도 정상적으로 근무하여야 하는 최소인원에 대해서는 그 인건비를 영업보상액에 포함하여 사업시행자에게 지급하고, 그 외는 휴직보상금을 개인별로 지급한다.

〈유권해석〉
'휴업기간 중에도 근무하여야 하는 최소인원'은 휴직보상대상에서 제외되는 근로자를 말한다.
[국토부 2010.12.07. 토지정책과-5707]

〈질의요지〉
영업의 휴업보상금 산정시 반영되는 "휴업기간 중에도 정상적으로 근무하여야 하는 최소인원에 대한 인건비" 중 최소인원이 구체적인 특정종업원을 의미하는지 또는 일반적이고 이론적인 최소인원인지 여부

〈회신내용〉
휴업보상에 따른 고정적 비용을 산정 시 휴업기간 중에도 정상적으로 근무하여야 하는 최소인원에 대하여 인건비를 포함한 경우 최소 인원이라 함은 휴직보상에서 제외되는 근로자를 의미한다고 보며, 개별적인 사례는 사업시행자가 관계법령 및 사실 관계 등을 조사하여 판단할 사항으로 봅니다.

5. 「근로기준법」 등에 의한 휴업수당 등과의 관계

(1) 휴업수당 등

① 휴업수당

「근로기준법」 제46조 제1항에 따라 사용자의 귀책사유로 휴업하는 경우에 사용자가 휴업기간 동안 그 근로자에게 평균임금의 100분의 70에 해당하는 금액(평균임금의 100분의 70에 해당하는 금액이 통상임금을 초과하는 경우에는 통상임금)의 수당을 지급하는 것을 말한다.

② 해고예고수당

「근로기준법」 제26조에 따라 사용자가 해고일 30일 전에 예고를 하지 아니하고 근로자를 해고한 때 지급하여야 하는 30일분 이상의 통상임금을 말한다.

③ 실업급여

실업급여는 「고용보험법」 제37조에 따라 근로의 의사와 능력이 있음에도 불구하고 취업하지 못한 상태에 있는 피보험자에게 지급되는 구직급여와 취업촉진수당을 말한다.

(2) 휴직 또는 실직보상과의 관계

① 휴업수당 및 해고예고수당

「근로기준법」에 따른 휴업수당과 해고예고수당은 사용자의 귀책사유로 휴업하거나 해고하는 경우에 지급되는 것이므로, 사용자의 귀책사유 없이 공익사업의 시행으로 인한 사업장의 이전 또는 폐업으로 인한 휴직 또는 실직보상과 중복될 가능성은 거의 없다.

즉, 공익사업의 시행으로 인한 사업장의 이전으로 휴업하거나 폐업하는 경우는 사용자는 원칙적으로 「근로기준법」에 따른 휴업수당과 해고예고수당을 지급할 필요가 없다. 다만, 휴직 또는 실직보상은 휴업수당 및 해고예고수당과 제도적 취지가 다르므로 중복되는 경우에도 휴업수당 및 해직예고수당의 지급과 관계없이 휴직 또는 실직보상을 해야 한다.

〈유권해석〉
「근로기준법」 등에 의한 휴업수당과 실업급여가 지급된 경우에도 휴직 또는 실직보상을 할 수 있다.
[국토부 2009.11.20. 토지정책과-5494]

〈질의요지〉
근로기준법 등에 의한 휴업수당과 실직수당(실업 급여) 수령여부와 관계없이 「토지보상법」에 따른 휴직 및 실직보상에 해당될 경우 휴직(실직)보상하여야 하는지 여부

〈회신내용〉
근로장소가 이전 또는 폐지되고 당해 사업지구안에 3월 이상 소득세가 원천징수된 근로자라며 휴직 또는 실직보상 대상이라고 보나, 개별법령에 보상에 제한을 둔 경우 등 개별적인 사례에 대하여는 사업시행자가 관계법령 및 사실관계를 조사하여 판단하시기 바랍니다. 끝

② 실업급여

휴직 또는 실직보상은 「고용보험법」 상의 실업급여와 중복될 수 있으며, 중복되는 경우에도 제도적 취지가 다르므로 실업급여의 지급과 관계없이 휴직 또는 실직보상을 하여야 한다.

제12절 사업폐지등의 대한 보상

Ⅰ. 사업폐지 등에 대한 보상 관련 규정의 내용

「토지보상법 시행규칙」 제57조(사업폐지 등에 대한 보상) 공익사업의 시행으로 인하여 건축물의 건축을 위한 건축허가 등 관계법령에 의한 절차를 진행 중이던 사업 등이 폐지・변경 또는 중지되는 경우 그 사업 등에 소요된 법정수수료 그 밖의 비용 등의 손실에 대하여는 이를 보상하여야 한다.

Ⅱ. 사업폐지등의 보상 주요 내용

1. 사업폐지 등에 대한 보상의 의의

「국토계획법」 제57조 제1항에 따라 개발행위를 하려는 자는 그 개발행위에 따른 기반시설의 설치나 그에 필요한 용지의 확보, 위해(危害) 방지, 환경오염 방지, 경관, 조경 등에 관한 계획서를 첨부한 신청서를 개발행위허가권자에게 제출해야 한다. 또한 「건축법」 제11조에 따라 건축허가 등을 받기 위해서는 사전에 설계설명서, 구조계획서, 지질조사서, 시방서, 투시도, 평면도, 입면도, 내외마감표, 주차장평면도, 건축설비도, 소방설비도, 상・하수도계통도 등 「건축법 시행규칙」 제7조 제1항에서 규정한 도서를 제출하여야 한다.

그런데 개발행위를 하려는 자 또는 건축주가 개발행위허가나 건축허가 등을 위하여 위와 같은 서류를 준비하고 있던 중 해당 토지가 공익사업시행지구에 편입되어 개발행위 허가 또는 건축허가 등이 불가능하게 되었거나[401], 개발행위허가 또는 건축허가 등을 받았으나 착공하기 이전에 공익사업시행지구에 편입되어 개발행위허가 또는 건축허가 등이 실효된 것으로 보는 경우(「공공주택특별법」 제11조 제3항 및 「택지개발촉진법」 제6조 제3항), 이를 위하여 기 지출한 비용은 해당 공익사업의

401) 「국토계획법」 제64조 제1항에서는 도시・군계획시설의 설치 장소로 결정된 지상・수상・공중・수중 또는 지하는 그 도시・군계획시설이 아닌 건축물의 건축이나 공작물의 설치를 허가할 수 없도록 규정하고 있다.

시행으로 인하여 발생하는 손실에 해당하므로 이를 보상하여야 한다.
이러한 손실에 대한 보상을 규정한 것이 「토지보상법 시행규칙」 제57조에 따른 사업폐지 등에 대한 보상이다.

2. 사업폐지 등에 대한 보상의 요건

(1) 보상대상자

보상대상자는 건축허가 등을 위하여 법정수수료 등의 비용을 지출한 자이다.

(2) 해당 공익사업으로 인한 건축허가 등의 폐지·변경 또는 중지

해당 공익사업으로 인하여 건축허가 등이 폐지·변경 또는 중지되어야 한다.
따라서 다른 사유로 인하여 건축허가 등이 폐지·변경 또는 중지된 후 해당 공익사업이 시행되는 경우는 해당 공익사업과 다른 사유가 인과관계가 있는 경우에도 사업폐지 등에 대한 보상대상이 아니다.

〈법령해석〉
매장문화재로 인하여 건축허가를 취소한 후 사적으로 지정하고 토지를 수용한 경우, 사업폐지 등에 대한 보상 규정을 적용할 수 없다.
[법제처 2013.12.27. 13-0350]

〈질의요지〉
매장문화재 유존지역에 있는 개인 소유 토지에 대해 '사전에 발굴조사를 하여야 하며 그 결과에 따라 사업계획이 변동될 수 있다'는 조건이 붙은 건축허가를 한 후 발굴조사 결과 유적이 발굴됨에 따라 건축허가를 취소하였고, 그 후에 해당 지역이 「문화재보호법」 제25조에 따라 사적으로 지정되면서 같은 법 제83조에 따라 해당 지정문화재나 그 보호구역에 있는 토지를 「토지보상법」에 따라 수용한 경우, 위 토지 소유자에 대해 「토지보상법 시행규칙」 제57조에 따른 공익사업 시행으로 인한 사업 폐지 등에 대한 보상 규정이 적용될 수 있는지?

〈회답〉
「토지보상법 시행규칙」 제57조에 따른 공익사업 시행으로 인한 사업폐지 등에 대한 보상 규정이 적용될 수 없다고 할 것입니다.

〈이유〉
매장문화재 유존지역 내에 있는 이 사안의 토지는 원칙적으로 토목공사 등을 할 수 없으나 예외적으로 허가를 받아 할 수 있고, 이에 따라 행정청은 해당 토지에서의 건축을 허가하면서 발굴조사 결과에 따라 사업계획이 변동될 수 있다는 조건을 붙였으며, 발굴조사 결과 조건이 성취됨에 따라 건축허가를 취소한 것이어서, 이 사안의 건축사업이 폐지된 것은 조건이 성취되어 건축허가가 취소된 결과라 할 것이고, 건축허가 취소 후 해당 토지가 사적으로 지정되면서 「문화재보호법」 제83조에 따른 토지 등의 수용이 이루어진 이상 그 사적 지정에 따라 비로소 건축사업이 폐지된 것이 아니므로, 이 사안에 대해서는 공익사업 시행으로 인하여 사업이 폐지된 경우에 대한 손실을 보상한다는 공익사업법 시행규칙 제57조가 적용될 수는 없다고 할 것입니다.

(3) 비용의 지출

건축허가 등을 위하여 법정수수료 그 밖의 비용 등이 이미 지출되어야 하며 사실상 회수가 불가능하여야 한다.

3. 사업폐지 등에 대한 보상의 절차

사업폐지 등에 대한 보상은 적법한 공권력의 행사에 의한 재산상 특별한 희생에 대한 손실보상의 일종이므로 「토지보상법」상의 협의 및 재결절차를 통하여 보상하여야 하며, 보상금에 대한 쟁송은 민사소송이 아닌 행정소송절차에 의하여야 한다.

판례

사업폐지 등에 대한 보상은 「토지보상법」에 따라 보상하여야 하며, 보상금에 대한 쟁송은 행정소송절차에 의하여야 한다.
[대법원 2012.10.11. 선고 2010다23210 판결]

〈판결요지〉
공익사업법 시행규칙 제57조에 따른 사업폐지 등에 대한 보상청구권은 공익사업의 시행 등 적법한 공권력의 행사에 의한 재산상 특별한 희생에 대하여 전체적인 공평부담의 견지에서 공익사업의 주체가 손해를 보상하여 주는 손실보상의 일종으로 공법상 권리임이 분명하므로 그에 관한 쟁송은 민사소송이 아닌 행정소송절차에 의하여야 한다. 또한 위 규정들과 구 공익사업법 제26조, 제28조, 제30조, 제34조, 제50조, 제61조, 제83조 내지 제85조의 규정 내용·체계 및 입법 취지 등을 종합하여 보면, 공익사업으로 인한 사업폐지 등으로 손실을 입게 된 자는 구 공익사업법 제34조, 제50조 등에 규정된 재결절차를 거친 다음 재결에 대하여 불복이 있는 때에 비로소 구 공익사업법 제83조 내지 제85조에 따라 권리구제를 받을 수 있다고 보아야 한다.

〈재결례〉
사업폐지 등으로 인한 손실보상은 재결대상이다.
[중토위 2017.02.23. 이의재결]

〈재결요지〉
사업폐지 등에 따른 골프장 조성에 투입된 손실을 보상하여 달라는 주장에 대하여 살펴본다.
대법원은 … 공익사업으로 인한 사업폐지 등으로 손실을 입게 된 자는 구 공익사업법 제34조, 제50조 등에 규정된 절차를 거친 다음 재결에 대하여 불복이 있는 때에 비로소 구 공익사업법 제83조 내지 제85조에 따라 권리구제를 받을 수 있다'고 판시하고 있다(대판 2012.10.11. 2010다23210).
위 판례 등의 취지를 고려할 때, 2014.10.8. 이의신청인이 사업시행자에게 재결신청청구한 사업폐지 등에 대한 보상청구권은 공법상 권리로서 행정소송에 의해서 권리구제를 받는 손실보상의 일종으로 재결의 대상이 됨에도 불구하고 2016.2.26. 중앙토지수용위원회에서 이의신청인의 사업폐지 등의 손실보상을 각하한 것은 부적법하므로 사업시행자의 수용재결신청을 각하한 수용재결을 취소하기로 한다.

4. 사업폐지 등에 대한 보상의 범위

(1) 원칙

사업폐지 등에 대한 보상의 범위는 건축허가 등 관계법령에 의한 절차를 진행 중이던 사업 등이 폐지・변경 또는 중지되는 경우 그 사업 등에 소요된 법정수수료 그 밖의 비용 등으로 한다. 이 경우 보상 범위는 지출된 비용 중 i) 해당 공익사업으로 인하여 폐지・변경 또는 중지되는 건축허가 등에 소요된 비용 및 ii) 행정주체의 행정행위를 신뢰하여 그에 따라 건축허가 등을 진행하여 지출된 비용 등과 같이 직접적인 손실에 해당하는 비용에 한하며, 구체적인 범위는 사업시행자가 정한다.

〈질의회신〉
사업폐지 등에 대한 보상 범위는 사업시행자가 결정한다.
[협회 2019.07.18. 감정평가실-1310]

〈질의요지〉
본 사업지는 주택건설업자가 공동주택 299세대 연면적 50,326㎡ 규모의 건축을 위한 사업계획이 약 11개월 동안 진행되어 왔으며 순천시의 건축심의까지 진행되어오다 해당 사업지구에 편입되면서 사업을 중단하게 되어 사업상 손실을 주장하고 있는 바, 해당 업체에서 주장한 비용부분을 어디까지 인정해야 하는지 여부

〈회신내용〉
질의하신 사업이 해당 공익사업으로 인하여 폐지・변경 또는 중지되는 경우라면 상기 규정에 따라 보상하여야 할 것이나, 이에 따른 구체적인 보상범위는 사업자가 주장하는 비용이 해당 공익사업의 시행으로 인해 폐지・변경 또는 중지됨으로써 발생한 직접적인 손실에 해당하는지 여부, 건축허가 등 행정주체의 행정행위를 신뢰하여 그에 따라 사업을 진행하여 지출된 비용인지 여부 등 관련 법령 및 구체적인 사실관계를 종합적으로 검토하여 사업시행자가 판단・결정하여야 할 사항으로 사료됩니다.

〈유권해석〉
소요비용의 적용은 객관적인 입증 자료 등을 기준으로 한다.
[국토부 2005.09.08. 토지정책팀-104]

〈질의요지〉
공익사업의 시행으로 당해 농지 전용허가신청이 반려됨에 따라 허가신청인으로부터 손실보상신청이 있는 경우 허가신청 등에 소요된 비용 중 토목설계에 소요된 비용이 보상대상에 해당되는지 여부와 보상대상일 경우 설계도면 등을 근거로 '건설공사표준품셈'에 의한 비용을 산출하여 보상하여야 하는지 또는 사업주가 제출한 입금표에 의거하여 보상하여도 되는지 여부

〈회신내용〉
귀 질의의 경우 농지전용허가 신청에 따른 토목설계비용이 보상대상에 해당되는지 여부에 대하여는 공익사업의 시행으로 농지전용신청이 반려된 경우 당해 농지전용신청을 위한 토목설계에 소요된 비용에 대하여는 위 규정에 의한 보상대상에 해당된다고 보며, 사업 등에 소요된 법정수수료 그 밖의 비용 등의 손실에 대하여는 객관적인 입증 자료 등을 토대로 보상하여야 할 것으로 봅니다.

(2) 예외

① 해당 공익사업의 공고일 등 이후 지출된 비용

관련 법령에 따라 해당 공익사업의 계획 또는 시행이 공고되거나 고시된 이후에 지출된 비용은 공익사업의 시행이 예상되어 건축허가 등이 허용되지 않는다는 것을 알면서도 지출한 것이므로 원칙적으로 사업폐지 등에 대한 보상 범위에 포함되지 않는다.

② 회수가 가능한 비용

「농지법」 제38조에 따른 농지보전부담금 및 「산지관리법」 제19조에 따른 대체산림자원 조성비는 농지전용허가 또는 산지전용허가 신청 시에 미리 납부하고 농지전용허가 또는 산지전용허가를 받지 못하거나 취소된 경우에는 환급하도록 규정하고 있다(「농지법」 제38조 및 「산지관리법」 제19조의2).

농지보전부담금 및 대체산림자원조성비와 같이 허가를 받지 못하거나 허가가 취소된 경우 회수가 가능한 비용은 사업폐지 등에 대한 보상범위에 포함되지 않는다.

III. 사업폐지 등의 보상 유의사항

1. 토지의 보상평가에 반영 여부

건축허가 등에 소요된 법정수수료 그 밖의 비용 등을 사업폐지 등에 대한 보상으로 지급하지 않고 토지의 보상평가에서 반영할 수 있는지 여부이다. 이를 절차의 진행정도에 따라 나누어 보면 다음과 같다.

(1) 건축허가 등의 추진단계

아직 건축허가 등이 되지 않고 추진단계에 있는 경우는 지출된 비용이 토지의 가치에 포함되었다고 볼 수 없으므로, 토지의 보상평가에서 반영할 수 없고 사업폐지 등에 대한 보상으로 지급되어야 한다.

(2) 건축허가 등 이후 착공 이전인 경우

건축허가 등을 득하였으나 착공하지 않은 경우에도 건축허가 등이 토지의 가치에 직접 영향을 미친다고 볼 수 없으므로 토지의 보상평가에서 반영할 수 없고 사업폐지 등에 대한 보상으로 지급되어야 한다.

특히 「공공주택특별법」 제11조 제3항 및 「택지개발촉진법」 제6조 제3항에서는 공공주택지구 또는 택지개발지구의 지정 및 고시 당시 이미 관계 법령에 따라 행위허가를 받았거나 허가를 받을 필요가 없는 행위에 관하여 공사 또는 사업에 착수한 자는 시장 등에게 신고한 후 이를 계속 시행할 수 있도록 규정하고 있으며, 착수하지 않은 경우 행위허가는 실효되므로 이런 경우도 토지의 보상평가에 반영하여서는 안 된다.

판례

건축허가를 받은 자가 행위제한일까지 건축행위에 착수하지 아니하였다면 종전의 건축허가는 효력을 상실하였다고 본다.
[대법원 2007.04.12. 선고 2006두18492 판결]

〈판결요지〉
구 「택지개발촉진법」 제6조 제1항 단서에서 규정하는 '예정지구의 지정·고시 당시에 공사 또는 사업에 착수한 자'라 함은 예정지구의 지정·고시 당시 구 「택지개발촉진법 시행령」 제6조 제1항에 열거되어 있는 행위에 착수한 자를 의미하는 것이고 그러한 행위를 하기 위한 준비행위를 한 자까지 포함하는 것은 아니라고 할 것이며, 같은 법 제6조 제1항 본문에 의하면, 건축법 등에 따른 건축허가를 받은 자가 택지개발 예정 지구의 지정·고시일까지 건축행위에 착수하지 아니하였으면 종전의 건축허가는 예정 지구의 지정·고시에 의하여 그 효력을 상실하였다고 보아야 할 것이어서, 이후 건축 행위에 착수하여 행하여진 공사 부분은 「택지개발촉진법」 제6조 제2항의 원상회복의 대상이 되는 것이므로, 예정지구의 지정·고시 이후 공사에 착수하여 공사가 진척되었다고 하더라도 당해 토지에 대한 보상액을 산정함에 있어서 그 이용현황을 수용재결일 당시의 현황대로 평가할 수는 없고, 구 「토지보상법 시행규칙」 제24조에 따라 공사에 착수하기 전의 이용상황을 상정하여 평가하여야 한다.

(3) 건축허가 등 이후 착공 초기인 경우

건축허가 등을 받고 공사에 착공하였으나 그 진행 정도가 미미한 초기인 경우는 종전의 이용상황을 기준으로 현재까지 소요된 비용의 지출액을 고려하여 토지를 보상평가하되, 공사비를 제외한 건축허가 등에 따른 가치의 증가 등은 고려하지 않는다.
즉, 토지의 형질변경이란 절토, 성토 또는 정지 등으로 토지의 형상을 변경하는 행위 등을 뜻하는 것으로서 토지의 형질을 외형적으로 사실상 변경시킬 것과 그 변경으로 말미암아 원상회복이 어려운 상태에 있을 것을 요하므로, 원상회복이 용이하여 형질변경이 이루어졌다고 보기 어려운 상태에 있는 경우에는 형질변경 등을 전제로 토지를 감정평가할 수 없다.
다만, 이 경우 사업폐지 등에 대한 보상을 하는 경우 토지에 대한 공사비는 여기에 포함시킬 수 없으므로 이를 구분하여 토지에 대한 공사비는 토지의 보상평가에서 별도로 반영하여야 한다.

판례

형질변경은 반드시 토지의 형상을 외형상으로 변경시켜야 하며 원상회복이 어려운 상태에 있을 것을 요한다.
[대법원 2005.11.25. 선고 2004도8436 판결]

〈판결요지〉
토지의 형질변경이라 함은 절토, 성토 또는 정지 등으로 토지의 형상을 변경하는 행위와 공유수면의 매립을 뜻하는 것으로서 토지의 형상을 외형상으로 사실상 변경시킬 것과 그 변경으로 말미암아 원상회복이 어려운 상태에 있을 것을 요한다.

(4) 건축허가 등 이후 공사가 진행된 경우

건축허가 등을 받고 공사가 진행되어 원상회복이 어려운 상태에 있는 경우에는 건축허가 등에 소요된 비용 등을 사업폐지 등에 대한 보상으로 지급할 수 없고 토지의 보상평가에 포함하여야 한다.

즉, 공사가 진행된 정도를 고려한 현실적인 이용상황을 기준으로 토지를 감정평가한 경우에는 건축허가 등에 소요된 비용 등은 토지가치에 포함되었다고 본다.

2. 사업폐지 등에 대한 보상의 감정평가 가능 여부

「토지보상법」 제68조 제1항에서 "사업시행자는 토지 등에 대한 보상액을 산정하려는 경우에는 감정평가법인 등 3인을 선정하여 토지 등의 평가를 의뢰하여야 한다. 다만, 사업시행자가 국토교통부령으로 정하는 기준에 따라 직접 보상액을 산정할 수 있을 때에는 그러하지 아니하다."라고 규정하고 있다. 따라서 사업시행자가 「토지보상법 시행규칙」에서 정하는 기준에 따라 직접 보상액을 산정할 수 없는 경우는 감정평가법인 등에게 감정평가를 의뢰하여야 하므로, 사업폐지 등에 대한 보상도 사업시행자가 직접 보상액을 산정할 수 없는 경우에는 감정평가법인 등에 보상평가를 의뢰할 수 있고, 감정평가법인 등은 사업폐지 등에 대한 보상액을 산정할 수 있다.

〈유권해석〉
사업폐지 등에 대한 보상도 감정평가대상이다.
[국토부 2005.09.08. 토지정책팀-104]

〈질의요지〉
사업폐지 등에 따른 소요비용 등의 손실을 보상함에 있어 감정평가업자에게 감정평가를 의뢰하여 그 결과에 따라 보상이 가능한지 여부

〈회신내용〉
사업폐지 등에 따른 소요비용에 대하여는 같은 법 제68조의 규정에 의하여 감정평가업자로 하여금 평가를 의뢰하여 손실보상액을 산정할 수 있을 것으로 봅니다.

3. 「토지보상법」상 근거 조항의 문제

「토지보상법 시행규칙」 제57조에 따른 사업폐지 등에 대한 보상의 「토지보상법」상 근거 조항이 명확하지 않다는 문제점이 있다. 일반적으로 「토지보상법」 제79조 제4항[402]을 근거 규정으로 보고 있으나, 이렇게 볼 경우 「토지보상법」 제80조 제2항에서 제79조 제1항 및 제2항에 따른 비용 또는 손실에 대해서만 관할 토지수용위원회에 재결을 신청할 수 있도록 규정하고 있으므로 실제적으로 사업폐지 등에 대한 보상에 대해서는 토지수용위원회에 재결을 신청할 수 없다고 보아야 하는 논리

402) 「토지보상법」 제79조 제4항에서는 "제1항부터 제3항까지에서 규정한 사항 외에 공익사업의 시행으로 인하여 발생하는 손실의 보상 등에 대하여는 국토교통부령으로 정하는 기준에 따른다."라고 규정하고 있다.

가 발생한다. 반면 대법원(2012.10.11. 선고 2010다23210 판결)에서는 「토지보상법 시행규칙」 제57조에 따른 사업폐지 등에 대한 보상도 「토지보상법」 제34조, 제50조 등에 규정된 재결절차를 거친 다음 재결에 대하여 불복이 있는 때에 비로소 제83조 내지 제85조에 따라 권리구제를 받을 수 있다고 판결하고 있으나 그 근거 규정을 명확히 밝히지 않고 있다. 이는 입법적 불비이므로 「토지보상법」상의 법률의 근거 규정 신설이 필요하다고 본다.

Ⅳ. 사업폐지등 보상에 대한 불복

대법원 2012.10.11. 선고 2010다23210 판결[손실보상금]

【판시사항】

구 공익사업을 위한 토지 등의 취득 및 보상에 관한 법률 제79조 제2항 등에 따른 사업폐지 등에 대한 보상청구권에 관한 쟁송형태(=행정소송) 및 공익사업으로 인한 사업폐지 등으로 손실을 입은 자가 위 법률에 따른 보상을 받기 위해서 재결절차를 거쳐야 하는지 여부(적극)

【판결요지】

구 공익사업을 위한 토지 등의 취득 및 보상에 관한 법률(2007.10.17. 법률 제8665호로 개정되기 전의 것, 이하 '구 공익사업법'이라고 한다) 제79조 제2항, 공익사업을 위한 토지 등의 취득 및 보상에 관한 법률 시행규칙 제57조에 따른 사업폐지 등에 대한 보상청구권은 공익사업의 시행 등 적법한 공권력의 행사에 의한 재산상 특별한 희생에 대하여 전체적인 공평부담의 견지에서 공익사업의 주체가 손해를 보상하여 주는 손실보상의 일종으로 공법상 권리임이 분명하므로 그에 관한 쟁송은 민사소송이 아닌 행정소송절차에 의하여야 한다. 또한 위 규정들과 구 공익사업법 제26조, 제28조, 제30조, 제34조, 제50조, 제61조, 제83조 내지 제85조의 규정 내용·체계 및 입법 취지 등을 종합하여 보면, 공익사업으로 인한 사업폐지 등으로 손실을 입게 된 자는 구 공익사업법 제34조, 제50조 등에 규정된 재결절차를 거친 다음 재결에 대하여 불복이 있는 때에 비로소 구 공익사업법 제83조 내지 제85조에 따라 권리구제를 받을 수 있다고 보아야 한다.

제13절 농업손실보상

시행규칙 제48조(농업의 손실에 대한 보상)

① 공익사업시행지구에 편입되는 농지(「농지법」 제2조 제1호 가목 및 같은 법 시행령 제2조 제3항 제2호 가목에 해당하는 토지를 말한다)에 대하여는 그 면적에 「통계법」 제3조 제3호에 따른 통계작성기관이 매년 조사・발표하는 농가경제조사통계의 도별 농업총수입 중 농작물수입을 도별 표본농가현황 중 경지면적으로 나누어 산정한 도별 연간 농가평균 단위경작면적당 농작물총수입(서울특별시・인천광역시는 경기도, 대전광역시는 충청남도, 광주광역시는 전라남도, 대구광역시는 경상북도, 부산광역시・울산광역시는 경상남도의 통계를 각각 적용한다)의 직전 3년간 평균의 2년분을 곱하여 산정한 금액을 영농손실액으로 보상한다.

② 국토교통부장관이 농림축산식품부장관과의 협의를 거쳐 관보에 고시하는 농작물실제소득인정기준(이하 "농작물실제소득인정기준"이라 한다)에서 정하는 바에 따라 실제소득을 입증하는 자가 경작하는 편입농지에 대해서는 제1항에도 불구하고 그 면적에 단위경작면적당 3년간 실제소득 평균의 2년분을 곱하여 산정한 금액을 영농손실액으로 보상한다. 다만, 다음 각 호의 어느 하나에 해당하는 경우에는 각 호의 구분에 따라 산정한 금액을 영농손실액으로 보상한다.

1. 단위경작면적당 실제소득이 「통계법」 제3조 제3호에 따른 통계작성기관이 매년 조사・발표하는 농축산물소득자료집의 작목별 평균소득의 2배를 초과하는 경우 : 해당 작목별 단위경작면적당 평균생산량의 2배(단위경작면적당 실제소득이 현저히 높다고 농작물실제소득인정기준에서 따로 배수를 정하고 있는 경우에는 그에 따른다)를 판매한 금액을 단위경작면적당 실제소득으로 보아 이에 2년분을 곱하여 산정한 금액
2. 농작물실제소득인정기준에서 직접 해당 농지의 지력(地力)을 이용하지 아니하고 재배 중인 작물을 이전하여 해당 영농을 계속하는 것이 가능하다고 인정하는 경우 : 단위경작면적당 실제소득(제1호의 요건에 해당하는 경우에는 제1호에 따라 결정된 단위경작면적당 실제소득을 말한다)의 4개월분을 곱하여 산정한 금액

③ 다음 각 호의 어느 하나에 해당하는 토지는 이를 제1항 및 제2항의 규정에 의한 농지로 보지 아니한다.

1. 사업인정고시일 등 이후부터 농지로 이용되고 있는 토지
2. 토지이용계획・주위환경 등으로 보아 일시적으로 농지로 이용되고 있는 토지
3. 타인소유의 토지를 불법으로 점유하여 경작하고 있는 토지
4. 농민(「농지법」 제2조 제3호의 규정에 의한 농업법인 또는 「농지법 시행령」 제3조 제1호 및 동조 제2호의 규정에 의한 농업인을 말한다)이 아닌 자가 경작하고 있는 토지
5. 토지의 취득에 대한 보상 이후에 사업시행자가 2년 이상 계속하여 경작하도록 허용하는 토지

④ 자경농지가 아닌 농지에 대한 영농손실액은 다음 각 호의 구분에 따라 보상한다.

1. 농지의 소유자가 해당 지역(영 제26조 제1항 각 호의 어느 하나의 지역을 말한다)에 거주하는 농민인 경우
   가. 농지의 소유자와 제7항에 따른 실제 경작자(이하 "실제 경작자"라 한다)간에 협의가 성립된 경우 : 협의내용에 따라 보상
   나. 농지의 소유자와 실제 경작자 간에 협의가 성립되지 아니하는 경우에는 다음의 구분에 따라 보상
      1) 제1항에 따라 영농손실액이 결정된 경우 : 농지의 소유자와 실제 경작자에게 각각 영농손실액의 50퍼센트에 해당하는 금액을 보상

2) 제2항에 따라 영농손실액이 결정된 경우 : 농지의 소유자에게는 제1항의 기준에 따라 결정된 영농손실액의 50퍼센트에 해당하는 금액을 보상하고, 실제 경작자에게는 제2항에 따라 결정된 영농손실액 중 농지의 소유자에게 지급한 금액을 제외한 나머지에 해당하는 금액을 보상

2. 농지의 소유자가 해당 지역에 거주하는 농민이 아닌 경우 : 실제 경작자에게 보상

⑤ 실제 경작자가 자의로 이농하는 등의 사유로 보상협의일 또는 수용재결일 당시에 경작을 하고 있지 않는 경우의 영농손실액은 제4항에도 불구하고 농지의 소유자가 해당 지역에 거주하는 농민인 경우에 한정하여 농지의 소유자에게 보상한다.

⑥ 해당 지역에서 경작하고 있는 농지의 3분의 2 이상에 해당하는 면적이 공익사업시행지구에 편입됨으로 인하여 농기구를 이용하여 해당 지역에서 영농을 계속할 수 없게 된 경우(과수 등 특정한 작목의 영농에만 사용되는 특정한 농기구의 경우에는 공익사업시행지구에 편입되는 면적에 관계없이 해당 지역에서 해당 영농을 계속할 수 없게 된 경우를 말한다) 해당 농기구에 대해서는 매각손실액을 평가하여 보상하여야 한다. 다만, 매각손실액의 평가가 현실적으로 곤란한 경우에는 원가법에 의하여 산정한 가격의 60퍼센트 이내에서 매각손실액을 정할 수 있다.

⑦ 법 제77조 제2항에 따른 실제 경작자는 다음 각 호의 자료에 따라 사업인정고시일 등 당시 타인소유의 농지를 임대차 등 적법한 원인으로 점유하고 자기소유의 농작물을 경작하는 것으로 인정된 자를 말한다. 이 경우 실제 경작자로 인정받으려는 자가 제5호의 자료만 제출한 경우 사업시행자는 해당 농지의 소유자에게 그 사실을 서면으로 통지할 수 있으며, 농지소유자가 통지받은 날부터 30일 이내에 이의를 제기하지 않는 경우에는 제2호의 자료가 제출된 것으로 본다.

1. 농지의 임대차계약서
2. 농지소유자가 확인하는 경작사실확인서
3. 「농업·농촌 공익기능 증진 직접지불제도 운영에 관한 법률」에 따른 직접지불금의 수령 확인자료
4. 「농어업경영체 육성 및 지원에 관한 법률」 제4조에 따른 농어업경영체 등록확인서
5. 해당 공익사업시행지구의 이장·통장이 확인하는 경작사실확인서
6. 그 밖에 실제 경작자임을 증명하는 객관적 자료

01 서

농업손실보상은 농경지가 공익사업에 편입되어 새로운 농지를 얻는 동안 농업을 못하게 되는 경우에 하는 보상이다. 농업손실보상의 취지는 공익사업시행 전의 상태로 생활유기체가 복원되는 데 필요한 생활재건조치의 실시, 대체농지의 구입에 소요되는 기간 동안의 일실손실의 지급, 영업보상과 균형유지를 위하여 상실된 기대이익의 전보라는 점도 있으나, 전업에 소요되는 비용의 지급이라는 점이 가장 크다 할 것이다.

02 농업손실보상의 성격

공익사업의 시행으로 인해 영농을 못하게 되는 경우로서 전업에 소요되는 시간을 고려해 합리적 기대이익의 상실에 대한 보상으로 부대적 손실보상 중 일실손실의 보상이며 다만 유기체적 생활을 종전상태로 회복하는 의미에서 생활보상의 성격도 있다.

03 보상의 대상

1. 물적 대상(물적 범위)

(1) 농지법 제2조 제1호 가목 및 동법 시행령 제2조 제3항 제2호 가목에 해당되는 토지

지목에 불구하고 실제 농작물을 경작하는 경우를 농경지로 보며 농지법 제2조 제1호 가목 및 동법 시행령 제2조 제3항 제2호 가목에 해당하는 토지(농지), 다만 다음의 토지는 보상대상토지로 보지 않는다(시행규칙 제48조 제3항).

판례

▶ 관련판례(대판 2013.12.12, 2011두11846)
농지법에서 말하는 농지에는 그 법 제2조 제1호 (가)목의 토지와 (나)목의 시설의 부지가 포함되나, (구)공익사업법 시행규칙은 영농손실보상의 대상이 되는 농지로 농지법 제2조 제1호 (가)목에 해당하는 토지로 규정하고 있고, 농지법 시행령 제2조 제3항은 '버섯재배사'를 농지법 제2조 제1호 (나)목의 시설로 정하고 있으므로, 원고의 버섯재배사는 영농손실보상의 대상이 되는 농지에 해당한다고 볼 수 없다.

(2) 토지보상법 시행규칙 제48조 제3항

③ 다음 각 호의 어느 하나에 해당하는 토지는 이를 제1항 및 제2항의 규정에 의한 농지로 보지 아니한다.
1. 사업인정고시일 등 이후부터 농지로 이용되고 있는 토지
2. 토지이용계획・주위환경 등으로 보아 일시적으로 농지로 이용되고 있는 토지
3. 타인소유의 토지를 불법으로 점유하여 경작하고 있는 토지
4. 농민(「농지법」 제2조 제3호의 규정에 의한 농업법인 또는 「농지법 시행령」 제3조 제1호 및 동조 제2호의 규정에 의한 농업인을 말한다)이 아닌 자가 경작하고 있는 토지
5. 토지의 취득에 대한 보상 이후에 사업시행자가 2년 이상 계속하여 경작하도록 허용하는 토지

(3) 지목이 임야이나 농지로 이용중인 토지의 농업손실보상

지목이 임야이나 농지로 이용중인 토지의 농업손실보상의 경우에 해석상의 변경이 자주 일고 있다. 이에 대해서는 법제처 해석 등을 참고하기 바란다(후술 참조).

2. 인적대상(인적범위)

(1) 토지보상법 시행규칙 제48조의 태도

④ 자경농지가 아닌 농지에 대한 영농손실액은 다음 각 호의 구분에 따라 보상한다.
1. 농지의 소유자가 해당 지역(영 제26조 제1항 각 호의 어느 하나의 지역을 말한다)에 거주하는 농민인 경우
   가. 농지의 소유자와 제7항에 따른 실제 경작자(이하 "실제 경작자"라 한다)간에 협의가 성립된 경우 : 협의내용에 따라 보상

나. 농지의 소유자와 실제 경작자 간에 협의가 성립되지 아니하는 경우에는 다음의 구분에 따라 보상
1) 제1항에 따라 영농손실액이 결정된 경우 : 농지의 소유자와 실제 경작자에게 각각 영농손실액의 50퍼센트에 해당하는 금액을 보상
2) 제2항에 따라 영농손실액이 결정된 경우 : 농지의 소유자에게는 제1항의 기준에 따라 결정된 영농손실액의 50퍼센트에 해당하는 금액을 보상하고, 실제 경작자에게는 제2항에 따라 결정된 영농손실액 중 농지의 소유자에게 지급한 금액을 제외한 나머지에 해당하는 금액을 보상

2. 농지의 소유자가 해당 지역에 거주하는 농민이 아닌 경우 : 실제 경작자에게 보상

⑤ 실제 경작자가 자의로 이농하는 등의 사유로 보상협의일 또는 수용재결일 당시에 경작을 하고 있지 않는 경우의 영농손실액은 제4항에도 불구하고 농지의 소유자가 해당 지역에 거주하는 농민인 경우에 한정하여 농지의 소유자에게 보상한다.

⑦ 법 제77조 제2항에 따른 실제 경작자는 다음 각 호의 자료에 따라 사업인정고시일 등 당시 타인소유의 농지를 임대차 등 적법한 원인으로 점유하고 자기소유의 농작물을 경작하는 것으로 인정된 자를 말한다. 이 경우 실제 경작자로 인정받으려는 자가 제5호의 자료만 제출한 경우 사업시행자는 해당 농지의 소유자에게 그 사실을 서면으로 통지할 수 있으며, 농지소유자가 통지받은 날부터 30일 이내에 이의를 제기하지 않는 경우에는 제2호의 자료가 제출된 것으로 본다.

1. 농지의 임대차계약서
2. 농지소유자가 확인하는 경작사실확인서
3. 「농업ㆍ농촌 공익기능 증진 직접지불제도 운영에 관한 법률」에 따른 직접지불금의 수령 확인자료
4. 「농어업경영체 육성 및 지원에 관한 법률」 제4조에 따른 농어업경영체 등록확인서
5. 해당 공익사업시행지구의 이장ㆍ통장이 확인하는 경작사실확인서
6. 그 밖에 실제 경작자임을 증명하는 객관적 자료

(2) 관련 판례

판례

▶ 관련판례(대판 2002.6.14, 2000두3450)
실제의 경작자는 해당 지역 안에 거주할 것을 요구하고 있지 않기 때문에 해당 지역 안에 거주하지 아니하여도 된다고 하여야 할 것이다.

04 보상방법 및 내용

1. 영농손실액(시행규칙 제48조 제1항, 제2항)

① 농지면적에 도별 연간 농가평균 단위경작 면적당 농작물총수입의 직전 3년간 평균의 2년분을 곱하여 산정하고, ② 국토교통부장관이 농림수산식품부장관과의 협의를 거쳐 관보에 고시하는 농작물실제소득인정기준에서 정하는 바에 따라 실제소득을 입증하는 자가 경작하는 편입농지에 대해서는 농지면적에 단위경작면적당 3년간 실제소득 평균의 2년분을 곱하여 산정한 금액을 영농손실액으로 보상한다. ③ 단위경작면적당 실제소득이 농축산물소득자료집의 작목별 평균소득의 2배를 초과하는 경우는 해당 작목별 단위경작면적당 평균생산량의 2배를 판매한 금액을 단위경작면적당 실제소득으로 보아 이에 2년분을 곱하여 산정한 금액으로 한다. ④ 농작물실제소득인정기준에서 직접 해

당 농지의 지력을 이용하지 아니하고 재배 중인 작물을 이전하여 해당 영농을 계속하는 것이 가능하다고 인정하는 경우에는 단위경작면적당 실제소득의 3개월분을 곱하여 산정한 금액으로 한다.

판례

▶ 관련판례(대판 2012.6.14, 2011두26794)

(구)공익사업을 위한 토지 등의 취득 및 보상에 관한 법률 제77조 등에서 정한 농업손실에 대한 보상과 관련하여 국토해양부장관이 고시한 농작물실제소득인정기준에서 규정한 서류 이외의 증명방법으로 농작물 총수입을 인정할 수 있는지 여부(적극)

위와 같은 관련 법령의 내용, 형식 및 취지 등과 헌법 제23조 제3항에 규정된 정당한 보상의 원칙에 비추어 보면, 공공필요에 의한 수용 등으로 인한 손실의 보상은 정당한 보상이어야 하고, 농업손실에 대한 정당한 보상은 수용되는 농지의 특성과 영농상황 등 고유의 사정이 반영된 실제소득을 기준으로 하는 것이 원칙이다. 따라서 이 사건 고시에서 농작물 총수입의 입증자료로 거래실적을 증명하는 서류 등을 규정한 것은 객관성과 합리성이 있는 증명방법을 예시한 데 지나지 아니하고, 거기에 열거된 서류 이외의 증명방법이라도 객관성과 합리성이 있다면 그에 의하여 농작물 총수입을 인정할 수 있다고 봄이 타당하다.

원심판결 이유에 의하면, 원심은 그 채택 증거들을 종합하여 그 판시와 같은 사실을 인정한 다음, 원고가 주장하는 농작물 총수입 중 대구 북구 칠성동 소재 ○○상회에 납품한 딸기의 판매액에 관한 거래실적증명신청서 및 계산서(이하 '이 사건 거래자료'라 한다)는 이 사건 고시 제4조에 열거된 증명방법에 해당하지 아니한다는 이유로 이를 제외한 채 원고에 대한 보상금을 35,089,200원으로 산정하고 위 보상금이 피고가 공탁한 수용재결에 기한 손실보상금 37,021,240원보다 적다는 이유를 들어, 결국 원고의 이 사건 청구는 이유 없다고 판단하였다.

그러나 원심의 이러한 판단은 위 법리와 기록에 비추어 그대로 수긍하기 어렵다. 이 사건 거래자료는 이 사건 고시 제4조에 규정된 입증자료에는 포함되어 있지 아니하나 그 신빙성을 의심할 만한 다른 특별한 사정이 없는 한 원고의 농작물 총수입을 인정할 수 있는 객관성과 합리성이 있다고 볼 여지가 많다. 그럼에도 원심은 이와 달리 그 판시와 같은 이유만을 들어 이 사건 거래자료를 농작물 총수입의 입증자료에서 제외한 채 원고에 대한 손실보상금을 산정하고 말았으니, 이러한 원심판결에는 이 사건 고시 제4조의 법적 성격 등에 관한 법리를 오해한 나머지 필요한 심리를 다하지 아니함으로써 판결에 영향을 미친 위법이 있다.

2. 농기구 매각손실액(시행규칙 제48조 제6항)

해당 지역에서 경작하고 있는 농지의 3분의 2 이상이 편입됨으로 인해 농기구를 이용하여 영농을 계속할 수 없게 된 경우[403] 농기구[404]에 대하여는 매각손실액을 평가해 보상해야 한다. 매각손실액 평가가 현실적으로 곤란한 경우에는 원가법에 의해 산정한 가격의 60% 이내에서 매각손실액을 정할 수 있다.

403) 영농을 계속할 수 없게 된 경우란 농업의 폐지의 경우뿐 아니라 종전의 농업경영형태를 계속하기 어려운 경우도 포함된다. 따라서 소유농지의 3분의 2 이상이 공익사업시행지구에 편입되더라도 농업을 계속할 수 있는 경우에는 농기구의 매각손실액을 별도로 보상하지 아니한다(토지취득보상법, 박평준·박창석 공저).

404) 농기구란 경운기·탈곡기·분무기·제초기 그 밖에 유사한 농업용 기계·기구를 말한다. 이와 유사한 것이란 리어카·제승기·가마니제작기·양수기·우마차·잠구 등이 포함될 것이나, 단순한 호미·낫 등은 이에 포함되는지에 대하여서 의문이다.

05 농업손실보상 불복

판례

① 관련판례(대판 2011.10.13, 2009다43461) - 농업손실보상은 공법상 권리이고, 재결전치주의를 통해 토지보상법 제83조부터 제85조 불복으로 권리구제함.

(구)공익사업을 위한 토지 등의 취득 및 보상에 관한 법률 제77조 제2항은 "농업의 손실에 대하여는 농지의 단위면적당 소득 등을 참작하여 보상하여야 한다."고 규정하고, 같은 조 제4항은 "제1항 내지 제3항의 규정에 의한 보상액의 구체적인 산정 및 평가방법과 보상기준은 건설교통부령으로 정한다." 고 규정하고 있으며, 이에 따라 (구)공익사업을 위한 토지 등의 취득 및 보상에 관한 법률 시행규칙(제48조), 축산업의 손실에 대한 평가(제49조), 잠업의 손실에 대한 평가(제50조)에 관하여 규정하고 있다. 위 규정들에 따른 농업손실보상청구권은 공익사업의 시행 등 적법한 공권력의 행사에 의한 재산상의 특별한 희생에 대하여 전체적인 공평부담의 견지에서 공익사업의 주체가 그 손해를 보상하여 주는 **손실보상의 일종으로 공법상의 권리임이 분명**하므로 그에 관한 쟁송은 민사소송이 아닌 행정소송절차에 의하여야 할 것이고, 위 규정들과 (구)공익사업법 제26조, 제28조, 제30조, 제34조, 제50조, 제61조, 제83조 내지 제85조의 규정 내용 및 입법취지 등을 종합하여 보면, 공익사업으로 인하여 **농업의 손실을 입게 된 자가 사업시행자로부터 (구)공익사업법 제77조 제2항에 따라 농업손실에 대한 보상을 받기 위해서는 (구)공익사업법 제34조, 제50조 등에 규정된 재결절차를 거친 다음 그 재결에 대하여 불복이 있는 때에 비로소 (구)공익사업법 제83조 내지 제85조에 따라 권리구제를 받을 수 있다.**

② 관련판례(대판 2013.11.14, 2011다27103) - 토지소유자등의 승낙 없이 공익사업 공사 착수를 하여 영농을 계속할 수 없는 경우 2년분의 영농손실보상금과 별도로 손해배상책임이 있음.

사업시행자가 보상금 지급이나 토지소유자 및 관계인의 승낙 없이 공익사업을 위한 공사에 착수하여 영농을 계속할 수 없게 한 경우, 2년분의 영농손실보상금 지급과 별도로 공사의 사전 착공으로 토지소유자나 관계인이 영농을 할 수 없게 된 때부터 수용개시일까지 입은 손해를 배상할 책임이 있는지 여부(적극)

(구)공익사업을 위한 토지 등의 취득 및 보상에 관한 법률(2011.8.4. 법률 제11017호로 개정되기 전의 것, 이하 '공익사업법'이라 한다) 제40조 제1항, 제62조, 제77조 제2항, (구)공익사업을 위한 토지 등의 취득 및 보상에 관한 법률 시행규칙(2013.4.25. 국토교통부령 제5호로 개정되기 전의 것) 제48조 제1항, 제3항 제5호의 규정들을 종합하여 보면, 공익사업을 위한 공사는 손실보상금을 지급하거나 토지소유자 및 관계인의 승낙을 받지 않고는 미리 착공해서는 아니 되는 것으로, 이는 그 보상권리자가 수용대상에 대하여 가지는 법적 이익과 기존의 생활관계 등을 보호하고자 하는 것이고, 수용대상인 농지의 경작자 등에 대한 2년분의 영농손실보상은 그 농지의 수용으로 인하여 장래에 영농을 계속하지 못하게 되어 생기는 이익 상실 등에 대한 보상을 하기 위한 것이다. 따라서 사업시행자가 토지소유자 및 관계인에게 보상금을 지급하지 아니하고 그 승낙도 받지 아니한 채 미리 공사에 착수하여 영농을 계속할 수 없게 하였다면 이는 공익사업법상 사전보상의 원칙을 위반한 것으로서 위법하다 할 것이므로, 이 경우 사업시행자는 2년분의 영농손실보상금을 지급하는 것과 별도로, 공사의 사전 착공으로 인하여 토지소유자나 관계인이 영농을 할 수 없게 된 때부터 수용개시일까지 입은 손해에 대하여 이를 배상할 책임이 있다.

③ 관련판례(대판 2019.8.29, 2018두57865) [수용재결신청청구거부처분취소] - 농업손실보상에 대해서는 재결전치주의 채택함. 사업시행자만이 재결신청할 수 있고, 수용재결신청청구거부 시에 거부처분 취소소송 가능함.

【판시사항】

[1] 공익사업으로 농업의 손실을 입게 된 자가 공익사업을 위한 토지 등의 취득 및 보상에 관한 법률 제34조, 제50조 등에 규정된 재결절차를 거치지 않은 채 곧바로 사업시행자를 상대로 손실보상을 청구할 수 있는지 여부(소극)

[2] 편입토지 보상, 지장물 보상, 영업・농업 보상에 관하여 토지소유자나 관계인이 사업시행자에게 재결신청을 청구했음에도 사업시행자가 재결신청을 하지 않을 경우, 토지소유자나 관계인의 불복방법 및 이때 사업시행자에게 재결신청을 할 의무가 있는지가 소송요건 심사단계에서 고려할 요소인지 여부(소극)

[3] 한국수자원공사법에 따른 사업을 수행하기 위한 토지 등의 수용 또는 사용으로 손실을 입게 된 토지소유자나 관계인이 공익사업을 위한 토지 등의 취득 및 보상에 관한 법률 제30조에 따라 한국수자원공사에 재결신청을 청구하는 경우, 위 사업의 실시계획을 승인할 때 정한 사업시행기간 내에 해야 하는지 여부(적극)

【판결요지】

[1] 공익사업을 위한 토지 등의 취득 및 보상에 관한 법률(이하 '토지보상법'이라 한다) 제26조, 제28조, 제30조, 제34조, 제50조, 제61조, 제83조 내지 제85조의 규정 내용 및 입법 취지 등을 종합하면, 공익사업으로 농업의 손실을 입게 된 자가 사업시행자로부터 토지보상법 제77조 제2항에 따라 농업손실에 대한 보상을 받기 위해서는 토지보상법 제34조, 제50조 등에 규정된 재결절차를 거친 다음 그 재결에 대하여 불복이 있는 때에 비로소 토지보상법 제83조 내지 제85조에 따라 권리구제를 받을 수 있을 뿐, 이러한 재결절차를 거치지 않은 채 곧바로 사업시행자를 상대로 손실보상을 청구하는 것은 허용되지 않는다.

[2] 공익사업을 위한 토지 등의 취득 및 보상에 관한 법률 제28조, 제30조에 따르면, 편입토지 보상, 지장물 보상, 영업・농업 보상에 관해서는 사업시행자만이 재결을 신청할 수 있고 토지소유자와 관계인은 사업시행자에게 재결신청을 청구하도록 규정하고 있으므로, 토지소유자나 관계인의 재결신청 청구에도 사업시행자가 재결신청을 하지 않을 때 토지소유자나 관계인은 사업시행자를 상대로 거부처분 취소소송 또는 부작위 위법확인소송의 방법으로 다투어야 한다. 구체적인 사안에서 토지소유자나 관계인의 재결신청 청구가 적법하여 사업시행자가 재결신청을 할 의무가 있는지는 본안에서 사업시행자의 거부처분이나 부작위가 적법한가를 판단하는 단계에서 고려할 요소이지, 소송요건 심사단계에서 고려할 요소가 아니다.

[3] 한국수자원공사법에 따르면, 한국수자원공사는 수자원을 종합적으로 개발・관리하여 생활용수 등의 공급을 원활하게 하고 수질을 개선함으로써 국민생활의 향상과 공공복리의 증진에 이바지함을 목적으로 설립된 공법인으로서(제1조, 제2조), 사업을 수행하기 위하여 필요한 경우에는 공익사업을 위한 토지 등의 취득 및 보상에 관한 법률(이하 '토지보상법'이라 한다) 제3조에 따른 토지 등을 수용 또는 사용할 수 있고, 토지 등의 수용 또는 사용에 관하여 한국수자원공사법에 특별한 규정이 있는 경우 외에는 토지보상법을 적용한다(제24조 제1항, 제7항). 한국수자원공사법 제10조에 따른 실시계획의 승인・고시가 있으면 토지보상법 제20조 제1항 및 제22조에 따른 사업인정 및 사업인정의 고시가 있은 것으로 보고, 이 경우 재결신청은 토지보상법 제23조 제1항 및 제28조 제1항에도 불구하고 실시계획을 승인할 때 정한 사업의 시행기간 내에 하여야 한다(제24조 제2항).
위와 같은 관련 규정들의 내용과 체계, 입법 취지 등을 종합하면, 한국수자원공사가 한국수자원공사법에 따른 사업을 수행하기 위하여 토지 등을 수용 또는 사용하고자 하는 경우에 재결신청은 실

시계획을 승인할 때 정한 사업의 시행기간 내에 하여야 하므로, 토지소유자나 관계인이 토지보상법 제30조에 의하여 한국수자원공사에 하는 재결신청의 청구도 위 사업시행기간 내에 하여야 한다.

④ 관련판례(대판 2020.4.29, 2019두32696)[손실보상금] – 시행규칙 제48조 제2항 단서 제1호가 헌법상 정당보상원칙, 비례원칙에 위반되거나 위임입법의 한계를 일탈한 것이 아니며, 진정소급입법에 해당되지 않음.

【판시사항】

[1] 2013.4.25. 국토교통부령 제5호로 개정된 공익사업을 위한 토지 등의 취득 및 보상에 관한 법률 시행규칙 제48조 제2항 단서 제1호가 헌법상 정당보상원칙, 비례원칙에 위반되거나 위임입법의 한계를 일탈한 것인지 여부(소극)

[2] 2013.4.25. 국토교통부령 제5호로 개정된 공익사업을 위한 토지 등의 취득 및 보상에 관한 법률 시행규칙 시행일 전에 사업인정고시가 이루어졌으나 위 시행규칙 시행 후 보상계획의 공고・통지가 이루어진 공익사업에 대해서도 영농보상금액의 구체적인 산정방법・기준에 관한 위 시행규칙 제48조 제2항 단서 제1호를 적용하도록 규정한 위 시행규칙 부칙(2013.4.25.) 제4조 제1항이 진정소급입법에 해당하는지 여부(소극)

【판결요지】

[1] 공익사업을 위한 토지 등의 취득 및 보상에 관한 법률 제77조 제4항은 농업손실 보상액의 구체적인 산정 및 평가 방법과 보상기준에 관한 사항을 국토교통부령으로 정하도록 위임하고 있다. 그 위임에 따라 2013.4.25. 국토교통부령 제5호로 개정된 공익사업을 위한 토지 등의 취득 및 보상에 관한 법률 시행규칙(이하 '개정 시행규칙'이라 한다) 제48조 제2항 단서 제1호가 실제소득 적용 영농보상금의 예외로서, 농민이 제출한 입증자료에 따라 산정한 실제소득이 동일 작목별 평균소득의 2배를 초과하는 경우에 해당 작목별 평균생산량의 2배를 판매한 금액을 실제소득으로 간주하도록 규정함으로써 실제소득 적용 영농보상금의 '상한'을 설정하였다.
이와 같은 개정 시행규칙 제48조 제2항 단서 제1호는, 영농보상이 장래의 불확정적인 일실소득을 보상하는 것이자 농민의 생존배려・생계지원을 위한 보상인 점, 실제소득 산정의 어려움 등을 고려하여, 농민이 실농으로 인한 대체생활을 준비하는 기간의 생계를 보장할 수 있는 범위 내에서 실제소득 적용 영농보상금의 '상한'을 설정함으로써 나름대로 합리적인 적정한 보상액의 산정방법을 마련한 것이므로, 헌법상 정당보상원칙, 비례원칙에 위반되거나 위임입법의 한계를 일탈한 것으로는 볼 수 없다.

[2] 사업인정고시일 전부터 해당 토지를 소유하거나 사용권원을 확보하여 적법하게 농업에 종사해 온 농민은 사업인정고시일 이후에도 수용개시일 전날까지는 해당 토지에서 그간 해온 농업을 계속할 수 있다. 그러나 사업인정고시일 이후에 수용개시일 전날까지 농민이 해당 공익사업의 시행과 무관한 어떤 다른 사유로 경작을 중단한 경우에는 손실보상의 대상에서 제외될 수 있다. 사업인정고시가 이루어졌다는 점만으로 농민이 구체적인 영농보상금 청구권을 확정적으로 취득하였다고는 볼 수 없으며, 보상협의 또는 재결절차를 거쳐 협의성립 당시 또는 수용재결 당시의 사정을 기준으로 구체적으로 산정되는 것이다.
또한 공익사업을 위한 토지 등의 취득 및 보상에 관한 법률 시행규칙 제48조에 따른 영농보상은 수용개시일 이후 편입농지에서 더 이상 영농을 계속할 수 없게 됨에 따라 발생하는 손실에 대하여 장래의 2년간 일실소득을 예측하여 보상하는 것이므로, 수용재결 당시를 기준으로도 영농보상은

아직 발생하지 않은 장래의 손실에 대하여 보상하는 것이다.

따라서 공익사업을 위한 토지 등의 취득 및 보상에 관한 법률 시행규칙 부칙(2013.4.25.) 제4조 제1항이 영농보상금액의 구체적인 산정방법·기준에 관한 2013.4.25. 국토교통부령 제5호로 개정된 공익사업을 위한 토지 등의 취득 및 보상에 관한 법률 시행규칙(이하 '개정 시행규칙'이라 한다) 제48조 제2항 단서 제1호를 개정 시행규칙 시행일 전에 사업인정고시가 이루어졌으나 개정 시행규칙 시행 후 보상계획의 공고·통지가 이루어진 공익사업에 대해서도 적용하도록 규정한 것은 진정소급입법에 해당하지 않는다.

⑤ **관련판례 (대판 2023.8.18, 2022두34913)[손실보상금]** – 영농손실보상의 법적 성격은 간접보상이자 생활보상의 성격임. 농지의 수용으로 인하여 장래에 영농을 계속하지 못하게 되어 특별한 희생이 생기는 경우 보상함. [별지 2]에 열거되어 있지 아니한 시설콩나물 재배업에 관하여도 토지보상법 시행규칙 제48조 제2항 단서 제2호를 적용할 수 있음.

【판시사항】

[1] 구 공익사업을 위한 토지 등의 취득 및 보상에 관한 법률 제77조 제2항, 같은 법 시행규칙 제48조 제2항 본문에서 정한 '영농손실보상'의 법적 성격 / 같은 법 시행규칙 제48조에서 규정한 영농손실보상은 공익사업시행지구 안에서 수용의 대상인 농지를 이용하여 경작을 하는 자가 그 농지의 수용으로 인하여 장래에 영농을 계속하지 못하게 되어 특별한 희생이 생기는 경우 이를 보상하기 위한 것인지 여부(적극)

[2] 구 공익사업을 위한 토지 등의 취득 및 보상에 관한 법률 시행규칙 제48조 제2항 단서 제2호의 '직접 해당 농지의 지력을 이용하지 아니하고 재배 중인 작물을 이전하여 해당 영농을 계속하는 것이 가능하다고 인정하는 작목 및 재배방식'을 규정한 '농작물실제소득인정기준'(국토교통부고시) 제6조 제3항 [별지 2]에 열거되어 있지 아니한 시설콩나물 재배업에 관하여도 같은 시행규칙 제48조 제2항 단서 제2호를 적용할 수 있는지 여부(적극)

【판결요지】

[1] 공공필요에 의한 재산권의 수용·사용 또는 제한 및 그에 대한 보상은 법률로써 하되, 정당한 보상을 지급하여야 한다(헌법 제23조 제3항). 구 공익사업을 위한 토지 등의 취득 및 보상에 관한 법률(2020.6.9. 법률 제17453호로 개정되기 전의 것, 이하 '구 토지보상법'이라고 한다) 제77조 소정의 영업의 손실 등에 대한 보상은 위와 같은 헌법상의 정당한 보상 원칙에 따라 공익사업의 시행 등 적법한 공권력의 행사에 의한 재산상의 특별한 희생에 대하여 사유재산권의 보장과 전체적인 공평부담의 견지에서 행하여지는 조절적인 재산적 보상이다. 특히 구 토지보상법 제77조 제2항, 구 공익사업을 위한 토지 등의 취득 및 보상에 관한 법률 시행규칙(2020.12.11. 국토교통부령 제788호로 개정되기 전의 것, 이하 '구 토지보상법 시행규칙'이라고 한다) 제48조 제2항 본문에서 정한 영농손실보상(이하 '영농보상'이라고 한다)은 편입토지 및 지장물에 관한 손실보상과는 별개로 이루어지는 것으로서, 농작물과 농지의 특수성으로 인하여 같은 시행규칙 제46조에서 정한 폐업보상과 구별해서 농지가 공익사업시행지구에 편입되어 공익사업의 시행으로 더 이상 영농을 계속할 수 없게 됨에 따라 발생하는 손실에 대하여 원칙적으로 같은 시행규칙 제46조에서 정한 폐업보상과 마찬가지로 장래의 2년간 일실소득을 보상함으로써, 농민이 대체 농지를 구입하여 영농을 재개하거나 다른 업종으로 전환하는 것을 보장하기 위한 것이다. 즉, 영농보상은 원칙적으로 농민이 기존 농업을 폐지한 후 새로운 직업 활동을 개시하기까지의 준비기간 동안에 농민의 생계

를 지원하는 간접보상이자 생활보상으로서의 성격을 가진다.

영농보상은 그 보상금을 통계소득을 적용하여 산정하든, 아니면 해당 농민의 최근 실제소득을 적용하여 산정하든 간에, 모두 장래의 불확정적인 일실소득을 예측하여 보상하는 것으로, 기존에 형성된 재산의 객관적 가치에 대한 '완전한 보상'과는 그 법적 성질을 달리한다.

결국 구 토지보상법 시행규칙 제48조 소정의 영농보상 역시 공익사업시행지구 안에서 수용의 대상인 농지를 이용하여 경작을 하는 자가 그 농지의 수용으로 인하여 장래에 영농을 계속하지 못하게 되어 특별한 희생이 생기는 경우 이를 보상하기 위한 것이기 때문에, 위와 같은 재산상의 특별한 희생이 생겼다고 할 수 없는 경우에는 손실보상 또한 있을 수 없고, 이는 구 토지보상법 시행규칙 제48조 소정의 영농보상이라고 하여 달리 볼 것은 아니다.

[2] 관련 법리와 구 공익사업을 위한 토지 등의 취득 및 보상에 관한 법률 시행규칙(2020.12.11. 국토교통부령 제788호로 개정되기 전의 것, 이하 '구 토지보상법 시행규칙'이라고 한다) 제48조 제2항 단서 제2호의 신설 경과 등에 비추어 보면, 국토교통부장관이 농림축산식품부장관과의 협의를 거쳐 관보에 고시하는 '농작물실제소득인정기준' 제6조 제3항 [별지 2]에 열거된 작목 및 재배방식에 시설콩나물 재배업이 포함되어 있지 않더라도 시설콩나물 재배업에 관하여도 구 토지보상법 시행규칙 제48조 제2항 단서 제2호를 적용할 수 있다고 봄이 타당하다. 그 이유는 다음과 같다.

(가) 관련 법령의 내용, 형식 및 취지 등에 비추어 보면, 공공필요에 의한 수용 등으로 인한 손실의 보상은 정당한 보상이어야 하고, 영농손실에 대한 정당한 보상은 수용되는 '농지의 특성과 영농상황' 등 고유의 사정이 반영되어야 한다.

(나) 농지의 지력을 이용한 재배가 아닌 용기에 식재하여 재배되는 콩나물과 같이 용기를 기후 등 자연적 환경이나 교통 등 사회적 환경 등이 유사한 인근의 대체지로 옮겨 생육에 별다른 지장을 초래함이 없이 계속 재배를 할 수 있는 경우에는, 유사한 조건의 인근대체지를 마련할 수 없는 등으로 장래에 영농을 계속하지 못하게 되는 것과 같은 특단의 사정이 없는 이상 휴업보상에 준하는 보상이 필요한 범위를 넘는 특별한 희생이 생겼다고 할 수 없다.

(다) 시설콩나물 재배시설에서 재배하는 콩나물과 '농작물실제소득인정기준' 제6조 제3항 [별지 2]에서 규정하고 있는 작물인 버섯, 화훼, 육묘는 모두 직접 해당 농지의 지력을 이용하지 않고 재배한다는 점에서 상호 간에 본질적인 차이가 없으며, 특히 '용기(트레이)에 재배하는 어린묘'와 그 재배방식이 유사하다.

(라) 시설콩나물 재배방식의 본질은 재배시설이 설치된 토지가 농지인지 여부, 즉 농지의 특성에 있는 것이 아니라 '고정식온실' 등에서 용기에 재배하고, 특별한 사정이 없는 한 그 재배시설 이전이 어렵지 않다는 점에 있다. 본질적으로 같은 재배방식에 대하여 '고정식온실' 등이 농지에 설치되어 있다는 사정만으로 2년간의 일실소득을 인정하는 것은 정당한 보상 원칙에 부합하지 않는다.

(마) 구 토지보상법 시행규칙 제48조 제2항 단서 제2호가 적용되어 실제소득의 4개월분에 해당하는 농업손실보상을 하는 작물에 관하여 규정한 '농작물실제소득인정기준' 제6조 제3항 [별지 2]는 '직접 해당 농지의 지력을 이용하지 아니하고 재배 중인 작물을 이전하여 해당 영농을 계속하는 것이 가능하다고 인정하는 경우'를 예시한 것으로, 거기에 열거된 작목이 아니더라도 객관적이고 합리적으로 '직접 해당 농지의 지력을 이용하지 아니하고 재배 중인 작물을 이전하여 해당 영농을 계속하는 것이 가능'하다고 인정된다면 구 토지보상법 시행규칙 제48조 제2항 단서 제2호에 따라 4개월분의 영농손실보상을 인정할 수 있다고 보는 것이 영농손실보상제도의 취지에 부합한다.

■ 법규 헷갈리는 쟁점: 지력을 이용하지 않는 영농보상과 영업보상의 차이

Ⅰ. 문제의 소재

직접 해당 농지의 지력(地力)을 이용하지 아니하며, 재배 중인 작물을 이전하여 해당 영농을 계속하는 것이 가능하다고 인정되는 화훼재배·판매 등이 영농보상대상인지 영업보상대상인지의 문제이다.

Ⅱ. 관련 규정 및 판례의 검토

1. 「토지보상법」 시행규칙

「토지보상법 시행규칙」 제48조 제2항 제2호에서 「농작물실제소득인정기준」에서 직접 해당 농지의 지력(地力)을 이용하지 아니하고 재배 중인 작물을 이전하여 해당 영농을 계속하는 것이 가능하다고 인정하는 경우에는 단위경작면적당 실제소득의 4개월분[405]을 곱하여 산정한 금액을 영농보상액으로 하도록 규정하고 있다.[406] 또한 「농작물실제소득인정기준」 제6조 제3항 및 별지2에서 직접 농지의 지력(地力)을 이용하지 아니하고 재배중인 작물을 이전하여 중단 없이 계속 영농이 가능하다고 인정되는 경우로 i) 원목에 버섯종균 파종하여 재배하는 버섯, ii) 화분에 재배하는 화훼작물, iii) 용기(트레이)에 재배하는 어린 묘 등을 들고 있다.

2. 대법원 판례 등

(1) 대법원 판례

① 지력을 이용하지 않고 이전이 가능한 경우

대법원에서는 농경지의 지력을 이용한 재배가 아닌 화분 등 용기에 식재하여 재배되는 난 등 화훼류의 경우와 같이 화분을 사회적 환경 등이 유사한 인근의 대체지로 옮겨 생육에 별다른 지장을 초래함이 없이 계속 재배를 할 수 있는 경우에는 특단의 사정이 없는 이상 영농보상의 대상이 된다고 할 수 없다고 판결하였다.

판례

화분에 난을 재배하는 경우는 농경지의 지력을 이용한 재배가 아니고 이전하여 영농이 가능하므로 영농손실보상 대상이 아니다.
[대법원 2004.04.27. 선고 2002두8909 판결]

〈판결요지〉

공특법 시행규칙 제29조 소정의 영농보상은 공공사업시행지구 안에서 수용의 대상인 농경지를 이용하여 경작을 하는 자가 그 농경지의 수용으로 인하여 장래에 영농을 계속하지 못하게 되어 특별한 희생이 생기는 경우 이를 보상하기 위한 것이라는 점에 비추어, 위와 같은 재산상의 특별한 희생이 생겼다고 할 수 없는 경우에는 손실보상 또한 있을 수 없고, 이는 공특법 시행규칙 제29조 소정의 영농보상이라고 하여 달리 볼 것은 아니라고 할 것이다.
위와 같은 손실보상과 영농보상의 성격에 비추어 농경지의 지력을 이용한 재배가 아닌 화분 등 용기(이하 '화분'이라고 한다)에 식재하여 재배되는 난 등 화훼류의 경우와 같이 화분을 기후 등과 같은 자연적 환경이나 교통 등과 같은 사회적 환경 등이 유사한 인근의 대체지로 옮겨 생육에 별다른 지장을 초래함이 없이 계속 재배를 할 수 있는 경우에는, 유사한 조건의 인근 대체지를 마련할 수 없는 등으로 장래에 영농을 계속하지 못하게 된다거나 생활근거를 상실하게 되는 것과 같은 특단의 사정이 없는 이상 이전에 수반되는 비용 이외에는 달리 특별한 희생이 생긴다고 할 수 없으므로 영농보상의 대상이 된다고 할 수 없다고 할 것이다.

② 지력을 이용하나 이전이 가능한 경우

농경지의 지력을 이용하여 재배한 경우는 대체농경지로 이전하여 계속 영농이 가능한 경우에도 영농보상대상이 된다.

판례

재배작물을 이전하여 계속 영농을 할 수 있는 경우에도 영농손실 보상대상이다.
[대법원 2004.10.15. 선고 2003두12226 판결]

〈판결요지〉

공공사업시행지구에 농경지가 편입되고 그 농경지에서 실제로 작물을 재배하고 있었던 이상 특별한 사정이 없는 한 구 공특법 시행규칙 제29조 제1항 소정의 영농손실액 지급대상이 된다고 할 것이고, 농경지에 재배하던 작물을 대체농경지로 이식하여 계속 영농을 할 수 있어 영농중단이 발생하지 아니한다고 하여 영농손실액 지급대상에서 제외된다고 할 수 없으며(대법원 1999.12.10. 선고 97누8595 판결 참조), 잔디를 농경지에 식재하여 재배하는 것이 다른 곳에 이식하기 위한 것이라고 하여 달리 볼 것도 아니다.

(2) 법제처 법령해석

법제처에서는 농지의 지력을 이용하지 않고 균사를 배양한 단목을 지면에 고정시키거나 거치대에 매다는 방법을 사용하는 버섯재배사와 같이[407] 사회적 환경 등이 유사한 인근의 대체지로 옮겨 생육에 별다른 지장을 초래함이 없이 계속 재배를 할 수 있는 경우에는 이전에 수반되는 비용 외에는 달리 특별한 희생이 생긴다고 할 수 없으므로 농업의 손실에 대한 보상의 대상이 된다고 할 수 없다고 법령해석 하였다.

판례

〈법령해석〉

지력을 이용하지 않고 이전이 가능한 버섯재배는 영농손실 보상대상이 아니다.
[2011.03.24. 법제처 11-0074]

〈질의요지〉

「농지법」 제2조 제1호 나목에 해당하는 버섯재배사(농지의 지력을 이용하지 않고 균사를 배양한 단목을 지면에 고정시키거나 거치대에 매다는 방법을 사용하는 버섯재배사) 부지가 「공익사업을 위한 토지 등의 취득 및 보상에 관한 법률 시행규칙」 제48조에 따른 농업 손실보상의 대상이 되는지?

405) 2013-4.25 개정 당시에는 3개월이었으나, 2014.10.22 4개월분으로 개정되었으며 이 개정 규정은 부칙 제3조에 의해 시행 후 최초로 보상계획을 공고하고 토지소유자 및 관계인에게 보상계획을 통지하는 공익사업부터 적용한다.

406) 동 조항은 2013.4.25. 「토지보상법 시행규칙」 개정에서 신설되었다.

407) 2013.4.25. 「토지보상법 시행규칙」 제48조 제1항이 개정되어 「농지법 시행령」 제2조 제3항 제2호 가목(「농지법」 제2조 제1호가목의 토지에 설치하는 고정식온실·버섯재배사 및 비닐하우스와 농림축산식품부령으로 정하는 그 부속시설)의 부지가 영농보상대상인 농지에 포함되었으므로 현재는 버섯재배사의 부지도 영농보상대상 농지에 해당된다.

〈회답〉
「농지법」 제2조 제1호 나목에 해당하는 버섯재배사(농지의 지력을 이용하지 않고 균사를 배양한 단목을 지면에 고정시키거나 거치대에 매다는 방법을 사용하는 버섯재배사) 부지는 유사한 조건의 인근 대체지를 마련할 수 없는 등으로 장래에 영농을 계속 하지 못하게 된다거나 생활근거를 상실하게 되는 것과 같은 특단의 사정이 있어 특별한 희생이 생긴다고 할 수 있는 경우를 제외하고는 「공익사업을 위한 토지 등의 취득 및 보상에 관한 법률 시행규칙」 제48조에 따른 농업 손실보상의 대상이 된다고 볼 수 없습니다.

3. 소결

(1) 「토지보상법」 시행규칙

현행 「토지보상법 시행규칙」 제48조에서는 '직접 해당 농지의 지력(地力)을 이용하지 아니하고 재배 중인 작물을 이전하여 해당 영농을 계속하는 것이 가능하다고 인정하는 경우'에도 이를 영농보상대상으로 보고 있다.

따라서 「토지보상법」에서의 영농보상은 보상기간으로 2년을 적용하는 경우와 영업의 휴업보상과 같이 4개월을 적용하는 경우로 2원적으로 운용하고 있다. 즉, 「토지보상법 시행규칙」 제48조의 취지는 대체농지 취득기간 및 영농준비기간은 농업의 특수성을 고려하여 원칙적으로 2년을 적용하되, 지력을 직접적으로 이용하지 않아 이전하여 계속할 수 있다고 판단되는 경우(제48조 제2항 제2호)는 대체농지 취득기간 및 영농준비기간을 영업의 휴업에 준하여 단축하여 적용한다는 의미이다.

(2) 대법원 판례 등

대법원 판례 및 법제처 법령해석에서는 '직접 해당 농지의 지력(地力)을 이용하지 아니하고 재배 중인 작물을 이전하여 해당 영농을 계속하는 것이 가능하다고 인정하는 경우'는 영농보상대상으로 보지 않으므로 이 경우는 원칙적으로 영업보상이 적용된다.

(3) 적용

「토지보상법 시행규칙」 제48조 제2항 제2호에 따라 '직접 해당 농지의 지력(地力)을 이용하지 아니하고 재배 중인 작물을 이전하여 해당 영농을 계속하는 것이 가능하다고 인정하는 경우'는 4개월분의 실제소득을 기준으로 영농손실보상을 하는 것이 원칙이다. 다만, 화훼재배・판매 등과 같이 영업의 성격이 강한 경우에는 영업의 휴업보상으로 처리할 수도 있으며, 영업보상대상으로 볼 것인지 영농보상대상으로 볼 것인지 여부는 「토지보상법」에서 정한 일정한 절차(물건조서 작성, 보상계획의 열람 등, 조서내용에 의한 이의신청)에 의하여 사업시행자가 결정하여야 한다.

〈질의회신〉
영업보상 대상인지 영농손실보상 대상인지 여부는 사업시행자가 결정한다.
[2013.08.29. 공공지원팀-2713]

〈질의요지〉
벼 육묘장(철골조 비닐즙 660㎡ 중 141㎡ 편입)에 대해 사업시행자가 영농보상(실제소득인정기준율 적용)을 집행(가격시점 2011.08.03)하였으나, 사업시행자의 내부 감사 결과 영농보상이 아닌 영업보상으로 보상액을 산정하여 지급하여야 한다는 지적이 있어 사업시행자가 영업보상 평가를 다시 의뢰함

〈회신내용〉
화훼재배・판매행위에 대해 「토지보상법 시행규칙」 제45조에 따른 영업손실보상대상으로 볼 것인지, 같은 법 시행규칙 제48조에 의한 영농보상대상으로 볼 것인지 여부는 「토지보상법」에서 정한 일정한 절차(물건조서 작성, 보상계획의 열람등, 조서내용에 의한 이의신청)에 의하여 사업시행자가 결정하여야 하며, 국토교통부는 영농손실액 보상과 영업보상이 중복될 수 없고, 영농손실액 보상 또는 영업보상 중 어느 것으로 보상하여야 하는지는 사업시행자가 보상의 요건 및 사실관계 등을 종합적으로 확인하여 판단・결정할 사항이라고 유권해석(토관 58342-1114호; 2003.08.09 참조) 한 바 있으니 이를 참고하시기 바랍니다.

Ⅲ. 영농보상과 영업보상의 차이점

1. 보상항목

영업보상을 하는 경우는 4개월분의 실제소득 외에 영업보상 항목인 ① 영업장소 이전 후 발생하는 영업이익감소액, ② 휴업기간 중의 영업용 자산에 대한 감가상각비・유지관리비와 휴업기간 중에도 정상적으로 근무하여야 하는 최소인원에 대한 인건비 등 고정적 비용, ③ 이전광고비 및 개업비 등 영업장소를 이전함으로 인하여 소요되는 부대비용 등이 추가된다. 다만, 작물의 이전비 및 이전에 따른 감손액은 「토지보상법 시행규칙」 제55조에 따른 동산의 이전비 보상 등의 조항을 준용할 수 있으므로 동일하다.

2. 영업이익

영업보상을 하는 경우 영업이익은 농작물 총수입에서 소득률을 적용하여 산정할 수 없고, 매출총액에서 매출원가와 판매비 및 일반관리를 공제하여 산정하여야 한다. 즉, 실제소득은 해당 작목의 평균원가를 공제하는 반면 영업이익은 개별원가를 공제하는 점이 다르다.

3. 보상기간

영업보상에서 보상기간은 4개월 이내로 하되 특별한 사정이 있는 2년의 범위 내에서 실제 휴업기간으로 확대할 수 있는 반면, 영농보상의 경우 보상기간은 4개월로 고정된다.

4. 지력을 이용하지 않는 농업에 대한 영농보상의 문제점

지력을 이용하지 않는 농업에 대한 영농손실액의 보상방법은 다음과 같은 문제점이 있다.

① 일관성의 결여

영농보상은 농업의 영업보상의 성격을 가지는 것으로 농업의 특성 등을 고려하여 보상 기간을 장기(長期)로 규정하는 등 특례를 규정하고 있다. 그러나 '직접 해당 농지의 지력(地力)을 이용하지 아니하고 재배 중인 작물을 이전하여 해당 영농을 계속하는 것이 가능하다고 인정하는 경우'는 대부분 영농의 성격보다는 영업의 성격이 강함에도 이를 영농보상에서 규정하면서 보상기간만을 영업보상과 동일하게 4개월로 규정함으로 인하여 대부분의 경우 영농보상액이 영업보상액보다 낮게 되어 민원이 발생하고 있고, 사업시행자에 따라 이를 영업보상으로 처리하기도 하여 일관성이 결여되고 있다.

② 영농보상액 배분의 문제

보상기간을 4개월로 할 경우 「토지보상법 시행규칙」 제48조 제4항에 따른 농지소유자와 실제 경작자 사이의 영농보상액의 배분도 문제가 된다. 즉, 이 경우 농지의 소유자와 실제 경작자 간에 협의가 성립되지 아니하는 경우 농지의 소유자에게는 통계에 따라 결정된 영농손실액의 50퍼센트에 해당하는 금액을 보상하고, 실제 경작자에게는 4개월의 실제소득으로 결정된 영농손실액 중 농지소유자에게 지급한 금액을 제외한 나머지에 해당하는 금액을 보상하여야 하나, 4개월의 실제소득으로 결정된 영농손실액이 통계에 따라 결정된 영농손실액보다 적을 수도 있으므로 문제가 된다.

③ 소결
농지의 지력(地力)을 이용하지 않는 경우는 영농보상에서 삭제하여 영업보상으로 처리하거나 영업보상 규정을 준용하도록 규정하는 것이 바람직할 것으로 판단된다.

06 기출문제

≫ 기출문제(제1회 4번)
실농보상에 대해 약술하시오. **10점**

≫ 기출문제(제5회 3번)
농업보상을 약술하시오. **20점**

≫ 기출문제(제7회 4번)
어업에 관련된 영업보상에 대하여 서술하시오. **10점**

≫ 기출문제(제9회 2번)
「공익사업을 위한 토지 등의 취득 및 보상에 관한 법률 시행규칙」 제23조는 용도지역, 지구의 지정과 같은 공법상 제한을 받는 토지를 평가할 때에는 제한받는 상태대로 평가하도록 규정하고 있다. 이와 같은 기준에 의거하여 토지를 평가하도록 하는 이론적 근거에 대하여 설명하시오. **20점**

≫ 기출문제(제16회 4번)
휴업보상에 대해 약술하시오. **10점**

≫ 기출문제(제18회 3번)
공부상 지목이 과수원(果)으로 되어 있는 토지의 소유자 甲은 토지상에 식재되어 있던 사과나무가 이미 폐목이 되어 과수농사를 할 수 없는 상태에서 사과나무를 베어 내고 인삼밭(田)으로 사용하여 왔다. 또한 甲은 이 토지의 일부에 토지의 형질변경허가 및 건축허가를 받지 않고 2005년 8월 26일 임의로 지상 3층 건물을 건축하고, 영업허가 등의 절차 없이 식당을 운영하고 있다. **30점**

(1) 2007년 5월 25일 甲의 토지를 대상으로 하는 공익사업이 인정되어 사업시행자가 甲에게 토지의 협의매수를 요청하였지만 甲은 식당영업에 대한 손실보상을 추가로 요구하면서 이를 거부하고 있다. 甲의 식당영업손실 보상에 관한 주장이 타당한지에 대하여 논하시오. **15점**

(2) 위 토지 및 지장물에 대한 보상평가기준에 대하여 설명하시오. **15점**

≫ 기출문제(제32회 1-2번)
[문제1] 국토교통부장관은 2013.11.18. 사업시행자를 'A공사'로, 사업시행지를 'X시 일대 8,958,000㎡'로, 사업시행기간을 '2013.11.부터 2017.12.까지'로 하는 '◇◇공구사업'에 대해서 「공익사업을 위한 토지 등의 취득 및 보상에 관한 법률」에 따른 사업인정을 고시하였고, 사업시행기간은 이후 '2020.12.까지'로 연장되었다. 甲은 ㉮토지 78,373㎡와 ㉯토지 2,334㎡를 소유하고 있는데, ㉮토지의 전부와 ㉯토지의 일부가 사업시행지에 포함되어 있다. 종래 甲은 ㉮토지에서 하우스 딸기농사를 지어 왔고,

㉯토지에서는 농작물직거래판매장을 운영하여 왔다. 甲과 A공사는 사업시행지내의 토지에 대해 「공익사업을 위한 토지등의 취득 및 보상에 관한 법률」에 따른 협의 매수를 하기 위한 협의를 시작하였다. 다음 물음에 답하시오. (아래의 물음은 각 별개의 상황임) **40점**

(물음1) 협의 과정에서 일부 지장물에 관하여 협의가 이루어지지 않아 甲이 A공사에게 재결신청을 청구했으나 A공사가 재결신청을 하지 않는 경우 甲의 불복방법에 관하여 검토하시오. **15점**

(물음2) ㉮토지에 대하여 협의가 성립되지 않았고, A공사의 수용재결신청에 의하여 ㉮토지가 수용되었다. 甲은 ㉮토지가 수용되었음을 이유로 A공사를 상대로 「공익사업을 위한 토지 등의 취득 및 보상에 관한 법률」에 따른 재결절차를 거치지 않은 채 곧바로 농업손실보상을 청구할 수 있는지를 검토하시오. **10점**

(물음3) 생략

PART

03

부동산 가격공시

Chapter 01

표준지공시지가

제1절 부동산가격공시제도와 감정평가제도

01 감정평가제도의 연혁

1. 서

재산권 보장은 재산권 존속의 보장, 객관적인 가치의 보장과 함께 자유로운 이용권의 보장 등을 의미한다. 이러한 재산권 보장의 중요한 수단으로 헌법이 보장하는 재산권을 구체화하는 감정평가제도가 있다. 현행 감정평가제도의 특징을 이해하기 위해서는 현재의 제도로 변화하기 전의 제도 및 변화과정에 관한 이해가 필요하다.

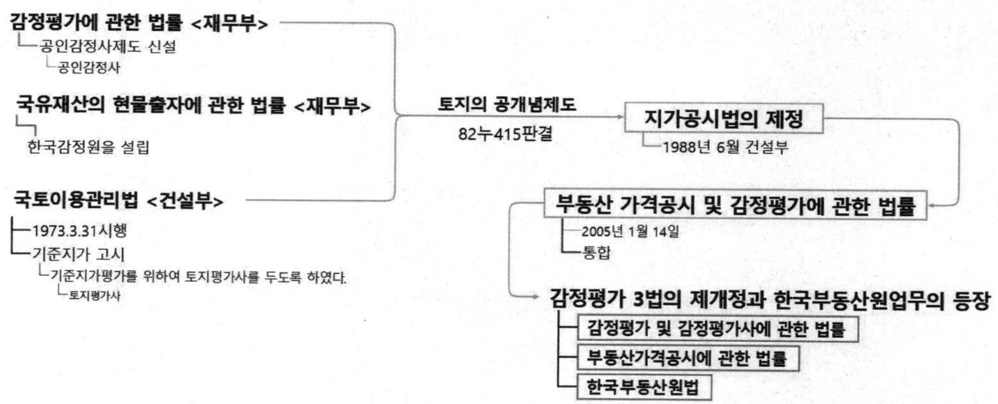

2. 토지평가사 제도 「국토이용관리법」

토지평가사는 표준지공시지가의 모태라 할 수 있는 기준지가를 조사・평가하는 전문 자격사를 말한다.

건설부는 1972.12.30. 「국토이용관리법」을 제정(시행 1973.3.31. 법률 제2408호)하면서, 대통령령으로 정하는 지역에 대하여는 기준지가를 고시하도록 하고, 지가평가를 위하여 토지평가사를 두도록 하였다.

당시 건설부의 기준지가는 국토이용관리법에 근거하고 있었다. 토지평가사가 기준지가를 산정하며, 기준지가는 토지거래허가 및 신고에서 심사기준으로 이용되었다. 또한 토지수용보상의 산정기준이자 일반 토지거래의 지표로도 활용되었다.

3. 공인감정사제도「감정평가에 관한 법률」

공인감정사란 동산・부동산 기타 대통령령이 정하는 재산의 감정평가를 하는 전문 자격사를 말한다. 국가기관 등이 감정의뢰하거나 금융기관 등이 대출 또는 재산재평가를 위하여 감정을 필요로 할 때에는 감정회사에 의뢰하는 것을 원칙으로 하였다.

토지평가사제도가 도입되고 1년 후 재무부는 재산의 감정평가에 관하여 필요한 사항을 규정하여 그 경제적 가치를 정확하게 평가하기 위하여 1973.12.31.「감정평가에 관한 법률」을 제정(시행 1974.4.1. 법률 제2663호)하였다.「감정평가에 관한 법률」의 제정목적은 감정평가 및 공인감정사 제도에 관한 것을 규율하는 것이었다.

4. 한국부동산원「국유재산의 현물출자에 관한 법률」

1960년대로 접어들면서 우리나라의 경제가 성장・발전됨에 따라 감정・평가에 대한 수요가 급증하였으며, 또한 감정평가업무가 여러 기관에서 각기 다양하고 상이한 원칙과 기준하에 처리되었고 아직 감정평가제도가 정비되지 않은 상태였다. 따라서 재무부는 1969년 4월「국유재산의 현물출자에 관한 법률」에 근거하여 정부와 산업은행 및 5개 시중은행이 공동 출자하여 한국감정원을 설립하였다.

한국감정원은 토지시가를 조사하여 공시하였다. 이후 한국감정원은 1974년「감정평가에 관한 법률」에 의거 감정회사로 인가받았다.

한국감정원의 감정시가는 감정평가에 관한 법률에 의하여 산정되었다. 즉, 한국감정원은 은행 등의 의뢰에 의하여 담보평가 및 국유재산의 평가 등을 수행하였다. 감정대상은 도시지역의 대지가 주를 이루었다. 한국감정원은 2020년 5월 국회를 통과하여 명칭이 2020년 12월 10일 한국부동산원[1]으로 개칭되었다.[2]

5. 토지 등 감정평가의 각 기관별 다양한 제도의 문제점 발생[3]

(1) 토지정책의 비효율성

건설부의 토지평가사제도와 재무부의 공인감정사제도 그리고 한국감정원의 공시・감정업무 등과 같이 각 기관별로 토지 등의 재산에 대한 감정평가가 다르게 운영된 결과 허다한 문제점이 발생하였다.

통일적인 평가기준의 부재로 인하여 토지정책을 효율적으로 수행할 수 있는 기반이 미비하였다. 토지가격이 비교적 안정된 시절에는 별 문제가 없었으나 급격한 산업화의 진전으로 인하여 지가가

1) 한국부동산원 홈페이지 http://www.reb.or.kr/kab/home/main
2) 채미옥, 공시지가의 적정성 제고를 위한 정책 방향, 국토정보, 1993/8, 67면
3) 김광수, 감정평가제도와 헌법상 재산권 보장, 토지공법연구 제74집, 2016

상승하고 또한 수용에 따른 보상의 수요가 급격히 증가하는 시점에서는 정책실현의 기준이 되는 토지가격의 부재가 큰 사회적 문제로 제기되었다. 그리고 위의 각 지가제도에도 그 운용과정에서 여러 문제가 노정되었다.

먼저 기준지가는 3년에 한 번씩 산정되는 결과 토지가격의 변동이 급격한 지역에서는 실제 거래가격과 차이가 발생하였다. 그리고 도심지역보다는 도시외곽지역에 표준지가 많이 분포한 관계로 실제로 가격산정이 필요한 지역의 수요에 제대로 대응하지 못하였다. 그리고 표준지의 지가를 기준으로 그 이외의 지역의 토지가격을 산정하는 방법과 기준이 구체화되지 못하였기 때문에 활용도 또한 낮게 나타났다. 내무부의 과세시가 표준액은 시가의 20 ~ 50%를 반영하고 있어서 현실화율이 비교적 저조하였다. 그리고 지역 간 그 현실화율의 격차가 상당히 컸다. 도시와 농촌 간, 용도지역과 지목 간 현실화율의 격차가 발생하였다. 또한 담당공무원들이 주관적으로 토지가격을 산정한 결과 국민들의 신뢰를 받을 수 없는 근본적인 문제점이 지적되었다.

감정시가는 의뢰인들의 요청에 의하여 산정하기 때문에 내부적인 자료이고, 법적인 구속력이 없는 한계가 있다. 이런 문제점으로 인하여 토지정책 수행에 차질을 빚게 되었다.

(2) 토지를 평가하는 전문가들 간의 갈등

토지를 평가하는 전문가들 간에도 갈등이 발생하였다. 특히 국토이용관리법 제29조의2에서 기준지가의 조사·평가와 기준지가가 고시된 지역에서의 매수 또는 수용할 토지 기타 권리를 평가하게 하기 위하여 토지평가사를 둔다고 규정하고 있었는데 이 규정의 해석을 놓고 갈등이 발생하였다. 재무부는 공인감정사의 주관부처로서 공인감정사는 감정에 관한 일반적인 자격이기 때문에 기준지가 고시지역 안에서의 감정업무도 당연히 할 수 있다고 해석하였다. 그러나 건설부는 기준지가를 고시한 지역 안에서는 토지평가사만이 감정업무를 행할 수 있다고 보았다.

이에 대하여 대법원은 기준지가 고시지역 내에서도 토지평가사 이외에 공인감정사가 토지가격을 평가할 수 있다고 하였다(대판 1984.1.24, 82누415). 즉, 대법원은 재무부의 유권해석에 가까운 판결을 내렸다. 그럼에도 불구하고 일반인들은 이런 혼란을 이해할 수 없었고, 무익한 것으로 보았다. 같은 토지에 대하여 국유재산으로서 평가할 때는 공인감정사의 업무에 해당하고, 공용수용에 따른 평가는 토지평가사가 담당한다는 것은 부처간의 이해관계에만 집착한다는 인상을 주었다. 뿐만 아니라 공인감정사와 토지평가사 자격을 모두 가진 사람도 적지 않아 하나의 토지에 대하여 그 자격에 의하여 다른 평가가 나오는 데 대해서도 설득하기 어려웠다.

위의 대법원 판결은 당시 토지평가사에 대한 일반인들의 불만을 반영하는 측면도 있었다. 즉, 토지평가사는 건설부의 입장만을 반영하여 평가하기 때문에 신뢰할 수 없다고 비판받았다.

이상의 논란을 해소하고 토지정책의 일관성과 효율성을 증진하기 위하여 제도의 개선이 필요하였다.

6. 1989년 「지가공시에 관한 법률」의 제정

(1) 토지의 공개념제도

1961년 제1차 경제개발 5개년 계획의 추진으로 경제가 성장하면서 부동산시장이 과열되었다. 1967년 「부동산투기억제에 관한 임시조치법」에 의한 부동산 투기억제세는 투기를 억제하는 반면 생산적용도에 이용되는 토지 및 실수요자를 보호한다는 명분 아래 시장에 개입하는 최초의 제도가 도입되었다.[4)]

그러나 80년대 초반 제2차 오일쇼크, 정치 불안 등의 여파로 경기가 극도로 위축되기 전까지 지가 상승과 투기는 계속되었다. 1983년 경기가 다시 활성화되면서 부동산시장이 과열기미를 보인다고 생각된 정부는 정책방향을 다시 지가안정과 투기억제 쪽으로 선회하였고 이런 가운데 1986년 토지 과다보유세가 신설되었다.[5)]

1987년 하반기부터 지가 및 주택가격이 다시 폭등하기 시작하였다. 지가폭등과 전셋값 폭등이 사회안정을 크게 위협하기에 이르자 이제는 종전과 같은 긴급조치만으로 지가앙등과 투기열풍을 잡기에는 역부족이라는 인식과 함께 장기적인 관점에서 토지문제의 근원적 해결을 위한 제도개혁의 필요성에 부응하여 정부는 1988년 「8 · 10부동산대책」에서 "토지공개념에 바탕을 둔 토지제도의 근본적 개선방침"을 발표한다.

토지의 공개념이란 토지의 개인적 소유권 그 자체는 인정하되, 그 이용을 공공복리에 적합하게 규제하여야 한다는 뜻이다. 토지의 공개념제도란 이러한 토지의 공개념에 입각하여 1989년 12월 정기국회에서 입법화된 제도로서 택지소유상한제, 개발부담금제, 토지초과이득세의 세가지를 골자로 한 제도를 말한다.[6)]

(2) 「지가공시에 관한 법률」의 제정과 그 의의

토지공개념제도의 취지를 뒷받침하기 위하여 「지가공시에 관한 법률(이하 '지가공시법')」을 제정하고 공적 지가의 기준을 하나로 통일하는 공시지가제도를 도입하였다. 이러한 일련의 제도의 도입시기는 우리나라 토지제도의 발전과정에서 큰 획을 긋는 시기였다고 할 수 있다.[7)]

건설부의 지가공사에 관한 법률의 입법목적은 "현재의 지가조사 · 평가체계는 내무부 · 재무부 · 건설부 · 국세청 등 수요기관별로 다원화되어 있어 정부에서 조사 · 발표하는 지가에 대하여 국민의 신뢰도가 저하되고, 토지정책과 제도발전에 준거기준이 되는데 미흡한 실정이므로 정부가 매년 단일지가를 조사 · 공시하고 지가체계를 정비하여 관계기관이 이를 공동으로 활용할 수 있도록 공시지가제도를 확립하고자 하며, 아울러 평가자격도 토지평가사와 공인감정사로 이원화되었던 것을 감정평가사로 일원화하기 위하여 입법하고자 하는 것"이라 하였다.

---

4) 국토개발연구원(1996), 국토50년, 825쪽
5) 이정전, 토지경제학, 2015, 653쪽
6) 국토개발연구원(1996), 국토50년, 825쪽
7) 이정전, 토지경제학, 2015, 655쪽

(3) 지가공시법의 주요내용

지가공시법의 주요내용으로는 ① 건설부장관이 매년 토지이용상황・주위환경 기타 제 조건이 유사한 토지 중에서 표준지를 선정하여 공사기준일 현재의 토지가격을 조사・평가하여 공시하도록 하였다. ② 감정평가업가 표준지 이외의 토지를 개별적으로 평가하는 경우에는 공시지가를 기준으로 평가하도록 하였다. ③ 국가, 지방자치단체 등이 특정 목적을 위하여 지가를 산정하는 경우에는 공시지가를 기준으로 하되, 조사・평가의 목적별로 이를 가감하여 적용할 수 있도록 하였다. ④ 표준지가격의 심의・조정・표준지의 선정・관리 등을 심의하기 위하여 건설부에 토지평가위원회를 두고, 건설부장관이 시행하는 시험에 합격하고 일정기간 실무수습을 거친 자에게 감정평가사의 자격을 인정하였다. ⑤ 공시지가의 조사・평가, 행정목적을 위한 토지 등의 평가, 금융기관이 담보로 받는 토지 등의 평가를 위하여 감정평가업자의 등록・법인 인가 등의 요건・절차를 규정하였다. ⑥ 부동산평가업자의 자질향상 및 평가제도의 발전을 위하여 부동산 평가사는 협회를 설립할 수 있도록 함 등을 주요 골자로 한다.

(4) 감정평가사 제도의 도입목적

감정평가사제도의 도입목적은 크게 두 가지이다. 첫째는 토지평가를 체계적으로 하기 위함이다. 즉, 매년 전국의 토지 가운데서 표준지를 선정하여 그에 대하여 적정한 가격을 조사 ・평가하여 공시함으로써 토지평가에 있어서 일원적인 기준을 마련해 주는 것을 목적으로 한다.
둘째는 토지평가체계의 효율화이다. 그 전에는 토지평가사와 공인감정사가 각각 토지 등 가격을 평가하고 있었는데 그로 인한 혼란이 적지 않았다. 감정평가사제도의 신설은 토지의 감정평가에 대한 전문자격제도를 도입함으로써 기존의 평가업무 담당자를 일원화하고, 전문가를 양성하며 아울러 감정평가업의 정상화를 이루려는 목적을 가지고 있었다.

7. 부동산 가격공시 및 감정평가에 관한 법률로 개정

1989년의 지가공사법은 2005년에 부동산 가격공사 및 감정평가에 관한 법률(부감법)로 개정되었다. 개정의 이유는 세부담의 형평성을 제고하기 위하여 주택에 대한 토지・건물 통합 과세를 내용으로 하는 부동산 보유세제 개편에 따라 현행 공시지가제도 외에 토지와 건물의 적정가격을 통합 평가하여 공시하는 주택가격공시제도를 도입하고, 각 중앙행정기관별로 분산되어 있는 부동산가격의 평가체계를 일원화하려는 것이었다. 주요내용은 다음절인 제2절 공시제도의 주요변천에서 설명한다.

8. 감정평가 선진화 3법[8)]

*「감정평가 및 감정평가사에 관한 법률」(제정), 「부동산 가격공시에 관한 법률」(개정), 「한국부동산원법」
감정평가 선진화 3법은 ① 감정평가의 객관성・공정성 강화, ② 부동산 공시가격의 적정성・효율성 개선, ③ 공공기관(한국부동산원) 기능조정을 위해 제・개정된 법으로, 금번 공포(8.31.)되는 부동산 3법 시행령・시행규칙에는 법 운영을 위한 기준・절차 등이 구체적으로 규정되었으며, 주요내용은 다음과 같다.

---

8) 국토교통부 홈페이지 참고 – 국토교통부 보도자료 2016.8.31.

(1) 감정평가의 객관성 · 공정성 강화(감정평가법 시행령 · 시행규칙)

새로이 제정된 「감정평가 및 감정평가사에 관한 법률」에서는 감정평가의 객관성과 공정성을 강화하기 위한 제도적 장치들이 다수 도입되었으며, 동법 시행령 · 시행규칙에서 이를 운영하기 위한 기준 · 절차 등이 세부적으로 규정되었다.

① 감정평가법인등 추천제

한국감정평가사협회(이하 '협회')가 추천을 요청받은 경우 전문성, 업무실적, 조직규모 등을 고려하여 7일 이내에 추천토록 하고, 세부적인 추천기준은 협회에서 마련하여 운영하기로 하였다. 수주경쟁이 심한 업계구조상 감정평가사들이 의뢰인의 고 · 저평가 요구에 영향받는 사례가 적지 않은 것이 사실이나, 추천제를 통해 감정평가사들이 중립적으로 대응할 수 있는 기반이 마련될 것으로 보인다.

국토교통부는 추천제가 향후 감정평가 공정성을 제고하는 핵심역할을 할 것으로 기대하고 있으며, 효과적으로 정착되기 위해서는 협회에서 감정평가 대상물건 특성에 따라 적합한 감정평가사들을 추천해주는 시스템을 확립하는 것이 중요하다며, 앞으로 정부에서도 다양한 감정평가분야에서 추천제가 활용될 수 있도록 적극 지원해 나간다고 한다.

② 감정평가 타당성 조사

국토교통부에서 감정평가업계 지도 · 점검, 감정평가 표본조사(무작위 추출방식의 개략조사) 등의 결과에 따라 직권으로 타당성 조사를 할 수 있도록 근거를 마련하였다. 종전에도 직권으로 타당성 조사를 할 수는 있었으나 직권조사 여부를 판단할 수 있는 근거가 부족하여, 실제로는 감정평가 의뢰인 등의 요청이 있는 경우에 한해서만 조사를 실시하였고 감정평가 전반에 대한 관리가 미흡하다는 지적이 있어왔다.

이번 법령 제정을 통해 감정평가서에 대한 모니터링을 강화할 수 있게 됨에 따라 감정평가 적정성을 제고하기 위한 정부의 관리 · 감독도 보다 더 내실화될 전망이다.

③ 실거래가 기준평가

일반적인 토지감정평가의 경우 도시지역은 3년 이내, 비도시 지역은 5년 이내에 거래된 신고가격 중 감정평가사가 적정하다고 판단하는 가격을 기준으로 감정평가할 수 있도록 구체화하였다. 종전에는 표준지공시지가만을 기준으로 평가하도록 하였으나, 향후 표준지공시지가에 더하여 실거래 신고가격도 기준으로 사용할 수 있도록 구체적 기준이 제시됨에 따라 평가의 정확성 확보에 기여할 것으로 보인다.

국토교통부는 다양한 실거래 신고가격 중 평가대상 물건과 유사한 토지의 적정한 가격을 적용하는 것이 중요한 만큼, 평가사들의 전문성과 판단력이 더 한층 요구된다. 이에 따라 평가기법 발전과 평가사 전문성 개발에도 도움이 될 것으로 보이며, 정부와 민간업계가 함께 실거래가 기준평가가 조기 안착될 수 있도록 협력해 나가고 있다.

④ 감정평가 정보체계

정보체계 등록범위를 종전 보상평가 등에 더해 소송・공매평가까지 확대하였다. 이를 통해, 공공이 의뢰하는 감정평가서를 체계적으로 관리하고, 감정평가사가 감정평가할 때 좀 더 효율적으로 활용할 수 있도록 지원함으로써 평가의 정확성 개선에도 도움이 될 것으로 기대된다.

(2) 공시가격의 적정성・효율성 개선(부동산 가격공시법 시행령・시행규칙)

① 단독주택가격 부동산원 수행

종전에 감정평가사들이 수행하던 표준주택・개별주택가격 조사・검증업무를 부동산원이 전담하게 됨에 따라 부동산원이 정확하고 효율적으로 수행할 수 있도록 관련 절차・기준 등을 구체화하였다.

② 비주거용 부동산 가격공시

비주거용 부동산 가격공시와 관련된 세부기준・절차 등을 신설하였다. 현재 국토교통부에서 가격산정방식, 적용범위 등 구체적 운영방안을 검토 중에 있으며, 도입근거가 마련된 만큼 관계부처와 협의하여 조속히 방안을 확정・도입할 수 있도록 하고 있다. 그 외, 부동산공시가격시스템에 공시예정가격 및 의견제출방법 등을 공지하여 소유자가 의견을 제출할 수 있도록 하는 등 공시가격 적정성 제고를 위한 규정들도 보완되었다.

(3) 공공기관 기능 조정(한국부동산원법 시행령)

법에서 부동산원은 감정평가업무에서는 철수하되, ① 부동산 가격공시, ② 부동산 조사・통계, ③ 부동산시장 적정성 조사・관리, ④ 부동산 관련정보의 제공・자문 등의 업무를 수행할 수 있도록 규정하였으며, 부동산시장 적정성 조사・관리를 위한 구체적 업무들은 시행령으로 위임하였다.
금번 마련된 시행령에서는 부동산시장 적정성 조사・관리 업무를 ① 부동산투자회사 등의 업무검사, ② 감정평가 타당성 기초조사, ③ 보상평가서 검토, ④ 주택정비사업 관리처분계획의 타당성 검증, ⑤ 금융기관 등이 의뢰하는 담보평가서 검토로 구체화하였다.
부동산원은 그간 감정평가업무를 민간업계와 함께 수행함에 따라 공공기관이 민간업역을 침해한다는 논란이 지속되었다. 이번 법령 제정으로 부동산원이 감정평가업무에서 철수함에 따라 민간업계와의 업역 논란은 해소될 것으로 보이며, 앞으로 정부업무를 지원하는 공적 역할에 더욱 집중하여 정확한 부동산 통계를 생산하고, 국민경제발전 등에 기여할 것으로 기대된다.

9. 한국부동산원 「한국부동산원법」[9)]

부동산 조사・통계 전문기관으로서의 성격이 분명히 드러날 수 있도록 '한국감정원'의 명칭을 '한국부동산원'으로 변경하고, 소비자 권익 보호를 위하여 부동산 관련 분쟁조정 등 부동산 시장 소비자 보호를 위한 업무를 한국부동산원의 업무에 추가하는 등 현행 제도의 운영상 나타난 일부 미비점을 개선・보완하는 것을 골자로 2020.6.9. 한국부동산원법으로 개정되었다.

9) 법제처 국가법령정보센터 https://www.law.go.kr/

한국부동산원을 설립하여 부동산 시장의 조사・관리 및 부동산의 가격 공시와 통계・정보관리 등의 업무를 수행하도록 함으로써 부동산 시장의 안정과 질서를 유지하고, 부동산 시장에서의 소비자 권익 보호와 부동산 산업발전에 이바지함을 목적으로 한다.

02 공시가격제도의 주요 변천

1. 공시지가의 정확성과 신뢰도 제고를 위한 제도보완(1990~1994년)

(1) 협회에 공시지가 협의기구 설치

공시지가는 지역 간・시계열 간 가격균형 유지가 중요하다고 여긴다. 조세부과의 민원 때문이다. 가격이 차이가 나면 균형이 맞지 않는다고 민원이 야기되기 때문에 정부는 이 가격균형이라는 말을 만들어 중시해왔다. 이 가격균형을 잡는 것은 감정평가법인등이므로 건설교통부는 1992년부터 한국감정평가사협회에 공시지가 협의기구를 설치하여 운용토록 권고한 바 있다. 이에 따라 동 협회는 지가공시위원회를 설치하고 동위원회는 감정평가법인에게 가격을 조사・평가할 때, 담당지역 내에서 가격균형을 유지하도록 권고하였고, 시・도 간 가격균형은 동 지가공시위원회에서 협의하도록 하고, 동일 시・도 내의 시・군・구 간 가격균형은 시・도별로 간사(현행 지역본부장)를 선임하여, 가격균형의 협의를 하도록 하여, 지가공시의 객관화와 공신력을 제고하고자 노력하였다.

(2) 표준지 소유자의 의견청취

감정평가법인등이 평가하는 것은 표준지 가격이다. 이 표준지 소유자는 가격에 불만이 있을 때 이의신청을 할 수 있다. 1991년까지는 지가공시 이후에 제기할 수 있었으나, 이로 인한 민원의 야기, 이의신청 처리에 소요되는 행정수요가 증가하는 문제점이 있어, 1992년부터 공시지가 조사・평가 과정에서 표준지 소유자의 의견을 청취하도록 제도를 보완하였다. 의견청취는 감정평가법인이 조사・평가한 가격을 토지소유자에게 통보하여 이의가 있을 때, 평가를 담당한 법인에게 의견을 제출하도록 하였으며, 타당성이 인정되면, 평가가격을 조정하였다.

(3) 조사일정의 조정

1992년 이후 가격균형협의가 확대, 조정됨에 따라 표준지공시지가 조사・평가일정은 업무단계별로 일정을 조정하였다. 또한 1992년부터는 공시지가 조사・평가과정에서 표준지 소유자의 의견청취를 도입함에 따라, 평가일정에 토지소유자의 시・군・구 의견청취 등의 과정을 두도록 개선하였으며, 연도마다 주요업무 단계별로 지가공시위원회의 심의를 거쳐 일정을 합리적으로 조정하였다.

(4) 공시지가 관련 제 규정 제정 및 정비

지가공시위원회는 공시지가의 적정성 제고는 물론 업무의 효율성을 증대시키기 위해 표준지 배정에서부터 지가공시에 이르는 단계까지 업무 전반을 검토하여 제반 문제점을 찾아내고 그 개선방안(세부적인 기준, 지침의 제정 및 정비)을 마련하여 시행하였다. 1990년 제4차 지가공시위원회에서(5.29.) '지가공시규정(안)'을 심의하고, 같은 해 7월 31일 제정하였으며, 이후 제30차 정기이사회(1992.6.25.)에서 동 규정이 현 '지가공시업무규정'으로 개정되었다.

지가공시업무규정은 지가공시업무를 효율적으로 적정하게 수행하기 위하여 필요한 사항을 규정하는 것을 목적으로 제정되었으며, 주요 조항은 업무배정의 제한(제5조), 표준지 선정・관리(제6조), 적정가격의 평가(제7조) 등 총 제12조, 부칙 제2조로 구성하였다. 1993년 건설교통부는 가격균형협의의 운영 강화, 지가정보체계 구축, 지가공시위원회의 상설운영을 협회에 요청하여, 동 협회는 부를 신설하고 지가공시위원회 제47차 정기이사회(1993.11.25.) 의결에 따라 '공시지가 조사・평가관리본부 운영규정'을 제정・시행하는 등 정부의 지가정책 시행 초기에 제기되는 미비점의 보완 및 제도개선, 업무의 효율적인 수행을 도모함으로써 공적지가제도 정착의 기틀을 마련하였다.

2. 개별공시지가의 적정성 제고(1995년)

(1) 표준지 수의 확대와 표준지 분포의 개선

표준지는 개별공시지가를 산정하는 기준이므로 개별지가 산정에 효율적으로 활용될 수 있도록 그 활용 실적을 분석하여 활용도가 낮은 표준지를 지역별로 조정할 수 있도록 했다. 또한 종전 30만 필지이던 표준지의 규모를 1995년부터 45만 필지로 늘려 개별공시지가의 산정에 필요한 비교표준지 선택의 폭을 넓혀 주었으며, 선택의 기회가 많아지자 개별공시지가 산정의 정확성과 객관성을 제고할 수 있게 되었다.

(2) 표준지공시지가 조사・평가기준 제정

1995년 9월, 지가공시위원회는 표준지공시지가 조사・평가기준을 제정하기로 하고, 송태영 위원장을 비롯한 제 위원의 연구를 거친 후, 김상윤 연구위원이 초안을 작성하여 같은 해 제69차 정기이사회(1995.9.29.)의 의결을 거쳐 상세한 표준지공시지가 조사・평가기준을 마련하여 공시지가 조사・평가업무의 적정성과 효율성을 제고할 수 있게 되었다. 동 기준은 정부가 발간하는 1996년 공시지가 조사・평가업무요령에 게재되었고, 1996년에 1차 개정을 거친 후 같은 해 12월 24일자로 건설교통부 훈령으로 승격되었으며, 이에 따라 협회의 동 기준은 폐지되었다. 동 기준은 보상평가지침과 함께 공적평가에서 감정평가법인등의 신뢰성을 제고하는 데 기여하였다.

(3) 개별공시지가 검증제도 도입

개별공시지가는 각종 국세, 지방세 및 부담금, 국・공유재산 대부 사용료의 부과기준이 되는 등 국민의 재산권에 중대한 영향을 미친다. 이것은 정부가 제공하는 비준표를 이용하여 시・군・구 행정공무원이 산정한다. 개별공시지가는 과세의 기준이 되기 때문에 소송대상이 된다. 1993년 1월 대법원은 이것이 행정소송의 대상이 된다고 판시하여 행정소송이 증가했다. 개별공시지가의 이의신청이 매년 증가해 1993년에는 219,000여건이나 되고, 1994년 7월 29일에는 헌법재판소가 토지초과이득세 '헌법불합치'를 결정하면서, 개별공시지가의 조사・산정을 전문지식이 없는 행정기관의 공무원이 담당하는데 전문성의 보완이 필요하다고 지적하였다.

이러한 지적 등을 수용해서 1995년 12월 「지가공시법」을 개정하여 개별공시지가의 산정절차・방법・검증 등의 사항을 법에 담아 감정평가사가 개별공시지가의 적정 여부를 검증하도록 하였다.

검증제도를 도입하여 개별공시지가의 적정성을 확보할 수 있게 되었으며 논란이 그치지 않았던 특수필지의 개별공시지가를 산정할 때 감정평가사의 전문적인 판단이 필요하다고 인정되면 시장, 군수, 구청장이 감정평가를 의뢰할 수 있도록 하여, 특수필지의 산정업무가 개선되었다.

3. 우수감정평가법인등(대형감정평가법인)제도 시행(2005년)

2005년 12월 29일, 건설교통부는 감정평가법인등 신뢰도 향상 방안의 일환으로 우수감정평가법인등을 육성하고자 제도를 개선하였다. 즉, 「부동산가격 조사・평가를 위한 감정평가법인등 선정기준」 훈령을 개정하고 고시하여, 부동산가격 조사・평가업무의 배정기준을 강화시켰다. 감정평가법인등 선정기준의 주요 내용은 감정평가법인등의 조직규모, 소속 감정평가사의 실무경력 및 감정평가업무실적 그 밖의 업무수행능력 등이며, 우수한 감정평가법인등에게는 부동산가격 조사・평가업무를 배정할 때 인센티브를 부여할 수 있도록 하였다. 우수감정평가법인등의 요건은 다음과 같으며, 동 훈령은 2007년 1월 1일부터 시행하였다.

① 일정 최소주재 감정평가사 및 최소잔류 감정평가사를 확보하고, 7개 이상의 분사무소를 설치하여 전국적인 조직망을 확보한 감정평가법인등
② 「주식회사의 외부감사에 관한 법률」 제7조의2의 규정에 의한 감사보고서를 매 사업연도 종료 후 3월 이내에 건설교통부장관에게 제출하는 감정평가법인등
③ 10년 이상 감정평가업무에 종사한 감정평가사의 비율이 주사무소 및 모든 분사무소별로 20% 이상인 감정평가법인등
④ 주사무소에 감사부서를 독립적으로 설치・운영하고, 동 감사부서에서 모든 감정평가서의 심사를 수행하는 감정평가법인등

4. 표준주택 가격공시로 확대(2005년)

「지가공시법」은 2005년 「부동산 가격공시 및 감정평가에 관한 법률」로 전면 개정하고 주택가격공시제도를 도입하였다. 동 법률 제16조에 근거를 마련하여 국토해양부장관은 용도지역・건물구조 등이 일반적으로 유사하다고 인정되는 일단의 단독주택 중에서 선정한 표준주택의 적정가격을 조사・평가하고, 중앙부동산가격공시위원회의 심의를 거쳐 이를 공시하도록 하였으며, 공시기준일은 매년 1월 1일로 정했다.

표준주택가격은 매년 공시기준일 기준의 단독주택 적정가격이며, 이것을 평가・공시하여 국가・지방자치단체 등의 기관이 행정목적으로 개별주택가격을 산정할 때는 그 기준으로 적용하기 위하여 신설한 것이며, 지가공시제도와 별도의 가격공시제도이다. 주택은 공동주택과 단독주택 등으로 나누어 가격을 조사하며, 공동주택은 국세청 기준시가 고시대상의 약 542만호(APT 약 536만호, 연립 약 6만호)가 그 대상이며, 국세청 기준시가 미고시대상은 임대주택 약 90만호, 연립・다세대주택 약 226만호, 단독・다가구주택 약 450만호이다. 단독주택 등 가격조사, 평가대상은 단독・다가구주택 약 450만호 및 국세청 기준시가 미고시 공동주택(연립・다세대) 약 226만호이다.

5. 비주거용 부동산가격공시제도 도입(2016년)

부동산공시법령에 규정은 하였으나, 아직 현실적으로 구현되고 있지 못하다. 국세청뿐만 아니라 행정안전부는 비주거용 부동산 대상 재산세 등 지방세 부과 및 복지급여 등 17개 법령상 국가사무에 대해 전 지방자치단체가 통일된 기준을 적용하도록 시가조사 및 시가표준액 조정기준을 마련하는 '과표양성화를 위한 시가표준액 조사' 사업을 수행하고 있다. 이에 보고서는 행정 효율성을 제고하고 과세 형평성을 실현하기 위해 관계기관이 공동으로 비주거용 부동산 가격공시 표준 및 가격산정 체계를 마련하고 시범운영한 후 국토교통부로 이관하는 등 단계적인 통합방안을 마련해 비주거용 부동산 가격공시 제도의 일원화를 해야 한다고 강조했다. 실제로 국토교통부는 비주거용 부동산 가격공시제도의 일원화와 관련된 연구용역을 실시했으나 2018년 이후 추가로 진행되지 않았다. 이와 함께 비주거용 부동산 가격공시제도 일원화 전 비주거용 건물 감정평가 사업의 효과와 조세원칙 위반 가능성 등을 감안할 때, 담세자가 감정평가 대상 여부를 사전에 예측할 수 있도록 감정평가 대상 기준 또는 대상 선정 시 고려요소 등을 명확히 하는 방안을 마련해야 한다고도 주장했다. 현재의 기준으로는 어떤 부동산이 국세청의 감정평가 대상이 되는지 명확하게 인지하기가 어렵고, 비록 비주거용 부동산 대상 감정평가를 거쳐 상속세·증여세를 부과하게 되면 부동산의 현실 가치에 기반한 과세가 가능하므로 과세형평성을 제고하는 측면이 있으나, 납세자의 예측가능성 확보라는 조세원칙에 반하게 된다는 것이다. 이에 국세청은 담세자 입장에서 비주거용 부동산 감정평가 대상이 되는지 여부를 사전에 예측할 수 있도록 감정평가 대상 기준 또는 감정평가 대상 선정 시 고려요소 등을 명확하게 해야 한다고 덧붙였다.[10)]

6. 공시가격 현실화 계획 및 수정 계획안 마련(2022년)

공시가격 현실화 계획(2020년 11월 수립)은 개별 부동산별로 시세 반영률(현실화율)의 형평성 회복 등을 목표로 추진되었으나, 계획 이행 과정에서 국민 부담이 가중되었다는 문제가 제기되었으며, "현실화 계획 재검토 추진"이 윤석열 정부의 국정과제로 반영되었다. 아울러, 최근 지자체 및 전문가 등에서 공시가격 정확성·신뢰성과 관련하여 다양한 개선방안을 제시하고 있어 이에 대한 검토도 병행하여 추진할 예정이다.

---

10) 세정일보, "비주거용 부동산가격공시제도 국토부로 넘겨라", 유일지 기자, 2022.8.11.

제2절 표준지공시지가

01 개설

제1절에서 살펴본 바와 같이 종래 다원화된 지가체계로 인한 혼란과 국민의 불신 및 토지정책의 비효율성 등으로 인한 문제점을 해결하고 토지공개념 관련제도의 실효성을 제고하기 위하여 지가공시법이 제정되었으며, 이에 근거를 둔 공시지가제도는 종전의 다원화된 지가체계를 일원화하여 적정한 가격형성 도모, 국토의 효율적 이용 및 국민경제 발전에 이바지하며, 각종 토지정책의 실효를 거두고 조세형평의 정도를 높이기 위한 제도이다. 법명의 명칭은 2005년도 주택가격공시제도를 도입하면서 지가공시법에서 부동산 가격공시 및 감정평가에 관한 법률로 법명 명칭되었다가 2016년 감정평가제도가 분리되면서 분법의 형태로 부동산 가격공시에 관한 법률과 감정평가 및 감정평가사에 관한 법률로 이원화되면서 부동산가격공시제도는 부동산 가격공시에 관한 법률(이하 '부동산공시법')에서 규율하게 되었다.

02 표준지공시지가의 의의 및 법적 성질

1. 표준지공시지가의 의의 및 규정

표준지공시지가란 부동산공시법이 정한 절차에 따라 국토교통부장관이 조사・평가하여 공시한 표준지의 단위면적당 가격을 말한다. 이는 시장 등이 산정하는 개별공시지가와 산정절차, 효과 등의 면에서 구별된다.

> **법 제3조(표준지공시지가의 조사・평가 및 공시 등)**
>
> ① 국토교통부장관은 토지이용상황이나 주변 환경, 그 밖의 자연적・사회적 조건이 일반적으로 유사하다고 인정되는 일단의 토지 중에서 선정한 표준지에 대하여 매년 공시기준일 현재의 단위면적당 적정가격(이하 "표준지공시지가"라 한다)을 조사・평가하고, 제24조에 따른 중앙부동산가격공시위원회의 심의를 거쳐 이를 공시하여야 한다.

2. 논의 실익

표준지공시지가는 지가산정의 기준으로서 행정기관이나 감정평가법인등에 대한 구속력은 인정되나, 국민에 대한 구속력도 가지는지에 대하여는 견해의 대립이 있다. 이는 ① 공시지가 산정절차상 하자의 위법성 인정 여부, ② 행정소송의 제기가능성 여부에 그 논의 실익이 있다.

3. 학설[11)]

(1) 행정규칙설

행정규칙설은 표준지공시지가는 지가 정책집행을 위해 일반적・추상적 기준을 설정하는 것으로 본다. 즉 표준지공시지가를 행정규칙의 성질을 가지는 것으로 보는 견해의 논거는 다음과 같다. 공시지가는 개별공시지가의 산정기준이 되는데, 기준이라는 것은 일반성과 추상성(여러 경우에 적용됨)을 가지는 것을 의미하므로 개별적・구체적 규율로서의 성질을 가지는 처분이라고 할 수 없다.

(2) 행정계획설

표준지공시지가를 내부적 효력만을 갖는 구속력 없는 행정계획으로 보는 견해이다. 이 견해의 논거는 다음과 같다. ① 표준지공시지가는 개별공시지가결정에 있어서 그대로 적용되는 것이 아니라 그 목적에 따라 가감하여 적용 가능한 것이므로 그 구속력을 인정할 수 없다. ② 표준지공시지가결정에 의해 바로 당사자의 권리・의무에 영향을 미치지 않는다.[12)]

(3) 법규명령의 성질을 갖는 고시설

법규명령의 성질을 갖는 고시설은 개별공시지가 등 행정처분의 구속력 있는 기준이 되므로 구속력은 있으나 형식은 고시로 본다. 표준지공시지가는 법률의 수권에 의해 정해지며 개별공시지가결정 등 행정처분의 구속력 있는 기준이 되고 표준지공시지가가 위법한 경우 해당 표준지공시지가를 기준으로 행해진 처분도 위법하다고 보아야 하므로 법규명령의 성질을 가지는 고시에 준하는 것으로 보아야 한다. 표준지공시지가는 국민의 권익에 직접 영향을 미치므로 처분으로 보는 것이 타당하다.

(4) 행정행위설

표준지공시지가를 행정행위로 보는 견해의 논거는 다음과 같다. ① 표준지공시지가는 개발부담금 등의 산정기준이 되므로 국민의 구체적인 권리・의무에 직접 영향을 미친다. ②「부동산공시법」이 표준지공시지가에 대하여 이의신청(행정심판)을 할 수 있다고 규정하고 있다.[13)14)]

(5) 개별검토설

먼저 표준지의 소유자에게 표준지공시지가는 동시에 개별공시지가의 성질을 아울러 가지는 것이므로(부동산공시법 제10조 제2항 후문), 그것은 행정소송의 대상으로서의 처분성이 인정된다.[15)] 표

---

11) 배명호, 감정평가 및 부동산가격공시법론, 북랩, 2020, 171면.

12) 정하중, 행정법개론, 법문사, 2018, 1331면; 류지태・박종수, 행정법신론, 박영사, 2011, 1163면.

13) 조용호 "개별토지가격결정의 행정처분성과 이에 관한 쟁송", 인권과 정의, 1993.11, 84면.

14) 이 밖에도 처분이라고 보는 견해의 논거로 ① 굳이 후속처분인 과세처분 등을 기다릴 필요 없이 표준지공시지가결정에 처분성을 인정하여 다툴 수 있도록 함이 분쟁 또는 법률관계의 조기확정을 기함과 아울러 법적 안정성을 확보하는 데 이로우므로 이를 항고소송의 대상으로 인정할 필요가 있다는 점, ② 재판절차상의 번잡을 피하기 위하여 사법정책적 고려에서 당해 분쟁을 소송의 대상으로 하는 것이 가장 실효적인 해결수단이 될 수 있다면 이를 행정소송의 대상으로 인정하는 것이 타당하다는 점 등이 처분성을 인정하는 징표로 들어지고 있다(임영호, "비교표준지공시지가결정의 하자와 수용재결의 위법성", 대법원판례해설, 2008년 하반기(통권 제78호), 16면).

15) 박윤흔・정형근, 최신행정법강의(하), 박영사, 2009, 661면; 김남진・김연태, 행정법 II, 법문사, 2017, 548면; 김동희, 행정법 II, 박영사, 2015, 490면.

준지공시지가가 일반적인 토지거래의 지표로서의 의미를 가지는 한에서는 그 처분성을 인정할 여지가 없다.[16] 그리고 표준지공시지가가 개별공시지가의 기준이 되거나 토지수용 시 보상액산정의 기준이 되는 경우 등에는 처분성이 인정된다는 견해이다.[17]

4. 대법원 판례

대법원은 표준지공시지가에 대하여 불복하기 위해서는 소정의 이의절차를 거쳐 처분청을 상대로 그 공시지가결정의 취소를 구하는 행정소송을 제기하여야 하는 것이라고 하여 표준지공시지가의 처분성을 인정하고 있다.

판례

▶ 관련판례(대판 1995.3.28, 94누12920)

표준지로 선정된 토지의 공시지가에 대하여 불복하기 위하여는 지가공시 및 토지 등의 평가에 관한 법률 제8조 제1항 소정의 이의절차를 거쳐 처분청을 상대로 그 공시지가결정의 취소를 구하는 행정소송을 제기하여야 하는 것이지, 그러한 절차를 밟지 아니한 채 개별토지가격결정을 다투는 소송에서 그 개별토지가격 산정의 기초가 된 표준지공시지가의 위법성을 다툴 수는 없다.

▶ 관련판례(대판 2008.8.21, 2007두13845)

표준지공시지가결정이 위법한 경우에는 그 자체를 행정소송의 대상이 되는 행정처분으로 보아 그 위법 여부를 다툴 수 있음은 물론, 수용보상금의 증액을 구하는 소송에서도 선행처분으로서 그 수용대상토지 가격 산정의 기초가 된 비교표준지공시지가결정의 위법을 독립한 사유로 주장할 수 있다.

5. 검토

생각건대, 공시지가는 보상액 산정 등에 있어 구속적 기능을 수행하고, 비록 가감조정이 행해지기는 하나 개별가격의 산정에 결정적인 기준이 된다는 점 및 공시지가 결정・공시단계에서는 그 자체로 외부적 구속력을 인정하기 어려우나 처분성을 인정하여 법률관계의 조기 확정을 가져오게 함이 법적안정성 측면에서 타당하다는 점 등을 고려할 때 처분성을 인정함이 타당하다고 생각된다. 특히 대법원 2007두13845 판결에서는 표준지공시지가에 대하여 직접적으로 행정처분으로 판시하고 있는바, 해당 판례를 직접적 논거로 처분으로 봄이 타당하다고 판단된다.

행정계획설은 표준지공시지가는 행정활동을 위한 목표설정과 행정수단의 조정・통합화의 개념적 징표가 있다고 보기 어렵고, 행정행위설은 표준지공시지가가 개별성・구체성을 지녀야 하나 공시지가는 목적에 따라 가감조정되므로 구속적 효력이 없다는 점에서 받아들이기 어렵다. 따라서 표준지공시지가는 일반적・추상적 기준인 행정규칙으로서 처분성이 인정되기 어렵다고 본다(처분성 부정 시).

16) 박윤흔・정형근, 최신행정법강의(하), 661면; 김남진・김연태, 행정법 Ⅱ, 548면; 김동희, 행정법II, 490면.
17) 김동희, 행정법 Ⅱ, 491면.

03 표준지공시지가의 공시절차

법 제3조(표준지공시지가의 조사・평가 및 공시 등)

① 국토교통부장관은 토지이용상황이나 주변 환경, 그 밖의 자연적・사회적 조건이 일반적으로 유사하다고 인정되는 일단의 토지 중에서 선정한 표준지에 대하여 매년 공시기준일 현재의 단위면적당 적정가격(이하 "표준지공시지가"라 한다)을 조사・평가하고, 제24조에 따른 중앙부동산가격공시위원회의 심의를 거쳐 이를 공시하여야 한다.

② 국토교통부장관은 표준지공시지가를 공시하기 위하여 표준지의 가격을 조사・평가할 때에는 대통령령으로 정하는 바에 따라 해당 토지소유자의 의견을 들어야 한다.

③ 제1항에 따른 표준지의 선정, 공시기준일, 공시의 시기, 조사・평가기준 및 공시절차 등에 필요한 사항은 대통령령으로 정한다.

④ 국토교통부장관이 제1항에 따라 표준지공시지가를 조사・평가하는 경우에는 인근 유사토지의 거래가격・임대료 및 해당 토지와 유사한 이용가치를 지닌다고 인정되는 토지의 조성에 필요한 비용추정액, 인근지역 및 다른 지역과의 형평성・특수성, 표준지공시지가 변동의 예측 가능성 등 제반사항을 종합적으로 참작하여야 한다.

⑤ 국토교통부장관이 제1항에 따라 표준지공시지가를 조사・평가할 때에는 업무실적, 신인도(信認度) 등을 고려하여 둘 이상의 「감정평가 및 감정평가사에 관한 법률」에 따른 감정평가법인등(이하 "감정평가법인등"이라 한다)에게 이를 의뢰하여야 한다. 다만, 지가변동이 작은 경우 등 대통령령으로 정하는 기준에 해당하는 표준지에 대해서는 하나의 감정평가법인등에게 의뢰할 수 있다.

⑥ 국토교통부장관은 제5항에 따라 표준지공시지가 조사・평가를 의뢰받은 감정평가법인등이 공정하고 객관적으로 해당 업무를 수행할 수 있도록 하여야 한다.

⑦ 제5항에 따른 감정평가법인등의 선정기준 및 업무범위는 대통령령으로 정한다.

⑧ 국토교통부장관은 제10조에 따른 개별공시지가의 산정을 위하여 필요하다고 인정하는 경우에는 표준지와 산정대상 개별 토지의 가격형성요인에 관한 표준적인 비교표(이하 "토지가격비준표"라 한다)를 작성하여 시장・군수 또는 구청장에게 제공하여야 한다.

시행령 제2조(표준지의 선정)

① 국토교통부장관은 「부동산 가격공시에 관한 법률」(이하 "법"이라 한다) 제3조 제1항에 따라 표준지를 선정할 때에는 일단(一團)의 토지 중에서 해당 일단의 토지를 대표할 수 있는 필지의 토지를 선정하여야 한다.

② 법 제3조 제1항에 따른 표준지 선정 및 관리에 필요한 세부기준은 법 제24조에 따른 중앙부동산가격공시위원회(이하 "중앙부동산가격공시위원회"라 한다)의 심의를 거쳐 국토교통부장관이 정한다.

법 제4조(표준지공시지가의 조사협조)

국토교통부장관은 표준지의 선정 또는 표준지공시지가의 조사・평가를 위하여 필요한 경우에는 관계 행정기관에 해당 토지의 인・허가 내용, 개별법에 따른 등록사항 등 대통령령으로 정하는 관련 자료의 열람 또는 제출을 요구할 수 있다. 이 경우 관계 행정기관은 정당한 사유가 없으면 그 요구를 따라야 한다.

법 제5조(표준지공시지가의 공시사항)

제3조에 따른 공시에는 다음 각 호의 사항이 포함되어야 한다.

1. 표준지의 지번
2. 표준지의 단위면적당 가격
3. 표준지의 면적 및 형상

4. 표준지 및 주변토지의 이용상황
5. 그 밖에 대통령령으로 정하는 사항

시행령 제3조(표준지공시지가의 공시기준일)

법 제3조 제1항에 따른 표준지공시지가(이하 "표준지공시지가"라 한다)의 공시기준일은 1월 1일로 한다. 다만, 국토교통부장관은 표준지공시지가 조사・평가인력 등을 고려하여 부득이하다고 인정하는 경우에는 일부 지역을 지정하여 해당 지역에 대한 공시기준일을 따로 정할 수 있다.

시행령 제4조(표준지공시지가의 공시방법)

① 국토교통부장관은 법 제3조 제1항에 따라 표준지공시지가를 공시할 때에는 다음 각 호의 사항을 관보에 공고하고, 표준지공시지가를 국토교통부가 운영하는 부동산공시가격시스템(이하 "부동산공시가격시스템"이라 한다)에 게시하여야 한다.
1. 법 제5조 각 호의 사항의 개요
2. 표준지공시지가의 열람방법
3. 이의신청의 기간・절차 및 방법

② 국토교통부장관은 필요하다고 인정하는 경우에는 표준지공시지가와 이의신청의 기간・절차 및 방법을 표준지 소유자(소유자가 여러 명인 경우에는 각 소유자를 말한다. 이하 같다)에게 개별 통지할 수 있다.

③ 국토교통부장관은 제2항에 따른 통지를 하지 아니하는 경우에는 제1항에 따른 공고 및 게시사실을 방송・신문 등을 통하여 알려 표준지 소유자가 표준지공시지가를 열람하고 필요한 경우에는 이의신청을 할 수 있도록 하여야 한다.

법 제6조(표준지공시지가의 열람 등)

국토교통부장관은 제3조에 따라 표준지공시지가를 공시한 때에는 그 내용을 특별시장・광역시장 또는 도지사를 거쳐 시장・군수 또는 구청장(지방자치단체인 구의 구청장에 한한다)에게 송부하여 일반으로 하여금 열람하게 하고, 대통령령이 정하는 바에 따라 이를 도서・도표 등으로 작성하여 관계행정기관 등에 공급하여야 한다.

1. 표준지의 선정(법 제3조)

국토교통부장관은 토지이용상황이나 주변환경 그 밖의 자연적・사회적 조건이 일반적으로 유사하다고 인정되는 일단의 토지 중에서 표준지선정 및 관리지침에 부합되는 토지를 표준지로 선정하여야 하며, 특별한 사유가 없는 한 교체할 수 없다.

2. 표준지공시지가의 조사・평가(법 제3조)

국토교통부장관이 표준지의 적정가격을 조사・평가하는 경우에는 인근 유사토지의 거래가격・임대료 및 해당 토지와 유사한 이용가치를 지닌다고 인정되는 토지의 조성에 필요한 비용추정액, 인근 지역 및 다른 지역과의 형평성・특수성, 표준지공시지가 변동의 예측 가능성 등 제반사항을 종합적으로 참작하여야 하며, 표준지의 적정가격을 조사・평가하고자 할 때에는 둘 이상의 감정평가법인등에게 이를 의뢰하여야 한다.

3. 중앙부동산가격공시위원회의 심의

일련의 절차를 거쳐 조사・평가된 표준지의 가격을 공시지가의 공신력 제고와 공시지가의 적정성 확보 및 지역 간 균형 확보를 위해 중앙부동산가격공시위원회의 심의를 거쳐야 한다.

4. 표준지공시지가의 공시 및 열람(법 제6조)

국토교통부장관은 중앙부동산가격공시위원회의 심의를 거쳐 표준지의 지번, 표준지의 단위면적당 가격, 이의신청에 관한 사항 등을 공시하며, 내용을 특별시장・광역시장 또는 도지사를 거쳐 시장・군수 또는 구청장에게 송부하여 일반으로 하여금 열람하게 하고, 이를 도서・도표 등으로 작성하여 관계 행정기관 등에 공급하여야 한다.

■ **2020년 3월 6일 국회 본회의에 통과된 부동산 가격공시제도 개선**

공시가격은 조세・부담금 등 다양한 행정목적에 활용되는 기초자료로서 공정하고 적정하게 산정될 필요가 있다. 그러나 그간 공시가격에 적정한 가격을 반영하지 못하는 불합리한 관행으로 인하여 공시가격의 유형・지역 간의 불균형이 발생하였으며, 이는 공시가격을 활용하는 행정에 있어서의 형평성과 공정성을 저해하는 문제로 이어졌다.

이에 일관되게 공시가격을 적정가격으로 현실화할 수 있도록 국토교통부장관이 계획을 수립하여 이에 따라 추진하도록 하여 공시가격의 불균형을 해소할 수 있도록 하고(부동산공시법 제26조의2), 부동산 공시가격을 조사・평가 및 산정하는 경우 인근 지역 및 다른 지역과의 형평성・특수성, 예측가능성 등 제반 사항을 종합적으로 고려하도록 하였다(부동산공시법 제3조 제9항, 제16조 제7항 및 제18조 제8항).

공시가격의 신뢰성과 투명성을 강화하기 위해 공시가격을 최종 심의하는 중앙부동산가격공시위원회 및 시・군・구부동산가격공시위원회의 회의록을 공개하는 등 근거를 마련하였다(부동산공시법 제27조의2 등).

부칙 〈법률 제17233호, 2020.4.7.〉
이 법은 공포 후 6개월이 경과한 날부터 시행한다. 다만, 제3조, 제16조, 제18조 및 제28조 제1항 제3호의 개정규정은 공포한 날부터 시행한다.

04 표준지공시지가의 효력 및 적용

법 제9조(표준지공시지가의 효력)

표준지공시지가는 토지시장에 지가정보를 제공하고 일반적인 토지거래의 지표가 되며, 국가・지방자치단체 등이 그 업무와 관련하여 지가를 산정하거나 감정평가법인등이 개별적으로 토지를 감정평가하는 경우에 그 기준이 된다.

법 제8조(표준지공시지가의 적용)

제1호 각 목의 자가 제2호 각 목의 목적을 위하여 지가를 산정할 때에는 그 토지와 이용가치가 비슷하다고 인정되는 하나 또는 둘 이상의 표준지의 공시지가를 기준으로 토지가격비준표를 사용하여 지가를 직접 산정하거나 감정평가법인등에게 감정평가를 의뢰하여 산정할 수 있다. 다만, 필요하다고 인정할 때에는 산정된 지가를 제2호 각 목의 목적에 따라 가감(加減)조정하여 적용할 수 있다.
1. 지가산정의 주체
가. 국가 또는 지방자치단체
나. 「공공기관의 운영에 관한 법률」에 따른 공공기관
다. 그 밖에 대통령령으로 정하는 공공단체
2. 지가산정의 목적
가. 공공용지의 매수 및 토지의 수용·사용에 대한 보상
나. 국유지·공유지의 취득 또는 처분
다. 그 밖에 대통령령으로 정하는 지가의 산정

시행령 제13조(표준지공시지가의 적용)
① 법 제8조 제1호 다목에서 "대통령령으로 정하는 공공단체"란 다음 각 호의 기관 또는 단체를 말한다.
1. 「산림조합법」에 따른 산림조합 및 산림조합중앙회
2. 「농업협동조합법」에 따른 조합 및 농업협동조합중앙회
3. 「수산업협동조합법」에 따른 수산업협동조합 및 수산업협동조합중앙회
4. 「한국농어촌공사 및 농지관리기금법」에 따른 한국농어촌공사
5. 「중소기업진흥에 관한 법률」에 따른 중소벤처기업진흥공단
6. 「산업집적활성화 및 공장설립에 관한 법률」에 따른 산업단지관리공단
② 법 제8조 제2호 다목에서 "대통령령으로 정하는 지가의 산정"이란 다음 각 호의 목적을 위한 지가의 산정을 말한다.
1. 「국토의 계획 및 이용에 관한 법률」 또는 그 밖의 법령에 따라 조성된 용지 등의 공급 또는 분양
2. 다음 각 목의 어느 하나에 해당하는 사업을 위한 환지·체비지(替費地)의 매각 또는 환지신청
가. 「도시개발법」 제2조 제1항 제2호에 따른 도시개발사업
나. 「도시 및 주거환경정비법」 제2조 제2호에 따른 정비사업
다. 「농어촌정비법」 제2조 제5호에 따른 농업생산기반 정비사업
3. 토지의 관리·매입·매각·경매 또는 재평가

1. 표준지공시지가의 효력(법 제9조)

표준지공시지가는 토지시장에 지가정보를 제공하고 일반적인 토지거래의 지표가 되며, 국가·지방자치단체 등이 그 업무와 관련하여 지가를 산정하거나 감정평가법인등이 개별적으로 토지를 감정평가하는 경우에 기준이 된다.

2. 표준지공시지가의 적용

(1) 감정평가법인등의 토지의 감정평가 시 기준

감정평가법인등이 타인의 의뢰에 의하여 토지를 개별적으로 감정평가하는 경우에는 해당 토지와 유사한 이용가치를 지닌다고 인정되는 표준지의 공시지가를 기준으로 하여야 한다. 다만, 담보권의 설정·경매 등 대통령령이 정하는 감정평가를 하는 경우에는 해당 토지의 임대료·조성비용 등을 고려하여 감정평가를 할 수 있다. 감정평가법인등은 평가대상토지의 가격과 표준지의 공시지가가 균형을 유지하도록 감정평가하여야 한다.

(2) 개별공시지가의 산정기준

시장・군수 또는 구청장이 개별공시지가를 결정・공시하는 경우에는 해당 토지와 유사한 이용가치를 지닌다고 인정되는 하나 또는 둘 이상의 표준지의 공시지가를 기준으로 토지가격비준표를 사용하여 지가를 산정하되, 해당 토지의 가격과 표준지공시지가가 균형을 유지하도록 하여야 한다.

(3) 기타 공시지가의 적용(법 제8조)

국가・지방자치단체 등이 다음의 목적을 위하여 토지의 가격을 산정하는 경우에 표준지공시지가를 적용하며, 행정목적에 따라 가감조정하여 적용할 수 있다.

1. 지가산정의 주체
   가. 국가 또는 지방자치단체
   나. 「공공기관의 운영에 관한 법률」에 따른 공공기관
   다. 그 밖에 대통령령으로 정하는 공공단체
2. 지가산정의 목적
   가. 공공용지의 매수 및 토지의 수용・사용에 대한 보상
   나. 국유지・공유지의 취득 또는 처분
   다. 그 밖에 대통령령으로 정하는 지가의 산정

제3절 표준지공시지가 불복

1. 표준지공시지가에 대한 이의신청

(1) 개설

표준지공시지가의 처분성 인정 여부에 따라 불복방법이 달라진다. 처분성을 긍정하는 입장에서는 이의신청을 거치고 그에도 불복이 있으면 행정심판 또는 행정소송을 제기할 수 있다. 그러나 처분성을 부정하는 입장에서는 행정심판 및 행정소송을 제기할 수 없고 이의신청만을 제기할 수 있다.

(2) 표준지공시지가의 위법성

판례

▶ 관련판례(대판 2009.12.10, 2007두20140)
표준지공시지가의 결정절차 및 그 효력과 기능 등에 비추어 보면, 표준지공시지가는 해당 토지뿐 아니라 인근 유사토지의 가격을 결정하는 데에 전제적・표준적 기능을 수행하는 것이어서 특히 그 가격의 적정성이 엄격하게 요구된다. 이를 위해서는 무엇보다도 적정가격 결정의 근거가 되는 감정평가업자의 평가액 산정이 적정하게 이루어졌음이 담보될 수 있어야 하므로, 그 감정평가서에는 평가원인을 구체적으

로 특정하여 명시함과 아울러 각 요인별 참작 내용과 정도가 객관적으로 납득이 갈 수 있을 정도로 설명됨으로써, 그 평가액이 해당 토지의 적정가격을 평가한 것임을 인정할 수 있어야 한다.
건설교통부장관이 2개의 감정평가법인에 토지의 적정가격에 대한 평가를 의뢰하여 그 평가액을 산술평균한 금액을 그 토지의 적정가격으로 결정·공시하였으나, 감정평가서에 거래선례나 평가선례, 거래사례비교법, 원가법 및 수익환원법 등을 모두 공란으로 둔 채, 그 토지의 전년도 공시지가와 세평가격 및 인근 표준지의 감정가격만을 참고가격으로 삼으면서 그러한 참고가격이 평가액 산정에 어떻게 참작되었는지에 관한 별다른 설명 없이 평가의견을 추상적으로만 기재한 사안에서, 평가요인별 참작 내용과 정도가 평가액 산정의 적정성을 알아볼 수 있을 만큼 객관적으로 설명되어 있다고 보기 어려워, 이러한 감정평가액을 근거로 한 표준지공시지가 결정은 그 토지의 적정가격을 반영한 것이라고 인정하기 어려워 위법하다고 한 사례

(3) 이의신청

법 제7조(표준지공시지가에 대한 이의신청)

① 표준지공시지가에 이의가 있는 자는 그 공시일부터 30일 이내에 서면(전자문서를 포함한다)으로 국토교통부장관에게 이의를 신청할 수 있다.

② 국토교통부장관은 제1항에 따른 이의신청기간이 만료된 날부터 30일 이내에 이의신청을 심사하여 그 결과를 신청인에게 서면으로 통지하여야 한다. 이 경우 국토교통부장관은 이의신청의 내용이 타당하다고 인정될 때에는 제3조에 따라 해당 표준지공시지가를 조정하여 다시 공시하여야 한다.

③ 제1항 및 제2항에서 규정한 것 외에 이의신청 및 처리절차 등에 필요한 사항은 대통령령으로 정한다.

시행령 제12조(표준지공시지가에 대한 이의신청)

법 제7조 제1항에 따라 표준지공시지가에 대한 이의신청을 하려는 자는 이의신청서에 이의신청 사유를 증명하는 서류를 첨부하여 국토교통부장관에게 제출하여야 한다.

행정심판법 제4조(특별행정심판 등)

① 사안(事案)의 전문성과 특수성을 살리기 위하여 특히 필요한 경우 외에는 이 법에 따른 행정심판을 갈음하는 특별한 행정불복절차(이하 "특별행정심판"이라 한다)나 이 법에 따른 행정심판절차에 대한 특례를 다른 법률로 정할 수 없다.

② 다른 법률에서 특별행정심판이나 이 법에 따른 행정심판절차에 대한 특례를 정한 경우에도 그 법률에서 규정하지 아니한 사항에 관하여는 이 법에서 정하는 바에 따른다.

③ 〈이하 생략〉

① 의의

이의신청이란 행정청의 위법·부당한 행정작용으로 인하여 그 권리·이익이 침해된 자의 청구에 의하여 처분청 자신이 이를 재심사하는 것을 말한다. 부동산공시법상 이의신청이란 표준지공시지가에 대하여 이의가 있는 자가 표준지공시지가의 공시주체인 국토교통부장관에게 이의를 신청하고 국토교통부장관이 이를 심사하도록 하는 제도이다. 이는 이해관계인의 의견을 수렴하

여 잘못된 조사·평가사항을 시정하여 적정한 지가공시가 이루어질 수 있도록 하기 위한 제도이며, 국민의 권익을 보호하기 위한 제도이다.

② 이의신청의 성격

(ㄱ) **문제점** : 부동산공시법상 표준지공시지가에 대한 이의신청에 대해서는 재결에 대한 이의신청처럼 행정소송과의 관계가 명확하지 않다. 이에 부동산공시법상 이의신청에 대하여 행정심판의 성격을 인정할 것인지 단순히 의견청취절차로 볼 것인지 문제되며, 논의실익은 이의신청과는 별개로 행정심판이 가능한지, 이의신청절차에 행정심판법의 적용이 가능한지 등에 있다.

(ㄴ) **학설** : 처분성이 인정되고 부동산가격공시위원회의 심의를 규정하고 있다는 점에 특별행정심판으로 보는 견해와 이의신청은 처분청인 국토교통부장관에게 하도록 되어 있다는 점에 본래의 이의신청으로 보는 견해가 있다.

(ㄷ) **재결례 변경** : 종전 대법원은 표준지공시지가 이의신청에 대해서는 특별행정심판으로 보고 있었으나 최근 중앙행정심판위원회에서 재결례를 변경하여 강학상 이의신청으로 보고 있다. 최근 대법원 판례는 개별공시지가 이의신청에 대해서는 본래의 강학상 이의신청으로 보고 있다.

판례

▶ 관련판례(대판 2010.1.28, 2008두19987)

부동산 가격공시 및 감정평가에 관한 법률(이하 '부동산공시법') 제12조, 행정소송법 제20조 제1항, 행정심판법 제3조 제1항의 규정 내용 및 취지와 아울러 **부동산 가격공시 및 감정평가에 관한 법률에 행정심판의 제기를 배제하는 명시적인 규정이 없고 부동산 가격공시 및 감정평가에 관한 법률에 따른 이의신청과 행정심판은 그 절차 및 담당기관에 차이가 있는 점을 종합하면**, 부동산 가격공시 및 감정평가에 관한 법률이 이의신청에 관하여 규정하고 있다고 하여 이를 행정심판법 제3조 제1항에서 행정심판의 제기를 배제하는 '다른 법률에 특별한 규정이 있는 경우'에 해당한다고 볼 수 없으므로, 개별공시지가에 대하여 이의가 있는 자는 곧바로 행정소송을 제기하거나 부동산 가격공시 및 감정평가에 관한 법률에 따른 이의신청과 행정심판법에 따른 행정심판청구 중 어느 하나만을 거쳐 행정소송을 제기할 수 있을 뿐 아니라, 이의신청을 하여 그 결과 통지를 받은 후 다시 행정심판을 거쳐 행정소송을 제기할 수도 있다고 보아야 하고, 이 경우 행정소송의 제소기간은 그 행정심판 재결서 정본을 송달받은 날부터 기산한다.

표준지공시지가 결정을 다투는 경우에도 행정심판의 대상(2012.4.27.)
(중앙행정심판위원회 재결례 변경 보도자료)

- 국토교통부장관의 표준지공시지가 결정에 대해서도 행정심판을 통해 다툴 수 있다는 결정이 나왔다.
- 국민권익위원회(위원장 김영란) 소속 중앙행정심판위원회는 지금까지 표준지공시지가를 다투는 행정심판에 대해 「부동산 가격공시 및 감정평가에 관한 법률」에 규정된 이의신청을 통해 불복할 수 있으므로 행정심판의 대상이 아니라고 결정해 왔으나, 행정심판을 통해 다툴 수 있는 것으로 재결례를 변경했다고 밝혔다.
- 청구인 A씨는 2010년 9월에 B씨로부터 국토교통부장관이 표준지로 선정한 토지를 매수하였고, 위 토지의 공시지가가 실제 거래가격보다 높게 결정되자, 중앙행정심판위원회에 행정심판을 청구하였다.

- 이에 대해 중앙행정심판위원회는 「행정심판법」 제3조에는 '다른 법률에 특별한 불복절차가 있는 경우 행정심판의 대상이 아닌 것'으로 되어 있는데, 「부동산 가격공시 및 감정평가에 관한 법률」에는 행정심판을 제기할 수 없다는 명시적인 규정이 없고, 표준지공시지가 결정에 대한 이의신청과 행정심판의 절차가 다르고 담당하는 기관도 다른 점 등을 종합적으로 고려할 때, 표준지공시지가 결정에 대한 이의신청은 특별한 불복절차가 아니므로 행정심판으로 다툴 수 있다고 결정하였다.
- 한편, 중앙행정심판위원회는 위 사건에서 국토교통부장관이 청구인 이모씨의 토지에 대해 결정한 표준지공시지가 처분의 내용은 위법·부당하지 않은 것으로 결정하였다.

(ㄹ) **검토** : 처분청인 국토교통부장관에게 신청하는 것이라는 점, 국민의 권리구제에 유리하다는 점 등을 이유로 강학상 이의신청으로 봄이 타당하다.

③ 이의신청의 제기

(ㄱ) **당사자** : 부동산공시법 제7조에서는 "표준지공시지가에 대하여 이의가 있는 자"로 규정하고 있고, 동법(개정 예정) 시행령 제11조에서는 "토지소유자, 토지의 이용자 그 밖에 법률상 이해관계를 가진 자"로 규정하고 있다. 따라서 토지소유자 외에 제3자라도 법률상 이익이 있으면 이의신청을 할 수 있다. 이의신청의 상대방은 표준지공시지가의 공시주체인 국토교통부장관이다.

(ㄴ) **대상** : 부동산공시법 제7조에서는 "표준지공시지가에 대하여 이의가 있는 자"라고 규정하고 있는바, 표준지공시지가에 대한 이의이면 모두 가능한 것으로 볼 수 있다. 표준지공시지가의 가격의 적정성 문제, 공시절차 흠결 등의 문제가 그에 해당될 수 있다.

(ㄷ) **기간** : 표준지공시지가의 공시일부터 30일 이내에 이의신청서를 국토교통부장관에게 제출하여야 한다. 이의신청기간을 종전 지가공시법 제정 당시 60일에서 제1차 개정 이후 30일로 단축한 것은 지가를 조기에 확정시켜 각종 행정목적이나 일반토지거래 가격 등의 지표로 제공될 수 있도록 하기 위한 것이다. 헌법재판소는 이와 같이 이의신청기간을 짧게 정한 것이 헌법에 위배되는 것이 아니라고 판시한 바 있다.

판례

▶ **관련판례(헌재 1996.10.4, 95헌바11)**

(구)지가공시 및 토지 등의 평가에 관한 법률 제8조 제1항이 표준지공시지가에 관하여 그 이의신청기간을 '공시일로부터 60일 이내'의 기간으로 규정하고 있는 것은 표준지공시지가의 특성상 이를 조속히 그리고 이해관계인 모두에 대하여 일률적으로 확정할 합리적인 필요에 기인하는 것으로서 헌법 제37조 제2항에 의하여 입법권자에게 허용된 입법재량의 범위 내에서의 공공복리 등을 위한 합리적인 제한이므로, 위 법률조항은 행정심판청구권이나 재판청구권 및 평등권을 침해하는 조항이라 할 수 없다.

(ㄹ) **관할 및 형식** : 이의신청은 처분청에 제기하는 것이므로 이의신청의 관할은 처분청인 국토교통부장관이 된다. 이의신청의 형식은 내용 및 사유를 적은 이의신청서와 이의신청의 사유를 증명하는 서류로써 한다.

④ 이의신청에 대한 심사 및 결과 통지

이의신청이 제기된 경우 국토교통부장관은 이의신청기간이 만료된 날부터 30일 이내에 이의신청을 심사하여 그 결과를 신청인에게 서면으로 통지하여야 한다. 이 경우 국토교통부장관은 이의신청의 내용이 타당하다고 인정될 때에는 표준지공시지가를 조정하여 다시 공시하여야 한다.

■ **법규 헷갈리는 쟁점 : 표준지공시지가 이의신청이 특별법상 행정심판인지 여부**

1. 문제의 소재(부동산공시법상 이의신청이 행정심판인지 여부)

표준지공시지가에 대한 이의신청이 특별행정심판에 해당한다면 당해 이의신청을 거친 후에는 다시 행정심판을 제기할 수는 없는 것은 행정심판법 제51조는 재심판청구를 금지하고 있기 때문이다. 다만 표준지공시지가 이의신청이 강학상 이의신청에 해당한다면 당해 이의신청을 거친 후에도 행정심판을 제기할 수 있게 된다.

2. 강학상 이의신청과 행정심판의 구별기준

(1) 개설

개별법상 이의신청(행정불복)이 행정심판이 아닌 단순한 강학상 이의신청인지, 특별법상 행정심판에 해당되는 이의신청인지 여부를 판단하는 기준에 관하여 견해의 대립이 있다.

(2) 견해의 대립

① 불복절차기준설

이 견해는 헌법 제107조 제3항은 행정심판절차는 사법심판절차가 준용되어야 한다고 규정하고 있는 점에 비추어 개별법률에서 정하는 이의신청 중 준사법절차가 보장되는 것만을 행정심판으로 보고, 그렇지 않은 것은 행정심판이 아닌 것으로 보는 견해이다.

② 심판기관기준설

이 견해는 처분청 자체에 제기하는 이의신청(행정불복)을 행정심판이 아닌 이의신청으로 보고, 처분청의 직근상급행정청 또는 행정심판위원회에 제기하는 이의신청을 행정심판인 이의신청으로 보는 견해이다.

(3) 대법원 판례의 태도

판례는 절차 및 담당기관을 기준으로 구분하고 있으므로 불복절차기준설을 취하고 있는 것으로 보여진다(대판 2010.1.28, 2008두19987).

[관련판례]

부동산 가격공시 및 감정평가에 관한 법률 제12조, 행정소송법 제20조 제1항, 행정심판법 제3조 제1항의 규정 내용 및 취지와 아울러 부동산 가격공시 및 감정평가에 관한 법률에 행정심판의 제기를 배제하는 명시적인 규정이 없고, 부동산 가격공시 및 감정평가에 관한 법률에 따른 이의신청과 행정심판은 그 절차 및 담당 기관에 차이가 있는 점을 종합하면, 부동산 가격공시 및 감정평가에 관한 법률이 이의신청에 관하여 규정하고 있다고 하여 이를 행정심판법 제3조 제1항에서 행정심판의 제기를 배제하는 '다른 법률에 특별한 규정이 있는 경우'에 해당한다고 볼 수 없으므로, 개별공시지가에 대하여 이의가 있는 자는 곧바로 행정소송을 제기하거나 부동산 가격공시 및 감정평가에 관한 법률에 따른 이의신청과 행정심판법에 따른 행정심판청구 중 어느 하나만을 거쳐 행정소송을 제기할 수 있을 뿐 아니라, 이의신청을 하여 그 결과를 통지를 받은 후 다시 행정심판을 거쳐 행정소송을 제기할 수도 있다고 보아야 하고, 이 경우 행정소송의 제소기간은 그 행정심판 재결서 정본을 송달받은 날부터 기산한다(대법원 2010.1.28. 선고 2008두19987 판결).

(4) 검토

생각건대, 헌법 제107조 제3항은 행정심판절차는 사법심판절차가 준용되어야 한다고 규정하고 있는 바, 이를 근거로 준사법절차가 보장된 경우만 행정심판으로 보는 견해가 타당하다. 따라서 개별 법률에서 정하는 이의신청 중 준사법절차가 보장되는 것만이 행정심판이며, 그렇지 않은 것은 행정심판이 아니라고 볼 수 있다.

3. 부동산공시법상 이의신청이 행정심판인지 여부

(1) 견해의 대립

① 국민의 권리구제 확립을 위해 행정청 내부의 재심사 절차인 강학상 이의신청으로 보는 견해가 있고, ② 이의신청의 실질적 내용에 비추어 특별행정심판의 성격을 갖는다는 견해가 있다.

(2) 대법원 판례의 태도

"부동산 가격공시 및 감정평가에 관한 법률 제12조, 행정소송법 제20조 제1항, 행정심판법 제3조 제1항의 규정 내용 및 취지와 아울러 부동산 가격공시 및 감정평가에 관한 법률에 행정심판의 제기를 배제하는 명시적인 규정이 없고 부동산 가격공시 및 감정평가에 관한 법률에 따른 이의신청과 행정심판은 그 절차 및 담당 기관에 차이가 있는 점.."(2008두19987)이라고 판시하고 있다.

(3) 소결

생각건대, 이의신청은 부동산공시법의 규정에 의해 인정되는 제도이며, 국민의 권익구제를 위하여 행정청 내부의 재심사 절차인 강학상 이의신청으로 봄이 타당하다고 생각된다.

2. 표준지공시지가에 대한 항고소송

(1) 개설

위법한 표준지공시지가의 결정·공시에 대해 취소 또는 변경을 구할 또는 효력의 존재 여부를 확인할 이익이 있는 자는 국토교통부장관을 피고로 관할 행정법원에 취소소송 및 무효등확인소송을 제기할 수 있다. 이 경우 부동산공시법에는 명문의 규정이 없으므로 행정소송법 제8조 제1항에 의거 행정소송법에 의한다.

(2) 소송요건

① 대상적격

표준지공시지가는 처분성이 인정되므로 항고소송의 대상적격이 인정된다.

② 원고적격

표준지공시지가의 소유자가 항고소송의 원고적격이 있음에 대하여는 의문이 없으나, 인근 주민에게 원고적격이 인정될 수 있는지 문제된다. 부동산공시법 시행령 제11조에서는 표준지공시지가에 대하여 이의신청을 제기할 수 있는 자를 표준지 소유자에 한정하지 않고, 표준지의 이용자, 그 밖에 법률상 이해관계를 가진 자도 포함시키고 있다. 이러한 부동산공시법의 입법취지 및 목적, 표준지공시지가의 영향범위 등을 고려할 때 인근 주민은 표준지공시지가에 대하여 항고소송을 제기할 법률상 이익이 있으므로 원고적격이 인정된다 하겠다.

③ 제소기간

이의신청을 거친 경우에는 이의신청에 대한 결과를 통지받은 날부터 90일 이내에 제기할 수 있으며, 이의신청을 거치지 않은 경우에는 처분이 있음을 안 날부터 90일 또는 처분이 있은 날부터 1년 이내에 제기할 수 있다. 무효등확인소송의 경우에는 제소기간의 제한을 받지 아니한다.

판례

▶ 관련판례(대판 2006.4.14, 2004두3847)

통상 고시 또는 공고에 의하여 행정처분을 하는 경우에는 그 처분의 상대방이 불특정 다수인이고, 그 처분의 효력이 불특정 다수인에게 일률적으로 적용되는 것이므로, 그 행정처분에 이해관계를 갖는 자는 고시 또는 공고가 있었다는 사실을 현실적으로 알았는지 여부에 관계없이 고시가 효력을 발생하는 날에 행정처분이 있음을 알았다고 보아야 하고, 따라서 그에 대한 취소소송은 그 날로부터 90일 이내에 제기하여야 한다.

④ 이의신청 전치 여부

(ㄱ) **문제점** : 현행 행정소송법 제18조는 행정심판을 임의주의로 규정하고 있는바, 부동산공시법 제8조의 이의신청이 임의주의인지 아니면 행정소송법 제8조 제1항에 의해 그 예외를 인정하여 필요적 전치주의를 규정한 것인지 문제된다.

(ㄴ) **학설** : 공시지가의 성격, 산정작업의 전문성, 오류발생 가능성, 공시지가의 신속한 안정이라는 요건에 비추어 일차적으로 행정청의 판단이 필요하다고 보아 행정심판전치로 이해하는 견해와 행정소송법 제18조 제1항 단서와 관련 부동산공시법에서는 명문에 행정심판을 전치로 하라는 표현이 없고, "할 수 있다"라는 규정형식을 고려할 때 행정소송법의 원칙에 따라 행정심판임의주의로 이해하는 견해가 있다.

(ㄷ) **판례** : 종전 행정소송법 하에서 공시지가에 대하여 이의신청 전치주의를 취한 판례가 있으나, 현행 행정소송법 하에서 판례는 없다.

(ㄹ) **검토** : 생각건대, 부동산공시법에는 이의신청을 거치지 아니하면 행정소송을 제기할 수 없다는 규정이 없는 이상 현행 행정소송법의 원칙인 행정심판임의주의에 따라 곧바로 행정소송을 제기할 수 있고 이의신청을 거쳐서 행정소송을 제기할 수도 있다고 봄이 타당하다.

(3) 소송제기효과

표준지공시지가에 대한 항고소송이 제기되면 관할법원에 사건이 계속되며 법원은 이를 심리하고 판결할 의무가 발생하게 된다. 표준지공시지가에 대한 항고소송이 제기되었다 하더라도 해당 처분의 효력 등에 아무런 영향을 주지 않는다(집행부정지).

(4) 심리 및 판결

심리를 통하여 표준지공시지가의 위법성 유무와 위법성의 정도를 판단하게 되며, 원고의 청구가 이유 있으면 인용판결을 하게 되고, 이유 없으면 기각판결을 하게 된다.

3. 표준지공시지가와 하자승계의 문제

(1) 표준지공시지가와 개별공시지가(부정)

판례

▶ 관련판례(대판 1996.5.10, 95누9808)
표준지로 선정된 토지의 공시지가에 대하여 불복하기 위하여는 지가공시 및 토지 등의 평가에 관한 법률 제8조 제1항 소정의 이의절차를 거쳐 처분청을 상대로 공시지가결정의 취소를 구하는 행정소송을 제기하여야 하고, 그러한 절차를 밟지 아니한 채 개별토지가격 결정을 다투는 소송에서 개별토지가격 산정의 기초가 된 표준지공시지가의 위법성을 다툴 수는 없다.

(2) 표준지공시지가와 과세처분(부정)

판례

▶ 관련판례(대판 1997.9.26, 96누7649)
개별토지가격에 대한 불복방법과는 달리 표준지의 공시지가에 대한 불복방법을 지가공시 및 토지의 평가 등에 관한 법률 제8조 제1항 소정의 절차를 거쳐 처분청을 상대로 다툴 수 있을 뿐 그러한 절차를 밟지 아니한 채 조세소송에서 그 공시지가결정의 위법성을 다툴 수 없도록 제한하고 있는 것은 표준지의 공시지가와 개별토지가격은 그 목적・대상・결정기관・결정절차・금액 등 여러 가지 면에서 서로 다른 성질의 것이라는 점을 고려한 것이므로, 이러한 차이점에 근거하여 표준지의 공시지가에 대한 불복방법을 개별토지가격에 대한 불복방법과 달리 인정한다고 하여 그것이 헌법상 평등의 원칙, 재판권 보장의 원칙에 위반된다고 볼 수는 없다.

(3) 검토

이와 같은 판례의 태도에 대하여 개별공시지가와 과세처분 사이에서의 하자승계를 인정한 판례(대판 1994.1.25, 93누8542)와 비교하여 볼 때 형평의 원칙에 반한다는 지적을 할 수 있다. 현실적으로 표준지 소유자가 아닌 이상 표준지공시지가에 대하여 직접 다투기는 어렵다. 표준지 인근 토지소유자의 경우 개별공시지가 산정 전까지는 어떤 표준지가 자신의 개별공시지가 산정 시 또는 보상액 산정 시 비교표준지로 선정될지 알 수 없기 때문이다. 따라서 표준지공시지가만으로는 인근 토지소유자들에게 권익침해의 예측가능성이 매우 낮다고 할 수 있다. 하지만 판례는 표준지공시지가가 개별공시지가의 경우보다 훨씬 더 예측가능성이 없고 수인한도는 넘는다고 할 수 있음에도 개별공시지가와 과세처분 사이에는 하자승계를 인정하였고, 표준지공시지가에 대해서는 부정하고 있다. 이는 사실상 표준지공시지가에 권리구제가 불가능하게 하는 결과를 가져오므로 판례의 태도는 타당치 않으며 일정한 경우 표준지공시지가의 하자승계 또한 인정함이 타당하다 여겨진다.

(4) 표준지공시지가결정과 수용재결의 하자승계(인정)

판례

▶ 관련판례(대판 2008.8.21, 2007두13845)

표준지공시지가결정은 이를 기초로 한 수용재결 등과는 별개의 독립된 처분으로서 서로 독립하여 별개의 법률효과를 목적으로 하지만, 표준지공시지가는 이를 인근 토지의 소유자나 기타 이해관계인에게 개별적으로 고지하도록 되어 있는 것이 아니어서 인근 토지의 소유자 등이 표준지공시지가결정 내용을 알고 있었다고 전제하기가 곤란할 뿐만 아니라, 결정된 표준지공시지가가 공시될 당시 보상금 산정의 기준이 되는 표준지의 인근 토지를 함께 공시하는 것이 아니어서 인근 토지의 소유자는 보상금 산정의 기준이 되는 표준지가 어느 토지인지를 알 수 없으므로, 인근 토지의 소유자가 표준지의 공시지가가 확정되기 전에 이를 다투는 것은 불가능하다. 더욱이 장차 어떠한 수용재결 등 구체적인 불이익이 현실적으로 나타나게 되었을 경우에 비로소 권리구제의 길을 찾는 것이 우리 국민의 권리의식임을 감안하여 볼 때, 인근 토지의 소유자 등으로 하여금 결정된 표준지공시지가를 기초로 하여 장차 토지보상 등이 이루어질 것에 대비하여 항상 토지의 가격을 주시하고 표준지공시지가결정이 잘못된 경우 정해진 시정절차를 통하여 이를 시정하도록 요구하는 것은 부당하게 높은 주의의무를 지우는 것이고, 위법한 표준지공시지가결정에 대하여 그 정해진 시정절차를 통하여 시정하도록 요구하지 않았다는 이유로 위법한 표준지공시지가를 기초로 한 수용재결 등 후행 행정처분에서 표준지공시지가결정의 위법을 주장할 수 없도록 하는 것은 수인한도를 넘는 불이익을 강요하는 것으로서 국민의 재산권과 재판받을 권리를 보장한 헌법의 이념에도 부합하는 것이 아니다. 따라서 표준지공시지가결정이 위법한 경우에는 그 자체를 행정소송의 대상이 되는 행정처분으로 보아 그 위법 여부를 다툴 수 있음은 물론, 수용보상금의 증액을 구하는 소송에서도 선행처분으로서 그 수용대상토지 가격 산정의 기초가 된 비교표준지공시지가결정의 위법을 독립한 사유로 주장할 수 있다.

(5) 표준지공시지가와 과세처분 하자의 승계(부정)

판례

▶ 관련판례(대판 2022.5.13, 2018두50147) [재산세부과처분취소]

【판시사항】

[1] 표준지로 선정된 토지의 표준지공시지가에 대한 불복방법 및 그러한 절차를 밟지 않은 채 토지 등에 관한 재산세 등 부과처분의 취소를 구하는 소송에서 표준지공시지가결정의 위법성을 다투는 것이 허용되는지 여부(원칙적 소극)

[2] 갑 주식회사가 강제경매절차에서 표준지로 선정된 토지를 대지권의 목적으로 하는 집합건물 중 구분건물 일부를 취득하자, 관할 구청장이 재산세를 부과한 사안에서, 위 부동산에 대한 시가표준액이 감정가액과 상당히 차이가 난다는 등의 이유로 시가표준액 산정이 위법하다고 본 원심판결에 법리오해 등의 잘못이 있다고 한 사례

【판결요지】

[1] 표준지로 선정된 토지의 표준지공시지가를 다투기 위해서는 처분청인 국토교통부장관에게 이의를 신청하거나 국토교통부장관을 상대로 공시지가결정의 취소를 구하는 행정심판이나 행정소송을 제기해야 한다. 그러한 절차를 밟지 않은 채 토지 등에 관한 재산세 등 부과처분의 취소를 구하는 소송에서 표준지공시지가결정의 위법성을 다투는 것은 원칙적으로 허용되지 않는다.

[2] 갑 주식회사가 강제경매절차에서 표준지로 선정된 토지를 대지권의 목적으로 하는 집합건물 중 구분건물 일부를 취득하자, 관할 구청장이 재산세를 부과한 사안에서, 위 토지는 표준지로서 시가표준액은 표준지공시지가결정에 따라 그대로 정해지고, 위 건축물에 대한 시가표준액은 거래가격 등을 고려하여 정한 기준가격에 건축물의 구조, 용도, 위치와 잔존가치 등 여러 사정을 반영하여 정한 기준에 따라 결정되므로, 법원이 위 건축물에 대한 시가표준액 결정이 위법하다고 판단하기 위해서는 위 각 산정 요소의 적정 여부를 따져보아야 하는데, 이를 따져보지 않은 채 단지 위 건축물에 대한 시가표준액이 그 감정가액과 상당히 차이가 난다거나 위 건축물의 시가표준액을 결정할 때 위치지수로 반영되는 위 토지의 공시지가가 과도하게 높게 결정되었다는 등의 사정만으로 섣불리 시가표준액 결정이 위법하다고 단정할 수 없으므로, 위 부동산에 대한 시가표준액이 감정가액과 상당히 차이가 난다는 등의 이유로 시가표준액 산정이 위법하다고 본 원심판결에 법리오해 등의 잘못이 있다고 한 사례

(6) 참고판례 : 공인중개사 업무정지처분과 등록취소 처분 사이의 하자의 승계(부정)

판례

▶ 관련판례(대판 2019.1.31, 2017두40372) [중개사무소의 개설등록취소처분취소]

【판시사항】

[1] 공인중개사법 제38조 제1항 제7호에서 정한 '중개업무'에 거래 당사자 쌍방의 의뢰를 받아 이루어지는 경우 외에 거래 당사자 일방의 의뢰를 받아 이루어지는 경우가 포함되는지 여부(적극) 및 어떠한 행위가 '중개업무의 수행'에 해당하는지 판단하는 기준

[2] 선행처분과 후행처분이 서로 독립하여 별개의 법률효과를 발생시키는 경우, 선행처분에 불가쟁력이 생겨 그 효력을 다툴 수 없게 되면 선행처분의 하자를 이유로 후행처분의 효력을 다툴 수 있는지 여부(원칙적 소극) 및 예외적으로 선행처분의 하자를 이유로 후행처분의 효력을 다툴 수 있는 경우

【판결요지】

[1] 공인중개사법 제38조 제1항 제7호는 '업무정지기간 중에 중개업무를 하는 경우'를 중개사무소의 개설등록 취소사유로 규정하고 있다. 여기에서 말하는 중개업무란 중개대상물에 대하여 거래 당사자 간의 매매・교환・임대차 기타 권리의 득실・변경에 관한 행위를 알선하는 업무를 말한다(공인중개사법 제2조 제1호). 그러한 업무는 거래 당사자 쌍방의 의뢰를 받아 이루어지는 경우뿐만 아니라 거래 당사자 일방의 의뢰를 받아 이루어지는 경우도 포함한다. 한편 어떠한 행위가 '중개업무의 수행'에 해당하는지는 중개업자의 행위를 객관적으로 보아 사회통념상 거래의 알선・중개를 위한 행위라고 인정되는지에 따라 판단하여야 한다.

[2] 2개 이상의 행정처분이 연속적 또는 단계적으로 이루어지는 경우 선행처분과 후행처분이 서로 합하여 1개의 법률효과를 완성하는 때에는 선행처분에 하자가 있으면 그 하자는 후행처분에 승계된다. 이러한 경우에는 선행처분에 불가쟁력이 생겨 그 효력을 다툴 수 없게 되더라도 선행처분의 하자를 이유로 후행처분의 효력을 다툴 수 있다. 그러나 선행처분과 후행처분이 서로 독립하여 별개의 법률효과를 발생시키는 경우에는 선행처분에 불가쟁력이 생겨 그 효력을 다툴 수 없게 되면 선행처분의 하자가 중대하고 명백하여 선행처분이 당연무효인 경우를 제외하고는 특별한 사정이 없는 한 선행처분의 하자를 이유로 후행처분의 효력을 다툴 수 없는 것이 원칙이다. 다만 그 경우

에도 선행처분의 불가쟁력이나 구속력이 그로 인하여 불이익을 입게 되는 자에게 수인한도를 넘는 가혹함을 가져오고, 그 결과가 당사자에게 예측가능한 것이 아니라면, 국민의 재판받을 권리를 보장하고 있는 헌법의 이념에 비추어 선행처분의 후행처분에 대한 구속력을 인정할 수 없다.

4. 기출문제

» 기출문제(제1회 2번)
공시지가는 어떻게 작성되며 지가의 고시는 어떠한 성질과 효력을 가지는가에 대하여 설명하시오. **30점**

» 기출문제(제3회 3번)
공시지가의 적용에 대하여 약술하시오. **10점**

» 기출문제(제8회 2번)
표준지공시지가와 개별공시지가를 비교하시오. **20점**

» 기출문제(제9회 4번)
「감정평가 및 감정평가사에 관한 법률」상의 감정평가행위와 「부동산 가격공시에 관한 법률」상의 지가산정행위의 같은 점과 다른 점을 기술하시오. **20점**

» 기출문제(제14회 1번)
서울시는 甲과 乙이 소유하고 있는 토지가 속한 동작구 일대에 공원을 조성하기 위하여 甲과 乙의 토지를 수용하려고 한다. 한편, 乙의 토지가 표준지로 선정되어 표준지공시지가가 공시되었는데, 乙의 토지 인근에 토지를 보유하고 있는 甲은 乙의 토지의 표준지공시지가 산정이 국토교통부 훈령인 「표준지의 선정 및 관리지침」에 위배되었다는 것을 알게 되었다. 이를 이유로 甲이 법적으로 다툴 수 있는지 논하시오. **40점**

» 기출문제(제24회 4번)
「공익사업을 위한 토지 등의 취득 및 보상에 관한 법률」상 보상금증액청구소송을 하면서 해당 재결에 대한 선행처분으로서 수용대상토지 가격산정의 기초가 된 표준지공시가격 결정이 위법함을 독립한 사유로 다툴 수 있는가에 관하여 논하시오. **10점**

» 기출문제(제25회 2번)
甲은 A시의 시외로 나가는 일반도로에 접한 자신 소유의 X토지에 교통로를 개설하고 대형음식점을 운영하고 있다. A시에서는 X토지와 이에 접하여 연결된 Y・W토지의 소유권을 취득하여 혼잡한 교통량을 분산할 목적으로 「국토의 계획 및 이용에 관한 법률」에 의거하여 우회도로를 설치한다는 방침을 결정하고, A시의 시장은 X・Y・W토지의 개별공시지가 및 이 개별공시지가 산정의 기초가 된 P토지의 표준지공시지가와 생산자물가상승률 등을 반영하여 산정한 보상기준가격을 내부적으로 결정하고 예산확보를 위해 중앙부처와 협의 중이다. 다음 물음에 답하시오. **30점**

(1) 甲은 보상이 있을 것을 예상하여 더 많은 보상금을 받기 위해 「부동산 가격공시에 관한 법률」에 의거하여 감정평가사를 통해 산정된 P토지의 표준지공시지가에 불복하여 취소소송을 제기하려고 한다. 이 경우 甲에게 법률상 이익이 있는지 여부를 검토하시오. **15점**

(2) 위 취소소송에 P토지의 소유자인 丙이 소송에 참가할 수 있는지 여부와 甲이 확정인용판결을 받았다면 이 판결의 효력은 Y・W토지의 소유자인 乙에게도 미치는지에 대하여 설명하시오. **15점**

≫ 기출문제(제26회 4번)

감정평가사 甲은 토지소유자 乙로부터 그 소유의 토지(이하 '이 사건 토지'라고 한다)를 물류단지로 조성한 후에 형성될 이 사건 토지에 대한 추정시가를 평가하여 달라는 감정평가를 의뢰받아 1천억원으로 평가하였다(이하 '이 사건 감정평가'라고 한다). 甲은 그 근거로 단순히 인근 공업단지 시세라고 하며 공업용지 평당 3백만원 이상이라고만 감정평가서에 기재하였다. 그러나 얼마 후 이 사건 토지에 대한 경매절차에서 법원의 의뢰를 받은 감정평가사 丙은 이 사건 토지의 가격을 1백억원으로 평가하였다. 평가금액 간에 10배에 이르는 현저한 차이가 발생하자 사회적으로 문제가 되었다. 이에 국토교통부장관은 적법한 절차를 거쳐 甲에게 "부동산의 적정한 가격을 산정하기 위해서는 정확한 자료를 검토하고 이를 기반으로 가격형성요인을 분석하여야 함에도 그리하지 않은 잘못이 있다."는 이유로 징계를 통보하였다. 이에 대해 甲은 이 사건 감정평가는 미래가격 감정평가로서 비교표준지를 설정할 수 없어 부득이하게 인근 공업단지의 시세를 토대로 평가하였던 것이고, 미래가격 감정평가에는 구체적인 기준이 따로 없으므로 일반적인 평가방법을 따르지 않았다고 해서 자신이 잘못한 것은 아니라고 주장한다. 甲의 주장은 타당한가? **10점**

≫ 기출문제(제33회 2번)

국토교통부장관은 표준지로 선정된 A토지의 2022.1.1. 기준 공시지가를 1㎡당 1,000만원으로 결정・공시하였다. 국토교통부장관은 A토지의 표준지공시지가를 산정함에 있어 부동산 가격공시에 관한 법률 및 같은 법 시행령이 정하는 '토지의 일반적인 조사사항' 이외에 국토교통부 훈령인 표준지공시지가 조사・평가 기준 상 상업・업무용지 평가의 고려사항인 '배후지의 상태 및 고객의 질과 양', '영업의 종류 및 경쟁의 상태' 등을 추가적으로 고려하여 평가하였다. 甲은 X시에 상업용지인 B토지를 소유하고 있다. X시장은 A토지를 비교표준지로 선정하여 B토지에 대한 개별공시지가를 1㎡당 1,541만원으로 결정・공시 후 이를 甲에게 통지하였다. 甲은 국토교통부장관이 A토지의 표준지공시지가를 단순히 행정청 내부에서만 효력을 가지는 국토교통부 훈령 형식의 표준지공시지가 조사・평가 기준이 정하는 바에 따라 평가함으로써 결과적으로 부동산가격공시에 관한 법령이 직접 규정하지 않는 사항을 표준지공시지가 평가의 고려사항으로 삼은 것은 위법하다고 주장하고 있다. 다음 물음에 답하시오. **30점**

(물음1) 표준지공시지가 조사・평가 기준의 법적 성질에 비추어 甲 주장의 타당성 여부를 설명하시오. **20점**

(물음2) 甲은 부동산 가격공시에 관한 법률 제11조에 따라 X시장에게 B토지의 개별공시지가에 대한 이의를 신청하였으나 기각되었다. 이 경우 甲이 기각결정에 불복하여 행정심판법상의 행정심판을 제기할 수 있는지 설명하시오. **10점**

Chapter 02

개별공시지가

제1절 개별공시지가 일반

01 서

개별공시지가란 표준지의 공시지가를 기준으로 산정한 개별토지의 단위면적당 가격을 말한다. 부동산공시법 제10조 제1항은 "시장・군수 또는 구청장은 국세・지방세 등 각종 세금의 부과, 그 밖의 다른 법령에서 정하는 목적을 위한 지가산정에 사용되도록 하기 위하여 부동산공시법 제25조에 따른 시・군・구부동산가격공시위원회의 심의를 거쳐 매년 공시지가의 공시기준일 현재 관할구역 안의 개별토지의 단위면적당 가격(이하 '개별공시지가'라 한다)을 결정・공시하고, 이를 관계 행정기관 등에 제공하여야 한다"고 규정하고 있다.

종래에는 국무총리 훈령인 "개별토지가격합동조사지침"에 근거를 두고 있어 법적 성격의 논란이 있었으나, 1995년 12월 29일 지가공시법의 제1차 개정으로 법적 근거가 마련되었다.

개별공시지가는 표준지공시지가를 기준으로 산정되며 그대로 과세기준이 된다. 따라서 개별공시지가의 적정성 여부가 국민의 재산권에 중대한 영향을 미치게 된다.

02 개별공시지가의 법적 성질

1. 문제점

개별공시지가의 처분성 인정 여부가 문제된다. 논의실익은 ① 개별공시지가가 산정절차상 하자의 위법성 인정 여부, ② 항고쟁송의 대상적격을 인정할 수 있는지 여부에 있다.

2. 학설[18)]

(1) 행정입법(입법행위)설

개별공시지가는 개발부담금 등의 부과의 전제가 되는 법적인 것이지만, 개별공시지가의 결정・공시 그 자체는 사인의 권리・의무를 발생시키는 구체적 사실입법에 대한 법집행행위로 보기 어려운 바, 「행정소송법」상 처분개념으로 보기 곤란하여, 행정입법의 성질을 가진다는 견해가 있다.[19)] 이 밖에도 법규명령의 성질을 갖는 고시에 준하는 성질을 갖는 것으로 보는 견해가 있는데 그 근거로 개별공시지가의 결정은 국민의 권리의무에 직접 영향이 미치지만 어떠한 구체적인 법적 효과(권리의무관계의 변동)가 발생하지 않기 때문이라고 한다.[20)]

---

18) 배명호, 감정평가 및 부동산가격공시법론, 북랩, 2020, 192면.
19) 홍정선, 행정법원론(하), 박영사, 2015, 719면.
20) 박균성, 행정법론(하), 박영사, 2017, 798면.

(2) 행정계획설

개별공시지가 공시는 대내적으로 행정주체에 대하여 법적 의무를 부과하는 구속적 행정계획이라는 설이다.[21)]

(3) 사실행위설

이 설은 개별공시지가는 현실적으로 존재하는 정상지가를 조사하여 공시함으로써 지가정보를 제공하는 의사작용을 요소로 하는 사실행위라고 본다.[22)]

(4) 행정행위설

「부동산공시법」 제10조 제5항에 따른 토지소유자, 그 밖의 이해관계인의 의견청취 및 같은 법 제11조에 따른 이의신청 및 처리절차와 이의제기기간의 제한 등을 규정하고 있는 바, 이는 개별공시지가결정이 행정처분임을 전제로 한 것이라고 볼 수 있고, 더욱이 조세부과 등의 행정처분을 함에 있어서 통상적으로 개별공시지가에 기속된다는 점에서 국민의 권리·의무에 직접 영향을 미치는 행위라고 볼 수 있으므로 행정처분으로 보아야 할 것이다.[23)] 그리고 개별공시지가는 개별토지의 단위면적당 가격을 공시하는 것으로 법령에서 토지가격의 산정을 개별공시지가에 의하도록 한 경우에는 후속행위(과세처분)에 대하여 개별공시지가는 법적 구속력을 가지면, 그 가격대로 과세표준 등을 정하여 후속 처분을 하게 된다. 이러한 경우에는 분쟁의 조기 확정 내지 법률관계의 조기 안정을 위하여 굳이 후속처분을 기다릴 필요 없이 개별공시지가 그 자체에 대하여 처분을 인정하여 행정소송으로 다툴 수 있게 하여야 한다.[24)]

(5) 물적행정행위설

개별공시지가가 그 성질상 단순한 기준으로서 작용하는 것이므로 일반적이고 추상적인 규율을 의미하게 되고 이에 따라 개별성과 구체성을 결여한다는 논거에 대하여는, 행정행위 개념의 특징으로 인정되는 개별성과 구체성은 그 대상의 인적 범위의 특정성과 관련된 것이며, 개별 공시지가는 사람을 대상으로 하는 것이 아니라 개별토지의 성질이나 상태에 대한 규율의 성질을 띠고 있는 것이므로 이때에는 인적범위의 특정성 유무는 의미를 갖지 못하게 된다. 따라서 물적 행정행위는 직접적으로는 물건의 성질이나 상태에 관한 규율을 내용으로 하는 것이고 간접적으로는 이와 관련되는 당사자의 권리·의무관계 영향을 미치는 행위로서 그 체계상 일반처분에 속하는 것으로 개별공시지가는 물적 행정행위로서 일반처분이라는 견해이다.[25)] 이에 대하여 개별공시지가는 개별토지에

---

21) 강교식·임호정, "공시지가 및 개별공시지가의 결정이 행정소송의 대상인지", 감정평가논집 제9호, 1999.2, 15면.
22) 이춘섭, "[判例評釋] 公示地價, 個別地價는 行政訴訟의 對象인가?(下)", 사법행정 제33권 제12호, 1992.12, 62면
23) 김연태, 행정법사례연습, 913면; 김남철, 행정법강론, 1273면
24) 박윤흔·정형근, 최신행정법강의(하), 664면
25) 류지태·박종수, 행정법신론, 1167면; 정하중 교수는 개별공시지가는 일정한 공과금의 납부의무 등 비록 직접적으로 개인에 대하여 의무를 부과하지는 않으나 개별토지의 단위면적당 가격으로서 부담금 등 공과금의 액수에 반영되어 간접적으로 개인의 재산권에 영향을 주는 이른바 물적 행정행위의 성격을 갖는다고 한다(정하중, 행정법개론, 1333면); 박윤흔 교수는 물적 행정행위라고 하면서도 개별공시지가결정행위의 효과가 미치는 범위가 불특정다수인인 경우이며, 다만, 각 개인의 권리·의무관계에 구체적인 영향을 미친다고 하여 그 효과가 구체적이다. 따라서 수범자는 개별적이 아닌 일반적이고 그 행위의 효과가 구체적이라는 점에서 일반처분으로 보고 있다(박윤흔·정형근, 최신행정법강의(하), 664면); 석종현, 신토지공법론(제11판), 삼영사, 2016, 667면.

대하여 결정되는 것이라는 점에서 물적 행정행위라는 점을 인정하면서도 그 법적 효과는 각 토지 및 그 소유자에 대하여 개별적으로 발생하는 것이라는 점에서 일반처분으로 보기 어렵다고 한다.26)

3. 판례

판례

▶ 관련판례(대판 1993.1.15, 92누12407)
대법원은 개별공시지가는 과세의 기준이 되어 국민의 권리·의무 내지 법률상 이익에 직접적으로 관계된다고 하여 행정소송법상 처분이라고 판시하였다.

4. 검토

개별공시지가는 세금 등에 있어서 직접적인 구속력을 가지므로 국민의 재산권에 대한 직접적인 법적 규율성을 가진다고 할 수 있고, 개별토지의 성질이나 상태에 대한 규율로서 물적행정행위에 해당하며, 가감조정 없이 조세부과의 기준이 되므로 법률관계를 조기에 확정하여 법적안정성을 기할 필요가 있다는 점에서 처분성을 인정함이 타당하다고 생각된다.

03 개별공시지가의 공시절차(산정 - 검증 - 의견청취 - 심의 - 공시)

법 제10조(개별공시지가의 결정·공시 등)

① 시장·군수 또는 구청장은 국세·지방세 등 각종 세금의 부과, 그 밖의 다른 법령에서 정하는 목적을 위한 지가산정에 사용되도록 하기 위하여 제25조에 따른 시·군·구 부동산가격공시위원회의 심의를 거쳐 매년 공시지가의 공시기준일 현재 관할구역 안의 개별토지의 단위면적당 가격(이하 "개별공시지가"라 한다)을 결정·공시하고, 이를 관계 행정기관 등에 제공하여야 한다.

② 제1항에도 불구하고 표준지로 선정된 토지, 조세 또는 부담금 등의 부과대상이 아닌 토지, 그 밖에 대통령령으로 정하는 토지에 대하여는 개별공시지가를 결정·공시하지 아니할 수 있다. 이 경우 표준지로 선정된 토지에 대하여는 해당 토지의 표준지공시지가를 개별공시지가로 본다.

③ 시장·군수 또는 구청장은 공시기준일 이후에 분할·합병 등이 발생한 토지에 대하여는 대통령령으로 정하는 날을 기준으로 하여 개별공시지가를 결정·공시하여야 한다.

④ 시장·군수 또는 구청장이 개별공시지가를 결정·공시하는 경우에는 해당 토지와 유사한 이용가치를 지닌다고 인정되는 하나 또는 둘 이상의 표준지의 공시지가를 기준으로 토지가격비준표를 사용하여 지가를 산정하되, 해당 토지의 가격과 표준지공시지가가 균형을 유지하도록 하여야 한다.

⑤ 시장·군수 또는 구청장은 개별공시지가를 결정·공시하기 위하여 개별토지의 가격을 산정할 때에는 그 타당성에 대하여 감정평가법인등의 검증을 받고 토지소유자, 그 밖의 이해관계인의 의견을 들어야 한다. 다만, 시장·군수 또는 구청장은 감정평가법인등의 검증이 필요 없다고 인정되는 때에는 지가의 변동상황 등 대통령령으로 정하는 사항을 고려하여 감정평가법인등의 검증을 생략할 수 있다.

26) 김동희, 행정법 II, 박영사, 2015, 495면.

⑥ 시장・군수 또는 구청장이 제5항에 따른 검증을 받으려는 때에는 해당 지역의 표준지의 공시지가를 조사・평가한 감정평가법인등 또는 대통령령으로 정하는 감정평가실적 등이 우수한 감정평가법인등에게 의뢰하여야 한다.

⑦ 국토교통부장관은 지가공시 행정의 합리적인 발전을 도모하고 표준지공시지가와 개별공시지가와의 균형유지 등 적정한 지가형성을 위하여 필요하다고 인정하는 경우에는 개별공시지가의 결정・공시 등에 관하여 시장・군수 또는 구청장을 지도・감독할 수 있다.

⑧ 제1항부터 제7항까지에서 규정한 것 외에 개별공시지가의 산정, 검증 및 결정, 공시기준일, 공시의 시기, 조사・산정의 기준, 이해관계인의 의견청취, 감정평가법인등의 지정 및 공시절차 등에 필요한 사항은 대통령령으로 정한다.

시행령 제14조(개별공시지가의 단위면적)

법 제10조 제1항에 따른 단위면적은 1제곱미터로 한다.

시행령 제15조(개별공시지가를 공시하지 아니할 수 있는 토지)

① 시장・군수 또는 구청장은 법 제10조 제2항 전단에 따라 다음 각 호의 어느 하나에 해당하는 토지에 대해서는 법 제10조 제1항에 따른 개별공시지가(이하 "개별공시지가"라 한다)를 결정・공시하지 아니할 수 있다.

1. 표준지로 선정된 토지
2. 농지보전부담금 또는 개발부담금 등의 부과대상이 아닌 토지
3. 국세 또는 지방세 부과대상이 아닌 토지(국공유지의 경우에는 공공용 토지만 해당한다)

② 제1항에도 불구하고 시장・군수 또는 구청장은 다음 각 목의 어느 하나에 해당하는 토지에 대해서는 개별공시지가를 결정・공시하여야 한다.

1. 관계법령에 따라 지가 산정 등에 개별공시지가를 적용하도록 규정되어 있는 토지
2. 시장・군수 또는 구청장이 관계 행정기관의 장과 협의하여 개별공시지가를 결정・공시하기로 한 토지

시행령 제16조(개별공시지가 공시기준일을 다르게 할 수 있는 토지)

① 법 제10조 제3항에 따라 개별공시지가 공시기준일을 다르게 할 수 있는 토지는 다음 각 호의 어느 하나에 해당하는 토지로 한다.

1. 「공간정보의 구축 및 관리 등에 관한 법률」에 따라 분할 또는 합병된 토지
2. 공유수면 매립 등으로 「공간정보의 구축 및 관리 등에 관한 법률」에 따른 신규등록이 된 토지
3. 토지의 형질변경 또는 용도변경으로 「공간정보의 구축 및 관리 등에 관한 법률」에 따른 지목변경이 된 토지
4. 국유・공유에서 매각 등에 따라 사유(私有)로 된 토지로서 개별공시지가가 없는 토지

② 법 제10조 제3항에서 "대통령령으로 정하는 날"이란 다음 각 호의 구분에 따른 날을 말한다.

1. 1월 1일부터 6월 30일까지의 사이에 제1항 각 호의 사유가 발생한 토지 : 그 해 7월 1일
2. 7월 1일부터 12월 31일까지의 사이에 제1항 각 호의 사유가 발생한 토지 : 다음 해 1월 1일

시행령 제17조(개별공시지가 조사・산정의 기준)

① 국토교통부장관은 법 제10조 제4항에 따른 개별공시지가 조사・산정의 기준을 정하여 시장・군수 또는 구청장에게 통보하여야 하며, 시장・군수 또는 구청장은 그 기준에 따라 개별공시지가를 조사・산정하여야 한다.

② 제1항에 따른 기준에는 다음 각 호의 사항이 포함되어야 한다.

1. 지가형성에 영향을 미치는 토지 특성조사에 관한 사항
2. 개별공시지가의 산정기준이 되는 표준지(이하 "비교표준지"라 한다)의 선정에 관한 사항
3. 법 제3조 제8항에 따른 토지가격비준표(이하 "토지가격비준표"라 한다)의 사용에 관한 사항
4. 그 밖에 개별공시지가의 조사·산정에 필요한 사항

시행령 제18조(개별공시지가의 검증)

① 시장·군수 또는 구청장은 법 제10조 제5항 본문에 따라 개별토지가격의 타당성에 대한 검증을 의뢰하는 경우에는 같은 조 제4항에 따라 산정한 전체 개별토지가격에 대한 지가현황도면 및 지가조사자료를 제공하여야 한다.

② 법 제10조 제5항 본문에 따라 검증을 의뢰받은 감정평가법인등은 다음 각 호의 사항을 검토·확인하고 의견을 제시해야 한다.

1. 비교표준지 선정의 적정성에 관한 사항
2. 개별토지가격 산정의 적정성에 관한 사항
3. 산정한 개별토지가격과 표준지공시지가의 균형 유지에 관한 사항
4. 산정한 개별토지가격과 인근토지의 지가와의 균형 유지에 관한 사항
5. 표준주택가격, 개별주택가격, 비주거용 표준부동산가격 및 비주거용 개별부동산가격 산정 시 고려된 토지 특성과 일치하는지 여부
6. 개별토지가격 산정 시 적용된 용도지역, 토지이용상황 등 주요 특성이 공부(公簿)와 일치하는지 여부
7. 그 밖에 시장·군수 또는 구청장이 검토를 의뢰한 사항

③ 시장·군수 또는 구청장은 법 제10조 제5항 단서에 따라 감정평가법인등의 검증을 생략할 때에는 개별토지의 지가변동률과 해당 토지가 있는 읍·면·동의 연평균 지가변동률(국토교통부장관이 조사·공표하는 연평균 지가변동률을 말한다) 간의 차이가 작은 순으로 대상 토지를 선정해야 한다. 다만, 개발사업이 시행되거나 용도지역·용도지구가 변경되는 등의 사유가 있는 토지는 검증 생략 대상 토지로 선정해서는 안 된다.

④ 제1항부터 제3항까지에서 규정한 사항 외에 개별토지가격의 검증에 필요한 세부적인 사항은 국토교통부장관이 정한다. 이 경우 검증의 생략에 대해서는 관계 중앙행정기관의 장과 미리 협의하여야 한다.

시행령 제19조(개별토지 소유자 등의 의견청취)

① 시장·군수 또는 구청장은 법 제10조 제5항에 따라 개별토지의 가격 산정에 관하여 토지소유자 및 그 밖의 이해관계인(이하 "개별토지소유자 등"이라 한다)의 의견을 들으려는 경우에는 개별토지가격 열람부를 갖추어 놓고 해당 시·군 또는 구(자치구를 말한다)의 게시판 또는 인터넷 홈페이지에 다음 각 호의 사항을 20일 이상 게시하여 개별토지소유자 등이 개별토지가격을 열람할 수 있도록 하여야 한다.

1. 열람기간 및 열람장소
2. 의견제출기간 및 의견제출방법

② 제1항에 따라 열람한 개별토지가격에 의견이 있는 개별토지소유자 등은 의견제출기간에 해당 시장·군수 또는 구청장에게 의견을 제출할 수 있다.

③ 시장·군수 또는 구청장은 제2항에 따라 의견을 제출받은 경우에는 의견제출기간 만료일부터 30일 이내에 심사하여 그 결과를 의견제출인에게 통지하여야 한다.

④ 시장·군수 또는 구청장은 제3항에 따라 심사를 할 때에는 현지조사와 검증을 할 수 있다.

> **시행령 제20조(검증을 실시하는 감정평가법인등)**
> 법 제10조 제6항에서 "대통령령으로 정하는 감정평가실적 등이 우수한 감정평가법인등"이란 제7조 제1항 각 호의 요건을 모두 갖춘 감정평가법인등을 말한다.
>
> **시행령 제21조(개별공시지가의 결정 및 공시)**
> ① 시장・군수 또는 구청장은 매년 5월 31일까지 개별공시지가를 결정・공시하여야 한다. 다만, 제16조 제2항 제1호의 경우에는 그 해 10월 31일까지, 같은 항 제2호의 경우에는 다음 해 5월 31일까지 결정・공시하여야 한다.
> ② 시장・군수 또는 구청장은 제1항에 따라 개별공시지가를 공시할 때에는 다음 각 호의 사항을 해당 시・군 또는 구의 게시판 또는 인터넷 홈페이지에 게시하여야 한다.
> 1. 조사기준일, 공시필지의 수 및 개별공시지가의 열람방법 등 개별공시지가의 결정에 관한 사항
> 2. 이의신청의 기간・절차 및 방법
>
> ③ 개별공시지가 및 이의신청기간 등의 통지에 관하여는 제4조 제2항 및 제3항을 준용한다.

1. 개별공시지가의 산정

시장・군수 또는 구청장이 개별공시지가를 결정・공시하는 경우에는 해당 토지와 유사한 이용가치를 지닌다고 인정되는 하나 또는 둘 이상의 표준지의 공시지가를 기준으로 토지가격비준표를 사용하여 지가를 산정하되, 해당 토지의 가격과 표준지공시지가가 균형을 유지하도록 하여야 한다(부동산공시법 제10조 제4항). 따라서 표준지공시지가에 토지가격비준표에 의한 가격조정률을 적용하는 방식에 따르지 아니한 개별토지가격결정은 위법하다(대판 1998.12.22, 97누3125).

개별공시지가 산정 절차도	
① 토지특성조사 (조사대상필지의 토지특성조사—토지특성조사표 참조)	– 토지특성조사는 연중 상시조사체계를 유지하도록 하고, 토지특성 조사기간 중에는 공시기준일 현재 토지특성조사표를 작성하여야 함 – 토지특성항목이란 토지가격형성에 중요한 요인으로 작용하고 토지관련 자료의 정보요인으로 가치가 있는 것으로서 토지특성조사표에 기재된 항목을 말함 – 토지특성 조사는 토지(임야)대장, 건축물대장 등 각종 공부조사 및 지가현황도면과 현장확인을 통하여 정확하게 조사하여야 함
② 비교표준지선정 (비교표준지 선정기준에 따라 선택)	비교표준지는 조사대상토지와 동일 용도지역 안에 있는 유사가격권의 표준지 중에서 조사대상토지와 토지이용상황 등이 가장 유사한 표준지를 선정
③ 가격배율 산출 (비교표준지와 개별토지의 특성차이에 따른 토지 가격비준표상의 가격배율 산출)	– 지가조사 대상토지는 표준지와의 특성차이에 따른 토지가격비준표상의 가격배율을 적용하여 지가를 산정 – 토지가격비준표: 공시지가 표준지의 특성을 다중회귀분석하여 추출된 토지특성별 배율을 행렬표(matrix)형태로 재구성한 것임

④ 지가산정 (산출된 총가격배율을 비교표준지의 가격에 곱함)	– 개별공시지가의 산정방법은 표준지를 기준으로 하여 지가를 산정하고자 하는 토지의 가격을 산정하는 비교방식임 – 산정의 기준이 되는 토지(비교표준지)를 선택하고 → 비교표준지와 산정대상필지의 토지특성을 비교하여 서로 다른 특성을 찾아낸 다음 → 서로 다른 토지특성에 대한 가격배율을 토지가격비준표에서 추출한 후 → 비교표준지 가격(공시지가)에 가격배율을 곱하여 개별공시지가를 산정함

2. 개별공시지가 검증 및 의견청취

시장・군수 또는 구청장은 개별공시지가를 결정・공시하기 위하여 개별토지의 가격을 산정한 때에는 그 타당성에 대하여 감정평가법인등의 검증을 받고 토지소유자 그 밖의 이해관계인의 의견을 들어야 한다. 다만, 시장・군수 또는 구청장은 감정평가법인등의 검증이 필요 없다고 인정되는 때에는 감정평가법인등의 검증을 생략할 수 있다.

■ **개별공시지가의 검증업무 처리지침 [시행 2021.8.13.] [국토교통부훈령 제1420호, 2021.8.13. 일부개정]**

제1조(목적)
이 지침은 「부동산 가격공시에 관한 법률」 제10조 제5항, 같은 법 시행령 제18조 및 같은 법 시행규칙 제6조에 따른 검증업무의 시행에 필요한 세부사항을 정함으로써 개별공시지가의 적정성 제고를 도모함을 목적으로 한다.

제2조(정의)
이 지침에서 "검증"이란 시장・군수・구청장이 표준지공시지가를 기준으로 토지가격비준표를 사용하여 산정한 지가에 대하여 감정평가법인등이 비교표준지의 선정, 토지특성조사의 내용 및 토지가격비준표 적용 등의 타당성을 검토하여 산정지가의 적정성을 판별하고, 표준지공시지가, 인근 개별공시지가와의 균형유지, 지가변동률 등을 종합적으로 참작하여 적정한 가격을 제시하는 것을 말한다.

제3조(검증의 구분) 검증은 다음 각 호와 같이 구분한다.
1. "산정지가검증"이란 시장・군수・구청장이 산정한 지가에 대하여 지가현황도면 및 지가조사자료를 기준으로 「부동산 가격공시에 관한 법률」(이하 "법"이라 한다) 제10조 제5항 및 「부동산 가격공시에 관한 법률 시행령」(이하 "영"이라 한다) 제18조 제1항・제2항에 따라 실시하는 검증을 말한다.
2. "의견제출지가검증"이란 시장・군수・구청장이 산정한 지가에 대하여 법 제10조 제5항 및 영 제19조에 따른 토지소유자 및 그 밖의 이해관계인(이하 "개별토지소유자등"이라 한다)이 지가열람 및 의견제출기간 중에 의견을 제출한 경우에 실시하는 검증을 말한다.
3. "이의신청지가검증"이란 시장・군수・구청장이 개별공시지가를 결정・공시한 후 법 제11조 및 영 제22조에 따라 개별공시지가에 이의가 있는 자가 이의신청을 제기한 경우에 실시하는 검증을 말한다.

제2장 산정지가검증

제4조(산정지가검증의 범위)
① 시장・군수・구청장이 법 제10조 제5항 단서 및 영 제18조 제3항에 따라 검증을 생략하고자 하는 경우에는 개별토지의 지가변동률과 국토교통부장관이 조사・공표하는 해당 토지가 있는 읍・면・동의 연평

균 지가변동률 간의 차이가 작은 순으로 대상 토지를 선정하여 검증을 생략한다. 다만, 다음 각 호의 경우는 예산의 범위 내에서 검증을 실시하여야 한다.

1. 「택지개발촉진법」, 「도시 및 주거환경정비법」, 「산업입지 및 개발에 관한 법률」 등의 규정에 의하여 시행되는 택지개발사업, 정비사업, 산업단지개발사업 등에 편입된 경우
2. 용도지역・지구, 이용상황, 접면도로, 형상, 지세 등 지가에 영향을 미치는 주요 특성이 이전 공시일 대비 변경된 경우
3. 비교표준지가 변경된 경우
4. 개별공시지가 변동률이 비교 표준지공시지가 변동률 대비 5%p 이상 차이나는 경우
5. 개별공시지가가 비교 표준지공시지가 대비 50% 이상 차이나는 경우(다만, 도로 하천 등 공공용지는 제외)
6. 비준표를 적용하지 않고 개별공시지가를 산정한 경우
7. 기타 시장군수구청장이 산정지가 균형유지를 위하여 필요하다고 인정하는 경우

② 제1항에도 불구하고 법 제10조 제3항 및 영 제16조에 따라 공시기준일 이후에 분할・합병 등이 발생한 토지는 전체 필지에 대하여 검증을 실시하여야 한다.

제5조(감정평가법인등의 지정 등)

① 시장・군수・구청장이 검증을 실시할 감정평가법인등을 지정할 때에는 법 제10조 제6항 및 영 제20조에 따른 감정평가법인등을 지정하여야 한다.

② 시장・군수・구청장은 제1항에 따라 지정된 감정평가법인등이 2인 이상일 경우에는 검증대상 필지를 각각의 감정평가법인등에게 균등하게 배분함을 원칙으로 한다. 다만, 특별한 사유가 있는 경우에는 그러하지 아니하다.

제6조(산정지가검증의 의뢰)

① 시장・군수・구청장이 산정지가검증을 의뢰하고자 할 경우에는 검증대상필지의 내역, 검증기간 및 그 밖에 검증에 필요한 사항을 기재한 별지 제1호서식의 개별공시지가 검증의뢰서를 제5조에 따라 지정된 감정평가법인등에게 통지하여야 한다.

② 감정평가법인등이 제1항에 따라 검증의뢰를 수락한 경우에는 별지 제2호서식의 승낙서를 지체 없이 시장・군수・구청장에게 제출하여야 한다.

제7조(검증자료의 준비 등)

시장・군수・구청장은 개별공시지가의 산정지가검증 등에 필요한 다음 각 호의 자료를 미리 준비하고, 감정평가법인등에게 이를 제공하여야 한다. 단, 제2호의 자료는 제6조 제1항에 따른 산정지가검증을 의뢰할 때 개별공시지가 검증의뢰서에 첨부하여 제출하여야 하며, 이 경우 「전자정부법」 제2조 제7호의 전자문서 형태로 제출할 수 있다.

1. 지가현황도면(해당연도 산정지가, 해당연도 표준지 공시지가 및 용도지역 등을 표시한 도면으로서, 전자도면을 포함한다)
2. 개별토지가격의 산정조서 및 전산자료
3. 토지특성조사표
4. 그 밖에 개별공시지가의 검증에 필요한 자료

제8조(산정지가검증의 장소)

산정지가검증은 시・군・구청에서 실시함을 원칙으로 한다. 다만, 검증업무를 효율적으로 수행하기 위하여 필요하다고 인정할 때에는 시장・군수・구청장과 제5조에 따라 지정된 감정평가법인등이 협의하여 당해 시군구의 읍・면・동 행정복지센터(읍・면 사무소, 동 주민센터)나 감정평가법인등의 사무소 등 별도의 장소에서 실시할 수 있으며, 이 경우에는 자료관리에 특히 유의하여야 한다.

제9조(산정지가검증 기간)
감정평가법인등은 시장・군수・구청장이 요구한 기간 내에 산정지가검증을 완료하여야 한다. 다만, 정당한 사유가 있는 경우에는 시장・군수・구청장의 동의를 얻어 이를 연장할 수 있다.

제10조(산정지가검증의 실시)
① 산정지가검증을 의뢰받은 감정평가법인등은 시장・군수・구청장이 작성하여 제공하는 지가현황도면 및 지가조사자료를 기준으로 개별토지가격 산정 등의 적정성 여부를 검토하여야 한다. 다만, 감정평가법인등이 필요하다고 인정하는 경우에는 현지조사를 실시할 수 있다.
② 지가현황도면을 작성한 공무원과 검증을 실시한 감정평가법인등은 지가현황도면의 여백에 그 작성과 검증의 정확성을 확인한 후 서명날인하여야 한다. 다만, 지가현황도면을 전자도면으로 제공하는 경우에는 서명날인을 생략할 수 있다.

제11조(산정지가검증 시 확인사항)
① 감정평가법인등이 제10조 제1항에 따라 산정지가검증을 실시할 때에는 다음 각 호의 사항을 충실히 검토・확인하여야 한다.
1. 비교표준지의 선정에 관한 사항
2. 개별토지의 가격산정의 적정성에 관한 사항
3. 산정한 개별토지의 가격과 표준지공시지가의 균형유지에 관한 사항
4. 산정한 개별토지의 가격과 인근토지의 지가와의 균형유지에 관한 사항
5. 산정한 개별토지의 특성이 표준주택가격, 개별주택가격, 비주거용 표준부동산가격 및 비주거용 개별부동산가격 산정 시 고려된 토지특성과 일치하는지 여부
6. 개별토지가격 산정 시 적용된 용도지역, 토지이용상황 등 주요 특성이 공부(公簿)와 일치하는지 여부
7. 그 밖에 시장・군수・구청장이 검토를 의뢰한 사항
② 감정평가법인등이 제1항에 따라 지가의 적정성을 검토한 결과 산정된 개별토지의 가격이 인근지가 등과 균형을 이루고 있지 않다고 판단될 경우에는 적정한 가격과 이에 관한 의견을 제시하여야 한다.

제12조(산정지가검증 결과의 보고)
감정평가법인등은 산정지가검증을 완료한 날로부터 7일 이내에 시장・군수・구청장에게 제10조 제2항에 따라 서명날인한 지가현황도면 및 별지 제3호서식의 산정지가검증 결과보고서를 제출하여야 한다. 다만, 지가현황도면이 전자도면 형태인 경우에는 제출을 생략할 수 있다.

제13조(검증지가의 조정)
① 감정평가법인등은 시장・군수・구청장으로부터 요청이 있을 경우에는 시・군・구부동산가격공시위원회에 출석하여 산정지가에 대한 검증결과를 설명하여야 한다.
② 시장・군수・구청장은 시・군・구부동산가격공시위원회에서 검증지가에 대하여 다른 의견이 있을 경우에는 해당 필지에 대하여 검증을 실시한 감정평가법인등의 의견을 들어 이를 조정할 수 있다.
(이하 생략)

3. 시・군・구 부동산가격공시위원회의 심의

시・군・구청장은 개별공시지가를 산정한 경우에는 시・군・구 부동산가격공시위원회의 심의를 거쳐야 한다. 부동산 가격공시 또는 감정평가에 관한 학식과 경험이 풍부하고 해당 지역사정에 정통한 자로 구성하여 운영의 내실을 기하도록 한다. 필요한 경우에는 소위원회(3~7인)를 구성하여

사전에 표준지 및 인근지가와의 균형성 등을 면밀히 검토 후, 시・군・구 부동산가격공시위원회에 상정하여 실질적인 심의가 이루어지도록 한다. 지가심의의 내실을 기하기 위하여 시・군・구 전필지에 대한 일괄심의를 지양하고, 읍・면・동 단위로 심의함을 원칙으로 하되, 검증지가 및 지가변동이 심한 지역에 대한 구체적인 심의가 필요한 경우에는 해당 지역에서 검증을 수행한 감정평가법인등을 시・군・구 부동산가격공시위원회에 출석시켜 의견을 제시토록 하는 등 현지성을 충분히 반영토록 한다. 시・군・구 부동산가격공시위원회는 지가조사공무원이 산정한 지가 및 감정평가법인등의 검증 지가를 토대로 심의하되, 심의기준과 가격조정에 대한 심의사항은 반드시 회의록에 기재하도록 한다. 감정평가법인등의 검증지가를 변경 시에는 담당 감정평가법인등의 의견 청취 후 변경하도록 한다.

4. 지가의 결정 및 공시

시・군・구청장은 상기의 제 절차를 거쳐 결정된 개별공시지가를 매년 5월 31일까지 공시하여야 하여야 하며, 해당 시・군 또는 구의 게시판에 ① 개별공시지가 결정에 관한 사항, ② 이의신청에 관한 사항을 게시하여야 한다. 이 경우 필요하다고 인정하는 때에는 토지소유자 등에게 개별통지할 수 있다(부동산공시법 시행령 제4조 제2항 및 제3항 준용).

> **부동산공시법 시행령 제4조(표준지공시지가의 공시방법)**
> ② 국토교통부장관은 필요하다고 인정하는 경우에는 표준지공시지가와 이의신청의 기간・절차 및 방법을 표준지 소유자(소유자가 여러 명인 경우에는 각 소유자를 말한다. 이하 같다)에게 개별 통지할 수 있다.
> ③ 국토교통부장관은 제2항에 따른 통지를 하지 아니하는 경우에는 제1항에 따른 공고 및 게시사실을 방송・신문 등을 통하여 알려 표준지 소유자가 표준지공시지가를 열람하고 필요한 경우에는 이의신청을 할 수 있도록 하여야 한다.

04 개별공시지가의 효력 및 적용

개별공시지가는 토지 관련 국세, 지방세 및 각종 부담금의 부과를 위한 과세표준이 된다. 따라서 개별공시지가를 기준으로 일정세율을 곱하여 조세 및 부담금을 부과하게 된다. 다만, 개별공시지가를 기준으로 하여 행정목적에 활용하기 위해서는 다른 법률에 명시적으로 규정이 있어야 하므로 명시적인 규정이 없는 경우에는 표준지공시지가를 기준으로 개별적으로 토지가격을 산정하여야 할 것이다.

> **법 제10조(개별공시지가의 결정・공시 등)**
> ① 시장・군수 또는 구청장은 국세・지방세 등 각종 세금의 부과, 그 밖의 다른 법령에서 정하는 목적을 위한 지가산정에 사용되도록 하기 위하여 제25조에 따른 시・군・구 부동산가격공시위원회의 심의를 거쳐 매년 공시지가의 공시기준일 현재 관할 구역 안의 개별토지의 단위면적당 가격(이하 "개별공시지가"라 한다)을 결정・공시하고, 이를 관계 행정기관 등에 제공하여야 한다.

② 제1항에도 불구하고 표준지로 선정된 토지, 조세 또는 부담금 등의 부과대상이 아닌 토지, 그 밖에 대통령령으로 정하는 토지에 대하여는 개별공시지가를 결정·공시하지 아니할 수 있다. 이 경우 표준지로 선정된 토지에 대하여는 해당 토지의 표준지공시지가를 개별공시지가로 본다.

③ 〈이하 생략〉

소득세법 제99조(기준시가의 산정)

① 제100조 및 제114조 제7항에 따른 기준시가는 다음 각 호에서 정하는 바에 따른다.

1. 제94조 제1항 제1호에 따른 토지 또는 건물

가. 토지

「부동산 가격공시에 관한 법률」에 따른 개별공시지가(이하 "개별공시지가"라 한다). 다만, 개별공시지가가 없는 토지의 가액은 납세지 관할 세무서장이 인근 유사토지의 개별공시지가를 고려하여 대통령령으로 정하는 방법에 따라 평가한 금액으로 하고, 지가(地價)가 급등하는 지역으로서 대통령령으로 정하는 지역의 경우에는 배율방법에 따라 평가한 가액으로 한다.

나. 건물

건물(다목 및 라목에 해당하는 건물은 제외한다)의 신축가격, 구조, 용도, 위치, 신축연도 등을 고려하여 매년 1회 이상 국세청장이 산정·고시하는 가액

판례

▶ **개별공시지가의 효력(대판 2010.7.22, 2010다13527)**

개별공시지가는 그 산정목적인 개발부담금의 부과, 토지 관련 조세부과 등 다른 법령이 정하는 목적을 위해 지가를 산정하는 경우에 그 산정기준이 되는 범위 내에서는 납세자인 국민 등의 재산상 권리·의무에 직접적인 영향을 미칠 수 있다.

▶ **개별공시지가 정정결정의 효력(대판 1994.6.14, 93누19566)**

당초의 개별공시지가결정시 그 표준지의 선정을 그르치거나 토지특성 조사의 착오 등을 이유로 개별공시지가를 경정결정하는 경우는 단순한 위산·오기 등에 의한 경정의 경우와는 달리 당초의 개별공시지가결정을 취소하고 새로이 개별공시지가를 결정하는 개별공시지가의 변경행위에 해당한다고 볼 것이고(따라서 경정결정되어 공고된 이상 당초의 결정공고된 개별공시지가는 그 효력을 상실하고 경정결정된 새로운 개별공시지가가 그 공시기준일에 소급하여 그 효력을 발생한다), 위와 같은 경정결정은 당초의 결정과 마찬가지로 공고의 방법으로 이를 고지하여야 비로소 그 효력이 발생한다.

05 개별공시지가에 대한 불복

1. 개설

개별공시지가의 법적 성질을 어떻게 보는가에 따라 불복절차의 내용이 달라진다. 개별공시지가의 처분성을 인정하는 견해에 의하면 항고소송을 제기할 수 있으나, 처분성을 부정하는 견해에 의하면 개별공시지가 자체에 대한 항고소송은 인정될 수 없고, 이후의 후행(과세)처분단계에서 개별공시지가의 위법을 간접적으로 다툴 수 있다. 이 경우 개별공시지가의 위법은 이를 기초로 한 처분의 위법사유가 된다. 이하에서는 처분성을 인정하는 견해에 따라 설명하기로 한다.

2. 개별공시지가의 위법성

(1) 위법사유

개별공시지가의 위법사유는 ① 주요절차를 위반한 하자가 있거나, ② 비교표준지의 선정 또는 토지가격비준표에 의한 표준지와 해당 토지의 토지특성의 조사, 비교 및 가격조정률의 적용이 잘못된 경우, ③ 기타 틀린 계산, 오기로 인하여 지가산정에 명백한 잘못이 있는 경우에 인정된다.

판례

▶ 관련판례(대판 1995.3.10, 94누12937)
어느 토지의 개별토지가격을 산정함에 있어서 비교표준지와 해당 토지의 토지특성을 비교한 결과는 토지가격비준표상의 가격배율로써 이를 모두 반영하여야 하고, 따라서 그 비교된 토지특성 중 임의로 일부 항목에 관한 가격배율만을 적용하여 산정한 지가를 기초로 하여 결정·공고된 개별토지가격결정은 위법하다.

▶ 관련판례(대판 1998.7.10, 97누1051)
건설교통부장관이 작성하여 관계 행정기관에 제공한 1995년도 지가형성요인에 관한 표준적인 비교표(토지가격비준표)의 활용지침에는 특수필지에 대하여는 감정평가사에 의뢰하여 개별토지가격을 결정할 수 있도록 규정되어 있으나, 위 활용지침 중 특수필지 가격결정방식에 대한 부분은 건설교통부장관이 관계 행정기관이나 지가조사공무원에 대하여 토지가격비준표를 사용한 지가산정업무처리의 기준을 정하여 주기 위한 지침일 뿐 대외적으로 법원이나 국민에 대하여 법적구속력을 가지는 것은 아니므로 토지이용상황이 특수필지에 해당된다고 하더라도 표준지공시지가에 토지가격비준표에 의한 가격조정률을 적용하는 방식에 따르지 아니한 개별토지가격결정은 (구)지가공시 및 토지 등의 평가에 관한 법률 및 개별토지가격합동조사지침에서 정하는 개별토지가격 산정방식에 어긋나는 것으로서 위법하다.

▶ 관련판례(대판 1998.12.22, 97누3125)
(구)지가공시 및 토지 등의 평가에 관한 법률 제10조, 개별토지가격 합동조사지침 제7조에 의하면 개별토지가격은 토지가격비준표를 사용하여 표준지와 해당 토지의 특성의 차이로 인한 조정률을 결정한 후 이를 표준지의 공시지가에 곱하는 방법으로 산정함이 원칙이고(산정지가), 다만 같은 지침 제8조 등에 의하여 필요하다고 인정될 경우에는 위와 같은 방법으로 산출한 지가를 가감조정할 수 있을 뿐이며 이와 다른 방식에 의한 개별토지가격결정을 허용하는 규정은 두고 있지 아니하므로, 표준지공시지가에 토지가격비준표에 의한 가격조정률을 적용하는 방식에 따르지 아니한 개별토지가격결정은 같은 법 및 같은 지침에서 정하는 개별토지가격 산정방식에 어긋나는 것으로서 위법하다.

▶ 관련판례(대판 1996.12.6, 96누1832)
개별토지가격결정 과정에 있어 개별토지가격합동조사지침이 정하는 주요절차를 위반한 하자가 있거나 비교표준지의 선정 또는 토지가격비준표에 의한 표준지와 해당 토지의 토지특성의 조사·비교, 가격조정률의 적용이 잘못되었거나, 기타 위산·오기로 인하여 지가산정에 명백한 잘못이 있는 경우 그 개별토지가격결정의 위법 여부를 다툴 수 있음은 물론, 표준지의 공시지가에 가격조정률을 적용하여 산출된 산정지가를 처분청이 지방토지평가위원회 등의 심의를 거쳐 가감조정한 결과 그 결정된 개별토지가격이 현저하게 불합리한 경우에는 그 가격결정의 당부에 대하여도 다툴 수 있고, 이때 개별토지가격이 현저하게 불합리한 것인지 여부는 그 가격으로 결정되게 된 경위, 개별토지가격을 결정함에 있어서 토지특성이 동일 또는 유사한 인근 토지들에 대하여 적용된 가감조정비율, 표준지 및 토지특성이 동일 또는 유사한 인근 토지들의 지가상승률, 해당 토지에 대한 기준연도를 전후한 개별토지가격의 증감 등 여러 사정을 종합적으로 참작하여 판단하여야 한다.

(2) 시가와의 괴리문제

대법원은 개별공시지가는 시가와 괴리된다는 사유만으로 위법하다고 단정할 수 없고 그 위법성 여부는 부동산공시법의 산정방법과 절차에 따라 이루어진 것인지 여부로 결정될 일이라고 판시한 바 있다.

판례

▶ 관련판례(대판 1996.9.20, 95누11931)
개별토지가격은 해당 토지의 시가나 실제 거래가격과 직접적인 관련이 있는 것은 아니므로 단지 그 가격이 시가나 실제 거래가격을 초과하거나 미달한다는 사유만으로 그것이 현저하게 불합리한 가격이어서 그 가격결정이 위법하다고 단정할 것은 아니고 해당 토지의 실제 취득가격이 해당 연도에 이루어진 공매에 의한 가격이라고 해서 달리 볼 것은 아니다.

3. 개별공시지가의 하자와 하자치유

판례

▶ 관련판례(대판 2001.6.26, 99두11592)
하자 있는 행정행위에 있어서 하자의 치유는 행정행위의 성질이나 법치주의의 관점에서 원칙적으로 허용될 수 없고, 행정행위의 무용한 반복을 피하고 당사자의 법적안정성을 보호하기 위하여 국민의 권익을 침해하지 아니하는 범위 내에서 예외적으로만 허용된다. **선행처분인 개별공시지가결정이 위법하여 그에 기초한 개발부담금 부과처분도 위법하게 된 경우 그 하자의 치유를 인정하면** 개발부담금 납부의무자로서는 위법한 처분에 대한 가산금 납부의무를 부담하게 되는 등 불이익이 있을 수 있으므로, 그 후 적법한 절차를 거쳐 공시된 개별공시지가결정이 종전의 위법한 공시지가결정과 그 내용이 동일하다는 사정만으로는 위법한 개별공시지가결정에 기초한 개발부담금 부과처분이 적법하게 된다고 볼 수 없다.

4. 개별공시지가의 하자와 국가배상책임

위법하고 과실 있는 개별공시지가의 결정에 따라 국민에게 손해를 발생시킨 경우에는 지방자치단체의 국가배상책임이 인정된다.

판례

▶ 관련판례(대판 2010.7.22, 2010다13527)
[1] 개별공시지가는 개발부담금의 부과, 토지 관련 조세부과 등 다른 법령이 정하는 목적을 위해 지가를 산정하는 경우에 그 산정기준이 되는 관계로 납세자인 국민 등의 재산상 권리·의무에 직접적인 영향을 미치게 되므로, 개별공시지가 산정업무를 담당하는 공무원으로서는 해당 토지의 실제 이용상황 등 토지특성을 정확하게 조사하고 해당 토지와 토지이용상황이 유사한 비교표준지를 선정하여 그 특성을 비교하는 등 법령 및 '개별공시지가의 조사·산정지침'에서 정한 기준과 방법에 의하여 개별공시지가를 산정하고, 산정지가의 검증을 의뢰받은 감정평가업자나 시·군·구 부동산평가위원회로서는 위 산정지가 또는 검증지가가 위와 같은 기준과 방법에 의하여 제대로 산정된

것인지 여부를 검증, 심의함으로써 적정한 개별공시지가가 결정·공시되도록 조치할 직무상의 의무가 있고, 이러한 직무상 의무는 단순히 공공 일반의 이익을 위한 것이거나 행정기관 내부의 질서를 규율하기 위한 것이 아니고 전적으로 또는 부수적으로 국민 개개인의 재산권 보장을 목적으로 하여 규정된 것이라고 봄이 상당하다. 따라서 **개별공시지가 산정업무 담당공무원 등이 그 직무상 의무에 위반하여 현저하게 불합리한 개별공시지가가 결정되도록 함으로써 국민 개개인의 재산권을 침해한 경우에는 그 손해에 대하여 상당인과관계 있는 범위 내에서 그 담당공무원 등이 소속된 지방자치단체가 배상책임을 지게 된다.**

[2] 시장(市長)이 토지의 이용상황을 실제 이용되고 있는 '자연림'으로 하여 개별공시지가를 산정한 다음 감정평가법인에 검증을 의뢰하였는데, 감정평가법인이 그 토지의 이용상황을 '공업용'으로 잘못 정정하여 검증지가를 산정하고, 시(市) 부동산평가위원회가 검증지가를 심의하면서 그 잘못을 발견하지 못함에 따라, 그 토지의 개별공시지가가 적정가격보다 훨씬 높은 가격으로 결정·공시된 사안에서, 이는 개별공시지가 산정업무 담당공무원 등이 개별공시지가의 산정 및 검증, 심의에 관한 직무상 의무를 위반한 것으로 불법행위에 해당한다고 한 사례

[3] 개별공시지가는 그 산정목적인 개발부담금의 부과, 토지 관련 조세부과 등 다른 법령이 정하는 목적을 위해 지가를 산정하는 경우에 그 산정기준이 되는 범위 내에서는 납세자인 국민 등의 재산상 권리·의무에 직접적인 영향을 미칠 수 있지만, 이에 더 나아가 **개별공시지가가 해당 토지의 거래 또는 담보제공을 받음에 있어 그 실제 거래가액 또는 담보가치를 보장한다거나 어떠한 구속력을 미친다고 할 수는 없다.** 그럼에도 개개 토지에 관한 개별공시지가를 기준으로 거래하거나 담보제공을 받았다가 해당 토지의 실제 거래가액 또는 담보가치가 개별공시지가에 미치지 못함으로 인해 발생할 수 있는 손해에 대해서까지 그 개별공시지가를 결정·공시하는 지방자치단체에 손해배상책임을 부담시키게 된다면, 개개 거래당사자들 사이에 이루어지는 다양한 거래관계와 관련하여 발생한 손해에 대하여 무차별적으로 책임을 추궁당하게 되고, 그 거래관계를 둘러싼 분쟁에 끌려들어가 많은 노력과 비용을 지출하는 결과가 초래되게 된다. 이는 결과발생에 대한 예견가능성의 범위를 넘어서는 것임은 물론이고, 행정기관이 사용하는 지가를 일원화하여 일정한 행정목적을 위한 기준으로 삼음으로써 국토의 효율적인 이용과 국민경제의 발전에 기여하려는 (구)부동산 가격공시 및 감정평가에 관한 법률의 목적과 기능, 그 보호법익의 보호범위를 넘어서는 것이다.

[4] **개별공시지가 산정업무 담당공무원 등이 잘못 산정·공시한 개별공시지가를 신뢰한 나머지 토지의 담보가치가 충분하다고 믿고 그 토지에 관하여 근저당권설정등기를 경료한 후 물품을 추가로 공급함으로써 손해를 입었음을 이유로 그 담당공무원이 속한 지방자치단체에 손해배상을 구한 사안에서, 그 담당공무원 등의 개별공시지가 산정에 관한 직무상 위반행위와 위 손해 사이에 상당인과관계가 있다고 보기 어렵다고 한 사례**

5. 개별공시지가에 대한 이의신청

(1) 의의

이의신청이란 행정청의 위법·부당한 행정작용으로 인하여 권익이 침해된 자의 청구에 의하여 처분청 자신이 이를 재심사하는 것을 말한다. 부동산공시법상 개별공시지가에 대한 이의신청이란 개별공시지가에 대하여 이의가 있는 자가 개별공시지가의 결정·공시주체인 시·군·구청장에게 이의를 신청하고 시·군·구청장이 이를 심사하도록 하는 제도이다.

개별공시지가는 국민의 재산권과 밀접한 관련을 가지고 있어 이의 공신력이 낮을 경우 토지정책의 효율적 집행이 어려움은 물론 토지관련 각종 조세의 저항이 발생하게 된다. 따라서 개별공시지가의 적정성을 담보하기 위한 제도로서 이의신청제도의 의의는 매우 크다고 할 수 있다.

(2) 이의신청의 성격

법 제11조(개별공시지가에 대한 이의신청)

① 개별공시지가에 이의가 있는 자는 그 결정·공시일부터 30일 이내에 서면으로 시장·군수 또는 구청장에게 이의를 신청할 수 있다.

② 시장·군수 또는 구청장은 제1항에 따라 이의신청 기간이 만료된 날부터 30일 이내에 이의신청을 심사하여 그 결과를 신청인에게 서면으로 통지하여야 한다. 이 경우 시장·군수 또는 구청장은 이의신청의 내용이 타당하다고 인정될 때에는 제10조에 따라 해당 개별공시지가를 조정하여 다시 결정·공시하여야 한다.

③ 제1항 및 제2항에서 규정한 것 외에 이의신청 및 처리절차 등에 필요한 사항은 대통령령으로 정한다.

시행령 제22조(개별공시지가에 대한 이의신청)

① 법 제11조 제1항에 따라 개별공시지가에 대하여 이의신청을 하려는 자는 이의신청서에 이의신청 사유를 증명하는 서류를 첨부하여 해당 시장·군수 또는 구청장에게 제출하여야 한다.

② 시장·군수 또는 구청장은 제1항에 따라 제출된 이의신청을 심사하기 위하여 필요할 때에는 감정평가법인등에게 검증을 의뢰할 수 있다.

① 문제점

부동산공시법상 개별공시지가에 대한 이의신청에 대해서는 재결에 대한 이의신청처럼 행정소송과의 관계가 명확하지 않다. 이에 부동산공시법상 이의신청에 대하여 행정심판의 성격을 인정할 것인지 단순히 의견청취절차로 볼 것인지가 문제되며, 논의실익은 이의신청과는 별개로 행정심판이 가능한지, 이의신청절차에 행정심판법의 적용이 가능한지 등에 있다.

② 학설

처분청인 지방자치단체에 대하여 제기한다는 점 등을 논거로 본래의 강학상 이의신청이라는 견해와 개별공시지가의 목적 등을 고려할 때 전문성과 특수성이 요구되며 행정심판법 제4조의 규정 취지를 감안할 때 특별행정심판으로 보아야 한다는 견해가 있다.

③ 판례

판례

▶ 관련판례(대판 2010.1.28, 2008두19987)

(구)부동산 가격공시 및 감정평가에 관한 법률 제12조, 행정소송법 제20조 제1항, 행정심판법 제3조 제1항의 규정 내용 및 취지와 아울러 부동산 가격공시 및 감정평가에 관한 법률에 **행정심판의 제기를 배제하는 명시적인 규정이 없고** 부동산 가격공시 및 감정평가에 관한 법률에 따른 **이의신청과 행정심판은 그 절차 및 담당기관에 차이가 있는 점을 종합하면, 부동산 가격공시 및 감정평가에 관한 법률이 이의신청에**

관하여 규정하고 있다고 하여 이를 행정심판법 제3조 제1항에서 행정심판의 제기를 배제하는 '다른 법률에 특별한 규정이 있는 경우'에 해당한다고 볼 수 없으므로, 개별공시지가에 대하여 이의가 있는 자는 곧바로 행정소송을 제기하거나 부동산 가격공시 및 감정평가에 관한 법률에 따른 이의신청과 행정심판법에 따른 행정심판청구 중 어느 하나만을 거쳐 행정소송을 제기할 수 있을 뿐 아니라, 이의신청을 하여 그 결과 통지를 받은 후 다시 행정심판을 거쳐 행정소송을 제기할 수도 있다고 보아야 하고, 이 경우 행정소송의 제소기간은 그 행정심판 재결서 정본을 송달받은 날부터 기산한다.

④ 검토

부동산공시법상의 이의신청은 처분청인 시·군·구청장에게 제기한다는 점과 국민의 권리구제를 위해 본래의 강학상 이의신청이라 봄이 타당하다.

(3) 이의신청의 제기

개별공시지가에 대하여 이의가 있는 자는 개별공시지가의 결정·공시일부터 30일 이내에 서면으로 시장·군수 또는 구청장에게 이의를 신청할 수 있다. 이의신청이 제기된 경우에는 시·군·구청장에게 심사의무, 심사결과 서면통지의무가 발생한다.

(4) 이의신청에 대한 심사 및 결과통지

시장·군수 또는 구청장은 이의신청기간이 만료된 날부터 30일 이내에 이의신청을 심사하여 그 결과를 신청인에게 서면으로 통지하여야 한다. 시장·군수·구청장은 이의신청을 심사하기 위하여 필요하다고 인정하는 경우에는 감정평가법인등에게 검증을 의뢰할 수 있으며, 심사결과 이의신청의 내용이 타당하다고 인정될 때에는 개별공시지가를 조정하여 다시 결정·공시하여야 한다.

6. 개별공시지가에 대한 항고소송

(1) 개설

위법한 개별공시지가에 대해 취소 및 무효등확인을 구할 법률상 이익이 있는 자는 시·군·구청장을 피고로 관할 행정법원에 취소소송 및 무효등확인소송을 제기할 수 있다. 이 경우 부동산공시법에서는 명문의 규정이 없으므로 행정소송법 제8조 제1항에 의거 행정소송법에 의한다.

(2) 소송요건

① 대상적격

개별공시지가는 처분성이 인정되므로 항고소송의 대상적격이 인정된다.

② 원고적격

개별공시지가의 토지소유자는 개별공시지가를 다툴 법률상 이익이 인정되므로 원고적격이 있으나 인근 주민에게 개별공시지가를 다툴 원고적격이 있는지 의문인데 개별공시지가는 해당 토지에 대한 과세기준이 될 뿐 인근 토지의 가격에 영향을 미치지 않으므로 인근 주민에게 원고적격은 없다고 본다.

③ 제소기간(행정소송법 제20조)

(ㄱ) 의의

처분의 상대방 등이 소송을 제기할 수 있는 시간적 간격(직권조사사항)

(ㄴ) 안 날로부터 90일

㉠ 행정심판을 거치지 않은 경우

(a) 특정인에게 대한 처분을 하는 경우(송달)

특정인에게 대한 처분을 하는 경우 '안 날'이란 현실적으로 안 날을 의미한다.

(b) 불특정다수에 대한 처분을 하는 경우(고시 또는 공고)

불특정다수에 대한 처분을 하는 경우 '안 날'이란 고시의 효력이 발생한 날을 의미한다. 즉 고시 또는 공고가 있은 후 5일이 경과한 날이 된다.

(c) 개별공시지가의 경우

ⓐ 문제점

개별공시지가의 경우 공고와 필요한 경우 개별통지도 할 수 있다(시행령 제4조). 이와 관련하여 제소기간의 기산점을 공고가 효력을 발생한 시점으로 해야 하는지 또는 현실적으로 안날을 기준으로 해야 하는지 문제된다.

ⓑ 학설

고시 또는 공고가 효력을 발생하는 날에 일률적으로 처분이 있음을 알았다고 보아야 한다는 견해도 있으나, 고시 또는 공고의 처분을 하는 경우에도 처분의 효력발생시기와 제소기간의 기산점은 별개이기 때문에 처분이 있었다는 사실을 현실적으로 안 날로부터 기산하여야 한다는 견해가 다수설이며 타당하다.

ⓒ 판례 (대판 1993.12.24, 92누17204) 정리 ※ 표준지의 경우에는 명시적 판례가 없다.

i) 별도의 고지절차를 거치지 않은 경우 : 고시 또는 공고일

즉, 실제로 처분이 있음을 안 날(=현실적으로 안 날)

- 행정심판 청구는 있었던 날로부터 180일 이내
- 행정소송의 경우에는 있은 날로부터 1년 이내

ii) 별도의 고지절차를 거친 경우 : 현실적으로 안 날(송달=도달일)

㉡ 행정심판을 거친 경우

'안 날'은 재결서정본을 받은 날이다.

(ㄷ) 있은 날로부터 1년

행정심판을 거친 경우에는 효력일 발생한 날(도달일)이 되며 행정심판을 거친 경우에는 재결서 정본을 받은 날이다(90일 먼저 온다). 다만, 정당한 사유가 있다면 1년이 경화한 후에도 제소할 수 있다(행정소송법 제20조 제2항 단서).

(ㄹ) 안 날과 있은 날의 관계

처분이 있음을 안 날과 처분이 있은 날 중 어느 하나의 기간만이라도 경과하면 제소할 수 없다.

판례

▶ 관련판례(대판 1993.12.24, 92누17204)

개별토지가격결정에 있어서는 그 처분의 고지방법에 있어 개별토지가격합동조사지침의 규정에 의하여 행정편의상 일단의 각 개별토지에 대한 가격결정을 일괄하여 읍·면·동의 게시판에 공고하는 것일 뿐 그 처분의 효력은 각각의 토지 또는 각각의 소유자에 대하여 각별로 효력을 발생하는 것이므로 개별토지가격결정의 공고는 공고일로부터 그 효력을 발생하지만 처분 상대방인 토지소유자 및 이해관계인이 공고일에 개별토지가격결정처분이 있음을 알았다고까지 의제할 수는 없어 결국 개별토지가격결정에 대한 재조사 또는 행정심판의 청구기간은 처분 상대방이 실제로 처분이 있음을 안 날로부터 기산하여야 할 것이나, 시장·군수 또는 구청장이 개별토지가격결정을 처분 상대방에 대하여 별도의 고지절차를 취하지 않는 이상 토지소유자 및 이해관계인이 위 처분이 있음을 알았다고 볼 경우는 그리 흔치 않을 것이므로 특별히 위 처분을 알았다고 볼만한 사정이 없는 한 개별토지가격결정에 대한 재조사청구 또는 행정심판청구는 행정심판법 제18조 제3항 소정의 처분이 있은 날로부터 180일 이내에 이를 제기하면 된다.

▶ 관련판례(대판 2010.1.28, 2008두19987)

개별공시지가에 대하여 이의가 있는 자는 곧바로 행정소송을 제기하거나 부동산 가격공시 및 감정평가에 관한 법률에 따른 이의신청과 행정심판법에 따른 행정심판청구 중 어느 하나만을 거쳐 행정소송을 제기할 수 있을 뿐 아니라, 이의신청을 하여 그 결과 통지를 받은 후 다시 행정심판을 거쳐 행정소송을 제기할 수도 있다고 보아야 하고, 이 경우 행정소송의 제소기간은 그 행정심판 재결서 정본을 송달받은 날부터 기산한다.

④ 이의신청 전치 여부

(ㄱ) **문제점** : 현행 행정소송법 제18조는 행정심판을 임의주의로 규정하고 있는 바, 부동산공시법 제11조의 이의신청이 임의주의인지 아니면 행정소송법 제8조 제1항에 의해 그 예외를 인정하여 필요적 전치주의를 규정한 것인지 문제된다.

(ㄴ) **학설** : 공시지가의 성격, 산정작업의 전문성, 오류발생 가능성, 공시지가의 신속한 안정이라는 요건에 비추어 일차적으로 행정청의 판단이 필요하다고 보아 행정심판전치로 이해하는 견해와 행정소송법 제18조 제1항 단서와 관련 부동산공시법에서는 명문에 행정심판을 전치로 하라는 표현이 없고, "할 수 있다"라는 규정형식을 고려할 때 행정소송법의 원칙에 따라 행정심판임의주의로 이해하는 견해가 있다.

(ㄷ) **판례** : 대법원의 현재의 입장은 알 수 없으나 종전 개별공시지가에 대한 재조사청구와 행정심판법의 행정심판을 선택적으로 또는 중첩적으로 거칠 수 있다고 한 바 있다. 생각건대, 부동산공시법에는 이의신청을 거치지 아니하면 행정소송을 제기할 수 없다는 규정이 없는 이상 현행 행정소송법의 원칙인 행정심판임의주의에 따라 곧바로 행정소송을 제기할 수 있고 이의신청을 거쳐서 행정소송을 제기할 수도 있다고 봄이 타당하다.

(ㄹ) **검토** : 생각건대, 부동산공시법에는 이의신청을 거치지 아니하면 행정소송을 제기할 수 없다는 규정이 없는 이상 현행 행정소송법의 원칙인 행정심판임의주의에 따라 곧바로 행정소송을 제기할 수 있고 이의신청을 거쳐서 행정소송을 제기할 수도 있다고 봄이 타당하다.

(3) 소송제기효과

개별공시지가에 대한 항고소송이 제기되면 관할 법원에 사건이 계속되며 법원은 이를 심리하고 판결할 의무가 발생하게 된다. 개별공시지가에 대한 항고소송이 제기되었다 하더라도 해당 처분의 효력 등에 아무런 영향을 주지 않는다(집행부정지).

(4) 심리 및 판결

심리를 통하여 표준지공시지가의 위법성 유무와 위법성의 정도를 판단하게 되며, 원고의 청구가 이유 있으면 인용판결을 하게 되고, 이유 없으면 기각판결을 하게 된다.

7. 개별공시지가와 과세처분의 하자승계

(1) 긍정한 판례(대판 1994.1.25, 93누8542)

판례

두 개 이상의 행정처분이 연속적으로 행하여지는 경우 선행처분과 후행처분이 서로 결합하여 1개의 법률효과를 완성하는 때에는 선행처분에 하자가 있으면 그 하자는 후행처분에 승계되므로 선행처분에 불가쟁력이 생겨 그 효력을 다툴 수 없게 된 경우에도 선행처분의 하자를 이유로 후행처분의 효력을 다툴 수 있는 반면 선행처분과 후행처분이 서로 독립하여 별개의 법률효과를 목적으로 하는 때에는 선행처분에 불가쟁력이 생겨 그 효력을 다툴 수 없게 된 경우에는 선행처분의 하자가 중대하고 명백하여 당연무효인 경우를 제외하고는 선행처분의 하자를 이유로 후행처분의 효력을 다툴 수 없는 것이 원칙이나 선행처분과 후행처분이 서로 독립하여 별개의 효과를 목적으로 하는 경우에도 선행처분의 불가쟁력이나 구속력이 그로 인하여 불이익을 입게 되는 자에게 수인한도를 넘는 가혹함을 가져오며, 그 결과가 당사자에게 예측가능한 것이 아닌 경우에는 국민의 재판받을 권리를 보장하고 있는 헌법의 이념에 비추어 선행처분의 후행처분에 대한 구속력은 인정될 수 없다.

(2) 부정한 판례(대판 1998.3.13, 96누6059)

판례

원고가 이 사건 토지를 매도한 이후에 그 양도소득세 산정의 기초가 되는 1993년도 개별공시지가 결정에 대하여 한 재조사청구에 따른 조정결정을 통지받고서도 더 이상 다투지 아니한 경우까지 선행처분인 개별공시지가 결정의 불가쟁력이나 구속력이 수인한도를 넘는 가혹한 것이거나 예측불가능하다고 볼 수 없어, 위 개별공시지가 결정의 위법을 이 사건 과세처분의 위법사유로 주장할 수 없다.

제2절 토지가격비준표

법 제8조(표준지공시지가의 적용)

제1호 각 목의 자가 제2호 각 목의 목적을 위하여 지가를 산정할 때에는 그 토지와 이용가치가 비슷하다고 인정되는 하나 또는 둘 이상의 표준지의 공시지가를 기준으로 토지가격비준표를 사용하여 지가를 직접 산정하거나 감정평가법인등에게 감정평가를 의뢰하여 산정할 수 있다. 다만, 필요하다고 인정할 때에는 산정된 지가를 제2호 각 목의 목적에 따라 가감(加減)조정하여 적용할 수 있다.

1. 지가산정의 주체
   가. 국가 또는 지방자치단체
   나. 「공공기관의 운영에 관한 법률」에 따른 공공기관
   다. 그 밖에 대통령령으로 정하는 공공단체
2. 지가산정의 목적
   가. 공공용지의 매수 및 토지의 수용・사용에 대한 보상
   나. 국유지・공유지의 취득 또는 처분
   다. 그 밖에 대통령령으로 정하는 지가의 산정

01 서

토지가격비준표란 국토교통부장관이 행정목적상 지가산정을 위해 필요하다고 인정하는 경우에 작성하여 관계 행정기관에 제공하는 표준지와 개별토지의 지가형성요인에 관한 표준적 비교표를 말한다. 이는 표준지를 기준으로 개별토지의 대량평가를 위하여 작성된 객관적인 지가산정표이며, 평가전문가가 아니더라도 누구나 신속하게 지가를 산정할 수 있는 계량화된 평가 잣대이다. 부동산공시법 제3조 제8항을 위임의 근거로 볼 수 있다.

이는 전국의 모든 토지를 평가하기 위하여 고안된 것이기 때문에 정밀평가를 하기 위한 자료와는 엄격히 구별된다. 그러나 이는 대량의 토지에 대한 지가산정 시 결여되기 쉬운 지가산정의 객관성과 합리성을 일정수준 이상으로 끌어올릴 수 있고, 신속히 지가를 산정할 수 있는 장점을 지닌다.

02 토지가격비준표의 법적 성질

1. 법령보충적 행정규칙

부동산공시법 제8조에서 국토교통부장관에게 토지가격비준표 작성 권한을 부여하고, 그 권한 행사의 절차나 방법을 특정하지 않은 관계로, 국토교통부장관은 "토지가격비준표"를 작성하고 훈령의 형식으로 "토지가격비준표활용지침"을 제정하여 법률의 내용을 구체화하고 있다. 이를 법령보충적 행정규칙이라 하며, 법규성을 가지는지에 대하여 견해의 대립이 있다.

2. 법령보충적 행정규칙의 법적 성질

(1) 학설

① 법치주의의 원리상 법규명령의 제정절차를 거치지 아니한 규범은 법규명령으로 볼 수 없다고 하는 행정규칙설, ② 법령의 위임에 따라 법령을 보충하는 실질을 중시하여 법규명령으로 보는 법규명령설, ③ 상위규범을 구체화하는 규범구체화 행정규칙으로 보는 견해, ④ 우리 헌법상 행정규칙 형식의 법규명령은 허용되지 않는다고 보는 위헌무효설, ⑤ 법규명령의 효력을 가지는 행정규칙으로 보는 견해 등이 있다.

(2) 판례

판례

▶ 관련판례(대판 1998.5.26, 96누17103)
대법원은 국세청 훈령인 재산제세 사무처리규정에 대해 소득세법 시행령과 결합하여 대외적 효력을 갖는다고 하여 법규성을 인정한 바 있으며, 토지가격비준표는 동법 제10조의 시행을 위한 집행명령인 개별토지가격합동조사지침과 더불어 법령보충적인 구실을 하는 법규적 성질을 가지고 있는 것으로 보아야 한다.

▶ 관련판례(대판 1998.5.26, 96누17103) [개발부담금부과처분취소]
(구)지가공시 및 토지 등의 평가에 관한 법률(1995.12.29. 법률 제5108호로 개정되기 전의 것) 제10조 제2항에 근거하여 건설부장관이 표준지와 지가산정대상 토지의 지가형성요인에 관한 표준적인 비교표로서 매년 관계 행정기관에 제공하는 토지가격비준표는 같은 법 제10조의 시행을 위한 집행명령인 개별토지가격합동조사지침과 더불어 법률보충적인 구실을 하는 법규적 성질을 가지고 있는 것으로 보아야 할 것인바, 개발이익 환수에 관한 법률(1993.6.11. 법률 제4563호로 개정된 것) 제10조 제1항에 의하면 개발부담금의 부과기준으로서 부과종료시점의 지가는 (구)지가공시 및 토지 등의 평가에 관한 법률(1995.12.29. 법률 제5108호로 개정되기 전의 것) 제10조 제2항의 규정에 의한 비교표에 의하여 산정하도록 규정하고 있으므로, 토지가격비준표에 의하여 부과종료시점의 지가를 산정한 것은 정당하고, 조세법률주의나 재산권 보장의 원칙을 위반한 잘못 등이 없다.

▶ 관련판례(대판 2013.5.9, 2011두30496) [개발부담금부과처분취소]
개발이익 환수에 관한 법률 제10조 제1항은, 개발부담금의 부과 기준을 정하기 위한 부과종료시점의 부과대상토지의 가액(이하 '종료시점지가'라 한다)은 그 당시의 부과대상토지와 이용상황이 가장 비슷한 표준지의 공시지가를 기준으로 부동산 가격공시 및 감정평가에 관한 법률(이하 '가격공시법'이라 한다) 제9조 제2항에 따른 비교표에 따라 산정한 가액에 해당 연도 1월 1일부터 부과종료시점까지의 정상지가상승분을 합한 가액으로 하도록 규정하고 있는데, 이때 종료시점지가를 산정하기 위한 표준지로는 부과대상토지와 이용상황이 가장 유사한 표준지, 즉 용도지역, 지목, 토지용도(실제용도), 주위환경, 위치, 기타 자연적·사회적 조건이 가장 유사한 인근지역 소재 표준지를 선정하여야 한다(대판 2009.11.12, 2009두13771 등 참조). 그리고 가격공시법 제9조 제2항은 '국토해양부장관은 지가산정을 위하여 필요하다고 인정하는 경우에는 표준지와 지가산정 대상토지의 지가형성요인에 관한 표준적인 비교표를 작성하여 관계 행정기관 등에 제공하여야 하고, 관계 행정기관 등은 이를 사용하여 지가를 산정하여야 한다'고 규정하고 있으므로, 국토해양부장관이 위 규정에 따라 작성하여 제공하는 토지가격비준표는 가격공시법 시행령 제16조 제1항에 따라 국토해양부장관이 정하는 '개별공시지가의 조사·산정지침'과 더불어 법률보충적인 역할을 하는 법규적 성질을 가진다고 할 것이다(대판 1998.5.26, 96누17103 등 참조).

▶ 관련판례(대판 2013.11.14, 2012두15364) [개발부담금부과처분취소]

부동산 가격공시 및 감정평가에 관한 법률 제11조, 부동산 가격공시 및 감정평가에 관한 법률 시행령 제17조 제2항의 취지와 문언에 비추어 보면, 시장·군수 또는 구청장은 표준지공시지가에 토지가격비준표를 사용하여 산정된 지가와 감정평가업자의 검증의견 및 토지소유자 등의 의견을 종합하여 해당 토지에 대하여 표준지공시지가와 균형을 유지한 개별공시지가를 결정할 수 있고, 그와 같이 결정된 개별공시지가가 표준지공시지가와 균형을 유지하지 못할 정도로 현저히 불합리하다는 등의 특별한 사정이 없는 한, 결과적으로 토지가격비준표를 사용하여 산정한 지가와 달리 결정되었거나 감정평가사의 검증의견에 따라 결정되었다는 이유만으로 그 개별공시지가 결정이 위법하다고 볼 수는 없다.

▶ 관련판례(대판 2014.4.10, 2013두25702)

소득세법 시행령 제164조 제1항은 개별공시지가가 없는 토지의 가액을 그와 지목·이용상황 등 지가형성요인이 유사한 인근토지를 표준지로 보고 부동산 가격공시 및 감정평가에 관한 법률 제9조 제2항에 따른 비교표(이하 '토지가격비준표'라 한다)에 따라 평가하도록 규정함으로써, 납세의무자가 표준지 선정과 토지가격비준표 적용의 적정 여부, 평가된 가액이 인근 유사토지의 개별공시지가와 균형을 유지하고 있는지 여부 등을 확인할 수 있도록 하고 있으므로, 표준지를 특정하여 선정하지 않거나 토지가격비준표에 의하지 아니한 채 개별공시지가가 없는 토지의 가액을 평가하고 기준시가를 정하는 것은 위법하다.

(3) 검토

법령을 보충하여 대외적 효력이 인정되는 이상 그 보충규정의 내용이 위임법령의 위임한계를 벗어났다는 등 특별한 사정이 없는 한 법규명령으로 보아 재판규범으로 효력을 인정하는 것이 당사자의 권리구제 측면에서 타당하다고 본다. 판례에 의하면 국토교통부장관이 위 규정에 따라 작성하여 제공하는 토지가격비준표는 부동산공시법 시행령 제16조 제1항에 따라 국토교통부장관이 정하는 '개별공시지가의 조사·산정지침'과 더불어 법률보충적인 역할을 하는 법규적 성질을 가진다고 할 것이다고 판시하고 있다.

03 토지가격비준표의 작성 및 활용

1. 작성

토지가격비준표는 전국 시·군·구를 대상으로 하여 대도시·중소도시 등 도시지역은 용도지역별로, 군지역은 도시지역과 비도시지역으로 구분하여 작성하며, 공통비준표와 지역비준표로 구분된다. 토지가격비준표는 토지특성 정보를 토대로 이 가운데 토지의 가격형성요인에 중요한 영향을 미친다고 분석되는 항목을 설정하여 다중회귀분석법에 의해 산출된 기준으로 작성된다.

2. 활용

부동산공시법 제8조 공적목적을 위한 지가의 산정 및 개별공시지가의 산정 시 토지가격비준표를 활용하여 지가를 산정하게 된다.

04 토지가격비준표의 하자와 권리구제

1. 작성상의 하자

(1) 행정쟁송가능성

토지가격비준표는 법령보충규칙으로서 행정청이 행하는 일반적·추상적 규율인 행정입법에 해당한다. 따라서 토지가격비준표 작성행위 자체는 소송의 대상이 되는 처분이라 할 수 없고, 이를 다툴 수 없다고 본다. 판례도 비준표상의 토지의 특성 및 평가요소 등의 추가 또는 제외됨으로 인하여 가격의 상승 또는 하락이 있게 되었다는 것만으로는 개별토지가격결정이 부당하다고 하여 이를 다툴 수 없다고 한 바 있다.

(2) 구체적 규범통제

토지가격비준표의 법적 성질을 법규명령으로 본다면 원칙적으로 처분성이 없으므로 이를 직접 다툴 수는 없으나, 개별공시지가를 다투면서 토지가격비준표의 위헌·위법 여부를 다툴 수 있다.

2. 활용상의 하자

토지가격비준표를 통한 가격배율 추출상의 하자와 같이 활용상의 하자는 개별공시지가 산정절차의 하자가 된다. 따라서 개별공시지가 공시의 처분성을 인정하는 견해에 따르면 이에 불복하여 행정쟁송을 제기할 수 있다. 이는 토지가격비준표를 통한 표준지와 해당 토지의 특성 조사·비교에 잘못이 있거나, 가격조정률을 잘못 추출한 경우를 말하며, 기타 틀린 계산·오기로 인하여 지가산정이 잘못된 경우도 포함한다.

05 토지가격비준표의 문제점 및 개선방안

비준표상의 토지특성항목의 적정성 여부를 검증할 수 있는 제도적 장치가 없으며, 비준표상의 가격배율은 통계처리 결과로 얻은 평균값이므로, 특이한 토지나 광대면적의 토지 등에 적용하기 어려운 점이 있다. 따라서 계속적으로 비준표를 세분화시키고, 가격배율을 수정・보완하는 노력을 하여야 하며, 토지의 개별성을 고려하여 특성조사에 다소 재량권을 부여하는 방안도 검토해 볼 수 있다.

제3절 개별공시지가 검증제도

법 제10조(개별공시지가의 결정・공시 등)

① 시장・군수 또는 구청장은 국세・지방세 등 각종 세금의 부과, 그 밖의 다른 법령에서 정하는 목적을 위한 지가산정에 사용되도록 하기 위하여 제25조에 따른 시・군・구 부동산가격공시위원회의 심의를 거쳐 매년 공시지가의 공시기준일 현재 관할구역 안의 개별토지의 단위면적당 가격(이하 "개별공시지가"라 한다)을 결정・공시하고, 이를 관계 행정기관 등에 제공하여야 한다.

② 제1항에도 불구하고 표준지로 선정된 토지, 조세 또는 부담금 등의 부과대상이 아닌 토지, 그 밖에 대통령령으로 정하는 토지에 대하여는 개별공시지가를 결정・공시하지 아니할 수 있다. 이 경우 표준지로 선정된 토지에 대하여는 해당 토지의 표준지공시지가를 개별공시지가로 본다.

③ 시장・군수 또는 구청장은 공시기준일 이후에 분할・합병 등이 발생한 토지에 대하여는 대통령령으로 정하는 날을 기준으로 하여 개별공시지가를 결정・공시하여야 한다.

④ 시장・군수 또는 구청장이 개별공시지가를 결정・공시하는 경우에는 해당 토지와 유사한 이용가치를 지닌다고 인정되는 하나 또는 둘 이상의 표준지의 공시지가를 기준으로 토지가격비준표를 사용하여 지가를 산정하되, 해당 토지의 가격과 표준지공시지가가 균형을 유지하도록 하여야 한다.

⑤ 시장・군수 또는 구청장은 개별공시지가를 결정・공시하기 위하여 개별토지의 가격을 산정할 때에는 그 타당성에 대하여 감정평가법인등의 검증을 받고 토지소유자, 그 밖의 이해관계인의 의견을 들어야 한다. 다만, 시장・군수 또는 구청장은 감정평가법인등의 검증이 필요 없다고 인정되는 때에는 지가의 변동상황 등 대통령령으로 정하는 사항을 고려하여 감정평가법인등의 검증을 생략할 수 있다.

⑥ 시장・군수 또는 구청장이 제5항에 따른 검증을 받으려는 때에는 해당 지역의 표준지의 공시지가를 조사・평가한 감정평가법인등 또는 대통령령으로 정하는 감정평가실적 등이 우수한 감정평가법인등에게 의뢰하여야 한다.

⑦ 국토교통부장관은 지가공시 행정의 합리적인 발전을 도모하고 표준지공시지가와 개별공시지가와의 균형유지 등 적정한 지가형성을 위하여 필요하다고 인정하는 경우에는 개별공시지가의 결정・공시 등에 관하여 시장・군수 또는 구청장을 지도・감독할 수 있다.

⑧ 제1항부터 제7항까지에서 규정한 것 외에 개별공시지가의 산정, 검증 및 결정, 공시기준일, 공시의 시기, 조사・산정의 기준, 이해관계인의 의견청취, 감정평가법인등의 지정 및 공시절차 등에 필요한 사항은 대통령령으로 정한다.

01 서

개별공시지가 검증이란, 감정평가법인등이 시장·군수·구청장이 산정한 개별토지가격의 타당성에 대하여 전문가적 입장에서 검토하는 것으로 부동산공시법 제10조 제5항 및 제6항에 근거한다. 이는 담당공무원의 비전문성을 보완하고 개별공시지가의 객관성, 신뢰성을 확보하기 위한 것으로 개별공시지가가 국민의 재산권에 미치는 영향을 생각할 때 그 중요성이 크다.

02 개별공시지가 검증의 법적 성질

검증은 그 자체로는 외부적으로 어떤 법률효과가 발생하는 것이 아니라 감정평가법인등이 지가산정의 전문가로서 스스로 조사하거나 시장·군수·구청장이 제시한 자료 및 국토교통부장관이 공급한 비준표에 의하여 법령에서 정한 기준과 방법에 따라 개별공시지가를 제대로 산정하였는지 여부를 단순히 확인하고 의견을 제시하는 사실행위에 해당한다. 따라서 행정쟁송의 대상이 될 수 없다. 그리고 검증은 개별공시지가 결정·공시의 필수적인 절차로서 이 절차를 거치지 아니한 개별공시지가의 결정·공시는 하자 있는 행정처분으로 취소사유가 된다고 할 수 있다.

03 검증의 내용

1. 개별공시지가 검증의 주체 및 책임

개별공시지가 검증의 주체는 감정평가법인등이다. 시장·군수·구청장이 검증을 받으려는 때에는 해당 지역의 표준지공시지가를 조사·평가한 감정평가법인등 또는 감정평가실적 등이 우수한 감정평가법인등에게 의뢰하여야 한다. 개별공시지가가 검증업무를 행하는 감정평가사는 뇌물수뢰죄 등의 적용에 있어서는 공무원으로 의제되어 무거운 책임을 진다.

2. 개별공시지가 검증의 종류

(1) 산정지가검증

산정지가검증이라 함은 시장·군수·구청장이 산정한 지가에 대하여 지가현황도면 및 지가조사 자료를 기준으로 법 제10조 제4항 및 시행령 제18조 제1항 내지 제2항의 규정에 의하여 실시하는 검증을 말한다. 산정지가검증은 전체필지를 대상으로 하는 필수절차로 도면상 검증이고, 지가열람 전에 실시하는 검증이다.

(2) 의견제출 지가검증

의견제출 지가검증이라 함은 시장·군수·구청장이 산정한 지가에 대하여 토지소유자 기타 이해관계인이 법 제10조 제4항 및 시행령 제19조의 규정에 의한 지가열람 및 의견제출기간 중에 의견을 제출한 경우 실시하는 검증을 말한다.

(3) 이의신청 지가검증

이의신청 지가검증이라 함은 시장·군수·구청장이 개별공시지가를 결정·공시한 후 토지소유자 등이 법 제11조 및 시행령 제22조의 규정에 의한 이의신청을 제기한 경우에 실시하는 검증을 말한다.

3. 검증의 실시 및 생략

시장·군수 또는 구청장은 감정평가법인등의 검증이 필요 없다고 인정되는 경우 검증을 생략할 수 있으며, 감정평가법인등의 검증을 생략하고자 하는 때에는 개별토지의 지가변동률과 국토교통부장관이 조사·공표하는 해당 토지가 소재하는 시·군 또는 구의 연평균 지가변동률의 차이가 작은 순으로 대상토지를 선정하여 검증을 생략한다. 다만, 개발사업이 시행되거나 용도지역·지구가 변경되는 등의 사유가 발생한 토지에 대하여는 검증을 실시하여야 한다.

4. 검증을 결한 개별공시지가의 효력

검증을 임의적으로 생략하거나 하자 있는 검증은 개별공시지가의 효력에 영향을 미치게 되며 그 하자의 정도에 따라 개별공시지가 결정을 무효 또는 취소로 만든다.

04 개별공시지가 검증의 문제점 및 개선방안

개별공시지가 검증기간의 부족, 자료의 부족, 검증수수료의 현실화 문제 등이 있다. 이에 대하여 충분한 검증기간의 부여, 공무원의 협조요청, 검증수수료의 현실화 등의 방안을 모색하여야 한다.

제4절 개별공시지가 정정제도

법 제12조(개별공시지가의 정정)

시장・군수 또는 구청장은 개별공시지가에 틀린 계산, 오기, 표준지 선정의 착오, 그 밖에 대통령령으로 정하는 명백한 오류가 있음을 발견한 때에는 지체 없이 이를 정정하여야 한다.

시행령 제23조(개별공시지가의 정정사유)

① 법 제12조에서 "대통령령으로 정하는 명백한 오류"란 다음 각 호의 어느 하나에 해당하는 경우를 말한다.

1. 법 제10조에 따른 공시절차를 완전하게 이행하지 아니한 경우
2. 용도지역・용도지구 등 토지가격에 영향을 미치는 주요 요인의 조사를 잘못한 경우
3. 토지가격비준표의 적용에 오류가 있는 경우

② 시장・군수 또는 구청장은 법 제12조에 따라 개별공시지가의 오류를 정정하려는 경우에는 시・군・구 부동산가격공시위원회의 심의를 거쳐 정정사항을 결정・공시하여야 한다. 다만, 틀린 계산 또는 오기(誤記)의 경우에는 시・군・구 부동산가격공시위원회의 심의를 거치지 아니할 수 있다.

01 서

개별공시지가는 각종 조세 등의 직접적 산정기준이 되어 국민의 권익에 구체적으로 영향을 미치는 행정행위로 그 성립상 하자가 있는 경우 법치행정의 원칙상 근거규정 없이 직권취소 및 정정이 가능하다. 그러나 부동산공시법은 직권으로 정정할 수 있는 명시적 규정을 두어 책임문제로 인한 정정회피문제를 해소하고 불필요한 행정쟁송을 방지함으로써 행정의 능률화를 도모하고 있다 할 것이다.

02 개별공시지가의 직권정정제도

1. 개별공시지가 직권정정제도의 의의 및 근거

직권정정제도란 개별공시지가에 틀린 계산・오기 등 명백한 오류가 있는 경우 이를 직권으로 정정할 수 있는 제도로 부동산공시법 제12조에 근거하며, 개별공시지가의 적정성을 담보하기 위한 수단이다.

2. 개별공시지가의 정정사유

개별공시지가에 틀린 계산, 오기, 표준지선정의 착오 및 대통령령으로 정하는 명백한 오류가 있음을 발견한 경우 정정할 수 있다. 대통령령으로 정하는 명백한 오류란 ① 토지소유자의 의견청취 또는 공시절차 등을 완전하게 이행하지 아니한 경우, ② 용도지역 등 토지가격에 영향을 미치는 주요요인의 조사를 잘못한 경우, ③ 토지가격비준표의 적용에 오류가 있는 경우 등이 있다.

3. 개별공시지가의 정정절차

시장·군수 또는 구청장이 오류를 정정하고자 하는 때에는 시·군·구 부동산가격공시위원회의 심의를 거쳐 정정사항을 결정·공시하여야 한다. 다만, 계산이 잘못되거나 기재에 오류가 있는 경우에는 시·군·구 부동산가격공시위원회의 심의를 거치지 아니하고 직권으로 정정하여 결정·공시할 수 있다.

4. 정정의 효과

개별공시지가가 정정된 경우에는 새로이 개별공시지가가 결정·공시된 것으로 본다. 다만, 그 효력 발생시기에 대해 판례는 개별토지가격이 지가산정에 명백한 잘못이 있어 경정결정·공고되었다면 당초에 결정·공고된 개별토지가격은 그 효력을 상실하고 경정결정된 새로운 토지가격이 공시기준일에 소급하여 그 효력을 발생한다고 한다.

5. 개별공시지가 정정신청에 대한 행정청의 거부행위에 대한 불복가능성

거부행위가 행정쟁송법상 처분이기 위해서는 판례의 요건인 공권력행사의 거부일 것, 그 거부가 신청인의 권리·의무에 영향을 미칠 것, 법규상·조리상 신청권이 있을 것의 요건과 관계된다. 특히 신청권 존부와 관련해서 판례는 신청권을 부정하였고, 국민의 정정신청은 행정청의 직권 발동을 촉구하는 것에 지나지 않는다고 하여 이른바 관념의 통지에 불과할 뿐 항고소송의 대상이 되는 처분이 아니라고 판시하였다. 그러나 행정절차법 제25조에 따를 때 신청권이 인정될 수 있어 판례 태도는 비판의 여지가 있다.

판례

▶ 관련판례

(판시사항)

개별토지가격합동조사지침 제12조의3 소정의 개별공시지가 경정결정신청에 대한 행정청의 정정불가 결정 통지가 항고소송의 대상이 되는 처분인지 여부(소극)

(판결요지)

개별토지가격합동조사지침(1991.3.29. 국무총리훈령 제248호로 개정된 것) 제12조의3은 행정청이 개별토지가격 결정에 위산·오기 등 명백한 오류가 있음을 발견한 경우 직권으로 이를 경정하도록 한 규정으로서 토지소유자 등 이해관계인이 그 경정결정을 신청할 수 있는 권리를 인정하고 있지 아니하므로, 토지소유자 등의 토지에 대한 개별공시지가 조정신청을 재조사청구가 아닌 경정결정신청으로 본다고 할지라도, 이는 행정청에 대하여 직권발동을 촉구하는 의미밖에 없으므로, 행정청이 위 조정신청에 대하여 정정불가 결정 통지를 한 것은 이른바 관념의 통지에 불과할 뿐 항고소송의 대상이 되는 처분이 아니다(대판 2002.2.5, 2000두5043).

6. 토지특성조사 착오가 명백한 경우만 정정결정을 할 수 있는지

(1) 관련 판례

대법원은 개별토지가격 합동조사지침 제12조의3 규정에서 토지특성조사의 착오 또는 위산, 오기는 지가산정에 명백한 잘못이 있는 경우의 예시로서, 이러한 사유가 있으면 경정·결정할 수 있는 것으로 보아야 하고, 그 착오가 명백하여야 비로소 경정·결정할 수 있다고 해석할 것은 아니라고 판시한 바 있다.

(2) 검토

부동산공시법 시행령 제23조 제1항은 명백한 오류의 예시규정이다. 여기서 제시된 사유가 명백한 경우에 한하여만 정정할 수 있다고 보는 것은 법규정에 대한 해석의 오류라고 볼 수 있다. 따라서 판례처럼 이 규정에 예시된 사유가 발생한 경우에는 명백한 오류인지를 불문하고 정정할 수 있다고 보는 것이 타당하다.

03 입법적 평가

행정청이 행정목적을 위한 처분에 오산, 오기 등 명백한 잘못이 있는 경우에는 직권 또는 신청에 의하여 이를 정정할 수 있다(행정절차법 제25조). 이는 국민의 권익구제는 물론 행정의 적법성 보장에도 필요하다고 본다.

그러나 개별공시지가의 정정사유에는 틀린 계산, 오기는 물론 개별공시지가의 결정절차를 결한 경우도 포함하고 있다. 이는 절차를 결한 개별공시지가의 위법성을 과세단계에서 다툴 수 있다는 판례의 태도로 인하여 소송단계에 이르지 않고 위법한 개별공시지가를 정정할 수 있도록 규정된 것으로 이해된다.

■ **법규 헷갈리는 쟁점: 부동산공시법상 타인토지출입과 토지보상법상 타인토지출입 비교**

Ⅰ. 부동산공시법상 타인토지출입의 의의

관계 공무원 또는 부동산가격공시업무를 의뢰받은 자(이하 "관계공무원등"이라 한다)는 표준지가격의 조사·평가 또는 개별공시지가의 산정을 위하여 필요한 때에는 타인의 토지에 출입할 수 있다(부동산공시법 제13조 제1항).

Ⅱ. 타인토지출입절차 및 제한 등

① 시장·군수 또는 구청장의 허가(부동산가격공시업무를 의뢰받은 자에 한정한다)를 받아 출입할 날의 3일 전에 그 점유자에게 일시와 장소를 통지하여야 한다. 다만, 점유자를 알 수 없거나 부득이한 사유가 있는 경우에는 그러하지 아니하다(부동산공시법 제13조 제2항). ② 일출 전·일몰 후에는 그 토지의 점유자의 승인 없이 택지 또는 담장이나 울타리로 둘러싸인 타인의 토지에 출입할 수 없다(동조 제3항). 출입을 하고자 하는 자는 그 권한을 표시하는 증표와 허가증을 지니고 이를 관계인에게 내보여야 한다(동조 제4항).

II. 토지보상법상 타인토지출입과의 비교

1. 공통점

(1) 법적 성질

타인토지의 출입행위는 행정작용을 적정하게 실행함에 필요로 하는 자료 및 정보 등을 수집하기 위한 행정상 권력적 사실행위로서 행정조사라 할 것이다. 또한 사업의 준비 성격 측면에서, 타인토지 출입을 공용제한으로 이해하는 견해와 공용사용으로 이해하는 견해로 나누어지고 있다.

(2) 출입 제한 및 증표 등 제시

일출 전・일몰 후에는 그 토지의 점유자의 승인 없이 택지 또는 담장이나 울타리로 둘러싸인 타인의 토지에 출입할 수 없고, 출입을 하고자 하는 자는 그 권한을 표시하는 증표와 허가증을 지니고 이를 관계인에게 내보여야 한다.

2. 차이점

(1) 입법취지

토지보상법상 타인토지출입은 공익 목적의 공익사업의 준비를 위함이며, 부동산공시법상 타인 토지 출입은 공시가격의 조사・평가를 위한 목적에 있다.

(2) 보상규정

토지보상법상 타인토지출입으로 인한 손실에 대하여는 보상규정을 두고 있으나, 부동산공시법은 보상규정이 없어 논란이 있다. 특별한 희생이 발생했음에도 보상규정이 없다는 이유로 보상을 배제해야 하는지 여부에 대해 문제가 제기되는 경우 논의가 필요하다.

(2) 토지점유자의 인용의무

토지보상법은 인용의무를 규정하고(토지보상법 제1조), 위반 시 벌칙규정(동법 제97조)을 두고 있다. 부동산공시법은 인용의무에 대한 규정이 없다. 부동산공시법상 타인토지출입은 토지보상법과 같은 장해물 제거행위 등의 행위가 필요 없으므로, 토지점유자로서는 출입자의 행위를 방해할 이유가 없기 때문에 규정을 두지 않은 것으로 해석된다.

제5절 공시지가와 시가와의 괴리

Ⅰ. 개설

부동산공시법상 공시지가와 시가가 괴리되는 경우에 그 자체가 위법한 공시지가인지 문제된다. 시가란 불특정 다수의 시장에서 자유로이 거래가 이루어지는 경우에 통상 성립한다고 인정되는 가액이다. 시가와 현저히 차이가 나는 공시지가 결정이 위법한지 정책가격설과 시가설이 대립한다.

Ⅱ. 학설

① 〈정책가격설〉은 부동산공시법 제1조에서 나타나는 바와 같이 공시지가의 공시를 통하여 부동산의 적정한 가격형성을 도모하는 기능이 있으므로, 이는 투기억제 또는 지가안정이라는 정책적 목적을 위하여 결정・공시되는 가격이라고 한다.

② 〈시가설〉은 공시지가는 각종 세금이나 부담금의 산정기준이 되는 토지가격으로 현실시장의 가격을 반영한 가격이어야 한다고 한다.

Ⅲ. 대법원 판례의 태도

개별토지가격의 적정성 여부는 규정된 절차와 방법에 의하여 이루어진 것인지 여부에 따라 결정될 성질의 것이지, 해당 토지의 시가와 직접적 관련이 있는 것은 아니므로 단지 개별지가가 시가를 초과한다는 사유만으로는 그 가격의 결정이 위법하다고 단정할 것은 아니라고 판시하여 공시지가를 정책적으로 결정한 가격으로 보고 있다.

대법원 1996.9.20. 선고 95누11931 판결[개별공시지가결정처분취소]

【판시사항】

[1] 개별토지가격이 시가를 초과하거나 미달한다는 사유만으로 그 가격결정이 위법한지 여부(소극)

[2] 어느 연도의 개별토지가격을 당해 연도가 아닌 그 이후의 연도에 추가로 조사・결정할 수 있는지 여부(적극)

[3] 표준지로 선정된 토지의 개별공시지가에 대한 불복 방법

【판결요지】

[1] 개별토지가격은 당해 토지의 시가나 실제 거래가격과 직접적인 관련이 있는 것은 아니므로 단지 그 가격이 시가나 실제 거래가격을 초과하거나 미달한다는 사유만으로 그것이 현저하게 불합리한 가격이어서 그 가격 결정이 위법하다고 단정할 것은 아니고 당해 토지의 실제 취득가격이 당해 연도에 이루어진 공매에 의한 가격이라고 해서 달리 볼 것은 아니다.

[2] 구 지가공시 및 토지등의 평가에 관한 법률(1995.12.29. 법률 제5108호로 개정되기 전의 것) 제10조 제1항과 개별토지가격합동조사지침(국무총리령 제241호, 제248호)에서는 개별토지의 어떤 연도의 가격은 반드시 그 당해 연도에 결정하도록 규정하고 있지는 아니하고, 또한 개별토지가격합동조사지침 제6조는 개별토지가격결정의 절차를 규정한 다음 그 단서에서 지가조사에서 누락된 토지의 가격을 추가로 조사・결정하는 경우에는 일부 절차를 생략할 수 있도록 규정하고 있으므로, 행정청

> 으로서는 어떤 연도의 개별토지가격을 당해 연도가 아닌 그 이후의 연도에 추가로 조사·결정할 수 있고, 그와 같이 추가로 개별토지가격을 조사·결정하였다고 해서 그 개별토지의 소유자가 그 때문에 비교표준지 공시지가에 대한 구 지가공시 및 토지등의 평가에 관한 법률 제8조 제1항 소정의 이의신청권을 행사할 수 없게 된 것이라고 말할 수 없다.
>
> [3] 표준지로 선정된 토지의 공시지가에 대하여 불복하기 위하여는 구 지가공시 및 토지등의 평가에 관한 법률 제8조 제1항 소정의 이의절차를 거쳐 처분청을 상대로 그 공시지가결정의 취소를 구하는 행정소송을 제기하여야 하고, 그러한 절차를 밟지 아니한 채 개별토지가격결정의 효력을 다투는 소송에서 그 개별토지가격 산정의 기초가 된 표준지 공시지가의 위법성을 다툴 수는 없다.

Ⅳ. 검토

① 〈시가설의 결론〉 공시지가의 산정절차 및 방법은 공시지가가 시가와 부합하여 시가를 담보하고 있는 것으로 보이고, 각종 세금 등의 산정기준으로서 정책적으로 결정되는 것이라면 조세형평의 원칙에 반할 위험이 있다. 또한 정책가격으로 볼 때 공시지가 수준에 대한 사법적 통제가 불가능하여 단지 절차·방식의 위반만을 다툴 수 있어 불복제도가 유명무실해질 것이다.

② 〈정책가격설의 결론〉 공시지가가 통상적 시장에서 형성되는 시가를 반영하는 것이 바람직하나, 공시지가 제도를 둔 취지상 공시지가와 시가가 현저한 차이가 난다는 사유만으로 그 위법을 인정할 수는 없다. 단지, 공시지가의 산정절차나 비교표준지선정 등에 위법이 있을 때 이러한 위법을 이유로 다툴 수 있을 것이다. 원래 공시지가 자체가 정책가격으로 도입된 이상 정책적인 목적으로 활용되면서 시가와의 괴리는 불가피한 것이라고 볼 수 있다.

③ 따라서 정책가격으로 보아 단순한 시가와의 괴리만으로 위법하지 않다고 보는 것이 타당하다고 생각된다.

■ 법규 헷갈리는 쟁점: 개별공시지가 결정 효력과 제소기간 쟁점

Ⅰ. 개별공시지가 결정의 효력발생일과 제소기간

① 개별공시지가의 효력발생일: 개별공시지가결정은 행정편의상 일단의 각 개별토지에 대한 가격결정을 일괄하여 행정기관 게시판에 결정·공시하여 고지하는 것일 뿐 그 처분의 효력은 각각의 토지소유자에 대하여 각별로 발생하는 것이므로 개별공시지가결정의 결정·공시는 결정·공시일로부터 그 효력을 발생하지만 처분 상대방인 토지소유지가 그 결정·공시일에 개별공시지가결정이 있음을 알았다고까지 의제할 수는 없다고 판시(대판 1993.12.24, 92누17204)한 바 있다.

② 개별공시지가의 결정공시방법: 부동산공시법에서는 개별공시지가에 대하여 개별통지(부동산공시법 시행령 제21조 제3항)를 할 수 있는 규정을 두고 있으나 3,600만여 필지의 개별공시지가를 모두 개별 통지하기는 현실적으로 어려움이 있어 동법 시행령 제21조 제2항에서 시장·군수 또는 구청장은 개별공시지가를 공시할 때에는 해당 시·군 또는 구의 게시판 또는 인터넷 홈페이지에 게시하여야 한다고 규정하고 있다.

③ 개별공시지가결정에 대한 제소기간: 따라서 개별공시지가의 제소기간에 대한 판단은 해당 시·군 또는 구의 게시판 또는 인터넷 홈페이지에 게시하고 매년 전국적으로 반복적인 행위를 하기 때문에 개

별공시지가의 결정・공시일이 효력발생일인 만큼 대법원 2004두619 판결을 논거로 결정・공시일을 안 날로 간주하여 제소기간을 기산하도록 하고, 현장실무에서는 부동산가격공시알리미 싸이트를 통해 개별공시지가의 열람과 의견청취를 할 수 있도록 제도화하였다.

○ 개별토지가격결정에 있어서는 그 처분의 고지방법에 있어 개별토지가격합동조사지침(국무총리훈령 제248호)의 규정에 의하여 행정편의상 일단의 각 개별토지에 대한 가격결정을 일괄하여 읍・면・동의 게시판에 공고하는 것일 뿐 그 처분의 효력은 각각의 토지 또는 각각의 소유자에 대하여 각별로 효력을 발생하는 것이므로 개별토지가격결정의 공고는 공고일로부터 그 효력을 발생하지만 처분 상대방인 토지소유자 및 이해관계인이 공고일에 개별토지가격결정처분이 있음을 알았다고까지 의제할 수는 없어 결국 개별토지가격결정에 대한 재조사 또는 행정심판의 청구기간은 처분 상대방이 실제로 처분이 있음을 안 날로부터 기산하여야 할 것이나, 시장, 군수 또는 구청장이 개별토지가격결정을 처분 상대방에 대하여 별도의 고지절차를 취하지 않는 이상 토지소유자 및 이해관계인이 위 처분이 있음을 알았다고 볼 경우는 그리 흔치 않을 것이므로, 특별히 위 처분을 알았다고 볼만한 사정이 없는 한 개별토지가격결정에 대한 재조사청구 또는 행정심판청구는 행정심판법 제18조 제3항 소정의 처분이 있은 날로부터 180일 이내에 이를 제기하면 된다(출처: 대법원 1993.12.24. 선고 92누17204 판결[개별토지가격결정처분취소]).

○ 통상 고시 또는 공고에 의하여 행정처분을 하는 경우에는 그 처분의 상대방이 불특정 다수인이고 그 처분의 효력이 불특정 다수인에게 일률적으로 적용되는 것이므로, 그 행정처분에 이해관계를 갖는 자가 고시 또는 공고가 있었다는 사실을 현실적으로 알았는지 여부에 관계없이 고시가 효력을 발생하는 날 행정처분이 있음을 알았다고 보아야 한다(출처: 대법원 2007.6.14. 선고 2004두619 판결[청소년유해매체물결정및고시처분무효확인]).

II. 개별공시지가 직권정정과 이의신청 정정의 제소기간

① 개별공시지가 정정 불가 결정 통지는 관념의 통지 – 항고소송의 대상이 되는 처분이 아니다.

대법원 2002.2.5. 선고 2000두5043 판결[개별공시지가정정불가처분취소]

【판시사항】

개별토지가격합동조사지침 제12조의3 소정의 개별공시지가 경정결정신청에 대한 행정청의 정정불가 결정 통지가 항고소송의 대상이 되는 처분인지 여부(소극)

【판결요지】

개별토지가격합동조사지침(1991.3.29. 국무총리훈령 제248호로 개정된 것) 제12조의3은 행정청이 개별토지가격결정에 위산・오기 등 명백한 오류가 있음을 발견한 경우 직권으로 이를 경정하도록 한 규정으로서 토지소유자 등 이해관계인이 그 경정결정을 신청할 수 있는 권리를 인정하고 있지 아니하므로, 토지소유자 등의 토지에 대한 개별공시지가 조정신청을 재조사청구가 아닌 경정결정신청으로 본다고 할지라도, 이는 행정청에 대하여 직권발동을 촉구하는 의미밖에 없으므로, 행정청이 위 조정신청에 대하여 정정불가 결정 통지를 한 것은 이른바 관념의 통지에 불과할 뿐 항고소송의 대상이 되는 처분이 아니다.

② 개별공시지가 직권 정정 소급효 공시기준일에 소급하여 효력이 발생한다.

○ 의견변경: 개별공시지가의 직권정정을 통지한 경우에 제소기간의 기산일

새로운 개별공시지가 직권정정 통지서를 받은 날/통지를 하지 않고 결정공시만 하는 경우(이것이 최근 일반적임)에는 정정결정공시한 날 효력이 발생하고, 제소기간도 정정결정공시한 날

국토부에서 2012년에 개별공시지가 결정통지문을 폐지하였고, 지방자치단체도 거의 대부분이 폐지된 시점에서 실무적으로 현재는 시군구 게시판(인터넷 홈페이지 – 부동산가격공시알리미서비스)에 30일간 결정공시를 한다. 그렇다면 이때의 효력발생일과 제소기간은 개별공시지가의 원래 취지와 같이 정정 결정공시일에 효력이 발생하고(1월 1일 공시기준일에 소급효) 제소기간은 일반처분 대법원 2004두619 판결과 같이 제소기간은 정정 결정공시일에 발생하는 것으로 보는 것이 타당하다고 판단된다.

최초 결정공시일로 볼 경우에는 지나치게 당사자에게 권익이 침해되는 결과를 초래한다고 볼 수 있기 때문에 개별공시지가를 직권정정한 경우에 당사자에게 직권정정 통지서를 발송한 경우 개별토지소유자를 이를 수령한 날을 안 날로 보아 90일 이내에 행정심판 또는 행정소송으로 보는 것이 타당하다고 생각된다(최근에는 개별공시지가 결정통지문이 폐지되어 해당 시군구 게시판에 정정 결정공시되었다면 개별공시지가 정정 결정공시일을 새로운 효력발생일로 보고 제소기간 기산점으로 보는 것이 타당하다고 보여진다).

(실무적으로는 이에 대한 이론이 있지만 경기도 행정심판위원회에서 2013년도 행정심판으로 받아준 전례가 있어 각 지방자치단체에 이와 동일하게 행정쟁송을 제기할 수 있도록 하는 것이 국민의 권익구제에 도움이 될 것으로 판단된다.)

00군 고시 제2023-00호

개별공시지가 정정 공시

『부동산 가격공시에 관한 법률』 제12조(개별공시지가의 정정) 규정에 따라 개별공시지가를 정정·결정하였음을 공시합니다.

2023년 3월 30일

00군수(직인생략)

○ 정정기준일: 2022.1.1.
○ 공시기간: 2023.3.30.~4.30.
○ 공시내용: 개별공시지가 직권정정 1건(북면 00리)
○ 문의: 인제군청 0000(☎000-0000)

정정지가 세부내역

토지소재지	지번	지목	면적(㎡)	당초지가(원/㎡)	변경지가(원/㎡)	정정사유	기준일
북면 00리	산00	임야	12,095	11,900	939	오기정정	2022.1.1.

대법원 1994.10.7. 선고 93누15588 판결
[토지초과이득세부과처분취소][공1994.11.15.(980),3010]

【판시사항】

가. 과세처분 등 행정처분의 취소를 구하는 행정소송에서 선행처분인 개별공시지가결정의 위법을 독립된 위법사유로 주장할 수 있는지 여부

나. 토지특성조사의 착오가 명백하여야만 개별토지가격경정결정을 할 수 있는지 여부

다. 개별토지가격이 경정되면 당초 공시기준일에 소급하여 효력이 발생하는지 여부

【판결요지】

가. 개별토지가격의 결정에 위법이 있는 경우에는 그 자체를 행정소송의 대상이 되는 행정처분으로 보아 그 위법 여부를 다툴 수 있음은 물론 이를 기초로 한 과세처분 등 행정처분의 취소를 구하는 행정소송에서도 선행처분인 개별토지가격결정의 위법을 독립된 위법사유로 주장할 수 있다.

나. 개별토지가격합동조사지침 제12조의3에 의하면 토지특성조사의 착오 기타 위산・오기 등 지가산정에 명백한 잘못이 있을 경우에는 시장・군수 또는 구청장이 지방토지평가위원회의 심의를 거쳐 경정결정할 수 있고, 다만, 경미한 사항일 경우에는 지방토지평가위원회의 심의를 거치지 아니할 수 있다고 규정되어 있는바, 여기서 토지특성조사의 착오 또는 위산・오기는 지가산정에 명백한 잘못이 있는 경우의 예시로서 이러한 사유가 있으면 경정결정할 수 있는 것으로 보아야 하고 그 착오가 명백하여야 비로소 경정결정할 수 있다고 해석할 것은 아니다.

다. <u>개별토지가격이 지가산정에 명백한 잘못이 있어 경정결정 공고되었다면 당초에 결정 공고된 개별토지가격은 그 효력을 상실하고 경정결정된 새로운 개별토지가격이 공시기준일에 소급하여 그 효력을 발생한다.</u>

○ **행정청은 이 사건 각 토지에 대한 개별공시지가를 재검토한 바, 감정평가법인의 검증을 마치고, 부동산평가위원회의 심의를 거쳐 이 사건 각 토지 일부에 대하여 당초 가격을 정정결정・공시하고 청구인에게 통지하였다(출처: 경기도 행정심판위원회 2013년도 재결례).**

사건

2013 경행심 1345 개별공시지가 정정결정처분 취소청구

1. 사건개요

청구인은 ○○시 ○○면 ○○○리 ○○○-○ 외 8건 토지(○○○-○, ○○○-○○, ○○○-○○, ○○○-○○, ○○○-○○, ○○○-○○, ○○○, ○○○-○)(이하 '이 사건 각 토지'라 한다)의 소유자이고, 피청구인은 2013.5.31. 청구인에게 2013.1.1. 기준 개별공시지가에 대해 이 사건 각 토지의 산정지가를 결정하여 통보하였다. 이에 청구인은 이의신청기간(2013.5.31. ~ 2013.7.1.)이 경과된 2013.9.26. 전화로 개별공시지가가 너무 높다는 민원을 제기하였다.

이에 피청구인은 이 사건 각 토지에 대한 개별공시지가를 재검토한 바, 일부 토지특성에 착오사항이 발견하여 「개별공시지가 검증업무 처리지침」 제18조 및 제19조에 따라 감정평가법인의 검증을 마치고, ○○시부동산평가위원회의 심의를 거쳐 2013.10.31. 이 사건 각 토지 일부에 대하여 당초 가격을 정정결정・공시(이하 '이 사건 각 처분'이라 한다)하고 청구인에게 통지하였다.

2. 청구취지
피청구인이 2013. 10. 31. 청구인(이하 亡夫 ○○○ 포함)에게 한 개별공시지가 정정결정처분을 취소한다.

3. 주문
청구인의 청구중 4개 필지(○○○, ○○○-○, ○○○-○○, ○○○-○○)에 대한 부분은 각하하고, 4개 필지(○○○-○, ○○○-○, ○○○-○○, ○○○-○○)에 대한 부분은 기각하고, ○○○-○○에 대한 부분은 이유가 있으므로 이를 인용한다.

③ 개별공시지가 (이의신청과 행정심판) 행정소송에 대한 제소기간 논거는 대법원 2008두19987 판결을 쓰면 된다.

대법원 2010.1.28. 선고 2008두19987 판결[개별공시지가결정처분취소]

【판시사항】
개별공시지가에 대하여 이의가 있는 자가 행정심판을 거쳐 행정소송을 제기하는 경우 제소기간의 기산점

【판결요지】
부동산 가격공시 및 감정평가에 관한 법률 제12조, 행정소송법 제20조 제1항, 행정심판법 제3조 제1항의 규정 내용 및 취지와 아울러 부동산 가격공시 및 감정평가에 관한 법률에 행정심판의 제기를 배제하는 명시적인 규정이 없고 부동산 가격공시 및 감정평가에 관한 법률에 따른 이의신청과 행정심판은 그 절차 및 담당 기관에 차이가 있는 점을 종합하면, 부동산 가격공시 및 감정평가에 관한 법률이 이의신청에 관하여 규정하고 있다고 하여 이를 행정심판법 제3조 제1항에서 행정심판의 제기를 배제하는 '다른 법률에 특별한 규정이 있는 경우'에 해당한다고 볼 수 없으므로, 개별공시지가에 대하여 이의가 있는 자는 곧바로 행정소송을 제기하거나 부동산 가격공시 및 감정평가에 관한 법률에 따른 이의신청과 행정심판법에 따른 행정심판청구 중 어느 하나만을 거쳐 행정소송을 제기할 수 있을 뿐 아니라, 이의신청을 하여 그 결과 통지를 받은 후 다시 행정심판을 거쳐 행정소송을 제기할 수도 있다고 보아야 하고, 이 경우 행정소송의 제소기간은 그 행정심판 재결서 정본을 송달받은 날부터 기산한다.

④ 개별공시지가의 이의신청에 따른 제소기간: 행정기본법 제36조 제4항 이의신청 결과통지서를 받은 날로부터 90일 제소기간

행정기본법 제36조(처분에 대한 이의신청)
① 행정청의 처분(「행정심판법」 제3조에 따라 같은 법에 따른 행정심판의 대상이 되는 처분을 말한다. 이하 이 조에서 같다)에 이의가 있는 당사자는 처분을 받은 날부터 30일 이내에 해당 행정청에 이의신청을 할 수 있다.

② 행정청은 제1항에 따른 이의신청을 받으면 그 신청을 받은 날부터 14일 이내에 그 이의신청에 대한 결과를 신청인에게 통지하여야 한다. 다만, 부득이한 사유로 14일 이내에 통지할 수 없는 경우에는 그 기간을 만료일 다음 날부터 기산하여 10일의 범위에서 한 차례 연장할 수 있으며, 연장 사유를 신청인에게 통지하여야 한다.

③ 제1항에 따라 이의신청을 한 경우에도 그 이의신청과 관계없이 「행정심판법」에 따른 행정심판 또는 「행정소송법」에 따른 행정소송을 제기할 수 있다.

④ 이의신청에 대한 결과를 통지받은 후 행정심판 또는 행정소송을 제기하려는 자는 그 결과를 통지받은 날(제2항에 따른 통지기간 내에 결과를 통지받지 못한 경우에는 같은 항에 따른 통지기간이 만료되는 날의 다음 날을 말한다)부터 90일 이내에 행정심판 또는 행정소송을 제기할 수 있다.

00군공고 제2010 – 00호

2010년 1월 1일 기준 개별공시지가 재결정 · 공시

부동산가격공시 및 감정평가에 관한 법률 제12조 규정에 의해 접수된 이의신청 토지에 대하여 인제군 부동산평가위원회의 심의를 거쳐 2010년 1월 1일 기준 개별공시지가를 다음과 같이 재결정 · 공시합니다.

2010년 7월 29일

인 제 군 수

2. 공시사항
   가. 재결정된 개별공시지가는 토지소유자에게 개별통지(재결정통지문)
   나. 지가 재결정 내역서 확인 : 군청 게시판 게첨
   다. 재결정된 개별공시지가에 대하여 불복할 경우에는 행정소송법 제20조의 규정에 의거 처분이 있음을 안 날부터 90일 이내에 행정소송을 제기할 수 있으며, 처분이 있는 날부터 1년이 경과하면 행정소송을 제기할 수 없음을 알려드립니다.

3. 문의사항
   인제군청 0000 (☎ 000-000-0000) 문의하시기 바랍니다.

Ⅲ. 정부입법에 의한 행정기본법 제36조 처분에 대한 이의신청 제도 정비(변경처분은 변경처분이 소송의 대상, 기각된 경우에는 원처분이 소송의 대상)
(안 제36조 제4항 및 제5항 개정안)

현행	개정안
第36조(처분에 대한 이의신청) ① ~ ③ (생략)	第36조(처분에 대한 이의신청) ① ~ ③ (현행과 같음)
④ 이의신청에 대한 결과를 통지받은 후 행정심판 또는 행정소송을 제기하려는 자는 그 결과를 통지받은 날(제2항에 따른 통지기간 내에 결과를 통지받지 못한 경우에는 같은 항에 따른 통지기간이 만료되는 날의 다음 날을 말한다)부터 90일 이내에 행정심판 또는 행정소송을 제기할 수 있다.	④ -- -------- 90일 이내에 제1항의 처분(이의신청 결과 처분이 변경된 경우에는 변경된 처분으로 한다)에 대하여 -----------.
〈신설〉	⑤ 행정청은 제2항 또는 다른 법률에 따라 이의신청에 대한 결과를 통지할 때에는 대통령령으로 정하는 바에 따라 제4항에 따른 행정심판 또는 행정소송을 제기할 수 있는 기간 등 행정심판 또는 행정소송의 제기에 관한 사항을 함께 안내하여야 한다. 다만, 이의신청에 대한 결과를 통지하기 전에 이미 신청인이 행정심판 또는 행정소송을 제기한 경우에는 안내하지 아니할 수 있다.

> 90일 이내에 제1항의 처분(이의신청 결과 처분이 변경된 경우에는 변경된 처분으로 한다)에 대하여.....

이의신청에 대한 행정청의 결정에 대해 불복하는 경우 원처분과 이의신청에 대한 결정 중 어느 것을 대상으로 행정쟁송을 제기할 것인가에 대해서는 학계의 의견이 대립되는 부분이 존재함. 이의신청의 인용결정은 이의신청인의 권리의무에 변동을 가져오고 원처분을 대체하는 새로운 처분이므로 당연히 대상적격을 가진다는 것이 통설의 입장이다.

그러나 이의신청에 대한 기각 또는 각하결정에 대해서는 기존의 원처분의 결론을 그대로 유지하는 것이고 이의신청인의 권리・의무에 새로운 변동을 가져오는 공권력의 행사나 이에 준하는 행정작용으로 볼 수 없다는 점에서 기각 또는 각하결정의 통지는 단순한 사실행위로 대상적격을 부정하는 것이 다수설과 판례(대법원 2012.11.15. 선고 2010두8676 판결)의 입장임. 반면, 대상적격을 인정하는 견해는 이의신청 결정은 별도의 절차에서 인정된 행정작용으로 이를 독립된 대상적격으로 인정하지 못할 바는 없다는 것을 근거로 하고 있다.[27]

이처럼 학계에서도 의견이 나뉘는 바 일반국민이 행정쟁송의 대상적격에 대해 알기 어렵다는 점에서 개정안은 다수설 및 판례의 입장과 같이 처분에 대한 이의신청 결과를 통지받고 행정심판 또는 행정소송을

27) 황창근, "이의신청에 대한 행정청의 결정과 그에 대한 불복", 홍익법학 제25권제1호(2024)

제기하는 경우에는 '제1항의 원처분'이 대상이고, 예외적으로 처분이 변경된 경우에 한하여 변경된 처분의 대상적격을 인정한다는 것을 법문으로 명확히 하려는 것으로 그 취지의 타당성이 인정된다고 할 것임.

안 제36조 제5항은 현행 제36조 제4항에 따라 이의신청인은 이의신청 결과를 통지받은 날부터 90일 이내에 행정심판 또는 행정소송을 제기할 수 있는바 이의신청인이 행정청으로부터 결과통지를 받을 때 이 사실을 함께 안내하도록 하여 국민의 권리구제를 강화하려는 것으로 타당성이 인정된다고 할 것이다.[28)]

판례

▶ **참고판례: 대법원 2012.11.15. 선고 2010두8676 판결[주택건설사업승인불허가처분취소등]**

【판시사항】

[1] 민원사항에 대한 행정기관의 장의 거부처분에 불복하여 민원사무처리에 관한 법률 제18조 제1항에 따라 이의신청을 한 경우, 이의신청에 대한 결과를 통지받은 날부터 취소소송의 제소기간이 기산되는지 여부(소극) 및 위 이의신청 절차가 헌법 제27조에서 정한 재판청구권을 침해하는지 여부(소극)

[2] 민원사무처리에 관한 법률 제18조 제1항에서 정한 '거부처분에 대한 이의신청'을 받아들이지 않는 취지의 기각 결정 또는 그 취지의 통지가 항고소송의 대상이 되는지 여부(소극)

【판결요지】

[1] 행정소송법 제18조 내지 제20조, 행정심판법 제3조 제1항, 제4조 제1항, 민원사무처리에 관한 법률(이하 '민원사무처리법'이라 한다) 제18조, 같은 법 시행령 제29조 등의 규정들과 그 취지를 종합하여 보면, 민원사무처리법에서 정한 민원 이의신청의 대상인 거부처분에 대하여는 민원 이의신청과 상관없이 행정심판 또는 행정소송을 제기할 수 있으며, 또한 민원 이의신청은 민원사무처리에 관하여 인정된 기본사항의 하나로 처분청으로 하여금 다시 거부처분에 대하여 심사하도록 한 절차로서 행정심판법에서 정한 행정심판과는 성질을 달리하고 또한 사안의 전문성과 특수성을 살리기 위하여 특별한 필요에 따라 둔 행정심판에 대한 특별 또는 특례 절차라 할 수도 없어 행정소송법에서 정한 행정심판을 거친 경우의 제소기간의 특례가 적용된다고 할 수도 없으므로, <u>민원 이의신청에 대한 결과를 통지받은 날부터 취소소송의 제소기간이 기산된다고 할 수 없다. 그리고 이와 같이 민원 이의신청 절차와는 별도로 그 대상이 된 거부처분에 대하여 행정심판 또는 행정소송을 제기할 수 있도록 보장하고 있는 이상, 민원 이의신청 절차에 의하여 국민의 권익 보호가 소홀하게 된다거나 헌법 제27조에서 정한 재판청구권이 침해된다고 볼 수도 없다</u>.

[2] 민원사무처리에 관한 법률(이하 '민원사무처리법'이라 한다) 제18조 제1항에서 정한 거부처분에 대한 이의신청(이하 '민원 이의신청'이라 한다)은 행정청의 위법 또는 부당한 처분이나 부작위로 침해된 국민의 권리 또는 이익을 구제함을 목적으로 하여 행정청과 별도의 행정심판기관에 대하여 불복할 수 있도록 한 절차인 행정심판과는 달리, 민원사무처리법에 의하여 민원사무처리를 거부한 처분청이 민원인의 신청 사항을 다시 심사하여 잘못이 있는 경우 스스로 시정하도록 한 절차이다. <u>이에 따라, 민원 이의신청을 받아들이는 경우에는 이의신청 대상인 거부처분을 취소하지 않고 바로 최초의 신청을 받아들이는 새로운 처분을 하여야 하지만, 이의신청을 받아들이지 않는 경우에는 다시 거부처분을 하지 않고</u>

28) 국회 법사위원회 행정기본법 일부개정법률안에 대한 검토보고서 일부인용함.

그 결과를 통지함에 그칠 뿐이다. 따라서 이의신청을 받아들이지 않는 취지의 기각 결정내지는 그 취지의 통지는, 종전의 거부처분을 유지함을 전제로 한 것에 불과하고 또한 거부처분에 대한 행정심판이나 행정소송의 제기에도 영향을 주지 못하므로, 결국 민원 이의신청인의 권리·의무에 새로운 변동을 가져오는 공권력의 행사나 이에 준하는 행정작용이라고 할 수 없어, 독자적인 항고소송의 대상이 된다고 볼 수 없다고 봄이 타당하다.

(출처: 대법원 2012.11.15. 선고 2010두8676 판결[주택건설사업승인불허가처분취소등])

V. 기출문제

» 기출문제(제4회 2번)

「부동산 가격공시에 관한 법률」(이하 '부동산공시법')에 근거하여 시장·군수·자치구청장이 행하는 개별공시지가 결정의 법적 성질에 대하여 설명하시오. 30점

» 기출문제(제5회 2번)

개별토지지가 결정절차상의 하자에 대한 불복방법을 설명하시오. 30점

» 기출문제(제7회 2번)

개별공시지가의 검증에 대하여 설명하시오. 20점

» 기출문제(제13회 3번)

甲시장은 개별공시지가를 乙에게 개별통지하였으나, 乙은 행정소송제기기간이 경과하도록 이를 다투지 않았다. 후속 행정행위를 발령받은 후에 개별공시지가의 위법성을 이유로 후속 행정행위를 다투고자 하는 경우, 이미 다툴 수 있다고 인정한 바 있는 대법원 1994.1.25, 93누8542 판결과 대비하여 그 가능성 여부를 설명하시오. 20점

» 기출문제(제19회 2번)

토지에 대한 개별공시지가 결정을 다투려고 하는 경우 다음 각각의 사안에 대하여 논술하시오. 40점

(1) 甲은 A시장이 자신의 소유토지에 대한 개별공시지가를 결정함에 있어서 「부동산 가격공시에 관한 법률」 제10조 제4항에 의하여 국토교통부장관이 작성한 토지가격비준표를 고려하지 않았다고 주장한다. 이에 A시장은 토지가격비준표를 고려하지 않은 것은 사실이나, 같은 법 제10조 제5항의 규정에 따른 산정지가검증이 적정하게 행해졌으므로 甲 소유의 토지에 대한 개별공시지가 결정은 적법하다고 주장한다. A시장 주장의 타당성에 대하여 검토하시오. 20점

(2) 乙은 A시장이 자신의 소유토지에 대한 개별공시지가를 결정함에 있어서 「부동산 가격공시에 관한 법률」 제10조 제5항에 의하여 받아야 하는 산정지가 검증을 거치지 않았다는 이유로 개별공시지가 결정이 위법하다고 주장하였다. A시장은 乙의 주장이 있자 산정지가 검증을 보완하였다. 乙이 검증절차의 위법을 이유로 개별공시지가 결정을 다투는 소송을 제기하려는 경우 그 방법 및 인용가능성은? 20점

» 기출문제(제21회 2번)

뉴타운(New Town) 개발이 한창인 A지역 인근에 주택을 소유한 P는 자신의 주택에 대하여 전년도 대비 현저히 상승한 개별공시지가를 확인하고 향후 부과될 관련 세금의 상승 등을 우려하여 「부동산 가격공

시에 관한 법률」 제11조에 따른 이의신청을 하였으나 기각되었다. 이에 P는 확정된 개별공시지가에 대하여 다시 행정심판을 제기하였으나 행정심판위원회는 그 청구를 받아들이지 않았다. 그 후 P는 자신이 소유한 주택에 대하여 전년도보다 높은 재산세(부동산보유세)를 부과받게 되었다. **30점**

(1) P가 이의신청과 행정심판을 모두 제기한 것은 적법한지에 대하여 설명하시오. **10점**

(2) P가 소유한 주택에 대하여 확정된 개별공시지가가 위법함을 이유로, 그 개별공시지가를 기초로 부과된 재산세에 대한 취소청구소송을 제기할 수 있는지에 대하여 논술하시오. **20점**

≫ 기출문제(제24회 2번)

S시에 임야 30,000㎡를 소유하고 있다. S시장은 甲소유의 토지에 대하여 토지의 이용상황을 실제 이용되고 있는 '자연림'으로 하여 개별공시지가를 산정한 다음 A감정평가법인에 검증을 의뢰하였는데, A감정평가법인이 그 토지의 이용상황을 '공업용'으로 잘못 정정하여 검증지가를 산정하고, 시(市) 부동산가격공시위원회가 검증지가를 심의하면서 그 잘못을 발견하지 못하였다. 이에 따라 甲소유 토지의 개별공시지가가 적정가격보다 훨씬 높은 가격으로 결정・공시되었다. B은행은 S시의 공시지가를 신뢰하고, 甲에게 70억원을 대출하였는데, 甲이 파산함에 따라 채권회수에 실패하였다. 다음 물음에 답하시오. **30점**

(1) B은행은 S시를 대상으로 국가배상을 청구하였다. S시의 개별공시지가 결정행위가 국가배상법 제2조상의 위법행위에 해당하는가에 관하여 논하시오. **20점**

(2) S시장은 개별공시지가제도의 입법목적을 이유로 S시 담당공무원들의 개별공시지가 산정에 관한 직무상 행위와 B은행의 손해 사이에 상당인과관계가 없다고 항변한다. S시장의 항변의 타당성에 관하여 논하시오. **10점**

≫ 기출문제(제29회 3번)

서울의 A구청장은 이 사건 B토지의 비교표준지로 A구의 C토지(2017.1.1. 기준공시지가는 1㎡당 810만원임)를 선정하고 이 사건 B토지와 비교표준지 C의 토지가격비준표상 토지특성을 조사한 결과 총 가격배율이 1.00으로 조사됨에 따라 이 사건 각 토지의 가격을 1㎡ 당 810만원으로 산정하였다. 감정평가사 D는 A구청장으로부터 이와 같이 산정된 가격의 검증을 의뢰받고 이 사건 각 토지가 비교표준지와 비교하여 환경조건, 획지조건 및 기타조건에서 열세에 있어 비교표준지의 공시지가를 약 83.9%의 비율로 감액한 1㎡당 680만원을 개별공시지가로 정함이 적정하다는 검증의견을 제시하였다. A구청장은 이 검증의견을 받아들여 2017.5.30.에 이 사건 각 토지의 개별공시지가를 1㎡당 680만원으로 결정・공시하였다. B토지소유자는 1㎡ 당 680만원으로 결정・공시된 B토지의 개별공시지가에 대하여 1㎡ 당 810만원으로 증액되어야 한다는 취지로 이의신청을 제기하였다. B토지소유자의 이의신청에 따라 A구청장은 감정평가사 E에게 이 사건 토지의 가격에 대한 검증을 의뢰하였다. 검증을 담당한 감정평가사 E는 토지특성 적용 및 비교표준지 선정에는 오류가 없으나 인근 지가와의 균형을 고려하여 개별공시지가를 1㎡당 700만원으로 증액함이 상당하다는 의견을 제시하였다(이 사건 토지가 비교표준지와 비교하여 환경조건 및 획지조건에서 열세에 있다고 보아 비교표준지의 공시지가에 대하여 약 86.5%의 비율로 감액). 이에 A구청장은 A구 부동산가격공시위원회의 심의를 거쳐 이 검증의견을 받아들여 B토지에 대하여 1㎡당 700만원으로 개별공시지가결정을 하였다. 이에 대하여 B토지소유자는 토지가격비준표와 달리 결정된 개별공시지가결정은 위법하다고 주장한다. 이 주장은 타당한가? **20점**

» 기출문제(제30회 1번)

관할 A시장은 「부동산 가격공시에 관한 법률」에 따라 甲소유의 토지에 대해 공시기준일을 2018.1.1.로 한 개별공시지가를 2018.6.28. 결정·공시하고('당초 공시지가') 甲에게 개별 통지하였으나, 이는 토지가격비준표의 적용에 오류가 있는 것이었다. 이후 甲소유의 토지를 포함한 지역 일대에 개발사업이 시행되면서 관련법에 의한 부담금 부과의 대상이 된 甲의 토지에 대해 A시장은 2018.8.3. 당초 공시지가에 근거하여 甲에게 부담금을 부과하였다. 한편 甲소유 토지에 대한 당초 공시지가에 이의가 있는 인근 주민 乙은 이의신청기간이 도과한 2018.8.10. A시장에게 이의를 신청하였고, A시장은 甲소유 토지에 대한 당초 공시지가를 결정할 때 토지가격비준표의 적용에 오류가 있었음을 이유로 「부동산 가격공시에 관한 법률」 제12조 및 같은 법 시행령 제23조 제1항에 따라 개별공시지가를 감액하는 정정을 하였고, 정정된 공시지가는 2018.9.7. 甲에게 통지되었다. 다음 물음에 답하시오(아래 설문은 각각 별개의 독립된 상황임). **40점**

(1) 甲은 정정된 공시지가에 대해 2018.10.22. 취소소송을 제기하였다. 甲의 소송은 적법한가? **15점**

(2) 甲은 이의신청기간이 도과한 후에 이루어진 A시장의 개별공시지가 정정처분은 위법하다고 주장한다. 甲의 주장은 타당한가? **10점**

(3) 만약, A시장이 당초 공시지가에 근거하여 甲에게 부담금을 부과한 것이 위법한 것이더라도, 이후 A시장이 토지가격비준표를 제대로 적용하여 정정한 개별공시지가가 당초 공시지가와 동일하게 산정되었다면, 甲에 대한 부담금 부과의 하자는 치유되는가? **15점**

» 기출문제(제32회 2번)

甲은 A시에 토지를 소유하고 있다. A시장은 甲의 토지 등의 비교표준지로 A시 소재 일정 토지(2020.1.1. 기준 공시지가는 1㎡당 1,000만원이다)를 선정하고, 갑의 토지 등과 비교표준지의 토지가격비준표상 총 가격배율 1.00으로 조사함에 따라 甲의 토지의 가격을 1㎡당 1,000만원으로 산정하였다. A시장으로부터 산정된 가격의 검증을 의뢰받은 감정평가사 乙은 甲의 토지가 비교표준지와 비교하여 환경조건, 획지조건, 및 기타 조건에 열세에 있고, 특히 기타조건과 관련하여 비교표준지는 개발을 위한 거래가 이어지고 있으나, 甲의 토지 등은 개발 움직임이 없다는 점을 '장래의 동향'으로 반영하여 91%의 비율로 열세에 있다고 보아, 비교표준지의 공시지가를 약 83.9%의 비율로 감액한 1㎡당 839만원을 개별공시지가로 정함이 적정하다는 검증의견을 제시하였다. A시장은 A시 부동산가격공시위원회의 심의를 거쳐 이 검증의견을 그대로 받아들여 2020.5.20. 甲의 토지의 개별공시지가를 1㎡당 839만원으로 결정·공시하고, 甲에게 개별통지하였다. 甲은 토지가격비준표에 제시된 토지특성에 기초한 가격배율을 무시하고, 乙이 감정평가방식에 따라 독자적으로 지가를 산정하여 제시한 검증의견을 그대로 반영하여 개별공시지가를 결정한 것은 위법하다고 보아, 「부동산 가격공시에 관한 법률」 제11조에 따라 2020.6.15. 이의신청을 제기하였고, 2020.7.10. 이의를 기각하는 내용의 이의신청결과가 甲에게 통지되었다. 다음 물음에 답하시오(아래의 물음은 각 별개의 상황임). **30점**

(1) 甲은 2020.9.10. 개별공시지가결정에 대해 취소소송을 제기하였다. 甲이 제기한 취소소송은 제소기간을 준수하였는가? **10점**

(2) 甲이 개별공시지가결정에 대해 다투지 않은 채 제소기간이 도과하였고, 이후 甲의 토지에 대해 수용재결이 있었다. 甲이 보상금의 증액을 구하는 소송에서 개별공시지가결정의 위법을 주장하는 경우, 甲의 주장은 인용될 수 있는가? **20점**

※ 참조 조문

〈부동산 가격공시에 관한 법률〉

제11조(개별공시지가에 대한 이의신청)

① 개별공시지가에 이의가 있는 자는 그 결정・공시일부터 30일 이내에 서면으로 시장・군수 또는 구청장에게 이의를 신청할 수 있다.

②~③ 생략

제12조(개별공시지가의 정정)

시장・군수 또는 구청장은 개별공시지가에 틀린 계산, 오기, 표준지 선정의 착오, 그 밖에 대통령령으로 정하는 명백한 오류가 있음을 발견한 때에는 지체 없이 이를 정정하여야 한다.

〈부동산 가격공시에 관한 법률 시행령〉

제23조(개별공시지가의 정정사유)

① 법 제12조에서 "대통령령으로 정하는 명백한 오류"란 다음 각 호의 어느 하나에 해당하는 경우를 말한다.

1. 법 제10조에 따른 공시절차를 완전하게 이행하지 아니한 경우
2. 용도지역・용도지구 등 토지가격에 영향을 미치는 주요 요인의 조사를 잘못한 경우
3. 토지가격비준표의 적용에 오류가 있는 경우

② 생략

» 기출문제(제33회 2번)

국토교통부장관은 표준지로 선정된 A토지의 2022.1.1. 기준 공시지가를 1㎡당 1,000만원으로 결정・공시하였다. 국토교통부장관은 A토지의 표준지공시지가를 산정함에 있어 부동산 가격공시에 관한 법률 및 같은 법 시행령이 정하는 '토지의 일반적인 조사사항' 이외에 국토교통부 훈령인 표준지공시지가 조사・평가 기준상 상업・업무용지 평가의 고려사항인 '배후지의 상태 및 고객의 질과 양', '영업의 종류 및 경쟁의 상태' 등을 추가적으로 고려하여 평가하였다. 甲은 X시에 상업용지인 B토지를 소유하고 있다. X시장은 A토지를 비교표준지로 선정하여 B토지에 대한 개별공시지가를 1㎡당 1,541만원으로 결정・공시 후 이를 甲에게 통지하였다. 甲은 국토교통부장관이 A토지의 표준지공시지가를 단순히 행정청 내부에서만 효력을 가지는 국토교통부 훈령 형식의 표준지공시지가 조사・평가 기준이 정하는 바에 따라 평가함으로써 결과적으로 부동산 가격공시에 관한 법령이 직접 규정하지 않는 사항을 표준지공시지가 평가의 고려사항으로 삼은 것은 위법하다고 주장하고 있다. 다음 물음에 답하시오. **30점**

(1) 표준지공시지가 조사・평가 기준의 법적 성질에 비추어 甲 주장의 타당성 여부를 설명하시오. **20점**

(2) 甲은 부동산 가격공시에 관한 법률 제11조에 따라 X시장에게 B토지의 개별공시지가에 대한 이의를 신청하였으나 기각되었다. 이 경우 甲이 기각결정에 불복하여 행정심판법상의 행정심판을 제기할 수 있는지 설명하시오. **10점**

≫ 기출문제 (제34회 3번)

(문제2) **30점**

지적공부상 지목이 전인 갑 소유의 토지('이 사건 토지'라 함)는 면적이 2,000㎡이고, 이 중 330㎡ 토지에 주택이 건축되어 있고 나머지 부분은 밭으로 사용되고 있다. 그럼에도 불구하고 A도 B시의 시장(이하 'B시장'이라 함)은 지목이 대인 1개의 표준지의 공시지가를 기준으로 토지가격비준표를 사용하여 2022.5.31. 이 사전 토지에 대하여 개별공시지가를 결정, 공시하였다. B시장은 이 사건 토지에 대한 개별공시지가와 이의신청 절차를 갑에게 통지하였다. 다음 물음에 답하시오(단, 각 물음은 상호 독립적임). **30점**

(물음1) 甲이 B시장의 개별공시지가결정이 위법, 부당하다는 이유로 부동산 가격공시에 관한 법령에 따른 이의신청을 거치지 않고 행정심판법에 따른 취소심판을 제기할 수 있는지 여부와 이 사건 토지에 대한 개별공시지가결정의 위법성에 관하여 설명하시오. **15점**

(물음2) 甲은 개별공시지가결정에 대하여 부동산 가격공시에 관한 법령에 따른 이의신청이나 행정심판법에 따른 행정심판과 행정소송법에 따른 행정소송을 제기하지 않았다. 그 후 B시장은 2022.9.15. 이 사건 토지에 대한 개별공시지가를 시가표준액으로 하여 재산세를 부과, 처분하였다. 이에 甲은 2022.12.5. 이 사건 토지에 대한 개별공시지가결정의 하자를 이유로 재산세 부과처분에 대하여 취소소송을 제기하였다. 甲의 청구가 인용될 수 있는지 여부에 관하여 설명하시오. **15점**

≫ 기출문제(제35회 2번)

(문제2) 甲은 2023.8.23. 父로부터 A광역시 B구 소재의 토지(이하 '이 사건 토지'라 함)를 증여받았고, 이 사건 토지에 관하여 증여 당시에는 2023.1.1.을 기준일로 하는 개별공시지가가 ㎡당 2,200,000원으로 결정・고시되어 있었다. 甲은 이를 기초로 하여 산정한 증여세를 납부하고자 하였으나, 개별공시지가에 오류가 있음을 발견하여 「부동산 가격공시에 관한 법률」 제12조에 따른 개별공시지가 정정결정을 신청하였다. 그런데 B구의 구청장 乙은 甲의 정정결정신청에 대하여 정정불가 결정을 통지하였다. 한편 그 이후 乙은 이 사건 토지에 관하여 토지특성조사의 착오 등 지가산정에 잘못이 있다고 하여 B구 부동산가격공시위원회의 심의를 거쳐 위 개별공시지가를 ㎡당 3,900,000원으로 정정하여 결정・고시하였다. 이에 관할 세무서장 丙은 이 사건 토지의 가액이 ㎡당 3,900,000원이라고 보아 이를 기초로 증여재산의 가액을 산정하여 증여세부과처분을 하였다. 다음 물음에 답하시오(단, 각 물음은 상호독립적임). **30점**

(물음1) 甲이 乙의 정정불가 결정 통지를 대상으로 취소소송을 제기할 수 있는지를 설명하시오. **15점**

(물음2) 甲은 乙의 개별공시지가 정정결정과 관련하여 i) 정정 사유가 있다고 하더라도 그 사유가 명백하여야만 비로소 정정할 수 있는데, 정정 사유가 명백하지 않음에도 불구하고 乙이 개별공시지가를 정정한 것은 위법하다고 주장하고 있다. 또한, ii) 설령 乙의 개별공시지가 정정결정이 타당하다고 하여도 이 사건 토지에 관하여 증여 당시 고시되어 있던 종전의 개별공시지가를 기초로 하지 아니한 丙의 증여세부과처분은 위법하다고 주장하고 있다. 甲의 주장이 타당한지에 관하여 각각 설명하시오. **15점**

Chapter

03 주택가격공시제도

제1절 표준주택가격의 공시와 개별주택가격의 공시

01 서

주택가격공시제도는 정부의 조세형평주의의 일환으로 종합부동산세를 부과하기 위한 기준을 마련하기 위하여 도입된 제도이다. 종전 지가공시법에는 표준지공시지가와 개별공시지가가 담겨 있었는데 주택가격공시제도를 포함하여 새롭게 입법이 되었으며 부동산 가격공시에 관한 법률이 탄생하게 되었다. 단독주택가격의 공시는 표준주택가격의 공시와 개별주택가격의 공시로 나뉘어진다.

02 표준주택가격의 공시

법 제16조(표준주택가격의 조사 · 산정 및 공시 등)

① 국토교통부장관은 용도지역, 건물구조 등이 일반적으로 유사하다고 인정되는 일단의 단독주택 중에서 선정한 표준주택에 대하여 매년 공시기준일 현재의 적정가격(이하 "표준주택가격"이라 한다)을 조사 · 산정하고, 제24조에 따른 중앙부동산가격공시위원회의 심의를 거쳐 이를 공시하여야 한다.

② 제1항에 따른 공시에는 다음 각 호의 사항이 포함되어야 한다.

1. 표준주택의 지번
2. 표준주택가격
3. 표준주택의 대지면적 및 형상
4. 표준주택의 용도, 연면적, 구조 및 사용승인일(임시사용승인일을 포함한다)
5. 그 밖에 대통령령으로 정하는 사항

③ 제1항에 따른 표준주택의 선정, 공시기준일, 공시의 시기, 조사 · 산정기준 및 공시절차 등에 필요한 사항은 대통령령으로 정한다.

④ 국토교통부장관은 제1항에 따라 표준주택가격을 조사 · 산정하고자 할 때에는 「한국부동산원법」에 따른 한국부동산원(이하 '부동산원'이라 한다)에 의뢰한다.

⑤ 국토교통부장관이 제1항에 따라 표준주택가격을 조사 · 산정하는 경우에는 인근 유사 단독주택의 거래가격 · 임대료 및 해당 단독주택과 유사한 이용가치를 지닌다고 인정되는 단독주택의 건설에 필요한 비용추정액, 인근 지역 및 다른 지역과의 형평성 · 특수성, 표준주택가격 변동의 예측 가능성 등 제반사항을 종합적으로 참작하여야 한다.

⑥ 국토교통부장관은 제17조에 따른 개별주택가격의 산정을 위하여 필요하다고 인정하는 경우에는 표준주택과 산정대상 개별주택의 가격형성요인에 관한 표준적인 비교표(이하 "주택가격비준표"라 한다)를 작성하여 시장 · 군수 또는 구청장에게 제공하여야 한다.

⑦ 제3조 제2항 · 제4조 · 제6조 · 제7조 및 제13조는 제1항에 따른 표준주택가격의 공시에 준용한다. 이 경우 제7조 제2항 후단 중 "제3조"는 "제16조"로 본다.

> **법 제19조(주택가격 공시의 효력)**
> ① 표준주택가격은 국가·지방자치단체 등이 그 업무와 관련하여 개별주택가격을 산정하는 경우에 그 기준이 된다.
> ② 개별주택가격 및 공동주택가격은 주택시장의 가격정보를 제공하고, 국가·지방자치단체 등이 과세 등의 업무와 관련하여 주택의 가격을 산정하는 경우에 그 기준으로 활용될 수 있다.

1. 의의

표준주택가격이란 국토교통부장관이 용도지역, 건물의 구조 등이 일반적으로 유사하다고 인정되는 일단의 단독주택 중에서 선정한 표준주택에 대한 매년 공시기준일 현재의 적정가격을 말한다.

2. 법적 성질

표준주택공시가격의 법적 성질이 무엇인지에 대하여 아직 논의가 성숙되지 못하였다. 표준주택공시가격은 표준지공시지가와 매우 흡사한 부분이 있다. 그러나 표준지공시지가는 여러 가지 다양한 행정목적을 위하여 만들어진 공적지가이지만 표준주택가격은 과세의 기준으로만 활용된다. 따라서 표준주택가격의 법적 성질은 개별공시지가와 유사하게 국민의 권리·의무에 직접적인 영향이 있다고 보아야 한다. 따라서 처분성이 있다고 보여진다.

3. 산정

(1) 산정 및 공시절차(법 제16조 제1항)

국토교통부장관은 일단의 단독주택 중에서 해당 일단의 주택을 대표할 수 있는 주택을 선정하여야 하고, 국토교통부장관은 부동산공시법 제16조 제1항에 따라 표준주택가격을 조사·산정하고자 할 때에는 「한국부동산원법」에 따른 한국부동산원(이하 '부동산원'이라 한다)에 의뢰한다. 이후 중앙부동산가격공시위원회의 심의를 거쳐 표준주택가격을 공시하게 된다. 표준주택가격의 공시기준일은 원칙적으로 1월 1일로 한다.

(2) 공시사항(법 제16조 제2항)

표준주택가격을 공시할 때는 지번, 대지면적, 형상, 용도, 연면적, 구조, 사용승인일, 기타 대통령령으로 정하는 사항을 공시하여야 한다. 대통령령으로 정하는 사항에는 이의신청에 관한 사항이 포함되어야 한다.

4. 효력(법 제19조)

표준주택의 가격은 국가·지방자치단체 등의 기관이 그 업무와 관련하여 개별주택가격을 산정하는 경우에 그 기준이 된다.

5. 불복

표준주택가격에 대한 불복은 표준지공시지가 이의신청을 준용하도록 법 제16조 제7항에서 규정하고 있는바, 표준지공시지가의 이의신청을 준용하여 부동산공시법에서 정한 이의신청절차를 거치게 된다. 이후 표준주택가격의 처분성을 인정하게 되면 항고소송을 제기할 수 있다.

03 개별주택가격의 공시

법 제17조(개별주택가격의 결정 · 공시 등)

① 시장 · 군수 또는 구청장은 제25조에 따른 시 · 군 · 구 부동산가격공시위원회의 심의를 거쳐 매년 표준주택가격의 공시기준일 현재 관할구역 안의 개별주택의 가격(이하 "개별주택가격"이라 한다)을 결정 · 공시하고, 이를 관계 행정기관 등에 제공하여야 한다.

② 제1항에도 불구하고 표준주택으로 선정된 단독주택, 그 밖에 대통령령으로 정하는 단독주택에 대하여는 개별주택가격을 결정 · 공시하지 아니할 수 있다. 이 경우 표준주택으로 선정된 주택에 대하여는 해당 주택의 표준주택가격을 개별주택가격으로 본다.

③ 제1항에 따른 개별주택가격의 공시에는 다음 각 호의 사항이 포함되어야 한다.

1. 개별주택의 지번
2. 개별주택가격
3. 그 밖에 대통령령으로 정하는 사항

④ 시장 · 군수 또는 구청장은 공시기준일 이후에 토지의 분할 · 합병이나 건축물의 신축 등이 발생한 경우에는 대통령령으로 정하는 날을 기준으로 하여 개별주택가격을 결정 · 공시하여야 한다.

⑤ 시장 · 군수 또는 구청장이 개별주택가격을 결정 · 공시하는 경우에는 해당 주택과 유사한 이용가치를 지닌다고 인정되는 표준주택가격을 기준으로 주택가격비준표를 사용하여 가격을 산정하되, 해당 주택의 가격과 표준주택가격이 균형을 유지하도록 하여야 한다.

⑥ 시장 · 군수 또는 구청장은 개별주택가격을 결정 · 공시하기 위하여 개별주택의 가격을 산정할 때에는 표준주택가격과의 균형 등 그 타당성에 대하여 대통령령으로 정하는 바에 따라 부동산원의 검증을 받고 토지소유자, 그 밖의 이해관계인의 의견을 들어야 한다. 다만, 시장 · 군수 또는 구청장은 부동산원의 검증이 필요 없다고 인정되는 때에는 주택가격의 변동상황 등 대통령령으로 정하는 사항을 고려하여 부동산원의 검증을 생략할 수 있다.

⑦ 국토교통부장관은 공시행정의 합리적인 발전을 도모하고 표준주택가격과 개별주택가격과의 균형유지 등 적정한 가격형성을 위하여 필요하다고 인정하는 경우에는 개별주택가격의 결정 · 공시 등에 관하여 시장 · 군수 또는 구청장을 지도 · 감독할 수 있다.

⑧ 개별주택가격에 대한 이의신청 및 개별주택가격의 정정에 대하여는 제11조 및 제12조를 각각 준용한다. 이 경우 제11조 제2항 후단 중 "제10조"는 "제17조"로 본다.

⑨ 제1항부터 제8항까지에서 규정한 것 외에 개별주택가격의 산정, 검증 및 결정, 공시기준일, 공시의 시기, 조사 · 산정의 기준, 이해관계인의 의견청취 및 공시절차 등에 필요한 사항은 대통령령으로 정한다.

1. 의의

개별주택가격이란 시장・군수・구청장이 시・군・구 부동산가격공시위원회의 심의를 거쳐 결정・공시한 개별주택에 대한 매년 공시기준일 현재의 가격을 말한다.

2. 법적 성질

개별주택가격의 법적 성질이 무엇인지에 대해 의문이 있을 수 있는데 개별주택가격은 개별공시지가와 같이 과세의 기준이 된다는 점에서 법적 성질이 동일하다고 볼 수 있다. 따라서 개별주택가격은 국민의 권리・의무에 직접적인 영향을 미치는 처분에 해당한다고 하겠다.

3. 산정

(1) 산정절차 및 공시(법 제17조)

시장・군수・구청장은 국토교통부장관이 제정한 지침에 따라 원칙적으로 전국의 모든 개별주택가격을 조사・산정한다. 산정된 개별주택가격은 감정평가법인등이 검증을 하게 된다.
이후 시・군・구 부동산가격공시위원회의 심의를 거쳐서 공시한다. 개별주택가격의 공시기준일은 원칙적으로 1월 1일로 하되, 분할・합병 등의 사유가 발생하게 되면 6월 1일 등을 기준으로 정할 수 있다.

(2) 공시사항(법 제17조 제3항)

개별주택가격을 공시할 때에는 지번, 개별주택가격, 기타 대통령령으로 정하는 사항을 공시하여야 한다. 기타 대통령령으로 정한 사항에는 개별주택가격의 결정에 관한 사항 및 이의신청에 관한 사항이 포함된다.

(3) 개별주택가격을 공시하지 아니하는 단독주택

① 표준주택으로 선정된 단독주택, ② 국세 또는 지방세의 부과대상이 아닌 단독주택, ③ 그 밖에 국토교통부장관이 정하는 단독주택은 개별주택가격을 결정・공시하지 아니할 수 있다. 다만, 관계 법령에 의하여 단독주택의 가격산정 등에 개별주택가격을 적용하도록 규정되어 있는 주택과 시장・군수 또는 구청장이 관계 행정기관의 장과 협의하여 개별주택가격을 결정・공시하기로 한 주택을 제외한다.

4. 효력(법 제19조 제2항)

개별주택가격은 주택시장의 가격정보를 제공하고, 국가・지방자치단체 등의 기관이 과세 등의 업무와 관련하여 주택의 가격을 산정하는 경우에 그 기준으로 활용될 수 있다.

5. 불복

개별주택가격에 대한 불복은 개별공시지가 이의신청을 준용하도록 법 제17조 제8항에서 규정하고 있는바, 개별공시지가의 이의신청을 준용하여 부동산공시법에서 정한 이의신청절차를 거치게 된다. 이후 개별주택가격의 처분성을 인정하게 되면 항고소송을 제기할 수 있다.

제2절 공동주택가격의 공시

01 공동주택가격의 공시

법 제18조(공동주택가격의 조사·산정 및 공시 등)

① 국토교통부장관은 공동주택에 대하여 매년 공시기준일 현재의 적정가격(이하 "공동주택가격"이라 한다)을 조사·산정하여 제24조에 따른 중앙부동산가격공시위원회의 심의를 거쳐 공시하고, 이를 관계 행정기관 등에 제공하여야 한다. 다만, 대통령령으로 정하는 바에 따라 국세청장이 국토교통부장관과 협의하여 공동주택가격을 별도로 결정·고시하는 경우를 제외한다.

② 국토교통부장관은 공동주택가격을 공시하기 위하여 그 가격을 산정할 때에는 대통령령으로 정하는 바에 따라 공동주택소유자와 그 밖의 이해관계인의 의견을 들어야 한다.

③ 제1항에 따른 공동주택의 조사대상의 선정, 공시기준일, 공시의 시기, 공시사항, 조사·산정기준 및 공시절차 등에 필요한 사항은 대통령령으로 정한다.

④ 국토교통부장관은 공시기준일 이후에 토지의 분할·합병이나 건축물의 신축 등이 발생한 경우에는 대통령령으로 정하는 날을 기준으로 하여 공동주택가격을 결정·공시하여야 한다.

⑤ 국토교통부장관이 제1항에 따라 공동주택가격을 조사·산정하는 경우에는 인근 유사 공동주택의 거래가격·임대료 및 해당 공동주택과 유사한 이용가치를 지닌다고 인정되는 공동주택의 건설에 필요한 비용추정액, 인근 지역 및 다른 지역과의 형평성·특수성, 공동주택가격 변동의 예측 가능성 등 제반사항을 종합적으로 참작하여야 한다.

⑥ 국토교통부장관이 제1항에 따라 공동주택가격을 조사·산정하고자 할 때에는 부동산원에 의뢰한다.

⑦ 국토교통부장관은 제1항 또는 제4항에 따라 공시한 가격에 틀린 계산, 오기, 그 밖에 대통령령으로 정하는 명백한 오류가 있음을 발견한 때에는 지체 없이 이를 정정하여야 한다.

⑧ 공동주택가격의 공시에 대하여는 제4조·제6조·제7조 및 제13조를 각각 준용한다. 이 경우 제7조 제2항 후단 중 "제3조"는 "제18조"로 본다.

법 제19조(주택가격 공시의 효력)

① 표준주택가격은 국가·지방자치단체 등이 그 업무와 관련하여 개별주택가격을 산정하는 경우에 그 기준이 된다.

② 개별주택가격 및 공동주택가격은 주택시장의 가격정보를 제공하고, 국가·지방자치단체 등이 과세 등의 업무와 관련하여 주택의 가격을 산정하는 경우에 그 기준으로 활용될 수 있다.

1. 의의

공동주택가격이란 국토교통부장관이 조사·산정하여 중앙부동산가격공시위원회의 심의를 거쳐 공시한 공동주택에 대한 매년 공시기준일 현재의 적정가격을 말한다.

2. 법적 성질

공동주택가격의 법적 성질이 무엇인지에 대하여 의문이 있을 수 있는데, 개별공시지가 및 개별주택가격과 같이 과세의 기준이 된다는 점에 법적 성질이 동일하다고 볼 수 있다. 따라서 공동주택가격은 국민의 권리·의무에 직접적인 영향이 있다고 보아지므로 처분성이 있다고 본다.

3. 산정

(1) 산정절차 및 공시

① 국토교통부장관은 원칙적으로 전국의 모든 공동주택에 대하여 매년 공시기준일 현재의 적정가격을 조사・산정한다. 이를 위해서 한국부동산원에게 감정평가의뢰를 한다. 이후 중앙부동산가격공시위원회의 심의를 거쳐 공시하게 된다. 공시기준일은 원칙적으로 1월 1일로 한다.

② 국토교통부장관은 공동주택가격을 산정・공시하기 위하여 공동주택의 가격을 산정한 때에는 대통령령으로 정하는 바에 따라 토지소유자 기타 이해관계인의 의견을 들어야 한다.

(2) 공시사항

공동주택가격을 공시할 때에는 지번, 명칭, 동・호・수, 공동주택가격, 공동주택의 면적 및 이의신청에 관한 사항 등을 공시하여야 한다.

02 공동주택가격의 효력 및 불복

1. 공동주택가격의 효력(법 제19조 제2항)

공동주택가격은 주택시장의 가격정보를 제공하고, 국가・지방자치단체 등의 기관이 과세 등의 업무와 관련하여 주택의 가격을 산정하는 경우에 그 기준으로 활용될 수 있다.

2. 공동주택가격의 불복

공동주택가격에 대한 불복은 표준지공시지가의 이의신청을 준용하도록 법 제18조 제8항에서 규정하고 있는바, 표준지공시지가의 이의신청을 준용하여 부동산공시법에서 정한 이의신청절차를 거치게 된다. 이후 공동주택가격의 처분성을 인정하게 되면 항고소송을 제기할 수 있다.

제3절 주택가격공시제도의 공시절차와 효과 등

토지에 비하여 주택에 대해서는 통일적인 기준이 없어 개별 행정기관별로 업무수행의 필요에 의해 주택가격이 조사・산정되었고 이로 인해 토지와 주택에 대한 세 부담의 형평성에 대한 문제가 제기되어 왔다. 이를 해결하기 위해 부동산가격의 평가체계를 일원화하고 조세부담의 형평성을 제고하기 위한 제도로서 주택가격공시제도의 의의가 있다 할 것이다. 아래 부동산 가격평가체계와 보유세제를 개편한 것과 주택가격공시제도의 공시절차 등을 살펴보고, 이러한 주택가격공시제도의 효과에 대해 고찰해 보고자 한다.

01 부동산가격의 평가체계 및 보유세제 개편[29)]

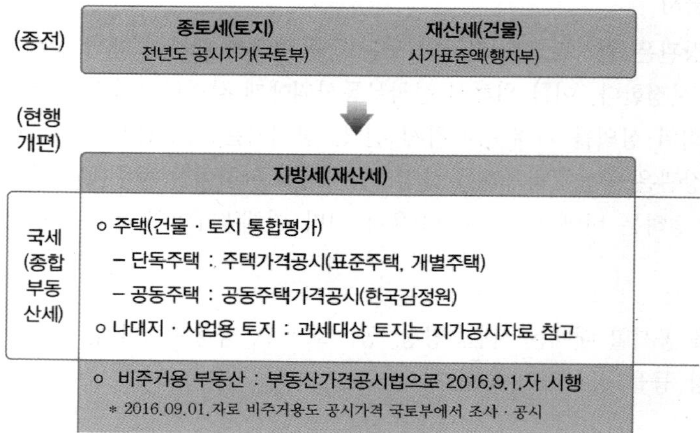

02 주택가격공시절차(부동산공시가격 알리미 - 국토교통부)

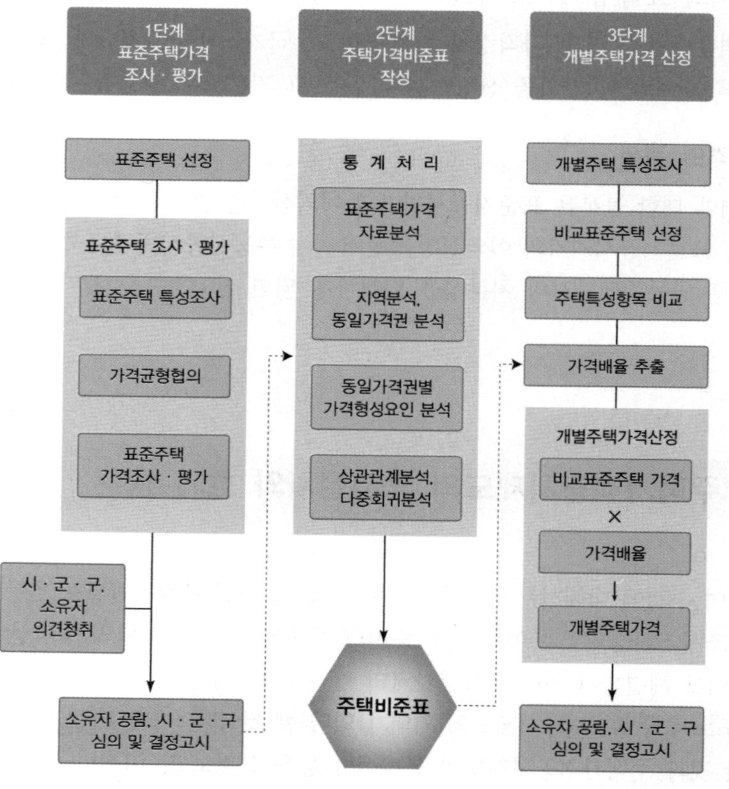

29) 국토교통부 홈페이지 참고

03 공동주택 조사 · 산정절차(부동산공시가격 알리미 - 국토교통부)

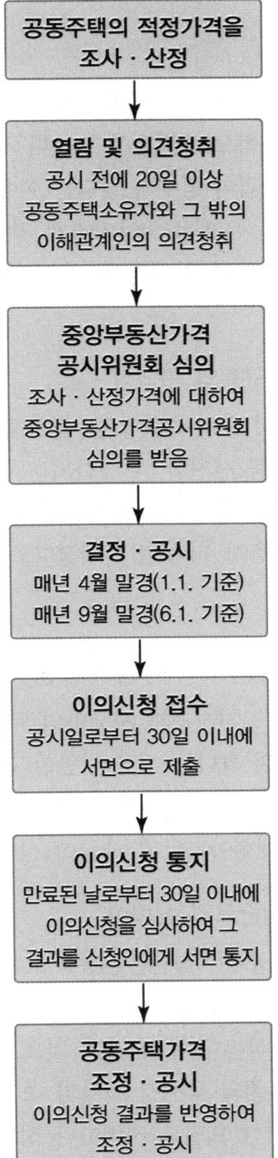

04 주택가격공시제도의 효과 및 문제점

1. 주택가격공시제도의 효과

(1) 부동산 과세기준의 공평성 제고

주택가격공시제도가 시행되지 않은 종전에는 과세의 불공평 문제가 있었다. 종전 과세시가표준액은 건축비를 1㎡당 23만원으로 일률적으로 적용하다 보니 시가보다 면적에 따라 세금 크기가 결정되었고, 이러한 제도는 서울 강북의 집이 평수가 넓다는 이유로 시가가 훨씬 비싼 강남의 소형아파트에 비해 세금을 더 많이 내게 되는 문제점을 야기하게 되었다. 하지만 주택가격공시가격은 강북이나 강남 모두 시가를 최대한 반영하여 일괄평가하므로 이러한 과세의 형평성 문제가 줄어들게 되었다.

(2) 부동산시장의 선진화 및 정보체계 구축의 편의성

주택가격공시제도는 아파트뿐만 아니라 단독주택 등 유형에 관계없이 모든 주택의 가격을 파악해 공개하는 것으로 부동산시장이 그만큼 선진화, 투명화되는 것을 의미한다고 볼 수 있다. 이미 부동산공시제도의 일환인 공시지가제도의 시행으로 공시정보체계가 잘 구축되었는데, 주택가격공시제도의 정립으로 이러한 정보체계 구축이 더욱 탄탄해졌다고 볼 수 있다.

2. 주택가격공시제도의 문제점

(1) 공시가격과 시세와의 차이 및 중대형주택 세부담의 과중

토지의 경우에도 일어나는 일이지만 공시가격과 시세와의 차이는 불가피한 일일 것이다. 하지만 토지에 비해 주택의 가격변동의 폭이 더 크다는 점을 감안한다면 이에 대한 문제도 있다고 보여진다. 아무리 요율을 조절한다고 해도 세금에 대한 부담이 늘어나는 것은 당연한 일이다. 단독주택에 비해 건물분의 가치가 큰 호화주택과 중대형아파트의 세금이 상대적으로 세부담이 큰 것이 현실이다.

(2) 전문가시스템의 부재 및 주택가격비준표의 신뢰성

감사원은 개별공시지가의 경우 지적공부(지적관련 내용을 표시·등록한 장부) 확인 및 현지조사를 통해 실제 공사에 착수한 시점을 기준으로 산정하도록 되어 있지만 담당공무원이 토지대장 등 지적공부 확인만으로 토지현황조사를 대신하는 경우가 많은 것으로 추정했다. 주택의 경우 토지에 비해 더 많은 변화요인을 가지고 있다. 기존의 국세청 시가의 경우 층, 향, 조망, 소음 등까지도 주택가격비준표에 포함되었다. 하지만 이러한 요인도 지역마다 정(+)의 요인이 될 수도 있고 부(−)의 요인이 될 수도 있다. 이러한 요인들을 비준표가 제대로 반영하고 있는지 여부에 대해서는 의문이기도 하다.

Chapter

04 비주거용 부동산가격의 공시

01 의의

"비주거용 부동산"이란 주택을 제외한 건축물이나 건축물과 그 토지의 전부 또는 일부를 말하며 다음의 가목 비주거용 집합부동산: 「집합건물법」에 따라 구분소유되는 비주거용 부동산과 나목 비주거용 일반부동산: 가목을 제외한 비주거용 부동산으로 구분한다(법 제2조 제4호).

비주거용 일반부동산은 비주거용 표준부동산과 비주거용 개별부동산으로 나뉜다. 따라서 비주거용 부동산가격의 공시는 비주거용 표준부동산가격의 공시, 비주거용 개별부동산가격의 공시, 비주거용 집합부동산가격의 공시로 나누어 설명한다. 비주거용 부동산의 공시는 공시권자가 공시할 수도 있다고 하여 임의규정으로 되어 있다(법 제20조 내지 제22조).[30]

02 비주거용 표준부동산가격의 조사·산정 및 공시 등[31]

법 제20조(비주거용 표준부동산가격의 조사·산정 및 공시 등)

① 국토교통부장관은 용도지역, 이용상황, 건물구조 등이 일반적으로 유사하다고 인정되는 일단의 비주거용 일반부동산 중에서 선정한 비주거용 표준부동산에 대하여 매년 공시기준일 현재의 적정가격(이하 "비주거용 표준부동산가격"이라 한다)을 조사·산정하고, 제24조에 따른 중앙부동산가격공시위원회의 심의를 거쳐 이를 공시할 수 있다.

② 제1항에 따른 비주거용 표준부동산가격의 공시에는 다음 각 호의 사항이 포함되어야 한다.

1. 비주거용 표준부동산의 지번
2. 비주거용 표준부동산가격
3. 비주거용 표준부동산의 대지면적 및 형상
4. 비주거용 표준부동산의 용도, 연면적, 구조 및 사용승인일(임시사용승인일을 포함한다)
5. 그 밖에 대통령령으로 정하는 사항

③ 제1항에 따른 비주거용 표준부동산의 선정, 공시기준일, 공시의 시기, 조사·산정기준 및 공시절차 등에 필요한 사항은 대통령령으로 정한다.

④ 국토교통부장관은 제1항에 따라 비주거용 표준부동산가격을 조사·산정하려는 경우 감정평가법인등 또는 대통령령으로 정하는 부동산 가격의 조사·산정에 관한 전문성이 있는 자에게 의뢰한다.

⑤ 국토교통부장관이 비주거용 표준부동산가격을 조사·산정하는 경우에는 인근 유사 비주거용 일반부동산의 거래가격·임대료 및 해당 비주거용 일반부동산과 유사한 이용가치를 지닌다고 인정되는 비주거용 일반부동산의 건설에 필요한 비용추정액 등을 종합적으로 참작하여야 한다.

30) 신봉기, 행정법개론, 삼영사, 2016, 918면.
31) 배명호, 감정평가 및 부동산가격공시법론, 북랩, 2020, 230면.

> ⑥ 국토교통부장관은 제21조에 따른 비주거용 개별부동산가격의 산정을 위하여 필요하다고 인정하는 경우에는 비주거용 표준부동산과 산정대상 비주거용 개별부동산의 가격형성요인에 관한 표준적인 비교표(이하 "비주거용 부동산가격비준표"라 한다)를 작성하여 시장・군수 또는 구청장에게 제공하여야 한다.
> ⑦ 비주거용 표준부동산가격의 공시에 대하여는 제3조 제2항・제4조・제6조・제7조 및 제13조를 각각 준용한다. 이 경우 제7조 제2항 후단 중 "제3조"는 "제20조"로 본다.

1. 비주거용 표준부동산가격의 공시의 의의

국토교통부장관은 용도지역, 이용상황, 건물구조 등이 일반적으로 유사하다고 인정되는 일단의 비주거용 일반부동산 중에서 선정한 비주거용 표준부동산에 대하여 매년 공시기준일 현재의 적정 가격을 조사・산정한 것을 비주거용 표준부동산가격이라 하고, 국토교통부장관은 법 제24조에 따른 중앙부동산가격공시위원회의 심의를 거쳐 이를 공시할 수 있다(법 제20조 제1항). 2020.1.1. 현재 공시기준일은 공시하고 있지 않다.

2. 비주거용 표준부동산가격의 조사・산정

비주거용 표준부동산의 선정, 공시기준일, 공시의 시기, 조사・산정 기준 및 공시절차 등에 필요한 사항은 대통령령으로 정한다(법 제20조 제3항). 위임의 대상인 공시의 시기와 공시절차 등의 의미가 명확하지 않다.

(1) 조사・산정의 의뢰

국토교통부장관은 제1항에 따라 비주거용 표준부동산가격을 조사・산정하려는 경우 감정평가법인등 또는 대통령령으로 정하는 부동산 가격의 조사・산정에 관한 전문성이 있는 자에게 의뢰한다(법 제20조 제4항). 법 제20조 제4항에서 "대통령령으로 정하는 부동산 가격의 조사・산정에 관한 전문성이 있는 자"란 부동산원을 말한다(영 제52조).

(2) 비주거용 표준부동산의 선정

비주거용 표준부동산의 선정 등에 필요한 사항은 대통령령으로 정한다(법 제20조 제3항). 국토교통부장관은 법 제20조 제1항에 따라 비주거용 표준부동산을 선정할 때에는 일단의 비주거용 일반 부동산 중에서 해당 일단의 비주거용 일반부동산을 대표할 수 있는 부동산을 선정하여야 한다. 이 경우 미리 해당 비주거용 표준부동산이 소재하는 시・도지사 및 시장・군수・구청장의 의견을 들어야 한다(영 제48조 제1항).

법 제20조 제1항에 따른 비주거용 표준부동산의 선정 및 관리에 필요한 세부기준은 중앙부동산 가격공시위원회의 심의를 거쳐 국토교통부장관이 정한다(영 제48조 제2항). 아직 위임된 세부기준은 없다.

(3) 비주거용 표준부동산가격의 조사・산정

법 제20조 제4항에 따라 비주거용 표준부동산가격의 조사・산정을 의뢰받은 자(이하 "비주거용 표준부동산가격 조사・산정기관"이라 한다)는 비주거용 표준부동산가격 및 그 밖에 국토교통부령으로 정하는 사항을 조사・산정한 후 국토교통부령으로 정하는 바에 따라 비주거용 표준부동산가격 조사・산정보고서를 작성하여 국토교통부장관에게 제출하여야 한다(영 제53조 제1항).

비주거용 표준부동산가격 조사・산정기관은 제1항에 따라 조사・산정보고서를 작성하는 경우에는 미리 해당 부동산 소재지를 관할하는 시・도지사 및 시장・군수・구청장의 의견을 들어야 한다(영 제53조 제2항).

시・도지사 및 시장・군수・구청장은 제2항에 따라 의견 제시 요청을 받은 경우에는 요청받은 날부터 20일 이내에 의견을 제시하여야 한다. 이 경우 시장・군수 또는 구청장은 시・군・구부동산가격 공시위원회의 심의를 거쳐 의견을 제시하여야 한다(영 제53조 제3항).

제1항에 따른 비주거용 표준부동산가격 조사・산정보고서의 적정성 검토 및 보고서 시정에 관하여는 제30조 제4항 및 제5항을 준용한다(영 제53조 제4항).

(4) 비주거용 표준부동산가격의 조사・산정의 기준

국토교통부장관이 비주거용 표준부동산가격을 조사・산정하는 경우에는 인근 유사 비주거용 일반부동산의 거래가격・임대료 및 해당 비주거용 일반부동산과 유사한 이용가치를 지닌다고 인정되는 비주거용 일반부동산의 건설에 필요한 비용추정액 등을 종합적으로 참작하여야 한다(법 제20조 제5항). 비주거용 표준부동산의 조사・산정 기준 등에 필요한 사항은 대통령령으로 정한다(법 제20조 제3항). 따라서 법 제20조 제5항에 따라 국토교통부장관이 비주거용 표준부동산가격을 조사・산정하는 경우 참작하여야 하는 사항의 기준은 다음 각 호 1. 인근 유사 비주거용 일반부동산의 거래가격 또는 임대료의 경우: 해당 거래 또는 임대차가 당사자의 특수한 사정에 의하여 이루어지거나 비주거용 일반부동산거래 또는 임대차에 대한 지식의 부족으로 인하여 이루어진 경우에는 그러한 사정이 없었을 때에 이루어졌을 거래가격 또는 임대료를 기준으로 할 것, 2. 해당 비주거용 일반부동산과 유사한 이용가치를 지닌다고 인정되는 비주거용 일반부동산의 건설에 필요한 비용추정액의 경우: 공시기준일 현재 해당 비주거용 일반부동산을 건설하기 위한 표준적인 건설비와 일반적인 부대비용으로 할 것과 같다(영 제54조 제1항). 비주거용 일반부동산에 전세권 또는 그 밖에 비주거용 일반부동산의 사용・수익을 제한하는 권리가 설정되어 있을 때에는 그 권리가 존재하지 아니하는 것으로 보고 적정가격을 조사・산정하여야 한다(영 제54조 제2항). 제1항 및 제2항에서 규정한 사항 외에 비주거용 표준부동산가격의 조사・산정에 필요한 세부기준은 국토교통부장관이 정한다(영 제54조 제3항).

3. 비주거용 표준부동산가격의 공시

(1) 공시권자 및 공시기준일

국토교통부장관이 조사・산정 및 공시권자이다. 비주거용 표준부동산의 공시기준일 등에 필요한 사항은 대통령령으로 정한다(법 제20조 제3항). 비주거용 표준부동산가격의 공시기준일은 1월 1일로 한다. 다만, 국토교통부장관은 비주거용 표준부동산가격 조사·산정인력 및 비주거용 표준부동산의 수 등을 고려하여 부득이하다고 인정하는 경우에는 일부 지역을 지정하여 해당 지역에 대한 공시기준일을 따로 정하여 고시할 수 있다(영 제49조).

(2) 공시사항

법 제20조 제1항에 따른 비주거용 표준부동산가격의 공시에는 다음 각 호 1. 비주거용 표준부동산의 지번, 2. 비주거용 표준부동산가격, 3. 비주거용 표준부동산의 대지면적 및 형상, 4. 비주거용 표준부동산의 용도, 연면적, 구조 및 사용승인일(임시사용승인일을 포함한다), 5. 그 밖에 대통령령으로 정하는 사항[1. 지목, 2. 용도지역, 3. 도로 상황, 4. 그 밖에 비주거용 표준부동산가격 공시에 필요한 사항(영 제51조)]이 포함되어야 한다(법 제20조 제2항).

(3) 비주거용 표준부동산가격의 공시방법

국토교통부장관은 법 제20조 제1항에 따라 비주거용 표준부동산가격을 공시할 때에는 다음 각 호 1. 법 제20조 제2항 각 호의 사항의 개요, 2. 비주거용 표준부동산가격의 열람방법, 3. 이의신청의 기간·절차 및 방법의 사항을 관보에 공고하고, 비주거용 표준부동산가격을 부동산공시가격시스템에 게시하여야 한다(영 제50조 제1항). 비주거용 표준부동산가격 및 이의신청기간 등의 통지에 관하여는 법 제4조 제2항 및 제3항을 준용한다(영 제50조 제2항).

(4) 비주거용 부동산가격비준표의 공급

국토교통부장관은 제21조에 따른 비주거용 개별부동산가격의 산정을 위하여 필요하다고 인정하는 경우에는 비주거용 표준부동산과 산정대상 비주거용 개별부동산의 가격형성요인에 관한 표준적인 비교표(이하 "비주거용 부동산가격비준표"라 한다)를 작성하여 시장·군수 또는 구청장에게 제공하여야 한다(법 제20조 제6항).

(5) 준용규정

법 제3조 제2항(토지소유자의 의견청취)·제4조(관계 행정기관의 조사협조)·제6조(열람 등)·제7조(이의신청) 및 제13조(타인토지에의 출입 등)는 제1항에 따른 표준주택가격의 공시에 준용한다. 국토교통부장관은 이의신청 기간이 만료된 날부터 30일 이내에 이의신청을 심사하여 그 결과를 신청인에게 서면으로 통지하여야 한다. 이 경우 국토교통부장관은 이의신청의 내용이 타당하다고 인정될 때에는 제20조에 따라 해당 비주거용 표준부동산의 가격을 조정하여 다시 공시하여야 한다(법 제20조 제7항).

4. 비주거용 표준부동산가격에 대한 권리구제

(1) 법적 성질

비 주거용 표준부동산가격의 법적 성질에 관해서는 표준지공시지가 및 표준주택가격과 유사하다.

(2) 비주거용 표준부동산가격의 공시에 대한 행정쟁송

① 이의신청

표준지공시지가의 공시에 대한 이의신청(법 제7조)은 비주거용 표준부동산가격의 공시에 준용한다(법 제20조 제7항). 비주거용 표준부동산가격의 공시에 이의가 있는 자는 그 공시일부터 30일 이내에 서면(전자문서를 포함한다)으로 국토교통부장관에게 이의를 신청할 수 있다(법 제20조 제7항 및 제7조 제1항). 국토교통부장관은 이의신청 기간이 만료된 날부터 30일 이내에 이의신청을 심사하여 그 결과를 신청인에게 서면으로 통지하여야 한다. 이 경우 국토교통부장관은 이의신청의 내용이 타당하다고 인정될 때에는 비주거용 표준부동산가격을 조정하여 다시 공시하여야 한다(법 제20조 제7항). 따라서 비주거용 표준부동산가격에 대해 이의가 있는 자는 비주거용 표준부동산가격을 공시한 날부터 30일 이내에 국토교통부장관에게 이의를 신청(이의신청서 또는 인터넷 제출)할 수 있다.[32)]

② 행정소송

비주거용 표준부동산가격의 공시에 대한 행정소송에 관해서는 표준지공시지가와 유사하다.

03 비주거용 개별부동산가격의 결정 및 공시[33)]

법 제21조(비주거용 개별부동산가격의 결정・공시 등)

① 시장・군수 또는 구청장은 제25조에 따른 시・군・구 부동산가격공시위원회의 심의를 거쳐 매년 비주거용 표준부동산가격의 공시기준일 현재 관할 구역 안의 비주거용 개별부동산의 가격(이하 "비주거용 개별부동산가격"이라 한다)을 결정・공시할 수 있다. 다만, 대통령령으로 정하는 바에 따라 행정안전부장관 또는 국세청장이 국토교통부장관과 협의하여 비주거용 개별부동산의 가격을 별도로 결정・고시하는 경우는 제외한다.

② 제1항에도 불구하고 비주거용 표준부동산으로 선정된 비주거용 일반부동산 등 대통령령으로 정하는 비주거용 일반부동산에 대하여는 비주거용 개별부동산가격을 결정・공시하지 아니할 수 있다. 이 경우 비주거용 표준부동산으로 선정된 비주거용 일반부동산에 대하여는 해당 비주거용 표준부동산가격을 비주거용 개별부동산가격으로 본다.

③ 제1항에 따른 비주거용 개별부동산가격의 공시에는 다음 각 호의 사항이 포함되어야 한다.

1. 비주거용 부동산의 지번
2. 비주거용 부동산가격
3. 그 밖에 대통령령으로 정하는 사항

④ 시장・군수 또는 구청장은 공시기준일 이후에 토지의 분할・합병이나 건축물의 신축 등이 발생한 경우에는 대통령령으로 정하는 날을 기준으로 하여 비주거용 개별부동산가격을 결정・공시하여야 한다.

---

32) 비주거용 표준부동산가격을 공시하기 전에 공시예정가격이 결정된 때에는 이를 소유자에게 통지하고 소유자가 제출한 의견이 타당할 경우에는 공시예정가격을 조정하여 사전에 비주거용 표준부동산소유자 등의 권리의 구제를 위한 절차이다(법 제3조 제2항 및 제20조 제7항).

33) 배명호, 감정평가 및 부동산가격공시법론, 북랩, 2020, 237면.

⑤ 시장·군수 또는 구청장이 비주거용 개별부동산가격을 결정·공시하는 경우에는 해당 비주거용 일반부동산과 유사한 이용가치를 지닌다고 인정되는 비주거용 표준부동산가격을 기준으로 비주거용 부동산가격비준표를 사용하여 가격을 산정하되, 해당 비주거용 일반부동산의 가격과 비주거용 표준부동산가격이 균형을 유지하도록 하여야 한다.

⑥ 시장·군수 또는 구청장은 비주거용 개별부동산가격을 결정·공시하기 위하여 비주거용 일반부동산의 가격을 산정할 때에는 비주거용 표준부동산가격과의 균형 등 그 타당성에 대하여 제20조에 따른 비주거용 표준부동산가격의 조사·산정을 의뢰 받은 자 등 대통령령으로 정하는 자의 검증을 받고 비주거용 일반부동산의 소유자와 그 밖의 이해관계인의 의견을 들어야 한다. 다만, 시장·군수 또는 구청장은 비주거용 개별부동산가격에 대한 검증이 필요 없다고 인정하는 때에는 비주거용 부동산가격의 변동상황 등 대통령령으로 정하는 사항을 고려하여 검증을 생략할 수 있다.

⑦ 국토교통부장관은 공시행정의 합리적인 발전을 도모하고 비주거용 표준부동산가격과 비주거용 개별부동산가격과의 균형유지 등 적정한 가격형성을 위하여 필요하다고 인정하는 경우에는 비주거용 개별부동산가격의 결정·공시 등에 관하여 시장·군수 또는 구청장을 지도·감독할 수 있다.

⑧ 비주거용 개별부동산가격에 대한 이의신청 및 정정에 대하여는 제11조 및 제12조를 각각 준용한다. 이 경우 제11조 제2항 후단 중 "제10조"는 "제21조"로 본다.

⑨ 제1항부터 제8항까지에서 규정한 것 외에 비주거용 개별부동산가격의 산정, 검증 및 결정, 공시기준일, 공시의 시기, 조사·산정의 기준, 이해관계인의 의견청취 및 공시절차 등에 필요한 사항은 대통령령으로 정한다.

1. 비주거용 개별부동산가격의 공시의 의의

시장·군수 또는 구청장은 제25조에 따른 시·군·구부동산가격공시위원회의 심의를 거쳐 매년 비주거용 표준부동산가격의 공시기준일 현재 관할 구역 안의 비주거용 개별부동산의 가격을 결정·공시할 수 있다(법 제21조 제1항 본문). 따라서 공시권자가 공시하지 않을 수도 있어 임의 규정에 해당한다.

2. 비주거용 개별부동산가격의 조사·산정

비주거용 개별부동산가격의 산정, 검증 및 결정, 공시기준일, 공시의 시기, 조사·산정의 기준, 이해관계인의 의견청취 및 공시절차 등에 필요한 사항은 대통령령으로 정한다(법 제21조 제9항).

(1) 시장·군수 또는 구청장의 비주거용 개별부동산가격의 산정

시장·군수 또는 구청장이 비주거용 개별부동산가격을 결정·공시하는 경우에는 해당 비주거용 일반부동산과 유사한 이용가치를 지닌다고 인정되는 비주거용 표준부동산가격을 기준으로 비주거용 부동산가격비준표를 사용하여 가격을 산정하되, 해당 비주거용 일반부동산의 가격과 비주거용 표준부동산가격이 균형을 유지하도록 하여야 한다(법 제21조 제5항).

(2) 조사·산정의 절차 및 기준

국토교통부장관은 법 제21조 제5항에 따른 비주거용 개별부동산가격 조사·산정의 기준을 정하여 시장·군수 또는 구청장에게 통보하여야 하며, 시장·군수 또는 구청장은 그 기준에 따라 비주거용 개별부동산가격을 조사·산정하여야 한다(영 제59조 제1항).

조사·산정의 기준에는 다음 각 호 1. 비주거용 일반부동산가격의 형성에 영향을 미치는 비주거용 일반부동산 특성조사에 관한 사항, 2. 비주거용 개별부동산가격의 산정기준이 되는 비주거용 표준부동산(이하 "비주거용 비교표준부동산"이라 한다)의 선정에 관한 사항, 3. 법 제20조 제6항에 따른 비주거용 부동산가격비준표의 사용에 관한 사항, 4. 그 밖에 비주거용 개별부동산가격의 조사·산정에 필요한 사항의 사항이 포함되어야 한다(영 제59조 제2항).

(3) 산정된 비주거용 개별부동산가격의 검증 및 소유자 등의 의견청취

시장·군수 또는 구청장은 비주거용 개별부동산가격을 결정·공시하기 위하여 비주거용 일반부동산의 가격을 산정할 때에는 비주거용 표준부동산가격과의 균형 등 그 타당성에 대하여 제20조에 따른 비주거용 표준부동산가격의 조사·산정을 의뢰받은 자 등 대통령령으로 정하는 자의 검증을 받고 비주거용 일반부동산의 소유자와 그 밖의 이해관계인의 의견을 들어야 한다. 다만, 시장·군수 또는 구청장은 비주거용 개별부동산가격에 대한 검증이 필요 없다고 인정하는 때에는 비주거용 부동산가격의 변동상황 등 대통령령으로 정하는 사항을 고려하여 검증을 생략할 수 있다(법 제21조 제6항).

시장·군수 또는 구청장은 법 제21조 제6항 본문에 따라 비주거용 개별부동산가격에 대한 검증을 의뢰할 때에는 같은 조 제1항에 따라 산정한 전체 비주거용 개별부동산가격에 대한 가격현황도면 및 가격조사자료를 제공하여야 한다(영 제60조 제1항).

법 제21조 제6항 본문에서 "제20조에 따른 비주거용 표준부동산가격의 조사·산정을 의뢰받은 자 등 대통령령으로 정하는 자"란 다음 각 호 1. 감정평가법인등, 2. 부동산원의 어느 하나에 해당하는 자를 말한다(영 제60조 제2항).

법 제21조 제6항 본문에 따라 검증을 의뢰받은 자는 다음 각 호 1. 비주거용 비교표준부동산 선정의 적정성에 관한 사항, 2. 비주거용 개별부동산가격 산정의 적정성에 관한 사항, 3. 산정한 비주거용 개별부동산가격과 비주거용 표준부동산가격의 균형 유지에 관한 사항, 4. 산정한 비주거용 개별부동산가격과 인근 비주거용 일반부동산의 비주거용 개별부동산가격 및 전년도 비주거용 개별부동산가격과의 균형 유지에 관한 사항, 5. 그 밖에 시장·군수 또는 구청장이 검토를 의뢰한 사항을 검토·확인하고 의견을 제시하여야 한다(영 제60조 제3항).

시장·군수 또는 구청장은 법 제21조 제6항 단서에 따라 검증을 생략할 때에는 비주거용 개별부동산가격의 변동률과 해당 비주거용 일반부동산이 있는 시·군 또는 구의 연평균 비주거용 개별부동산가격변동률(국토교통부장관이 조사·공표하는 연평균 비주거용 개별부동산가격 변동률을 말한다)의 차이가 작은 순으로 대상 비주거용 일반부동산을 선정하여야 한다. 다만, 개발사업이 시행되거나 용도지역·용도지구가 변경되는 등의 사유가 있는 비주거용 일반부동산은 검증 생략 대상 부동산으로 선정해서는 아니 된다(영 제60조 제4항).

제1항부터 제4항까지에서 규정한 사항 외에 비주거용 개별부동산가격의 검증에 필요한 세부적인 사항은 국토교통부장관이 정한다. 아직 세부적인 기준은 없다. 이 경우 검증의 생략에 대해서는 관계 중앙행정기관의 장과 미리 협의하여야 한다(영 제60조 제5항).

(4) 소유자 등의 의견청취

법 제21조 제6항 본문에 따른 의견청취에 관하여는 영 제19조(개별토지 소유자 등의 의견청취)를 준용한다(영 제61조).

3. 비주거용 개별부동산가격의 결정 및 공시

(1) 시장・군수 또는 구청장의 결정・공시

비주거용 개별부동산가격의 결정, 공시기준일, 공시의 시기 등에 필요한 사항은 대통령령으로 정한다(법 제21조 제9항). 시장・군수 또는 구청장은 비주거용 개별부동산가격을 결정・공시하려는 경우에는 매년 4월 30일까지 비주거용 개별부동산가격을 결정・공시하여야 한다. 다만, 제58조 제2항 제1호의 경우에는 그 해 9월 30일까지, 같은 항 제2호의 경우에는 다음 해 4월 30일까지 결정・공시하여야 한다(영 제62조 제1항).

비주거용 개별부동산가격을 공시하는 시장・군수 또는 구청장은 다음 각 호 1. 조사기준일, 비주거용 개별부동산의 수 및 비주거용 개별부동산가격의 열람방법 등 비주거용 개별부동산가격의 결정에 관한 사항, 2. 이의신청의 기간・절차 및 방법의 사항을 비주거용 개별부동산 소유자에게 개별 통지하여야 한다(영 제62조 제2항).

(2) 공시사항

비주거용 개별부동산가격의 공시에는 다음 각 호 1. 비주거용 부동산의 지번, 2. 비주거용 부동산 가격, 3. 그 밖에 대통령령으로 정하는 사항이 포함되어야 한다(법 제21조 제3항).

(3) 비주거용 개별부동산가격 공시기준일을 다르게 할 수 있는 비주거용 일반부동산

시장・군수 또는 구청장은 공시기준일 이후에 토지의 분할・합병이나 건축물의 신축 등이 발생한 경우에는 대통령령으로 정하는 날을 기준으로 하여 비주거용 개별부동산가격을 결정・공시하여야 한다(법 제21조 제4항). 법 제21조 제4항에 따라 비주거용 개별부동산가격 공시기준일을 다르게 할 수 있는 비주거용 일반부동산은 다음 각 호 1. 「공간정보관리법」에 따라 그 대지가 분할 또는 합병된 비주거용 일반부동산, 2. 「건축법」에 따른 건축・대수선 또는 용도변경이 된 비주거용 일반 부동산, 3. 국유・공유에서 매각 등에 따라 사유로 된 비주거용 일반부동산으로서 비주거용 개별부동산가격이 없는 비주거용 일반부동산의 어느 하나에 해당하는 부동산으로 한다(영 제58조 제1항).

법 제21조 제4항에서 "대통령령으로 정하는 날"이란 다음 각 호 1. 1월 1일부터 5월 31일까지의 사이에 제1항 각 호의 사유가 발생한 비주거용 일반부동산: 그 해 6월 1일, 2. 6월 1일부터 12월 31일까지의 사이에 제1항 각 호의 사유가 발생한 비주거용 일반부동산: 다음 해 1월 1일의 구분에 따른 날을 말한다(영 제58조 제2항).

(4) 비주거용 개별부동산가격을 결정・고시하지 아니할 수 있는 경우

① 행정안전부장관・국세청장이 비주거용 개별부동산가격 결정・고시하는 경우

다만, 대통령령으로 정하는 바에 따라 행정안전부장관 또는 국세청장이 국토교통부장관과 협의하여 비주거용 개별부동산의 가격을 별도로 결정・고시하는 경우는 제외한다(법 제21조 제1항

단서). 영 제55조(행정안전부장관 또는 국세청장이 비주거용 개별부동산가격을 결정・고시하는 경우)는 법 제21조 제1항 단서에 따라 행정안전부장관 또는 국세청장이 같은 항 본문에 따른 비주거용 개별부동산가격(이하 "비주거용 개별부동산가격"이라 한다)을 별도로 결정・고시하는 경우는 행정안전부 장관 또는 국세청장이 그 대상・시기 등에 대하여 미리 국토교통부장관과 협의한 후 비주거용 개별부동산가격을 별도로 결정・고시하는 경우로 한다고 규정하고 있다.

② 비주거용 개별부동산가격을 공시하지 아니할 수 있는 비주거용 일반부동산

법 제21조 제1항에도 불구하고 비주거용 표준부동산으로 선정된 비주거용 일반부동산 등 대통령령으로 정하는 비주거용 일반부동산에 대하여는 비주거용 개별부동산가격을 결정・공시하지 아니할 수 있다. 이 경우 비주거용 표준부동산으로 선정된 비주거용 일반부동산에 대하여는 해당 비주거용 표준부동산가격을 비주거용 개별부동산가격으로 본다(법 제21조 제2항). 시장・군수 또는 구청장은 법 제21조 제2항 전단에 따라 다음 각 호 1. 비주거용 표준부동산으로 선정된 비주거용 일반부동산, 2. 국세 또는 지방세 부과대상이 아닌 비주거용 일반부동산, 3. 그 밖에 국토교통부장관이 정하는 비주거용 일반부동산의 어느 하나에 해당하는 비주거용 일반부동산에 대해서는 비주거용 개별 부동산가격을 결정・공시하지 아니할 수 있다(영 제56조 제1항).

영 제56조 제1항에도 불구하고 시장・군수 또는 구청장은 다음 각 호 1. 관계 법령에 따라 비주거용 일반부동산의 가격산정 등에 비주거용 개별부동산가격을 적용하도록 규정되어 있는 비주거용 일반부동산, 2. 시장・군수 또는 구청장이 관계 행정기관의 장과 협의하여 비주거용 개별부동산가격을 결정・공시하기로 한 비주거용 일반부동산의 어느 하나에 해당하는 비주거용 일반부동산에 대해서는 비주거용 개별부동산가격을 공시한다(영 제56조 제2항).

(5) 국토교통부장관의 지도・감독

국토교통부장관은 공시 행정의 합리적인 발전을 도모하고 비주거용 표준부동산가격과 비주거용 개별부동산가격과의 균형유지 등 적정한 가격형성을 위하여 필요하다고 인정하는 경우에는 비주거용 개별부동산가격의 결정・공시 등에 관하여 시장・군수 또는 구청장을 지도・감독할 수 있다(법 제21조 제7항).

(6) 비주거용 개별부동산가격의 정정결정・공시

비주거용 개별부동산가격에 대한 이의신청 및 비주거용 개별부동산가격의 정정에 대하여는 제11조(개별공시지가에 대한 이의신청) 및 제12조(개별공시지가의 정정)를 각각 준용한다. 이 경우 제11조 제2항 후단 중 "제10조"는 "제21조"로 본다(법 제21조 제8항).

4. 비주거용 개별부동산가격에 대한 권리구제

(1) 법적 성질

비주거용 개별부동산가격의 법적 성질에 관해서는 개별공시지가 및 개별주택가격과 유사한 성질을 갖는다.

(2) 비주거용 개별부동산가격에 대한 행정쟁송

① 이의신청

비주거용 개별부동산가격에 대한 이의신청은 개별공시지가에 대한 이의신청(법 제11조)을 준용한다. 비주거용 개별부동산가격에 대하여 이의가 있는 자는 비주거용 개별부동산가격이 결정·공시된 날로부터 30일 이내에 시장·군수·구청장에게 이의를 신청할 수 있으며(법 제21조 제9항), 시장·군수·구청장은 이의신청기간이 만료된 날부터 30일 이내에 이의신청을 심사하여 그 결과를 이의신청인에게 서면으로 통지하여야 한다.

이 경우 시장·군수·구청장은 이의신청의 내용이 타당하다고 인정될 때에는 해당 비주거용 개별 부동산가격을 조정하여 다시 결정·공시하여야 한다(법 제21조 제9항). 이의신청인은 이에 불복 시 행정심판 또는 행정소송 제기가 가능하다.

② 행정소송

비주거용 개별부동산가격의 결정에 대한 행정소송에 관해서는 개별공시지가 및 개별주택가격과 유사하다.

04 비주거용 집합부동산가격의 가격공시[34)]

법 제22조(비주거용 집합부동산가격의 조사·산정 및 공시 등)

① 국토교통부장관은 비주거용 집합부동산에 대하여 매년 공시기준일 현재의 적정가격(이하 "비주거용 집합부동산가격"이라 한다)을 조사·산정하여 제24조에 따른 중앙부동산가격공시위원회의 심의를 거쳐 공시할 수 있다. 이 경우 시장·군수 또는 구청장은 비주거용 집합부동산가격을 결정·공시한 경우에는 이를 관계 행정기관 등에 제공하여야 한다.

② 제1항에도 불구하고 대통령령으로 정하는 바에 따라 행정안전부장관 또는 국세청장이 국토교통부장관과 협의하여 비주거용 집합부동산의 가격을 별도로 결정·고시하는 경우에는 해당 비주거용 집합부동산의 비주거용 개별부동산가격을 결정·공시하지 아니한다.

③ 국토교통부장관은 비주거용 집합부동산가격을 공시하기 위하여 비주거용 집합부동산의 가격을 산정할 때에는 대통령령으로 정하는 바에 따라 비주거용 집합부동산의 소유자와 그 밖의 이해관계인의 의견을 들어야 한다.

④ 제1항에 따른 비주거용 집합부동산의 조사대상의 선정, 공시기준일, 공시의 시기, 공시사항, 조사·산정기준 및 공시절차 등에 필요한 사항은 대통령령으로 정한다.

⑤ 국토교통부장관은 공시기준일 이후에 토지의 분할·합병이나 건축물의 신축 등이 발생한 경우에는 대통령령으로 정하는 날을 기준으로 하여 비주거용 집합부동산가격을 결정·공시하여야 한다.

⑥ 국토교통부장관이 제1항에 따라 비주거용 집합부동산가격을 조사·산정하는 경우에는 인근 유사 비주거용 집합부동산의 거래가격·임대료 및 해당 비주거용 집합부동산과 유사한 이용가치를 지닌다고 인정되는 비주거용 집합부동산의 건설에 필요한 비용추정액 등을 종합적으로 참작하여야 한다.

⑦ 국토교통부장관은 제1항에 따라 비주거용 집합부동산가격을 조사·산정할 때에는 부동산원 또는 대통령령으로 정하는 부동산 가격의 조사·산정에 관한 전문성이 있는 자에게 의뢰한다.

⑧ 국토교통부장관은 제1항 또는 제4항에 따라 공시한 가격에 틀린 계산, 오기, 그 밖에 대통령령으로 정하는 명백한 오류가 있음을 발견한 때에는 지체 없이 이를 정정하여야 한다.

34) 배명호, 감정평가 및 부동산가격공시법론, 북랩, 2020, 240면.

⑨ 비주거용 집합부동산가격의 공시에 대해서는 제4조 · 제6조 · 제7조 및 제13조를 각각 준용한다. 이 경우 제7조 제2항 후단 중 "제3조"는 "제22조"로 본다.

1. 비주거용 집합부동산가격의 공시의 의의

비주거용 집합부동산이라 「집합건물법」에 따라 구분소유되는 비주거용 부동산(법 제2조 제4호 가목)을 말하는데, 국토교통부장관은 비주거용 집합부동산에 대하여 매년 공시기준일 현재의 적정 가격을 조사 · 산정한 것을 비주거용 집합부동산가격이라 하고, 중앙부동산가격공시위원회의 심의를 거쳐 공시할 수 있다. 따라서 공시권자가 공시하지 않을 수도 있어 임의 규정에 해당한다.
이 경우 시장 · 군수 또는 구청장은 비주거용 집합부동산가격을 결정 · 공시한 경우에는 이를 관계 행정기관 등에 제공하여야 한다(법 제22조 제1항).
대통령령으로 정하는 바에 따라 행정안전부장관 또는 국세청장이 국토교통부장관과 협의하여 비주거용 집합부동산의 가격을 별도로 결정 · 고시하는 경우에는 해당 비주거용 집합부동산의 비주거용 개별부동산가격을 결정 · 공시하지 아니한다(법 제22조 제2항).

2. 비주거용 집합부동산가격의 조사 · 산정

(1) 집합부동산의 조사대상의 선정

비주거용 집합부동산의 조사대상의 선정 등에 필요한 사항은 대통령령으로 정한다(법 제22조 제4항). 아직 하위법령에 위임된 사항을 정하고 있지 않다.

(2) 조사 · 산정의 의뢰 및 절차

국토교통부장관은 법 제22조 제1항에 따라 비주거용 집합부동산가격을 조사 · 산정할 때에는 부동산원 또는 대통령령으로 정하는 부동산 가격의 조사 · 산정에 관한 전문성이 있는 자[감정평가법인 등(영 제69조 제1항)]에게 의뢰한다(법 제22조 제7항).
법 제22조 제7항에 따라 비주거용 집합부동산가격 조사 · 산정을 의뢰받은 자(이하 "비주거용 집합부동산가격 조사 · 산정기관"이라 한다)는 비주거용 집합부동산가격 및 그 밖에 국토교통부령으로 정하는 사항을 조사 · 산정한 후 국토교통부령으로 정하는 바에 따라 비주거용 집합부동산가격 조사 · 산정보고서를 작성하여 국토교통부장관에게 제출하여야 한다(영 제69조 제2항).[35]
국토교통부장관은 제2항에 따라 보고서를 제출받으면 다음 각 호의 자 1. 행정안전부장관, 2. 국세

35) 규칙 제30조(비주거용 집합부동산가격 조사 · 산정보고서) ① 영 제69조 제2항에서 "국토교통부령으로 정하는 사항"이란 다음 각 호 1. 비주거용 집합부동산의 소재지, 동명 및 호명, 2. 비주거용 집합부동산의 면적 및 공시가격, 3. 그 밖에 비주거용 집합부동산의 조사 · 산정에 필요한 사항을 말한다.
② 법 제22조 제7항에 따라 비주거용 집합부동산가격 조사 · 산정을 의뢰받은 자는 영 제69조 제2항에 따라 개별 비주거용 집합부동산가격 외에 다음 각 호 1. 비주거용 집합부동산 분포현황, 2. 비주거용 집합부동산가격 변동률, 3. 비주거용 집합부동산가격 총액 및 면적당 단가 · 평균가격, 4. 비주거용 집합부동산가격 상위 · 하위 현황, 5. 의견제출 및 이의신청 접수현황 및 처리현황, 6. 그 밖에 비주거용 집합부동산가격에 관한 사항의 사항이 포함된 조사 · 산정보고서를 책자 또는 전자정보의 형태로 국토교통부장관에게 제출하여야 한다.

청장, 3. 시 · 도지사, 4. 시장 · 군수 또는 구청장에게 해당 보고서를 제공하여야 한다(영 제69조 제3항). 제3항에 따라 보고서를 제공받은 자는 국토교통부장관에게 보고서에 대한 적정성 검토를 요청할 수 있다(영 제69조 제4항). 국토교통부장관은 제2항에 따라 제출된 보고서에 대하여 실거래 신고가격 및 감정평가 정보체계 등을 활용하여 그 적정성 여부를 검토할 수 있다(영 제69조 제5항). 국토교통부장관은 제5항에 따른 적정성 여부 검토를 위하여 필요하다고 인정하는 경우에는 해당 비주거용 집합부동산가격 조사 · 산정기관 외에 부동산 가격의 조사 · 산정에 관한 전문성이 있는 자를 별도로 지정하여 의견을 들을 수 있다(영 제69조 제6항).

국토교통부장관은 제5항에 따른 검토 결과 부적정하다고 판단되거나 비주거용 집합부동산가격 조사 · 산정이 관계 법령을 위반하여 수행되었다고 인정되는 경우에는 해당 비주거용 집합부동산가격 조사 · 산정기관에 보고서를 시정하여 다시 제출하게 할 수 있다(영 제69조 제7항).

(3) 조사 · 산정의 기준

국토교통부장관이 제1항에 따라 비주거용 집합부동산가격을 조사 · 산정하는 경우에는 인근 유사 비주거용 집합부동산의 거래가격 · 임대료 및 해당 비주거용 집합부동산과 유사한 이용가치를 지닌다고 인정되는 비주거용 집합부동산의 건설에 필요한 비용추정액 등을 종합적으로 참작하여야 한다(법 제22조 제6항). 국토교통부장관은 법 제22조 제6항에 따라 비주거용 집합부동산가격을 조사 · 산정할 때 그 비주거용 집합부동산에 전세권 또는 그 밖에 비주거용 집합부동산의 사용 · 수익을 제한하는 권리가 설정되어 있는 경우에는 그 권리가 존재하지 아니하는 것으로 보고 적정가격을 산정하여야 한다(영 제68조 제1항). 법 제22조에 따른 비주거용 집합부동산가격 조사 및 산정의 세부기준은 중앙부동산가격공시위원회의 심의를 거쳐 국토교통부장관이 정한다(영 제68조 제2항). 아직 국토교통부장관에 의한 세분기준은 없다.

(4) 비주거용 집합부동산소유자와 그 밖의 이해관계인의 의견청취

국토교통부장관은 비주거용 집합부동산가격을 공시하기 위하여 비주거용 집합부동산의 가격을 산정할 때에는 대통령령으로 정하는 바에 따라 비주거용 집합부동산의 소유자와 그 밖의 이해관계인의 의견을 들어야 한다(법 제22조 제3항).

3. 비주거용 집합부동산가격의 공시

(1) 공시권자 및 공시기준일

공시권자는 국토교통부장관이다. 국토교통부장관은 비주거용 집합부동산가격을 산정 · 공시하려는 경우에는 매년 4월 30일까지 비주거용 집합부동산가격을 산정 · 공시하여야 한다. 다만, 제67조 제2항 제1호의 경우에는 그 해 9월 30일까지, 같은 항 제2호의 경우에는 다음 해 4월 30일까지 산정 · 공시하여야 한다(영 제64조 제1항). 비주거용 집합부동산가격의 공시기준일은 1월 1일로 한다. 다만, 국토교통부장관은 비주거용 집합부동산가격 조사 · 산정인력 및 비주거용 집합부동산의 수 등을 고려하여 부득이하다고 인정하는 경우에는 일부 지역을 지정하여 해당 지역에 대한 공시기준일을 따로 정할 수 있다(영 제63조).

(2) 공동주택가격 공시기준일을 다르게 할 수 있는 비주거용 집합부동산

국토교통부장관은 공시기준일 이후에 토지의 분할·합병이나 건축물의 신축 등이 발생한 경우에는 대통령령으로 정하는 날을 기준으로 하여 비주거용 집합부동산가격을 결정·공시하여야 한다(법 제22조 제5항).

(3) 공시사항

법 제22조 제1항에 따른 비주거용 집합부동산가격의 공시에는 다음 각 호 1. 비주거용 집합부동산의 소재지·명칭·동·호수, 2. 비주거용 집합부동산가격, 3. 비주거용 집합부동산의 면적, 4. 그 밖에 비주거용 집합부동산가격 공시에 필요한 사항이 포함되어야 한다(영 제64조 제2항).

(4) 공시방법 및 통지

국토교통부장관은 법 제22조 제1항 전단에 따라 비주거용 집합부동산가격을 공시할 때에는 다음 각 호 1. 제2항 각 호의 사항의 개요, 2. 비주거용 집합부동산가격의 열람방법, 3. 이의신청의 기간·절차 및 방법의 사항을 관보에 공고하고, 비주거용 집합부동산가격을 부동산공시가격시스템에 게시하여야 하며, 비주거용 집합부동산 소유자에게 개별 통지하여야 한다(영 제64조 제3항).

(5) 공동주택가격의 정정사유

국토교통부장관은 제1항 또는 제4항에 따라 공시한 가격에 틀린 계산, 오기, 그 밖에 대통령령으로 정하는 명백한 오류가 있음을 발견한 때에는 지체 없이 이를 정정하여야 한다(법 제22조 제8항).

(6) 비주거용 집합부동산가격의 공급

국토교통부장관은 법 제22조 제1항 후단에 따라 비주거용 집합부동산가격 공시사항을 제3항에 따른 공고일부터 10일 이내에 다음 각 호 1. 행정안전부장관, 2. 국세청장, 3. 시장·군수 또는 구청장의 자에게 제공하여야 한다(영 제64조 제4항).

(7) 준용규정

비주거용 집합부동산가격의 공시에 대해서는 제4조(표준지공시지가의 조사협조)·제6조(표준지공시지가의 열람 등)·제7조(표준지공시지가에 대한 이의신청) 및 제13조(타인토지에의 출입 등)를 각각 준용한다. 이 경우 국토교통부장관은 이의신청의 내용이 타당하다고 인정될 때에는 제22조에 따라 해당 표준지공시지가를 조정하여 다시 공시하여야 한다(법 제22조 제9항).

4. 비주거용 집합부동산가격에 대한 권리구제

(1) 법적 성질

비주거용 집합부동산가격의 법적 성질에 관해서는 개별주택가격 및 공동주택가격과 유사한 성질을 갖는다.

(2) 공동주택가격에 대한 행정쟁송

① 이의신청

개별공시지가에 대한 이의신청(법 제7조)은 비주거용 집합부동산가격의 공시에 준용한다(법 제

22조 제9항). 이에 대한 이의신청은 비주거용 집합부동산가격의 공시 후 비주거용 집합부동산가격에 대해 의견을 듣는 절차로서, 국민의 사후적 권리 구제를 위한 절차이다. 비주거용 집합부동산가격에 이의가 있는 자는 그 공시일부터 30일 이내에 서면(전자문서를 포함한다)으로 국토교통부장관에게 이의를 신청할 수 있다(법 제22조 제9항 및 제7조 제1항).

국토교통부장관은 이의신청 기간이 만료된 날부터 30일 이내에 이의신청을 심사하여 그 결과를 신청인에게 서면으로 통지하여야 한다. 이 경우 국토교통부장관은 이의신청의 내용이 타당하다고 인정될 때에는 해당 비주거용 집합부동산가격을 조정하여 다시 공시하여야 한다(법 제18조 제8항 및 제7조 제2항). 이의신청 및 처리절차 등에 필요한 사항은 대통령령으로 정한다(법 제7조 제3항). 이의신청인은 이에 불복 시 행정심판 또는 행정소송 제기가 가능하다.

② **행정소송**

비주거용 집합부동산가격의 공시에 대한 행정소송에 관해서는 개별공시지가 및 공동주택가격과 유사하다.

05 비주거용 부동산가격공시의 효력

법 제23조(비주거용 부동산가격공시의 효력)

① 제20조에 따른 비주거용 표준부동산가격은 국가·지방자치단체 등이 그 업무와 관련하여 비주거용 개별부동산가격을 산정하는 경우에 그 기준이 된다.

② 제21조 및 제22조에 따른 비주거용 개별부동산가격 및 비주거용 집합부동산가격은 비주거용 부동산시장에 가격정보를 제공하고, 국가·지방자치단체 등이 과세 등의 업무와 관련하여 비주거용 부동산의 가격을 산정하는 경우에 그 기준으로 활용될 수 있다.

06 비주거용 부동산가격공시의 불복

비주거용 부동산가격공시의 불복의 경우에도 지가공시체계와 주택가격공시체계가 동일하기 때문에 그 불복도 같은 논리로 이의신청 규정에 대하여 준용하는 체계를 가지고 있다(부동산공시법 준용 제20조 제7항 표공－비주거용 표준, 제21조 제8항 개공－비주거용 개별, 제22조 제9항 표공－비주거용 집합). 비주거용 부동산가격의 결정·공시에 대해서는 일반 행정심판법 및 행정소송법에 따라 행정심판의 제기도 가능하고, 행정소송의 제기도 물론 가능하다고 판단된다.

07 기출문제

» 기출문제(제29회 4번)

부동산 가격공시에 관한 법령상 중앙부동산가격공시위원회에 관하여 설명하시오. 10점

Chapter
05 부동산가격공시위원회

01 중앙부동산가격공시위원회

법 제24조(중앙부동산가격공시위원회)

① 다음 각 호의 사항을 심의하기 위하여 국토교통부장관 소속으로 중앙부동산가격공시위원회(이하 이 조에서 "위원회"라 한다)를 둔다.

1. 부동산 가격공시 관계법령의 제정·개정에 관한 사항 중 국토교통부장관이 심의에 부치는 사항
2. 제3조에 따른 표준지의 선정 및 관리지침
3. 제3조에 따라 조사·평가된 표준지공시지가
4. 제7조에 따른 표준지공시지가에 대한 이의신청에 관한 사항
5. 제16조에 따른 표준주택의 선정 및 관리지침
6. 제16조에 따라 조사·산정된 표준주택가격
7. 제16조에 따른 표준주택가격에 대한 이의신청에 관한 사항
8. 제18조에 따른 공동주택의 조사 및 산정지침
9. 제18조에 따라 조사·산정된 공동주택가격
10. 제18조에 따른 공동주택가격에 대한 이의신청에 관한 사항
11. 제20조에 따른 비주거용 표준부동산의 선정 및 관리지침
12. 제20조에 따라 조사·산정된 비주거용 표준부동산가격
13. 제20조에 따른 비주거용 표준부동산가격에 대한 이의신청에 관한 사항
14. 제22조에 따른 비주거용 집합부동산의 조사 및 산정 지침
15. 제22조에 따라 조사·산정된 비주거용 집합부동산가격
16. 제22조에 따른 비주거용 집합부동산가격에 대한 이의신청에 관한 사항
17. 제26조의2에 따른 계획 수립에 관한 사항
18. 그 밖에 부동산정책에 관한 사항 등 국토교통부장관이 심의에 부치는 사항

② 위원회는 위원장을 포함한 20명 이내의 위원으로 구성한다.

③ 위원회의 위원장은 국토교통부 제1차관이 된다.

④ 위원회의 위원은 대통령령으로 정하는 중앙행정기관의 장이 지명하는 6명 이내의 공무원과 다음 각 호의 어느 하나에 해당하는 사람 중 국토교통부장관이 위촉하는 사람이 된다.

1. 「고등교육법」에 따른 대학에서 토지·주택 등에 관한 이론을 가르치는 조교수 이상으로 재직하고 있거나 재직하였던 사람
2. 판사, 검사, 변호사 또는 감정평가사의 자격이 있는 사람
3. 부동산가격공시 또는 감정평가 관련 분야에서 10년 이상 연구 또는 실무경험이 있는 사람

⑤ 공무원이 아닌 위원의 임기는 2년으로 하되, 한차례 연임할 수 있다.

⑥ 국토교통부장관은 필요하다고 인정하면 위원회의 심의에 부치기 전에 미리 관계 전문가의 의견을 듣거나 조사·연구를 의뢰할 수 있다.

⑦ 제1항부터 제6항까지에서 규정한 사항 외에 위원회의 조직 및 운영에 필요한 사항은 대통령령으로 정한다.

시행령 제71조(중앙부동산가격공시위원회)

① 법 제24조 제2항에 따라 중앙부동산가격공시위원회를 구성할 때에는 성별을 고려하여야 한다.

② 법 제24조 제4항 각 호 외의 부분에서 "대통령령으로 정하는 중앙행정기관"이란 다음 각 호의 중앙행정기관을 말한다.

1. 기획재정부
2. 행정안전부
3. 농림축산식품부

3의2. 보건복지부

4. 국토교통부

③ 중앙부동산가격공시위원회의 위원장(이하 "위원장"이라 한다)은 중앙부동산가격공시위원회를 대표하고, 중앙부동산가격공시위원회의 업무를 총괄한다.

④ 위원장은 중앙부동산가격공시위원회의 회의를 소집하고 그 의장이 된다.

⑤ 중앙부동산가격공시위원회에 부위원장 1명을 두며, 부위원장은 위원 중 위원장이 지명하는 사람이 된다.

⑥ 부위원장은 위원장을 보좌하고 위원장이 부득이한 사유로 직무를 수행할 수 없을 때에 그 직무를 대행한다.

⑦ 위원장 및 부위원장이 모두 부득이한 사유로 직무를 수행할 수 없을 때에는 위원장이 미리 지명한 위원이 그 직무를 대행한다.

⑧ 위원장은 중앙부동산가격공시위원회의 회의를 소집할 때에는 개회 3일 전까지 의안을 첨부하여 위원에게 개별 통지하여야 한다.

⑨ 중앙부동산가격공시위원회의 회의는 재적위원 과반수의 출석으로 개의(開議)하고, 출석위원 과반수의 찬성으로 의결한다.

⑩ 중앙부동산가격공시위원회의 위원 중 공무원이 아닌 위원에게는 예산의 범위에서 수당과 여비를 지급할 수 있다.

⑪ 제1항부터 제10항까지에서 규정한 사항 외에 중앙부동산가격공시위원회의 운영에 필요한 세부적인 사항은 중앙부동산가격공시위원회의 의결을 거쳐 위원장이 정한다.

시행령 제72조(위원의 제척·기피·회피)

① 중앙부동산가격공시위원회 위원이 다음 각 호의 어느 하나에 해당하는 경우에는 중앙부동산가격공시위원회의 심의·의결에서 제척(除斥)된다.

1. 위원 또는 그 배우자나 배우자였던 사람이 해당 안건의 당사자(당사자가 법인·단체 등인 경우에는 그 임원을 포함한다. 이하 이 호 및 제2호에서 같다)가 되거나 그 안건의 당사자와 공동권리자 또는 공동의무자인 경우
2. 위원이 해당 안건의 당사자와 친족이거나 친족이었던 경우
3. 위원이 해당 안건에 대하여 증언, 진술, 자문, 조사, 연구, 용역 또는 감정을 한 경우
4. 위원이나 위원이 속한 법인·단체 등이 해당 안건의 당사자의 대리인이거나 대리인이었던 경우
5. 위원이 해당 안건의 당사자와 같은 감정평가법인 또는 감정평가사무소에 소속된 경우

② 당사자는 위원에게 공정한 심의·의결을 기대하기 어려운 사정이 있는 경우에는 중앙부동산가격공시위원회에 기피 신청을 할 수 있고, 중앙부동산가격공시위원회는 의결로 이를 결정한다. 이 경우 기피 신청의 대상인 위원은 그 의결에 참여하지 못한다.

③ 위원이 제1항 각 호에 따른 제척사유에 해당하는 경우에는 스스로 해당 안건의 심의·의결에서 회피(回避)하여야 한다.

시행령 제73조(위원의 해촉 등)

① 국토교통부장관은 중앙부동산가격공시위원회의 위촉위원이 다음 각 호의 어느 하나에 해당하는 경우에는 그 위촉위원을 해촉(解囑)할 수 있다.

1. 심신장애로 인하여 직무를 수행할 수 없게 된 경우
2. 직무와 관련된 비위사실이 있는 경우
3. 직무태만, 품위손상이나 그 밖의 사유로 인하여 위촉위원으로 적합하지 아니하다고 인정되는 경우
4. 위원 스스로 직무를 수행하는 것이 곤란하다고 의사를 밝히는 경우
5. 제72조 제1항 각 호의 어느 하나에 해당하는 데에도 불구하고 회피하지 아니한 경우

② 법 제24조 제4항에 따라 위원을 지명한 자는 해당 위원이 제1항 각 호의 어느 하나에 해당하는 경우에는 그 지명을 철회할 수 있다.

02 시 · 군 · 구 부동산가격공시위원회

법 제25조(시 · 군 · 구 부동산가격공시위원회)

① 다음 각 호의 사항을 심의하기 위하여 시장 · 군수 또는 구청장 소속으로 시 · 군 · 구 부동산가격공시위원회를 둔다.

1. 제10조에 따른 개별공시지가의 결정에 관한 사항
2. 제11조에 따른 개별공시지가에 대한 이의신청에 관한 사항
3. 제17조에 따른 개별주택가격의 결정에 관한 사항
4. 제17조에 따른 개별주택가격에 대한 이의신청에 관한 사항
5. 제21조에 따른 비주거용 개별부동산가격의 결정에 관한 사항
6. 제21조에 따른 비주거용 개별부동산가격에 대한 이의신청에 관한 사항
7. 그 밖에 시장 · 군수 또는 구청장이 심의에 부치는 사항

② 제1항에 규정된 것 외에 시 · 군 · 구 부동산가격공시위원회의 조직 및 운영에 필요한 사항은 대통령령으로 정한다.

시행령 제74조(시 · 군 · 구 부동산가격공시위원회)

① 시 · 군 · 구 부동산가격공시위원회는 위원장 1명을 포함한 10명 이상 15명 이하의 위원으로 구성하며, 성별을 고려하여야 한다.

② 시 · 군 · 구 부동산가격공시위원회 위원장은 부시장 · 부군수 또는 부구청장이 된다. 이 경우 부시장 · 부군수 또는 부구청장이 2명 이상이면 시장 · 군수 또는 구청장이 지명하는 부시장 · 부군수 또는 부구청장이 된다.

③ 시 · 군 · 구 부동산가격공시위원회 위원은 시장 · 군수 또는 구청장이 지명하는 6명 이내의 공무원과 다음 각 호의 어느 하나에 해당하는 사람 중에서 시장 · 군수 또는 구청장이 위촉하는 사람이 된다.

1. 부동산 가격공시 또는 감정평가에 관한 학식과 경험이 풍부하고 해당 지역의 사정에 정통한 사람
2. 시민단체(「비영리민간단체 지원법」 제2조에 따른 비영리민간단체를 말한다)에서 추천한 사람

④ 시 · 군 · 구 부동산가격공시위원회 위원의 제척 · 기피 · 회피 및 해촉에 관하여는 제72조 및 제73조를 준용한다.

⑤ 제1항부터 제4항까지에서 규정한 사항 외에 시 · 군 · 구 부동산가격공시위원회의 구성 · 운영에 필요한 사항은 해당 시 · 군 · 구의 조례로 정한다.

Chapter

06 부동산가격공시제도 보칙

법 제26조(공시보고서의 제출 등)

① 정부는 표준지공시지가, 표준주택가격 및 공동주택가격의 주요사항에 관한 보고서를 매년 정기국회의 개회 전까지 국회에 제출하여야 한다.

② 국토교통부장관은 제3조에 따른 표준지공시지가, 제16조에 따른 표준주택가격, 제18조에 따른 공동주택가격, 제20조에 따른 비주거용 표준부동산가격 및 제22조에 따른 비주거용 집합부동산가격을 공시하는 때에는 부동산의 시세 반영률, 조사·평가 및 산정 근거 등의 자료를 국토교통부령으로 정하는 바에 따라 인터넷 홈페이지 등에 공개하여야 한다.

법 제26조의2(적정가격 반영을 위한 계획 수립 등)

① 국토교통부장관은 부동산공시가격이 적정가격을 반영하고 부동산의 유형·지역 등에 따른 균형성을 확보하기 위하여 부동산의 시세 반영률의 목표치를 설정하고, 이를 달성하기 위하여 대통령령으로 정하는 바에 따라 계획을 수립하여야 한다.

② 제1항에 따른 계획을 수립하는 때에는 부동산 가격의 변동 상황, 지역 간의 형평성, 해당 부동산의 특수성 등 제반사항을 종합적으로 고려하여야 한다.

③ 국토교통부장관이 제1항에 따른 계획을 수립하는 때에는 관계 행정기관과의 협의를 거쳐 공청회를 실시하고, 제24조에 따른 중앙부동산가격공시위원회의 심의를 거쳐야 한다.

④ 국토교통부장관, 시장·군수 또는 구청장은 부동산공시가격을 결정·공시하는 경우 제1항에 따른 계획에 부합하도록 하여야 한다.

법 제27조(공시가격정보체계의 구축 및 관리)

① 국토교통부장관은 토지, 주택 및 비주거용 부동산의 공시가격과 관련된 정보를 효율적이고 체계적으로 관리하기 위하여 공시가격정보체계를 구축·운영할 수 있다.

② 국토교통부장관은 제1항에 따른 공시가격정보체계를 구축하기 위하여 필요한 경우 관계 기관에 자료를 요청할 수 있다. 이 경우 관계 기관은 정당한 사유가 없으면 그 요청을 따라야 한다.

③ 제1항 및 제2항에 따른 정보 및 자료의 종류, 공시가격정보체계의 구축·운영방법 등에 필요한 사항은 대통령령으로 정한다.

법 제27조의2(회의록의 공개)

제24조에 따른 중앙부동산가격공시위원회 및 제25조에 따른 시·군·구부동산가격공시위원회 심의의 일시·장소·안건·내용·결과 등이 기록된 회의록은 3개월의 범위에서 대통령령으로 정하는 기간이 지난 후에는 대통령령으로 정하는 바에 따라 인터넷 홈페이지 등에 공개하여야 한다. 다만, 공익을 현저히 해할 우려가 있거나 심의의 공정성을 침해할 우려가 있다고 인정되는 이름, 주민등록번호 등 대통령령으로 정하는 개인 식별 정보에 관한 부분의 경우에는 그러하지 아니하다.

법 제28조(업무위탁)

① 국토교통부장관은 다음 각 호의 업무를 부동산원 또는 국토교통부장관이 정하는 기관에 위탁할 수 있다.

1. 다음 각 목의 업무 수행에 필요한 부대업무

가. 제3조에 따른 표준지공시지가의 조사・평가
나. 제16조에 따른 표준주택가격의 조사・산정
다. 제18조에 따른 공동주택가격의 조사・산정
라. 제20조에 따른 비주거용 표준부동산가격의 조사・산정
마. 제22조에 따른 비주거용 집합부동산가격의 조사・산정

2. 제6조에 따른 표준지공시지가, 제16조 제7항에 따른 표준주택가격, 제18조 제8항에 따른 공동주택가격, 제20조 제7항에 따른 비주거용 표준부동산가격 및 제22조 제9항에 따른 비주거용 집합부동산가격에 관한 도서・도표 등 작성・공급
3. 제3조 제8항, 제16조 제6항 및 제20조 제6항에 따른 토지가격비준표, 주택가격비준표 및 비주거용 부동산가격비준표의 작성・제공
4. 제15조에 따른 부동산 가격정보 등의 조사
5. 제27조에 따른 공시가격정보체계의 구축 및 관리
6. 제1호부터 제5호까지의 업무와 관련된 업무로서 대통령령으로 정하는 업무

② 국토교통부장관은 제1항에 따라 그 업무를 위탁할 때에는 예산의 범위에서 필요한 경비를 보조할 수 있다.

법 제29조(수수료 등)

① 부동산원 및 감정평가법인등은 이 법에 따른 표준지공시지가의 조사・평가, 개별공시지가의 검증, 부동산 가격정보・통계 등의 조사, 표준주택가격의 조사・산정, 개별주택가격의 검증, 공동주택가격의 조사・산정, 비주거용 표준부동산가격의 조사・산정, 비주거용 개별부동산가격의 검증 및 비주거용 집합부동산가격의 조사・산정 등의 업무수행을 위한 수수료와 출장 또는 사실 확인 등에 소요된 실비를 받을 수 있다.

② 제1항에 따른 수수료의 요율 및 실비의 범위는 국토교통부장관이 정하여 고시한다.

법 제30조(벌칙 적용에서 공무원 의제)

다음 각 호의 어느 하나에 해당하는 사람은 「형법」 제129조부터 제132조까지의 규정을 적용할 때에는 공무원으로 본다.

1. 제28조 제1항에 따라 업무를 위탁받은 기관의 임직원
2. 중앙부동산가격공시위원회의 위원 중 공무원이 아닌 위원

Chapter 07

공시가격 현실화 수정계획 및 2023년 주택 재산세 부과와 제도개선 방안

기획재정부, 행정안전부, 국토교통부는 11월 23일(수), 국민의 보유세 부담을 20년 수준으로 완화하기 위해 「공시가격 현실화 수정 계획」 및 「2023년 주택 재산세 부과와 제도개선 방안」을 마련하였다고 밝혔다.

1. 추진 배경

- 지난 정부에서 부동산 가격이 크게 오른데 이어,'공시가격 현실화 계획' (2020.11.)이 수립됨에 따라 현실화율도 가파르게 올라 공시가격이 급등하였다.
- 종합부동산세의 경우에도 공정시장가액비율 및 세율 인상 등이 병행됨에 따라 국민의 부동산 보유 부담이 급증*하였다.
  - * (주택분 재산세) '19년 5.1조원 → '20년 5.8조원 → '21년 6.3조원 → '22년 6.7조원
  (주택분 종부세) '19년 1.0조원 → '20년 1.5조원 → '21년 4.4조원 → '22년 4.1조원
- 이에, 단기간 급증한 국민의 보유세 부담을 덜어드리기 위해 2020년 수준으로 보유세 부담 완화가 대선 공약으로 제시된 바 있으며,
- 윤석열 대통령은 공약의 취지, 최근 집값 하락 및 어려운 경제여건 등을 감안하여 현실화 계획 및 보유세제에 있어 적극적인 부담 완화 방안을 마련하라고 당부한 바 있다.
- 국토교통부는 그간 연구용역(2022.6. ~ 11, 한국조세재정연구원)과 공청회(11.4, 11.22), 중앙부동산가격공시위원회(11.23.) 등을 거쳐 '공시가격 현실화 수정 계획'을 마련하는 한편, 행정안전부는 세부담을 안정적으로 관리하여 납세부담을 경감하기 위한 재산세 개편방안을 마련하였다.
- 이번에 마련한 공시가격 현실화 수정 계획의 주요내용과 재산세 개편방안 중 공정시장가액비율 관련 내용은 아래와 같다.

2. 공시가격 현실화 수정 계획

- 2023년 공시가격 산정 시 적용될 현실화율이 '공시가격 현실화 계획' 수립(20.11.) 이전인 2020년 수준으로 낮춰진다.

【 수정 계획에 따른 '23년 현실화율 】

	'22년 현실화율	기존 '23년 현실화율	수정 '23년 현실화율
아파트	71.5%	72.7%	69.0%
단독주택	58.1%	60.4%	53.6%
토지	71.6%	74.7%	65.5%

- 2023년 공시가격에 적용될 유형별 평균 현실화율은 수정된 계획에 따라 2020년 수준인 공동주택 69.0%, 단독주택 53.6%, 토지 65.5%로 감소한다.
- 이에 따라, 모든 주택과 토지가 이번 수정 계획에 따른 현실화율 하향 대상이 되며, 유형별로는 기존 계획상 2023년 현실화율 대비 평균적으로 공동주택 −5.1%, 단독주택 −11.3%, 토지 −12.3%가 하락하게 된다.
- 이번 2020년 수준 하향 결정 시 고려한 사항은 다음과 같다.

① (과도한 보유 부담) 현실화 계획이 시행된 이후 모든 주택 및 토지에 대한 현실화율을 제고하면서, 지난 2년간(21년, 22년) 공시가격 변동률이 과도하게 증가함에 따라 국민 보유 부담이 가중된 측면*

【 현실화 계획 시행 전 · 후 공시가격 변동률 】

구분	시기	공동주택	단독주택	토지
시행 전	11~20년 연평균	3.02%	4.39%	4.66%
시행 후	21년	19.05%	6.80%	10.35%
	22년	17.20%	7.34%	10.17%

* 현실화율 제고로 인한 공시가격 상승분은 공동주택 연간 최대 4.3% 수준('21년 시세 9~15억)

② (시세 역전 방지) 최근의 부동산 시장 침체 상황이 내년에도 이어질 경우, 최근 공동주택 일부에서 나타나는 공시가격과 실거래가격 간 역전 문제가 보다 확대되어 공시가격에 대한 국민 수용성이 낮아질 우려

③ (균형성 개선) 부동산 유형별 현실화율 균형성 제고도 중요한 목표이나, 현실화율을 22년 수준으로 단순 동결할 경우 부동산 유형별 현실화율 균형성 개선 효과가 없음

- 이러한 공시가격 현실화 수정 계획에 따른 현실화율 인하 효과로 인해 22년 대비 23년 공시가격 변동률은 평균적으로 공동주택은 −3.5%, 단독주택은 −7.5%, 토지는 −8.4%가 하락할 예정이며,
- 23년의 최종 공시가격은 22년의 부동산 시세 변동분을 반영하여 결정될 예정이다.

'23년 공시가격	=	'22년 말 시세	×	'23년 현실화율('20년 수준)

- 한편, 24년 이후 장기적으로 적용될 '공시가격 현실화 계획'은 내년 이후의 부동산 시장상황 및 경제여건의 불확실성이 높고, 시세 조사에 대한 정확성 개선이 선행될 필요가 있다는 전문가 의견을 종합적으로 고려하여 23년 하반기에 마련할 예정이다.

3. 2023년 주택 보유세 완화 방안

〈재산세〉

- 주택 실수요자인 1주택자의 2023년 재산세를 최근 주택가격 하락과 서민 가계부담을 고려하여 2020년 이전 수준으로 환원한다.
- 정부는 지난 6월 「지방세법 시행령」을 개정, 1주택자의 공정시장가액비율*을 60%에서 45%로 인하하여 납세자의 재산세 부담을 올해 한시적으로 2020년 수준으로 낮춘 바 있는데,

  * 공정시장가액비율 : 공시가격을 재산세 과표에 반영하는 비율
  (공시가격이 5억이고 공정시장가액비율이 60%일 경우 과표는 3억(5억×60%))

  – 2023년에는 서민 재산세 부담 완화를 위해 1주택자 공정시장가액비율 인하 기조를 유지하면서, 주택가격 하락에 따른 공시가격 하락 효과 등을 반영하여 추가로 45% 보다 낮은 수준으로 인하*할 계획이다(구체적인 인하율은 주택 공시가격 공개(23.3月) 이후 23.4月경 확정 예정).

〈종합부동산세〉

• 정부개편안이 시행될 경우 2023년 종부세액과 납부 인원이 2020년 수준으로 환원될 것으로 예상된다.

	현행	개선
공제액	• (1세대1주택자) 11억원 • (일반) 6억원	• (1세대1주택자) 12억원 • (일반) 9억원
세율	• (2주택 이하) 0.6% ~ 3.0% • (3주택 이상) 1.2% ~ 6.0%	• 0.5% ~ 2.7%
세부담 상한	• 2주택 이하 150% • 3주택 이상 다주택자 300%	• 무관하게 150%

• 이번 연구용역에서 각 주제별로 다뤄질 세부내용은 다음과 같다.

【공시가격 현실화 계획 재검토 연구】

• 2020년에 수립된 현실화 계획에서 제시한 목표 현실화율(90%) 및 목표 달성기간(5~15년) 등에 대한 이행 결과를 분석하고, 수정 · 보완방안을 마련할 예정이다.
  - 현행 현실화 계획은 목표 현실화율(90%) 수준이 높고, 최근 2년간 높은 공시가격 상승으로 인해 조세 · 복지제도 등에 큰 영향을 주는 등 비판을 받은 바 있다.
  - 이에 적정가격의 개념과 해외사례 등을 고려하여 현행 목표 현실화율의 적절성을 재검토하고, 목표 달성기간도 개별 부동산 간의 현실화율 균형성 회복 및 국민 부담 수준 등을 감안하여 적정 기간을 검토할 예정이다.
  - 아울러, 경제위기나 부동산 가격급등 등 외부 충격이 있을 경우 계획 적용을 일시적으로 유예하는 등의 탄력적 조정장치 신설(세부요건 및 절차 포함) 여부도 살펴볼 계획이다.
• 이와 함께, 보다 근본적으로 공적목적을 위해 정부가 별도로 산정 중인 공시가격의 성격과 함께 공시가격을 활용하는 행정제도 등에 대한 다른 가격기준 적용 가능성도 검토할 계획이다.

【공시제도 개선방안 연구】

• 최근 공시가격의 정확성 · 신뢰성 제고를 위해 제기되고 있는 다양한 의견들을 전반적으로 검토할 계획이다.

① 공시가격 정확성 · 투명성 제고를 위해 지자체 역할 확대 방안에 대한 검토
② 공시가격 산정체제에 대한 현황 분석 및 개선 필요성 검토
③ 개별 부동산별 공시가격의 정확성 · 수용성 제고를 위해 공시 주기 및 공시 시점 등 검토
④ 현행 공시가격 산정방식의 적절성 평가 및 대체 가능한 대안과 각 대안별 효과, 소요 예산 등 검토
⑤ 공시가격 투명성 제고를 위해 공시가격 관련 정보공개 대상, 범위, 양식 등에 대한 개선방안 검토

• 국토교통부는 연구용역과 병행하여 공시가격 현실화 계획의 재검토 및 공시제도 개선방안 마련에 대한 주요 쟁점 검토와 의견수렴을 위해 학계 · 유관기관 · 지자체 등이 참여하는 전문가 자문위원회를 구성하여 월 1회 운영할 계획이다.
• 공시가격 현실화 계획 재검토는 연구용역, 공청회 등을 통해 2022년 11월 중 수정 · 보완방안을 마련 후 2023년 공시부터 적용할 계획이며, 공시제도 전반에 대한 개선방안은 연구결과 및 전문가 자문위원회의 의견 등을 종합하여 내년 중 개편방안을 마련할 예정이다.

※ 출처: 국토교통부 보도자료(2022년 11월 24일)

PART

04

감정평가 및 감정평가사

Chapter 01
감정평가

제1절 총칙

법 제1조(목적)

이 법은 감정평가 및 감정평가사에 관한 제도를 확립하여 공정한 감정평가를 도모함으로써 국민의 재산권을 보호하고 국가경제 발전에 기여함을 목적으로 한다.

법 제2조(정의)

이 법에서 사용하는 용어의 뜻은 다음과 같다.

1. "토지등"이란 토지 및 그 정착물, 동산, 그 밖에 대통령령으로 정하는 재산과 이들에 관한 소유권 외의 권리를 말한다.
2. "감정평가"란 토지 등의 경제적 가치를 판정하여 그 결과를 가액(價額)으로 표시하는 것을 말한다.
3. "감정평가업"이란 타인의 의뢰에 따라 일정한 보수를 받고 토지 등의 감정평가를 업(業)으로 행하는 것을 말한다.
4. "감정평가법인등"이란 제21조에 따라 사무소를 개설한 감정평가사와 제29조에 따라 인가를 받은 감정평가법인을 말한다.

01 총칙 및 정의

1. 목적

이 법은 감정평가 및 감정평가사에 관한 제도를 확립하여 공정한 감정평가를 도모함으로써 국민의 재산권을 보호하고 국가경제 발전에 기여함을 목적으로 한다.

2. 정의

① "토지 등"이란 토지 및 그 정착물, 동산, 그 밖에 대통령령으로 정하는 재산과 이들에 관한 소유권 외의 권리를 말한다.

② "감정평가"란 토지 등의 경제적 가치를 판정하여 그 결과를 가액(價額)으로 표시하는 것을 말한다.

③ "감정평가업"이란 타인의 의뢰에 따라 일정한 보수를 받고 토지 등의 감정평가를 업(業)으로 행하는 것을 말한다.

④ "감정평가법인등"이란 제21조에 따라 사무소를 개설한 감정평가사와 제29조에 따라 인가를 받은 감정평가법인을 말한다.

02 감정평가 기준, 직무, 감정평가 의뢰

법 제3조(기준)

① 감정평가법인등이 토지를 감정평가하는 경우에는 그 토지와 이용가치가 비슷하다고 인정되는 「부동산 가격공시에 관한 법률」에 따른 표준지공시지가를 기준으로 하여야 한다. 다만, 적정한 실거래가가 있는 경우에는 이를 기준으로 할 수 있다.

② 제1항에도 불구하고 감정평가법인등이 「주식회사 등의 외부감사에 관한 법률」에 따른 재무제표 작성 등 기업의 재무제표 작성에 필요한 감정평가와 담보권의 설정・경매 등 대통령령으로 정하는 감정평가를 할 때에는 해당 토지의 임대료, 조성비용 등을 고려하여 감정평가를 할 수 있다.

③ 감정평가의 공정성과 합리성을 보장하기 위하여 감정평가법인등(소속 감정평가사를 포함한다)이 준수하여야 할 원칙과 기준은 국토교통부령으로 정한다.

④ 국토교통부장관은 감정평가법인등이 감정평가를 할 때 필요한 세부적인 기준(이하 "실무기준"이라 한다)의 제정 등에 관한 업무를 수행하기 위하여 대통령령으로 정하는 바에 따라 전문성을 갖춘 민간법인 또는 단체(이하 "기준제정기관"이라 한다)를 지정할 수 있다.

⑤ 국토교통부장관은 필요하다고 인정되는 경우 제40조에 따른 감정평가관리・징계위원회의 심의를 거쳐 기준제정기관에 실무기준의 내용을 변경하도록 요구할 수 있다. 이 경우 기준제정기관은 정당한 사유가 없으면 이에 따라야 한다.

⑥ 국가는 기준제정기관의 설립 및 운영에 필요한 비용의 일부 또는 전부를 지원할 수 있다.

법 제4조(직무)

① 감정평가사는 타인의 의뢰를 받아 토지 등을 감정평가하는 것을 그 직무로 한다.

② 감정평가사는 공공성을 지닌 가치평가 전문직으로서 공정하고 객관적으로 그 직무를 수행한다.

법 제5조(감정평가의 의뢰)

① 국가, 지방자치단체, 「공공기관의 운영에 관한 법률」에 따른 공공기관 또는 그 밖에 대통령령으로 정하는 공공단체(이하 "국가 등"이라 한다)가 토지 등의 관리・매입・매각・경매・재평가 등을 위하여 토지 등을 감정평가하려는 경우에는 감정평가법인등에 의뢰하여야 한다.

② 금융기관・보험회사・신탁회사 또는 그 밖에 대통령령으로 정하는 기관이 대출, 자산의 매입・매각・관리 또는 「주식회사 등의 외부감사에 관한 법률」에 따른 재무제표 작성을 포함한 기업의 재무제표 작성 등과 관련하여 토지 등의 감정평가를 하려는 경우에는 감정평가법인등에 의뢰하여야 한다.

③ 제1항 또는 제2항에 따라 감정평가를 의뢰하려는 자는 제33조에 따른 한국감정평가사협회에 요청하여 추천받은 감정평가법인등에 감정평가를 의뢰할 수 있다.

④ 제1항 및 제2항에 따른 의뢰의 절차와 방법 및 제3항에 따른 추천의 기준 등에 필요한 사항은 대통령령으로 정한다.

03 감정평가서, 감정평가서의 심사

법 제6조(감정평가서)

① 감정평가법인등은 감정평가를 의뢰받은 때에는 지체 없이 감정평가를 실시한 후 국토교통부령으로 정하는 바에 따라 감정평가 의뢰인에게 감정평가서(「전자문서 및 전자거래기본법」 제2조에 따른 전자문서로 된 감정평가서를 포함한다)를 발급하여야 한다.

② 감정평가서에는 감정평가법인등의 사무소 또는 법인의 명칭을 적고, 감정평가를 한 감정평가사가 그 자격을 표시한 후 서명과 날인을 하여야 한다. 이 경우 감정평가법인의 경우에는 그 대표사원 또는 대표이사도 서명이나 날인을 하여야 한다.

③ 감정평가법인등은 감정평가서의 원본과 그 관련 서류를 국토교통부령으로 정하는 기간 이상 보존하여야 하며, 해산하거나 폐업하는 경우에도 대통령령으로 정하는 바에 따라 보존하여야 한다. 이 경우 감정평가법인등은 감정평가서의 원본과 그 관련 서류를 이동식 저장장치 등 전자적 기록매체에 수록하여 보존할 수 있다.

법 제7조(감정평가서의 심사 등)

① 감정평가법인은 제6조에 따라 감정평가서를 의뢰인에게 발급하기 전에 감정평가를 한 소속 감정평가사가 작성한 감정평가서의 적정성을 같은 법인 소속의 다른 감정평가사에게 심사하게 하고, 그 적정성을 심사한 감정평가사로 하여금 감정평가서에 그 심사사실을 표시하고 서명과 날인을 하게 하여야 한다.

② 제1항에 따라 감정평가서의 적정성을 심사하는 감정평가사는 감정평가서가 제3조에 따른 원칙과 기준을 준수하여 작성되었는지 여부를 신의와 성실로써 공정하게 심사하여야 한다.

③ 감정평가 의뢰인 및 관계 기관 등 대통령령으로 정하는 자는 발급된 감정평가서의 적정성에 대한 검토를 대통령령으로 정하는 기준을 충족하는 감정평가법인등(해당 감정평가서를 발급한 감정평가법인등은 제외한다)에게 의뢰할 수 있다.

④ 제1항에 따른 심사대상·절차·기준 및 제3항에 따른 검토절차·기준 등에 관하여 필요한 사항은 대통령령으로 정한다.

법 시행령 제7조의2(감정평가서 적정성 검토의뢰인 등)

① 법 제7조 제3항에서 "감정평가 의뢰인 및 관계 기관 등 대통령령으로 정하는 자"란 다음 각 호의 자를 말한다. 다만, 「공익사업을 위한 토지 등의 취득 및 보상에 관한 법률」 등 관계 법령에 감정평가와 관련하여 권리구제 절차가 규정되어 있는 경우로서 권리구제 절차가 진행 중이거나 권리구제 절차를 이행할 수 있는 자(권리구제 절차의 이행이 완료된 자를 포함한다)는 제외한다.

1. 감정평가 의뢰인
2. 감정평가 의뢰인이 발급받은 감정평가서를 활용하는 거래나 계약 등의 상대방
3. 감정평가 결과를 고려하여 관계 법령에 따른 인가·허가·등록 등의 여부를 판단하거나 그 밖의 업무를 수행하려는 행정기관

② 법 제7조 제3항에서 "대통령령으로 정하는 기준을 충족하는 감정평가법인등"이란 소속된 감정평가사(감정평가사인 감정평가법인등의 대표사원, 대표이사 또는 대표자를 포함한다)가 둘 이상인 감정평가법인등을 말한다. [본조신설 2022.1.21.]

법 시행령 제7조의3(감정평가서 적정성 검토절차 등)

① 법 제7조 제3항에 따라 감정평가서의 적정성에 대한 검토를 의뢰하려는 자는 법 제6조 제1항에 따라 발급받은 감정평가서(「전자문서 및 전자거래기본법」에 따른 전자문서로 된 감정평가서를 포함한다)의 사본을 첨부하여 제7조의2 제2항에 따른 감정평가법인등에게 검토를 의뢰해야 한다.

② 제1항에 따른 검토 의뢰를 받은 감정평가법인등은 지체 없이 검토업무를 수행할 감정평가사를 지정해야 한다.

③ 제2항에 따라 검토업무를 수행할 감정평가사는 5년 이상 감정평가 업무를 수행한 사람으로서 감정평가실적이 100건 이상인 사람이어야 한다. [본조신설 2022.1.21.]

법 시행령 제7조의4(적정성 검토결과의 통보 등)

① 제7조의3 제1항에 따른 검토 의뢰를 받은 감정평가법인등은 의뢰받은 감정평가서의 적정성 검토가 완료된 경우에는 적정성 검토 의뢰인에게 검토결과서(「전자문서 및 전자거래기본법」에 따른 전자문서로 된 검토결과서를 포함한다. 이하 이 조에서 같다)를 발급해야 한다.

② 제1항에 따른 검토결과서에는 감정평가법인등의 사무소 또는 법인의 명칭을 적고, 적정성 검토를 한 감정평가사가 그 자격을 표시한 후 서명과 날인을 해야 한다. 이 경우 감정평가사가 소속된 곳이 감정평가법인인 경우에는 그 대표사원 또는 대표이사도 서명이나 날인을 해야 한다. [본조신설 2022.1.21.]

PART 04

04 감정평가 타당성조사 및 표본조사

법 제8조(감정평가 타당성조사 등)

① 국토교통부장관은 제6조에 따라 감정평가서가 발급된 후 해당 감정평가가 이 법 또는 다른 법률에서 정하는 절차와 방법 등에 따라 타당하게 이루어졌는지를 직권으로 또는 관계 기관 등의 요청에 따라 조사할 수 있다.

② 제1항에 따른 타당성조사를 할 경우에는 해당 감정평가법인등 및 대통령령으로 정하는 이해관계인에게 의견진술기회를 주어야 한다.

③ 제1항 및 제2항에 따른 타당성조사의 절차 등에 필요한 사항은 대통령령으로 정한다.

④ 국토교통부장관은 감정평가 제도를 개선하기 위하여 대통령령으로 정하는 바에 따라 제6조 제1항에 따라 발급된 감정평가서에 대한 표본조사를 실시할 수 있다.

법 시행령 제8조(타당성조사의 절차 등)

① 국토교통부장관은 다음 각 호의 어느 하나에 해당하는 경우 법 제8조 제1항에 따른 타당성조사를 할 수 있다. 〈개정 2022.1.21.〉

1. 국토교통부장관이 법 제47조에 따른 지도·감독을 위한 감정평가법인등의 사무소 출입·검사 결과나 그 밖의 사유에 따라 조사가 필요하다고 인정하는 경우
2. 관계 기관 또는 제3항에 따른 이해관계인이 조사를 요청하는 경우

② 국토교통부장관은 법 제8조 제1항에 따른 타당성조사의 대상이 되는 감정평가가 다음 각 호의 어느 하나에 해당하는 경우에는 타당성조사를 하지 않거나 중지할 수 있다. 〈개정 2021.1.5.〉

1. 법원의 판결에 따라 확정된 경우
2. 재판이 계속 중이거나 수사기관에서 수사 중인 경우
3. 「공익사업을 위한 토지 등의 취득 및 보상에 관한 법률」 등 관계 법령에 감정평가와 관련하여 권리구제 절차가 규정되어 있는 경우로서 권리구제 절차가 진행 중이거나 권리구제 절차를 이행할 수 있는 경우(권리구제 절차를 이행하여 완료된 경우를 포함한다)
4. 징계처분, 제재처분, 형사처벌 등을 할 수 없어 타당성조사의 실익이 없는 경우

③ 법 제8조 제2항에서 "대통령령으로 정하는 이해관계인"이란 해당 감정평가를 의뢰한 자를 말한다.

④ 국토교통부장관은 법 제8조 제1항에 따른 타당성조사에 착수한 경우에는 착수일부터 10일 이내에 해당 감정평가법인등과 제3항에 따른 이해관계인에게 다음 각 호의 사항을 알려야 한다. 〈개정 2022.1.21.〉
1. 타당성조사의 사유
2. 타당성조사에 대하여 의견을 제출할 수 있다는 것과 의견을 제출하지 아니하는 경우의 처리방법
3. 법 제46조 제1항 제1호에 따라 업무를 수탁한 기관의 명칭 및 주소
4. 그 밖에 국토교통부장관이 공정하고 효율적인 타당성조사를 위하여 필요하다고 인정하는 사항

⑤ 제4항에 따른 통지를 받은 감정평가법인등과 이해관계인은 통지를 받은 날부터 10일 이내에 국토교통부장관에게 의견을 제출할 수 있다. 〈개정 2022.1.21.〉

⑥ 국토교통부장관은 법 제8조 제1항에 따른 타당성조사를 완료한 경우에는 해당 감정평가법인등, 제3항에 따른 이해관계인 및 법 제8조 제1항에 따라 타당성조사를 요청한 관계 기관에 지체 없이 그 결과를 통지해야 한다. 〈개정 2022.1.21.〉

법 시행령 제8조의2(감정평가서에 대한 표본조사)

① 국토교통부장관은 법 제8조 제4항에 따라 다음 각 호의 표본조사를 할 수 있다.
1. 무작위추출방식의 표본조사
2. 우선추출방식의 표본조사

② 제1항 제2호의 표본조사는 다음 각 호의 분야에 대해 국토교통부장관이 정하는 바에 따라 실시한다.
1. 최근 3년 이내에 실시한 제8조 제1항에 따른 타당성조사 결과 감정평가의 원칙과 기준을 준수하지 않는 등 감정평가의 부실이 발생한 분야
2. 제1항 제1호의 표본조사를 실시한 결과 법 또는 다른 법률에서 정하는 방법이나 절차 등을 위반한 사례가 다수 발생한 분야
3. 그 밖에 감정평가의 부실을 방지하기 위하여 협회의 요청을 받아 국토교통부장관이 필요하다고 인정하는 분야

③ 국토교통부장관은 제1항 및 제2항에 따른 표본조사 결과 감정평가 제도의 개선이 필요하다고 인정되는 경우에는 기준제정기관에 감정평가의 방법과 절차 등에 관한 개선 의견을 요청할 수 있다.

④ 제1항 및 제2항에 따른 표본조사에 필요한 세부사항은 국토교통부장관이 정하여 고시한다.
[본조신설 2022.1.21.]

Ⅰ. 타당성 조사

1. 타당성 조사의 의의 및 취지(감정평가법 제8조)

타당성조사란 국토교통부장관이 감정평가서가 발급된 후 직권 또는 관계 기관 등의 요청 있는 경우에 감정평가법인등의 감정평가가 법률에서 정하는 절차와 방법 등에 따라 타당하게 이루어졌는지를

조사하는 것을 말한다. 이는 평가보고서의 합리성 검증, 의뢰인의 의사결정에 확신 제공, 제도개선 기능 등에 취지가 있다.

2. 타당성 조사 실시 및 중지사유

(1) 타당성 조사 사유(동법 시행령 제8조 제1항)

국토교통부장관은 ① 감정평가법 제47조에 따른 지도・감독을 위한 감정평가법인등의 사무소 출입・검사 결과, 그 밖의 사유에 따라 조사가 필요하다고 인정하는 경우와 ② 관계 기관 또는 이해관계인(이때의 이해관계란 해당 감정평가를 의뢰한 자)이 조사를 요청하는 경우에 타당성조사를 실시할 수 있다.

(2) 중지 및 실시사유(동법 시행령 제8조 제2항)

국토교통부장관은 감정평가의 타당성조사의 대상이 되는 감정평가가 ① 법원의 판결에 따라 확정된 경우, ② 재판에 계류 중이거나 수사기관에서 수사 중인 경우, ③ 토지보상법 등 관계 법령에서 감정평가와 관련하여 규정하고 있는 권리구제 절차가 진행 중이거나 권리구제 절차를 이행할 수 있는 경우, ④ 징계처분, 제재처분, 형사처벌 등을 할 수 없어 타당성 조사의 실익이 없는 경우에는 타당성 조사를 하지 아니하거나, 실시된 경우에는 중지할 수 있다.

3. 타당성 조사의 절차(동법 시행령 제4항 내지 제6항)

국토교통부장관은 ① 국토교통부장관은 타당성조사에 착수한 경우에는 착수일부터 10일 이내에 해당 감정평가법인등과 이해관계인에게 ㉠ 타당성조사의 사유, ㉡ 타당성조사에 대하여 의견을 제출할 수 있다는 것과 의견을 제출하지 아니하는 경우의 처리방법, ㉢ 업무를 수탁한 기관의 명칭 및 주소, ㉣ 그 밖에 국토교통부장관이 공정하고 효율적인 타당성조사를 위하여 필요하다고 인정하는 사항을 알려야 한다 ② 통지를 받은 감정평가법인등과 이해관계인은 통지를 받은 날부터 10일 이내에 국토교통부장관에게 의견을 제출할 수 있다. ③ 국토교통부장관은 타당성조사를 완료한 경우에는 해당 감정평가법인등, 이해관계인 및 타당성조사를 요청한 관계 기관에 지체 없이 그 결과를 통지해야 한다.

Ⅱ. 표본조사

1. 표본조사의 의의(감정평가법 제8조 제4항)

국토교통부장관은 법 또는 다른 법률에 따른 감정평가의 방법・절차 등과 실제 감정평가서의 작성 간에 차이가 있는지 여부를 확인하여 감정평가제도를 개선하기 위해 표본조사를 할 수 있다고 규정하고 있다.

2. 감정평가서에 대한 표본조사(감정평가법 시행령 제8조의2)

(1) 표본조사의 내용

① 무작위추출방식의 표본조사, ② 우선추출방식의 표본조사가 있다. ③ 〈우선추출방식의 표본조사의 경우〉 ㉠ 최근 3년 이내에 실시한 타당성조사 결과 감정평가의 원칙과 기준을 준수하지 않는

등 감정평가의 부실이 발생한 분야, ㉡ 표본조사를 실시한 결과 법 또는 다른 법률에서 정하는 방법이나 절차 등을 위반한 사례가 다수 발생한 분야, ㉢ 그 밖에 감정평가의 부실을 방지하기 위하여 협회의 요청을 받아 국토교통부장관이 필요하다고 인정하는 분야에 대하여 실시한다.

(2) 의견 요청 및 고시

① 국토교통부장관은 표본조사 결과 감정평가 제도의 개선이 필요하다고 인정되는 경우에는 기준제정기관에 감정평가의 방법과 절차 등에 관한 개선 의견을 요청할 수 있다. ② 표본조사에 필요한 세부사항은 국토교통부장관이 정하여 고시한다.

III. 결

사실상 타당성 조사를 징계의 예비절차로 행해지는 것에 대하여 감정평가업계는 반발하고 있다. 원래 타당성 조사는 제도 개선을 위해 처음 도입되었는데 시간의 경과에 따라 제도가 변질되어 지금은 징계처분의 사전적 절차로 인식되어 있어 문제가 있다. 차제에 해당 타당성 조사는 폐지하는 것이 타당하다고 생각된다.

05 감정평가 정보체계의 구축 · 운용 등

법 제9조(감정평가 정보체계의 구축 · 운용 등)

① 국토교통부장관은 국가등이 의뢰하는 감정평가와 관련된 정보 및 자료를 효율적이고 체계적으로 관리하기 위하여 감정평가 정보체계(이하 "감정평가 정보체계"라 한다)를 구축 · 운영할 수 있다.
② 「공익사업을 위한 토지 등의 취득 및 보상에 관한 법률」에 따른 감정평가 등 국토교통부령으로 정하는 감정평가를 의뢰받은 감정평가법인등은 감정평가 결과를 감정평가 정보체계에 등록하여야 한다. 다만, 개인정보 보호 등 국토교통부장관이 정하는 정당한 사유가 있는 경우에는 그러하지 아니하다.
③ 감정평가법인등은 제2항에 따른 감정평가 정보체계 등록 대상인 감정평가에 대해서는 제6조 제1항에 따른 감정평가서를 발급할 때 해당 의뢰인에게 그 등록에 대한 사실을 알려야 한다.
④ 국토교통부장관은 감정평가 정보체계의 운용을 위하여 필요한 경우 관계 기관에 자료제공을 요청할 수 있다. 이 경우 이를 요청받은 기관은 정당한 사유가 없으면 그 요청을 따라야 한다.
⑤ 제1항 및 제2항에 따른 정보 및 자료의 종류, 감정평가 정보체계의 구축 · 운영방법 등에 필요한 사항은 국토교통부령으로 정한다.

» 기출문제(제31회 4번)

감정평가 및 감정평가사에 관한 법률 에 따른 감정평가의 기준 및 감정평가 타당성 조사에 관하여 각각 설명하시오. **10점**

Chapter

02 감정평가사

※ 감정평가 및 감정평가사에 관한 법률(이하 '감정평가법')로 통칭함

■ **2022년도 감정평가 및 감정평가에 관한 법률 개정 내용**

[시행 2022.7.21.] [법률 제18309호, 2021.7.20, 일부개정]

◇ 개정이유

감정평가는 부동산, 동산, 산업재산권 등 자산에 대한 경제적 가치를 판정하는 업무로서 자산의 거래, 담보 설정, 경매 등 다양한 분야에서 활용되고 있으며, 공정하고 객관적인 가치평가가 필수적임.

그러나 감정평가를 의뢰하면서 이해관계에 따라 고가 또는 저가평가를 종용하거나 감정평가에 대한 보수를 제대로 지급하는 않는 일부 의뢰인들의 행태로 인해 공정한 감정평가가 저해되거나 감정평가 시장 질서가 훼손되는 문제가 나타나고 있음.

이에 감정평가 시장질서를 확립하고 공정하고 객관적인 감정평가가 이루어지도록 하기 위해 의뢰인의 불공정 행위를 제한하는 한편, 공정한 감정평가에 대한 감정평가사의 책무를 명시하고, 감정평가의 신뢰를 제고하기 위한 감정평가서 표본조사에 대한 법적 근거를 마련하면서 징계이력을 공개하도록 하는 등 감정평가사의 책임과 의무도 강화하려는 것임.

또한, 감정평가산업의 환경변화에 대응하여 감정평가의 구체적인 원칙과 기준을 연구·보급할 수 있는 기관 또는 단체의 운영근거를 마련하고, 전자적인 형태의 감정평가서 발급을 허용하는 등 감정평가분야의 낡은 규제도 개선하려는 것임.

◇ 주요내용

가. 국토교통부장관이 감정평가 실무기준을 정하기 위해 전문성을 갖춘 기관 또는 단체를 기준제정기관으로 지정할 수 있도록 하고, 국토교통부장관은 감정평가의 공정성과 합리성을 보장하기 위해 필요한 경우에 실무기준의 내용을 변경하도록 요구할 수 있도록 함(제3조 제4항 및 제5항).

나. 감정평가사는 공공성을 지닌 가치평가 전문직으로서 공정하고 객관적으로 그 직무를 수행하도록 함(제4조 제2항).

다. 감정평가서를 「전자문서 및 전자거래기본법」에 따른 전자문서로 발급할 수 있도록 하고 감정평가서 원본과 관련 서류를 전자적 기록매체에 수록하여 보존할 수 있도록 함(제6조 제1항 및 제3항).

라. 감정평가 의뢰인 및 관계기관 등 대통령령으로 정하는 자로 하여금 발급된 감정평가서의 적정성에 대한 검토를 해당 감정평가서를 발급한 감정평가법인등이 아닌 감정평가법인등에게 의뢰할 수 있도록 함(제7조 제3항).

마. 미성년자 또는 피성년후견인·피한정후견인도 감정평가사 자격은 취득할 수 있도록 감정평가사 결격사유에서 제외하되, 등록의 거부사유에 규정함(제12조 제1항 및 제18조 제1항).

바. 의뢰인이나 선의의 제3자를 보호하기 위하여 감정평가법인등이 갖추어야 하는 손해배상능력 등을 국토교통부령으로 정할 수 있도록 함(제28조 제4항 신설).

사. 누구든지 감정평가법인등과 그 사무직원에게 토지 등에 대하여 특정한 가액으로의 감정평가를 유도 또는 요구할 수 없도록 함(제28조의2 신설).

아. 감정평가법인은 100분의 70을 넘는 범위에서 감정평가사인 사원 또는 이사를 두도록 하여 일정한 범위에서 감정평가사가 아닌 사원 또는 이사를 둘 수 있도록 함(제29조 제2항).

자. 국토교통부장관이 감정평가사에 대한 징계를 한 때에는 그 사유를 밝혀 해당 감정평가사, 감정평가법인등, 한국감정평가사협회에 각각 통보하고 그 내용을 관보 또는 인터넷 홈페이지 등에 게시 또는 공고하도록 함(제39조의2 신설).

제1절 감정평가사 업무 및 자격

법 제10조(감정평가법인등의 업무)

감정평가법인등은 다음 각 호의 업무를 행한다.

1. 「부동산 가격공시에 관한 법률」에 따라 감정평가법인등이 수행하는 업무
2. 「부동산 가격공시에 관한 법률」 제8조 제2호에 따른 목적을 위한 토지 등의 감정평가
3. 「자산재평가법」에 따른 토지 등의 감정평가
4. 법원에 계속 중인 소송 또는 경매를 위한 토지 등의 감정평가
5. 금융기관·보험회사·신탁회사 등 타인의 의뢰에 따른 토지 등의 감정평가
6. 감정평가와 관련된 상담 및 자문
7. 토지 등의 이용 및 개발 등에 대한 조언이나 정보 등의 제공
8. 다른 법령에 따라 감정평가법인등이 할 수 있는 토지 등의 감정평가
9. 제1호부터 제8호까지의 업무에 부수되는 업무

법 제11조(자격)

제14조에 따른 감정평가사시험에 합격한 사람은 감정평가사의 자격이 있다.

법 제12조(결격사유)

① 다음 각 호의 어느 하나에 해당하는 사람은 감정평가사가 될 수 없다.

1. 삭제 〈2021.7.20.〉
2. 파산선고를 받은 사람으로서 복권되지 아니한 사람
3. 금고 이상의 실형을 선고받고 그 집행이 종료(집행이 종료된 것으로 보는 경우를 포함한다)되거나 그 집행이 면제된 날부터 3년이 지나지 아니한 사람
4. 금고 이상의 형의 집행유예를 받고 그 유예기간이 만료된 날부터 1년이 지나지 아니한 사람
5. 금고 이상의 형의 선고유예를 받고 그 선고유예기간 중에 있는 사람
6. 제13조에 따라 감정평가사 자격이 취소된 후 3년이 지나지 아니한 사람. 다만, 제7호에 해당하는 사람은 제외한다.
7. 제39조 제1항 제11호 및 제12호에 따라 자격이 취소된 후 5년이 지나지 아니한 사람

② 국토교통부장관은 감정평가사가 제1항 제2호부터 제5호까지의 어느 하나에 해당하는지 여부를 확인하기 위하여 관계 기관에 자료를 요청할 수 있다. 이 경우 관계 기관은 특별한 사정이 없으면 그 자료를 제공하여야 한다.

법 제13조(자격의 취소)

① 국토교통부장관은 감정평가사가 다음 각 호의 어느 하나에 해당하는 경우에는 그 자격을 취소하여야 한다.

1. 부정한 방법으로 감정평가사의 자격을 받은 경우
2. 제39조 제2항 제1호에 해당하는 징계를 받은 경우

② 국토교통부장관은 제1항에 따라 감정평가사의 자격을 취소한 경우에는 국토교통부령으로 정하는 바에 따라 그 사실을 공고하여야 한다.

③ 제1항에 따라 감정평가사의 자격이 취소된 사람은 자격증(제17조에 따라 등록한 경우에는 등록증을 포함한다)을 국토교통부장관에게 반납하여야 한다.

01 감정평가사 자격제도

감정평가사제도는 종전에 국토이용관리법상의 토지평가사와 감정평가에 관한 법률에 의한 공인감정사제도로 이원화되어 전문가에 의한 부동산 평가의 일관성이 결여되고 업무중복 등의 문제로 인한 국민의 신뢰저하 등의 문제를 해결하고, 지가공시제도의 효율적 운영을 위해 1989년 제정된 지가공시법에 의해 시행된 제도이다. 이후 수차례 개정을 거쳐 제도가 운영되어 오다가 2015년 12월 「부동산 가격공시 및 감정평가에 관한 법률」에서 분법이 되어 2016년 9월 1자로 현재 「감정평가 및 감정평가사에 관한 법률」에 근거하고 있다.

02 감정평가법인등의 업무(법 제10조)

» 기출문제(제31회 3번)

甲과 乙은 감정평가사 자격이 없는 공인회계사로서, 甲은 A주식회사의 부사장 겸 본부장이고 乙은 A주식회사의 상무의 직에 있는 자이다. 甲과 乙은 A주식회사 대표 B로부터 서울 소재의 A주식회사 소유 빌딩의 부지를 비롯한 지방에 있는 같은 회사 전 사업장 물류센터 등 부지에 대한 자산 재평가를 의뢰받고, 회사의 회계처리를 목적으로 부지에 대한 감정평가등 자산재평가를 실시하여 그 결과 평가대상 토지(기존의 장부상 가액 3천억원)의 경제적 가치를 7천억원의 가액으로 표시하고, 그 대가로 1억 5,400만원을 받았다. 이러한 甲과 乙의 행위는 「감정평가 및 감정평가사에 관한 법률」상의 감정평가업자의 업무에 해당하는지 여부에 관하여 논하시오. **20점**

법 제10조(감정평가법인등의 업무)

1. 「부동산 가격공시에 관한 법률」에 따라 감정평가법인등이 수행하는 업무
2. 「부동산 가격공시에 관한 법률」 제8조 제2호에 따른 목적을 위한 토지 등의 감정평가
3. 「자산재평가법」에 따른 토지 등의 감정평가
4. 법원에 계속 중인 소송 또는 경매를 위한 토지 등의 감정평가
5. 금융기관・보험회사・신탁회사 등 타인의 의뢰에 따른 토지 등의 감정평가
6. 감정평가와 관련된 상담 및 자문
7. 토지 등의 이용 및 개발 등에 대한 조언이나 정보 등의 제공
8. 다른 법령에 따라 감정평가법인등이 할 수 있는 토지 등의 감정평가
9. 제1호부터 제8호까지의 업무에 부수되는 업무

03 감정평가사의 자격 및 결격사유, 시험

법 제11조(자격)

제14조에 따른 감정평가사시험에 합격한 사람은 감정평가사의 자격이 있다.

법 제12조(결격사유)

① 다음 각 호의 어느 하나에 해당하는 사람은 감정평가사가 될 수 없다.

1. 삭제 〈2021.7.20.〉
2. 파산선고를 받은 사람으로서 복권되지 아니한 사람
3. 금고 이상의 실형을 선고받고 그 집행이 종료(집행이 종료된 것으로 보는 경우를 포함한다)되거나 그 집행이 면제된 날부터 3년이 지나지 아니한 사람
4. 금고 이상의 형의 집행유예를 받고 그 유예기간이 만료된 날부터 1년이 지나지 아니한 사람
5. 금고 이상의 형의 선고유예를 받고 그 선고유예기간 중에 있는 사람. 다만, 제7호에 해당하는 사람은 제외한다.
6. 제13조에 따라 감정평가사 자격이 취소된 후 3년이 지나지 아니한 사람
7. 제39조 제1항 제11호 및 제12호에 따라 자격이 취소된 후 5년이 지나지 아니한 사람

② 국토교통부장관은 감정평가사가 제1항 제2호부터 제5호까지의 어느 하나에 해당하는지 여부를 확인하기 위하여 관계 기관에 자료를 요청할 수 있다. 이 경우 관계 기관은 특별한 사정이 없으면 그 자료를 제공하여야 한다.

시행령 제9조(시험과목 및 방법)

① 법 제14조에 따른 감정평가사시험(이하 "시험"이라 한다)의 시험과목은 별표 1과 같다.

② 제1차 시험은 선택형으로 한다.

③ 제2차 시험은 논문형으로 하되, 기입형을 병행할 수 있다.

④ 제1항에 따른 제1차 시험의 과목 중 영어 과목은 제1차 시험 응시원서 접수마감일부터 역산(逆算)하여 2년이 되는 날 이후에 실시된 다른 시험기관의 시험(이하 "영어시험"이라 한다)에서 취득한 성적으로 시험을 대체한다.

⑤ 제4항에 따른 영어시험의 종류 및 합격에 필요한 점수는 별표 2와 같다.

⑥ 시험에 응시하려는 사람은 응시원서를 제출할 때에 국토교통부장관이 별표 2에서 정한 영어시험의 합격에 필요한 기준점수를 확인할 수 있도록 하여야 한다.

시행령 제10조(합격기준)

① 제1차 시험 과목 중 영어과목을 제외한 나머지 시험과목의 합격기준은 과목당 100점을 만점으로 하여 모든 과목 40점 이상, 전 과목 평균 60점 이상의 득점으로 한다.

② 국토교통부장관은 감정평가사의 수급 상황 등을 고려하여 제2차 시험의 최소합격인원을 정할 수 있다. 이 경우 감정평가관리・징계위원회의 심의를 거쳐야 한다. 〈개정 2022.1.21.〉

③ 제2차 시험과목의 합격기준은 과목당 100점을 만점으로 하여 모든 과목 40점 이상, 전 과목 평균 60점 이상의 득점으로 한다. 다만, 모든 과목 40점 이상, 전 과목 평균 60점 이상을 득점한 사람의 수가 제2항에 따른 최소합격인원에 미달하는 경우에는 모든 과목 40점 이상을 득점한 사람 중에서 전 과목 평균점수가 높은 순으로 최소합격인원의 범위에서 합격자를 결정한다.

④ 제3항 단서에 따라 합격자를 결정하는 경우 동점자로 인하여 최소합격인원을 초과하는 경우에는 그 동점자 모두를 합격자로 결정한다. 이 경우 동점자의 점수는 소수점 이하 둘째자리까지만 계산하며, 반올림은 하지 아니한다.

시행령 제11조(시험시행공고)

국토교통부장관은 시험을 시행하려는 경우에는 시험의 일시, 장소, 방법, 과목, 응시자격, 별표 2에서 정한 영어능력 검정시험의 합격에 필요한 기준점수의 확인방법, 제2차 시험의 최소합격인원, 응시절차 및 그 밖에 필요한 사항을 시험일 90일 전까지 인터넷 홈페이지 등에 공고하여야 한다.

시행령 제12조(합격자의 공고 등)

① 국토교통부장관은 시험합격자가 결정된 경우에는 모든 응시자가 알 수 있는 방법으로 합격자 결정에 관한 사항과 실무수습신청기간 및 실무수습기간 등 실무수습에 필요한 사항을 관보에 공고하고, 합격자에게는 최종 합격 확인서를 발급하여야 한다.

② 국토교통부장관은 법 제11조에 해당하는 사람이 감정평가사 자격증의 발급을 신청하는 경우 법 제12조에 따른 결격사유에 해당하는 경우를 제외하고는 감정평가사 자격증을 발급하여야 한다.

1. 감정평가사의 자격

감정평가법 제11조는 자격취득을 위한 적극적 요건으로 동법 제14조에 의한 소정의 시험합격에 대해, 제12조는 소극적 요건으로 결격사유를 규정하고, 국토교통부장관은 감정평가법 시행령 제12조 제2항에서 법 제11조에 해당하는 사람이 감정평가사 자격증의 발급을 신청하는 경우 법 제12조에 따른 결격사유에 해당하는 경우를 제외하고는 감정평가사 자격증을 발급하여야 한다고 규정하고 있다.

2. 감정평가사의 결격사유

(1) 결격사유(법 제12조)

다음에 해당하는 자는 감정평가사가 될 수 없다. ① 파산선고를 받은 사람으로서 복권되지 아니한 사람, ② 금고 이상의 실형을 선고받고 그 집행이 종료되거나 그 집행이 면제된 날부터 3년이 지나지 아니한 사람, ③ 금고 이상의 형의 집행유예를 받고 그 유예기간이 만료된 날부터 1년이 지나지 아니한 사람, ④ 금고 이상의 형의 선고유예를 받고 그 선고유예기간 중에 있는 사람, ⑤ 제13조에 따라 감정평가사 자격이 취소된 후 3년이 지나지 아니한 사람, ⑥ 제39조 제1항 제11호 및 제12호에 따라 자격이 취소된 후 5년이 지나지 아니한 사람

(2) 감정평가사 자격취득 전에 결격사유가 있는 경우

결격사유에 해당하는 자가 감정평가사 자격시험에 합격한 경우에는 그 합격처분은 무효사유가 된다. 따라서 국토교통부장관이 사후에 이러한 사정을 발견하고 합격을 취소한 경우에 그러한 합격취소는 행정행위로 볼 수 없고 관념의 통지에 불과하다. 이러한 합격취소는 법률규정상 발생한 무효사유를 확인하는 행위에 불과하기 때문에 행정행위로 볼 수 없기 때문이다. 따라서 당사자는 이러한 합격취소행위를 대상으로 행정소송을 제기할 수 없다.

(3) 감정평가사 자격취득 후에 결격사유가 발생한 경우

감정평가사 자격취득 후에 감정평가법 제12조의 결격사유에 해당하게 된 경우에는 동법 제17조 및 제18조에 의하여 자격등록 및 갱신등록의 거부 및 자격등록의 취소처분을 받게 된다.

04 감정평가사 자격의 취소

법 제13조(자격의 취소)

① 국토교통부장관은 감정평가사가 다음 각 호의 어느 하나에 해당하는 경우에는 그 자격을 취소하여야 한다.

1. 부정한 방법으로 감정평가사의 자격을 받은 경우
2. 제39조 제2항 제1호에 해당하는 징계를 받은 경우

② 국토교통부장관은 제1항에 따라 감정평가사의 자격을 취소한 경우에는 국토교통부령으로 정하는 바에 따라 그 사실을 공고하여야 한다.

③ 제1항에 따라 감정평가사의 자격이 취소된 사람은 자격증(제17조에 따라 등록한 경우에는 등록증을 포함한다)을 국토교통부장관에게 반납하여야 한다.

※ 자격증 양도・대여규정은 개정 법률 본문에서는 삭제되었고, 감정평가법 제27조에서 명의・대여 등의 금지규정으로 신설・규정하고 있다.

청문 [행정절차법 제22조][감정평가사법 제45조]

- 의의
  - 처분을 하기 전
  - 직접 듣고 증거를 조사
- 청문실시의 요건
  - ① 처분을 할 때
  - ② ⓐ 다른 법령에서 청문을 하도록 규정하고 있거나 — 행정규칙X
    - ⓑ 행정청이 필요하다고 인정하는 경우이거나
    - ⓒ 당사자의 신청
  - ③ 예외사유에 해당하지 않는다면 청문을 실시해야 한다.
- 청문의 기회를 주지 않을 수 있는 경우
  - 포기
    - 명백히 표시
  - 예외사유
    - 긴급히
    - 법원의 재판 등
    - 처분의 성질
      - 의견청취가 현저히 곤란하거나 명백히 불필요하다고 인정될 만한 상당한 이유가 있는 경우
      - <판례> 청문통지서가 반송, 처분의 상대방이 불출석
        - 의 이유로 청문을 실시하지 아니하고 한 침해적 행저처분은 위법하다.
        - ※ 청문 종결
- 청문 종결
  - 정당한 사유 없이 청문기일에 출석X or 의견서 제출X
    - 이들에게 다시 의견진술 및 증거제출의 기회를 주지 아니하고 청문을 마칠 수 있다.
- 청문결여의 효과
  - 반드시 청문을 실시하여야 하며, 그러한 절차를 결여한 처분은 위법한 처분으로서 취소사유에 해당한다.

1. 개요

감정평가사란 전문자격인으로 권리와 의미를 가짐은 물론 그에 대한 책임도 부담하여야 한다. 따라서 감정평가법은 제13조에 일정한 경우 자격의 취소를 규정하고 있다. 이는 감정평가사 개인에게는 침익적 처분으로 일정한 절차를 거쳐 이루어져야 한다. 감정평가법은 제45조에서 청문을 하도록 규정하고 있으며, 그 밖의 절차는 일반법인 행정절차법에 의하여야 한다.

2. 자격취소의 사유 및 법적 성질

(1) 자격취소의 사유

감정평가법 제13조 제1항에서 ① 부정한 방법으로 감정평가사의 자격을 받은 경우, ② 제39조 제2항 제1호에 해당하는 징계를 받은 경우 등의 규정을 두고 있다. 감정평가법 제13조의 규정은 기속행위로 보이며, 동법 제27조 및 제39조의 두 가지 경우의 자격취소는 재량행위로 보여진다.

(2) 자격취소의 법적 성질

① **부정한 방법으로 감정평가사의 자격을 얻은 경우**(기속행위)

이는 자격증 발급행위(자격부여처분) 성립 당시에 흠이 있음을 이유로 그 효력을 소멸시키는 것이므로 강학상 직권취소에 해당하며, "취소하여야 한다."고 규정하고 있어 기속행위에 해당한다.

② **명의대여한 경우**(재량행위)(자격자 성명 또는 상호를 사용하게 하는 경우)

감정평가법 제27조에서는 감정평가사 또는 감정평가법인등은 다른 사람에게 자기의 성명 또는 상호를 사용하여 제10조에 따른 업무를 수행하게 하거나 자격증·등록증 또는 인가증을 양도·대여하거나 이를 부당하게 행사하여서는 아니 된다는 규정이다.

유효하게 성립한 자격부여처분의 효력을 더 이상 존속시킬 수 없는 사유가 발생하였기 때문에 효력을 소멸시키는 강학상 철회에 해당하며, "취소할 수 있다."고 규정하고 있어 재량행위에 해당한다.

③ **감정평가사의 직무와 관련하여 금고 이상의 형을 선고받아**(집행유예를 선고받은 경우를 포함한다) **그 형이 확정된 경우**(재량행위)

감정평가사의 직무와 관련하여 금고 이상의 형을 선고받아(집행유예를 선고받은 경우를 포함한다) 그 형이 확정된 경우에 자격을 취소하도록 개정되었고, 이를 재량행위에 해당된다.

④ **업무정지 1년 이상의 징계처분을 2회 이상으로 직무수행 현저히 부적당**(재량행위)

이 법에 따라 업무정지 1년 이상의 징계처분을 2회 이상 받은 후 다시 동법 제39조 제1항에 따른 징계사유가 있는 사람으로서 감정평가사의 직무를 수행하는 것이 현저히 부적당하다고 인정되는 경우의 규정

3. 자격취소의 법적 근거가 필요하지 여부(사업인정취소와 구별)

감정평가법상 자격취소는 학문상 직권취소와 철회로 구분할 수 있다. 이는 침익적 처분으로 법률의 유보가 반드시 있어야 한다고 볼 수 있으나, ① 직권취소는 행정행위에 흠이 있음을 전제로 이를 시정하는 것이므로 행정의 법률적합성 원칙의 관점에서 특별한 근거가 없어도 된다는 것이 다수설과 판례의 입장이다. ② 철회의 법적 근거가 필요한지 여부에 대해 견해의 대립이 있으나 판례는 법률의 근거가 없어도 된다는 입장이며, 법적 현실 및 행정의 탄력성 측면을 고려할 때 타당하다고 생각된다. ③ 감정평가법은 자격취소에 관하여 명시적인 근거를 두고 있으므로 법률의 근거가 있는지 여부는 문제되지 않는다.

4. 자격취소의 절차

(1) 개요

감정평가법에서는 자격취소의 경우 청문(법 제45조)만이 규정되어 있다. 그러나 침익적 처분인 자격취소는 일반법인 행정절차법이 적용되어, 처분의 사전통지(제21조), 청문(제22조 제1항), 처분의 이유제시(제23조), 고지(제26조) 등의 절차가 적용된다.

(2) 처분의 사전통지(행정절차법 제21조)

① 행정청은 당사자에게 의무를 부과하거나 권익을 제한하는 처분을 하는 경우에는 미리 다음의 사항을 당사자 등에게 통지하여야 한다.

> 1. 처분의 제목
> 2. 당사자의 성명 또는 명칭과 주소
> 3. 처분하려는 원인이 되는 사실과 처분의 내용 및 법적 근거
> 4. 제3호에 대하여 의견을 제출할 수 있다는 뜻과 의견을 제출하지 아니하는 경우의 처리방법
> 5. 의견제출기관의 명칭과 주소
> 6. 의견제출기한
> 7. 그 밖에 필요한 사항

② 행정청은 청문을 하려면 청문이 시작되는 날부터 10일 전까지 제1항 각 호의 사항을 당사자 등에게 통지하여야 한다. 이 경우 위 제4호부터 제6호까지의 사항은 청문주재자의 소속・직위 및 성명, 청문의 일시 및 장소, 청문에 응하지 아니하는 경우의 처리방법 등 청문에 필요한 사항으로 갈음한다.

③ 의견제출기한은 의견제출에 필요한 기간을 10일 이상으로 고려하여 정하여야 한다.

④ 다음의 어느 하나에 해당하는 경우에는 통지를 하지 아니할 수 있다.

> 1. 공공의 안전 또는 복리를 위하여 긴급히 처분을 할 필요가 있는 경우
> 2. 법령 등에서 요구된 자격이 없거나 없어지게 되면 반드시 일정한 처분을 하여야 하는 경우에 그 자격이 없거나 없어지게 된 사실이 법원의 재판 등에 의하여 객관적으로 증명된 경우
> 3. 해당 처분의 성질상 의견청취가 현저히 곤란하거나 명백히 불필요하다고 인정될 만한 상당한 이유가 있는 경우

(3) 청문(의견청취, 행정절차법 제22조)

① 행정청이 처분을 할 때 다음의 어느 하나에 해당하는 경우에는 청문을 한다.

> 1. 다른 법령 등에서 청문을 하도록 규정하고 있는 경우
> 2. 행정청이 필요하다고 인정하는 경우
> 3. 다음 각 목의 처분을 하는 경우
>   가. 인허가 등의 취소
>   나. 신분·자격의 박탈
>   다. 법인이나 조합 등의 설립허가의 취소

② 감정평가법 제45조에서는 감정평가사의 자격취소 시 청문을 거치도록 규정하고 있다.

행정절차법 제22조(의견청취)

① 행정청이 처분을 할 때 다음 각 호의 어느 하나에 해당하는 경우에는 청문을 한다. 〈개정 2022.1.11.〉
  1. 다른 법령 등에서 청문을 하도록 규정하고 있는 경우
  2. 행정청이 필요하다고 인정하는 경우
  3. 다음 각 목의 처분을 하는 경우
    가. 인허가 등의 취소
    나. 신분·자격의 박탈
    다. 법인이나 조합 등의 설립허가의 취소

② 행정청이 처분을 할 때 다음 각 호의 어느 하나에 해당하는 경우에는 공청회를 개최한다.
  1. 다른 법령 등에서 공청회를 개최하도록 규정하고 있는 경우
  2. 해당 처분의 영향이 광범위하여 널리 의견을 수렴할 필요가 있다고 행정청이 인정하는 경우
  3. 국민생활에 큰 영향을 미치는 처분으로서 대통령령으로 정하는 처분에 대하여 대통령령으로 정하는 수 이상의 당사자 등이 공청회 개최를 요구하는 경우

③ 행정청이 당사자에게 의무를 부과하거나 권익을 제한하는 처분을 할 때 제1항 또는 제2항의 경우 외에는 당사자 등에게 의견제출의 기회를 주어야 한다.

④ 제1항부터 제3항까지의 규정에도 불구하고 제21조 제4항 각 호의 어느 하나에 해당하는 경우와 당사자가 의견진술의 기회를 포기한다는 뜻을 명백히 표시한 경우에는 의견청취를 하지 아니할 수 있다.

⑤ 행정청은 청문·공청회 또는 의견제출을 거쳤을 때에는 신속히 처분하여 해당 처분이 지연되지 아니하도록 하여야 한다.

⑥ 행정청은 처분 후 1년 이내에 당사자 등이 요청하는 경우에는 청문·공청회 또는 의견제출을 위하여 제출받은 서류나 그 밖의 물건을 반환하여야 한다.

(4) 처분의 이유제시(행정절차법 제23조)

행정청은 처분을 할 때에는 ① 신청 내용을 모두 그대로 인정하는 처분인 경우, ② 단순·반복적인 처분 또는 경미한 처분으로서 당사자가 그 이유를 명백히 알 수 있는 경우, ③ 긴급히 처분을 할 필요가 있는 경우를 제외하고는 당사자에게 그 근거와 이유를 제시하여야 한다.

(5) **고지**(행정절차법 제26조)

행정청이 처분을 하는 때에는 당사자에게 그 처분에 관하여 행정심판 및 행정소송을 제기할 수 있는지 여부, 그 밖에 불복을 할 수 있는지 여부, 청구절차 및 청구기간, 그 밖에 필요한 사항을 알려야 한다.

(6) **절차상 하자가 있는 자격취소의 효력**

자격취소를 하면서 청문을 결하거나 이유제시를 결한 하자는 절차상 하자로서 통설・판례에 의하면 독자적인 위법성을 지니며, 하자의 정도에 따라 취소 또는 무효로 구분할 수 있다. 단, 고지절차 흠결은 불고지, 오고지의 문제이다.

5. 자격취소의 효과 및 제한

(1) 자격취소의 효과

자격취소의 효력은 행정행위의 성질에 따라 구분된다. 직권취소의 경우 일반적으로는 소급효이나 법적안정성, 신뢰보호 등의 이익형량 하에 장래효일 수도 있다. 즉, 취소처분을 받을 때까지 감정평가사로서 행한 법률행위의 모든 효력이 상실되는 것이 아니라, 상대방에게 귀책사유가 있는 경우를 제외하고는 법적안정성 차원에서 장래에 향해 효력을 소멸시켜야 할 것이다. 철회의 경우에는 원칙적으로는 장래효이나 별도의 효력시기를 정할 수도 있다고 본다.

(2) 자격취소의 제한

수익적 행정행위의 직권취소나 철회는 그 제한법리인 신뢰보호의 원칙, 실권의 법리, 비례의 원칙 등에 의해 제한을 받는다.

6. 자격취소의 위법성

(1) 위법성의 의의

행정행위가 적법, 유효하게 성립하기 위해서는 그 성립요건에 흠이 없어야 하며, 그 요건에 실체적・절차적 하자가 있는 경우 해당 행정처분은 무효 또는 취소사유가 된다 할 것이다. 자격취소처분의 위법성 역시 그 사유로서는 실체적 하자와 절차적 하자로 살펴볼 수 있으며, 위법성의 정도에 따라 무효 또는 취소사유가 된다.

(2) 위법성 사유

① 실체적 하자

자격취소는 수익적 행정행위에 대한 취소이므로, 취소권의 제한법리와 관련하여 신뢰보호의 원칙, 실권의 법리, 비례의 원칙 등에 의해 제한을 받는다. 따라서 이러한 제한법리에 위반한 자격취소는 실체적 하자를 구성하게 된다.

② 절차적 하자

자격취소처분 시에는 법률에 규정된 일정한 청문절차를 거쳐야 하며 행정절차법에 규정된 이유 제시를 하여야 한다. 이러한 처분절차에 흠이 있는 경우에 절차는 그 자체가 목적이 아니므로 이를 독자적 위법사유로 삼을 수 있는가에 대하여 견해의 대립이 있다. 그러나 다수설 및 판례는 절차하자가 독자적으로 위법성을 구성하는 사유가 됨을 인정하고 있다.

(3) 위법성의 정도

자격취소처분에 하자가 있는 경우 무효 또는 취소사유가 된다 할 것이며, 무효와 취소의 구별기준에 관한 통설・판례의 입장인 중대명백설에 의하면 중대한 법규 위반이고 객관적으로 명백한 하자가 있는 경우에는 무효가 되고, 이에 이르지 아니한 경미한 사유는 취소사유가 된다. 판례는 대체적으로 절차하자를 취소사유로 보고 있다.

7. 자격취소처분에 대한 권리구제

(1) 행정쟁송

① 행정심판

국토교통부장관의 위법 또는 부당한 자격취소처분에 대하여 취소 또는 변경을 구할 법률상 이익이 있는 자는 처분이 있음을 안 날부터 90일, 있은 날부터 180일 이내에 행정심판을 제기할 수 있다.

② 행정소송

국토교통부장관의 위법한 자격취소처분에 대하여 취소, 변경 또는 무효확인을 구할 법률상 이익이 있는 자는 처분이 있음을 안 날로부터 90일, 있은 날로부터 1년 이내에 관할 행정법원에 행정소송을 제기할 수 있다.

(2) 국가배상

국토교통부장관의 자격취소처분이 고의・과실에 의하여 법령에 위반하여 감정평가사에게 손해를 가한 경우에는 해당 감정평가사는 국가배상법 제2조에 의거 손해배상을 청구할 수 있다.

(3) 자격취소규정의 청문 입법의 불비

감정평가법 제45조에서 국토교통부장관은 다음 각 호의 어느 하나에 해당하는 처분을 하려는 경우에는 청문을 실시하여야 한다고 규정하고 있다.

① 동법 제13조 제1항에 따른 감정평가사 자격의 취소

② 동법 제32조 제1항에 따른 감정평가법인의 설립인가 취소

감정평가법에서 청문은 동법 제13조에 의한 자격취소, 동법 제32조에 의한 감정평가법인 설립인가 취소만 규정되어 있으므로, 동법 제27조 명의대여 등의 금지 자격취소, 동법 제39조 제1항의 제11호 금고 1회 이상, 제12호 업무정지 1년 이상 징계 2회 이상의 3가지 경우의 수는 고려하지 못하고 감정평가관리・징계위원회의 징계절차에 의해 징계가 행해지는바, 이는 입법의 불비로 판단되므로 조속히 개정이 요구된다.

05 자격등록 및 갱신등록

법 제17조(등록 및 갱신등록)

① 제11조에 따른 감정평가사 자격이 있는 사람이 제10조에 따른 업무를 하려는 경우에는 대통령령으로 정하는 바에 따라 실무수습 또는 교육연수를 마치고 국토교통부장관에게 등록하여야 한다.

② 제1항에 따라 등록한 감정평가사는 대통령령으로 정하는 바에 따라 등록을 갱신하여야 한다. 이 경우 갱신기간은 3년 이상으로 한다.

③ 제1항에 따른 실무수습 또는 교육연수는 제33조에 따른 한국감정평가사협회가 국토교통부장관의 승인을 받아 실시·관리한다.

④ 제1항에 따른 실무수습·교육연수의 대상·방법·기간 등과 제1항에 따른 등록 및 제2항에 따른 갱신등록을 위하여 필요한 신청절차, 구비서류 및 그 밖에 필요한 사항은 대통령령으로 정한다.

시행령 제16조(감정평가사 실무수습사항)

① 법 제17조 제1항에 따른 실무수습(이하 "실무수습"이라 한다)을 받는 사람은 실무수습기간 중에 감정평가에 관한 이론·실무 및 그 밖에 감정평가사의 업무수행에 필요한 사항을 습득해야 한다. 〈개정 2022.1.21.〉

② 국토교통부장관은 실무수습에 필요한 지시를 협회에 할 수 있다.

③ 협회는 실무수습계획을 수립하여 국토교통부장관의 승인을 받아야 하며, 실무수습이 종료되면 실무수습 종료일부터 10일 이내에 그 결과를 국토교통부장관에게 보고하여야 한다.

④ 실무수습의 내용·방법·절차 및 그 밖에 필요한 사항은 국토교통부령으로 정한다.

[제목개정 2022.1.21.]

시행령 제17조(등록)

① 법 제17조 제1항에 따라 등록을 하려는 사람은 등록신청서(전자문서로 된 신청서를 포함한다)에 감정평가사 자격을 증명하는 서류와 실무수습 및 교육연수의 종료를 증명하는 서류를 첨부하여 국토교통부장관에게 제출해야 한다. 〈개정 2022.1.21.〉

② 국토교통부장관은 제1항에 따른 등록신청을 받았을 때에는 신청인이 법 제18조 제1항 각 호의 어느 하나에 해당하는 경우를 제외하고는 감정평가사 등록부에 등재하고, 신청인에게 등록증을 발급하여야 한다.

시행령 제18조(갱신등록)

① 법 제17조 제1항에 따라 등록한 감정평가사는 같은 조 제2항에 따라 5년마다 그 등록을 갱신하여야 한다.

② 제1항에 따라 등록을 갱신하려는 감정평가사는 등록일부터 5년이 되는 날의 60일 전까지 갱신등록 신청서를 국토교통부장관에게 제출하여야 한다.

③ 국토교통부장관은 감정평가사 등록을 한 사람에게 감정평가사 등록을 갱신하려면 갱신등록 신청을 하여야 한다는 사실과 갱신등록신청절차를 등록일부터 5년이 되는 날의 120일 전까지 통지하여야 한다.

④ 제3항에 따른 통지는 문서, 팩스, 전자우편, 휴대전화에 의한 문자메시지 등의 방법으로 할 수 있다.

⑤ 국토교통부장관은 제2항에 따른 갱신등록 신청을 받은 경우 신청인이 법 제18조 제1항 각 호의 어느 하나에 해당하는 경우를 제외하고는 감정평가사 등록부에 등재하고, 신청인에게 등록증을 갱신하여 발급하여야 한다.

법 제18조(등록 및 갱신등록의 거부)

① 국토교통부장관은 제17조에 따른 등록 또는 갱신등록을 신청한 사람이 다음 각 호의 어느 하나에 해당하는 경우에는 그 등록을 거부하여야 한다.

1. 제12조 각 호의 어느 하나에 해당하는 경우
2. 제17조 제1항에 따른 실무수습 또는 교육연수를 받지 아니한 경우
3. 제39조에 따라 등록이 취소된 후 3년이 지나지 아니한 경우
4. 제39조에 따라 업무가 정지된 감정평가사로서 그 업무정지 기간이 지나지 아니한 경우
5. 미성년자 또는 피성년후견인 · 피한정후견인

② 국토교통부장관은 제1항에 따라 등록 또는 갱신등록을 거부한 경우에는 그 사실을 관보에 공고하고, 정보통신망 등을 이용하여 일반인에게 알려야 한다.

③ 제2항에 따른 공고의 방법, 내용 및 그 밖에 필요한 사항은 국토교통부령으로 정한다.

④ 국토교통부장관은 감정평가사가 제1항 제1호 및 제5호에 해당하는지 여부를 확인하기 위하여 관계 기관에 관련 자료를 요청할 수 있다. 이 경우 관계 기관은 특별한 사정이 없으면 그 자료를 제공하여야 한다.

시행규칙 제14조(등록 및 갱신등록 거부의 공고)

법 제18조에 따른 등록 또는 갱신등록 거부사실의 공고는 다음 각 호의 사항을 관보에 공고하고, 국토교통부의 인터넷 홈페이지에 게시하는 방법으로 한다.

1. 감정평가사의 소속, 성명 및 생년월일
2. 등록 또는 갱신등록의 거부사유

법 제19조(등록의 취소)

① 국토교통부장관은 제17조에 따라 등록한 감정평가사가 다음 각 호의 어느 하나에 해당하는 경우에는 그 등록을 취소하여야 한다.

1. 제12조 각 호의 어느 하나에 해당하는 경우
2. 사망한 경우
3. 등록취소를 신청한 경우
4. 제39조 제2항 제2호에 해당하는 징계를 받은 경우

② 국토교통부장관은 제1항에 따라 등록을 취소한 경우에는 그 사실을 관보에 공고하고, 정보통신망 등을 이용하여 일반인에게 알려야 한다.

③ 제1항에 따라 등록이 취소된 사람은 등록증을 국토교통부장관에게 반납하여야 한다.

④ 제2항에 따른 공고의 방법, 내용 및 그 밖에 필요한 사항은 국토교통부령으로 정한다.

⑤ 국토교통부장관은 감정평가사가 제1항 제1호에 해당하는지 여부를 확인하기 위하여 관계 기관에 관련 자료를 요청할 수 있다. 이 경우 관계 기관은 특별한 사정이 없으면 그 자료를 제공하여야 한다.

시행규칙 제15조(등록취소의 공고)

법 제19조에 따른 등록취소사실의 공고는 다음 각 호의 사항을 관보에 공고하고, 국토교통부의 인터넷 홈페이지에 게시하는 방법으로 한다.

1. 감정평가사의 소속, 성명 및 생년월일
2. 등록의 취소사유

1. 개요

감정평가법 제11조에 따른 감정평가사 자격이 있는 사람이 제10조에 따른 업무를 하려는 경우에는 대통령령으로 정하는 기간 이상의 실무수습을 마치고 국토교통부장관에게 등록하여야 한다. 감정평가사 자격등록제도는 허위・부실 감정평가에 따른 문제를 해소하고 감정평가에 대한 신뢰를 제고하기 위하여 도입된 제도이다.

2. 법적 성질

(1) 자격등록신청의 법적 성질

감정평가사 자격이 있는 자가 행정청인 국토교통부장관에게 감정평가업의 영위를 위한 등록신청은 사인의 공법행위에 해당한다.

(2) 자격등록의 법적 성질

자격등록행위에 대해 국토교통부장관은 자격등록 요건사항을 검토하여 공적 증거력을 부여하는 것이므로 공증으로 보는 견해와 인감등록 시 인감만 가지고 행정기관에 등록만 하는 공증과 달리 감정평가사 자격등록은 일정한 결격사유 등이 있는 경우에는 거부할 수 있는바, 완화된 허가로 보는 견해 등이 있다. 또한 감정평가법 문언형식으로 볼 때 기속행위에 해당한다.

(3) 갱신등록의 법적 성질

등록갱신하는 경우에는 감정평가업을 지속적으로 할 수 있는 요건을 갖추었는지를 판단하여야만 하는 것으로, 자연적 자유를 회복하여 감정평가업을 하게 하는 완화된 허가의 성질을 지닌 것이라는 견해와 공적 증거력을 부여하는 공증으로 보는 견해 등이 있으며, 문언의 형식상 기속행위에 해당한다 하겠다.

3. 자격등록 및 갱신등록의 거부

(1) 거부사유 및 법적 성질

① 자격등록 및 갱신등록 거부사유

국토교통부장관은 자격등록 또는 갱신등록을 신청한 자가 (ㄱ) 제12조의 결격사유에 해당하는 경우, (ㄴ) 제17조 제1항에 따른 실무수습 또는 교육연수를 받지 아니한 경우, (ㄷ) 자격등록이 취소된 후 3년이 지나지 아니한 자, (ㄹ) 제32조에 따라 업무가 정지된 감정평가사로서 그 업무정지기간이 지나지 아니한 경우, (ㅁ) 미성년자 또는 피성년후견인・피한정후견인에 해당하는 경우에는 그 등록을 거부하여야 한다.

② 법적 성질

국토교통부장관의 감정평가사 자격등록행위 및 갱신등록행위는 행정행위의 성질을 가지며, 일정한 거부사유에 해당되는 경우에 감정평가사의 자격등록 및 갱신등록 신청에 대한 등록거부는 행정쟁송법상 처분에 해당한다고 볼 수 있다.

(2) 등록 및 갱신등록거부 등의 절차

감정평가사에게는 침익적 처분으로써 행정절차법상에 사전통지 및 의견제출 등을 거치고(견해대립 있음), 일정한 등록거부사유에 대한 이유제시를 하여야 한다. 등록거부 등을 한 경우에는 관보 등에 공고하고, 정보통신망 등을 이용하여 일반인에게 알려야 한다.

(3) 권리구제

국토교통부장관의 등록거부는 처분에 해당하므로, 행정심판 및 행정소송을 제기하여 등록거부행위의 위법성에 대하여 다툴 수 있을 것이다. 또한, 위법한 등록거부로 인해 손해가 발생한 경우 국가배상을 청구할 수 있을 것이다.

4. 자격등록의 취소

(1) 자격등록 취소사유

국토교통부장관은 제17조 따라 등록한 감정평가사가 ① 제12조 각 호의 결격사유에 해당하는 경우, ② 사망한 경우, ③ 등록취소를 신청을 한 경우, ④ 제39조 제2항 제2호에 해당하는 징계를 받은 경우에는 그 감정평가사의 등록을 취소하여야 한다.

(2) 자격등록취소의 법적 성질

자격등록 취소사유는 감정평가사 자격등록을 한 후에 새로운 사정이 발생되어 장래를 향하여 효력을 상실시키는 것이므로 강학상 철회에 해당한다. 또한, 감정평가법상 법문을 고려할 때 "등록을 취소하여야 한다"라고 규정하고 있어 기속행위에 해당한다.

(3) 자격등록취소의 절차 및 권리구제

감정평가사에게 자격등록취소는 침익적 처분으로서 행정절차법상 사전통지 및 의견제출 등을 거쳐야 할 것이다. 감정평가법 제40조 감정평가관리·징계위원회의 의결에 따라 징계하는 것을 자격등록취소를 하는 경우에 준용하게 된다. 따라서 자격등록취소처분의 경우에는 감정평가법 제39조의 제 규정과 절차를 준용하여 징계할 수 있다. 이에 대한 권리구제는 자격등록취소행위가 행정쟁송법상 처분에 해당되는바 항고쟁송의 대상이 되며, 자격등록취소에 위법성이 존재한다면 항고쟁송으로 다툴 수 있다.

> **★ 고용인의 신고 조항 신설**
>
> 제21조의2(고용인의 신고)
> 감정평가법인등은 소속 감정평가사 또는 제24조에 따른 사무직원을 고용하거나 고용관계가 종료된 때에는 국토교통부령으로 정하는 바에 따라 국토교통부장관에게 신고하여야 한다.

제2절 감정평가사의 징계

법 제39조(징계)

① 국토교통부장관은 감정평가사가 다음 각 호의 어느 하나에 해당하는 경우에는 제40조에 따른 감정평가관리・징계위원회의 의결에 따라 제2항 각 호의 어느 하나에 해당하는 징계를 할 수 있다. 다만, 제2항 제1호에 따른 징계는 제11호, 제12호에 해당하는 경우 및 제27조를 위반하여 다른 사람에게 자격증・등록증 또는 인가증을 양도 또는 대여한 경우에만 할 수 있다. 〈개정 2023.5.9.〉

1. 제3조 제1항을 위반하여 감정평가를 한 경우
2. 제3조 제3항에 따른 원칙과 기준을 위반하여 감정평가를 한 경우
3. 제6조에 따른 감정평가서의 작성・발급 등에 관한 사항을 위반한 경우

3의2. 제7조 제2항을 위반하여 고의 또는 중대한 과실로 잘못 심사한 경우

4. 업무정지처분 기간에 제10조에 따른 업무를 하거나 업무정지처분을 받은 소속 감정평가사에게 업무정지처분 기간에 제10조에 따른 업무를 하게 한 경우
5. 제17조 제1항 또는 제2항에 따른 등록이나 갱신등록을 하지 아니하고 제10조에 따른 업무를 수행한 경우
6. 구비서류를 거짓으로 작성하는 등 부정한 방법으로 제17조 제1항 또는 제2항에 따른 등록이나 갱신등록을 한 경우
7. 제21조를 위반하여 감정평가업을 한 경우
8. 제23조 제3항을 위반하여 수수료의 요율 및 실비에 관한 기준을 지키지 아니한 경우
9. 제25조, 제26조 또는 제27조를 위반한 경우
10. 제47조에 따른 지도와 감독 등에 관하여 다음 각 목의 어느 하나에 해당하는 경우
   가. 업무에 관한 사항의 보고 또는 자료의 제출을 하지 아니하거나 거짓으로 보고 또는 제출한 경우
   나. 장부나 서류 등의 검사를 거부 또는 방해하거나 기피한 경우
11. 감정평가사의 직무와 관련하여 금고 이상의 형을 선고받아(집행유예를 선고받은 경우를 포함한다) 그 형이 확정된 경우
12. 이 법에 따라 업무정지 1년 이상의 징계처분을 2회 이상 받은 후 다시 제1항에 따른 징계사유가 있는 사람으로서 감정평가사의 직무를 수행하는 것이 현저히 부적당하다고 인정되는 경우

② 감정평가사에 대한 징계의 종류는 다음과 같다.

1. 자격의 취소
2. 등록의 취소
3. 2년 이하의 업무정지
4. 견책

③ 협회는 감정평가사에게 제1항 각 호의 어느 하나에 해당하는 징계사유가 있다고 인정하는 경우에는 그 증거서류를 첨부하여 국토교통부장관에게 징계를 요청할 수 있다.

④ 제1항과 제2항에 따라 자격이 취소된 사람은 자격증과 등록증을 국토교통부장관에게 반납하여야 하며, 등록이 취소되거나 업무가 정지된 사람은 등록증을 국토교통부장관에게 반납하여야 한다.

⑤ 제1항 및 제2항에 따라 업무가 정지된 자로서 등록증을 국토교통부장관에게 반납한 자 중 제17조에 따른 교육연수 대상에 해당하는 자가 등록갱신기간이 도래하기 전에 업무정지기간이 도과하여 등록증을 다시 교부받으려는 경우 제17조 제1항에 따른 교육연수를 이수하여야 한다.

⑥ 제19조 제2항 · 제4항은 제1항과 제2항에 따라 자격 취소 또는 등록 취소를 하는 경우에 준용한다.
⑦ 제1항에 따른 징계의결은 국토교통부장관의 요구에 따라 하며, 징계의결의 요구는 위반사유가 발생한 날부터 5년이 지나면 할 수 없다.

법 제39조의2(징계의 공고)

① 국토교통부장관은 제39조 제1항 및 제2항에 따라 징계를 한 때에는 지체 없이 그 구체적인 사유를 해당 감정평가사, 감정평가법인등 및 협회에 각각 알리고, 그 내용을 대통령령으로 정하는 바에 따라 관보 또는 인터넷 홈페이지 등에 게시 또는 공고하여야 한다.
② 협회는 제1항에 따라 통보받은 내용을 협회가 운영하는 인터넷 홈페이지에 3개월 이상 게재하는 방법으로 공개하여야 한다.
③ 협회는 감정평가를 의뢰하려는 자가 해당 감정평가사에 대한 징계 사실을 확인하기 위하여 징계 정보의 열람을 신청하는 경우에는 그 정보를 제공하여야 한다.
④ 제1항부터 제3항까지에 따른 조치 또는 징계 정보의 공개 범위, 시행 · 열람의 방법 및 절차 등에 관하여 필요한 사항은 대통령령으로 정한다.

법 제40조(감정평가관리 · 징계위원회)

① 다음 각 호의 사항을 심의 또는 의결하기 위하여 국토교통부에 감정평가관리 · 징계위원회(이하 "위원회"라 한다)를 둔다.
1. 감정평가 관계 법령의 제정 · 개정에 관한 사항 중 국토교통부장관이 회의에 부치는 사항
1의2. 제3조 제5항에 따른 실무기준의 변경에 관한 사항
2. 제14조에 따른 감정평가사시험에 관한 사항
3. 제23조에 따른 수수료의 요율 및 실비의 범위에 관한 사항
4. 제39조에 따른 징계에 관한 사항
5. 그 밖에 감정평가와 관련하여 국토교통부장관이 회의에 부치는 사항
② 그 밖에 위원회의 구성과 운영 등에 필요한 사항은 대통령령으로 정한다.

01 서

국토교통부장관은 감정평가사가 일정한 사유에 해당하는 경우에는 감정평가관리 · 징계위원회의 의결에 따라 징계를 할 수 있다. 국토교통부장관은 감정평가사 자격등록권자 및 감정평가법인 인가권자이므로 등록된 감정평가사 및 인가받은 감정평가법인의 감정평가사에 대하여 징계를 명할 지위를 갖는다. 감정평가법에서는 이에 대한 명확한 법적 근거를 두고 있다.

02 징계사유, 징계의 종류 및 징계의 공고

1. 징계사유

감정평가법 제39조에서는 징계의 사유에 대해 다음과 같이 규정하고 있다.

① 제3조 제1항을 위반하여 감정평가를 한 경우
② 제3조 제3항에 따른 원칙과 기준을 위반하여 감정평가를 한 경우
③ 제6조에 따른 감정평가서의 작성 · 발급 등에 관한 사항을 위반한 경우

④ 제7조 제2항을 위반하여 고의 또는 중대한 과실로 잘못 심사한 경우
⑤ 업무정지처분 기간에 제10조에 따른 업무를 하거나 업무정지처분을 받은 소속 감정평가사에게 업무정지처분 기간에 제10조에 따른 업무를 하게 한 경우
⑥ 제17조 제1항 또는 제2항에 따른 등록이나 갱신등록을 하지 아니하고 제10조에 따른 업무를 수행한 경우
⑦ 구비서류를 거짓으로 작성하는 등 부정한 방법으로 제17조 제1항 또는 제2항에 따른 등록이나 갱신등록을 한 경우
⑧ 제21조를 위반하여 감정평가업을 한 경우
⑨ 제23조 제3항을 위반하여 수수료의 요율 및 실비에 관한 기준을 지키지 아니한 경우
⑩ 제25조, 제26조 또는 제27조를 위반한 경우
⑪ 제47조에 따른 지도와 감독 등에 관하여 다음 각 목의 어느 하나에 해당하는 경우
㉠ 업무에 관한 사항의 보고 또는 자료의 제출을 하지 아니하거나 거짓으로 보고 또는 제출한 경우
㉡ 장부나 서류 등의 검사를 거부 또는 방해하거나 기피한 경우
⑫ 감정평가사의 직무와 관련하여 금고 이상의 형을 선고받아(집행유예를 선고받은 경우를 포함한다) 그 형이 확정된 경우
⑬ 이 법에 따라 업무정지 1년 이상의 징계처분을 2회 이상 받은 후 다시 제1항에 따른 징계사유가 있는 사람으로서 감정평가사의 직무를 수행하는 것이 현저히 부적당하다고 인정되는 경우

2. 징계의 종류

감정평가사에 대한 징계의 종류는 다음과 같다.
① 자격의 취소
② 등록의 취소
③ 2년 이하의 업무정지
④ 견책

판례

▶ **관련판례(대판 2013.10.31, 2013두11727)**
감정평가사가 자신의 감정평가경력을 부당하게 인정받는 한편, 소속 법인으로 하여금 설립과 존속에 필요한 감정평가사의 인원수만 형식적으로 갖추게 하거나 법원으로부터 감정평가 물량을 추가로 배정받을 수 있는 자격을 얻게 할 목적으로 자신의 등록증을 사용한 경우, 부동산 가격공시 및 감정평가에 관한 법률 제37조 제2항이 금지하는 자격증 등의 부당행사에 해당하는지 여부(적극)
'자격증 등을 부당하게 행사'한다는 것은 감정평가사 자격증 등을 본래의 용도가 아닌 다른 용도로 행사하거나, 본래의 행사목적을 벗어나 감정평가업자의 자격이나 업무범위에 관한 법의 규율을 피할 목적으로 이를 행사하는 경우도 포함한다. 따라서 감정평가사가 감정평가법인에 가입한다는 명목으로 자신의 감정평가사 등록증 사본을 가입신고서와 함께 한국감정평가사협회에 제출하였으나, 실제로는 자신의 감정평가경력을 부당하게 인정받는 한편, 소속 감정평가법인으로 하여금 설립과 존속에 필요한 감정평가사의

인원수만 형식적으로 갖추게 하거나 법원으로부터 감정평가 물량을 추가로 배정받을 수 있는 자격을 얻게 할 목적으로 감정평가법인에 소속된 외관만을 작출하였을 뿐 해당 감정평가법인 소속 감정평가사로서의 평가업무나 이와 밀접한 관련이 있는 업무를 수행할 의사가 없었다면, 이는 감정평가사 등록증을 그 본래의 행사목적을 벗어나 감정평가업자의 자격이나 업무범위에 관한 법의 규율을 피할 목적으로 행사함으로써 자격증 등을 부당하게 행사한 것이라고 볼 수 있다.

3. 징계의 공고(법 제39조의2)

① 국토교통부장관은 징계를 한 때에는 지체 없이 그 구체적인 사유를 해당 감정평가사, 감정평가법인등 및 협회에 각각 알리고, 그 내용을 대통령령으로 정하는 바에 따라 관보 또는 인터넷홈페이지 등에 게시 또는 공고하여야 한다.

② 협회는 통보받은 내용을 협회가 운영하는 인터넷 홈페이지에 3개월 이상 게재하는 방법으로 공개하여야 한다.

③ 협회는 감정평가를 의뢰하려는 자가 해당 감정평가사에 대한 징계사실을 확인하기 위하여 징계정보의 열람을 신청하는 경우에는 그 정보를 제공하여야 한다.

④ 조치 또는 징계정보의 공개범위, 시행・열람의 방법 및 절차 등에 관하여 필요한 사항은 대통령령으로 정한다.

4. 감정평가관리・징계위원회의 심의 또는 의결사항(법 제40조)

① 감정평가 관계 법령의 제정・개정에 관한 사항 중 국토교통부장관이 회의에 부치는 사항
② 제3조 제5항에 따른 실무기준의 변경에 관한 사항
③ 제14조에 따른 감정평가사시험에 관한 사항
④ 제23조에 따른 수수료의 요율 및 실비의 범위에 관한 사항
⑤ 제39조에 따른 징계에 관한 사항
⑥ 그 밖에 감정평가와 관련하여 국토교통부장관이 회의에 부치는 사항

03 법적 성질

1. 자격등록취소

(1) 직권취소인지 철회인지 여부

"구비서류를 거짓으로 작성하는 등 부정한 방법으로 자격등록이나 갱신등록을 한 경우"에 해당하여 자격등록취소를 하게 되면 성립 당시의 위법을 이유로 하여 자격등록의 효력을 소멸시키는 것이므로 강학상 직권취소에 해당한다. 그 외의 사유를 원인으로 하여 자격등록취소를 하게 되면 강학상 철회에 해당하게 된다.

(2) 재량행위

국토교통부장관이 등록취소를 할 것인지 여부는 감정평가법 제19조의 규정형식을 고려할 때 재량행위에 해당한다. 다만, 국토교통부장관은 감정평가관리・징계위원회의 의결에 따라 자격등록취소를 기속적으로 하여야 한다.

2. 업무정지

업무정지처분은 일정한 기간 동안 업무를 하지 못하도록 하는 의무를 부과하는 부작위 하명에 해당하며, 감정평가법의 규정취지상 재량행위에 해당한다. 다만, 국토교통부장관은 징계위원회의 의결에서 정한 업무정지를 기속적으로 하여야 한다.

3. 견책

견책은 잘못에 대하여 꾸짖고 앞으로 그런 일이 없도록 주의의무를 주는 가장 가벼운 징계벌에 해당한다. 감정평가사에 대한 견책이 처분성을 갖는지 의문이다. 생각건대, 견책은 감정평가사에게 주의의무를 발생시키고, 견책에 의해 감정평가업무가 제한될 개연성이 매우 높은 것으로 볼 때 처분성을 인정하여 잘못된 견책에 대하여 다툴 수 있는 길이 인정되어야 할 것이다. 견책 역시 감정평가법의 규정취지상 재량행위에 해당한다.

04 징계절차 - 감정평가법 시행령 제34조 내지 제42조 규정

시행령 제34조(징계의결의 요구 등)

① 국토교통부장관은 감정평가사에게 법 제39조 제1항 각 호의 어느 하나에 따른 징계사유가 있다고 인정하는 경우에는 증명서류를 갖추어 감정평가관리・징계위원회에 징계의결을 요구해야 한다. 〈개정 2022.1.21.〉

② 감정평가관리・징계위원회는 제1항에 따른 징계의결의 요구를 받으면 지체 없이 징계요구 내용과 징계심의기일을 해당 감정평가사(이하 "당사자"라 한다)에게 통지해야 한다. 〈개정 2022.1.21.〉

시행령 제35조(징계의결기한)

감정평가관리・징계위원회는 징계의결을 요구받은 날부터 60일 이내에 징계에 관한 의결을 해야 한다. 다만, 부득이한 사유가 있을 때에는 감정평가관리・징계위원회의 의결로 30일의 범위에서 그 기간을 한 차례만 연장할 수 있다. 〈개정 2022.1.21.〉

시행령 제36조(징계사실의 통보)

① 국토교통부장관은 법 제39조의2 제1항에 따라 구체적인 징계 사유를 알리는 경우에는 징계의 종류와 사유를 명확히 기재하여 서면으로 알려야 한다.

② 국토교통부장관은 법 제39조의2 제1항에 따라 같은 항에 따른 징계사유 통보일부터 14일 이내에 다음 각 호의 사항을 관보에 공고해야 한다.

1. 징계를 받은 감정평가사의 성명, 생년월일, 소속된 감정평가법인등의 명칭 및 사무소 주소
2. 징계의 종류

3. 징계 사유(징계사유와 관련된 사실관계의 개요를 포함한다)
4. 징계의 효력발생일(징계의 종류가 업무정지인 경우에는 업무정지 시작일 및 종료일)

③ 국토교통부장관은 제2항 각 호의 사항을 법 제9조에 따른 감정평가 정보체계에도 게시해야 한다.

④ 제3항 및 법 제39조의2 제2항에 따른 징계내용 게시의 기간은 제2항에 따른 공고일부터 다음 각 호의 구분에 따른 기간까지로 한다.

1. 법 제39조 제2항 제1호 및 제2호의 자격의 취소 및 등록의 취소의 경우: 3년
2. 법 제39조 제2항 제3호의 업무정지의 경우: 업무정지 기간(업무정지 기간이 3개월 미만인 경우에는 3개월)
3. 법 제39조 제2항 제4호의 견책의 경우: 3개월

[전문개정 2022.1.21.]

시행령 제36조의2(징계 정보의 열람 신청)

① 법 제39조의2 제3항에 따라 징계 정보의 열람을 신청하려는 자는 신청 취지를 적은 신청서에 다음 각 호의 서류를 첨부하여 협회에 제출해야 한다.

1. 주민등록증 사본 또는 법인 등기사항증명서 등 신청인의 신분을 확인할 수 있는 서류
2. 열람 대상 감정평가사에게 감정평가를 의뢰(감정평가사가 소속된 감정평가법인이나 감정평가사사무소에 의뢰하는 것을 포함한다)하려는 의사와 징계 정보가 필요한 사유를 적은 서류
3. 대리인이 신청하는 경우에는 위임장 등 대리관계를 증명할 수 있는 서류

② 제1항에 따른 열람 신청은 신청인이 신청서 및 첨부서류를 협회에 직접 제출하거나 우편, 팩스 또는 전자우편 등 정보통신망을 이용한 방법으로 할 수 있다.

[본조신설 2022.1.21.]

시행령 제36조의3(징계 정보의 제공 방법 등)

① 협회는 제36조의2 제1항에 따른 신청을 받은 경우 10일 이내에 신청인이 징계 정보를 열람할 수 있게 해야 한다.

② 협회는 제1항에 따라 징계 정보를 열람하게 한 경우에는 지체 없이 해당 감정평가사에게 그 사실을 알려야 한다.

③ 법 제39조의2 제3항에 따른 제공 대상 정보는 제36조 제2항에 따라 관보에 공고하는 사항으로서 신청일부터 역산하여 다음 각 호의 구분에 따른 기간까지 공고된 정보로 한다.

1. 법 제39조 제2항 제1호 및 제2호의 자격의 취소 및 등록의 취소의 경우: 10년
2. 법 제39조 제2항 제3호의 업무정지의 경우: 5년
3. 법 제39조 제2항 제4호의 견책의 경우: 1년

④ 협회는 제36조의2 제1항에 따라 열람을 신청한 자에게 열람에 드는 비용을 부담하게 할 수 있다.

⑤ 제1항부터 제4항까지에서 규정한 사항 외에 징계 정보의 열람에 필요한 세부사항은 국토교통부장관이 정하여 고시한다.

[본조신설 2022.1.21.]

시행령 제37조(감정평가관리·징계위원회의 구성)

① 위원회는 위원장 1명과 부위원장 1명을 포함하여 13명의 위원으로 구성하며, 성별을 고려하여야 한다.

② 위원회의 위원장은 제3항 제2호 또는 제3호의 위원 중에서, 부위원장은 같은 항 제1호의 위원 중에서 국토교통부장관이 위촉하거나 지명하는 사람이 된다.

③ 위원회의 위원은 다음 각 호의 사람이 된다.

1. 국토교통부의 4급 이상 공무원 중에서 국토교통부장관이 지명하는 사람 3명
2. 변호사 중에서 국토교통부장관이 위촉하는 사람 2명
3. 「고등교육법」에 따른 대학에서 토지·주택 등에 관한 이론을 가르치는 조교수 이상으로 재직하고 있거나 재직하였던 사람 중에서 국토교통부장관이 위촉하는 사람 4명
4. 협회의 장이 소속 상임임원 중에서 추천하여 국토교통부장관이 위촉하는 사람 1명
5. 한국부동산원장이 소속 상임이사 중에서 추천하여 국토교통부장관이 위촉하는 사람 1명
6. 감정평가사 자격을 취득한 날부터 10년 이상 지난 감정평가사 중에서 국토교통부장관이 위촉하는 사람 2명

④ 제3항 제2호부터 제6호까지의 위원의 임기는 2년으로 하며, 한 차례만 연임할 수 있다.

시행령 제38조(위원의 제척·기피·회피)

① 감정평가관리·징계위원회 위원(이하 이 조에서 "위원"이라 한다)이 다음 각 호의 어느 하나에 해당하는 경우에는 위원회의 심의·의결에서 제척(除斥)된다. 〈개정 2022.1.21.〉

1. 위원 또는 그 배우자나 배우자였던 사람이 해당 안건의 당사자가 되거나 그 안건의 당사자와 공동권리자 또는 공동의무자인 경우
2. 위원이 해당 안건의 당사자와 친족이거나 친족이었던 경우
3. 위원이 해당 안건에 대하여 증언, 진술, 자문, 연구, 용역 또는 감정을 한 경우
4. 위원이나 위원이 속한 법인·단체 등이 해당 안건의 당사자의 대리인이거나 대리인이었던 경우
5. 위원이 해당 안건의 당사자와 같은 감정평가법인 또는 감정평가사사무소에 소속된 경우

② 해당 안건의 당사자는 위원에게 공정한 심의·의결을 기대하기 어려운 사정이 있는 경우에는 감정평가관리·징계위원회에 기피 신청을 할 수 있고, 감정평가관리·징계위원회는 의결로 기피 여부를 결정한다. 이 경우 기피 신청의 대상인 위원은 그 의결에 참여할 수 없다. 〈개정 2022.1.21.〉

③ 위원이 제1항 각 호의 제척 사유에 해당하는 경우에는 스스로 해당 안건의 심의·의결에서 회피(回避)하여야 한다.

시행령 제39조(위원의 지명철회·해촉)

국토교통부장관은 제37조 각 호의 위원이 다음 각 호의 어느 하나에 해당하는 경우에는 해당 위원에 대한 지명을 철회하거나 해당 위원을 해촉(解囑)할 수 있다.

1. 심신장애로 인하여 직무를 수행할 수 없게 된 경우
2. 직무와 관련된 비위사실이 있는 경우
3. 직무태만, 품위손상이나 그 밖의 사유로 인하여 위원으로 적합하지 아니하다고 인정되는 경우
4. 제38조 제1항 각 호의 어느 하나에 해당하는 데에도 불구하고 회피하지 아니한 경우
5. 위원 스스로 직무를 수행하는 것이 곤란하다고 의사를 밝히는 경우

시행령 제40조(위원장의 직무)

① 감정평가관리·징계위원회의 위원장(이하 이 조에서 "위원장"이라 한다)은 위원회를 대표하고, 위원회의 업무를 총괄한다. 〈개정 2022.1.21.〉

② 위원장은 감정평가관리·징계위원회의 회의를 소집하고 그 의장이 된다. 〈개정 2022.1.21.〉

③ 위원장이 부득이한 사유로 직무를 수행할 수 없을 때에는 부위원장이 그 직무를 대행하며, 위원장 및 부위원장이 모두 부득이한 사유로 직무를 수행할 수 없는 때에는 위원장이 지명하는 위원이 그 직무를 대행한다. 다만, 불가피한 사유로 위원장이 직무를 대행할 위원을 지명하지 못할 경우에는 국토교통부장관이 지명하는 위원이 그 직무를 대행한다.

시행령 제40조의2(소위원회)

① 제34조 제1항에 따른 징계의결 요구 내용을 검토하기 위해 감정평가관리ㆍ징계위원회에 소위원회를 둘 수 있다. 〈개정 2022.1.21.〉

② 소위원회의 설치ㆍ운영에 필요한 사항은 감정평가관리ㆍ징계위원회의 의결을 거쳐 위원회의 위원장이 정한다. 〈개정 2022.1.21.〉

시행령 제41조(당사자의 출석)

당사자는 감정평가관리ㆍ징계위원회에 출석하여 구술 또는 서면으로 자기에게 유리한 사실을 진술하거나 필요한 증거를 제출할 수 있다. 〈개정 2022.1.21.〉

시행령 제42조(감정평가관리ㆍ징계위원회의 의결)

감정평가관리ㆍ징계위원회의 회의는 재적위원 과반수의 출석으로 개의(開議)하고, 출석위원 과반수의 찬성으로 의결한다. 〈개정 2022.1.21.〉

[제목개정 2022.1.21.]

PART 04

1. 징계의결의 요구(감정평가법 시행령 제34조 제1항)

국토교통부장관은 감정평가사에게 징계사유가 있다고 인정되면 그 증명서류를 갖추어 징계위원회에 징계의결을 요구한다. 이때 징계의결의 요구는 위반사유가 발생한 날부터 5년이 지난 때에는 할 수 없다.

2. 징계당사자에게 통보(감정평가법 시행령 제34조 제2항)

감정평가관리ㆍ징계위원회는 제1항에 따른 징계의결의 요구를 받으면 지체 없이 징계요구 내용과 징계심의기일을 해당 감정평가사(이하 "당사자"라 한다)에게 통지해야 한다.

3. 의견진술(감정평가법 시행령 제41조)

당사자는 감정평가관리ㆍ징계위원회에 출석하여 구술 또는 서면으로 자기에게 유리한 사실을 진술하거나 필요한 증거를 제출할 수 있다.

4. 징계의결(감정평가법 시행령 제35조)

징계위원회는 징계의결의 요구를 받은 날부터 60일 이내에 징계에 관한 의결을 하여야 한다. 다만, 부득이한 사유가 있는 때에는 징계위원회의 의결로 30일에 한하여 그 기간을 연장할 수 있다.

5. 징계 사실의 서면 통지 및 관보에 공고(감정평가법 시행령 제36조)

① 국토교통부장관은 감정평가법 제39조의2 제1항에 따라 구체적인 징계 사유를 알리는 경우에는 징계의 종류와 사유를 명확히 기재하여 서면으로 알려야 한다.

② 국토교통부장관은 법 제39조의2 제1항에 따라 같은 항에 따른 징계사유 통보일부터 14일 이내에 다음 각 호의 사항을 관보에 공고해야 한다.

1. 징계를 받은 감정평가사의 성명, 생년월일, 소속된 감정평가법인등의 명칭 및 사무소 주소
2. 징계의 종류
3. 징계 사유(징계사유와 관련된 사실관계의 개요를 포함한다)
4. 징계의 효력발생일(징계의 종류가 업무정지인 경우에는 업무정지 시작일 및 종료일)

★★★감정평가사의 책임성을 제고하기 위하여 감정평가사의 징계에 관한 정보를 공개하도록 하는 등의 내용으로 「감정평가 및 감정평가사에 관한 법률」이 개정(법률 제18309호, 2021.7.20. 공포, 2022.1.21. 시행)

■ 감정평가사 징계 정보의 공고(제36조 제2항부터 제4항까지 신설)

1) 감정평가사의 책임성을 제고하기 위하여 국토교통부장관은 징계를 받은 감정평가사의 성명과 생년월일, 감정평가사가 소속된 감정평가법인 등의 명칭, 징계의 종류 및 사유 등을 관보에 공고하도록 하고, 한국부동산원이 운영하는 감정평가 정보체계에도 게시하도록 함.
2) 감정평가 정보체계에 게시한 징계 정보는 자격취소 및 등록취소의 경우에는 3년 동안, 업무정지의 경우에는 그 기간 동안, 견책의 경우에는 3개월 동안 게시하도록 함.

■ 감정평가사 징계 정보의 제공(제36조의2 및 제36조의3 신설)

1) 감정평가사에 대한 징계 정보를 열람하려는 자는 신청서에 주민등록증 사본 등 신분을 확인할 수 있는 서류와 징계 정보가 필요한 사유를 적은 서류 등을 첨부하여 한국감정평가사협회에 신청하도록 함.
2) 한국감정평가사협회는 신청일부터 10일 이내에 신청인이 징계 정보를 열람할 수 있도록 해야 하고, 열람의 대상이 된 감정평가사에게는 열람 사실을 알려주도록 함.
3) 제공되는 징계 정보의 범위를 자격취소나 등록취소의 경우에는 신청일부터 10년 전까지, 업무정지의 경우에는 5년 전까지, 견책의 경우에는 1년 전까지 공고된 징계 정보로 정함.

05 징계의 효과

1. 징계의 유형에 따른 효과

징계의 종류에 따른 법적 효과가 발생한다. 즉, 자격등록취소는 자격등록의 효력이 소멸하게 되고, 업무정지는 업무정지기간 동안 감정평가업무를 수행할 수 없고, 견책은 주의의무가 발생한다.

2. 등록증 반환

자격등록이 취소되거나 업무가 정지된 자는 등록증을 국토교통부장관에게 반납하여야 한다.

06 위법성과 권리구제

1. 징계의 위법성

국토교통부장관의 징계처분이 내용상 하자 또는 절차상 하자가 있고, 그것이 성문법령과 행정법의 일반원칙을 위반하게 되면 위법성이 인정된다. 이때 위법성의 정도는 중대명백설에 따라 무효인지 취소사유인지 판단하게 된다.

2. 징계에 대한 권리구제

징계는 처분에 해당하므로 항고쟁송을 통해 다툴 수 있고, 위법한 징계처분에 의해 재산상 손해가 발생하게 되면 국가배상청구도 가능하다.

판례

■ 감정평가사 징계 집행정지 판례(제34회 3번 기출문제)

★★대판 2020.9.3. 2020두34070 [직접생산확인취소처분취소]

【판시사항】

[1] 제재처분에 대한 행정쟁송절차에서 처분에 대해 집행정지결정이 이루어지고 본안에서 해당 처분이 최종적으로 적법한 것으로 확정되어 집행정지결정이 실효되고 제재처분을 다시 집행할 수 있게 된 경우 및 반대로 처분상대방이 집행정지결정을 받지 못했으나 본안소송에서 해당 제재처분이 위법하다는 것이 확인되어 취소하는 판결이 확정된 경우, 처분청이 취할 조치

[2] 중소기업제품 구매촉진 및 판로지원에 관한 법률에 따른 1차 직접생산확인 취소처분에 대하여 중소기업자가 제기한 취소소송절차에서 집행정지결정이 이루어졌다가 본안소송에서 중소기업자의 패소판결이 확정되어 집행정지가 실효되고 취소처분을 집행할 수 있게 되었으나 1차 취소처분 당시 유효기간이 남아 있었던 직접생산확인의 전부 또는 일부가 집행정지기간 중 유효기간이 모두 만료되고 집행정지기간 중 새로 받은 직접생산확인의 유효기간이 남아 있는 경우, 관할 행정청이 직접생산확인 취소 대상을 '1차 취소처분 당시' 유효기간이 남아 있었던 모든 제품에서 '1차 취소처분을 집행할 수 있게 된 시점 또는 그와 가까운 시점'을 기준으로 유효기간이 남아 있는 모든 제품으로 변경하는 처분을 할 수 있는지 여부(적극)

【판결요지】

[1] 집행정지결정의 효력은 결정 주문에서 정한 기간까지 존속하다가 그 기간이 만료되면 장래에 향하여 소멸한다. 집행정지결정은 처분의 집행으로 회복하기 어려운 손해를 예방하기 위하여 긴급한 필요가 있고 달리 공공복리에 중대한 영향을 미치지 않을 것을 요건으로 하여 본안판결이 있을 때까지 해당 처분의 집행을 잠정적으로 정지함으로써 위와 같은 손해를 예방하는 데 취지가 있으므로, 항고소송을 제기한 원고가 본안소송에서 패소확정판결을 받았더라도 집행정지결정의 효력이 소급하여 소멸하지 않는다.
그러나 제재처분에 대한 행정쟁송절차에서 처분에 대해 집행정지결정이 이루어졌더라도 본안에서 해당 처분이 최종적으로 적법한 것으로 확정되어 집행정지결정이 실효되고 제재처분을 다시 집행할 수 있게 되면, 처분청으로서는 당초 집행정지결정이 없었던 경우와 동등한 수준으로 해당 제재처분이 집행되도록 필요한 조치를 취하여야 한다. 집행정지는 행정쟁송절차에서 실효적 권리구제

를 확보하기 위한 잠정적 조치일 뿐이므로, 본안 확정판결로 해당 제재처분이 적법하다는 점이 확인되었다면 제재처분의 상대방이 잠정적 집행정지를 통해 집행정지가 이루어지지 않은 경우와 비교하여 제재를 덜 받게 되는 결과가 초래되도록 해서는 안 된다. 반대로, 처분상대방이 집행정지결정을 받지 못했으나 본안소송에서 해당 제재처분이 위법하다는 것이 확인되어 취소하는 판결이 확정되면, 처분청은 그 제재처분으로 처분상대방에게 초래된 불이익한 결과를 제거하기 위하여 필요한 조치를 취하여야 한다.

[2] 직접생산확인을 받은 중소기업자가 공공기관의 장과 납품 계약을 체결한 후 직접생산하지 않은 제품을 납품하였다. 관할 행정청은 중소기업제품 구매촉진 및 판로지원에 관한 법률 제11조 제3항에 따라 당시 유효기간이 남아 있는 중소기업자의 모든 제품에 대한 직접생산확인을 취소하는 1차 취소처분을 하였다. 중소기업자는 1차 취소처분에 대하여 취소소송을 제기하였고, 집행정지결정이 이루어졌다. 그러나 결국 중소기업자의 패소판결이 확정되어 집행정지가 실효되고, 취소처분을 집행할 수 있게 되었다. 그런데 1차 취소처분 당시 유효기간이 남아 있었던 직접생산확인의 전부 또는 일부는 집행정지기간 중 유효기간이 모두 만료되었고, 1차 취소처분 당시 유효기간이 남아 있었던 직접생산확인 제품 목록과 취소처분을 집행할 수 있게 된 시점에 유효기간이 남아 있는 직접생산확인 제품 목록은 다르다.
위와 같은 경우 관할 행정청은 1차 취소처분을 집행할 수 있게 된 시점으로부터 상당한 기간 내에 직접생산확인 취소 대상을 '1차 취소처분 당시' 유효기간이 남아 있었던 모든 제품에서 '1차 취소처분을 집행할 수 있게 된 시점 또는 그와 가까운 시점'을 기준으로 유효기간이 남아 있는 모든 제품으로 변경하는 처분을 할 수 있다. 이러한 변경처분은 중소기업자가 직접생산하지 않은 제품을 납품하였다는 점과 중소기업제품 구매촉진 및 판로지원에 관한 법률 제11조 제3항 중 제2항 제3호에 관한 부분을 각각 궁극적인 '처분하려는 원인이 되는 사실'과 '법적 근거'로 한다는 점에서 1차 취소처분과 동일하고, 제재의 실효성을 확보하기 위하여 직접생산확인 취소 대상만을 변경한 것이다.

★★대판 2022.2.11. 2021두40720 [위반차량운행정지취소등]

【판시사항】

[1] 효력기간이 정해져 있는 제재적 행정처분에 대한 취소소송에서 법원이 본안소송의 판결 선고 시까지 집행정지결정을 한 경우, 처분에서 정해 둔 효력기간은 판결 선고 시까지 진행하지 않다가 선고된 때에 다시 진행하는지 여부(적극) / 처분에서 정해 둔 효력기간의 시기와 종기가 집행정지기간 중에 모두 경과한 경우에도 마찬가지인지 여부(적극) / 이러한 법리는 행정심판위원회가 행정심판법 제30조에 따라 집행정지결정을 한 경우에도 그대로 적용되는지 여부(적극)

[2] 효력기간이 정해져 있는 제재적 행정처분의 효력이 발생한 이후 행정청이 상대방에 대한 별도의 처분으로 효력기간의 시기와 종기를 다시 정할 수 있는지 여부(적극) / 위와 같은 후속 변경처분서에 당초 행정처분의 집행을 특정 소송사건의 판결 시까지 유예한다고 기재한 경우, 처분의 효력기간은 판결 선고 시까지 진행이 정지되었다가 선고되면 다시 진행하는지 여부(적극) / 당초의 제재적 행정처분에서 정한 효력기간이 경과한 후 동일한 사유로 다시 제재적 행정처분을 하는 것이 위법한 이중처분에 해당하는지 여부(적극)

【판결요지】

[1] 행정소송법 제23조에 따른 집행정지결정의 효력은 결정 주문에서 정한 종기까지 존속하고, 그 종

기가 도래하면 당연히 소멸한다. 따라서 효력기간이 정해져 있는 제재적 행정처분에 대한 취소소송에서 법원이 본안소송의 판결 선고 시까지 집행정지결정을 하면, 처분에서 정해 둔 효력기간(집행정지결정 당시 이미 일부 집행되었다면 그 나머지 기간)은 판결 선고 시까지 진행하지 않다가 판결이 선고되면 그때 집행정지결정의 효력이 소멸함과 동시에 처분의 효력이 당연히 부활하여 처분에서 정한 효력기간이 다시 진행한다. 이는 처분에서 효력기간의 시기(始期)와 종기(終期)를 정해 두었는데, 그 시기와 종기가 집행정지기간 중에 모두 경과한 경우에도 특별한 사정이 없는 한 마찬가지이다. 이러한 법리는 행정심판위원회가 행정심판법 제30조에 따라 집행정지결정을 한 경우에도 그대로 적용된다. 행정심판위원회가 행정심판 청구 사건의 재결이 있을 때까지 처분의 집행을 정지한다고 결정한 경우에는, 재결서 정본이 청구인에게 송달된 때 재결의 효력이 발생하므로(행정심판법 제48조 제2항, 제1항 참조) 그때 집행정지결정의 효력이 소멸함과 동시에 처분의 효력이 부활한다.

[2] 효력기간이 정해져 있는 제재적 행정처분의 효력이 발생한 이후에도 행정청은 특별한 사정이 없는 한 상대방에 대한 별도의 처분으로써 효력기간의 시기와 종기를 다시 정할 수 있다. 이는 당초의 제재적 행정처분이 유효함을 전제로 그 구체적인 집행시기만을 변경하는 후속 변경처분이다. 이러한 후속 변경처분도 특별한 규정이 없는 한 의사표시에 관한 일반법리에 따라 상대방에게 고지되어야 효력이 발생한다. 위와 같은 후속 변경처분서에 효력기간의 시기와 종기를 다시 특정하는 대신 당초 제재적 행정처분의 집행을 특정 소송사건의 판결 시까지 유예한다고 기재되어 있다면, 처분의 효력기간은 원칙적으로 그 사건의 판결 선고 시까지 진행이 정지되었다가 판결이 선고되면 다시 진행된다. 다만 이러한 후속 변경처분 권한은 특별한 사정이 없는 한 당초의 제재적 행정처분의 효력이 유지되는 동안에만 인정된다. 당초의 제재적 행정처분에서 정한 효력기간이 경과하면 그로써 처분의 집행은 종료되어 처분의 효력이 소멸하는 것이므로(행정소송법 제12조 후문 참조), 그 후 동일한 사유로 다시 제재적 행정처분을 하는 것은 위법한 이중처분에 해당한다.

판례

■ 감정평가사 징계처분 취소 대법원 판례

▶ 관련판례(대판 2012.4.26, 2011두14715) [징계처분취소]

[1] 부동산 가격공시 및 감정평가에 관한 법률, 감정평가에 관한 규칙의 취지를 종합해 볼 때, 감정평가사가 대상물건의 평가액을 가격조사시점의 정상가격이 아닌 **특수한 조건을 반영한 가격 또는 현재가 아닌 시점의 가격**을 기준으로 정하는 경우에는, **반드시 그 조건 또는 시점을 분명히 하고, 특히 특수한 조건이 수반된 미래시점의 가격이라면 그 조건과 시점을 모두 밝힘으로써**, 감정평가서를 열람하는 자가 제시된 감정가를 정상가격 또는 가격조사시점의 가격으로 오인하지 않도록 해야 한다.

[2] **감정평가에 관한 규칙 제8조 제5호, 부동산 가격공시 및 감정평가에 관한 법률 제37조 제1항** 및 관계법령의 취지를 종합해 보면, 감정평가사는 공정하고 합리적인 평가액의 산정을 위하여 **성실하고 공정하게 자료검토 및 가격형성요인 분석을 해야 할 의무**가 있고, 특히 특수한 조건을 반영하거나 현재가 아닌 시점의 가격을 기준으로 하는 경우에는 제시된 자료와 대상물건의 구체적인 비교·분석을 통하여 **평가액의 산출근거를 논리적으로 밝히는** 데 더욱 신중을 기하여야 한다. **만약 위와 같이 하는 것이 곤란한 경우라면 감정평가사로서는 자신의 능력에 의한 업무수행이 불가능하거나 극히 곤란한 경우**로 보아 대상물건에 대한 평가를 하지 말아야 하지 구체적이고 논리적인 가격형성요인의 분석이

어렵다고 하여 자의적으로 평가액을 산정해서는 안 된다.

▶ 관련판례(서울고등법원 2011.6.17. 2010누44384)

[전문]

[원고, 피항소인] 원고

[피고, 항소인] 국토교통부장관

[주문]

1. 제1심 판결을 취소한다.
2. 원고의 청구를 기각한다.
3. 소송총비용은 원고가 부담한다.

[청구취지 및 항소취지]

1. 청구취지
   피고가 2010.5.4. 원고에 대하여 한 징계처분(업무정지 2개월 15일)을 취소한다.
2. 항소취지
   주문과 같다.

[이유]

1. 기초사실
   가. 부산제주연료협동조합(이하 '이 사건 조합'이라 한다)은 「부산 강서구 봉림동 둔치도 연료단지 조성사업」을 위하여 1995.9.경 부산광역시 강서구청장으로부터 개발제한구역으로 지정되어 있던 부산 강서구 봉림동 763-38외 68필지 총 183,110㎡(이하 '이 사건 토지'라 한다)에 대한 부지조성과 이 사건 토지 위에 28개동 총 연면적 58,373.3㎡의 건물신축에 관한 개발행위허가를 받아 1997.10.경부터 이 사건 토지 위에 연료단지를 조성하기 위한 토지형질변경공사를 진행하여 왔다(당초 허가기간은 2001.12.31.까지였으나, 이후 수차례에 걸쳐 연장되어 2010.12.31.까지로 되었다).
   나. 재정경제부장관은 2003.10.30. 부산 강서구, 경남 진해시 일원 총 5개 지역 합계 104.1㎢(신항만지역 10.7㎢, 명지지역 10.9㎢, 지사지역 40.2㎢, 두동지역 20.6㎢, 웅동지역 21.7㎢)를 부산・진해경제자유구역으로 지정・고시하였는데(재정경제부 고시 제2003-20호), 이 사건 토지는 신항만지역에 접해 있다.
   다. 이 사건 조합은 위와 같이 부산・진해경제자유구역 지정・고시가 있자 이 사건 토지를 연료단지로 조성하는 것은 그 필요성과 효율성이 상실되었다고 판단하고 대신에 화물자동차 공동차고지 및 부대시설 등 물류단지로 조성하기로 계획하고, 2005.11.11. 화물자동차 운송주선사업허가를 받았고, 부산광역시장은 2006.2.16. 이 사건 토지가 화물자동차 공동차고지 조성사업지로 선정되었음을 통보하였다.
   라. 이 사건 조합은 2006.4.경 감정평가사인 원고에게 이 사건 토지를 화물자동차 공동차고지로 조성하고 그 위에 하차창고 등 총 연면적 57,189㎡의 건물을 신축하는 등 물류단지로 조성한 후에 형성될 이 사건 토지 및 그 지상 건물에 대한 추정시가를 평가하여 달라는 취지의 감정평가를 의뢰하였고, 원고는 2006.4.11. 물류단지로 조성된 후의 이 사건 토지가격을 95,100,600,000원으로, 그 위에 신축될 지상건물 가격을 36,660,900,000원으로 평가하였다(이하 '이 사건 감정평가'라 한다).
   마. 부산지방법원은 이 사건 조합에 대한 채권자 대한석탄공사의 신청에 의하여 2007.11.13. 개시된 이 사건 조합 소유의 이 사건 토지 중 일부인 부산 강서구 763-38 등 67 필지 158,070㎡에 대한 경매절차(위 법원 2007타경49808)에서 (주)가온감정평가법인에게 위 경매목적물에 대한

감정평가를 의뢰하였고, 위 감정평가법인 소속 감정평가사 전태일은 위 경매목적물이 2007.2.5.을 기준으로 13,119,893,000원이라고 평가(이하 '이 사건 비교대상 감정평가'라 한다)하였는데, 위 평가금액은 농경지만으로 사용이 극히 제한된 다른 개발제한구역 내의 전(田)을 비교표준지로 선정하여 산정된 것이다.

바. 국토교통부 소속 감정평가사징계위원회는 2010.4.28. 아래와 같은 사유로 원고에 대하여 업무정지 2개월 15일(2010.5.20.~2010.8.3.)을 징계의결하였고, 피고는 2010.5.4. 원고에게 위와 같이 징계의결되었음을 통보하였다(이하 '이 사건 징계처분'이라 한다).

[처분이유]

○ 감정평가사는 「부동산 가격공시 및 감정평가에 관한 법률」(이하 "부동산공시법"이라 함) 제29조에서 정한 감정평가업자의 업무를 행함에 있어서 같은 법 제31조의 감정평가준칙을 준수하여야 하고, 또한 같은 법 제37조 제1항에 따라 품위를 유지하여야 하고, 신의와 성실로써 공정하게 감정평가를 하여야 하며, 고의 또는 중대한 과실로 잘못된 평가를 하여서는 아니 된다.

○ 우리부에서 운영하고 있는 감정평가사징계위원회에서 귀하가 부산제주연료공업협동조합으로부터 부산광역시 강서구 봉림동 763-38 등 68필지 158,501㎡ 및 그 지상 건물(이하 "이 사건 토지 등"이라 함)을 2006.4월 평가의뢰를 받고 2006.4.11.에 131,761,500,000원으로 조사평가한 것이 이 사건 토지 등을 가온감정평가법인에서 2007.12.5.에 조사평가한 경매감정금액과 비교하여 10배 정도 차이가 나게 감정평가한 것은 「감정평가에 관한 규칙」 제5조(정상가격주의), 제7조(가격시점), 제8조 제5호(자료검토 및 가격형성요인의 분석)의 규정에 따라 적법하게 평가한 것으로 볼 수 없다.

○ 또한 귀하께서 주장하는 바와 같이 본건 서류가 감정평가서가 아니라 용역컨설팅보고서라고 보더라도 보고서에 전제조건을 적시하지 않은 점, 의뢰인이 제시한 자료의 합리성과 물리적·경제적 타당성에 대한 검토가 불충분한 점 등은 통상적인 보고서로서도 미흡한 것으로 보여지며, 이러한 미흡한 수준의 보고서를 일반적으로 사용하는 감정평가서 서식으로 작성·제출한 것은 제3자로 하여금 감정평가서로 오인토록 하여 결국 감정평가의 공신력을 실추시키는 결과를 초래하고, 본 보고서는 의뢰인의 요구에 따라 과다평가한 사례로써 부동산평가시장의 질서를 저해하였다 하여 부동산공시법 제31조의 감정평가준칙 준수의무와 제37조 제1항에서 정한 성실의무를 위반하였다고 결정하였다.

[인정근거]

다툼 없는 사실, 갑 1 내지 5호증(가지번호 포함)을 1, 2, 3호증의 각 기재, 변론 전체의 취지

2. 이 사건 징계처분의 적법 여부

가. 원고의 주장

이 사건 조합이 이 사건 토지에 대한 개발행위허가를 받아 토지형질변경공사를 진행하여 그 객관적 가치를 증대시켰음에도 불구하고, 이 사건 비교대상 감정평가는 다른 개발제한구역 내의 전(田)을 이 사건 토지에 대한 비교표준지로 선정하여 이 사건 토지를 평가하였는바, 이와 같이 잘못된 이 사건 비교대상 감정평가를 기초로 한 이 사건 처분은 위법하므로 취소되어야 한다.

나. 피고의 주장

피고는 앞서 본 징계사유와 관련하여 다음과 같이 주장한다.

(1) 원고가 이 사건 토지를 정상가격이 아닌 특정가격으로 평가하기 위해서는 의뢰인이 제시한 조건이 물리적·경제적·법률적으로 타당하고 실현가능하여야 하는데 이 사건 감정평가 당시 이 사건 토지가 화물관련 물류단지로 개발될 가능성이 없었고 이에 대한 검토도 제대로 하지 않았으므로, 이 사건 감정평가는 감정평가에 관한 규칙(이하 '감정평가규칙'이라 한다)

제5조를 위반한 것이다.

(2) 원고가 감정평가규칙 제7조에 따라 가격시점을 명시하여야 함에도 이를 명시하지 않은 잘못이 있다.

(3) 원고가 감정평가규칙 제8조 제5호에 따라 평가대상 부동산의 적정한 가격을 산정하기 위해 실질적으로 필요한 자료를 검토하고 이를 기반으로 가격형성요인의 분석을 행하여야 함에도 이를 제대로 이행하지 않은 잘못이 있다. 이는 감정평가규칙 제8조 제5호와 신의와 성실로써 공정하게 감정평가를 하여야 한다는 부동산 가격공시 및 감정평가에 관한 법률(이하 '부동산공시법'이라 한다) 제37조 제1항을 위반한 것이다.

다. 판단

(1) 감정평가규칙 제5조 위반 여부

감정평가규칙 제4조 제1호는 "정상가격이라 함은 평가대상토지 등이 통상적인 시장에서 충분한 기간 거래된 후 그 대상물건의 내용에 정통한 거래당사자 간에 통상 성립한다고 인정되는 적정가격을 말한다"라고 규정하고 있고, 감정평가규칙 제5조는 "대상물건에 대한 평가가액은 정상가격 또는 정상임료로 결정함을 원칙으로 한다. 다만, 평가목적·대상물건의 성격상 정상가격 또는 정상임료로 평가함이 적정하지 아니하거나 평가에 있어서 특수한 조건이 수반되는 경우에는 그 목적·성격이나 조건에 맞는 특정가격 또는 특정임료로 결정할 수 있다"라고 규정하고 있다.

앞서 본 바와 같이 이 사건 조합은 원고에게 물류단지로 조성한 후에 형성될 이 사건 토지가격 평가를 의뢰하였고, 원고는 이러한 의뢰를 받고 미래에 이 사건 토지가 물류단지로 조성될 것을 조건으로 가격을 평가하였는바, 이러한 조건하에서 평가한 가격은 감정평가규칙 제4조 제1호의 정상가격이 아니라 감정평가규칙 제5조 단서의 특정가격이라고 할 것이다. 다만, 특정가격을 산정함에 있어서는 그 특수한 조건이 물리적·경제적·법률적으로 타당하고 실현가능하여야 한다.

피고는, 이 사건 토지에 대한 미래가치를 특정가격으로 정할 수 있다고 하더라도, 이 사건 감정평가 당시 이 사건 토지가 물류단지로 개발될 가능성이 없었고 원고가 이에 대한 검토도 제대로 하지 않았다는 취지로 주장한다. 그러나 2003.10.30. 이 사건 토지를 포함한 토지 일대가 부산·진해경제자유구역으로 지정되었고 2005.11.11. 이 사건 조합이 화물자동차 운송주선사업허가를 받았으며 2006.2.16. 부산광역시장으로부터 이 사건 토지가 화물자동차 공동차고지 조성사업지로 선정되었음을 통보받은 사실은 앞서 본 바와 같고, 이 사건 토지가 2008.12.31.경 '부산신항배후 국제산업물류도시 조성예정지역'으로 지정된 사실은 당사자 사이에 다툼이 없는바, 이러한 사실에 비추어 보면, 비록 현재까지 이 사건 토지가 물류단지로 개발되지 않았다고 하더라도, 원고가 이 사건 감정평가를 한 2006.4.11. 당시 이 사건 토지의 물류단지로의 개발이 타당하지 않았고 개발될 가능성도 없었다거나 이 사건 감정평가서의 내용에 비추어 원고가 이에 대한 검토를 제대로 하지 않았다고 단정하기는 어렵다. 따라서 원고가 감정평가규칙 제5조를 위반하였다는 취지의 징계사유는 인정되지 아니한다.

(2) 감정평가규칙 제7조 위반 여부

감정평가규칙 제7조는 "가격시점은 대상물건의 가격조사를 완료한 일자로 한다. 다만, 가격시점이 미리 정하여진 때에는 가격조사가 가능한 경우에 한하여 그 일자를 가격시점으로 정할 수 있다"라고 규정하고 있다. 위 규정에 비추어 보면, 미래가치와 같은 특정가격을 산출함에 있어서는 가격시점을 '대상물건의 가격조사를 완료한 일자'로 정할 수는 없지만, 위 규정 단서에서 규정한 '가격시점이 미리 정하여진 때'에 해당한다고 보아 미리 정하여진 미래의 가격시점

일자를 특정해야 할 것이다. 가격은 시간의 흐름에 따라 변동하는 것이고 구체적으로 미래가격을 산정하기로 한 이상 그 가격시점은 반드시 특정되어야 하기 때문이다.

원고는 이 사건 조합으로부터 2013년경에 형성될 이 사건 토지의 가격에 대한 감정평가를 의뢰받았고 이 사건 감정평가서는 2013년을 가격시점으로 하여 작성되었다고 주장한다. 그러나 이 사건 감정평가서에는 통상 가격시점이 기재되는 부분에 '조사시점 2006.4.11.'이라는 기재만이 있을 뿐 가격시점이 일자로서 특정되어 있지 않고, 원고의 주장처럼 2013년이 가격시점이라고 볼 만한 기재도 찾아볼 수 없다.

이에 대하여 원고는 이 사건 감정평가서 중 '자산가격의 조사 및 그 결정에 관한 의견' 제5항에 기재된 대출은행이 작성한 2006년~2013년의 현금흐름표의 최종년도인 2013년에 사업이 완성되어 수익이 발생하므로 2013년을 가격시점으로 하여 기재한 것으로 해석된다는 취지로 주장하지만, 위 제5항의 기재 내용을 볼 때 물류단지 사업과 관련한 2013년까지의 현금흐름을 예상하여 기재한 것에 불과하므로, 이를 이 사건 토지가격 산출에 있어 가격시점을 특정하여 기재한 것으로 보기는 어렵다.

따라서 원고는 이 사건 감정평가를 함에 있어 감정평가규칙 제7조를 위반하였다.

(3) **감정평가규칙 제8조 제5호와 부동산공시법 제37조 제1항 위반 여부**

감정평가업자의 평가절차를 규정한 감정평가규칙 제8조는 제5호에서 감정평가업자는 '자료검토 및 가격형성요인의 분석'을 하여야 한다고 규정하고 있고, 부동산공시법 제37조 제1항은 감정평가업자는 신의와 성실로써 공정하게 감정평가를 하여야 한다고 규정하고 있다.

이 사건 감정평가서 중 '자산가격의 조사 및 그 결정에 관한 의견' 제6항 '토지에 대한 가격자료'의 기재를 보면, 원고는 이 사건 토지의 가격산정 자료로서 인근 공장용지 공시지가라고 하며 신호동 210-6, 봉림동 159-1, 녹산동 5-7의 공시지가를 기재하였고, 인근 공업단지 시세라고 하며 명지지구 공업용지 평당 300만원 이상, 신평・장림지구 공업용지 평당 200만원-300만원이라고 기재하였다(공시지가 및 시세는 이 사건 감정평가 당시를 기준으로 한 것으로 판단된다). 원고는 미래가격에 대한 평가에 있어 공시지가가 있는 비교표준지를 설정하는 것이 가능하지 않으므로 이러한 인근 공장용지 공시지가와 인근 공업단지의 시세를 검토한 후 40만원/m² -90만원/m²로 범위를 정하여 2013년경의 이 사건 토지의 단가가 최소한 60만원/m² 정도 될 것으로 평가하였다고 한다.

미래시점을 기준으로 한 토지가격 평가방법에 관하여 감정평가규칙에 구체적인 규정이 있지 않고, 현 공시지가를 기준으로 비교표준지를 선정하여 토지가격을 평가하는 방법과는 그 평가방법이 다를 수는 있다. 그러나 미래시점을 기준으로 한 토지가격을 평가한다고 하여 객관성, 구체성을 잃은 감정평가를 자의적으로 하는 것은 당연히 허용되지 않는다고 할 것인바, 이 사건 감정평가서를 보면, 가격자료라며 기재한 인근 공장용지라는 신호동 210-6, 봉림동 159-1, 녹산동 5-7 토지들과 인근 공업단지라는 명지지구 공업용지, 신평・장림지구 공업용지의 각각의 면적, 형상, 위치에 관한 기재가 없고, 이 사건 토지의 지리적, 행정적, 개별적 요인이라며 이 사건 토지의 위치와 물류단지로서의 개발가능성 등을 개략적, 반복적으로 기재하고 있을 뿐, 화물관련 물류단지로 개발예정인 이 사건 토지와 물류단지와는 용도가 다른 위 각 공장용지와 공업단지가 어떠한 측면에서 가격평가상 비교가능하고 지리적, 행정적, 개별적 측면에서 구체적으로 무엇이 같고 다른지를 판단할 만한 자료가 없고 이에 대한 적절한 분석도 없다. 물론 이 사건 토지가 미래에 어떻게 개발될지 확정되지 않아 일반 감정평가와 같이 개별요인분석 및 비교를 명확히 할 수는 없지만, 인근 토지 등의 공시지가 및 시세를 기준으로 구체적인 가격산정을 한 이상, 획지조건, 환경조건 등 가능한 개별요인분석 및 비교는 필요하다

할 것이고 그것이 가능하지 않다고 보이지 않는다.
이 사건 감정평가서의 이러한 기재 내용을 검토해 보면, 미래시점을 기준으로 한 토지가격 평가를 어떠한 방법으로 할 것인지는 별론으로 하더라도, 원고는 이 사건 토지에 대한 가격자료 검토 및 가격형성요인 분석을 제대로 하지 않은 상태에서 별다른 근거 없이 물류단지 개발 후의 이 사건 토지가격 단가를 40만원/㎡-90만원/㎡의 범위에서 60만원/㎡로 산정한 것으로 판단된다. 따라서 원고는 감정평가사로서 감정평가규칙 제8조 제5호에서 규정한 자료검토 및 가격형성요인 분석을 함에 있어 부동산공시법 제37조 제1항에서 규정한 성실의무를 위반하였다고 봄이 상당하다(원고가 자료검토 및 가격형성요인 분석을 하지 않은 것은 아니므로 감정평가규칙 제8조 제5호를 위반하였다고 볼 수는 없다).

(4) 소결
그렇다면, 원고가 감정평가규칙 제5조, 제8조 제5호를 위반하지 않았다고 하더라도, 원고는 감정평가규칙 제7조에 따라 감정평가를 하지 않고 부동산공시법 제37조 제1항에서 규정한 성실의무를 위반하였으므로, 이를 이유로 한 이 사건 징계처분은 적법하다.

3. 결론
그렇다면, 원고의 이 사건 청구는 이유 없어 이를 기각할 것인바, 이와 결론을 달리한 제1심 판결은 부당하므로 이를 취소하고 원고의 청구를 기각하기로 하여, 주문과 같이 판결한다.

■ 감정평가 및 감정평가사에 관한 법률 시행령 주요 개정 사항

감정평가 및 감정평가사에 관한 법률 시행령
[시행 2022.1.21.] [대통령령 제32352호, 2022.1.21, 일부개정]

【제정・개정이유】

[일부개정]
◇ 개정이유
공정하고 객관적인 감정평가를 위하여 국토교통부장관이 감정평가에 필요한 실무기준의 제정 등에 관한 업무를 수행할 민간법인이나 단체를 기준제정기관으로 지정할 수 있도록 하고, 감정평가 의뢰인 등은 감정평가 결과의 적정성에 대한 검토를 다른 감정평가법인 등에 의뢰할 수 있도록 하며, 감정평가사의 책임성을 제고하기 위하여 감정평가사의 징계에 관한 정보를 공개하도록 하는 등의 내용으로 「감정평가 및 감정평가사에 관한 법률」이 개정(법률 제18309호, 2021.7.20. 공포, 2022.1.21. 시행)됨에 따라, 기준제정기관의 지정 요건과 감정평가 결과에 대한 적정성 검토 절차 및 감정평가사 징계 정보의 공개 방법 등 법률에서 위임된 사항과 그 시행에 필요한 사항을 정하려는 것임.

◇ 주요내용
가. 기준제정기관의 지정 요건 등(제3조의2 및 제3조의3 신설)
1) 감정평가에 적용되는 실무기준 제정 등에 관한 업무를 수행하는 기준제정기관은 5년 이상의 감정평가 실무 경력이 있는 사람 등을 3명 이상 상시 고용하고, 업무 수행에 필요한 전담조직과 관리 체계를 갖춘 자 중에서 지정하도록 하는 등 기준제정기관의 지정 요건을 구체적으로 정함.
2) 기준제정기관으로 지정받으려는 민간법인 등은 지정신청서에 정관이나 규약, 사업계획서 등을 첨부하여 국토교통부장관에게 제출하도록 함.

3) 기준제정기관은 감정평가에 관한 실무기준의 제정・개정, 실무기준의 해석 및 감정평가와 관련된 제도의 개선에 관한 연구 등의 업무를 수행하도록 함.

나. 감정평가서에 대한 적정성 검토 절차 등(제7조의2부터 제7조의4까지 신설)

1) 감정평가 결과의 공정성과 객관성을 담보하기 위하여 감정평가사가 발급한 감정평가서의 적정성에 대한 검토를 의뢰할 수 있는 자를 감정평가의 의뢰인, 감정평가서를 활용하는 거래나 계약의 상대방 및 감정평가 결과를 고려하여 인가・허가 등의 여부를 판단하려는 행정기관 등으로 정함.

2) 감정평가서에 관한 적정성을 검토할 수 있는 감정평가사의 요건을 '5년 이상 감정평가 업무를 수행한 사람으로서 감정평가실적이 100건 이상인 사람'으로 정함.

3) 적정성 검토를 의뢰받은 감정평가법인 등은 검토가 완료된 경우 검토를 실시한 감정평가사가 서명과 날인을 한 검토결과서를 의뢰인에게 발급하도록 함.

다. 감정평가법인에 두는 감정평가사의 비율 등(제24조 제1항 및 제2항 신설)

1) 종전에는 감정평가법인의 사원 또는 이사는 모두 감정평가사여야 했으나, 앞으로는 전체 사원 또는 이사의 100분의 90 이상이 감정평가사이면 되도록 함으로써 다양한 분야의 전문가가 감정평가법인의 구성원이 될 수 있도록 함.

2) 감정평가법인에 두는 감정평가사가 아닌 사원이나 이사의 요건을 변호사・공인회계사・건축사 등의 자격을 보유한 사람이나 법학・회계학 등의 석사학위를 취득한 사람으로서 그 분야에서 3년 이상 근무한 경력이 있는 사람 등으로 정함.

라. 감정평가사 징계 정보의 공고(제36조제2항부터 제4항까지 신설)

1) 감정평가사의 책임성을 제고하기 위하여 국토교통부장관은 징계를 받은 감정평가사의 성명과 생년월일, 감정평가사가 소속된 감정평가법인 등의 명칭, 징계의 종류 및 사유 등을 관보에 공고하도록 하고, 한국부동산원이 운영하는 감정평가 정보체계에도 게시하도록 함.

2) 감정평가 정보체계에 게시한 징계 정보는 자격취소 및 등록취소의 경우에는 3년 동안, 업무정지의 경우에는 그 기간 동안, 견책의 경우에는 3개월 동안 게시하도록 함.

마. 감정평가사 징계 정보의 제공(제36조의2 및 제36조의3 신설)

1) 감정평가사에 대한 징계 정보를 열람하려는 자는 신청서에 주민등록증 사본 등 신분을 확인할 수 있는 서류와 징계 정보가 필요한 사유를 적은 서류 등을 첨부하여 한국감정평가사협회에 신청하도록 함.

2) 한국감정평가사협회는 신청일부터 10일 이내에 신청인이 징계 정보를 열람할 수 있도록 해야 하고, 열람의 대상이 된 감정평가사에게는 열람 사실을 알려주도록 함.

3) 제공되는 징계 정보의 범위를 자격취소나 등록취소의 경우에는 신청일부터 10년 전까지, 업무정지의 경우에는 5년 전까지, 견책의 경우에는 1년 전까지 공고된 징계 정보로 정함.

〈출처: 법제처 제공〉

PART 04

Chapter

03 감정평가법인등

제1절 감정평가법인등 일반

01 서

감정평가란 토지 등의 경제적 가치를 판정하여 그 결과를 가액으로 표시하는 것이고, 감정평가업이란 타인의 의뢰에 의하여 일정한 보수를 받고 토지 등의 감정평가를 업으로 행하는 것이다. 따라서 감정평가법인등이란 제21조에 따라 사무소를 개설한 감정평가사와 제29조에 따라 인가를 받은 감정평가법인을 말한다.

02 사무소 개설 등

법 제21조(사무소 개설신고 등)

① 제17조에 따라 등록을 한 감정평가사가 감정평가업을 하려는 경우에는 감정평가사사무소를 개설할 수 있다.

② 다음 각 호의 어느 하나에 해당하는 사람은 제1항에 따른 개설을 할 수 없다.

1. 제18조 제1항 각 호의 어느 하나에 해당하는 사람
2. 제32조 제1항(제1호, 제7호 및 제15호는 제외한다)에 따라 설립인가가 취소되거나 업무가 정지된 감정평가법인의 설립인가가 취소된 후 1년이 지나지 아니하였거나 업무정지 기간이 지나지 아니한 경우 그 감정평가법인의 사원 또는 이사였던 사람
3. 제32조 제1항(제1호 및 제7호는 제외한다)에 따라 업무가 정지된 감정평가사로서 업무정지 기간이 지나지 아니한 사람

③ 감정평가사는 그 업무를 효율적으로 수행하고 공신력을 높이기 위하여 합동사무소를 대통령령으로 정하는 바에 따라 설치할 수 있다. 이 경우 합동사무소는 대통령령으로 정하는 수 이상의 감정평가사를 두어야 한다.

④ 감정평가사는 감정평가업을 하기 위하여 1개의 사무소만을 설치할 수 있다.

⑤ 감정평가사사무소에는 소속 감정평가사를 둘 수 있다. 이 경우 소속 감정평가사는 제18조 제1항 각 호의 어느 하나에 해당하는 사람이 아니어야 하며, 감정평가사사무소를 개설한 감정평가사는 소속 감정평가사가 아닌 사람에게 제10조에 따른 업무를 하게 하여서는 아니 된다.

⑥ 삭제 〈2021.7.20.〉

법 제21조의2(고용인의 신고)

감정평가법인등은 소속 감정평가사 또는 제24조에 따른 사무직원을 고용하거나 고용관계가 종료된 때에는 국토교통부령으로 정하는 바에 따라 국토교통부장관에게 신고하여야 한다.

시행령 제21조(합동사무소의 개설)

① 법 제21조 제3항에 따라 감정평가사합동사무소를 개설한 감정평가사는 감정평가사합동사무소의 규약을 국토교통부장관에게 제출해야 한다. 〈개정 2022.1.21.〉

② 법 제21조 제3항 후단에서 "대통령령으로 정하는 수"란 2명을 말한다. 〈개정 2022.1.21.〉
③ 제1항에 따른 규약에 정하여야 할 사항과 그 밖에 감정평가사합동사무소 관리 등에 필요한 사항은 국토교통부령으로 정한다.
[제목개정 2022.1.21.]

시행규칙 제18조(합동사무소의 규약)
영 제21조 제1항에 따른 감정평가사합동사무소의 규약에는 다음 각 호의 사항이 포함되어야 한다.
1. 사무소의 명칭 및 소재지
2. 조직 및 운영에 관한 사항
3. 구성원의 가입 및 탈퇴에 관한 사항

시행규칙 제18조의2(감정평가법인등의 고용인 신고)
① 법 제21조의2에 따라 소속 감정평가사 또는 사무직원의 고용 신고를 하려는 감정평가법인등은 그 소속 감정평가사 또는 사무직원이 업무를 시작하기 전에 별지 제15호의2서식의 고용 신고서를 국토교통부장관에게 제출해야 한다. 〈개정 2022.1.21.〉
② 국토교통부장관은 제1항에 따라 신고서를 제출받은 경우 그 사무직원이 법 제24조 제1항에 따른 결격사유에 해당하는지 여부를 확인해야 한다.
③ 법 제21조의2에 따라 소속 감정평가사 또는 사무직원의 고용관계 종료 신고를 하려는 감정평가법인등은 별지 제15호의2서식의 고용관계 종료 신고서를 고용관계가 종료된 날부터 10일 이내에 국토교통부장관에게 제출해야 한다. 〈개정 2022.1.21.〉
[제목개정 2022.1.21.]

1. 사무소 개설의 의의(법 제21조)

법 제17조에 따라 등록을 한 감정평가사가 감정평가업을 하려는 경우에는 감정평가사무소를 개설할 수 있다.

2. 사무실 개설의 요건

다음 각 호의 어느 하나에 해당하는 사람은 제1항에 따른 개설을 할 수 없다.
① 제18조 제1항 각 호의 어느 하나에 해당하는 사람
② 제32조 제1항(제1호, 제7호 및 제15호는 제외한다)에 따라 설립인가가 취소되거나 업무가 정지된 감정평가법인의 설립인가가 취소된 후 1년이 지나지 아니하였거나 업무정지기간이 지나지 아니한 경우 그 감정평가법인의 사원 또는 이사였던 사람
③ 제32조 제1항(제1호 및 제7호는 제외한다)에 따라 업무가 정지된 감정평가사로서 업무정지기간이 지나지 아니한 사람

3. 사무소 설치 등

① 감정평가사는 그 업무를 효율적으로 수행하고 공신력을 높이기 위하여 합동사무소를 대통령령으로 정하는 바에 따라 설치할 수 있다. 이 경우 합동사무소는 대통령령으로 정하는 수 이상의 감정평가사를 두어야 한다.

② 감정평가사는 감정평가업을 하기 위하여 1개의 사무소만을 설치할 수 있다.
③ 감정평가사사무소에는 소속 감정평가사를 둘 수 있다. 이 경우 소속 감정평가사는 제18조 제1항 각 호의 어느 하나에 해당하는 사람이 아니어야 하며, 감정평가사사무소를 개설한 감정평가사는 소속 감정평가사가 아닌 사람에게 제10조에 따른 업무를 하게 하여서는 아니 된다.

> 기출문제 제34회 4번 **10점**
> 감정평가 및 감정평가사에 관한 법률 제21조에 따른 '사무소 개설 등'에 관하여 설명하시오. **10점**

03 감정평가법인 설립 등

법 제29조(설립 등)

① 감정평가사는 제10조에 따른 업무를 조직적으로 수행하기 위하여 감정평가법인을 설립할 수 있다.
② 감정평가법인은 전체 사원 또는 이사의 100분의 70이 넘는 범위에서 대통령령으로 정하는 비율 이상을 감정평가사로 두어야 한다. 이 경우 감정평가사가 아닌 사원 또는 이사는 토지 등에 대한 전문성 등 대통령령으로 정하는 자격을 갖춘 자로서 제18조 제1항 제1호 또는 제5호에 해당하는 사람이 아니어야 한다.
③ 감정평가법인의 대표사원 또는 대표이사는 감정평가사여야 한다.
④ 감정평가법인과 그 주사무소(主事務所) 및 분사무소(分事務所)에는 대통령령으로 정하는 수 이상의 감정평가사를 두어야 한다. 이 경우 감정평가법인의 소속 감정평가사는 제18조 제1항 각 호의 어느 하나 및 제21조 제2항 제2호에 해당하는 사람이 아니어야 한다.
⑤ 감정평가법인을 설립하려는 경우에는 사원이 될 사람 또는 감정평가사인 발기인이 공동으로 다음 각 호의 사항을 포함한 정관을 작성하여 대통령령으로 정하는 바에 따라 국토교통부장관의 인가를 받아야 하며, 정관을 변경할 때에도 또한 같다. 다만, 대통령령으로 정하는 경미한 사항의 변경은 신고할 수 있다.
  1. 목적
  2. 명칭
  3. 주사무소 및 분사무소의 소재지
  4. 사원(주식회사의 경우에는 발기인)의 성명, 주민등록번호 및 주소
  5. 사원의 출자(주식회사의 경우에는 주식의 발행)에 관한 사항
  6. 업무에 관한 사항
⑥ 국토교통부장관은 제5항에 따른 인가의 신청을 받은 날부터 20일 이내에 인가 여부를 신청인에게 통지하여야 한다.
⑦ 국토교통부장관이 제6항에 따른 기간 내에 인가 여부를 통지할 수 없을 때에는 그 기간이 끝나는 날의 다음 날부터 기산(起算)하여 20일의 범위에서 기간을 연장할 수 있다. 이 경우 국토교통부장관은 연장된 사실과 연장 사유를 신청인에게 지체 없이 문서(전자문서를 포함한다)로 통지하여야 한다.
⑧ 감정평가법인은 사원 전원의 동의 또는 주주총회의 의결이 있는 때에는 국토교통부장관의 인가를 받아 다른 감정평가법인과 합병할 수 있다.
⑨ 감정평가법인은 해당 법인의 소속 감정평가사 외의 사람에게 제10조에 따른 업무를 하게 하여서는 아니 된다.

⑩ 감정평가법인은 「주식회사 등의 외부감사에 관한 법률」 제5조에 따른 회계처리 기준에 따라 회계처리를 하여야 한다.

⑪ 감정평가법인은 「주식회사 등의 외부감사에 관한 법률」 제2조 제2호에 따른 재무제표를 작성하여 매 사업연도가 끝난 후 3개월 이내에 국토교통부장관이 정하는 바에 따라 국토교통부장관에게 제출하여야 한다.

⑫ 국토교통부장관은 필요한 경우 제11항에 따른 재무제표가 적정하게 작성되었는지를 검사할 수 있다.

⑬ 감정평가법인에 관하여 이 법에서 정한 사항을 제외하고는 「상법」 중 회사에 관한 규정을 준용한다.

법 제30조(해산)

① 감정평가법인은 다음 각 호의 어느 하나에 해당하는 경우에는 해산한다.

1. 정관으로 정한 해산 사유의 발생
2. 사원총회 또는 주주총회의 결의
3. 합병
4. 설립인가의 취소
5. 파산
6. 법원의 명령 또는 판결

② 감정평가법인이 해산한 때에는 국토교통부령으로 정하는 바에 따라 이를 국토교통부장관에게 신고하여야 한다.

법 제31조(자본금 등)

① 감정평가법인의 자본금은 2억원 이상이어야 한다.

② 감정평가법인은 직전 사업연도 말 재무상태표의 자산총액에서 부채총액을 차감한 금액이 2억원에 미달하면 미달한 금액을 매 사업연도가 끝난 후 6개월 이내에 사원의 증여로 보전(補塡)하거나 증자(增資)하여야 한다.

③ 제2항에 따라 증여받은 금액은 특별이익으로 계상(計上)한다.

④ 삭제 〈2021.7.20.〉

시행령 제24조(감정평가법인의 구성)

① 법 제29조 제2항 전단에서 "대통령령으로 정하는 비율"이란 100분의 90을 말한다. 〈신설 2022.1.21.〉

② 법 제29조 제2항 후단에서 "토지 등에 대한 전문성 등 대통령령으로 정하는 자격을 갖춘 자"란 다음 각 호의 사람을 말한다. 〈신설 2022.1.21.〉

1. 변호사・법무사・공인회계사・세무사・기술사・건축사 또는 변리사 자격이 있는 사람
2. 법학・회계학・세무학・건축학, 그 밖에 국토교통부장관이 정하여 고시하는 분야의 석사학위를 취득한 사람으로서 해당 분야에서 3년 이상 근무한 경력(석사학위를 취득하기 전의 근무 경력을 포함한다)이 있는 사람
3. 제2호에 따른 분야의 박사학위를 취득한 사람
4. 그 밖에 토지등 분야에 관한 학식과 업무경험이 풍부한 사람으로서 국토교통부장관이 정하여 고시하는 자격이나 경력이 있는 사람

③ 법 제29조 제4항 전단에서 "대통령령으로 정하는 수"란 5명을 말한다. 〈개정 2022.1.21.〉

④ 법 제29조 제4항에 따른 감정평가법인의 주사무소 및 분사무소에 주재하는 최소 감정평가사의 수는 다음 각 호와 같다. 〈개정 2022.1.21.〉

1. 주사무소 : 2명
2. 분사무소 : 2명

시행령 제25조(감정평가법인의 설립인가)

① 법 제29조 제5항 각 호 외의 부분 본문에 따라 감정평가법인 설립인가를 받으려는 자는 사원(社員)이 될 사람 또는 감정평가사인 발기인 전원이 서명하고 날인한 인가 신청서에 다음 각 호의 서류를 첨부하여 국토교통부장관에게 제출해야 한다. 〈개정 2022.1.21.〉

1. 정관
2. 사원 및 소속 감정평가사의 제17조 제2항 또는 제18조 제5항에 따른 등록증 사본(법 제20조에 따라 인가를 받은 외국감정평가사의 경우에는 인가서 사본을 말한다)
3. 감정평가사가 아닌 사원 또는 이사가 제24조 제2항 각 호의 어느 하나에 해당함을 증명하는 서류
4. 사무실 보유를 증명하는 서류
5. 그 밖에 국토교통부령으로 정하는 서류

② 국토교통부장관은 법 제29조 제5항 각 호 외의 부분 본문에 따른 감정평가법인의 설립인가를 할 때에는 다음 각 호의 사항을 심사·확인해야 한다. 〈개정 2022.1.21.〉

1. 설립하려는 감정평가법인이 법 제29조 제2항부터 제4항까지의 규정에 따른 요건을 갖추었는지 여부
2. 정관의 내용이 법령에 적합한지 여부

시행령 제26조(감정평가법인의 등기사실 통보)

법 제29조에 따라 감정평가법인 설립인가를 받은 자는 설립일부터 1개월 이내에 등기사실을 국토교통부장관에게 통보하여야 한다. 이 경우 국토교통부장관은 「전자정부법」 제36조 제1항에 따른 행정정보의 공동이용을 통하여 해당 법인의 등기사항증명서를 확인하여야 한다.

시행령 제27조(합병 등의 인가신청)

법 제29조 제5항 각 호 외의 부분 본문 또는 같은 조 제8항에 따라 정관변경 또는 합병에 대한 인가를 받으려는 자는 사원 또는 이사 전원이 기명날인한 인가 신청서에 다음 각 호의 서류를 첨부하여 국토교통부장관에게 제출해야 한다. 〈개정 2022.1.21.〉

1. 이유서
2. 정관변경 또는 합병에 관한 사원총회 또는 주주총회의 의사록 사본
3. 신·구 정관

시행령 제28조(정관변경 등의 신고)

제29조 제5항 각 호 외의 부분 단서에서 "대통령령으로 정하는 경미한 사항의 변경"이란 법 제29조 제5항 제3호부터 제5호까지의 사항의 변경을 말한다. 〈개정 2022.1.21.〉

Ⅰ. 업무를 조직적으로 수행하기 위해 감정평가법인 설립

감정평가법인은 감정평가법 제10조에 따른 업무를 조직적으로 수행하기 위하여 감정평가법인을 설립할 수 있다(감정평가법 제29조 제1항).

Ⅱ. 감정평가법인의 설립 절차

1. 정관 작성 및 설립인가(감정평가법 제29조 제5항)

감정평가법인을 설립하려는 경우에는 사원이 될 사람 또는 감정평가사인 발기인이 공동으로 ① 목적, ② 명칭, ③ 주사무소 및 분사무소의 소재지, ④ 사원(주식회사의 경우에는 발기인)의 성명,

주민등록번호 및 주소, ⑤ 사원의 출자(주식회사의 경우에는 주식의 발행)에 관한 사항, ⑥ 업무에 관한 사항을 포함한 정관을 작성하여 대통령령으로 정하는 바에 따라 국토교통부장관의 인가를 받아야 하며, 정관을 변경할 때에도 또한 같다. 다만, 대통령령으로 정하는 경미한 사항의 변경은 신고할 수 있다.

2. 국토교통부장관의 심사 및 확인(감정평가법 시행령 제25조)

동법 제29조 제5항 본문에 따라 감정평가법인 설립인가를 받으려는 자는 사원(社員)이 될 사람 또는 감정평가사인 발기인 전원이 서명·날인한 인가 신청서에 정관 등의 서류를 첨부하여 국토교통부장관에게 제출하여야 한다. 또한 국토교통부장관은 감정평가법인의 설립인가를 할 때에는 ① 법 제29조 제2항 및 제3항에 따른 요건에의 적합 여부, ② 정관 내용의 법령에의 적합 여부의 사항을 심사·확인하여야 한다.

3. 감정평가법인의 등기사실 통보(감정평가법 시행령 제26조)

법 제29조에 따라 감정평가법인 설립인가를 받은 자는 설립일부터 1개월 이내에 등기사실을 국토교통부장관에게 통보하여야 한다. 이 경우 국토교통부장관은 「전자정부법」 제36조 제1항이 따른 행정정보의 공동이용을 통하여 해당 법인의 등기사항증명서를 확인하여야 한다.

4. 합병등의 인가신청과 정관변경등의 신고

(1) 합병등의 인가신청(감정평가법 시행령 제27조)

동법 제29조 제5항 각 호 외의 부분 본문 또는 같은 조 제8항에 따라 정관변경 또는 합병에 대한 인가를 받으려는 자는 사원 또는 이사 전원이 기명날인한 인가 신청서에 이유서, 정관변경 또는 합병에 관한 사원총회 또는 주주총회의 의사록 사본, 신·구 정관의 서류를 첨부하여 국토교통부 장관에게 제출하여야 한다.

(2) 정관변경 등의 신고(감정평가법 시행령 제28조)

동법 제29조 제5항 각 호 외의 부분 단서에서 "대통령령으로 정하는 경미한 사항의 변경"이란 주사무소 및 분사무소의 소재지, 사원(주식회사의 경우에는 발기인)의 성명, 주민등록번호 및 주소, 사원의 출자(주식회사의 경우에는 주식의 발행)에 관한 사항으로서, 신고할 수 있다.

III. 감정평가법인 설립행위와 인가행위의 관계

1. 인가의 개념

인가라 함은 타인의 법률적 행위를 보충하여 그 법률적 효력을 완성시켜 주는 행정행위를 말한다. 이론상 인가는 법률적 행위의 효력을 인가라는 행정청의 결정에 의해 발생시킬 공익상 필요가 있는 경우에 인정된다. 인가도 허가나 특허처럼 학문상의 개념이며, 인가가 행해져야 인가의 대상이 된 제3자의 법률적 행위가 법적 효력을 발생한다. 인가는 기본 행위가 효력을 발생하기 위한 효력요건이다. 무인가행위는 효력을 발생하지 않는다. 그러나, 허가와 달리 강제집행이나 처벌의 대상은 되지 않는다.

2. 인가의 보충성

인가는 신청에 따라 기본행위의 효력을 완성시켜 주는 보충적 행위이다. 따라서 인가는 항상 상대방의 신청에 의해 행해지고, 인가의 대상이 되는 행위의 내용은 신청인이 결정하며 행정청은 인가를 할 것인지의 여부만을 결정한다. 인가의 대상이 되는 행위의 내용을 수정하여 인가하는 것(수정인가)은 인정되지 않는다. 인가의 대상이 되는 행위는 인가가 있어야 비로소 효력을 발생한다. 인가의 대상이 됨에도 인가를 받지 않은 행위(무인가행위)는 효력을 발생하지 않는다.

3. 기본행위(설립행위)에 하자가 있는 경우

① 인가는 신청에 따라 기본행위의 효력을 완성시켜 주는 보충행위이다. 따라서 기본행위가 성립하지 않거나 무효인 경우에 인가가 있어도 인가는 무효가 된다. 유효한 기본적 행위를 대상으로 인가가 행해진 후에 기본행위가 취소되거나 실효된 경우에는 인가도 실효된다.

② 기본행위에 취소원인이 있는 경우에는 기본행위가 취소되지 않는 한 인가의 효력에는 영향이 없다. 취소원인이 있는 기본행위는 인가가 있은 후에도 취소될 수도 있고, 기본행위가 취소되면 인가도 실효된다.

4. 기본행위의 하자를 이유로 인가를 다툴 협의의 소익이 있는지

(1) 학설

기본행위의 하자가 판결 확정 전이라면 기본행위의 하자를 이유로 인가처분의 취소를 소구할 협의의 소익이 없다는 견해가 다수설이다. 반면, 분쟁 해결의 일회성 취지를 강조하는 것을 근거로 협의의 소익을 인정해야 한다는 견해가 있다.

(2) 판례

판례는 인가처분에 하자가 없다면 기본행위의 무효를 내세워 행정청의 인가처분의 취소 또는 무효확인을 소구할 법률상의 이익이 있다고 할 수 없다고 규정하여 소극적인 입장이다(대판 1994. 10.14, 93누22753).

(3) 검토

취소소송을 담당하는 법원이 인가처분취소소송에서 민사소송 등의 사항인 기본행위의 하자를 심리하기는 어렵다고 보아야 하므로 부정하는 견해가 타당하다.

5. 인가행위에 하자가 있는 경우

기본행위가 적법 유효하고 보충행위인 인가행위 자체에만 하자가 있다면, 그 인가처분의 무효나 취소를 주장할 수 있다. 인가처분이 무효이거나 취소된 경우에는 그 기본행위는 무인가행위가 된다.

판례

▶ 관련판례

재단법인의 정관변경 결의의 하자를 이유로 정관변경 인가처분의 취소·무효 확인을 소구할 수 있는지 여부(소극)

인가는 기본행위인 재단법인의 정관변경에 대한 법률상의 효력을 완성시키는 보충행위로서, 그 기본이 되는 정관변경 결의에 하자가 있을 때에는 그에 대한 인가가 있었다 하여도 기본행위인 정관변경 결의가 유효한 것으로 될 수 없으므로 기본행위인 정관변경 결의가 적법 유효하고 보충행위인 인가처분 자체에만 하자가 있다면 그 인가처분의 무효나 취소를 주장할 수 있지만, 인가처분에 하자가 없다면 기본행위에 하자가 있다 하더라도 따로 그 기본행위의 하자를 다투는 것은 별론으로 하고 기본행위의 무효를 내세워 바로 그에 대한 행정청의 인가처분의 취소 또는 무효확인을 소구할 법률상의 이익이 없다(대판 1996.5.16, 95누4810 전원합의체).

04 감정평가법인등의 법적 지위

1. 개요

법적 지위는 법률관계에서 주체 또는 객체로서의 지위를 말하는 것으로 이는 권리와 의무로 나타난다. 감정평가법인등은 주로 부동산의 감정평가와 관련하여 권리·의무·책임의 주체 또는 객체가 된다. 감정평가법에서는 일정한 자격과 요건을 갖춘 감정평가법인등만이 감정평가를 할 수 있도록 규정하고 있고, 그에 따른 의무와 책임을 법정하고 있다.

감정평가법인등에게는 부동산 감정평가의 권리로서 감정평가권이 부여되어 있고, 감정평가권을 적절히 수행할 수 있도록 하기 위하여 그와 관련된 일정한 권리를 인정하고 있으며, 감정평가권을 유효하게 담보하기 위한 보호제도가 인정되고 있다. 그리고 부동산 감정평가는 그 사회성·공공성으로 인하여 사회일반에 미치는 영향이 크기 때문에 감정평가법인등에게는 각종 의무가 부과되어 있으며, 감정평가법인등이 그러한 의무를 이행하지 아니한 경우에는 그에 따른 책임을 지거나 처벌을 받아야 한다.

2. 감정평가법인등의 권리

부동산 가격공시법 제13조(타인토지에의 출입 등)

① 관계공무원 또는 부동산가격공시업무를 의뢰받은 자(이하 "관계공무원 등"이라 한다)는 제3조 제4항에 따른 표준지가격의 조사·평가 또는 제10조 제4항에 따른 토지가격의 산정을 위하여 필요한 때에는 타인의 토지에 출입할 수 있다.

② 관계공무원 등이 제1항에 따라 택지 또는 담장이나 울타리로 둘러싸인 타인의 토지에 출입하고자 할 때에는 시장·군수 또는 구청장의 허가(부동산가격공시업무를 의뢰받은 자에 한정한다)를 받아 출입할 날의 3일 전에 그 점유자에게 일시와 장소를 통지하여야 한다. 다만, 점유자를 알 수 없거나 부득이한 사유가 있는 경우에는 그러하지 아니하다.

③ 일출 전·일몰 후에는 그 토지의 점유자의 승인 없이 택지 또는 담장이나 울타리로 둘러싸인 타인의 토지에 출입할 수 없다.

④ 제2항에 따라 출입을 하고자 하는 자는 그 권한을 표시하는 증표와 허가증을 지니고 이를 관계인에게 내보여야 한다.

⑤ 제4항에 따른 증표와 허가증에 필요한 사항은 국토교통부령으로 정한다.

감정평가법 제22조(사무소의 명칭 등)

① 제21조에 따라 사무소를 개설한 감정평가법인등은 그 사무소의 명칭에 "감정평가사사무소"라는 용어를 사용하여야 하며, 제29조에 따른 법인은 그 명칭에 "감정평가법인"이라는 용어를 사용하여야 한다.

② 이 법에 따른 감정평가사가 아닌 사람은 "감정평가사" 또는 이와 비슷한 명칭을 사용할 수 없으며, 이 법에 따른 감정평가법인등이 아닌 자는 "감정평가사사무소", "감정평가법인" 또는 이와 비슷한 명칭을 사용할 수 없다.

감정평가법 제23조(수수료 등)

① 감정평가법인등은 의뢰인으로부터 업무수행에 따른 수수료와 그에 필요한 실비를 받을 수 있다.

② 제1항에 따른 수수료의 요율 및 실비의 범위는 국토교통부장관이 제40조에 따른 감정평가관리・징계위원회의 심의를 거쳐 결정한다.

③ 감정평가법인등과 의뢰인은 제2항에 따른 수수료의 요율 및 실비에 관한 기준을 준수하여야 한다.

감정평가법 제45조(청문)

국토교통부장관은 다음 각 호의 어느 하나에 해당하는 처분을 하려는 경우에는 청문을 실시하여야 한다.

1. 제13조 제1항 제1호에 따른 감정평가사 자격의 취소
2. 제32조 제1항에 따른 감정평가법인의 설립인가 취소

감정평가법상 제4절 권리와 의무(제21조 내지 제28조)

제21조(사무소 개설 등)

① 제17조에 따라 등록을 한 감정평가사가 감정평가업을 하려는 경우에는 감정평가사사무소를 개설할 수 있다.

② 다음 각 호의 어느 하나에 해당하는 사람은 제1항에 따른 개설을 할 수 없다.

1. 제18조 제1항 각 호의 어느 하나에 해당하는 사람
2. 제32조 제1항(제1호, 제7호 및 제15호는 제외한다)에 따라 설립인가가 취소되거나 업무가 정지된 감정평가법인의 설립인가가 취소된 후 1년이 지나지 아니하였거나 업무정지 기간이 지나지 아니한 경우 그 감정평가법인의 사원 또는 이사였던 사람
3. 제32조 제1항(제1호 및 제7호는 제외한다)에 따라 업무가 정지된 감정평가사로서 업무정지 기간이 지나지 아니한 사람

③ 감정평가사는 그 업무를 효율적으로 수행하고 공신력을 높이기 위하여 합동사무소를 대통령령으로 정하는 바에 따라 설치할 수 있다. 이 경우 합동사무소는 대통령령으로 정하는 수 이상의 감정평가사를 두어야 한다.

④ 감정평가사는 감정평가업을 하기 위하여 1개의 사무소만을 설치할 수 있다.

⑤ 감정평가사사무소에는 소속 감정평가사를 둘 수 있다. 이 경우 소속 감정평가사는 제18조 제1항 각 호의 어느 하나에 해당하는 사람이 아니어야 하며, 감정평가사사무소를 개설한 감정평가사는 소속 감정평가사가 아닌 사람에게 제10조에 따른 업무를 하게 하여서는 아니 된다.

⑥ 삭제 〈2021.7.20.〉

제21조의2(고용인의 신고)

감정평가법인등은 소속 감정평가사 또는 제24조에 따른 사무직원을 고용하거나 고용관계가 종료된 때에는 국토교통부령으로 정하는 바에 따라 국토교통부장관에게 신고하여야 한다.

제22조(사무소의 명칭 등)

① 제21조에 따라 사무소를 개설한 감정평가법인등은 그 사무소의 명칭에 "감정평가사사무소"라는 용어를 사용하여야 하며, 제29조에 따른 법인은 그 명칭에 "감정평가법인"이라는 용어를 사용하여야 한다.

② 이 법에 따른 감정평가사가 아닌 사람은 "감정평가사" 또는 이와 비슷한 명칭을 사용할 수 없으며, 이 법에 따른 감정평가법인등이 아닌 자는 "감정평가사사무소", "감정평가법인" 또는 이와 비슷한 명칭을 사용할 수 없다.

제23조(수수료 등)

① 감정평가법인등은 의뢰인으로부터 업무수행에 따른 수수료와 그에 필요한 실비를 받을 수 있다.

② 제1항에 따른 수수료의 요율 및 실비의 범위는 국토교통부장관이 제40조에 따른 감정평가관리·징계위원회의 심의를 거쳐 결정한다.

③ 감정평가법인등과 의뢰인은 제2항에 따른 수수료의 요율 및 실비에 관한 기준을 준수하여야 한다.

제24조(사무직원)

① 감정평가법인등은 그 직무의 수행을 보조하기 위하여 사무직원을 둘 수 있다. 다만, 다음 각 호의 어느 하나에 해당하는 사람은 사무직원이 될 수 없다. 〈개정 2023.5.9.〉

1. 미성년자 또는 피성년후견인·피한정후견인
2. 이 법 또는 「형법」 제129조부터 제132조까지, 「특정범죄 가중처벌 등에 관한 법률」 제2조 또는 제3조, 그 밖에 대통령령으로 정하는 법률에 따라 유죄 판결을 받은 사람으로서 다음 각 목의 어느 하나에 해당하는 사람
   가. 징역 이상의 형을 선고받고 그 집행이 끝나거나 그 집행을 받지 아니하기로 확정된 후 3년이 지나지 아니한 사람
   나. 징역형의 집행유예를 선고받고 그 유예기간이 지난 후 1년이 지나지 아니한 사람
   다. 징역형의 선고유예를 받고 그 유예기간 중에 있는 사람
3. 제13조에 따라 감정평가사 자격이 취소된 후 1년이 경과되지 아니한 사람. 다만, 제4호 또는 제5호에 해당하는 사람은 제외한다.
4. 제39조 제1항 제11호에 따라 자격이 취소된 후 5년이 경과되지 아니한 사람
5. 제39조 제1항 제12호에 따라 자격이 취소된 후 3년이 경과되지 아니한 사람
6. 제39조에 따라 업무가 정지된 감정평가사로서 그 업무정지 기간이 지나지 아니한 사람

② 감정평가법인등은 사무직원을 지도·감독할 책임이 있다.

③ 국토교통부장관은 사무직원이 제1항 제1호부터 제6호까지의 어느 하나에 해당하는지 여부를 확인하기 위하여 관계 기관에 관련 자료를 요청할 수 있다. 이 경우 관계 기관은 특별한 사정이 없으면 그 자료를 제공하여야 한다. 〈개정 2023.5.9.〉

제25조(성실의무 등)

① 감정평가법인등(감정평가법인 또는 감정평가사사무소의 소속 감정평가사를 포함한다. 이하 이 조에서 같다)은 제10조에 따른 업무를 하는 경우 품위를 유지하여야 하고, 신의와 성실로써 공정하게 하여야 하며, 고의 또는 중대한 과실로 업무를 잘못하여서는 아니 된다.

② 감정평가법인등은 자기 또는 친족 소유, 그 밖에 불공정하게 제10조에 따른 업무를 수행할 우려가 있다고 인정되는 토지등에 대해서는 그 업무를 수행하여서는 아니 된다.
③ 감정평가법인등은 토지등의 매매업을 직접 하여서는 아니 된다.
④ 감정평가법인등이나 그 사무직원은 제23조에 따른 수수료와 실비 외에는 어떠한 명목으로도 그 업무와 관련된 대가를 받아서는 아니 되며, 감정평가 수주의 대가로 금품 또는 재산상의 이익을 제공하거나 제공하기로 약속하여서는 아니 된다.
⑤ 감정평가사, 감정평가사가 아닌 사원 또는 이사 및 사무직원은 둘 이상의 감정평가법인(같은 법인의 주・분사무소를 포함한다) 또는 감정평가사사무소에 소속될 수 없으며, 소속된 감정평가법인 이외의 다른 감정평가법인의 주식을 소유할 수 없다.
⑥ 감정평가법인등이나 사무직원은 제28조의2에서 정하는 유도 또는 요구에 따라서는 아니 된다.

제26조(비밀엄수)
감정평가법인등(감정평가법인 또는 감정평가사사무소의 소속 감정평가사를 포함한다. 이하 이 조에서 같다)이나 그 사무직원 또는 감정평가법인등이었거나 그 사무직원이었던 사람은 업무상 알게 된 비밀을 누설하여서는 아니 된다. 다만, 다른 법령에 특별한 규정이 있는 경우에는 그러하지 아니하다.

제27조(명의대여 등의 금지)
① 감정평가사 또는 감정평가법인등은 다른 사람에게 자기의 성명 또는 상호를 사용하여 제10조에 따른 업무를 수행하게 하거나 자격증・등록증 또는 인가증을 양도・대여하거나 이를 부당하게 행사하여서는 아니 된다.
② 누구든지 제1항의 행위를 알선해서는 아니 된다.

제28조(손해배상책임)
① 감정평가법인등이 감정평가를 하면서 고의 또는 과실로 감정평가 당시의 적정가격과 현저한 차이가 있게 감정평가를 하거나 감정평가 서류에 거짓을 기록함으로써 감정평가 의뢰인이나 선의의 제3자에게 손해를 발생하게 하였을 때에는 감정평가법인등은 그 손해를 배상할 책임이 있다.
② 감정평가법인등은 제1항에 따른 손해배상책임을 보장하기 위하여 대통령령으로 정하는 바에 따라 보험에 가입하거나 제33조에 따른 한국감정평가사협회가 운영하는 공제사업에 가입하는 등 필요한 조치를 하여야 한다.
③ 감정평가법인등은 제1항에 따라 감정평가 의뢰인이나 선의의 제3자에게 법원의 확정판결을 통한 손해배상이 결정된 경우에는 국토교통부령으로 정하는 바에 따라 그 사실을 국토교통부장관에게 알려야 한다.
④ 국토교통부장관은 감정평가 의뢰인이나 선의의 제3자를 보호하기 위하여 감정평가법인등이 갖추어야 하는 손해배상능력 등에 대한 기준을 국토교통부령으로 정할 수 있다.

제28조의2(감정평가 유도・요구 금지)
누구든지 감정평가법인등(감정평가법인 또는 감정평가사사무소의 소속 감정평가사를 포함한다)과 그 사무직원에게 토지 등에 대하여 특정한 가액으로 감정평가를 유도 또는 요구하는 행위를 하여서는 아니 된다.

(1) 감정평가권

감정평가는 전문적 지식을 요하는 일로써, 감정평가법은 일정한 요건을 갖추어 등록한 감정평가사와 인가 받은 감정평가법인, 즉 감정평가법인등에게만 토지 등의 감정평가권을 부여하고 있다.

- **권리능력** : 감정평가사가 자격수첩을 교부받은 때부터 감정평가상 권리능력이 발생한다. 권리능력은 자격이 취소되지 않는 한 취득한 때로부터 생존하는 동안 존속한다.
- **행위능력** : 감정평가사사무소 개설등록 또는 법인설립인가를 받거나 그에 소속한 때로부터 행위능력이 발생한다. 행위능력은 등록 및 설립인가의 취소, 업무정지로 영원히 또는 일정기간 동안 상실한다. 주의할 점은 감정평가상 행위능력자, 즉 평가주체는 어디까지나 감정평가사이고 감정평가법인등이 아니라는 점이다.

(2) 감정평가업권

감정평가사사무소 개설등록 또는 감정평가법인 설립인가를 받은 경우 감정평가법인등으로서의 지위를 획득한다. 단, 소속평가사는 감정평가법인등이 아닌바 감정평가업권이 없다. 즉, 법인에 소속하는 감정평가사는 평가상 행위능력자의 지위가 있을 뿐 감정평가법인등의 지위는 없고, 이와 반대로 그 법인은 감정평가법인등으로서의 지위는 있으나 평가상 행위능력자의 지위는 갖지 않는다.

(3) 타인토지출입권

감정평가법인등은 표준지가격의 조사·평가 또는 개별공시지가 검증업무를 위해 타인토지에 출입하여 조사할 필요가 있는 경우 이를 행할 수 있는 권한을 갖는다. 이는 지가공시제도의 적정성 확보를 위해 인정된 것이며 토지소유자 등은 명문의 규정이 없으나 이를 인용할 의무를 갖는다고 본다.

(4) 명칭사용권

감정평가법인등은 그 사무소의 명칭에 "감정평가사사무소"라는 용어를, 법인은 그 명칭에 "감정평가법인"이라는 용어를 사용하여야 한다. 감정평가사가 아닌 자는 "감정평가사" 또는 이와 유사한 명칭을, 이 법에 의한 감정평가법인등이 아닌 자는 "감정평가사사무소", "감정평가법인" 또는 이와 유사한 명칭을 사용할 수 없다.

(5) 보수청구권

감정평가법인등은 근로의 대가로 보수청구권을 갖는다. 즉, 감정평가법인등은 그 업무수행에 관하여 의뢰인으로부터 소정의 수수료와 직무수행에 따른 출장 또는 사실 확인에 소요된 실비를 받을 수 있다.

(6) 청문권

국토교통부장관은 감정평가사의 자격취소, 감정평가법인등의 설립인가의 취소를 하고자 하는 경우에는 청문을 실시하여야 한다. 따라서 감정평가법인등의 신분은 법에 의해 보장되며 감정평가법인등은 청문을 하도록 요청할 수 있는 권리를 가진다.

(7) 쟁송제기권

이는 실체적 권리구제수단으로 위법한 설립인가취소, 업무정지에 대하여 항고쟁송을 제기할 수 있고, 위법한 행위로 인하여 손해가 발생한 경우 손해배상을 청구할 수 있다.

3. 감정평가법인등의 의무

법 제1조(목적)

이 법은 감정평가 및 감정평가사에 관한 제도를 확립하여 공정한 감정평가를 도모함으로써 국민의 재산권을 보호하고 국가경제 발전에 기여함을 목적으로 한다.

법 제1조(목적)

이 법은 감정평가 및 감정평가사에 관한 제도를 확립하여 공정한 감정평가를 도모함으로써 국민의 재산권을 보호하고 국가경제 발전에 기여함을 목적으로 한다.

법 제6조(감정평가서)

① 감정평가법인등은 감정평가를 의뢰받은 때에는 지체 없이 감정평가를 실시한 후 국토교통부령으로 정하는 바에 따라 감정평가 의뢰인에게 감정평가서(「전자문서 및 전자거래기본법」 제2조에 따른 전자문서로 된 감정평가서를 포함한다)를 발급하여야 한다.

② 감정평가서에는 감정평가법인등의 사무소 또는 법인의 명칭을 적고, 감정평가를 한 감정평가사가 그 자격을 표시한 후 서명과 날인을 하여야 한다. 이 경우 감정평가법인의 경우에는 그 대표사원 또는 대표이사도 서명이나 날인을 하여야 한다.

③ 감정평가법인등은 감정평가서의 원본과 그 관련 서류를 국토교통부령으로 정하는 기간 이상 보존하여야 하며, 해산하거나 폐업하는 경우에도 대통령령으로 정하는 바에 따라 보존하여야 한다. 이 경우 감정평가법인등은 감정평가서의 원본과 그 관련 서류를 이동식 저장장치 등 전자적 기록매체에 수록하여 보존할 수 있다.

법 제25조(성실의무 등)

① 감정평가법인등(감정평가법인 또는 감정평가사사무소의 소속 감정평가사를 포함한다. 이하 이 조에서 같다)은 제10조에 따른 업무를 하는 경우 품위를 유지하여야 하고, 신의와 성실로써 공정하게 하여야 하며, 고의 또는 중대한 과실로 업무를 잘못하여서는 아니 된다.

② 감정평가법인등은 자기 또는 친족 소유, 그 밖에 불공정하게 제10조에 따른 업무를 수행할 우려가 있다고 인정되는 토지등에 대해서는 그 업무를 수행하여서는 아니 된다.

③ 감정평가법인등은 토지등의 매매업을 직접 하여서는 아니 된다.

④ 감정평가법인등이나 그 사무직원은 제23조에 따른 수수료와 실비 외에는 어떠한 명목으로도 그 업무와 관련된 대가를 받아서는 아니 되며, 감정평가 수주의 대가로 금품 또는 재산상의 이익을 제공하거나 제공하기로 약속하여서는 아니 된다.

⑤ 감정평가사, 감정평가사가 아닌 사원 또는 이사 및 사무직원은 둘 이상의 감정평가법인(같은 법인의 주·분사무소를 포함한다) 또는 감정평가사사무소에 소속될 수 없으며, 소속된 감정평가법인 이외의 다른 감정평가법인의 주식을 소유할 수 없다.

⑥ 감정평가법인등이나 사무직원은 제28조의2에서 정하는 유도 또는 요구에 따라서는 아니 된다.

> **법 제47조(지도 · 감독)**
> ① 국토교통부장관은 감정평가법인등 및 협회를 감독하기 위하여 필요할 때에는 그 업무에 관한 보고 또는 자료의 제출 그 밖의 필요한 명령을 할 수 있으며, 소속 공무원으로 하여금 그 사무소에 출입하여 장부 · 서류 등을 검사하게 할 수 있다.
> ② 제1항에 따라 출입 · 검사를 하는 공무원은 그 권한을 표시하는 증표를 지니고 이를 관계인에게 내보여야 한다.

(1) 적정가격 평가의무

토지 등의 적정한 가격형성을 통하여 국토의 효율적인 이용과 국민경제의 발전을 위해서는 토지의 적정가격 평가 · 공시가 선행되어야 한다. 따라서 감정평가법인등은 토지 등의 평가권을 가짐과 동시에 토지 등의 적정가격을 평가할 의무를 부담한다.

(2) 성실의무 등

감정평가법인등은 감정평가업무를 행함에 있어 품위를 유지하여야 하고, 신의와 성실로써 공정하게 감정평가를 하여야 하며, 고의 또는 중대한 과실로 잘못된 평가를 하여서는 아니 되는 등의 의무를 부담한다.

(3) 감정평가서 교부 및 보존의무

감정평가법인등이 감정평가를 의뢰받은 때에는 지체 없이 감정평가를 실시하여 감정평가서를 교부하여야 하며, 그 원본은 5년, 관련서류는 2년 이상 보존하여야 한다.

(4) 국토교통부장관의 지도 · 감독에 따를 의무

국토교통부장관은 감정평가법인등 및 협회에 대하여 감독상 필요한 때에는 그 업무에 관한 사항을 보고하게 하거나 자료의 제출 그 밖의 필요한 명령을 할 수 있으며, 소속 공무원으로 하여금 그 사무소에 출입하여 장부 · 서류 등을 검사하게 할 수 있다.

4. 감정평가법인등의 책임

> **법 제28조(손해배상책임)**
> ① 감정평가법인등이 감정평가를 하면서 고의 또는 과실로 감정평가 당시의 적정가격과 현저한 차이가 있게 감정평가를 하거나 감정평가 서류에 거짓을 기록함으로써 감정평가 의뢰인이나 선의의 제3자에게 손해를 발생하게 하였을 때에는 감정평가법인등은 그 손해를 배상할 책임이 있다.
> ② 감정평가법인등은 제1항에 따른 손해배상책임을 보장하기 위하여 대통령령으로 정하는 바에 따라 보험에 가입하거나 제33조에 따른 한국감정평가사협회가 운영하는 공제사업에 가입하는 등 필요한 조치를 하여야 한다.
> ③ 감정평가법인등은 제1항에 따라 감정평가 의뢰인이나 선의의 제3자에게 법원의 확정판결을 통한 손해배상이 결정된 경우에는 국토교통부령으로 정하는 바에 따라 그 사실을 국토교통부장관에게 알려야 한다.

④ 국토교통부장관은 감정평가 의뢰인이나 선의의 제3자를 보호하기 위하여 감정평가법인등이 갖추어야 하는 손해배상능력 등에 대한 기준을 국토교통부령으로 정할 수 있다.

법 제32조(인가취소 등)

① 국토교통부장관은 감정평가법인등이 다음 각 호의 어느 하나에 해당하는 경우에는 그 설립인가를 취소(제29조에 따른 감정평가법인에 한정한다)하거나 2년 이내의 범위에서 기간을 정하여 업무의 정지를 명할 수 있다. 다만, 제2호 또는 제7호에 해당하는 경우에는 그 설립인가를 취소하여야 한다.

1. 감정평가법인이 설립인가의 취소를 신청한 경우
2. 감정평가법인등이 업무정지처분 기간 중에 제10조에 따른 업무를 한 경우
3. 감정평가법인등이 업무정지처분을 받은 소속 감정평가사에게 업무정지처분 기간 중에 제10조에 따른 업무를 하게 한 경우
4. 제3조 제1항을 위반하여 감정평가를 한 경우
5. 제3조 제3항에 따른 원칙과 기준을 위반하여 감정평가를 한 경우
6. 제6조에 따른 감정평가서의 작성·발급 등에 관한 사항을 위반한 경우
7. 감정평가법인등이 제21조 제3항이나 제29조 제4항에 따른 감정평가사의 수에 미달한 날부터 3개월 이내에 감정평가사를 보충하지 아니한 경우
8. 제21조 제4항을 위반하여 둘 이상의 감정평가사사무소를 설치한 경우
9. 제21조 제5항이나 제29조 제9항을 위반하여 해당 감정평가사 외의 사람에게 제10조에 따른 업무를 하게 한 경우
10. 제23조 제3항을 위반하여 수수료의 요율 및 실비에 관한 기준을 지키지 아니한 경우
11. 제25조, 제26조 또는 제27조를 위반한 경우. 다만, 소속 감정평가사나 그 사무직원이 제25조 제4항을 위반한 경우로서 그 위반행위를 방지하기 위하여 해당 업무에 관하여 상당한 주의와 감독을 게을리하지 아니한 경우는 제외한다.
12. 제28조 제2항을 위반하여 보험 또는 한국감정평가사협회가 운영하는 공제사업에 가입하지 아니한 경우
13. 정관을 거짓으로 작성하는 등 부정한 방법으로 제29조에 따른 인가를 받은 경우
14. 제29조 제10항에 따른 회계처리를 하지 아니하거나 같은 조 제11항에 따른 재무제표를 작성하여 제출하지 아니한 경우
15. 제31조 제2항에 따라 기간 내에 미달한 금액을 보전하거나 증자하지 아니한 경우
16. 제47조에 따른 지도와 감독 등에 관하여 다음 각 목의 어느 하나에 해당하는 경우
    가. 업무에 관한 사항의 보고 또는 자료의 제출을 하지 아니하거나 거짓으로 보고 또는 제출한 경우
    나. 장부나 서류 등의 검사를 거부, 방해 또는 기피한 경우
17. 제29조 제5항 각 호의 사항을 인가받은 정관에 따라 운영하지 아니하는 경우

② 제33조에 따른 한국감정평가사협회는 감정평가법인등에 제1항 각 호의 어느 하나에 해당하는 사유가 있다고 인정하는 경우에는 그 증거서류를 첨부하여 국토교통부장관에게 그 설립인가를 취소하거나 업무정지처분을 하여 줄 것을 요청할 수 있다.

③ 국토교통부장관은 제1항에 따라 설립인가를 취소하거나 업무정지를 한 경우에는 그 사실을 관보에 공고하고, 정보통신망 등을 이용하여 일반인에게 알려야 한다.

④ 제1항에 따른 설립인가의 취소 및 업무정지처분은 위반 사유가 발생한 날부터 5년이 지나면 할 수 없다.

⑤ 제1항에 따른 설립인가의 취소와 업무정지에 관한 기준은 대통령령으로 정하고, 제3항에 따른 공고의 방법, 내용 및 그 밖에 필요한 사항은 국토교통부령으로 정한다.

시행령 제29조(인가취소 등의 기준)

법 제32조 제1항에 따른 감정평가법인등의 설립인가 취소와 업무정지의 기준은 별표 3과 같다.

법 제48조(벌칙 적용에서 공무원 의제)

다음 각 호의 어느 하나에 해당하는 사람은 「형법」 제129조부터 제132조까지의 규정을 적용할 때에는 공무원으로 본다.

1. 제10조 제1호 및 제2호의 업무를 수행하는 감정평가사
2. 제40조에 따른 위원회의 위원 중 공무원이 아닌 위원
3. 제46조에 따른 위탁업무에 종사하는 협회의 임직원

법 제51조(양벌규정)

법인의 대표자나 법인 또는 개인의 대리인, 사용인, 그 밖의 종업원이 그 법인 또는 개인의 업무에 관하여 제49조 또는 제50조의 위반행위를 하면 그 행위자를 벌하는 외에 그 법인 또는 개인에게도 해당 조문의 벌금형을 부과한다. 다만, 법인 또는 개인이 그 위반행위를 방지하기 위하여 해당 업무에 상당한 주의와 감독을 게을리하지 아니한 경우에는 그러하지 아니하다.

(1) 민사상 책임(법 제28조)

감정평가법은 성실한 평가를 유도하고, 불법행위로 인한 평가의뢰인 및 선의의 제3자를 보호하기 위하여 감정평가법인등에게 손해배상책임을 인정하고 있다.

(2) 행정상 책임

감정평가법인등이 각종 의무규정에 위반하였을 경우의 제제수단으로서 등록취소 또는 업무정지와 행정질서벌로 500만원 이하의 과태료 등이 부과될 수 있다.

※ 감정평가법 시행령 제29조(인가취소 등의 기준) 법 제32조 제1항에 따른 감정평가법인등의 설립인가 취소와 업무정지의 기준은 [별표 3]과 같다.

[별표 3] 감정평가법인등의 설립인가 취소와 업무정지의 기준(제29조 관련) 〈개정 2022.1.21.〉

1. 일반기준

가. 위반행위의 횟수에 따른 행정처분의 기준은 최근 1년간(제2호 하목의 경우에는 최근 3년간을 말한다) 같은 위반행위(근거 법조문 내에서 위반행위가 구분되어 있는 경우에는 그 구분된 위반행위를 말한다)로 행정처분을 받은 경우에 적용한다. 이 경우 위반횟수는 같은 위반행위에 대하여 행정처분을 받은 날과 그 처분 후에 다시 같은 위반행위를 하여 적발된 날을 각각 기준으로 하여 계산한다.

나. 위반행위가 둘 이상인 경우에는 각 처분기준을 합산한 기간을 넘지 않는 범위에서 가장 무거운 처분기준의 2분의 1 범위에서 그 기간을 늘릴 수 있다. 다만, 늘리는 경우에도 총 업무정지기간은 2년을 넘을 수 없다.

다. 국토교통부장관은 위반행위의 동기·내용 및 위반의 정도 등을 고려하여 처분기준의 2분의 1 범위에서 그 기간을 늘릴 수 있다. 다만, 늘리는 경우에도 총 업무정지기간은 2년을 넘을 수 없다.

라. 국토교통부장관은 위반행위의 동기·내용 및 위반의 정도 등 다음의 사유를 고려하여 처분기준의 2분의 1 범위에서 그 처분기간을 줄일 수 있다. 이 경우 법을 위반한 자가 천재지변 등 부득이한 사유로 법에 따른 의무를 이행할 수 없었음을 입증한 경우에는 업무정지처분을 하지 않을 수 있다.

1) 위반행위가 고의나 중대한 과실이 아닌 사소한 부주의나 오류로 인한 것으로 인정되는 경우
2) 위반의 내용·정도가 경미하여 감정평가 의뢰인 등에게 미치는 피해가 적다고 인정되는 경우
3) 위반행위자가 처음 위반행위를 한 경우로서 3년 이상 해당 사업을 모범적으로 해 온 사실이 인정된 경우
4) 위반행위자가 해당 위반행위로 인하여 검사로부터 기소유예 처분을 받거나 법원으로부터 선고유예의 판결을 받은 경우
5) 위반행위자가 부동산 가격공시 업무 등에 특히 이바지한 사실이 인정된 경우

2. 개별기준

위반행위	근거 법조문	행정처분기준		
		1차 위반	2차 위반	3차 이상 위반
가. 감정평가법인이 설립인가의 취소를 신청한 경우	법 제32조 제1항 제1호	설립인가 취소		
나. 감정평가법인등이 업무정지처분 기간 중에 법 제10조에 따른 업무를 한 경우	법 제32조 제1항 제2호	설립인가 취소		
다. 감정평가법인등이 업무정지처분을 받은 소속 감정평가사에게 업무정지처분 기간 중에 법 제10조에 따른 업무를 하게 한 경우	법 제32조 제1항 제3호	업무정지 1개월	설립인가 취소	
라. 법 제3조 제1항을 위반하여 감정평가를 한 경우	법 제32조 제1항 제4호	업무정지 1개월	업무정지 3개월	업무정지 6개월
마. 법 제3조 제3항에 따른 원칙과 기준을 위반하여 감정평가를 한 경우	법 제32조 제1항 제5호	업무정지 1개월	업무정지 2개월	업무정지 4개월
바. 법 제6조에 따른 감정평가서의 작성·발급 등에 관한 사항을 위반한 경우	법 제32조 제1항 제6호			
1) 정당한 이유 없이 타인이 의뢰하는 감정평가업무를 거부하거나 기피한 경우		업무정지 15일	업무정지 1개월	업무정지 2개월
2) 감정평가서의 발급을 정당한 이유 없이 지연한 경우		업무정지 15일	업무정지 1개월	업무정지 2개월

3) 타인이 작성한 감정평가서에 서명·날인한 경우		업무정지 6개월	업무정지 1년	업무정지 2년
4) 감정평가서의 기재사항에 중대한 하자가 있는 경우		업무정지 1개월	업무정지 2개월	업무정지 4개월
5) 감정평가서의 원본과 그 관련 서류를 보존기간 동안 보존하지 않은 경우		업무정지 1개월	업무정지 3개월	업무정지 6개월
사. 감정평가법인등이 법 제21조 제3항이나 법 제29조 제4항에 따른 감정평가사의 수에 미달한 날부터 3개월 이내에 감정평가사를 보충하지 않은 경우	법 제32조 제1항 제7호	설립인가 취소		
아. 법 제21조 제4항을 위반하여 둘 이상의 감정평가사 사무소를 설치한 경우	법 제32조 제1항 제8호	업무정지 6개월	업무정지 1년	업무정지 2년
자. 법 제21조 제5항이나 법 제29조 제9항을 위반하여 해당 감정평가사 외의 사람에게 법 제10조에 따른 업무를 하게 한 경우	법 제32조 제1항 제9호	업무정지 3개월	업무정지 6개월	업무정지 1년
차. 법 제23조 제3항을 위반하여 수수료 요율 및 실비에 관한 기준을 지키지 않은 경우	법 제32조 제1항 제10호	업무정지 1개월	업무정지 2개월	업무정지 4개월
카. 법 제25조, 제26조 또는 제27조를 위반한 경우	법 제32조 제1항 제11호			
1) 법 제10조에 따른 업무를 하면서 고의로 잘못된 평가를 한 경우		업무정지 6개월	업무정지 1년	업무정지 2년
2) 법 제10조에 따른 업무를 하면서 중대한 과실로 잘못된 평가를 한 경우		업무정지 3개월	업무정지 6개월	업무정지 1년
3) 법 제10조에 따른 업무를 하면서 신의와 성실로써 공정하게 감정평가를 하지 않은 경우		업무정지 15일	업무정지 1개월	업무정지 2개월
4) 다른 사람에게 자격증·등록증 또는 인가증을 양도 또는 대여하거나 이를 부당하게 행사한 경우		업무정지 1년	업무정지 2년	설립인가 취소
5) 본인 또는 친족의 소유토지나 그 밖에 불공정한 감정평가를 할 우려가 있다고 인정되는 토지 등에 대해 감정평가를 한 경우		업무정지 1개월	업무정지 3개월	업무정지 6개월
6) 토지 등의 매매업을 직접 경영한 경우		업무정지 3개월	업무정지 6개월	업무정지 1년
7) 법 제23조에 따른 수수료 및 실비 외에 그 업무와 관련된 대가를 받은 경우		업무정지 6개월	업무정지 1년	업무정지 2년
8) 정당한 사유 없이 업무상 알게 된 비밀을 누설한 경우		업무정지 3개월	업무정지 6개월	업무정지 1년
타. 법 제28조 제2항을 위반하여 보험 또는 한국감정평가사협회가 운영하는 공제사업에 가입하지 않은 경우	법 제32조 제1항 제12호	설립인가 취소		
파. 정관을 거짓으로 작성하는 등 부정한 방법으로 법 제29조에 따른 인가를 받은 경우	법 제32조 제1항 제13호	설립인가 취소		

하. 법 제29조 제10항에 따른 회계처리를 하지 않거나 같은 조 제11항에 따른 재무제표를 작성하여 제출하지 않은 경우	법 제32조 제1항 제14호	업무정지 1개월	업무정지 2개월	업무정지 4개월
거. 법 제31조 제2항에 따라 기간 내에 미달한 금액을 보전하거나 증자하지 않은 경우	법 제32조 제1항 제15호	업무정지 15일	업무정지 1개월	업무정지 2개월
너. 법 제47조에 따른 지도와 감독 등에 관해 다음의 어느 하나에 해당하는 경우				
1) 업무에 관한 사항을 보고 또는 자료의 제출을 하지 않거나 거짓으로 보고 또는 제출한 경우	법 제32조 제1항 제16호 가목	업무정지 1개월	업무정지 3개월	업무정지 6개월
2) 장부나 서류 등의 검사를 거부, 방해 또는 기피한 경우	법 제32조 제1항 제16호 나목	업무정지 1개월	업무정지 3개월	업무정지 6개월

판례

▶ 징계 관련 대법원 판례(대판 2003.06.27, 2002도4727)

[판시사항]

[1] 감정평가업자의 사용인 기타 종업원이 감정평가업자를 보조하여 실지조사를 함에 있어서 진실에 반하거나 객관적으로 신뢰할 수 없는 자료를 수집·제공함으로써 감정평가업자로 하여금 허위의 감정평가를 하게 한 경우, 그 사용인 기타 종업원이 허위의 감정평가를 한 것으로 볼 수 있는지 여부(한정 적극)

[2] 제1항의 경우에 (구)지가공시 및 토지 등의 평가에 관한 법률 제35조 소정의 양벌규정에 의하여 감정평가업자를 처벌할 수 있는지 여부(한정 적극)

[판결요지]

[1] (구)지가공시 및 토지 등의 평가에 관한 법률(1999.3.31 법률 제5954호로 개정되기 전의 것) 제2조 제4호, 제27조 제1항, 제33조 제4호의 각 규정을 종합하면, 감정평가업자의 사용인 기타의 종업원이 감정평가업자를 보조하여 실지조사에 의하여 감정대상인 물건을 확인하고 감정에 필요한 관계자료를 수집함에 있어서 진실에 반하는 내용의 자료나 객관적으로 신뢰할 수 없는 자료를 수집하여 감정평가업자에게 제공하였다 하더라도, 그 사용인 기타의 종업원이 허위감정에 대한 고의를 가지고 감정평가업자와 공모하였거나, 그 정을 모르는 감정평가업자에게 수집한 자료가 마치 진실하거나 객관적으로 신뢰할 수 있는 자료인 것처럼 가장하여 제출함으로써 이를 토대로 결과적으로 허위의 감정평가를 하게 한 경우가 아닌 한, 이로써 그 사용인 기타의 종업원이 허위의 감정평가를 한 것으로 볼 수는 없다.

[2] 사용인 기타의 종업원이 감정평가업자를 보조하여 감정에 필요한 자료를 수집하였을 뿐 감정평가업자와의 공모 등에 의하여 감정평가를 한 것으로 볼 수 있는 경우에 해당하지 않는다면 (구)지가공시 및 토지 등의 평가에 관한 법률(1999.3.31. 법률 제5954호로 개정되기 전의 것) 제35조 소정의 양벌규정에 의하더라도 그 사용인 기타의 종업원은 물론이고 법인 또는 개인도 처벌할 수 없다.

(3) 형사상 책임

이는 형법이 적용되는 책임으로서 행정형벌로 법 제48조, 제49조와 제50조에 규정을 두고 있다. 또한 감정평가법인등이 공적평가업무를 수행하는 경우에는 공무원으로 의제하여 알선수뢰죄 등 가중처벌을 받도록 규정하고 있다. 그리고 형사상 책임은 법인의 대표자, 법인 또는 개인의 대리인이나 사용인 기타의 종업원이 위반행위를 한 경우에 그 행위자를 벌하는 외에 그 법인이나 개인에 대하여도 벌금에 처하도록 하여 양벌규정(법 제51조)을 두고 있다.

■ 법규 헷갈리는 쟁점 : 감정평가법인등의 업무정지기준 별표3의 법적 성질

Ⅰ. 문제의 소재

감정평가법 제32조는 업무정지를 규정하면서 제5항에서는 업무정지 등의 기준은 대통령령으로 위임하여 동법 시행령 제29조 별표3에서는 처분의 기준과 가중감경 처분의 가능성을 규정하고 있다. 또한 별표3에서 처분의 한도 등을 규정하고 있는바, 형식은 법규법령이나 실질이 행정규칙으로 법규성 여부가 문제시 된다..

Ⅱ. 학설

① 형식설은 규범 형식, 법적 안정성을 중시하여 구속력이 있다고 보는 견해로 법규명령에 위반한 처분인 경우 위법하다고 판단되어 국민의 권리구제에 유리하다는 점을 논거로 든다. ② 실질설은 실질을 중시하여 구속력은 없으나 구체적으로 타당한 행정작용이 가능하다는 점을 논거로 한다. ③ 수권여부 기준설은 상위법령의 수권이 있는 경우 구속력 인정되나 수권이 없는 경우 구속력이 인정되지 않는다고 보는 견해이다.

Ⅲ. 대법원 판례의 태도

① 대법원 판례는 주택건설촉진법 시행령 등 대통령령 형식의 별표에 대해서는 법규성을 인정하여 국민의 예측가능성 측면에서 형식을 우선시하고 있다.

② 다른 대법원은 부령 형식의 별표에 대해서는 일관되게 행정규칙으로 보고 있다.

③ (구)청소년보호법 시행령상 과징금부과기준의 법적 성질을 법규명령으로 보면서도 과징금 금액을 정액이 아니라 최고한도액으로 봄으로써 구체적 사정에 적용할 수 있는 재량이 행정청에 있다고 판시하고 있다.

Ⅳ. 소결

대법원 (구)청소년보호법 시행령상 과징금부과기준의 법적 성질을 법규명령으로 보면서 최고한도액이라고 판시하여 그 후에 감정평가법 시행령이 개정되고 일반기준과 개별기준이 만들어지게 된 계기가 되었다. 따라서 국민의 예측가능성과 대통령령의 제정의 절차적 정당성이 부여되는 점 등에서 법규성을 인정함이 타당하다고 보여지며, 사안의 감정평가법 시행령 제29조 별표3은 법규성을 인정하는 법규명령형식의 행정규칙으로 봄이 타당하다고 판단된다.

05 감정평가법인등의 업무

법 제10조(감정평가법인등의 업무)

감정평가법인등은 다음 각 호의 업무를 행한다.

1. 「부동산 가격공시에 관한 법률」에 따라 감정평가법인등이 수행하는 업무
2. 「부동산 가격공시에 관한 법률」 제8조 제2호에 따른 목적을 위한 토지 등의 감정평가
3. 「자산재평가법」에 따른 토지 등의 감정평가
4. 법원에 계속 중인 소송 또는 경매를 위한 토지 등의 감정평가
5. 금융기관・보험회사・신탁회사 등 타인의 의뢰에 따른 토지 등의 감정평가
6. 감정평가와 관련된 상담 및 자문
7. 토지 등의 이용 및 개발 등에 대한 조언이나 정보 등의 제공
8. 다른 법령에 따라 감정평가법인등이 할 수 있는 토지 등의 감정평가
9. 제1호부터 제8호까지의 업무에 부수되는 업무

법 제5조(감정평가의 의뢰)

① 국가, 지방자치단체, 「공공기관의 운영에 관한 법률」에 따른 공공기관 또는 그 밖에 대통령령으로 정하는 공공단체(이하 "국가 등"이라 한다)가 토지 등의 관리・매입・매각・경매・재평가 등을 위하여 토지 등을 감정평가하려는 경우에는 감정평가법인등에 의뢰하여야 한다.

② 금융기관・보험회사・신탁회사 또는 그 밖에 대통령령으로 정하는 기관이 대출, 자산의 매입・매각・관리 또는 「주식회사 등의 외부감사에 관한 법률」에 따른 재무제표 작성을 포함한 기업의 재무제표 작성 등과 관련하여 토지 등의 감정평가를 하려는 경우에는 감정평가법인등에 의뢰하여야 한다.

③ 제1항 또는 제2항에 따라 감정평가를 의뢰하려는 자는 제33조에 따른 한국감정평가사협회에 요청하여 추천받은 감정평가법인등에 감정평가를 의뢰할 수 있다.

④ 제1항 및 제2항에 따른 의뢰의 절차와 방법 및 제3항에 따른 추천의 기준 등에 필요한 사항은 대통령령으로 정한다.

1. 감정평가법인등의 업무

감정평가법 제10조에서는 감정평가법인등의 업무를 다음과 같이 규정하고 있다.

① 「부동산 가격공시에 관한 법률」에 따라 감정평가법인등이 수행하는 업무
② 「부동산 가격공시에 관한 법률」 제8조 제2호에 따른 목적을 위한 토지 등의 감정평가
③ 「자산재평가법」에 따른 토지 등의 감정평가
④ 법원에 계속 중인 소송 또는 경매를 위한 토지 등의 감정평가
⑤ 금융기관・보험회사・신탁회사 등 타인의 의뢰에 따른 토지 등의 감정평가
⑥ 감정평가와 관련된 상담 및 자문
⑦ 토지 등의 이용 및 개발 등에 대한 조언이나 정보 등의 제공
⑧ 다른 법령에 따라 감정평가법인등이 할 수 있는 토지 등의 감정평가
⑨ 제1호부터 제8호까지의 업무에 부수되는 업무

2. 감정평가법인등에 따른 업무범위 제한

감정평가법인등의 업무범위에 관하여는 종전까지 감정평가법인등 별로 업무범위를 규정하였던 것을 폐지하고, 다만 표준지 및 표준주택의 적정가격 조사・평가업무는 해당 업무의 공공성・책임성 확보를 위하여 감정평가법인등 중에서 평가실적・조사인력 및 조직을 고려하여 차등 배정하도록 하였다. 따라서 현재는 표준지 및 표준주택의 적정가격 조사・평가업무 이외에는 감정평가법인등의 종별 및 규모 등에 따른 제한은 없다.

3. 공공기관 등의 감정평가 의뢰

국가・지방자치단체, 「공공기관의 운영에 관한 법률」에 따른 공공기관 또는 그 밖에 대통령령으로 정하는 공공단체가 토지 등의 관리・매입・매각・경매・재평가 등을 위하여 토지 등의 감정평가를 의뢰하고자 하는 경우에는 감정평가법인등에게 의뢰하여야 하며, 금융기관・보험회사・신탁회사 또는 그 밖에 대통령령으로 정하는 기관이 대출, 자산의 매입・매각・관리 또는 재평가 등과 관련하여 토지 등의 감정평가를 하려는 경우에는 감정평가법인등에게 의뢰하여야 한다.

토지 등의 감정평가는 국민의 재산권과 관련하여 그 영향이 매우 크므로 일정한 자격을 갖춘 자만이 그 업무를 수행할 수 있도록 평가자격제도를 두고 있다. 이와 같은 제도의 취지를 담보할 수 있도록 공공기관 등이 감정평가를 하는 경우에는 감정평가법에 의한 감정평가법인등에게 의뢰하도록 의무규정을 두고 있다.

또한 준공영제 형태의 근거 규정을 두고 있는데 감정평가를 의뢰하려는 자는 제33조에 따른 한국감정평가사협회에 요청하여 추천받은 감정평가법인등에게 감정평가를 의뢰할 수 있다.

판례

▶ 관련판례(대판 2015.11.27, 2014도191) – 공인회계사가 유형자산의 평가를 한 경우 벌금 500만원 확정 유죄로 판결함.

공인회계사법의 입법 취지와 목적, 회계정보의 정확성과 적정성을 담보하기 위하여 공인회계사의 직무범위를 정하고 있는 공인회계사법 제2조의 취지와 내용 등에 비추어 볼 때, 위 규정이 정한 '회계에 관한 감정'이란 기업이 작성한 재무상태표, 손익계산서 등 회계서류에 대한 전문적 회계지식과 경험에 기초한 분석과 판단을 보고하는 업무를 의미하고, 여기에는 기업의 경제활동을 측정하여 기록한 회계서류가 회계처리기준에 따라 정확하고 적정하게 작성되었는지에 대한 판정뿐만 아니라 자산의 장부가액이 신뢰할 수 있는 자료에 근거한 것인지에 대한 의견제시 등도 포함된다. 그러나 타인의 의뢰를 받아 부동산 가격공시 및 감정평가에 관한 법률(이하 '부동산공시법'이라 한다)이 정한 토지에 대한 감정평가를 행하는 것은 회계서류에 대한 전문적 지식이나 경험과는 관계가 없어 '회계에 관한 감정' 또는 '그에 부대되는 업무'에 해당한다고 볼 수 없고, 그 밖에 공인회계사가 행하는 다른 직무의 범위에 포함된다고 볼 수도 없다. 따라서 감정평가업자가 아닌 공인회계사가 타인의 의뢰에 의하여 일정한 보수를 받고 부동산공시법이 정한 토지에 대한 감정평가를 업으로 행하는 것은 부동산공시법 제43조 제2호에 의하여 처벌되는 행위에 해당하고, 특별한 사정이 없는 한 형법 제20조가 정한 '법령에 의한 행위'로서 정당행위에 해당한다고 볼 수는 없다.

판례

▶ 관련판례(대판 2021.10.14, 2017도10634) -[부동산 가격공시 및 감정평가에 관한 법률위반]
〈감정평가업자가 아닌 피고인들이 법원 행정재판부로부터 수용 대상 토지상에 재배되고 있는 산양삼의 손실보상액 평가를 의뢰받고 감정서를 작성하여 제출한 사건〉 – 심마니가 특수감정인으로 위촉되어 산양삼 평가한 것은 무죄임.

【판시사항】
구 부동산 가격공시 및 감정평가에 관한 법률에서 감정평가사 자격을 갖춘 사람만이 감정평가업을 독점적으로 영위할 수 있도록 한 취지 / 민사소송법 제335조에 따른 법원의 감정인 지정결정 또는 같은 법 제341조 제1항에 따른 법원의 감정촉탁을 받은 경우, 감정평가업자가 아닌 사람이더라도 그 감정사항에 포함된 토지 등의 감정평가를 할 수 있는지 여부(적극) 및 이러한 행위가 형법 제20조의 정당행위에 해당하여 위법성이 조각되는지 여부(적극)

【판결요지】
구 부동산 가격공시 및 감정평가에 관한 법률(2016.1.19. 법률 제13796호 부동산가격공시에 관한 법률로 전부 개정되기 전의 것, 이하 '구 부동산공시법'이라고 한다) 제2조 제7호 내지 제9호, 제43조 제2호는 감정평가란 토지 등의 경제적 가치를 판정하여 그 결과를 가액으로 표시하는 것을 말하고, 감정평가업자란 제27조에 따라 신고를 한 감정평가사와 제28조에 따라 인가를 받은 감정평가법인을 말한다고 정의하면서, 감정평가업자가 아닌 자가 타인의 의뢰에 의하여 일정한 보수를 받고 감정평가를 업으로 행하는 것을 처벌하도록 규정하고 있다. 이와 같이 감정평가사 자격을 갖춘 사람만이 감정평가업을 독점적으로 영위할 수 있도록 한 취지는 감정평가업무의 전문성, 공정성, 신뢰성을 확보해서 재산과 권리의 적정한 가격형성을 보장하여 국민의 권익을 보호하기 위한 것이다(구 부동산공시법 제1조 참조).
한편 소송의 증거방법 중 하나인 감정은 법관의 지식과 경험을 보충하기 위하여 특별한 학식과 경험을 가진 제3자에게 그 전문적 지식이나 이를 구체적 사실에 적용하여 얻은 판단을 법원에 보고하게 하는 것으로, 감정신청의 채택 여부를 결정하고 감정인을 지정하거나 단체 등에 감정촉탁을 하는 권한은 법원에 있고(민사소송법 제335조, 제341조 제1항 참조), 행정소송사건의 심리절차에서 공익사업을 위한 토지 등의 취득 및 보상에 관한 법률상 토지 등의 손실보상액에 관하여 감정을 명할 경우 그 감정인으로 반드시 감정평가사나 감정평가법인을 지정하여야 하는 것은 아니다.
법원은 소송에서 쟁점이 된 사항에 관한 전문성과 필요성에 대한 판단에 따라 감정인을 지정하거나 감정촉탁을 하는 것이고, 감정결과에 대하여 당사자에게 의견을 진술할 기회를 준 후 이를 종합하여 그 결과를 받아들일지 여부를 판단하므로, 감정인이나 감정촉탁을 받은 사람의 자격을 감정평가사로 제한하지 않더라도 이러한 절차를 통하여 감정의 전문성, 공정성 및 신뢰성을 확보하고 국민의 재산권을 보호할 수 있기 때문이다.
그렇다면 민사소송법 제335조에 따른 법원의 감정인 지정결정 또는 같은 법 제341조 제1항에 따른 법원의 감정촉탁을 받은 경우에는 감정평가업자가 아닌 사람이더라도 그 감정사항에 포함된 토지 등의 감정평가를 할 수 있고, 이러한 행위는 법령에 근거한 법원의 적법한 결정이나 촉탁에 따른 것으로 형법 제20조의 정당행위에 해당하여 위법성이 조각된다고 보아야 한다.

제2절 감정평가법인등의 손해배상책임

법 제28조(손해배상책임)
① 감정평가법인등이 감정평가를 하면서 고의 또는 과실로 감정평가 당시의 적정가격과 현저한 차이가 있게 감정평가를 하거나 감정평가 서류에 거짓을 기록함으로써 감정평가 의뢰인이나 선의의 제3자에게 손해를 발생하게 하였을 때에는 감정평가법인등은 그 손해를 배상할 책임이 있다.
② 감정평가법인등은 제1항에 따른 손해배상책임을 보장하기 위하여 대통령령으로 정하는 바에 따라 보험에 가입하거나 제33조에 따른 한국감정평가사협회가 운영하는 공제사업에 가입하는 등 필요한 조치를 하여야 한다.
③ 감정평가법인등은 제1항에 따라 감정평가 의뢰인이나 선의의 제3자에게 법원의 확정판결을 통한 손해배상이 결정된 경우에는 국토교통부령으로 정하는 바에 따라 그 사실을 국토교통부장관에게 알려야 한다.
④ 국토교통부장관은 감정평가 의뢰인이나 선의의 제3자를 보호하기 위하여 감정평가법인등이 갖추어야 하는 손해배상능력 등에 대한 기준을 국토교통부령으로 정할 수 있다.

민법 제750조(불법행위의 내용)
고의 또는 과실로 인한 위법행위로 타인에게 손해를 가한 자는 그 손해를 배상할 책임이 있다.

01 서

감정평가법인등이란 타인의 의뢰에 의하여 일정한 보수를 받고 토지 등의 감정평가를 업으로 행하는 자로서 사무소를 개설한 감정평가사와 인가를 받은 감정평가법인을 말한다. 감정평가법인등이 평가하는 적정가격은 국가 토지정책의 근간이 되는 공시지가의 조사·평가 및 지가공시제도의 효율적인 운영주체로서 업무수행상 높은 윤리성·공공성이 요구되는바, 각종 권리 및 의무를 감정평가법에서 규정하고 있고, 이에 위반할 경우 민사상·행정상·형사상 책임을 지게 된다. 감정평가법 제28조에서는 민사상 책임으로 감정평가법인등의 손해배상책임을 규정하고 있다.

02 감정평가 법률관계의 법적 성질

1. 개요

감정평가 의뢰인(사인인 경우)과 감정평가법인등 사이의 감정평가 의뢰관계는 상호 대등관계로서 사법상의 계약관계라고 할 수 있다. 감정평가업무를 의뢰하게 되면 감정평가법인등에게는 성실한 감정평가와 적정가격 평가의무, 감정평가서 교부 및 보존의무 등이 발생하고, 의뢰인에게는 수수료의 지급의무가 발생한다. 이러한 법률관계에 대하여 도급계약이라는 견해와 위임계약이라는 견해가 있다.

2. 도급계약이라고 보는 견해

도급이란 당사자 일방이 어느 일을 완성할 것을 약정하고 상대방의 일의 결과에 대하여 보수를 지급할 것을 약정함으로써 성립하는 계약을 말한다. 따라서 감정평가는 일의 완성을 목적으로 수수료라는 보수를 지급하는 것으로 도급계약의 성질이 있다고 보는 견해이다. 도급계약으로 보는 경우 수급인(감정평가법인등)은 보수지급청구권, 일의 완성의무 등이 발생한다.

3. 특수한 위임계약이라고 보는 견해

위임계약이란 당사자 일방이 상대방에 대하여 사무의 처리를 위탁하고 상대방이 이를 승낙함으로써 성립하는 계약을 말한다. 위임계약은 특별한 약정이 없으면 보수를 청구할 수 없는 무상계약이 원칙이며, 일정한 사무의 처리를 목적으로 한다.

감정평가는 의뢰인의 의뢰와 업자의 승낙으로 성립한다는 점, 일정한 사무를 처리하기 위하여 지식, 경험 등의 통일적 노무를 제공한다는 점을 들어 특수한 위임계약으로 보는 견해이다. 이러한 경우 수임인(감정평가법인등)은 보수청구권, 선량한 관리자의 주의의무로써 특수한 위임사무를 처리할 의무를 부담한다.

4. 검토

① 감정평가법인등은 업무를 수행함에 있어 의뢰인의 지시나 감독을 받지 않는 재량성이 있는 점, ② 적정가격 산정을 위한 일의 처리를 목적으로 한다는 점, ③ 적정가격의 평가는 대상물건의 특정한 가격을 결정하는 것이 아니고 의뢰인이 참고할 수 있는 정보의 제공에 해당한다는 점, ④ 업무를 중도에 중단하더라도 수행부분에 대하여 보수를 받는 점 등을 보아 위임계약으로 보는 견해가 타당하다. 따라서 감정평가법인등은 의뢰인에 대하여 위임의 취지에 따라 사무를 처리할 채무를 부담하게 된다. 그런데 감정평가법인등이 채무를 이행하였으나, 감정평가 결과가 부당하고, 감정평가의뢰인이 그 감정평가 결과를 믿고 거래를 하여 손해를 본 경우에는 채무불이행의 여러 가지 유형 중 불완전이행의 법리에 따라 의뢰인에게 손해배상책임을 진다. 그리고 제3자가 부당한 감정평가 결과를 믿고 거래행위를 하여 손해를 입은 경우에는 계약에 따라 이행하여야 할 채무가 존재하지 않기 때문에 감정평가법인등이 일반 불법행위 법리에 의하여 손해배상책임을 진다고 할 수 있다.

03 감정평가법 제28조와 민법 제750조와의 관계

1. 개요

상기와 같이 감정평가 의뢰로 인하여 성립한 법률관계는 사법상의 유상의 특수한 위임계약에 해당하기 때문에 감정평가법 제28조 제1항의 규정이 없어도 감정평가법인등은 의뢰인에 대하여 채무불이행 중 불완전이행의 법리에 따라 손해배상책임을 지고, 선의의 제3자에 대하여는 일반 불법행위의 법리에 따라 손해배상책임을 부담하면 된다. 그렇다면 감정평가법이 새로이 제28조 제1항의 규정을 둔 이유가 무엇인지에 대하여 논란이 있으며, 이를 민법에 대한 특칙으로 보는 견해와 특칙이 아니라는 견해가 대립하고 있다.

2. 특칙이라는 견해(면책설)

감정평가법 제28조는 감정평가법인등을 보호하기 위한 규정으로 보는 견해로 일반 채무불이행, 불법행위이론에 의해 손해배상을 져야 할 경우에도 감정평가법 제28조 제1항에 해당하지 않는다면 책임을 지지 않는다는 견해이다. ① 객관적인 적정가격을 찾아내는 것은 현실적으로 어렵다는 점, ② 평가수수료에 비해 막중한 책임을 부여한다는 점 등을 근거로 한다.

3. 특칙이 아니라는 견해(보험관계설)

감정평가법 제28조 제1항은 동조 제2항의 보험이나 공제사업과 관련된 규정으로, 보험금과 공제금의 지급대상이 되는 감정평가법인등의 손해배상책임의 범위를 한정하는 것으로 민법의 특칙이 아니라고 본다. 따라서 민법 제750조에 의해 손해배상책임의 범위가 정해진다는 견해이다. ① 감정평가법 제28조는 감정평가법인등의 손해배상책임을 담보하기 위하여 보험가입 등의 조치를 유도하기 위한 것, ② 고의 또는 과실로 부당감정평가를 한 경우까지 보호할 필요가 없다는 점 등을 근거로 한다.

4. 판례

판례

▶ 관련판례(대판 1998.9.22, 97다36293)
감정평가업자의 부실감정으로 인하여 손해를 입게 된 감정평가의뢰인이나 선의의 제3자는 지가공시 및 토지 등의 평가에 관한 법률상의 손해배상책임과 민법상의 불법행위로 인한 손해배상책임을 함께 물을 수 있다.

5. 검토

① 적정가격이란 현실적으로 찾기가 어렵고 그러함에도 손해배상책임을 널리 인정하여서는 감정평가제도가 위태로울 수 있다는 점을 고려한 정책적 배려에서 마련된 규정으로 보아야 한다는 점, ② 특칙이 아니라는 견해에 따를 경우 감정평가법 제28조 제1항의 규정은 무의미한 규정이 된다는 점 등을 고려할 때, 논리적으로 특칙으로 보는 견해가 타당하다고 본다.

생각건대, 대법원의 견해에 따르면 감정평가법 제28조 제1항의 규정이 무의미하게 되므로 이의 존재 의의를 고려하여 특칙으로 이해하는 입장이 있으나, ① 면책설에 의하면 중과실 심지어 고의가 있는 경우에도 현저한 차이가 있거나 허위의 기재가 있는 경우에만 책임이 있는데 이는 손해배상청구권을 부당하게 제한하는 것으로 위헌의 소지가 있다는 점, ② 요건에서 약간의 차이가 있지만 "주식회사의 외부감사에 관한 법률"에 의한 회계법인의 손해배상책임에 대하여도 해당 법률 이외에 일반적인 채무불이행 또는 불법행위로도 책임추궁이 가능하다고 한 판례 등을 고려할 때 특칙이 아니라고 보는 것이 타당하다고 본다. 법률상의 요건을 만족하는 경우 감정평가법 제28조와 민법 제750조의 손해배상을 선택적으로 청구할 수 있다고 본다.

04 손해배상책임의 성립요건

1. 감정평가법인등이 감정평가를 하면서

감정평가란 물건의 경제적 가치를 판정하여 그 결과를 가액으로 표시하는 것을 말한다. 따라서 감정평가법 제28조의 손해배상책임이 성립하기 위해서는 감정평가법인등이 감정평가를 하면서 감정평가로 발생한 손해에 해당하여야 하고, 가치판단작용이 아닌 순수한 사실조사 잘못으로 인한 손해에 대하여는 적용이 없다. 그러나 판례는 임대차관계에 대한 사실조사에 잘못이 있는 경우에 그러한 사실조사는 감정평가의 내용은 아니라고 하면서도 감정평가법 제28조에 의한 감정평가법인등의 손해배상책임을 인정하였다.

판례

▶ 관련판례(대판 2000.4.21, 99다66618)

임대상황의 조사가 지가공시 및 토지 등의 평가에 관한 법률 제26조 제1항 소정의 '감정평가' 그 자체에 포함되지는 않지만 감정평가업자가 담보물로 제공할 아파트에 대한 감정평가를 함에 있어 부수적으로 감정평가업자들의 소위 '아파트 감정요항표'에 따라 그 기재사항으로 되어 있는 임대상황란에 고의 또는 과실로 사실과 다른 기재를 하고 이를 감정평가서의 일부로 첨부하여 교부함으로써 감정평가의뢰인 등으로 하여금 부동산의 담보가치를 잘못 평가하게 함으로 말미암아 그에게 손해를 가하게 되었다면 임대상황의 조사가 같은 항 소정의 '감정평가'에 포함되는지 여부와 관계없이 감정평가업자는 특별한 사정이 없는 한 같은 항에 따라 이로 인한 **상당인과관계에 있는 손해를 배상할 책임**이 있다고 보아야 하고, 감정평가의뢰계약 체결 당시 그 임대상황에 관한 조사를 특별히 의뢰받지 않았다고 하여 그 결론이 달라지는 것은 아니다.

2. 고의 또는 과실이 있을 것(과실책임주의)

감정평가법인등이 손해배상책임을 지기 위해서는 주관적인 책임요건으로서 그 손해가 감정평가법인등의 귀책사유인 고의·과실로 발생한 것이어야 한다. 이러한 고의·과실의 입증책임은 손해배상을 주장하는 평가의뢰인 또는 선의의 제3자가 진다.

고의란 자기 행위가 일정한 결과를 낳을 것을 인식하고 그 결과를 용인하는 것을 말한다. 감정평가법인등이 자신의 부당한 감정평가로 인하여 평가의뢰인이나 선의의 제3자에게 손해가 발생할 것을 인식하고도 부당한 감정평가를 용인하는 것이다. 대법원은 부동산공시법과 감정평가에 관한 규칙의 기준을 무시하고 자의적인 방법에 의하여 토지를 감정평가한 것은 고의·중과실에 의한 부당한 감정평가로 볼 수 있다고 하였다.

과실이란 일정한 사실을 인식할 수 있음에도 불구하고 부주의로 이를 인식하지 못한 것을 말한다. 감정평가업무에 종사하는 평균인을 기준으로 부주의 여부를 판정한다. 대법원은 과실로 인정되는 부주의에 대하여 사전자료준비 부주의, 평가절차의 부주의, 윤리규정에 대한 부주의, 관계법령 및 규칙에 규정된 평가방식 적용에 대한 부주의를 그 예로 들고 있다.

판례

▶ 관련판례(대판 1997.5.7, 96다52427)
감정평가업자가 지가공시 및 토지 등의 평가에 관한 법률과 감정평가규칙의 기준을 무시하고 자의적 방법에 의하여 대상토지를 감정평가한 경우, 감정평가업자의 고의·중과실에 의한 부당감정을 근거로 하여 같은 법 제26조 제1항의 '현저한 차이'를 인정한 사례

3. 부당한 감정평가를 하였을 것

(1) 개요

감정평가법인등이 부당한 감정평가를 한 경우에 손해배상책임이 성립한다. 감정평가법 제28조 제1항에서는 부당한 감정평가에 해당하는 것으로 ① 감정평가 당시의 적정가격과 현저한 차이가 있게 감정평가를 하거나 ② 감정평가서류에 거짓을 기록함으로써 손해가 발생한 경우를 규정하고 있다.

(2) 감정평가 당시의 적정가격과 현저한 차이가 있는 감정평가

① **현저한 차이의 의의** : 현저한 차이란 일반적으로 달라질 수 있다고 인정할 수 있는 범위를 초과하여 발생한 차이를 의미하는 것이다. 감정평가는 가치의 판단이며 의견이기 때문에 평가주체에 따라 달라질 수밖에 없다는 점이 고려되어야 한다. 따라서 적정가격과 현저한 차이가 아니고 일반적 차이가 있게 감정평가한 경우까지 책임을 물을 수 없다고 보아야 한다.

② **현저한 차이의 판단기준** : 판례는 감정평가법령 및 토지보상법 시행규칙에 제시된 1.3배(현재는 1.1배)가 현저한 차이에 대한 유일한 판단기준이 될 수 없다고 하면서, 부당감정에 이르게 된 감정평가법인등의 귀책사유를 고려하여 사회통념에 따라 탄력적으로 판단하여야 한다고 하였다. 그리고 현저한 차이는 고의에 의한 경우와 과실에 의한 경우에 다르게 보아야 한다고 판시하였다.

판례

▶ 관련판례(대판 1997.5.7, 96다52427)
지가공시 및 토지 등의 평가에 관한 법률 제5조 제2항, 같은 법 시행령 제7조 제4항, 공공용지의 취득 및 손실보상에 관한 특례법 시행규칙 제5조의4 제1항, 제4항의 각 규정들은 표준지공시지가를 정하거나 공익사업에 필요한 토지의 보상가를 산정함에 있어서 2인 이상의 감정평가업자에 평가를 의뢰하였는데 평가액 중 최고평가액이 최저평가액의 1.3배를 초과하는 경우에는 건설교통부장관이나 사업시행자가 다른 2인의 감정평가업자에게 대상물건의 평가를 다시 의뢰할 수 있다는 것뿐으로써 여기서 정하고 있는 1.3배의 격차율이 바로 지가공시 및 토지 등의 평가에 관한 법률 제26조 제1항이 정하는 평가액과 적정가격 사이에 '현저한 차이'가 있는가의 유일한 판단기준이 될 수 없다.

▶ 관련판례(대판 1987.7.21, 87도853)
감정평가에 관한 법률 제16조는 제26조에 의하면 감정업에 종사하는 자는 그 직무를 수행함에 있어서 고의로 진실을 숨기거나 허위의 감정을 하였을 때 처벌하도록 규정하고 있으므로 위 법조에 따른 허위감정죄는 고의범에 한한다 할 것이고 여기서 말하는 허위감정이라 함은 신빙성이 있는 감정자료에 의한 합리적인 감정결과에 현저히 반하는 근거가 시인되지 아니하는 자의적 방법에 의한 감정을 일컫는 것이

어서 위 범죄는 정당하게 조사수집하지 아니하여 사실에 맞지 아니하는 감정자료임을 알면서 그것을 기초로 감정함으로써 허무한 가격으로 평가하거나 정당한 감정자료에 의하여 평가함에 있어서도 합리적인 평가방법에 의하지 아니하고 고의로 그 평가액을 그르치는 경우에 성립된다.

(3) 감정평가서류에 거짓을 기록한 경우

감정평가서상의 기재사항에 대하여 물건의 내용, 산출근거, 평가가액 등의 거짓을 기록함으로써 가격에 변화를 일으키는 요인을 고의·과실로 허위로 기록하는 것을 말한다.

4. 감정평가의뢰인 또는 선의의 제3자에게 손해가 발생하였을 것

감정평가의뢰인 또는 선의의 제3자에게 손해가 발생하여야 한다. 선의의 제3자라 함은 감정내용이 허위 또는 감정평가 당시의 적정가격과 현저한 차이가 있음을 인식하지 못한 것뿐만 아니라, 감정평가서 자체에 그 감정평가서를 감정의뢰 목적 이외에 사용하거나 감정의뢰인 이외의 타인이 사용할 수 없음이 명시되어 있는 경우에는 그러한 사용사실까지 인식하지 못한 제3자를 의미한다. 따라서 부당한 감정평가임을 알지 못한 경우라도 타인이 사용할 수 없음을 인식한 경우에는 선의의 제3자에 해당하지 아니한다.

손해라 함은 일반적으로 법익(주로 재산권)에 관하여 받은 불이익을 말한다. 따라서 감정평가의뢰인 또는 선의의 제3자가 가지고 있는 법적인 이익에 침해가 발생하여야 한다.

판례

▶ 관련판례(대판 2009.9.10, 2006다64627)

부당감정에 따른 감정평가업자의 손해배상책임에 관하여 정한 (구)지가공시 및 토지 등의 평가에 관한 법률 제26조 제1항의 '선의의 제3자'의 의미

(구)지가공시 및 토지 등의 평가에 관한 법률(2005.1.14. 법률 제7335호 부동산 가격공시 및 감정평가에 관한 법률로 전부 개정되기 전의 것) 제26조 제1항은 감정평가업자가 타인의 의뢰에 의하여 감정평가를 함에 있어서 고의 또는 과실로 감정평가 당시의 적정가격과 현저한 차이가 있게 감정평가하거나 감정평가서류에 허위의 기재를 함으로써 감정평가 의뢰인이나 선의의 제3자에게 손해를 발생하게 한 때에는 그 손해를 배상할 책임이 있다고 규정하고 있는데, 여기에서 '선의의 제3자'라 함은 감정 내용이 허위 또는 감정평가 당시의 적정가격과 현저한 차이가 있음을 인식하지 못한 것뿐만 아니라 감정평가서 자체에 그 감정평가서를 감정의뢰 목적 이외에 사용하거나 감정의뢰인 이외의 타인이 사용할 수 없음이 명시되어 있는 경우에는 그러한 사용사실까지 인식하지 못한 제3자를 의미한다.

▶ 관련판례(대판 1999.9.7, 99다28661)

지가공시 및 토지 등의 평가에 관한 법률 제26조 제1항은 감정평가업자가 타인의 의뢰에 의하여 감정평가를 함에 있어서 고의 또는 과실로 감정평가 당시의 적정가격과 현저한 차이가 있게 감정평가하거나 감정평가서류에 허위의 기재를 함으로써 감정평가의뢰인이나 선의의 제3자에게 손해를 발생하게 한 때에는 그 손해를 배상할 책임이 있다고 규정하고 있는데, 여기에서 '선의의 제3자'라 함은 감정내용이 허위 또는 감정평가 당시의 적정가격과 현저한 차이가 있음을 인식하지 못한 것뿐만 아니라 감정평가서 자체에 그 감정평가서를 감정의뢰 목적 이외에 사용하거나 감정의뢰인 이외의 타인이 사용할 수 없음이 명시되어 있는 경우에는 그러한 사용사실까지 인식하지 못한 제3자를 의미한다.

5. 상당한 인과관계가 있을 것

적정가격과 현저한 차이가 있게 한 감정평가와 손해의 발생과의 사이에는 인과관계가 있어야 한다.

판례

▶ 관련판례(대판 2009.9.10, 2006다64627)

감정평가업자의 부당한 감정과 그 감정을 믿고 초과대출을 한 금융기관의 손해 사이에 인과관계가 있는지 여부(적극) 및 그 손해의 발생에 금융기관의 과실이 있는 경우 위 인과관계가 단절되는지 여부(소극)

감정평가업자가 담보목적물에 대하여 부당한 감정을 함으로 인하여 금융기관이 그 감정을 믿고 정당한 감정가격을 초과한 대출을 함으로써 재산상 손해를 입게 되리라는 것은 쉽사리 예견할 수 있으므로, 다른 특별한 사정이 없는 한 감정평가업자의 위법행위와 금융기관의 손해 사이에는 상당인과관계가 있다 할 것이고, 그 손해의 발생에 금융기관의 과실이 있다면 과실상계의 법리에 따라 그 과실의 정도를 비교교량하여 감정평가업자의 책임을 면하게 하거나 감경하는 것은 별론으로 하고 그로 인하여 감정평가업자의 부당감정과 손해 사이에 존재하는 인과관계가 단절된다고는 할 수 없다.

6. 위법성의 요건이 필요한지 여부

감정평가법은 감정평가법인등의 손해배상책임 성립요건에 위법성을 요구하고 있지 아니한다. 따라서 위법성을 손해배상책임의 성립요건으로 보아야 하는지 의문이 있다.

이에 대하여 ① 민법상 채무불이행의 경우에도 위법성이 민법의 규정에 없으나 위법성을 별도의 요건으로 본다는 점을 들어 감정평가법인등의 손해배상책임이 성립하기 위해서는 별도의 요건으로 필요하다는 견해와 ② 별도의 요건으로 필요하지 않다는 견해가 있다. 후자는 다시 고의 또는 과실 속에 위법성의 요소가 포함되어 있다고 보는 견해와, 위법성의 요소는 부당한 감정평가의 개념 속에 포함되어 있다는 견해로 구분된다.

감정평가법 제28조는 민법에 대한 특칙으로 보는 것이 타당하다는 점에서 명시적 규정이 없는 위법성의 요건은 필요하지 않다고 보는 것이 타당하다고 할 것이다. 그리고 필요 없다는 견해 중에서 고의 또는 과실 속에 포함되어 있다고 보는 견해는 주관적 책임요건과 객관적 책임요건을 분명하게 하지 못하는 문제점이 있다고 할 수 있다. 따라서 부당한 감정평가의 개념 속에 위법성의 요건이 포함되어 있는 것으로 보는 것이 타당할 것이다.

05 손해배상책임의 내용

1. 손해배상액

손해배상책임의 성립요건이 모두 충족된 경우 감정평가법인등은 손해배상책임을 지게 된다. 따라서 해당 부당한 감정평가와 상당인과관계가 있는 모든 손해를 배상하여야 한다. 감정평가의뢰인이 부당한 감정평가 성립에 원인을 제공하였거나, 용인을 한 경우에는 이를 참작하여 배상액을 정하여야 한다(과실상계의 원칙). 판례에 따르면 감정평가법인등이 현장확인의무를 이행함이 없이 평가한 것을 알면서 이를 용인한 경우에 의뢰인의 과실을 인정하였다.

판례

▶ 관련판례(대판 2009.9.10, 2006다64627)

담보목적물에 대하여 감정평가업자가 부당한 감정을 함으로써 감정의뢰인이 그 감정을 믿고 정당한 감정가격을 초과한 대출을 한 경우에는 부당한 감정가격에 근거하여 산출된 담보가치와 정당한 감정가격에 근거하여 산출된 담보가치의 차액을 한도로 하여 대출금 중 정당한 감정가격에 근거하여 산출된 담보가치를 초과한 부분이 손해액이 된다.

불법행위로 인한 손해배상청구소송에서 재산적 손해의 발생사실은 인정되나 구체적인 손해의 액수를 증명하는 것이 사안의 성질상 곤란한 경우, 법원은 증거조사의 결과와 변론 전체의 취지에 의하여 밝혀진 당사자들 사이의 관계, 불법행위와 그로 인한 재산적 손해가 발생하게 된 경위, 손해의 성격, 손해가 발생한 이후의 여러 정황 등 관련된 모든 간접사실들을 종합하여 손해의 액수를 판단할 수 있고, 이러한 법리는 자유심증주의하에서 손해의 발생사실은 입증되었으나 사안의 성질상 손해액에 대한 입증이 곤란한 경우 증명도・심증도를 경감함으로써 손해의 공평・타당한 분담을 지도원리로 하는 손해배상제도의 이상과 기능을 실현하고자 함에 그 취지가 있는 것이지, 법관에게 손해액의 산정에 관한 자유재량을 부여한 것은 아니므로, 법원이 위와 같은 방법으로 구체적 손해액을 판단함에 있어서는, 손해액 산정의 근거가 되는 간접사실들의 탐색에 최선의 노력을 다해야 하고, 그와 같이 탐색해 낸 간접사실들을 합리적으로 평가하여 객관적으로 수긍할 수 있는 손해액을 산정해야 한다.

2. 특약으로 부과되어 있는 임대차조사가 감정평가의 내용에 해당하는지 여부

판례는 이 경우 담보목적의 감정평가시에 임대차관계에 대한 사실조사에 잘못이 있는 경우에 그러한 사실조사는 감정평가의 내용은 아니라고 하면서도 감정평가법 제28조에 의한 감정평가법인등의 손해배상책임을 인정하였다. 이에 대하여 임대차조사는 감정평가의 내용이 아님에도 불구하고, 감정평가를 함에 있어서 발생한 손해배상책임을 규정하고 있는 감정평가법 제28조의 배상책임을 인정한 것은 타당하지 못하다는 주장이 있다.

판례

▶ 관련판례(대판 1997.9.12, 97다7400)

금융기관이 담보물에 관한 감정평가를 감정평가업자에게 의뢰하면서 감정업무협약에 따라 감정목적물에 관한 대항력 있는 임대차계약의 존부와 그 임차보증금의 액수에 대한 사실조사를 함께 의뢰한 경우에 그 감정평가의 직접적 대상은 그 담보물 자체의 경제적 가치에 있는 것이고, 임대차관계에 대한 사실조사는 그에 부수되는 업무로서 당연히 담보물에 대한 감정평가의 내용이 되는 것은 아니지만, 감정평가업자는 금융기관의 의뢰에 의한 토지 및 건물의 감정평가도 그 업무로 하고 있으므로 감정평가업자가 그 담보물에 대한 감정평가를 함에 있어서 고의 또는 과실로 감정평가서류에 그 담보물의 임대차관계에 관한 허위의 기재를 하여 결과적으로 감정평가의뢰인으로 하여금 부동산의 담보가치를 잘못 평가하게 함으로써 그에게 손해를 가하게 되었다면 감정평가업자는 이로 인한 손해를 배상할 책임이 있다. 감정평가업자가 **금융기관의 신속한 감정평가 요구에 따라 그의 양해 아래** 임차인이 아닌 건물 소유자를 통하여 담보물의 임대차관계를 조사하였으나 그것이 허위로 밝혀진 경우, 감정평가업자에게는 과실이 없으므로 손해배상책임이 인정되지 않는다.

▶ 관련판례(대판 1997.12.12, 97다41196)

감정평가업자가 금융기관과 감정평가업무협약을 체결하면서 감정목적물인 주택에 관한 **임대차사항을 상세히 조사할 것을 약정한 경우**, 이는 금융기관이 감정평가업자에게 그 주택에 관한 대항력 있는 임차인의 존부 및 그 임차보증금의 액수에 대한 사실조사를 의뢰한 취지라 할 것이니, 감정평가업자로서는 협약에 따라 성실하고 공정하게 주택에 대한 위와 같은 임대차관계를 조사하여 금융기관에게 알림으로써 금융기관이 그 주택의 담보가치를 적정하게 평가하여 불측의 손해를 입지 않도록 협력하여야 할 의무가 있고, 1991.6.30.까지는 누구나 타인의 주민등록관계를 확인할 수 있었으나, 주민등록법 및 같은 법 시행령이 개정됨에 따라 1991.7.1.부터는 금융기관은 담보물의 취득을 위한 경우에 타인의 주민등록관계를 확인할 수 있되 일개 사설감정인에 불과한 감정평가업자로서는 법령상 이를 확인할 방법이 없게 되었으므로, 감정평가업자로서는 그 이후로는 주택의 현황조사와 주택의 소유자, 거주자 및 인근의 주민들에 대한 탐문의 방법에 의해서 임대차의 유무 및 그 내용을 확인하여 그 확인 결과를 금융기관에게 알릴 의무가 있다.

3. 손해배상책임의 보장

감정평가법인등은 보증보험에 가입하거나 협회가 운영하는 공제사업에 가입해야 하고, 의제감정평가법인은 수수료의 100분의 2 이상을 손해배상충당금으로 적립해야 한다. 이 경우 적립된 손해배상충당금은 국토교통부장관의 승인 없이는 이를 다른 용도로 사용할 수 없다.

06 관련문제

감정평가법 제28조에 의한 감정평가법인등의 손해배상책임에 대하여도 민법상 불법행위로 인한 손해배상청구권의 소멸시효규정의 적용을 받는다고 본다. 따라서 민법 제766조의 규정에 의하여 감정평가법인등에 대한 손해배상청구권은 감정평가의뢰인 또는 선의의 제3자가 손해를 안 날부터 3년, 부당한 감정평가가 있은 날부터 10년 이내에 행사하여야 할 것이다. 감정평가법인등이 법인인 경우에는 법인은 사용자 책임(선임감독상 책임)을 지며, 해당 감정평가를 수행한 감정평가사에 대하여 구상권을 행사할 수 있다. 최근 감정평가가법 제28조가 개정되어 동조 제3항에서 "감정평가법인등은 제1항에 따라 감정평가 의뢰인이나 선의의 제3자에게 법원의 확정판결을 통한 손해배상이 결정된 경우에는 국토교통부령으로 정하는 바에 따라 그 사실을 국토교통부장관에게 알려야 한다."라는 규정이 신설되고, 동조 제4항에서 "국토교통부장관은 감정평가 의뢰인이나 선의의 제3자를 보호하기 위하여 감정평가법인등이 갖추어야 하는 손해배상능력 등에 대한 기준을 국토교통부령으로 정할 수 있다."는 규정을 신설하여 손해배상책임 능력을 강화하도록 하였다.

판례

▶ 감정평가 및 감정평가사에 관한 법률 시행규칙
[시행 2022.3.30.] [국토교통부령 제1118호, 2022.3.30, 타법개정]
제19조의2(손해배상 결정사실의 통지)
감정평가법인등은 법 제28조 제3항에 따라 법원의 확정판결을 통한 손해배상이 결정된 경우에는 지체 없이 다음 각 호의 사항을 국토교통부장관에게 서면으로 알려야 한다.
1. 감정평가법인등의 명칭 및 주소
2. 감정평가의 목적, 대상 및 감정평가액
3. 손해배상 청구인
4. 손해배상금액 및 손해배상사유

▶ 감정평가 및 감정평가사에 관한 법률 시행규칙
[시행 2022.3.30.] [국토교통부령 제1118호, 2022.3.30, 타법개정]
제19조의3(손해배상능력 등에 관한 기준)
법 제28조 제4항에 따른 감정평가법인등이 갖춰야 하는 손해배상능력 등에 관한 기준은 다음 각 호와 같다. 이 경우 감정평가법인등이 각 호의 요건을 모두 갖춰야 손해배상능력 등에 관한 기준을 충족한 것으로 본다.
1. 전문인 배상책임보험 등 법 제28조 제2항에 따른 보험 가입이나 공제사업 가입으로 보장되지 않는 손해배생책임을 보장할 수 있는 다른 손해배상책임보험에 가입할 것
2. 「주식회사의 외부감사에 관한 법률」 제18조에 따른 감사보고서(적정하다는 감사의견이 표명된 것으로 한정한다)를 갖추거나 매 사업연도가 끝난 후 3개월 이내에 표준재무제표증명[법 제21조에 따라 사무소(합동사무소를 포함한다)를 개설한 감정평가사로서 최근 3년간 연속하여 결손이 발생하지 않은 경우로 한정한다]을 발급받을 것

■ **법규 헷갈리는 쟁점 : 임대차조사 특약을 맺은 경우 감정평가법인등 손해배상책임 여부**

1. 전화조사만으로 임대차 조사 - 손해배상책임 인정
대법원 2007.4.12. 선고 2006다82625 판결
【판시사항】
[1] 감정평가업자가 금융기관과 감정평가업무협약을 체결하면서 감정 목적물인 주택에 대한 임대차 사항을 상세히 조사할 것을 약정한 경우, 감정평가업자의 임대차관계 조사의무의 내용
[2] 감정평가업자가 금융기관으로부터 조사를 의뢰받은 담보물건과 관련된 임대차관계 등을 조사함에 있어 단순히 다른 조사기관의 전화조사만으로 확인된 실제와는 다른 임대차관계 내용을 기재한 임대차확인조사서를 제출한 사안에서, 감정평가업자에게 감정평가업무협약에 따른 조사의무를 다하지 아니한 과실이 있다고 한 사례

[3] 감정평가업자가 담보목적물에 대하여 부당한 감정을 함으로써 감정 의뢰인이 그 감정을 믿고 정당한 감정가격을 초과한 대출을 한 경우, 감정 의뢰인의 손해액의 산출 방법 및 위 대출금의 연체로 인한 지연손해금이 감정평가업자의 부당한 감정으로 인하여 발생한 손해인지 여부(원칙적 소극)

【판결요지】

[1] 감정평가업자가 금융기관과 감정평가업무협약을 체결하면서 감정 목적물인 주택에 관한 임대차 사항을 상세히 조사할 것을 약정한 경우, 이는 금융기관이 감정평가업자에게 그 주택에 관한 대항력 있는 임차인의 존부 및 그 임차보증금의 액수에 대한 사실 조사를 의뢰한 취지이므로, 감정평가업자로서는 협약에 따라 성실하고 공정하게 주택에 대한 위와 같은 임대차관계를 조사하여 금융기관에게 알림으로써 금융기관이 그 주택의 담보 가치를 적정하게 평가하여 불측의 손해를 입지 않도록 협력하여야 할 의무가 있다.

[2] <u>감정평가업자가 금융기관으로부터 조사를 의뢰받은 담보물건과 관련된 임대차관계 등을 조사함에 있어 단순히 다른 조사기관의 전화조사만으로 확인된 실제와는 다른 임대차관계 내용을 기재한 임대차확인조사서를 제출한 사안에서, 감정평가업자에게 감정평가업무협약에 따른 조사의무를 다하지 아니한 과실이 있다고 한 사례</u>

[3] 담보목적물에 대하여 감정평가업자가 부당한 감정을 함으로써 감정 의뢰인이 그 감정을 믿고 정당한 감정가격을 초과한 대출을 한 경우에는 부당한 감정가격에 근거하여 산출된 담보가치와 정당한 감정가격에 근거하여 산출된 담보가치의 차액을 한도로 하여 대출금 중 정당한 감정가격에 근거하여 산출된 담보가치를 초과한 부분이 손해액이 되고, 통상 감정평가업자로서는 대출 당시 앞으로 대출금이 연체되리라는 사정을 알기는 어려우므로 대출 당시 감정평가업자가 대출금이 연체되리라는 사정을 알았거나 알 수 있었다는 특별한 사정이 없는 한 연체된 약정 이율에 따른 지연손해금은 감정평가업자의 부당한 감정으로 인하여 발생한 손해라고 할 수 없다.

2. 소유자의 처에 확인 임대차 없음 – 손해배상책임 인정

대법원 2004.5.27. 선고 2003다24840 판결

【판시사항】

[1] 감정평가업자가 금융기관과 감정평가업무협약을 체결하면서 감정 목적물인 주택에 대한 임대차 사항을 상세히 조사하기로 약정한 경우, 감정평가업자의 임대차관계 조사의무의 내용 및 그 이행 방법

[2] 감정평가업자가 현장조사 당시 감정대상 주택 소유자의 처로부터 임대차가 없다는 확인을 받고 감정평가서에 "임대차 없음"이라고 기재하였으나 이후에 임차인의 존재가 밝혀진 경우, 감정평가업자는 감정평가서를 근거로 부실 대출을 한 금융기관의 손해를 배상할 책임이 있다고 한 사례

[3] 감정평가업자가 담보목적물에 대하여 부당한 감정을 함으로써 감정 의뢰인이 그 감정을 믿고 정당한 감정가격을 초과한 대출을 한 경우, 그 손해액의 산출 방법

[4] 담보목적물에 주택임대차보호법에서 정한 대항력을 갖춘 임차인이 있는 경우, 정당한 감정가격에 근거한 담보가치는 주택의 감정평가액에서 임차보증금을 공제한 금액에 담보평가요율을 곱하는 방법에 따라 계산한 금액이라고 한 사례

【판결요지】

[1] 감정평가업자가 금융기관과 감정평가업무협약을 체결하면서 감정 목적물인 주택에 관한 임대차 사항을 상세히 조사할 것을 약정한 경우, 이는 금융기관이 감정평가업자에게 그 주택에 관한 대항력 있는 임차인의 존부 및 그 임차보증금의 액수에 대한 사실 조사를 의뢰한 취지라 할 것이니, 감정평가업자로서는 협약에 따라 성실하고 공정하게 주택에 대한 위와 같은 임대차관계를 조사하여 금융

PART 04

기관에게 알림으로써 금융기관이 그 주택의 담보가치를 적정하게 평가하여 불측의 손해를 입지 않도록 협력하여야 할 의무가 있고, 1991.6.30.까지는 누구나 타인의 주민등록관계를 확인할 수 있었으나, 주민등록법 및 같은법 시행령이 개정됨에 따라 1991.7.1.부터는 금융기관은 담보물의 취득을 위한 경우에 타인의 주민등록관계를 확인할 수 있되 일개 사설감정인에 불과한 감정평가업자로서는 법령상 이를 확인할 방법이 없게 되었으므로, 감정평가업자로서는 그 이후로는 주택의 현황 조사와 주택의 소유자, 거주자 및 인근의 주민들에 대한 탐문의 방법에 의해서 임대차의 유무 및 그 내용을 확인하여 그 확인 결과를 금융기관에게 알릴 의무가 있다.

[2] 감정평가업자가 현장조사 당시 감정대상 주택 소유자의 처로부터 임대차가 없다는 확인을 받고 감정평가서에 "임대차 없음"이라고 기재하였으나 이후에 임차인의 존재가 밝혀진 경우, 감정평가업자는 감정평가서를 근거로 부실 대출을 한 금융기관의 손해를 배상할 책임이 있다고 한 사례

[3] 담보목적물에 대하여 감정평가업자가 부당한 감정을 함으로써 감정 의뢰인이 그 감정을 믿고 정당한 감정가격을 초과한 대출을 한 경우에는 부당한 감정가격에 근거하여 산출된 담보가치와 정당한 감정가격에 근거하여 산출된 담보가치의 차액을 한도로 하여 대출금 중 정당한 감정가격에 근거하여 산출된 담보가치를 초과한 부분이 손해액이 된다.

[4] 담보목적물에 주택임대차보호법에서 정한 대항력을 갖춘 임차인이 있는 경우, 정당한 감정가격에 근거한 담보가치는 주택의 감정평가액에서 임차보증금을 공제한 금액에 담보평가요율을 곱하는 방법에 따라 계산한 금액이라고 한 사례

3. 공실상태로 임대차 없음 기재 - 손해배상책임 인정

대법원 1997.12.12. 선고 97다41196 판결

【판시사항】

[1] 감정평가업자가 금융기관과 감정평가업무협약을 체결하면서 감정 목적물인 주택에 대한 임대차 사항을 상세히 조사하기로 약정한 경우, 감정평가업자의 임대차관계 조사의무의 내용 및 그 이행 방법

[2] 감정평가업자가 현장 조사 당시 감정 대상 주택이 공실 상태라는 사유만으로 탐문 조사를 생략한 채 감정평가서에 '임대차 없음'이라고 기재했으나 그것이 허위로 밝혀진 경우, 감정평가업자는 그로 인해 부실 대출을 한 금융기관의 손해를 배상할 책임이 있다고 한 사례

【판결요지】

[1] 감정평가업자가 금융기관과 감정평가업무협약을 체결하면서 감정 목적물인 주택에 관한 임대차 사항을 상세히 조사할 것을 약정한 경우, 이는 금융기관이 감정평가업자에게 그 주택에 관한 대항력 있는 임차인의 존부 및 그 임차보증금의 액수에 대한 사실 조사를 의뢰한 취지라 할 것이니, 감정평가업자로서는 협약에 따라 성실하고 공정하게 주택에 대한 위와 같은 임대차관계를 조사하여 금융기관에게 알림으로써 금융기관이 그 주택의 담보 가치를 적정하게 평가하여 불측의 손해를 입지 않도록 협력하여야 할 의무가 있고, 1991.6.30.까지는 누구나 타인의 주민등록관계를 확인할 수 있었으나, 주민등록법 및 같은법 시행령이 개정됨에 따라 1991.7.1.부터는 금융기관은 담보물의 취득을 위한 경우에 타인의 주민등록관계를 확인할 수 있되 일개 사설감정인에 불과한 감정평가업자로서는 법령상 이를 확인할 방법이 없게 되었으므로, 감정평가업자로서는 그 이후로는 주택의 현황 조사와 주택의 소유자, 거주자 및 인근의 주민들에 대한 탐문의 방법에 의해서 임대차의 유무 및 그 내용을 확인하여 그 확인 결과를 금융기관에게 알릴 의무가 있다.

[2] 감정평가업자가 금융기관으로부터 감정평가를 의뢰받은 주택에 대한 현장 조사를 행할 당시 그 주택에 거주하는 사람이 없어 공실 상태이었다고 하더라도, 감정평가업자로서는 일시적으로 임대차 조사 대상 주택에 거주하는 사람이 없었다는 사유만으로 그 주택에 관한 대항력 있는 임차인이 없다고

단정할 수는 없는 사실을 알고 있었다고 할 것이므로, 그 주택의 소유자나 인근의 주민들에게 그 주택이 공실 상태로 있게 된 경위와 임차인이 있는지 여부에 관하여 문의하는 등의 방법으로 임대차 사항을 조사하고 그러한 조사에 의해서도 임차인의 존재 여부를 밝힐 수 없었다거나 그러한 조사 자체가 불가능하였다면 금융기관에게 그와 같은 사정을 알림으로써, 적어도 금융기관으로 하여금 그 주택에 대항력 있는 임차인이 있을 수 있는 가능성이 있다는 점에 대하여 주의를 환기시키는 정도의 의무는 이행하였어야 함에도 불구하고 실제로는 대항력 있는 임차인이 있는데도 감정평가서에 '임대차 없음'이라고 단정적으로 기재하여 금융기관에 송부한 경우, 감정평가업자는 약정상의 임대차조사의무를 제대로 이행하지 못한 것이므로, 금융기관이 위와 같이 기재한 임대차 조사 사항을 믿고 그 주택의 담보 가치를 잘못 평가하여 대출함으로써 입은 손해에 대하여 배상할 책임이 있다고 한 사례

4. 금융기관 신속한 요청아래 소유자에게 임대자 확인 – 손해배상책임 부정
대법원 1997.9.12. 선고 97다7400 판결

【판시사항】

[1] 감정평가업자가 감정평가서류에 감정평가를 의뢰받은 담보물의 임대차관계에 관한 허위의 기재를 한 경우, 지가공시 및 토지등의 평가에 관한 법률 제26조 제1항 소정의 손해배상책임을 지는지 여부(한정 적극)

[2] 감정평가업자가 금융기관의 신속한 감정평가 요구에 따라 그의 양해 아래 임차인이 아닌 건물 소유자를 통하여 담보물의 임대차관계를 조사하였으나 그것이 허위로 밝혀진 경우, 감정평가업자에게는 과실이 없으므로 손해배상책임이 인정되지 않는다고 본 사례

【판결요지】

[1] 지가공시 및 토지등의 평가에 관한 법률 제26조 제1항은 "감정평가업자가 타인의 의뢰에 의하여 감정평가를 함에 있어서 고의 또는 과실로 감정평가 당시의 적정가격과 현저한 차이가 있게 감정평가하거나 감정평가서류에 허위의 기재를 함으로써 감정평가 의뢰인이나 선의의 제3자에게 손해를 발생하게 한 때에는 감정평가업자는 그 손해를 배상할 책임이 있다."고 규정하고 있고, 여기에서 '감정평가'라 함은 '토지 및 그 정착물 등 재산의 경제적 가치를 판정하여 그 결과를 가액으로 표시하는 것'을 말하는바, 금융기관이 담보물에 관한 감정평가를 감정평가업자에게 의뢰하면서 감정업무협약에 따라 감정 목적물에 관한 대항력 있는 임대차계약의 존부와 그 임차보증금의 액수에 대한 사실조사를 함께 의뢰한 경우에 그 감정평가의 직접적 대상은 그 담보물 자체의 경제적 가치에 있는 것이고, 임대차관계에 대한 사실조사는 그에 부수되는 업무로서 당연히 담보물에 대한 감정평가의 내용이 되는 것은 아니지만, 감정평가업자는 금융기관의 의뢰에 의한 토지 및 건물의 감정평가도 그 업무로 하고 있으므로 감정평가업자가 그 담보물에 대한 감정평가를 함에 있어서 고의 또는 과실로 감정평가서류에 그 담보물의 임대차관계에 관한 허위의 기재를 하여 결과적으로 감정평가 의뢰인으로 하여금 부동산의 담보가치를 잘못 평가하게 함으로써 그에게 손해를 가하게 되었다면 감정평가업자는 이로 인한 손해를 배상할 책임이 있다.

[2] 감정평가업자가 금융기관의 신속한 감정평가 요구에 따라 그의 양해 아래 임차인이 아닌 건물 소유자를 통하여 담보물의 임대차관계를 조사하였으나 그것이 허위로 밝혀진 경우, 감정평가업자에게는 과실이 없으므로 손해배상책임이 인정되지 않는다고 본 사례

PART 04

» 기출문제 제33회 4번 10점

[문제4] 「감정평가 및 감정평가사에 관한 법률」상 감정평가법인등의 손해배상책임의 성립요건에 관하여 설명하시오. 10점

» 기출문제 제35회 4번 10점

[문제4] 「감정평가 및 감정평가사에 관한 법률」 제28조 제1항에 따른 손해배상책임을 보장하기 위하여 감정평가법인등이 하여야 하는 '필요한 조치'의 내용과 '필요한 조치'를 하지 아니한 경우 「감정평가 및 감정평가사에 관한 법률」에 따른 행정상 제재를 설명하시오. 10점

※ 참조 조문

〈감정평가 및 감정평가사에 관한 법률〉

제28조(손해배상책임)

① 감정평가법인등이 감정평가를 하면서 고의 또는 과실로 감정평가 당시의 적정가격과 현저한 차이가 있게 감정평가를 하거나 감정평가 서류에 거짓을 기록함으로써 감정평가 의뢰인이나 선의의 제3자에게 손해를 발생하게 하였을 때에는 감정평가법인등은 그 손해를 배상할 책임이 있다.

제3절 한국감정평가사협회 및 기준제정기관 등

01 법정단체화

1. 한국감정평가사협회 법정단체의 취지 등

감정평가법은 한국감정평가사협회를 법정단체화하고 감정평가법인등 및 그 소속 감정평가사의 협회 가입을 의무화하려는 것이다. 종전 한국감정평가사협회가 설립・운영 중에 있으나, 협회의 설립이 임의규정[36]으로 되어 있어 복수단체 설립이 가능하며, 회원가입의무도 없어 실질적인 권한이 미흡한 실정이다.

따라서 협회의 공익적 기능 및 자율적 규제 강화 필요성 및 타 자격사제도(변호사, 공인회계사, 세무사 등)를 규정한 입법례를 고려할 때, 협회를 법정단체화하고 가입을 의무화하려는 개정안은 바람직한 것[37]으로 판단되어 2015년 12월 국회에서 통과하기에 이르렀다.

36) 감정평가협회와 관련하여 1989년 「지가공시 및 토지 등의 평가에 관한 법률」의 최초 제정 당시 법률에서는 감정평가협회를 법정단체로 하고, 감정평가사의 협회 회원가입을 의무화하였으나, 제3차 개정을 통해 협회설립을 임의규정으로 하고 감정평가사의 의무회원 가입조항을 삭제한 바 있다.

37) 감정평가법 국회 검토보고서, 국토교통위원회 수석전문위원 김수흥, 2015.12

2. 한국감정평가사협회의 목적 및 설립

법 제33조(목적 및 설립)

① 감정평가사의 품위 유지와 직무의 개선·발전을 도모하고, 회원의 관리 및 지도에 관한 사무를 하도록 하기 위하여 한국감정평가사협회(이하 “협회”라 한다)를 둔다.

② 협회는 법인으로 한다.

③ 협회는 국토교통부장관의 인가를 받아 주된 사무소의 소재지에서 설립등기를 함으로써 성립한다.

④ 협회는 회칙으로 정하는 바에 따라 공제사업을 운영할 수 있다.

⑤ 협회의 조직 및 그 밖에 필요한 사항은 대통령령으로 정한다.

⑥ 협회에 관하여 이 법에 규정된 것 외에는 「민법」 중 사단법인에 관한 규정을 준용한다.

02 감정평가사 회원의 관리 및 교육·연수 등

1. 한국감정평가사협회의 회칙 및 회원 의무가입 등

법 제34조(회칙)

① 협회는 회칙을 정하여 국토교통부장관의 인가를 받아야 한다. 회칙을 변경할 때에도 또한 같다.

② 제1항에 따른 회칙에는 다음 각 호의 사항이 포함되어야 한다.

1. 명칭과 사무소 소재지
2. 회원가입 및 탈퇴에 관한 사항
3. 임원 구성에 관한 사항
4. 회원의 권리 및 의무에 관한 사항
5. 회원의 지도 및 관리에 관한 사항
6. 자산과 회계에 관한 사항
7. 그 밖에 필요한 사항

법 제35조(회원가입 의무 등)

① 감정평가법인등과 그 소속 감정평가사는 협회에 회원으로 가입하여야 하며, 그 밖의 감정평가사는 협회의 회원으로 가입할 수 있다.

② 협회에 회원으로 가입한 감정평가법인등과 감정평가사는 제34조에 따른 회칙을 준수하여야 한다.

2. 윤리규정 및 자문 등

법 제36조(윤리규정)

① 협회는 회원이 직무를 수행할 때 지켜야 할 직업윤리에 관한 규정을 제정하여야 한다.

② 회원은 제1항에 따른 직업윤리에 관한 규정을 준수하여야 한다.

법 제37조(자문 등)

① 국가 등은 제4조에 따른 감정평가사의 직무에 관한 사항에 대하여 협회에 업무의 자문을 요청하거나 협회의 임원·회원 또는 직원을 전문분야에 위촉하기 위하여 추천을 요청할 수 있다.

② 협회는 제1항에 따라 자문 또는 추천을 요청받은 경우 그 회원으로 하여금 요청받은 업무를 수행하게 할 수 있다.
③ 협회는 국가 등에 대하여 필요한 경우 감정평가의 관리・감독・의뢰 등과 관련한 업무의 개선을 건의할 수 있다.

3. 회원에 대한 교육・연수 등

법 제38조(회원에 대한 교육・연수 등)
① 협회는 다음 각 호의 사람에 대하여 교육・연수를 실시하고 회원의 자체적인 교육・연수활동을 지도・관리한다.
1. 회원
2. 제17조에 따라 등록을 하려는 감정평가사
3. 제24조에 따른 사무직원

② 제1항에 따른 교육・연수를 실시하기 위하여 협회에 연수원을 둘 수 있다.
③ 제1항에 따른 교육・연수 및 지도・관리에 필요한 사항은 협회가 국토교통부장관의 승인을 얻어 정한다.

03 기준제정기관의 지정 및 기준제정기관의 업무 등

(1) 감정평가법 제3조 기준

제3조(기준)
① 감정평가법인등이 토지를 감정평가하는 경우에는 그 토지와 이용가치가 비슷하다고 인정되는 「부동산 가격공시에 관한 법률」에 따른 표준지공시지가를 기준으로 하여야 한다. 다만, 적정한 실거래가가 있는 경우에는 이를 기준으로 할 수 있다. 〈개정 2020.4.7.〉
② 제1항에도 불구하고 감정평가법인등이 「주식회사 등의 외부감사에 관한 법률」에 따른 재무제표 작성 등 기업의 재무제표 작성에 필요한 감정평가와 담보권의 설정・경매 등 대통령령으로 정하는 감정평가를 할 때에는 해당 토지의 임대료, 조성비용 등을 고려하여 감정평가를 할 수 있다. 〈개정 2017.10.31, 2018.3.20, 2020.4.7.〉
③ 감정평가의 공정성과 합리성을 보장하기 위하여 감정평가법인등(소속 감정평가사를 포함한다. 이하 이 조에서 같다)이 준수하여야 할 원칙과 기준은 국토교통부령으로 정한다. 〈개정 2020.4.7, 2021.7.20.〉
④ 국토교통부장관은 감정평가법인등이 감정평가를 할 때 필요한 세부적인 기준(이하 "실무기준"이라 한다)의 제정 등에 관한 업무를 수행하기 위하여 대통령령으로 정하는 바에 따라 전문성을 갖춘 민간법인 또는 단체(이하 "기준제정기관"이라 한다)를 지정할 수 있다. 〈신설 2021.7.20.〉
⑤ 국토교통부장관은 필요하다고 인정되는 경우 제40조에 따른 감정평가관리・징계위원회의 심의를 거쳐 기준제정기관에 실무기준의 내용을 변경하도록 요구할 수 있다. 이 경우 기준제정기관은 정당한 사유가 없으면 이에 따라야 한다. 〈신설 2021.7.20.〉

⑥ 국가는 기준제정기관의 설립 및 운영에 필요한 비용의 일부 또는 전부를 지원할 수 있다. 〈신설 2021.7.20.〉

(2) 감정평가법 시행령 제3조의2 기준제정기관의 지정과 제3조의3 기준제정기관의 업무 등

감정평가법 시행령 제3조의2(기준제정기관의 지정)

① 국토교통부장관은 법 제3조 제4항에 따라 다음 각 호의 요건을 모두 갖춘 민간법인 또는 단체를 기준제정기관으로 지정한다.
1. 다음 각 목의 어느 하나에 해당하는 인력을 3명 이상 상시 고용하고 있을 것
가. 법 제17조 제1항에 따라 등록한 감정평가사로서 5년 이상의 실무경력이 있는 사람
나. 감정평가와 관련된 분야의 박사학위 취득자로서 해당 분야의 업무에 3년 이상 종사한 경력(박사학위를 취득하기 전의 경력을 포함한다)이 있는 사람
2. 법 제3조 제4항에 따른 실무기준(이하 "감정평가실무기준"이라 한다)의 제정・개정 및 연구 등의 업무를 수행하는 데 필요한 전담 조직과 관리 체계를 갖추고 있을 것
3. 투명한 회계기준이 마련되어 있을 것
4. 국토교통부장관이 정하여 고시하는 금액 이상의 자산을 보유하고 있을 것

② 기준제정기관으로 지정받으려는 민간법인 또는 단체는 국토교통부장관이 공고하는 지정신청서에 다음 각 호의 서류를 첨부하여 국토교통부장관에게 제출해야 한다.
1. 제1항 각 호의 요건을 갖추었음을 증명할 수 있는 서류
2. 민간법인 또는 단체의 정관 또는 규약
3. 사업계획서

③ 국토교통부장관은 기준제정기관을 지정하려면 법 제40조에 따른 감정평가관리・징계위원회(이하 "감정평가관리・징계위원회"라 한다)의 심의를 거쳐야 한다.

④ 국토교통부장관은 기준제정기관을 지정한 경우에는 지체 없이 그 사실을 관보에 공고하거나 국토교통부 홈페이지에 게시해야 한다. [본조신설 2022.1.21.]

감정평가법 시행령 제3조의3(기준제정기관의 업무 등)

① 제3조의2 제4항에 따라 지정된 기준제정기관(이하 "기준제정기관"이라 한다)이 수행하는 업무는 다음 각 호와 같다.
1. 감정평가실무기준의 제정 및 개정
2. 감정평가실무기준에 대한 연구
3. 감정평가실무기준의 해석
4. 감정평가실무기준에 관한 질의에 대한 회신
5. 감정평가와 관련된 제도의 개선에 관한 연구
6. 그 밖에 감정평가실무기준의 운영과 관련하여 국토교통부장관이 정하는 업무

② 기준제정기관은 감정평가실무기준의 제정・개정 및 해석에 관한 중요 사항을 심의하기 위하여 기준제정기관에 국토교통부장관이 정하는 바에 따라 9명 이내의 위원으로 구성되는 감정평가실무기준심의위원회를 두어야 한다.

③ 제2항에 따른 감정평가실무기준심의위원회의 구성 및 운영에 필요한 사항은 국토교통부장관이 정한다. [본조신설 2022.1.21.]

Chapter

04 감정평가관리 · 징계위원회

제1절 감정평가관리 · 징계위원회의 구성과 운영

01 서

감정평가사 징계제도는 감정평가사의 결격사유를 강화하고, 그 자격을 등록하게 하는 등 감정평가사의 적격성에 대한 기준이 강화됨에 따라 감정평가사가 위법한 행위를 한 경우 엄정한 절차에 따라 징계처분이 이루어지도록 할 필요가 있어 새로이 도입된 제도이다.
감정평가관리 · 징계위원회는 감정평가사에 대한 징계를 의결하기 위해 국토교통부에 설치하는 의결기관에 해당한다.

02 감정평가관리 · 징계위원회의 성격

1. 필수기관의 성격

감정평가관리 · 징계위원회는 다수의 위원으로 구성되어서 감정평가사의 징계에 관한 사항을 의결하는 합의제 행정기관이다. 징계위원회는 감정평가사를 징계하도록 하기 위해서는 반드시 설치하여야 하는 필수기관이다.

2. 의결기관의 성격

징계권자는 국토교통부장관이지만 징계내용에 관한 의결은 감정평가관리 · 징계위원회에 맡겨져 있다. 따라서 감정평가관리 · 징계위원회는 의결권을 갖는 의결기관이다.

03 감정평가관리 · 징계위원회의 구성

시행령 제37조(감정평가관리 · 징계위원회의 구성)

① 위원회는 위원장 1명과 부위원장 1명을 포함하여 13명의 위원으로 구성하며, 성별을 고려하여야 한다.

② 위원회의 위원장은 제3항 제2호 또는 제3호의 위원 중에서, 부위원장은 같은 항 제1호의 위원 중에서 국토교통부장관이 위촉하거나 지명하는 사람이 된다.

③ 위원회의 위원은 다음 각 호의 사람이 된다.

1. 국토교통부의 4급 이상 공무원 중에서 국토교통부장관이 지명하는 사람 3명
2. 변호사 중에서 국토교통부장관이 위촉하는 사람 2명
3. 「고등교육법」에 따른 대학에서 토지 · 주택 등에 관한 이론을 가르치는 조교수 이상으로 재직하고 있거나 재직하였던 사람 중에서 국토교통부장관이 위촉하는 사람 4명

4. 협회의 장이 소속 상임임원 중에서 추천하여 국토교통부장관이 위촉하는 사람 1명
5. 한국부동산원장이 소속 상임이사 중에서 추천하여 국토교통부장관이 위촉하는 사람 1명
6. 감정평가사 자격을 취득한 날부터 10년 이상 지난 감정평가사 중에서 국토교통부장관이 위촉하는 사람 2명

④ 제3항 제2호부터 제6호까지의 위원의 임기는 2년으로 하며, 한 차례만 연임할 수 있다.

시행령 제40조(위원장의 직무)

① 감정평가관리・징계위원회의 위원장(이하 이 조에서 "위원장"이라 한다)은 위원회를 대표하고, 위원회의 업무를 총괄한다. 〈개정 2022.1.21.〉

② 위원장은 감정평가관리・징계위원회의 회의를 소집하고 그 의장이 된다. 〈개정 2022.1.21.〉

③ 위원장이 부득이한 사유로 직무를 수행할 수 없을 때에는 부위원장이 그 직무를 대행하며, 위원장 및 부위원장이 모두 부득이한 사유로 직무를 수행할 수 없는 때에는 위원장이 지명하는 위원이 그 직무를 대행한다. 다만, 불가피한 사유로 위원장이 직무를 대행할 위원을 지명하지 못할 경우에는 국토교통부장관이 지명하는 위원이 그 직무를 대행한다.

1. 감정평가관리・징계위원회 구성

감정평가관리・징계위원회(이하 징계위원회)는 위원장 1명과 부위원장 1명을 포함한 13명의 위원으로 구성한다. 징계위원회의 위원장은 변호사 중에서 국토교통부장관이 위촉하는 사람 2명 또는 「고등교육법」에 따른 대학에서 토지・주택 등에 관한 이론을 가르치는 조교수 이상으로 재직하고 있거나 재직하였던 사람 중에서 국토교통부장관이 위촉하는 사람 4명의 위원 중에서 국토교통부장관이 위촉하거나 지명하는 사람이 되고, 부위원장은 국토교통부의 4급 이상 공무원 중에서 국토교통부장관이 지명하는 사람 3명의 위원 중에서 국토교통부장관이 위촉하거나 지명하는 사람이 된다.

2. 감정평가관리・징계위원회의 위원 및 임기

징계위원회의 위원은 ① 국토교통부의 4급 이상 공무원 중에서 국토교통부장관이 지명하는 사람 3명, ② 변호사 중에서 국토교통부장관이 위촉하는 사람 2명, ③ 「고등교육법」에 따른 대학에서 토지・주택 등에 관한 이론을 가르치는 조교수 이상으로 재직하고 있거나 재직하였던 사람 중에서 국토교통부장관이 위촉하는 사람 4명, ④ 협회의 장이 소속 상임임원 중에서 추천하여 국토교통부장관이 위촉하는 사람 1명, ⑤ 한국부동산원장이 소속 상임이사 중에서 추천하여 국토교통부장관이 위촉하는 사람 1명, ⑥ 감정평가사 자격을 취득한 날부터 10년 이상 지난 감정평가사 중에서 국토교통부장관이 위촉하는 사람 2명으로 한다.

②~⑥의 위원의 임기는 2년으로 하며, 한 차례만 연임할 수 있다.

3. 감정평가관리 · 징계위원회 위원의 제척 및 기피

> **시행령 제38조(위원의 제척 · 기피 · 회피)**
> ① 감정평가관리 · 징계위원회 위원(이하 이 조에서 "위원"이라 한다)이 다음 각 호의 어느 하나에 해당하는 경우에는 위원회의 심의 · 의결에서 제척(除斥)된다. 〈개정 2022.1.21.〉
> 1. 위원 또는 그 배우자나 배우자였던 사람이 해당 안건의 당사자가 되거나 그 안건의 당사자와 공동권리자 또는 공동의무자인 경우
> 2. 위원이 해당 안건의 당사자와 친족이거나 친족이었던 경우
> 3. 위원이 해당 안건에 대하여 증언, 진술, 자문, 연구, 용역 또는 감정을 한 경우
> 4. 위원이나 위원이 속한 법인 · 단체 등이 해당 안건의 당사자의 대리인이거나 대리인이었던 경우
> 5. 위원이 해당 안건의 당사자와 같은 감정평가법인 또는 감정평가사사무소에 소속된 경우
>
> ② 해당 안건의 당사자는 위원에게 공정한 심의 · 의결을 기대하기 어려운 사정이 있는 경우에는 감정평가관리 · 징계위원회에 기피 신청을 할 수 있고, 감정평가관리 · 징계위원회는 의결로 기피 여부를 결정한다. 이 경우 기피 신청의 대상인 위원은 그 의결에 참여할 수 없다. 〈개정 2022.1.21.〉
> ③ 위원이 제1항 각 호의 제척 사유에 해당하는 경우에는 스스로 해당 안건의 심의 · 의결에서 회피(回避)하여야 한다.

(1) 제척

징계위원회의 위원 중 당사자와 친족이거나 당사자와 같은 감정평가법인 또는 감정평가사사무소에 소속된 감정평가사 또는 그 징계사유와 관계가 있는 자는 그 징계사건의 심의에 관여하지 못한다.

(2) 기피

당사자는 징계위원회의 위원 중 불공정한 의결을 할 염려가 있다고 의심할 만한 상당한 사유가 있는 위원이 있을 때에는 그 사유를 서면으로 소명하고 기피를 신청할 수 있다. 기피신청이 있을 때에는 징계위원회의 의결로 해당 위원의 기피 여부를 결정한다. 이 경우 기피신청을 받은 위원은 그 의결에 참여하지 못한다.

4. 징계위원회 소위원회 구성

감정평가법인등의 징계의 공정성과 합리성을 위하여 징계위원회에 소위원회를 구성하도록 규정을 신설하였다. 그동안 징계의 부당성에 대한 논의가 많았으나 소위원회의 구성을 통해 합리적인 징계로 평가될 수 있다.

> **시행령 제40조의2(소위원회)**
> ① 제34조 제1항에 따른 징계의결 요구 내용을 검토하기 위해 감정평가관리 · 징계위원회에 소위원회를 둘 수 있다. 〈개정 2022.1.21.〉
> ② 소위원회의 설치 · 운영에 필요한 사항은 감정평가관리 · 징계위원회의 의결을 거쳐 위원회의 위원장이 정한다. 〈개정 2022.1.21.〉

제2절 징계절차 및 징계의 종류 등

01 징계절차

시행령 제34조(징계의결의 요구 등)

① 국토교통부장관은 감정평가사에게 법 제39조 제1항 각 호의 어느 하나에 따른 징계사유가 있다고 인정하는 경우에는 증명서류를 갖추어 감정평가관리·징계위원회에 징계의결을 요구해야 한다. 〈개정 2022.1.21.〉

② 감정평가관리·징계위원회는 제1항에 따른 징계의결의 요구를 받으면 지체 없이 징계요구 내용과 징계심의기일을 해당 감정평가사(이하 "당사자"라 한다)에게 통지해야 한다. 〈개정 2022.1.21.〉

시행령 제35조(징계의결기한)

감정평가관리·징계위원회는 징계의결을 요구받은 날부터 60일 이내에 징계에 관한 의결을 해야 한다. 다만, 부득이한 사유가 있을 때에는 감정평가관리·징계위원회의 의결로 30일의 범위에서 그 기간을 한 차례만 연장할 수 있다. 〈개정 2022.1.21.〉

시행령 제36조(징계사실의 통보 등)

① 국토교통부장관은 법 제39조의2 제1항에 따라 구체적인 징계 사유를 알리는 경우에는 징계의 종류와 사유를 명확히 기재하여 서면으로 알려야 한다.

② 국토교통부장관은 법 제39조의2 제1항에 따라 같은 항에 따른 징계사유 통보일부터 14일 이내에 다음 각 호의 사항을 관보에 공고해야 한다.

1. 징계를 받은 감정평가사의 성명, 생년월일, 소속된 감정평가법인등의 명칭 및 사무소 주소
2. 징계의 종류
3. 징계 사유(징계사유와 관련된 사실관계의 개요를 포함한다)
4. 징계의 효력발생일(징계의 종류가 업무정지인 경우에는 업무정지 시작일 및 종료일)

③ 국토교통부장관은 제2항 각 호의 사항을 법 제9조에 따른 감정평가 정보체계에도 게시해야 한다.

④ 제3항 및 법 제39조의2 제2항에 따른 징계내용 게시의 기간은 제2항에 따른 공고일부터 다음 각 호의 구분에 따른 기간까지로 한다.

1. 법 제39조 제2항 제1호 및 제2호의 자격의 취소 및 등록의 취소의 경우 : 3년
2. 법 제39조 제2항 제3호의 업무정지의 경우 : 업무정지 기간(업무정지 기간이 3개월 미만인 경우에는 3개월)
3. 법 제39조 제2항 제4호의 견책의 경우 : 3개월

[전문개정 2022.1.21.]

시행령 제41조(당사자의 출석)

당사자는 감정평가관리·징계위원회에 출석하여 구술 또는 서면으로 자기에게 유리한 사실을 진술하거나 필요한 증거를 제출할 수 있다. 〈개정 2022.1.21.〉

시행령 제42조(감정평가관리·징계위원회의 의결)

감정평가관리·징계위원회의 회의는 재적위원 과반수의 출석으로 개의(開議)하고, 출석위원 과반수의 찬성으로 의결한다. 〈개정 2022.1.21.〉

[제목개정 2022.1.21.]

1. 징계의결 요구

국토교통부장관은 감정평가사에게 징계사유가 있다고 인정하는 경우에는 증명서류를 갖추어 징계위원회에 징계의결을 요구해야 한다. 이때 징계의결의 요구는 위반사유가 발생한 날부터 5년이 지난 때에는 할 수 없다. 징계위원회는 징계의결의 요구를 받으면 지체 없이 징계요구 내용과 징계심의기일을 해당 징계의결이 요구된 감정평가사에게 통지해야 한다. 협회는 감정평가사에게 징계사유가 있다고 인정하는 경우에는 그 증거서류를 첨부하여 국토교통부장관에게 징계를 요청할 수 있다.

2. 의견진술

당사자는 징계위원회에 출석하여 구술 또는 서면으로 자기에게 유리한 사실을 진술하거나 필요한 증거를 제출할 수 있다.

3. 징계의결

징계위원회는 징계의결을 요구받은 날부터 60일 이내에 징계에 관한 의결을 해야 한다. 다만, 부득이한 사유가 있을 때에는 징계위원회의 의결로 30일의 범위에서 그 기간을 한 차례만 연장할 수 있다. 징계위원회의 회의는 재적위원 과반수의 출석으로 개의하고, 출석위원 과반수의 찬성으로 의결한다.

02 징계의 종류

징계위원회는 일정한 절차를 거쳐 자격의 취소, 등록의 취소, 2년 이하의 업무정지, 견책 등을 징계할 수 있다.

법 제39조(징계)

① 국토교통부장관은 감정평가사가 다음 각 호의 어느 하나에 해당하는 경우에는 제40조에 따른 감정평가관리·징계위원회의 의결에 따라 제2항 각 호의 어느 하나에 해당하는 징계를 할 수 있다. 다만, 제2항 제1호에 따른 징계는 제11호, 제12호에 해당하는 경우 및 제27조를 위반하여 다른 사람에게 자격증·등록증 또는 인가증을 양도 또는 대여한 경우에만 할 수 있다. 〈개정 2023.5.9.〉

1. 제3조 제1항을 위반하여 감정평가를 한 경우
2. 제3조 제3항에 따른 원칙과 기준을 위반하여 감정평가를 한 경우
3. 제6조에 따른 감정평가서의 작성·발급 등에 관한 사항을 위반한 경우

3의2. 제7조 제2항을 위반하여 고의 또는 중대한 과실로 잘못 심사한 경우

4. 업무정지처분 기간에 제10조에 따른 업무를 하거나 업무정지처분을 받은 소속 감정평가사에게 업무정지처분 기간에 제10조에 따른 업무를 하게 한 경우
5. 제17조 제1항 또는 제2항에 따른 등록이나 갱신등록을 하지 아니하고 제10조에 따른 업무를 수행한 경우
6. 구비서류를 거짓으로 작성하는 등 부정한 방법으로 제17조 제1항 또는 제2항에 따른 등록이나 갱신등록을 한 경우
7. 제21조를 위반하여 감정평가업을 한 경우

8. 제23조 제3항을 위반하여 수수료의 요율 및 실비에 관한 기준을 지키지 아니한 경우
9. 제25조, 제26조 또는 제27조를 위반한 경우
10. 제47조에 따른 지도와 감독 등에 관하여 다음 각 목의 어느 하나에 해당하는 경우
   가. 업무에 관한 사항의 보고 또는 자료의 제출을 하지 아니하거나 거짓으로 보고 또는 제출한 경우
   나. 장부나 서류 등의 검사를 거부 또는 방해하거나 기피한 경우
11. 감정평가사의 직무와 관련하여 금고 이상의 형을 2회 이상 선고받아(집행유예를 선고받은 경우를 포함한다) 그 형이 확정된 경우
12. 이 법에 따라 업무정지 1년 이상의 징계처분을 2회 이상 받은 후 다시 제1항에 따른 징계사유가 있는 사람으로서 감정평가사의 직무를 수행하는 것이 현저히 부적당하다고 인정되는 경우

② 감정평가사에 대한 징계의 종류는 다음과 같다.
1. 자격의 취소
2. 등록의 취소
3. 2년 이하의 업무정지
4. 견책

③ 협회는 감정평가사에게 제1항 각 호의 어느 하나에 해당하는 징계사유가 있다고 인정하는 경우에는 그 증거서류를 첨부하여 국토교통부장관에게 징계를 요청할 수 있다.

④ 제1항과 제2항에 따라 자격이 취소된 사람은 자격증과 등록증을 국토교통부장관에게 반납하여야 하며, 등록이 취소되거나 업무가 정지된 사람은 등록증을 국토교통부장관에게 반납하여야 한다.

⑤ 제1항 및 제2항에 따라 업무가 정지된 자로서 등록증을 국토교통부장관에게 반납한 자 중 제17조에 따른 교육연수 대상에 해당하는 자가 등록갱신기간이 도래하기 전에 업무정지기간이 도과하여 등록증을 다시 교부받으려는 경우 제17조 제1항에 따른 교육연수를 이수하여야 한다.

⑥ 제19조 제2항 · 제4항은 제1항과 제2항에 따라 자격 취소 또는 등록 취소를 하는 경우에 준용한다.

⑦ 제1항에 따른 징계의결은 국토교통부장관의 요구에 따라 하며, 징계의결의 요구는 위반사유가 발생한 날부터 5년이 지나면 할 수 없다.

제39조의2(징계의 공고)

① 국토교통부장관은 제39조 제1항 및 제2항에 따라 징계를 한 때에는 지체 없이 그 구체적인 사유를 해당 감정평가사, 감정평가법인등 및 협회에 각각 알리고, 그 내용을 대통령령으로 정하는 바에 따라 관보 또는 인터넷 홈페이지 등에 게시 또는 공고하여야 한다.

② 협회는 제1항에 따라 통보받은 내용을 협회가 운영하는 인터넷 홈페이지에 3개월 이상 게재하는 방법으로 공개하여야 한다.

③ 협회는 감정평가를 의뢰하려는 자가 해당 감정평가사에 대한 징계 사실을 확인하기 위하여 징계 정보의 열람을 신청하는 경우에는 그 정보를 제공하여야 한다.

④ 제1항부터 제3항까지에 따른 조치 또는 징계 정보의 공개 범위, 시행 · 열람의 방법 및 절차 등에 관하여 필요한 사항은 대통령령으로 정한다.

판례

▶ 관련판례(대판 2012.4.26, 2011두14715) [징계처분취소]

[1] 부동산 가격공시 및 감정평가에 관한 법률, 감정평가에 관한 규칙의 취지를 종합해 볼 때, 감정평가사가 대상물건의 평가액을 가격조사시점의 정상가격이 아닌 특수한 조건을 반영한 가격 또는 현재가 아닌 시점의 가격을 기준으로 정하는 경우에는, 반드시 그 조건 또는 시점을 분명히 하고, 특히 특수한 조건이 수반된 미래시점의 가격이라면 그 조건과 시점을 모두 밝힘으로써, 감정평가서를 열람하는 자가 제시된 감정가를 정상가격 또는 가격조사시점의 가격으로 오인하지 않도록 해야 한다.

[2] 감정평가에 관한 규칙 제8조 제5호, 부동산 가격공시 및 감정평가에 관한 법률 제37조 제1항 및 관계법령의 취지를 종합해 보면, 감정평가사는 공정하고 합리적인 평가액의 산정을 위하여 성실하고 공정하게 자료검토 및 가격형성요인 분석을 해야 할 의무가 있고, 특히 특수한 조건을 반영하거나 현재가 아닌 시점의 가격을 기준으로 하는 경우에는 제시된 자료와 대상물건의 구체적인 비교·분석을 통하여 평가액의 산출근거를 논리적으로 밝히는 데 더욱 신중을 기하여야 한다. 만약 위와 같이 하는 것이 곤란한 경우라면 감정평가사로서는 자신의 능력에 의한 업무수행이 불가능하거나 극히 곤란한 경우로 보아 대상물건에 대한 평가를 하지 말아야 하지 구체적이고 논리적인 가격형성요인의 분석이 어렵다고 하여 자의적으로 평가액을 산정해서는 안 된다.

03 징계의결의 하자

1. 의결에 반하는 처분

징계위원회는 의결기관이므로 징계위원회의 의결은 국토교통부장관을 구속하게 된다. 따라서 징계위원회의 의결에 반하는 처분은 무효가 된다.

2. 의결을 거치지 않은 처분

국토교통부장관은 징계위원회의 의결에 구속되기 때문에 징계위원회의 의결을 거치지 않고 처분을 한 경우 권한 없는 징계처분이 되어 무효가 될 수 있다.

04 여론(조사위원회의 필요성)

징계위원회제도는 대외적으로 공정성 확보에 기여한다고 볼 수 있다. 징계위원회가 사실관계의 명확한 파악과 공정하며 객관적인 징계를 하기 위해서는 별도의 조사위원회를 신설하여 개별적이고 구체적인 사실관계를 확정할 필요가 있다. 따라서 조사위원회를 설치하여 내부적인 감사를 진행하는 것이 보다 공정성과 신뢰성을 확보할 수 있을 것이다.

Chapter 05

과징금(변형된 과징금)

법 제41조(과징금의 부과)

① 국토교통부장관은 감정평가법인등이 제32조 제1항 각 호의 어느 하나에 해당하게 되어 업무정지처분을 하여야 하는 경우로서 그 업무정지처분이 「부동산 가격공시에 관한 법률」 제3조에 따른 표준지공시지가의 공시 등의 업무를 정상적으로 수행하는 데에 지장을 초래하는 등 공익을 해칠 우려가 있는 경우에는 업무정지처분에 갈음하여 5천만원(감정평가법인인 경우는 5억원) 이하의 과징금을 부과할 수 있다.

② 국토교통부장관은 제1항에 따른 과징금을 부과하는 경우에는 다음 각 호의 사항을 고려하여야 한다.

1. 위반행위의 내용과 정도
2. 위반행위의 기간과 위반횟수
3. 위반행위로 취득한 이익의 규모

③ 국토교통부장관은 이 법의 규정을 위반한 감정평가법인이 합병을 하는 경우 그 감정평가법인이 행한 위반행위는 합병 후 존속하거나 합병으로 신설된 감정평가법인이 행한 행위로 보아 과징금을 부과・징수할 수 있다.

④ 제1항 내지 제3항에 따른 과징금의 부과기준 등에 관하여 필요한 사항은 대통령령으로 정한다.

시행령 제43조(과징금의 부과기준 등)

① 법 제41조에 따른 과징금의 부과기준은 다음 각 호와 같다.

1. 위반행위로 인한 별표 3 제2호의 개별기준에 따른 업무정지기간이 1년 이상인 경우 : 법 제41조 제1항에 따른 과징금최고액(이하 이 조에서 "과징금최고액"이라 한다)의 100분의 70 이상을 과징금으로 부과
2. 위반행위로 인한 별표 3 제2호의 개별기준에 따른 업무정지기간이 6개월 이상 1년 미만인 경우 : 과징금최고액의 100분의 50 이상 100분의 70 미만을 과징금으로 부과
3. 위반행위로 인한 별표 3 제2호의 개별기준에 따른 업무정지기간이 6개월 미만인 경우 : 과징금최고액의 100분의 20 이상 100분의 50 미만을 과징금으로 부과

② 제1항에 따라 산정한 과징금의 금액은 법 제41조 제2항 각 호의 사항을 고려하여 그 금액의 2분의 1 범위에서 늘리거나 줄일 수 있다. 다만, 늘리는 경우에도 과징금의 총액은 과징금최고액을 초과할 수 없다.

③ 국토교통부장관은 법 제41조에 따라 과징금을 부과하는 경우에는 위반행위의 종류와 과징금의 금액을 명시하여 서면으로 통지하여야 한다.

④ 제3항에 따라 통지를 받은 자는 통지가 있은 날부터 60일 이내에 국토교통부장관이 정하는 수납기관에 과징금을 납부하여야 한다.

법 제42조(이의신청)

① 제41조에 따른 과징금의 부과처분에 이의가 있는 자는 이를 통보받은 날부터 30일 이내에 사유를 갖추어 국토교통부장관에게 이의를 신청할 수 있다.

② 국토교통부장관은 제1항에 따른 이의신청에 대하여 30일 이내에 결정을 하여야 한다. 다만, 부득이한 사정으로 그 기간 이내에 결정을 할 수 없을 때에는 30일의 범위에서 기간을 연장할 수 있다.

③ 제2항에 따른 결정에 이의가 있는 자는 행정심판을 청구할 수 있다.

법 제43조(과징금 납부기한의 연장과 분할납부)

① 국토교통부장관은 과징금을 부과받은 자(이하 "과징금 납부의무자"라 한다)가 다음 각 호의 어느 하나에 해당하는 사유로 과징금의 전액을 일시에 납부하기 어렵다고 인정될 때에는 그 납부기한을 연장하거나 분할납부하게 할 수 있다. 이 경우 필요하다고 인정할 때에는 담보를 제공하게 할 수 있다.

1. 재해 등으로 재산에 큰 손실을 입은 경우
2. 과징금을 일시에 납부할 경우 자금사정에 큰 어려움이 예상되는 경우
3. 그 밖에 제1호나 제2호에 준하는 사유가 있는 경우

② 과징금 납부의무자가 제1항에 따라 과징금 납부기한을 연장받거나 분할납부를 하려는 경우에는 납부기한 10일 전까지 국토교통부장관에게 신청하여야 한다.

③ 국토교통부장관은 제1항에 따라 납부기한이 연장되거나 분할납부가 허용된 과징금납부의무자가 다음 각 호의 어느 하나에 해당할 때에는 납부기한 연장이나 분할납부 결정을 취소하고 과징금을 일시에 징수할 수 있다.

1. 분할납부가 결정된 과징금을 그 납부기한까지 납부하지 아니하였을 때
2. 담보의 변경이나 담보 보전에 필요한 국토교통부장관의 명령을 이행하지 아니하였을 때
3. 강제집행, 경매의 개시, 파산선고, 법인의 해산, 국세나 지방세의 체납처분을 받는 등 과징금의 전부나 잔여분을 징수할 수 없다고 인정될 때
4. 그 밖에 제1호부터 제3호까지에 준하는 사유가 있을 때

④ 제1항부터 제3항까지에 따른 과징금납부기한의 연장, 분할납부, 담보의 제공 등에 관하여 필요한 사항은 대통령령으로 정한다.

시행령 제44조(납부기한 연장 등)

① 법 제43조 제1항에 따른 납부기한 연장은 납부기한의 다음 날부터 1년을 초과할 수 없다.

② 법 제43조 제1항에 따라 분할납부를 하게 하는 경우 각 분할된 납부기한 간의 간격은 6개월 이내로 하며, 분할 횟수는 3회 이내로 한다.

법 제44조(과징금의 징수와 체납처분)

① 국토교통부장관은 과징금 납부의무자가 납부기한까지 과징금을 납부하지 아니한 경우에는 납부기한의 다음 날부터 납부한 날의 전날까지의 기간에 대하여 대통령령으로 정하는 가산금을 징수할 수 있다.

② 국토교통부장관은 과징금 납부의무자가 납부기한까지 과징금을 납부하지 아니하였을 때에는 기간을 정하여 독촉을 하고, 그 지정한 기간 내에 과징금이나 제1항에 따른 가산금을 납부하지 아니하였을 때에는 국세 체납처분의 예에 따라 징수할 수 있다.

③ 제1항 및 제2항에 따른 과징금의 징수와 체납처분에 관한 절차 등에 필요한 사항은 대통령령으로 정한다.

시행령 제45조(가산금)

법 제44조 제1항에서 "대통령령으로 정하는 가산금"이란 체납된 과징금액에 연 100분의 6을 곱하여 계산한 금액을 말한다. 이 경우 가산금을 징수하는 기간은 60개월을 초과할 수 없다.

시행령 제46조(독촉)

① 법 제44조 제2항에 따른 독촉은 납부기한이 지난 후 15일 이내에 서면으로 하여야 한다.

② 제1항에 따라 독촉장을 발부하는 경우 체납된 과징금의 납부기한은 독촉장 발부일부터 10일 이내로 한다.

01 서

과징금이란 행정법규의 위반으로 경제적 이익을 얻게 되는 경우 해당 위반으로 인한 경제적 이익을 박탈하기 위하여 그 이익액에 따라 행정기관이 과하는 행정상 제재금을 말한다. 감정평가법인등에게 부과되는 과징금은 국토교통부장관이 업무정지처분을 하여야 하는 경우로서 그 업무정지처분이 공적업무의 정상적인 수행에 지장을 초래하는 등 공익을 해칠 우려가 있는 경우에 업무정지처분에 갈음하여 과징금을 부과할 수 있도록 한 것이므로 변형된 과징금에 해당한다.

02 법적 성질

1. 급부하명

과징금 부과행위는 과징금 납부의무를 명하는 행위이므로 급부하명에 해당한다.

2. 재량행위

감정평가법 제41조에서는 "과징금을 부과할 수 있다"고 규정하고 있으므로 법문언의 규정형식상 재량행위에 해당한다.

03 절차 및 내용

1. 과징금의 부과

국토교통부장관은 업무정지처분이 표준지공시지가의 공지 등의 업무를 정상적으로 수행하는 데에 지장을 초래하는 등 공익을 해칠 우려가 있는 경우에는 업무정지처분에 갈음하여 5천만원(감정평가법인인 경우는 5억원) 이하의 과징금을 부과할 수 있다.

2. 과징금의 부과기준

과징금은 ① 위반행위의 내용과 정도, ② 위반행위의 기간과 위반횟수, ③ 위반행위로 취득한 이익의 규모 등을 고려하여 부과하여야 하며, 과징금의 금액은 위반행위의 내용과 정도 등을 고려하여 그 금액의 2분의 1 범위에서 늘리거나 줄일 수 있다. 다만, 늘리는 경우에도 과징금 총액은 과징금 최고액을 초과할 수 없다.

3. 과징금의 통지 및 납부의무

국토교통부장관은 과징금을 부과하는 경우에는 위반행위의 종류와 과징금의 금액을 명시하여 서면으로 통지하여야 한다. 통지를 받은 자는 통지가 있은 날부터 60일 이내에 국토교통부장관이 정하는 수납기관에 과징금을 납부하여야 한다.

4. 납부기한의 연장과 분할납부

국토교통부장관은 과징금 납부의무자가 ① 재해 등으로 재산에 큰 손실을 입은 경우, ② 과징금을 일시에 납부할 경우 자금사정에 큰 어려움이 예상되는 경우 등의 사유로 과징금의 전액을 일시에 납부하기 어렵다고 인정될 때에는 그 납부기한을 연장하거나 분할납부하게 할 수 있다. 이 경우 필요하다고 인정할 때에는 담보를 제공하게 할 수 있다. 과징금 납부의무자가 과징금 납부기한을 연장받거나 분할납부를 하려는 경우에는 납부기한 10일 전까지 국토교통부장관에게 신청하여야 한다.

5. 가산금 징수

국토교통부장관은 과징금 납부의무자가 납부기한까지 과징금을 납부하지 아니한 경우에는 납부기한의 다음 날부터 납부한 날의 전날까지의 기간에 대하여 과징금액에 연 100분의 6을 곱하여 계산한 가산금을 징수할 수 있다.

6. 체납처분

국토교통부장관은 과징금 납부의무자가 납부기한까지 과징금을 납부하지 아니하였을 때에는 기간을 정하여 독촉을 하고, 그 지정한 기간 내에 과징금이나 가산금을 납부하지 아니하였을 때에는 국세 체납처분의 예에 따라 징수할 수 있다.

04 권리구제

1. 이의신청

과징금의 부과처분에 이의가 있는 자는 그 처분을 통보받은 날부터 30일 이내에 사유서를 갖추어 국토교통부장관에게 이의를 신청할 수 있다. 국토교통부장관은 이의신청에 대하여 30일 이내에 결정을 하여야 한다. 다만, 부득이한 사정으로 그 기간에 결정을 할 수 없을 때에는 30일의 범위에서 기간을 연장할 수 있다. 과징금의 이의신청의 경우에는 법리상 강학상 이의신청으로 볼 수 있다.

2. 행정심판

국토교통부장관의 이의신청에 대한 결정에 이의가 있는 자는 「행정심판법」에 따라 행정심판을 청구할 수 있다.

3. 행정소송

과징금 부과행위는 처분에 해당하므로 항고소송의 대상이 된다. 과징금 부과처분은 재량행위이므로 비례원칙 등의 행정법의 일반원칙에 위반하는 경우에는 위법하게 된다.

■ 감정평가법인 과징금 고등법원 판례(서울고법 2019누47331판결) 쟁점 3가지 – 대법원 판결로 감정평가법인 과징금 쟁점 3가지를 명확히 해석 정리됨 – 대법원 2020두41689 판결

1. 서울고등법원 2019누47331판결 – 3가지 쟁점

가) 이 사건 감정평가가 구 부동산공시법 제37조 제1항의 '잘못된 평가'인지 여부

이 법원이 이 부분에 관하여 설시할 이유는 제1심판결 19면 9행부터 25면 밑에서 3행까지 기재와 같으므로 행정소송법 제8조 제2항, 민사소송법 제420조 본문에 따라 이를 그대로 인용한다.

나) 소속감정평가사의 잘못된 감정평가에 대한 책임을 근거로 구 부동산공시법 제42조의3에서 정한 과징금 부과 처분을 할 수 있는지 여부

(1) 구 부동산공시법은 제42조의3에서 "감정평가업자가 제38조 제1항 각 호의 어느 하나에 해당" 하는 경우로서 일정한 사유가 있는 때 과징금을 부과할 수 있다고 규정하고, 제38조 제1항 제12호에서 감정평가업자가 "제37조를 위반한 경우"를 그 사유로 정하는 한편, 제37조 제1항은 "감정평가업자(감정평가법인 또는 감정평가사사무소의 소속감정평가사를 포함한다)"는 "신의와 성실로써 공정하게 감정평가를 하여야" 한다고 규정한다.

구 부동산공시법에 따라 감정평가법인은 "감정평가업자'가 준수하여야 할 원칙과 기준"인 감정평가준칙에 따라 계약상대방으로부터 의뢰받은 업무를 수행해야 하고(제31조), 감정평가를 직접 수행한 감정평가사의 서명·날인 외에도 감정평가법인의 명칭을 기재한 감정평가서를 교부하여야 하며(제32조 제1, 2항), 이 과정에서 감정평가서류를 거짓으로 기재하는 등으로 인하여 감정평가 의뢰인 등에게 발생한 손해를 배상할 책임을 진다(제36조 제1항). 이렇듯 감정평가법인의 감정평가는 소속감정평가사가 직접 수행한 다음 책임소재를 명확히 하기 위하여 감정평가서에 서명·날인하지만, 감정평가결과는 어디까지나 용역을 의뢰받은 감정평가법인의 명의로 이루어지는 것이고, 그에 따른 책임 역시 감정평가법인에게 귀속되는 것이다. 이러한 점을 고려하면, 구 부동산공시법 제37조 제1항이 소속감정평가사와 감정평가법인 모두에게 "신의와 성실로써 공정한 감정평가를 하여야" 할 의무가 있다고 명시한 것은, 감정평가법인이 소속감정평가사가 일차적으로 수행한 감정평가에 법인이 준수해야 할 감정평가준칙을 위반하는 등의 잘못이 없는지 성실하게 확인한 다음 이를 법인의 감정평가결과로 삼음으로써 감정평가결과의 공정성과 객관성을 최대한 확보하여야 한다는 취지로 볼 수 있다.

따라서 감정평가법인이 소속감정평가사의 감정평가 과정에 공정성을 의심할 사정이나 오류 등이 없는지 면밀히 확인하지 않은 채 만연히 이를 채택하여 잘못된 감정평가결과를 도출하였다면, 이는 소속감정평가사가 자신이 부담하는 성실의무를 준수하지 않은 것과는 별개로 법인 스스로가 부담하는 성실의무로서 공정한 감정평가를 하여야 할 의무를 위반한 것이라고 봄이 타당하다. 그러므로 이 경우 소속감정평가사를 징계하는 것과 함께 감정평가법인에게도 구 부동산공시법 제42조의3에 따른 과징금 부과 처분을 할 수 있다고 보아야 한다.

(2) 2013.8.6. 법률 제12018호로 일부 개정된 구 부동산공시법 제37조 제5항은 소속감정평가사를 포함한 감정평가업자가 "감정평가 수주의 대가로 금품 또는 재산상의 이익을 제공하거나 제공하기로 약속"하는 행위를 금지하고, 제38조 제1항 제12호 본문에서 "제37조를 위반한 경우" 감정평가업자를 제재할 수 있다고 규정하면서도, 같은 호 단서에서 "소속감정평가사가 제37조 제5항을 위반한 경우로서 감정평가업자가 그 위반행위를 방지하기 위하여 해당 업무에 관하여 상당한 주의와 감독을 게을리 하지 아니한 경우"에는 제재처분을 할 수 없다고 규정하였다. 이 또한 감정평가법인에 대한 제재처분의 사유가 소속감정평가사가 개인적인 성실의무를 위반하였다는 이유만으로 발생하는 것이 아니라, 감정평가 과정을 면밀히 살피지 않음에 따라 법인 스스로가 부담하는 공정한 감정평가결과를 도출하기 위해 최대한 노력할 의무를 다하지 못하였다는 데 있음을 보여준다.

(3) 이 사건으로 돌아와 살피건대, 위에서 본 바와 같이 원고 소속 감정평가사 소외 1의 이 사건 감정평가는 구 부동산공시법 제37조에서 정한 "잘못된 평가"에 해당한다. 그렇다면 만약 원고가 위 감정평가 과정에서 공정성을 의심할 사정은 없는지, 그 결과에 오류 등이 없는지 확인하려는 노력을 다하지 않음으로써 공정하지 못한 감정평가결과를 도출하였다면, 자신의 성실의무인 공정한 감정평가를 할 의무를 위반한 것으로 봄이 타당하므로, 이 경우 피고로서는 구 부동산공시법 제42조의3에 따라 과징금을 부과할 수 주5) 있다. 이에 반하는 원고의 주장은 이유 없다.

다) 원고가 구 부동산공시법 제37조 제1항의 성실의무를 위반하였는지 여부

이 법원이 이 부분에 관하여 적을 이유는 아래와 같이 고치는 외에는 제1심판결 26면 1행부터 29면 10행까지 기재와 같으므로 행정소송법 제8조 제2항, 민사소송법 제420조 본문에 따라 이를 그대로 인용한다.

○ 갑 제46호증의 기재에 의하면, 원고가 이 사건 감정평가 과정에서 이 사건 아파트에 대한 감정평가 선례를 확보하지 못하였던 것으로 보이기는 한다.

그러나 이 사건 아파트는 고급 임대아파트로서 민간 분양전환이 이루어지는 특수한 경우에 해당하여 감정평가 선례가 없었고, 세입자와 시행사의 이해관계가 매우 첨예하게 대립하고 있을 뿐만 아니라, 희망하는 평가금액의 차이가 커 원고 내부에서는 이 사건 감정평가 용역을 수행하지 않는 것이 낫다는 의견까지 대두되었다. 또한 이 사건 최초 용역계약서에는 굉장히 이례적으로 감정추정가액표가 첨부되어 있었는데, 원고의 당시 대표이사 소외 3은 2013.9. 하순경 이를 알게 되자 "사전에 감정평가가격에 관하여 약정한 것처럼 오해받을 소지가 있다."고 화를 내며 소외 1에게 위 감정추정가액표를 떼어낼 것을 지시하였다. 이 사건 1차 심사에서는 "공동주택 공시가격 수준 및 원가방식에 의한 시산가격 수준을 고려할 때 평가액이 다소 낮은 것으로 판단된다."는 한정의견이 제시되기도 하였다. 이처럼 이 사건 아파트의 특성상 객관적인 가격의 범위를 벗어난 감정평가가 이루어질 가능성이 상존하였고, 감정평가 과정에서 공정성이 확보되지 않았음을 의심할 만한 정황들도 충분하였으므로, 원고는 이 사건 2차 심사를 통해 최종 감정평가 금액을 산정하는 과정에서 최대한 자료를 확보하여 공정하고 객관적인 감정평가가 이루어졌는지 면밀하게 검토하였어야 한다.

그런데 이 사건 2차 심사 당시 감정평가금액이 이 사건 1차 심사와 비교하여 987억 원가량 증가하였음에도, 심사위원회가 소외 1이 어떠한 추가적인 검토와 조사를 통하여 감정평가금액을 증가시킨 것인지에 관하여 구체적으로 확인하였다고 볼 만한 아무런 자료가 없다. 더구나 당시 소외 3은 원고 소속 감정평가사 소외 4가 이 사건 아파트의 감정평가 용역을 수주하기 위하여 시행사 측과 교섭한 적이 있음을 알고 있었는데, 소외 4는 비록 시행사로부터 수주하기 위한 과정에서 내린 개략적인 판단이기는 하나 나름대로 2조 2천억 원가량의 감정평가금액이 예상된다는 의견을 가진 상태였다. 당시 원고가 이 사건 아파트의 감정평가에 관한 선례를 확보하지 못하였던 상황임을 고려하면, 소외 3으로서는 최소한 소외 4에게 의견을 물어보는 등으로써 이 사건 아파트의 감정평가금액에 관한 최소한의 자료를 수집할 수 있었음에도, 소외 3은 이러한 조치를 취하지도 않았다.

따라서 원고가 이 사건 아파트에 관한 감정평가 선례를 확보하지 못하였던 사실만을 들어 원고가 성실의무를 위반하였다는 인정을 뒤집기는 어렵다.

○ 재량권 일탈·남용 여부

이 법원이 이 부분에 관하여 적을 이유는 제1심판결 32면 밑에서 4행을 아래 『 』 부분으로 고치는 외에는 제1심판결 29면 밑에서 3행부터 32면 밑에서 4행까지 기재와 같으므로 이를 그대로 인용한다.

『원고가 주장하는 사정만으로는 감정평가법인이 소속 감정평가사의 관리·감독 의무를 소홀히 하였

을 경우에도 피고가 이에 대한 제재처분을 하지 않는 지침을 되풀이 시행함으로써 이에 관한 행정관행이 이룩되었다고 보기에는 부족하다. 오히려 갑 제50호증의 기재와 변론 전체의 취지에 의하면, 피고는 잘못된 감정평가금액의 액수나 감정평가법인의 성실의무 위반 정도 등을 종합적으로 고려하여 감정평가법인에게 과징금을 부과할지 여부를 결정하였던 것으로 보일 뿐이다. 따라서 이 사건 처분이 자기구속의 원칙에 위배된다는 원고의 주장도 이유 없다.』

○ 소결론

이 사건 처분에는 절차적 하자가 없고, 처분사유도 존재하며, 재량권을 일탈·남용한 위법이 없다. 따라서 이 사건 처분은 적법하다.

○ 결론

제1심판결은 정당하므로 원고의 항소는 이유 없어 이를 기각한다.

(출처: 서울고등법원 2020.6.11. 선고 2019누47331 판결 [과징금부과처분취소청구])

2. 대법원 2021.10.28. 선고 2020두41689 판결 -[과징금부과처분취소청구] - 감정평가법인에 대한 과징금 3가지 해석 쟁점

【판시사항】

[1] 감정평가업자가 감정평가법인인 경우, 감정평가법인이 감정평가 주체로서 구 부동산 가격공시 및 감정평가에 관한 법률 제37조 제1항에 따라 부담하는 성실의무의 의미

[2] 제재적 행정처분이 재량권의 범위를 일탈·남용하였는지 판단하는 방법

【판결요지】

[1] 구 부동산 가격공시 및 감정평가에 관한 법률(2016.1.19. 법률 제13796호 부동산 가격공시에 관한 법률로 전부 개정되기 전의 것) 제37조 제1항에 따르면, 감정평가업자(감정평가법인 또는 감정평가사사무소의 소속감정평가사를 포함한다)는 감정평가업무를 행함에 있어서 품위를 유지하여야 하고, 신의와 성실로써 공정하게 감정평가를 하여야 하며, 고의 또는 중대한 과실로 잘못된 평가를 하여서는 아니 된다. 한편 감정평가업자가 감정평가법인인 경우에 실질적인 감정평가업무는 소속감정평가사에 의하여 이루어질 수밖에 없으므로, 감정평가법인이 감정평가의 주체로서 부담하는 성실의무란, 소속감정평가사에 대한 관리·감독의무를 포함하여 감정평가서 심사 등을 통해 감정평가 과정을 면밀히 살펴 공정한 감정평가결과가 도출될 수 있도록 노력할 의무를 의미한다.

[2] 제재적 행정처분이 재량권의 범위를 일탈하였거나 남용하였는지는, 처분사유인 위반행위의 내용과 그 위반의 정도, 그 처분에 의하여 달성하려는 공익상의 필요와 개인이 입게 될 불이익 및 이에 따르는 제반 사정 등을 객관적으로 심리하여 공익침해의 정도와 처분으로 인하여 개인이 입게 될 불이익을 비교·교량하여 판단하여야 한다.

【참조조문】

구 부동산 가격공시 및 감정평가에 관한 법률(2016.1.19. 법률 제13796호 부동산 가격공시에 관한 법률로 전부 개정되기 전의 것) 제37조 제1항(현행 감정평가 및 감정평가사에 관한 법률 제25조 제1항 참조) [2] 행정소송법 제1조[행정처분일반], 제27조

【참조판례】

대법원 2012.11.15. 선고 2011두31635 판결

대법원 2015.12.10. 선고 2014두5422 판결

PART 04

【전문】
【원고, 상고인】 주식회사 ○○감정평가법인 (소송대리인 변호사 임시규 외 3인)
【피고, 피상고인】 국토교통부장관 (소송대리인 법무법인 명륜 담당변호사 임형욱)
【원심판결】 서울고법 2020.6.11. 선고 2019누47331 판결
【주문】
상고를 기각한다. 상고비용은 원고가 부담한다.
【이유】
상고이유(상고이유서 제출기간이 경과한 후에 제출된 상고이유보충서의 기재는 상고이유를 보충하는 범위에서)를 판단한다.

1. 상고이유 제1, 3점에 관하여

구「부동산 가격공시 및 감정평가에 관한 법률」(2016.1.19. 법률 제13796호로 전부 개정되기 전의 것, 이하 '구 부동산공시법'이라고 한다) 제37조 제1항에 의하면, 감정평가업자(감정평가법인 또는 감정평가사사무소의 소속감정평가사를 포함한다)는 감정평가업무를 행함에 있어서 품위를 유지하여야 하고, 신의와 성실로써 공정하게 감정평가를 하여야 하며, 고의 또는 중대한 과실로 잘못된 평가를 하여서는 아니 된다. 한편 감정평가업자가 감정평가법인인 경우에 실질적인 감정평가업무는 소속감정평가사에 의하여 이루어질 수밖에 없으므로, 감정평가법인이 감정평가의 주체로서 부담하는 성실의무란, 소속감정평가사에 대한 관리・감독의무를 포함하여 감정평가서 심사 등을 통해 감정평가 과정을 면밀히 살펴 공정한 감정평가결과가 도출될 수 있도록 노력할 의무를 의미한다고 보아야 한다.

원심은 위와 같은 취지에서 판시와 같은 이유를 들어, 원고 소속감정평가사 소외인의 이 사건 감정평가는 구 부동산공시법 제37조 제1항의 '잘못된 평가'에 해당하고, 원고가 이 사건 감정평가와 관련하여 소속감정평가사 소외인을 관리・감독할 의무를 성실히 이행하였다거나, 이 사건 감정평가서의 심사단계에서 기울여야 할 주의의무를 다하였다고 볼 수 없으므로, 원고는 구 부동산공시법 제37조 제1항의 성실의무를 위반하였다고 판단하였다.

앞서 본 법리와 기록에 비추어 살펴보면, 원심의 위와 같은 판단은 정당하고, 거기에 상고이유 주장과 같이 구 부동산공시법 제37조 제1항의 성실의무의 적용범위에 관한 법리를 오해하거나 필요한 심리를 다하지 않은 채 논리와 경험칙에 반하여 자유심증주의의 한계를 벗어나는 등으로 판결에 영향을 미친 잘못이 없다.

2. 상고이유 제2점에 관하여

원심은 판시와 같은 이유를 들어, 구 부동산 가격공시 및 감정평가에 관한 법률(2013.8.6. 법률 제12018호로 일부 개정되기 전의 것, 이하 '구 부동산공시법'이라고 한다) 제42조의3에 따라 감정평가법인에 대하여 과징금을 부과하는 경우에는 징계위원회의 의결을 반드시 거칠 필요가 없다고 보아, 징계위원회의 의결을 거치지 않은 이 사건 처분에 절차적 하자가 있다는 원고의 주장을 배척하였다. 관련 법리와 기록에 비추어 살펴보면, 원심의 위와 같은 판단은 정당하고, 거기에 상고이유 주장과 같이 구 부동산공시법 제42조의2 제1항의 적용범위에 관한 법리를 오해하는 등으로 판결에 영향을 미친 잘못이 없다.

3. 상고이유 제4점에 관하여

제재적 행정처분이 재량권의 범위를 일탈하였거나 남용하였는지 여부는, 처분사유인 위반행위의 내용과 그 위반의 정도, 그 처분에 의하여 달성하려는 공익상의 필요와 개인이 입게 될 불이익 및 이에 따르는 제반 사정 등을 객관적으로 심리하여 공익침해의 정도와 처분으로 인하여 개인이 입게 될 불이익을 비교・교량하여 판단하여야 한다(대판 2015.12.10, 2014두5422 판결 등 참조).

원심판결 이유에 의하면, 원심은 채택 증거들에 의하여 인정되는 판시와 같은 사정들, 즉 ① 원고는 신의성실의무에 위반하여 불공정한 이 사건 감정평가를 하였고, 이 사건 감정평가의 규모, 감정평가의 잘못된 정도 및 그 경위, 이에 대한 원고의 귀책 정도 등에 비추어 보면, 원고에 대하여 과징금을 부과할 필요성이 충분한 점, ② 피고는 과징금의 액수 산정에 있어 원고가 주장하는 여러 유리한 사정들을 참작하여 과징금의 액수를 이미 상당 부분 감액한 점, ③ 감정평가법인이 소속감정평가사의 관리・감독 의무를 소홀히 하였을 경우에도 피고가 이에 대한 제재처분을 하지 않는 지침을 되풀이 시행함으로써 이에 관한 행정관행이 이룩되었다고 보기에는 부족한 점 등에 비추어 보면, 이 사건 처분이 그 공익상의 필요에 비하여 원고에게 지나치게 가혹한 것으로서 재량권을 일탈・남용하였다고 보기 어렵다고 판단하였다.

앞서 본 법리와 기록에 비추어 살펴보면, 원심의 위와 같은 판단은 정당하고, 거기에 상고이유 주장과 같이 재량권 일탈・남용에 관한 법리를 오해하는 등으로 판결에 영향을 미친 잘못이 없다.

4. 결론

그러므로 상고를 기각하고, 상고비용은 패소자가 부담하도록 하여, 관여 대법관의 일치된 의견으로 주문과 같이 판결한다.

(출처: 대법원 2021.10.28. 선고 2020두41689 판결 [과징금부과처분취소청구])

제1절 감정평가서 적정성 검토제도 개관

Ⅰ. 도입 배경

감정평가 의뢰인이 감정평가서를 보다 잘 이해하도록 하여 감정평가에 대한 신뢰를 확보하고 감정평가 품질의 향상을 도모하고자 감정평가서 검토제도의 도입을 하였다. 국토부는 "감정평가산업의 경쟁력 강화를 위한 개선방안"에서 감정평가의 신뢰성 제고와 전문자격 자정작용을 위하여 발급된 감정평가서의 적정성을 다른 평가사가 검토하는 감정평가서 검토제도의 도입을 제시하였다.

Ⅱ. 감정평가서 적정성 검토제도

1. 개념

'감정평가서 적정성 검토'란 「감정평가법」 제6조 제1항에 따라 발급된 감정평가서의 적정성을 검토하기 위하여 검토 의뢰인이 감정평가법인등(해당 감정평가서를 발급한 감정평가법인등은 제외)에게 의뢰하고, 검토 의뢰를 받은 감정평가법인등이 소속 감정평가사 중에서 검토업무를 수행할 검토평가사를 지정하고, 지정된 검토평가사가 해당 감정평가서의 적정성을 검토결과서로 작성하는 일련의 과정을 의미한다. 감정평가서 적정성 검토의 특징은 검토대상이 '감정평가서'라는 점과 그 목적이 '적정성'에 대한 판단이라는 것이다. 먼저, 감정평가서 적정성 검토는 '감정평가서'를 검토의 대상으로 한다. 여기서 '감정평가'에 대한 검토가 아닌 '감정평가서'에 대한 검토라는 점을 유의하여야 한다. 다음으로 감정평가서 적정성 검토는 '적정성'에 대한 검토이다. 미국의 감정평가 검토제는 감

PART 04

정평가의 적정성뿐만 아니라 완전성, 정확성, 관련성, 합리성에 대해 검토도 가능하다는 점에서 우리와 차이가 있다. 감정평가서 적정성 검토는 '(원)감정평가서'에 대한 '적정성'을 검토하는 것으로 미국의 감정평가 검토제와 같이 새로운 의견이나 가치의견을 제시할 수 없고, (원)감정평가사가 감정평가 업무를 수행하여 작성한 (원)감정평가서의 적정성을 검토평가사가 검토하는 것이다.

2. 법적 근거

감정평가법 제7조(감정평가서의 심사 등)

① 감정평가법인은 제6조에 따라 감정평가서를 의뢰인에게 발급하기 전에 감정평가를 한 소속 감정평가사가 작성한 감정평가서의 적정성을 같은 법인 소속의 다른 감정평가사에게 심사하게 하고, 그 적정성을 심사한 감정평가사로 하여금 감정평가서에 그 심사사실을 표시하고 서명과 날인을 하게 하여야 한다.

② 제1항에 따라 감정평가서의 적정성을 심사하는 감정평가사는 감정평가서가 제3조에 따른 원칙과 기준을 준수하여 작성되었는지 여부를 신의와 성실로써 공정하게 심사하여야 한다.

③ 감정평가 의뢰인 및 관계 기관 등 대통령령으로 정하는 자는 발급된 감정평가서의 적정성에 대한 검토를 대통령령으로 정하는 기준을 충족하는 감정평가법인등(해당 감정평가서를 발급한 감정평가법인 등은 제외한다)에게 의뢰할 수 있다.

④ 제1항에 따른 심사대상·절차·기준 및 제3항에 따른 검토절차·기준 등에 관하여 필요한 사항은 대통령령으로 정한다.

감정평가법 시행령 제7조(감정평가서의 심사대상 및 절차)

① 법 제7조 제1항에 따른 감정평가서의 적정성 심사는 법 제3조 제3항에 따른 원칙과 기준의 준수 여부를 그 내용으로 한다.

② 법 제7조 제1항에 따라 감정평가서를 심사하는 감정평가사는 작성된 감정평가서의 수정·보완이 필요하다고 판단하는 경우에는 해당 감정평가서를 작성한 감정평가사에게 수정·보완 의견을 제시하고, 해당 감정평가서의 수정·보완을 확인한 후 감정평가서에 심사사실을 표시하고 서명과 날인을 하여야 한다.

제7조의2(감정평가서 적정성 검토의뢰인 등)

① 법 제7조제3항에서 "감정평가 의뢰인 및 관계 기관 등 대통령령으로 정하는 자"란 다음 각 호의 자를 말한다. 다만, 「공익사업을 위한 토지 등의 취득 및 보상에 관한 법률」 등 관계 법령에 감정평가와 관련하여 권리구제 절차가 규정되어 있는 경우로서 권리구제 절차가 진행 중이거나 권리구제 절차를 이행할 수 있는 자(권리구제 절차의 이행이 완료된 자를 포함한다)는 제외한다.

1. 감정평가 의뢰인
2. 감정평가 의뢰인이 발급받은 감정평가서를 활용하는 거래나 계약 등의 상대방
3. 감정평가 결과를 고려하여 관계 법령에 따른 인가·허가·등록 등의 여부를 판단하거나 그 밖의 업무를 수행하려는 행정기관

② 법 제7조 제3항에서 "대통령령으로 정하는 기준을 충족하는 감정평가법인등"이란 소속된 감정평가사(감정평가사인 감정평가법인등의 대표사원, 대표이사 또는 대표자를 포함한다)가 둘 이상인 감정평가법인등을 말한다.

제7조의3(감정평가서 적정성 검토절차 등)

① 법 제7조 제3항에 따라 감정평가서의 적정성에 대한 검토를 의뢰하려는 자는 법 제6조 제1항에 따라 발급받은 감정평가서(「전자문서 및 전자거래기본법」에 따른 전자문서로 된 감정평가서를 포함한다)

의 사본을 첨부하여 제7조의2 제2항에 따른 감정평가법인등에게 검토를 의뢰해야 한다.
② 제1항에 따른 검토 의뢰를 받은 감정평가법인등은 지체 없이 검토업무를 수행할 감정평가사를 지정해야 한다.
③ 제2항에 따라 검토업무를 수행할 감정평가사는 5년 이상 감정평가 업무를 수행한 사람으로서 감정평가실적이 100건 이상인 사람이어야 한다.

제7조의4(적정성 검토결과의 통보 등)
① 제7조의3 제1항에 따른 검토 의뢰를 받은 감정평가법인등은 의뢰받은 감정평가서의 적정성 검토가 완료된 경우에는 적정성 검토 의뢰인에게 검토결과서(「전자문서 및 전자거래기본법」에 따른 전자문서로 된 검토결과서를 포함한다. 이하 이 조에서 같다)를 발급해야 한다.
② 제1항에 따른 검토결과서에는 감정평가법인등의 사무소 또는 법인의 명칭을 적고, 적정성 검토를 한 감정평가사가 그 자격을 표시한 후 서명과 날인을 해야 한다. 이 경우 감정평가사가 소속된 곳이 감정평가법인인 경우에는 그 대표사원 또는 대표이사도 서명이나 날인을 해야 한다.

III. 감정평가서 검토의 법적 성격

1. 현행 법제의 검토

감정평가서 검토는 발급된 감정평가서에 대한 적정성을 검토하여 의견을 제시하는 것으로 감정평가(재평가포함)에 해당하지 않으며 포괄적으로는 현행법상 감정평가법 제10조(감정평가법인등의 업무) 제6호 감정평가와 관련된 상담 및 자문 또는 제9호 제1호부터 제8호까지의 업무에 부수되는 업무에 포함된다.

다만 감정평가법 제7조와 시행령 제7조의2 내지 제7조의4는 감정평가서의 적정성 검토의 절차, 검토의뢰인 등을 명확히 규정하고 있으며, 감정평가업자의 보수에 관한 기준(이하 '보수기준')은 상담 및 자문에 대한 수수료와 별개로 적정성 검토에 대한 수수료를 두고 있으므로 통상적인 상담 및 자문과는 다른 성격을 지닌다고 보는 것이 타당하다.

2. 임의규정

법인심사는 사전심사 내부심사로서 감정평가법 제7조 제1항에 의해 반드시 하여야 하는 강행규정이지만 감정평가서 검토는 사후검토 외부검토로서 의뢰가 없으면 행할 수 없고 자유로운 수임 거절이 가능하다는 점에서 차이가 있다.

IV. 감정평가서 적정성 검토 절차

1. 감정평가사 검토의뢰 및 의뢰서 확인

검토할 수 있는 실적 요건을 갖춘 평가사 1인 이상이면서 전체 2인 이상이 근무하는 법인이나 사무소에 수임을 맡겨야 한다. 의뢰인 적격여부, 검토대상, 검토목적, 검토 활용처, 검토의 범위등을 제시한 의뢰서 및 감정평가서 사본 제출을 확인한다. 감정평가서의 적정성에 대한 검토를 의뢰하려는 자는 발급받은 감정평가서의 사본을 첨부하여 감정평가법인등에게 검토를 의뢰해야 한다. 검토대상이 검토를 의뢰받은 감정평가법인등이 작성한 감정평가서가 아닌지 확인해야 한다.

2. 수임결정 및 검토평가사 지정

검토 업무 범위 재확인 및 현장조사 여부, 소요시간, 수수료, 검토결과서 양식등을 안내하고, 검토 의뢰를 받은 감정평가법인등은 지체 없이 검토업무를 수행할 감정평가사를 지정해야 한다. 추가로 검토 대상 감정평가서가 작성될 당시 해당 감정평가법인등에 소속되지 아니한 감정평가사를 권장한다.

3. 검토 업무의 수행 및 검토결과서 발급

검토 의뢰를 받은 감정평가법인등은 의뢰받은 감정평가서의 적정성 검토가 완료된 경우에는 적정성 검토 의뢰인에게 검토결과서를 발급해야 한다. 검토결과서에는 감정평가법인등의 사무소 또는 법인의 명칭을 적고, 적정성 검토를 한 감정평가사가 그 자격을 표시한 후 서명과 날인을 해야 한다. 이 경우 감정평가사가 소속된 곳이 감정평가법인인 경우에는 그 대표사원 또는 대표이사도 서명이나 날인을 해야 한다.

4. 검토결과서 보관 및 협회 실적 보고

감정평가법 제33조는 회원의 관리 및 지도에 관한 사무를 하도록 하기 위해 협회를 두도록 하고 있고, 동법 제34조는 회원의 지도, 관리에 관한 사항을 회칙에 규정하도록 하고 있다. 따라서 검토결과서의 품질관리 차원에서 검토결과서 보관 및 현황 파악을 위한 한국감정평가사협회 실적보고가 필요하다.

Ⅴ. 검토결과서의 효력

1. 법적 효력

검토결과서는 감정평가서의 적정성에 대한 의견을 제시하는 것으로 원칙적으로 법적 효력이 발생하지 않는다. 따라서 원 감정평가사 및 감정평가서에 어떠한 영향력도 발휘할 수 없으며 국가기관 및 다른 기관을 법적으로 구속하지 못한다.

2. 간접적 효과

검토결과서는 원 감정평가서를 해석한다는 점에서 의뢰인과 의뢰의 상대방에게 보조적인 수단이 되며 행정기관이 감정평가결과를 고려하여 관계 법령에 따른 인가・허가・등록 등의 여부를 판단하는 데 활용한다는 점에서 간접적인 효과가 발생한다. 향후 검토제도의 활성화 시 절차상 이를 활용하는 제도가 만들어질 가능성이 있어 관계 법령 등의 개정을 지속적으로 살펴보아야 한다.

Chapter

06 감정평가사 자격증 부당행사 또는 명의 대여

감정평가사 甲은 A감정평가법인(이하 'A법인'이라 함)에 형식적으로만 적을 두었을 뿐 A법인에서 감정평가사 본연의 업무를 전혀 수행하지 않았고 그 법인의 운영에도 관여하지 않았다. 이에 대해 국토교통부장관은 감정평가관리・징계위원회의 의결에 따라 사전통지를 거쳐 감정평가사 자격취소처분을 하였다. 처분사유는 '甲이 A법인에 소속만 유지할 뿐 실질적으로 감정평가업무에 관여하지 아니하는 방법으로 감정평가사의 자격증을 대여하였다'는 것이었고, 그 법적 근거로 감정평가 및 감정평가사에 관한 법률 (이하 '감정평가법'이라 함) 제27조 제1항, 제39조 제1항 단서 및 제2항 제1호가 제시되었다. 甲은 사전통지서에 기재된 의견제출 기한 내에 청문을 신청하였으나 국토교통부장관은 '감정평가법 제13조 제1항 제1호에 따라 감정평가사 자격취소를 하려면 청문을 실시하여야 한다는 규정이 있지만, 명의대여를 이유로 하는 감정평가사 자격취소의 경우에는 청문을 실시하여야 한다는 규정이 없을 뿐 아니라 청문을 실시할 필요도 없다'는 이유로 청문을 실시하지 않았다. 甲에 대한 감정평가사 자격취소처분이 적법한지 설명하시오. **20점**

※ 참조 조문

〈감정평가 및 감정평가사에 관한 법률〉

제13조(자격의 취소)

① 국토교통부장관은 감정평가사가 다음 각 호의 어느 하나에 해당하는 경우에는 그 자격을 취소하여야 한다.

1. 부정한 방법으로 감정평가사의 자격을 받은 경우
2. 제39조 제2항 제1호에 해당하는 징계를 받은 경우

제27조(명의대여 등의 금지)

① 감정평가사 또는 감정평가법인등은 다른 사람에게 자기의 성명 또는 상호를 사용하여 제10조에 따른 업무를 수행하게 하거나 자격증・등록증 또는 인가증을 양도・대여하거나 이를 부당하게 행사하여서는 아니 된다.

제39조(징계)

① 국토교통부장관은 감정평가사가 다음 각 호의 어느 하나에 해당하는 경우에는 제40조에 따른 감정평가관리・징계위원회의 의결에 따라 제2항 각 호의 어느 하나에 해당하는 징계를 할 수 있다. 다만, 제2항 제1호에 따른 징계는 제11호, 제12호에 해당하는 경우 및 제27조를 위반하여 다른 사람에게 자격증・등록증 또는 인가증을 양도 또는 대여한 경우에만 할 수 있다. 〈개정 2023.5.9.〉

9. 제25조, 제26조 또는 제27조를 위반한 경우

② 감정평가사에 대한 징계의 종류는 다음과 같다.

1. 자격의 취소
2. 등록의 취소
3. 2년 이하의 업무정지
4. 견책

제45조(청문)

국토교통부장관은 다음 각 호의 어느 하나에 해당하는 처분을 하려는 경우에는 청문을 실시하여야 한다.

1. 제13조 제1항 제1호에 따른 감정평가사 자격의 취소
2. 제32조 제1항에 따른 감정평가법인의 설립인가 취소

(문제) (감정평가사 자격취소처분이 적법한지 여부) 20점

Ⅰ. 논점의 정리

해당 사안은 감정평가 및 감정평가사에 관한 법률(이하 '감정평가법')상 감정평가사의 명의대여와 부당행사여부를 구분하고, 부당행사에 해당함에도 불구하고 자격취소처분을 하면서 명의대여를 한 것으로 처분사유를 밝히고 있는바, 처분의 이유제시상의 하자가 존재한다. 또한 감정평가사 甲은 사전통지서에 기재된 기한 내에 청문을 신청하였다면 행정절차법에 따라 신분 자격의 박탈의 경우에는 청문을 하는 것이 타당한데, 감정평가법에서는 청문절차 규정이 없다는 이유로 청문을 실시하지 않은 것은 행정절차법 위반소지가 있다. 이하에서 구체적으로 검토해 보기로 한다.

Ⅱ. 자격증 명의대여와 부당행사의 구분과 내용상 하자

1. 자격증 명의대여

자격증 명의・대여는 본인이 아닌 타인이 해당 자격증을 행사한 것을 의미한다. 즉 홍길동이라는 감정평가사 자격증을 한석봉이라는 사람이 홍길동 감정평가사 자격증을 명의 대여하여 감정평가업무를 행하는 것을 말한다.

2. 자격증등을 부당하게 행사

'자격증 등을 부당하게 행사'한다는 것은 감정평가사 자격증 등을 본래의 용도 외에 부당하게 행사하는 것을 의미하고, 감정평가사가 감정평가법인에 적을 두기는 하였으나 해당 법인의 업무를 수행하거나 운영 등에 관여할 의사가 없고 실제로도 업무 등을 전혀 수행하지 않았다거나 해당 소속 감정평가사로서 업무를 실질적으로 수행한 것으로 평가하기 어려울 정도라면 이는 감정평가법 제27조에서 정한 자격증 등의 부당행사에 해당한다.

3. 소결

해당 사안은 부당행사임에도 불구하고 명의대여로 자격을 취소한 것은 내용상 하자에 해당된다. 특히 대법원 판례는 업무를 수행하지 않고, 적을 둔 것은 부당행사에 해당된다고 판시하고 있다. 예를 들어 명의대여는 홍길동 감정평가사 자격을 한석봉이라는 사람이 홍길동 감정평가사를 사칭해서 명의를 대여하여 감정평가서를 작성하여 발송하는 행위로 볼 수 있다. 감정평가사 자격에 대한 부당행사를 가지고 명의대여로 자격을 취소한 것은 내용상 하자에 해당된다고 판단된다.

Ⅲ. 청문을 결한 감정평가사 자격취소 처분이 적법한지 여부와 이유제시 하자

1. 해당 사안 경우가 청문 없이 자격취소 처분을 할 수 있는 것인지 여부

감정평가법 제45조에서 부정한 방법으로 자격을 취득한 경우와 감정평가법인 설립인가취소의 경우인 경우에만 청문을 하도록 규정하고 있어 감정평가법 제27조 명의대여로는 청문규정이 없다고 하지만 행정절차법이 최근에 개정되어 신분・자격의 박탈의 경우에는 청문을 하도록 규정하고 있는바,

청문 절차는 일반법인 행정절차법을 따르는 것이 타당하다고 판단된다. 따라서 신분 자격의 박탈인 감정평가사 자격취소 처분은 행정절차법에 따라 청문을 반드시 실시해야 한다.

2. 징계위원회에 출석하여 구술 또는 서면으로 진술한 것이 청문에 해당되는지

감정평가법상 감정평가사 징계당사자는 감정평가관리·징계위원회에 출석하여 구술 또는 서면으로 자기에게 유리한 진술을 할 수 있지만, 이는 청식청문 절차라고 볼 수 없으므로 감정평가사 甲에 대한 자격취소처분은 절차의 하자로서 위법하다고 할 것이다(견해의 대립 있음).

Ⅳ. 자격증 등의 부당행사에 자격취소를 한 경우와 이유제시 하자

1. 본래의 용도가 아닌 다른 용도로 행사했는지 여부

해당 사안에서 감정평가사 甲은 감정평가법인에 등록하여 소속만 유지할 뿐 실질적으로 감정평가업무에 관여하지 아니하는 방법으로 감정평가사 자격증을 부당하게 행사하였다. 따라서 이는 해당 법인의 업무를 수행하거나 운영 등에 관여할 의사가 없고, 실제 업무 등을 수행했다고도 보기 어려우므로, 자격증을 본래의 용도가 아닌 다른 용도로 행사했다고 볼 수 있다.

2. 법의 규율을 피할 목적으로 행사했는지 여부

감정평가사 甲은 감정평가법인에 등록하여 감정평가법인을 유지하는 데에 방조한 책임이 있다. 감정평가법 제32조에서는 감정평가사의 수가 미달된 경우 인가취소 등에 대해서 규정하고 있고, 사안에서는 이러한 법의 규율을 피할 목적으로 감정평가사 甲은 해당 법인에 등록하여 소속을 유지시켰다고 볼 수 있으므로 자격증의 부당행사에 해당한다고 볼 수 있다.

3. 이유제시상의 하자

해당 사안에서는 부당행사에 해당함에도 불구하고 자격취소처분을 하면서 명의대여를 한 것으로 처분사유를 밝히고 있는바, 처분의 이유제시상의 하자가 존재한다. 처분의 이유제시를 명확히 하지 않은 절차상의 하자로 위법한 행정작용이 된다.

4. 소결

생각건대, 사안의 甲 감정평가사는 타인이 아닌 본인이 자격증을 행사하였으므로, 자격증의 명의·대여에는 해당하지는 않는다. 하지만, 자격증을 본래의 용도가 아닌 목적으로 행사하였으며 또한 감정평가법인의 형식적으로 적을 두기만 하였고 감정평가사 본연의 업무를 전혀 수행하지 않고, 그 법인의 운영에도 관여하지 않았는바, 이는 법의 규율을 피할 목적으로 자격증을 부당행사한 경우에 해당된다고 볼 수 있다. 따라서 감정평가법 제27조에서 규정한 자격증의 부당행사에 해당한다고 판단된다. 따라서 부당행사에 해당한 경우를 자격취소 처분을 한 것은 감정평가법을 위반한 것으로 위법한 처분으로 평가된다. 또한 부당행사에 해당함에도 자격취소를 할 수 있는 명의대여를 한 것으로 처분사유를 밝힌 것은 이유제시상의 하자로 위법한 행정작용이 된다. 감정평가사 甲은 잘못된 감정평가사 자격취소 처분에 대하여 행정쟁송을 통해 권익구제를 받을 수 있다고 생각된다.

판례

■ 최근 감정평가 및 감정평가사 관련 대법원 판례

1. 산양삼 특수감정인은 법원감정인으로 감정평가가 가능함

▶ 대판 2021.10.14, 2017도10634[부동산 가격공시 및 감정평가에 관한 법률위반]
〈감정평가업자가 아닌 피고인들이 법원 행정재판부로부터 수용 대상 토지상에 재배되고 있는 산양삼의 손실보상액 평가를 의뢰받고 감정서를 작성하여 제출한 사건〉

【판시사항】

구 부동산 가격공시 및 감정평가에 관한 법률에서 감정평가사 자격을 갖춘 사람만이 감정평가업을 독점적으로 영위할 수 있도록 한 취지 / 민사소송법 제335조에 따른 법원의 감정인 지정결정 또는 같은 법 제341조 제1항에 따른 법원의 감정촉탁을 받은 경우, 감정평가업자가 아닌 사람이더라도 그 감정사항에 포함된 토지 등의 감정평가를 할 수 있는지 여부(적극) 및 이러한 행위가 형법 제20조의 정당행위에 해당하여 위법성이 조각되는지 여부(적극)

【판결요지】

구 부동산 가격공시 및 감정평가에 관한 법률(2016.1.19. 법률 제13796호 부동산 가격공시에 관한 법률로 전부 개정되기 전의 것. 이하 '구 부동산공시법'이라고 한다) 제2조 제7호 내지 제9호, 제43조 제2호는 감정평가란 토지 등의 경제적 가치를 판정하여 그 결과를 가액으로 표시하는 것을 말하고, 감정평가업자란 제27조에 따라 신고를 한 감정평가사와 제28조에 따라 인가를 받은 감정평가법인을 말한다고 정의하면서, 감정평가업자가 아닌 자가 타인의 의뢰에 의하여 일정한 보수를 받고 감정평가를 업으로 행하는 것을 처벌하도록 규정하고 있다. 이와 같이 감정평가사 자격을 갖춘 사람만이 감정평가업을 독점적으로 영위할 수 있도록 한 취지는 감정평가업무의 전문성, 공정성, 신뢰성을 확보해서 재산과 권리의 적정한 가격형성을 보장하여 국민의 권익을 보호하기 위한 것이다(구 부동산공시법 제1조 참조).

한편 소송의 증거방법 중 하나인 감정은 법관의 지식과 경험을 보충하기 위하여 특별한 학식과 경험을 가진 제3자에게 그 전문적 지식이나 이를 구체적 사실에 적용하여 얻은 판단을 법원에 보고하게 하는 것으로, 감정신청의 채택 여부를 결정하고 감정인을 지정하거나 단체 등에 감정촉탁을 하는 권한은 법원에 있고(민사소송법 제335조, 제341조 제1항 참조), 행정소송사건의 심리절차에서 공익사업을 위한 토지 등의 취득 및 보상에 관한 법률상 토지 등의 손실보상액에 관하여 감정을 명할 경우 그 감정인으로 반드시 감정평가사나 감정평가법인을 지정하여야 하는 것은 아니다.

법원은 소송에서 쟁점이 된 사항에 관한 전문성과 필요성에 대한 판단에 따라 감정인을 지정하거나 감정촉탁을 하는 것이고, 감정결과에 대하여 당사자에게 의견을 진술할 기회를 준 후 이를 종합하여 그 결과를 받아들일지 여부를 판단하므로, 감정인이나 감정촉탁을 받은 사람의 자격을 감정평가사로 제한하지 않더라도 이러한 절차를 통하여 감정의 전문성, 공정성 및 신뢰성을 확보하고 국민의 재산권을 보호할 수 있기 때문이다.

그렇다면 민사소송법 제335조에 따른 법원의 감정인 지정결정 또는 같은 법 제341조 제1항에 따른 법원의 감정촉탁을 받은 경우에는 감정평가업자가 아닌 사람이더라도 그 감정사항에 포함된 토지 등의 감정평가를 할 수 있고, 이러한 행위는 법령에 근거한 법원의 적법한 결정이나 촉탁에 따른 것으로 형법 제20조의 정당행위에 해당하여 위법성이 조각된다고 보아야 한다.

【참조조문】

구 부동산 가격공시 및 감정평가에 관한 법률(2016.1.19. 법률 제13796호 부동산 가격공시에 관한 법률로 전부 개정되기 전의 것) 제1조(현행 감정평가감정평가사에 관한 법률 제1조 참조), 제2조 제7호(현행 감정평가감정평가사에 관한 법률 제2조 제2호 참조), 제8호(현행 감정평가감정평가사에 관한 법률 제2조 제3호 참조), 제9호(현행 감정평가감정평가사에 관한 법률 제2조 제4호 참조), 제43조 제2호(현행 감정평가감정평가사에 관한 법률 제49조 제2호 참조), 민사소송법 제335조, 제341조 제1항, 형법 제20조

【참조판례】

대법원 2002.6.14. 선고 2000두3450 판결

【전문】

【피고인】 피고인 1 외 1인

【상고인】 피고인들

【변호인】 법무법인 세중 담당변호사 000

【원심판결】 수원지법 2017.6.19. 선고 2017노561 판결

【주문】

원심판결을 파기하고, 사건을 수원지방법원에 환송한다.

【이유】

상고이유를 판단한다.

1. 이 사건 공소사실의 요지는 다음과 같다.
   피고인 1은 산삼, 인삼, 장뇌삼 감정업 등을 주목적으로 설립한 피고인 2 주식회사(이하 '피고인 2 회사'라고 한다)의 실질적 대표로서, 2015.4.8. 수원지방법원 제2행정부로부터 2014구합59550호 계고처분취소소송과 관련되어 시흥시 (주소 생략) 임야에 재배되고 있는 공소외 1 소유 산양삼(이하 '이 사건 산양삼'이라고 한다)의 보상 평가액 산정을 의뢰받고, 2015.5.26.경부터 2015.5.28.경까지 심마니인 공소외 2, 공소외 3, 공소외 4와 함께 이 사건 산양삼에 대하여 표본 조사를 한 후 "감정평가액(손실보상금) 300,000,000원, 평가업자 피고인 2 회사, 감정인 피고인 1, 공소외 2, 공소외 3, 공소외 4"라고 기재한 '손실보상금감정서'를 작성하여 법원에 제출함으로써 감정평가업자가 아닌 자로서 감정평가업을 영위하였고, 피고인 2 회사는 대표인 피고인 1이 위와 같이 피고인 2 회사의 업무에 관하여 감정평가업자가 아닌 자로서 감정평가업을 영위하였다.
2. 원심은 그 판시와 같은 이유로 피고인들에 대한 공소사실을 유죄로 판단한 제1심판결을 그대로 유지하였다.
3. 그러나 원심의 위와 같은 판단은 받아들이기 어렵다.
   가. 구「부동산 가격공시 및 감정평가에 관한 법률」(2016.1.19. 법률 제13796호로 전부 개정되기 전의 것, 이하 '구 부동산공시법'이라고 한다) 제2조 제7호 내지 제9호, 제43조 제2호는 감정평가란 토지 등의 경제적 가치를 판정하여 그 결과를 가액으로 표시하는 것을 말하고, 감정평가업자란 제27조에 따라 신고를 한 감정평가사와 제28조에 따라 인가를 받은 감정평가법인을 말한다고 정의하면서, 감정평가업자가 아닌 자가 타인의 의뢰에 의하여 일정한 보수를 받고 감정평가를 업으로 행하는 것을 처벌하도록 규정하고 있다. 이와 같이 감정평가사 자격을 갖춘 사람만이 감정평가업을 독점적으로 영위할 수 있도록 한 취지는 감정평가업무

의 전문성, 공정성, 신뢰성을 확보해서 재산과 권리의 적정한 가격형성을 보장하여 국민의 권익을 보호하기 위한 것이다(구 부동산공시법 제1조´ 참조).
한편 소송의 증거방법 중 하나인 감정은 법관의 지식과 경험을 보충하기 위하여 특별한 학식과 경험을 가진 제3자에게 그 전문적 지식이나 이를 구체적 사실에 적용하여 얻은 판단을 법원에 보고하게 하는 것으로, 감정신청의 채택 여부를 결정하고 감정인을 지정하거나 단체 등에 감정촉탁을 하는 권한은 법원에 있고(민사소송법 제335조, 제341조 제1항 참조), 행정소송사건의 심리절차에서 「공익사업을 위한 토지 등의 취득 및 보상에 관한 법률」상 토지 등의 손실보상액에 관하여 감정을 명할 경우 그 감정인으로 반드시 감정평가사나 감정평가법인을 지정하여야 하는 것은 아니다(대법원 2002.6.14. 선고 2000두3450 판결 등 참조).
법원은 소송에서 쟁점이 된 사항에 관한 전문성과 필요성에 대한 판단에 따라 감정인을 지정하거나 감정촉탁을 하는 것이고, 감정결과에 대하여 당사자에게 의견을 진술할 기회를 준 후 이를 종합하여 그 결과를 받아들일지 여부를 판단하므로, 감정인이나 감정촉탁을 받은 사람의 자격을 감정평가사로 제한하지 않더라도 이러한 절차를 통하여 감정의 전문성, 공정성 및 신뢰성을 확보하고 국민의 재산권을 보호할 수 있기 때문이다.
그렇다면 민사소송법 제335조에 따른 법원의 감정인 지정결정 또는 같은 법 제341조 제1항에 따른 법원의 감정촉탁을 받은 경우에는 감정평가업자가 아닌 사람이더라도 그 감정사항에 포함된 토지 등의 감정평가를 할 수 있고, 이러한 행위는 법령에 근거한 법원의 적법한 결정이나 촉탁에 따른 것으로 형법 제20조의 정당행위에 해당하여 위법성이 조각된다고 보아야 한다.

나. 기록에 따르면 다음과 같은 사실이 인정된다.

1) 공소외 1은 2014.10.24. 수원지방법원에 2014구합59550호로 한국토지주택공사를 상대로 토지 등의 수용에 따른 손실보상금 증액 청구를 하였는데, 그 사건의 주된 쟁점은 이 사건 산양삼의 손실보상액을 산정하는 것이었다.
2) 공소외 1은 2015.3.13. 이 사건 산양삼의 손실보상액 등에 관한 감정신청을 하면서 법원에 위촉된 산양삼분야 전문 감정인이나 산림청 산하 한국임업진흥원에서 추천하는 감정인을 선정해 달라고 하였고, 법원은 2015.4.8. 감정을 채택하면서 법원행정처 특수분야 전문가 명단에 등재되어 있던 피고인 1을 감정인으로 지정하였다.
3) 법원은 2015.5.21. 피고인 2 회사에 감정촉탁을 하였는데, 구체적인 감정사항은 ① 이 사건 산양삼에 대한 가격시점 당시 수량, ② 이 사건 산양삼의 품종, 원산지 등, ③ 이 사건 산양삼이 적정 수확기에 달할 경우 예상총수입의 현가액 등, ④ 이 사건 산양삼의 정당한 손실보상액이었다.
4) 한편 피고인 1은 2013.3.14. 법원행정처 특수분야 전문가 명단에 농업 분야 전문가로 등재되어 있었고, 그 무렵부터 법원으로부터 감정인으로 지정되어 2~3회 산양삼 등에 대한 감정을 수행한 적이 있었다.
5) 피고인 1은 공소사실 기재와 같이 표본 조사를 한 후 2015.7.15. 법원에 이 사건 산양삼에 대한 감정서를 제출하였다.

사실관계가 위와 같다면, 피고인들은 법원의 감정인 지정결정 및 감정촉탁을 받고 이 사건 산양삼의 수량, 품종, 원산지, 적정수확기 및 손실보상액에 대한 감정을 한 것으로, 그 실질적인 내용 중에 토지 등의 감정평가행위가 포함되어 있더라도 이는 법령에 근거한 법원의 적법한 결정 및 촉탁에 의한 것으로 형법 제20조의 정당행위에 해당하여 위법성이 조각된다고 봄이 타당하다.
그럼에도 원심은 그 판시와 같은 이유만으로 피고인들의 행위가 정당행위에 해당하지 않는다고 판단하였는바, 이러한 원심판단에는 형법 제20조정당행위에 관한 법리를 오해하여 판결에 영향을 미친 위법이 있다.

4. 결론

그러므로 원심판결을 파기하고 사건을 다시 심리・판단하도록 원심법원에 환송하기로 하여, 관여 대법관의 일치된 의견으로 주문과 같이 판결한다.

2. 금융기관・보험회사・신탁회사와 이에 준하는 공신력 있는 기관의 의뢰에 의한 감정평가 외에 널리 제3자의 의뢰에 의한 감정평가도 포함되는지 여부(적극)

▶ 대판 2021.9.30, 2019도3595[부동산가격공시 및 감정평가에 관한 법률위반]

【판시사항】

[1] 구 부동산 가격공시 및 감정평가에 관한 법률 제37조 제1항의 성실의무 등이 적용되는 감정평가업자의 업무 중 같은 법 제29조 제1항 제6호의 '금융기관・보험회사・신탁회사 등 타인의 의뢰에 의한 토지 등의 감정평가'에 금융기관・보험회사・신탁회사와 이에 준하는 공신력 있는 기관의 의뢰에 의한 감정평가외에 널리 제3자의 의뢰에 의한 감정평가도 포함되는지 여부(적극)

[2] 구 부동산 가격공시 및 감정평가에 관한 법률 제43조 제4호 위반죄의 성립 범위

[3] 구 부동산 가격공시 및 감정평가에 관한 법률 제46조 양벌규정에 따라 사용자인 법인 또는 개인을 처벌하는 취지 및 이때 사용자인 법인 또는 개인이 상당한 주의 또는 감독 의무를 게을리하였는지 판단하는 기준

【판결요지】

[1] 구 부동산 가격공시 및 감정평가에 관한 법률(2013.8.6. 법률 제12018호로 개정되기 전의 것, 이하 '구 부동산공시법'이라 한다) 제37조 제1항은 "감정평가업자는 제29조 제1항 각 호의 업무를 행함에 있어 품위를 유지하여야 하고, 신의와 성실로써 공정하게 감정평가를 하여야 하며, 고의 또는 중대한 과실로 잘못된 평가를 하여서는 아니 된다."라고 정하고 있고, 제43조 제4호는 "제37조 제1항의 규정을 위반하여 고의로 잘못된 평가를 한 자는 2년 이하의 징역 또는 3천만 원 이하의 벌금에 처한다."라고 정하고 있으며, 제46조는 법인 대표자 등의 위반행위에 대하여 법인을 처벌하는 양벌규정을 정하고 있다.

구 부동산공시법 제2조 제8호는 "감정평가업이라 함은 타인의 의뢰에 의하여 일정한 보수를 받고 토지 등의 감정평가를 업으로 행하는 것을 말한다."라고 정하고 있고, 제22조는 "감정평가사는 타인의 의뢰에 의하여 토지 등을 감정평가함을 그 직무로 한다."라고 정하고 있으며, 제29조 제1항 각 호는 감정평가업자가 행하는 업무에 대하여 구체적으로 열거하면서 그중 제6호로 '금융기관・보험회사・신탁회사 등 타인의 의뢰에 의한 토지 등의 감정평가'를 규정하고 있을 뿐 감정평가의뢰인을 금융기관・보험회사・신탁회사와 이에 준하는 공신력을 가진 기관으로 한정하지 않고 있다.

구 부동산공시법은 토지 등의 적정가격 형성을 도모하고 국토의 효율적 이용과 국민경제의 발전에 이바지함을 목적으로 감정평가업무가 가지는 공공적 성질을 감안하여 일정한 자격을 갖춘 감정평가업자(제27조에 따라 신고한 감정평가사와 제28조에 따라 인가를 받은 감정평가법인)만 감정평가업을 영위할 수 있도록 하고, 감정평가업자가 아닌 자가 감정평가업을 영위하는 경우를 형사처벌하고 있다(제43조 제2호). 또한 이 법률은 감정평가의 공정성과 합리성을 보장하기 위하여 감정평가업자가 준수하여야 할 원칙과 기준을 정하고(제31조), 감정평가업자에게 성실의무 등을 부과하면서 이를 위반하여 고의 또는 중대한 과실로 잘못된 평가를 하는 경우 징계 또는 형사처벌하고 있다(제42조의2, 제43조 제4호).

위와 같은 구 부동산공시법의 규정 내용과 체계, 입법 목적을 종합하면, 구 부동산공시법 제37조 제1항의 성실의무 등이 적용되는 감정평가업자의 업무 중 제29조 제1항 제6호의 '금융기관・보험회사・신탁회사 등 타인의 의뢰에 의한 토지 등의 감정평가'에는 금융기관・보험회사・신탁회사와 이에 준하는 공신력 있는 기관의 의뢰에 의한 감정평가뿐만 아니라 널리 제3자의 의뢰에 의한 감정평가도 모두 포함된다고 보아야 한다.

[2] 구 부동산 가격공시 및 감정평가에 관한 법률(2013.8.6. 법률 제12018호로 개정되기 전의 것) 제43조 제4호 위반죄는 같은 법 제31조에 따라 제정된 '감정평가에 관한 규칙' 등에서 정한 감정평가의 원칙과 기준에 어긋나거나 신의성실의 의무에 위배되는 방법으로 감정평가를 함으로써 그 결과가 공정성과 합리성을 갖추지 못한 모든 경우에 성립한다.

[3] 구 부동산 가격공시 및 감정평가에 관한 법률(2013.8.6. 법률 제12018호로 개정되기 전의 것) 제46조는 "법인의 대표자나 법인 또는 개인의 대리인, 사용인, 그 밖의 종업원이 그 법인 또는 개인의 업무에 관하여 제43조 또는 제44조의 위반행위를 하면 그 행위자를 벌하는 외에 그 법인 또는 개인에게도 해당 조문의 벌금형을 과한다. 다만 법인 또는 개인이 그 위반행위를 방지하기 위하여 해당 업무에 관하여 상당한 주의와 감독을 게을리하지 아니한 경우에는 그러하지 아니하다."라고 정하고 있다. 이러한 양벌규정에 따라 사용자인 법인 또는 개인을 처벌하는 것은 형벌의 자기책임 원칙에 비추어 위반행위가 발생한 그 업무와 관련하여 사용자인 법인 또는 개인이 상당한 주의 또는 감독 의무를 게을리한 과실이 있기 때문이다. 이때 사용자인 법인 또는 개인이 상당한 주의 또는 감독 의무를 게을리하였는지는 해당 위반행위와 관련된 모든 사정, 즉 법률의 입법 취지, 처벌조항 위반으로 예상되는 법익 침해의 정도, 그 위반행위에 관하여 양벌조항을 마련한 취지 등은 물론 위반행위의 구체적인 모습과 그로 인하여 실제 야기된 피해 또는 결과의 정도, 법인 또는 개인의 영업 규모, 행위자에 대한 감독가능성 또는 구체적인 지휘감독 관계, 법인 또는 개인이 위반행위 방지를 위하여 실제 행한 조치 등을 전체적으로 종합하여 판단해야 한다.

【참조조문】

[1] 구 부동산 가격공시 및 감정평가에 관한 법률(2013.8.6. 법률 제12018호로 개정되기 전의 것) 제1조, 제2조 제8호, 제22조, 제29조 제1항 제6호, 제31조, 제37조 제1항, 제42조의2, 제43조 제2호, 제4호, 제46조

[2] 구 부동산 가격공시 및 감정평가에 관한 법률(2013.8.6. 법률 제12018호로 개정되기 전의 것) 제31조, 제37조 제1항, 제43조 제4호

[3] 구 부동산 가격공시 및 감정평가에 관한 법률(2013.8.6. 법률 제12018호로 개정되기 전의 것) 제43조 제4호, 제46조

【참조판례】

[2] 대법원 2001.4.24. 선고 2001도361 판결
대법원 2003.6.24. 선고 2003도1869 판결

[3] 대법원 2010.4.29. 선고 2009도7017 판결

【전문】

【피고인】 피고인 1 외 3인

【상고인】 피고인들

【변호인】 법무법인(유한) 지평 외 2인

【원심판결】 서울고법 2019.2.12. 선고 2016노3226 판결

【주문】

상고를 모두 기각한다.

【이유】

상고이유(상고이유서 제출기간이 지난 다음 제출된 피고인 1, 피고인 2, 주식회사 피고인 3의 상고이유보충서는 이를 보충하는 범위에서)를 판단한다.

1. 피고인 1, 피고인 2, 주식회사 피고인 3(이하 '피고인 3 회사'라 한다)의 상고이유 주장

   가. 구「부동산 가격공시 및 감정평가에 관한 법률」(2013.8.6. 법률 제12018호로 개정되기 전의 것, 이하 '구 부동산공시법'이라 한다) 제46조, 제43조 제4호의 적용 범위에 관한 법리오해와 죄형법정주의 위반 여부

   구 부동산공시법 제37조 제1항은 "감정평가업자는 제29조 제1항 각 호의 업무를 행함에 있어 품위를 유지하여야 하고, 신의와 성실로써 공정하게 감정평가를 하여야 하며, 고의 또는 중대한 과실로 잘못된 평가를 하여서는 아니 된다."라고 정하고 있고, 제43조 제4호는 "제37조 제1항의 규정을 위반하여 고의로 잘못된 평가를 한 자는 2년 이하의 징역 또는 3천만원 이하의 벌금에 처한다."라고 정하고 있으며, 제46조는 법인 대표자 등의 위반행위에 대하여 법인을 처벌하는 양벌규정을 정하고 있다.

   구 부동산공시법 제2조 제8호는 "감정평가업이라 함은 타인의 의뢰에 의하여 일정한 보수를 받고 토지 등의 감정평가를 업으로 행하는 것을 말한다."라고 정하고 있고, 제22조는 "감정평가사는 타인의 의뢰에 의하여 토지 등을 감정평가함을 그 직무로 한다."라고 정하고 있으며, 제29조 제1항 각 호는 감정평가업자가 행하는 업무에 대하여 구체적으로 열거하면서 그중 제6호로 '금융기관・보험회사・신탁회사 등 타인의 의뢰에 의한 토지 등의 감정평가'를 규정하고 있을 뿐 감정평가의뢰인을 금융기관・보험회사・신탁회사와 이에 준하는 공신력을 가진 기관으로 한정하지 않고 있다.

   구 부동산공시법은 토지 등의 적정가격 형성을 도모하고 국토의 효율적 이용과 국민경제의 발전에 이바지함을 목적으로 감정평가업무가 가지는 공공적 성질을 감안하여 일정한 자격을 갖춘 감정평가업자(제27조에 따라 신고한 감정평가사와 제28조에 따라 인가를 받은 감정평가법인)만 감정평가업을 영위할 수 있도록 하고, 감정평가업자가 아닌 자가 감정평가업을 영위하는 경우를 형사처벌하고 있다(제43조 제2호). 또한 이 법률은 감정평가의 공정성과 합리성을 보장하기 위하여 감정평가업자가 준수하여야 할 원칙과 기준을 정하고(제31조), 감정평가업자에게 성실의무 등을 부과하면서 이를 위반하여 고의 또는 중대한 과실로 잘못된 평가를 하는 경우 징계 또는 형사처벌하고 있다(제42조의2, 제43조 제4호).

   위와 같은 구 부동산공시법의 규정 내용과 체계, 입법 목적을 종합하면, 구 부동산공시법 제37조 제1항의 성실의무 등이 적용되는 감정평가업자의 업무 중 제29조 제1항 제6호의 '금융기관・보험회사・신탁회사 등 타인의 의뢰에 의한 토지 등의 감정평가'에는 금융기관・보험회사・신탁회사와 이에 준하는 공신력 있는 기관의 의뢰에 의한 감정평가뿐만 아니라 널리 제3자의 의뢰에 의한 감정평가도 모두 포함된다고 보아야 한다.

   원심은 다음과 같은 이유로 이 사건 감정평가가 형사처벌의 대상이 아니라는 피고인들의 주장을 받아들이지 않았다. 구 부동산공시법 제43조 제4호는 감정평가업자가 수행하는 업무가 지니는 고유의 공적인 성질을 감안하여 감정평가업자가 해당 감정평가업무를 담당하게 된 원인관계 등과 상관없이 '제37조 제1항의 규정을 위반하여 고의로 잘못된 평가'를 한 경우
   이를 형사처벌의 대상으로 하고 있다. 그 감정평가업무가 민간임대주택의 분양전환가격을 결정하기 위한 감정평가라고 해서 달리 볼 수 없다.

원심판결의 이유를 관련 법리와 적법하게 채택된 증거에 비추어 살펴보면, 원심판결에 상고이유 주장과 같이 구 부동산공시법 제46조, 제43조 제4호의 적용 범위에 관한 법리를 오해하거나 죄형법정주의 원칙을 위반한 잘못이 없다.

나. 나머지 상고이유 주장

구 부동산공시법 제43조 제4호 위반죄는 같은 법 제31조에 따라 제정된 '감정평가에 관한 규칙' 등에서 정한 감정평가의 원칙과 기준에 어긋나거나 신의성실의 의무에 위배되는 방법으로 감정평가를 함으로써 그 결과가 공정성과 합리성을 갖추지 못한 모든 경우에 성립한다(대법원 2001.4.24. 선고 2001도361 판결, 대법원 2003.6.24. 선고 2003도1869 판결 등 참조).

구 부동산공시법 제46조는 "법인의 대표자나 법인 또는 개인의 대리인, 사용인, 그 밖의 종업원이 그 법인 또는 개인의 업무에 관하여 제43조 또는 제44조의 위반행위를 하면 그 행위자를 벌하는 외에 그 법인 또는 개인에게도 해당 조문의 벌금형을 과한다. 다만 법인 또는 개인이 그 위반행위를 방지하기 위하여 해당 업무에 관하여 상당한 주의와 감독을 게을리하지 아니한 경우에는 그러하지 아니하다."라고 정하고 있다. 이러한 양벌규정에 따라 사용자인 법인 또는 개인을 처벌하는 것은 형벌의 자기책임 원칙에 비추어 위반행위가 발생한 그 업무와 관련하여 사용자인 법인 또는 개인이 상당한 주의 또는 감독 의무를 게을리한 과실이 있기 때문이다. 이때 사용자인 법인 또는 개인이 상당한 주의 또는 감독 의무를 게을리하였는지는 해당 위반행위와 관련된 모든 사정, 즉 법률의 입법 취지, 처벌조항 위반으로 예상되는 법익 침해의 정도, 그 위반행위에 관하여 양벌조항을 마련한 취지 등은 물론 위반행위의 구체적인 모습과 그로 인하여 실제 야기된 피해 또는 결과의 정도, 법인 또는 개인의 영업 규모, 행위자에 대한 감독가능성 또는 구체적인 지휘감독 관계, 법인 또는 개인이 위반행위 방지를 위하여 실제 행한 조치 등을 전체적으로 종합하여 판단해야 한다(대법원 2010.4.29. 선고 2009도7017 판결 등 참조).

원심은 다음과 같은 이유로 이 사건 공소사실을 유죄로 인정한 제1심판결을 그대로 유지하였다. 피고인 1, 피고인 2는 피고인 4와 공모하여 (아파트명 생략) 아파트(이하 '이 사건 아파트'라 한다)의 공시가격, 임대보증금 가격, 거래사례 선정과 그에 따른 품등비교 등에 의하여 정상적으로 감정평가를 실시할 경우 공소외인이 요구하는 감정평가금액이 산정될 수 없음을 충분히 인식한 상태에서 공소외인으로부터 부정한 청탁을 받고 신의성실 의무에 위배되는 방법으로 이 사건 아파트에 대한 잘못된 감정평가를 하였다. 피고인 3 회사는 대표이사인 피고인 1과 소속 감정평가사인 피고인 2가 위와 같이 잘못된 감정평가를 하는 것에 대하여 이를 방지하기 위한 상당한 주의와 감독을 다하였다고 보기 어렵다.

원심판결 이유를 관련 법리와 적법하게 채택된 증거에 비추어 살펴보면, 원심판결에 논리와 경험의 법칙에 반하여 자유심증주의의 한계를 벗어나거나 구 부동산공시법 제43조 제4호위반죄의 성립, 제46조단서의 '상당한 주의와 감독'의 의미, 고의, 공모관계에 관한 법리를 오해한 잘못이 없다.

2. 피고인 4의 상고이유 주장

원심은 이 사건 공소사실을 유죄로 판단한 제1심판결을 그대로 유지하였다. 원심판결 이유를 관련 법리와 적법하게 채택된 증거에 비추어 살펴보면, 원심판결에 논리와 경험의 법칙에 반하여 자유심증주의의 한계를 벗어나거나 구 부동산공시법 제43조 제4호위반죄의 성립, 공모관계에 관한 법리를 오해한 잘못이 없다.

3. 결론

피고인들의 상고는 이유 없어 이를 모두 기각하기로 하여, 대법관의 일치된 의견으로 주문과 같이 판결한다.

3. 감정평가업자가 감정평가법인인 경우, 감정평가법인이 감정평가주체로서 감정평가 및 감정평가사에 관한 법률 제25조에 따라 부담하는 성실의무의 의미

▶ 대판 2021.10.28, 2020두41689[과징금부과처분취소청구]

【판시사항】

[1] 감정평가업자가 감정평가법인인 경우, 감정평가법인이 감정평가주체로서 구 부동산 가격공시 및 감정평가에 관한 법률 제37조 제1항에 따라 부담하는 성실의무의 의미

[2] 제재적 행정처분이 재량권의 범위를 일탈・남용하였는지 판단하는 방법

【판결요지】

[1] 구 부동산 가격공시 및 감정평가에 관한 법률(2016.1.19. 법률 제13796호 부동산 가격공시에 관한 법률로 전부 개정되기 전의 것) 제37조 제1항에 따르면, 감정평가업자(감정평가법인 또는 감정평가사사무소의 소속감정평가사를 포함한다)는 감정평가업무를 행함에 있어서 품위를 유지하여야 하고, 신의와 성실로써 공정하게 감정평가를 하여야 하며, 고의 또는 중대한 과실로 잘못된 평가를 하여서는 아니 된다. 한편 감정평가업자가 감정평가법인인 경우에 실질적인 감정평가업무는 소속 감정평가사에 의하여 이루어질 수밖에 없으므로, 감정평가법인이 감정평가의 주체로서 부담하는 성실의무란, 소속감정평가사에 대한 관리・감독의무를 포함하여 감정평가서 심사 등을 통해 감정평가과정을 면밀히 살펴 공정한 감정평가결과가 도출될 수 있도록 노력할 의무를 의미한다.

[2] 제재적 행정처분이 재량권의 범위를 일탈하였거나 남용하였는지는, 처분사유인 위반행위의 내용과 그 위반의 정도, 그 처분에 의하여 달성하려는 공익상의 필요와 개인이 입게 될 불이익 및 이에 따르는 제반 사정 등을 객관적으로 심리하여 공익침해의 정도와 처분으로 인하여 개인이 입게 될 불이익을 비교・교량하여 판단하여야 한다.

【참조조문】

구 부동산 가격공시 및 감정평가에 관한 법률(2016.1.19. 법률 제13796호 부동산 가격공시에 관한 법률로 전부 개정되기 전의 것) 제37조 제1항(현행 감정평가감정평가사에 관한 법률 제25조 제1항 참조) [2] 행정소송법 제1조[행정처분일반], 제27조

【참조판례】

대법원 2012.11.15. 선고 2011두31635 판결
대법원 2015.12.10. 선고 2014두5422 판결

【전문】

【원고, 상고인】 주식회사 ○○감정평가법인 (소송대리인 변호사 임시규 외 3인)

【피고, 피상고인】 국토교통부장관 (소송대리인 법무법인 명륜 담당변호사 임형욱)

【원심판결】 서울고법 2020.6.11. 선고 2019누47331 판결

【주문】

상고를 기각한다. 상고비용은 원고가 부담한다.

【이유】

상고이유(상고이유서 제출기간이 경과한 후에 제출된 상고이유보충서의 기재는 상고이유를 보충하는 범위에서)를 판단한다.

1. 상고이유 제1, 3점에 관하여
구「부동산 가격공시 및 감정평가에 관한 법률」(2016.1.19. 법률 제13796호로 전부 개정되기 전의 것, 이하 '구 부동산공시법'이라고 한다) 제37조 제1항에 의하면, 감정평가업자(감정평가법인 또는 감정평가사사무소의 소속감정평가사를 포함한다)는 감정평가업무를 행함에 있어서 품위를 유지하여야 하고, 신의와 성실로써 공정하게 감정평가를 하여야 하며, 고의 또는 중대한 과실로 잘못된 평가를 하여서는 아니 된다. 한편 감정평가업자가 감정평가법인인 경우에 실질적인 감정평가업무는 소속감정평가사에 의하여 이루어질 수밖에 없으므로, 감정평가법인이 감정평가의 주체로서 부담하는 성실의무란, 소속감정평가사에 대한 관리·감독의무를 포함하여 감정평가서 심사 등을 통해 감정평가과정을 면밀히 살펴 공정한 감정평가결과가 도출될 수 있도록 노력할 의무를 의미한다고 보아야 한다.
원심은 위와 같은 취지에서 판시와 같은 이유를 들어, 원고 소속감정평가사 소외인의 이 사건 감정평가는 구 부동산공시법 제37조 제1항의 '잘못된 평가'에 해당하고, 원고가 이 사건 감정평가와 관련하여 소속감정평가사 소외인을 관리·감독할 의무를 성실히 이행하였다거나, 이 사건 감정평가서의 심사단계에서 기울여야 할 주의의무를 다하였다고 볼 수 없으므로, 원고는 구 부동산공시법 제37조 제1항의 성실의무를 위반하였다고 판단하였다.
앞서 본 법리와 기록에 비추어 살펴보면, 원심의 위와 같은 판단은 정당하고, 거기에 상고이유 주장과 같이 구 부동산공시법 제37조 제1항의 성실의무의 적용범위에 관한 법리를 오해하거나 필요한 심리를 다하지 않은 채 논리와 경험칙에 반하여 자유심증주의의 한계를 벗어나는 등으로 판결에 영향을 미친 잘못이 없다.

2. 상고이유 제2점에 관하여
원심은 판시와 같은 이유를 들어, 구 부동산 가격공시 및 감정평가에 관한 법률(2013.8.6. 법률 제12018호로 일부 개정되기 전의 것, 이하 '구 부동산공시법'이라고 한다) 제42조의3에 따라 감정평가법인에 대하여 과징금을 부과하는 경우에는 징계위원회의 의결을 반드시 거칠 필요가 없다고 보아, 징계위원회의 의결을 거치지 않은 이 사건 처분에 절차적 하자가 있다는 원고의 주장을 배척하였다.
관련 법리와 기록에 비추어 살펴보면, 원심의 위와 같은 판단은 정당하고, 거기에 상고이유 주장과 같이 구 부동산공시법 제42조의2 제1항의 적용범위에 관한 법리를 오해하는 등으로 판결에 영향을 미친 잘못이 없다.

3. 상고이유 제4점에 관하여
제재적 행정처분이 재량권의 범위를 일탈하였거나 남용하였는지 여부는, 처분사유인 위반행위의 내용과 그 위반의 정도, 그 처분에 의하여 달성하려는 공익상의 필요와 개인이 입게 될 불이익 및 이에 따르는 제반 사정 등을 객관적으로 심리하여 공익침해의 정도와 처분으로 인하여 개인이 입게 될 불이익을 비교·교량하여 판단하여야 한다(대법원 2015.12.10. 선고 2014두5422 판결 등 참조).
원심판결 이유에 의하면, 원심은 채택 증거들에 의하여 인정되는 판시와 같은 사정들, 즉 ① 원고는 신의성실의무에 위반하여 불공정한 이 사건 감정평가를 하였고, 이 사건 감정평가의 규모, 감정평가의 잘못된 정도 및 그 경위, 이에 대한 원고의 귀책 정도 등에 비추어 보면, 원고에 대하여 과징금을 부과할 필요성이 충분한 점, ② 피고는 과징금의 액수 산정에 있어 원고가 주장하는 여러 유리한 사정들을 참작하여 과징금의 액수를 이미 상당 부분 감액한 점, ③ 감정평가법인이 소속감정평가사의 관리·감독 의무를 소홀히 하였을 경우에도 피고가 이에 대한 제재처분을 하지 않는 지침을 되풀이 시행함으로써 이에 관한 행정관행이 이룩되었다고 보기에는 부족한 점 등에 비추어 보면, 이 사건 처분이 그 공익상의 필요에 비하여 원고에게 지나치게 가혹한 것으로서 재량권을 일탈·남용하였다고 보기 어렵다고 판단하였다.

앞서 본 법리와 기록에 비추어 살펴보면, 원심의 위와 같은 판단은 정당하고, 거기에 상고이유 주장과 같이 재량권 일탈·남용에 관한 법리를 오해하는 등으로 판결에 영향을 미친 잘못이 없다.

4. 결론

그러므로 상고를 기각하고, 상고비용은 패소자가 부담하도록 하여, 관여 대법관의 일치된 의견으로 주문과 같이 판결한다.

01 기출문제

» 기출문제(제2회 2번)

「감정평가 및 감정평가사에 관한 법률」상 감정평가법인등의 성실의무와 책임을 설명하시오. **30점**

» 기출문제(제6회 3번)

「부동산 가격공시에 관한 법률」이 규정하고 있는 부동산가격공시위원회의 구성과 권한을 설명하시오. **30점**

» 기출문제(제10회 2번)

토지수용위원회, 부동산가격공시위원회, 보상협의회를 비교 논술하시오. **20점**

» 기출문제(제9회 3번)

토지소유자 A는 감정평가법인 B에게 소유부동산의 감정평가를 의뢰하고, B는 이를 접수하여 소속 감정평가사인 C로 하여금 감정평가업무에 착수하게 하였다. 이 경우 다음 사항을 설명하시오. **20점**

(1) A와 B의 법률관계의 성질 및 내용은?

(2) A가 국토교통부장관이고 C의 업무 내용이 표준지공시지가의 조사·평가라면 A와 B의 법률관계와 C의 법적 지위는?

» 기출문제(제11회 2번)

감정의뢰인 甲은 감정평가사 乙이 고의로 자신의 토지를 잘못 평가하였음을 주장하여 국토교통부장관에게 乙에 대한 제재조치를 요구하였다. 이에 따라 국토교통부장관은 「감정평가 및 감정평가사에 관한 법률」상의 권한을 행사하여 일정한 제재조치를 취하고자 한다. 이 경우에 국토교통부장관이 취할 수 있는 절차와 구체적 제재조치 내용을 설명하시오. **30점**

» 기출문제(제12회 4번)

「감정평가 및 감정평가사에 관한 법률」 제28조의 규정에 의한 감정평가법인등의 손해배상책임에 대하여 설명하시오. **10점**

» 기출문제(제14회 4번)

감정평가사 A가 그 자격증을 자격이 없는 사람에게 양도 또는 대여한 것에 대하여 국토교통부장관은 「감정평가 및 감정평가사에 관한 법률」 제27조를 위반한 이유로 그 자격을 취소하였다. 그에 대하여 구제받을 수 있는지를 설명하시오. **20점**

≫ 기출문제(제15회 2번)

국토교통부장관이 「감정평가 및 감정평가사에 관한 법률」을 위반한 감정평가법인에게 업무정지 3개월의 처분을 행하였다. 이에 대응하여 해당 법인은 위 처분에는 이유가 제시되어 있지 않아 위법하다고 하면서 업무정지처분취소소송을 제기하였다. 그러나 국토교통부장관은 (1) 감정평가법에 청문규정만 있을 뿐 이유제시에 관한 규정이 없고, (2) 취소소송 심리 도중에 이유를 제시한 바 있으므로 그 흠은 치유 내지 보완되었다고 주장한다. 이 경우 국토교통부장관의 주장에 관하여 검토하시오. **30점**

≫ 기출문제(제16회 2번)

감정평가사 甲은 감정평가를 함에 있어 감정평가준칙을 준수하지 아니하였음을 이유로 국토교통부장관으로부터 2개월의 업무정지처분을 받았다. 이에 甲은 처분의 효력발생일로부터 2개월이 경과한 후 제소기간 내에 국토교통부장관을 상대로 업무정지처분취소소송을 제기하였다. 甲에게 소의 이익이 있는지의 여부를 판례의 태도에 비추어 설명하시오(「감정평가 및 감정평가사에 관한 법률 시행령」 제29조 [별표 3]은 업무정지처분을 받은 감정평가사가 1년 이내에 다시 업무정지의 사유에 해당하는 위반행위를 한 때에는 가중하여 제재처분을 할 수 있도록 규정하고 있다). **30점**

≫ 기출문제(제17회 2번)

감정평가법인등 甲은 「감정평가 및 감정평가사에 관한 법률」 제25조 성실의무 위반을 이유로 같은 법 제32조 제1항 제11호에 의하여 2006년 2월 1일 국토교통부장관으로부터 등록취소처분을 통보받았다. 이에 甲은 국토교통부장관이 등록취소 시 같은 법 제45조에 의한 청문을 실시하지 않은 것을 이유로 2006년 8월 1일 등록취소처분에 대한 무효확인소송을 제기하였다. 甲의 소송은 인용될 수 있는가? **30점**

≫ 기출문제(제18회 2번)

감정평가법인등의 성실의무와 그 의무이행확보수단을 기술한 후 이들 각 수단의 법적 성질을 비교·검토하시오. **30점**

≫ 기출문제(제20회 3번)

「감정평가 및 감정평가사에 관한 법률 시행령」 제29조 [별표 3](감정평가법인등의 설립인가의 취소와 업무의 정지에 관한 기준)은 재판규범성이 인정되는지의 여부를 설명하시오. **25점**

≫ 기출문제(제21회 3번)

감정평가법인등 P와 건설업자 Q는 토지를 평가함에 있어 친분관계를 고려하여 Q에게 유리하게 평가하였다. 국토교통부장관은 P의 행위가 「감정평가 및 감정평가사에 관한 법률」을 위반하였다고 판단하여 과징금, 벌금, 또는 과태료의 부과를 검토하고 있다. **30점**

(1) 과징금, 벌금, 과태료의 법적 성질을 비교하여 설명하시오. **20점**

(2) 국토교통부장관은 과징금과 벌금을 중복하여 부과하고자 한다. 중복부과처분의 적법성에 관하여 판단하시오. **10점**

≫ 기출문제(제22회 2번)

다음 각각의 사례에 대하여 답하시오. **30점**

(1) 국토교통부장관은 감정평가법인등 갑에 대하여 법령상 의무위반을 이유로 6개월의 업무정지처분을 하였다. 갑은 업무정지처분취소소송을 제기하였으나, 기각되었고 동 기각판결은 확정되었다. 이에 갑은 위 처분의 위법을 계속 주장하면서 이로 인한 재산상 손해에 대해 국가배상청구소송을 제기하였다. 이 경우 업무정지처분취소소송의 위법성 판단과 국가배상청구소송의 위법성 판단의 관계를 설명하시오. **20점**

(2) 감정평가법인등 을은 국토교통부장관에게 감정평가사 갱신등록을 신청하였으나, 거부당하였다. 그런데 을은 갱신등록거부처분에 앞서 거부사유와 법적 근거, 의견제출의 가능성 등을 통지받지 못하였다. 위 갱신등록거부처분의 위법성 여부를 검토하시오. **10점**

» 기출문제(제23회 3번)

20년 이상 감정평가업에 종사하고 있는 감정평가사 甲은 2년 전에 국토교통부장관 乙의 인가를 받아 50명 이상의 종업원을 고용하는 감정평가법인을 설립하였다. 그 후 乙은 甲이 정관을 거짓으로 작성하는 등 부정한 방법으로 감정평가법인의 설립인가를 받았다는 이유로, 「감정평가 및 감정평가사에 관한 법률」 제32조 제1항 제13호에 따라 설립인가를 취소하였다. 甲은 乙의 인가취소가 잘못된 사실관계에 기초한 위법한 처분이라는 이유로 취소소송을 제기하면서 집행정지신청을 하였다. 甲의 집행정지신청의 인용 여부를 논하시오. **20점**

» 기출문제(제24회 3번)

乙은 감정평가사 甲이 감정평가업무를 행하면서 고의로 잘못된 평가를 하였다는 것을 이유로, 「감정평가 및 감정평가사에 관한 법률」 제32조 제1항 제11호 및 동법 시행령 제29조 [별표 3]에 따라 6개월의 업무정지처분을 하였고, 乙은 이에 불복하여 취소소송을 제기하였다. 소송의 계속 중에 6개월의 업무정지기간이 만료하였다. 甲은 위 취소소송을 계속할 이익이 인정되는가? **20점**

» 기출문제(제25회 3번)

법원으로부터 근저당권에 근거한 경매를 위한 감정평가를 의뢰받은 감정평가사 乙이 감정평가 대상토지의 착오로 실제 대상토지의 가치보다 지나치게 낮게 감정평가액을 산정하였다. 토지소유자인 甲이 이에 대해 이의를 제기하였음에도 경매담당 법관 K는 乙의 감정평가액을 최저입찰가격으로 정하여 경매절차를 진행하였으며, 대상토지는 원래의 가치보다 결국 낮게 丙에게 낙찰되어 甲은 손해를 입게 되었다. 甲이 법관의 과실을 이유로 국가배상을 청구할 경우 이 청구의 인용가능성을 검토하시오. **20점**

» 기출문제(제27회 4번)

국토교통부장관은 감정평가법인등 甲이 「감정평가 및 감정평가사에 관한 법률」(이하 '감정평가법'이라 함) 제10조에 따른 업무범위를 위반하여 업무를 행하였다는 이유로 甲에게 3개월 업무정지처분을 하였다. 甲은 이러한 처분에 불복하여 취소소송을 제기하였으나 소송계속 중 3개월의 정지기간이 경과되었다. 감정평가법 제32조 제5항에 근거하여 제정된 감정평가법 시행령 제29조 [별표 3] '감정평가법인등의 설립인가의 취소와 업무의 정지에 관한 기준'에 따르면, 위 위반행위의 경우 위반횟수에 따라 가중처분을 하도록 규정하고 있다(1차 위반 시 업무정지 3개월, 2차 위반 시 업무정지 6개월, 3차 위반 시 업무정지 1년). 甲은 업무정지처분의 취소를 구할 법률상 이익이 있는가? **10점**

» 기출문제(제29회 2번)

甲은 2014.3.경 감정평가사 자격을 취득한 후, 2015.9.2.부터 2017.8.3.까지 '乙 감정평가법인'의 소속 감정평가사였다. 또한 甲은 2015.7.7.부터 2017.4.30.까지 '수산업협동조합 중앙회(이하 '수협'이라 함)에서 상근계약직으로 근무하였다. 관할 행정청인 국토교통부장관 A는 甲이 위와 같이 수협에 근무하면서 일정기간 동안 동시에 乙 감정평가법인에 등록하여 소속을 유지하는 방법으로 감정평가사 자격증을 대여하거나 부당하게 행사했다고 봄이 상당하여, 「감정평가 및 감정평가사에 관한 법률」(이하 '감정평가법'이라 함) 제27조가 규정하는 명의대여 등의 금지 또는 자격증 부당행사 금지에 위반하였다는 것을 이유로 징계처분을 내리고자 한다. 다음 물음에 답하시오. **30점**

(1) 국토교통부장관 A가 甲에 대하여 위와 같은 사유로 감정평가법령상의 징계를 하고자 하는 경우, 징계절차에 관하여 설명하시오. **20점**

(2) 위 징계절차를 거쳐 국토교통부장관 A는 甲에 대하여 3개월간의 업무정지 징계처분을 하였고, 甲은 해당 처분이 위법하다고 보고 관할법원에 취소소송을 제기하였다. 이 취소소송의 계속 중 국토교통부장관 A는 해당 징계처분의 사유로 감정평가법 제27조의 위반사유 이외에, 징계처분 당시 甲이 국토교통부장관에게 등록을 하지 아니하고 감정평가업무를 수행하였다는 동법 제17조의 위반사유를 추가하는 것이 허용되는가? **10점**

» 기출문제(제32회 3번)

감정평가사 甲과 乙은 「감정평가 및 감정평가사에 관한 법률」에 따른 감정평가준칙을 위반하여 감정평가를 하였음을 이유로 업무정지처분을 받게 되었으나, 국토교통부장관은 그 업무정지처분이 「부동산 가격공시에 관한 법률」에 따른 표준지공시지가 공시 등의 업무를 정상적으로 수행하는 데에 지장을 초래할 우려가 있음을 들어, 2021.4.1. 甲과 乙에게 업무정지처분을 갈음하여 각 3천만원의 과징금을 부과하였다. 다음 물음에 답하시오. **20점**

(1) 甲은 부과된 과징금이 지나치게 과중하다는 이유로 국토교통부장관에게 이의신청을 하였고, 이에 대해서 국토교통부장관은 2021.4.30. 甲에 대하여 과징금을 2천만원으로 감액하는 결정을 하였다. 甲은 감액된 2천만원의 과징금도 과중하다고 생각하여 과징금부과처분의 취소를 구하는 소를 제기하고자 한다. 이 경우 甲이 취소를 구하여야 하는 대상은 무엇인지 검토하시오. **10점**

(2) 乙은 2021.6.1. 자신에 대한 3천만원의 과징금부과처분의 취소를 구하는 소를 제기하였다. 이에 대한 심리 결과 법원이 적정한 과징금의 액수는 1천 5백만원이라고 판단하였을 때, 법원이 내릴 수 있는 판결의 내용에 관하여 검토하시오. **10점**

» 기출문제(제32회 4번)

「감정평가 및 감정평가사에 관한 법률」 제25조에 따른 감정평가법인등의 '성실의무 등'의 내용을 서술하시오. **10점**

» 기출문제(제33회 3번)

감정평가사 甲은 A감정평가법인(이하 'A법인'이라 함)에 형식적으로만 적을 두었을 뿐 A법인에서 감정평가사 본연의 업무를 전혀 수행하지 않았고 그 법인의 운영에도 관여하지 않았다. 이에 대해 국토교통부장관은 감정평가관리·징계위원회의 의결에 따라 사전통지를 거쳐 감정평가사 자격취소처분을 하였다. 처분사유는 '甲이 A법인에 소속만 유지할 뿐 실질적으로 감정평가업무에 관여하지 아니하는 방법으로 감정평가사의 자격증을 대여하였다'는 것이었고, 그 법적 근거로 감정평가 및 감정평가사에 관한 법률 (이하 '감정평가법'이라 함) 제27조 제1항, 제39조 제1항 단서 및 제2항 제1호가 제시되었다. 甲은 사전통지서에 기재된 의견제출 기한 내에 청문을 신청하였으나 국토교통부장관은 '감정평가법 제13조 제1항 제1호에 따라 감정평가사 자격취소를 하려면 청문을 실시하여야 한다는 규정이 있지만, 명의대여를 이유로 하는 감정평가사 자격취소의 경우에는 청문을 실시하여야 한다는 규정이 없을 뿐 아니라 청문을 실시할 필요도 없다'는 이유로 청문을 실시하지 않았다. 甲에 대한 감정평가사 자격취소처분이 적법한지 설명하시오. **20점**

※ 참조 조문

〈감정평가 및 감정평가사에 관한 법률〉

제13조(자격의 취소)

① 국토교통부장관은 감정평가사가 다음 각 호의 어느 하나에 해당하는 경우에는 그 자격을 취소하여야 한다.

1. 부정한 방법으로 감정평가사의 자격을 받은 경우
2. 제39조 제2항 제1호에 해당하는 징계를 받은 경우

제27조(명의대여 등의 금지)

① 감정평가사 또는 감정평가법인등은 다른 사람에게 자기의 성명 또는 상호를 사용하여 제10조에 따른 업무를 수행하게 하거나 자격증 · 등록증 또는 인가증을 양도 · 대여하거나 이를 부당하게 행사하여서는 아니 된다.

제39조(징계)

① 국토교통부장관은 감정평가사가 다음 각 호의 어느 하나에 해당하는 경우에는 제40조에 따른 감정평가관리 · 징계위원회의 의결에 따라 제2항 각 호의 어느 하나에 해당하는 징계를 할 수 있다. 다만, 제2항 제1호에 따른 징계는 제11호, 제12호에 해당하는 경우 및 제27조를 위반하여 다른 사람에게 자격증 · 등록증 또는 인가증을 양도 또는 대여한 경우에만 할 수 있다. 〈개정 2023.5.9.〉

9. 제25조, 제26조 또는 제27조를 위반한 경우

② 감정평가사에 대한 징계의 종류는 다음과 같다.

1. 자격의 취소
2. 등록의 취소
3. 2년 이하의 업무정지
4. 견책

제45조(청문)

국토교통부장관은 다음 각 호의 어느 하나에 해당하는 처분을 하려는 경우에는 청문을 실시하여야 한다.

1. 제13조 제1항 제1호에 따른 감정평가사 자격의 취소
2. 제32조 제1항에 따른 감정평가법인의 설립인가 취소

≫ 기출문제(제33회 4번)

「감정평가 및 감정평가사에 관한 법률」상 감정평가법인등의 손해배상책임의 성립요건에 관하여 설명하시오. **10점**

» 기출문제(34회 3번)

(문제3) **20점**

A감정평가법인(이하 'A법인'이라 함)에 근무하는 B감정평가사(이하 'B'라 함)는 2020. 4.경 갑 소유의 토지 (이하 '갑 토지'라 함)를 감정평가하면서 甲 토지와 이용가치가 비슷하다고 인정되는 부동산 가격공시에 관한 법률에 따른 표준지공시지가를 기준으로 감정평가를 하지도 않았고 적정한 실거래가보다 3배 이상 차이가 나는 금액으로 甲 토지를 감정평가하였다. 그러나 그 사실은 3년여가 지난 후 발견되었고 이에 따라 국토교통부장관은 감정평가관리・징계위원회(이하 '위원회'라 함)에 징계의결을 요구하였으며 위원회는 3개월의 업무정지를 의결하였고, 국토교통부장관은 위원회의 의결에 따라 2023.7.10. B에 대해서 3개월의 업무정지처분(2023.8.1.부터)을 결정하였으며 A법인과 B에게 2023.7.10. 위 징계사실을 통보하였다. 이에 B는 위 징계가 위법하다는 이유로 2023.7.14. 취소소송을 제기하면서 집행정지를 신청하였다. 집행정지의 인용가능성과 본안에서 B의 청구가 기각되는 경우 징계의 효력과 국토교통부장관이 취해야 할 조치에 관하여 설명하시오. **20점**

» 기출문제(제34회 4번)

(문제4) **10점**

감정평가 및 감정평가사에 관한 법률 제21조에 따른 '사무소 개설 등'에 관하여 설명하시오. **10점**

» 기출문제(제35회 3번)

(문제3) A감정평가법인(이하 'A법인'이라 함)은 B민간임대아파트 분양전환대책위원회(이하 'B대책위원회'라 함)와의 용역계약에 따라 해당 아파트의 분양전환 가격산정을 위한 감정평가서를 제출하였다. B대책위원회는 임대 사업자 X의 의뢰를 받은 Y감정평가법인의 감정평가 결과와 A법인의 감정평가 결과가 크게 차이가 나자 국토교통부장관에게 각 감정평가에 대한 타당성조사 실시를 요청하였고, 국토교통부장관은 한국감정원으로 하여금 타당성조사를 실시하도록 하였다. 한국감정원은 B임대아파트 분양 전환 가격산정을 위한 감정평가가 모두 부적정하다는 타당성조사 결과를 국토교통부장관에게 통지하였다. 다음 물음에 답하시오. **20점**

(물음1) 국토교통부장관은 타당성조사 결과에 근거하여 고의로 잘못된 평가를 한 A법인 소속 감정평가사 甲에 대하여 업무정지 6개월의 징계처분을 하였다. 이에 불복한 甲이 징계처분취소소송을 제기하였는바, 법원은 해당 징계 처분을 업무정지 3개월의 징계처분으로 감경하는 판결을 할 수 있는지에 관하여 설명하시오. **10점**

(물음2) 국토교통부장관은 고의로 잘못된 평가를 한 甲이 소속된 A법인에 대하여 성실 의무에 위반하였다는 사유로 과징금부과처분을 하였다. A법인은 자신이 부담하여야 하는 성실의무를 충실히 이행하였다고 주장하며 과징금부과처분에 불복하고자 한다. 이때 A법인이 부담하는 성실의무의 내용을 설명하시오. **10점**

PART 05

도시 및 주거환경정비법 주요 쟁점 및 보상평가

PART 05

도시 및 주거환경정비법 주요 쟁점 및 보상평가

제1절 도시 및 주거환경정비법상 조합설립인가

> ≫ 감정평가 및 보상법규 기출문제 제25회 1번
>
> [문제1] S시의 시장 A는 K구의 D지역(주거지역)을 「도시 및 주거환경정비법」(이하 "도정법"이라 함)상 정비구역으로 지정·고시하였다. 그러자 이 지역의 주민들은 조합을 설립하여 주택재개발사업을 추진하기 위해 도정법에서 정한 절차에 따라 조합설립추진위원회를 구성하였고, 동 추진위원회는 도정법 제16조의 규정에 의거하여 D지역의 일정한 토지등소유자의 동의, 정관, 공사비 등 정비사업에 드는 비용과 관련된 자료 등을 첨부하여 A로부터 X조합설립인가를 받아 등기하였다. X조합은 조합총회를 개최하고 법 소정의 소유자 동의 등을 얻어 지정개발자로서 Y를 사업시행자로 지정하였다. 다음 물음에 답하시오. 40점
>
> (1) D지역의 토지소유자 중 甲이 "추진위원회가 주민의 동의를 얻어 X조합을 설립하는 과정에서 '건설되는 건축물의 설계의 개요' 등에 관한 항목 내용의 기재가 누락되었음에도 이를 유효한 동의로 처리하여 조합설립행위에 하자가 있다."고 주장하며 행정소송으로 다투려고 한다. 이 경우 조합설립인가의 법적 성질을 검토한 다음, 이에 기초하여 쟁송의 형태에 대해 설명하시오. 20점

Ⅰ. 조합설립인가의 개념

도시 및 주거환경정비법(도정법)은 정비사업을 원활히 추진하기 위해 사업시행자 조직으로서 조합을 설립할 수 있도록 규정하고 있다. 조합설립인가란, 토지 등 소유자들이 정비사업조합을 설립하기 위해 필요한 요건을 충족한 후 관할 행정청의 인가를 받는 절차를 말한다. 조합설립인가가 이루어지면 해당 조합은 법인격을 가지며, 정비사업의 시행 주체로서 권리와 의무를 수행할 수 있게 된다(도정법 제39조).

Ⅱ. 조합설립인가의 법적 성질

1. 문제의 소재

조합설립행위에 하자가 있는 경우에 조합설립행위(결의)에 대한 효력을 다투는 소송을 제기하여야 하는가, 그렇지 않으면 설립행위(결의)의 하자를 이유로 조합설립인가처분의 효력을 다투는 소송을 제기하여야 하는가가 쟁점이다. 이는 조합설립인가의 법적 성질과 관련되는 문제로 이에 대한 법적 성질과 쟁송형태를 검토하고자 한다. 특히 대법원은 '조합설립인가처분은 단순히 사인들의 조합설립행위에 대한 보충행위로서의 성질을 갖는 것에 그치는 것이 아니라 법령상 요건을 갖출 경우 도시정비법상 주택재개발사업을 시행할 수 있는 권한을 갖는 행정주체(공법인)로서의 지위를 부여하는 일정의 설권적 처분의 성격을 갖는다'고 판시하고 있는 바, 최근 대법원 판례를 통해 문제를 해결하고자 한다.

2. 학설의 대립

① 강학상 특허로 보아야 한다는 견해

정비조합은 정비사업의 시행자이므로 정비사업을 위해 필요한 각종 사업시행계획 및 관리처분계획의 수립등 행정처분을 하는 등 행정주체로서의 지위를 가지는 점을 고려하면 조합설립인가란 법정 동의요건을 창립총회를 통해 조합으로서의 실체가 형성되면, 행정청이 그 법정요건의 충족 여부를 심사하는 공법인으로서 등기할 수 있는 자격과 행정주체(사업시행자)로서의 지위를 부여하는 설권적 행정행위로 특허라고 보아야 한다는 견해이다.

② 강학상 인가로 보아야 한다는 견해

조합설립인가에 관하여 학설은 인가요건 외에도 등기라는 또 하나의 요건을 갖추처야 하고, 조합과 조합원들 사이의 구체적인 권리, 의무는 기본행위인 조합설립행위(정관작성행위)에서 나오는 것이고, 관할 행정청의 인가처분 자체에서 나오는 것이 아니라는 점을 종합하면 인가는 보충행위, 즉 강학상 인가라고 보아야 한다는 견해이다.

3. 대법원 판례의 태도

재개발조합설립인가신청에 대한 행정청의 조합설립인가처분은 단순히 사인(사인)들의 조합설립행위에 대한 보충행위로서의 성질을 가지는 것이 아니라 법령상 일정한 요건을 갖추는 경우 행정주체(공법인)의 지위를 부여하는 일종의 설권적 처분의 성질을 가진다고 보아야 한다. 그러므로 구 도시 및 주거환경정비법(2007.12.21. 법률 제8785호로 개정되기 전의 것)상 재개발조합설립인가신청에 대하여 행정청의 조합설립인가처분이 있은 이후에는, 조합설립동의에 하자가 있음을 이유로 재개발조합 설립의 효력을 부정하려면 항고소송으로 조합설립인가처분의 효력을 다투어야 한다(대법원 2010.1.28. 선고 2009두4845 판결[재개발정비사업조합설립인가처분무효확인]).

4. 소결

조합설립인가를 기본행위에 대한 보충행위(강학상 인가)가 아닌 설권적 처분(강학상 특허)으로 보면, 해당 행정처분이 취소되거나 그 하자가 중대 명백하여 당연무효로 되지 않는 한, 처분의 전제가 된 행위가 무효로 되는다는 사정만으로 해당 행정처분이 당연히 실효되는 것은 아니므로 법적 안정성 저해문제는 해소될 수 있다. 또한 처분의 요건이 된 행위의 하자는 곧 행정처분의 하자로서 해당 행정처분에 대한 취소사유로 주장할 수 있으므로 하자의 구별 곤란 문제도 발생하지 않는다는 점에서 강학상 특허로 보는 것이 타당하다고 생각된다.

III. 권리구제 방법론

1. 조합설립인가를 특허로 본다면, 조합설립행위(결의)는 조합인가처분이라는 행정처분을 하는 데 필요한 요건 중 하나에 불과한 것이어서, 조합설립행위(결의)에 하자가 있다면 그 하자를 이유로 직접 항고소송의 방법으로 조합설립인가처분의 취소 등으로 불복하여야 한다고 생각된다.
2. 다만 강학상 인가로 보는 견해에 따르면 기본행위의 하자가 있는 경우에는 민사소송을 통하여 기본행위의 효력을 다툴 수 있을 것으로 판단된다.

제2절 도정법상 이전고시에 따른 수용재결 취소 여부

» 감정평가 및 보상법규 기출문제 제33회 1번

[문제1] X는 도시 및 주거환경정비법 (이하 '도시정비법'이라 함)에 따른 재개발 정비사업조합이고, 甲은 X의 조합원으로서, 해당 정비사업구역 내에 있는 A토지와 B토지의 소유자이다. A토지와 B토지는 연접하고 있고 그 지목이 모두 대(垈)에 해당하지만, A토지는 사도법에 따른 사도가 아닌데도 불특정 다수인의 통행에 장기간 제공되어 왔고, B토지는 甲이 소유한 건축물의 부지로서 그 건축물의 일부에 임차인 乙이 거주하고 있다. X는 도시정비법 제72조 제1항에 따라 분양신청기간을 공고하였으나 甲은 그 기간 내에 분양신청을 하지 않았다. 이에 따라 X는 甲을 분양대상자에서 제외하고 관리처분계획을 수립하여 인가를 받았고, 그에 불복하는 행정심판이나 행정소송은 없었다. X는 도시정비법 제73조 제1항에 따른 甲과의 보상협의가 이루어지지 않자 A토지와 B토지에 관하여 관할 토지수용위원회에 수용재결을 신청하였고, 관할 토지수용위원회는 A토지와 B토지를 수용한다는 내용의 수용재결을 하였다. 다음 물음에 답하시오. **40점**

(1) 甲이 수용재결에 대한 취소소송을 제기하면서, 'X가 도시정비법 제72조 제1항에 따라 분양신청기간과 그 기간 내에 분양신청을 할 수 있다는 취지를 명백히 표시하여 통지하여야 하는데도 이러한 절차를 제대로 거치지 않았다'고 주장할 경우에, 甲의 주장이 사실이라면 법원은 그것을 이유로 수용재결을 취소할 수 있는지 설명하시오(단, 사실심 변론종결 전에 도시정비법에 따른 이전고시가 효력을 발생한 경우와 그렇지 않은 경우를 구분하여 설명할 것). **10점**

Ⅰ. 논점의 정리

해당 문제는 도시 및 주거환경정비법(이하 '도정법')상 재개발 정비구역내 재개발조합 X와 조합원 甲이 소유하고 있는 A토지와 B토지에 대한 공익사업을 위한 토지등의 취득 및 보상에 관한 법률(이하 '토지보상법')상 수용재결에 대하여 수용재결을 취소를 할 수 있는지 여부를 묻고 있다. 물음의 단서조항에 사실심 별론 종결 전에 도정법에 따른 이전고시가 효력을 발생한 경우와 이전고시의 효력이 발생하지 않은 경우를 나누어 검토해 하기로 한다.

Ⅱ. 수용재결의 의의 및 이전고시의 의의

1. 수용재결의 의의

수용재결이란 사업인정의 고시 후 협의불성립 또는 불능의 경우 사업시행자의 신청에 의해 관할토지수용위원회가 행하는 공용수용의 종국적 절차이다. 수용재결은 수용의 최종단계에서 공익과 사익의 조화를 도모하여 수용목적을 달성함에 제도적 의미가 인정된다.

2. 이전고시

이전고시란 공사완료 고시로 사업시행이 완료된 이후에 관리처분계획에서 정한 바에 따라 정비사업으로 조성된 대지 및 건축물등의 소유권을 분양받을 자에게 이전하는 행정처분으로 관리처분계획에서 정한 구체적인 사항을 집행하는 행위를 말하며, 행정처분이다(도정법 제86조). 이전고시가 있은 다음날에 수분양자는 등기를 경료하지 않았더라도 소유권을 취득한다.

III. 분양신청 통지를 하지 않은 절차상 하자가 있는 경우 수용재결 취소 여부

1. 도정법상 이전고시 효력이 발생한 경우

정비사업의 공익적·단체법적 성격과 이전고시에 따라 이미 형성된 법률관계를 유지하여 법적 안정성을 보호할 필요성이 현저한 점 등을 고려할 때, 이전고시의 효력이 발생한 이후에는 조합원 등이 해당 정비사업을 위하여 이루어진 수용재결이나 이의재결의 취소 또는 무효확인을 구할 법률상 이익이 없다고 해석함이 타당하다(출처 : 대법원 2017.3.16. 선고 2013두11536 판결[손실보상금등]).

2. 도정법상 이전고시 효력이 발생하지 않은 경우

구 도시재개발법(2002.2.4. 법률 제6655호로 개정되기 전의 것) 제33조 제1항에서 정한 분양신청기간의 통지 등 절차는 재개발구역 내의 토지 등의 소유자에게 분양신청의 기회를 보장해 주기 위한 것으로서 같은 법 제31조 제2항에 의한 토지수용을 하기 위하여 반드시 거쳐야 할 필요적 절차이고, 또한 그 통지를 함에 있어서는 분양신청기간과 그 기간 내에 분양신청을 할 수 있다는 취지를 명백히 표시하여야 하므로, 이러한 통지 등의 절차를 제대로 거치지 않고 이루어진 수용재결은 위법하다. (출처 : 대법원 2007.3.29. 선고 2004두6235 판결[토지수용이의재결처분취소]).

IV. 결

재개발조합 X가 도시정비법 제72조 제1항에 따라 분양신청기간과 그 기간 내에 분양신청을 할 수 있다는 취지를 명백히 표시하여 통지하여야 하는데도 이러한 절차를 제대로 거치지 않은 것이 사실이라면 도정법상 이전고시 효력이 발생하지 않았다면 분양신청의 기회를 보장해 주기 위한 것으로 토지수용을 하기 위하여 반드시 거쳐야 할 필요적 절차이고, 또한 그 통지를 함에 있어서는 분양신청기간과 그 기간 내에 분양신청을 할 수 있다는 취지를 명백히 표시하여야 하므로, 이러한 통지 등의 절차를 제대로 거치지 않고 이루어진 수용재결은 위법하다고 판례가 타당하다고 본다. 다만 이전고시 효력이 발생한 경우에도 수용재결의 취소를 구할 법률상 이익이 없다고 본 판례는 국민의 권익구제 차원에서 문제가 있는 판례로 평가된다.

제3절 도시 및 주거환경정비법에 따른 매도청구권을 행사하는 경우(사실상 사도)

» 감정평가 및 보상법규 기출문제 제28회 3번

[문제3] 지목은 대(垈)이지만 그 현황이 인근 주민의 통행에 제공된 사실상 도로인 토지를 대상으로 「도시 및 주거환경정비법」에 따른 매도청구권을 행사하는 경우와 「공익사업을 위한 토지등의 취득 및 보상에 관한 법률」에 따른 수용재결이 행하여지는 경우에 관하여 다음 물음에 답하시오. **20점**

(1) 매도청구권 행사에 따른 쟁송절차와 수용재결에 따른 보상금을 다투는 쟁송절차의 차이점을 설명하시오. **10점**

(2) 토지의 감정평가방법과 그 기준에 있어 매도청구권이 행사되는 경우와 수용재결이 행하여지는 경우의 차이점을 설명하시오. **10점**

① 대판 2016.12.29, 2015다202162 판결[소유권이전등기]

이처럼 도시정비법 제39조에 의하여 준용되는 집합건물법 제48조 제4항이 매도청구권의 행사기간을 규정한 취지는, 매도청구권이 형성권으로서 재건축 참가자 다수의 의사에 의하여 매매계약의 성립을 강제하는 것이어서 만일 행사기간을 제한하지 아니하면 매도청구의 상대방은 매도청구권자가 언제 매도청구를 할지 모르게 되어 그 법적 지위가 불안하게 될 뿐만 아니라, 매도청구권자가 매수대상의 시가가 가장 낮아지는 시기를 임의로 정하여 매도청구를 할 수 있게 되어 매도청구 상대방의 권익을 부당하게 침해할 우려가 있기 때문에, 매도청구권의 행사기간을 제한함으로써 매도청구 상대방의 정당한 법적 이익을 보호하고 아울러 재건축을 둘러싼 법률관계를 조속히 확정하기 위한 것이다. 따라서 매도청구권은 그 행사기간 내에 이를 행사하지 아니하면 그 효력을 상실한다(대판 2008.2.29, 2006다56572 참조).

그러나 매도청구권의 행사기간이 도과했다 하더라도 조합이 새로이 조합설립인가처분을 받는 것과 동일한 요건과 절차를 거쳐 조합설립변경인가처분을 받음으로써 그 조합설립변경인가처분이 새로운 조합설립인가처분의 요건을 갖춘 경우 조합은 그러한 조합설립변경인가처분에 터 잡아 새로이 매도청구권을 행사할 수 있다(대판 2012.12.26, 2012다90047, 대판 2013.2.28, 2012다34146 참조).

② 대판 2010.1.14, 2009다68651 판결[소유권이전등기]

한편, 집합건물법 제48조 제4항에서 매도청구권의 행사기간을 규정한 취지는, 매도청구권이 형성권으로서 재건축참가자 다수의 의사에 의하여 매매계약의 성립을 강제하는 것이므로, 만일 위와 같이 행사기간을 제한하지 아니하면 매도청구의 상대방은 매도청구권자가 언제 매도청구를 할지 모르게 되어 그 법적 지위가 불안전하게 될 뿐만 아니라 매도청구권자가 매수대상인 구분소유권 등의 시가가 가장 낮아지는 시기를 임의로 정하여 매도청구를 할 수 있게 되어 매도청구 상대방의 권익을 부당하게 침해할 우려가 있는 점에 비추어 매도청구 상대방의 정당한 법적 이익을 보호하고 아울러 재건축을 둘러싼 법률관계를 조속히 확정하기 위한 것이라고 봄이 상당하므로 매도청구권은 그 행사기간 내에 이를 행사하지 아니하면 그 효력을 상실한다고 할 것이고(대판 2000.6.27, 2000다11621, 대판 2002.9.24, 2000다22812 등 참조), 이러한 법리는 집합건물법 제48조 제1항 소정의 최고절차를 요하지 않는다고 해석되는 구 주택법 제18조의2 제1항의 규정에 의한 매도청구에 있어서도 마찬가지이다.

③ 대판 2009.3.26, 2008다21549 판결[소유권이전등기·부당이득금]

[4] 주택재건축사업에 참가하지 않은 자에 대하여 구 도시 및 주거환경정비법 제39조에 의한 매도청구

권을 행사하는 경우, 그 매매 '시가'의 의미
사업시행자가 주택재건축사업에 참가하지 않은 자에 대하여 도정법 제39조에 의한 매도청구권을 행사하면, 그 매도청구권 행사의 의사표시가 도달함과 동시에 주택재건축사업에 참가하지 않은 자의 토지나 건축물에 관하여 시가에 의한 매매계약이 성립되는 것인바, 이때의 시가란 매도청구권이 행사된 당시의 토지나 건물의 객관적 거래가격으로서, 노후되어 철거될 상태를 전제로 하거나 주택재건축사업이 시행되지 않은 현재의 현황을 전제로 한 거래가격이 아니라 그 토지나 건물에 관하여 주택재건축사업이 시행된다는 것을 전제로 하여 토지나 건축물을 평가한 가격, 즉 재건축으로 인하여 발생할 것으로 예상되는 개발이익이 포함된 가격을 말한다.

④ 대판 2014.12.11, 2014다41698 판결[소유권이전등기등]

【판시사항】

[1] 주택재건축사업의 시행자가 도시 및 주거환경정비법 제39조 제2호에 따라 토지만 소유한 사람에게 매도청구권을 행사하는 경우, 토지의 매매가격이 되는 '시가'의 의미

[2] 도시 및 주거환경정비법에 의한 주택재건축사업의 시행자가 같은 법 제39조 제2호에 따라 을 등이 소유한 토지에 대하여 매도청구권을 행사하였는데, 토지 현황이 인근 주민의 통행에 제공된 도로 등인 사안에서, 시가는 재건축사업이 시행될 것을 전제로 할 경우의 인근 대지 시가와 동일하게 평가하되, 각 토지의 형태 등 개별요인을 고려하여 감액 평가하는 방법으로 산정하는 것이 타당하다고 한 사례

【판결요지】

[1] 도시 및 주거환경정비법에 의한 주택재건축사업의 시행자가 같은 법 제39조 제2호에 따라 토지만 소유한 사람에게 매도청구권을 행사하면 매도청구권 행사의 의사표시가 도달함과 동시에 토지에 관하여 시가에 의한 매매계약이 성립하는데, 이때의 시가는 매도청구권이 행사된 당시의 객관적 거래가격으로서, 주택재건축사업이 시행되는 것을 전제로 하여 평가한 가격, 즉 재건축으로 인하여 발생할 것으로 예상되는 개발이익이 포함된 가격을 말한다.

[2] 도시 및 주거환경정비법에 의한 주택재건축사업의 시행자가 같은 법 제39조 제2호에 따라 을 등이 소유한 토지에 대하여 매도청구권을 행사하였는데, 토지 현황이 인근 주민의 통행에 제공된 도로 등인 사안에서, 토지의 현황이 도로일지라도 주택재건축사업이 추진되면 공동주택의 일부가 되는 이상 시가는 재건축사업이 시행될 것을 전제로 할 경우의 인근 대지 시가와 동일하게 평가하되, 각 토지의 형태, 주요 간선도로와의 접근성, 획지조건 등 개별요인을 고려하여 감액 평가하는 방법으로 산정하는 것이 타당한데도, 현황이 도로라는 사정만으로 인근 대지 가액의 1/3로 감액한 평가액을 기준으로 시가를 산정한 원심판결에 법리오해의 잘못이 있다고 한 사례

⑤ 대판 1999.5.14, 99두2215 판결[토지수용이의재결처분취소]

공공용지의 취득 및 손실보상에 관한 특례법 시행규칙(1997.10.15. 건설교통부령 제121호로 개정되기 전의 것) 제6조의2 제1항 제2호는 사도법에 의한 사도 외의 도로의 부지를 인근 토지에 대한 평가금액의 3분의 1 이내로 평가하도록 규정함으로써 그 규정의 문언상으로는 그것이 도로법·도시계획법 등에 의하여 설치된 도로이든 사실상 불특정 다수인의 통행에 제공되고 있는 도로(이하 '사실상 도로'라 한다)이든 가리지 않고 모두 위 규정 소정의 사도법에 의한 사도 이외의 도로에 해당하는 것으로 보아야 할 것이지만, 그중 사실상 도로에 관한 위 규정의 취지는 사실상 불특정 다수인의 통행에 제공되고 있는 토지이기만 하면 그 모두를 인근 토지의 3분의 1 이내로 평가한다는 것이 아니라 그 도로의 개설 경위, 목적, 주위 환경, 인접 토지의 획지면적, 소유관계, 이용 상태 등의 제반 사정에 비추어 해당 토지소유자가 자기 토지의 편익을 위하여 스스로 공중의 통행에 제공하는 등 인근 토지에 비하여 낮은 가격으로 보상

> 하여 주어도 될 만한 객관적인 사유가 인정되는 경우에만 인근 토지의 3분의 1 이내에서 평가하고 그러한 사유가 인정되지 아니하는 경우에는 위 규정의 적용에서 제외한다는 것으로 봄이 상당하다.

(설문1에 대하여)

Ⅰ. 도정법상 매도청구권 행사에 따른 쟁송 절차

1. 매도청구권의 의미

재건축조합이 조합 설립에 동의하지 않은 자에 대해 일정 요건을 충족하면 매도청구권을 행사할 수 있는 권리를 말한다.

2. 매도청구권의 법적 성질

형성권으로서, 매도청구가 인정될 경우 매매계약이 성립한 것으로 간주되며, 권리 행사 시 소유권 이전과 금원 지급의무는 동시이행 관계에 있다.

3. 매도청구권의 쟁송 절차

① 유효한 재건축 결의의 존재하고, ② 조합 설립 미동의자에 대한 최고를 하고, ③ 매도청구권 행사 기간은 회답 기간 만료 후 2개월 이내로 하며, ④ 민사소송으로 매매대금 확정 및 소유권 이전 청구 가능하다.

Ⅱ. 토지보상법상 수용재결에 다른 보상금 다투는 쟁송 절차

1. 수용재결에 따른 특별법상 이의신청으로 행정심판

이의신청이란 관할 토지수용위원회의 위법, 부당한 재결에 대하여 권익을 침해당한 자가 중앙토지수용위원회에 그 취소 또는 변경을 구하는 것이다. 이는 특별법상 행정심판으로서 토지보상법에 의하는 것 이외에는 행정심판법 제4조에 의해 행정심판법이 준용된다.

2. 수용재결에 대한 보상금증감청구소송

보상금증감청구소송이란 재결에서 정한 보상금에 대하여 불복이 있는 경우 당사자 소송으로 분쟁의 일회적인 해결을 도모하는 데에 그 취지가 있다. 보상금증감청구소송은 형식적 당사자소송이며, 이는 행정청의 처분 등에 의하여 형성된 법률관계에 관하여 다툼이 있는 경우 해당 처분 등의 효력을 다툼 없이 직접 그 처분 등에 의하여 형성된 법률관계에 대하여 그 일방당사자를 피고로 하여 제기하는 소송이다. 보상금증감청구소송은 관할 토지수용위원회가 재결한 보상금만을 다투는 것이고 재결청이 피고에서 제외됨으로 인해 소송당사자가 법률관계의 당사자인 사업시행자가 된다.

Ⅲ. 두 쟁송절차의 차이점

1. 매도청구권 행사요건 및 절차

(1) 유효한 재건축 결의의 존재

(2) 미동의자에 대한 최고

(3) 매도청구권자(원고) - 재건축조합/매도청구권의 상대방(피고) - 조합설립에 동의하지 아니한 자

(4) 제척기간(회답기간의 만료일로부터 2월)

(5) **매도청구권의 행사 형성권 - 매매계약의 성립의제**
매도인이 가지는 소유권이전등기 및 명도의무와 매도청구권자의 시가상당 금원지급의무는 동시이행관계에 있음

2. 토지보상법상 이의신청과 보증소

(1) 수용재결의 존재 - 제3의 독립된 관할토지수용위원회에서 재결함

(2) 특별행정심판 존재 - 이의신청-처분청 경유주의 - 이의재결확정 확정판결과 동일 효력

(3) 제소기간 특례 - 재결서정본 받은 날 30일 이의신청, 재결서정본 받은 날 90일/이의재결서정본 받은 날 60일 행정소송(보증소)

(4) 형식적 당사자 소송으로서 보상금증감청구소송(확인 급부소송)

(5) 재결청 삭제 - 종전 필요적 공동소송이였으나, 현재는 형식적 당사자소송

(설문2에 대하여)

Ⅰ. 토지의 감정평가 방법

1. 매도청구권이 행사되는 경우

매도청구에 있어 시가는 재건축사업의 시행을 전제로 평가한 가격, 즉 재건축으로 인해 발생할 것으로 예상되는 개발이익이 포함된 가격이다. 판례의 경우에도 매도청구소송에서 '시가'의 개념이 해당 재건축사업으로 인해 발생할 것으로 예상되는 개발이익이 모두 포함되어야 한다는 입장이며, 이는 토지 · 건물이 일체로 거래되는 가격, 즉 재건축결의 및 조합설립인가에 따라 시장에서 형성 · 반영되고 있는 개발이익 모두를 반영하라는 의미로 해석된다. 단, 재건축사업의 주체로서의 조합원이 지는 리스크나 향후 현실화 · 구체화되지 않은 개발이익까지 개발이익으로 기준시점 당시에 반영하라는 의미로 해석할 수는 없을 것이다. 따라서 지목이 대이나 현황이 사실상 도로인 토지의 경우 인근 대지 시가와 동일하게 평가하되, 개별요인을 고려하여 감액평가하는 방법으로 산정하는 것이 타당하다고 판단된다.

2. 수용재결이 행사되는 경우

수용재결에서 시가의 의미는 토지보상법 제67조 의거 협의 당시 또는 재결 당시의 가격이며, 개발이익이 배제된 가격이다. 따라서 이 경우 사실상 사도는 토지보상법 시행규칙 제26조에 따라 인근토

지의 평가액의 3분의 1 이내로 평가하되, 판례에 따라 그 도로의 개설경위, 목적, 소유관계, 이용상태, 주위환경, 인접토지의 획지면적 등을 고려하여 판단해야 한다.

Ⅱ. 토지의 감정평가 기준

1. 매도청구권이 행사되는 경우

매도청구 소송감정의 기준시점은 '매매계약 체결의제일'인 바, 감정평가실무상으로는 법원의 감정명령서에 제시된 일자를 기준으로 하면 될 것이다. 매도청구권은 적법한 의사표시가 상대방에게 도달한 때에 상대방의 승낙을 기다리지 않고 바로 목적물에 대한 시가에 의한 매매계약이 성립되는 것으로 보는 '형성권'이라는 데 이의가 없는 것에 비추어, 매도청구의 의사표시가 상대방에게 도달한 시점이 매매계약 체결시점이 된다. 여기서 시가의 의미에는 재건축 사업으로 인해 발생할 것으로 예상되는 개발이익이 포함되어 있다.

2. 수용재결이 행사되는 경우

토지보상법 제67조에 따라 재결에 의한 보상액 기준시점은 수용 또는 사용의 재결 당시의 가격을 기준으로 하며, 해당 공익사업으로 인한 개발이익을 배제하여 평가하게 된다.

Ⅲ. 토지의 감정평가 및 그 기준에 대한 차이점

1. 매도청구권이 행사되는 경우

(1) 시가의 의미

도시 및 주거환경정비법에 의한 주택재건축사업의 시행자가 같은 법 제39조 제2호에 따라 토지만 소유한 사람에게 매도청구권을 행사하면 매도청구권 행사의 의사표시가 도달함과 동시에 토지에 관하여 시가에 의한 매매계약이 성립하는데, 이때의 시가는 매도청구권이 행사된 당시의 객관적 거래가격으로서, 주택재건축사업이 시행되는 것을 전제로 하여 평가한 가격, 즉 재건축으로 인하여 발생할 것으로 예상되는 개발이익이 포함된 가격을 말한다.

(2) 사실상 사도의 경우 1/3 이내로 평가되어야 하는지

도시 및 주거환경정비법에 의한 주택재건축사업의 시행자가 같은 법 제39조 제2호에 따라 을 등이 소유한 토지에 대하여 매도청구권을 행사하였는데, 토지 현황이 인근 주민의 통행에 제공된 도로 등인 사안에서, 토지의 현황이 도로일지라도 주택재건축사업이 추진되면 공동주택의 일부가 되는 이상 시가는 재건축사업이 시행될 것을 전제로 할 경우의 인근 대지 시가와 동일하게 평가하되, 각 토지의 형태, 주요 간선도로와의 접근성, 획지조건 등 개별요인을 고려하여 감액평가하는 방법으로 산정하는 것이 타당한데도, 현황이 도로라는 사정만으로 인근 대지 가액의 1/3로 감액한 평가액을 기준으로 시가를 산정한 원심판결에 법리오해의 잘못이 있다고 한 사례

2. 수용재결이 행사되는 경우

(1) 수용재결에서 시가의 의미(때 時자로 협의당시 또는 재결 당시의 가격이며, 개발이익이 배제된 가격임)

토지보상법 제67조(보상액의 가격시점 등)

① 보상액의 산정은 협의에 의한 경우에는 협의 성립 당시의 가격을, 재결에 의한 경우에는 수용 또는 사용의 재결 당시의 가격을 기준으로 한다.

② 보상액을 산정할 경우에 해당 공익사업으로 인하여 토지등의 가격이 변동되었을 때에는 이를 고려하지 아니한다.

(2) 수용되는 토지의 경우 사실상 사도의 평가

토지보상법 시행규칙 제26조(도로 및 구거부지의 평가)

① 도로부지에 대한 평가는 다음 각 호에서 정하는 바에 의한다.

1. 「사도법」에 의한 사도의 부지는 인근토지에 대한 평가액의 5분의 1 이내
2. 사실상의 사도의 부지는 인근토지에 대한 평가액의 3분의 1 이내
3. 제1호 또는 제2호외의 도로의 부지는 제22조의 규정에서 정하는 방법

② 제1항 제2호에서 "사실상의 사도"라 함은 「사도법」에 의한 사도외의 도로(「국토의 계획 및 이용에 관한 법률」에 의한 도시·군관리계획에 의하여 도로로 결정된 후부터 도로로 사용되고 있는 것을 제외한다)로서 다음 각 호의 1에 해당하는 도로를 말한다.

1. 도로개설 당시의 토지소유자가 자기 토지의 편익을 위하여 스스로 설치한 도로
2. 토지소유자가 그 의사에 의하여 타인의 통행을 제한할 수 없는 도로
3. 「건축법」 제45조에 따라 건축허가권자가 그 위치를 지정·공고한 도로
4. 도로개설 당시의 토지소유자가 대지 또는 공장용지 등을 조성하기 위하여 설치한 도로

③ 구거부지에 대하여는 인근토지에 대한 평가액의 3분의 1 이내로 평가한다. 다만, 용수를 위한 도수로부지(개설 당시의 토지소유자가 자기 토지의 편익을 위하여 스스로 설치한 도수로부지를 제외한다)에 대하여는 제22조의 규정에 의하여 평가한다.

④ 제1항 및 제3항에서 "인근토지"라 함은 당해 도로부지 또는 구거부지가 도로 또는 구거로 이용되지 아니하였을 경우에 예상되는 표준적인 이용상황과 유사한 토지로서 당해 토지와 위치상 가까운 토지를 말한다.

공공용지의 취득 및 손실보상에 관한 특례법 시행규칙(1997.10.15. 건설교통부령 제121호로 개정되기 전의 것) 제6조의2 제1항 제2호는 사도법에 의한 사도 외의 도로의 부지를 인근 토지에 대한 평가금액의 3분의 1 이내로 평가하도록 규정함으로써 그 규정의 문언상으로는 그것이 도로법·도시계획법 등에 의하여 설치된 도로이든 사실상 불특정 다수인의 통행에 제공되고 있는 도로(이하 '사실상 도로'라 한다)이든 가리지 않고 모두 위 규정 소정의 사도법에 의한 사도 이외의 도로에 해당하는 것으로 보아야 할 것이지만, 그중 사실상 도로에 관한 위 규정의 취지는 사실상 불특정 다수인의 통행에 제공되고 있는 토지이기만 하면 그 모두를 인근 토지의 3분의 1 이내로 평가한다는 것이 아니라 그 도로의 개설 경위, 목적, 주위 환경, 인접

> 토지의 획지면적, 소유관계, 이용 상태 등의 제반 사정에 비추어 당해 토지 소유자가 자기 토지의 편익을 위하여 스스로 공중의 통행에 제공하는 등 인근 토지에 비하여 낮은 가격으로 보상하여 주어도 될 만한 객관적인 사유가 인정되는 경우에만 인근 토지의 3분의 1 이내에서 평가하고 그러한 사유가 인정되지 아니하는 경우에는 위 규정의 적용에서 제외한다는 것으로 봄이 상당하다(대법원 1999.5.14. 선고 99두2215 판결[토지수용이의재결처분취소]).

3. 양자의 차이점

(1) 시가의 의미 차이

매도청구권의 시가는 매도청구권이 행사된 당시의 객관적 거래가격으로서, 주택재건축사업이 시행되는 것을 전제로 하여 평가한 가격, 즉 재건축으로 인하여 발생할 것으로 예상되는 개발이익이 포함된 가격을 말한다.

토지보상법상 시가 보상액의 산정은 협의에 의한 경우에는 협의 성립 당시의 가격을, 재결에 의한 경우에는 수용 또는 사용의 재결 당시의 가격을 기준으로 하는 것으로 협의 당시의 보상가격, 수용재결 당시의 보상가격을 시가로 본다는 점에서 그 의미상의 차이가 있다.

(2) 사실상 사도 평가의 차이

- 도정법 판례는 토지 현황이 인근 주민의 통행에 제공된 도로 등인 사안에서, 토지의 현황이 도로일지라도 주택재건축사업이 추진되면 공동주택의 일부가 되는 이상 시가는 재건축사업이 시행될 것을 전제로 할 경우의 인근 대지 시가와 동일하게 평가하되, 각 토지의 형태, 주요 간선도로와의 접근성, 획지조건 등 개별요인을 고려하여 감액 평가하는 방법으로 산정하는 것이 타당한데도, 현황이 도로라는 사정만으로 인근 대지 가액의 1/3로 감액한 평가액을 기준으로 시가를 산정한 원심판결에 법리오해의 잘못이 있다고 판시하고 있다.
- 토지보상법 시행규칙상 사실상 사도의 경우에 1/3 이내로 평가하도록 규정하고 있으나, 판례는 그 도로의 개설 경위, 목적, 주위 환경, 인접 토지의 획지면적, 소유관계, 이용 상태 등의 제반 사정에 비추어 당해 토지 소유자가 자기 토지의 편익을 위하여 스스로 공중의 통행에 제공하는 등 인근 토지에 비하여 낮은 가격으로 보상하여 주어도 될 만한 객관적인 사유가 인정되는 경우에만 인근 토지의 3분의 1 이내에서 평가하도록 판시하고 있다.

제4절 「도시 및 주거환경정비법」상의 보상평가

Ⅰ. 「도시 및 주거환경정비법」상의 보상평가 관련 규정의 내용

「도시 및 주거환경정비법」 제2조(정의) 이 법에서 사용하는 용어의 뜻은 다음과 같다.

1. "정비구역"이란 정비사업을 계획적으로 시행하기 위하여 제16조에 따라 지정·고시된 구역을 말한다.
2. "정비사업"이란 이 법에서 정한 절차에 따라 도시기능을 회복하기 위하여 정비구역에서 정비기반시설을 정비하거나 주택 등 건축물을 개량 또는 건설하는 다음 각 목의 사업을 말한다.
   가. 주거환경개선사업 : 도시저소득 주민이 집단거주하는 지역으로서 정비 기반시설이 극히 열악하고 노후·불량건축물이 과도하게 밀집한 지역의 주거환경을 개선하거나 단독주택 및 다세대주택이 밀집한 지역에서 정비기반시설과 공동이용시설 확충을 통하여 주거환경을 보전·정비·개량하기 위한 사업
   나. 재개발사업 : 정비기반시설이 열악하고 노후·불량건축물이 밀집한 지역에서 주거환경을 개선하거나 상업지역·공업지역 등에서 도시기능의 회복 및 상권활성화 등을 위하여 도시환경을 개선하기 위한 사업
   다. 재건축사업 : 정비기반시설은 양호하나 노후·불량건축물에 해당하는 공동주택이 밀집한 지역에서 주거환경을 개선하기 위한 사업

「도시 및 주거환경정비법」 제22조(정비구역등 해제의 효력)

① 제20조 및 제21조에 따라 정비구역 등이 해제된 경우에는 정비계획으로 변경된 용도지역, 정비기반시설 등은 정비구역 지정 이전의 상태로 환원된 것으로 본다. 다만, 제21조 제1항 제4호의 경우 정비구역의 지정권자는 정비기반시설의 설치 등 해당 정비사업의 추진 상황에 따라 환원되는 범위를 제한할 수 있다.

「도시 및 주거환경정비법」 제50조(사업시행계획인가)

① 사업시행자(제25조 제1항 및 제2항에 따른 공동시행의 경우를 포함하되, 사업시행자가 시장·군수등인 경우는 제외한다)는 정비사업을 시행하려는 경우에는 제52조에 따른 사업시행계획서(이하 "사업시행계획서"라 한다)에 정관등과 그 밖에 국토교통부령으로 정하는 서류를 첨부하여 시장·군수등에게 제출하고 사업시행계획인가를 받아야 하고, 인가받은 사항을 변경하거나 정비사업을 중지 또는 폐지하려는 경우에도 또한 같다. 다만, 대통령령으로 정하는 경미한 사항을 변경하려는 때에는 시장·군수등에게 신고하여야 한다.

「도시 및 주거환경정비법」 제63조(토지 등의 수용 또는 사용)

사업시행자는 정비구역에서 정비사업(재건축사업의 경우에는 제26조 제1항 제1호 및 제27조 제1항 제1호에 해당하는 사업으로 한정한다)을 시행하기 위하여 「공익사업을 위한 토지 등의 취득 및 보상에 관한 법률」 제3조에 따른 토지·물건 또는 그 밖의 권리를 취득하거나 사용할 수 있다.

「도시 및 주거환경정비법」 제65조(「공익사업을 위한 토지 등의 취득 및 보상에 관한 법률」의 준용)

① 정비구역에서 정비사업의 시행을 위한 토지 또는 건축물의 소유권과 그 밖의 권리에 대한 수용 또는 사용은 이 법에 규정된 사항을 제외하고는 「공익사업을 위한 토지 등의 취득 및 보상에 관한 법률」을 준용한다. 다만, 정비사업의 시행에 따른 손실보상의 기준 및 절차는 대통령령으로 정할 수 있다.

② 제1항에 따라 「공익사업을 위한 토지 등의 취득 및 보상에 관한 법률」을 준용하는 경우 사업시행계획인가 고시(시장·군수 등이 직접 정비사업을 시행하는 경우에는 제50조 제9항에 따른 사업시행계획서의 고시를 말한다. 이하 이 조에서 같다)가 있은 때에는 같은 법 제20조 제1항 및 제22조 제1항에 따른 사업인정 및 그 고시가 있은 것으로 본다.

③ 제1항에 따른 수용 또는 사용에 대한 재결의 신청은 「공익사업을 위한 토지 등의 취득 및 보상에 관한 법률」 제23조 및 같은 법 제28조 제1항에도 불구하고 사업시행계획인가(사업시행계획변경인가를 포함한다)를 할 때 정한 사업시행기간 이내에 하여야 한다.

④ 대지 또는 건축물을 현물보상하는 경우에는 「공익사업을 위한 토지 등의 취득 및 보상에 관한 법률」 제42조에도 불구하고 제83조에 따른 준공인가 이후에도 할 수 있다.

「도시 및 주거환경정비법」 제72조(분양공고 및 분양신청)

① 사업시행자는 제50조 제9항에 따른 사업시행계획인가의 고시가 있은 날(사업시행계획인가 이후 시공자를 선정한 경우에는 시공자와 계약을 체결한 날)부터 90일(대통령령으로 정하는 경우에는 1회에 한정하여 30일의 범위에서 연장할 수 있다) 이내에 다음 각 호의 사항을 토지등소유자에게 통지하고, 분양의 대상이 되는 대지 또는 건축물의 내역 등 대통령령으로 정하는 사항을 해당 지역에서 발간되는 일간신문에 공고하여야 한다. 다만, 토지등소유자 1인이 시행하는 재개발사업의 경우에는 그러하지 아니하다. 〈개정 2025.1.31.〉

1. 분양대상자별 종전의 토지 또는 건축물의 명세 및 사업시행계획인가의 고시가 있은 날을 기준으로 한 가격(사업시행계획인가 전에 제81조 제3항에 따라 철거된 건축물은 시장·군수등에게 허가를 받은 날을 기준으로 한 가격)
2. 분양대상자별 분담금의 추산액
3. 분양신청기간
4. 그 밖에 대통령령으로 정하는 사항

② 제1항 제3호에 따른 분양신청기간은 통지한 날부터 30일 이상 60일 이내로 하여야 한다. 다만, 사업시행자는 제74조 제1항에 따른 관리처분계획의 수립에 지장이 없다고 판단하는 경우에는 분양신청기간을 20일의 범위에서 한 차례만 연장할 수 있다.

③ 대지 또는 건축물에 대한 분양을 받으려는 토지등소유자는 제2항에 따른 분양신청기간에 대통령령으로 정하는 방법 및 절차에 따라 사업시행자에게 대지 또는 건축물에 대한 분양신청을 하여야 한다.

[시행일: 2025.5.1.] 제72조

「도시 및 주거환경정비법」 제73조(분양신청을 하지 아니한 자 등에 대한 조치)

① 사업시행자는 관리처분계획이 인가・고시된 다음 날부터 90일 이내에 다음 각 호에서 정하는 자와 토지, 건축물 또는 그 밖의 권리의 손실보상에 관한 협의를 하여야 한다. 다만, 사업시행자는 분양신청기간 종료일의 다음 날부터 협의를 시작할 수 있다.

1. 분양신청을 하지 아니한 자
2. 분양신청기간 종료 이전에 분양신청을 철회한 자
3. 제72조 제6항 본문에 따라 분양신청을 할 수 없는 자
4. 제74조에 따라 인가된 관리처분계획에 따라 분양대상에서 제외된 자

② 사업시행자는 제1항에 따른 협의가 성립되지 아니하면 그 기간의 만료일 다음 날부터 60일 이내에 수용재결을 신청하거나 매도청구소송을 제기하여야 한다.

③ 사업시행자는 제2항에 따른 기간을 넘겨서 수용재결을 신청하거나 매도청구소송을 제기한 경우에는 해당 토지등소유자에게 지연일수(遲延日數)에 따른 이자를 지급하여야 한다. 이 경우 이자는 100분의 15 이하의 범위에서 대통령령으로 정하는 이율을 적용하여 산정한다.

「도시 및 주거환경정비법」 제74조(관리처분계획의 인가 등)

① 사업시행자는 제72조에 따른 분양신청기간이 종료된 때에는 분양신청의 현황을 기초로 다음 각 호의 사항이 포함된 관리처분계획을 수립하여 시장・군수 등의 인가를 받아야 하며, 관리처분계획을 변경・중지 또는 폐지하려는 경우에도 또한 같다. 다만, 대통령령으로 정하는 경미한 사항을 변경하려는 경우에는 시장・군수 등에게 신고하여야 한다.

1. 분양설계
2. 분양대상자의 주소 및 성명
3. 분양대상자별 분양예정인 대지 또는 건축물의 추산액(임대관리 위탁주택에 관한 내용을 포함한다.)
4. 다음 각 목에 해당하는 보류지 등의 명세와 추산액 및 처분방법. 다만, 나목의 경우에는 제30조 제1항에 따라 선정된 임대사업자의 성명 및 주소(법인인 경우에는 법인의 명칭 및 소재지와 대표자의 성명 및 주소)를 포함한다.
   가. 일반 분양분
   나. 공공지원민간임대주택
   다. 임대주택
   라. 그 밖에 부대시설・복리시설 등
5. 분양대상자별 종전의 토지 또는 건축물 명세 및 사업시행계획인가 고시가 있은 날을 기준으로 한 가격(사업시행계획인가 전에 제81조 제3항에 따라 철거된 건축물은 시장 군수등에게 허가를 받은 날을 기준으로 한 가격)
6. 정비사업비의 추산액(재건축사업의 경우에는 「재건축초과이익 환수에 관한 법률」에 따른 재건축부담금에 관한 사항을 포함한다) 및 그에 따른 조합원 분담규모 및 분담시기
7. 분양대상자의 종전 토지 또는 건축물에 관한 소유권외의 권리명세

8. 세입자별 손실보상을 위한 권리명세 및 그 평가액
9. 그 밖에 정비사업과 관련한 권리 등에 관하여 대통령령으로 정하는 사항

「도시 및 주거환경정비법 시행령」 제54조(손실보상 등)

① 제13조 제1항에 따른 공람공고일부터 계약체결일 또는 수용재결일까지 계속하여 거주하고 있지 아니한 건축물의 소유자는 「공익사업을 위한 토지 등의 취득 및 보상에 관한 법률 시행령」 제40조 제5항 제2호에 따라 이주대책대상자에서 제외한다. 다만, 같은 호 단서(같은 호 마목은 제외한다)에 해당하는 경우에는 그러하지 아니하다.

② 정비사업으로 인한 영업의 폐지 또는 휴업에 대하여 손실을 평가하는 경우 영업의 휴업 기간은 4개월 이내로 한다. 다만, 다음 각 호의 어느 하나에 해당하는 경우에는 실제 휴업 기간으로 하되, 그 휴업기간은 2년을 초과할 수 없다.

1. 해당 정비사업을 위한 영업의 금지 또는 제한으로 인하여 4개월 이상의 기간 동안 영업을 할 수 없는 경우
2. 영업시설의 규모가 크거나 이전에 고도의 정밀성을 요구하는 등 해당 영업의 고유한 특수성으로 인하여 4개월 이내에 다른 장소로 이전하는 것이 어렵다고 객관적으로 인정되는 경우

③ 제2항에 따라 영업손실을 보상하는 경우 보상대상자의 인정시점은 제13조 제1항에 따른 공람공고일로 본다.

④ 주거이전비를 보상하는 경우 보상대상자의 인정시점은 제13조 제1항에 따른 공람공고일로 본다.

「도시 및 주거환경정비법 시행령」 제60조(분양신청을 하지 아니한 자 등에 대한 조치)

① 사업시행자가 법 제73조 제1항에 따라 토지등소유자의 토지, 건축물 또는 그 밖의 권리에 대하여 현금으로 청산하는 경우 청산금액은 사업시행자와 토지등소유자가 협의하여 산정한다. 이 경우 재개발사업의 손실보상액의 산정을 위한 감정평가업자 선정에 관하여는 「공익사업을 위한 토지 등의 취득 및 보상에 관한 법률」 제68조 제1항에 따른다.

② 법 제73조 제3항 후단에서 "대통령령으로 정하는 이율"이란 다음 각 호를 말한다.

1. 6개월 이내의 지연일수에 따른 이자의 이율: 100분의 5
2. 6개월 초과 12개월 이내의 지연일수에 따른 이자의 이율: 100분의 10
3. 12개월 초과의 지연일수에 따른 이자의 이율: 100분의 15

「감정평가 실무기준」[730-3.5] 도시정비사업구역 안 토지 등의 수용 등에 따른 감정평가는 「공익사업을 위한 토지등의 취득 및 보상에 관한 법률」 및 [800 보상평가]에 따라 감정평가한다.

Ⅱ. 「도시 및 주거환경정비법」상의 보상평가 주요 내용

1. 개별 법률에서의 정비사업의 유형

(1) 「도시 및 주거환경정비법」에 따른 정비사업

① 정비사업의 구분

「도시 및 주거환경정비법」 제2조 제2호에서 '정비사업'이란 도시기능을 회복하기 위하여 i) 정비구역에서 정비기반시설을 정비하거나 ii) 주택 등 건축물을 개량 또는 건설하는 사업으로서 다음과 같이 구분하고 있다.

가. 주거환경개선사업

주거환경 개선사업은 도시 저소득 주민이 집단 거주하는 지역으로서 정비기반시설이 극히 열악하고 노후・불량건축물이 과도하게 밀집한 지역의 주거환경을 개선하거나 단독주택 및 다세대주택이 밀집한 지역에서 정비기반시설과 공동이용시설 확충을 통하여 주거환경을 보전・정비・개량하기 위한 사업을 말한다.

나. 재개발사업

재개발사업은 정비기반시설이 열악하고 노후・불량건축물이 밀집한 지역에서 주거환경을 개선하거나 상업지역・공업지역 등에서 도시기능의 회복 및 상권활성화 등을 위하여 도시환경을 개선하기 위한 사업을 말한다.

다. 재건축사업

재건축사업은 정비 기반시설은 양호하나 노후・불량건축물에 해당하는 공동주택이 밀집한 지역에서 주거환경을 개선하기 위한 사업을 말한다.

② 공익사업 해당 여부

가. 주거환경개선사업 및 재재발사업

「도시 및 주거환경정비법」에 따른 정비사업 중 주거환경개선사업 밑 재개발사업은 공익사업에 해당한다.

나. 재건축사업

가) 일반적인 경우

일반적으로 재건축 조합이 시행하는 재건축 사업은 공익사업에 해당하지 않으므로 토지 등을 수용하거나 사용할 수 없다.

나) 예외

「도시 및 주거환경정비법」 제63조에 따라 천재지변, 「재난 및 안전관리 기본법」 제27조 또는 「시설물의 안전 및 유지관리에 관한 특별법」 제23조에 따른 사용제한・사용금지, 그 밖의 불가피한 사유로 긴급하게 정비사업을 시행할 필요가 있다고 인정하는 때에 해당되어 시장 등이 직접 재건축사업을 시행하거나 또는 한국토지주택공사(LH공사)가 사업시행자로 지정을 받아 재건축사업을 시행하는 경우(「도시 및 주거환경정비법」 제26조 제1항 제1호) 및 지정개발자가 재건축사업을 시행하는 경우(「도시 및 주거환경정비법」 제27조 제1항 제1호)에는 토지 등을 수용하거나 사용할 수 있다.

(2) 「빈집 및 소규모주택 정비에 관한 특례법」에 따른 정비사업

① 정비사업의 구분

「빈집 및 소규모주택 정비에 관한 특례법」에서는 '빈집정비사업' 및 '소규모주택정비사업'으로 구분하고 있다.

가. 빈집정비사업

빈집정비사업은 빈집을 개량 또는 철거하거나 효율적으로 관리 또는 활용하기 위한 사업을 말한다(「빈집 및 소규모주택 정비에 관한 특례법」 제2조 제2호).

나. 소규모주택정비사업

소규모주택정비사업은 노후·불량건축물의 밀집 등 대통령령으로 정하는 요건에 해당하는 지역 또는 가로구역(街路區域)에서 시행하는 사업으로서 다음과 같이 구분하고 있다(「빈집 및 소규모주택 정비에 관한 특례법」 제2조 제3호).

가) 자율주택정비사업

자율주택정비사업은 단독주택, 다세대주택 및 연립주택을 스스로 개량 또는 건설하기 위한 사업을 말한다.

나) 가로주택정비사업

가로주택정비사업은 가로구역에서 종전의 가로를 유지하면서 소규모로 주거환경을 개선하기 위한 사업을 말한다.

다) 소규모재건축사업

소규모재건축사업은 정비 기반시설이 양호한 지역에서 소규모로 공동주택을 재건축하기 위한 사업을 말한다.

② 공익사업 해당 여부

「빈집 및 소규모주택 정비에 관한 특례법」에 따른 정비사업은 공익사업에 해당되지 않으므로 정비사업을 위하여 토지 등을 수용하거나 사용할 수 없다.

다만, 「빈집 및 소규모주택 정비에 관한 특례법」 제7조에 따른 빈집 등에의 출입에 따른 손실보상에 대해서 협의가 되지 않는 경우는 토지수용위원회에 재결을 신청할 수 있도록 규정하고 있다.

(3) 「전통시장 및 상점가 육성을 위한 특별법」에 따른 정비사업

① 정비사업의 구분

「전통시장 및 상점가 육성을 위한 특별법」 제2조 제6호에서 '시장정비사업'이란 시장의 현대화를 촉진하기 위하여 상업기반시설 및 「도시 및 주거환경정비법」 제2조 제4호에 따른 정비기반시설을 정비하고, 대규모점포가 포함된 건축물을 건설하기 위하여 이 법과 「도시 및 주거환경정비법」 등에서 정하는 바에 따라 시장을 정비하는 모든 행위로 규정하고 있다.

② 공익사업 해당 여부

「전통시장 및 상점가 육성을 위한 특별법」에 따른 시장정비사업은 공익사업에 해당되지 않으므로 시장정비사업을 위하여 토지 등을 수용하거나 사용할 수 없다.

(4) 「공사중단 장기방치 건축물의 정비 등에 관한 특별조치법」에 따른 정비사업

① 정비사업의 구분

「공사중단 장기방치 건축물의 정비 등에 관한 특별조치법」 제2조 제2호에서 '정비사업'이란 미관개선・안전관리・범죄예방 등의 목적으로 시・도지사가 공사중단 건축물 정비계획에 따라 공사중단 건축물을 철거하거나 완공하여 활용하는 일련의 사업으로 규정하고 있다.

② 공익사업 해당 여부

「공사중단 장기방치 건축물의 정비 등에 관한 특별조치법」에 따른 정비사업은 같은 법 제11조에 따라 공익사업에 해당되므로 공사중단 건축물 등을 수용의 방법으로 취득할 수 있다.

(5) 소결

「도시 및 주거환경정비법」에 따른 정비사업 중 재건축사업은 대부분 공익사업에 해당하지 않고, 「빈집 및 소규모주택 정비에 관한 특례법」에 따른 정비사업, 「전통시장 및 상점가 육성을 위한 특별법」에 따른 정비사업도 공익사업에 해당하지 않으며,[38] 「공사중단 장기방치 건축물의 정비 등에 관한 특별조치법」에 따른 정비사업은 공익사업에 해당되기는 하나 개별적인 공사중단 건축물 등의 취득에 한하므로 설명을 생략한다.

「도시 및 주거환경정비법」에 따른 정비사업 중 도시환경정비사업 및 재개발사업은 모두 공익사업에 해당하나, 보상에 대한 내용이 유사하므로 재개발사업을 중심으로 설명한다.

2. 재개발사업의 절차

「도시 및 주거환경정비법」상의 재개발사업의 일반적인 절차는 i) 도시・주거환경정비기본 계획의 수립 및 확정・고시(제4조 및 제7조) → ii) 정비계획의 입안 및 정비구역의 지정・고시(제9조 및 제8조, 제16조) → iii) 조합설립추진위원회의 구성 및 승인(제31조) → iv) 조합설립인가(제35조) → v) 사업시행인가(제50조) → vi) 분양공고 및 분양신청(제72조) → vii) 관리처분계획의 수립 및 인가(제74조) → viii) 분양신청을 하지 아니한 자 등에 대한 보상(제73조) → ix) 이주 및 철거 → x) 준공 및 이전고시(제83조 및 제86조) → xi) 청산 및 조합해산(제89조)의 절차에 따라 시행된다.

38) 「빈집 및 소규모주택 정비에 관한 특례법」 제55조 제1항 제10호에서 사업시행자가 제12조 및 제29조에 따른 사업시행계획인가를 받은 경우 「국토계획법」 제86조에 따른 도시・군계획시설사업시행자의 지정 및 5은 법 제88조에 따른 실시계획의 인가를 받은 것으로 보도록 규정하고 있고, 「전통시장 및 상점가 육성을 위한 특별법」 제40조 제1항 제14호에도 사업시행자가 사업시행인가를 받았을 때 「국토계획법」 제86조에 따른 도시・군계획시설사업시행자의 지정 및 같은 법 제88조에 따른 실시계획의 인가를 받은 것으로 보도록 규정하고 있으며, 「국토계획법」 제96조에서 실시계획의 인가 고시(제91조)를 「토지보상법」상의 사업인정으로 의제하고 있으나, 이는 재의제에 해당되므로 「빈집 및 소규모주택 정비에 관한 특례법」 제12조 및 제29조에 따른 사업시행계획인가 또는 「전통시장 및 상점가 육성을 위한 특별법」 제39조에 의한 사업시행인가는 사업인정으로 의제되지 않는다.

3. 재개발사업에서의 손실보상

(1) 규정의 내용

재개발사업의 절차 중 보상은 「도시 및 주거환경정비법」 제73조 제1항에 따라 사업시행자가 분양공고를 하였으나 분양신청의 하지 아니한 자 등에 대해서 관리처분계획의 인가·고시일로부터 90일 이내에 손실보상에 관한 협의를 하여야 하며,[39] 이 기간 동안 협의가 성립되지 아니하면 그 기간의 만료일 다음 날부터 60일 이내에 수용재결을 신청하도록 규정하고 있다.

(2) 재개발사업에서 손실보상의 의의

「도시 및 주거환경정비법」 제23조 제2항에 따라 재개발사업은 관리처분계획에 따라 건축물을 건설하여 공급하거나 환지로 공급하는 방법에 의하므로 원칙적으로 손실보상이 적용되지 않는다. 그러나 「도시 및 주거환경정비법」 제39조 제1항에 따라 재개발사업의 조합원은 정비구역 내의 토지등소유자[40]가 되는 '강제가입주의'를 채택하고 있으므로,[41] 일정한 시점에서 i) 해당 재개발사업에 동의하지 않는 정비구역 내의 토지등소유자, ii) 해당 재개발 사업에는 동의하지만 관리처분계획에는 동의하지 않는 토지등소유자, iii) 처음부터 관리 처분 대상이 아닌 토지등소유자에게 조합원에서 탈퇴할 수 있는 기회를 제공하고, 해당 토지 등에 대해 보상하도록 하는 것이 필요하다. 즉, 재개발사업에서의 손실보상은 재개발사업에 따른 관리처분과 선택적 관계에 있다. 따라서 손실보상대상자에 대한 협의 또는 수용절차를 거치지 아니한 때에는 「도시 및 주거환경정비법」 제81조 제1항[42]에도 불구하고 손실보상대상자를 상대로 토지 또는 건축물의 인도를 구할 수 없다.

---

39) 2018.2.9. 이전 「도시 및 주거환경정비법」 제47조 제1항에서는 "현금으로 청산하여야 한다."고 규정하고 있었으므로 통상적으로 '현금청산'이라는 용어를 사용하였으나, 2018.2.9. 시행 「도시 및 주거환경정비법」 제73조에서는 "손실보상에 관한 협의를 하여야 한다."고 규정하고 있으므로 재개발사업과 관련되어서도 '손실보상'이라는 용어를 사용하는 것이 타당하므로 여기에서는 '손실보상'으로 기술한다. 다만, 재건축사업은 공익사업에 해당하지 않으므로 '손실보상'이라는 용어를 사용할 수 없으므로 여전히 '현금청산'이라는 용어를 사용하는 것이 타당할 것이다.

40) '토지소유자'란 i) 주거환경개선사업 및 재개발사업의 경우에는 정비구역에 위치한 토지 또는 건축물의 소유자 또는 그 지상권자, ii) 재건축사업의 경우에는 정비구역에 위치한 건축물 및 그 부속토지의 소유자 다음 각 목의 어느 하나에 해당하는 자를 말한다(「도시 및 주거환경정비법」 제2조 제9호).

41) 「도시 및 주거환경정비법」 제39조 제1항에 재건축사업의 경우는 재건축사업에 동의하는 자만을 조합원으로 하도록 하는 '임의가입주의'를 채택하고 있다.

42) 「도시 및 주거환경정비법」 제81조 제1항에 따라 종전의 토지 또는 건축물의 소유자·지상권자·전세권자·임차권자 등 권리자는 제78조 제4항에 따른 관리처분계획인가의 고시가 있은 때에는 제86조에 따른 이전고시가 있는 날까지 종전의 토지 또는 건축물을 사용하거나 수익할 수 없다. 다만, i) 사업시행자의 동의를 받은 경우, ii) 「토지보상법」에 따른 손실보상이 완료되지 아니한 경우 등의 어느 하나에 해당하는 경우에는 그러하지 아니하도록 규정하고 있다.

판례

재개발사업에서 손실보상은 재개발사업을 신속하고도 차질 없이 추진할 수 있도록 하기 위한 것이다. [대법원 2011.07.28. 선고 2008다91364 판결]

〈판결요지〉

재개발사업은 손실보상제도를 둔 것은 분양신청을 하지 않은 조합원 등에 대하여 현금으로 보상하도록 함으로써 주택재개발사업을 신속하고도 차질 없이 추진할 수 있도록 하려는 취지인 점, 조합원이 현금청산대상자가 됨으로써 조합원의 가장 중요한 권리인 분양청구권을 행사할 수 없게 된 마당에 여전히 조합원으로서 제반 권리를 가지고 의무를 부담하게 하는 것은 당사자 의사에 부합하지 아니한 점, 현금청산대상자에게 조합원의 지위를 인정하지 아니하고 현금청산을 통해 조합과의 법률관계를 마무리 하더라도, 현금청산대상자는 청산금을 조합과 협의에 의하여 결정하거나 협의가 성립하지 않을 경우 공익사업을 위한 토지 등의 취득 및 보상에 관한 법률에 따른 수용절차를 통해 지급받을 수 있을 뿐만 아니라, 조합에게서 청산금을 지급받을 때까지 조합에 대하여 종전 토지 또는 건축물에 대한 인도를 거절할 수 있는 점 등을 종합하면, 분양신청을 하지 않거나 철회하는 등 구 도시 및 주거환경정비법 제47조의 요건에 해당하여 현금청산대상자가 된 조합원은 조합원으로서 지위를 상실한다고 보아야 한다.

판례

협의 또는 수용절차를 거치지 아니한 때에는「도시 및 주거환경정비법」제81조 제1항의 규정에도 불구하고 토지 또는 건축물의 인도를 구할 수 없다.
[대법원 2011.07.28. 선고 2008다91364 판결]

〈판결요지〉

주택재개발사업의 사업시행자가 공사에 착수하기 위하여 조합원이 아닌 현금청산대상자에게서 그 소유의 정비구역 내 토지 또는 건축물을 인도받기 위해서는 관리처분계획이 인가·고시된 것만으로는 부족하고 나아가 구「도시 및 주거환경정비법」이 정하는 데 따라 협의 또는 수용절차를 거쳐야 하며, 협의 또는 수용절차를 거치지 아니한 때에는 구「도시 및 주거환경정비법」제49조 제6항의 규정에도 불구하고 현금청산대상자를 상대로 토지 또는 건축물의 인도를 구할 수 없다고 보는 것이 국민의 재산권을 보장하는 헌법합치적 해석이라고 할 것이다.

(3) 손실보상대상자

「도시 및 주거환경정비법」제73조 제1항에 따라 재개발사업에서의 손실보상대상자는 i) 분양신청을 하지 아니한 자, ii) 분양신청기간 종료 이전에 분양신청을 철회한 자, iii)「도시 및 주거환경정비법」제72조 제6항 본문[43]에 따라 분양신청을 할 수 없는 자, iv) 관리처분계획에 따라 분양대상에서 제외된 자 등이다.

다만, 이 외에도「도시 및 주거환경정비법」제73조 제1항에서 규정하고 있지 않으나 '분양신청

43)「도시 및 주거환경정비법」제72조 제6항에 따라 투기과열지구의 정비사업에서 제74조에 따른 관리처분계획에 따라 같은 조 제1항 제2호 또는 제1항 제4호 가목의 분양대상자 및 그 세대에 속한 자는 분양대상자 선정일(조합원 분양분의 분양대상자는 최초 관리처분계획 인가일을 말한다)부터 5년 이내에는 투기과열지구에서 제3항부터 제5항까지의 규정에 따른 분양신청을 할 수 없다.

을 하였으나 분양계약체결기간 내에 분양계약을 체결하지 않은 자'는 실무에서 손실보상대상자로 처리하고 있다.[44]

그러나 통상적으로 분양계약은 관리처분계획 인가 이후에 이루어지므로 여기에 해당되는 자에 대한 손실보상은 「도시 및 주거환경정비법」 제73조 제1항에 따른 경우와 기준 시점 등을 달리한다.

(4) 손실보상의 절차

① 협의

가. 사업인정고시

「도시 및 주거환경정비법」 제65조 제2항에 따라 사업시행계획인가 고시가 있은 때에는 같은 법 제20조 제1항 및 제22조 제1항에 따른 사업인정 및 그 고시가 있은 것으로 본다. 다만, 시장・군수 등이 직접 정비사업을 시행하는 경우에는 제50조 제7항에 따른 사업시행계획서의 고시가 있은 때를 사업인정고시일로 본다.

재개발사업의 절차상 사업시행계획인가 고시 이후에 관리처분계획이 인가・고시가 이루어지고, 「도시 및 주거환경정비법」 제73조 제1항에 따른 손실보상에 관한 협의는 분양신청기간 종료일 이후 또는 관리처분계획이 인가・고시일 이후에 이루어지므로 「도시 및 주거환경정비법」 제73조 제1항에 따른 손실보상 협의는 사업인정 후 협의가 된다.

나. 보상계획의 열람 등

「토지보상법」 제15조에서는 보상계획의 열람 등에 대해 규정하고 있으나, 「도시 및 주거환경정비법」 제56조에서는 관계 서류의 공람과 의견청취 등을 규정하고 있다.

따라서 재개발사업의 경우에는 「도시 및 주거환경정비법」 제56조에 따른 관계서류의 공람과 의견청취 절차를 거친 경우에는 「토지보상법」의 보상계획의 열람 등을 다시 거치지 않아도 된다.

판례

「도시 및 주거환경정비법」 제56조에 따른 관계서류의 공람과 의견청취 절차를 거치면 「토지보상법」의 보상계획의 열람 등을 거치지 않아도 된다.
[대법원 2012.09.27. 선고 2010두13890 판결]

〈판결요지〉

「도시 및 주거환경정비법」에 의한 주택재개발정비사업의 경우에는 공익사업법 제15조(제26조 제1항에 따라 준용되는 경우를 포함한다)에 따라 보상계획을 공고하고 토지소유자 및 관계인에게 보상계획을 통지하는 절차가 아니라 구 도시 및 주거환경정비법 제31조, 구 도시 및 주거환경정비법 시행령 제42조 등에 규정된 공고 및 통지절차를 거치는 것으로 충분하다고 보아야 한다.

44) 여기에 해당하는 자를 손실보상 대상자로 처리할 경우 관리처분계획을 변경하여야 한다는 문제점이 있으므로 「도시 및 주거환경정비법」 제65조 제4항에 따른 현물보상 대상자로 처리하는 것이 바람직할 것으로 보인다.

다. 감정평가법인 등의 선정

가) 규정의 내용

「도시 및 주거환경정비법 시행령」 제60조 제1항에서 재개발사업의 손실보상액의 산정을 위한 감정평가법인 등의 선정에 관하여는 「토지보상법」 제68조 제1항에 따르도록 규정하고 있으므로, 감정평가법인 등 3인을 선정하여 토지 등의 평가를 의뢰하여야 한다. 다만, 시·도지사와 토지소유자가 모두 감정평가법인 등을 추천하지 아니하거나 시·도지사 또는 토지소유자 어느 한쪽이 감정평가법인 등을 추천하지 아니하는 경우에는 사업시행자가 2인을 선정한다.

나) 개정 취지

2018.2.9. 이전 「도시 및 주거환경정비법 시행령」 제48조에서는 "시장·군수가 추천하는 감정평가법인등 2 이상이 평가한 금액을 산술평균하여 산정한 금액을 기준으로 협의할 수 있다."고 규정하여 실제적으로 별도의 보상평가를 하지 않고 종전자산평가액 등으로 형식적으로 협의한 후 재결신청하는 경우 이를 '성실한 협의'로 볼 수 있는지에 대한 논란이 있었으므로 이러한 문제를 해결하기 위하여 감정평가법인등의 선정에 대하여 규정한 것이다.

다) 적용 시점

「도시 및 주거환경정비법 시행령」 제60조 제1항에서 "법 제73조 제1항에 따라 현금으로 청산하는 경우"로 규정하고 있고, 제73조는 부칙 제18조 및 제19조에 따라 2013.12.24. 이후 최초로 조합설립인가를 신청하고, 2018.2.9. 이후 최초로 관리처분계획인가를 신청하는 경우부터 적용되므로, 제60조 제1항도 2013.12.24. 이후 최초로 조합설립인가를 신청하고, 2018.2.9. 이후 최초로 관리처분계획인가를 신청하는 경우부터 적용된다.

라. 협의기간

「토지보상법 시행령」 제8조 제3항에서 협의기간은 특별한 사유가 없으면 30일 이상으로 하도록 규정하고 있으나, 「도시 및 주거환경정비법」 제73조 제1항에서는 관리처분계획이 인가·고시된 다음 날부터 90일 이내에 협의를 하도록 규정하고 있으며, 사업시행자는 분양신청기간 종료일의 다음 날부터 협의를 시작할 수 있도록 규정하고 있다.[45)]

즉, 사업시행자는 분양신청기간이 종료되어 보상대상자가 확정되면 관리처분계획의 인가·고시일 이전에도 「도시 및 주거환경정비법 시행령」 제60조 제1항에 따라 감정평가를 의뢰하고 그 손실보상액으로 협의를 시작할 수 있다.

45) 2018.2.8. 이전 「도시 및 주거환경정비법」 제47조 제1항에서는 관리처분계획이 인가·고시된 다음 날부터 90일 이내에 협의를 하도록 규정하고 있었을 뿐 분양신청기간 종료일의 다음 날부터 협의를 시작할 수 있도록 규정하고 있지 않아 협의준비 및 협의에 소요되는 기간을 고려할 때 기간이 지나치게 짧다는 문제점이 있어 이를 제도적으로 개선하였다.

마. 이전 대상 소유권

「도시 및 주거환경정비법」상 협의의 성격에 따라 보상대상자는 권리제한등기가 없는 상태로 토지 등의 소유권을 사업시행자에게 이전하여야 하며, 권리제한등기 없는 소유권 이전의무와 사업시행자의 청산금 지급의무는 동시이행관계에 있다.

즉, 일반적인 보상에서는 「토지보상법」 제64조 개인별보상의 원칙에 따라 사업시행자가 용익물권자 등의 관계인에게도 개인별로 보상하나, 재개발사업의 관리 처분대상자는 권리제한등기가 없는 소유권을 조합에 이전하여야 하므로 이와 형평을 유지하기 위하여 보상대상자도 권리제한등기가 없는 소유권을 조합에 이전하여야 한다.

판례

토지등소유자는 권리제한등기가 없는 상태로 소유권을 이전하여야 한다.
[대법원 2018.09.28. 선고 2016다246800 판결]

〈판결요지〉

구 「도시 및 주거환경정비법」 제47조에 의하여 사업시행자가 분양신청을 하지 아니하거나 분양신청을 철회한 토지등소유자에게 청산금 지급의무를 부담하는 경우에, 공평의 원칙상 토지등소유자는 권리제한등기가 없는 상태로 토지 등의 소유권을 사업시행자에게 이전할 의무를 부담하고, 이러한 권리제한등기 없는 소유권 이전의무와 사업시행자의 청산금 지급의무는 동시이행관계에 있다.

② 수용

가. 재결신청기간

「토지보상법」 제28조 제1항에서는 사업시행자는 사업인정고시가 된 날부터 1년 이내에 관할 토지수용위원회에 재결을 신청할 수 있도록 규정하고 있으나, 「도시 및 주거환경정비법」 제65조 제3항에서 재결의 신청은 「토지보상법」 제28조 제1항에도 불구하고 사업시행계획인가(사업시행계획변경인가를 포함한다)를 할 때 정한 사업시행기간 이내에 하도록 규정하고 있다.

따라서 사업시행계획인가를 할 때 정한 사업시행기간 이내에 재결신청을 하지 않으면 해당 사업시행인가는 실효된다.

나. 「토지보상법」상의 협의

「도시 및 주거환경정비법」 제73조에 따른 손실보상에 관한 협의는 「토지보상법」 제26조 제1항에 따른 사업인정 후 협의로 본다.

따라서 「도시 및 주거환경정비법」 제73조에 따른 손실보상에 관한 협의를 거친 경우에는 「토지보상법」 제26조 제1항에 따른 협의를 다시 거칠 필요가 없다.

판례

「도시 및 주거환경정비법」상의 손실보상에 관한 협의가 성립되지 않은 경우 「토지보상법」상의 협의를 별도로 거치지 않고 재결신청을 청구할 수 있다.
[대법원 2015.12.23. 선고 2015두50535 판결]

〈판결요지〉
토지보상법상 협의 및 그 사전절차를 정한 위 규정들은 도시 및 주거환경정비법 제40조 제1항 본문에서 말하는 '이 법에 특별한 규정이 있는 경우'에 해당하므로 도시 및 주거환경정비법상 현금 청산대상자인 토지 등소유자에 대하여는 준용될 여지가 없다고 보아야 하므로(대법원 2015.11.27. 선고 2015두48877 판결 참조), 도시 및 주거환경정비법상 주택재개발사업에 있어서 분양신청을 하지 아니하여 현금청산대상자가 된 토지등소유자는 도시 및 주거환경정비법 제47조 제1항이 정한 기간(이하 '현금청산기간'이라고 한다) 내에 현금청산에 관한 협의가 성립되지 않은 경우 토지보상법상의 손실보상에 관한 협의를 별도로 거칠 필요 없이 사업시행자에게 수용재결신청을 청구할 수 있다고 보아야 한다.

(5) 손실보상의 기준

① 원칙

「도시 및 주거환경정비법」 제65조 제1항에서는 정비구역에서 정비사업의 시행을 위한 토지 또는 건축물의 소유권과 그 밖의 권리에 대한 수용 또는 사용은 이 법에 규정된 사항을 제외하고는 「토지보상법」을 준용하되, 정비사업의 시행에 따른 손실보상의 기준 및 절차는 대통령령으로 정할 수 있도록 규정하고 있다.[46]

따라서 「도시 및 주거환경정비법」에서 수용과 관련한 손실보상은 i) 「도시 및 주거환경정비법」에서 별도로 규정하고 있는 보상, ii) 「도시 및 주거환경정비법」에서 별도로 규정하고 있지 않아 「토지보상법」이 적용되는 보상으로 구분할 수 있다.

② 「도시 및 주거환경정비법」에서 별도로 규정하고 있는 보상

가. 이주대책

가) 이주대책대상자

(가) 주거용 건축물의 소유자로서 손실보상대상자

「도시 및 주거환경정비법」 제59조 제1항에서 사업시행자는 정비사업의 시행으로 철거되는 주택의 소유자 또는 세입자에 대한 이주대책을 수립하도록 규정하고 있다. 주거용 건축물의 소유자로서 「도시 및 주거환경정비법」 제73조 제1항에 따른 손실보상 대상자는 이주대책대상자가 된다. 따라서 주거용 건축물의 소유자인 손실보상대상자는 협의에 의하든 재결에 의하든 관계없이 이주대책대상자가 되며 주거이전비 및 이사비의 경우도 마찬가지이다.

46) 이 단서 규정은 2009.2.6. 시행 「도시 및 주거환경정비법」 제40조제1항에서 추가되었다.

판례

현금청산 협의에 응한 자도 이주대책, 주거이전비, 이사비 등의 보상대상자가 된다.
[대법원 2013.01.16. 선고 2012두34 판결]

〈판결요지〉

주택재개발사업의 현금 청산대상자로서 현금 청산에 관한 협의가 성립되어 사업시행자에게 주거용 건축물의 소유권을 이전하는 자에 대하여도 구 공익사업을 위한 토지 등의 취득 및 보상에 관한 법률에 따른 이주정착금, 주거이전비 및 이사비를 지급해야 한다.

(나) 주거용 건축물의 세입자

「토지보상법 시행령」 제40조 제5항 제2호 마목에서는 세입자는 이주대책대상자에서 제외하고 있으나, 「도시 및 주거환경정비법」 제59조 제1항 및 「도시 및 주거환경정비법 시행령」 제54조 제1항에서는 세입자도 이주대책대상자에 포함시키고 있다.

위 (가) 및 (나)의 '주거용 건축물'에 대해서는 "Ⅷ-1 이주대책, 2. 주요 내용, 3) 이주대책대상자 선정요건, (1) 건축물 요건, ① 주거용 건축물, ② 주거용 건축물로 보지 않는 경우"를 참조하기 바란다.

나) 이주대책대상자에서 제외되는 자

(가) 조합원

주택재개발사업의 성격상 손실보상을 받지 않는 분양조합원은 그 자신이 재개발사업의 사업시행자와 유사한 지위에 있으므로 이주대책대상자가 될 수 없다.

(나) 비거주자

㉮ 원칙

「도시 및 주거환경정비법」 제59조 제1항에서 이주대책대상자는 정비구역에서 실제 거주하는 자로 한정하도록 규정하고 있고, 「도시 및 주거환경정비법 시행령」 제54조 제1항에서는 '정비구역의 지정을 위한 주민 공람공고일부터 계약체결일 또는 수용재결일까지 계속하여 거주하고 있지 아니한 건축물의 소유자'는 이주대책 대상자에서 제외하도록 규정하고 있으므로 비거주자는 이주대책대상자가 아니다.[47]

---

47) 「토지보상법 시행령」 제40조 제5항 제2호에서는 이주대책대상자에서 제외되는 자로 '해당 건축물에 공익사업을 위한 관계법령에 따른 고시 등이 있은 날부터 계약체결일 또는 수용재결일까지 계속하여 거주하고 있지 아니한 건축물의 소유자'로 규정하고 있다.

㉯ 예외

「도시 및 주거환경정비법 시행령」 제54조 제1항 단서에 따라 i) 질병으로 인한 요양, ii) 징집으로 인한 입영, iii) 공무, iv) 취학, v) 그 밖에 이에 준하는 부득이한 사유 등이 있을 경우는 거주하고 있지 않은 경우에도 이주대책대상자가 된다.

나. 주거이전비

가) 보상대상자

(가) 주거용 건축물의 소유자로서 손실보상대상자

「도시 및 주거환경정비법」에서는 주거용 건축물의 소유자에 대한 주거이전비 보상을 별도로 규정하고 있지 않으나, 주거이전비 보상의 취지 등을 고려할 때 주거용 건축물의 소유자로서 손실보상대상자는 주거이전비 보상대상자가 된다.

판례

「도시 및 주거환경정비법」상의 현금청산대상자에게도 이주정착금, 주거이전비 및 이사비 등을 지급하여야 한다.

[대법원 2013.01.16. 선고 2012두34 판결]

〈판결요지〉

도시정비법상 주택재개발사업의 현금청산대상자로서 현금청산에 관한 협의가 성립되어 사업시행자에게 주거용 건축물의 소유권을 이전하는 자에 대하여는, 현금청산에 관한 협의가 성립되지 아니하여 공익사업법에 의하여 주거용 건축물이 수용되는 자와 마찬가지로 공익사업법을 준용하여 사업시행자가 이주정착금, 주거이전비 및 이사비를 지급하여야 한다고 봄이 상당하다.

(나) 주거용 건축물의 세입자

「도시 및 주거환경정비법」 제47조 제5항 제3호에 따라 주거용 건축물의 세입자는 해당 건축물의 소유자가 조합원인지 손실보상대상인지를 묻지 않고 주거이전비 대상이 된다. 위 (가) 및 (나)의 '주거용 건축물'에 대해서는 "Ⅷ-1 이주대책, 2. 주요 내용, 3) 이주대책대상자 선정요건, (1) 건축물 요건, ① 주거용 건축물, ② 주거용 건축물로 보지 않는 경우"를 참조하기 바란다.

(다) 주거용 건축물의 세입자로서 이주대책대상자

「토지보상법 시행규칙」 제54조 제2항에서 이주대책대상자인 세입자는 주거이전비 보상대상에서 제외하도록 규정하고 있다.

그러나 「도시 및 주거환경정비법」에서는 이에 대해 별도로 규정하지 않고 있으며, 현실적으로 세입자는 일정기간 재개발사업구역 외로 이사한 후 이주대책으로 공급되는 주택에 입주해야 하는 점 등을 고려하면 주거용 건축물의 세입자로서 이주대책대상자도 주거이전비 보상대상으로 보아야 할 것이다.

(라) 협의 여부

「도시 및 주거환경정비법 시행령」 제54조 제4항에서는 주거이전비의 보상대상자를 별도로 제한하고 있지 않으므로 손실보상을 받는 건축물의 소유자 및 세입자는 협의에 의하든 수용에 의하든 모두 주거이전비 보상대상자가 된다.

판례

재개발사업의 주거용 건축물의 소유자로서 손실보상을 받는 자는 주거이전비 보상대상자가 된다.
[대법원 2013.01.16. 선고 2012두34 판결]

〈판결요지〉

도시 및 주거환경정비법상 주택재개발사업의 현금청산대상자로서 현금청산에 관한 협의가 성립되어 사업시행자에게 주거용 건축물의 소유권을 이전하는 자에 대하여는 현금청산에 관한 협의가 성립되지 아니하여 공익사업법에 의하여 주거용 건축물이 수용되는 자와 마찬가지로 공익사업법을 준용하여 사업시행자가 이주정착금, 주거이전비 및 이사비를 지급하여야 한다.

나) 주거이전비 보상대상자에서 제외되는 경우

(가) 조합원

손실보상을 받지 않는 분양조합원은 그 자신이 재개발사업의 사업시행자와 유사한 지위에 있으므로 주거이전비의 보상대상자가 아니며, 해당 조합원이 같은 재개발사업지구 내에 소재하는 다른 건축물의 세입자인 경우에도 동일하다.

판례

조합원은 주거이전비 대상자가 아니다.
[대법원 2017.10.31. 2017두40068 판결]

〈판결요지〉

주거이전비는 공익사업시행지구 안에 거주하는 세입자들의 조기 이주를 장려하고 사업추진을 원활하게 하려는 정책적인 목적과 주거이전으로 특별한 어려움을 겪게 될 세입자들에게 사회보장적인 차원에서 지급하는 금원이다. 그런데 주택재개발정비사업의 개발이익을 누리는 조합원은 그 자신이 사업의 이해관계인이므로 관련 법령이 정책적으로 조기 이주를 장려하고 있는 대상자에 해당한다고 보기 어렵다. 이러한 조합원이 소유 건축물이 아닌 정비사업구역 내 다른 건축물에 세입자로 거주하다 이전하더라도, 일반 세입자처럼 주거이전으로 특별한 어려움을 겪는다고 보기 어려우므로, 그에게 주거이전비를 지급하는 것은 사회보장급부로서의 성격에 부합하지 않는다.

(나) 세입자로서 순환정비방식의 이주대책대상자

주거이전비의 성격[48]상 「도시 및 주거환경정비법」 제59조 제1항에 따라 순환정비방식에 따른 이주대책대상자인 세입자는 주거이전비의 보상대상자가 아닌 것으로 본다.

48) 주거이전비는 공익사업과 관련하여 이주하는 자에 대한 '임시 거주에 소요되는 비용'의 보상으로 보며, 세입자에 대한 주거이전비는 여기에 추가하여 생활보상의 성격이 있는 것으로 본다.

다) 인정시점

(가) 「토지보상법」

「토지보상법 시행규칙」 제54조 제1항에 따라 주거용 건축물의 소유자에 대해서는 별도로 규정하고 있지 않으며, 제2항에서 주거용 건축물의 세입자에 대해서는 사업인정고시일 등 당시 또는 공익사업을 위한 관계법령에 의한 고시 등이 있은 당시 해당 공익사업 시행지구 안에서 3개월 이상 거주한 자로 하되 무허가건축물 등에 입주한 세입자로서 사업인정고시일 등 당시 또는 공익사업을 위한 관계법령에 의한 고시 등이 있은 당시 그 공익사업지구 안에서 1년 이상 거주하여야 한다.

(나) 「도시 및 주거환경정비법」

「도시 및 주거환경정비법 시행령」 제54조 제4항에서는 "주거이전비를 보상하는 경우 보상대상자의 인정시점은 제13조 제1항에 따른 공람공고일로 본다."고 규정하고 있다.

따라서 주거이전비의 보상대상자가 되기 위해서는 '정비구역의 지정을 위한 주민공람 공고일' 이전부터 해당 재개발사업지구 내에 거주하여야 한다.[49]

라) 거주요건

(가) 「토지보상법」

「토지보상법 시행규칙」 제54조 제1항에서는 주거용 건축물의 소유자 해당 건축물에 실제 거주하고 있지 아니하는 경우에는 주거이전비 보상대상자에서 제외하도록 규정하고 있으며, 제2항에서는 주거용 건축물의 세입자는 사업인정고시일 등 당시 또는 공익사업을 위한 관계법령에 의한 고시 등이 있은 당시 해당 공익사업시행지구 안에서 3개월 이상 거주한 자를 보상대상자로 하되, 무허가건축물 등에 입주한 세입자로서 사업인정고시일 등 당시 또는 공익사업을 위한 관계법령에 의한 고시 등이 있은 당시 그 공익사업지구 안에서 1년 이상 거주한 세입자를 보상대상자로 규정하고 있다.

즉, 「토지보상법 시행규칙」 제54조 제1항에 따른 주거용 건축물의 소유자에 대한 주거이전비는 거주의 시점(始點) 및 종점(終點)에 대해서 규정하고 있지 않고, 제2항에 따른 세입자에 대한 주거이전비는 시점(始點)에 대해서만 규정하고 있다.

따라서 소유자에 대한 주거이전비는 협의 또는 재결 당시 거주하면 보상대상자로 보고, 세입자에 대한 주거이전비는 시점(始點) 당시에 거주한 세입자를 보상대상자로 본다.

49) 2009.8.11. 시행 「도시 및 주거환경정비법 시행령」 제44조의2 제2항 같은 법 시행규칙 제9조의2에서 주거이전비는 세입자에 대해서만 정비계획에 관한 공람공고일부터 해당 정비구역에 거주할 것을 요건으로 규정하였으나, 2018.2.9. 시행 「도시 및 주거환경정비법 시행령」 제54조에서는 이를 소유자를 포함하는 것으로 확대하였다.

판례

〈유권해석〉

협의 또는 재결 당시에 거주하였다면 주거이전비 보상대상이다.
[2018.08.06. 토지정책과-5020]

〈질의요지〉

거주자 전입(2011.8.), 지구지정공람공고(2015.8.), 사업인정고시(2015.12.), 거주자 주택 매도(2016.4.), 보상협의 진행(2016.12.)인 경우 주거이전비 보상은?

〈회신내용〉

주거이전비는 「토지보상법 시행규칙」 제54조에 따라 보상하여야 할 것으로 공익사업에 따른 협의 또는 재결 당시를 기준으로 거주요건 등을 만족한다면 그에 따라 보상하여야 할 것으로 본다.

(나) 「도시 및 주거환경정비법」

「도시 및 주거환경정비법」에서는 거주요건에 대해서는 별도로 규정하고 있지 않으나, 제54조 제4항에 따라 정비계획에 관한 공람공고일부터 해당 건축물에 대한 보상을 하는 때까지 계속하여 거주한 주거용 건축물의 소유자 및 세입자를 대상으로 한다.

판례

「도시 및 주거환경정비법」상 소유자에 대한 주거이전비는 정비계획에 관한 공람공고일부터 해당 건축물에 대한 보상을 하는 때까지 계속하여 소유 및 거주한 주거용 건축물의 소유자를 대상으로 한다.
[대법원 2016.12.15. 선고 2016두49754 판결]

〈판결요지〉

「도시 및 주거환경정비법」상 주거용 건축물의 소유자에 대한 주거이전비의 보상은 주거용 건축물에 대하여 정비계획에 관한 공람공고일부터 해당 건축물에 대한 보상을 하는 때까지 계속하여 소유 및 거주한 주거용 건축물의 소유자를 대상으로 한다.

마) 보상금액 등의 확정시점

「도시 및 주거환경정비법」상 보상의 주체인 사업시행자는 사업시행계획의 인가·고시로 결정되므로 주거이전비의 보상금액 등의 내용은 사업시행계획의 인가·고시일에 확정된다.

따라서 보상금액 등은 사업시행계획의 인가·고시일 당시의 「토지보상법」상의 규정이 적용된다.[50]

50) 2007.4.12. 시행 「토지보상법 시행규칙」 제54조 제2항에서 세입자에 대해서는 4개월분의 주거이전비를 보상하도록 개정하였고, 부칙 제4조에서 이 개정규정은 2007.4.12. 이후에 보상계획을 공고하고 토지소유자 및 관계인에게 보상계획을 통지하는 분부터 적용하도록 규정하였다. 따라서 2007.4.12. 이전에 보상계획을 공고하고 토지소유자 및 관계인에게 보상계획을 통지한 경우는 3월분의 주거이전비를 보상하되 주거이전비의 산정기준이 되는 '근로자가구의 가구원수별 월평균 가계지출비'는 기준시점 당시의 것을 적용하여야 한다.

즉, 2007.4.12. 시행 「토지보상법 시행규칙」 제54조 제2항에서 세입자에 대해서는 4개월분의 주거이전비를 보상하도록 개정하였고, 부칙 제4조에서 이 개정규정은 2007.4.12. 이후에 보상계획을 공고하고 토지소유자 및 관계인에게 보상계획을 통지하는 분부터 적용하도록 규정하였다.

따라서 재개발사업의 경우 2007.4.12. 이전에 정비계획에 관한 공람공고를 한 경우는 3월분의 주거이전비를 보상한다.

다만, 시가보상의 원칙을 규정한 「토지보상법」 제67조 제1항에 따라 주거이전비의 산정 기준이 되는 '근로자가구의 가구원수별 월평균 가계지출비'는 사업시행계획의 인가·고시 당시의 것이 아니라 기준시점 당시의 것을 적용하여야 한다.

판례

「도시 및 주거환경정비법」상 주거이전비의 확정시점은 사업시행계획 인가·고시일이다.
[대법원 2012.09.27. 선고 2010두13890 판결]

〈판결요지〉

구 도시 및 주거환경정비법상 주거용 건축물의 세입자에 대한 주거이전비의 보상은 정비계획에 관한 공람공고일 당시 당해 정비구역 안에서 3월 이상 거주한 자를 대상으로 하되, 그 보상의 방법 및 금액 등의 보상내용은 정비사업의 종류 및 내용, 사업시행자, 세입자의 주거대책, 비용부담에 관한 사항, 자금계획 등이 구체적으로 정해지는 사업시행계획에 대한 인가고시일(이하 '사업시행인가고시일'이라고 한다)에 확정된다고 할 것이다. … 세입자가 주거이전비 보상청구권을 취득하는지 여부와 임대주택 입주권 공급대상자에 해당하는지 여부에 관한 법률관계는 사업시행인가고시일에 확정되는 것이어서 이 사건 사업시행인가고시일인 2006.6.29. 당시 주거이전비 보상청구권에 대한 법률관계가 확정된 이상, 그 이후인 2007.4.12. 시행된 신 시행규칙이 소급하여 적용될 여지가 없으므로, 이 사건 주거이전비 보상청구권의 인정여부 및 그 액수는 구 시행규칙에 따라야 한다.

다. 영업의 휴업보상

가) 보상대상자

2009.11.28. 이전 「도시 및 주거환경정비법」 제30조 제4호에서 '세입자의 주거대책'을 사업시행계획서에 포함시키도록 규정하고 있었을 뿐 영업자 등에 대한 보상규정을 두지 않아 많은 문제점을 야기하였다.

특히 2009년 1월에 발생한 용산4재개발사업구역의 철거과정에서 발생한 소위 '용산참사'로 인하여 정비사업구역 내 세입자 보호가 사회문제로 대두되어 2009.11.28. 시행 「도시 및 주거환경정비법」 제48조 제1항 제7호에서 '세입자별 손실보상을 위한 권리명세 및 그 평가액'을 관리처분계획에 포함시키도록 하였고, 제5항 제1호에서 그 금액은 시장·군수가 선정·계약한 감정평가법인 등 2 이상이 평가한 금액을 산술평균하여 산정하도록 제도화하였다.[51]

---

51) 부칙 제6조에서 제48조 제1항 제7호의 개정규정은 이 법 시행 후 최초로 제48조 제1항에 따른 관리처분계획을 수립하는 분부터 적용하도록 규정하였다.

(가) 세입자인 영업자

2009.11.28. 이후에는 세입자인 영업자에 대해 영업보상을 하여야 한다.

다만, 「도시 및 주거환경정비법」 제48조 제1항 제7호에서 '세입자별 손실보상을 위한 권리명세 및 그 평가액'은 정비사업비용 중 보상비의 추정을 위한 것이므로 세입자의 영업보상에서 「도시 및 주거환경정비법」 제48조 제1항 제7호에 따른 추정액을 적용할 수 없고 별도로 보상평가를 하여야 한다.

〈법령해석〉

재개발사업에서 세입자의 영업손실을 보상하기 위해서는 「토지보상법」 제68조에 따른 감정평가를 거쳐야 한다.

[법제처 18-0303]

〈질의요지〉

「도시 및 주거환경정비법」에 따른 재개발사업의 사업시행자가 세입자의 영업손실을 보상하기 위해 같은 법 제74조에 따라 관리처분계획 수립 시 감정평가를 거쳐 세입자별 손실보상을 위한 권리명세 및 그 평가액을 산정한 것과 별개로 「공익사업을 위한 토지 등의 취득 및 보상에 관한 법률」 제68조에 따른 감정평가를 거쳐야 하는지?

〈회답〉

「토지보상법 시행규칙」 제17조에서는 … 객관적이고 공정한 보상액의 평가가 이루어지도록 세부적인 절차와 방법을 규정하고 있는 반면, 도시 및 주거환경정비법에서는 이러한 규정을 두고 있지 않은바, 정비사업에 따른 세입자별 손실보상에 대해서도 토지보상법 제68조 및 같은 법 시행규칙 제17조에 따른 세부적인 절차와 방법이 적용된다고 보아야 할 것입니다.

또한 도시 및 주거환경정비법 제74조 제2항 제1호 가목에서는 관리처분계획에 포함되는 세입자별 손실보상 평가액을 특별자치시장, 특별자치도지사, 시장, 군수, 자치구의 구청장이 선정・계약한 2인 이상의 감정평가업자가 평가하도록 하여 세입자가 그 산정 과정에 참여할 수 있는 기회를 보장하고 있지 않은 반면, 토지보상법 제68조 제2항에서는 사업시행자가 선정하는 3인의 감정평가업자 중 2인을 특별시장・광역시장・도지사・특별자치도지사와 토지소유자가 각 1인씩 추천할 수 있도록 규정하고 있는 바, 세입자의 손실보상에 대하여 해당 규정을 준용하는 경우 세입자도 토지소유자와 마찬가지로 감정평가업자를 추천할 수 있다고 해석되므로 이러한 세입자의 절차적 권리를 보장할 필요가 있다는 점도 이 사안을 해석할 때 고려해야 합니다.

(나) 소유자인 영업자

소유자인 영업자가 영업보상 대상자에 포함되는지에 대해서 「도시 및 주거환경정비법」에서 별도로 규정하고 있지 않다.

다만, 이는 소유자의 종전자산가액과 관련된 것이므로 조합의 정관에 의한다. 즉, 조합의 정관으로 소유자인 영업자의 영업보상을 허용한 경우는 소유자도 영업보상의 대상이 될 수 있다.

나) 인정시점

(가) 2012.8.2. 이전에 '정비구역의 지정을 위한 주민 공람공고'를 한 경우

2012.8.2. 이전 「도시 및 주거환경정비법 시행령」 및 「도시 및 주거환경정비법 시행규칙」에서는 영업보상의 인정시점에 대해 별도로 규정하지 않았다.

따라서 2012.8.2. 이전에 '정비구역의 지정을 위한 주민 공람공고'를 한 경우에는 「토지보상법 시행규칙」 제45조에서 따라 '사업인정고시일 등(보상계획공고일 또는 사업인정고시일 중 빠른 날)'이 영업보상의 인정시점이 된다.

(나) 2012.8.2. 이후에 '정비구역의 지정을 위한 주민 공람공고'를 한 경우

「도시 및 주거환경정비법 시행령」 제54조 제3항에서는 영업보상 인정시점을 '정비구역의 지정을 위한 주민 공람공고일'로 규정하고 있다.

다만, 위 조항은 2012.8.2. 시행 「도시 및 주거환경정비법 시행령」 제44조의2 제2항 및 「도시 및 주거환경정비법 시행규칙」 제9조의2 제2항에서 신설되었으며, 시행규칙 부칙 제2조에서 개정규정은 이 규칙 시행 후 정비계획을 수립(변경수립은 제외한다)하기 위하여 영 제11조에 따라 공람공고를 하는 경우부터 적용하도록 규정하였다.

따라서 2012.8.2. 이후에 '정비구역의 지정을 위한 주민 공람공고'를 한 경우에는 '정비 구역의 지정을 위한 주민 공람공고일'이 영업보상의 인정시점이 된다.

다) 휴업기간

(가) 2009.12.1. 이전에 사업시행인가를 신청한 경우

2009.12.1. 시행 「도시 및 주거환경정비법 시행규칙」 제9조의2 제1항에서 휴업기간을 4개월 이내로 규정하였으며, 부칙 제2조에 따라 이는 2009.12.1. 이후에 최초로 사업시행인가를 신청하는 분부터 적용하도록 규정하였다.

따라서 2009.12.1. 이전에 사업시행인가를 신청한 경우는 2014.10.22. 이전 「토지보상법 시행규칙」 제47조 제1항에 따라 휴업기간은 3개월 이내가 된다.

(나) 2009.12.1. 이후에 사업시행인가를 신청한 경우

「도시 및 주거환경정비법 시행령」 제54조 제2항에 따라 휴업기간은 4개월 이내로 한다.[52] 다만, i) 해당 정비사업을 위한 영업의 금지 또는 제한으로 인하여 4개월 이상의 기간 동안 영업을 할 수 없는 경우, ii) 영업시설의 규모가 크거나 이전에 고도의 정밀성을 요구하는 등 해당 영업의 고유한 특수성으로 인하여 4개월 이내에 다른 장소로 이전하는 것이 어렵다고 객관적으로 인정되는 경우에는 2년의 범위 내에서 실제 휴업기간으로 한다.

52) 손실보상 등에 대하여는 2018.2.9. 이전에는 「도시 및 주거환경정비법 시행규칙」 제9조의2에서 규정하였으나, 2018.2.9. 이후에는 「도시 및 주거환경정비법 시행령」 제54조에서 규정하고 있다.

라. 지연이자

가) 「토지보상법」상의 지연가산금

「토지보상법」 제30조에서는 협의가 성립되지 않아 토지소유자 등이 재결신청의 청구를 한 경우 사업시행자는 그 청구를 받은 날부터 60일 이내에 관할 토지수용위원회에 재결을 신청하여야 하고, 이 기간을 넘겨서 재결을 신청하였을 때에는 그 지연된 기간에 대하여 「소송촉진 등에 관한 특례법」 제3조에 따른 법정이율[53]을 적용하여 산정한 지연가산금을 지급하도록 규정하고 있다.

나) 「도시 및 주거환경정비법」상의 지연이자

(가) 2012.8.2. 이전에 조합설립인가 등을 신청한 경우

㉮ 지연이자

「도시 및 주거환경정비법」상의 지연이자는 2012.8.2. 시행 「도시 및 주거환경정비법」 제47조 제2항에서 i) 분양신청을 하지 아니한 자 또는 분양신청기간 종료 이전에 분양신청을 철회한 자는 분양신청기간 종료일의 다음 날, ii) 관리처분계획에 따라 분양대상에서 제외된 자는 그 관리처분계획의 인가를 받은 날의 다음 날부터 150일 이내에 현금으로 청산하지 아니한 경우에는 정관 등으로 정하는 바에 따라 해당 토지등소유자에게 이자를 지급하여야 하도록 규정하여 처음으로 도입되었다.

그리고 부칙 제8조에서 지연이자는 2012.8.2. 이후에 최초로 조합 설립인가 또는 사업시행인가(도시환경정비사업을 토지등소유자가 시행하는 경우나 시장·군수가 직접 정비사업을 시행하거나 주택공사 등을 사업시행자로 지정한 경우)를 신청하는 정비사업부터 적용하도록 규정하였다.

따라서 2012.8.2. 이전에 조합설립인가 등을 신청한 경우에는 「도시 및 주거환경정비법」상의 지연이자의 적용은 없다.

㉯ 지연가산금

현금청산자가 「토지보상법」 제30조에 따른 재결신청의 청구를 하였으나, 사업시행자가 그 청구를 받은 날부터 60일 이내에 관할 토지수용위원회에 재결을 신청하지 않은 경우 「토지보상법」상의 지연가산금을 적용할 수 있다.

(나) 2012.8.2. ~ 2018.2.8. 사이에 조합설립인가 등을 신청한 경우

㉮ 지연이자

2012.8.2. 이후에 최초로 조합설립인가 등을 신청한 경우로서 2018.2.8.까지는 「도시 및 주거환경정비법」 제47조 제1항에 정한 현금청산기간 이내에 현금청산하지 않은 경우에는 제47조 제2항에 따라 정관 등으로 정하는 바에 따라 지연이자를 지급하여야 한다.

---

53) 「소송촉진 등에 관한 특례법 제3조 제1항 본문의 법정이율에 관한 규정」에서는 100분의 12로 규정하고 있다.

㉯ 지연가산금

현금청산자가 「토지보상법」 제30조에 따른 재결신청의 청구를 하였으나, 사업시행자가 현금청산기간 만료일로부터 60일 이내에 수용재결신청을 하지 않은 경우에는 지연기간에 대하여 「토지보상법」에 따른 가산금을 지급하여야 한다. 즉, (구)「도시 및 주거환경 정비법」 제47조에서는 일정한 기간(2013.12.24. 이전은 150일, 이후는 90일) 이내에 현금청산을 하지 않은 경우 지연이자에 대해 규정하고 있었을 뿐 사업시행자의 재결신청의무를 별도로 규정하지 않았고, 지연이자와 지연가산금은 그 성격을 달리하므로 2012.8.2. 이후에 최초로 조합설립인가 등을 신청한 경우로서 2018.2.8.까지는 지연이자와 지연가산금은 중복 적용된다고 본다.

왜냐하면, (구)「도시 및 주거환경정비법」 제47조 제2항에 따른 지연이자는 일정한 기간 내에 현금청산을 하지 않은 것에 대한 것이며, 「토지보상법」 제30조에 따른 지연가산금은 재결신청청구를 받고 60일 이내에 재결신청을 하지 않은 것에 대한 것이므로 이 두 가지는 그 목적 및 대상을 달리하므로 중복 적용되어야 하기 때문이다.

판례

재개발사업에서도 「토지보상법」상 재결신청의 청구를 할 수 있으며, 60일 이내에 재결신청을 하지 않은 경우 지연가산금을 지급하여야 한다.
[대법원 2015.12.23. 선고 2015두50535 판결]

〈판결요지〉

[1] (구)「도시 및 주거환경정비법」상 주택재개발사업에서 토지 등 소유자가 현금청산 대상자가 되었는데 현금청산기간 내에 협의가 성립되지 않은 경우, 「토지보상법」상 손실보상에 관한 협의를 거칠 필요 없이 사업시행자에게 수용재결을 청구할 수 있다.

[2] (구)「도시 및 주거환경정비법」상 현금청산대상자인 토지 등 소유자가 현금청산기간 만료 전에 재결신청을 청구하였으나 협의가 성립될 가능성이 없다고 볼 명백한 사정이 있는 경우, 재결신청 청구가 유효하다. 현금청산기간 만료 전에 유효한 재결신청 청구가 있었으나 사업시행자가 현금청산기간 만료일로부터 60일 이내에 수용재결신청을 하지 않은 경우, 지연기간에 대하여 「토지보상법」 제30조 제3항에 따른 가산금을 지급하여야 한다.

(다) 2018.2.9. 이후

㉮ 지연이자

㉠ 재결신청 등

2018.2.9. 시행 「도시 및 주거환경정비법」 제73조 제2항에서는 사업시행자는 관리처분 계획이 인가・고시된 다음 날부터 90일 이내에 손실보상에 관한 협의가 성립되지 아니 하면 그 기간의 만료일 다음 날부터 60일 이내에 수용재결을 신청하거나 매도청구소송을 제기하여야 하도록 규정하였다.

ⓛ 지연이자의 지급

2018.2.9. 시행 「도시 및 주거환경정비법」 제73조 제3항에서 사업시행자는 제2항에 따른 기간을 넘겨서 수용재결을 신청하거나 매도청구소송을 제기한 경우에는 해당 토지 등 소유자에게 지연일수(遲延日數)에 따른 이자를 지급하여야 하도록 규정하였으며, 이 경우 이율은 「도시 및 주거환경정비법 시행령」 제60조 제2항에 따라 i) 6개월 이내의 지연일수에 따른 이자의 이율은 100분의 5, ii) 6개월 초과 12개월 이내의 지연일수에 따른 이자의 이율은 100분의 10, iii) 12개월 초과의 지연일수에 따른 이자의 이율은 100분의 15로 한다.

ⓒ 적용례

ⓐ 분양신청을 하지 아니한 자 등에 대한 현금청산 지연에 따른 이자지급에 관한 적용례

2018.2.9. 시행 「도시 및 주거환경정비법」 부칙 제9조에서는 제73조 제3항의 개정규정에 의한 지연이자의 지급은 2012.8.2. 이후에 최초로 조합설립인가(같은 개정법률 제8조 제3항의 개정규정에 따라 도시환경정비사업을 토지등소유자가 시행하는 경우나 같은 개정법률 제7조 또는 제8조 제4항의 개정규정에 따라 시장·군수가 직접 정비사업을 시행하거나 주택공사 등을 사업시행자로 지정한 경우에는 사업시행계획인가를 말한다)를 신청한 정비사업부터 적용하도록 규정하고 있다.

따라서 2012.8.2. ~ 2013.12.24. 사이에 조합설립인가 등을 신청한 조합으로서 (구)「도시 및 주거환경정비법」 제47조 제1항에 따라 i) 분양신청을 하지 아니한 자 또는 분양신청기간 종료 이전에 분양신청을 철회한 자는 분양신청기간 종료일의 다음 날, ii) 관리처분계획에 따라 분양대상에서 제외된 자는 그 관리처분계획의 인가(부칙 제18조에 따라 2018.2.9. 이후에 최초로 관리처분계획인가를 신청하는 경우에 한한다)를 받은 날의 다음 날 등으로부터 150일 이내에 협의를 하고 협의가 성립되지 않으면 그 기간의 만료일 다음 날부터 60일 이내에 수용재결을 신청하거나 매도청구소송을 제기하여야 하며, 이 기간을 넘겨서 수용재결을 신청하거나 매도청구소송을 제기한 경우에는 해당 토지등소유자에게 지연일수(遲延日數)에 따라 2018.2.9. 시행 「도시 및 주거환경정비법」 제73조 제3항에서 규정한 이자를 지급하여야 한다.

ⓑ 분양신청을 하지 아니한 자 등에 대한 조치에 관한 적용례

2018.2.9. 시행 「도시 및 주거환경정비법」 부칙 제18조에서는 제73조의 개정규정은 이 법 시행 후 최초로 관리처분계획인가를 신청하는 경우부터 적용하되, 토지등소유자가 「토지보상법」 제30조 제1항의 재결 신청을 청

구한 경우에는 제73조의 개정규정에도 불구하고 종전의 규정을 적용하도록 규정하고 있다.

따라서 제73조 제2항에 따른 재결신청 및 제3항에 따른 지연이자의 지급은 2018.2.9. 이후 최초로 관리처분계획인가를 신청하는 사업부터 적용하되, 2018.2.9. 이후 최초로 관리처분계획인가를 신청하기 전에 「토지보상법」 제30조 제1항의 재결신청을 청구한 경우에는 지연가산금 및 (구) 「도시 및 주거환경정비법」 제47조 제2항에 따른 이자를 지급한다.

ⓒ 손실보상 시기에 관한 적용례

2018.2.9. 시행 「도시 및 주거환경정비법」 부칙 제19조에서는 제73조의 개정규정은 2013년 12월 24일 이후 최초로 조합설립인가를 신청하는 경우부터 적용하도록 규정하고 있다.

즉, 2013.12.24. 이전 (구)「도시 및 주거환경정비법」 제47조 제1항에서 현금청산[54] 기간을 i) 분양신청을 하지 아니한 자 또는 분양신청기간 종료 이전에 분양신청을 철회한 자는 분양신청기간 종료일의 다음 날, ii) 관리처분계획에 따라 분양대상에서 제외된 자는 그 관리처분계획의 인가를 받은 날의 다음 날 등으로부터 150일 이내로 하였으나, 2013.12.24. 시행 「도시 및 주거환경정비법」 제47조 제1항에서 현금청산 기간은 관리처분계획 인가를 받은 날의 다음 날로부터 90일 이내에 하였으며, 부칙 제4조에서 제47조 제1항의 개정규정은 이 법 시행 후 최초로 조합설립인가를 신청하는 분부터 적용하도록 규정하였다.

따라서 2013.12.24. 이후 최초로 조합설립인가를 신청한 경우로서 부칙 제18조에 따라 2018.2.9. 이후에 최초로 관리처분계획인가를 신청하는 경우에는 관리처분계획이 인가・고시된 다음 날부터 90일 이내에 i) 분양신청을 하지 아니한 자, ii) 분양신청기간 종료 이전에 분양신청을 철회한 자, iii) 인가된 관리처분계획에 따라 분양대상에서 제외된 자 등과 협의하여야 하고, 협의가 성립되지 아니하면 그 기간의 만료일 다음 날부터 60일 이내에 수용재결을 신청하거나 매도청구소송을 제기하여야 하며, 제3항에 따라 60일을 넘겨서 수용재결을 신청하거나 매도청구소송을 제기한 경우에는 해당 토지 등소유자에게 지연일수(遲延日數)에 따른 이자를 지급하여야 한다.

㉯ 지연가산금

2018.2.9. 시행 「도시 및 주거환경정비법」 제73조 제2항 및 제3항에서 사업시행자의 재결신청의무 및 지연이자에 대하여 규정하고 있고, 제65조 제1항

54) 2018.2.9. 이전은 현금청산이라는 용어를 사용하였으나 2018.2.9. 시행 「도시 및 주거환경정비법」 제73조 제1항에서는 이를 손실보상이라는 용어로 변경하였다.

에서 수용 또는 사용은 이 법에 규정된 사항을 제외하고는 「토지보상법」을 준용하도록 규정하고 있으므로, 제73조 제2항 및 제3항을 「토지보상법」 제30조에 의한 지연가산금에 대해 규정한 것으로 보아야 한다.

따라서 2018.2.9. 시행 「도시 및 주거환경정비법」 부칙 제9조, 제18조, 제19조에 따라 제73조 제2항에 따른 재결신청 및 제3항에 따른 지연이자가 지급되는 경우는 「토지보상법」 제30조에 따른 재결신청의 청구 및 지연가산금은 적용되지 않는다.

그러므로 이러한 경우에 해당되는 경우에는 「토지보상법」 제30조에 따른 재결신청의 청구는 각하되어야 한다.

다만, 2018.2.9. 시행 「도시 및 주거환경정비법」 제73조 제3항에 따른 지연이자의 지가 대상이 아닌 경우는 「토지보상법」 제30조에 따른 지연가산금 및 (구) 「도시 및 주거환경정비법」 제47조 제2항에 따른 지연이자의 적용대상이 된다.

마. 현물보상에서 보상의 지급기한

「토지보상법」 제42조 제1항에서는 사업시행자가 수용 또는 사용의 개시일까지 관할 토지수용위원회가 재결한 보상금을 지급하거나 공탁하지 아니하였을 때에는 해당 토지수용위원회의 재결은 효력을 상실하도록 규정하고 있으나, 「도시 및 주거환경정비법」 제65조 제4항에 따라 대지 또는 건축물을 현물보상하는 경우에는 「토지보상법」 제42조에도 불구하고 준공인가 이후에도 할 수 있도록 규정하고 있다.

바. 기준시점

가) 협의

(가) 「도시 및 주거환경정비법」 제73조 제1항에 의한 협의

「도시 및 주거환경정비법」에서는 보상평가의 기준시점에 대하여 별도로 규정하고 있지 않으므로 「토지보상법」 제67조 제1항에 따라 협의의 경우는 '협의성립 당시'가 된다.

다만, 「도시 및 주거환경정비법」 제73조 제1항에서 관리처분계획이 인가・고시된 날의 다음날부터 90일 내에 손실보상에 관한 협의를 할 것을 규정하고 있으므로 기준시점은 관리처분계획인가의 고시가 있은 날 이후로부터 90일이 되는 날 중 사업시행자가 제시하는 날이 된다.[55)]

(나) 분양계약체결기간 내에 분양계약을 체결하지 않은 자에 대한 협의

통상적으로 분양계약은 관리처분계획 인가 이후에 이루어지므로 분양계약체결기간 내에 분양계약을 체결하지 않은 자에 대한 보상기간 및 기준시점은 위 가)의 경우를 적용할 수 없다.

---

55) 대법원 판례(대법원 2009.9.10. 선고 2009다32850・32867 판결 등)에서는 현금청산을 위한 감정평가 기준시점은 사업시행자의 현금청산금 지급의무 기산일(起算日)인 분양신청기간 종료일의 다음날 또는 관리처분계획 인가를 받은 날의 다음날로 보아야 한다고 판결하였으나, 해당 대 법원 판례는 재건축사업과 관련된 것으로 보상을 전제로 하는 재개발사업에 그대로 적용할 수는 없다고 본다.

따라서 이 경우는 「토지보상법」에 따라 협의하여야 하며 기준시점은 사업시행자가 제시하는 날로 하여야 한다.[56]

나) 수용

수용의 경우는 「토지보상법」 제67조 제1항에 따라 '재결 당시'가 된다.

판례

「도시 및 주거환경정비법」상 수용보상의 기준시점은 '재결 당시'가 된다.

▶ [대법원 2016.12.15. 선고 2015두51309 판결]

〈판결요지〉

주택재개발정비사업조합(이하 '조합'이라 한다)과 현금청산대상자가 협의에 의해 금액을 정하되, 협의가 성립하지 않을 때에는 조합은 토지보상법에 따라 토지수용위원회의 재결에 의하여 현금청산대상자들의 토지 등의 소유권을 취득할 수 있다. 그런데 도시 및 주거환경정비법령은 수용보상금의 가격산정 기준일에 관한 규정을 두고 있지 않으므로 현금청산대상자들의 토지 등에 대한 수용보상금은 토지보상법 제67조 제1항에 따라 토지 등의 수용재결일 가격을 기준으로 산정하여야 한다.

③ 「도시 및 주거환경정비법」에서 별도로 규정하고 있지 않은 보상

「도시 및 주거환경정비법」에서 별도로 규정하고 있지 않은 이사비 등의 보상은 「토지보상법」을 준용한다.

※ 참조 조문

〈공익사업을 위한 토지 등의 취득 및 보상에 관한 법률〉

제91조(환매권)

① 공익사업의 폐지·변경 또는 그 밖의 사유로 취득한 토지의 전부 또는 일부가 필요 없게 된 경우 토지의 협의취득일 또는 수용의 개시일(이하 이 조에서 "취득일"이라 한다) 당시의 토지소유자 또는 그 포괄승계인(이하 "환매권자"라 한다)은 다음 각 호의 구분에 따른 날부터 10년 이내에 그 토지에 대하여 받은 보상금에 상당하는 금액을 사업시행자에게 지급하고 그 토지를 환매할 수 있다.
  1. 사업의 폐지·변경으로 취득한 토지의 전부 또는 일부가 필요 없게 된 경우 : 관계 법률에 따라 사업이 폐지·변경된 날 또는 제24조에 따른 사업의 폐지·변경 고시가 있는 날
  2. 그 밖의 사유로 취득한 토지의 전부 또는 일부가 필요 없게 된 경우 : 사업완료일

② ~ ③ 〈생략〉

④ 토지의 가격이 취득일 당시에 비하여 현저히 변동된 경우 사업시행자와 환매권자는 환매금액에 대하여 서로 협의하되, 협의가 성립되지 아니하면 그 금액의 증감을 법원에 청구할 수 있다.

⑤ 제1항부터 제3항까지의 규정에 따른 환매권은 「부동산등기법」에서 정하는 바에 따라 공익사업에 필요한 토지의 협의취득 또는 수용의 등기가 되었을 때에는 제3자에게 대항할 수 있다.

56) 이 경우 「도시 및 주거환경정비법」상의 지연이자는 적용되지 않고, 「토지보상법」 제30조에 따른 재결신청의 청구 및 지연가산금이 적용된다.

※ 참조 조문

〈부동산 가격공시에 관한 법률〉

제12조(개별공시지가의 정정)

시장·군수 또는 구청장은 개별공시지가에 틀린 계산, 오기, 표준지 선정의 착오, 그 밖에 대통령령으로 정하는 명백한 오류가 있음을 발견한 때에는 지체 없이 이를 정정하여야 한다.

〈행정소송법〉

제19조(취소소송의 대상)

취소소송은 처분등을 대상으로 한다. 다만, 재결취소소송의 경우에는 재결 자체에 고유한 위법이 있음을 이유로 하는 경우에 한한다.

※ 참조 조문

〈감정평가 및 감정평가사에 관한 법률〉

제28조(손해배상책임)

① 감정평가법인등이 감정평가를 하면서 고의 또는 과실로 감정평가 당시의 적정가격과 현저한 차이가 있게 감정평가를 하거나 감정평가 서류에 거짓을 기록함으로써 감정평가 의뢰인이나 선의의 제3자에게 손해를 발생하게 하였을 때에는 감정평가법인등은 그 손해를 배상할 책임이 있다.

» 참고문헌

- 석종현 · 송동수, 일반행정법 총론, 박영사, 2024
- 홍정선, 행정기본법 해설, 박영사, 2024
- 정관영 외4인, 분쟁해결을 위한 행정기본법 실무해설, 신조사, 2021
- 정선균, 행정법 강해, 필통북스, 2024
- 박균성, 행정법 강의, 박영사, 2025
- 정남철, 한국행정법론, 법문사, 2025
- 김철용, 행정법, 고시계사, 2024
- 홍정선, 기본행정법, 박영사, 2025
- 강정훈, 감평행정법 기본서, 박문각, 2025
- 강정훈, 감정평가 및 보상법규 기본서, 박문각, 2025
- 강정훈, 감정평가 및 보상법규 종합문제, 박문각, 2024
- 강정훈, 감정평가 및 보상법규 기출문제분석, 박문각, 2024
- 강정훈, 감정평가 및 보상법규 판례분석정리, 박문각, 2024
- 강정훈, 보상법규 암기장 시리즈, 박문각, 2024
- 홍정선, 행정법 특강, 박영사, 2013
- 류해웅, 토지법제론, 부연사, 2012
- 류해웅, 신수용보상법론, 부연사, 2012
- 김성수 · 이정희, 행정법연구, 법우사, 2013
- 박균성, 신경향행정법연습, 삼조사, 2012
- 박정훈, 행정법사례연습, 법문사, 2012
- 김연태, 행정법사례연습, 홍문사, 2012
- 홍정선, 행정법연습, 신조사, 2011
- 김남진 · 김연태, 행정법 I , 법문사, 2007
- 김성수, 일반행정법, 법문사, 2005
- 김철용, 행정법 I , 박영사, 2004
- 류지태, 행정법신론, 신영사, 2008
- 박균성, 행정법론(상), 박영사, 2008
- 박윤흔, 최신행정법강의(상), 박영사, 2004
- 정하중, 행정법총론, 법문사, 2004
- 홍정선, 행정법원론(상), 박영사, 2008
- 노병철, 감정평가 및 보상법규, 회경사, 2008
- 강구철, 국토계획법, 2006, 국민대출판부

• 강구철, 도시정비법, 2006, 국민대출판부
• 佐久間 晟, 用地買收, 2004, 株式會社 プログレス
• 日本 エネルギー 研究所, 損失補償と事業損失, 1994, 日本 エネルギー 研究所
• 西埜 章・田邊愛壹, 損失補償の要否と內容, 1991, 一粒社
• 西埜 章・田邊愛壹, 損失補償法, 2000, 一粒社
• 한국토지공법학회, 토지공법연구 제40집(한국학술진흥재단등재), 2008.5
• 한국토지보상법 연구회, 토지보상법연구 제8집, 2008.2
• 월간감정평가사 편집부, 감정평가사 기출문제, 부연사, 2008
• 임호정・강교식, 부동산 가격공시 및 감정평가, 부연사, 2007
• 가람동국평가연구원, 감정평가 및 보상판례요지, 부연사, 2007
• 김동희, 행정법(Ⅰ)(Ⅱ), 박영사, 2009
• 박균성, 행정법 강의, 박영사, 2011
• 홍정선, 행정법 특강, 박영사, 2011
• 강구철、강정훈, 감정평가사를 위한 쟁점행정법, 부연사, 2009
• 류해웅, 신수용보상법론, 부연사, 2009
• 한국감정평가협회, 감정평가 관련 판례 및 질의회신(제1,2집), 2009년
• 임호정, 보상법전, 부연사, 2007
• 강정훈, 감정평가 및 보상법규 강의, 리북스, 2010
• 강정훈, 감정평가 및 보상법규 판례정리, 리북스, 2010
• 한국토지공법학회, 토지공법연구(제51집), 2010
• 국토연구원, 국토연구 논문집(국토연구원 연구전집), 2011
• 감정평가 및 보상법전, 리북스, 2019
• 강구철・강정훈, 新 감정평가 및 보상법규, 2013
• 감정평가 관련 판례 및 질의 회신 Ⅰ、Ⅱ(한국감정평가사협회/2016년)
• 한국토지보상법연구회 발표집 제1집-제19집(한국토지보상법연구회/2019년)
• 한국토지보상법연구회 발표집 제1집-제20집(한국토지보상법연구회/2020년)
• 한국토지보상법연구회 발표집 제21집(한국토지보상법연구회/2021년)
• 한국토지보상법연구회 발표집 제22집(한국토지보상법연구회/2022년)
• 한국토지보상법연구회 발표집 제23집(한국토지보상법연구회/2023년)
• 한국토지보상법연구회 발표집 제24집(한국토지보상법연구회/2024년)
• 토지보상법 해설(가람감정평가법인, 김원보, 2024년)
• 국가법령정보센터(2025년)
• 대법원종합법률정보서비스(2025년)
• 국토교통부 정보마당(2025년)

박문각 감정평가사

강정훈 감정평가 및 보상법규

2차 | 기본서

제8판 인쇄 2025. 4. 25. | **제8판 발행** 2025. 4. 30. | **편저자** 강정훈
발행인 박 용 | **발행처** (주)박문각출판 | **등록** 2015년 4월 29일 제2019-000137호
주소 06654 서울시 서초구 효령로 283 서경 B/D 4층 | **팩스** (02)584-2927
전화 교재 문의 (02)6466-7202

정가 68,000원
ISBN 979-11-7262-653-2

MEMO